구번역 사도신경

전능하사 천지를 만드신 하나님 아버지를 내가 믿사오며,
그 외아들 우리 주 예수 그리스도를 믿사오니,
이는 성령으로 잉태하사 동정녀 마리아에게 나시고,
본디오 빌라도에게 고난을 받으사,
십자가에 못 박혀 죽으시고,
장사한 지 사흘 만에 죽은 자 가운데서 다시 살아나시며,
하늘에 오르사, 전능하신 하나님 우편에 앉아 계시다가,
저리로서 산 자와 죽은 자를 심판하러 오시리라.
성령을 믿사오며, 거룩한 공회와 성도가 서로 교통하는 것과
죄를 사하여 주시는 것과 몸이 다시 사는 것과
영원히 사는 것을 믿사옵나이다. 아멘.

새번역 사도신경[1]

나는 전능하신 아버지 하나님, 천지의 창조주를 믿습니다.
나는 그의 유일하신 아들, 우리 주 예수 그리스도를 믿습니다.
그는 성령으로 잉태되어 동정녀 마리아에게서 나시고,
본디오 빌라도에게 고난을 받아 십자가에 못 박혀 죽으시고,
장사된 지[2] 사흘 만에 죽은 자 가운데서 다시 살아나셨으며,
하늘에 오르시어 전능하신 아버지 하나님 우편에 앉아 계시다가,
거기로부터 살아 있는 자와 죽은 자를 심판하러 오십니다.
나는 성령을 믿으며, 거룩한 공교회와 성도의 교제와
죄를 용서받는 것과 몸의 부활과 영생을 믿습니다. 아멘.

1) '사도신조'로도 번역할 수 있다.
2) '장사 되시어 지옥에 내려가신 지'가 공인된 원문(Forma Recepta)에는 있으나,
   대다수의 본문에는 없다.

온 가족이 함께 보는

일러스트
우리말성경

Illustrated Woorimal
Bible

주의 말씀은 내 발에 등이요
내 길에 빛이니이다.

Your word is lamp to my feet
and a light for my path
Psalms 119 : 105

Blessing you

To. ....

From. ....

Date. ....

원문 번역 위원

구약

모세오경 ● 박철현 : 영국 The University of Gloucestershire (Ph. D.)
미국 Westminster Theological Seminary (Th. M.)
총신대학교 신학대학원 구약학 교수

역사서 ● 강정주 : 영국 The University of Gloucestershire (Ph. D.)
영국 Cheltenham & Gloucester College of Higher Education (M. A.)
계약신학대학원대학교 구약학 교수

시가서 ● 이성훈 : 영국 The University of Manchester (Ph. D.)
영국 The University of St. Andrews (M. Litt.)
이스라엘 Jerusalem University College (M. A.)
전 성결대학교 구약학 교수

선지서 ● 유윤종 : 미국 Cornell University (Ph. D.)
미국 Yale University (M. Div.)
평택대학교 구약학 교수

선지서 ● 최순진 : 영국 The University of Gloucestershire (Ph. D.)
미국 Westminster Theological Seminary (M. Div.)
미국 The University of Texas at Austin (M. S.)
횃불트리니티신학대학원대학교 구약학 교수

신약

마태복음─사도행전 ● 허주 : 영국 The University of Sheffield (Ph. D.)
미국 Westminster Theological Seminary (M. Div.)
아세아연합신학대학교 신약학 교수

로마서─요한계시록 ● 김정훈 : 영국 The University of Glasgow (Ph. D.)
영국 The University of Durham (M. A.)
백석대학교 신학대학원 신약학 교수

영어 성경 대조 ● 박동은, 박은선

온 가족이 함께 보는

The Illustrated Woorimal Bible
Copyright © 2010, 2012, 2016, 2018, 2021 by Duranno Ministry, Seoul, Korea

The Woorimal Bible
Duranno Korean Version
Copyright © 2005, 2011, 2013, 2018, 2021 by Duranno Ministry, Seoul, Korea
All rights reserved.

발간사

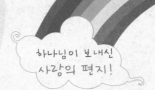

하나님이 보내신
사랑의 편지!

성경은 어느 시대를 막론하고 베스트셀러의 위치를 지키고 있습니다. 그것은 성경의 주제가 예수 그리스도 안에서 일어난 하나님의 사랑과 구원의 역사이기 때문입니다. 어떤 상황에서든지 성경을 읽고 기도하는 사람은 타락하지 않습니다.

「온 가족이 함께 보는 일러스트 우리말성경」은 이러한 하나님의 사랑을 좀 더 자세하게, 바르게, 정확하게 깨닫고 경험하도록 심혈을 기울여 만든 성경입니다. 「온 가족이 함께 보는 일러스트 우리말성경」은 성경의 진리를 일목요연하게 알 수 있도록 풍부한 일러스트와 쉽고 깊이 있는 해설 등을 다양하게 실었습니다. 특히 고증학적인 이해를 갖고 그린 본문 일러스트는 성경의 주요 사건과 주제를 한눈에 알게 해줍니다. 해설에 따른 자료 일러스트는 성경을 보다 재미있고 생생하게 이해하도록 도와줍니다. 어린이와 신세대의 눈높이에 맞춘 다양한 해설은 하나님의 사랑을 더욱 깊이 깨닫게 할 것입니다.

「온 가족이 함께 보는 일러스트 우리말성경」에서 사용한 우리말성경 번역본은 원문에 충실하면서 신세대 감각에 맞게 번역한 것입니다. 또 남북통일을 염두에 두고 북한에서 사용하고 있는 성경의 표현도 참조하여 번역함으로 남북통일을 대비했습니다.

「온 가족이 함께 보는 일러스트 우리말성경」은 이름 그대로 온 가족이 함께 보며 하나님을 만나고 그 은혜를 누리게 할 것입니다. 온 가족이 하나님의 말씀을 많이 읽고 순종하므로 하나님이 주시는 풍성한 복을 누리시길 기도합니다.

2010년 가을에
하용조 목사

성경 본문
성경 본문은 두란노서원이 발행한 「우리말성경」(2021년, 5판)을 사용했다.

번역 성경
- 구약성경 : 히브리어 성경(Biblia Hebraica Stuttgartensia, 1987년)
- 신약성경 : 그리스어 성경(Novum Testamentum Graece, Nestle-Aland 27판, 1993년)

참조 성경
- 한글 성경 : 「성경전서 개역개정판」(1998년), 「성경전서 표준새번역 개정판」(2003년),
  「공동번역성서 개정판」(1999년)
- 영어 성경 : King James Version (1970년), New International Version (1984년)
- 북한 성경 : 「성경전서」(조선기독교도련맹, 1990년)

번역 방침
- 하나님의 호칭인 '아도나이'는 '여호와'로 번역했다.
- 히브리어, 아람어, 그리스어 원문을 충실하게 번역하되 우리말 어법에 맞게 표현했다.
- 어린이와 청소년의 눈높이에 맞추면서도 공예배에서 사용할 수 있도록 번역했다.
- 원문의 뜻을 살리기 위해서 일부 구절에 번역 어투를 허용했다.
- 통일을 대비하여 북한에서 발행한 성경전서를 참조하여 번역했다.

책별 개요
성경 각 권의 전체적인 이해를 위해 저자, 기록 연대, 주요 인물 등을 간략하게 실었다.

본문 구성
- 장 : 장이 시작되는 줄의 본문 앞에 굵은 숫자로 표기했다.
- 절 : 절이 시작되는 줄의 왼쪽 앞에 숫자로 표기했다.
- 소제목 : 본문의 이해를 돕기 위해 단락이나 절 앞에 굵은 고딕체로 표기했다.
- 외래어 : 음역한 단어들은 모두 굵은 고딕체로 표기했다.
- 도량형 : 도량형과 화폐 단위는 히브리어와 그리스어를 음역하여 표기했다.

일러두기

- **기호들**
  - ( ) 주석적 성격을 지닌 본문(요 1:38), 문맥의 흐름을 끊는 본문(왕상 10:11-12), 어떤 사본에는 있고 어떤 사본에는 없어서 원본의 반영임이 분명치 않은 본문(막 3:14)은 소괄호 속에 넣었다.
  - [ ] 후대에 첨가된 본문이지만 교회에서 일찍부터 중요하게 여기고 읽어 온 본문은 대괄호 속에 넣었다(막 16:9-20).
  - : 성경 구절을 표기할 때 장과 절 사이에 썼다(막 12:10).
  - ; 책과 장이 바뀌어 열거할 때에 썼다(출 20:12; 신 5:15).
  - , 같은 장 안에서 절과 절 사이에 썼다(사 6:9, 10).
  - – 장이나 절이 연속적으로 이어질 때 썼다(막 16:9-20).
- **관련구절** : 본문과 연관되거나 비슷한 내용의 구절을 절 끝에 달았다.
- **들여쓰기** : 인용문, 기도문 시 등은 다른 본문과 구분하기 위해 한 칸 들여쓰기를 했다.
- **쪽수표기** : 본문 상단 바깥쪽에 일련번호로 표기했다.

해설 구성
- **상식쏙쏙** : 성경에 나오는 다양한 문화, 풍습, 지명, 사건 등을 자세하게 설명했다.
- **People** : 성경에 나오는 주요 인물들에 대한 내력을 간단하게 소개했다.
- **Q&A** : 성경의 난해한 부분을 질문과 답변 형식으로 쉽게 설명했다.
- **QT** : 말씀을 삶에 접목할 수 있도록 주제별로 QT를 수록했다.
- **Bible Basics** : 기초 성경 교리와 구약에 예표된 예수님에 대한 내용을 실었다.
- **단어풀이** : 독특한 표현이나 어려운 단어 등을 이해하기 쉽게 풀었다.
- **그림** : 성경의 사건을 생생하게 이해하도록 다양한 그림들을 실었다.
- **사진** : 성경을 현장감 있게 볼 수 있도록 유적, 유물, 풍습, 동식물 등의 사진을 수록했다.
- **Quizzes & Puzzles** : 퀴즈, 퍼즐, 질문, 게임을 통해 성경의 지식을 재미있게 습득하게 했다.

부록 구성
- **색인** : 본문에 수록된 다양한 박스들을 쉽게 찾아 볼 수 있도록 부록에 색인을 실었다.
- **도량형** : 성경에 나오는 도량형과 화폐 단위를 오늘날의 기준으로 환산하여 부록에 실었다.

Illustrated Korean Bible

1. 성경 각 권의 개요
2. 한눈에 보는 성경

3. 우리말성경 3판 사용
   · 단락별 소제목
   · 인명, 지명, 음역 단어의
     고딕 표기
4. 영감 넘치는 일러스트
5. 묵상을 돕는 주제별 QT

6. 성지, 유물 사진과 설명
7. 성경 이해에 도움을 주는
   상식쏙쏙
8 주요 사건을 한눈에 보는
   일러스트 지도와 해설

활용법

9. 주요 인물을 소개한
   People
10. 관련 구절 표기
11. 구속사적인 이해를 돕는
    Bible Basics

12. 주요 인물의 일대기
13. 단어풀이 및 난외주
14. 신앙의 궁금증을 풀어
    주는 Q&A

15. 본문을 요약, 정리한
    도표와 일러스트
16. 재미있게 풀어보는
    Quizzes & Puzzles

차례

구약 성경 약자표

창세기	창	역대하	대하	다니엘	단
출이집트기	출	에스라	스	호세아	호
레위기	레	느헤미야	느	요엘	욜
민수기	민	에스더	에	아모스	암
신명기	신	욥기	욥	오바댜	옵
여호수아	수	시편	시	요나	욘
사사기	삿	잠언	잠	미가	미
룻기	룻	전도서	전	나훔	나
사무엘상	삼상	아가	아	하박국	합
사무엘하	삼하	이사야	사	스바냐	습
열왕기상	왕상	예레미야	렘	학개	학
열왕기하	왕하	예레미야애가	애	스가랴	슥
역대상	대상	에스겔	겔	말라기	말

신약 성경 약자표

마태복음	마	에베소서	엡	히브리서	히
마가복음	막	빌립보서	빌	야고보서	약
누가복음	눅	골로새서	골	베드로전서	벧전
요한복음	요	데살로니가전서	살전	베드로후서	벧후
사도행전	행	데살로니가후서	살후	요한일서	요일
로마서	롬	디모데전서	딤전	요한이서	요이
고린도전서	고전	디모데후서	딤후	요한삼서	요삼
고린도후서	고후	디도서	딛	유다서	유
갈라디아서	갈	빌레몬서	몬	요한계시록	계

구약
성경

The Old Testament

구약 차례

총 39권 / 929장 / 23,215절

Genesis
창세기

이 세상을 어떻게 존재하게 되었을까요? 창세기는 하나님이 이 세상 모든 것을 만드셨다는 걸 알려 줘요. 그래서 하나님이 이 세상의 주인이지요. 창세기는 죄가 어떻게 해서 생기게 되었는지, 여러 민족이 어떻게 시작되었는지도 알려 줘요.
또한 아브라함과 아들 이삭, 손자 야곱 그리고 이 가족들에 대한 이야기를 통해 하나님이 사람들을 얼마나 사랑하시는지 보여 줍니다. 무엇보다 이 세상에 대한 하나님의 구원 계획을 보여 주고 있답니다.

창세기가 무슨 뜻인가요?

'시작'이라는 뜻이에요.

누가 썼나요?

모세가 썼어요. 모세는 노예살이 하던 이스라엘 백성을 이집트에서 이끌고 나왔어요. 가나안 땅으로 들어가기 저까지 광야에서 이스라엘 백성을 이끈 훌륭한 지도자랍니다. 모세는 이스라엘 백성이 왜 이집트에서 살게 되었는지, 하나님이 어떻게 그들을 구원하셨는지, 구원받은 백성이 어떻게 하나님을 예배하고 살아가야 하는지를 알게 하려고 모세오경(창세기, 출애굽기, 레위기, 민수기, 신명기)을 썼답니다.

언제 썼나요?

BC 1446-1406년경

주요한 사람들은?

하와
아담의 갈비뼈를 꺼내 만든 여자, 아담의 부인

아담
하나님이 만드신 최초의 사람

노아
의로운 사람으로 방주를 만든 사람

아브라함
믿음의 조상으로 '열국의 아버지'라는 뜻

이삭
'웃음'이라는 뜻으로 아브라함의 아들

야곱
에서의 쌍둥이 동생으로 이삭의 아들, 나중에 '이스라엘'이라는 이름을 받음

요셉
야곱의 아들로 이집트의 총리대신을 지낸 사람

한눈에 보는 창세기

창세기
Genesis

1 천지 창조 하나님께서 태초에 하늘과 땅을 창조하셨습니다.

2 땅은 형태가 없고 비어 있었으며 어둠이 깊은 물 위에 있었고 하나님의 영은 수면 위에 움직이고 계셨습니다. 렘 4:23

3 첫째 날 하나님께서 말씀하시기를 "빛이 있으라" 하시니 빛이 생겼습니다. 고후 4:6

4 하나님께서 보시기에 그 빛이 좋았습니다. 하나님께서는 빛을 어둠과 나누셨습니다.

5 하나님께서 그 빛을 '낮'이라 부르시고 그 어둠을 '밤'이라 부르셨습니다. 저녁이 되고 아침이 되니 첫째 날이었습니다.

6 둘째 날 하나님께서 말씀하시기를 "물 가운데 공간이 생겨 물과 물이 나누어지라" 하셨습니다.

7 이처럼 하나님께서 공간을 만드셔서 공간 아래의 물과 공간 위의 물을 나누시니 그대로 됐습니다.

8 하나님께서 이 공간을 '하늘'이라 부르셨습니다. 저녁이 되고 아침이 되니 둘째 날이었습니다.

9 셋째 날 하나님께서 말씀하시기를 "하늘 아래의 물은 한 곳에 모이고 뭍이 드러나라" 하시니 그대로 됐습니다. 벧후 3:5

10 하나님께서 이 뭍을 '땅'이라 부르시고 모인 물을 '바다'라 부르셨습니다. 하나님께서 보시기에 좋았습니다.

11 하나님께서 말씀하시기를 "땅은 식물, 곧 씨를 맺는 식물과 씨가 든 열매를 맺는 나무를 그 종류대로 땅 위에 내라" 하시니 그대로 됐습니다. 시 104:14

12 땅이 식물, 곧 씨를 맺는 식물을 그 종류대로, 씨가 든 열매를 맺는 나무를 그 종류대로 냈습니다. 하나님께서 보시기에 좋았습니다.

13 저녁이 되고 아침이 되니 셋째 날이었습니다.

14 넷째 날 하나님께서 말씀하시기를 "하늘 공간에 빛들이 생겨 낮과 밤을 나누고 절기들과 날짜들과 연도들을 나타내는 표시가 되게 하라. 시 104:19;마 24:29;눅 21:25

15 그리고 이것들이 하늘 공간의 빛이 돼 땅에 비추게 하라" 하시니 그대로 됐습니다.

16 하나님께서 두 개의 큰 빛을 만드시고 그 가운데 큰 것으로는 낮을 다스리게 하시고 작은 것으로는 밤을 다스리게 하셨습니다. 또한 별들도 만드셨습니다. 신 4:19

17 하나님께서 이것들을 하늘 공간에 두셔서 땅을 비추게 하시고

18 낮과 밤을 다스리고 빛과 어둠을 나누게 하셨습니다. 하나님께서

하나님이 사람과 온 세상을 창조하심

보시기에 좋았습니다.

19 저녁이 되고 아침이 되니 넷째 날이었습니다.

20 **다섯째 날** 하나님께서 말씀하시기를 "물에는 생물이 번성하고 새들은 땅 위 하늘에서 날아다녀라" 하셨습니다.

21 하나님께서 큰 바다 생물들과 물에서 번성하는 온갖 생물들을 그 종류대로, 온갖 날개 달린 새들을 그 종류대로 창조하셨습니다. 하나님께서 보시기에 좋았습니다.

22 하나님께서 그들에게 복을 주시며 말씀하시기를 "새끼를 많이 낳고 번성해 바닷물에 가득 채우라. 새들은 땅에서 번성하라" 하셨습니다.   8:17;9:1

23 저녁이 되고 아침이 되니 다섯째 날이었습니다.

24 **여섯째 날** 하나님께서 말씀하시기를 "땅은 생물을 그 종류대로, 곧 가축과 땅 위에 기는 것과 들짐승을 그 종류대로 내라" 하시니 그대로 됐습니다.

25 하나님께서 들짐승을 그 종류대로, 가축을 그 종류대로, 땅에 기는 모든 것을 그 종류대로 만드셨습니다. 하나님께서 보시기에 좋았습니다.

26 **사람을 만드심** 하나님께서 말씀하시기를 "우리가 우리의 형상대로 우리의 모양을 따라 사람을 만들어 그들이 바다의 물고기와 공중의 새와 가축과 온 땅과 땅 위에 기는 모든 것을 다스리게 하자" 하시고

27 하나님께서 사람을 그분의 형상대로 창조하시니, 곧 하나님의 형상대로 사람을 창조하시되 그들을 남자와 여자로 창조하셨습니다.   말 2:15;마 19:4

28 하나님께서 그들에게 복을 주시며 그들에게 말씀하시기를 "자식을 많이 낳고 번성해 땅에 가득하고 땅을 정복하

라. 바다의 물고기와 공중의 새와 땅 위에 기는 모든 생물을 다스리라" 하셨습니다.

29 하나님께서 말씀하시기를 "내가 땅 위의 씨 맺는 온갖 식물과 씨가 든 열매를 맺는 온갖 나무를 너희에게 주니 이것이 너희가 먹을 양식이 될 것이다.

30 그리고 땅의 모든 짐승과 공중의 모든 새와 땅 위에 기는 모든 것들, 곧 생명 있는 모든 것들에게는 내가 온갖 푸른 풀을 먹이로 준다" 하시니 그대로 됐습니다.

31 하나님께서 자신이 만드신 모든 것을 보시니 참 좋았습니다. 저녁이 되고 아침이 되니 여섯째 날이었습니다.
전 7:29;딤전 4:4

2 쉼심 그리하여 하늘과 땅과 그 안의 모든 것이 완성됐습니다.

2 하나님께서는 그 하시던 일을 일곱째 날에 다 마치셨습니다. 그리고 그 하시던 모든 일을 마치고 일곱째 날에 쉬셨습니다.

3 하나님께서 일곱째 날을 복 주시고 거룩하게 하셨습니다. 하나님께서 창조하시고 만드시던 모든 일을 마치시고 이날에 쉬셨기 때문입니다.

4 **남자를 창조하심** 하늘과 땅이 창조됐을 때 여호와 하나님께서 땅과 하늘을 만드신 날의 기록이 이렇습니다.   1:6-10

5 여호와 하나님께서 아직 땅에 비를 내리지 않으셨고 땅을 일굴 사람도 없었으므로 들에는 *나무가 아직 없었고 땅에는 풀조차 나지 않았습니다.   1:11-12;3:23

6 대신 안개가 땅에서 솟아 나와 온 땅을 적셨습니다.

2:5 또는 풀.

7 여호와 하나님께서 땅에서 취하신 흙으로 사람을 빚으시고 그 코에 생기를 불어넣으시자 사람이 생명체가 됐습니다.

8 에덴동산 여호와 하나님께서 동쪽의 에덴에 동산을 만드시고 손수 빚으신 그 사람을 거기에 두셨습니다. 15:3절 28:13;계 2:7

9 그리고 여호와 하나님께서는 보기에도 아름답고 먹기에도 좋은 온갖 나무가 땅에서 자라게 하셨습니다. 동산 한가운데는 생명나무가 있었고 선악을 알게 하는 나무도 있었습니다. 3:22;계 2:7,22;2,14

10 강 하나가 에덴으로부터 나와서 동산을 적시고 거기로부터 갈라져 네 줄기 강의 원류가 됐습니다.

11 첫째 강의 이름은 비손인데 이 강은 금이 있는 하윌라 온 땅을 굽이쳐 흘렀습니다.

12 이 땅의 금은 질이 좋고 베델리움과 호마노도 거기 있었습니다.

13 둘째 강의 이름은 기혼인데 에티오피아 온 땅을 굽이쳐 흘렀습니다.

14 셋째 강의 이름은 티그리스인데 앗시리아 동쪽을 끼고 흐르고 넷째 강은 유프라테스입니다. 단 10:4

15 여호와 하나님께서 그 사람을 데려다가 에덴동산에 두셔서 동산을 일구고 지키게 하셨습니다. 8절

16 여호와 하나님께서 아담에게 명령해 말씀하셨습니다. "너는 이 동산에 있는 각종 나무의 열매를 마음대로 먹을 수 있다.

17 그러나 선과 악을 알게 하는 나무의 열매는 먹지 마라. 그것을 먹는 날에는 네가 반드시 죽을 것이다." 3:1~3,11,17;롬 6:23;약 1:15

18 여자를 창조하심 여호와 하나님께서 말씀하셨습니다. "사람이 혼자 있는 것이 좋지 않으니 내가 그에게 알맞은 돕는 사람을 만들어 주겠다." 고전 11:9;딤전 2:13

19 그래서 여호와 하나님께서 흙으로 온갖 들짐승들과 공중의 온갖 새들을 다 빚으시고 그것들을 아담에게로 데려오셔서 그가 어떻게 이름을 짓는지 보셨습니다. 아담이 각 생물을 무엇이라 부르든지 그것이 그의 이름이 됐습니다. 1:20,24;시 8:6

20 아담이 모든 가축과 공중의 새와 모든 들짐승에게 이름을 지어 주었습니다. 그러나 아담은 자기에게 알맞은 돕는 사람을 찾을 수 없었습니다.

21 여호와 하나님께서 아담을 깊은 잠에 빠지게 하시니 그가 잠들었습니다. 하나님께서 그의 갈비뼈 하나를 취하시고 살로 대신 채우셨습니다. 15:12;삼상 26:12

22 여호와 하나님께서 아담에게서 취하신 갈비뼈로 여자를 지으시고 그녀를 아담에게 데려오셨습니다.

23 남자와 여자의 결합 아담이 말했습니다. "드디어 내 뼈 가운데 뼈요, 내 살 가운데 살이 나타났구나. 이가 남자에게서 취해졌으니 여자라고 불릴 것이다." 고전 11:8

24 그러므로 남자가 자기 아버지와 어머니를 떠나 그 아내와 결합해 한 몸을 이루게 되는 것입니다. 마 19:5;막 10:7~8;엡 5:31

25 아담과 그의 아내가 둘 다 벌거벗었지만 서로 부끄러워하지 않았습니다.

3

죄의 유혹 여호와 하나님께서 만드신 들짐승 가운데 뱀이 가장 교활했습니

하나님이 만드신 것을 알아보자!

하나님은 신이다. 하나님은 아무것도 없는 것에서 이 세상 모든 것과 특별히 우리 사람을 만드셨다. 모든 것을 만드신 후 하나님도 쉬셨다.

다. 그가 여자에게 말했습니다. "정말 하나님께서 '동산의 어떤 나무의 열매도 먹으면 안 된다'라고 말씀하셨느냐?" 마 10:16

2 여자가 뱀에게 말했습니다. "우리는 동산에 있는 나무들의 열매를 먹어도 된다.

3 그러나 하나님께서 '동산 한가운데 있는 나무의 열매는 죽지 않으려거든 먹지도 말고 건드리지도 마라'라고 말씀하셨다."

4 뱀이 여자에게 말했습니다. "너희가 절대로 죽지 않을 것이다. 13절

5 이는 너희가 그것을 먹는 날에는 너희 눈이 열려서 너희가 선과 악을 아시는 하나님처럼 될 것을 하나님께서 아시기 때문이다.

6 **죄로 인한 부끄러움** 여자가 보니 그 나무의 열매가 먹기에 좋고 눈으로 보기에도 좋으며 지혜롭게 할 만큼 탐스러워 보였습니다. 여자가 그 열매를 따서 먹었습니다. 그리고 자기와 함께 있는 남자에게도 주니 그도 먹었습니다. 12,17절,딤전 2:14

7 그러자 그 두 사람의 눈이 밝아져 자신들이 벌거벗었음을 알게 됐습니다. 그들은 자신들을 위해 무화과나무 잎을 엮어 옷을 만들었습니다. 5절,2:25

8 **죄로 인한 두려움** 서늘한 바람이 부는 그날 동산을 거니시는 여호와 하나님의 소리를 듣고 아담과 그의 아내가 여호와의 낯을 피해 동산의 나무 사이에 숨었습니다.

9 여호와 하나님께서 아담을 부르시며 "네가 어디 있느냐?" 하고 말씀하셨습니다.

10 아담이 대답했습니다. "제가 동산에서 하나님의 소리를 듣고 벌거벗은 것이 두려워 숨었습니다." 7절,2:25

11 **책임을 미룸** 하나님께서 말씀하셨습니다. "누가 네게 네가 벌거벗었다는 것을 말해 주었느냐? 내가 먹지 말라고 네게 명령한 그 나무 열매를 네가 먹었느냐?"

12 아담이 말했습니다. "하나님께서 함께하라고 제게 주신 그 여자가 그 나무 열매를 제게 주어서 제가 먹었습니다." 2:18

13 여호와 하나님께서 그 여자에게 말씀하셨습니다. "네가 어째서 이런 일을 저질렀느냐?" 여자가 말했습니다. "뱀이 저를 꾀어서 제가 먹었습니다." 고후 11:3

14 **뱀을 저주하심** 여호와 하나님께서 뱀에게 말씀하셨습니다. "네가 이 일을 저질렀으니 너는 모든 가축과 모든 들짐승보다 더 저주를 받을 것이다. 배로 기어 다니고 네가 사는 평생 동안 흙을 먹을 것이다.

15 내가 너와 여자 사이에, 네 자손과 여자의 자손 사이에 증오심을 두리니 여자의 자손이 네 머리를 상하게 하고 너는 그의 발뒤꿈치를 상하게 할 것이다." 마 1:23,25

16 **여자가 지은 죄의 결과** 여자에게 하나님께서 말씀하셨습니다. "내가 네게 임신의 수고로움을 크게 더할 것이니 네가 괴로움 속에서 자식을 낳을 것이다. 너는 남편을 지배하려 하나 그가 너를 다스릴 것이다."

17 **남자가 지은 죄의 결과** 아담에게 하나님께서 말씀하셨습니다. "네가 네 아내의 말을 듣고 내가 네게 명령해 '먹지 마라'라고 말한 나무의 열매를 먹었으니 너 때문에 땅이 저주를 받을 것이다. 네가 일평생 수고해야 땅에서 나는 것을 먹을 것이다.

18 땅은 네게 가시덤불과 엉겅퀴를 내고 너

왜 하나님은 선악과를 만드셨을까요?

하나님이 사람을 만드신 창조주인 것을 믿으세요? 하나님이 선악과를 만드신 것은, 사람은 하나님이 만드신 피조물이고, 하나님이 창조주인 것을 늘 기억하라는 뜻이에요. 사람이 선악과를 볼 때마다 자기 마음대로 살지 않고, 하나님 말씀에 기꺼이 순종하기를 바라신 거지요. 하지만 아담과 하와는 사탄의 유혹을 받아 선악과를 먹어선 안 된다는 말씀을 어기고 선악과를 먹었어요. 그 결과 이 세상에 죄가 생겼고, 사람들은 죄인이라서 죄를 짓는 존재가 되어 버렸죠. 사람은 하나님이 만드신 존재인 것을 늘 기억하고, 하나님만 의지하며 말씀에 순종하고 살 때 행복하답니다.

아담과 하와가 입은 가죽옷에 예수님 이야기가?!

선악과를 따 먹어 죄를 짓게 된 아담과 하와는 부끄러움을 느끼고 무화과 잎으로 옷을 만들어 입었다. 그 무화과 옷은 곧 말라 버려 그들의 벌거벗음을 가리기 어려웠다.

그런 그들에게 사랑 많은 하나님은 동물의 피를 흘려 죽게 하고, 동물 가죽으로 옷을 만들어 주셨다. 죄를 지은 아담 대신 동물이 죽은 것이고, 가죽옷을 입게 하셔서 인간의 죄, 곧 부끄러운 것을 하나님이 가려 주신 것이다. 이 모습에서 나 자신의 죄 때문에 피를 흘려 죽으신 예수님과, 하나님이 예수님을 보내 주셔서 우리 죄를 가려 주신 사실을 미리 보게 된다.

이 외에도 오실 예수님을 미리 알려 주는 이야기가 창세기에 많이 나온다.

- 여자의 자손이 뱀의 머리를 상하게 한다(창 3:15)
- 아벨이 드린 양의 제물(창 4:4)
- 노아가 만든 방주(창 7:6-24)
- 희생제물로 바쳐진 이삭 (창 22:1-19)
- 총리가 된 요셉(창 41:37-45)
- 유다 지파에서 통치자가 나온다는 예언(창 49:8-10)

는 밭의 식물을 먹을 것이다.

19 네가 흙에서 취해졌으니 흙으로 돌아갈 때까지 네 얼굴에 땀이 흘러야 네가 음식을 먹을 것이다. 너는 흙이니 흙으로 돌아갈 것이다." 욥 34:15;시 90:3;103:14;104:29

20 **여자의 이름** 아담이 그의 아내를 하와라고 불렀는데 이는 그녀가 살아 있는 모든 사람들의 어머니이기 때문입니다.

21 **가죽옷을 만들어 입히심** 여호와 하나님께서 아담과 그 아내를 위해 가죽옷을 만들어 입히셨습니다.

22 **에덴에서 쫓겨남** 여호와 하나님께서 말씀하셨습니다. "이 사람이 우리 가운데 하나같이 돼 선악을 알게 됐으니 이제 그가 손을 뻗어 생명나무 열매까지 따 먹고 영원히 살게 되면 안 될 것이다." 5절;2:9

23 여호와 하나님께서 그를 에덴동산에서 내보내 그가 취해졌던 땅을 일구게 하셨습니다. 25

24 하나님께서 그 사람을 쫓아내시고 에덴동산 동쪽에 그룹들과 회전하는 칼의 불꽃을 둬 생명나무로 가는 길을 지키게 하셨습니다. 출 25:18~22;사 18:10;104:4;히 1:7

4 **가인과 아벨의 출생** 아담이 그 아내 하와와 동침하니 그녀가 임신해 가인을 낳고 말했습니다. "여호와의 도우심으로 내가 아들을 얻었다."

2 그리고 하와는 다시 가인의 동생 아벨을 낳았습니다. 아벨은 양을 치는 사람이 되고 가인은 농사를 짓는 사람이 됐습니다.

3 **가인과 아벨의 제사** 세월이 흐른 후 가인은 땅에서 난 것을 여호와께 제물로 가져오고

4 아벨은 자기 양 떼의 첫 새끼들과 양 떼의 기름을 제물로 가져왔습니다. 여호와께서 아벨과 그의 제물을 인정하셨으나

5 가인과 그의 제물은 인정하지 않으셨습니다. 가인은 몹시 화가 나서 고개를 떨구었습니다. 잠 21:27

6 그러자 여호와께서 가인에게 말씀하셨습니다. "왜 화가 났느냐? 왜 고개를 떨구었느냐?

7 만약 네가 옳다면 어째서 얼굴을 들지 못하느냐? 그러나 네가 옳지 않다면 죄가 문 앞에 도사리고 있을 것이다. 죄가 너를 지배하려 하니 너는 죄를 다스려야 한다."

8 **가인이 아벨을 죽임** 가인이 자기 동생 아벨에게 말해 그들이 들에 나가 있을 때 가인이 일어나 그의 동생 아벨을 쳐서 죽였습니다.

9 여호와 하나님께서 가인에게 말씀하셨습니다. "네 동생 아벨이 어디 있느냐?" 가인이 말했습니다. "모릅니다. 제가 동생을 지키는 사람입니까?" 요 8:44

10 **가인이 벌을 받음** 여호와께서 말씀하셨습니다. "네가 무슨 짓을 저질렀느냐? 네 동생의 피가 땅에서 내게 울부짖고 있다.

11 이제 너는 입을 벌려 네 동생의 피를 받은 땅으로부터 저주를 받을 것이다.

12 네가 땅을 일궈도 다시는 땅이 네게 그 결실을 내주지 않을 것이며 너는 땅으로부터 도망해 떠도는 사람이 될 것이다."

13 가인이 여호와께 말했습니다. "보십시오. 제 벌이 너무 무거워 견디기 어렵습니다.

14 오늘 주께서 저를 이 땅에서 쫓아내셔서 주의 얼굴을 볼 수 없게 됐기 때문에 제가 이 땅에서 도망해 떠도는 사람이 될 것입니다. 저를 만나는 사람들은 모두 저를 죽이려 들 것입니다."
9:6; 35:19

15 여호와께서 그에게 말씀하셨습니다. "그렇지 않을 것이다. 누구든 가인을 죽이는 사람은 일곱 배로 복수를 당할 것이다." 그리고 여호와께서 가인에게 한 표를 주셔서 누구를 만나든 그가 가인을 죽이지 못하게 하셨습니다.
시 79:12; 잠 9:4,6; 계 14:9,11

16 그 후 가인은 여호와 앞을 떠나 에덴의 동쪽 놋 땅에서 살게 됐습니다.

17 가인의 후손 가인이 그의 아내와 동침하니 그녀가 임신해 에녹을 낳았습니다. 가인은 성을 세웠는데 그 성의 이름을 아들의 이름을 따서 '에녹'이라 지었습니다.

18 에녹에게서 이랏이 태어났고 이랏은 므후야엘을 낳았고 므후야엘은 므드사엘을 낳았고 므드사엘은 라멕을 낳았습니다.

19 라멕은 아내가 둘이었는데 하나는 이름이 아다고 다른 하나는 씰라였습니다.

20 아다는 야발을 낳았는데 그는 장막에 살며 가축을 기르는 사람들의 조상이 됐습니다.

21 그의 동생의 이름은 유발인데 그는 하프와 피리를 연주하는 사람들의 조상이 됐습니다.

22 씰라도 아들을 낳았는데 그의 이름은 두발가인으로 청동과 철로 각종 도구를 만드는 사람이었습니다. 두발가인의 누이동생은 나아마였습니다.

23 라멕이 살인을 고백함 라멕이 자기 아내들에게 말했습니다.

"아다여, 씰라여, 내 말을 들어라. 라멕의 아내들이여, 내 말에 귀를 기울여라. 내

게 상처를 입힌 남자를 내가 죽였다. 나를 상하게 한 젊은이를 내가 죽였다.

24 만약 가인을 위한 복수가 일곱 배라면 라멕을 위해서는 77배나 될 것이다." 15절

25 셋 출생 아담이 다시 그의 아내와 동침하니 하와가 아들을 낳아 셋이라 이름 짓고 그 이유를 이렇게 말했습니다. "가인이 죽인 아벨을 대신해서 하나님께서 내게 다른 씨를 주셨다."

26 셋도 아들을 낳아 그 이름을 에노스라 했습니다. 그때 사람들이 비로소 여호와의 이름을 부르기 시작했습니다.
대상 1:1; 눅 3:38

5

아담의 족보 아담의 역사에 대한 기록은 이렇습니다. 하나님께서 사람을 창조하실 때 하나님의 형상을 따라 만드셨습니다.
엡 4:24; 골 3:10

2 하나님께서 그들을 남자와 여자로 만드셨습니다. 그들이 창조되던 날에 하나님께서 그들에게 복을 주시고 그들의 이름을 '사람'이라 부르셨습니다.
1:26,27

3 아담 아담이 130세에 자기의 모양을 따라 자기의 형상대로 아들을 낳고 그 이름을 셋이라고 불렀습니다.
4:25

4 셋을 낳은 후 아담은 800년을 더 살면서 다른 자녀들을 낳았습니다.
눅 3:36~38

5 아담은 모두 930년 동안 살다가 죽었습니다.
3:19

6 셋 셋이 105세에 에노스를 낳았습니다.

7 에노스를 낳은 후 807년을 더 살면서 다른 자녀들을 낳았습니다.

8 셋은 모두 912년을 살다가 죽었습니다.

9 에노스 에노스는 90세에 게난을 낳았습니다.

10 게난을 낳은 후 815년을 더 살면서 다른 자녀들을 낳았습니다.

11 에노스는 모두 905년을 살다가 죽었습니다.

12 게난 게난은 70세에 마할랄렐을 낳았습니다.

13 마할랄렐을 낳은 후 840년을 더 살면서 다른 자녀들을 낳았습니다.

14 게난은 모두 910년을 살다가 죽었습니다.

15 **마할랄렐** 마할랄렐은 65세에 야렛을 낳았습니다.

16 야렛을 낳은 후 830년을 더 살면서 다른 자녀들을 낳았습니다.

17 마할랄렐은 모두 895년을 살다가 죽었습니다.

18 **야렛** 야렛은 162세에 에녹을 낳았습니다.

19 에녹을 낳은 후 800년을 더 살면서 다른 자녀들을 낳았습니다.

20 야렛은 모두 962년을 살다가 죽었습니다.

21 **에녹** 에녹은 65세에 므두셀라를 낳았다.
69:민 68일 26

22 므두셀라를 낳은 후 300년 동안 하나님과 동행하며 다른 자녀들을 낳았습니다.

23 에녹은 모두 365년을 살았습니다.

24 에녹은 하나님과 동행하다가 세상에서 사라졌는데 하나님께서 그를 데려가셨기 때문입니다.
왕하 2:11;히 11:5

25 **므두셀라** 므두셀라는 187세에 라멕을 낳았습니다.

26 라멕을 낳은 후 782년을 더 살면서 다른 자녀들을 낳았습니다.

27 므두셀라는 모두 969년을 살다가 죽었습니다.

28 **라멕** 라멕은 182세에 아들을 낳았습니다.

29 그는 아들의 이름을 노아라 부르면서 "여호와께서 저주하신 땅으로 인해 우리가 겪는 일과 우리 손의 수고로움으로부터 이 아들이 우리를 위로할 것이다"라고 말했습니다.
3:17

30 노아를 낳은 후 595년을 더 살면서 다른 자녀들을 낳았습니다.

31 라멕은 모두 777년을 살다가 죽었습니다.

32 **노아** 노아는 500세가 넘어 셈, 함, 야벳을 낳았습니다.
6:10;10:21

6

사람의 딸을 아내로 맞아들임 사람들이 땅 위에서 번성하기 시작하고 그들에게서 딸들이 태어나고 있을 때

2 하나님의 아들들이 보기에 사람의 딸들이 좋았습니다. 그래서 자신들이 선택한 사람들을 아내로 맞아들였습니다.

3 **사람의 수명** 여호와께서 말씀하셨습니다. "내 영이 사람 안에 영원히 거하지 않을 것이니 이는 사람이 그저 육체일 뿐이기 때문이다. 그들의 날은 120년이 될 것이다."

4 **네피림** 당시에 그 땅에 네피림이라 불리는 족속이 있었으며 그 후에도 있었는데, 그들은 하나님의 아들들이 사람의 딸들에게 가서 낳은 자들이었습니다. 그들은 옛날부터 용사들이었습니다.

5 **하나님의 후회** 여호와께서 사람의 악이 세상에 가득한 것과 그 마음에 품는 생각이 항상 악하기만 한 것을 보셨습니다.

6 여호와께서 땅에 사람을 만든 것을 후회하시며 마음으로 아파하셨습니다.

7 여호와께서 말씀하셨습니다. "내가 창조한 사람을 땅 위에서 쓸어버릴 것이다. 사람으로부터 짐승과 기는 것들과 공중의 새들까지 다 그렇게 하겠다. 이는 내가 그들을 만든 것을 후회하기 때문이다."

8 그러나 노아만은 여호와께 은혜를 입었습니다.

9 **의로운 노아** 노아의 이야기는 이렇습니다.

---

people

에녹

이름의 뜻은 '순종하는 사람'이고, 야렛의 아들이자 므두셀라의 아버지이다. 에녹은 300년 동안 하나님과 늘 함께하고 순종하며 지내다 죽음을 넘어서 천국에 간 사람이다. 믿음의 사람으로 하나님을 기쁘시게 한 사람이라는 칭찬을 들었다.

에녹이 나오는 말씀
>> 눅 5:24; 대상 1:3
>> 눅 3:37; 히 11:5; 유 1:14

성경에 나오는 다른 에녹
>> 가인의 큰아들
(창 4:17-18)

네피림(6:4, Nephilim) 체격이 크고 힘이 센 사람들을 가리킴, 멸절(6:13, 滅絕, destruction) 멸망시켜 아주 없애 버림, 역청(6:14, 瀝靑, pitch) 송진으로 만든 아스팔트 종류인데 방수제로 쓰임, 규빗(6:15, cubit) 팔꿈치에서 가운뎃손가락 끝까지의 길이로 45-52cm 정도 됨.

노아는 의로운 사람으로 당대에 완전한 사람이었으며 하나님과 동행하는 사람이었습니다.
7:1;겔 14:14,20:히 11:7;벧후 2:5

10 노아는 세 아들 셈, 함, 야벳을 낳았습니다.

11 **방주를 만들 것을 지시하심** 세상은 하나님께서 보시기에 타락했고 폭력이 난무했습니다.

12 하나님께서 보시니 세상이 타락했는데, 이는 세상의 모든 육체가 스스로 자기 행위를 타락시켰기 때문이었습니다.
시 14:2

13 하나님께서 노아에게 말씀하셨습니다. "모든 육체의 끝이 이르렀다. 그들로 인해 땅이 폭력으로 가득 찼기 때문이다. 내가 곧 그들을 세상과 함께 멸절하겠다.

14 너는 잣나무로 방주를 만들고 그 방주에 방들을 만들어라. 그 안팎에 역청을 발라라.

15 그것을 만드는 방법은 이러하니 방주는 길이가 300규빗, 너비가 50규빗, 높이가 30규빗이다.

16 방주에는 창문을 만드는데 위로부터 1규빗 아래에 내고 방주의 문을 옆으로 내며 아래층과 2층과 3층으로 만들어라.

17 **노아를 위한 구원 계획** 내가 곧 땅에 홍수를 일으켜 하늘 아래 생기가 있는 모든 육체를 다 멸절시키리니 땅에 있는 모든 것이 다 죽을 것이다.
7:4;벧후 2:5

18 그러나 너와는 내가 언약을 세우겠다. 너와 네 아들들과 네 아내와 네 며느리들은 방주 안으로 들어가라.
9:9,11

19 또한 너는 살아 있는 모든 것들, 곧 모든 육체 가운데 암수 한 쌍씩을 방주 안으로 들여보내 너와 함께 살아남게 하여라.

20 모든 종류의 새들, 모든 종류의 가축들, 땅에서 기는 모든 것들 가운데 살아남기 위해 둘씩 네게로 나아올 것이니

21 너는 먹을 만한 모든 음식을 가져다 저장해 두어라. 이것이 너와 그들을 위한 식량이 될 것이다."

22 **명령을 행함** 노아가 그대로 행했으니 하나님께서 그에게 명령하신 대로 했습니다.

7 **하나님의 마지막 지시** 여호와께서 노아에게 말씀하셨습니다. "너와 네 모든 가족은 방주로 들어가거라. 이 세대 가운데 네가 내 앞에서 의로운 사람인 것을 내가 보았다.
히 11:7;벧후 2:5

2 정결한 동물은 모두 각각 암컷과 수컷 일곱 쌍씩 그리고 정결하지 않은 동물은 모두 각각 암컷과 수컷 두 쌍씩
8:20;레 11장

3 그리고 하늘의 새들은 각각 암컷과 수컷 일곱 쌍씩을 취해 온 땅 위에 씨를 보존하도록 하여라.

4 지금부터 7일 후면 내가 40일 밤낮으로 땅에 비를 보내 내가 만든 모든 생물을 지면에서 쓸어버릴 것이다."
12,17장;8:6:17

5 노아는 여호와께서 명하신 대로 했습니다.

6 **마지막 주간** 땅에 홍수가 났을 때 노아는 600세였습니다.

7 노아와 그의 아들들과 그의 아내와 그의 며느리들이 홍수를 피해 방주로 들어갔습니다.

8 정결한 동물들과 정결하지 않은 동물들,

노아의 방주

✔ 방주의 재료: 잣나무, 역청을 배 안팎에 바름

✔ 방주의 구조: 3층(길이 138m, 높이 14m, 폭 23m) / 지붕 50cm 아래 창 / 배 갑판 가운데 출입문 / 방으로 만듦

✔ 방주의 크기: 12만 5천 280마리의 양을 실을 수 있는 크기로, 4만 3천 300톤급이었을 것임. 갑판 하나가 축구장 1.5배 크기인 셈

방주에 들인 동물: 살아 숨쉬는 모든 짐승, 모든 가축,

✔ 땅에 기어 다니는 모든 것, 모든 새와 날개 달린 것들이 종류대로 모두 들어감(3만 5천 마리로 동물 평균 크기는 양 한 마리 정도로 봄)

✔ 방주의 영적 의미: 세례(벧전 3:20~21)와 구원을 상징함(롬 8:1)

길이 138m
높이 14m
폭 23m

새들과 땅에서 기어 다니는 모든 것들이

9 하나님께서 노아에게 명령하신 대로 암수 한 쌍씩 노아에게 와서 방주로 들어갔습니다.

10 7일이 지나자 땅에 홍수가 났습니다.

11 홍수 시작 노아가 600세 되던 해의 둘째 달 17일 그날에 거대한 깊음의 샘들이 한꺼번에 터지고 하늘의 창들이 열려

12 비가 40일 밤낮으로 땅에 쏟아졌습니다.

13 방주에 들어감 바로 그날 노아와 그의 아들들인 셈, 함, 야벳과 그의 아내와 세 며느리가 방주로 들어갔습니다.

14 그들과 모든 짐승들이 그 종류대로, 모든 가축들이 그 종류대로, 땅에 기어 다니는 모든 것들이 그 종류대로, 모든 새들, 곧 날개 달린 모든 것들이 그 종류대로 들어갔습니다.

15 살아 숨쉬는 모든 육체들이 둘씩 노아에게 와서 방주로 들어갔습니다. 6:20

16 들어간 것들은 모든 육체의 암컷과 수컷이었습니다. 그것들이 하나님께서 그에게

명하신 대로 들어가자 여호와께서 그의 뒤에서 방주의 문을 닫으셨습니다.

17 홍수 심판 홍수가 40일 동안 땅 위에 계속됐습니다. 물이 불어나자 방주가 들려 올라가 땅 위로 떠올랐습니다. 4,12절

18 물이 더욱 불어나 온 땅 위에 넘쳐 방주가 물 위로 떠나셨습니다.

19 물이 땅 위에 크게 불어나서 하늘 아래 높은 산들이 다 뒤덮였으며

20 물이 그 산들을 다 뒤덮고도 15규빗이나 더 불어났습니다.

21 새와 가축과 들짐승과 땅 위에 기어 다니던 것들 가운데 땅 위에 움직이던 모든 것과 모든 사람이 다 죽었습니다. 벧후 3:6

22 마른 땅에 있던 것들 가운데 코로 숨을 쉬며 살던 모든 것이 죽었습니다. 27

23 하나님께서 사람으로부터 짐승까지, 기는 것으로부터 하늘의 새까지 지면에 있던 모든 존재를 쓸어버리셨습니다. 오직 노아와 방주에서 그와 함께 있던 사람들과 짐승들만 살아남았습니다. 벧후 2:5

24 150일 만에 물이 빠짐 물이 150일 동안 땅 위에 범람했습니다.

8 하나님께서 노아와 그와 함께 방주 안에 있던 모든 들짐승과 가축을 기억하시고 땅에 바람을 보내시니 물이 줄어들었습니다.

2 깊음의 샘들과 하늘의 창들이 닫히고 비

노아가 가족과 동물들을 데리고 방주에서 나옴

가 하늘에서 그쳤습니다. 7:11

3 물이 땅에서 점점 줄어들어서 150일 후에는 물이 많이 빠졌습니다. 7:24

4 방주가 일곱째 달, 곧 그달 17일에 아라랏 산에 머물러 됐습니다. 왕하19:37;사37:38

5 224일째, 산이 보임 물이 열째 달까지 계속해서 빠졌고, 열째 달, 곧 그달 1일에 산봉우리들이 드러났습니다.

6 264일째, 까마귀를 내보냄 40일 후에 노아는 자신이 만든 방주의 창문을 열었습니다.

7 그가 까마귀를 내보내니 그 까마귀는 물이 땅에서 마를 때까지 날아다녔습니다.

8 271일째, 비둘기를 내보냄 노아가 이번에는 물이 땅에서 줄어들었는지 알아보기 위해 비둘기를 내보냈습니다.

9 그러나 물이 아직 온 땅 위에 있었기 때문에 비둘기가 앉을 곳을 찾지 못해 방주에 있는 노아에게로 돌아왔습니다. 노아는 손을 내밀어 비둘기를 받아 방주 안으로 들였습니다.

10 278일째, 나뭇잎을 물고 옴 노아가 7일을 더 기다려 비둘기를 방주에서 다시 내보냈습니다.

11 그 비둘기가 밤이 되자 그에게 돌아왔는데 그 부리에 새로 딴 올리브 나무 잎을 물고 있었습니다. 그래서 노아는 물이 땅에서 빠진 것을 알게 됐습니다.

12 285일째, 비둘기가 떠남 그가 다시 7일을 기다렸다가 비둘기를 내보냈는데 비둘기는 다시 돌아오지 않았습니다.

13 314일 만에 땅 위의 물이 마름 601년 첫째 달, 곧 그달 1일에 땅 위의 물이 말랐습니다. 노아가 방주 덮개를 열고 보니 땅이 말라 있었습니다.

14 370일이 지난 후 노아를 부르심 둘째 달, 곧 그달 27일에 땅은 완전히 말랐습니다.

15 그때 하나님께서 노아에게 말씀하셨습니다.

16 "너는 네 아내와 네 아들들과 네 며느리들

과 함께 방주에서 나와라. 7:13

17 너와 함께 있던 모든 생명들, 곧 새들과 짐승들과 땅 위에 기는 모든 것들을 데리고 나와라. 그것들이 땅에서 새끼를 많이 낳고 수가 불어나 땅 위에 번성할 것이다."

18 노아가 그 아들들과 그 아내와 그 며느리들과 함께 방주에서 나왔습니다.

19 모든 생물들, 곧 모든 짐승과 모든 새와 땅에서 기는 것이 다 그 종류대로 방주에서 나왔습니다.

20 노아가 제사를 드림 노아가 여호와를 위해 제단을 쌓고 정결한 짐승들과 정결한 새들 가운데 몇을 잡아 그 제단 위에 번제로 드렸습니다.

21 하나님의 맹세 여호와께서 그 좋은 향기를 맡으시고 마음속으로 말씀하셨습니다. "내가 다시는 사람으로 인해 땅을 저주하지 않겠다. 이는 사람이 생각하는 것이 어려서부터 악하기 때문이다. 내가 전에 했던 것처럼 다시는 모든 생물을 멸망시키지 않을 것이다. 6:5;17;9:11;15:사 54:9

22 땅이 존재하는 한 씨 뿌리는 것과 추수하는 것과 추위와 더위와 여름과 겨울과 낮과 밤이 그치지 않을 것이다." 렘 33:20,25

9

인류의 번성을 명하심 하나님께서 노아와 그의 아들들에게 복을 주시며 말씀하셨습니다. "자녀를 많이 낳고 번성해 땅에 가득하라. 1:22;28;8:17

2 땅의 모든 짐승들과 공중의 모든 새들과 땅에 기는 모든 것들과 바다의 모든 물고기들이 너희를 두려워하고 무서워할 것이다. 이것들을 너희 손에 준다.

3 사람의 양식 살아 있어 움직이는 모든 것들이 너희의 양식이 될 것이다. 푸른 채소와 같이 이 모든 것을 너희에게 주었다.

4 그러나 고기를 피가 있는 채로 먹어서는 안 된다. 피에는 생명이 있다. 행 15:20,29

5 생명을 위한 법 너희가 생명의 피를 흘리면 반드시 값을 치를 것이다. 그것이 짐승이

면 그 짐승에게 그 피에 대해 값을 치를 것이며 사람이 같은 사람의 피를 흘리게 하면 그 사람에게도 그 피에 대해 값을 치를 것이다. 출21:28창4:10~11

6 하나님께서 자기의 형상대로 사람을 만드셨기 때문에 누구든지 사람의 피를 흘리면 사람에게 피 흘림을 당할 것이다.

7 너희는 자녀를 많이 낳아 번성하라. 땅에서 수가 불어나 땅에서 번성하라."

8 하나님의 언약 그리고 하나님께서 노아와 그와 함께 있던 그의 아들들에게 말씀하셨습니다.

9 "보라. 내가 너희와 너희 뒤에 올 너희의 자손과 언약을 세운다. 6:18,8:21~22

10 또한 너희와 함께 있던 모든 생물들, 곧 너희와 함께 있던 새와 가축과 모든 들짐승들, 방주에서 나온 땅의 모든 생물들과 언약을 세운다.

11 내가 너희와 언약을 세워 다시는 모든 육체가 홍수로 인해 멸망되지 않을 것이며 다시는 이 땅을 멸망시키는 홍수가 없을 것이다." 사54:9~10

12 언약의 증표인 무지개 하나님께서 말씀하셨습니다. "이것이 내가 나와 너희 사이에, 또한 너희와 함께 있는 모든 생물 사이에 대대로 영원히 세우는 내 언약의 증표다.

13 내가 구름 속에 내 무지개를 두었으니 그것이 나와 땅 사이에 세우는 언약의 표시가 될 것이다. 겔1:28계4:3;10:1

14 내가 땅 위에 구름을 일으켜서 그 속에 무지개가 나타날 때

15 내가 나와 너희 사이에 그리고 모든 종류의 생물들 사이에 세운 내 언약을 기억하겠다. 물이 홍수가 되어 모든 육체를 멸망시키는 일이 다시는 없을 것이다. 겔16:60

16 무지개가 구름 속에 나타나면 내가 그것을 보고 나 하나님과 이 땅 위의 모든 육체 사이에 세운 영원한 언약을 기억하겠다."

17 하나님께서 노아에게 말씀하셨습니다. "이것이 내가 나와 이 땅 위의 모든 육체 사이에 세운 언약의 표시다."

18 노아의 아들들 방주에서 나온 노아의 아들들은 셈, 함, 야벳인데 함은 가나안의 조상입니다. 5:32;10:1

19 이 세 사람이 노아의 아들들이었고 아들로부터 온 땅에 사람들이 퍼지게 됐습니다.

20 신실하지 못한 함 노아가 땅을 일구기 시작해 포도원을 세웠습니다.

21 그가 포도주를 마시고 취해 자기 장막 안에서 벌거벗고 있었을 때

22 가나안의 조상인 함이 자기 아버지가 벌거벗은 것을 보고는 밖에 있던 다른 두 형제에게 이 사실을 말했습니다.

23 그러자 셈과 야벳은 겉옷을 어깨에 걸치고 뒷걸음으로 들어가서 아버지의 벌거벗은 몸을 덮어 주었습니다. 그들은 아버지가 벌거벗은 것을 보지 않으려고 얼굴을 돌렸습니다.

QT 큐티 | 약속

왜 무지개를 보여 주셨을까요?

살다 보면 여름 장마철의 홍수로, 해일로, 태풍으로 두려울 때가 많답니다. 하지만 방주에서 밖으로 나와 하나님께 제사드린 노아에게 하신 하나님의 약속을 생각하세요. "내가 다시는 홍수로 세상을 멸망시키지 않겠다. 노아야. 너를 축복한다. 자녀를 많이 낳고 번성하여라. 그리고 이제는 채소뿐만 아니라 고기를 먹어도 된다. 하지만 피는 먹지 말라. 너에게 이런 약속을 하는 증거로, 하늘에 무지개를 보여 주겠다." 사랑의 하나님이 노아와 그 후손들인 우리에게 앞으로 세상을 물로 심판하지 않겠다고 약속하시며 그 증거로 무지개를 주셨습니다. 이 세상에서 잘 살 수 있도록 축복하시면서요.

'어휴, 이러다 정말 우리나라가 다 물에 잠기고 노아 시대처럼 되는 거 아닐까?' 뉴스를 보며 슬쩍 마음이 떨립니다.

24 함 자손에 대한 저주 노아가 술이 깨 자기 작은 아들이 자기에게 한 일을 알게 됐습니다.

합 2:15

25 그래서 노아는 말했습니다.

"가나안은 저주를 받을 것이다. 가나안은 가장 낮고 천한 종이 돼 그의 형제들을 섬기게 될 것이다." 신 27:16;수 9:23;삿 1:28

26 그리고 노아가 다시 말했습니다.

"셈의 하나님 여호와를 찬송하리니 가나안은 셈의 종이 될 것이다.

27 하나님께서 야벳을 크게 일으키셔서 그가 셈의 장막에서 살게 되며 가나안은 그의 종이 되게 하실 것이다."

28 노아가 죽음 홍수 이후 노아는 350년을 더 살았습니다.

29 노아는 모두 950년 동안 살다가 죽었습니다.

10 노아 아들들의 족보 노아의 아들인 셈, 함, 야벳의 족보는 이러합니다. 홍수 후 그들에게 아들들이 태어났습니다.

2 야벳의 자손 야벳의 아들은 고멜, 마곡, 마대, 야완, 두발, 메섹, 디라스입니다.

3 고멜의 아들은 아스그나스, 리밧, 도갈마입니다.

4 야완의 아들은 엘리사, 달시스, 깃딤, 도다님입니다.

5 이들에게서 해안 민족들이 여러 땅으로 퍼졌으며 각각 언어와 족속을 따라 민족을 이뤘습니다. 사 11:11;렘 2:10;25:22;겔 27:6;습 2:11

6 함의 자손 함의 아들은 구스, 미스라임, 붓, 가나안입니다. 6~8절;대상 1:8~10

7 구스의 아들은 스바, 하윌라, 삽다, 라아마, 삽드가입니다. 라아마의 아들은 스바와 드단입니다.

8 구스는 또 니므롯을 낳았는데 니므롯은 땅의 첫 용사였습니다.

9 그는 여호와 앞에서 강한 사냥꾼이었습니다. '니므롯처럼 여호와 앞에 강한 사냥꾼'이라는 말도 이 때문에 생겨났습니다.

10 그의 나라의 시작은 시날 땅에 있는 바벨, 에렉, 악갓, 갈네였습니다. 11:2, 9

11 니므롯은 이 땅에서 앗시리아로 나가 니느웨, 르호보딜, 갈라를 세웠고

12 니느웨와 갈라 사이에 레센을 세웠는데 이것은 큰 성이었습니다.

13 미스라임은 루딤, 아나밈, 르하빔, 납두힘,

14 바드루심, 가슬루힘, 갑도림을 낳았는데 블레셋은 가슬루힘에게서 나왔습니다.

15 가나안은 맏아들 시돈과 헷을 낳고

16 여부스 족속, 아모리 족속, 기르가스 족속,

17 히위 족속, 알가 족속, 신 족속,

18 아르왓 족속, 스말 족속, 하맛 족속을 낳았습니다. 그 후 가나안의 족속들이 흩어져 나갔습니다.

19 가나안의 경계는 시돈에서 그랄 쪽으로 가사까지, 그리고 소돔, 고모라, 아드마, 스보임과 라사까지였습니다.

20 이들은 함의 자손들로 종족과 언어에 따라 영토와 민족별로 갈라져 나갔습니다.

21 셈의 자손 셈에게서도 자손이 태어났습니다. 그는 에벨 자손의 조상이었으며 야벳의 형이었습니다. 22~29절;대상 1:17~25

22 셈의 아들들은 엘람, 앗수르, 아르박삿, 룻, 아람입니다.

23 아람의 아들들은 우스, 훌, 게델, 마스입니다.

24 아르박삿은 셀라를 낳았고 셀라는 에벨을

무지개가 이때 처음 생겨났는지 홍수 전에 있었는지는 잘 몰라요.

분명한 것은 아무리 비가 거세게 내려 홍수와 침수에 관한 뉴스가 연일 계속되는 장마철에도 우리는 안심할 수 있다는 거예요.

하늘에 떠 있는 일곱 색깔 무지개를 보며 하나님의 약속을 생각해요. 그리고 감사를 드려요. "하나님, 무지개를 보며 하나님의 약속을 생각합니다. 하나님, 물로 심판하지 않겠다는 약속을 기억하며 감사드려요."

깊이읽기 창세기 9장 1-17절을 읽으세요.

족보(10:1, 族譜) 어떤 사람의 조상이나 후손들의 이름을 기록한 책. 경계(10:19, 境界, border) 지역이 구분되는 한계.

낳았습니다.

11:12;눅 3:35-36

25 에벨에게서 두 아들이 태어났는데 하나의 이름을 벨렉이라고 했습니다. 그의 시대에 땅이 나뉘었기 때문입니다. 그의 동생 이름은 욕단이었습니다.

대상 1:19

26 욕단은 알모닷, 셀렙, 하살마웻, 예라,

27 하도람, 우살, 디글라,

28 오발, 아비마엘, 스바,

29 오빌, 하윌라, 요밥을 낳았습니다. 이들은 모두 욕단의 아들들입니다.

왕상 10:11

30 그들이 살던 지역은 메사에서부터 스발을 가로지르는 동쪽 산간 지대까지였습니다.

31 이들이 종족과 언어와 영토와 나라에 따라 나뉜 셈의 자손들입니다.

32 **민족들이 퍼져 나감** 이들은 족보와 민족에 따른 노아 자손의 족속들입니다. 이들로부터 홍수 이후에 민족들이 땅 위에 퍼져 나갔습니다.

행 3:19

11 **하나의 언어** 당시 온 세상에는 언어가 하나였으며 같은 말을 썼습니다.

2 사람들이 동쪽에서 와서 시날 땅에서 평원을 발견하고는 그곳에 정착했습니다.

3 **성을 쌓으려는 계획** 그들이 서로 말했습니다. "자, 우리가 벽돌을 만들어 단단하게 굽자." 그들은 돌 대신 벽돌을, 진흙 대신 역청을 사용했습니다.

14:10;출 2:3

4 그리고 그들이 말했습니다. "자, 우리가 우리를 위해 성을 쌓고 하늘까지 닿는 탑을 쌓자. 우리를 위해 이름을 내고 온 지면에 흩어지지 않게 하자."

신 1:28

5 **기뻐하지 않으시는 하나님** 여호와께서 사람들이 쌓는 성과 탑을 보시기 위해 내려

상식쑥쑥

바벨

시날 평지(창 11:2)에 건설된 도시로, 하나님이 이곳에 탑을 건설한 이들의 언어를 혼잡하게 하셔서 온 지면에 흩으셨다(창 11:3-9).

이라크 사마라의 첨탑

셨습니다.

18:21

6 그리고 여호와께서 말씀하셨습니다. "저들이 한 민족으로서 모두 한 언어로 말하고 있어 이런 짓을 벌이기 시작했다. 그러니 이제 그들이 하고자 꾸미는 일이라면 못할 게 없을 것이다.

7 자, 우리가 내려가서 거기에서 그들의 언어를 혼란하게 해 서로 알아듣지 못하게 하자."

1:26

8 **언어의 혼란** 그리하여 여호와께서는 그들을 그곳에서 온 땅에 흩어 버리셨습니다. 그들은 성 쌓는 것을 그쳤습니다.

9 그래서 그곳 이름이 바벨이라 불리는 것입니다. 그곳에서 여호와께서 온 세상의 언어를 혼란하게 하셨기 때문입니다. 그곳에서 여호와께서 그들을 온 땅에 흩으셨습니다.

10:10

10 **셈** 셈의 족보는 이러합니다. 셈은 홍수 후 2년 뒤인 100세에 아르박삿을 낳았습니다.

11 셈은 아르박삿을 낳은 후 500년을 더 살면서 다른 자녀들을 낳았습니다.

12 **아르박삿** 아르박삿은 35세에 셀라를 낳았고

13 셀라를 낳은 후 403년을 더 살면서 다른 자녀들을 낳았습니다.

14 **셀라** 셀라는 30세에 에벨을 낳았고

15 에벨을 낳은 후 403년을 더 살면서 다른 자녀들을 낳았습니다.

16 **에벨** 에벨은 34세에 벨렉을 낳았고

17 벨렉을 낳은 후 430년을 더 살면서 다른 자녀들을 낳았습니다.

18 **벨렉** 벨렉은 30세에 르우를 낳았고

19 르우를 낳은 후 209년을 더 살면서 다른 자녀들을 낳았습니다.

20 **르우** 르우는 32세에 스룩을 낳았고

21 스룩을 낳은 후 207년을 더 살면서 다른 자녀들을 낳았습니다.

22 **스룩** 스룩은 30세에 나홀을 낳았고

23 나홀을 낳은 후 200년을 더 살면서 다른 자녀들을 낳았습니다.

24 **나홀** 나홀은 29세에 데라를 낳았고

25 데라를 낳은 후 119년을 더 살면서 다른

아담 자손의 계보

아담부터 아브라함까지

창세기 5, 10, 11장에는 아담에서 아브라함까지 긴긴 계보가 기록되어 있다.
이것은 하나님이 아담에게 거룩한 자손(창 3:15)을 통해 인류를 구원하겠다고
하신 약속을 어떻게 준비하고 이뤄 나가는지를 보여 준다. 성경에는 계보 기록이 많이 나온다.
셈의 계보는 예수님에게까지 연결된다(눅 3:34-38).

아담 (최초의 남자, 930세)
하와 (최초의 여자)
노아 (방주를 만든 의인, 950세)
셈 (600세)
함
셀라 (433세)
아르박삿 (438세)
에벨 (464세)
야벳
가인
아벨
셋 (912세)
라멕 (777세)
르우 (239세)
벨렉 (239세)
스룩 (230세)
에노스 (905세)
므두셀라 (가장 오래산 사람 969세)
데라 (205세)
나홀 (148세)
게난 (910세)
에녹 (하나님과 동행 후 죽음 없이 천국에 간 사람 365세)
마할랄렐 (895세)
야렛 (962세)
아브라함 (175세)
나홀
하란

자녀들을 낳았습니다.
26 **데라** 데라는 70세에 아브람, 나홀, 하란을
낳았습니다.

수 24:2; 눅 3:34

27 *데라의 족보, 하란의 죽음* 데라의 족보는 이러
합니다. 데라는 아브람, 나홀, 하란을 낳았
습니다. 하란은 롯을 낳았습니다.

28 하란은 자기가 태어난 갈대아의 우르에서
자기 아버지 데라보다 먼저 죽었습니다.

29 *아브람과 나홀이 아내를 얻음* 아브람과 나홀
은 장가를 갔습니다. 아브람의 아내의 이
름은 사래였고 나홀의 아내의 이름은 밀가
였습니다. 밀가는 하란의 딸이었으며 하란
은 밀가와 이스가의 아버지입니다.

30 사래는 아기를 낳지 못해서 자식이 없었습
니다.

31 *아브람으로 이주하는 데라 가족* 데라는 자기 아
들인 아브람 그리고 자기 아들 하란의 아
들인 손자 롯 그리고 자기 아들 아브람의

아내이자 자기 며느리인 사래를 데리고 함께 갈대아의 우르를 떠나 가나안으로 향했습니다. 그러나 그들은 하란에 이르러 거기에서 살게 됐습니다. ^{행 7:2,4}

32 데라는 205세까지 살다가 하란에서 죽었습니다.

12 하나님이 아브람을 부르심 여호와께서

아브람에게 말씀하셨습니다. "네 고향, 네 친척, 네 아버지의 집을 떠나 내가 네게 보여 주는 땅으로 가거라. ^{행 7:3; 히 11:8}

2 하나님이 아브람에게 약속하심 내가 너를 큰 민족으로 만들고 네게 복을 주어 네 이름을 크게 할 것이니 네가 복의 근원이 될 것이다. ^{17:6; 18:18; 22; 3:14}

3 너를 축복하는 사람에게는 내가 복을 주고 너를 저주하는 사람에게는 내가 저주하리니 땅의 모든 족속이 너로 인해 복을 받을 것이다." ^{18:18; 22:18; 민 24:9; 3:25; 갈 3:8}

4 아브람이 가나안으로 떠남 그리하여 아브람은 여호와께서 말씀하신 대로 떠났습니다. 롯도 아브람과 함께 갔습니다. 아브람이 하란을 떠날 때 나이는 75세였습니다.

5 그는 아내 사래와 조카 롯과 그들이 모은 모든 재산과 하란에서 그들이 얻은 사람들을 데리고 가나안 땅을 향해 떠나 가나안 땅에 이르렀습니다. ^{11:31}

6 자손에게 약속된 땅 아브람이 그 땅을 지나 세겜 땅 모레의 큰 나무 앞에 이르렀는데 당시 그 땅에는 가나안 사람들이 살고 있었습니다. ^{13:7; 18:1; 신 11:20}

7 여호와께서 아브람에게 나타나 말씀하셨습니다. "내가 네 자손에게 이 땅을 주겠다." 아브람은 여호와께서 자신에게 나타나신 그곳에 제단을 쌓았습니다. ^{출 33:1}

8 벧엘 근처에서 제단을 쌓음 거기에서 그는 벧엘 동쪽에 있는 산으로 가서 장막을 쳤는데 그 서쪽에는 벧엘이 있고 그 동쪽에는 아이가 있었습니다. 거기에서 그는 여호와를 위해 제단을 쌓고 여호와의 이름을 불

렀습니다. ^{28:19}

9 아브람은 계속 이동해서 네게브로 나아갔습니다.

10 아브람이 이집트로 떠남 그 땅에 흉년이 들었습니다. 기근이 심했기 때문에 이집트로 내려가서 얼마간 살았습니다.

11 아브람이 속임수를 씀 그는 이집트에 들어가기 직전에 아내 사래에게 말했습니다. "보시오, 당신은 용모가 아름다운 여인임을 내가 알고 있소. ^{20:1~18; 26:6~11}

12 이집트 사람들이 당신을 보고 '이 여인이 아브람의 아내구나' 하며 나는 죽이고 당신은 살려 줄지 모르오.

13 부탁이오, 당신이 내 여동생이라고 해 주시오, 그러면 당신으로 인해 그들이 나를 잘 대접할 것이고 당신 덕에 내가 살게 될 것이오."

14 바로가 사래를 취함 아브람이 이집트에 들어갔을 때 이집트 사람들이 사래를 보았는데 그녀는 매우 아름다웠습니다.

15 바로의 신하들도 그녀를 보고 바로 앞에 가서 칭찬을 했습니다. 그래서 사래는 바로의 왕실로 불려 들어갔습니다.

16 바로는 사래 때문에 아브람을 잘 대접해 주었습니다. 그래서 아브람은 양, 소, 암수 나귀, 남녀 하인들, 낙타를 얻었습니다.

17 하나님이 사래를 구원하심 그러나 여호와께서는 아브람의 아내 사래의 일로 인해 바로와 그의 집안에 큰 재앙을 내리셨습니다.

18 그러자 바로가 아브람을 불러 말했습니다. "네가 어떻게 내게 이럴 수 있느냐? 그녀가 네 아내라고 왜 말하지 않았느냐?

19 왜 너는 그녀가 네 여동생이라고 말해서 내가 그녀를 아내로 얻게 했느냐? 자, 네 아내가 여기 있다. 어서 데리고 가거라."

20 그리고 바로는 자기 신하들에게 명령해 아브람이 그의 아내와 그의 모든 소유물을 갖고 떠나게 했습니다.

13 아브람과 롯이 이집트를 떠남 아브람

은 자기 아내와 모든 소유물을 갖고 이집트를 떠나 네게브로 올라갔습니다.

정착(13:12, 定着, dwell~KJV) 일정한 곳에 자리를 잡아 살거나 머무름.

롯도 아브람과 함께했습니다.

2 아브람에게는 가축과 은과 금이 아주 많 았습니다. 24:35;시 112:1~3;잠 10:22

3 벧엘로 돌아옴 그는 네게브를 떠나서 계속 여행을 해 벧엘에 이르러 자신이 전에 장막을 쳤던 벧엘과 아이 사이의 장소에 도착했습니다.

4 그곳은 그가 전에 처음으로 제단을 쌓았던 곳이었습니다. 거기서 아브람은 여호와의 이름을 불렀습니다. 12:7~8

5 양치기들이 싸움 한편 아브람과 함께 다니던 롯에게도 양과 가축과 장막이 따로 있었습니다.

6 그들이 함께 머물기에는 그 땅이 너무 좁았습니다. 그들이 함께 지내기에는 그들이 가진 것이 너무 많았기 때문입니다. 36:6~7

7 아브람의 양치기들과 롯의 양치기들 사이에 싸움이 일어났습니다. 그 당시에는 가나안 사람과 브리스 사람도 그 땅에 살고 있었습니다. 12:6;20

8 아브람의 제안 아브람이 롯에게 말했습니다. "우리는 한 친척이므로 너와 나 사이에, 네 양치기와 내 양치기 사이에 더 이상 싸움이 없도록 하자. 행 7:26;고전 6:7

9 온 땅이 네 앞에 있지 않느냐? 나를 떠나거라. 만약 네가 왼쪽으로 가면 나는 오른쪽으로 가겠고 네가 오른쪽으로 가면 나는 왼쪽으로 가겠다." 20:15

10 소돔 땅을 택한 롯 롯이 눈을 들어 요단의 온 들판을 보니 그곳은 소알에 이르기까지 사방에 물이 넉넉한 것이 마치 여호와의 동산이나 이집트 땅 같습니다. 이때는 여호와께서 소돔과 고모라를 멸망시키시기 전이었습니다. 신 34:3;왕상 7:46;마 3:5

11 롯은 요단의 온 들판을 선택해 동쪽으로 갔습니다. 두 사람은 이렇게 헤어졌습니다.

12 아브람은 가나안 땅에 정착했고 롯은 평원의 성들에 정착해 소돔 가까이에 장막을 쳤습니다.

13 그런데 소돔 사람들은 여호와 앞에서 아주 악한 죄를 짓고 있었습니다.

14 아브람에게 거듭 약속하심 롯이 아브람을 떠난 후에 여호와께서 아브람에게 말씀하셨습니다. "네가 있는 곳에서 눈을 들어 동서남북을 바라보아라. 28:14;신 3:27

15 네가 보는 이 온 땅을 내가 너와 네 자손에게 영원히 주겠다. 신 34:4;대하 20:7;행 7:5

16 그리고 내가 네 자손을 땅의 먼지와 같이 되게 하겠다. 먼지를 셀 수 있는 사람이 있다면 네 자손도 셀 수 있을 것이다.

17 일어나 이 땅을 동서남북으로 누비며 다녀 보아라. 내가 그것을 네게 주겠다."

18 헤브론에 정착함 그리하여 아브람은 자기 장막을 옮겨 헤브론에 있는 마므레의 큰 나무숲에 살았으며 거기서 여호와께 제단을 쌓았습니다. 12:6

14

동방 왕들 사이의 전쟁 시날 왕 아므라벨, 엘라살 왕 아리옥, 엘람 왕 그돌라오멜, 고임 왕 디달 때

2 이들이 소돔 왕 베라, 고모라 왕 비르사, 아

PEOPLE

사라

원래 이름은 '공주'라는 뜻의 '사래'였다. 아브라함의 이복 여동생으로 갈대아 우르에서 아브라함과 결혼했다. 바로와 아비멜렉의 아내가 될 위기에 빠지기도 했으나, 하나님의 도움으로 무사했다. 오랫동안 자식이 없자 여종 하갈을 남편에게 주어 이스마엘을 낳게 했으나, 하갈의 업신여김을 받았다.

90세에 아들을 낳을 거라는 하나님의 약속을 받았고 하나님은 '사라'(많은 나라들의 어머니라는 뜻)로 이름을 바꾸어 주셨다. 1년 뒤 하나님의 약속대로 아들 이삭을 낳자, 하갈과 이스마엘을 내쫓았다. 이것은 '이삭에게서 난 자라야 네 자손이 될 것이라는 하나님의 약속의 성취였다.

127세에 기랏아르바, 곧 헤브론에서 죽어 막벨라 밭의 굴에 묻혔다.

사라가 나오는 말씀
>> 창 11:29; 12:10~20; 17:15~16; 20:1~18; 21:1~2, 9~10; 23:1~2, 19

PEOPLE

"믿음의 조상, 아브라함"

가나안

▲ 모리아

● 헤브론

● 소돔(?)

이집트

1 갈대아 우르에서 태어남 (창 11:27-30)
2 데라, 아브람과 사래, 롯이 하란에 도착 (창 11:31)
3 하란에서 데라가 205세로 죽음 (창 11:32)
4 하나님의 약속과 명령을 받고 가나안에 도착, 제단을 쌓음 (창 12:1-8)
5 기근 때문에 이집트로 내려가 부인을 여동생이라고 거짓말을 함 (창 12:10-20)

6 조카 롯에게 가나안 땅의 선택권을 먼저 줌 (창 13:1-13)
7 훈련된 318명으로 조카 롯을 구출함 (창 14:13-16)
8 멜기세덱에게 십일조를 바침 (창 14:17-20)
9 하나님에게서 후손에 대한 약속을 받음(하늘의 별을 보여 주심) (창 15:1-6)
10 쪼갠 고기 사이로 하나님이 지나가시며 언약을 확증해 주심 (창 15:7-21)

데라

• 하란

응애!

• 우르

드마 왕 시납, 스보임 왕 세메벨, 벨라 왕, 곧 소알 왕과 전쟁을 일으켰습니다. 3 아들이 싯딤 골짜기, 곧 염해에서 연합해 모였습니다.

4 **갈등의 역사** 그들은 12년 동안 그돌라오멜을 섬기다가 13년째 이르러 반역을 일으킨 것입니다. 민 34:12신 3:17수 3:16

5 14년째 되는 해 그돌라오멜과 그와 연합한 왕들이 나가 아스드롯 가르나임에서 르바 족속을 치고 함에서 수스 족속을 치고 사웨 기랴다임에서 엠 족속을 치고

6 세일 산간 지방에서 호리 족속을 쳐서 광야 근처 엘바란까지 이르렀습니다.

7 그리고 그들이 돌이켜서 엔미스밧, 곧 가데스에 이르러 아말렉 족속의 모든 영토와 하사손다말에 사는 아모리 족속을 정복했습니다. 민 14:20:1:신 13:26:대하 20:2

8 **염해 근처 왕들을 물리침** 그때 소돔 왕, 고모라 왕, 아드마 왕, 스보임 왕, 벨라 왕, 곧 소알 왕이 출전해 싯딤 골짜기에서 전투를 벌였는데

9 그 다섯 왕은 엘람 왕 그돌라오멜, 고임 왕 디달, 시날 왕 아므라벨, 엘라살 왕 아리옥, 이 네 왕과 맞서 싸웠습니다.

10 싯딤 골짜기는 온통 역청 구덩이로 가득해서 소돔 왕과 고모라 왕이 도망칠 때 그 속에 빠졌고 그 가운데 나머지는 산간 지대로 도망쳤습니다. 11:3:19:17,30을 2:3

11 포로로 잡혀 간 롯 네 왕이 소돔과 고모라의 모든 물건들과 양식들을 다 빼앗아 갔고

12 또한 그들은 소돔에 살고 있는 아브람의 조카 롯도 사로잡고 그의 재산까지 약탈해 갔습니다. 12:5:13:12

13 **아브람이 롯을 구출함** 거기에서 도망쳐 나온 한 사람이 히브리 사람 아브람에게 가서 이 사실을 알렸습니다. 그때 아브람은 아모리 사람 마므레의 큰 나무숲 근처에서 살고 있었는데 마므레는 에스골과 아넬의 형제로서 이들 모두는 아브람과 동맹을 맺고 있었습니다. 12:6:13:18

14 아브람은 자기 조카가 포로로 잡혀갔다는 소식을 듣자 자기 집에서 낳아 훈련받은 사람 318명을 거느리고 단까지 쫓아갔습니다. 15:3:17:12~13,23,27:삿 18:29:전 2:7

15 한밤중에 아브람은 그의 종들을 나눠 그들을 공격해 쳐부숴줬습니다. 다메섹 북쪽에 있는 호바까지 그들을 추격해

16 모든 물건들을 되찾고 그의 조카 롯과 롯의 소유뿐만 아니라 부녀자들과 다른 사람들까지 모두 찾아왔습니다. 11~12절

17 **아브람을 축복하는 멜기세덱** 아브람이 그돌라오멜과 그와 연합한 왕들을 이기고 돌아오자 소돔 왕이 사웨 골짜기, 곧 왕의 골짜기로 나와 그를 영접했습니다.

18 그때 살렘 왕 멜기세덱이 빵과 포도주를 갖고 왔습니다. 그는 지극히 높으신 하나님의 제사장이었습니다. 시 110:4:히 5:6,10:7:1,11

19 멜기세덱이 아브람을 축복하며 말했습니다. "하늘과 땅의 창조자인 지극히 높으신 하나님, 아브람에게 복을 주시길 빕니다.

20 당신의 적들을 당신 손에 넘겨주신 지극히 높으신 하나님께 찬양하시오." 아브람은 갖고 있는 모든 것에서 10분의 1을 멜기세덱에게 주었습니다. 히 7:4

21 **아브람이 보상을 거절함** 소돔 왕이 아브람에게 말했습니다. "백성들은 내게 돌려주고 물건들은 그대가 가지시오."

22 그러나 아브람은 소돔 왕에게 말했습니다. "내가 하늘과 땅의 창조자이신 지극히 높으신 하나님 여호와께 내 손을 들어 맹세합니다.

염해(14:3, 鹽海, the Salt Sea) 사해. 세계에서 가장 낮은 곳에 위치한 호수로, 수면이 해수면보다 392m 낮다. **동맹**(14:13, 同盟, alliance) 서로의 이익을 위해 맹세하여 맺는 약속. **영접**(14:17, 迎接, meeting) 손님을 맞아서 대접함.

23 왕께 속한 것은 실 한
오라기나 신발 끈 하나라도
받지 않겠습니다. 왕께서 '내가 아
브람을 부자로 만들었다'라고 말하지 못하
게 말입니다.

24 다만 젊은이들이 먹은 것과 나와 같이 간
사람들, 곧 아넬과 에스골과 마므레의 몫
말고는 하나도 받지 않겠습니다. 그들에게
는 그들의 몫을 주십시오." 13절

15 상속자를 염려하는 아브람 그 후 여호
와의 말씀이 환상 가운데 아브람에
게 임했습니다. "아브람아 두려워하지 마
라. 나는 네 방패니 네가 받게 될 상이 아
주 클 것이다." 단 10:12;눅 1:13,30

2 그러자 아브람이 말했습니다. "여호와 하나
님이여, 제게 무엇을 주시겠습니까? 제가
자식이 없으니 제 재산의 상속자는 다메
섹 사람 엘리에셀일 것입니다."

3 아브람이 다시 말했습니다. "주께서 제게
자식을 주지 않으셨으니 제 집에서 난 하
인이 저의 상속자가 될 것입니다." 14:14

4 아브람에게 자녀를 약속하심 그러자 여호와
의 말씀이 그에게 임해 말씀하셨습니다.
"그는 네 상속자가 되지 않을 것이다. 오직
네 몸에서 나온 사람이 네 상속자가 될 것
이다." 17:16

5 여호와께서 아브람을 밖으로 데리고 나가
말씀하셨습니다. "하늘을 올려다보고 별
을 세어 보아라. 과연 셀 수 있겠느냐?" 그
리고 여호와께서 말씀하셨습니다. "네 자
손도 이와 같이 될 것이다." 출 32:13

6 아브람이 여호와를 믿었습니다. 그래서 여
호와께서 아브람의 그런 믿음 때문에 그를
의롭게 여기셨습니다. 롬 4:3,9,22;갈 3:6

7 아브람이 징표를 구함 그리고 여호와께서 그
에게 말씀하셨습니다. "나는 이 땅을 네
것으로 주려고 너를 갈대아의 우르에서 이
끌어 낸 여호와다." 11:31;12:1;느 9:7;행 7:2-4

8 그러자 아브람이 말했습니다. "주 여호와
여, 제가 그 땅을 차지하게 될 것을 어떻게
알 수 있겠습니까?"

9 언약을 위
한 준비 그때
여호와께서 아브람
에게 말씀하셨습니다.
"3년 된 암소와 3년 된 암염
소와 3년 된 숫양과 산비둘기와
새끼 집비둘기를 내게 가져와라."

10 아브람이 이 모든 것을 여호와께 가져왔고
중간을 쪼개어 그 쪼갠 것을 서로 마주 보
게 놓았습니다. 그러나 새는 쪼개지 않았
습니다.

11 솔개들이 그 쪼갠 고기들 위에 내려왔으
나 아브람은 그것들을 내쫓았습니다.

12 나그네 될 것을 예언하심 해가 질 무렵 아브람
이 깊은 잠에 빠져들었습니다. 캄캄해지
자 그는 몹시 두려웠습니다. 2:21

13 여호와께서 그에게 말씀하셨습니다. "너는
분명히 알아라. 네 자손이 다른 나라에서
나그네가 돼 그들을 섬길 것이며 400년 동
안 그들은 네 자손
을 괴롭힐
것이다.

14 그러나 내가
네 자손들
이 섬기던
그 민족을
반드시 심판
할 것이며 그 후
네 자손이 많은
재산을 갖고 나올 것
이다.

15 그러나 너는 복된
노년을 보내다가
평안 속에서 땅
에 묻혀 네 조상

아브람이 하나님의 약속을
믿음으로 받음

에게로 돌아갈 것이다.

16 네 자손은 4대 만에 여기로 돌아올 것이다. 이는 아모리 족속의 죄악이 아직 가득 차지 않았기 때문이다.

17 약속의 땅을 언약하심 해가 지고 어둠이 덮이자 연기 나는 화로와 불붙은 횃불이 그 쪼갠 고기들 사이로 지나갔습니다.

18 그날에 여호와께서 아브람과 언약을 맺으시며 말씀하셨습니다. "내가 네 자손에게 이집트 강에서부터 큰 강 유프라테스 강까지 이 땅을 주었다.

19 곧 겐 족속과 그니스 족속과 갓몬 족속과

20 헷 족속과 브리스 족속과 르바 족속과

21 아모리 족속과 가나안 족속과 기르가스 족속과 여부스 족속의 땅이다."

16 사래가 여종과 동침할 것을 제안함 아브람의 아내 사래는 아이를 낳지 못했습니다. 그녀에게는 이집트 출신의 여종이 있었는데 그녀의 이름은 하갈이었습니다.

15:2-3절 4:24

2 사래가 아브람에게 말했습니다. "여호와께서 내가 아이 낳는 것을 막으시니 내 여종과 동침하십시오. 어쩌면 내가 그녀를 통해 아이를 얻을지도 모릅니다." 아브람이 사래의 말을 들었습니다.

30:3

3 하갈이 임신함 아브람의 아내 사래가 자기 여종인 이집트 여인 하갈을 데려다가 자기 남편 아브람에게 아내로 준 것은 아브람이 가나안 땅에 살기 시작한 지 10년이 지난 무렵입니다.

12:5

4 아브람이 하갈과 동침하니 하갈이 임신을

하게 됐습니다. 자기가 임신한 것을 알게 되자 하갈은 자기 여주인을 업신여겼습니다.

5 두 여인의 다툼 그러자 사래가 아브람에게 말했습니다. "내가 당하고 있는 이 고통은 모두 당신 책임입니다. 내가 내 종을 당신 품에 두었건만 이제 그녀가 임신했다고 나를 멸시합니다. 여호와께서 당신과 나 사이에 판단하시기를 바랍니다."

6 아브람이 말했습니다. "당신의 여종은 당신 손에 달렸으니 당신이 좋을 대로 그녀에게 하시오." 그러자 사래가 하갈을 학대했습니다. 하갈은 사래 앞에서 도망쳤습니다.

7 천사가 하갈에게 이야기함 여호와의 천사가 광야의 샘 곁, 곧 술 길에 있는 샘에서 그녀를 만났습니다.

25:18;출 15:22

8 여호와의 천사가 말했습니다. "사래의 종 하갈아, 네가 어디에서 왔고 어디로 가느냐?" 그녀가 대답했습니다. "저는 제 주인 사래를 피해 도망치는 중입니다."

9 그러자 여호와의 천사가 하갈에게 말했습니다. "네 여주인에게 돌아가서 그녀의 명령에 복종하여라."

10 여호와의 천사가 하갈에게 말했습니다. "내가 네 자손을 크게 번성케 해 셀 수 없을 만큼 불어나게 할 것이다."

17:20;21:18

11 여호와의 천사가 하갈에게 말했습니다. "네가 지금 임신했으니 아들을 낳을 것이다. 그 이름을 이스마엘이라 하여라. 여호와께서 네 고난을 들으셨기 때문이다.

12 그가 들나귀 같은 사람이 돼 모든 사람과 싸울 것이고 모든 사람은 그와 싸울 것이

하나님은 아브람과 어떤 약속을 하셨나요?

하나님은 아브람에게 하늘의 별처럼 많은 자손(창 15:5)과 가나안 땅을 주겠다고 약속하셨어요.(창 15:7) 아브람이 하나님께 약속의 증거를 구하자, 하나님은 3년 된 짐승들과 비둘기들을 준비하라고 말씀하셨어요.(창 15:8-9) 그 당시에 중요한 약속을 할 때 특별한 의식을 치렀어요. 짐승을 이등분한 후 고기 조각을 두 줄로 늘어놓고 그 사이로 약속하는 사람들이 지나갔어요. 약속을 어기면 죽은 짐승처럼 죽임을 당해도 좋다는 뜻으로 약속을 반드시 지킨다는 것이죠. 그런데 하나님이 아브람과 한 약속의 의식은 이런 것들과 달랐어요. 아브람이 쪼갠 고기 사이로 지나간 것이 아니라 '화로'와 '햇

다. 그가 그 모든 형제들과 대적하며 살 것이다."

13 **하갈이 천사의 이름을 기념함** 하갈은 자기에게 말씀하시는 여호와의 이름을 주는 나를 보시는 하나님이라 불렀습니다. "내가 어떻게 여기서 나를 보시는 하나님을 뵐 수 있었단 말인가?'라고 말했기 때문입니다.

14 그래서 그 샘은 브엘라해로이라 불리게 됐습니다. 지금도 그 샘은 가데스와 베렛 사이에 있습니다.   14:7;20:1;24:62;25:11;민 13:26

15 **이스마엘의 출생** 이렇게 해서 하갈은 아브람의 아들을 낳았습니다. 아브람은 하갈이 낳은 아들에게 이스마엘이라는 이름을 지어 주었습니다.

16 하갈이 아브람에게 이스마엘을 낳아 주었을 때 아브람은 86세였습니다.

17 **언약의 확증** 아브람이 99세 때 여호와께서 그에게 나타나 말씀하셨습니다. "나는 전능한 하나님이다. 너는 내 앞에서 온 마음으로 순종하며 깨끗하게 행하여라.   출 6:3;신 18:13;왕 5:48

2 내가 나와 너 사이에 언약을 맺을 것이다. 그리고 내가 너를 심히 크게 번성하게 하겠다."   12:2;13:16;22:17

3 아브람에서 아브라함으로 그러자 아브람이 얼굴을 땅에 대고 엎드렸습니다. 하나님께서 그에게 말씀하셨습니다.   17절

4 "보아라. 내가 이제 너와 언약을 세우니 너는 수많은 나라들의 조상이 될 것이다.

5 이제 더 이상 네 이름이 아브람이라 불리지 않을 것이다. 네 이름은 아브라함이라

불릴 것이다. 내가 너를 많은 나라들의 조상으로 삼았기 때문이다.   느 9:7;롬 4:17

6 내가 너를 크게 번성케 하겠다. 내가 너로 말미암아 나라들을 세울 것이며 왕들이 너로부터 나올 것이다.   16장;35:11

7 내가 내 언약을 나와 너 사이에 그리고 네 뒤에 올 자손 사이에 세워 영원한 언약으로 삼고 네 하나님 그리고 네 자손의 하나님이 될 것이다.   26:24;28:13;갈 3:17;히 11:16

8 **약속의 땅** 네가 지금 나그네로 있는 이 가나안 온 땅을 내가 너와 네 자손에게 주어 영원한 소유물이 되게 하고 나는 그들의 하나님이 될 것이다."   출 6:7,8; 26:12;민 14:2

9 **언약의 표시, 할례** 하나님께서 아브라함에게 말씀하셨습니다. "그러므로 너와 네 뒤에 올 네 자손은 내 언약을 지켜야 할 것이다.

10 나와 너 사이에 그리고 네 뒤에 올 자손 사이에 맺은 내 언약, 곧 너희가 지켜야 할 언약은 이것인데 너희 가운데 모든 남자는 다 할례를 받아야 한다.

11 너희는 포피를 베어 할례를 행하여라. 이것이 나와 너희 사이에 맺은 언약의 표시가 될 것이다.   행 7:8;롬 4:11

12 집에서 태어난 사람이든 네 자손이 아닌 이방 사람에게서 돈 주고 산 사람이든 상관없이 대대로 너희 가운데 모든 남자 아이는 태어난 지 8일 만에 할례를 받아야 한다.   레 12:3;눅 1:59;2:21;빌 3:5

13 네 집에서 태어난 사람이든 돈 주고 산 사람이든 다 할례를 받아야 한다. 그렇게 해야 내 언약이 너희 몸에 영원한 언약으로 새겨질 것이다.

14 할례 받지 않은 남자, 곧 그 몸의 포피를 베지 않은 남자는 내 언약을 어긴 것이기 때문에 그 백성들 가운데서 끊어질 것이다."

15 **사래에서 사라로** 하나님께서 다시 아브라함에게 말씀하셨습니다. "이제 네 아내 사래에 대해 말한다. 이제는 그녀를 사래라 부르지 마라. 그녀의 이름은 사라가 될 것이다.

16 내가 그녀에게 복을 주어 반드시 그녀를

불이 지나갔어요. 횃불은 하나님의 임재를 나타내는 것으로, 하나님이 아브람과 하신 약속을 반드시 지키신다는 걸 보여 주신 거예요.
하나님은 약속대로 아브람이 100세가 되었을 때 아들 이삭을 낳게 하셨고(창 21:5), 그 후손을 통해 이스라엘 민족을 이루게 하셨어요(출 1:7).
가나안 땅을 이스라엘에게 주심으로 하나님은 약속을 꼭 지키셨어요(수 21:43; 왕상 4:20-21).

통해서 네 아들을 낳아 주게 하겠다. 또한 내가 그녀에게 복을 주어 많은 나라들의 어머니가 되게 해 나라의 왕들이 그녀에게서 나오게 하겠다."

18:10,35:11

17 웃는 아브라함 아브라함은 얼굴을 땅에 대고 엎드린 채 웃으며 속으로 말했습니다. "100살이나 먹은 사람이 과연 아들을 낳을까? 사라가 90살인데 아이를 가질 수 있을까?"

21:6,창 8:56;롬 4:19

18 이스마엘에 대한 축복 아브라함은 하나님께 말했습니다. "이스마엘이나 하나님 앞에서 복을 누리며 살기를 바랍니다."

19 그러자 하나님께서 말씀하셨습니다. "아니다. 네 아내 사라가 네 아들을 낳을 것이고 너는 그 이름을 이삭이라고 할 것이다. 내가 그와 내 언약을 세우고 그 뒤에 올 자손을 위해 영원한 언약을 세울 것이다.

20 그리고 이스마엘에 관해서는 내가 네 말을 들었으니 내가 반드시 그에게 복을 주어 자식을 많이 낳게 하고 심히 크게 번성하게 하겠다. 그가 12명의 지도자를 낳을 것이며 내가 그에게 큰 나라를 이루게 하겠다.

21 그러나 내 언약은 내년 이맘때쯤 사라가 네게 낳아 줄 이삭과 세우겠다."

26:2-5

22 하나님께서 아브라함과 말씀하시기를 마치셨습니다. 그리고 그를 떠나 올라가셨습니다.

23 남자들이 할례를 받음 아브라함은 그의 아들 이스마엘과 그의 집에서 태어난 사람이든 돈 주고 산 사람이든지 그 집안의 모든 남자들을 데려다가 하나님께서 말씀하신 대로 바로 그날 할례를 베풀었습니다.

24 할례를 받을 때 아브라함의 나이는 99세였습니다.

25 그리고 할례를 받을 때 그의 아들 이스마엘의 나이는 13세였습니다.

26 바로 그날에 아브라함과 그의 아들 이스마엘이 할례를 받았습니다.

27 그리고 아브라함 집안의 모든 남자, 곧 그 집에서 태어난 사람이든지 이방 사람에게서 돈으로 산 사람이든지 상관없이 다 그와 함께 할례를 받았습니다.

18 **천사들의 방문** 여호와께서 마므레의 큰 나무들 근처에서 아브라함에게 나타나셨습니다. 그때 아브라함은 한낮의 열기 속에서 장막 입구에 앉아 있었습니다.

2 아브라함이 눈을 들어 보니 세 사람이 맞은편에 서 있었습니다. 아브라함은 그들을 보자마자 맞이하러 얼른 장막에서 뛰어 나갔습니다. 그리고 땅에 엎드려 절했습니다.

19:1;히 13:2

3 아브라함이 말했습니다. "내 주여, 제가 주의 은총을 입었다면 주의 종을 그냥 지나치지 마십시오.

4 물을 갖다 드릴 테니 발을 씻으시고 이 나무 아래에서 쉬십시오.

눅 7:44;요 13:14

5 빵을 조금 갖다 드릴 테니 기운을 차리신 후에 갈 길을 가십시오. 여러분께서 종에게로 오셨기 때문입니다." 그들이 대답했습니다. "그리하여라. 네 말대로 하여라!"

6 아브라함은 서둘러 장막 안에 있던 사라에게 가서 말했습니다. "얼른 고운 밀가루 3스아를 가져다가 반죽해 빵을 만드시오."

7 아브라함이 가축들이 있는 데로 달려가서

할례가 뭐예요?

➔ **할례의 정의** 남자의 성기 끝 살(표피)을 자르는 의식을 말해요.

➔ **할례에 담긴 의미** 할례는 하나님과 맺은 언약의 표시로, 오직 하나님만을 섬기며 순종하겠다는 약속을 보여 주는 것이었어요. 아기가 태어난 지 8일째 되는 날에 할례를 행했어요. 예수님도 태어난 지 8일째 되는 날에 할례를 받으셨어요(눅 2:21-22). 이스라엘 사람들에게 할례는 공동체의 사람이 되었음을 의미하며 외국인이든, 나그네이든 할례를 통해 *공동체의 사람이 되었어요.* 이스라엘 사람들은 하나님의 선택받은 백성임을 나타내는 할례를 매우 자랑스럽게 생각했어요. 이방 사람들을 향해 멸시의 말을 할 때 '할례 받지 않은 사람'이라는 표현을 하곤 했어요(삿 14:3; 15:18; 삼상 14:6; 사 52:1).

➔ **할례를 처음 받은 사람** 아브라함, 99세 때

가장 살지고 좋은 송아지 한 마리를 골라 하인에게 주니 하인이 서둘러 요리를 했습니다.

8 아브라함이 버터와 우유와 하인이 요리한 송아지 요리를 그들에게 주었습니다. 그들이 먹는 동안 아브라함은 그들 가까이에 있는 나무 아래 서 있었습니다.

9 **사라의 웃음** 그들이 아브라함에게 물었습니다. "네 아내 사라는 어디 있느냐?" 아브라함이 대답했습니다. "지금 장막 안에 있습니다."
24:67

10 그러자 여호와께서 말씀하셨습니다. "내가 내년 이맘때쯤 반드시 네게 돌아오겠다. 그때 네 아내 사라에게 아들이 있을 것이다." 사라는 아브라함의 뒤에 있는 장막 입구에서 듣고 있었습니다.
17:19,21;18:14;9:9

11 아브라함과 사라는 이미 나이가 많아 늙었고 사라는 아이를 낳을 수 있는 시기가 지난 상태였습니다.
17:17;롬4:19;히11:11~12

12 그래서 사라는 속으로 웃으면서 말했습니다. '내가 이렇게 늙어서 기력이 없고 내 주인도 늙었는데 내게 과연 그런 기쁜 일이 있겠는가?'
17:17;벧전3:6

13 그러자 여호와께서 아브라함에게 말씀하셨습니다. "사라는 왜 웃으며 '내가 이렇게 늙었는데 정말 아이를 낳을 수 있겠는가?'라고 하느냐?

14 여호와께 어려워서 못할 일이 있겠느냐? 내가 내년 이맘때쯤, 곧 정해진 때에 네게 돌아올 것이며 사라에게 아들이 있을 것이다."
10절;슥8:6;42:2;렘32:17;마19:26;눅1:37

15 사라는 두려워서 거짓말을 했습니다. "저는 웃지 않았습니다." 그러자 여호와께서 말씀하셨습니다. "아니다. 네가 웃었다."

16 **소돔에 대해 말씀하심** 그리고 그 사람들은 거기에서 일어나 소돔 쪽을 바라보았습니다. 아브라함은 그들을 전송하려고 그들과 함께 걸어갔습니다.

17 그때 여호와께서 말씀하셨습니다. "내가 지금 하려는 일을 아브라함에게 숨기겠는가?

18 아브라함은 분명히 크고 강한 민족이 될 것이며 땅의 모든 나라들이 그를 통해 복을 받게 될 것이다.
12:3;22:18;26:4;창3:25;갈3:8

19 내가 아브라함을 선택한 것은 아브라함이 그의 자녀와 그의 집안 자손들에게 명해 여호와의 길을 지켜 의와 공의를 실천하게 하기 위한 것이다. 그리하여 나 여호와가 아브라함에게 말한 것을 그를 위해 다 이루고자 하는 것이다."

20 여호와께서 말씀하셨습니다. "소돔과 고모라에 대한 부르짖음이 크고 그 죄악이 심히 무겁다.
4:10;19:13;사1:39

21 내가 내려가서 그들이 한 짓이 내게 들린 부르짖음과 같은지 그렇지 않은지 살펴보고 알고자 한다."
11:5,7;출3:8

22 **아브라함의 간청** 그 사람들이 그곳을 떠나 소돔을 향해 갔습니다. 그러나 아브라함은 여호와 앞에 그대로 서 있었습니다.

23 아브라함이 다가서면서 말했습니다. "주께서는 의인을 악인과 함께 쓸어버리시렵니까?
20:4;민16:22;삼하24:17

24 만약 그 성에 의인 50명이 있다면 어떻게 하시겠습니까? 그 성에 의인 50명이 있는데도 그곳을 용서하지 않고 정말 쓸어버리시겠습니까?

25 의인을 악인과 같이 죽이고 의인을 악인처럼 대하시는 것은 주께는 있을 수 없는 일입니다. 온 세상을 심판하시는 분인 주께서 공정하게 판단하셔야 하지 않겠습니까?"

26 여호와께서 말씀하셨습니다. "내가 소돔 성에서 의인 50명을 찾으면 그들을 위해 그 온 땅을 용서할 것이다."
렘5:1;겔22:30

27 아브라함이 대답했습니다. "제가 비록 먼지와 재 같은 존재에 불과하지만 내 주께 감히 말씀드리겠습니다.

28 만약 의인 50명에서 다섯 사람이 모자란다면 어떻게 하시겠습니까? 그 다섯 사람 때문에 그 성 전체를 멸망시키시겠습니까?" 여호와께서 말씀하셨습니다. "만약

스아(18:6, seah,) 고체량을 재는 단위로 1스아는 7.3ℓ, 3스아는 약 22ℓ를 말함. 장막(18:10, 帳幕, tent) 이동식 주거 형태, 천막. 공의(18:19, 公義, just) 옳음. 의로움.

거기에서 45명을 찾으면 내가 멸망시키지 않겠다."

29 아브라함이 다시 말했습니다. "만약 거기에서 40명만 찾으신다면 어떻게 하시겠습니까?" 여호와께서 말씀하셨습니다. "40명을 위해 내가 그렇게 하지 않겠다."

30 아브라함이 말했습니다. "내 주여, 노여워하지 마십시오. 제가 말씀드리고자 합니다. 만약 거기에서 30명만 찾으시면 어떻게 하시겠습니까?" 여호와께서 대답하셨습니다. "30명을 찾으면 내가 그렇게 하지 않겠다."

31 아브라함이 말했습니다. "제가 감히 주께 말씀드리고자 합니다. 만약 20명만 찾으시면 어떻게 하시겠습니까?" 여호와께서 말씀하셨습니다. "내가 그 20명을 위해 멸망시키지 않겠다."

32 아브라함이 말했습니다. "내 주여, 노여워하지 마십시오. 제가 마지막으로 한 번만 더 말씀드리겠습니다. 만약 거기에서 10명만 찾으시면 어떻게 하시겠습니까?" 여호와께서 대답하셨습니다. "내가 그 10명을 위해 멸망시키지 않겠다." 삿 6:39

33 여호와께서 아브라함에게 말씀하시기를 마치시고 즉시 떠나셨습니다. 그리고 아브라함도 자기 집으로 돌아갔습니다.

19 천사들을 대접하는 롯 저녁때 두 천사가 소돔에 도착했습니다. 롯이 성문에 앉아 있다가 그들을 보자마자 얼른 일어나 맞이하고 땅에 엎드려 절했습니다.

2 롯이 말했습니다. "내 주여, 가던 길을 멈추고 주의 종의 집에 들어와 발을 씻고 주무신 후에 아침 일찍 가시던 길을 가십시오." 그들이 말했습니다. "아니다. 우리는 거리에서 밤을 지낼 생각이다." 히 13:2

3 롯이 그들에게 간곡히 권하자 그들은 돌이켜 롯의 집으로 갔습니다. 롯이 그들을 위해 식사를 준비하고 누룩 없는 빵을 구워 주니 그들이 먹었습니다.

4 소돔 사람들이 천사들을 요구함 그들이 잠자리에 들기 전에 그 성의 사람들, 곧 소돔 사람들이 젊은이로부터 늙은이에 이르기까지 사방에서 몰려와 그 집을 에워쌌습니다.

5 그들이 롯에게 외쳤습니다. "이 저녁에 너를 찾아온 사람들이 어디 있느냐? 그들을 우리에게로 끌어내라. 우리가 그들을 욕보여야겠다." 13:13;삿 19:22

6 그러자 롯이 그들을 만나러 밖으로 나갔습니다. 그리고 등 뒤로 문을 닫고

7 이렇게 말했습니다. "내 형제들이여, 이런 악한 일을 하지 마시오.

8 보시오. 내게 아직 남자를 알지 못하는 두 딸이 있소. 내가 두 딸들을 내보낼 테니 그 애들에게 여러분 좋을 대로 하시오. 그러나 이 사람들은 내 집에 들어온 사람들이니 이 사람들에게는 어떤 일도 하지 마시오." 삿 19:24

9 그들이 "저리 비켜라" 하고 외치며 다시 말했습니다. "이놈이 나그네로 지내다 여기 와서 사는 주제에 우리를 다스리고자 하는구나. 이제 우리가 저들보다 너를 더 혼내 주어야겠다." 그들은 롯을 밀치고 문을 부수려고 했습니다.

롯이 두 딸과 함께 멸망하는 소돔에서 나와 소알로 도망함

뒤를 돌아보아
소금 기둥이 된 롯의 아내

10 그러자 안에 있던 그 두 사람이 손을 내밀어 롯을 집 안으로 끌어 들이고는 문을 닫아 버렸습니다.

11 그리고 그 집 입구에 있던 늙은이나 젊은이 할 것 없이 눈을 멀게 하니 그들이 입구를 찾을 수 없었습니다.

12 **롯에게 멸망을 경고함** 그 사람들이 롯에게 말했습니다. "여기 이 성에 사위나 네 아들들이나 네 딸들이나 네게 속한 다른 사람들이 또 없느냐? 그들을 모두 이곳에서 내보내거라. 벧후 2:7,9

13 우리가 이곳을 멸망시키려고 한다. 이들의 죄로 인해 여호와께 부르짖음이 크므로 여호와께서 이곳을 멸망시키기 위해 우리를 보내셨다." 18:20

14 그러자 롯이 밖으로 나가 자기 딸들과 결혼할 사위들에게 말했습니다. "어서 서둘러 이곳을 떠나야 하네. 여호와께서 이 성을 멸망시키려고 하신다네." 그러나 그의 사위들은 그 말을 우습게 여겼습니다.

15 롯이 소돔에서 이끌려 나옴 동틀 무렵 천사들이 롯을 재촉하며 말했습니다. "서둘러라. 여기 있는 네 아내와 네 두 딸을 데리고 가거라. 그러지 않으면 이 성에 심판의 벌이 내릴 때 너희도 멸망할 것이다."

16 롯이 꾸물거리자 그 사람들은 롯과 그의 아내와 그의 두 딸의 손을 잡아끌어서 성 바깥으로 데리고 나왔습니다. 여호와께서 롯에게 자비를 베푸신 것입니다. 시 34:22

17 롯의 가족들을 이끌어 내자마자 그 두 사람 가운데 한 사람이 말했습니다. "너는 목숨을 건지기 위해 도망가거라. 뒤를 돌아보지 마라. 평원에 멈춰 서지 말고 산으로 도망가거라. 그러지 않으면 너희도 다 멸망하게 될 것이다."

18 **롯이 소알로 도망감** 롯이 그들에게 말했습니다. "내 주여, 제발 그렇게 하지 마십시오.

19 주의 종이 주께 은총을 입었고 주께서 제게 큰 자비를 베풀어 제 목숨을 살려 주셨지만 저는 저 산까지도 망갈 수 없습니다. 저 산에 이르기도 전에 이 재앙이 미쳐서 제가 죽을지도 모릅니다.

20 보십시오. 저기 있는 성이 도망치기에도 가깝고 작은 마을이니 제가 그곳으로 도망치게 해 주십시오. 그러면 제 목숨이 보존될 것입니다."

21 그가 롯에게 말했습니다. "보아라. 내가 이 일에도 네 부탁을 들어주겠노라. 네가 말한 그 성을 내가 뒤엎지 않을 것이다.

22 서둘러서 그곳으로 도망가거라. 네가 거기에 도착하기 전까지는 내가 아무것도 하지 않겠다." 그리하여 이 마을은 소알이라고 불리게 됐습니다. 14:2

23 해가 지평선 위로 솟아올랐을 때 롯은 소알에 들어갔습니다.

24 소돔이 멸망함 그러자 여호와께서 바로 하늘로부터, 곧 여호와께로부터 소돔과 고모라 위에 유황과 불을 비처럼 쏟아부으셨습니다. 애 4:6;암 4:11;습 2:9;눅 17:29;벧후 2:6;유 6:17

25 여호와께서 온 성들과 온 들판과 그 성에 사는 모든 사람들과 그 땅의 모든 식물들을 다 뒤엎어 버리셨습니다.

26 소금 기둥이 된 롯의 아내 그때 롯의 아내는 뒤를 돌아보아 소금 기둥이 되고 말았습니다. 눅 17:32

지평선(19:23, 地平線, over the land) 넓고 평평한 땅의 끝과 하늘이 맞닿아 보이는 경계선.

유황(19:24, 硫黃, sulfur) 화약·성냥·고무 등을 만드는 데 쓰이는 황색의 비금속 원소.

27 **소돔의 멸망을 바라보는 아브라함** 아브라함은 다음 날 아침 일찍 일어나 그가 여호와 앞에 섰던 곳으로 가 보았습니다. 18:22

28 그는 소돔과 고모라와 그 들판의 온 땅을 내려다보았습니다. 그가 보니 그 땅의 연기가 화로에서 피어나는 연기처럼 솟아오르고 있었습니다.

29 하나님께서는 들판의 성들을 멸망시키실 때 아브라함을 기억하셨습니다. 그래서 롯이 살던 성들을 뒤엎으실 때 그 뒤엎으심 가운데서 롯을 구해 주셨습니다.

30 **롯이 동굴에 거함** 롯과 그의 두 딸은 소알에서 사는 것이 무서워 소알을 떠나 산에서 살았습니다. 그와 두 딸은 동굴에서 살았습니다. 17,19절

31 **딸들이 아버지와 동침함** 큰딸이 작은딸에게 말했습니다. "우리 아버지는 늙으셨는데 이 땅에는 세상의 관습을 따라 우리와 결혼할 사람이 없구나.

32 자, 우리가 아버지에게 술을 마시게 하고 아버지와 동침해 우리 아버지의 자손을 보존하자."

33 그날 밤 그들은 자기 아버지에게 술을 마시게 하고 큰딸이 들어가 그녀의 아버지와 함께 자리에 누웠습니다. 그러나 그는 그녀가 눕고 일어나는 것을 알지 못했습니다.

34 다음 날 큰딸이 작은딸에게 말했습니다. "어젯밤에는 내가 아버지와 함께 누웠으니 오늘 밤에도 우리가 아버지에게 술을 마시게 하자. 그리고 네가 들어가 아버지와 동침해 우리 아버지의 자손을 보존하도록 하자."

35 그리하여 그들은 그날 밤도 역시 자기 아버지에게 술을 마시게 하고 작은딸이 들어가 그녀의 아버지와 함께 자리에 누웠습니다. 그러나 그는 그녀가 눕고 일어나는 것을 알지 못했습니다.

36 롯의 딸들이 그 아버지로 인해 임신하게 됐습니다.

37 큰딸은 아들을 낳고 이름을 모압이라고 지었습니다. 그리하여 그는 오늘날 모압 족속의 조상이 됐습니다. 신 29

38 작은딸도 아들을 낳고 이름을 벤암미라고 지었습니다. 그리하여 그는 오늘날 암몬 족속의 조상이 됐습니다.

20

아비멜렉에게 거짓말함 아브라함이 거기에서 네게브로 이동해 가데스와 술 사이에 거주했습니다. 그리고 다시 그랄로 가서 잠시 머물러 살았습니다.

2 아브라함은 자기 아내 사라에 대해서 "그녀는 내 여동생"이라고 말했습니다. 그러자 그랄 왕 아비멜렉이 사람을 보내 사라를 데려갔습니다. 12:13-20

3 **꿈속에 나타난 하나님** 그날 밤 하나님께서 아비멜렉의 꿈속에 나타나 말씀하셨습니다. "너는 이제 네가 데려온 그 여자 때문에 죽게 될 것이다. 그녀는 남편이 있는 몸이다." 욥 33:15~16; 시 105:14; 마 1:20; 2:12

4 아비멜렉은 아직 그녀를 가까이하지 않았으므로 그가 말했습니다. "내 주여, 주께서는 죄 없는 백성도 멸하시려 하십니까?

5 그가 제게 '그녀는 내 여동생'이라고 했고 그 여자도 역시 '그는 내 오빠'라고 하지 않았습니까? 저는 온전한 마음과 깨끗한 손

소돔과 고모라

소돔과 고모라는 풍요롭고 비옥한 요단 평원에 있던 도시였다(창 10:19; 13:10~12). 아브라함의 중보에도 불구하고 의인 열 명이 없어(창 18:22~33) '유황과 불'에 뒤덮여 멸망했다(창 19:24~25). 과학자들은 이 두 도시의 지반이 지진으로 가라앉으면서 뿜어져 나온 가스와 석유가 하늘에서 불덩어리가 되어 떨어진 것으로 본다. 소돔과 고모라의 정확한 위치는 알 수 없으나 염해 남단으로 보고 있다. '소돔과 고모라'는 '타락한 도시'라는 뜻으로 많이 쓰인다(사 3:9; 렘 23:14; 마 10:15; 유 1:7; 계 11:7~8).

- 도단
- 세겜
- 벧엘·
- 살렘· 아이
- 헤브론· 염해
- 브엘세바·
- 소돔(?)과
- 고모라(?)

으로 이 일을 했습니다."

6 하나님께서 꿈속에서 또 그에게 말씀하셨습니다. "나 역시 네가 온전한 마음으로 이 일을 했다는 것을 안다. 네가 내게 죄짓지 않도록 내가 너를 막은 것이다. 그 때문에 내가 너로 하여금 그녀를 건드리지 못하게 한 것이다.   39:9;시 51:4

7 이제 그 사람의 아내를 돌려주어라. 그는 예언자니 그가 너를 위해 기도해 주면 네가 살 것이다. 그러나 만약 네가 그녀를 돌려주지 않으면 너와 네게 속한 사람이 다 죽게 될 것이다."   삼상 7:5;욥 42:8

8 변명하는 아브라함 다음 날 아침 일찍 아비멜렉은 자기 신하들을 모두 소집해 그들에게 이 모든 일들을 다 말해 주었습니다. 그들은 매우 두려워했습니다.

9 그리고 아비멜렉이 아브라함을 불러 말했습니다. "네가 우리에게 어찌 이럴 수 있느냐? 내가 무슨 잘못을 했기에 네가 나와 내 왕국에 이렇게 엄청난 죄를 불러들였느냐? 너는 내게 해서는 안 될 짓을 했다."

10 그리고 아비멜렉은 다시 아브라함에게 말했습니다. "도대체 무슨 까닭으로 이런 짓을 했느냐?"

11 아브라함이 말했습니다. "저는 '이곳은 분명 하나님을 경외하지 않으니 사람들이 내 아내 때문에 나를 죽일 것이다'라고 생각했습니다.   12:12;26:7

12 그리고 사실 그녀는 제 여동생입니다. 제 어머니의 딸은 아니지만 제 아버지의 딸인데 제 아내가 된 것입니다.   11:29

13 하나님께서 저를 제 아버지 집에서 떠나 내실 때 제가 그녀에게 말하기를 '당신이 내게 베풀어 줄 호의는 이것이오, 우리가 어디를 가든지 당신은 그는 내 오빠라고 해 주시오'라고 했습니다."   12:1,13

14 용서를 구하는 아비멜렉 아비멜렉이 아브라함에게 양과 소와 남종들과 여종들을 주고 그의 아내 사라도 그에게 돌려주며

15 말했습니다. "보아라. 내 땅이 네 앞에 있으니 네가 살고 싶은 데 가서 살도록 하여라."

16 그리고 아비멜렉은 사라에게 말했습니다. "내가 네 오빠에게 은 1,000개를 준다. 이것이 너와 함께한 모든 사람들 앞에서 네가 당한 일에 대한 보상이 될 것이다. 이 모든 일에서 네가 잘못이 없다는 것을 모두가 알게 될 것이다."   5절

17 아비멜렉을 위한 기도 아브라함이 하나님께 기도했더니 하나님께서 아비멜렉과 그의 아내와 그의 여종들을 고치셨습니다. 그래서 그들이 아이를 가질 수 있게 됐습니다.

18 여호와께서 아브라함의 아내 사라 때문에 아비멜렉 집안의 모든 태를 그동안 닫으셨던 것입니다.

21

사라가 이삭을 낳음 여호와께서 말씀하신 대로 사라를 돌아보셨고 여호와께서 말씀하신 그대로 사라에게 이뤄 주셔서
17:19;18:10,14;삼상 2:21

2 사라가 임신했습니다. 그리고 하나님께서 아브라함에게 약속하신 바로 그때 늙은 아브라함과 사라 사이에서 아들이 태어났습니다.   17:21;히 11:11

3 아브라함은 자기에게 태어난 아들, 곧 사라가 자기에게 낳아 준 아들을 이삭이라고 이름 지었습니다.   17:19

4 하나님께서 자기에게 명령하신 대로 아브라함은 자기 아들 이삭이 태어난 지 8일 만에 그에게 할례를 베풀었습니다.   행 7:8

5 아들 이삭이 태어났을 때 아브라함의 나이는 100세였습니다.   17:1,17;롬 4:19

6 사라가 기뻐함 사라가 말했습니다. "하나님께서 나로 웃게 하시니 이 소식을 듣는 사람이 다 나와 함께 웃을 것이다."   갈 4:27

7 그녀가 말했습니다. "사라가 자식들에게 젖을 먹일 것이라고 누가 아브라함에게 말할 수 있었겠는가? 그러나 내가 늙은 아브라함에게 아들을 낳아 주었도다."

8 하갈과 이스마엘이 쫓겨남 그 아이가 자라 젖을 뗐습니다. 이삭이 젖 뗀 날 아브라함

동침(19:32, 同寢, lie with a person) 남자와 여자가 잠자리를 같이 하며 성관계를 갖는 것. 호의(20:13, 好意, love) 친절한 마음씨 또는 좋게 생각해 주는 마음.

은 큰 잔치를 베풀었습니다.

9 그런데 사라가 보니 아브라함과 이집트 여인 하갈 사이에서 태어난 아들이 이삭을 놀리고 있었습니다. _{16:1,15,갈 4:29}

10 사라가 아브라함에게 말했습니다. "저 여종과 그 아들을 내쫓아 버리세요. 저 여종의 아들은 결코 제 아들 이삭과 함께 상속을 받을 수 없습니다." _{갈 4:30}

11 아브라함은 그 아들도 자기 아들이기 때문에 무척 괴로웠습니다.

12 하나님께서 아브라함에게 말씀하셨습니다. "그 아이와 네 여종에 대해 괴로워하지 마라. 사라가 네게 뭐라고 하든 그 말을 들어라. 이삭을 통해 난 사람이라야 네 자손이라고 불릴 것이다. _{롬 9:7,6| 11:18}

13 그러나 내가 네 여종의 아들도 한 나라를 이루게 하겠다. 그 또한 네 자손이기 때문이다. _{18절,16:10,17:20}

14 다음 날 아침 일찍 아브라함은 음식과 물이 담긴 가죽 부대를 가져다 하갈의 어깨에 메어 주고 아이와 함께 떠나보냈습니다. 그녀는 길을 떠나 브엘세바 광야에서 방황했습니다. _{31절}

15 하나님이 물을 주심 가죽 부대의 물이 다 떨어지자 하갈은 아이를 덤불 아래 두고

16 화살이 날아갈 거리만큼 떨어진 곳에 가서 마주 보고 주저앉았습니다. 그녀는 "이 아이가 죽는 것을 차마 지켜볼 수가 없구나"라고 말하며 아이를 마주 보고 앉아 큰 소리로 울었습니다.

17 하나님께서 그 아이가 우는 소리를 들으셨습니다. 하나님의 천사가 하늘에서 하갈을 불러 말했습니다. "하갈아, 네게 무슨 일이 있느냐? 하나님께서 저기 있는 아이 *의 소리를 들으셨으니* 두려워하지 마라.

18 이제 일어나 가서 저 아이를 일으켜 그 손을 잡아라. 내가 그로 큰 나라를 이루게 하겠다."

19 하나님이 하갈의 눈을 밝게 하시니 그녀

가 샘 하나를 발견했습니다. 그녀가 가서 가죽 부대에 물을 채워 아이에게 마시게 했습니다. _{민 22:31;왕하 6:17~18,20;눅 24:16,31}

20 이스마엘이 자라는 하나님께서 그 아이와 함께 계시는 가운데 그는 자라났습니다. 그는 광야에서 살면서 활 쏘는 사람이 됐습니다. _{16:12}

21 그는 바란 광야에서 살았습니다. 그의 어머니가 그를 위해 이집트 여자를 그의 아내로 맞아들였습니다.

22 아브라함의 맹세 그때 아비멜렉과 그의 군대 사령관 비골이 아브라함에게 말했습니다. "그대가 하는 모든 일에 하나님께서 그대와 함께하십니다. _{20:2,26:28}

23 그러니 그대가 이제 나나 내 자식이나 내 자손들을 속이지 않겠다고 여기 하나님 앞에서 내게 맹세하십시오. 내가 그대에게 친절을 베푼 것처럼 그대도 내게 또 그대가 이방 사람으로 살고 있는 이 땅에 호의를 베푸시기 바랍니다. _{20:14}

24 아브라함이 말했습니다. "제가 맹세합니다."

25 브엘세바 그러고 나서 아브라함은 아비멜렉의 종들이 빼앗은 우물에 대해 항의했습니다. _{26:15,18,20~22}

26 그러자 아비멜렉이 말했습니다. "누가 이렇게 했는지 나는 모릅니다. 당신도 내게 이 일에 대해 지금까지 말해 주지 않았습니다. 나는 오늘에야 비로소 이 일에 대해 들었습니다."

27 아브라함이 양과 소를 가져다가 아비멜렉에게 주고 그 두 사람이 언약을 맺었습니다.

28 아브라함이 새끼 암양 일곱 마리를 따로 떼어 놓았습니다.

29 아비멜렉이 아브라함에게 물었습니다. "당신은 왜 새끼 암양 일곱 마리를 따로 놓았습니까?"

30 아브라함이 대답했습니다. "이 새끼 암양 일곱 마리를 제 손에서 받으십시오. 이것으로 제가 이 우물을 판 증거로 삼으십시오."

브엘세바(21:14, Beersheba) 이스라엘 네게브 지역에 위치한 성읍, 구약에서 자주 등장하며 이스라엘의 남쪽 한계선으로 부름. 번제물(22:2, 燔祭物, burnt offering) 통째로 태워 제물로 바친 제사에 쓰인 짐승이나 물건.

31 거기서 이 두 사람이 맹세했기 때문에 그 장소를 브엘세바라고 불렀습니다. 26:33

32 브엘세바에서 언약을 맺고 난 후 아비멜렉과 그의 군대 사령관 비골은 블레셋 족속의 땅으로 돌아갔습니다.

33 아브라함은 브엘세바에 에셀 나무를 심고 그곳에서 영원하신 하나님 여호와의 이름을 불렀습니다. 4:26;12:8;시 90:2;사 40:28

34 아브라함은 블레셋 족속의 땅에서 오래 머물러 살았습니다.

22 이삭을 바칠 것을 명하심

1 이런 일이 있은 후 하나님께서 아브라함을 시험하셨습니다. 하나님께서 아브라함에게 말씀하셨습니다. "아브라함아." 그가 대답했습니다. "예, 제가 여기 있습니다."

2 여호와께서 말씀하셨습니다. "네 아들, 네가 사랑하는 네 외아들 이삭을 데리고 모리아 땅으로 가서 내가 네게 지시하는 산에서 그를 번제물로 바쳐라." 대하 3:1

3 아브라함의 순종 아브라함이 다음 날 아침 일찍 일어나 나귀에 안장을 얹고 하인 두 사람과 그 아들 이삭을 준비시켰습니다. 번제에 쓸 나무를 준비한 후 하나님께서 지시하신 곳을 향해 떠났습니다.

4 3일째 되던 날 아브라함이 눈을 들어 그곳을 멀리 바라보았습니다.

5 그가 하인들에게 말했습니다. "너희는 나귀를 데리고 여기 있으라. 나와 아이는 저기 가서 경배한 다음 너희에게 함께 돌아오겠다."

6 아브라함이 번제에 쓸 나무를 자기 아들 이삭의 등에 지웠습니다. 자기는 불과 칼을 들고 둘이 함께 걸어갔습니다. 요 19:17

7 이삭이 자기 아버지 아브라함에게 말을 걸었습니다. "아버지." 아브라함이 대답했습니다. "왜 그러느냐, 내 아들아?" 이삭이 말했습니다. "불과 나무는 여기 있는데 번제로 드릴 양은 어디 있습니까?"

8 아브라함이 대답했습니다. "내 아들아, 번제로 드릴 양은 하나님께서 친히 준비하실 것이다." 두 사람은 함께 계속 길을 갔습니다. 요 1:29,36;벧전 1:19;계 5:12

9 양을 준비하신 하나님 그들이 하나님께서 말씀해 주신 곳에 이르자 아브라함이 그곳에 제단을 쌓고 나무들을 잘 쌓아 올렸습니다. 그런 다음 자기 아들 이삭을 묶어 제단 위에 쌓아 놓은 나무 위에 눕혔습니다.

10 아브라함이 손에 칼을 들고 아들을 죽이려고 했습니다.

11 그때 여호와의 천사가 하늘에서 아브라함을 불렀습니다. "아브라함아, 아브라함아!" 그가 대답했습니다. "제가 여기 있습니다."

12 천사가 말했습니다. "그 아이에게 손대지 마라. 그에게 아무것도 하지 마라. 네가 네

아들, 곧 네 외아들까지도 내게 아끼지 않았으니 이제 네가 하나님을 경외하는 것을 내가 알았노라."

13 아브라함이 눈을 들어 보니 숫양 한 마리가 덤불에 뿔이 걸려 있었습니다. 아브라함은 가서 그 양을 잡아 자기 아들 대신 번제물로 드렸습니다.

14 그리고 아브라함은 그곳을 '여호와 이레'라고 불렀습니다. 그래서 오늘날까지도 사람들이 "여호와의 산에서 준비될 것이다"라는 말을 합니다.

15 **축복의 약속** 여호와의 천사가 하늘에서 두 번째로 아브라함을 불러

16 말했습니다. "여호와의 말씀이다. 내가 나를 두고 맹세한다. 네가 이렇게 네 아들, 곧 네 외아들을 아끼지 않았으니

17 내가 반드시 네게 복을 주고 반드시 네 자손을 하늘의 별처럼, 바닷가의 모래처럼 많아지게 하겠다. 네 자손이 원수들의 성문을 차지할 것이다.

18 네가 내 말에 순종했으므로 네 자손을 통해 이 땅의 모든 민족들이 복을 받을 것이다."

아브라함이 이삭을 바치려던 그곳을 '여호와 이레'라고 부름

19 아브라함이 자기 하인들에게로 돌아갔습니다. 그리고 그들이 일어나 다 함께 브엘세바로 갔습니다. 아브라함은 브엘세바에서 살았습니다. 21:31

20 **나홀에게서 온 소식** 이 일이 있은 후 아브라함에게 이런 말이 들렸습니다. "밀가가 그대의 동생 나홀에게 아들들을 낳았습니다.

21 맏아들 우스와 그 동생 부스와 아람의 아버지인 그무엘과 용 1:1;렘 25:23

22 게셋과 하소와 빌다스와 이들랍과 브두엘이 그들입니다."

23 브두엘이 리브가를 낳았습니다. 밀가가 아브라함의 동생 나홀에게 여덟 아들을 낳았습니다. 24:15

24 그의 첩의 이름은 르우마였습니다. 그녀도 데바와 가함과 다하스와 마아가를 낳았습니다.

23
아브라함이 사라의 죽음을 슬퍼함 사라는 127세까지 살았습니다. 이것이 그녀가 누린 수명이었습니다.

2 그녀는 기럇 아르바, 곧 가나안 땅 헤브론에서 죽었습니다. 아브라함이 가서 사라를 위해 슬퍼하며 울었습니다. 수 14:15;상 1:10

3 **막벨라 굴을 구입함** 아브라함이 죽은 아내 앞에서 일어나 나와 헷 사람들에게 말했습니다.

4 "저는 여러분들과 함께 사는 이방 사람이며 나그네입니다. 죽은 제 아내를 장사 지낼 수 있게 여러분들의 땅을 제게 좀 나눠 주십시오." 17:8;대상 29:15;시 105:12;행 7:5;히 11:9,13

5 헷 사람들이 아브라함에게 대답했습니다.

6 "내 주여, 들어 보십시오. 어른께서는 우리들 가운데 하나님께서 세우신 지도자입니다. 우리 묘지 가운데 가장 좋은 곳을 골라 돌아가신 부인을 장사 지내십시오. 어른께서 돌아가신 부인을 장사 지내신다는데 우리들 가운데 그 누구도 자기 묘지라고 해서 거절할 사람이 있겠습니까?"

7 그러자 아브라함이 일어나서 그 땅의 백성들인 헷 사람들에게 절을 하며

8 그들에게 말했습니다. "여러분께서 제가

죽은 제 아내를 이곳에 장사 지
내는 것을 기꺼이 허락하신다면
제 말을 들어주십시오. 저를 위
해 소할의 아들 에브론에게 부탁
하셔서

9 그의 밭 끝에 있는 막벨라 굴을
제게 주도록 해 주십시오. 에브
론이 정당한 가격으로 그것을 제
게 팔아 묘지로 삼게 해 주십시
오."

10 마침 에브론은 헷 사람들 가
운데 앉아 있었습니다. 에브론
은 성문에 나와 있는 헷 사람들이 듣는 데
서 아브라함에게 대답했습니다.

11 "아닙니다. 내 주여, 제 말 좀 들어 보십시
오. 제가 그 밭을 어른께 드리고 그 밭에 있
는 굴도 드리겠습니다. 제가 제 백성들 앞
에서 그것을 어른께 드릴 테니 어른의 돌
아가신 부인을 장사 지내도록 하십시오."

12 아브라함이 그 땅의 백성들 앞에서 절을
했습니다.

13 그리고 그 땅의 백성들이 듣는 데서 에브
론에게 말했습니다. "만약 당신이 그렇게
하고자 하신다면 제 말을 들으십시오. 제
가 그 밭의 값을 치를 테니 제게서 그 값
을 받으시고 제 죽은 아내를 거기에 장사
지내게 해 주십시오."

14 에브론이 아브라함에게 대답해 말했습니
다.

15 "내 주여, 들어 보십시오. 그 땅은 은
400세겔이 나가지만 저와 어른 사이에 그
런 게 무슨 소용입니까? 그냥 어른의 돌
아가신 부인을 장사하십시오."

16 아브라함은 에브론의 말에 따라 에브론이
헷 사람들이 듣는 데서 말한 밭 값으로 상
인들 사이에서 통용되는 무게로 은 400세
겔을 달아 주었습니다.
대상 21:25렘 32:9

17 그래서 마므레 근처 막벨라에 있는 에브론
의 밭, 곧 그 밭에 있는 굴과 그 밭의 경계
선 안에 있는 모든 나무가 25:9;49:29~32:50:13

18 성문에 있는 모든 헷 사람들이 보는 앞에

멈불에 걸린 숫양이
이삭을 대신하여 번제물로 드려짐

서 아브라함의 소유가 됐습니다.

19 사라를 장사할 그 후에야 아브라함이 가나
안 땅 마므레, 곧 헤브론 앞 막벨라 밭의 굴
에 자기 아내 사라를 장사 지냈습니다.

20 이렇게 해서 그 밭과 그 밭에 딸린 굴이 헷
사람들에게서 아브라함에게로 넘어가 그
의 묘지가 됐습니다.

24

아브라함이 종에게 지시함 아브라
함이 나이가 많이 들어 늙었습니
다. 여호와께서는 모든 일마다 아브라함에
게 복을 주셨습니다. 35절;13:2

2 아브라함이 자기 집의 모든 것을 맡아 관
리하는 늙은 종에게 말했습니다. "네 손을
내 허벅지 사이에 넣어라. 9절;47:29

3 그리고 하늘의 하나님이시며 땅의 하나님
이신 여호와를 두고 내게 맹세하기를, 지
금 내가 살고 있는 가나안 족속의 딸들 가
운데 내 아들을 위해 아내를 구하지 말고

4 내 고향 내 친척들에게로 가서 내 아들 이
삭을 위해 아내를 구해 오겠다고 하여라."

5 종이 아브라함에게 물었습니다. "만약 그

여호와 이레 (22:14, The LORD Will Provide) '준비
하시는 하나님'이라는 뜻. **막벨라 굴** (23:9, cave of
Machpelah) 아브라함이 자신의 가족 묘지로 삼기 위해
은 400세겔을 지불하고, 헷 사람 에브론에게서 구입한
들과 그곳에 있던 동굴의 이름. **세겔** (23:15, shekel) 무
게의 단위, 후대에 은화를 가리키는 이름이 됨. 1세겔은
11.42g에 해당함. **맹세** (24:3, 盟誓, swear) 일정한 약속
이나 목표를 꼭 실천하겠다고 다짐하는 것

여자가 저를 따라 이 땅으로 오기를 싫어하면 제가 주인의 아들을 주인께서 나오신 그곳으로 돌아가게 할까요?"

6 아브라함이 말했습니다. "절대로 내 아들을 데리고 그곳으로 돌아가지 마라.

7 하늘의 하나님 여호와께서 나를 내 아버지 집과 내 친척의 땅에서 데리고 나오시고 내게 맹세해 말씀하시기를 '내가 이 땅을 네 자손에게 줄 것이다'라고 하셨다. 그분께서 네 앞에 천사를 보내셔서 그곳에서 네게 내 아들을 위한 아내를 얻게 하실 것이다.

8 만약 그 여자가 너를 따르려고 하지 않는다면 너는 이 맹세에 대해서 책임이 없을 것이다. 절대로 내 아들을 그곳으로 데리고 가지 마라." 수 2:17-20

9 그 종은 자기 주인 아브라함의 허벅지 사이에 손을 넣고 이 일에 대해 그에게 맹세했습니다. 2절

10 종이 하나님의 인도를 구함 그리고 그 종은 자기 주인의 낙타 가운데 열 마리를 끌고 자기 주인의 온갖 좋은 물건들을 갖고 길을 떠났습니다. 그는 아람 나하라임, 곧 나홀의 성으로 갔습니다. 신 23:4;삿 3:8

11 종은 성 밖 우물곁에서 낙타들을 쉬게 했습니다. 때는 저녁 무렵으로 여자들이 물을 길으러 나오는 시간이었습니다. 요 4:7

12 종은 기도했습니다. "내 주인 아브라함의 하나님 여호와여, 오늘 일이 잘되게 해 주십시오. 내 주인 아브라함에게 자비를 베풀어 주십시오. 27,42,48절;27:20

13 보소서. 제가 이 우물곁에 서 있습니다. 이제 이 성 사람들의 딸들이 물을 길으러 나올 것입니다. 43절

14 제가 어떤 소녀에게 물동이를 내려 내가 물을 마실 수 있게 해 달라고 할 때 그녀가 '드십시오. 제가 당신의 낙타들도 물을 마실 수 있게 해 드리겠습니다'라고 하면 바로 그녀가 주께서 주의 종 이삭을 위해 정하신 사람으로 여기겠습니다. 그것으로 주께서 내 주인에게 자비를 베푸신 줄 알겠습니다." 15:8

15 종이 리브가를 만남 그가 기도를 채 마치기도 전에 아브라함의 동생인 나홀의 아내 밀가의 아들 브두엘이 낳은 리브가가 어깨에 물동이를 지고 나왔습니다. 11:29

16 그 소녀는 무척 아름다웠으며 아직 남자를 알지 못하는 처녀였습니다. 그녀가 우물로 내려가 자기 물동이를 채워 다시 올라왔습니다. 26:7

17 아브라함의 종이 얼른 리브가에게 뛰어가 말했습니다. "내게 그 물동이의 물을 좀 주시오."

18 "내 주여, 드십시오" 하면서 그녀는 얼른

왜 100세에 주신 아들을 바치라고 했을까요?

이삭이 자라자, 하나님은 아브라함에게 이삭을 번제물로 바치라고 하셨어요(창 22:2). 하나님은 큰 시련을 통해 아브라함이 하나님의 말씀에 얼마나 순종하는지를 시험하고 싶으셨어요. 하나님의 말씀을 들은 아브라함은 어떤 마음이었을까요? 성경에는 아브라함의 마음이 어떤지는 나오지 않아요. 다만 아브라함이 일찍 일어나 외아들 이삭을 데리고 말씀하신 곳으로 갔다고 나와요. 하나님의 말씀을 거부하지 않고 바로 순종했어요. 하늘의 별과 같이 많은 자손을 주겠다고 약속하셨고, 아이를 낳을 수 없는 나이에도 아들을 주신 하나님이 번제드릴 양을 준비하실 거라고 믿었어요(창 22:8). 혹시 이삭이 죽더라도 이삭을 통해 후손을 주신다는 약속을 하나님이 지키실 거라고 믿은 거지요(롬 4:19, 히 11:17-19). 하나님은 이 믿음과 순종을 보고 무척 기뻐하시며, 그의 믿음대로 번제드릴 양을 준비하셨어요. 아브라함은 하나님을 정말 사랑했고 하나님이 어떤 분인지 알았기에 하나님의 이해하기 힘든 명령에도 순종할 수 있었어요.

자기의 물동이를 내려서 손에 받쳐 들고 그에게 마시게 했습니다.

19 그에게 물을 다 마시게 한 후 리브가가 말했습니다. "낙타들을 위해서도 제가 물을 길어다 낙타들이 물을 다 마시도록 하겠습니다."

20 그녀는 얼른 자기 물동이의 물을 구유에 붓고 다시 물을 길으러 우물로 뛰어갔습니다. 그리고 물을 긷고 또 길어 모든 낙타들이 충분히 마시도록 했습니다.

21 아브라함의 종은 여호와께서 정말로 이번 여행길이 잘되게 하셨는지 알아보려고 말없이 리브가를 지켜보고 있었습니다.

22 브두엘의 딸 리브가 낙타가 물을 다 마시고 나자 종은 무게가 2분의 1세겔 나가는 금 코걸이 하나와 10세겔 나가는 금팔찌 두 개를 주면서

23 물었습니다. "아가씨가 누구의 딸인지 제게 말해 주시오. 아가씨의 아버지 집에 우리가 하룻밤 묵을 방이 있겠소?"

24 리브가가 종에게 말했습니다. "저는 브두엘의 딸입니다. 할머니는 밀가이고 할아버지는 나홀입니다." 15절上22:23

25 그녀가 종에게 이어 말했습니다. "저희 집에는 짚과 여물이 많고 하룻밤 묵을 곳도 있습니다."

26 그러자 아브라함의 종이 머리 숙여 여호와께 경배를 드리며 48,52절출 4:31

27 말했습니다. '내 주인 아브라함의 하나님 여호와를 찬양합니다. 여호와께서는 내 주인에게 자비와 성실함을 저버리지 않으셨습니다. 여호와께서 길에서 저를 인도하셔서 내 주인의 형제 집에 이르게 하셨습니다."

28 라반이 반갑게 맞음 그 소녀가 자기 어머니의 집에 이 일들을 알렸습니다.

29 리브가에게는 라반이라는 오빠가 하나 있었습니다. 라반이 밖으로 나가 우물가에 있는 그 사람에게로 뛰어갔습니다. 25:20

30 라반은 자기 여동생의 코걸이와 팔찌들을 보고 또 리브가가 "그분이 내게 이렇게 말씀하셨다"라고 자기에게 말한 것을

듣고는 그 사람에게 간 것입니다. 가서 보니 정말로 그가 우물가 낙타들 곁에 서 있었습니다.

31 라반이 말했습니다. "여호와께 복을 받은 분이여, 어서 오십시오. 왜 이렇게 밖에 서 계십니까? 제가 묵어가실 방과 낙타가 있을 곳을 마련해 놓았습니다."

32 아브라함의 종이 라반의 집으로 갔습니다. 라반은 낙타 위의 짐을 풀고 낙타들에게 짚과 여물을 주고 종과 그의 일행에게 발 씻을 물도 주었습니다.

33 아브라함의 뜻을 전하는 종 그런 후 음식을 차려 주었습니다. 그러나 아브라함의 종이 말했습니다. "저는 제가 할 말을 하기 전까지는 먹지 않겠습니다." 그러자 라반이 말했습니다. "그럼, 말씀해 보십시오."

34 그래서 그가 말했습니다. "저는 아브라함의 종입니다.

35 여호와께서 내 주인에게 복을 많이 주셔서 주인은 크게 되셨습니다. 양과 소와 금과 은과 남녀종들과 낙타와 나귀들은 여호와께서 주인에게 주신 것입니다. 1절

36 내 주인의 아내인 사라는 노년에 내 주인에게 아들을 낳아 주었는데 주인은 자기가 가진 모든 것을 그 아들에게 주었습니다.

37 내 주인이 제게 맹세를 하라고 말씀하셨습니다. '너는 내 아들을 위해 내가 살고 있는 이 가나안 땅 사람들의 딸 가운데 아내를 얻지 말고 3~8절

38 내 아버지 집과 내 친족들에게로 가서 내 아들을 위해 아내를 구해 오너라'라고 말입니다.

39 그래서 제가 '만약 그 여자가 나를 따라오려고 하지 않으면 어떻게 합니까?'라고 내 주인께 물었습니다.

40 그러자 내 주인께서 제게 이렇게 대답하셨습니다. '내가 섬기는 여호와께서 그분의 천사를 너와 함께 보내셔서 네 길이 잘되게 하시며 내 아들을 위해 내 친족과 내 아버지 집에서 아내를 얻게 해 주실 것이다.

41 네가 내 친족에게로 갔는데 만약 그들이

네게 여자를 내주지 않는다면 너는 내 맹세에 대해서 책임이 없을 것이다. 내 맹세로부터 자유롭게 될 것이다'라고 말입니다.

42 **종이 기도한 내용** 제가 오늘 우물에 이르렀을 때 저는 이렇게 말했습니다. '내 주인 아브라함의 하나님 여호와여, 제가 걷고 있는 이 길이 잘되게 해 주십시오.

43 이제 제가 이 우물가에 서 있겠습니다. 그리고 물 길으러 나오는 소녀에게 제가 '내게 물동이의 물을 조금 마시게 해 주시오'라고 말할 것입니다.

13절

44 그때 그녀가 '드십시오. 이 낙타들을 위해서도 제가 물을 길어 드리겠습니다'라고 말하면 그녀가 바로 여호와께서 내 주인의 아들을 위해 정하신 사람으로 여기겠습니다'라고 말입니다.

14,18절

45 내가 미처 마음속으로 말하기를 다 끝내기도 전에 리브가가 물동이를 어깨에 지고 나와서 우물로 내려가 물을 길었습니다. 그래서 제가 그녀에게 '좀 마시게 해 주시오'라고 했습니다.

삼상 1:13

46 그녀는 얼른 어깨에서 물동이를 내려

리브가

이삭의 아내로, 브두엘의 딸이며 라반의 여동생이다. 우물가에서 만난 아브라함의 종인 엘리에셀은 물론, 낙타에게도 물을 준 친절한 여인으로 매우 미인이었으며 하나님의 말씀에 순종했다.

이삭과 결혼한 후 20년 동안 아이를 갖지 못하다가 기도 응답으로 쌍둥이 아들 에서와 야곱을 낳았다. 야곱과 에서를 배 안에 갖고 있을 때, 형 이 동생을 섬기게 될 것이라는 하나님의 말씀을 들었다. 리브가는 큰 아들 에서보다 **야곱을 더 사랑했고, 장자의 복을** 차지할 수 있도록 야곱을 에서처럼 꾸며 이삭의 축복을 받게 했다.

리브가가 나오는 말씀
» 창 24:15-30, 42-48;
25:21-28; 27:1-29; 49:31

'드십시오. 제가 주의 낙타들도 마시게 해드리겠습니다' 하는 것이었습니다. 그래서 제가 마셨습니다. 그리고 그녀는 낙타들도 마시도록 해 주었습니다.

47 제가 그녀에게 물어 말했습니다. '아가씨는 누구의 딸이오?' 그녀가 대답했습니다. '밀가가 나홀에게 낳아 준 아들 브두엘의 딸입니다.' 그래서 제가 그녀의 코에 코걸이를 달아 주고 그녀의 팔에 팔찌를 끼워 주었습니다.

겔 16:11-12

48 그리고 저는 머리 숙여 여호와께 경배를 드렸습니다. 저를 바른길로 인도하셔서 내 주인의 형제의 딸을 그 아들에게 주신 아브라함의 하나님 여호와를 송축했습니다.

26,52절;22:23

49 **브두엘이 결혼을 허락함** 이제 여러분께서 내 주인에게 자비와 성실을 베푸시려면 제게 말씀해 주십시오. 또 만약 그러지 않으면 다 말씀해 주십시오. 그래야 제가 어떻게 해야 할지 알 것입니다."

47:29;수 2:14

50 라반과 브두엘이 대답했습니다. "이 일은 여호와께로부터 나온 일이니 우리가 좋다거나 나쁘다고 말할 수 있는 것이 아닌 것 같습니다.

31:24;삼하 13:22

51 리브가가 여기 있으니 그녀를 데리고 가셔서 여호와께서 말씀하신 대로 당신 주인 아들의 아내로 삼으십시오.

13-15,42-46절

52 리브가가 종과 함께 떠남 아브라함의 종이 그들의 말을 듣고 땅에 엎드려 여호와께 경배를 드렸습니다.

53 그리고 그 종은 은금 패물과 옷들을 꺼내 리브가에게 주었습니다. 그녀의 오빠와 그녀의 어머니에게도 값비싼 선물들을 주었습니다.

54 그 후에야 종과 그 일행이 먹고 마시고 그곳에서 하룻밤을 묵었습니다. 다음 날 아침에 일어나서 아브라함의 종이 말했습니다. "저를 제 주인에게 돌아가게 해 주십시오."

55 그녀의 어머니와 오빠가 대답했습니다. "이 아이가 우리와 함께 한 10일쯤 더 있다 가게 해 주십시오."

56 종이 그들에게 말했습니다. "저를 붙들지 마십시오. 하나님께서 제 여행길을 형통하게 하셨으니 제가 제 주인에게 돌아가게 보내 주십시오."

57 리브가의 오빠와 어머니가 말했습니다. "리브가를 불러서 물어봅시다."

58 그들이 리브가를 불러서 물었습니다. "네가 이 사람과 같이 가겠느냐?" 리브가가 대답했습니다. "예, 가겠습니다." 35:8

59 그리하여 리브가의 오빠와 어머니는 리브가를 그녀의 유모와 함께 아브라함의 종과 그의 일행에게 딸려 보내며

60 리브가에게 축복하며 말했습니다. "우리 누이여, 너는 수천만의 어머니가 될 것이며 네 자손이 원수들의 성문을 차지할 것이다." 17:16;22:17

61 리브가와 그 여종들이 낙타에 올라타고 그 종의 뒤를 따라갔습니다. 이렇게 그 종이 리브가를 데리고 떠났습니다.

62 이삭이 리브가와 결혼할 그때 이삭은 브엘라해로이에서 돌아와 네게브 지역에서 살고 있었습니다. 16:14;25:11

63 날이 저물 무렵에 이삭이 묵상하러 들에 나갔다가 눈을 들어보니 낙타들이 오는 것이 보였습니다. 시 77:12;143:5

64 리브가가 고개를 들어 이삭을 보고 낙타에서 내려

65 아브라함의 종에게 물었습니다. "들에서 우리를 맞이하러 오고 있는 저 사람은 누구입니까?" 그 종이 말했습니다. "제 주인입니다." 그러자 리브가가 베일로 얼굴을 가렸습니다.

66 그 종은 이삭에게 자기가 행한 모든 일을 다 이야기했습니다.

67 이삭이 리브가를 자기 어머니 사라의 장막으로 데리고 들어갔습니다. 그리고 리브가를 자기 아내로 삼았습니다. 이삭은 그녀를 사랑했습니다. 이렇게 해서 이삭은 자기 어머니 사라가 죽은 후에 위로를 얻었

습니다.

25 그두라를 아내로 맞는 아브라함 232

아브라함이 다시 아내를 얻었는데 그녀의 이름은 그두라였습니다.

2 그두라는 아브라함에게 시므란, 욕산, 므단, 미디안, 이스박, 수아를 낳았습니다.

3 욕산은 스바와 드단을 낳았고 드단의 자손은 앗수르 족속과 르두시 족속과 르움미 족속이 됐습니다.

4 미디안의 아들은 에바, 에벨, 하녹, 아비다, 엘다아입니다. 이들은 다 그두라의 자손입니다.

5 아브라함은 자기의 모든 소유를 이삭에게 주었습니다. 24:36

6 아브라함은 자신이 아직 살아 있는 동안 자기 후처들의 아들들에게도 재물을 나눠 주었습니다. 그들을 동쪽, 곧 동방 땅으로 내보내 자기 아들 이삭과 떨어져 살게 했습니다. 21:14

7 아브라함을 장사함 아브라함은 175세까지 살았습니다.

8 아브라함이 복된 삶을 살다가 늙어 백발이 돼 숨을 거두고 자기 조상들에게로 돌아갔습니다. 17:8;15:15;35:29;49:33

9 그의 아들 이삭과 이스마엘이 아브라함을 마므레 근처 막벨라 굴에 묻었습니다. 그곳은 에브론의 밭으로 마므레 근처에 있었습니다. 에브론은 헷 사람 소할의 아들입니다. 35:29

10 그 밭은 아브라함이 헷 사람들로부터 산 것입니다. 그곳에 아브라함과 그의 아내 사라가 묻혔습니다. 23:16;49:30-31;50:13

11 이삭을 축복함 아브라함이 죽은 후에 하나님께서 그의 아들 이삭에게 복을 주셨습니다. 이삭은 당시에 브엘라해로이 근처에 살고 있었습니다. 16:14;24:62

12 이스마엘의 족보 사라의 이집트 사람 여종 하갈이 아브라함에게 낳아 준 아브라함의 아들 이스마엘의 족보는 이러합니다. 16:15

패물 (24:53, 佩物, jewelry-NIV) 몸을 치장하기 위해 달거나 차는 장식물. 형통 (24:56, 亨通, success) 모든 일이 뜻과 같이 잘됨. 묵상 (24:63, 默想, meditation) 말씀을 생각하거나 말없이 마음속으로 기도를 드리는 것

13 이스마엘의 아들들의 이름을 그 태어난 순서대로 나열해 보면 이스마엘의 맏아들 느바욧과 게달과 앗브엘과 밉삼과
14 미스마와 두마와 맛사와
15 하닷과 데마와 여둘과 나비스와 게드마입니다. 대상 5:19과 6:19:사 21:14
16 이들이 이스마엘의 아들들입니다. 아들의 이름은 마을과 고을별 이름이며 이 사람들이 세운 12부족의 지도자들의 이름이기도 합니다. 17:20
17 이스마엘은 137세까지 살다가 숨을 거두고 자기 조상들에게로 돌아갔습니다. 8절
18 그들은 하윌라에서부터 술에 이르는 지역에 퍼져서 살았습니다. 술은 이집트의 동쪽 앗시리아로 가는 길에 위치해 있었습니다. 이스마엘의 자손은 자기의 모든 형제들의 맞은편에 살았습니다. 삼상 15:7
19 후손에 대한 관심 아브라함의 아들 이삭에 대한 기록은 이러합니다. 아브라함이 이삭을 낳았고 마 1:2
20 이삭은 40세에 밧단 아람의 아람 사람 브두엘의 딸이며 아람 사람 라반의 여동생인 리브가를 자기 아내로 맞이했습니다.

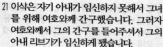

이삭

아브라함이 100세에 낳은 외아들로 이름에는 '웃음'이라는 뜻이 있다. 이삭은 하나님께 제물로 바쳐지게 되었으나, 하나님이 대신할 숫양을 준비해 주셔서 극적으로 살아났다. 리브가와 결혼했으나 아이가 생기지 않자 기도하여 쌍둥이 에서와 야곱을 낳았다.
노년에 둘째 아들 야곱에게 속아서 장자의 축복을 그에게 부어 주었다. 블레셋 사람들이 시기하여 우물을 빼앗았지만 다툼과 싸우지 않고 양보한 온유한 사람이었다.
하나님의 축복을 받아 부자가 되었다.

이삭이 나오는 말씀
>> 창 25:21-28; 26:2-5,
12-13, 17-25; 27:5-46

21 이삭은 자기 아내가 임신하지 못해서 그녀를 위해 여호와께 간구했습니다. 그러자 여호와께서 그의 간구를 들어주셔서 그의 아내 리브가가 임신하게 됐습니다.
22 자녀에 대해 예언하심 그런데 배 속에서 두 아기가 서로 싸웠습니다. 리브가는 "내게 왜 이런 일이 일어나는 것일까?"라고 말하며 여호와께 나아가 여쭈어 보았습니다.
23 여호와께서 그녀에게 말씀하셨습니다. "두 나라가 네 태 안에 있다. 네 태 안에서부터 두 민족이 갈라질 것이다. 한 민족이 다른 한 민족보다 강하니 형이 동생을 섬기게 될 것이다." 17:16:27:29:롬 1:18-21
24 에서와 야곱의 출생 리브가가 출산할 때가 돼서 보니 그녀의 배 속에 쌍둥이가 들어 있었습니다.
25 먼저 나온 아들은 빨갛고 온몸이 털옷과 같아서 그 이름을 에서라고 했습니다.
26 그다음에 그의 동생이 나왔는데 손으로 에서의 발뒤꿈치를 잡고 있었습니다. 그래서 그 이름을 야곱이라고 했습니다. 그들을 낳았을 때 이삭은 60세였습니다.
27 에서와 야곱의 성장 그 아이들이 자라서 에서는 능숙한 사냥꾼으로 들판에 나다니는 사람이 됐습니다. 야곱은 조용한 사람이어서 장막에 머물러 있었습니다. 히 11:9
28 이삭은 사냥한 고기를 좋아했기 때문에 에서를 사랑하고 리브가는 야곱을 사랑했습니다. 27:4,7,9
29 장자권을 파는 에서 그러던 어느 날 야곱이 죽을 끓이고 있는데 들판에 나갔던 에서가 들어왔습니다. 에서는 배가 고팠습니다.
30 에서가 야곱에게 말했습니다. "그 붉은 죽을 내가 좀 먹게 해 다오. 나 정말 배고파 죽겠다." 붉은 것을 먹었다고 해서 그의 별명을 에돔이라고 부르기도 합니다.
31 야곱이 대답했습니다. "먼저 형의 장자권을 오늘 내게 파십시오."
32 에서가 말했습니다. "내가 지금 죽을 지경인데 장자권이 내게 무슨 소용이냐?"
33 그러자 야곱이 말했습니다. "오늘 당장 내

게 맹세부터 하십시오." 에서가 맹세를 하고 야곱에게 자기 장자권을 팔았습니다.

34 그제야 야곱이 에서에게 빵과 붉은 죽을 주었습니다. 에서는 먹고 마신 후 일어나 가 버렸습니다. 이처럼 에서는 자기 장자권을 소홀히 여겼습니다.

26 다시 확인된 약속 아브라함 때 들었던 흉년이 다시 그 땅에 찾아들었습니다. 그래서 이삭은 그랄에 있는 블레셋 왕 아비멜렉에게 찾아갔습니다. 21:10

2 그때 여호와께서 이삭에게 나타나셔서 말씀하셨습니다. "이집트로 내려가지 말고 내가 네게 일러 주는 땅에서 살아라. 12:1

3 이 땅에서 계속 살면 내가 너와 함께하겠고 네게 복을 주겠다. 너와 네 자손에게 내가 이 모든 땅을 줄 것이고 내가 네 아버지 아브라함에게 맹세한 것을 이뤄 주겠다.

4 내가 네 자손을 하늘의 별같이 많게 할 것이며 네 모든 땅을 네 자손들에게 줄 것이니 땅의 모든 나라들이 네 자손들로 인해 복을 받을 것이다. 12:3;15:5

5 아브라함이 내 말에 순종하고 내 명령과 내 계명과 내 율례와 내 법을 다 지켰기 때문이다." 22:18

6 이삭의 거짓말 그래서 이삭은 그랄에 그대로 머물렀습니다.

7 그곳 사람들이 이삭에게 그의 아내에 대해 물었습니다. 이삭이 말했습니다. "그녀는 제 여동생입니다." 이삭은 '리브가가 너무 아름다워서 그녀 때문에 이곳 사람들이 나를 죽일지도 모른다'라고 생각해 리

브가를 "제 아내입니다"라고 말하기를 두려워했습니다. 12:13;20:2~3;24:16

8 이삭이 그랄에서 오랫동안 지냈습니다. 어느 날 블레셋 왕 아비멜렉이 창밖을 내다보다 이삭이 자기 아내 리브가를 껴안고 있는 것을 보았습니다.

9 아비멜렉이 이삭을 불러 말했습니다. "이 사람이 네 아내가 분명한데 어째서 너는 '그녀는 제 여동생입니다'라고 했느냐?" 이삭이 대답했습니다. "그녀 때문에 제가 죽게 될까 봐 그랬습니다."

10 아비멜렉이 말했습니다. "네가 어쩌려고 우리에게 이렇게 말했느냐? 백성 가운데 누군가가 네 아내와 같이 누웠더라면 어떻게 할 뻔했느냐? 하마터면 너 때문에 우리가 죄를 지을 뻔했다." 20:9

11 아비멜렉이 모든 백성들에게 명령을 내렸습니다. "누구든 이 사람이나 그의 아내를 건드리는 사람은 반드시 죽을 것이다."

12 하나님이 이삭을 축복하심 이삭이 그 땅에 곡식을 심고 그해에 100배를 거두었습니다. 여호와께서 그에게 복을 주셨기 때문입니다. 3절;24:1,35

13 이삭은 부자가 됐습니다. 그리고 점점 더 부유해져서 마침내 아주 큰 부자가 됐습니다.

14 그가 양 떼와 가축과 종들을 많이 거느리게 되자 블레셋 사람들이 그를 시기했습니다. 전4:4

15 우물 때문에 다툼 블레셋 사람들은 그의 아버지 아브라함 때 아브라함의 종들이 팠던

장자권이란 말

장자권을 사고팔 수 있나요?

장자권이란 말아들이 갖는 특권과 책임을 말해요. 장자권을 가진 맏아들은 아버지의 뒤를 이어 가정을 대표하고, 제사장의 직분을 수행하며, 영적 축복의 상속자가 되었어요.

부모를 모시거나 아버지가 돌아가신 후 가족을 돌볼 책임도 있었어

요. 따라서 재산을 상속받을 때도 다른 형제들보다 두 배를 받았어요(신 21:15~17). 하지만 장자권이 맏아들에게만 주어진 것은 아니었어요. 에서처럼 장자권을 맏아들에 파는 경우도 있었고(창 25:31~33), 르우벤처럼 나쁜 성품이나 죄 때문에 받지 못한 사람도 있었어요(대상 5:1~2).

모든 우물들을 막고 흙으로 메워 버렸습니다. 26:30

16 아비멜렉이 이삭에게 말했습니다. "우리를 떠나가라. 네가 너무 강해져서 우리가 감당할 수가 없다."

17 이삭이 그곳을 떠나 그랄 골짜기에 진을 치고 거기서 살았습니다.

18 이삭은 자기 아버지 아브라함의 때 팠다가 아브라함이 죽고 난 후 블레셋 사람들이 막아 버린 우물들을 다시 파고 자기 아버지가 지은 이름들을 다시 붙였습니다.

19 이삭의 종들이 골짜기를 파다가 신선한 물이 나오는 샘을 발견했습니다.

20 그런데 그랄의 양치기들이 이삭의 양치기들과 싸우면서 말했습니다. "이 물은 우리 것이다." 이 때문에 이삭은 그 우물을 에섹이라고 불렀습니다. 그들이 이삭과 싸웠기 때문입니다. 26:25

21 이삭의 종들이 다른 우물을 팠는데 그랄의 양치기들과 다시 그 우물 때문에 싸웠습니다. 그래서 이삭은 그 우물을 싯나라고 불렀습니다.

22 이삭이 그곳에서 옮겨 또 다른 우물을 팠습니다. 이번에는 아무도 싸움을 걸어오지 않았습니다. 그래서 이삭이 "이제 여호와께서 우리 자리를 넓게 하셨으니 우리가 이 땅에서 번성할 것이다" 하며 그 우물의 이름을 르호봇이라고 했습니다.

23 이삭에게 다시 약속하심 거기에서 이삭이 브엘세바로 올라갔습니다.

24 그날 밤 여호와께서 이삭에게 나타나 말씀하셨습니다. "나는 네 아버지 아브라함의 하나님이다. 내가 너와 함께 있으니 두려워하지 마라. 내가 내 종 아브라함을 위해 네게 복을 주고 네 자손이 번성하게 하겠다."

25 이삭이 그곳에 제단을 쌓고 여호와의 이름을 불렀습니다. 이삭이 거기에 장막을 쳤고 이삭의 종들은 그곳에서도 물을 팠습니다. 12:7; 13:18

26 **아비멜렉의 언약** 아비멜렉이 자기 친구 아훗삿과 군대 사령관 비골과 함께 그랄에서부터 이삭에게 찾아왔습니다. 21:22

27 이삭이 그들에게 물었습니다. "무슨 일로 제게 오셨습니까? 여러분이 저를 미워해 저를 쫓아내지 않았습니까?" 16절

28 그들이 대답했습니다. "우리는 여호와께서 그대와 함께하시는 것을 보았습니다. 그래서 우리는 '우리들 사이, 곧 우리와 이삭 사이에 맹세가 있어야겠다'라고 생각했습니다. 우리는 그대와 언약을 맺었으면 합니다.

29 우리가 당신을 건드리지 않고 항상 잘 대해 주고 평화롭게 보내 주었던 것처럼 당신이 우리를 해치지 않게 말입니다. 당신은 여호와께 복을 받은 사람입니다." 24:31

30 이삭이 그들에게 잔치를 베풀어서 그들이 먹고 마셨습니다.

31 다음 날 아침 일찍 그들은 서로 맹세했습니다. 이삭이 그들을 떠나보내니 그들은 평안히 돌아갔습니다. 21:31

32 바로 그날 이삭의 종들이 와서 자기들이 판 우물에 대해 이야기했습니다. "우리가 물을 발견했습니다."

33 이삭이 그 우물을 세바라고 불렀습니다. 그리하여 그 마을의 이름이 오늘날까지 브엘세바라고 불립니다. 21:31; 22:19

우물은 왜 중요할까요?

이스라엘은 비가 적게 내려 늘 물이 부족했어요. 부족한 물은 우물을 파서 얻었어요. 그러니 우물은 살아가는 데 아주 중요한 것이었어요. 그래서 우물을 지키거나 차지하기 위해 싸움을 하는 일도 자주 있었어요.(창 26:15~22).

우물을 파는 일은 결코 쉽지 않았지만, 한 번 파면 자손 대대로 이용할 수 있었어요(민 21:17~18). 보통 광야나 골짜기 또는 도시 근처, 들판, 집 안의 뜰에 우물을 팠어요.

크기는 작은 웅덩이 정도에서부터 야곱의 우물처럼(23m) 깊은 것까지 여러 종류였어요. 평소 우물을 덮어 놓아 사람이나 짐승이 빠지지 않게 하면서 깨끗

34 이방 여자와 결혼하는 에서 에서는 40세에 헷 사람 브에리의 딸 유딧과 헷 사람 엘론의 딸 바스맛을 아내로 맞이했습니다.

35 이 두 여자는 이삭과 리브가에게 근심거리였습니다.
27:46

27 축복을 준비하는 이삭 이삭이 늙어 눈이 침침해져서 잘 보이지 않게 됐을 때 그가 맏아들 에서를 불러 말했습니다. "내 아들아." 에서가 대답했습니다. "제가 여기 있습니다."
삼상 3:2

2 이삭이 말했습니다. "이제 내가 늙어서 언제 죽을지 모른다.

3 그러니 너는 네 무기인 화살통과 활을 갖고 들로 나가서 나를 위해 사냥을 하도록 하여라.
25:27-28

4 그리고 내가 좋아하는 맛있는 음식을 만들어 가져오너라. 내가 먹고 죽기 전에 너를 축복하고 싶구나."
10,25장:48:9,15:49:28 ; 신 33:1

5 리브가와 야곱의 음모 그때 마침 리브가가 이삭이 그 아들 에서에게 말하는 것을 들었습니다. 에서가 사냥해 오려고 들로 나가자

6 리브가가 자기 아들 야곱에게 말했습니다. "네 아버지가 네 형 에서에게 하는 말을 내가 들었는데

7 '사냥을 해다가 맛있는 음식을 만들어 와 나에게 먹게 하여라. 내가 죽기 전에 여호와 앞에서 너를 축복하겠다'고 하시더라.

8 그러니 내 아들아, 잘 듣고 내가 시키는 대로 하여라.
13절

9 가축들이 있는 데 가서 좋은 염소 새끼 두 마리를 끌고 오너라. 내가 네 아버지를 위해 그가 좋아하는 맛있는 음식을 만들어 주마.

▲ 하란의 우물

10 너는 그것을 네 아버지께 갖고 가서 잡수시게 하여라. 네 아버지가 돌아가시기 전에 너를 축복하실 것이다."
4절

11 야곱이 자기 어머니 리브가에게 말했습니다. "하지만 형 에서는 털이 많은 사람이고 저는 피부가 매끈한 사람입니다.
25:25

12 만약 아버지가 저를 만져 보시면 제가 아버지를 속이는 자라는 것을 아시게 돼 복은커녕 오히려 저주를 받게 될 것입니다."

13 야곱의 어머니가 그에게 말했습니다. "내 아들아, 그 저주는 내가 받을 테니 너는 그저 내가 시키는 대로만 하여라. 가서 염소들을 끌고 오너라."
삼상 25:24;삼하 14:9;마 27:25

14 그리하여 야곱은 가서 염소들을 자기 어머니에게로 끌고 왔습니다. 그리고 그의 어머니는 그의 아버지가 좋아하는 맛있는 음식을 만들었습니다.

15 리브가는 집 안에 두었던 맏아들 에서의 옷 가운데 가장 좋은 옷을 꺼내 작은 아들 야곱에게 입혔습니다.
27절

16 그녀는 야곱의 매끈한 두 손과 목덜미에 염소 가죽을 둘러 주었습니다.

17 그리고 자기가 만든 음식과 빵을 자기 아들 야곱에게 건네주었습니다.

18 야곱이 이삭을 속임 야곱은 아버지에게 가서 말했습니다. "아버지." 이삭이 대답했습니다. "그래. 내 아들아, 네가 누구냐?"

19 야곱이 아버지에게 말했습니다. "저는 아버지의 맏아들 에서입니다. 아버지께서 제게 말씀하신 대로 준비해 왔습니다. 자, 일

하게 보존했어요.
또한 성경에서 우물은 중요한 만남의 장소였어요. 이삭의 신부를 구하기 위해 길을 떠난 종 엘리에셀이 우물가에서 리브가를 만났어요(창 24:42-48). 신약에서 예수님은 수가라는 동네 우물가에서 물 길러 나온 사마리아 여인을 만나 복음을 전해 주셨어요(요 4:4-26).

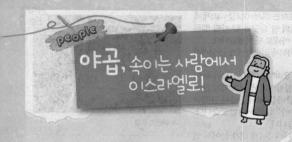

people

야곱, 속이는 사람에서 이스라엘로!

[벧엘에서]
₪ 형을 피해 도망가다 하늘에 닿은 사닥다리 환상을 봄(창 28:1~22)
⑩ 야곱이 하나님께 제단을 쌓음. 하나님의 약속을 받고 '이스라엘'로
불림(창 35:1~15)

세겜 ●
벧엘 ●
헤브론 ●
브엘세바 ●

[세겜에서]
⑨ 딸 디나가 성폭행당하므로
아들들이 세겜을 공격함(창 34:1~31)

[이집트에서]
⑫ 가나안 땅의 기근으로 이집트로 내려가 요셉을 만남
말년 17년을 편안히 살다가 죽음(창 42~50장)

[밧단아람(하란)에서]

5 두 아내와 열세 자녀(12남 1녀)를 얻고, 많은 가축을 얻음(창29:25-35)
6 라반의 집을 떠나 가나안으로 출발함(창31:1-21)
7 라반과 평화의 조약을 맺고, 돌무더기 기둥을 세움(창31:22-55)

[헤브론에서]

11 요셉을 잃음(창37장)

[얍복나루에서]

8 얍복 강 가에서 기도하며 천사와
씨름하여 이김(창32장)

[브엘세바에서]

1 쌍둥이 형 에서의 발뒤꿈치를 잡고 태어남(창25:26)
2 에서에게 빵과 붉은 죽을 팔아 장자권을 얻음(창25:29-34)
3 아버지 이삭에게 에서인 것처럼 속여 축복을 가로챔(창27:1-29)

어나셔서 제가 사냥한 고기를 잡수시고 저를 축복해 주십시오.'"

20 이삭이 그 아들에게 물었습니다. "네가 어떻게 그렇게 빨리 잡아 올 수 있었느냐?" 야곱이 대답했습니다. "아버지의 하나님 여호와께서 제가 사냥감을 금방 찾을 수 있게 해 주셨습니다."

21 그러자 이삭이 야곱에게 말했습니다. "내 아들아, 이리 가까이 오너라. 내가 너를 좀 만져 보아야겠다. 네가 정말 내 아들 에서 인지 알아보아야겠다." ^{12절}

22 야곱이 자기 아버지 이삭에게 가까이 가자 이삭이 야곱을 만져 보고 나서 말했습니다. "목소리는 야곱의 목소리인데 손은 에서의 손이로구나."

23 야곱의 손이 그의 형 에서의 손처럼 털이 많았기 때문에 이삭은 알아보지 못하고 야곱을 축복했습니다. ^{16절;히 11:20}

24 이삭이 말했습니다. "네가 정말 내 아들 에서가 맞느냐?" 야곱이 대답했습니다. "그렇습니다."

25 이삭이 말했습니다. "내 아들아, 네가 사냥한 고기를 내게 가져오너라. 내가 먹고 너를 마음껏 축복하겠다." 야곱이 음식을 가져오자 이삭이 먹었습니다. 또한 야곱이 포도주도 가져오자 이삭이 마셨습니다. ^{10절}

26 **야곱을 축복하는 이삭** 야곱의 아버지 이삭이 그에게 말했습니다. "내 아들아, 이리 와서 내게 입을 맞춰라."

27 야곱이 이삭에게 가서 입을 맞추었습니다. 이삭은 야곱의 옷 냄새를 맡고 나서 야곱을 축복하며 말했습니다.

"보아라. 내 아들의 향내는 여호와께서 축복하신 들의 향기로구나. ^{호 14:6}

28 하나님께서 하늘의 이슬과 땅의 풍요로 움, 곧 곡식과 새 포도주의 풍성함을 네게 주실 것이다. ^{신 7:13:33:28;슥 2:19;슥 8:12}

29 민족들이 너를 섬기고 나라들이 네게 절할 것이다. 너는 네 형제들의 주인이 될 것이며 네 어머니의 아들들이 네게 절할 것이다. 너를 저주하는 사람들은 저주를 받고 너를 축복하는 사람들은 복을 받을 것이다." ^{12:3;49:8;민 24:9;삼하 8:14}

30 에서가 속은 사실을 앎 이삭이 야곱에게 복을 다 빌어 주었습니다. 야곱이 이삭 앞에서 나가자마자 사냥을 갔던 그의 형 에서가 막 돌아왔습니다.

31 에서도 역시 맛있는 음식을 만들어 자기 아버지에게 갖고 가서 말했습니다. "아버지, 일어나셔서 제가 사냥해 온 고기를 잡수시고 저를 축복해 주십시오."

32 그의 아버지 이삭이 말했습니다. "너는 누구냐?" 그가 대답했습니다. "아버지의 아들, 아버지의 맏아들 에서입니다."

33 이삭은 부들부들 떨며 말했습니다. "그러면 이가 사냥한 것을 내게 가져온 사람은 누구냐? 네가 오기 전에 내가 그것을 다 먹고 그를 축복했다. 그러니 복은 그가 받게 될 것이다."

34 에서가 아버지의 말을 듣고 크게 울부짖고 슬퍼하면서 아버지에게 말했습니다. "저를 축복해 주십시오, 내 아버지여! 제게도 축복해 주십시오." ^{히 12:17}

35 이삭이 말했습니다. "네 동생이 들어와서 속임수를 쓰면서까지 네 복을 빼앗아 가 버렸다."

36 분한 에서 에서가 말했습니다. "그러니까 그의 이름을 야곱이라고 하지 않습니까? 야곱이 이렇게 저를 두 번이나 속였습니다. 전에는 제 장자권을 빼앗더니 이번에는 제 복을 빼앗았습니다." 에서가 물었습니다. "저를 위해 축복할 것을 하나도 남겨 두지 않으셨습니까?" ^{25:26,33}

37 이삭이 에서에게 대답해 말했습니다. "보아라. 내가 그를 네 주인이 되게 하고 그의 모든 형제들을 다 그의 종으로 주었다. 또 그에게 곡식과 새 포도주를 주었다. 그러니 내 아들아, 내가 너를 위해 무엇을 할

애도(27:41, 哀悼, mourning) 사람의 죽음을 슬퍼함.
분(27:42, 憤, .consoling) 억울하고 원통한 마음.
전갈(27:45, 傳喝, send word) 사람을 시켜 말을 전하거나 안부를 물음.

수 있겠느냐?" 29절

38 에서가 말했습니다. "아버지, 제게 빌어 주실 복이 단 하나도 없습니까? 내 아버지여, 저도 축복해 주십시오, 내 아버지여!" 에서는 목소리를 높여 울었습니다.

39 아버지 이삭이 그에게 대답해 말했습니다. "보아라. 네가 거하는 곳은 땅이 풍요롭지 못하고 저 하늘의 이슬도 내리지 않는 곳이다. 28장:36:6-7

40 너는 칼을 의지해 살고 네 동생을 섬길 것이다. 그러나 네가 쉼 없이 애쓰면 그가 씌운 멍에를 네 목에서 깨뜨려 버릴 것이다."

41 에서는 자기 아버지가 야곱을 축복한 일로 야곱에게 앙심을 품고 혼잣말로 말했습니다. "내 아버지를 위해 애도해야 할 때가 머지않았으니 때가 되면 내가 내 동생 야곱을 죽여 버릴 테다. 암 1:11:옵 1:10

42 리브가가 야곱의 도피를 계획함 맏아들 에서가 한 말을 리브가가 들었습니다. 리브가는 작은아들 야곱을 불러 말했습니다. "네 형에서가 너를 죽여 그 분을 풀려 하고 있다.

43 그러니 내 아들아, 내 말을 잘 들어라. 당장 하란에 있는 내 오빠 라반에게로 도망쳐서

44 네 형의 화가 가라앉을 때까지 당분간 거기 있어라.

45 너에 대한 네 형의 화가 풀리고 네가 한 일을 그가 잊게 되면 내가 전갈을 보내 거기에서 너를 돌아오게 하겠다. 내가 어떻게 너희 둘을 하루에 다 잃겠느냐?"

46 이삭이 야곱의 사명을 축복함 그 후 리브가가 이삭에게 말했습니다. "제가 이 헷 사람의 딸들 때문에 살기 싫어집니다. 야곱이 만약 이들과 같은 헷 사람의 딸들 가운데서 아내를 맞이하면 제가 무슨 즐거움으로 살겠습니까?" 24:3:26:34-35:28:8

28 이삭이 야곱을 불러 복을 빌어 주고 명령하며 말했습니다. "너는 가나안 여자와 결혼하지 마라.

2 곧장 밧단아람에 있는 네 어머니의 아버지

브두엘의 집으로 가거라. 거기서 네 어머니의 오빠인 라반의 딸들 가운데서 너를 위해 아내를 맞이하여라. 25:20;호 12:12

3 전능하신 하나님께서 네게 복을 주셔서 너로 하여금 자식을 많이 낳고 번성하게 해 너로 여러 민족을 이루게 하실 것이다.

4 또 하나님께서 아브라함에게 주신 복을 너와 네 자손에게 주셔서 네가 지금 나그네로 살고 있는 땅, 곧 하나님께서 아브라함에게 주신 그 땅을 네가 차지하게 되기를 바란다." 12:2-3:17:8

5 이삭이 야곱을 떠나보냈습니다. 야곱은 밧단아람에 사는 라반에게로 갔습니다. 라반은 아람 사람인 브두엘의 아들로서 야곱과 에서의 어머니인 리브가의 오빠였습니다.

6 에서가 분노이로 마할랏과 결혼함 에서는 이삭이 야곱을 축복하고 밧단아람으로 보내 그곳에서 아내를 얻게 한 것과 이삭이 야곱을 축복하면서 "가나안 여자와 결혼하지 마라" 하고 명령한 것과

7 야곱이 부모에게 순종해 밧단아람으로 간 것을 알게 됐습니다.

8 또한 에서는 자기 아버지 이삭이 가나안 여자들을 못마땅하게 생각하는 것을 알아차렸습니다. 24:3:26:35

9 그래서 그는 이미 아내들이 있는데도 복구하고 아브라함의 아들 이스마엘에게 가서 그의 딸 마할랏과 결혼했습니다. 그녀는 느바욧의 누이였습니다. 25:13:36:3

10 야곱이 꿈을 꿈 야곱은 브엘세바를 떠나 하란을 향해 가다가 21:31:26:33;행 7:2

11 한 장소에 이르러 해가 지자 거기에서 밤을 지내게 됐습니다. 야곱은 거기에 있던 돌을 가져다가 머리에 베고 누워 잤습니다.

12 그가 꿈에 보니 사다리 하나가 땅에 서 있는데 그 꼭대기가 하늘까지 닿아 있었습니다. 그리고 하나님의 천사가 그 위에서 오르락내리락 하고 있었습니다.

13 그리고 여호와께서 그 위에 서서 말씀하셨습니다. "나는 여호와, 곧 네 조상 아브라함의 하나님, 이삭의 하나님이다. 네가 누운

땅을 내가 너와 네 자손들에게 주겠다.

14 네 자손이 땅의 티끌과 같이 돼서 동서남
북으로 퍼지게 될 것이다. 너와 네 자손을
통해 이 땅의 모든 족속들이 복을 받게 될
것이다.   12:3;13:16

15 내가 너와 함께 있을 것이며 네가 어디로
가든지 너를 지켜 주겠다. 그리고 너를 이
땅으로 다시 데리고 오겠다. 내가 네게 약
속한 것을 다 이룰 때까지 너를 떠나지 않
겠다."   26:24;31:3;35:6;왕상 8:57

16 야곱이 잠에서 깨어나 말했습니다. "참으
로 이곳은 여호와께서 계신 곳인데 내가
몰랐구나."   출 3:5

17 그리고 그는 두려워하
며 말했습니다. "이
얼마나 두려운 곳
인가! 이곳이 바로
하나님의 집이며
이곳이 하늘의
문이구나."

18 야곱이 단을
쌓을 다음 날
아침 일찍 야
곱은 머리에
베었던 돌을

가져다가 기둥을 세우고 그 위에 기름을
부었습니다.

19 그리고 그곳을 벧엘이라고 불렀습니다. 원
래 이 성은 루스라는 곳이었습니다.

20 야곱이 서원하며 말했습니다. "하나님께
서 만약 저와 함께 계셔서 제가 가는 이
여정에 저를 지키시고 제게 먹을 것과 입
을 것을 주시며

21 제가 제 아버지 집으로 무사히 돌아가게
해 주신다면 여호와께서 제 하나님이 되실
것이며   신 26:17;삿 11:31

22 제가 기둥으로 세운 이 돌이 하나님의 집
이 될 것입니다. 그리고 하나님께서 제게
주신 모든 것의 10분의 1을 하나님께 드리
겠습니다."

29 하란 사람들을 만남 그 후 야곱은
여행을 계속해서 동방 사람들의
땅에 도착했습니다.

2 야곱이 보니 들에 우물이 있었습니다. 그
리고 그 우물곁에는 양 떼 세 무리가 엎드
려 있었습니다. 이곳에서 양치기들이 양
들에게 물을 먹이는데 그 우물의 입구에
는 커다란 돌이 놓여 있었습니다.

3 양치기들은 양 떼가 다 모이면 우물 입구
에 있는 그 돌을 치우고 양 떼들에게 물을
먹인 다음 다시 그 돌을 우물 입구에 덮어
놓곤 했습니다.

4 야곱이 그들에게 물었습니다. "내 형제들
이여, 여러분은 어디에서 왔습
니까?" 그들이 대답했습니
다. "하란에서 왔습니다."

5 야곱이 그들에게 말했
습니다. "그러면 나홀
의 손자 라반을 아십니
까?" 그들이 대답했습
니다. "네, 압니다."

6 그러자 야곱이 다

야곱이 벧엘에서 하늘까지 닿은 사닥다리 위로 천사들이 오르내리는 꿈을 꿈시 물었습니다. "그분이 잘 계십니까?" 그들이 대답했습니다. "예, 그렇습니다. 저기 라반의 딸 라헬이 양을 몰고 오는군요."

7 야곱이 말했습니다. "그런데 아직 한낮이라 짐승들을 모아들일 때가 아니지 않습니까? 양들에게 물을 먹이고 가서 풀을 뜯게 하시지요."

8 그들이 대답했습니다. "우리는 그렇게 할 수 없습니다. 양 떼가 다 모이고 우물 입구에서 돌을 치울 때까지 우리는 양들에게 물을 먹일 수가 없습니다."

9 야곱이 라헬을 만남 야곱이 아직 그들과 말하고 있을 때 라헬이 자기 아버지의 양들을 몰고 왔습니다. 라헬도 양치기였습니다.

10 야곱이 자기 어머니의 오빠 라반의 딸 라헬을 보고 또 자기 어머니의 오빠 라반의 양들을 보자마자 우물로 나아가서 우물 입구에서 돌을 치우고 자기 어머니의 오빠 라반의 양들에게 물을 먹였습니다.

11 야곱은 라헬에게 입을 맞추고 소리 높여 울었습니다.

12 야곱은 자기가 라헬의 아버지의 친척이며 자신은 리브가의 아들임을 밝혔습니다. 그러자 라헬이 달려가 아버지에게 이 사실을 알렸습니다.

13 라반은 자기 여동생의 아들 야곱의 소식을 듣자 달려 나와 야곱을 맞이했습니다. 라반은 야곱을 껴안고 입을 맞추고는 자기 집으로 데려갔습니다. 야곱은 그 동안의 일들을 모두 다 라반에게 말했습니다.

14 라반이 그에게 말했습니다. "정말로 너는 내 혈육이로구나." 야곱이 라반의 집

에서 그와 함께 한 달 동안 머물렀습니다.

15 결혼을 위해 일함 그때 라반이 야곱에게 말했습니다. "네가 비록 내 친척이기는 해도 삯 없이 일해서야 되겠느냐? 네가 어떤 보수를 원하는지 말해 보아라."

16 라반에게는 두 딸이 있었습니다. 큰딸의 이름은 레아였고 작은딸의 이름은 라헬이었습니다.

17 레아는 시력이 약했고 라헬은 외모가 아름답고 얼굴이 예뻤습니다.

18 야곱은 라헬을 사랑했습니다. 야곱이 말했

서원(28:20, 誓願, vow) 소원을 이루고자 맹세하며 하나님께 약속하는 것. 여정(28:20, 旅程, journey) 여행의 과정이나 일정. 보수(29:15, 報酬, wages) 고맙게 해준 데 대해 보답을 하거나 일한 대가로 주는 돈이나 물품.

습니다. "작은딸 라헬을 주시면 제가 외삼촌을 위해 7년을 일하겠습니다."

19 라반이 말했습니다. "내가 그 아이를 다른 사람에게 주는 것보다 네게 주는 게 낫겠다. 여기서 나와 함께 지내도록 하자."

20 야곱은 라헬을 위해 7년을 일했습니다. 그렇지만 야곱이 그녀를 사랑했으므로 그 7년은 단지 며칠처럼 느껴졌습니다.

21 **라반이 야곱을 속임** 7년이 지나자 야곱이 라반에게 말했습니다. "제 아내를 주십시오. 기한이 됐으니 그녀와 결혼하겠습니다."

22 그러자 라반이 온 동네 사람들을 다 불러 모으고 잔치를 벌였습니다.   삿 14:10,12; 요 2:1-2

23 밤이 되자 라반은 딸 레아를 데려다가 야곱에게 보냈습니다. 야곱이 레아에게로 갔습니다.

24 라반은 자기 여종 실바를 딸에게 종으로 딸려 보냈습니다.   30:9-12

25 그런데 야곱이 아침이 돼 보니 잠자리를 함께한 사람은 레아였습니다. 야곱이 라반에게 말했습니다. "외삼촌께서 어떻게 제게 이러실 수 있으십니까? 제가 라헬 때문에 일해 드린 것 아닙니까? 왜 저를 속이셨습니까?"

26 라반이 대답했습니다. "우리 고장에서는 큰딸보다 작은딸을 먼저 시집보내는 법이 없다.

27 이 아이를 위해 1주일을 채워라. 그 후에 우리가 작은딸도 주겠다. 대신 7년을 더 일하여라."   삿 14:12

28 그래서 야곱이 그렇게 1주일을 채우자 라반이 자기 딸 라헬을 그에게 아내로 주었습니다.

29 그리고 자기 여종 빌하를 딸 라헬의 종으로 딸려 보냈습니다.   30:3-7

30 그렇게 해서 야곱이 라헬과도 결혼했습니다. 야곱은 레아보다 라헬을 더 사랑했습니다. 그가 라반을 위해 다시 7년을 더 일

기한(29:21, 期限, time) 미리 한정하여 놓은 시기. 애착(29:34, 愛着, attachment) 몹시 사랑하거나 끌려서 떨어지지 않는 마음. 30:14 또는 '합환채'.

했습니다.   20절;31:41

31 **레아가 네 아들을 낳음** 여호와께서는 레아가 사랑받지 못하는 것을 보시고 그녀의 태를 열어 주셨습니다. 그러나 라헬은 아이를 갖지 못했습니다.   30:22;신 21:15

32 레아가 임신해 아들을 낳고 "여호와께서 내 비참함을 보셨구나. 이제 내 남편이 나를 사랑할 것이다" 하면서 그 이름을 르우벤이라고 지었습니다.   31:42;출 3:7;4:31;신 26:7

33 그녀가 다시 임신해 아들을 낳고 "여호와께서 내가 사랑받지 못하는 것을 들으시고 이 아이를 내게 주셨구나" 하면서 그 이름을 시므온이라고 지었습니다.

34 그녀가 다시 임신해 아들을 낳고 "내가 내 남편의 아들을 셋이나 낳았으니 이제 드디어 그가 내게 애착을 갖겠지" 하면서 그 이름을 레위라고 지었습니다.

35 그녀가 다시 임신해 아들을 낳고 "이번에야말로 내가 여호와를 찬양할 것이다" 하면서 그 이름을 유다라고 지었습니다. 그러고 나서 레아의 출산이 멈추었습니다.

30 **빌하가 두 아들을 낳음** 라헬은 자기가 야곱에게 아이를 낳아 주지 못하자 자기 언니를 질투했습니다. 그녀가 야곱에게 말했습니다. "저도 자식을 낳게 해 주세요. 그러지 않으면 죽어 버릴 거예요."

2 야곱은 화가 나서 그녀에게 말했습니다. "내가 하나님을 대신하겠소? 하나님께서 당신의 태를 닫으셔서 아기를 갖지 못하게 하시는데 어쩌란 말이오?"   16:2;삼상 1:5

3 라헬이 말했습니다. "여기 내 여종 빌하가 있으니 그녀와 잠자리를 같이하세요. 빌하가 자식을 낳아 제게 안겨 주면 저도 그녀를 통해 자식을 얻을 수 있을 거예요.

4 라헬이 야곱에게 자기 여종 빌하를 아내로 주자 야곱이 그녀와 잠자리를 함께했습니다.

5 빌하가 임신해 야곱에게 아들을 낳아 주었습니다.

6 라헬이 말했습니다. "하나님께서 나를 변호하시고 내 목소리를 들으셔서 내게 아

들을 주셨구나" 하고 그 이름을 단이라고
지었습니다.
⁷ 라헬의 종 빌하가 다시 임신해 야곱에게
아들을 낳아 주었습니다.
⁸ 라헬이 말했습니다. "내가 언니와 큰 싸움
을 싸워서 이겼다" 하고 그 이름을 납달리
라고 지었습니다.
⁹ 실바가 두 아들을 낳을 레아는 자기의 출산
이 멈춘 것을 알고 자기 여종 실바를 야곱
에게 아내로 주었습니다.
¹⁰ 레아의 여종 실바가 야곱에게 아들을 낳아
주었습니다.
¹¹ 레아가 말했습니다. "내가 복을 받았도다"
하고 그 이름을 갓이라고 지었습니다.
¹² 레아의 종 실바가 야곱에게 다시 아들을
낳아 주었습니다.
¹³ 레아가 말했습니다. "나는 행복하도다. 여
자들이 나를 복되다 할 것이다" 하고 그
이름을 아셀이라고 지었습니다.
¹⁴ 레아가 두 아들과 딸을 낳을 밀을 추수할 때
르우벤이 들에 나갔다가 *자귀나무를 발
견했습니다. 자기 어머니 레아에게 갖다 주
자 라헬이 레아에게 말했습니다. "언니 아
들이 갖다 준 자귀나무를 조금 나눠 줘요."
¹⁵ 레아가 라헬에게 말했습니다. "네가 내 남
편을 빼앗아 간 것도 모자라서 이젠 내 아
들이 가져온 자귀나무까지 빼앗아 가려
고 하니?" 라헬이 레아에게 대답했습니다.
"언니의 아들이 가져온 자귀나무를 제게
주면 그 대가로 오늘 밤에는 남편이 언니
와 잠자리를 같이하게 될 거예요."
¹⁶ 야곱이 저녁이 돼 들에서 돌아오자 레아가
그를 맞으러 나가서 말했습니다. "당신이
오늘 저의 침소에 드셔야 해요. 제 아들이
가져온 자귀나무로 제가 당신을 샀습니
다." 야곱은 그날 밤 레아와 함께 잠자리를
했습니다.
¹⁷ 하나님께서 레아의 기도를 들으셔서 레아
가 임신했습니다. 그녀는 야곱에게 다섯
번째로 아들을 낳아 주었습니다.
¹⁸ 레아가 말했습니다. "내가 내 여종을 내 남

편에게 주었더니 하나님께서 내게 갚아
주셨구나" 하고 그 이름을 잇사갈이라고
지었습니다.
¹⁹ 레아가 다시 임신해 야곱에게 여섯 번째로
아들을 낳아 주었습니다.
²⁰ 레아가 말했습니다. "하나님께서 내게 좋
은 선물을 주셨구나. 내가 내 남편에게 여
섯 번째로 아들을 낳았으니 이번에는 내
남편이 나를 존중해 줄 것이다" 하고 그
이름을 스불론이라고 지었습니다.
²¹ 그리고 얼마 후 레아는 딸을 낳고 그 이름
을 디나라고 지었습니다.
²² 라헬에게서 태어난 요셉 그때 하나님께서 라
헬을 기억하셨습니다. 하나님께서 라헬의
기도를 들으시고 그녀의 태를 열어 주셨
습니다.
²³ 라헬이 임신해 아들을 낳고 말했습니다.
"하나님께서 내 수치를 거둬 가셨다."
²⁴ 그녀는 "여호와께서 내게 아들을 하나 더
주시기를 바랍니다"라고 말하면서 그의
이름을 요셉이라고 지었습니다.
²⁵ 야곱의 품삯 라헬이 요셉을 낳은 후 야곱이

라헬

라반의 둘째 딸로, 야곱의 아내이자 요
셉과 베냐민의 어머니이다.
리브가가 아브라함의 종을 만났듯, 라헬도 우물
가에서 야곱을 만났다. 아버지 라반의 속임수로
언니 레아가 먼저 야곱과 결혼하는 것을 지켜보
아야 했고, 7일 후에 야곱과 결혼할 수 있었다.
야곱의 사랑을 많이 받았지만 자녀를 많이 낳은
레아를 시기했다. 여종 빌하를 야곱에게 주어 자
녀를 낳았고, 나중에 요셉과 베냐민
을 낳았다.
하란을 떠날 때, 아버지 집의 우상
인 드라빔을 훔쳤고, 베냐민을 낳
다가 죽었다.

라헬이 나오는 말씀
>> 창 29:5-12, 16, 23-30;
30:3-4, 22-24;
31:19; 35:16-19

49:16

4절29:24

8:1;29:31;시 127:3

35:17

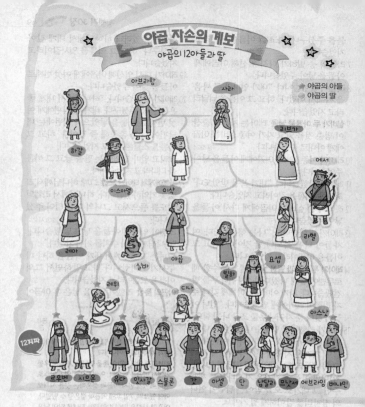

야곱 자손의 계보
야곱의 12아들과 딸

★ 야곱의 아들
● 야곱의 딸

아브라함

사라

리브가

에서

하갈

이스마엘

이삭

레아

실바

야곱

라헬

요셉

빌하

아스낫

레위

디나

12지파

르우벤   시므온   유다   잇사갈   스불론   갓   아셀   단   납달리   므낫세   에브라임   베냐민

라반에게 말했습니다. "이제 저를 보내 주십시오. 제가 제 집과 제 고향으로 돌아갔으면 합니다.

26 제게 제 아내들과 자식들을 주십시오. 제가 그들을 위해 외삼촌을 섬겼습니다. 이제 저는 그만 떠나야겠습니다. 외삼촌은 제가 외삼촌을 위해서 얼마나 일했는지 아십니다."

29:20,30

27 라반이 야곱에게 말했습니다. "내게 호의를 베풀어 제발 여기 머물러 있어라. 여호

와께서 너 때문에 내게 복을 주셔서 내가 부유하게 된 것을 알았다."

28 라반이 또 말했습니다. "네가 받고자 하는 품삯을 말하면 내가 주겠다."

29:15

29 야곱이 라반에게 말했습니다. "제가 외삼촌을 위해 어떻게 일했는지, 외삼촌의 가축들을 제가 어떻게 돌보았는지 외삼촌은 아실 것입니다.

31:6,38-40

30 제가 오기 전에는 외삼촌께서 가진 것이 조금밖에 없었는데 저 때문에 여호와께서

외삼촌에게 복을 주셔서 외삼촌께서 크게 번창했습니다. 하지만 저는 언제 제 가정을 챙기겠습니까?" ⁴³절

31 라반이 말했습니다. "내가 무엇을 해 주면 좋겠느냐?" 야곱이 말했습니다. "다른 것은 아무것도 필요 없습니다. 다만 외삼촌께서 이것만 해 주신다면 제가 계속 외삼촌의 양들을 치고 돌보겠습니다.

32 제가 오늘 외삼촌의 가축 사이로 돌아다니면서 얼룩이나 점이 있는 양과 검은 양과 얼룩이나 점이 있는 염소를 다 골라낼 테니 그것들을 제 품삯으로 주십시오.

33 나중에 외삼촌께서 제게 품삯으로 주신 것들을 조사하실 때 제가 얼마나 정직했는지 드러날 것입니다. 얼룩이나 점이 없는 염소나 검지 않은 양이 있다면 다 제가 훔친 것이 될 것입니다."

34 라반이 말했습니다. "좋다. 네가 말한 대로 하자!"

35 라반이 속임 바로 그날 라반은 얼룩이나 점이 있는 숫염소와 흰색 바탕에 얼룩이나 점이 있는 암염소들과 검은 양들을 모두 가려내고 자기 아들들에게 그 짐승들을 맡겨 돌보게 했습니다.

36 라반은 야곱이 있는 데서 3일 정도 걸리는 거리를 두었습니다. 야곱은 남아서 라반이 남겨 놓은 양들을 쳤습니다.

37 야곱이 속임 야곱은 미루나무와 살구나무와 플라타너스 나무의 싱싱한 가지들을 꺾어다가 껍질을 벗겨 나뭇가지의 하얀 속살이 보이도록 흰 줄무늬를 만들었습니다.

38 야곱은 그 껍질 벗긴 나뭇가지들을 가축 떼가 물을 먹으러 올 때 볼 수 있도록 개천의 물구유 속에 세워 두었습니다. 가축 떼가 물을 먹으러 왔다가 새끼를 배게 했는데

39 그 나뭇가지 앞에서 새끼를 배면 가축 떼는 줄무늬나 얼룩무늬나 점 있는 새끼를 낳았습니다.

40 야곱은 새끼들을 따로 떼어 놓고 줄무늬가 있거나 검은 것들을 라반의 가축 떼와 떼어 놓았습니다. 이렇게 야곱은 자기 가축 떼를 라반의 가축 떼와 섞이지 않게 따로 두었습니다.

41 야곱은 튼튼한 가축들이 새끼를 밸 때는 그 나뭇가지들을 그 가축들이 보도록 개천의 물구유 속에 두고 그 앞에서 새끼를 배도록 했습니다.

42 그러나 약한 가축들이면 그 나뭇가지들을 앞에 두지 않았습니다. 그렇게 해서 약한 것들은 라반의 것이 되고 튼튼한 것들은 야곱의 것이 됐습니다.

43 이런 식으로 해서 야곱은 점점 더 번창하게 됐습니다. 많은 가축 떼뿐 아니라 남종들과 여종들과 낙타들과 나귀들을 많이 갖게 됐습니다. ³⁰절24:35;26:13-14

31 떠날 계획을 세운 야곱은 라반의 아들들이 하는 말을 듣게 됐습니다. "야곱이 우리 아버지의 것을 다 빼앗아 갔다. 그가 우리 아버지의 것을 갖고 저렇게 부자가 됐다." 시49:16

2 야곱이 라반의 얼굴을 보니 라반이 자기를 대하는 태도가 예전 같지 않았습니다.

3 여호와께서 야곱에게 말씀하셨습니다. "네 조상의 땅 네 친족들에게 돌아가거라. 내가 너와 함께하겠다." 13장28:15;32:9

4 야곱은 라헬과 레아를 가축 떼가 있는 들로 불러냈습니다.

5 야곱이 그들에게 말했습니다. "내가 당신들의 아버지를 보니 그가 나를 대하는 태도가 예전 같지 않소. 그러나 내 아버지의 하나님께서는 나와 함께하셨소. 2-3절

6 당신들은 내가 당신들의 아버지를 온 힘을 다해 섬긴 것을 알 것이오. 38-40절30:29

7 그러나 당신들의 아버지는 나를 속이고 내 품삯을 열 번이나 바꾸었소. 그러나 하나님께서는 그가 나를 해롭게 하지 못하게 하셨소. 41절민14:22;느4:12욥19:3;수8:23

8 만약 그가 '얼룩진 것이 네 품삯이 될 것이다' 하면 모든 가축들이 얼룩진 새끼를 낳았소. 그리고 만약 그가 '줄무늬가 있는 것이 네 품삯이 될 것이다' 하면 모든 가축들

이 줄무늬가 있는 새끼를 낳았소.

9 그렇게 하나님께서는 당신들의 아버지의 가축들을 빼앗아 내게 주셨소. 1절

10 한번은 가축들이 새끼를 뺄 때 내가 꿈속에서 눈을 들어 보니 가축 떼와 교미하는 수컷들은 줄무늬가 있거나 얼룩이 있거나 점이 있는 것들이었소.

11 그때 꿈속에서 하나님의 천사가 '야곱아' 하고 나를 불렀소. '내가 여기 있습니다' 하고 내가 대답했소.

12 그랬더니 그가 말씀하셨소. '눈을 들어 보아라. 가축들과 교미하러 올라간 수컷들은 다 줄무늬가 있거나 얼룩이 있거나 점이 있는 것이 아니냐? 내가 라반이 네게 한 일을 다 보았기 때문이다. 출 37

13 나는 네가 기둥에 기름을 붓고 내게 서원을 했던 벧엘의 하나님이다. 이제 일어나 이 땅을 떠나 네 고향으로 돌아가라고 말이오.' 3절28:18~22:32:9:35:7

14 **라헬과 레아가 동의함** 라헬과 레아가 야곱에게 대답해 말했습니다. "이제 우리가 우리 아버지의 집에서 받을 몫이나 유업이 더 있겠습니까? 삼하 20:1:왕하 12:16

15 아버지가 우리를 팔아먹고 우리 돈까지 다 가로챘으니 아버지가 우리를 이방 사람처럼 여기는 게 분명합니다.

16 하나님께서 우리 아버지에게서 빼앗으신 모든 재산은 다 우리와 우리 자식들의 것입니다. 그러니 하나님께서 당신에게 말씀하신 그대로 하십시오."

17 **야곱이 몰래 떠남** 야곱이 자식들과 아내들을 서둘러 낙타에 태웠습니다.

18 그리고 모든 가축들과 밧단아람에서 모은 재물들을 전부 갖고 가나안 땅에 계신 자기 아버지 이삭에게 가려고 길을 떠났습니다. 25:20:28:2,6~7

19 라반이 양털을 깎으러 간 사이에 라헬은 자기 아버지의 드라빔을 훔쳤습니다.

20 야곱은 자기가 도망간다는 낌새를 알아차리지 못하게 아람 사람 라반을 속이고 있었습니다.

21 이렇게 해서 야곱은 모든 재산을 갖고 그에게 속한 모든 사람들을 거느리고 도망쳤습니다. 그는 강을 건너 길르앗 산지로 향했습니다. 출 23:31:시 72:8:사 27:12

22 **뒤쫓는 라반** 라반은 3일이 지나서 야곱이 도망쳤다는 소식을 듣게 됐습니다.

23 라반은 자기 형제들을 데리고 야곱을 잡으려고 7일을 쫓아가 길르앗 산지에서 야곱을 따라잡았습니다.

24 그날 밤에 하나님께서 아람 사람 라반의 꿈속에 나타나 말씀하셨습니다. "너는 야곱에게 옳고 그름을 따지지 않도록 조심하여라." 20:3:24:50:민 24:13:삼하 13:22

25 **야곱의 도주를 나무람** 라반이 야곱을 따라잡았습니다. 그때 야곱은 그 산에서 장막을 치고 있었습니다. 라반과 그 형제들도 길르앗 산에 진을 쳤습니다.

26 라반이 야곱에게 말했습니다. "네가 내게 어찌 이럴 수 있느냐? 네가 나를 속이고 내 딸들을 마치 칼로 잡은 노예나 된 듯이 끌고 가지 않았느냐? 20절

27 왜 나를 속이고 몰래 도망갔느냐? 왜 내게 말하지 않았느냐? 나는 너를 북과 수

라헬은 왜 아버지의 '드라빔'을 훔쳤을까요?

드라빔은 가정을 지켜주거나 점칠 때 사용하던 우상이에요. 그 시대에는 드라빔을 가진 사람이 가장 많은 재산을 정당하게 받을 수 있었어요.

라헬은 야곱이 라반의 재산을 정당하게 차지할 권리가 있음을 주장하기 위해 아버지의 드라빔을 훔쳤어요. 라반이 드라빔을 찾으러 왔을 때, 라헬은 장막 안에서 드라빔을 낙타 안장 밑에 숨겨 놓고 그 위에 앉아 있었어요. 월경하는 라헬이 드라빔을 깔고 앉아 있던 모습에서 하나님 외에는 섬길 대상이 없으며 우상이 별것 아님을 엿볼 수 있답니다.

금에 맞춰 노래를 부르며 기쁘게 보내 주었을 텐데 말이다.

28 너는 내가 내 손자들과 딸들에게 입 맞추며 작별 인사를 하지 않았다. 네가 이렇게 한 것은 어리석게 행한 것이다.

29 나는 너를 해칠 수도 있었다. 하지만 어젯밤에 너희 조상의 하나님께서 내게 말씀하시기를 '너는 야곱에게 옳고 그름을 따지지 않도록 조심하여라'라고 하셨다. 미 2:1

30 야곱이 드림빔을 훔친 것으로 말하는 라반 네가 네 아버지 집에 돌아가고 싶어서 떠난 것은 알겠다. 그런데 도대체 내 드림빔은 왜 훔쳤느냐?" 19절,삿 18:24

31 야곱이 라반에게 대답해 말했습니다. "저는 외삼촌께서 외삼촌의 딸들을 강제로 제게서 빼앗을까 봐 두려웠습니다.

32 만약 외삼촌의 우상 신을 갖고 있는 사람을 발견하신다면 그는 살아남지 못할 것입니다. 우리 친족들이 보는 앞에서 외삼촌께서 직접 제가 가진 것들을 뒤져 보시고 발견하신다면 가져가십시오." 이때 야곱은 라헬이 드림빔을 훔친 것을 모르고 있었습니다. 44:9

33 라헬이 훔친 드림빔을 숨김 라반이 야곱의 장막과 레아의 장막과 두 여종의 장막에 들어가 보았지만 아무것도 찾을 수가 없었습니다. 라반이 레아의 장막에서 나와 라헬의 장막으로 들어갔습니다.

34 그때 라헬은 그 드림빔을 낙타의 안장 밑에 넣고 그 위에 올라타 앉아 있었습니다. 라반이 그녀의 장막을 다 뒤졌지만 아무것도 찾을 수가 없었습니다.

35 라헬이 자기 아버지께 말했습니다. "내 주여, 제게 노여워하지 마십시오. 저는 지금 월경을 하고 있어서 일어날 수가 없습니다." 그는 뒤져 보았지만 결국 드림빔을 찾을 수가 없었습니다. 레 19:32

36 야곱이 라반을 책망함 야곱이 화가 나서 라반에게 따지며 그에게 말했습니다. "제게 무슨 잘못이 있고 또 제게 무슨 죄가 있다고 외삼촌께서 불같처럼 저를 추격하신

것입니까?

37 외삼촌께서는 제 물건들을 다 뒤져 보셨습니다. 외삼촌의 집에 속한 물건을 찾으셨습니까? 여기에서 그것을 외삼촌의 형제들과 제 친족들 앞에 내놓아 보십시오. 그들이 우리 둘 사이에 판단할 수 있게 말입니다. 54절

38 제가 외삼촌과 함께 지낸 것이 20년입니다. 그동안 외삼촌의 양과 염소가 유산한 적도 없고 제가 외삼촌의 양들을 잡아먹은 적도 없습니다.

39 들짐승에게 찢겨 죽임을 당한 것은 제가 외삼촌께 갖다 드리지 않고 제가 그것을 보상했습니다. 그러나 외삼촌은 밤이든 낮이든 도둑을 맞으면 그것을 제게 물어내게 하셨습니다. 출 22:12

40 낮에는 너무 뜨거워 견디기 어렵고 밤에는 너무 추워서 제대로 잠도 잘 수가 없이 지낸 게 제 처지였습니다.

41 제가 외삼촌의 집에서 지낸 20년 동안 저는 외삼촌의 딸들을 위해 14년, 그리고 외삼촌의 양들을 위해 6년 동안 외삼촌을 섬겼습니다. 그런데 외삼촌은 제 품삯을 열 번이나 바꾸셨습니다. 7절,29:27-28

42 제 아버지의 하나님, 아브라함의 하나님, 곧 이삭이 경외하는 분께서 저와 함께하지 않으셨다면 외삼촌께서는 분명히 저를 빈손으로 보내셨을 것입니다. 그러나 하나님께서는 제가 고난당한 것과 제가 수고한 것을 보시고 어젯밤에 외삼촌을 꾸짖으신 것입니다." 29,53절,시 124:1-2

43 라반이 언약을 세울 것을 제안함 라반이 야곱에게 대답했습니다. "이 딸들도 내 딸들이요, 이 아이들도 내 손자들이며 이 양들도 내 양들이다. 네가 보고 있는 모든 것들은 다 내 것이다. 내가 오늘날 내 딸들이나 내 딸들이 낳은 내 손자들에게 어떻게 하겠느냐?

교미(31:10, 交尾, mating) 생식을 하기 위하여 동물의 암컷과 수컷이 성적(性的)인 관계를 맺는 일. 경외(31:42, 敬畏, fear) 공경하면서도 두려워하는 마음을 갖는 것

44 자, 너와 나 사이에 언약을 맺고 그것을 우리 사이에 증거로 삼도록 하자." _{창24:27}

45 야곱이 기둥을 세움 야곱이 돌을 가져다가 기둥을 세웠습니다. _{28:18}

46 야곱이 자기 친족들에게 "돌들을 모으라"고 말했습니다. 그들이 돌들을 가져다가 쌓고 그 돌무더기 옆에서 음식을 먹었습니다.

47 라반은 그 돌무더기를 여갈사하두다라고 불렀습니다. 야곱은 그것을 갈르엣이라고 불렀습니다.

48 라반이 말했습니다. "이 돌무더기가 오늘 너와 나 사이에 증거가 될 것이다." 이것이 갈르엣이라고 불린 유래입니다. _{44절}

49 이것은 또한 미스바라고도 불렸는데 그것은 라반이 말하기를 "우리가 서로 떨어져 있는 동안에도 여호와께서 너와 나 사이를 지켜 주시기를 바란다. _{삿11:11,29,34}

50 네가 만약 내 딸들을 박대하거나 내 딸들 외에 다른 아내를 얻는다거나 하면 비록 우리 사이에 아무도 없어도 하나님께서 너와 나 사이에 증인이 되실 것이다"라고 했기 때문입니다. _{삿11:10; 삼상12:5; 욥16:19; 렘42:5}

51 라반의 맹세 라반이 야곱에게 말했습니다. "여기 내가 너와 나 사이에 세운 이 돌무더기와 기둥을 보아라.

52 이 돌무더기가 증거며 이 기둥이 증거다. 내가 이 돌무더기를 지나 네게로 가지 않을 것이며 너도 이 돌무더기와 기둥을 지나 나를 해치러 오지 말아야 한다. _{43-44절}

53 아브라함의 하나님, 나홀의 하나님, 그들 조상의 하나님께서 우리 사이를 판단하시기를 빈다." 야곱이 자기 아버지 이삭이 경외하는 분의 이름으로 맹세를 했습니다.

54 야곱이 그 산에서 제사를 드리고 자기 친족들을 불러 빵을 먹었습니다. 그렇게 그들이 함께 식사를 한 뒤 그 산에서 밤을 보냈습니다. _{37절}

55 다음 날 아침 일찍 라반이 일어나 자기 손자들과 딸들에게 입 맞추고 그들을 위해 복을 빌었습니다. 라반이 길을 떠나 자기 집으로 돌아갔습니다. _{28:43절}

32

야곱이 천사들을 만남 야곱 역시 자기 길을 계속해서 갔는데 하나님의 천사들이 그에게 나타났습니다.

2 야곱이 그들을 보고 "이것은 하나님의 군대다"라고 말하며 그곳을 마하나임이라고 불렀습니다. _{수21:38;삼하2:8;17:24,27;왕상2:8}

3 에서에게 심부름꾼들을 보냄 야곱이 에돔 지방 세일 땅에 있는 형 에서에게 자기 앞서 심부름꾼들을 보내면서 _{36:8-9;신2:5;수24:4}

4 그들에게 명령했습니다. "너희는 내 주인 에서 형님께 이렇게 말씀드려라. '어르신의 종 야곱이 이 말씀을 전하라고 하셨습니다. 제가 라반과 함께 지내며 지금까지 머물렀습니다.

5 제게는 소와 나귀와 양과 염소와 남녀종들이 있습니다. 형님께서 너그러운 사랑을 보여 주시길 바라며 제가 제 주인이신 형님께 이렇게 소식을 전하는 것입니다'라고 말이다." _{33:8,15}

6 야곱이 에서 만나기를 두려워함 심부름꾼들이 야곱에게 돌아와 말했습니다. "저희가 주인어른의 형님께 갔는데 지금 그분이 주인어른을 만나러 오시는 중입니다. 400명이나 되는 사람들을 거느리시고 함께 오고 계십니다." _{33:1}

7 야곱은 너무 두렵고 마음이 괴로워서 자기와 함께한 사람들과 양 떼와 소 떼와 낙타들을 두 무리로 나누었습니다. _{35:3}

8 그는 "만약 에서 형이 와서 한 무리를 공격하면 남은 진영은 달아나도록 해야겠다"라고 생각한 것입니다.

9 야곱이 하나님께 기도함 야곱은 기도했습니다. "오, 제 할아버지 아브라함의 하나님, 제 아버지 이삭의 하나님 여호와여, 제게 '네 고향 네 친척에게로 돌아가라. 그러면 내가 네게 은혜를 베풀어 줄 것이다'라고 말씀하지 않으셨습니까? _{28:13;31:3}

10 저는 주께서 주의 종에게 베풀어 주신 그

여갈사하두다(31:47, Jegar Sahadutha) 아람어로 '증거의 무더기'라는 뜻.

모든 자비하심과 신실하심을 감히 받을 자격이 없는 사람입니다. 제가 지팡이 하나만 갖고 이 요단 강을 건넜지만 이제는 이렇게 두 무리나 이루었습니다.

11 저를 제 형의 손, 곧 에서 형의 손에서 구원해 주소서. 그가 와서 저와 제 처자식들을 공격할까 두렵습니다. 잠 18:19

12 그러나 주께서는 '내가 분명히 네게 은혜를 베풀어 네 자손이 바다의 모래처럼 셀 수 없이 많아지게 하겠다'라고 말씀하셨습니다."

13 선물을 제 보냄 그날 밤 야곱은 거기에 머물렀습니다. 그는 자기가 가진 것들 가운데 자기 형 에서에게 줄 선물을 골랐습니다.

14 그것들은 암염소 200마리와 숫염소 20마리, 암양 200마리와 숫양 20마리,

15 젖 먹이는 암낙타 30마리와 그 새끼들, 암소 40마리와 황소 열 마리, 암나귀 20마리와 숫나귀 열 마리였습니다.

16 야곱은 그것들을 여러 떼로 나눠 각각 자기 종들에게 맡기고는 말했습니다. "나보다 앞서 가라. 그리고 가축 떼 사이에 거리를 두고 가라."

17 야곱은 가장 앞서가는 떼에게 말했습니다. "내 형님 에서 어른께서 너희를 맞으러 와서 '너희들은 어느 집 사람들이며 또 어디로 가는 길이냐? 너희 앞에 가는 이 짐승들은 누구 것이냐?'라고 물으시면

18 너희는 '이것들은 주인어른의 종 야곱의 것인데 그의 주인 에서 어른께 보내는 선물입니다. 야곱은 저희 뒤에 오고 있습니다'라고 말씀드리라."

19 그는 또한 두 번째 떼와 세 번째 떼와 그 나머지 떼들을 따라가는 모든 종들에게 말했습니다. "너희가 에서 어른을 만나게 되면 그분께 똑같이 말씀드리라.

20 그리고 '보십시오. 주인어른의 종 야곱이 저희 뒤에 오고 있습니다'라고 말씀드리라." 야곱은 '혹시 내가 내 앞서 보내는 이 선물들로 형의 마음을 누그러지게 한 다음에 만나면 형이 나를 용서해 주지 않을까'라고 생각한 것입니다.

21 그래서 야곱은 선물을 그의 앞에 먼저 보내고 자기는 그날 밤에 장막에서 지냈습니다.

22 얍복 나루를 건넘 그날 밤 야곱이 일어나서 자기의 두 아내와 두 여종과 11명의 아들들을 데리고 얍복 나루를 건넜습니다.

23 그는 그들을 데리고 시내를 건너보내며 자기가 가진 것들도 다 건너보냈습니다.

홀로 남은 야곱이 얍복 나루에서 어떤 사람과 밤새워 씨름을 함

24 야곱이 하나님과 씨름함 그리고 야곱은 홀로 남아 있었는데 어떤 사람이 나타나 동틀 때까지 야곱과 씨름을 했습니다.

25 그 사람이 자기가 야곱을 이기지 못하는 것을 알고는 야곱의 엉덩이뼈를 쳤습니다. 야곱이 그 사람과 씨름하는 사이에 야곱의 엉덩이뼈가 어긋나게 됐습니다.

26 그 사람이 말했습니다. "동이 텄으니 나를 보내다오." 야곱이 대답했습니다. "저를 축복하지 않으시면 못 갑니다."

27 그 사람이 물었습니다. "네 이름이 무엇이냐?" 그가 대답했습니다. "야곱입니다."

28 그 사람이 말했습니다. "이제 네 이름은 더 이상 야곱이 아니라 이스라엘이다. 네가 하나님과 겨루고 사람들과 겨루어 이겼기 때문이다."

35:10; 왕하 17:34; 호 12:3-4

29 야곱이 말했습니다. "주의 이름을 말씀해 주십시오." 그가 대답했습니다. "어찌 내 이름을 묻느냐?" 그가 거기에서 야곱을 축복했습니다.

삿 13:18

30 야곱이 그곳을 브니엘이라 부르고는 말했습니다. "내가 하나님을 대면해서 보았는데도 내 생명이 보존됐구나."

출 33:20; 사 6:5

31 야곱이 브니엘을 떠날 때 해가 떴습니다. 그는 엉덩이뼈가 어긋나서 절뚝거렸습니다.

32 그 사람이 엉덩이뼈의 힘줄을 쳤기 때문에 오늘날까지 이스라엘 자손들은 엉덩이뼈에 붙은 힘줄을 먹지 않습니다.

33

에서를 만나러 나아감 야곱이 눈을 들어 보니 에서가 400명을 거느리고 다가오고 있었습니다. 야곱은 자식들을 레아와 라헬과 두 여종에게 나눠 맡겼습니다.

2 그는 두 여종과 그 자식들을 맨 앞에 세우고 레아와 그 자식들을 그다음에 세웠으며 라헬과 요셉은 맨 뒤에 세웠습니다.

3 야곱은 그들의 맨 앞으로 나아갔습니다. 그는 땅에 엎드려 일곱 번 절하며 자기 형에게 다가갔습니다.

18:2; 42:6; 43:26

4 에서가 야곱을 맞이함 에서가 달려와 야곱을 맞았습니다. 그는 야곱의 목을 부둥켜안으며 두 팔로 야곱의 목을 끌어안고 입 맞추었습니다. 그들은 함께 울었습니다.

5 에서가 눈을 들어 여자들과 아이들을 보고 물었습니다. "이 사람들은 누구냐?" 야곱이 대답했습니다. "하나님께서 형님의 종에게 은혜를 베푸셔서 주신 자식들입니다."

6 그때 여종들과 그들의 아이들이 나와서 절했습니다.

7 다음으로 레아와 그녀의 아이들이 나와서 절했습니다. 마지막으로 요셉과 라헬이 나와서 절을 했습니다.

8 에서가 물었습니다. "내가 만난 이 가축 무리들은 다 무엇이냐?" 야곱이 대답했습니다. "제 주인이신 형님께 은총을 입고자 가져온 것입니다."

15절; 32:5, 26

9 그러자 에서가 말했습니다. "내 동생아, 나는 이미 가진 것이 많다. 네 것이니 네가 가져라."

10 야곱이 말했습니다. "아닙니다. 제가 형님

하나님은 야곱의 이름을 왜 바꿔 주셨나요?

밧단아람에서 돌아온 후 하나님은 '야곱'을 '이스라엘'(하나님이 싸우시리로 바뀌 부르셨어요. 성경에서 이름은 단순히 호칭 이상의 의미가 있어요. 이름은 그 이름을 가진 사람의 성격과 일생을 반영하고, 나아가 미래를 예견하기도 했어요. 하나님이 '아브람'(존귀한 아버지)의 이름을 '아브라함'(많은 나라들의 조상)으로 고쳐 부르심으로, 아브라함에게 하신 약속을 반드시 이루실 것을 미리 알려 주셨어요. '야곱'의 이름을 '이스라엘'로 바꾸신 것도 '이스라엘'이라는 새 이름 속에 메시아에 대한 약속이 포함되어 있음을 알려 주신 거예요. 우리도 예수님을 믿는 순간 우리 이름을 '그리스도의 사람'으로 바꿔 주셨어요(고후 5:17).

의 은총을 입었다면 제가 드리는 이 선물을 받아 주십시오. 저를 반갑게 맞아 주시는 형님을 보니 마치 하나님의 얼굴을 보는 것 같습니다. 18:5

11 제발 형님께 드리는 이 선물을 받아 주십시오. 하나님께서 제게 은혜를 베푸셔서 저도 넉넉합니다." 야곱이 끝까지 권하자에서가 받았습니다. 삼상 25:27;30:26; 빌 4:18

12 두 형제가 화해하고 헤어짐 에서가 말했습니다. "자, 이제 가도록 하자. 내가 앞장서마."

13 야곱이 에서에게 말했습니다. "형님께서도 아시지 않습니까? 제 아이들은 약합니다. 그리고 제게는 젖 먹이는 양과 소가 있습니다. 하루라도 더 무리해 몰고 가면 모든 가축이 다 죽을 것입니다.

14 그러니 내 주께서 이 종보다 먼저 가십시오. 저는 제 앞에 있는 가축들과 아이들이 가는 속도에 맞춰 천천히 가다가 세일에서 내 주를 만나겠습니다." 32:3

15 에서가 말했습니다. "그렇다면 내 사람들을 네게 좀 남겨 놓고 가겠다." 야곱이 말했습니다. "그렇게까지 하지 않으셔도 됩니다. 그저 내 주께서 저를 너그럽게 받아 주신 것만으로도 저는 좋습니다." 8절

16 그날 에서는 길을 떠나 세일로 돌아갔습니다.

17 그러나 야곱은 숙곳으로 갔습니다. 야곱은 그곳에 집을 짓고 가축 우리도 만들었습니다. 그래서 사람들이 그곳의 이름을 숙곳이라고 불렀습니다. 수 13:27;삿 8:5;시 60:6

18 야곱이 세겜에 정착함 이처럼 야곱이 밧단아람에서 돌아와서 가나안 땅 세겜 성에 무사히 도착해서 그 성읍 앞에 장막을 쳤습니다.

19 그는 자기가 장막을 친 그 들판의 일부를 세겜의 아버지 하몰의 아들들에게 은 100개를 주고 샀습니다. 욥 42:11;행 7:16

20 그는 거기에 제단을 쌓고 그곳을 엘엘로헤이스라엘이라고 불렀습니다.

34 세겜이 디나를 강제로 범함 레아와 야곱 사이에서 태어난 딸 디나가 그 땅 여자들을 보러 나갔습니다. 30:21

2 그런데 히위 사람 하몰의 아들이자 그 지역의 추장인 세겜이 그녀를 보고 데려다가 그녀를 강제로 범하고 더럽혔습니다.

3 그는 야곱의 딸 디나에게 깊이 끌려 그녀를 사랑하고 부드러운 말로 그녀를 위로했습니다. 삼하 19:7;사 40:2;호 2:14

4 세겜이 자기 아버지 하몰에게 말했습니다. "이 소녀를 제 아내로 맞게 해 주십시오."

5 야곱 아들들이 그 사실을 알 야곱은 세겜이 자기 딸 디나를 더럽혔다는 말을 들었습니다. 그러나 자기 아들들이 가축들과 함께 들에 나가 있었으므로 아들들이 돌아올 때까지 그는 잠잠히 있었습니다.

6 세겜의 아버지 하몰이 청혼하려고 야곱에게 왔습니다.

7 그때는 야곱의 아들들이 소식을 듣고 들에서 돌아와 있었습니다. 그들은 세겜이 야곱의 딸을 강제로 범해 이스라엘에게 수치스러운 일, 곧 해서는 안 될 일을 세겜이 행한 것 때문에 괴로워하며 분노했습니다.

8 세겜이 결혼을 원함 하몰이 그들에게 말했습니다. "제 아들 세겜이 댁의 따님을 사랑합니다. 댁의 따님을 제 아들에게 아내로 주시기를 부탁합니다.

9 댁의 가문과 우리네 사이에 통혼합시다. 댁의 따님들을 저희에게 주시고 저희 딸들을 데려가십시오.

10 그리고 우리와 함께 삽시다. 땅이 여러분 앞에 있으니 여기서 사십시오. 여기에서 마음대로 다니면서 땅도 얻으십시오."

11 세겜이 디나의 아버지와 형제들에게 말했습니다. "제가 여러분의 마음에 들기를 바랍니다. 뭐든지 말씀만 하시면 드리겠습니다. 33:15

12 결혼 지참금과 선물을 아무리 많이 요구하시더라도 말씀하시는 대로 드리겠습니다. 이 소녀만 제게 아내로 주십시오."

13 할례를 요구함 야곱의 아들들은 자기 누이가 더럽혀졌기 때문에 세겜과 그 아버지 하몰에게 거짓으로 대답했습니다.

14 그 형제들이 두 사람에게 말했습니다. "저

희는 할례 받지 않은 사람에게 저희 누이를 줄 수가 없습니다. 그것은 저희들에게 수치가 되는 일입니다. 수 59

15 하지만 한 가지 조건만 들어주신다면 저희가 댁의 의견을 받아들일 수 있습니다. 그것은 여러분 댁 모든 남자들이 저희처럼 할례를 받는 것입니다.

16 그러면 저희가 저희 딸들을 여러분에게 드리고 댁의 딸들을 저희가 데려올 것입니다. 그리고 저희가 여러분과 함께 살고 한 백성이 될 것입니다.

17 그러나 만약 여러분들이 저희 말대로 할례 받기를 꺼려한다면 저희는 저희의 딸을 데리고 가겠습니다."

18 할례 받는 세겜 사람들 하몰과 그의 아들 세겜은 그들의 제안을 기꺼이 받아들였습니다.

19 그 청년은 야곱의 딸을 좋아했기 때문에 그 말대로 하기를 주저하지 않았습니다. 세겜은 자기 아버지의 집안에서 가장 존경받는 사람이었습니다. 대상 4:9

20 그래서 하몰과 그 아들 세겜이 자기들 성문으로 가서 그 성의 사람들에게 말했습니다.

21 "이 사람들은 우리에게 우호적인 사람들입니다. 그러니 그들이 이 땅에서 살면서 자유롭게 다니게 해 줍시다. 이 땅은 그들과 함께 살 만큼 충분히 넓습니다. 우리가 그들의 딸들을 우리의 아내로 삼고 우리의 딸들을 그들에게 줍시다. 10절 42:34

22 그러나 그들이 우리와 함께 살고 한 백성이 되는 데는 한 가지 조건이 있습니다. 그것은 그들이 할례를 받은 것처럼 우리의 모든 남자들도 다 할례를 받아야 한다는 것입니다.

23 그러면 그들의 가축들과 그들의 재산과 그 밖의 모든 짐승들이 다 우리 것이 되지 않겠습니까? 그러니 우리가 그들의 뜻을

24 성문에 나가 있던 모든 사람들이 하몰과 그 아들 세겜의 말을 들었습니다. 그 성의 모든 남자들이 다 할례를 받았습니다.

25 복수하는 야곱의 두 아들 3일 후 그들이 상처가 나서 아픔을 겪고 있을 때 야곱의 두 아들이자 디나의 오빠인 시므온과 레위가 각자 칼을 빼 들고 가 평온한 그 성을 습격해서 모든 남자들을 다 죽여 버렸습니다.

26 그들은 하몰과 그 아들 세겜을 칼로 죽였습니다. 그리고 세겜의 집에서 디나를 데리고 나왔습니다.

27 야곱의 아들들은 시체들이 있는 곳으로 가서 그 성을 약탈했습니다. 이는 그들이 자기 누이를 더럽혔기 때문이었습니다.

28 야곱의 아들들은 그들의 양 떼와 가축들과 나귀들과 그 성안에 있는 모든 것들과 들에 있는 모든 것들을 다 가져왔습니다.

29 또한 그들의 모든 재물들과 모든 여자와 아이들과 집 안에 있던 모든 것들을 다 약탈했습니다.

30 야곱이 시므온과 레위에게 말했습니다. "너희가 나를 곤란하게 만들었구나. 이 땅에 사는 사람들, 곧 가나안 족속과 브리스 족속들이 나를 사귈 수 없는 추한 사람이라고 여길 것이다. 나는 수도 얼마 되지 않는데 만약 그들이 뭉쳐서 나를 공격하면 나와 내 집이 망하게 될 것이다."

31 그들이 대답했습니다. "그러면 그가 우리 누이를 창녀처럼 대해도 된다는 말씀입니까?"

35 야곱이 벧엘로 올라감 하나님께서 야곱에게 말씀하셨습니다. "일어나 벧엘로 올라가서 거기에 머물러라. 그리고 거기에서 네가 네 형 에서로부터 도망칠 때 네게 나타나셨던 하나님께 제단을 쌓아라." 28:19; 27:43

2 이방 신상들을 없앰 야곱이 자기 집 사람들과 그와 함께 있는 모든 사람들에게 말했습니다. "너희가 지니고 있는 이방 신상들을

을 없애 버리라. 너희 자신을 정결하게 하고 옷을 갈아입으라. 　출 19:10;수 24:15,23;삼상 7:3

3 일어서서 벧엘로 올라가자. 내가 그곳에서 내 고난의 날에 내게 응답하시고 내가 가는 길에서 나와 함께하셨던 하나님께 제단을 쌓을 것이다."　28:20,31:3;32:7,24

4 그들은 자기들이 지니고 있던 모든 이방 신상들과 귀에 걸고 있던 귀걸이를 야곱에게 주었습니다. 야곱이 그것들을 세겜에 있는 상수리나무 아래 묻었습니다.

5 벧엘에 도착 그들은 길을 떠났습니다. 하나님께서 주변 성읍 사람들에게 두려운 마음을 주셔서 아무도 그들을 좇아오지 못하게 하셨습니다.　창 15:16;23:27;신 11:25;수 2:9

6 야곱과 그의 일행 모두가 가나안 땅 루스, 곧 벧엘에 도착했습니다.　28:19

7 거기에서 그는 제단을 쌓았습니다. 그가 자기 형에게서 도망칠 때 거기에서 하나님께서 직접 나타나셨기 때문에 그곳을 엘 벧엘이라 불렀습니다.　1절

8 리브가의 유모 드보라는 죽어 벧엘 아래쪽의 상수리나무 밑에 묻혔습니다. 그래서 그 나무의 이름을 알론바굿이라 부르게 됐습니다.　4절;24:59

9 야곱의 이름이 이스라엘로 바뀜 야곱이 밧단아람에서 돌아온 후 하나님께서 그에게 다시 나타나셔서 복을 주셨습니다.

10 하나님께서 야곱에게 말씀하셨습니다. "네 이름은 야곱이었으나 이제 더 이상 야곱이라 불리지 않을 것이다. 이제 네 이름은 이스라엘이다." 야곱은 이스라엘이라 불리게 됐습니다.　32:28

11 전제 하나님께서 그에게 말씀하셨습니다.

"나는 전능한 하나님이다. 너는 자식을 많이 낳고 번성하여라. 한 민족과 여러 민족들이 네게서 나올 것이며 왕들이 네 몸에서 나올 것이다.　17:1,5,16;26:4;28:3;48:4

12 내가 아브라함과 이삭에게 준 땅을 네게 주고 또한 네 자손에게 이 땅을 주겠다."

13 하나님께서는 야곱과 말씀하시던 장소에서 떠나 올라가셨습니다.　17:22

14 야곱은 하나님께서 자기와 말씀하시던 곳에 돌기둥을 세웠습니다. 그 위에 전제물을 붓고 다시 기름을 부었습니다.　28:18

15 야곱은 하나님께서 자기와 말씀하시던 그곳을 벧엘이라 불렀습니다.　28:19

16 라헬에게서 난 베냐민 그들이 벧엘에서 출발했습니다. 그들이 에브랏에서 아직 어느 정도 떨어진 곳에 이르렀을 때 라헬이 해산을 하게 됐는데 난산이었습니다.

17 그녀가 가장 고통스러워할 때 산파가 말했습니다. "두려워하지 마세요. 이번에도 아들이에요."　30:24

18 라헬이 막 숨을 거두는 그때 그녀는 아들의 이름을 베노니라고 지었습니다. 그러나 그 아이의 아버지는 그를 베냐민이라고 불렀습니다.　눅 1:59-60

19 라헬이 죽어 장사됨 이렇게 해서 라헬은 죽어서 에브랏, 곧 베들레헴으로 가는 길에 묻혔습니다.　48:7;릇 1:2;4:11;미 5:2;마 2:6,16-18

20 야곱이 그녀의 무덤에 기둥을 하나 세웠는데 오늘날까지도 그 기둥이 라헬의 무덤에 있습니다.　삼상 10:2;삼하 18:18

21 이스라엘이 다시 길을 떠나 에델 망대 너머에 장막을 쳤습니다.　미 4:8

22 이스라엘이 그곳에 살고 있을 때 르우벤이

벧엘로 올라가자

벧엘은 갈대아 우르를 떠나 가나안에 도착한 아브라함이 처음 단을 쌓은 곳이다(창 12:7-9). 원래 이름은 '루스'였는데(창 28:19; 삿 1:23), 에서를 피해 밧단아람으로 도망가던 야곱이 꿈에서 하나님을 만난 후 이곳을 '벧엘', 곧 '하나님의 집'이라고 불렀다(창 28:10-22). 후에 밧단아람에서 돌아온 야곱은 모든 우상들을 묻고 다시 벧엘로 와서 제단을 쌓고, 그곳을 '엘벧엘'이라고 불렀다(창 35:1-7). 야곱은 벧엘에 제단을 쌓음으로써 하나님께 한 약속을 지켰다(창 28:20-22).

가서 자기 아버지의 첩 빌하와 동침했는데 이스라엘이 그 사실을 들었습니다. 야곱에게는 12명의 아들이 있었습니다.

23 야곱의 12아들 레아의 아들들은 야곱의 맏아들 르우벤과 시므온과 레위와 유다와 잇사갈과 스불론입니다. _{23-26절:46:8-27;출 1:2-4}

24 라헬의 아들들은 요셉과 베냐민입니다.

25 라헬의 종 빌하의 아들들은 단과 납달리입니다.

26 레아의 종 실바의 아들들은 갓과 아셀입니다. 이들은 밧단아람에서 태어난 야곱의 아들들입니다.

27 이삭이 죽어 장사될 야곱은 아브라함과 이삭이 지냈던 곳인 기랏 아르바, 곧 헤브론 근처 마므레에 있는 자기 아버지 이삭의 집으로 돌아왔습니다. _{13:18;23:2,19;수 14:15;15:13}

28 이삭은 180세까지 살았습니다.

29 이삭은 늙고 나이 많아 숨을 거두고 자기 조상들에게로 돌아갔습니다. 그의 아들 에서와 야곱이 그를 장사 지냈습니다.

36

에서의 아들들 에서, 곧 에돔의 족보는 이러합니다. _{25:30}

2 에서는 가나안 여자들을 아내로 삼았습니다. 헷 사람 엘론의 딸 아다와 아나의 딸이며 오홀리바마인데 그녀는 히위 사람 시브온의 손녀입니다. _{14,18,25절;26:34;28:9}

3 그리고 이스마엘의 딸 바스맛인데 그녀는 느바욧의 누이였습니다.

4 아다는 에서에게 엘리바스를 낳아 주었습니다. 바스맛은 르우엘을 낳았습니다.

5 오홀리바마는 여우스와 얄람과 고라를 낳았습니다. 이들이 가나안에서 태어난 에서의 아들들입니다.

6 에돔 족속이 세일에 거함 에서는 자기 아내들과 아들딸들과 자기 집에 속한 모든 사람들과 가축들과 짐승들과 자기가 가나안 땅에서 얻은 모든 소유들을 갖고 자기 동생 야곱에게서 멀리 떨어진 땅으로 이주했습니다.

7 그들이 가진 것이 너무 많아서 함께 지낼 수 없었습니다. 그들이 가진 가축들이 너무 많아서 그들이 살던 땅은 너무 비좁았습니다. _{17:8;23:4;28:4;37:1;히 11:9}

8 에서, 곧 에돔은 세일 산에 정착했습니다.

9 에서의 손자 세일 산간 지방에 사는 에돔의 조상에서의 족보는 이러합니다.

10 에서의 아들들의 이름은 이러합니다. 에서의 아내 아다에게서 태어난 아들 엘리바스와 에서의 아내 바스맛의 아들 르우엘입니다. _{4절}

11 엘리바스의 아들들은 데만과 오말과 스보와 가담과 그나스입니다.

12 에서의 아들 엘리바스에게는 딤나라는 첩이 있었는데 그녀는 엘리바스와의 사이에서 아말렉을 낳았습니다. 이들은 에서의 아내 아다의 자손들입니다. _{출 17:8-16;민 24:20}

13 르우엘의 아들들은 나핫과 세라와 삼마와 미사입니다. 이들은 에서의 아내 바스맛의 자손들입니다.

14 시브온의 손녀이며 아나의 딸이자 에서의 아내인 오홀리바마의 아들들은 여우스와 얄람과 고라로 오홀리바마가 에서에게서 낳은 아들들입니다. _{2절}

15 에돔의 족장들 에서 자손의 족장들은 다음과 같습니다. 에서의 맏아들 엘리바스의 아들들은 데만 족장과 오말 족장과 스보 족장과 그나스 족장과 _{11-12절;출 15:15}

16 고라 족장과 가담 족장과 아말렉 족장입니다. 이들은 에돔 땅의 엘리바스 자손인 족장들로서 아다의 자손들입니다.

17 에서의 아들 르우엘의 아들들은 나핫 족장과 세라 족장과 삼마 족장과 미사 족장입니다. 이들은 에돔 땅 르우엘의 자손인 족장들로서 에서의 아내 바스맛의 자손들입니다. _{13절}

18 에서의 아내 오홀리바마의 아들들은 여우스 족장과 얄람 족장과 고라 족장입니다. 이들은 아나의 딸이며 에서의 아내인 오홀리바마의 자손인 족장들입니다. _{14절}

19 이들은 에서, 곧 에돔의 아들들로서 족장이 된 사람들이었습니다. _{1,8절}

20 세일의 자손들 그 땅의 원주민인 호리 족속,

곧 세일의 자손들은 로단과 소발과 시브온과 아나와 ^{20-28절:14:6;신 2:12,22;대상 1:38-42}

21 디손과 에셀과 디산입니다. 에돔 땅의 세일의 자손들, 곧 호리 족속의 족장들입니다.

22 로단의 아들은 호리와 헤맘이며 딤나는 로단의 누이입니다.

23 소발의 아들은 알완과 마나핫과 에발과 스보와 오남입니다.

24 시브온의 아들은 아야와 아나입니다. 아나는 광야에서 자기 아버지 시브온의 나귀를 칠 때 온천을 발견한 바로 그 사람입니다.

25 아나의 자녀들은 디손과 오홀리바마입니다. 오홀리바마는 아나의 딸입니다. ^{2절}

26 디손의 아들은 헴단과 에스반과 이드란과 그란입니다.

27 에셀의 아들은 빌한과 사아완과 아간입니다.

28 디산의 아들은 우스와 아란입니다.

29 호리 족속의 족장들은 로단 족장과 소발 족장과 시브온 족장과 아나 족장과 ^{20절}

30 디손 족장과 에셀 족장과 디산 족장입니다. 이들이 세일 땅의 족속에 따라 호리 족속의 족장들이 된 사람들입니다.

31 세일의 왕을 이스라엘 자손에게 왕이 있기 전에 에돔 땅에서 다스렸던 왕들은 이러합니다. ^{31-43절:대상 1:43-54}

32 브올의 아들 벨라가 에돔에서 왕이 됐는데 그의 도성의 이름은 딘하바입니다.

33 벨라가 죽고 보스라 출신 세라의 아들 요밥이 왕위를 계승했습니다.

34 요밥이 죽고 데만 사람들의 땅에서 온 후삼이 왕위를 계승했습니다.

35 후삼이 죽고 브닷의 아들 하닷이 왕위를 계승했습니다. 그는 모압 지방의 미디안 족속을 무찌른 사람입니다. 그의 도성의 이름은 아윗이었습니다.

36 하닷이 죽고 마스레가 출신의 삼라가 왕위를 계승했습니다.

37 삼라가 죽고 유프라테스 강 가에 살던 르호봇 출신의 사울이 왕위를 계승했습니다.

38 사울이 죽고 악볼의 아들 바알하난이 왕위

를 계승했습니다.

39 악볼의 아들 바알하난이 죽고 하달이 왕위를 계승했습니다. 그의 도성의 이름은 바우입니다. 하달의 아내 이름은 므헤다벨인데 마드렛의 손녀로 메사합의 딸입니다.

40 거чё별 족장들을 족속과 사는 곳과 이름에 따른 에서에서 자손의 족장들은 이러합니다. 딤나 족장과 알와 족장과 여뎃 족장과

41 오홀리바마 족장과 엘라 족장과 비논 족장과

42 그나스 족장과 데만 족장과 밉살 족장과

43 막디엘 족장과 이람 족장입니다. 이들은 자신들이 소유한 땅, 곧 사는 곳에 따라 나열한 에돔의 족장들입니다. 에돔 족속의 조상은 에서입니다. ^{9절}

37 야곱의 가족 이야기 야곱은 자기 아버지가 살았던 가나안 땅에 살았습니다. ³⁶⁷

2 야곱의 가족에 관한 이야기는 다음과 같습니다. 요셉은 17세의 소년이었는데 자기 형들과 함께 양치는 일을 했습니다. 요셉은 자기 아버지의 아내들인 빌하와 실바가 낳은 아들들을 도왔습니다. 요셉은 형들의 잘못을 보면 그대로 자기 아버지에게 전했습니다. ^{삼상 2:23-24}

3 형들이 요셉을 미워함 이스라엘이 늘그막에 요셉을 얻었기에 다른 아들들보다 그를 더 사랑했습니다. 그래서 그에게 *귀한 옷을 지어 입혔습니다. ^{23,32절;44:20;삼하 13:18}

4 그의 형들은 아버지가 자기들보다 요셉을 더 사랑하는 것을 보고 요셉을 미워해 그에게 다정한 인사말조차 하지 않았습니다.

5 곡식단 꿈 한번은 요셉이 꿈을 꾸고 그것을 자기 형제들에게 말했습니다. 그 때문에 그들이 요셉을 더 미워했습니다.

6 요셉은 그들에게 이렇게 말했습니다. "제가 꾼 꿈 이야기를 들어보세요.

7 우리가 밭 가운데서 곡식 단을 묶고 있었어요. 그런데 제가 묶은 단이 일어나 똑바

도성(36:32, 都城, city) 왕이 사는 왕궁이 있는 성읍으로 정치적 중심지인 도시. 37:3 또는 '색동옷'.

로 섰어요. 그러자 형님들의 단이 제 단을 둘러서서 절을 하는 것이었어요." 42:6,9

8 형들이 그에게 말했습니다. "네가 정말 우리의 왕이 되며 네가 정말 우리를 다스리겠다는 것이냐?" 형들은 요셉의 꿈과 그가 한 말 때문에 요셉을 더욱더 미워했습니다.

9 별들에 대한 꿈 그 후 요셉이 다시 꿈을 꾸고 형들에게 말했습니다. "보세요. 제가 또 꿈을 꾸었는데 해와 달과 11개의 별들이 제게 절을 했어요."

10 요셉은 형들뿐만 아니라 아버지에게도 그 꿈 이야기를 했습니다. 그러자 그의 아버지가 그를 꾸짖으며 말했습니다. "무슨 그런 꿈을 꾸었느냐? 그러면 나와 네 어머니와 네 형들이 정말 네게 와서 땅에 엎드려 네게 절하게 된다는 말이냐?" 7,9절

11 그의 형들은 요셉을 많이 질투했으나 그의 아버지는 그가 한 말을 마음에 담아 두었습니다. 행 7:9

12 형들을 만나러 간 요셉 요셉의 형들이 세겜에 가서 아버지의 양들을 치고 있었습니다.

13 이스라엘이 요셉에게 말했습니다. "네 형들이 세겜 근처에서 양 떼를 먹이고 있지 않느냐? 내가 너를 형들에게 보내야겠다." 요셉이 대답했습니다. "알겠습니다."

14 이스라엘이 요셉에게 말했습니다. "가서 네 형들이 다 잘 있는지, 양들은 어떤지 보고 돌아와 내게 알려 다오." 야곱이 헤브론 골짜기에서 요셉을 떠나 보냈습니다. 요셉이 세겜에 도착했습니다. 13:18;35:27

15 요셉이 들판에서 이리저리 헤매는 것을 보고 어떤 사람이 물었습니다. "네가 누구를 찾고 있느냐?"

16 요셉이 말했습니다. "제 형들을 찾고 있습니다. 그들이 어디에서 양을 치고 있는지 제게 알려 주시겠습니까?"

17 그 사람이 말했습니다. "그들은 여기를 떠났다. 내가 들으니 그들이 '도단으로 가자'고 하더구나." 요셉이 자기 형들을 쫓아가 도단에서 형들을 찾았습니다. 왕하 6:13

18 요셉을 구덩이에 던짐 형들은 요셉이 멀리서 오는 것을 보고 자기들에게 가까이 다가오기 전에 그를 죽이려고 음모를 꾸몄습니다.

19 그들이 서로 의논했습니다. "저기 꿈쟁이가 가 온다.

20 자, 우리가 그를 죽여 이 구덩이들 가운데 하나에 처넣고 맹수가 그를 삼켜 버렸다고 하자. 그의 꿈이 어떻게 되나 어디 한번 보자." 26절

21 르우벤이 이 말을 듣고 그들의 손에서 요셉을 구해 낼 생각으로 말했습니다. "그를 죽이지는 말자." 42:22

22 르우벤이 다시 말했습니다. "피는 흘리지 말자. 요셉을 그냥 이 광야의 구덩이에 던져 넣고 그에게 손을 대지는 말자." 르우벤은 그들의 손에서 요셉을 구해 내어 자기 아버지에게로 돌려보낼 작정이었습니다.

23 요셉이 자기 형제들에게 이르렀을 때 그들이 요셉의 옷, 곧 그가 입은 귀한 옷을 벗기고 3절

24 그를 잡아서 구덩이에 던져 넣었습니다. 그것은 마른 구덩이라 안에 물이 없었습

야곱(이스라엘)이 요셉에게만 귀한 옷을 지어 입힘

요셉이 형들의 곡식 단이 자신의 곡식 단에 절하는 꿈을 꿈

니다. 렘 38:6외 3:53

25 요셉이 상인들에게 팔려 감 그들이 앉아서 음식을 먹고 있을 때 눈을 들어 바라보니 이스마엘 상인들이 길르앗에서 오고 있었습니다. 그들의 낙타에는 향신료와 향유와 몰약이 가득 실려 있었습니다. 이스마엘 상인들은 그것들을 싣고 이집트로 내려가고 있었습니다. 28,36절:39:1행 8:22:46:11

26 유다가 그 형제들에게 말했습니다. "우리가 우리 동생을 죽이고 그 피를 숨긴다고 얻는 것이 뭐가 있겠느냐? 20절

27 자, 그에게 손대지 말고 그를 이스마엘 사람들에게 팔아 버리자. 어쨌든 그는 우리와 살과 피를 나눈 형제가 아니냐?" 그러자 다른 형제들도 말을 들었습니다.

28 미디안의 상인들이 지나갈 때 형들은 요셉을 구덩이에서 끌어내 이스마엘 사람들에게 은 20개를 받고 팔아 버렸습니다. 그 이스마엘 사람들이 요셉을 이집트로 데려갔습니다. 36절:45:4시 105:17행 7:9

29 르우벤이 당황하며 슬퍼함 르우벤이 구덩이에 돌아와 보니 요셉이 없었습니다. 르우벤은 자기 옷을 찢었습니다. 욥 1:20:까 26:65

30 르우벤은 자기 동생들에게 돌아와서 말했습니다. "아이가 없어졌다. 이제 내가, 아아, 내가 어디로 가야 한단 말이냐?"

31 이스라엘이 슬퍼함 그들은 염소 새끼를 잡아 죽여 요셉의 옷을 가져다가 그 피를 묻혔습니다. 23절

32 형들은 요셉의 옷을 아버지에게 갖고 가서 말했습니다. "우리가 이것을 발견했습니다. 이것이 아버지 아들의 옷인지 살펴보십시오."

33 야곱이 그 옷을 알아보고 말했습니다. "이것은 내 아들의 옷이다. 맹수가 그를 잡아먹었구나. 요셉이 틀림없이 갈기갈기 찢겼겠구나!" 20절:44:28

34 야곱이 자기 옷을 찢고 베옷을 입고 여러 날 동안 그 아들을 위해 슬피 울었습니다.

35 그의 아들딸들이 다 와서 그를 위로하려고 했지만 그는 위로받기를 거절하며 말했습니다. "아니다. 내가 슬피 울며 내 아들을 만나러 음부로 내려갈 것이다." 그는 자기 아들을 위해 슬피 울었습니다.

36 요셉이 보디발에게 팔려 감 한편 미디안 사람들은 이집트에서 요셉을 바로의 신하인 경호 대장 보디발에게 팔았습니다. 25,28절

38 유다의 결혼 그즈음에 유다는 자기 형제들을 떠나 히라라고 하는 아둘람 사람에게 갔습니다. 16절

2 거기에서 유다는 가나안 사람 수아라는 사람의 딸을 만나 그녀를 아내로 맞아들이고 동침했습니다. 대상 2:3

3 그녀가 임신해 아들을 낳고 그 이름을 에르라고 했습니다. 46:12인 26:19-20

4 그녀가 다시 임신해 아들을 낳고 그 이름

음부(37:35, 陰府, grave) 또는 '무덤', '죽음'.

을 오난이라고 했습니다.

5 그녀가 다시 임신해 아들을 낳고 그 이름을 셀라라고 했습니다. 셀라를 낳은 곳은 거심이었습니다.

6 오난이 죽임을 당한 유다는 맏아들 에르를 위해 아내를 맞아들였는데 그녀의 이름은 다말이었습니다.

7 유다의 맏아들 에르는 여호와께서 보시기에 악했으므로 여호와께서 그를 죽이셨습니다. 　　　　　　　　　　　대상 2:3

8 그러자 유다가 오난에게 말했습니다. "네 형수와 결혼해 시동생으로서의 의무를 행하고 네 형의 자손을 낳아 주어라."

9 그러나 오난은 그 자손이 자기의 자손이 되지 못할 것을 알고 그녀의 침소에 들 때마다 형의 자손이 생기지 않도록 땅에 설정했습니다.

10 그가 한 짓이 여호와께서 보시기에 악했으므로 여호와께서 그도 죽이셨습니다.

11 다말에게 남편을 주기로 약속한 유다가 며느리 다말에게 말했습니다. "내 아들 셀라가 자랄 때까지 네 친정에 가서 과부로 있어라." 유다는 '셀라도 형들처럼 죽게 될지 모르겠다'고 생각했습니다. 다말은 친정에 가서 살았습니다. 　　　　레 22:13; 룻 1:12-13

12 다말이 유다를 속임 오랜 세월이 지나 수아의 딸인 유다의 아내가 죽었습니다. 애도하는 기간이 지난 후에 유다는 자기 친구 아둘람의 히라와 함께 자기 양들의 털을 깎는 사람들이 있는 딤나로 갔습니다.

13 그때 다말이 "네 시아버지가 양털을 깎으러

딤나로 오고 있다"라는 말을 들었습니다.

14 그녀는 과부 옷을 벗고 베일로 얼굴을 가려 변장을 하고 딤나로 가는 길가에 있는 에나임 입구에 앉아 있었습니다. 셀라가 다 자랐는데도 자기를 셀라의 아내로 주지 않았기 때문이었습니다. 　19,21,26절

15 유다는 다말을 보고 그녀가 창녀라고 생각했습니다. 다말이 얼굴을 가리고 있었기 때문이었습니다.

16 유다가 길에서 벗어나 다말에게 다가가서 "내가 너의 침소에 들어가야겠다"라고 말했습니다. 그는 그녀가 자기 며느리인 줄을 몰랐습니다. 다말이 물었습니다. "제게 들어오시는 대가로 제게 무엇을 주시겠습니까?"

17 유다가 말했습니다. "내 가축 가운데 염소 새끼 한 마리를 보내 주겠다." 다말이 말했습니다. "그것을 주실 때까지 담보물을 제게 주시겠습니까?"

18 유다가 말했습니다. "담보물로 무엇을 네게 주었으면 하느냐?" 다말이 대답했습니다. "가지신 도장과 도장 끈 그리고 손에 갖고 계신 지팡이를 주십시오." 그는 다말에게 그것들을 주고 그녀와 잠자리를 함께했습니다. 다말이 그로 인해 임신하게 됐습니다. 　25절

19 다말은 일어나서 떠났습니다. 그녀는 베일을 벗고 다시 과부의 옷을 입었습니다.

20 유다가 창녀를 찾지 못함 유다는 그 여자에게 담보물을 되돌려 받으려고 자기 친구인 아둘람 사람 편에 어린 염소를 보냈습니다.

야곱이 머문 세겜

'어깨라는 뜻을 가진 세겜은 떡 벌어진 어깨처럼 우뚝 솟은 그리심 산과 에발 산이 양쪽에 있어서 붙여진 이름이다. 물이 많고 비가 적당히 내려 농사와 목축을 하기에 좋았다. 그래서 목축을 하던 야곱은 이들들을 헤브론에서 세겜 근처로 보내 양을 치게 했다(창 37:12-14).

세겜은 교통의 중심지였다. 남쪽으로 실로, 벧엘, 예루살렘에 갈 수 있고, 동쪽으로 요단 강 가는 길

이 있었다. 서쪽으로 사마리아를 지나 도단에 이르는 길과 이집트와 메소포타미아를 연결하는 길이 연결되어 있었다.

이런 이유로 야곱이 밧단 아람에서 돌아와 이곳에 장막을 치고 머무른 것이다(창 33:18-20).

그러나 그는 그 여자를 찾지 못했습니다.

21 유다의 친구는 그곳 사람들에게 물었습니다. "여기 길가 에나임에 있던 그 창녀가 어디 있습니까?" 그들이 말했습니다. "이곳에는 창녀가 없습니다." 14절

22 그가 유다에게로 돌아가서 말했습니다. "그 여자를 찾지 못했네. 게다가 그곳 사람들이 말하길 '이곳에는 창녀가 없습니다'라고 하더군."

23 유다가 말했습니다. "그 여자가 가진 것을 갖도록 그냥 놔두세. 그러지 않으면 우리가 웃음거리가 될 테니 말이야. 어쨌든 나는 이 어린 염소를 보냈는데 다만 자네가 찾을 수 없었던 것뿐일세."

24 창녀가 다말인 사실을 알게 될 석 달쯤 지나서 유다에게 "댁의 며느리 다말이 창녀 짓을 하다가 임신을 했소"라는 소식이 들렸습니다. 유다가 말했습니다. "그녀를 끌어다 불태워 버려라!" 레 21:9;삼상 22:21

25 그녀는 끌려 나오면서 시아버지에게 전갈을 보냈습니다. "저는 이것들의 임자 때문에 임신한 것입니다." 그녀가 다시 말했습니다. "이 도장과 도장 끈과 지팡이가 누구 것인지 살펴보십시오." 18절

26 유다가 그것들을 알아보고 말했습니다. "그녀가 나보다 옳다. 이는 내가 내 아들 셀라를 그녀에게 주지 않아서 그렇게 된 것이다." 유다는 다시는 그녀와 잠자리를 같이하지 않았습니다. 14절;삼상 24:17

27 다말이 쌍둥이를 낳을 그녀가 아이를 낳을 때가 됐는데 그녀의 태속에 쌍둥이가 들어 있었습니다.

28 그녀가 아이를 낳을 때 한 아이가 손을 밖으로 내밀었습니다. 그래서 산파가 붉은 줄을 그의 손에 묶고 말했습니다. "이 아이가 먼저 나왔다."

29 그러나 그가 손을 다시 들여 넣었습니다. 그리고 그의 형제가 먼저 나왔습니다. 산파는 "네가 왜 먼저 나오느냐?"라고 했고

그의 이름을 베레스라고 지었습니다.

30 그다음에야 손에 붉은 줄을 묶은 그 아이가 나와서 그 이름을 세라라고 지었습니다.

39

보디발이 요셉을 신임함 한편 요셉은 이집트로 끌려갔습니다. 보디발이 요셉을 그곳으로 끌고 간 이스마엘 사람들로부터 요셉을 샀습니다. 보디발은 이집트 사람이며 바로의 신하인 경호 대장이었습니다. 37:25,28,36

2 여호와께서 요셉과 함께하시므로 요셉은 형통하게 됐습니다. 요셉은 이집트 사람인 주인의 집에 머물렀습니다. 21절;행 7:9

3 요셉의 주인은 여호와께서 그와 함께하시고 그가 하는 일마다 여호와께서 잘되게 해 주시는 것을 보았습니다. 대하 26:5;시 1 13

4 요셉은 주인의 눈에 들어 가까이서 그를 섬기게 됐습니다. 보디발은 그에게 집안일을 맡기고 자기가 가진 것을 다 관리하게 했습니다. 8,21절

5 그가 요셉에게 자기 집안일과 자기가 가진 것을 다 맡긴 때부터 여호와께서 요셉 때문에 그 이집트 사람의 집에 복을 내리셨

people

유다

야곱의 넷째 아들로, 유다 지파의 조상이다. 가나안 사람 수아의 딸과의 사이에서 세 아들 엘, 오난, 셀라를 낳고 큰며느리 다말과의 사이에서 베레스와 세라를 낳았다.

형제들이 요셉을 죽이려 하자 상인들에게 팔도록 설득하는 리더십을 보였다. 베냐민의 자루에서 은잔이 발견되자 베냐민 대신 자신이 책임을 지겠다고 할 만큼 책임감과 형제애가 있었다.

야곱은 메시아가 유다 지파를 통해 오실 것이라고 예언했는데 예수님을 통해 이 예언이 이루어졌다.

유다가 나오는 말씀들
>> 창 29:35; 37:26-27; 38장;
44:18-34; 마 1:2; 눅 3:33

신약성경에 나오는 다른 유다
>> 예수님의 열두 제자 중
한 사람

설정(38:9, 泄精, spill his semen) 성관계 중 정액을 내보내는 것

습니다. 여호와의 복이 집 안에 있는 것에
나 들에 있는 것에나 보디발이 가진 모든
것에 내렸습니다.   30:27

6 그래서 그는 모든 것을 요셉에게 맡겨 두
고 자기가 먹을 것 외에는 아무것도 신경
쓰지 않았습니다. 요셉은 외모가 아름답
고 얼굴이 잘생긴 사람이었습니다.

7 요셉이 여주인의 유혹을 거절함 얼마 후에 주
인의 아내가 요셉에게 눈짓을 하며 말했습
니다. "나와 같이 자자."

8 요셉은 거절하면서 자기 주인의 아내에게
말했습니다. "보십시오. 주인께서는 집 안
에 있는 것들에 대해 제게 전혀 간섭하지
않으시고 자신이 가진 모든 것을 제게 맡
기셨습니다.   4절

9 이 집에서 저보다 큰사람이 없습니다. 내
주인께서 제게 허락하지 않으신 것이라고
는 마님밖에 없는데 그것은 마님은 주인
의 아내이기 때문입니다. 그런데 제가 어
떻게 그렇게 악한 짓을 저질러 하나님께
죄를 짓겠습니까?"   삼하 12:13; 시 51:4

10 그녀가 날이면 날마다 요셉에게 끈질기게
요구했지만 요셉은 그녀와 함께 자기를 거
절했을 뿐만 아니라 함께 있으려고도 하
지 않았습니다.   잠 1:10

11 요셉이 죄인으로 몰림 그러던 어느 날 그가
일을 하러 집 안으로 들어갔는데 마침 집
안에 그 집 하인들이 아무도 없었습니다.

12 주인의 아내가 요셉의 옷자락을 붙잡고 말
했습니다. "나와 같이 자자." 그러나 요셉
은 뿌리치며 옷을 그녀의 손에 버려둔 채
집 밖으로 도망쳤습니다.   잠 7:13,18

13 그녀는 요셉이 겉옷을 자기 손에 버려둔
채 집 밖으로 도망친 것을 보고

14 집에서 일하는 하인들을 불러 말했습니
다. "보라. 주인께서 우리를 웃음거리로 만
들려고 이 히브리 사람을 데려왔나 보구
나. 이 사람이 내게로 와서 나를 덮치려고
해서 내가 큰 소리를 질렀다.

15 내가 목소리를 높여 고함치니까 그가 옷
을 내 옆에 버려둔 채 집 밖으로 도망쳤다."

16 그녀는 주인이 집에 돌아올 때까지 그 옷
을 곁에 두고 있다가

17 그에게 이 일들에 대해서 말했습니다. "당
신이 우리에게 데려온 저 히브리 종이 저
를 희롱하려고 제게로 들어왔습니다.

18 그런데 제가 고함치는 소리를 듣자 자기
옷을 나한테 버려두고 집 밖으로 도망쳤
습니다."

19 요셉이 감옥에 갇힘 그의 아내가 "당신의 종
이 내게 이런 짓을 했습니다"라고 말하는
것을 듣자 주인은 크게 분노했습니다.

20 요셉의 주인은 요셉을 데려다가 왕의 죄수
를 가두는 감옥에 집어넣었습니다. 요셉
은 감옥에 갇혔습니다.   40:3,5

21 감옥의 모든 사무를 맡아봄 그러나 여호와께

고난

어려운 일을 당할 때…

"절망이든 하루를 말씀과
기도로 시작했습니다. 하나님의
말씀대로 살기 위해 노력하지
만 그러면 그럴수록 주변에 있
는 친구들이 자꾸 따돌려서 함
께 어울릴 수가 없었습니다."

어려운 일을 당할 때, 요셉을 생각해 보세요. 요셉은 형들의 시기로 이집
트에 종으로 팔려 갔어요.(창 39:1). 성경에는 요셉이 바로의 경호 대장 보
디발의 집에서 종노릇하면서 낙심하거나 원망했다는 기록이 없어요. 고
난 가운데 있을 때 하나님이 요셉과 함께하셨다고 나와 있어요.(창 39:2).
하나님은 어려운 일을 당할 때 우리를 혼자 내버려 두지 않으세요. 우리
가 고난 속에서 홀로 있을 때 하나님은 우리와 함께하세요.
요셉은 하나님을 바라보며 어려운 시간을 잘 견뎌 냈어요. 하나님은 요
셉과 함께하셨고, 요셉이 하는 일마다 다 잘되게 해주셨어요.(창 39:2-3).
시편 105편 17-19절은 요셉이 고난 속에서 더 강해지고 성숙해졌다고 말
씀하고 있어요.

서 요셉과 함께하셨고 그에게 자비를 베
푸셔서 요셉을 간수의 마음에 들게 하셨
습니다. 2절全 3:21;11:3;12:36;잠 7:9-10

22 간수는 요셉에게 감옥에 있는 모든 사람
들과 거기에서 이루어지는 모든 일들을
다 맡겼습니다. 40:4

23 간수는 요셉이 맡은 모든 것에 대해 조금
도 간섭하지 않았습니다. 이는 여호와께
서 요셉과 함께하셔서 그가 하는 일마다
형통하게 하셨기 때문입니다. 2~3절

40 수감된 신하들 얼마 후 이집트 왕
의 술 맡은 관원장과 빵 굽는 관
원장이 그 주인인 이집트 왕에게 잘못을
저질렀습니다. 느 1:11

2 바로는 그의 두 신하, 곧 술 맡은 관원장과
빵 굽는 관원장에게 진노했습니다.

3 바로는 그들을 경호 대장의 집에 있는 감
옥에 가두었는데 그곳은 요셉이 갇혀 있
는 감옥이었습니다. 37:36;39:20

4 요셉이 꿈을 해몽함 경호 대장은 요셉에게 명
령해서 두 신하를 시중들게 했습니다. 그
들이 얼마 동안 감옥에 갇혀 있었습니다.

5 감옥에 갇혀 있는 이 두 사람, 곧 이집트
왕의 술 맡은 관원장과 빵 굽는 관원장이
꿈을 꾸게 됐습니다. 각자 같은 날 밤에 꿈
을 꾸었는데 그 내용이 서로 달랐습니다.

6 다음 날 아침 요셉이 그들에게 왔을 때 그
들이 침울해 있는 것을 발견했습니다.

7 요셉은 자기 주인의 집에 함께 갇혀 있는
바로의 신하들에게 물었습니다. "오늘은
두 분의 얼굴빛이 왜 그리 안 좋으십니까?"

8 그들이 대답했습니다. "우리가 꿈을 꾸었
는데 꿈을 풀이해 줄 사람이 없구나." 요셉
이 그들에게 말했습니다. "꿈을 풀이하는
것은 하나님께 달린 일이 아니겠습니까?
꿈꾸신 것을 제게 말씀해 보십시오."

9 술 맡은 관원장의 꿈 술 맡은 관원장이 요셉
에게 자기가 꾼 꿈 이야기를 했습니다. "꿈
속에서 내 앞에 포도나무가 하나 있는 것
을 보았네.

10 그 나무에 가지가 셋 달렸는데 싹이 돋고
곧 꽃이 피더니 금세 포도송이가 열리는
것이었네.

11 내 손에 바로의 잔이 들려 있기에 내가 포
도를 따서 바로의 잔에 짜 넣었네. 그리고
그것을 바로께 드렸네."

12 요셉이 말했습니다. "이 꿈은 이런 뜻입니
다. 가지 셋은 3일입니다. 18절;41:12

13 3일 안에 바로께서 관원장님을 풀어 주시
고 관원장님의 지위를 회복시켜 주실 것
입니다. 관원장님이 전에 바로의 술 맡은
관원장이셨을 때 하던 대로 바로의 손에
잔을 올려 드리게 될 것입니다. 왕하 25:27;시 1:33

14 일이 잘 풀리면 저를 기억하시겠다고 약속
해 주십시오. 제게 은혜를 베풀어 바로께
제 이야기를 하셔서 저를 이 감옥에서 내
보내 주십시오.

15 저는 히브리 땅에서 끌려왔는데 여기에서
감옥에 갇힐 만한 일은 결코 하지 않았습
니다. 37:28;39:20

16 빵 굽는 관원장의 꿈 요셉의 꿈풀이가 좋은
것을 보고 빵 굽는 관원장도 요셉에게 말
했습니다. "나도 꿈을 꾸었는데 보니까 내
머리 위에 빵 바구니 세 개가 있었네.

17 맨 위에 있는 바구니에 바로께 드릴 온갖

누구나 살다
보면 어려
운 일을 당
하게 돼요.
하지만 하나
님의 자녀는 하
나님이 혼자 내버려 두지 않
으세요. 하나님이 함께하시고 고난을 잘 이겨
낼 수 있도록 도와주세요.
"여러분 가운데 고난당하는 사람이 있으면 기도
하십시오."(약 5:13)

깊이 읽기 창세기 39장을 읽으세요.

희롱(39:17, 戱弄, make sport) 말이나 행동으로 실없이
놀리거나 손아귀에 넣고 제멋대로 가지고 놀리는 것.
관원장(40:1, 官員長) 왕 곁에서 심부름하는 사람들의
우두머리를 말함.

구운 빵들이 있었는데 새들이 내 머리 위
에 있는 그 바구니의 빵을 먹어 버렸네."

18 요셉이 말했습니다. "그 꿈은 이런 뜻입니
다. 세 바구니는 3일입니다. 12절

19 3일 안에 바로께서 관원장님의 목을 베고
몸을 나무에 매달 것입니다. 그러면 새들
이 관원장님의 살을 뜯어 먹을 것입니다."

20 요셉의 해몽이 이루어짐 그 3일째 되는 날은
바로의 생일이었습니다. 바로는 모든 신하
들을 불러 잔치를 베풀었습니다. 바로는
그의 신하들 앞에서 술 맡은 관원과 빵
굽는 관원장을 불러들였습니다.

21 바로는 술 맡은 관원장을 원래의 직위로
복귀시켜 그가 바로에게 잔을 바치게 했습
니다. 13절; 느 2:1

22 그러나 바로는 빵 굽는 관원장의 목을 매
달았습니다. 요셉이 그들에게 꿈을 풀어
준 대로였습니다. 19절

23 하지만 술 맡은 관원장은 요셉을 기억하지
않고 잊어버렸습니다.

41 바로가 꿈을 꿈 그로부터 2년 후에
바로가 꿈을 꾸었습니다. 그가 나일
강 가에 서 있었는데 욥 8:11

2 아름답게 생긴 살진 암소 일곱 마리가 강
에서 올라와 갈대 풀을 뜯어 먹고 있었습
니다.

3 그 뒤에 흉측하고 마른 암소 일곱 마리가
뒤따라 강에서 올라와 강둑에서 이 소들
옆에 서 있었습니다.

4 흉측하고 마른 암소들이 아름답게 생긴
살진 암소 일곱 마리를 잡아먹어 버렸습니
다. 그리고 바로가 잠에서 깨어났습니다.

5 바로가 다시 잠이 들어 두 번째 꿈을 꾸었

습니다. 한 줄기에 토실토실한 좋은 이삭
일곱 개가 자라고 있었습니다.

6 그런데 보니 마르고 동풍에 시든 이삭 일
곱 개가 싹텄습니다. 겔 17:10;19:12;호 13:15

7 그리고 마른 이삭들이 토실토실하고 굵은
이삭 일곱 개를 삼켜 버렸습니다. 그리고
바로가 잠에서 깨어나 보니 그것은 꿈이었
습니다.

8 아침에 바로는 마음이 편치 않았습니다.
그가 사람을 보내 이집트의 모든 마술사
들과 지혜자들을 불러들였습니다. 바로가
그들에게 자기가 꾼 꿈을 말해 주었는데
그 꿈을 풀이할 수 있는 사람이 아무도 없
었습니다. 시 77:4; 단 2:1,3

9 요셉을 기억하는 술 맡은 관원장 그때 술 맡은
관원장이 바로에게 말했습니다. "오늘에
야 제가 그동안 잊고 있었던 제 잘못이 생
각났습니다.

10 언젠가 바로께서 종들에게 화가 나셔서 저
와 빵 굽는 관원장을 경호 대장의 집에 가
두신 적이 있으십니다. 39:20;40:2~3

11 그때 저희가 같은 날 밤에 꿈을 꾸었는데
서로 다른 의미가 있는 꿈이었습니다.

12 그때 거기에 젊은 히브리 청년 하나가 저희
와 함께 있었습니다. 그는 경호 대장의 종
이었습니다. 저희가 그에게 저희의 꿈을
이야기해 주었더니 그가 저희에게 꿈을
해석해 주었는데 각자의 꿈에 따라서 그
의미를 풀이해 주었습니다. 40:12~19

13 그리고 그가 저희들에게 해석해 준 대로
일이 이루어졌습니다. 저는 제자리로 돌
아오게 됐고 빵 굽는 관원장의 목이 매달
렸습니다." 40:21~22

14 바로가 요셉을 부름 바로가 사람을 보내 요셉을 불러들였습니다. 그들은 즉시 요셉을 감옥에서 데리고 나왔습니다. 그는 수염을 깎고 옷을 갈아입은 다음 바로 앞에 나갔습니다. 삼상 2:8;시 105:20;113:7~8;단 2:25

15 바로가 요셉에게 말했습니다. "내가 꿈을 꾸었는데 아무도 그것을 풀지 못했다. 내가 너에 대해 하는 말을 들어 보니 너는 꿈 이야기를 들으면 풀 수 있다고 하더구나."

16 요셉이 바로에게 대답했습니다. "제가 아니라 하나님께서 바로께 평안한 대답을 주실 것입니다." 40:8;단 2:22,28,30,47

17 꿈 이야기를 하는 바로 바로가 요셉에게 말했습니다. "꿈속에서 보니 내가 나일 강 둑에 서 있었다. 1~7절

18 그런데 살지고 모양새가 좋은 암소 일곱 마리가 강에서 올라와 갈대 풀을 뜯어 먹고 있었다.

19 그 뒤를 이어 약하고 보기에 아주 흉하며 야윈 다른 소 일곱 마리가 올라왔다. 나는 이집트 온 땅에서 그렇게 형편없는 소들을 본 적이 없다.

20 그런데 그 형편없고 마른 소들이 처음의 살진 소 일곱 마리를 잡아먹는 것이다.

21 그것들은 먹고 나서도 굵은 것처럼 여전히 그 생김새가 형편없었다. 그리고 내가 잠에서 깨었다.

22 다시 내가 꿈에서 보니 굵고 좋은 알곡이 달린 일곱 개의 이삭이 한 줄기에서 자라나고 있었다.

23 그 뒤를 이어 마르고 동풍에 시든 일곱 개의 이삭이 싹 텄다.

24 그러고 나서 그 마른 이삭들이 좋은 이삭 일곱을 삼켜 버렸다. 내가 이것을 마술사들에게 말해 주었지만 내게 그 꿈을 설명해 주는 사람이 없었다." 8절;단 4:7

25 풍년과 흉년을 예언함 요셉이 바로에게 말했습니다. "바로의 꿈은 다 같은 것입니다. 하나님께서 이제 하시고자 하는 일을 바로께 보여 주신 것입니다. 단 2:28~29,45;계 4:1

26 일곱 마리 좋은 소는 7년을 말하며 일곱 개의 좋은 이삭도 7년을 말합니다. 이 꿈은 같은 것입니다.

27 나중에 나온 일곱 마리의 마르고 형편없

아무도 풀지 못한 바로의 꿈을 풀기 위해 바로 앞으로 나아오는 요셉

는 소들 역시 7년을 말하고 동풍에 마른 속이 빈 이삭 일곱도 흉년이 7년 동안 있을 것을 말합니다. 왕하8:1

28 제가 바로께 말씀드린 것과 같이 이것은 하나님께서 이제 하시고자 하는 일을 바로께 보여 주신 것입니다. 25절

29 두고 보십시오. 이집트 온 땅에 7년 동안 큰 풍년이 있게 될 것입니다. 47절

30 그 후에 7년의 흉년이 뒤따를 것입니다. 그러면 이집트의 모든 풍요로움이 잊혀지고 기근이 땅을 뒤덮을 것입니다. 54절

31 뒤에 따라오는 기근이 너무 심해 이 땅에 풍요로움이 있었는지 기억조차 못하게 될 것입니다.

32 이 꿈이 바로께 두 번이나 반복해 보인 것은 이 일을 하나님께서 결정하셨고 하나님께서 이 일을 서둘러 행하실 것이기 때문입니다. 단 23:19;사 14:24;46:10~11

33 요셉이 대비책을 제안함 이제 바로께서는 분별력과 지혜가 있는 사람을 찾아 이집트 땅 위에 세우십시오.

34 바로께서는 이렇게 행하십시오. 온 땅에 감독들을 임명하시고 7년의 풍년 동안 이집트에서 추수한 곡식의 5분의 1을 거뒤 들이게 하십시오.

35 이제 다가올 풍년 동안에 이 식량들을 모아들이시고 왕의 권한 아래 이 곡식들을 각 성읍들에 쌓아 놓고 지키게 하십시오.

36 이 양식들은 이집트 땅에 일어날 7년 동안의 흉년에 대비한 식량이 될 것입니다. 그

러면 이 땅이 흉년으로 망하는 일이 없을 것입니다."

37 요셉이 총리가 됨 이 제안이 바로와 그의 모든 신하들에게 좋게 여겨졌습니다.

38 바로가 자기 신하들에게 말했습니다. "우리가 이 사람처럼 하나님의 영이 있는 사람을 찾을 수가 있겠느냐?" 민 27:18;단 4:8,18

39 바로가 요셉에게 말했습니다. "하나님께서 네게 이 모든 것을 알려 주셨으니 너만큼 분별력과 지혜가 있는 사람이 없을 것이다.

40 너는 내 집을 다스리도록 하여라. 내 모든 백성이 네 명령에 순종할 것이다. 내가 너보다 높은 것은 이 왕의 자리뿐이다."

41 바로가 요셉에게 말했습니다. "보아라, 내가 지금 너를 이집트 온 땅 위에 세우노라."

42 바로가 자기 손가락에서 반지를 빼 요셉의 손가락에 끼워 주고 고운 삼베로 된 옷을 입히고 그 목에는 금목걸이를 걸어 주었습니다. 에 3:10;8:2,8,10,15;단 16:11

43 그는 또한 요셉을 자기의 두 번째 수레에 태웠습니다. 사람들이 요셉 앞에서 "무릎 꿇고 절하라"고 외쳤습니다. 이렇게 해서 바로는 요셉에게 이집트 온 땅을 맡겼습니다.

44 바로가 요셉에게 말했습니다. "나는 바로다. 네 말이 떨어지기 전에는 이집트 온 땅에서 자기 손이나 발을 움직일 사람이 없을 것이다." 시 105:21~22

45 바로가 요셉에게 사브낫바네아라는 이름을 지어 주었습니다. 그리고 온의 제사장인 보디베라의 딸 아스낫을 그에게 아내로

꿈은 하나님이 꾸게 하는 걸까요?

성경에는 다양한 꿈 이야기가 나와요. 아비멜렉의 꿈(창 20:3~7), 야곱의 꿈(창 28:12), 요셉의 꿈(창 37:5~11), 바로의 꿈(창 41:1~7), 솔로몬의 꿈(왕상 3:5~15), 느부갓네살의 꿈(단 2:1, 31~35), 다니엘의 꿈(단 7:1~14), 동방박사들의 꿈(마 2:12), 요셉의 꿈(마 2:13) 등 꿈의 내용도, 배경도, 사건도 다양해요. 그럼, 꿈은 무엇이며, 왜 꾸는 것일까요?

심리학자 프로이트는 꿈을 무의식적인 소원이나 바람, 불안이나 공포가 표현되는 통로로 보았어요. 성경에서 꿈은 하나님이 사람에게 주시는 것으로, 하나님의 뜻을 전달하는 통로였어요. 그러나 모든 꿈을 하나님이 주시는 것은 아니에요(신 13:1~5). 꿈이 자연적인지(전 5:3), 악한 영들에 의한 것인지(렘 23:32)를 잘 분별해야 해요.

주었습니다. 요셉이 이집트 땅을 다스렸습니다.

렘 43:13

46 많은 곡식을 저장함 요셉이 이집트 왕 바로 앞에 서게 됐을 때 그의 나이 30세였습니다. 요셉은 바로 앞에서 나와 이집트를 두루 살피고 다녔습니다.

삼상 16:21

47 땅은 7년의 풍년 동안 풍성하게 많은 소출을 냈습니다.

48 요셉은 그 7년의 풍년 동안 이집트에서 생산된 모든 양식을 거둬 여러 성에 쌓아 두었습니다. 그는 각 성의 주변에 있는 밭에서 거둔 양식들을 각 성에 저장해 두었습니다.

49 요셉은 바다의 모래처럼 어마어마하게 많은 양의 곡식을 모아 두었습니다. 그 양이 너무 많아서 그는 다 기록할 수가 없었습니다.

22:17;삿 7:12;삼상 13:5;시 78:27

50 므낫세와 에브라임의 출생 흉년이 들기 전에 온의 제사장인 보디베라의 딸 아스낫이 요셉에게 두 아들을 낳아 주었습니다.

51 요셉은 "하나님께서 나로 하여금 내 모든 수고와 내 아버지 집의 모든 일을 다 잊게 하셨다"라고 하며 맏아들의 이름을 므낫세라고 지었습니다.

52 그리고 그는 "하나님께서 나로 하여금 내 고난의 땅에서 번영하게 하셨다"라고 하며 작은아들의 이름을 에브라임이라고 지었습니다.

49:22

53 7년의 흉년이 시작됨 이집트 땅에 7년의 풍년이 끝났습니다.

54 그리고 요셉이 말한 대로 7년의 흉년이 시작됐습니다. 다른 모든 나라에도 흉년이 들었지만 이집트 온 땅에는 식량이 있었습니다.

20절;시 105:16;행 7:11

55 온 이집트 땅도 굶주리게 되자 백성들이 식량을 구하며 바로에게 부르짖었습니다. 그때 바로가 모든 이집트 백성들에게 "요셉에게 가서 그가 하라는 대로 하라"고 말했습니다.

56 흉년이 온 땅에 닥치자 요셉은 창고를 열어 이집트 백성들에게 곡식을 팔았습니다. 이집트 땅에 기근이 아주 심했습니다.

57 온 땅에 기근이 심했기 때문에 온 세상 사람들이 곡식을 사러 이집트에 있는 요셉에게로 왔습니다.

54,56절

42

이스라엘이 아들들을 이집트로 보냄 야곱은 이집트에 곡식이 있다는 것을 알게 됐습니다. 야곱은 자기 아들들에게 말했습니다. "너희가 어째서 서로 얼굴만 바라보고 있느냐?"

행 7:12

2 그가 이어 말했습니다. "보라. 내가 이집트에 곡식이 있다는 말을 들었다. 그곳에 내려가 우리를 위해 곡식을 좀 사 오라. 그러면 우리가 죽지 않고 살 것이다."

43:8

3 요셉의 형들 열 명이 곡식을 사러 이집트로 내려갔습니다.

4 그러나 야곱은 요셉의 동생 베냐민은 그의 형들과 함께 보내지 않았습니다. "그에게 화가 미칠지 모른다"라고 생각했기 때문입니다.

38절;35:18

5 이스라엘의 아들들은 곡식을 사러 가는 사람들 틈에 끼어서 내려갔습니다. 가나안 땅에 흉년이 들었기 때문입니다.

요셉은 형들을 왜 모른 척했을까요?

요셉이 모른 척한 데는 형들에 대한 깊은 애정이 숨어 있어요. 나중에 형들과 재회하는 모습에서 볼 수 있듯이 요셉은 이미 형들을 용서하고 있었어요. 단지 형들을 시험하고 싶었던 거예요. 요셉은 자신이 신분을 곧바로 밝혔다면 형들이 과거의 잘못으로 말미암아 죄책감을 느끼거나, 보복이 두려워 떨지도 모른다고 생각한 것 같아요. 또 형들이 자신들의 죄를 금방 잊어버리고 총리인 요셉의 지위를 내세워 방자하게 행동할지도 모른다고 생각한 것 같아요. 요셉은 형들이 자신들의 과거를 되돌아보고 마음속 깊이 회개함으로 하나님과 참된 관계로 돌아가길 원했어요. 요셉은 형들을 이미 용서했지만 형들도 하나님의 사랑을 깨닫고 스스로 용서할 시간이 필요하다고 본 거예요. 자신의 죄를 철저히 회개하고 용서받은 사람만이 진정으로 회개할 수 있음을 알았던 것입니다.

6 요셉이 형들을 모르는 척함 그때 요셉은 그 땅의 총리가 돼 그 땅의 모든 백성들에게 곡식을 팔고 있었습니다. 요셉의 형들이 와서 얼굴을 땅에 대고 그에게 절을 했습니다.

7 요셉은 자기 형들을 보자 바로 그들을 알아보았습니다. 그러나 그는 모르는 척하며 그들에게 매몰차게 대했습니다. 요셉이 형들에게 말했습니다. "너희는 어디에서 왔느냐?" 그들이 대답했습니다. "양식을 사러 가나안 땅에서 왔습니다." 30절

8 요셉은 자기 형들을 알아보았지만 그들은 요셉을 알아보지 못했습니다.

9 요셉은 전에 자기가 그들에 관해 꾸었던 꿈이 생각났습니다. 그가 말했습니다. "너희는 정탐꾼들이다. 너희는 우리 땅에서 허술한 곳이 어딘지를 살피러 온 것이다."

10 그들이 대답했습니다. "아닙니다. 내 주여, 주의 종들은 양식을 사러 왔습니다.

11 우리는 다 한 사람의 아들들입니다. 주의 종들은 정직한 사람들입니다. 저희는 정탐꾼들이 아닙니다."

12 요셉이 그들에게 말했습니다. "아니다. 너희는 우리 땅의 허술한 곳을 살피러 온 것이다."

13 요셉이 계획을 꾸밈 형제들이 대답했습니다. "주의 종들은 12형제입니다. 저희는 가나안 땅에 살고 있는 한 사람의 아들들입니다. 막내는 지금 아버지와 함께 있고 또 하나는 없어졌습니다." 32절;37:30

14 요셉이 그들에게 말했습니다. "내가 '너희는 정탐꾼들이다'라고 말한 것은 바로 이 때문이다.

15 그러면 너희를 시험해 보도록 하겠다. 바로의 살아 계심을 걸고 맹세하지만 너희 막내가 여기 오지 않는 한 너희가 이곳에서 빠져나가지 못할 것이다.

16 너희 가운데 하나를 보내 너희 동생을 데려오도록 하라. 그동안 너희는 갇혀 있게 될 것이다. 너희 말이 진실인지 시험해 보도록 하겠다. 만약 진실이 아니라면 바로의 살아 계심을 걸고 맹세하건대 너희는

정탐꾼들임에 틀림없다."

17 요셉은 그들 모두를 3일 동안 가둬 놓았습니다.

18 계획을 변경함 3일 만에 요셉이 형제들에게 말했습니다. "이렇게 하면 너희가 살게 될 것이다. 나는 하나님을 경외하는 사람이다. 레 25:43

19 너희가 만약 정직한 사람들이라면 너희 형제들 가운데 하나가 여기 감옥에 남고 나머지는 흉년 때문에 굶고 있는 너희 집안 식구들을 위해 곡식을 갖고 돌아가라.

20 그러나 너희는 막내를 내게 데려와야 한다. 그래야만 너희 말이 진실이라는 게 증명되고 너희가 죽지 않게 될 것이다." 형제들은 그렇게 하기로 했습니다. 34절;43:5

21 요셉을 구하려 했던 르우벤 형제들이 서로 말했습니다. "정말로 우리가 우리 동생 때문에 벌을 받고 있구나. 그가 그렇게 괴로워하는 것을 보고 또 그가 목숨을 구해 달라고 우리에게 사정을 할 때 듣지 않아서 우리가 이런 괴로움을 당하고 있는 것이다."

22 르우벤이 말했습니다. "내가 '그 아이에게 죄를 짓지 말라'고 했는데도 너희가 내 말을 듣지 않았다. 이제 우리가 그의 핏값을 치르게 됐다." 9:5;37:21;대하 24:22

23 그들 사이에는 통역관이 있었기 때문에 그들은 요셉이 자신들의 말을 알아듣고 있는 줄을 몰랐습니다.

24 형들이 떠남 요셉은 형들에게서 물러나와 울었습니다. 그러고 다시 돌아와서 그들에게 말하고 형제들 가운데 시므온을 골라내서 그들이 보는 앞에서 묶었습니다.

25 요셉은 종들을 시켜 형제들의 자루를 곡식으로 채우되 각 사람의 돈을 각각의 자루에 도로 넣어 주며 여행에 필요한 음식들도 따로 주라고 명령했습니다. 그들은 그대로 행했습니다. 44:1

26 형제들은 나귀에 곡식을 싣고 그곳을 떠났습니다.

27 돈이 자루 안에서 발견됨 그들 가운데 하나가 여관에서 나귀에게 먹이를 주려고 자

루를 열었다가 자루 아귀에 자기 돈이 그
대로 들어 있는 것을 발견했습니다.

28 그가 자기 형제들에게 말했습니다. "내 돈
이 도로 돌아왔다. 여기 내 자루 속에 돈
이 들어 있어!" 그러자 그들의 마음이 철
렁 내려앉았습니다. 형제들은 놀라서 서
로에게 말했습니다. "하나님께서 우리에
게 왜 이런 일을 행하셨을까?"

29 이스라엘이 모든 사실을 듣고 형제들은 가나
안 땅에 있는 자기들의 아버지 야곱에게
가서 그동안 있었던 일들을 낱낱이 말했
습니다.

30 "그 땅을 다스리는 사람이 저희에게 매몰
차게 말하면서 저희를 그 땅을 엿보러 온
정탐꾼 취급했습니다. _{7,9절}

31 그래서 저희가 그에게 말하기를 '저희는
정직한 사람들이지 정탐꾼들이 아닙니다.

32 저희는 12형제로서 한 아버지의 아들들
입니다. 하나는 없어졌고 막내는 지금 저
희 아버지와 함께 가나안 땅에 있습니다'
고 했습니다. _{13절}

33 그러자 그 땅을 다스리는 사람이 저희에
게 말했습니다. '너희가 이렇게 하면 정직
한 사람들인지 내가 알아볼 수 있을 것이
다. 너희 형제들 가운데 하나를 나와 함께
여기에 남겨 두고 나머지는 흉년으로 인
해 굶고 있는 너희 집안 식구들을 위해 곡
식을 갖고 돌아가라. _{15,19~20절}

34 그리고 너희 막내를 내게 데려오면 너희가
정탐꾼들이 아니라 정직한 사람들인 것
을 내가 알게 될 것이다. 그러면 내가 너희
형제를 다시 내줄 것이며 너희는 이 땅에
서 자유롭게 다닐 수 있을 것이다'라고 말
입니다." _{34:10,21}

35 모든 자루에서 돈이 발견될 형제들이 각자 자
기 자루를 비우려고 보니 모든 자루마다
돈 꾸러미가 도로 들어 있었습니다. 그 돈
꾸러미들을 보고 그들과 그들의 아버지가
겁에 질렸습니다.

36 이스라엘이 두려워함 아버지 야곱이 그들에
게 말했습니다. "너희가 내 자식들을 빼앗

아 가는구나. 요셉이 없어지더니 시므온도
없어지고 이제는 베냐민마저 데려가려 하
는구나. 너희 모두가 나를 괴롭히는구나."

37 르우벤이 아버지에게 말했습니다. "만약
제가 베냐민을 다시 아버지께로 데려오지
못한다면 제 아들 둘을 죽이셔도 좋습니
다. 베냐민을 제 손에 맡기십시오, 제가 그
를 도로 데려오겠습니다." ₄₆₉

38 그러나 야곱이 말했습니다. "내 아들 베냐
민은 너희와 함께 거기에 내려가지 못한
다. 베냐민의 형 요셉이 죽었고 이제 베냐민
밖에 남지 않았다. 혹시 너희가 데려가는
길에 베냐민이 해라도 입는다면 너희는 흰
머리가 난 나를 슬픔 가운데 죽게 만들 것
이다." _{4:1,3,32,36절;37:33,34:28~29}

43 유다가 이스라엘을 설득함 그 땅에
기근이 심해졌습니다.

2 이집트에서 가져온 곡식을 다 먹고 나자
아버지가 그들에게 말했습니다. "다시 가
서 우리를 위해 양식을 좀 더 사 오라."

3 유다가 아버지에게 말했습니다. "그 사람
이 저희에게 단호하게 말하기를 '만약 너
희 동생이 너희와 함께 오지 않으면 너희
가 다시는 내 얼굴을 보지 못할 것이다'라
고 했습니다. _{42:20;44:23}

4 아버지께서 만약 막내를 저희와 함께 보
내신다면 저희가 내려가서 아버지를 위해
양식을 사 오겠습니다.

5 그러나 베냐민을 보내지 않으시겠다면 저
희도 내려가지 않겠습니다. 그 사람이 저
희에게 '너희 동생이 함께 오지 않으면 너
희가 다시는 내 얼굴을 보지 못할 것이다'
라고 했기 때문입니다."

6 이스라엘이 물었습니다. "왜 그 사람에게
동생이 있다는 말을 해서 나를 곤란하게
만드느냐?"

7 그들이 대답했습니다. "그 사람이 우리와
우리 가족 사항을 자세히 물어봤습니다.
그가 '너희 아버지가 아직 살아 계시냐?
너희에게 다른 형제가 있느냐?'라고 해서
우리는 그저 묻는 대로 대답했을 뿐이니

다. 그가 '너희 동생을 데리고 내려오라고' 할 줄 우리가 어떻게 알았겠습니까?"

8 유다가 아버지 이스라엘에게 말했습니다. "이 아이를 우리와 함께 보내십시오. 그러면 우리가 당장 갈 것입니다. 그래야 우리도, 아버지도, 우리 자식들도 죽지 않고 살 것입니다.

42:2

9 제가 베냐민을 책임지겠습니다. 제게 책임을 물으십시오. 만약 제가 그를 아버지께 데려와 아버지 앞에 세우지 못한다면 제가 평생토록 아버지 앞에서 그 죄를 다 받겠습니다.

42:37;44:32

10 저희가 늑장을 부리지 않았다면 벌써 두 번은 갔다 왔을 것입니다."

11 선물을 가져 가는 아들들 그들의 아버지 이스라엘이 그들에게 말했습니다. "꼭 그래야만 한다면 이렇게 하자. 너희 자루에 이 땅의 가장 좋은 물건들, 곧 향유 조금과 꿀 조금과 향신료와 몰약과 피스타치오와 아몬드를 넣어서 그 사람에게 선물로 갖고 가라.

37:25

12 돈도 두 배로 갖고 가서 지난번에 너희 자루 아귀에 담겨 돌아온 돈을 돌려주라. 그 것은 아마 실수였을 것이다.

42:25,27,35

13 네 동생도 데리고 떠나 다시 그 사람에게 가라.

14 전능하신 하나님께서 너희로 그 사람 앞에서 긍휼을 입게 하셔서 너희의 다른 형제와 베냐민을 너희와 함께 돌아오게 하기를 바란다. 그러나 내가 내 자식들을 잃어

야 된다면 잃을 수밖에 없다."

17:1;42:36

15 형제들이 선물과 두 배의 돈을 챙겨 들고 베냐민도 데리고 이집트로 내려가 요셉 앞에 섰습니다.

16 요셉이 식사를 준비할 요셉이 베냐민이 형제들과 함께 있는 것을 보고 자기 집의 관리인에게 말했습니다. "이 사람들을 내 집 안으로 들이고 짐승을 잡아 식사할 준비를 하여라. 그들이 정오에 나와 함께 식사할 것이다."

19:3;44:1,4

17 관리인이 요셉의 말대로 해 형제들을 요셉의 집으로 들어오게 했습니다.

18 안심하는 형제들 형제들은 그의 집 안으로 들어가게 되니 두려워서 속으로 생각했습니다. "전에 우리 자루에 담겨서 도로 돌아온 그 돈 때문에 우리가 여기에 끌려왔나 보다. 그가 우리에게 달려들어 붙잡아 우리를 종으로 삼고 우리 나귀도 빼앗으려고 하나 보다."

욥 30:14

19 그 집 문 앞에서 그들이 요셉 집의 관리인에게 다가가서 말했습니다.

20 그들이 말했습니다. "내 주여, 실은 저희가 지난번에 여기에 양식을 사러 왔었습니다.

42:3,10;44:18

21 그런데 저희가 여관에 도착해서 저희 자루를 열어 보니 각 사람의 자루 입구마다 돈이 고스란히 들어 있었습니다. 그래서 저희가 그것을 다시 가져왔습니다.

42:27

22 그리고 저희가 양식을 살 돈을 더 가져왔습니다. 저희는 누가 돈을 자루에 넣었는

요셉은 형제들을 식

왜 요셉은 베냐민에게 다섯 배를 더 주었나요?

사에 초대해 다른 형제들보다 베냐민에게 다섯 배나 많은 음식을 주었어요(창 43:34). 야곱이 요셉을 더 사랑한 것처럼 요셉도 베냐민을 더 사랑한 걸까요?

당시 고대 근동에서 손님에게 음식을 정량보다 더 많이 주는 것은 많이 먹으라는 의미라기보다 사랑과 존경의 표시였으며, 특별한 손님에 대한 대접의 표시였어요(삼상 9:22-24). 고대 이집트에서

'5'라는 숫자는 완전함과 충분함을 뜻했는데(창 45:22; 사 19:18), 요셉이 베냐민에게 보여준 차별적인 식사 대접은 이러한 뜻이 포함되어 있었어요. 요셉은 같은 어머니의 몸에서 태어난 베냐민에 대해 남다른 애정을 가졌던 거예요. 요셉의 이런 행동은 형제들의 반응을 떠보기 위한 의미도 있었어요. 하지만 형들에게서 옛날의 시기심은 찾아볼 수 없었기에 함께 즐거워했어요(창 43:34).

지 모릅니다."

23 그 관리인이 말했습니다. "괜찮습니다. 두려워하지 마십시오. 여러분의 하나님, 곧 여러분 아버지의 하나님께서 여러분들 자루에 보물을 넣어 주신 것입니다. 저는 여러분의 돈을 받았습니다." 그러고 나서 그는 시므온을 그들에게 데려왔습니다.

24 **선물을 요셉에게 줌** 관리인은 형제들을 요셉의 집으로 데리고 들어가 발 씻을 물을 주고 그들의 나귀에게도 먹이를 주었습니다.

25 형제들은 자신들이 거기서 식사를 하게 되리라는 것을 들었기 때문에 정오가 돼 요셉이 오기 전에 준비해 온 선물을 챙겼습니다. `11절`

26 요셉이 집에 오자 그들은 준비한 선물을 집 안으로 갖고 들어가 그 앞에서 땅에 엎드려 절했습니다. `37:5-11;42:6`

27 **요셉이 기쁨을 이기지 못함** 요셉은 형제들에게 잘 있었는지 묻고 난 다음에 말했습니다. "너희가 말했던 너희의 늙은 아버지는 어떠하시냐? 그분이 아직 살아 계시냐?"

28 그들이 말했습니다. "주의 종인 저희 아버지는 아직 살아 계시고 잘 지내고 계십니다." 그들이 다시 머리를 숙여 절했습니다.

29 요셉이 눈을 들어 자기 어머니의 아들인 자기 동생 베냐민을 보고 "이 아이가 너희가 내게 말했던 그 막내냐?" 하고 물어보고 다시 말했습니다. "아이야, 하나님께서 네게 은혜 베푸시기를 바란다." `35:18`

30 요셉은 서둘러서 밖으로 나갔습니다. 그가 자기 동생을 보자 애틋한 마음이 불타올랐기 때문이었습니다. 그는 울 곳을 찾아 자기 방으로 들어가 울었습니다. `42:24`

31 형제들에게 식사를 즐김 그러고 나서 얼굴을 씻고 다시 나왔습니다. 그가 마음을 진정시키면서 말했습니다. "음식을 내오너라." `45:1`

32 사람들이 음식을 요셉에게 따로 차려 주고 그 형제들에게 따로 차려 주고 요셉과 함께 식사를 하는 이집트 사람들에게 또 따로 차려 주었습니다. 이는 이집트 사람

들은 히브리 사람들과 함께 식사하는 것을 혐오스러운 일로 여겨 그들과 함께 식사를 할 수 없었기 때문이었습니다. `출 8:26`

33 형제들의 자리가 첫째부터 막내까지 나이 순서대로 요셉의 앞에 배정되었습니다. 이 때문에 형제들이 놀라 서로 얼굴을 바라보았습니다.

34 요셉이 자기 상에서 음식을 나눠 주었는데 베냐민에게는 다른 사람들보다 다섯 배나 많은 양의 음식을 주었습니다. 그들이 마시며 요셉과 함께 즐거워했습니다.

44 **다른 계획을 세우는 요셉** 요셉은 자기 집의 관리인에게 명령했습니다. "이 사람들이 갖고 갈 수 있는 양식을 이 사람들의 자루에 가득 채워 주어라. 그리고 각 사람의 돈을 각자의 자루 아귀에 도로 넣어라. `4절;42:25`

2 그리고 막내의 자루 입구에는 내 잔, 곧 내 은잔을 넣고 곡식 값도 함께 넣어라." 관리인이 요셉이 말한 대로 했습니다.

3 아침이 밝자 형제들은 나귀를 이끌고 길을 떠났습니다.

4 그들이 성을 벗어나서 그리 멀리 가지 못했을 때 요셉이 자기 집의 관리인에게 말했습니다. "지금 그 사람들을 쫓아가 따라잡고 말하여라. '너희가 왜 선을 악으로 갚았느냐?' `1절`

5 이것은 내 주인이 마시는 데 쓸 뿐 아니라 점을 칠 때도 쓰시는 잔이 아니냐? 너희가 악한 짓을 저질렀구나'라고 말이야."

6 **베냐민의 자루에서 은잔이 나옴** 관리인은 형제들을 따라잡고 그들에게 이 말을 그대로 했습니다.

7 그러나 형제들이 관리인에게 말했습니다. "내 주께서 왜 그런 말씀을 하십니까? 저희는 그런 짓을 절대 하지 않았습니다.

8 저희가 저희 자루의 입구에서 발견한 돈도 가나안 땅에서 다시 갖다 드렸습니다. 그런데 저희가 어떻게 관리인님의 주인집에서 은이나 금을 훔쳤겠습니까? `43:21`

9 만약 주의 종들 가운데 어느 누가 그것을

갖고 있다는 것이 밝혀지면 그는 죽어 마 땅할 것입니다. 그리고 저희도 내 주의 종이 될 것입니다."

16절;31:32

10 그가 말했습니다. "좋다. 너희들이 말한 대로 하자. 누구든 그것을 갖고 있는 것이 드러난 사람은 내 주의 종이 될 것이다. 그 러나 나머지 사람들은 죄가 없을 것이다."

11 그들은 각자 자기 자루를 땅에 얼른 내려 놓고 풀어 보았습니다.

12 그 관리인이 큰아들부터 시작해서 막내 에 이르기까지 짐을 뒤졌습니다. 그런데 그 잔이 베냐민의 자루에서 나왔습니다.

13 형제들이 자기 옷을 찢었습니다. 그리고 나귀에 짐을 싣고 성으로 되돌아갔습니 다.

37:29

14 요셉이 형제들과 마주할 유다와 그 형제들이 요셉의 집에 이르렀을 때 요셉은 아직 거기 에 있었습니다. 그들은 요셉 앞에서 땅에 엎드렸습니다.

37:7.9~10;42:6;43:26,28

15 요셉이 그들에게 말했습니다. "너희들이 도대체 무슨 짓을 한 거냐? 너희들은 나 같은 사람이 점을 잘 치는 줄을 몰랐느 냐?"

5절

16 유다가 대답했습니다. "저희가 내 주께 무 슨 말을 할 수 있겠습니까? 저희가 무슨 말을 하겠으며 저희의 결백을 어떻게 증명 하겠습니까? 하나님께서 주의 종들의 죄 악을 밝히셨으니 이제 저희와 그 잔을 가 진 것으로 드러난 사람은 이제 다 내 주의

종입니다."

9절;37:18

17 요셉이 말했습니다. "내가 그렇게는 하지 않을 것이다. 그 잔을 가진 것으로 드러난 사람만 내 종이 될 것이다. 너희는 너희 아버지에게 평안히 돌아가라."

18 유다의 간청 그때 유다가 요셉에게 다가가 말했습니다. "내 주여, 제발 내 주께 주의 종이 한마디만 할 수 있게 해 주시고 주의 종에게 화를 내지 마십시오. 주께서는 바 로와 같으신 분입니다.

41:40;43:20;출 32:22

19 내 주께서 이 종들에게 '너희에게 아버지 나 형제가 있느냐?'고 물으시기에

20 저희가 '나이 든 아버지와 그 노년에 난 막 내아들이 있는데 그 형은 죽었고 그 어머 니의 아들은 하나밖에 남지 않아서 아버 지께서 그를 사랑하십니다'라고 대답했습 니다.

30절;37:3;43:8

21 그러자 주께서는 종들에게, '내가 직접 그 아이를 보도록 내게 데리고 내려오라'고 하셨습니다.

42:15,20;43:5

22 그래서 저희가 내 주께 '그 아이는 아버지 를 떠날 수가 없습니다. 그가 아버지를 떠 나면 아버지께서 돌아가십니다'라고 말씀 드렸습니다.

31절

23 그런데 주께서는 종들에게 '너희 막냇동 생이 너희와 함께 내려오지 않으면 너희가 다시는 내 얼굴을 보지 못할 것이다'라고 말씀하셨습니다.

43:3

24 그래서 저희가 주의 종, 곧 저희 아버지께

═══════════════════════════

QT 큐티 / 용서

여러분은 뜻과 다르게 손해 를 본 적이 있나요?
화가 나는 일을 당할 때 그리 스도의 사랑은 어떤 마음의 자세를 갖게 할까요?

도저히 용서를…

"분별력이 있으면 화를 참고 허물을 덮어 주는 것은 그의 영광이 된 다."(잠 19:11)는 말씀처럼, 그리스도인 사람은 화가 나는 상황에서 우선 참아야 해요. 참는다는 것은 용서의 가장 큰 표현이에요.

용서란 기회가 와도 보복하지 않는 것에요.

요셉은 자신의 분노를 사랑으로 표현했어요. 형들로 말미암아 이집트로 팔려 가 종살이를 한 요셉은 형들에게 보복할 수 있는 힘과 권력을 가지 고 있었지만 그렇게 하지 않았어요.

우리는 화가 날 때 다른 사람을 너그럽게 대하기가 쉽지 않아요. 마음에 상처를 준 사람을 용서하기도 쉽지 않아요.

돌아가서 내 주께서 하신 말씀을 전했습니다.

25 그 후 저희 아버지께서 '다시 가서 양식을 좀 더 사 오라'고 하셨습니다. 43:2

26 저희가 '우리는 못 내려갑니다. 다만 우리 막냇동생이 우리와 함께 간다면 가겠습니다. 막냇동생이 우리와 함께 가지 않으면 우리가 그분의 얼굴을 볼 수가 없기 때문입니다'라고 말씀드렸습니다.

27 그러자 주의 종인 저희 아버지께서 저희에게 말씀하셨습니다. '너희도 알듯이 내 아내가 내게 두 아들을 낳아 주었다. 46:19

28 그런데 그 가운데 하나는 내게서 떠났다. 내가 생각하기에 그는 분명히 갈기갈기 찢겨 죽었을 것이다. 그 후로 나는 지금까지 그 아이를 다시 볼 수 없었다. 37:33

29 그런데 너희가 이 아이까지 내게서 데려갔다가 혹시라도 그가 화를 입는다면, 너희는 흰머리가 난 나를 슬픔 가운데 죽게 만들 것이다'라고 하셨습니다. 42:4,36,38

30 그러니 만약 제가 주의 종인 저희 아버지께 돌아갔을 때 이 아이가 저희와 함께 있지 않는다면 저희 아버지의 목숨이 이 아이의 목숨에 달려 있기 때문에

31 저희 아버지께서 이 아이가 없는 것을 보실 때 돌아가시고 말 것입니다. 주의 종들이 주의 종, 곧 저희 아버지를 흰머리로 슬픔 가운데 죽게 만드는 것입니다.

32 주의 종이 저희 아버지께 이 아이를 책임

지겠다고 하면서 '제가 만약 그를 아버지께 데려오지 못하면 제가 평생토록 아버지 앞에서 그 비난을 다 받겠습니다'라고 말했습니다. 43:9

33 그러니 제발 이 아이 대신 이 종이 내 주의 종으로 여기 남게 하시고 이 아이는 자기 형들과 함께 고향으로 돌아가게 해 주십시오.

34 이 아이와 함께하지 않는다면 제가 어떻게 저희 아버지께 돌아갈 수 있겠습니까? 그럴 수 없습니다. 저는 저희 아버지께서 불행한 일을 당하시는 것을 차마 볼 수가 없습니다."

45

요셉이 자신의 정체를 밝힘 요셉이 자기에게 시중을 드는 사람들이 있는 앞에서 더 이상 자신을 억제하지 못하고 소리쳤습니다. "모두 내 앞에서 물러가라!" 그의 곁에 아무도 없게 되자 요셉은 자기 형들에게 자신이 누구인지를 밝혔습니다. 43:31

2 그리고 너무나 큰 소리로 우는 바람에 이집트 사람들이 그 소리를 들었고 바로의 궁정에서도 그의 울음소리를 들었습니다.

3 요셉이 자기 형들에게 말했습니다. "제가 요셉입니다. 아버지께서 아직 살아 계십니까?" 그러나 형제들은 요셉 앞에서 너무 놀라 도저히 대답을 할 수가 없었습니다.

4 하나님의 섭리 요셉이 형제들에게 말했습니다. "제게 가까이 오십시오." 그들이 가까이 오자 요셉이 형제들에게 말했습니다. "제가 형님들이 이집트에 팔아 버린 형님들의 동생 요셉입니다. 37:28

5 하지만 형님들이 저를 이곳에 팔았다고 해서 근심하거나 자책하지 마십시오. 이는 하나님께서 생명을 구하시려고 저를 형님들보다 먼저 여기로 보내신 것이기 때문입니다. 50:20;시 105:16-17

6 2년 동안 이 땅에 흉년이 들었지만 앞으로

그렇기 때문에 먼저 하나님께 너그러운 마음을 달라고 기도하는 것이 중요해요. 기도하는 마음으로 다른 사람을 용서하고 너그럽게 대해 보세요. 하나님이 여러분의 마음을 한없는 용서와 너그러움으로 가득 채워 주실 거예요.

깊이 읽기 창세기 45장 4-8절을 읽으세요.

결백(44:16, 潔白, innocence) 마음씨가 깨끗하고 아무런 허물이 없음. **자책**(45:5, 自責, distress) 자신의 잘못에 대하여 스스로 깊이 뉘우치고 자신을 책망하는 것

도 5년 동안 밭을 갈지도 못하고 추수도 하지 못합니다. ^{41:30;출 34:21;신 21:4;삼상 8:12}

7 그러나 이 땅에서 형님들의 자손들을 보존하시고 큰 구원을 베푸셔서 형님들의 목숨을 살리려고 하나님께서 미리 저를 보내신 것입니다.

8 그러므로 저를 여기에 보내신 분은 형님들이 아니라 하나님이십니다. 하나님께서 저를 바로의 아버지로 삼고 온 집의 주인과 이집트 온 땅의 통치자로 삼으셨습니다.

9 *이스라엘을 모셔 올 것을 당부함* 이제 어서 제 아버지께 가서 이렇게 말씀드리십시오. '아버지의 아들 요셉이 이렇게 말했습니다. 하나님께서 저를 온 이집트의 주인으로 삼으셨으니 머뭇거리지 말고 제게로 내려오십시오.

10 아버지께서는 고센 지방에서 저와 가까이 사시게 될 것입니다. 아버지와 아버지의 자식들과 손자들과 아버지의 가축들과 양들과 아버지의 모든 것들이 말입니다.

11 아직도 흉년이 5년 더 남았으니 제가 아버지를 봉양하겠습니다. 그러지 않으면 아버지와 아버지의 집안과 아버지께 속한 모든 사람들이 다 가난에 처하게 될 것입니다' 라고 말입니다. ^{47:12;50:21}

12 형님들과 제 동생 베냐민이 보는 대로 지금 말하고 있는 제가 바로 요셉입니다.

13 형님들은 제가 이집트에서 누리고 있는 모든 영광과 형님들이 본 모든 것을 제 아버지께 전해 주십시오. 그리고 어서 빨리 제 아버지를 모시고 내려오십시오."

14 요셉은 자기 동생 베냐민의 목을 끌어안고 울었습니다. 베냐민도 요셉의 목을 끌어안고 울었습니다.

15 *요셉은 모든 형제들에게 입을 맞추고 울었습니다. 그런 후에야 그의 형들이 그와 이야기를 했습니다.*

16 *바로가 이스라엘을 초청함* 요셉의 형제들이

왔다는 소식이 바로의 궁전에까지 들어가자 바로와 그의 신하들이 다 기뻐했습니다.

17 바로가 요셉에게 말했습니다. "네 형제들에게 이렇게 이르도록 하여라. '짐승에 짐을 싣고 가나안 땅으로 돌아가서

18 형님들의 아버지와 식구들을 제게로 데려오십시오. 그러면 제가 이집트 땅에서 가장 좋은 땅을 형님들에게 드릴 것이며 형님들이 이 땅의 가장 좋은 것들을 누릴 수 있을 것입니다'라고 말이다. ^{47:6}

19 또한 이렇게 이르도록 하여라. '자, 이렇게 하십시오. 형님들의 자식들과 아내들을 위해 이집트에서 수레를 갖고 가서 아버지를 모시고 오십시오. ^{46:5}

20 현재 갖고 있는 물건들은 신경 쓰지 말고 오십시오. 온 이집트의 가장 좋은 것들이 형님들의 것입니다'라고 말이다."

21 요셉이 선물을 보냄 그러하여 이스라엘의 아들들은 그대로 행했습니다. 요셉은 바로의 명령대로 그들에게 수레들을 주고 여행길에 먹을 양식도 주었습니다.

22 또한 요셉이 그들에게 새 옷을 주었는데 특히 베냐민에게는 은 300개와 옷 다섯 벌을 주었습니다. ^{43:34;왕하 5:5,22~23}

23 자기 아버지를 위해서 요셉은 이집트의 좋은 물건들을 실은 나귀 열 마리와 여행길에 먹을 곡식과 빵과 다른 양식들을 실은 암나귀 열 마리를 보냈습니다.

24 그리고 요셉은 그의 형제들을 떠나보냈습니다. 그들이 떠나려고 할 때 요셉은 "가는 길에 서로 다투지 마십시오"라고 말했습니다. ^{42:22}

25 *이스라엘이 요셉의 소식을 들음* 이렇게 해서 형제들이 이집트에서 가나안 땅에 있는 아버지 야곱에게로 왔습니다.

26 그들이 야곱에게 말했습니다. "요셉이 아직 살아 있으며 온 이집트를 다스리고 있습니다." 야곱은 심장이 멈추는 듯했습니다. 그는 아들들의 말을 믿을 수가 없었습니다.

27 그러나 요셉이 형들에게 했던 말들을 아

통치자(45:8, 統治者, ruler) 일정한 나라나 지역을 도맡아 다스리는 사람. 봉양(45:11, 奉養) 부모나 조부모와 같은 웃어른을 받들어 모심.

들들에게 전해 듣고 요셉이 자기를 데리러 라고 보낸 수레를 보고서야 그들의 아버지 야곱이 제정신이 들었습니다. 19,21절

28 이스라엘이 말했습니다. "이제 됐다. 내 아들 요셉이 아직 살아 있다니. 내가 가겠다. 그리고 죽기 전에 가서 그를 보겠다."

46 확신을 주시는 하나님 이스라엘이 자기에게 속한 모든 사람들과 함께 출발했습니다. 그는 브엘세바에 도착해 자기 아버지 이삭의 하나님께 제사를 드렸습니다. 21:31,33:26:24-25,33:28:10

2 밤에 하나님께서 이스라엘에게 환상 가운데 말씀하셨습니다. "야곱아, 야곱아." 그가 대답했습니다. "제가 여기 있습니다."

3 하나님께서 말씀하셨습니다. "나는 하나님, 곧 네 아버지의 하나님이다. 이집트로 내려가는 것을 두려워하지 마라. 거기에서 내가 너를 큰 민족이 되게 하겠다.

4 내가 너와 함께 그곳으로 내려갈 것이다. 그리고 분명히 너를 이곳으로 다시 데려오리니 요셉의 손이 네 눈을 감겨 줄 것이다."

5 **이집트로 떠남** 야곱이 브엘세바에서 떠났습니다. 이스라엘의 아들들이 바로가 보내 준 수레에 자기들의 아버지 야곱과 자식들과 아내들을 태웠습니다. 45:19,21,27

6 그들은 가축들과 가나안에서 얻은 재물들도 갖고 갔습니다. 이렇게 해서 야곱과 그의 모든 자손들이 이집트로 내려갔습니다.

7 야곱이 그 아들들과 손자들과 딸들과 손녀들까지 모든 자손을 데리고 간 것입니다.

8 **이주자들의 명단** 이집트로 내려간 이스라엘의 아들들, 곧 야곱과 그 자손들의 이름은 이러합니다. 야곱의 맏아들은 르우벤입니다. 출 1:1-5;민 26:5;대상 5:1-3

9 르우벤의 아들들은 하녹과 발루와 헤스론과 갈미입니다.

10 시므온의 아들들은 여무엘과 야민과 오핫과 야긴과 스할과 가나안 여인의 아들인 사울입니다.

11 레위의 아들들은 게르손과 그핫과 므라리입니다. 대상 6:1

12 유다의 아들들은 에르와 오난과 셀라와 베레스와 세라입니다. 에르와 오난은 가나안 땅에서 죽었습니다. 베레스의 아들들은 헤스론과 하물입니다. 38:3,7,10,29; 대상 2:3,5

13 잇사갈의 아들들은 돌라와 부와와 욥과 시므론입니다. 대상 7:1

14 스불론의 아들들은 세렛과 엘론과 얄르엘입니다.

15 이들은 레아가 밧단아람에서 야곱에게 낳아 준 아들들입니다. 이외에 그의 딸 디나가 있습니다. 아들, 곧 야곱의 아들들과 딸들은 모두 33명이었습니다. 29:32-35;30:1-21

16 갓의 아들들은 시본과 학기와 수니와 에스본과 에리와 아로디와 아렐리입니다.

17 아셀의 아들들은 임나와 이스와와 이스위와 브리아와 그 누이 세라입니다. 브리아의 아들들은 헤벨과 말기엘입니다. 대상 7:30

18 이들은 라반이 자기 딸 레아에게 준 여종 실바가 야곱에게 낳아 준 자식들인데 모두 16명이었습니다. 29:24;30:10-13

19 야곱의 아내 라헬의 아들들은 요셉과 베냐민입니다.

20 므낫세와 에브라임은 이집트에서 온의 제사장 보디베라의 딸 아스낫이 요셉에게 낳은 아들들입니다. 41:45,50-52

21 베냐민의 아들들은 벨라와 베겔과 아스벨과 게라와 나아만과 에히와 로스와 뭅빔과 훕빔과 아릇입니다. 민 26:38-40;대상 7:6-12;8:1

22 이들은 야곱에게 낳아 준 라헬의 아들들로서 모두 14명이었습니다.

23 단의 아들들은 후심입니다.

24 납달리의 아들들은 야스엘과 구니와 예셀과 실렘입니다. 대상 7:13

25 이들은 라반이 자기 딸 라헬에게 준 여종 빌하가 야곱에게 낳아 준 아들들로서 모두 일곱 명이었습니다. 29:29;30:5-8

26 야곱과 함께 이집트로 내려간 사람들은 며느리들을 제외하고 야곱의 몸에서 나온 사람들만 모두 66명이었습니다.

27 이집트에는 요셉에게 태어난 아들이 둘이 있었습니다. 그러므로 이집트로 간 야

곱 집안의 사람들은 모두 70명이었습니다.

창 1:5;신 10:22;행 7:14

28 요셉이 아버지와 다시 만남 야곱은 유다를 미리 요셉에게 보내 자신이 고센으로 간다는 것을 알렸습니다. 그들이 고센 땅에 이르렀을 때

45:10

29 요셉이 병거를 갖추어 고센으로 가서 자기 아버지 이스라엘을 맞이했습니다. 요셉이 자기 아버지를 만나자 목을 부둥켜안고 한참 동안 울었습니다.

45:14

30 이스라엘이 요셉에게 말했습니다. "네가 지금껏 살아 있어서 내가 네 얼굴을 보게 됐으니 나는 이제 죽어도 여한이 없다."

31 요셉이 정착지를 제공함 그러자 요셉이 형들과 아버지의 집안 식구들에게 말했습니다. "제가 이제 올라가서 바로에게 말하려고 합니다. 가나안 땅에 살던 제 형제들과 제 아버지의 집안 식구들이 제게 왔는데

32 이들은 양을 치는 사람들입니다. 이들은 가축을 치는 사람으로 가축과 양들과 모든 재산을 갖고 왔습니다.'

47:3

33 만약 바로가 여러분을 불러 '너희들의 직업이 무엇이냐?'고 물으면

34 '주의 종들은 어릴 때부터 가축을 쳤는데 우리와 우리 조상들이 지금껏 그랬습니다'라고 대답하십시오. 그러면 여러분들이 고센 땅에 정착할 수 있게 될 것입니다. 이집트 사람들은 양 치는 사람들을 싫어하기 때문입니다."

37:12;43:32;출 8:26

47 **가축을 치게 된 형제를** 요셉이 가서 바로에게 말했습니다. "제 아버지와 형제들이 가축들과 양들과 재산을 다 갖고 가나안 땅에서 와서 지금 고센 땅에 있습니다."

45:10;46:31

2 그리고 자기 형제들 가운데 다섯 명을 골라 바로 앞에 세웠습니다.

행 7:13

3 바로가 그의 형제들에게 물었습니다. "직업이 무엇이냐?" 그들이 대답했습니다. "주의 종들은 양치는 사람들입니다. 우리 조상들 때부터 지금껏 그랬습니다."

46:32-34

4 그들이 다시 말했습니다. "가나안 땅에는

극심한 흉년이 들어 주의 종들이 양을 칠 수가 없어서 이곳에 머물려고 왔습니다. 그러니 주의 종들이 고센 땅에서 살게 해 주십시오.

15:13;46:34;신 26:5

5 바로가 요셉에게 말했습니다. "네 아버지와 네 형제들이 네게로 왔구나.

6 이집트 땅이 네 앞에 있으니 네 아버지와 네 형제들이 이 땅의 가장 좋은 땅인 고센 땅에 살게 하여라. 그리고 그들 가운데 특별히 능력이 있는 사람들이 있으면 내 가축들을 돌보는 사람들이 되게 하여라!"

7 이스라엘 바로를 축복함 요셉이 자기 아버지 야곱을 데리고 들어와 바로 앞에 세웠습니다. 야곱이 바로를 축복했습니다.

8 바로가 야곱에게 물었습니다. "연세가 어떻게 되시오?"

9 야곱이 바로에게 말했습니다. "제 나그네 인생이 130년이 됐습니다. 제 인생의 햇수가 짧지만 고달픈 세월을 보냈습니다. 그러나 제 조상들이 살아간 나그네 인생의 햇수에는 미치지 못합니다."

히 11:9,13

10 야곱이 바로를 축복하고 그 앞에서 물러났습니다.

7절

11 라암셋에 정착 이렇게 해 요셉은 아버지와 형제들을 정착시켰습니다. 그리고 바로의 명령대로 이집트 땅에서 가장 좋은 곳인 라암셋 땅에 그들의 소유지를 마련해 주었습니다.

6절;출 1:11;12:37

12 요셉은 또한 아버지와 형제들과 아버지의 온 집 식구들에게 자식의 수에 따라 양식을 공급해 주었습니다.

45:11;50:21

13 가축과 양식의 교환 그 후로 기근이 더욱 심해져 온 땅에 먹을 것이 없었습니다. 그래서 이집트 땅과 가나안 땅은 기근 때문에 고통스러웠습니다.

14 요셉은 곡식을 팔아 이집트 땅과 가나안 땅에 있는 모든 돈을 거둬들였습니다. 그리고 그 돈을 바로의 궁전으로 가져갔습니다.

15 이집트 땅과 가나안 땅의 돈이 다 떨어지자 이집트 사람들이 모두 요셉에게 와서 말했습니다. "저희에게 양식을 주십시오. 저희

가 돈이 떨어졌다고 해서 주의 눈앞에서 죽을 수는 없지 않습니까?" 19절

16 요셉이 말했습니다. "그러면 너희 가축들을 가져오너라. 너희 돈이 다 떨어졌다면 대신에 너희 가축을 받고 양식을 팔겠다."

17 그래서 그들이 요셉에게 자기들의 가축을 끌고 왔습니다. 요셉은 그들의 말들과 양 떼와 소 떼와 나귀들을 받고 그들에게 양식을 주었습니다. 그해 동안 요셉은 그들의 모든 가축을 받고 그들에게 양식을 제공해 주었습니다.

18 씨앗을 구하는 이집트 사람 그해가 끝나고 그다음 해에 그들이 요셉에게 와서 말했습니다. "저희가 주 앞에 숨기지 않겠습니다. 저희 돈이 다 떨어졌고 저희 가축들이 다 주의 것이 됐습니다. 이제 주께 드릴 것은 저희 몸과 땅밖에 없습니다.

19 저희가 주의 눈앞에서, 저희와 저희 땅이 함께 망할 수는 없지 않습니까? 양식 대신에 저희와 저희의 땅을 사십시오. 저희가 저희 땅과 더불어 바로 왕의 종이 될 것입니다. 저희에게 씨앗을 주시면 저희가 죽지 않고 살게 될 것이며 땅도 황폐해지지 않을 것입니다." ㄴ52-3

20 모든 땅을 차지한 바로 그렇게 해서 요셉이 바로를 위해 이집트의 모든 땅을 다 사들였습니다. 기근이 워낙 심해서 이집트 사람들이 하나같이 다 자기 밭을 팔았기 때문입니다. 이렇게 해서 그 땅이 바로의 것이 됐습니다.

21 요셉은 이집트의 이쪽 끝부터 저쪽 끝까지 모든 사람들을 종으로 만들었습니다.

22 그러나 요셉은 제사장들의 땅은 사지 않았습니다. 그들은 바로에게 정해진 양만큼 받는 것이 있어서 바로가 주는 그것을 먹고 살았습니다. 그런 까닭에 그들은 자기들의 땅을 팔지 않았습니다. ㅅ7:24

23 요셉이 토지법을 세움 요셉이 백성들에게 말했습니다. "이제 내가 바로를 위해 너희 몸과 너희 땅을 샀다. 씨앗이 여기 있으니 땅에 뿌리도록 하라.

24 추수를 하게 되면 그중 5분의 1은 바로께 바치라. 나머지 5분의 4는 너희 밭에 뿌릴 씨와 너희와 너희 집안 식구들과 자식들이 먹을 양식으로 삼으라." 41:34

25 그들이 말했습니다. "주께서 저희 목숨을 구해 주셨습니다. 저희가 주께 은혜를 입어 바로의 종이 되게 해 주십시오." 33:15

26 이렇게 요셉이 오늘날까지도 효력이 있는 이집트의 토지법을 제정했습니다. 그것은

야곱이 모든 가족을 이끌고 이집트로 내려옴

땅에서 나는 모든 것의 5분의 1은 바로에게 속한다는 것입니다. 그러나 제사장들의 땅만은 예외로서 바로에게 속하지 않았습니다. 22절

27 **번성하는 이스라엘 민족** 이스라엘은 이집트의 고센 땅에 정착했습니다. 그들은 그곳에서 땅을 소유하고 자식을 많이 낳았으며 아주 크게 번성했습니다. 45:10;46:3

28 야곱은 이집트에서 17년을 살았습니다. 야곱의 나이가 147세가 됐습니다. 9절

29 **이스라엘이 가나안에 묻히기를 원함** 이스라엘이 죽을 때가 가까이 오자 자기 아들 요셉을 불러 말했습니다. "네가 내게 호의를 베풀고자 한다면 네 손을 내 허벅지 사이에 넣고 나를 애정과 신실함으로 대해 나를 이집트에 묻지 않겠다고 맹세하여라.

30 내가 내 조상들과 함께 눕거든 너는 나를 이집트에서 메고 올라가 조상들의 무덤 곁에 묻어 주기 바란다." 요셉이 말했습니다. "제가 아버지께서 말씀하신 대로 하겠습니다." 49:29;50:5,13

31 야곱이 말했습니다. "내게 맹세하여라." 요셉이 야곱에게 맹세했습니다. 그리고 이스라엘은 침대 머리에 엎드려 경배했습니다.

48 **요셉의 유업** 이러한 일들 후에 요셉은 "아버지께서 편찮으시다"는 소식을 들었습니다. 그래서 그는 자기의 두 아들 므낫세와 에브라임을 데리고 갔습니다.

2 야곱은 "아들 요셉이 왔습니다"라는 말을 듣고, 곧 기운을 내 침대에 일어나 앉았습니다.

3 야곱이 요셉에게 말했습니다. "전능하신 하나님께서 가나안 땅 루스에서 내게 나타 *나셔서 내게 복을 주시며* 17:1;28:13,19;35:6,9

4 '나는 네가 자식을 많이 낳고 번성하게 하겠다. 내가 너로 여러 민족을 이루게 하고 이 땅을 네 뒤에 올 자손들에게 영원한 유업으로 줄 것이다'라고 말씀하셨다. 17:8

5 내가 이곳 네게로 오기 전에 이집트에서 네게 태어난 이 두 아들은 이제 내 아들과

같다. 에브라임과 므낫세는 르우벤과 시므온처럼 내 아들이 될 것이다.

6 그들 다음에 네게 난 자식들이 네 아들이 될 것이다. 유업에 있어서 에브라임과 므낫세는 자기 형들의 이름 아래에 나란히 포함될 것이다.

7 내가 밧단에서 돌아올 때 라헬이 가나안 땅 에브랏을 얼마 남겨 두지 않은 곳에서 세상을 떠났다. 그래서 내가 에브랏으로 가는 길목에 그녀를 묻어 주었다." 에브랏은 베들레헴입니다. 35:9-19

8 이스라엘에게 온 요셉의 아들들 그리고 이스라엘이 요셉의 두 아들을 보더니 말했습니다. "이 아이들이 누구냐?"

9 요셉이 아버지에게 말했습니다. "이 아이들은 여기에서 하나님께서 제게 주신 아들들입니다." 이스라엘이 말했습니다. "내가 축복해 줄 테니 그들을 내게 데려오너라." 33:5;49:25-26;히 11:21

10 나이 때문에 이스라엘은 눈이 어두워서 잘 보이지 않았습니다. 그래서 요셉이 자기 아들들을 그에게 가까이 데리고 갔습니다. 그러자 야곱이 그들에게 입 맞추면서 껴안았습니다. 27:27

11 이스라엘이 요셉에게 말했습니다. "나는 네 얼굴을 다시 보게 되리라고는 전혀 생각지도 못했는데 하나님께서는 네 자식들까지도 보게 하셨구나." 37:33;45:26

12 요셉이 그들을 자기 아버지의 무릎에서 물러 나오게 하고는 얼굴을 땅에 대고 엎드렸습니다.

13 그리고 요셉이 두 아들을 데리고 이스라엘에게 다가섰는데 에브라임은 자기의 오른쪽에 둬 이스라엘의 왼쪽에 오게 하고 므낫세는 자기의 왼쪽에 둬 이스라엘의 오른쪽에 오게 했습니다.

14 요셉의 아들들을 축복함 그러나 이스라엘은 그 오른손을 뻗어 둘째인 에브라임의 머리에 얹고 므낫세의 머리에는 왼손을 얹었습니다. 므낫세가 첫째인데도 야곱은 자신의 손을 엇갈리게 얹었던 것입니다.

15 그리고 요셉을 축복해 말했습니다. "내 조부 아브라함과 이삭이 섬기던 하나님, 지금까지 내 평생 나를 돌보신 하나님,

16 모든 환난에서 나를 건져 주신 천사께서 이 아이들에게 복을 주소서. 내 이름과 내 조상 아브라함과 이삭의 이름이 이 아이들을 통해 불려지기를 바랍니다. 이들이 땅에서 크게 번성하게 하소서." 사 44:22-23

17 므낫세보다 에브라임을 앞세운 요셉은 자기 아버지가 그 오른손을 에브라임의 머리에 얹은 것을 보고 마음이 불편해졌습니다. 그래서 그는 자기 아버지의 손을 에브라임의 머리에서 므낫세의 머리로 옮기려고 했습니다. 14절

18 요셉이 말했습니다. "그렇게 하지 마십시오. 아버지, 이쪽이 맏아들이니 아버지의 오른손을 이 아이의 머리에 얹으십시오."

19 그의 아버지가 거절하며 말했습니다. "나도 안다. 내 아들아, 나도 알고 있다. 므낫세도 한 민족을 이루겠고 크게 될 것이다. 그러나 그의 동생이 그보다 더 크게 될 것이며 에브라임의 자손이 여러 민족을 이룰 것이다." 민 1:33,35:신 33:17

20 그날 야곱이 에브라임과 므낫세를 축복하며 말했습니다. "이스라엘이 네 이름으로 복을 빌어 말하기를 '하나님께서 너를 에브라임과 므낫세 같게 하시기를 원하노라' 하게 될 것이다." 이처럼 야곱이 므낫세보다 에브라임을 앞세웠습니다.

21 요셉에게 준 특별한 땅 그리고 이스라엘이 요셉에게 말했습니다. "나는 이제 죽게 되겠지만 하나님께서 너희와 함께하시고 너희를 너희 조상의 땅으로 데려가실 것이다.

22 내가 내 칼과 내 활로 아모리 사람들의 손에서 빼앗은 세겜 땅을 네게 주어 네 형제들보다 한 몫을 더 주겠다." 수 24:32,요 4:5

49 아들들을 축복하는 이스라엘 그리고 야곱이 자기 아들들을 불러 말했습니다. "모여라. 앞으로 너희에게 일어날 일들을 내가 말해 주겠다.

2 야곱의 아들들아, 함께 모여 들으라. 너희 아버지 이스라엘의 말을 들으라.

3 불안정한 르우벤 르우벤아, 너는 내 맏아들이며 내 힘이며 내 기력의 시작이다. 위엄이 첫째고 힘이 첫째다.

4 그러나 네가 끓는 물의 거품과 같아서 뛰어나지 못할 것이다. 이는 네가 네 아버지의 침대, 곧 내 침대에 올라 그것을 더럽혔기 때문이다. 35:22,대상 5:1

5 분노하는 시므온과 레위 시므온과 레위는 형제다. 그들의 무기는 폭력의 도구다.

6 내 영혼이 그들의 모임에 들어가지 않으며 내 혼이 그들의 집회에 참여하지 않을 것이다. 그들이 분노로 사람을 죽였고 자기들의 마음 내키는 대로 황소의 힘줄을 끊었다. 수 11:6,9,사 16:9,26:9

"꿈의 사람, 요셉"

❻ 요셉이 보디발 아내의 유혹을 뿌리침(창39장)

❼ 요셉이 감옥에서 술 관원의 포도송이 꿈과 빵 관원의 빵 바구니 세 개에 앉아 빵을 먹는 새들의 꿈을 해석함(창40장)

❽ 바로의 꿈을 해석함. 7년 풍년과 7년 가뭄을 예언함(창 41:1-36) 살찐 암소 일곱 마리와 바싹 마른 암소 일곱 마리, 건실한 이삭 일곱 개와 시든 이삭 일곱 개의 꿈

1 하란에서 라헬과 야곱 사이에서 태어남(창30:22-24)
2 가나안에 이주, 아버지 야곱의 총애를 받음(창37:1-4), 귀한 옷을 입은 요셉
3 곡식 단과 해와 달, 별들이 요셉에게 절하는 꿈을 꿈(창37:5-11)
4 형들이 요셉을 구덩이에 던짐(창37:12-24)
5 형들이 요셉을 미디안 상인에게 은 20개를 받고 노예로 팔아 버림
   (창37:25-28)

9 총리가 된 요셉이 곡식을 비축함(창41:37-49)
10 요셉이 두 아들 므낫세와 에브라임을 얻음(창41:50-52)
11 요셉이 곡식을 사러 온 형들을 용서함(창42장; 50:24)
12 요셉이 110세에 죽음(창50:25-26)

7 그들의 분노가 맹렬하고 그들의 진노가 잔인하니 저주를 받을 것이다. 내가 야곱 족속 가운데 그들을 나눠 놓으며 내가 이스라엘 족속 가운데 그들을 흩어 놓을 것이다.
민 35:1-3;수 19:1-9

8 **치자 유다** 유다여, 네가 네 형제들에게 칭송을 받으며 네 손이 네 원수들의 목을 잡기를 바란다. 네 아버지의 아들들이 네게 절할 것이다.
29:35;대상 5:2

9 유다는 사자 새끼다. 내 아들아, 네가 사냥한 먹이 위로 일어섰구나. 그가 웅크리며 사자 같으며 그가 암사자처럼 엎드리니 누가 감히 그를 일으켜 세우랴.

10 규가 유다에게서 떠나지 않고 통치자의 지팡이가 그의 발 사이에서 떠나지 않으리니 실로께서 오셔서 백성들이 그에게 복종할 때까지다.
민 24:17;사 60:7;10:8:8

11 유다가 나귀를 포도나무에 매며 새끼 나귀를 가장 좋은 가지에 맬 것이다. 그가 자기 옷을 포도주에 빨며 자기 겉옷을 붉은 포도주에 빨 것이다.

12 유다의 눈은 포도주보다 진하고 그의 이는 우유보다 흴 것이다.
잠 23:29

13 **뱃사람 스불론** 스불론은 바닷가에서 살 것이다. 그는 배를 대는 항구가 되며 그의 영토는 시돈까지 이를 것이다.

14 게으른 잇사갈 잇사갈은 양의 우리 사이에 웅크리고 있는 튼튼한 나귀다.

15 그가 아늑한 안식처와 안락한 땅을 보

게 되면 그 어깨를 낮춰 짐을 지고 종이 돼 섬길 것이다.
수 16:10

16 **심판자 단** 단은 이스라엘의 한 지파로서 자기 백성을 심판할 것이다.
신 33:22

17 단은 길 위의 뱀이요 길 위의 뿔 달린 뱀이다. 그가 말의 뒤꿈치를 물어 그것을 타고 있는 사람을 뒤로 넘어지게 할 것이다.
삿 18:27

18 여호와여, 제가 주의 구원을 기다려 왔습니다.
사 25:9;0 7:7

19 **침략당한 자 갓** 갓은 적들의 공격을 받을 것이다. 그러나 그가 도리어 그들의 발꿈치를 공격할 것이다.
신 5:18-22

20 **농사 짓는 자 아셀** 아셀의 빵은 풍성해 그가 왕을 위해 진수성찬을 낼 것이다.

21 **웅변가 납달리** 납달리는 풀어 놓은 암사슴이어서 아름다운 소리를 발할 것이다.

22 **복 있는 사람 요셉** 요셉은 열매가 많은 나뭇가지, 곧 샘 곁의 열매 많은 나뭇가지다. 그 가지가 담을 넘는다.
수 17:14,18

23 활 쏘는 사람들이 그를 맹렬히 공격하며 활을 쏘고 그에게 원한을 품어도

24 그의 활은 팽팽하고 그의 강한 팔은 야곱의 힘 있는 사람의 손에 의해, 곧 이스라엘의 반석이신 목자의 이름으로 민첩하게 움직인다.
욥 29:20;시 80:1

25 네 아버지의 하나님께서 너를 도우시고 전능하신 분께서 위로 하늘의 복과 저 아래 놓여 있는 깊은 곳의 복과 젖과 모

왜 아버지의 축복이 중요한가요?

성경에서 축복은 대개 아버지가 아들에게, 권세 있는 사람이 권세 아래 있는 사람에게, 제사장이 백성에게 하는 것으로 나타나요.

축복은 손을 머리에 얹는 안수를 통해 내려졌어요. 안수는 행위자의 손 자체가 거룩한 것이 아니라, 하나님의 축복과 능력이 그 사람의 손을 통해 베풀어진다는 의미가 있어요.

특히 오른손으로 안수하는 이유는 하나님의 오

른손이 창조의 능력이나, 백성을 구원하는 권능을 상징하는 것처럼(출 15:6-12; 시 17:7; 139:10) 오른손이야말로 특별한 능력, 위엄과 영광, 최고의 지위를 의미하기 때문이에요(욥 40:14; 시 45:9). 그래서 요셉은 맏아들인 므낫세를 아버지의 오른손 쪽에, 에브라임을 왼쪽 쪽에 서게 했어요.

하지만 야곱은 손을 엇갈리게 해 에브라임에게 오른손을 얹어 축복했어요.

태의 복으로 너에게 복 주실 것이다.

26 네 아버지의 복은 영원한 산들의 복과 장구한 언덕들의 복을 넘어섰다. 이 복이 요셉의 머리, 곧 자기 형제들 중에서 뛰어난 사람의 이마에 있을 것이다.

27 침략자 베냐민 베냐민은 물어뜯는 늑대다. 아침에는 먹이를 삼키고 저녁에는 그 잡은 것을 나눌 것이다." 슥 14:1

28 이스라엘이 장례에 대해 지시함 이들은 이스라엘의 열두 지파입니다. 이것은 그들의 아버지가 그들에게 한 말입니다. 이스라엘이 각자가 누릴 복에 따라서 아들들을 축복했습니다.

29 그리고 야곱이 아들들에게 명해 말했습니다. "이제 내가 곧 내 조상들에게로 돌아가게 될 것이다. 나를 헷 사람인 에브론의 밭에 있는 굴에 내 조상들과 함께 묻어 주기 바란다. 33절:25:8,47:30:50:13

30 그곳은 가나안 땅 마므레 근처 막벨라에 있는 굴인데 내 조부 아브라함께서 헷 사람 에브론의 밭과 함께 묘지로 사신 곳이다.

31 거기에 조부 아브라함과 그의 아내 사라께서 묻히셨고 아버지 이삭과 그의 아내 리브가께서도 묻히셨다. 그리고 내가 레아도 거기에 묻었다. 23:19,25:9,35:29

32 이 밭과 그 안에 있는 굴은 헷 사람에게서 산 것이다."

33 야곱이 죽음 야곱은 아들들에게 이렇게 명령하고 침대에 발을 올려 모으고는 숨을 거둬 그 조상들에게로 돌아갔습니다.

50 시신을 향료로 처리함 요셉이 자기 아버지 얼굴 위로 몸을 숙이고 울면서 입을 맞추었습니다.

2 요셉이 자기 종들과 의사들에게 명해 자기 아버지 이스라엘의 시신을 향료로 처리하도록 했습니다. 그래서 의사들이 이스라엘을 향료로 처리했습니다. 26절

3 그 기간은 40일이 걸렸습니다. 그렇게 해

서 그들이 향료 처리 기간을 마쳤습니다. 이집트 사람들은 그를 위해 70일 동안 애도했습니다. 10절

4 장례 행렬 그를 위한 애도 기간이 끝났을 때 요셉이 바로의 궁에 알렸습니다. "제가 만약 여러분의 은혜를 받고 있다면 저를 위해 바로께 말씀드려 주십시오.

5 '제 아버지께서 제게 맹세하게 하시면서 "내가 죽으면 내가 가나안 땅에 파 놓은 무덤에 나를 묻어 다오"라고 말씀하셨습니다. 이제 제가 올라가서 제 아버지를 장사 지내고 돌아오게 허락해 주십시오'라고 말입니다." 대하 16:14:사 22:16:마 27:60

6 바로가 말했습니다. "네 아버지가 네게 맹세하게 한 대로 올라가서 네 아버지를 장사 지내도록 하여라."

7 요셉이 아버지를 묻으러 올라갔습니다. 바로의 모든 신하들과 궁전의 원로들과 이집트의 원로들이 그와 동행했습니다.

8 그리고 요셉의 집안 식구들과 그 형제들과 아버지 집에 속한 사람들도 다 함께 갔으며 어린아이들과 양 떼와 소 떼만 고센 땅에 남겨 놓았습니다. 45:10

9 전차와 기병도 함께 올라갔는데 그 행렬이 아주 컸습니다.

10 애도와 매장 그들은 요단 강 건너편에 있는 아닷의 타작마당에 이르러서 거기에서 심히 크게 통곡하며 애도하였습니다. 요셉은 자기 아버지를 위해 7일 동안 애도했습니다. 3절

11 거기에 살던 가나안 사람들은 아닷의 타작마당에서 애도하는 것을 보고 "이집트 사람들이 크게 통곡한다"라고 말했습니다. 그래서 이곳이 아벨미스라임이라고 불리게 됐습니다. 이곳은 요단 강 건너편에 있습니다.

12 이렇게 야곱의 아들들은 아버지가 지시한 대로 했습니다.

반석(49:24, 盤石, the Rock) 넓고 평평한 큰 돌. 사물, 사상, 기틀 따위가 아주 견고함을 비유적으로 이르는 말. 민첩(49:24, 敏捷, limber) 재빠르고 날쌘 동작. 모태(49:25, 母胎, womb) 어머니의 태안을 말함. 원로(50:7, 元老, dignitary) 오래 그 일을 하여 공로가 있는 나이 많은 사람. 기병(50:9, 騎兵, horsemen) 말을 타고 싸우는 군사.

요셉과 예수님

고난과 시련 속에서도 하나님의 뜻을 행하고 용서의 삶을 산 요셉의 인생은 여러 면에서 예수 그리스도의 모습을 보여 준다. 요셉은 부당한 대우를 받고 옥에 갇혔지만 '벗어나려고' 노력하지 않았다. 이것은 마치 이사야서에 나타난 예수님의 모습과 같다. "그는 학대를 받고 괴롭힘을 당했지만 입을 열지 않았다. 마치 도살장으로 끌려가는 어린 양처럼. 마치 털을 깎는 잠잠한 어미양처럼 그는 입을 열지 않았다"(사 53:7). 또 요셉은 형제들을 용서했고 흉년이 들었을 때 그들을 구했다. 예수님 역시 자신을 멸시한 사람들을 용서하셨고, 죄의 형벌에서 그들을 구원하셨다.

13 그들은 아버지를 가나안 땅으로 모셔가 막벨라 밭에 있는 굴에 묻었습니다. 그 곳은 전에 아브라함이 묘지로 쓰기 위해 헷 사람 에브론에게서 밭과 함께 사 두었던 곳입니다. 그곳은 마므레 앞에 있었습니다.

14 자기 아버지를 장사 지내고 나서 요셉이 그 형제들과 아버지를 장사 지내러 같이 갔던 모든 사람들과 함께 이집트로 돌아왔습니다.

15 요셉이 형들을 위로함 요셉의 형제들이 아버지의 죽음을 보고 말했습니다. "혹시 요셉이 우리에게 원한을 품고 우리가 그에게 했던 모든 잘못에 대해 앙갚음을 하면 어떻게 하지?"

16 그들이 요셉에게 전갈을 보냈습니다. "아우님의 아버지께서 돌아가시기 전에 이런 지시를 하셨습니다.

17 '정말 간절히 부탁한다. 비록 네 형제들이

네게 악을 행했어도 너는 네 형제들의 죄와 허물을 다 용서해 주어라' 하고 말입니다. 그러니 아우님 아버지의 종들, 하나님의 종들이 지은 죄를 제발 용서해 주십시오." 요셉은 이 말을 듣고 울었습니다.

18 그때 요셉의 형제들이 와서 그의 앞에 엎드리면서 말했습니다. "보십시오. 우리는 아우님의 종입니다." 37:7,10

19 요셉이 형제들에게 말했습니다. "두려워하지 마십시오. 제가 하나님을 대신하겠습니까? 30:2;왕하 5:7

20 형님들은 저를 해치려고 악을 꾀했지만 하나님은 지금 보시는 것처럼 그것을 선하게 바꾸셔서 오늘날 많은 사람들의 생명을 구하셨습니다. 45:5,7

21 그러니 두려워하지 마십시오. 제가 형님들과 형님들의 자식들을 기르겠습니다." 요셉은 형제들을 안심시키며 부드럽게 말했습니다. 34:3;45:11;47:12

22 요셉의 자손들 이렇게 해서 요셉과 그의 아버지의 모든 집안이 이집트에 살았습니다. 요셉은 110세까지 살았습니다.

23 그는 에브라임의 자손 3대를 보았습니다. 므낫세의 아들 마길의 자식들도 요셉의 슬하에서 컸습니다. 민 32:39;대상 7:14~15;욥 42:16

24 이스라엘의 귀환을 예언함 그런 후에 요셉이 그의 형제들에게 말했습니다. "저는 이제 죽지만 하나님께서 분명히 여러분을 돌아보셔서 여러분을 이 땅에서 데리고 나가 아브라함과 이삭과 야곱에게 맹세하신 땅으로 인도하실 것입니다."

25 요셉이 죽음 요셉은 이스라엘의 자손들에게 맹세시키며 말했습니다. "하나님께서 분명히 여러분을 돌아보실 것입니다. 그러면 여러분은 제 뼈를 이곳에서 갖고 나가 주십시오." 출 13:19;수 24:32

26 요셉이 110세에 죽었습니다. 그들이 요셉을 향료로 처리해 이집트에서 그를 입관했습니다. 2절

창세기 퀴즈

창세기를 열심히 잘 읽었지요? 아담 때문에 에덴동산에서 쫓겨난 것이 좀 속상하진 않았나요? 하지만 예수님을 믿는 우리에게 아담이 살던 에덴동산보다 더 좋은 천국을 선물로 주신 것을 믿지요?

Hint!

가로

① 세상의 처음이 기록된 성경 ② 하나님께서 처음 사람이 살도록 만들어 주신 동산 ③ 하나님께서 아브라함에게 주신 땅 ④ '하나님께서 준비해 놓으셨다'라는 뜻 (창 22장) ⑤ 아브라함의 아내 (창세기 17장) ⑥ 명령을 거스르는 행위 ⑦ 요셉이 팔려 간 나라 ⑧ 하나님께서 물로 세상을 심판하지 않겠다고 약속하시고 증표로 주신 것 ⑨ 에서의 쌍둥이 동생 ⑩ '열국의 아비'라는 뜻을 가진 남자 (창 17장) ⑪ 노아가 120년간 지은 배 ⑫ 죄악이 가득한 도성 소돔과 OOO ⑬ 최초의 살인자 ⑭ 최초의 사람

세로

① 하나님께서 세상을 만드신 행동 ② 팥죽 한 그릇에 동생에게 형의 권리를 판 사람 ⑦ 아브라함의 아들 ⑩ 라반의 큰딸 ⑮ 하나님께 동물을 잡아서 드리는 예배 ⑯ 야곱의 외삼촌 ⑰ 세상을 만드신 분 ⑱ 이스라엘에 인접한 사막과 같은 땅, 척박한 땅을 말함 ⑲ 야곱이 사랑한 아내 ⑳ 사람을 뜻하는 또 다른 말 ㉑ 아브라함이 이삭을 제물로 바치려 한 산

정답 가로: 1.창세기 2.에덴동산 3.가나안 4.여호와이레 5.사라 6.죄 7.애굽 8.무지개 9.야곱 10.아브라함 11.방주 12.고모라 13.가인 14.아담 세로: 1.창조 2.에서 7.이삭 10.레아 15.제사 16.라반 17.하나님 18.광야 19.라헬 20.인생 21.모리아

Exodus
출이집트기

굶주림을 피해 이집트로 이사와 살게 된 70명의 이스라엘 자손들이 400여 년의 시간이 흐르는 동안 점점 더 많아졌어요. 요셉을 모르는 이집트의 새 왕은 이스라엘 백성들을 미워해 노예로 삼고 강제 노동을 시키며 괴롭혔어요. 그때 하나님이 모세를 보내 이스라엘 자손들을 이집트에서 탈출시켜 '가나안'으로 인도하실 계획을 실현하고자 하셨어요.

출이집트기에는 열 가지 재앙, 바다가 갈라지는 기적, 40년 동안의 광야 방랑기, 불기둥·구름기둥 이야기가 나와요. 하나님을 만나고 예배드리는 성막을 짓는 것과 이스라엘 백성에게 십계명을 주신 이야기도 나와요.

출이집트기는 노예 생활을 하던 이스라엘 사람들을 구원하신 것처럼 하나님은 우리도 죄와 사탄의 노예 생활에서 구원하시는 분임을 가르쳐 주고 있답니다.

출이집트기가 무슨 뜻인가요?

'이집트 탈출기'라는 뜻이에요.

누가 썼나요?

모세가 썼어요. 모세는 노예살이하던 이스라엘 백성을 이집트에서 이끌고 나왔지요. 가나안 땅으로 들어가기 전까지 광야에서 이스라엘 백성을 이끈 훌륭한 지도자입니다. 모세는 이스라엘 백성이 왜 이집트에서 살게 되었는지, 하나님이 그들을 어떻게 구원하셨는지, 구원받은 백성이 어떻게 하나님을 예배하고 살아가야 하는지를 알게 하려고 모세 오경(창세기, 출이집트기, 레위기, 민수기, 신명기)을 쓴 것입니다.

언제 썼나요?

BC 1446~1406년경

주요한 사람들은?

모세
이집트 공주의 왕자로 자라남.
이스라엘 백성의 지도자

아론
모세의 형이자 대변인.
이스라엘 최초의 대제사장

미리암
모세의 누나.
이스라엘 여예언자

바로
이집트 왕

이드로
모세의 장인

한눈에 보는 출이집트기

- 1장 노예 생활을 하는 이스라엘 백성
- 5-11장 모세와 아론이 이집트 왕과 대결
- 2-4장 모세의 출생과 지도자로 부름 받음
- 20-24장 십계명과 각종 율법을 받음
- 12-19장 유월절과 이집트 탈출
- 25-40장 성막을 지음

출·이집트기
Exodus

1 이스라엘 백성이 번성함 야곱과 함께 각자 자기 식구를 데리고 이집트로 간 이스라엘 아들들의 이름은   1~3절

2 르우벤, 시므온, 레위, 유다,

3 잇사갈, 스불론, 베냐민,

4 단, 납달리, 갓, 아셀입니다.

5 요셉은 이미 이집트에 있었습니다. 야곱 슬하의 자손들은 모두 70명이었습니다.

6 요셉과 그의 형제들 그리고 그 시대의 사람들은 다 죽었습니다.   창 50:26

7 그러나 이스라엘 자손은 자식을 많이 낳아 크게 번성하고 대단히 강대해졌으며 땅에는 이스라엘 자손들로 가득 차게 됐습니다.   창 46:3;신 26:5;행 7:17

8 억압받는 이스라엘 백성들 요셉을 알지 못하는 새로운 왕이 일어나 이집트를 다스렸습니다.   행 7:18

9 새 왕은 자기 백성에게 말했습니다. "보라! 이스라엘 민족이 우리보다 많고 강대하다.

10 자, 그러니 우리가 그들을 대할 때 지혜롭게 행동하자. 그러지 않으면 그들이 더 많아져서 만약 전쟁이라도 일어난다면 우리의 적들과 연합해 우리를 대적해 싸우고 이 땅에서 떠날 것이다."   시 105:25;행 7:19

11 그들은 감독관을 세워 이스라엘 백성들을 억압하고 중노동을 시켰습니다. 그래서 이스라엘은 바로를 위한 곡식 창고로 쓰는 성인 비돔과 라암셋을 건축해야 했습니다.

12 그러나 그들이 억압하면 할수록 이스라엘 자손은 오히려 더욱 번성하고 인구도 많아졌습니다. 그러자 이집트 사람들은 이스라엘 민족이 두려워서   민 22:3

13 그들을 심하게 혹사시켰습니다.   5:7~19

14 이집트 사람들은 이스라엘 민족에게 회 반죽과 벽돌 굽기와 온갖 밭일 등의 고된 노동을 시켜 그들의 삶을 고달프게 만들었습니다. 이렇듯 이집트 사람들이 시키는 일은 모두 혹독하기 짝이 없었습니다.

15 남자 아이를 죽이라는 명령 하루는 이집트 왕이 히브리 산파인 십브라와 부아에게 말했습니다.

16 "너희가 히브리 여자들의 해산을 도울 때 그 낳는 것을 잘 보고 있다가 아들이면 죽이고 딸이면 살려라."

17 그러나 이 산파들은 하나님을 경외했기 때문에 이집트 왕이 시키는 대로 하지 않고 아들이라도 살려 주었습니다.   행 5:29

18 그러자 이집트 왕이 그 산파들을 불러 "너희가 왜 이렇게 했느냐? 왜 아들들을 살려 두었느냐?"라고 물었습니다.

19 그러자 산파들은 바로에게 "히브리 여자들은 이집트 여자들과 달리 튼튼해 산파가 도착하기도 전에 아기를 낳아 버립니다"라고 대답했습니다.

요셉을 알지 못하는 이집트 새 왕은 누구였나요?

성경에는 이집트 왕들이 많이 나와요. 이집트 왕을 '바로'라고 부르는데 그 호칭은 왕이라는 뜻이에요. 당시 이집트는 옛날 우리나라처럼 왕이 다스리던 나라였어요.

'힉소스'(제15~17대 왕조)라는 왕조가 이집트를 다스리던 때에 요셉은 지금의 국무총리처럼 아주 높은 지위에 오른 사람이에요. 하지만 요셉이 죽고 세월이 많이 흐르자 그를 기억하는 사람들도

점점 줄어들었고, 결국 '요셉'이라는 이름조차 듣지 못한 새로운 왕이 이집트를 다스리기 시작했어요. 학자들은 이 왕을 보통 '아모세'이거나 그 아들 '아멘호텝 1세', 아니면 그의 손자 '투트모스 1세'라고 말하고 있어요. 가장 유력한 왕은 '투트모세 1세'였을 거라고 생각해요. 이 왕은 일부러 요셉의 업적을 없애려고 했어요.

20 그래서 하나님은 산파들에게 은혜를 베푸셨습니다. 이스라엘 백성들은 번성하고 매우 강해졌습니다. _{전 8:12}

21 산파들이 하나님을 경외했으므로 하나님께서는 그들의 집을 번성하게 하셨습니다.

22 그러자 바로는 모든 백성들에게 "아들을 낳으면 다 나일 강에 던져 버리고 딸이면 살려 두라"고 명령을 내렸습니다. _{행 7:19}

2 모세가 태어남 그때 레위 지파의 한 남자가 레위 사람의 딸과 결혼하게 됐습니다. _{6:20; 민 26:59; 대상 23:14}

2 여자가 임신해 아들을 낳았는데 그 아기가 너무나 잘생겨 3개월 동안 숨겨 두고 키웠습니다. _{행 7:20; 히 11:23}

3 그러나 더 이상 숨길 수 없게 되자 여자는 갈대 상자 하나를 준비하고 거기에다 역청과 송진을 바르고 아기를 그 안에 뉘었습니다. 그리고 갈대 상자를 나일 강 둑을 따라 나 있는 갈대 사이에 두었습니다.

4 아기의 누나는 멀찌감치 서서 어떻게 될지 지켜보고 있었습니다. _{15:20; 민 26:59}

5 바로의 딸이 모세를 발견함 그때 마침 바로의 딸이 나일 강에 목욕하러 내려오고 그녀의 시녀들은 강둑을 따라 거닐고 있었습니다. 바로의 딸은 갈대 사이에 있는 상자를 보고는 자신의 여종에게 가져오라고 시켰습니다.

6 바로의 딸이 상자를 열어 보니 한 아기가 울고 있었습니다. 바로의 딸은 불쌍한 마음이 들어 "히브리 사람의 아기인가 보다"라고 말했습니다.

7 그때 아기의 누나가 바로의 딸에게 "제가 가서 공주님 대신에 아기에게 젖을 먹일 히브리 여자를 한 명 데려올까요?"라고 말했습니다.

8 바로의 딸은 그렇게 하라고 대답했습니다. 그러자 아기의 누나는 가서 그 아기의 엄마를 데려왔습니다.

9 바로의 딸은 "이 아기를 데려다가 나를 대신해 젖을 먹여라. 내가 대가를 주겠다"라고 했습니다. 그리하여 그 여인은 아기를 데려다가 젖을 먹여 키웠습니다.

10 아이가 어느 정도 자라자 그녀는 아이를 바로의 딸에게 데려다 주었고 아이는 그의 아들이 됐습니다. 바로의 딸은 "내가 그를 물에서 건졌다"라고 하며 이름을 모세로 지어 주었습니다. _{행 7:21; 히 11:24}

11 모세가 이집트 사람을 죽임 세월이 흘러 모세는 어른이 됐습니다. 어느 날 모세는 자기 민족이 있는 곳에 나갔다가 그들이 중노동하는 것을 지켜보았습니다. 모세는 어떤 이집트 사람이 자기 동족인 히브리 사람을 때리는 것을 보다가 _{행 7:23; 히 11:24-26}

12 이리저리 살펴 아무도 없는 것을 보고는 그 이집트 사람을 죽여 모래 속에 묻었습니다. _{행 7:24}

13 다음 날 모세가 나가 보니 히브리 사람 둘이 싸우고 있었습니다. 모세가 잘못한 사람에게 "왜 동족끼리 치고받고 싸우는 것이냐?"고 말했습니다. _{행 7:26-28}

14 그 잘못한 사람은 "누가 너를 우리 통치자나 재판관으로 세웠느냐? 네가 이집트 사람을 죽이더니 이제 날 죽일 생각이냐?"라고 말했습니다. 그러자 모세는 두려워하며 속으로 '내가 한 짓이 탄로 났구나' 하고 생각했습니다. _{눅 12:14}

15 바로는 이 사실을 듣고 모세를 죽이려고 했습니다. 그러나 모세는 바로의 얼굴을 피해 도망쳐 미디안으로 가서 살았습니다. 하루는 모세가 미디안의 한 우물가에 앉

아 있을 때였습니다. 행 7:29;히 11:27

16 모세가 미디안으로 도망감 미디안 제사장에게 딸 일곱이 있는데 물을 길으러 와서는 구유에다 그 아버지의 양 떼에게 줄 물을 채웠습니다. 3:1;창 24:11;29:10;삼상 9:11

17 그런데 몇몇 양치기들이 와서 미디안 제사장의 딸들을 쫓아내는 것이었습니다. 그때 모세가 일어나 딸들을 도와주었고 그 양들에게 물을 먹여 주었습니다. 창 29:10

18 그 딸들은 자기 아버지 르우엘에게로 되돌아갔습니다. 그러자 그 아버지가 "오늘은 웬일로 이렇게 일찍 돌아왔느냐?" 하고 물었습니다. 3:1;4:18;18:1,5,9,12;민 10:29

19 딸들은 "어떤 이집트 사람이 우리를 양치기들에게서 구해 주었습니다. 제다가 우리를 위해 물도 길어 주고 양들에게도 물을 먹여 주었습니다"라고 대답했습니다.

20 아버지는 "그가 어디 있느냐? 왜 그를 그냥 두고 왔느냐? 그를 불러 음식을 대접하자"라고 딸들에게 말했습니다. 창 31:54

21 모세가 십보라와 결혼함 그리하여 모세는 흔쾌히 르우엘과 함께 살기로 했습니다. 르우

엘은 자기 딸 십보라를 모세에게 주었습니다. 4:25;18:2

22 십보라는 모세에게 아들을 낳아 주었습니다. 모세는 아들의 이름을 게르솜이라고 지었습니다. 모세가 말하기를 "내가 이방 땅에서 이방 사람이 됐다"라고 했기 때문이었습니다. 18:3;행 7:29;히 11:13~14

23 이스라엘의 신음 소리를 들으시는 하나님 오랜 세월이 흘러 그 이집트 왕이 죽었습니다. 이스라엘 민족은 중노동으로 인해 신음하며 울부짖었습니다. 그러자 이스라엘 민족의 울부짖는 소리가 하나님께 이르렀습니다. 눅 1:25

24 하나님께서는 이스라엘 민족의 신음 소리를 들으시고 아브라함과 이삭과 야곱과 맺은 언약을 기억하셨습니다. 창 15:14;시 105:8

25 하나님께서는 이스라엘 백성들을 보시고 그들에게 관심을 기울이셨습니다.

3 불붙은 떨기나무 모세가 자기의 장인어른인 미디안 제사장 이드로의 양 떼를 치고 있을 때였습니다. 모세가 양 떼를 몰고 광야 서쪽으로 가다가 하나님의 산 호렙에 이르게 됐습니다. 민 10:33

바로의 딸이 나일 강에 떠내려온 아기 모세를 발견함

2 그곳에서 여호와의 천사가 떨기나무 가운데 타는 불꽃 속에서 모세에게 나타났습니다. 모세가 보니 떨기나무에 불이 붙어 있는데 타지는 않았습니다. 말 3:1;행 7:30~35

3 그래서 모세는 "내가 가서 저 이상한 광경을 봐야겠다. 어떻게 떨기나무가 타지 않는 것일까?"라고 말했습니다.

4 여호와께서 모세가 자세히 보러 오는 것을 보시고 떨기나무 가운데서 "모세야, 모세야!" 하고 부르셨습니다. 그러자 모세는 "제가 여기 있습니다" 하고 대답했습니다.

5 하나님께서 "더 이상 가까이 다가오지 마라. 네가 서 있는 곳은 거룩한 땅이니 네 발에서 네 신을 벗어라"라고 말씀하셨습니다. 19:12;수 5:15;전 5:1

6 그러고는 "나는 네 조상의 하나님, 곧 아브라함의 하나님, 이삭의 하나님, 야곱의 하나님이다"라고 하셨습니다. 그러자 모세는 자기 얼굴을 숨겼습니다. 모세는 하나님을 보기가 두려웠기 때문이었습니다.

7 **하나님의 구원 계획** 여호와께서 말씀하셨습니다. "내가 진실로 이집트에 있는 내 백성들의 고통을 보았으며 그들이 감독관들 때문에 울부짖는 소리도 들었다. 나는 그들의 고통을 잘 알고 있다.

8 그래서 내가 내려온 것이다. 내가 그들을 이집트 사람들의 손에서 구해 내고 그 땅에서 그들을 이끌어 내어 아름답고 넓은 땅, 젖과 꿀이 흐르는 땅, 곧 가나안 족속과 헷 족속과 아모리 족속과 브리스 족속과 히위 족속과 여부스 족속의 땅으로 인도할 것이다.

9 이제 이스라엘 백성들의 울부짖는 소리가 내게 들렸고 이집트 사람들이 그들을 억압한 것을 내가 보았다. 1:11~14,22;2:23

10 **모세가 주저함** 그러니 이제 너는 가거라. 내가 너를 바로에게로 보내 너로 하여금 내 백성 이스라엘 자손을 이집트에서 이끌어 내게 할 것이다." 시 105:26;미 6:4

11 그러자 모세는 하나님께 "제가 도대체 누구라고 바로에게 간다는 말씀이십니까? 제가 이스라엘 백성들을 이집트에서 이끌어 낸다는 말씀이십니까?" 하고 말했습니다.

12 하나님께서 "내가 분명히 너와 함께할 것이다. 네가 백성들을 이집트에서 인도해 내고 나면 이 산에서 하나님께 예배할 것

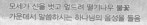

모세가 신을 벗고 엎드려 떨기나무 불꽃
가운데서 말씀하시는 하나님의 음성을 들음

인데 이것이 내가 너를 보냈다는 표적이 될 것이다'라고 말씀하셨습니다. 신 3:1,8,23

13 자신의 이름을 알리시는 하나님 모세는 하나님께 "제가 이스라엘 백성들에게 가서 '너희 조상의 하나님께서 나를 너희에게 보내셨다'라고 할 때 그들이 '그의 이름이 무엇이냐?' 하고 물으면 제가 뭐라고 해야 합니까?"라고 말했습니다.

14 하나님께서 모세에게 말씀하셨습니다. "나는 스스로 있는 자다. 너는 이스라엘 백성들에게 말하여라. 스스로 있는 자가 나를 너희에게 보내셨다고 말이다."

15 하나님께서 또 모세에게 말씀하셨습니다. "이스라엘 백성들에게 말하여라. '여호와 너희 조상의 하나님, 곧 아브라함의 하나님, 이삭의 하나님, 야곱의 하나님이 나를 너희에게 보내셨다'라고 말이다. 이것이 내 영원한 이름이요, 대대로 기억해야 할 이름이다. 6왕상 13:5,13:호 12:5

16 구원 사역을 말씀하시는 하나님 그러니 너는 가서 이스라엘 장로들을 모으고 그들에게 말하여라. '여호와, 너희 조상의 하나님, 곧 아브라함과 이삭과 야곱의 하나님께서 내게 나타나 말씀하셨다. 내가 너희를 지켜보고 있었고 이집트에서 너희가 당한 일을 보았다. 4:29,31:창 50:24:눅 1:68

17 그러니 내가 이미 말한 바와 같이 내가 너희를 이집트의 고통에서 이끌어 내어 가나안 족속과 헷 족속과 아모리 족속과 브리스 족속과 히위 족속과 여부스 족속의 땅, 곧 젖과 꿀이 흐르는 땅으로 인도할 것이다.'

18 그러면 이스라엘의 장로들이 네 말을 들을 것이다. 너는 그 장로들과 함께 이집트 왕에게 가라. 그리고 그에게 말하여라. '히브리 사람들의 하나님 여호와께서 저희를 만나 주셨습니다. 그러니 이제 저희가 광야로 3일 길을 가서 저희 하나님 여호와께 제사를 드리게 해 주십시오'라고 말이다. 5:1

19 그러나 강한 손으로 치기 전에는 이집트 왕이 너희를 보내 주지 않을 것을 나는 안다.

20 그러므로 내가 손을 뻗어 그들 가운데 행할 모든 기적으로 이집트를 칠 것이다. 결국 이집트를 치고 나야 그가 너희를 보내 줄 것이다. 신 6:22:느 9:10:렘 32:20:행 7:36

21 그리고 이집트 사람들로 하여금 이 백성들에게 호의를 베풀게 해 너희가 떠날 때 빈손으로 가지 않게 해 줄 것이다. 창 15:14

22 모든 여자는 각자 자기 이웃의 여인이나 자기 집에 사는 이방 사람에게 은패물과 금패물과 옷을 달라고 해서 너희의 아들딸들을 꾸며 주어라. 너희는 이렇게 이집트 사람들의 물건들을 *빼앗게 될 것이다.*

4 하나님의 표적이 나타남 모세가 대답했습니다. "그들이 만약 저를 믿지 않거나 제 말을 듣지 않고 '여호와께서 당신에게 나타난 것이 아닙니다'라고 하면 어떻게 합니까?"

2 그러자 여호와께서 모세에게 "네 손에 있는 것이 무엇이냐?"라고 말씀하셨습니다. 모세는 "지팡이입니다"라고 대답했습니다.

3 여호와께서 말씀하셨습니다. "그것을 바닥에 던져 보아라." 모세가 지팡이를 바닥에 던지자 지팡이는 뱀이 됐습니다. 모세는 뱀을 피해 도망쳤습니다.

4 여호와께서 모세에게 "손을 뻗어 뱀의 꼬리를 잡아라"라고 말씀하셨습니다. 그래서 모세가 손을 뻗어 그 꼬리를 잡자 뱀은 모세의 손에서 다시 지팡이로 변했습니다.

5 여호와께서 "이것으로 여호와 그들의 하나님, 곧 아브라함의 하나님, 이삭의 하나님, 야곱의 하나님이 네게 나타났다는 것을 그들이 믿게 될 것이다"라고 말씀하셨습니다. 3:6:19:9

6 또 여호와께서 모세에게 "네 손을 품에 넣어 보아라"라고 말씀하셨습니다. 그래서 모세는 손을 품에 넣었다가 빼어 보았습니다. 모세의 손이 나병에 걸려 눈처럼 하얗게 됐습니다. 민 12:10:왕하 5:27

7 여호와께서 "이제 손을 다시 품에 넣어 보아라" 하고 말씀하셨습니다. 그래서 모세

3:22 또는 '취하게'.

가 손을 다시 품에 넣었다가 빼어 보니 다른 부위의 피부처럼 원래대로 돌아왔습니다.

_{왕하 5:14}

8 그러자 여호와께서 말씀하셨습니다. "행여 그들이 너를 믿지 않거나 첫 번째 표적에 주목하지 않더라도 두 번째 표적은 믿을 것이다.

9 그러나 이 두 가지 표적을 믿지 않거나 네 말을 듣지 않으면 나일 강 물을 떠다가 땅에 부어라. 강에서 떠 온 물이 땅에서 피가 될 것이다." _{7:19}

10 대변인 아론 모세가 여호와께 "여호와여, 저는 말을 잘하는 사람이 아닙니다. 예전에도 그랬고 주께서 주의 종에게 말씀하신 후에도 그렇습니다. 저는 말이 어눌하고 혀도 둔합니다"라고 말했습니다. _{렘 1:6}

11 여호와께서 모세에게 말씀하셨습니다. "사람에게 입을 준 자가 누구냐? 또 귀머거리나 벙어리가 되게 하거나 눈으로 보게 하거나 눈멀게 하는 자가 누구냐? 나 여호와가 아니냐?

12 이제 가거라. 내가 네 입에 있어 네가 무슨 말을 할지 가르쳐 줄 것이다." _{마 10:19~20;막 13:11}

13 그러나 모세는 "여호와여, 간구합니다. 그 일을 할 만한 다른 사람을 보내십시오"라고 말했습니다.

14 그러자 여호와께서 진노하셔서 모세에게 말씀하셨습니다. "네 형 레위 사람 아론이 있지 않느냐? 나는 그가 말을 잘하는 것을 알고 있다. 이제 그가 너를 만나러 오고 있다. 그가 너를 보게 되면 기뻐할 것이다.

15 너는 그에게 말해 그의 입에 말을 넣어 주어라. 내가 네 입과 함께할 것이며 그의 입에도 함께해 너희가 할 일을 가르쳐 줄 것이다. _{민 22:38;23:5,12,16;신 18:18;사 51:16;삼하 14:3,19}

16 그는 너를 위해 백성들에게 말할 것이니 네 입이 돼 줄 것이다. 그리고 너는 그에게 하나님과 같이 될 것이다. _{30:38;7:1;18:19}

---

17 이제 너는 이 지팡이를 네 손에 들고 그것으로 표적을 보이도록 하여라." _{2절;7:15}

18 모세가 이집트로 돌아감 모세는 장인 이드로에게 돌아가서 "제가 이제 떠나 이집트에 있는 제 동족에게 돌아가서 그들이 아직 살아 있는지 보고자 합니다"라고 말했습니다. 이드로는 모세에게 "평안히 가게"라고 했습니다. _{2:18}

19 여호와께서 미디안에 있는 모세에게 말씀하셨습니다. "이집트로 돌아가거라. 너를 죽이려고 하던 자들이 다 죽었다." _{마 2:20}

20 그래서 모세는 아내와 아들들을 나귀에 태우고 이집트를 향해 길을 떠났습니다. 모세의 손에는 하나님의 지팡이가 들려 있었습니다. _{17:9;18:2~4;민 20:8~9}

21 바로에 대한 예언 여호와께서 모세에게 말씀하셨습니다. "내가 네게 모든 기사를 행할 수 있는 능력을 주었으니 너는 이집트로 돌아가서 바로 앞에서 그 기적들을 다 보이도록 하여라. 그러나 내가 그의 마음을 강파하게 할 것이니 그가 백성들을 보내 주지 않을 것이다. _{신 2:30;사 63:17;롬 9:17~18}

22 그러면 너는 바로에게 말하여라. '여호와께서 이렇게 말씀하셨습니다. 이스라엘은 내 장자다. _{렘 31:9;호 11:1}

23 내 아들을 보내 그가 나를 경배하게 하라고 내가 네게 말했지만 너는 그를 보내기를 거부했다. 그러므로 내가 네 장자를 죽일 것이다.'" _{11:5;12:29}

24 할례 받는 모세의 아들 가는 도중의 한 야영지에서 여호와께서 모세에게 나타나 모세를 죽이려 하셨습니다. _{창 17:14;민 22:22}

25 그러자 모세의 아내 십보라가 돌칼을 가져다가 자기 아들의 포피를 베어 모세의 발에 대며 "당신은 제게 피 남편이군요"라고 말했습니다. _{2:21;수 5:2~3}

26 결국 여호와께서 모세를 놓아주셨습니다. 그때 모세의 아내가 '피 남편'이라고 한 것은 할례를 가리키는 것입니다.

27 아론이 모세를 만남 여호와께서 아론에게 "광야로 나가 모세를 만나라"라고 말씀하셨

어눌(4:10, 語訥, slow of speech) 말을 유창하게 못하고 떠듬떠듬하는 것. 강퍅(4:21, 剛愎, harden) 성격이 까다롭고 고집이 셈.

습니다. 그리하여 아론이 하나님의 산에서 모세를 만나 모세에게 입을 맞추었습니다.

28 그러자 모세는 아론에게 여호와께서 자기를 보내며 말씀하신 것들과 여호와께서 자기에게 하라고 명령하신 표적들을 모두 말해 주었습니다. 　3·9,15~16절

29 하나님의 계획을 들은 이스라엘 백성들 모세와 아론은 가서 이스라엘 장로들을 모두 불러 모았습니다. 　3:16

30 그리고 아론은 여호와께서 모세에게 하신 말씀을 이스라엘 장로들에게 모두 이야기했으며 모세는 백성들이 보는 데서 표적을 보여 주었습니다. 　16절

31 그러자 그들이 믿게 됐습니다. 여호와께서 이스라엘 백성을 찾아와 백성들의 고통을 다 보셨다는 말을 듣고 그들은 엎드려 경배했습니다. 　창 24:26;대상 29:20

5

거절하는 바로 　그러고 나서 모세와 아론은 바로에게 가서 말했습니다. "이스라엘의 하나님 여호와께서 '내 백성들을 보내 그들이 광야에서 나를 위해 절기를 지킬 수 있게 하여라' 하고 말씀하셨습니다."

2 바로가 대답했습니다. "여호와가 누구이기에 내가 그의 말을 듣고 이스라엘을 보내야 한단 말이냐? 나는 여호와를 모르니 이스라엘도 보내지 않겠다." 　왕하 18:35;욥 21:15

3 그러자 그들이 말했습니다. "히브리 사람들의 하나님께서 저희에게 나타나셨습니다. 저희가 광야로 3일 길을 가서 저희 하나님 여호와께 제사드릴 수 있게 해 주십시오. 그러지 않으면 그분께서 전염병이나

칼로 저희를 치실 것입니다." 　3:18;7:16;9:1

4 그러나 이집트 왕은 "모세와 아론아, 너희는 왜 이 백성으로 하여금 일을 제대로 하지 못하게 하려고 하느냐? 너희의 일이나 하라!"라고 했습니다. 　1:11

5 또 "보라, 이 땅에 백성들이 많은데 그들로 하여금 일을 그만 하게 만드는구나" 하고 바로가 말했습니다.

6 더 혹독하게 노동을 시킴 　바로 그날 바로는 그 백성들의 감독관들과 반장들에게 다음과 같은 명령을 내렸습니다. 　14~15절;3:7

7 "너희는 백성에게 벽돌 굽는 데 필요한 짚을 더 이상 공급하지 말고 그들 스스로 가서 짚을 모아 오게 하라.

8 그러나 벽돌 생산량은 전과 동일하다. 그 할당량은 줄여 주지 말라. 그들은 게을러 빠졌다. 그래서 '우리가 가서 하나님께 제사드리겠다'라고 외치는 것이다.

9 그들에게 일을 더 고되게 시켜 일만 계속하게 하고 쓸데없는 말에 귀 기울이지 않게 하라."

10 감독관들과 반장들은 나가서 백성들에게 말했습니다. "바로께서 말씀하시기를 '내가 너희에게 짚을 주지 않겠으니

11 너희는 짚을 찾을 만한 데로 가서 스스로 주워 오라. 그러나 너희 일은 조금도 줄여 줄 수 없다'라고 하셨다."

12 그래서 백성들은 이집트 전역으로 흩어져 짚으로 쓸 만한 그루터기를 모아 왔습니다.

13 감독관들은 일을 재촉하며 말했습니다.

벽돌에 짚을 넣는 이유

고대 이집트 사람들은 벽돌을 만들 때 꼭 짚을 넣었다. 짚에 있는 화학 성분이 벽돌을 빠르게 말릴 뿐만 아니라, 짚과 흙이 잘 섞여서 단단한 벽돌을 만들 수 있기 때문이다.

바로는 당시 노예였던 이스라엘 백성을 괴롭히기 위해 벽돌을 만드는 데 필요한 이스라엘 백성에게 짚을 주지 말라고 명령했다(출 5:7). 이스라엘 백성은 벽돌을 만들기 위해 어쩔 수 없이 짚을 대신할 다른

것을 찾았다(출 5:12). 감독관들은 전과 같은 시간 안에 벽돌을 만들어 낼 것을 요구했고, 그렇게 못하자 바로는 게으른 백성이라며 이스라엘 백성을 더욱 괴롭혔다.

라암셋에 있는 흙벽 유적지

"전에 짚을 나눠 주었을 때와 같은 양을 채워야 한다."

14 바로의 감독관들은 자기들이 세운 이스라엘 반장들에게 "너희는 어떻게 어제와 오늘도 전과 같은 생산량을 채우지 못했느냐?"라며 때리고 윽박질렀습니다.

15 모세를 비난하는 이스라엘의 반장들 이스라엘 반장들은 바로에게 가서 호소했습니다. "왜 종들에게 이렇게 하십니까?

16 저들이 종들에게 짚도 주지 않으면서 '벽돌을 만들어 내라고 합니다. 종들이 매를 맞지만 잘못은 왕의 백성들에게 있습니다."

17 바로는 말했습니다. "게으름뱅이들 같으니라고! 그래, 너희가 바로 게으름뱅이들이다. 그러니까 너희가 자꾸 '우리가 가서 여호와께 제사드리겠다' 하는 것이 아니냐?

18 가서 일하라. 짚은 주지 않을 것이다. 하지만 너희 할당량은 채워야 한다."

19 이스라엘 반장들은 "하루치 벽돌 생산량은 줄어들지 않을 것이다" 하는 말을 듣고 자신들이 곤경에 빠진 것을 알게 됐습니다.

20 이스라엘 반장들은 바로에게서 나오는 길에 자신들을 만나려고 기다리고 있던 모세와 아론을 보고 말했습니다.

21 "당신들이 우리로 하여금 바로와 그 신하들이 보기에 냄새나는 존재가 되게 하고 그들의 손에 칼을 쥐어 줘 우리를 죽이게 만들었으니 여호와께서 당신들을 보시고

심판하시기를 바랍니다!" 6:9

22 모세가 하나님께 호소함 모세가 여호와께 돌아와서 말했습니다. "여호와여, 왜 이 백성들이 학대를 당하게 하셨습니까? 왜 하필 저를 보내셨습니까?

23 제가 바로에게 가서 주의 이름으로 말한 이후로 바로가 오히려 이 백성들을 곤경에 빠뜨렸습니다. 그런데도 주의 백성들을 구해 주지 않고 계십니다."

6 그러자 여호와께서 모세에게 말씀하셨습니다. "이제 내가 바로에게 어떻게 할지 보여 주도록 하겠다. 내 강한 손으로 인해 그가 어쩔 수 없이 그들을 보내 줄 것이다. 내 강한 손으로 인해 그가 어쩔 수 없이 그들을 자기 나라에서 내보내게 될 것이다."
3:19;11:1;12:33,39;13:3

2 언약을 기억하시는 하나님 하나님께서 모세에게 입을 열어 말씀하셨습니다. "나는 여호와다.
사 42:8;말 3:6

3 내가 아브라함과 이삭과 야곱에게 전능하신 하나님의 이름으로 나타나긴 했지만 내 이름 여호와로는 그들에게 알리지 않았다.
창 17:1;사 68:4;83:18;요 8:58;계 1:4,8

4 또 그들이 이방 사람으로 살던 곳 가나안 땅을 주리라고 그들에게 언약을 세워 주었는데
창 15:18;17:4,7~8;23:4

5 이제 이집트 사람들 아래서 종노릇하는 이스라엘 자손들의 신음 소리를 듣고 내가 언약을 기억했다.
2:24

6 그러므로 이스라엘 자손들에게 말하여라. '나는 여호와다. 내가 너희를 이집트의 압제에서 빼내 주고 그 속박에서 건져 줄 것이다. 내가 쭉 뻗은 팔과 큰 심판으로 너희를 구원해 줄 것이다. 신 7:8;26:8;왕하 17:36

7 내가 너희를 내 백성으로 삼고 나는 너희의 하나님이 될 것이다. 그러면 내가 너희를 이집트 사람들의 압제에서 빼내 준 너희 하나님 여호와인 줄 너희가 알게 될 것이다. 창 17:8;레 22:33;31 4:20;7:6;상하 7:24;벧전 2:9;계 21:7

8 그리고 내가 아브라함과 이삭과 야곱에게 맹세한 땅을 너희에게 줄 것이다. 내가 그것을 너희에게 줘 너희의 유업이 되게 할 것이다. 나는 여호와다'라고 말이다."

9 모세는 이 말을 이스라엘 자손에게 전했습니다. 그러나 이스라엘 자손들은 마음이 낙심되고 종살이가 심했기 때문에 모세의 말을 들으려 하지 않았습니다.

10 모세의 탄식과 좌절 그때 여호와께서 모세에게 말씀하셨습니다.

11 "이집트 왕 바로에게 가서 '이스라엘 자손을 그 땅에서 내보내라'고 하여라."

12 그러나 모세는 여호와께 말했습니다. "이스라엘 자손도 제 말을 듣지 않는데 하물며 바로가 제 말을 듣겠습니까? 저는 말이 어눌한 사람입니다." 렘 1:6;6:10;행 7:25;51

13 여호와께서 모세와 아론에게 말씀하시며 이스라엘 자손들과 바로에게 명령을 전달해 이스라엘 자손을 이집트 땅에서 이끌어 내게 하셨습니다.

14 모세와 아론의 족보 모세와 아론 집안의 어른들은 이러합니다. 이스라엘의 장자 루우벤의 아들들은 하녹과 발루와 헤스론과 갈미입니다. 이들은 르우벤 문중입니다.

15 시므온의 아들들은 여무엘과 야민과 오핫과 야긴과 소할과 가나안 여인의 아들 사울입니다. 이들은 시므온 문중입니다.

16 족보에 따른 레위의 아들들의 이름은 이러합니다. 그들은 게르손과 고핫과 므라리입니다. 레위는 137세까지 살았습니다.

17 게르손의 아들들은 그 문중에 의하면 립니와 시므이입니다. 민 3:18;대상 6:17;23:7

18 고핫의 아들들은 아므람과 이스할과 헤브론과 웃시엘입니다. 고핫은 133세까지 살았습니다. 민 3:19;26:57;대상 6:2;18

19 므라리의 아들들은 마흘리와 무시입니다. 이상은 족보에 따른 레위 가문입니다.

20 아므람은 자기 아버지의 여동생 요게벳을 아내로 삼았습니다. 요게벳은 아므람에게 아론과 모세를 낳아 주었습니다. 아므람은 137세까지 살았습니다. 21

21 이스할의 아들들은 고라와 네벡과 시그리입니다. 민 16:1;대상 6:37~38

22 웃시엘의 아들들은 미사엘과 엘사반과 시드리입니다. 레 10:4;민 3:30

23 아론은 암미나답의 딸이며 나손의 여동생인 엘리세바를 아내로 삼았습니다. 엘리세바는 아론에게 나답과 아비후와 엘르아살과 이다말을 낳아 주었습니다. 마 1:4

24 고라의 아들들은 앗실과 엘가나와 아비아삽입니다. 이들은 고라 문중입니다.

25 아론의 아들 엘르아살은 부디엘의 딸들 중 하나를 아내로 삼았습니다. 그녀는 엘르아살에게 비느하스를 낳아 주었습니다. 문중에 따른 레위 조상의 집안 어른들은 이상과 같습니다. 민 25:7;11;수 24:33;시 106:30

26 "이스라엘 자손들을 이집트에서 부대별로 이끌어 내라" 하는 여호와의 명령을 받은 사람은 바로 이 아론과 모세였으며

27 이스라엘 자손을 이집트에서 나가게 해 달라고 이집트 왕 바로에게 말한 사람도 바로 이 모세와 아론이었습니다.

28 모세의 나약함 여호와께서 이집트 땅에서 모세에게 말씀하실 때

29 여호와께서 모세에게 이렇게 말씀하셨습니다. "나는 여호와다. 너는 내가 네게 말하는 모든 것을 이집트 왕 바로에게 전하여라." 2:11;겔 7:2

30 그러나 모세는 여호와께 "제가 입이 어눌

곤경 (5:19, 困境, trouble) 어려움을 당함. 곤란.
장자 (6:14, 長子, firstborn son) 맏아들.
문중 (6:14, 門中, clan) 성과 본이 같은 가까운 집안.

한데 어떻게 바로가 제 말을 듣겠습니까?'라고 대답했습니다. 12절;사 6:5

7 하나님이 모세를 안심시키심 그러자 여호와께서 모세에게 말씀하셨습니다. "보아라. 내가 너를 바로에게 하나님같이 되게했다. 네 형 아론은 네 대변인이 될 것이다.

2 너는 내가 네게 명령한 것을 다 말해 주어라. 그러면 네 형 아론이 바로에게 이스라엘 자손을 그 땅에서 내보내라고 말할 것이다. 4:15;6:29

3 그러나 내가 바로의 마음을 강퍅하게 만들 것이며 이집트 땅에서 많은 표적과 기적을 일으킬 것이다. 4:21;11:9;시 78:43-51

4 바로가 너희 말을 듣지 않으면 내가 이집트에 능력을 행사해서 큰 벌을 내려 내 군대, 곧 내 백성 이스라엘 자손을 이집트 땅에서 나오게 할 것이다.

5 내가 내 손을 이집트에 뻗어서 이스라엘 자손을 그곳에서 이끌어 낼 때 이집트 사람들이 내가 여호와인 줄 알게 될 것이다."

6 모세와 아론은 여호와께서 명하신 대로 시행했습니다.

7 그들이 바로에게 말할 때 모세는 80세, 아론은 83세였습니다. 신 29:5;31:2;34:7;행 7:23,30

8 지팡이가 뱀으로 변함 여호와께서 모세와 아론에게 말씀하셨습니다.

9 "바로가 너희에게 '기적을 보이라'고 하면 너는 아론에게 '지팡이를 들어 바로 앞에 던지라'고 말하여라. 그러면 그것이 뱀이 될 것이다." 사 7:11;요 2:18;4:48;6:30

10 그리하여 모세와 아론은 바로에게 가서 여호와께서 그들에게 명령하신 대로 했습니다. 아론이 바로와 그의 신하들 앞에서 자기의 지팡이를 던졌더니 뱀이 됐습니다.

11 그러자 바로는 지혜로운 사람들과 마술사들을 불렀습니다. 그 마술사들도 자기들의 비법으로 똑같이 했습니다. 딤후 3:8

12 이집트 마술사들 각자가 지팡이를 던지자 뱀이 됐습니다. 그러나 아론의 지팡이가 이집트 마술사들의 지팡이를 삼켜 버렸습니다.

13 하지만 여호와께서 말씀하신 대로 바로의 마음이 강퍅해져서 모세와 아론의 말을 듣지 않았습니다.

14 피의 재앙을 내리심 그때 여호와께서 모세에게 말씀하셨습니다. "바로의 마음이 강퍅해져 이 백성들을 보내려 하지 않을 것이다.

15 아침에 바로가 물가로 나갈 때 그에게 가거라. 뱀으로 변했던 그 지팡이를 손에 들고 나일 강 둑에서 그가 오기를 기다리며 서 있어라. 4:2-3;17:8;20:9;13:17:5

16 그리고 그에게 말하여라. '히브리 사람들의 하나님 여호와께서 왕께 내 백성들을 보내 광야에서 나를 경배하게 하라는 말씀을 전하라고 나를 보내셨습니다. 그러나 지금까지 당신이 듣지 않았습니다.

17 그래서 여호와께서 이것으로 그분이 여호와인 줄 왕이 알게 될 것이라고 말씀하셨습니다. 이제 제가 제 손에 있는 지팡이로 나일 강 물을 치면 물이 피로 변할 것입니다. 5장;4:9;계 16:4

18 그러면 나일 강의 물고기들이 죽을 것이며 강에서 냄새가 날 것입니다. 이집트 사람들은 그 물을 먹지 못하게 될 것입니다.'"

19 여호와께서 모세에게 말씀하셨습니다. "아론에게 지팡이를 들고 이집트의 강들과 시

내와 운하와 못과 모든 호수 위에 손을 뻗으라고 말하여라. 그러면 그것들이 다 피로 변할 것이다. 피가 이집트 온 땅에 있을 것이며 심지어 나무그릇과 돌그릇에도 있게 될 것이다."

8:5-6,16-17;9:22;10:12,21;14:16

20 모세와 아론은 여호와께서 명령하신 대로 했습니다. 아론이 바로와 그의 신하들 앞에서 자기 지팡이를 들어 나일 강 물을 쳤더니 모든 물이 피로 변해 버렸습니다.

21 나일 강의 물고기는 죽어 버렸고 강물에서 나는 악취로 이집트 사람들은 그 물을 먹지 못했습니다. 피가 이집트 온 땅에 있었습니다.

18,24절

22 이집트의 마술사들도 자기들의 비법으로 그것과 똑같이 했습니다. 그러자 여호와께서 말씀하신 대로 바로의 마음이 강퍅해져서 모세와 아론의 말을 듣지 않았습니다.

23 바로는 돌아서 왕궁으로 갔으며 이 일을 마음에 두지 않았습니다.

24 그리하여 모든 이집트 사람들은 나일 강을 따라 땅을 파서 먹을 물을 얻어야 했습니다. 이집트 사람들은 강물을 마실 수 없었기 때문이었습니다.

25 여호와께서 나일 강을 치신 지 7일이 지났습니다.

8 개구리 재앙

그때 여호와께서 모세에게 말씀하셨습니다. "바로에게 가서 말하여라. '여호와께서 이렇게 말씀하셨습니다. 내 백성들이 나를 경배할 수 있도록 그들을 보내 주어라.

20절;3:12,18

2 만약 네가 보내지 않으면 내가 네 온 땅을 개구리로 칠 것이다.

7:14;9:2;계 16:13

3 그러면 나일 강이 개구리들로 가득하게 될 것이다. 그것들이 강에서 올라와서 네 집과 네 침실과 네 침대와 네 신하들의 집과 네 백성들의 집과 네 화덕과 반죽 그릇 속에 들어가게 될 것이다.

시 105:30

4 개구리들이 너와 네 백성들과 네 모든 신하들에게 기어오를 것이다'라고 말이다.

5 또한 여호와께서 모세에게 말씀하셨습니다. "아론에게 말하여라. '지팡이를 들고

시내와 강물과 못 위에 손을 뻗어 개구리들이 이집트 땅에 올라가게 하여라.'"

6 그리하여 아론은 이집트의 물 위에 손을 뻗었습니다. 그러자 개구리들이 올라와 이집트 땅을 덮었습니다.

시 78:45;105:30

7 그러나 마술사들도 자기들의 비법으로 똑같이 해서 개구리들이 이집트 땅에 올라오게 했습니다.

7:11

8 바로가 모세와 아론을 불러서는 말했습니다. "여호와께 간구해 나와 내 백성들에게서 개구리들이 물러나게 해 달라고 하라. 그러면 내가 이 백성들을 보내 여호와께 제사를 드릴 수 있게 해 주겠다."

행 8:24

9 모세는 바로에게 대답했습니다. "제가 당신과 당신의 신하들과 당신의 백성들을 위해 언제 개구리들이 당신과 당신의 집에서 사라지고 나일 강에만 있게 해 달라고 기도할지 당신이 정하도록 하십시오."

10 바로가 "내일 하도록 하여라"라고 말했습니다. 모세가 말했습니다. "당신이 하신 대로 될 것입니다. 그러면 당신은 여호와 우리 하나님과 같은 분이 없다는 것을 알게 될 것입니다.

신 33:26;삼하 7:22

11 개구리들이 당신과 당신의 집과 당신의 신하들과 당신의 백성들을 떠나 오직 나일 강에만 있을 것입니다."

12 모세와 아론은 바로에게서 물러나왔습니다. 모세는 바로에게 닥쳤던 개구리들이 떠나기를 여호와께 부르짖었습니다.

13 그러자 여호와께서 모세가 말한 대로 해 주셨습니다. 개구리들이 집과 뜰과 밭에서 죽었습니다.

14 그들은 죽은 개구리들을 무더기로 쌓아 올렸습니다. 그 땅에 악취가 났습니다.

15 그러나 바로는 숨 돌릴 틈이 생기자 또 마음이 강퍅해져 여호와께서 말씀하신 대로 모세와 아론의 말을 듣지 않았습니다.

16 이 재앙 그때 여호와께서 모세에게 말씀하

운하(7:19, 運河, canal) 배를 띄울 수 있게 육지에 파 놓은 물길. 화덕(8:3, oven) 숯불을 피워 놓고 쓰게 만든 큰 화로. 또는 솥을 걸고 쓰게 만든 물건.

"이집트에 내린 열 가지 재앙"

1 '피' 재앙 (출 7:14-25)

2 '개구리' 재앙 (출 8:1-15)

3 '이' 재앙 (출 8:16-19)

4 '파리' 재앙 (출 8:20-32)

5 '가축' 재앙 (출 9:1-7)

재앙	결과	상징하는 우상
1 강물이 피로 변함(출 7:14-25)	이집트의 마술사들도 같은 기적을 보임. 바로의 마음이 강퍅해짐(출 7:22)	나일 강의 신 하피(Hapi)
2 개구리(출 8:1-15)	바로의 마음이 강퍅해짐(출 8:15)	부활과 다산의 신 헤크트(Hekqet)
3 이(출 8:16-19)	바로의 마음이 강퍅해짐(출 8:19)	흙의 신 셋(Set)
4 파리(출 8:20-32)	바로의 마음이 강퍅해짐(출 8:32)	파리의 신 우아치트(Uachit)
5 병에 걸린 가축들(출 9:1-7)	바로의 마음이 강퍅해짐(출 9:7)	황소의 신 아피스(Apis)
6 종기(출 9:8-12)	바로의 마음이 강퍅해짐(출 9:12)	암소의 신 하도르(Hathor)
7 우박(출 9:13-35)	바로가 누그러졌으나(출 9:27-28), 곧 강퍅해짐(출 9:35)	하늘의 여신 누트(Nut) 대기의 신 수(Shu)

6 '종기' 재앙 (출 9:8-12)

7 '우박' 재앙 (출 9:13-35)

8 '메뚜기' 재앙 (출 10:1-20)

9 '어둠' 재앙 (출 10:21-29)

10 '죽음' 재앙 (출 11:1-12:30)

재앙	결과	상징하는 우상
8 메뚜기(출 10:1-20)	바로가 남자들만 떠날 것(출 10:11)과 죽음을 면케 해 달라는 것(출 10:17)을 조건으로 내놓았으나 곧 강퍅해짐(출 10:20)	메뚜기 재앙을 막는 신 세라피아(Serapia)
9 어둠(3일간)(출 10:21-29)	바로가 양과 가축만 남기고 떠나라고 명령했으나(출 10:24), 마음이 다시 강퍅해짐(출 10:27)	태양의 신 라(Ra) 태양의 여신 세케트(Sekhet)
10 처음 난 것의 죽음(사람, 동물 모두)(출 11:1-12:30)	바로와 이집트 사람들이 이스라엘 백성에게 자기네 땅에서 떠나 달라고 간절히 요청함(출 12:31-33)	생명의 창조 신 오시리스(Osiris) 수호신 이시스(Isis)

셨습니다. "아론에게 '지팡이를 뻗어 땅의 먼지를 치라'고 하여라. 그러면 그것이 온 이집트 땅에 걸쳐 이로 변할 것이다."

17 모세와 아론은 여호와의 명령대로 했습니다. 아론은 지팡이를 들고 손을 뻗어 땅의 먼지를 쳤습니다. 그러자 이가 사람과 짐승들 위로 올라왔습니다. 이집트 땅의 모든 먼지가 다 이가 된 것입니다. 시 105:31

18 마술사들도 자기들의 비법으로 이를 만들어 내려고 했지만 할 수가 없었습니다. 사람들과 짐승들에게 이가 있었습니다.

19 마술사들은 바로에게 "이것은 하나님의 능력으로 된 일입니다"라고 말했습니다. 그러나 여호와께서 말씀하신 대로 바로의 마음이 강퍅해져 마술사들의 말을 듣지 않았습니다. 15절 3:1 8:18; 8:3 눅 11:20

20 파리 재앙 그때 여호와께서 모세에게 말씀하셨습니다. "아침 일찍 일어나 바로가 물가로 나갈 때에 맞춰 그 앞에 서서 말하여라. '여호와께서 이렇게 말씀하셨습니다. 내 백성들이 나를 경배할 수 있도록 그들을 보내 주어라.

21 만약 네가 내 백성들을 보내 주지 않으면 내가 너와 네 신하들과 네 백성들과 네 집에 파리 떼를 보낼 것이다. 이집트 사람들의 집들과 그들이 서 있는 땅에 파리가 가득하게 될 것이다.

22 그러나 그날에 내가 내 백성들이 사는 고센 땅을 구별해서 그곳에는 파리 떼가 없게 할 것이다. 그러면 나 여호와가 이 땅가운데 있는 줄을 네가 알게 될 것이다.

23 내가 내 백성들과 네 백성을 구별할 것이다. 내일 이 표적이 일어날 것이다.'"

24 여호와께서는 그대로 하셨습니다. 끔찍한 *파리 떼가 바로의 집과* 그의 신하들의 집안과 온 이집트 땅에 들이닥쳤습니다. 그 땅은 파리 떼로 큰 피해를 입었습니다.

25 바로가 여호와께 제사드리는 것을 허락함 그러자 바로가 모세와 아론을 불러 말했습니다.

다. "너희는 가서 여기 이 땅에서 너희 하나님께 제사를 드리라."

26 그러나 모세는 "저희가 저희 하나님 여호와께 제사드린다는 것을 이집트 사람들이 싫어하기 때문에 그렇게 하는 것은 옳지 않습니다. 만약 저희가 이집트 사람들이 싫어하는 것을 제물로 드린다면 그들이 저희에게 돌을 던질 것입니다. 창 43:32; 46:34

27 저희가 저희 하나님 여호와께 제사를 드리기 위해서는 반드시 하나님께서 저희에게 명령하신 대로 광야로 3일 길을 나가야 합니다"라고 대답했습니다. 3:12,18

28 바로는 "너희가 너희 하나님 여호와께 제사를 드리도록 광야로 내보내 주겠다. 그러나 너무 멀리 가면 안 된다. 그러니 너희는 이제 나를 위해 기도하라" 하고 말했습니다. 8절

29 모세는 대답했습니다. "제가 당신 앞에서 나가자마자 내일 파리 떼가 바로와 그의 신하들과 백성들에게서 떠나게 해 달라고 여호와께 기도하겠습니다. 다만 바로께서 명심하실 것은 이 백성들을 보내 여호와께 제사를 드리게 하는 일에 더 이상 속임수를 써서는 안 된다는 것입니다." 렘 42:20

30 그러고 나서 모세는 바로에게서 물러나와 여호와께 기도했습니다.

31 여호와께서는 모세의 말대로 하셔서 파리 떼가 바로와 그의 신하들과 백성들 가운데서 떠나 한 마리도 남지 않게 됐습니다.

32 그러나 이번에도 바로의 마음이 강퍅해져 백성들을 보내려고 하지 않았습니다. 15절

9 가축에게 내린 재앙 그때 여호와께서 모세에게 말씀하셨습니다. "바로에게 가서 그에게 말하여라. '히브리 사람들의 하나님 여호와께서 이렇게 말씀하셨습니다. 내 백성들이 나를 경배할 수 있도록 보내 주어라. 7:16; 8:1-2

2 만약 네가 그들을 보내지 않고 계속해서 붙들어 둔다면

명심(8:29, 銘心, be sure to do) 잊지 않도록 마음에 깊이 새겨 둠. 선포(9:16, 宣布, proclamation) 세상에 널리 알림.

3 여호와의 손이 밭에 있는 네 가축들, 곧 말과 나귀와 낙타와 소와 양과 염소에게 끔찍한 재앙을 내릴 것이다.　7:4

4 그러나 여호와께서 이스라엘의 가축과 이집트의 가축을 구별해 이스라엘 자손의 가축은 한 마리도 죽지 않게 하실 것이다.'"

5 여호와께서 재앙 내리실 때를 정하시며 "내일 여호와가 이 땅에 재앙을 내릴 것이다" 하고 말씀하셨습니다.

6 그리고 그 이튿날 여호와께서 그대로 하여서 이집트 사람들의 모든 가축은 죽었습니다. 그러나 이스라엘 자손의 가축은 단 한 마리도 죽지 않았습니다.

7 바로가 사람들을 보내 조사해 보니 과연 이스라엘 자손의 가축은 단 한 마리도 죽지 않았습니다. 그러나 바로의 마음은 강팍해서 백성들을 보내 주지 않았습니다.

8 종기 재앙 그러자 여호와께서 모세와 아론에게 말씀하셨습니다. "난로에서 재를 몇 움큼 가져다가 모세가 바로 앞에서 공중에 뿌려라.

9 그것이 온 이집트 땅에 미세한 흙먼지가 돼 이 땅 사람들과 가축들에게 곪는 종기가 나게 할 것이다."　레 13:18;신 28:27;계 16:2

10 그리하여 모세와 아론은 난로에서 재를 가져다가 바로 앞에 섰습니다. 모세가 재를 공중에 뿌리자 사람들과 가축들에게 곪는 종기가 났습니다.

11 마술사들은 자신들과 모든 이집트 사람들에게 난 종기 때문에 모세 앞에 서 있을 수도 없었습니다.　7:11;딤후 3:9

12 그러나 여호와께서 바로의 마음을 강팍하게 하셨기 때문에 바로는 모세와 아론의 말을 듣지 않았습니다. 여호와께서 모세에게 말씀하신 그대로였습니다.　4:21

13 우박 재앙 그때 여호와께서 모세에게 말씀하셨습니다. "아침 일찍 일어나 바로 앞에 서서 말하여라. '히브리 사람들의 하나님 여호와께서 말씀하셨습니다. 내 백성이 나를 경배할 수 있도록 보내 주어라.　7:15

14 그렇게 하지 않으면 이번에는 내가 너와 네 신하들과 네 백성들에게 내 모든 재앙을 보내 온 땅에 나와 같은 자가 없음을 네가 알게 할 것이다.　8:10

15 내가 이제 내 손을 뻗어 너와 네 백성들을 세상에서 끊어 버릴 만한 재앙으로 칠 것이다.

16 그러나 내가 바로 이 목적을 위해 너를 세웠으니 이제 내가 네게 내 힘을 보여 주고 온 세상에 내 이름이 선포되게 할 것이다.

17 너는 아직도 내 백성들에게 거만하게 대하면서 보내 주지 않으려고 하는구나.

18 그러므로 내가 내일 이맘때쯤 이집트가 세워진 이래 지금까지 없었던 무서운 우박을 보낼 것이다.

19 그러니 너는 지금 사람을 보내 들판에 있는 네 가축들과 그 밖의 모든 것들을 안으로 들이게 하여라. 안으로 들이지 않고 들판에 남은 것은 사람이든 짐승이든 그 위에 우박이 떨어져 죽게 될 것이다.'"　4절

20 바로의 신하들 가운데 여호와의 말씀을 두려워한 사람들은 서둘러 그 종들과 가축들을 안으로 들였습니다.

하나님은 사람의 마음을 나쁘게도 하시나요?

출이집트기에는 하나님이 바로의 마음을 나쁘게 하셨다는 표현이 아홉 번 나오고요(7:3, 14; 9:12; 10:1, 20, 27; 11:10; 14:4, 8), 또 바로가 스스로 마음을 나쁘게 했다는 표현도 아홉 번이나 나오죠(7:13, 14, 22; 8:15, 19, 32; 9:7, 34-35).

아담과 하와가 선악과를 먹은 죄를 지은 이후로 사람은 누구나 태어나면서부터 마음이 나쁘답니다. 하나님이 사람의 마음을 나쁘게 하는 것이 아니라 원래 상태로 내버려 두면 사람들이 자연스럽게 죄를 짓는 것이랍니다. 그렇기 때문에 책임이 하나님에게 있는 게 아니라, 죄를 짓는 사람에게 있는 거예요.

예수님을 믿는 우리는 성령님이 주시는 마음에 순종(갈 5:16)하여 죄를 짓지 않도록 해야 해요.

21 그러나 여호와의 말씀을 무시한 사람들은 그 종들과 가축들을 그대로 들판에 두었습니다.

22 여호와께서 모세에게 말씀하셨습니다. "하늘을 향해 네 손을 뻗어 온 이집트 땅, 곧 사람과 짐승과 이집트 들판에서 자라는 모든 것 위에 우박이 내리게 하여라."

23 모세가 하늘을 향해 지팡이를 들자 여호와께서 천둥과 우박을 보내셨습니다. 그리고 불이 하늘에서 땅바닥으로 떨어졌습니다. 이처럼 여호와께서 이집트 땅에 우박을 비처럼 쏟아부으셨습니다.

24 그리하여 우박이 쏟아지고 우박과 섞인 불이 떨어졌습니다. 이집트가 세워진 이래 온 이집트 땅에 이렇게 무서운 우박은 없었습니다. 겔 1:4

25 우박이 온 이집트에 걸쳐 사람이나 짐승이나 할 것 없이 들판의 모든 것을 치니 들판에 자라는 모든 것이 쓰러지고 나무도 다 꺾였습니다. 시 78:47;105:33

26 우박이 내리지 않은 곳은 이스라엘 자손들이 사는 고센 땅뿐이었습니다. 시 32:18

27 **바로가 다시 약속을 어김** 그러자 바로가 사람을 보내 모세와 아론을 불러 말했습니다. "이번에는 내가 죄를 지었다. 여호와는 의로우시고 나와 내 백성들은 악하다.

28 우리가 천둥과 우박을 받을 만큼 받았으니 여호와께 기도해 주기 바란다. 내가 너희를 보내 줄 테니 너희가 더 이상 머무를 필요가 없다." 8:8;10:17;행 8:24

29 모세가 바로에게 말했습니다. "제가 성 밖으로 나가자마자 여호와께 제 손을 뻗고 기도할 것입니다. 그러면 천둥이 멈추고 우박도 더 이상 내리지 않을 것입니다. 이로써 당신은 이 땅이 여호와의 것임을 알게 될 것입니다. 신 10:14;왕상 8:22,38;고전 10:26

30 그러나 당신과 당신의 신하들은 여전히 여호와 하나님을 경외하지 않을 것입니다.

31 그때 보리는 이삭이 패어 있었고 삼은 꽃이 피어 있었기 때문에 보리와 삼은 피해를 입었습니다.

32 그러나 밀과 귀리는 늦게 이삭이 패기 때문에 피해를 입지 않았습니다.

33 그리고 나서 모세는 바로에게서 물러나 성 밖으로 나갔습니다. 모세가 여호와를 향해 손을 뻗자 천둥과 우박이 멈추고 땅에 비도 내리지 않았습니다.

34 그러나 비와 우박과 천둥이 멈춘 것을 보고 바로는 여전히 죄를 짓고 마음이 강퍅해졌습니다. 그런 마음은 바로나 그의 신하들이나 마찬가지였습니다. 7:14;삼상 6:6

35 바로의 마음은 이렇듯 강퍅해 이스라엘을 보내려 하지 않았습니다. 여호와께서 모세를 통해 말씀하신 그대로였습니다. 4:21

10

재앙의 목적 그러고 나서 여호와께서 모세에게 말씀하셨습니다. "바로에게 가거라. 내가 그와 그 신하들의 마음을 강퍅하게 한 것은 내가 그들 가운데 이런 내 표적들을 보여

2 네가 네 자식과 자손들에게 내가 이집트 사람들을 어떤 식으로 매섭게 다루었으며 그들 가운데 내가 어떻게 내 표적을 보여 주었는지를 말해 주게 하기 위한 것이다. 또한 내가 여호와인 줄 너희가 알도록 하

열 가지 재앙을 왜 내리셨나요?

재앙을 통해 이집트 사람들이 숭배하는 우상이 아무것도 아님을 보여 주신 거예요. 또 그들이 우상을 섬기는 어리석음 때문에 벌을 받게 된다는 것과 하나님의 능력을 인정하고 하나님을 믿게 하기 위함이었어요.

당시 이집트는 세계에서 가장 힘이 센 나라였어요. 그때 이집트를 다스리는 왕도 무척 능력이 있었답니다. 그러나 하나님은 가장 힘 센 나라의 힘 있는 왕을 무릎 꿇게 하여 하나님만이 우주 만물을 만드신 왕이고, 능력 있는 주인임을 보여 주신 것이지요.

기 위한 것이다."

신 4:9;6:20~22;시 78:5~7;욜 1:3

3 모세가 바로에게 경고함 그리하여 모세와 아론은 바로에게 가서 말했습니다. "히브리 사람들의 하나님 여호와께서 말씀하셨습니다. '네가 언제까지 내 앞에서 겸손하지 않으려느냐? 내 백성들이 나를 경배할 수 있도록 보내 주어라.

왕상 21:29;대하 7:14

4 만약 네가 보내 주지 않으면 내가 내일 네 나라에 메뚜기들을 보낼 것이다.

계 9:3

5 그것들이 온 지면을 덮어 땅이 보이지 않게 될 것이다. 우박이 내린 후 조금이라도 네게 남아 있는 것들을 그것들이 다 먹어 치울 것이며 너희 들판에서 자라는 나무도 다 먹어치울 것이다.

9:32

6 또 메뚜기들이 네 집과 네 모든 신하들과 온 이집트 사람들의 집집마다 다 들어찰 것이니 이런 광경은 네 아버지나 네 조상들이 이 땅에 정착한 이래 지금까지 한 번도 보지 못할 것이 될 것이다.'" 그런 후 모세는 뒤돌아 바로에게서 물러나왔습니다.

7 바로가 남자만 떠날 것을 허락함 바로의 신하들이 바로에게 말했습니다. "이 사람이 언제까지 우리에게 올가미가 돼야 하겠습니까? 저들이 자기네 하나님 여호와를 경배하도록 그냥 보내 주십시오. 이집트가 망한 것을 왕께서는 아직도 모르시겠습니까?"

8 모세와 아론은 바로에게 다시 불려왔습니다. 바로가 모세와 아론에게 말했습니다. "가서 여호와 너희 하나님을 경배하라. 갈 사람들이 누구냐?"

24절

9 모세는 대답했습니다. "젊은이나 늙은이나 다 갈 것이며 우리의 아들딸이나 우리의 양 떼와 소 떼가 다 갈 것입니다. 우리는 저희가 여호와께 절기를 지키려고 하는 것이기 때문입니다."

3:18;5:1

10 바로는 모세와 아론에게 말했습니다. "내가 너희와 너희의 아이들을 보내는 정도에 따라 너희 여호와가 너희와 함께하신단 말이냐? 너희가 참으로 악하구나.

24절

11 그렇게는 안 된다! 남자들만 가서 여호와를 경배하도록 하라. 그것이 너희가 원하는 바가 아니냐?" 그러고는 모세와 아론을 바로 앞에서 쫓아내었습니다.

12 메뚜기 재앙 여호와께서 모세에게 말씀하셨습니다. "네 손을 이집트 땅 위에 뻗어 메뚜기들이 이집트 땅에 올라와 이 땅의 모든 풀과 우박이 남긴 모든 것들을 다 먹어 치우게 하여라."

4~5절;7:19

13 그리하여 모세는 지팡이를 이집트 위에 들었습니다. 그러자 여호와께서 동쪽에서 바람을 일으키셨고 그날 종일, 곧 밤낮으로 그 땅에 바람이 불어왔습니다. 아침이 되자 동쪽 바람이 메뚜기들을 몰고 왔습니다.

14 메뚜기들은 온 이집트 땅에 올라와 나라 곳곳에 자리를 잡았습니다. 그 떼가 어찌나 끔찍하던지 이런 메뚜기 떼는 전무후무한 것이었습니다.

시 78:46;105:34; 욜 2:2

15 메뚜기들이 온 지면을 덮어 땅이 새까맣게 변해 버렸습니다. 그것들은 우박이 내린 뒤에 남은 것, 곧 밭에 자라는 채소와 나무에 달린 과일을 다 먹어 치웠습니다. 온 이집트 땅에 걸쳐 나무나 풀 할 것 없이 푸른 것이라고는 남아난 것이 없었습니다.

시 105:35

16 바로는 서둘러 모세와 아론을 불러 말했습니다. "내가 여호와 너희 하나님과 너희에게 죄를 지었다.

9:27

17 그러니 내 죄를 한 번만 더 용서해 주고 너희 하나님 여호와께 이 죽을 재앙을 내게서 없애 달라고 기도하라."

8:8

18 모세는 바로에게서 물러나와 여호와께 기도했습니다.

8:30;9:33

19 그러자 여호와께서 서쪽에서 강한 바람을 일으켜 메뚜기 떼를 쓸어 가셨습니다. 그러고는 홍해에 던져 넣으셨습니다. 이제 이집트 땅에 메뚜기는 한 마리도 남아 있지 않았습니다.

욜 2:20

20 그러나 여호와께서 바로의 마음을 강퍅하

올가미(10:7, snare) 새끼나 노끈 따위로 옭아매서 만든 짐승 잡는 장치. **전무후무**(10:14, 前無後無) 이전에도 없었고 앞으로도 없음.

게 하시므로 바로는 이스라엘 백성들을 보내 주지 않았습니다. 4:21

21 **어둠의 재앙** 그때 여호와께서 모세에게 말씀하셨습니다. "하늘을 향해 네 손을 뻗어 이집트 땅에 어둠이 닥치게 하여라. 그 어둠으로 말미암아 그들은 앞을 더듬으며 다녀야 할 것이다." 12절

22 그리하여 모세는 자기의 손을 하늘로 향해 뻗었습니다. 그러자 짙은 어둠이 3일 동안 온 이집트 땅을 덮었습니다. 시 105:28

23 아무도 3일 동안 서로 볼 수 없었으며 자기 자리에서조차 일어나지 못했습니다. 그러나 온 이스라엘 자손이 있는 곳에는 빛이 있었습니다. 8:22;9:4,6

24 **바로가 모든 것을 허락하지 않음** 그러자 바로가 모세를 불러 말했습니다. "좋다. 가서 여호와를 경배하여라. 단 너희 양들과 다른 가축들은 두고 가거라." 8,10절

25 그러나 모세는 대답했습니다. "저희가 저희 하나님 여호와께 드릴 희생제물과 번제물을 갖고 가게 해 주십시오.

26 저희 가축들도 데려가야 합니다. 한 마리도 남겨 둘 수 없습니다. 이는 저희가 그것들을 저희 하나님 여호와를 경배하는 데 써야 하기 때문입니다. 저희가 거기 도착할 때까지는 무엇으로 여호와께 경배해야 할지 모릅니다."

27 그러나 여호와께서 바로의 마음을 강퍅하게 하셨기 때문에 바로는 그들을 보내 주려고 하지 않았습니다. 20절

28 바로가 모세에게 말했습니다. "내 눈앞에서 썩 물러가라! 다시는 내 앞에 나타나지 마라! 네가 다시 내 얼굴을 보는 날에 너는 죽임을 당할 것이다."

29 모세는 대답했습니다. "말씀 한번 잘 하셨습니다. 제가 다시는 당신 앞에 나타나지 않겠습니다." 히 11:27

11 **은금 패물을 빌리라고 명하심** 그때 여호와께서 모세에게 말씀하셨습니다. "내가 바로와 이집트 위에 재앙을 하나 더 내리겠다. 그러고 나면 그가 너희를 여기서 내보내 줄 것이다. 그가 내보낼 때는 완전히 쫓아낼 것이다." 4:23;12:31,33,39

2 백성들의 귀에 대고 남녀 할 것 없이 모두 자기 이웃에게 은패물과 금패물을 빌리라고 하여라." 3:22;12:35

3 여호와께서는 이집트 사람들로 하여금 이 백성들에게 호의를 갖게 하셨습니다. 또 그 사람 모세는 이집트에서 바로의 신하들과 백성들에게 매우 위대해 보였습니다.

4 **장자의 죽음을 경고하는 모세** 모세는 말했습니다. "여호와께서 말씀하셨습니다. '한밤중에 내가 온 이집트에 다닐 것이다.

5 그러면 이집트의 처음 난 모든 것들, 곧 왕좌에 앉은 바로의 맏아들로부터 맷돌 앞에 있는 여종의 맏아들까지 그리고 가축의 처음 난 모든 것들이 다 죽게 될 것이다.

6 이집트 온 땅에 큰 부르짖음이 있을 것이

여호와의 명령에 따라
어린양의 피를 묻든 양쪽과 위쪽에 바름

다. 그와 같은 일은 전에도 없었고 앞으로
도 다시는 있지 않을 것이다. 12:30절 5:16~17

7 그러나 이스라엘의 사람이나 가축에게는
개 한 마리도 늦 짖지 않을 것이다. 이로써 여
호와가 이집트와 이스라엘을 구별하신다
는 것을 너희가 알게 될 것이다'라고 말입
니다. 8:22,9:4

8 그러면 당신의 모든 신하들이 제게 와서
앞에 절하고서 '당신과 당신을 따르는 모든
백성들은 다 나가 주십시오!'라고 할 것입
니다. 그러고 나서야 제가 떠날 것입니다."
모세는 진노한 가운데 바로 앞에서 떠나갔
습니다. 12:33

9 여호와께서 모세에게 말씀하셨습니다. "바
로가 네 말을 듣지 않을 것이다. 이는 내가
기적들을 이집트 땅에 더 많이 베풀기 위
한 것이다." 3:19,7:3~4:10:1

10 모세와 아론은 이 모든 기적들을 바로 앞
에서 보였습니다. 그러나 여호와께서 바로
의 마음을 강퍅하게 하셔서 바로가 이스라
엘 백성들을 그 나라에서 보내지 않았습
니다. 4:21

12 유월절을 준비하게 하심 여호와께서
이집트 땅에서 모세와 아론에게 말
씀하셨습니다.

2 "이달이 너희에게 첫 달, 곧 한 해의 첫 달
이 될 것이다. 13:4,23:15,34:18,신 16:1

3 이스라엘의 온 회중에게 말하라. 이달
10일에 각 사람이 자기 가족을 위해 어린
양 한 마리, 곧 한 집에 한 마리씩 준비하
도록 하라. 21절

4 양 한 마리에 비해 식구가 너무 적으면 사
람의 수에 따라 가까운 이웃을 데려오도
록 하라. 각자가 먹는 양에 맞추어 양의
수를 계산하도록 하라.

5 너의 어린양은 흠 없는 1년 된 수컷이어야
한다. 양이나 염소 중에서 고르도록 하
라. 레 22:19~21,51 17:1,및 1:8,14:히 9:14,벧전 1:19

6 그것을 이달 14일까지 잘 간직하고 있다가
이스라엘 온 회중이 저녁 무렵에 잡도록
하라. 18절,16:12,레 23:5,민 9:3,28:16,수 5:10,스 6:19

7 그러고는 그 피를 얼마 가져다가 그들이
양을 먹는 집의 문틀 양쪽과 위쪽에 바르
도록 하라. 22절

8 바로 그날 밤에 그들은 불에 구운 고기와
쓴 나물과 누룩 없는 빵을 먹어야 한다.

9 너희는 그것을 날것으로 먹거나 삶아서
먹지 말고 불에 구워서 먹어야 한다. 머리
와 다리와 내장도 마찬가지다. 신 16:7

10 아침까지 고기를 조금이라도 남겨서는 안
된다. 만약 아침까지 남은 것이 있으면 불
에 태워야 한다. 23:18,29:34,34:25,레 7:15,신 16:4

11 너희가 고기를 먹을 때는 허리에 띠를 띠
고 너희의 발에 신발을 신고 손에 지팡이
를 들고 서둘러서 먹도록 하라. 이것은 여
호와의 유월절이다. 눅 12:35,고전 5:7,엡 6:14

12 그날 밤에 내가 이집트를 지나가며 사람이
든 가축이든 처음 난 모든 것들을 치고 이
집트의 모든 신들을 심판할 것이기 때문이
다. 나는 여호와다. 6:2,11:4~5,민 33:4,사 43:11

13 내가 이집트 땅을 칠 때 너희 사는 집에 피
를 발랐으면 그것이 표시가 돼 내가 그 피
를 볼 때 너희를 그냥 지나칠 것이다. 그러
므로 재앙이 너희에게 내려 너희를 멸망시
키는 일이 없을 것이다. 히 11:28

14 이날은 너희가 기념해야 할 날이다. 너희
는 이날을 대대로 여호와께 절기로 지켜
드려야 할 것이다.

15 무교절을 지키라고 명령하심 너희는 7일 동안
누룩 없는 빵을 먹어야 한다. 첫째 날에 너
희 집에서 누룩을 치우도록 하라. 첫째 날
부터 일곱째 날까지 누룩 든 것을 먹는 사
람은 누구든지 이스라엘에서 끊어지게 될
것이다. 창 17:14,고전 5:7~8

16 첫째 날 너희는 거룩한 모임을 갖고 일곱
째 날에도 갖도록 하라. 이날들에는 일하
지 말도록 하라. 단, 사람들이 먹을 음식
장만하는 일은 해도 좋다. 레 23:7~8

17 무교절을 지키도록 하라. 바로 이날에 내
가 너희 군대를 이집트에서 이끌어 냈기
때문이다. 그러니 너희 세대는 이날을 지
켜 영원한 규례로 삼으라. 51절,7:4,13:3

유월절 어린양

열 번째 재앙 당시에 하나님은 이집트의 처음 태어난 것은 모두 죽이셨으나 문틀에 어린양의 피를 바른 이스라엘 백성들의 첫째 아들은 죽이지 않고 살려 주셨다. 이 때문에 '어린양의 피를 보고 넘어간다'는 뜻으로 유월절이라 불렀던다.

하나님은 이것을 기억하여 가족들과 함께 대대로 유월절을 지키라고 하셨다(출 12:14). 이 축제는 7일간 지속되는데 희생제물을 드리며 누룩 없는 빵을 일주일 동안 먹는다(출 12:15).

이 유월절 어린양은 신약에서 예수님을 나타내고 있다. 예수님은 자신이 유월절 기간 중에 십자가에 못 박힐 것이라 말씀하셨다(마 26:2). 예수님 자신을 유월절 희생양으로 상징화하신 것이다. 유월절 어린양이 죽음으로써 이스

라엘 백성들이 구원받은 것처럼 예수님이 십자가에서 피 흘려 죽으심으로 새로운 출이집트, 즉 새로운 구원의 길을 열어 주셨다.

18 첫째 달 14일 저녁부터 21일 저녁까지 너희는 누룩 없는 빵을 먹어야 하고 _레 23:5_

19 그 7일 동안에는 너희 집에서 누룩이 발견돼서는 안 된다. 누룩 든 것을 먹는 사람은 이방 사람이든 본토 사람이든 상관없이 이스라엘 회중 가운데서 끊어지게 될 것이다. _15:48-49절_

20 누룩 든 것은 어떤 것도 먹지 말라. 너희가 있는 곳마다 누룩 없는 빵을 먹어야 한다."

21 유월절을 지키는 이스라엘 백성 그러자 모세는 이스라엘 장로들을 모두 불러 말했습니다. "너희는 가서 가족을 위해 어린양을 골라 유월절 제물로 삼으라.

22 그리고 대야에 담은 어린양의 피를 우슬초 한 묶음으로 찍어서 문틀의 양쪽과 위

12:36 또는 '사람들의 물품을 취했습니다.'

쪽에 바르도록 하라. 너희 가운데 한 사람이라도 아침이 되기 전에는 자기 집 문밖에 나가면 안 된다. _레 14:6;민 19:18;히 9:19;11:28_

23 여호와께서 이 땅을 지나가시면서 이집트 사람들을 치실 것이다. 그러나 문틀 위쪽과 양쪽에 피가 발라져 있는 것을 보면 그 문을 그냥 지나가실 것이니 죽음이 너희 집에 들어가지 않을 것이다. _히 11:28;계 7:3;9:4_

24 그러니 이것을 너희와 너희 자손들을 위해 영원한 규례로 지켜야 할 것이다.

25 그리고 너희가 여호와께서 약속으로 주실 그 땅에 들어가면 이 예식을 지키도록 하라. _3:8;17_

26 그래서 너희 자녀들이 '이 예식이 무슨 뜻입니까?'라고 물으면 _신 6:20;32:7;수 4:6,21;시 78:3-6_

27 '여호와께 드리는 유월절 제사다. 그분이 이집트 사람들을 치실 때 이집트에 있는 이스라엘 자손의 집을 넘어가셔서 우리의 집들을 구원하셨다라고 말해 주라.' 그러자 백성들이 절하고 경배를 드렸습니다. _11:21절_

28 이스라엘 백성들은 가서 여호와께서 모세와 아론에게 명령하신 그대로 했습니다.

29 바로가 이스라엘 백성들을 보냄 드디어 한밤중이 됐습니다. 여호와께서 이집트 땅의 처음 난 모든 것들을 치시되 왕좌에 앉은 바로의 맏아들로부터 감옥에 갇혀 있는 죄수의 맏아들까지 그리고 모든 가축들의 처음 난 것을 다 치셨습니다. _민 8:17_

30 그러자 바로와 그 모든 신하들과 모든 이집트 사람들이 한밤중에 일어났고 이집트가 곡소리로 떠나갈 듯했습니다. 이는 죽은 사람이 없는 집이 하나도 없었기 때문입니다. _11:6;암 5:16-17_

31 바로가 밤중에 모세와 아론을 불러 말했습니다. "너희와 이스라엘 자손들은 일어나 내 백성들에게서 떠나라! 너희가 말한 대로 이제 가서 여호와를 경배하라. _10:9-11_

32 너희 말대로 너희 양들과 다른 가축들도 다 가져가라. 그리고 나를 위해 축복해 주라." _10:24-26_

33 이집트 사람들의 도움 이집트 사람들도 이스

라엘 백성들에게 "너희가 떠나지 않으면 우리가 다 죽게 될지 모른다!" 하며 빨리 그 땅을 떠나 줄 것을 간곡히 부탁하며 말했습니다. 11:1,8,시 105:38

34 그래서 이스라엘 백성들은 아직 누룩을 섞지 않은 반죽을 가져다가 그릇에 담고 보자기에 싸서 어깨에 멨습니다.

35 이스라엘 백성들은 모세의 말에 따라 이집트 사람들에게 은패물과 금패물과 옷가지를 달라고 했습니다. 3:22;11:2

36 여호와께서 이집트 사람들로 하여금 이스라엘 백성에게 호의를 베풀게 하셨기 때문에 이집트 사람들은 그들이 요구하는 것들을 내주었습니다. 이렇게 그들은 이집트 *사람들을 털었습니다. 창 15:14;시 105:37

37 이집트에서 나옴 이스라엘 백성들은 라암셋에서 숙곳까지 갔습니다. 여자들과 아이들을 제외하고 남자는 약 60만 명이었습니다. 47:11;민 1:46;2:32;11:21;26:51;33:3,5

38 그때 다른 종족들도 많이 이스라엘 백성들과 함께 나갔습니다. 양 떼와 소 떼도 아주 많았습니다. 레 24:10~11;민 11:4;느 13:3

39 이스라엘 백성들은 이집트에서 갖고 나온 반죽으로 누룩 없는 빵을 구웠습니다. 반죽에 누룩이 없었던 것은 이스라엘 백성이 이집트에서 쫓겨나서 준비할 시간이 없었기 때문입니다. 33절;6:1;11:1;신 16:3

40 여호와의 밤 이스라엘 백성들이 이집트에서 살았던 기간은 430년이었습니다.

41 그 430년이 끝나는 바로 그날에 여호와의 모든 군대는 이집트를 떠났습니다.

42 이 밤은 여호와께서 이스라엘 백성들을 이집트 땅에서 나오게 하시기 위해 지키신 밤입니다. 그러므로 이 밤은 이스라엘의 모든 자손들이 대대로 지켜야 할 여호와의 밤입니다. 신 16:1~6

43 이방 사람을 위한 규례 여호와께서 모세와 아론에게 말씀하셨습니다. "이것은 유월절 규례다. 이방 사람은 유월절 양을 먹지 못한다.

44 너희가 돈 주고 산 종은 할례를 받은 후에야 먹을 수 있고 창 17:12~13

45 잠시 와서 머무르는 사람이나 고용한 일꾼은 먹어서는 안 된다. 레 22:10

46 그것은 반드시 한 집에서만 먹어야 한다. 고기를 조금이라도 집 밖으로 가지고 나가지 말라. 뼈를 부러뜨려서도 안 된다.

47 이스라엘 온 회중이 이것을 지켜야 한다.

48 너희 가운데 살고 있는 이방 사람이 여호와의 유월절을 지키려면 그 집안의 모든 남자가 다 할례를 받아야 한다. 그렇게 한 후에야 그가 가까이 나아와 유월절을 지키고 그 땅에 태어난 사람처럼 될 수 있다. 할례 없는 사람은 유월절 양을 먹지 못하기 때문이다. 민 9:14

49 본토 사람이나 너희 가운데 사는 이방 사람에게 똑같은 법이 적용된다." 민 9:14

50 유월절을 지키는 이스라엘 백성들 모든 이스라엘 백성들은 그대로 했습니다. 여호와께서 모세와 아론에게 명령하신 그대로 한 것입니다.

51 이집트로부터의 탈출 이렇게 해서 바로 이날

우슬초

우슬초는 짙은 향기가 나는 흔한 풀로 박하과 식물이며, 벽이나 담 위에서 자란다. 우슬초는 구약의 희생제물과 관련이 있다.
이집트에서 첫 유월절 때 문들의 양쪽과 위쪽에 어린양의 피를 바를 때 우슬초 한 묶음을 사용했다(출 12:22).
우슬초는 주로 순수하고 깨끗하게 만드는 데 사용되었다. 나병이 나은 사람을 위한 정

결식에도 사용되었다(레 14:1~9). 꽃과 잎, 줄기 어디에도 눈에 띄는 아름다움이 없는 볼품없는 식물이다. 하지만 겸손을 상징하는 식물로 정결케 하는 것에 아주 귀하게 사용되었다.
예수님이 십자가에 달리셨을 때 사람들이 해면에 포도주를 적신 후 우슬초 줄기에 매달아 예수님께 드리기도 했다(요 19:29).

에 여호께서 이스라엘 백성들을 부대별로 이집트에서 이끌어 내셨습니다. 행 13:17

13

장자를 거룩하게 하라 명하심 여호와께서 모세에게 말씀하셨습니다.

2 "처음 난 것은 다 거룩하게 구별해 내게 두어라. 사람이든 짐승이든 이스라엘 자손 가운데 어미의 태를 열고 처음 나온 것은 다 내 것이다." 레 27:26;민 3:13;8:16~17;눅 2:23

3 무교절 모세는 백성들에게 말했습니다. "이날, 너희가 종살이하던 이집트 땅에서 나온 날을 기념하라. 여호와께서 그 손의 힘으로 너희를 그곳에서 이끌어 내셨다. 누룩이 든 것은 아무것도 먹지 말라. 3:19;6:1;12:8,42;20:2;신 16:3

4 첫째 달인 아빕 월 이날에 너희가 나왔다.

5 여호와께서 가나안 사람과 헷 사람과 아모리 사람과 히위 사람과 여부스 사람의 땅, 곧 여호와께서 너희 조상들에게 주겠다고 맹세하신 그 땅, 곧 젖과 꿀이 흐르는 땅으로 너희를 인도해 들이셨을 때 너희는 이달에 이 예식을 지켜야 할 것이다.

6 7일 동안 누룩 없는 빵을 먹고 7일째 되는 날에는 여호와께 절기를 지켜 드리라.

7 그 7일 동안에는 누룩 없는 빵을 먹고 누룩 섞인 것은 너

희 가운데서 조금도 보이지 않게 하라. 너희가 사는 곳 어디라도 누룩이 보이면 안 된다.

8 그날에 너희는 아들에게 '내가 이렇게 하는 것은 내가 이집트에서 나올 때 여호와께서 나를 위해 하신 일 때문이다'라고 말하라. 12:27

9 이것을 너희 손에 두고 너희 이마에 붙여 여호와의 율법이 너희 입에 있게 하라. 여호와께서 그 손의 힘으로 너희를 이집트에서 이끌어 내셨으니 말이다.

10 너희는 매년 정해진 때에 이 규례를 지켜야 한다.

11 처음 난 것에 관한 규례 여호와께서 너희와 너희 조상들에게 맹세로 약속하신 대로 너희를 가나안 사람의 땅으로 인도해 그 땅을 너희에게 주시고 나면 5절

12 너희는 모든 태에서 처음 난 것을 다 여호와께 드려야 한다. 너희 가축들 가운데 처음 난 것도 모두 여호와의 것이다. 2절

13 처음 난 나귀는 모두 어린양으로 대신해 값을 치르도록 하라. 만약 값을 대신 치르지 않을 경우에는 그 목을 부러뜨리라. 또 너희 모든 아들 가운데 맏아들을 위해서도 다른 것으로 값을 대신 치러야 한다.

14 장차 너희 아들이 너희에게 '이것이 무슨 뜻입니까?' 하고 물으면 너희는 이렇게 말해 주라. '여호와께서 그 강한 손으로 우리를 이집트에서, 종살이하던 그 땅에서 이

하나님이 모세와 이스라엘 백성들을 구름 기둥과 불기둥으로 인도하심

끌어 내셨다. 3,16절;12:26

15 바로가 완강하게 우리를 보내 주지 않을 때 여호와께서 사람이나 짐승이나 할 것 없이 이집트의 모든 맏아들을 죽이셨다. 그런 까닭에 내가 태에서 처음 난 모든 수컷을 여호와께 바치고 내 모든 맏아들을 위해 대신 값을 치르는 것이다'라고 말이다. 13절;12:29

16 그것이 너희 손에 표시가 되고 너희 이마에 상징이 될 것이다. 여호와께서 그 손의 힘으로 우리를 이집트에서 이끌어 내셨기 때문이다." 9,14절

17 구름기둥과 불기둥 결국 바로는 그 백성들을 보내 줄 수밖에 없었습니다. 그때 하나님께서는 블레셋 사람의 땅으로 지나가는 길이 가까움에도 불구하고 그 길로 인도하지 않으셨습니다. 이는 하나님께서 '그들이 전쟁을 당하면 마음이 바뀌어 이집트로 돌아갈지 모른다'라고 염려하셨기 때문입니다. 14:11~12;민14:1~4;느9:17;시107:7

18 그래서 하나님께서는 그 백성들을 이끌고 광야 길로 돌아 홍해 쪽으로 향하신 것입니다. 이스라엘 백성들은 이집트 땅으로부터 대열을 지어 올라갔습니다. 민33:6~49

19 모세는 요셉의 뼈를 가지고 나왔습니다. 요셉이 예전에 이스라엘의 아들들에게 맹세시키기를 "하나님께서 분명히 너희를 구하러 오실 것인데 그때 너희는 내 뼈를 이곳에서 갖고 나가도록 하라"라고 했기 때문입니다. 창50:25;수24:32;행7:16;히11:22

20 그들은 숙곳을 떠나 광야 끝에 있는 에담에 진을 쳤습니다. 12:37;민33:6

21 여호와께서는 앞서가시며 낮에는 구름기둥으로 그 길을 인도하시고 밤에는 불기둥으로 그들에게 빛을 비춰 그들이 밤낮으로 갈 수 있게 해 주셨습니다. 고전10:1

22 낮에는 구름기둥이, 밤에는 불기둥이 백성들 앞에서 사라지지 않았습니다.

14

바닷가에 진을 침 그때 여호와께서 모세에게 말씀하셨습니다.

2 "이스라엘 백성들에게 돌아서서 믹돌과 바다 사이의 비하히롯 앞, 곧 바알스본 맞은편 바닷가에 진을 치라고 하여라. 사337

3 그러면 바로가 속으로 '이스라엘 백성들이 이 땅에서 정신없이 떠돌다가 광야에 갇혀 버렸다'고 생각할 것이다.

4 그러면 내가 바로의 마음을 강퍅하게 해 그들을 쫓아가게 할 것이다. 그러나 내가 바로와 그의 모든 군대를 통해 영광을 얻게 될 것이며 이집트 사람들은 내가 여호와인 줄을 알게 될 것이다." 그래서 이스라엘 백성들은 여호와의 말씀대로 했습니다.

5 바로가 이스라엘 백성들을 뒤쫓음 한편 이집
트 왕은 이스라엘 백성들이 도망쳤다는 말
을 전해 들었습니다. 그러자 바로와 그의
신하들은 이스라엘 백성들에 대한 마음
이 바뀌어 "우리가 이스라엘 백성들을 내
보내어 일손을
잃어버리다니
도대체 우리가

무슨 짓을 한 것인가!"라고 말했습니다.

6 그리하여 바로는 전차를 준비시키고 그의
군대를 이끌고 갔습니다.

7 바로는 가장 좋은 전차 600대와 이집트의
다른 모든 전차들을 이끌고 갔는데 그 위
에는 지휘관들이 타고 있었습니다. 사 31:1

8 여호와께서는 이집트 왕 바로의 마음을 강
퍅하게 해 이스라엘 백성들을 쫓아가게 하

모세가 지팡이를 내밀어 홍해를 가르자 이스라엘 백성들이 바다를 무사히 건넘

셨습니다. 이스라엘 백성들은 담대하게 행진하고 있었습니다. 민 33:3;신 26:8;행 13:17

9 그러나 이집트 사람들, 곧 모든 바로의 말, 전차, 마병 그리고 군대가 바알스본 앞 비하히롯 옆에 있는 바닷가에 진을 치고 있는 이스라엘 백성을 따라잡았습니다. 수 24:6

전차(14:6, 戰車, chariot) 말이 끄는 두 개의 바퀴가 달린 탈 것

10 백성들이 죽음을 두려워함 바로가 가까이 다가왔을 때 이스라엘 백성들이 눈을 들어 보니 이집트 사람들이 자기들을 뒤쫓아 오고 있는 것이었습니다. 이스라엘 자손들은 너무나 두려워서 여호와께 울부짖었습니다. ^{수 24:7/느 9:9}

11 그들이 모세에게 말했습니다. "이집트에는 무덤이 없어서 우리를 이 광야로 데리고 나와 죽게 하는 것입니까? 어떻게 우리를 이집트에서 끌고 나와서 이렇게 하실 수 있습니까? ^{13:17/시 106:7}

12 우리가 이집트에서 '이집트 사람들을 섬기게 그냥 놔두십시오'라고 하지 않았습니까? 이 광야에서 죽는 것보다는 이집트 사람들을 섬기는 편이 나았을 것입니다!"

13 모세는 이스라엘 백성들에게 말했습니다. "두려워하지 말라. 굳게 서서 여호와께서 오늘 너희에게 베푸실 구원을 보라. 너희는 이 이집트 사람들을 다시는 보지 못할 것이다. ^{30절/대하 20:15,17/사 41:10,13-14}

14 여호와께서 너희를 위해 싸우실 것이니 너희는 그저 가만히 있기만 하면 된다."

15 구원의 길을 예비하신 하나님 그때 여호와께서 모세에게 말씀하셨습니다. "네가 왜 내게 부르짖느냐? 이스라엘 백성들에게 계속 가라고 하여라.

16 너는 네 지팡이를 들고 손을 바다 위로 뻗어 물을 갈라라. 그러면 이스라엘 백성들이 마른 땅 한가운데로 해서 바다를 건널 수 있을 것이다. ^{7:19}

17 그러나 내가 이집트 사람들의 마음을 강퍅하게 할 것이므로 그들이 뒤따라 들어갈 것이다. 그러면 내가 바로와 그의 모든 군대와 전차와 마병들로 인해 영광을 *얻게 될 것이다.* ^{4,8절}

18 내가 바로와 그의 전차들과 마병들을 통해 영광을 얻을 때 이집트 사람들이 내가 여호와임을 알게 될 것이다."^{7:5}

19 구름기둥이 군대를 갈라놓음 그때 이스라엘 진영을 앞서가던 하나님의 천사가 그들 뒤쪽으로 물러났습니다. 구름기둥도 앞에서 뒤쪽으로 옮겨 가 ^{민 20:16/사 63:9}

20 이집트 군대와 이스라엘 사이에 있었습니다. 그리고 구름이 한쪽은 어둠으로 덮고 다른 쪽은 빛을 비추어 밤새도록 한쪽이 다른 쪽에 가까이 가지 못하게 했습니다.

21 바다를 건너는 이스라엘 백성들 그때 모세가 바다 위로 손을 뻗었습니다. 그러자 여호와께서 밤새도록 동쪽에서 바람이 불게 하셨습니다. 그 바람 때문에 바닷물이 갈라져 바다가 마른 땅이 됐습니다. ^{수 3:16}

22 오른쪽, 왼쪽으로 물 벽이 섰고 이스라엘 백성들은 마른 땅 위로 바다를 건너게 됐습니다. ^{민 33:8/시 66:6,77:19,78:13/사 63:13,합 3:10,히 11:29}

23 이집트 사람들도 이스라엘 사람을 따라 바다 한가운데로 들어갔습니다. 바로의 모든 말들과 전차들과 마병들이 전부 다 들어간 것입니다.

24 새벽녘이 됐습니다. 여호와께서 불기둥과 구름기둥 속에서 이집트 군대를 내려다보시고 그들로 하여금 우왕좌왕하게 만드셨습니다.

25 그러자 이집트 군대의 전차 바퀴가 떨어져 나가 움직일 수가 없었습니다. 이집트 사람들은 "이스라엘 앞에서 도망쳐야겠다! 여호와께서 그들을 위해 이집트와 싸우신다'라고 말했습니다. ^{14절}

26 이집트 사람들이 멸망당함 그때 여호와께서 모세에게 말씀하셨습니다. "네 손을 바다 위로 뻗어 보아라. 물이 이집트 사람들과 저 전차와 마병들을 다 덮칠 것이다."

27 모세는 자기의 손을 바다 위로 뻗었습니다. 그러자 동틀 무렵에 바닷물이 다시 제자리로 돌아왔습니다. 이집트 사람들은 물을 피해 도망치려 했습니다. 그러나 여호와께서 이집트 사람들을 쓸어 바다 한가운데에 넣어 버리셨습니다. ^{히 11:29}

28 그렇게 물이 다시 제자리로 돌아와 전차와 마병들, 곧 이스라엘을 쫓아오던 바로의

우왕좌왕(14:24, 右往左往, confusion) 이리저리 왔다 갔다 하며 일어나 나아갈 방향을 종잡지 못함.

마병(14:26, 馬兵, horsemen) 말을 타고 싸우는 군인

군대 전체를 덮쳐 바다 속에 처넣은 것입니다. 그중에서 살아남은 자는 하나도 없었습니다.   시 106:11;합 3:8-13

29 그러나 이스라엘 백성들은 마른 땅 위로 바다를 가로질러 건넜습니다. 오른쪽, 왼쪽으로 물 벽이 섰던 것입니다.   22절

30 믿음을 갖게 된 이스라엘 백성들 그날에 이렇게 여호와께서 이집트 사람들의 손에서 이스라엘을 구하셨습니다. 그리고 이스라엘은 이집트 사람들이 바닷가에서 죽어 쓰러져 있는 것을 보았습니다.   시 9:2;9-11

31 이렇듯 이스라엘은 여호와께서 이집트 사람들에게 하신 큰일을 보았습니다. 그리하여 이스라엘 백성들은 여호와를 두려워하게 됐고 여호와와 그 종 모세를 믿게 됐습니다.   시 106:12;요 2:11;11:45

15 모세의 노래 그때 모세와 이스라엘 백성들은 이 노래를 여호와께 불렀습니다.   민 21절;삿 5:1;삼하 22:1;시 106:12

1 "내가 여호와께 노래할 것입니다. 이는 주께서 크게 높임을 받으셨기 때문입니다. 말과 말 탄 자들을 모두 바다 속에 던지셨습니다.

2 여호와께서는 내 힘이시며 내 노래이시며 내 구원이 되셨습니다. 주께서는 내 하나님이시니 내가 주를 찬양할 것입니다. 주께서는 내 아버지의 하나님이시니 내가 주를 높일 것입니다.   사 12:2;25:1

3 여호와께서는 용사이시니 여호와가 주의 이름입니다.   시 24:8;83:18;사 42:8;말 2:8;3:6;계 19:11

4 주께서는 바로의 전차와 그의 군대를 바다 속에 던지시니 바로의 가장 뛰어난 지휘관들이 홍해 속에 잠겼습니다.

5 깊은 물이 그들을 덮어 그들이 돌처럼 깊은 곳에 가라앉아 버렸습니다.

6 여호와여, 주의 오른손은 능력으로 위엄이 있습니다. 여호와여, 주의 오른손이 적들을 부수셨습니다.   시 2:9;118:15-16

7 주의 큰 위엄으로 주를 대적한 자들을 깨뜨리시고 주의 진노를 발하시니 그 진노가 그들을 지푸라기처럼 태워 버렸습니다.   신 33:26;사 5:24;47:14;날 4:1

8 주의 콧김에 물이 쌓이더니 파도치던 물이 벽처럼 곳곳에 섰습니다. 깊은 물이 바다 한가운데 얼어붙었습니다.

9 원수가 말하기를 '내가 그들을 따라잡아 전리품을 나눌 것이다. 내 욕망이 그들로 인해 채움을 받을 것이다. 내가 내 칼을 빼서 내 손으로 그들을 칠 것이다'라고 했습니다.   창 49:27;삿 5:30;사 53:12

10 그러나 주께서 바람을 불게 하시니 바다가 그들을 덮었고 그들은 납처럼 거센 물결 속으로 가라앉았습니다.

11 여호와여, 신들 중에 주와 같은 분이 어디 있습니까? 누가 주처럼 거룩하시며 영광스러우시며 찬양을 받을 만한 위엄이 있으시며 놀라운 일을 행하실 수 있겠습니까?   삼상 2:2;삼하 7:22;왕상 8:23

12 주께서 주의 오른손을 뻗으시니 땅이 그들을 삼켜 버렸습니다.   6절

13 주께서는 그 긍휼로 주께서 구속하신 백성들을 이끄시고 주의 힘으로 그들을 주의 거룩한 처소로 이끄십니다.

14 열방들이 듣고 떨며 블레셋에 사는 사람들이 두려움에 사로잡힙니다.   민 14:14

15 에돔의 족장들이 놀라고 모압의 용사들이 떨림에 사로잡히고 가나안 백성들의 마음이 녹았습니다.   창 36:15,43민 22:3;신 2:4

16 두려움과 공포가 그들에게 닥칠 것이니 주의 팔의 힘으로 인해 그들이 돌처럼 굳어집니다. 여호와여, 주의 백성들이 지나갈 때까지 주께서 속량하신 백성들이 지나갈 때까지 그럴 것입니다.

17 주께서는 그들을 데려다가 주께서 소유하신 산에 심으실 것입니다. 여호와여, 그곳은 주께서 거처로 삼으신 곳이며 여호와여, 그곳은 주의 손으로 세우신 성소입니다.   시 44:2;78:54;80:8;132:13-14

18 여호와께서 영원토록 통치하실 것입니다."

19 미리암의 노래 바로의 말과 전차와 마병들이 바다 속으로 들어갔을 때 여호와께서

▲ 엘림(Elim)

이스라엘 백성이 홍해를 건넌 후 두 번째 진을 쳤던 곳으로 12개의 물 샘과 70주의 종려나무가 있었다(출 15:27; 민 33:9). 시내 반도의 서쪽을 따라 수에즈의 동남 방향으로 60㎞ 가량 떨어진 오아시스 지역이다.

그 위로 바닷물을 전과 같이 덮으셨습니다. 그러나 이스라엘 백성들은 마른 땅 위로 바다를 가로질러 건넜습니다. 14:23

20 그때 아론의 누나인 여예언자 미리암이 손에 탬버린을 들었습니다. 그러자 모든 여인들이 미리암을 따라 탬버린을 들고 춤을 추었습니다.
민 26:59;삿 11:34;삼상 18:6;눅 2:36

21 미리암이 그들에게 노래했습니다.
"여호와께 노래하라. 그가 영광스럽게 승리하셨다. 말과 말 탄 사람 모두를 바다 속으로 던져 넣으셨다." 2절;삼상 18:7

22 **마라의 쓴 물** 그 후 모세는 이스라엘을 이끌고 홍해에서 수르 광야로 들어갔습니다. 그 광야를 3일 동안 다녔습니다. 그렇지만 물을 찾을 수 없었습니다. 창 16:7;25:18

23 그러다가 그들이 마라에 이르렀는데 그곳 물은 써서 마실 수 없었습니다. 그래서 그곳 이름을 마라라 했습니다. 룻 1:20

24 백성들은 모세에게 "우리더러 무엇을 마시라는 말입니까?"라고 불평하며 말했습니다. 16:2;17:3

25 그러자 모세는 여호와께 울부짖었습니다. 여호와께서는 모세에게 나뭇가지 하나를 보여 주셨습니다. 모세가 그것을 물에 던지자 그 물이 달게 됐습니다. 여호와께서 이스라엘을 위한 법도와 율례를 만들고 그

오멜(16:16, omer) 고체량의 단위. 1오멜은 에바 10분의 1로 보리 한 단의 탈곡량인 약 2.2ℓ에 해당된다.

들을 시험하신 장소가 이곳 마라였습니다.

26 **치료하시는 여호와** 그분은 말씀하셨습니다. "너희가 너희 하나님 여호와의 음성을 잘 듣고 나 여호와가 보기에 옳은 일을 하며 너희가 계명에 귀를 기울이고 그 모든 규례를 지키면 내가 이집트 사람들에게 내린 질병 가운데 어느 하나도 너희에게 내리지 않겠다. 나는 너희를 치료하는 여호와다."

27 **양식에 대한 불평** 그 후 이스라엘은 엘림으로 갔습니다. 그곳에는 12개의 샘과 종려나무 70그루가 있었습니다. 이스라엘은 그곳 물 가까이에 진을 쳤습니다.

16 이스라엘 온 회중이 엘림에서 출발해 엘림과 시내 사이에 있는 신 광야에 이르렀습니다. 그날은 이스라엘이 이집트에서 나온 지 둘째 달 15일째 되던 날이었습니다. 민 33:10-11

2 광야에서 온 회중이 모세와 아론에게 불평을 했습니다. 15:24;17:3;고전 10:10

3 이스라엘 백성들은 모세와 아론에게 말했습니다. "차라리 우리가 이집트에서 고기 삶는 솥 주위에 둘러앉아 먹고 싶은 만큼 빵을 먹을 때 여호와의 손에 죽는 게 나았을 텐데 당신들이 우리를 이 광야로 끌고 나와서 이 온 회중이 다 굶어 죽게 생기지 않았느냐!" 민 11:4-5;20:3-5

4 **고기와 양식을 약속하심** 그때 여호와께서 모세에게 말씀하셨습니다. "내가 너희를 위해 하늘에서 비같이 먹을 것을 내려 주도록 하겠다. 그러면 백성들이 날마다 밖에 나가 그날 먹을 만큼을 거둘 것이다. 내가 백성들을 시험해 그들이 내 율법을 지키는지 보도록 하겠다. 요 6:31-32;고전 10:3

5 그러나 여섯째 날에 거두는 것은 다른 날보다 두 배를 거두어야 한다. 22절

6 그리하여 모세와 아론은 모든 이스라엘 백성들에게 말했습니다. "저녁이 되면 너희를 이집트에서 이끌어 내신 분이 여호와이심을 알게 될 것이다. 12-13절;6:7;민 16:28-30

7 또 아침이 되면 너희가 여호와의 영광을 보게 될 것이다. 너희가 그분께 원망하는

것을 그분이 들으셨다. 우리가 누구라고 너희가 불평하는 것이냐?" 민 16:11,19

8 모세는 또 말했습니다. "여호와께서 저녁에 너희에게 고기를 주어 먹게 하시고 아침에 빵을 주어 먹게 하시면 그분이 여호와이심을 알게 될 것이다. 너희가 그분께 원망하는 소리를 그분께서 들으신 것이다. 우리가 누구냐? 너희가 우리에게 원망한 것이 아니라 여호와께 원망한 것이다."

9 모세는 아론에게 말했습니다. "이스라엘 온 회중에게 말하여라. '여호와 앞에 나오라. 너희가 원망하는 소리를 그분께서 들으셨다'라고 말입니다." 4:14~16민 16:16

10 아론이 이스라엘 온 회중에게 말하는 동안 그들이 광야를 쳐다보니 구름 속에서 여호와의 영광이 나타났습니다.

11 여호와께서 모세에게 말씀하셨습니다.

12 "내가 이스라엘 백성들의 원망 소리를 들었다. 그들에게 '해 질 무렵 너희가 고기를 먹을 것이요, 아침에 너희가 빵으로 배부를 것이다. 그러면 내가 너희 하나님 여호와인 줄 너희가 알게 될 것이다'라고 말하여라."

13 메추라기와 만나 그날 저녁에 메추라기가 와

서 진을 덮었고 아침이 되자 이슬이 내려 진 주위에 있었습니다. 민11:9,31;시 78:27

14 이슬이 걷히자 광야 바닥에 작고 얇은 것이 땅의 서리처럼 널려 있었습니다.

15 이스라엘 백성들이 그것을 보고 서로 "이게 무엇이냐?"라고 했습니다. 이스라엘 백성들은 그것이 무엇인지 몰랐던 것입니다. 모세는 이스라엘 백성들에게 말했습니다. "여호와께서 너희에게 먹으라고 주신 것이다.

16 여호와께서 명령하셨다. '각 사람이 필요한 만큼 거두라. 너희 장막에 있는 사람 수대로 한 사람당 1오멜씩 가져가라고 하셨다."

17 이스라엘 백성들은 모세가 말한 대로 어떤 사람은 많이 거두고 어떤 사람은 조금 거두었습니다.

18 그러나 이스라엘 백성들이 오멜로 달아 보니 많이 거둔 사람도 넘치지 않았고 적게 거둔 사람도 부족하지 않았습니다. 각자 가 꼭 먹을 만큼만 거둔 것입니다.

19 그때 모세는 "어느 누구도 그것을 아침까지 조금이라도 남겨 두지 말아야 할 것이다'라고 말했습니다.

20 그러나 이스라엘 백성 가운데 몇몇은 모세

이것이 무엇이냐? 만나

단어의 뜻	이것이 무엇이냐?(What is it?)(출 16:15)
모양	코리안더(갓) 씨 모양과 비슷(출 16:31)
맛·색깔	꿀로 만든 과자 맛/흰색(출 16:31)
내려오는 방법	이슬처럼 진주위를 덮음(출 16:13)
먹는 방법	삶거나 구워 먹음(출 16:23), 매일 그날의 분량을 다 먹어야 했음(출 16:19)
재는 단위	맷돌에 갈거나 절구에서 찧어 솥에 삶기도 함(민 11:8)
저장 방법	오멜, 매일 한 사람당 1오멜(1오멜은 약 2.2ℓ)의 분량
	없다. 단, 안식일 전날은 안식일에 먹을 하루 분의 양까지 보관해(2오멜) 두었음(출 16:22)
먹은 기간	40년
만나가 그친 날	가나안 땅에 들어가 그 땅에서 난 것을 먹은 다음날(수 5:12)
먹은 사람수	약 250만 명 가량
기념으로 보관해둔 곳	만나를 담은 항아리를 언약궤 안에 보관함(출 16:32~34; 히 9:4)
만나를 내려 주신 목적	사람이 빵으로만 사는 것이 아니라 여호와의 입에서 나오는 모든 말씀으로 사는 것임을 가르쳐 주시기 위함(신 8:3)
예수님의 말씀	"나는 생명의 빵이니. 너희 조상들은 광야에서 만나를 먹었지만 결국 죽었다. 그러나 여기 하늘에서 내려온 빵이 있는데 누구든지 이 빵을 먹으면 죽지 않는다."(요 6:48~50)

의 말을 듣지 않고 아침까지 남겨 두었습니다. 그러자 구더기가 끓고 냄새가 나기 시작했습니다. 모세는 그들에게 진노했습니다.

21 아침마다 이스라엘 백성들은 각자 먹을 만큼 거두었습니다. 그리고 해가 뜨거워지면 그것은 녹아 버렸습니다.

22 안식일을 명하심 여섯째 날에는 두 배로, 곧 한 사람당 2오멜씩 거두었습니다. 그리고 회중의 지도자들이 와서 모세에게 보고했습니다. 5절

23 모세는 그들에게 말했습니다. "여호와께서 '내일은 쉬는 날, 곧 여호와께 거룩한 안식일이다. 그러니 너희는 굽고 싶으면 굽고 삶고 싶으면 삶은 후 남은 것은 아침까지 남겨 두라고 말씀하셨다." 창 23

24 그래서 그들은 모세의 명령대로 그것을 아침까지 남겨 두었는데 냄새도 나지 않고 구더기도 끓지 않았습니다. 20절

25 모세는 말했습니다. "오늘은 그것을 먹으라. 오늘은 여호와의 안식일이니 너희는 땅에서 아무것도 얻지 못할 것이다.

26 6일 동안은 그것을 거두라. 그러나 일곱째 날인 안식일에는 아무것도 없을 것이다."

27 그럼에도 불구하고 몇몇 사람들은 일곱째 날에도 그것을 거두러 밖으로 나갔습니다. 그러나 그들은 아무것도 얻지 못했습니다.

28 여호와께서 모세에게 말씀하셨습니다. "너희가 얼마나 더 내 계명과 내 율법을 지키지 않겠느냐? 시 78:10;겔 20:13

29 여호와가 너희에게 안식일을 준 것을 명심하라. 그렇기 때문에 여섯째 날에 두 배로 주는 것이다. 일곱째 날에는 각자가 다 자기 거처에 있어야 한다. 아무도 밖으로 나가지 말라."

30 그리하여 일곱째 날에 백성들은 쉬었습니다. 눅 23:56

31 기념으로 보관된 만나 이스라엘 백성들은 그 빵을 만나라고 불렀습니다. 그것은 코리안더 씨처럼 하얗고 맛은 꿀로 만든 과자 같았습니다. 15절;민 11:7-8

32 모세는 말했습니다. "여호와께서 명령하시기를 만나 1오멜을 가져다가 대대로 보관하라. 이는 내가 너희를 이집트에서 이끌고 나왔을 때 광야에서 너희에게 먹으라고 준 빵을 그들이 볼 수 있게 하기 위한 것이다'라고 하셨다.

33 그래서 모세가 아론에게 말했습니다. "항아리 하나를 가져와 만나를 가득 채우십시오. 그리고 그것을 여호와 앞에 두어 대대로 잘 보관하도록 하십시오." 히 9:4

34 여호와께서 모세에게 명령하신 대로 아론은 만나를 증거판 앞에 두고 잘 보관하게 했습니다. 25:16,21;26:33-34;27:21;신 10:5;왕하 11:12

35 이스라엘 백성들은 정착지에 이를 때까지 40년 동안 만나를 먹었습니다. 그들은 가나안 땅의 경계에 이를 때까지 만나를 먹었습니다. 신 8:2-3>수 5:12;느 9:20-21

36 오멜은 에바의 10분의 1입니다. 레 5:11;6:20

17 바위에서 나온 물 이스라엘 온 회중이 신 광야를 출발해 여호와의 명령대로 이곳저곳을 지나 마침내 르비딤에 진을 쳤습니다. 그러나 거기에는 백성들이 마실 물이 없었습니다.

2 그러자 백성들은 모세에게 대들며 말했습니다. "우리에게 마실 물을 주십시오." 모세는 그들에게 "너희가 왜 나와 싸우는 것이냐? 너희가 왜 여호와를 시험하는 것이냐?" 하고 말했습니다. 마 4:7;고전 10:9;히 3:8-9

3 그러나 백성들은 거기에서 목이 말라 모세를 원망하며 말했습니다. "당신이 왜 우리를 이집트에서 데리고 나와 우리와 우리 자식들과 가축들을 목말라 죽게 하는 것입니까?" 15:24;16:2

4 모세는 여호와께 울부짖었습니다. "제가 이 사람들을 어떻게 해야 합니까? 그들이 제게 돌을 던지기 직전입니다." 민 14:10

5 여호와께서 모세에게 말씀하셨습니다. "이 백성 앞을 지나서 이스라엘 장로들을 몇몇 데리고 나일 강을 쳤던 네 지팡이를 손에 들고 가거라. 7:20

6 내가 거기 호렙 산의 바위 곁 네 앞에 서

있겠다. 너는 그 바위를 쳐라. 그러면 바위에서 물이 흘러 나와 백성들이 마실 수 있게 될 것이다." 모세는 이스라엘 장로들이 보는 앞에서 그렇게 했습니다. 고전 10:4

7 모세는 그곳을 맛사와 므리바라고 불렀습니다. 이는 이스라엘 백성들이 다투었기 때문이며 또한 그들이 "여호와께서 우리 가운데 계시는가, 안 계시는가?"라고 하면서 여호와를 시험했기 때문이었습니다.

8 아말렉 사람들을 이김 그때 아말렉 사람들이 와서 르비딤에 있는 이스라엘 백성을 공격했습니다. 신 25:17;삼상 15:2

9 모세는 여호수아에게 말했습니다. "우리들 가운데 얼마를 선발해 나가서 아말렉과 싸워라. 나는 내일 하나님의 지팡이를 손에 들고 언덕 꼭대기에 서 있겠다."

10 그리하여 여호수아는 모세의 명령대로 아말렉 사람들과 싸웠습니다. 모세와 아론과 훌은 언덕 꼭대기로 갔습니다. 24:14;31:2

11 그런데 모세가 손을 높이 들고 있는 동안은 이스라엘이 이기고 모세가 손을 내리면 아말렉이 이기는 것이었습니다. 딤전 2:8

12 그러다가 모세의 손이 피곤해지자 아론과 훌은 돌을 가져다가 모세의 아래에 두고

그를 앉게 했습니다. 그러고는 아론과 훌 가운데 한 사람은 이쪽에서, 한 사람은 저쪽에서 모세의 손을 들어 주어 해 질 때까지 그의 손이 그대로 있도록 했습니다.

13 이렇게 해서 여호수아는 아말렉과 그 백성들을 칼로 무찔렀습니다.

14 아말렉의 멸망을 예고하심 그때 여호와께서 모세에게 말씀하셨습니다. "이것을 책에 써서 기념이 되게 하고 여호수아로 하여금 듣게 하여라. 내가 하늘 아래에서 아말렉에 대한 기억을 모조리 없애 버릴 것이다."

15 모세가 제단을 쌓고 여호와 닛시라고 부르며 말했습니다. 삿 6:24

16 "여호와께서 대대로 아말렉을 대적해 싸우시겠다고 맹세하셨다."

18 이드로가 모세를 방문함 그때 미디안 제사장이자 모세의 장인인 이드로는 하나님께서 모세와 그의 백성 이스라엘을 위해 하신 일과 여호와께서 이스라엘을 이집트에서 이끌고 나오신 일에 대해 모두 들었습니다. 12절;2:16,18

2 그래서 모세의 장인 이드로는 모세가 돌려보냈던 그의 아내 십보라를 데려왔습니다.

3 그의 두 아들도 데려왔습니다. 한 아들의

아말렉과 싸우는 동안 아론과 훌이 모세의 두 손을 좌우편에서 붙들어 줌

물이 흘러나온 바위

이스라엘 백성이 신 광야를 떠나 '르비딤'에 이르렀을 때 마실 물이 없어 모세에게 불평했다. 모세는 그들이 원망하는 것에 대해 '하나님을 시험하는 것'(출 17:2)이라고 했다. 하지만 하나님은 불신앙 때문에 저주를 받을 수밖에 없는 이스라엘 백성 대신 바위를 저주하셔서 그들에게 저주를 돌리지 않으셨다. 오히려 바위를 쳐서 물을 솟아나게 하여 모두를 살리셨다.

사도 바울은 물이 나온 이 바위를 '신령한 반석'이라고 하면서 이 반석(바위)이 곧 '그리스도'라고 했다(고전 10:4).

갈증으로 죽어 가던 백성에게 바위의 물이 생명의 물이 되었듯이, 오늘날 영혼의 갈증을 느끼는 사람에게 생명의 물은 예수님이라는 것이다(사 55:1; 요 4:14; 7:37-38; 계 22:17). 바위를 쳐서 물이 나오게 한 것은 예수님이 직접 저주받아 사람들에게 매질 당하고, 십자가에 달려 죽으심으로 구원이 이루어지는 것을 미리 보여 준 것이다(사 53:4-5; 요 19:1-3, 17-19).

이름은 게르솜입니다. 이는 모세가 "내가 이방 땅에 이방 사람이 됐다"라고 하며 지은 이름이었습니다.　　　시 39:12;행 7:29;히 11:13

4 다른 아들의 이름은 엘리에셀입니다. 이는 모세가 "내 아버지의 하나님이 내 도움이 되셔서 나를 바로의 칼에서 구원해 주셨다"라며 지은 이름이었습니다.

5 모세의 장인 이드로는 모세의 아들들과 아내를 데리고 광야에 있는 모세에게 왔습니다. 모세는 하나님의 산 가까이에 진을 치고 있었습니다.　　　　　　　　3:1

6 이드로는 모세에게 전갈을 보내 "네 장인인 나 이드로가 네 아내와 두 아들을 데리고 왔다"라고 했습니다.

7 그러자 모세는 자기의 장인을 맞으러 나가서는 절하고 입을 맞추었습니다. 그들은 서로 인사하고 장막으로 들어갔습니다.

8 모세는 장인 이드로에게 여호와께서 이스라엘을 위해 바로와 이집트 사람들에게 하신 일과 오는 길에 맞닥뜨렸던 모든 고난과 여호와께서 그들을 구원하신 일을 낱낱이 말해 주었습니다.　　느 9:9-15;시 78:12-28

9 이드로는 하나님께서 이스라엘을 위해 모든 선을 베풀어 이집트 사람들의 손에서 그들을 구원해 주신 것을 기뻐했습니다.

10 이드로가 하나님께 예배 드림 이드로가 말했습니다. "여호와를 찬송하세. 그분이 이집트 사람들과 바로의 손에서 너희를 구해 주셨고 이집트 사람들의 손에서 백성들을 구해 내셨네.　　　　창 14:20;삼하 18:28;눅 1:68

11 여호와께서 다른 모든 신들보다 크시다는 것을 내가 이제 알겠네. 이 백성들에게 교만하게 굴던 사람들에게 이렇게 하셨으니 말이네."　　대상 16:25;대하 2:5;느 9:10;단 4:37;눅 1:51

12 그러고 나서 모세의 장인 이드로는 하나님께 번제물과 희생제물을 가져왔습니다. 아론과 이스라엘의 모든 장로들이 와서 모세의 장인과 함께 하나님 앞에서 음식을 먹었습니다.　　　창 31:54;신 12:7;14:26;대하 29:22

13 이드로가 재판 제도를 제안함 다음 날 모세가 백성들을 재판하기 위해 자리에 앉았습니다. 백성들은 아침부터 저녁까지 모세 주위에 서 있었습니다.

14 모세의 장인은 모세가 백성들에게 하는 모든 일을 보고 "자네가 백성들을 위해 하는 일이 무엇인가? 왜 자네 혼자 앉아서 재판하고 다른 모든 사람들은 아침부터 저녁까지 자네 주위에 서 있는가?"라고 물었습니다.

15 모세는 그에게 대답했습니다. "백성들이 하나님의 뜻을 여쭈어 보러 제게 옵니다.

16 그들에게 문제가 생길 때마다 제게 가져오면 제가 그들 사이에서 판결을 내려 줍니다. 그들에게 하나님의 규례와 율법을 알려 주는 것입니다."　　신 4:5;5:1;17:8;고전 6:1

17 모세의 장인은 모세에게 말했습니다. "자네가 하는 일이 좋아 보이지 않네.

18 자네에게 오는 이 백성들은 자네만 지치게 만들 뿐이네. 자네에게 일이 너무 무거우니 어디 혼자 당해 낼 수 있겠나?

19 이제 내 말을 듣게. 내가 몇 가지 말해 주겠네. 하나님께서 자네와 함께하시길 바라네. 자네는 하나님 앞에서 백성의 대표가 돼 그들의 문제들을 그분께 가져가야 하네.

20 그들에게 율례와 법도를 가르쳐 가야 할 길과 해야 할 일을 보여 주게. 신 1:18; 시 143:8

21 또 모든 백성들 가운데 능력 있는 사람들, 곧 하나님을 경외하고 믿을 만하며 탐욕스럽지 않은 사람들을 뽑아 백성들 위에 천부장, 백부장, 오십부장, 십부장으로 세우고 신 1:15; 16:18; 대하 19:5-10; 행 6:3

22 그들이 백성들을 위해 항상 재판하도록 하게. 단, 어려운 문제는 자네에게 가져오게 하게. 간단한 사건은 그들 스스로 판단할 수 있을 걸세. 그렇게 하면 그들이 자네와 함께 일을 나눔으로써 자네 짐도 한결 가벼워질 걸세. 레 24:11; 민 11:17; 15:33; 27:2; 36:1

23 만약 자네가 이렇게 하고 하나님도 그렇게 명령하시면 자네 부담도 덜고 이 모든 백성들도 만족하면서 집으로 돌아가게 될 걸세." 18절

24 백성의 지도자들이 임명됨 모세는 장인의 말을 듣고 그 모든 말대로 했습니다.

25 모세는 온 이스라엘 중에서 능력 있는 사람을 뽑아 백성의 지도자, 곧 천부장, 백부장, 오십부장, 십부장으로 세웠습니다.

26 그들은 항상 백성들을 위해 재판하는 일을 하되 어려운 사건은 모세에게 가져갔고 간단한 사건은 그들 스스로 판단했습니다. 22절

27 그러고 나서 모세는 장인을 떠나보냈고 이드로는 자기 고향으로 돌아갔습니다.

19

시내 산에 도착함 이스라엘 백성들이 이집트를 떠난 지 셋째 달 되는 바로 그날에 그들은 시내 광야에 도착했습니다.

2 이스라엘 백성들은 르비딤을 출발해서 시내 광야에 들어가 그곳 산 앞 광야에 진을 쳤습니다. 33:1; 17:1; 8

3 언약을 말씀하심 그때 모세가 하나님께 올라갔습니다. 그러자 여호와께서는 산에서 모세를 부르시며 말씀하셨습니다. "너는 야곱의 집에게 말하고 이스라엘 자손들에게 말하여라. 3:4; 20:21; 행 7:38

4 '내가 이집트 사람들에게 행한 일을 너희가 직접 보았고 독수리 날개에 얹어 나르듯 내가 너희를 내게로 데려온 것을 보았다.

5 그러니 이제 너희가 내게 온전히 순종하고 내 언약을 지키면 너희는 모든 민족들 가운데 특별한 내 보물이 될 것이다. 온 땅이 다 내 것이지만 신 7:6; 욥 41:11

6 너희는 내게 제사장 나라 거룩한 민족이 될 것이다.' 너는 이 말을 이스라엘 백성들에게 전하여라." 레 20:26; 사 61:6; 벧전 2:9; 계 1:6; 5:10

7 하나님의 말씀에 이스라엘이 순종함 모세가 돌아가 백성의 장로들을 불러 놓고 여호와께서 그에게 말하라고 명령하신 모든 말씀

모세의 멘토, 이드로

'탁월함', '뛰어남'이라는 뜻을 가진 이드로는 미디안 제사장으로 모세의 장인이며 십보라의 아버지이다. 양 떼를 돌보며 알곱 딸을 모세를 사위로 삼았고, 모세가 하나님의 부르심을 받았을 때 이집트로 돌아가는 것을 허락해 주었다. 하나님이 모세와 이스라엘 백성들을 이집트에서 어떻게 다루셨는지를 듣고 하나님을 찬양하며, 희생제물을 바쳤다. 모세에게 재판 제도를 조언해 천부장, 백부장, 오십부장, 십부장을 세우도록 했다. 이드로는 모세에게 조언자(Advisor), 후원인(Sponsor), 후견인(Tutor), 옹호자(Advocator), 인도자(Guider) 등의 모습으로 모세의 생애에 중요한 멘토 역할을 한 사람이다.

이드로가 나오는 말씀
>> 출 2:18~21; 3:1; 4:18; 18:1, 7~23

이드로를 다르게 부른 말씀
>> 르우엘(출 2:18),
호밥(삿 4:11), 르우엘의 아들(민 10:29)

을 그들 앞에 풀어 놓았습니다.

8 백성들은 다 함께 응답하며 말했습니다. "여호와께서 말씀하신 대로 우리가 다 행하겠습니다." 모세는 그들의 대답을 여호와께 가져갔습니다. _{24:3,7; 신 5:27,26:17}

9 여호와께서 모세에게 말씀하셨습니다. "보아라. 내가 빽빽한 구름 가운데서 네게 내려갈 것이다. 이는 이 백성이 내가 너와 말하는 것을 듣고 너를 영원히 믿게 하기 위한 것이다." 그러자 모세는 백성들이 한 말을 여호와께 전했습니다. _{마 17:5}

10 거룩을 명하심 그리고 여호와께서 모세에게 말씀하셨습니다. "백성들에게 가서 오늘과 내일 그들을 거룩하게 하여라. 그들로 하여금 자기 옷을 세탁하게 하고 _{창 35:2}

11 3일째 되는 날에 준비되게 하여라. 나 여호와가 그날에 모든 백성들이 보는 앞에서 시내 산으로 내려갈 것이다. _{34:5; 신 33:2}

12 백성들 주위에 경계선을 만들고 말하여라. '너희는 산에 올라가거나 산자락이라도 건드리지 않도록 명심하라. 누구든 산을 건드리기만 해도 반드시 죽을 것이다.

13 그런 사람에게는 손도 대지 말 것이다. 그는 반드시 돌에 맞든지 화살에 맞을 것이니 사람이든 짐승이든 살지 못할 것이다. 나팔이 길게 울리면 그때에는 산에 올라가도 될 것이다.'" _{16,19절}

14 모세는 산에서 내려와 백성들에게 이르러 그들을 거룩하게 했고 백성들은 자기 옷을 세탁했습니다. _{3절}

15 그리고 나서 모세는 백성들에게 말했습니다. "셋째 날에는 준비가 다 돼 있어야 한다. 아내를 가까이하지 말라." _{고전 7:5}

16 모세가 하나님을 만나 3일째 되는 날 아침이 됐습니다. 천둥 번개가 치고 빽빽한 구름이 산 위를 덮은 가운데 우렁찬 나팔 소리가 울렸습니다. 그러자 진 안에 있던 사람들은 다 벌벌 떨었습니다. _{히 12:18,21}

17 그때 모세가 하나님을 만나기 위해 백성들을 진 밖으로 이끌고 나왔습니다. 그들은 산자락 앞에 섰습니다. _{신 4:10}

18 시내 산은 온통 연기로 뒤덮여 있었습니다. 이는 여호와께서 불로 시내 산 위에 내려오셨기 때문입니다. 연기가 화로 연기처럼 위로 치솟아 오르고 산 전체는 몹시 흔들리매 _{신 4:11;33:2;삿 5:5;시 68:8,8; 미 1:2,26:7,미 15:8}

19 나팔 소리는 점점 더 커져 갔습니다. 그때 모세가 말했고 하나님께서 음성으로 모세에게 대답하셨습니다. _{느 9:13;시 81:7}

20 그리고 여호와께서 시내 산 꼭대기로 내려오셨습니다. 여호와께서 모세를 산꼭대기로 부르셨기에 모세는 산에 올라갔습니다.

21 여호와께서 모세에게 말씀하셨습니다. "너는 내려가서 백성들에게 경고하여라. 그러지 않으면 그들이 여호와를 보려고 몰려들다가 많이 죽을지 모른다. _{삼상 6:19}

22 여호와를 가까이하는 제사장들도 스스로 거룩하게 해야 한다. 그러지 않으면 여호와께서 그들을 향해 진노하실 것이다."

23 모세는 여호와께 말했습니다. "주께서 직접 저희에게 '산 둘레에 경계를 지어 거룩하게 구별하라'고 경고하셨기 때문에 백성들이 시내 산에 올라오는 일은 없을 것입니다." _{12절;수 3:4}

24 여호와께서 대답하셨습니다. "내려가서 아론을 데리고 올라와라. 그러나 제사장들과 백성들은 몰려들어 나 여호와에게 올라오면 안 된다. 그렇게 하면 내가 그들을 향해 진노를 일으킬 것이다."

25 그러자 모세는 백성들에게 내려가서 전했습니다.

20 십계명을 말씀하시는 하나님 그리고 하나님께서 이 모든 말씀을 하셨습니다. _{1-17절;신 5:6-22}

2 "나는 너를 이집트에서, 종살이하던 집에서 이끌어 낸 네 하나님 여호와다. _{레 26:13}

3 너는 내 앞에서 다른 어떤 신도 없게 하여라. _{왕하 17:35;렘 25:6;35:15}

4 너는 너 자신을 위해 하늘에 있는 것이나 땅에 있는 것이나 물속에 있는 것이나 무슨 형태로든 우상을 만들지 마라. _{행 17:29}

5 너는 그것들에게 절하거나 예배하지 마라. 네 하나님 나 여호와는 질투하는 하나님이니 나를 미워하는 자들에 대해서는 아버지의 죄를 그 자식에게 갚되 3, 4대까지 갚고

6 나를 사랑하고 내 계명을 지키는 자들에게는 천대까지 사랑을 베푼다.

7 너는 네 하나님 여호와의 이름을 함부로 부르지 마라. 여호와는 그 이름을 헛되이 받고 함부로 부르는 자들을 죄 없다 하지 않으실 것이다. 레 19:12:신 5:34-35:약 5:12

8 너는 안식일을 기억하여 거룩하게 지켜라.

9 6일 동안은 네가 수고하며 네 일을 할 것이요,

하나님이 모세에게
돌판에 쓴 율법과 계명을 주심

14 간음하지 마라. 레 18:20:신 22:22:마 5:27-28:롬 13:9

15 도둑질하지 마라. 레 19:11:마 19:18:롬 13:9:엡 4:28

16 네 이웃에 대해 위증하지 마라. 마 19:18

17 네 이웃의 집을 탐내지 마라. 네 이웃의 아내나 그의 남종이나 여종이나 그의 소나 나귀나 어떤 것이라도 네 이웃의 것은 탐내지 마라."

18 하나님을 두려워하는 백성들 모든 백성들은 천둥과 번개를 보고 나팔 소리를 들으며 산에 자욱한 연기를 보고는 두려워 벌벌 떨었습니다. 백성들은 멀찍이 서서

10 일곱째 날은 네 하나님 여호와의 안식일이니 너나 네 아들딸이나 네 남녀종들이나 네 가축들이나 네 문안에 있는 나그네나 할 것 없이 아무 일도 하지 마라.

11 여호와가 6일 동안 하늘과 땅과 바다와 그 안에 있는 모든 것을 만들고 일곱째 날에는 쉬었기 때문이다. 그러므로 여호와가 안식일을 복 주고 거룩하게 했다.

12 네 부모를 공경하여라. 그러면 네 하나님 여호와가 네게 준 땅에서 네가 오래 살 것이다. 레 19:3:렘 35:18-19:마 15:4-6:엡 6:2-3

13 살인하지 마라. 창 9:5-6:마 5:21:19:18:롬 13:9:요일 3:15

19 모세에게 말했습니다. "당신이 직접 우리에게 말하면 우리가 듣겠습니다. 그러나 하나님께서 우리에게 말씀하시는 것은 막아 주십시오. 우리가 죽을지 모릅니다."

20 모세는 백성들에게 말했습니다. "두려워하지 말라. 하나님께서 너희를 시험하려고 오신 것이다. 하나님을 경외하는 마음이 너희에게 있게 해 너희가 죄짓지 않게 하시려는 것이다." 창 22:1:신 4:10:6:2:10:12:13:3

21 제단에 대해 말씀하심 백성들은 멀찍이 서 있었고 모세는 하나님께서 계시는 그 칠흑 같은 어둠 속으로 가까이 나아갔습니다.

십계명

1
너는 내 앞에서 다른 어떤 신도 없게 하여라(출 20:3).
★ 하나님께만 예배드리고 섬겨야 해요.

2
너는 너 자신을 위해 하늘에 있는 것이나 땅에 있는 것이나 물속에 있는 것이나 무슨 형태로든 우상을 만들지 마라(출 20:4).
★ 돌이나 나무로 우상을 만들어 섬기는 것은 안 돼요.

3
너는 네 하나님 여호와의 이름을 함부로 들먹이지 마라(출 20:7).
★ 하나님 이름을 들먹이며 맹세하거나 주문을 외는 것, 농담하는 것은 안 돼요.

오~ 마이 갓

4
너는 안식일을 기억하여 거룩하게 지켜라(출 20:8).
★ 특별한 날(주일)에만 일을 하지 않고 하나님께 예배드리며 하나님과 함께해요.

22 그때 여호와께서 모세에게 말씀하셨습니다. "이스라엘 백성들에게 말하여라. '내가 하늘에서 너희에게 말하는 것을 너희가 직접 보았으니   신 4:36;느 9:13;히 12:25

23 너희는 나 외에는 어떤 다른 신도 만들지 말라. 너희를 위해 은이나 금으로 신상을 만들지 말라.   32:31;왕하 17:33;겔 20:39;슥 15

24 나를 위해 땅의 제단을 만들고 그 위에 네 양과 소로 네 번째와 화목제를 드리라. 내가 내 이름을 기억하는 모든 곳에서 내가 네게 가서 복을 주겠다.   왕상 8:29;9:3;대하 6:6;7:16

25 만약 네가 나를 위해 돌 제단을 만들려면 다듬어진 돌로는 하지 마라. 네가 도구를 사용하는 것은 그것을 더럽히는 것이다.

26 또한 내 제단의 계단을 밟고 올라서는 일이 없도록 하라. 그러지 않으면 네 하체가

그 위에서 드러날지 모른다."

21 노예 가족의 해방 "이것은 네가 백성들 앞에 두어야 할 율례들이다.

2 만약 네가 히브리 종을 사면 그는 6년 동안 너를 섬겨야 한다. 그러나 7년째에는 그가 대가 없이 자유롭게 나갈 것이다.

3 만약 그가 혼자 왔다면 나갈 때도 혼자 갈 것이요, 올 때 아내를 데리고 왔다면 아내도 그와 함께 나갈 것이다.

4 만약 주인이 아내를 짝지어 주어 아내가 아들이나 딸을 낳았다면 그 여자와 자식들은 주인의 것이요, 그 남자만 나갈 것이다.

5 그러나 그 종이 허심탄회하게 '내가 내 주인과 내 아내와 자식들을 사랑하니 나가고 싶지 않다'라고 하면

6 그 주인은 그를 데리고 재판장에게 가야

신 15:16-17

할 것이다. 또한 문이나 문기둥으로 데리고 가서 그 귀를 송곳으로 뚫어라. 그러면 그는 영원히 그 주인을 섬기게 될 것이다.

7 여종의 해방 어떤 사람이 자기 딸을 종으로 팔면 그 종은 남종처럼 자유롭게 나가지 못할 것이다.

느 5:5

8 주인이 자기가 가지려고 산 그 여종을 기뻐하지 않으면 주인은 여종을 속량해 주어야 한다. 그가 그 여종을 속였기에 이방 민족에게 팔아넘길 권리는 없다.

9 그가 만약 자기 아들에게 주려고 산 것이라면 그는 그 종을 딸처럼 대해야 할 것이다.

10 만약 그가 다른 아내를 들인다 해도 그는 그 여종에게서 먹을 것, 입을 것 그리고 내 될 권리를 제한할 수 없다.

고전 7:5

11 만약 그가 이 세 가지를 여종에게 해 줄 수 없다면 여종은 대가 없이 자유롭게 나갈 것이다.”

12 의도적인 살인 “누구든 사람을 쳐 죽이는 사람은 반드시 죽어야 한다.

창 9:6;마 26:52

13 다만 의도적으로 일부러 죽인 것이 아니고 하나님께서 그의 손에 넘겨주신 일이면 그는 내가 정해 놓은 곳으로 도망치게 해야 한다.

민 35:11,22~25;신 4:41~43;19:2~5;수 20:2~9

14 그러나 치밀한 계획하에 죽인 것이면 그를 내 제단에서 끌어내어 죽여야 한다.

15 부모를 공격한 경우 누구든 자기 부모를 공격하는 사람은 반드시 죽어야 한다.

16 유괴의 금지 누구든 남을 유괴해 팔거나 계속 데리고 있거나 하는 사람은 반드시 죽어야 한다.

22:4;신 24:7;딤전 1:10

17 부모를 저주하는 사람 누구든 자기 부모를 저주하는 사람은 반드시 죽어야 한다.

18 영구적인 상해 싸우다가 돌이나 주먹으로 쳤는데 상대방이 죽지 않고 드러눕게 됐다가

19 다시 일어나 지팡이를 짚고 다니게 되면 친 사람이 책임질 필요는 없지만 다친 사람의 시간에 대해 손해를 보상하고 그를 완전히 낫게 해야 한다.

20 죽지 않은 종 어떤 사람이 자기 남종이나 여종을 막대기로 때려죽이면 벌을 받아야 한다.

21 그러나 그 종이 하루 이틀 뒤에 일어나면 벌받지 않을 것이다. 종은 자기 재산이기 때문이다.

레 25:45~46

22 낙태의 경우 사람들이 싸우다가 아이 밴 여자를 다치게 해서 낙태를 했으나 그 여자가 다치지 않았다면 가해자는 그 여자의 남편이 정한 대로 벌을 받아야 한다. 그리고 또한 재판관들이 결정한 값을 지불해야 한다.

신 22:18~19;32:31;욥 31:11

23 산모에게 해가 있는 경우 그런데 여자가 다치게 되면 목숨에는 목숨으로

신 19:21

24 눈에는 눈으로, 이에는 이로, 손에는 손으로, 발에는 발로

레 24:20;신 19:21;마 5:38

25 화상에는 화상으로, 상처에는 상처로, 채찍질에는 채찍질로 갚아 주어라.

26 종의 상해 남종이나 여종의 눈을 쳐서 실명하게 되면 그 눈에 대한 보상으로 종을 놓아주어야 한다.

27 또 남종이나 여종의 이를 부러뜨리면 이에 대한 보상으로 종을 놓아주어야 한다.

28 소가 사람을 받은 경우 소가 남자나 여자를 들이받아 죽이면 그 소를 돌로 쳐 죽이고 그 고기는 먹지 말아야 한다. 하지만 소 주인의 책임은 없다.

창 9:5

29 예상된 위험 상황 그러나 그 소가 들이받는 버릇이 있는데 주인이 경고를 받고서도 우리에 가두지 않아 남자나 여자를 죽인 것이라면 그 소를 돌로 쳐 죽이고 주인도 역시 죽여야 한다.

30 그러나 그에게 배상금을 요구하면 요구하는 배상금을 지불하고 자기 목숨을 구속할 수 있다.

30:12;민 35:31~32

31 소가 아들이나 딸을 들이받았을 때도 이 율례는 적용된다.

속량(21:8, 贖良, redeem) 노예의 몸값을 지불하여 자유로운 사람이 되게 함. 세겔(21:32, shekel) 무게의 기본 단위. 후대에 은화를 가리키는 이름이 됨. 1세겔은 11.42g에 해당됨. 작물(22:6, 作物, grain) 사람의 양식이 되는 농산물.

32 소가 남종이나 여종을 들이받은 경우에는 소 주인이 그 종의 주인에게 은 30세겔을 지불해야 하고 소는 돌로 쳐 죽여야 한다.

33 짐승이 구덩이에 빠질 경우 구덩이를 열어 놓거나 구덩이를 파고 덮어 놓지 않아서 소나 나귀가 거기에 빠지면

34 구덩이 주인은 손해 보상을 해 그 가축의 주인에게 돈을 줄 것이요, 죽은 짐승은 구덩이 주인의 것이 된다.

35 소가 다른 짐승을 들이받은 경우 소가 소를 다치게 해 살아 있는 소 하나가 죽게 되면 그 주인들은 살아 있는 소를 팔아 그 돈을 나눠 갖고 죽은 소도 나눠 가진다.

36 그러나 그 소가 들이받기로 유명한데 주인이 우리에 가둬 놓지 않은 것이라면 그는 그 대신에 소로 갚아 주어야 하고 죽은 소는 그의 것이 될 것이다.”

22

생축의 절도 “어떤 사람이 소나 양을 훔쳐서 잡거나 팔면 소 한 마리에 소 다섯 마리, 양 한 마리에 양 네 마리로 갚아야 한다. 삼하 12:6;눅 19:8

2 정당방위 만약 도둑이 어느 집에 들어가다가 잡혀서 맞아 죽었으면 피 흘린 것이 아니다. 민 35:27;마 24:43

3 그러나 해 뜬 후에 일어난 경우라면 그는 피 흘린 것이다. 도둑은 반드시 제대로 된 보상을 해야 하고 만약 가진 게 없으면 훔친 것을 보상하기 위해 자기 몸이라도 팔아야 한다. 21:2

4 생축의 배상 만약 훔친 것이 소든 나귀든 양이든 그 손안에 살아 있는 것이 발견되면 그는 두 배로 갚아야 한다. 182:21:16

5 가축으로 인한 피해 밭이나 포도원을 가축들이 꼴을 먹다가 남의 밭에 가서 꼴을 먹게 되면 자기 밭이나 포도원의 가장 좋은 것으로 보상해 주어야 한다.

6 불에 의한 피해 불이 나서 가시덤불에 옮겨 붙어 곡식 단이나 자라고 있는 작물이나 밭 전체를 태우면 불을 놓은 사람은 보상을 해야 한다.

7 돈이나 물품을 맡길 경우 이웃에게 돈이나 물건을 잘 보관해 달라고 맡겼는데 그 집에서 그것들을 도둑맞을 경우 그 도둑이 잡히면 두 배로 갚아야 한다.

8 그러나 도둑이 잡히지 않으면 그 집주인이 재판장 앞에 가서 그 이웃의 물건에 손을 댔는지 여부를 판결받아야 한다. 21:6

9 잃어버린 물건에 대해 소나 나귀나 양이나 옷이나 그 밖에 잃어버린 물건에 대해 누군가 서로 ‘내 것'이라고 주장하는 모든 불법적 행태에 관해서는 양쪽이 모두 그 사건을 가지고 재판장 앞에 나와야 할 것이다. 재판장이 유죄를 선고하는 사람은 그 이웃에게 두 배로 갚아야 한다.

10 짐승을 맡길 경우 나귀나 소나 양이나 어떤 다른 짐승을 이웃에게 잘 보관해 달라고 맡겼는데 그것이 죽거나 상처 나거나 아무도 못 보는 곳에서 끌려갈 때는

11 그 이웃이 남의 물건에 손대지 않았다는 것에 대해 여호와 앞에서 맹세하는 것을 그 둘 사이에 두어야 할 것이다. 주인이 이것을 받아들이면 보상하지 않아도 되지만

12 그것이 그 집에서 도둑맞았다면 그는 주인에게 보상해야 한다. 창 31:39

13 만약 그 가축이 들짐승에게 갈기갈기 찢겼으면 그는 그 남은 것을 증거로 가져와야 하는데 그 찢긴 것에 대해서는 보상하지 않아도 된다.

14 빌린 사람의 책임 이웃에게 가축을 빌렸는데 주인이 없을 때 상처 나거나 죽으면 그는 보상을 해야 한다.

15 그러나 주인이 있었다면 빌린 사람은 갚을 필요가 없다. 가축을 돈을 주고 빌린 것이라면 빌릴 때 준 값이 손해의 보상이 된다.”

16 처녀에 대한 보상 “정혼하지 않은 처녀를 유혹해 잠자리를 함께했다면 반드시 값을 치르고 아내로 삼아야 할 것이다. 신 22:28-29

17 만약 그 아버지가 딸 주기를 거절하더라도 여전히 처녀의 값을 치러야 한다.

18 무당 무당은 살려 두지 말라. 레 19:26,31;20:27

19 짐승과 관계하는 사람 짐승과 관계하는 사람은 누구든 죽어 마땅하다. 레 18:23;20:15

20 **다른 신에게 제사를 드리는 사람** 여호와 말고 다른 신에게 제사하는 사람은 반드시 망할 것이다. 민 25:2-7~8:신 13:1~15;17:2~5;숙 23:16

21 **이방 사람에 대해** 이방 사람을 학대하거나 억압하지 말라. 너희도 이집트 땅에서 이방 사람이었다. 레 19:33;신 10:18,19;렘 7:6;슥 7:10

22 **과부와 고아를 돌봄** 과부나 고아를 *이용해 먹지 말라. 신 24:17,22;사 9:4:6:사 1:17;잠 22:7;슥 7:10

23 어떤 식으로든 너희가 그렇게 하면 그들이 내게 부르짖을 것이고 내가 반드시 그들의 부르짖는 소리를 들을 것이다. 눅 18:7

24 내가 진노가 끓어올라 너희를 칼로 죽일 것이다. 그러면 너희 아내는 과부가 되고 너희 자식은 고아가 될 것이다. 약 5:4

25 **가난한 사람의 보호** 네가 네 곁에 있는 가난한 내 백성 가운데 누구에게 돈을 꿔 주었다면 너는 그에게 빚쟁이가 되지 말고 이자도 받지 말라. 레 25:35~37;신 23:19~20;느 5:7;시 15:5

26 네가 만약 담보물로 네 이웃의 외투를 가져왔다면 해가 지기 전에 돌려주어라.

27 그 외투는 그에게 있어 몸을 가릴 만한 나밖에 없는 옷이니 그가 무엇을 덮고 자겠느냐? 그리하여 그가 내게 부르짖으면 내가 들을 것이다. 나는 자비롭기 때문이다. 신 24:13;대하 6:42;시 9:17;시 86:15;103:8

28 **지도자에 대한 태도** 하나님을 모독하지 말고 네 백성들의 지도자를 저주하지 말라.

29 **하나님을 위한 초태생** 너는 처음 익은 열매와 처음 짠 즙을 드리는 데 시간을 끌지 말고 네 아들 가운데 장자를 내게 바쳐라.

30 네 소와 양도 그렇게 하여라. 7일 동안 그 어미와 함께 지내게 하고 8일째는 내게 바쳐라. 신 15:19;잠 22:27

31 **먹지 말 것** 너희는 내 거룩한 백성들이다. *그러나 들짐승에게 찢긴 짐승의 고기는* 먹지 말고 개에게 던져 주라." 마 7:6

23

공정한 증거 "헛소문을 퍼뜨리지 말라. 악인들 편에 서서 악한 증인이 되지 마라. 레 19:16;신 19:16~8

2 군중을 따라 악을 행하지 마라. 네가 법정에 서서 증언을 할 때 다수의 편에 서서 공의를 그르치는 일이 없게 하여라.

3 **공정한 재판** 또 가난한 사람이라고 해서 편드는 일도 없도록 하여라. 레 19:15;신 1:17

4 **위급한 경우의 도움** 네 원수의 소나 나귀가 길 잃은 것을 보면 반드시 주인에게 데려다 주어라. 출 22:1,4;잠 25:21;마 5:44;롬 12:20;살전 5:15

5 네가 만약 너를 미워하는 사람의 나귀가 짐이 너무 무거워 주저앉아 있는 것을 보면 거기 그냥 놔두지 말고 반드시 도와 일으켜 주어라.

6 **공정한 판결** 너는 소송에서 가난한 백성이라고 해서 편들어서는 안 된다. 신 27:19

7 **위증** 거짓된 일에 휘말리지 말고 죄 없는 의인들을 죽이지 마라. 나는 악인을 의롭다고 하지 않기 때문이다. 34:7;신 27:25;잠 17:26

8 **뇌물** 뇌물을 받지 마라. 뇌물은 지혜로운 사람의 눈을 멀게 하고 의인의 말을 왜곡시킨다. 신 16:19;삼상 8:3;시 26:10;잠 17:23;사 1:23;5:23;3:15

9 **이방 사람에 대한 관심** 이방 사람을 억압하지 마라. 너희도 이집트 땅에서 이방 사람이었으니 이방 사람의 마음을 잘 알 것이다." 22:21

10 **가난한 자와 들짐승의 양식** "네가 6년 동안은 네 밭에 씨를 심고 수확하되 레 25:3~4

11 7년째에는 땅을 쉬게 하고 그대로 놔두어 네 백성들 가운데 가난한 사람들이 그 밭에서 먹을 것을 얻게 하고 그들이 두고 간 것은 들짐승들이 먹게 하여라. 네 포도원과 올리브 농장도 이런 식으로 하여라.

12 **안식일을 정하심** 너는 6일 동안 네 일을 하고 7일째 날에는 쉬어야 하니라. 그래야 네 소와 나귀도 쉬고 네 여종의 아들과 이방 사람도 새 힘을 얻게 될 것이다. 20:9

13 **다른 신의 이름을 부르는 것** 내가 네게 말한 모든 것을 잘 지키도록 하여라. 다른 신들의 이름을 부르지 말고 네 입에서 나와서 들리지도 않게 하여라." 민 32:38;신 4:9

14 **세 절기가 지정됨** "너는 1년에 세 번씩 내게 절기를 지켜야 할 것이다. 34:23;신 16:16

22:22 또는 '괴롭히지.

15 너는 무교절을 지켜라. 내가 네게 명령한 대로 첫째 달인 아빕 월의 정해진 때에 7일 동안 누룩 없는 빵을 먹어야 한다. 그 달에 네가 이집트에서 나왔기 때문이다. 내 앞에 나오는 사람은 빈손으로 와서는 안 된다. 12:15;13:4;34:20;신 16:16

16 너는 네 밭에 심어 놓은 곡식의 첫 열매를 가지고 맥추절을 지켜라. 네가 밭에서 네 곡식을 거두어 모으는 연말에는 수장절을 지켜라. 34:22;레 23:9~21,34~44;신 16:13

17 모든 남자는 1년에 세 번씩 하나님 여호와 앞에 나와야 한다.

18 누룩 든 것을 금하심 내게 희생제물의 피를 드릴 때는 누룩 든 것과 함께 드리지 마라. 내 절기에 드린 희생제물의 기름은 아침까지 두지 마라. 12:8;34:25;레 2:11

19 네 땅에서 처음 난 열매 가운데 가장 좋은 것을 여호와 네 하나님의 집에 가져오너라. 어린 염소는 그 어미젖에 넣고 삶지 마라." 창 4:3;신 26:1~11;느 10:35

20 천사를 앞서 보내심 "보아라. 내가 네 앞에 천사를 보내 네가 가는 길 내내 너를 보호하고 내가 준비한 곳으로 너를 데려가게 할 것이다. 14:19;33:2;14:5:13~14;6:2;사 63:9

21 그에게 집중하고 그 말에 순종하여라. 그를 화나게 하지 마라. 내 이름이 그 안에 있으므로 그가 네 죄를 용서하지 않을 것이다. 32:34;34:7;민 14:35;수 24:19;사 1:78;40,56

22 네가 만약 그의 말에 순종하고 내 모든 말대로 하면 내가 네 원수들의 원수가 될 것이요, 네 적들의 적이 될 것이다. 창 12:3

23 약속과 축복 내 천사가 네 앞서가서 아모리 사람, 헷 사람, 브리스 사람, 가나안 사람, 히위 사람, 여부스 사람의 땅으로 인도할 것이며 그들을 내가 쓸어버릴 것이다. 13:5

24 그러니 그들의 신들 앞에 절하지 말고 경배하지 말며 그 관습을 따르지 마라. 오직너는 그것들을 쳐부수고 그들의 형상들을 산산조각 내어라. 레 18:3;신 33:52;König 12:30~31

25 너희는 너희 하나님 여호와께 경배하라. 그러면 그가 네 빵과 네 물에 복을 내릴 것이다. 내가 너희 가운데 아픈 것을 없애 버릴 것이다. 15:26;신 6:13;사 22:5;마 4:10

26 또 네 땅에 낙태하는 사람이나 임신 못하는 사람이 없을 것이다. 내가 네게 수명대로 살게 하겠다. 신 7:14;욥 5:26;시 55:23

27 내가 네 앞에 내 공포를 보낼 것이고 너와 대결할 모든 민족들을 멸망시킬 것이다. 내가 네 모든 원수들이 등을 보이며 도망치게 할 것이다. 창 35:5;신 2:25;7:23;수 29

28 내가 네 앞에 왕벌을 보내 히위 사람과 가나안 사람과 헷 사람을 네 길에서 쫓아내겠다. 신 7:20;수 24:12

29 그러나 내가 그들을 1년 내에는 내쫓지 않을 것이다. 그렇게 한다면 그 땅이 황폐해

이스라엘의 절기들

✔ 유월절(저녁) / 무교절(일주일) : 이집트로부터 해방을 기념하는 날(출 12:14)

✔ 밀(보리를 처음 수확하는 절기(초실절) : 무교절의 마지막 날, 첫 수확한 밀(보리) 한 단을 하나님께 바침

✔ 칠칠절 / 맥추절 / 오순절(유월절이 지난 50일째) : 곡물 수확을 기뻐하며 감사드림

✔ 나팔절 / 신년(유대력 7월의 첫날) : 양각 나팔을 불어 신호했던 엄숙한 날

✔ 속죄일(유대력 7월 10일) : 국가적으로 회개와 금식을 하는 날

✔ 초막절 / 수장절(과실 수확 끝 절기) : 광야 시절을 생각하며 가족들이 일주일 동안 초막에서 생활함

✔ 수전절 / 광명절 : 유다 마카베오가 성전을 정화한 것을 기념함

✔ 부림절 : 하만의 계략에서 벗어난 날을 기념하는 날, 에스더 이야기를 생각나게 함

이스라엘의 주요한 해

● 안식일 : 매주 7일째는 안식할 날로 특별히 거룩하게 지킴

● 안식년 : 7년째마다 땅을 갈아 농사짓지 않고 땅을 쉬게 함

● 희년 : 50년마다 모든 재산(땅)을 원래 주인이나 그 후손에게 돌려줌

▲ 싯딤 나무(Acacia wood)

'아카시아 나무'를 말한다. 단단하고 튼튼한 나무로 이스라엘에서는 성막과 그 안의 장식품을 만드는 데 주로 사용되었다(출 25:5, 10; 26:26; 27:1, 6). 오늘날에도 시내 반도와 이스라엘 남쪽 사막 지역에서 많이 발견된다.

지고 들짐승이 너무 많아져 네가 감당하지 못할 것이기 때문이다. 　신 7:22

30 내가 그들을 조금씩 네 앞에서 쫓아낼 것이니 결국에는 너희 수가 늘어나 그 땅을 다 차지하게 될 것이다.

31 내가 홍해에서부터 블레셋 바다까지, 광야에서부터 강까지 네 경계를 세우고 그 땅에 사는 백성들을 네게 넘길 것이니 너는 그들을 네 앞에서 쫓아내어라. 　창 15:18

32 너는 그들이나 그들의 신들과 언약을 맺지 마라. 　34:12,15;신 7:2

33 그들로 하여금 네 땅에 살지 못하게 하여라. 그러지 않으면 그들은 너로 하여금 내게 죄짓게 만들 것이다. 네가 만약 그들의 신들을 경배하면 그것이 반드시 네게 덫이 될 것이다." 　34:12;신 7:16;수 23:13;삿 2:3;시 106:36

24 경배할 것을 명하심 그리고 나서 주께서 모세에게 말씀하셨습니다. "너와 아론과 나답과 아비후와 이스라엘의 70명의 장로들은 여호와께 올라와 멀리서 경배하여라. 　6:23;28:1;민 11:16

2 그러나 모세만 나 여호와에게 가까이 오고 다른 사람들은 가까이 와서는 안 된다. 백성들이 함께 올라와서는 안 된다."

3 여호와의 말씀에 순종하는 이스라엘 모세는 백성들에게 가서 여호와의 모든 말씀과 율법을 전했습니다. 그들은 한목소리로 대답했습니다. "여호와께서 말씀하신 모든 것대로 우리가 하겠습니다." 　신 5:27

4 그러자 모세는 여호와께서 말씀하신 모든 것을 기록했습니다. 모세는 다음 날 아침 일찍 일어나 산자락에 제단을 쌓고 이스라엘의 열두 지파를 나타내는 돌기둥 12개를 세워 놓았습니다. 　23:24;창 28:18;31:45;신 31:9

5 언약의 피 그리고 나서 모세는 이스라엘 젊은이들을 보내 번제를 드리게 하고 여호와께 어린 소들을 화목제로 드리게 했습니다.

6 모세는 그 피의 절반을 가져다가 대접에 담고 남은 절반은 제단에 뿌렸습니다.

7 그러고 나서 모세는 언약책을 가져와 백성들에게 읽어 주었습니다. 그러자 백성들은 "여호와께서 말씀하신 모든 것대로 순종하겠습니다"라고 대답했습니다.

8 또 모세는 피를 가져다가 백성들에게 뿌리며 "이것은 여호와께서 이 모든 말씀에 따라 너희와 세우신 언약의 피다"라고 말했습니다. 　13:20;8:9;9:19~20;벧전 1:2

9 모세와 장로들이 하나님을 봄 모세와 아론, 나답과 아비후, 이스라엘의 70명의 장로들은 올라가 　1절

10 이스라엘의 하나님을 보았습니다. 그분의 발아래에는 하늘처럼 맑은 사파이어로 된 바닥 같은 것이 깔려 있었습니다. 　요 1:18

11 그러나 하나님께서는 이스라엘 백성들의 지도자들에게 손을 대지 않으셨습니다. 그들은 하나님을 보기도 했고 먹고 마시기도 했습니다. 　18:12;창 31:54

12 하나님이 모세를 부르심 여호와께서 모세에게 "너는 산으로 내게 올라와 여기 있어라. 내가 백성들을 가르치려고 쓴 돌판, 곧 율법과 계명을 쓴 돌판을 네게 주겠다. 그러면 네가 그들을 가르치도록 하여라"라고 말씀하셨습니다. 　2:15,18;신 5:22

13 그러자 모세는 일어나서 그를 보좌하는 여호수아를 데리고 하나님의 산으로 올라갔습니다. 　3:1;17:9~10;24:13;33:11

14 모세는 장로들에게 "우리가 돌아올 때까

지 여기서 우리를 기다리라. 보라. 아론과 훌이 너희와 함께 있을 것이니 누구에게 무슨 일이 생기면 그들에게 가서 상의하도록 하라"라고 했습니다. 17:10,12;32:2

15 모세가 40일 동안 산에 머무를 모세가 산에 올라갔더니 구름이 산을 덮었고

16 여호와의 영광이 시내 산 위에 있었습니다. 그 구름은 6일 동안 산을 덮고 있었습니다. 그리고 7일째 되는 날에 여호와께서 구름 속에서 모세를 부르셨습니다.

17 이 여호와의 영광이 이스라엘 자손들에게는 산꼭대기에서 타오르는 불처럼 보였습니다.

18 그때 모세는 계속해서 산으로 올라가 그 구름 속으로 들어갔습니다. 그리고 그 산에서 40일 밤낮을 지냈습니다. 신 9:9

25 성소 예물 여호와께서 모세에게 말씀하셨습니다.

2 "이스라엘 백성들에게 말해 내게 예물을 가져오라고 하여라. 자원해서 예물을 드리려고 하는 모든 사람에게 너희가 내 예물을 받아 와야 할 것이다. 고후 8:12;9:7

3 너희가 그들에게 받아 올 예물들은 금, 은, 청동,

4 청색 실, 자주색 실, 홍색 실, 고운 베실, 염소털, 26:1,31,36;창 41:42

5 붉게 물들인 숫양 가죽, 해달 가죽, 싯딤 나무,

6 등잔유, 기름 부을 때와 분향할 때 쓰는 향료들, 27:20;30:7,23,34;31:11

7 호마노, 에봇과 가슴패에 붙이는 그 외의 보석들이다. 28:4,15;창 2:12

8 그리고 그들이 나를 위해 성소를 만들게 하여라. 그러면 내가 그들 가운데 살 것이다. 슥 6:13;고후 6:16;히 9:1,2;계 21:3

9 내가 너희에게 보여 줄 이 도안에 따라 틀림없이 이 장막과 그 모든 기구들을 만들어라." 40절;26:1

10 하나님의 증거궤 "그들로 하여금 싯딤 나무로 궤를 만들게 하여라. 길이가 2.5규빗, 너비가 1.5규빗, 높이가 1.5규빗이 되게 하여라.

11 안팎을 다 순금으로 씌우고 가장자리에 금테를 둘러라. 24~25절;30:3~4;37:2

12 금을 부어 고리 네 개를 만들어 궤의 밑바닥 네 모서리에 달되 둘은 이쪽에, 둘은 저쪽에 달도록 한다. 37:3

13 또 싯딤 나무로 장대를 만들어 금으로 씌우고

14 궤의 양쪽에 달린 고리에 이 장대를 끼워 운반하도록 한다.

15 장대는 이 궤의 고리에 끼워 놓고 빼지 마라. 왕상 8:8

16 그러고 나서 내가 너희에게 줄 증거판을 궤 속에 넣어라. 16:34;신 31:26;왕상 8:9

17 속죄소 순금으로 속죄 덮개를 만들되 길이는 2.5규빗, 너비는 1.5규빗으로 하여라.

18 덮개 끝에는 금을 망치로 두들겨 그룹 두 개를 만들되 31절;37:7,17,22;민 8:4;10:2;왕상 8:6,7

19 한 그룹은 이쪽 끝에, 또 한 그룹은 저쪽 끝에 두어라. 곧 그룹을 덮개 양 끝에 두고 덮개와 한 덩어리로 만들어라. 37:6

하나님의 얼굴을 볼 수 있나요?

모세와 아론, 나답과 아비후, 이스라엘의 70명의 장로들은 시내 산으로 올라가 하나님을 보았어요. 정말 하나님의 얼굴을 보았을까요? 하나님의 얼굴은 아무도 볼 수 없어요. 하나님의 얼굴을 직접 보는 사람은 모두 죽게 되기 때문이에요(출 33:20). 하나님은 너무나 거룩하신 분이고, 영광에 둘러싸

인 분이어서 그래요. 모세와 장로들은 하나님의 빛나는 영광을 봤거나, 이사야 예언자처럼(사 6:1) 하나님이 앉아 계신 영광스런 보좌의 한 부분만을 봤을 거예요. 하나님의 얼굴을 직접 본 사람은 없지만, 사람으로 태어나신 예수님은 하나님이 어떤 분인지를 보여 주셨어요(요 1:18; 6:46; 14:9).

20 그룹은 날개가 위로 펼쳐져 있어 날개로 덮개를 가리게 하고 둘이 서로 얼굴을 마주하되 덮개를 바라보게 하여라. 히 9:5

21 덮개를 궤 위에 덮고 내가 네게 줄 증거판을 궤 속에 넣어 두어라. 16절;26:34;40:20

22 거기에서 내가 너와 만날 것이요, 증거궤 위에 놓여 있는 두 그룹 사이 덮개 위에서 내가 이스라엘 자손을 위해 네게 준 계명에 대해 내가 모든 것을 너와 말할 것이다.

23 진설병 놓는 상 "또한 싯딤 나무로 상을 만들되 길이는 2규빗, 너비는 1규빗, 높이는 1.5규빗이 되게 하여라. 히 9:2

24 그리고 상을 순금으로 씌우고 가장자리에 금테를 둘러라. 11절

25 또 상 가장자리에 한 뼘 너비의 틀을 만들어 대고 그 틀에도 돌아가며 금테를 둘러라.

26 상에 고리 네 개를 만들어 상다리 네 개가 붙어 있는 네 모퉁이에 달아라.

27 그 고리들을 가장자리 틀에 붙여 상을 운반할 장대를 거기에 끼울 것이다. 26:29

28 장대는 싯딤 나무로 만들어 금으로 씌워라. 이것으로 상을 운반한다.

29 그리고 그 접시와 숟가락과 덮개와 붓는 대접을 만들되 순금으로 만들어야 한다.

30 이 상 위에 진설병을 두는데 그것이 항상 내 앞에 있게 하여라." 레 24:5-6

31 등잔대 "등잔대는 순금으로 만들되 망치로 두들겨 만들어라. 그 받침대와 대롱과 꽃 모양의 잔과 꽃받침과 꽃부리를 다 한 덩어리로 만들어라. 왕상 7:49;슥 4:2;히 9:2;계 1:12

32 등잔대에는 곁가지 여섯 개가 한쪽에 세 개, 다른 한쪽에 세 개로 뻗어나 있어야 한다.

33 *가지들의 모양은* 꽃받침과 꽃부리를 갖춘 아몬드 꽃 모양의 잔 세 개가 연결된 것으로 등잔대 양쪽에 붙어 있는 여섯 개의 가지가 그런 모양이 된다.

34 등잔대 가운데 기둥에는 꽃받침과 꽃부리가 있는 아몬드 꽃 모양의 잔 네 개가 달린다.

35 다만 등잔대 가운데 기둥의 첫 번째 잔에서 첫 번째 가지들이, 두 번째 잔에서 두 번째 가지들이, 세 번째 잔에서 세 번째 가지들이 양쪽으로 뻗어 나가는 모양으로, 곧 여섯 가지에 모든 잔이 받침이 되게 한다.

36 잔과 가지는 모두가 등잔대와 한 덩어리가 되게 순금을 두들겨 만든 것이어야 한다.

37 그리고 나서 등잔대에 등잔을 일곱 개를 만들고 불을 붙여 주위를 밝히도록 하여라.

38 불 끄는 집게와 그 접시도 순금으로 만들어야 할 것이다.

39 이 등잔대와 이 모든 부속품을 순금 1달란트로 만들어라.

40 너는 이것들을 산에서 네게 보여 준 모형대로 만들도록 하여라." 민 8:4;행 7:44;히 8:5

26 성막 "또한 너는 성막을 만들어라. 고운 베실과 청색 실과 자주색 실과 홍색 실로 휘장 열 폭을 만들고 그 위에 정교하게 그룹을 수놓는다. 1-37절

2 그 모든 휘장은 크기를 다 같게 하는데 길이는 28규빗, 폭은 4규빗으로 하여라.

3 그리고 휘장을 다섯 폭씩 서로 이어라.

4 한 폭 끝자락에도 청색 실로 고리를 만들어 달고 다른 한 폭의 끝자락에도 청색 실로 고리를 만들어 달아라.

5 휘장 한 폭에 고리를 50개 만들어 달고 다른 한 폭에도 고리를 50개 만들어 달아 고리들이 서로 마주 보게 놓아라.

6 그리고 금고리 50개를 만들어 그것으로 두 휘장을 연결시켜 하나가 되게 하여라.

7 성막 덮개용 휘장은 염소털로 만들되 모두 열한 폭으로 하여라. 36:14

8 휘장 한 폭의 길이는 30규빗, 폭은 4규빗으로 하는데, 열한 폭이 다 같은 크기여야 한다.

9 휘장 다섯 폭을 이어 한 폭으로 만들고 나머지 여섯 폭도 이어 또 한 폭으로 만들되

진설병 (25:30, 陳設餅, bread of the Presence) 성소(聖所)의 상 위에 차려 놓은 빵. 그룹(26:1, cherubim) 특정한 계급의 천사.

여섯째 폭은 반으로 접어 성막 앞에 두어라.

10 휘장 한 폭의 끝자락을 따라 고리 50개를 만들고 또 한 폭의 끝자락에도 고리 50개를 만들어라.

11 또 청동 갈고리 50개를 만들어 휘장 고리에 끼워서 두 휘장이 하나가 되게 하여라.

12 성막 휘장의 한 폭 더 긴 것은 그 남은 반쪽 휘장으로 성막 뒤쪽에 걸어 드리울 것이다.

13 성막 휘장은 양쪽 다 1규빗씩 더 길어야 하는데 그것은 성막 양쪽에 드리워 성막을 덮는 것이다.

14 성막을 덮는 것은 붉게 물들인 양가죽으로 만들고 그 위에 덮는 덮개는 해달 가죽으로 만들어라. 25:5;36:19

15 너는 싯딤 나무로 성막을 위해 널판을 만들어 세워라.

16 널판 각각의 길이는 10규빗, 너비는 1.5규빗으로 하고

17 각 판에 서로 끼워 맞출 수 있는 두 돌기가 있게 하여라. 성막 모든 널판은 이렇게 만들어야 한다.

18 성막 남쪽에는 널판 20개를 만들어 세우고

19 그 밑에 은 받침대 40개를 만들어 받치되 각각의 판 받침대 두 개를 개별 돌기 밑에 하나씩 끼워라.

20 성막 다른 편, 곧 북쪽에는 널판 20개를 만들어 세우고

21 은 받침대 40개를 각 판에 두 개씩 그 밑에 끼워라.

22 성막 뒤쪽 곧 서쪽에는 널판 여섯 개를 만들고

23 성막 양쪽 모퉁이에는 널판 두 개씩 만들어라.

24 이 두 모퉁이에는 널판을 밑에서부터 위에까지 두 겹으로 놓는데 한 개의 고리로 고정시켜야 한다. 양쪽 다 그렇게 한다.

25 이렇게 해 널판 여덟 개와 각 판에 은 받침대 두 개씩 모두 16개가 있는 것이다.

26 너는 또 싯딤 나무로 빗장을 만들어라. 성

성막은 이스라엘 백성이 하나님을 만나고 예배를 드리며(출 29:43), 희생제사를 드림으로써 죄 용서를 받는 곳이었다(레 1-17장).

또한 성막은 하나님이 죄 용서를 위한 피 제사를 받으신 곳으로, 사람들의 죄를 대신해 벌을 받으신 예수 그리스도를 상징한다(히 9:23-26). 성막의 모든 기구들도 예수님의 성품과 사역을 상징한다.

막의 한쪽 널판에 다섯 개

27 또 다른 쪽 널판에 다섯 개, 성막 다른 쪽, 곧 서쪽 널판에 다섯 개를 만들어라.

28 널판 한가운데 중앙 빗장을 이쪽 끝에서 저쪽 끝까지 가로질러라.

29 널판은 금으로 씌우고 금고리를 만들어 빗장을 끼워 놓아라. 빗장도 금으로 씌워라.

30 너는 산에서 네게 보여 준 모형대로 성막을 세워라. 25:40

31 휘장과 지성소 청색 실, 자주색 실, 홍색 실, 고운 베실로 휘장을 만들고 그 위에 정교하게 그룹을 수놓아라. 마 27:51;히 9:3

32 싯딤 나무에 금을 씌워 만들고 네 개의 은 받침대를 받쳐 세운 네 기둥에 금 갈고리를 달아 휘장을 매달라.

33 휘장을 갈고리에 걸어 아래로 늘어뜨려라. 그리고 휘장 너머에 증거궤를 두어라. 이 휘장은 성소와 지성소를 나누는 것이다.

34 지성소에 둔 증거궤 위에 속죄 덮개를 덮고

35 성막 북편 휘장 바깥편에는 상을 두고 그 맞은편 남쪽에는 등잔대를 두어라. 히 9:2

36 성막 문에 휘장을 만들어 달되 청색 실, 자주색 실, 홍색 실, 고운 베실로 수를 놓아 만들어라. 1:3;1절;25:4;27:16;36:37

37 이 휘장에 금 갈고리를 만들어 달며 금을 씌운 싯딤 나무로 다섯 기둥을 만들고 그것들을 위해 청동을 부어 받침대 다섯 개를 만들어라."

27 제단 "너는 싯딤 나무로 제단을 만들어라. 길이 5규빗, 너비 5규빗으로 정사각형이어야 하고 높이는 3규빗으로 한다.

1-8절; 38:1-7; 겔 43:13

2 네 모서리에 각각 뿔을 만들되 뿔과 제단을 한 덩어리로 하고 제단은 청동으로 씌워라.

레 4:7,30; 민 16:38; 왕상 1:50; 시 118:27

3 재 비우는 통, 부삽, 피 뿌리는 대접, 고기 갈고리와 불판 등 제단에서 쓰는 모든 기구들도 청동으로 만들어라.

삼상 2:13

4 또 제단을 위해 격자 그물을 청동으로 만들고 그물의 네 모서리에 각각 청동고리를 만들어라

5 그물이 제단 높이의 절반쯤 올라오도록 제단 선반 밑에 달아라.

6 제단을 위해 싯딤 나무로 장대를 만들고 청동으로 씌워라.

7 장대를 네 고리에 끼워 제단 양쪽에 두고 운반할 것이다.

8 제단 위에는 아무것도 없게 하여라. 산에서 네게 보여 준 모형대로 만들어야 한다."

9 성막의 뜰 "그리고 뜰을 만들어라. 남쪽은 길이가 100규빗이 되게 하고 고운 베실로 짠 성막 휘장을 드리워야 한다.

10 청동으로 기둥 20개와 받침대 20개를 만들고 그 기둥들에는 은으로 만든 고리와 가름대가 있어야 한다.

11 북쪽도 역시 길이가 100규빗이 되게 하고 거기에 두를 휘장, 청동으로 만든 기둥 20개, 받침대 20개 그리고 그 기둥들에는 *은으로 만든 고리*와 가름대가 있어야 한다.

12 성막 뜰의 서쪽은 폭이 50규빗이 되게 해 휘장을 두르고 기둥 열 개와 받침대 열 개를 세운다.

13 동쪽 뜰은 폭을 50규빗으로 해

14 성막 입구 왼쪽에 15규빗짜리 휘장을 두르고 기둥 셋, 받침대 셋을 세우고

15 성막 입구 오른쪽에는 15규빗짜리 휘장을 두르고 기둥 셋, 받침대 셋을 세운다.

16 뜰로 들어가는 문에는 길이 20규빗짜리 휘장을 친다. 이 휘장은 청색 실, 자주색 실, 홍색 실과 고운 베실로 짠 것으로 그 위에 수가 놓여 있는 것이어야 한다. 거기에는 기둥 넷과 받침대 넷을 세운다.

26:36

17 성막 뜰에 세운 모든 기둥에는 은 가름대와 은고리, 청동 받침대가 있다.

18 성막 뜰은 길이 100규빗, 폭 50규빗이어야 하고 고운 베실로 만든 높이 5규빗짜리 휘장을 두르되 청동 받침대가 세워져 있어야 한다.

19 성막 제사 때 쓰는 다른 모든 기구들과 성막 말뚝과 뜰의 말뚝은 모두 청동으로 만들어야 한다."

20 등불 기름 "이스라엘 백성들로 하여금 올리브를 짜내 깨끗한 기름을 등잔용으로 네게 가져오게 하여 등불이 항상 켜 있게 하여라.

레 24:1-4

21 아론과 그의 아들들은 증거궤 앞의 휘장 바깥 회막에서 저녁부터 아침까지 여호와 앞에 등불을 켜 놓아야 한다. 이것은 이스라엘 백성들 가운데서 대대로 지켜야 할 영원한 규례이다."

레 3:17; 삼상 3:3; 대하 13:11

28 제사장의 옷 "네 형 아론으로 하여금 이스라엘 백성들의 자손 가운데 그의 아들들인 나답과 아비후와 엘르아살과 이다말과 함께 네게 나오게 하여라. 그리하여 그가 제사장 직분을 맡아 나를 섬기게 하여라.

6:23; 민 18:7; 히 5:4

2 너는 네 형 아론을 위해 거룩한 옷을 지어 주어 영광과 아름다움을 선사해야 하는데

3 내가 지혜의 영을 주어 뛰어난 솜씨를 갖게 된 사람들 모두에게 말해 제사장으로 나를 섬기게 될 아론을 거룩하게 할 옷을 짓게 하여라.

31:6; 35:10,25; 36:1

4 그들이 지어야 할 옷들은 가슴패, 에봇, 봇 안에 받쳐 입는 겉옷과 속옷, 관, 띠다. 그들은 네 형 아론과 그의 아들들을 위해

이 거룩한 옷들을 지어야 한다. 그래야 그들이 제사장으로 나를 섬기게 될 것이다.

5 그들로 하여금 금실, 청색 실, 자주색 실, 홍색 실, 고운 베실을 쓰게 하라. 25:3

6 금실, 청색 실, 자주색 실, 홍색 실과 고운 베실로 에봇을 만들되 정교한 솜씨로 해야 한다. 6-12절;39:2-7

7 에봇의 두 귀퉁이에는 어깨끈을 붙여 묶을 수 있게 하고

8 허리띠도 그것과 마찬가지로 정교하게 짜되 금실, 청색 실, 자주색 실, 홍색 실과 고운 베실로 에봇과 하나로 이어서 짠다.

9 호마노 보석 두 개를 가져다가 그 위에 이스라엘 아들들의 이름을 새기는데

10 태어난 순서에 따라 한 보석에 여섯 이름을, 또 한 보석에 나머지 여섯 이름을 새긴다.

11 이 두 보석 위에 이스라엘의 아들들 이름을 새기는 것은 보석 세공사가 인장을 새기는 것같이 하여라. 그리고 나서 이 보석들을 금 틀에 박고

12 이스라엘 아들들을 기억나게 하는 보석으로 에봇의 어깨끈에 붙인다. 아론이 여호와 앞에서 그 어깨에 이 이름들을 달아 기억나게 하는 것이다. 29-30절;민 16:40;수 4:7;슥 6:14

13 또 금 틀을 여러 개 만들고

14 순금으로 노끈 같은 사슬 두 개를 땋아 만들어 그 틀에 붙인다.

15 "또 너는 심판할 때 필요한 가슴패를 만들되 정교한 솜씨로 해야 하는데 에봇처럼 금실, 청색 실, 자주색 실, 홍색 실과 고운 베실로 만들어라. 15-28절;39:8-21

16 그것은 길이와 너비가 모두 한 뼘이 정사각형으로 두 겹으로 만든다.

17 그리고 그 위에 보석을 네 줄로 박아라. 첫째 줄은 루비, 토파즈, 녹주석, 계 21:19-20

18 둘째 줄은 터키옥, 사파이어, 에메랄드,

19 셋째 줄은 호박, 백마노, 자수정,

20 넷째 줄은 녹보석, 호마노, 벽옥으로 박는데 금 틀에다 넣고 박는다.

21 이들 보석에는 이스라엘의 12명의 아들들 이름이 있어야 하는데 보석에 각각 이름을 하나씩 새기되 열두 지파에 따라 인장을 새기는 것같이 하여라.

22 가슴패에 필요한 것은 순금으로 만든 노끈 모양인데 그것을 가슴패 두 귀퉁이 쪽에 달 것이다.

23 먼저 가슴패에 순금 고리 두 개를 만들어 위쪽 두 귀퉁이에 단다.

24 그리고 그 두 고리에다 만들어 둔 노끈 모양을 각각 붙이고

25 그 노끈 모양 다른 쪽 끝은 에봇의 어깨에 다는 보석마다 단단히 붙이는 것이다.

26 그러고는 금고리 두 개를 더 만들어 가슴패의 아래쪽 두 귀퉁이에 달되 안쪽에 단다.

27 또 금고리 두 개를 더 만들어 에봇의 앞자락 정교하게 짠 허리띠 위에다 가슴패 아래쪽에 달린 금고리들과 짝이 되게 단다.

28 그리하여 가슴패의 금고리들과 에봇의 금고리들을 푸른 끈으로 에봇 허리띠 위쪽에서 이어 주어 가슴패가 에봇 위에서 들뜨지 않게 잡아 주는 역할을 하게 한다.

29 이렇게 아론은 성소에 들어갈 때마다 그의 가슴에 이스라엘 아들들의 이름이 적힌 판결의 가슴패를 달고 들어가니 이것은 여호와 앞에 항상 기억나게 하는 것이다.

30 또한 이 판결의 가슴패에 우림과 둠밈을 붙여야 한다. 그리하여 아론이 여호와 앞에 들어갈 때마다 이것들이 그의 가슴에 있게 하여라. 아론은 이스라엘 백성들을 위한 판결을 할 때 여호와 앞에서 항상 그의 가슴에 지녀야 할 것이다." 레 8:8;신 33:8

31 "에봇 안에 받쳐 입는 겉옷은 전체가 청색이어야 하는데 31-34절;39:22-31

32 그 중앙에 머리 들어갈 구멍을 낸다. 이 구멍 주위에는 깃 같은 것을 짜서 대어 찢어지지 않게 하여라.

33 이 겉옷 밑단에는 돌아가며 청색 실과 자주색 실과 홍색 실로 만든 석류들을 달고 그 사이사이에는 금방울을 달아라.

34 곧 금방울 하나 석류 하나, 금방울 하나

석류 하나를 겉옷 밑단에 죽 돌아가며 다는 것이다.

35 아론은 제사장으로 일할 때 이 옷을 입어야 한다. 그가 여호와앞 성소에 드나들 때 방울 소리가 들릴 것이니 그러면 그가 죽지 않을 것이다.

36 또 순금으로 패를 만들어 그 위에 인장 새기듯 '여호와께 거룩'이라고 새겨라.

37 그 패에 청색 끈을 달아 관에 매달되 관 정면에 단다.

38 그리고 그것을 아론의 이마에 붙여 이스라엘 백성들이 거룩한 예물을 잘못 드려서 짓는 죄를 그가 지게 할 것이다. 곧 그것들이 여호와께서 받으실 만한 예물이 되도록 아론은 이마에 그것을 계속 붙이고 있어야 하는 것이다. 출1:29;히9:28;벧전2:24

39 또 에봇 안에 받쳐 입는 속옷은 고운 베실로 짜고 관도 고운 베실로 만들어라. 허리띠는 수를 놓아 만든다.

40 또 아론의 아들들을 위해서도 에봇 안에 받쳐 입는 속옷과 허리띠와 두건을 만들어 그들을 영광스럽고 아름답게 하여라.

41 너는 네 형 아론과 그의 아들들에게 이 옷들을 지어 입히고 나서 기름을 붓고 구별

해 거룩하게 하며 그들이 제사장으로서 나를 섬기게 하여라. 레10:7;21:10;히7:28

42 너는 또 그들을 위해 허리에서부터 허벅지까지 오는 속바지를 만들어 몸을 가리게 하여라. 레6:10;16:4;겔44:18

43 아론과 그의 아들들은 회막에 들어가거나 성소에서 제사장으로 일하기 위해 제단에 나아갈 때마다 이 옷들을 입어야 한다. 그러면 자기 죄로 인해 죽는 일이 없을 것이다. 이상은 아론과 그의 자손이 지켜야 할 영원한 규례다." 27:21;레4:51;17:20;19

29

레8:2

제사장의 직분 위임 "그들을 거룩하게 해 제사장으로 나를 섬기게 하려면 네가 할 일은 이것이다. 곧 수송아지 한 마리와 흠 없는 숫양 두 마리를 가져오고

2 누룩 없는 빵, 누룩 없이 기름만 넣은 과자, 누룩 없이 기름만 넣은 단단한 빵을 고운 밀가루로 만들어라. 6:20~22;레2:4

3 그것들을 바구니 담고 그렇게 담은 채로 수송아지 한 마리와 숫양 두 마리와 함께 가져와라.

4 그러고 나서 아론과 그의 아들들을 회막 문으로 데려오고 그들을 물로 씻긴 후

제단(번제단)

성막 입구 바로 안쪽에 위치해 있었는데, 하나님께 나아가려는 사람들은 모두 이 제단에서 속죄의 제사를 드려야 했어요(레17:11).
하나님께 드리는 제물은 십자가에 달리신 예수님을 상징하며(히7:27), 오직 예수님만이 하나님께로 나아가는 길임을 알려 준답니다(요14:6).

증거궤

증거의 돌판인 십계명을 넣어둔 궤라는 데에서 이름을 붙여졌어요. 법궤(레16:2), 언약궤(수4:7), 여호와의 궤(수4:11), 하나님의 궤(삼상3:3), 능력의 언약궤(시132:8)라고도 불린답니다. 증거궤는 지성소에 두었는데(출26:34), 이곳은 대제사장과 하나님이 만나는 장소였습니다. 증거궤 속에는 십계명 돌판 외에 아론의 싹난 지팡이, 만나 항아리를 넣어 두었어요(히9:4-5). 당시 하나님을 만나는 지성소에는 아무나 들어갈 수 없었어요. 하지만 오늘날 우리는 예수님의 십자가 피로 말미암아 하나님 앞에 누구든지 나아갈 수 있답니다(히10:19~22).

대야

제사장들이 손과 발을 씻는 데 사용하던 기구예요. 대야는 청동으로 만들었고(출38:8), 성소 입구와 제단 중간에 놓였어요(출30:18-21). 예수님이 그분의 백성을 죄에서 깨끗이 씻기셨음을 의미한답니다.

5 예복을 가져와 속옷과 에봇 안에 받쳐 입는 겉옷과 에봇과 가슴패를 아론에게 입히고 정교하게 짠 허리띠를 매 준다. 출 28:2~4,8

6 그 머리에는 관을 씌우고 관 정면에 거룩한 패를 붙인다. 28:36~37;레 8:9;민 6:7

7 그러고 나서 기름을 가져다가 그 머리에 부어 거룩하게 한다. 레 8:12,30;10:7;21:10;민 35:25

8 또 그 아들들을 데려다가 속옷을 입히고

9 관을 씌우고 아론과 그의 아들들에게 허리띠를 매 준다. 제사장 직분이 그들에게 맡겨진 것은 영원한 규례니 이런 식으로 너는 아론과 그의 아들들에게 위임해 주어라.

10 **속죄제** 너는 회막 앞에 수송아지를 가져오게 하여라. 그러면 아론과 그의 아들들이 그 머리에 안수할 것이다. 15,19절;레 1:4;8:14

11 너는 회막 문 여호와 앞에서 수송아지를 잡아라.

12 수송아지의 피를 조금 가져다가 네 손가락으로 제단 뿔에 바르고 나머지 피는 제단 밑에 쏟아부어라. 27:2;레 8:15

13 내장에 붙어 있는 모든 기름과 간을 둘러싸고 있는 꺼풀과 두 콩팥과 그 위에 붙은 기름을 거둬 내 제단 위에서 불살라라.

14 단, 수송아지의 고기와 가죽과 똥은 진영

밖에서 불살라라. 이것이 속죄제다.

15 **번제** 너는 또 숫양 한 마리를 가져오너라. 그러면 아론과 그의 아들들이 그 머리에 안수할 것이다. 1절;레 8:18

16 너는 그 숫양을 잡고 그 피를 가져다가 제단 주위에 뿌려라.

17 그 숫양을 부위별로 자르고 내장과 다리를 씻어 그 머리와 다른 부위들과 함께 놓아두어라. 레 8:20

18 그러고 나서 제단 위에서 그 양을 통째로 불살라라. 이것은 여호와께 드리는 번제로서 좋아하시는 향기요, 여호와께 드리는 화제다. 25,41절;창 8:21

19 **위임식용 숫양** 너는 숫양 한 마리를 가져와라. 그러면 아론과 그의 아들들이 그 머리에 안수할 것이다. 1절;레 8:22

20 너는 그 숫양을 잡고 그 피를 조금 가져다가 아론과 그의 아들들의 오른쪽 귓불과 오른손 엄지손가락과 오른발 엄지발가락에 발라라. 그리고 제단 주위에 그 피를 뿌려라.

21 또 제단 위에 있는 피와 기름을 가져다가 아론과 그의 옷에, 그 아들들과 아들들의 옷에 뿌려라. 그러면 아론과 그의 옷이, 그

금으로 된 상 위에는 언제나 12개의 빵을 올려놓았어요. 금으로 만든 상은 예수님을, 12개의 빵은 이스라엘의 열두 지파를 의미해요. 상이 빵을 잘 받치고 있듯이, 예수님이 그 백성을 항상 돌보시고 계심을 알려 주는 것이죠. 제사장들은 안식일마다 상 위에 차려져 있던 빵을 먹고 새것으로 바꿔 놓았습니다.

하나님 백성이 생명의 빵이신 예수님의 말씀(요 6:47~51)을 잘 알고, 행동으로 실천해야 함을 의미해요.

상

매일 아침저녁으로 향기로운 향을 피운 단입니다(출 30:7~8). 분향 제단은 지성소 입구의 휘장 앞, 즉 금으로 된 등대와 중간 앞면에 놓았어요(출 30:6).

오직 하나님께 드리기 위해 향을 피웠는데(출 30:37), 성도들의 기도를 의미하지요(시 141:2; 계 8:3). 매일 향을 피워 하나님께 올렸듯이 우리도 끊임없이 기도해야 해요.

분향 제단

아침저녁으로 등대에 올리브기름을 넣어 등잔불이 꺼지지 않도록 항상 살폈어요(출 27:20~21). 등잔은 어두운 세상에 빛을 비추는 예수님을 의미해요(요 8:12). 등잔불이 꺼지지 않도록 늘 점검했듯이 우리도 자신의 모습을 늘 점검해야 해요.

등잔대

아들들과 아들들의 옷이 다 거룩하게 될
것이다.
7절

22 이 숫양에서 기름과 기름진 꼬리와 내장에
붙어 있는 기름과 간을 둘러싼 꺼풀과 두
콩팥과 그 위에 붙은 기름과 오른쪽 넓적다
리를 떼어 내어라. 이것은 위임식용 숫양이다.

23 그리고 여호와 앞에 놓인 누룩 없는 빵이
담긴 바구니에서 누룩 없는 빵의 덩어리와
기름 섞인 과자 하나와 전병 하나를 꺼내

24 아론과 그 아들들의 손에 쥐어 주고 여호와
앞에서 그것들을 요제로 흔들어 드려라.

25 그러고는 그들 손에서 그것들을 다시 받
아 제단 위에서 번제물과 함께 불살라서
여호와께서 좋아하시는 향기가 되게 하여
라. 이것은 여호와께 드리는 화제다.

26 너는 아론의 위임식을 위해 숫양의 가슴
살을 떼어 내 여호와 앞에 요제로 그것을
흔들어 드려라. 그러면 그것이 네 몫이 될
것이다.
22,24절레 8:29

27 너는 아론과 그 아들들의 위임식용 숫
양의 부위들, 곧 요제용 가슴살과 거제용
넓적다리를 거룩하게 하여라. 레 7:31,34;10:14

28 이것은 이스라엘 백성들이 율례에 따라 아
론과 그 아들들을 위해 주는 그들의 영
원한 몫이 된다. 이것은 거제인데, 곧 이스
라엘 백성들이 드린 화목제 가운데 여호와
께 올려 드리는 거제물인 것이다.

29 아론의 예복은 그의 아들들이 물려받는
다. 아론의 아들들이 그것을 입고 기름 부
음을 받고 위임을 받을 것이다.
민 18:8

30 아론의 뒤를 이어 제사장이 되는 아들이
회막에 들어가 성소에서 섬길 때에는 이
옷들을 7일 동안 입고 있어야 할 것이다.

31 또 너는 위임식용 숫양을 가져다가 거룩
한 곳에서 그 고기를 삶아라.
레 8:31

32 아론과 그의 아들들은 회막 문에서 그 숫
양 고기와 바구니에 담긴 빵을 먹는다.

33 그들은 구별해 거룩하게 된 그 속죄제물
로 쓰인 것을 먹는다. 그러나 다른 사람은
그것을 먹으면 안 된다. 그것은 거룩한 것
이기 때문이다.
레 10:14-15,17;22:10

34 위임식용 숫양 고기나 빵이 아침까지 남으
면 불태워 버려라. 그것은 거룩한 것이니
먹어서는 안 된다.
레 8:32

35 위임식에 관한 규례 너는 아론과 그의 아들
들을 위해 이렇게 내가 네게 명령한 모든
것을 하되 그 위임식 기간은 7일이다.

36 너는 죄를 덮기 위해서 날마다 수송아지
한 마리로 속죄제를 드려라. 너는 제단 위
에 속죄제를 드려서 그 제단을 깨끗하게
하고 제단에 기름을 부어 그 제단을 거룩
하게 하여라. 14절;30:10;26,28-29;40:10

37 너는 7일 동안 제단 위에 속죄제를 드려서
그 제단을 거룩하게 하여라. 그러면 그 제
단이 가장 거룩하게 되고 그 제단에 닿는
것도 무엇이든지 거룩하게 될 것이다.

38 대대로 드릴 번째 네가 제단 위에 드릴 것은
1년 된 양 두 마리를 날마다 드리되

39 아침에 한 마리를 드리고 해 질 때에 또 한
마리를 드리는 것이다. 왕상 18:29,36;왕하 16:15

QT 포인트 경건의 시간

아침저녁으로 감사를…

하나님과 약속한 큐티가 때론 귀찮아질 때가 있어요. 하
지만 하나님은 우리와 아침저녁으로 만나기를 원하세요.
하나님은 아론과 그 아들 제사장들에게 매일 두 마리 양
을 하나님께 드리도록 요구했어요. 한 마리는 아침에 드
리고, 또 한 마리는 해질 때 화제로 드리도록 했어요. 화
제는 죄의 용서를 비는 속죄제가 아니었어요. 밀가루와
포도주를 함께 드리는 제사였지요. 일상 음식이 되는
밀가루와 포도주를 하나님께 바친다는 것은 먹을 것 때문

'어휴, 너무 졸린데 큐티 안 하고 그냥 좀 더 자
면 안 될까?' 오늘도 영수는 잠을 더 자야
할지, 큐티를 해야 할지 고민하다 깜빡 잠이 들고 말
았어요.

40 양 한 마리에는 올리브를 짠 기름 4분의 1힌이 섞인 고운 밀가루 10분의 1에바와 포도주 4분의 1힌의 전제를 함께 드리고

41 저녁에 드리는 다른 양 한 마리는 아침과 같이 똑같은 곡식제사와 전제를 함께 드린다. 이것은 좋아하시는 향기요, 여호와께 드리는 화제다. 18,25절,30:9,40:29,레 21

42 이것이 너희가 대대로 여호와 앞 회막 문에서 드려야 할 번제다. 거기서 내가 너희를 만나고 네게 말할 것이다. 25:22,민 28:6

43 거기서 또 이스라엘 백성들을 만날 것이니 그 장막이 내 영광으로 거룩하게 될 것이다. 40:34,왕상 8:11,대하 5:14,7:1~3,겔 43:5,학 27:9,힉 31

44 이렇게 내가 회막과 제단을 거룩하게 할 것이다. 또 아론과 그의 아들들을 거룩하게 해 제사장으로서 나를 섬기게 할 것이다.

45 내가 이스라엘 백성들 가운데 있고 그들의 하나님이 되겠다. 레 26:12,슥 2:10,고후 6:16,계 21:3

46 그러면 이스라엘 백성들은 내가 그들 가운데 있기 위해 그들을 이집트에서 이끌어 낸 그들의 하나님 여호와임을 알게 될 것이다. 나는 이스라엘 백성들의 하나님 여호와다." 20:2

30 분향 제단 "너는 싯딤 나무로 분향 제단을 만들어라.

2 길이와 너비 모두가 1규빗인 정사각형으로 높이는 2규빗으로 하고 그 뿔들도 한 덩어리로 만들어라. 27:2

3 제단 윗면과 옆면 사방과 뿔들을 모두 순금으로 씌우고 금테를 두른다. 40:5,26,민 4:11

4 금테 아래쪽에 두 개의 금고리를 만드는데 양옆 귀퉁이에 두 개씩 붙인다. 그것은 운반용 장대를 끼우는 자리다.

5 장대는 싯딤 나무로 만들고 금을 씌운다.

6 그 제단을 증거궤 앞, 곧 증거궤를 덮고 있는 속죄 덮개 앞의 휘장 앞쪽에 두어라. 내가 거기에서 너를 만날 것이다. 25:21~22

7 아론은 아침마다 등불을 정리할 때 이 제단 위에 향기로운 향을 태워야 한다. 27:20

8 아론은 또 해 질 녘 등불을 켤 때 다시 한 번 향을 태운다. 이렇게 해 여호와 앞에 대대로 끊임없이 향이 타오를 향을 해야 하는 것이다. 삼상 2:28,대하 23:13,대하 24:2:9,11,눅 1:9

9 이 제단에는 다른 어떤 향이나 다른 어떤 번제나 곡식제사도 드리지 말고 전제도 붓지 마라. 레 10:1

10 1년에 한 번씩 아론이 그 뿔 위에다 속죄 제물의 피로 속죄하는 것뿐이다. 아론은 이렇게 1년에 한 번씩 대대로 속죄해야 한다. 이것은 여호와께 지극히 거룩한 것이다."

11 대속물 그러고 나서 여호와께서 모세에게 말씀하셨습니다.

12 "네가 이스라엘 백성들의 인구를 조사할 때 각 사람은 자기 영혼을 위한 대속물을 여호와께 드려야 한다. 그래야 네가 백성들의 수를 셀 때 그들에게 전염병이 돌지 않을 것이다. 21:30,민 1:2~4,26:2,31:50,삼하 24:2,시 49:7

13 인구 조사를 받는 사람마다 성소 세겔에 따라 2분의 1세겔씩 낸다. 1세겔은 20게라

에 염려하지 않고, 하나님의 뜻을 따라 살겠다는 다짐이에요.

하나님은 이스라엘 백성이 하루를 시작할 때 하나님의 도우심을 구하기를 원했어요. 우리도 잠에서 깨면 '무엇을 먹을까? 무엇을 마실까?'라고 걱정하는 게 아니라, '오늘도 하나님이 모든 것을 해결해 주시겠구나. 오늘 하루도 하나님께 다 맡기고 살자'라고 결심하며 하루를 시작하는 거에요.

하루를 시작하는 아침과, 하루를 마감하는 저녁에 제사 드리던 것을 기억하면서 하루의 시작과 끝이 하나님께 있음을 잊지 마세요. 그리고 내일이 되면 오늘 풀리지 않던 문제들을 하나님이 멋지게 해결해 주실 것을 기대하며 잠들기로 해요.

같이 읽기 출이집트기 29장 38~42절을 읽으세요.

전병(29:23, 煎餠, wafer) 가루 따위를 반죽하여 둥글고 넓게 하여 만든 떡, 힌(29:40, hin) 액체의 용량을 재는 단위로 밧의 6분의 1이며, 약 3.6ℓ에 해당됨.

다. 이 2분의 1세겔은 여호와께 드리는 것이다.

14 20세 이상으로서 인구 조사를 받는 사람마다 여호와께 드려야 할 것이다.

15 그들이 자기 영혼을 속죄하기 위해 여호와께 드릴 때는 부자라고 더 낼 것도 아니요, 가난하다고 덜 내서도 안 된다.

16 그리고 너는 이스라엘 백성들에게 대속물을 받아 회막을 섬기는 데 써라. 그러면 그것이 여호와 앞에서 이스라엘 백성들의 기억나는 것이 돼 너희 영혼을 속죄할 것이다. 28:12;38:25-31;39:7;민 16:40

17 **청동 대야와 받침대** 여호와께서 또 모세에게 말씀하셨습니다.

18 "너는 청동으로 대야를 만들고 대야 받침대도 만들어 씻는 데 쓰도록 하여라. 그것을 회막과 제단 사이에 두고 물을 담아 놓아라. 38:8;40:7,30;왕상 7:38

19 아론과 그의 아들들이 그 물에 손발을 씻을 것이다. 40:31-32;시 26:6;사 52:11;요 10:22

20 그들이 회막에 들어갈 때나 제단에 가까이 가서 섬길 때, 곧 여호와께 화제를 태울 때도 물로 씻을 것이니 그래야만 죽지 않을 것이다.

21 이렇게 그들이 그 손발을 씻어야만 죽지 않을 것이다. 이것이 아론과 그의 자손을 위해 대대로 영원히 지속될 규례이다."

22 **향기름** 여호와께서 모세에게 말씀하셨습니다.

23 "너는 또 제일 좋은 향품을 가져오너라. 곧 몰약 500세겔, 그 절반인 250세겔의 향기로운 계피, 향기로운 창포 250세겔,

24 계수나무 500세겔을 성소 세겔에 따라 가져오고 올리브유 1힌도 가져와라.

25 너는 이것으로 거룩한 기름을 만들되 향제조법에 따라 섞어 향유를 만들어라. 이것은 기름 부을 때 쓰는 거룩한 기름이 될 것이다. 37:29;민 35:25;시 89:20;133:2

26 너는 이것을 회막과 증거궤에 바르고

27 상과 그 모든 기구들, 등잔대와 그 부속품들, 분향 제단,

28 번제단과 그 모든 기구들, 대야와 그 받침대에 발라라. 40:11

29 네가 이런 식으로 그것들을 거룩하게 구별하면 그것들이 지극히 거룩하게 될 것이고 무엇이든 그것들에 닿으면 거룩해질 것이다. 29:37

30 그리고 너는 아론과 그의 아들들에게 기름을 부어 거룩하게 구별해 그들이 제사장으로 나를 섬기게 하여라. 29:7

31 그리고 이스라엘 백성들에게 말하여라. '이것은 대대로 내 거룩한 기름이 될 것이니

32 사람 몸에는 이것을 붓지 말고 어떤 기름도 이와 똑같은 배합으로는 만들지 말라. 이것은 거룩한 것이니 너희가 이것을 거룩하게 여겨야 할 것이다. 25;37절

33 누구든지 이와 같은 향유를 만드는 사람이나 제사장이 아닌 사람에게 바르는 사람은 그 백성들에게서 끊어질 것이다.'"

34 **향** 여호와께서 또 모세에게 말씀하셨습니다. "소합향, 나감향, 풍자향 등의 향료를 가져오고 이것들과 함께 순수 유향도 가져오되 각각 같은 양을 가져와야 한다.

35 너는 그것을 향 제조법에 따라 향료를 만

들고 그것에 소금을 쳐서 순수하고 거룩하게 하여라. _{25절 레 2:13}

36 그리고 그것을 빻아 가루로 만들어 회막 증거궤 앞에 놓아라. 그곳에서 내가 너를 만날 것이요, 그것이 너희에게 지극히 거룩한 것이 될 것이다. _{25:22 40:10}

37 너희는 자신을 위해서 이 배합으로 어떤 향도 만들지 말라. 그것을 여호와께 거룩한 것으로 여기라. _{32절}

38 누구든 향을 즐기려고 이와 같은 것을 만드는 사람은 그 백성들에게서 끊어질 것이다."

31 성막 기술자를 부르심 그러고 나서 여호와께서 모세에게 말씀하셨습니다.

2 "보아라. 내가 유다 지파인 훌의 손자이며 우리의 아들인 브살렐을 불러 _{대상 2:20}

3 하나님의 영을 부어 주었으니 브살렐은 지혜와 통찰력과 지식과 여러 종류의 재능이 있어서 _{35:31 왕상 7:14}

4 금, 은, 청동으로 예술 작품을 고안하고

5 보석을 깎아 세공하고 나무에 조각하고 여러 가지 솜씨를 발휘할 것이다.

6 또 내가 단 지파인 아히사막의 아들 오홀리압을 붙여 주어 브살렐을 돕도록 했고 내가 네게 명령한 모든 것을 만들 수 있는 기술을 모든 기술자들에게 주었다. _{28:3}

7 회막, 증거궤, 그 위에 덮는 속죄 덮개, 성막 안의 모든 기구들, _{36:8-38 37:1-5}

8 상과 그 위의 기구들, 순금 등잔대와 그 모든 부속품들, 분향 제단, _{37:10-28}

9 번제단과 그 모든 기구들, 대야와 그 받침대, _{38:1-8}

10 또 제사장으로 섬길 때 입는 짜서 지은 옷들, 제사장 아론의 거룩한 옷, 그의 아들들의 옷들, _{35:19 39:1,41}

11 기름 부을 때 쓰는 기름, 성소에서 쓸 향품 말이다. 브살렐과 오홀리압이 내가 너에게 명령한 대로 이것들을 만들 것이다."

12 안식일을 지키라 명하심 그러고 나서 여호와께서 모세에게 말씀하셨습니다.

13 "이스라엘 백성들에게 말하여라. '너희는 내 안식일을 반드시 지켜야 한다. 이것이 나와 너희 사이에 대대로 징표가 될 것이니 이로써 내가 너희를 거룩하게 하는 여호와임을 너희가 알게 될 것이다. _{렘 17:22}

14 그러므로 너희는 안식일을 지켜라. 이날은 너희에게 거룩한 날이기 때문이다. 안식일을 더럽히는 사람은 누구든지 반드시 죽임당할 것이다. 누구든지 그날에 일을 하는 사람은 그 백성들에게서 끊어질 것이다.

15 6일 동안은 일을 해도 되지만 일곱째 날은 쉼을 위한 안식일이며 나 여호와에게 거룩한 날이다. 그러니 안식일에 일하는 사람은 누구든지 반드시 죽임당할 것이다.

16 언약의 징표 이스라엘 백성들은 안식일을 지켜야 하는데 안식일 지키는 것을 대대로 영원한 언약으로 삼아야 할 것이다.

17 이것이 나와 이스라엘 백성들 사이에 영원한 징표가 될 것이다. 이것은 나 여호와가 6일 동안 하늘과 땅을 만들고 일곱째 날에는 일을 멈추고 쉬었기 때문이다.'"

18 여호와께서 증거판을 주심 여호와께서 시내 산에서 모세에게 말씀을 마치시고 증거판 두 개를 주셨는데 이것은 하나님의 손가락으로 새기신 돌판이었습니다.

32 아론이 금송아지를 만듦 백성들은 모세가 산에서 오랫동안 내려오지 않는 것을 보고 아론 주위에 몰려들어 "자, 일어나서 우리를 앞서서 갈 신을 만들어 주십시오. 우리를 이집트에서 이끌어 낸 그 사람 모세가 어떻게 됐는지 알 게 뭡니까?"라고 말했습니다.

행 7:40

2 아론은 백성들에게 "너희 아내들과 너희 아들딸들이 차고 있는 금귀고리를 빼서 내게 가져오라"고 말했습니다.

삿 8:24-27

3 그러자 모든 백성들은 귀고리를 빼다가 아론에게 갖다 주었습니다.

4 아론은 백성들이 가져온 것으로 송아지 모양의 틀에 붓고 연장으로 다듬어 우상을 만들었습니다. 그러자 그들은 "이스라엘아, 이것은 너희를 이집트에서 이끌어 낸 너희 신이다"라고 말했습니다.

행 7:41

5 아론이 이것을 보고 송아지 상 앞에 제단을 쌓고는 "내일은 여호와께 드리는 경축일이다"라고 선언했습니다.

왕하 10:20

6 이튿날 백성들은 일찍 일어나 번제를 드리고 화목제를 바쳤습니다. 그러고는 앉아서 먹고 마시며 일어나서 놀았습니다.

7 하나님이 진노하심 그때 여호와께서 모세에게 말씀하셨습니다. "너는 내려가라. 네가 이집트에서 이끌어 낸 백성들이 타락했구나.

신 4:16;9:12;32:5;삿 2:19;호 9:9

8 그들은 내가 그들에게 한 명령을 그토록 빨리 저버리고 스스로 송아지 모양의 틀에 우상을 부어 만들고는 경배하고 제물을 바치면서 '이스라엘아, 이것은 너희를 이집트에서 이끌어 낸 신이다'라고 했다."

20:3

9 여호와께서 모세에게 말씀하셨습니다. "내가 이 백성들을 보니 참으로 목이 곧은 백성들이다.

신 9:6,13;31:27;대하 30:8;사 48:4;행 7:51

10 그러니 너는 이제 나를 두고 가거라. 저들 때문에 내 진노가 부글부글 끓는구나. 내가 저들을 진멸하지 않을 수가 없다. 그러고 나서야 내가 너를 큰 민족으로 만들 것이다."

22:24;33:3;민 14:12;신 9:14

11 모세의 중보 그러나 모세는 그 하나님 여호와께 빌며 말했습니다. "여호와여, 주께서 왜 주의 백성들 때문에 노여워하십니까? 그들은 주께서 큰 능력과 강한 손으로 이집트에서 이끌어 내신 사람들이 아닙니까?

12 왜 이집트 사람들이 '그가 그들을 산에서 죽이고 지면에서 쓸어버릴 생각으로 끌고 나갔구나' 하게 하십니까? 주의 무서운 진노를 돌이키시고 주의 백성들에게 재앙을 내리지 말아 주십시오.

민 14:13-16

13 주의 종 아브라함과 이삭과 이스라엘을 기억해 주십시오. 주께서 친히 주를 두고 그들에게 '내가 네 자손을 하늘의 별같이 많게 하고 내가 그들에게 약속한 이 모든 땅을 네 자손에게 줄 것이니 이것이 그들의 영원한 기업이 될 것이다'라고 맹세하시지 않으셨습니까?"

창 12:7;13:15;15:7;18:8;히 6:13

14 그러자 여호와께서 마음을 누그러뜨리고 그 백성들에게 재앙을 내리려던 마음을 접으셨습니다.

대상 21:15;사 106:45;렘 18:8;26:13,19

15 모세가 증거판을 깨뜨림 모세는 뒤돌아 산을 내려왔습니다. 손에는 증거판 두 개가 있었습니다. 그 판 앞뒤에는 글이 모두 새겨져 있었습니다.

34:29;신 9:15

16 이 두 개의 판은 하나님께서 만드신 것으로 거기 쓰여 있는 것은 하나님께서 판에 다 새기신 것입니다.

31:18

17 여호수아가 백성들이 소리치는 것을 듣고는 모세에게 "진영에서 싸우는 소리가 납니다"라고 말했습니다.

17:9-10;24:13;33:11

18 모세는 "그것은 승리의 함성도 아니요, 패배의 절규도 아니다. 내가 듣기로는 노래하는 소리 같다"라고 대답했습니다.

19 모세가 진영에 가까이 가서 보니 송아지상과 춤추는 것이 보였습니다. 모세는 화가 부글부글 끓어올랐습니다. 모세는 손에 들고 있던 돌판을 산 아래로 던져 산산조각 내 버렸습니다.

신 9:16-17,21

20 그러고는 그들이 만든 송아지 상을 가져

연장(32:4, tool)어떠한 일을 하는 데 사용하는 도구.

다가 불 속에 넣어 태우고 가루로 만들어 물 위에 뿌리고는 이스라엘 백성들로 하여 금 마시게 했습니다.

21 아론의 변명 모세가 아론에게 말했습니다. "이 사람들이 형에게 어떻게 했길래 형이 그들을 이렇게 큰 죄에 빠뜨린 것입니까?"

22 아론은 대답했습니다. "내 주여, 노여워하지 마십시오. 이 백성들을 잘 아시지 않습니까! 얼마나 쉽게 악을 행하는지 말입니다.

14:11;15:24;16:2,20;17:2,4;삼상 15:24

23 그들이 내게 '우리 앞서서 갈 신을 만들어 내어라. 우리를 이집트에서 이끌어 낸 그 사람 모세가 어떻게 됐는지 알 게 뭐냐?'고 하는 것이었습니다.

1절

24 그래서 내가 그들에게 말했지요. '금이 있는 사람은 누구든 다 빼내라'고 말입니다. 그러자 그들이 내게 금을 가져왔고 내가 그것을 불 속에 던져 넣었더니 이 송아지가 나온 것입니다!"

2~4절

25 백성을 죽이는 레위 자손 모세가 보니 백성들은 도무지 통제 불능이었습니다. 원수들의 웃음거리가 되도록 아론이 그들을 통제 불능으로 만들어 놓은 것이었습니다.

26 모세는 이것을 보고 진영 입구에 서서 "누가 여호와 쪽에 서겠느냐? 내게로 오라"고 말했습니다. 그러자 레위의 아들들 모두가 모세 앞에 모여들었습니다.

27 모세는 레위의 아들들에게 말했습니다. "이스라엘의 하나님 여호와께서 말씀하신다. '모든 사람은 옆에 칼을 차고 진영 이 끝에서 저 끝까지 두루 다니며 각자 자기

형제와 친구와 이웃을 죽여라.'"

민 25:5

28 레위 자손들은 모세의 명령대로 시행했습니다. 그날 거기 쓰러진 사람들은 약 3,000명이었습니다.

29 모세는 "너희는 오늘 너희 아들과 형제를 칠 정도로 여호와께 자신을 거룩하게 구별해 드렸다. 그러니 주께서 이날에 너희에게 복을 주실 것이다"라고 말했습니다.

30 백성의 죄사함을 구하는 모세 이튿날 모세는 백성들에게 "너희가 큰 죄를 지었다. 그러나 이제 내가 여호와께 올라갈 것이다. 혹시 너희를 위해 속죄할 수 있을까 해서다"라고 말했습니다.

삼상 12:20;삼하 16:12

31 그리하여 모세는 여호와께 돌아가 말했습니다. "오, 이 백성이 엄청난 큰 죄를 지었습니다! 자기들을 위해 금으로 신을 만들었습니다.

20:23;신 9:18

32 그러나 이제 그들의 죄를 용서해 주십시오. 용서하지 않으시려거든 부디 주께서 기록하신 책에서 제 이름을 지워 버리십시오."

민 14:19;시 56:8;69:28;139:16;단 12:1;빌 9:3

33 여호와께서 모세에게 대답하셨습니다. "누구든 내게 죄를 지은 사람은 내 책에서 지워 버릴 것이다.

겔 18:4,20

34 자, 너는 가서 이 백성들을 내가 말한 곳으로 이끌어라. 보아라. 내 천사가 너보다 앞서서 갈 것이다. 그러나 때가 되면 그 죄로 인해 그들을 징벌할 것이다."

35 그리고 나서 여호와께서 이 백성들에게 전염병을 내리셨습니다. 아론과 백성들이 만든 그 송아지 상 때문이었습니다.

왜 하필이면 금송아지일까요?

금송아지는 금으로 만든 송아지모양의 우상을 말해요. 이집트에서는 황소 형상의 '아피스'라는 신을 섬겼다고 해요.
이러한 이집트의 우상종교에 영향을 받은 이스라엘 백성은 모세가 시내 산에 올라가 내려오는 것이 늦어지자, 자기들을 인도할 신을 만들라고 모세의 형인 아론에게 요구했어요. 이에 아론은 백성들이 가지고 있던 금 장신구로 송아지 상을 만들어 신으로 섬기게 했답니다. 우상을 만들지 말라고 명령하신 하나님은 이런 이스라엘 백성에게 화를 많이 내셨어요. 하지만 모세의 중보 기도를 들으시고, 이스라엘 백성을 용서해 주셨답니다.

33

백성과의 동행을 거부하시는 하나님

여호와께서 모세에게 말씀하셨습니다. "너와 네가 이집트 땅에서 이끌어낸 이 백성들은 이곳을 떠나 내가 아브라함과 이삭과 야곱에게 '네 자손에게 주겠다'라고 맹세한 그 땅으로 올라가거라. 창 12:7

2 내가 네 앞에 천사를 보낼 것이다. 내가 가나안 사람과 아모리 사람과 헷 사람과 브리스 사람과 히위 사람과 여부스 사람을 쫓아낼 것이다. 13:5;14:19

3 젖과 꿀이 흐르는 그 땅으로 올라가거라. 그러나 나는 너희와 함께 올라가지 않을 것이다. 너희는 목이 곧은 백성이니 여차 하면 내가 가는 도중에 너희를 멸망시킬지 모르니 말이다." 3:8;32:9~10;민 16:21,45

4 이스라엘이 장신구를 빼낸 백성들은 이 무서운 말씀을 듣고 통곡했습니다. 몸에 장신구를 걸친 사람은 아무도 없었습니다.

5 여호와께서 전에 모세에게 이런 말씀을 하신 적이 있었기 때문입니다. "너는 이스라엘 백성들에게 전하여라. '너희는 목이 곧은 백성이니 내가 잠시라도 너희와 함께 가면 내가 너희를 멸망시킬지도 모른다. 그러니 너희는 너희 장신구들을 모두 빼내라. 그러면 내가 너희를 어떻게 할지 정하겠다.'" 32:12

6 그리하여 이스라엘 백성들은 호렙 산에서 그 장신구들을 모두 빼냈습니다.

7 회막 그때 모세는 장막을 거두어서 진영 밖 멀리 떨어진 곳에 치고는 '회막'이라고 불렀습니다. 그리고 이때부터 누구든지 여호와를 찾을 일이 생기면 진영 밖의 이 회막으로 가곤 했습니다. 신 4:29;삼하 2:1

8 모세가 회막으로 나아갈 때마다 모든 백성들은 일어나 자기 장막 문 앞에 서서 모세가 회막에 들어갈 때까지 지켜보았습니다.

9 모세가 회막에 들어가면 구름기둥이 내려와 그 문 앞에 머물러 있었고 여호와께서 모세와 말씀을 나누셨습니다. 13:21

10 백성들은 구름기둥이 회막 문 앞에 있는 것을 보면 모두 일어나 각자 자기 장막 문 앞에서 경배했습니다.

11 여호와께서는 마치 사람이 자기 친구와 이야기하듯이 모세와 얼굴을 맞대고 말씀하셨습니다. 그런 후 모세는 진영으로 돌아오곤 했습니다. 그러나 모세를 보좌하는 청년 여호수아는 회막을 떠나지 않았습니다. 민 12:8;신 34:10

12 임재를 약속하신 하나님 모세가 여호와께 말했습니다. "주께서 내게 '이 백성들을 이끌라고 줄곧 말씀하지 않으셨습니까? 그러나 나와 함께 누구를 보내실지 알려 주지 않으셨습니다. 주께서 말씀하셨습니다. '내가 너를 이름으로 알고 너는 내게 은총을 입었다'라고 말입니다.

13 주께서 나를 기쁘게 여기신다면 제발 주의 길을 내게 가르쳐 주셔서 내가 주를 알게 하시고 계속해서 주께 은총을 입게 해 주십시오. 또 이 민족이 주의 백성들임을 생각해 주십시오." 17:3;신 9:29;시 25:4;103:7;롬 2:17

14 여호와께서 대답하셨습니다. "내가 친히 너와 함께 가겠다. 내가 너를 무사하게 할 것이다." 신 3:20;수 21:44;시 95:11;사 63:9

15 그러자 모세는 여호와께 말했습니다. "주께서 친히 우리와 함께 가지 않으시려거든 아예 우리를 여기서 올려 보내지 마십시오.

16 주께서 우리와 함께 가지 않으시면 나와 주의 백성들이 주께 은총을 입었는지 누가 어떻게 알겠습니까? 나와 주의 백성들이 지면의 다른 모든 백성들과 어떻게 구별되겠습니까?" 19:5~6;민 14:14;왕상 8:53

17 모세가 하나님의 영광을 봄 그러자 여호와께서 모세에게 "네가 말한 그대로 내가 하겠다. 네가 내 은총을 입었고 내가 너를 이름으로 알기 때문이다"라고 말씀하셨습니다.

18 그러자 모세는 "그러면 부탁입니다만, 내게 주의 영광을 보여 주십시오"라고 말했습니다. 20:21;딤전 6:16

19 그러자 여호와께서 말씀하셨습니다. "내가 내 모든 선함을 네 앞에 지나가게 하겠고 내가 네 앞에 내 이름 여호와를 선포하겠다. 나는 내가 불쌍히 여길 자를 불쌍

히 여기고 긍휼히 여길 자를 긍휼히 여길 것이다."

^{34:5-7;31:19;엡 31:14;롬 9:15}

20 그분께서 이어 말씀하셨습니다. "그러나 네가 내 얼굴은 보지 못한다. 나를 보고 살아남은 사람이 없다." ^{창 32:30;신 5:24}

21 그리고 나서 여호와께서 또 말씀하셨습니다. "자, 내 가까운 곳에 바위가 있으니 그 위에 서 있어라.

22 그러면 내 영광이 지나갈 때 내가 너를 바위 틈새에 두고 내가 다 지나갈 때까지 내 손으로 덮을 것이다. ^{사 2:21;시 91:1,4}

23 그리고 나서 내가 내 손을 뗄 것이니 너는 내 뒷모습만 보고 내 얼굴은 보지 못할 것이다." ^{20절요 1:18;딤전 6:16;요일 4:12}

34 하나님의 성품이 계시됨 여호와께서 모세에게 말씀하셨습니다. "돌판 두 개를 처음 것처럼 깎아 만들어라. 네가 깨뜨린 처음 돌판에 쓴 말을 내가 그 위에 다시 쓸 것이다. ^{32:19;신 10:1-2,4}

2 아침 일찍 준비하고 아침에 시내 산으로 올라와 거기 산꼭대기에서 나를 기다리고 서 있어라. ^{19:20}

3 그 누구도 너와 함께 올라와서는 안 되며 그 산 어디에서도 눈에 띄면 안 된다. 또 산자락에서라도 꼴을 먹는 양들이 있어서는 안 될 것이다." ^{19:12-13,21}

4 그리하여 모세는 돌판 두 개를 처음 것처럼 깎아 만들고 여호와께서 명령하신 대로 아침 일찍 시내 산으로 올라갔습니다. 모세는 손에 돌판 두 개를 들고 있었습니다.

5 그러자 여호와께서 구름 속으로 내려와 그와 함께 거기 서서 그분의 이름 여호와를 선포하셨습니다. ^{33:19;민 11:25;왕상 8:10-11}

6 그리고 주께서 모세 앞으로 지나가면서 선포하셨습니다. "여호와, 여호와, 긍휼하고 은혜로운 하나님, 오래 참고 선함과 진리가 풍성하며 ^{22:27;민 14:18;대하 30:9;느 9:17}

7 수천 대에 걸쳐 긍휼을 베풀고 죄악과 범죄와 죄를 용서하며 죄지은 자들을 징벌하지 않고는 그냥 넘어가지 못하니 아버지의 죄를 그 자식들과 그의 자손들에게

Bible basics 풀이입트기 속 예수님 이야기

모세

모세는 예수님처럼 하나님에 의해 선택되고 보호받았다. 모세가 이스라엘 백성을 이끌기 전에 40년 동안 광야에서 훈련받은 것은 (출 2:15-25)은 예수님이 사역을 시작하기에 앞서 40일 동안 금식하며 훈련하신 것과 연결된다 (마 4:1-11).

예수님이 하나님의 자녀인 우리를 죽음에서 건지시고 영원한 생명을 주셨던 것같이, 모세도 이스라엘 백성을 죽음에서 구했다.

모세는 예언자, 제사장, 지도자(왕)의 사역과 구원자, 중보자, 법을 선포하는 자의 역할을 한 것에서 장차 오실 예수님의 사역과 역할을 미리 보여 준 사람이다 (신 18:15, 18; 요 4:25-26).

3, 4대에 걸쳐 징벌한다." ^{신 5:9}

8 언약을 새롭게 하심 그러자 모세는 그 즉시 머리를 땅에 조아리고 경배하며

9 말했습니다. "여호와여, 내가 주의 은총을 입었다면 제발 우리와 함께 가 주십시오. 저들이 목이 곧은 백성들이기는 하지만 우리 악과 우리 죄악을 용서하시고 우리를 주의 기업으로 받아 주십시오."

10 그러자 여호와께서 말씀하셨습니다. "내가 너와 언약을 세운다. 내가 온 세상의 그 어떤 민족에게도 보여 준 적이 없는 놀라운 일들을 네 모든 백성들 앞에서 모일 것이다. 나 여호와가 너를 위해 할 일이 얼마나 엄하고 위풍이 있는지 너와 함께 사는 백성들이 보게 될 것이다." ^{신 4:32-35}

11 이방 사람과의 언약을 금하심 내가 오늘 네게 명령하는 것을 잘 지켜라. 보아라. 내가 네 앞에서 아모리 사람과 가나안 사람과 헷 사람과 브리스 사람과 히위 사람과 여부스 사람을 쫓아내겠다.

12 네가 들어갈 그 땅에 사는 사람들과 동맹을 맺지 않도록 조심하여라. 그러지 않으면 그들이 너희 가운데서 덫이 될 것이다.

135

13 너희는 그들의 제단을 깨뜨리고 그들의 형상을 부수며 그들의 아세라 목상을 찍어 버려라.
신 7:5;12:3;16:21;왕상 22:6;25;왕하 18:4;23:14

14 다른 어떤 신에게도 경배하지 말라. 여호와, 내 이름은 질투니 나는 질투의 하나님이다.
20:3,5

15 너는 그 땅에 사는 사람들과 동맹을 맺지 않도록 조심하여라. 그들이 자기네 신들과 음란한 행각을 벌이며 그 신들에게 제사하는 곳에 너를 초대하면 네가 그 제물을 먹게 될 것이다.
레 17:7;20:5;고전 8:4,7,10;10:27

16 또 네가 그들의 딸들을 네 아들들의 아내로 고르면 그 딸들이 자기네 신들과 음란한 행각을 벌이고는 네 아들들도 그렇게 하도록 만들 것이기 때문이다.
신 7:3-4

17 우상을 만드는 것 너는 우상을 부어 만들지 마라.
32:4,8;레 19:4;신 27:15

18 무교절의 의 너는 무교절을 지켜야 한다. 내가 네게 명령한 대로 7일 동안은 누룩 없는 빵을 먹어라. 이것을 아빕 월의 정해진 때에 지켜라. 아빕 월에 네가 이집트에서 나왔으니 말이다.
12:15;13:4

19 하나님의 것 모든 태에서 처음으로 난 것은 모두 내 것이다. 소, 양일 것 없이 네 가축의 처음 난 수컷도 모두 내 것이다.

20 나귀의 첫 새끼는 어린양으로 대속하되 네가 그것을 대속하지 않으려면 그 목을 부러뜨릴 것이다. 너는 또 네 아들들 가운데 모든 장자를 대속해야 한다. 내 앞에

하나님의 이름, 여호와

모세가 하나님께 "사람들이 당신 이름을 물으면 뭐라고 할까요."라고 묻자 하나님은 "나는 스스로 있는 자다."(출 3:14), 곧 '여호와라고 하셨다. 모세 ~~의 질문에~~ 있는 자, 곧 영원히 [변함없이] 이 계시는 하나님'이라고 알려 주신 것이다.
'여호와'는 구약 성경에서 가장 많이 나오는 하나님의 이름이다.
하나님은 '여호와'라는 이름을 통해 '지금 여기서 행동하시고 특별한 구원의 행동을 보이시는 분'으로 자신을 나타내셨다.

나올 때는 빈손으로 나오는 사람이 없어야 한다.
13:13;23:15;민 18:15;신 16:16

21 밭 갈 때와 거둘 때 6일 동안은 네가 일해야 하지만 일곱째 날에는 쉬어야 한다. 밭갈 때든 수확할 때든 너는 쉬어야 한다.

22 칠칠절 칠칠절, 곧 밀을 처음 수확하는 절기를 지키고 연말에는 수장절을 지켜라.

23 세 절기가 지정됨 너희 모든 남자는 1년에 세 번씩 주 여호와 이스라엘의 하나님 앞에 나와야 한다.
23:14,17;신 16:16

24 절기 준수에 대한 약속 네가 1년에 세 번 여호와 네 하나님 앞에 나올 때 내가 네 앞에서 저 민족들을 쫓아내고 네 땅의 경계를 넓혀 줄 것이니 어느 누구도 네 땅을 탐하지 못할 것이다.
신 7:1;12:20;19:8

25 유교병을 금하심 너는 내게 희생제물의 피를 누룩이 들어간 것과 함께 바치지 말고 유월절 제물을 아침까지 남겨 두지 마라.

26 너는 네 땅에서 처음 난 것 가운데 가장 좋은 것을 여호와 네 하나님의 집에 가져와야 한다. 너는 어린 염소를 그 어미의 젖에 삶지 마라."
23:19;신 14:21

27 두 번째 돌판 그러고 나서 여호와께서 모세에게 말씀하셨습니다. "이 말들을 받아 기록하여라. 이 말들에 근거해 내가 너와 이스라엘과 언약을 세웠다."
10절

28 모세는 거기에서 여호와와 함께 먹지도 마시지도 않고 40일 밤낮을 있었습니다. 그리고 여호와께서는 언약의 말씀, 곧 십계명을 돌판 위에 기록해 주셨습니다.

29 모세의 얼굴에서 광채가 남 그러고 나서 모세는 시내 산에서 내려왔습니다. 모세가 산에서 내려올 때 양손에는 증거판 두 개가 들려 있었습니다. 모세는 산에서 내려오면서 여호와께서 그와 함께 말씀하셨음으로 인해 자기 얼굴에 광채가 나는 것을 모르고 있었습니다.
32:15;마 17:2;고후 3:7

30 아론과 모든 이스라엘 백성들이 모세를 보니 그의 얼굴에 광채가 나고 있었습니다. 그들은 두려운 나머지 모세에게 가까이 가지 못했습니다.

31 그러나 모세는 그들을 불렀습니다. 아론과 회중 지도자들이 모두 자기에게 오자 모세는 그들에게 말했습니다.

32 그 후에야 모든 이스라엘 백성들이 모세에게 가까이 왔습니다. 그러자 모세는 여호와께서 시내 산에서 자기에게 말씀해 주신 모든 계명들을 그들에게 주었습니다.　24:3

33 모세는 그들에게 말을 마칠 때까지 자기 얼굴에 수건을 쓰고 있었습니다.　고후 3:13

34 그러나 모세는 여호와 앞으로 가서 그분과 이야기를 나눌 때는 수건을 벗고 있었습니다. 그러다가 나와서는 이스라엘 백성들에게 자기가 명령받은 것을 말해 주었는데　고후 3:16

35 그때는 이스라엘 백성들이 모세의 얼굴에 광채가 나는 것을 보게 되므로 모세는 여호와와 이야기를 나누러 들어갈 때까지 자기의 얼굴에 수건을 다시 썼습니다.

35 안식일을 정하심 모세는 온 이스라엘 회중을 모으고 그들에게 말했습니다. "여호와께서 너희에게 행하라고 명령하셨는데　34:32

2 6일 동안은 일해야 하지만 일곱째 날은 너희의 거룩한 날, 여호와께는 쉬는 안식일이니 누구든 이날에 일하는 사람은 죽임당하게 하라.　민 9:31,15:32

3 안식일에는 불도 피우지 말라. 안식일에는 너희가 있는 곳에 불조차도 피우지 말라."

4 여호와께 드릴 예물 모세가 온 이스라엘 회중에게 말했습니다. "여호와께서 명령하셨다.

5 너희가 가진 것 가운데 여호와를 위해 예물을 가져오라. 마음이 있는 사람은 누구나 여호와께 예물을 가져오는데 금, 은, 청동,　5-9절:25:2-7

6 청색 실, 자주색 실, 홍색 실, 고운 베실, 염소털,

7 붉게 물들인 양가죽, 해달 가죽, 싯딤 나무,

8 등잔유, 기름 부을 때 쓰는 기름, 분향할 때 쓰는 향료,

9 에봇과 가슴패에 박을 호마노와 그 외의

보석들이다.

10 필요한 기술자들 너희 가운데 기술이 있는 사람들은 모두 와서 여호와께서 명령하신 모든 것들을 만들어야 한다.　28:33:31:6

11 성막, 그 장막과 덮개, 갈고리, 널판, 빗장, 기둥, 받침대,　26:1-30

12 증거궤와 그 장대와 그것을 가릴 속죄 덮개와 휘장,　25:10-16,26:31,33:39:34:40:3,21;민 4:5

13 상과 그 장대와 그 모든 기구들과 진설병,

14 등잔대와 그 부속품들, 불 켤 때 사용하는 등잔과 등유,　25:31-39,27:20

15 분향 제단과 그 장대, 기름 부을 때 쓰는 기름과 향료, 성막 문 앞에 칠 휘장,

16 번제단과 청동으로 된 그물판과 그 장대와 그 모든 기구들, 청동으로 된 대야와 그 받침대,　27:1-8;30:18-21

17 뜰에 칠 휘장과 그 기둥과 받침대, 뜰 문에 칠 휘장,　27:9-17

18 성막과 뜰에 박을 말뚝과 그 노끈,　27:19

19 성소에서 섬길 때 입는 짠 옷들, 곧 제사장으로 섬길 때 입는 제사장 아론과 그의 아들들의 옷이다."　31:10

20 예물 그러자 온 이스라엘 회중이 모세 앞에서 물러갔습니다.

21 그 밖에 감동을 받아 자원하는 사람들은 모두 와서 회막 짓는 일에, 그 모든 섬기는 일에, 거룩한 옷 짓는 데 필요한 예물을 여호와께 가져왔습니다.　25:2:36:3

22 자원하는 마음이 생긴 사람들은 남녀 할 것 없이 다들 팔찌, 귀고리, 반지, 장신구 등 온갖 종류의 금패물을 가져왔고 모두가 그 금을 여호와께 요제로 흔들어 드렸습니다.　민 31:50

23 그리고 청색 실, 자주색 실, 홍색 실, 고운 베실, 염소털, 붉게 물들인 양가죽이나 해달 가죽을 가진 사람들은 모두 그것들을 가져왔습니다.　6-7절:25:4-5;대상 29:8

24 은이나 청동을 가졌으면 그것을 여호와께 예물로 가져왔고 그 일에 필요한 싯딤 나

─────────

에봇(35:9, ephod) 대제사장의 의식용 복장.

무가 있는 사람들은 그것들을 가져왔습니다.
36:3,6

25 솜씨 좋은 여자들은 직접 손으로 실을 자았고 자기들이 자아 만든 청색 실, 자주색 실, 홍색 실, 고운 베실을 가져왔습니다.

26 그리고 뛰어난 솜씨를 가진 모든 여자들은 염소털을 지었습니다.

27 지도자들은 에봇과 가슴패에 박을 호마노와 그 외의 보석들을 가져왔습니다.

28 그들은 또 향품과 등잔유와 기름 부음용 기름과 분향용 기름도 가져왔습니다.

29 모든 이스라엘 자손들은 남녀 할 것 없이 여호와께서 모세의 손으로 만들도록 명령하신 모든 일에 필요한 것들을 기꺼이 예물로 여호와께 가져온 것입니다. 대상 29:9,14

30 기술자들을 임명함 그러고 나서 모세는 이스라엘 백성들에게 말했습니다. "보라, 여호와께서 유다 지파 훌의 손자이며 우리의 아들인 브살렐의 이름을 불러 31:1-6

31 하나님의 영이 가득하고 재능과 능력과 지식으로 모든 일들을 하게 하셨다.

32 금, 은, 청동으로 아름답게 고안하고

33 돌을 깎아 다듬고 나무를 조각하고 온갖 기묘한 작품을 만들게 하신 것이다.

34 또한 브살렐의 마음에 가르치는 능력을 주셨고 브살렐에게만 아니라 단 지파의 아히사막의 아들 오홀리압에게도 주셨다.

35 그분은 브살렐과 오홀리압에게 모든 일을

잘해 낼 만한 지혜가 가득하게 하셔서 그들이 조각도 하고 고안도 하고 청색 실, 자주색 실, 홍색 실, 고운 베실로 수를 놓고 또 옷도 짜고 하는 모든 일과 여러 가지를 고안하는 일을 직접 하게 하셨다.

36 그러니 브살렐과 오홀리압과 여호와께서 기술과 능력을 주어 성소 짓는 모든 일을 할 수 있는 재능 있는 모든 사람들은 여호와의 명령에 따라 그 일을 수행할 것이다." 28:3;31:6;35:10,25

2 예물이 넘침 그러고 나서 모세는 브살렐과 오홀리압과 여호와께 지혜를 얻고 기꺼이 와서 그 일을 하려는 마음이 있는 사람들을 불러 모았습니다. 25:2

3 그들은 이스라엘 백성들이 성소 짓는 일을 위해 가져온 모든 예물들을 모세에게서 받았습니다. 그러고 나서도 백성들은 아침마다 끊임없이 기꺼이 예물을 가져왔습니다.

4 그러자 성소 일을 맡아 하던 모든 기술자들은 일을 멈추고 와서

5 모세에게 말했습니다. "여호와께서 명령하신 일을 하는 데 백성들이 필요 이상으로 가져오고 있습니다." 대하 31:10;고후 8:2-3

6 그러자 모세는 명령을 내렸습니다. 그 명령은 온 진영에 선포됐습니다. "남자나 여자나 성소를 위해 드리는 예물은 이제 그만 가져오도록 하라." 그러자 백성들은 더는 가져오지 않았습니다. 3절

7 이미 있는 것만으로도 모든 일에 쓰고 남을 만했기 때문입니다.

8 성막의 덮개 일꾼들 가운데 뛰어난 기술자는 고운 베실과 청색 실, 자주색 실, 홍색 실로 휘장 열 폭의 성막을 만들고 또 그 위에 그룹을 수놓았습니다.

9 휘장은 각각 길이 28규빗, 폭 4규빗으로 모두 같은 크기였습니다.

10 휘장은 다섯 폭을 이어 한 폭을 만들고 나머지 다섯 폭으로 한 폭을 만들었습니다.

11 그리고 나서 그 한 벌의 한쪽 끝자락에 청색 고리를 만들고 또 다른 한 벌의 한쪽 끝자락에도 그렇게 했는데

12 한쪽 휘장에 고리 50개, 또 한쪽 휘장에도 고리 50개를 만들어 고리가 서로 마주 보게 놓고는

13 휘장 끝에 금 갈고리 50개를 만들어 그것으로 휘장 두 벌을 하나로 이었습니다.

14 그들은 성막 위를 덮을 것으로 염소털로 휘장 열한 폭을 만들었는데

15 휘장은 각각 길이 30규빗, 폭 4규빗으로 같은 크기였습니다.

16 그들은 휘장 다섯 폭을 한 폭으로 잇고 다른 여섯 폭을 한 폭으로 이었습니다.

17 그러고 나서 휘장 한 폭의 한쪽 끝자락에 고리 50개를 만들고 또 한쪽의 끝자락에도 고리 50개를 만들고

18 청동 갈고리 50개를 만들어 두 벌을 하나로 이었습니다.

19 그러고는 그 위의 덮개로 붉게 물들인 양가죽 덮개를 만들고 또 그 위에는 해달 가죽 덮개를 만들었습니다.

20 널판으로 골격을 세움 그들은 싯딤 나무로 널판을 만들어 성막의 벽을 세웠는데

21 각 판은 길이가 10규빗, 너비가 1.5규빗으로

22 두 돌기를 일정한 간격으로 만들어 두었습니다. 성막의 모든 널판은 이렇게 만들었습니다.

23 성막 남쪽에 세울 널판은 20개였는데

24 가운데 구멍을 낸 은 받침대 40개를 만들어 각 널판에 받침대 두 개씩, 곧 각 돌기에 하나씩 끼우게 했습니다.

25 성막 다른 쪽, 곧 북쪽에 세울 널판은 20개였는데

26 은 받침대를 각 널판에 두 개씩 모두 40개를 만들어 끼웠습니다.

27 성막 뒤쪽, 곧 서쪽에 세울 널판은 여섯 개였는데

28 성막 뒤쪽의 양쪽 모퉁이에는 널판을 두 개씩 만들어 댔습니다.

29 곧 이 두 모퉁이에는 널판을 이중으로 대고 고리 하나로 고정시켰습니다. 양쪽 모퉁이에 모두 그렇게 했습니다.

30 이렇게 해 널판 여덟 개와 각 널판에 은 받침대 두 개씩 해서 모두 16개가 있었습니다.

31 또한 그들은 싯딤 나무로 빗장을 만들었는데 성막 한쪽 벽에 다섯 개,

32 또 한쪽 벽에 다섯 개, 성막 다른 쪽, 곧 서쪽 벽에 다섯 개를 만들었습니다.

33 그 가운데 하나는 중앙 빗장으로 널판 한가운데를 꿰어 이 끝에서 저 끝까지 질러 고정시키는 역할을 했습니다.

34 그들은 널판들을 금으로 씌우고 거기에 금고리를 달아 다른 빗장을 끼우게 했습니다. 빗장도 금으로 씌웠습니다.

35 휘장을 만듦 그들은 청색 실, 자주색 실, 홍색 실과 고운 베로 휘장을 만들고 정교한 솜씨로 그 위에 그룹을 수놓았습니다.

36 그리고 싯딤 나무로 기둥 네 개를 만들고 금으로 씌웠습니다. 그들은 거기에 금 갈고리를 만들어 달고 은을 부어 받침대 네 개를 만들었습니다.

37 성막 문을 위해서는 청색 실, 자주색 실, 홍색 실과 고운 베로 수놓은 휘장을 만들었으며

38 그 휘장을 걸 기둥 다섯 개를 만들고 그 위에 갈고리를 달았으며 기둥머리와 그 띠를 금으로 씌우고 받침대 다섯 개는 청동으로 만들었습니다.

37 법궤와 속죄소 브살렐은 싯딤 나무로 궤를 만들었습니다. 길이는 2.5규빗, 너비는 1.5규빗, 높이는 1.5규빗으로 해서
　　　　　　　　　　　　　1-9절;25:10-20

2 안팎을 다 순금으로 씌우고 가장자리에 금테를 둘렀습니다.

3 또 고리 네 개를 금을 부어 만들어 궤의 네 발 귀퉁이에 달았는데 둘은 이쪽에, 둘은 저쪽에 달았습니다.
　　　　　　　　　　　　　　　　25:12

4 그러고는 싯딤 나무로 장대를 만들어 금

───────────────

진영(36:6, 陣營, camp) 군대가 진을 치고 있는 일정한 구역. 규빗(37:1, cubit) 고대 이집트, 바빌로니아 등지에서 사용한 길이의 단위. 1규빗은 성인의 팔꿈치에서 손끝까지의 길이로, 약 45cm에 해당됨.

성막과 이스라엘 진영의 배치도

① 증거궤(출 25:10-16; 히 9:4)
② 분향 제단(출 30:1-10; 히 9:4)
③ 등잔대(출 25:31-40)
④ 진설병 상(출 25:23-30; 히 9:2)
⑤ 대야(출 30:17-21; 40:7, 30-32; 히 10:22)
⑥ 번제단(출 27:1-8; 40:6, 10, 29)
⑦ 지성소(출 26:33-34; 히 9:3)
⑧ 성소(출 26:33; 히 9:2)
⑨ 뜰(출 27:9-19)
⑩ 염소 털로 만든 덮개(출 26:7)

남
루우벤 시므온 갓
고핫 자손

⑤
⑥
⑨
⑲
⑰
⑮

동
잇사갈 유다 스불론
모세 아론

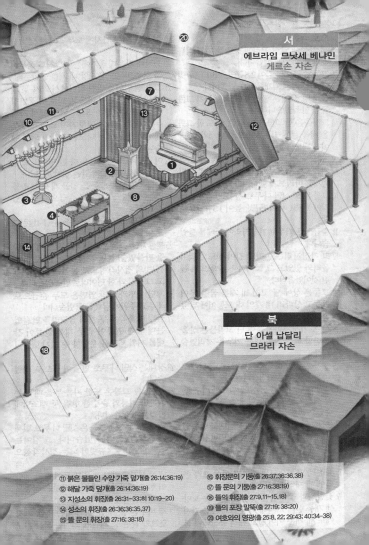

서

에브라임 므낫세 베냐민
게르손 자손

북

단 아셀 납달리
므라리 자손

⑪ 붉은 물들인 수양 가죽 덮개(출 26:14;36:19)
⑫ 해달 가죽 덮개(출 26:14;36:19)
⑬ 지성소의 휘장(출 26:31–33;히 10:19–20)
⑭ 성소의 휘장(출 26:36;36:35,37)
⑮ 뜰 문의 휘장(출 27:16; 38:18)
⑯ 휘장문의 기둥(출 26:37;36:36,38)
⑰ 뜰 문의 기둥(출 27:16;38:19)
⑱ 뜰의 휘장(출 27:9,11–15,18)
⑲ 뜰의 포장 말뚝(출 27:19; 38:20)
⑳ 여호와의 영광(출 25:8, 22; 29:43; 40:34–38)

으로 씌우고

5 궤 양쪽에 달린 고리에 장대를 끼워 궤를 운반할 수 있게 했습니다.

6 그는 순금으로 길이 2.5규빗, 너비 1.5규빗이 되는 속죄 덮개를 만들었습니다.

7 덮개 양 끝에는 금을 망치로 두들겨 그룹 둘을 만들었습니다.

8 그것들은 한 그룹은 이쪽 끝에, 또 한 그룹은 저쪽 끝에 있는 모양으로 덮개와 한 덩이가 되도록 만든 것입니다.

9 그룹은 날개가 위로 펼쳐져 그 날개로 덮개를 덮은 모습으로 둘이 서로 마주하되 덮개를 바라보게 했습니다.

10 그들은 또 싯딤 나무로 상을 만들었는데 길이 2규빗, 너비 1규빗, 높이 1.5규빗으로 해 　　　　　　　　　　10~16절 25:23~29

11 순금으로 씌우고 가장자리에 금테를 둘렀습니다.

12 그 가장자리는 손바닥 길이 정도의 턱이 올라와 있었고 그 둘레가 관 모양으로 둘린 것이었습니다.

13 그들은 상에 달 고리 네 개를 금을 부어 만들고 상다리 네 개의 네 모퉁이에 달았습니다.

14 상 틀 가장자리에 붙여 단 고리들은 상을 운반할 때 쓰는 장대를 끼우는 자리였습니다.

15 상을 운반할 때 쓰는 장대는 싯딤 나무로 만들어 금으로 씌웠습니다.

16 그러고 나서 그들은 상에 필요한 기구들, 곧 접시와 숟가락과 덮개와 붓는 대접을 순금으로 만들었습니다.

17 등잔대 그들은 순금으로 등잔대를 만들었는데 금을 망치로 두들겨 그 밑받침과 줄기와 아몬드 꽃 모양과 꽃받침과 꽃부리를 모두 한 덩어리로 만들었습니다.

18 등잔대 양쪽으로는 곁가지 여섯 개가 한쪽에 세 개씩 뻗어 나고

19 꽃받침과 꽃부리를 갖춘 아몬드 꽃 모양 세 개를 한쪽 가지에 이어 달고 다음 가지에도 세 개를 이어 달고 해서 등잔대에 붙

어 있는 여섯 가지에 모두 그렇게 달았습니다.

20 등잔대 가운데 줄기에는 꽃받침과 꽃부리를 갖춘 아몬드 꽃 모양 네 개를 달았는데

21 그중 맨 밑의 꽃받침 하나에서 가지 두 개가 양쪽으로 뻗어 나오고, 바로 위 꽃받침에서 가지 두 개가 또 그 위 꽃에서 가지 두 개가 뻗어 나와 여섯 가지 모두 그 가운데 줄기 꽃들에서 나오는 모양이 되게 했습니다.

22 이 꽃받침과 가지들은 다 한 덩어리로 순금을 망치로 두들겨 만든 것이었습니다.

23 그들은 등잔대에 등을 일곱 개 만들고 불 끄는 집게와 그 접시도 순금으로 만들었습니다.

24 등잔대와 그 모든 기구들은 순금 1달란트로 만들었습니다.

25 분향 제단 그들은 싯딤 나무로 분향 제단을 만들었습니다. 그것은 길이 1규빗, 너비 1규빗의 정사각형으로 높이는 2규빗이었고 그 뿔들과 한 덩어리로 만들었습니다.

26 제단 윗면과 사방 옆면은 모두 순금으로 씌우고 주위에 금테를 둘렀습니다.

27 금테 아래쪽에 두 개의 금고리를 만들었는데 양옆 귀퉁이에 두 개를 만들어 장대를 끼워 제단을 운반할 수 있게 했습니다.

28 장대는 싯딤 나무로 만들어 금으로 씌웠습니다.

29 순수한 향 그들은 또한 기름 부을 때 쓰는 거룩한 기름과 순수한 향을 향 제조법에 따라 만들었습니다. 　　　　30:7,23,34~35

38

번제단 그들은 싯딤 나무로 번제단을 만들었습니다. 그 길이는 5규빗, 너비도 5규빗이 되는 정사각형으로 높이는 3규빗이었습니다. 　　　　27:1~8

2 네 모서리에 각각 뿔을 만들어 뿔과 제단이 한 덩어리가 되게 하고 제단은 청동으로 씌웠습니다.

3 재 비우는 통, 부삽, 피 뿌리는 대접, 고기 포크와 불판 등 제단에 쓰이는 모든 기구

들도 청동으로 만들었습니다.

4 또 제단을 위해 청동으로 된 그물판을 만들어 제단 높이의 2분의 1쯤 올라오도록 제단 밑에 달았습니다.

5 그리고 청동 그물판의 네 모퉁이에 장대를 끼울 청동고리를 부어 만들고

6 싯딤 나무로 장대도 만들어 청동으로 씌웠습니다.

7 그들은 제단 양쪽에 장대를 고리 네 개에 끼워 운반할 수 있도록 했고 제단은 널판으로 속이 비게 만들었습니다.

8 대야 그들은 청동으로 대야와 그 받침대를 만들었습니다. 이것은 회막 문에 모인 여자들의 거울을 녹여 만든 것입니다.

9 성막의 뜰 그러고 나서 그들은 뜰을 만들었습니다. 남쪽은 길이가 100규빗으로 고운 베실로 만든 휘장을 드리웠습니다.

10 또 기둥이 20개, 청동 받침대가 20개 필요했고 기둥의 고리와 가름대는 은으로 만들었습니다.

11 북쪽도 역시 길이가 100규빗으로 기둥이 20개, 청동 받침대가 20개 필요했고 기둥의 고리와 가름대는 은으로 만들었습니다.

12 서쪽은 폭이 50규빗으로 휘장이 걸렸고 기둥이 열 개, 받침대 열 개, 기둥의 고리와 가름대는 은으로 만들었습니다.

13 동쪽의 폭 역시 50규빗이었습니다.

14 뜰 오른쪽에는 길이 15규빗짜리 휘장이 걸렸고 기둥 세 개와 받침대 세 개가 세워졌습니다.

15 뜰 문 왼쪽에도 길이 15규빗짜리 휘장이 걸렸고 그와 함께 기둥 세 개와 받침대 세 개가 세워졌습니다.

16 뜰을 둘러싼 모든 휘장은 고운 베실로 만들었고

17 기둥 받침대는 청동으로 만들었으며 기둥의 고리와 가름대는 은이었고 기둥의 머리는 은을 씌운 것이었습니다. 뜰의 모든 기둥에는 은 가름대가 꽂혔습니다.

18 뜰 문이 되는 휘장은 청색 실, 자주색 실, 홍색 실과 고운 베실로 수놓아 짠 것으로 길이가 20규빗이고 높이는 뜰 주위에 둘러 걸린 휘장과 마찬가지로 5규빗이었으며

19 거기에는 기둥 네 개와 청동 받침대 네 개가 세워졌습니다. 기둥의 고리와 가름대는 은이며 기둥 머리는 은으로 씌운 것이었습니다.

20 성막과 주변 뜰의 말뚝은 모두 청동이었습니다.

21 성막에 사용한 재료 다음은 성막, 곧 증거막에 사용한 재료들의 양입니다. 이것은 모세의 명령에 따라 제사장 아론의 아들 이다말의 지도 하에 레위 사람들이 기록한 것입니다. 민 1:50,53;4:28,33;9:15;10:11;17:7~8;18:2;행 7:44

22 유다 지파인 훌의 손자이며 우리의 아들인 브살렐이 여호와께서 모세에게 명령하신 모든 것을 만들었는데 31:2,6

23 단 지파 아히사막의 아들 오홀리압이 브살렐과 함께했습니다. 오홀리압은 조각도 하고 고안도 하고 청색 실, 자주색 실, 홍색 실과 고운 베실로 수도 놓는 사람이었습니다.

24 성소를 짓는 데 요제로 드린 금은 성소 세겔로 해서 모두 합하면 29달란트 730세겔이었습니다. 30:13

25 인구 조사에 등록된 사람들에게 받은 은은 성소 세겔로 해서 100달란트 1,775세겔이었습니다.

26 한 사람당 1베가씩, 곧 성소 세겔로 해서 2분의 1세겔씩, 20세 이상으로 등록된 모든 사람 총 60만 3,550명에게서 거둔 것이었습니다. 민 1:46

27 성소 받침대와 휘장 받침대를 부어 만드는 데는 은 100달란트가 들었는데 100달란트로 받침대 100개를 만들었으니 받침대 하나당 1달란트가 든 셈입니다.

28 기둥의 고리를 만들고 기둥머리를 도금하는 것과 그 가름대를 만드는 데 1,775세겔이 들었습니다.

29 요제의 예물로 바쳐진 청동은 70달란트 2,400세겔이었습니다.

30 이것을 사용해 회막 문 받침대, 청동 제단

과 청동 그물판과 그 기구들과 _26:37,27:2~4_

31 뜰 기둥의 받침대, 뜰 문 기둥의 받침대, 성막 말뚝, 뜰 주변의 말뚝을 만들었습니다.

39

제사장 옷 그들은 청색 실, 자주색 실, 홍색 실로 성소에서 섬길 때 입는 옷을 만들었습니다. 또 여호와께서 모세에게 명령하신 대로 아론을 위해 거룩한 옷을 만들었습니다. _28:2~4_

2 **에봇** 그들은 금실과 청색 실, 자주색 실, 홍색 실과 고운 베실로 에봇을 만들었습니다. _2~7절,28:6~12_

3 망치로 두들겨 얇은 금판을 만들고 그것을 오려 가는 실로 만들어서 정교하게 청색 실, 자주색 실, 홍색 실과 고운 베실과 합쳐 짰습니다.

4 에봇의 어깨에는 끈을 만들어 그 양 귀퉁이에 달아 묶을 수 있게 했고

5 정교하게 짠 허리띠도 그와 같이 금실과 청

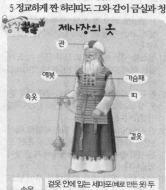

제사장의 옷

- 관
- 에봇
- 가슴패
- 속옷
- 띠
- 겉옷

속옷	겉옷 안에 입는 세마포(베로 만든 옷)로 두루마기
겉옷	에봇의 받침이 되는 긴 청색의 옷
에봇	대제사장들이 맨 위에 입는 앞뒤로 늘어져 걸치는 옷(금색, 청색, 자주색, 홍색 실과 고운 베실로 정교하게 짠옷)
가슴패	가슴에 다는 큰 패, 열두 지파의 이름을 기록한 12보석이 붙어 있음
관	'여호와께 거룩하'이라고 쓴 모자
띠	에봇과 같은 재료로 만듦

색 실, 자주색 실, 홍색 실과 고운 베실로 섞어 에봇과 하나로 이어 짰습니다. 여호와께서 모세에게 명령하신 대로였습니다.

6 그들은 금판에 호마노를 박고 그 위에 이스라엘 아들들의 이름을 인장처럼 새겨 놓았습니다.

7 그러고 나서 그것들을 에봇의 어깨끈에 붙여 이스라엘 아들들을 기억나게 하는 보석이 되게 했습니다. 여호와께서 모세에게 명령하신 대로였습니다.

8 **가슴패** 또 그들은 가슴패를 정교하게 만들었는데 에봇과 마찬가지로 금실, 청색 실, 자주색 실, 홍색 실과 고운 베실로 만들었습니다. _8~21절,28:15~28_

9 그것은 길이와 너비가 한 뼘씩인 정사각형으로 두 겹이었습니다.

10 그러고는 그 위에 보석을 네 줄로 박았습니다. 첫째 줄에는 루비, 토파즈, 녹주석,

11 둘째 줄에는 터키옥, 사파이어, 에메랄드,

12 셋째 줄에는 호박, 백마노, 자수정,

13 넷째 줄에는 녹보석, 호마노, 벽옥을 각각 금판에 박은 것입니다.

14 이 열두 보석에는 각각 이스라엘 아들들의 이름이 열두 지파에 따라 인장을 새기는 것처럼 보석 하나하나에 새겨졌습니다.

15 그들은 가슴패에 달 순금 노끈 모양을 만들고

16 금판 두 개와 금고리 두 개를 만들어 그 고리를 가슴패 양 귀퉁이에 달았습니다.

17 그러고는 노끈 모양 둘을 가슴패 양 귀퉁이에 달린 고리에 붙이고

18 노끈 모양의 다른 쪽 끝은 두 금판에 고정시킨 뒤 안에 입는 에봇의 어깨끈에 그것들을 달았습니다.

19 또 금고리 두 개를 만들어 가슴패의 양 끝, 곧 안쪽으로 에봇을 향한 쪽의 끝에 달았습니다.

20 또 금고리 두 개를 만들어 에봇의 두 어깨끈의 아랫부분에 앞쪽을 향해 달았는데 그 자리는 정교하게 짠 에봇의 띠를 매는 곳 옆이었습니다.

21 그리고 가슴패의 고리들을 파란색 실로 에
봇의 고리들과 함께 묶어서 그것이 정교하
게 짠 에봇의 띠에 고정됨으로써 그것으로
부터 떨어져 나가지 않게 했습니다. 여호와
께서 모세에게 명령하신 그대로였습니다.

22 에봇 안에 입는 옷 그들은 에봇 안에 받쳐 입
는 겉옷을 모두 청색으로 짜서 만들었습
니다.

23 그 옷의 중앙에는 머리 들어갈 구멍을 냈
고 구멍 둘레에는 깃 같은 것을 대 찢어지
지 않게 했습니다.

24 또 옷의 밑단에는 청색 실, 자주색 실, 홍
색 실과 고운 베실로 석류를 둘러 달고

25 또 순금으로 된 종을 만들어 밑단의 석류
사이사이에 달았습니다.

26 곧 겉옷 밑단을 빙 돌아가며 금방울 하나
석류 하나, 금방울 하나 석류 하나를 교대
로 달아 제사장 일을 할 때 입게 한 것입니
다. 여호와께서 모세에게 명령하신 그대로
였습니다.

27 다른 옷을 그들은 아론과 그의 아들들이
입을 고운 베실로 속옷을 짜서 만들고

28 고운 베실로 관과 두건과 속바지도 짜서
만들었습니다.   28:39-40,42,겔 44:18

29 또 고운 베실, 청색 실, 자주색 실, 홍색 실
로 수를 놓아 띠를 만들었습니다. 여호와
께서 모세에게 말씀하신 그대로였습니다.

30 또 순금으로 거룩한 패를 만들고 그 위에
인장을 새기듯 '여호와께 거룩'이라고 새겼
습니다.   28:36-37,29:6

31 그리고 패에 청색 끈을 달아 관에 고정시
켰습니다. 여호와께서 모세에게 명령하신
그대로였습니다.

32 모세가 성막을 점검함 이렇게 해서 성막, 곧
회막 짓는 모든 일을 마쳤습니다. 이스라
엘 백성들은 여호와께서 모세에게 명령하
신 모든 것대로 한 것입니다.   25:40

33 그들은 모세에게 성막을 가져왔습니다.
곧 성막과 그 모든 기구들과 그 갈고리들,
널판, 빗장, 기둥과 받침대,

34 붉게 물들인 숫양 가죽으로 만든 덮개, 해

달 가죽 덮개, 가리개,   35:12

35 증거궤와 그 장대, 속죄 덮개,

36 상과 그 모든 기구들과 진설병,

37 순금 등잔대와 거기에 얹어 놓은 등잔들
과 그 모든 기구들과 등잔유,   25:3

38 금 제단, 기름 부음용 기름, 향, 성막 문 휘
장,   26:36,30:3,36:37,37:26,40:5,26

39 청동 제단과 청동 그물판, 그 장대와 그 모
든 기구들, 대야와 그 받침대,

40 뜰의 휘장과 그 기둥과 받침대, 뜰 문의 휘
장, 뜰의 노끈과 말뚝, 성막, 곧 회막의 모
든 기구들,   27:9-16,35:18,38:9-18

41 성소에서 일할 때 입도록 짠 옷들, 곧 제
사장 아론의 거룩한 옷과 그 아들들이 제
사장으로 섬길 때 입는 옷들이었습니다.

42 이스라엘 백성들은 여호와께서 모세에게
명령하신 것대로 모두 행했습니다. 35:10

43 모세는 그 일을 점검하고 그들이 여호와께
서 명령하신 대로 했음을 보았습니다. 모
세는 그들을 축복했습니다.   레 9:22-23

40

여호와께서 성막 세울 것을 명하심 그
때 여호와께서 모세에게 말씀하
셨습니다.

2 "너는 첫째 달 1일에 성막, 곧 회막을 세워
라.   17장:12:2,13:4,26:30

3 그 안에 증거궤를 놓고 가리개로 궤를 가
려라.   21장:35:12

4 상을 가져와 상 위에 놓아야 할 것들을 차
려 놓고 등잔대를 가져와 등불을 켜라.

5 금 분향 제단은 증거궤 앞에 놓고 성막 문
에 휘장을 드리우라.   28:43,39:38

6 성막, 곧 회막 문 앞에 번제단을 놓고   29:32

7 회막과 제단 사이에는 대야를 두고 그 속
에 물을 담아 놓아라.   30:28,30:18

8 주위에 뜰을 세우고 뜰 문에 휘장을 드리
우라.

9 기름 부음용 기름을 가져다가 성막에 바
르고 그 안에 있는 것들에도 다 발라 성막
과 그 안에 있는 기구들을 다 거룩하게 하
여라. 그러면 성막이 거룩할 것이다. 30:26

10 번제단과 그 모든 기구들에 발라 제단을

거룩하게 하여라. 그러면 그 단이 지극히 거룩해질 것이다.

29:37;30:28

11 대야와 그 받침대에도 발라 거룩하게 하여라.

12 기름을 부음 받은 제사장 아론과 그의 아들들을 회막 문으로 데려와서 물로 씻겨라.

13 그리고 나서 아론에게 거룩한 옷을 입히고 기름을 부어 거룩하게 해 제사장으로 나를 섬기게 하여라.

14 아론의 아들들을 데려와 그들에게 겉옷을 입혀라.

15 그 아버지에게 기름 부었듯이 그들에게도 기름을 부어 그들도 제사장으로 나를 섬기게 하여라. 그들에게 기름 부음으로써 제사장직이 대대로 그들에게 영원히 계속될 것이다."

28:41;29:7;민 25:13

16 성막을 세울 모세는 여호와께서 그에게 명령하신 모든 것대로 했습니다.

17 그리하여 2년 첫째 달 1일에 성막이 세워졌습니다.

2절;민 7:1

18 성막은 모세가 세웠는데 그 받침대의 자리를 잡고 널판을 세워 빗장을 끼우고 기둥을 세웠습니다.

19 그러고는 성막 위에 휘장을 펼쳐 성막 위에 덮개를 씌웠습니다. 여호와께서 그에게 명령하신 그대로였습니다.

20 그는 증거판을 가져다가 궤 안에 넣고는 궤에 장대를 끼우고 속죄 덮개로 덮었습니다.

21 그러고 나서 궤를 성막 안으로 갖다 놓고 가리개로 덮어 증거궤를 가렸습니다. 여호와께서 그에게 명령하신 그대로였습니다.

22 모세는 회막 안 성막 북쪽 휘장 밖에 상을 놓고

4절;26:35

23 여호와 앞에 진설병을 차려 놓았습니다. 여호와께서 모세에게 명령하신 그대로였습니다.

24 그는 또 회막 안 성막 남쪽에 있는 상 맞은

편에 등잔대를 두고

26:35

25 여호와 앞에 등불을 켰습니다. 여호와께서 그에게 명령하신 그대로였습니다.

26 모세는 회막 안 휘장 앞에 금 제단을 놓고

27 그 위에서 향을 태웠습니다. 역시 여호와께서 명령하신 그대로였습니다.

28 그러고 나서 그는 성막 문에 휘장을 드리웠습니다.

29 그는 성막, 곧 회막 문 가까이 번제단을 차리고 그 단 위에서 번제와 곡식제를 드렸습니다. 여호와께서 그에게 명령하신 그대로였습니다.

6절;29:41;30:9

30 그는 회막과 제단 사이에 대야를 놓고 그 속에 씻을 물을 담아

7절

31 모세와 아론과 그의 아들들이 그것으로 그 손과 발을 씻게 했습니다.

30:19-21

32 그들은 회막에 들어갈 때마다, 제단에 가까이 갈 때마다 씻었습니다. 여호와께서 모세에게 명령하신 그대로였습니다.

33 그러고 나서 모세는 성막과 제단 주위에 뜰을 세우고 뜰 문에 휘장을 드리웠습니다. 이렇게 해서 모세는 일을 마쳤습니다.

34 여호와의 영광이 성막에 가득할 그때 구름이 회막을 덮고 여호와의 영광이 성막에 가득했습니다.

레 16:2;민 9:15;왕상 8:10-11;사 6:4;겔 15:8

35 구름이 회막 위에 머물고 여호와의 영광이 성막에 가득했기 때문에 모세는 회막에 들어갈 수 없었습니다.

36 이스라엘이 구름을 따라 진행할 이스라엘 백성들은 그 여정 동안에 구름이 성막 위로 뜨면 떠났고

민 9:17;10:11;느 9:19

37 구름이 뜨지 않으면 뜨는 날까지 떠나지 않았습니다.

민 9:19-22

38 이렇게 이스라엘 모든 백성들은 그 여정 동안 여호와의 구름이 낮에는 성막을 덮고 밤에는 불이 구름 속에 있는 것을 보았습니다.

 출이집트기 퀴즈

 출이집트기는 하나님의 도움으로 이스라엘 백성이 이집트에서 해방되어 가나안으로 가는 내용이 기록되어 있어요. 자, 이제 출이집트기를 잘 읽었는지 한번 알아볼까요? 아래의 단어에 출이집트기에 나오는 사람과 장소가 숨어 있어요.

 힌트를 보고 잘 찾아서 예쁜 색연필로 그려 보세요.

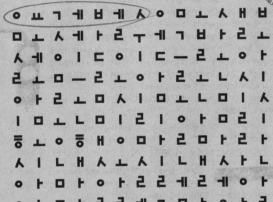

 hint!

★ 모세의 어머니 (출 6장)
★ 물에서 건짐을 받은 사람 (출 2장)
★ 이집트 군대를 삼켜 버린 바다 (출 15장)
★ 이집트의 왕 (출 2장)
★ 모세의 대변자 (출 4장)
★ 모세의 장인어른 (출 4장)
★ 최초의 여자 예언자 (출 15장)
★ 쓴 물이 있던 곳 (출 15장)

★ 하나님께서 십계명을 주신 산 (출 31장)
★ 이스라엘 사람들을 처음으로 공격한 족속 (출 17장)

 약 참!
정답의 순서는 힌트의 순서와 무관해요!

정답: 요게벳, 모세, 홍해, 바로, 미리암, 아론, 이드로, 미리암, 마라, 시내 산, 아말렉

Leviticus
레위기

여러분은 죄를 짓게 되면 어떻게 하나요? 하나님은 거룩하신 분이에요. 죄를 지은 인간은 하나님께 가까이 갈 수 없고, 죄의 모습으로 나아가면 반드시 죽는다고 하셨어요.
그런데 레위기는 죄인이 용서받고 하나님과 화목하게 되는 제사법과 거룩하게 되는 방법을 알려 줍답니다. 레위기의 핵심은 '내가 거룩하니 너희도 거룩하라'입니다.
백성들이 먹어야 할 것과 먹지 말아야 할 것, 가난한 사람들에 대한 배려, 장애인을 존중하는 것, 외국인을 배려하는 것, 백성들이 하나님의 은혜를 기억하며 지켜야 할 절기라든지 사회 생활에서 꼭 지켜야 할 규칙 등에서 하나님의 깊은 사랑을 느낄 수 있답니다. 레위기의 규칙들이 발전하여 오늘날 민주주의 국가들의 헌법이 되었다는 사실을 여러분은 아세요?
옛날에는 동물의 피를 제사드려 죄를 용서받았지만 예수님을 믿는 우리는 누구든지 예수님을 믿으면 죄 용서받고 하나님의 거룩한 백성이 된다는 것도 알지요!

레위기는 무슨 뜻인가요?

'레위'는 원래 야곱의 아들이에요. 레위 지파는 레위의 후손들입니다. 레위 지파는 제사장이 되어 성막에서 제사를 돕는 일을 했어요. '레위기'는 이들의 이름을 따서 지은 거예요.

누가 썼나요?

모세가 썼어요. 완성된 성막에서 어떻게 해야 죄를 용서받고, 하나님과 만날 수 있는지를 쓴 거예요. 하나님의 백성이 거룩하게 살아가도록 각종 제사들과 규칙들을 가르치고 있답니다.

언제 썼나요?

이집트에서 나와 모세가 시내 산에서 준기 전인
BC 1446-1406년경

중요한 사람들은?

모세
이집트 공주의 왕자로 자라남.
이스라엘 백성의 지도자

아론
모세의 형이자 대변인,
이스라엘 최초의 대제사장

나답과 아비후
아론의 아들들.
다른 불을 피우다 죽음당함

한눈에 보는 레위기

- 1-7장 희생제사
- 8-10장 제사장 성결법
- 11-22장 매일의 생활에 대한 규칙
- 23-25장 여러 가지 절기
- 26-27장 순종과 불순종에 대한 결과와 서원에 대해

레위기
Leviticus

1 소 여호와께서 모세를 불러 회막에서 그에게 다음과 같이 말씀하셨습니다.

2 "이스라엘 백성들에게 이렇게 말하여라. '너희가 여호와께 예물을 가져오려면 너희는 가축 가운데서 소나 양을 너희의 예물로 가져와야 한다. _{출 40:34-35;히 12:4-5}

3 만약 소로 예물을 삼아 번제를 드리려고 하면 흠이 없는 수컷을 드려야 한다. 회막 문으로 그가 그것을 가지고 오면 여호와 앞에서 기쁨으로 받아들여질 것이다.

4 그가 번제물의 머리에 손을 얹어야 한다. 그러면 그를 위한 속죄제물로 기쁘게 받아들여질 것이다. _{출 29:10,15;민 15:25;롬 12:1;벧전 4:18}

5 그는 여호와 앞에서 황소를 잡아야 하며 아론의 자손인 제사장들은 그 피를 가져다가 회막 문 앞의 제단 사방에 뿌려야 한다.

6 제사를 드리는 사람은 번제물의 껍질을 벗기고 토막을 내야 한다. _{히 12:24;벧전 1:2}

7 아론의 자손인 제사장들은 제단에 불을 놓고 그 위에 나무들을 가지런히 놓아야 한다. _{창 22:9}

8 그 후에 아론의 자손인 제사장들은 번제물의 토막들과 머리와 기름이 있는 부위를 제단 위의 불붙은 나무 위에 두어야 한다.

9 그리고 제사를 드리는 사람은 제물의 내장과 다리를 물로 씻어야 한다. 그 후에 제사장은 제물의 모든 부분을 제단에서 불태워야 한다. 이것은 번제이며 여호와께서 기뻐하시는 향기로운 화제다. _{창 8:21}

10 만약 그 예물이 가축의 떼, 곧 양이나 염소로 번제를 드린다면 흠이 없는 수컷을 드려야 한다.

11 제사드리는 사람은 여호와 앞에 있는 제단의 북쪽에서 그것을 잡아야 하며 아론의 자손인 제사장들은 제물의 피를 제단 사

방에 뿌려야 한다. _{5절}

12 그가 제물을 여러 조각으로 토막을 내면 제사장은 그 제물의 머리와 기름과 함께 제단 위에 있는 불붙은 나무 위에 올려놓아야 한다.

13 그는 제물의 내장과 다리를 물로 씻어야 한다. 그 후에 제사장은 그것 모두를 가지고 와서 제단 위에서 불태워야 한다. 이것은 번제이며 여호와께서 기뻐하시는 향기로운 화제다.

14 새 새를 번제물로 여호와께 드리려면 그 예물로 산비둘기나 어린 집비둘기를 가져와야 한다. _{57:12절;눅 2:24}

15 제사장은 그것을 제단으로 가져가서 새의 머리를 비틀어 끊고 제단 위에서 불태워야 한다. 새의 피는 제단 옆에 흐르게 해야 한다. _{5:8}

16 그 후에 그는 모이주머니와 그 안의 내용물은 떼어 내서 재 버리는 곳인 제단 동쪽에 버려야 한다. _{6:10}

17 제사장은 날갯죽지를 잡고 그것을 찢어야 하지만 아주 찢지는 말아야 한다. 그 후에 제사장은 그것을 제단 위에 있는 불붙은 나무 위에서 불태워야 한다. 이것은 번제이며 여호와께서 기뻐하시는 향기로운 화제다.'"

2 고운 가루와 기름과 유향 "'만약 사람이 여호와께 곡식으로 예물을 가져오려면 고운 가루가 그의 예물이어야 한다. 그는 그 위에 올리브기름을 붓고 유향을 얹어 _{15절;6:14;9:17;민 15:4;사 1:20:3}

2 아론의 자손인 제사장들에게 가져가야 한다. 그러면 제사장은 그 제물 가운데서 모든 유향과 함께 고운 가루 한 줌과 올리브기름을 가져다가 제단에서 기념물로 태워야 한다. 이것은 여호와께서 기뻐하시는 향기로운 화제다. _{1:9;2:9,16;사 66:3;청 10:4}

3 곡식제물 가운데 남은 것은 아론과 그 자손들의 것이 될 것이다. 이것은 여호와께 드리는 화제물 가운데 가장 거룩한 것이다.

4 누룩 없는 빵 만약 화덕에 구운 것으로 곡식제물을 가져오려면 그것은 고운 가루에

올리브기름을 섞어 만든 누룩 없는 두꺼운 빵이나 올리브기름을 바른 누룩 없는 납작한 빵이어야 한다. _{출 29:2}

5 만약 조리용 판으로 구운 것이라면 그것은 고운 가루에 누룩을 넣지 말고 올리브기름을 섞은 것으로 하되 _{대상 23:29;겔 46:3}

6 그것을 조각으로 나누어 올리브기름을 부어야 한다. 이것은 곡식제사다.

7 만약 얕은 솥에 익힌 것을 곡식제물로 드리려면 그것은 고운 가루에 올리브기름을 섞어 만들어야 한다.

8 이런 것들로 만든 곡식제물을 여호와께 가지고 가서 그것을 제사장에게 주면 그는 제단으로 가져가야 한다.

9 제사장은 그 곡식제물 가운데서 기념할 몫을 떼어 불로 드리는 제물로 삼아 제단에서 불태워야 한다. 이것은 여호와께서 기뻐하시는 향기로운 화제다. _{빌 4:18}

10 곡식제물 가운데 남은 것은 아론과 그 자손들의 것이 되는데 이것은 여호와께 드리는 화제물 가운데 가장 거룩한 것이다.

11 언약의 소금 여호와께 드리는 모든 곡식제사에는 누룩이 들어갈 수 없다. 이는 여호와께 드리는 화제로 어떤 누룩이나 어떤 꿀도 바쳐서는 안 되기 때문이다.

12 첫 수확물을 제물로 여호와께 바칠 수는 있지만 그것들은 여호와께서 기뻐하시는 향기로운 냄새를 위해서는 제단에 올려선 안 된다. _{민 18:12~13;대하 31:5}

13 모든 곡식제물에는 소금을 쳐야 한다. 네 하나님과 맺은 언약의 소금을 네 곡식제물에 빠지지 말고 넣어야 한다. 네 모든 예물에 소금을 쳐야 한다. _{민 18:19;막 9:49;골 46}

14 첫 수확물의 제물 만약 첫 수확물로 만든 곡식제물을 여호와께 드리려면 그 곡식을 볶아 빻은 것을 드려야 한다. _{23:14;수 5:11}

15 거기에다 올리브기름과 유향을 더하여라. 이것이 곡식제물이다. _{1절}

16 제사장은 빻은 곡식의 일부와 올리브기름 일부와 유향 전부를 기념물로 불태워야 한다. 이것이 여호와께 드리는 화제다.'"

3

소 "'만일 그 예물이 화목제이고 소로 예물을 드리려면 수컷이든 암컷이든 상관없이 흠 없는 온전한 것으로 여호와께 드려야 한다. _{7:11~21;잡 5:22}

2 그는 그 예물의 머리에 손을 얹는 의식을 치르고 그것을 회막 문에서 잡고 아론의 자손인 제사장들은 그 피를 제단 사방에 뿌려야 한다. _{1:4;17:6}

3 그는 화목제물 가운데 여호와께 드리는 화제로 드릴 부분, 곧 내장을 덮은 기름과 내장 주위에 있는 기름을 드려야 한다.

4 두 개의 콩팥과 그 위, 곧 허리 위의 기름 부위와 간의 꺼풀을 콩팥과 함께 떼어 내야 한다. _{10절}

5 아론의 자손들은 그것을 제단의 불붙은 나무 위에 올려놓은 번제물 위에서 태워야 한다. 이것이 여호와께서 기뻐하시는 향기로운 화제다. _{6:12}

6 양 만일 여호와께 드리는 화목제의 희생제물이 양 떼 가운데서 드리는 것이라면 수컷이든 암컷이든 간에 흠 없는 온전

구약 제사는 왜 그렇게 복잡한가요?

제사는 절차가 복잡하지만, 제사 형식 자체보다 제사가 담고 있는 의미가 더욱 중요해요. 구약 제사는 누구든지 죄를 가진 채 하나님께 나아갈 수 없기 때문에 하나님이 직접 죄를 없애는 방법을 알려 주신 것입니다. 원래 죄 지은 사람이 죽어야 했지만 죄를 지을 때마다 죽는다면 남아날 사람이 없겠죠?
하나님은 죄 지은 사람을 용서하시고자 사람 대신 동물을 죽여 제사 드리게 했어요. 흠 없는 동물에 손을 얹어 죄 지은 사람의 벌을 동물이 대신 받게 해서 죄를 용서하셨어요.

한 것이어야 한다.

7 만일 그가 그의 예물로 어린양을 드린다면 그것을 여호와 앞으로 가져가

8 그 제물 머리 위에 손을 얹는 예식을 치르고 회막 앞에서 잡아야 한다. 그리고 아론의 자손들은 그 피를 가져다 제단 사방에 뿌려야 한다.

9 그가 화목제 희생 가운데 여호와께 드릴 화제는 그것의 기름, 곧 척추 근처에서 떼어 낸 기름진 꼬리와 내장을 덮은 기름과 내장 주위의 기름과　　9:19; 출 29:22

10 콩팥 두 개와 그 위, 곧 허리 위의 기름 부위와 간의 꺼풀을 콩팥과 함께 떼어 낸 부위다.　　4절

11 제사장은 그것을 제단 위에서 불태워야 한다. 이것이 화제로 드리는 음식이다.

12 염소 만약 바치려는 예물이 염소라면 그것을 여호와 앞으로 가져가

13 예물의 머리에 손을 얹는 의식을 치르고 나서 회막 앞에서 잡고 아론의 자손들은 그 피를 제단 사방에 뿌려야 한다.

14 그가 제물 가운데 여호와께 드릴 것은 내장을 덮은 기름과 내장 주위의 기름과

15 콩팥 두 개와 그 위, 곧 허리 위의 기름 부위와 간 꺼풀을 콩팥과 함께 떼어 낸 부위다.

16 제사장은 그것을 불 위에 태워서, 여호와께서 기뻐하시는 향기를 내는 음식 제물로 제단 위에서 태워야 한다. 모든 기름은 여호와의 것이다.　　7:23-25; 삼상 2:15; 겔 44:7,15

17 어떤 기름이나 어떤 피도 먹지 말라, 이것은 너희가 어디에 살든지 대대로 지켜야 할 영원한 규례다."　　창 9:4; 신 12:16,23; 행 15:20,29

4

제사장의 속죄제 여호와께서 모세에게 말씀하셨습니다.

2 "이스라엘 백성들에게 다음과 같이 말하여라, '누구든지 여호와께서 하지 말라고 하나님이 우발적으로 범해 잘못을 저질렀을 때는 이렇게 해야 한다.

3 만일 기름 부음 받은 제사장이 죄를 지어서 그의 죄 때문에 백성이 손해를 입었다면 그는 그가 저지른 잘못으로 인해 흠 없는 황소를 속죄제물로 여호와께 드려야 한다.

4 그는 그 황소를 회막 문 여호와 앞으로 가져가 그 머리에 손을 얹는 의식을 행하고 여호와 앞에서 잡아야 한다.　　1:3-4

5 기름 부음 받은 제사장은 그 예물의 피를 취해 회막으로 가지고 들어가서

6 그 제사장은 자기 손가락으로 피를 찍어 성소 휘장 앞 여호와 앞에 일곱 번을 뿌려야 한다.

7 그 제사장은 그 피를 회막 안 여호와 앞에 있는 분향단 뿔에 바르고 그 나머지 모든 피는 회막 문에 있는 번제단 밑에 쏟아야 한다.　　5:9; 8:15; 9:9; 16:18,19; 출 29:12; 39:38

8 그는 속죄제물인 황소의 모든 기름, 곧 내장을 덮고 있는 기름과 내장 주위에 있는 모든 기름과　　33

9 콩팥 두 개와 그 위, 곧 허리 위의 기름 부위와 간 꺼풀을 콩팥과 함께 떼어 내야 한다.

10 그것은 화목제로 소를 잡을 때의 경우와 같이 할 것이며 제사장은 그것을 번제단에서 불태워야 한다.

11 그러나 황소의 가죽, 고기 전부, 머리, 다리, 내장, 똥 등　　9:11; 출 29:14; 민 19:5

12 곧 황소의 다른 나머지 부분들은 이스라엘의 야영지 바깥에 위치한 정결한 곳, 곧 재 버리는 곳으로 가져가 나무를 놓고 함께 불태워야 한다.　　출 13:14; 히 13:11

13 **회중의 속죄제** 만일 이스라엘 온 회중이 우발적으로 죄를 지었고 당시에는 공동체가 죄를 깨닫지 못했을지라도 여호와께서 하지 말라고 명령하신 것을 행했다면 그들은 죄를 지은 것이다.　　5:2-4; 민 15:24-26

14 그들이 저지른 죄를 깨닫게 되면 회중은 소 떼 가운데서 황소를 속죄제물로 드려 회막 앞으로 끌고 와야 한다.　　23절

15 회중의 장로들이 여호와 앞에서 그 황소의 머리에 손을 얹는 의식을 행하고 나서

분향단 (4:7, 焚香壇, altar of frahrant incense) 매일 아침저녁으로 향기로운 향을 피우던 단.

여호와 앞에서 그 황소를 잡아야 한다.

16 기름 부음 받은 제사장은 황소의 피를 회막 안으로 가지고 들어가야 하며 5~12절

17 그는 자기 손가락에 그 피를 찍어 성소 휘장 앞 여호와 앞에 일곱 번을 뿌려야 한다.

18 그는 그 황소의 피를 회막 안 여호와 앞에 있는 분향단의 뿔들에 바르고 그 황소의 나머지 모든 피는 회막 문에 있는 번제단 밑에 쏟아야 한다.

19 그는 황소의 모든 기름 부위를 떼어 제단에서 불태워야 한다.

20 그는 속죄제물로 바친 황소에게 행한 것처럼 그렇게 그 황소에게 행해야 한다. 제사장이 그들을 위해 속죄를 하면 그들은 용서받게 될 것이다.

21 그는 그 황소를 이스라엘 야영지 밖으로 가져다 첫 번째 황소를 불태운 것처럼 불태워야 한다. 이것이 회중을 위한 속죄제사다.

22 **지도자의 속죄제** 지도자가 여호와께서 하지 말라고 명하신 것을 하나라도 우발적으로 범해 그가 죄책감을 느끼거나

23 자기가 저지른 죄를 깨닫게 됐을 때는 흠 없는 숫염소를 그의 예물로 가져와야 한다. 14절

24 그는 그 염소의 머리에 손을 얹는 의식을 행하고 여호와 앞에서 번제물을 잡는 곳에서 그것을 잡아야 한다. 이것이 속죄제물이다. 1:4

25 제사장은 그 속죄제물의 피를 자기 손가락으로 찍어 번제단의 뿔에 바르고 나머지 피는 그 제단 밑에 쏟는다. 7,18,30,34절

26 그는 화목제 예물의 기름같이 제단에서 불태워야 한다. 제사장이 그 사람의 죄를 위해 속죄하면 그는 용서받게 될 것이다.

27 **평민의 속죄제** 만일 평민 가운데 한 사람이 여호와께서 하지 말라고 명하신 것을 하나라도 우발적으로 범해 그가 죄책감을 느끼거나 2절; 민 15:27

28 그가 자기의 죄를 깨닫게 되면 흠 없는 암염소를 자기의 죄를 위해 예물로 가져와야 한다. 14,23절

29 그는 속죄제물의 머리에 손을 얹는 의식을 행하고 번제물을 잡는 장소에서 그것을 잡아야 한다. 4,15,24절;1:4

30 제사장은 그 피를 손가락으로 찍어다가 번제단의 뿔에 바르고 나머지 피는 번제단 밑에 부어야 한다.

31 그리고 그 모든 기름을 화목제물에서 기름을 제거한 것같이 그는 그 예물의 모든 기름을 내도록 여호와께서 좋아하시는 향기를 내도록 그것을 제단에서 태워야 한다. 제사장이 그를 위해 속죄를 하면 그의 죄가 용서될 것이다.

이스라엘 백성들이 가져온 예물로 제사장들이 회막에서 제사를 드림

32 만일 어린양을 속죄제물로 가져오려면 흠 없는 암양을 드려야 한다.

33 그는 그것의 머리에 손을 얹는 의식을 행하고 번제물을 잡는 곳에서 속죄제물을 잡아야 한다.

34 제사장은 속죄제물의 피를 찍어다가 번제단의 뿔에 바르고 그 나머지 피는 제단 밑에 쏟아부어야 한다.

35 그는 그 모든 기름을 화목제물에서 기름을 제거한 것같이 이 예물의 모든 기름을 떼어 내야 한다. 제사장은 그것을 제단 위에서 여호와의 화제와 함께 태워야 한다. 제사장이 그가 지은 죄를 위해 속죄하면 그는 용서받을 것이다.'" 20,26,31절;3:3,9

5 속죄제를 드려야 할 경우 "'사람이 만일 그가 저주의 소리를 듣거나 보거나 알아서 증인이 돼 법정에서 증언하도록 요청받았지만 증언하지 않는다면 그는 형벌을 받아야 한다. 마 26:63

2 혹은 어떤 사람이 부정한 것, 곧 들짐승의 시체나 부정한 가축의 시체나 부정한 곤충의 시체를 만졌다면 비록 모르고 한 일이라도 그는 부정해질 것이다. 그렇게 해서 그는 범죄한 것이다.
11:24,28,31,39절; 19:11,13,16

3 혹은 사람의 부정함, 곧 부정하게 하는 어떤 것이라도 만졌다면 비록 모르고 한 일이라도 깨닫게 되면 그에게 죄가 있는 것이다.

4 혹은 어떤 사람이 우발적으로 좋은 것이든 나쁜 것이든 그 어떤 것을 행하기로 맹세를 했다면 비록 모르고 한 것이라도 그것을 깨닫게 되면 그에게 죄가 있는 것이다.

5 이것들 가운데 한 가지라도 범죄한 사람은 자기의 죄를 고백해야 한다. 민 5:7; 스 10:1

6 그는 자기의 죄에 대한 대가로 여호와께 어린 암양이나 암염소를 속죄제물로 가져와야 한다. 그러면 제사장은 그를 위해 그의 죄를 속죄할 것이다.

7 가난한 사람을 위한 제물, 새 만일 어린양을 준비할 능력이 없다면 그는 자기가 범한 죄의 배상물로 산비둘기 두 마리나 어린 집비둘기 두 마리를 여호와께 드려야 한다. 하나는 속죄제물이고 다른 하나는 번제물이다. 1:14; 12:8; 14:21

8 그가 그것들을 제사장에게 가지고 오면 제사장은 첫 번째 것을 속죄제물로 드리되 그는 그것의 목을 비틀어 죽여야 한다. 그러나 그것의 몸을 아주 찢지는 말고

9 그는 속죄제물의 피를 제단 옆에다 뿌리고 나머지 피는 제단 밑에 쏟아부어야 한다. 이것이 속죄제사다. 1:15; 4:7,18,30,34

10 그리고 제사장은 두 번째 예물을 번제물의 방식으로 드릴 것이며 제사장이 그를 위해 그의 지은 죄를 속죄하면 그는 용서받을 것이다. 4:20,26,31,35

11 가난한 사람의 소제 그러나 만일 두 마리 산비둘기 두 마리나 집비둘기 두 마리에 미치지 못하면 그는 고운 밀가루 10분의 1에바를 자기의 죄를 위한 예물로 가져와야 한다. 그러나 거기에 올리브기름이나 유향을 섞어서는 안 된다. 그것은 속죄제물이기 때문이다. 민 5:15

12 그는 그것을 제사장에게 가져가면 제사장은 기념물로 한 줌을 쥐어 제단 위에서 여호와의 화제물들과 함께 불태워야 한다. 이것은 속죄제다. 2:2; 4:35

13 이렇게 제사장은 그가 행한 그의 죄들을 속죄해야 한다. 그러면 그의 죄가 용서받을 것이다. 그 예물의 나머지는 곡식제물의 경우처럼 제사장의 소유가 될 것이니라.'"

14 성물에 대한 죄 여호와께서 모세에게 다음과 같이 말씀하셨습니다.

15 "누구든지 불성실해 여호와의 거룩한 물건들에 대해 우발적으로 죄를 저질렀다면 그는 가축들 가운데 성소의 세겔로 그 가치에 해당하는 흠 없는 숫양 한 마리를 속건제물로 가져와야 한다. 이것이 속건제물이다. 22:14; 출 30:13; 스 10:2,19

16 그는 또한 거룩한 물건들에 대한 자신의 죄의 대가를 갚을 때 그 값에 5분의 1의 값을 더해 제사장에게 주어야 한다. 그러면 제사장은 배상의 예물로 숫양을 가지

번제	정의	제물을 완전히 태워 드리는 제사.	레1장; 6:8-13
	제물	바치는 사람의 형편에 따라 흠 없는 수소, 숫양이나 숫염소, 산비둘기나 집비둘기 새끼.	
	방법	제물 드리는 사람이 제단 앞에서 짐승의 머리에 손을 얹는다. 제물 드리는 사람이 짐승을 죽여 각을 뜨면, 제사장이 제물의 피를 제단 사방에 뿌린다. 제단 위에 제물을 놓고 태운다.	
	의미	자발적으로 드리는 제사로, 향기로운 냄새이다. 속죄와 하나님께 드리는 온전한 헌신과 순종을 뜻한다. 흠이 없으신 예수님은 우리 죄를 위해 하나님께 자신을 온전히 드리셨다.	
소제	정의	곡식으로 드리는 제사(피가 없는 제사이기 때문에 번제나 화목제와 함께 드린다).	레 2장; 6:14-23
	제물	올리브기름과 유향과 소금을 섞은 고운 곡식 가루나 누룩 없는 빵.	
	방법	고운 가루에 올리브기름과 유향을 섞어 제단에서 태운다. 화덕에 굽거나 조리용 판에 부치거나 솥에 삶아 드릴 수도 있다. 누룩이나 꿀을 섞어서는 안 되나, 소금을 반드시 넣어야 한다.	
	의미	하나님의 은혜에 감사하여 자발적으로 드리는 제사이다. 예수님은 하나님께 드리는 온전한 예물이셨다.	
화목제	정의	하나님과 사람 사이의 화목을 위해 드리는 제사(감사, 서원, 자원 예물로 드림).	레 3장; 7:11-36
	제물	바치는 사람의 형편에 따라 흠 없는 소, 양, 염소.	
	방법	제물 드리는 사람이 제단 앞에서 짐승의 머리에 손을 얹고 죽인다. 제사장이 제물의 피를 제단 사방에 뿌리고, 내장의 기름과 두 콩팥을 떼어 제단 위에서 태운다. 가슴과 오른쪽 뒷다리는 각각 요제와 거제로 드린 후 제사장이 가진다. 나머지는 제사장과 제물을 바치는 사람이 남김없이 다 먹는다.	
	의미	자발적으로 드리는 제사로, 향기로운 냄새이다. 죄를 용서받고 하나님과 화목하게 되었음을 뜻한다. 제사 후에 예물을 나눠 먹는 것은 하나님과의 친밀한 교제를 뜻하며, 제사장에게 몫을 돌리는 것은 감사와 기쁨을 더불어 나누는 것을 뜻한다. 예수님은 하나님과 사람 사이를 화목하게 하시는 화목 제물이셨다.	
속죄제	정의	뜻하지 않게 지은 죄나, 모르고 지은 죄를 용서받기 위해 드리는 제사.	레4:1-5:13, 6:24-30; 12:6-8
	제물	바치는 사람의 형편에 따라 흠 없는 황소, 어린양, 염소, 산비둘기나 집비둘기, 고운 밀가루 10분의 1에바.	
	방법	제사장 - 흠 없는 수송아지를 안수한 후 잡아서 그 피를 성소의 휘장 앞에 일곱 번 뿌리고 향단 뿔에 바른다. 나머지 피는 제단 밑에 쏟고, 송아지 전부를 진밖 정결한 곳에 가져다가 나무 위에서 불로 태운다. 회중의 죄 - 제사장의 범죄와 똑같이 처리한다. 지도자의 죄 - 흠 없는 숫염소를 예물로 드린다. 염소의 피를 제단 뿔에 바르고 나머지는 제단 밑에 쏟고 모든 고기, 기름은 제단 위에서 태운다. 평민의 범죄 - 흠 없는 암염소나 어린양을 제물로 바친다. 제물은 지도자의 범죄와 똑같이 처리하며, 형편에 따라 비둘기나 고운 곡식 가루를 제물로 삼을 수 있었다.	
	의미	죄에 대해서는 반드시 제물을 바쳐 속죄를 받아야 한다는 것을 알려 준다. 예수님은 모든 사람의 죄를 위해 드리신 속죄 제물이셨다.	
속건제	정의	하나님의 성물을 더럽히거나 계명을 어겼을 경우, 사람에게 해를 끼친 경우에 용서받고자 드리는 제사.	레 5:14-6:7, 7:1-10; 14:12-18
	제물	흠 없는 숫양, 어린양	
	방법	제물 드리는 사람이 제단 앞에서 짐승의 머리에 손을 얹는다. 그리고 짐승을 죽이면, 제사장이 제물의 피를 제단 사방에 뿌린다. 내장의 기름과 두 콩팥을 떼어 제단 위에서 태운다. 흠 없는 짐승을 제물로 드리며, 벌금도 지불한다(제물의5분의1을 더 지불).	
	의미	죄를 회개할 때 피해를 입은 상대방에게 알맞은 보상을 해야 함을 알려 준다. 예수님은 우리의 허물을 위해 드리신 속건 제물이셨다.	

고 그를 위해 속죄해야 한다. 그러면 그의
죄는 용서받을 것이다. 6:5;22:14;27:13,15;민 5:7

17 **금령을 범한 죄** 여호와께서 행하지 말라고
명령하신 것을 행해 범죄했다면 그것을
깨닫지 못하더라도 그는 범죄한 것이다.
그에 대한 책임이 있는 것이다. 눅 12:48

18 그는 가축 떼 가운데 속건제물로 정해진
값에 해당하는 흠 없는 숫양 한 마리를 제
사장에게 가져와야 한다. 이렇게 제사장
은 그가 우발적으로 저지른 잘못을 대신
해 그를 위해 속죄해야 한다. 그러면 그의
죄는 용서받을 것이다. 15절

19 이것이 속건제사다. 그가 여호와 앞에서
범죄한 것에 대해서 책임을 져야 한다.

6

제물들의 규례 여호와께서 모세에게 말
씀하셨습니다.

2 "누구든지 여호와께 불성실해 범죄한 경
우, 곧 남의 물건을 맡거나 담보로 잡거나,
강도질하거나, 이웃의 소유를 부당하게 빼
앗거나 19:11,13;출 22:7,10;민 5:6;미 2:2

3 혹은 남이 잃은 물건을 차지하고도 거짓
으로 부인하거나, 가짓으로 맹세하는 등의
범죄들 가운데 어느 하나라도 행했다면

4 그와 같이 범죄했다면 그는 그것에 대해
서 배상해야 한다. 곧 훔친 대로, 빼앗은
대로, 자기에게 맡겨진 대로, 남이 잃은 물
건을 가져간 대로,

5 무엇이든 가짓으로 맹세한 대로 배상해야
한다. 그는 그것을 전부 배상하고 그 가치
의 5분의 1의 값을 더해 속건제물을 드릴
때 원래 주인에게 주어야 한다. 눅 19:8

6 그리고 그는 여호와께 대한 자신의 속건제
물로 제사장이 정한 값에 해당하는 흠 없
는 숫양 한 마리를 제사장에게 가져와야
한다. 5:15,18

7 제사장은 여호와 앞에서 그를 위해 속죄
해야 한다. 그러면 그가 행하고 범죄한 것
을 용서받게 될 것이다." 4:26

8 **제사장이 지킬 번제의 규례** 여호와께서 모세
에게 말씀하셨습니다.

9 "'아론과 그 아들들에게 이렇게 명령하여

라. '이것은 번제물에 관한 규례다. 번제물
은 제단 위, 제물을 태우는 곳에 밤새 올
려져 아침까지 있어야 하고 제단의 불은
그곳에서 계속 불타올라야 한다.

10 제사장은 고운 삼베로 만든 긴 옷과 속바
지를 입고서 제단 위에서 불에 타고 재만
남은 번제물을 가져다 제단 옆에 두어야
한다. 1:16;16:4;출 28:39~43;겔 44:18

11 그 후에 그는 고운 삼베옷을 벗고 일상적
인 옷으로 갈아입고 나서 그 재를 이스라엘
의 야영지 밖, 정결한 곳으로 내가야 한다.

12 제단 위의 불은 그곳에서 계속 타고 있어
야 하고 꺼져서는 안 된다. 아침마다 제사
장은 나무를 가져다 제단 위에 불을 붙이
고 그 위에다 화목제물의 지방이 있는 부
위를 불태워야 한다. 3:3,9,14

13 그 불은 제단에서 계속 타올라야 하며 꺼
져서는 안 된다.

14 **곡식제물에 관한 규례** 이것은 곡식제물에
관한 규례다. 아론의 아들들은 그것을 여
호와 앞 제단 앞에 드려야 한다.

15 그는 고운 곡식 가루 한 줌과 올리브기름
을 가져다 그 곡식제물 위에 모든 유향을
더해 제단 위에 그것을 기념물로 태워 여
호와께서 기뻐하시는 향기를 내야 한다.

16 아론과 그 아들들이 그 나머지를 먹을 것
이며 그것은 거룩한 곳, 곧 회막 뜰에서
누룩 없이 먹어야 한다. 2:3;10:12;겔 44:29;고전 9:13

17 그것은 누룩을 넣고 구워서는 안 된다. 나
는 그것을 내 화제물 가운데 그들의 몫으
로 주었다. 그러므로 속죄제물과 속건제
물과 같이 그것은 가장 거룩한 것이다.

18 아론의 자손들 가운데 남자는 그것을 먹
을 수 있다. 이것이 너희 대대로 여호와께
드리는 화제 가운데 그들이 받을 영원한
몫이다. 이 제물에 닿는 것은 무엇이든 거
룩하게 될 것이다.'" 출 29:37;30:29;민 18:10

19 여호와께서 또 모세에게 말씀하셨습니다.

배상 (5:16, 賠償, atonement) 남의 권리를 침해한 사람
이 손해를 본 사람에게 물어 주는 것. **담보** (6:2, 擔保)
돈을 빌려 주는 대신 맡아서 보증하는 물건.

20 "아론과 그 아들들이 제사장으로 임명을 받을 때 여호와께 바쳐야 할 제물은 이렇다. 정기적인 곡식제물의 경우처럼 고운 가루 10분의 1에바를 준비해 2분의 1은 아침에, 2분의 1은 저녁에 드려야 한다.

21 그것을 얇은 철판 위에 올리브기름을 섞어 만드는데 그것을 잘 반죽해 곡식제물처럼 잘게 잘라 구워라. 그러고 나서 그것을 여호와께서 기뻐하시는 향기로 드려야 한다.

22 아론의 아들들 가운데 아론의 뒤를 이어 제사장으로 임명 받은 제사장은 이것을 영원한 규례로 여호와께 드려야 한다. 이 것은 완전히 불태워야 한다. 출 29:25

23 제사장이 드리는 모든 곡식제물은 완전히 불태울 뿐 먹어서는 안 된다."

24 속죄제에 관한 규례 여호와께서 모세에게 말씀하셨습니다.

25 "아론과 그 아들들에게 이렇게 말하여라. '이것은 속죄제물에 관한 규례다. 속죄제물은 여호와 앞 번제물을 잡는 곳에서 잡아야 한다. 이것은 가장 거룩한 것이다.

26 죄로 인해서 그것을 드리는 제사장은 그 것을 먹어야 한다. 그는 거룩한 장소, 곧 회막 뜰에서 먹어야 한다. 민 18:9,10;잘 44:27-29

27 그중 어떤 부위든 고기를 만지는 사람마다 거룩해질 것이고 그 피가 누군가의 겉옷에 조금이라도 튀었다면 너희는 거룩한 곳에서 그 옷을 씻어 내야 한다.

28 그 고기를 삶은 토기는 깨 버리고 놋그릇에 고기를 삶았으면 그 그릇은 문질러 닦고 물로 헹구어야 한다. 11:32-33;15:12

29 제사장 가문의 남자는 그 고기를 먹을 수 있다. 그것은 가장 거룩한 것이다.

30 그러나 성소 안에서 속죄를 하기 위해서 속죄제물의 피를 회막 안으로 가지고 들어간 예물은 먹지 말고 불로 태워야 한다.'"

7
속건제에 관한 규례 "'이것은 속건제물에 관한 규례다. 이것은 가장 거룩한 것이다. 37절;5:1-6;6:1-7,17,25

2 속건제물은 번제물을 잡는 장소에서 잡고 그 피는 제단 사방에 뿌려야 한다. 6:25

3 그 예물의 모든 기름을 바쳐야 한다. 곧 기름진 꼬리와 내장을 덮고 있는 기름,

4 두 콩팥과 거기 허리 주변에 붙은 기름, 간의 꺼풀을 콩팥들과 함께 떼어내야 한다.

5 제사장은 그것들을 여호와께 화제로 드리는데 제단 위에서 태워야 한다. 이것이 속건제물이다.

6 제사장 가문의 남자는 그것을 먹을 수 있지만 거룩한 곳에서 먹어야 한다. 그것은 가장 거룩하다. 1절;6:18,29

7 속죄제물은 속죄제물과 같이 동일한 규칙이 적용된다. 곧 그 제물은 속죄를 행하는 제사장의 몫이 된다. 6:25-26;14:13

8 어떤 사람의 번제물을 드리는 일을 한 제사장은 그 사람이 드린 번제물의 가죽을 가질 것이다.

9 화덕에 구워진 모든 곡식제물과 얇은 솥이나 조리용 판에서 준비된 모든 곡식제물도 그것을 여호와께 드리는 일을 하는 제사장의 소유가 되고 23,5,7,10;잘 18:9;잘 44:29

10 올리브기름과 섞었든 섞지 않았든 곡식제물은 모두 아론의 모든 아들들이 똑같이

친구에게 잘못했을 때

속건제는 하나님의 거룩한 물건에 대해 죄를 범했거나, 하나님의 규례를 어겼거나, 사람에게 해를 끼친 경우 용서받기 위해 드리는 제사를 말해요. 이것은 예배를 위해 바쳐진 물건들에도 하나님의 거룩함이 미친다는 것을 보여 주는 것이랍니다. 그 때문에 우리는 하나님의 거룩함을 본받아 거룩한 삶을 살아야 해요.(고후 7:1).

나누어 가져야 한다.'"

11 화목제물에 관한 규례 "'여호와께 바치는 화목제물에 관한 규례는 이렇다. _{3:1,22,21}

12 감사의 표시로 화목제물을 드리려면 이 감사의 예물을 누룩 없이 올리브기름을 섞은 두꺼운 빵과 누룩 없이 올리브기름만 바른 납작한 빵과 고운 가루로 잘 반죽해 올리브기름을 섞은 빵을 드려야 한다.

13 감사의 표시로 드리는 화목제물과 함께 누룩을 넣어 만든 빵을 드려야 한다. _{암 4:5}

14 그와 같이 각 종류의 빵 가운데 하나씩 가져와서 여호와께 예물로 드려야 한다. 그것은 화목제물의 피를 뿌리는 제사장의 소유가 돼야 한다. _{출 29:27-28,민 18:8,11,19}

15 그 감사의 표시로 드려진 화목제물의 고기는 제물을 드리는 날에 먹어야 하고 아침까지 남기면 안 된다. _{22:29-30}

16 자원하는 예물 그러나 예물이 맹세를 이루기 위한 제물이거나 자원해서 드리는 제물이라면 희생제물은 드리는 날에 먹을 것이며 나머지는 다음 날 먹어야 한다.

17 3일째 되는 날까지 남은 고기는 불태워야 한다.

18 화목제물의 고기를 3일째 되는 날까지 먹는다면 그것을 바친 사람은 하나님이 용납하지 않으실 것이다. 그리고 예물을 드린 사람에게도 그것이 예물답지 못하게 될 것이다. 오히려 그것은 가증한 것이며 그것을 먹는 사람은 죗값을 치러야 한다.

19 정결함을 요구하심 부정한 것에 닿은 고기는 먹어서는 안 된다. 그것은 불태워야 한다. 정결한 사람은 고기를 먹을 수 있으나

20 부정한 가운데 있는 사람이 여호와께 드린 화목제물의 고기를 먹는다면 그런 사람은 그의 백성 가운데서 끊어질 것이다.

21 부정한 것, 곧 부정한 사람이든 부정한 동물이든 어떤 부정하고 가증스러운 것을 만져서 부정해진 후에 여호와께 드린 화목제물의 고기를 먹었다면 그런 사람은 그의 백성에게서 끊어질 것이다.'" _{11:10-28}

22 기름을 먹지 말 것 여호와께서 모세에게 말씀하셨습니다.

23 "'이스라엘 백성들에게 말하여라. 소나 양이나 염소의 기름은 어떤 것이든지 먹지 말아라. _{3:16-17}

24 스스로 죽은 동물의 기름이나 들짐승에게 찢겨 죽은 짐승의 기름은 다른 목적으로 사용될 수 있으나 너희가 먹을 수는 없다.

25 여호와께 화제로 드리는 제물 가운데 나온 짐승의 기름을 먹는 사람은 자기 백성으로부터 끊어질 것이다.

26 피를 먹지 말 것 너희는 어디에서 살든 새나 동물의 어떤 피도 먹지 말라. _{3:17}

27 피를 먹는 사람은 그의 백성에게서 끊어질 것이다.'"

28 제사장들의 몫 여호와께서 모세에게 말씀하셨습니다.

29 "'이스라엘 백성들에게 말하여라. 여호와께 화목제물을 가져오는 사람은 여호와께 드리는 화목제물들의 희생물 가운데 일부를 여호와께 예물로 가져와야 한다. _{3:1}

30 그는 여호와께 화제로 드리는 제물을 스스로 가져와야 한다. 그는 기름과 함께 가슴살 부위를 가져오고 가슴살 부위는 여호와 앞에서 흔들어 바치는 예물로서 여호와께 드려야 한다. _{3:3-4,9:14,출 29:24}

31 제사장은 그 기름을 제단에 태워야 하지만 가슴살 부위는 아론과 그 아들들의 것이 될 것이다. _{3:5,11,16,9:21,민 6:20}

32 화목제물의 오른쪽 뒷다리를 들어 올려 바치는 예물로 제사장에게 주어야 한다.

33 아론의 아들들 가운데서 화목제물의 피

와 기름을 여호와께 드리는 일을 하는 제사장은 자신에게 주어진 한몫으로 오른쪽 뒷다리를 가질 수 있다.

34 내가 이스라엘 백성이 낸 화목제물들 가운데서 *흔든 가슴살 부위와 *드려진 오른쪽 뒷다리를 이스라엘 백성에게 받아 제사장 아론과 그 아들들에게 영원한 몫으로 주었다."

출 29:28; 민 18:18~19

35 이것은 아론과 그 아들들이 제사장으로 여호와를 섬기도록 임직된 날에 드린 여호와의 화제물 가운데서 아론이 받는 몫이며 그 아들들이 받는 몫입니다.

출 40:13~15

36 그들이 임직하던 때 여호와께서 이스라엘 백성들에게 이것을 그들에게 주도록 명령하셨습니다. 그것은 대대로 주어진 영원한 몫입니다.

37 주요 제사의 규례 이상은 번제물과 곡식제물과 속죄제물과 속건제물과 성별케 하는 제물과 화목제물에 관한 규례입니다.

38 이것은 여호와께서 시내 광야에서 이스라엘 백성을 향해 여호와께 예물을 가져오라고 명령하셨던 때에 시내 산에서 여호와께서 모세에게 명령하신 것입니다.

8 회중이 회막문에 모임 여호와께서 모세에게 말씀하셨습니다.

2 "아론과 그 아들들을 데려오며 예복과 기름 부을 때 쓸 올리브기름과 속죄제물로 쓸 황소 한 마리와 숫양 두 마리와 누룩 없는 빵 한 광주리를 가져와라.

출 28:2~4

3 그리고 회막 문으로 온 회중을 모아라."

4 모세는 여호와께서 명령하신 대로 했고 회막 문에 회중이 모였습니다.

5 아론에게 옷을 입힘 모세가 회중에게 말했

습니다. "여호와께서 이렇게 행하라고 명령하셨다."

출 29:4

6 모세가 아론과 그 아들들을 앞으로 나오게 하고 그들을 물로 씻겼습니다.

7 그는 아론에게 속옷을 입히고 허리띠를 띠우고 겉옷을 입혔으며 그 위에 에봇을 걸쳐 입히고, 잘 짜인 허리띠를 에봇 위에 단단히 매어 주었습니다.

7~9절출 28:4

8 그는 아론에게 가슴패를 붙여 주고 그 위에 우림과 둠밈을 넣었습니다.

출 28:30

9 그는 아론의 머리 위에 관을 씌우고 그것 앞쪽에다 헌신의 거룩한 표시인 금패를 붙였습니다. 이는 여호와께서 모세에게 명령하신 대로였습니다.

출 39:30

10 기름을 발라 거룩하게 함 그 후에 모세는 거룩하게 구별하는 용도로 올리브기름을 가져다가 장막과 그 안에 있는 모든 기구에 발라 그것들을 거룩하게 했습니다.

11 그는 올리브기름의 얼마를 제단 위에 일곱 번 뿌리고 제단과 제단의 모든 기구와 물두멍과 그 밑받침에도 기름을 발라 거룩하게 했습니다.

12 모세는 아론을 거룩하게 구별하는 올리브기름 일부를 그의 머리에 부어 그를 거룩하게 했습니다.

21:10,12출 30:30; 시 133:2

13 아론의 아들들에게 옷을 입힘 모세는 아론의 아들들을 데려다가 그들에게 속옷을 입히고 허리띠를 띠우고 두건을 씌워 주었습니다. 이렇게 모세가 여호와께서 명령하신 대로 했습니다.

14 속죄제를 드림 그 후에 모세가 속죄제물로 황소를 가져왔습니다. 아론과 그 아들들이 속죄제물로 바칠 황소의 머리 위에 손

우림과 둠밈

우림의 뜻은 '빛'이고 둠밈의 뜻은 '온전함'입니다. 이 것은 이스라엘 사람들이 하나님의 뜻을 묻기 위해 사용한 도구였습니다(출 28:30).

재료나 모양은 분명치 않으나 제사장이 판결을 위해 가슴패에 넣고 다닌 것으로 보이며(출 8:8) 보석의 일종으로 생각된다. 보통은 하나님의 뜻을

'예', '아니오'로 묻는 것에 사용되었다. 이것은 하나님의 뜻을 묻는 데 사용됐기 때문에 '에봇'과 함께 제사장의 권위를 나타낸 것으로 보인다(스 2:63; 느 7:65). 우림과 둠밈은 초기 왕정 시대까지 사용되었으며(삼상 28:6), 다윗 이후 예언자들이 하나님의 말씀을 전달하면서 사용되지 않았다.

을 얹는 의식을 행했습니다. 4:4;겔 43:19

15 모세는 그것을 죽여서 피를 가져다 자기 손가락으로 찍어 제단의 뿔들에 발라 제단을 정결하게 하고 제단 밑에 쏟아부어 그것을 거룩하게 했습니다. 겔 43:20,26:8 9:22

16 그는 내장에 있는 모든 기름과 간의 꺼풀과 콩팥 두 개와 그 기름을 가져다 제단에서 태웠습니다. 3:4;4:8

17 그러나 황소와 그것의 가죽과 살과 똥은 여호와께서 모세에게 말씀하신 대로 이스라엘의 야영지 밖에 가져다 태워 버렸습니다. 4:11-12

18 번제를 드림 그 후에 그는 숫양을 가져다 번제물로 바쳤습니다. 아론과 그 아들들은 그 제물의 머리 위에 손을 얹는 의식을 행했습니다. 2절

19 모세는 그것을 잡아 제단 사방에 그 피를 뿌렸습니다.

20 숫양의 각을 떠서 모세는 그 제물의 머리와 고기 조각들과 기름을 불태웠습니다.

21 모세는 내장과 다리를 물로 씻고 제단에 번제물로 숫양 전부를 드렸습니다. 이것은 번제로 여호와께서 기뻐하시는 향기로운 화제입니다. 여호와께서 모세에게 명하신 대로였습니다.

22 입직식의 숫양 그 후에 그는 다른 숫양 한 마리를 임직을 위한 제물로 드렸고 아론과 그 아들들은 그것의 머리 위에 손을 얹는 의식을 행했습니다. 2절

23 모세는 그것을 잡았고 그 피를 조금 가져다 아론의 오른쪽 귓불과 오른쪽 엄지손가락과 오른쪽 엄지발가락에 발랐습니다.

24 모세는 또한 아론의 아들들을 데려왔고 그 피를 그들의 오른쪽 귓불과 그 오른쪽 엄지손가락과 오른쪽 엄지발가락에 발랐습니다. 그 후에 모세는 그 피를 제단 사방에 뿌렸습니다.

25 그는 기름과 기름진 꼬리와 내장에 있는 모든 기름과 간의 꺼풀과 두 콩팥과 그것을 덮고 있는 기름과 오른쪽 넓적다리를 떼어 냈습니다.

26 그 후에 여호와 앞에 있는 누룩 없는 빵이 담긴 바구니에서 빵 하나와 올리브기름을 섞어 만든 빵 하나와 납작한 빵 하나를 가져다 기름과 오른쪽 뒷다리 위에 얹었습니다.

27 그는 이 모든 것을 아론과 그 아들들의 손에 얹어 그것을 여호와 앞에서 흔들어 바치는 예물로 드리게 했습니다.

28 그 후에 모세는 그들 손에서 그것들을 가져다 제단 위에서 번제물과 함께 임직 예물로 태웠습니다. 그것은 여호와께서 기뻐하시는 향기로운 화제였습니다.

29 모세는 또한 가슴살 부위를 가져다 여호와 앞에서 흔들어 바치는 예물로 드렸습니다. 그것은 임직식의 숫양 제물 가운데 모세의 몫이었습니다. 여호와께서 모세에게 명령하신 대로였습니다.

30 제사장들을 거룩하게 함 그 후에 모세는 제사장의 임직 때 쓰이는 올리브기름과 제단에 있던 피를 조금 가져다 아론과 그의 겉옷에 그리고 그 아들들과 그들의 겉옷에 뿌려서 아론과 그의 겉옷과 그 아들들과 그들의 겉옷을 거룩하게 했습니다. 출 30:30

31 7일간의 입직식 모세가 아론과 그 아들들에게 말했습니다. "회막 입구에서 고기를 삶으시오. 거기서 고기와 입직식의 제물이 담긴 바구니에서 빵을 가져다 먹으라고 내게 명령하신 것같이 아론과 그 아들들이 먹어야 하오.

32 남은 고기와 빵은 불태워 버리시오.

33 여러분은 임직이 끝나는 기간까지 7일 동안 회막 입구에서 떠나지 마시오. 이는 7일 동안 임직식이 계속되기 때문이오.

34 여호와께서 오늘 행한 것처럼 여러분을 위해 속죄를 행하라고 명령하셨소.

35 여러분은 회막 문에 밤낮 7일 동안 머물면서 여호와께서 요구하시는 대로 하여 여러

7:34 또는 '흔들어 바친', 또는 '들어 올려 바친'. 에봇(8:7, ephod) 제사장의 의복으로, 가슴과 등을 덮는 긴 조끼 모양의 웃옷. 임직(8:29, 任職, ordination) 다른 사람에게 직분이나 일 등을 맡기는 것

분이 죽지 않도록 하시오, 내가 그런 명령을 받았기 때문이오."

민 3:7,9:19,9:19;1 11:1

36 아론과 그 아들들은 여호와께서 모세를 통해 명령하신 모든 것을 수행했습니다.

9

제사에 쓰이는 짐승 8일째 되는 날에 모세는 아론과 그 아들들과 이스라엘의 장로들을 불러 모았습니다.

2 모세가 아론에게 이렇게 말했습니다. "속죄제물로 수송아지를, 번제물로 숫양을 가져오십시오, 둘 다 흠 없는 것으로 여호와 앞에 끌어오십시오,

4:3;8:14,18;출 29:1

3 그리고 이스라엘 백성들에게 말하십시오, '속죄제물로 숫염소 한 마리를 가져오고 번제물로 1년 된 흠 없는 송아지 한 마리와 숫양한 마리를 끌어오고

4:23;출 6:17

4 또 여호와 앞에 드릴 화목제의 예물로는 수소 한 마리와 숫양 한 마리를 올리브기름 섞인 곡식제물과 함께 가져오라. 오늘 여호와께서 너희에게 나타나실 것이다.'"

5 그들이 모세가 명령한 것들을 회막 앞으로 가져왔고 온 회중은 가까이 나아와 여호와 앞에서 서 있었습니다.

6 그러자 모세가 말했습니다. "이것은 여호와께서 너희에게 하라고 명령하신 것이다. 여호와의 영광이 너희 앞에 나타날 것이다."

7 모세가 아론에게 말했습니다. "제단으로 나와서 형님의 속죄제물과 번제물을 드려 형님과 백성들을 위해 속죄하십시오, 여호와께서 명령하신 대로 백성들을 위한 예물을 내서 그들을 위해 속죄하십시오."

8 아론을 위한 속죄제 아론이 제단으로 나아

와 자신을 위해 속죄제물로 송아지를 잡았습니다.

9 아론의 아들들이 그 피를 그에게 가져왔습니다. 아론이 자기 손가락에 피를 찍어 제단 뿔들에다 바르고 나머지 피는 제단 밑에 부었습니다.

4:6~7;8:15

10 여호와께서 모세에게 명령하신 대로 아론이 제단 위에서 속죄제물 가운데 기름과 콩팥들과 간의 꺼풀을 불태웠습니다.

11 제물의 고기와 가죽은 이스라엘 야영지 밖에서 태웠습니다.

4:11;8:17

12 백성을 위한 번제 그 후에 아론이 번제물을 잡았고 그 아들들이 그 피를 가져오자 그가 제단 사방에 뿌렸습니다.

1:5;8:19

13 그들은 번제물을 조각내고 머리와 함께 그에게 가져왔습니다. 아론은 그것을 제단에서 태웠습니다.

8:20

14 아론이 내장과 다리들을 물로 씻고 그것들을 제단 위에서 번제물과 함께 불태웠습니다.

8:21

15 백성을 위한 속죄제 그 후에 아론은 백성을 위한 제물을 가져오게 했고 그는 백성을 위한 속죄제물로 염소를 택해 먼젓번 속죄제물처럼 드렸습니다.

6:26;민 2:17;5:3

16 아론은 번제물을 가져와 정해진 방식대로 드렸습니다.

1:3,10;5:10

17 그는 또한 곡식제물을 드렸는데 곡식제물 한 움큼을 가져다 아침 번제물과 함께 제단 위에서 불태웠습니다.

4절;21~2출 29:38~39

18 백성을 위한 화목제 그는 백성을 위한 화목제 예물로 수소와 숫양도 잡았고 아들들

사람이 죄를 지으면 죄의 대가를 반드시 받게 되는 것이 하나님의 법입니다. 그런데 이 죄 때문에 죽을 수밖에 없던 사람들에게 하나님은, 죄의 대가를 대신 지불하고 죄를 용서해 주는 피의 제사법을 알려 주셨어요. 하나님은 사람 대신 동물의 피로 드리는 제사를 통해 이스라엘 백성을 깨끗하게 하셨지요(레

어떻게 동물의 피가 죄를 용서할 수 있나요?

17:11). 하지만 동물의 피로 드린 제사는 완전하지 못한 것이어서, 죄인한 사람만 면죄되었기 때문에 반복해서 제사를 드려야만 했습니다.

그러나 이제 더 이상 피의 제사가 필요 없어졌어요(히 10:12~14). 예수님이 우리를 대신해 십자가에서 피 흘리심으로 예수님을 믿는 모든 사람을 구원하셨기 때문입니다(히 9:28).

이 피를 가져오자 그것을 제단 사방에 뿌렸습니다. 3:1,12,16

19 그들이 수소와 숫양의 기름, 곧 꼬리에 있는 기름과 내장에 있는 기름과 콩팥들과 간의 꺼풀을 가져왔고 3:3,9,14;4:8;7:3

20 가슴살 위에 기름을 올려놓았습니다. 그러자 아론이 그 기름을 제단에서 불태웠습니다. 3:5,16

21 아론이 그 가슴과 오른쪽 뒷다리를 여호와 앞에서 흔들어 드리는 예물로 드렸습니다. 모세가 명령한 대로였습니다.

22 **백성들을 축복함** 그런 다음 아론이 백성을 향해 두 손을 들어 그들을 축복했습니다. 그는 속죄제물과 번제물과 화목제물을 드린 후에 내려왔습니다. 민 6:23~27;신 21:5;눅 24:50

23 그리고 모세와 아론이 회막으로 들어갔습니다. 그들이 나왔을 때 그들은 백성을 축복했습니다. 그러자 여호와의 영광이 모든 백성에게 나타났습니다. 민 14:10;16:19,42;20:6

24 불이 제물을 태움 불이 여호와 앞에서 나와 제단 위에 있는 번제물과 기름을 불태워 버렸습니다. 모든 백성이 그 광경을 보고 소리 지르며 얼굴을 땅에 대고 엎드렸습니다.

10 나답과 아비후가 죽음 아론의 아들들인 나답과 아비후가 각기 자기 향로를 가져다 거기에 불을 지피고 향품을 넣었습니다. 그러나 그것은 여호와께서 명령하지 않은 다른 불을 여호와 앞에서 피운 것입니다. 출 6:23;28:1

2 그러자 불이 여호와 앞에서 나와 그들을 불살랐습니다. 그들이 여호와 앞에서 죽었습니다. 9:24;민 16:35;삼하 6:7

3 모세가 아론에게 말했습니다. "여호와께서 이렇게 말씀하셨습니다. '내게 다가오는 사람들 가운데서 내 거룩을 보일 것이며 모든 백성이 보는 앞에서 내가 영광을 받을 것이다.'" 이에 대해서 아론은 아무 말도 못했습니다. 21:17,21;겔 28:22;사 139:9

4 시체를 야영지 밖으로 옮김 모세가 아론의 삼촌 웃시엘의 아들인 미사엘과 엘사반을 불러 그들에게 말했습니다. "이리 와서 네 조카들의 시신을 성소 앞에서 이스라엘의 야영지 밖으로 옮겨 가라." 출 6:18,22

5 모세가 명령한 대로 그들이 가까이 가서 그들의 옷을 잡고 이스라엘의 야영지 밖으로 옮겨 갔습니다.

6 그러자 모세가 아론과 그의 아들인 엘르아살과 이다말에게 말했습니다. "여러분은 애도를 나타내 여러분의 머리를 풀지 말고 옷을 찢지 마시오. 그러지 않으면 여러분은 죽을 것이고 온 공동체에 진노가 있을 것이오. 다만 여러분의 형제들인 이스라엘의 온 집이 여호와께서 보내신 불에 타 죽은 이들을 위해 애곡할 것이오.

7 회막 입구에서 떠나지 마시오. 그러지 않으면 여러분은 죽을 것이오. 이는 여러분이 여호와의 일을 하기 위해서 올리브기름으로 부음의 의식을 치렀기 때문이오." 그러자 그들은 모세가 말한 대로 했습니다.

8 회막 안에서 금주를 명하심 그때 여호와께서 아론에게 이렇게 말씀하셨습니다.

9 "너와 네 아들들이 회막에 들어갈 때 포도주나 다른 술을 입에 대서는 안 된다. 그러지 않으면 너희는 죽을 것이다. 이것은 너희가 대대로 지킬 영원한 규례다.

people **나답과 아비후**

나답은 '고상하다', 아비후는 '그는 내 아비'라는 뜻이다. 아론의 아들들로 모세, 아버지 아론과 함께 시내 산에 올라가서 이스라엘의 70명의 장로들을 수행하는 일을 맡았다.

동생인 엘르아살, 이다말과 함께 제사장의 직분을 맡았다.

하나님이 명하시지 않은 다른 불을 가져와 분향 제단에서 향을 피우다가 하나님이 내리신 불에 타죽었다.

나답과 아비후가 나오는 말씀

>> 출 24:1-12;
28:1;
레 10:1-2

10 너희는 거룩한 것과 속된 것 그리고 부정한 것과 정결한 것을 구분해야 한다.

11 그리고 너희는 나 여호와가 모세를 통해 그들에게 말했던 모든 규례들을 이스라엘 백성에게 가르쳐야 한다."
신 24:8;느 8:2;8~9

12 거룩한 음식에 대한 규례 모세가 아론과 그 남은 아들인 엘르아살과 이다말에게 말했습니다. "여호와께 화제로 드린 제물들 가운데 남은 곡식제물을 가져다 제단 곁에서 누룩을 넣지 말고 먹으시오. 그것이 가장 거룩한 것이기 때문이오.
민 18:9~10

13 여러분은 그것을 거룩한 곳에서 먹어야 하오. 그것이 여호와께 화제로 드린 제물들 가운데 형님과 형님의 아들들의 몫입니다. 나는 이렇게 명을 받았습니다.

14 그러나 형님과 형님의 아들들과 형님의 딸들은 흔드는 예물인 가슴 부위와 바쳐진 뒷다리 고기는 정결한 곳에서 먹어야 합니다. 그것들이 이스라엘 백성들의 화목제물들 가운데 형님의 몫으로 형님과 형님의 자녀들에게 주어진 것이기 때문입니다.

15 바쳐진 예물의 뒷다리와 흔드는 예물로 드린 가슴 부위는 불 위에 태워서 드리는 제물들 가운데 기름과 함께 가져와 여호와 앞에서 흔들어 드려야 합니다. 그것은 여호와께서 명령하신 대로 형님과 형님의 자손들의 영원한 몫이 될 것입니다."
7:31

16 모세가 음식을 먹지 않은 속죄제물 염소로 드리는 속죄제물을 찾아 보았으나 그것이 이미 다 태워졌음을 알고 아론의 남은 아들인 엘르아살과 이다말에게 화를 내며 이렇게 물었습니다.
9:3,15

17 "그것은 가장 거룩한 것으로 그것을 너희에게 준 것은 너희가 여호와 앞에서 공동체를 위해 속죄해 그들의 죄를 감당하도록 하기 위함이었다. 그런데 너희가 거룩한 곳에서 그 속죄제물을 먹지 않았느냐?
6:26,29

18 그 예물의 피가 성소에 들어가지 않았으니 너희는 내가 명령한 대로 그것을 거룩한 곳에서 먹어야 했다."
6:26,30

19 아론이 모세에게 대답했습니다. "오늘 그들이 여호와 앞에서 자기들을 위한 속죄제물과 번제물을 냈지만 내게 이런 일이 생겼소. 그러니 오늘 내가 그 속죄제물을 먹었다면 여호와께서 그것을 선하게 보셨겠소?"
렘 6:20;14:12;호 9:4;암 1:10,13;2:13

20 모세는 이 말을 듣고 만족했습니다.

11

먹을 수 있는 짐승 여호와께서 모세와 아론에게 말씀하셨습니다.

2 "이스라엘 백성들에게 이렇게 말하여라. '땅에 사는 모든 짐승들 가운데 너희가 먹을 수 있는 것들은 이렇다.
마 15:11;막 7:15,18

3 곧 발굽이 완전히 갈라져 그 틈이 벌어져 있고 되새김질을 하는 것은 모두 먹을 수 있다.

4 먹지 못하는 짐승 그러나 되새김질을 하거나 발굽이 갈라졌더라도 이런 것은 먹어서는 안 된다. 낙타는 되새김질을 하지만 발굽이 갈라져 있지 않으니 너희에게 부정하다.

5 오소리는 되새김질을 하지만 발굽이 갈라져 있지 않으니 너희에게 부정하다.

6 토끼는 되새김질을 하지만 발굽이 갈라져 있지 않으니 너희에게 부정하다.

7 돼지는 발굽이 갈라져 있지만 되새김질을 하지 않으니 너희에게 부정하다.
사 15:4

8 너희는 그런 고기들을 먹거나 그것들의 시체를 만지지 말라. 그것들은 너희에게 부정하다.

9 물고기 물에 사는 모든 것들 가운데서 이런 것은 너희가 먹을 수 있다. 곧 물에 살면서 지느러미와 비늘이 있는 것은 바다에 살든지 강에 살든지 너희가 먹을 수 있다.

10 그러나 물에서 떼 지어 다니는 모든 것과, 물에 사는 모든 생명체들 가운데 지느러미와 비늘이 없는 것들은 모두 너희가 피하라.
7:21

11 그것들은 여전히 너희가 피해야 한다. 너희는 그것들의 고기를 먹지 말고 그것들의 시체를 피해야 한다.

12 물에 살면서 지느러미와 비늘이 없는 것

먹을까? 말까?

레위기 11장에 나오는 음식물 규정 | 하나님은 레위기 11장에서 먹어도 되는 음식과 먹지 말아야 할 음식을 가르쳐 주셨다. 성경에서는 그 분명한 이유를 설명하고 있지 않지만, 하나님은 자신이 택하신 백성이 이방 사람들과 구별되어 거룩한 삶을 살게 하려는 의도에서 그렇게 하셨을 것이다.

또한 어떤 동물들은 이방 사람들의 제사 의식에 사용된 것들로, 그 당시 부도덕한 이방 민족들의 관습에 오염되지 않도록 하기 위한 것으로 보인다. 그뿐만 아니라 이스라엘 백성의 건강을 위한 과학적인 배려도 들어 있을 수 있다.

예를 들어 돼지고기를 먹지 못하게 하는데, 당시 중동 지역의 기후로 볼 때 돼지고기는 상하기 쉬운 것이어서 안 먹는 것이 건강상 유익했을 것이다.

"내가 너희 하나님 여호와이기 때문이다. 그러므로 너희는 스스로 거룩하게 하라.
이는 내가 거룩하기 때문이다. … 스스로 더럽히지 말라.
내가 너희를 이집트로부터 인도해 너희 하나님이 된 여호와이기 때문이다.
그러므로 너희는 거룩하라, 내가 거룩하기 때문이다." (레 11:44-45)

먹을 수 있는 것		먹을 수 없는 것
발굽이 갈라지고 새김질하는 것	동물	새김질은 하되 굽이 갈라지지 않은 동물 (낙타, 오소리, 토끼) 굽은 갈라졌으되 되새김질못하는 동물 (돼지)
지느러미와 비늘이 있는 것	물고기	지느러미와 비늘이 없는 것
특별한 규정이 없음	새	독수리, 대머리독수리, 물수리, 매 종류, 까마귀 종류, 타조, 쏙독새, 갈매기, 새매 종류, 올빼미, 가마우지, 따오기, 쇠물닭, 펠리컨, 느시, 학, 황새 종류, 후투티, 박쥐
날개 달린 곤충 중에서도 땅에서 뛸 수 있는 것 (메뚜기, 베짱이, 귀뚜라미, 여치 종류)	곤충	날개를 가지고 네 발로 기어 다니는 곤충

은 너희가 피해야 한다.

13 새 새들 가운데 너희가 피해야 할 것은 이런 것들이다. 그것들은 피할 것이니 너희가 먹지 말아야 한다. 곧 독수리, 대머리독수리, 물수리, 욥 39:26,30;마 24:28;눅 17:37

14 매, 송골매 종류, 욥 28:7

15 모든 까마귀와 그 종류,

16 타조, 쏙독새, 갈매기, 새매 종류, 욥 39:26

17 올빼미, 가마우지, 따오기, 시 102:6;사 34:11

18 쇠물닭, 펠리컨, 느시, 시 102:6;사 34:11;슥 2:14

19 학, 황새 종류, 후투티, 박쥐. 사 2:20

20 곤충 날개가 있고 네 발로 다니는 곤충은

너희가 피해야 한다.

21 그러나 네 발로 다니며 날개가 있는 곤충 가운데서 그 발에 다리가 있어 땅에서 뛸 수 있는 것은 먹을 수 있다.

22 그것들 가운데 너희가 먹을 수 있는 것은 메뚜기 종류, 베짱이 종류, 귀뚜라미 종류, 여치 종류다. 출 10:4;레 1:4;민 3:4;막 1:6

23 그러나 그 외에 날개가 있고 네 발로 다니는 곤충은 너희가 피해야 한다.

24 부정한 것과의 접촉 이런 것들로 인해서 너희가 부정해진다. 곧 누구든지 그것들의 시체를 만지는 사람은 그날 저녁까지 부

정하게 된다.

25 그것들의 시체를 옮기는 사람은 누구나 자기 옷을 빨아야 하며 그날 저녁까지 부정할 것이다. 13:6;14:8~9;15:5,16,26;17:15;민 19:10;31:24

26 발굽이 갈라져 있고 쪽발이 아니거나 새김질을 하지 않는 모든 동물은 너희에게 부정한 것이다. 그것을 만지는 사람은 누구든지 부정하다.

27 네 다리로 걷는 동물들 가운데 발바닥으로 걷는 것은 모두 너희에게 부정하다. 그것들의 시체를 만지는 사람은 그날 저녁까지 부정할 것이며

28 그것들의 시체를 옮기는 사람은 자기 옷을 빨아야 하고 그날 저녁 때까지 부정할 것이다. 그것들은 너희에게 부정하다.

29 땅에 기는 것과의 접촉 땅 위를 기어 다니는 동물들 가운데 너희에게 부정한 동물은 이렇다. 곧 족제비, 쥐, 큰 도마뱀 종류,

30 도마뱀붙이, 육지의 악어, 도마뱀, 사막의 도마뱀, 카멜레온이며

31 땅 위를 기어 다니는 것들 가운데 너희에게 부정한 동물들은 이렇다. 그것들의 시체를 만지는 사람은 그날 저녁까지 부정할 것이며

32 그것들이 죽어 떨어진 것이 나무든 헝겊이든 가죽이든 자루든 여러 가지 용도로 사용되는 그릇에 떨어지게 되면 부정하게 된다. 그것은 물에 담가야 하며 그것은 그날 저녁까지 부정할 것이다. 그 후에 그것은 정결하게 될 것이다. 15:12

33 어떤 종류라도 토기 위에 떨어진다면 그 안에 있는 모든 것은 부정하게 될 것이다. 너는 그것을 깨 버려야 한다. 6:28;15:12

34 요리할 수 있는 음식이 그 그릇에 담겨 있다면 부정할 것이며 그 그릇 속에 들어 있는 음료도 부정할 것이다.

35 그것들의 시체의 일부가 떨어진 곳은 부정하게 될 것이다. 그것이 화덕이든지 난로든지 깨뜨려야 한다. 그것들은 부정할

것이며 너희에게 부정한 것이다.

36 그러나 샘물이나 물이 고인 웅덩이는 깨끗할 것이지만 그것들의 시체가 닿는 부분은 부정할 것이다.

37 뿌리려고 준비한 씨앗 위에 그것들의 시체가 떨어진다면 그것은 깨끗하다.

38 그러나 그 씨앗 위에 물이 부어졌고 그것들의 시체가 그 위에 떨어졌다면 그것은 너희에게 부정할 것이다.

39 죽은 짐승의 부정함 너희가 먹어도 되는 동물이 죽었고 그것의 시체를 만졌다면 그는 그날 저녁까지 부정할 것이다.

40 그것의 시체를 먹은 사람은 자기 옷을 빨아야 한다. 그것의 시체를 옮기는 사람도 자기 옷을 빨아야 하며 그는 그날 저녁까지 부정할 것이다. 17:15;22:8;신 14:21

41 땅에 기어 다니는 것 땅 위를 기어 다니는 동물은 가증스러운 것이므로 그것을 먹지 말라. 29절

42 너희는 땅 위를 기어 다니는 것, 곧 배로 기어 다니든지 네 발 혹은 그 이상의 발로 다니는 모든 동물을 먹지 말라. 그것들은 피해야 할 것이기 때문이다.

43 너희는 기어 다니는 *생물들로 인해 스스로 꺼리는 것으로 만들지 말라. 너희는 그것들로 인해서 스스로 더럽히지 말라. 그러지 않으면 너희는 부정해질 것이다.

44 내가 너희 하나님 여호와이기 때문이다. 그러므로 너희는 스스로 거룩하게 하라. 이는 내가 거룩하기 때문이다. 너희는 땅 위를 기어 다니는 동물로 인해 스스로 더럽히지 말라. 19:2;20:7,26;21:8;초 19:6;벧전 1:16;살전 4:7

45 내가 너희를 이집트로부터 인도해 너희 하나님이 된 여호와이기 때문이다. 그러므로 너희는 거룩하라. 내가 거룩하기 때문이다.

46 부정한 것을 먹지 말 것 이것은 짐승과 새와 물 속에서 다니는 모든 생물과 땅 위에 기어 다니는 모든 생물에 관한 규례로

47 부정한 것과 정결한 것, 먹을 수 있는 생물과 먹을 수 없는 생물 사이를 구분하기 위함이다.'"
10:10;20:25

---

12 출산 후의 정결 의식 여호와께서 모세에게 말씀하셨습니다.

2 "이스라엘 백성들에게 다음과 같이 말하여라. '만일 여자가 임신해 아들을 낳았다면 그녀는 7일 동안 부정할 것이다. 그녀의 생리 기간과 같이 그녀는 부정할 것이다.

3 제8일째 되는 날에 아이는 할례를 받아야 한다. 창17:12;눅1:59;2:21;요7:22~23

4 그 후에 그녀는 피의 정결을 위해서 33일을 더 지내야 한다. 정결 기간이 끝날 때까지 그녀는 거룩한 것은 무엇이든지 만지지 말고 성소로도 들어가지 말아야 한다.

5 만일 그녀가 딸을 낳았다면 그녀는 그녀의 생리 기간과 같이 2주 동안 부정할 것이다. 그 후에 그녀는 피의 정결을 위해서 66일을 더 지내야 한다.

6 속죄제물 아들이나 딸을 낳은 후 그녀의 정결 기간이 끝나면 그녀는 번제물로 1년 된 어린양 한 마리와 속죄제물로 집비둘기 새끼나 산비둘기 한 마리를 회막 문으로 제사장에게 가져가야 한다.

7 그는 여호와 앞에 그것들을 내어 그녀를 위한 속죄를 할 것이며 그녀는 자기의 피 흘림으로부터 깨끗하게 될 것이다. 이것은 남자나 여자를 낳은 산모를 위한 규례다.

8 그녀가 어린양을 살 돈이 없다면 그녀는 산비둘기 두 마리나 집비둘기 새끼 두 마리를 가져다 하나는 번제물로 다른 하나는 속죄제물로 삼을 것이다. 그러면 제사장은 그녀를 위해 속죄할 것이며 그녀는 정결해질 것이다.'" 1:14;4:26;5:7;눅2:24

13 악성 피부병의 진단 여호와께서 모세와 아론에게 말씀하셨습니다.

2 "만일 누군가의 피부에 부어 오른 것이나 부스럼이나 종기가 나서 악성 피부병이 발생했으면 그를 제사장 아론에게나 제사장인 그 아들들 가운데 한 사람에게 데려가야 한다. 14:56;신24:8

3 제사장은 그의 피부에 난 피부병의 부위를 살펴볼 것이다. 피부 질환의 부위에 난 털이 하얗게 되고 그것이 우묵하게 들어가 보이면 그것은 악성 피부병이다. 제사장은 그를 살펴본 후에 그를 부정하다고 선언할 것이다.

4 그러나 그의 피부 부위의 털이 하얗긴 하지만 그것이 우묵하게 들어가지 않았고 그 부위의 털도 하얗게 변하지 않았다면 제사장은 그 환자를 7일 동안 격리하도록 한다.

5 제7일에 제사장은 그를 살펴볼 것이며 그가 볼 때 그 병이 여전하고 그 병이 피부에 번지지 않았다면 제사장은 그를 7일 동안 더 격리시켜야 한다.

6 또 다른 제7일에 그를 다시 한 번 살펴보아야 한다. 그 부위가 흐릿해졌고 피부에 번지지 않았다면 제사장은 그를 정결하다고 선언해야 한다. 그것은 부스럼일 뿐이다. 옷을 빨게 되면 그는 정결해질 것이다. 11:25

7 그러나 제사장에게 보여 정결 선언을 받은 뒤에라도 부스럼이 피부에 번졌다면 그는 제사장 앞에 다시 나아가야 할 것이다.

8 제사장은 그것을 살펴볼 것이며 그 부스럼이 피부에 퍼졌다면 제사장은 그를 부정하다고 선언할 것이다. 그것은 악성 피부병이기 때문이다.

9 악성 피부병 누군가가 악성 피부병으로 고

산모의 정결 의식

레위기 12장 1-8절에서는 산모가 아이를 낳은 뒤 일정 기간 활동하지 말고 휴식을 취하라고 했다.

출산 자체는 하나님의 복이지만 출산에 따르는 피 흘림은 깨끗하지 못한 것으로 생각했기 때문에 건강을 회복해야 정결해지는 기간을 가진 것이다. 산모가 정결하게 되는 기간은 아들을 낳으면 33일, 딸을 낳으면 66일이 걸렸다.

이 기간이 지나야만 산모는 성전에 들어갈 수 있었고 정결 의식을 위한 번제와 속죄제를 드릴 수 있었다.

생을 한다면 그를 제사장에게 데려가야
한다.

10 제사장은 살펴볼 것이며, 피부에 하얀 혹
이 생겨 그 부위의 털까지 하얗게 변했고
그 혹의 살이 벗겨졌다면   민12:10,12

11 피부에 생긴 것은 오래된 악성 피부병이
다. 제사장은 그를 부정하다고 선언할 것
이며 그는 이미 부정하니 질병의 여부를
확인해 보기 위해서 그를 격리해 둘 필요
가 없다.   4~5절

12 악성 피부병이 피부에 번져서 머리끝부터
발끝까지 번졌다는 것을 제사장이 확인
할 수 있을 정도까지 이르렀다면

13 제사장은 살펴보라. 악성 피부병이 그의
온몸을 덮었다면 그는 그 사람을 병으로
부터 정결하다고 선언할 것이다. 그것이
전부 하얗게 변했으므로 그는 정결한 것
이다.

14 그러나 벗겨진 생살이 그에게서 돋으면 그
는 부정하게 된다.

15 제사장은 벗겨진 살을 살펴보고 그를 부정
하다고 선언할 것이다. 그는 이미 악성 피부
병에 걸렸으니 벗겨진 살은 부정한 것이다.

16 벗겨진 살점이 다시 하얗게 변했다면 그
는 제사장에게 가야 한다.

17 제사장은 그를 살펴볼 것이며 그 병이 하
얗게 변했다면 제사장은 그 환자를 정결
하다고 선언해야 한다. 그러면 그는 정결
할 것이다.

18 종기 누군가가 피부에 종기가 생겼다가 나
았으며   출9:9

19 그 종기가 있던 부위에 하얀 혹이나 희고

불그스름한 반점이 나타났다면 그는 제사
장에게 가서 그에게 자신의 종기를 보여
주어야 한다.   24절

20 제사장이 살펴보아 그것이 우묵하게 들어
가고 털이 하얗게 변했다면 제사장은 그
를 부정하다고 선언해야 한다. 그것은 악
성 피부병이며 그것은 종기에서 퍼진 악성
피부병이다.

21 그러나 제사장이 그것을 살펴보아 그곳의
털이 하얗지 않고 우묵하게 들어가지 않
았고 그것이 사그라졌으면 제사장은 그를
7일 동안 격리해야 한다.

22 그것이 피부에 두루 퍼졌으면 제사장은
그를 부정하다고 선언해야 한다. 그것은
감염된 것이다.

23 그러나 그 점이 한곳에만 있고 퍼지지 않
았으면 그것은 종기로 생긴 상처일 뿐이니
제사장은 그를 정결하다고 선언해야 한다.

24 화상 누가 불에 피부를 데었는데 그 데인
곳의 생살에 희고 불그스름한 것이나 하
얀 점이 생겼다면   19절

25 제사장은 그것을 살펴보아야 한다. 그 반
점에 난 털이 하얗게 변했고 우묵하게 들
어갔다면 그것은 화상으로 인한 악성 피
부병이다. 제사장은 그를 부정하다고 선
언할 것이다. 그것은 악성 피부병이다.

26 그러나 제사장이 그 반점을 조사했을 때
그곳에 흰 털이 없고 우묵하게 들어가지
않았고 그것이 사그라졌으면 제사장은 그
사람을 7일 동안 격리할 것이다.

27 제7일에 제사장이 그를 살펴보아 그것이
피부에 퍼졌다면 제사장이 그를 부정하다

악성 피부병(나병) 환자들

성경에는 하나님의 진노로 악성 피부
병(나병)에 걸린 사람들이 나온다.
에티오피아 여인과 결혼한 모세를 비
웃고 헐뜯던 미리암(민12:10, 15), 악성
피부병(나병)이 치료된 나아만에게 거짓
말을 해서 2달란트와 옷 두 벌을 얻은 엘
리사의 종 게하시(왕하5:27), 제사장만 할 수 있

던 분향을 하려고 한 웃시야 왕(왕하15:5)
등이다.
노르웨이의 의학자 한센이 발견했다고
해서 이 병을 '한센병'이라고도 부른다.
구약 성경에서는 한센병뿐 아니라 가죽
과 옷, 집에 생긴 곰팡이까지도 악성 피부
병(나병)으로 보았다(레13:47~59; 14:33~57).

고 선언할 것이다. 그것은 악성 피부병이다.

28 그러나 그 반점이 한 부분에만 있고 사그라졌다면 그것은 불에 데어 생긴 흑이므로 제사장은 그를 정결하다고 선언해야 한다. 그것은 불에 데인 상처이기 때문이다.

29 백선 남자나 여자가 머리나 턱에 상처가 있다면

30 제사장은 그 병을 살펴보아 그것이 우묵하게 들어갔고 털이 노랗고 가늘다면 그를 부정하다고 선언해야 한다. 그것은 백선으로 머리나 턱에 생기는 악성 피부병이다.

31 그러나 백선이 든 자리를 살펴보아 그것이 우묵하게 들어가지 않고 검은 털이 없다면 제사장은 7일 동안 백선에 걸린 사람을 격리해야 한다.

32 제7일에 제사장은 그 병을 살펴보아 그 백선이 퍼지지 않았고 거기에 노란 털이 없고 백선의 모습이 우묵하게 들어가지 않았다면

33 그는 백선이 난 부분만 빼고 온몸의 털을 깎아내야 한다. 제사장은 그를 7일 동안 더 격리해야 한다.

34 또 다른 제7일에 제사장은 백선이 든 부위를 살펴보아 백선이 피부에 퍼지지 않았고 우묵하게 들어가지 않았다면 제사장은 그를 정결하다고 선언해야 한다. 그는 자기 옷을 빨아야 한다. 그러면 그는 정결해진다.

35 그러나 그가 정결해진 후라도 백선이 피부에 퍼졌다면

36 제사장은 그를 살펴보고 백선이 피부에 퍼졌다면 제사장은 노란 털을 찾을 필요도 없다. 그는 부정한 것이다.

37 그러나 제사장이 보기에 그 백선이 퍼지지 않았고 거기에 검은 털이 자라고 있다면 백선이 나은 것이며 그는 정결한 것이다. 제사장은 그를 정결하다고 선언해야 한다.

38 하얀 반점 남자나 여자의 피부에 하얀 반점이 생겼다면

39 제사장은 살펴보아야 한다. 피부의 반점이 옅은 흰색이면 그것은 피부 발진이며 그는 정결한 것이다.

40 남자가 머리카락이 빠져 대머리가 됐다면 그는 정결한 것이다.

41 만일 앞 머리카락만 빠지면 이마 대머리가 될 뿐 그는 정결하다.

42 그러나 벗겨진 머리 혹은 벗겨진 이마에 희고 불그스름한 반점이 생겼다면 그것은 벗겨진 머리나 벗겨진 이마에서 발생한 악성 피부병이다.

43 제사장이 그를 살펴보아 벗겨진 머리나 벗겨진 이마에 난 반점이 피부에 난 악성 피부병과 유사하게 희고 붉은 종기가 생겼다면

44 그 사람은 악성 피부병 환자니 그는 부정하다. 제사장은 그를 부정하다고 선언해야 한다. 그의 머리에 질병이 생겼다.

45 악성 피부병에 대한 규례 악성 피부병에 걸린 사람은 자기 옷을 찢어야 한다. 그는 자기 머리를 풀며 자기 윗입술을 가리고 '부정하다! 부정하다!'라고 외쳐야 한다.

46 병이 있는 한 그는 여전히 부정한 것이다. 그는 이스라엘의 야영지 밖에서 거처를 정하고 따로 살아야 한다." ^{민 5:2-3;눅 17:12}

47 옷에 생긴 곰팡이 "만약 곰팡이가 어떤 겉옷에 생겼다면, 곧 그것이 털로 만들었든지, 혹은 베로 만들었든지 ^{23절계 3:4}

48 베나 털의 어떤 조각에나 가죽으로 만든 겉옷이든지 간에

49 실을 엮어서 만들었든지 가죽으로 만들었든지 간에, 혹은 어떤 가죽으로 만들었든지 간에, 그 겉옷에 푸르스름하거나 불그스름한 것이 생겼다면 그것은 곰팡이니 그것을 제사장에게 보여야 한다.

50 제사장은 그것을 살펴보아 오염된 것을 7일 동안 격리해야 한다.

51 제7일에 그는 그 질병을 살펴보아 그 질병이 털로 짠 것이든지 가죽으로 만들었든지 간에 혹은 어떤 가죽으로 만들었든지 간에 그 겉옷에 번졌다면 그 질병은 악성

백선(13:30, 白癬, itch) 온몸이 몹시 가려운 피부병의 일종.

곰팡이다. 그것은 부정한 것이다. 14:44

52 그는 그 겉옷, 곧 직조된 양털이나 베로 짠 것 혹은 가죽으로 만들어졌든지 간에 그 오염된 겉옷을 불태워야 한다. 이는 그것이 악성 곰팡이기 때문이다. 그것은 불로 태워야 한다.

53 그러나 제사장은 살펴보아 그 질병이 실로 짠 것이거나, 가죽으로 만든 것이거나 그 겉옷에 퍼지지 않았다면

54 제사장은 그들에게 그 오염된 물건을 세탁하라고 명령해야 하며 그는 그것을 7일 동안 더 격리시켜야 한다.

55 제사장은 세탁한 그 옷을 살펴보아라. 오염된 부위가 번지지 않았고 그 색이 변하지 않았다면 그것은 부정한 것이다. 너는 오염된 부위가 앞이나 뒤에 생긴 것과는 상관없이 그것을 불로 태워라. 43절

56 제사장이 살펴보았을 때, 세탁한 후에 그것이 희미해졌다면 그는 겉옷에서나 가죽옷에서나 직조된 옷에서 그 부위를 떼어내야 한다.

57 그러나 그것이 겉옷이든, 짠 것이든, 가죽류로 만든 옷이든지 간에 옷에 다시 나타난다면 그것은 번지고 있는 것이다. 너는 오염된 것을 불로 태워야 한다.

58 그러나 겉옷이든지, 직조한 것이든지, 가죽류로 만든 옷이든지 세탁한 후 곰팡이가 없어졌으면 그것을 다시 세탁해 정결케 해야 한다."

59 이상은 양털 혹은 베로 만든 겉옷 혹은 가죽류로 만든 옷이 정결한지 부정한지

를 판단하기 위한 규정들입니다.

14 정결케 하는 주간 여호와께서 모세에게 말씀하셨습니다.

2 "다음은 악성 피부병 환자가 정결하게 되는 날에 지켜야 할 법이다. 그는 제사장에게로 와야 한다. 마 8:2~4;막 1:40~44;눅 5:12~14;17:14

3 그리고 제사장은 이스라엘의 야영지 밖으로 나가 그를 살펴보아라. 악성 피부병 환자가 그 병에서 나았으면 왕하 7:10;눅 17:12

4 제사장은 정결 의식을 받아야 할 사람을 위해 살아 있는 정결한 새 두 마리와 백향목과 주홍색 실과 우슬초를 가져오라고 명령해야 한다. 출 12:22;민 19:6;히 9:19

5 제사장은 새들 가운데 한 마리를 샘물이 담긴 토기 위에서 잡으라고 명령해야 한다.

6 그는 나머지 한 마리의 새를 산 채로 백향목과 주홍색 실과 우슬초와 함께 가져와 샘물과 섞은 죽인 새의 피에 찍어서

7 그것을 악성 피부병에 걸렸다가 정결하게 되려는 이에게 일곱 번 뿌리고 그를 정결하다고 선언해야 한다. 그리고 살아 있는 새를 들판에 놓아주어야 한다. 히 9:13

8 정결하다고 선언된 사람은 자기 옷을 빨고 온몸의 털을 깎고 물로 목욕을 해야 한다. 그러면 그는 정결해질 것이다. 그 후에 그는 이스라엘의 야영지 안으로 들어갈 수 있을 것이나 자기의 장막 밖에서 7일 동안 지내야 한다. 47절;11:25;민 12:15

9 그는 제7일에 머리의 모든 털을 깎아야 한다. 곧 그는 수염과 눈썹과 머리카락 모두를 깎아야 한다. 그는 자기 옷을 빨고

피부병 진찰을 왜 제사장이 해요?

악성 피부병 증상을 보이면 제사장에게 진찰을 받아야 했고(레 13:7~8), 제사장은 여러 번 피부 질환이 생긴 곳을 살펴보았어요. 제사장은 피부에 난 병을 잘 살펴본 후 이상이 없다고 판단하면 '깨끗하다'(정결하다)고 선언했어요. 이상이 있을 경우 '깨끗하지 못하다'(부정하다)고 말하고, 환자로 진단받게 된 사람은 옷을 찢고 머리를 풀며 '부정하다'고 외쳐 다른 사람들의 접근을 막았어요(레 13:45~46). 제사장이 악성 피부병에 걸린 환자를 진찰하는 것은 병이 몸으로 들어오는 것을 막고, 하나님의 백성을 거룩하게 지키려는 의도였어요. 병이 전염되어 다른 사람들까지 부정해져 하나님께 나아가지 못하게 되는 것을 예방하려는 조치였습니다.

물로 목욕해야 한다. 그러면 그는 정결케
될 것이다.
민 19:19;31:19

10 속죄제물 제8일에 그는 흠 없는 어린 숫양
두 마리와 1년 된 흠 없는 암양 한 마리와
올리브기름을 섞은 고운 가루 10분의 3에
바와 1록 분량의 올리브기름으로 곡식제
물을 준비해야 한다.
마 8:4;막 1:44

11 그를 정결하다고 선언한 제사장은 정결 의
식을 받아야 할 사람과 그의 예물들을 회
막 문 앞 여호와 앞에 두어야 한다.

12 제사장은 어린 숫양 두 마리 가운데 한 마
리를 끌어다 1록 분량의 올리브기름과 함
께 속건제물로 드리며 그는 여호와 앞에
그것들을 흔들어 바치는 예물로 드려야
한다.
5:18;6:6-7;출 29:24

13 그는 속죄물과 번제물을 잡는 거룩한 장
소에서 그 어린 숫양을 잡아야 한다. 속죄
제처럼 속건제물은 제사장에게 속한다.
그것은 가장 거룩한 것이다.
1:5,11;2:3;4:4,24

14 제사장은 속건제물의 피를 조금 가져다
정결 의식을 받고 있는 사람의 오른쪽 귓
불과 오른쪽 엄지손가락과 오른쪽 엄지발
가락에 발라야 한다.
8:23;출 29:20

15 제사장은 1록의 올리브기름을 가져다 자
기 왼쪽 손바닥에 붓고

16 오른손 검지손가락으로 왼손 바닥 위에
있는 올리브기름을 찍어 여호와 앞에서 일
곱 번을 뿌린다.

17 제사장은 자기 손바닥에 남아 있는 올리
브기름을 정결 의식을 받고 있는 사람의
오른쪽 귓불과 오른쪽 엄지손가락과 오
른쪽 엄지발가락, 곧 보상의 예물의 피가
이미 묻어 있는 곳에 발라야 한다.

18 제사장은 그의 손바닥에 남아 있는 올리
브기름을 정결 의식을 받고 있는 사람의
머리에 부어 여호와 앞에 그를 위한 속
죄를 해야 한다.
4:26

19 제사장은 속죄제를 드려 부정함으로부터
정결케 되는 의식을 받는 사람을 위해 속
죄해야 한다. 그 후에 제사장은 번제물을
잡아야 한다.

20 가난한 사람의 제물 제사장은 제단 위에 번
제물과 곡식제물을 드려야 한다. 그러면
그는 정결해질 것이다.

21 그러나 그가 가난해 그것을 다 마련할 수
없다면 그는 속죄제로 어린 숫양 한 마리
를 가져다 흔들어서 자신을 위한 속죄를
하고 곡식제물로 올리브기름을 섞은 고운
가루 10분의 10에바의 고운 밀가루와 1록
정도의 올리브기름을 낼 것이며

22 그의 힘이 미치는 대로 산비둘기 두 마리
나 집비둘기 새끼 두 마리도 내어 하나를
속죄제물로 삼고 다른 하나는 번제물로
삼아야 한다.
12:8

23 제8일에 정결 의식을 하려면 그것들을 회
막 문에 있는 제사장에게 가져가야 한다.

24 제사장은 속건제의 어린양과 1록 정도의
올리브기름을 받아서 그것들을 여호와 앞
에서 흔들어 바치는 예물로 드려야 한다.

25 그는 속건제의 어린양을 잡아서 피를 조
금 가져다 정결 의식을 받는 사람의 오른
쪽 귓불과 오른쪽 엄지손가락과 오른쪽
엄지발가락에 발라야 한다.
14-18,25-29절

26 제사장은 자기 왼쪽 손바닥에 올리브기름
을 조금 붓고

27 오른쪽 손가락으로 왼쪽 손바닥의 올리브
기름을 찍어 여호와 앞에서 일곱 번을 뿌
려야 한다.

28 제사장은 손바닥에 있는 올리브기름을 속
건제물의 피가 묻은 곳, 곧 정결 의식을 받
고 있는 사람의 오른쪽 귓불과 오른쪽 엄
지손가락과 오른쪽 엄지발가락에 발라야
한다.

29 제사장은 그의 손바닥에 남아 있는 나머
지 올리브기름을 정결 의식을 받고 있는
사람의 머리에 부어 그를 위해 여호와 앞
에 속죄해야 한다.

30 그는 힘이 미치는 대로 산비둘기들이나 집
비둘기 새끼들 가운데 하나를 바쳐야 한
다.
22절;15:15

록(14:10, log) 액체의 최소량을 나타내는 단위. 1록은 약
0.3ℓ에 해당됨.

31 곧 한 마리는 속죄제물로, 다른 한 마리는 번제물로 곡식제물과 함께 드린다. 이와 같이 제사장은 정결 의식을 치르는 사람을 위해 여호와 앞에 속죄해야 한다." 11절

32 이상은 전염성 피부병에 걸린 사람 가운데서 정결 의식에 사용되는 예물을 마련할 힘이 없는 사람을 위한 규례들입니다.

33 집에 생긴 곰팡이 여호와께서 모세와 아론에게 말씀하셨습니다.

34 "내가 네게 소유로 주는 가나안 땅에 너희가 들어갔을 때 내가 너희 소유의 땅에서 어떤 집에 곰팡이가 번지게 하여

35 그 집 주인은 제사장에게 가서 '내 집에서 어떤 병 같은 것이 보입니다'라고 말해야 한다. 시 91:10;속 5:4

36 제사장은 그 병을 살펴보러 가기 전에 사람들에게 집을 비우라고 명령해야 한다. 그러지 않는다면 집 안의 모든 것이 부정하다고 선언될 것이다. 그 후에 제사장은 그 집을 살피러 가야 한다.

37 제사장이 그 병을 살펴보아 그 병이 집의 벽에 푸르스름하거나 불그스름한 부위로 나타났고 그것이 벽면보다 움푹 들어가 있는 것처럼 보인다면

38 그는 집의 문을 통해 집을 나와서 그 집을 7일 동안 폐쇄해야 한다.

39 제7일에 제사장이 다시 와서 살펴보아 그 질병이 그 집의 벽에 퍼져 있으면

40 제사장은 사람들에게 오염된 돌들을 떼어 내서 도성 밖의 부정한 곳에 던져 버리라고 명령해야 한다.

41 그는 그 집의 모든 안쪽 벽들을 긁도록 하고 사람들이 긁어낸 흙벽을 도성 밖의 부정한 곳에 버리도록 명령해야 한다.

42 그 후에 사람들은 원래 돌들의 자리에 다른 돌들을 대신 끼워 넣고 새 진흙을 구해서 그 집 벽에 발라야 한다.

43 그 돌들을 떼어 내고 집의 벽을 긁어내어 다시 흙을 바른 후에도 질병이 집 안에 생겼다면

44 제사장이 가서 살펴보아야 한다. 그 질병이 집 안에 퍼져 있다면 그것은 집 안에 생긴 악성 곰팡이니 그 집은 부정하다.

45 그는 그 집의 돌과 목재와 집의 흙벽을 허물 것이며 그는 그것들을 도성 밖으로 내보내서 부정한 장소에 두어야 한다.

46 게다가 그 집이 폐쇄되어 있는 동안 그 집에 들어가는 사람은 그날 저녁까지 부정할 것이다.

47 그 집에서 자거나 먹는 사람은 자기 옷을 빨아야 할 것이다. 11:25

48 집을 정결케 할 그러나 제사장이 그 집에 가서 살펴보았을 때 그 집의 벽에 흙을 바른 후에 질병이 퍼지지 않았다면 제사장은 그 집을 정결하다고 선언해야 한다. 이는 그 병이 치유됐기 때문이다.

49 그 집의 정결 의식을 위해 백향목과 주홍색 실과 우슬초와 함께 새 두 마리를 가져와서 4-6,52절

50 새들 가운데 한 마리를 샘물이 담긴 토기 위에서 죽여야 한다.

51 그리고 살아 있는 새와 함께 백향목과 우

제사장은 누구인가

종류

● 일반 제사장
　(매일의 희생제사를 주관하고 율법을 가르침)
● 대제사장(지성소에 들어갈 수 있으며, 대속죄일에 모든 백성의 죄를 대신해서 제사를 드림)

의미

하나님을 섬기는 사람으로서 백성을 대신해서 제사를 드렸다. 예수님의 그림자라고 할 수 있다. 제사에는 제사를 드리는 장소와 제물, 그리고 반드시 제사장이 있어야 했다.

변천사

● 자신을 위한 제사장(아담, 가인, 아벨, 노아, 아브라함-자기를 위해 제사드림)
● 가족을 위한 제사장(가장, 어른-출 12:3)
● 국가를 위한 제사장(아론 자손)
● 하나님의 교회를 위한 제사장(예수님-히 3:1)
● 신약 시대 제사장(믿는 모든 사람들-벧전 2:9)

슬초와 주홍색 실을 가져다가 죽은 새의 피와 샘물에 그것들을 적셔 그 집에 일곱 번을 뿌려야 한다.

52 그는 새의 피와 샘물과 살아 있는 새와 백향목과 우슬초와 주홍색 실로 집을 정결하게 해야 한다.

53 그는 살아 있는 새를 도성 밖의 들판에 놓아주어야 한다. 그런 식으로 그는 집을 위해 속죄해야 하고 그러면 그 집이 정결해질 것이다."

54 결론 이상은 악성 피부병, 백선,   13:30

55 겉옷이나 집 안에 있는 곰팡이,   34절13:47

56 혹이나 발진이나 점에 관한 규례로   13:2

57 정결한 것과 부정한 것을 판결하는 것입니다. 이상은 악성 피부병에 대한 규례입니다.

15

남자의 유출물

여호와께서 모세와 아론에게 말씀하셨습니다.

2 "이스라엘 백성들에게 이렇게 말하라. '그의 몸에서 고름이 흘러나온다면 그는 유출물로 인해 부정하다.   22:4민 5:2삼하 3:29

3 다음은 유출물로 인해 생기는 부정함에 관한 규례다. 그의 몸에서 유출물이 계속 나오든지 엉겨 있든지 그는 부정하다.

4 유출물이 있는 남자가 누웠던 모든 잠자리는 부정하게 되고 그가 앉았던 모든 것은 부정하게 된다.

5 그의 잠자리를 만진 사람마다 자기 옷을 세탁해야 한다. 그리고 물에 들어가 목욕해야 하며 그날 저녁까지 부정하다.   11:25

6 유출물이 있는 남자가 앉았던 것에 앉는 사람마다 자기 옷을 세탁할 것이며 물에 들어가 목욕해야 하고 그는 그날 저녁까지 부정하다.

7 유출물이 있는 남자의 몸을 만진 사람마다 자기 옷을 세탁할 것이며 물에 들어가 목욕해야 한다. 그는 그날 저녁까지 부정하다.

8 유출물이 있는 남자가 정결한 사람에게 침을 뱉었다면 *그 사람은 자기 옷을 세탁하고 물에 들어가 목욕해야 한다. 그는 그날 저녁까지 부정하다.

9 유출물이 있는 남자가 탄 안장은 부정하며

10 그가 앉았던 것을 만진 사람마다 그날 저녁까지 부정하다. 그것을 옮기는 사람마다 자기 옷을 세탁할 것이며 물에 들어가 몸을 씻어야 한다. 그는 저녁까지 부정하다.

11 유출물이 있는 남자가 자기 손을 물로 씻지 않은 채 만진 사람마다 자기 옷을 세탁할 것이며 물에 들어가 몸을 씻어야 한다. 그는 그날 저녁까지 부정하다.

12 유출물이 있는 남자가 만진 토기는 깨뜨려야 하며 모든 나무그릇은 물로 씻어야 한다.   6:28|11:32~33

13 남자의 정결 의식 유출물이 있는 남자가 자기 유출물에서 깨끗해졌다면 그는 정결 의식을 행하기 위해서 7일을 계산하여 자기 옷을 세탁하고 샘물에 들어가 몸을 씻으라. 그러면 정결해질 것이다.   28절14:8

14 제8일에 그는 산비둘기 두 마리나 집비둘기 새끼 두 마리를 가져다 여호와 앞에, 곧 회막 문에서 제사장에게 주어야 한다.

15 제사장은 그것들을 예물로 바쳐야 한다. 곧 그 하나는 속죄제물로, 나머지 하나는 번제물로 삼아야 한다. 이런 식으로 제사장은 여호와 앞에서 그의 유출물에 대해 그를 속죄해야 한다.   30절4:26|14:30~31

16 사정 남자가 사정을 했다면 그는 온몸을 물로 씻어야 한다. 그는 그날 저녁까지 부정하게 된다.   '22:4|신 23:10

17 정액이 묻어 있는 겉옷이나 가죽은 물로 씻어야 하며 그것은 그날 저녁까지 부정하게 된다.

18 한 남자가 여자와 성관계를 해 사정을 했다면 두 사람은 물로 씻어야 하고 그들은 그날 저녁까지 부정하다.   12:2,5

19 생리 여자가 생리로 인해서 피의 유출이 있다면 그녀는 7일 동안 부정하게 되며 그녀를 만지는 사람마다 그날 저녁까지 부정하게 된다.   삼상 21:4

15:8 정결한 사람을 말함.

20 생리 중에 그 여자가 누운 곳은 부정하게 되고 그녀가 앉은 곳도 부정하게 된다.

21 그녀의 잠자리를 만진 사람은 자기 옷을 세탁하고 물로 씻어야 하는데 그는 그날 저녁까지 부정하다.

22 누구든 그가 앉은 곳을 만진 사람은 자기 옷을 빨고 몸을 물로 씻어야 하는데 그는 그날 저녁까지 부정하게 된다.

23 그가 만진 것이 침대든 그녀가 앉은 자리든지 간에 그가 그것을 만졌다면 그는 그날 저녁까지 부정하다.

24 남자가 생리 중인 여자와 동침했다면 그는 7일 동안 부정하게 되고 그가 누운 침대는 부정하다. 18:19;20:18

25 여자의 다른 출혈 여자에게 생리 기간이 아닌데도 여러 날 출혈이 있거나 생리 기간을 지나도록 출혈이 있다면 유출이 있는 동안에 그녀는 부정하다. 그녀는 생리 기간의 경우처럼 부정하다. 마 9:20;막 5:25;눅 8:43

26 그녀가 누웠던 잠자리는 그녀의 출혈 기간 내내 생리 때의 잠자리와 같을 것이며 그녀가 앉았던 모든 것은 그녀의 생리 기간의 부정함과 같이 부정하다.

27 누구든 그런 것들을 만지는 사람은 부정할 것이니 그는 자기 옷을 세탁하고 몸을 물로 씻어야 하며 그날 저녁까지 부정하다.

28 여자의 정결 의식 그녀가 피 흘림에서 나았을 때 그녀는 자기를 위해 7일을 헤아려야 하며 그 후에 그녀는 정결케 될 것이다.

29 제8일에 그녀는 산비둘기 두 마리나 집비둘기 새끼 두 마리를 가져다 회막 문으로 제사장에게 가져가야 한다. 12:8

30 제사장은 그 가운데 한 마리는 속죄제물로, 다른 한 마리는 번제물로 삼아야 한다. 이런 식으로 제사장은 피의 유출로 인해 부정하게 된 그녀를 위해 여호와 앞에 속죄해야 한다.

31 깨끗함과 경건함 이와 같이 너희는 이스라엘 백성들이 자기들을 부정하게 하는 것들로부터 분리되게 하여 그들이 자기들 가운데 있는 내 장막을 더럽힘으로 그들의 부정함 때문에 죽지 않게 해야 한다.'" 민 5:3;19:13,20;겔 5:11;23:38

32 결론 이상은 고름이 흘러나오는 남자, 사정해 부정하게 된 남자, 2,16절

33 생리 기간 중의 여자, 남자든 여자든 유출물이 있는 사람, 부정한 기간 중에 있는 여자와 잠자리를 같이한 남자와 관련된 규례들에 관한 것입니다. 19,24~25절

16

제사장의 성소 출입 아론의 여러 아들 가운데 두 아들이 여호와께 가까이 갔다가 죽은 후에 여호와께서 모세에게 말씀하셨습니다. 10:1~2

2 여호와께서 모세에게 말씀하셨습니다. "네 형 아론에게 '성막의 휘장 안쪽 법궤 위의 속죄의 자리 앞에 아무 때나 들어가지 말라'고 말하여라. 그러지 않으면 그가 죽을 것이다. 이는 내가 속죄의 자리 위에 구름 속에서 나타나기 때문이다. 히 9:7

3 아론이 그곳에 들어오려면 속죄제물로 황소 한 마리와 번제물로 숫양 한 마리를 준비해야 한다. 1:10;4:3;8:18

4 그는 고운 삼베로 만든 거룩한 속옷을 입을 것이며 고운 삼베 속바지를 입어야 한다. 고운 삼베 허리띠를 두르고 고운 삼베관을 써야 한다. 이것들은 거룩한 옷들이다. 그는 물로 몸을 씻은 후에 이것들을 입어야 한다. 출 29:4;30:19~20;겔 44:17~18

5 그는 이스라엘 공동체로부터 속죄제물로 숫염소 두 마리와 번제물로 숫양 한 마리

아사셀 염소

를 가져와야 한다.   4:14;민 29:11;겔 29:21;스 6:17

6 두 마리 염소 아론은 자신을 위해 속죄제물로 황소를 드려 자신과 자기 집안을 위해 속죄해야 한다.   17,24절;9:7;겔 45:22;히 7:27-28;9:7

7 그 후에 그는 염소 두 마리를 가져다 회막 입구에서 여호와 앞에 두어야 한다.

8 그는 염소 두 마리를 놓고 제비를 뽑아 한 마리는 여호와를 위한 제물로, 다른 한 마리는 아사셀을 위한 제물로 뽑아야 한다.

9 아론은 여호와께 드리는 것으로 뽑힌 염소를 가져다 속죄제물로 잡아야 한다.

10 그러나 아사셀을 위한 제물로 뽑힌 염소는 여호와께 산 채로 세워 두었다가 그것에 대한 속죄 의식을 수행하고 그것을 광야에 있는 아사셀에게 보낸다.

11 제사장을 위한 속죄제 아론은 자신을 위한 속죄제물로 황소를 가져다 자신과 자기 집안을 위해 속죄해야 한다. 그는 자기를 위한 속죄제물로 황소를 잡아야 한다.

12 그는 여호와 앞의 제단에서 숯이 가득한 향로와 곱게 간아 놓은 향품을 두 손에 가득 퍼서 휘장 안으로 가져가   계 8:3-5

13 여호와 앞에서 그 향품을 숯불에 놓아 그 향품의 연기가 증거궤 위 속죄의 자리를 가리게 해야 한다. 그러지 않으면 그가 죽게 될 것이다.   출 25:21;30:1,7-8

14 그는 수소의 피를 가져다 속죄의 자리 앞면에 손가락으로 뿌리고 또 손가락으로 피를 찍어서 속죄의 자리 앞에 일곱 번을 뿌려야 한다.   레 4:5-6;히 9:13,25;10:4

15 백성을 위한 속죄제 그 후에 그는 백성을 위한 속죄제물로 염소를 잡아 그 피를 휘장 안으로 가져다 수소의 피로 행한 것과 같이 속죄의 자리 위와 속죄의 자리 앞쪽에 뿌려야 한다.   2절;히 2:17;5:1;6:19;9:3,7

16 이와 같이 그는 이스라엘 백성들의 부정함과 반역함과 그들의 모든 죄로 인해 지성소를 위해 속죄를 해야 한다. 그들 이스라엘 야영지의 부정함 가운데 있는 회막에 대해서도 똑같이 해야 한다.   히 9:22-23

17 아론이 지성소에서 속죄하기 위해 들어간

아사셀 염소

아사셀은 '떠나보냄'이라는 뜻이다. 대제사장은 대속죄일에 이스라엘 백성을 위한 속죄제물로 두 마리 염소를 뽑아서 한 마리는 하나님께 속죄제물로 드리고, 또한 마리는 아사셀의 염소로 광야로 보냈다.

하나님은 아사셀의 염소가 이스라엘 백성의 죄를 지고 광야로 떠나감으로써 더 이상 백성들에게 죄가 남아 있지 않다고 하셨다.

이 아사셀의 염소는 우리 죄를 감당하시고 우리를 의롭다 하시기 위해서 예루살렘 밖 골고다 언덕 위 십자가에 달리신 예수님의 모습을 떠올리게 한다(롬 3:24-26).

후에 그가 자신과 자기 집안과 이스라엘의 온 공동체를 위해 속죄하고 나올 때까지 어느 누구도 회막 안에 있으면 안 된다.

18 수소와 염소의 피 그 후에 그는 여호와 앞에 있는 제단으로 나와 그것을 위해 속죄의 의식을 거행하는데 그는 수소의 피와 염소의 피를 조금씩 가져다 제단의 모든 뿔에 발라야 한다.   출 30:6,10

19 그는 손가락에 피를 조금 찍어 그곳에 일곱 번을 뿌려 정결케 하고 이스라엘 백성의 부정함에서 제단을 거룩하게 해야 한다.

20 염소의 머리에 안수함 아론은 지성소와 회막과 제단에 대한 속죄 의식을 마친 후에 살아 있는 염소를 끌고 와라.   겔 43:20;히 4:5;20

21 그는 살아 있는 염소의 머리 위에 두 손을 얹고 이스라엘 백성들의 모든 죄악과 반역과 그들의 모든 죄를 고백함으로써 그것들을 염소의 머리에 얹는 상징적인 의식을 치러야 한다. 그러고 나서 그는 그 염소를 미리 정해 둔 사람의 손에 맡겨 광야로 내보내야 한다.   사 53:6;고후 5:21

22 그러면 그 염소는 그들의 모든 죄들을 지고 사람이 살지 않는 땅으로 간다. 이렇게 그는 숫염소를 광야로 내보낸다.

23 몸을 깨끗이함 그 후에 아론은 회막으로 들어와 지성소에 들어가기 전에 입었던 고운

삼베로 된 긴 옷을 벗고 거기에 두어야 한다. 6:11

24 그는 거룩한 곳에서 자기 몸을 물로 씻고 평소에 입던 겉옷을 입고 밖으로 나온 후 자신과 백성을 위한 번제물을 드려 자신과 백성을 위해 속죄를 해야 한다. 3,5절

25 그는 또 제단에 속죄제물의 기름을 태워야 한다. 4:8~10;출 29:13

26 떠나보내는 제물인 염소를 놓아준 사람은 자기 옷을 세탁하고 물로 몸을 씻어야 한다. 그 후에 그는 이스라엘의 야영지 안으로 들어와야 한다. 9~10절;15:5;17:15

27 속죄를 위해 피를 지성소로 가져간 속죄제물인 황소와 숫염소는 이스라엘의 야영지 밖으로 가져가 그것들의 가죽과 살과 똥을 불로 태워야 한다. 4:11~12,21;6:30;히 13:11~12

28 그것들을 태우는 사람은 자기 옷을 빨고 물로 몸을 씻어야 하며 그 후에 그는 이스라엘의 야영지 안으로 들어와야 한다.

29 영원한 규례 이것은 너희를 위한 영원한 규례다. 일곱째 달 10일에 너희는 본토 사람이든 너희 가운데에 잠시 살고 있는 외국 사람이든 근신하고 아무 일도 하지 말아야 한다. 출 12:49;민 29:7;사 31:13

30 이는 그날에 너희를 위해 너희를 정결케 하는 속죄를 해야 하기 때문이다. 그러면 여호와 앞에서 너희 모든 죄가 정결케 될 것이다. 시 51:2;렘 33:8;히 10:1~2,22절 1:7,9

31 그날은 너희에게 안식일 중의 안식일다. 너희는 근신하라. 이것은 영원한 규례다.

32 아버지의 뒤를 이어 제사장으로 기름 부음 받고 성별된 제사장은 고운 삼베옷, 곧 거룩한 옷을 입고 속죄를 해야 한다.

33 그는 지성소와 회막과 제단을 위해 속죄를 할 것이며 제사장들과 공동체의 모든 백성을 위해 속죄를 해야 한다. 6,16,18,24절

34 이것은 너희를 위한 영원한 규례로 모든 이스라엘 백성들을 위해 매년 한 차례 행해야 하는 속죄다.” 그리하여 모세는 여호와께서 명령하신 대로 행했습니다. 히 9:7,25

17

회막 문에서 예물을 드려야 함 여호와께서 모세에게 말씀하셨습니다.

2 “아론과 그 아들들과 온 이스라엘 백성들에게 다음과 같이 말하여라. ‘이것은 여호와께서 명령하신 것이다.

3 누구든지 이스라엘 집안에 속한 사람이 소나 어린양이나 염소를 이스라엘의 야영지에서 잡거나 야영지 밖에서 잡든지 간에

4 회막 문으로 그것을 가져와 여호와의 장막 앞에서 여호와께 예물로 바치지 않으면 그는 그 피에 대한 책임이 있다. 그가 피를 흘렸으므로 그는 자기 백성들 가운데서 끊어져야 할 것이다. 출 30:33

5 그러므로 이스라엘 백성들은 들판에서 잡던 그들의 희생제물들을 여호와께, 곧 회막 문 앞 제사장에게로 가져와 그것들을 화목제물로 여호와께 드려야 한다.

6 제사장은 회막 문에 있는 여호와의 제단에 그 피를 뿌리고 희생제물의 기름을 여호와께서 기뻐하시는 향기로 태워야 한다.

기름과 피를 먹지 마라!

하나님은 드린 제물의 기름과 피를 먹지 말라고 하셨어요(3:17). 그 이유는 첫째, 기름은 하나님의 것으로(3:16), 제단 위에서 태워 향기로운 제물로 드려야 했기 때문이에요(레 3:5; 7:23~25).

둘째, 육체의 생명이 피에 있기 때문이에요. 피는 생명의 근원으로 생명을 유지하는 데 반드시 필요하기 때문이에요(창 9:6; 레 17:11~14).

셋째, 피는 인간의 죄를 대신해서 드리는 제물이

었기 때문이에요. 속죄의 도구로 쓰인 피의 거룩함을 존중한다는 의미가 담겨 있습니다.

넷째, 구약 시대 제물의 피는 예수님의 피를 미리 나타내고 있기 때문이에요(히 9:12).

피를 먹지 말라는 것은 구약뿐 아니라 신약에도 나타나 있어요. 예루살렘 총회에서는 법으로 피를 먹지 말 것을 정하였고(행 15:29), 현재 유다 사람들은 계속 이 계명을 지키고 있습니다.

7 그들은 자신들의 음란한 방법으로 섬기던 숫염소에게 더 이상 희생제물을 잡아 바치면 안 된다. 이것은 그들이 대대로 지켜야 할 영원한 규례다.' 출 34:15;대하 11:15

8 회막 문에서 드려야 할 너는 그들에게 말하여라. '누구든지 이스라엘 사람이나 그들 가운데 사는 외국 사람이 번제물이나 희생제물을 바치려고 할 때 12-3

9 그것을 회막 문으로 가져와 여호와께 희생제물로 바치지 않는다면 그 사람은 자기 백성들에게서 끊어져야 한다. 4절

10 피를 먹지 말 것 이스라엘 사람이나 그들 가운데 사는 외국 사람이 피를 먹는다면 내가 피를 먹은 사람에게서 내 얼굴을 돌려 그를 그의 백성들 가운데서 끊어 낼 것이다. 3:17;20:3,6;26:17;시 34:16;렘 44:11;겔 14:8;15:7

11 이는 육체의 생명이 피에 있기 때문이다. 내가 너희를 위해 제단에서 속죄를 하는 용도로 주었던 것이 바로 피다. 이는 피가 생명을 대속하는 것이기 때문이다.' 마 26:28

12 그러므로 내가 이스라엘 백성들에게 '이스라엘 사람이나 너희 가운데 사는 어떤 외국 사람도 피를 먹어서는 안 된다'라고 말했다.

13 이스라엘 사람이나 너희 가운데 사는 외국 사람이나 어떤 먹을 수 있는 짐승이나 새를 사냥하는 사람은 그 피를 땅에 부어 버리고 흙으로 덮어라. 신 12:16,24;15:23;겔 24:7

14 이는 모든 생물의 생명이 피에 있기 때문이다. 나는 이스라엘 백성들에게 '모든 생물의 생명이 피에 있으니 너희는 어떤 생물의 피도 먹지 말라. 누구든 피를 먹는 사람은 끊어질 것이다'라고 말했다. 창 9:4

15 찢겨 죽은 짐승의 부정함 본토 사람이든지 외국 사람이든지 저절로 죽은 것이나 들짐승에게 찢겨 죽은 것을 먹은 사람은 자기 옷을 세탁하고 몸을 물로 씻어야 하며 그는 그날 저녁까지 부정하게 되다가 그 후에 정결해질 것이다. 11:25;15:5;16:29;22:8

16 그러나 그가 옷을 세탁하지 않거나 몸을 씻지 않는다면 그는 자기 죄의 책임을 져

레위기 속 예수님 이야기

피 제사

하나님께 드리는 피 제사는 이스라엘 백성과 하나님과의 관계를 회복하기 위한 수단이다. 죄로 말미암아 죽음을 당해야 할 사람이 동물의 죽음과 죽음에 따른 피 제사를 통해 죄에서 구원받을 수 있게 된 것이다(히 9:22).

피 제사를 통한 속죄의 원리는 예수님의 십자가 죽음에서 확실히 증명되었다(마 26:26-29; 막 10:45; 히 10:10).

레위기의 피 제사가 죄인 한 사람에게만 적용되고 반복적인 것에 비해, 예수님은 십자가에서 단번에 피 흘려 죽으심으로 우리의 죄를 속죄하셨다. 예수님의 피를 통해 우리는 영원한 생명을 받게 되었다.

동물의 피가 결코 할 수 없는 것을 예수님은 피 흘리심의 속죄 사역을 통해 하셨으며, 우리를 깨끗하게 하고 하나님을 섬기게 하셨다.

야 한다.'" 5:1;민 19:20

18

이방 사람과 다른 규례 여호와께서 모세에게 말씀하셨습니다.

2 "이스라엘 백성들에게 말하여라. '나는 너희 하나님 여호와다. 출 6:6-7;겔 20:5,7,19-20

3 너희는 너희가 살았던 이집트 땅의 사람들이 행하는 것처럼 하지 말며 내가 너희를 데리고 들어갈 가나안 땅의 사람들이 행하는 것처럼 행하지도 말라. 그들의 규례를 따르지도 말라. 출 23:24;신 12:30-31

4 너희는 내 법규를 실천하고 내 규례를 지키고 그것들을 따라 행하라. 나는 너희 하나님 여호와다. 신 4:1;6:5:1;6:1;12:1;겔 20:19

5 그러므로 너희는 내 규례와 내 법규를 지키라. 그러하면 살 것이다. 나는 여호와다.

6 **부모** 너희 가운데 누구도 가까운 친척을 가까이해 성관계를 갖지 말라. 나는 여호와다.

7 네 아버지와 성관계를 갖지 마라. 그것은

네 어머니와 성관계를 갖는 것과 같다. 그녀는 네 어머니이므로 너는 그녀와 성관계를 갖지 마라.

7~16절:20:11~21

8 네 아버지의 다른 아내와 성관계를 갖지 마라. 그것은 네 아버지와 성관계를 갖는 것과 같다.

창 49:4;신 22:30;27:20;갈 27;고전 5:1

9 누이 네 집에서 태어났든지 다른 곳에서 태어났든지 간에 네 친누이나 배다른 누이나 씨 다른 누이와 성관계를 갖지 마라.

10 손녀 네 손녀나 외손녀와 성관계를 갖지 마라. 이는 그들과의 성관계는 너 자신과의 성관계와 같은 것이기 때문이다.

11 이복누이 네 아버지가 낳은 네 아버지의 다른 아내의 딸과 성관계를 갖지 마라. 그녀는 네 누이이기 때문이다.

12 고모, 이모 네 고모와 성관계를 맺지 마라. 그녀는 네 아버지의 가까운 친척이다.

13 네 이모와 성관계를 맺지 마라. 이는 그녀가 네 어머니의 가까운 친척이기 때문이다.

14 네 삼촌의 아내를 가까이하여 성관계를 맺지 마라. 그녀는 네 숙모다.

15 며느리 네 며느리와 성관계를 맺지 마라. 그녀는 네 아들의 아내다. 너는 그녀와 성관계를 갖지 마라.

창 38:26;38:2 22:11

16 형제의 아내 네 형제의 아내와 성관계를 맺지 마라. 그것은 네 형제와 성관계를 맺는 것과 같다.

마 22:24;막 12:19;눅 20:28

17 어머니와 딸 한 여자와 그녀의 딸과 동시에 성관계를 갖지 마라. 그 여자의 손녀나 외손녀와 성관계를 갖지 마라. 그들은 가까운 친척들이다. 그것은 사악한 것이다.

18 아내의 자매 네 아내가 살아 있는 동안에 네 아내의 자매를 또 다른 아내로 삼아 성관계를 맺지 마라. 창 31:50;삼상 1:6

19 생리 중의 관계 생리 중이어서 부정한 여자를 가까이해 성관계를 맺지 마라.

20 이웃의 아내 네 이웃의 아내와 성관계를 가져 그로 인해서 너 자신을 더럽히지 마라.

21 몰렉에게 자식을 바치는 것 네 자식을 몰렉 앞에 제물로 내어 주어 불을 통과하게 하지 마라. 그렇게 하는 것은 네가 네 하나님 여호와의 이름을 욕되게 하는 것이다. 나는 여호와다.

신 18:10;왕하 16:3;렘 7:43

22 동성애의 금지 여자와 성관계를 하듯이 남자와 성관계를 하지 마라. 그것은 가증스러운 것이다.

창 19:5;롬 1:27;고전 6:9~10;딤전 1:9~10

23 짐승과의 성관계 금지 짐승과 성관계를 해 자신을 더럽히지 마라. 마찬가지로 여자도 스스로 짐승과 성관계를 맺지 마라. 그것은 문란한 짓이다.

20:12,15~16;출 22:19

24 성범죄에 대한 경고 너희는 이런 일 가운데 어떤 것으로도 자신을 더럽히지 마라. 이는 너희가 스스로 더럽히기 전에 이 모든 일을 행하는 민족들을 내가 쫓아냈기 때문이다.

30절:20:23;신 18:12;미 15:19~20;략 7:21~23

25 그 땅도 더럽혀졌기 때문에 내가 그 땅의 죄로 인해 그 땅을 징벌했고 그 땅은 그곳의 거주민들을 토해 냈다.

민 35:34;렘 2:7

26 그러나 너희, 곧 본토 사람들이나 너희 가운데 사는 외국 사람들이나 내 규례와 내 법도를 지켜 이런 가증한 일들 가운데 어떤 것도 하지 마라.

4~5절;16:29

27 너희가 살기 전에 살았던 그 땅의 사람들이 이와 같은 모든 가증한 일을 했기 때문에 그 땅이 오염됐다.

28 너희가 그 땅을 더럽히면 그 땅은 너희 앞에 있었던 민족들을 토해 냈듯이 너희를 토해 낼 것이다.

29 이런 가증스러운 짓을 하는 사람은 누구든지 그 백성들 가운데 끊어져야 한다.

30 그러므로 너희는 내가 지키라고 한 것들을 지켜 너희가 들어가기 전에 행하던 그와 같은 가증스러운 풍속들을 하나도 시행하지 말며 그들로 인해 너희 자신을 더럽히지 말라. 나는 너희 하나님 여호와다.'"

19

거룩한 백성 여호와께서 모세에게 말씀하셨습니다.

2 "이스라엘 온 회중에게 말하여라. '나 너희 하나님 여호와가 거룩하니 너희도 거룩

야 한다.   11:44-45

3 너희는 어머니와 아버지를 존경하고 내 안식일을 지켜야 한다. 나는 너희 하나님 여호와다.   출 20:8,12

4 우상 만드는 것을 금함 우상들에게로 돌아서거나 너희 자신을 위해 금속을 녹여 신상을 만들지 말라. 나는 너희 하나님 여호와다.   출 20:3,23; 27:15; 대상 16:26; 시 96:5; 요일 5:21

5 자원하는 예물 너희가 여호와께 화목제의 희생을 드릴 때 너희는 하나님께서 받으실 만한 것을 드려야 한다.   1:3; 7:15~18; 22:19

6 너희는 그것을 드리는 그날이나 그다음 날에 그것을 먹어야 한다. 3일째 되는 날까지 남은 것은 불로 태워야 한다.

7 그것을 3일째 되는 날 먹었다면 그것은 가증한 것이라서 하나님께서 받지 않으실 것이다.   7:18

8 누구든 그것을 먹은 사람은 그가 여호와께 드린 것을 더럽혔기 때문에 그 죄의 책임을 물으실 것이다. 그런 사람은 자기 백성으로부터 끊어질 것이다.   5:1; 22:15

9 가난한 사람을 위한 배려 너희가 너희 땅에서 추수할 때 너희는 네 밭의 가장자리까지 거두지 말며 추수가 끝난 후에 떨어진 네 이삭을 주우러 밭으로 돌아가지 말라.

10 네 포도원의 포도를 전부 따지 말며 추수하다 떨어진 포도송이를 남김없이 모으지 말라. 너희는 그것들을 가난한 사람들이나 외국 사람들을 위해 남겨 두어라. 나는 너희 하나님 여호와다.

11 정직할 것 도둑질하거나 속이거나 서로 거짓말하지 말라.   6:2~3; 출 20:15; 엡 4:15,25; 골 3:9

12 거짓 맹세를 금함 내 이름으로 거짓 맹세를 하지 말라. 그것은 너희 하나님의 이름을

모독하는 짓이다. 나는 여호와다.   출 20:7

13 신속한 품삯 지불 네 이웃을 속이거나 억지로 빼앗지 마라. 하루 벌어 하루를 사는 일꾼의 품삯을 다음 날 아침까지 갖고 있지 마라.   6:2~3; 신 24:14~15; 잠 3:5; 약 5:4

14 장애인을 존중하라 듣지 못하는 사람이 듣지 못한다고 그에게 저주하는 말을 하거나, 보지 못하는 사람이 보지 못한다고 그를 넘어뜨리는 장애물을 그 앞에 놓지 마라. 다만 너는 네 하나님을 두려워하라. 나는 여호와다.   25:17; 신 27:18; 전 5:7; 12:13; 벧전 2:17

15 공평한 재판 너희는 재판할 때 의롭지 못한 일을 하지 말라. 곧 너희는 가난한 사람이라고 두둔해서는 안 되고 힘 있는 사람이라고 옹호하지도 말라. 다만 네 이웃을 공평하게 재판하라.   신 16:19~20; 시 82:2; 약 2:9

16 험담하지 말것 너는 네 백성들 가운데로 험담하며 돌아다니지 말고 네 이웃의 목숨을 위태롭게 하지 마라. 나는 여호와다.

17 두 번째 사랑의 계명 너는 네 형제를 마음으로도 미워하지 마라. 다만 네 이웃을 꾸짖어서 네 이웃으로 인한 죄의 책임을 떠맡지 않도록 하여라.   마 18:15; 눅 17:3; 갈 6:1

18 너는 네 형제에게 복수하거나 원한의 마음을 품지 마라. 다만 너는 네 이웃을 네 자신처럼 사랑하여라. 나는 여호와다.

19 약혼한 종 너희는 내 규례를 지키라. 너는 네 가축들을 다른 종류와 짝을 짓도록 하지 말며 네 밭에 두 종류의 씨를 뿌리지 마라. 너는 두 가지 종류로 된 겉옷을 입지 마라.   18:4~5; 신 22:9~11

20 다른 남자와 결혼하기로 했지만 아직 몸값을 치르지 못해 해방되지 못한 여종과 한 남자가 성관계를 맺었다면 이 일은 죄

거룩이 뭔가요?

'거룩'이라는 말은 더러움과 떨어진 상태를 말해요. 원래 거룩함은 하나님만 가지고 계신 성품이에요. 어떤 것도 거룩하신 하나님과 관계되면 그 안에 '거룩'이 있게 된답니다. 사람이 죄를 깨달을 수 있는 것은 하나님의 거룩하심 안에 있을 때랍니다(사 6:3~8). 믿는 사람들이 거룩해질 수 있는 것은 오직 예수님으로만 가능해요(히 2:11; 10:10). 만일 사람들이 죄를 짓는다면 그것은 하나님의 거룩함을 더럽히는 일이 된답니다(레 10:3; 민 20:12~13).

가 된다. 그러나 그녀가 아직 해방되지 않았기 때문에 그들을 죽일 필요는 없다.

21 그러나 그 남자는 여호와께 드리는 *보상의 예물, 곧 숫양 한 마리를 보상의 예물로 삼아 회막 문으로 가져와야 한다.

22 제사장은 그가 행한 죄를 위해 여호와 앞에서 숫양을 죄와 보상의 예물로 바쳐 그를 위해 속죄해야 한다. 그러면 그가 지은 죄는 용서받을 것이다.

23 각종 과일나무 너희가 그 땅에 들어가서 과일나무를 심는다면 너희는 그 과일을 먹지 못할 것으로 여기라. 너희는 그것을 3년 동안 따지 못할 것이므로 먹지 말라.

24 제4년에 모든 열매들은 하나님께 바쳐야 한다. 이것은 여호와께 대한 찬양의 예물이다.
삿 9:27

25 그러나 5년째에는 너희가 그 과일을 먹을 수 있다. 그렇게 하면 그 과일이 풍성해질 것이다. 나는 너희 하나님 여호와다.

26 너희는 피가 아직 남아 있는 고기를 먹지 말라. 너희는 점성술이나 심령술을 부리지 말라.
3:17;신 18:10;왕하 17:17;21:6;대하 33:6

27 애도하는 관습 너희는 이방 사람의 의식을 위해 머리카락이나 수염을 다듬지 말라.

28 너희는 죽은 사람을 위해 몸에 상처를 내서 피를 흘리거나 몸에 문신을 새기지 말라. 나는 여호와다.
신 14:1;왕하 18:28;렘 16:6

29 음행의 악 네 딸을 창녀로 만들어 타락시키지 마라. 그러지 않으면 그 땅이 음행에 젖어 사악이 가득하게 될 것이다.
신 23:17

30 성소를 경외하라 내 안식들을 지키고 내 성소를 경외하라. 나는 여호와다.

31 신접한 사람과 무당 신접한 사람들이나 무당들에게 가지 말며 그들을 찾지도 말라. 그렇게 한다면 너희가 그들로 인해 더럽혀질 것이다. 나는 너희 하나님 여호와다.

32 노인을 공경하라 너는 노인들 앞에서 공손하고 그들을 존중하며 네 하나님을 경외하여라. 나는 여호와다.
14절;출 20:29;애 5:12

33 외국 사람에 대한 관심 외국 사람이 너희 땅에서 살 때 너희는 그를 학대하지 말라.

34 너희 가운데 사는 외국 사람을 본토 사람처럼 대해야 하며 그를 네 몸처럼 사랑해야 한다. 이는 너희가 이집트에서 외국 사람으로 지냈기 때문이다. 나는 너희 하나님 여호와다.
18절;16:29;신 10:19

35 정직한 저울 너희는 길이나 무게나 양을 잴때 정직하지 못한 저울을 사용하지 말라.

36 정직한 저울과 정직한 추를, 정직한 에바와 정직한 힌을 사용하라. 나는 너희를 이집트에서 인도해 낸 너희 하나님 여호와다.

37 너희는 내 모든 규례와 내 모든 법도를 지키고 행하라. 나는 여호와다.'"
18:4-5

20

몰렉에게 자식을 바치는 것 여호와께서 모세에게 말씀하셨습니다.

2 "이스라엘 백성에게 이렇게 말하여라. '누구든지 이스라엘 사람이든, 이스라엘에 사는 외국 사람이든 자기 자식을 몰렉에게 바치면 그를 죽여야 한다. 그 땅의 백성이 그를 돌로 쳐 죽여야 한다.
18:21

3 내가 내 얼굴을 그 사람에게 돌릴 것이며 그를 백성들 가운데서 끊어 낼 것이다. 이는 그가 자기 자녀를 몰렉에게 내주어 내 성소를 더럽히고 내 거룩한 이름을 모독했기 때문이다.
겔 5:11;23:38-39

4 그가 자기 자식을 몰렉에게 바치는데도 그 땅의 백성이 그의 행위를 외면하고 그를 죽이지 않으면
신 17:2-3,5

5 내가 내 얼굴을 그와 그 가족에게서 돌릴 것이며 그들을 그들의 백성 가운데 끊어 낼 것이다. 그를 본받아 몰렉과 음행을 향한 모든 사람들에게 마찬가지로 행할 것이다.
출 34:15

6 신접한 사람과 무당을 금함 누가 신접한 사람들과 무당들에게 돌아가서 그들을 따라 음행을 행한다면 나는 내 얼굴을 그 사람에게서 돌릴 것이며 그의 백성 가운데서 그를 끊어 낼 것이다.
19:31

7 너희는 자신을 따로 구별해 거룩하게 하라. 내가 너희 하나님 여호와이기 때문이다.

8 너희는 내 규례를 지켜 행하라. 나는 너희를 거룩하게 하는 여호와다.
출 31:13;겔 37:28

9 부모를 저주하는 사람 자기 부모를 저주하는 사람은 죽어야 한다. 그가 자기 부모를 저주했으니 그 죽음의 책임이 그에게 있다.

10 간음에 대한 형벌 어떤 남자가 이웃의 아내와 간음했다면 간음한 남녀 모두는 죽여야 한다. 18:20/신 22:22;요 8:4-5

11 가증한 성관계에 대한 형벌 계모와 성관계를 맺은 사람은 자기 아버지와 성관계를 맺는 것과 같다. 두 사람 모두 죽어야 한다. 그들의 죽음의 책임이 그들에게 있다.

12 어떤 남자가 며느리와 성관계를 맺었다면 그들 모두는 죽어야 한다. 그들은 사악한 일을 저지른 것이다. 그들의 죽음의 책임이 그들에게 있다. 18:15,23

13 어떤 남자가 여자와 성관계를 맺듯이 남자와 성관계를 맺었다면 그들 모두 가증한 일을 저지른 것이다. 그들은 죽어야 하며 그들의 죽음의 책임이 그들에게 있다.

14 한 남자가 자기 아내와 장모와 성관계를 맺었다면 그들 모두를 불로 태워야 한다. 그래야 너희 가운데 그런 사악함이 없어질 것이다. 18:17;신 27:23

15 짐승과의 성관계 어떤 남자가 짐승과 성관계를 맺었다면 그는 죽어야 하며 너희는 그 짐승도 죽여야 한다. 18:23;출 22:19;신 27:21

16 어떤 여자가 짐승과 가까이해 성관계를 맺었다면 여자와 그 짐승 모두를 죽이라. 그것들은 죽임당해야 할 것이다. 그들의 죽음의 책임이 그들에게 있다.

17 친척과의 성관계에 대한 형벌 어떤 남자가 자기 누이나 배다른 누이나 씨 다른 누이와 결혼해 성관계를 갖고 같이 살았다면 그

것은 수치스러운 일이다. 그들은 동족들의 눈앞에서 끊어져야 한다. 그가 자기 누이와 성관계를 했으니 그는 자기 죄의 책임을 져야 할 것이다. 18:9/신 27:22

18 어떤 남자가 생리 중인 여자와 성관계를 맺었고 그와 그녀의 성관계를 통해서 그녀의 피 근원이 드러났다면 그들 모두는 그들의 백성들 가운데서 끊어져야 한다.

19 네 이모나 고모와 성관계를 맺지 마라. 그것은 가까운 친척을 벌거벗기는 것과 같다. 그들은 그들의 죄의 책임을 져야 한다.

20 백모나 숙모와 동침했다면 그것은 백부나 숙부와 성관계를 맺은 것과 같다. 그들은 자신들의 죄에 대한 책임을 져야 할 것이다. 그로 인해 그들에게는 자녀가 없을 것이다. 18:14

21 한 남자가 자기 형제가 살아 있는 동안에 형제의 아내와 동침했다면 그것은 그가 자기 형제와 성관계를 맺는 것과 같다. 그러므로 그들에게는 자녀가 없을 것이다.

22 규례와 법도를 지키라 그러므로 너희는 내 모든 규례와 법도를 지키라 행하라. 그러면 내가 너희에게 주려는 땅이 너희를 토해 내지 않을 것이다. 18:4,25,28

23 너희는 내가 너희 앞에서 쫓아내는 민족들의 관습을 따라 살지 말라. 이는 그들이 이런 모든 일들을 저질렀기 때문에 내가 그들을 미워했다. 18:3,24,30/신 9:5

24 구별된 백성 그러나 내가 너희에게 너희가 그들의 땅을 차지할 것이다. 내가 그 땅, 곧 젖과 꿀이 흐르는 땅을 주어 너희로 하여금 소유하게 했다라고 말했다. 나는 너

몰렉 제사

몰렉은 암몬 사람들이 섬기던 우상 신으로 몰록(왕상 11:7), 밀곰(왕상 11:5; 왕하 23:13)이라고도 불렀다. 몰렉 신에게 제사를 드릴 때는 보통 어린아이를 제물로 불태워 바쳤다(렘 32:35).

하나님은 이스라엘이 가나안에 들어오기 전에 몰렉에게 자식을 불태워 제물로 바치는 짓을 하지 말라고 단호하게 명령하셨고(레 18:21), 또 그런 일을 하는

사람은 반드시 죽일 것이라고 말씀하셨다.

하지만 솔로몬은 다른 나라 여인들을 아내로 맞이해 몰렉을 섬기며, 몰렉을 위한 산당까지 지었다(왕상 11:5, 7).

그후 이스라엘 백성은 '힌놈의 아들 골짜기'에 도벳 산당을 짓고, 계속 사람을 바치는 제사를 행했으며 아하스 왕, 므낫세 왕도 사람을 제물로 드렸다.

희를 민족들에게서 구별한 너희 하나님 여호와다. 출19:5-6;31:7,6;14:2;왕상 8:53

25 거룩함을 요구하심 그러므로 너희는 동물들도 정결한 것과 부정한 것으로, 새들도 정결한 것과 부정한 것으로 구별해야 한다. 너희는 내가 너희에게 부정한 것으로 구별해 놓은 짐승이나 새나 땅에 기어 다니는 그 어떤 것으로 인해 너희 자신을 불결하게 만들지 말라. 11:2-47;신14:4-20

26 나 여호와가 거룩하니 너희도 내게 거룩해야 한다. 너희가 내 것이 되도록 민족들로부터 너희를 구별했다. 7절;11:44;출 19:6

27 신접한 사람과 무당 남자든 여자든 신접한 사람이나 무당은 죽여야 한다. 너희는 그들을 돌로 쳐 죽이라. 그들의 죽음의 책임은 그들에게 있다.'" 2:9절;19:31

21

죽은 사람으로 인해 더러워짐 여호와께서 모세에게 말씀하셨습니다. "아론의 아들들인 제사장들에게 다음과 같이 말하여라. '제사장은 그 누구도 자기 친척들 가운데 죽은 사람을 만짐으로 인해 부정해지지 말아야 한다.

2 예외로는 가까운 친척, 곧 어머니나 아버지나 아들딸이나 자기 형제나

3 아직 결혼하지 않아서 자기와 함께 사는 처녀 누이의 경우에는 스스로 부정해질 수 있다.

4 그는 백성들의 어른이니 스스로 부정하게 만들지 마라. 겔 24:16-17

5 거룩한 외모 제사장들은 애도의 표시로 머리카락이나 수염을 깎거나 자기 몸에 상처를 내지 말아야 한다. 19:27;신 14:1;겔 44:20

6 그들은 그들의 하나님께 거룩해야 하며 그들의 하나님의 이름을 욕되게 해서는 안 된다. 이는 그들이 여호와께 화제물을, 곧 하나님께 음식의 예물을 드리는 사람들이기 때문이다. 그러므로 그들은 거룩해야 할 것이다. 3:11;18:21

7 부정한 여자를 금하심 그들은 창녀나 더럽혀진 여자와 결혼하지 말아야 하며 남편으로부터 이혼당한 여자와도 결혼하지 말아

야 한다. 제사장들은 그들의 하나님께 거룩한 사람들이기 때문이다. 신24:1-4

8 너는 그를 성별해야 한다. 그가 너희 하나님께 음식 예물을 드리는 사람이기 때문이다. 그는 너희에게 거룩한 사람이다. 너희를 거룩하게 하는 나 여호와가 거룩하기 때문이다. 11:44;22:9,16

9 음행한 딸의 처벌 제사장의 딸이 음행을 해 스스로 더럽혔다면 그녀는 자기 아버지를 더럽히는 것이므로 그녀를 불태워야 한다.

10 대제사장에 관한 규례 머리에 기름 부음 받고 제사장의 옷을 입어 거룩해진 제사장들 가운데서 선택된 대제사장은 애도의 표시로 자기 머리카락을 헝클어뜨리거나 자기 옷을 찢어서는 안 된다. 출29:29-30

11 그는 시체가 있는 곳에 가지 말아야 하며 심지어 자기 부모의 경우에도 갈 수 없다.

12 또한 그는 자기 하나님의 성소를 떠나거나 더럽혀서도 안 된다. 이는 그가 그의 하나님께 대해 기름 부음 받아 성결케 됐기 때문이다. 나는 여호와다. 23절;8:9,12,30

13 그는 처녀와 결혼해야 한다.

14 그는 과부나 이혼녀 더럽혀진 여자나 창녀와 결혼해서는 안 된다. 그는 반드시 자기 동족의 처녀와만 결혼해야 한다.

15 그래야 그가 자기 백성 가운데서 자기 자녀들을 더럽히지 않을 것이다. 나는 그를 거룩하게 하는 여호와이기 때문이다.'"

16 봉사할 수 없는 육체의 흠 여호와께서 모세에게 말씀하셨습니다.

17 "아론에게 말하여라. '대대로 너의 자손들 가운데 흠이 있는 사람은 그 하나님께 음식 예물을 드리러 올 수 없다. 민16:5

18 이는 흠이 있는 사람, 곧 눈먼 사람이나 발을 저는 사람이나 얼굴에 흉터가 큰 사람이나 신체의 크기가 서로 다른 사람이나

19 발 부러진 사람이나 손 부러진 사람이나

20 등에 혹이 있어 굽은 사람이나 키가 작은 사람이나 눈에 질병이 있는 사람이나 피부병이나 고환이 상한 사람을 말한다.

21 아론의 자손인 제사장 가운데 흠이 있는

사람은 여호와께 화제를 드리러 가까이 나올 수 없다. 그가 흠이 있기 때문에 그는 자기의 하나님께 음식 예물을 드리러 나아올 수 없다. 6절

22 그가 하나님께 드려진 음식 예물, 곧 가장 거룩한 예물과 거룩한 예물을 먹을 수는 있다. 2:3;6:17,7:1;10:12,17;14:13;24:9;민 18:9

23 그러나 그의 흠 때문에 그는 휘장 가까이로 나아오거나 제단 곁에 다가가서 내 성소들을 더럽혀서는 안 된다. 이는 내가 그들을 거룩하게 하는 여호와이기 때문이다.'"

24 그와 같이 모시는 아론과 그 아들들과 온 이스라엘 백성에게 말했습니다.

22

성물에 가까이해서는 안 될 사람 여호와께서 모세에게 말씀하셨습니다.

2 "너는 아론과 그 아들들에게 말하여라. '내게 바친 이스라엘 백성의 거룩한 예물들을 구별해 다뤄 그들이 내 거룩한 이름을 욕되게 하는 일이 없게 하여라. 나는 여호와다.' 18:21;출 28:38;민 6:3;18:32;신 15:19

3 그들에게 말하여라. '대대로 너의 자손들 가운데 부정한데도 불구하고 이스라엘 백성들이 여호와께 드리는 거룩한 예물에 가까이 나아온다면 그런 사람은 나로부터 끊어질 것이다. 나는 여호와다. 7:20

4 아론의 자손 가운데 악성 피부병이나 유출병이 있는 사람은 정결하게 될 때까지 거룩한 예물들을 먹을 수 없다. 시체를 만

지거나 정액을 배출한 남자를 만져서 부정해진 사람이나 14:2;15:2,13,16;민 19:11

5 부정하게 하는 어떤 기어 다니는 것이나 부정해진 사람을 만진 사람은 부정해질 것이다. 11:24,43-44;15:7,19

6 그런 것을 만진 사람은 그날 저녁까지 부정하게 될 것이며 그가 자기 몸을 물로 씻을 때까지 거룩한 예물을 먹을 수 없다.

7 해가 지면 그가 정결해질 것이며 그 후에 그가 자신의 음식인 거룩한 예물을 먹을 수 있다. 3:11;22:1;민 18:11,13

8 그는 스스로 죽은 것이나 들짐승이 찢어 죽인 것을 먹을 수 없으니 그것은 그 자체로 인해 부정해지는 것이다. 나는 여호와다.

9 그러므로 제사장들은 내 명령을 지켜서 그들이 그것으로 인한 죄의 책임을 감당하고 그것을 욕되게 한 곳에서 죽지 않게 하라. 나는 그들을 거룩하게 하는 여호와다.

10 성물을 먹지 못하는 자 제사장 가문 이외의 다른 사람은 거룩한 예물을 먹을 수 없다. 제사장의 집에 사는 외국 사람이나 고용된 일꾼이라도 거룩한 예물을 먹을 수 없다.

11 그러나 제사장이 돈을 주고 산 종이나 그의 집에서 태어난 종은 제사장의 음식을 먹을 수 있다. 민 18:11,13

12 제사장의 딸이 다른 지파에게 시집을 갔다면 그녀는 거룩한 예물을 먹을 수 없다.

13 그러나 제사장의 딸이 과부가 됐거나 이혼을 당했거나 자식이 없거나 어릴 때처

왜 조상에게 제사 지내면 안 되는 거죠?

성경에서 말하는 제사와 조상에게 지내는 제사엔 아주 많은 차이가 있어요. 일반적으로 말하는 제사는 조상신을 섬기는 거예요. 이것은 하나님이 가장 싫어하시는 것을 하나예요.(출 20:3). 성경은 부모님을 공경하고 효도하라고 강조했지만(출 20:12), 조상이 신이 된다고 말하지는 않았어요. 사람이 죽으면 하나님의 심판대 앞에 서게 되고 예수님을 믿고 안 믿고에 따라서 천국이나

지옥으로 가게 되는 거예요.

성경에서 말하는 제사는 하나님 앞에 지은 죄를 용서받기 위해 드리는 것이랍니다. 구약 시대에는 동물의 피가 제사의 제물을 대신했지만, 예수님이 십자가에 달려 피 흘리심으로써 모든 사람의 죄를 대신 지셨어요. 이제 성경에서 말하는 제사는 우리의 죄를 용서받기 위해 예수님의 십자가에 의지해 하나님께 나아가는 것을 말한답니다.

럼 자기 아버지의 집으로 돌아와 살게 됐다면 그녀는 아버지의 음식을 먹을 수 있다. 외부 사람은 그것을 먹을 수 없다.

14 누가 실수로 거룩한 예물을 먹게 됐다면 그는 그것에 5분의 1의 가치를 더해 제사장에게 거룩한 예물을 갚아야 한다. 4:2

15 제사장들은 여호와께 바쳐진 이스라엘 백성의 거룩한 예물을 더럽히지 않도록 주의해야 한다. 19:8민 18:32

16 먹지 말아야 할 사람이 거룩한 예물을 먹으면 죄가 되고 징계를 받게 될 것이다. 내가 그들을 거룩하게 하는 여호와이기 때문이다.'" 19:9

17 열납되는 예물 여호와께서 모세에게 말씀하셨습니다.

18 "아론과 그 아들들과 모든 이스라엘 백성들에게 이렇게 말하여라. '이스라엘 사람이든지 이스라엘에 사는 외국 사람이든지 여호와께 이전에 맹세한 것을 갚거나 자발적으로 드리는 예물의 용도로 번제물을 드리려면 1:2-3:10민 15:14

19 여호와께서 받으시도록 너희는 황소나 양이나 염소 가운데 흠이 없는 수컷을 바쳐야 한다. 1:3,10

20 너희는 흠이 있는 것을 드리지 말아야 한다. 이는 그것이 여호와께서 원하시는 것이 아니기 때문이다. 신 15:21히 9:14벧전 1:19

21 소나 양 가운데서 여호와께 이전에 맹세한 것을 갚거나 자발적으로 드리는 예물의 용도로 화목의 예물을 드릴 때는 온전하

고 흠이 없는 것을 드려야 하나님께서 받으실 것이다. 민 15:3,8신 23:21,23시 61:8,65:1

22 너희는 눈이 멀거나 장애가 있거나 불구가 되거나 유출병이 있거나 피부병이 있는 동물을 여호와께 바치거나 여호와께 드리기 위해 제단 위의 화제물로 삼아서는 안 된다. 1:9,13:3-3,5:21:18,20:말 1:8

23 그러나 황소나 어린양의 신체가 부분적으로 너무 크거나 작은 것은 자발적으로 드리는 예물로 삼을 수 있다. 그러나 이전에 행한 맹세를 갚기 위한 예물로는 드릴 수 없다. 21:18

24 너희는 고환이 상했거나 치었거나 터졌거나 잘린 짐승을 여호와께 드릴 수 없다. 너희 땅에서 그것을 희생제물로 삼아서는 안 된다.

25 너희는 외국 사람에게서 그런 동물을 받아 너희 하나님 여호와께 음식 예물로 드릴 수도 없다. 그 동물들의 결함, 곧 흠 때문에 그것들은 너희의 예물로 여겨지지 않을 것이다.'" 3:11말 1:14

26 짐승에 관한 규례 여호와께서 모세에게 말씀하셨습니다.

27 "황소나 양이나 염소가 태어나면 7일 동안은 그 어미와 함께 두어라. 생후 8일이 지나면 여호와께 화제로 드릴 수 있다.

28 그 어미인 암소나 암양을 그 새끼와 같은 날에 잡지 마라. 신 22:6

29 제물을 먹는 기간 너희가 여호와께 감사의 희생제물을 죽일 때 너희는 하나님께서

속죄일은 어떤 날인가요?

유대 달력으로 7월 10일(우리 달력으로는 9월이나 10월)은 1년에 딱 하루 있는 속죄일이에요. 속죄일에 드리는 제사는 제사장 가문인 아론과 그의 집을 위해 드리는 속죄제, 회중을 위한 번제가 있어요. 속죄제 때는 염소 두 마리를 제물로 드렸고, 번제를 위해서는 수양 한 마리를 드렸답니다.

구약 시대에는 오직 대제사장만이 1년에 한 번 지성소에 들어갈 수 있었어요. 지성소에 들어가는 제사장에게 아주 작은 죄라도 있을 경우 그는 살아 나오지 못했어요. 오늘날 우리는 예수님의 십자가 피로 말미암아 언제든지 하나님께 나아갈 수 있답니다(히 10:19). 대제사장이신 예수님의 피가 우리의 죄를 씻어 주시기(히 10:17-18) 때문이에요.

속죄일은 성도가 어떻게 예수님의 피로 정결하

받아들이실 수 있는 규칙대로 그것을 드려야 한다. 7:12;시 107:22;116:17;암 4:5

30 그것은 그날에 먹을 것이며 다음 날 아침까지 남기지 않도록 하여라. 나는 여호와다.

31 **순종의 근거** 너희는 내 계명들을 지키고 행하라. 나는 여호와다. 19:37;신 15:40;신 4:40

32 너희는 내 거룩한 이름을 욕되게 하지 말며 다만 이스라엘 백성들 가운데서 내 거룩함이 받아들여져야 한다. 나는 너희를 거룩하게 하는 여호와로 10:3;18:21;20:8

33 너희를 이집트에서 이끌어 내 너희 하나님이 됐다. 나는 여호와다." 출 6:7

23 **성회를 위한 날** 여호와께서 모세에게 말씀하셨습니다.

2 "너는 이스라엘 백성들에게 이렇게 말하여라. '이것은 너희가 거룩한 모임으로 선포할 여호와께서 정하신 절기들이다.

3 6일 동안 너희가 일을 할 수 있으나 제7일은 안식일로, 성회로 모이는 날이니 너희는 어떤 일도 하지 말라. 이날은 너희가 어디에 살든지 지켜야 할 여호와의 안식일이다. 출 20:8~11;눅 13:14

4 **무교절을 지킬 것** 특별히 정해 놓은 날을 따라 너희가 거룩한 모임으로 선포할 여호와께서 정하신 절기들은 이렇다.

5 여호와의 유월절은 첫째 달 14일 해 질 무렵에 시작된다. 출 12:6;민 28:16~17;신 16:1~8

6 여호와의 무교절은 그달 15일에 시작된다. 7일 동안 너희는 누룩 없는 빵을 먹어야 한다.

7 첫날에 너희는 거룩한 모임을 갖고 일을 하지 말라. 출 12:16;민 28:18,25

8 7일 동안 너희는 여호와께 화제를 드리라. 7일째 되는 날에 너희는 거룩한 모임을 갖고 어떤 일도 하지 말라.'"

9 **흔들어 바치는 제사** 여호와께서 모세에게 말씀하셨습니다.

10 "이스라엘 백성들에게 다음과 같이 말하여라. '내가 너희에게 주는 땅에 들어가서 수확을 하게 되면 너희가 처음 거둔 곡식의 첫 단을 제사장에게 가져가라.

11 그는 그 곡식단을 여호와께 기쁘게 받으시도록 흔들어 바치되 제사장은 안식일 다음 날에 그것을 흔들어 바쳐야 한다.

12 너희가 그 곡식단을 흔드는 예식을 수행하는 날에 너희는 1년 된 흠이 없는 양을 여호와께 번제물로 드려야 한다.

13 그것과 함께 올리브기름이 섞인 고운 가루 10분의 2에바를 곡식제물로 드려야 한다. 그것은 여호와께 향기로운 화제다. 또한 그것과 함께 포도주 4분의 1힌을 전제물로 드려야 한다. 2:14~16;출 29:40

14 너희는 하나님께 이 예물을 드리기까지는 어떤 빵이나 볶은 곡식이나 풋이삭도 먹어서는 안 된다. 이것은 너희가 어디서 살든지 대대로 영원히 지켜야 할 규례다.

15 **레위 사람의 제물** 안식일 다음 날, 곧 곡식을 흔들어 바친 그날부터 일곱 번의 안식일을 헤아려 3:4;22:3;신 16:9

16 일곱 번째 안식일 다음 날까지 50일을 헤아린 후에 너희는 여호와께 새 곡식으로 곡식제물을 드리라.

17 너희는 여호와께 흔드는 예물로 드릴 고운 가루 10분의 2에바에다 누룩을 넣어 구운 빵 두 덩이를 너희가 사는 곳으로부터 가지고 와야 한다. 이것은 너희가 드릴 첫 열매다. 10절

18 너희는 이 빵과 함께 1년 된 흠 없는 숫염소 일곱 마리와 황소 한 마리와 숫양 두 마리를 드려야 한다. 그것들은 곡식제물과 전제물 그리고 불 위에 태워 여호와께

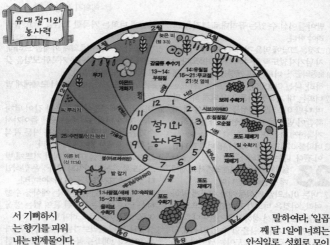

유대 절기와 농사력

절기와 농사력

2월
늦은 비 (행 3:3)

강귤류 추수기
13~14: 부림절

14: 유월절
15~21: 무교절
21: 첫 열매

보리 수확기
시브(이야르)
6: 칠칠절
오순절

포도 재배기
밀 수확기

포도 재배기

1: 나팔절/새해
15~21: 초막절

10: 속죄일

포도 수확기

올리브 수확기

밭 갈기

봄(마르케쉬반)

이른 비 (신 11:14)

25: 수전절/성전 봉헌

씨 뿌리기

무기

아몬드 개화기

1월

12월

11월

3월

4월

5월

이삭

시완

탐무스

압

엘룰

티쉬리

서 기뻐하시
는 향기를 피워
내는 번제물이다.

19 그 후에 너희는 한 마리
숫염소를 속죄제물로 바치고 1년 된
어린양 두 마리를 화목제 예물로 드려야
한다.   3:1;14:23,28;민 28:30

20 제사장은 여호와 앞에서 어린양 두 마리
와 첫 열매로 만든 빵과 함께 흔드는 예식
을 집행해야 한다. 그것들은 제사장을 위
해 여호와께 드리는 거룩한 예물이다.

21 너희는 같은 날에 거룩한 모임을 선포하
고 그 모임을 열어야 한다. 너희는 아무 일
도 하지 말라. 이것은 너희가 어디에 살든
대로 지켜야 할 영원한 규례다.

22 가난한 사람을 위한 배려 너희가 너희 땅의
수확물을 거둘 때 너희 밭의 가장자리까
지 거두거나 수확한 후에 남겨진 이삭을
거두려고 밭으로 돌아가지 말라. 너희는
그것을 가난한 사람들이나 외국 사람들
을 위해 남겨 두라. 나는 너희 하나님 여호
와다."

23 절기와 제물 여호와께서 모세에게 말씀하
셨습니다.

24 "너는 이스라엘 백성들에게 다음과 같이

말하여라. '일곱
째 달 1일에 너희는
안식일로, 성회로 모이
는 안식일로 지켜라. 이날은
나팔을 불어 기념하는 날이며 거룩한 모
임을 갖는 날이다.   25:9;민 29:1

25 아무 일도 하지 말고 다만 여호와께 화제
를 드려라.'"

26 속죄의 날 여호와께서 모세에게 말씀하셨
습니다.

27 "이달, 곧 일곱째 달 10일은 속죄일이다.
너희는 거룩한 모임을 갖고 스스로 근신
하고 여호와께 화제를 드리라.

28 너희는 그날에 아무 일도 하지 말라. 그날
은 속죄일, 곧 너희를 위해 너희 하나님 여
호와 앞에서 속죄를 행하는 날이다.

29 이날에 근신하지 않는 사람은 자기 백성
으로부터 끊어질 것이다.   출 30:33

30 그리고 그날에 일을 하는 사람마다 내가
자기 백성으로부터 없애 버릴 것이다.

31 너희는 아무 일도 하지 말라. 이것은 너희
가 어디에 살든지 대대로 지켜야 할 영원
한 규례다.

32 이날은 너희에게 안식 중의 안식의 절기
가 될 것이니 너희는 스스로 근신해야 한

다. 그달 9일 해 질 때부터 다음 날 해 질 때까지 너희는 너희의 안식을 지켜야 한다."

33 7일간의 축제 여호와께서 모세에게 말씀하셨습니다.

34 "너는 이스라엘 백성들에게 이렇게 말하여라. '일곱째 달 15일부터 7일 동안 여호와의 초막절이 개최될 것이다.

35 첫날은 거룩한 모임이 있는 날이니 너희는 아무 일도 하지 말라.

36 7일 동안 너희는 여호와께 화제를 드려야 한다. 제8일에 너희는 거룩한 모임을 개최해야 하며 여호와께 화제를 드려야 한다. 그날 거룩한 큰 모임을 갖고 너희는 그 외의 다른 일은 하지 말아라.

37 모든 절기를 선포함 이것들은 여호와께서 정하신 절기들로 너희가 거룩한 모임으로 선포해야 하는 날들이다. 너희는 정해진 날에 여호와께 화제, 곧 번제물, 곡식제물, 희생제물과 전제물을 드려야 한다. _2,4절_

38 이 예물들은 여호와의 안식일 외에, 너희의 일상적인 예물과 너희의 모든 맹세의 예물과 너희의 모든 자발적으로 드리는 예물과는 별도로 여호와께 드려야 하는 것들이다. _민 29:39_

39 나뭇가지를 취함 그러니 일곱째 달 15일, 곧 너희가 그 땅에서 수확을 마친 날에 너희는 7일 동안 여호와의 절기를 지켜야 한다. 그 첫날은 엄숙한 안식일이며 8일째 되는 날도 엄숙한 안식일이다.

40 첫날에는 너희가 실과나무에서 얻은 가장 좋은 열매와 종려나무 가지와 무성한 나무 가지와 시내버드나무 가지를 가져다 너희 하나님 여호와 앞에서 7일 동안 기뻐해야 한다. _신 16:14-15;느 8:14-18_

41 그와 같이 너희는 해마다 7일 동안 여호와의 절기를 지켜야 한다. 이것은 너희가 대대로 지켜야 할 영원한 규례다. 너희는 그 절기를 일곱째 달에 지키라. _민 29:12-38_

42 초막에서 지냄 너희는 7일 동안 초막에서 지내야 한다. 이스라엘에 거하는 모든 본토 사람들은 모두가 초막에서 지내야 한다.

43 그래야 너희 자손들이 내가 이스라엘 백성들을 이집트에서 인도해 낼 때 그들을 초막에서 지내도록 했다는 것을 알게 될 것이다. 나는 너희 하나님 여호와다.'"

44 그리하여 모세는 이스라엘 백성들에게 여호와의 절기들을 선포했습니다. _2절_

24 등불을 끊이지 말 것 여호와께서 모세에게 말씀하셨습니다.

2 "너는 이스라엘 백성에게 명령해 올리브를 으깨서 만든 깨끗한 기름을 네게 가져와 등불을 켜 그 등불이 계속 타오르게 해야 한다.

3 아론은 회막 안의 증거궤 휘장 밖에 등불을 켜 두어 저녁부터 아침까지 여호와 앞에서 그 불이 계속 타오르게 해야 한다. 이것은 너희 대대로 지켜야 하는 영원한 규례다.

4 그는 여호와 앞에서 순금으로 만든 등잔대에 놓인 등불이 계속 타오르게 해야 한다.

진설병이 뭔가요?

진설병은 고운 가루로 만든 누룩을 넣지 않은 '빵'이에요. 진설병은 성소의 '상'에 안식일마다 바꾸어 놓는데요(레 24:5-9) 여섯 개씩 두 줄로 12개를 놓았답니다. 12는 이스라엘의 열두 지파를 상징해요. 빵은 서로 붙지 않도록 여섯 칸 높이에 두 줄의 칸막이가 있는 순금 탁자 위에 진열했어요.

진설병은 제사장만이 성소에서 먹을 수 있었지

만(삼상 21:4-6), 제사장이 아닌 사람이 진설병을 먹은 적이 있어요. 그 사람은 바로 다윗이랍니다. 놉 땅의 제사장 아히멜렉은 도망치다 지친 다윗과 그 부하에게 진설병을 주어 먹게 했어요(삼상 21:1-6). 나중에 예수님의 제자들이 안식일에 밀밭의 이삭을 자르고 혼났을 때, 예수님은 이 일을 예로 들어, 사람의 생명이 형식보다 더 중요하다는 것을 알려 주셨답니다(마 12:4).

5 진설병 너는 고운 밀가루를 가져다가 각각 10분의 2에바의 무게로 빵 12개를 구워라.

6 그것들을 한 줄에 여섯 개씩 두 줄로 여호와 앞의 순금 탁자 위에 두어라.

7 그리고 각 줄 위에 순수한 유향을 얹도록 하여라. 그리하여 이것이 그 빵의 기념 제물, 곧 주를 위한 화제물이 되도록 하여라.

8 아론은 이스라엘 백성들을 대신해 여호와 앞에 계속 빵을 드려야 한다. 이것은 영원한 의무다.

민 4:7;대상 9:32;대하 2:4

9 이것은 아론과 그 아들들을 위한 몫이다. 그들은 거룩한 곳에서 그것을 먹어야 한다. 이것은 여호와께 드려진 화제물들 가운데서 가장 거룩한 부분이기 때문이다. 이것은 영원한 규례이다.

마 12:4;막 2:26;눅 6:4

10 하나님을 모독함 이스라엘 여자와 이집트 남자 사이에서 태어난 아들이 이스라엘 백성들 가운데 나와서 이스라엘의 야영지 안에서 한 이스라엘 사람과 싸웠는데

11 이스라엘 여자의 아들이 하나님의 이름을 저주하며 모독했습니다. 그래서 사람들이 그를 모세에게로 데려갔습니다. 그의 모친의 이름은 슬로밋이었으며 단 지파 디브리의 딸이었습니다.

출 3:14~15;18:22,26;빌 2:9

12 그들은 여호와의 뜻이 명확하게 드러날 때까지 그를 감금했습니다.

민 18:15~16;민 15:34

13 그때 여호와께서 모세에게 말씀하셨습니다.

14 "저주의 말을 한 사람을 이스라엘의 야영지 밖으로 데리고 나가 그가 하는 말을 들었던 모든 사람들이 그의 머리에 손을 얹는 의식을 행하고 온 회중이 그를 돌로 쳐 죽이게 하여라.

23;신 13:9;17:7

15 너는 이스라엘 백성들에게는 이렇게 말하여라. '누구든지 자기 하나님을 저주하는 사람에게 그 죄의 책임을 물을 것이다.

16 여호와의 이름을 모독하는 사람은 죽어야 한다. 온 회중은 그를 돌로 쳐 죽여야 할 것이다. 외국 사람이나 본토 사람이나 할 것 없이 여호와의 이름을 모독하는 사람은 죽어야 한다.

마 26:65~66;막 14:63~64;요 10:33

17 계획적인 살인 사람을 죽이는 사람은 죽어야 한다.

창 9:5~6;출 21:12;민 35:31;신 19:11~12

18 가축을 죽인 사람 가축을 죽이는 사람은 보상을 해야 하는데 생명은 생명으로 해야 한다.

출 21:33~34

19 상해의 대가 자기 이웃을 다치게 했다면 그가 행한 대로 갚아 주어야 한다.

마 5:38;7:2

20 곧 깨진 것은 깨진 것으로, 눈의 상처는 눈의 상처로, 이의 상처는 이의 상처로 갚아 주어야 한다. 그가 다른 사람을 다치게 한 대로 그도 다쳐야 한다.

21 외국 사람에게도 동일한 법 가축을 죽인 사람은 보상을 해야 하지만 사람을 죽인 사람은 죽어야 한다.

22 너희는 외국 사람이나 본토 사람에게나 한가지 법을 적용해야 한다. 내가 너희 하나님 여호와이기 때문이다.'"

출 12:49

"이에는 이, 눈에는 눈"

남에게 심한 상처를 입히거나 생명을 빼앗는 경우, 똑같이 보복하는 처벌법이 있었어요. 이것을 '동해 보복법'이라고 해요. 아직 법 체계나 사회 발전 정도가 낮은 고대 사회에서는 보복에 따른 처벌법으로 질서를 유지해 나간답니다. 구약성경에도 이와 같은 보복법이 등장하는데요(출 21:22~25; 신 24:17~20; 신 19:21) 그것은 죄 값 이상으로 처벌 받는 것을 막고, 사회 질서를 유지하며 보호하려는 데 그 목적이 있었어요.

이에 대해 예수님은 '악을 악으로' 갚는 것이 아니라 '악을 선으로 갚는 것'을 가르쳐 주셨어요(마 5:39~42). 악에 맞서지 말고, 누가 오른뺨을 치면 왼뺨도 대 주고(마 5:39), 속옷을 요구하는 자에게 더 값나가는 겉옷까지도 벗어 주라고(마 5:40) 하셨어요. "내가 당한 만큼 그에게도 복수하라."는 '동해 보복법'은 예수님에 이르러 '사랑과 희생의 법'으로 더 높고 아름답게 발전했답니다.

23 명령을 따름 모세가 이스라엘 백성들에게 이렇게 말하자 그들은 저주의 말을 한 사람을 이스라엘의 야영지 밖으로 데리고 나와서 돌로 쳐 죽였습니다. 이렇게 이스라엘 자손들은 여호와께서 모세에게 명령하셨던 대로 했습니다. 14절

25 안식의 해 여호와께서 모세에게 시내 산에서 말씀하셨습니다.

2 "너는 이스라엘 백성들에게 말하여라. '내가 너희에게 주는 그 땅으로 들어갈 때 그 땅은 여호와의 안식을 지켜야 한다.

3 6년 동안은 네 밭에 씨를 뿌리고 6년 동안은 네 포도원을 가꾸고 수확하여라.

4 그러나 제7년에는 그 땅을 위한 안식 중의 안식, 곧 여호와의 안식이 있어야 한다. 너는 네 밭에 씨를 뿌리지도, 네 포도원을 가꾸지도 마라.

5 밭에서 저절로 자라나는 것은 거두지 말며 너희가 돌보지 않은 포도원의 포도는 수확하지 마라. 그때는 그 땅을 위한 안식의 해여야 한다.

6 그 땅의 안식년의 소산은 너희, 곧 너와 네 남녀종들과 네 일꾼과 너와 함께 사는 객에게 음식이 될 것이다.

7 네 가축과 네 땅의 들짐승에게도 그 땅의 소산이 음식이 될 것이다.'" 12절

8 자유의 해 희년 "너는 안식년을 일곱 번, 곧 일곱 해를 일곱 번 헤아려라. 곧 제7년이 일곱 번 지나면 그 일곱 번의 안식의 해는

49년이 될 것이다.

9 너는 일곱째 달 10일에 사방에서 나팔을 불게 하고 속죄일에 너는 나팔을 네 온 땅 전역에서 불게 하여라. 23:24,27; 사 27:13

10 너희는 50년이 되는 해를 거룩하게 하고 그 온 땅의 모든 사람들에게 자유를 선포하라. 그것이 너희를 위한 희년이다. 너희 각 사람은 각자의 소유지로 돌아가고 너희 각 사람은 각자의 동족에게로 돌아가라.

11 희년의 거룩함 희년은 50년이 되는 해로 너희를 위한 것이다. 그해에는 씨도 뿌리지 말고 그 땅에서 저절로 나는 것이나 돌보지 않은 포도를 거두지 말라. 4–5절

12 *이는 그해가 희년이며 그해가 너희에게 거룩하기 때문이다. 너희는 밭에서 자연적으로 나는 것을 먹어라. 6–7절

13 소유의 사고 팖 이 희년에는 너희 모두가 각자의 소유지로 돌아갈 것이다.

14 네가 네 이웃에게 땅을 팔았거나 샀다면 너는 그것과 관련해 서로 거짓을 행하지 마라. 19:33

15 너는 희년에서 몇 해가 지났는지를 따라서 그것을 사고 그는 그 수확할 햇수에 따라서 네게 팔아야 한다. 27:18,23

16 그 햇수가 많으면 너는 그 값을 올릴 것이며 햇수가 적으면 값을 내릴 것이다. 이는 그것이 그가 네게 파는 수확량이기 때문

25:12 또는 '이는 희년이니 너희가 거룩하게 가져야 할다'

상식쑥쑥 희년

희년은 50년마다 돌아오는 자유의 해를 말해요. 희년은 7년마다 한 번씩 돌아오는 안식년을 7번 반복(7×7=49)하고, 그다음 해인 50년이 되는 해이 속죄일에 대제사장이 나팔을 불어 선포했어요. 이때 희년은 1년 동안 지켜야 했답니다.

희년이 되면 가장 먼저 땅을 쉬게 했어요. 또 빚진 사람의 빚을 없애 주고, 땅도 원래 주인에게 되돌려 주었답니다. 그리고 종들도 전부 가족에 돌려보냈어요. 하나님은 희년을 통해 모든 땅의 주인이 하나님인 것을 기억하게 하셨어요(레 25:23). 또 이스라

엘 백성들에게 자신들이 이집트에서 노예로 살던 것을 기억하게 하고, 그런 삶에서 자신들을 구원하신 하나님을 기억하도록 하셨답니다(레 25:38).

희년은 예언자 이사야에 의해 '은혜의 해로 선포되었으며, 예수님의 오심으로 죄와 죽음의 노예로 사는 사람들에게 참된 자유의 해가 이뤄졌습니다 (눅 4:18-19).

이다.

17 너희는 서로 속이지 말며 너희 하나님을 두려워하라. 내가 너희 하나님 여호와이기 때문이다. 36,43절;19:14,32

18 여섯 번째 해를 풍성케 하심 너희는 내 규례들을 따르고 내 법도들을 지켜 행하라. 그러면 너희가 이 땅에서 안전하게 살 수 있을 것이다. 26:5;신 12:10;23:6;잘 34:25,28

19 그 땅은 소산을 낼 것이고 너희가 배불리 먹고 거기서 평안히 살게 될 것이다.

20 너희가 '우리가 씨를 뿌리거나 우리의 곡식을 수확하지도 않는다면 7년째 되는 해에 우리가 무엇을 먹겠는가?'라고 말할 수도 있을 것이다. 4-5절;사 6:25,31;눅 12:22,29

21 내가 6년째 되는 해에 그 땅이 3년 동안 먹을 만한 소산을 낼 수 있도록 충분한 복을 줄 것이다. 신 28:8

22 너희가 8년째 되는 해에 씨를 뿌릴 때 너희는 이전에 수확한 것을 먹고 9년째 되는 해의 추수 때까지 그것을 먹게 될 것이다.

23 땅을 팔지 말 것 땅은 아주 팔 수 없다. 이는 그 땅이 내 것이며 너희는 나와 함께하는 나그네들로 임시 거주자들이기 때문이다.

24 너희가 소유한 온 땅에서 너희는 정해진 때에 토지가 원래 소유자에게 돌아가는 것을 허용해야 한다.

25 기업 무름 네 형제가 가난하게 돼 자기 소유지의 일부를 팔았다면 그의 가장 가까운 친척이 와서 그의 형제가 판 것의 값을 대신 물어 주어야 한다. 룻 2:20;3:9,12;4:4,6;렘렘 32:7

26 그러나 그 땅의 값을 대신 물어 줄 사람이 없지만 나중에 그가 돈을 벌어서 값을 지불할 정도가 된다면

27 그는 그 땅을 판 그해부터의 가치를 계산해서 그 가치를 뺀 나머지를 무르는 값으로 이전에 그 땅을 팔았던 사람에게 지불하고 그는 자기 소유지로 돌아갈 것이다.

28 그러나 그가 그 땅을 다시 살 만큼의 돈을

갖고 있지 못하다면 그가 판 땅은 희년 때까지 그것을 산 사람의 소유로 남아 있을 것이다. 그 땅은 희년에 땅을 산 사람에게서 자유로워질 것이며 원래의 소유자가 자기 소유지로 돌려될 수 있다. 13-14절;27:21

29 집의 사고 팖 어떤 사람이 도성 안에 있는 집을 팔았다면 그는 집을 판 지 1년 이내에 그것을 무를 수 있다. 이는 1년 이내에는 그가 무를 수 있는 권리가 있기 때문이다.

30 그러나 그가 1년이 지났는데도 그것을 무르지 못하면 도성 안에 있는 그 집은 그것을 산 사람과 그 자손들의 영원한 소유가 될 것이다. 그것은 희년에 자유롭게 될 수 없다.

31 그러나 도성 밖에 위치한 마을의 집은 들판으로 간주될 것이며 그것은 무를 수 있고 그것은 희년에 자유롭게 돼야 한다.

32 레위 사람을 위한 규례 그러나 레위 사람들은 레위 사람의 도성들, 곧 그들이 소유한 도성들에 있는 집들을 항상 무를 수 있다.

33 한 레위 사람이 무르는 권리를 행사하지 않는다면 그들이 소유한 도성에 있는 집은 희년에 자유롭게 될 것이다. 이는 레위 사람들의 도성 안에 있는 집들이 이스라엘 백성들 가운데 있는 그들의 소유이기 때문이다.

34 그러나 그들의 도성에 속한 초지들은 팔수 없다. 이는 초지가 그들의 영원한 소유이기 때문이다. 민 35:2;대상 6:55-81;13:2;렘 4:36-37

35 가난한 형제 네 형제가 가난해져서 네 가운데서 먹고 살기가 어렵다면 너는 그를 먹여 살려야 한다. 나그네나 임시 거주자가 네 환대를 받으며 함께 거하듯이 그는 너와 함께 살아야 한다. 행 11:29;요일 3:17

36 그에게 그 어떤 종류의 이자도 받지 말며 네 하나님을 경외하여라. 그리하면 네 형제가 너와 함께 살 수 있을 것이다. 출 22:25

37 너는 그에게 돈을 빌려 주더라도 이자를 받지 말며 식량을 빌려 주더라도 이득을 취하지 마라.

38 나는 너희 하나님 여호와니 너희를 이집트

땅으로부터 이끌어 내 가나안 땅을 너희에게 주고 너희 하나님이 됐다. 42,55절

39 **종의 해방** 너와 함께 거하는 네 형제가 가난해져 그 빚을 갚을 목적으로 스스로를 네 종으로 팔았다면 너는 그를 종처럼 섬기게 하지 마라. 출 21:2;신 15:12;왕상 9:22;왕하 4:1; 느 5:5

40 그는 고용된 일꾼이나 임시 거주자로 너와 함께 거할 것이다. 그는 희년까지 너를 위해 일해야 한다.

41 그 후에 그와 그 자녀들이 너로부터 자유로워져서 자기 가족과 자기 조상들의 소유지로 돌아가야 한다. 13,28절;출 21:3

42 이는 그들이 내가 이집트 땅에 이끌어 낸 내 종들이므로 그들은 종들로 팔릴 수 없기 때문이다. 55절;롬 6:22;고전 7:23

43 너는 그들을 엄하게 부리지 말고 네 하나님 여호와를 경외하여라. 엡 6:9;골 4:1

44 **종의 조건** 너는 네 주위의 나라들에서 온 사람들을 남녀종들로 샀을 경우에만 남녀종을 소유할 수 있다.

45 너희는 또한 너희와 함께 있어 잠시 머무는 나그네들과 네 땅에서 태어난 그들의 가족들 가운데 종을 살 수 있으며 그들은 너희의 소유가 될 것이다. 사 14:1~2;56:3,6

46 너희는 그들을 너희 자손들에게 상속해 영원히 소유로 물려줄 수 있으며 너희는 그들을 평생 종으로 삼을 수 있다. 그러나 너희는 너희 동족 이스라엘 사람들에게는 서로 엄하게 부리지 말아야 한다.

47 **종의 해방** 너희와 함께 지내는 나그네나 임시 체류자가 부자가 되고 그와 함께 있는 너희의 형제가 가난해져 너희와 함께 지내는 나그네나 임시 체류자나 나그네의 가족의 한 사람에게 빚을 갚을 목적으로 스스로 종으로 팔렸다면 25,35,39절

48 그는 팔린 후에라도 물릴 수 있다. 그의 형제들 가운데 하나가 값을 지불하고 그를 물릴 수 있다.

49 삼촌이나 사촌이나 그의 가문에 속한 가까운 친척이 돈을 지불하고 그를 물릴 수 있다. 혹은 그가 돈을 벌어서 스스로 물릴 수도 있다. 26,47절;느 5:1~5

50 그와 그를 산 사람은 그가 자신을 판 해로부터 희년까지의 기간을 헤아릴 것이며 그를 자유롭게 하는 비용은 헤아린 햇수에 따라 지불돼야 한다. 곧 그가 자기 주인을 위해 일한 기간은 고용된 종의 햇수와 같이 헤아려야 할 것이다. 욥 7:1;사 16:14

51 아직 많은 햇수가 남았다면 그것에 따라서 그는 이전에 종으로 팔렸을 때 주인에게서 받은 금액에서 그것만큼의 액수를 빼고 무르는 금액을 그에게 돌려줄 것이다.

52 희년까지 얼마 안 남았다면 그는 그와 함께 헤아릴 것이다. 그는 그가 행한 섬김의 햇수의 가치를 빼고 무르는 비용을 되돌려 주어야 한다.

53 그는 그를 해마다 고용된 사람처럼 대해야 한다. 그는 네 눈앞에서 그를 엄하게 다루지 말아야 한다.

54 그가 위에서 언급한 어떤 방식으로도 무

하나님은 노예 제도를 찬성하신 건가요?

노예 제도는 하나님의 뜻이 아니에요. 하나님은 노예 제도를 찬성하지 않으세요. 레위기 25:35에 나오는 안식년과 희년, 특히 39절부터 나오는 종(노예)에 대한 법은 이러한 하나님의 뜻을 잘 보여 주고 있어요. 하나님은 고대의 역사 상황과 사회 여건을 무시하지 않으시고 종의 제도를 허용하셨지만, 이스라엘 주변 나라들처럼 잔인하게 종을 대하지 못하게 하셨어요(창 9:6; 레 25:40; 마 18:21~35; 골 4:1; 욥 4:11). 그 이유는 이스라엘 민족이 이집트에서 노예 생활을 한 경험과 그 종살이의 속박에서 구원 받아 하나님의 은혜로 자유함을 얻은 민족이라는 사실 때문이에요(신 15:15). 하나님께 값없이 사랑을 입었으니 받은 대로 값없이 베풀기를 원하신 것이에요.

를 수 없다면 그와 그의 자녀들은 희년에 자유롭게 될 것이다. 41절;출 21:2-3

55 이는 이스라엘 백성이 내게 속한 종들이며 그들은 내가 이집트에서 인도해 낸 내 종들이기 때문이다. 나는 너희 하나님 여호와다."

26 우상을 만드는 것 "너희는 너희를 위해 우상들을 만들거나 새긴 형상이나 주상을 세우지 말고 너희는 너희 땅에 다듬은 돌을 세우고 그것들을 섬기지 말라. 이는 내가 너희 하나님 여호와이기 때문이다. 출 20:4-5;23:24;신 33:52

2 성소를 경외하라 너희는 내 안식일을 지키고 내 성소를 경외하라. 나는 여호와다.

3 순종에 대한 축복 너희가 내 규례들을 준수하고 명령들을 지켜 행하면

4 내가 너희에게 때마다 비를 내릴 것이고 그 땅이 수확물을 내고 들판의 나무들이 열매를 맺을 것이다. 신 11:14;사 1:19;67:6;85:12;말 34:26

5 너희는 포도를 수확할 때까지 추수를 계속할 것이며 씨를 뿌릴 때까지 포도 수확을 계속할 것이다. 너희는 배부르게 음식을 먹을 것이며 너희의 땅에서 안전하게 살 수 있을 것이다. 25:18-19;암 9:13

6 내가 그 땅에 평화를 줄 것이며 너희가 누울지라도 아무도 너희를 두렵게 하지 않을 것이다. 내가 그 땅에서 위험한 들짐승들을 없앨 것이며 전쟁이 너희 땅에서 일어나지 않을 것이다. 왕상 4:25;왕하 17:25;욥 11:19

7 너희가 너희 원수들을 이길 것이며 그들이 너희 앞에서 패배할 것이다.

8 너희 가운데 다섯 명이 원수들 100명을 이길 것이며 너희 가운데 100명이 원수들 1만 명을 이길 것이며 너희 원수들이 너희 앞에서 패배할 것이다.

9 내가 너희에게 은혜를 베풀 것이며 너희가 생육하고 번성하게 할 것이며 내가 너희와 맺은 내 언약을 지킬 것이다.

10 너희는 작년에 수확한 것을 먹을 것이지만 새것을 수확하면 그것을 치우게 될 것이다.

11 내가 너희와 함께 거할 것이며 내가 너희를 싫어하지 않을 것이다.

하나님의 규례와 명령을 지켜 행할 때 하나님이 풍성한 복을 내려 주심

12 내가 너희와 함께 행할 것이며 너희 하나님이 될 것이며 너희는 내 백성이 될 것이다.

13 나는 너희 하나님 여호와로 너희를 이집트에서 인도해 내 너희가 더 이상 이집트 사람들의 종이 되지 않게 했다. 내가 너희 멍에의 가로 막대기를 부러뜨렸고 너희 머리를 곧게 세우고 걷게 했다.
렘 27:2;28:10

14 **불순종에 대한 심판** "그러나 너희가 내 말에 귀 기울이지 않고 이 모든 명령을 행하지 않거나
신 28:15~68;애 2:17;말 2:2

15 너희가 내 규례를 거부하고 내 법도를 싫어해 내 모든 명령을 행하지 않고 내 언약을 어긴다면
44절;신 31:20

16 내가 너희에게 이렇게 할 것이다. 곧 내가 너희에게 너희 눈을 멀게 하고 너희 목숨을 위협하는 재앙과 질병과 열병을 보낼 것이다. 너희가 씨앗을 뿌려도 헛일이 될 것이다. 너희 원수들이 그것을 먹을 것이기 때문이다.
신 28:21,33,51;욥 31:8;렘 5:17;미 6:15

17 내가 내 얼굴을 너희에게서 돌려 너희는 너희 원수들에게 패배할 것이다. 너희를 미워하는 자들이 너희를 다스릴 것이고 너희는 쫓아오는 자가 없어도 도망할 것이다.

18 **기근과 재난에 대한 저주** 이 모든 일들에도 불구하고 너희가 내 말을 듣지 않으면 내가 너희 죄들에 대해 너희를 일곱 배로 징벌할 것이다.
21,24,28절;삼상 2:5;시 119:164;잠 24:16

19 내가 너희의 권력에 대한 신뢰를 꺾을 것이며 너희 위의 하늘을 쇠처럼 너희 아래 땅을 구리처럼 단단하게 만들 것이다.

20 너희가 힘을 써도 헛수고가 될 것이다. 이는 너희의 땅이 아무 소산도 내지 못할 것이며 땅의 나무들도 아무 열매도 내지 못할 것이기 때문이다.
4절;시 127:1;사 49:4;학 1:10

21 너희가 나와 맞서서 행하고 내 말을 듣지 않는다면 내가 너희에게 재난을 너희의 죄들보다 일곱 배나 더 많게 할 것이다.

22 내가 들짐승들을 너희에게 보내서 그것들이 너희에게서 너희 자식들을 빼앗을 것이며 너희 가축들을 죽이고 너희 수가 적어져 길거리가 황량할 것이다.
신 32:24;삿 5:6

23 **전쟁과 굶주림에 대한 저주** 이 모든 일에도 너희가 내게 돌이키지 않고 나와 맞서서 행한다면
렘 2:30;5:3;암 4:6~12

24 나도 너희와 맞서서 행하고 나 스스로 너희에게 너희의 죄들보다 일곱 배나 더한 심판을 내릴 것이다.
삼하 22:27;사 18:26

25 내가 너희에게 전쟁을 일으키게 해 언약을 깬 데 대한 보복을 할 것이다. 너희가 너희 성들에 도피해 있다면 내가 너희에게 전염병을 보낼 것이고 너희는 원수들의 손에 넘어갈 것이다.
민 14:12;신 28:21;32:25

26 내가 너희가 빵을 운반할 때 사용하는 나무 막대를 꺾을 때 열 명의 여자들이 한 개의 화덕에 빵을 구워 저울에 달아 줄 것이니 너희가 먹어도 배부르지 않을 것이다.

27 **땅이 폐허가 되는 저주** 이 모든 일에도 불구하고 너희가 내 말을 듣지 않고 나와 맞서서 행한다면
21,24절

28 내가 진노해 너희와 맞서 행하고 내가 친히 너희를 너희 죄들에 대해 일곱 배로 징벌할 것이다.
서 58:18;63:3;66:15;렘 21:5;겔 5:13,15;8:18

29 너희가 너희 아들들의 살과 너희 딸들의 살을 먹을 것이다.
신 28:53;왕하 6:29;애 4:10;겔 5:10

30 내가 너희 산당을 부수고 너희 분향 제단을 깨뜨리며 너희 시체들을 너희 우상들의 시체들 위에 던질 것이며 내가 너희를 미워할 것이다.
왕하 23:20;대하 14:5;34:3~5,7;겔 6:3~6

31 내가 너희의 도성들을 폐허로 만들고 너희 성소들을 황폐하게 만들 것이며 너희가 너희가 바치는 예물들의 태우는 냄새를 좋아하지 않을 것이다.
왕하 25:4~10;느 2:3;시 74:7

32 내가 그 땅을 폐허로 만들어 거기에 사는 너희 원수들이 그것을 보고 놀라게 할 것이다.
신 28:37;왕상 9:8;렘 9:11;18:16;19:8;25:11,18;겔 5:15

33 내가 너희를 민족들 가운데로 흩어 버릴 것이며 칼이 너희를 쫓도록 할 것이다. 너희의 땅이 황폐해질 것이며 너희 도성들은 폐허가 될 것이다.
시 4:27;느 1:8;눅 21:24

34 그때 그 땅은 너희가 너희 원수들의 땅에 있어 폐허로 남아 있는 동안 땅의 안식들을 누릴 것이다. 그때에야 그 땅이 쉬어 안

식들을 누리는 것이다. 25:2대하 36:21

35 그 땅이 폐허로 남아 있는 동안 너희가 그 안에 사는 동안 누리지 못했던 너희의 안식들을 누리게 되는 것이다.

36 **멸망에 관한 예언** 너희 가운데 남겨진 사람들에 대해서, 내가 그들 원수들의 땅에 있는 그들의 마음을 약하게 만들어 바람에 흩날리는 나뭇잎 소리에도 그들을 도망하게 할 것이다. 그들은 칼을 피해 도망치는 것처럼 도망칠 것이며 자기들을 쫓는 사람이 없어도 넘어질 것이다. 율 13:25

37 그들은 쫓는 사람이 없어도 칼을 피해 도망하듯이 서로 걸려 넘어질 것이며 너희는 너희 원수들 앞에서 설 힘을 잃을 것이다.

38 너희가 그 민족들 가운데서 쓰러질 것이며 너희 원수들의 땅이 너희를 삼켜 버릴 것이다.

39 너희 가운데 남겨진 사람들은 자기들의 죄로 인해 그들의 원수들의 땅에서 사라질 것이다. 또한 그들 조상들의 죄로 인해 그들은 그들과 함께 사라질 것이다. 신 28:65

40 **회개의 결과** 그러나 그들이 내게 반역하고 내게 대항해 행했던 불성실한 행동 속에서 자기들의 죄들과 자기 조상들의 죄들을 고백하면 민 5:6;왕상 8:33~36;느 9:2;잠 28:13

41 그래서 내가 그들과 대항해 그들을 그들 원수들의 땅으로 보냈지만 그들의 할례를 받지 않은 마음이 겸손해지고 그들이 자기들의 죄의 대가를 치를 때 출 6:12;왕상 21:29

42 내가 야곱과 맺은 언약을 기억하며 내가 이삭과 맺은 언약을 기억할 것이다. 내가 아브라함과 맺은 언약을 기억할 것이며 내가 그 땅을 기억할 것이다. 출 2:24;6:5

43 **프로 시대의 하나님의 관심** 그러나 그 땅이 그들에게 버려져 그들 없이 폐허로 남아 있는 동안에 땅은 안식을 누릴 것이다. 그들이 내 법도를 저버리고 내 규례를 싫어했기 때문에 그들은 죄의 대가를 치를 것이다.

44 그러나 이런 것에도 불구하고 그들이 그들의 원수들의 땅에 있을 때 내가 그들을 저버리지도 그들을 미워하지도 아니해 그들을 완전히 멸망시키지도, 그들과 맺은 내 언약을 파기하지도 않을 것이다. 이는 내가 그들의 하나님 여호와이기 때문이다.

45 그러나 내가 그들의 하나님이 되기 위해, 민족들이 보는 앞에서 이집트에서 그들을 인도해 낸 그들 조상들과의 언약을 그들을 위해 기억할 것이다. 나는 여호와다."

46 **맺음말** 이상은 여호와께서 시내 산에서 모세를 통해 자기와 이스라엘 백성들 사이에 세우신 규례와 법규와 교훈입니다.

27 사람의 값을 정함 여호와께서 모세에게 말씀하셨습니다.

2 "너는 이스라엘 백성들에게 다음과 같이 말하여라. '누구든지 여호와께 사람을 바치는 특별한 맹세를 한 후에 제사장의 계산법에 따라 그 맹세를 이루려면 민 6:2;30장

3 20세부터 60세까지의 남자는 성소 세겔에 따라 은 50세겔로 계산하고 출 30:13

4 여자의 경우는 30세겔로 계산해야 한다.

5 5세부터 20세까지의 남자는 20세겔로 계산하고 여자의 경우는 10세겔로 계산한다.

6 태어난 지 1개월부터 5세까지의 남자는 은 5세겔로 계산하고 여자의 경우는 은 3세겔로 계산해야 한다.

7 60세 이상의 남자는 15세겔로 계산하고 여자의 경우는 10세겔로 계산해야 한다.

8 그러나 맹세는 했으나 그 사람이 너무 가난해서 정해진 값을 낼 수 없다면 맹세한 사람은 맹세한 대상을 제사장에게 데려갈 것이며 제사장은 맹세한 사람의 능력에 따라 그 사람의 가치를 계산해야 한다.

9 **가축의 값** 여호와께 드린 예물이 가축이라면 그렇게 여호와께 드린 모든 가축은 이미 바쳐진 것이다.

10 그렇기 때문에 그는 그것을 좋은 것을 나쁜 것으로 혹은 나쁜 것을 좋은 것으로 바꿀 수 없다. 그가 그 가축을 다른 것으로 대신하면 그 둘 다 여호와의 소유가 될 것이다. 33절

11 그것이 여호와께 드릴 만한 예물이 아닌

부정한 동물이라면 그 사람은 그 동물을 제사장 앞에 가져가야 한다.

12 그러면 제사장은 그것이 좋은 것인지 나쁜 것인지 평가해야 한다. 제사장은 그 가치를 결정하고 그 가치는 그대로 결정될 것이다.

13 만일 그 가축을 물리려면 그는 그 가치에 5분의 1의 값을 더하여야 한다. 15,19절22:14

14 집의 값 자기 집을 여호와께 바치려면 제사장은 그것이 좋은지 나쁜지에 대한 가치를 평가해야 한다. 제사장이 그 가치를 정하면 그 가치가 정해질 것이다.

15 자기 집을 하나님께 바친 사람이 그것을 물리길 원한다면 그는 그 가치에 5분의 1의 값을 더하여야 한다. 그러면 그 집은 다시 자기 것이 될 것이다. 13절

16 땅의 값 유산으로 받은 땅의 일부를 여호와께 바치려면 그 가치는 거기 뿌릴 수 있는 씨의 양에 따라 계산해야 한다. 곧 보리 1호멜은 50세겔로 계산하여라.

17 희년에 혹은 직후에 그가 자기 밭을 바친다면 최대한의 가치로 계산하여라.

18 그러나 희년과 상관없이 밭을 바친다면 제사장은 다음 희년 때까지 남아 있는 햇수에 따라 그 가치를 정할 것이며 그 가치는 줄어들 것이다. 23절25:15~16

19 밭을 바친 사람이 그것을 무르고 싶어 한다면 그는 그 밭의 가치에 5분의 1의 금액을 더하여 내야 한다. 그러면 그것은 다시 그의 것이 될 것이다. 13절

20 그러나 그 밭을 무르지 않거나 다른 사람에게 팔아 버렸다면 그것은 더 이상 무를 수 없다.

21 그러나 희년이 돼 그 밭이 풀리면 여호와께 바친 것이 돼 거룩하게 될 것이다. 그 밭은 제사장들이 소유하게 될 것이다.

22 누구든지 유산으로 받은 것이 아닌 구입한 밭을 여호와께 바치려면 25:10,25

23 제사장은 희년까지의 그 가치를 계산할 것이며 그 사람은 그날에 여호와께 바쳐진 것으로서의 가치를 지불해야 한다.

24 희년이 되면 그 밭은 그것을 산 사람으로부터 상속을 통해 원소유자에게 돌아갈 것이다. 25:28

25 모든 가치는 성소의 세겔에 따라 정해질 것이다. 20게라는 은 1세겔로 한다.

26 첫 소산으로 서원하지 말 것 소산은 여호와의 소유이기 때문에 그 누구도 소나 양이나 짐승의 첫 새끼를 바칠 수 없다. 그것은 이미 여호와의 소유다. 출 13:2

27 그것이 부정한 것이라면 정해진 가치를 따져서 거기에다 5분의 1을 더해 물릴 것이며 물리지 않으려면 정해진 가격에 팔아라.

28 여호와께 바친 것으로는 서원하지 말 것 그러나 사람이나 가축이나 또는 물려 받은 밭이든지 자기의 소유물들 가운데 여호와께 바쳐진 것은 그 어떤 것도 팔거나 물릴 수 없다. 바쳐진 것 모두 다 여호와의 영원한 소유다. 21절수 6:17~19;삼상 15:21

29 진멸의 대상으로 하나님께 완전히 바쳐진 사람은 물릴 수 없다. 그는 죽어야 한다.

30 십일조로 서원하지 말 것 곡식이든 열매든지 간에 그 땅에서 난 모든 *열 가운데 하나는 여호와의 것이며 그것은 여호와의 소유다. 창 14:20;28:22;민 18:21;신 14:28;느 13:12

31 자기가 드린 *열의 하나를 물리고자 한다면 그는 거기에 5분의 1의 가치를 더해야 한다.

32 소와 양의 모든 열 가운데 하나, 곧 목자의 막대기 아래로 지나가는 모든 열 번째 가축은 여호와의 소유다. 렘 33:13;겔 20:37

33 그가 좋은 것 대신에 나쁜 것을 고르거나 다른 것으로 바꾸어서는 안 된다. 원래의 가축과 교체한 가축 모두가 거룩해질 것이며 그것은 물릴 수 없다.'" 10절

34 이상은 여호와께서 시내 산에서 이스라엘 백성들을 위해 모세에게 주신 명령들입니다. 25:1;26:46

게라 (27:25, gerah) 무게를 나타내는 최소 단위. 약 0.57g에 해당하며 세겔의 20분의 1 분량. 진멸 (27:29, 초멸, destruction) 무찔러서 완전히 멸절시킴. 27:30~31 십일조를 말함.

Numbers
민수기

여러분이 여행을 40년 동안이나 해야 한다면 어떨까요? 그것도 많은 사람들과 함께 말이죠. 아마 너무 지치고 힘들어서 빨리 목적지에 도착하고 싶을 거예요. 민수기는 이스라엘 백성들이 이집 트에서 나와 모압 평야에 도착할 때까지의 이야기예요.

목적지인 가나안이 이제 얼마 남지 않았어요. 즐겁고 재미있게 갈 수 있던 여행길이 이스라엘 백성들의 불평과 따박으로 그만 엉망이 되었답니다. 그래서 2주 정도면 갈 수 있는 곳을 40년 동안 방황하게 되었어요.

민수기를 보면 이스라엘 백성이 하나님의 사랑을 쉽게 잊어버리고, 불평하 고 원망하며 죄를 짓지만 하나님은 그 백성을 사랑하고, 도와주고, 참아 주고, 구원을 베풀어 주시는 것을 보게 됩니다. 그리고 민수기의 인구 조사 내용을 보면 아주 오래전부터 인구 조사가 있었음도 알게 됩니다.

민수기가 무슨 뜻인가요?

'백성의 수를 센 기록, 즉 인구 조사'라는 뜻이에요. 이 책에는 20세 이상의 이스라엘 남자 수를 세는 장면 이 두 번 나와요. 히브리 성경에는 '광야에서'라는 책 이름이 붙어 있어요. 시내 산을 떠나 광야에서 방황한 이스라엘 백성의 생활을 잘 보여 주는 이름이랍니다.

누가 썼나요?

모세가 썼어요. '민수기'본문에 80회 이상 나와 있어요. 이스라 엘 백성이 죄를 지어 1세대가 다 죽었지만, 2세대 사람들의 수가 놀랍게도 줄지 않았어요. 모세는 이스라엘 민족의 광야 여행기인 민수기를 통해 약속을 반드시 지키시는 하나님을 알리고, 하나님을 더욱 잘 믿고 따르도록 가르치려고 썼답니다.

언제 썼나요?

이집트에서 나와 모세가 느보 산에서 죽기 전인 BC 1446-1406년경

중요한 사람들은?

모세
광야에서 이스라엘을 이끈 지도자

아론
모세의 형이자 대변인,
이스라엘 최초의 대제사장

여호수아/갈렙
12명의 가나안 정탐꾼 중
하나님의 약속을 믿은 사람

한눈에 보는 민수기

민수기
umbers

1 인구 조사 이스라엘 백성들이 이집트에서 나온 후 2년째 되는 해 둘째 달 1일에 여호와께서 시내 광야 회막에서 모세에게 말씀하셨습니다.

2 "이스라엘 온 회중의 수를 그 가문과 가족에 따라 각 남자의 머릿수대로 그 명수를 세어라.   출 30:12:38:26;삼하 24:2;대상 21:2,23:3,24

3 너와 아론은 전쟁에 나갈 수 있는 이스라엘의 20세 이상 모든 남자들의 수를 부대별로 세어라.   14:29;출 30:14

4 지도자가 인구 조사를 도움 그리고 각 지파에서 각 가문별로 지도자가 한 사람씩 나오게 해 너희와 함께하게 하여라.

5 너희와 함께할 사람들의 이름은 이러하다. 르우벤 지파는 스데울의 아들 엘리술,

6 시므온 지파는 수리삿대의 아들 슬루미엘,

7 유다 지파는 암미나답의 아들 나손,   출 6:23

8 잇사갈 지파는 수알의 아들 느다넬,   7:18

9 스불론 지파는 헬론의 아들 엘리압,   7:24

10 요셉 후손들 가운데 에브라임 지파는 암미훗의 아들 엘리사마, 므낫세 지파는 브다술의 아들 가말리엘,   7:48,54;대상 7:26

11 베냐민 지파는 기드오니의 아들 아비단,

12 단 지파는 암미삿대의 아들 아히에셀,

13 아셀 지파는 오그란의 아들 바기엘,   7:72

14 갓 지파는 드우엘의 아들 엘리아삽,   7:42

15 납달리 지파는 에난의 아들 아히라라."

16 이들은 회중 가운데서 부름을 받은 사람들로서 자기 조상 때부터 내려온 지파의 지도자였으며 이스라엘 각 부대의 우두머리였습니다.   7:2;26:9;출 18:21,25;대상 27:16~22

17 모세가 이스라엘 회중을 셈 모세와 아론은 지명을 받은 이 사람들을 데리고

18 둘째 달 1일에 온 회중을 불러 모았습니다. 그들은 각자 가문과 가족별로 20세 이상인 남자들의 이름을 불러가며 그 명수대로 자신들을 시켰습니다.

19 여호와께서 명하신 대로 모세가 시내 광야에서 이스라엘 온 회중의 수를 세었습니다.

20 르우벤 지파 이스라엘의 맏아들인 르우벤의 자손들 가운데 전쟁에 나갈 수 있는 20세 이상 모든 남자들을 그 가문과 가족의 목록에 따라 그 이름의 수대로 기록했더니

21 르우벤 지파에서 등록된 사람은 4만 6,500명이었습니다.   26:7

22 시므온 지파 시므온의 자손들 가운데 전쟁에 나갈 수 있는 20세 이상 모든 남자들을 그 가문과 가족의 목록에 따라 그 이름의 수대로 기록했더니

23 시므온 지파에서 등록된 사람은 5만 9,300명이었습니다.   26:14

24 갓 지파 갓의 자손들 가운데 전쟁에 나갈 수 있는 20세 이상 모든 남자들을 그 가문과 가족의 목록에 따라 그 이름의 수대로 기록했더니

25 갓 지파에서 등록된 사람은 4만 5,650명이었습니다.   26:18

인구 조사를 왜 했나요?

하나님이 약속한 신 가나안을 정복하기 위해 가장 먼저 필요했던 것은 군대였어요. 언제, 어디서, 어떤 민족이 침략해 올지 모르기 때문이었어요. 그래서 백성을 보호하고 가나안을 정복하기 위해 싸울 사람이 얼마나 있는지 알아보려고 인구 조사를 했답니다. 그런데 레위 사람은 이 조사에서 빠졌어요. 몸이 너무 약해서 그런 걸까요? 아닙니다. 레위 사람에게는 따로 성막에서 봉사하는 임무가 주어졌기 때문이에요. 하나님 나라 건설을 위해 거룩한 전쟁에 부름 받은 군사들은 바로 이스라엘 백성이었어요. 하나님이 만드시고 지휘하시는 군대는 항상 승리한답니다.

모세와 아론이 시내 광야에서 이스라엘 온 회중의 수를 셈

26 유다 지파 유다의 자손들 가운데 전쟁에 나 갈 수 있는 20세 이상 모든 남자들을 그 가문과 가족의 목록에 따라 그 이름의 수 대로 기록했더니

27 유다 지파에서 등록된 사람은 7만 4,600명 이었습니다.
26:22;상하 24:9

28 잇사갈 지파 잇사갈의 자손들 가운데 전쟁 에 나갈 수 있는 20세 이상 모든 남자들 을 그 가문과 가족의 목록에 따라 그 이 름의 수대로 기록했더니

29 잇사갈 지파에서 등록된 사람은 5만 4,400 명이었습니다.
26:25

30 스불론 지파 스불론의 자손들 가운데 전쟁 에 나갈 수 있는 20세 이상 모든 남자들 을 그 가문과 가족의 목록에 따라 그 이 름의 수대로 기록했더니

31 스불론 지파에서 등록된 사람은 5만 7,400명이었습니다.
26:27

32 에브라임 지파 요셉의 자손들 가운데, 곧 에 브라임의 자손들 가운데 전쟁에 나갈 수 있는 20세 이상 모든 남자들을 그 가문과 가족의 목록에 따라 그 이름의 수대로 기 록했더니

33 에브라임 지파에서 등록된 사람은 4만 500명이었습니다.
26:37

34 므낫세 지파 므낫세의 자손들 가운데 전쟁 에 나갈 수 있는 20세 이상 모든 남자들 을 그 가문과 가족의 목록에 따라 그 이 름의 수대로 기록했더니

35 므낫세 지파에서 등록된 사람은 3만 2,200 명이었습니다.
26:34

36 베냐민 지파 베냐민의 자손들 가운데 전쟁 에 나갈 수 있는 20세 이상 모든 남자들 을 그 가문과 가족의 목록에 따라 그 이 름의 수대로 기록했더니

37 베냐민 지파에서 등록된 사람은 3만 5,400 명이었습니다.
26:41

38 단 지파 단의 자손들 가운데 전쟁에 나갈 수 있는 20세 이상 모든 남자들을 그 가 문과 가족의 목록에 따라 그 이름의 수대 로 기록했더니

39 단 지파에서 등록된 사람은 6만 2,700명 이었습니다.
26:43

40 아셀 지파 아셀의 자손들 가운데 전쟁에 나갈 수 있는 20세 이상 모든 남자들을 그 가문과 가족의 목록에 따라 그 이름의

수대로 기록했더니

41 아셀 지파에서 등록된 사람은 4만 1,500명이었습니다.
26:47

42 납달리 지파 납달리의 자손들 가운데 전쟁에 나갈 수 있는 20세 이상 모든 남자을 그 가문과 가족의 목록에 따라 그 이름의 수대로 기록했더니

43 납달리 지파에서 등록된 사람은 5만 3,400명이었습니다.
26:50

44 싸움에 나갈 만한 사람의 수 이것이 모세와 아론 그리고 각 가족을 대표한 이스라엘의 12명의 지도자들이 조사해 등록한 사람들입니다.
26:64

45 이스라엘 자손 가운데 등록된 사람들은 각 가족 가운데서 20세 이상으로 전쟁에 나갈 수 있는 사람들이었습니다.

46 그 합계는 60만 3,550명이었습니다.

47 인구 조사에서 제외된 레위 지파 그러나 레위 사람들은 그들 가운데서 그 조상의 지파대로 등록되지 않았습니다.
대상 6장

48 왜냐하면 여호와께서 모세에게 이렇게 말씀하셨기 때문입니다.

49 "레위 지파만은 세지 마라. 그들을 징집자의 명단에 넣지 마라.

50 대신 너는 레위 사람들이 증거궤가 보관된 성막과 그 모든 물품들과 거기에 속한 것들을 관리하게 하여라. 그들은 성막과 그 모든 물품들을 나를 것이며 그것을 위해 섬길 것이며 성막 둘레에 진을 칠 것이다.

51 성막을 거두어야 할 때면 레위 사람들이 그것을 거둘 것이며 또 성막을 쳐야 할 때면 레위 사람들이 그것을 칠 것이다. 다른 사람은 누구든지 성막에 접근을 하면 죽임을 당할 것이다.
삼상 6:19;삼하 6:6~7;대상 13:10

52 이스라엘 백성들은 각 부대별로 깃발에 따라 진을 쳐야 한다.
22,34

53 레위 사람들은 증거궤가 보관된 성막 둘레에 진을 쳐서 내 진노가 이스라엘 회중에게 내리지 않도록 해야 한다. 레위 사람들은 증거궤가 보관된 성막을 지켜야 한다."

54 이스라엘 백성들은 여호와께서 모세에게

명하신 대로 행했습니다.

2

동쪽에 진칠 지파 여호와께서 모세와 아론에게 말씀하셨습니다.

2 "이스라엘 백성은 각 가족을 상징하는 깃발을 따라 진을 치되 회막 둘레에 조금 떨어져서 진을 치게 하라.
1:52

3 해가 뜨는 동쪽으로 진을 치는 사람들은 부대별로 유다 진영의 깃발에 속한다. 유다 자손의 지도자는 암미나답의 아들 나손이다.
출 6:23

4 그 부대의 수는 7만 4,600명이다.

5 유다 지파 옆에는 잇사갈 지파가 진을 친다. 잇사갈 자손의 지도자는 수알의 아들 느다넬이다.

6 그 부대의 수는 5만 4,400명이다.

7 또 다른 옆은 스불론 지파가 진을 친다. 스불론 자손의 지도자는 헬론의 아들 엘리압이다.

8 그 부대의 수는 5만 7,400명이다.

9 그러므로 유다 진영에 속한 부대의 총수는 18만 6,400명이다. 그들이 제일 먼저 이동한다.
10:14~16

10 남쪽에 진칠 지파 남쪽으로 진을 치는 사람들은 부대별로 르우벤 진영의 깃발에 속한다. 르우벤 자손의 지도자는 스데울의 아들 엘리술이다.

11 그 부대의 수는 4만 6,500명이다.

12 르우벤 지파의 옆에는 시므온 지파가 진을 친다. 시므온 자손의 지도자는 수리삿대의 아들 슬루미엘이다.

13 그 부대의 수는 5만 9,300명이다.

14 또 다른 옆은 갓 지파가 진을 친다. 갓 자손의 지도자는 르우엘의 아들 엘리아삽이다.

15 그 부대의 수는 4만 5,650명이다.

16 그러므로 르우벤 진영에 속한 부대의 총수는 15만 1,450명이다. 그들은 두 번째로 이동한다.
10:18~20

17 진의 한가운데에 진칠 레위 사람 그 다음은 회

명단(1:49, 名單, census) 어떤 일에 관련된 사람들의 이름을 적은 표.

진영(2:3, 陣營, camp) 군대가 진을 치고 있는 곳.

막과 레위 사람의 진이 부대의 한가운데 위치하며 이동한다. 각 부대는 진을 칠 때와 마찬가지로 자기 부대의 깃발을 따라 이동한다. 10:17,21

18 서쪽에 진칠 지파 서쪽으로 진을 치는 사람들은 에브라임 진영의 깃발에 속한다. 에브라임 자손의 지도자는 암미훗의 아들 엘리사마다.

19 그 부대의 수는 4만 500명이다.

20 에브라임 지파 옆은 므낫세 지파가 진을 친다. 므낫세 자손의 지도자는 브다술의 아들 가말리엘이다.

21 그 부대의 수는 3만 2,200명이다.

22 또 다른 옆은 베냐민 지파가 진을 친다. 베냐민 자손의 지도자는 기드오니의 아들 아비단이다.

23 그 부대의 수는 3만 5,400명이다.

24 그러므로 에브라임 진영에 속한 부대의 총수는 10만 8,100명이다. 그들은 세 번째로 이동한다. 10:22-24;시 80:2

25 북쪽에 진칠 지파 북쪽으로 진을 치는 사람들은 단 진영의 깃발에 속한다. 단 자손의 지도자는 암미삿대의 아들 아히에셀이다.

26 그 부대의 수는 6만 2,700명이다.

27 단 지파의 옆은 아셀 지파가 진을 친다. 아셀 자손의 지도자는 오그란의 아들 바기엘이다.

28 그 부대의 수는 4만 1,500명이다.

29 또 다른 옆은 납달리 지파가 진을 친다. 납달리 자손의 지도자는 에난의 아들 아히라다.

30 그 부대의 수는 5만 3,400명이다.

31 그러므로 단 진영에 속한 부대의 총수는 15만 7,600명이다. 그들은 자기들의 깃발을 따라 맨 마지막으로 이동한다."

32 모든 인구 조사를 마침 이들은 각 가족에 따라 징집자의 명단에 등록된 이스라엘 백성들입니다. 모든 진영의 부대에 소속된 총수는 60만 3,550명입니다. 1:46

33 그러나 레위 사람들은 여호와께서 모세에게 명령하신 대로 다른 이스라엘 사람들과 같이 등록시키지 않았습니다. 1:47

34 이스라엘 자손은 여호와께서 모세에게 명령하신 대로 다 행했습니다. 이처럼 그들은 각자의 깃발을 따라 진을 쳤으며 각자 자기 가문과 가족별로 이동했습니다.

3 아론의 아들들 여호와께서 시내 산에서 모세에게 아론과 모세의 가문에 관해 말씀하셨습니다.

2 아론의 아들들의 이름은 맏아들 나답 그리고 아비후와 엘르아살과 이다말입니다.

3 이들이 바로 제사장의 직분을 수행하도록 기름 부음 받고 제사장으로 거룩하게 구별된 아론의 아들들의 이름입니다. 출 28:41

4 그러나 나답과 아비후는 시내 광야에서 여호와 앞에 금지된 불을 드리다가 여호와 앞에서 죽었습니다. 그런데 그들에게는 아들이 없었습니다. 그래서 엘르아살과 이다말이 자기 아버지 아론 앞에서 제사장의 직분을 수행했습니다. 레 10:1-2

5 회막 봉사를 위해 레위 지파를 선택하심 여호와께서 모세에게 말씀하셨습니다.

6 "레위 지파를 데려다가 제사장 아론 밑에 두고 그를 돕게 하여라. 1:50;8:6;18:2

7 레위 지파 사람들은 회막 앞에서 아론의 일과 온 회중과 관련된 일들을 돕는다.

레위 자손의 계보
레위부터 사독까지

레위

우시

스라흐야

므라리

북기

므라욧

게르손 고핫

아비수아

므라욧

아마랴

아므람 이스할 헤브론 웃시엘

비느하스
(하나님의 진노를
그치게함)

아히둡

미리암 (아론과
모세의 누이)

아론 (이스라엘
최초의 대제사장)

모세
(이스라엘의 지도자)

나답 아비후 엘르아살
(아론의 후계자,
사독과 에스라의 선조)

이다말

사독 (성전 시대를 연
첫 대제사장)

⎯⎯ 대제사장 계보

8 그들은 성막에서 봉사하는 사람들로서 회막의 모든 물품들과 이스라엘 백성에 대한 일들을 돕는다.

9 레위 사람들을 아론과 그 아들들에게 맡겨라. 그들은 이스라엘 자손 가운데서 그에게 아주 맡겨진 사람들이다. 8:16;19;18:6

10 너는 아론과 그 아들들을 임명해 제사장 직분을 수행하게 하여라. 다른 사람들이 접근하면 죽임을 당할 것이다." 38;룔 12:7

11 처음 난 사람 대신 레위 사람을 택하심 또 여호

와께서 모세에게 말씀하셨습니다.

12 "보아라. 내가 이스라엘 자손 가운데 모태에서 가장 먼저 나온 사람들, 곧 맏아들들을 대신해 이스라엘 자손 가운데 레위 사람들을 택했다. 그러므로 레위 사람들은 내 것이다. 41절;8:16;18:6

13 왜냐하면 처음 난 모든 것은 다 내 것이기 때문이다. 내가 이집트에서 처음 난 모든 것들을 치던 날에 내가 사람으로부터 짐승까지 이스라엘에서 처음 난 모든 것들을

나를 위해 구별했다. 그러므로 그들은 내 것이다. 나는 여호와다." 8:17;출 13:2;12;15

14 레위 자손의 등록 여호와께서 시내 광야에서 모세에게 말씀하셨습니다.

15 "레위 사람들을 그 가족과 가문에 따라 등록시켜라. 태어난 지 1개월 이상 된 모든 남자를 등록시켜라." 39절;1:47;26:62

16 그리하여 모세는 자신이 명령을 받은 대로 여호와의 명령을 따라 그들을 등록시켰습니다.

17 레위의 아들들의 이름은 게르손, 고핫, 므라리입니다. 26:57;창 46:11;출 6:16;대상 6:1,16;23:6

18 게르손의 아들들의 이름은 그 가문별로 립니, 시므이입니다. 출 6:17;대상 6:17;23:7

19 고핫의 아들들의 이름은 그 가문별로 아므람, 이스할, 헤브론, 웃시엘입니다.

20 므라리의 아들들의 이름은 그 가문별로 말리, 무시입니다. 이것이 가족에 따른 레위의 가문들입니다. 출 6:19;대상 6:19;23:21

21 게르손의 가족 게르손에게서는 립니 자손 가족과 시므이 자손 가족이 나왔으며 이들이 게르손 자손의 가족들입니다.

22 태어난 지 1개월 이상 된 사람으로 등록된 남자들의 수는 모두 7,500명이었습니다.

23 게르손 자손의 가족들은 성막 뒤 서쪽에 다 진을 치게 돼 있었습니다. 1:53

24 게르손 자손 가문의 지도자는 라엘의 아들 엘리아삽입니다.

25 게르손 자손들이 회막에서 맡은 직무는 성막과 장막과 그 덮개와 회막 입구의 휘장과 4:24-26;출 25:9;26:7,14,36;36:14

26 뜰의 막과 성막과 제단을 둘러싼 뜰 입구

레위 사람은 내 것이다!

🔖 누구인가?

레위 사람은 레위의 세 아들인 고핫, 므라리, 게르손의 자손을 말해요.
금송아지 사건 때(출 32:25-29) 하나님께 충성했던 이들을 특별히 선택하셔서(민 1:47-53), 성막에서 봉사하도록 하셨어요.

🔖 무슨 일을 하나?

고핫 자손은 증거궤, 상, 등잔대, 분향 제단 등 제단에 관련된 일을 했고 게르손 자손은 성막과 그 덮개, 휘장, 줄 등을 운반했으며 므라리 자손은 성막의 널빤지, 가로대, 기둥, 받침대, 말뚝들을 운반했어요.
하지만 성전이 건축된 후에는 성막과 기구들을 운반하는 일을 더 이상 할 필요가 없었어요. 다윗이 솔로몬을 왕으로 세운 뒤 3만 8천 명의 레위 사람 중 4천 명이 성전에서 찬송하는 일을 했고(대상 23장), 백성들에게 율법을 가르치는 일도 했어요(신 33:10; 대하 17:7-9).

🔖 뽑은 이유?

이스라엘의 모든 맏아들을 대신해 하나님을 섬기게 하려고 뽑으셨어요 이집트에 내린 열 가지 재앙 중 마지막 재앙을 넘어가게 하신 것을 기념하여 레위 사람을 뽑으신 것이죠(출 8:17-18).

🔖 레위 사람의 수

모세 당시 봉사한 레위 사람은 고핫 자손 2천 750명, 게르손 자손 2천 630명, 므라리 자손 3천 200명으로 합하면 8천 580명이었답니다(민 4장).

🔖 레위 사람이 받은 유산

가나안 정복 후 48개 성과 그 주변의 목초지(민 35:1-8), 각 지파에서 드린 십일조를 분배받았어요(민 18:20-25). 하나님은 레위 지파에게 땅을 유산으로 주시지 않았는데, 그들의 유산은 하나님이시기 때문입니다(민 8:14-19).

의 휘장과 거기에 사용되는 줄과 그에 관계된 모든 일들을 맡아 관리하는 것입니다.

27 고핫의 가족 고핫에게서는 아므람 자손 가족과 이스할 자손 가족과 헤브론 자손 가족과 웃시엘 자손 가족이 나왔으며 이들이 고핫 자손 가족입니다. 대상 26:23

28 태어난 지 1개월 이상 된 사람으로 등록된 남자들의 수는 모두 8,600명이며 이들은 성소의 일을 맡았습니다.

29 고핫 자손 가족들은 성막의 남쪽에다 진을 치게 돼 있었습니다.

30 고핫 자손 가족들의 지도자는 웃시엘의 아들 엘리사반입니다. 출 6:22;레 10:4

31 그들의 직무는 궤, 상, 등잔 받침대, 제단들, 성소에서 쓰는 물품들, 휘장 및 그와 관계된 모든 일들입니다. 출 25:10,23,31

32 레위 사람들의 지도자들 가운데 가장 높은 지도자는 아론의 아들인 제사장 엘르아살입니다. 그는 성소 관리를 맡은 사람들을 감독하는 책임을 맡았습니다.

33 므라리의 가족 므라리에게서는 말리 자손 가족과 무시 자손 가족이 나왔으며 이들이 므라리 자손 가족들입니다.

34 태어난 지 1개월 이상 된 사람으로 등록된 남자들의 수는 모두 6,200명이었습니다.

35 므라리 자손 가족 지도자는 아비하일의 아들 수리엘입니다. 그들은 성막 북쪽에다 진을 치게 돼 있었습니다.

36 므라리 자손들이 맡은 직무는 성막의 널빤지와 그 가로대와 기둥과 받침대와 그와 관계된 모든 물품들과 그에 관련된 모든 일과 4:31-32;출 26:15,19,26,32,37

37 뜰 둘레의 기둥과 그 받침대와 말뚝과 줄을 수리영습니다. 26장출 27:10,19

38 모세와 아론 해가 뜨는 쪽, 곧 회막의 동쪽으로 성막 앞에 진을 칠 사람들은 모세와 아론과 그 아들들입니다. 그들은 이스라엘 백성들의 책임을 대신해 성소를 관리할 책임이 있습니다. 다른 사람들이 접근하면 죽임을 당합니다. 10절;1:51,53

39 여호와의 명령을 따라 모세와 아론이 등록

한 레위 사람들 가운데 태어난 지 1개월 이상 된 남자들의 수는 모두 2만 2,000명이었습니다. 22,28,34,46-49절

40 이스라엘의 처음 난 남자를 셈할 여호와께서 모세에게 말씀하셨습니다. "태어난 지 1개월 이상 된 이스라엘의 모든 맏아들을 등록시키고 명단을 작성하여라.

41 이스라엘의 모든 맏아들을 대신해 레위 사람을 취하고 이스라엘 백성들의 모든 처음 난 가축들을 대신해 레위 사람들의 가축들을 취하여라. 나는 여호와다.

42 그리하여 여호와께서 명령하신 대로 모세가 이스라엘 자손 가운데 모든 맏아들을 등록시켰습니다.

43 태어난 지 1개월 이상 된 맏아들의 수는 모두 2만 2,273명이었습니다.

44 처음 난 자 대신 레위 사람을 취함 여호와께서 모세에게 말씀하셨습니다.

45 "이스라엘 자손의 모든 맏아들을 대신해 레위 사람들을 취하고 그들의 가축을 대신해 레위 사람들의 가축을 취하여라. 레위 사람들은 내 것이다. 나는 여호와다.

46 이스라엘 자손의 맏아들이 레위 사람의 수보다 273명이 더 많으므로 그에 대한 보상으로

47 각 사람당 성소의 세겔 단위로 5세겔을 받아라. 1세겔은 20게라다. 출 30:13;레 27:6

48 이 돈을 그들 가운데 초과한 사람들에 대한 보상으로 아론과 그 아들들에게 주어라."

49 그리하여 모세는 레위 사람들을 대신한 이외의 사람들에게 보상금을 받았습니다.

50 그는 이스라엘 자손의 맏아들들에게서 성소 세겔로 계산해서은 1,365세겔을 받았습니다. 46-47절

51 모세는 여호와께서 명령하신 대로 여호와의 말씀을 따라 그 보상금을 아론과 그 아들들에게 주었습니다. 48절

4 고핫 자손의 직무 여호와께서 모세와 아론에게 말씀하셨습니다.

2 "레위 자손 가운데 고핫 자손의 가문별로,

가족별 인구를 조사하여라.

3 회막에서 일하러 나올 수 있는 30세부터 50세까지의 남자들을 모두 조사하여라.

4 고핫 족속이 회막에서 할 일은 지성소를 관리하는 것이다.
^{19절}

5 진영이 이동할 때는 아론과 그 아들들이 들어가서 칸막이 휘장을 걷어 증거궤를 덮도록 한다.
출 25:10,16;26:31

6 그리고 그 위에 해달의 가죽으로 된 덮개로 덮고 그 위에 순청색 천을 펴고 운반용 채를 끼운다.
출 25:13

7 진설병을 위한 탁자 위에는 청색 천을 펼쳐서 그 위에 접시들과 대접들과 그릇들과 전제를 위한 잔들을 놓고 또 항상 그 위에 있어야 하는 진설병을 놓는다.

8 그리고 그 위에 홍색 천을 펴고 해달 가죽 덮개로 덮은 뒤에 운반용 채를 끼운다.

9 그런 다음에는 청색 천을 가져다가 등잔 받침대와 등잔들과 거기에 사용되는 집게들과 불통 그릇들과 그것에 쓰이는 기름을 담는 모든 그릇을 싼다.
출 25:31-39

10 그리고 그것과 그 모든 물품을 해달 가죽 덮개로 덮고 그것을 운반용 틀에 넣는다.

11 또 금 제단 위에 청색 천을 펼쳐 그것을 해달 가죽 덮개로 덮고 운반용 채를 끼운다.

12 성소에서 일할 때 쓰는 모든 물품들을 가져다가 청색 천으로 싸서 해달 가죽 덮개로 덮고 운반용 틀에 넣는다.
대상 9:28-29

13 청동 제단은 재를 버리고 그 위에 자주색 천을 편다.

14 그리고 그 위에 그것과 관련해서 사용하는 모든 물품들, 곧 불통 그릇들과 고기 갈고리들과 부삽들과 대야들을 비롯한 제단과 관련된 모든 물품들을 그 위에 둔다. 그 위에 해달 가죽 덮개를 덮고 운반용 채를 끼운다.

15 진이 이동할 때 아론과 그 아들들이 성소 및 성소와 관련된 모든 물품들 싸기를 마친 후에 고핫 자손이 운반하러 나아올 것이다. 거룩한 물품들에 그들의 몸이 닿았다가는 죽을 것이다. 이것들이 회막에서 고핫 족속들이 질 짐이다.
신 31:9;삼하 6:6-7

16 엘르아살의 직무 아론의 아들들인 제사장 엘르아살이 감독할 것은 등잔의 기름과 향품과 정기적인 곡식제사와 기름 부음을 위해 쓰는 기름이다. 그는 성막과 그 안에 있는 모든 것들, 성소와 그 물품들을 감독해야 한다."
출 25:6;27:20;29:40-41;30:23-33;31:11;레 24:2

17 고핫 족속을 위한 주의점 여호와께서 모세와 아론에게 말씀하셨습니다.

18 "레위 사람들 가운데서 고핫 가문의 지파가 끊어지지 않게 하여라.

19 아론과 그 아들들은 각 사람에게 각자의 일과 짐을 일일이 지시해 주어야 한다. 그래야 그들이 지성소에 다가갈 때 죽지 않고 생명을 유지할 것이다.
^{4절}

20 죽지 않으려거든 그들은 한순간이라도 거룩한 것들을 보아서는 안 된다."

21 게르손 자손의 직무 여호와께서 모세에게 말씀하셨습니다.

22 "게르손 족속도 그 가문별, 가족별에 따라 인구를 조사하여라.

광야의 야영장

이스라엘 백성은 구름 기둥과 불기둥을 따라서 질서 정연하게 광야를 행진했다. 행진할 때 무리의 앞과 뒤에 많은 군대를 배치하여 성막과 성막의 기구들을 운반하는 사람들을 안전하게 보호했다. 행진을 하거나 사람들을 모을 때는 은 나팔을 불었다(민 10:2-3). 그림은 성막을 중심으로 진을 쳤을 때 각 지파의 위치를 보여준다.

23 회막에서 일하러 나올 수 있는 30세부터 50세까지의 남자들을 모두 등록시켜라.

24 게르손 족속이 일하고 운반할 일들은 다음과 같다. 3,30절;8:24절;38:8;상상 2:22

25 성막의 휘장과 회막과 그 덮개와 그 위의 해달 가죽 덮개와 회막 입구의 휘장과

26 뜰의 널빤지와 성막과 제단을 둘러싼 뜰 문 입구의 휘장과 거기에 사용되는 줄과 거기에 관련된 일들에 사용되는 모든 물품들이다. 이와 관련해서 해야 할 모든 일들을 그들이 해야 한다. 3:25-26

27 짐과 일에 관한 게르손 자손의 모든 일들은 아론과 그 아들들의 지시에 따라야 한다. 너희는 각자의 임무와 관련해 그들의 짐들을 맡기도록 하여라.

28 이 일들은 아론의 아들인 제사장 이다말의 감독 아래 게르손 자손의 가족들이 회막에서 해야 할 일이다. 33절

29 므라리 자손의 직무 "므라리 족속을 그 가문별, 가족별 인구를 조사하여라.

30 회막에서 일하러 나올 수 있는 30세 이상 50세 이하의 남자들을 모두 등록시켜라.

31 그들이 회막에서의 사역을 위해 운반해야 할 것들은 성막의 널빤지들과 가로대들과 기둥들과 받침대들과 3:36-37

32 뜰 둘레의 기둥들과 그 받침대들과 말뚝들과 줄들과 그것들에 관계된 모든 물품들과 도구들이다. 그들 각자가 운반해야 할 물품들을 이름까지 밝혀서 정해 주어라.

33 이 모든 일들은 아론의 아들인 제사장 이다말의 감독 아래 므라리 자손의 가족들이 회막에서 해야 할 일이다. 28절

34 회막 봉사자 고핫 자손 모세와 아론과 회중의 지도자들이 가문별, 가족별에 따라 고핫 자손을 등록시켰습니다.

35 회막에 일하러 나올 수 있는 30세 이상 50세 이하의 모든 남자들을

36 그들의 가문에 따라 등록한 수가 2,750명이었습니다.

37 이것이 회막에서 일할 고핫 자손 가족의 수입니다. 여호와의 명령대로 모세와 아론

이 그들을 등록시켰습니다. 2절

38 회막 봉사자 게르손 자손 가문별, 가족별로 등록된 게르손 자손의 수는

39 회막에서 일하러 나올 수 있는 30세 이상 50세 이하의 모든 남자들로

40 가문별, 가족별로 등록된 수가 2,630명이었습니다.

41 이것이 회막에서 일할 게르손 자손 가족의 수입니다. 여호와의 명령에 따라 모세와 아론이 그들을 등록시켰습니다. 22절

42 회막 봉사자 므라리 자손 가문별, 가족별로 등록된 므라리 족속의 수는

43 회막에서 일하러 나올 수 있는 30세 이상 50세 이하의 모든 남자들로

44 가문별, 가족별로 등록된 수가 3,200명이었습니다.

45 이것이 회막에서 일할 므라리 자손 가족의 수입니다. 여호와의 명령에 따라 모세와 아론이 그들을 등록시켰습니다. 29절

46 회막 봉사자 레위 자손 모세와 아론 그리고 이스라엘의 지도자들이 가문별, 가족별로 등록한 모든 레위 사람들의 수에 따르면

47 회막에서 사역하는 일을 하고 운반하는 일을 하는 30세 이상 50세 이하의 모든 남자들은

48 8,580명이었습니다.

49 여호와께서 모세를 통해 명령하신 대로 각 사람이 해야 할 일과 운반해야 할 짐이 배정됐습니다. 이렇게 모세는 여호와께서 명령하신 대로 그들을 등록시켰습니다.

5 진 밖으로 내보내야 할 부정 여호와께서 모세에게 말씀하셨습니다.

2 "이스라엘 백성들에게 명령해서 나병 환자나 유출병이 있는 사람이나 시체로 인해 부정하게 된 사람을 모두 진 밖으로 내보내게 하여라. 레 13:46;15:2:2;11;창 2:13

3 남자든 여자든 가리지 말고 내보내라. 그들을 진 밖으로 내보내라. 그래서 내가 그들과 함께하는 진을 더럽히지 않게 하여라."

4 이스라엘 백성들은 그렇게 했습니다. 그들이 그런 사람들을 진 밖으로 내보냈습니

다. 여호와께서 모세에게 명하신 대로 이스라엘 자손들이 했습니다.

5 잘못에 대한 보상 여호와께서 모세에게 말씀하셨습니다.

6 "이스라엘 자손에게 말하여라. '남자든 여자든 누구에겐가 어떤 방식으로든 잘못을 저질러 여호와께 신실하지 못하게 되면 그 사람은 죄가 있으니 레 6:2-3

7 자기가 저지른 죄를 고백해야 한다. 그는 자신이 해를 끼친 것의 가치에 5분의 1을 더해 해를 끼친 사람에게 돌려주어야 한다.

8 만약 그 사람이 그 잘못에 대한 보상을 받을 만한 가까운 친척이 없다면 그 보상은 여호와께 돌아가 제사장에게 속하게 된다. 그는 속죄를 위해 숫양을 더해 그것을 제사장에게 바치고 제사장이 그를 위해 그것으로 속죄할 것이다. 레 6:6-7

9 이스라엘 백성들이 제사장에게 가져오는 모든 거룩한 예물들은 다 그의 것이 된다.

10 각 사람이 준비한 거룩한 예물은 다 각자의 것이지만 제사장에게 드린 것은 제사장의 것이 된다.'" 레 10:12-13

11 아내를 의심한 경우 여호와께서 모세에게 말씀하셨습니다.

12 "이스라엘 자손에게 말해 일러라. 만약 어떤 사람의 아내가 탈선해 남편을 배반하고

13 다른 남자와 잠을 자서 그녀가 자신을 더럽혔는데도 그 남편의 눈에 띄지 않고 그일이 감추어졌으며 아무 증인도 없고 그여자도 현장에서 잡히지 않은 일이 일어났다고 하자. 레 18:20; 요 8:4

14 그 남편이 질투심이 생겨 아내가 스스로를 더럽혔다고 의심하거나 혹은 아내가 실제로는 부정하지 않은데도 남편이 질투심 *때문에 의심하게 되면*

15 그는 자기 아내를 제사장에게 데려가야한다. 그는 그녀를 위한 제물로 보릿가루 10분의 10에바를 제물로 바쳐야 한다. 그러나 거기에 기름을 부어서도 안 되고 향을

첨가해서도 안 된다. 왜냐하면 그것은 질투의 제물이며 죄악을 생각나게 만드는 기억의 곡식제물이기 때문이다. 레 2:1,15; 5:11

16 제사장은 그 아내를 데려다가 여호와 앞에 세운다.

17 그리고 제사장은 거룩한 물을 질그릇에 담고 성막 바닥에 있는 흙을 가져다가 물에 넣는다.

18 제사장은 그 여자를 여호와 앞에 세우고난 후에 그 머리를 풀게 한 후 생각나게 하는 곡식제물, 곧 질투의 곡식제물을 그 여자의 손에 준다. 그리고 그는 저주를 내리는 쓴 물을 자기 손에 든다. 고전 11:5-7

19 제사장은 그 여자에게 맹세를 시키면서 말한다. '네가 남편을 두고도 부정을 저질러서 다른 사람과 잠을 잔 일이 없다면 네가 이 저주를 내리는 쓴 물로 인해 해를 당하지 않을 것이다.

20 그러나 네가 네 남편을 두고도 부정을 저질러서 다른 사람과 잠을 자 자신을 더럽힌 적이 있다면'

21 여기서 제사장은 그 여자에게 저주의 맹세를 하게 해야 한다. '여호와께서 네 허벅지가 마르게 하고 네 배가 부어오르게 하셔서 너로 하여금 네 백성들 가운데서 저줏거리가 되게 하실 것이다. 렘 29:22

22 이 저주를 가져오는 물이 네 속에 들어가네 배를 붓게 하고 네 허벅지를 마르게 하리라.' 그러면 그 여자는 '아멘, 아멘이라고 말해야 한다. 신 27:15-26; 시 109:18

23 제사장은 이 저주들을 두루마리에 쓴 다음에 그 쓴 물로 씻는다.

24 그리고 그 여자에게 이 저주를 가져오는 쓴 물을 마시게 한다. 그러면 그 물이 속으로 들어가 쓰라린 고통을 일으키게 될 것이다.

25 제사장은 그 여자에게서 질투의 곡식제물을 받아서 여호와 앞에서 흔들고 제단으로 가져간다. 레 8:27

에바(5:15, ephah) 밀가루, 보리 등 곡식과 고체량을 재는 단위, 액체량의 밧과 같은 양으로 약 22ℓ에 해당됨.
두루마리(5:23, scroll) 파피루스, 가죽, 양피지 등을 몇 장씩 길게 이어 말아 그 위에 여러 가지 글을 기록한 문서.

26 제사장은 그 곡식제물로부터 그 여자의 기억을 위해 한 움큼을 가져다가 제단에서 태우고 나서 그 여자가 그 쓴 물을 마시게 한다. 레 2:2,9;5:12

27 그가 그 여자에게 마시게 했을 때 만약 그 여자가 자기 남편을 배반하고 자신을 더럽혔다면 그 저주를 가져오는 물이 속에서 쓰라린 고통을 일으킬 것이며 배가 붓고 허벅지가 마르게 될 것이며 그 여자는 자기 백성들 가운데서 저줏거리가 될 것이다.

28 그러나 만약 그 여자가 스스로를 더럽힌 적이 없고 정결하면 아무런 해를 입지 않을 것이며 아이를 가질 수 있게 될 것이다.

29 이것은 질투에 대한 법으로서 여자가 탈선해 남편을 배반하고 자신을 더럽혔을 경우에 적용된다. 19~20절

30 혹은 남자가 질투심이 일어 자기 아내를 의심할 때에 적용된다. 제사장은 그 여자를 여호와 앞에 세우고 이 법을 모두 시행해야 한다.

31 그 남편은 죄로부터 깨끗하게 될 것이지만 그 아내는 자신의 죗값을 치러야 하기 때문이다." 레 20:17,19~20

6

포도나무 소산을 금함 여호와께서 모세에게 말씀하셨습니다.

2 "이스라엘 자손에게 말하고 그들에게 일러라. '남자든 여자든 특별한 서원, 곧 여호와께 나실 사람으로 살겠다고 서원을 하면

3 그는 포도주나 독한 술을 마시지 말고 포도주나 독한 술로 만든 식초도 마시지 말고 어떤 포도즙도 마시지 말며 포도는 그냥 포도든 건포도든 먹어서는 안 된다.

4 나실 사람으로 사는 기간 동안 그는 포도원에서 나오는 것은 익지 않은 포도든 포도 껍질이든 간에 무엇이든 먹어서는 안 된다.

5 머리에 면도칼을 대지 말 것 그가 헌신하기로 서원한 기간 동안 그는 머리에 면도칼을 사용해서는 안 된다. 그는 여호와께 나실 사람으로 살겠다고 서원한 기간을 채우기까지는 거룩해야 한다. 그는 자기 머리털이 자라게 놔두어야 한다. 고전 11:14

6 죽은 사람에게 다가가지 말 것 여호와께 나실 사람으로 살겠다고 서원한 기간 동안 죽은 사람에게 다가가면 안 된다. 레 21:11

7 부모나 형제자매가 죽더라도 그는 그들로 인해 부정해져서는 안 된다. 왜냐하면 그가 하나님께 헌신한 표가 그의 머리 위에 있기 때문이다. 레 21:1~2,11

8 헌신한 기간 내내 그는 여호와께 거룩한 사람이다.

9 부득이한 접촉 어떤 사람이 갑자기 그의 곁에서 죽어서 그가 헌신의 표로 기른 그 머리털을 더럽히면 그는 자신을 정결케 하는 날, 곧 일곱 번째 날에 자기 머리를 밀어야 한다. 행 18:18;21:24

10 그리고 여덟 번째 날에는 산비둘기 두 마리나 집비둘기 두 마리를 회막 입구로 가져와 제사장에게 주어야 한다. 레 5:7

11 제사장은 하나를 속죄제물로, 다른 하나는 번제물로 올려 그가 시체로 인해 죄를 지은 것에 대해 속죄를 한다. 그리고 그날 그는 자신의 머리를 거룩하게 해야 한다.

12 그는 여호와께 나실 사람으로 살겠다고 헌신하는 기간을 다시 서원하고 1년 된 숫양 하나를 속건제물로 바쳐야 한다. 그가 나

실사람으로 살겠다는 자신의 서원을 더럽
혔기 때문에 지나간 날들은 무효가 된다.
13 서원의 완결 이제 나실 사람으로 헌신한 기
간이 끝났을 때 나실 사람에 관한 법이다.
그를 회막 입구로 데려간다. 행 21:26
14 거기서 여호와께 예물을 드리는데 1년 된
흠 없는 숫양 한 마리를 번제물로 드리고
1년 된 흠 없는 암양 한 마리를 속죄제물
로 드리고 흠 없는 숫양 한 마리는 화목제
물로 드린다. 창 3:6;4:32
15 그리고 누룩 없는 빵의 광주리와 고운 가
루에 기름을 섞은 덩어리들과 기름을 바
른 누룩 없는 얇은 빵들과 함께 곡식제물
들과 전제물들을 드린다. 출 29:2,41;레 2:4
16 제사장은 그것들을 여호와 앞으로 가져가
속죄제와 번제로 드린다. 14절
17 또한 누룩 없는 빵의 광주리와 함께 숫양
을 화목제물로 여호와께 드린다. 제사장
은 곡식제물과 전제물도 함께 드린다.
18 그러고 나서 회막 문에서 나실 사람은 자
신의 구별된 머리털을 밀어 낸다. 그는 그
머리털을 화목제물 밑의 불 속에 넣는다.
19 나실 사람이 구별된 머리털을 민 후에 제사
장은 삶은 숫양의 어깨와 광주리 속의 누
룩 없는 빵 하나와 누룩 없는 얇은 빵 하나
를 가져다가 그 사람의 손에 올려놓는다.
20 그러고 나서 제사장은 여호와 앞에 그것
들을 요제로써 흔들어 바쳐야 한다. 그것
들은 흔들어 바친 가슴과 들어 올려 바친
넓적다리와 함께 거룩하므로 제사장의
몫이다. 그 이후에야 나실 사람은 포도주
를 마셔도 된다. 5:25;출 29:27~28

21 이것은 나실 사람에 대한 법이다. 그리고
나실 사람으로 헌신할 때 바치는 것 말고
도 예물을 더 바치기로 맹세했다면 그는
나실 사람에 대한 율법에 따라 자신이 한
맹세대로 실행해야 한다.'"
22 아론의 축도 여호와께서 모세에게 말씀하
셨습니다.
23 "아론과 그 아들들에게 말하여라. '너희는
이렇게 이스라엘 자손을 축복해 말하여라.
24 여호와께서 네게 복을 주시고 너를 지키시
기를 비노라. 시 121:3~8;134:3
25 여호와께서 그 얼굴을 네게 비추시고 네게
은혜 베푸시기를 비노라. 시 31:26;단 9:17
26 여호와께서 그 얼굴을 너를 향해 드시고
네게 평강을 주시기를 비노라.' 시 4:6
27 그렇게 그들이 내 이름으로 이스라엘 백성
들을 축복하면 내가 그들에게 복을 내릴
것이니라. 신 28:10;대하 7:14;단 9:18~19

7 지도자들이 예물을 드림 모세가 성막 세
우기를 마쳤을 때 성막에 기름을 붓고
성막과 그 모든 물품들과 제단과 그 모든
물품들을 거룩하게 했습니다. 그렇게 그가
그것들에 기름을 붓고 거룩하게 했습니다.
2 그러고 나서 이스라엘의 지도자들, 곧 각
가문의 우두머리들이 예물을 가져왔는데
그들은 각 지파의 지도자들이자 등록하
는 일을 한 감독들이었습니다. 1:4
3 그들은 여호와 앞에 예물로 여섯 대의 수
레와 소 12마리를 드렸습니다. 곧 지도자
한 사람당 소 한 마리씩, 지도자 두 사람
당 수레 한 대씩이었습니다. 그들은 이것
들을 성막 앞으로 가져왔습니다.

아론의 축도

'축도'는 축복 기도를 줄인 말로, 하나님이
아론과 그 아들들에게 축도를 명령하셨
다(민 6:22~27). 하나님의 이름으로 축복
을 선포하는 아론의 축도는 하나님의 보
호와 은혜 그리고 평강이 이루어지기를 바
라는 내용을 담고 있다. 또 이 축도에는 복의
근원은 하나님 한 분이시며, 하나님은 육체적 · 영

적으로 복을 주시는 분이라는 내용이 포함되
어 있다.
　　　신약성경에도 축도가 나오는데, 하나님
의 이름으로 다음과 같이 성도를 축복하
는 내용이다. "주 예수 그리스도의 은혜와
하나님의 사랑과 성령의 교통하심이 여러분
모두와 함께하시기를 빕니다."(고후 13:13)

4 여호와께서 모세에게 말씀하셨습니다.

5 "이것들을 그들에게서 받아 회막에서 일할 때 쓰게 하여라. 이것들을 각자의 임무에 맞추어서 쓸 수 있도록 레위 사람들에게 주어라."

6 직임대로 예물을 줄 그래서 모세는 그 수레들과 소들을 받아 레위 사람들에게 주었습니다.

7 그는 게르손 족속에게 그 필요에 따라 수레 두 대와 소 네 마리를 주었고 4:25,28

8 므라리 자손에게도 그 필요에 따라 수레네 대와 소 여덟 마리를 주었습니다. 그들의 임무는 모두 아론의 아들인 제사장 이다말의 지시 아래 있었습니다. 4:29,31,33

9 모세가 고핫 자손에게는 아무것도 주지 않았는데 그것은 성소에서 그들의 임무가 어깨로 운반하는 일이기 때문입니다.

10 예물을 제단 앞에 드림 제단에 기름을 부을 때 지도자들이 제단 봉헌 예물을 가져왔습니다. 지도자들은 자신들의 예물을 제단 앞에 내어 놓았습니다. 신 20:5;왕상 8:63

11 여호와께서 모세에게 말씀하셨습니다. "제단의 봉헌을 위해 날마다 지도자 한 명씩 예물을 가져오게 하여라."

12 유다 지파의 나손 첫날 예물을 바친 사람은 유다 지파의 암미나답의 아들 나손이었습니다.

13 그의 예물은 성소의 세겔 단위로 해서 130세겔 나가는 은접시 한 개와 70세겔 나가는 은대야 한 개에 곡식제물로 쓰기 위해 기름 섞인 고운 가루를 가득 담은 것과

14 10세겔 나가는 금대접 한 개에 향품을 가득 담은 것과 출 30:34-35

15 번제물로 쓸 수송아지 한 마리, 숫양 한 마리, 1년 된 새끼 숫양 한 마리와 레 1:2-3

16 속죄제물로 쓸 숫염소 한 마리와 레 4:23-24

17 화목제의 희생제물로 쓸 소 두 마리, 숫양 다섯 마리, 숫염소 다섯 마리, 1년 된 새끼 숫양 다섯 마리였습니다. 이것이 암미나답의 아들 나손의 예물이었습니다. 레 3:1

18 잇사갈 지파의 느다넬 둘째 날에는 잇사갈 지파의 지도자인 수알의 아들 느다넬이 예

물을 드렸습니다. 18

19 그의 예물은 성소의 세겔 단위로 해서 130세겔 나가는 은접시 한 개와 70세겔 나가는 은대야 한 개에 곡식제물로 쓰기 위해 기름 섞인 고운 가루를 가득 담은 것과

20 10세겔 나가는 금대접 한 개에 향품을 가득 담은 것과

21 번제물로 쓸 수송아지 한 마리, 숫양 한 마리, 1년 된 새끼 숫양 한 마리와

22 속죄제물로 쓸 숫염소 한 마리와

23 화목제의 희생제물로 쓸 소 두 마리, 숫양 다섯 마리, 숫염소 다섯 마리, 1년 된 새끼 숫양 다섯 마리였습니다. 이것이 수알의 아들 느다넬의 예물이었습니다.

24 스불론 지파의 엘리압 셋째 날에 스불론 자손의 지도자인 헬론의 아들 엘리압이 예물을 드렸습니다. 19

25 그의 예물은 성소의 세겔 단위로 해서 130세겔 나가는 은접시 한 개와 70세겔 나가는 은대야 한 개에 곡식제물로 쓰기 위해 기름 섞인 고운 가루를 가득 담은 것과

26 10세겔 나가는 금대접 한 개에 향품을 가득 담은 것과

27 번제물로 쓸 수송아지 한 마리, 숫양 한 마리, 1년 된 새끼 숫양 한 마리와

28 속죄제물로 쓸 숫염소 한 마리와

29 화목제의 희생제물로 쓸 소 두 마리, 숫양 다섯 마리, 숫염소 다섯 마리, 1년 된 새끼 숫양 다섯 마리였습니다. 이것이 헬론의 아들 엘리압의 예물이었습니다.

30 르우벤 지파의 엘리술 넷째 날에는 르우벤 자손의 지도자인 스데울의 아들 엘리술이 예물을 드렸습니다. 1:5

31 그의 예물은 성소의 세겔 단위로 해서 130세겔 나가는 은접시 한 개와 70세겔 나가는 은대야 한 개에 곡식제물로 쓰기 위해 기름 섞인 고운 가루를 가득 담은 것과

32 10세겔 나가는 금대접 한 개에 향품을 가

화목제(7:17, 和睦祭, fellowship offering) 구약 시대에 하나님에게 동물 제물을 바쳐 하나님과 사람과의 관계를 화목하게 하려고 행하던 제사.

득 담은 것과

33 번제물로 쓸 수송아지 한 마리, 숫양 한 마리, 1년 된 새끼 숫양 한 마리와

34 속죄제물로 쓸 숫염소 한 마리와

35 화목제의 희생제물로 쓸 소 두 마리, 숫양 다섯 마리, 숫염소 다섯 마리, 1년 된 새끼 숫양 다섯 마리였습니다. 이것이 스데울의 아들 엘리술의 예물이었습니다.

36 시므온 자손의 슬루미엘 다섯째 날에는 시므온 자손의 지도자인 수리삿대의 아들 슬루미엘이 예물을 드렸습니다. <small>1:6</small>

37 그의 예물은 성소의 세겔 단위로 해서 130세겔 나가는 은접시 한 개와 70세겔 나가는 은대야 한 개에 곡식제물로 쓰기 위해 기름 섞인 고운 가루를 가득 담은 것과

38 10세겔 나가는 금대접 한 개에 향품을 가득 담은 것과

39 번제물로 쓸 수송아지 한 마리, 숫양 한 마리, 1년 된 새끼 숫양 한 마리와

40 속죄제물로 쓸 숫염소 한 마리와

41 화목제의 희생제물로 쓸 소 두 마리, 숫양 다섯 마리, 숫염소 다섯 마리, 1년 된 새끼 숫양 다섯 마리였습니다. 이것이 수리삿대의 아들 슬루미엘의 예물이었습니다.

42 갓 자손의 엘리아삽 여섯째 날에는 갓 자손의 지도자인 드우엘의 아들 엘리아삽이 예물을 드렸습니다. <small>1:14;2:14</small>

43 그의 예물은 성소의 세겔 단위로 해서

130세겔 나가는 은접시 한 개와 70세겔 나가는 은대야 한 개에 곡식제물로 쓰기 위해 기름 섞인 고운 가루를 가득 담은 것과

44 10세겔 나가는 금대접 한 개에 향품을 가득 담은 것과

45 번제물로 쓸 수송아지 한 마리, 숫양 한 마리, 1년 된 새끼 숫양 한 마리와

46 속죄제물로 쓸 숫염소 한 마리와

47 화목제의 희생제물로 쓸 소 두 마리, 숫양 다섯 마리, 숫염소 다섯 마리, 1년 된 새끼 숫양 다섯 마리였습니다. 이것이 드우엘의 아들 엘리아삽의 예물이었습니다.

48 에브라임 자손의 엘리사마 일곱째 날에는 에브라임 자손의 지도자인 암미훗의 아들 엘리사마가 예물을 드렸습니다. <small>1:10</small>

49 그의 예물은 성소의 세겔 단위로 해서 130세겔 나가는 은접시 한 개와 70세겔 나가는 은대야 한 개에 곡식제물로 쓰기 위해 기름 섞인 고운 가루를 가득 담은 것과

50 10세겔 나가는 금대접 한 개에 향품을 가득 담은 것과

51 번제물로 쓸 수송아지 한 마리, 숫양 한 마리, 1년 된 새끼 숫양 한 마리와

52 속죄제물로 쓸 숫염소 한 마리와

53 화목제의 희생제물로 쓸 소 두 마리, 숫양 다섯 마리, 숫염소 다섯 마리, 1년 된 새끼 숫양 다섯 마리였습니다. 이것이 암미훗의 아들 엘리사마의 예물이었습니다.

각 지파가 드린 예물들

성막을 완성한 후 열두 지파의 지도자들은 하나님께 예물을 드렸다.

12일 동안 각 지파별로 똑같이 은쟁반 하나, 은대야 하나, 금대접 하나, 번제물로 수송아지 한 마리, 숫양 한 마리, 1년 된 어린 숫양 한 마리, 속죄제물로 숫염소 한 마리, 화목제물로 소 두 마리, 숫양 다섯 마리, 숫염소 다섯 마리, 1년 된 어린 숫양 다섯 마리를 드렸다. 이스라엘 백성은 성막을 만들기 전 뿐만 아니라(출 36:3-7), 만든 후에도 기쁜 마음으로 하나님께 예물을 드렸다.

그릇들	번제물	속죄제물	화목제물
은쟁반 12개 은대야 12개 금대접 12개	수송아지 12마리 숫양 12마리 1년 된 어린 숫양 12마리	숫염소 12마리	소 24마리 숫양 60마리 숫염소 60마리 1년 된 어린 숫양 60마리

54 므낫세 자손의 가말리엘 여덟째 날에는 므낫세 자손의 지도자인 브다술의 아들 가말리엘이 예물을 드렸습니다.

55 그의 예물은 성소의 세겔 단위로 해서 130세겔 나가는 은접시 한 개와 70세겔 나가는 은대야 한 개에 곡식제물로 쓰기 위해 기름 섞인 고운 가루를 가득 담은 것과

56 10세겔 나가는 금대접 한 개에 향품을 가득 담은 것과

57 번제물로 쓸 수송아지 한 마리, 숫양 한 마리, 1년 된 새끼 숫양 한 마리와

58 속죄제물로 쓸 숫염소 한 마리와

59 화목제의 희생제물로 쓸 소 두 마리, 숫양 다섯 마리, 숫염소 다섯 마리, 1년 된 새끼 숫양 다섯 마리였습니다. 이것이 브다술의 아들 가말리엘의 예물이었습니다.

60 베냐민 자손의 아비단 아홉째 날에는 베냐민 자손의 지도자인 기드오니의 아들 아비단이 예물을 드렸습니다. 1:11

61 그의 예물은 성소의 세겔 단위로 해서 130세겔 나가는 은접시 한 개와 70세겔 나가는 은대야 한 개에 곡식제물로 쓰기 위해 기름 섞인 고운 가루를 가득 담은 것과

62 10세겔 나가는 금대접 한 개에 향품을 가득 담은 것과

63 번제물로 쓸 수송아지 한 마리, 숫양 한 마리, 1년 된 새끼 숫양 한 마리와

64 속죄제물로 쓸 숫염소 한 마리와

65 화목제의 희생제물로 쓸 소 두 마리, 숫양 다섯 마리, 숫염소 다섯 마리, 1년 된 새끼 숫양 다섯 마리였습니다. 이것이 기드오니의 아들 아비단의 예물이었습니다.

66 단 자손의 아히에셀 열째 날에는 단 자손의 지도자인 암미삿대의 아들 아히에셀이 예물을 드렸습니다. 1:12

67 그의 예물은 성소의 세겔 단위로 해서 130세겔 나가는 은접시 한 개와 70세겔 나가는 은대야 한 개에 곡식제물로 쓰기 위해 기름 섞인 고운 가루를 가득 담은 것과

68 10세겔 나가는 금대접 한 개에 향품을 가득 담은 것과

69 번제물로 쓸 수송아지 한 마리, 숫양 한 마리, 1년 된 새끼 숫양 한 마리와 1:10

70 속죄제물로 쓸 숫염소 한 마리와

71 화목제의 희생제물로 쓸 소 두 마리, 숫양 다섯 마리, 숫염소 다섯 마리, 1년 된 새끼 숫양 다섯 마리였습니다. 이것이 암미삿대의 아들 아히에셀의 예물이었습니다.

72 아셀 자손의 바기엘 열한째 날에는 아셀 자손의 지도자인 오그란의 아들 바기엘이 예물을 드렸습니다. 1:13

73 그의 예물은 성소의 세겔 단위로 해서 130세겔 나가는 은접시 한 개와 70세겔 나가는 은대야 한 개에 곡식제물로 쓰기 위해 기름 섞인 고운 가루를 가득 담은 것과

74 10세겔 나가는 금대접 한 개에 향품을 가득 담은 것과

75 번제물로 쓸 수송아지 한 마리, 숫양 한 마리, 1년 된 새끼 숫양 한 마리와

76 속죄제물로 쓸 숫염소 한 마리와

77 화목제의 희생제물로 쓸 소 두 마리, 숫양 다섯 마리, 숫염소 다섯 마리, 1년 된 새끼 숫양 다섯 마리였습니다. 이것이 오그란의 아들 바기엘의 예물이었습니다.

78 납달리 자손의 아히라 열두째 날에는 납달리 자손의 지도자인 에난의 아들 아히라가 예물을 드렸습니다. 1:15

79 그의 예물은 성소의 세겔 단위로 해서 130세겔 나가는 은접시 한 개와 70세겔 나가는 은대야 한 개에 곡식제물로 쓰기 위해 기름 섞인 고운 가루를 가득 담은 것과

80 10세겔 나가는 금대접 한 개에 향품을 가득 담은 것과

81 번제물로 쓸 수송아지 한 마리, 숫양 한 마리, 1년 된 새끼 숫양 한 마리와

82 속죄제물로 쓸 숫염소 한 마리와

83 화목제의 희생제물로 쓸 소 두 마리, 숫양 다섯 마리, 숫염소 다섯 마리, 1년 된 새끼 숫양 다섯 마리였습니다. 이것이 에난의

번제(7:63, 燔祭, burnt offering) 이스라엘의 5대 제사 중 하나. 매일 드리는 번제나 특별한 절기 때 가장 많이 사용하던 제사. 제물을 완전히 태워 드리는 제사.

아들 아히라의 예물이었습니다.

84 지도자들이 드린 예물 제단에 기름을 부을 때 이스라엘의 지도자들이 가져온 예물은 은접시가 12개, 은대야가 12개, 금대접이 12개였습니다. 10절

85 은접시들이 각각 130세겔씩 나가며 은대야들은 각각 70세겔씩 나가서 성소의 세겔로 재면 은의 무게는 다 합쳐 2,400세겔이었습니다.

86 향품이 가득 담긴 금접시들은 성소 세겔로 각각 10세겔씩 나갔으니 금접시들의 무게는 다 합쳐 120세겔이었습니다.

87 번제물로 쓰일 가축의 수는 다 합쳐 수송아지가 12마리, 숫양이 12마리, 1년 된 어린 숫양이 12마리였으며 곡식제물도 있었습니다. 그리고 속죄제물로 쓰인 숫염소가 12마리였습니다.

88 화목제물로 쓰일 가축의 수는 다 합쳐 수소가 24마리, 숫양이 60마리, 숫염소가 60마리, 1년 된 어린 숫양이 60마리였습니다. 이것들은 제단에 기름이 부어진 후에 드려진 예물이었습니다. 1,10절

89 여호와께서 속죄소에서 말씀하심 모세가 회막으로 들어가서 여호와께 말씀드리려고 할 때 증거궤 위에 있는 속죄의 자리로부터, 곧 두 그룹 사이로부터 그에게 말씀하시는 음성을 들었습니다. 이렇게 여호와께서는 그에게 말씀하셨습니다. 출 25:22

8

등잔을 차려 놓는 방식 여호와께서 모세에게 말씀하셨습니다.

2 "아론에게 말해 일러라. '네가 등을 켤 때 일곱 등잔이 등잔 받침대 앞쪽을 비추게 하여라.'" 출 25:37;40:25

3 아론은 그대로 해 여호와께서 모세에게 명하신 대로 등을 켤 때 등잔 받침대 앞쪽을 향해 비추도록 했습니다.

4 등잔 받침대는 금을 두들겨 만든 것인데 밑받침부터 꽃 모양까지 두들겨 만들었습니

다. 여호와께서 보여 주신 모양대로 모세가 등잔 받침대를 만들었습니다. 출 25:18

5 레위 사람들을 정결케 함 여호와께서 모세에게 말씀하셨습니다.

6 "이스라엘 자손 가운데 레위 사람들을 데려다가 정결하게 하여라.

7 그들을 정결하게 하는 방법은 속죄의 물을 뿌리고 온몸의 털을 면도칼로 밀고 옷을 빨아 정결하게 하는 것이다. 레 8:6;14:8-9

8 그들이 수송아지 한 마리와 곡식제물로 쓸 기름 섞인 고운 가루를 가져오게 하여라. 또한 너는 수송아지 한 마리를 속죄제물로 준비하여라. 12절;출 29:41;레 2:1

9 레위 사람들을 회막 앞으로 오게 하고 이스라엘 자손의 온 회중이 모이게 하여라.

10 레위 사람들이 여호와 앞에 나오게 한 다음 이스라엘 자손들이 그들에게 안수하게 하여라. 레 1:4

11 아론은 이스라엘 자손들 가운데서 레위 사람들을 요제로 여호와께 흔들어 바쳐라. 그들이 여호와를 섬기는 일을 할 수 있게 될 것이다.

12 레위 사람들은 수송아지들의 머리에 안수한 후에 한 마리는 속죄제물로, 다른 한 마리는 번제물로 여호와께 드려 레위 사람들을 속죄하여라. 8절;출 29:10

13 레위 사람들을 아론과 그 아들들 앞에 서게 하고 그들을 여호와께 요제로 드려라.

14 회막 봉사의 직무를 맡을 이렇게 해 네가 레위 사람들을 다른 이스라엘 자손들에게서 구별해 세우면 레위 사람들이 내 것이 될 것이다. 3:45;16:9

15 그런 후에야 레위 사람들이 회막에서 섬길 수 있을 것이다. 그러므로 너는 그들을 정결하게 하고 그들을 요제로 흔들어 바치도록 하여라.

16 맡아들 대신 레위 사람을 택하심 그들은 이스라엘 자손들 가운데 내게 온전히 드려진 사람들이다. 내가 그들을 모태에서 처음 난 것들, 곧 이스라엘 자손들 가운데 모든 맏아들을 대신해 내 것으로 삼았다.

요제(8:11, 搖祭, wave offering) 제사 드리는 한 방법. 제사장이 제물을 높이 들어 흔들었다가 내리는 형태의 제사.

17 왜냐하면 이스라엘에서 처음 난 것은 사람이든 짐승이든 다 내 것이기 때문이다. 내가 이집트에서 처음 난 것을 다 칠 때 내가 그들을 내 것으로 거룩하게 구별했다.

18 그렇게 해서 내가 이스라엘 자손 가운데 모든 맏아들을 대신해 레위 사람들을 취했다.

19 레위 사람이 여호와의 명대로 봉사함 모든 이스라엘 자손들 가운데 내가 레위 사람들을 아론과 그 아들들에게 선물로 주어 회막에서 이스라엘 백성들을 대신해 봉사하게 하고 그들을 위해 속죄하게 했으니 이는 이스라엘 자손이 성소 가까이 올 때 재앙이 이스라엘 자손들에게 미치지 않게 하기 위한 것이다." 1:53,25:11,13

20 모세와 아론과 온 이스라엘 회중이 여호와께서 모세에게 명하신 대로 레위 사람들에게 행했습니다. 그대로 그들이 다 행했습니다.

21 레위 사람들이 스스로를 정결하게 하고 자기들의 옷을 빨았습니다. 그리고 아론은 여호와 앞에 그들을 요제로 드렸으며 그들을 위해 속죄해 그들을 정결하게 했습니다.

22 그 후 레위 사람들은 나아와 아론과 그 아들들의 관리 아래서 회막에서 일하게 됐습니다. 이처럼 여호와께서 레위 사람들에 대해 모세에게 명하신 대로 그들이 다 레위 사람들에게 행했습니다.

23 레위 사람들에 대한 규정 여호와께서 모세에게 말씀하셨습니다.

24 "레위 사람들에 대한 규정은 이것이다. 25세 이상 되는 남자들은 회막을 섬기는 일에 참여하러 나와야 한다. 대상 23:3,24,27

25 그러나 50세가 되면 그들은 그 섬기는 일을 그만두고 더 이상 일하지 않아도 된다.

26 그들은 회막에서 임무를 수행하고 있는 동료들을 도와줄 수는 있으나 그들 자신은 직접 그 일을 맡아 하지 못한다. 너는 레위 사람들의 임무에 대해서 이와 같이 하여라." 1:53

9 유월절을 지킴 그들이 이집트에서 나온 지 2년째 되는 해 첫째 달에 여호와께서 시내 광야에서 모세에게 말씀하셨습니다. 1:1

2 "이스라엘 자손이 정해진 때에 유월절을 지키게 하여라.

3 이달 14일 해 질 무렵 곧 정해진 때에 그것을 지켜라. 그 모든 규례와 율례를 따라서 그것을 지켜야 한다." 출 12:6,레 23:5

4 모세가 이스라엘 백성들에게 유월절을 지키라고 말했습니다.

5 그러자 그들은 그달 14일 해 질 무렵에 처음으로 시내 광야에서 유월절을 지켰습니다. 여호와께서 모세에게 명하신 그대로 이스라엘 자손이 행했습니다.

6 부정한 자가 지킬 유월절 규례 그러나 그들 가운데 사람의 시체로 인해 부정해져서 그날에 유월절을 지키지 못하게 된 사람들이 있었습니다. 그들이 그날 모세와 아론에게 왔습니다. 5:2,19:11,16,출 18:15,19,요 18:28

7 그리고 그 사람들이 모세에게 말했습니다. "우리가 시체로 인해 부정해졌습니다. 하지만 다른 이스라엘 자손들과 함께 정해진 때에 여호와께 예물을 드리지 못하게 하시면 어떻게 합니까?" 13절

8 모세가 그들에게 대답했습니다. "너희에 관해 여호와께서 어떻게 명령하시는지 알

유월절 음식

오늘날 유월절에는 여섯 가지 특별한 음식을 준비한다. 정강이뼈, 삶은 달걀, 쓴 나물, 셀러리, 소금물, 하로셋이 바로 그것이다. 쓴 나물은 하로셋이라는 양념장에 찍어 먹는데, 이것은 이집트에서 진흙으로 벽돌을 굽던 노예

생활을 기억하기 위함이다. 정강이뼈와 삶은 달걀은 제2성전이 파괴된 후 이 음식을 먹으며 희생제사를 드리던 것을, 소금물은 이집트에서 흘리던 눈물을 상징한다. 셀러리는 이집트를 탈출한 기쁨과 축복을 의미한다.

아볼 테니 기다려라." 27:5

9 여호와께서 모세에게 말씀하셨습니다.

10 "너는 이스라엘 백성들에게 말하여라. '너희나 너희 자손들 가운데 누구든 시체로 인해 부정해지거나 멀리 여행을 하고 있다고 할지라도 여호와께 유월절을 지키라.

11 그런 사람은 둘째 달 14일 해 질 무렵에 그날을 지키면 된다. 누룩 없는 빵과 쓴 나물과 함께 어린양 고기를 먹도록 하라.

12 아침까지는 아무 것도 남겨서는 안 되고 뼈를 하나도 꺾어서는 안 된다. 모든 규례를 따라 유월절을 지키라. 출 12:10,43,46,49;요 19:36

13 유월절을 지키지 않는 사람에 대한 형벌 부정하지도 않고 여행을 떠나지도 않았는데 유월절을 지키지 않는 사람은 자기 백성 가운데서 끊어질 것이다. 이는 그가 여호와의 예물을 정한 때에 바치지 않았기 때문이다. 이런 사람은 자신의 죄를 짊어져야 한다.

14 이방 사람의 유월절 규례 너희 가운데 사는 이방 사람이 여호와를 위해 유월절을 지키고 싶어 하면 규례와 율례를 따라 그렇게 하게 하라. 이방 사람이나 내국 사람이나 규례는 동일하다.'" 출 12:48-49

15 이스라엘이 구름을 따라 움직임 성막을 세우던 날 구름이 성막, 곧 회막을 덮었습니다. 저녁부터 아침까지 구름이 성막 위에 불의 모습으로 있었습니다. 출 13:21;40:17,34

16 이 일이 계속됐습니다. 구름이 성막을 덮고 있었고 밤이 되면 불처럼 보였습니다.

17 구름이 성막 위에서 떠오를 때면 이스라엘 백성들은 길을 떠났습니다. 그리고 구름이 머무르면 이스라엘 백성들은 진을 쳤습니다. 10:11,33-34;출 40:36

18 여호와의 명령을 따라 이스라엘 자손이 길을 떠나고 여호와의 명령을 따라 진을 쳤습니다. 구름이 성막 위에 머물러 있는 동안 그들은 진을 치고 머물렀습니다.

19 구름이 성막 위에 오랫동안 머무를 때는 이스라엘 백성들은 여호와의 지시에 순종해 길을 떠나지 않았습니다. 1:53

20 때로는 구름이 성막 위에 며칠만 머물 때도 있었습니다. 그들은 여호와의 명령을 따라 진을 쳤고 여호와의 명령을 따라 길을 떠났습니다.

21 때로는 구름이 저녁부터 아침까지만 머물러 있을 때도 있었습니다. 그런 때 그들은 아침에 구름이 떠오르면 길을 떠났습니다. 낮이든 밤이든 구름이 움직이면 그들은 길을 떠났습니다.

22 이틀이고 한 달이고 1년이고 구름이 성막 위에 머무르면 이스라엘 자손은 진에 머무르고 길을 떠나지 않았습니다. 그러다 구름이 떠오르면 그들은 길을 떠났습니다.

23 여호와의 명령을 따라 그들은 진을 치고 여호와의 명령을 따라 길을 떠났습니다. 그들은 여호와께서 모세를 통해 하신 여호와의 명령에 순종했습니다.

10

은나팔을 사용하는 방법 여호와께서 모세에게 말씀하셨습니다.

2 "은을 두드려서 나팔 두 개를 만들고 회중을 불러 모을 때와 진을 거두고 행군을 시작할 때 그것을 사용하여라. 시 81:3;사 1:13

3 나팔을 둘 다 불면 온 회중이 회막 입구 너에게로 모여야 한다. 렘 4:5;욜 2:15

백성들 가운데 거하시는 하나님

광야를 헤매던 이스라엘 백성들은 어떻게 약속의 땅인 가나안으로 들어갔을까요? 그것은 우리가 매일 말씀으로 인도받아 살아가듯이, 하나님은 이스라엘 백성

4 나팔을 하나만 불면 지도자들, 곧 이스라엘의 천부장들만 너에게로 모여야 한다.

5 짧게 끊어서 부는 나팔 소리가 나면 동쪽 진영이 움직인다. 14장23-9

6 두 번째로 짧게 끊어서 부는 나팔 소리가 나면 남쪽 진영이 움직인다. 짧게 끊어서 부는 나팔 소리는 움직인다는 신호다.

7 회중을 모으기 위해서는 길게 나팔을 불어야지 짧게 끊어 불어서는 안 된다. 욜 2:1

8 나팔은 제사장인 아론의 아들들이 불어야 한다. 이것은 너희와 너희 대대로 계속될 규례다. 대상 15:24;대하 13:12

9 너희가 너희 땅에서 너희를 공격하는 적과 싸울 때 나팔을 불어라. 그러면 너희가 너희 하나님 여호와 앞에서 기억될 것이며 너희 원수들에게서 구원을 받게 될 것이다.

10 또한 너희가 즐거울 때와 너희의 정해진 절기와 매달 초하루에 번제와 화목제를 드릴 때 나팔을 불어라. 그러면 너희 하나님이 너희를 기억할 것이다. 나는 너희 하나님 여호와다." 대상 15:24;대하 5:12;7:6,5 3:10

11 시내 광야를 떠나 2년째 되는 해 둘째 달 20일에 구름이 증거의 성막 위에서 나아가기 시작했습니다. 9:17

12 그러자 이스라엘 자손들이 시내 광야를 떠나 행선지를 향해 나아갔습니다. 그러다 구름이 바란 광야에서 머물렀습니다.

13 이렇게 그들은 여호와께서 모세를 통해 주신 명령대로 처음 길을 나섰습니다.

14 가장 먼저 유다 진영의 깃발이 그 소속된 부대들을 이끌고 나아갔습니다. 그들은 암미나답의 아들 나손이 지휘했습니다.

15 잇사갈 지파의 부대는 수알의 아들 느다넬이 통솔했습니다.

16 스불론 지파의 부대는 헬론의 아들 엘리압이 통솔했습니다.

17 성막을 걷음 성막이 거두어지자 게르손 자손과 므라리 자손이 그것을 메고 길을 나섰습니다. 1:51;4:24-33;7:6-8

18 그다음으로 르우벤 진영의 깃발이 그 소속된 부대들을 이끌고 나아갔습니다. 그들은 스데울의 아들 엘리술이 지휘했습니다.

19 시므온 지파의 부대는 수리삿대의 아들 슬루미엘이 통솔했습니다. 1:6

20 갓 지파의 부대는 드우엘의 아들 엘리아삽이 통솔했습니다. 1:14;2:14

21 성물을 메고 이동함 그러자 고핫 자손이 거룩한 물품들을 메고 길을 나섰습니다. 성막은 그들이 도착하기 전에 이미 세워져 있어야 했습니다. 17장;4:4-15;7:9

22 그다음으로 에브라임 진영의 깃발이 그 소속된 부대들을 이끌고 나아갔습니다. 그들은 암미훗의 아들 엘리사마가 지휘했습니다. 1:10;2:18-24

23 므낫세 지파의 부대는 브다술의 아들 가말리엘이 통솔했습니다.

24 베냐민 지파의 부대는 기드오니의 아들 아비단이 통솔했습니다. 1:11

25 후위 부대의 이동 그다음으로 단 진영의 깃발이 그 소속된 부대들을 이끌고 모든 진의 후위 부대로서 나아갔습니다. 그들은 암미삿대의 아들 아히에셀이 지휘했습니다.

26 아셀 지파의 부대는 오그란의 아들 바기엘이 통솔했습니다. 1:13

27 납달리 지파의 부대는 에난의 아들 아히라가 통솔했습니다. 1:15

28 이와 같이 이스라엘 자손이 부대별로 행진했습니다. 2:34

29 호밥에게 동행할 것을 요청함 그때 모세의 장인 미디안 사람 르우엘의 아들 호밥에게 모세가 말했습니다. "우리는 여호와께서 '내가 너희에게 주리라'고 말씀하신 그 장소로 지금 떠나고 있습니다. 우리와 같이 갑

을 낮에는 구름기둥으로 밤에는 불기둥으로 인도하셨어요. 구름기둥과 불기둥은 하나님이 이스라엘 백성을 보호하고 인도하신다는 확실한 증거였어요. 여러분도 오늘 말씀으로 우리를 보호하고 인도하시는 하나님께 기쁨으로 감사드려 보세요.

깊이 읽기 민수기 9장 15-23절을 읽으세요.

시다. 우리가 당신을 잘 대접해 드리겠습니다. 여호와께서 이스라엘에게 좋은 것들을 약속해 주셨습니다." 창 12:7;32:12

30 그가 말했습니다. "나는 가지 않겠네. 나는 내 땅과 내 동족에게로 돌아가겠네."

31 그러자 모세가 말했습니다. "우리를 떠나지 마십시오. 당신은 우리가 어디에서 진을 쳐야 할지를 알고 있습니다. 우리의 눈이 돼 주십시오. 욥 29:15

32 당신이 우리와 같이 가면 여호와께서 우리에게 주시는 좋은 것을 무엇이든 당신과 나누겠습니다. 29절;삿 1:16;4:11

33 3일 길을 진행함 그리하여 그들은 여호와의 산을 떠나 3일 길을 나아갔는데 여호와의 언약궤가 쉴 곳을 찾아 3일 동안 그들 앞에서 진행했습니다. 출 3:1;33:1

34 낮에 그들이 진영을 철수하고 떠날 때 여

호와의 구름이 그들 위에 있었습니다.

35 이스라엘이 구름을 따라 진행함 언약궤가 길을 떠날 때마다 모세가 이렇게 말했습니다. "여호와여 일어나소서! 당신 앞에서 당신의 원수들이 흩어지고 당신의 적들이 달아나게 하소서." 시 68:1-2

36 그리고 쉴 때마다 이렇게 말했습니다. "여호와여 천만 이스라엘 사람에게로 돌아오소서."

11 백성들이 불평함 그때 백성들이 불평하는 소리가 여호와의 귀에 들렸습니다. 여호와께서 그 말을 들으시고는 진노하셨습니다. 그러자 여호와의 불이 그들 가운데 타올라서 진의 바깥쪽을 태웠습니다.

2 백성들이 모세에게 울부짖자 모세가 여호와께 기도했고 불은 꺼졌습니다. 약 5:16

3 그리하여 그곳을 다베라로 부르게 됐니

투덜투덜, 끊임없이 툴툴거리는 불평과 반역의 역사

반역의 내용	반역의 결과
· 마실 물이 없다면서 모세를 원망함(출 17:2-3)	· 호렙 산 바위를 쳐서 물이 나오게 하심 (출 17:6-7)
· 금송아지를 만들어 우상을 섬김(출 32:1-6)	· 금송아지를 가루로 만들어 마시게 함. 3천 명이 죽음(출 32:20, 28)
· 만나에 대해 불평하며 고기를 달라고 함(민 11:4-6)	· 메추라기를 보내 주심(민 11:31-32) 재앙으로 치심(민 11:33-34)
· 미리암과 아론이 모세의 지도력을 비웃고 헐뜯음(민 12:1-2)	· 미리암이 나병에 걸림(민 12:10-15)
· 정탐꾼의 보고를 듣고 불평하며 이집트로 돌아가자고 함(민 14:1-3)	· 여호수아, 갈렙을 제외한 모든 백성이 약속의 땅인 가나안에 못 들어가게 됨. 40년간 광야에서 방황하게 됨(민 14:20-35)
· 안식일에 관한 율법을 어기고 나무를 주워옴(민 15:32-35)	· 회중이 돌로 쳐 죽임(민 15:35-36)
· 고라, 다단, 온 사람들이 모세에게 대항함(민 16:1-2)	· 250명이 불에 타 죽고(민 16:35) 재앙으로 1만 4천 700명이 죽음(민 16:46-50)
· 물이 없다고 모세와 아론에게 따지고 공격함(민 20:2-5)	· 지팡이로 바위를 치자 물이 솟아남(민 20:10-11)
· 오랜 여행과 음식에 대해 하나님과 모세를 원망함(민 21:4-6)	· 독사에 물려 죽음. 청동뱀을 바라본 사람은 살아남(민 21:6-9)
· 우상을 섬기고 모압 여인과 나쁜 짓을 함(민 25:1-3)	· 전염병으로 2만 4천 명이 죽음(민 25:1-9)

다. 이는 여호와의 불이 그들 가운데 타올랐기 때문입니다. _{신 9:22}

4 다른 음식을 요구함 이스라엘 가운데 섞여 살던 사람들이 다른 음식을 요구하기 시작했습니다. 그러자 이스라엘 자손이 다시 울면서 말했습니다. "누가 우리에게 고기를 먹게 해 줄 수 있을까?

5 이집트에서는 생선, 오이, 멜론, 부추, 양파, 마늘을 공짜로 먹을 수 있었는데

6 이제 우리가 식욕을 잃어버리고 말았구나. 눈에 보이는 것이라고는 이 만나뿐이야!"

7 만나의 모양과 맛 만나는 코리안더 씨 같고 색깔은 송진 같았습니다. _{출 16:14,31}

8 백성들은 여기저기 다니며 그것을 모아다가 맷돌에 갈거나 절구에 찧어서 솥에 삶아 납작한 빵으로 만들었습니다. 그 맛은 기름 섞은 과자 맛 같았습니다. _{출 16:16~18,31}

9 이슬이 진에 내릴 때 만나도 진 위에 내렸습니다. _{출 16:13~14}

10 모세가 여호와께 간구함 집집마다 각자의 장막 입구에서 울고 있는 것을 모세가 들었습니다. 여호와께서 몹시 진노하셨고 모세도 언짢았습니다. _{슥 12:12~14}

11 모세가 여호와께 말했습니다. "왜 주께서는 주의 종을 괴롭히십니까? 왜 제가 주의 은총을 받지 못하며 주께서는 이 모든 백성의 짐을 저에게 지우십니까?

12 이 모든 백성들을 제가 낳았습니까? 제가 저들을 낳았습니까? 왜 마치 제가 아들을 낳은 것처럼 주께서는 유모가 아기를 품듯이 저들을 제 팔에 품고 주께서 그들의 조상에게 맹세하신 땅으로 데려가라고 하십니까? _{창 50:24; 출 13:5; 사 40:11; 행 13:18; 살전 2:7}

13 제가 고기를 어디서 구해 이 백성에게 주겠습니까? 저들이 저를 보고 '우리에게 고기를 주어 먹게 하라' 하고 울어 댑니다.

14 저 혼자만으로는 이 모든 백성을 감당할 수가 없습니다. 그들이 제게는 벅찹니다.

15 주께서 제게 이렇게 하시겠다면 제발 저를 불쌍히 여기셔서 지금 당장 저를 죽이시고 이 곤란한 일을 보지 않도록 해 주십시오."

16 여호와께서 70명을 택하심 여호와께서 모세에게 말씀하셨습니다. "너는 백성의 나이 든 사람들 가운데서 네가 장로 혹은 관료로 알고 있는 사람들 70명을 내게로 데려와라. 그들을 회막으로 데려와서 거기서 너와 함께 서도록 하여라. _{출 24:1,9}

17 내가 내려가 거기서 너와 이야기하고 네게 내려준 영을 그들에게도 나눠 줄 것이다. 그러면 그들이 이 백성의 짐을 너와 함께 나눠 지고 너 혼자 지지 않게 될 것이다.

18 고기 주실 것을 말씀하심 백성들에게는 이렇게 말하여라. '내일을 위해 몸을 거룩하게 하라. 너희가 여호와의 귀에 대고 울면서 '누가 우리에게 고기를 먹게 해 줄 수 있을까? 이집트에서 살던 것이 훨씬 나았구나'라고 했으므로 내일은 너희가 고기를 먹게 될 것이다. 여호와께서 너희에게 고기를 줄 것이니 너희가 먹게 될 것이다.

19 1일, 2일, 5일, 10일, 20일만 먹을 것이 아니라

20 고기 냄새가 너희 코에 넘쳐서 역겨워질 때까지 한 달 동안 먹을 것이다. 이는 너희가 너희 가운데 있는 여호와를 거부하고 그 앞에서 울면서 '왜 우리가 이집트에서 나왔을까?'라고 했기 때문이다.'"

21 모세가 의심함 그러자 모세가 말했습니다. "여기 나와 함께 있는 사람들 가운데 걷는 사람들만 60만 명인데 주께서는 '내가 그

이스라엘 사람들이 먹고 싶어 하던 음식들

빵과 더불어 이스라엘 사람들의 식탁에 자주 오르던 것은 채소와 과일이다. 채소와 과일을 많이 먹던 이스라엘 백성들이 이집트를 탈출하면서부터 먹지 못한 채소와 과일을 몹시 늘어놓는다(민 11:5). 그들이 먹고 싶어 하던 음식은 생선, 오이, 멜론, 부추, 양파, 마늘 등이었다. 부추, 양파, 마늘은 오늘날에도 중동 지역의 음식에서 절대 빠지지 않는 재료들이다. 특히 마늘은 두통을 없애주는 소화나 이뇨 작용(소변을 잘 보게 함)을 돕는 것으로 건강에 아주 좋은 식품이다.

이스라엘 백성들이 하늘에서 내린 만나를 거둠

들에게 고기를 주리니 그들이 한 달 내내 먹을 것이다라고 하시는군요.

22 양 떼나 소 떼를 잡거나 바다의 모든 고기들을 다 모은다 한들 그들에게 충분하겠습니까?"

23 여호와께서 모세에게 말씀하셨습니다. "여호와의 손이 그렇게 짧으냐? 내가 말한 대로 되는지 안 되는지 네가 보게 될 것이다."

24 여호와의 영이 임하심 그러자 모세가 밖으로 나가 여호와께서 하신 말씀을 백성들에게 전했습니다. 그리고 그는 백성 가운데서 나이 많은 장로 70명을 불러 회막 둘레에 서게 했습니다.   16절

25 그러자 여호와께서 구름 속에서 내려오셔서 모세에게 말씀하시며 모세에게 있는 영을 70명의 장로들에게도 주셨습니다. 그 영이 그들 위에 머물자 그들이 예언을 하다가 다시는 하지 않았습니다.   17절

26 예언하는 엘닷과 메닷 두 사람이 진에 머물러 있었는데 그들 가운데 하나의 이름은 엘닷이었고 다른 하나의 이름은 메닷이었습니다. 그들에게도 영이 임했습니다. 그들은 명단 가운데 있었는데도 회막으로 가지 않았습니다. 그러나 그들도 진 안에서 예언을 했습니다.   삼상 20:26.렘 36:5

27 한 젊은이가 달려와 모세에게 말했습니다. "엘닷과 메닷이 진영 안에서 예언하고

있었습니다."

28 모세의 보좌관으로서 어려서부터 그를 섬겨 왔던 눈의 아들 여호수아가 말했습니다. "내 주 모세여! 저들을 멈추게 해 주십시오!"   13:8,1,6:26,65:출 24:13.막 9:38.눅 9:49

29 그러자 모세가 대답했습니다. "네가 나를 위해 시기하는 것이냐? 나는 여호와의 모든 백성들이 예언자가 되고 여호와께서 그 영을 그들에게 부어 주시기를 바란다."

30 그리고 나서 모세와 이스라엘의 장로들이 진으로 돌아왔습니다.

31 메추라기를 주심 그때 여호와로부터 바람이 일어 메추라기를 바다에서 몰고 와 진 둘레 사방으로 하룻길 되는 면적에 2규빗 정도의 높이로 쌓이게 했습니다.   출 16:13

32 백성이 일어나서 그날 온종일과 그다음 날 낮과 밤 내내 메추라기를 모았습니다. 가장 적게 모은 사람도 10호멜을 모았습니다. 그리고 그들은 메추라기를 진 둘레에 널어놓았습니다.   출 16:36.겔 45:11

33 그러나 고기가 아직 이 사이에서 씹히기도 전에 여호와께서 백성들에게 진노해 극심한 재앙으로 그들을 치셨습니다.

34 그리하여 그곳이 기브롯 핫다아와라고 불렸습니다. 그들이 거기에 탐욕스러웠던 사람들을 묻었기 때문입니다.   신 9:22

35 백성이 기브롯 핫다아와에서 이동해 하세

롯에 이르러 그곳에 머물렀습니다. 12:16

12 모세에게 대듦 모세가 얻은 에티오피아 여자 때문에 미리암과 아론이 모세를 비방했습니다. 이는 모세가 그 에티오피아 여인과 결혼했기 때문입니다. 출 2:21

2 그들이 말했습니다. "여호와께서 모세를 통해서만 말씀하시겠느냐? 우리를 통해서도 말씀하시지 않겠느냐?" 그러자 여호와께서 이 말을 들으셨습니다. 출 4:15;7:1-2

3 겸손한 사람 모세 모세는 아주 겸손한 사람이었습니다. 땅 위에서 그보다 겸손한 사람이 없었습니다.

4 갑자기 여호와께서 모세와 아론과 미리암에게 말씀하셨습니다. "너희 셋 다 회막으로 나오라." 그들 셋이 나갔습니다.

5 여호와께서 구름기둥 가운데로 내려오셔서 회막 입구에 서시고는 아론과 미리암을 부르셨습니다. 그들 둘이 나아갔습니다.

6 여호와께서 말씀하셨습니다. "내 말을 잘 들어라. 여호와의 예언자가 너희 가운데 있으면 내가 환상을 통해 나를 그에게 알리고 꿈을 통해 그에게 말한다. 마 1:20

7 그러나 내 종 모세에게는 그렇지 않다. 그는 내 모든 집에서 신실한 사람이다.

8 내가 그에게는 얼굴을 맞대고 분명하게 이야기하며 이해하기 어려운 말로 하지 않는다. 그는 여호와의 형상을 본다. 그런데 너희는 왜 내 종 모세 비방하기를 두려워하지 않느냐?" 출 33:11,20,23;신 34:10;고전 13:12

9 미리암이 나병에 걸림 여호와께서 그들에게 진노하시고 떠나셨습니다.

10 구름이 회막 위에서 떠나갔고 미리암은 나병에 걸려 눈처럼 돼 있었습니다. 아론이 미리암을 향해 돌아보니 미리암이 나병에 걸려 있었습니다. 레 13:10;신 24:9

11 그래서 그가 모세에게 말했습니다. "보소서, 내 주여, 제발 이 죄를 우리에게 돌리지 마십시오. 우리가 어리석게 행동해 죄를 저질렀습니다. 삼하 19:19;24:10;잠 30:32

12 미리암이 모태에서 나올 때 살이 반이 썩은 채 죽어 나온 사람처럼 되지 않게 해

주십시오."

13 그러자 모세가 여호와께 부르짖었습니다. "하나님이여, 미리암을 고쳐 주십시오!"

14 여호와께서 모세에게 말씀하셨습니다. "만약 미리암의 아버지가 그녀의 얼굴에 침을 뱉었다면 7일 동안 수치스럽지 않겠느냐? 그녀를 7일 동안 진 바깥에 가두어라. 그 후에야 들어올 수 있을 것이다."

15 그리하여 미리암은 7일 동안 진 바깥에 간혀 있었고 백성들은 그녀가 돌아올 때까지 길을 떠나지 못했습니다. 눅 17:12

16 이런 후에 백성들은 하세롯을 떠나 바란 광야에 진을 쳤습니다. 10:12;11:35;33:18

13 가나안 땅에 정탐꾼을 보냄 여호와께서 모세에게 말씀하셨습니다.

2 "사람들을 보내어 내가 이스라엘 백성들에게 줄 가나안 땅을 살펴보게 하여라. 각 지파에서 지도자를 한 사람씩 보내라."

3 여호와의 명령에 따라 모세는 바란 광야에서 그들을 보냈습니다. 그들은 모두 이스라엘 자손의 우두머리들이었습니다.

4 열두 명의 정탐꾼 그들의 이름은 르우벤 지파에서 삭굴의 아들 삼무아,

5 시므온 지파에서 호리의 아들 사밧,

6 유다 지파에서 여분네의 아들 갈렙, 신 1:36

7 잇사갈 지파에서 요셉의 아들 이갈,

8 에브라임 지파에서 눈의 아들 호세아, 16절

9 베냐민 지파에서 라부의 아들 발디,

10 스불론 지파에서 소디의 아들 갓디엘,

11 요셉 지파 가운데 므낫세 지파에서 수시의 아들 갓디,

12 단 지파에서 그말리의 아들 암미엘,

13 아셀 지파에서 미가엘의 아들 스둘,

14 납달리 지파에서 웝시의 아들 나비,

15 갓 지파에서 마기의 아들 그우엘입니다.

16 이들은 모세가 그 땅을 살펴보도록 보낸 사람들의 이름입니다. 모세는 눈의 아들 호세아에게 여호수아라는 이름을 주었습

규빗(11:31, cubit) 성인의 팔꿈치에서 손끝까지 길이, 약 45cm에 해당함. 호멜(11:32, homer) 당나귀 한 짐의 부피. 히브리 사람들이 사용하던 고체량의 최대 단위.

나다. 11:28;14:6,30,38;출 24:13;신 32:44;느 8:17

17 정탐꾼의 임무 모세가 가나안 땅을 살펴보도록 그들을 보내면서 말했습니다. "너희는 네게브로 해서 산지로 올라가라. 수 15:19

18 그 땅이 어떤지, 거기 사는 사람들이 힘이 센지 약한지, 수가 적은지 많은지 알아보라.

19 그들이 어떤 땅에서 살고 있는지, 그 땅이 좋은지 나쁜지, 그들이 어떤 성들에 살고 있는지, 성벽이 없는지 튼튼한지,

20 토양은 어떤지, 비옥한지 메마른지, 나무들은 있는지 없는지 등등 말이나. 그 땅의 열매들을 갖고 돌아오는 데 최선을 다하라." 그때는 포도가 막 익기 시작하는 시기였습니다. 신 31:6~7,23;느 9:25,35;껠 34:14

21 정탐꾼이 가나안 땅으로 떠나 그리하여 그들은 신 광야에서부터 하맛 어귀의 르홉까지 올라가 그 땅을 살펴보았습니다.

22 그들은 네게브 지방을 통해 올라가서 아낙 자손들이 아히만, 세새, 달매가 살고 있는 헤브론으로 갔습니다. 헤브론은 이집트의 소안보다 7년 전에 세워진 곳이었습니다.

23 그들은 에스골 골짜기에 이르러 포도송이 하나가 달린 가지를 잘랐습니다. 그리고 그들 가운데 두 사람이 막대기에 끼워 그것을 날랐습니다. 그들은 또한 석류와 무화과도 땄습니다. 32:9;신 1:24~25

24 그곳에 에스골 골짜기라고 불린 것은 거기서 이스라엘 자손들이 겪은 포도송이 때문이었습니다.

25 **정탐꾼이 모세에게 보고함** 그들은 40일 동안 그 땅을 살펴보는 일을 마치고 돌아왔습니다.

26 그들이 바란 광야의 가데스에 있는 모세와 아론과 이스라엘의 온 회중에게로 돌아왔습니다. 거기서 그들은 모세와 아론과 온 회중에게 보고했고 그 땅의 열매를 보여 주었습니다. 20:1;16:32;33:36;신 1:19;수 14:6~7

27 그들은 모세에게 이렇게 보고했습니다. "당신께서 우리를 보내신 그 땅에 우리가

네피림(13:33, Nephilim) 체격이 크고 힘이 센 사람.

들어갔는데 그곳은 젖과 꿀이 흐르는 땅입니다! 여기 거기서 나는 열매가 있습니다.

28 그런데 거기 사는 사람들은 힘이 세고 그 성들은 튼튼한 데다 엄청나게 큽니다. 게다가 거기서 아낙 자손들을 보았습니다.

29 네게브 지방에는 아말렉 사람들이 살고 있고 헷 사람들과 여부스 사람들과 아모리 사람들은 산지에 살고 있습니다. 그리고 가나안 사람들은 바닷가와 요단 강을 따라 살고 있습니다." 14:25,43;출 17:8;삼상 15:2

30 갈렙의 보고와 다른 정탐꾼들의 반론 그때 갈렙이 모세 앞에서 백성들을 진정시키면서 말했습니다. "우리가 올라가 그 땅을 점령하는 것이 좋겠습니다. 우리는 분명히 할 수 있습니다." 14:6,24

31 그러나 그와 함께 올라갔던 사람들이 말했습니다. "우리가 그 사람들에게 올라가서는 안 됩니다. 그들은 우리보다 훨씬 더 강합니다." 32:9;신 1:28;수 14:8

32 그러고는 그들이 이스라엘 백성들에게 자신들이 살펴보고 온 땅에 관해 좋지 못한 이야기를 했습니다. "우리가 살펴보고 온 그 땅은 거기 사는 사람들을 잡아먹는 땅입니다. 우리가 거기서 본 사람들은 모두 신장이 컸습니다. 14:36~37;암 2:9

33 우리가 거기서 네피림, 곧 네피림에게서 나온 아낙 자손들을 보았습니다. 우리 눈에도 우리가 메뚜기처럼 보였으니 그들 눈에도 마찬가지였을 것입니다." 창 6:4

14 이스라엘 백성의 불평 그날 밤 회중의 모든 백성들이 목소리를 높여 큰 소리로 울었습니다. 11:4

2 모든 이스라엘 백성들이 모세와 아론에게 불평했습니다. 온 회중이 그들에게 말했습니다. "우리가 이집트에서 죽었거나 이 광야에서 죽었더라면 좋았을 텐데! 출 15:24

3 왜 여호와께서 우리를 이 땅까지 데려와서 칼에 쓰러지게 하시는 겁니까? 우리 아내와 자식들은 사로잡히게 될 것입니다. 우리가 그냥 이집트로 돌아가는 편이 낫지 않겠습니까?"

31절

가나안 땅을 살피러 간 정탐꾼들이
그곳의 포도송이를 들고 돌아옴

4 여호수아와 갈렙이 회중에게 호소함 그러고는
그들이 서로 말했습니다. "우리끼리 지도
자를 뽑아서 이집트로 돌아가자."
16:4,22:20:6

5 그러자 모세와 아론이 거기 모인 이스라엘
온 회중 앞에서 얼굴을 땅에 대고 엎드렸
습니다.

6 그 땅을 살펴보고 온 눈의 아들 여호수아
와 여분네의 아들 갈렙이 자기 옷을 찢으며

7 온 이스라엘 회중에게 말했습니다. "우리가
살펴보고 온 그 땅은 아주 좋은 곳입니다.

8 여호와께서 우리를 기뻐하신다면 우리를
그 땅, 곧 젖과 꿀이 흐르는 땅으로 이끄
시고 그 땅을 우리에게 주실 것입니다.

9 제발 여호와께 반역하지 마십시오. 그 땅
사람들을 두려워하지 마십시오. 그들은
우리의 밥입니다. 그들의 보호자는 그들
을 떠났고 여호와는 우리와 함께 계십니
다. 그들을 두려워하지 마십시오."
창 48:21

10 그러나 온 회중은 그들을 돌로 치려고 했
습니다. 그때 여호와의 영광이 회막에 있

는 온 이스라엘 백성들에게 나타났습니다.

11 여호와께서 진노하심 여호와께서 모세에게
말씀하셨습니다. "이 백성들이 얼마나 더
나를 업신여기겠느냐? 내가 그 많은 표적
들을 저들 가운데 보여 주었는데도 저들
이 얼마나 더 나를 믿지 못하겠느냐?

12 내가 그들을 역병으로 쳐서 멸망시키고
너를 그들보다 더 크고 강한 민족으로 만
들 것이다."
출 32:10

13 모세가 여호와의 인자하심을 구함 모세가 여
호와께 말했습니다. "만약 이집트 사람들
이 주께서 주의 힘으로 그들 가운데서 이
끌어 내신 이 백성들의 소식을 듣는다면

14 이 땅에 사는 사람들에게 그것에 대해 말
할 것입니다. 그들은 이미 여호와께서 이
백성들 가운데 계시고 여호와께서 눈과
눈을 마주 대하듯이 그들에게 나타나셨으
며 주의 구름이 그들 위에 서고 주께서
낮에는 구름기둥으로, 밤에는 불기둥으
로 그들의 앞에서 행하셨다는 것을 들었

습니다. 출 13:21;15:14;출 2:9~10;5:1

15 그런데 만약 주께서 이 백성들을 단번에 다 죽여 버리신다면 주에 대한 이런 소문을 들은 나라들이 이렇게 말할 것입니다.

16 '여호와가 이 백성을 그분이 맹세한 땅으로 들여보낼 수 없어서 그들을 광야에서 죽여 버렸다라고 말입니다. 신 9:28;수 7:9

17 내 주여, 주의 권능을 보여 주시길 원합니다. 주께서 이렇게 말씀하셨습니다.

18 '여호와는 노하기를 더디 하시고 자비가 많으시고 죄와 허물을 용서하는 분이시다. 그러나 죄 있는 사람들은 결단코 그냥 용서하는 일이 없으시며 그 조상들의 죄로 인해 자식들에게 갚아 삼사 대까지 가게 하신다.' 출 20:5;34:6~7

19 주께서 이 백성이 이집트에서 떠난 그때부터 지금까지 이들을 용서해 주신 것처럼 주의 크신 사랑을 따라 이들의 죄를 용서해 주시길 바랍니다. 출 34:9;시 78:38;106:45

20 이스라엘에 대한 심판 여호와께서 대답하셨습니다. "네가 말한 대로 내가 그들을 용서하겠다. 시 106:23;약 5:16;요일 5:14~16

21 그러나 내가 살아 있는 한 그리고 여호와

people

갈렙

이름의 뜻은 '공격자'. 여분네의 아들이며 악사의 아버지이다. 가나안 땅을 조사하기 위한 12명의 정탐꾼 중 한 명으로 뽑혀 40일 동안 가나안 땅을 정탐했다. 함께 가나안 땅을 조사한 열 명은 부정적인 보고를 한 반면, 갈렙과 여호수아는 하나님이 가나안 땅을 이스라엘에게 주신다는 약속을 믿고 그 땅을 정복해야 한다고 주장했다. 이렇게 하나님이 주신 약속에 대한 믿음으로 이집트를 탈출한 세대 중 여호수아와 갈렙만이 약속의 땅에 들어가 헤브론을 기업으로 받았다.

갈렙이 나오는 말씀
>> 민 13:6, 30;
14:6~9, 24, 30, 38

의 영광이 온 땅을 가득 채우고 있는 한

22 내 영광과 내가 이집트와 광야에서 보인 표적을 보고도 내게 불순종하고 나를 열 번이나 시험한 사람들 가운데는 어느 하나 창 3:17;신 1:35;욜 19:3;시 95:11;106:26;히 3:17~18

23 내가 그 조상들에게 맹세한 땅을 볼 사람이 없을 것이다. 나를 업신여긴 사람은 어느 누구도 그 땅을 못 보게 될 것이다. 민 32:11

24 그러나 내 종 갈렙은 다른 마음가짐을 갖고 나를 온전히 따랐으니 그가 가 보았던 그 땅으로 내가 그를 들여보내고 그 자손들이 그 땅을 상속하게 될 것이다. 수 14:8~9

25 아말렉 사람들과 가나안 사람들이 그 골짜기에 살고 있으니 너희는 내일 돌이켜서 홍해 길로 해서 광야로 들어가도록 하여라."

26 40년 방황 여호와께서 모세와 아론에게 말씀하셨습니다.

27 "이 악한 회중이 얼마나 더 내게 불평하겠느냐? 내가 이스라엘 백성들이 불평하는 것을 들었다. 민 16:7,12

28 그러니 그들에게 말하여라. '여호와께서 말씀하신다. 내가 살아 있는 한, 내가 너희에게 들은 그대로 너희에게 해 줄 것이다.

29 내게 불평을 한 너희들 가운데 20세 이상의 모든 등록된 사람은 하나도 빠짐없이 이 광야에서 시체가 되어 쓰러지게 될 것이다. 민 30:14;신 1:35;고전 10:5;히 3:17

30 여분네의 아들 갈렙과 눈의 아들 여호수아를 빼고는 너희 가운데 그 누구도 내가 너희에게 주어 살게 하겠다고 맹세한 그 땅으로 들어갈 수 없을 것이다. 창 14:22

31 그러나 사로잡히게 되리라고 너희가 말했던 너희 자식들은 너희가 거부한 그 땅을 누리게 될 것이다. 3절;신 1:39;시 106:24

32 하지만 너희 시체는 이 광야에 쓰러지게 될 것이다.

33 너희의 자식들은 여기서 40년 동안 방황해 너희가 다 시체가 될 때까지 너희의 잘못을 감당할 것이다. 32:13;신 2:14;시 95:10;겔 23:35

34 너희가 그 땅을 살펴본 40일의 각 하루를 1년으로 쳐서 40년 동안 너희 죄를 짊어질

것이며 너희는 나를 실망시킨 것이 어떤 결과를 가져오는지 알게 될 것이다.'

35 나 여호와가 말했다. 그러므로 하나로 뭉쳐 나를 대적했던 이 모든 악한 회중에게 내가 이 일을 반드시 행할 것이다. 그들이 이 광야에서 마지막 사람까지 다 죽게 될 것이다." 27장:23:19

36 열 명의 정탐꾼이 죽음 모세가 그 땅을 살펴보라고 보냈는데 돌아와서 그 땅에 대해 좋지 않은 이야기를 퍼뜨려 온 회중이 여호와를 거슬러 불평하게 만든 사람들, 13:32

37 곧 그 땅에 대해 좋지 못한 나쁜 이야기들을 퍼뜨린 사람들은 여호와 앞에서 재앙을 받아 죽었습니다. 고전 10:10;히 3:17;유 1:5

38 그 땅을 살펴보러 간 사람들 가운데 눈의 아들 여호수아와 여분네의 아들 갈렙만이 살아남았습니다. 13:16;26:65

39 이스라엘 자손의 불순종 모세가 이 소식을 모든 이스라엘 자손들에게 전하자 그들이 매우 슬퍼했습니다. 출 33:4

40 이튿날 아침 일찍 그들이 산꼭대기로 올라가서 말했습니다. "보십시오. 우리가 죄를 지었습니다. 여호와께서 약속해 주신 그곳으로 우리가 올라가겠습니다."

41 그러나 모세가 말했습니다. "어째서 너희는 여호와의 명령을 순종하지 않느냐? 너희들이 성공하지 못할 것이다. 대하 24:20

42 여호와께서 너희 가운데 계시지 않으시니 올라가지 말라. 그러지 않으면 너희가 적에게 지고 말 것이다. 신 1:42;31:17

43 아말렉 사람들과 가나안 사람들이 거기서 너희를 대적할 것이고 너희는 칼에 쓰러지게 될 것이다. 너희가 여호와에게서 돌아섰기 때문에 여호와께서 너희와 함께하지 않으실 것이다." 25:45장:13:29

44 이스라엘이 아말렉에 패함 그럼에도 불구하고 그들은 무모하게 산꼭대기로 올라갔습니다. 그러나 모세와 여호와의 언약궤는 진을 떠나지 않았습니다. 신 1:43;삼상 4:3

45 그 산에서 살고 있던 아말렉 사람들과 가나안 사람들이 내려와서 그들을 공격해

호르마에 이르기까지 쳐부수었습니다.

15 부가적인 제사들 여호와께서 모세에게 말씀하셨습니다.

2 "이스라엘 백성들에게 말하며 그들에게 일러라. '내가 너희에게 주어서 살게 할 그 땅에 들어가서 18장;레 23:10;신 26:1

3 너희가 화제든, 번제든, 서원을 갚기 위한 희생제사든, 자원해서 드리는 제사든, 절기에 드리는 제사든, 소나 양을 드려 여호와께서 즐거워하시는 향기를 드리고자 할 때

4 그 예물을 드리는 사람은 기름 4분의 1힌에 섞은 고운 가루 10분의 1에바를 곡식제사로 드려야 한다. 28:5;출 29:40;레 2:1;6:14

5 그리고 번제나 희생제사로 어린양을 드릴 때는 한 마리당 포도주 4분의 1힌을 전제로 드려야 한다. 28:7,14

6 숫양이면 기름 3분의 1힌에 섞은 고운 가루 10분의 2에바를 곡식제사로 드리고

7 포도주 3분의 1힌을 전제로 드려야 한다. 이런 식으로 여호와께서 즐거워하시는 향기를 드리라.

가나안에 들어가는 데 왜 40년이나 걸렸나요?

이집트에서 가나안 땅까지는 걸어서 2주 정도면 갈 수 있는 거리였어요. 모세는 12명의 정탐꾼에게 가나안 땅의 상황을 살펴보고 오라고 했어요.

돌아온 정탐꾼들 중 열 명은 가나안에 절대로 들어갈 수 없다고 부정적으로 말했어요. 나머지 두 명인 여호수아와 갈렙만 믿음으로 들어갈 수 있다고 말했어요. 이스라엘 백성은 열 명의 말을 듣고 모세와 아론에게 불평하며 이집트로 돌아가자고까지 했어요. 이것은 하나님이 가나안 땅을 주시겠다는 약속을 믿지 못한 것이고, 이집트에서 구원해 내신 하나님의 사랑까지 거부하는 것이었어요. 결국 그들은 불순종과 불신의 벌로 40년 동안 광야에서 방황하게 되었어요.

불순종한 사람들은 모두 죽고 가나안 땅에는 여호수아와 갈렙, 그리고 그들의 자손들만이 들어가게 되었답니다.

8 여호와께 번제나 서원을 갚기 위한 희생 제사나 화목제사로 수송아지를 드리고자 할 때는　레 7:11

9 기름 2분의 1힌에 섞은 고운 가루 10분의 3되를 곡식제사로 그 수송아지와 함께 드리고　28:12,14;레 6:14-17

10 포도주 2분의 1힌을 전제로 드리면 여호와께서 즐거워하시는 향기로운 화제가 될 것이다.

11 수소나 숫양 한 마리마다, 어린양이나 암염소 한 마리마다 이런 식으로 준비해야 한다.　28장

12 너희가 드리는 각 마리마다 이런 식으로 그 한 마리당 숫자에 맞춰서 드려야 한다.

13 이방 사람에게 적용된 규례 이스라엘 사람이라면 누구나 이런 것들을 여호와께서 즐거워하시는 향기로운 화제로 드리기 위해서는 이런 식으로 드려야 한다.

14 이방 사람이 너희와 함께 한동안만 살든지 아니면 대대로 너희 가운데 살든지 간에 그는 여호와께서 즐거워하시는 향기로운 화제를 드려야 한다. 그 사람도 너희가 하는 대로 해야만 한다.

15 너희나 너희 가운데 사는 이방 사람을 막론하고 회중에게는 *한가지 규례가 있을 뿐이다. 이것은 대대로 이어질 영원한 규례다. 너희와 이방 사람들은 여호와 앞에서 마찬가지다.　29-30장;9:14;레 12:49

16 너희와 너희 가운데 거하는 이방 사람에게 오직 *한가지 율법과 *한가지 법도만 있을 뿐이다.'"

17 거제 여호와께서 모세에게 말씀하셨습니다.

18 "이스라엘 백성들에게 말해 일러라. '내가

너희를 데려갈 그 땅에 들어가서　2절

19 그 땅에서 난 음식을 먹게 되면 여호와께 예물로 드리라.　수 5:11-12

20 땅에서 처음 난 너희 곡식을 갈아서 만든 납작한 빵을 드리라. 그것을 타작마당의 예물을 드리듯이 드리라.　레 2:14;23:10-17

21 이처럼 땅에서 처음 난 곡식에서 너희 대대로 예물을 여호와께 드리도록 하라.'"

22 회중의 속죄제 "'만약 너희가 여호와께서 모세에게 주신 이 명령들을 실수로 지키지 못한 일이 있다면　레 4:2

23 곧 여호와께서 명령하신 날부터 그 대대로 후세에게 이르기까지 여호와께서 모세를 통해 너희에게 명령하신 것들 가운데 하나라도 지키지 못한 일이 있다면

24 만약 회중이 알지 못하는 가운데 이런 일이 일어났다면 온 회중은 법도를 따라 수송아지 한 마리를 번제로 여호와께서 즐거워하시는 향기가 되게 드려야 하며 또한 곡식제물과 전제물을 드려야 하며 어린 숫염소 한 마리를 속죄제물로 드려야 한다.　레 4:23

25 제사장이 온 이스라엘 회중을 위해 속죄하면 그들이 용서받을 것이다. 이는 그들이 자신들이 실수로 한 일에 대해 예물을 여호와께 화제로 드리고 또한 속죄제물을 여호와 앞에 드렸기 때문이다.　레 4:20

26 모든 백성이 실수로 한 것이므로 이스라엘 자손의 온 회중과 그 가운데 사는 이방 사람들도 용서받게 될 것이다.

27 사람의 속죄제 그러나 만약 한 사람이 실수로 죄를 지었을 경우에는 그 사람은 1년 된 암염소를 속죄제물로 드려야 한다.

28 제사장이 실수로 죄를 짓게 된 그 사람의

하나님께 법대로 제사를 드려요

하나님께 드린 5대 제사는 번제, 곡식제, 속죄제, 속건제, 화목제이다. 이러한 제사는 네 가지 방법으로 드려졌다.

화제	제물을 불에 태워 드리는 제사로 주로 동물 제사에 쓰인 방법(레 1:13)
거제	제물을 번제단 위에 높이 들어 올려 드리는 제사법(출 29:27-28)
요제	제물을 제사장이 하나님 앞에 높이 들어 흔들었다가 나리는 형태의 제사법(레 7:30)
전제	포도주나 기름, 피를 부어 드리는 제사법(출 29:40-41; 레 23:13; 민 15:5), 신약 성경에도 나타나는 표현이다(빌 2:17; 딤후 4:6)

죄를 속죄해 주면 그는 용서받게 될 것이다.

29 **이방 사람을 위한 율법** 이스라엘 자손인 본토 사람이든지 이방 사람이든지 상관없이 실수로 죄를 지은 사람에게는 모두 *한가지 율법이 적용된다. 15절

30 **고의적인 죄를 금함** 그러나 이스라엘 사람이든 이방 사람이든 고의적으로 죄를 짓는 사람은 여호와를 모독하는 것이니 그런 사람은 그 백성들 가운데서 끊어져야 할 것이다. 신 17:12;사 19:13;히 10:26

31 그는 여호와의 말씀을 업신여기고 그의 명령을 어겼으니 그런 사람은 반드시 끊어져야 한다. 그 죄가 그에게 있을 것이다.

32 **징벌의 사례** 이스라엘 백성들이 광야에 있을 때 안식일에 나무를 줍고 있는 한 사람을 발견했습니다. 출 20:8~9;35:3

33 그 사람이 나무를 줍고 있던 것을 발견한 사람들이 그 사람을 모세와 아론과 온 회중에게 데려와

34 그를 가두어 놓았습니다. 그를 어떻게 해야 할지 분명하지 않았기 때문입니다.

35 그러자 여호와께서 모세에게 말씀하셨습니다. "그 사람은 죽어야 한다. 온 회중이 진 밖에서 그를 돌로 쳐야 한다." 행 7:58

36 그래서 온 회중이 여호와께서 모세에게 명령하신 대로 그를 진 밖으로 데려가 돌로 쳐 죽였습니다.

37 **기억의 웃술** 여호와께서 모세에게 말씀하셨습니다.

38 "이스라엘 백성들에게 말해 일러라. '대대로 너희는 너희 겉옷 끝자락에 청색 끈으로 웃술을 달라. 신 22:12;마 23:5

39 이 웃술은 너희가 보고 여호와의 모든 명령을 기억해 그것들을 행하고 너희 마음과 눈을 따라 음란하게 되지 않도록 하기 위한 것이다. 욥 31:7;시 73:27;106:39;전 11:9;껠 6:9

40 그러면 너희는 내 모든 명령을 기억하고 그대로 행해 너희 하나님 앞에 거룩하게 될 것이다. 레 11:44

41 나는 너희 하나님이 되기 위해 너희를 이집트에서 이끌어 낸 너희 하나님이다. 나

는 너희 하나님 여호와다.'" 레 20:8;22:33

16

모세에게 반대할 레위의 증손이자 고핫의 손자이며 이스할의 아들인 고라와 르우벤 지파 엘리압의 아들들인 다단과 아비람과 벨렛의 아들인 온이 사람들을 모아 6:18;18,21;유 1:11

2 모세에게 반기를 들고 일어났습니다. 이스라엘 자손 가운데 250명이 그들과 함께했는데 이들은 총회에서 세움을 입은 회중의 지도자들로서 유명한 사람들이었습니다.

3 그들은 모여 모세와 아론을 대항해서 말했습니다. "당신들은 너무 지나치다! 회중은 하나같이 거룩하고 여호와께서 그들과 함께하신다. 그런데 왜 당신들이 여호와의 총회 위에 스스로를 높이느냐?"

4 **모세가 거룩한 사람의 구별을 제안함** 모세가 이 말을 듣고 얼굴을 땅에 대고 엎드렸습니다. 14:5;20:6

5 그러고 나서 그가 고라와 그의 모든 무리에게 말했습니다. "아침에 여호와께서 누가 그분에게 속한 사람인지, 누가 거룩한지 보여 주실 것이며 여호와께서 그 사람을 가까이 나아오게 하실 것이다. 여호와께서 선택하신 사람만 그분 가까이 나오게 하실 것이다. 출 28:1;레 10:3;삼상 2:28;딤후 2:19

6 너 고라와 네 모든 무리가 할 일은 향로들을 가져다가 레 10:1

7 내일 여호와 앞에서 향로에 불과 향을 넣는 것이다. 여호와께서 선택하시는 그 사람이 거룩한 사람이다. 지나친 것은 너희 레위 사람들이다!"
3절

8 모세가 고라를 책망함 모세가 또 고라에게 말했습니다. "너희 레위 사람들아 잘 들어라!

9 이스라엘의 하나님께서 너희를 다른 이스라엘 회중으로부터 따로 세워 그분 가까이 오게 하셨다. 그리고 너희를 여호와의 성막에서 일하게 하시고 회중 앞에 서서 그들을 위해 섬기게 하신 것으로 충분하지 않느냐?
사 10:8;삼상 18:23;사 7:13;겔 16:20

10 그분이 너와 네 형제들인 레위 자손들을 그분께 가까이 오게 하셨는데 너희가 제사장 직분마저 차지하려고 하는구나.

11 너와 너희 무리가 연합한 것은 여호와를 대적하는 것이다. 아론이 누구라고 감히 너희가 불평을 하느냐?"
출 16:8;고전 3:5

12 비웃음답하는 모세 그러고 나서 모세가 엘리압의 아들들인 다단과 아비람을 불렀습니다. 그러나 그들이 말했습니다. "우리는 가지 않겠다!

13 당신이 이 광야에서 죽이려고 우리를 젖과 꿀이 흐르는 땅에서 데리고 나온 것으로 충분하지 않느냐? 이제는 기어이 우리를 지배하려고까지 하느냐?
행 7:27,35

14 더구나 당신은 젖과 꿀이 흐르는 땅에 우리를 들어가게 해 주지도 않았고 우리에게 밭과 포도원을 유산으로 주지도 못했다. 당신이 이 사람들의 눈을 파내려고 하느냐? 우리는 결코 가지 않겠다."

15 화가 난 모세가 여호와께 간구함 모세는 몹시 화가 나서 여호와께 말했습니다. "그들의 제사를 받지 마십시오. 저는 그들에게서 나귀 하나 받은 것이 없고 그들 가운데 어느 누구에게도 잘못한 것이 없습니다."

16 모세가 고라에게 말했습니다. "너와 네 무리들이 내일 여호와 앞에 서게 될 것이다. 너와 그들과 아론이 함께 말이다.

17 각 사람은 자기 향로를 가져다가 그 안에 향을 넣어라. 그러면 향로가 다 합쳐 250개가 될 것이고 그것을 여호와 앞에 드려라. 너와 아론도 각자 자신의 향로를 드려라."

18 그리하여 각 사람이 자기 향로를 가져다가 그 안에 불과 향을 넣고 모세와 아론과 함께 회막 입구에 섰습니다.

19 고라가 회막 입구에서 그들 반대쪽에 자기 무리를 모으자 여호와의 영광이 온 회중에게 나타났습니다.
레 9:23

20 회중에서 떨어질 것을 명하심 여호와께서 모세와 아론에게 말씀하셨습니다.

21 "너희 둘은 이 회중에게서 떨어져라. 내가 그들을 단번에 없애 버릴 것이다."
계 18:4

22 그러나 모세와 아론이 얼굴을 땅에 대고 엎드려 말했습니다. "하나님이여, 모든 육체의 영들의 하나님이여, 오직 한 사람이 죄를 지었는데 온 회중에게 진노를 하십니까?"
27:16;창 18:23~25;삼하 24:17;27;히 12:9

23 그러자 여호와께서 모세에게 말씀하셨습니다.

24 "'고라와 다단과 아비람의 장막에서 떨어지라'고 회중에게 말하여라."

25 모세가 일어나 다단과 아비람에게 가는데 이스라엘 장로들이 그를 따라갔습니다.

26 그가 회중에게 경고했습니다. "이 악한 사람들의 장막에서 물러나라! 그들에게 속

People

고라

이름의 뜻은 '대머리'. 고핫의 손자이며 이스할의 아들이다. 이스라엘 백성이 광야 생활을 할 때 모세의 지도력을 시기해 반란 세력을 만들어 맞서 싸웠다. 그러나 하나님이 세우신 지도자를 도전한 벌로 갈라진 땅에 묻혀 죽었다.

고라가 나오는 말씀
>> 창 6:21;대 (6:1-33;대상 6:38

성경에 나오는 다른 고라
>> 1. 에서의 아들 (창 36:14)
　　2. 엘리바스 아들로 에서의 손자 (창 36:15-16)
　　3. 갈렙의 증손으로 헤브론의 아들 (대상 2:43)

한 것은 어느 것이든 만지지 말라. 그러지 않으면 그들의 모든 죄로 인해 너희가 멸망당할 것이다."

창 19:12-14;고후 6:17;계 18:4

27 모세가 반역자들의 죽음을 예언함 그러자 그들이 고라와 다단과 아비람의 장막에서 물러났습니다. 다단과 아비람이 밖으로 나와 자기 아내들과 자식들과 아이들과 함께 장막 입구에 섰습니다.

출 33:8

28 그러자 모세가 말했습니다. "여호와께서 이 모든 일을 하시기 위해 나를 보내신 것이지 내가 스스로 생각해 낸 것이 아님을 이것을 통해서 너희가 알게 될 것이다.

29 만약 이 사람들이 보통 사람들처럼 죽고 보통 사람들이 겪는 일을 겪게 된다면 여호와께서 나를 보내신 것이 아닐 것이다.

30 그러나 만약 여호와께서 전혀 색다른 일을 하셔서 땅이 입을 열어 그들과 그들에게 속한 모든 것을 삼키고 그들이 산 채로 음부로 내려가게 하신다면 이 사람들이 여호와를 멸시했음을 너희가 알게 될 것이다."

31 땅이 반역자들을 삼킴 모세가 이 모든 말을 마치자마자 그들 아래에 있는 땅이 갈라지며

26:10;27:3;신 11:6;시 106:17

32 땅이 입을 열어 그들과 그들의 식구들과 고라에게 속한 모든 사람들과 그들의 모든 소유물을 삼켜 버렸습니다.

대상 6:22,37

33 이렇게 해서 그들은 소유했던 그 모든 것과 함께 산 채로 음부로 내려갔습니다. 땅이 그들 위에 닫혔고 그들은 회중 가운데서 멸망을 당했습니다.

유 1:11

34 그들의 부르짖음을 듣고 그들 주변에 있던 온 이스라엘 자손들이 도망치며 "땅이 우리마저 삼킬지 모른다."라고 소리쳤습니다.

35 한편 여호와로부터 불이 나와 향로를 드린 250명을 불태워 버렸습니다.

레 10:2

36 제단을 씌울 판 여호와께서 모세에게 말씀하셨습니다.

37 "아론의 아들인 제사장 엘르아살에게 명해 불탄 자리에서 향로들을 가져다가 그 속의 불을 먼 곳으로 쏟아 버리게 하여라. 이는 향로들이 거룩하기 때문이다.

3:32

38 죄를 지어서 죽임을 당한 사람들의 향로를 두드려서 판으로 만들어 제단을 씌워라. 이는 이 향로들이 여호와께 드려져 거룩하게 됐기 때문이다. 이것이 이스라엘 자손들에게 증표가 되게 하여라."

왕상 2:23

39 그래서 제사장 엘르아살은 불타 버린 사람들이 드린 청동 향로들을 모아 두드려 제단에 씌울 판을 만들었는데

40 이는 고라와 그의 무리처럼 되지 않으려든 아론의 자손이 아닌 다른 사람이 여호와께 향을 드리러 나와서는 안 된다는 것을 기억하게 하려는 것이었습니다. 여호와께서 모세를 통해 엘르아살에게 명하신 그대로였습니다.

3:10;대하 26:18

41 하나님이 회중을 징벌하려 하심 다음 날 온 이스라엘 회중이 모세와 아론에게 불평을 하며 말했습니다. "당신들이 여호와의 사람들을 죽였습니다."

14:2

42 회중이 모세와 아론을 대항해 모였고 모세와 아론이 회막 쪽을 쳐다보았을 때 구름이 회막을 덮으면서 여호와의 영광이 나타났습니다.

19:절출 40:34;레 9:23

43 모세와 아론이 회막 앞으로 나아가자

44 여호와께서 모세에게 말씀하셨습니다.

45 "이 회중에게서 떠나라. 내가 저들을 단번에 없애 버리겠다." 그러자 그들이 얼굴을 땅에 대고 엎드렸습니다.

21~22,24절

46 재앙으로 백성들을 징벌하심 그리고 모세가 아론에게 말했습니다. "형님의 향로를 가져다가 그 안에 제단에서 가져온 불과 함께 향을 넣고 빨리 회중에게로 가서 그들을 위해 속죄하십시오. 여호와로부터 진노가 이르러서 재앙이 시작됐습니다."

47 모세가 말한 대로 아론이 회중 가운데로 달려 들어갔습니다. 재앙이 백성들 사이에 막 시작됐는데 아론이 향을 드려 그들을 위해 속죄했습니다.

48 그리고 그가 살아 있는 사람들과 죽은 사람들 사이에 서자 재앙이 멈추었습니다.

49 그러나 고라 때문에 죽은 사람 외에 1만 4,700명의 사람들이 이 재앙으로 죽었습니다. 27:3

50 재앙이 멈추자 아론이 회막 입구에 있는 모세에게 돌아왔습니다.

17 지파별로 지팡이를 준비케 하심 여호와께서 모세에게 말씀하셨습니다.

2 "이스라엘 자손에게 말해 각 지파마다 한 개씩 각 지파 지도자들의 지팡이 총 12개를 거두어 각 지팡이에 각 사람의 이름을 써라. 창 37:16

3 레위 지파의 지팡이에는 아론의 이름을 써라. 이는 각 지파의 우두머리마다 지팡이가 하나씩 있어야 하기 때문이다.

4 그 지팡이들을 회막 안 증거궤, 곧 내가 너와 만나는 곳 앞에 두어라. 출 25:22

5 내가 선택하는 사람의 지팡이에 싹이 날 것이다. 그렇게 함으로써 이스라엘 백성들이 너에 대해 불평하는 것을 내 앞에서 잠잠하게 할 것이다." 16:5,11

6 모세가 이스라엘 자손들에게 말을 하자 그들의 지도자들이 각 지파의 지도자마다 한 개씩 총 12개의 지팡이를 모세에게 가져왔는데 아론의 지팡이도 그 지팡이들 가운데 있었습니다.

7 모세가 그 지팡이들을 증거막 안의 여호와 앞에 두었습니다. 18:2;출 38:21;대하 24:6;행 7:44

8 아론의 지팡이에 아몬드가 열림 이튿날 모세가 증거막 안으로 들어가서 보니 레위 집안을 대표하는 아론의 지팡이에 싹이 터 순이 나고 꽃이 피어 아몬드가 열려 있었습니다.

9 모세가 모든 지팡이들을 여호와 앞에서 이스라엘 자손들에게로 갖고 나왔습니다. 그들이 그 지팡이들을 보고 각자 자기 것을 가져갔습니다.

10 여호와께서 모세에게 말씀하셨습니다. "아론의 지팡이를 증거궤 앞으로 도로 가져다가 반역하는 사람들에 대한 증표로서 보관하여라. 이것으로 나에 대한 자들의 불평이 끝나게 해 그들이 죽지 않게 하여라."

11 모세가 여호와께서 명령하신 그대로 했습니다.

12 백성들이 두려워함 이스라엘 백성들이 모세에게 말했습니다. "우리가 죽게 됐습니다! 망하게 됐습니다. 다 망하게 됐습니다!

13 누구든 여호와의 성막 가까이 가는 사람은 죽을 것이니 우리가 다 죽게 되는 것이 아닙니까?" 1:51

18 아론의 제사장 직분이 확증됨 여호와께서 아론에게 말씀하셨습니다. "너와 네 아들들과 네 가문은 성소에 대한 죄를 책임져야 하고 너와 네 아들들은 제사장직에 대한 죄를 책임져야 한다.

2 네 조상의 지파, 곧 레위 지파의 네 형제들을 네게로 오게 해 그들이 너와 연합해서 너와 네 아들들이 증거막 앞에서 일할 때 너를 돕게 하여라. 3:6~10;창 29:34

3 그들은 너의 직무와 장막에서의 모든 직무를 수행해야 한다. 그러나 그들은 성소나 제단의 물건들에 가까이 가서는 안 된다. 그러지 않으면 그들과 너 모두 죽을 것이다. 3:25,31,36;4:15;16:40

4 그들은 너와 연합해서 장막을 섬기는 일을 위해 회막의 직무들을 수행해야 하며 다른 사람은 너희에게 가까이 와서는 안

죽은 막대기에서 어떻게 꽃이 피나요?

뿌리도 없이 죽어 있는 지팡이에서 싹이 난 것은 하나님이 베푸신 기적이에요. 특별히 아론의 지팡이에서만 싹이 나게 하신 이유는 하나님이 아론에게 능력과 생명을 주셨음을 사람들 앞에 보여 주어 하나님이 선택하신 지도자에 대해 불평하지 못하도록 하신 거예요. 또 하나님은 항상 깨어 계시며 모든 것을 인도하시는 분임을 우리에게 가르치려 하신 거예요.

된다. 17:13

5 너희는 성소의 일과 제단의 일을 잘 수행함으로써 이스라엘 자손들에게 진노가 떨어지는 일이 없도록 하여라. 출 27:21;30:7

6 내가 친히 이스라엘 자손들 가운데서 너희 형제인 레위 사람들을 선택했으니 그들은 회막에서 섬기도록 너희를 위해 여호와께 바쳐진 선물이다. 3:9,12,45;8:19

7 그러나 제단의 일과 휘장 안에서의 일은 오직 너와 네 아들들만이 섬길 수 있다. 내가 그들에게 제사장직을 선물로 준다. 다른 어느 누가 성소에 가까이 나아오면 죽게 될 것이다." 1:51;3:10;8;9;3,6

8 예물이 제사장에게 돌려짐 여호와께서 아론에게 말씀하셨습니다. "내가 친히 너희로 하여금 내게 드려지는 예물에 대한 일을 맡도록 했다. 이스라엘 자손들이 내게 바치는 모든 거룩한 예물들을 내가 너와 네 아들들에게 영원한 규례에 따라 소득으로 준다. 5:9;출 29:29;40:13,15;레 7:32,35

9 불사르지 않은 가장 거룩한 부분이 너희의 몫이 될 것이다. 곡식제물이든, 속죄제물이든, 속건제물이든 그들이 내게 드린 예물 가운데서 가장 거룩한 부분이 너와 네 아들들의 몫이다. 레 2:2~3;4:22,27;6:25~26

10 너희는 그것을 가장 거룩한 것으로 여기고 먹어라. 모든 남자는 그것을 먹어야 한다. 너는 그것을 거룩하게 여겨야 한다.

11 이것 또한 너희 것인데 이스라엘 자손들이 선물로 드리는 예물과 흔들어 바치는 모든 제물들을 영원한 규례에 따라 내가 너와 네 아들들과 네 딸들에게 준다. 네 집 안에서 정결한 사람은 누구나 그것을 먹을 수 있다. 출 29:27~28;레 7:30,34;10:14;민 18:13

12 그들이 여호와께 바친 첫 수확물, 곧 가장 좋은 올리브기름과 가장 좋은 새 포도주와 곡식을 전부 내가 네게 준다. 출 23:19;34:26

13 그들이 여호와께 가져오는 그 땅의 처음 것들은 네 것이다. 네 집안에서 정결한 사람은 누구나 그것을 먹을 수 있다.

14 여호와께 바쳐진 이스라엘의 모든 것은 네

것이다. 레 27:28

15 사람이든 동물이든 모태에서 처음 난 것으로 여호와께 바쳐진 것은 네 것이다. 그러나 너는 모든 맏아들과 부정한 동물에게서 처음 난 모든 것에 대해서는 돈으로 대신 값을 치르게 해야 한다. 출 13:2,13;34:20

16 그것들이 1개월이 되면 한 세겔인 20게라인 성소 세겔로 쳐서 은 5세겔로 값을 대신 치르게 해야 한다. 3:47;출 30:13;레 27:2,6

17 그러나 너는 소나 양이나 염소의 처음 난 것은 돈으로 대신 값을 치르게 해서는 안 된다. 그것들은 거룩하기 때문이다. 그것들의 피를 제단에 뿌리고 그 기름을 불로 드리는 제물로 태워 여호와께서 즐거워하시는 향기로운 화제가 되게 하여라. 레 3:2~3

18 그 고기는 흔들어 바친 가슴살과 오른쪽 넓적다리처럼 네 것이 될 것이다. 레 29:26

19 이스라엘 백성들이 여호와께 받들어 드린 모든 거룩한 예물들을 영원한 규례를 따라 너와 네 아들들과 네 딸들에게 준다. 이것은 여호와 앞에서 너와 네 자손들을 위한 영원한 소금 언약이다." 레 2:13;역 9:49

20 땅의 유산이 없는 아론 여호와께서 아론에게 말씀하셨습니다. "너는 그들의 땅에서 유산이 없고 그들 가운데서 어떤 몫도 없을 것이다. 왜냐하면 내가 이스라엘 백성들 가운데서 네 몫이고 네 유산이기 때문이다.

21 레위 사람이 십일조를 받음 내가 레위 사람들에게는 이스라엘의 모든 십일조를 그들에게 유산으로 주니 회막을 섬기는 것에 대한 보상이다. 레 27:30;신 14:22;느 10:37

22 이제부터 이스라엘 자손은 회막 가까이 나아와서는 안 된다. 그러지 않으면 그들이 그 죄의 결과를 감당하게 돼 죽게 될 것이다. 1:51;레 22:9

23 오직 레위 사람들만이 회막에서 일하고 회

증거막 (17:7, 證據幕, the Tent of the Testimony) 성막. 이스라엘 백성들이 광야 생활을 할 때 가지고 다니던 성막으로, 증거의 말씀을 넣어 둔 증거궤가 있었기 때문에 붙여진 이름. 증표 (17:10, 證票, sign) 증명이나 증거가 될 만한 표. 게라 (18:16, gerah) 무게를 나타내는 최소 단위. 세겔의 20분의 1이며 약 0.57g에 해당됨.

막에 대한 죄를 짊어져야 한다. 이것은 대대로 계속돼야 할 율례다. 그들은 이스라엘 백성들 가운데서 유산이 없을 것이다.

24 그 대신 내가 레위 사람들에게 이스라엘 백성들이 여호와께 예물로 바치는 십일조를 그 유산으로 준다. 내가 '그들은 이스라엘 백성들 가운데서 유산이 없을 것이다'라고 말한 것은 이 때문이다.”

19-21절

25 십일조에 대한 규례 여호와께서 모세에게 말씀하셨습니다.

26 “레위 사람들에게 말해 일러라. '내가 너희에게 너희의 유산으로 주는 십일조를 이스라엘 백성들에게서 받을 때는 그 십일조의 십일조를 여호와께 드리는 예물로 바쳐야 한다.

느 10:38

27 너희 예물은 타작마당의 곡식이나 포도주를 짜는 틀의 포도즙처럼 여겨야 할 것이다.

30절

28 이처럼 너희 또한 너희가 이스라엘 백성들에게서 받은 모든 것에서 십일조를 여호와께 거제로 바칠 것이다. 여호와의 몫으로 돌린 그 거제물은 제사장 아론에게 주어야 한다.

29 너희는 너희가 받은 모든 예물 가운데 가장 좋고 가장 거룩한 부분을 여호와의 몫으로 바쳐야 한다.

30 레위 사람들에게 말하여라. '너희가 가장 좋은 부분을 바칠 때는 타작마당에서 나온 것이나 포도주를 짜는 틀에서 나온 것처럼 여겨야 한다.

27절

31 너희와 너희 집안은 어디서든 그 나머지를 먹을 수 있다. 그것은 너희가 회막에서 일한 것에 대한 보수이기 때문이다.

마 10:10

32 그 가운데 가장 좋은 부분을 바침으로써 너희는 이 일에 대해 죄가 없게 될 것이다. 그렇게 하면 너희가 이스라엘 백성들이 드리는 거룩한 예물을 더럽히지 않는 것이 돼 너희가 죽지 않을 것이다.'”

19

정결하게 하는 물 여호와께서 모세와 아론에게 말씀하셨습니다.

2 “이것은 여호와가 명령하는 율법의 조항이다. 이스라엘 백성들에게 말해 흠 없이 온전하고 멍에를 멘 적이 없는 붉은 암송아지 한 마리를 너희에게 끌어오게 하라.

3 그것을 제사장 엘르아살에게 주어 그가 그것을 진 밖으로 끌고 나가서 자기가 보는 앞에서 죽이게 하라.

레 4:12;6:11;13:11

4 그러고 나서 제사장 엘르아살은 자기 손가락에 그 피를 조금 묻혀서 회막 앞쪽을 향해 일곱 번 뿌리게 하라.

레 4:6,17;8:1;9:13

5 그리고 그의 눈앞에서 그 암송아지를 태우게 하는데 그 가죽, 고기, 피와 똥까지 불태우게 하라.

출 29:14;레 4:11-12

6 제사장은 백향목과 우슬초와 붉은색 양털을 조금 가져다가 암송아지를 사르고 있는 불에 던져야 한다.

레 14:4,6,49

7 그러고 나서 제사장은 자기 옷을 빨고 자기 몸을 물로 씻어야 한다. 그 후에야 그는 진 안으로 들어올 수 있다. 그러나 그는 저녁때까지 부정할 것이다.

레 11:25

8 암송아지를 태우는 사람도 또한 자기 옷을 빨고 자기 몸을 물로 씻어야 하는데 그

십일조, 왜 드려야 하나요?

'십일조'란 10분의 1을 뜻하는 말이에요. 하나님은 이스라엘 백성에게 땅의 생산물, 나무와 과일, 소와 양의 10분의 1을 바치라고 명령하셨어요(레 27:30-32; 신 14:22).

하나님이 이스라엘에게 모든 것을 주셨기 때문에 그들의 삶을 인도하시고, 공급하시는 하나님을 늘 기억하며 감사하도록 하려는 거예요. 십일조를 드리지 않는 것은 하나님의 것을 도둑질하는 행위랍니다(말 3:8-9).

우리도 용돈이 생기면 하나님께 꼭 십일조를 드려요. 그 모든 것은 하나님이 주신 것이니까요. 십일조를 드리며 하나님께 감사와 믿음을 보여드리기로 해요.

또한 저녁때까지 부정할 것이다. 5절

9 그리고 정결한 사람이 암송아지의 재를 모아서 진 밖의 정결한 장소에 갖다 놓아야 한다. 그리고 이스라엘 자손의 회중을 위해 정결하게 하는 물에 쓰도록 그것을 보관해 두어야 한다. 그것은 죄를 씻기 위한 것이다. 13,20-21절;31:23;레 4:12;6:11;10:14;히 9:13

10 암송아지의 재를 모은 사람 또한 자기 옷을 빨아야 하며 그도 저녁때까지 부정할 것이다. 이것은 이스라엘 자손들이나 그들 가운데 살고 있는 이방 사람들 모두를 위한 영원한 율례다.

11 시체를 만진 사람의 부정 사람의 시체를 만진 사람은 누구든 7일 동안 부정할 것이다.

12 그가 3일째 되는 날과 7일째 되는 날에 물과 그 재로 자신을 정결하게 하면 그는 정결할 것이다. 그러나 만약 3일째 되는 날과 7일째 되는 날에 정결하게 하지 않으면 그는 정결하지 않을 것이다. 31:19

13 시체, 곧 죽은 사람을 만졌는데도 자신을 정결하게 하지 않는 사람은 여호와의 성막을 더럽히는 것이다. 그런 사람은 이스라엘에서 끊어져야 할 것이다. 정결하게 하는 물이 그의 위에 뿌려지지 않았으니 그는 부정하다. 그의 부정함이 그의 위에 남아 있는 것이다. 20절;창 30:33;레 15:31

14 부정한 사람들을 위한 정결 누가 장막 안에서 죽었을 경우의 율법은 이렇다. 누구나 그 장막에 들어가든지, 그 장막 안에 있든지 7일 동안 부정할 것이다.

15 뚜껑이 단단히 닫혀 있지 않고 열려 있는 그릇들도 다 부정할 것이다. 31:20;레 11:32

16 누구든 들판에서 칼에 맞아 죽은 사람이나 시체를 만진 경우나 혹은 사람의 뼈나 무덤을 만진 경우는 7일 동안 부정할 것이다. 11절;삼하 23:27;눅 11:44

17 부정한 사람들을 위해서는 죄의 정결을 위한 제물을 불태운 재를 가져다가 그릇에 담고 거기에 깨끗한 물을 붓는다.

18 정결한 사람이 우슬초를 가져다 물에 담갔다가 장막과 그 모든 물건들과 거기 있

던 사람들 그리고 사람의 뼈나 죽임당한 사람이나 시체나 무덤을 만진 사람에게 뿌린다. 출 12:22

19 그 정결한 사람은 셋째 날과 일곱째 날에 부정한 사람에게 뿌려서 일곱째 날에 그 사람을 정결하게 한다. 정결하게 된 사람은 자기 옷을 빨고 자기 몸을 물로 씻어야 하는데 그러면 그날 저녁에 그는 정결해질 것이다. 12절;레 11:25;14:9

20 사람의 정결함을 명하심 그러나 부정한 사람이 스스로 정결하게 하지 않으면 그는 회중 가운데서 끊어져야 한다. 이는 그가 여호와의 성소를 더럽혔기 때문이다. 정결하게 하는 물이 그에게 뿌려지지 않았으니 그는 부정하다.

21 이것이 그들을 위한 영원한 율례다. 정결하게 하는 물을 뿌리는 사람은 자기 옷을 빨아야 하며 정결하게 하는 물을 만진 사람은 누구나 저녁때까지 부정한다.

22 부정한 사람이 만진 것은 무엇이든 부정하게 되고 그것을 만진 사람 역시 저녁때까지 부정하다." 11절;학 2:13

20

미리암이 죽음 온 이스라엘 회중이 첫째 달에 신 광야에 도착해 백성이 가데스에 머물렀습니다. 거기서 미리암이 죽어 땅에 묻혔습니다.

2 회중에게 물을 요구함 회중들이 물이 없어 모세와 아론을 대항해 모여들었습니다.

3 그들이 모세에게 대들며 말했습니다. "우

리 형제들이 여호와 앞에서 쓰러져 죽을 때 우리도 함께 죽었더라면 좋았을 텐데!

4 당신은 왜 여호와의 총회를 이 광야까지 끌고 와서 우리와 우리 가축들이 여기서 죽게 하십니까?

5 왜 우리를 이집트에서 이끌어 내어 이 끔찍한 곳으로 데려왔습니까? 여기는 씨 뿌릴 곳도 없고 무화과나 포도나 석류도 없고 마실 물도 없단 말입니다!" 출 17:3

6 하나님의 명을 내도록 명하신 모세와 아론이 그 무리에게서 물러나 회막 입구로 가서 얼굴을 땅에 대고 엎드렸습니다. 그러자 여호와의 영광이 그들에게 나타났습니다.

7 여호와께서 모세에게 말씀하셨습니다.

8 "지팡이를 들어라. 그리고 너와 네 형 아론은 저 회중을 모아라. 그리고 그들의 눈앞에서 저 바위에게 말하면 그것이 물을 낼 것이다. 너희는 그들을 위해 물이 바위에서 나오게 해 저 회중과 그들의 가축들이 마실 수 있게 하여라." 출 17:5-6

9 그러자 모세는 그분이 명하신 대로 여호와 앞에서 지팡이를 집어 들었습니다.

10 모세가 바위를 쳐서 물을 냄 그와 아론이 총회를 바위 앞에 모으고 모세가 그들에게 말했습니다. "너희 불순종하는 사람들아 들으라. 우리가 너희를 위해 이 바위에서 물을 내겠느냐?" 시 106:32-33

11 그리고 나서 모세가 자기 손을 들어 그의 지팡이로 바위를 두 번 내리치니 물이 많

이 쏟아져 나와서 회중과 그들의 가축들이 마셨습니다.

12 모세와 아론이 징벌받음 그러나 여호와께서 모세와 아론에게 말씀하셨습니다. "너희가 나를 믿지 못해서 이스라엘 자손들 앞에서 내 거룩함을 나타내지 못했으니 너희가 이 회중을 내가 그들에게 주는 땅으로 데리고 들어가지 못할 것이다."

13 이스라엘 자손들이 여호와와 다투었으므로 이곳을 므리바 물이라고 했습니다. 여호와께서 그들 가운데서 그분의 거룩함을 나타내셨습니다. 출 17:7; 신 32:51; 33:8; 시 81:7

14 모세가 에돔 땅의 통과를 요청함 모세가 가데스에서 에돔 왕에게 사신들을 보내 말했습니다. "당신의 형제 이스라엘이 말합니다. 당신은 우리에게 닥쳤던 모든 고난들에 관해 알고 있을 것입니다. 창 36:31-39

15 우리 조상들이 이집트로 내려갔고 우리는 거기서 오랫동안 살았습니다. 이집트 사람들은 우리와 우리 조상들을 학대했습니다.

16 그러나 우리가 여호와께 부르짖었더니 그분이 우리의 부르짖음을 들으시고 천사를 보내어 우리를 이집트에서 이끌어 내셨습니다. 이제 우리가 여기 당신의 영토의 가장자리에 있는 성읍인 가데스에 있습니다.

17 우리가 당신의 나라를 통과할 수 있도록 해 주십시오. 우리는 밭이나 포도원을 가로질러 가지 않을 것이며 우물물을 마시지도 않을 것입니다. 우리는 왕의 큰길을

이스라엘 백성을 이집트에서 이끌어 내고 40년간 광야에서 대단한 지도력을 발휘한 모세와 아론은 ~~~~~~ 하나님이 약속하신 땅에 들어갈 자격이 충분하다고 생각될 거예요. 하지만 물을 달라고 불평하는 백성들의 말을 듣고 모세는 화가 나 지팡이로 반석을 두 번 쳐서 물을 솟아나게 했어요. 백성들의 불순종에 화가 난 모세는

충성스런 모세와 아론, 왜 가나안에 못 들어갔나요?

"반석에게 명령하여 물이 나오게 하라."는 하나님의 말씀을 그대로 순종하기보다 자신의 감정이 앞서 반석을 쳤던 것이죠. 결국 모세와 아론은 바로 눈앞에 가나안 땅을 두고 들어가지 못할 것이라는 하나님의 말씀을 듣게 되었답니다. 아무리 위대한 하나님의 사람일지라도 불순종의 죄를 지으면 벌을 받게 된다는 것을 알 수 있어요.

따라가기만 할 것이며 당신의 영토를 다 통과할 때까지 오른쪽이나 왼쪽으로 벗어나지 않겠습니다."

19절21:22;신2:27

18 에돔 왕이 거절했다 그러나 에돔이 대답했습니다. "너는 여기로 통과할 수 없다. 내가 칼을 들고 너희를 대적하러 나가지 않게 하라."

19 이스라엘 자손들이 그에게 대답했습니다. "우리가 큰길로 가겠습니다. 우리나 우리 가축들이 당신의 물을 마신다면 우리가 그 값을 치르겠습니다. 우리는 단지 걸어서 지나가기를 바랄 뿐이지 다른 뜻은 없습니다."

17절신2:6,28

20 그들이 다시 대답했습니다. "너는 지나갈 수 없다." 그러고 나서 에돔이 많은 백성과 강한 손으로 이스라엘을 대적하러 나왔습니다.

삿11:17;암1:11

21 이스라엘이 자기 영토를 통과하는 것을 에돔이 허락하지 않았기 때문에 이스라엘은 그들에게서 돌아섰습니다.

신2:8,29;삿11:18

22 아론이 죽음 이스라엘 자손의 온 회중이 가데스를 떠나 호르 산으로 갔습니다.

23 에돔 경계 가까이에 있는 호르 산에서 여호와께서 모세와 아론에게 말씀하셨습니다.

24 "아론은 자기 조상에게 돌아갈 것이다. 너희 둘이 므리바 물에서 내 명령을 거역했기 때문에 그는 내가 이스라엘 자손들에게 주는 그 땅으로 들어가지 못할 것이다.

25 아론과 그의 아들 엘르아살을 호르 산으로 데려가라.

26 아론의 겉옷을 벗겨서 그의 아들 엘르아살에게 입혀라. 아론은 그 선조들에게로 돌아가리니 그가 거기서 죽을 것이다."

27 모세가 여호와께서 명하신 대로 했습니다. 그들은 온 회중이 보는 앞에서 호르 산으로 올라갔습니다.

28 모세가 아론의 겉옷을 벗겨서 그의 아들 엘르아살에게 입혔습니다. 아론이 거기 산 꼭대기에서 죽었습니다. 모세와 엘르아살이 산에서 내려왔습니다.

출29:29-30;신10:6

29 온 회중이 아론이 죽었다는 소식을 알게

되자 이스라엘 온 집은 30일 동안 아론의 죽음을 애도했습니다.

신34:8

21

1 아랏 왕을 쳐서 이김 네게브 지역에 사는 가나안 사람, 아랏의 왕은 이스라엘이 아다림으로 향하는 길을 따라오고 있다는 소식을 듣고 이스라엘과 싸워 그 가운데 몇 명을 포로로 잡았습니다.

2 그러자 이스라엘이 여호와께 맹세하며 말했습니다. "주께서 정말 저 백성을 우리 손에 주신다면 우리가 그 성들을 완전히 멸망시키겠습니다."

창28:20;삿11:30

3 여호와께서 이스라엘의 소리를 들으시고 그 가나안 사람들을 그들에게 주셨습니다. 그들이 그 사람들과 그 성읍들을 완전히 멸망시켰습니다. 그리고 그곳 이름을 호르마라고 불렀습니다.

신1:44;수19:4;삿1:17

4 독사가 원망하는 백성을 물 그들이 호르 산에서 출발해 홍해 길을 따라 에돔 땅을 돌아서 가려고 했습니다. 그러나 백성의 마음이 그 길 때문에 조바심이 났습니다.

5 그들이 하나님과 모세에게 대항해 말했습니다. "왜 당신은 우리를 이집트에서 데리고 나와 이 광야에서 죽게 만듭니까? 빵도 없고 물도 없습니다! 그리고 우리는 이 형편없는 음식이 지긋지긋합니다."

6 그러자 여호와께서 그들 가운데 독사들을 보내셨습니다. 그것들이 백성들을 물어서 이스라엘 자손들이 많이 죽게 됐습니다.

7 모세가 청동뱀을 만들어 장대 위에 닮 그러자 백성들이 모세에게 와서 말했습니다. "우리가 여호와와 당신께 대항함으로써 죄를 지었습니다. 여호와께 저 뱀들을 우리에게서 없애 달라고 기도해 주십시오." 그러자 모세가 그 백성들을 위해 기도해 주었습니다.

8 여호와께서 모세에게 말씀하셨습니다. "뱀을 만들어 막대 위에 달아라. 누구든 뱀에 물린 사람은 그 뱀을 보면 살게 될 것이다."

총회 (20:4, 總會, community) 이스라엘 백성들이 하나님께 드리는 공식적인 예배나 집회. 특히 이스라엘 온 회중이 십계명을 듣기 위해 시내 산에 모인 것.

애도 (20:29, 哀悼, mourn) 사람의 죽음을 슬퍼함.

9 모세가 청동으로 뱀을 만들어 막대 위에 달았습니다. 그리고 뱀에 물린 사람들이 그 청동으로 만든 뱀을 보고 살아났습니다.

10 오봇에서 아르논까지 이스라엘 백성들이 계속 진행해 오봇에 진을 쳤습니다. 33:43

11 그러고는 오봇에서 출발해 모압 앞쪽 해 돋는 편에 있는 이예아바림에 진을 쳤습니다.

12 거기서 그들이 계속 진행해 세렛 골짜기에 진을 쳤습니다. 신2:13

13 그들이 거기서 떠나 아르논 건너편에 진을 쳤는데 그곳은 아모리 영토로 이어지는 광야 안에 있었습니다. 아르논은 모압의 경계로서 모압과 아모리 사이에 있었습니다.

14 전쟁기의 내용 이 때문에 여호와의 전쟁기에는 이렇게 말하고 있습니다.

　"수바의 와헵과 아르논의 협곡들

15 그리고 그 협곡들의 비탈은 아르 지역으로 향하며 모압 경계를 끼고 있다."

16 브엘의 우물 거기서 그들은 계속 브엘로 갔습니다. 브엘은 여호와께서 모세에게 "백성들을 모아라. 내가 그들에게 물을 주겠다"라고 말씀하셨던 그 우물이 있는 곳입니다.

17 그때 이스라엘은 이런 노래를 불렀습니다.
　"우물아 솟아라! 그것을 위해 노래하여라.

18 지도자들이 파고 백성들 가운데 귀한 사람들이 뚫었도다. 그들의 규와 지팡이로!"

그러고 나서 그들이 그 광야를 떠나 맛다나로 갔고 창49:10:사33:22

19 광야에서 비스가까지 맛다나에서 나할리엘로, 나할리엘에서 바못으로,

20 바못에서 모압 들판에 있는 골짜기로 갔는데 그곳은 광야가 내려다보이는 비스가 꼭대기 근처에 있었습니다. 삼상23:19

21 시혼과 아모리 사람을 쳐서 이김 이스라엘이 사자들을 아모리 사람들의 왕 시혼에게 보내 말했습니다. 신2:26~27;삿11:19

22 "우리가 당신의 나라를 통과하게 해주십시오. 우리가 밭이나 포도원으로 들어가지 않고 우물물을 마시지도 않을 것입니다. 우리는 당신의 영토를 다 통과할 때까지 왕의 큰길을 따라가기만 할 것입니다."

23 그러나 시혼은 이스라엘이 자기 영토를 통과하는 것을 허락하지 않았습니다. 그는 자신의 모든 군대를 소집하고 이스라엘을 대적하러 나왔습니다. 그는 야하스에 이르러 이스라엘과 싸웠습니다. 신2:32

24 그러나 이스라엘은 그를 칼로 쳤고 아르논

뱀에 물린 사람들 중 막대 위에 달린 청동 뱀을 보는 사람들은 살아남

에서 압복에 이르는 그의 땅을 차지해 암
몬 자손에게까지 이르렀는데 그들의 경계
선은 강력했습니다. 신 2:33;수 12:1~2;24:8;느 9:22

25 이스라엘은 그들의 모든 성을 차지했습니
다. 그리고 이스라엘은 헤스본과 그 주변의
지역에 있는 아모리 사람들의 모든 성읍들
에 거주했습니다. 32:42

26 헤스본은 아모리 사람들의 왕인 시혼의 성
이었습니다. 그는 모압의 이전 왕과 싸워
그에게서 아르논까지 이르는 땅을 빼앗은
인물이었습니다.

27 **승리의 노래** 그래서 시인들이 이렇게 읊었
습니다. 23:7;3:2:37

"헤스본으로 와서 그 성을 재건하라. 시
혼의 성이 회복되게 하라.

28 불이 헤스본에서 나오며 시혼의 성에서
불길이 나와서 모압의 아르와 아르논의
높은 곳의 주인들을 삼켰도다. 렘 48:45~46

29 모압아, 네가 화를 당했구나! 너 그모스
의 백성아, 네가 멸망을 당했구나! 그
아들들은 도망자가 됐고 그 딸들은 아
모리의 왕 시혼에게 사로잡혔구나.

30 그러나 우리가 그들을 내팽개쳤도다. 헤
스본이 디본에 이르기까지 다 멸망하고
말았구나. 우리가 그들을 쳐부수어 메
드바에 이르는 노바까지 쳐부수었다!"

31 **옥과 바산 사람들을 쳐서 이김** 이렇게 해서 이
스라엘은 아모리 사람들의 땅에 정착했습
니다.

32 또한 모세가 사람을 보내어 야셀을 정탐하
게 했으며 이스라엘 백성들이 그 주변 지
역들을 차지하고 거기 있던 아모리 사람들
을 몰아냈습니다. 32:1;수 13:25;삼하 24:5

33 그런 다음에 그들은 방향을 바꾸어서 바산
을 향해 난 길로 올라갔습니다. 그러자 바
산 왕 옥과 그의 모든 백성이 그들을 대적
하러 나와 에드레이에서 싸우게 됐습니다.

34 여호와께서 모세에게 말씀하셨습니다. "그
를 두려워하지 마라. 내가 그와 그의 모든
백성과 그의 땅을 네 손에 넘겨주었다. 너
희가 헤스본에 살던 아모리 왕 시혼에게 했

막대에 달린 청동 뱀

하나님은 원망하는 이스라엘 백성에게 독사
들을 보내 물게 하셨다. 모세가 하나님께 용서
를 구하는 기도를 하자 청동 뱀을 만들어 막
대 위에 달라고 명령하시면서, 그것을 바라보
는 사람은 누구든지 살 것이라고 말씀하셨다.
말씀을 듣고 막대 위에 달린 청동 뱀을 쳐다
본 사람들은 모두 살
았다.

예수님은 자신을 막대 위
에 달린 청동 뱀에 비유하
셨다(요 3:14-15). 청동 뱀을
바라본 이스라엘 백성이
모두 죽음에서 건짐을 받
았듯이, 십자가에 달리신
예수님을 바라보는 모든
사람들은 영원한 생명을 얻
게 됨을 보여 주신 것이다.

듯이 그에게 해 주어라." 24:절;신 3:2

35 그들이 그와 그 아들들과 그 모든 백성을
쳐서 아무도 살아남은 사람이 없게 했습니
다. 그렇게 해서 그들은 그의 땅을 차지
했습니다.

22 발락이 이스라엘을 두려워함 이스라
엘 자손이 또 길을 떠나 모압 평
원에 진을 쳤는데 그곳은 요단 강의 여리
고 건너편 지역이었습니다.

2 십볼의 아들 발락은 이스라엘이 아모리 사
람들에게 한 모든 일을 보았습니다. 삿 11:25

3 모압은 이스라엘 백성들의 수가 많아 두려
웠습니다. 모압은 이스라엘 백성들 때문에
두려움으로 가득 찼습니다. 출 15:15

4 발라이 발람의 도움을 구함 그래서 모압 사람
들이 미디안 장로들에게 말했습니다. "저
집단이 마치 소가 들판의 풀을 다 먹어 치
우듯이 우리 주변 지역을 다 먹어 치우고
있습니다." 그 당시 모압의 왕은 십볼의 아

협곡(21:14, 峽谷, ravine) 험하고 좁은 골짜기. 규(21:18, 圭, scepter) 왕이 손에 쥐던 지팡이나 패로 왕권이나 왕위를 상징.

들 발락이었습니다.

5 그가 브올의 아들 발람을 부르기 위해 사람을 브돌로 보냈는데 그곳은 자기 백성의 땅에 있는 강변에 있었습니다. 발락이 말했습니다. "한 민족이 이집트에서 나와 땅을 뒤덮고는 내 바로 앞에 정착했다.

6 그들이 나보다 강하니 제발 와서 나를 위해 저 사람들에게 저주를 퍼부어라. 그러면 혹시 내가 그들을 쳐부수고 이 땅에서 쫓아낼 수 있을 것이다. 나는 네가 축복하는 사람들은 복을 받고 네가 저주하는 사람들은 저주를 받는다는 것을 알고 있다."

7 발람이 발락의 요구를 거절함 모압과 미디안의 장로들이 저주의 대가로 줄 것을 챙겨서 떠났습니다. 그들이 발람에게 가서 발락이 한 말을 전했습니다. ^{삼상 9:7-8;미 3:11}

8 발람이 그들에게 말했습니다. "여기서 오늘 밤 묵으시오. 그러면 여호와께서 내게 주시는 응답을 드리겠소." 그리하여 모압의 지도자들이 그와 함께 머물렀습니다.

여호와의 천사를 보고 주저앉은 나귀를 발람이 지팡이로 때리자, 나귀가 말대꾸를 함

9 하나님께서 발람에게 오셔서 물으셨습니다. "너와 함께 있는 저 사람들은 누구냐?"

10 발람이 하나님께 말했습니다. "십볼의 아들인 모압 왕 발락이 제게 사람을 보냈습니다.

11 '이집트에서 나온 한 민족이 땅을 뒤덮고 있다. 이제 와서 나를 위해 그들에게 저주를 퍼부어라. 그러면 혹시 내가 그들과 싸워 쫓아낼 수 있을 것이다'라고 하면서 말입니다."

12 하나님께서 발람에게 말씀하셨습니다. "그들과 함께 가지 마라. 너는 이 백성들에게 저주를 하지 마라. 그들은 복을 받았다."

13 이튿날 발람은 일어나 발락이 보낸 지도자들에게 말했습니다. "당신네 나라로 돌아가십시오. 여호와께서 당신들과 함께 가지 말라고 하셨습니다."

14 모압의 지도자들이 발락에게 돌아와 말했습니다. "발람이 우리와 함께 오기를 거절했습니다."

15 발람이 하나님을 시험함 그러자 발락은 더 높은 지도자들을 더 많이 보냈습니다.

16 그들이 발람에게 와서 말했습니다. "십볼의 아들 발락께서 말씀하셨습니다. '제발 주저하지 말고 내게 와라.

17 내가 너를 정말로 귀하게 대하고 네가 원하는 것은 무엇이든 해 주겠다. 제발 와서 나를 위해 저 백성에게 저주를 퍼부어라.'"

18 그러나 발람은 그들에게 대답했습니다. "발락이 은과 금으로 가득 찬 자기 집을 내게 준다 해도 나는 내 하나님 여호와의 명령에 어긋나는 것은 크든 작든 할 수 없습니다.

19 당신들도 여기서 오늘 밤 묵으시오. 그러면 여호와께서 내게 무슨 말씀을 더 하시는지 알려 주겠습니다." ^{8절}

20 그날 밤 하나님께서

발람에게 와서 말씀하셨습니다. "이 사람들이 너를 부르러 왔으면 그들과 함께 가거라. 하지만 너는 내가 네게 말하는 것만 해야 한다." 35절

21 여호와의 천사가 나귀를 막음 발람은 아침에 일어나 나귀에 안장을 얹고 모압의 지도자들과 함께 갔습니다.

22 그러나 하나님께서는 그가 가는 것에 대해 진노하셨습니다. 그래서 여호와의 천사가 그를 대적하기 위해 길 가운데 섰습니다. 발람은 나귀를 타고 있었고 그의 두 종들이 그와 함께 있었습니다. 출 4:24

23 나귀는 여호와의 천사가 칼을 손에 빼든 채 길에 서 있는 것을 보고는 길에서 벗어나 밭으로 들어갔습니다. 발람이 길로 돌아가게 하려고 나귀를 때렸습니다.

24 그러자 여호와의 천사가 두 포도원 벽 사이의 좁은 길에 섰습니다.

25 나귀는 여호와의 천사를 보고 벽 쪽으로 몸을 바짝 붙였고 발람의 발은 벽에 짓눌

리게 됐습니다. 그러자 그가 다시 나귀를 때렸습니다.

26 그때 여호와의 천사가 앞으로 나아와 오른쪽이나 왼쪽으로 벗어날 수 없는 좁은 곳에 섰습니다.

27 나귀가 여호와의 천사를 보자 발람 밑에서 주저앉았습니다. 그러자 발람이 화가 나서 지팡이로 나귀를 때렸습니다.

28 나귀가 발람에게 대듦 그때 여호와께서 나귀의 입을 열어 주시자 나귀가 발람에게 말했습니다. "내가 뭘 했다고 나를 이렇게 세 번씩이나 때립니까?" 벧후 2:16

29 발람이 나귀에게 말했습니다. "네가 나를 우롱하지 않았느냐! 내 손에 칼이 있었다면 지금 당장 너를 죽였을 것이다."

30 나귀가 발람에게 말했습니다. "나는 당신이 오늘까지 항상 타고 다니던 당신 나귀가 아닙니까? 내가 당신에게 이런 식으로 행동하는 버릇이 있었습니까?" 그가 말했습니다. "없었다."

31 여호와의 천사가 발람을 꾸짖음 그때 여호와께서 발람의 눈을 뜨게 하시자 그는 여호와의 천사가 칼을 빼고 그 길에 서 있는 것을 보게 됐습니다. 그가 얼굴을 땅에 대고 엎드려 절했습니다. 창 21:19;눅 24:16,31

32 여호와의 천사가 그에게 말했습니다. "왜 네가 네 나귀를 이렇게 세 번씩이나 때렸느냐? 내 앞에서 네 길이 잘못됐기 때문에 너를 대적하러 내가 왔다.

33 나귀는 나를 보고 세 번이나 내 앞

에서 비켜서셨다. 만약 이 나귀가 비켜서지 않았다면 틀림없이 지금쯤 내가 너는 죽이고 나귀는 살려 주었을 것이다."

34 발람이 가기를 허락받들 발람이 여호와의 천사에게 말했습니다. "제가 죄를 지었습니다. 저는 당신이 저를 맞서서 길에 서 있는 줄을 몰랐습니다. 지금이라도 이게 잘못된 것이라면 돌아가겠습니다."

35 여호와의 천사가 발람에게 말했습니다. "저 사람들과 함께 가거라. 그러나 내가 네게 말하는 것을 말하여라." 그리하여 발람은 발락이 보낸 지도자들과 함께 갔습니다.

36 발람이 발락을 만남 발락은 발람이 온다는 말을 듣고 그를 맞으러 자기 영토 끝의 아르논 경계선에 있는 모압 성까지 나갔습니다.

37 발락이 발람에게 말했습니다. "내가 꼭 오라고 했는데 왜 내게 오지 않았느냐? 내

발락과 발람

• 발락
'파괴자', '약탈자'라는 뜻을 가진 모압의 왕이다. 이스라엘 사람들이 그의 영토를 통과할 때 이스라엘이 아모리를 쳐부순 소식을 듣고, 모압도 멸망당할까봐 두려워 떨었다. 그래서 저주하는 주술로 이스라엘을 멸망시키기 위해 메소포타미아 점쟁이 발람을 불러 매수하여 이스라엘을 저주하도록 꾀를 냈다. 하지만 하나님은 발람으로 하여금 이스라엘을 향해 축복의 말을 하게 하심으로써 발락의 꾀는 실패로 끝났다.

• 발람
'백성을 파멸시키는 자'라는 뜻을 가진 메소포타미아의 유명한 점쟁이다. 모압 왕 발락의 뇌물을 받고 이스라엘을 저주하려 했지만 하나님의 경고를 받고 이스라엘을 세 번이나 축복했다. 후에 모세에 의해 미디안의 다섯 왕이 칼로 죽임을 당할 때 함께 죽었다.

발락과 발람이 나오는 말씀
>> 민 22-24장; 31:8

가 너를 귀하게 대접할 수 없을 것 같으냐?"

38 발람이 대답했습니다. "제가 왔다 한들 무슨 말이나 할 수 있을 것 같습니까? 저는 단지 하나님께서 제 입에 넣어 주시는 말씀만을 말할 뿐입니다." ^{18절}

39 그러고는 발람이 발락과 함께 기럇후솟으로 갔습니다.

40 발락은 소와 양을 잡아 발람과 그와 함께 한 지도자들을 대접했습니다.

41 이튿날 아침 발락은 발람을 데리고 바알의 산당으로 올라갔습니다. 거기서 그는 이스라엘 백성의 진 끝까지 보았습니다.

23 발람이 여호와께 징조를 구함 발람이 말했습니다. "저를 위해 여기에 제단 일곱 개를 만들고 수송아지 일곱 마리와 숫양 일곱 마리를 준비해 주십시오."

2 발락은 발람이 말한 대로 했습니다. 그리고 발락과 발람이 각 제단마다 수송아지 한 마리와 숫양 한 마리씩을 드렸습니다.

3 발람이 발락에게 말했습니다. "제가 저쪽에 가 있는 동안 여기서 당신 제물 옆에 있으십시오. 어쩌면 여호와께서 저를 만나러 오실 것입니다. 그분이 제게 무엇을 보여 주시든지 제가 당신께 말씀드리겠습니다." 그러고는 그가 홀로 갔습니다.

4 하나님께서 발람을 만나시자 그가 말했습니다. "제가 제단 일곱 개를 준비했고 각 제단마다 수송아지 한 마리와 숫양 한 마리씩을 드렸습니다." ^{16절}

5 여호와께서 발람의 입에 말씀을 넣어 주시며 말씀하셨습니다. "발락에게로 돌아가서 이 말을 전하여라." ^{신 18:18;사 51:16;59:21}

6 발람이 이스라엘을 축복함 그래서 발람이 발락에게 돌아갔습니다. 발락은 모압의 모든 지도자들과 함께 자기 제물 곁에 서 있었습니다.

7 그러자 발람이 자기가 받은 계시를 말하였습니다. ^{22:5-6절;창 29:1;신 23:4}

"발락이 나를 아람에서, 모압 왕이 나를 동쪽 산지에서 데려왔도다. '와서 나를

위해 야곱을 저주하여라. 와서 이스라엘에게 저주를 퍼부어라'라고 했도다.

8 하나님께서 저주하지 않는 사람들을 내가 어떻게 저주하겠는가? 하나님이 저주를 퍼붓지 않는 사람들에게 내가 어떻게 저주를 퍼붓겠는가? 20,23절

9 내가 바위 산 꼭대기에서 그들을 보고 언덕 위에서 저들을 보니 이 백성은 홀로 거하고 자신들을 열방 가운데 하나로 여기지 않는구나. 신 9:2;엡 2:14

10 누가 야곱의 티끌을 셀 수 있으며 이스라엘의 4분의 1이라도 헤아릴 수 있을까? 내가 의로운 사람으로 죽게 되기를 바라며 내 마지막이 그들과 같이 되기를 비노라!" 창 13:16;시 37:37;116:15;계 14:13

11 발락이 다시 저주를 요구함 발락이 발람에게 말했습니다. "네가 내게 무슨 짓을 하는 거냐? 내 원수들을 저주하기 위해 너를 데려온 것인데 네가 오히려 저들을 축복하는구나!" 22:11;24:10;신 23:5;느 13:2

12 발람이 대답하며 말했습니다. "여호와께서 제 입에 넣어 주신 그대로 제가 말해야 하지 않겠습니까?" 5절

13 그러자 발락이 그에게 말했습니다. "저들을 볼 수 있는 다른 장소로 나와 함께 가자. 거기에서는 네가 그들을 다 보지 못하고 끝부분만 볼 수 있을 것이다. 거기에서 나를 위해 그들을 저주하여라."

14 그리하여 그가 발람을 비스가 꼭대기에 있는 소빔 들판으로 데려갔습니다. 그리고 그가 거기서 제단 일곱 개를 세우고 수송아지 한 마리, 숫양 한 마리씩을 각 제단에 바쳤습니다.

15 발람이 발락에게 말했습니다. "당신의 제물 곁에 서 계십시오. 저는 저쪽에서 여호와를 만날 것입니다." 3절

16 여호와께서 발람을 만나셔서 그 입에 말씀을 넣어 주시고 말씀하셨습니다. "발락에게 돌아가 그에게 이 말을 전하여라." 13절

17 발람의 두 번째 축복 그리하여 발람이 발락에게로 갔습니다. 그는 모압의 지도자들과 함께 자기 제물 곁에 서 있었습니다. 발락이 그에게 물었습니다. "여호와께서 뭐라고 말씀하셨느냐?"

18 그러자 발람이 자기가 받은 계시를 말했습니다.

"발락이여, 일어나서 잘 들으시오. 십볼의 아들이여, 귀를 기울이시오.

19 하나님은 사람이 아니시니 변덕스럽지 않으시고 사람의 아들이 아니시니 마음을 바꾸지 않으십니다. 그분이 말씀만 하시고 실행에 옮기지 않으시겠으며 약속만 하시고 이루지 않으시겠는가?

20 나는 축복하라는 명령을 받았다. 그분이 축복하셨으니 내가 바꿀 수 없다.

21 그분은 야곱에게서 허물을 보지 않으시고 이스라엘에게서 잘못을 보지 않으셨다. 그들의 하나님 여호와께서 그들과 함께하시니 왕을 부르는 소리가 그들 가운데 있다. 출 29:45-46;렘 50:20

22 그들을 이집트에서 이끌어 내신 하나님은 그들에게 들소의 뿔과 같다. 욥 39:10

23 야곱을 해칠 마법이 없고 이스라엘을 해칠 점술이 없으니, 이제 사람들이 야곱과 이스라엘에 대해 '하나님이 하신 일을 보라!'고 말할 것이다. 22:7;시 144:1

24 보라. 이 백성이 암사자처럼 일어나고 수사자처럼 뛰어오르는구나. 저가 먹이를 삼키고 죽임당한 짐승의 피를 마시기 전까지는 결코 눕지 않으리라."

25 발락이 세 번째 저주를 요구함 그러자 발락이 발람에게 말했습니다. "저들에게 저주도 축복도 하지 마라!"

26 발람이 발락에게 대답해 말했습니다. "여호와께서 뭐라고 하시든 제가 그대로 하겠다고 말씀드리지 않았습니까?" 22:18

27 그러자 발락이 발람에게 말했습니다. "이리 와서 다른 곳으로 가도록 하자. 혹시 거기서는 여호와께서 기꺼이 네가 나를 위해 저주하게 하실지도 모르겠다." 13절

28 그러고는 발락이 발람을 데리고 그 광야가 내려다보이는 브올 꼭대기로 갔습니다.

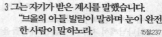

29 발람이 말했습니다. "여기에 제단 일곱 개를 세우고 수송아지 일곱 마리와 숫양 일곱 마리를 준비해 주십시오."

1절

30 발락이 발람이 말한 대로 해 각 제단에 수송아지 한 마리와 숫양 한 마리씩을 드렸습니다.

2절

24 발람의 세 번째 축복 발람은 자기가 이스라엘을 축복하는 것을 여호와께서 좋게 여기시는 것을 보고 전처럼 주술에 의존하지 않고 그의 얼굴을 광야 쪽으로 돌렸습니다.

23:3,15

2 발람이 눈을 들어 보니 이스라엘이 지파별로 진을 치고 있고 또 하나님의 영이 그 위에 있었습니다.

삿 3:10;삼상 19:20,23;대하 15:1;20:14

3 그는 자기가 받은 계시를 말했습니다. "브올의 아들 발람이 말하며 눈이 완전한 사람이 말하노라.

15절;23:7

4 하나님의 말씀을 들으며 전능하신 분의 환상을 보며, 엎드리나 눈이 열린 사람이 말하노라.

삼상 19:24;겔 1:28;3:23;계 1:10,17

5 야곱이여, 네 장막이 얼마나 아름다우며 이스라엘이여, 네가 사는 곳이 얼마나 아름다우냐!

6 마치 펼쳐진 골짜기 같고 강가의 정원 같으며 여호와께서 심으신 알로에 같고 물가의 백향목 같구나.

시 104:16;사 61:3;렘 17:8

7 그 가지로부터는 물이 흘러넘치고 그 씨들은 많은 물 가운데 있다. 그 왕은 아각보다 클 것이며 그 왕국은 높임을 받을 것이다.

삼상 15:8;삼하 5:12;대상 14:2;렘 51:13

8 그들을 이집트에서 이끌어 내신 하나님은 그들에게 들소의 뿔과 같다. 그들이 원수의 나라들을 삼키고 그들의 뼈를 박살 내며 자기 화살로 그들을 꿰뚫는다.

시 45:5

9 그들이 수사자와 암사자처럼 웅크리며 엎드리니 누가 감히 그들을 깨우랴? 너희를 축복하는 사람들은 복을 받고 너희를 저주하는 사람들은 저주를 받게 될 것이다!"

10 발락이 화를 냄 발락이 발람에게 화가 나서 자기 손바닥을 마주쳤습니다. 그리고 발락이 발람에게 말했습니다. "내 원수들을 저주하라고 내가 너를 불렀다. 그러나 네가 이렇게 세 번이나 그들을 축복했다.

11 이제 당장 네 집으로 돌아가거라! 내가 너를 정말 귀하게 대해 주겠다고 했다. 그러나 여호와께서 네가 대접받지 못하게 하셨다."

12 발람이 발락에게 대답했습니다. "제가 당신이 보낸 사람들에게 분명히 이렇게 말하지 않았습니까?

13 '발락이 은과 금

발람이 하나님의 말씀을 받아 이스라엘을 세 번 축복함

으로 가득 찬 자기 집을 내게 준다 해도
나는 좋든 나쁘든 여호와께서 말씀하신
것에 어긋나는 것은 말할 수 없습니다'라
고 말입니다. 16:28;22:18

14 이스라엘의 승리를 노래함 이제 저는
제 백성에게로 돌아갑니다. 그러나 이 백성
이 장차 당신의 백성에게 어떻게 할지에 대
해서 당신께 조언을 드리도록 하겠습니다."

15 그리고 나서 그는 자기가 받은 계시를 말
했습니다. 3절;21:27;23:7
"브올의 아들 발람이 말하며 눈이 완전
한 사람이 말하노라.

16 하나님의 말씀을 들으며 지극히 높으신
분에 대한 지식이 있으며 전능하신 분
의 환상을 보며, 엎드리나 눈이 열린 사
람이 말하노라. 4절;행 7:48

17 내가 그를 보지만 지금은 아니다. 내가
그를 바라보지만 가깝지 않다. 한 별이
야곱에게서 나오며 한 규가 이스라엘에
게서 일어날 것이다. 그가 모압의 이마
를 깨뜨리며 셋의 모든 아들들의 해골
을 깨뜨릴 것이다. 렘 48:45;마 2:2

18 에돔이 정복당하고 원수 세일이 정복당
하겠지만 이스라엘은 힘을 떨칠 것이다.

19 한 통치자가 야곱에게서
나와 그 성의 살아남은
사람들을 멸망시킬 것이
다."

20 그리고 발람이 아말
렉을 보고 자기가
받은 계시를 말했
습니다.
"아말렉은 민
족들 가운데
최고지만 결
국에는 완

전히 멸망당할 것이다." 23:7

21 그리고 그가 겐 족속을 보고 자기가 받은
계시를 말했습니다. 창 15:19
"네가 사는 곳이 안전하니 이는 네 둥지
가 바위 위에 있음이라.

22 그러나 가인이 완전히 멸망하리니 앗시
리아가 너를 사로잡을 때로다."

23 그리고 그는 자기가 받은 계시를 말했습니
다.
"아, 하나님이 이렇게 하실 때 누가 살
아남을 수 있겠는가?

24 배들이 키프로스 해변으로부터 올 것이
다. 그들이 앗시리아를 짓누르고 에벨을
짓누를 것이다. 그러나 그들 또한 영원
히 멸망당할 것이다." 20절;창 10:4,21,25

25 그리고 나서 발람이 일어나 자기 집으로
돌아갔으며 발락 역시 자기 길을 갔습니다.

25

싯딤에서의 우상 숭배 이스라엘이
싯딤에 머물러 있을 때 백성들이
모압 여인들과 음란한 짓을 저지르기 시작
했습니다. 수 2:1;3:1;미 6:5

2 그 여인들이 자기 신들에게 드리는 희생
제사에 이스라엘 백성들을 초청했습니다.
이스라엘 백성은 먹고 그 신들에게 경배했
습니다. 출 34:15;수 22:17;시 106:28;호 9:10

3 이렇게 이스라엘이 바알브올의 일에 참여
하게 됐으므로 여호와께서 이스라엘을 향
해 진노하셨습니다.

4 여호와께서 모세에게 말씀하셨습니다. "이
백성들의 지도자들을 모두 데려다가 여호
와 앞에서 대낮에 그들을 죽여라. 그렇게
해야 여호와의 무서운 진노가 이스라엘에
게서 떠날 것이다." 갈 3:13

5 그러자 모세가 이스라엘의 재판관들에게
말했습니다. "너희는 각자 자기 사람들 가
운데 바알브올의 일에 참여했던 사람들을
죽여라." 11:16;출 18:21,25;32:27

6 이스라엘 남자가 미디안 여자를 데려옴 그때 한
이스라엘 남자가 모세와 온 이스라엘 회중
이 보는 앞에서 자기 형제들에게로 한 미
디안 여자를 데리고 왔습니다. 마침 회중

은 회막 입구에서 울고 있었습니다. 욜 2:17

7 제사장 아론의 손자이며 엘르아살의 아들인 비느하스가 이것을 보고 회중 가운데서 일어나 손에 창을 들었습니다. 출 6:25

8 2만 4,000명이 죽음 그리고 그 이스라엘 남자를 쫓아가 그의 방까지 들어갔습니다. 그는 그들 두 사람, 곧 그 이스라엘 남자와 그 여자를 그녀의 배가 뚫리기까지 찔렀습니다. 그러자 이스라엘 백성들에게서 재앙이 멈추었습니다.

9 그 재앙으로 죽은 사람이 2만 4,000명이었습니다. 신 4:3;고전 10:8

10 칭찬받는 비느하스 여호와께서 모세에게 말씀하셨습니다.

11 "제사장 아론의 손자이며 엘르아살의 아들인 비느하스가 그들 가운데서 나에 대한 열심을 보여 줌으로서 이스라엘 자손을 향한 내 진노를 돌이켰으니 내가 그 이스라엘 자손을 내 질투심으로 인해 파멸시키지 않았다. 신 32:16,21;왕상 14:22;시 78:58;고전 10:22

12 그러므로 내가 비느하스와 평화의 언약을 맺는다고 말하여라. 말 2:4-5

13 비느하스와 그의 뒤에 오는 후손들에게 영원한 제사장직의 언약이 있을 것이다. 이는 그가 자기 하나님을 위해 열심을 내

비느하스

이름의 뜻은 '흑인'. 대제사장 아론의 손자이자 엘르아살의 아들로 아버지의 뒤를 이어 대제사장이 되었다. 우상숭배로 인해 이스라엘에 전염병이 퍼졌을 때, 미디안 여인을 자기 방으로 데리고 온 한 이스라엘 남자를 미디안 여인과 함께 죽임으로써 이스라엘에 대한 하나님의 저주를 그치게 했다.

"비느하스와 그의 후손은 하나님으로부터 영원한 제사장의 직분을 보장받았다."

비느하스가 나오는 장면
>> 출 6:25; 민 25:1-13; 대상 6:50

성경에 나오는 다른 비느하스
>> 1. 엘리의 둘째 아들로 홉니의 동생(삼상 1:3)
2. 엘르아살의 아버지(스 8:33)

서 이스라엘 백성들의 죄를 속해 주었기 때문이다."

14 시므리와 고스비 미디안 여자와 함께 죽임당한 그 이스라엘 남자의 이름은 시므온 가문의 지도자인 살루의 아들 시므리였습니다.

15 그리고 죽임당한 미디안 여자의 이름은 미디안 가문의 족장인 수르의 딸 고스비였습니다. 31:8;수 13:21

16 여호와께서 미디안을 칠 것을 명하심 여호와께서 모세에게 말씀하셨습니다.

17 "미디안 사람들을 원수로 여겨 죽여라.

18 그들이 브올의 일로 인해서, 브올의 일로 재앙이 내린 날 죽은 그들의 자매인 미디안 지도자의 딸 고스비의 일로 인해서 너희에게 속임수를 써서 너희를 괴롭혔기 때문이다." 23:28;31:16;계 2:14

26

여호와께서 인구 조사를 명하심 재앙이 있은 후 여호와께서 모세와 제사장 아론의 아들 엘르아살에게 말씀하셨습니다. 25:9

2 "20세 이상으로서 군대에 갈 수 있는 사람의 수를 가문별로 등록해 온 이스라엘 회중의 수를 세라." 1:2-3;삼하 30:12;38:25-26

3 그래서 요단 강 여리고 건너편의 모압 평원에서 모세와 제사장 엘르아살이 그들에게 말했습니다. 63절;22:1

4 "여호와께서 모세와 이집트에서 나온 이스라엘 자손에게 명령하신 대로 20세 이상인 사람들의 수를 세라." 1:1

5 줄어든 르우벤 지파 르우벤은 이스라엘의 맏아들입니다. 르우벤의 자손들은 하녹에게서 난 하녹 가족과 발루에게서 난 발루 가족과 창 46:8-9;출 6:14;대상 5:1-3

6 헤스론에게서 난 헤스론 가족과 갈미에게서 난 갈미 가족이 있는데

7 이들이 르우벤 지파의 가족들로서 그 수는 4만 3,730명이었습니다. 1:21

8 발루의 아들은 엘리압입니다.

9 엘리압의 아들들은 느무엘과 다단과 아비람입니다. 다단과 아비람은 회중 가운데서 부름을 받은 사람들이었으며 고라의 무리

가 여호와를 대적할 때 그 무리 속에서 모세와 아론을 대적한 사람들이었습니다.

10 그때 땅이 입을 열어 고라와 함께 그들을 삼켜 버려 고라의 무리가 죽고 또 불이 250명을 불살라 버린 것은 본보기가 됐습니다.

11 그러나 고라의 자손은 죽지 않았습니다.

12 줄어든 시므온 지파 시므온의 자손들은 그 가족대로 느무엘에게서 난 느무엘 가족과 야민에게서 난 야민 가족과 야긴에게서 난 야긴 가족과   창 46:10;출 6:15;대상 4:24

13 세라에게서 난 세라 가족과 사울에게서 난 사울 가족이 있는데

14 이들이 시므온 지파의 가족들로서 그 수는 2만 2,200명이었습니다.   123

15 줄어든 갓 지파 갓 자손들은 그 가족대로 스본에게서 난 스본 가족과 학기에게서 난 학기 가족과 수니에게서 난 수니 가족과

16 오스니에게서 난 오스니 가족과 에리에게서 난 에리 가족과

17 아롯에게서 난 아롯 가족과 아렐리에게서 난 아렐리 가족이 있는데

18 이들이 갓 지파의 가족들로서 그 수는 4만 500명이었습니다.   1:25

19 늘어난 유다 유다의 아들은 에르와 오난이었는데 에르와 오난은 가나안에서 죽었습니다.   창 38:3-10;46:12;대상 2:3-5

20 유다의 자손들은 그 가족대로 셀라에게서 난 셀라 가족과 베레스에게서 난 베레스 가족과 세라에게서 난 세라 가족이었습니다.

21 베레스의 자손들은 헤스론에게서 난 헤스론 가족과 하물에게서 난 하물 가족이었습니다.

22 이들은 유다 지파의 가족들로서 그 수는 7만 6,500명이었습니다.   1:27

23 늘어난 잇사갈 지파 잇사갈의 자손들은 그 가족대로 돌라에게서 난 돌라 가족과 부와에게서 난 부니 가족과   창 46:13;대상 7:1

24 야숩에게서 난 야숩 가족과 시므론에게서 난 시므론 가족이 있는데

25 이들은 잇사갈 지파의 가족들로서 그 수는 6만 4,300명이었습니다.   1:29

26 늘어난 스불론 지파 스불론의 자손들은 그

1·2차 인구 조사

가나안 땅을 바로 앞에 두고 하나님은 다시 인구 조사를 시키신다. 군사적인 목적과 함께 가나안 땅을 어떻게 나눌 것인가를 정하려는 자료 조사였다. 또 이것은 이집트를 탈출할 당시의 세대가 광야 세대로 교체되었음을 의미한다. 놀라운 일은 1차 인구 조사 대상자인 20세 이상의 이집트 탈출 세대가 여호수아와 갈렙을 제외하고 모두 죽었는데도 전체 인구 중 1천 820명밖에 줄어들지 않았다는 사실이다.

(단위 : 명)

지파 이름	1차 조사	2차 조사	증감
르우벤	46,500	43,730	-2,770
시므온	59,300	22,200	-37,100
갓	45,650	40,500	-5,150
유다	74,600	76,500	+1,900
잇사갈	54,400	64,300	+9,900
스불론	57,400	60,500	+3,100
므낫세	32,200	52,700	+20,500
에브라임	40,500	32,500	-8,000
베냐민	35,400	45,600	+10,200
단	62,700	64,400	+1,700
아셀	41,500	53,400	+11,900
납달리	53,400	45,400	-8,000
총 계	603,550	601,730	-1,820

가족대로 세렛에게서 난 세렛 가족과 엘론에게서 난 엘론 가족과 얄르엘에게서 난 얄르엘 가족이 있는데 창46:14

27 이들은 스불론 지파의 가족들로서 그 수는 6만 500명이었습니다. 1:31

28 늘어난 므낫세 지파 요셉의 아들들은 가족별로 므낫세와 에브라임입니다. 창46:20

29 므낫세의 자손들은 마길에게서 난 마길 가족과 마길의 아들인 길르앗에게서 난 길르앗 가족이었습니다. 수17:1;대상 7:14~20

30 길르앗의 자손들은 이에셀에게서 난 이에셀 가족과 헬렉에게서 난 헬렉 가족과

31 아스리엘에게서 난 아스리엘 가족과 세겜에게서 난 세겜 가족과

32 스미다에게서 난 스미다 가족과 헤벨에게서 난 헤벨 가족이었습니다.

33 헤벨의 아들 슬로브핫은 아들이 없이 딸뿐이었습니다. 슬로브핫의 딸들의 이름은 말라, 노아, 호글라, 밀가, 디르사입니다.

34 이들은 므낫세 지파의 가족들로서 그 수는 5만 2,700명이었습니다. 1:35

35 줄어든 에브라임 지파 에브라임 자손들은 그 가족대로 수델라에게서 난 수델라 가족과 베겔에게서 난 베겔 가족과 다한에게서 난 다한 가족이었습니다.

36 수델라의 자손들은 에란에게서 난 에란 가족이었습니다.

37 이들은 에브라임 가족들로서 그 수는 3만 2,500명이었습니다. 이들이 가족에 따른 요셉의 자손들이었습니다. 1:33

38 늘어난 베냐민 지파 베냐민의 자손들은 그 가족대로 벨라에게서 난 벨라 가족과 아스벨에게서 난 아스벨 가족과 아히람에게서 난 아히람 가족과 창46:21;대상 7:6,8:1~5

39 스부밤에게서 난 스부밤 가족과 후밤에게서 난 후밤 가족이었습니다.

40 벨라의 아들들은 아릇과 나아만이었습니다. 아릇에게서 난 아릇 가족과 나아만에게서 난 나아만 가족이었습니다.

41 이들은 베냐민 지파의 가족들로서 그 수는 4만 5,600명이었습니다. 1:37

42 늘어난 단 지파 단의 자손들은 그 가족대로 수함에게서 난 수함 가족이었습니다. 이들이 가족에 따른 단의 자손들이었습니다.

43 수함 가족의 수는 6만 4,400명이었습니다.

44 늘어난 아셀 지파 아셀의 자손들은 그 가족대로 임나에게서 난 임나 가족과 이스위에게서 난 이스위 가족과 브리아에게서 난 브리아 가족이었습니다. 창46:17;대상 7:30~31

45 브리아의 자손들로는 헤벨에게서 난 헤벨 가족과 말기엘에게서 난 말기엘 가족이 있었습니다.

46 아셀에게는 세라라는 이름의 딸이 하나 있었습니다.

47 이들은 아셀의 가족들로서 그 수는 5만 3,400명이었습니다. 창46:17;대상 7:30~31

48 줄어든 납달리 지파 납달리의 자손들은 그 가족대로 야셀에게서 난 야셀 가족과 구니에게서 난 구니 가족과 창46:24;대상 7:13

49 예셀에게서 난 예셀 가족과 실렘에게서 난 실렘 가족이었는데

50 이들은 납달리 가족들로서 그 수는 4만 5,400명이었습니다. 1:43

51 남자들의 수 이스라엘 남자들의 수는 다 합쳐 60만 1,730명이었습니다. 1:46

52 땅의 분배 여호와께서 모세에게 말씀하셨습니다.

53 "등록된 사람의 수에 따라 땅을 유산으로 나눠 주어라. 수 11:23;14:1~2;105:44

54 수가 많으면 유산을 많이 주고 수가 적으면 유산을 적게 주어라. 각기 그 등록된 수에 따라 유산을 받을 것이다. 33:54;35:8

55 땅은 반드시 제비를 뽑아서 나눠 주어야 한다. 또한 각자 그 조상의 지파의 이름을 따라서 유산을 받아야 한다. 수 11:23;14:2

56 수가 많든 적든 간에 각자 제비를 뽑아서 유산을 받아야 한다."

57 구별된 레위 지파의 수 등록된 레위 사람은 가족별로 게르손에게서 난 게르손 가족과 고핫에게서 난 고핫 가족과 므라리에게서 난 므라리 가족이 있었습니다.

58 레위 가족은 립니 가족과 헤브론 가족과

말리 가족과 무시 가족과 고라 가족이었습니다. 고핫은 아므람을 낳았습니다.

59 아므람의 아내의 이름은 요게벳으로서 레위의 딸이었는데 그녀는 이집트에서 레위에게 태어났습니다. 그녀는 아므람에게 아론과 모세와 그 누이 미리암을 낳아 주었습니다. 출 2:1-2,4:6:20

60 아론에게는 나답과 아비후와 엘르아살과 이다말이 태어났습니다. 3:2;대상 24:1

61 그러나 나답과 아비후는 금지된 불을 여호와 앞에 드리다가 죽었습니다. 레 10:1-2

62 레위 가족 가운데 태어난 지 1개월 이상인 모든 남자들은 그 수가 2만 3,000명이었습니다. 그들은 유산을 받지 않았기 때문에 다른 이스라엘 백성들과 함께 세지 않았습니다. 1:49;3:39;18:20

63 출이집트 당시의 사람들이 모두 죽음 이들은 모세와 제사장 엘르아살이 등록한 사람들이었습니다. 그들이 요단 강의 여리고 건너편 모압 평지에서 이스라엘 자손들의 수를 세었습니다. 3월22:1

64 모세와 제사장 아론이 시내 광야에서 이스라엘 자손을 셀 때 등록된 사람들 가운데 이 안에 포함된 사람은 한 명도 없었습니다. 1:44;신 2:14-15

65 이는 여호와께서 그들이 광야에서 다 죽고 여분네의 아들 갈렙과 눈의 아들 여호수아 외에는 그들 가운데 아무도 살아남지 못할 것이라고 말씀하셨기 때문입니다.

27 딸들이 유산을 요구함 요셉의 아들 므낫세의 가족에서 므낫세의 현손이며 마길의 증손이며 길르앗의 손자인 헤벨의 아들 슬로브핫의 딸들이 나아왔습니다. 그 딸들의 이름은 말라, 노아, 호글라, 밀가, 디르사입니다. 수 17:3

2 그들이 회막 입구에서 모세와 제사장 엘르아살과 지도자들과 온 회중 앞에 서서 말했습니다.

3 "저희 아버지는 광야에서 죽었습니다. 그는 여호와를 대적해 일어난 고라의 무리 속에 포함되지 않았으며 다만 자기 죄로

인해 죽었습니다. 아버지에게는 아들이 없었습니다. 14:35;16:1-2:26:64-65;겔 18:4

4 아버지에게 아들이 없었다고 해서 왜 저희 아버지의 이름이 그 가족에서 빠져야 합니까? 저희 아버지의 형제들 가운데서 저희에게 재산을 주십시오." 수 17:4

5 상속의 순서 모세가 그들의 사정을 여호와 앞으로 가져갔습니다. 출 18:19

6 여호와께서 모세에게 말씀하셨습니다.

7 "슬로브핫의 딸들이 말하는 것이 옳다. 너는 그들의 아버지의 형제들 가운데서 그들에게 유산을 반드시 주어라. 그들 아버지의 유산을 그들에게 넘겨주어라.

8 그리고 이스라엘 백성들에게 말하여라. '만약 어떤 사람이 아들이 없이 죽으면 그 유산을 그 딸들에게 넘겨주어라.

9 만약 딸도 없다면 그의 유산을 그 형제들에게 주어라.

10 만약 형제도 없다면 그의 유산을 그의 아버지의 형제들에게 주어라.

11 만약 그의 아버지에게도 형제가 없다면 그에게 남아 있는 사람 가운데 가장 가까운 사람에게 주어서 그가 그것을 갖게 하여라. 이것은 여호와가 모세에게 명하신 대로 이스라엘 백성들에게 판결의 율례가 되게 하여라.'" 35:29;롯 4:3-6;렘 32:6-9

12 죽기 전에 부름받은 모세 여호와께서 모세에게 말씀하셨습니다. "아바림 산으로 올라가서 내가 이스라엘 백성에게 준 땅을 보아라. 21:11;33:44,47;신 3:27;32:49;34:1

13 네가 그것을 본 후에 너 또한 네 형 아론처럼 네 조상들에게 돌아갈 것이다. 20:24

14 이는 신 광야에서 회중이 다투었을 때 너희가 그들의 눈앞에 물을 내어 내 거룩함을 나타내라는 내 명령을 거역했기 때문이다." 이곳은 신 광야의 가데스의 므리바 물가였습니다. 20:12-13,24:신 17:7;신 32:51

15 모세가 하나님께 후계자를 구함 모세가 여호와께 말했습니다.

16 "모든 육체의 영들의 하나님이신 여호와여, 이 회중을 위해 한 사람을 세우셔서

17 그가 그들의 앞에서 나아가고 들어오게 하시며 또한 그가 그들을 데리고 나가고 데리고 들어오게 하셔서 여호와의 회중이 목자 없는 양 떼처럼 되지 않게 해 주십시오.'"

18 여호수아를 후계자로 명하심 그러자 여호와께서 모세에게 말씀하셨습니다. "영이 그 안에 있는 눈의 아들 여호수아를 데려다가 그에게 안수하여라.

창 41:38;신 34:9;3:10

19 그를 제사장 엘르아살과 온 회중 앞에 서게 하고 그들이 보는 가운데 그를 임명하여라.

신 3:28;31:7-8

20 네 권한을 그에게 주어 이스라엘 자손의 온 회중이 그에게 순종하도록 하여라.

21 그러나 그는 제사장 엘르아살 앞에 서야 한다. 그러면 엘르아살이 그를 위해 우림의 판결 도구를 가져와 여호와 앞에서 물을 것이다. 그의 명령에 따라 그와 온 이스라엘이 나가고 또한 그의 명령에 따라 그와 온 회중이 들어와야 한다.'"

출 28:30

22 모세가 여호수아를 후계자로 세움 모세가 여호와께서 명령하신 대로 여호수아를 데려다가 제사장 엘르아살과 온 회중 앞에 서게 했습니다.

23 그러고 나서 여호와께서 모세를 통해 말씀하신 것처럼 그가 여호수아에게 안수하고 그를 후계자로 임명했습니다.

28

날마다 드리는 제사 여호와께서 모세에게 말씀하셨습니다.

2 "이스라엘 자손에게 명해 일러라. '너희는 내 음식, 곧 내가 즐기는 향기가 되는 화제를 정해진 때 명심해 내게 드리도록 하라.'

3 그들에게 말하여라. '너희가 여호와께 드려야 하는 화제는 이것이다. 1년 된 흠 없는 어린 숫양 두 마리를 날마다 정기적으로 번제로 드리라.

3-8절;출 29:38-42

4 아침에 어린 숫양 한 마리를 드리고 해 질녘에 또 어린 숫양 한 마리를 드리는데

5 찧어서 짠 기름 4분의 1힌과 섞은 고운 가루 10분의 10에바의 곡식제물을 함께 드리라.

6 이것은 시내 산에서 정해진 정기적인 번제로서 여호와께서 즐기시는 향기로운 화제다.

출 29:42;암 5:25

7 이와 함께 어린 숫양 한 마리마다 4분의 1힌의 전제물을 드리는데 성소에서 독한 술로 된 전제물을 여호와께 부어 드려야 한다.

8 해 질 무렵에는 두 번째로 어린 숫양을 드리는데 아침때와 같은 곡식제물과 전제물을 함께 드려야 한다. 이것은 여호와께서 즐기시는 향기로운 화제다.'"

9 안식일에 드리는 제물 "'안식일에는 1년 된

절기, 제사법, 또 쓴 이유

구약성경에는 절기, 제사법이 여러 번 나온다(출 23:14-17; 29:38-42; 31:12-17; 레 23장; 민 15장).
하나님은 이스라엘이 가나안에 들어간 후의 삶을 위해 종합적이고 통일화된 절기와 제사법을 알려 주실 필요가 있었다.

✿ 하나님이 명하신 제사법	✿ 우리가 적용할 점
매일 드리는 상번제(민 28:2-8)	언제나 감사하는 예배자의 삶
매주 안식일에 드리는 제사(민 28:9-10)	주일을 구별하고 지키는 삶
매달 초하루에 드리는 제사(민 28:11-15)	매달의 첫 시간을 드림
유월절 제사(민 28:16-25)	성찬식에 참여, 예수님을 기념
칠칠절에 드리는 제사(민 28:26-31)	베풀어 주신 은혜에 감사
칠월에 드리는 제사 (민 29장)	1일(나팔절)에 드리는 제사(민 29:1-6)	한해를 지켜 주시고 새해를 허락하심에 감사
	10일(속죄일)에 드리는 제사(민 29:7-11)	예수님의 희생과 구속에 감사
	15일부터 8일간(초막절) 드리는 제사(민 29:12-38)	죄와 사망에서 구원하심에 감사

흠 없는 어린 숫양 두 마리를 기름 섞은 고운 가루 10분의 2에바의 곡식제물과 전제물과 함께 드려야 한다.

10 이것은 안식일마다 드리는 번제로서 정기적으로 드리는 번제와 전제물 외에 드리는 것이다.'" 겔 46:4-5

11 **달마다 드리는 제사** "'매달 첫날에 여호와께 수송아지 두 마리와 숫양 한 마리와 1년 된 흠 없는 어린 숫양 일곱 마리를 번제로 드리라. 대상 23:31;대하 24:14;14:2장 2:16

12 수송아지 한 마리마다 기름 섞은 고운 가루 10분의 3에바의 곡식제물과 숫양 한 마리마다 기름 섞은 고운 가루 10분의 2에바의 곡식제물을 드리며

13 어린 숫양 한 마리마다 기름 섞은 고운 가루 10분의 1에바의 곡식제물을 드리라. 이 것은 번제로서 여호와께서 즐거워하시는 향기로운 화제다.

14 여기에 전제로 포도주를 수송아지 한 마리마다 2분의 1힌, 숫양 한 마리마다 3분의 1힌, 어린 숫양 한 마리마다 4분의 1힌을 드려야 한다. 이것은 한 해 동안 매달마다 드리는 번제다.

15 그리고 숫염소 한 마리를 속죄제물로 여호와께 드리라. 이것은 정기적인 번제물과 전제물과 전제물 외에 드리는 것이다.'" 22,30절

16 **유월절** "'첫째 달 14일은 여호와의 유월절이다. 출 12:6;신 16:1;겔 45:21

17 15일부터는 절기가 시작된다. 7일 동안은 누룩 없는 빵을 먹어야 한다. 출 12:18

18 **번제의 제물** 첫째 날에는 거룩한 모임을 갖고 아무 일도 하지 말라. 출 12:16;레 23:7

19 수송아지 두 마리와 숫양 한 마리와 흠 없는 1년 된 어린 숫양 일곱 마리를 번제로서 여호와께 화제로 드린다. 레 22:20;레 15:21

20 이것들과 함께 드릴 곡식제사는 기름 섞은 고운 가루다. 수송아지에는 10분의 3에바, 숫양에는 10분의 2에바,

21 일곱 마리의 어린 숫양 한 마리마다 10분의 1에바를 드리라.

22 그리고 너희를 속죄하기 위해 속죄제물로

숫염소 한 마리를 드리라. 15,30절;29:22,28

23 아침마다 정기적으로 드리는 번제물 외에 이것들을 드리게 하라.

24 이런 식으로 7일 동안 매일 음식, 곧 여호와께서 즐거워하시는 향기로운 화제를 드리도록 하라. 이것은 정기적인 번제물과 전제물 외에 드리는 것이다.

25 일곱 째 날에는 거룩한 모임을 갖고 아무일도 하지 말라.'" 출 12:16;13:6;레 23:8

26 **칠칠절** "'첫 열매를 드리는 날, 곧 여호와께 새로운 곡식으로 곡식제물을 드리는 칠칠절에는 거룩한 모임을 갖고 아무 일도 하지 말라. 출 23:16;34:22;레 23:10,15;행 21

27 수송아지 두 마리와 숫양 한 마리와 1년된 어린 숫양 일곱 마리를 번제로 드려 여호와께서 즐거워하시는 향기가 되게 하라.

28 이것들과 함께 드릴 곡식제사는 기름 섞은 고운 가루다. 수송아지 한 마리마다 10분의 3에바, 숫양 한 마리마다 10분의 2에바,

29 일곱 마리의 어린 숫양 한 마리마다 각각 10분의 1에바를 드리라.

30 그리고 너희 속죄를 위해 숫염소 한 마리를 드리라. 15,22절

31 너희는 이것들을 정기적인 번제물과 곡식제물과 전제물 외에 드려야 한다. 너희를 위해 그 가축들은 흠이 없어야 한다.'"

29

나팔절 "'일곱째 달 1일에는 거룩한 모임을 갖고 아무 일도 하지 말라. 그날은 나팔을 부는 날이다.

2 너희는 수송아지 한 마리와 숫양 한 마리와 1년 된 흠 없는 어린 숫양 일곱 마리를 여호와께서 즐거워하시는 향기가 되게 번제물로 드리라.

3 이것들과 함께 드릴 곡식제사는 기름 섞은 고운 가루다. 수송아지에는 10분의 3에바, 숫양에는 10분의 2에바,

4 일곱 마리의 어린 숫양 한 마리마다 10분의 1에바를 준비해 드리라.

5 그리고 너희를 속죄하기 위해 속죄제물로 숫염소 한 마리를 드리라.

6 이것들은 규정을 따라 전제물과 함께 드리

는 매달의 번제물과 곡식제물이나 매일의 번제물과 곡식제물 외에 여호와께서 즐거워하시는 향기로운 화제로 드리는 것이다.'"

7 속죄의날 "'일곱째 달 10일에는 거룩한 모임을 가지라. 너희는 스스로를 괴롭게 하고 아무 일도 하지 말라. 레 16:29

8 너희는 수송아지 한 마리와 숫양 한 마리와 1년 된 흠 없는 어린 숫양 일곱 마리를 여호와께서 즐거워하시는 향기가 되게 번제물로 드리라. 28:19

9 이것들과 함께 드릴 곡식제사는 기름 섞은 고운 가루로, 수송아지에는 10분의 3에바, 숫양에는 10분의 2에바,

10 일곱 마리의 어린 숫양 한 마리마다 10분의 1에바를 드리라.

11 그리고 숫염소 한 마리를 속죄제물로 드리라. 이것은 속죄를 위한 속죄제물이나 정기적으로 드리는 번제와 곡식제물이나 그 전제물들 외에 드리는 것이다.'" 레 16:3

12 장막절 "'일곱째 달 15일에는 거룩한 모임을 갖고 아무 일도 하지 말라. 7일 동안 여호와를 위해 절기를 지키라.

13 여호와께서 즐거워하시는 향기로운 화제로 수송아지 13마리, 숫양 두 마리, 1년 된 흠 없는 어린 숫양 14마리를 번제로 드리라.

14 이것들과 함께 드릴 곡식제사는 기름 섞은 고운 가루로, 수송아지 13마리에 한 마리마다 각각 10분의 3에바, 숫양 두 마리에는 한 마리마다 10분의 2에바,

15 어린 숫양 14마리에는 각각 10분의 1에바를 드리라.

16 그리고 숫염소 한 마리를 속죄제물로 드리라. 이것은 정기적으로 드리는 번제와 곡식제물과 전제물 외에 드리는 것이다.

17 둘째 날에는 소 떼에서 수송아지 12마리, 숫양 두 마리, 1년 된 흠 없는 어린 숫양 14마리를 드리라.

18 수송아지, 숫양, 어린 숫양과 함께 규정대로 곡식제물과 전제물을 함께 드리라.

19 그리고 숫염소 한 마리를 속죄제물로 드리라. 이것은 정기적으로 드리는 번제와

곡식제물과 전제물 외에 드리는 것이다.

20 셋째 날에는 수송아지 11마리, 숫양 두 마리, 1년 된 흠 없는 숫양 14마리를 드리라.

21 수송아지, 숫양, 어린 숫양과 함께 규정대로 곡식제물과 전제물을 함께 드리라.

22 그리고 숫염소 한 마리를 속죄제물로 드리라. 이것은 정기적으로 드리는 번제와 곡식제물과 전제물 외에 드리는 것이다.

23 넷째 날에는 수송아지 열 마리, 숫양 두 마리, 1년 된 흠 없는 어린 숫양 14마리를 드리라.

24 수송아지, 숫양, 어린 숫양과 함께 규정대로 곡식제물과 전제물을 함께 드리라.

25 그리고 숫염소 한 마리를 속죄제물로 드리라. 이것은 정기적으로 드리는 번제와 곡식제물과 전제물 외에 드리는 것이다.

26 다섯째 날에는 수송아지 아홉 마리, 숫양 두 마리, 1년 된 흠 없는 어린 숫양 14마리를 드리라.

27 수송아지, 숫양, 어린 숫양과 함께 규정대로 곡식제물과 전제물을 함께 드리라.

28 그리고 숫염소 한 마리를 속죄제물로 드리라. 이것은 정기적으로 드리는 번제와 곡식제물과 전제물 외에 드리는 것이다.

29 여섯째 날에는 수송아지 여덟 마리, 숫양 두 마리, 1년 된 흠 없는 어린 숫양 14마리를 드리라.

30 수송아지, 숫양, 어린 숫양과 함께 규정대로 곡식제물과 전제물을 함께 드리라.

31 그리고 숫염소 한 마리를 속죄제물로 드리라. 이것은 정기적으로 드리는 번제와 곡식제물과 전제물 외에 드리는 것이다.

32 일곱째 날에는 수송아지 일곱 마리, 숫양 두 마리, 1년 된 흠 없는 어린 숫양 14마리를 드리라.

33 수송아지, 숫양, 어린 숫양과 함께 규정대로 곡식제물과 전제물을 함께 드리라.

34 그리고 숫염소 한 마리를 속죄제물로 드리라. 이것은 정기적으로 드리는 번제와 곡식제물과 전제물 외에 드리는 것이다.

35 여덟째 날에는 모임을 갖고 아무 일도 하

지 말라. 레 23:36.요 7:37

36 너희는 수송아지 한 마리와 숫양 한 마리와 1년 된 흠 없는 어린 숫양 일곱 마리를 여호와께 즐거워하시는 향기로운 화제가 되는 번제로 드리라.

37 수송아지, 숫양, 어린 숫양과 함께 규정대로 곡식제물과 전제물을 함께 드리라.

38 그리고 숫염소 한 마리를 속죄제물로 드리라. 이것은 정기적으로 드리는 번제와 곡식제물과 전제물 외에 드리는 것이다.

39 모든 절기를 공포함 너희는 정해진 절기 때마다 너희의 서원제물이나 자원제물 외에 번제물과 곡식제물과 전제물과 화목제물을 드리도록 하라.'" 레 7:11,16;23:2,4;대상 23:31

40 여호와께서 모세에게 명하신 대로 모세가 모든 것을 이스라엘 자손에게 말했습니다.

30

서약의 준수 모세가 이스라엘 자손 각 지파의 우두머리들에게 말했습니다. "이것은 여호와께서 명하신 것이다. 1:4,16;7:2

2 만약 어떤 사람이 여호와께 서원했거나 자신의 마음을 굳게 정해 맹세한 것이 있으면 그는 자신의 말을 어기지 말고 자신이 말한 대로 모두 다 해야 한다. 레 27:2

3 **어린 여자의 서원** 만약 어떤 여인이 아직 나이가 어려서 아버지의 집에서 살고 있을 때에 여호와께 서원했거나 마음을 굳게 정한 것이 있는데

4 그녀의 아버지가 그녀의 서원이나 그녀가 마음을 굳게 정한 것에 대해서 듣고도 아무 말도 하지 않았을 때는 그녀의 모든 서원이 유효하며 그녀가 마음을 굳게 정한 것도 모두 유효하다.

5 그러나 만약 그녀의 아버지가 그녀의 말을 들었을 때 허락하지 않았다면 그녀의 서원이나 그녀가 마음을 굳게 정한 것은 유효하지 않다. 그녀의 아버지가 그녀에게 허락하지 않았기 때문에 여호와께서 그녀를 용서해 주실 것이다.

6 **아내의 서원** 만약 그녀가 서원한 것이나 그녀가 마음을 정한 것에 대해서 성급하게 언급한 것이 아직 유효한 가운데 그녀가 시집을 갔는데 시 56:12

7 그녀의 남편이 그것을 듣고도 아무 말도 하지 않으면 그녀가 서원한 것은 유효하며 그녀가 마음을 정한 것도 유효하다.

8 그러나 만약 그 남편이 그 말을 듣고 그녀에게 허락하지 않고 아직 유효한 그녀의 서원이나 그녀가 마음을 정한 것에 대해 성급하게 언급한 것을 취소시켜도 여호와께서 그녀를 용서해 주실 것이다. 12절

9 **과부나 이혼녀의 서원** 과부나 이혼녀가 한 서원이나 마음을 정한 것은 그녀들에게 유효하다.

10 만약 남편과 살고 있는 여자가 서원하거나 마음을 정해 맹세했는데

11 그 남편이 그 말을 듣고 아무 말도 하지 않으면 그녀의 모든 서원이 유효하며 그녀가

서원이 뭐죠?

하나님께 무엇을 하겠다거나 일정 기간 하지 않겠다고 스스로 하나님께 약속하는 것을 '서원'이라고 말해요(레 27:1-29). 서원은 보통 하나님의 도움을 받기 위해, 또 베풀어 주신 은혜에 감사하기 위해 했어요. 서원은 스스로 하는 것이며, 서원을 하지 않는다고 해서 그것이 죄가 되는 것은 아니에요. 하지만 서원한 이상 꼭 지켜야 했고(민 30:2; 신 23:21-23), 그것을 어긴 경우 속건제[희생

제물]를 드려 용서받아야 했어요(레 5:4-6). 결혼하지 않은 딸의 서원을 아버지가 반대한다면 그 서원은 무효가 되었고(민 30:5), 결혼한 여자의 서원은 남편의 허락에 따랐어요(민 30:6-8). 과부나 이혼녀의 서원은 남자들이 한 서원과 똑같이 지켜져요(민 30:9). 서원은 하나님께 더 깊이 믿음을 보여 드릴 좋은 기회가 될 수 있지만 하나님을 향한 약속이므로 함부로 해서는 안 돼요.

마음을 굳게 정한 것도 유효하다.

12 그러나 만약 그녀의 남편이 그것을 듣고 그것들을 취소시키면 그녀가 서원한 것이든 그녀가 마음을 정한 것이든 간에 그녀의 입술로부터 나온 모든 것은 다 무효가 된다. 그녀의 남편이 그것들을 취소시킨 것이니 여호와께서 그녀를 용서하실 것이다.

13 남편의 책무 그녀가 서원한 것이나 그녀가 스스로를 괴롭히기로 마음을 정해 맹세한 것을 그녀의 남편이 모두 유효하게 할 수도 있고 그녀의 남편이 모두 무효화시킬 수도 있다.

14 그러나 만약 그 남편이 하루가 지나도록 아무 말도 없으면 그는 그녀의 모든 서원이나 그녀의 마음에 정한 것을 확증한 것이다. 그가 그것에 대해 들었을 때에 그녀에게 아무 말도 하지 않았기 때문에 그가 그것들을 확증한 것이다.

15 만약 그가 그 말을 듣고 나중에 무효화한다면 그 남편은 아내의 허물을 짊어져야 한다." _{레 5:1}

16 이것은 여호와께서 남자와 그 아내의 관계와 아버지와 그 집에 아직 살고 있는 나이 어린 딸의 관계에 대해서 모세에게 주신 율례입니다.

31 미디안과 싸울 군대 여호와께서 모세에게 말씀하셨습니다.

2 "이스라엘 자손들을 위해 미디안 사람들에게 복수하여라. 그 후에 너는 네 조상들에게 돌아갈 것이다." _{20:24;25:17}

3 그러자 모세가 백성들에게 말했습니다. "너희 가운데 전투에 참가할 사람을 준비시키라. 그들로 하여금 미디안 사람들과 싸워 미디안에게 여호와의 복수를 행하게 하라.

4 이스라엘의 각 지파에서 1,000명씩 싸우러 보낼 것이다."

5 그리하여 각 지파마다 1,000명씩 해서 총

1만 2,000명의 무장한 군사들이 이스라엘 군대에서 파견됐습니다. _{32:27;수 4:13}

6 이렇게 해서 모세는 각 지파마다 1,000명씩을 싸우러 보냈습니다. 또한 그들과 함께 제사장 엘르아살의 아들 비느하스를 거룩한 물건들과 신호용 나팔을 들려 함께 보냈습니다. _{10:6,9;레 23:24}

7 이스라엘이 미디안을 쳐서 승리함 그들은 여호와께서 모세에게 명령하신 대로 미디안과 싸워서 그들의 모든 남자를 다 죽였습니다.

8 죽임을 당한 사람들 가운데는 미디안의 다섯 왕들인 에위, 레겜, 수르, 후르, 레바도 있었습니다. 그들은 또한 브올의 아들 발람을 칼로 죽였습니다. _{25:15;수 13:21-22}

9 이스라엘 사람들은 미디안의 여자들과 아이들을 사로잡았으며 미디안의 소 떼와 양 떼와 물건들을 모두 전리품으로 빼앗았습니다.

10 그들은 미디안 사람들이 살고 있던 모든 성들을 불태웠고 그들의 모든 진영도 불태웠습니다. _{창 25:16}

11 그들은 사람들과 가축들을 비롯한 모든 약탈물과 노략물을 취했습니다.

12 그리고 요단 강 여리고 건너편 모압 평원의 진영에 있는 모세와 제사장 엘르아살과 모든 이스라엘 회중에게 포로들과 약탈물과 노략물을 가져갔습니다. _{신 20:14}

13 여자들을 살려 준 것에 대한 책망 모세와 제사장 엘르아살과 회중의 모든 지도자들이 그들을 맞으러 진영 밖으로 나갔습니다.

14 모세는 싸움터에서 돌아온 군대의 지휘관들, 곧 천부장들과 백부장들에게 화를 냈습니다. _{48절}

15 모세가 그들에게 물었습니다. "어찌하여 너희가 여자들을 모두 살려 두었느냐? _{삼상 15:3}

16 그 여자들은 브올 사건에서 발람의 말을 따라 이스라엘 백성들이 여호와를 거역하게 해 여호와의 회중에게 재앙을 내리게 한 바로 그 사람들이다. _{벧후 2:15;계 2:14}

17 죽여야 할 여자들과 소녀들 그러므로 지금 당장 아이들 가운데 모든 소년들을 죽이라.

파견(31:5, 派遣, supply) 일정한 임무를 주어 사람을 보냄. 노략물(31:11, 擄物, plunder) 전쟁에서 얻는 탈취물, 전리품.

그리고 남자와 자서 남자를 아는 모든 여자들을 죽이라.
_{삿 21:11-12}

18 그러나 남자와 함께 잔 적이 없어서 남자를 모르는 여자아이들은 너희를 위해 살려 두라.
_{신 21:10-14}

19 부정한 것을 정결케 하심 너희는 7일 동안 진 밖에 있어야 한다. 너희나 포로 가운데 누구를 죽인 사람이나 죽임당한 사람을 만진 사람은 셋째 날과 일곱째 날에 스스로를 정결하게 해야 한다.
_{5:2;19:11,22}

20 또한 모든 옷이나 가죽 물건이나 염소털로 만든 것이나 나무로 만든 것을 다 정결하게 해야 한다.

21 그러자 제사장 엘르아살이 싸움터에 갔다온 군사들에게 말했습니다. "여호와께서 모세에게 명령하신 율법의 요구 사항은 이것이다.

22 금, 은, 청동, 철, 양철, 납등

23 불에 견딜 수 있는 것은 다 불에 넣어서 정결하게 하라. 또한 이것은 정결하게 하는 물로도 정결하게 해야 한다. 그리고 불에 견디지 못하는 것은 물에 넣도록 하라.

24 일곱째 날에는 너희 옷을 빨아서 스스로를 정결하게 하라. 그 후에야 너희가 진 안으로 들어올 수 있다."
_{레 11:25}

25 전리품을 분배함 여호와께서 모세에게 말씀하셨습니다.

26 "너와 제사장 엘르아살과 회중의 가문의 우두머리들은 포로든 가축이든 모든 전리품의 수를 세어라.

27 그리고 그 전리품을 전투에 참가했던 군사들과 나머지 회중에게 절반씩 나눠 주어라.

28 전투에 참가했던 군사들에게서 사람과 소와 나귀와 양의 500분의 1을 여호와의 몫으로 거두어라.
_{30-41,47절;18:26}

29 그들이 받은 절반에서 이것들을 거두어 제사장 엘르아살에게 주어 여호와께 드리는 예물이 되게 하여라.

30 그리고 이스라엘 자손들이 받은 절반 가운데서는 사람과 소와 나귀와 양과 기타 모든 짐승의 50분의 1을 거두어 여호와의 성막에서 직분을 행하고 있는 레위 사람들에게 주어라."
_{42-47절;1:53}

31 그래서 모세와 제사장 엘르아살이 여호와께서 모세에게 명하신 대로 했습니다.

32 군사들이 뺏은 것들 가운데 남은 전리품은 양이 67만 5,000마리,

33 소가 7만 2,000마리,

34 나귀가 6만 1,000마리였으며

35 남자와 잔 적이 없어서 남자를 모르는 여

민수기에 나타난 광야 전투 ☀

상대자
아말렉 · 가나안 (민 14:45)
배경
가나안 정탐 사건 후 모세의 만류에도 불구하고 가나안으로 전진하다 패함. 여호와의 언약궤(증거궤)와 모세는 진을 떠나지 않음. 호르마까지 밀림.

상대자
아랏 (민 21:1-3)
배경
이스라엘 백성이 아랏 왕의 영토로 들어가다가 몇 사람이 체포되자 벌어진 싸움.

상대자
아모리 (민 21:21-26)
배경
이스라엘이 아모리 왕 시혼에게 사람을 보내 그들의 땅을 지나가게 해 달라는 요청을 했을 때, 그들이 먼저 이스라엘을 치려고 나왔으나 결국 패함 (전투지: 야하스)

상대자
바산 (민 21:33-35)
배경
이스라엘 백성이 바산 길로 올라오자 바산 왕 옥이 에드레이에서 맞섰으나 패함.

상대자
미디안 (민 31:1-12)
배경
하나님의 지시로 미디안을 침. 이 전투에서 미디안의 다섯 왕과 브올의 아들 발람이 죽임을 당함 (민 25:16-18절참조)

자가 3만 2,000명이었습니다.

36 그러므로 전투에 참가한 사람들을 위한 절반의 몫은 양이 33만 7,500마리였으며

37 이 양들 가운데 여호와의 몫은 675마리였습니다. 28절

38 소는 3만 6,000마리였으며 그 가운데 여호와의 몫은 72마리였습니다.

39 나귀는 3만 500마리였으며 그 가운데 여호와의 몫은 61마리였습니다.

40 사람은 1만 6,000명이었으며 그 가운데 여호와의 몫은 32명이었습니다.

41 여호와께서 모세에게 명하신 대로 모세가 여호와께 예물로 바칠 몫을 제사장 엘르아살에게 주었습니다. 18:8,19

42 모세가 싸우러 나간 사람들로부터 이스라엘 자손의 몫으로 따로 떼어 놓은 절반,

43 곧 회중의 몫인 절반은 양이 33만 7,500마리,

44 소가 3만 6,000마리,

45 나귀는 3만 500마리였으며

46 사람이 1만 6,000명이었습니다.

47 이스라엘 자손의 몫인 절반에서 모세는 여호와께서 자기에게 명하신 대로 사람과 가축의 50분의 1을 거두어 여호와의 성막에서 직분을 행하고 있는 레위 사람들에게 주었습니다. 30절

48 그러자 부대를 이끌고 있는 지휘관들인 천부장들과 백부장들이 모세에게 와서

49 그에게 말했습니다. "당신의 종들이 저희 수하에 있는 군사들의 수를 세어 보았더니 한 사람도 줄지 않았습니다.

50 그래서 저희가 각자 얻은 팔 장식품과 팔찌와 도장과 반지와 귀걸이와 목걸이 같은 금붙이들을 여호와께 예물로 가져왔습니다. 여호와 앞에서 우리가 속죄함을 받도록 하기 위해서 말입니다." 출 30:12

51 모세와 제사장 엘르아살이 그들에게서 금으로 된 그 모든 물건들을 받았습니다.

52 그들이 천부장들과 백부장들로부터 여호와께 드리는 예물로 받은 금은 다해서 그 무게가 1만 6,750세겔이었습니다.

53 전투에 참가한 사람들이 각자 빼앗은 것들이었습니다. 32절신 20:14

54 모세와 제사장 엘르아살이 천부장들과 백부장들에게서 그 금을 받아 회막으로 가져가서 여호와 앞에 놓아 이스라엘 자손을 위한 기념물로 삼았습니다. 출 30:16

32

르우벤과 갓 자손이 땅을 요구함 르우벤 자손과 갓 자손은 가축이 아주 많았습니다. 그들이 보니 야셀 땅과 길르앗 땅이 가축을 키우기에 좋은 곳이었습니다. 3,35창21:32

2 그래서 갓 자손과 르우벤 자손이 모세와 제사장 엘르아살과 회중의 지도자들에게 가서 말했습니다.

3 "아다롯, 디본, 야셀, 니므라, 헤스본, 엘르알레, 스밤, 느보, 브온, 신 32:49대상 5:8

4 곧 여호와께서 이스라엘 회중 앞에서 멸망시킨 그 땅은 가축들을 키우기에 좋은 곳인데 당신의 종들에게 가축들이 있습니다."

5 그들이 계속해서 말했습니다. "만약 저희가 당신께 은혜를 입었다면 그 땅을 당신의 종들에게 주어 차지하게 해 주십시오. 그리고 저희를 요단 강 너머로 데리고 가지 마십시오."

6 **모세가 그들의 비겁함을 염려함** 모세가 갓 자손과 르우벤 자손들에게 말했습니다. "너희 형제들은 싸우러 나가야 하는데 너희는 여기에 남고자 하느냐?

7 너희는 왜 이스라엘 자손이 여호와께서 주신 땅에 들어가려고 마음먹은 것을 왜 낙심하게 하느냐?

8 이것은 내가 가데스 바네아에서 그 땅을 살펴보라고 보냈을 때 너희 조상들이 한 짓과 똑같으니

9 그들이 에스골 골짜기로 올라가 그 땅을 보고는 이스라엘 자손이 여호와께서 그들에게 주신 땅에 들어가려고 마음먹은 것을 낙심하게 했다.

10 그날 여호와께서 진노하셔서 맹세하시면서 말씀하셨다. 10~12절신 1:34~36

11 이집트에서 나온 20세 이상 된 사람들은 내

가 아브라함과 이삭과 야곱에게 맹세한 그 땅을 절대로 보지 못할 것이다. 이는 그들이 나를 온전히 따르지 않았기 때문이다.

12 오직 그니스 사람 여분네의 아들 갈렙과 눈의 아들 여호수아만은 예외인데 이는 그들이 온전히 여호와를 따랐기 때문이다.

13 여호와께서 이스라엘을 향해 진노하셔서 여호와 앞에서 악을 행한 그 세대가 전부 죽기까지 40년 동안 그들이 광야를 떠돌게 하셨다. 14:33-35;26:64-65

14 그런데 죄인의 자식들인 너희가 너희 조상들을 대신해 일어나서 이스라엘을 향한 여호와의 진노가 더 쌓이게 하는구나.

15 만약 너희가 다시 한 번 그분을 따르지 않는다면 그분이 다시 이 백성들을 광야에 버려두실 것이다. 너희는 이스라엘 모든 백성에게 멸망을 가져다주게 될 것이다.”

16 함께 싸울 것을 제안함 그러자 그들이 모세에게 나와 말했습니다. “우리는 여기다 우리 가축을 위한 우리를 만들고 우리 아이들을 위한 성을 만들 것입니다. 24절

17 우리 아이들이 이 땅의 거주자들로부터 안전한 요새에서 머무는 동안 우리는 서둘러 무장하고 이스라엘 백성들보다 앞서 나가 그들을 그곳으로 데리고 가겠습니다.

18 우리는 모든 이스라엘 사람이 각자 자기 유산을 받을 때까지 우리 집으로 돌아오지 않겠습니다. 수22:4

19 우리는 요단 강 동편에서 이미 유산을 받았으므로 더 이상 그들과 함께 요단 강 저편에서 유산을 받지 않겠습니다.” 수12:1

20 모세가 그들의 요구를 허락함 그러자 모세가 그들에게 말했습니다. “만약 너희가 그렇게 함으로써 너희가 여호와 앞에서 전쟁을 위해 무장하고 신3:18;수1:13-14;4:12-13

21 무장한 너희 모두가 여호와 앞에서 요단 강을 건너서 그 앞에서 모든 적들을 다 내쫓고 33:52

22 그 땅을 여호와 앞에서 진압하면 너희는 돌아올 수 있게 되며 너희는 여호와와 이스라엘에 대한 책임에서 벗어나게 될 것이다. 그리고 이 땅은 여호와 앞에서 너희의 소유가 될 것이다. 신3:12,15-16,18;수1:15;13:8

23 그러나 만약 너희가 이렇게 하지 않는다면 너희는 여호와께 죄짓는 것이 된다. 너희 죄가 너희를 덮치게 될 것임을 너희는 알아야 한다. 창44:16;사59:12

24 너희의 아이들을 위해 성을 건축하고 너희 가축들을 위해 우리를 만들라. 그리고 너희 입으로 말한 대로 행하라.” 16,34-38절

25 갓 사람들과 르우벤 사람들이 모세에게 말했습니다. “우리 주께서 명하신 대로 당신의 종들이 하겠습니다.

26 우리 아이들과 우리 아내들과 우리 가축들과 우리의 다른 짐승들은 여기 길르앗의 성들에 머물러 있을 것입니다. 수1:14

27 그러나 당신의 종들은 모두 우리 주께서 말씀하신 대로 무장을 하고 여호와 앞에서 강을 건너가 싸울 것입니다.” 수4:12-13

28 협약이 선포됨 그러자 모세가 제사장 엘르아살과 눈의 아들 여호수아와 이스라엘 지파 가문의 우두머리들에게 명령했습니다.

모세 오경이 뭐죠?

‘모세 오경’은 일반적으로 구약 성경의 처음 다섯 권인 창세기, 출애굽기, 레위기, 민수기, 신명기를 말해요. 히브리어로 ‘토라’라고 부르며, 모세가 썼다고 해서 모세가 쓴 다섯 가지 경전(모세 오경)이라고 부르는 것입니다.

이 모세 오경이 중요한 것은 하나님의 천지 창조, 사람들의 죄에 빠짐과 심판, 하나님의 이스라엘 백성 선택과 이집트 탈출, 하나님이 정하신 온갖 율법과 제사 제도 등이 담겨 있기 때문이에요.

또한 이스라엘의 위대한 지도자인 모세에게 하나님이 직접 말씀하신 내용들이 들어 있기 때문이에요.

"이스라엘 백성의 광야 여정"

이집트

가나안

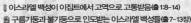

1 이스라엘 백성이 이집트에서 고역으로 고통받음(출 1:8-14)
2 구름기둥과 불기둥으로 인도받는 이스라엘 백성들(출 7-13장)
3 이스라엘 백성이 홍해를 건넘(출 14:15-21)
4 수르 광야 마라에 도착, 쓴물이 단물로 변함(출 15:22-25)
5 12개 샘과 70개 종려나무가 있는 엘림에 장막을 침(출 15:27)

6 엘림과 시내 사이에 있는 신 광야에서 만나와 메추라기를 먹음(출 16장)
7 르비딤(므리바)에서 모세가 바위를 쳐서 물을 냄(출 17:1-7; 민 20:6-13)
8 아말렉 사람과 싸워 이김(출 17:8-16)
9 시내 산에서 십계명을 받음(출 19-24장)
10 성막을 만듦(출 25-31장; 35:4-40장)

11 아론과 이스라엘 백성이 금송아지를 숭배함(출 32장)
12 가나안으로의 여정을 위한 두 차례 인구 조사(민 1장; 26장)
13 70명의 장로를 세우심(민 11:24)
14 가데스 바네아에서 12명의 정탐꾼을 보냄(민 13장)
15 뱀에 물린 사람들이 청동 뱀을 보고 살아남(민 21:4-9)
16 발람이 이스라엘을 축복함(민 22-24장)
17 여호수아를 모세의 후계자로 선택함(민 27:22-23)
18 모세가 이스라엘을 축복하고 모압 땅에서 죽음(신 33-34장)

29 그가 그들에게 말했습니다. "갓 자손과 르우벤 자손이 모두 무장을 하고 여호와 앞에서 너희와 함께 싸우기 위해 요단 강을 건너가서 너희 앞에서 그 땅을 정복하면 너희는 그들에게 길르앗 땅을 그들의 소유로 주라.

30 그러나 만약 그들이 무장하고 너희와 함께 건너가지 않으면 그들은 너희와 함께 가나안 땅에서 그 소유를 받아야 할 것이다."

31 갓 자손과 르우벤 자손이 대답해 말했습니다. "여호와께서 당신의 종들에게 말씀하신 대로 우리가 할 것입니다.

32 우리는 여호와 앞에서 무장하고 가나안 땅으로 건너갈 것입니다. 하지만 우리가 유산으로 얻는 땅은 요단 강 이쪽 편이 될 것입니다."

33 **므낫세 자손이 길르앗을 얻음** 그러자 모세가 갓 자손과 르우벤 자손과 요셉의 아들 므낫세 반 지파에게 아모리 사람들의 왕 시혼의 나라와 바산 왕 옥의 나라를 주었으니, 곧 그 성들과 그 성들 주변의 영토를 다 주었습니다. 　신 3:12-17;29:8;수 12:6;13:8;22:4

34 갓 자손은 디본과 아다롯과 아로엘과　　3절

35 아다롯 소반과 야셀과 욕브하와 　1절;21:32

36 벧니므라와 벧하란 등의 요새화 된 성들을 건축하고 양 떼를 위한 우리를 지었습니다.

37 그리고 르우벤 자손은 헤스본과 엘르알레와 기랴다임을 건축하고　3절;수 21:39;대상 6:81

38 또 느보와 나중에 이름이 바뀐 바알므온과 십마를 건축했습니다. 그리고 그들은 자기들이 건축한 성들을 새로운 이름으로 불렀습니다. 　3절;출 23:13;수 13:17;23:7;26:9;48:23

39 므낫세의 아들 마길의 후손들이 길르앗으로 가서 그 성을 차지하고 거기 있던 아모리 사람들을 쫓아냈습니다. 　창 50:23;대상 7:14-15

40 그러자 모세가 므낫세의 아들 마길에게 길르앗을 주어 그가 거기 거주했습니다.

41 므낫세의 아들 야일이 가서 그들의 마을들을 차지하고 하봇야일이라 불렀습니다.

42 그리고 노바는 그낫과 그 주변 지역들을 차지하고 자기 이름을 따라 노바라고 불렀습니다.

습니다. 　21:25

33

이스라엘의 자손의 여행 경로 모세와 아론의 지휘하에 부대별로 이집트에서 나온 이스라엘 자손의 여행 경로는 이렇습니다.

2 여호와의 명령에 따라 모세는 그들의 여행 경로의 각 출발점들을 기록해 두었습니다. 그들의 여행 경로는 출발점별로 이러합니다. 　9:17-23

3 **출이집트의 내력** 이스라엘 자손들은 첫째 달 15일에 라암셋에서 출발했습니다. 유월절 다음 날인 그날에 그들은 모든 이집트 사람들이 보는 앞에서 담대하게 떠났습니다.

4 반면 이집트 사람들은 그들 가운데서 여호와께서 치신 사람들, 곧 그들의 모든 처음 난 사람들을 땅에 묻고 있었습니다. 그렇게 해서 여호와께서는 그들의 신들에게 심판을 내리셨던 것입니다. 　출 12:12,29;사 19:1

5 **라암셋에서 시내 광야까지** 이스라엘 백성들은 라암셋을 떠나 숙곳에 진을 쳤습니다.

6 그들은 숙곳을 떠나 광야 끝에 있는 에담에 진을 쳤습니다. 　출 13:20

7 그들은 에담을 떠나 바알스본 앞에 있는 비하히롯으로 방향을 돌려서 믹돌 앞에 진을 쳤습니다. 　출 14:2,9

8 그들은 비하히롯을 떠나 바다 한가운데를 지나 광야로 들어갔습니다. 그들은 에담 광야에서 3일 동안 이동했습니다. 그러고는 마라에 진을 쳤습니다. 　출 14:22;15:22-23

9 그들은 마라를 떠나 엘림으로 갔습니다. 거기에는 12개의 샘물과 종려나무 70그루가 있었습니다. 그들은 거기에 진을 쳤습니다. 　출 15:27

10 그들은 엘림을 떠나 홍해 옆에 진을 쳤습니다.

11 그들은 홍해를 떠나 신 광야에 진을 쳤습니다. 　출 16:1

12 그들은 신 광야를 떠나 돕가에 진을 쳤습니다.

13 그들은 돕가를 떠나 알루스에 진을 쳤습니다.

14 그들은 알루스를 떠나 르비딤에 진을 쳤습니다. 거기에는 백성들이 마실 물이 없었습니다. 출 17:1

15 그들은 르비딤을 떠나 시내 광야에 진을 쳤습니다.

16 시내 광야에서 호르 산까지 그들은 시내 광야를 떠나 기브롯 핫다아와에 진을 쳤습니다. 민 19:1-2

17 그들은 기브롯 핫다아와를 떠나 하세롯에 진을 쳤습니다. 11:35;12:16;신 1:1

18 그들은 하세롯을 떠나 릿마에 진을 쳤습니다. 12:16

19 그들은 릿마를 떠나 림몬베레스에 진을 쳤습니다.

20 그들은 림몬베레스를 떠나 립나에 진을 쳤습니다.

21 그들은 립나를 떠나 릿사에 진을 쳤습니다.

22 그들은 릿사를 떠나 그헬라다에 진을 쳤습니다.

23 그들은 그헬라다를 떠나 세벨 산에 진을 쳤습니다.

24 그들은 세벨 산을 떠나 하라다에 진을 쳤습니다.

25 그들은 하라다를 떠나 막헬롯에 진을 쳤습니다.

26 그들은 막헬롯을 떠나 다핫에 진을 쳤습니다.

27 그들은 다핫을 떠나 데라에 진을 쳤습니다.

28 그들은 데라를 떠나 밋가에 진을 쳤습니다.

29 그들은 밋가를 떠나 하스모나에 진을 쳤습니다.

30 그들은 하스모나를 떠나 모세롯에 진을 쳤습니다. 신 10:6

31 그들은 모세롯을 떠나 브네야아간에 진을 쳤습니다. 창 36:27;신 10:6

32 그들은 브네야아간을 떠나 홀하깃갓에 진을 쳤습니다.

33 그들은 홀하깃갓을 떠나 욧바다에 진을 쳤습니다. 신 10:7

34 그들은 욧바다를 떠나 아브로나에 진을 쳤습니다.

35 그들은 아브로나를 떠나 에시온게벨에 진을 쳤습니다. 신 2:8;왕상 9:26;22:48;대하 8:17

36 그들은 에시온게벨을 떠나 신 광야, 곧 가데스에 진을 쳤습니다. 20:1;27:14

37 그들은 가데스를 떠나 에돔 땅의 끝에 있는 호르 산에 진을 쳤습니다. 20:1;27:14

38 아론의 죽음 여호와의 명령을 따라 제사장 아론이 호르 산에 올라가서 죽었습니다. 때는 이스라엘 백성들이 이집트에서 나온 지 40년 되는 해 다섯째 달 1일이었습니다.

39 호르 산에서 죽을 때 아론의 나이는 123세였습니다. 출 7:7

40 호르 산에서 모압까지 가나안 땅 네게브 지방에 살고 있던 가나안 사람, 아랏의 왕은 이스라엘 백성들이 오고 있다는 소식을 들었습니다.

41 그들은 호르 산을 떠나 살모나에 진을 쳤습니다. 21:4

42 그들은 살모나를 떠나 부논에 진을 쳤습니다.

43 그들은 부논을 떠나 오봇에 진을 쳤습니다.

44 그들은 오봇을 떠나 모압 경계에 있는 이예아바림에 진을 쳤습니다. 21:11

45 완전한 정복을 명하심 그들은 이예아바림을 떠나 디본갓에 진을 쳤습니다. 21:30;32:34

46 그들은 디본갓을 떠나 알몬디블라다임에 진을 쳤습니다. 렘 48:22;겔 6:14

▲ 시내 광야(Wilderness of Sinai)
이집트를 탈출한 이스라엘 백성이 진을 쳤던 광야로 시내 반도의 남단, 시내 산 앞에 위치한 곳이다(출 19:1-2; 민 33:15-16). 이스라엘 백성은 정월 15일에 라암셋에서 출발하여 유대력으로 세 번째 달인 시완 월에 이곳에 도착했다(출 19:1).

47 그들은 알몬디블라다임을 떠나 느보 앞에 있는 아바림 산에 진을 쳤습니다. 신 32:49

48 그들은 아바림 산을 떠나 요단 강 여리고 건너편의 모압 평원에 진을 쳤습니다.

49 요단 평원에서 그들은 요단 강을 따라 벧여시못에서부터 아벨싯딤에 이르는 지역에 진을 쳤습니다. 25:1

50 요단 강 여리고 건너편의 모압 평원에서 여호와께서 모세에게 말씀하셨습니다.

51 "이스라엘 백성들에게 말해 일러라. '너희가 요단 강을 건너서 가나안으로 들어갈 때

52 그 땅에 살고 있는 모든 사람들을 네 앞에서 쫓아내라. 그들이 새겨 만든 우상들을 파괴하고 그들이 부어 만든 우상들을 파괴하며 그들의 모든 산당들을 부수라.

53 그 땅을 차지하고 거기에서 살도록 하라. 이는 내가 그 땅을 너희가 갖도록 주었기 때문이다.

54 그 땅을 제비를 뽑아 너희 가족별로 나누라. 큰 가족에게는 많이 주고 작은 가족에게는 적게 주라. 각자 제비를 어떻게 뽑든 간에 그 뽑은 대로 땅을 갖게 하라. 이렇게 해서 그 땅을 너희 조상의 지파대로 나누도록 하라. 26:53-55:33:54

55 만약 너희가 그 땅에 살고 있는 사람들을 너희 앞에서 쫓아내지 않으면 그 남은 사람들이 너희 눈에 가시가 되고 너희 옆구리에 바늘이 될 것이다. 그들이 너희가 살게 될 그 땅에서 너희를 괴롭힐 것이다.

56 그렇게 되면 내가 그들에게 하리라고 생각했던 대로 너희에게 하게 될 것이다.'"

34

남쪽 경계선 여호와께서 모세에게 말씀하셨습니다.

2 "이스라엘 백성들에게 명령해 일러라. '너희가 가나안 땅에 들어가게 될 때 너희의 유산이 될 땅은 이것이니, 곧 가나안 땅의 경계선은 이렇다. 창 17:8;출 3:8;시 105:11

3 너희의 남쪽 경계는 에돔 경계를 따라 놓여 있는 신 광야다. 너희의 남쪽 경계는 동쪽으로는 염해 끝에서 시작된다. 창 14:3

4 그리고 아그랍빔 언덕의 남쪽을 돌아 신을 지난다. 그 끝은 가데스 바네아의 남쪽이다. 그리고 나서 하살아달 쪽으로 가서 아스몬을 지난다. 수 15:3

5 그리고 아스몬에서 방향을 바꾸어 이집트 시내를 지나 바다에 이른다. 창 15:18;왕상 8:65

6 서쪽 경계선 너희의 서쪽 경계는 대해다. 이것이 너희 서쪽 경계다.

7 북쪽 경계선 너희의 북쪽 경계는 이것이다. 대해에서 호르 산까지 경계선을 그으라.

8 호르 산에서 르보하맛까지 경계선을 그으라. 경계선의 끝은 스닷이 될 것이다.

9 그리고 경계선은 시브론을 향한다. 그 끝은 하살에난이다. 이것이 너희의 북쪽 경계다. 겔 47:17

10 동쪽 경계선 너희의 동쪽 경계를 위하여는 하살에난으로부터 스밤까지 경계선을 그으라.

11 경계선은 스밤으로부터 아인 동쪽의 리블라까지 내려간다. 그리고 더 내려가서 긴네렛 호수의 동쪽 측면에 이른다. 마 4:18

12 그리고 요단 강을 따라 더 내려간다. 그 끝은 염해다. 이것이 너희 땅의 사방 경계선이다.'" 3절

13 나머지 지파를 위한 가나안 모세가 이스라엘 자손들에게 명령했습니다. "이것이 너희가 제비를 뽑아 유산으로 나눌 땅이며 여호와께서 아홉 지파 반에게 주라고 명하신 땅이다. 2절;수 14:1-2

14 왜냐하면 르우벤 지파와 갓 지파와 므낫세 반 지파는 이미 가문별로 자기 유산을 받았기 때문이다. 32:33;수 14:3

15 이들 두 지파 반은 요단 강의 여리고 건너편 해 뜨는 쪽인 동쪽에서 이미 자기 유산을 받았다."

16 땅을 나눌 대표 여호와께서 모세에게 말씀하셨습니다.

17 "너희를 위해 땅을 나눠 줄 사람들의 이름은 제사장 엘르아살과 눈의 아들 여호수아

염해(34:12, 鹽海, salt sea) 이스라엘의 요단 지구에 있는 소금 호수. 지중해의 해수면보다 400m나 아래에 위치해 있어 세계에서 가장 낮은 지역에 있는 호수.

다. 수14:1;19:51

18 땅을 나눠 주기 위해 각 지파마다 지도자 한 사람씩을 뽑아라. 1:4,16

19 그들의 이름은 유다 지파에서는 여분네의 아들 갈렙,

20 시므온 자손 지파에서는 암미훗의 아들 스므엘,

21 베냐민 자손 지파에서는 기슬론의 아들 엘리닷,

22 단 자손 지파의 지도자인 요글리의 아들 북기,

23 요셉의 아들 므낫세 지파의 지도자인 에봇의 아들 한니엘,

24 요셉의 아들 에브라임 지파의 지도자인 십단의 아들 그무엘,

25 스불론 자손 지파의 지도자인 바르낙의 아들 엘리사반,

26 잇사갈 자손 지파의 지도자인 앗산의 아들 발디엘,

27 아셀 자손 지파의 지도자인 슬로미의 아들 아히훗,

28 납달리 자손 지파의 지도자인 암미훗의 아들 브다헬이다."

29 이들이 가나안 땅에서 이스라엘 자손들에게 땅을 나눠 주도록 여호와께 명령을 받은 사람들입니다.

35 레위 사람을 위한 성들 요단 강 여리고 건너편의 모압 평원에서 여호와께서 모세에게 말씀하셨습니다.

2 "이스라엘 백성들에게 명령해 이스라엘 자손들이 갖게 될 유산에서 레위 사람들이 살 성들을 떼어 주도록 하여라. 또한 그들에게 그 성들 주변의 목초지들도 주게 하여라. 수14:3~4;21:2;렘 45:1~5;48:8~14

3 그러면 그 성읍들이 그들이 들어가 살 곳이 될 것이다. 또한 그 목초지들은 그들이 소유한 가축들이나 기타 짐승들을 위한 목초지가 될 것이다.

4 너희가 레위 사람들에게 줄 성들의 목초지들은 성벽으로부터 사방 2,000규빗이다. 레 25:34

5 성을 중심으로 해서 성 밖 동쪽으로 2,000규빗, 남쪽으로 2,000규빗, 서쪽으로 2,000규빗, 북쪽으로 2,000규빗을 재어라. 그만큼이 성의 목초지 대가가 될 것이다.

6 너희가 레위 사람들에게 주는 성들 가운데 여섯 개는 도피성이 될 것이다. 사람을 죽인 사람이 그곳으로 도망칠 수 있게 허락하여라. 여기에 42개의 성을 더 그들에게 주도록 하여라. 신4:41~42;수 20:2,8~9;21:3,13

7 그러므로 레위 사람들에게 주는 성은 모두 48개다. 성과 그 주변 목초지를 함께 주어야 한다. 수 21:41

8 이스라엘 자손들의 소유 가운데 너희가 주는 성은 소유가 많은 지파에서는 많이 주고 소유가 적은 지파에서는 적게 주도록 하여라. 곧 각자가 자기가 받은 유산에 따라 레위 사람들에게 성을 주는 것이다."

9 도피성 여호와께서 모세에게 말씀하셨습니다.

10 "이스라엘 백성들에게 말해 일러라. '너희가 요단 강을 건너 가나안으로 들어가게 되면 10~12절;신 19:2~13;수 20:2~6

11 성들 몇을 골라 도피성으로 삼으라. 그리고 실수로 사람을 죽인 사람이 그곳으로 피할 수 있도록 하라. 출 21:13

12 그곳은 복수하려는 사람에게서 도피할 곳이 될 것이다. 살인한 사람이 재판을 받기 위해 회중 앞에 서기 전까지 죽지 않게 하려는 것이다.

13 너희가 줄 여섯 개의 성들은 너희를 위한 도피성이 될 것이다. 6절

14 요단 강 이편에 세 개, 가나안 땅에 세 개의 성을 도피성으로 주라. 신4:41;수 20:8

15 이 여섯 개의 성들은 이스라엘 자손들과 그 가운데 살고 있는 외국 사람들을 위한 도피성이 될 것이다. 누구든지 실수로 사람을 죽인 사람이 그곳으로 도피할 수 있게 하라. 15:16

16 도구에 의한 살인 만약 어떤 사람이 철로 된 물건으로 사람을 쳤는데 그 사람이 죽게 됐다면 그는 살인자다. 그 살인자는 죽임

을 당해야 한다. 출 21:12,14절; 24:17; 신 19:11~12

17 만약 어떤 사람이 사람을 죽일 수 있을 만한 돌을 손에 들고 있었는데 그 돌로 사람을 쳐서 그 사람이 죽게 됐다면 그는 살인자다. 그 살인자는 죽임을 당해야 한다.

18 만약 어떤 사람이 사람을 죽일 수 있을 만한 나무를 손에 들고 있었는데 그것으로 사람을 쳐서 그 사람이 죽게 됐다면 그는 살인자다. 그 살인자는 죽임을 당해야 한다.

19 그 피를 복수하는 사람이 그 살인자를 죽이도록 하라. 그가 그 살인자를 만나거든 죽이도록 하라. 신 19:6,12; 수 20:3,5

20 **의도적인 살인** 만약 어떤 사람이 미움으로 인해 어떤 사람을 밀거나 혹은 의도적으로 무엇인가를 던져서 사람이 죽게 되거나

21 혹은 적개심을 갖고 손으로 때려서 사람이 죽게 되면 그 공격자는 죽임을 당해야 한다. 그는 살인자다. 그 피를 복수하는 사람이 그 살인자를 만나면 죽이도록 해야 한다.

22 **우연한 살인** 그러나 만약 적개심이 없이 누군가를 갑자기 밀치거나 아무 의도가 없이 무언가를 던졌거나 출 21:13

23 혹은 사람을 죽일 수도 있을 만한 돌을 미처 보지 못하여 떨어뜨려 어떤 사람을 맞아 죽게 했다면 그는 원수도 아니고 해칠 생각도 없었으므로

24 회중은 그 살인자와 그 피를 복수하고자 하는 사람 사이에 이런 규례들을 따라 판단해 주어야 한다. 12절; 수 20:6

25 회중은 그 피를 복수하고자 하는 사람에게서 그 살인자를 보호해야 하며 그를 그가 피했던 도피성으로 돌려보내 주어야 한다. 그는 거룩한 기름으로 기름 부음 받은 대제사장이 죽기까지 거기 머물러 있어야 한다. 출 29:7; 레 4:3; 21:10; 수 20:6

26 **도피성 밖의 위험** 그러나 만약 그 살인자가 자기가 피신했던 도피성의 바깥으로 나왔는데

27 그 피를 복수하고자 하는 사람이 성 밖에서 그를 만나면 그 피를 복수하는 사람이 그 살인자를 죽일 수 있다. 그래도 그는 피 흘린 죄가 적용되지 않는다.

28 살인자는 대제사장이 죽을 때까지 그 도피성에 머물러 있어야만 하기 때문이다. 그러나 대제사장이 죽은 후에는 그는 자

Bible basics 민수기 속 예수님 이야기

도피성은 실수로 살인한 사람을 복수하려는 사람에게서 보호하기 위해 만든 성읍이다(민 35:11-12). 도피성은 레위 지파에게 할당된 48개의 성읍 중 여섯 개의 성읍에 세워졌다(민 35:13-15; 신 4:41-43; 수 20:2-6; 21:13-42).

보통 도피성까지의 거리는 하룻길(48km 내외)이었는데, 이는 어느 곳에 있든지 실수로 사람을 죽인 사람이 빨리 피할 수 있도록 하기 위해서였다. 그러나 일부러 사람을 죽인 사람은 보호받을 수 없었다(민 35:16-21).

이러한 도피성을 통해 실수로 살인한 죄인을 그 죄대로 벌하지 않으시는 하나님의 사랑과 우리를 용서하시는 예수님의 모습을 발견하게 된다. 또 도피성이 누구나 볼 수 있는 곳, 가까운 곳에 위치해 있었다는 것은 누구나 피난처

되신 예수님의 품에 피할 수 있음을 가르쳐 준다. 잘 닦여진 길이고 안내표가 있었다는 것은 이미 완성해 놓은 구원의 길을 믿음으로 받아들이기만 하면 누구든지 구원받을 수 있음을 나타낸다.

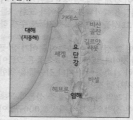

도피성

가데스

비산
골란

대해
(지중해)

길르앗
라못

요
단
강

세겜

바셀

헤브론

염해

29 한 명의 증인은 불충분함 이것은 너희가 거주하는 모든 곳에서 너희가 대대로 지켜야 할 판결의 율례다. 27:11

30 사람을 죽인 사람은 증인들의 증언이 있어야만 죽일 수 있다. 그러나 한 사람의 증인만으로 사형을 시켜서는 안 된다.

31 살인자에게 속전은 없음 죽을죄를 지은 살인자에게서 목숨을 대신할 몸값을 받아서는 안 된다. 그는 반드시 죽임을 당해야만 한다.

32 살인자를 위한 몸값은 받지 말 것 도피성으로 피신한 사람에게서 목숨을 대신할 몸값을 받고 대제사장이 죽기 전에 그가 자기 땅으로 돌아가 살게 하지 말라.

33 사형의 이유 너희가 있는 땅을 더럽히지 말라. 피 흘리는 것은 땅을 더럽히는 것이다. 피 흘린 사람의 피 외에는 거기에 흘려진 피를 속죄할 것이 없다. 창 9:6;시 106:38

34 너희는 너희가 거하는 땅, 곧 내가 너희 가운데 있는 땅을 더럽히지 말라. 이는 나 여호와가 이스라엘 자손들 가운데 거하기 때문이다.'" 출 29:45;레 18:25;신 21:23

36 슬로브핫 딸들의 유산 요셉 자손들의 가문들 가운데 므낫세의 손자이며 마길의 아들인 길르앗 자손 가문의 우두머리들이 나아와 모세와 지도자들, 곧 이스라엘 자손 가문의 우두머리들 앞에서 말했습니다. 26:29

2 그들이 말했습니다. "내 주께 여호와께서 그 땅을 제비 뽑아 이스라엘 백성들에게 유산으로 나눠 주라고 명령하셨습니다. 또한 내 주께서는 우리 형제 슬로브핫의 유산을 그 딸들에게 주라는 명령을 여호와로부터 받으셨습니다. 26:55;27:1,7;수 17:3~4

3 그런데 만약 그들이 다른 이스라엘 지파의 남자에게 시집을 가면 그들의 유산은 우리 조상의 유산에서 빠져나가 그들이 시집갈 그 지파에 더해질 것입니다. 그러면 우리의 유산으로 주어진 분량이 줄어들게 됩니다.

4 이스라엘 백성들을 위한 희년이 돌아오면 그들의 유산은 그들이 시집간 지파의 유산에 더해질 것이니 우리 조상들의 유산에서 그들의 유산이 빠져나가게 됩니다.

5 같은 지파에 시집가야 함 그러자 여호와의 명령에 따라 모세가 이스라엘 자손들에게 명령해 말했습니다. "요셉 자손의 지파가 하는 말이 옳다. 27:7

6 슬로브핫의 딸들에게 여호와께서 하신 명령은 이것이다. 그들은 자기가 좋아하는 사람에게 시집을 가기는 하되 자기들의 아버지의 가문 내에서만 시집을 가야 한다.

7 이스라엘 자손의 유산이 한 지파에서 다른 지파로 넘어가서는 안 된다. 이스라엘 자손은 각자 자기 조상의 지파의 유산을 지켜야 한다. 왕상 21:3

8 혹시 딸이 유산을 상속받게 되면 그녀는 그 아버지의 지파의 가문 사람에게 시집을 가서 이스라엘 자손이 각자의 유산을 지킬 수 있게 해야 한다.

9 이스라엘 자손의 유산이 한 지파에서 다른 지파로 넘어가게 해서는 안 된다. 이스라엘 자손의 지파들은 각자의 유산을 지켜야 한다.'"

10 딸들이 순종함 그리하여 슬로브핫의 딸들은 여호와께서 모세에게 명령하신 대로 했습니다.

11 슬로브핫의 딸인 말라와 디르사와 호글라와 밀가와 노아는 자기 삼촌들의 아들들에게 시집갔습니다. 27:1;수 17:3

12 그녀들이 요셉의 아들인 므낫세 자손의 가문으로 시집감으로써 그녀들의 유산은 그녀들의 아버지의 가문의 지파 안에 남게 됐습니다.

13 이것들은 요단 강의 여리고 건너편에 있는 모압 평원에서 여호와께서 모세를 통해 이스라엘 백성들에게 주신 명령과 규례들입니다. 22:1

규례(35:24, 規例, regulation) 일정한 규칙과 정해진 관례. 속죄(35:33, 贖罪, atonement) 죄에 대한 값을 치르고 용서받아 하나님과 화목, 화해하는 것

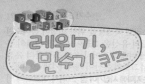

레우기, 민수기 퀴즈

이미 읽은 성경을 기억하여 다음 문제를 풀어 봅시다. 혹시 성경을 못 읽었다면 문제 다음에 나오는 힌트 말씀을 찾아 읽고 풀면 됩니다!

1 레위기에서 특별히 강조하고 있는 것은?(레 11장)
❶ 거룩 ❷ 사랑 ❸ 공의 ❹ 순종

2 처음 익은 열매를 드리는 날은?(레 28장)
❶ 초막절 ❷ 유월절 ❸ 칠칠절 ❹ 부림절

3 다음에 나오는 제사 중에 유일하게 피가 없는 제사는?(레 2장)
❶ 번제 ❷ 곡식제 ❸ 속죄제 ❹ 화목제

4 다음 중 화목제를 드릴 때 흔들어서 드리는 제사는 무엇인가?(레 23장)
❶ 번제 ❷ 속제 ❸ 화목제 ❹ 요제

5 제사장 복장 중 에봇 위의 흉패에 넣는 것은?(레 8장)
❶ 우림 ❷ 그룹 ❸ 성결 ❹ 우림과 둠밈

6 이스라엘이 광야 진행 중 제일 선두에서 행진한 지파는?(민 10장)
❶ 르우벤 ❷ 에브라임 ❸ 유다 ❹ 단

7 대제사장이 1년 중 지성소에 들어갈 수 있는 횟수는?(레 16장)
❶ 1회 ❷ 2회 ❸ 4회 ❹ 필요에 따라

8 모세는 광야에서 이스라엘 백성이 싸울 수 있는 장정을 인구 조사한 후 진을 쳤는데 그 선두 지파는?(민 2장)
❶동 - 르우벤, 서 - 단, 남 - 유다, 북 - 에브라임
❷동 - 에브라임, 서 - 르우벤 남 - 유다, 북 - 단
❸동 - 유다, 서 - 에브라임, 남 - 르우벤, 북 - 단
❹동 - 단, 서 - 에브라임, 남 - 르우벤, 북 - 유다

9 아론의 지팡이에 움이 돋고 순이 나고 꽃이 피어서 맺힌 열매는?(민 17장)
❶ 감 ❷ 무화과 ❸ 아몬드 ❹ 사과

10 네 가지 제사 방법에 대한 설명이 맞는 것끼리 연결하시오.(레 1, 7, 23장)
❶ 화제 •
❷ 거제 •
❸ 요제 •
❹ 전제 •

• ㉠ 제물을 번제단 위에 높이 들어 올리는 제사법
• ㉡ 제물을 불에 태워 드리는 제사법
• ㉢ 포도주나 기름, 피를 부어 드리는 제사법
• ㉣ 제물을 하나님 앞에서 몇 번 앞뒤로 흔들어 드리는 제사법

11 이스라엘 백성들이 모세를 원망하다가 불뱀에 물려 죽을 때 살아난 사람들은?(민 21장)
❶ 하나님께 회개한 사람들
❷ 하나님께 기도한 사람들
❸ 해초를 구해 바른 사람들
❹ 장대 위에 달린 청동 뱀을 쳐다본 사람들

신명기

40년 광야 여행이 거의 끝나고 이제 가나안 땅에 들어가려는 순간이예요. 처음에 이집트에서 나올 때 하나님에게 율법을 받은 1세대들은 모두 죽었답니다. 여호수아, 갈렙 그리고 모세를 제외하고 남아 있는 사람들은 모두 그 후손들이예요. 모세는 2세대들에게 이스라엘의 역사와 율법의 의미에 대해서 다시 설명할 필요를 느꼈어요.

신명기는 이 신세대에게 주는 모세의 세 가지 설교라고 할 수 있어요. 이 설교는 모세의 마지막 유언이기도 해요. 모세 설교의 핵심은 첫째, 하나님을 사랑하라는 것이고 둘째, 하나님께 순종하면 복을 받지만 불순종하면 벌을 받는다는 것이에요.

우리도 하나님을 사랑하고 말씀에 순종하여 하나님에게 복을 받는 믿음의 사람들이 되어야겠어요.

신명기는 무슨 뜻인가요?

'계명을 자세히 설명한 책'이라는 뜻이에요.

누가 썼나요?

모세가 썼어요. 신명기는 모세 오경(창세기, 출이집트기, 레위기, 민수기, 신명기)의 마지막 책이에요. 신명기는 이스라엘 백성들에게 남긴 모세의 유언과도 같아요. 유언은 사람이 죽기 전 마지막으로 남기는 말이기 때문에 가장 중요한 말이에요.. 모세는 하나님을 더욱 사랑하고 순종하라고 강조하고 있어요.

언제 썼나요?

이집트에서 나와 모세가 느보 산에서 죽기 전인
BC 1446-1406년경

주요한 사람들은?

모세
어릴 때부터 모압 땅에까지
이스라엘 백성을 이끈 지도자

여호수아
모세의 뒤를 이어 이스라엘의
지도자가 된 사람

한눈에 보는 신명기

1-4장 모세의 첫 번째 설교

27-33장 모세의 세 번째 설교

5-26장 모세의 두 번째 설교

34장 모세의 죽음

신명기
Deuteronomy

1 모세의 첫 번째 연설 이것은 모세가 요단 강 동쪽의 아라바 광야, 곧 바란, 도벨, 라반, 하세롯, 디사합 사이에서 모든 이스라엘 백성들에게 말한 것입니다.

2 호렙 산에서 세일 산을 거쳐 가데스 바네아로 가는 데는 11일이 걸립니다. 민 1:3,26

3 40년째 되는 해 열한째 달 1일에 모세가 여호와께서 이스라엘 백성들을 위해 말씀하신 모든 것을 선포했습니다. 민 33:38

4 이때는 헤스본에서 다스리고 있던 아모리 사람들의 왕 시혼을 물리치고 아스다롯에서 다스리고 있던 바산 왕 옥을 에드레이에서 물리친 후였습니다. 3:1,10;민 21:21-35

5 율법을 설명함 요단 강 동쪽 모압의 영토에서 모세가 이 율법을 상세히 설명하며 말했습니다. 29:1

6 "우리 하나님 여호와께서 호렙 산에서 우리에게 말씀하셨다. '너희는 이 산에서 오랫동안 머물러 있었다. 2:3;출 19:1;민 10:11

7 진영을 철수하고 아모리 사람들의 산지로 들어가라. 아라바와 산지들과 서쪽 산 아래 평지와 그 남쪽과 해변을 따라 사는 모든 이웃 민족들과 가나안 사람들의 땅과 레바논으로 저 큰 강 유프라테스까지 가라.

8 보라. 내가 너희에게 이 땅을 주었다. 들어가서 너희 조상들과 맹세하며 너희 조상들, 곧 아브라함과 이삭과 야곱에게, 또 그들 뒤에 계속될 후손들에게 주겠다고 하신 그 땅을 차지하라.'" 창 12:7;26:3-4;28:13-14

9 이스라엘의 초기 행정 제도 "그때 내가 너희에게 말했다. '나 혼자서는 너희를 감당할 수 없다. 출 18:18;민 11:14

10 너희 하나님 여호와께서 너희 수를 늘려서 너희는 오늘 하늘의 별들만큼 그 수가 많아졌다. 10:22;28:62;창 15:5

11 너희 조상들의 하나님 여호와께서 너희를 1,000배나 늘려 주시고 그분이 약속하신 복을 주시기를 빈다. 창 12:2;22:17;26:3,24;삼하 24:3

12 그러나 내가 어떻게 너희의 괴로움과 너희의 짐들과 너희가 다투는 것을 혼자서 감당할 수 있겠느냐? 왕상 3:8-9

13 현명하고 통찰력 있고 존경할 만한 사람들을 너희 각 지파에서 뽑으라. 그러면 내가 그들로 너희를 다스리게 할 것이다.'

14 너희가 내게 대답했다. '당신 생각이 좋습니다.'

15 그리하여 내가 너희 지파에서 현명하고 존경할 만한 지도자들을 데려다가 너희를 다스릴 우두머리로 세웠다. 천부장들, 백부장들, 오십부장들, 십부장들과 지파의 지도자로 삼은 것이다. 출 18:25

16 내가 그때 너희 재판장들에게 명령해 이스라엘 백성들 사이에 있는 사건이든, 이스라엘 사람과 이방 사람 사이의 사건이든 너희 형제들 사이의 분쟁을 잘 듣고 공정하게 심판하되 16:18;요 7:24

17 재판은 하나님께 속한 것이므로 편파적으로 하지 말고 낮은 사람이든 높은 사람이든 똑같이 대하고 아무도 두려워하지 말고 너무 어려운 일이거든 내게 가져와 듣게 하라고 했다.

18 그때 내가 너희가 해야 할 모든 것을 말해 주었다.'"

19 정탐꾼을 보냄 "그때 우리 하나님 여호와께서 우리에게 명령하신 대로 우리가 호렙 산을 떠나 아모리 사람들의 산지로 향했는데 너희가 한 번도 본 적 없는 광활하고 무섭기 짝이 없는 그 광야를 거쳐 우리는 가데스 바네아에 도착했다. 렘 2:6;민 10:12

20 그때 내가 너희에게 말했다. '너희는 우리 하나님 여호와께서 우리에게 주시는 아모리 사람들의 산지에 다다랐다.

21 보라. 너희 하나님 여호와께서 이 땅을 너희에게 주셨다. 일어나 너희 조상들의 하나님 여호와께서 너희에게 말씀하신 대로 이 땅을 차지하라. 두려워 말라. 망설이지 말라.'

22 그러자 너희 모두는 내게 와서 말했다. '정탐꾼을 아모리 땅에 먼저 보내 우리가 어떤 길을 택할지, 우리가 갈 그 성들이 어떤지 보고 돌아오게 합시다.

23 그 생각은 좋아 보였다. 그래서 내가 너희 가운데 각 지파에서 한 명씩 12명을 뽑았다.

24 그들은 길을 떠나 그 산지로 올라가서 에스골 골짜기로 들어가 그곳을 정탐했다.

25 그들은 그 땅에서 난 과일들을 가지고 우리에게 내려와서 보고했다. '우리 하나님 여호와께서 우리에게 주시는 땅은 좋은 땅입니다.'"

26 정탐꾼의 보고를 듣고 백성들이 두려워함 그러나 너희는 올라가고 싶어 하지 않았다. 너희는 너희 하나님 여호와의 명령을 거역한 것이다.

27 너희는 너희 장막 안에서 원망하며 말했다. '여호와께서 우리를 미워하셔서 우리를 이집트에서 이끌어 내 아모리 사람들의 손에 넘겨 우리를 멸망시키려는 것 아닌가?

28 우리가 어디로 가겠는가? 우리 형제들이 정신을 혼란하게 하며 말하기를 '그들은 우리보다 힘이 세고 크다. 성들은 크고 그 성벽은 하늘까지 솟아 있다. 우리는 거기서 아낙 사람들마저 보았다'고 했다."

29 "그때 내가 너희에게 말했다. '두려워하지 말라. 그들을 무서워하지 말라.

30 너희보다 앞서가시는 너희 하나님 여호와께서 이집트에서 너희를 위해 하셨듯이 너희 눈앞에서

너희를 위해 싸우실 것이다.

31 광야에서도 너희가 보지 않았느냐? 너희 하나님 여호와께서 아버지가 아들을 안는 것같이 너희를 안아 너희가 이곳에 닿을 때까지 그 여정을 함께하시지 않았느냐?'

32 이 말에도 불구하고 너희는 너희 하나님 여호와를 믿지 않았다. 시 106:24;유 1:5

33 그분이 너희 여정에 밤에는 불기둥으로, 낮에는 구름기둥으로 너희보다 앞서가시며 너희가 진 칠 곳을 찾으시고 너희가 갈 길을 보여 주셨는데도 말이다. 출 13:21

34 이스라엘의 불신에 대해 징벌하심 여호와께서 너희가 말하는 것을 듣고 진노하시고 위엄있게 맹세하셨다.

35 '이 악한 세대 사람들은 한 사람도 내가 너희 조상들에게 주기로 맹세한 그 좋은 땅을 볼 수 없을 것이다.' 2:15;민 14:20-30

36 오직 여분네의 아들 갈렙만이 보게 될 것이다. 그는 그곳을 볼 것이니 내가 그와 그 자손들에게 그 발길이 닿은 땅을 줄 것이다. 이는 갈렙이 여호와를 온 마음으로 따랐기 때문이다.' 민 14:30;수 14:9

37 너희로 인해 여호와께서 내게도 진노하며 말씀하셨다. '너 역시 그 땅에 들어가지 못할 것이다. 4:21;32:51;34:4;민 20:12;27:13-14;시 106:32

38 그러나 너를 보좌하는 눈의 아들 여호수아는 그 땅에 들어갈 것이다. 그를

여호와께서 이스라엘 백성에게 말씀하신 율법을 선포하는 모세

격려하여라. 그가 이스라엘을 이끌어 그 땅을 상속하게 할 것이다.
출 24:13│신 27:18~20

39 그리고 너희가 포로로 끌려갈 것이라고 말한 그 어린아이들, 곧 아직 좋은 것과 나쁜 것을 구별하지 못하는 너희 자녀들은 그 땅에 들어갈 것이다. 내가 그 땅을 그들에게 줄 것이니 그들이 그곳을 차지할 것이다.
민 14:3,31│사 7:15~16

40 그러나 너희는 뒤돌아 홍해 길을 따라나 광야를 향해 가라.
21:4│민 14:25

41 이스라엘 아모리 족속에게 패할 그러자 너희가 대답했다. '우리가 여호와께 죄를 지었으니 우리 하나님 여호와께서 우리에게 명령하신 대로 우리가 올라가 싸우겠습니다.' 그리하여 너희는 그 산지에 올라가는 것이 쉬울 것이라 생각하고 자기의 무기를 들었다.
민 14:40

42 그러나 여호와께서 내게 말씀하셨다. '그들에게 말하여라. 그리로 올라가 싸우지 말라. 내가 너희와 함께하지 않을 것이다. 너희는 너희 적들에게 지고 말 것이다.'

상식쏙쏙 성경에 나오는 정탐꾼

자기 나라의 이익을 위해 다른 나라의 정치·경제·군사 등에 관한 비밀을 알아내는 사람을 '스파이'라고 한다. 성경에는 정탐꾼으로 나온다.

정탐꾼은 성경 여러 군데에 등장한다. 요셉은 자기 형제들을 보고 이집트를 정탐하러 온 정탐꾼이라고 말했다(창 42:9). 모세는 아모리와 시혼을 격파하고 야셀을 정탐하게 했고(민 21:32), 가나안 땅을 정탐하기 위해서 12명의 정탐꾼을 보낸 일도 있다(민 13장). 여호수아는 싯딤에서 두 사람을 보내 여리고를 정탐하게 했으며(수 2:1, 6:22~25), 요셉 족속은 벧엘을 정탐했다(삿 1:23). 다윗이 황무지에 있을 때 사울이 진을 친곳에 정찰병을 보냈고(삼상 26:4), 압살롬은 아버지 다윗에게 반역할 때 이스라엘 전역에 첩자(정탐꾼)들을 보냈다(삼하 15:10).

43 그리하여 내가 너희에게 이 말을 전했지만 너희는 듣지 않고 여호와의 명령에 반역해 교만하게도 그 산지로 행진해 올라갔던 것이다.
민 14:44

44 그 산지에 살고 있던 아모리 사람들이 나와서 너희를 쳤다. 그들은 너희를 벌 떼처럼 쫓아냈고 세일에서 호르마까지 너희를 모조리 쳐서 쓰러뜨렸다.
민 14:45│21:3│시 118:12

45 너희는 돌아와 여호와 앞에서 울었지만 여호와께서는 너희가 우는 것을 돌보지 아니하셨고 너희에게서 귀를 막으셨다.

46 그리하여 너희가 여러 날을 가데스에서 머물렀고 너희는 그곳에서 오랜 시간을 보냈던 것이다."
민 20:1, 22장│삿 11:17

2 에돔 족속과 다투지 말 것을 명하심

그리하여 우리는 여호와께서 내게 지시하신 대로 가던 길을 되돌아가 홍해 길을 따라 광야를 향해 갔다. 오랫동안 우리는 세일 산지 주변을 돌아다녔다.

2 그러자 여호와께서 내게 말씀하셨다.

3 "너희가 이 산지 주변을 돌아다닌 지 오래됐으니 이제 됐다. 이제 북쪽으로 가라.

4 백성에게 이렇게 명령하여라. '너희는 이제 세일에 살고 있는 너희 형제인 에서 자손들의 영토를 지나게 될 것이다. 그들은 너희를 두려워할 것이다. 그러나 너희는 스스로 조심해
창 32:3│민 20:18~21장│신 1:11,29│1:10,12

5 그들과 싸움이 일어나지 않게 하라. 내가 그들 땅은 한 발자국도 너희에게 주지 않을 것이다. 세일 산지는 내가 에서에게 주었다.

6 너희는 돈을 내고 너희가 먹을 음식과 마실 물을 얻도록 하라.'"
28절

7 너희 하나님 여호와께서는 너희 손으로 하는 모든 일에 복을 주셨으니 그분은 이 광활한 광야에서의 여정을 지켜보셨다. 이 40년 동안 너희 하나님 여호와께서 너희와 함께하셔서 너희는 모자라는 것이 아무것도 없었다.
8:2~4│욥 23:10

8 의심하던 자들이 죽기까지 기다렸다. 그리하여 우리는 세일에서 살고 있는 우리 형제인 에

서의 자손들로부터 떨어져 지나가게 됐다. 우리는 엘랏과 에시온게벨에서 시작되는 아라바 길에서 방향을 바꿔 모압 광야 길을 따라갔다.

민 33:35;삿 11:18;왕상 9:26

9 그때 여호와께서 내게 말씀하셨다. '모압 사람들을 건드리지 말고 그들을 자극해 싸우는 일이 없도록 하여라. 그들의 땅은 내가 너희에게 주지 않을 것이다. 이는 내가 아르를 롯 자손들에게 주어 갖게 했기 때문이다.'

18-19,29절;창 19:36-37;민 21:15;사 15:1

10 (거기에 에밈 사람들이 살았는데 그들은 힘이 세고 수가 많았고 아낙 사람들만큼 키가 컸습니다.

21절;창 14:5

11 그들은 아낙 사람들처럼 르바임 사람들이라고 불렸지만 모압 사람들은 그들을 에밈 사람들이라고 불렀습니다.

창 14:5;민 13:22

12 호리 사람들도 세일에서 살았는데 에서 자손들이 그들을 쫓아냈습니다. 에서 자손들은 마치 이스라엘이 여호와께서 그들에게 주신 그 땅에 정착한 것과 같이 호리 사람들을 멸망시키고 그 땅에 정착했습니다.)

13 그러자 여호와께서 말씀하셨다. '이제 일어나 세렛 골짜기를 건너가라.' 그리하여 우리는 그 골짜기를 건너갔다.

민 21:12

14 우리가 가데스 바네아를 떠나 세렛 골짜기를 건널 때까지 38년이 걸렸다. 여호와께서 그들에게 맹세하신 대로 모든 세대의 모든 군사들은 다 진영에서 사라지고 말았다.

15 그들이 진영에서 완전히 제거될 때까지 여호와의 손이 그들을 치셨던 것이다.

16 암몬 족속과 다투지 말 것을 명하심 백성들 가운데 군사들이 모두 죽자

17 여호와께서 내게 말씀하셨다.

18 '오늘 너희는 아르에 있는 모압 지역을 지나가게 될 것이다.

19 너희가 암몬 사람들에게 이르게 되면 그들을 건드리지 말고 그들을 자극해 다투지 말라. 내가 너희에게 암몬 사람들에게 속한 땅을 주지 않을 것이니 이는 내가 그 땅을 롯 자손들에게 주어 갖게 했기 때문이다.'

20 (그 땅 또한 르바임 사람들의 땅이라고 알려졌습니다. 그곳에 르바임 사람들이 살았던 것입니다. 그러나 암몬 사람들은 그들을 삼숨밈 사람들이라고 불렀습니다.

21 그들은 강하고 수가 많은 민족이었고 아낙 사람들처럼 키가 컸습니다. 여호와께서 그들을 암몬 사람들 앞에서 멸망시키셨고 암몬 사람들은 그들을 쫓아내고 그 땅에 정착했습니다.

10절

22 여호와께서 세일에 살고 있던 에서 자손들 앞에서 호리 사람들을 멸망시키신 것과 같이 행하셨습니다. 그들이 호리 사람들을 쫓아내고 오늘날까지 그 땅에 살고 있었습니다.

23 그리고 갑돌에서 나온 갑돌 사람들이 가사에까지 마을을 이루며 살고 있던 아위 사람을 멸망시키고 그 땅에 정착했습니다.)

24 "'이제 일어나 아르논 골짜기를 건너라. 보라. 내가 너희 손에 헤스본 왕인 아모리 사람 시혼과 그 나라를 주었으니 이제 그와 더불어 싸워 그 땅을 차지하라.

민 21:13

25 바로 이날부터 내가 하늘 아래의 모든 민족이 너희를 두려워하고 무서워하게 할 것이다. 그들이 너희에 대해 듣고 벌벌 떨며 너희로 인해 괴로워할 것이다.'

출 15:14-16

26 헤스본 왕 시혼을 멸망시킴 내가 그때documentation 광야에서 헤스본 왕 시혼에게 사자를 보내 화평을 요청했다.

신 20:10;수 13:18

27 '우리가 당신 나라를 통과하게 해 주십시오. 큰길로만 가고 오른쪽으로나 왼쪽으로나 침범하지 않을 것입니다.

민 21:21-22

28 우리가 돈을 줄 테니 먹을 양식과 마실 물을 파십시오. 다만 걸어서 지나가게만 해 주면 됩니다.

6절;민 20:19

29 세일에 살고 있는 에서의 자손들이나 아르에 살고 있는 모압 사람들이 우리에게 해 준 것처럼 말입니다. 우리는 다만 요단 강을 건너 우리 하나님 여호와께서 우리에게

여정(2:7, 旅程, journey) 여행의 과정이나 일정.

아낙(2:21, Anak) '목이 길다, 목이 강하다'라는 뜻을 가진 족속. 여호수아가 가나안을 정복하기 전가지 헤브론에서 살았으며, 고대에 유명한 용사였던 네피림의 일족.

주신 그 땅으로 들어가기만 하면 됩니다.'

30 그러나 헤스본 왕 시혼은 우리가 지나가는 것을 허락하지 않았다. 우리 하나님 여호와께서 시혼의 성질을 강퍅하게 하시고 그 마음을 고집스럽게 하셔서 오늘날 그분이 하신 것처럼 너희 손에 그를 넘겨주시려는 것이었다. 출 4:21;민 21:23

31 여호와께서 내게 말씀하셨다. '보아라. 내가 시혼과 그의 나라를 너희에게 넘겨주기 시작했다. 이제 그 땅을 정복하고 차지하기 시작하여라.'

32 시혼과 그 모든 군대가 우리와 싸우려고 야하스로 나오자 민 21:23-30

33 우리 하나님 여호와께서 그를 우리에게 넘겨주셨고 우리는 그와 그의 아들들과 그의 모든 백성을 쳤다. 7:2;2:97

34 그때 우리는 그 모든 성들을 손에 넣었고 남자, 여자, 어린아이를 할 것 없이 그들을 완전히 멸망시켰다. 우리는 아무도 살려

두지 않았다. 3:6

35 그리고 우리가 정복한 그 성들에서 가축과 물품들을 전리품으로 취했다.

36 아르는 골짜기 가장자리에 있는 아로엘과 그 골짜기에 있는 성에서부터 길르앗에 이르기까지 어떤 성도 우리가 치지 못할 만큼 강한 곳은 없었다. 우리 하나님 여호와께서 그들 모두를 우리에게 주셨던 것이다. 수 12:2;13:9,16;삼하 24:5;왕하 10:33;41 44:3;사 17:2

37 그러나 우리 하나님 여호와의 명령에 따라 너희는 암몬 사람들의 땅이나 얍복 강 가의 땅이나 산지에 있는 성들은 침입하지 않았다." 3:16;창 32:22;민 21:24;수 12:2;겔 11:22

3

바산 왕 옥을 멸망시킴 "그다음에 우리는 방향을 바꿔 바산을 향해 난 길을 따라 올라갔는데 바산 왕 옥과 그 모든 군대가 에드레이에서 우리와 싸우려고 진군해 왔다. 1:4;2:9;7;민 21:33,35

2 여호와께서 내게 말씀하셨다. '그를 두려워하지 마라. 내가 그와 그의 모든 군대를 그 땅과 함께 너희 손에 넘겨주었다. 헤스본에서 통치하던 아모리 사람들의 왕 시혼에게 했던 대로 그에게 행하여라.'

3 그렇게 우리 하나님 여호와께서 바산 왕 옥과 그의 모든 군대를 우리 손에 넘겨주셨다. 우리는 그들을 쓰러뜨려 아무도 살려두지 않았다. 민 21:35

4 그때 우리는 그의 모든 성들을 손에 넣었다. 60개의 성읍들 가운데 그들에게서 우리가 빼앗지 못한 성은 없었는데, 곧 바산에 있는 옥의 왕국 아르곱 지방에 있는 것들이다. 왕상 4:13

5 이 모든 성들은 높은 성벽과 성문과 빗장들로 단단하게 방비돼 있었고 성벽 없는 마을들도 매우 많았다.

6 우리는 헤스본 왕 시혼에게 한 것처럼 그들을 완전히 멸망시켰다. 남자, 여자, 어린아이 할 것 없이 성 전체를 멸망시켰다.

7 그들의 성에서 모든 가축들과 물품들을 전리품으로 취했으며

8 그때 우리는 이 아모리 사람들의 두 왕에

성경에 나오는 도로
큰길, 왕의 길

'큰길'은 요단 동쪽 산지를 중심으로 아카바 만에서 에돔, 모압, 아모리를 거쳐 다메섹까지 남북으로 길게 뻗은 국제적인 도로를 말한다(민 20:17; 21:22; 신 2:27). 흔히 '왕의 길'이라고 하는데 고대 세계에서 군사적·상업적 목적과 함께 여행 등에 중요한 역할을 했다. 아브라함 당시 북부 동맹군이 염해 동맹국을 쳐들어올 때도 '왕의 길'을 통과했다(창 14:1-9).

이집트를 탈출한 이스라엘 백성이 가나안에 들어갈 때 이 길을 지날 수 있도록 에돔 왕(민 20:19)과 헤스본 왕 시혼에게 부탁했지만 거절당했다(신 2:26-30).

알렉산더 대왕, 로마의 황제, 십자군, 나폴레옹도 '왕의 길(대로)'을 통과해 나라들을 정복했다.

게서 아르논 골짜기부터 헤르몬 산까지 요
단 강 동쪽 영토를 빼앗았다.

9 (시돈 사람들은 헤르몬을 시룐이라고 부
르고 아모리 사람들은 스닐이라고 부릅니
다.)
<small>수 11:3,17;12:5;대상 5:23;시 29:6;아 4:8;겔 27:5</small>

10 우리는 평지에 있는 모든 성들과 온 길르
앗과 살르가와 에드레이에 이르는 온 바산,
곧 바산에 있는 옥의 왕국에 속한 성들을
빼앗았다."
<small>수 12:5;13:9,11,16~17;21;대상 5:11</small>

11 (르바임 사람들 가운데 남은 사람은 바산
왕 옥뿐이었습니다. 그의 침대는 철로 만
들었는데 그 길이는 9규빗, 너비는 4규빗
이었습니다. 그 침대는 아직 암몬 사람들
의 랍바에 있습니다.)
<small>창 14:5;삼하 12:26;렘 21:17</small>

12 요단 동쪽 지파 "그때 우리가 빼앗은 그 땅
은 내가 르우벤 사람들과 갓 사람들에게
주었는데 그 영토는 아르논 골짜기 곁의
북쪽 아로엘에서부터 길르앗 산지 절반과
그 성들이었다.
<small>2:36;민 32:2~38;수 13:8~13</small>

13 길르앗의 나머지 절반과 옥의 왕국이었던
바산 전역은 내가 므낫세 반 지파에게 주었
다. (바산에 있는 아르곱 전역은 르바임 사
람들의 땅으로 알려져 있었습니다.

14 므낫세의 자손인 야일이 그술 사람들과 마
아갓 사람들의 경계에 이르기까지 아르곱
전역을 갖게 돼 그 땅의 이름을 자기 이름
인 야일을 따서 지었는데 오늘날까지 바산
을 하봇야일이라고 부르고 있습니다.)

15 그리고 내가 길르앗을 마길에게 주었다.

16 그러나 르우벤 사람들과 갓 사람들에게는
길르앗에서부터 내려가서 아르논 골짜기에
이르는 곳과 그 골짜기 한가운데가 경계
가 되는데 암몬 사람들의 경계인 얍복 강
까지의 영토를 주었다.
<small>민 21:24;수 12:2;삼하 24:5</small>

17 그 서쪽 경계는 아라바의 요단 강인데 긴네
렛에서 비스가 산비탈 아래의 아라바 바닷
가, 곧 염해까지다.
<small>창 14:3;민 21:20;34:11</small>

18 모세가 르우벤과 갓 지파와 협약함 내가 그때
너희에게 명령했다. '너희 하나님 여호와께
서 너희에게 이 땅을 주어 차지하게 하셨
다. 그러나 무장해서 싸울 수 있는 사람들

은 너희 형제 이스라엘 백성들보다 앞서서
건너가야 한다.
<small>민 32:20~21;수 1:14;4:12</small>

19 그러나 너희에게 가축들이 많음을 내가
알고 있다. 너희 아내들과 자식들과 가축
들은 내가 너희에게 준 그 성들에 머물러
있게 하라.
<small>민 32:1,4</small>

20 여호와께서 너희와 같이 너희 형제들에게
도 쉼을 주실 때까지 말이다. 그들 또한 요
단 강 건너편에 너희 하나님 여호와께서 주
시는 그 땅을 차지한 후에 너희는 너희가
소유하게 된 땅으로 돌아가라.'"

21 "그때 내가 여호수아에게 명령했다. '너는
네 하나님 여호와께서 그 두 왕들에게 하
신 일을 네 두 눈으로 똑똑히 보았을 것이
다. 여호와께서 네가 가려는 곳의 모든 나
라들에서도 이같이 해 주실 것이다.

22 그들을 두려워하지 마라. 네 하나님 여호
와께서 친히 너를 위해 싸우실 것이다.'

23 모세가 요단 강을 건너지 못함 그때 내가 여호
와께 간청했다.

24 '여호와 하나님이시여, 주께서 주의 종에게
게 주의 위대하심과 주의 강한 손을 보여
주기 시작하셨습니다. 하늘이나 땅에 주
께서 하시는 그 행위와 강력한 일들을 할
수 있는 신이 어디 있겠습니까?
<small>창 15:11</small>

25 내가 가서 요단 강 저쪽에 있는 좋은 땅을
보게 해 주십시오. 그 좋은 산지와 레바논
을 보게 해 주십시오.'
<small>4:22;출 3:8;수 1:4</small>

26 그러나 여호와께서는 너희로 인해 내게 진
노하셔서 내 말에 귀 기울이지 않으셨다.
여호와께서 말씀하셨다. '그것으로 충분하
니 이 문제에 대해 네게 다시는 말하지 마라.

27 비스가 산 꼭대기에 올라가 동서남북을 바
라보아라. 네 눈으로 그 땅을 보아라. 이는
네가 이 요단 강을 건너갈 수 없기 때문이
다.
<small>민 27:12~13</small>

28 그러나 너는 여호수아에게 네 직책을 맡기
고 그를 격려하고 힘을 주어라. 그가 이 백
성들을 이끌어 강을 건너게 하고 네가 볼
그 땅을 그들에게 상속하게 할 것이다.'

29 그리하여 우리는 벧브올 가까이에 있는 골

짜기에 머물러 있었다." 4:46;34:6

4 이스라엘이 율법에 순종할 것을 명령함 "이 스라엘아, 이제 내가 너희에게 가르치려는 규례와 법도에 귀 기울이라. 그 말씀에 복종하라. 그러면 너희가 살 것이며 너희 조상들의 하나님 여호와께서 너희에게 주시는 그 땅으로 들어가 차지할 것이다.

2 내가 너희에게 명령하는 것에 더하지도 빼지도 말고 오직 내가 너희에게 주는 너희 하나님 여호와의 명령을 지키라. 계 22:18

3 너희가 여호와께서 바알브올에게 하신 일을 너희 두 눈으로 똑똑히 보았다. 너희 하나님 여호와께서 너희 가운데에서 바알브올을 따른 사람들을 하나도 빠짐없이 멸망시키셨다. 민 23:28;25:3-9

4 그러나 너희 하나님 여호와를 끝까지 붙들고 떠나지 않은 너희 모두는 지금까지도 살아 있다.

5 보라. 내가 내 하나님 여호와께서 내게 명령하신 대로 너희에게 규례와 법도를 가르쳐 너희가 들어가 차지하게 될 그 땅에서 그대로 지키게 하려고 한다.

6 규례와 법도들을 잘 지키라. 이것으로 여러 민족들에게 너희의 지혜와 통찰력을 보여 주게 될 것이다. 그들은 이 모든 규례들에 대해 듣고 '이 위대한 민족은 지혜롭고 통찰력 있는 백성이다'라고 할 것이다.

7 우리가 기도할 때마다 가까이 다가오시는 우리 하나님 여호와처럼 자신들에게 가까이 다가오는 신이 있는 민족이 어디 있느냐? 삼하 7:23;시 34:18;46:1;145:18;148:14;약 4:8

8 또 내가 오늘 너희 앞에 둔 이 법도처럼 의로운 규례와 법도를 가진 민족이 어디 있느냐? 롬 7:12

9 하나님께로부터 나온 언약의 중요성 오직 스스로 삼가 조심해 너희 자신을 잘 살펴서 너희 눈으로 본 것들을 잊지 말고 너희가 살아 있는 동안 너희 마음에서 떠나지 않게 하라. 그것들을 너희 자손들과 너희 자손의 자손들에게 가르치도록 하라.

10 너희가 호렙 산에서 너희 하나님 여호와 앞에 섰던 그날을 기억하라. 그때 그분이 내게 말씀하셨다. '내 앞에 백성들을 모아 내 말을 듣게 하여라. 그들이 그 땅에서 사는 동안 나를 경외하는 것을 배우고 그 자녀들에게도 가르치도록 말이다.'

11 너희가 가까이 나아와서 산기슭에 섰는데 거기에 하늘까지 불이 붙었고 먹구름과 짙은 어둠이 드리웠다. 출 19:17-18;20:18,21;24:16-17

12 그때 여호와께서 불 속에서 너희에게 말씀하셨다. 너희는 말씀하시는 소리는 들었지만 아무것도 볼 수 없었다. 오직 음성뿐이었다. 5:4,22;출 20:1,19,22;왕상 19:12;욥 4:16

13 여호와께서는 너희에게 그분의 언약, 곧 그분이 너희에게 따르라고 명령하셨던 그 두 돌판에 새기신 그 십계명을 선포하셨다.

14 그리고 그때 여호와께서 내게 너희가 요단 강을 건너가서 차지할 그 땅에서 어떤 규

하나님은 호렙(시내) 산에서 모세에게 십계명을 주셨어요. 이때 하나님은 산 *어게* 있는 백성에게 어두움 가운데 목소리만 들려주시고 자신의 모습은 보여 주지 않으셨어요. 하나님은 우상들과 달리 형상으로 만들 수 있는 분이 아님을 알려 주시기 위함이었어요. 당시 다른 나라들은 별, 태양, 남자, 여자, 새, 곤충, 물고기 등의 형상을 만들어 신으로 섬기고 있

호렙(시내) 산에서 목소리만 들려주신 이유는?

었어요(신 4:16-18). 이렇게 우상이 많은 때에 누군가가 하나님을 보았다면 그 모습을 형상으로 만들어, 하나님을 액자 속의 사진처럼 어떤 틀에 딱 알맞게 만들어 그것만을 하나님이라고 말했을 것이 분명했어요(신 4:25). 호렙 산에서 목소리만 들려 주셨던 하나님은 훗날 사람의 모습으로 그 아들(예수)을 이 땅에 보내주셔서 우리에게 하나님을 알게 해주셨어요.

15 가장 큰 죄악인 우상 숭배 "여호와께서 호렙 산의 불 속에서 너희에게 말씀하시던 그 날에 너희는 아무 형상도 보지 못했다. 그러니 너희 스스로 매우 조심해야 한다.

16 너희는 어떤 형상이든지 우상을 만들어 타락하지 말라. 남자나 여자의 모습으로

17 혹은 땅의 동물이나 공중을 나는 새나

18 땅 위에 기어 다니는 어떤 생물이나 땅 아래 물속의 물고기나 할 것 없이 그러한 모양으로 우상을 만들지 말라.

19 그리고 너희는 눈을 들어 해, 달, 별 등 하늘의 모든 천체를 바라보고 그것들에게 끌려 절하거나 너희 하나님 여호와께서 하늘 아래 모든 민족들에게 나누어 주신 것들을 숭배하는 일이 없도록 하라. 창3:21

20 너희는 여호와께서 철이 녹는 용광로인 이집트에서 이끌어 내어 오늘 이같이 기업으로 삼으신 백성들이다. 신9:29:32:9:왕상8:51

21 그러나 여호와께서는 너희 때문에 내게 진노하셨고 내가 요단 강을 건너 너희 하나님 여호와께서 너희에게 기업으로 주시는 그 좋은 땅에 들어가지 못할 것이라고 엄하게 맹세하셨다. 1:37:3:27

22 나는 이 땅에서 죽고 요단 강을 건너지는 못할 것이다. 그러나 너희는 건너가 그 좋은 땅을 차지하게 될 것이다. 3:25

23 너희는 스스로 삼가서 너희 하나님 여호와께서 너희와 맺으신 언약을 잊지 말라. 너희 스스로 너희 하나님 여호와께서 금지하신 그 어떤 모양의 우상도 만들지 말라.

24 너희 하나님 여호와께서는 살라 버리는 불이시요, 질투하시는 하나님이시다.

25 우상 숭배의 결과 너희가 아들을 낳고 손자를 낳고 그 땅에서 오랫동안 살 것이다. 그러나 만약 너희가 타락해 우상을 만들어 너희 하나님 여호와의 눈앞에 악을 행하고 그분의 진노를 자아내면 왕하17:17

26 내가 오늘 하늘과 땅을 너희에 대한 증인들로 삼아 말하는데 너희는 요단 강을 건너 차지할 그 땅에서 곧 망할 것이다. 너희는 거기서 얼마 살지 못하고 반드시 망할 것이다. 30:18~19:31:28:32:1:사12:렘 2:12:6:19:미 6:2

27 여호와께서 너희를 여러 민족들 가운데로 흩으실 것이며 여호와께서 너희를 쫓아 보내실 그 민족들 가운데서 살아남을 자가 너희 가운데 얼마 되지 않을 것이다. 레26:33

28 거기서 너희는 나무와 돌로 만든 신들을 섬길 것이다. 그것들은 보지도 듣지도 먹지도 냄새도 맡지도 못하는데도 말이다.

29 그러나 거기서 너희가 너희 하나님 여호와를 바라고 너희 온 마음과 온 영혼으로 찾으면 너희는 그분을 만나게 될 것이다.

30 너희가 고난 가운데 있고 이 모든 일들이 너희에게 일어날 때 너희가 만일 너희 하나님 여호와께 돌아와 순종하게 되면

31 너희 하나님 여호와께서는 긍휼이 많으신 하나님이시니 너희를 포기하거나 멸망시키거나 맹세로 확정해 주신 너희 조상들과의 언약을 잊는 일이 없으실 것이다."

32 여호와만이 하나님이심 "너희들이 태어나기 전 하나님께서 땅에 사람을 창조하신 날부터 오늘에 이르기까지 지나간 과거에 대해 물어보라. 또 하늘 이 끝에서 저 끝까지 이처럼 놀라운 일이 있었으며 이 같은 일에 대해 들어 보았는지 물어보라. 욥8:8

33 어떤 백성이 너희처럼 불 속에서 나오는 하나님의 음성을 듣고도 살아남았느냐?

34 너희 하나님 여호와께서 이집트에서 너희 눈앞에서 하신 그 모든 일들처럼 시험으로, 표적과 기사로, 전쟁으로, 강한 손과 쭉 뻗친 팔로, 크고 놀라운 일로 애를 쓰며 한 민족을 다른 민족에게서 이끌어 낸 그런 신이 어디 있느냐? 출6:6:7:3:15:3~10

35 그것을 네게 보여 주신 것은 여호와만이 하나님이시며 그분 외에는 다른 이가 없

✏️ 긍휼(4:31, 矜恤, merciful) 불쌍히 여겨 돌보아 줌.
표적(4:34, 表迹, sign) 겉으로 나타난 흔적.
기사(4:34, 奇事, wonder) 신기한 일이나 놀라운 일. 성경에서는 인간의 이성적인 생각을 뛰어넘고 일상생활을 초월한 일을 가리킴.

음을 알게 하기 위해서였다. _{출 10:2;삼상 2:2}

36 여호와께서는 하늘로부터 그분의 음성을 듣게 하셨고 너희를 훈련시키려고 땅에서는 너희에게 그분의 큰 불을 보이시고 그 불 속에서 나오는 그분의 말씀을 듣게 하셨다. _{출 19:9,19;느 9:13}

37 그분이 너희 조상들을 사랑해 그들의 자손들을 선택하셨기 때문에 그분이 큰 힘으로 친히 이집트에서 너를 이끌어 내어

38 너희보다 크고 강한 민족들을 너희 앞에서 쫓아내시고 오늘처럼 너희를 그들의 땅으로 들여보내 너희 기업으로 취하게 하셨다.

39 이날 너희는 저 위 하늘과 저 아래 땅에서 여호와께서 하나님이심을 인정하고 마음에 새기도록 하라. 다른 신은 없다. _{수 2:11}

40 내가 오늘 너희에게 주는 그분의 규례와 명령을 지키라. 그래야 너희가 잘되고 너희 후손이 잘될 것이며 너희가 너희 하나님 여호와께서 주시는 그 땅에서 영원히 오랫동안 살게 될 것이다." _{레 22:31;참 3:1~2;10:27}

41 도피성 그러고 나서 모세는 요단 강 동쪽에 3개의 성들을 따로 분류했습니다.

42 이는 누구든 악의가 없이 우연히 이웃을 죽이게 된 사람이 피신할 수 있도록 하기 위해서였는데 이런 사람은 그 가운데 한 성으로 들어가면 목숨을 건질 수 있었습니다. _{19:4}

43 그 성들은 르우벤 사람들의 성인 광야 평지에 있는 베셀, 갓 사람들의 성인 길르앗 라못, 므낫세 사람들의 성인 바산 골란이었습니다. _{3:10;수 20:8;21:36;대상 6:78}

44 모세의 두 번째 연설 이것은 모세가 이스라엘 백성들 앞에 둔 율법입니다.

45 이것은 그들이 이집트에서 나올 때 모세가 _그들에게 말한 증거, 규례, 법도로서_

46 요단 강 동쪽 벧브올 가까이에 있는 골짜기, 곧 헤스본에서 다스리다가 모세와 이스라엘 백성들이 이집트에서 나오면서 물리친 아모리 사람들의 왕 시혼의 땅에서 분

류한 것입니다. _{1:4;3:29;민 21:24}

47 이스라엘 백성은 시혼의 땅과 바산 왕 옥의 땅을 차지했는데 요단 강 동쪽을 다스리던 아모리 두 왕들이었습니다.

48 그 땅은 아르논 골짜기 끝 아로엘에서부터 시온 산, 곧 헤르몬 산까지 뻗었고

49 요단 강 동쪽 온 아라바와 비스가 산 비탈 아래의 아라바 바다까지 포함됐습니다.

5 이스라엘과 언약을 맺으심 모세가 온 이스라엘을 불러 말했습니다. "이스라엘아, 내가 오늘 너희에게 말하는 규례와 법도를 들으라. 그것을 배우고 반드시 따르도록 하라.

2 우리 하나님 여호와께서 호렙 산에서 우리와 언약을 맺으셨다. _{4:23;출 19:5}

3 여호와께서 이 언약을 맺으신 것은 우리 조상들이 아니고 우리다. 오늘 이 자리에 살아 있는 우리 모두와 맺으신 것이다.

4 여호와께로부터 나온 율법 여호와께서 산에서 너희와 얼굴을 맞대고 불 속에서 말씀하셨다. _{34:10;출 33:11;민 14:14;신 6:22}

5 그때 내가 여호와의 말씀을 너희에게 선포하려고 여호와와 너희 사이에 서 있었다. 너희가 그 불을 두려워해 그 산에 올라가지 않았기 때문이다. 그때 그분께서 말씀하셨다. _{출 19:16;20:18,21;24:2;갈 3:19}

6 다른 신을 있게 하지 말라 '나는 너희를 이집트에서, 그 종으로 있었던 땅에서 이끌어 낸 너희 하나님 여호와다. _{6~21절;출 20:2~17}

7 너희는 나 외에는 다른 신들을 있게 하지 말라.

8 우상 숭배하지 말라 너희는 저 위 하늘이나 저 아래 땅이나 땅 밑 물속에 있는 어떤 형상으로도 우상을 만들지 말라.

9 너희는 그것들에게 절하지도 말고 경배하지도 말라. 나 너희 하나님은 질투하는 하나님이니 나를 미워하는 사람의 죄를 갚되 아버지의 죄를 삼사 대 자손에게까지 갚고

10 나를 사랑하고 내 명령을 지키는 사람은 천대까지 사랑을 베풀 것이다.

11 하나님을 경외하라 너희는 너희 하나님 여호

와의 이름을 함부로 *쓰지 말라. 나 여호와는 내 이름을 함부로 *쓰는 사람을 죄가 없다고 하지 않을 것이다.

12 **안식일을 지키라** 여호와 너희 하나님이 너희에게 명령한 대로 안식일을 거룩하게 지키라.

13 6일 동안 너희는 노동하고 너희의 모든 일을 하되

14 7째가 되는 날은 너희 하나님 여호와의 안식일이니 그날에는 어떤 일도 하지 말라. 너희나 너희 아들딸이나 너희 남종이나 여종이나 너희 소나 나귀나 다른 어떤 가축이나 너희 성문 안에 있는 이방 사람이나 너희 남종이나 여종이나 너희와 마찬가지로 쉬게 하라. 출 16:29-30:23:12;31:4:4

15 너희가 이집트 땅에서 종이었던 것과 너희 하나님 여호와께서 강한 손과 쭉 뻗친 팔로 너희를 거기서 이끌어 내셨음을 기억하라. 그러므로 너희 하나님 여호와께서 안식일을 지키라고 너희에게 명령한 것이다.

16 **부모를 공경하라** 너희 하나님 여호와께서 너희에게 명령한 대로 너희 부모를 공경하라. 그러면 너희가 오래 살 것이고 너희 하나님 여호와께서 너희에게 준 그 땅에서 잘될 것이다. 4:40

17 **살인을 금함** 살인하지 말라. 마 5:21,27;눅 18:20

18 **간음을 금함** 간음하지 말라.

19 **도둑질을 금함** 도둑질하지 말라.

20 **거짓 증언하지 말라** 이웃에게 거짓 증언하지 말라.

21 **탐내지 말라** 이웃의 아내를 탐내지 말라. 이웃의 집이나 땅이나 남종이나 여종이나 소나 나귀나 이웃에게 속한 다른 어떤 것도 탐내지 말라.'

22 **이스라엘이 모세를 대언자로 삼음** 이는 여호와께서 큰 소리로 산에서 불과 구름과 짙은 어둠 가운데 너희 온 회중에게 선포하신 명령이며 더 이상 어떤 것도 덧붙이지 않으셨다. 그리고 두 돌판에 그것들을 기록해서 내게 주셨다. 4:11;9:10-11;출 24:12

23 너희가 어둠 속에서 나오는 그 음성을 들었을 때 산에는 불이 붙었는데 너희 지파의 모든 지도자들과 너희 장로들이 내게로 나아왔다. 4:12

24 그리고 너희가 말했다. '우리 하나님 여호와께서 그분의 영광과 위엄을 우리에게 보여 주셨고 불 가운데서 나오는 그분의 음성을 우리가 들었습니다. 우리는 오늘 하나님이 말씀하시는 소리를 듣고도 사람이 살 수 있음을 보게 된 것입니다. 출 19:19

25 그러나 이제 우리가 왜 죽어야 합니까? 우리가 우리 하나님 여호와의 음성을 더 들었다가는 그 큰 불이 우리를 살라 버려 우리가 죽게 될 것입니다. 18:16

26 육체를 가진 사람 가운데 살아 계신 하나님이 불 속에서 말씀하시는 음성을 듣고도 이렇게 살아남은 사람이 누가 있겠습니까?

27 그러니 당신이 가까이 나아가 우리 하나

십계명을 왜 주셨나요?

십계명은 하나님의 백성이 지켜야 할 규범으로 주신 열 가지 계명을 말해요(출 20:1-17; 신 5:1-21). 하나님이 모세를 시내 산에 부르셔서 두 돌판에 직접 기록해 주셨어요(출 31:18; 32:15-19; 34:1-4, 27-29).

십계명은 모든 율법의 핵심이며, 하나님의 사랑과 언약에 근거하고 있답니다. 하나님은 십계명을 통해 하나님의 백성으로 살아가는 방법을 알려 주신 것입니다. 하나님의 백성이라면 십계명에서 말하고 있는 것을 잘 지키고 실천하는 생활을 해야 해요(출 19:5-6). 하나님의 백성이라고 하면서 십계명을 잘 지켜 실천하는 생활이 없다면 하나님과 동행할 수 없어요.

이스라엘 백성은 하나님의 백성이라고 스스로 생각했지만, 하나님의 백성이 지켜야 할 기준인 십계명을 따르는 신앙과 삶이 없었어요. 이 때문에 망하고 포로로 잡혀갈 수밖에 없었답니다(왕하 17:6-41; 25:7-10).

님 여호와께서 말씀하시는 모든 것을 듣고 우리 하나님 여호와께서 당신에게 말씀하시는 것을 모두 우리에게 전해 주십시오. 우리가 듣고 순종하겠습니다.'

28 대언자로서의 모세를 인정하심 너희가 내게 말하는 것을 여호와께서 들으시고 그분이 내게 말씀하셨다. '내가 이 백성이 네게 하는 말을 들었다. 그들이 한 말이 옳다.

29 오, 이렇듯 그들 마음이 나를 경외하고 내 모든 계명을 항상 지켜서 그들과 그 자손들이 영원히 잘될 수만 있다면 얼마나 좋을까! 4:40;32:29;시 81:13;사 48:18;마 23:37

30 가서 그들에게 그들의 장막으로 돌아가라고 말하여라.

31 그러나 너는 여기 나와 함께 머물러 있어라. 내가 모든 명령과 규례와 법도를 네게 줄 것이다. 그러면 너는 그들에게 그것들을 가르쳐 내가 그들에게 주어 차지하게 할 그 땅에서 그대로 따르게 하여라.

32 그러니 너희는 너희 하나님 여호와께서 너희에게 명령하신 대로 삼가 지키라. 오른쪽이나 왼쪽으로 치우치지 말라. 수 1:7

33 너희 하나님 여호와께서 너희에게 명령하신 그 모든 길을 따르면 너희가 차지하게 될 그 땅에서 너희가 살고 번창해 너희 수

명이 길 것이다." 4:40;10:12;30:16;렘 7:23;눅 1:6

6

율법의 목적 "이것은 너희 하나님 여호와께서 내게 지시해 너희에게 가르치라고 하신 그 명령과 규례와 법도니 너희가 요단 강을 건너가 차지할 그 땅에서 너희가 지켜야 할 것이다.

2 그래야 너희와 너희 자손들과 그들 뒤의 자손들이 내가 너희에게 주는 그분의 모든 규례와 명령을 지켜 너희가 사는 동안 너희 하나님 여호와를 경외하게 될 것이고 그러면 너희가 오래오래 살 수 있게 될 것이다.

3 이스라엘아, 듣고 삼가 지키라. 그러면 너희 조상들의 하나님 여호와께서 너희에게 약속하신 대로 너희가 잘되고 젖과 꿀이 흐르는 그 땅에서 번창할 것이다. 창 15:5

4 **최고의 계명** 이스라엘아, 들으라. 우리 하나님 여호와는 오직 한 분인 여호와이시다.

5 너는 네 온 마음을 다하고 영혼을 다하고 힘을 다해서 네 하나님 여호와를 사랑하여라. 왕하 23:25;마 22:37;막 12:30;눅 10:27

6 **율법을 기억하라** 내가 오늘 너희에게 주는 이 명령들을 네 마음에 새겨 시 37:31

7 너희 자녀들에게 잘 가르치되 너희가 집에 앉아 있을 때나 길을 걸을 때나 누울 때나 일어날 때 그들에게 말해 주라.

"이스라엘아 들으라!" 쉐마란 무엇인가?

성구함

'쉐마'는 히브리어로 '들으라'의 뜻으로 이스라엘 백성이 자녀들에게 가르친 하나님에 관한 교육 내용을 말합니다.

✍️ 쉐마는 언제 가르치나요?
기회를 만들어 언제든지 하나님의 말씀을 가르칩니다(신 6:7).

✍️ 쉐마를 어떻게 가르치나요?
쉐마를 대문과 문의 양쪽에 세운 기둥에 적고, 이마와 손목에 매어 놓습니다(신 6:8-9).

✍️ 쉐마를 가르치는 목적은 무엇인가요?
하나님을 경외하면 잘되고 번창하게 될 것이기 때문입니다.

문설주(메주자)

✍️ 쉐마는 어떤 내용을 가르치나요?

하나님은 한 분(신 6:4)	여호와만이 세상의 모든 것을 만드신 분이며, 절대 신성을 가진 유일한 분임을 가르침
사랑하는 방법(신 6:5)	하나님을 사랑하되 지성, 감정, 의지를 다해 하나님만을 사랑하도록 가르침
전달할 책임(신 6:6-9)	부모가 하나님 말씀만이 이스라엘 백성의 삶의 기준임을 가르침

8 또 너는 그것들을 네 손목에 매고 네 이마에 둘러라.
11:18;잠 3:3;6:21;7:3출 13:9

9 그것들을 너희 집 문설주와 대문에 적어 두라.
11:20;사 57:8

10 여호와를 잊지 말라 너희 하나님 여호와께서 그 땅에 너를 데리고 들어가실 때 너희 조상인 아브라함과 이삭과 야곱에게 맹세해 너희에게 주겠다고 하신 그 땅, 너희가 건축하지 않은 크고 아름다운 성들이 있는 땅,

11 너희가 채우지 않은 여러 종류의 좋은 것들로 가득 찬 집들과 너희가 파지 않은 우물과 너희가 심지 않은 포도나무와 올리브나무가 있는 땅에서 너희가 먹고 배부를 때

12 스스로 삼가서 너희를 이집트에서, 그 종살이하던 땅에서 이끌어 내신 여호와를 잊지 않도록 하라.
잠 30:8-9

13 너희 하나님 여호와를 경외하고 그분만을 섬기고 그 이름을 두고 맹세하라.
마 4:10

14 너희는 다른 신들을, 곧 네 주변의 민족들이 믿는 신들을 따르지 말라.
렘 25:6

15 너희 가운데 계시는 너희 하나님 여호와는 질투하시는 하나님이니 그분의 진노가 너희에게 일어나서 그분께서 너희를 그 땅의 지면에서 멸망시키실 것이다.
출 20:5

16 하나님을 시험하지 말 것 맛사에서처럼 너희 하나님 여호와를 시험하지 말라.

17 너희 하나님 여호와의 명령과 그분이 너희에게 주신 그 증언을 반드시 지키도록 하라.
11:22;시 119:4

18 여호와께서 보시기에 옳고 좋은 것을 하라. 그러면 너희가 잘되고 여호와께서 너희 조상들에게 맹세로 약속하신 그 좋은 땅에 들어가 그곳을 차지하게 된다.
1:25

19 여호와께서 말씀하신 대로 너희 모든 원수들을 쫓아내실 것이다.
출 23:28-30;민 33:52-53

20 율법의 내력을 가르칠 것 장차 너희 아들들이 너희에게 '우리 하나님 여호와께서 아버지께 명령하신 증거와 규례와 법도의 뜻이 무엇입니까?' 하고 물으면
출 12:26;13:14

21 그에게 이렇게 말하라. '우리는 이집트에서 바로의 종들이었다. 그러나 여호와께서 강한 손으로 우리를 이집트에서 이끌어 내셨다.
출 20:2

22 여호와께서 우리 눈앞에서 크고 두려운 이적과 기사를 이집트와 바로와 그 온 집안에 내리셨고
4:34;시 135:9

23 그러나 여호와께서는 우리를 거기서 인도해 나오게 하시고 우리 조상들에게 맹세로 약속하신 그 땅에 불러들여 차지하게 하셨다.

24 여호와께서는 우리에게 그 모든 규례를 지키고 우리 하나님 여호와를 경외하라고 명령하셨다. 이는 우리가 항상 번창하고 오늘과 같이 우리를 살아 있게 하시기 위함이었다.
4:1;8:1;10:13;레 18:5;시 41:2;겔 32:39

25 그리고 우리가 그분이 우리에게 명령하신 대로 우리 하나님 여호와 앞에서 이 율법을 다 삼가 지키면 그것이 우리의 의로움이 될 것이다.'"
24:13

7

우상을 불태울 것 "너희 하나님 여호와께서 너희가 들어가 차지할 그 땅에 너희를 들이시고 여러 민족들, 곧 헷 사람들, 기르가스 사람들, 아모리 사람들, 가나안 사람들, 브리스 사람들, 히위 사람들, 여부스 사람들 등 너희보다 크고 강한 일곱 민족들을 너희 앞에서 쫓아내실 때

2 너희 하나님 여호와께서 그들을 너희 손에 넘겨 너희가 그들을 물리치게 하실 것이니 그때 너희는 그들을 완전히 멸망시키고 그들과 어떤 조약도 맺지 말고 불쌍히 여기지도 말라.
출 22:20;23:32-34;겔 12:16;27:29

3 그들과 결혼하지 말며 너희 딸들을 그들의 아들들에게 주지 말고 그들의 딸들을 너희 아들들에게 주지 말라.
출 34:16;수 23:12-13

4 그들은 너희 아들들이 나를 따르지 못하게 하고 다른 신들을 섬기게 할 것이니 그러면 여호와의 진노가 너희를 향해 타올라 갑자기 너희를 멸망시키실 것이다.

5 너희가 그들에게 해야 할 일들이 있다. 그들의 제단을 깨고 그들이 세운 돌기둥을

부수며 그들의 아세라 나무 조각상을 찍어 버리고 그들의 우상들을 불태워야 한다.

6 이스라엘을 거룩한 백성으로 택하심 이는 너희가 너희 하나님 여호와께 거룩한 백성들이기 때문이다. 너희 하나님 여호와께서는 땅 위의 모든 민족들 가운데 너희를 선택해 그분의 백성, 그분의 소중한 기업으로 삼으셨다. 출 19:5-6;22:31;암 23;암 32;벧전 2:9

7 여호와께서 너희를 기뻐하시고 선택하신 것은 너희가 다른 민족들보다 수가 많아서가 아니다. 너희는 오히려 민족들 가운데 수가 가장 적었다.

8 이는 오직 여호와께서 너희를 사랑하셨고 너희를 강한 손으로 이끌어 내 그 종살이하던 땅에서, 이집트 왕 바로의 권력에서 너희를 속량하시겠다고 너희 조상들에게 맹세한 것을 지키시기 위함이었다.

9 그러므로 너희 하나님 여호와께서 하나님이심을 알라. 그분은 주를 사랑하고 주의 명령을 지키는 사람들에게는 그분의 사랑의 언약을 천대까지 지키시는 믿음직하고 좋은 하나님이시다. 실전 5:24;실후 3:3

10 그러나 여호와를 미워하는 사람들에게는

벌을 내려 멸망시키는 분이시다. 여호와께서는 그분을 미워하는 얼굴을 하는 사람들에게는 뒤로 미루는 일 없이 바로 벌을 내리신다. 출 34:11;사 59:18;나 1:2-3;벧후 3:9

11 그러므로 내가 오늘 너희에게 주는 그 명령과 규례와 법도를 잘 지켜 따르도록 하라.

12 순종에 대한 축복 만약 너희가 이 법도를 듣고 삼가서 지키면 너희 하나님 여호와께서 너희 조상들에게 맹세하신 대로 너희와 맺은 그 사랑의 언약을 지키실 것이다.

13 그분은 너희를 사랑하시고 너희에게 복 주시며 너희를 번성케 해 주실 것이다. 그분은 너희에게 주실 것이라고 너희 조상들에게 맹세하신 그 땅에 태어날 너희의 자손과 너희 땅의 수확물, 곧 너희 곡식과 새 포도주와 기름과 너희 소 떼와 너희 양 떼에게 복 주실 것이다. 30:9;요 14:21

14 너희는 다른 어떤 민족보다 복을 많이 받을 것이다. 너희 남자들이나 여자들 가운데 자식이 없는 사람이 없겠고 너희 가축들 가운데 새끼가 없는 것이 없을 것이다. 출 23:26

15 여호와께서 너희를 모든 질병에서 지켜 주

🏠 가나안 땅에 살고 있던 사람들

족속 이름	특 징
헷 사람(창 15:20; 신 7:1; 삿 3:5)	노아의 손자, 함의 아들인 가나안의 둘째 아들 헷의 후손(창 10:15) 족장 시대부터 이스라엘이 가나안을 정복할 때까지 가나안에 거주
가나안 사람(창 10:18; 출 3:8; 신 7:1)	노아의 손자, 함의 아들인 가나안의 후손(창 9:18) 주로 무역에 종사함. 그데메네나 남부 가나안 해안 지대로 이주해 온 족속
브리스 사람(수 3:10; 24:11; 스 9:1)	'작은 마을'에 사는 자라는 뜻. 주로 가나안 변두리, 산간 지역에 거주함
블레셋 사람(창 21:32; 수 13:3; 삼상 4, 13장)	블레셋은 '이주'라는 뜻으로 철공업이 발달함 여호수아의 가나안 정복 때도 멸망하지 않고, 사사 시대와 왕국 시대까지 이스라엘을 괴롭힘. 알렉산더 대왕에 의해 멸망함
아모리 사람(창 10:16; 민 21:21-24; 수 13:4, 10)	함의 아들 가나안의 후손 팔레스타인과 시리아, 메소포타미아 서쪽 전역에 거주
히위 사람(창 10:17-20; 삿 3:3; 삼하 24:7)	함의 아들 가나안의 후손 여호수아를 속여 이스라엘과 화친을 맺고 이스라엘의 종이 됨(수 9:3-15)
여부스 사람(창 10:16; 수 3:10; 삼하 5:6-9)	가나안의 셋째 아들의 후손 여호수아의 가나안 정복 때에 왕 아도니세덱이 죽었으나, 여전히 예루살렘에 거하다 다윗 때에 점령당함
기르가스 사람(창 10:16; 수 3:10; 대상 1:14)	이들에 대해 알려진 내용은 거의 없으며, 주변 족속에게 점령당한 것으로 추정됨

실 것이다. 그분은 너희가 이집트에서 알던 그 끔찍한 질병들을 너희 위에 내리지 않으시고 너희를 미워하는 모든 사람들 위에 내리실 것이다. 28:27,60; 출 9:14;15:26

16 너희는 너희 하나님 여호와께서 너희에게 넘겨주시는 모든 민족들을 멸망시켜야 할 것이다. 그들을 불쌍히 여기지 말고 그들의 신들을 섬기지 말라. 그것은 너희에게 덫이 될 것이다. 12:30;13:8;출 23:33;삿 8:27

17 믿음의 사람들과 함께하시는 하나님 너희는 스스로 '이 민족들은 우리보다 강하다. 우리가 어떻게 그들을 쫓아내겠는가?'라고 말할 수도 있다.

18 그러나 그들을 두려워하지 말라. 너희 하나님 여호와께서 바로와 온 이집트에 어떻게 하셨는지 잘 기억해 보라. 시 77:11;105:6

19 너희는 너희 두 눈으로 그 큰 시험들, 이적들과 기사들, 너희 하나님 여호와께서 너희를 이끌어 내신 그 강력한 손과 쭉 뻗친 팔을 똑똑히 보았다. 너희 하나님 여호와께서 너희가 지금 두려워하고 있는 그 모든 민족들에게도 똑같이 하실 것이다.

20 게다가 너희 하나님 여호와께서는 너희를 피해 살아남아 숨은 사람들조차 멸망할 때까지 그들 가운데 말벌을 보내실 것이다. 출 23:28;수 24:12

21 그들을 두려워하지 말라. 너희 가운데 계시는 너희 하나님 여호와께서는 크고 놀라운 하나님이시다. 민 11:20;14:14;수 3:10

22 너희 하나님 여호와께서는 너희 앞에서 저 민족들을 차츰차츰 쫓아내실 것이다. 너희는 그들 모두를 한 번에 제거하려고 하지 말라. 들짐승들이 너희 주변에 들끓을지 모르니 말이다. 출 23:29-30

23 그러나 너희 하나님 여호와께서는 그들을 너희에게 넘겨주셔서 그들이 멸망할 때까지 큰 혼란에 빠뜨리실 것이다. 2절

24 그분이 그들의 왕들을 너희 손에 넘겨주실 것이고 너희는 그들의 이름을 하늘 아래에서 완전히 없애 버릴 것이다. 어느 누구도 너희에게 대항하지 못해 일어날 수 없으며 너희는 그들을 멸망시킬 것이다.

25 가증스러운 것, 우상 숭배 너희는 그들의 신들 형상을 불에 태우며 그것 위에 입힌 은과 금을 탐내지 말며 가져가지도 말라. 그것이 너희에게 덫이 될 것이며 너희 하나님 여호와께 가증스러운 것이기 때문이다.

26 너희 집에 가증스러운 것을 들이지 말라. 이는 너희가 그것과 함께 멸망당하지 않게 하기 위함이다. 그것을 철저히 혐오하고 미워하라." 13:17;22:1; 27:28-29; 6:17-18;7:1; 민 4:13

8

율법은 훈련을 위한 것임 "삼가 내가 오늘 너희에게 주는 모든 명령을 지키라. 그러면 너희가 살고 수가 많아지고 여호와께서 너희 조상들에게 맹세로 약속하신 그 땅에 들어가서 차지할 수 있을 것이다.

2 너희 하나님 여호와께서 40년 동안 광야에서 너희를 어떻게 이끄셨는지, 어떻게 너희를 낮추시고 너희를 시험해 너희 마음에 무엇이 있는지, 너희가 그분의 명령을 지키고 있는지 아닌지 알려고 하셨음을 기억하라. 출 15:25;16:4;삿 3:4;대하 32:31;잠 2:10

3 그분이 너희를 낮추시고 배고프게 하셔서 너희나 너희 조상들이 전혀 알지 못했던 만나로 먹이신 것은 너희로 겸손하게 해 사람이 빵으로만 사는 것이 아니라 여호와의 입에서 나오는 모든 말씀으로 사는 것임을 가르쳐 주시려는 것이었다. 마 4:4

4 그 40년 동안 너희 옷은 해어지지 않았고 너희 발은 부르트지 않았다. 29:5;느 9:21

5 그러니 너희 마음에 사람이 자기 아들을 훈련하듯 너희 하나님 여호와께서 너희를 훈련하시는 것을 알라. 삼하 7:14;잠 3:12;29:17

6 하나님이 주실 복 너희 하나님 여호와의 길로 걷고 그분을 경외하며 그분의 명령을 지키라.

7 너희 하나님 여호와가 너희를 좋은 땅, 시냇물과 샘물이 있고 골짜기와 언덕에 냇

속량(7:8, 贖良, redeem) 대가를 지불하고 재산, 동물, 노예, 포로 등을 되찾아 자유롭게 하여 해방시켜 주는 것.
가증(7:26, 可憎, detestable) 몹시 패씸하고 얄미움. 혐오(7:26, 嫌惡, abhor) 싫어하고 미워함.

물이 흐르는 땅에 들여보내실 것이다.

8 그 땅은 밀과 보리가 있으며 포도나무와 무화과나무와 석류나무가 있으며 올리브 기름과 꿀이 나는 땅이다.

9 그 땅에서 너희는 부족함 없이 빵을 먹을 것이며 너희가 그 안에서 아무것도 모자라는 것이 없을 것이다. 그 땅의 바위들은 철이고 너희는 산에서 청동을 캘 것이다.

10 너희가 먹고 배부를 때 그분이 너희에게 주신 그 땅을 두고 너희 하나님 여호와를 찬양하라.

11 교만을 주의할 것 너희는 삼가서 내가 오늘 너희에게 주는 그분의 명령과 그분의 법도와 그분의 규례를 지키지 못해 너희 하나님 여호와를 잊는 일이 없도록 하라.

12 그러지 않으면 너희가 먹고 배부를 때, 너희가 좋은 집을 짓고 정착할 때, 　　잠 30:9

13 너희 소들과 양들이 많아지고 너희 은과 금이 많아지며 너희가 가진 모든 것이 불어날 때,

14 너희 마음이 교만해져 이집트에서, 그 종살이하던 땅에서 너희를 이끌어 내신 너희 하나님 여호와를 잊게 될 것이다.

15 그분이 독사와 전갈이 있는 그 광활하고 무서운 광야에서, 그 마르고 물 없는 땅에서 너희를 이끌어 내셨고 딱딱한 바위에서 물을 내셨으며　　출 17:6;민 20:11;21:6;사 30:6

16 광야에서 너희 조상들이 전혀 알지 못했던 만나를 너희에게 주어 먹게 하셔서 너희를 낮추시고 시험해 결국에는 너희가 잘되게 하셨다.　　마 16:15;렘 24:5~7;히 12:11

17 너희가 스스로 '내 능력과 내 손의 힘으로 이런 부를 얻게 됐다'고 말할지 모른다.

18 그러나 너희 하나님 여호와를 기억하라. 이는 너희에게 재산을 얻을 수 있는 능력을 주셔서 너희 조상들에게 맹세하신 그분의 언약을 오늘날과 같이 이루어지게 하시기 위함이었다.　　7:8;12:28;10:22;호 2:8

19 만약 너희가 너희 하나님 여호와를 잊고 다른 신들을 따라 숭배하고 그들에게 절하면 내가 오늘 너희에게 다짐하는데 너희가 반드시 멸망할 것이다.　　4:26;30:18

20 여호와께서 너희 앞에서 멸망시키신 그 민족들처럼 너희는 너희 하나님 여호와께 순종하지 않은 것으로 인해 멸망당할 것이다.　　단 9:1~12

9 약속된 승리
"이스라엘아, 들으라. 너희가 이제 요단 강을 건너 너희보다 크고 힘이 세고 커다란 성벽들이 하늘까지 치솟아 있는 민족들에게 들어가 빼앗을 것이다.　　4:38;11:31;12:10;수 1:11

2 그 민족은 강하고 큰 아낙 사람들이다. 너희가 그들에 대해 알고 있고 '아낙 사람에 대항해 누가 들고일어나 겠는가?' 하는 말을 들었을 것이다.　　1:28;민 13:22

3 그러나 오늘 명심할 것은 너희 하나님 여호와께서 삼키는 불처럼 너희보다 앞서서 건너가신다는 것이다. 그분이 그들을 멸

"여호와를 기억 하라."는 말은 신명기의 핵심 개념 가운데 하나랍니다. 이스라엘 백성은 **약속의 땅(가나안)**에 들어가면 자신들이 건축하지 않은 성읍들의 안전함, 자신들이 모으지 않은 재물과 우물, 또 포도원의 열매를 즐기게 될 것입니다. 그곳은 지형이 아주 좋고(시내, 분천, 샘 골짜기, 산지), 풍성한 농작물(밀, 보리), 풍부한 과일(포도, 무화과, 석류, 올리브 나무들) 그리고 유용한 자원(철, 동)이

왜 "여호와를 기억하라."고 하셨나요?

있는 '아름다운 땅' 이에요(신 8:7~10). 이 모든 것을 누리다 보면 가나안 땅으로 인도하신 하나님과 그것을 주신 은혜의 목적을 잊어버릴 수 있기 때문에 "여호와를 기억하라."고 하신 거예요. 하나님은 이스라엘 백성이 그들에게 베푸신 하나님의 구원 역사를 늘 기억하길 바라셨어요. 그래서 여러 절기들(유월절, 칠칠절, 장막절)을 제정해 하나님을 기억하도록 하셨답니다(신 16:1~17).

망시키시고 너희 앞에서 그들을 정복하실 것이다. 너희는 그들을 쫓아내고 여호와께서는 너희에게 약속하신 대로 속히 그들을 전멸시키실 것이다. 수 23:29-31; 수 3:11

4 승리는 의로움의 대가가 아님 너희 하나님 여호와께서 너희 앞에서 이런 사람들을 쫓아내신 후에 너희는 '여호와께서 우리를 이 땅으로 인도해 이 땅을 차지하게 하신 것은 우리의 의로움 때문이었다'고 말하지 말라. 여호와께서 너희 앞에서 이 민족들을 쫓아내신 것은 그들의 사악함 때문이다.

5 너희가 그 땅을 차지하게 되는 것은 너희가 의로워서도 아니고 너희가 정직해서도 아니다. 오직 이 민족들의 사악함 때문에 너희 하나님 여호와께서 너희 앞에서 그들을 쫓아내시는 것이며 여호와께서 너희 조상들, 곧 아브라함과 이삭과 야곱에게 맹세하신 것을 이루시려는 것이다. 딛 3:5

6 금송아지 사건을 떠올림 그러니 너희 하나님 여호와께서 이 좋은 땅을 너희에게 주어 차지하게 하시는 것은 너희의 의로움 때문이 아님을 너희는 깨닫도록 하라. 너희는 목이 곧은 백성들이다. 출 32:9,33:3,5,34:9

7 너희가 광야에서 너희 하나님 여호와의 진노를 자아냈던 것을 절대로 잊지 말고 기억하라. 이집트를 떠난 그날부터 여기 이르기까지 너희는 여호와께 반역해 왔다.

8 호렙 산에서 너희는 여호와의 진노를 일으켰는데 그때 여호와께서는 너희를 멸망시키실 만큼 진노하셨다. 출 32:4; 시 106:19

9 내가 그 돌판, 곧 여호와께서 너희와 맺으신 그 언약의 돌판들을 받으려고 산으로 올라갔을 때 나는 40일 밤낮을 산 위에 머물러 있으면서 빵을 먹지도 물을 마시지도 못했다. 출 24:12,15; 왕상 19:8; 마 4:2; 눅 4:1-2

10 여호와께서 하나님의 손가락으로 새기신 두 돌판을 내게 주셨다. 거기에는 너희 총회의 날에 여호와께서 산에서 불 가운데 너희에게 선포하신 그 모든 명령들이 있었다.

11 40일 밤낮이 끝나자 여호와께서 내게 그 두 돌판, 그 언약의 두 돌판을 주셨다.

12 여호와께서 내게 말씀하셨다. '여기서 당장 내려가거라. 네가 이집트에서 데리고 나온 네 백성들이 타락했다. 그들이 내가 명령한 것에서 그렇게 빨리 등을 돌려 자신들을 위해 우상을 부어 만들었다.'

13 또 여호와께서 내게 말씀하셨다. '내가 저 백성들을 보니 정말 목이 곧은 백성들이다!

14 나를 막지 마라. 내가 저들을 멸망시키고 하늘 아래에서 저들의 이름을 완전히 없애 버릴 것이다. 그리고 내가 너를 저들보다 더 강하고 많은 민족으로 만들 것이다.'

15 증보한 모세 그리하여 나는 뒤돌아 불붙은 산에서 내려왔다. 언약의 두 돌판이 내 손에 있었다. 출 19:18;32:15

16 내가 보니 너희가 너희 하나님 여호와께 죄를 짓고 송아지 모양으로 우상을 부어 만들었는데 이것은 너희가 여호와께서 너희에게 명령하신 그 길에서 너무나 쉽게 돌아선 것이었다. 출 32:19

17 그리하여 내가 두 돌판을 내던져 너희 눈 앞에서 산산조각을 냈다.

18 그러고 나서 나는 다시 한 번 여호와 앞에 40일 밤낮을 먹지도 마시지도 않고 엎드려 있었다. 너희가 여호와께서 보시기에 악한 일을 행해 그분의 진노를 자아내는 그 모든 죄를 저질렀기 때문이다. 출 34:28

19 내가 여호와의 진노와 분노를 두려워한 것은 그분이 너무나 진노해 너희를 멸망시키려고 하셨기 때문이다. 그러나 여호와께서 그때 내 말을 들어 주셨다. 출 32:14;33:17

20 그리고 여호와께서는 너무나 진노하셔서 아론을 죽이려고 하셨다. 그러나 그때 나는 아론을 위해서도 기도했다.

21 나는 죄악의 산물인 너희 죄악의 산물인 송아지들을 가져다가 불에 태워 버렸다. 그러고는 부수어 흙처럼 가루를 내 산 아래로 흘러가는 시냇물에 뿌렸다. 출 32:20

22 여호와를 진노하게 하신 사건들 너희가 또 여호와를 진노하시게 한 것은 다베라, 맛사, 기브롯 핫다아와에서였다. 출 17:7

23 여호와께서 너희를 가데스 바네아에서 이

끌어 내실 때 말씀하셨다. '내가 너희에게 준 땅에 올라가 차지하라.' 그러나 너희는 너희 하나님 여호와의 명령을 거역했다. 너희는 그분을 믿지도 순종하지도 않았다.

24 너희는 내가 너희를 안 뒤로 줄곧 반역만 일삼아 왔다. 7절31:27

25 40일 밤낮을 하나님께 기도할 여호와께서 너희를 멸망시키겠다고 말씀하셨기에 내가 40일 밤낮을 여호와 앞에 엎드려 있었다.

26 내가 여호와께 기도하며 말했다. '만물을 마음대로 하실 수 있는 여호와여, 주의 백성들, 주께서 크신 능력으로 구속하시고 강력한 손으로 이집트에서 이끌어 내신 주의 기업을 멸망시키지 말아 주십시오.

27 주의 종들인 아브라함, 이삭, 야곱을 기억해 주십시오. 이 백성들의 억센 고집과 그 사악함과 그 죄를 눈감아 주십시오.

28 그러지 않으면 주께서 우리를 인도하여 내신 그 땅의 사람들이 '여호와께서 그들에게 약속한 그 땅에 그들을 들여보낼 수 없었고 그들이 미워 광야에서 죽이려고 그들을 인도해 냈구나' 할 것입니다. 민14:16

29 그들은 주의 백성이요, 주께서 주의 큰 능력과 주의 쭉 뻗친 팔로 이끌어 내신 주의 기업입니다.'" 4:20;왕상 8:51;느 1:10;시 95:7

10 두 번째 돌판 "그때 여호와께서 내게 말씀하셨다. '처음에 준 것과 같은 돌판 두 개를 다듬어 가지고 산에 올라와 내게 와라. 나무 상자도 만들어라.

2 내가 처음에 준 돌판들, 네가 깨뜨린 두 돌판에 있던 말들을 내가 그 돌판에 쓸 것이니 너는 그것들을 그 나무 상자에 넣도록 하여라.' 출 25:16,21

3 그리하여 내가 싯딤 나무로 궤를 만들었고 처음에 준 것과 같이 돌판 두 개를 다듬어 만들어 손에 들고 산으로 올라갔고

4 여호와께서 총회의 날에 산에서 불 가운데 너희에게 선포하신 십계명을 처음 기록한 대로 돌판에 쓰셨으며 여호와께서 그것들을 내게 주셨다. 9:10;출 20:1;34:28

5 그 후 나는 산에서 다시 내려와 여호와께서 내게 명령하신 대로 내가 만든 궤에 그 두 돌판을 넣었고 그 두 돌판이 지금까지 거기에 있다. 출 34:29;40:20;왕상 8:9

6 아론이 죽음 (이스라엘 백성들은 브에롯 브네 야아간에서 나와 모세라로 갔는데 거기서 아론이 죽어 땅에 묻혔고 그의 뒤를 이어 그의 아들 엘르아살이 제사장이 됐습니다.

7 거기서 그들은 굿고다로 갔다가 욧바다, 곧 물이 있는 땅으로 갔습니다. 민 33:32-33

8 그때 여호와께서 레위 지파를 따로 세워 여호와의 언약궤를 메고 여호와 앞에 서서 섬기게 하며 그분의 이름으로 축복하게 하신 것이 지금까지 이르렀습니다.

9 그러므로 레위 사람들이 자기 형제들 가운데 몫이나 기업이 없는 것입니다. 여러분의 하나님 여호와께서 그들에게 말씀하신 대로 여호와가 그들의 기업이신 것입니다.)

10 하나님의 자비를 구함 내가 처음과 같이 40일 밤낮을 산에 머물러 있을 때 여호와

왜 두 돌판을 또 만들었나요?

하나님은 시내 산 위에서 십계명을 새긴 돌판을 모세에게 주셨어요(출 31:18). 그러나 오랜 시간이 지나도 모세가 산에서 내려오지 않자, 참을성 없는 이스라엘 백성들은 아론을 통해 금송아지를 만들어 상을 섬기는 죄를 범하고 말았어요. 이 일로 모세는 언약의 두 돌판을 던져 깨뜨리고 말았고요(출 32:19), 하나님은 죄를 범한 이스라엘 백성을 크게 벌 주려고 하셨어요.

모세가 40일간 금식하며 중보기도했을 때 하나님은 모세의 기도를 들으시고 다시 십계명을 돌판에 새겨 주셨답니다(출 34:27-28; 신 10:1-5). 하나님은 이스라엘 백성이 십계명을 통해 자기 죄를 깨닫고 말씀대로 살기를 바라셨어요.

십계명을 받아 내려오는 모세의 얼굴이 환하게 빛이 났는데, 무척 눈이 부셔서 수건으로 가려야 할 정도였어요(출 34:35).

께서는 그때도 내 말에 귀를 기울여 주셨다. 너희를 멸망시키는 것은 그분의 뜻이 아니었다.

11 여호와께서 말씀하셨다. '가라, 저 백성들이 가는 길을 인도해 그들이 내가 그 조상들에게 맹세해 그들에게 주겠다고 한 그 땅에 들어가 차지하도록 하여라.'" 신 32:34

12 여호와를 경외하라 "이스라엘아, 지금 너희 하나님 여호와께서 너희에게 요구하는 것이 무엇이냐? 오직 너희 하나님 여호와를 경외하고 그분의 모든 길로 걸어가서 그분을 사랑하고 너희 하나님 여호와를 온 마음과 온 영혼으로 섬기며 미 6:8

13 내가 오늘 너희가 잘되라고 주는 여호와의 명령과 규례를 지키는 것 아니냐?

14 이스라엘에 대한 하나님의 사랑 보라, 하늘과 하늘에서 가장 높은 하늘도, 땅과 그 안의 모든 것도 너희 하나님께 속해 있다.

15 오직 여호와께서 지금처럼 다른 모든 민족들 가운데 너희를 선택하신 것은 너희 조상들을 기뻐하고 사랑하셨기 때문이다.

16 그러므로 너희 마음에 할례를 행하고 더 이상 목이 곧은 사람들이 되지 말라.

17 너희 하나님 여호와는 신의 신이시며 주의 주이시며 위대한 하나님이시며 강력하고 두려운 하나님이시다. 그분은 사람을 겉모양으로 보지 않으시고 뇌물을 받지 않으시는 분이다. 대하 19:7; 시 9:32; 욥 34:19; 갈 2:6; 벧전 1:17

18 그분은 고아와 과부의 사정을 변호하시고 이방 사람들에게 먹을 것과 입을 것을 주시며 사랑하시는 분이다. 출 22:22; 시 68:5; 146:9

19 그러니 너희는 이방 사람들을 사랑해야 한다. 이는 너희 자신도 이집트에서 이방 사람이었기 때문이다. 출 22:21; 23:9; 레 19:33~34

20 너희 하나님 여호와를 경외하고 섬기라. 그분을 단단히 붙들고 그분의 이름으로 맹세하라. 6:13; 시 11:22; 13:4; 30:20

21 그분은 너희 찬양이시다. 그분은 너희가 너희 두 눈으로 똑똑히 보았던 그 크고 놀라운 기적들을 너희를 위해 일으키신 너희 하나님이시다. 삼하 7:23; 시 22:3; 렘 17:14

22 이집트로 내려간 너희 조상들은 모두 70명이었지만 이제 너희 하나님 여호와께서는 너희를 하늘의 별과 같이 많게 하셨다.

11 "너희 하나님 여호와를 사랑하고 그분의 요구 사항, 그분의 규례, 그분의 법도, 그분의 명령을 항상 지키라.

2 하나님의 능력 너희 하나님 여호와의 훈련을 보고 경험한 사람들은 너희 자손이 아니라 너희였음을 기억하라. 그분의 위엄과 그분의 강한 손과 그분의 쭉 뻗친 팔과

3 그분이 베푸신 기적들과 이집트 왕 바로와 그 온 나라에 행하신 일들과 6:22; 7:19

4 여호와께서 이집트 군대와 그 말들과 전차들에 하신 일, 곧 그들이 너희를 쫓아왔을 때 그분이 홍해를 어떻게 가르셨는지 그리고 여호와께서 그들을 오늘에 이르기까지 멸망시키신 일을 기억하라. 출 14:27~28

5 너희 자녀들은 너희가 이곳에 도착할 때까지 여호와께서 너희를 위해 광야에서 하셨던 일과 시 78:14~40

6 그분이 르우벤 사람 엘리압의 아들들인 다단과 아비람에게 하신 일과 땅이 온 이스라엘 앞에서 입을 열어 그들과 그 식구들과 그 장막들과 그들에게 속한 모든 살아 있는 것을 삼켜 버린 일을 알지 못한다.

7 오직 여호와께서 하신 이 모든 엄청난 일들을 본 것은 너희다. 삿 2:7

8 순종의 의무 그러므로 내가 오늘 너희에게 주는 모든 명령들을 지키라. 그러면 너희가 힘을 얻어 요단 강을 건너가 얻게 될 그 땅으로 들어가 차지할 것이며 수 1:6~7

9 여호와께서 너희 조상들에게 맹세해 그들과 그들 자손들에게 주겠다고 하신 그 젖과 꿀이 흐르는 땅에서 오래도록 살 수 있을 것이다. 4:40; 창 50:24; 출 3:8

10 너희가 들어가 빼앗을 그 땅은 너희가 나온 이집트 땅, 곧 너희가 채소밭에 씨를 뿌리고

할례(10:16, 割禮, circumcision) 남성 성기 끝 살가죽을 잘라 버리는 의식. 이스라엘이 하나님께 선택되어 언약을 맺은 백성으로 하나님께 순종하고 헌신하겠다는 약속의 상징임.

발로 물을 대야 했던 그 땅과는 다르다.

11 너희가 요단 강을 건너 차지하게 될 그 땅은 하늘에서 내리는 비를 머금는 산들과 골짜기들의 땅이다. 87

12 너희 하나님 여호와께서 돌보시는 땅이다. 너희 하나님 여호와의 눈이 한 해의 시작부터 끝 날까지 그 땅 위에 있다.

13 축복의 조건 그러니 너희가 오늘 내가 너희에게 주는 그 명령들, 곧 너희 하나님 여호와를 사랑하고 그분을 온 마음과 온 영혼으로 섬기라는 것에 신실하게 순종하면

14 여호와께서 너희 땅에 때를 맞춰 봄과 가을에 비를 내려 주어 너희가 곡식과 새 포도주와 기름을 거두게 하실 것이다. 약5:7

15 내가 너희 소들을 위해 들판에 풀이 나게 할 것이니 너희가 먹고 배부를 것이다.

16 너희는 스스로 조심하라. 그러지 않으면 너희가 마음이 흐려져 다른 신들을 경배하고 절할 것이다. 28:36;14;왕상 31:27

17 그때는 여호와의 진노가 너희를 향해 타올라 하늘을 닫아 비가 없게 하시고 땅에서 수확할 것이 없게 하실 것이다. 그러면 너희가 여호와께서 너희에게 주시는 그 좋은 땅에서 곧 멸망하게 될 것이다. 계1:16

18 여러 가지 권고 나의 이 명령을 너희 마음과 생각에 단단히 새기고 너희 손목에 매고 이마에 두르라. 6:6,8

19 그것을 너희 자녀들에게 가르치되 집에 앉아 있을 때, 길을 걸을 때, 누울 때, 일어날 때, 그들에게 말해 주라.

20 그것들을 너희 집 문설주와 대문에 써서 붙이라. 6:9

21 그러면 여호와께서 너희 조상들에게 주기로 맹세하신 그 땅에서 너희의 삶과 너희 자녀들의 삶이 하늘이 땅을 덮는 날과 같이 많아질 것이다. 4:40;시 89:29

22 너희가 만약 내가 너희에게 준 명령을 잘 따르고 너희 하나님 여호와를 사랑하고 그분의 모든 길로 행하며 그분을 단단히 붙들면 6:17;10:20

23 여호와께서 너희 앞에서 이 모든 민족들을 쫓아내실 것이고 너희는 너희보다 크고 힘이 센 민족들을 얻을 것이다. 4:38;9:1

24 너희가 밟는 곳이 어디든지 너희 것이 될 것이고 너희 영토는 이 광야에서 레바논까지, 유프라테스 강에서 서쪽 바다까지 넓어질 것이다.

25 어떤 사람도 너희를 대항해 설 수 없을 것이다. 너희 하나님 여호와께서 너희에게 약속하셨듯이 너희가 어디로 가든 온 땅이 너희를 공포와 두려움의 대상으로 생각할 것이다.

26 축복과 저주 보라. 내가 오늘 너희 앞에 축복과 저주를 두었다.

27 내가 오늘 너희에게 주는 너희 하나님 여호

하나님을 사랑하고 온 마음과 영혼으로 섬기라는 명령이
자녀들의 마음과 생각에 새겨지도록 가르치라고 명령하심

와의 명령에 너희가 순종하면 복을 받을 것이요,

28 너희가 너희 하나님 여호와의 명령에 불순종하고 오늘 내가 너희에게 명령하는 길에서 떠나 너희가 알지 못했던 다른 신들을 섬긴다면 저주를 받을 것이다. 6:14

29 너희 하나님 여호와께서 너희가 들어가 차지하게 될 그 땅으로 너희를 들이실 때 너희는 그리심 산에서 복을 선포하고 에발 산에서 저주를 선포하여야 한다. 8:33

30 너희가 알다시피 이 산들은 요단 강 건너 해 지는 쪽으로 가는 길, 길갈 지방의 아라바에 사는 가나안 사람들의 영토 안의 모레라는 상수리나무 가까이에 있다. 창 12:6

31 너희는 요단 강을 건너 너희 하나님 여호와께서 주시는 땅으로 들어가 차지하라. 너희는 그것을 차지하고 거기서 살 때

32 내가 오늘 너희 앞에 두는 모든 규례와 법도를 명심하며 지키도록 하라. 5:32;12:32

12 우상 파괴를 명하심 "너희 조상들의 하나님 여호와께서 너희에게 주어 차지하게 하신 그 땅에서 너희가 삼가 따라야 할 규례와 법도는 이것이다. 4:1;10:6:1

2 너희가 쫓아낼 민족들이 우상 섬기는 장소가 높은 산이든 낮은 언덕이든 수없이 우거진 숲 아래 있는 모든 신당들을 완전히 없애 버리라. 출 34:13;왕상 14:23;왕하 16:4

3 그들의 제단을 부수고 그들이 거룩하다고 여기는 우상 돌들을 깨며 아세라 상들을 *불에 던지라. 그 신들의 모형을 베어 버리고* 그 이름들을 그곳에서 지워 버리라.

4 예배 장소와 예배 모범 너희가 너희 하나님 여호와를 경배할 때는 그들처럼 그렇게 하지 말라. 31절

5 오직 너희는 너희 하나님 여호와께서 너희 모든 지파들 가운데서 그분의 이름을 두시려고 너희의 여러 지파 가운데서 선택하실 곳, 곧 그분께서 계실 데를 너희가 찾아야 하며 그곳에 가야 한다. 수 18:1

6 너희는 너희의 번제물들과 희생제물들과 너희 십일조와 특별한 예물들과 너희가

드리겠다고 맹세로 서원한 것들과 너희 낙헌제물들과 너희 소 떼나 양 떼 가운데 처음 난 것을 그곳으로 가져와서

7 너희 하나님 여호와 앞에서 이것들을 먹고, 너희 하나님 여호와께서 너희 손이 닿는 모든 것에 복 주심으로 인해 너희와 너희 가족들은 기뻐하라. 14:23,26:15:20:절 23:40

8 너희는 우리가 여기서 우리 마음에 맞는 대로 행하는 그 모든 것들을 따라 거기서는 행하지 말라. 삿 17:6:21:25

9 이는 너희 하나님 여호와께서 너희에게 주시는 안식과 그 기업에 아직 이르지 못했기 때문이다. 왕상 8:56;시 95:11;히 4:8

10 그러나 너희는 요단 강을 건너 너희 하나님 여호와께서 너희에게 기업으로 주시는 그 땅에 정착할 것이니 그분이 너희 주변의 모든 원수들로부터 너희에게 안식을 주셔서 너희를 안전하게 살게 하실 것이다.

11 그때 너희 하나님 여호와께서 그분의 이름이 있을 곳으로 선택하신 그곳에 너희는 내가 명령하는 모든 것을 가져다 드릴 것이며, 그것은 너희 번제물들과 희생제물들과 너희 십일조와 특별한 예물들과 너희가 여호와께 바치겠다고 약속한 가장 좋은 소유물들이다.

12 그리고 거기서 너희 하나님 여호와 앞에서 너희와 너희의 아들딸들과 너희 남종들과 여종들과 자기 몫이나 기업이 없는 너희 성문 안에 있는 레위 사람들이 함께 기뻐하라. 민 18:20

13 너희는 스스로 조심해 너희 마음에 내키는 아무 곳에서나 너희 번제물을 드리는 일이 없도록 하라. 레 17:3~4:왕상 12:28~33

14 여호와께서 너희 지파들 가운데서 선택해 주신 한 곳에서만 드려야 할 것이니 거기서 내가 너희에게 명령하는 것을 지키도록 하라.

15 그러나 너희는 너희 하나님 여호와께서 너희에게 주시는 복에 따라 노루든 사슴이든 가리지 말고, 너희 짐승들을 너희 성안 어디서든 잡고, 너희가 원하는 만큼 고기를 먹을 수 있다. 부정한 사람이나 정결한

사람이나 다 먹을 수 있다. 14:5;15:22;16:17

16 그러나 너희는 그 피를 먹지 말고 물처럼 땅에 쏟아 버려라. 레 3:17

17 정해진 곳에서 먹을 예물 너희는 너희 곡식과 기름과 새 포도주로 바치는 십일조나 너희 소와 양 가운데 처음 난 것이나 너희가 드리겠다고 맹세한 것이나 너희 낙헌제물이나 특별한 예물을 너희 성안에서 먹지 말라.

18 대신에 너희는 너희 아들딸들과 너희 남종들과 여종들과 너희 성안에 있는 레위 사람들과 함께 너희 하나님 여호와께서 선택하신 곳으로 가서 너희 하나님 여호와 앞에서 그것을 먹고 너희 손에 있는 모든 것을 두고 너희 하나님 여호와 앞에서 기뻐해야 한다.

19 너희는 그 땅에서 사는 동안 레위 사람들을 무시하는 일이 없도록 조심하라.

20 너희 하나님 여호와께서 약속하신 대로 너희 영토를 넓혀 주신 후 너희가 고기를 간절히 바라며 '고기가 먹고 싶다'고 한다면 원하는 만큼 먹을 수 있다. 창 28:14

21 만약 너희 하나님 여호와께서 그분의 이름을 두려고 선택하신 그곳이 너무 멀다면 내가 너희에게 명령한 대로 너희는 여호와께서 너희에게 주신 소와 양을 잡아 너희 성문 안에서 너희가 원하는 만큼 먹을 수 있다. 5,15절

22 그것들을 노루나 사슴처럼 먹되 부정한 사람이나 정결한 사람이나 다 먹을 수 있다.

23 피를 먹지 말 것 그러나 피는 먹지 말아야 함을 명심하라. 이는 피가 생명이기 때문이다. 너희는 고기와 함께 생명을 먹어서는 안 된다. 창 9:4

24 피는 먹어서는 안 되며 물처럼 바닥에 쏟아부으라.

25 네가 피를 먹지 않고 여호와 보시기에 옳은 일을 하면 너희와 너희 자손들이 잘될 것이다. 출 15:26;왕상 11:38;전 8:12;사 3:10

26 예배 장소와 피 그러나 너희가 바치는 것들과 너희가 드리겠다고 약속한 것은 여호와께서 선택하신 곳으로 가지고 가라.

27 너희 번제물을 너희 하나님 여호와와의 제단 위에 고기와 피와 함께 올리라. 너희 희생제물의 피는 너희 하나님 여호와의 제단 곁에 쏟고 너희는 그 고기를 먹으라.

28 삼가 내가 너희에게 주는 이 모든 율례들을 지키라. 너희가 너희 하나님 여호와의 눈앞에 선하고 옳은 일을 하면 너희와 너희 후손들이 항상 잘될 것이다.

29 가증한 일을 피함 너희 하나님 여호와께서 너희가 침입해 빼앗을 땅에 사는 민족들을 너희 앞에서 없애시고 너희로 그들을 쫓아내고 그들 땅에 정착하게 하실 때

30 그들이 너희 앞에서 멸망한 후에라도 너희가 정신이 흐려져 그들의 신들에게 물으며 '이 민족들이 자기 신들을 어떻게 섬겼을까? 우리도 똑같이 할 것이다'라고 말하는 일이 없도록 조심하라. 7:16

31 너희는 너희 하나님 여호와를 그들의 방식대로 섬기지 말라. 그들은 자기 신들을 경배하면서 여호와께서 미워하시는 온갖 가

QT 도움닫기 — 예배

영주는 매일 큐티를 하고 성경 말씀을 배우면서 예배가 그저 엄숙하고 지루한 시간이 아니라는 걸 알았어요. 내 마음과 힘을 다해 하나님께 예배드려야 한다는 것을 깨달았어요.

무엇을 드릴까?

우리는 하나님께 예배하도록 지음을 받았어요. 하나님보다 더 소중한 대상은 없습니다. "죽임을 당하신 어린양은 능력과 부귀와 지혜와 힘과 존귀와 영광과 찬양을 받으시기에 합당하십니다."(계 5:12)라고 하나님을 찬양한 사도 요한처럼 우리도 하나님께 아름다운 찬양과 경배를 드려야 해요.

예배를 드리는 우리의 자세는 어떤가요? 친구와 장난을 치거나 휴대 전화기로 게임을 하는 사람은 없나요? 예배 시간에

증스러운 짓들을 행해 자기 아들딸들까지 불에 태워 그 신들에게 희생물로 바치고 있다. 레 18:3,21,26,30;왕하 17:15,31;1:1;렘 7:31;19:5

32 바꿀 수 없는 율법 너희는 명심해 내가 너희에게 명령하는 모든 것을 실행하되 그 가운데 무엇이든 더하거나 빼지 말라."

13 거짓 예언자와 꿈꾸는 사람 "예언자나 꿈으로 예견하는 사람이 너희 가운데 나타나 네게 이적이나 기사를 보이고

2 또 그가 말한 이적이나 기사가 일어나 그가 '네가 알지 못하는 다른 신들을 좇아가서 그들을 섬기자'고 해도 18:22;렘 28:9

3 너희는 그 예언자나 꿈 이야기를 하는 사람의 말에 귀 기울이지 말라. 그것은 너희 하나님 여호와께서 너희의 온 마음과 영혼으로 너희 하나님을 사랑하는지 알아보시려고 시험하시는 것이다. 8:2

4 너희는 너희 하나님을 따르며 그분을 경외하고 그분의 명령을 지키며 그분께 순종하고 또 너희는 그분을 섬기며 그분을 단단히 붙들라. 10:20;왕하 23:3;대하 34:31

5 그 예언자나 꿈꾸는 사람은 죽임당해야 할 것이다. 너희를 이집트에서 이끌어 내어 너희를 그 종살이하던 땅에서 구해 내신 너희 하나님 여호와께 그가 반역을 선포했고 너희 하나님 여호와께서 네게 명령해 따르라고 하신 그 길에서 너희를 배반하게 하려고 했기 때문이다. 너희는 너희 가운데서 그 악한 것을 제거하라. 렘 2:8;14:14-15

6 우상 숭배를 꾀는 자 만약 네 형제나 네 아들이나 딸이나 네가 사랑하는 아내나 가장 친한 친구가 너희를 아무도 모르게 꾀면서 '너와 네 조상이 모르는 다른 신들,

7 곧 네 주위에 있는 백성의 신들, 땅 이 끝에서 저 끝까지 가깝거나 먼 곳곳마다의 신들을 우리가 가서 섬기자'고 한다면

8 빈틈을 주지도 말고 귀 기울이지도 말라. 조금도 마음을 주지 말라. 그를 아끼지도 말고 덮어 주지도 말라. 7:16;잠 1:10

9 너는 그를 반드시 죽이라. 그를 죽일 때 네가 먼저 손을 댈 것이며 그 후에 온 백성이 손을 대라. 17:7

10 너는 돌로 쳐서 죽여라. 이는 너를 그 종살이하던 땅 이집트에서 이끌어 내신 네 하나님 여호와로부터 등을 돌리게 했기 때문이다. 17:5;수 7:25

11 그러면 온 이스라엘이 듣고 두려워하리니 너희 가운데 그런 악한 일이 다시는 없을 것이다. 17:13;19:20;21:21

12 우상 숭배하는 성을 만약 네 하나님 여호와께서 네게 주어 살게 하시는 그 성들에 대해 들리는 소문을

13 사악한 사람들이 너희 가운데 일어나 그 성 사람들을 잘못 이끌며 '우리가 가서 모르는 다른 신들을 섬기자'고 한다면 17:4;19:18

14 너는 자세히 묻고 살펴서 만약 그 말이 사실이고 이런 가증스러운 일이 너희 가운데 정말 있었음이 밝혀지면

15 너는 그 성에 사는 모든 사람을 반드시 칼로 쳐서 죽이고 그 안에 있는 모든 것과 그곳의 가축을 칼날로 완전히 죽이라.

16 그 성에서 빼앗은 것을 다 거두어 광장 한가운데 모아 놓고 그 성과 모든 빼앗은 것들을 너희 하나님 여호와께 번제로 불에 태워 다 드려라. 그곳은 영원히 폐허로 남아 결코 재건되는 일이 없을 것이다. 수 6:24;8:28

17 그 심판당한 것들 가운데 어느 것도 너희 손에 남겨 두지 말라. 그러면 여호와께서 너희에게서 그분의 그 무서운 진노를 돌이키실 것이다. 그분이 너희에게 긍휼을

즐거나 딴생각하는 사람은요? 내 마음을 드려 하나님 말씀에 귀 기울이면 하나님의 사랑을 체험하게 될 것입니다.

하나님을 예배하려는 헌신된 마음으로, 꾸준히 빠지지 않고 교회에 출석할 것을 다짐해 보세요. 하나님께 온 마음을 다해 드리는 예배가 되도록 기도하세요.

깊이 읽기 신명기 12장 5-14절을 읽으세요.

사악한(13:13, 邪惡, wicked) 나쁜 꾀가 있어 거짓으로 남의 비위를 맞추는 태도가 있으며 악한.

베푸시고 너희를 불쌍히 여기시고 너희 조상들에게 맹세하셨던 대로 너희 수를 늘려 주실 것이다. 창 50:24;출 6:18;7:26

18 너희가 여호와의 음성을 듣고 오늘 너희에게 명하시는 그분의 모든 명령을 지켜 그분이 보시기에 옳은 일을 하면 그렇게 될 것이다." 12:25,28

14 이방 사람과의 구별 "너희는 너희 하나님 여호와의 자손이니 죽은 사람을 위해 너희 몸을 상하게 하거나 눈썹 사이 이마를 밀지 말라.

2 이는 너희가 너희 하나님 여호와께 거룩한 백성이기 때문이다. 지상의 모든 민족들 가운데 여호와께서 너희를 선택해 그분의 소중한 소유물이 되게 하셨다. 7:6

3 먹을 만한 짐승 가증스러운 것은 어떤 것이든 먹지 말라. 겔 4:14;행 10:13~14

4 너희가 먹어도 되는 동물들은 소, 양, 염소,

5 사슴, 노루, 불그스름한 사슴, 산염소, 야생 염소, 영양, 산양 등이다.

6 굽이 둘로 갈라지고 되새김질하는 동물은 너희가 먹어도 되지만

7 부정한 동물 되새김질하는 것이나 굽이 갈라진 것 가운데 너희가 먹으면 안 되는 것은 낙타, 토끼, 오소리다. 그것들은 되새김질을 하지만 굽이 갈라지지 않았으니 너희에게는 부정하다. 레 11:5;시 104:18;잠 30:26

8 돼지도 부정하니 이는 굽이 갈라져 있지만 되새김질을 하지 않기 때문이다. 너희는 그 고기를 먹거나 죽은 것을 만지지 말라.

9 물고기 물속에서 사는 모든 생물들 가운데서는 지느러미와 비늘이 있는 것은 다 너희가 먹어도 된다.

10 그러나 지느러미와 비늘이 없는 것은 먹

지 말라. 그것은 너희에게 부정한 것이기 때문이다.

11 새 정결한 새는 어떤 것이든 먹어도 된다.

12 그러나 너희가 먹지 말아야 할 것은 독수리, 솔개, 검은 솔개, 레 11:13

13 매, 새매, 그 외의 매 종류,

14 까마귀 종류,

15 타조, 헛간 올빼미, 갈매기, 새매 종류,

16 올빼미, 부엉이, 따오기,

17 거위, 독수리, 물에 잠기는 까마귀,

18 학, 황새 종류, 후투티, 박쥐 등이다.

19 모든 떼로 날아다니는 곤충들은 너희에게 부정한 것이니 그것들을 먹지 말라.

20 그러나 정결한 새는 먹어도 된다.

21 이미 죽은 것은 무엇이든 먹지 말라. 너희는 그것을 너희 성 가운데 사는 이방 사람에게 주어 먹게 하라. 아니면 이방 사람에게 팔라. 너희는 너희 하나님 여호와께 거룩한 백성이다. 어린 염소를 그 어미의 젖에 삶지 말라." 출 23:19;레 7:24

22 해마다 밭에서 나는 것의 십일조 "해마다 밭에서 나는 모든 것에서 십일조를 떼는 것을 명심하라. 민 18:21

23 너희 곡식과 기름과 새 포도주의 십일조와 너희 소와 양 가운데 처음 난 것을 너희 하나님 여호와 앞에서 그분께서 자기 이름을 두실 곳으로 선택하시는 그 장소에서 먹도록 하라. 그러면 너희가 너희 하나님 여호와를 항상 경외하는 것을 배울 것이다. 4:10;12:6~7;15:20;17:19

24 그러나 만일 여호와께서 그분의 이름을 두시려고 선택하신 곳이 너무 멀어서 너희가 너희 하나님 여호와께 복을 받았지만 십일조를 가지고 갈 수 없다면 12:21

이방 사람은 누구인가요?

이방 사람이란 이스라엘 백성들이 다른 나라 사람들을 가리킬 때 사용한 말이에요. 하나님은 이스라엘 백성들이 종교적으로 혈통적으로 구분이 되도록 이방 사람에 대해 여러 가지 제한을 두셨어요.

하지만 하나님은 이방 사람들과 이스라엘을 구분하시면서도 이스라엘 백성들에게 "너희는 이방 사람들을 사랑해야 한다. 이는 너희 자신도 이집트에서 이방 사람들이었기 때문이다."(신 10:19)라고 말씀하셨어요.

25 너희 십일조를 은으로 바꾸어 가지고 너희 하나님 여호와께서 선택하신 그곳으로 가라.

26 그 은을 가지고 너희가 원하는 것을 사되 소, 양, 포도주, 다른 종류의 술 등 너희가 원하는 어떤 것이든 사라. 거기서 너희와 너희 가족이 너희 하나님 여호와 앞에서 먹고 즐거워하라.

27 그리고 너희 성에 사는 레위 사람들을 무시하지 말라. 그들은 그들 몫이나 기업이 없기 때문이다. 　12:19;민 18:20

28 3년마다 얻은 것의 십일조 3년마다 그해에 얻은 것의 모든 십일조를 가져다가 너희 성 안에 저장하라. 　26:12;암 4:4

29 그리하여 너와 함께 몫이나 기업을 나누지 않은 레위 사람과 너희 성에 있는 이방 사람들과 고아와 과부들이 와서 배불리 먹게 해 너희 하나님 여호와께서 너희 손으로 하는 모든 일에 복 주시도록 하라."

15 빚을 탕감해 주는 해 "매 7년마다 너희는 빚을 탕감해 주어야 한다.

2 그 방법은 이렇다. 모든 채권자가 자기 동료 이스라엘 사람에게 꾸어 준 빚을 탕감해 주고 그 동료 이스라엘 사람이나 형제에게 독촉하지 말라는 것이다. 빚을 탕감해 주는 여호와의 때가 선포됐기 때문이다.

3 너희가 이방 사람에게는 빚 독촉을 할 수 있지만 너희 형제가 꾼 빚에 대해서는 탕감해 주어야 한다. 　23:20

4 아무튼 너희 가운데는 가난한 사람이 없어야 하는데 그것은 너희 하나님 여호와께서 너희에게 기업으로 차지하라고 주시는 그 땅에서 그분이 너희를 넉넉하게 복 주실 것이기 때문이다. 　28:1

5 그러나 그것은 너희가 너희 하나님 여호와께 온전히 순종하고 내가 오늘 너희에게 주는 그 모든 명령들을 삼가 잘 지키면 그렇게 될 것이다. 　11장;28:8

6 꾸어 줄 정도로 얻은 복 너희 하나님 여호와께서 약속하신 대로 너희에게 복 주실 것이니 너희가 많은 민족들에게 빌려 주고 꾸지 않을 것이다. 너희는 많은 민족들을 다스릴 것이고 어느 누구도 너희를 다스리지 않을 것이다. 　출 23:25;왕상 4:21,24;스 4:20;잠 22:7

7 가난한 형제에 대한 의무 너희 하나님 여호와께서 너희에게 주시는 그 땅의 어느 한 성읍에서 너희 형제들 가운데 가난한 사람이 있다면 그 가난한 형제를 향해 마음을 인색해지거나 주먹을 움켜쥐는 일이 없도록 하라. 　요일 3:17

8 오히려 손을 벌려 그가 필요한 모든 것을 대가 없이 빌려 주라. 　레 25:35;마 5:42;눅 34-35

9 삼가 너는 나쁜 마음을 갖지 마라. 궁핍한 형제에게서 네 눈을 악하게 뜨고 '7년째 해다. 빚을 탕감할 해가 가까이 왔다' 하고 네가 그에게 아무것도 주지 않으면 그가 너에 대해 여호와께 부르짖을 것이니 그것이 네게 죄가 될 것이다. 　마 20:15;25:41-42

10 그에게 넉넉히 주되 네가 그에게 줄 때는 인색한 마음을 갖지 마라. 그러면 이 일로 인해 너희 하나님 여호와께서 너희가 하는 모든 일에, 너희 손이 닿는 모든 일에 너희에게 복 주실 것이다. 　14:29;잠 28:27;고후 9:7

11 땅에는 항상 가난한 사람들이 있을 것이다. 내가 너희에게 명령한다. 너희 땅에 있는 너희 형제들 가운데 가난하고 궁핍한 사람들에게 손을 펴 도우라. 　마 26:11

12 종을 풀어주는 해 만약 남자나 여자나 관계 없이 동료 히브리 사람이 네게 팔렸다면 너는 그가 6년 동안 섬기게 하고는 7년째 되는 해에는 놓아주어야 한다.

13 그리고 네가 그를 놓아줄 때는 빈손으로 보내지 마라.

14 네 양들이나 네 타작마당이나 네 포도주 틀에 있는 것을 그에게 넉넉히 베풀어라. 너희 하나님 여호와께서 너에게 복 주신 것처럼 그에게 주어라. 　8:18;16:17

15 너희가 이집트에서 종이었고 너희 하나님 여호와께서 너희를 구해 내셨음을 기억하라. 그러므로 내가 오늘 이것을 네게 명령

─────

탕감(15:1, 취소, canceling) 빚이나 세금 따위의 물어야 할 것을 덜어 주거나 아주 덜어 줌.

하는 것이다.   5:15

16 그러나 너와 네 집을 사랑하고 그가 너와 함께 있기를 좋아해 만일 그가 네게 '나는 떠나기 싫습니다' 하면   출 21:5-6

17 송곳을 가져다 그의 귀를 문에 대고 뚫으라. 그러면 그가 평생에 네 종이 될 것이다. 여종에게도 똑같이 하여라.

18 네 종을 놓아주는 것을 어려운 일로 생각지 마라. 그는 6년 동안 주인을 섬겼고 네 품꾼의 두 배만큼 열심히 일했다. 그러니 네 하나님 여호와께서 네가 하는 모든 일에 복 주실 것이다."

19 집승의 첫 새끼 "너희 하나님 여호와를 위해 네 양이나 소의 첫 새끼를 따로 구별하라. 네 소 가운데 처음 난 것은 일을 시키지 말고 네 양 가운데 처음 난 것은 털을 깎지 말라.   출 13:2

20 해마다 너와 네 가족은 너희 하나님 여호와 앞에서 그분이 선택하신 장소에서 그것들을 먹을 것이다.   12:7;14:23,26

21 만약 소나 양이 흠이 있어 절뚝발이거나 눈이 멀었거나 다른 심각한 문제가 있다면 너는 그것을 너희 하나님 여호와께 제물로 드리지 마라.   레 22:20

22 너는 그것을 네 성안에서 먹으며 부정한 사람이나 정결한 사람, 모두가 먹되 노루

나 사슴을 먹듯이 먹어라.   12:15

23 그러나 너는 그 피를 먹지 말고 그것을 물처럼 바다에 쏟아부어라."   레 3:17

16 유월절을 기념함 "아빕 월을 지켜 너희 하나님 여호와의 유월절을 기념하라. 아빕 월에 그분이 너희를 밤중에 이집트에서 이끌어 내셨기 때문이다.

2 여호와께서 그분의 이름을 두려고 선택하신 그곳에서 너희 소나 양으로 너희 하나님 여호와께 유월절 제사를 올려 드리라.

3 올린 음식을 먹되 누룩 있는 빵과 함께 먹지 말고 너희가 서둘러 이집트를 떠났으니 7일 동안 누룩 없는 빵, 곧 고난의 빵을 먹으라. 그리하여 너희 평생에 너희가 이집트에서 나온 그날을 기억하도록 하라.

4 7일 동안 너희 온 땅에서 너희 소유물 가운데 누룩 있는 빵이 전혀 나오지 않도록 하라. 너희가 첫날 저녁 때 제사드린 고기는 아침까지 남기지 않도록 하라.   출 13:7

5 너희는 너희 하나님 여호와께서 너희에게 주신 성에서 유월절 제사를 드리지 말고

6 그분의 이름을 두실 곳으로 선택하신 그곳에서 드리도록 하라. 거기서 너희는 저녁 해가 질 때 너희가 이집트를 떠난 것을 기념해 유월절 제사를 드려야 한다.

7 그 제물을 너희 하나님 여호와께서 선택

땅의 휴가, 안식년은 어떤 기간인가요?

사람이 6일 동안 일하고 하루를 쉬는 것처럼, 안식년은 땅을 6년 동안 경작하고 1년 쉬게 하는 제도랍니다.

안식년에는 땅에 씨를 뿌리거나 가지를 잘라 주는 일을 할 수 없어요. 곡식이나 열매가 저절로 자라나도 수확할 수 없고 가난한 사람들이나 동물이 먹도록 그대로 두었어요(레 25:1-7).

안식년에는 빚을 갚으라고 재촉할 수 없고, 다음 해에야 빚을 받거나 아니면 이예 빚진 것이 면제되었어요. 안식년이 가까워졌다고 해서 가난한 이웃에게 빌려 주지 않으면, 그것은 하나님 앞에서 죄가 될 수 있었어요(신 15:9).

빚을 갚을 수 없어 종으로 팔릴 경우에 종은 6년간 일한 후 7년째 되는 안식년에는 자유를 얻었어요. 주인은 자유로운 종에게 가축과 곡식과 포도주 등을 주어야 했어요(출 21:2-4; 신 15:12-18). 만일 종이 계속 주인을 섬기겠다고 하면 한쪽 귀를 송곳으로 뚫어서 자발적으로 종이 되었다는 것을 알렸어요(출 21:5-6).

안식년은 단순히 일을 하지 않고 쉬는 것 이상의 의미를 지니고 있어요. 땅을 쉬게 하여 땅이 하나님의 것임을 알게 했어요(레 25:23). 빚을 면제해 주고 종을 자유롭게 하는 것은 천국에서 누릴 영원한 안식을 미리 맛보게 해주신 것입니다(히 4:9).

하신 그곳에서 구워 먹고 아침이 되면 너희 장막으로 돌아가라.

8 6일 동안은 누룩 없는 빵을 먹고 7일째 되는 날에는 너희 하나님 여호와께 드리는 총회로 모이고 아무 일도 하지 말라.

9 **칠칠절 기간** 7주를 세는데 너희가 곡식에 낫을 대는 그날부터 7주를 세라. 행 2:1

10 그리고 너희 하나님 여호와께서 너희에게 주신 그 복의 양대로 낙헌제를 드려 너희 하나님 여호와 앞에서 칠칠절을 지키라.

11 또 너희 하나님 여호와 앞에서 그분이 당신의 이름을 둘 곳으로 선택하신 그곳에서 기뻐하되 너와 네 아들딸들과 네 남종들과 여종들과 네 성안의 레위 사람들과 너희 가운데 사는 이방 사람들과 고아들과 과부들과 함께 즐거워하라. 느 8:9-12

12 너희가 이집트에서 종이었음을 기억하고 이 규례를 잘 따르도록 하라. 5:15

13 **초막절 기간** 너희가 타작마당과 포도주 틀에서 난 것을 거둬들인 뒤 7일 동안 초막절을 지키라. 출 23:16;레 23:34

14 초막절을 기뻐하되 너와 네 아들딸들과 네 남종들과 네 여종들과 네 성안에 사는 레위 사람들과 이방 사람들과 고아들과 과부들과 함께 기뻐하라. 11절;느 8:9-12

15 7일 동안 여호와께서 선택하신 그곳에서 너희 하나님 여호와께 그 절기를 지키라. 너희 하나님 여호와께서 네 모든 수확물과 네 손으로 하는 모든 일에 복을 주셔서 네 기쁨이 온전해질 것이다. 레 23:39

16 **절기의 명칭** 1년에 세 번씩, 곧 무교절, 칠칠절, 초막절에 모든 남자들은 너희 하나님 여호와 앞에 그분이 선택하신 그곳으로 나아가라. 여호와 앞에 빈손으로 나가지 말고

17 각자 너희 하나님 여호와께서 너희에게 복 주신 만큼 예물을 드리라." 고후 8:12

18 **공정한 재판관** "너희 하나님 여호와께서 너희에게 주시는 모든 성에서 너희 각 지파마다 재판관과 관리들을 세우라. 그러면 그들이 백성들을 공평하게 판결할 것이다.

19 **정의의 중요성** 정의를 왜곡하거나 편견을 가지지 말라. 뇌물을 받지 말라. 뇌물은 현명한 사람들의 눈을 감기고 의인들의 말을 왜곡시킨다. 출 23:2,6,8;레 19:15;사 10:2;암 5:12

20 정의를 따르라. 그러면 너희가 살고 너희 하나님 여호와께서 너희에게 주시는 그 땅을 차지하게 될 것이다.

21 **나무와 돌 우상** 나무로 만든 아세라 상을 너희 하나님 여호와께 만들어 드린 그 제단 곁에 놓지 말고 왕상 14:15;16:33;왕하 13:6;17:16

22 석상을 세우지 말라. 이것들은 너희 하나님 여호와께서 미워하시는 것이다."

17

여호와께 드리는 제물 "너희 하나님 여호와께 제물을 드리되 흠이나 결점이 있는 소나 양을 드리지 말라. 이는 여호와께 가증한 것이다.

2 **우상 숭배하는 사람에 대한 징벌** 만약 여호와께서 너희에게 주시는 어느 성에서 너희 가운데 사는 남자나 여자가 너희 하나님 여호와의 눈앞에서 그분의 언약을 깨뜨려 악을 행했음이 밝혀지고 수 7:11;15;23:16

3 내 명령과 달리 다른 신들을 섬겨 절하여 나 해, 달, 하늘의 별들에게 절했는데

4 그것을 너희가 알게 되었다면 너희는 그것을 자세히 조사하라. 만약 사실이어서 그 가증한 짓거리가 이스라엘에서 일어났음이 증명되면 13:14;19:18

5 악한 짓을 저지른 그 남자나 여자를 너희 성문으로 데려가 돌로 쳐 죽이라. 레 24:14

6 두세 사람의 증언으로 그 사람을 죽이되 한 사람의 증언으로는 그 사람을 죽일 수 없다. 민 35:30;요 8:17

아빕 월(16:1, month of Abib) 히브리 사람이 사용하는 달력의 첫 달(태양력의 3-4월경에 해당). **칠칠절**(16:10, 七七節, The Feast of Weeks) 유월절로부터 7주 후 50일 만에 지키는 절기. 보리 추수의 첫 열매를 기념하여 곡식을 주신 하나님께 감사드리는 절기. **초막절**(16:13, 草幕節, The Feast of Tabernacles) 가을 축제인 초막절은 유대력으로 티쉬리 월 15일에 시작하여 일주일간 지속됨(태양력으로는 보통 9월에 해당). **무교절**(16:16, 無酵節, Feast of Unleavened Bread) 유월절이 시작되는 저녁부터 7일 동안 무교병(누룩 없는 빵)을 먹으며 지키는 절기.

7 그들을 죽일 때 그 증인들이 먼저 손을 대고 그다음에 온 백성이 손을 대라. 이같이 해 너희 가운데서 악을 없애라." 행 7:58

8 항소 법원 "만약 너희가 판결하기 어려운 사건이 너희 법정에 올라오면 피 흘린 일이든지 소송이든지 구타한 일이든지 간에 그 사건을 너희 하나님 여호와께서 선택하신 그 장소로 가져오라. 12:5

9 레위 사람들인 제사장들과 그때 업무를 담당하고 있는 재판관에게로 가라. 그들에게 물으면 그들이 판결을 내려 줄 것이다.

10 법정 모욕죄 너희는 여호와께서 선택하신 그 장소에서 그들이 너희에게 주는 그 결정에 따라 행동하라. 또 너는 그들이 네게 알려 주는 모든 것대로 지켜 행하라.

11 그들이 너희에게 가르치는 법도와 그들이 너희에게 주는 결정대로 행동하라. 그들이 너희에게 한 말에서 오른쪽이나 왼쪽으로 벗어나지 말라.

12 재판관이나 너희 하나님 여호와 앞에서 섬기고 있는 제사장을 무시하는 사람은 죽임을 당할 것이다. 너희는 이스라엘에서 그런 악한 사람들을 제거하라. 스 10:8

13 그리하면 모든 백성이 듣고 두려워해 다시는 교만한 마음을 품지 않을 것이다."

14 왕을 세울 "너희 하나님 여호와께서 너희에게 주시는 그 땅으로 들어가 차지하고 거기 정착하면서 너희가 '우리 주변 모든 민족들처럼 우리도 왕을 세우자'고 말할 때

15 너희 하나님 여호와께서 선택하신 왕을 너희를 다스릴 왕으로 세워야 한다. 너희 형제들 가운데 한 사람을 왕으로 세우고 너희 형제인 이스라엘 사람이 아닌 이방 사람을 세우지 말라. 삼상 9:15;10:24;16:12;대상 22:10

16 왕이 하지 말아야 할 일 왕은 자신을 위해 많은 말을 소유하지 말고 말을 더 얻으려고 이집트로 백성들을 다시 보내지 말라. 여호와께서 너희에게 '너희는 그 길로 다시 가지 말라'고 하셨다. 대하 1:16;사 31:1

17 왕은 많은 아내들을 두지 말라. 그래야 그의 마음이 돌아서지 않을 것이다. 왕은 또

한 은과 금을 많이 모아 두지 말라. 왕상 11:3

18 율법의 준수 왕이 왕위에 오르게 되면 자신을 위해 레위 사람들인 제사장들이 보관하고 있던 이 율법을 두루마리 책에 기록하게 하라. 31:9,26;왕하 11:12;22:8;대하 24:14

19 이것을 항상 곁에 두어 그 평생 동안 읽어서 하나님 여호와를 경외하고 이 율법과 이 규례의 모든 말씀을 삼가 지키는 것을 배우고 4:10;14:23;수 1:8

20 자기 형제를 업신여기거나 율법에서 오른쪽이나 왼쪽으로 치우치는 일이 없게 하라. 그러면 그와 그의 자손들이 이스라엘에서 자기 왕권을 오랫동안 유지할 수 있을 것이다." 4:40;5:32;왕상 15:5

18

제사장들을 위한 율법 "레위 사람 제사장들과 모든 레위 지파는 이스라엘에서 할당된 몫도, 기업도 없으니 그들은 여호와께 드린 화제물을 먹고 살 것이다. 그것이 그들의 기업이기 때문이다.

2 그들은 그 형제들 가운데 기업이 없으리니 여호와가 그들의 기업이다. 그분이 그들에게 약속하신 대로다.

3 소나 양으로 제사드리는 사람들에게서 제사장들에게 할당되는 몫은 앞쪽 넓적다리, 두 볼, 내장이다. 레 7:30~34

4 너는 제사장들에게 너희가 수확한 첫 곡식과 새 포도주와 기름과 처음 깎은 양털을 주어야 한다. 민 18:12;대하 31:5

5 너희 하나님 여호와께서 그들과 그들의 자손들을 너희 온 지파에서 선택해 여호와의 이름을 위해 항상 섬기도록 세우셨기 때문이다. 17:12

6 레위 사람을 위한 몫 레위 사람은 이스라엘 온 땅 어디서든 자기가 살고 있던 성에서 떠나 간절한 마음이 있어 여호와께서 선택하신 곳으로 가면 12:5;민 35:2~3;삿 17:7;19:1

7 그는 거기서 여호와 앞에서 다른 모든 자기 동료 레위 사람들과 함께 하나님 여호와의 이름을 섬길 수 있다. 대상 23:6;대하 31:2

8 그는 자기 집안의 것을 팔아 수입으로 삼은 것 외에 제사장들이 할당받는 몫을 공

평하게 나누어 가질 수 있다." 대하 31:4;느 12:44

9 마술과 신접 "너희가 너희 하나님 여호와께서 너희에게 주시는 그 땅으로 들어갈 때 그곳 민족들이 하는 그 가증스러운 짓거리들을 배워 따라 하지 말라. 레 18:26-30

10 너희 가운데 없어야 할 것은 그 아들이나 딸들을 불에 희생시키거나 점을 치거나 마술을 부리거나 예언을 말하거나 마법에 가담하거나 출 22:18;레 18:21;19:26;왕하 17:17

11 주문을 외우거나 신접한 사람이 되거나 영매가 되거나 죽은 혼을 부르는 일이다.

12 누구든지 이러한 일들을 하는 사람은 여호와께 가증스러우니 이런 가증스러운 짓거리들로 인해 너희 하나님 여호와께서는 너희 앞에서 그 민족들을 쫓아내실 것이다.

13 너희는 너희 하나님 여호와 앞에서 온전하라."

14 "너희가 쫓아내게 될 그 민족들은 마술을 부리거나 점을 치는 사람들에게 귀 기울였지만 너희 하나님 여호와께서는 너희가 그렇게 하는 것을 금지하셨다.

15 참예언자신 메시아 너희 하나님 여호와께서는 너희를 위해 너희 형제들 가운데서 나 같은 예언자를 일으키실 것이다. 너희는 그에게 귀 기울여야 한다. 요 1:21;25,45

16 이것은 너희가 총회의 날에 호렙 산에서 너희 하나님 여호와께 요청했던 것이다. '우리가 우리 하나님 여호와의 음성을 듣거나 이 큰 불을 더는 보지 않게 해 주십시

오, 그러지 않으면 우리가 죽을까 두렵습니다.'

17 여호와께서 내게 말씀하셨다. '그들이 하는 말이 맞다. 5:28

18 내가 그들을 위해 그들의 형제 가운데서 너 같은 예언자를 일으킬 것이다. 내가 내 말을 그의 입에 넣을 것이니 그가 형제들에게 내가 그에게 명령한 모든 것을 전할 것이다. 렘 1:9;5:14;요 4:25;8:28;12:49-50;17:8

19 만약 누구든 그 예언자가 내 이름으로 말하는 것을 듣지 않으면 내가 친히 그에게 추궁할 것이다. 행 29:19;35:13;행 3:23

20 거짓 예언자에 대한 판별 그러나 내가 말하라고 명령하지 않은 것을 내 이름을 부르며 함부로 말하는 예언자나 다른 신들의 이름으로 말하는 예언자가 있다면 죽임을 당할 것이다. 13:5

21 너희는 스스로 '여호와께서 말씀하시지 않은 것인지 우리가 어떻게 알겠습니까?' 할 수 있을 것이다.

22 만약 예언자가 여호와의 이름으로 선포하는 것이 실제로 일어나지 않으면 그것은 여호와께서 말씀하신 것이 아니다. 그런 예언자는 함부로 말한 것이니 두려워하지 말라." 13:1-3;렘 28:9

19 도피성 "너희 하나님 여호와께서 너희에게 주시는 그 땅을 차지하고 있는 민족들을 멸망시키셔서 너희가 그들을 쫓아내고 그들의 성과 집에 정착하면

오늘의 운세, 점치면 안 되나요?

많은 사람들이 신문에서 오늘의 운세를 읽기도 하고 컴퓨터 점을 보기도 하며 '단순히 재미로 한 번 보는 것이고 또 금방 잊어버리는데 뭐 어떨까?'라고 생각하기 쉽습니다.

그러나 하나님은 점을 치지 말라고 말씀하셔요(신 18:9-14).

점이나 주술에 빠지는 것은 결국 하나님에 대한 믿음 없는 행동이며, 믿음을 약하게 만들기 때문이에요.

재미로 점을 보거나 오락하는 마음으로 주술에 관심을 가진 친구들이 있다면 당장 그만둬야 해요.

하나님만 믿고 그 말씀을 잘 지키며 살고, 하나님 안에서 참된 기쁨을 누리는 성도가 되어야 해요.

하나님의 참뜻이 궁금한가요? 점쟁이나 무당이나 인터넷을 찾기보다 먼저 성경을 가까이 해 보세요. 성경이 여러분의 인생을 안내하고 비추어 주는 등불이 되어 줄 거예요(시 119:105).

하나님이 일으키실 예언자

모세는 이스라엘의 예언자(신 34:10), 제사장(출 24:6-8) 그리고 왕(신 33:5)으로서, 하나님의 뜻과 말씀을 이스라엘에 전해 주었다.

모세는 자기와 같은 예언자를 하나님이 세우셔서 하나님의 말씀을 전하게 하실 것이라고 했다.

이 말씀은 하나님이 장차 하나님의 백성을 위해 온 인류의 유일한 대제사장(히 5:5-10)이며, 영원한 왕(마 27:11)이시고, 참 예언자(요 4:19)이신 예수 그리스도를 이스라엘 혈통 중에 보내셔서 하나님의 참뜻과 명령을 알려 주실 것에 대한 약속을 담고 있다.

그러므로 하나님이 일으키실 진정한 예언자이신 예수 그리스도가 전하신 말씀을 모든 사람이 반드시 듣고 순종해야 한다.

2 너희는 너희 하나님 여호와께서 너희에게 차지하라고 주시는 땅 한가운데 있는 성 세 개를 따로 떼어 두라. 출 21:13절/신 35:10,14

3 너희 하나님 여호와께서 너희 기업으로 주시는 그 땅에 길을 내고 세 지역으로 나누어 누구든 사람을 죽인 사람이 거기 피신할 수 있도록 하라.

4 악의 없는 살인 이것은 사람을 죽이고 목숨을 부지하려고 거기 피신하는 사람에 관한 규범으로 자기 이웃을 악의 없이 우연히 죽이게 된 사람을 위한 것이다. 4:42

5 예를 들어 한 사람이 자기 이웃과 함께 나무를 베려고 숲에 들어갔는데 나무를 쓰러뜨리려고 도끼를 휘두르다가 도끼머리가 날아가 그 이웃을 쳐서 죽게 만들었다고 하자. 그런 사람은 그 성들 가운데 하나에 피신해 목숨을 부지할 수 있다.

6 이는 그 피를 복수하려는 사람이 분노해

그를 뒤쫓아 가다가 거리가 너무 멀면 그를 따라잡아 죽일 수 있기 때문이다. 그가 본래 그 이웃을 미워하지 않았으니 그를 죽이는 것이 마땅하지 않다. 신 35:12,19,21,24

7 6개의 도피성 그래서 내가 너희를 위해 이 세 성을 따로 구별해 두라고 명령하는 것이다.

8 너희 하나님 여호와께서 너희 조상들에게 맹세하신 대로 너희 영토를 넓혀 주시고 그분이 약속하신 그 땅 전체를 너희에게 주시면 12:20;창 15:18-21절 23:31;34:24

9 너희가 오늘 내가 너희에게 명령하는 이 모든 법도들, 곧 너희 하나님 여호와를 사랑하고 항상 그분의 길로 가라는 명령을 삼가 따를 때 너희는 도피할 수 있는 성 세 개에 세 개의 성을 더해 2절수 20:7

10 그 죄 없는 피를 너희 하나님 여호와께서 너희 기업으로 주시는 너희 땅에 흘리는 일이 없게 하고 너희에게 그 피 흘림의 죄가 없게 하라.

11 의도적인 살인 그러나 만약 사람이 자기 이웃을 미워해 매복하고 있다가 갑자기 그를 죽였는데 그 성들 가운데 하나에 피신했다면 27:24;출 21:12,14;민 35:16-21

12 그 성의 장로들은 사람을 보내 그를 거기서 잡아다가 피로 보복하려는 사람에게 넘겨주어 죽게 하라.

13 이웃이 미워 죄를 저지른 사람에게는 긍휼을 베풀지 말라. 너희는 이스라엘에서 죄 없는 피를 흘리는 죄를 없애야 한다. 그러면 너희가 잘될 것이다. 민 35:33;왕상 2:31

14 경곗돌 이동을 금함 너희는 너희 하나님 여호와께서 너희에게 주시는 그 땅에서 너희가 받은 기업의 선임자들이 세운 너희 이웃의 경곗돌을 움직이지 말라."

15 두세 증인의 증언 "한 사람의 죄를 정하거나 범죄에 대해 논할 때 한 사람의 증인으로는 충분하지 않다. 어떤 일이든 두세 증인의 증언이 있어야 고소할 수 있다.

16 위증에 대한 형벌 만약 악의가 있는 증인이 죄를 고발하러 나선다면 출 23:1;시 35:11

17 그 논쟁에 가담한 두 사람이 여호와께서 계시는 곳에서 제사장들과 당시의 재판관들 앞에 서야 할 것이다. 17:8-9:21:5

18 재판관들은 자세히 조사해 그 증인이 자기 형제에게 위증을 한 거짓말쟁이인 것으로 드러나면 13:14:17:4

19 그가 자기 형제에게 하려고 했던 대로 그에게 해 그런 악한 사람들을 너희 가운데서 제거하라. 잠 19:5,9단 6:24

20 나머지 백성들이 이것을 듣고 두려워해 다시는 그런 악한 일이 너희 가운데서 일어나지 않도록 말이다. 13:11

21 긍휼을 베풀지 말고 생명에는 생명으로, 눈에는 눈으로, 이에는 이로, 손에는 손으로, 발에는 발로 하라.' 출 21:23-24

20

제사장의 연설 "너희가 원수들과 싸우기 위해 나가서 너희보다 많은 말과 전차와 큰 군대를 보게 돼도 두려워하지 말라. 너희를 이집트에서 이끌고 나오신 너희 하나님 여호와께서 너희와 함께하실 것이다. 수 17:18

2 너희가 싸움터에 나갈 때는 제사장이 앞으로 나아가 군인들에게 연설하라 민 10:8-9:31:6

3 이렇게 말하라. '이스라엘아, 들으라. 오늘 너희는 너희 원수들과 싸우러 나가고 있다. 마음 약해지지 말고 두려워하지 말라. 공포에 질리거나 그들 앞에서 떨지 말라.

4 너희 하나님 여호와께서는 너희와 함께 나아가 너희를 위해 너희 원수들과 싸워서 너희에게 승리를 주시는 분이다.'

5 전쟁에 나갈 군인의 선발 장교들은 군인들에게 말하라. '새 집을 짓고 봉헌하지 않은 사람이 있느냐? 그런 사람은 집으로 가게 하라. 그가 싸움터에서 죽어 다른 사람이 새 집을 봉헌하지 못하게 하기 위함이다.

6 포도원을 만들고도 즐기지 못한 사람이 있느냐? 그런 사람은 집으로 가게 하라. 그가 싸움터에서 죽게 돼 다른 사람이 그 열매를 먹지 않도록 하기 위함이다. 고전 9:7

7 여자와 약혼하고 결혼하지 못한 사람이 있느냐? 그런 사람은 집으로 돌아가게 하라. 그가 싸움터에서 죽게 돼 다른 사람이 그 여인과 결혼하지 못하게 하기 위함이다.'

8 더 나아가 장교들은 군인들에게 말하라. '두려워하거나 마음이 약해진 사람이 있느냐? 그런 사람은 집으로 돌아가게 해 그 형제마저 낙담시키지 않게 하라.'

9 장교들은 군인들에게 이 말을 마친 후 군대를 통솔할 장군들을 세워야 한다.

10 평화를 제의하라 너희가 한 성을 공격하려고 행진할 때는 그곳 백성들에게 평화를 제의하라. 신 2:26,삼상 21:13:삼하 20:18,20

11 만약 그들이 받아들이고 성문을 열면 그 안의 모든 백성들은 강제 노역에 넘겨져 너희를 위해 일해야 할 것이다.

12 만약 그들이 평화를 거부하고 너희에게 싸움을 걸어오면 그 성을 포위하라.

13 너희 하나님 여호와께서 그 성을 너희 손에 넘겨주실 때 그 안의 모든 사람들을 칼로 쳐 죽이라.

14 여자들과 어린아이들과 가축들과 그 안의 다른 모든 것들은 너희가 전리품으로 가져도 좋다. 그리고 너희 하나님 여호와께서 너희 원수들에게서 빼앗아 너희에게 주시는 그 전리품을 써도 된다. 민 31:9

15 이것은 가까이 있는 민족들이 아닌 멀리 있는 모든 성들을 처리하는 방법이다.

16 가나안의 성들 그러나 너희 하나님 여호와께서 너희에게 기업으로 주시는 그 민족들의 성에서는 숨 쉬는 것은 무엇이든 살려 두지 말라. 7:1-2:민 33:52-자 11:14

17 헷 사람들, 아모리 사람들, 가나안 사람들, 브리스 사람들, 히위 사람들, 여부스 사람들을 완전히 멸망시키라. 너희 하나님 여호와께서 너희에게 명령하신 대로 말이다.

18 그러지 않으면 그들이 자기 신들을 경배하면서 하는 그 모든 가증스러운 짓들을 너

매복(19:11, 埋伏, lies in wait) 상대편의 동태를 살피거나 뜻하지 않은 때에 공격하려고 일정한 곳에 몰래 숨어 있는 것. 선임자(19:14, 先任者, predecessor) 어떤 일을 책임지고 먼저 맡아 하던 사람. 경곗돌(19:14, boundary stone) 지역이 구분됨을 나타내기 위하여 세운 돌.

희에게 따르도록 가르칠 것이고 그러면 너희는 너희 하나님 여호와께 죄를 짓게 될 것이다. 7:4,12:30~31;18:9;출 23:33

19 남겨야 할 과일나무 너희가 오랫동안 성을 에워싸고 쳐서 그것을 취하려 할 때도 너희는 도끼를 사용해 그곳에 있는 나무를 베어 버리지 말라. 이는 네가 그 열매를 먹을 수 있으니 너는 그것들을 포위하는 데 쓰기 위해서 베어 내지 말라. 왕하 3:19

20 너희는 어떤 나무가 열매를 맺지 않는 나무인지 알 것이다. 너희는 그것들을 베어 내어 너희가 싸우는 그 성읍에 대한 보루를 만들어 그 성을 무너뜨릴 때까지 사용하라."

21 죽인 자를 알 수 없는 시체 "너희 하나님 여호와께서 너희에게 차지하라고 주신 그 땅에서 사람이 죽어 들판에 누워 있는 것을 발견했는데 누가 죽였는지 알 수 없으면

2 너희 장로들과 재판관들이 나가서 그 시체와 가까이 있는 성들 간의 거리를 측정하라.

3 그리고 시체 가까이에 있는 그 성의 장로들은 아직 일해 본 적 없고 멍에를 멘 적도 없는 암송아지를 가져다가 민 19:2

4 한 번도 갈지도 심지도 않은 시내가 흐르는 골짜기로 데려가서 그 골짜기에서 그 암송아지의 목을 부러뜨리라.

5 레위 자손들인 제사장들이 그리로 나아올 것이니 너희 하나님 여호와께서 그들로 여호와를 섬기게 하고 또 여호와의 이름으로 복 주시려고 그들을 택하셨다. 모든 소송과 모든 분쟁이 그들의 말대로 판결될 것이다. 10:8;17:8~9;19:17

6 시체 가까이에 있는 그 성의 모든 장로들은 골짜기로 목을 부러뜨린 그 암송아지 위에 손을 씻으며 시 26:6;73:13;마 27:24

7 이렇게 말하라. '우리 손들이 그 피를 흘리지 않았고 우리 눈들도 그 일을 보지 못했습니다.

8 여호와여, 주께서 구속하신 주의 백성 이스라엘을 위해서 이 속죄하는 것을 받아 주시고 주의 백성들에게 그 죄 없는 사람의 피에 관해 묻지 마소서! 욘 1:14

9 그러면 너희가 스스로 그 죄 없는 피를 흘린 죄를 제거할 수 있을 것이다. 너희가 여호와께서 보시기에 옳은 일을 했으니 말이다." 19:13

10 여자 포로 "네가 네 원수들과 싸우러 나갈 때 네 하나님 여호와께서 그들을 네 손에 넘겨주셔서 네가 그들을 포로로 잡게 되었는데

11 만약 그 포로들 가운데 아름다운 여인이 있는 것을 발견해 마음이 끌린다면 너는 그녀를 네 아내로 삼아도 된다.

12 그녀를 네 집으로 데려와 머리를 밀고 손톱을 깎으라.

13 그녀가 잡혔을 때 입었던 옷을 벗거고 네 집에 살며 자기 부모를 위해 한 달 동안 애곡하고 나면 너는 그녀에게 들어가서 그 남편이 되고 그녀는 네 아내가 될 것이다.

14 그런데 네가 그녀를 기뻐하지 않으면 그녀가 원하는 대로 그녀를 가게 하고 결코 돈

세대 차이가 나서….

구약성경은 아이가 나쁜 행동을 계속하면 부모는 아이에게 주의를 주고 타이르라고 있어요. 그래도 말을 듣지 않으면 그것은 부모뿐만 아니라 하나님께 반항하는 것이에요. 더 나아가 십계명 중 제5계명을 어기는 것이에요.
그래서 아이가 너무 말을 안 들으면 부모는 동네 장로들에게 아이를 데리고 가서 "이 아이는 우리 아들인데 너무 고집이 세고 반항적입니다. 엄마 아빠의 말을 잘 듣지 않아요."라고 말했

을 받고 그녀를 팔지 마라. 네가 그녀를 비천하게 했으니 그녀를 종으로 여기지 마라."

24:7;렘 34:16

15 **장자의 권한** "만약 한 남자에게 아내가 둘이 있어 하나는 사랑받고 또 하나는 미움을 받는다 둘 다 자식을 낳았는데 첫째 아들이 그가 사랑하지 않는 아내에게서 나왔다면

창 29:30,33;삼상 1:4~5

16 그는 자기 재산을 아들들에게 유산으로 줄 때 사랑하지 않는 아내가 낳아 준 실제 장자를 제쳐 두고 사랑하는 아내의 아들을 장자로 세우지 마라.

대상 5:1~2;26:10

17 사랑하지 않는 아내의 아들을 장자로 인정해 그가 가진 모든 것 가운데 두 몫을 챙겨 주어야 한다. 그 아들은 자기 아버지의 힘의 시작이기 때문이다. 그 장자의 권한은 그에게 속해 있기 때문이다."

창 49:3

18 **부모에게 불순종하는 반항아** "만약 한 남자에게 아들이 있는데 그가 마음이 고집스럽고 반항심이 있어 자기 부모에게 순종하지도, 훈계를 때 귀 기울이지도 않는다면

19 그 부모는 그를 잡아다가 성문 앞으로 장로들에게 데려가서

20 장로들에게 말하라. '이 아이는 우리 아들인데 마음이 고집스럽고 반항적입니다. 우리에게 순종하지 않습니다. 방탕한 데다 가 술꾼입니다.'

21 그러면 그 성의 모든 남자들이 그를 돌로 쳐 죽이도록 하라. 너는 그런 악한 사람들을 너희 가운데서 제거하라. 그러면 온 이스라엘이 그 말을 듣고 두려워할 것이다."

22 나무 위에 달린 범죄자의 시체 "만약 한 사람이 죽을죄를 지어서 죽임당해 몸이 나무에 매달렸다면

23 너는 밤이 다 가도록 그 시체를 나무에 두지 마라. 반드시 바로 그날 그를 묻어 주도록 하여라. 나무에 달린 사람은 누구든 하나님의 저주 아래 있기 때문이다. 너는 너희 하나님 여호와께서 네게 기업으로 주시는 그 땅을 더럽히지 마라."

요 19:31

22

위급한 경우의 도움 "만약 네가 네 형제의 소나 양이 길을 잃고 herdma는 것을 보면 그냥 지나치지 말고 반드시 그것들을 네 형제에게 데려다 주어라.

2 만약 그 형제가 가까이 살지 않거나 그가 누구인지 모른다면 네 집에 데려갔다가 찾는 사람이 올 때까지 너와 함께 두었다가 그에게 그 짐승을 다시 돌려주어라.

3 마찬가지로 너는 네 형제의 나귀나 겉옷도 그렇게 하며 네 형제가 잃어버린 모든 것을 찾았을 때도 그렇게 하고 못 본 체하지 마라.

4 만약 네가 네 형제의 나귀나 소가 길거리에 넘어져 있는 것을 보면 그냥 지나치지 마라. 넘어진 것을 일으켜 세워 주어라.

5 **남자와 여자의 옷** 여자는 남자 옷을 입지 말고 남자는 여자 옷을 입지 마라. 너희 하나님 여호와께서는 이렇게 하는 사람을 가증스럽게 여기신다.

18:12;25:16

6 **새들에 대한 배려** 만약 네가 길가나 나무 위나 땅바닥에 있는 새 둥지에서 어미가 새끼나 알을 품고 있는 것을 보면 그 어미나

어요. 그 말이 사실로 드러날 경우, 동네 사람들은 그 아이를 돌로 쳐서 죽였어요. 부모를 공경하라는 계명을 너무 심하게 어긴 것이기 때문에 죽여야만 했어요.

부모님 말씀을 듣지 않아서 받는 벌이 너무 무섭죠?

성경은 하나님 안에서 부모님께 순종하고 공경하라고 말합니다(엡 6:1~3).

부모님과 내 생각이 자꾸만 충돌한다면 부모님의 입장에서 한번 생각해 보세요.

그리고 여러분의 마음을 솔직하게 잘 말씀드려 보세요. 단 부모님께 말씀드릴 때는 부드럽고 겸손한 말투로 해야 함을 잊지 마세요.

깊이읽기 신명기 5장 16절을 읽으세요.

새끼를 가져가지 마라. 레 22:28

7 너는 새끼를 가져가되 반드시 그 어미를 놓아주어라. 그러면 네가 잘되고 오래 살 수 있을 것이다. 4:40

8 **상해의 예방** 네가 새 집을 지을 때는 네 지붕 주변에 난간을 만들어 네 집에서 사람이 떨어져 피 흘리는 일이 없게 하여라. 그렇게 하면 사람이 거기에서 떨어져도 그 피가 네 집에 돌아가지 않을 것이다.

9 **포도원에 두 가지 씨를 금지함** 네 포도원에 두 가지 씨를 뿌리지 마라. 그렇게 하면 네가 심어 얻은 그 수확물이나 그 포도원 열매를 다 빼앗길 것이다. 레 19:19

10 쟁기질 소와 나귀를 한 멍에 매어 밭을 갈지 마라.

11 직조 양털과 베를 함께 섞어 짠 것을 입지 마라.

12 기억의 옷술 네가 입는 겉옷 네 귀퉁이에 술을 달아라." 민 15:38/마 23:5

13 **처녀의 증거** "만약 한 남자가 아내를 얻었는데 잠자리를 같이한 뒤에 그가 싫어져서

14 '내가 이 여자와 결혼해서 잠자리를 같이 했는데 처녀인 증거를 볼 수 없었다'라며 비방하고 누명을 씌운다면

15 그 여자의 부모는 그 처녀가 처녀인 증거를 성문에 있는 그 성 장로들에게 가져가야 할 것이다.

16 누명을 쓴 여자의 아버지는 장로들에게 말하라. '내가 내 딸을 이 사람과 결혼시켰는데 그가 내 딸을 좋아하지 않습니다.

17 지금 그가 내 딸을 비방하며 '내가 당신 딸

이 처녀인지 알 수 없었다'라고 말하지만 여기 내 딸이 처녀인 증거가 있습니다.' 그리고 그 부모가 그 천을 그 성 장로들에게 보여 주면

18 장로들이 그 사람을 데려다가 벌을 주어야 한다.

19 장로들은 그에게 은 100세겔을 물리고 그 돈을 그 여자의 아버지에게 주도록 하라. 이는 그 사람이 이스라엘의 처녀에게 누명을 씌웠기 때문이다. 그 여자는 계속 그의 아내가 돼야 하리니 그는 살아 있는 동안 그 여자와 이혼할 수 없다. 마 19:8-9

20 그러나 만약 그 고소가 사실이어서 그 여자가 처녀라는 증거물이 발견되지 않는다면

21 그 여자를 자기 아버지 집 문으로 데려가 거기서 그 성의 남자들이 돌로 쳐 죽여라. 이는 여자가 아버지의 집에 있을 때 이스라엘에서 난잡한 행동으로 수치스러운 짓을 했기 때문이다. 너는 그런 악한 사람들을 너희 가운데서 제거하여라. 창 34:7

22 **간음에 대한 형벌** 만약 한 남자가 다른 남자의 아내와 잠자리를 같이한 것이 밝혀지면 그 남자와 여자는 죽여서 그런 악한 사람들을 이스라엘에서 제거하여라.

23 **성안에서 약혼한 처녀와 간음함** 만약 한 남자가 어떤 약혼한 처녀를 성안에서 만나게 돼 함께 잤다면 마 1:18-19

24 너는 그들 모두를 그 성문 앞으로 데려가 돌로 쳐 죽여라. 그 여자는 성안에 있었는데도 도와 달라고 소리 지르지 않았고 그 남자는 다른 남자의 아내를 범했기 때문

여자가 남자 옷 입으면 안 되나요?

성경은 남자가 여자 옷을 입거나 여자가 남자 옷을 입는 것을 엄격히 금지했어요(신 22:5). 남자와 여자의 구별을 하지 않는 것은 하나님의 창조 질서를 어기는 것으로 보았기 때문이에요(창 1:27). 성경은 남녀가 옷을 바꿔 입는 것을 '가증하다'고 말하는데, 이것은 '혐오스럽다'라는 말로 동성애에 관한 구

절(레 18:22; 20:13)에서도 쓰인 단어입니다. 더구나 그 당시 이방인들은 서로 옷을 바꿔 입고 문란한 제사의식을 행했기 때문에 이 명령은 하나님에 대한 신앙의 순결을 지키라는 종교적 의미도 포함하고 있어요. 이 명령은 하나님의 창조 질서를 지키라는 것으로 이해해야 합니다.

이다. 너는 그 악한 사람들을 너희 가운데서 제거하여라.

25 들판에서 약혼한 여자를 강간함 그러나 한 남자가 들판에서 어떤 약혼한 여자를 만나 강간했다면 그 남자만 죽어야 할 것이라.

26 그 여자에게는 아무것도 행하지 마라. 그 녀는 죽임당할 죄를 짓지 않았다. 이런 경우는 자기 이웃을 공격해 살해한 사람의 경우와 같은데

27 그 사람이 들판에서 여자를 만나는 바람에 약혼한 그 여자가 소리를 지르더라도 도와줄 사람이 하나도 없었기 때문이다.

28 약혼하지 않은 여자를 강간함 한 남자가 약혼하지 않은 여자를 만나 강간하다가 들켰다면

29 그는 그 여자의 아버지에게 은 50세겔을 지불해야 한다. 그는 그 여자와 결혼해야 하는데 그것은 그가 그녀를 범했기 때문이다. 그는 자기가 사는 동안 그 여자와 절대 이혼할 수 없다.

30 아버지의 아내와의 결혼을 금함 자기 아버지의 아내와 결혼해 자기 아버지의 침대를 욕되게 하는 일을 하지 마라." 겔 16:8

23 남근이 잘린 자 "남근이 상했거나 베어 거세된 자는 아무도 여호와의 총회에 들어올 수 없다.

2 사생아 사생아나 그 자손들은 10대까지도 여호와의 총회에 들어올 수 없다.

3 암몬과 모압 사람 암몬 사람이나 모압 사람이나 그 자손들은 10대까지도 여호와의 총회에 들어올 수 없다. 느 13:1-2

4 그들은 너희가 이집트에서 나올 때 빵과 물로 너희를 맞아 주지 않았고 메소포타미아의 브돌 사람 브올의 아들 발람을 고용해 너희를 저주하게 했다.

5 그러나 너희 하나님 여호와께서는 발람에게 귀 기울이지 않으셨고 그 저주를 복으

로 바꾸셨다. 너희 하나님 여호와께서 너희를 사랑하시기 때문이다.

6 너희가 사는 동안 그들에게 평화의 조약을 구하지 말라. 스 9:12

7 에돔 사람 에돔 사람을 미워하지 말라. 그는 네 형제다. 이집트 사람을 미워하지 말라. 네가 그 땅에서 이방 사람으로 살았기 때문이다. 창 25:24-26레 19:34민 20:14총 1:10,12

8 그들에게서 난 자손들은 3대째부터 여호와의 총회에 들어올 수 있다."

9 진영의 청결 "네가 네 원수들을 치려고 진을 칠 때 부정한 모든 것을 멀리하여라.

10 몽정으로 인한 부정 만약 너희 군사들 가운데 하나가 몽정을 해 부정해졌다면 그는 진영 밖으로 나가 머물러 있어야 한다.

11 그러나 그는 저녁이 되면 몸을 씻고 해가 지면 진영 안으로 들어올 수 있다. 레 15:5

12 위생에 관한 규정 진영 바깥에 한 장소를 정해 두고 너는 그곳으로 나가라.

13 무엇이든 땅을 팔 것을 가져서 네가 변을 볼 때 구멍을 파서 그 배설물을 덮도록 하여라.

14 너희 하나님 여호와께서 너희를 보호하고 너희 원수들을 너희에게 넘겨주려고 너희 진영 안에서 다니시기 때문이다. 너희 진영을 거룩하게 해 그분이 너희 가운데서 불결한 것을 보고 떠나지 않으시도록 하라."

15 종의 도피 "만약 어떤 종이 네게 와서 숨어먹 그를 주인에게 넘겨주지 마라.

16 그가 네 성문들 가운데 가장 좋은 한 곳을 택하게 해 너희 가운데서 너와 함께 살게 하고 너는 그를 학대하지 마라.

17 매춘의 금지 이스라엘 사람이면 남자나 여자나 성소에서 몸을 팔지 마라. 왕상 14:24

18 너는 창녀의 몸값이나 개처럼 번 돈을 너희 하나님 여호와의 집에 *맹세로 소원하기 위해 가져오지 마라. 이는 이 두 가지 모두 네 하나님 여호와께 가증하기 때문이다.

난간(22:8, 欄干, parapet) 사람이 떨어지는 것을 막기 위해 마루, 다리, 계단 등의 가장자리에 일정한 높이로 막아 세우는 설치물. 멍에(22:10, yoke) 쟁기나 수레를 끌기 위해 소나 나귀 등의 목에 가로 얹는 막대. 술(22:12, tassel) 여러 가닥의 실로 된 장식용 끈. 세겔(22:19, shekel) 무게의 기본 단위. 후대에 은화를 가리키는 이름이 됨. 1세겔은 11.42g에 해당됨. 23:18 '서원하다'는 뜻.

19 **이자를 받지 마라** 네 형제에게 꾸어 주고 이자를 받지 마라. 돈이든 양식이든 꾸어 주는 어떠한 것의 이자도 받지 마라.

20 이방 사람에게는 이자를 물려도 되지만 네 형제에게는 꾸어 주고 이자를 받지 마라. 그래야 네 하나님 여호와께서 네가 들어가 차지할 그 땅에서 네 손이 닿는 모든 일에 복 주실 것이다. 15:3,10

21 **서원의 실천을 명하심** 만약 네가 네 하나님 여호와께 약속한 것이 있으면 갚기를 더디게 하지 마라. 네 하나님 여호와께서는 네게 그것을 반드시 요구하실 것이니 그러면 네가 죄짓는 것이 될 것이다.

22 그러나 만약 드리겠다는 약속을 하지 않으면 죄는 없을 것이다.

23 네 입술에서 나가는 것은 네가 반드시 지키고 행해야 한다. 네가 네 하나님 여호와께 네 입으로 자진해서 드리겠다고 약속을 했기 때문이다.

24 **도움받는 자에 대한 제한** 만약 네가 이웃의 포도원에 들어간다면 네가 원하는 대로 포도를 먹고 바구니에는 담지 마라.

25 만약 네가 이웃의 밭에 들어간다면 이삭

상식충충 낮에는 옷, 밤에는 이불

일교차가 심한 팔레스타인에서 겉옷은 일상생활에서 반드시 필요한 생활 필수품이었다. 낮에는 더위와 비를 막아 주고, 밤에는 이불처럼 덮는 용도로 많이 사용되었다. 따라서 담보물로 겉옷을 빼앗는 것은 파렴치한 행위로 여겨졌다. 비록 빚진 사람이라 할지라도 해질 무렵, 겉옷을 다시 돌려주라고 하신 것은 최저 생활을 보장받아야 한다는 원리를 가르치신 것이다. 또 그들의 인격이나 가정의 신성함까지 훼손시켜서는 안 된다는 것을 알려 준 참된 이웃 사랑의 가르침이었다.(신24:13; 출22:26~27).

을 따는 것은 괜찮지만 낫을 대지는 마라."

24

이혼의 종교 "만약 한 남자가 어떤 여자와 결혼했는데 그가 여자에게서 부끄러움이 되는 일을 알게 돼 마음으로 싫어지게 되면 그는 이혼 증서를 써서 그 여자에게 주고 자기 집에서 내보내야 한다. 사50:1;렘3:8;마5:31;19:7;막10:4

2 만약 그 여자가 그 집을 떠나 다른 사람의 아내가 되고 나서

3 그 두 번째 남편도 그녀를 미워해 그녀에게 이혼 증서를 써 주고 집에서 내보냈거나 혹은 그녀를 데려간 그 남편이 죽었더라도

4 그녀가 더럽혀진 뒤에 그 여자와 이혼한 전남편이 그녀를 다시 데려오지 말라. 이는 여호와께서 보시기에 가증스러운 일이다. 너희 하나님 여호와께서 너희에게 기업으로 주시는 그 땅 위에 죄를 부르지 말라.

5 **결혼 첫해의 자유** 만약 한 남자가 결혼한 지 얼마 안 되었다면 전쟁에 나가거나 부역을 담당하지 말라. 1년 동안 그는 자유로운 몸으로 집에서 결혼한 아내를 행복하게 해 주라. 20:7;잠5:18

6 **맷돌을 빚보증 잡지 말라** 맷돌의 위짝이나 아래짝을 빚보증으로 가져올 수 없는데 이는 그것이 생계를 위한 최소 수단이기 때문이다.

7 **납치** 자기 형제 이스라엘 사람을 납치해서 종으로 대하거나 팔면 그 납치한 사람은 죽여야 한다. 너는 이런 악한 사람들을 너희 가운데서 제거하여라.

8 **나병** 나병에 관해서는 특별히 조심해야 하는데 레위 사람들인 제사장들이 지시하는 대로 해야 한다. 너는 내가 그들에게 명령한 것을 조심히 지켜라.

9 네 하나님 여호와께서 너희가 이집트에서 나온 후의 여정에 미리암에게 어떻게 하셨는지 기억해 보아라.

10 **담보물의 수령** 네가 네 이웃에게 빌려 준 것이 있을 때는 그의 집에 들어가 그가 제시하는 담보물을 가져오지 마라.

11 너는 밖에 머물러 있고 네게 빌린 그 사람

이 그 담보물을 가지고 나오게 하여라.

12 **가난한 사람의 보호** 만약 그 사람이 가난하다면 그 담보물을 가진 채로 자지 말고

13 해 질 무렵 그의 겉옷을 돌려주어 그가 덮고 자게 하여라. 그러면 그가 네게 고마워할 것이고 그것은 네 하나님 여호와께서 보시기에 의로운 행동으로 여겨질 것이다.

14 **신속한 일당 지불** 가난하고 궁핍한 일꾼은 그가 너희의 형제든 네 성문 안 네 땅에서 사는 이방 사람이든 압제하지 마라.

15 그에게 그날 해 지기 전에 일당을 주어라. 그는 가난하기 때문에 그 일당에 급급해하는 것이다. 그러지 않으면 그가 너에 대해 여호와께 부르짖을 것이니 네게 죄가 될 것이다. 15:9; 레 19:13; 렘 22:13; 약 5:4

16 **개인적 책임** 아버지들은 자기 자식들로 인해 죽어서는 안 되며 자식들도 자기 아버지들로 인해 죽임을 당해서는 안 된다. 모든 사람은 자기 죄로 인해 죽어야 한다.

17 **혜택받지 못한 사람을 위한 정의** 이방 사람이나 고아에게 억울한 일이 없게 하고 과부에게서 그 겉옷을 담보물로 잡지 마라.

18 네가 이집트에서 종이었고 너희 하나님 여호와께서 너를 그곳에서 구해 내셨음을 기억하여라. 그런 까닭에 내가 네게 이렇게 하라고 명령하는 것이다. 5:15

19 **고아와 과부를 위한 배려** 네가 네 밭에서 추수할 때 들에서 곡식 한 단을 잊어버렸든 그것을 가지러 돌아가지 마라. 그것은 이방 사람이나 고아나 과부를 위한 것이 될 것이다. 그러면 네 하나님 여호와께서 네 손으로 하는 모든 일에 복 주실 것이다.

20 네 올리브 나무의 열매를 떤 뒤 그 가지를 살피러 다시 가지 마라. 그것은 이방 사람이나 고아나 과부를 위한 것이다.

21 네가 네 포도원에서 포도를 수확할 때 다시 가서 따지 마라. 그 남은 것은 이방 사람이나 고아나 과부를 위해 남겨 두어라.

22 네가 이집트에서 종이었던 것을 기억하여라. 그런 까닭에 내가 이렇게 하라고 명령하는 것이다."

▲ 고대 요르단 지방의 의복

25

매질의 제한 "사람들끼리 말싸움이 붙었을 때 법정으로 데리고 가거라. 그러면 재판관들이 그 문제를 판결해 죄 없는 사람은 석방하고 죄지은 사람은 정죄할 것이다. 왕상 8:32; 잠 17:15

2 만약 죄지은 사람이 맞아야 한다면 그 재판관이 그를 자기 앞에 눕히고 그 죄에 알맞은 만큼 매질을 할 것이다.

3 그러나 매질은 40대를 넘지 않아야 한다. 만약 40대 이상 매질을 한다면 네 형제가 너를 비열한 사람으로 여길 수 있다.

4 **먹이 공급** 소가 추수를 위해 곡식을 떨려고 밟고 있다면 재갈을 물리지 마라.

5 **동생의 의무** 형제들이 함께 살다가 하나가 아들 없이 죽었으면 죽은 이의 과부는 나가서 다른 사람과 결혼하지 말라. 그 남편의 형제가 그녀를 데려가 결혼해 형제로서의 의무를 다하여라. 창 38:8-9; 마 22:24

6 그녀가 첫아들을 낳으면 죽은 형제의 대를 잇게 해 그 이름이 이스라엘에서 지워지지 않게 하여라. 룻 4:10

7 **동생이 거절하는 경우** 그러나 만약 한 남자가 자기 형제의 아내와 결혼하고 싶어 하지 않으면 과부가 된 그 형제의 아내는 성문에 있는 장로들에게 가서 말하여라. '내 남편의 형제가 이스라엘에서 그 형제의 대를 이어 주기를 거부합니다. 그는 내게 형제의 의무를 다하려고 하지 않습니다.'

8 그러면 그 성 장로들이 그를 불러 말하라. 만약 그가 '그 여자와 결혼하고 싶지 않다'

라고 말하면서 고집을 부리면 룻 4:6

9 과부가 된 그 형제의 아내는 장로들이 보는 앞에서 그에게로 올라가 신발 한 짝을 벗기고 얼굴에 침을 뱉으며 '자기 형제의 대를 잇지 않는 사람은 이렇게 해야 한다'고 말하여라. 창 12:14;룻 4:7,11;요 30:10;사 50:6

10 그 사람은 대대로 이스라엘에서 '신발이 벗겨진 가문'으로 알려질 것이다.

11 아내의 간섭 만약 두 사람이 싸우다가 그 가운데 한 사람의 아내가 자기 남편을 치는 자의 손에서 구해 내려고 가까이 다가가서 손을 내밀어 그 사람의 중요한 데를 붙잡았더라도

12 너는 그 여자의 손목을 잘라 버려라. 그녀에게는 무자비하게 대해야 한다. 7:16

13 공정한 저울추 네 가방에 서로 다른 저울추, 곧 큰 것과 작은 것을 넣지 마라.

14 네 집에서 서로 다른 되, 곧 큰 것과 작은 것을 두지 마라.

15 너는 완전하고 정확한 추를 두며 완전하고 정확한 되를 두어라. 그래야 네 하나님 여호와께서 네게 주시는 그 땅에서 오래오래 살 수 있을 것이다. 4:40

16 네 하나님 여호와께서는 이런 일을 하는 자, 곧 정직하지 못한 거래를 하는 자를 가증스럽게 여기신다. 18:12;22:5;잠 11:1

17 아말렉의 전멸을 명하심 네가 이집트를 나올 때 아말렉 사람들이 네게 어떻게 했는지 기억해 보아라. 24:9;출 17:8

18 네가 지쳐 피곤했을 때 그들이 길을 가다가 너희를 만나서 뒤처져 있는 자들을 치지 않았느냐? 그들은 하나님을 두려워하

지 않았다. 삼 10:19

19 네 하나님 여호와께서 네게 기업으로 주시는 그 땅에서 네 하나님 여호와께서 네 주변의 모든 원수들로부터 벗어나 네게 안식을 주실 때 너는 하늘 아래에서 아말렉을 기억하는 일조차 없도록 그들을 모조리 남김 없이 없애 버려라. 잊지 마라. 출 17:8~14

26

첫 열매와 십일조 "네 하나님 여호와께서 네게 기업으로 주시는 그 땅에 네가 들어가 차지하고 거기 정착할 때

2 네가 네 하나님 여호와께서 주시는 그 땅의 흙에서 수확한 모든 것들 가운데 처음 난 열매들 얼마를 가져다가 바구니에 넣어라. 그리고 네 하나님 여호와께서 그분의 이름을 두시려고 선택하신 그곳으로 가서

3 너는 그 당시에 있는 제사장에게 말하여라. '여호와께서 우리에게 주시겠다고 우리 조상들에게 맹세하신 그 땅에 내가 들어오게 됐음을 내가 오늘 당신의 하나님 여호와께 고백합니다.' 1:8;출 13:5

4 제사장이 네 손에 있던 바구니를 가져다가 네 하나님 여호와의 제단 앞에 놓으면

5 과거를 기억하며 드리는 봉헌 너는 네 하나님 여호와 앞에서 말씀드려라. '내 조상은 거의 몰락하던 아람 사람이었는데 그가 몇몇 사람들과 함께 이집트로 내려가 거기서 살다가 크고 힘세고 큰 민족이 됐습니다.

6 그러나 이집트 사람들이 우리를 학대하고 고된 일을 시키며 우리에게 고통을 주었습니다. 출 1:11,14;민 20:15

7 그래서 우리는 우리 조상들의 하나님 여

하나님은 이스라 엘 백성에게 가나

왜 아말렉을 없애라고 했을까요?

안에 들어가면 반드시 아말렉 사람들을 모조리 없애라고 명령하셨어요(신 25:19). 아말렉 사람들이 하나님을 두려워하지 않고, 이스라엘을 공격했기 때문이에요(신 25:17~18). 이것은 하나님에 대한 도전이었어요.

둘째는 이집트에서 나온 이스라엘 백성을 무참히 기습 공격한 비열한 행위 때문이었어요(출 17:8; 신 25:18).

아말렉에 대한 하나님의 명령은 사울에 의해(삼상 15장), 히스기야 왕 때 시므온 자손에 의해(대상 4:43), 에스더 때 아말렉의 후손인 하만을 처형함으로써 이루어졌어요(에 7:9~10).

호와께 부르짖었고 여호와께서는 우리 소리를 들으셔서 우리의 비참함과 고난과 압제당하는 것을 보셨습니다. 출 7:20;25:3,9

8 그리고 여호와께서는 강력한 손과 쭉 뻗친 팔과 큰 공포와 이적과 기사로 우리를 이집트에서 이끌어 내셨습니다. 출 12:37,51

9 그분은 우리를 이곳까지 이끌어 주셨고 이 땅, 곧 젖과 꿀이 흐르는 땅을 우리에게 주셨습니다. 출 3:8

10 여호와여, 그리하여 지금 내가 당신께서 우리에게 주신 그 흙에서 나온 첫 열매들을 드립니다.' 그러고 나서 그 바구니를 네 하나님 여호와 앞에 두고 그분 앞에 경배하여라.

11 그리고 너와 너희 가운데 있는 레위 사람들과 이방 사람들까지 네 하나님 여호와께서 너와 네 집안에 주신 그 모든 좋은 것들을 즐거워하여라.

12 감사의 기도 3년째 되는 해, 곧 십일조를 드리는 해에 네가 수확한 모든 것의 십일조를 따로 떼어 놓기를 마치면 너는 그것을 레위 사람들과 이방 사람들과 고아들과 과부들에게 주어라. 그러면 그들이 네 성에서 배불리 먹을 수 있을 것이다.

13 네 하나님 여호와께 말씀드려라. '내가 내 집에서 거룩한 몫을 가져다가 주께서 내게 명령하신 모든 것에 따라 레위 사람들과 이

방 사람들과 고아들과 과부들에게 주었습니다. 내가 주의 명령을 어긴 적이 없고 그 가운데 어느 것도 잊은 적이 없습니다.

14 내가 애곡하는 동안 거룩한 몫에서 떼어 먹은 적이 없고 부정할 때 그 가운데 어느 것도 쓰지 않았으며 그 가운데 어느 것도 죽은 사람에게 바치지 않았습니다. 나는 내 하나님 여호와께 순종했습니다. 내가 주께서 내게 명령하신 모든 것을 따라 했습니다. 레 7:20;21:1,11절;민 16:7;호 9:4

15 하늘에서, 주께서 계시는 거룩한 곳에서 내려다보시고 주의 백성 이스라엘과 주께서 우리 조상들에게 맹세로 약속하신 대로 우리에게 주신 그 땅, 곧 젖과 꿀이 흐르는 땅을 축복해 주십시오.'" 사 63:15;슥 2:13

16 갱신된 언약 "네 하나님 여호와께서 오늘 네게 이 규례와 법도를 따르라고 명령하신다. 삼가 네 온 마음과 네 온 영혼을 다해 그것을 지켜 행하여라.

17 너는 오늘 오직 여호와만이 네 하나님이심을 인정하고 그분의 길을 걷고 그분의 규례와 명령과 법도를 지키며 그 음성을 들었다. 출 24:7

18 여호와께서도 네게 약속하셨던 대로 오늘 너를 그분께 속한 소중한 백성으로 인정하셨으니 너는 그분의 모든 계명들을 지켜야 할 것이다.

19 그분은 그분이 만드신 모든 민족들 가운데서 너를 칭찬과 명성과 영광으로 높이시고 그분이 약속하신 대로 네가 네 하나님 여호와께 거룩한 백성이 되게 하실 것이다."

십일조로 레위 사람들과 이방 사람, 과부, 고아들을 도와주라

27 에발 산의 제단 모세와 이스라엘 장로들이 백성들에게 명령했습니다. "내가 오늘 너희에게 주는 이 모든 명령들을 지키라.

2 네가 요단 강을 건너 너희 하나님 여호와께서 너희에게 주시는 그 땅으로 들어가는 날 너는 큰 돌들을 세우고 그것들에 석회를 발라라. 수 4:1

3 너희 조상들의 하나님 여호와께서 너희에게 약속하신 대로 너희가 너희 하나님 여호와께서 너희에게 주시는 강 건너 그 땅, 곧 젖과 꿀이 흐르는 땅에 들어가면 이 율법의 모든 말씀들을 그 돌들 위에 적어 두라.

4 그리고 너희가 요단 강을 건너간 뒤에 내가 오늘 너희에게 명령하는 대로 이 돌들을 에발 산에 가져다 두고 그 위에 석회를 발라라. 11:29;수 8:30

5 거기에서 너희 하나님 여호와께 제단, 곧 돌 제단을 쌓을 것이며 그것을 만들 때 어떠한 철 연장도 사용하지 말라. 출 20:25

6 다듬지 않은 돌로 너희 하나님 여호와의 제단을 만들고 그 위에다 너희 하나님 여호와께 번제물을 드리라.

7 거기에 화목제물을 드리고 난 뒤에 너희 하나님 여호와 앞에서 그것을 먹고 기뻐하라.

8 너희는 너희가 세운 이 돌들에 이 율법의 모든 말씀을 분명하게 기록해 두어야 할 것이다." 합 2:2

9 언약의 확증 모세와 레위 사람들인 제사장들이 온 이스라엘에게 명령했습니다. "이스라엘아, 잠잠히 들으라! 너희는 이제 너희 하나님 여호와의 백성들이 됐다.

10 그러므로 너희는 너희 하나님 여호와께 순종하고 오늘 내가 너희에게 주는 그분의 명령과 규례를 따르라."

11 잊지 않기 위한 의식 모세가 같은 날 백성들에게 말했습니다.

12 "너희가 요단 강을 건넌 뒤에 시므온, 레위, 유다, 잇사갈, 요셉, 베냐민 지파는 그리심 산에 서서 백성들을 축복해야 한다.

13 그리고 르우벤, 갓, 아셀, 스불론, 단, 납달리 지파는 에발 산에 서서 저주를 선포해야 한다.

14 레위 사람들은 큰 소리로 온 이스라엘 백성들에게 낭송하라. 33:10;단 9:11

15 '여호와께서 가증스럽게 여기시는 직공의 손으로 만든 것, 곧 형상을 조각하거나 우상을 부어 만들어 아무도 모르게 세우는 자는 저주를 받을 것이다.' 모든 백성들은 '아멘!' 하라. 출 20:4;민 5:22;느 5:13;시 106:48

16 '자기 아버지나 어머니에게 함부로 하는 자는 저주를 받을 것이다.' 모든 백성들은 '아멘!' 하라. 21:18~21;출 20:12;21:17;레 19:3

17 '자기 이웃의 경계돌을 움직이는 자는 저주를 받을 것이다.' 모든 백성들은 '아멘!' 하라.

18 '길 가는 눈먼 사람을 잘못 인도하는 자는 저주를 받을 것이다.' 모든 백성들은 '아멘!' 하라. 레 19:14

19 '이방 사람이나 고아나 과부에게 재판을 불리하게 하는 자는 저주를 받을 것이다.'

신명기에 나타난 산

▲헤르몬 산

갈릴리 호수

대해 (지중해)

에발 산 ▲
그리심 산 ▲

느보 산 ▲
(비스가 산)

염해

▲호르 산(?)

▲세일 산

모든 백성들은 '아멘!' 하라. _{출 22:21}

20 부정한 성관계 '자기 아버지의 아내와 같이 잠자리를 하는 자는 저주를 받을 것이다. 이는 그가 자기 아버지의 침대를 더럽혔기 때문이다.' 모든 백성들은 '아멘!' 하라.

21 '동물과 관계하는 자는 저주를 받을 것이다.' 모든 백성들은 '아멘!' 하라. _{레 18:23}

22 '자기 자매, 곧 아버지의 딸이나 어머니의 딸과 같이 잠자리를 하는 자는 저주를 받을 것이다.' 모든 백성들은 '아멘!' 하라.

23 '자기 장모와 같이 잠자리를 하는 자는 저주를 받을 것이다.' 모든 백성들은 '아멘!' 하라. _{레 18:17;20:14}

24 무고한 살인에 대한 저주 '이웃을 아무도 모르게 죽이는 자는 저주를 받을 것이다.' 모든 백성들은 '아멘!' 하라. _{출 21:12}

25 '뇌물을 받고 죄 없는 사람을 죽이는 자는 저주를 받을 것이다.' 모든 백성들은 '아멘!' 하라. _{16:19;출 23:7~8;겔 22:12}

26 '이 율법의 말씀을 실행하지 않는 자는 저주를 받을 것이다.' 모든 백성들은 '아멘!' 하라." _{28:15;렘 11:3;갈 3:10}

28 순종의 복 "만약 네가 네 하나님 여호와께 온전히 순종하고 삼가 내가 오늘 네게 주는 그분의 모든 명령들을 따르면 네 하나님 여호와께서 너를 세상의 모든 민족들보다 높이 세우실 것이다.

2 만약 네가 네 하나님 여호와께 순종하면 이 모든 복이 너와 함께하고 너를 찾아올 것이다. _{15절;슥 1:6}

3 너는 성안에서 복을 받고 들판에서도 복을 받을 것이다. _{창 39:5}

4 네 몸에서 나는 것이 복을 받을 것이며 네 땅에서 나는 것과 네 가축의 새끼, 곧 소들의 새끼인 송아지들과 양들의 새끼인 어린양들이 복을 받을 것이다. _{창 49:25}

5 재물의 복 네 바구니와 네 반죽 그릇이 복을 받을 것이다. _{17절;출 8:3;12:34}

6 네가 들어와도 복을 받고 나가도 복을 받을 것이다. _{시 121:8}

7 여호와께서 네게 대항해 들고일어나는 원

수들이 네 앞에서 얻어맞게 하실 것이다. 그들이 한 길로 왔다가 네 앞에서 일곱 길로 도망할 것이다. _{출 23:22,27;레 26:7~8}

8 여호와께서 네 창고와 네 손이 닿는 모든 것에 복을 보내실 것이며 네 하나님 여호와께서 네게 주시는 그 땅에서 네게 복 주실 것이다. _{127:1;5:4;레 25:21;시 133:3}

9 네가 네 하나님 여호와의 명령들을 지키고 그분의 길로 걸으면 여호와께서 네게 맹세하신 대로 너를 그분의 거룩한 백성으로 세우실 것이다. _{7:6;26:18~19;29:13;출 19:5~6}

10 그러면 세상의 모든 민족들이 네가 여호와의 이름으로 불리는 것을 보고 너를 두려워할 것이다. _{2:25;11:25;민 6:27;사 61:9}

11 여호와께서 네 조상들에게 네게 주겠다고 맹세하신 그 땅에서 네 몸에서 나는 것, 네 가축의 새끼를, 네 땅에서 거둬들인 것을 풍요롭고도 풍성하게 하실 것이다. _{레 26:4}

12 여호와께서 하늘에 있는 그분의 은혜의 창고를 열어 네 땅에 때마다 비를 보내시고 네 손으로 하는 모든 일에 복 주실 것이다. 네가 여러 민족들에게 꾸어 주고 누구에게도 꾸는 일이 없을 것이다. _{레 26:4}

13 여호와께서 너를 머리가 되게 하시고 꼬리가 되지 않게 하실 것이다. 만약 오늘 내가 주는 네 하나님 여호와의 명령들에 네가 귀 기울이고 삼가 지키면 너는 항상 위에만 있고 결코 아래에 있지 않을 것이다.

14 내가 오늘 네게 주는 그 명령들 가운데 어느 것이라도 오른쪽이나 왼쪽으로 치우치지 말고 다른 신들을 따르고 섬기는 일이 없도록 하여라. _{5:32}

15 불순종의 저주 "그러나 만약 네가 네 하나님 여호와께 순종하지 않고 내가 오늘 네게 주는 그분의 모든 명령과 규례를 삼가 따르지 않으면 이 모든 저주들이 네게 닥쳐 너를 덮칠 것이다. _{레 26:14;애 2:17}

16 너는 성안에 있어도 저주를 받고 들판에 있어도 저주를 받을 것이다. _{3~6절}

17 네 바구니와 네 반죽 그릇이 저주를 받을 것이다.

18 네 몸에서 나는 것이 저주를 받고 네 땅의 수확물과 네 소들 가운데 송아지와 네 양들 가운데 어린양들이 저주를 받을 것이다.

19 너는 들어가도 저주를 받고 나가도 저주를 받을 것이다.

20 전염병의 저주 네가 그분을 버린 그 악으로 인해 여호와께서 네가 손을 대는 모든 일에 저주와 괴로움과 질책을 보내 네가 멸망하고 갑작스러운 파멸에 이르게 하실 것이다.

21 여호와께서 네게 전염병을 보내 네가 들어가 차지하게 되는 그 땅에서 너의 모든 것을 다 멸망하게 하실 것이다. 레 26:25

22 여호와께서 너를 몸이 피폐해지는 질병으로, 열병과 염증과 무더위와 가뭄과 식물을 시들게 하고 썩게 하는 병으로 네가 멸망할 때까지 치실 것이며 그것들은 네가 패망할 때까지 너를 쫓을 것이다. 레 26:16

23 네 머리 위의 하늘은 청동이 되고 네 아래에 있는 땅은 철이 될 것이다. 레 26:19

24 여호와께서 네 나라에 비 대신 모래흙과 먼지를 보내실 것이다. 그것은 하늘에서 내려와 너를 멸망시킬 것이다.

25 패배의 저주 여호와께서 네가 네 원수들 앞에서 패배하게 하시리니 너는 그들에게 대적하기 위해 한 길로 왔다가 일곱 길로 도망칠 것이며 너는 세상의 모든 나라들에게 미움의 대상이 될 것이다. 레 26:17,37

26 네 시체는 공중의 새들인 날짐승과 땅의 짐승들의 먹이가 될 것이며 아무도 그 짐승들을 쫓아낼 사람이 없을 것이다.

27 여호와께서 네게 이집트의 종기와 치질과

괴혈병과 가려움증으로 너를 치실 것이고 너는 병이 나을 수 없을 것이다. 레 21:20

28 여호와께서 정신병과 눈머는 것과 정신착란증으로 너를 치실 것이다. 34절,슥 12:4

29 정오에 네가 어둠 속에 다니는 눈먼 사람처럼 더듬고 다닐 것이며 네가 하는 모든 일에 번성하지 못할 것이다. 날마다 너는 학대받고 약탈만 당하겠으나 아무도 너를 구해 줄 자가 없을 것이다. 욥 5:14:사 59:10

30 네가 한 여자와 약혼하겠으나 다른 사람이 와서 그 여자와 자게 될 것이며 네가 집을 지을지라도 네가 거기에서 살지 못할 것이다. 네가 포도밭을 일구겠지만 그 포도를 먹을 수는 없을 것이다. 레 19:23~25

31 네 소를 네 눈앞에서 잡더라도 그 고기를 하나도 먹지 못할 것이며 네가 네 나귀를 강제로 빼앗기고 돌려받지 못할 것이다. 네 양들이 네 원수들에게로 넘어가겠지만 아무도 그 양들을 구해 주지 않을 것이다.

32 네 아들딸들이 다른 민족에게로 넘어가겠고 너는 날마다 눈이 흐려지고 손에 힘이 빠질 것이다. 대하 29:9;느 5:5;욥 3:6

33 네가 알지 못하는 한 민족이 네 땅의 열매와 수고로 거두는 것을 먹겠고 너는 오직 평생을 압제와 잔혹한 학대만 받을 것이다. 렘 14:18;15:14;17:4;22:28

34 네가 보는 광경이 너를 미치게 할 것이다.

35 여호와께서 네 무릎과 다리에 고칠 수 없는 고통스러운 종기를 주셔서 그 종기가 네 발에서부터 머리끝까지 번지게 하실 것이다. 27절

36 폐허의 저주 여호와께서 너와 네 위에 세워

복과 저주의 참뜻은?

하나님은 이스라엘 백성의 행복을 위해 말씀을 잘 지키라고 명령하셨어요(신 10:13). 구약 성경에는 순종할 때 받는 복(신 28:1~14)과 불순종할 때 받는 저주(신 28:15~68)가 분명하게

나타나 있어요. 구약 성경에서는 복과 저주가 주로 보이는 것과 재물에 관한 것으로 강조되고 있어. 오늘날 어려움이나 질병으로 고생하는 사람이 '혹시 내가 하나님의 저주를 받고 있는 것은 아닌가?' 하는 생각이 들 수도 있어요.

진 왕을 너와 네 조상들이 알지 못하는 민족에게 끌고 가실 것이다. 너는 거기서 나무와 돌로 만든 다른 신들을 숭배할 것이다. 4:28;왕하 17:4,6,25:7,11절;왕하 9:16:16:13

37 너는 여호와께서 너를 끌고 가실 그 모든 민족들에게 미움의 대상이 되고 조롱거리와 비웃음거리가 될 것이다. 왕상 9:7~8;대하 7:20

38 네가 밭에 씨를 많이 심어도 추수하는 것은 적으리니 이는 메뚜기 떼가 다 갉아 먹을 것이기 때문이다. 욜 1:4:2:25;미 6:15;학 1:6

39 네가 포도나무를 심고 갈더라도 너는 포도주를 마시거나 포도를 수확할 일이 없을 것이다. 벌레들이 다 먹을 것이기 때문이다.

40 네가 네 땅 전역에 올리브 나무를 심겠으나 너는 그 기름을 쓸 수 없을 것이니 이는 그 올리브 나무에서 열매가 다 떨어져 버릴 것이기 때문이다. 미 6:15

41 네게 아들딸이 있겠지만 네가 그들을 지키지 못할 것이다. 이는 그들이 포로로 끌려갈 것이기 때문이다. 애 1:5

42 메뚜기 떼가 네 모든 나무들과 네 땅의 수확물들을 빼앗아갈 것이다.

43 너희 가운데 사는 이방 사람이 일어나 너보다 차차로 높아지겠으나 너는 아래로 아래로 내려갈 것이다. 13절

44 그 이방 사람은 네게 꾸어 주겠지만 너는 그에게 꾸어 주지 못할 것이며 그는 머리가 되고 너는 꼬리가 될 것이다. 12절

45 이 모든 저주들이 네게 닥칠 것이다. 그 저주들이 너를 따라가 네가 멸망할 때까지 너를 따라잡을 것이다. 네가 네 하나님 여호와께 순종하지 않았고 그분이 네게 주신

그 명령과 규례를 지키지 않았기 때문이다.

46 이 모든 저주가 너와 네 자손들에게 영원히 표적이 되고 이적이 될 것이다. 사 8:18

47 프로 生活의 주주 네가 번창하는 때 네 하나님 여호와를 즐겁고 기쁘게 섬기지 않았기 때문이다. 느 9:35~37

48 배고픔과 목마름과 헐벗음과 심각한 가난 가운데 여호와께서 네게 보내시는 그 원수들을 섬기게 될 것이다. 그분이 너를 완전히 멸망시키실 때까지 네 목에 철 멍에를 씌울 것이다. 렘 28:14

49 여호와께서 네게 멀리 땅끝에서 한 민족을 보내실 것이다. 그 민족은 하늘에 활개 치는 독수리 같고 그 언어는 네가 알지 못할 것이며 사 33:19;26:11;렘 4:19;5:15~17:3,12;호 8:1;합 1:8

50 그 모습은 험악해 나이 든 사람들을 공격하며 어린아이를 불쌍히 여기는 일이 없다.

51 그가 네가 멸망할 때까지 네 가축의 새끼들과 네 땅의 수확물들을 집어삼킬 것이니 그들은 네가 황폐화될 때까지 곡식이나 새 포도주나 기름이나 네 소들 가운데 송아지나 네 양들 가운데 어린양을 네게 남겨 두지 않을 것이다. 33절;사 62:8~9;렘 5:17

52 그들은 네가 믿고 있는 그 높은 성벽들이 무너져 내릴 때까지 네 땅 전역의 모든 성들을 포위할 것이다. 그들은 네 하나님 여호와께서 네게 주시는 그 땅 전역의 모든 성들을 에워쌀 것이다. 왕하 17:5;25:1~4

53 네 원수가 포위하는 동안 네가 겪는 그 고통으로 인해 너는 네 몸에서 난 것, 곧 네 하나님 여호와께서 네게 주신 네 아들딸들의 살을 먹을 것이다. 레 26:29;왕하 6:28~29

54 너희 가운데서 가장 순하고 마음이 약한 남자라도 자기 형제나 자기가 사랑하는 아내나 살아남은 자식들을 불쌍히 여기지 않을 것이고

55 자기가 먹는 자식의 살을 그 어느 누구에게도 주지 않을 것이다. 그것은 네 원수가 네 모든 성들을 포위하는 동안 네게 닥친

그러나 예수님은 참된 복은 보이는 것이나 재물에 관한 것만이 아니라고 말씀하셨어요(마 5:3~12). 참된 복은 하나님과 올바른 관계에 있을 때 주어지는 영적인 평화의 상태를 말해요. 예수님은 하나님이 참된 복의 근원이시며 복 그 자체라고 가르치셨어요(요 15:5). 참된 복은 사람의 노력으로 얻어지는 것이 아니라, 하나님 말씀에 순종하는 사람에게 주시는 하나님의 은혜랍니다.

괴혈병 (28:27, 壞血病, festering) 비타민 C의 결핍으로 생기는 병. 잇몸이나 피부에 피가 남.

고통으로 인해 네게 남은 것이 아무것도 없기 때문이다. 53절

56 너희 가운데 가장 순하고 마음이 약한 여자라도, 너무 순하고 마음이 약해서 발바닥으로 땅을 밟아 보지도 않은 사람이라도 자기가 사랑하는 남편과 자기 아들딸에게 악한 마음을 품고 54절:사 47:1

57 자기 다리 사이에서 나온 그녀의 어린 것과 자기에게 생긴 자식들을 몰래 먹으리니 이는 네 대적이 모든 성을 에워싸고 몰아쳐서 허기지게 해 아무것도 먹을 것이 없게 했기 때문이다.

58 질병의 저주 만약 네가 이 책에 쓰여 있는 이 율법의 모든 말씀을 삼가 따르지 않고 영광스럽고 두려워할 이름, 네 하나님 여호와를 두려워하지 않으면

59 여호와께서 너와 네 자손들에게 무서운 재앙을 내리실 것이니, 곧 고통스럽게 계속되는 재앙, 극심하게 오래가는 병마를 주실 것이다.

60 그분은 네가 두려워했던 이집트의 모든 질병들을 네게 내리실 것이고 그 질병들이 네게 붙을 것이다.

61 여호와께서는 네가 멸망할 때까지 온갖 종류의 아픔과 이 율법책에 기록

돼 있지도 않은 재앙을 네게 내리실 것이다.

62 흩어짐의 저주 하늘의 별처럼 많았던 너희가 적은 수만 남게 될 것이다. 이는 네가 네 하나님 여호와께 순종하지 않았기 때문이다. 4:27;10:22;왕하 24:14;느 7:4;롬 4:22

63 여호와께서 너희에게 선을 행하시고 너희가 번창해 수가 늘어나는 것을 기뻐하셨듯이 그분은 너를 황폐화시키고 멸망시키는 것을 기뻐하실 것이다. 너는 네가 들어가 차지할 그 땅에서 뿌리째 뽑힐 것이다.

64 여호와께서 땅 이쪽 끝에서부터 저쪽 끝까지 모든 민족들 가운데서 너를 흩으실 것이다. 거기서 너는 다른 신들을, 너나 네 조상들이 알지 못했던 나무와 돌로 만든 신들을 숭배할 것이다. 레 26:33;렘 19:4;44:3

65 그 민족들 사이에서 너는 네 발바닥의 편안함도, 쉴 곳도 찾지 못할 것이다. 거기서

하나님께 불순종하면 저주를 받을 것이다

하나님께 순종하면 풍성한 복을 누릴 것이다

여호와께서 네게 염려하는 마음을 주시고 눈을 어둡게 하시고 또한 절망만을 주실 것이다. 레 26:16,36 암 9:4

66 너는 계속 마음이 조마조마하고 밤낮으로 공포에 시달리며 목숨을 이어갈 수 있을지 항상 불안하기만 할 것이다.

67 네가 아침에는 '저녁이었으면 얼마나 좋을까!' 하고 저녁에는 '아침이었으면 얼마나 좋을까!' 할 것이다. 네 마음을 가득 채울 그 공포와 네 눈이 보게 될 그 광경 때문이다. 34절 슥 7:3-4

68 여호와께서는 네가 다시는 가지 않을 것이라고 내가 말했던 그 이집트로 너를 배에 태워 보내실 것이다. 거기서 너는 남종과 여종으로 네 원수들에게 몸을 팔겠지만 아무도 너를 살 사람이 없을 것이다."

29 새 언약 이것은 이스라엘과 호렙산에서 맺으신 언약 외에 여호와께서 모압에서 이스라엘 백성들과 맺으려고 모세에게 명령하신 언약의 말씀입니다.

2 하나님이 언약을 지키신 방법 모세가 온 이스라엘 백성들을 불러서 말했습니다. "여호와께서 이집트 땅에서 바로에게, 그의 모든 신하들에게 그의 온 땅에서 하신 모든 것을 너희의 눈으로 보았으니 출 19:4

3 이는 곧 너희 두 눈으로 똑똑히 본 큰 시험들과 이적들과 놀라운 기사들이다. 4:34

4 그러나 오늘까지 여호와께서는 너희에게 깨닫는 마음이나 볼 수 있는 눈이나 들을 수 있는 귀를 주지 않으셨다. 요 8:43 행 28:26

5 여호와께서 너희를 광야에서 이끌고 다니신 그 40년 동안 너희 옷은 해지지 않았고 너희 발의 신발도 닳지 않았다. 행 13:18

6 너희는 빵을 먹지 않았고 포도주나 다른 술을 마시지도 않았다. 여호와께서 이렇게 하신 것은 주께서 너희 하나님 여호와임을 알게 하려는 것이었다. 8:3 출 16:4

7 너희가 이곳에 다다랐을 때 헤스본 왕 시혼과 바산 왕 옥이 우리와 싸우려고 나왔으므로 우리는 그들을 물리쳤다. 민 21:21-24

8 우리가 그들의 땅을 차지했고 그 땅을 르우벤 사람들과 갓 사람들과 므낫세 반 지

파 사람들에게 기업으로 주었다. _{민 32:33}

9 이 언약의 말씀들을 지켜 행하라. 그러면 너희가 하는 모든 일이 잘될 것이다. _{수 1:7}

10 영원한 언약 오늘 너희 모두는 너희 하나님 여호와가 계시는 곳에 서 있으니, 곧 너희 지도자들과 우두머리들과 너희 장로들과 관리들과 다른 온 이스라엘의 모든 사람과

11 너희 자식들과 너희 아내들과 너희 진영 안에 살면서 너희 나무를 패고 너희 물을 길어다 주는 이방 사람들이다. _{출 12:38,수 9:21}

12 이 모두가 네 여호와 하나님의 언약에 참여하며 또 여호와 하나님께서 오늘 너와 함께 맺는 맹세에 참여해 _{ㄴ 10:29}

13 네게 맹세하셨던 대로 또 네 조상 아브라함과 이삭과 야곱에게 맹세하셨던 대로 그분께서 오늘 너를 세워 백성을 삼으시고 그분은 네 하나님이 되시려는 것이다.

14 내가 이 언약을 맹세로 너희와 세우되

15 오늘 우리와 함께 우리 하나님 여호와 앞에 서 있는 사람들뿐 아니라 우리와 함께 오늘 여기 있지 않는 사람들과도 맺으시는 것이다. _{행 2:39}

16 언약을 저버림에 대한 경고 너희는 우리가 이집트에서 어떻게 살았는지, 우리가 여기까지 여러 민족들을 어떻게 통과해서 왔는지 스스로 잘 알고 있을 것이다.

17 너희가 그들 가운데서 가증스러운 형상들과 나무와 돌과 은과 금으로 만든 우상들을 보았으니

18 너희는 명심해 남자나 여자나 일족이나 지파나 오늘 너희 가운데 우리 하나님 여호와께 마음이 떠나 다른 민족들이 섬기는

신들에게로 가서 경배하는 일이 없도록 해야 한다. 또한 너희 가운데 독초와 쑥을 만들어 내는 뿌리가 있어서는 안 된다.

19 그런 사람은 이런 저주의 말을 듣고도 스스로를 축복하며 '내가 내 마음의 상상대로 해 죄악을 물같이 마실지라도 내게 평안이 있을 것이다' 할 것이다.

20 여호와께서는 결코 그를 용서하지 않으실 것이며 그분의 진노와 그분의 질투가 그 사람을 향해 불타올라 이 책에 기록된 모든 저주들이 그에게 떨어질 것이고 여호와께서는 그 이름을 하늘 아래에 지워 버리실 것이다. _{9:14,시 74:1,79:5,80:4}

21 여호와께서 온 이스라엘 지파 가운데 그를 뽑아내어 이 율법책에 기록된 언약의 모든 저주들에 따라 그에게 재앙을 내리실 것이다.

22 다음 세대의 너희 자손들과 먼 땅에서 오는 이방 사람들이 그 땅에 떨어진 재난과 여호와께서 내리신 질병들을 볼 것이다.

23 그 온 땅이 소금과 유황으로 타서 재가 돼 심은 것도, 싹이 난 것도, 그 위에 자라난 것도 없을 것이다. 그것은 여호와께서 무서운 진노로 던져 버리신 소돔과 고모라의 멸망과 같고 아드마와 스보임의 멸망과도 같을 것이다. _{창 19:24,삿 9:45,벧후 2:6}

24 모든 민족들이 물을 것이다. '여호와께서 이 땅에 왜 이런 일을 행하셨는가? 왜 이토록 무섭게 진노하시는가?' _{왕상 9:8~9,렘 22:8~9}

25 그때 사람들이 대답할 것이다. '이 백성들이 그 조상들의 하나님 여호와의 언약, 곧 그분이 그들을 이집트에서 이끌어 내실 때

신명기 8장 4절고 **어떻게 옷과 신발이 40년 동안 닳지 않을 수 있지요?**

29장 5절에 옷이 해어지지 않고 신발이 닳지 않았다고 써 있어요. 이스라엘 백성들이 광야에서 지낸 40년 동안 입은 옷과 신발이 낡지 않았다는 말일까요? 어떤 사람들은 하나님이 기적을 행하여 벌의 옷과 한 켤레의 신발을 해어지고 닳지 않게

했다고 말해요. 하지만 대부분의 학자들은 하나님이 필요에 따라 알맞게 공급해 주셔서 닳고 떨어진 옷을 입지 않아도 된 것이라고 해요. 광야에서 40년 동안 이스라엘 백성의 옷과 신발이 닳지 않았다는 것은 하나님이 백성을 향해 끝없는 돌보심과 인도하심으로 지켜 주신 것이랍니다.

그들과 맺으신 언약을 저버렸기 때문이다.

26 그들이 가서 자기들도 모르고 여호와께서 그들에게 주시지도 않은 신들을 섬기고 숭배했기 때문이다.

27 **언약을 저버림에 대한 징벌** 여호와의 진노가 이 땅을 향해 타올라 그분이 이 책에 기록된 모든 저주들을 거기에 쏟아부으신 것이다. 28:15~68;레 26:14~39;단 9:11~14

28 또 여호와께서 무서운 진노와 큰 분노로 그들을 그 땅에서 뿌리째 뽑으셨고 지금처럼 다른 땅에다 던져 버리셨으니 그것이 오늘과 같이 된 것이다. 왕상 14:15;대하 7:20

29 비밀스러운 일들은 우리 하나님 여호와께 속해 있지만 율법을 계시해 우리와 우리 자손들에게 영원히 있게 하신 것은 우리가 이 율법의 모든 말씀들을 따르게 하려는 것이다."

30

회개에 대한 용서 "내가 너희 앞에 둔 이 모든 복과 저주가 너희에게 임해 너희 하나님 여호와께서 너희를 쫓아내셨던 모든 민족들 가운데서 그것들이 너희 마음에 생각나서

2 또 너희와 너희 자손들이 너희 하나님 여호와께 돌아와 내가 오늘 너희에게 명령하는 모든 것에 따라 그분께 온 마음과 온 영혼으로 순종하면 느 1:9;사 55:7;마 3:40;출 2:12~13

3 너희 하나님 여호와께서 너희를 사로잡힘에서 회복시키시고 너희를 긍휼히 여기셔서 그분이 너희를 쫓아내신 모든 민족들로부터 너희를 다시 모으실 것이다.

4 너희가 하늘 아래 가장 먼 땅으로 쫓겨 갔다 해도 너희 하나님 여호와께서 거기서 너희를 모아 돌아오도록 하실 것이다.

5 그분은 너희를 너희 조상들이 차지했던 그 땅으로 데려오실 것이고 너희는 그 땅을 차지하게 될 것이다. 그분은 너희를 너희 조상들보다 더욱 번성하게 하실 것이다.

6 너희 하나님 여호와께서 너희 마음과 너희 자손들의 마음에 할례를 베푸시고 너희가 그분을 너희 온 마음과 온 영혼으로 사랑하게 하셔서 너희를 살게 하실 것이다.

7 너희 하나님 여호와께서 너희를 미워하고 핍박하는 너희 원수들 머리 위에 이 모든 저주들을 두실 것이다.

8 너희는 돌아와서 여호와의 음성에 순종하고 내가 오늘 너희에게 주는 그분의 모든 명령을 따르라.

9 그러면 너희 하나님 여호와께서 너희 손으로 하는 모든 일과 네 몸의 열매와 너희 가축들의 새끼들과 너희 땅의 열매를 풍족하게 하실 것이다. 여호와께서 너희 조상들을 기뻐하셨듯이 너희 번영으로 인해 다시 기뻐하실 것이다.

10 너희가 너희 하나님 여호와께 순종하고 이 율법책에 기록돼 있는 그분의 명령과 규례를 지키며 너희 온 마음과 너희 온 영혼으로 너희 하나님 여호와께 돌아오면 그렇게 될 것이다." 28:11

11 **명령이 어렵지 않음** "내가 오늘 너희에게 명령하는 것은 너희에게 지나치게 어려운 것도 아니고 너희가 다다를 수 없는 것도 아니다. 사 45:19;48:16

12 그것은 하늘 위에 있지 않으니 너희는 '누가 하늘로 올라가 그것을 잡겠으며 우리에게 선포했다고 해서 우리가 순종하게 하겠는가?' 하고 물을 필요가 없다. 롬 10:6~8

13 그것은 바다 밑에 있는 것도 아니니 너희는 '누가 바다를 건너가 그것을 잡겠으며 우리에게 선포했다고 해서 우리가 순종하게 하겠는가?' 하고 물을 필요도 없다.

14 오히려 그 말씀은 네게 아주 가까워 너희 입에 있고 너희 마음에 있어 너희가 순종할 수 있다.

15 **생명과 죽음의 언약** 보라. 내가 오늘 너희 앞에 생명과 번성, 죽음과 멸망을 두어

16 내가 오늘 너희에게 너희 하나님 여호와를 사랑하고 그분의 길로 걸으며 그분의 명령과 규례와 율법을 지키라고 명령하고 있다. 그러면 너희가 살고 너희의 수가 많아질 것이며 너희 하나님 여호와께서 너희가 들어가 차지할 그 땅에서 너희에게 복 주실 것이다. 6절:6:5

17 그러나 만약 마음을 돌려 너희가 순종하지 않고 만약 너희가 멀리 나가 다른 신들에게 절하고 경배한다면

29:18

18 나는 반드시 멸망할 것이며 요단 강을 건너 들어가 차지할 그 땅에서 오래 살지 못할 것이다.

19 오늘 내가 하늘과 땅을 증인으로 삼아 너희 앞에 생명과 죽음, 복과 저주를 두니 생명을 선택해 너희와 너희 자손들이 살고

20 너희 하나님 여호와를 사랑하고 그분의 음성에 귀 기울이며 그분을 단단히 붙들라. 여호와는 너희 생명이시다. 그분께서 너희 조상 아브라함, 이삭, 야곱에게 주시겠다고 맹세하신 그 땅에서 너희가 살 것이다."

31 강하고 담대하라 모세는 밖으로 나가 온 이스라엘에게 이런 말을 했습니다.

2 "나는 이제 120세니 내가 더 이상 나가고 들어오는 것을 할 수 없으며 여호와께서 내게 '너는 요단 강을 건너지 못할 것이다'라고 말씀하셨다.

출 7:7;민 27:17

3 너희 하나님 여호와께서는 친히 너희보다 앞서 건너가셔서 너희 앞에서 다른 민족들을 멸망시키실 것이며 너희는 그들의 땅을 차지하게 될 것이다. 여호와께서 말씀하신 대로 여호수아가 너희 앞서 건너갈 것이다.

4 그리고 여호와께서 아모리 왕들인 시혼과 옥과 그들의 땅에 행하신 것처럼 그들에게도 하실 것이다.

민 21:21-25,33-35

5 여호와께서 그들을 너희에게 넘겨주실 것이고 너희는 내가 너희에게 명령했던 모든 명령대로 그들에게 행하라.

7:2

6 강하고 담대하라. 그들을 두려워하거나 무서워하지 말라. 그분께서는 너희와 함께하실 하나님 여호와이시니 그분이 너희를 떠나지도, 버리지도 않으실 것이다."

7 여호수아를 격려함 모세가 여호수아를 불러 온 이스라엘 앞에서 그에게 말했습니다. "강하고 담대하여라. 너는 이 백성들과 함께 여호와께서 그들의 조상들에게 맹세해 그들에게 주시겠다고 하신 그 땅으로 가서 그들이 땅을 얻어 대대로 지켜 나가게 해야 할 것이다.

3:28

8 여호와께서 친히 네 앞서가시고 너희와 함께하실 것이며 너를 떠나지도, 너를 버리지도 않으실 것이다. 두려워하지 말고 낙심하지 마라."

출 13:21;수 1:9,8:1;10:25

9 율법의 낭송 모세가 이 율법을 써 내려갔고 여호와의 언약궤를 짊어지는 레위의 아들들인 제사장들과 이스라엘의 모든 장로들에게 그것을 주었습니다.

민 4:15;수 3:3,8:33

10 그리고 모세가 그들에게 명령했습니다. "7년마다 빚을 탕감해 주는 해의 초막절 동안

15:1;레 23:34

11 온 이스라엘이 그분이 선택하신 그 장소로 너희 하나님 여호와 앞에 나오면 너희는 이 율법을 그들이 듣는 앞에서 읽도록 하라.

12 남자나 여자나 어린아이나 너희 가운데 사는 이방 사람들까지 온 백성들을 모아 그들이 듣고 너희 하나님 여호와를 두려워하고 이 율법의 모든 말씀을 지키게 하며

13 이 율법을 모르는 그들의 자손들이 그것을 듣고 너희가 요단 강을 건너가 차지할 그 땅에서 사는 동안 너희 하나님 여호

Q 가나안은 정말 젖과 꿀이 흘렀나요?

하나님이 이스라엘에게 주기로 약속하신 가나안 땅은 '젖과 꿀이 흐르는' 풍요로운 곳으로 계속 설명되었어요(신 31:20; 수 5:6). 하지만 실제 가나안 땅은 농사를 지을 만큼 기름진 땅도 아니고, 물도 넉넉하지 않은 거친 땅이 많았어요(신 11:10-11).

그런데 왜 성경은 이 땅을 '젖과 꿀이 흐르는 땅'이라고 말했을까요? 이것은 하나님이 적당한 때에 이른 비와 늦은 비를 내려 주셔서 *곡식과 새 포도즙과 기름과 같은 과일들* 이 잘 되는 땅이라는 뜻입니다.

이것은 무엇보다 이스라엘 백성이 하나님께 순종했을 때 그렇게 된다는 뜻입니다(신 11:13-17). 약속의 땅 가나안은 하나님만 바라보고 순종하며 살아야 하는 땅임을 알려 주는 말입니다.

를 경외하는 것을 배우게 하라." 시 78:5-6

14 여호수아에게 사명을 주심 여호와께서 모세에게 말씀하셨습니다. "이제 네가 죽을 날이 가까이 왔다. 여호수아를 불러 너희 둘이 회막 앞으로 나아오라. 내가 거기서 그에게 임무를 부여할 것이다." 그리하여 모세와 여호수아는 회막 앞으로 나아왔습니다.

15 여호와께서 회막에서 구름기둥 가운데 나타나셨고 그 구름기둥은 회막 문 위에 머물러 있었습니다. 출 33:9;민 12:5

16 이스라엘의 반역을 예언함 그때 여호와께서 모세에게 말씀하셨습니다. "너는 너희 선조들과 함께 잠들 것이지만 이 백성들은 그들이 들어갈 그 땅의 이방신들과 음란한 짓을 할 것이다. 그들은 나를 버리고 내가 그들과 맺은 언약을 깰 것이다.

17 그날에 내가 그들에게 진노할 것이고 그들을 버릴 것이다. 내가 내 얼굴을 그들에게서 숨기고 그들을 멸망시킬 것이다. 많은 재앙들과 어려움이 그들에게 닥치면 그날에 그들이 '우리 하나님이 우리와 함께하시지 않아서 이런 재앙들이 우리에게 닥친 것이 아닌가?' 하고 물을 것이다.

18 그리고 나는 그날에 그들이 다른 신들에게 눈을 돌린 그들의 모든 악함으로 인해 내 얼굴을 숨길 것이다. 20절

19 모세에게 노래를 주심 이제 너희가 이 노래를 기록하고 이스라엘 백성들에게 가르쳐 부르게 하라. 그러면 그것이 그들을 향한 내 증거가 될 것이다. 21,26절;32:21-43;삼하 1:18

20 내가 그들을 젖과 꿀이 흐르는 땅, 그들의 조상들에게 내가 맹세로 약속한 그 땅으로 들여보낸 뒤 그들이 배불리 먹고 번성할 때 그들은 다른 신들에게 돌아와 그들을 섬기고 나를 멸시해 나와의 언약을 깰 것이다. 출 3:8;민 14:11,23;16:30;호 9:25;렘 5:28;호 13:6

21 많은 재앙들과 어려움들이 그들에게 닥치면 이 노래가 그들에 대해 증인처럼 증언할 것이니 이 노래는 그 자손에게 잊혀지지 않을 것이다. 나는 내가 그들에게 맹세로 약속한 그 땅에 그들을 들여보내기

전에 이미 그들이 어떻게 할 것이라는 것을 알고 있다." 19,26절;호 5:3;13:5

22 그러므로 모세가 그날 이 노래를 기록해 이스라엘 백성들에게 가르쳐 주었습니다.

23 율법책을 언약궤에 보관함 여호와께서 눈의 아들 여호수아에게는 이런 명령을 내리셨습니다. "강하고 담대하여라. 너는 내가 그들에게 약속한 그 땅으로 이스라엘 자손을 인도할 것이다. 내가 너와 함께할 것이다."

24 모세가 이 율법책의 말씀을 처음부터 끝까지 다 기록하고 나서 9절

25 이 명령을 여호와의 언약궤를 메는 레위 사람들에게 주었습니다. 9절

26 "이 율법책을 가져가서 너희 하나님 여호와의 언약궤 옆에 보관해 그것이 너희를 향한 증거가 되게 하라. 19,21절;왕하 22:8

27 총회 소집 너희가 얼마나 반역을 일삼고 목이 곧은지 내가 알기 때문이다. 보라. 오늘 내가 아직 너희 곁에 살아 있는 동안에도 여호와께 반역했는데 내가 죽고 나면 너희가 얼마나 반역하겠느냐? 9:6-7

28 내 앞에 너희 지파의 모든 장로들과 너희 모든 관리들을 불러 모으라. 그러면 내가 그들이 듣는 앞에서 이 말씀을 전하고 하늘과 땅을 불러 그들에 대한 증거로 삼을 것이다. 4:26;32:1-43

29 내가 죽은 뒤에 너희는 분명 완전히 타락하고 내가 너희에게 명령한 그 길에서 떠날 것임을 내가 안다. 이는 너희가 여호와의 눈앞에 악을 행해 너희 손으로 만든 것으로 그분을 진노케 했기 때문이다."

30 모세가 노래를 낭송함 모세가 이스라엘 온 백성이 듣는 앞에서 이 말씀의 노래를 처음부터 끝까지 낭송했습니다.

32

"하늘이여, 들으라. 내가 말할 것이다. 땅이여, 내 입의 말을 들으라. 시 50:4;사 34:1;미 1:2;히 1-2

2 내 가르침이 비같이 내리고 내 말이 이슬처럼 맺힐 것이며 새싹이 돋아나는 들녘에 내리는 이슬비 같고 채소밭에 내리는 많은 비 같을 것이다. 욥 29:22-23

people

"이스라엘 지도자, 모세"

이집트

1 레위 지파 아므람과 요게벳의 아들로 태어남(출 2:1-2)
2 남자 아이 살해 명령 때문에 갈대 상자에 담겨져 나일 강에 띄워짐(출 2:3-4)
3 나일 강에서 목욕하던 이집트 공주에게 발견되어 공주의 양아들이 됨(출 2:5-10)
4 이집트 사람을 살해하고 미디안으로 도망, 미디안 제사장의 딸 십보라와 결혼함(출 2:11-25)
5 불타는 떨기나무 앞에서 하나님의 부르심을 받음(출 3:1-10)

6 아론과 함께 이집트 왕을 만나 하나님의 말씀을 전함(출 4-5장)

7 열 가지 재앙 후 이스라엘 백성을 이끌고 이집트를 나옴(출 7-14장)

8 시내 산에서 십계명을 받음(출 19-20장)

9 이스라엘 백성의 우상 숭배로 화가 나 십계명 돌판을 던져 깨뜨림(출 32장)

10 아말렉과 전쟁 때 기도하고, 불평하는 백성을 위해 기도함(출 17:8-16; 민 14:11-45)

11 가나안에 보낸 정탐꾼의 보고를 들음(민 13장)

12 바위에서 물을 내어 백성에게 마시게 함(민 20:6-11)

13 이스라엘 백성 앞에서 연설, 여호수아를 후계자로 세움(신 31장)

14 느보 산 위에서 가나안땅을 보며 죽음(신 34:1-9)

미디안

모세가 만난 하나님

모세만큼 하나님을 잘아는 사람은 없었다. 모세는 하나님의 이름을 직접 들었고(출 3:14), 광야 생활 40년 동안 하나님과 직접 대면한 사람이기 때문이다(출 24:11; 33:11). 그럼, 모세가 만난 하나님은 어떤 분일까?

첫째, 눈동자같이 백성을 지키시는 하나님이다(신 32:10). 눈동자는 매우 중요한 신체 기관으로 속눈썹, 눈까풀, 이마, 눈구멍에 의해 보호되며, 위험할 때는 반사적으로 풀을 떨어 방어하는 곳이다. 우리 몸에서 눈동자가 소중하게 여겨지듯이, 하나님은 자기 백성을 귀하게 여기고 보호해 주시는 분이다.

둘째, 하나님은 독수리처럼 백성을 훈련시키시는 분이다(신 32:11). 독수리는 새끼들이 자라면 둥지에서 몰아내 하늘을 날 수 있도록 절벽 아래로 떨어뜨린다. 새끼 독수리들이 날다가 힘에 겨워 아래로 떨어지면 어미 독수리는 큰 날개를 펼쳐 새끼 독수리를 구해 주고 다시 이런 훈련을 반복한다. 이처럼 하나님은 자기 백성을 훈련시키시는 분이다.

셋째, 하나님은 필요한 양식을 공급하시는 분이다(신 32:13-14). 광야 생활 40년 동안 이스라엘 백성은 농사를 짓지 않았지만 하루도 거르지 않고 만나와 메추라기를 먹으며 살았다. 이처럼 하나님은 날마다 우리에게 필요한 양식을 공급하시는 분이다.

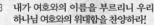

3 내가 여호와의 이름을 부르리니 우리 하나님 여호와의 위대함을 찬양하라!

4 그분은 반석이시요 그분이 하시는 일은 완벽하고 그분의 모든 길은 올바르다. 잘못하시는 일이 없으신 신실하신 하나님은 의로우시고 정직하시다. _삼하 22:2_

5 그들은 그분께 악한 짓을 저질렀으며 수치스럽게도 그들은 더 이상 그분의 자녀가 아니라 비뚤어지고 그릇된 세대다.

6 어리석고 지혜 없는 백성들아, 너희가

여호와께 보답하는 게 이것이냐? 너희를 만들고 지으신 분이 너희 창조자이신 너희 아버지가 아니냐? _사 44:2; 51:13_

7 이스라엘을 인도하신 하나님 옛날을 기억하라. 오래전 세대들을 생각해 보라. 너희 아버지에게 물어보라. 그가 말해 줄 것이다. 너희 장로들에게 여쭤 보라. 그들이 설명해 줄 것이다. _사 44:1; 사 63:11_

8 지극히 높으신 분이 그 땅들을 기업으로 나누어 주실 때, 그분이 온 인류를 여기저기로 흩으실 때 그분은 이스라엘 아들들의 수에 따라 그 민족들의 경계선을 정해 주셨다. _창 11:8; 행 17:26_

9 여호와의 몫은 그분의 백성들이요 야곱은 그분께서 택하신 기업인 것이다.

10 광야에 있을 때 그분께서 황무하고 짐승의 소리가 들리는 데서 야곱을 발견하셨다. 그분이 야곱을 방어해 주시고 그를 보살펴 주셨다. 여호와께서 그를 그분의 눈동자처럼 지키셨다. _시 17:8; 잠 7:2_

11 그 사랑의 모습은 마치 독수리가 자기 둥지를 어지럽히고 자기 새끼 위를 맴돌다가 그 날개를 펴서 새끼들을 잡아 날개 끝에 얹는 것 같다. _출 19:4_

12 여호와께서 홀로 야곱을 이끄셨으니 다른 어떤 이방신이 그와 함께하지 않았다. _시 78:52─53; 사 43:12_

13 그분은 야곱이 그 땅 높은 곳을 타고 다니게 하셨고 들판의 열매로 그를 먹이셨다. 그분은 바위에서 꿀을 내어, 딱딱한 바위틈에서 기름을 내어 그에게 힘을 북돋워 주셨다. _욥 29:6; 시 81:16; 사 58:14; 겔 36:2_

14 소와 양에서 나온 버터와 우유로, 살진 어린양들과 염소들로, 가장 좋은 바산의 숫양으로, 가장 좋은 밀가루 반죽으로 그에게 힘을 북돋워 주셨다. 너희는 거품이 나는 붉은 포도즙을 마셨다.

15 이스라엘의 배반과 하나님의 진노 여수룬은 살이 찌자 발로 찼다. 네가 살찌고 뚱뚱해지고 기름으로 덮이니 자기를 만드신 하나님을 저버리고 구원자이신 반석을

거부했다.

16 그들은 이방신들로 그분을 질투하시게 했으며 그 가증스러운 우상들로 진노하시게 했다. 민 25:11;시 78:58

17 그들은 하나님이 아닌 마귀들에게 희생제물을 바쳤다. 그들이 알지 못했던 신들, 나타난 지 얼마 안 된 신들, 너희 조상들이 두려워하지 않던 신들에게 말이다. 삿 5:8;시 106:37;고전 10:20

18 너희는 너희 아버지가 되신 반석을 버렸고 너희는 너희를 낳아 주신 하나님을 잊어버렸다. 사 17:10;렘 2:27,32;호 8:14

19 여호와께서 이것을 보시고 그들을 저버리셨다. 이는 그 아들들과 딸들이 그분을 진노하게 했기 때문이다. 삿 2:14;사 1:2

20 그분이 말씀하셨다. '내가 내 얼굴을 그들에게서 숨기고 그들의 끝이 어떠한지 볼 것이다. 그들은 타락한 세대이고 믿음이 없는 자녀다. 31:17

21 그들은 신이 아닌 것에 나로 하여금 질투하게 했고 그 쓸모없는 우상들로 나를 진노하게 했다. 나도 백성이 아닌 자들로 그들에게 질투를 일으키며 어리석은 민족으로 그들에게 진노를 일으킬 것이다. 시 78:58;렘 2:11;롬 10:19

22 내 진노에 불이 붙었으니 저 아래 죽음의 왕국까지 내려갈 것이다. 그것은 땅과 그 수확물을 삼키고 산 밑 깊숙한 곳까지 불을 지를 것이다. 시 86:13;렘 15:14;17:4

23 *이스라엘에 내릴 심판* 내가 그들에게 재난을 쌓고 내 화살들을 그들을 향해 쏠 것이다.

24 내가 그들에게 파괴적인 굶주림을 보내고 진멸하는 페스트와 죽음의 전염병을 보낼 것이다. 내가 그들을 향해 들짐승의 송곳니를 보내고 흙 위를 미끄러져 가는 독사들의 독을 보낼 것이다.

25 밖으로는 칼이, 안으로는 공포가 젊은 남녀를 멸할 것이며 머리가 희끗한 노인과 젖을 먹는 아이에게도 그렇게 할 것이다. 애 1:20;겔 7:15

26 "내가 그들을 쫓아내고 그들에 대한 기억을 인류에게서 끊어지게 할 것이다" 했으나 욥 18:17;사 34:16;10:9;15:경 20:23

27 원수가 조롱할까 봐 두려워했다. 그 적들이 왜곡해 "우리 손으로 승리했다. 여호와가 이 모든 일을 한 게 아니다" 할까 걱정이로구나. 민 14:16;시 140:8;사 10:13

28 분별력 없는 이스라엘 그들은 분별력 없는 민족이며 그들에게는 판단력이 없다.

29 그들이 현명해 이것을 이해하고 그들의 마지막이 어떨지 분간했다면 좋았을 것을! 5:29;시 81:13;사 47:7;마 1:9;눅 19:42

30 그들의 반석이 그들을 팔아 버리지 않았던들, 여호와께서 그들을 버리지 않으셨던들 한 사람이 어떻게 1,000명을 쫓아가고 두 사람이 어떻게 1만 명을 도망치게 하겠느냐? 레 26:8;삿 2:14

31 그들의 반석이 우리의 반석과 같지 않음은 우리 적들도 인정하는 바다.

32 그들의 포도나무는 소돔의 포도나무에서 나왔고 고모라의 포도나무에서 나왔다. 그들의 포도는 독으로 가득 찼고 그들의 포도송이는 쓴맛으로 가득 찼다.

33 그들의 포도주는 용의 독이고 독사들의 무서운 독이다. 욥 20:14,16;시 58:4

34 속이 임할 멸망의 날 내가 이것을 보관하

모세의 노래

모세는 죽음을 앞두고 노래를 불렀다. 노래의 주제는 하나님께 반역하는 이스라엘 백성의 모습과 하나님의 심판에 대한 것이었다. 그 내용을 보면 하나님이 이스라엘 백성을 사랑하시지만 이스라엘 백성이 하나님을 떠난 것이다(신 32:1~18). 이것 때문에 하나님의 진노와 심판이 있을 것이며(신 32:19~47), 모세 자신이 어떻게 죽음을 맞이할 것인가를 그리고 있다(신 32:48~52).

이 노래를 부른 목적은 노래에 담긴 예언을 통해 이스라엘 백성이 타락하는 것을 방지하고 타락한 후에라도 회개하고 돌아올 수 있게 하려는 것이었다.

고 내 창고에 봉인해 두지 않았느냐?

35 복수하는 것은 내 일이다. 내가 갚아 줄 것이다. 때가 되면 그들의 발이 미끄러질 것이다. 그들의 재앙의 날이 가까이 왔고 그들의 멸망이 그들 앞에 갑자기 닥쳐올 것이다. 시 94:1;사 1:24;59:18;롬 12:19;히 10:30

36 그들의 힘이 사라지고 종이든 자유인이든 아무도 남지 않은 것을 보고 여호와께서 그 백성들을 심판하시고 그 종들을 긍휼히 여기실 것이다.' 시 2:18;히 10:30

37 그분이 말씀하실 것이다. '지금 그들의 신들이, 그들이 피신처로 삼은 바위가 어디 있느냐? 삿 10:14;왕상 18:27;렘 2:28

38 그들의 희생제물의 기름을 먹고 그들의 전제물인 포도주를 마신 그 신들 말이다. 그들이 일어나 너희를 돕게 하라. 그들이 너희에게 피난처를 주게 하라.

39 악을 갚으시고 자기 백성을 구속하심 이제 내가 바로 그임을 보라. 나 외에는 다른 신이 없다. 내가 죽이기도 하고 살리기도 하는 것이다. 내가 상하게도 하고 낫게도 하는 것이다. 아무도 내 손에서 건져 낼 자가 없다.

40 내가 내 손을 하늘로 들어 올리고 선포한다. 내가 영원히 살 것이다. 창 14:22

41 내가 내 번쩍이는 칼을 날카롭게 갈고 심판해 내 손이 그 칼을 잡을 때 내가 내 원수들에게 앙갚음하고 나를 미워하는 자들에게 복수할 것이다. 사 27:1;34:5

42 내 화살들이 피로 가득하겠고 내 칼이 살해된 자와 잡힌 자들의 피와 함께 육체를 삼킬 것이니 곧 대적의 머리다.'

43 민족들아, 그분의 백성들과 함께 즐거워하라. 그분이 그분의 종들의 피에 보복해 주실 것이다. 그분이 원수들에게 복수하시고 그분의 땅과 백성들이 지은 죄를 구속해 주실 것이다.' 롬 15:10;계 6:10

44 율법의 말씀을 지키라 모세는 눈의 아들 여호수아와 함께 나아와 백성들이 듣는 데서 이 모든 노래로 말씀을 선언했습니다.

45 모세는 이 모든 말씀을 온 이스라엘에 다

낭송한 후에

46 그들에게 말했습니다. "내가 오늘 너희에게 진지하게 선포한 이 모든 말씀을 마음에 새겨서 너희가 너희 자녀들에게 명령해 삼가 이 모든 율법의 말씀을 지키라 하라.

47 가르침은 너희에게 그저 헛된 말씀이 아니라 너희의 생명이다. 이 말씀으로 인해 너희는 너희가 요단 강을 건너 차지할 그 땅에서 오래도록 살게 될 것이다." 레 18:5

48 모세의 죽음에 대한 예고 바로 같은 날 여호와께서 모세에게 말씀하셨습니다.

49 "일어나 아바림 산맥으로 들어가 여리고 건너편 모압의 느보 산으로 가서 내가 이스라엘 백성들에게 그 소유물로 주는 땅 가나안을 바라보아라. 민 27:12

50 네 형 아론이 호르 산에서 죽어 네 선조들에게로 돌아간 것같이 네가 올라가는 산에서 죽어 네 선조들에게로 돌아가라. 민 20:24~25;33:38

51 이는 너희가 신 광야의 므리바 가데스 물가에서 이스라엘 백성들이 보는 앞에서 내게 신의를 저버렸고 너희가 이스라엘 백성들 가운데 내 거룩함을 나타내지 않았기 때문이다. 민 20:11~13;27:14

52 그러므로 너는 네 앞에 있는 땅을 볼 수는 있겠으나 내가 이스라엘 자손에게 주는 그 땅에 들어가지는 못할 것이다." 3:27

33

모세가 각 지파를 축복함 하나님의 사람 모세가 죽기 전에 이스라엘 백성들에게 베푼 축복이 다음과 같습니다.

2 그가 말했습니다.

"여호와께서 시내에서 나와 세일에서 그들 위에 일어나셨고 바란 산에서 빛을 내셨다. 그분은 남쪽에서, 그분의 산비탈에서 무수한 성도들과 함께 나오셨다.

3 정말로 그 백성들을 사랑하시는 분은 분명 그분이시다. 모든 성도들이 그분의 손안에 있다. 그분의 발 앞에 그들 모두가 절하고 그분으로부터 지시를 받는다.

4 모세가 우리에게 준 그 율법, 야곱의 총회가 소유한 것 말이다. 요 1:17;7:19

5 그분은 그 백성의 지도자들이 이스라엘
의 지파들과 함께 모였을 때 여수룬을
다스리는 왕이셨다.
32:15;민 23:21;삿 8:23

6 르우벤이 살고 죽지 않을 것이며 그의
사람들이 적지 않을 것이다."
창 49:3-4

7 유다 지파에 대한 축복 그리고 그는 유다에
관해 이렇게 말했습니다.
"여호와여, 유다의 부르짖음을 들어 주
십시오. 그에게 그 백성들을 보내 주십
시오. 자기 손으로 스스로 변호하고 있
습니다. 그 원수들을 대항해 그의 도움
이 돼 주십시오."
겔 20:40-41;43:27;암 5:22

8 레위 지파에 대한 축복 레위에 관해 그가 말
했습니다.
창 49:5;출 17:7;28:30;민 20:13
"주의 둠밈과 우림이 주의 거룩한 자와
함께 있게 해 주십시오. 주께서 맛사에
서 그를 시험하셨고 주께서 므리바 물가
에서 그와 다투셨습니다.

9 그가 자기 부모에 관해 '그들을 생각하
지 않는다'고 말했습니다. 그는 자기 형
제들을 인정하지 않고 자기 자식들을
알아보지 못했습니다. 그러나 그는 주
의 말씀을 바라보고 주의 언약을 지켰습
니다.
출 32:26-29;창 7:4-6

10 그가 주의 훈계를 야곱에게 가르치고
주의 율법을 이스라엘에게 가르칩니다.
그가 주 앞에 향품을 드리고 주의 제단
에 온전한 번제물을 올립니다.
레 10:11

11 여호와여, 그의 모든 기술에 복 주시고
그 손으로 하는 일을 기뻐해 주십시오.
그를 대항해 일어나는 자들의 허리를
꺾으시고 그 적들이 일어나지 못할 때
까지 쳐 주십시오."
겔 20:40-41;43:27;암 5:22

12 베냐민 지파에 대한 축복 베냐민에 관해 그가
말했습니다.
"여호와께서 사랑하시는 자가 그분 안
에 안전하게 쉬게 될 것이다. 그분이 온
종일 그를 방패처럼 지키시니 여호와께
서 사랑하시는 자가 그분의 어깨 사이
에서 쉬고 있구나."
창 49:27

13 요셉 지파에 대한 축복 요셉에 관해 그가 말
했습니다.
"여호와께서 그의 땅을 저 위 하늘의 귀
한 이슬과 저 아래 저장한 깊은 물로 복
주시기를!
28:2;창 27:28;49:22,25

14 해가 내는 가장 좋은 빛으로, 달이 내
는 가장 좋은 빛으로,

15 옛 산들의 가장 좋은 선물로, 영원한 언

야곱의 열두 아들들에 대한 축복의 내용들

사람	야곱의 축복과 예언(창 49:1-27)	모세의 축복과 예언(신 33:1-29)
르우벤	장자권을 행사할 수 없을 것이다. 아버지의 첩 빌하와 동침했기 때문이다.	종족의 수가 보존될 것이다.
시므온	싸움을 좋아하며 그 분노대로 사람을 죽일 것이다.	시므온에 대한 축복은 없다.
레위	저주를 받아 이스라엘 중에 흩어질 것이다.	레위 지파 제사장들은 백성들에게 법도와 율법을 가르치고 예배를 인도해야 할 것이다.
유다	형제의 찬송을 받는 왕이 될 것이다. 유다 지파에서 그리스도가 오신다.	지파들의 지도자가 되며, 하나님의 도우심으로 승리할 것이다.
스불론	바닷가에서 살 것이다.	해상 무역을 통해 번성할 것이다.
잇사갈	힘세고 힘든 노동을 할 것이다.	의의 제사를 드리며 부자가 될 것이다.
단	뱀같이 싸움을 잘할 것이다.	사자의 새끼같이 용맹스러울 것이다.
갓	사방에서 공격을 당하지만 승리할 것이다.	암사자같이 용감하게 싸울 것이다.
아셀	농사를 잘 지어 왕의 음식을 공급할 것이다.	자손이 많을 것이며 풍요와 번영을 누릴 것이다.
납달리	암사슴처럼 민첩할 것이다.	하나님의 은혜와 복을 누릴 것이다.
요셉	자손이 많아 많은 축복을 누릴 것이다. 하나님이 함께하실 것이다.	물질의 축복을 받을 것이다.
베냐민	물어뜯는 늑대와 같이 항상 승리할 것이다.	하나님이 보호하고 인도하실 것이다.

▲ 비스가산 (느보산 Mt. Pisgah)
일반적으로 오늘날의 모세 기념 교회가 있는 '시야그'(shiyaga)를 비스가산(느보산)이라고 부른다. 사진은 모세 기념 교회이다.

덕의 많은 열매들로, 창 49:26;시 90:2;창 3:6

16 땅과 그 충만함의 가장 좋은 선물로, 불타는 떨기 속에 계셨던 분의 은총으로, 이 모든 것들이 요셉의 머리 위에 머물기를, 그 형제들 가운데 왕자인 그의 눈썹에 있기를! 창 49:26;출 3:2-4;시 24:1;행 7:30,35

17 그의 위엄은 수송아지의 첫배 새끼 같으며 그의 뿔은 들소의 뿔과 같도다. 그 뿔들로 그가 민족들을 받을 것이고 땅끝에 있는 민족들까지 받을 것이다. 에브라임에게는 만만이요, 므낫세에게는 천천일 것이다." 창 48:19;민 1:33;왕상 22:11

18 스불론 지파에 대한 축복 스불론에 관해 그가 말했습니다.

"스불론아, 너는 나가면서 기뻐하라. 잇사갈아, 너는 장막에 있으면서 기뻐하라.

19 그들이 민족들을 산으로 부르고 거기서 의의 제물을 드릴 것이다. 그들이 바다의 풍성함으로, 모래 속에 숨겨진 보물로 축제를 열 것이다." 출 15:17;시 4:5;51:19

20 갓 지파에 대한 축복 갓에 관해 그가 말했습니다.

"갓의 영토를 넓히는 자에게 복이 있을 것이다. 갓은 거기서 사자처럼 살고 팔이나 머리를 뜯을 것이다." 창 49:19;대상 12:8

21 그가 자신을 위해 가장 좋은 땅을 골랐다. 지도자의 몫이 그를 위해 마련된 것이다. 그 백성들의 수장들이 모일 때 그는 여호와의 의로운 뜻과 이스라엘에 관한 그분의 심판을 수행해 냈다."

22 단 지파에 대한 축복 단에 관해 그가 말했습니다.

"단은 바산에서 솟아 올라온 사자 새끼다." 창 49:9,16;수 19:47;삿 18:27

23 납달리 지파에 대한 축복 납달리에 관해 그가 말했습니다.

"납달리는 여호와의 은총으로 둘러싸여 있고 그분의 복이 가득하구나. 그가 호수 서쪽과 남쪽을 상속할 것이다."

24 아셀 지파에 대한 축복 아셀에 관해 그가 말했습니다.

"가장 많은 복을 받은 아들은 아셀이다. 그가 그 형제들에게 사랑을 받고 기름으로 발을 씻게 될 것이다. 창 49:20

25 네 문빗장들은 철과 청동이 될 것이고 네가 사는 날만큼 힘이 있을 것이다.

26 여수룬의 하나님 같은 분은 없다. 그분은 너를 도우러 하늘을 타고, 그분의 위엄으로 구름을 타고 오신다.

27 영원한 하나님이 네 피난처나 그 영원한 팔이 네 아래 있구나. 그분이 네 원수를 네 앞에서 쫓아내며 '그를 멸망시켜라!' 하실 것이다.

28 그러면 이스라엘이 홀로 안전하게 살게 될 것이다. 하늘에서 이슬이 떨어지는 곡식과 새 포도주가 있는 땅에서 야곱의 샘이 안전하구나. 민 23:9

29 이스라엘아, 너는 행복하다. 여호와께서 구원하신 민족인 너 같은 자가 누구겠느냐? 그분은 네 방패이시며 너를 돕는 분이시고 네 영광스러운 칼이시다. 네 원수들이 네 앞에서 움츠리고 너는 그들의 높은 곳을 발로 밟을 것이다."

34 모세가 약속의 땅을 바라봄 모세는 느보 산에 올라가 여리고 건너편 모압 평지에서 비스가 산 꼭대기로 갔습니다. 거기서 여호와께서 그에게 길르앗 온 땅을 단까지 보여 주셨습니다. 11:24

2 또 납달리 온 땅, 에브라임과 므낫세의 땅, 서쪽 바다에 이르는 유다의 온 땅,

3 네게브 지역, 종려나무의 성 여리고 골짜

기에서 소알에 이르는 평지를 보여 주시
고 창 13:12;14:2;삿 1:16;3:13;삼하 18:23

4 여호와께서 그에게 말씀하셨습니다. "이
땅은 내가 아브라함과 이삭과 야곱에게 맹
세하여 그 자손들에게 주겠다고 약속한
땅이다. 내가 네 눈으로 보도록 했으나 너
는 강 건너 그 땅으로 들어가지는 못할 것
이다." 1:37;3:27;32:52;창 12:7;50:24

5 모세가 죽음 그러자 여호와의 종 모세는 여
호와께서 말씀하신 대로 거기 모압 땅에서
죽어

6 모압 땅 벧브올 반대편 골짜기에 묻혔습니
다. 그러나 지금은 그의 무덤이 어디에 있
는지 아무도 알지 못합니다. 민 23:28;유 1:9

7 모세가 죽을 때 120세였습니다. 그때 그
의 눈은 흐리지 않았고 그의 기력도 쇠하
지 않았습니다. 31:2;창 27:1;수 14:10;삼상 3:2;4:15

8 이스라엘이 슬퍼함 이스라엘 백성들은 모세
를 위해 30일 동안 모압 평지에서 애곡했
고 애곡과 통곡의 기간이 끝날 때까지 계
속했습니다. 창 50:3;민 20:29

9 새 지도자 여호수아 모세가 눈의 아들 여호
수아에게 안수해 그에게 지혜의 영이 가
득해졌습니다. 이스라엘 백성들은 여호수
아의 말을 듣고 여호와께서 모세에게 명령
하신 대로 했습니다. 출 28:3;민 27:18,23;수 1:17

10 예언자 모세 그 이후로 이스라엘에는 모세
와 같은 예언자가 일어나지 않았습니다.
모세는 여호와께서 얼굴을 대면해 아시고

11 이집트 땅과 바로와 그의 모든 종들과 그
의 온 땅에 보내서서 모든 이적과 기사들
을 행하게 하셨고 4:34

12 온 이스라엘이 보는 데서 모든 큰 권능과
큰 두려움을 보이게 하신 사람이었습니다.

비스가 산 꼭대기에서 약속의 땅을 바라보는 모세

신명기 퀴즈

신명기는 모세의 설교를 기록한 책입니다. 다음 문제를 풀면 서 신명기에 나오는 주요 내용들을 다시 한번 기억하는 시간을 가져 보세요!

다음 문제를 읽고 맞으면 ○, 틀리면 ✗, 맞는 답을 골라 표시하세요.

1 호렙 산에서 가데스 바네아까지의 거리는 하룻길이었다(신 1장).

○ ✗

2 하나님께서는 이스라엘 백성에게 에돔 족속과는 싸우지 말라고 명하셨다(신 2장).

○ ✗

3 하나님께서는 말씀을 더하지도 빼지도 말고 지키라고 하셨다(신 4장).

○ ✗

4 십계명 중에서 하나님을 섬기는 계명은 5가지이다(신 5장).

○ ✗

5 하나님은 모세에게 누구를 후계자로 삼으라고 하셨나?(신 3장)
1 갈렙
2 훌
3 여호수아
4 미리암

6 신명기에 나오는 축복의 산 이름은?(신 11장)
1 그리심 산
2 시내 산
3 에발 산
4 헤르몬 산

7 모세가 가나안 땅을 바라보며 죽은 곳은?(신 34장)
1 느보 산
2 에발 산
3 그리심 산
4 시내 산

8 신명기에서 하나님이 모압과 암몬 자손과 싸우지 말라고 하신 이유는 무엇인가?(신 2장)
1 그들도 하나님이 택한 백성이기 때문에
2 그들의 땅을 이스라엘에게 주지 않았기 때문에
3 그들을 이용해 가나안을 정복할 것이기 때문에
4 하나님을 두려워하며 이스라엘 백성에게 항복할 것이기 때문에

9 이스라엘 백성이 가나안에 들어가서 성읍을 정복하고자 할 때 가장 먼저 해야할 일은?(신 20장)
1 평화를 선포해야 함
2 정탐꾼을 보내 그 땅을 정탐해야 함
3 선전포고를 함
4 어린이와 여자들을 대피시킴

10 신명기에서 말하는 먹을 만한 짐승은?(신 14장)
1 소, 양, 염소, 사슴, 노루, 산양
2 소, 양, 염소, 낙타, 토끼, 사슴
3 소, 양, 염소, 토끼, 산양, 오소리
4 소, 양, 염소, 사슴, 노루, 돼지

11 남자가 1년 3차례 여호와께 보이는 절기는?(신 16장)
1 무교절, 칠칠절, 초막절
2 유월절, 무교절, 초막절
3 오순절, 유월절, 칠칠절
4 오순절, 무교절, 초막절

12 하나님이 시내 산에서 모세를 통해 이스라엘 백성에게 주신 열 가지 계명을 무엇이라 하나?(신 5장)

Joshua
여호수아

모세가 죽고 난 후 여호수아가 이스라엘의 지도자가 되었어요. 여호수아서는 하나님이 약속하신 가나안땅을 정복하고 지파들에게 땅을 분배하고 가나안에 정착하는 과정을 기록한 이야기예요. 여호수아가 하나님이 약속하신 가나안 땅을 어떻게 정복했고, 그 땅을 열두 지파에게 어떻게 나누었는지 자세히 나와요. 요단 강이 갈라지고, 여리고 성이 무너지고, 해와 달이 멈춘 놀라운 사건들도 만나 볼 수 있어요.

하나님은 믿음의 조상 아브라함에게 젖과 꿀이 흐르는 가나안 땅을 주기로 약속하셨어요. 그 가나안 땅을 여호수아가 정복할 수 있었던 것은 하나님의 약속을 끝까지 믿고 말씀에 순종한 결과였어요. 우리도 하나님의 약속을 믿고 하나님의 말씀에 순종한다면 여호수아와 같은 지도자가 될 수 있음을 기억하세요.

여호수아는 무슨 뜻인가요?

'여호와께서 구원하시다' 라는 뜻이에요. 여호수아는 '구원'이라는 의미를 가진 '호세아'로 불렸는데(민 13:8, 16) 모세가 여호수아로 바꾸어 주었어요. 그리고 여호수아를 그리스어로 '예수'라고 해요. 우리를 구원하러 오신 예수님과 같은 이름이잖습니다.

누가 썼나요?
여호수아가 썼어요.

언제 썼나요?
BC 1200년 이전

주요한 사람들은?

여호수아
모세인 후계자, 가나안
정복을 이룬 지도자

라합
여리고 정탐꾼을 도와준
믿음의 여인

갈렙
믿음의 사람,
헤브론을 정복함.

한눈에 보는 여호수아

1:1-5:12 가나안땅 입성

5:13-12장 가나안땅 정복

13-21장 가나안땅 분배

22-24장 여호수아의 유언

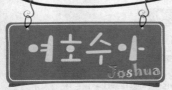

여호수아
Joshua

1 하나님이 여호수아에게 말씀하심 여호와의 종 모세가 죽은 후에 여호와께서 모세를 보좌하던 눈의 아들 여호수아에게 말씀하셨습니다. 출 24:13;신 3:5

2 "내 종 모세가 죽었으니 너와 이 모든 백성들은 이제 일어나 이 강을 건너 내가 이스라엘 백성들에게 주는 땅으로 가거라.

3 내가 모세에게 말한 대로 네가 네 발로 밟는 곳마다 네게 줄 것이다. 14:9;신 11:24

4 광야와 레바논에서부터 커다란 유프라테스 강과 헷 사람의 온 땅과 해 지는 서쪽 대해까지 네 영토가 될 것이다.

5 네 평생 너를 당해 낼 자가 없을 것이다. 내가 모세와 함께했던 것처럼 너와도 함께할 것이다. 내가 결코 너를 떠나지 않으며 버리지 않을 것이다. 출 3:12;신 31:6,8;히 13:5

6 강하고 담대하여라. 내가 조상들에게 주겠다고 맹세한 그 땅을 네가 이 백성들에게 유산으로 나눠 줄 것이다. 신 31:6-7

7 오직 마음을 강하게 먹고 큰 용기를 내어라. 내 종 모세가 네게 준 율법을 다 지켜라. 그것에서 돌이켜 좌우로 치우치지 마라. 그러면 네가 어디든 가든지 잘될 것이다.

8 이 율법책이 네 입에서 떠나지 않게 하고 그것을 밤낮으로 묵상해 그 안에 기록된 모든 것을 지켜 행하여라. 그러면 네 길이 번창하고 성공하게 될 것이다. 시 1:2;119:15

9 내가 네게 명령하지 않았느냐? 강하고 담대하여라. 두려워하지 말고 낙심하지 마라. 네가 어디를 가든 여호와 네 하나님이 너와 함께할 것이다." 신 1:29;7:21;20:3;31:6,8

10 이동을 명령함 그리하여 여호수아가 백성들의 지휘관들에게 명령했습니다. 신 16:18

11 "진영으로 가서 백성들에게 명령하라. '너희 양식을 준비하라. 이제부터 3일 안에 너희가 여기에서 요단 강을 건너 너희 하나님 여호와께서 너희에게 유산으로 주시는 땅으로 들어가 차지할 것이니라.'"

12 세 지파에 대한 당부 르우벤 지파와 갓 지파와 므낫세 반 지파에게 여호수아가 말했습니다.

13 "여호와의 종 모세가 너희에게 '너희 하나님 여호와께서 너희에게 안식을 주시고 이 땅을 너희에게 허락하셨다'라고 명령한 것을 기억하라. 민 32:20-28

하나님이 여호수아에게 주신 명령과 약속

	내 용	적 용
명 령	요단 강을 건너 하나님이 약속하신 땅으로 가라(수 1:2-5)	이스라엘 백성들처럼 하나님께 순종할 때 약속을 이루어 주십니다.
	강하고 담대하여라(수 1:6)	큰 비전을 품고 마음을 강하게 하는 우리가 되기로 해요.
	마음을 강하게 먹고 큰 용기를 내어라. 율법책이 입에서 떠나지 않게 하고 밤낮으로 묵상해 기록된 모든 것을 지켜 행하라(수 1:7-9)	마음을 강하게 하고 용기를 얻을 수 있는 방법은 하나님의 말씀을 묵상하는 것이에요. 날마다 하나님의 말씀을 읽기로 약속해요.
약 속	모세에게 말한 대로 네가 네 발로 밟는 곳마다 네게 줄 것이다(수 1:3)	하나님은 약속을 끝까지 지키시는 분이에요. 하나님이 약속하신 것들을 '약속 노트'를 만들어 적어 보세요. 약속을 반드시 지키시는 하나님을 경험하게 될 거예요.
	내가 모세와 함께했던 것처럼 너와도 함께할 것이다(수 1:5, 9)	어려운 일이나 힘든 일이 있을 때 늘 함께하시는 하나님께 제일 먼저 기도로 도움을 구하세요.

14 너희 아내들과 너희 어린아이들과 너희 가축들은 모세가 너희에게 준 요단 강 건너편 땅에 머물러 있고 너희 모든 용사들은 무장한 너희 형제들보다 앞서 건너서서 그들을 도와야 한다.

15 여호와께서 너희에게 하신 것처럼 너희 형제들에게도 안식을 주실 때까지, 그들도 너희 하나님 여호와께서 그들에게 주시는 땅을 차지할 때까지 너희가 도와야 한다. 너희는 그 후에야 여호와의 종 모세가 너희에게 준 요단 강 건너편, 곧 해 돋는 쪽으로 돌아와 너희 땅을 상속할 것이다."

16 여호수아에게 충성을 맹세함 그러자 그들이 여호수아에게 대답했습니다. "무엇이든 당신이 우리에게 명령하시는 대로 하겠습니다. 어디든 우리를 보내시는 곳으로 가겠습니다.

17 우리가 모세에게 모든 일에 순종했듯이 당신에게도 귀 기울이겠습니다. 오직 당신의 하나님 여호와께서 모세와 함께하신 것처럼 당신과도 함께하시기를 빕니다.

18 누구든 당신 말을 거역하고 당신이 우리에게 명한 모든 것을 듣지 않으면 죽임을 당할 것입니다. 강하고 담대하십시오."

2 여리고로 두 정탐꾼을 보냄 눈의 아들 여호수아는 싯딤에서 두 정탐꾼을 은밀히 보내며 말했습니다. "가서 그 땅을 살펴보고 와라. 특히 여리고를 눈여겨보아라." 그리하여 두 정탐꾼이 가서 라합이라는 창녀의 집에 들어가 거기 묵게 됐습니다.

2 라합이 정탐꾼을 숨겨 줌 그런데 여리고 왕에게 이런 말이 들려왔습니다. "보십시오! 이스라엘 자손 몇 사람이 이 땅을 몰래 살펴보러 오늘 밤 여기에 왔습니다."

3 그러자 여리고 왕은 라합에게 전갈을 보냈습니다. "네게로 와서, 네 집에 들어온 사람들을 끌어내어라. 그들이 이 땅을 몰래 살피러 왔기 때문이다."

4 그러나 그 여자는 그 두 사람을 벌써 숨겨

놓고는 말했습니다. "그렇습니다. 그 사람들이 내게 왔습니다만 그들이 어디에서 왔는지 몰랐습니다.

5 그리고 날이 어두워져 성문을 닫을 때 그 사람들은 집을 떠났습니다. 그들이 어느 방향으로 갔는지 난 모릅니다. 그러므로 어서 그들을 추격해 보십시오. 그러면 그들을 따라잡을 수 있을지도 모릅니다."

6 그러나 사실 라합은 정탐꾼들을 지붕 위로 데려다가 지붕 위에 널어놓은 아마 줄기 밑에 숨겼습니다.

7 그리하여 그 사람들은 요단 강 나루로 통하는 길을 따라 정탐꾼들을 추격했습니다. 정탐꾼들을 좇아 추격하던 사람들이 나가자마자 성문이 닫혔습니다.   삿 3:28;7:24

8 서로 약속함 정탐꾼들이 잠자리에 눕기 전에 라합이 지붕 위로 올라가

9 그들에게 말했습니다. "나는 여호와께서 이 땅을 당신들에게 주신 것을 알고 있습니다. 당신들에 대한 두려움에 우리가 사로잡혀 있고 이 땅에 사는 모든 사람들이 당신들 때문에 간담이 서늘해져 있습니다.   출 15:15

10 당신들이 이집트에서 나올 때 여호와께서

라합

이름의 뜻은 '넓다'이다. 여호수아가 보낸 두 명의 정탐꾼을 자기 집에 숨겨 주고, 그 대신 이스라엘이 여리고를 공격할 때 자신과 가족들을 살려 줄 것을 약속받았다. 이것은 하나님이 가나안 땅을 이스라엘 백성에게 주셨다는 것을 믿음으로 고백한 용기 있는 행동이었다. 나중에 여리고 성이 무너졌을 때 라합과 가족들은 구원받았다. 살몬과 결혼하여 보아스를 낳았다. 믿음의 여인 라합은 다윗의 조상이 되었으며, 예수님의 조상이 되는 복을 받았다.

라합이 나오는 말씀
>> 수 2:1-21; 6:22-25; 마 1:5

창녀 (2:1, 娼女, prostitute) '여인숙 주인'으로 보기도 함.

당신들을 위해 어떻게 홍해의 물을 말리셨는지, 당신들이 요단 강 건너편 아모리 사람의 두 왕 시혼과 옥을 어떻게 *진멸시키셨는지에 대해 우리가 들었습니다.

11 우리는 그 소식을 듣자마자 마음이 다 녹아내렸고 당신들 때문에 모두 용기를 잃었습니다. 당신들의 하나님 여호와는 위로는 하늘과 아래로는 땅의 하나님이시기 때문입니다. 출 15:14-15;시 4:39;시 22:14;사 13:7;겔 21:7

12 이제 여호와를 두고 내게 맹세해 주십시오. 내가 당신들에게 자비를 베풀었으니 당신들도 내 아버지의 집에 자비를 베풀어 주십시오. 그리고 내게 확실한 징표를 주십시오. 18절

13 내 부모와 내 형제자매들의 목숨을 살려 주고 그들이 가진 모든 것을 지켜 주며 당신들이 우리 생명을 죽음에서 구원해 주시기 바랍니다."

14 그러자 정탐꾼들이 라합에게 대답했습니다. "당신이 우리의 이 일을 발설하지 않는다면 우리가 목숨을 걸고 당신의 목숨을 대신할 것이며 여호와께서 이 땅을 우리에게 주실 때 우리가 당신을 자비롭고 진실하게 대할 것이오." 삿 1:24-25

15 그러자 라합은 창문으로 해서 그들을 밧줄에 달아 내렸습니다. 라합의 집이 성벽 위에 있어서 성벽 위에 살았던 것입니다.

16 그러고 나서 라합이 정탐꾼들에게 말했습니다. "산속으로 들어가서 추격자들과 마주치지 않게 하십시오. 거기에서 추격자들이 돌아갈 때까지 3일 동안 숨어 있다가 그 후에 당신들의 길을 가시면 됩니다."

17 붉은 줄 그 사람이 라합에게 말했습니다. "당신이 우리와 맺은 이 맹세를 우리가 지키는 데는 조건이 있소.

18 우리가 이 땅에 들어올 때 우리를 내려보낸 이 창문에 붉은 줄을 매어 놓아야 할 것이오. 또 당신 부모와 당신의 형제자매와 당신 아버지 집안 모두를 당신 집으로 모이게 해야 할 것이오. 623

19 만약 누구든 당신의 집 문을 나서 거리로

라합이 내려 준 붉은 줄을 타고 도망치는 정탐꾼들

나가면 그의 피가 그 머리로 돌아갈 것이고 우리는 책임이 없겠지만 누구든 당신과 함께 집 안에 있는 사람에게 누군가 손을 대면 그 피가 우리 머리로 돌아올 것이오.

20 그러나 만일 당신이 우리의 이 말을 발설하면 당신이 우리와 맺은 맹세에서 우리는 책임이 없소." 14절

21 라합이 대답했습니다. "좋습니다. 당신들의 말대로 하겠습니다." 이렇게 라합은 그들을 보냈고 그들은 길을 나섰습니다. 그러고는 창문에 붉은 줄을 매어 놓았습니다.

22 정탐꾼이 여호수아에게 돌아옴 정탐꾼들은 떠나 산속으로 들어가 거기에서 추격해오는 사람들이 돌아갈 때까지 3일을 머물렀습니다. 쫓는 사람들이 그 길을 따라 샅샅이 뒤졌지만 끝내 찾지 못했습니다.

23 그제야 그 두 사람은 돌이켜 산에서 내려와 강을 건너 눈의 아들 여호수아에게 와서 있었던 일들을 낱낱이 보고했습니다.

24 그들이 여호수아에게 말했습니다. "여호와께서 진실로 이 온 땅을 우리 손에 주셨습니다. 모든 백성들이 우리 때문에 두려워서 간담이 서늘해져 있습니다." 창 23:31

3

요단 강 가에 묵음 여호수아는 아침 일찍 일어났습니다. 그와 모든 이스라엘 백성들은 싯딤에서 출발해 요단 강으로 가서 강을 건너기 전에 거기에서 묵었습니다.

2 언약궤를 앞세움 3일 후 지휘관들이 진영에 두루 다니며 1:10~11

3 백성에게 명령했습니다. "너희가 너희 하나님 여호와의 언약궤와 레위 사람들인 제사장들이 그 궤를 메고 가는 것을 보면 너희는 너희가 있던 곳을 떠나 그 궤를 따라가라. 삿 31:9,25

4 다만 너희는 그 궤와 거리가 약 2,000규빗쯤 되게 하고 궤에 가까이 가지는 말라. 그러면 너희가 어떤 길로 가야 할지 알게 될 것이다. 너희가 전에는 이 길로 지나간 적이 한 번도 없었다." 신 19:12

5 여호수아가 백성들에게 말했습니다. "너희는 스스로 정결하게 하라. 내일 여호와께서

너희 가운데 놀라운 일을 행하실 것이다."

6 여호수아가 제사장들에게 말했습니다. "언약궤를 메고 백성들 앞서 강을 건너라." 이에 제사장들은 언약궤를 메고 백성들 앞서 갔습니다.

7 기적적으로 강을 건널 것을 말씀하심 그러고 나서 여호와께서 여호수아에게 말씀하셨습니다. "오늘 내가 모든 이스라엘이 보는 앞에서 너를 높일 것이다. 내가 모세와 함께했듯이 너와도 함께하는 것을 이스라엘이 알게 될 것이다. 대상 29:25,대하 1:1

8 언약궤를 메고 가는 제사장들에게 말하여라. '너희가 요단 강 물가에 이르러 강에서 있으라.'" 3,17절

9 여호수아가 이스라엘 백성들에게 말했습니다. "이리 와서 너희 하나님 여호와의 말씀을 잘 들으라."

10 여호수아가 말했습니다. "이로써 너희가 살아 계신 하나님께서 너희 가운데 계시고 그분이 분명 너희 앞에서 가나안 사람과 헷 사람과 히위 사람과 브리스 사람과 기르가스 사람과 아모리 사람과 여부스 사람을 반드시 쫓아내실 것임을 알게 될 것이다. 출 33:2,삼상 17:26,왕하 19:4

11 보라. 온 땅의 주의 언약궤가 너희 앞서 요단 강을 건너게 될 것이다. 신 9:3,미 4:13

12 그러니 이제 이스라엘 지파 가운데 각 지파에 한 사람씩 12명을 뽑으라. 4:2,4,민 13:2

13 여호와, 온 땅의 주 되시는 여호와의 궤를 멘 제사장들이 요단 강에 발을 담그고 선 순간 아래로 흐르던 물이 끊기고 벽을 이루어 서게 될 것이다." 시 114:3

14 요단 강이 갈라져 마른 땅이 됨 그리하여 백성들은 요단 강을 건너기 위해 진영을 떠났고 언약궤를 멘 제사장들은 백성들 앞에 서서 갔습니다. 행 7:44~45

15 드디어 궤를 멘 제사장들이 요단 강에 이르러 그들의 발을 물속에 담갔습니다. 요단 강은 추수 때여서 물이 강독까지 가득

2:10 사람이나 물건을 파괴하거나 제물로 드림으로 사람이나 물건을 여호와께 완전히 성별하는 것을 말함.

찾습니다. ^{대상 12:15;렘 12:5;49:19;50:44}

16 위에서 흐르던 물이 멈추어 서고 저 멀리 사르단 지방의 아담이라는 동네쯤에서 벽을 이루기 시작했고 아래쪽 아라바 해역, 곧 염해로 흐르던 물은 완전히 끊겨 버렸습니다. 그리하여 백성들은 여리고 맞은편으로 건너갔습니다. ^{창 14:3;민 34:3;신 1:1;3:17}

17 여호와의 언약궤를 든 제사장들은 요단 강 한복판 마른 땅 위에 서 있었습니다. 그 사이에 모든 이스라엘 백성들은 마른 땅을 건너가 마침내 온 백성이 요단 강 건너기를 다 마쳤습니다. ^{4:22;출 14:29}

4 요단 강 한복판에서 징표의 12개 돌을 취함 온 백성이 요단 강 건너기를 다 마치자 여호와께서 여호수아에게 말씀하셨습니다.

2 "백성들 가운데 각 지파에서 하나씩 12명을 뽑아 ^{3:12}

3 그들에게 명령하여라. '너희는 요단 강 한복판에, 제사장이 서 있던 곳에서 돌 12개를 갖고 너희가 오늘 밤 묵을 곳에 두라고 하여라." ^{신 27:2;왕상 18:31}

4 그리하여 여호수아는 이스라엘 백성들 가운데 각 지파에서 한 사람씩 그가 세운 12명을 불러 모아

5 그들에게 말했습니다. "요단 강 한복판에 있는 너희 하나님 여호와의 궤 앞에 가서 각자 이스라엘 지파의 수에 따라 돌을 하나씩 어깨에 메고 오라.

6 그것이 너희 가운데 징표가 될 것이다. 훗날 너희 자손들이 '이 돌들은 무슨 뜻이 있습니까?' 하고 물으면

7 너희는 그들에게 말하라. '요단 강 물이 여호와의 언약궤 앞에서 끊겼다.' 궤가 요단 강을 건널 때 요단 강 물이 끊겼으니 이 돌들은 이스라엘 백성들에게 영원한 기념이 될 것이다." ^{3:16;출 12:14;민 16:40}

8 그러자 이스라엘 백성들은 여호수아가 명령한 그대로 했습니다. 그들은 여호와께서 여호수아에게 말씀하신 대로 이스라엘 지파의 수에 따라 요단 강 한복판에서 돌 12개를 그들이 묵을 곳에 가져와 거기서 쉬었습니다.

9 기념비를 세움 여호수아는 요단 강 한복판에 언약궤를 멘 제사장들이 서 있던 자리에 돌 12개를 세워 두었습니다. 그리하여 그 돌들이 오늘날까지도 거기에 있습니다.

10 궤를 든 제사장들은 여호와께서 여호수아에게 백성들에게 말하라고 명령한 모든 것을 다 마칠 때까지 요단 강 한복판에 서 있었습니다. 모세가 여호수아에게 지시한 그대로였습니다. 백성들은 서둘러 강을 건넜습니다. ^{6:7,9,13;민 32:20~21,27}

11 모든 백성이 강 건너기를 마치자 여호와의 궤와 제사장들은 백성들이 보는 앞에서 강을 건넜습니다.

여호와의 언약궤를 멘 제사장들이 요단 강에 발을 담그자 요단 강 물이 갈라짐

12 요단 동쪽의 지파들이 요단 강을 건넘 르우벤 지파, 갓 지파, *므낫세 반 지파 사람들은 무장한 채로 모세가 명령한 대로 이스라엘 백성들보다 앞서서 건넜습니다.

13 전투태세를 갖춘 약 4만 명의 군인들이 여호와 앞에서 강을 건너 전투를 위해 여리고 평지로 향했습니다.

14 여호와께서 여호수아를 높이심 그날에 여호와께서 모든 이스라엘 사람이 보는 앞에서 여호수아를 높이셨습니다. 그러자 이스라엘은 전에 모세를 두려워했던 것처럼 그의 생애 내내 그를 두려워했습니다.

15 안전하게 요단 강을 건넘 그때 여호와께서 여호수아에게 말씀하셨습니다.

16 "증거의 궤를 멘 제사장들에게 요단 강에서 올라오라고 명령하여라." 출 25:16,21-22

17 여호수아는 제사장들에게 "요단 강에서 올라오라"고 명령했습니다.

18 여호와의 언약궤를 멘 제사장들이 강 한복판에서 올라와 그들의 발바닥을 뭍에 디디는 순간 요단 강 물이 제자리로 돌아와 전과 같이 강둑에 넘쳐흘렀습니다.

19 길갈에서 세운 기념비 백성들이 요단 강에서 올라온 것은 첫째 달 10일이었고 여리고 동쪽 경계에 있는 길갈에 진을 쳤습니다.

20 여호수아는 요단 강에서 가지고 나온 12개의 돌들을 길갈에 세우고 3,9절

21 이스라엘 백성들에게 말했습니다. "훗날 너희 자손들이 아버지에게 '이 돌들은 무슨 뜻이 있습니까?' 하고 물으면 6절

22 너희는 너희 자손들에게 '이스라엘이 마른 땅을 밟고 이 강을 건넜다'라고 알려 주라.

23 너희 하나님 여호와께서 홍해에서 너희가 다 건널 때까지 우리 앞에서 홍해를 말리셨듯이 너희 하나님 여호와께서 너희가 다 건널 때까지 너희 앞에서 요단 강을 말리신 것이다. 2:10;출 14:21;느 9:11

24 이것은 이 땅의 모든 백성들이 여호와의 손이 강함을 알게 하려는 것이요, 너희가 평생 너희 하나님 여호와를 경외하려 하는 것이다." 출 14:31;신 3:24;6:2;시 89:13

5

가나안 족속이 두려워함 요단 강 서쪽 아모리 사람의 모든 왕과 해안의 가나안 사람의 모든 왕이 여호와께서 이스라엘 백성을 위해 요단 강을 마르게 하셔서 그들이 건넜다는 소식을 듣자 그들의 마음이 녹았고 이스라엘 백성들 때문에 넋이 나가 버렸습니다. 출 15:14

2 이스라엘 백성에게 할례를 행함 그때 여호와께서 여호수아에게 말씀하셨습니다. "너는 돌칼을 만들어 이스라엘 백성들에게 다시 할례를 시행하여라." 출 4:25

3 그래서 여호수아는 돌칼을 만들어 할례 산에서 이스라엘 백성들에게 할례를 시행했습니다.

4 여호수아가 할례를 시행한 까닭은 이렇습니다. 이집트에서 나온 사람들 가운데 전투할 수 있는 남자들은 모두 이집트에서 떠난 후 광야 길에서 죽었습니다. 고전 10:5

5 이집트에서 나온 사람들은 모두 할례를 받았지만 이집트에서 나와 광야에서 태어난 사람들은 할례를 받지 못했습니다.

6 이스라엘 백성들이 이집트를 떠난 후 전투할 수 있는 모든 남자가 다 죽을 때까지 그들은 40년 동안 광야 길을 걸었습니다. 그들이 여호와의 음성에 순종하지 않았기 때문에 여호와께서는 전에 조상들에게 주겠다고 맹세하셨던 젖과 꿀이 흐르는 그 땅을 그들이 보지 못할 것이라고 하셨습니다.

7 그리하여 여호수아가 그들의 아들들을 그 자리에서 일으켜 세워 할례를 시행했습니다. 그들은 광야 길에서 할례 받지 못해 아직도 할례 받지 않은 사람들이었기 때문입니다. 민 14:31;신 1:39

8 이렇게 모든 백성들이 할례를 마친 후 그들이 나을 때까지 진을 친 곳에 머물렀습니다.

9 그때 여호와께서 여호수아에게 말씀하셨습니다. "오늘 내가 너희에게서 이집트의 수치를 굴려 내 버렸다." 그리하여 그곳 이

4:12 므낫세 지파의 절반.

름이 오늘날까지 길갈이라 불리게 됐습니다.

10 유월절을 지킴 그달 14일 저녁, 이스라엘 백성들은 길갈에 진을 치고 있는 동안 여리고 평지에서 유월절을 지켰습니다.

11 그리고 유월절 다음 날부터 그들은 그 땅에서 난 것을 먹었습니다. 그날 그들은 무교병과 볶은 곡식을 먹었습니다.

12 만나가 그침 그들이 그 땅에서 난 것을 먹은 다음 날 만나가 그쳤습니다. 이스라엘 백성들을 위한 만나는 더 이상 없었습니다. 그해에 그들은 가나안에서 난 것을 먹었습니다.
출 16:35

13 여호와의 군사령관이 나타남 여호수아가 여리고에 이르렀을 때 눈을 들어 보니 어떤 사람이 손에 칼을 빼 들고 그 앞에 서 있었습니다. 여호수아가 그에게 다가가 말했습니다. "당신은 우리 편이오, 우리 원수의 편이오?"
창 18:2;민 22:23,31;행 1:10

14 그가 대답했습니다. "아니다. 나는 지금 여호와의 군사령관으로 왔다." 그러자 여호수아가 땅에 엎드려 경배하고 그에게 말했습니다. "내 주께서 종에게 무슨 말씀을 하시렵니까?"
창 17:3

15 여호와의 군사령관이 여호수아에게 말했습니다. "네 발에서 신을 벗어라. 네가 서 있는 곳은 거룩한 곳이다." 그러자 여호수아는 그렇게 했습니다.
출 3:5;행 7:33

6

1 하나님의 여리고 작전 여리고 성은 이스라엘 백성들로 인해 물샐틈없이 닫혀 있었고 드나드는 사람이 전혀 없었습니다.

2 그때 여호와께서 여호수아에게 말씀하셨습니다. "보아라. 내가 여리고와 여리고 왕 그리고 여리고 용사들을 네 손에 넘겨주었다.

3 모든 군인들은 그 성을 둘러싸라. 그 성을 한 번 돌아라. 6일 동안 그렇게 하여라.

4 그리고 제사장 일곱 명이 법궤 앞에서 양의 뿔로 만든 나팔 일곱 개를 들어라. 그러다가 일곱 번째 날에는 성 주위를 일곱 돌고 제사장들은 나팔을 불어라.

5 제사장들이 양의 뿔을 길게 불 것이다. 백성들이 나팔 소리를 들었을 때 모든 백성들은 함성을 질러라. 그러면 성벽이 와르르 무너져 내릴 것이니 백성들은 일제히 올라가리라."

6 여호수아가 작전을 실행함 그러자 눈의 아들 여호수아가 제사장들을 불러 말했습니다. "너희는 언약궤를 메라. 제사장 일곱 명이 양 뿔 나팔 일곱 개를 들고 여호와의 언약궤 앞에 서라."

7 그러고는 백성에게 말했습니다. "나아가 성을 포위하라. 무장한 자는 여호와의 궤 앞에서 나아가라."
4:12-13

8 여호수아가 백성들에게 말하고 나자 양 뿔 나팔 일곱 개를 든 제사장 일곱 명이 여호와 앞에서 나아가며 나팔을 불었습니다.

여호와의 말씀에 순종하여 여리고 성을 도는 이스라엘 백성들

여호와의 언약궤가 그 뒤를 따라갔습니다.

9 무장한 사람들은 나팔을 부는 제사장들 앞에서 행진하고 후위대는 궤의 뒤를 따랐습니다. 제사장들은 나팔을 불며 전진했습니다.

민 10:25;사 52:12;58:8

10 여호수아가 백성들에게 명령했습니다. "너희는 외치지 말고 소리도 내지 말라. 입 밖에 아무 말도 내지 말고 내가 '외치라!'고 명령하는 날에 외치라."

11 이렇게 해서 여호와의 궤는 성을 둘러싸고 주위를 한 바퀴 돌았고 백성들은 다 진영으로 돌아와 묵었습니다.

12 6일 동안 여리고 성을 돌다 여호수아는 아침 일찍 일어났고 제사장들이 여호와의 궤를 멨습니다.

3:6

13 제사장들 일곱 명이 양 뿔 나팔 일곱 개를 들고 여호와의 궤 앞에서 계속 나아가며 나팔을 불었습니다. 무장한 사람들이 그들 앞에 갔고 후위대가 여호와의 궤를 뒤따라갔으며 제사장들은 계속 나팔을 불었습니다.

14 이렇게 그들은 둘째 날에도 그 성을 한 바퀴 돌고 다시 진영으로 돌아왔습니다. 이렇게 6일 동안 했습니다.

15 여호수아의 지시 일곱 번째 날이었습니다. 그들은 동틀 무렵 일어나 그런 식으로 성을 일곱 번 돌며 행진했습니다. 그날만 성을 일곱 번 돌았습니다.

16 일곱 번째 돌고 있을 때 제사장들이 나팔을 불었습니다. 그때 여호수아가 백성들에게 말했습니다. "함성을 지르라! 여호와께서 너희에게 이 성을 주었다.

17 이 성과 성안에 있는 모든 것들은 다 진멸된 것으로 여호와께 다 바쳐질 것입니다. 오직 창녀 라합과 그녀 집에 그녀와 함께 있는 사람들은 모두 살려 주라. 우리가 보낸 사자들을 그녀가 숨겨 주었기 때문이다.

18 그러나 너희는 진멸시켜야 할 물건에 손대서는 안 된다. 너희가 진멸시켜야 할 물건을 하나라도 가져가 이스라엘의 진영에 저

주가 내리는 문제를 일으켜서는 안 된다.

19 모든 은과 금, 청동과 철로 된 그릇은 여호와께 거룩하게 구별됐다. 그것들을 여호와의 금고에 들여야 할 것이다."

20 여리고 성이 무너짐 백성들은 함성을 질렀고 나팔이 울렸습니다. 나팔 소리에 맞춰 백성들이 큰 함성을 지르자 성벽이 와르르 무너져 내렸습니다. 그러자 백성들은 일제히 성으로 들어가 그 성을 점령했습니다.

21 그들은 성안의 모든 것, 곧 남자와 여자, 젊은 사람과 나이 든 사람, 심지어 소, 양, 나귀까지 칼날로 진멸시켰습니다.

22 라합을 구출함 여호수아가 그 땅을 몰래 살피고 왔던 두 사람에게 말했습니다. "그 창녀의 집으로 가서 너희가 그녀에게 맹세한 대로 그녀의 모든 집안 사람들을 데리고 나오라."

2:14;히 11:31

23 정탐꾼이었던 두 젊은이가 들어가서 라합과 라합의 아버지, 어머니, 형제 그리고 그녀에게 속한 모든 것과 라합의 모든 친족을 밖으로 데리고 나와 그들을 이스라엘 진영 밖 한곳에 있게 했습니다.

2:13

24 그러고 나서 그들은 그 성과 성안에 있는 모든 것을 불태웠습니다. 그러나 은과 금, 청동과 철로 된 그릇들은 여호와의 집 금고에 넣었습니다.

19절

25 여호수아는 창녀 라합과 그녀의 아버지 일가족과 그녀에게 속한 모든 것을 살려 주었습니다. 여호수아가 여리고를 몰래 살피러 보냈던 정탐꾼들을 그녀가 숨겨 주었기 때문에 라합이 오늘날까지 이스라엘 자손 가운데 살게 된 것입니다.

마 1:5

26 여리고 성에 대한 저주 그때 여호수아가 이렇게 말했습니다. "이 성 여리고를 다시 세우려는 사람은 여호와로 인해 저주를 받게 될 것이다. 그가 그 기초를 놓을 때 장자를 잃고 그가 그 문을 세울 때 막내를 잃을 것이다."

왕상 16:34

27 이렇듯 여호와께서 여호수아와 함께하셨고 여호수아의 명성이 온 땅에 자자해졌습니다.

1:5;9:9

7 바친 물건을 아간이 취함 그러나 이스라엘 백성이 진멸시켜야 할 물건에 손을 댔습니다. 유다 지파 세라의 증손이며 삽디의 손자이며 갈미의 아들인 아간이 진멸시켜야 할 물건의 일부를 취했습니다. 그러자 여호와의 분노가 이스라엘에 대해 불같이 일어났습니다.

대상 2:6

2 아이 사람들에게 패함 그때 여호수아가 여리고에서 벧엘 동쪽 벧아웬 근처의 아이로 사람들을 보내며 말했습니다. "올라가 저 땅을 몰래 살피고 오라." 그러자 사람들이 올라가 아이를 몰래 살폈습니다.

3 그들이 여호수아에게 돌아와서 그에게 보고했습니다. "모든 백성들이 다 올라갈 것 없이 2,000-3,000명만 올라가 아이를 치게 하십시오. 모든 사람을 그리로 보내지 마십시오. 그들의 수가 적기 때문입니다."

4 그리하여 약 3,000명이 올라갔습니다. 그러나 그들은 아이 사람들 앞에서 도망치고 말았습니다.

레 26:17; 신 28:25

5 아이 사람들이 이스라엘 사람 36명을 죽

이고는 성문 앞에서 스바림까지 쫓아가 비탈길에서 사람들을 쳤습니다. 그러자 백성들의 마음이 녹아내려 물같이 됐습니다.

6 여호수아의 기도 여호수아는 자기 옷을 찢고 여호와의 궤 앞에서 얼굴을 땅에 대고 저녁까지 있었습니다. 여호수아와 이스라엘의 장로들은 머리에 재를 뿌렸습니다.

7 여호수아가 말했습니다. "내 주 여호와여, 왜 주께서 이 백성들로 요단 강을 건너게 하셨습니까? 고작 아모리 사람의 손에 우리를 넘겨 멸망시키려고 하셨습니까? 우리가 요단 강 건너편에 머물기만 했어도 좋았을 것입니다!

출 5:22; 왕하 3:10

8 주여, 이제 이스라엘이 적들에게 등을 보였으니 내가 무슨 말을 하겠습니까?

9 가나안 사람이 이 땅에 살고 있는 모든 사람들이 이 소식을 듣고 우리를 포위하고 이 땅에서 우리 이름을 없앨 것입니다. 그렇게 되면 주의 위대하신 이름이 어떻게 되겠습니까?"

시 83:4

10 이스라엘의 죄악 여호와께서 여호수아에게 말씀하셨습니다. "일어나거라! 왜 얼굴을 땅에 대고 있느냐?

6:17-18

11 이스라엘이 죄를 지었다. 내가 그들에게 명령한 내 언약을 어겼다. 그들이 진멸시켜야 할 물건을 가져가서 훔치고는 거짓말하고 자기 창고에 넣어 두었다.

12 그렇기에 이스라엘 백성들이 그 적을 당해 내지 못하고 등을 보인 것이다. 그들이 진멸시켜야 할 대상이 됐기 때문이다. 진멸시켜야 할 물건을 너희 가운데 없애지 않으면 내가 더 이상 너희와 함께하지 않을 것이다.

6:18; 신 14:45; 삿 2:14

13 가서 백성들을 거룩하게 하고 그들에게 말하여라, '너희는 내일을 위해, 너희 몸을 거룩하게 하라. 이스라엘의 하나님 여호와께서 말씀하신다. 이스라엘아, 너희 가운

아간

유다 지파 갈미의 아들이다. 아갈과 동일한 사람으로, 여리고에서 취한 전리품을 숨겼다. 아간이 숨긴 것은 시날의 아름다운 외투 한 벌, 은 200세겔, 50세겔 나가는 금덩이 한 개였다. 아이 성 전투 때 패한 것이 아간의 죄 때문으로 밝혀지자 이에 대한 벌로 그가 숨겼던 은, 외투, 금덩이 외에 다른 모든 소유물과 자녀들과 함께 돌에 맞아 죽어 불태워졌다. 하나님의 말씀에 순종하기보다 자기 욕심을 채운 것이 얼마나 무서운 죄인가를 보여 준다. 아간은 "진멸시켜 하나님께 바쳐야 하는 물건 때문에 죄를 지어 이스라엘에 문제를 일으킨 사람입니다"로 소개되었다.

아간이 나오는 말씀
>> 수 7장; 대상 2:7

외투(7:21, 舟襄, robe) 갖가지 무늬가 아름답게 수놓인 값지고 귀한 겉옷. 세겔(7:21, shekel) 무게의 기본 단위. 후대에 은화를 가리키는 이름이 됨. 1세겔은 11.42g에 해당됨.

데 진멸시켜야 할 물건을 제거하지 않으면 너희 원수들을 당할 수 없을 것이다.

14 그러므로 너희는 아침에 각 지파별로 나오라. 여호와께서 제비로 뽑는 지파는 가문별로 나오고 그 가운데 여호와께서 제비로 뽑는 가문은 가족별로 나오고 그 가운데 여호와께서 제비로 뽑는 가족은 성인 남자별로 나와야 한다. ^{삼상 10:19}

15 진멸시켜야 할 물건을 가진 사람이 잡히면 그와 그에게 속한 모든 것을 불태워야 한다. 그가 여호와의 언약을 어기고 이스라엘에서 어리석은 짓을 저질렀기 때문이다.'"

16 아간이 죄를 고백한 여호수아는 다음 날 아침 일찍 일어나 이스라엘을 지파별로 나오게 했습니다. 그러자 유다 지파가 제비로 뽑혔습니다.

17 그는 유다 가문을 앞으로 나오게 했습니다. 그러자 세라 가족이 제비로 뽑혔습니다. 그가 세라 가족을 가족별로 나오게 하자 삽디가 제비로 뽑혔습니다. ^{민 26:20}

18 여호수아가 그 가족을 성인 남자별로 한 사람씩 나오게 하자 유다 지파인 세라의 증손이며 삽디의 손자이며 갈미의 아들인 아간이 제비로 뽑혔습니다.

19 그러자 여호수아가 아간에게 말했습니다. "내 아들아, 이스라엘의 하나님 여호와께 영광을 돌리고 그분을 찬양하여라. 또 네가 한 일을 내게 조금도 숨기지 말고 다 말하여라." ^{스 10:11,단 9:4,렘 22:2,요 9:24}

20 아간이 여호수아에게 대답했습니다. "내가 진실로 이스라엘의 하나님 여호와께 죄를 지었습니다. 내가 이러이러하게 했습니다.

21 전리품 가운데 시날의 아름다운 외투와 은 200세겔과 50세겔 나가는 금덩이 하나를 보고 탐이 나서 가졌습니다. 그것들은 내 장막 안 땅속에 숨겨져 있고 은은 그 밑에 있습니다."

22 아간을 죽임 그러자 여호수아는 사자를 보냈고 그들은 그 장막으로 달려갔습니다. 바로 거기 장막 안에 그 물건들이 숨겨져 있었고 은은 그 밑에 있었습니다.

23 그들은 그 장막에서 물건들을 취하여 여호수아와 모든 이스라엘 백성에게로 가져왔고 여호와 앞에 그것들을 펼쳐 놓았습니다.

24 그때 여호수아가 온 이스라엘과 함께 세라의 아들 아간과 그 은과 외투와 금덩이와 아간의 아들과 딸들 그리고 그의 소, 나귀, 양 그리고 그 장막과 그가 가진 모든 것을 가지고 아골 골짜기로 올라갔습니다.

25 여호수아가 말했습니다. "네가 왜 우리를 괴롭혔느냐? 여호와께서 오늘 너를 괴롭히실 것이다." 그러자 온 이스라엘이 그를 돌로 쳐 죽이고 가족들과 재산들을 돌로 치고 불태웠습니다. ^{레 20:2,24:14,신 13:10,17:5}

26 아간 위에 큰 돌무더기를 쌓았습니다. 그리하여 그것이 오늘날까지 남아 있습니다. 그제야 여호와께서는 그 맹렬한 진노를 돌이키셨습니다. 그리하여 그곳 이름이 오늘날까지도 '아골 골짜기'라 불리게 됐습니다. ^{신 13:17,삼하 18:17,애 3:53}

8

여호와께서 아이 성을 주시기로 약속하심 그때 여호와께서 여호수아에게 말씀하셨습니다. "두려워하지 마라. 낙심하지도 마라. 모든 군사들을 이끌고 일어나 아이로 올라가거라. 보아라. 내가 아이 왕과 아이 백성과 성과 땅을 다 네 손에 넘겨주었다.

2 너는 여리고와 여리고의 왕에게 한 것처럼 아이와 아이 왕에게도 그렇게 하여라. 단,

▲ 아이(Ai)

'황폐한 작은 산'이라는 뜻으로 여리고 성보다 1km 정도 높은 고지대에 있어서 이곳을 공략하면 중앙 고지대를 따라 남쪽에서 북쪽에 이르는 '능선'을 지배할 수 있었다. 오늘날의 '키르벳 텔 하아이'(Khirbet Tel Ha-Ay)로 추정된다.

▲ 아골 골짜기(Valley of Achor)

여리고 남쪽에 위치한 골짜기로, 여리고 성을 함락시킬 때 전리품을 감춘 죄로 아간이 돌에 맞아 죽은 장소이다(수 7:24-26). 오늘날의 '엘 부케아'(el-Buqeah)로 추정된다.

그들의 전리품과 가축들은 너희가 전리품으로 챙겨도 좋다. 너는 성 뒤로 가서 매복하고 있어라!" ^{수 6:21;신 20:14}

3 아이 성 매복 작전 그래서 여호수아와 모든 군사들은 일어나 아이를 치려고 출전했습니다. 여호수아는 가장 잘 싸우는 용사 3만 명을 뽑아 밤을 틈타 보내며

4 그들에게 명령했습니다. "잘 들으라. 너희는 성 뒤에 가서 매복하고 성에서 너무 멀리 떨어져 있지 말라. 너희 모두는 출동 준비 상태에 있어야 한다. ^{삿 20:29}

5 나와 함께한 모든 군대는 성으로 진격해야 한다. 이전처럼 저들이 우리와 맞서 싸우려고 나오면 우리는 그들 앞에서 도망칠 것이다. ^{7:5}

6 그들이 나와 성을 벗어날 때까지 우리는 그들을 끌고 나와야 한다. 그러면 '저들이 이전처럼 도망친다'라고 말할 것이다. 우리가 그들 앞에서 도망칠 때 ^{16절}

7 너희는 매복하던 곳에서 일어나 그 성을 덮치라. 너희 하나님 여호와께서 그 성을 너희 손에 넘겨주실 것이다.

8 너희가 그 성을 점령하면 불을 지르라. 여호와께서 명령하신 그대로 하라. 내가 너희에게 명령했으니 명심하라." ^{삼하 13:28}

9 여호수아가 그들을 보내자 그들은 매복할

곳으로 갔습니다. 그들은 아이의 서쪽, 곧 벧엘과 아이 사이에 매복하고 있었습니다. 그날 밤 여호수아는 군사들과 함께 지냈습니다.

10 함정을 꾸밈 여호수아는 다음 날 아침 일찍 일어나 군사들을 소집하고 이스라엘 장로들과 함께 군사들에 앞서 아이로 올라갔습니다.

11 그와 함께한 모든 군사들이 올라갔고 성 가까이 다가가 성 앞까지 이르렀습니다. 그리고 아이 북쪽에 진을 쳤습니다. 그들과 아이 사이에는 골짜기가 하나 있었습니다.

12 여호수아는 5,000명을 데리고 가서 그들을 성의 서쪽, 곧 벧엘과 아이 사이에 매복시켰습니다.

13 그들은 군사들을 배치하되 모든 군대는 성 북쪽에 두고 복병들은 서쪽에 두었습니다. 그 밤에 여호수아는 골짜기 한가운데로 들어갔습니다.

14 아이 왕이 이 광경을 보았습니다. 성 사람들은 서둘러 일찍 일어나 이스라엘과 싸우러 나갔습니다. 그와 그 모든 군사들이 정한 때에 평지 앞으로 나간 것입니다. 그러나 그는 성 뒤에 복병들이 있는 줄 알지 못했습니다. ^{신 11:1;삿 20:34}

15 여호수아와 모든 이스라엘 군사들은 패한 듯이 그들 앞에서 광야 길로 도망쳤습니다.

16 그들을 쫓기 위해 성안의 모든 백성들이 소리치며 여호수아를 추격하다 보니 성에서 점점 멀어지게 됐습니다.

17 아이와 벧엘에는 한 사람도 남지 않고 다 이스라엘을 추격하러 나갔습니다. 그들은 성문을 열어 놓은 채 이스라엘을 추격했습니다.

18 (매복자들이) 공격함 여호와께서 여호수아에게 말씀하셨습니다. "네 손에 있는 단창을 꺼내 아이를 향해 내뻗어라. 내가 그 성을 네 손에 주겠다." 여호수아가 손에 있던 단창을 꺼내 그 성을 향해 내뻗었습니다.

19 그러자 매복했던 사람들이 그 자리에서 박차고 일어났습니다. 여호수아가 손을 내

매복(8:2, 埋伏, ambush) 적군을 기습 공격하기 위한 목적으로 군인들을 숨겨 두는 행위.

뺀자 매복자들이 그 성에 달려 들어가 점령하고 서둘러 불을 질렀습니다.

20 아이의 군사들이 뒤를 돌아보니 성에서 연기가 하늘로 올라가는 것이었습니다. 그들은 어디로 피해야 할지 갈피를 잡을 수 없었습니다. 그리고 광야 길로 도망치던 이스라엘 백성들이 갑자기 뒤돌아와서 그 쫓던 자들을 치기 시작했습니다.

21 여호수아와 온 이스라엘은 매복했던 자들이 성을 점령한 것과 그 성에서 연기가 올라가는 것을 보고 뒤돌아서 아이 사람들을 쳤습니다.

22 다른 사람들이 그들과 싸우기 위해 성에서 나왔습니다. 그들은 이스라엘 한가운데 있게 됐고 양쪽으로 포위돼 오도 가도 못하는 신세가 됐습니다. 이스라엘이 그들을 쳐서 그들 가운데는 살아남거나 도망친 사람이 하나도 없었습니다.

23 그러나 그들은 아이 왕은 생포해 여호수아에게 끌고 왔습니다.

24 모든 아이 주민을 다 죽임 이스라엘은 광야 들판에서 자기들을 쫓던 아이 주민을 다 죽였습니다. 칼날에 그들 모두 최후의 한 사람까지 쓰러졌습니다. 그러고 나서 온 이스라엘 백성이 아이로 돌아와 그 성을 칼날로 쳤습니다.

25 그날 아이에서 쓰러진 모든 사람은 남녀를 합쳐 1만 2,000명이었습니다.

26 여호수아는 아이 모든 사람들을 진멸시킬 때까지 단창을 들고 내뻗었던 손을 내리지 않았습니다. 18절

27 이스라엘은 여호와께서 여호수아에게 명령한 대로 그 성의 가축들과 전리품만을 취했습니다. 2절

28 이렇게 여호수아는 아이를 불태워 영원히 폐허 더미로 만들었고 오늘날까지 그대로 남아 있습니다. 신 13:16

29 그리고 아이 왕을 저녁까지 나무에 달아 두었습니다. 해가 지자 여호수아는 그 시체를 나무에서 내려 성문 입구에 내던지고 그 위에 돌을 쌓아 큰 더미를 만들라고 명령했습니다. 그래서 그것이 오늘까지 남아 있습니다. 7:26;신 21:23;10:26

30 에발 산에 제단을 쌓음 그다음 여호수아는 이스라엘의 하나님 여호와를 위한 제단을 에발 산에 쌓았습니다.

31 여호와의 종 모세가 이스라엘 백성들에게 명령한 대로, 모세의 율법책에 기록된 대로 철 연장으로 다듬지 않은 자연석 제단이었습니다. 그들이 제단 위에 여호와께 번제를 올렸으며 이어서 화목제를 드렸습니다.

32 그리고 거기서 그는 모세가 이스라엘 백성 앞에서 쓴 모세의 율법을 베껴서 돌에 기록했습니다. 신 27:2-4

33 온 이스라엘이 이스라엘의 장로들과 고관들과 재판관들이 이방 사람이나 토박이

성경에 나오는 매복 작전

적군을 기습 공격하기 위한 목적으로 군인들을 숨겨 두는 군사 작전을 말한다. 현대전에서도 이 매복 작전은 전투 방법 가운데 하나로 수행된다. 성경에는 이런 매복 작전을 사용하여 임무를 수행한 사람들이 여러 명 나온다.

여호수아	아이 성을 공격할 때 하나님은 그에게 매복 작전을 실행하라고 명령하셨고, 여호수아는 하나님의 명령을 따랐다(수 8:2-9)
이스라엘의 내전 때	이스라엘의 연맹군은 베냐민 지파를 공격하기 위해 군사를 기브아에 매복시켰다(삿 20:29-48)
사울	아말렉과의 전쟁 때 아말렉 성 골짜기에 군사를 숨겨 두었다(삼상 15:5)
다윗	블레셋과의 전투 때 르바임 골짜기에 군사를 매복시켰다(삼하 5:23-25)
여로보암	유다와 싸울 때 유다 군인 앞뒤에 군사를 매복시켰다(대하 13:13-14)

나 할 것 없이 법궤를 향해 서 있었습니다. 그 반대편에는 여호와의 언약의 법궤를 든 레위 사람 제사장들이 서 있었습니다. 그 절반은 그리심 산을 등지고 섰고 그 절반은 에발 산을 등지고 섰습니다. 이전에 여호와의 종 모세가 이스라엘 백성들을 축복하라고 명령한 그대로 했습니다.

34 여호수아가 율법의 모든 말씀을 낭독함 그 이후에 여호수아는 율법의 모든 말씀, 곧 율법책에 기록된 모든 축복과 저주에 대한 말씀을 읽었습니다. 신 30:19;31:11ㄴ느 8:2-3;13:1

35 여자들과 아이들 그리고 이스라엘 가운데 사는 이방 사람까지 포함한 이스라엘의 모든 회중 앞에서 모세가 명령한 모든 말씀들 가운데 여호수아가 읽지 않은 말씀은 한마디도 없었습니다. 신 31:12

9 왕들의 동맹 요단 강 건너 산지와 골짜기와 레바논 건너편 대해의 모든 해변에 있는 왕들, 곧 헷 사람, 아모리 사람, 가나안 사람, 브리스 사람, 히위 사람, 여부스 사람의 모든 왕들이 이 소식을 듣고

2 여호수아와 이스라엘에 대항하기 위해 함께 모여 뜻을 모았습니다.

3 기브온 백성이 이스라엘을 속임 그러나 기브온 백성들은 여호수아가 여리고와 아이에서 한 일을 듣고 삼하 21:1-2;왕상 3:4-5;9:2

4 꾀를 냈습니다. 그들은 사신처럼 꾸미고 낡아 빠진 자루와 찢어져 꿰맨 오래된 포도주 부대를 나귀에 싣고 갔습니다.

5 발에는 닳을 대로 닳아서 덧댄 신발을 신었고 몸에는 낡은 옷가지를 걸쳤습니다. 그들이 먹을 빵은 다 말랐고 곰팡이가 피어 있었습니다.

6 그러고는 그들이 길갈 진영에 있는 여호수아에게 가서 그와 이스라엘 사람들에게 말했습니다. "우리는 먼 나라에서 왔습니다. 지금 우리와 조약을 맺읍시다." 5:10

7 이스라엘 사람들이 히위 사람들에게 말했습니다. "당신들은 우리 가까이에 사는 것 같은데 우리가 어떻게 당신들과 조약을 맺겠소?" 출 23:32;신 7:2;삿 2:2

8 그들이 여호수아에게 말했습니다. "우리는 당신의 종입니다." 그러자 여호수아가 물었습니다. "너희는 누구이며 어디에서 왔느냐?" 11절

9 그들이 그에게 말했습니다. "당신의 종들은

에발 산에 제단을 쌓고 여호와께 제사드리는 여호수아와 백성들

당신의 하나님 여호와의 명성을 듣고 아주 먼 나라에서 왔습니다. 우리가 그분의 명성과 그분이 이집트에서 행하신 일을 모두 들었습니다.
2:10;6:27;신 20:15

10 요단 강 건너편의 아모리 사람의 두 왕, 곧 헤스본 왕 시혼과 아스다롯에 살았던 바산 왕 옥에게 하신 일도 모두 들었습니다.

11 그러자 우리 장로들과 우리 나라 모든 거주민들이 우리에게 말했습니다. '양식을 챙겨 길을 떠나라. 가서 그들을 만나 우리가 당신의 종이라 하고 우리와 조약을 맺고 그들에게 말하라.'

12 우리의 이 빵은 우리가 당신에게 오려고 떠나던 날 집에서 따뜻한 것을 싸 가지고 온 것입니다. 그러나 보십시오. 마르고 곰팡이가 피었습니다.

13 우리가 가득 채워 온 이 포도주 부대도 새것이었는데 이제 다 터졌습니다. 우리 옷과 신발은 길고 긴 여정으로 다 닳았습니다."

14 그러자 이스라엘 사람들은 그들의 양식을 취하고 어떻게 해야 할지 여호와께 묻지 않았습니다.
민 27:21

15 그리고 여호수아는 그들과 화친을 맺어 그들을 살려 준다는 언약을 맺고 회중의 지도자들도 그들에게 맹세했습니다.
11:19

16 기브온 사람들과 조약을 맺은 지 3일 뒤 이스라엘 사람들은 그들이 이웃이며 그들 가운데 살고 있다는 것을 들었습니다.
22절

17 그러자 이스라엘 사람들이 길을 떠나 3일 길을 가서 기브온 사람들의 성에 이르렀습니다. 그들의 성은 기브온, 그비라, 브에롯, 기랏 여아림이었습니다.
18:25~28;스 2:25

18 그러나 회중의 지도자들이 이스라엘의 하나님 여호와를 두고 그들에게 맹세했기 때문에 이스라엘 사람들은 그들을 죽일 수 없었습니다. 온 회중이 지도자들을 원망했습니다.

19 그러자 모든 지도자들이 온 회중에게 대답했습니다. "우리가 이스라엘의 하나님 여호와를 두고 그들에게 맹세했으므로 그들을 칠 수 없다.

20 우리가 그들에게 할 수 있는 것은 이것이다. 우리가 그들에게 맹세한 그 맹세 때문에 우리에게 저주가 임하지 않도록 그들을 살려 주는 것이다."
민 1:53;삼하 21:2

21 지도자들이 이어서 말했습니다. "그들을 살려 두어 온 회중을 위해 나무를 패고 물 긷는 자로 삼으라." 이렇게 해서 지도자들이 그들에게 말한 대로 이루어졌습니다.

22 기브온 사람들을 종으로 삼음 그때 여호수아가 기브온 사람들을 불러 말했습니다. "너희는 우리 가까이 살면서 왜 '우리는 당신들과 멀리 떨어져 삽니다'라며 우리를 속였느냐?
6,9,16절

23 너희는 이제 저주 아래 있게 됐다. 너희는 영원히 종살이를 면하지 못할 것이니 내 하나님의 집을 위해 나무 패며 물 긷는 자

속아서 한 약속도 지켜야 하나요?

여리고와 아이 성이 갑작스럽게 멸망해 모조리 없어지자 기브온 사람들은 두려움에 사로잡혔어요. 속임수를 써서라도 살아남고 싶어 거짓말을 했지만 거짓말로 맺은 약속은 3일 만에 들통 나고 말았어요. 기브온 사람들에게 속이서 약속한 내용을 여호수아는 지킬 필요가 있었을까요?

여호수아는 약속을 지켰어요. 하나님의 이름으로 맹세했기 때문이에요. 구약 시대에 말은 함부로 어길 수 있는 것이 아니었어요. 특히 여호와의 이름으로 한 약속은 거룩함이 있었고, 반드시 지켜야 했어요. 비록 기브온 사람들이 쓴 방법은 옳지 않았지만, 하나님의 이름으로 한 약속을 없던 것으로 할 수는 없었어요. 나중에 기브온 사람들과의 약속을 깨고 사울이 그들을 마구 죽였을 때, 이스라엘과 사울의 자손은 큰 벌을 받았어요. 하나님은 약속을 정말 소중하게 여기시는 분이라는 걸 보여 줍니다(삼하 21:1~14).

들이 될 것이다."

24 그들이 여호수아에게 대답하였습니다. "당신의 하나님 여호와께서 그 종 모세에게 명령해 당신들에게 온 땅을 주고 당신들 앞에서 그 땅에 살던 사람들 모두를 진멸시키라고 하셨다는 것을 당신의 종들이 분명히 들었기 때문입니다. 그래서 우리가 당신들 때문에 생명에 두려움을 느끼고 이런 일을 했습니다. ^{출 15:14;신 7:1-2}

25 보십시오, 우리는 이제 당신들 손에 있으니 무엇이든 당신들이 보기에 선하고 옳은 대로 하십시오."

26 여호수아는 그들에게 그대로 했습니다. 그는 이스라엘 사람들의 손에서 그들을 구했으며 죽이지는 않았습니다.

27 그날에 여호수아는 기브온 사람들을 온 회중을 위해, 또 여호와께서 선택하신 여호와의 제단을 위해 나무를 패고 물을 긷도록 했습니다. 이렇게 해서 그들이 오늘날까지 그렇게 하고 있는 것입니다.

10 기브온이 공격당함 그때 예루살렘 왕 아도니세덱이 여호수아가 아이를 점령하고 완전히 진멸시키되 여리고와 그 왕에게 한 것처럼 아이와 아이 왕에게 그렇게 한 것과 기브온 사람들이 이스라엘과 조약을 맺고 그들 가운데 있다는 소식을 들었습니다.

2 아도니세덱은 이 소식에 몹시 놀랐습니다. 기브온은 왕의 성 가운데 하나처럼 큰 성이어서 아이보다 컸으며 그 성의 사람들은 다 강했기 때문입니다. ^{신 11:25}

3 그리하여 예루살렘 왕 아도니세덱은 헤브론 왕 호함과 야르뭇 왕 비람과 라기스 왕 야비아와 에글론 왕 드빌에게 사람을 보내

4 말했습니다. "기브온이 여호수아와 이스라엘 백성들과 조약을 맺었으니 그러니 내게

로 올라와서 나를 도와 기브온을 칩시다."

5 그러자 아모리 사람의 다섯 왕, 곧 예루살렘 왕과 헤브론 왕과 야르뭇 왕과 라기스 왕과 에글론 왕이 힘을 합해 모든 군대를 거느리고 올라와 기브온에 대항해 진을 치고 싸움을 걸어왔습니다. ^{9:2}

6 하나님이 우박을 내리심 기브온 사람들은 길갈 진영에 있는 여호수아에게 사람을 보내 말하기를 "주의 종들을 그냥 버려두지 마시고 급히 우리에게 올라와 구원하고 도와주십시오! 산지에 거하는 아모리 사람의 모든 왕들이 우리를 치기 위해 모여 있습니다." ^{5:10;9:6}

7 그러자 여호수아가 모든 군사들과 모든 용사들과 함께 길갈에서 올라갔습니다.

8 여호와께서 여호수아에게 말씀하셨습니다. "그들을 두려워하지 마라. 내가 그들을 네 손에 넘겨주었으니 그들 가운데 한 사람도 너를 당해 낼 자가 없을 것이다."

9 그리하여 여호수아가 길갈에서 밤새워 행군해 가서 불시에 그들에게 들이닥쳤습니다.

10 여호와께서는 이스라엘 앞에서 그들을 혼란에 빠뜨려 기브온에서 그들을 대대적으로 살육하셨고 벧호론으로 올라가는 길을 좇아 아세가와 막게다에 이르러 그들을 치셨습니다. ^{삿 4:15;대상 7:24;대하 8:5;사 28:21}

11 또 그들이 이스라엘 앞에서 도망쳐 벧호론으로 내려가고 있을 때 여호와께서 거기서 아세가에 이르기까지 하늘에서 큰 우박을 내리셔서 그들이 죽었습니다. 우박에 맞아 죽은 사람이 이스라엘 군사들의 칼에 죽은 사람보다 더 많았습니다.

12 해와 달이 멈추어 섬 여호와께서 아모리 사람을 이스라엘에 넘겨주신 그날에 여호수아는 이스라엘이 보는 앞에서 여호와께 말했습니다. ^{사 28:21;합 3:11}

"오 해야, 기브온에 그대로 멈춰 있어라. 오 달아, 아얄론 골짜기에 그대로 멈춰 있어라!

13 그러자 백성이 적들에게 원수를 갚을 때까지 해는 멈춰 있었고 달도 멈춰 섰습니

^{10:13} '의로운 자의 책이란 뜻으로 영웅담을 실은 책이다. 전해지지는 않음(삼하 1:18 참조).

다. *야살의 책에 기록된 대로 해가 중천에 서서 하루 종일 지지 않았습니다.

14 그렇게 여호와께서 사람의 말을 들어 주신 날은 전무후무했습니다. 여호와께서 이스라엘 편에서 싸우셨기 때문입니다. 출 14:14

15 다섯 왕이 막게다의 동굴에 숨음 그러고 나서 여호수아는 온 이스라엘과 함께 길갈의 진영으로 돌아왔습니다. 43절

16 그때 그 다섯 왕이 도망가 막게다의 동굴에 숨어 있었습니다. 10,28~29절

17 여호수아는 그 다섯 왕이 막게다의 동굴에 숨어 있다는 소식을 들었습니다.

18 이에 여호수아가 말했습니다. "큰 돌을 굴려 동굴의 입구를 막고 사람을 배치해 그들을 지키라.

19 그러나 너희들은 거기 서 있지 말고 적들을 추격하여 그 후군을 쳐서 자기 성에 들어가지 못하게 하라. 너희 하나님 여호와께서 그들을 너희 손에 넘겨주셨다." 신 25:18

20 여호수아와 이스라엘 백성들은 그들이 진멸할 때까지 크게 쳤습니다. 살아남아 요새화된 성에 들어간 자는 거의 없었습니다.

21 모든 백성이 막게다 진영에 있는 여호수아에게 무사히 돌아왔습니다. 어느 누구도 혀를 놀려 이스라엘 백성을 헐뜯지 못했습니다. 출 11:7

22 다섯 왕들을 죽임 그때 여호수아가 말했습니다. "동굴 문을 열고 그 다섯 왕들을 내게로 끌고 오라."

23 그들은 그렇게 했습니다. 그들이 그 다섯 왕, 곧 예루살렘 왕, 헤브론 왕, 야르뭇 왕, 라기스 왕, 에글론 왕을 동굴 밖으로 끌어냈습니다.

24 그들이 이 왕들을 여호수아에게 끌고 오자 여호수아가 이스라엘 온 백성을 불러 모으고 자기와 함께 나갔던 군지휘관들에게 말했습니다. "가까이 와서 발로 이 왕들의 목을 밟으라." 그들은 가까이 나아와 발로 그들의 목을 밟았습니다.

25 여호수아가 그들에게 말했습니다. "두려워하지 말라. 낙심하지도 말라. 강하고 담대

하라. 너희가 싸울 모든 적들에게 여호와께서 이렇게 하실 것이다."

26 그리고 여호수아는 그들을 쳐 죽이고 그들을 다섯 나무에 매달았습니다. 그들은 저녁까지 나무에 매달려 있었습니다.

27 해 질 무렵에 여호수아가 명령했습니다. 그들은 시체들을 나무에서 끌어 내려 그들이 숨어 있던 동굴에 던지고 큰 돌로 동굴의 입구를 막았습니다. 그리하여 오늘날까지도 거기에 그대로 있습니다. 신 21:22~23

28 이스라엘의 남쪽 평정 그날에 여호수아가 막게다를 점령했습니다. 그 성과 그 왕을 칼날로 쳐서 성안에 있던 사람들을 진멸시키고 한 사람도 남겨 두지 않았습니다. 그는 여리고 왕에게 행했던 대로 막게다 왕에게도 행했습니다.

29 그때 여호수아가 온 이스라엘과 함께 막게다에서 립나로 건너가 립나와 맞서 싸웠습니다.

30 여호와께서 립나 성과 립나 왕을 또한 이스라엘의 손에 넘겨주셨습니다. 여호수아는 립나 성과 그 안의 모든 사람을 모조리 칼로 쳐서 한 사람도 남겨 두지 않았습니다. 그는 여리고 왕에게 행했던 대로 립나 왕에게도 행했습니다.

31 그때 여호수아는 온 이스라엘과 함께 립나에서 라기스로 건너가 진을 치고 전쟁을 벌였습니다.

32 여호와께서 라기스를 이스라엘에 넘겨주셨습니다. 그래서 여호수아가 둘째 날에 라기스 성을 점령하고

여호수아의 기도로 해와 달이 멈춤

라기스 성과 성안에 있던 모든 사람들을 칼날로 쳤습니다. 모든 것은 그가 립나에 행한 그대로였습니다.

33 한편 게셀 왕 호람이 라기스를 도우러 올라왔지만 여호수아는 한 사람도 남지 않을 때까지 호람과 호람의 군대를 쳤습니다.

34 여호수아는 온 이스라엘과 함께 라기스에서 에글론으로 건너가 진을 치고 전쟁을 벌였습니다. ^{3절}

35 그날 그들은 에글론 성을 점령하고 칼날로 쳐서 성안의 모든 생명을 진멸시켰습니다. 모든 것은 그가 라기스에 행한 그대로였습니다.

36 여호수아는 온 이스라엘과 함께 에글론에서 헤브론으로 올라가서 전쟁을 벌였습니다.

37 그들은 헤브론 성을 점령하고 헤브론 왕과 헤브론의 성들과 그 안의 모든 생명을 칼날로 쳐 한 사람도 남겨 두지 않았습니다. 모든 것은 그가 에글론에게 행한 그대로였으며 그 성과 그 안의 모든 생명을 진멸시켰습니다.

38 그리고 여호수아는 온 이스라엘과 함께 드빌로 돌아와 전쟁을 벌였습니다. ^{삿 1:11-13}

39 그들은 드빌 성과 드빌 왕과 드빌의 모든 성들을 점령하고 칼날로 쳐서 한 사람도 남김없이 성안의 모든 생명을 진멸시켰습니다. 그가 헤브론에게 행했던 대로 드빌과 드빌 왕에게도 행했습니다. 그것은 그가 립나와 립나 왕에게 행한 그대로였습니다.

40 이렇게 해서 여호수아는 그 전 지역, 곧 산지와 네게브, 서쪽 평지와 산비탈, 그 모든 왕을 쳤습니다. 여호수아는 한 사람도 남겨 두지 않고 숨 쉬는 모든 것을 진멸시켰습니다. 이스라엘의 하나님 여호와께서 명령하신 그대로 행했습니다. ^{신 20:16-17}

41 여호수아는 가데스 바네아에서 가사에 이르기까지, 또 고센의 모든 지역에서 기브온에 이르기까지 정복했습니다. ^{신 9:23}

42 이스라엘의 하나님 여호와께서 이스라엘을 위해 싸웠기 때문에 여호수아는 이 모든 왕과 그들의 땅을 일시에 정복했습니다.

43 여호수아는 온 이스라엘 백성들과 함께 길갈 진영으로 돌아왔습니다. ^{15절}

11

1 북쪽 왕들의 동맹 하솔 왕 야빈이 이 소식을 듣고 마돈 왕 요밥과 시므론 왕과 악삽 왕에게 전갈을 보냈습니다. ^{삿 4:2}

2 또 북쪽의 산지, 긴네롯 남쪽 평지, 골짜기, 서쪽의 돌의 높은 곳 왕들을 ^{민 34:11;신 1:1}

3 동쪽과 서쪽의 가나안 사람들, 아모리 사람들, 헷 사람들, 브리스 사람들, 산지의 여부스 사람들, 미스바 땅의 헤르몬 아래에 사는 히위 사람들에게도 전갈을 보냈습니다.

4 그러자 그들이 모든 군대를 거느리고 나왔는데 그 사람들이 많아서 바닷가의 모래 같았습니다. 말과 전차도 대단히 많았습니다. ^{창 32:12;삿 7:12;삼상 13:5}

5 이 모든 왕들이 약속된 장소에서 이스라엘과 싸우려고 합세해 메롬 물가에 함께 진을 쳤습니다.

어떻게 어린아이까지 잔인하게 칼로 쳐서 죽일 수 있죠?

여호수아는 하나님의 명령에 따라 가나안 땅을 처음 정복하러 갔어요. 살아 있는 모든 것, 심지어 어린아이까지 모두 죽이라는 하나님의 명령에 철저히 순종했어요.

그런데 사랑의 하나님이 어떻게 어린아이까지 다 죽이라고 하신 것인지 정말 이상하지요? 여호수아가 치른 전쟁은 온갖 우상을 섬긴 것과 악한 죄를 지어 타락한 가나안에 대해 하나님이 심판하신다는 의미가 담겨 있답니다. 그리고 가나안 사람들을 본받아 이스라엘 백성이 우상 숭배를 하지 못하려고 보호하시고자 했어요.

하나님은 죄를 철저하게 심판하시는 분이에요. 날마다 말씀과 기도에 힘써, 죄를 짓게 하는 사탄과의 싸움(전쟁)에서 승리합시다!

6 북쪽 동맹군의 패배 그때 여호와께서 여호수아에게 말씀하셨습니다. "그들을 두려워하지 마라. 내일 이맘때 내가 그들 모두를 죽여 이스라엘에게 넘겨줄 것이다. 너는 그들의 말 뒷발의 힘줄을 끊고 전차를 불로 태워라."

창 49:6;신 20:1;대상 18:4

7 그러자 여호수아는 그 모든 군사들과 함께 메롬 물가에 있는 그들을 급습해 덮쳤습니다.

10:9

8 여호와께서 그들을 이스라엘의 손에 넘겨주셨습니다. 이스라엘은 그들을 치고 큰 시돈과 미스르봇 마임과 동쪽 미스바 골짜기까지 쫓아가 한 사람도 남김없이 그들을 쳤습니다.

13:6;19:28

9 여호수아는 여호와께서 지시하신 대로 행해 그들의 말의 뒷발 힘줄을 끊고 전차를 불로 태웠습니다.

6절

10 하솔의 멸망 그때 여호수아가 돌아와 하솔을 점령하고 그 왕을 칼로 쳤습니다. 이전에 하솔은 이들 모든 나라의 우두머리였습니다.

삿 4:2

11 그들은 그 성의 모든 생명을 칼날로 쳐서 진멸시켜 숨 쉬는 것이라고는 하나도 남지 않았으며 하솔을 불태웠습니다.

10:40

12 여호수아는 여호와의 종 모세가 명령한 대로 이 왕들의 모든 성과 그 모든 왕들을 점령하고 그들을 칼날로 쳐서 진멸시켰습니다.

신 20:16-17

13 그러나 언덕 위에 세운 성들은 하솔 외에 이스라엘이 하나도 불태우지 않았습니다. 여호수아는 오로지 하솔만 불태웠습니다.

14 이스라엘 백성들은 이 성들에서 전리품과 가축들을 자기들을 위해 사람들은 숨 쉬는 자 하나 남겨 두지 않을 때까지 칼날로 쳐 죽였습니다.

15 여호와께서 그 종 모세에게 명령하신 대로, 모세가 여호수아에게 명령한 대로 여호수아는 그대로 했습니다. 그는 여호와께서 모세에게 명령하신 모든 것을 남김없이 행했습니다.

1:7;출 34:11-12;신 7:2

16 여호수아가 정복한 지역 이렇게 해서 여호수아는 그 땅 전체, 곧 산지, 네게브 전 지역, 고센 전 지역, 서쪽 평지, 아라바, 이스라엘 산지와 그 평지를 다 차지했습니다.

17 곧 세일을 향해 솟아 있는 할락 산에서부터 헤르몬 산 아래 레바논 골짜기에 있는 바알갓까지였습니다. 그는 모든 왕들을 사로잡아 그들을 쳐 죽였습니다.

신 7:24

18 여호수아는 꽤 오랫동안 그 모든 왕들과 전쟁을 치렀습니다.

14:7,10

19 기브온 주민인 히위 사람들을 제외하면 이스라엘 백성과 화평을 맺은 성은 하나도 없었습니다. 이스라엘 백성은 그 모든 성을 싸워서 빼앗았습니다.

9:3,7

20 여호와께서 그들의 마음을 강퍅하게 해 이스라엘과 전쟁을 해서 그들을 진멸시키기 위함이었습니다. 그들이 은혜를 받지 못하게 하셨는데 이는 여호와께서 모세에게 명령하신 대로 그들을 멸절시키기 위함이었습니다.

출 4:21;신 20:16-17

21 그때 여호수아가 가서 산지에서, 헤브론에서, 드빌에서, 아납에서, 유다 온 산지와 이스라엘의 온 산지에서 아낙 사람들을 멸절시켰습니다. 여호수아는 그들과 그 성들을 진멸시켰습니다.

민 13:22-23;신 1:28

22 이스라엘 사람들의 땅에는 아낙 사람들이 한 명도 남지 않았고 가사와 가드와 아스돗에 일부가 살아남았을 뿐이었습니다.

23 이렇게 여호수아는 여호와께서 모세에게 말씀하신 대로 온 땅을 차지했습니다. 여호수아는 할당된 땅을 이스라엘에게 그들의 지파에 따라 유산으로 주었습니다. 그 땅에 전쟁이 그쳤습니다.

18:10;민 26:52-56;신 3:11

12 모세가 정복한 왕들 이스라엘 사람들이 그 땅의 왕들을 쳐 죽이고 그들의 땅, 곧 요단 강 동쪽 아르논 골짜기에서 헤르몬 산까지 아라바 동쪽 전역을 손에 넣었을 때 그 땅에는 이런 왕들이 있었습니다.

2 헤스본에 거했던 아모리 사람의 왕 시혼은 아르논 골짜기의 아로엘과 그 골짜기 한가운데와 길르앗 절반으로부터 암몬 사람의 경계인 얍복 강까지 다스리고 있었습니다.

3 또 아라바 동쪽 *긴네롯 바다에서부터 염
해라고 하는 아라바 바다와 벳여시못 길까
지, 남쪽 비스가로 가는 비탈길까지 다스
렸습니다. 11:2; 신 3:17; 4:49

4 르바 족속 가운데 살아남은 사람으로 아
스다롯과 에드레이에 살던 바산 왕 옥은

5 헤르몬 산, 살르가, 바산 전 지역에서부터
그술 사람들과 마아가 사람들의 경계, 헤스
본의 시혼 왕의 경계인 길럇 절반까지 다
스렸습니다. 13:11; 3:8~10,14

6 여호와의 종 모세와 이스라엘 사람들이 그
들을 쳤고 여호와의 종 모세는 그 땅을 르
우벤 지파와 갓 지파와 므낫세 반 지파에게
유산으로 주었습니다. 민 21:23~24;32:29,33

7 여호수아가 정복한 왕들 여호수아와 이스라엘
사람들이 레바논 골짜기의 바알갓에서부
터 세일을 향해 솟아 있는 할락 산에 이르
기까지 요단 강 서편에서 친 왕들은 이러합
니다. (여호수아는 그 땅을 이스라엘 지파
에게 할당한 대로 유산으로 주었습니다.)

8 곧 산지, 서쪽 평지, 아라바, 산비탈, 광야,
네게브를 주었는데 그것은 헷 사람, 아모리
사람, 가나안 사람, 브리스 사람, 히위 사람,
여부스 사람의 땅이었습니다.

9 여리고 왕 하나, 벧엘 근처 아이 왕 하나,

10 예루살렘 왕 하나, 헤브론 왕 하나, 야르뭇
왕 하나, 10:23

11 라기스 왕 하나,

*12:3 갈릴리 호수를 말함.

12 에글론 왕 하나, 게셀 왕 하나, 10:33
13 드빌 왕 하나, 게델 왕 하나, 10:38~39
14 호르마 왕 하나, 아랏 왕 하나,
15 립나 왕 하나, 아둘람 왕 하나, 10:29
16 막게다 왕 하나, 벧엘 왕 하나, 삿 1:22
17 답부아 왕 하나, 헤벨 왕 하나,
18 아벡 왕 하나, 랏사론 왕 하나,
19 마돈 왕 하나, 하솔 왕 하나, 11:1,10
20 시므론 므론 왕 하나, 악삽 왕 하나,
21 다아낙 왕 하나, 므깃도 왕 하나, 17:11
22 게데스 왕 하나, 갈릴리 욕느암 왕 하나,
23 돌의 높은 곳에 있는 왕 하나, 길갈에 있는
고임 왕 하나, 11:2
24 디르사 왕 하나로 모두 31명의 왕입니다.

13 남아 있는 땅의 분배
여호수아가 늙고 나이가 많아지자 여호와께서 그에
게 말씀하셨습니다. "너는 늙고 나이가 많
은데 아직 소유해야 할 땅이 많이 남아 있
구나. 14:10;23:1;삿 31:3

2 아직 남아 있는 땅은 블레셋 사람들과 그술
사람들의 모든 지역이다. 삿 3:1;삿 3:4

3 곧 이집트의 동쪽인 시홀에서부터 북쪽으
로 가나안 사람의 것으로 여겨지는 에그론
까지 그리고 가사, 아스돗, 아스글론, 갓, 에
그론의 다섯 명의 블레셋 왕의 땅, 아위 사
람의 땅. 신 2:23;삿 3:3;대상 13:5;삼상 2:18

4 남쪽으로 가나안 사람의 모든 땅, 시돈 사
람의 므아라에서부터 아모리 사람의 경계
인 아벡까지, 삿 1:34~36

5 그발 사람의 땅, 동쪽의 레바논 전체, 곧 헤

모세와 여호수아가 정복한 왕들

정복자	정복 지역	정복한 왕
모세	요단 동쪽	바산 왕 옥, 아모리 왕 시혼 (수 12:1~6)
여호수아	요단 서쪽	가나안 왕 31명 (수 12:7~24)

남부 지역 왕(16명)		
여리고 왕	아이 왕	예루살렘 왕
헤브론 왕	야르뭇 왕	라기스 왕
에글론 왕	게셀 왕	드빌 왕
게델 왕	호르마 왕	아랏 왕
립나 왕	아둘람 왕	막게다 왕	벧엘 왕

북부 지역 왕(15명)		
답부아 왕	아벡 왕	헤벨 왕
마돈 왕	랏사론 왕	시므론 므론 왕
하솔 왕	다아낙 왕	악삽 왕
게데스 왕	므깃도 왕	돌 왕
갈갈의 고임 왕	디르사 왕	갈멜의 욕느암 왕

르몬 산 아래 바알갓에서부터 하맛의 입구까지다.

민 34:8;왕상 5:18;시 83:7;겔 27:9

6 레바논에서 미스르봇마임까지 산지에 사는 모든 사람, 심지어 모든 시돈 사람까지 내가 친히 이스라엘 백성 앞에서 쫓아낼 것이다. 너는 내가 네게 명령한 대로 이 땅을 이스라엘에게 유산으로 분배하라

7 아홉 지파와 므낫세 반 지파에게 유산으로 나눠 주어라."

8 요단 동쪽 땅의 분배 므낫세 반 지파와 르우벤 지파와 갓 지파는 모세가 준 요단 강 동쪽 땅을 그들의 유산으로 받았습니다. 여호와의 종 모세가 그들에게 준 것은 이러합니다.

12:6;민 32:33

9 아르논 골짜기의 아로엘에서부터 그 골짜기 한가운데 있는 성과 디본까지의 메드바 온 평지와

민 21:30;신 2:36

10 또 헤스본에서 다스리던 아모리 사람의 왕 시혼의 모든 성들과 암몬 사람의 경계까지

11 또 그술 사람과 마아갓 사람의 영토인 길르앗과 헤르몬 산 전 지역과 살르가에 이르는 바산 전 지역이었습니다.

신 3:14

12 르바 족속 가운데 살아남은 사람으로서 아스다롯과 에드레이에 살던 바산 왕 옥의 나라 전 지역이었습니다. 모세가 그들을 쳐서 쫓아냈습니다.

민 21:24,35

13 요단 동쪽 지파의 실패 그러나 이스라엘 사람들이 그술 사람과 마아갓 사람은 쫓아내지 않아 그들이 오늘날까지 이스라엘 백성 가

운데 살고 있습니다.

11절

14 레위 지파에게 유산을 주지 않음 모세는 레위 지파에게는 유산을 주지 않았습니다. 그가 말한 대로 이스라엘의 하나님 여호와께 드리는 화제물이 그들의 유산이기 때문입니다.

15 르우벤 자손의 유산 모세가 르우벤 지파에게 가문별로 준 것은 이러합니다.

16 그들의 영토는 아르논 골짜기의 아로엘에서부터 그 골짜기 한가운데 있는 성과 메드바 옆 온 평지를 지나

민 21:30

17 헤스본과 평지에 펼쳐진 헤스본의 모든 성들, 곧 디본, 바못 바알, 벳바알 므온,

18 야하스, 그데못, 메바앗,

민 21:23

19 기랴다임, 십마, 골짜기의 언덕에 있는 세렛 사할,

민 32:37-38

20 벳브올, 비스가 비탈, 벧여시못까지와

21 평지의 모든 성들과 헤스본을 다스리던 아모리 왕 시혼의 나라 전체였습니다. 모세는 그 땅에 살면서 그와 연합한 미디안 족장들, 곧 에위, 레겜, 술, 훌, 레바도 함께 쳤습니다.

민 21:24;31:8;시 3:10

22 이스라엘 사람들이 칼로 쳐 죽인 자들 가운데 브올의 아들인 점쟁이 발람도 있었습니다.

23 르우벤 자손의 경계는 요단 강 둑이었습니다. 이 성들과 마을들이 각 가문별로 받은 르우벤 자손의 유산이었습니다.

24 갓 자손의 유산 모세가 갓 지파에게 그 가문

가나안 사람들이 섬긴 신들

이스라엘 백성이 가나안에 들어가기 전, 그 땅에는 가나안 사람, 아모리 사람, 블레셋 사람, 베니게 사람이 살고 있었다(수 13:2-4; 24:11). 그들은 하나님이 아닌 다른 신들을 섬기고 있었다. 가나안 사람들이 섬긴 신들은 다음과 같다.

엘(El)	가나안의 최고 신. 뒷전에 물러나 있지만 더 작은 신들에게 힘과 권위를 주는 신.
바알(Baal)	'주인', '소유주', '남편'이라는 뜻. 비와 풍요의 신. 풍요의 기원을 위해 성적 행위와 아이를 희생제물로 드림. 아합과 이세벨이 다스리던 때에 바알 숭배가 성행함.
다곤(Dagon)	'물고기', '곡식'이라는 뜻. 블레셋 사람들이 숭배한 주요 신으로 풍요와 생산의 신. 상반신은 물고기, 하반신은 사람의 모습을 함.
아스다롯(Ashtoreth)	풍요, 다산, 사랑, 전쟁의 여신. 엘과 아세라의 딸로 바알의 부인. 그리스에서는 아프로디테, 로마에서는 비너스로 불림.
아세라(Asherah)	풍요, 다산의 여신 엘의 부인. 나무로 만든 우상이었으며, 바알 제단 옆에 세웠음. 아합과 이세벨이 다스리던 때에 아세라 숭배가 성행함.

가나안은 하나님의 땅(수 22:19)으로 하나님이 이스라엘의 조상들에게 주겠다고 약속하셨고(수 1:6), 실제로 주신 땅(수 21:43-44)이다. 왕이나 귀족, 부유한 사람들이 땅을 독차지해 백성은 소작농에 불과하던 이방 민족과 대조적으로 '가나안 땅'은 지파별, 가족별로 골고루 분배되었다. 또 가나안은 언약에 근거해서 주어진 약속의 땅이었기 때문에 이스라엘 백성이 언약(율법)을 지킬 때에만 이곳에서 살 수 있었다(수 24:25-26).

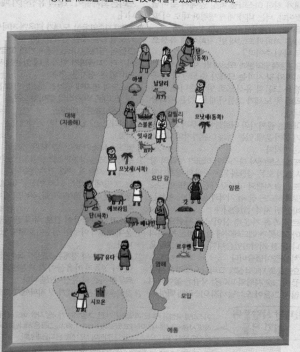

🏺 **가나안 땅은 어떻게 분배되었나?**

첫째, 하나님의 명령대로 분배했다. 이스라엘 백성은 하나님이 모세에게 말씀하신 대로(민 26:52-56; 33:54) 땅을 분배했다(수 13-19장).

둘째, 제비 뽑는 방법을 사용했다(민 26:55-56). 땅을 분배할 때 땅이 기름지거나 그렇지 못한 것 때문에 시기와 분쟁 불만의 요소를 없애기 위해서였다. 제비뽑기를 통한 하나님의 간섭과 인도하심을 믿었기 때문이다.

셋째, 인구대로 땅을 분배했다(민 33:54). 땅을 많이 얻은 자에게는 많은 세금(레위 사람에게 종)을 요구했고, 적게 얻은 자에게는 적은 세금을 요구했다(민 35:8). 오늘날 사회 보장 제도는 성경에서 나온 것이다!

별로 준 것은 이러합니다.

25 그들의 영토는 야셀과 길르앗의 모든 성들 과 랍바 근처 아로엘에 이르는 암몬 사람의 땅 절반,
민 32:34-36;신 3:11;삼하 11:1

26 헤스본에서 라맛 미스베와 브도님까지, 마 하나임에서 드빌 영토까지,
창 32:2;삼하 2:8;9:4-5

27 골짜기에 있는 벧하람, 벧니므라, 숙곳, 사 본과 헤스본 왕 시혼 왕국의 남은 땅, 곧 요 단 강과 그 경계로서 요단 강 동쪽 긴네렛 바다 끝까지입니다.
11:2;창 33:17

28 이 성들과 마을들이 그 가문별로 받은 갓 자손의 유산이었습니다.

29 므낫세 자손의 절반에게 준 유산 모세가 므낫 세 반 지파에게, 곧 므낫세 자손의 절반에게 가문별로 준 것은 이러합니다.

30 그들의 영토는 마하나임에서부터 바산 전 체와 바산 왕 옥의 땅 전체, 바산에 있는 야 일의 모든 성인 60개의 성들과
민 32:41

31 길르앗 절반 또 바산 왕 옥의 성들인 아스 다롯과 에드레이입니다. 이것은 므낫세의 아들인 마길의 자손, 곧 마길의 아들들의 절반에게 가문별로 준 것입니다.
민 32:39-40

32 유산이 없는 레위 지파 이상은 모세가 여리고 동쪽 요단 강 건너편 모압 평지에서 할당 해 준 유산입니다.
민 22:1

33 그러나 모세는 레위 지파에게만 유산을 주지 않았습니다. 그것은 이스라엘의 하나 님 여호와께서 그들에게 말씀하신 대로 여 호와께서 친히 그들의 유산이기 때문입니 다.

14 요단 서쪽 땅의 분배 이스라엘 사람 들이 가나안 땅에서 유산으로 받 은 지역은 이러합니다. 제사장 엘르아살과 눈의 아들 여호수아와 이스라엘의 지파 족 장들이 그들에게 분배한 것입니다.

2 그들의 유산은 여호와께서 모세에게 명령 하신 대로 제비를 뽑아 나머지 아홉 지파 와 므낫세 반 지파에게 분배됐습니다.

3 모세는 두 지파와 반 지파에게 요단 강 동 쪽을 그들의 유산으로 주었지만 레위 사 람들에게는 그들 가운데 유산을 주지 않

았습니다.
13:8,33

4 요셉의 자손들이 두 지파, 곧 므낫세와 에 브라임으로 나뉘었기 때문에 레위 사람들 은 땅을 몫이 없었고 다만 거주할 성과 가 축, 곧 그들의 재산인 가축을 위한 초지만 받았습니다.
창 48:5;대상 5:1-2

5 이스라엘 사람들은 여호와께서 모세에게 명령하신 대로 행해 땅을 나눴습니다.

6 갈렙이 헤브론을 요구함 그러자 유다 자손들 이 길갈에 있는 여호수아에게 찾아갔습니 다. 그니스 사람인 여분네의 아들 갈렙이 여호수아에게 말했습니다. "여호와께서 가 데스 바네아에서 당신과 나에 대해 하나님 의 사람 모세에게 말씀하신 것을 당신께 서는 아십니다.
민 14:24,30;32:12;신 1:36,38

7 여호와의 종 모세가 가데스 바네아에서 이 땅을 정탐하라고 나를 보냈을 때 내 나이 40세였습니다. 그때 나는 내 마음에 확신 이 서는 대로 그에게 보고했습니다.
민 13:6

8 그런데 나와 함께 올라갔던 내 형제들은 백성들의 마음을 약하게 했습니다. 그래 도 나는 마음을 다해 내 하나님 여호와를 따랐습니다.
민 13:31-33;신 1:28

9 그러자 그날 모세가 내게 맹세했습니다. '네가 마음을 다해 네 하나님 여호와를 따 랐으므로 네 발로 밟는 땅은 영원히 너와 네 자손의 유산이 될 것이나.
민 14:24

10 이제 보십시오. 여호와께서 나를 살려 주 셨습니다. 이스라엘이 광야에서 방황하던 때 여호와께서 모세에게 이 말씀을 하신 지 45년이 됐습니다. 지금 내가 85세가 됐 습니다.
민 14:30

11 모세가 나를 보냈던 때처럼 나는 아직도 강건하고 나는 그때와 마찬가지로 전쟁에 드나드는 데 기력이 왕성합니다.
신 31:2;34:7

12 그러므로 여호와께서 그날 내게 말씀하신 이 산지를 내게 주십시오. 당신도 그때 직 접 들었다시피 거기에는 아낙 사람들이 살 고 있고 그들의 성은 크고 강합니다. 그러 나 여호와께서 나와 함께하시면 여호와께 서 말씀하셨듯이 내가 그들을 쫓아낼 수

있을 것입니다."

민 13:28,33

13 갈렙의 요구가 허락됨 그러자 여호수아는 여분네의 아들 갈렙을 축복하고 헤브론을 유산으로 주었습니다.

22:6;삿 1:20;대상 6:55~56

14 따라서 헤브론은 오늘까지 그니스 사람 여분네의 아들 갈렙의 유산이 됐습니다. 그가 이스라엘의 하나님 여호와를 마음을 다해 따랐기 때문입니다.

8~9절

15 헤브론의 옛 이름은 기럇 아르바였습니다. 아르바는 아낙 사람들 가운데서도 가장 큰 사람이었습니다. 그 땅에 전쟁이 그쳤습니다.

창 23:2;35:27;삿 1:10

15

유다 사람들의 주위 경계 유다 자손의 지파가 제비 뽑아 그 가문별로 분배받은 땅의 최남단 경계선은 에돔 경계와 맞닿아 있는 신 광야입니다.

민 33:36;34:3

2 그 남쪽 경계는 염해 남단, 곧 남쪽 만에서부터

3 아그랍빔 비탈 남쪽을 건너 신을 지나고 더 남쪽으로 가데스 바네아로 올라가 헤스론을 지나고 아달까지 올라가서 갈가를 빙 둘러

민 34:4;삿 1:36

4 거기에서부터 아스몬을 향해 가다가 이집트 시내에 이르러 바다에서 그 경계가 끝납니다. 이것이 그들의 남쪽 경계입니다.

5 그 동쪽 경계는 요단 강 하구인 염해입니다. 북쪽 경계는 바다의 만에서 요단 강 하구까지입니다.

6 그 경계는 벧호글라로 올라가 벧아라바 북쪽을 통과합니다. 그 경계는 르우벤의 아들인 보한의 돌까지 이릅니다.

18:17~22

7 그 경계는 아골 골짜기에서 드빌로 올라가 북쪽으로 그 골짜기 남쪽 아둠밈 비탈 반대편 있는 길갈을 돌아 계속해서 엔세메스 물가를 따라 엔로겔에서 끝납니다.

8 그다음 경계는 여부스 성, 곧 예루살렘 성의 남쪽 비탈을 따라 힌놈의 아들 골짜기로 올라가 거기에서 힌놈의 골짜기 맞은편 산꼭대기까지 올라가며 서쪽으로는 르바임 골짜기 북쪽 끝에 이릅니다.

9 그다음 경계는 그 산꼭대기에서부터 넵도아 샘물가지로 거기에서 에브론 산악의 성까지입니다. 그다음 경계는 바알라, 곧 기럇 여아림 쪽까지입니다.

18:15;대상 13:6

10 그 경계는 바알라에서 세일 산 서쪽으로 돌아 여아림 산, 곧 그살론의 북쪽 비탈을 따라 벧세메스로 내려가며 딤나를 통과합니다.

창 38:12;삿 14:1;대상 6:9,12

11 그 경계는 에그론 북쪽 산비탈까지 이르며 그다음 경계는 식그론 쪽으로 돌아 바알라 산을 따라가서 얍느엘을 지나 바다에서 끝납니다.

13:3

12 서쪽 경계는 대해의 해안입니다. 이상은 각 가문별로 받은 유다 사람들의 주위 경계입니다.

민 34:6~7;겔 47:20

13 갈렙이 헤브론을 얻음 여호와께서 여호수아에

헤브론을 달라고 한 갈렙은 욕심쟁이?

가나안 정탐꾼 중 한 명이었던 갈렙은 하나님의 약속을 믿고 이스라엘의 승리를 확신했어요. 이러한 믿음에 대한 상으로 하나님은 갈렙이 밟는 땅을 그와 그의 후손에게 주겠다고 약속하셨어요(신 1:36). 이 약속에 따라 갈렙은 헤브론 땅을 달라고 했어요(수 14:6~12).

헤브론 땅에는 가나안에서 가장 힘센 족속인 아낙 자손이 살고 있었어요. 그런데도 갈렙은 얻기 좋은 땅을 구하지 않고 아직 싸워야 할 대상, 힘센 아낙 자손이 살고 있는 땅을 요구했어요. 갈렙이 헤브론을 요구한 것은 자신의 이익을 위한 것이 아니었어요. 이스라엘 전체의 평화와 가나안 정복의 목표를 생각했기 때문이었답니다. 갈렙의 헌신으로 힘센 아낙 자손이 정복되었고, 가나안 땅에 전쟁이 그치게 되었어요(수 14:15). 갈렙은 자신이 싸워 받은 헤브론 큰 성읍과 주변의 넓은 들판을 레위 지파에게 주고(수 21:11), 자신은 겨우 헤브론 주변 들판과 성 주변 마을을 가졌답니다(수 21:12).

게 명령하신 대로 여호수아가 여분네의 아들 갈렙에게 유다 사람들의 몫인 아낙의 아버지 아르바의 성 곧 헤브론을 주었습니다.

14 그 다음 갈렙은 거기에서 아낙의 세 아들, 곧 아낙이 낳은 세새, 아히만, 달매를 쫓아 냈고   민 13:22상 1:10,20

15 악사에게 샘물을 줌 거기에서 드빌의 주민들에게로 올라갔습니다. 드빌의 이름은 이전에는 기럇 세벨이었습니다.

16 그때 갈렙이 말했습니다. "기럇 세벨을 쳐서 점령하는 사람에게 내가 내 딸 악사를 아내로 주겠다."

17 그러자 갈렙의 동생인 그나스의 아들 옷니엘이 그 성을 점령했습니다. 갈렙은 자기 딸 악사를 그에게 아내로 주었습니다.

18 악사가 왔을 때 그녀는 옷니엘에게 아버지께 밭을 요구하라고 부추겼습니다. 악사가 나귀에서 내리자 갈렙이 물었습니다. "무엇을 원하느냐?"

19 그녀가 그에게 말했습니다. "나를 축복해 주세요. 아버지가 내게 남쪽 땅을 주셨으니 샘물도 함께 주세요." 그러자 갈렙은 그에게 윗샘과 아랫샘을 다 주었습니다.

20 유다 자손의 유산 이상은 유다 자손의 지파가 가문별로 받은 유산입니다.

21 남쪽으로 에돔의 경계와 맞닿아 있는 유다 자손 지파의 성들은 갑스엘, 에델, 야굴,

22 기나, 디모나, 아다아,

23 게데스, 하솔, 잇난,

24 십, 엘렘, 브알롯,   삼상 23:14-15,19,24;26:1-2

25 하솔 하닷다, 그리옷 헤스론, 곧 하솔,

26 아맘, 세마, 몰라다,

27 하살갓다, 헤스몬, 벧벨렛,

28 하살수알, 브엘세바, 비스요다,   창 21:31

29 바알라, 이임, 에셈,

30 엘돌랏, 그실, 홀마,

31 시글락, 맛만나, 산산나,   삼상 27:6

32 르바옷, 실힘, 아인, 림몬으로 모두 29개의 성과 그 주변 마을입니다.

33 평지에는 에스다올, 소라, 아스나,   민 13:23

34 사노아, 엔간님, 답부아, 에남,

35 야르뭇, 아둘람, 소고, 아세가,   삼상 17:1

36 사아라임, 아디다임, 그데라, 그데로다임으로 모두 14개의 성과 그 주변 마을입니다.

37 또 스난, 하다사, 믹달갓,

38 딜르안, 미스바, 욕드엘,

39 라기스, 보스갓, 에글론,

40 갑본, 라맘, 기들리스,

41 그데롯, 벧다곤, 나아마, 막게다로 모두 16개의 성과 그 주변 마을입니다.   10:10,21

42 또 립나, 에델, 아산,   10:29-30

43 입다, 아스나, 느십,

44 그일라, 악십, 마레사로 모두 아홉 개의 성과 그 주변 마을입니다.   삼상 23:1-2

45 에그론과 그 성들과 그 주변 마을들   13:3

46 에그론에서 바다까지 아스돗 근처에 있는 모든 성과 그 주변 마을

47 아스돗과 그 성과 그 주변 마을, 가사와 그 성과 그 주변 마을입니다. 곧 이집트의 시내와 대해의 해변까지였습니다.   4,12절

48 산지에는 사밀, 얏딜, 소고,

49 단나, 기럇 산나, 곧 드빌,   49절

50 아납, 에스드모, 아님,

51 고센, 홀론, 길로로 모두 11개의 성과 그 주변 마을입니다.   10:41;11:16;삼하 15:12

52 아랍, 두마, 에산,

53 야님, 벧답부아, 아베가,

54 훔다, 기럇 아르바, 곧 헤브론, 시올로 모두 아홉 개의 성과 그 주변 마을입니다.

55 마온, 갈멜, 십, 윳다,   삼상 23:24-25;25:2

56 이스르엘, 욕드암, 사노아,

57 가인, 기브아, 딤나로 모두 열 개의 성과 그 주변 마을입니다.   10절

58 할훌, 벧술, 그돌,

59 마아랏, 벧아놋, 엘드곤으로 모두 여섯 개의 성과 그 주변 마을입니다.

60 기럇 바알, 곧 기럇 여아림과 랍바로 모두 두 개의 성과 그 주변 마을입니다.   9절

61 광야에는 벧아라바, 밋딘, 스가가,   6절

62 닙산, 소금 성, 엔게디로 모두 여섯 개의 성

대해(15:12, 大海, The Great Sea) 이스라엘 사람들이 지중해를 가리켜 부르는 이름.

땅 분배에서 드러난
불순종은 무엇인가요?

첫째, 자기 지파의 땅에 살고 있던 가나안 민족들을 쫓아내지 않았어요 (수 16:10; 17:12).
둘째, 자기 지파에게 땅을 더 달라고 욕심을 부렸어요 (수 17:14-18).
이것은 모세를 통해 주신 하나님의 명령에 불순종한 일이었어요 (신 7:1-5). 그 결과 그들은 쫓아내지 않은 가나안 사람들과 살며, 그들에게 물들어 우상 숭배에 빠졌고 사사 시대에는 많은 전쟁을 겪어야 했답니다.

과 그 주변 마을입니다.

삼상 23:29;24:1

63 유다의 불순종 예루살렘의 주민인 여부스 사람에 대해 말하자면 유다 사람들이 그들을 쫓아내지 못했기 때문에 여부스 사람들이 오늘날까지도 예루살렘에 유다 사람들과 함께 살고 있습니다.

삿 1:8,21;삼하 5:6

16 요셉 자손의 유산 요셉 자손들이 제비 뽑아 얻은 땅은 여리고의 요단에서 시작해 동쪽의 여리고 샘물에 이르고 여리고에서 벧엘 산지로 올라가는 광야를 거쳐

8:15;18:12

2 벧엘에서 루스로 가서 아렉 사람들의 영토인 아다롯을 지나서

창 28:19;삿 1:23,26

3 서쪽으로 야블렛 사람들의 영토까지 내려가 아래쪽 영토인 벧호론까지 이르고 다시 게셀까지 가서 바다에서 끝납니다.

4 요셉의 자손들인 므낫세와 에브라임은 그들의 유산을 받았습니다.

17:14

5 에브라임 자손의 유산 에브라임 자손들이 그 가문에 따라 받은 영토는 이러합니다. 그 유산의 경계는 동쪽으로 아다롯 앗달에서 *벧호론 윗지방까지입니다.*

18:13

6 그 경계는 바다 쪽으로 나가 북쪽의 믹므다로 이어지고 동쪽으로는 다아낫 실로를 돌아 그곳을 넘어 동쪽으로 야노아를 지납니다.

17:7

7 그 다음 야노아에서 아다롯과 나아라로 내려가 여리고에 이르고 요단 강에서 끝납니다.

8 그 경계는 답부아에서 서쪽으로 가서 가나 시내에 이르고 바다에서 끝납니다. 이것은 에브라임 자손의 지파가 그 가문에 따라 받은 유산입니다.

17:8-9

9 그리고 에브라임 자손을 위해 따로 구별해 놓은 모든 성과 그 주변 마을은 므낫세 자손들의 가운데 있습니다.

10 에브라임의 불순종 그러나 그들이 게셀에 사는 가나안 사람들을 쫓아내지 못했으므로 오늘날까지도 가나안 사람들이 에브라임 사람들 가운데 살면서 노예가 돼 힘든 일을 감당하고 있습니다.

창 49:15;삿 1:29

17 므낫세의 남은 자손 그리고 요셉의 장자인 므낫세 지파를 위해 제비를 뽑았습니다. 므낫세는 요셉의 큰아들이었고 길르앗의 아버지 마길은 므낫세의 장자입니다. 그는 군인이어서 길르앗과 바산을 얻었습니다.

창 41:51;50:23

2 므낫세 지파의 남은 자를 위해서도 그 가문별로 제비를 뽑았습니다. 그들은 아비에셀의 자손, 헬렉의 자손, 아스리엘의 자손, 세겜의 자손, 헤벨의 자손, 스미다의 자손입니다. 이것은 요셉의 아들인 므낫세의 남자 자손들을 가문별로 나눈 것입니다.

3 슬로브핫 딸들의 상속 그러나 므낫세의 현손이며 마길의 증손이며 길르앗의 손자이며 헤벨의 아들인 슬로브핫은 아들이 없고 딸만 있었는데 그 이름은 말라, 노아, 호글라, 밀가, 디르사입니다.

민 26:33

4 그들이 제사장 엘르아살과 눈의 아들 여호수아와 지도자들에게 가서 말했습니다. "여호와께서 모세에게 명령해 우리 형제들 가운데서 우리에게도 유산을 주라고 하셨습니다." 그러자 여호수아는 여호와의 명령에 따라 그 아버지의 형제들의 유산을 나눌 때 그들에게도 나눠 주었습니다.

5 그리하여 므낫세에게는 요단 강 동쪽에 있는 길르앗과 바산 외에도 열 몫이 더 돌아갔습니다.

13:30-31

17:17 또는 '한 몫만 가질 것이 아니다.'

6 므낫세 지파의 딸들이 아들들의 유산을 받았기 때문입니다. 그리고 므낫세의 나머지 자손들은 길르앗 땅을 얻었습니다.

7 요단 강변의 땅을 얻은 므낫세 므낫세의 영토는 아셀에서부터 세겜의 동쪽인 믹므닷에 이르고 그 경계가 남쪽으로 이어져 엔답부아의 주민들에게까지 이르렀습니다.

8 답부아 땅은 므낫세에게 속했지만 므낫세의 경계에 있는 답부아는 에브라임 자손에게 속했습니다. 16:8-9

9 그리고 그 경계가 가나 시내까지 내려갑니다. 이 에브라임의 성들은 므낫세의 성들 가운데 있었습니다. 므낫세의 영토는 그 시내의 북쪽이고 바다에서 끝납니다.

10 남쪽은 에브라임의 것이고 북쪽은 므낫세의 것입니다. 바다가 경계를 형성하고 북쪽으로는 아셀과 동쪽으로는 잇사갈과 맞닿아 있습니다.

11 므낫세의 불순종 므낫세는 잇사갈과 아셀의 영토 안에도 소유지를 가졌습니다. 곧 벧스안과 그 주변, 이블르암과 그 주변, 돌 사람과 그 주변, 엔돌 사람과 그 주변, 다아낙 사람과 그 주변, 므깃도 사람과 그 주변이며 세 번째는 언덕입니다. 왕상 4:11

12 그러나 므낫세 자손은 그 성의 주민들을 쫓아낼 수 없었습니다. 가나안 사람들이 그 지역에 살려고 결심했기 때문입니다.

13 이스라엘 사람들이 세력이 강해졌을 때 가나안 사람에게 강제 노역을 시켰지만 완전히 쫓아내지는 못했습니다. 16:10;삿 49:15

14 개척될 요셉 자손의 땅 요셉의 자손들이 여호수아에게 말했습니다. "여호와께서 지금까지 내게 큰 복을 주셔서 내가 큰 민족이 됐는데 왜 내게 한 번만 제비를 뽑아 한 몫만 유산으로 주십니까?" 창 48:19,22

15 여호수아가 그들에게 대답했습니다. "네가 큰 민족이 됐다면 에브라임 산이 네게 너무 좁을 테니 삼림으로 올라가서 브리스 사람과 르바임 사람의 땅에서 스스로 개척하여라." 12:4;24:33;삿 3:27

16 요셉의 자손들이 대답했습니다. "산악 지역은 충분하지 않습니다. 게다가 평지에 사는 모든 가나안 사람은 벧스안과 그 주변에 사는 사람이나 이스르엘 골짜기에 사는 사람도 모두 철 전차를 가지고 있습니다."

17 그러나 여호수아는 요셉의 집, 곧 에브라임과 므낫세 지파에게 말했습니다. "너는 큰 민족이고 세력도 크니 *한 번의 제비만 뽑을 수는 없다.

18 산악 지역도 네 것이 될 것이다. 산악 지역일지라도 네가 스스로 개척하여라. 그러면 그 끝자락까지 네 것이 될 것이다. 가나안 사람들이 철 전차를 가졌고 힘이 막강하더라도 너는 그들을 쫓아낼 것이다."

18

남아 있는 땅의 분배 이스라엘의 온 회중이 실로에 모여 거기에 성막을 세웠습니다. 그 땅은 이미 그들의 지배하에 있었습니다. 출 29:10

슬로브핫 딸들의 용기

므낫세 지파 슬로브핫은 아들 없이 딸만 다섯을 낳았다(민 26:33). 그가 죽자 재산은 누구의 몫으로 상속되어야 하는지 의문이 생겼다. 당시 이스라엘은 철저한 남성 위주의 사회였다. 오늘날에는 여성에게 상속권이 주어지는 것이 당연하지만 그 당시에는 여성에게 상속권이 없었다. 하지만 슬로브핫의 딸들은 용감히 모세에게 요청했다(민 27:2-4). 그러자 하나님은 모세를 통해 이 용감한 딸들의 요구가 반영된 새로운 법을 만들어 주셨다(민 27:5-8). 다만 다른 지파 사람과 결혼할 경우에는 상속받은 재산이 다른 지파로 넘어가게 되므로 같은 지파 사람과 결혼해서 그 이름과 재산이 보존되게 하라고 명하셨다(민 36:2-13). 슬로브핫 딸들의 용기는 남녀가 평등하다는 것을 많은 사람들에게 보여주는 것이다. 그 후 여호수아를 통해 가나안 땅을 분배받을 때 슬로브핫 딸들은 당당하게 유산을 받을 수 있었다(수 17:3-6).

2 이스라엘 사람들 가운데 일곱 지파는 아직 유산을 받지 못했습니다.

3 여호수아가 이스라엘 백성들에게 말했습니다. "너희 조상의 하나님 여호와께서 너희에게 주신 그 땅을 차지하러 가는 일을 언제까지 미루겠느냐? 삿18:9

4 각 지파에서 세 명씩 뽑으라. 그러면 내가 그들을 보낼 것이니 그들은 일어나 그 땅으로 가서 각 지파의 유산을 살펴서 자세한 내용을 기록한 후 내게 돌아와야 한다.

5 그들이 그 땅을 일곱으로 나눠 유다는 계속해서 남쪽의 영토에 있고 요셉의 집은 북쪽의 영토에 있도록 하라. 15:1,16:1,4

6 너희는 그 땅을 일곱 구역으로 잘 나눠서 그 자세한 내용을 여기 내게로 가져오라. 그러면 내가 여기 우리 하나님 여호와 앞에서 너희를 위해 제비를 뽑을 것이다.

7 그러나 레위 사람들은 너희 가운데 몫이 없다. 여호와의 제사장 직분이 그들의 유산이다. 또한 갓 지파, 르우벤 지파, 므낫세 반 지파는 요단 강 너머의 동쪽 땅을 유산으로 받았다. 그것은 여호와의 종 모세가 그들에게 주었다." 13:8,33

8 제비뽑아 땅을 분배할 그리하여 뽑힌 사람들이 일어나 길을 떠났습니다. 여호수아가 그 땅을 파악하러 가는 사람들에게 명령했습니다. "가서 그 땅을 두루 다니고 기록해 내게 돌아오라. 그러면 여기 실로에서 내가 여호와 앞에서 너희를 위해 제비를 뽑을 것이다."

9 그래서 그 사람들이 가서 그 땅을 두루 다니며 성을 일곱 구역으로 나눠 책에 잘 기록해 실로 진영에 있는 여호수아에게 돌아왔습니다.

10 여호수아는 실로에서 여호와 앞에서 그들을 위해 제비를 뽑고 거기에서 이스라엘 사람들에게 각 지파에 따라 그 땅을 나눠 주었습니다. 11:23;14:27

11 중간 땅을 얻은 베냐민 베냐민 지파도 각 가문별로 제비를 뽑았습니다. 그들에게 분배된 땅은 유다 자손과 요셉 자손의

사이였습니다.

12 그 북쪽 경계는 요단 강에서 시작해 여리고의 북쪽 비탈을 지나 서쪽 산지에 이르고 벧아원 광야에서 끝납니다. 7:2;16:1

13 거기에서부터 경계는 남쪽으로 루스, 곧 벧엘을 따라 아래쪽 벧호론의 남쪽 산에 있는 아다롯 앗달까지 내려갑니다. 16:2,5

14 그다음 경계선은 다른 방향으로 갑니다. 벧호론 맞은편의 남쪽 산에서부터 서쪽편의 남쪽 방향으로 돌아 유다 지파에 속하는 성 기럇 바알, 곧 기럇 여아림에서 끝납니다. 이것이 서쪽 경계입니다.

15 그 남쪽 경계는 기럇 여아림 끝에서부터 시작합니다. 그 경계는 거기에서 넵도아 샘물에까지 이릅니다. 12:4

16 그다음 경계는 르바임 골짜기의 북쪽 끝에 있는 힌놈의 아들 골짜기를 내려다보는 산악의 경계에게까지 이릅니다. 그다음 경계는 여부스 성의 남쪽 비탈인 힌놈 골짜기까지 그리고 엔로겔까지 이릅니다.

17 그다음 북쪽으로 돌아 엔세메스로 가고 아둠밈 비탈 맞은편에 있는 글릴롯으로 가서 르우벤의 자손 보한의 돌로 내려갑니다.

18 그리고 아라바의 북쪽 비탈로 계속 가다가 아라바 쪽으로 내려갑니다. 12:15;6

19 그다음 벧호글라의 북쪽 비탈로 가서 요단 강 남쪽 하구인 염해의 북쪽 만에서 나옵니다. 이것이 남쪽 경계입니다. 15:2

20 동쪽편의 경계는 요단 강입니다. 이것이 베냐민 자손이 각 가문별로 받은 유산의 경계들입니다.

21 베냐민 지파의 성들 베냐민 자손 지파가 그 가문별로 받은 성들은 여리고, 벧호글라, 에멕그시스, 12절

22 벧아라바, 스마라임, 벧엘,

23 아윔, 바라, 오브라,

24 그발 암모니, 오브니, 게바로 12개의 성들과 그 주변 마을들이 있었고

25 또 기브온, 라마, 브에롯,

26 미스베, 그비라, 모사,

27 레겜, 이르브엘, 다랄라,

28 셀라, 엘렙, 여부스, 곧 예루살렘, 기브앗, 기럇으로 14개의 성과 그 주변 마을입니다. 이상이 그 가문별로 받은 베냐민 자손들의 유산입니다. 15:8

19 시므온 자손의 유산 두 번째로는 시므온, 곧 시므온 자손의 지파를 위해 그 가문별로 제비를 뽑았습니다. 그 유산은 유다 자손들의 경계 내에 있었습니다.

2 그들이 얻은 유산은 브엘세바, 곧 세바, 몰라다, 대상 4:28-33

3 하살수알, 발라, 에셈,

4 엘돌랏, 브둘, 호르마,

5 시글락, 벧말가봇, 하살수사,

6 벧르바옷, 사루헨으로 13개의 성과 그 주변 마을이고

7 또 아인, 림몬, 에델, 아산으로 네 개의 성과 그 주변 마을이며

8 또 바알랏 브엘, 곧 남쪽 라마에 이르는 성 주변의 모든 마을입니다. 이것은 시므온 지파가 그 가문별로 받은 유산입니다.

9 시므온 자손들의 유산은 유다 자손의 몫에서 떼어 준 것인데 그것은 유다 자손들의 몫이 필요 이상으로 많았기 때문입니다. 그리하여 시므온 자손들은 유다 자손의 유산에서 그 유산을 받았습니다.

10 스불론 자손의 유산 세 번째로는 스불론 자손들을 위해 그 가문별로 제비를 뽑았습니다. 그 유산의 경계는 사릿까지 이르고

11 서쪽의 경계는 마랄라까지 가서 답베셋을 지나 욕느암 앞의 강에까지 이릅니다.

12 또 사릿에서 동쪽으로 돌아 해뜨는 쪽으로 기슬롯 다볼의 경계까지 이르고 거기에서 다시 다브랏으로 가서 야비아로 올라갑니다.

13 그리고 다시 동쪽으로 가드 헤벨과 엣 가신으로 가서 림몬에서 나오고 네아 쪽으로 돕니다.

14 그다음 북쪽으로 돌아 한나돈으로 가서 입다엘 골짜기에 끝납니다.

15 갓닷, 나할랄, 시므론, 이달라, 베들레헴으로 모두 12개의 성들과 그 주변 마을들도 포함됩니다. 11:1

16 이 성들과 그 주변 마을들은 스불론 자손들이 그 가문별로 받은 유산입니다.

17 잇사갈 자손의 유산 네 번째로 잇사갈, 곧 잇사갈 자손들을 위해 그 가문별로 제비를 뽑았습니다.

18 그 경계에는 이스르엘, 그술롯, 수넴,

19 하바라임, 시온, 아나하랏,

20 랍빗, 기시온, 에베스,

21 레멧, 엔간님, 엔핫다, 벧바세스가 있었습니다.

22 그 경계는 다볼, 사하수마, 벧세메스에 이르고 요단 강에서 끝납니다. 거기에는 16개의 성과 그 주변 마을이 있었습니다.

23 이 성들과 그 주변 마을들이 잇사갈 지파가 그 가문별로 받은 유산이었습니다.

24 아셀 자손의 유산 다섯 번째로 아셀 자손의 지파를 위해 그 가문별로 제비를 뽑았습니다.

25 그 경계에는 헬갓, 할리, 베덴, 악삽,

26 알람멜렉, 아맛, 미살이 있었고 서쪽으로는 갈멜과 시홀 립낫에 이릅니다. 왕하 2:25

27 거기에서 동쪽으로 돌아 벧다곤을 향해 스불론과 입다엘 골짜기에 이르고 북쪽 벧에멕과 느이엘로 가서 기불을 왼쪽에 두고 지나 왕상 9:13

28 에브론, 르홉, 함몬, 가나로 가서 큰 시돈까지 이릅니다. 11:8;삿 1:31

29 그리고 그 경계는 다시 라마로 돌아가 두로의 단단한 성으로 가서 호사 쪽으로 돌고 악십 지방과 맞닿은 바다에서 끝납니다.

30 또 움마, 아벡, 르홉까지 포함해서 22개의 성과 그 주변 마을이 있습니다.

31 이 성들과 그 주변 마을들은 아셀 자손들이 그 가문별로 받은 유산입니다.

32 납달리 자손의 유산 여섯 번째로는 납달리 자손들을 위해 제비를 뽑았습니다. 그 가문별로 납달리 자손들을 위해 뽑은 것입니다.

33 그 경계는 헬렙과 사아난님의 상수리나무

유산(19:1, 遺産, inheritance) 죽은 사람이 남겨 놓은 재산이라는 뜻이지만 여기서는 기업, 몫, 땅을 말함.

에서부터 아다미 네겝과 얍느엘을 지나 락
굼까지 이르러 요단 강에서 끝납니다.

34 다시 서쪽으로 돌아 아스놋 다볼에 이르
고 훅곡으로 나와서 남쪽으로는 스불론,
서쪽으로는 아셀, 동쪽으로는 유다의 요단
강과 맞닿아 있습니다. 신 33:23

35 그 단단한 성들은 싯딤, 세르, 함맛, 락갓,
긴네렛, 11:2

36 아다마, 라마, 하솔, 11:1

37 게데스, 에드레이, 엔하솔,

38 이론, 믹다델, 호렘, 벧아낫, 벧세메스로 다
합쳐 19개의 성과 그 주변 마을이 있었습
니다.

39 이 성들과 그 주변 마을들은 납달리 자손
의 지파가 그 가문별로 받은 유산입니다.

40 **단 자손의 유산** 일곱 번째로 단 지파를 위
해 그 가족별로 제비를 뽑았습니다.

41 그 유산의 경계는 소라, 에스다올, 이르세
메스,

42 사알랍빈, 아얄론, 이들라, 삿 1:35

43 엘론, 딤나, 에그론,

44 엘드게, 깁브돈, 바알랏,

45 여훗, 브네브락, 가드림몬,

46 메얄곤, 락곤, 욥바 맞은편 지역까지입니다.

47 단 자손의 경계는 그들보다 더 확장됐습
니다. 단 자손들은 레센으로 올라가 공격
해 그곳을 차지하고 칼날로 쳐서 완전히
점령하고 거기에서 살았습니다. 그들은 그
곳을 자기 조상 단의 이름을 따라 단이라
불렀습니다. 삿 1:34-35:18:1

48 이 성들과 그 주변 마을들은 단 지파가 그 가문별로 받은 유산입니다.

49 **여호수아의 기업** 이스라엘 자손들은 이렇게 유산이 될 땅을 다 나누고 나서 그들 가운데 눈의 아들 여호수아에게 유산을 주었습니다.

50 그들은 여호와의 말씀에 따라 여호수아가 요구한 성, 곧 에브라임 산지의 딤낫 세라를 그에게 주었습니다. 그는 거기에 성을 쌓고 살았습니다. ^{24:30;삿 2:9}

51 **땅 분배를 마침** 이상은 제사장 엘르아살과 눈의 아들 여호수아와 이스라엘 자손의 지파 지도자들이 실로의 모이는 장막의 문 여호와 앞에서 제비 뽑아 나눈 유산입니다. 이렇게 해서 그들은 땅 나누는 일을 다 마쳤습니다. ^{14:1;18:1;민 34:17}

20

도피성 그때 여호와께서 여호수아에게 말씀하셨습니다.

2 "이스라엘 백성들에게 내가 모세를 통해 지시한 도피성들을 지정하라고 말하여라.

3 그래서 뜻하지 않게 실수로 살인한 자가 그곳에서 피신해 피로 복수하려는 사람으로부터 보호받게 하여라.

4 그가 이 도피성 가운데 하나로 피신하면 그는 그 성문 입구에 서서 그 성의 장로들 앞에서 자기 사건을 진술해야 한다. 그러면 그들은 그를 그 성으로 들이고 그에게 살 곳을 주어 그들 가운데 살게 할 것이다.

5 만약 피로 복수하는 사람이 그를 쫓아오더라도 그에게 그 피의자를 내주어서는 안 된다. 그가 어떻게 하다가 우연히 죽인 것이지 전부터 미워서 죽인 것이 아니기 때문이다.

6 그는 심판하는 회중 앞에 설 때까지나 그 당시의 대제사장이 죽을 때까지 그 성에서 살아야 한다. 그 후에야 그는 자기 성으로, 곧 그 도망쳐 나온 자기 집으로 돌아갈 수 있다." ^{민 35:12,24-25}

7 **지정된 도피성** 그리하여 그들은 납달리 산지의 갈릴리 게데스, 에브라임 산지의 세겜, 유다 산지의 기럇 아르바, 곧 헤브론을 지정했습니다. ^{21:11;대상 6:76;눅 1:39}

8 여리고의 요단 동쪽에는 르우벤 지파의 평지 광야의 베셀, 갓 지파의 길르앗 라못, 므낫세 지파의 바산 골란을 지정했습니다.

9 이곳은 모든 이스라엘 사람들이나 그들 가운데 사는 이방 사람 가운데 누군가를 우연히 죽인 사람을 위해 정해 놓은 성들로 거기에 있으면 회중 앞에 서기 전에 피로 복수하는 사람에게 죽임당하는 일을 면할 수 있었습니다. ^{민 35:15}

21

레위 사람의 몫 그때 레위 사람들의 지도자들이 제사장 엘르아살과 눈의 아들 여호수아와 이스라엘의 다른 지파 지도자들에게 나아가

2 가나안 땅의 실로에서 그들에게 말했습니다. "여호와께서 모세를 통해 우리가 살 성과 우리 가축들을 키울 초지를 우리에게 주라고 명령하셨습니다." ^{민 18:1;35:2}

3 그리하여 이스라엘 자손들은 여호와께서 명령하신 대로 레위 사람들에게 다음의 성과 초지를 자기 유산 가운데 주었습니다.

4 우선 그핫 가문을 위해 제비를 뽑았습니다. 제사장 아론의 자손들인 레위 사람들은 제비를 뽑은 결과 유다 지파, 시므온 지파, 베냐민 지파에서 13개의 성을 갖게 됐고

5 남은 그핫 자손들이 제비를 뽑은 결과 에브라임 지파 가족, 단 지파, 므낫세 반 지파에서 열 개의 성을 갖게 됐습니다.

6 게르손 자손들이 제비를 뽑은 결과 잇사갈 지파 가족, 아셀 지파, 납달리 지파, 바산에 있는 므낫세 반 지파에서 13개의 성을 갖게 됐습니다. ^{27~33절}

7 므라리 자손들이 그 가문별로 르우벤 지파, 갓 지파, 스불론 지파에서 12개의 성을 갖게 됐습니다. ^{34~40절}

8 **아론 자손의 몫** 이렇게 해서 이스라엘 자손들은 여호와께서 모세를 통해 명령하신 대로 레위 사람들에게 성들과 초지를 제비 뽑아 나눠 주었습니다. ^{14:3~5;민 35:2}

피의자(20:5, 被疑者, accused) 범죄 의심을 받고 있는 자.

9 그들은 유다 자손의 지파와 시므온 자손의 지파 가운데 다음에 언급된 성들을 주었는데

10 이 성들은 레위 자손 가운데 그핫 가문 출신인 아론의 자손들이 가졌으며, 첫 번째 제비로 그들이 뽑았습니다. 4절

11 그들은 아낙의 조상 아르바가 갖고 있던 성읍, 곧 유다 산지의 헤브론과 그 주변 초지를 그들에게 주었습니다. 눅 1:39

12 그러나 그 초지와 그 성 주변의 마을들은 여분네의 아들 갈렙의 유산이 됐습니다.

13 이리하여 제사장 아론의 자손들에게 준 성은 살인한 사람을 위한 도피성인 헤브론과 그 초지, 립나와 그 초지, 10:29;20:7

14 얏딜과 그 초지, 에스드모아와 그 초지,

15 홀론과 그 초지, 드빌과 그 초지,

16 아인과 그 초지, 윳다와 그 초지, 벧세메스와 그 초지로 이 두 지파에서 아홉 개의 성을 주었습니다.

17 또 베냐민 지파에서는 기브온과 그 초지, 게바와 그 초지, 9:3

18 아나돗과 그 초지, 알몬과 그 초지로 모두 네 개의 성을 주었습니다.

19 제사장 아론의 자손들을 위한 성들은 그 초지와 함께 모두 13개였습니다.

20 다른 그핫 가문의 곧 남은 레위 사람들 가운데 그핫 가문은 제비를 뽑은 결과 에브라임 지파에서 성을 얻었습니다.

21 그들에게는 에브라임 산지의 살인자를 위한 도피성인 세겜과 그 초지, 게셀과 그 초지, 20:7-8

22 깁사임과 그 초지, 벧호론과 그 초지로 모두 네 개의 성이 주어졌습니다.

23 또 단 지파에서는 엘드게와 그 초지, 깁브

24 아얄론과 그 초지, 가드 림몬과 그 초지로 모두 네 개의 성을 주었습니다.

25 므낫세 반 지파에서는 다아낙과 그 초지, 가드 림몬과 그 초지로 모두 두 개의 성을 주었습니다.

26 이상 모든 열 개의 성과 그 초지는 나머지 그핫 자손들이 갖게 됐습니다.

27 게르손 가문의 곧 레위 사람인 게르손 가문에게 준 것은 다음과 같습니다. 므낫세 반 지파에서는 살인자를 위한 도피성인 바산의 골란과 그 초지, 브에스드라와 그 초지로 모두 두 개의 성을 주었습니다.

28 잇사갈 지파에서는 기시온과 그 초지, 다브랏과 그 초지,

29 야르뭇과 그 초지, 엔간님과 그 초지로 모두 네 개의 성을 주었습니다.

30 아셀 지파에서는 미살과 그 초지, 압돈과 그 초지,

31 헬갓과 그 초지, 르홉과 그 초지로 모두 네 개의 성을 주었습니다.

32 납달리 지파에서는 살인자를 위한 도피성인 갈릴리 게데스와 그 초지, 함못 돌과 그 초지, 가르단과 그 초지로 모두 세 개의 성을 주었습니다.

33 이리하여 게르손 자손들이 그 가문별로 갖게 된 것은 13개의 성과 그 초지였습니다.

34 므라리 가문의 곧 남은 레위 사람 므라리 자손 가운데 가문별로 준 것은 다음과 같습니다. 스불론 지파에서는 욕느암과 그 초지, 가르다와 그 초지, 대상 6:77-81

35 딤나와 그 초지, 나할랄과 그 초지로 모두 네 개의 성을 주었습니다.

36 르우벤 지파에서는 베셀과 그 초지, 야하

레위 사람의 성읍, 마하나임

마하나임은 '두 진영', '두 군대'라는 뜻이다. 이 지명은 야곱이 그의 장인 라반을 떠나 고향으로 돌아오던 중 하나님의 군대를 만난 장소에 붙인 이름이다(창 32:2). 가나안 정복 후 이곳은 처음에 갓 지파에게 분배되었다가(수 13:24-26) 나중에 레위 사람의 성으로 지정되었다(수 21:34-38).

사울의 아들 이스보셋이 이곳을 수도로 삼았고(삼하 2:8), 다윗도 그의 아들 압살롬과의 전쟁 때 이곳을 임시 수도로 정했다(삼하 17:24-27).

현재의 위치는 얍복 강 북쪽의 '마네'로 추정된다.

스와 그 초지,

37 그데못과 그 초지, 므바앗과 그 초지로 네 개의 성을 주었습니다. `20:8`

38 갓 땅에서는 살인한 사람을 위한 도피성인 길르앗 라못과 그 초지, 마하나임과 그 초지, `13:26`

39 헤스본과 그 초지, 야셀과 그 초지로 모두 네 개의 성을 주었습니다.

40 이렇게 해서 남은 레위 사람 므라리 자손이 가문별로 제비를 뽑아 갖게 된 성은 모두 12개였습니다.

41 레위 사람의 모든 성과 초지 이스라엘 자손들이 차지한 유산 가운데 레위 사람의 성은 전체 48개와 그 초지였습니다. `민 35:7`

42 이 성들은 다 한결같이 그 주변에 초지가 있었습니다. 이 모든 성들이 다 그러했습니다.

43 다 이뤄진 하나님의 약속 이렇게 해서 여호와께서는 그들의 그 조상들에게 주겠다고 맹세하신 그 모든 땅을 이스라엘에게 주셨습니다. 그들은 그 땅을 차지하고 거기에 살게 됐습니다.

44 또 여호와께서는 그 조상들에게 맹세하신 대로 그들의 사방에 안식을 주셨습니다. 그리하여 그 원수들 가운데 하나도 그들에게 맞서지 못했습니다. 여호와께서 그 모든 원수들을 그들 손에 넘겨주셨기 때문입니다. `11:23-24;신 7:24`

45 여호와께서 이스라엘 집에 하신 모든 선한 약속은 하나도 남김없이 다 이뤄졌습니다. `23:14-15`

22

요단 동쪽 지파에 고함 그때 여호수아가 르우벤 지파와 갓 지파와 므낫세 반 지파를 불러

2 말했습니다. "너희가 여호와의 종 모세가 명령한 것을 다 지켰고 내가 너희에게 명령한 모든 일에도 순종했다. `민 32:20-22`

3 너희가 이날 이때까지 오랫동안 너희 형제들을 버리지 않고 너희 하나님 여호와께서 너희에게 준 사명을 잘 감당했다.

4 이제 너희 하나님 여호와께서 약속하신

대로 너희 형제들에게 안식을 주셨으니 너희는 여호와의 종 모세가 요단 강 건너편에서 너희에게 준 너희의 소유지에 있는 너희 장막으로 돌아가도 좋다. `11:23;13:8`

5 그러나 여호와의 종 모세가 너희에게 준 명령과 율법을 잘 지켜 행하라. 너희 하나님 여호와를 사랑하고 항상 그분의 길로 다니고 그분의 계명을 지키고 그분을 꼭 잡고 너희의 마음과 영혼을 다해 그분을 섬겨야 한다." `23:11;신 10:12;11:22`

6 그리고 여호수아는 그들을 축복하고 떠나 보냈습니다. 그렇게 그들은 자기 장막으로 돌아갔습니다. `14:13`

7 길르앗으로 돌아간 지파들 모세가 므낫세 반 지파에게는 바산 땅을 주었고 또 다른 반 지파에게는 여호수아가 그 형제들과 함께 요단 강 서쪽 땅을 주었습니다. 여호수아는 그들을 그들의 장막으로 떠나보내며 복을 빌었습니다. `17:5`

8 이어서 그가 그들에게 말했습니다. "너희는 큰 재산과 많은 가축들과 은과 금과 청동

가나안 땅을 주시겠다는 약속의 말씀과 성취

약속의 말씀

약속의 사람	약속의 내용
아브라함	가나안 땅을 너와 자손에게 주겠다(창 12:7; 15:7)
이삭	가나안 모든 땅을 너와 자손에게 주겠다(창 26:3-4)
야곱	가나안 땅을 네 후손에게 주어 유업을 삼게 하겠다(창 48:3-4)
요셉	하나님이 당신들을 가나안으로 인도하실 것이다(창 50:24)
모세	가나안 땅을 너희에게 주어 유업이 되게 하겠다(출 6:8)

약속의 성취

언제	어떻게
여호수아 때 (첫 성취)	이스라엘 조상들에게 약속하신 땅을 모두 주셨다
솔로몬 때 (최종 성취)	단에서 브엘세바에 걸쳐 평화롭게 살게 하셨다(왕상 4:25)

과 철과 수많은 옷가지들을 다 가지고 너희 장막으로 돌아가서 너희 원수들에게서 얻은 그 전리품을 너희 형제들과 나누라!"

9 그리하여 르우벤 자손과 갓 자손과 므낫세 반 지파가 가나안 땅에 있는 실로에서 이스라엘 자손들 곁을 떠나 여호와의 말씀에 따라 모세를 통해 소유하게 된 그들의 소유지 길르앗으로 돌아갔습니다.

10 요단 강 가에 단을 쌓을 르우벤 자손과 갓 자손과 므낫세 반 지파는 가나안 땅 요단 강 경계에 이르러 요단 강 가에 제단을 쌓았는데 눈에 띄게 큰 제단이었습니다.

11 이스라엘 자손들은 "보라. 르우벤 자손과 갓 자손과 므낫세 반 지파가 가나안 땅 요단 강 경계의 이스라엘 자손들의 길목에다 제단을 쌓았다" 하는 소식을 들었습니다.

12 이스라엘 자손들은 이 말을 듣고 온 회중이 그들과 싸우려고 실로에 집결했습니다.

13 요단 서쪽 지파들의 분개 이스라엘 자손들은 제사장 엘르아살의 아들 비느하스를 길르앗 땅의 르우벤 자손과 갓 자손과 므낫세 반 지파에게 보냈습니다. 출 6:25;민 25:7

14 그들은 또 이스라엘 각 지파에서 대표자 한 명씩 열 명도 함께 보냈습니다. 그들은 각각 수천의 이스라엘 자손 가운데 각 지파를 대표하는 지도자들이었습니다. 민 1:4

15 그들이 길르앗으로 가서 르우벤 지파와 갓 지파와 므낫세 반 지파에게 말했습니다.

16 "여호와의 온 회중이 말한다. 너희가 이렇게 이스라엘의 하나님께 신의를 저버리다니 이게 범죄가 아니고 무엇이냐? 오늘 여호와

께 등을 돌리고 너희를 위해 제단을 쌓는 것이 여호와께 거역하는 것이 아니냐?

17 여호와의 회중에게 재앙을 불러왔고 이날 이때까지도 우리가 정결해지지 못한 브올의 죄가 우리에게 작아서 민 25:3;신 4:3;시 106:28

18 너희가 지금 여호와께 등을 돌리는 것이냐? 너희가 오늘 여호와를 거역하는 것이라면 그분이 내일 이스라엘 온 회중에게 진노하실 것이다. 민 16:22

19 만약 너희 소유지가 깨끗하지 않다면 여호와의 성막이 있는 여호와께서 소유하신 땅으로 건너와 우리의 땅을 나눠 쓰자. 다만 우리 하나님 여호와의 제단 외에 다른 것을 스스로 쌓아 여호와를 거역하거나 우리를 거역하는 일은 없어야 한다. 18:1

20 세라의 아들 아간이 저주받은 물건으로 죄를 지어 그 진노가 이스라엘 온 회중에게 내리지 않았느냐? 그 악행 때문에 그 만 죽은 것이 아니었다. 7:1,5

21 요단 동쪽 지파들의 해명 그러자 르우벤 지파와 갓 지파와 므낫세 반 지파가 수천의 이스라엘 지도자들에게 대답했습니다.

22 "신 가운데 신이신 여호와, 신 가운데 신이신 여호와, 그분은 아십니다! 이스라엘도 알게 하십시오! 이 일이 여호와께 대한 반역이거나 불순종하는 것이었다면 오늘 우리를 구원하지 마십시오. 신 10:17;왕상 8:39

23 만약 우리가 여호와께 등을 돌리려 하거나 그 위에 번제나 곡식제사나 화목제를 드리려고 제단을 쌓았다면 여호와께서 친히 추궁하실 것입니다. 신 18:19;삼상 20:16

대화가 필요해!

터무니없는 오해를 받아 억울했거나 답답한 적이 있나요? 그럴 때 문제를 풀어 가는 가장 좋은 방법은 다른 사람에게 나의 마음을 보여 주고 대화하는 것이에요.

동쪽에서 살기로 한 르우벤 지파와 갓 지파, 므낫세 지파의 절반은 전쟁을 다 마치고 다시 돌아오게 되었어요. 이들은 요단 강 언덕 가에 이르자 단을 쌓았어요. 그런데 강서쪽의 다른 지파들이 단을 쌓은 동쪽 지파를 보고 우상을 섬

24 이것은 후에 당신들 자손들이 우리 자손들에게 이런 말을 할까 두려웠기 때문입니다. '너희가 이스라엘의 하나님 여호와와 무슨 상관이 있느냐?' 4:6,21

25 너희 르우벤 자손들과 갓 자손들아, 여호와께서 우리와 너희 사이에 요단 강을 경계로 두셨다. 그러니 너희는 여호와 안에 아무 몫이 없다'면서 당신들 자손들이 우리 자손들로 하여금 여호와를 경외하지 못하게 할지도 모릅니다.

26 그래서 우리가 번제물이나 희생제물이 아닌 제단을 쌓자고 말했습니다.

27 이것은 오히려 우리가 여호와 앞에서 우리의 번제와 기타의 제사와 화목제로 여호와를 섬기겠다는, 우리와 당신들 사이에, 그리고 다음 세대에 걸친 증거물이 되게 하려는 것입니다. 그러면 나중에 당신들 자손들이 우리 자손들에게 '너희는 여호와 안에 몫이 없다'라고 말하지 못할 것입니다.

28 그리고 그들이 행여 우리나 우리 자손들에게 그렇게 말하면 우리는 '우리 조상이 쌓은 여호와의 제단 모형을 보라. 이것은 번제물이나 기타의 제사를 위한 것이 아니라 우리와 너희 사이에 증거물이다'라고 대답할 것입니다.

29 우리가 오늘 여호와의 장막 앞에 서 있는 우리 하나님 여호와의 제단 외에 번제물이나 곡식제물이나 기타의 제사를 드릴 다른 제단을 쌓아 여호와를 거역하거나 그분께 등을 돌릴 생각은 추호도 없습니다.'

30 연합의 기쁨 제사장 비느하스와 회중 지도자들, 곧 수천의 이스라엘 지도자들은 르우벤 자손들과 갓 자손들과 므낫세 자손들이 하는 말을 듣고 기뻐했습니다.

31 제사장 엘르아살의 아들 비느하스가 르우벤 자손들과 갓 자손들과 므낫세 자손에게 말했습니다. "오늘 여호와께서 우리 사이에 계심을 알았다. 이 일은 너희가 여호와께 신의를 저버린 것이 아니다. 너희가 여호와의 손에서 이스라엘 자손들을 구해 냈다."

32 그리고 제사장 엘르아살의 아들 비느하스와 그 지도자들은 길르앗 땅에서 르우벤 자손들과 갓 자손들과 므낫세 자손들을 곁을 떠나 가나안 땅으로 돌아왔고 이스라엘 자손들에게 그 말을 전했습니다. 10~11절

33 이스라엘 자손들은 그 말을 듣고 기뻐하며 하나님을 찬양했습니다. 이스라엘 자손은 르우벤 자손과 갓 자손에게로 올라가 그들과 싸워 그들이 살고 있는 땅을 치자는 말을 하지 않았습니다. 대상 29:20; 느 2:28

34 르우벤 자손들과 갓 자손들은 그 제단을 엣이라고 불렀습니다. "이것은 여호와께서 하나님이심에 대한 우리 사이의 증거물이 될 것이다'라고 하는 뜻에서였습니다. 27절

23 여호수아의 고별사 여호와께서 이스라엘 주위를 둘러싼 모든 적들로부터 이스라엘에게 안식을 주신 후 오랜 세월이 흘러 여호수아는 늙고 나이가 들었습니다. 11:23;13:1

2 그는 온 이스라엘, 곧 장로들과 지도자들과 재판관들과 관리들을 불러 놓고 말했습니다. "이제 나는 늙고 나이가 들었다.

기는 것이 아닌가 하고 오해를 했어요. 서쪽 지파들은 서둘러 대표자를 뽑아 동쪽 지파에 보냈고 동쪽 지파들은 자신들의 행동에 대하여 잘 설명해 주었어요. 단을 쌓은 것은 후손들이 하나님을 잘 섬기고 역사를 기억하게 하

는 증거물이 될 거라고 말해 오해를 풀었어요. 오해가 생겼을 때는 빨리 대화하세요! 그리고 눈에 보이는 대로 판단하고 성급하게 행동하기 전에 다른 사람의 마음을 배려하고 이해하는 지혜가 필요하겠지요?

깊이읽기 여호수아 22장 10~34절을 읽으세요.

추호(22:29, 秋毫, forbid-KJV) 매우 적거나 조금인 것을 비유적으로 이르는 말.

3 너희는 너희 하나님 여호와께서 너희를 위해 이 모든 민족들에게 하신 일들을 다 보았다. 너희를 위해 싸우신 분은 너희 하나님 여호와이시다. 10:14,42;출 14:14

4 보라. 요단 강에서 서쪽 대해에 이르는 남아 있는 나라들, 곧 내가 정복한 나라들의 모든 땅을 내가 너희 지파들을 위해 제비 뽑아 유산으로 나눠 주었다. 13:2-7

5 너희 하나님 여호와께서 친히 너희 앞에서 그들을 내쫓으실 것이고 너희 보는 앞에서 그들을 몰아내실 것이다. 너희 하나님 여호와께서 너희에게 약속하신 대로 너희가 그 땅을 차지하게 될 것이다.

6 그러므로 너희는 용기백배해 좌우로 치우침 없이 모세의 율법책에 기록된 모든 것을 지키고 실행하라. 1:7;신 5:32;28:14

7 너희 가운데 남아 있는 이 민족들과 뒤섞이지 말고 그 신들의 이름을 입 밖에 내지도 말라. 그들의 이름으로 맹세하지도 말라. 또 그들을 섬기거나 그들에게 절하지도 말라. 출 23:13,33;시 16:4;겔 5:7

8 오직 너희가 오늘까지 행한 대로 너희 하나님 여호와를 굳게 붙들어야 한다. 신 10:20

9 여호와께서 크고 막강한 나라들을 너희 앞에서 쫓아내셔서 오늘까지 그 누구도 너희와 맞설 수 없었다. 15:10;8:2;14:44

10 너희 하나가 1,000명을 내쫓게 될 것이다. 너희 하나님 여호와께서 너희에게 약속하신 대로 너희를 위해 싸우실 것이기 때문이다.

11 그러므로 너희는 마음을 기울여 너희 하나님 여호와를 사랑하라. 출 22:5

12 그러나 만약 너희가 어떤 경우라도 마음을 돌이켜 이 남은 민족들에게, 곧 너희 가운데 남아 있는 이들에게 붙어 그들과 서로 결혼하고 이리저리 어울려 지내면

13 그때는 너희 하나님 여호와께서 더 이상 너희 앞에서 이 민족들을 내쫓지 않으실 것이라는 것을 분명히 알아 두라. 그리고 그들은 너희에게 몣이 되고 함정이 될 것이요, 너희 옆구리의 채찍이 되고 너희 눈에 가시가 돼 너희가 결국에는 너희 하나님 여호와께서 너희에게 주신 이 좋은 땅에서 망하게 될 것이다. 출 23:33;신 7:16;삿 2:3

14 보라. 오늘 이제 나는 온 땅이 가는 길로 가려고 한다. 너희 하나님 여호와께서 너희에 대해 말씀하신 모든 선한 약속들이 하나도 남김없이 다 이뤄졌음을 너희는 너희 온 마음과 온 영혼으로 알 것이다. 모든 것이 이뤄져 실패한 것이 하나도 없다.

15 그러나 너희 하나님 여호와께서 너희에게 하신 선한 약속이 너희에게 다 이뤄진 것처럼 여호와께서는 또한 너희에게 모든 악한 것을 내려 주시되 너희 하나님 여호와께서 너희에게 주신 이 좋은 땅에서 너희를 멸망시킬 때까지 그렇게 하실 것이다.

16 만약 너희가 너희 하나님 여호와께서 너희에게 명령하신 언약을 어기고 다른 신들에게 가서 섬기고 그들에게 절하면 여호와께서 너희를 향해 불같이 진노하실 것이며 너희는 그가 주신 좋은 땅에서 곧 망하고 말 것이다."

여호수아의 고별사

1 하나님은 너희를 위해 싸우셨다.
2 하나님의 약속대로 이스라엘은 가나안 땅을 차지할 것이다.
3 율법을 지켜 행하라.
4 우상숭배하지 말라.
5 하나님을 사랑하라.
6 이방 사람과 결혼하지 말라.
7 하나님의 말씀을 지킬 때 복받을 것이다.
8 불순종하면 망할 것이다.

죽음을 앞둔 여호수아는 자신에게 준 하나님의 명령과 약속을 이스라엘 백성들에게 전했다. 그 후 110세에 죽어서 가족의 땅에 묻혔다.

24 세겜에서 언약을 갱신함 여호수아는 이스라엘의 모든 지파를 세겜

People

"가나안 정복자, 여호수아"

1 아말렉과의 전투에서 승리
(출 17:8-16)

2 모세의 수종자로 시내
산에 올라감(출 24:13)

3 가나안 땅을 정탐(민 14:6-9)

4 모세 후계자로 임명됨(민 27:22-23)

5 언약궤와 함께 이스라엘 백성을 이끌고 요단 강
을 건넘(수 3:1)

6 여리고 성과 아이 성을
정복(수 6-8장)

7 아모리 족속과 전쟁 시 해와 달이 멈추
도록 기도하여 승리(수 10:6-27)

8 가나안 땅을 정복하여 분배(수 10:28-19장)

9 도피성 6개를 세움(수 20장)

10 고별 설교를 하고 죽음(수 23-24장)

에 모으고 이스라엘의 장로들과 지도자들과 재판관들과 관리들을 불렀습니다. 그러자 그들이 하나님 앞에 나왔습니다.

2 여호수아가 모든 백성들에게 말했습니다. "이스라엘의 하나님 여호와께서 말씀하신다. '옛날 너희 조상들은 강 저편에 살았는데 그들은 아브라함의 아버지며 나홀의 아버지인 데라를 비롯해 모두 다른 신들을 섬기고 있었다. 창 11:27-32;31:30;35:2

3 그러나 가운데 내가 너희 조상 아브라함을 강 건너 땅에서 데려다가 가나안 땅으로 인도해 그 땅 전역에 두루 다니게 하고 그 씨를 많게 하려고 그에게 이삭을 주었다.

4 내가 이삭에게는 야곱과 에서를 주었다. 또 에서에게는 내가 세일 산지를 주어 갖게 했지만 야곱과 그 아들들은 이집트로 내려가게 됐다. 창 25:24-26;36:8;신 2:5;행 7:15

5 그 후에 내가 모세와 아론을 보내 그들 가운데 행한 대로 이집트에 재앙을 내리고 너희를 이끌고 나왔다. 출 3:10;14:14;12:37,51

6 내가 너희 조상들을 이집트에서 이끌고 나오자 너희는 바다에 이르렀고 이집트 사람들이 전차와 마병들을 이끌고 홍해까지 추격해 왔다. 출 14:2,9

7 그러자 그들이 여호와께 부르짖었고 그는 너희와 이집트 사람들 사이에 어둠을 내리고 바닷물을 가져다가 그들을 덮어 버렸다. 내가 이집트 사람들에게 한 일을 너희가 너희 두 눈으로 똑똑히 보았고 너희는 오랫동안 광야에서 살게 됐다. 출 14:10,20

8 내가 너희를 요단 강 동쪽에 살던 아모리 사람의 땅으로 데려왔는데 그들이 너희와 싸웠다. 그런데 내가 그들을 너희 손에 주어 너희 앞에서 멸망시켰고 그리하여 너희가 그 땅을 차지할 수 있었다. 민 21:21-35

9 그 후 모압 왕 십볼의 아들 발락이 이스라엘과 싸울 태세를 갖추고 브올의 아들 발람에게 사람을 보내 너희를 저주하라고 했다.

10 그러나 내가 발람의 말에 들을 체도 하지 않았더니 발람은 너희를 거듭 축복하지 않을 수 없었고 내가 그 손에서 너희를 건져 냈다. 민 23:11,20;24:1,10

11 그러고 나서 너희가 요단 강을 건너 여리고에 도착했다. 여리고에 사는 사람들이 너희와 대항해 싸웠고 아모리 사람, 브리스 사람, 가나안 사람, 헷 사람, 기르가스 사람, 히위 사람, 여부스 사람도 너희와 싸웠다. 그러나 내가 그들을 너희 손에 넘겨주었다.

12 내가 너희 앞에 왕벌을 보내었더니 그것이 너희 앞에서 그들을 쫓아내고 아모리 사람의 두 왕도 쫓아냈다. 너희 칼과 활로 한 것이 아니다. 출 23:28;시 7:20;시 44:3

13 이렇게 너희가 일하지 않은 땅과 너희가 세우지 않은 성들을 내가 너희에게 주어 너희가 그 안에서 살게 됐으며 너희가 심지 않은 포도밭과 올리브 밭에서 먹게 됐다.'

14 여호와를 섬기라 그러므로 이제 너희는 여호와를 경외하고 성실하고 진실하게 그분을 섬기라. 너희 조상들이 강 건너 저편과 이집트에서 경배하던 신들을 던져 버리고 여호와를 섬기라. 신 10:12;삼상 12:24

15 그러나 만약 너희 마음에 여호와를 섬기

여호수아 24장에 나타난 세 사람의 무덤

여호수아의 무덤
110세에 죽어 그가 유산으로 받은 경계 안쪽 가아스 산 북쪽 에브라임 산지에 있는 딤낫 세라에 묻혔다(수 24:29-30).

요셉의 무덤
요셉은 죽기 전에, 때가 되면 자기 뼈를 이집트에서 가져가라고 당부했다(창 50:24-26). 이집트 탈출 후 이스라엘 백성은 요셉의 뼈를, 야곱이

세겜의 아버지 하몰의 아들에게서 은 100개를 주고 산 땅에 묻었는데, 이곳은 요셉 자손의 땅이었다(수 24:32).

엘르아살의 무덤
약속의 땅을 지파들에게 분배하는 일을 담당했던 아론의 아들 엘르아살도 죽어서 에브라임 산지(그의 아들 비느하스가 받은 산에 묻혔다(수 24:33).

는 일이 내키지 않으면 그때는 너희 스스로 누구를 섬길 것인지, 너희 조상들이 강 건너에서 섬겼던 신들이든 지금 너희가 살고 있는 이 땅의 아모리 사람의 신들이든 오늘 선택하라. 나와 내 집은 여호와를 섬길 것이다."

창 18:19;출 23:24;왕상 18:21;겔 20:39

16 **이스라엘의 세 번째 언약** 그러자 백성들이 대답했습니다. "우리가 여호와를 버리고 다른 신들을 섬긴다는 것은 말도 안 됩니다.

17 우리와 우리 조상들을 종살이하던 이집트 땅에서 이끌어 내시고 우리 눈앞에서 그런 놀라운 표적을 보이신 분은 우리 하나님 여호와이십니다. 그분이 우리 여정 내내 그리고 우리가 지나온 모든 민족들 가운데서 우리를 지켜 주셨습니다.

18 그리고 여호와께서 이 땅에 살던 아모리 사람들을 비롯해 그 모든 민족들을 우리 앞에서 내쫓아 주셨으니 우리도 여호와를 섬기겠습니다. 그분은 우리 하나님이십니다."

19 **여호수아가 헌신을 시험함** 여호수아가 백성들에게 말했습니다. "너희는 여호와를 섬길수 없다. 그분은 거룩한 하나님이시며 질투하는 하나님이시니 너희 허물이나 죄를 용서하지 않으실 것이다.

출 20:5

20 만약 너희가 여호와를 버리고 이방의 신들을 섬기면 그분이 너희에게 잘해 주셨다 할지라도 돌이켜 너희에게 재앙을 내리고 너희를 죽이실 것이다."

대하 15:2;사 1:28

21 그러자 백성들이 여호수아에게 말했습니다. "아닙니다! 우리는 여호와를 섬기겠습니다."

22 그러자 여호수아가 백성들에게 말했습니다. "너희가 스스로 여호와를 선택하고 그분을 섬기기로 했으므로 스스로 증인이 된 것이다." 그들이 대답했습니다. "그렇습니다. 우리가 증인입니다."

15절

23 여호수아가 말했습니다. "그렇다면 너희 가운데 있는 이방신들을 없애 버리고 너희 마음을 이스라엘의 하나님 여호와께로 돌리라."

삿 10:16;삼상 7:3

24 그러자 백성들이 여호수아에게 말했습니다. "우리가 우리 하나님 여호와를 섬기고 그 음성에 순종하겠습니다."

출 15:25

25 **언약의 기념비** 그리하여 그날 여호수아는 백성들을 위해 언약을 체결하고 거기 세겜에서 그들을 위해 율례와 법도를 세워 주었습니다.

26 그리고 여호수아는 하나님의 율법책에 이일들을 기록하고 큰 돌을 가져다가 여호와의 성소 근처 상수리나무 아래에 세워 놓았습니다.

창 28:18;출 15:25;신 31:24;창 9:6

27 그가 모든 백성들에게 말했습니다. "보라. 이 돌이 우리에 대한 증거가 될 것이다. 이돌이 여호와께서 우리에게 하신 모든 말씀을 들었으니 만약 너희가 너희 하나님을 부인하면 이 돌이 너희에 대해 증언할 것이다."

창 31:48,52;신 31:19,21,26

28 **자기 유산으로 돌아감** 그리고 여호수아는 백성들을 보냈으며 모든 사람들은 자기 유산으로 돌아갔습니다.

삿 2:6

29 **여호수아가 죽음** 이 일 후에 여호와의 종 눈의 아들 여호수아는 110세에 죽었습니다.

30 사람들은 그를 그가 유산으로 받은 경계 안 가아스 산 북쪽 에브라임 산지에 있는 딤낫 세라에 묻었습니다.

수 19:50

31 **장로들의 시대** 이스라엘은 여호수아가 살아 있는 동안과 여호수아보다 오래 산 장로들, 곧 여호와께서 이스라엘을 위해 하신 모든 일을 보아 알고 있는 장로들이 살아 있는 동안만 여호와를 섬겼습니다.

32 **요셉의 뼈를 묻음** 이스라엘 자손은 이집트에서 나올 때 들고 나왔던 요셉의 뼈를 세겜, 곧 야곱이 전에 세겜의 아버지 하몰의 아들들에게서 은 100개를 주고 샀던 땅의 한부분에 묻었습니다. 그래서 그 땅은 요셉 자손의 유산이 됐습니다.

창 33:19;50:25

33 **엘르아살이 죽음** 아론의 아들 엘르아살도 죽었습니다. 그들은 그를 에브라임 산지에 있는 그의 아들 비느하스에게 준 기브아에 묻었습니다.

17:15;22:13;삿 2:9;3:27

사사기

한 나라에 지도자가 없다면 얼마나 혼란스러울까요? 이스라엘 백성들도 여호수아가 죽자 혼란에 빠졌어요. 사람들은 점차 하나님을 잊고 자기 마음에 좋은 대로 행동했어요. 그 행동의 결과는 모두 죄악이었어요.

이스라엘 백성들은 하나님을 배반하고 하나님이 제일 싫어하시는 우상을 숭배했어요. 죄의 결과로 이스라엘 백성들은 다른 민족에게 핍박과 억압을 당해요. 고통 속에서 하나님께 회개하고 부르짖으면 하나님은 사사들을 통해 이스라엘을 구원하시는 것을 봅니다.

사사기에는 이런 모습이 계속 반복되어 나와요. 사사기는 계속 죄를 짓는 인간의 연약함과 회개하는 사람들을 끝없이 용서해 주시는 하나님의 큰 사랑을 잘 보여 주고 있어요. 사사기는 죄를 지은 사람들에게 하나님에게서 도망쳐 숨지 말고 하나님께 나아가 회개할 용기를 주는 성경이에요.

사사기는 무슨 뜻인가요?

사사는 '재판관', '통치자', '구원자'라는 뜻이에요. 사사는 가나안 땅에 들어가서부터 왕이 다스리기 전까지 이스라엘 백성들을 지도한 정치적, 군사적 지도자를 말해요. 사사기는 이들을 지칭하여 붙인 거예요.

누가 썼나요?

실제로 누가 썼는지는 정확히 알 수 없어요.

언제 썼나요?

BC 1050~1000년경

주요한 사람들은?

옷니엘
갈렙의 조카, 그나스의 아들, 이스라엘의 첫 번째 사사

에훗
왼손잡이 사사, 베냐민 지파 사람, 모압 왕 에글론의 지배에서 이스라엘을 구함

삼갈
아낫의 아들, 소를 모는 막대기로 블레셋 사람 600명을 쳐 죽임

삼손
단 지파 마노아의 아들, 나실 사람, 블레셋에게서 이스라엘을 구함

드보라
가나안 왕 야빈의 지배에서 이스라엘을 구한 유일한 여자 사사

기드온
'여룹바알'이라는 별명을 얻은 사사, 미디안을 무찌른 사사

한눈에 보는 사사기

1:1-3:6 가나안 정복 실패와 하나님의 심판

3:7-16:31 이스라엘의 죄악과 회개, 사사들을 통해 하나님이 구원을 반복

17:1-21:25 이스라엘의 타락

1 유다와 시므온이 아도니 베섹을 잡음
아가 죽은 후에 이스라엘 자손들이 여호
와께 물었습니다. "우리를 위해 누가 먼저
올라가 가나안 사람들과 싸워야 합니까?"

2 여호와께서 대답하셨습니다. "유다 지파가
갈 것이다. 내가 이 땅을 그들 손에 주었다."

3 그때 유다 지파가 그 형제 시므온 지파에
게 말했습니다. "우리와 함께 우리의 몫이
된 땅으로 올라가 가나안 사람들과 싸우
자. 그러면 우리도 너희의 몫이 된 땅에 너
희와 함께 가겠다." 그리하여 시므온 지파
가 그들과 함께 갔습니다.   17절

4 유다 지파가 올라가자 여호와께서는 가나
안 사람들과 브리스 사람들을 그들 손에
넘겨주었고 그들은 베섹에서 1만 명을 무
찔렀습니다.

5 그들은 베섹에서 아도니 베섹을 만나 그와
싸우고 가나안 사람들과 브리스 사람들을
무찔렀습니다.

6 아도니 베섹이 도망쳤지만 그들은 쫓아가
그를 사로잡아서 그의 엄지손가락과 엄지
발가락을 잘라 버렸습니다.

7 그러자 아도니 베섹이 말했습니다. "70명
의 왕들이 그들의 엄지손가락과 엄지발가
락을 잘린 채 내 상 아래에서 부스러기를
주워 먹었는데 이젠 내가 한 그대로 하나

님께서 내게 갚으시는구나." 그들은 그를
예루살렘으로 끌고 갔고 그는 거기에서 죽
었습니다.   레 24:19;삼상 15:33;눅 16:21

8 유다 지파가 예루살렘을 공격하고 점령했
습니다. 유다 지파는 도시를 칼로 치고는
불을 질렀습니다.   수 15:63

9 그 후 유다 지파는 산간 지대와 남쪽 지방
과 서쪽 평지에 살고 있던 가나안 사람들
과 싸우러 내려갔습니다.   수 9:1;11:2,16;12:8

10 유다 지파는 헤브론에 살고 있던 가나안 사
람들을 공격해서 세새와 아히만과 달매를
죽였습니다. 헤브론의 이름은 원래 기럇 아
르바라고 불렀습니다.   민 13:22;수 14:15

11 갈렙이 딸에게 두 샘물을 줌 그곳으로부터 그
들은 드빌에 살던 사람들을 공격했습니
다. 드빌의 이름은 원래 기럇 세벨입니다.

12 갈렙이 말했습니다. "기럇 세벨을 무찔러
서 차지하는 사람에게는 내가 내 딸 악사
를 아내로 주겠다."

13 그러자 갈렙의 동생인 그나스의 아들 옷니
엘이 그곳을 점령했습니다. 그리하여 갈렙
은 그에게 자기 딸 악사를 아내로 주었습
니다.   3:9

14 악사가 결혼하자 자기 아버지로부터 밭을
얻자고 악사가 옷니엘을 부추겼습니다. 악
사가 나귀에서 내리자 갈렙이 그녀에게 물
었습니다. "네가 무엇을 원하느냐?"

15 악사가 대답했습니다. "제게 특별한 선물
을 주십시오. 아버지께서 제게 남쪽 땅을
주셨으니 또한 샘물도 제게 주십시오." 그
러자 갈렙은 그녀에게 윗샘물과 아랫샘물
을 주었습니다.

사사는 이스라엘
에 왕이 세워지
기 전까지 이스라엘 백성들을 담당
지도한 정치적, 군사적 지도자를
말해요. 평소에는 재판을 담당하
며(삿 4:5) 백성들을 정치적으로 다
스렸고, 비상시에는 군사적 지도자
로 활동했어요. 이스라엘이 주변의 나

사사는 어떤 사람인가요?

라들로부터 공격받
을 때마다 하나님은
백성을 구원하기 위해 사사를 세워
주셨어요. 사사들의 직업과 신분은
다양했고 임무가 끝나면 대부분 제
자리로 돌아갔어요. 사사는 이스라
엘 전체를 다스리기보다 지역적으
로 다스렸으며 세습되지 않았답니다.

사사들의 통치 기간

사사	통치 햇수	침략자	침략 햇수	사사	통치 햇수	침략자	침략 햇수
옷니엘	40년	아람사람	8년	야일	22년	?	?
에훗	80년	모압사람	18년	입다	6년	암몬사람	18년
삼갈	?	블레셋사람	?	입산	7년	?	?
드보라	20년	가나안사람	20년	엘론	10년	?	?
기드온	40년	미디안사람	7년	압돈	8년	?	?
돌라	23년	?	?	삼손	20년	블레셋사람	40년

사사기에 기록되지 않았지만 마지막 사사로 알려진 사무엘(삼상 7:15)과 칭호상 사사로 불렸던 사무엘의 두 아들 요엘과 아비야(삼상 8:1-2)도 있다.

16 가나안 족속들을 정복함 모세의 장인의 후손인 겐 족속은 종려나무 도시를 떠나 유다 지파와 함께 아랏 남쪽의 유다 광야로 갔습니다. 그들은 가서 그곳 사람들 사이에서 살았습니다. 4:11,17;민 21:1;신 34:3;삼상 15:6

17 그리고 유다 지파는 그들의 형제인 시므온 지파와 함께 가서 스밧에 살고 있는 가나안 사람들을 무찔러서 그 도시를 전멸시켰습니다. 그 때문에 그 도시 이름이 호르마라고 불렸습니다. 민 21:3

18 유다는 또 가사와 그 주변, 아스글론과 그 주변, 에그론과 그 주변을 점령했습니다.

19 여호와께서 유다 지파와 함께하셨습니다. 그들은 산간 지대를 점령했습니다. 그러나 그들은 평지에 살고 있던 사람들을 쫓아내지는 못했습니다. 그들이 철로 만든 전차를 갖고 있었기 때문입니다. 수 17:16,18

20 그들은 모세가 말한 대로 헤브론을 갈렙에게 주었고 갈렙은 헤브론에서 아낙의 세 아들을 쫓아냈습니다. 민 14:24;41:36

21 베냐민의 불순종 그러나 베냐민 지파는 예루살렘에 살고 있던 여부스 사람들을 쫓아내지 못했습니다. 그리하여 오늘날까지도 여부스 사람들이 베냐민 지파와 예루살렘에서 함께 살고 있는 것입니다.

22 요셉 가문이 벧엘을 정복함 이제 요셉 가문이 벧엘을 공격하려고 올라갔습니다. 여호와께서 그들과 함께하셨습니다. 19절

23 요셉 가문은 사람을 보내 벧엘을 정탐하게 했습니다. 그 도시의 이름은 원래 루스라고 불렸습니다. 창 28:19;35:6;48:3;수 18:13

24 정탐꾼들이 그 도시에서 나오는 한 사람을 보고 그에게 말했습니다. "도시로 들어가는 길을 우리에게 가르쳐 준다면 우리가 당신에게 호의를 베풀겠소." 수 2:12,14

25 그러자 그가 도시로 들어가는 길을 보여 주었습니다. 그들이 칼날로 그 도시를 무찔렀으나 정탐꾼을 도와준 사람과 그의 가족 모두는 죽음을 면하게 됐습니다.

26 그 사람은 헷 사람의 땅으로 가서 그곳에 도시를 세우고 그 이름을 루스라고 했습니다. 그리하여 이것이 오늘날까지 그 도시의 이름이 됐습니다. 수 1:4

27 므낫세의 불순종 므낫세 지파가 벧스안과 그 주변 마을들, 다아낙과 그 주변 마을들, 돌에 살던 사람들과 그 주변 마을들, 이블르암에 살던 사람들과 그 주변 마을들, 므깃도에 살던 사람들과 그 주변 마을들을 몰아내지 못해 가나안 사람들이 그 땅에 살 수 있었습니다. 수 17:11-13

28 이스라엘이 강해지자 가나안 사람들에게 강제로 일을 시켰습니다. 그러나 그들을 완전히 쫓아내지는 않았습니다.

29 에브라임의 불순종 에브라임 지파도 게셀에 살던 가나안 사람들을 쫓아내지 않았습니다. 그리하여 가나안 사람들은 게셀에서 에브라임 지파 가운데 살았습니다. 수 16:10

30 스불론의 불순종 스불론 지파도 기드론과 나할롤에 살던 가나안 사람들을 쫓아내지 않았습니다. 그리하여 가나안 사람들은 그들 가운데 남아 강제로 일을 해야 했습니다.

31 아셀의 불순종 아셀 지파도 악고, 시돈, 알랍, 악십, 헬바, 아빅, 르홉에 살던 사람들을 쫓아내지 않았습니다. 수 19:24-30

32 그리하여 아셀 사람들도 그 땅에 살던 가나안 사람들 가운데 살게 됐습니다. 이는 그들을 쫓아내지 않았기 때문입니다.

33 납달리의 불순종 납달리 지파도 벧세메스와 벧아낫에 살던 사람들을 쫓아내지 않았습니다. 그리하여 납달리 지파도 그 땅에 살고 있던 가나안 사람들 가운데 함께 살았습니다. 벧세메스와 벧아낫에 살던 가나안 사람들은 강제로 일을 해야 했습니다.

34 단의 불순종 아모리 사람들은 단 지파를 산간 지대로 밀어내고 평지로 내려오지 못하게 했습니다. 수 19:47-48

35 그러고는 아모리 사람들이 헤레스 산과 아얄론과 사알빔에 계속해서 살았습니다. 그러나 요셉 가문의 힘이 강해지자 아모리 사람들 역시 강제로 일을 해야 했습니다.

36 아모리 족속의 영역은 아그랍빔 언덕과 셀라부터 그 위쪽까지였습니다. 민 34:4

2 각 지파의 불순종으로 언약이 깨어짐 여호와의 천사가 길갈에서 보김으로 올라가 말했습니다. "내가 너희를 이집트에서 데려와 내가 너희 조상들에게 약속했던 땅으로 인도했다. 내가 말했다. '나는 너희와 맺은 내 언약을 결코 어기지 않을 것이다.

2 그러니 너희는 이 땅에 살고 있는 사람들과 언약을 맺지 말고 그들의 제단을 부숴야 할 것이다.' 그러나 너희는 내 말에 순종하지 않았다. 너희가 어떻게 이럴 수가 있느냐?

3 그러므로 이제 내가 너희에게 말한다. 내가 너희 앞에서 그들을 쫓아내지 않을 것이다. 그들이 너희 옆구리에 가시가 될 것이요, 그들의 신은 너희에게 덫이 될 것이다."

4 여호와의 천사가 온 이스라엘 자손들에게 이 말을 하자 백성들이 큰 소리로 울었습니다.

5 그들은 그곳의 이름을 보김이라고 하고 그

곳에서 여호와께 제사를 드렸습니다.

6 땅을 얻음 여호수아가 백성들을 해산시키자 이스라엘 자손들은 각각 자기에게 분배된 땅을 차지하기 위해 갔습니다.

7 장로들의 시대 백성들은 여호수아가 살아 있는 동안 그리고 여호수아 이후까지 살았던 장로들이 살아 있는 동안 여호와를 섬겼습니다. 장로들은 여호와께서 이스라엘을 위해 행하신 모든 위대한 일들을 본 사람들이었습니다.
수 24:29-31

8 여호수아가 죽음 그리고 여호와의 종 눈의 아들 여호수아는 110세의 나이로 죽었습니다.

9 이스라엘 자손은 여호수아에게 주어진 땅, 곧 가아스 산 북쪽의 에브라임 산간 지대에 있는 딤낫 헤레스에 묻어 주었습니다.

10 여호와를 모르는 세대 그 세대가 모두 조상 곁으로 돌아가자 그들을 뒤이어 여호와를 모르고 여호와께서 이스라엘을 위해 행하신 일도 전혀 모르는 다른 세대가 자라났습니다.

11 우상을 숭배함 이스라엘 자손들은 여호와께서 보시기에 악한 일을 저질렀으며 바알 신들을 섬겼습니다.
삿 3:7;4:1;6:1;10:6;13:1

12 그들은 자신들의 조상을 이집트 땅에서 이끌어 내신 조상의 하나님 여호와를 버리고 그들 주변 민족들의 신들을 따르고 숭배해 여호와를 진노하게 했습니다.

13 그들은 여호와를 버리고 바알과 아스다롯을 섬겼습니다.

14 죄로 인한 재앙 이스라엘에 대한 여호와의 진노는 더욱 커졌습니다. 여호와께서는 그들을 약탈할 침략자들의 손에 넘겨주셨습니다. 침략자들은 이스라엘을 약탈했고 여호와께서는 그들을 주변 원수들의 손에 팔아넘기셔서 더 이상 그들의 원수들을 당해 낼 수 없게 됐습니다.
삿 3:8;4:2;레 26:37

여호수아가 죽은 후 이스라엘 백성들이 다시 우상을 숭배함

15 이스라엘이 싸우러 나갈 때면 여호와께서 그들에게 말씀하시고 맹세하신 대로 여호와의 손으로 그들에게 재앙을 내리셨습니다. 이로 인해 그들은 무척 괴로웠습니다.

16 **사사를 세워 구원하심** 그때 여호와께서 사사들을 세우셨습니다. 사사들은 그들을 침략자들의 손에서 구해 냈습니다. 행 13:20

17 그러나 그들은 여전히 사사들에게 순종하지 않고 다른 신들에게 자기 자신을 팔고 숭배했습니다. 그들은 그들의 조상이 여호와의 명령을 지키며 걸어왔던 길에서 금세 돌아섰습니다. 그들은 그들의 조상들처럼 행하지 않았습니다. 8:33;출 34:15;삿 9:12

18 여호와께서 그들을 위해 사사들을 세우셨을 때 여호와께서는 사사와 함께하실 뿐만 아니라 사사가 살아 있는 동안에 그들의 원수들의 손에서 이스라엘 자손들을 구해 주셨습니다. 이는 그들을 억압하고 핍박하는 사람들 밑에서 신음하는 이스라엘 자손을 여호와께서 불쌍히 여기셨기 때문입니다. 창 6:6;출 2:24;시 1:5;햄 18:8;26:3

19 그러나 사사가 죽으면 그들은 되돌아서서 그들의 조상보다 더욱 타락해 다른 신들을 따르고 섬기며 그들을 숭배했습니다. 그들은 나쁜 행실과 고집스러운 습관을 버리지 않았습니다. 3:12;14:1;6:1;8:33

20 **이스라엘의 믿음을 시험하심** 그러므로 이스라엘에 대해서 여호와께서 진노하시며 말씀하셨습니다. "이 백성이 내가 그들의 조상과 맺었던 약속을 어기고 내 말에 귀를 기울이지 않았기 때문에 신 17:2;수 23:16

21 여호수아가 죽으면서 남겨 놓은 민족들 가운데 어느 하나도 내가 더 이상 이스라엘로부터 몰아내지 않을 것이다. 수 23:13

22 내가 그 남은 민족을 이용해 이스라엘이 그들의 조상이 여호와의 길을 지켰던 것처럼 과연 그 길을 택해서 지킬 것인지 아닌지를 시험하고자 한다." 삿 15:25;시 8:2;16:1;33:3

23 그래서 여호와께서는 그 민족들을 즉시 몰아내지 않고 살아남게 하셨으며 여호수아의 손에 그들을 넘겨주지 않으셨습니다.

3 하나님이 이용하신 민족들 이들은 모든 가나안 전쟁을 한 번도 경험하지 못한 모든 이스라엘 자손들을 시험하기 위해 여호와께서 남겨 두신 민족들입니다.

2 이전에 전쟁을 경험하지 못한 이스라엘 자손들에게 전쟁을 가르치기 위한 것이었습니다. 2:21-22

3 이들은 블레셋의 다섯 군주들, 모든 가나안 사람들, 시돈 사람들 그리고 바알 헤르몬 산에서부터 하맛 입구까지의 레바논 산맥에 살고 있던 히위 사람들이었습니다.

4 그리고 이들은 여호와께서 모세를 통해서 그들의 조상에게 명령하신 여호와의 계명에 귀를 기울이는지 이스라엘 자손들을 시험하기 위해서 남겨 두신 민족들이었습니다. 2절

5 **이스라엘이 시험에 실패함** 이스라엘 자손들은 가나안 사람들과 헷 사람들과 아모리 사람들과 브리스 사람들과 히위 사람들과 여부스 사람들 가운데 살면서 창 15:20

6 그들의 딸들을 아내로 삼고 자기 딸들도 그들의 아들들에게 아내로 주면서 그들의 신들을 숭배했습니다. 수 34:16;신 7:3;삿 9:12

7 **메소포타미아 민족의 압제** 이스라엘 자손들이 여호와께서 보시기에 악한 일을 저질렀습니다. 그들은 그들의 하나님 여호와를 잊어버리고 바알과 아세라를 숭배했습니다.

8 이스라엘에 대해 여호와의 분노가 불타올라 여호와께서는 그들을 메소포타미아 왕인 구산 리사다임의 손에 팔아넘기셨습니다. 그리하여 이스라엘 자손들은 8년 동안 구산 리사다임을 섬겼습니다. 합 3:7

9 **옷니엘을 통해 구원하심** 그러나 이스라엘 자손들이 여호와께 부르짖을 때 여호와께서는 이스라엘 자손들을 위해 구원자를 일으켜 세우셨습니다. 여호와께서는 갈렙의 동생인 그나스의 아들 옷니엘을 통해서 그들을 구원하셨습니다. 삼상 12:10

10 여호와의 성령이 옷니엘에게 임하셨고 그는 이스라엘의 사사가 됐습니다. 그가 전쟁에 나갔을 때 여호와께서 메소포타미아

왕 구산 리사다임을 그의 손에 넘겨주셔서 그가 구산 리사다임을 이길 수 있었습니다.

11 그러고 나서 그나스의 아들 옷니엘이 죽을 때까지 40년 동안 그 땅이 평온했습니다.

12 모압 민족의 압제 이스라엘 자손들이 여호와께서 보시기에 또다시 악한 일을 저질렀습니다. 여호와께서 보시기에 그들이 악한 일을 저질렀기 때문에 여호와께서는 모압 왕 에글론을 강하게 해 이스라엘에 맞서게 하셨습니다.   2:19;삼상 12:9

13 에글론은 암몬과 아말렉 사람들을 모아서 이스라엘을 패배시키고 종려나무 성읍을 점령했습니다.   1:16;5:14;신 34:3;삼상 8:37

14 그리하여 이스라엘 자손들은 18년 동안 모압 왕 에글론을 섬겼습니다.

15 에훗이 모압 왕 에글론을 죽임 그러나 여호와께서는 이스라엘 자손들이 여호와께 부르짖을 때 베냐민 지파 게라의 아들인 왼손잡이 에훗을 그들의 구원자로 일으켜 세워 주셨습니다. 이스라엘 자손들은 모압 왕 에글론에게 바칠 선물을 그를 통해 보냈습니다.   20:16;대상 12:2

16 한편 에훗은 길이가 1규빗 정도 되는 양날을 가진 짧은 칼을 만들어 자기 옷 속 오른쪽 허벅지에 숨겼습니다.

17 그러고는 모압 왕 에글론에게 선물을 가져갔습니다. 에글론은 매우 뚱뚱한 사람이었습니다.

18 에훗은 선물을 바친 후에 그것을 운반한 사람들을 돌려보냈습니다.

19 그러고는 길갈 근처에 있는 우상들이 있는 곳에서 다시 발길을 돌려 자기만 되돌아와서 말했습니다. "왕이여, 제가 왕께 은밀히 드릴 말씀이 있습니다." 왕이 "조용히 하라!"라고 말하자 그의 모든 신하들이 밖으로 나갔습니다.   수 4:20

20 그러자 에훗이 그에게 다가갔습니다. 왕은 지붕 위에 있는 시원한 다락방에 혼자 앉아 있었습니다. "제가 왕께 드릴 하나님의 말씀을 갖고 왔습니다"라고 에훗이 말했습니다. 그러자 왕이 자리에서 일어났습니다.

21 그리고 에훗은 왼손을 뻗어 오른쪽 허벅지에서 칼을 뽑아 왕의 배를 찔렀습니다.

22 칼의 손잡이도 칼날을 따라 들어갔습니다. 에훗이 칼을 왕의 배에서 빼내지 않아 몸속의 지방이 칼날을 감싸고 등 뒤로 나왔습니다.

23 에훗은 곧 밖으로 나와서 다락방의 문을 닫고서 걸어 잠갔습니다.   삼하 13:17-18

24 그가 가고 난 후에 신하들이 와서 다락방의 문들이 잠겨 있는 것을 보고서 "왕께서 시원한 다락방에서 용변을 보고 계시나 보다"라고 말했습니다.   삼상 24:3

25 그들은 오랫동안 기다렸습니다. 왕이 여전히 다락방 문을 열지 않아서 그들이 열쇠를 가져다가 열어 보니 그들의 왕이 바닥에 쓰러져 죽어 있었습니다.

26 모압 민족으로부터 해방됨 한편 그들이 기다리고 있는 동안 에훗은 도망쳤습니다. 그는 우상들이 있는 곳을 지나 스이라로 도망쳤습니다.   19절

27 그가 그곳에 도착해 에브라임 산지에서 나팔을 불자 이스라엘 자손들이 그를 앞장세우고 그와 함께 산에서 내려왔습니다.

28 에훗은 말했습니다. "나를 따르라. 여호와께서 너희 원수인 모압 사람들을 너희 손에 주셨다." 그래서 그들은 그를 따라 내려가서 모압으로 가는 요단 강 나루터를 차지하고 아무도 건너지 못하게 했습니다.

29 그때 그들이 모압 사람 1만 명 정도를 죽였는데 그들은 모두 건장하고 용맹한 사람들이었으며 단 한 사람도 살아남지 못했습니다.

30 그날 모압은 이스라엘의 손에 굴복했고 그 땅이 80년 동안 평온했습니다.   11절

31 삼갈을 통해 구원하심 아낫의 아들 삼갈이 에훗의 뒤를 이었는데 그는 소를 모는 막대기로 블레셋 사람 600명을 죽이고 그 또한 이스라엘을 구원했습니다.   삼상 13:19,22

4 가나안 민족의 압제 에훗이 죽고 나서 이스라엘 자손들은 여호와께서 보시기에 또다시 악한 일을 저질렀습니다.   2:19

2 그러자 여호와께서는 하솔에서 통치하는 가나안 왕 야빈의 손에 그들을 팔아넘기셨습니다. 그의 군대 대장은 시스라였는데 그는 하로셋학고임에서 살았습니다.

3 야빈은 쇠로 만든 전차 900대를 소유하고 있었습니다. 그가 20년 동안 이스라엘 자손을 심하게 억압했기 때문에 이스라엘 자손들이 여호와께 부르짖었습니다. 1:19

4 드보라가 공격 계획을 세운 랍비돗의 아내인 여예언자 드보라가 사사로서 이스라엘을 통치했습니다.

5 그녀는 에브라임 산간 지대의 라마와 벧엘 사이 드보라의 종려나무 아래에 앉아 있곤 했는데 이스라엘 자손들이 재판을 위해 그녀에게 찾아왔습니다. 수 24:33

6 그녀는 납달리의 게데스에 사람을 보내 아비노암의 아들 바락을 불러 말했습니다. "이스라엘의 하나님 여호와께서 네게 명령하셨다. '너는 가서 납달리 자손과 스불론 자손 1만 명을 택해 이끌고 다볼 산으로 가거라.

7 내가 야빈의 군대 대장인 시스라와 그의 전차들과 많은 군대를 기손 강으로 유인해 네 손에 넘겨주겠다.'" 왕상 18:40;시 83:9

8 바락이 드보라에게 말했습니다. "만약 당신이 나와 함께 가면 나도 갈 것입니다. 그러나 만약 당신이 나와 함께 가지 않으면 나도 가지 않겠습니다."

9 드보라가 말했습니다. "내가 분명 너와 함께 가겠다. 그렇지만 네가 가는 일로는 네가 받을 영광은 없다. 여호와께서 한 여자의 손에 시스라를 넘겨주실 것이기 때문이다." 그리고 드보라는 일어나 바락과 함께 게데스로 갔습니다. 2:14

10 바락은 스불론과 납달리를 게데스로 소집했습니다. 그리하여 1만 명이 그를 뒤따라 올라갔습니다. 드보라도 그와 함께 올라갔습니다. 5:18

11 모세의 장인 호밥의 자손인 겐 사람 헤벨이 다른 겐 사람들과 결별하고 게데스 근처에 있는 사아난님의 큰 나무 곁에 장막을 치고 살고 있었습니다.

12 그들은 아비노암의 아들 바락이 다볼 산에 올라갔다는 것을 시스라에게 보고했습니다.

13 그러자 시스라는 900대에 달하는 쇠로 만든 그의 전차 모두와 그와 함께 있던 모든 백성들을 소집해서 하로셋학고임에서 기손 강으로 갔습니다. 3절

14 그때 드보라가 바락에게 말했습니다. "일어나거라! 오늘이 여호와께서 시스라를 네 손에 주신 날이다. 보아라. 여호와께서 너를 인도하신다." 그래서 바락은 다볼 산으로부터 내려갔습니다. 1만 명이 그의 뒤를 따랐습니다.

사사 드보라가 종려나무 아래서 이스라엘 백성들을 재판함

15 여호와께서는 바락 앞에서 시스라와 그 모든 전차와 군대를 칼날로 쳐부수셨습니다. 그러자 시스라는 전차에서 내려 걸어서 도망쳤습니다.

16 그러나 바락은 전차와 군대를 하로셋 학고임까지 뒤쫓아 갔습니다. 시스라의 군대가 모두 칼날에 의해 쓰러졌고 단 한 사람도 살아남지 못했습니다.

17 야엘이 시스라를 죽임 그러나 시스라는 겐 사람 헤벨의 아내 야엘의 천막으로 걸어서 도망쳤습니다. 하솔 왕 야빈과 겐 사람 헤벨의 가문은 서로 좋은 사이였기 때문입니다.

18 야엘이 시스라를 마중 나가서 그에게 말했습니다. "어서 오십시오, 내 주여, 제게로 오십시오, 두려워 마십시오." 그가 야엘의 천막 안으로 들어가자 야엘은 그를 이불로 덮어 숨겨 주었습니다.

19 시스라가 그녀에게 말했습니다. "내가 목이 마르니 내게 약간의 물 좀 다오." 야엘은 가죽 우유 통을 열어 그에게 마시게 하고 그를 덮어 주었습니다. 5:25

20 그가 다시 그녀에게 말했습니다. "천막 입구에 서 있다가 만약 누가 와서 '여기에 누가 있나?'라고 물으면 '아니요'라고 말하여라."

21 그런데 헤벨의 아내 야엘은 그가 지쳐 곤히 잠든 사이에 천막용 쐐기 못을 집어 들고 망치를 손에 들었습니다. 그리고 살며시 그에게 다가가서 그의 관자놀이에 쐐기 못을 꽂으로 땅에다 박아 버렸습니다. 시스라는 그렇게 죽었습니다. 5:26

22 바락이 시스라를 추격할 때 야엘이 바락을 맞으러 나가 그에게 말했습니다. "어서 오십시오, 당신이 찾고 있는 사람을 보여드리겠습니다." 그가 그녀를 따라 들어가 보니 시스라가 관자놀이에 천막용 쐐기 못이 박힌 채 넘어져 죽어 있었습니다.

23 야빈의 멸망 이렇게 하나님께서는 그날 이스라엘 자손들 앞에서 가나안 왕 야빈을 굴복시키셨습니다. 15절

24 이스라엘 자손들의 손이 점점 강해져 가나안 왕 야빈을 누를 수 있게 됐고 마침내 그를 멸망시켰습니다.

5

드보라와 바락의 노래 그날 드보라와 아비노암의 아들 바락은 노래를 불렀습니다. 출 15:1

2 "이스라엘의 지도자들이 앞장서고 백성들이 자원해 전쟁에 나갈 때 여호와를 찬양하라! 대하 17:16

3 왕들아, 들으라! 군주들아, 귀 기울이라! 내가 여호와께 노래하리라. 내가 노래하리라. 내가 이스라엘의 하나님 여호와를 찬양하리라.

4 역사 속의 하나님을 찬양 여호와여, 주께서 세일에서 나가실 때, 주께서 에돔 땅에서 전진해 나가실 때, 땅이 흔들리고 하늘이 비를 쏟고 구름도 물방울을 떨어뜨렸습니다. 신 33:2,시편 72:20,1:15:편 3:10

5 산들이 여호와 앞에서 진동하니, 저 시내 산도 여호와 이스라엘의 하나님 앞에서 진동했습니다. 출 19:18,신 4:11

6 아낫의 아들 삼갈의 시대에, 야엘의 시대에 큰길은 비었고 여행자들은 구불구불한 길로 다녔다네. 레 26:22,시 125:5,사 33:8

7 결국 나 드보라가 일어나게 될 때까지, 이스라엘의 어머니로 일어나게 될 때까지 이스라엘에는 마을 주민들이 없었다네.

8 그들이 새로운 이방신들을 선택했고 그 때 전쟁이 성문까지 이르렀다네. 이스라엘 군인 4만 명 가운데 방패 하나, 창 하나가 보였던가? 신 32:16;삼상 13:19,22

9 내 마음이 이스라엘의 통치자들과 백성들 가운데 전쟁에 자원하는 사람들에게 향해 있나니 여호와를 찬양하라!

10 의로우신 하나님을 찬양 값비싼 당나귀를 타고 다니는 사람들아, 높은 지위에 있는 사람들아, 길을 가는 행인들아, 모두 다 찬양하라! 10:4;12:14;숙 9:9

11 활 쏘는 자들의 떠드는 소리에서, 물 긷는 곳들에서, 거기에서도 여호와의 의로운 일을, 이스라엘 지도자들의 의로운 행동을 칭송하라. 그때 여호와의 백성들이 성문으로 내려갔다네.

12 깨어나거라, 깨어나거라, 드보라여! 깨어나거라, 깨어나서 노래하여라! 일어나거라, 바락이여! 네 포로를 사로잡아라! 아비노암의 아들이여! 시 57:8;68:18;엡 4:8

13 전쟁에 협력한 지파와 협력하지 않은 지파 그때에 남은 사람들이 존귀한 사람들에게 내려오고, 여호와의 백성이 용사를 치러 내게 내려왔다네. 3:27;12:15;민 32:39~40

14 에브라임에서는 아말렉 출신의 사람들이 왔고 네 뒤를 따라 온 백성들 가운데 베냐민도 있었다네. 마길에서 지휘관들이 내려왔고 스불론에서는 군대 소집 장교들이 내려왔다네. 7:24;12:15;민 32:39~40

15 잇사갈의 지도자들은 드보라 편이었다네. 잇사갈 또한 바락과도 같은 편이었으며 그를 따라 골짜기로 내려갔다네. 르우벤 지파는 심사숙고했다네.

16 네가 왜 양 우리 주변에서 머뭇거리고 있느냐? 양 떼의 울음소리를 듣기 위함이냐? 르우벤 지파는 심사숙고했다네.

17 길르앗은 요단 강 저편에 머무르고 있었다네. 단은 왜 배에 머물러 있었느냐? 아셀은 해변에 남아 부둣가에 머물러 있었다네. 창 49:13;수 13:24~28:19,29,31,46

18 스불론은 자기 목숨까지도 아끼지 않는 사람들이었다네. 고원의 전쟁터에서 납달리 또한 그랬다네. 4:10

19 전쟁에 개입하신 하나님 왕들이 와서 싸웠다네. 므깃도 시냇가의 다아낙에서 가나안 왕들이 싸웠지만 전리품으로 은을 약탈하지 못했다네. 수 17:11;왕상 4:12

20 하늘로부터 별들이, 그들이 다니는 행로로부터 별들이 시스라와 싸웠다네.

21 옛적부터 흐르던 강, 기손 강, 기손 강이 그들을 휩쓸어 갔다네. 내 영혼아, 힘차게 전진하여라! 4:7

22 맹렬하게 달리고 또 달리니 그때 말굽 소리가 요란했다네.

23 '메로스를 저주하여라.' 여호와의 천사가 말했다네. '그곳에 거주하는 사람들을 철저히 저주하여라. 힘 있는 사람들에 대항해서 여호와를 도우러, 그들이 여호와를 도우러 오지 않았기 때문이다.'

24 시스라를 죽인 야엘을 축복 겐 사람 헤벨의 아내인 야엘은 여자들 가운데 가장 복 받은 사람이 될 것이요, 장막에 거하는 어느 여인보다 더 복을 받으리라.

25 시스라가 물을 달라 하니 야엘은 우유를 주되 값비싼 그릇에다 응고된 우유를 갖다 주었다네. 4:19

26 한 손은 천막 *고정용 쩌기 못을, 오른손은 일꾼들이 사용하는 망치를 잡았다네. 그녀는 시스라를 내리치고 그의 머리를 깨뜨리고 박살 내 그의 관자놀이를 통과시켜 버렸다네. 4:21

27 그녀의 발 사이로 그가 고꾸라지고 넘어져서 드러누워 버렸다네. 그녀의 발 사이로 그가 고꾸라지고 넘어졌다네. 고꾸라진 그곳에서 그가 죽어 쓰러졌다네.

심사숙고(5:15, 深思熟考, much searching of heart) 깊이 잘 생각함. 고원(5:18, 高原, heights of the field) 보통 해발 600m 이상에 있는 넓은 벌판. 5:26 또는 '말뚝을'.

28 시스라의 어머니가 슬퍼할 창문 너머를 보면서 시스라의 어머니가 창살 뒤에서 부르짖었다네. '그의 군대가 오는 것이 왜 늦어지는 것일까? 그의 전차가 오는 것이 왜 시간이 걸리는 것일까?'

29 그녀의 지혜로운 시녀들이 그녀에게 대답했다네. 실제로 그녀도 스스로에게 되풀이해서 말했다네.

30 '그들이 전리품을 찾아서 그것을 나누고 있음에 틀림없다. 한 사람마다 한두 여자를 차지했겠지. 시스라는 색동옷을 전리품으로 얻었겠지. 전리품을 색동옷을 수놓은 것, 앞뒤로 수놓은 것을 전리품으로 목에 두르겠지.' 출 15:9

31 주를 사랑하는 자의 축복 여호와여, 주의 모든 원수들이 망하게 하소서! 그러나 주를 사랑하는 사람들은 솟아오르는 해같이 힘차게 하소서." 삼하 23:4:마 13:43

그러고 나서 40년 동안 그 땅에 전쟁이 없었습니다.

6 미디안 족속의 압제 그 후 이스라엘 자손들은 여호와께서 보시기에 악한 일을 저질렀습니다. 그러자 여호와께서는 그들을 7년 동안 미디안 사람들의 손에 넘기셨습니다. 창 25:2:민 25:17-18:창 37

2 미디안의 세력이 이스라엘보다 우세했습니다. 미디안 사람들 때문에 이스라엘 자손들은 산속에 피난처, 동굴, 요새를 마련했습니다. 3:13:삼상 13:6:히 11:38

3 이스라엘 사람들이 씨를 뿌릴 때마다 미디안 사람과 아말렉 사람과 동쪽 지방의 사람들이 그들을 공격하곤 했습니다.

4 그들은 이스라엘 땅에 진을 치고 가사에 이르기까지 농산물을 다 망쳐 놓았습니다. 그들은 이스라엘에 양이나 소나 나귀뿐만 아니라 양식을 아무것도 남겨 놓지 않았습니다. 레 26:16:신 28:30-33,51:히 6:15

5 미디안 사람들은 그들의 가축과 천막을 갖고 올라왔는데 마치 메뚜기 떼처럼 몰려와서 사람과 낙타가 셀 수 없을 정도로 많았습니다. 그들은 약탈하기 위해서 그

땅에 갔습니다. 7:12

6 미디안 사람들 때문에 이스라엘은 매우 가난해졌습니다. 그러자 이스라엘 자손들은 여호와께 부르짖었습니다. 3:9

7 예언자의 책망 이스라엘 자손들이 미디안 사람들 때문에 여호와께 부르짖을 때

8 여호와께서는 이스라엘 자손들에게 예언자를 보내 주셨습니다. 예언자가 그들에게 말했습니다. "이스라엘의 하나님 여호와께서 말씀하신다. '내가 이집트에서 너희를 인도해 내고 노예살이하던 집에서 너희를 구출했다. 삼상 10:18

9 내가 이집트 사람들의 손과 너희를 억압하는 사람 모두의 손에서 너희를 구원해 냈으며 너희 앞에서 그들을 쫓아내고 그 땅을 너희에게 주었다. 사 44:2-3

10 그리고 내가 너희에게 말했다. '나는 너희 하나님 여호와다. 너희가 거주하고 있는 땅의 사람들인 아모리 족의 신들을 두려워하지 말라. 그런데 너희는 내 말을 듣지 않았다." 수 24:15:왕하 17:35-38

11 하나님이 기드온을 부르심 여호와의 천사가 아비에셀 사람 요아스의 땅인 오브라에 와서 떡갈나무 밑에 앉았습니다. 그때 요아스의 아들 기드온은 미디안 사람들에게 들키지 않으려고 포도즙 짜는 큰 통 속에서 밀을 타작하고 있었습니다. 수 17:2:히 11:32

12 여호와의 천사가 기드온에게 나타나 말했습니다. "그대, 용맹스러운 용사여, 여호와께서 너와 함께하신다." 눅 1:11:행 10:3

13 기드온이 그에게 말했습니다. "내 주여, 여호와께서 우리와 함께하신다면 왜 우리에게 이 모든 일이 일어나는 것입니까? '여호와께서 우리를 이집트에서 구출해 내지 않으셨느냐?'라고 우리 조상들이 우리에게 말했는데 그분의 모든 기적들은 어디에 있습니까? 지금 여호와께서 우리를 버리고 미디안 사람들의 손에 우리를 넘기셨습니다."

14 여호와께서 그에게 말씀하셨습니다. "너는 기운을 내고 가서 미디안 사람의 손에서 이스라엘을 구원하여라. 내가 너를 보

내는 것 아니냐?" 수 1:9;삼상 12:11

15 기드온이 그에게 말했습니다. "내 주여, 내가 무엇으로 이스라엘을 구원할 수 있겠습니까? 보십시오, 내 집안은 므낫세 가운데 가장 작고 나는 내 아버지의 집에서 가장 어린 사람입니다." 출 3:11;삼상 9:21

16 여호와께서 그에게 말씀하셨습니다. "내가 너와 함께할 것이니 너는 미디안 사람들을 한 사람을 치듯이 무찌를 것이다."

17 기드온이 여호와께 말했습니다. "만약 제가 주께로부터 은혜를 입었다면 저와 말씀하시는 분이 주이심을 제게 표적으로 보여 주십시오. 출 4:1~8:33;13:왕하 20:8~9;사 7:11

18 내가 주께 돌아와서 제 제물을 가지고 나와 주 앞에 놓을 때까지 여기에서 부디 떠나지 마십시오." 여호와께서 말씀하셨습니다. "네가 돌아올 때까지 내가 기다리겠다."

19 여호와의 천사가 표적을 보임 기드온이 안으로 들어가서 새끼 암염소를 준비하고 1에바의 밀가루로 누룩을 넣지 않은 빵을 만들었습니다. 그는 고기를 바구니에 담고 국물을 항아리에 담아서 떡갈나무 아래로 가지고 나와 그분께 드렸습니다.

20 하나님의 천사가 그에게 말했습니다. "고기와 누룩을 넣지 않고 만든 빵을 가져다가 이 바위 위에 놓고 국물을 쏟아부어라." 기드온이 그대로 했습니다. 왕상 18:33~34

21 여호와의 천사가 손에 든 지팡이 끝을 내밀어 고기와 누룩을 넣지 않고 만든 빵을 건드렸습니다. 그러자 바위에서 불이 나와 고기와 누룩을 넣지 않고 만든 빵을 태워 버렸습니다. 그러고 나서 여호와의 천사는 그의 눈앞에서 사라졌습니다. 레 9:24

22 여호와 살롬 그가 여호와의 천사였음을 기드온이 깨닫고 말했습니다. "주 여호와여, 내가 여호와의 천사의 얼굴을 보았습니다."

23 그러나 여호와께서 그에게 말씀하셨습니다. "안심하여라! 두려워하지 마라. 너는 죽지 않을 것이다." 단 10:19

24 그래서 기드온은 그곳에서 여호와께 제단을 세우고 이를 '여호와 살롬'이라고 불렀습니다. 그리하여 이것이 오늘날까지도 여전히 아비에셀 사람의 땅인 오브라에 있는 것입니다. 창 22:14;출 17:15;겔 48:35

25 바알의 단을 무너뜨림 그리고 바로 그날 밤 여호와께서 그에게 말씀하셨습니다. "네

"우리도 기드온처럼 하나님의 음성을 들을 수 있나요?"

"하나님의 말씀은 성경 속에 다 있지 않나요? 오늘날에도 하나님은 기드온처럼 우리에게 말씀하시나요?" 라고 묻는 사람이 있을지 몰라요. 그러나 오늘날에도 하나님은 여러 가지 방법을 통해 우리에게 말씀하세요.

신·구약 시대에 하나님이 말씀하신 방법들		오늘날 하나님이 말씀하시는 방법	
직접적인 계시	하나님은 직접 아브라함에게 말씀하셨어요.	하나님의 말씀	하나님은 오늘날 성경을 통해서 주로 말씀하세요. 어려움을 당하거나 마음이 아플 때, 다른 사람들과 상의하기보다 성경을 통해 말씀하시는 하나님을 들어 보세요. 하나님의 음성을 듣고 순종하고자 성경을 읽는다면 하나님의 뜻을 알게 될 거예요.
꿈	하나님은 꿈을 통해 다니엘에게 다가올 미래를 보여 주셨어요.		
기록된 말씀	하나님은 모세를 통해 십계명과 율법들을 주셨어요.		
예언자	하나님은 예언자들을 통해 하나님의 뜻과 말씀을 알려 주셨어요.	성령	하나님은 성령으로 마음에 감동을 주셔서 그 뜻을 깨닫게 하세요. 귀로 들리지 않지만, 성령을 통해 들려주시는 하나님의 음성은 매우 정확해요.
환경	하나님은 양털 시험을 통해 기드온에게 부르심의 확신을 심어 주셨어요.		
천사	하나님은 천사를 통해 마리아와 요셉에게 예수님의 탄생을 알려 주셨어요.	다른 사람들	하나님은 때로 단순히 지나가는 사람의 말을 통해서도 자신의 음성을 듣게 하세요.
환상	바울은 마케도니아 사람의 환상을 보고 선교의 방향을 유럽으로 돌렸어요.	환경	하나님은 우리에게 일어나는 크고 작은 모든 일들을 통해 자신의 음성을 들려주세요.

아버지의 가축 가운데 어린 수소와 다른
일곱 살 된 어린 수소 한 마리를 취하여라.
네 아버지의 바알 제단을 허물고 그 옆에
있는 아세라를 쓰러뜨려라. 37

26 그리고 나서 이 요새 꼭대기에 네 하나님
여호와의 제단을 적절한 구조에 따라서
세워라. 그러고는 그 두 번째 어린 수소를
취해서 네가 쓰러뜨린 아세라를 땔감으로
삼아 번제를 드려라. 민 117,10,31

27 그리하여 기드온은 그의 하인 가운데 열
명을 데리고 여호와께서 그에게 말씀하신
대로 했다. 그러나 그의 가족과 성읍
사람들을 두려워해서 낮에 하지 않고 밤
에 했습니다.

28 아버지 요아스가 기드온을 구함 아침에 성읍
의 사람들이 일어나 보니 바알 제단이 허
물어져 있고 그 옆에 있던 아세라도 쓰러
져 있고 새로 쌓은 제단에 두 번째 어린 수
소가 바쳐져 있었습니다.

29 그들은 서로 물었습니다. "누가 이 일을 저
질렀느냐?" 그들이 캐묻고 조사해 본 후
에 말했습니다. "요아스의 아들 기드온이
이 일을 저질렀다."

30 성읍 사람들이 요아스에게 말했습니다.
"당신의 아들을 데려오시오. 그는 죽어야
하오. 그가 바알 제단을 허물고 그 옆에 있
던 아세라도 쓰러뜨렸기 때문이오."

31 그러나 요아스가 그와 대치하고 서 있는
모두에게 말했습니다. "당신들이 바알을
위해 변호하는 것이오? 당신들이 그것을
구해 내겠소? 그를 변호하는 사람은 아침
이 되기 전에 죽을 것이오! 바알이 만약 신
이라면 그의 제단이 허물어졌으니 자기가
자신을 변호할 것이오."

32 그리하여 "바알로 하여금 스스로 변호하
게 하라"라고 해 그날에 그들은 기드온을
여룹바알이라고 불렀습니다. 그가 바알의

──● 평원(6:33, 平原, valley) 높은 지대에 있는 평평한 땅. 고
원. 막사(7:9, 幕舍, camp) 판자나 천막 따위로 임시로
간단하게 지은 집. 군인들이 주둔할 수 있도록 만든 건물
또는 가건물.

제단을 허물었기 때문입니다. 삼상 12:11

33 전투 준비 미디안 사람들과 아말렉 사람들
과 동쪽 지방 사람들 모두가 함께 모여서
요단 강을 건너고 이스르엘 평원에 진을 쳤
습니다. 수 17:16

34 그때 여호와의 성령이 기드온에게 임했습
니다. 기드온이 나팔을 불자 그 뒤를 따라
서 아비에셀 사람들이 모였습니다. 3:10

35 그는 므낫세의 모든 사람들에게 사자들을
보냈습니다. 그러자 그들도 기드온을 따라
모였습니다. 그가 아셀과 스불론과 납달리
의 사람들에게도 사자들을 보냈습니다.
그러자 그들도 올라와서 그들을 맞이했습
니다. 7:24

36 양털 시험 기드온이 하나님께 말했습니다.
"만약 주께서 말씀하신 대로 저를 통해 주
께서 이스라엘을 구원하실 것이라면

37 보소서. 제가 타작마당에 양털을 한 뭉치
놓아둘 것이니 만약 이슬이 양털 위에만
있고 땅바닥은 말라 있으면 주께서 말씀
하신 대로 저를 통해 주께서 이스라엘을
구원하시는 줄로 제가 알겠습니다." 출 4:1-7

38 그리고 그렇게 됐습니다. 다음 날 아침 그
가 일찍 일어나 양털을 짜니 양털에서 이
슬이 물로 한 그릇 가득 나왔습니다.

39 그러자 기드온이 하나님께 말했습니다.
"제게 화를 내지 마십시오. 제가 한 번 더
말하겠습니다. 부디 한 번만 더 양털로 시
험하게 해 주십시오. 양털만 말라 있게 하
시고 땅바닥 모두에는 이슬이 있게 해 주
십시오." 창 18:32

40 그날 밤 하나님께서 그렇게 하셨습니다.
양털만 말라 있고 땅바닥에는 온통 이슬
이 있었습니다.

7 두려워하는 사람을 돌려보냄 여룹바알이
라고 불리기도 하는 기드온과 그와 함
께 있던 모든 백성들이 아침 일찍 일어나
하롯 샘에 진을 쳤습니다. 미디안의 막사는
그들의 북쪽 모레 고원 근처의 평원에 있
었습니다. 창 12:6;신 11:30;삼상 29:1

2 여호와께서 기드온에게 말씀하셨습니다.

"내가 너와 함께하고 있는 백성들의 손에 미디안 사람들을 넘겨주려고 하는데 백성이 너무 많다. 이스라엘이 내가 아닌 자기 스스로를 자랑하면서 '내 손이 나를 구원했다'고 말하지 않게 하기 위함이다. 신8:17

3 그러니 지금 너는 백성들의 귀에 선포하여라. '누구든 두려워 떠는 사람은 돌아서서 길르앗 산으로부터 떠나라.'" 그러자 백성 가운데서 2만 2,000명이 돌아갔고 1만 명만 남게 됐습니다. 신20:8

4 300명을 선택함 그러나 여호와께서 기드온에게 말씀하셨습니다. "아직도 사람이 너무 많다. 그들을 물가로 데리고 가거라. 그러면 거기에서 너를 대신해 내가 그들을 시험하겠다. 내가 '이 사람은 너와 함께 갈 것이다'라고 네게 말하면 그가 너와 함께 갈 것이요, 내가 '이 사람은 너와 함께 가지 않을 것이다'라고 네게 말하는 사람은 가지 않을 것이다."

5 그리하여 기드온은 사람들을 데리고 물가로 내려갔습니다. 여호와께서 기드온에게 말씀하셨습니다. "개처럼 물을 혀로 핥아 먹는 사람과 물을 마시기 위해서 무릎을 꿇고 엎드리는 사람 모두를 따로 세워라."

6 그러자 손을 입에 대고 핥아 먹은 사람의 수가 300명이었습니다. 그 나머지 모든 사람들은 물을 마시기 위해서 무릎을 꿇고 엎드렸습니다.

7 여호와께서 기드온에게 말씀하셨습니다. "물을 핥아 먹은 사람 300명으로 내가 너희를 구원하고 미디안 사람들을 네 손에 넘겨주겠다. 다른 모든 백성들은 각각 자기가 사는 곳으로 돌려보내라." 삼상14:6

8 그리하여 기드온은 300명만 남기고 다른 모든 이스라엘 사람들은 각각 자기의 집으로 돌려보냈습니다. 그들은 돌아간 백성들의 식량과 나팔을 손에 들었습니다. 미디안 군대는 기드온이 있는 평원 아래쪽에 있었습니다. 7절

9 기드온이 예언을 들음 그날 밤에 여호와께서 기드온에게 말씀하셨습니다. "일어나 미디안 막사를 쳐서 내려가라. 내가 그것을 네 손에 줄 것이다. 32절;창46:2-3;왕상3:5

10 그러나 만약 네가 쳐서 내려가는 것이 두렵다면 네 하인 부라와 함께 막사로 내려가

11 그들이 무슨 말을 하는지 들어라. 그 말을 들으면 네가 용기를 얻어서 막사를 쳐서 내려갈 수 있을 것이다." 그리하여 그는 그의 하인 부라와 함께 막사에 있는 군대의 초소로 내려갔습니다. 6:3;삼상14:9-10

12 미디안 사람들과 아말렉 사람들과 동쪽 지방의 모든 사람들은 그 평원의 메뚜기 떼처럼 많았고 그들의 낙타의 수는 마치 바닷가의 모래알처럼 셀 수가 없었습니다.

13 기드온이 도착하자 마침 어떤 사람이 자기의 친구에게 꿈을 말하고 있었습니다. 그가 말했습니다. "이보게, 내가 꿈을 꾸었는데 보리빵 한 덩어리가 미디안 막사 쪽으로 굴러와 천막을 내려뜨리더군. 그래서 그 천막이 쓰러지고 엎어져 무너지고 말았다네."

14 그의 친구가 대답해서 말했습니다. "그 꿈은 다름 아닌 이스라엘 사람 요아스의 아

하나님은 미디안과 싸울 군사를 모집할 때 이해하기 어려운 선발 방법을 사용하셨어요. 체력 테스트로 군사를 선발하신 것이 아니라 단지 물가에서 물을 마시는 방식을 보고 선발하신 거예요.

무릎을 꿇고 물을 마시는 사람은 탈락시키고, 손을 입에 대고 물을 핥아 먹은 사람은 합격시키셨

손으로 물을 마신 300명만 선택하신 이유는?

어요. 그 사람들은 겨우 300명이었답니다(삿 7:7). 왜 이런 방법으로 선택하신 것인지 참 이상하지요? 그 이유는 하나님이 함께하시고 도와주셔야만 싸움에서 승리할 수 있다는 것을 보여 주시려는 것이었어요.

들 기드온의 칼을 가리킬 것이네. 하나님께서 미디안과 그들의 모든 막사를 그의 손에 주셨네."

15 기습을 위한 계획 기드온이 꿈 이야기와 해몽을 듣고 하나님께 경배를 드렸습니다. 그가 이스라엘 막사 쪽으로 돌아와서 말했습니다. "일어나라! 여호와께서 미디안 막사를 너희 손에 넘겨주셨다."

16 그는 300명을 세 무리로 나누고 그들 각각의 손에 나팔과 빈 항아리를 주고 항아리 속에는 횃불을 넣어 주었습니다. 15:4

17 기드온이 그들에게 말했습니다. "나를 지켜보고 그대로 하라. 내가 막사의 초소에 이르면 너희도 나를 따라서

18 나와 함께 있는 모든 사람들과 내가 나팔을 불면 너희도 또한 막사 사방에서 나팔을 불고 '여호와를 위해서, 기드온을 위해

서'라고 외치라." 출 14:13~14;대하 20:17

19 미디안이 도망함 기드온과 그와 함께 있던 100명의 군사들은 한밤중에 그들이 보초병을 교대시키자마자 막사의 초소에 이르러 나팔을 불고 그들의 손에 들고 있던 항아리를 깨뜨렸습니다.

20 세 무리가 나팔을 불고 항아리를 깨뜨렸습니다. 그들은 왼손에는 횃불을 그리고 오른손에는 나팔을 들고서 외쳤습니다. "여호와를 위한 칼, 기드온을 위한 칼!"

21 그들은 각자 자기 위치에 서서 막사 주위를 둘러싸고 있었습니다. 미디안의 모든 군대가 큰 소리로 부르짖으며 달려서 도망쳤습니다. 왕하 7:7

22 그들이 300개의 나팔을 불자 여호와께서는 미디안의 온 군대가 서로 자기 동료를 칼로 베게 하셨습니다. 그들 군대가 스레라를 향해 벧싯다까지, 또 답밧 근처의 아벨므홀라 경계선까지 도망쳤습니다.

23 납달리와 아셀과 온 므낫세 지파로부터 소집된 이스라엘 군사들이 미디안 사람들을 쫓아갔습니다.

24 두 지휘관을 죽임 기드온은 에브라임 산간 지대 온 지역에 사자를 보내서 말했습니다. "내려와 미디안 사람들을 치라. 그들에 앞서서 벧바라와 요단 강에 이르기까지 물가를 점령하라." 그러자 에브라임의 모든 사람들이 소집돼 그들이 벧바라와 요단 강에 이르기까지 물가를 점령했습니다.

25 그리고 그들은 미디안의 두 지휘관, 곧 오렙과 스엡을 *체포해* 오렙을 오렙 바위에서 죽이고 스엡을 스엡 포도주 틀에서 죽이고 미디안 사람들을 추격했습니다. 그들은 오렙과 스엡의 머리를 요단 강 건너편에 있던 기드온에게 갖고 왔습니다.

기드온과 300명의 군사들이 미디안 막사 사방에서 나팔을 불고 항아리를 깨뜨려 횃불을 들고 외침

8 기드온이 에브라임 사람들을 진정시킴 에브라임 사람들이 기드온에게 물었습니다. "당신이 미디안과 싸우러 갈 때 우리를 부르지 않다니 이 일이 어떻게 된 것입니까?" 그들은 그에게 격렬하게 항의했습니다. 12:1;삼하19:41

2 기드온이 그들에게 말했습니다. "저와 지금 당신들을 비교할 수 있습니까? 에브라임의 끝물 포도가 아비에셀의 만물 포도보다 낫지 않습니까? 사 24:13;렘 49:9;미 7:1

3 하나님께서 미디안 지휘관들인 오렙과 스엡을 당신들이 잡게 해 주셨는데 당신들과 비교해서 제가 무엇을 했단 말입니까?" 그가 이 말을 하자 그들의 화가 누그러졌습니다. 7:24~25;잠 15:1

4 성읍들이 도움을 거절함 기드온과 함께 있던 300명의 용사는 지쳤지만 적을 추격하며 요단 강에 이르러 강을 건넜습니다.

5 기드온이 숙곳 사람들에게 말했습니다. "부탁입니다. 제 용사들에게 빵 덩어리를 좀 주십시오. 그들이 지쳐 있고 제가 미디안의 왕인 세바와 살문나를 추격하고 있는 중입니다." 창 33:17;시 60:6

6 그러나 숙곳의 지도자들이 말했습니다. "지금 세바와 살문나의 손이 지금 당신 손안에 있기라도 합니까? 왜 우리가 당신의 군대에게 빵을 줘야 합니까?" 삼상 25:11

7 그러자 기드온이 대답했습니다. "그러면 여호와께서 세바와 살문나를 내 손에 주실 때 내가 들가시와 찔레로 당신들의 몸을 찢어 버리겠소." 16절

8 그는 그곳으로부터 브누엘로 올라가 그곳 사람들에게도 이와 똑같이 말했습니다. 그러나 브누엘 사람들도 숙곳 사람들이 대답했던 것처럼 대답을 했습니다. 창 32:30

9 그가 브누엘 사람들에게도 말했습니다. "내가 안전하게 돌아올 때 이 탑을 부수어 버리겠소." 왕상 22:27~28

10 세바와 살문나를 사로잡음 그때 세바와 살문나는 약 1만 5,000명의 군대를 거느리고 갈골에 있었습니다. 그들은 모든 동쪽 지방 사람들의 군대 가운데 12만 명의 군사들이 쓰러진 뒤 살아남은 사람들 전부였습니다. 삼하 24:9;왕상 3:26;대상 21:5

11 기드온은 노바와 욕브하 동쪽 천막에 사는 사람들의 길을 따라 올라가서 그 군대가 방심한 사이에 공격했습니다. 민 32:35

12 세바와 살문나는 도망쳤지만 기드온은 그들을 추격했습니다. 그는 미디안의 두 왕인 세바와 살문나를 사로잡고 모든 군대를 무찔렀습니다. 시 83:11

13 장본들은 성읍들 그리하여 요아스의 아들 기드온은 헤레스 고갯길의 전쟁터에서 돌아왔습니다.

14 그가 숙곳 사람 가운데 한 청년을 붙잡아다가 물었습니다. 그 청년은 그에게 숙곳의 지도자들과 장로들 77명의 이름을 써 주었습니다.

15 그리고 기드온은 숙곳 사람들에게 가서 말했습니다. "세바와 살문나를 보라. 너희가 그들에 관해 '세바와 살문나의 손이 지금 당신 손안에 있기라도 합니까? 왜 우리가 지친 당신의 부하들에게 빵을 줘야 합니까?'라고 말하며 나를 조롱했었다." 6절

16 그는 그 성읍의 장로들을 붙잡아서 들가시와 찔레를 갖고 숙곳 사람들에게 본때를 보여주었습니다.

17 그는 또 브누엘 탑을 허물고 그 성읍 사람들을 죽였습니다. 왕상 12:25

18 기드온이 미디안 왕들을 죽임 그러고 나서 그가 세바와 살문나에게 물었습니다. "너희가 다볼에서 어떤 사람들을 죽였느냐?" 그들이 대답했습니다. "그들은 당신과 같은 사람들이었소. 모두가 다 왕자의 모습 같았소." 4:6

19 그가 말했습니다. "그들은 바로 내 형제들이요, 내 어머니의 아들들이다. 여호와께서 살아 계심으로 맹세하는데 너희가 만약 그들을 살려 주었더라면 내가 너희를 죽이지 않았을 것이다." 룻 3:13

20 그리고 기드온은 자기 맏아들인 여델에게 말했습니다. "일어나 저들을 죽여라!" 그

러나 여넬은 아직 어려서 두려운 나머지 칼을 뽑지 못했습니다.

21 세바와 살문나가 말했습니다. "남자라면 자신의 용맹을 보이는 법이니 당신이 직접 일어나 우리를 상대해 보시오." 그러자 기드온이 일어나 세바와 살문나를 죽이고 그들의 낙타 목에 달려 있던 장신구들을 떼어 가져갔습니다. 사 8:31;사 3:18

22 기드온이 왕 되기를 거절 이스라엘 사람들이 기드온에게 말했습니다. "당신이 우리를 미디안의 손에서 구해 주셨으니 당신과 당신의 아들과 당신의 손자가 우리를 다스려 주십시오."

23 그러나 기드온은 그들에게 말했습니다. "나는 너희를 다스리지 않을 것이고 내 아들도 너희를 다스리지 않을 것이다. 오직 여호와께서 너희를 다스리실 것이다."

24 에봇을 만들 기드온이 그들에게 말했습니다. "내가 한 가지 부탁이 있는데 너희 각자가 약탈한 귀고리를 내게 달라." 이는 미디안이 이스마엘 사람들이므로 그들이 금귀고리를 달고 있었기 때문입니다.

25 그들이 대답했습니다. "우리가 그것들을 기꺼이 드리겠습니다." 그리하여 그들은 겉옷을 펼쳐 놓고 그 위에 각자가 약탈한 귀고리를 던져 놓았습니다.

26 그가 받아 낸 금귀고리의 양은 금 1,700세겔이었습니다. 그 밖에도 장신구와 패물과 미디안 왕들이 입었던 자주색 옷이나 그들

의 낙타 목에 걸려 있던 장식품이 있었습니다. 사 3:19

27 기드온은 그 금으로 에봇을 만들어 그것을 자기의 성읍인 오브라에 두었습니다. 그곳에서 온 이스라엘이 그것을 우상으로 섬기게 됐습니다. 결국 그것이 오히려 기드온과 그의 집안에 덫이 됐습니다. 출 23:33

28 평화를 누리는 이스라엘 이렇게 미디안은 이스라엘 자손에게 복종해 다시는 그들의 머리를 들지 못했습니다. 기드온이 살아 있는 동안 그 땅에는 40년 동안 평화가 있었습니다. 3:11;5:31

29 기드온이 죽음 요아스의 아들 여룹바알은 자기 집으로 돌아가 살았습니다. 6:32

30 기드온에게는 아내가 많아서 그의 자손으로는 70명의 아들이 있었습니다. 9:2,5

31 세겜에 살던 첩도 그에게 아들을 하나 낳아 주었습니다. 그는 그의 이름을 아비멜렉이라고 지었습니다. 9:1-2

32 요아스의 아들 기드온은 노년에 죽어 아비에셀 족속의 땅인 오브라에 있는 그의 아버지 요아스의 무덤에 묻혔습니다. 창 15:15

33 다시 범죄하는 이스라엘 기드온이 죽자마자 이스라엘 자손은 또다시 바알을 우상으로 섬기게 되고 바알브릿을 자기들의 신으로 삼았습니다. 2:19;9:4,46

34 이스라엘 자손은 사방에 있는 그들의 모든 원수들 손에서 그들을 건져 내신 하나님 여호와를 기억하지 않았고 시 78:11,42

기드온

기드온은 이스라엘의 다섯 번째 사사로, 바알 제단과 아세라 목상을 헐어 '여룹바알'이라는 별명을 얻었다. 300명의 군사로 미디안 사람들을 물리치고 40년간 이스라엘을 다스렸다.

✦ 기드온의 활동 지역

오브라	기드온이 여호와의 천사를 대면한 후 단을 쌓고 '여호와 샬롬'이라고 함(삿 6:19-24)
하롯 샘	기드온이 미디안과 싸울 때 진 친 곳. 무릎을 꿇지 않고 손으로 움켜서 물을 핥아 먹은 300명의 용사를 선택함(삿 7:1-8)
숙곳	미디안 왕을 추격하던 기드온이 이곳 사람들에게 빵을 구했으나 조롱하며 거절하자 돌아오는 길에 탑을 헐고 사람들을 죽임(삿 8:4-17)

35 일명 여룹바알이라고 하는 기드온이 이스라엘에게 행한 모든 선한 일들이 있었음에도 불구하고 그들은 그의 집에 호의를 보이지 않았습니다.

9 아비멜렉이 형제들을 죽임 여룹바알의 아들 아비멜렉이 세겜에 있는 그의 어머니의 친척들에게 가서 그들과 그의 외조부의 집안 모든 사람들에게 말했습니다.

2 "세겜의 모든 사람들에게 물어보십시오. 여러분에게 어떤 것이 좋겠습니까? 여룹바알의 아들 70명 모두가 여러분을 다스리는 게 좋겠습니까, 아니면 한 사람이 여러분을 다스리는 게 좋겠습니까? 내가 여러분의 피붙이임을 기억하십시오." 8:30

3 그의 어머니의 친척들이 그를 대신해서 이 모든 말을 세겜 사람들에게 전하자 그들은 "그가 우리 형제다"라고 말했습니다. 그들의 마음은 아비멜렉을 따르는 쪽으로 기울어졌습니다. 18절

4 그들은 바알브릿 신전에서 가져온 은 70개를 그에게 주었고 아비멜렉은 그 돈으로 건달들을 고용해서 자기를 따르도록 했습니다. 대하 13:7장 12:11:렘하 17:5

5 그는 오브라에 있는 자기 아버지의 집으로 가서 자기 형제인 여룹바알의 아들 70명을 한 바위 위에서 죽였습니다. 그러나 여룹바알의 막내아들 요담은 몸을 숨겨 그만 살아남았습니다. 6:24:왕하 11:1-2

6 그러고 나서 세겜과 벧밀로의 모든 사람이 모여 세겜에 있는 큰 나무 기둥 옆에 가서 아비멜렉을 왕으로 삼았습니다.

7 요담의 나무 비유 이 사실이 요담에게 알려지자 그는 그리심 산 꼭대기에 올라가 서서 목소리를 높여 백성에게 말했습니다. "세겜 사람들이여, 내 말을 잘 들으시오. 그러면 하나님께서 당신들의 말을 들으실 것이오.

8 언젠가 나무들이 자기들을 다스릴 한 왕에게 기름 부으려고 나서서 올리브 나무에게 말했소. '우리의 왕이 돼 주십시오.'

9 그러나 올리브 나무는 그들에게 대답했소. '내가 나무들 위에 군림하려고 하나님과 사람들을 영화롭게 하는 내 기름을 포기해야겠느냐?'

10 이젠 나무들이 무화과나무에게 말했소. '당신이 와서 우리의 왕이 돼 주십시오.'

11 그러나 무화과나무는 그들에게 대답했소. '내가 나무들 위에 군림하려고 달고 좋은 내 열매를 포기해야겠느냐?'

12 이번에는 나무들이 포도나무에게 말했소. '당신이 와서 우리의 왕이 돼 주십시오.'

13 그러나 포도나무는 그들에게 대답했소. '내가 나무들 위에 군림하려고 하나님과 사람을 기쁘게 하는 새 포도주를 포기해야겠느냐?' 시 104:15

14 마지막으로 모든 나무들이 가시나무에게 말했소. '당신이 와서 우리의 왕이 돼 주십시오.'

15 가시나무가 나무들에게 말했소. '만약 너

에봇이 뭐길래?

에봇은 앞으로 가슴을, 뒤로 등을 덮는 조끼 모양으로 대제사장이 입던 옷을 말해요. 특별히 하나님의 뜻을 묻고자 할 때 대제사장은 이 옷을 입고 우림과 둠밈으로 판결을 구했어요.

기드온이 미디안과의 전쟁에서 하나님의 방법으로 승리하자, 이스라엘 백성들은 전쟁을 이끈 기드온을 이스라엘의 왕으로 세우고자 했어요. 하지만 백성들의 요청을 거절

한 기드온은 백성들에게서 전쟁 때 빼앗은 금을 모아 에봇을 만들어 자기 성읍 오브라에 두었어요. 이후로 온 이스라엘 백성은 성막에서 하나님께 제사를 드리는 대신 오브라에서 에봇을 보며 제사를 드렸어요. 즉 이스라엘 백성은 기드온이 만든 에봇을 우상 섬기듯 섬긴 거예요. 승리감에 빠져든 기드온은 자기 혼자만 타락한 것이 아니라 이스라엘 전체를 타락시키고 만 거예요.

희가 나를 너희의 왕으로 삼아 기름 붓기를 정말 원한다면 내 그늘에 와서 피하라. 그러지 않으면 가시나무에서 불이 나와 레바논의 백향목을 불살라 버릴 것이다!'

16 요담의 비유에 대한 설명 그런데 당신들은 아비멜렉을 왕으로 삼을 때 진실하고 신실하게 대접했소? 또 여룹바알과 그 집안을 공정하게 대접했소? 그가 받아 마땅한 대우로 그를 대접했소? _{6:32절 12:14;사 3:11}

17 내 아버지가 당신들을 위해 싸웠고 목숨을 걸고 미디안의 손에서 당신들을 구해 냈소.

18 그러나 당신들은 오늘 내 아버지의 집안에 대항해서 들고일어나 그의 아들 70명을 한 바위 위에서 죽였고 그의 여종의 아들인 아비멜렉이 당신들 친척이라는 이유로 그를 세겜 사람들을 다스리는 왕으로 삼았소. _{8:31}

19 만약 당신들이 오늘 여룹바알과 그 집안에 대해 진실하고 신실하게 대했다면 당신들은 아비멜렉과 함께 기뻐하고 그 또한 당신들과 함께 기뻐할 것이오!' _{사 8:6}

20 그러나 그러지 않았다면 아비멜렉에게서 불이 나와 세겜과 벧밀로 사람을 불태워 버릴 것이오, 또 세겜과 벧밀로 사람에게서 불이 나와 아비멜렉을 불살라 버릴 것이오."

21 요담이 도망한 그러고 나서 요담은 그의 형제인 아비멜렉을 두려워해서 도망쳤고 브엘로 피해 거기서 살았습니다. _{민 21:16}

22 아비멜렉이 지지를 잃음 아비멜렉이 이스라엘을 다스린 지 3년이 지나자

23 하나님께서는 아비멜렉과 세겜 사람들에게 악한 영을 보내셨습니다. 세겜 사람들은 아비멜렉을 반역했습니다. _{삼상 16:14}

24 이것은 여룹바알의 아들 70명에게 저지른 잔혹한 일을 갚는 것이며 형제를 죽인 아비멜렉에게 그들의 피가 뿌려지고 그를 도와 그의 형제들을 죽인 세겜 사람들에게 그들의 피가 돌아가게 하려는 것이었습니다.

25 세겜 사람들은 산꼭대기에 사람들을 잠복시켜 놓고 그곳으로 지나가는 사람들의 물건을 털었습니다. 이 소식이 아비멜렉에게 전해졌습니다.

26 가알의 반란 그때 에벳의 아들 가알이 그의 형제들과 함께 세겜으로 이사해 왔는데 세겜 사람들이 그를 믿고 의지했습니다.

요담이 세겜 사람들에게 나무 비유를 통해 경고함

27 그들은 들판으로 나가서 포도밭의 포도를 줄고 발로 밟아 짜서 잔치를 벌였습니다. 그들은 신전에 가서 음식을 먹고 마시고 아비멜렉을 저주했습니다. 4,46절

28 그러자 에벳의 아들 가알이 말했습니다. "아비멜렉이 누구며 세겜이 누구인데 우리가 섬겨야 합니까? 그가 여룹바알의 아들이 아닙니까? 그의 부하는 스불이 아닙니까? 차라리 세겜의 아버지인 하몰의 후손을 섬기는 것이 낫지 않겠습니까? 우리가 왜 그를 섬겨야 합니까? 창 34:2,6;삼상 25:10

29 이 백성이 나를 섬긴다면 제가 아비멜렉을 없애 버릴 것입니다." 그러고는 그가 아비멜렉에게 "네 군대를 더욱 강하게 해 다시 한번 나와 봐라!'라고 말했습니다.

30 스불이 아비멜렉에게 알림 그 성읍의 통치자인 스불은 에벳의 아들 가알이 한 말을 듣고 크게 화를 냈습니다.

31 그는 비밀리에 아비멜렉에게 신하를 보내 말했습니다. "보십시오. 에벳의 아들 가알과 그 형제들이 세겜에 와서 당신에게 대항해 이 성읍을 포위하고 있습니다.

32 그러니 지금 당신과 당신 부하들이 밤중에 일어나 들판에 잠복하고 있다가

33 아침에 해가 뜨면 일찍 일어나 그 성읍을 공격하십시오. 그리고 보십시오. 가알과 그 부하들이 당신에게 대항해 나오면 당신의 손에 닿는 대로 그들을 처리하십시오."

34 가알이 쫓겨남 그리하여 아비멜렉과 그의 모든 군대가 밤을 틈타 일어나 넷으로 무리를 나누어 세겜 근처에 몰래 숨어 있었습니다.

35 그때 에벳의 아들 가알이 밖으로 나가 성문 입구에 서 있었습니다. 그러자 아비멜렉과 그 부하들이 숨어 있던 곳에서 일어나 섰습니다.

36 가알이 그 사람들을 보고 스불에게 말했습니다. "보십시오. 사람들이 산꼭대기에서 내려오고 있소!" 그러자 스불이 그에게 말했습니다. "당신이 산 그림자를 마치 사람들인 것으로 잘못 보고 있습니다."

37 그러나 가알이 다시 말했습니다. "보십시오. 이 근처 가장 높은 곳에서 사람들이 내려오고 있고 한 무리는 엘론 므오느님 방향에서 오고 있습니다." 겔 38:12

38 그러자 스불이 그에게 말했습니다. "여보시오. '아비멜렉이 누구인데 우리가 그를 섬겨야 합니까?'라고 말하던 당신의 모습은 어디 갔소? 이들이 바로 당신이 우습게 여기던 사람들이 아닙니까? 자, 이제 나아가서 그들과 싸워 보시지요."

39 그리하여 가알은 세겜 사람들을 이끌고 나가서 아비멜렉과 싸웠습니다.

40 아비멜렉이 그를 쫓아가자 그는 아비멜렉 앞에서 도망쳤고 많은 사람들이 부상을 당해 넘어져서 성문 입구까지 있었습니다.

41 아비멜렉은 아루마에 머물렀고 스불은 가알과 그 형제를 쫓아내 세겜에 살지 못하게 했습니다.

42 세겜을 정복함 다음 날 세겜 사람들이 들판에 나갔습니다. 그들은 이 사실을 아비멜렉에게 보고했습니다.

43 그는 자기 부하들을 데리다가 세 무리로 나누고 들판에 몰래 숨어 있다가 사람들이 성읍에서 나오는 것을 보고서 일어나 그들을 공격했습니다.

44 아비멜렉과 그와 함께 있던 무리는 앞으로 공격해서 성문 입구를 막았고 나머지 두 무리는 들판에 있던 모든 사람들을 공격해 그들을 죽였습니다. 20:37

45 그날 하루 종일 아비멜렉은 그 성읍을 공격해 그곳을 정복했습니다. 그 성읍 안에 있던 사람들을 죽이고 그곳을 파괴한 뒤 그 위에 소금을 뿌렸습니다. 신 29:23;왕하 3:25

46 아비멜렉이 망대를 불태움 세겜의 요새에 있던 사람들이 모두 이 소식을 듣고 엘브릿 신전의 밀실로 도망쳤습니다. 8:33

47 세겜의 요새에 있던 모든 사람들이 함께 모여 있다는 말을 아비멜렉이 전해 들었습니다.

48 아비멜렉과 그의 모든 부하들이 살몬 산으로 올라갔습니다. 그는 도끼를 손에 들어

나뭇가지를 치고 그 친 나뭇가지를 집어 어깨에 짊어지고는 자기 부하들에게 명령했습니다. "내가 어떻게 하는지 너희가 보았으니 서둘러 내가 한 대로 하라!"

49 그러자 모든 부하가 나뭇가지를 쳐서 아비멜렉을 따라가서 나뭇가지들을 신전 밀실 위에 쌓아 놓고 불을 질렀습니다. 이렇게 해서 세겜 요새의 모든 사람들이 죽었으며 그 수는 남녀 합쳐 1,000명 정도였습니다.

50 아비멜렉이 죽음 그러고 나서 아비멜렉은 데베스로 가서 데베스에 진을 치고 그곳을 점령했습니다.

51 그러나 그 성읍 안에 한 막강한 요새가 있어서 그 성읍의 백성들 모든 남녀가 그 요새로 도망쳐 안에서 문을 잠갔습니다. 그들은 요새의 꼭대기로 올라갔습니다.

52 아비멜렉은 그 요새까지 가서 그들과 싸우고 그곳에 불을 지르려고 요새의 입구로 다가갔습니다.

53 그때 한 여자가 맷돌 위짝을 아비멜렉의 머리 위에 던져서 그의 두개골을 깨뜨렸습니다. *삼하 11:21*

54 그는 급히 자기의 무기를 들고 다니는 청년을 불러 그에게 말했습니다. "네 칼을 뽑아 나를 죽여라. 저들이 '여자가 그를 죽였다'라고 말하지 못하게 말이다." 그 청년이 그를 찌르자 그는 죽었습니다.

55 징벌받은 악인 이스라엘 자손은 아비멜렉이 죽은 것을 보고 그들 각자의 집으로 돌아갔습니다.

56 아비멜렉이 자기 형제 70명을 죽여 자기 아버지에게 저지른 악한 짓에 대해서 하나님께서는 벌을 주셨습니다. *욥 31:3;시 94:23*

57 하나님께서는 세겜 사람들의 모든 악한 짓에 대해서도 벌을 주셨습니다. 여룹바알의 아들 요담의 저주가 그들에게 일어난 것입니다.

10 사사 돌라 아비멜렉의 시대가 지나고 도도의 손자요, 부아의 아들인 잇사갈 사람 돌라가 이스라엘을 구하기 위해서 일어났습니다. 그는 에브라임 산간 지대에 있는 사밀에 살았습니다. *2:16;수 24:33*

2 그는 23년 동안 이스라엘을 사사로 다스리다가 죽고 나서 사밀에 묻혔습니다.

3 사사 야일 그 뒤를 이어서 길르앗 사람 야일이 일어났습니다. 그는 사사로서 22년 동안 이스라엘을 다스렸습니다.

4 야일에게는 30마리 당나귀에 탄 30명의 아들이 있었는데 그들은 30개 성읍을 다스렸습니다. 그리하여 길르앗에 있는 그곳을 오늘날까지 하봇야일이라고 부르고 있습니다. *5:10;12:14;신 3:14*

5 야일은 죽어서 가몬에 묻혔습니다.

6 암몬 사람의 압제 이스라엘 자손은 여호와께서 보시기에 또다시 악한 일을 저질렀습니다. 그들은 바알과 아스다롯과 아람의 신들과 시돈의 신들과 모압의 신들과 암몬 자손의 신들과 블레셋 사람들의 신들을 섬겼습니다. 그들은 여호와를 버리고 더 이상 그를 섬기지 않았습니다.

7 여호와의 분노가 이스라엘을 향해 불타올

랐습니다. 그분은 블레셋 사람들과 암몬 자손의 손에 그들을 팔아넘기셨습니다.

8 그들은 그해부터 이스라엘 자손을 괴롭히고 못살게 굴었습니다. 그들은 요단 강 건너 아모리 사람의 땅, 곧 길르앗에 사는 모든 이스라엘 자손을 18년 동안 괴롭혔습니다.

9 암몬 자손들이 요단 강을 건너 유다와 베냐민과 에브라임 지파와 싸웠습니다. 이스라엘은 심히 괴로운 상태에 놓이게 됐습니다.

10 부르짖음을 듣지 않으신 하나님 그제야 이스라엘 자손이 여호와께 부르짖었습니다. "우리가 우리의 하나님을 버리고 바알들을 섬김으로 우리가 주께 죄를 지었습니다." 39

11 여호와께서 이스라엘 자손에게 말씀하셨습니다. "내가 이집트 사람과 아모리 사람과 암몬 사람과 블레셋 사람에게서 너희를 구해 내지 않았느냐? 출 14:30;민 21:21-32

12 시돈 사람과 아말렉 사람과 마온 사람이 너희를 괴롭혔을 때 너희가 내게 부르짖어

내가 그들의 손에서 너희를 구해 주었다.

13 그런데 너희는 나를 버리고 다른 신들을 섬겼다. 그러므로 내가 이제 다시는 너희를 구해 주지 않겠다. 신 32:15;렘 2:13

14 너희가 선택한 신들에게 가서 부르짖으라. 너희가 고난 가운데 있을 때 그들이 너희를 구해 주게 하라!" 신 32:37-38

15 그러나 이스라엘 자손이 여호와께 말했습니다. "우리가 죄를 지었습니다. 주께서 우리에게 어떻게 하셔도 좋으니 오늘 우리를 단지 구해만 주십시오"

16 그리고 나서 그들은 자기들 가운데 있던 이방신들을 버리고 여호와를 섬겼습니다. 여호와께서는 이스라엘의 고통을 보시고 슬퍼하셨습니다. 2:18;사 63:9

17 지도자를 찾은 그때 암몬 자손들이 소집돼 길르앗에 진을 쳤습니다. 그러자 이스라엘 자손은 함께 모여 미스바에 진을 쳤습니다. 11:11,29

18 길르앗의 백성들과 지도자들이 서로 말했

사사기에 반복되는 죄의 쳇바퀴

사사기는 "그 당시 이스라엘에는 왕이 없어서 모두가 자기 맘대로 행동했습니다"(삿 21:25)라는 말로 끝난다.

여호수아와 그와 함께 활동하던 사람들이 죽은 후에 이스라엘 백성은 하나님을 섬기기보다 자기 좋을 대로 행동했다. 이방 신을 따라가고 우상을 만들어서 섬겼을 뿐만 아니라(삿 17-18장) 도덕적으로도 문란하고 타락했고(삿 16장; 19:22), 같은 민족의 지파들끼리도 서로 헐뜯고 싸웠다(삿18; 20장).

사사기에는 죄를 짓는 모습이 다람쥐 쳇바퀴 돌듯 계속 반복되어 나온다. 그래서 어떤 사람들은 사사기를 이스라엘의 실패로 가득찬 '실패의 책'이라고 말한다.

반면 어떤 사람들은 '하나님의 은총으로 가득 찬 책'이라고도 한다. 이스라엘 백성이 하나님을 떠나 타락하며 죄를 지었지만, 그들을 버리지 않고 기다리시는 하나님의 모습이 잘 나타나 있기 때문이다. 백성의 불순종에

도 끊임없이 사랑하시는 하나님의 모습이 사사기 전체에 걸쳐 나타나 있다.

죄
(이스라엘이 하나님께 불순종함)

침묵

노예
(하나님이 적들을 통해 어려움을 당하게 하심)

죄의 쳇바퀴

구원
(하나님이 사사를 보내 도와주심)

회개
(하나님께 도와 달라고 기도함)

이스라엘 백성은 이와 같은 죄의 쳇바퀴를 350년 동안이나 반복했다.

습니다. "암몬 자손과 싸움을 시작할 사람이 있는가? 그가 있다면 그가 길르앗에 사는 모든 사람들의 통치자가 될 것이다."

11

1 입다의 배경 길르앗 사람 입다는 용감한 사람이었습니다. 그는 창녀의 아들로 그의 아버지는 길르앗이었습니다.

2 길르앗의 아내도 그에게 아들들을 낳아 주었는데 그들은 어른이 되고 난 후 입다를 쫓아내며 말했습니다. "너는 다른 여자의 아들이기에 우리 아버지의 유산을 물려받을 수 없다."

3 그리하여 입다는 그의 형제들에게서 도망쳐서 돕 땅에 살게 됐습니다. 입다는 그곳에서 건달들과 함께 어울려 다녔습니다.

4 선택받은 입다 얼마 후 암몬 족속이 이스라엘과 전쟁을 일으켰습니다.

5 그렇게 암몬 족속이 이스라엘과 전쟁을 일으키자 길르앗의 장로들은 돕 땅으로 입다를 데리러 갔습니다.

6 그들이 입다에게 말했습니다. "우리가 암몬 족속과 싸우려는데 당신이 와서 우리

대장이 돼 주십시오."

7 그러자 입다가 길르앗의 장로들에게 말했습니다. "당신들이 나를 미워해서 내 아버지의 집에서 쫓아내지 않았습니까? 그런데 이제 당신들이 어렵게 됐다고 나를 찾아오는 겁니까?"

8 길르앗의 장로들이 입다에게 말했습니다. "우리가 이제 당신에게로 돌아왔습니다. 당신이 우리와 함께 가서 암몬 족속과 싸워 주십시오. 그렇게 해 주신다면 당신은 우리 모든 길르앗 사람들의 우두머리가 될 것입니다." 10:18

9 입다가 길르앗의 장로들에게 말했습니다. "정말로 내가 다시 돌아가 암몬 족속과 싸우고 또한 여호와께서 내게 그들을 넘겨주신다면 내가 당신들의 우두머리가 된다는 겁니까?"

10 길르앗의 장로들이 입다에게 말했습니다. "여호와께서 우리 사이에 증인이 되실 것입니다. 우리가 당신이 말한 대로 꼭 그렇게 할 것입니다." 렘 42:5

11 그래서 입다는 길르앗의 장로들과 함께 갔고 백성들은 그를 자기들의 우두머리로, 대장으로 세웠습니다. 미스바에서 입다는 여호와 앞에서 자기의 모든 말들을 고했습니다.
10:17,20:1,삼상 10:17,19:11:15

12 암몬 사람이 가나안 동편을 원함 그리고 입다는 암몬 족속의 왕에게 신하를 보내 물었습니다. "무슨 이유로 내 땅에 쳐들어와 나와 싸우려고 하는 것이오?"

13 암몬 족속의 왕이 입다의 신하에게 대답했습니다. "이스라엘이 이집트에서 나왔을 때 아르논부터 얍복 강까지, 그리고 요단 강에 이르기까지 내 땅을 빼앗아 갔기 때문이다. 그러나 이제 순순히 그 땅을 내놓으라."

14 입다의 대응 입다는 암몬 족속의 왕에게 신하를 다시 보내

15 그에게 말했습니다. "입다가 말하오. 이스라엘이 모압의 땅이나 암몬 족속의 땅을 빼앗은 것이 아니오. 신 2:9,19

16 그러나 이스라엘이 이집트에서 나와 광야

를 지나 홍해까지 이르고 가데스에 도착했을 때

민 13:26;14:25;신 1:40

17 이스라엘은 에돔 왕에게 신하를 보내 말하길 '부탁입니다. 내가 당신 땅을 지나가게 해 주십시오'라고 했었소. 그러나 에돔 왕은 부탁을 들어주지 않았소. 그들은 또 모압 왕에게도 사절을 보냈지만 그도 허락하지 않았소. 그래서 이스라엘이 가데스에 머물게 된 것이오.

민 20:1,14,18-21

18 그러고 나서 그들은 광야를 지나 에돔 땅과 모압 땅을 돌아 모압 땅 동쪽으로 가서 아르논 강 저쪽에 진을 쳤소. 그러나 아르논 강은 모압의 경계였기 때문에 그들은 모압 땅에는 들어가지 않았소.

민 21:4,11

19 그 후 이스라엘은 헤스본 왕, 곧 아모리 족속의 왕 시혼에게 신하를 보냈소. 이스라엘이 그에게 말했소. '부탁입니다. 우리가 목적지로 가기 위해 당신의 땅을 지나가게 해 주십시오.'

민 21:21-26;신 2:26-37

20 그러나 시혼은 이스라엘이 자기 땅을 지나가겠다는 것을 믿지 않았소. 시혼은 그의 모든 백성을 모아서 야하스에 진을 치고는 이스라엘과 싸웠소.

21 그리고 이스라엘의 하나님 여호와께서 시혼과 그의 모든 백성들을 이스라엘의 손에 넘겨주셔서 이스라엘이 그들을 무너뜨렸소. 그리하여 이스라엘이 그곳에 살던 아모리 사람들의 땅 모두를 차지하게 된 것이오.

22 그래서 이스라엘은 아르논 강에서 얍복 강에 이르기까지, 광야에서 요단 강에 이르기까지 아모리 사람들의 모든 땅을 차지하게 된 것이오.

23 이제 이스라엘의 하나님 여호와께서 그의 백성인 이스라엘 앞에서 아모리 사람들을 내쫓으셨는데 당신이 그 땅을 가지려는 것이오?

24 당신은 당신의 신 그모스가 당신에게 준 것을 갖지 않는다는 말이오? 그러니 우리는 우리 하나님 여호와께서 우리에게 가지라고 한 모든 것을 가질 것이오.

민 21:29

25 당신이 모압 왕 십볼의 아들 발락보다 뛰어

납니까? 발락이 한 번이라도 이스라엘에 대항하거나 싸운 적이 있소?

민 22:2

26 이스라엘이 헤스본과 그 주변 마을들과 아로엘과 그 주변 마을들과 아르논 강을 따라 있는 모든 성읍들에서 300년 동안이나 살고 있었는데 왜 그동안에는 그 땅들을 찾아가지 않은 것이오?

민 21:25;신 2:36

27 내가 당신에게 잘못한 것이 없는데 당신은 나와 전쟁을 일으키며 내게 해를 주고 있소. 심판자인 여호와께서 오늘 이스라엘 자손과 암몬 족속 가운데 누구를 심판하시는지 지켜봅시다.

창 16:5;18:25;31:53

28 그러나 암몬 족속의 왕은 입다가 보낸 말을 무시했습니다.

29 입다의 서원 그때 여호와의 영이 입다에게 임했습니다. 그는 길르앗과 므낫세를 지나 길르앗의 미스베에 도달했고 길르앗의 미스베에서 암몬 족속을 향해 나아갔습니다.

30 그리고 입다는 여호와께 서원하며 말했습니다. "만약 주께서 확실히 암몬 족속을 내 손에 주신다면

창 28:20;삼상 1:11

31 내가 암몬 족속으로부터 안전하게 돌아올 때 나를 반기러 내 집 문에서 나오는 자는 누구든지 여호와의 것이니 내가 그를 번제물로 바치겠습니다."

레 27:2;삼상 1:28;사 66:13

32 암몬 사람을 물리править 그러고 나서 입다는 암몬 족속에게로 가서 그들과 싸웠고 여호와께서 그들을 그의 손에 주셨습니다.

33 그는 아로엘에서 민닛 부근에 이르기까지 20개의 성읍을, 그리고 아벨 그라밈에 이르기까지 아주 크게 그들을 무찔렀습니다. 이렇게 해서 암몬 족속은 이스라엘 자손 앞에서 굴복하게 됐습니다.

겔 27:17

34 딸을 제물로 드림 그러고 나서 입다가 미스바에 있는 자기 집에 돌아왔습니다. 그때 탬버린 소리에 춤을 추며 그의 딸이 그를 맞으러 나왔습니다. 그녀는 그의 외동딸이었습니다. 그에게는 다른 아들이나 딸이 없었습니다.

출 15:20;삼상 18:6;삼하 6:8:25;렘 31:4

35 입다가 그녀를 보고는 자기 옷을 찢으며 울부짖었습니다. "오 내 딸아! 네가 나를

이렇게 비참하게 하다니. 네가 나를 곤경에 빠뜨리는 사람들 가운데 하나로구나. 내가 여호와께 입을 열어 말했으니 내가 되돌릴 수는 없단다." 창 37:29,34;44:13;민 30:2

36 그녀가 그에게 말했습니다. "내 아버지여, 아버지가 여호와께 입을 열어 말하셨다면 나를 아버지의 입에서 나온 말 그대로 하십시오. 여호와께서 아버지의 원수인 암몬 족속에게 원수를 갚으셨으니 말입니다."

37 그녀가 그녀의 아버지에게 말했습니다. "제가 이 한 가지만 하도록 해 주십시오. 제게 두 달만 홀로 있게 해 주십시오. 제가 산을 오르내리면서 제가 처녀로 죽는 것을 제 친구들과 함께 슬피 울게 해 주십시오."

38 입다가 '가도 좋다'라고 말하고는 두 달 동안 딸을 보내 주었습니다. 그녀는 자기 친구들과 함께 산 위에서 자기가 처녀로 죽는 것을 슬퍼했습니다.

39 두 달이 끝날 때 그녀는 자기 아버지에게 돌아왔습니다. 입다는 자기가 맹세한 대로 딸에게 하였습니다. 그녀는 남자를 알지 못했습니다. 이렇게 해서 이스라엘에 한 가지 관습이 생겼습니다. 31절

40 곧 해마다 이스라엘의 처녀들이 1년 가운데 4일 동안 밖에 나가 길르앗 사람 입다의 딸을 위해 슬피 우는 것입니다.

12 에브라임이 다시 분개함 에브라임 사람들이 소집돼 사본으로 가서 입다에게 말했습니다. "당신이 암몬 족속과 싸우러 가면서 우리에게 당신과 같이 가자고 왜 부르지 않았습니까? 우리가 당신과 당신의 집을 불태울 것이오."

2 입다가 그들에게 말했습니다. "내가 내 백성들과 함께 암몬 족속과 크게 싸움을 벌이며 내가 너희를 불렀을 때 너희는 나를 그들 손에서 구하지 않았소.

3 너희가 돕지 않는 것을 내가 보고서 내 목숨을 내 손에 맡기고 내가 암몬 족속과 싸우러 나갔더니 여호와께서 그들을 내 손에 넘겨주신 것이오. 그런데 왜 너희가 오늘 나와 싸우려고 나왔느냐?" 삼상 19:5

4 십볼렛과 십볼렛 그러고 나서 입다는 모든 길르앗 사람들을 불러 모으고 에브라임과 싸웠습니다. 에브라임 사람들이 "너희 길르앗 사람은 에브라임에서 도망친 사람들로서 에브라임과 므낫세 사람 가운데 있는 사람들이다"라고 말했기 때문에 길르앗 사람들이 에브라임을 무찔러 버렸습니다.

5 길르앗 사람들은 에브라임으로 가는 요단 강 나루터를 차지했습니다. 에브라임에서 살아남은 사람이 "내가 강을 건너가겠소"라고 말하면 길르앗 사람은 그에게 "네가 에브라임 사람이냐?"라고 물어보았습니다. 만약 그가 "아니다"라고 대답하면 3:28

6 그들은 "십볼렛"이라고 말해 보라고 했고 그가 "십볼렛"이라 말하여 정확하게 발음하지 못하면 그들은 그를 잡아내서 요단 강 나루터에서 죽였습니다. 그때 에브라임 사람이 4만 2,000명이나 죽었습니다.

7 입다의 죽음 입다는 사사로서 이스라엘을

입다는 정말 딸을 바쳤나요?

입다는 암몬 족속과의 전쟁에서 승리하고 돌아온다면 가장 먼저 자신을 맞으러 나온 사람을 번제물로 드리겠다고 하나님께 서원했어요(삿 11:31). 서원한 대로 자신의 딸을 드린 입다의 사건을 우리는 어떻게 이해해야 할까요? 입다가 이방 사람들처럼 자기 딸을 실제로 번제물로 드렸는지, 아니면 일생 결혼하지 않고 처녀의 몸으로 하나님을 섬기게 했는지 학자들마다 의견이 달라요. 하지만 여기서 더 주목해야 할 것은 입다의 서원 이행보다 딸의 행동이에요.

입다의 딸은 아버지가 서원한 것에 대해 원망하거나 거절하지 않았어요. 오히려 아버지를 지키라는 입다를 설득했어요(삿 11:36). 서원에 의한 희생이었지만, 입다의 딸은 하나님께 드린 서원 이행의 중요성을 잘 알고 있었어요(민 30:2).

6년 동안 통치했습니다. 길르앗 사람 입다는 죽어서 길르앗 성읍에 묻혔습니다.

8 사사 입산 그의 뒤를 이어서 베들레헴 출신의 입산이 사사로서 이스라엘을 다스렸습니다.

9 그에게는 아들 30명과 딸 30명이 있었습니다. 그는 딸들을 다른 지역에 시집보내고 아들들을 위해 다른 지역에서 30명의 여자들을 맞아들였습니다. 그는 사사로서 이스라엘을 7년 동안 다스렸습니다.

10 입산이 죽어 베들레헴에 묻혔습니다.

11 사사 엘론 그의 뒤를 이어서 스불론 사람 엘론이 사사로서 이스라엘을 10년 동안 다스렸습니다.

12 스불론 사람 엘론은 죽어서 스불론 땅 아얄론에 묻혔습니다.

13 사사 압돈 그의 뒤를 이어서 비라돈 사람 힐렐의 아들 압돈이 사사로서 이스라엘을 다스렸습니다.

14 그에게는 40명의 아들들과 30명의 손자들이 있었는데 그들은 70마리의 나귀를 타고 다녔습니다. 그는 사사로서 이스라엘을 8년 동안 다스렸습니다. `딤전 5:4`

15 비라돈 사람 힐렐의 아들 압돈이 죽어서 아말렉 사람의 산간 지대인 에브라임의 땅 비라돈에 묻혔습니다.

13 블레셋의 압제 이스라엘은 또다시 여호와 보시기에 악한 일을 저질렀습니다. 그리하여 여호와께서는 그들을 블레셋 사람들의 손에 40년 동안 넘겨주셨습니다. `2:11;10:7;삼상 12:9`

2 나실 사람의 언약 단 지파로서 소라 출신의 사람이 하나 있었는데 그의 이름은 마노아였습니다. 그의 아내는 임신하지 못하는 사람이어서 그녀가 자식을 낳을 수 없었습니다. `수 19:41;삼상 1:2;눅 1:7`

3 그런데 여호와의 천사가 그녀에게 나타나 말했습니다. "보아라. 네가 임신하지 못해서 자식을 낳을 수 없구나. 그러나 네가 잉태하여 아들을 낳을 것이다. `6:12;눅 1:11,13`

4 그러니 이제 너는 포도주나 독한 술을 마시지 말고 부정한 어떤 것도 먹지 않도록 부디 조심하여라. `민 6:2-3;눅 1:15`

5 보아라. 네가 임신해 아들을 낳을 것이니 그의 머리에 면도칼을 대서는 안 된다. 그 아이는 모태에서부터 하나님께 나실 사람이 될 것이기 때문이다. 그가 블레셋 사람의 손에서 이스라엘을 구원하기 시작할 것이다." `민 6:5;삼상 1:11;7:13;대상 18:1`

6 아내가 마노아에게 말함 그러자 아내는 남편에게 가서 말했습니다. "하나님의 사람이 제게 왔는데 그의 모양이 마치 하나님의 천사처럼 보여 너무 두려웠습니다. 저는 그가 어디에서 왔는지 물어보지 못했고 그도 자기 이름을 제게 말해 주지 않았습니다.

7 하지만 그가 제게 말하기를 '보아라. 네가 잉태해 아들을 낳을 것이다. 그러니 이제 너는 포도주나 독한 술을 마시지 말고 부정한 어떤 것도 먹지 마라. 왜냐하면 그 아이는 네 배 속에서부터 죽는 날까지 하나님의 나실 사람이 될 것이다'라고 했습니다."

8 여호와의 천사가 지시 그러자 마노아는 여호와께 기도했습니다. "주여, 주께서 우리에게 보내신 그 하나님의 사람을 다시 우리에게 보내 주셔서 태어날 그 아이에게 어떻게 해야 할지 가르쳐 주십시오."

9 하나님께서는 마노아의 기도 소리를 들으셨습니다. 아내가 밭에 나가 있을 때 하나님의 천사가 다시 아내에게 나타났습니다. 그러나 남편 마노아는 그녀와 함께 있지 않았습니다.

10 아내는 서둘러 달려가 남편을 불러 그에게 말했습니다. "보세요! 지난번 제게 왔던 그 사람이 제게 나타났어요!"

11 마노아가 일어나 그의 아내를 뒤따라 그 사람에게 가서 말했습니다. "당신이 여인에게 말씀하신 그분이십니까?" 그 사람이 대답했습니다. "그렇다."

관습(11:39, 慣習, custom) 어떤 사회에서 오랫동안 지켜 내려와 그 사회 구성원들이 널리 인정하는 질서나 풍습.

나실 사람(13:7, Nazirite) 술과 사람에게서 분리되고 삭도를 몸에 대지 않으며 하나님께 헌신한 자.

12 그러자 마노아가 말했습니다. "당신의 말씀대로 이루어진다면 그 아이를 어떻게 키우며 또 그 아이를 어떻게 대해야 합니까?"

13 여호와의 천사가 마노아에게 말했습니다. "내가 네 아내에게 말한 모든 것을 지켜라.

14 네 아내는 포도나무에서 나온 것은 아무것도 먹지 말고 포도주나 독한 술을 마시지 말고 부정한 어떤 것도 먹지 말아야 한다. 내가 그녀에게 명령한 모든 것을 그녀가 지켜야 한다." 4,7절

15 여호와의 천사가 떠나갈 때 마노아가 여호와의 천사에게 말했습니다. "부디 잠시 기다려 주십시오. 우리가 당신을 위해 새끼 염소를 잡고자 합니다." 6:19;창 18:5-8

16 여호와의 천사가 마노아에게 말했습니다. "네가 나를 못 가게 붙들어도 나는 네가 주는 음식을 먹지 않겠다. 다만 번제를 준비하려거든 그것을 여호와께 바쳐라." 마노아는 그가 여호와의 천사라는 것을 깨닫지 못하고 있었던 것입니다.

17 그러자 마노아는 여호와의 천사에게 말했습니다. "당신의 이름이 무엇입니까? 당신의 말씀대로 이루어지면 우리가 당신에게 영광을 드리겠습니다." 6절

18 여호와의 천사가 그에게 말했습니다. "네가 왜 내 이름을 묻느냐? 그것은 비밀이다."

19 그래서 마노아는 곡식제물과 함께 새끼 염소를 가져다 바위 위에서 여호와께 제사를 드렸습니다. 그리고 천사가 신기한 일을 하는 것을 마노아와 그의 아내가 지켜보았습니다. 6:19-21

20 제단에서 불꽃이 하늘로 솟아오를 때 여호와의 천사가 제단의 불꽃과 함께 올라갔습니다. 마노아와 그의 아내는 이것을 보고서 얼굴을 땅에 대고 엎드렸습니다. 마 17:6

21 여호와의 천사가 마노아와 그의 아내에게 더 이상 나타나지 않았습니다. 그때서야 마노아는 그가 여호와의 천사였음을 깨달았습니다. 6:22

22 마노아가 그의 아내에게 말했습니다. "우리가 하나님을 보았으니 우리는 필히 죽을 것이오!"

23 그러나 그의 아내가 그에게 대답했습니다. "만약 여호와께서 우리를 죽이실 생각이었다면 우리 손으로 드린 번제와 곡식제물을 받지 않으셨을 것입니다. 또 이 모든 일을 우리에게 보여 주지 않으셨을 것이고 이런 일을 지금처럼 우리에게 말씀하지 않으셨을 것입니다."

24 **삼손의 출생과 성장** 그 여자가 아들을 낳아 그 이름을 삼손이라고 지었습니다. 그 아이는 잘 자라났고 여호와께서 그에게 복 주셨습니다. 삼상 2:21;3:19;눅 1:80;2:52

25 그가 소라와 에스다올 사이에 있는 마하네단에 있을 때 여호와의 영이 그를 움직이기 시작하셨습니다. 3:10;18:11;사 15:33

14 **삼손의 요구** 삼손이 딤나로 내려갔다가 그곳에서 블레셋 사람들의 딸들 가운데 한 여자를 보았습니다.

2 그가 돌아와서 그의 아버지와 어머니에게 말했습니다. "제가 딤나에서 블레셋 사람들의 딸들 가운데 한 여자를 보았습니다. 이제 그녀를 제 아내로 삼게 해 주십시오."

3 그러자 그의 아버지와 어머니가 그에게 말했습니다. "네 친척들이나 우리 모든 백성의 딸들 가운데서는 여자가 없느냐? 왜 네가 할례 받지 않은 블레셋 사람 가운데 아내를 얻으려고 하느냐?" 그러나 삼손이 그의 아버지에게 말했습니다. "그녀와 결혼하고 싶습니다. 저는 그녀가 좋습니다."

4 그의 아버지와 어머니는 이 일이 여호와로부터 온 것인지 알지 못했습니다. 여호와께서는 블레셋을 물리칠 기회를 찾고 계셨습니다. 그 당시 블레셋 사람들이 이스라엘을 지배하고 있었습니다. 수 11:20

5 **삼손이 사자를 죽임** 삼손은 그의 아버지와 어머니와 함께 딤나로 내려갔습니다. 그들이 딤나의 포도밭에 다다랐을 때 갑자기 어린 사자가 으르렁거리며 그에게 달려들었습니다.

6 그때 여호와의 영이 그에게 강하게 내려왔습니다. 그러자 그는 마치 새끼 염소를 찢

나실 사람, 삼손

소라에서 ①

마하네단에서 ③

딤나에서 ④

아스글론에서 ⑦

⑥

⑤

⑧

유다 레히에서 ⑨

가사에서 ⑩

소렉 골짜기에서 ⑪

⑫

1 하나님의 천사가 마노아와 그의 아내에게 아들에 대한 예언을 함(삿 13:2-14).

2 경건한 부모 아래서 태어나 나실 사람으로 길러짐(삿 13:24).

3 하나님의 영에 감동을 받음(삿 13:25).

4 딤나의 포도밭에서 어린 사자를 맨손으로 찢어 죽임(삿 14:6).

5 죽은 사자의 시체 안에 있던 벌꿀을 먹음(삿 14:8-9).

6 결혼 잔치에서 수수께끼를 냈으나 아내에게 답을 누설하여 내기에서 짐(삿 14:17-18).

7 아스글론 사람 30명을 죽여 내기에 건 모시옷 30벌, 겉옷 30벌을 마련함(삿 14:19).

8 여우 300마리 꼬리에 불을 붙여 밭을 불태우고 블레셋 사람들을 죽임(삿 15:1-8).

9 당나귀 턱뼈로 블레셋 사람 1,000명을 죽임(삿 15:8-20).

10 가사 성문을 떼서 어깨에 메고 감(삿 16:3).

11 들릴라와 사랑에 빠져 힘의 비밀을 누설하여 블레셋 사람들에게 붙잡혀 수치를 당함(삿 16:4-22).

12 다곤 신전 기둥을 뽑아 블레셋 사람들과 함께 죽음(삿 16:23-31).

듯이 맨손으로 그 사자를 찢어 버렸습니다. 그러나 그는 자기 아버지나 어머니에게 자기가 한 일에 대해 아무것도 말하지 않았습니다.

3:10;상상 11:6

7 그리고 나서 그는 내려가 그 여자와 이야기를 나누었습니다. 삼손은 그 여자가 좋았습니다.

8 얼마 후 삼손은 그 여자를 데리러 다시 갔습니다. 그가 사자의 시체를 보았습니다. 그 사자의 시체 안에는 벌 떼가 있었고 벌꿀도 있었습니다.

9 그는 꿀을 손으로 푹 떠서 길을 계속 가면서 먹었습니다. 그는 자기 아버지와 어머니에게 가서 꿀을 그들에게 드렸고 그들도 먹었습니다. 그러나 삼손은 부모에게 그 꿀을 사자의 시체에서 가져온 것이라고 말하지 않았습니다.

10 삼손의 수수께끼 삼손의 아버지가 그 여자에게 내려갔습니다. 삼손은 그곳에서 잔치를 열었습니다. 신랑은 그렇게 해 왔기 때문입니다.

11 삼손이 나타나자 블레셋 사람들은 삼손과 함께 있을 30명의 친구들을 데려왔습니다.

12 삼손이 그들에게 말했습니다. "내가 너희들에게 수수께끼를 하나 내겠다. 만약 너희가 이 잔치가 열리는 7일 동안 이것을 알아맞힌다면 내가 너희에게 모시옷 30벌과 겉옷 30벌을 주겠다.

창 29:27;시 78:2

13 그러나 너희가 알아맞히지 못하면 너희가 내게 모시옷 30벌과 겉옷 30벌을 줘야 한다." 그들이 그에게 말했습니다. "수수께끼를 내 봐라. 한번 들어 보자."

14 삼손이 블레셋 사람들에게 말했습니다. "먹는 자에게서 먹을 것이 나오고 힘센 자에게서 달콤한 것이 나왔다." 그들은 3일이 지나도 답을 알아맞히지 못했습니다.

15 아내가 해답을 강요함 7일째 되는 날 그들은 삼손의 아내에게 말했습니다. "네 남편을 유혹해 수수께끼의 답을 우리에게 알려 다오. 그렇게 하지 않으면 우리가 너와 네 아버지 집을 불살라 버리겠다. 너희는

우리 것을 빼앗으려고 우리를 초대한 것이냐? 그렇지 않으냐?"

15:6;16:5

16 그러자 삼손의 아내는 삼손 앞에서 울며 말했습니다. "당신은 저를 미워하는군요. 당신은 저를 사랑하지 않아요. 당신이 내 백성들에게 수수께끼를 내고 내게 답을 가르쳐 주지 않고 있어요." 삼손이 그녀에게 말했습니다. "보시오. 그것은 내 아버지와 내 어머니에게도 말해 주지 않았소. 그런데 당신에게 말해 준단 말이오?"

17 그녀는 잔치가 열리는 7일 동안 그 앞에서 울었습니다. 그러나 7일째 되는 날 삼손은 아내가 자꾸 졸라 대는 통에 그녀에게 그만 말하고 말았습니다. 그러자 그녀는 자기 백성에게 수수께끼의 답을 알려 주었습니다.

16:16

18 아스글론 사람 30명을 죽임 7일째 되는 날 해질 무렵 그 성읍의 사람들이 그에게 말했습니다. "꿀보다 더 단 것이 무엇이냐? 사자보다 더 센 것이 무엇이냐?" 삼손이 그들에게 말했습니다. "너희가 내 암송아지로 밭을 갈지 않았더라면 내 수수께끼를 알아맞히지 못했을 것이다."

19 그때 여호와의 영이 그에게 강하게 내려왔습니다. 그는 아스글론으로 내려가 그쪽 사람 30명을 죽이고 그들의 물건들을 약탈해 가져왔습니다. 그러고는 수수께끼를 답한 사람들에게 겉옷을 주었습니다. 그는 화가 잔뜩 났습니다. 그는 자기 아버지의 집으로 올라갔습니다.

1:18

20 한편 삼손의 아내는 그의 잔치에 삼손과 함께 있던 한 친구에게 주어졌습니다.

15

삼손의 복수 얼마 뒤에 밀을 추수할 때 삼손은 새끼 염소를 가지고 자기 아내를 찾아가서 말했습니다. "내 아내의 방으로 가겠습니다." 그러나 그녀의 아버지는 그가 들어가게 허락하지 않았습니다.

2 그녀의 아버지가 말했습니다. "나는 자네가 내 딸을 아주 미워하는 것으로 생각했다네. 그래서 내가 그 애를 자네 친구에게 줘 버렸다네. 그 애의 여동생이 그 애보다

더 예쁘지 않은가? 제발 그 애 대신 동생을 데려가게나." 14:20

3 삼손이 그들에게 말했습니다. "내가 블레셋 사람에게 해를 끼쳐도 이번에는 나를 탓할 것이 없을 것이오."

4 그리고 삼손이 나가서 여우 300마리를 잡아 와서는 꼬리와 꼬리를 묶고 한 쌍으로 묶은 꼬리 중간에다 해를 하나씩 달았습니다.

5 그는 해에다 불을 붙이고서 블레셋 사람들의 곡물 밭으로 여우들을 몰았습니다. 그래서 그는 곡물 단과 아직 베지 않은 곡물과 포도밭과 올리브 밭까지 불태워 버렸습니다.

6 삼손의 아내가 죽음 그러자 블레셋 사람들이 말했습니다. "누가 이런 짓을 했느냐?" 그들이 대답했습니다. "딤나 사람의 사위 삼손이 그녀의 아버지가 삼손의 아내를 그의 친구에게 준 것 때문에 이렇게 했소." 그러자 블레셋 사람들이 올라가 그 여자와 그녀의 아버지를 불태워 죽였습니다.

7 삼손이 그들에게 말했습니다. "너희가 이렇게 했으니 내가 너희에게 확실히 원수를 갚을 테다. 그런 다음에 내가 멈추겠다."

8 삼손은 그들을 닥치는 대로 죽여 버렸습니다. 그리고 그는 내려가 에담 바위 동굴에 머물렀습니다. 사 22:1; 57:5

9 새 줄로 결박된 삼손 그러자 블레셋 사람들이 올라가 유다에 진을 치고 레히 근처에

널리 퍼져 있었습니다. 삼하 5:18,22

10 유다 사람들이 말했습니다. "당신들은 어째서 우리와 싸우러 왔습니까?" 그들이 대답했습니다. "우리가 삼손을 붙잡으려고 왔소. 그가 우리에게 했던 그대로 우리가 그에게 해 주려고 왔소."

11 그러자 유다 사람 3,000명이 에담의 바위 동굴로 내려가서 삼손에게 말했습니다. "블레셋 사람들이 우리를 지배하고 있는 것을 모르느냐? 네가 우리에게 무엇을 하고 있는 줄 아느냐?" 그러자 삼손이 그들에게 말했습니다. "그들이 내게 한 그대로 그렇게 내가 그들에게 했다."

12 유다 사람들이 삼손에게 말했습니다. "우리가 너를 붙잡아 블레셋 사람들 손에 넘겨주려고 왔다." 삼손이 그들에게 말했습니다. "당신들이 직접 나를 죽이지 않는다고 내게 맹세하시오."

13 그들이 그에게 말했습니다. "죽이지 않겠다. 우리가 너를 붙잡기만 해서 그들의 손에 넘겨주겠다. 우리가 결코 너를 죽이지 않겠다." 그리하여 그들은 새 노끈 두 줄로 그를 묶어서 바위에서 데리고 나왔습니다.

14 삼손이 일천 명을 죽임 그가 레히에 다다르자 블레셋 사람들이 그를 보고 환호했습니다. 그리고 하나님의 영이 삼손에게 강하게 내려와 그의 팔에 두른 노끈이 마치 불에 타 버린 삼베처럼 됐습니다. 그를 묶은 노끈이 그 손에서 풀어졌습니다.

15 그는 방금 죽은 당나귀의 턱뼈를 찾아 그

어떻게 당나귀 턱뼈로 1천 명을 죽일 수 있나요?

당나귀 턱뼈가 대단한 무기였을까요? 삼손이 사용한 턱뼈는 죽은 지 얼마 되지 않은 당나귀의 턱뼈(삿 15:15)로, 탄력이 좋아 힘을 잘 전달할 수 있었어요. 고대 팔레스타인 지방에서 동물의 턱뼈는 곡식을 베는 낫의 재료로 사용되었어요. 농기구로 사용된 동물의 턱뼈가 1천 명의 사람을 죽일 만큼 뛰어난 무기는 아니었을

거예요. 삼손이 맨손으로 사자를 찢어 죽였을 때와 같이 블레셋 사람 1천 명을 죽인 것은 하나님의 영이 임하셨기 때문에 가능한 일이었어요. 하나님의 영이 임하자 삼손을 결박한 노끈은 불에 타 버린 삼베처럼 끊어졌고, 삼손은 당나귀 턱뼈 하나로 단숨에 블레셋 사람 1천 명을 죽인 거예요(삿 15:14-15).

것을 손에 집어 들고 그것으로 1,000명을 죽였습니다. 3:31절 26:8;수 23:10

16 그리고 나서 삼손이 말했습니다.

"당나귀 턱뼈로 더미 위에 더미가 쌓였구나. 당나귀 턱뼈로 내가 1,000명을 죽였다."

17 그가 말을 마치고는 그 턱뼈를 그의 손에서 내던져 버렸습니다. 그리고 그는 그곳을 라맛 레히라고 불렀습니다. 9:14절

18 **삼손의 갈증을 해소시키심** 삼손은 몹시 목말라 여호와께 부르짖었습니다. "주께서 주의 종의 손으로 이렇게 큰 구원을 이루어 주셨습니다. 그런데 지금 제가 목말라 죽을 지경입니다. 제가 할례 받지 않은 사람들의 손에 쓰러져야 되겠습니까?"

19 그러자 하나님께서 레히에 있는 한 움푹 패인 곳을 가르셨습니다. 그러자 그곳에서 물이 솟아 나왔습니다. 그는 물을 마시고 나서 제 정신을 차리고 기운도 회복했습니다. 그리하여 삼손은 그곳의 이름을 엔학고레라고 불렀습니다. 그곳은 오늘날까지 레히에 있습니다. 창 45:27

20 삼손은 블레셋 사람들의 지배 아래에서 사사로서 이스라엘을 20년 동안 다스렸습니다. 13:1

16 **성문짝들을 메고 감** 삼손은 가사에 갔다가 그곳에서 한 창녀를 만나서 그녀에게 갔습니다.

2 "삼손이 왔다"는 말을 듣고 가사 사람들은 그곳을 포위하고 밤새도록 성문 앞에서 숨어서 그를 기다리고 있었습니다. "아침에 날이 밝으면 우리가 그를 죽일 것이다"라고 말하며 그들은 밤이 새도록 조용히 기다렸습니다.

3 그러나 삼손은 한밤중에 일어나 성문 문짝과 두 문기둥을 붙들고 성문의 빗장과 함께 뽑아내어 그의 어깨에 메고는 헤브론 맞은편 산 꼭대기로 올라갔습니다.

4 **블레셋 사람에게 요청받는 들릴라** 그런 후 그는 소렉 골짜기에 한 여자와 사랑에 빠졌습니다. 그녀의 이름은 들릴라입니다.

5 블레셋 군주들이 그녀에게 가서 말했습니다. "그를 유혹해서 그의 강력한 힘이 어디에서 나오는지, 또 우리가 어떻게 하면 그를 붙잡아서 그를 묶고 굴복하게 할 수 있는지 알아보라. 그러면 우리 각자가 네게 은 1,100세겔씩 주겠다." 14:15;수 13:3

6 **(말리지 않은) 나무줄기 일곱 줄** 그리하여 들릴라가 삼손에게 말했습니다. "당신의 강력한 힘이 어디에서 나오는지, 또 어떻게 하면 당신을 묶어서 굴복시킬 수 있는지 제발 내게 가르쳐 주세요."

7 삼손이 들릴라에게 대답했습니다. "만약 그들이 말리지 않은 나무줄기 일곱 줄로 나를 묶으면 내가 다른 사람들처럼 약하게 되오." 11,17절

8 그러자 블레셋 군주들이 말리지 않은 나무줄기 일곱 줄을 들릴라에게 가져다주었고 들릴라는 그것으로 그를 묶었습니다.

9 들릴라는 사람들이 그녀의 방 안에 숨어 있을 때 삼손에게 말했습니다. "삼손, 블레셋 사람들이 당신에게 이닥쳤어요!" 그러나 그는 나무줄기 줄을 마치 실오라기가 불에 닿을 때 끊어지듯 끊어 버렸습니다. 이렇게 해서 그의 힘이 어디서 나오는지는 밝혀지지 않았습니다.

10 **새노곤** 그러자 들릴라가 삼손에게 말했습니다. "보세요. 당신이 나를 속였어요. 당신이 내게 거짓말을 했어요. 이제 당신을 어떻게 하면 묶을 수 있는지 제발 가르쳐 주세요."

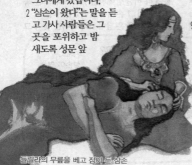

들릴라의 무릎을 베고 잠이 든 삼손

11 삼손이 들릴라에게 말했습니다. "그들이 한 번도 사용한 적이 없는 새 노끈으로 나를 단단히 묶으면 나도 다른 사람들처럼 약해질 것이오." 15:13-14

12 그러자 들릴라는 새 노끈을 가져다가 그를 묶고는 그를 불렀습니다. "삼손, 블레셋 사람들이 당신에게 들이닥쳤어요!" 사람들이 방 안에 숨어 기다리고 있었습니다. 그러나 그는 그의 팔에 두른 노끈을 마치 실처럼 끊어 버렸습니다.

13 머리털과 실을 섞어 짬 그러자 들릴라가 삼손에게 말했습니다. "당신은 지금까지 나를 속이고 내게 거짓말을 했군요. 당신을 어떻게 하면 묶을 수 있는지 내게 말해 주세요." 그가 그녀에게 말했습니다. "내 머리카락 일곱 가닥을 실과 섞어 짜면 되오."

14 그러자 들릴라는 그것을 말뚝에 단단히 붙잡아 맸습니다. 그리고 그녀는 삼손을 불렀습니다. "삼손, 블레셋 사람들이 당신에게 들이닥쳤어요!" 그러자 그는 잠에서 깨어나 말뚝과 베틀에 엮어 짠 것을 다 뽑아 버렸습니다.

15 삼손이 나실 사람의 비밀을 밝힘 그러자 그녀가 그에게 말했습니다. "마음이 내게 없으면서 당신은 어떻게 '내가 너를 사랑한'

라고 말할 수 있습니까? 당신은 나를 세 번 속였습니다. 당신의 강력한 힘이 어디에서 나오는지 당신은 내게 말해 주지 않고 있어요."

16 그녀가 매일 졸라서 삼손의 마음은 죽을 정도로 괴로웠습니다.

17 그리하여 삼손은 들릴라에게 그의 마음을 다 털어놓았습니다. 그가 그녀에게 말했습니다. "내 머리엔 면도칼을 댄 적이 없소. 나는 어머니의 배 속에서부터 하나님께 구별된 나실 사람이었기 때문이오. 만약 내 머리를 깎아 버리면 나는 힘이 빠져서 다른 사람처럼 약해지고 말 것이오." 13:5

18 머리카락이 잘린 삼손 그가 마음을 다 털어놓은 것을 들릴라가 알았습니다. 그녀는 블레셋 군주들에게 사람을 보내 말했습니다. "이번 한 번만 오십시오. 그가 마음을 다 털어놓았습니다." 그러자 블레셋 군주들이 그들의 손에 은을 들고 그녀에게 왔

정말 머리카락에서 힘이 나오나요?

삼손은 맨손으로 사자를 죽이고(삿 14:6) 나귀 턱뼈로 1천 명이나 되는 블레셋 사람을 물리쳤어요(삿 15:15). 삼손의 엄청난 힘은 정말 머리카락에서 나왔을까요?

고대 시대에는 긴 머리카락이 남성적인 힘의 상징이었고(삼하 14:25-26), 단 한 번도 머리카락을 자르지 않은 삼손의 긴 머리카락은 나실 사람의 상징이었어요(삿 13:5). 삼손이 머리카락을 자르지 않았다는 것은 나실 사람으로서 하나님에 대한 약속을 충실히 지키고 있음을 의미했어요. 또 하나님께 헌신된 삶을 살고 있음을 보여주는 것이었어요. 삼손이 사자나 적군을 물리칠 수 있었던 것은 여호와의 영(성령)이 임하셨기에

가능했어요(삿 14:6, 19; 15:14).

하지만 삼손은 들릴라의 꼬임에 넘어가 머리카락을 깎이게 되자 힘을 완전히 잃고 말았어요. 이것은 단순히 머리카락을 깎여서 그런 것이 아니라 나실 사람으로서 약속을 충실히 지키지 못했기 때문이었고, 여호와의 영이 떠나 어떤 힘도 발휘할 수 없었기 때문이에요(삿 16:20).

삼손이 온 마음을 다해 회개했을 때(삿 16:28) 하나님은 그에게 다시 한 번 이길 힘을 주셨어요(삿 16:29-30). 그것은 삼손의 힘이 머리카락이 아니라 하나님께로부터 나왔기 때문이에요. 회복된 힘은 삼손이 다시 하나님의 종으로 인정되었음을 말해 준답니다.

습니다. 5절

19 들릴라는 삼손을 자기 무릎 위에 잠들게 하고 사람 하나를 불러서 일곱 가닥으로 땋은 그의 머리카락을 깎게 했습니다. 그리고 그녀는 그를 괴롭혀 보고 그의 힘이 떠난 것을 확인했습니다. 5-6절

20 들릴라가 말했습니다. "삼손, 블레셋 사람들이 당신에게 들이닥쳤어요!" 그가 잠에서 깨어나 말했습니다. "내가 이전처럼 나가서 무찔러 버리겠다." 그러나 그는 여호와께서 자기에게서 떠나신 것을 알지 못했습니다.

21 그때 블레셋 사람들이 그를 붙잡아서 눈을 뽑아내고 그를 가사로 데려갔습니다. 그들은 그를 청동사슬로 묶었습니다. 그는 감옥에서 맷돌을 돌리는 사람이 됐습니다.

22 그러나 머리카락이 깎이고 난 후에 그의 머리털이 다시 자라기 시작했습니다.

23 삼손의 마지막 복수 블레셋 군주들이 그들의 신 다곤에게 큰 제사를 드리고 즐기기 위해 모여서 말했습니다. "우리 신이 우리의 원수 삼손을 우리 손에 넘겨주었다."

24 백성들이 삼손을 바라보며 그들의 신을 찬양했습니다. "우리의 신이 우리 손에 넘겨주었다. 우리 원수를, 우리 땅을 파괴한 자를, 많은 사람을 죽인 자를." 단 5:4

25 그들은 마음이 즐거워서 말했습니다. "삼손을 불러라. 그가 우리를 즐겁게 하게 하라." 그래서 그들은 삼손을 감옥에서 불러냈습니다. 삼손은 그들 앞에서 웃음거리가 됐습니다. 그들은 삼손을 두 기둥 사이에 세웠습니다. 19:6;삼하 13:28

26 그때 삼손이 자기 손을 잡고 있는 소년에게 말했습니다. "이 신전을 떠받치고 있는 기둥을 내가 만질 수 있게 해 주시오. 그곳에 내가 좀 기대야겠소."

27 신전은 남자들과 여자들로 가득 찼고 블레셋 군주들도 모두 그곳에 있었습니다. 또 지붕 위에도 남녀 3,000명 정도가 삼손을 조롱하며 바라보고 있었습니다.

28 그때 삼손이 여호와께 부르짖으며 말했습니다. "주 여호와여, 부디 저를 기억해 주십시오, 하나님이여, 부디 이번 한 번만 제게 힘을 주십시오. 제 두 눈을 뺀 블레셋 사람들에게 단숨에 복수하게 해 주십시오."

29 그리고 삼손은 그 신전이 서 있는 중앙의 두 기둥을 한쪽은 오른손으로, 다른 한쪽은 왼손으로 붙잡고 그곳에 몸을 기대었습니다.

30 그리고 삼손이 "내가 블레셋 사람들과 함께 죽을 것이다!"라고 말하며 있는 힘껏 기둥을 밀어냈습니다. 그러자 신전이 블레셋 군주들과 그 안에 있던 모든 백성들 위에 무너져 내렸습니다. 그리하여 그가 죽을 때 죽인 사람의 수가 그가 살아 있을 때 죽인 사람의 수보다 많았습니다.

31 삼손을 장사 그리고 그의 형제들과 그의 아버지의 집안사람 모두가 내려와 삼손의 시체를 가져갔습니다. 그들은 그의 시체를 소라와 에스다올 사이에 있는 그의 아버지 마노아의 무덤에 묻었습니다. 그는 사사로서 20년 동안 이스라엘을 다스렸습니다.

17 미가가 우상을 만듦 에브라임 산간 지대에 미가라는 사람이 있었습니다.

2 그가 자기 어머니에게 말했습니다. "어머니가 은 1,100세겔을 잃어버리셨을 때 그 일 때문에 저주하시는 말씀을 제가 들은 적이 있습니다. 보십시오, 그 은을 제가 갖고 있습니다. 제가 그것을 가져갔습니다." 그의 어머니가 말했습니다. "내 아들아, 네가 여호와께 복을 받을 것이다!"

3 그가 은 1,100세겔을 자기 어머니에게 돌려주자 그의 어머니가 말했습니다. "내가 내 아들을 위해 내 손으로 그 은을 온전히 여호와께 드려 조각한 신상과 녹여 만든 신상을 만들려고 했다. 그러니 이제 내가 이것을 네게 돌려주겠다." 출 20:4,23, 10:4

4 그래서 미가는 그 은을 자기 *어머니에게* 돌려주었습니다. 그의 어머니는 은 200세겔을 가져다가 은세공업자에게 줘 그가 그것으로 조각한 신상과 녹여 만든 신상을 만들게 했습니다. 그것들이 미가의 집에 있었습니다. 사 46:6

5 이 사람 미가에게는 신당이 있었습니다. 그는 에봇과 드라빔을 만들었으며 그의 아들 가운데 하나를 제사장으로 세웠습니다.

6 그 시절 이스라엘에는 왕이 없었기에 모두가 자기 보기에 옳다고 생각하는 대로 행동했습니다.

7 레위 사람을 제사장으로 세움 유다의 베들레헴 출신인 한 젊은이가 있었으니 그는 유다 지파로부터 온 사람이었습니다. 그는 레위 사람이었으며 그곳에서 살고 있었습니다.

8 그 사람은 살 곳을 찾아서 그 성읍, 곧 유다의 베들레헴을 떠났습니다. 그는 가는 길에 에브라임 산간 지대에 있는 미가의 집에 들렀습니다.

9 미가가 그에게 말했습니다. "당신은 어디 출신입니까?" 그가 미가에게 말했습니다. "저는 유다의 베들레헴에서 온 레위 사람입니다. 제가 살아갈 곳을 찾아서 가고 있습니다."

10 그러자 미가가 그에게 말했습니다. "저와 함께 살면서 제 아버지가 돼 주시고 제사장도 돼 주십시오, 제가 당신에게 해마다 은 10세겔과 옷 한 벌과 먹을 양식을 주겠습니다." 그러자 레위 사람은 그곳으로 갔습니다.

11 그래서 그 레위 사람은 그와 함께 살기로 결심했습니다. 그 청년은 미가에게 있어 아들 가운데 하나처럼 여겨졌습니다.

12 미가는 그 레위 사람을 거룩하게 구별해 세웠습니다. 그래서 그 청년은 미가의 제사장으로 그 집에 있게 됐습니다.

13 그러고 나서 미가는 말했습니다. "레위 사람이 내 제사장이 됐으니 이제 여호와께서 내게 잘해 주실 것이다."

18

단 지파의 정탐꾼이 레위 사람을 만남 그 당시 이스라엘에는 왕이 없었습니다. 그 당시 단 지파는 살아갈 자기 땅을 찾고 있었습니다. 그때까지 그들은 이스라엘 지파 가운데 자기들에게 주어진 땅을 다 갖지 못하고 있었기 때문입니다.

2 그리하여 단 지파는 자기 집안 모든 사람 가운데 소라와 에스다올에서 다섯 명의 용사들을 보내 땅을 정탐하게 했습니다. 그

하나님께 다시 힘을 구한 삼손이 다곤 신전의 기둥을 밀어 신전을 무너뜨림

들에게 말했습니다. "가서 땅을 잘 살펴보라." 그들이 에브라임 산간 지대로 가서 미가의 집에 머무르게 됐습니다. 삿 13:17

3 그들이 미가의 집 근처에 이르렀을 때 그들은 젊은 레위 청년의 목소리를 알아채고는 가는 길을 돌아가서 그에게 물었습니다. "누가 너를 여기에 데려왔느냐? 여기에서 뭘 하느냐? 도대체 어떻게 여기 있게 됐느냐?"

4 그가 그들에게 말했습니다. "미가가 내게 이러저러해서 나를 고용했고 내가 그의 제사장이 됐습니다." 17:10

5 그러자 그들이 그에게 말했습니다. "부디 하나님께 여쭈어 우리가 가는 여행이 잘될 것인지 알려 다오." 민 27:21;사 30:1;호 4:12

6 제사장이 그들에게 대답했습니다. "평안히 가시오. 당신들이 가는 길에 여호와께서 함께하고 있습니다." 삼상 1:17;왕상 22:6

7 좋은 소식을 전하는 정탐꾼 그리하여 그 다섯 사람이 길을 떠나 라이스에 도착했습니다. 그들은 그곳에 살고 있는 사람들이 시돈 사람들의 방식대로 조용하고 안전하게 살아가고 있는 것을 보았습니다. 그 땅에는 아무 부족한 것이 없었으며 풍부했습니다. 그들은 시돈 사람들과는 멀리 떨어져 있었고 어떤 사람과도 교류 없이 지내고 있었습니다. 수 19:47

8 그들이 소라와 에스다올로 그들의 형제들에게 돌아왔습니다. 그러자 그들의 형제들이 그들에게 말했습니다. "무엇을 보았느냐?" 2:11절

9 그들이 말했습니다. "일어나 그들을 공격합시다. 우리가 그 땅을 보니 정말 좋았습니다. 조용히 있지 말고 망설이지 말고 떠나그 땅을 차지합시다. 민 13:20;수 2:23~24

10 가서 보면 평화롭게 살고 있는 백성을 만날 것입니다. 땅은 넓습니다. 하나님께서 당신들의 손에 세상에 부족할 게 없는 땅을 주셨습니다." 19:19;신 8:9

11 단 지파의 군대 이동 그러자 단 지파의 집안에서 600명의 사람들이 무장을 하고 소라와 에스다올에서 전쟁터로 출정했습니다.

12 그들은 올라가서 유다의 기럇 여아림에서 진을 쳤습니다. 그리하여 그곳은 오늘날까지도 마하네단이라 불립니다. 그곳은 기럇 여아림 서쪽에 있습니다. 13:25;수 15:60

13 그들은 그곳에서부터 에브라임 산간 지대로 가서 미가의 집에 이르렀습니다. 2절

14 단 지파가 미가의 우상들을 취함 그리고 라이스 땅을 정탐하러 갔던 다섯 사람이 그들의 형제들에게 상황을 설명했습니다. "이들 집안에 에봇과 드라빔과 조각한 신상과 녹여 만든 신상이 있습니다. 이제 어떻게 해야 할지 잘 생각해 보십시오."

15 그러자 그들은 그곳에서 길을 돌아서 미가의 집에 있는 레위 사람인 그 청년에게 가서 인사했습니다. 창 43:27

16 무장한 단 지파 사람들 600명이 문 입구에 섰습니다. 11절

17 그러자 그 땅을 정탐하러 갔었던 다섯 사람이 그곳으로 들어가 조각한 신상과 에봇과 드라빔과 녹여 만든 신상을 집어 들었습니다. 제사장은 무장한 600명의 군사들과 함께 문 입구에 서 있었습니다.

18 이들이 미가의 집에 들어가 조각한 신상과 에봇과 드라빔과 녹여 만든 신상을 집

People 미가

사사 시대에 에브라임 산지에서 살던 사람이다. 그는 어머니의 은돈 1천 100세겔을 훔쳤다가 어머니의 저주가 두려워 다시 돌려주었다. 그러나 그의 어머니는 그 돈으로 우상을 만들었고, 미가는 자기 아들을 제사장으로 삼아 신당을 세웠다. 그때 거할 곳을 찾아 베들레헴에서 에브라임 산지에 온 한 레위 사람이 미가의 집에 찾아오자 미가는 그가 레위 사람이라는 것을 알고 그를 자신의 제사장으로 세웠다. 그러나 단 지파에 의해 에봇과 우상 그리고 레위 사람까지 모두 빼앗겼다.

미가가 나오는 말씀
>> 삿 17~18장

어 들자 제사장이 그들에게 말했습니다. "무슨 짓이냐?"

19 그들이 그에게 대답했습니다. "조용히 하시오, 우리와 함께 가서 우리의 아버지와 제사장이 돼 주시오, 한 가정의 제사장이 되는 것이 좋소, 아니면 이스라엘의 한 지파, 한 가문의 제사장이 되는 것이 좋소?"

20 이에 제사장은 마음이 기뻤습니다. 그는 에봇과 드라빔과 조각한 신상을 가지고 그 백성들 가운데 끼어서 함께 갔습니다.

21 미가의 시도가 실패함 그들은 돌아서서 떠났습니다. 아이들과 가축들과 소유들을 그들에 앞세웠습니다. _{삼상 17:22;사 10:28;행 21:15}

22 그들이 미가의 집에서 멀어졌을 때 미가의 집 근처에 살던 사람들이 모여 단 사람들을 가까이 좇아갔습니다.

23 그들이 단 사람들을 부르자 단 사람들이 돌아서서 미가에게 말했습니다. "사람들을 이끌고 오다니 무슨 일이냐?"

24 그가 말했습니다. "내가 만든 신들과 내 제사장을 너희가 데리고 가 버렸으니 내게 무엇이 더 남아 있느냐? '무슨 일이냐?'라고 너희가 어떻게 말할 수 있느냐?"

25 단 사람들이 그에게 말했습니다. "네 목소리가 우리에게 들리지 하지 마라. 그렇지 않으면 성질이 거친 사람들이 네게 가서 네 목숨과 네 가정의 목숨을 빼앗을지 모른다." _{삼상 1:10;삼하 17:8}

26 그리고 나서 단 사람들은 그들이 가던 길을 갔습니다. 미가는 그들이 자기보다 더 강한 것을 보고 뒤돌아 그의 집으로 돌아갔습니다.

27 라이스가 단으로 바뀜 그리하여 그들은 미가가 만든 것과 미가의 제사장을 데리고 라이스로 갔습니다. 조용하고 평화롭게 살고 있던 백성에게 가서 그들을 칼로 죽이고 그 성읍을 불살랐습니다. _{수 19:47}

28 그 성읍이 시돈에서 멀리 떨어져 어떤 사람들과도 교류 없이 지내고 있었고 그 성

읍이 또 베드르홉 근처 골짜기에 있었기 때문에 그들을 구해 줄 사람이 없었습니다. 그리하여 단 사람들은 성읍을 다시 짓고 그곳에 살게 됐습니다. _{민 13:21;수 19:28;삼하 10:6}

29 그들은 이스라엘에게서 태어난 그들의 조상인 단의 이름을 따서 그 성읍의 이름을 단이라고 불렀습니다. 그러나 그 성읍의 이름은 원래 라이스였습니다. _{창 14:14}

30 단 지파가 우상을 세움 거기에서 단 지파는 우상을 세웠습니다. 그 땅이 점령당할 때까지 모세의 손자요, 게르솜의 아들인 요나단과 그의 아들들이 단 지파의 제사장이 됐습니다.

31 그들은 하나님의 집이 실로에 있는 동안 내내 미가가 만든 우상을 자기들을 위해 세워 두었습니다. _{수 18:1;삼상 1:3}

19

레위 사람과 첩 그 당시에 이스라엘에는 왕이 없었습니다. 한 레위 사람이 에브라임 산간 지대 외딴곳에서 살고 있었습니다. 그는 유다 베들레헴에서 온 첩 하나를 얻었습니다.

2 그러나 그의 첩은 그에게 나쁜 일을 하고는 그를 떠나 유다 베들레헴에 있는 자기 아버지의 집으로 가 버렸습니다. 그녀가 그곳에 가 있은 지 4개월이 됐습니다.

3 레위 사람과 장인 그녀의 남편이 그의 하인과 함께 당나귀 두 마리를 끌고 그녀를 찾아가서 돌아오라고 설득했습니다. 그 여인이 그를 자기 아버지의 집으로 데려오자 그녀의 아버지는 그를 보고 반갑게 맞이했습니다.

4 그의 장인, 곧 그 젊은 여자의 아버지가 그를 붙잡아서 그는 그와 함께 3일을 지냈습니다. 그들은 먹고 마시고 그곳에서 머물렀습니다.

5 4일째 되는 날 그들은 아침 일찍 일어났고 그는 떠날 준비를 했습니다. 그러나 그 젊은 여자의 아버지가 그의 사위에게 말했습니다. "빵 몇 조각을 좀 먹고 기운을 차

린 다음에 가게." 창18:5

6 그리하여 그 두 사람은 함께 앉아 먹고 마셨습니다. 그 젊은 여자의 아버지가 그 사람에게 말했습니다. "부디 오늘 밤 머물며 즐겁게 지내게." 룻3:7;삼하13:28

7 그 사람이 떠나려고 일어나자 그의 장인이 그를 붙잡아서 그는 하룻밤을 그곳에서 더 머물게 됐습니다.

8 5일째 되는 날 그가 가려고 아침 일찍 일어났습니다. 그 젊은 여자의 아버지가 말했습니다. "기운을 차릴 수 있도록 오후까지 기다리게!" 그리하여 그 두 사람은 함께 먹었습니다. 5절

9 그러고 나서 그 사람이 그의 첩과 그의 하인과 함께 떠나려고 일어나는데 그의 장인, 곧 그 젊은 여자의 아버지가 그에게 말했습니다. "자 보게나, 저녁이 다 됐네. 부탁이네. 하룻밤 더 머무르게. 여기서 하룻밤 머물면서 즐겁게 지내게. 그리고 내일 아침 일찍 일어나 길을 떠나 네 집으로 돌아가게."

10 기브아로 가는 길 그러나 그 사람은 하룻밤 더 머물지 않고 안장 얹은 나귀 두 마리와 자기의 첩을 데리고 길을 떠나 여부스, 곧 예루살렘을 향해 갔습니다. 수15:8

11 그들이 여부스에 가까이 왔는데 날이 저물어 가자 하인이 그의 주인에게 말했습니다. "부탁입니다. 이 여부스 사람의 성읍에 가서 그곳에서 하룻밤을 머무르시지요."

12 종의 주인이 그에게 대답했습니다. "우리는 이스라엘 자손이 아닌 다른 민족의 성읍에는 들어가지 않는다. 우리는 계속해서 기브아로 갈 것이다." 수18:28

13 그가 자기의 하인에게 말했습니다. "기브아나 라마까지 가서 그 둘 가운데 한 곳에서 머무르도록 하자." 수18:25

14 그래서 그들은 가던 길을 계속 가서 해 질 무렵에 베냐민에 속한 기브아 부근에 이르렀습니다.

15 그들은 기브아에 가서 하룻밤을 머물기 위해 그곳에서 길을 돌렸습니다. 그들이 가서 그 성읍의 광장에 앉아 있었지만 자기 집에서 하룻밤 재워 줄 사람은 하나도 없었습니다. 수24:33

16 노인의 환대 저녁이 돼 한 노인이 일을 끝내고 들판에서 돌아오고 있었습니다. 그 사람은 에브라임 산간 지대 출신으로 기브아에 살고 있는 사람이었습니다. 그곳 사람들은 베냐민 사람들이었습니다.

17 그가 성읍의 광장에 여행객이 있는 것을 보았습니다. 그 노인이 말했습니다. "어디로 가는 길이오? 어디에서 왔소?"

18 레위 사람이 그에게 말했습니다. "우리는 유다의 베들레헴에서 와서 에브라임 산간 지대 외딴곳으로 가는 길입니다. 제가 그곳 출신입니다. 유다의 베들레헴에 들렀다가 여호와의 집으로 가는 중입니다. 그런데 저를 광장에서 자기 집으로 데려가려는 사람이 아무도 없습니다. 18:31

이렇게 끔찍한 이야기가 성경에 있다니?

사사기를 보면, 이스라엘 백성들이 얼마나 타락했는지 알 수 있어요. 영적으로 하나님을 떠나 우상들을 섬겼고, 도덕적으로 동성애, 성폭행, 끔찍한 살인을 저질렀어요. 특히 사사기 19장에 나오는 레위 사람의 첩과 관련된 사건은 사사 시대의 타락상을 분명히 보여 주고 있어요. 오늘날로 보면 성직자라고 할 수 있는 레위 사람도 율법을 어기고 첩을 얻은 것이나, 그 첩이 행음한 것은 그 당시의 성도덕이 얼마나 타락했는지를 보여 주는 거예요. 게다가 기브아 노인의 집을 에워싼 무리들이 동성애를 요구한 일(삿19:22)이나 이에 대해 처녀 딸과 레위 사람의 첩을 주겠다고 제의한 것, 레위 사람의 첩을 욕보인 것은 영적, 도덕적으로 매우 타락한 사사 시대의 모습을 보여 줍니다.

19 우리는 나귀를 먹일 짚과 여물이 있을 뿐 아니라 당신의 종과 당신의 하녀와 우리의 하인이 먹을 빵과 포도주도 있습니다. 우리에게 부족한 것은 아무것도 없습니다.

20 노인이 말했습니다. "당신이 편안하기를 바라오. 그러나 당신이 필요한 것은 내가 책임지겠소. 그저 광장에서 하룻밤 머무는 일만은 하지 마시오."
창 19:2,4,33,23

21 그래서 그 노인은 그를 자기 집으로 데려 갔습니다. 그곳에서 나귀들에게도 먹이를 주었습니다. 그들은 발을 씻고 나서 먹고 마셨습니다.
삿 18:4;24:32;43:24;창 13:5

22 **베냐민 사람들의 악한 일** 그들이 이렇게 즐기고 있을 때 그 성읍의 불량배들이 그 집을 둘러싸고 문을 두드리며 집주인인 그 노인에게 소리쳤습니다. "당신 집에 온 그 사람을 데리고 나오시오. 우리가 그와 관계를 가질 것이오."
삿 20:5;창 19:4;신 13:13

23 집주인이 밖으로 나가 그들에게 말했습니다. "내 형제들이여, 제발 악한 일을 저지르지 마시오, 왜냐하면 이 사람은 우리 집에 온 손님이오, 이런 수치스러운 짓을 하지 마시오.
창 19:7;34:7;신 22:21;수 7:15

24 보시오, 여기 내 처녀 딸이 있고 그의 첩이 있소. 내가 이제 그들을 데리고 나가겠소. 그들을 데리고 당신들이 보기에 좋을 대로 하시오, 그러나 이 사람에게만은 이런 수치스러운 짓을 하지 마시오."
창 19:8

25 **강간당한 첩** 그러나 그 사람들은 그의 말을 무시했습니다. 그래서 그 레위 사람은 그의 첩을 밖으로 내보냈습니다. 그러자 그들은 밤새도록 아침까지 그녀와 관계를 가지며 학대하다가 새벽이 돼서야 그녀를 놓아주었습니다.

26 아침 동틀 무렵 그 여자는 돌아왔습니다. 그녀는 자기 남편이 있는 그 사람의 집 문 앞에 날이 밝아 올 때까지 쓰러져 있었습니다.

27 **시체를 토막 내어 각 지파에 보냄** 그녀의 남편이 아침에 일어나 집 문을 열고 길을 가기 위해 밖으로 나갔는데 그의 첩의 두 손이

문지방에 걸쳐진 채 그 집 문 앞에 엎어져 있었습니다.

28 그가 그녀에게 말했습니다. "일어나 가자." 그러나 아무 대답이 없었습니다. 그러자 그는 그녀를 당나귀에 싣고 출발해 그의 집으로 갔습니다.
20:5

29 그가 그의 집에 도착하자 칼을 꺼내 자기 첩을 마디마디 베어서 12토막을 내고 그 것들을 이스라엘 전 지역에 보냈습니다.

30 그것을 본 모든 사람들이 말했습니다. "이스라엘 자손이 이집트 땅에서 나온 그날 이후 오늘날까지 이런 일은 없었고 본 적도 없었다. 이 일을 생각해 보고 의논해 보고 그러고 나서 말하자!"
20:7;호 9:9;11:9

20 군대를 집결시킴 그리고 단에서부터 브엘세바까지 그리고 길르앗 땅에서 모든 이스라엘 자손이 나와서 동시에 미스바의 여호와 앞에 모였습니다.

2 모든 백성의 지도자들, 곧 이스라엘의 모든 지파의 지도자들은 하나님의 백성 앞에 섰습니다. 칼을 뽑아 든 군인은 40만 명이었습니다.
삼상 14:38

3 **레위 사람이 자초지종을 설명함** 베냐민 지파는 이스라엘 자손이 미스바로 올라갔다는 것을 들었습니다. 이스라엘 자손들이 말했습니다. "어떻게 이렇게 악한 일이 일어났는지 말해 보아라."

4 그러자 살해된 여자의 남편인 그 레위 사람이 대답했습니다. "나와 내 첩이 하룻밤을 머물려고 베냐민에 속한 기브아로 갔습니다.
19:15

5 밤중에 기브아 사람들이 나를 공격하려 일어나서 집을 둘러쌌습니다. 그들은 나를 죽이려 했으며 내 첩을 능욕하여 결국 그녀를 죽게 했습니다.
19:22,25~26

6 그들이 이스라엘에서 악하고 수치스러운 짓을 했기 때문에 내가 내 첩을 데려다가

여물(19:19, fodder) 말이나 소를 먹이기 위하여 말려서 썬 짚이나 마른 풀. **문지방**(19:27, 門地枋, threshold) 출입문 밑의 두 문설주 사이에 마루보다 조금 높게 가로로 댄 나무. **능욕**(20:5, 凌辱, rape) 여자를 성폭행하여 욕보임.

토막을 내서 이스라엘 땅 온 지역에 보냈습니다. 19:23,29

7 보십시오, 여러분 모두가 이스라엘 자손입니다. 여기서 의논하고 조언을 해 주십시오."

8 기브아의 징벌을 결정함 모든 백성들이 일제히 일어나 말했습니다. "우리 가운데 어느 누구도 자기의 천막으로 가지 않고 우리 가운데 어느 누구도 자기 집에 돌아가지 않을 것이오.

9 이제 제비를 뽑아서 우리가 기브아를 치러 올라갈 것이다. 이것이 우리가 기브아에 대해 할 일이다.

10 우리가 이스라엘 모든 지파에 걸쳐 100명에서 열 명을, 1,000명에서 100명을, 1만명에서 1,000명을 취해 군대의 양식을 마련하게 하고 그들이 베냐민의 기브아로 가서, 기브아 사람들이 이스라엘에 행한 모든 더럽고 수치스러운 짓에 합당하게 갚아 줄 것이다."

11 그리하여 이스라엘 모든 사람들이 한마음이 돼 그 성읍을 치려고 모였습니다.

12 전투를 위한 준비 이스라엘 지파는 베냐민 지파 온 지역에 사람을 보내 말했습니다. "너희 가운데 이렇게 악한 일이 일어나다니 이것이 어찌 된 일이오? 신 13:14 수 22:13,16

13 이제 기브아의 불량배들을 우리에게 넘기시오. 우리가 그들을 죽여 이스라엘에서 악을 없애도록 하겠소." 그러나 베냐민 사람들은 그들의 형제들인 이스라엘 자손들의 말에 귀 기울이지 않았습니다. 신 13:5

14 베냐민 사람들이 각 성읍으로부터 나와 이스라엘 자손들과 싸우려고 기브아에 모였습니다.

15 그날 각 성읍에서 모인 베냐민 사람은 칼을 뽑아 든 2만 6,000명 외에도 기브아 주민들이 700명을 선발해 모았습니다.

16 이 사람들 가운데 선별된 700명은 왼손잡이였는데 이들이 무릿매로 돌을 던지면 머리카락도 실수하지 않고 맞힐 수 있었습니다.

17 베냐민을 제외하고도 이스라엘 사람 가운데 칼을 뽑아 든 사람이 40만 명이었습니다. 그들은 모두 전쟁 용사들이었습니다.

18 이스라엘 자손들이 일어나 벧엘에 올라가서 하나님께 여쭈어 보며 말했습니다. "우리 가운데 누가 먼저 올라가 베냐민 사람들과 싸워야겠습니까?" 여호와께서 말씀하셨습니다. "유다가 먼저 갈 것이다."

19 베냐민 사람들의 첫 승리 다음 날 아침 이스라엘 자손들이 일어나 기브아 맞은편에 진

사사 시대 내전들

길르앗과 에브라임의 전쟁

원인 | 암몬과의 전쟁에서 입다가 승리하자, 에브라임 지파가 자신들의 도움을 구하지 않았다는 이유로 싸움을 걸어왔다(삿 12:1-3).

결과 | 입다가 길르앗 사람들을 소집해 에브라임 사람들을 무찔렀다. 요단 강 나루터에서 에브라임 사람 4만 2천명을 죽였다(삿 12:4-6).

교훈 | 에브라임 지파는 자기 우월감과 교만 때문에 시비를 걸었는데 그것은 구원과 승리를 주시는 하나님에 대한 불신의 태도였다. 이 사건을 통해 교만하면 결국 멸망하게 됨을 배울 수 있다.

베냐민 지파와 이스라엘 연맹군의 전쟁

원인 | 어떤 레위 사람의 첩이 기브아에서 불량배

들에 의해 집단 성폭행을 당해 죽었다. 레위 사람은 첩의 시신을 12토막 내어 이스라엘의 열두 지파에 보내 기브아 사람들의 만행을 고발했다. 이스라엘 각 지파의 지도자들이 모여 불량배들을 처벌하기로 결정했으나 베냐민 사람들이 결정에 응하지 않아 결국 전쟁이 일어났다(삿 19:1-20:13).

결과 | 3차에 걸친 전쟁을 통해, 이스라엘 사람들은 기브아를 점령하고 베냐민 지파와 전쟁에서 이겼다. 베냐민 지파를 위해 미스바 총회에 불참한 야베스 길르앗을 공격, 처녀들을 잡아 베냐민 지파의 아내로 삼게 했다(삿 20:19-21:23).

교훈 | 베냐민 지파가 패배한 것은 교만과 죄의 결과임을 보여 준다. 이 사건을 통해 사람의 감정과 판단은 불완전함을 보게 된다. 또 죄는 미워하되 죄인은 용서하고 사랑해야 함을 배운다.

을 쳤습니다.

20 이스라엘 사람들은 베냐민과 싸우러 나갔습니다. 그리고 그들과 싸우기 위해 기브아에 전선을 마련했습니다.

21 베냐민 사람들이 기브아에서 나와 그날 이스라엘 사람 2만 2,000명을 무찔렀습니다.

22 그러나 이스라엘 사람들은 서로 용기를 북돋워주고 첫날 전선을 마련한 곳에 다시 준비를 갖추었습니다.

23 이스라엘 자손들은 여호와 앞에 올라가 저녁때까지 울며 여호와께 여쭈어 말했습니다. "우리가 우리 형제 베냐민 사람들과 전쟁하기 위해 다시 가야 합니까?" 여호와께서 대답하셨습니다. "올라가 그들과 싸우라."

24 이스라엘이 다시 패배할 둘째 날 이스라엘 자손들은 베냐민 사람들에게 가까이 다가갔습니다.

25 베냐민 사람들은 둘째 날에 그들과 싸우기 위해 기브아에서 나왔습니다. 베냐민 사람들은 다시 이스라엘 자손들을 1만 8,000명을 무찔렀는데 이들은 모두 칼로 무장한 사람들이었습니다. 2,21절

26 그러자 모든 이스라엘 자손들이, 모든 백성들이 벧엘로 올라가서 여호와 앞에 주저앉아 울었습니다. 그들은 그날 저녁때까지 금식하고 여호와 앞에 번제와 화목제를 드렸습니다.

27 그리고 이스라엘 자손들은 여호와께 여쭈어 보았습니다. (그 당시 하나님의 언약궤가 그곳에 있었고 수 18:1;삼상 3:3-4

28 그 당시 그 앞에는 아론의 손자이며, 엘르아살의 아들인 비느하스가 섬기고 있었습니다.) 그들이 물었습니다. "제가 우리 형제 베냐민과 싸우기 위해 다시 나아가야 합니까, 아니면 여기서 그만둬야 하겠습니까?" 여호와께서 말씀하셨습니다. "나아가라. 내일 내가 그들을 너희 손에 넘겨주겠다."

29 이스라엘의 승리 그리고 이스라엘은 기브아 주위에 몰래 숨어들었습니다. 수 8:4

30 셋째 날 이스라엘 자손들은 베냐민 사람들을 치러 나아갔습니다. 이전처럼 기브아에 부대를 배치했습니다.

31 베냐민 자손들은 그들과 싸우기 위해 나왔고 성읍에서 멀리 떨어진 곳으로 쫓아왔습니다. 그들이 이전처럼 이스라엘 자손들을 죽이기 시작했습니다. 한쪽으로는 벧엘로 다른 쪽으로는 기브아로 가는 큰길과 들판에서 약 30명쯤 죽였습니다.

32 베냐민 사람들이 말했습니다. "우리가 전처럼 그들을 이기고 있다." 그러자 이스라엘 자손들은 말했습니다. "우리가 도망쳐 저들을 성읍에서 큰길까지 따라오게 하자."

33 이스라엘 사람 모두가 자기 자리에서 일어나 바알다말에 부대를 배치했습니다. 몰래 숨어 있던 이스라엘쪽 사람들은 자기들이 있던 곳인 기브아 평지에서 쏟아져 나왔습니다.

34 그때 이스라엘 전체에서 뽑힌 사람 1만 명이 기브아를 치려고 앞장서 나와 싸우는 것은 치열했습니다. 그러나 베냐민 사람들은 재앙이 그들에게 미친 줄 알지 못했습니다.

35 그러자 여호와께서 이스라엘 앞에서 베냐민을 무찔렀습니다. 그날 이스라엘 자손들이 격파한 베냐민 자손의 수는 2만 5,100명으로 이들은 모두 칼로 무장한 사람들이었습니다. 2절

36 베냐민의 참패 그제야 베냐민 사람들은 자기들이 졌다는 것을 알게 됐습니다. 이스라엘 사람들이 기브아에 숨겨 두었던 사람들이 잘 싸울 것을 믿고 그곳을 잠시 베냐민 사람들에게 내주었던 것입니다.

37 그러고는 그 숨어 있던 사람들이 서둘러서 기브아를 공격했습니다. 숨어 있던 사람들은 나아가 온 성읍을 칼날로 부수어 버렸습니다. 수 8:19

38 이스라엘 사람들과 숨어 있던 사람들은 성읍에서 큰 연기를 내는 것으로 미리 신호를 정했습니다.

39 이스라엘 사람들이 싸움에서 후퇴하자 베냐민 자손들이 공격하기 시작해 이스라엘 사람들을 약 30명가량 죽이고 말했습니

다. "첫 번째 싸움에서처럼 분명 우리가 이길 것이다!"

31-32절

40 성읍에서 연기 기둥이 치솟아 오르기 시작하자 베냐민 자손들이 성읍 전체에서 연기가 하늘로 치솟는 것을 보았습니다.

41 그때 이스라엘 사람들이 방향을 바꾸었고 베냐민 사람들은 재앙이 자기들에게 다가온 것을 알고 당황했습니다.

34절

42 그리하여 그들은 이스라엘 앞에서 돌아서서 광야로 향하는 길로 도망쳤습니다. 그러나 그들은 싸움을 피할 수 없었습니다. 성읍에서 나온 이스라엘 사람들이 그들 한가운데서 그들을 공격했습니다. 수 8:15,24

43 그들은 베냐민 사람들을 둘러싸며 추격해서 동쪽으로 기브아 근처까지 쉽게 그들을 무찔렀습니다.

44 베냐민 사람 1만 8,000명이 쓰러졌는데 이들은 모두 용감한 전사들이었습니다.

45 그들은 돌아서서 광야의 림몬 바위로 도망쳤습니다. 그러나 이스라엘 자손들은 큰길에서 그들 5,000명을 이삭 줍듯 죽이고 기돔까지 그들을 좇아가 그들 2,000명을 더 죽였습니다.

21:13;수 15:32

46 그날 칼로 무장한 베냐민 사람 2만 5,000명이 죽었습니다. 이들은 모두 용감한 전사들이었습니다.

47 최후의 저항군을 진압한 한편 600명이 돌아서서 광야의 림몬 바위로 도망쳐 그들은 림몬 바위에서 넉 달을 지냈습니다.

48 이스라엘 사람들은 베냐민 사람들에게 다시 돌아가 온 성읍을, 짐승이든 보이는 것 모두를 칼로 내리쳤습니다. 그들이 들어가는 성읍마다 모조리 불을 질렀습니다.

21

베냐민 지파를 위한 배려 그때 이스라엘 사람들은 미스바에서 맹세했습니다. "우리 가운데 어느 누구도 베냐민 사람에게는 딸을 시집보내지 않을 것이다."

2 백성들이 벧엘로 가서 그곳에서 저녁때까지 하나님 앞에 앉아 소리를 지르며 울면서

3 말했습니다. "이스라엘의 하나님 여호와여, 오늘 이스라엘에서 한 지파가 빠지게 되다니 이스라엘에 왜 이런 일이 일어났습니까?"

4 다음 날 백성들은 아침 일찍 일어나 그곳에 제단을 쌓고 번제물과 화목제물을 드렸습니다. 삼하 24:25

5 그리고 이스라엘 자손들이 말했습니다. "이스라엘의 모든 지파 가운데 함께 여호와께 올라가지 않은 사람이 누구냐?" 왜냐하면 미스바에서 여호와께 올라가지 않은 사람에 대해서 그들이 죽이기로 맹세를 단단히 했었기 때문입니다. 5:23

6 이스라엘 자손들은 자기 형제 베냐민에 대해 안타까워하며 말했습니다. "오늘 이스라엘에서 한 지파가 끊어져 나갔소.

7 우리가 우리 딸들을 그들에게 시집보내지 않기로 여호와께 맹세했으니 남은 사람들이 아내를 구할 때 우리가 무엇을 해야 하겠소?" 16절

8 야베스 길르앗에서 온 처녀들 그리고 그들은 말했습니다. "이스라엘 지파들 가운데 미스바에서 여호와께 올라가지 않은 지파가 어느 지파요?" 그러고 보니 야베스 길르앗에서는 한 사람도 이 모임에 참석하지 않

폭력

승비는 가끔 TV나 뉴스를 보는데 흔히 리 사건이 자주 발생한다는 걸을 알았어요. 그리고 그런 나쁜 뉴스를 볼 때마다 저 같은 흔 흔들을 위해서 마음이 돌았어요.

때리면 아파요! 폭력은 싫어요!

폭력은 아주 나쁜 것이에요. 사사기 20장 말씀은 개인이 당한 폭력 사건이 지파 전체의 싸움으로 커져서 전쟁과 복수가 이어지는 내용이에요. 이스라엘 백성이 같은 민족끼리 전쟁을 한 결과, 베냐민 지파가 멸망해서 없어질 위기에 처하게 되었어요. 이처럼 폭력은 무서운 결과를 가져오지요. 폭력을 당한 사람은 상처와 고통 그리고 끔찍한 기억으로 고통을 당하게

았습니다.

9 백성의 수를 세어 보니 야베스 길르앗 사람은 하나도 그곳에 있지 않았습니다.

삼상 11:1;31:11-13

10 그리하여 모든 이들이 용감한 사람 1만 2,000명을 그곳에 보내 그들에게 명령했습니다. "가서 야베스 길르앗의 주민들을 여자와 아이들까지 다 칼날로 내리쳐라.

11 이것이 너희가 할 일이다. 모든 남자와, 남자와 잔 경험이 있는 여자를 다 죽여라!'

12 그들은 야베스 길르앗의 주민들 가운데 남자와 잔 적이 없어 남자를 알지 못하는 젊은 처녀 400명을 찾아내 그들을 가나안 땅에 있는 실로의 진영으로 데려왔습니다.

13 여인의 수가 부족함 그리고 모인 사람들은 림몬 바위에 있는 베냐민 자손들에게 사람을 보내 그들에게 평화를 주겠다고 선언했습니다.

20:47;신 20:10

14 그래서 그때 베냐민 사람들이 돌아왔고 야베스 길르앗에서 살려 둔 그 여자들을 그들의 아내로 맞이했습니다. 그러나 그 여자들로는 수가 충분하지 않았습니다.

15 백성들이 베냐민에 대해 안타까워했습니다. 여호와께서 이스라엘 지파들 가운데 틈을 만드셨기 때문입니다.

6절

16 사악을 피하기 위한 궁리 그러서 회중의 장로들이 말했습니다. "베냐민의 여자들이 모두 죽었으니 살아남은 사람에게 우리가 어떻게 아내를 구해 주겠는가?"

17 그들이 말했습니다. "베냐민의 살아남은 사람들은 자손을 이어야 하오. 그래야만 이스라엘 지파 하나가 없어지지 않을 것이오.

18 그러나 '베냐민 사람에게 아내를 주는 사람은 저주를 받을 것이다'라고 이스라엘 자손들이 맹세했기 때문에 우리는 우리의 딸들을 그들에게 아내로 줄 수 없소."

19 그러고는 그들이 말했습니다. "보시오, 벧엘 북쪽, 벧엘에서 세겜으로 가는 길 동쪽에, 르보나 남쪽에 있는 실로에 해마다 여호와의 절기가 있소."

20:31

20 그래서 그들은 베냐민 사람들에게 지시해 말했습니다. "가서 포도밭에 숨어 있으시오.

21 살펴보다가 실로의 딸들이 춤을 추기 위해서 나오면 당신들은 포도밭에서 달려 나가 실로의 딸들 가운데 하나를 당신들 아내로 붙잡아 베냐민 땅으로 가시오.

22 그들의 아버지나 형제들이 우리에게 따진다면 우리가 그들에게 말하겠소. '그들에게 은혜를 베풀어 주시오. 우리가 전쟁 중에 그들에게 아내를 구해 줄 수 없었기 때문이오. 당신들이 딸을 그들에게 준 것이 아니니 당신들은 죄를 저지른 것이 아니오.'"

23 이렇게 해서 베냐민 사람들은 그대로 했습니다. 그들이 춤을 추고 있을 때 순서대로 각자가 하나씩 자기 아내로 붙잡아 데려갔습니다. 그들은 상속받은 땅으로 돌아가서 성읍을 재건하고 그곳에서 살았습니다.

24 그때 이스라엘 자손들은 그곳을 떠나 각자 자기 지파, 자기 가문으로 돌아갔습니다. 그곳으로부터 각자 자기가 상속받은 땅으로 돌아갔습니다.

25 자기 마음대로 행한 이스라엘 그 당시 이스라엘에는 왕이 없어서 모두가 자기 마음대로 행동했습니다.

17:6;18:1;19:1

돼요. 그뿐만 아니라 때린 사람도 괴로운 마음에 눌려서 고통스럽지요.

인간의 마음속에는 왜 이렇게 잔인함이 도사리고 있을까요? 전쟁, 폭력, 복수를 어떻게 멈출 수 있을까요?

해결 방법은 바로 '하나님을 찾는 것'입니다. 우리 마음이 하나님으로 가득 차고 성령의 은혜를 받을 때 비로소 폭력을 멈출 수 있는 능력을

갖게 돼요. 용서하는 마음도 생기게 되지요. "폭력은 싫어요. 용서하는 마음을 갖게 해주세요!"라고 기도해 보세요.

깊이읽기 사사기 20장 36-48절을 읽으세요.

전사(20:44, 戰士, fighter) 군인, 용사. 진영(21:12, 陣營, camp) 군대가 진을 치고 있는 일정한 구역.

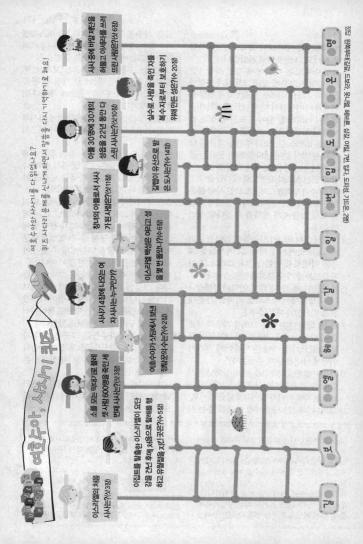

퀴즈퀴즈 여호수아, 사사기 퀴즈

여호수아와 사사기를 다 읽었나요?
퀴즈 사다리 문제를 신나게 타면서 읽음을 다시 기억하기로 해요!

- 이스라엘에 처음 사사는?(삿3장)
- 소를 모는 막대기로 블레셋 사람 600명을 죽인 세 번째 사사는?(삿3장)
- 사사기 4장에 나오는 여자사사는 누구인가?
- 형녀의 아들로서 사사가 된 사람은?(삿11장)
- 아들 30명에 30개의 성읍을 22년 동안 다스린 사사는?(삿10장)
- 사사 중에 바알 제단을 헐르고 아세라를 쓰러 뜨린 사람은?(삿6장)
- 삼손을 죽인 자를 복수자로부터 보호하기 위해 만든 성읍은?(수20장)
- 갈렙이 유산으로 받은 도시는?(수14장)
- 이스라엘 백성은 여리고 성을 몇 번 돌았을까?(수6장)
- 요단수아가 백성들 데리고 성벽을 돌고 유월절을 지킨 곳은?(수5장)
- 아간수아가 사람에서 보내 아람수아기 사람의 수는?(수2장)

정답 왼쪽부터가 순서대로 드보라, 옷니엘, 삼갈, 헤브론, 일곱, 기드온, 얍단, 도피성, 기드온, 겟

Ruth
룻기

성경에서 여자의 이름으로 된 책제목은 무엇인가요? 바로 룻기와 에스더입니다.

왕비였던 에스더와 달리 룻은 이방 나라의 여자였고, 평민 출신이었어요. 그런데도 룻의 이름이 성경의 한 부분을 차지한 것은 그만큼 우리에게 주는 교훈이 많기 때문이랍니다.

무엇보다 룻은 신앙을 잘 지켰어요. 룻은 결혼하면서 하나님을 믿는 신앙을 갖게 되었는데 남편이 죽은 후에도 신앙을 버리지 않았어요. 게다가 룻은 자기의 이익만 생각하지도 않았어요. 늙어서 홀로 되신 시어머니를 생각했어요. 동서 오르바는 남편이 죽은 뒤에 시어머니 나오미를 떠나지만, 룻은 늙고 가난한 나오미를 따라갔어요.

하나님은 믿음과 의리를 지킨 룻에게 큰 복을 주셨어요. 부자인 보아스와 결혼하여 훗날의 다윗과 예수님의 조상이 되는 복을 받게 되었어요. 룻의 이야기는 하나님이 아브라함에게 복을 주겠다고 하신 약속을 이루어 가는 것을 보여 줍니다. 또 우리에게 믿음과 의리를 지켜야한다는 교훈도 줍니다.

룻기는 무슨 뜻인가요?

'우정' 혹은 '교제' 라는 뜻을 가진 룻의 이름을 따서 책제목을 붙였어요.

누가 썼나요?

저자는 알려져 있지 않아요.

언제 썼나요?

정확히 알 수 없지만, 룻기에 나온 풍습이나 족보를 통해서 볼 때 다윗이 통치하던 시대인 BC 11세기 말경으로 추측하고 있어요.

주요한 사람들은?

룻
유다 사람 말론과 결혼한 모압 여인, 남편이 죽은 후 시어머니를 따라 베들레헴으로 옴. 보아스와 결혼하여 다윗의 할아버지인 오벳을 낳음

보아스
베들레헴의 부유한 농부, 룻을 도와주다가 룻과 결혼

나오미
룻의 시어머니, 남편과 두 아들을 잃고 베들레헴으로 돌아옴

한눈에 보는 룻기

1장 나오미 가정의 비극과 룻의 결정

2-3장 룻의 효심과 보아스와 만남

4장 룻이 보아스와 결혼, 다윗의 족보

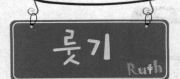
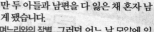

룻기
Ruth

1 나오미 가정의 비극 사사들이 다스리던 때에 그 땅에 흉년이 들어 유다 베들레헴의 어떤 사람이 그 아내와 두 아들을 데리고 잠시 모압 땅으로 가서 살았습니다.

2 그 사람의 이름은 엘리멜렉, 그 아내의 이름은 나오미, 그 두 아들의 이름은 말론과 기룐이었습니다. 그들은 유다 베들레헴 출신의 에브랏 사람인데 모압 땅에 가서 살았습니다.   창 35:19

3 그러다가 나오미의 남편 엘리멜렉이 거기서 죽었고 나오미는 그 두 아들과 함께 남겨졌습니다.

4 나오미의 두 아들은 모압 여자와 결혼했는데 한 사람은 이름이 오르바, 또 한 사람은 룻이었습니다. 그들은 거기에서 10년 정도 살았습니다.

5 그러다가 말론과 기룐도 다 죽었고 나오미

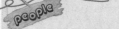

people

룻

이름의 뜻은 '우정', '아름다움'이다. 사사 시대에 살던 모압 여인이다(룻 1:4). 룻은 유대 사람 엘리멜렉의 아들 말론과 결혼했다가(룻 1:1~4; 4:10) 과부가 되었다(룻 1:5). 그 후 그녀는 자기 족속에게 돌아가지 않고, 시어머니 나오미를 좇아 베들레헴으로 갔다(룻 1:16~19). 유대 땅에서 나오미를 잘 봉양하던 룻은 보아스와 결혼했다(룻 4:13). 룻은 원래 말론의 가장 가까운 친척과 결혼해야 했으나(룻 4:1~6), 말론의 친척이 죽은 자의 유산을 *이어 가지 못하겠다*고 하자 그를 대신해 유산을 이어 가겠다고 한 보아스와 *결혼하게 되었다*(룻 4:1~13). 아들 사이에서 낳은 아들이 오벳인데(룻 4:13~17), 오벳은 보아스의 아들이 아닌 엘리멜렉의 상속자로 간주되었고 나오미의 아들이라고 불렀다(룻 4:17). 룻은 다윗의 증조 할머니로 메시아의 족보에 오르는 여인이 되었다(마 1:5)

만 두 아들과 남편을 다 잃은 채 혼자 남게 됐습니다.

6 며느리와의 작별 그러던 어느 날 모압에 있던 나오미가 여호와께서 그 백성에게 오셔서 양식을 공급해 주셨다는 소식을 듣고 두 며느리들과 함께 거기에서 떠나 고향으로 돌아갈 채비를 했습니다.   눅 1:68

7 그리하여 나오미는 두 며느리와 함께 살던 그곳을 떠나 유다 땅으로 돌아가려고 길을 나섰습니다.

8 그때 나오미가 두 며느리에게 말했습니다. "너희도 각각 너희 친정으로 돌아가거라. 너희가 그동안 너희 죽은 남편과 또 내게 잘해 주었으니 여호와께서도 너희에게 잘해 주시기를 원한다.   수 2:12,14:삿 1:24

9 여호와께서 너희로 하여금 다시 남편을 만나 그 집에서 각자 편안하게 지낼 수 있게 해 주시기를 바란다." 그러고 나서 나오미가 두 며느리에게 입을 맞추자 그들은 흐느끼면서   31

10 나오미에게 말했습니다. "우리는 어머니와 함께 어머니의 민족에게로 가겠습니다."

11 그러나 나오미가 말했습니다. "내 딸들아, 집으로 돌아가거라. 왜 나와 함께 가려고 하느냐? 너희 남편이 될 만한 아들이 내게 더 있기라도 하다면 모를까.

12 내 딸들아, 집으로 돌아가거라. 나는 너무 늙어 새 남편을 들이지도 못한다. 만약 오늘 밤 내게 남편이 생겨 아들을 낳는다고 해도

13 이 아이들이 자랄 때까지 너희가 기다리겠느냐? 너희가 그런 것을 바라고 재혼하지 않고 있겠느냐? 아니다. 내 딸들아, 여호와의 손이 나를 치셨으므로 내가 너희를 생각하면 정말 마음이 아프구나."

14 이 말에 그들은 또 흐느껴 울었습니다. 그러고 나서 오르바는 시어머니에게 입맞춤을 했습니다. 그러나 룻은 시어머니를 붙잡았습니다.

15 룻의 결심 나오미가 말했습니다. "보아라. 네 동서는 자기 민족과 자기 신들에게 돌

아갔다. 너도 네 동서와 함께 돌아가거라."

16 그러나 룻이 대답했습니다. "자꾸 저한테 어머니를 떠나거나 어머니에게서 돌아서라고 하지 마십시오. 어머니가 가시는 곳이면 저도 갈 것이고 어머니가 머무는 곳이면 저도 머물 것입니다. 어머니의 민족이 제 민족이며 어머니의 하나님이 제 하나님이십니다. 2:11-12

17 어머니가 죽는 곳에서 저도 죽을 것이고 저도 거기에서 묻힐 것입니다. 죽음 외에 그 어떤 것도 어머니와 저를 갈라놓을 수 없습니다. 그렇지 않으면 여호와께서 내게 심한 벌을 내리고 더 내리셔도 좋습니다."

18 나오미는 룻이 그토록 자기와 함께 가려고 마음을 단단히 먹은 것을 알고 더는 말하지 않았습니다. 행 21:14

19 베들레헴으로 돌아온 나오미와 룻 그리하여 두 여인은 마침내 베들레헴에 도착하게 됐습니다. 그들이 베들레헴에 도착하자 온 성안이 그들 때문에 떠들썩해졌습니다. 그곳 여자들이 말했습니다. "이 사람이 나오미가 아닌가?" 마 21:10

20 그러자 그녀가 그들에게 말했습니다. "나를 나오미라고 부르지 말고 이제 마라라고 부르시오. 전능하신 분께서 내 인생을 고달프게 만드셨으니 말입니다. 출 15:23

21 내가 나갈 때는 풍족했는데 이제 여호와께서 나를 빈털터리로 돌아오게 하셨습니다. 그러니 어떻게 나오미라 부르겠습니까? 여호와께서 나를 치셨고 전능하신 분께서 내게 고난을 주셨으니 말입니다."

22 이렇게 해서 나오미는 며느리인 모압 여자

룻과 함께 모압에서 돌아와 베들레헴에 도착했습니다. 그때는 보리 추수가 막 시작될 무렵이었습니다. 2:23;삼하 21:9

2 보아스가 룻을 주목함 나오미에게는 남편 쪽 친척으로 엘리멜렉 가문 가운데 큰 부자가 하나 있었는데 그 이름은 보아스였습니다. 3:2,12;4:21;마 1:5

2 모압 여자 룻이 나오미에게 말했습니다. "밭에 갔다 오겠습니다. 누군가 제게 잘 대해 주는 사람을 만나면 그 사람을 따라가 이삭을 주워 오겠습니다." 그러자 나오미가 그녀에게 말했습니다. "내 딸아, 잘 갔다 오너라." 신 24:19

3 그러자 그녀는 밖으로 나가 추수하는 사람들을 따라 밭에서 이삭을 줍기 시작했습니다. 그런데 우연히도 그녀가 일하고 있던 곳은 엘리멜렉의 친척인 보아스의 밭이었습니다.

4 바로 그때 보아스가 베들레헴에서 도착해 추수하는 사람들에게 말했습니다. "여호와께서 너희와 함께하시기를 원한다!" 그들이 대답했습니다. "여호와께서 주인어른께 복 주시기를 빕니다." 시 129:7-8

5 보아스가 추수하는 사람들의 감독에게 물었습니다. "저 젊은 여자는 누구요?"

6 추수하는 사람들의 감독이 대답했습니다. "나오미와 함께 모압에서 돌아온 그 모압 여자입니다. 1:22

7 그녀가 추수하는 사람들을 따라가며 이삭을 줍게 해 달라고 말했습니다. 그러더니 밭에 나가 아까 잠깐 집에서 쉰 것 외에는 아침부터 지금까지 저렇게 계속 열심히

룻의 여정

유대 땅에 흉년이 들자 나오미의 가족은 모압 땅으로 이주하여 10년 정도 살게 된다. 모압 땅은 유대 사람 나오미와 이방 사람 며느리 오르바와 룻이 남편들을 모두 잃은 땅이기도 하다(룻 1:1-5).

룻은 어머니를 결코 떠나지 않겠다며 나오미와 함께 유대 땅으로 돌아간다(룻 1:6-18).

나오미와 룻은 나오미의 고향인 베들레헴에 정착한다. 그리고 이곳에서 룻은 보아스를 만나 결혼한다(룻 4:13).

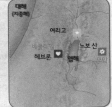

일하고 있습니다."

8 보아스가 룻에게 은혜를 베풂 그러자 보아스가 룻에게 말했습니다. "내 딸이여, 내 말을 들어 보시오. 다른 밭에 가서 이삭을 줍지 말고 여기서 멀리 가지도 말고 여기 내 여종들과 함께 일하시오.

9 사람들이 추수하는 이 밭을 잘 살피며 따라다니시오. 내가 사람들에게 당신을 건드리지 말라고 말해 두었소. 그리고 목이 마르면 가서 젊은이들이 채워 놓은 물병에서 물을 따라 마셔도 되오."

10 이 말에 룻은 얼굴을 땅에 대고 엎드려 말했습니다. "내가 이방 사람인데도 어째서 친절을 베풀어 주시고 돌봐 주십니까?"

11 보아스가 대답했습니다. "남편이 죽은 후 당신이 시어머니에게 한 일에 대해 모두 들었소. 당신의 부모와 고향을 떠나 알지도 못하는 민족과 함께 살려고 온 것 말이오.

12 여호와께서 당신의 행실에 대해 갚아 주실 것이오. 당신이 이스라엘의 하나님 여호와의 날개 아래로 보호받으러 왔으니 그분

께서 당신에게 넉넉히 갚아 주실 것이오."

13 룻이 말했습니다. "내 주여, 내가 당신 앞에서 은총을 얻기 원합니다. 내가 당신의 여종들만도 못한데 나를 위로해 주시고 이 여종에게 다정하게 말씀해 주셨습니다."

14 식사 때가 되자 보아스가 룻에게 말했습니다. "이리로 와서 빵을 좀 먹고 그 조각을 식초에 찍어서 들도록 하시오." 룻이 추수하는 사람들과 함께 자리에 앉자 보아스는 룻에게 볶은 곡식을 주었고 룻은 마음껏 먹고 얼마를 남겼습니다.
18절

15 룻이 다시 이삭을 주우려고 일어나자 보아스는 젊은 일꾼들에게 명령했습니다. "그녀가 곡식 단에서 이삭을 모으더라도 창피를 주지 말라.

16 그녀가 주워 갈 수 있도록 오히려 곡식 단에서 얼마를 남겨 두도록 하고 그녀를 나무라지 말라."

17 룻이 나오미에게 사실을 말함 그리하여 룻은 저녁까지 밭에서 이삭을 주웠습니다. 그러고 나서 룻이 자기가 모은 것을 타작해 보니 보리 10에바가 됐습니다.

18 그녀가 성으로 그것을 가지고 가서 그 모은 것을 시어머니께 보였습니다. 룻은 그것을 꺼내어 자기가 실컷 먹고 남았던 것을 내보였습니다.
14절

추수하는 보아스의 밭에서 이삭을 줍는 룻

19 그 시어머니가 그녀에게 물었습니다. "오늘 어디에서 이삭을 주웠느냐? 어디에서 일했느냐? 너를 도와준 그 사람을 축복하지 않을 수 없구나!" 그러자 룻은 시어머니께 자기가 누구네 밭에서 일했는지 말씀드렸습니다. "제가 오늘 가서 일한 곳의 주인 이름이 보아스였습니다." 10절

20 나오미가 며느리에게 말했습니다. "여호와께서 그에게 복을 내리시기를 바란다! 그가 죽은 우리 식구들에게 친절을 베풀더니 살아 있는 우리에게도 그럴 줄 모르는구나." 그리고 이어 말했습니다. "그 사람은 우리 가까운 친척이니 우리를 맡아 줄 사람 가운데 하나다." 삿17:2,삼상 15:13

21 그러자 모압 여자 룻이 말했습니다. "그는 제게 '내 일꾼들이 내 모든 추수를 마칠 때까지 거기 함께 있으라'고 말했습니다."

22 나오미가 며느리 룻에게 말했습니다. "내 딸아, 네가 그 여종들과 함께 있는 것이 좋을 것 같다. 다른 밭에는 가지 않도록 하여라."

23 그리하여 룻은 보아스의 여종들 곁에서 보리와 밀 추수가 끝날 때까지 이삭을 주웠습니다. 그렇게 그녀는 시어머니와 함께 살았습니다.

3 나오미가 두 사람의 만남을 계획한 어느 날 시어머니 나오미가 그녀에게 말했습니다. "내 딸아, 네가 잘살 수 있게 너를 위한 안식처를 내가 알아봐야겠다. 19

2 네가 함께 일했던 여종들의 주인 보아스가 우리 친척이 아니냐? 오늘 밤 그가 타작마당에서 보리를 까부를 것이다. 21.8

3 그러니 너는 몸을 씻고 기름을 바르고 제일 좋은 옷을 입고 타작마당으로 내려가거라. 다만 그가 다 먹고 마실 때까지 네가 거기에 있는지 모르게 하여라. 삼하 12:20

4 그리고 그가 누우면 그가 눕는 곳을 알아두었다가 거기에 가서 그의 발치 이불을 들치고 누워라. 그러면 네가 어떻게 해야할지 그가 알려 줄 것이다."

5 룻이 대답했습니다. "어머니가 시키시는 것이라면 하겠습니다."

6 보아스가 책임을 다하기로 함 그리하여 그녀는 타작마당으로 내려가 시어머니가 말해 준 대로 했습니다.

7 보아스는 다 먹고 마신 뒤에 기분이 좋아져서 곡식 더미 아래쪽으로 가서 누웠습니다. 룻은 살금살금 다가가 그 발치 이불을 들치고 거기 누웠습니다. 삿19:6

8 한밤중에 그 사람이 깜짝 놀라 뒤돌아보았습니다. 자기 발치에 한 여자가 누워 있는 것이었습니다.

9 그가 물었습니다. "누구요?" 룻이 대답했습니다. "당신의 여종 룻입니다. 당신은 저를 맡아야 할 친척이니 당신의 옷자락으로 저를 덮어 주십시오." 신22:30;겔16:8

10 그가 말했습니다. "내 딸아, 여호와께서 당신에게 복 주시기를 빌겠소. 당신이 빈부를 막론하고 젊은 사람을 따라가지 않았으니 당신의 아름다운 마음씨는 지금까지 보여 준 것보다 더 크오. 1:8;2:20

11 그러니 내 딸이여, 이제 두려워하지 마시오, 당신이 요구하는 대로 내가 다 들어주리다. 당신이 정숙한 여인이라는 것은 우리 성 사람들이 다 알고 있소. 잠12:4;31:10

12 내가 당신의 가까운 친척이기는 하지만 나보다 더 가까운 친척인 한 사람이 더 있소.

13 오늘 밤은 여기에 있으시오. 아침이 돼서 그가 당신을 맡겠다고 하면 좋은 것이고 그가 꺼려하면 여호와께 맹세코 내가 당신을 맡아 주겠소. 그러니 아침까지 누워 있으시오." 신25:5;삿8:19;왕하22:6;렘42

14 나오미와 룻의 기다림 그리하여 룻은 아침까지 그 발치에 누워 있다가 사람이 서로 알아보기 어려울 때 일어났습니다. 이것은 보아스가 "여자가 타작마당에 왔다는 사실이 알려지지 않게 하여라" 하고 말했기 때문입니다.

행실 (2:12, 行實) 밖으로 드러나는 행동. 은총 (2:13, 恩寵, favor) 하나님으로부터 받는 무조건적인 혜택과 특별한 사랑. 까부르다 (3:2, winnowing) 키를 위아래로 부채질하듯이 흔들어 잡물을 날려 보냄.

룻의 고엘, 보아스

구약 성경에는 고엘 제도가 나온다. 고엘 제도는 이스라엘 지파가 분배받은 유산(땅)을 영원히 보존하고 혈족을 유지하며 부당한 피해를 당했을 경우 이를 보상하기 위해 마련한 제도이다. 고엘 된 자(되찾을 자)는 가난한 친척의 땅을 다시 사 주어야 했으며 (레 25:25; 룻 4:1-8) 부당한 피해를 입은 친척을 위해 복수할 수 있었고 (민 35:12, 19, 21), 자녀가 없이 죽은 친척인 경우 그 죽은 친척의 부인과 결혼해야 할 의무도 있으며, 친척의 죗값까지 대신 받아야 할 경우도 있었다.

불쌍한 과부인 룻의 고엘은 바로 보아스였다. 예수님은 죄의 고통 가운데 신음하는 모든 백성들을 위해 스스로 죄의 값을 치르고 우리 모두의 고엘이 되셨다. 예수님은 룻과 보아스의 후손인 다윗의 자손이셨다.

15 보아스가 말했습니다. "당신이 두른 겉옷을 가져와 펴서 그것을 붙잡고 있으시오." 룻이 그렇게 하자 그는 보리를 여섯 번 되어 룻에게 메어 주었습니다. 룻은 그렇게 해서 성으로 돌아갔습니다.

16 룻이 시어머니에게 오자 나오미가 물었습니다. "내 딸아, 어떻게 됐느냐?" 룻은 보아스가 어떻게 했는지 모든 걸 그녀에게 말했습니다.

17 그러고는 말했습니다. "그가 '시어머니에게 빈손으로 돌아가면 안 된다' 하며 이 보리를 여섯 번 되어 주었습니다."

18 그러자 나오미가 말했습니다. "내 딸아, 일이 어떻게 될지 조용히 앉아서 기다리자. 그 사람이 오늘 이 일이 해결될 때까지 쉬지 않고 다닐 것이다."

4 친척이 의무를 포기함 한편 보아스는 성문으로 올라가 앉았습니다. 그런데 그가 말하던 그 가까운 친척이 지나갔습니다. 보아스가 그에게 말했습니다. "내 친구여, 마침 잘 왔네! 이리로 와서 앉게." 그러자 그가 와서 앉았습니다.

2 보아스는 그 성의 장로 열 명을 데려와 앉으라고 했고 그들은 거기 앉았습니다.

3 그러자 보아스는 그 친척에게 말했습니다. "모압에서 돌아온 나오미가 우리 형제 엘리멜렉의 땅을 팔려고 하네.

4 내가 이 문제를 여기 앉은 사람들 앞에서 그리고 내 백성의 장로들 앞에서 자네가 그것을 사도록 말하고 권해야겠다는 생각이 들었네. 자네가 그것을 사 주겠다면 그렇게 하도록 하게. 자네가 원하지 않는다면 내게 말해 주게. 내가 알아서 하겠네. 자네 말고는 그것을 사 줄 사람이 없고 자네 다음엔 나일세." 그러자 그 사람이 말했습니다. "내가 사 주겠네." 레 25:25;상상 20:2

5 그때 보아스가 말했습니다. "자네가 나오미에게서 그 땅을 사는 날 남편이 죽은 과부인 모압 여자 룻도 떠맡아야 할 것일세. 그 죽은 사람의 이름으로 그 유산을 이어가도록 말일세." 3:13;신 25:5-6

6 이 말에 그 친척이 말했습니다. "그렇다면 나는 사 줄 수 없겠군. 내 유산에 손실이 갈까 봐 말이야. 자네가 사 주게. 나는 못하겠네." 3:12-13

7 일이 합법적으로 처리됨 옛날 이스라엘에는 재산을 사 주거나 교환할 때 모든 것을 확증하기 위해 한쪽 사람이 신발을 벗어 상대방에게 주었습니다. 이것이 이스라엘의 계약법이었습니다. 신 25:7-10

8 그리하여 그 친척이 보아스에게 "자네가 사게" 하며 신발을 벗어 주었습니다.

9 그러자 보아스는 장로들과 모든 사람들에게 선언했습니다. "내가 엘리멜렉과 기룐과 말론의 모든 재산을 나오미에게 산 것에 대해 여러분이 오늘 증인입니다.

10 내가 또한 말론의 아내인 모압 여자 룻을 내 아내로 사서 그 죽은 사람의 이름으로 유산을 이어갈 것입니다. 그리하여 그 이름이 그 형제 가운데서나 그의 성문에서도 없어지지 않게 할 것입니다. 오늘 여러분이 그 증인입니다!"

11 그러자 장로들과 성문에 있던 사람들이 다 말했습니다. "여호와께서 당신 집에 들

어울 그 여자를 이스라엘의 집을 세운 라헬과 레아처럼 되게 하시기를 바랍니다. 또 당신이 에브랏에서 잘되고 베들레헴에서 이름을 떨치기 바랍니다. _{창 35:16}

12 여호와께서 그 젊은 여자와 당신에게 주실 그 씨를 통해 당신의 집안이 다말이 유다에게서 낳은 베레스의 집안처럼 되기를 바랍니다." _{창 38:29;삼상 2:20;대상 2:4}

13 보아스가 룻과 결혼 이렇게 해서 보아스가 룻을 데리고 갔고 룻은 그 아내가 됐습니다. 그가 룻에게로 들어가자 여호와께서 룻으로 잉태하게 하셔서 그녀가 아들을 낳게 됐습니다. _{창 29:31;33:5}

14 오벳을 낳음 여자들이 나오미에게 말했습니다. "여호와께 찬양을 드립니다. 여호와께서 오늘 당신에게 대가 끊어지지 않도록 자손을 주셨습니다. 그가 이스라엘 가운데 이름을 떨치기를 바랍니다. _{눅 1:58}

15 그가 당신 인생을 회복시키셨으니 노년에

당신을 보살펴 줄 것입니다. 당신을 사랑하는 며느리이자 일곱 아들보다 나은 그 며느리가 그를 낳았으니 말입니다."

16 그러자 나오미는 그 아이를 데려와 가슴에 품고 보살폈습니다.

17 이웃 여자들이 "나오미가 아들을 낳았다" 하며 그 이름을 오벳이라고 불렀습니다. 그는 다윗의 할아버지며 이새의 아버지가 됩니다. _{눅 1:59}

18 베레스의 족보 이렇게 해서 다음과 같은 베레스의 족보가 생겨났습니다. 베레스는 헤스론을 낳고 _{대상 2:4-15;마 1:3-6}

19 헤스론은 람을 낳고 람은 암미나답을 낳고

20 암미나답은 나손을 낳고 나손은 살몬을 낳고 _{출 6:23;민 1:7}

21 살몬은 보아스를 낳고 보아스는 오벳을 낳고

22 오벳은 이새를 낳고 이새는 다윗을 낳았습니다.

룻과 보아스의 가계도

유대 사람과 결혼한 모압 여인 룻은 과부가 된 후 시어머니를 따라 베들레헴으로 왔다. 그곳에서 룻은 보아스를 만났다. 시아버지의 가까운 친척인 보아스는 회생을 감수하고 룻과 결혼해 유산을 지켰다. 보아스의 후손을 살펴보면 오벳, 이새, 다윗, 솔로몬 등의 다윗 왕가로 이어지고 있다. 이는 결국 예수님의 족보이다. 사사 시대에 하나님은 룻의 가정을 통해 진정한 왕, 메시아를 준비하고 계셨다. 하나님의 놀라운 계획이 담긴 보아스와 룻의 가계도를 살펴보자.

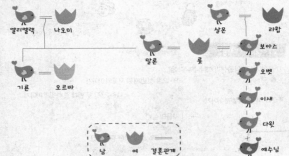

사무엘상

사무엘상은 이스라엘의 왕정 제도가 어떻게 시작되었는지를 알려 줍니다. 이스라엘 마지막 사사인 사무엘의 출생 배경과 하나님이 그를 사사로 부르시는 사건부터 시작해서 첫 번째 왕인 사울과 두 번째 왕인 다윗의 이야기가 흥미진진하게 펼쳐져요. 어린 목동 다윗이 무릿매 돌로 골리앗을 물리친 이야기는 너무나 유명하죠? 그리고 사울 왕의 아들인 요나단 왕자와 다윗의 우정도 우리에게 감동을 줍니다.

사무엘상은 하나님보다 자신을 더 높이려 한 사울 왕을 멀리하게 되고 하나님만을 높인 어린 목동 다윗이 약속에 따라 왕이 되는 말씀입니다. 하나님은 하나님의 말씀에 순종하는 사람을 기뻐하고 높이신다는 것을 기억하세요.

사무엘상은 무슨 뜻인가요?

사무엘은 '내가 여호와께 그를 구하였다' 라는 뜻입니다. 사무엘상은 선지자 사무엘의 이름에서 따온 책 제목입니다. 상은 하보다 먼저라는 뜻이에요. 사무엘상·하는 원래 한 권이었는데 히브리 성경을 그리스어로 번역한 70인 번역자들이 두 권으로 나누었어요.

누가 썼나요?

누가 썼는지 알 수 없어요.

언제 썼나요?

분열 왕국 직후부터 사마리아 멸망 사이인 BC 930-722년경

주요한 사람들은?

한나
사무엘의 어머니, 기도해 사무엘을 낳음

요나단
사울의 아들, 다윗과 깊은 우정을 나눈 왕자

사무엘
이스라엘의 마지막 사사, 한나의 아들

엘리
제사장

사울
이스라엘의 첫 번째 왕

다윗
이스라엘의 두 번째 왕, 골리앗을 무릿매 돌로 이김

한눈에 보는 사무엘상

1 엘가나와 두 아내 에브라임 산지 라마다임 소빔에 에브라임 사람 엘가나라는 사람이 살고 있었습니다. 그는 여로함의 아들이며 엘리후의 손자이며 도후의 증손이며 숩의 현손입니다. ^{수 24:33}

2 엘가나에게는 두 아내가 있었는데, 한 사람의 이름은 한나였고 다른 사람의 이름은 브닌나였습니다. 브닌나는 자식이 있었지만 한나는 자식이 없었습니다.

3 엘가나는 해마다 전능하신 여호와께 경배와 제사를 드리기 위해 고향에서 실로로 올라갔습니다. 그곳에는 엘리의 두 아들 홉니와 비느하스가 여호와의 제사장으로 있었습니다. ^{출 23:14;신 16:16;수 18:1;눅 2:41}

4 엘가나는 제사드리는 날이 올 때마다 자기 아내 브닌나와 그 모든 아들딸들에게 제물로 드린 고기를 나누어 주곤 했습니다.

5 그러나 한나에게는 두 배를 주었는데 그것은 그가 한나를 사랑했기 때문입니다. 그러나 여호와께서는 한나에게 자녀를 주지 않으셨습니다.

6 여호와께서 한나에게 자녀를 주지 않았

비참한 마음에
아들을 달라고 마음으로 기도하는 한나

으므로 브닌나는 계속해서 한나를 괴롭히고 업신여겼습니다.

7 이런 일이 해마다 계속됐습니다. 한나가 여호와의 집에 올라갈 때마다 브닌나가 한나를 괴롭혔기 때문에 한나는 울면서 아무것도 먹지 못했습니다.

8 그런 한나에게 남편 엘가나는 "한나, 왜 그렇게 울고 있소? 왜 먹지 않고 있소? 왜 그렇게 슬퍼하고만 있소? 내가 당신에게 열 아들보다 낫지 않소?" 하고 말했습니다.

한나의 입을 유심히 바라보는 엘리 제사장

9 한나의 기도 그들이 실로에서 먹고 마시고 난 뒤 한나가 자리에서 일어났습니다. 그때 엘리 제사장이 여호와의 성전 문 옆에 있는 의자에 앉아 있었습니다. ^{3:3}

10 한나는 마음이 너무나 괴로워 울고 또 울면서 여호와께 기도했습니다. ^{욥 7:11;10:1}

11 그리고 맹세하면서 말했습니다. "전능하신 여호와여, 만약 주께서 주의 종의 비참함을 굽어보시고서 저를 기억하시고 주의 종을 잊지 않고 제게 아들을 주신다면 제가 그 평생을 여호와께 바치고 결코 그 머리에 칼을 대지 않겠습니다." ^{창 29:32;민 6:5}

12 한나가 여호와께 계속 기도드리는 동안 엘리는 한나의 입을 지켜보고 있었습니다.

13 한나가 마음속으로 기도하고 있어서 입술은 움직였지만 소리가 들리지 않았습니다. 엘리는 한나가 술에 취했다고 생각하고

14 "얼마나 더 취해야겠소? 어서 술을 끊으시오"라고 말했습니다.

15 한나가 대답했습니다. "내 주여, 그런 게 아닙니다. 저는 슬픔이 가득한 여자입니다. 저는 포도주나 독한 술을 마신 것이 아니라 여호와께 제 심정을 쏟아 낸 것입니다.

16 당신의 여종을 나쁜 여자로 여기지 마십시오. 저는 너무 괴롭고 슬퍼 여기서 기도하고 있었을 뿐입니다." 2:12;삿 19:22;왕상 21:10

17 그러자 엘리가 말했습니다. "평안히 가시오. 이스라엘의 하나님께서 당신이 구한 것을 허락하실 것이오." 삼상 18:6;왕하 5:19;막 5:34

18 한나가 말했습니다. "당신의 여종이 당신께 은총받기를 바랍니다." 그리고 나서 한나는 가서 음식을 먹고 그 이후로 얼굴에 근심을 띠지 않았습니다. 창 33:15;룻 2:13;전 9:7

19 **사무엘의 출생** 다음 날 아침 그들은 일찍 일어나 여호와 앞에 경배하고 라마의 집으로 돌아갔습니다. 엘가나는 자기 아내 한나와 잠자리를 같이했고 여호와께서는 한나를 기억하셨습니다. 2:11

20 한나는 임신을 했고 때가 되자 그녀는 아들을 낳았습니다. 한나는 여호와께 구해 얻은 아들이라 해서 그 아이의 이름을 사무엘이라고 지었습니다.

21 사무엘을 하나님께 드림 엘가나가 온 가족을 데리고 매년제와 서원제를 드리러 올라갈 때 3절

22 한나는 가지 않고 남편에게 이렇게 말했습니다. "아이가 젖을 떼면 제가 데려가아이를 여호와께 바치고 일생 동안 그곳에서 살게 하려고 합니다." 2:11;18:3:1

23 남편 엘가나가 대답했습니다. "당신 생각에 그것이 최선이라면 그렇게 하시오, 그럼 당신은 아이가 젖을 뗄 때까지 여기 있으시오. 그저 여호와께서 당신의 말대로

2:12 또는 '알지 못했습니다.'

이루시기를 바라오." 그리하여 한나는 자기 아들이 젖을 뗄 때까지 집에서 아이를 길렀습니다. 민 30:7;삼하 7:25

24 아들이 젖을 떼자 한나는 아이를 데리고 수소 세 마리와 밀가루 10에바와 포도주 한 부대를 갖고 실로에 있는 여호와의 집으로 갔습니다. 아이는 어렸습니다. 신 12:5~6,11;수 18:1

25 그들은 수소를 잡고 아이를 엘리에게 데려갔습니다. 17:55;삼하 11:11;왕상 2:2,4

26 한나가 엘리에게 말했습니다. "내 주여, 맹세하건대 저는 여기 당신 옆에 서서 여호와께 기도하던 그 여자입니다.

27 그때 제가 이 아이를 달라고 기도했는데 여호와께서 제가 구한 것을 주셨습니다.

28 이제 제가 여호와께 이 아이를 드립니다. 이 아이의 평생을 여호와께 바칩니다." 그런 다음 그들은 거기서 여호와께 경배를 드렸습니다. 창 24:26,52

2

한나의 찬양과 감사 기도 그리고 나서 한나가 기도하며 말했습니다.

"내 마음이 여호와를 기뻐합니다. 여호와 안에서 내 뿔이 높이 들렸습니다. 내 입이 원수들을 향해 자랑합니다. 내가 주의 구원을 기뻐하기 때문입니다.

2 여호와처럼 거룩하신 분은 없습니다. 주 외에 다른 분은 없습니다. 우리 하나님 같은 반석은 없습니다. 삼상 15:11;신 32:30~31

3 너희는 교만하게 말하지 말라. 그런 오만한 말을 입에 담지 말라. 여호와는 지식의 하나님이시니 그분이 사람의 행위들을 저울질하실 것이다.

4 용사의 활은 꺾이지만 넘어진 사람들은 힘으로 띠를 둘렀습니다. 시 37:15;46:9;76:3

5 배부르던 사람들은 먹을 것을 얻으려고 품을 팔지만 굶주리던 사람들은 더 이상 배고프지 않습니다. 잉태하지 못하던 여인은 일곱 명의 자녀를 낳겠지만 많은 아들들이 있는 여인은 미약해졌습니다.

6 여호와께서는 죽이기도 하시고 살리기도 하시며 무덤까지 끌어내리기도 하시

고 올리기도 하십니다. 신 32:39

7 여호와께서는 가난하게도 하시고 부하게도 하시며 낮추기도 하시고 높이기도 하십니다. 욥 12:15:11;시 17:7

8 여호와께서는 가난한 사람들을 먼지 구덩이에서 일으켜 세우시고 궁핍한 사람들을 거름 더미에서 들어 올리셔서 왕들과 함께 앉히시고 영광스러운 자리를 차지하게 하실 것입니다. 땅의 기초들은 여호와의 것이니 여호와께서 세상을 그 위에 세우셨습니다. 욥 38:4~6;단 4:17;눅 1:52

9 여호와께서 성도들의 발걸음을 지켜 주시고 사악한 사람들을 어둠 속에서 잠잠하게 하실 것입니다. 힘으로 당해 낼 사람이 없으니 시 91:11;121:3;잠 3:26

10 여호와께 대항하는 사람들은 흩어질 것입니다. 하늘의 천둥과 번개로 그들을 치실 것입니다. 여호와께서 땅끝까지 심판하실 것입니다. 그러나 그분께서 세우신 왕에게는 힘을 주시고 기름 부어 세우신 왕의 이름을 높이실 것입니다." 시 89:24;96:10

11 그 후 엘가나는 라마의 집으로 돌아왔지만 사무엘은 엘리 제사장 밑에서 여호와를 섬기게 됐습니다. 1:19;3:1

12 엘리의 악한 아들들 엘리의 아들들은 악한 사람들이었습니다. 그들은 여호와를 *알식하지 않았습니다. 1:16;삿 2:10

13 그 당시 제사장들이 백성들에게 행하는 관습이 있었는데 그들은 그것을 무시했습니다. 누구든 제사를 드리고 그 고기를 삶을 때는 제사장의 종이 세 살 달린 갈고리를 가져와서

14 그것으로 냄비나 솥이나 큰 솥이나 가마에 찔러 넣어 찍혀 나오는 대로 제사장이 고기를 갖는 것이었습니다. 실로에 올라오는 모든 이스라엘 백성들에게 그렇게 했습니다.

15 그리고 기름이 태워지기 전에 제사장의 종이 제사드리는 사람에게 와서 "제사장에게 구워 드릴 고기를 주십시오. 그는 삶은 고기보다는 날것을 원하십니다" 하고

말하곤 했습니다. 레 3:5,16;7:23,25,31

16 만약 그 사람이 "기름을 먼저 태운 뒤에 원하는 대로 가져가시오"라고 말하면 종은 "아니, 지금 당장 주십시오. 그러지 않으면 내가 강제로 빼앗겠습니다"라고 대답했습니다.

17 이렇듯 엘리 아들들의 죄는 여호와 보시기에 너무나 큰 것이었습니다. 그들이 여호와의 제사를 업신여겼기 때문입니다.

18 축복받은 사무엘의 가정 한편 소년 사무엘은 고운 삼베 에봇을 입고 여호와를 섬겼습니다. 출 28:4;삼하 6:14;대상 15:27

19 사무엘의 어머니는 남편과 함께 매년제를 드리러 올라올 때마다 작은 겉옷을 만들어 사무엘에게 가져다주곤 했습니다.

20 엘리는 엘가나와 그 아내를 축복하면서 말했습니다. "기도로 얻은 아이를 여호와께 바쳤으니 여호와께서 이 아이를 대신할 자식을 주시기를 빕니다." 그들은 이렇게 기도를 받고 집으로 돌아갔습니다.

21 여호와께서 한나에게 은혜를 베풀어 주셔서 한나가 임신을 했습니다. 그래서 세 아들과 두 딸을 낳게 됐고 어린 사무엘도 여호와 앞에서 잘 자랐습니다. 눅 1:80;2:40

22 엘리의 책망 나이 들어 늙은 엘리는 자기 아들들이 온 이스라엘 백성에게 행한 모든

엘리의 아들들, 홉니와 비느하스

제사장 엘리에게는 악한 아들 홉니와 비느하스가 있었다. 그 아들들은 자신의 역할이 무엇인지 전혀 이해하지 못한 제사장들이었다. 불량자였고 하나님을 알지 못했으며 백성에게 드리는 제사를 하찮게 여겼다. 또 제사장의 지위를 이용해 제물을 강제로 빼앗기도 했다.

이런 죄 때문에 홉니와 비느하스는 같은 날에 죽을 것이라는 예언을 듣고(삼상 2:34) 그 예언대로 블레셋과 전쟁할 때 함께 죽었다(삼상 4:10-11). 비느하스의 부인은 남편이 죽었다는 소식을 듣고 아이를 낳은 후 죽었다(삼상 4:19-21). 이때 태어난 아기의 이름을 '하나님의 영광이 떠났다'라는 뜻인 '이가봇'이라고 지었다(삼상 4:21-22).

일과 회막 문에서 일하는 여자들과 잠을 잔 것에 대해 다 듣게 됐습니다. _출 38:8_

23 그래서 엘리가 아들들에게 말했습니다. "너희가 어떻게 이런 짓을 할 수 있느냐? 내가 사람들에게서 너희가 저지른 못된 행동들에 대해 다 들었다.

24 내 아들들아, 그러면 안 된다. 사람들 사이에 들리는 소문이 좋지 않구나.

25 사람이 사람에게 죄를 지으면 하나님께서 중재해 주시지만 사람이 여호와께 죄를 지으면 누가 그를 변호하겠느냐?" 그러나 엘리의 아들들은 자기 아버지가 나무라는 말에 귀 기울이지 않았습니다. 여호와께서 그들을 죽이기로 작정하셨기 때문이었습니다. _수 11:20_

26 한편 소년 사무엘은 커 갈수록 여호와와 사람들에게 더욱 사랑을 받았습니다.

27 엘리의 집에 임할 환난 그즈음 하나님의 사람이 엘리에게 와서 말했습니다. "여호와의 말씀입니다. '내가 네 조상이 이집트에서 바로의 억압 아래 있을 때 그들에게 나를 분명히 나타내지 않았느냐?

28 내가 이스라엘 모든 지파 가운데 네 조상을 선택해 내 제사장이 되게 하고 내 제단에 올라가 분향하고 내 앞에서 에봇을 입게 하고 또한 이스라엘 백성들이 드리는 모든 화제를 네 조상의 집에 주었다. _출 28:1_

29 그런데 너희는 어째서 내 처소에서 내게 바치라고 명령한 내 제물과 예물을 업신여기느냐? 네가 어떻게 나보다 네 아들들을 사랑하며 내 백성 이스라엘이 바친 모든 제물 가운데 가장 좋은 것으로 스스로 살찌게 할 수 있느냐? _레 12:5~6:3215:6:32:8:6:8:5_

30 그러므로 이스라엘의 하나님 나 여호와가 말한다. 내가 네 집과 네 조상의 집이 영원히 내 앞에서 나를 섬길 것이라고 말했지만 이제는 더 이상 그러지 않을 것이다. 나를 존중하는 사람들을 내가 존중할 것이고 나를 멸시하는 사람들을 나도 멸시할 것이다. _출 27:21;29:9;잠 18:9~10_

31 내가 네 팔과 네 조상의 집의 팔을 꺾어 네

집안에 나이 든 사람이 없게 할 것이다.

32 너는 모든 이스라엘 백성이 복을 받을 때 내가 있는 곳에서 환난을 보게 될 것이다. 네 집안에서는 나이 든 사람이 없게 되게 될 것이다. _삿 18:30;시 78:59~64;슥 8:4_

33 내가 내 제단에서 끊어 버리지 않고 한 사람을 남겨 둘 것인데 그가 네 눈의 기운을 약하게 하고 너를 슬프게 할 것이며 네 모든 자손들은 다 젊어서 죽게 될 것이다.

34 네 두 아들 홉니와 비느하스가 같은 날에 죽으리니 이것이 바로 내 말의 징조가 될 것이다. _4:11_

35 이제 내가 나를 위해 신실한 제사장을 세울 것인데 그는 내 마음과 뜻대로 행할 것이다. 나는 그의 집안을 굳건히 세울 것이고 그는 내가 기름 부은 사람 앞에서 나를 항상 섬길 것이다. _삼하 7:11,27;왕상 11:38;시 18:50_

36 그러고 나면 네 집안에서 남은 자들은 모두 와서 그 앞에 엎드려 은 조각과 빵 부스러기를 얻으려고 어디든 제사장 일을 맡게 해 달라고 부탁하게 될 것이다.'"

3 사무엘을 부르시는 하나님 소년 사무엘은 엘리 밑에서 여호와를 섬기고 있었습니다. 그 당시에는 여호와께서 직접 말씀하시는 일이 드물었고 이상도 많지 않았습니다.

2 어느 날 밤, 눈이 어두워져 잘 보지 못하는 엘리가 잠자리에 누워 있고 _창 27:1;신 34:7_

3 하나님의 등불이 아직 꺼지지 않았고 사무엘은 하나님의 궤가 있는 여호와의 성전에 누워 있었습니다. _출 27:20~21;레 24:2~3_

4 그때 여호와께서 사무엘을 부르셨습니다. 사무엘은 "제가 여기 있습니다"라고 대답하고

5 곧 엘리에게 달려가 "부르셨습니까? 저 여기 있습니다"하고 말했습니다. 엘리는 "내가 부르지 않았다. 돌아가서 자거라" 하고 말했습니다. 사무엘은 가서 누웠습니다.

6 다시 여호와께서 부르셨습니다. "사무엘아!" 그러자 사무엘이 일어나 엘리에게 가서 말했습니다. "여기 있습니다. 저를 부르

셨지요?" 엘리가 대답했습니다. "내 아들아, 나는 부르지 않았다. 돌아가서 자거라."

7 그때까지 사무엘은 여호와를 잘 알지 못했고 여호와의 말씀도 아직 그에게 나타난 적이 없었습니다.

8 여호와께서 세 번째로 사무엘을 부르셨습니다. 사무엘은 일어나 엘리에게 가서 말했습니다. "여기 있습니다. 저를 부르셨지요?" 그제야 엘리는 여호와께서 이 소년을 부르시는 것을 깨달았습니다.

9 그래서 엘리는 사무엘에게 "가서 누워 있다가 그분이 너를 부르시면 '여호와여, 말씀하십시오. 주의 종이 듣고 있습니다'라고 말해라" 하고 일러 주었습니다. 사무엘이 돌아가 자리에 누웠습니다.

10 여호와께서 나타나셔서 그곳에 서서 조금 전처럼 부르셨습니다. "사무엘아, 사무엘아!" 그러자 사무엘이 말했습니다. "말씀하십시오. 주의 종이 듣고 있습니다."

11 그러자 여호와께서 사무엘에게 말씀하셨습니다. "보아라. 내가 이스라엘에 어떤 일을 행할 것이다. 그것을 듣는 사람마다 두려워서 귀가 울릴 것이다. _{왕하 21:12절, 19:3}

12 그때 내가 엘리의 집안에 대해 말한 모든 일을 처음부터 끝까지 다 이룰 것이다.

13 내가 엘리의 집안을 영원히 심판하겠다고 말한 것은 엘리가 자기 아들들이 스스로

벌을 청하는 것을 알면서도 그것을 막지 않았기 때문이다. _{2:12,17,22,왕상 2:23-25}

14 그러므로 내가 엘리의 집안을 두고 '제물이나 예물로 결코 깨끗해질 수 없다'라고 맹세했던 것이다. _{사 22:14}

15 이상을 엘리에 말함 사무엘은 아침이 될 때까지 누워 있다가 여호와의 집의 문을 열었습니다. 하지만 사무엘은 이 이상에 대해 엘리에게 말하기가 두려웠습니다.

16 그러자 엘리가 그를 불러 말했습니다. "내 아들 사무엘아!" 사무엘이 대답했습니다. "예, 여기 있습니다."

17 엘리가 물었습니다. "그분이 네게 뭐라고 말씀하시더냐? 내게 숨기지 마라. 네게 말씀하신 것 가운데 숨기는 것이 있으면 하나님께서 네게 심한 벌을 내리실 것이다."

18 그래서 사무엘은 엘리에게 아무것도 숨기지 않고 낱낱이 털어놓았습니다. 그러자 엘리가 말했습니다. "그분은 주님이시니 그분이 뜻하신 대로 행하실 것이다."

19 예언자로 세움받은 사무엘 여호와께서는 사무엘이 자라는 동안 그와 함께하셨고 그가 하는 말은 모두 그대로 이루어지게 하셨습니다. _{2:21,9:6}

20 그리하여 단에서 브엘세바에 이르기까지 모든 이스라엘은 여호와께서 사무엘을 예언자로 세우신 것을 알았습니다. _{삼하 3:10}

사무엘이 여호와께서 부르시는 음성을 듣고 일어남

21 여호와께서 실로에서 계속 나타나셨고 여호와께서는 거기에서 사무엘에게 친히 말씀하셨습니다.

수 18:1

4 블레셋에게 패한 사무엘이 하는 말은 모든 이스라엘에게 said 거울여 들었습니다. 그 무렵 이스라엘 백성들이 블레셋 사람과 싸우러 나갔습니다. 이스라엘 사람들은 에벤에셀에 진을 쳤고 블레셋 사람들은 아벡에 진을 쳤습니다.

5:17;12수 12:18

2 블레셋 사람들은 이스라엘에 대항하기 위해 전열을 가다듬었습니다. 이 전쟁에서 이스라엘은 블레셋 사람들에게 패했으며 그 싸움터에서 죽은 군사가 약 4,000명 정도 됐습니다.

3 실로에서 언약궤를 가져온 군사들이 진영에 돌아오자 이스라엘 장로들이 말했습니다. "여호와께서 오늘 우리를 블레셋 사람들 앞에서 패배하게 하신 이유가 무엇이겠는가? 실로에서 여호와의 언약궤를 가져오자. 그 궤가 우리 가운데 오면 우리 적들의 손에서 우리를 구해 낼 수 있을 것이다."

4 그래서 그들은 사람들을 실로에 보냈고 그 사람들은 그룹들 사이에 계신 전능하신 여호와의 언약궤를 갖고 돌아왔습니다. 엘리의 두 아들 홉니와 비느하스도 하나님의 언약궤와 함께 그곳에 왔습니다.

5 여호와의 언약궤가 진영에 도착하자 모든 이스라엘이 땅이 흔들릴 만큼 큰 소리로 외쳤습니다.

수 6:5,20

6 블레셋 사람이 언약궤를 빼앗음 이 소리를 들은 블레셋 사람들은 "히브리 사람의 진영에서 나는 이 환호성은 대체 무엇이냐?" 하고 묻다가 곧 여호와의 궤가 진영에 도착했다는 것을 알게 됐습니다.

7 블레셋 사람들은 두려워하며 말했습니다. "그들의 신이 이스라엘 진영에 도착했다. 일찍이 이런 일이 없었는데 우리에게 이제 화가 미치겠구나.

8 우리에게 화가 미쳤는데 이 강한 신들의 손에서 누가 우리를 건져 내겠는가? 그들은 광야에서 이집트 사람들을 온갖 재앙으로 쳐부순 신들이 아닌가.

9 블레셋 사람들아, 대장부답게 강해지자. 그렇지 않으면 전에 히브리 사람들이 우리 종이 됐던 것처럼 우리가 히브리 사람들의 종이 되고 말 것이다. 대장부답게 나가서 싸우자."

삿 13:1;삼하 10:12;고전 16:13

10 이렇게 블레셋 사람들이 싸움에 임하자 이스라엘 사람들은 패해 제마다 자기 진영으로 도망쳤습니다. 이 싸움의 패배로 이스라엘은 3만 명의 군사를 잃고 말았습니다.

11 이때 하나님의 궤도 빼앗기고 엘리의 두 아들 홉니와 비느하스도 죽었습니다.

12 엘리가 죽음 바로 그날 베냐민 지파 사람 하나가 싸움터에서 도망쳐 실로로 왔습니다. 그의 옷은 찢어졌고 머리에는 먼지가

전쟁을 하는 데 왜 언약궤를 가져갔나요?

하나님의 언약궤는 하나님의 임재와 통치를 보여 주는 것이었어요(출 25:22). 이스라엘 장로들은 언약궤를 전쟁터로 가져가면 하나님이 *이 언약궤 가운데 계셔서* 당연히 싸움에서 이길 것이라고 생각했어요. 언약궤를 실로에서 전쟁터로 가져오자 이스라엘 군대는 힘을 얻어 죽기를 각오하고 싸웠어요. 그러나 언약궤를 이길 것이라는 그들의 생각은 빗나가고 말았어요. 이스라엘 군대는 크게 패했고 언약궤마저 블레셋에게 빼앗겼으니 말이에요(삼상 4:10~11).

이스라엘 백성은 하나님이 일정한 장소에 얽매이는 분이 아님을 기억하지 못한 것이에요. 언약궤를 빼앗긴 것은 하나님보다 언약궤를 미신처럼 의지한 이스라엘 백성의 잘못된 신앙을 징계하신 사건입니다. 잘못된 신앙과 불순종의 죄를 지은 사람에게 하나님이 함께하시지 않는다는 것을 보여 준 사건이랍니다. 하나님에 대한 참된 믿음만이 하나님의 도움과 임재를 경험할 수 있답니다.

가득했습니다. 수7:6

13 그가 도착했을 때 엘리는 하나님의 궤로 인해 마음을 졸이며 길가 한쪽 의자에 앉아 소식을 기다리고 있었습니다. 그 사람이 성으로 들어와 어떤 일이 일어났는지 말하자 온 성안이 울음바다가 됐습니다.

14 그 울부짖는 소리를 듣고 엘리가 물었습니다. "웬 소란이냐?" 그 사람이 곧장 엘리에게 달려왔습니다.

15 엘리는 98세나 됐기 때문에 눈이 어두워 잘 볼 수 없었습니다. 3:2;왕상 14:4

16 그 사람이 엘리에게 말했습니다. "저는 전쟁터에서 온 사람입니다. 바로 오늘 달아쳐 왔습니다." 엘리가 물었습니다. "내 아들아, 무슨 일이 있었느냐?" 삼하 1:4

17 그 소식을 전하는 사람이 대답했습니다. "이스라엘이 블레셋 사람들 앞에서 도망쳤고 수많은 군사들이 죽었습니다. 또한 당신의 두 아들 홉니와 비느하스도 죽었고 하나님의 궤도 빼앗겼습니다."

18 하나님의 궤에 대한 말을 듣고 엘리는 그만 성문 곁에서 의자 뒤로 거꾸러져 목이 부러진 채 죽고 말았습니다. 그가 나이 많은 노인인 데다 몸이 뚱뚱했기 때문이었습니다. 엘리는 40년 동안 이스라엘을 이끌었던 사사였습니다. 13절

19 이가봇의 출생 그의 며느리인 비느하스의 아내는 임신해 출산할 때가 가까웠습니다. 그녀는 하나님의 궤를 빼앗겼고 시아버지와 남편이 죽었다는 소식을 듣고는 갑자기 진통하다가 몸을 구부린 채 아이를 낳았습니다.

20 그녀가 숨을 거두려 하는데 옆에 있던 여인들이 "두려워하지 마세요. 아들을 낳았어요" 하고 말했습니다. 하지만 그녀는 대꾸하지 않고 관심도 보이지 않다가

21 "영광이 이스라엘에서 떠났다" 하며 아이의 이름을 이가봇이라고 지었습니다. 하나님의 궤를 빼앗겼고 시아버지와 남편이 죽었기 때문입니다. 14:3;26:8;시 78:61

22 무엇보다 그녀는 하나님의 궤를 빼앗겼기

때문에 "영광이 이스라엘에서 떠났다"고 말한 것이었습니다.

5

언약궤가 재난을 가져옴 블레셋 사람들은 하나님의 궤를 빼앗아 에벤에셀에서 아스돗으로 가져갔습니다.

2 그러고 나서 그들은 그 궤를 다곤 신전으로 가져가서 다곤 신상 곁에 두었습니다.

3 이튿날 아침 일찍 아스돗 사람들이 일어나 보니 다곤이 여호와의 궤 앞에서 얼굴을 땅에 박고 넘어져 있었습니다. 그들은 다곤을 일으켜 다시 제자리에 세워 두었습니다. 사 46:1-2

4 그다음 날 그들이 일어나 보니 다곤이 여호와의 궤 앞에서 얼굴을 땅에 박고 넘어져 있었습니다. 다곤의 머리와 두 손은 잘려서 문지방에 널려 있었고 단지 몸통만 남아 있었습니다. 렘 50:2;겔 6:4,6;미 1:7

5 이 때문에 오늘날까지도 다곤의 제사장들과 아스돗에 있는 다곤의 신전에 들어가는 사람들은 모두 문지방을 밟지 않고 지나갑니다. 습 1:9

6 여호와의 손이 아스돗 사람들을 호되게 치셔서 종기 재앙으로 아스돗과 그 지역 사람들을 죽이셨습니다. 6:5;삼하 9:3;시 32:4;행 13:11

7 아스돗 사람들은 이런 일들을 보고 말했습니다. "이스라엘 하나님의 궤가 여기 우리와 함께 있어서는 안 되겠다. 하나님의 손이 우리와 우리의 신 다곤을 치고 있지 않는가!"

8 그리하여 그들은 사람을 보내 모든 블레셋 지도자들을 모아 놓고 물었습니다. "이스라엘 하나님의 궤를 어떻게 하는 게 좋겠습니까?" 그들이 대답했습니다. "이스라엘 하나님의 궤를 가드로 옮깁시다." 그리하여 그들은 이스라엘 하나님의 궤를 옮겼습니다.

9 그러나 그들이 궤를 옮기고 난 후 여호와의 손이 또 그 성을 치셔서 사람들이 큰 고통을 겪게 됐습니다. 젊은이나 늙은이

대장부(4:9, 大丈夫, man) 건장하고 씩씩한 사나이.
다곤(5:2, Dagon) '물고기', '곡식'이라는 뜻. 블레셋 사람들이 주로 섬기던 신의 이름.

할 것이 없이 그 성 사람들은 모두 종기에 났습니다.

7:13;12:15;신 2:15

10 그리하여 그들은 하나님의 궤를 에그론으로 보냈습니다. 하나님의 궤가 에그론에 들어서자 에그론 사람들이 부르짖으며 말했습니다. "저 사람들이 우리와 우리 백성들을 죽이려고 하나님의 궤를 가져왔다."

11 그래서 그들은 블레셋 지도자들을 모두 불러 놓고 말했습니다. "이스라엘 하나님의 궤를 보내 원래 있던 곳으로 되돌려 놓읍시다. 그러지 않으면 그 궤가 우리와 우리 백성들을 죽일 것입니다." 궤가 가는 곳마다 죽음의 고통이 그 성 전체를 덮었기 때문이었습니다. 하나님께서 치시는 손길이 하도 호되어

12 죽지 않고 살아남은 사람들은 종기에 시달렸고 그 성의 부르짖음은 하늘까지 닿았습니다.

6 여호와의 궤가 이스라엘로 돌아옴 여호와의 궤가 블레셋 땅에 있은 지 7개월이 지났을 때

2 블레셋 사람들이 제사장들과 점쟁이들을 불러서 말했습니다. "우리가 여호와의 궤를 어떻게 하는 것이 좋겠습니까? 우리가 그것을 어떤 식으로 제자리로 돌려보내야 할지 알려 주십시오."

창 41:8;신 18:10;단 2:2;5:7

3 그들이 대답했습니다. "이스라엘 하나님의 궤를 돌려보내려면 빈손으로 그냥 보내서는 안 됩니다. 반드시 그 신에게 속건제물을 바쳐야 합니다. 그래야만 여러분이 낫게 되고 왜 그 신의 손이 여러분에게서 떠나지 않았는지도 알게 될 것입니다."

4 블레셋 사람들이 물었습니다. "어떤 속건제물을 그 신에게 바쳐야 합니까?" 그들이 대답했습니다. "블레셋 지도자들의 수에 따라 금으로 만든 다섯 개의 종기와 다섯 마리의 금 쥐를 바쳐야 합니다. 같은 수의 재앙이 여러분과 여러분의 지도자들에게 내렸기 때문입니다.

5:6,9,12;수 13:3;삿 3:3

5 여러분들은 여러분이 앓고 있는 종기와 이 땅을 휩쓸고 있는 쥐의 모양을 만들어

바치고 이스라엘 신께 경의를 표하십시오. 그러면 혹시 하나님이 여러분과 여러분의 신들과 여러분의 땅을 치시던 손을 거두실지도 모릅니다.

5:3—4,6—7,9,11;수 7:19

6 여러분은 어찌 이집트 사람들과 바로처럼 고집을 부리려고 합니까? 하나님이 그들에게 온갖 재앙을 내리신 후에야 그들이 이스라엘 사람들을 보내 자기 길을 가게 하지 않았습니까?

10:1;출 8:15,32;14:17;12:31

7 그러니 이제 새 수레를 준비하고 멍에를 멘 적이 없는 젖이 나는 소 두 마리를 수레에 매십시오. 하지만 그 송아지들은 떼 내어 우리에 넣으십시오.

민 19:2;삼하 6:3

8 여호와의 궤를 가져다 수레에 싣고 속건제물로 그분께 드릴 금으로 만든 물건들을 상자에 담아 궤 곁에 두십시오. 수레가 가는 대로 보내되

4—5절

9 계속 지켜보십시오. 만약 그 소가 궤가 본래 있던 곳 벧세메스로 가면 여호와께서 우리에게 이 큰 재앙을 내리신 것이요, 만약 그러지 않으면 우리를 친 것이 그분의 손이 아니라 그저 우연히 우리에게 닥친 일임을 우리가 알게 될 것입니다."

수 15:10

10 그래서 그들은 그 말대로 어미 소 두 마리를 데려다가 수레에 매고 송아지들은 우리에 가두었습니다.

11 그들은 여호와의 궤와 금 쥐와 그들에게 생긴 종기 모양을 담은 상자를 수레에 실었습니다.

12 그러자 소들이 벧세메스 쪽을 향해 곧바로 올라갔습니다. 소들은 울면서 큰길에서 오른쪽이나 왼쪽으로 치우치지 않고 곧장 갔습니다. 블레셋 지도자들은 소들을 따라가 벧세메스 경계까지 이르렀습니다.

13 ○벧세메스 안에서 두 쪽을 그 곳에서 벧세메스 사람들이 골짜기에서 밀을 베고 있다가 고개를 들어 궤를 보고 기뻐했습니다.

14 수레가 벧세메스에 있는 여호수아의 밭에 이르자 큰 바위 곁에 멈춰 섰습니다. 사람들은 수레의 나무를 쪼개어 장작을 만들고 소들을 잡아 여호와를 위한 번제물로

드렸습니다.   18절

15 레위 사람들은 여호와의 궤를 내려다가 금으로 만든 물건이 담긴 상자와 함께 큰 바위 위에 두었습니다. 그날 벧세메스 사람들은 여호와께 번제물을 드리고 다른 희생제물도 드렸습니다.

16 다섯 명의 블레셋 지도자들은 이 모든 것을 보고 그날로 에그론으로 돌아갔습니다.

17 블레셋 사람들이 여호와께 속건제물로 보낸 종기 모양의 금덩이들은 아스돗, 가사, 아스글론, 가드, 에그론에서 각각 하나씩이었고   3,8절

18 다섯 마리의 금 쥐들은 다섯 명의 지도자들에게 속한 성곽과 그 주변 마을, 곧 블레셋 성들의 수에 따른 것이었습니다. 여호와의 궤가 놓였던 이 큰 바위는 오늘날까지도 벧세메스 사람 여호수아의 밭에 증거

로 남아 있습니다.   신 3:5

19 그런데 벧세메스 사람들이 여호와의 궤를 들여다보았기 때문에 여호와께서는 백성들 가운데 (5만) 70명을 죽이셨습니다. 사람들은 여호와께서 백성들을 심하게 치신 일로 크게 슬퍼했습니다.   출 19:21;민 4:15,20

20 벧세메스 사람들은 말했습니다. "이 거룩하신 하나님 여호와 앞에 누가 서겠는가? 이 궤를 여기서 누구에게로 보내야 하는가?"

21 그러고 나서 그들은 기럇 여아림 사람들에게 사람을 보내 말했습니다. "블레셋 사람들이 여호와의 궤를 돌려주었으니 내려와서 그것을 가져가시오."   수 9:17;18:14

7 그리하여 기럇 여아림 사람들이 와서 여호와의 궤를 가져다가 언덕 위에 있는 아비나답의 집으로 옮겨 놓고 그 아들 엘리아살을 거룩하게 구별해 여호와의 궤

하나님의 궤 이동 경로

아벡 (에벤에셀) 전쟁의 승리를 가져다줄 것이라는 기대로 에벤에셀로 옮겨 온 여호와의 궤를 아벡 근처에서 블레셋 사람들에게 빼앗았다.

실로 엘리의 두 아들이 이 전쟁터로 옮기기 전까지 여호와의 궤는 실로에 있었다.

아스돗 아스돗의 다곤 신전으로 옮겨졌다. 다곤이 엎드려지고 아스돗 사람들에게 종기 재앙이 내려졌다.

가드 가드에서도 더 큰 환난과 종기가 발생했다.

기럇 여아림 기럇 여아림에 사는 아비나답의 집에 여호와의 궤를 옮겨 놓았다. 아비나답의 아들 엘리아살을 거룩히 구별하여 여호와의 궤를 지키게 했다. 다윗이 최종적으로 예루살렘으로 옮길 때까지 20년 동안 기럇 여아림에 있었다.

에그론 잠시 에그론으로 옮겨졌다. 더 이상의 재앙과 죽음을 막기 위해 암소가 끄는 수레에 실어 이스라엘 땅으로 보냈다.

벧세메스 여호와의 궤를 실은 수레가 벧세메스 사람 여호수아의 밭에 도착하자 벧세메스 사람들이 여호와의 궤를 들여다봤다가 하나님께 죽임을 당했다.

대해 (지중해)

아벡

에벤에셀

길갈

베들레헴

염해

를 지키게 했습니다. 삼하 6:3

2 재헌신을 위한 요구 그 궤가 기럇 여아림에 머무른 지 20년이 됐습니다. 그동안 모든 이스라엘 백성들이 여호와를 사모하며 찾았습니다. 창 35:2;수 24:14;삿 30:19;노 4:8

3 그러자 사무엘이 이스라엘 온 집에 말했습니다. "만약 너희가 온 마음으로 여호와께 돌아오려면 이방신들과 아스다롯을 없애고 여호와께 자신을 맡기고 그분만을 섬기라. 그러면 그분이 너희를 블레셋 사람들의 손에서 구해 내실 것이라."

4 그리하여 이스라엘 백성들은 바알과 아스다롯을 버리고 여호와만을 섬기게 됐습니다.

5 그러자 사무엘이 말했습니다. "모든 이스라엘은 미스바로 모이라. 내가 여호와께 너희의 죄를 용서해 달라고 기도하겠다."

6 그들은 미스바에 모여 물을 길어다가 여호와 앞에 붓고 그날 거기서 금식하며 "우리가 여호와께 죄를 지었습니다" 하고 고백했습니다. 사무엘은 미스바에서 이스라엘을 다스렸습니다. 삿 10:10;삼하 14:14

7 이스라엘이 블레셋을 이김 이스라엘이 미스바에 모였다는 소식을 듣고 블레셋의 지도자들이 이스라엘을 공격하러 올라왔습니다. 이스라엘 백성들은 이 소식을 듣자 블레셋 사람들을 두려워했습니다.

8 사무엘에게 말했습니다. "여호와 우리 하나님께서 블레셋 사람들의 손에서 우리를 구하시도록 우리를 위해 쉬지 말고 기도해 주십시오."

9 그러자 사무엘이 젖 먹는 양을 잡아 여호와께 번제물로 드리고 이스라엘을 위해 여호와께 부르짖었더니 여호와께서 그를 들어주셨습니다. 창 9:9;6월 15:1

10 사무엘이 번제를 드리는 동안 블레셋 사람들은 이스라엘과 싸우려고 가까이 오고 있었습니다. 그러나 그날 여호와께서 블레

셋 사람들에게 큰 천둥소리를 내어 당황하게 하셨으므로 그들이 이스라엘 백성들에게 패했습니다. 2:10;삼하 22:14-15;사 18:13

11 이스라엘 사람들은 미스바에서 나와 벧갈 아래까지 뒤쫓아가서 블레셋 사람들을 무찔렀습니다.

12 그때 사무엘이 돌을 들어 미스바와 센 사이에 두고 "여호와께서 여기까지 우리를 도우셨다"라고 말하며 그곳을 에벤에셀이라고 불렀습니다. 창 28:18;31:45;35:14;수 4:9;24:26

13 이렇게 블레셋 사람들을 굴복시켜 그들은 다시는 이스라엘 지역을 침입하지 않았습니다. 사무엘이 사는 동안 여호와의 손이 블레셋 사람들을 막아 주셨습니다.

14 블레셋 사람들이 이스라엘에게서 빼앗아 갔던 에그론에서 가드에 이르는 성들을 되찾았고 블레셋 사람의 손으로 넘어갔던 그 주변 영토도 회복했습니다. 이스라엘은 아모리 사람들과도 평화롭게 지냈습니다.

15 이스라엘을 다스림 사무엘은 평생 동안 이스라엘을 다스렸습니다. 12:11;삿 2:16

16 그는 해마다 벧엘과 길갈과 미스바를 순회하며 모든 지역을 다스렸습니다.

17 그리고 자기 집이 있는 라마로 돌아와 거기서도 이스라엘을 다스렸으며 그곳에 여호와를 위한 제단을 쌓았습니다.

8

이스라엘이 왕을 요구함 사무엘은 나이가 들자 자기 아들들을 이스라엘의 사사로 세웠습니다. 신 16:18

2 맏아들의 이름은 요엘이고 둘째 아들의 이름은 아비야입니다. 그들은 브엘세바에서 사사가 됐습니다.

3 그러나 사무엘의 아들들은 사무엘이 걸었던 길을 가지 않았습니다. 그들은 부당한 이득을 따라 뇌물을 받고 옳지 않은 판결을 내렸습니다. 출 18:21;23:8;신 16:19;사 1:55

4 그래서 모든 이스라엘 장로들은 라마에 있는 사무엘을 찾아갔습니다.

5 그들이 사무엘에게 말했습니다. "이제 당신은 늙었고 당신 아들들은 당신이 행한 길을 가고 있지 않습니다. 그러니 우리에

게 왕을 세워 주셔서 다른 모든 나라처럼 왕이 우리를 다스리게 해 주십시오."

6 하나님이 허락하심 왕을 세워 다스리게 해 달라는 말을 들은 사무엘이 마음이 언짢아 여호와께 기도를 드렸습니다.

7 그러자 여호와께서 그에게 말씀하셨습니다. "백성들이 네게 하는 말을 다 들어 주어라. 그들이 너를 버린 것이 아니라 나를 버려 내가 그들의 왕인 것을 거부하는 것이다. 　10:19;출 16:8

8 내가 그들을 이집트에서 이끌어 낸 때부터 오늘에 이르기까지 그들은 그렇게 해 왔다. 그들이 나를 제쳐 두고 다른 신들을 섬긴 것처럼 네게도 그러는 것이다.

9 그러니 그들의 말을 들어 주어라. 그러나 그들에게 엄중하게 경고해 왕이 어떤 권한이 있는지 알게 해 주어라." 　11~18절

10 사무엘의 경고 사무엘은 왕을 세워 달라고 요구하는 백성들에게 여호와께서 하신 모든 말씀을 전해 주었습니다.

11 "너희를 다스릴 왕은 이렇게 할 것이다. 그는 너희 아들들을 데려다가 자기 마차와 말을 돌보는 일을 시키고 그들을 마차 앞에서 달리게 할 것이다. 　10:25;14:52;신 17:16~20

12 그가 너희 아들들을 천부장과 오십부장으로 세울 것이며 자신을 위해 밭을 갈고 추수하게 할 것이고 전쟁을 위한 무기와 전차의 장비를 만들게 할 것이다. 　창 45:6

13 또 너희 딸들을 데려다가 향료 만드는 사람, 요리사, 빵 굽는 사람이 되게 할 것이다.

14 그는 너희 밭과 포도밭과 올리브 밭 가운데 제일 좋은 것을 골라 자기 신하들에게 줄 것이며 　왕상 21:7;겔 46:18

15 너희 곡식과 포도 수확물의 10분의 1을 가져다가 자기의 관리와 신하들에게 줄 것이다.

16 너희 남종들과 여종들과 너희 소년들과 나귀들 가운데 가장 좋은 것을 끌어다가 자기 일을 시키고

17 너희 양들의 10분의 1을 가질 것이며 결국 너희 자신도 그의 노예가 될 것이다.

18 그때가 되면 너희는 너희가 선택한 그 왕에게서 벗어나게 해 달라고 울부짖겠지만 그때는 여호와께서 너희의 말에 응답하지 않으실 것이다." 　잠 1:28;사 1:15;미 3:4

19 경고를 듣지 않는 이스라엘 이렇게 말했지만 백성들은 사무엘의 말을 들으려 하지 않았습니다. "아니요. 그래도 우리는 왕을 원합니다.

20 다른 나라들처럼 우리를 다스릴 뿐 아니라 우리를 이끌고 나가 싸워 줄 왕이 있어야 합니다." 　5절

21 사무엘이 백성들의 말을 모두 듣고 여호와께 다 말씀드렸더니

22 여호와께서 대답하셨습니다. "그들의 말대로 그들에게 왕을 세워 주어라." 그러자 사무엘은 이스라엘 사람들에게 모두 자기 성으로 돌아가 있으라고 말했습니다.

왜 왕을 요구한 것이 잘못인가요?

나이가 들자, 사무엘은 자기 아들들을 이스라엘의 사사로 세웠어요(삼상 8:1). 하지만 사사가 된 요엘과 아비야는 사무엘과 달리 뇌물을 받고 옳지 않은 판결을 내렸어요(삼상 8:3). 이에 이스라엘의 모든 장로들은 사무엘을 찾아가 왕을 세워 달라고 했어요(삼상 8:5). 왕을 요구하는 백성들의 마음속에는 숨은 동기가 있었어요. 다른 나라들처럼 눈에 보이는 왕이 다스려 주기를 바라는 인간적인 생각이 앞선 것

과 지금까지 인도하신 왕이신 하나님을 거부하는 것이었어요. 또 하나님이 세우신 사사 사무엘을 인정하지 않는 태도이기도 했어요(삼상 8:19~20).

하나님은 모든 것을 아시면서도 백성들의 요구대로 왕을 세워 주셨어요(삼상 10:17~24). 하나님이 왕을 주신 이유는 왕 때문에 어려움을 겪어 진정으로 자신들을 구원해 주는 왕은 하나님 한 분뿐임을 깨닫게 하기 위해서였어요(삼상 8:10~18).

9

사울이 아비의 나귀를 찾음 베냐민 지파에 기스라는 유력한 사람이 있었습니다. 그는 아비엘의 아들이고 스롤의 손자이며 베고랏의 증손자이고 베냐민 지파 아비야의 현손이었습니다. 대상 8:33

2 그에게는 사울이라는 아들이 있었는데 그는 눈에 띄게 멋진 젊은이로서 이스라엘 사람들 가운데 그처럼 잘생긴 사람이 없었고 키도 다른 사람들보다 어깨 위만큼 더 컸습니다. 대상 16:10:23

3 어느 날 사울의 아버지 기스는 자기가 기르던 나귀들을 잃어버리자 아들인 사울에게 말했습니다. "종을 데리고 가서 나귀들을 찾아오너라."

4 그래서 사울은 에브라임 산지와 살리사 땅을 두루 다니며 샅샅이 찾아 보았지만 나귀들을 찾을 수 없었습니다. 사알림 지역

사무엘

사울과 다윗에게 기름 부어 왕으로 세운 예언자로, 이스라엘의 마지막 사사이다. 어머니 한나의 서원 기도로 태어나 엘리 제사장 밑에서 자라며 성막에 봉사했다. 어려서부터 하나님의 음성을 들었으며, 하나님이 세우신 예언자로 인정받았다.

미스바에 이스라엘 백성을 모아 놓고 금식하며 하나님께 죄를 회개하며 기도했다. 미스바에 있을 때 블레셋 사람들이 쳐들어왔으나 하나님께 기도하여 물리쳤다. 해마다 벧엘, 길갈, 미스바를 순회하며 이스라엘을 다스렸다.

이스라엘 백성이 왕을 세워 달라고 요구했을 때 반대했으나 하나님의 명령에 따라 사울을 첫 번째 왕으로 기름 부어 세웠다. 사울이 하나님으로부터 버림받은 후 다시 다윗에게 기름 부어 왕으로 세웠다. 죽어 고향인 라마에 묻혔다.

사무엘이 나오는 말씀
>> 삼상 1:27; 2:18;
   3:19~21; 7:5~16;
   8:10; 16:1~13; 28:3

에 가 봐도 없었고 베냐민 지역에 가 봐도 나귀들은 보이지 않았습니다. 수 24:33

5 그들이 숩 지역에 들어섰을 때 사울이 함께 온 종에게 말했습니다. "그만 돌아가자. 우리 아버지가 나귀보다 우리를 더 걱정하시겠다." 10:2

6 **선견자를 찾음** 그러자 종이 대답했습니다. "저, 이 성읍에 아주 존경받는 하나님의 사람이 있는데 그분이 말씀하시는 것은 무엇이든 이루어진다고 합니다. 그곳에 가 보시지요. 혹시 그분이 우리가 어떻게 해야 할지 가르쳐 주실지도 모릅니다."

7 사울이 종에게 말했습니다. "우리가 가게 되면 그 사람에게 무엇을 좀 드려야 하지 않겠느냐? 그런데 우리 자루에는 음식이 다 떨어졌으니 하나님의 사람에게 드릴 만한 선물이 없구나. 우리가 갖고 있는 게 있느냐?" 왕상 14:3;왕하 4:42;8:8

8 종이 그에게 다시 대답했습니다. "제게 은 4분의 1세겔이 있습니다. 이것을 하나님의 사람에게 갖다 드리면 그분이 우리에게 어떻게 해야 할지 가르쳐 주실 것입니다."

9 (옛날 이스라엘에서는 하나님께 무엇인가 알아보려고 갈 때는 선견자에게 가자고 말했습니다. 요즘의 예언자를 예전에는 선견자라고 불렀습니다. 창 25:22;심하 15:27

10 사울이 종에게 말했습니다. "그래 좋다. 어서 가자." 그리하여 그들은 하나님의 사람이 있는 성읍으로 갔습니다.

11 그들이 성을 향해 언덕을 올라가다가 물을 길으러 나온 소녀들을 만나 "여기에 선견자가 계시느냐?" 하고 물었더니 창 24:11

12 그들이 대답했습니다. "그렇습니다. 그가 당신들보다 앞서가셨으니 서둘러 가보세요. 오늘 산당에서 백성들의 제사가 있어서 지금 성에 도착하셨습니다.

13 그분이 음식 잡수시러 산당에 올라가기 전이니 성안으로 들어가면 바로 그분을 만나게 될 것입니다. 그분이 도착하기 전에는 사람들은 아무것도 먹지 않습니다. 그분이 제물을 축복하셔야 하기 때문입니다.

그러고 나면 초대받은 사람들이 먹기 시작할 것입니다. 그러니 지금 서둘러 가십시오. 지금 가면 그분을 만날 수 있습니다."

14 그들이 성으로 올라가 안으로 들어갔을 때 마침 사무엘이 산당으로 올라가려고 나오고 있었습니다.

15 하나님이 사무엘에게 말씀하심 사울이 오기 전날, 여호와께서는 사무엘에게 이 일에 대해 말씀해 놓으셨습니다. _{룻4:4;행13:21}

16 "내일 이 시간쯤 내가 베냐민 땅에서 한 사람을 보낼 것이다. 그에게 기름 부어 내 백성 이스라엘의 지도자로 삼아라. 그는 내 백성을 블레셋 사람들의 손에서 구해 낼 것이다. 내 백성들이 내게 부르짖는 소리를 듣고 내가 그들을 돌아본 것이다."

17 사무엘이 사울을 쳐다보자 여호와께서 그에게 말씀하셨습니다. "내가 네게 말한 그 사람이 이 사람이다. 그가 내 백성을 다스릴 것이다." _{16:12}

18 사무엘이 사울을 맞이함 사울이 성문 길에서 사무엘에게 다가가 물었습니다. "선견자의 집이 어디인지 가르쳐 주시겠습니까?"

19 사무엘이 대답했습니다. "내가 바로 그 선견자요. 앞장서서 산당으로 올라가시오. 오늘 나와 함께 음식을 듭시다. 내일 아침이 되면 물어보고 싶은 것을 다 말해 주겠소. 그러고 나면 당신을 보내 주겠소.

20 당신이 3일 전에 잃어버린 나귀들은 걱정하지 마시오. 이미 다 찾아 놓았소. 이스라엘이 모두 누구에게 기대를 걸고 있는지 아시오? 바로 당신과 당신 아버지의 온 집안이오." _{3절}

21 사울이 대답했습니다. "저는 이스라엘 지파 가운데 가장 작은 베냐민 지파 사람이 아닙니까? 게다가 저희 가정은 베냐민 지파 가운데서도 가장 보잘것없는 가정이 아닙니까? 왜 제게 그런 말씀을 하십니까?"

22 그러자 사무엘이 사울과 그 종을 데리고 객실로 들어가 초대받은 30명가량의 사람들 앞에 앉혔습니다.

23 사무엘이 요리사에게 말했습니다. "내가 네게 맡겨 두었던 그 음식을 가져오너라."

24 요리사가 넓적다리와 그 위에 붙은 것을 가져와 사울 앞에 놓았습니다. 그러자 사무엘이 말했습니다. "당신을 위해 마련해 둔 것이니 앞에 놓고 드시오. 내가 손님을 초대할 때부터 당신을 위해 따로 마련해 둔 것이오." 사울은 그날 사무엘과 함께 저녁을 먹었습니다.

25 그들이 산당에서 내려와 성으로 들어왔습니다. 사무엘은 자기 집 지붕 위에서 사울과 이야기를 나누었습니다.

26 동틀 무렵 그들이 아침 일찍 일어났을 때 사무엘이 지붕 위에서 사울을 불렀습니다. "일어나시오, 당신을 보내 주겠소." 사울이 준비를 마치자 사울과 사무엘이 함께 밖으로 나왔습니다.

27 성읍 끝에 다다르자 사무엘이 사울에게 말했습니다. "종에게 먼저 가라고 하시오." 종이 앞서가자 또 말했습니다. "당신은 조금 더 머물러 계시오, 내가 하나님의 말씀을 전해 드리겠소."

10 왕이 될 징조 그러고 나서 사무엘은 기름병을 가져다가 사울의 머리에 붓고 입을 맞추며 말했습니다. "여호와께서 당신에게 기름 부어 그 유업을 다스릴 지도자로 삼으셨소.

2 당신이 오늘 나를 떠나가다가 베냐민 경계에 있는 셀사에 이르면 라헬의 무덤 가까이에서 두 사람을 만나게 될 것이오. 그들은 당신에게 '당신이 찾아 나선 나귀들을 찾았기 때문에 당신 아버지는 이제 나귀 걱정은 하지 않지만 그 대신 아들을 걱정하고 있습니다'라고 말할 것이오.

3 그러면 당신은 다볼에 있는 상수리나무에 이르기까지 계속 가시오, 거기서 하나님을 뵈려고 벧엘로 올라가는 세 사람을 만날 것이오, 한 사람은 염소 새끼 세 마리를 끌고 갈 것이고 또 한 사람은 빵 세 덩이를 가져가고 또 한 사람은 포도주 한 부

선견자(9:9, 先見者, seer) 하나님이 계시하시는 꿈, 환상, 이상을 보고 예언하는 사람.

대를 가져갈 것이오. 삼상 13:18,28,22:35,1,3,7,삿 20:31

4 그들이 당신에게 인사하고 빵 두 덩이를 주면 당신은 그것을 받으시오.

5 그러고 나서 당신은 하나님의 산에 이를 것이오. 거기에는 블레셋 진영의 문이 있소. 당신이 그 성에 다다르면 산당에서 내려오는 예언자의 무리를 만나게 될 것인데 그들은 비파와 탬버린, 피리와 하프를 연주하며 예언도 할 것이오. 9:12,13:3~4

6 당신에게도 여호와의 영이 능력으로 임하실 것이니 당신도 그들과 함께 예언하게 될 것이오. 그러면 당신은 전혀 다른 새사람으로 변하게 될 것이오. 민 11:25,삿 3:10

7 이런 일들이 이루어지면 당신은 하나님이 인도하시는 대로 따라 행하시오. 하나님이 당신과 함께하실 것이오. 출 4:8,눅 2:12

8 당신은 나보다 먼저 길갈로 내려가시오. 내가 당신에게 내려가 번제와 화목제를 드릴 것이니 내가 가서 당신과 무엇을 해야 할지 알려 줄 때까지 7일 동안 기다려 주시오." 11:14~15,13:4,8

9 예언하는 사울 사울이 사무엘을 떠나려고 돌아서는데 하나님께서 사울에게 새 마음을 주었습니다. 그리고 이 모든 표적들이 그날 다 이루어졌습니다.

10 그들이 기브아에 도착하자 예언자 무리가 사울을 맞았습니다. 하나님의 영이 능력으로 사울에게 임하자 사울도 그들과 함께 예언하게 됐습니다.

11 전에 사울을 알던 사람들은 모두 그가 예

언자들과 함께 예언하는 것을 보고 서로 이야기했습니다. "기스의 아들에게 대체 무슨 일이 일어난 거지? 사울도 예언자들 가운데 있지 않는가?" 19:24,막 13:54~55,요 7:15

12 거기 살던 한 사람이 말했습니다. "그들의 아버지가 누구인가?" 그리하여 "사울도 예언자들 가운데 있지 않는가?"라는 속담이 생겨나게 됐습니다. 사 54:13,요 6:45

13 사울은 예언을 마치고 산당으로 갔습니다.

14 왕이 될 것을 드러내지 않음 그때 사울의 삼촌이 사울과 그 종에게 물었습니다. "어디에 갔다 왔느냐?" 사울은 "나귀를 찾으러 갔었습니다. 하지만 찾을 수 없어서 사무엘에게로 갔습니다"라고 대답했습니다.

15 그러자 사울의 삼촌이 말했습니다. "사무엘이 무슨 말을 했는지 내게 말해 보아라."

16 사울은 "그분이 우리에게 나귀들을 찾았다고 확인해 주셨습니다"라고 대답했습니다. 그러나 사무엘이 자신에게 왕이 될 것이라고 한 말은 삼촌에게 하지 않았습니다.

17 사울이 왕이 됨 사무엘이 이스라엘 백성들을 미스바로 불러 여호와 앞에 모아 놓고

18 그들에게 말했습니다. "이스라엘의 하나님 여호와께서는 '내가 이집트에서 이스라엘을 건져냈고 이집트뿐만 아니라 너희를 짓누르던 모든 나라들로부터 너희를 구해냈다'라고 말씀하셨습니다. 12:8,사 6:8~9

19 그러나 너희는 지금 너희 모든 재난과 고통에서 너희를 구해 내신 너희 하나님을 거부했다. 그러고는 '안 되겠습니다. 우리에게 왕을 세워 주십시오'라고 했다. 그러니 이제 너희는 지파와 가족별로 여호와 앞에 나아오라."

20 사무엘이 모든 이스라엘 지파들을 가까이 불러 제비를 뽑자 베냐민 지파가 뽑혔습니다. 수 7:14,16~17

21 그러고 나서 그가 베냐민 지파를 가족별로 앞으로 나오게 하자 이번에는 마드리의 가족이 뽑혔습니다. 마지막으로 기스의 아들 사울이 뽑혔습니다. 그러나 그들이 사울을 찾았으나 보이지 않았습니다.

제비에 뽑힌 사울이 짐짝 사이에 숨음

22 그래서 그들은 여호와께 다시 물었습니다. "그 사람이 여기에 왔습니까?" 그러자 여호와께서 대답하셨습니다. "그렇다. 그는 짐짝 사이에 숨어 있다." 22:10

23 사람들이 달려가 사울을 데려왔습니다. 사울이 백성들 사이에 서자 그는 다른 사람들보다 어깨 위만큼이나 더 컸습니다.

24 사무엘이 모든 백성들에게 말했습니다. "너희는 여호와께서 선택하신 사람을 보라. 모든 백성 가운데 이만한 사람이 없도다." 그러자 백성들은 "우리 왕 만세!"를 외쳤습니다. 삼하 16:16;왕하 11:12;대하 23:11

25 사무엘이 백성들에게 왕국의 제도에 관해 설명했습니다. 사무엘은 두루마리에 그것을 기록해 여호와 앞에 보관해 두었습니다. 그리고 나서 사무엘은 백성들을 집으로 돌려보냈습니다. 8:11~18;신 17:14~20

26 엇갈린 반응 사울도 기브아에 있는 자기 집으로 돌아왔습니다. 하나님께서 마음을 감동시키신 용사들은 그와 동행했지만

27 몇몇 못된 사람들은 "저 사람이 어떻게 우리를 구원하겠느냐?" 하고 사울을 무시하며 아무 예물도 가져오지 않았습니다. 그러나 사울은 잠자코 있었습니다. 신 13:13

11 암몬의 공격 암몬 사람 나하스가 올라와 야베스 길르앗에 진을 쳤습니다. 그러자 모든 야베스 사람들이 그에게 말했습니다. "우리와 조약을 맺읍시다. 그러면 당신을 섬기겠습니다."

2 그러나 암몬 사람 나하스가 대답했습니다. "내가 너희 모두의 오른쪽 눈을 빼내 온 이스라엘을 수치스럽게 한다는 조건이면 너희와 조약을 맺겠다." 창 34:14;민 16:14

3 그러자 야베스의 장로들이 그에게 말했습니다. "우리가 이스라엘 전 지역에 사자를 보낼 수 있도록 우리에게 7일 동안 여유를 주시오. 만약 아무도 우리를 구하러 오지 않는다면 당신에게 항복하겠소."

4 사울이 살고 있는 기브아에 사자들이 도착해 사람들에게 이 소식을 전하자 그들은 모두 큰 소리로 울었습니다. 삿 2:4;21:2

5 바로 그때 들에서 소들을 몰고 돌아오던 사울이 그것을 보고 물었습니다. "백성들에게 무슨 일이 있습니까? 왜들 저렇게 큰 소리로 울고 있습니까?" 그러자 백성들은 야베스 사람들이 말한 것을 사울에게 말해 주었습니다.

6 야베스 성을 구한 사울 그 말을 듣는 순간 하나님의 영이 사울에게 강하게 임했고 이에 사울은 크게 분노하게 됐습니다.

7 사울은 한 쌍의 황소를 가져다가 토막을 내고 그 조각을 사자들에게 주어 이스라엘

사무엘이 사울을 왕으로 소개하자 백성들이 '우리 왕 만세'를 외침

전역에 보내며 선포했습니다. "누구든 사울과 사무엘을 따라 나서지 않는 사람이 있으면 그 사람의 소들도 이렇게 될 것이다." 그러자 백성들에게 여호와를 두려워하는 마음이 생겨 한마음으로 나아왔습니다.

8 사울이 베섹에서 그들을 소집하고 수를 세어 보니 이스라엘 사람의 수는 30만 명이며 유다 사람은 3만 명이었습니다.

9 그들이 유다에서 온 사자들에게 말했습니다. "야베스 길르앗 사람들에게 '내일 해가 한창 뜨거울 때 너희는 구원을 받을 것이다' 하고 말하라." 그들이 가서 야베스 사람들에게 이 말을 전하자 그들은 매우 기뻐했습니다. 13절

10 그래서 야베스 사람들은 암몬 사람들에게 이렇게 말했습니다. "내일 우리가 당신들에게 항복할 것이니 그때는 당신들 하고 싶은 대로 우리에게 행하시오." 3절

11 다음 날 새벽 사울은 백성들을 세 부대로 나눠 암몬 사람들의 진영으로 쳐들어가 해가 가장 뜨거워질 때까지 그들을 쳐서 죽였습니다. 살아남은 사람들은 모두 뿔뿔이 흩어져 그들 가운데 두 사람조차 함께 남은 일이 없었습니다. 31:11;삿 7:16

12 사울의 왕권이 인정됨 그때 백성들이 사무엘에게 말했습니다. "'사울이 우리를 다스릴 수 있겠느냐?' 하고 물은 사람이 누구입니까? 그들을 데려와 주십시오. 우리가 죽이겠습니다." 10:27;눅 19:27

13 그러나 사울이 말했습니다. "오늘은 어느 누구도 죽일 수 없소. 여호와께서 이스라엘을 구원해 주신 날이기 때문이오."

14 그러자 사무엘이 백성들에게 말했습니다. "자, 길갈로 가서 거기서 왕국을 새롭게 선포합시다."

15 그리하여 모든 백성들은 길갈로 가서 여호와 앞에서 사울을 왕으로 인정했습니다. 거기서 그들은 여호와께 화목제를 드렸고 사울과 모든 이스라엘 백성들은 큰 잔치를 벌였습니다. 10:8;17;15:33;삿 11:11

12 사무엘의 마지막 설교 사무엘이 온 이스라엘 백성에게 말했습니다. "나는 너희가 내게 말한 모든 것을 귀 기울여 듣고 너희를 다스릴 왕을 세워 주었다.

2 이제부터는 왕이 너희를 인도할 것이다. 나는 늙어 백발이 됐고 내 아들들도 여기 너희와 함께 있다. 나는 젊었을 때부터 오늘날까지 너희를 이끌어 왔다. 민 27:17

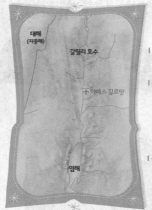

대해
(지중해)

갈릴리 호수

야베스 길르앗

염해

야베스 길르앗, 어떤 일이 있었나?

| 사사 시대 | 야베스 사람들은 하나님의 총회에 참석하지 않았다는 이유로 무서운 벌을 받았으나(삿21:8-12), 베냐민 지파가 끊어질 위기에 처한 이들에게 야베스의 처녀 400명을 주었다(삿21:14).

| 사울이 왕이 되었을 때 | 암몬 왕 나하스는 야베스 길르앗을 위협하고 깔보며 욕되게 했다(삼상11:1-2). 암몬은 원래 이스라엘과 피를 나눈 사람들이었으나(창19:36, 38), 사사 시대에 영토를 둘러싼 다툼으로 점차 관계가 나빠졌다. 이 상황으로 암몬의 공격을 받게 된 야베스 사람들은 사울에게 도움을 청했다. 사울의 도움으로 승리했고 모든 이스라엘 백성들이 사울을 왕으로 인정했다(삼상11:15).

| 사울이 죽은 후 | 사울과 그 아들들이 길보아 전투에서 죽어 시신이 벧산 성벽에 매달려 있었다. 야베스 사람들은 요단 강을 건너가 그 시신을 야베스로 가져다 장사지냈다(삼상31:7-13). 야베스 사람들은 자신들을 도와준 사울의 은혜를 잊지 않았던 것이다.

3 여기 내가 있으니 여호와와 그분이 기름 부으신 왕 앞에서 나에 대해 증언해 보라. 내가 남의 소를 가로챈 적이 있느냐? 내가 남의 나귀를 가로챈 적이 있느냐? 내가 누구를 속인 적이 있느냐? 내가 누구를 억누르려 한 일이 있느냐? 무엇을 눈감아 주려고 내가 뇌물을 받은 적이 있느냐? 내가 이 가운데 하나라도 한 적이 있다면 갚아 줄 것이다."

출 20:17;민 16:15;삼하 1:14

4 백성들이 대답했습니다. "당신은 우리를 속인 적도 없으며 억누르려 한 적도 없습니다. 어느 누구의 손에서 무엇을 가로챈 적도 없습니다."

5 사무엘이 그들에게 말했습니다. "너희가 내 손에서 아무것도 찾아낸 것이 없는 것에 대해 여호와께서 증인이 되시고 또한 하나님께서 기름 부으신 왕도 증인이 될 것이다." 그들이 대답했습니다. "여호와께서 증인이십니다."

출 21:16;22:4

6 그러자 사무엘이 백성들에게 말했습니다. "모세와 아론을 세우고 너희 조상들을 이집트에서 이끌어 내신 분은 여호와이시다.

7 그러니 여기 서 있으라. 여호와께서 너희와 너희 조상들을 위해 행하신 모든 의로운 일들에 대해 내가 여호와 앞에서 증거를 갖고 너희에게 해 줄 말이 있다.

8 야곱이 이집트에 들어가고 난 뒤 그들은 여호와께 도와 달라고 부르짖었고 여호와께서는 모세와 아론을 보내 너희 조상들을 이집트에서 이끌어 내셔서 이곳에 정착하게 하셨다.

9 그러나 그 백성들은 그들의 하나님 여호와를 잊어버렸습니다. 그래서 하나님께서는 하솔 군대의 사령관인 시스라와 블레셋 사람들과 모압 왕을 통해 그들을 치게 하셨다.

10 그들은 여호와께 부르짖으며 '우리가 죄를 지었습니다. 우리가 여호와를 버리고 바알과 아스다롯을 섬겼습니다. 그러나 이제 우리를 적들의 손에서 구해 주십시오. 그러면 우리가 주를 섬기겠습니다'라고 말했다.

11 그때 여호와께서 여룹바알과 바락과 입다와 사무엘을 보내 여호와께서 사방에서 달려드는 적들의 손에서 너희를 구해 내셨기에 너희는 안전하게 잘살게 된 것이다.

7:10~13;삿 4:6,8,10;6:32

12 그러나 너희는 암몬 왕 나하스가 너희를 치러 오자 여호와 하나님이 너희 왕이신데도 너희는 내게 '안 된다'했습니다. 우리를 다스려 줄 왕이 있어야겠습니다'라고 말했다.

13 그러므로 여기 너희가 선택한 왕이 있다. 바로 너희가 구했던 왕이다. 보라. 여호와께서 너희를 다스릴 왕을 세워 주셨다.

14 만약 너희가 여호와를 두려워하고 그분을 섬기고 순종하며 그분의 명령을 거역하지 않는다면, 또 너희와 너희를 다스리는 왕 모두가 여호와와 너희 하나님을 따른다면 잘하고 있는 것이다.

신 6:2;수 24:14

15 그러나 너희가 만약 여호와께 순종하지 않고 그분의 명령을 거역한다면 그분의 손이 너희 조상들에게 그랬던 것처럼 너희를 치실 것이다.

5:9;레 26:14;신 28:15;수 24:20

16 좌악을 알게 된 이스라엘 그러니 이제 가만히 서서 여호와께서 너희 눈앞에서 하실 큰일

바락(12:11, Barak) 또는 '베단'.

밀을 추수하는 때

이스라엘의 기후는 크게 건기와 우기로 나뉜다. 특히 한 해 강우량의 90% 이상이 우기(1~3월)에 집중적으로 내린다. 반대로 건기에는 비가 거의 오지 않는다. 밀을 추수하는 때(삼상 12:17)는 건기(4~6월)에 속한다.

하지만 사무엘은 하나님께 번개와 비를 내려 달라고 부르짖었고, 하나님은 사무엘의 부르짖음에 응답해 번개와 비를 내리는 기적을 일으키셨다.

하나님은 자연을 뛰어넘는 기적을 통해 사무엘의 메시지가 곧 하나님의 뜻임을 이스라엘 백성들의 마음속에 확실히 심어 주기를 바라셨다. 사무엘이 외친 메시지의 핵심은 이것이다. 비록 왕을 요구하는 일이 하나님의 뜻에 어긋나는 것이긴 하나, 이제 왕이 세워진 만큼 왕을 중심으로 하나님의 명령에 순종해야 한다는 것이다.

을 보라. 출 14:13

17 지금은 밀을 추수하는 때가 아니냐? 그러나 내가 여호와께 번개와 비를 내려 달라고 할 것이다. 그러면 너희가 왕을 달라고 한 것이 여호와의 눈에 얼마나 악한 일이 었는지 알게 될 것이다." 잠 26:1;약 5:16~18

18 그리고 나서 사무엘이 여호와께 부르짖자 여호와께서 그날에 바로 번개와 비를 내려 보내셨습니다. 그리하여 모든 백성들은 여호와와 사무엘을 두려워하게 됐습니다.

19 **백성들의 회개와 사무엘의 권면** 백성들이 모두 사무엘에게 말했습니다. "당신의 하나님 여호와께 기도하셔서 우리가 죽지 않게 해 주십시오. 이 모든 죄 위에 왕을 달라는 일을 하나 더했습니다." 출 9:28

20 사무엘이 대답했습니다. "두려워하지 말라. 너희 모두가 이런 죄악을 저질렀지만 여호와를 떠나지 말고 너희 마음을 다해 여호와를 섬기라. 신 11:16

21 헛된 우상들을 따르지 말라. 저들은 너희에게 전혀 도움도 되지 않고 너희를 구해 낼 수도 없는 헛된 것들이다. 고전 8:4

22 여호와께서는 그분의 위대하신 이름을 위해 자기 백성들을 저버리지 않으실 것이다.

23 내가 너희를 위해 기도하지 않는 것은 여호와께 죄를 짓는 것이니 그런 죄를 결코 짓지 않고 선하고 올바른 길을 너희에게 가르쳐 줄 것이다. 왕상 8:36;시 27:11;잠 4:11

24 그러나 여호와를 두려워하고 너희 마음을 다해 그분을 섬기며 함을 명심하라. 그분이 너희를 위해 얼마나 큰일을 하셨는지 기억하라. 신 10:21;시 126:2~3;전 12:13

25 하지만 너희가 계속 악을 행한다면 너희와 너희 왕은 모두 멸망할 것이다."

13

사울의 첫 번째 불순종 사울이 왕이 됐을 때 그의 나이는 40세였습니다. 그가 이스라엘을 다스린 지 2년이 됐을 때

2 사울은 이스라엘에서 3,000명의 남자를 뽑아서 2,000명은 자기와 함께 믹마스와 벧엘 산에 있게 하고 1,000명은 베냐민 땅 기브아에서 요나단과 함께 있게 하고 나머지 백성들은 자기 집으로 돌려보냈습니다.

3 요나단이 게바에 있는 블레셋 진영을 공격하자 블레셋 사람들이 그 소식을 들었습니다. 그때 사울이 온 나라에 나팔을 불고 말했습니다. "히브리 사람들아, 들으라."

4 온 이스라엘은 사울이 블레셋 진영을 공격해 이스라엘이 블레셋 사람들의 증오의 대상이 됐다는 소식을 듣고 길갈에 모여 사울을 따라나섰습니다.

5 블레셋 사람들은 이스라엘과 싸우기 위해 모였습니다. 전차가 3만 대, 기마병이 6,000명 그리고 군사는 해변의 모래알같이 셀 수도 없이 많았습니다. 그들은 벧아

웬 동쪽 믹마스로 올라가 진을 쳤습니다.

6 이스라엘 사람들은 자신들이 위급하게 된 것을 깨닫고 동굴과 수풀과 바위틈과 구덩이와 웅덩이에 숨어 버렸습니다. ^{히 11:38}

7 몇몇 히브리 사람은 요단 강을 건너 갓과 길르앗 땅까지 가기도 했습니다. 사울은 길갈에 남아 있었고 그와 함께 있던 모든 군대는 두려움으로 벌벌 떨고 있었습니다.

8 사울은 사무엘이 정해 준 대로 7일 동안 기다렸지만 사무엘은 길갈로 오지 않았습니다. 그러자 백성들이 흩어지기 시작했습니다.

9 그래서 사울은 "내게 번제물과 화목제물을 갖고 오라" 하고 명령했습니다. 그리고 사울은 번제를 드렸습니다.

10 사무엘의 책망과 예언 사울이 번제드리기를 마치자마자 사무엘이 도착했습니다. 사울이 나아가 사무엘을 맞으며 인사하자 ^{10:8}

11 사무엘이 물었습니다. "지금 무슨 짓을 하고 있는 것이오?" 사울이 대답했습니다. "백성들이 도망치기 시작하는데 당신은 정한 시간에 오지 않고 블레셋 사람들은 믹마스로 모여들고 있었습니다.

12 그때 '이제 블레셋 사람들이 나를 치러 길갈에 내려올 텐데 아직 여호와의 은혜도 구하지 않았구나' 하는 생각이 들었습니다. 그래서 마음이 다급해져 할 수 없이 번제를 드렸습니다."

13 사무엘이 말했습니다. "당신은 어리석은 행동을 했소. 당신은 여호와 하나님께서 당신에게 주신 명령을 지키지 않았소. 그러지 않았으면 하나님께서 이스라엘 위에 당신의 나라를 영원히 세우셨을 것이오.

14 그러나 이제 당신의 나라는 오래가지 않을 것이오. 당신이 여호와의 명령을 지키지 않았기 때문에 여호와께서는 그 마음에 맞는 사람을 찾아 그 백성들의 지도자로 세우셨소." ^{15:28행 13:22}

15 그러고 나서 사무엘은 길갈을 떠나 베냐민 땅의 기브아로 올라갔습니다. 사울이 자신과 함께 있는 사람들의 수를 세어 보니 600명 정도였습니다. ^{14:2}

16 계속되는 전쟁 사울과 그 아들 요나단과 그들과 함께 있던 사람들은 블레셋 사람들이 믹마스에 진을 치고 있는 동안 베냐민 땅의 기브아에 머물러 있었습니다.

17 그때 블레셋 진영에서 세 무리의 특공대가 올라왔습니다. 한 무리는 오브라 길로 해서 수알 땅에 이르렀고 ^{14:15}

18 한 무리는 벧호론 길로 향했고 다른 한 무리는 광야와 스보임 골짜기가 내려다보이는 경계선 쪽으로 떠났습니다. ^{수 10:10}

19 그 당시 이스라엘 땅에서는 대장장이를 찾아볼 수 없었습니다. 히브리 사람들이 칼이나 창을 만드는 것을 블레셋 사람들이 허용하지 않았기 때문입니다. ^{왕하 24:14}

20 그래서 이스라엘 사람들이 쟁기의 날이나 곡괭이나 도끼나 낫의 날을 세우려면 블레셋 사람들에게로 내려갔습니다.

21 쟁기의 날이나 곡괭이의 날을 세우는 데 드는 돈은 3분의 2세겔이었고 쟁이나 도끼의 날을 세우거나 쇠 채찍 끝을 가는 데 드는 돈은 3분의 1세겔이었습니다.

22 그러므로 전쟁이 일어났을 때 사울과 요나단에게는 손에 칼이나 창이 있는 병사가

기다리지 못하고 직접 제사를 드렸어요. 사울이 막 제사를 마쳤을 때 사무엘이 도착했답니다. 결국 사울은 불순종의 대가를 치러야 했어요. 만일 사울이 단 한 시간만이라도 사무엘을 기다렸다면… 사무엘은 사울이 하나님께 불순종했기 때문에 그의 왕국이 오래가지 않을 것이라고 말했어요.

조금 천천히 가는 것 같아도 하나님의 방법대로 가는 것이 언제나 옳은 길입니다.

깊이 읽기 사무엘상 13장 1-14절을 읽으세요.

✏ 2년 (13:1, two years) 원문의 '2' 앞에 10단위 숫자가 빠져 있는 것으로 봄. 사울이 대략 40년 동안 왕위에 있던 것에 근거해 '42년 동안 이스라엘을 다스린 것으로 봄(행 13:21).

하나도 없었습니다. 오직 사울과 그 아들 요나단만이 칼과 창을 갖고 있었습니다.

23 그때 블레셋 부대가 믹마스 어귀로 나왔습니다.

14:1,4~5;14:11;삼하 23:14;사 1028~29

14 요나단이 블레셋을 공격한 하루는 사울의 아들 요나단이 자기 무기를 들고 있는 청년에게 말했습니다. "이리 와서 저쪽 편 블레셋 초소로 가자." 그러나 요나단은 자기 아버지에게는 알리지 않았습니다.

2 사울은 기브아에서 그리 멀지 않은 미그론의 석류나무 아래 있었습니다. 그는 600명쯤 되는 사람들과 함께 있었는데

3 그 가운데는 에봇을 입은 아히야도 있었습니다. 그는 이가봇의 형제 아히둡의 아들이며 비느하스의 손자이며 실로에서 여호와의 제사장이었던 엘리의 증손입니다. 그들 가운데 아무도 요나단이 나간 것을 눈치채지 못했습니다.

2:28;4:21;4~18:1

4 요나단이 블레셋 부대에 가기 위해서는 길목 양쪽에 서 있는 험한 바위들을 건너야 했습니다. 하나는 보세스라 불렸고 다른 하나는 세네라 불렸습니다.

13:23

5 그 가운데 한 바위는 믹마스를 향해 북쪽에서 있었고 다른 하나는 게바를 향해 남쪽에 서 있었습니다.

13:3,16

6 요나단이 자기 무기를 들고 있는 부하 청년에게 말했습니다. "이리 와서 저 할례 받지 않은 사람들의 부대로 가자. 여호와께서 도우시면 우리는 승리할 수 있다. 여호와의 구원은 사람의 많고 적은 것에 달려 있는 것이 아니기 때문이다."

7 무기를 들고 있는 부하 청년이 말했습니다. "당신이 원하시는 대로 하십시오. 저는 당신과 함께할 것입니다."

8 요나단이 말했습니다. "그러면 가자. 우리가 저 사람들에게 건너가서 저들이 우리를 보게 하자.

9 만약 저들이 우리에게 '우리가 갈 때까지 거기서 기다리라'고 말하면 올라가지 않고 그 자리에 머물러 있고

10 그들이 '우리에게로 올라오라'고 하면 우리가 올라가자. 이것을 여호와께서 그들을 우리 손에 넘겨주시겠다는 표시로 삼자."

11 요나단과 부하 청년이 블레셋 부대에 자기들의 모습을 드러내 보이자 블레셋 사람들이 말했습니다. "저기를 보라. 히브리 사람들이 숨어 있던 구덩이에서 기어 나오고 있다."

13:6

12 부대에 있던 사람들이 요나단과 무기를 든 청년에게 소리 질렀습니다. "이리 우리에게로 오라. 우리가 너희에게 보여 줄 것이 있다." 그러자 요나단이 무기를 든 청년에게 말했습니다. "나를 따라 올라오너라. 여호와께서 저들을 이스라엘의 손에 넘겨주셨다."

13 요나단이 손발을 다 써서 기어 올라갔고 무기를 든 부하 청년도 바로 뒤에서 요나단을 따랐습니다. 요나단이 블레셋 사람들을 공격해 넘어뜨리자 무기를 든 부하 청년이 뒤따라가며 그들을 죽였습니다.

14 흩어지는 블레셋 이 첫 번째 공격에서, 한

구약 시대 전쟁용 무기

사울이 블레셋과 전쟁할 당시 이스라엘은 무기가 빈약한 상태였다(삼상 13:19~22). 철과 놋이 많았지만(신 8:9), 블레셋에 의해 철로 된 무기 생산이 금지되었기 때문이다(삼상 13:19). 다음은 구약 시대 나타난 전쟁용 무기들이다.

공격용 무기

단검 길이가 40cm 정도 되는 짧은 칼로, 주로 찌르는 데 사용되었다(삿 3:16).

창 용도와 길이에 따라 보병이 칼과 함께 사용하던 일반 창, 전투 대형의 맨 앞에 방패와 방패 사이에 두던 장창, 일반 창보다 길이가 짧아 던져서 공격하던 단창이 있었다. 초기의 창은 끝에 돌을 이용했으나 나중에는 청동이나 철로 만든 것을 사용했다. 철이 귀한 시대에 창은 왕과 군대 지휘관이나 왕의 호위병들만 소지하던 무기였다(삼상 13:22).

쌍의 소가 반나절 동안 갈 만한 땅에서 요나단과 그의 무기를 든 부하 청년이 죽인 사람은 약 20명쯤이었습니다.

15 그러자 들에 있는 진영과 모든 백성들이 공포에 떨었고 부대의 군인들과 특공대들도 모두 떨었습니다. 땅까지 뒤흔들리며 하나님이 보내신 공포에 휩싸이게 됐습니다.

16 베냐민 땅 기브아에 있던 사울의 파수병들은 블레셋의 군대가 몹시 놀라서 이리저리 흩어지는 것을 보았습니다. ^{수 29}

17 그러자 사울이 자기와 함께 있던 사람들에게 말했습니다. "군대를 집결시키고 누가 빠져나갔는지 알아보라." 그들이 조사해 보니 요나단과 그의 무기를 든 사람이 없었습니다.

18 사울이 아히야에게 말했습니다. "하나님의 궤를 가져오너라." 그때에 하나님의 궤가 이스라엘 백성들과 함께 있었습니다.

19 사울이 제사장에게 말하고 있는 동안 블레셋 진영의 소동은 더더욱 심해졌습니다. 그러자 사울이 제사장에게 말했습니다. "그만 두어라." ^{민 27:21}

20 그리고 사울이 그와 함께 있던 모든 사람들과 싸움터에 나가 보니 블레셋 사람들이 큰 혼란에 빠져 자기편끼리 서로를 칼로 치고 있었습니다. ^{삿 7:22;대하 20:23}

21 전에 블레셋 사람들에게로 가서 그들 편에서 싸우던 히브리 사람들도 다시 사울과 요나단 쪽의 이스라엘 백성들에게로 돌아왔습니다. ^{29:4}

22 에브라임 산지에 숨어 있던 모든 이스라엘 백성들도 블레셋 사람들이 도망치고 있다는 소식을 듣고 모두 뛰어나와 힘을 합쳐 그들을 뒤쫓았습니다. ^{13:6;수 24:33}

23 그날 여호와께서는 이스라엘을 구해 내셨고 싸움은 뻗아원으로까지 번졌습니다.

24 요나단이 사울의 명령을 어김 그날 이스라엘 사람들은 무척 피곤했습니다. 하지만 사울이 "저녁이 되기 전, 적들에게 원수를 갚기 전까지 먹을 것을 입에 대는 사람은 누구든지 저주를 받을 것이다" 하고 백성들에게 맹세시켰기 때문에 군인들은 아무것도 먹지 못했습니다. ^{수 6:26}

25 군사들이 숲에 들어갔을 때 땅 위에 꿀이 있었습니다. ^{출 3:8,17;135}

26 그들은 숲에 들어가 꿀이 흘러나오는 것을 보았지만 맹세한 것이 두려워 아무도 그것을 입에 대는 군사가 없었습니다.

27 그러나 아버지가 백성들에게 맹세시키는 것을 듣지 못했던 요나단은 손에 쥐고 있던 지팡이 끝으로 벌집에서 꿀을 찍어 먹었습니다. 그러자 기운이 나며 눈이 밝아졌습니다. ^{43절}

28 그때 군사들 가운데 한 사람이 요나단에게 말했습니다. "당신의 아버지께서 군사들에게 맹세시켜 말하기를 '오늘 먹을 것을 입에 대는 군사는 저주를 받을 것이다'라고 했습니다. 그래서 이 사람들이 이렇게 지쳐 있는 것입니다." ^{삿 8:4-5}

29 요나단이 말했습니다. "아버지께서 이 땅을 곤란에 빠뜨리셨구나. 이 꿀을 조금 먹고도 내 눈이 얼마나 밝아졌는지 좀 보아

활과 화살 활은 한 번 휘어진 것과 두 번 휘어진 것이 있으며, 보통 잘 말린 나무나 뿔로 만들었다. 활시위는 동물의 내장을 잘 말려 사용했고 화살은 갈대나 가벼운 나무 끝에 쇠를 끼워 사용했다. 전쟁용 활(슥9:10)은 상당히 길었는데 이집트에서 사용한 것은 1.5m나 되었다.

그밖에 공격용 무기로 무릿매(삼상 17:40)와 쇠몽둥이(렘 51:20) 등이 있었다.

방어용 무기

방패 둥근 모양의 방패와 문처럼 생긴 네모 모양의 방패가 있었다. 나무로 만들었으며, 그 앞면에 가죽이나 놋쇠를 붙였다.

투구 왕이나 지휘관만 사용한 것 같다(삼상 17:38). 청동기 이전의 투구는 가죽으로 만들었고 청동기 시대에 비로소 놋쇠 투구가 일반화되었다.

갑옷 지휘관들은 놋쇠 갑옷을, 일반 병사들은 가죽 갑옷을 입었다. 갑옷은 주로 가슴과 등을 보호하는 역할을 했으며(느 4:16), 나중에 허리까지 장식물을 달기도 했다.

라.

30 만약 오늘 적들에게서 빼앗은 것을 조금이라도 먹었더라면 얼마나 좋았겠느냐? 블레셋 사람들을 더 많이 죽이지 않았겠느냐?"

31 백성들의 죄로 인해 사울이 단을 쌓을 그날 이스라엘 사람들은 믹마스에서 아얄론까지 쫓아가며 블레셋 사람들을 쳐 죽이느라 몹시 지쳐 있었습니다. 13:2;수 10:12

32 그래서 그들은 빼앗은 물건들에 달려들어 양과 소와 송아지들을 마구 잡아다가 그 고기를 피 있는 채로 먹었습니다. 레 3:17

33 그러자 사람들이 사울에게 말했습니다. "보십시오, 사람들이 고기를 피 있는 채로 먹어 여호와께 죄를 짓고 있습니다." 사울이 말했습니다. "너희는 하나님을 배신했다. 당장 큰 바위를 이리로 굴려 오라."

34 사울이 또 말했습니다. "너희는 저들에게 가서 내게서 소와 양을 가져다가 이 돌 위에서 잡아먹되 피가 있는 채로 고기를 먹어 여호와께 죄를 지어서는 안 된다고 전하라." 그리하여 모두가 그날 밤 소를 끌어다가 거기서 잡았습니다.

35 그러고 나서 사울은 여호와를 위해 제단을 쌓았는데 그것이 그가 처음으로 쌓은 제단이었습니다. 7:12,17

36 사울이 말했습니다. "우리가 오늘 밤 블레셋 사람들을 쫓아가서 동이 틀 때까지 그들을 약탈하고 그들 가운데 아무도 살려두지 말고 없애 버리자." 백성들이 "왕의 생각에 가장 좋으신 대로 하십시오" 하고 대답하자 제사장이 말했습니다. "여기서 먼저 하나님께 여쭈어 보시지요."

37 그러자 사울이 하나님께 물었습니다. "제가 블레셋 사람들을 쫓아가야 합니까? 이스라엘의 손에 그들을 넘겨주시겠습니까?" 그러나 그날 하나님께서는 사울에게 대답하지 않으셨습니다. 28:6

38 그러자 사울이 말했습니다. "너희 모든 백

성의 지도자들아, 이리로 오라. 오늘 이 일이 누구의 죄 때문인지 알아보자.

39 이스라엘을 구해 내신 여호와의 살아 계심으로 맹세한다. 만약 그 죄가 내 아들 요나단에게서 나온다 해도 그는 죽게 될 것이다." 그러나 그들은 아무 말도 하지 못했습니다. 룻 3:13

40 죽음을 면한 요나단 그때 사울이 모든 이스라엘 사람들에게 말했습니다. "너희는 그쪽에 서 있으라. 나와 내 아들 요나단은 이쪽에 서 있겠다." 그들이 대답했습니다. "좋으신 대로 하십시오."

41 이에 사울이 이스라엘의 하나님 여호와께 아뢰었습니다. "진실을 알려 주십시오." 그러자 요나단과 사울 쪽이 뽑히고 백성들은 벗어나게 됐습니다. 수 7:16-18;행 27:34

42 사울이 말했습니다. "나와 내 아들 요나단을 두고 제비를 뽑아라." 그러자 요나단이 뽑혔습니다.

43 그때 사울이 요나단에게 말했습니다. "네가 무슨 짓을 했는지 말해 보아라." 그러자 요나단이 사울에게 말했습니다. "저는 지팡이 끝으로 꿀을 조금 먹었을 뿐입니다. 그러나 죽을 각오는 돼 있습니다."

44 사울이 말했습니다. "요나단아, 너는 죽을 수밖에 없다. 그렇지 않으면 하나님이 내게 더 심한 벌을 내리실 것이다."

45 그러나 백성들이 사울에게 말했습니다. "이스라엘에 이런 큰 승리를 가져다 준 요나단이 죽어야만 합니까? 절대로 안 됩니다. 여호와의 살아 계심으로 맹세합니다. 그의 머리털 하나라도 땅에 떨어져서는 안 됩니다. 그는 오늘 하나님과 함께 이 일을 해냈습니다." 이렇게 사람들이 요나단을 구해 내 그는 죽지 않게 됐습니다.

46 사울의 군사적 업적 사울은 블레셋 *사람들*을 더 이상 쫓지 않았고 블레셋 사람들은 자기 땅으로 돌아갔습니다.

47 사울은 왕위에 오른 후 사방의 적들과 싸웠습니다. 모압과 암몬 사람들과 에돔과 소바 왕들과 블레셋 사람들과 싸웠는데 그

수하(14:52, 手下) 자기의 손발처럼 쓰는 손아랫사람.
진멸(15:8, 珍滅, destroy) 무찔러서 모조리 죽여 없앰.

는가는 곳마다 승리했습니다.   삼하 8:3

48 사울은 아말렉 사람들을 쳐부숨으로써 용맹을 떨쳤고, 이스라엘을 약탈자들의 손에서 구해 냈습니다.   15:3,7

49 사울의 가족 사울에게는 요나단, 리스위, 말기수아라는 세 아들이 있었고 딸로는 큰딸 메랍과 작은딸 미갈이 있었습니다.

50 그의 아내 이름은 아히노암으로 아히마스의 딸입니다. 사울의 군대 사령관 이름은 아브넬이었는데 그는 사울의 삼촌 넬의 아들입니다.   10:14;삼하 2:8

51 사울의 아버지는 기스이고 아브넬의 아버지인 넬은 아비엘의 아들입니다.   8:11;9:1

52 사울은 일생 동안 블레셋과 치열하게 싸웠습니다. 그래서 사울은 언제나 힘센 사람이나 용감한 사람을 보면 자기 수하로 불러들였습니다.

15 아말렉을 멸하라는 여호와의 말씀 사무엘이 사울에게 말했습니다. "여호와께서 나를 보내 왕에게 기름을 붓고 이스라엘을 다스리는 왕이 되게 하셨소. 그러니 이제 여호와께서 전하신 말씀에 귀를 기울이시오.   9:16

2 만군의 여호와께서 이렇게 말씀하셨소. '이스라엘 자손들이 이집트에서 올라올 때 아말렉이 이스라엘에게 한 일, 곧 길에서 잠복해 기다렸다가 공격한 일에 대해 내가 벌할 것이다.   출 17:8~16;신 25:17~19

3 너는 지금 가서 아말렉을 공격하고 그들에게 속한 모든 것을 완전히 멸망시켜라. 그

어떤 것도 남겨 두어서는 안 된다. 남자와 여자, 어린이와 젖 먹는 아기, 소와 양, 낙타와 나귀들을 모두 죽여라.'"

4 그리하여 사울이 백성을 불러 모아 들라임에 집결시켰습니다. 이들을 세어 보니 보병이 20만 명, 유다 사람이 1만 명이었습니다.

5 사울은 아말렉 성으로 가서 골짜기에 복병을 숨겨 두었습니다.

6 그러고는 겐 사람들에게 말했습니다. "아말렉 사람들을 떠나 멀리 가시오. 내가 당신들을 그들과 함께 치지 않도록 아말렉에서 떠나시오. 당신들은 이스라엘 백성들이 이집트에서 올라올 때 친절을 베풀어 준 사람들이기 때문이오." 그러자 겐 사람들은 아말렉 사람들로부터 떠나 다른 곳으로 옮겨갔습니다.   27:10;출 18:10,19;삿 1:16

7 그러고 나서 사울은 하윌라에서 이집트 앞에 있는 술에 이르기까지 아말렉 사람들을 공격했습니다.   14:48;창 2:11;16:7;25:18

8 사울은 아말렉 왕 아각을 사로잡았고 그의 백성들은 모조리 칼로 진멸시켰습니다.

9 그러나 사울과 그의 군대는 아각뿐만 아니라 양과 소들 가운데 가장 좋은 것과 살진 송아지와 어린양을 비롯해 좋은 것들은 없애지 않고 남겨 두었고, 보잘것없고 약한 것들만 없애 버렸습니다.   28:18

10 사울의 변명 그러자 여호와의 말씀이 사무엘에게 임했습니다.

11 "내가 사울을 왕으로 삼은 것을 후회한다.

하나님도 후회하시나요?

하나님은 변함이 없으시며 완전한 분이세요(삼상 15:29). 하나님에게 '후회'라는 말은 있을 수 없답니다(민 23:19). 그런데 하나님이 "사울을 왕으로 삼은 것을 후회한다."(삼상 15:11)라고 말씀하셨어요. 하나님은 정말 후회하신 걸까요? 여기에서 '후회하다'는 말은 '아주 슬퍼하다'는 뜻으로, 하나님이 이전과 다르게 대하시고 행동하신다는 말이에요.

처음 왕이 되었을 때와 달리 사울이 하나님의 말씀에 불순종했기(삼상 15:17~23) 때문에 하나님은 더 이상 사울을 왕으로 대하지 않으셨어요. 하나님의 영도 사울에게서 떠나고(삼상 16:14), 사무엘은 죽을 때까지 사울을 보지 않았어요(삼상 15:35). 이후 사무엘은 다윗에게 기름 부어 왕으로 세웠어요.

이 외에도 인구 조사를 한 다윗에게 내린 재앙을 거두셨을 때도 히브리 원어의 같은 표현이 쓰였어요(삼하 24:16).

그는 내게서 등을 돌리고 내 지시를 따르지 않았다." 사무엘은 마음이 아파서 그날 밤 내내 여호와께 부르짖었습니다.

12 사무엘이 아침 일찍 일어나 사울을 찾아갔더니 백성 가운데 누군가가 "사울 왕은 갈멜에 가셨습니다. 갈멜에서 자신을 위해 기념비를 세우고 거기서 떠나 길갈로 내려가셨습니다" 하고 말을 전해 주었습니다.

13 사무엘이 사울이 있는 곳에 이르자 사울이 말했습니다. "여호와께서 당신에게 복 주셨습니다. 내가 여호와께서 지시하신 대로 따랐습니다." ^{롯2:20}

14 그러자 사무엘이 말했습니다. "내 귀에는 양들과 소들의 울음소리가 들리니 어찌 된 일이오?"

15 사울이 대답했습니다. "군사들이 아말렉 사람들에게서 가져온 것들입니다. 그들이 여호와 당신의 하나님께 제사를 드리려고 가장 좋은 양과 소를 남겨 두었습니다. 하지만 나머지 것들은 모조리 죽였습니다."

16 사무엘이 사울에게 말했습니다. "그만두시오. 여호와께서 어젯밤 내게 하신 말씀을 전해 주겠소." 사울이 대답했습니다. "말씀

상식쑥쑥 **순종이 제사보다 낫다**

이 말씀(삼상 15:22)은 하나님이 제사 자체를 싫어 하신다는 뜻이 아니다.

아말렉은 하나님을 두려워하지 않고 이스라엘 백성들이 광야 길을 갈 때 파곤하고 지쳐 뒤처진 약한 자들을 무차별 공격했다. 이 때문에 하나님은 아말렉의 이름을 완전히 세상에서 모조리 없애 버리라고 명령하셨으며(신25:17-19) 아말렉을 완전히 없애 버려 천하에서 기억하는 일조차 없도록 하겠다고 말씀하셨다(출 17:14).

그런데 사울은 물질에 대한 욕심과 자신을 내세우기 위해 아말렉을 멸하라는 하나님의 명령을 가볍게 생각했다. 더구나 하나님의 명령을 저버리고 아말렉의 튼실한 동물들을 살려 둔 이유가 하나님께 제사 드리기 위해서라고 말했다.

하나님은 순종이 없으면서 겉으로만 드리는 예배를 받지 않으신다(삼상15:22; 사 1:11; 호 6:6; 미 6:6-8).

17 버림받은 사울 사무엘이 말했습니다. "예전에 당신이 스스로 보잘것없는 사람이라고 생각했을 때 이스라엘 지파들의 머리가 되지 않았소? 여호와께서 당신에게 기름 부어 이스라엘을 다스릴 왕으로 삼으신 것이오.

18 그리고 여호와께서 당신에게 '가서 저 악한 아말렉 사람들을 모조리 없애 버려라. 저들과 싸워서 하나도 남기지 말고 진멸시켜라' 하고 명령을 내리셨소.

19 그런데 어째서 여호와께 순종하지 않았소? 어째서 약탈하는 데 급급해서 여호와 앞에서 악한 일을 행했소?"

20 사울이 말했습니다. "아닙니다. 나는 여호와께 순종했습니다. 여호와께서 내게 지시하신 명령대로 아말렉 사람들을 완전히 쳐부수고 그들의 왕 아각을 잡아 온 것입니다.

21 군사들이 길갈에서 당신의 하나님 여호와께 제사를 드리기 위해 없앨 것들 가운데서 가장 좋은 소와 양을 취한 것입니다!"

22 그러자 사무엘이 대답했습니다. "여호와께서 여호와의 음성을 순종하는 것보다 번제와 다른 제사들을 기뻐하실 것 같소? 순종이 제사보다 낫고 귀 기울이는 것이 숫양의 기름보다 낫소. ^{장 21:3;삼 1:11~13;히 10:6~9}

23 거역하는 것은 점치는 죄와 같고 교만은 우상을 섬기는 악과 같은 것이오. 당신이 여호와의 말씀을 거역했기 때문에 그분은 당신을 버려 왕이 되지 못하게 하셨소."

24 하나님이 사울 왕을 버리심 그러자 사울이 사무엘에게 말했습니다. "내가 죄를 지었습니다. 내가 여호와의 명령과 당신의 지시를 어겼습니다. 백성들이 두려워서 나는 그들의 말대로 한 것입니다. ^{삼하 12:13}

25 내가 이렇게 간청합니다. 내 죄를 용서해 주시고 다시 나와 함께 가서 내가 여호와를 경배하게 해 주십시오." ^{30절}

26 그러나 사무엘이 그에게 말했습니다. "나는 당신과 함께하지 않을 것이오. 당신이 여호와의 말씀을 거역했기 때문에 여호와께서는 당신을 이스라엘을 다스릴 왕이 되

지 못하게 하셨소."

27 사무엘이 뒤돌아 떠나려 하자 사울이 그의 옷자락을 붙잡아서 옷이 찢어졌습니다.

28 사무엘이 그에게 말했습니다. "여호와께서 오늘 이스라엘 왕국을 당신에게서 이렇게 찢어 내어 당신보다 나은 이웃에게 주셨소.

29 이스라엘의 영광이신 여호와는 거짓을 말하거나 마음을 바꾸지 않으시오. 그분은 사람처럼 마음을 바꾸는 분이 아니오."

30 아각을 죽일 사울이 대답했습니다. "내가 죄를 지었으나 그러나 내 백성의 장로들과 이스라엘 앞에서 내 체면을 세워 주십시오. 나와 함께 가서 내가 여호와 당신의 하나님을 경배하도록 해 주십시오."

31 그리하여 사무엘은 사울과 함께 돌아갔고 사울은 여호와께 경배했습니다.

32 그때 사무엘이 말했습니다. "아말렉 왕 아각을 데려오시오." 아각은 '죽을 고비를 넘겼구나'라고 생각하며 기쁜 마음으로 나왔습니다.

33 그러나 사무엘이 말했습니다. "네 칼이 여인들에게서 자식을 빼앗았으니 네 어미도 그렇게 자식을 빼앗기리라." 사무엘은 길갈에서 여호와 앞에서 아각을 칼로 쪼개 죽였습니다.

34 사무엘이 슬퍼한 그 후 사무엘은 라마로 떠났고 사울은 자신의 집이 있는 기브아로 올라갔습니다.

35 사무엘은 사울로 인해 마음이 괴로워 죽는 날까지 다시는 사울을 만나지 않았습니다. 여호와께서는 사울을 이스라엘의 왕으로 삼으신 것을 후회하셨습니다.

16 왕으로 지명되는 다윗 여호와께서 사

무엘에게 말씀하셨습니다. "내가 이스라엘을 다스리지 못하도록 사울을 버렸는데 너는 언제까지 사울을 위해 슬퍼하겠느냐? 네 뿔에 기름을 채우고 길을 떠나 베들레헴의 이새에게로 가거라. 내가 그의 아들 가운데 하나를 왕으로 선택했다."

2 그러자 사무엘이 말했습니다. "제가 어떻게 가겠습니까? 그 소식을 들으면 사울이 저를 죽일 것입니다." 여호와께서 말씀하셨습니다. "암소 한 마리를 끌고 가서 '내가 여호와께 제사를 드리러 왔다'고 말하여라.

3 그리고 이새를 제사드리는 데 초청하여라. 그러면 어떻게 해야 할지 내가 네게 알려 주겠다. 너는 내가 일러 주는 사람에게 기름 부어야 할 것이다."

4 사무엘은 여호와께서 말씀하신 대로 했습니다. 그가 베들레헴에 도착하자 그 성의 장로들이 떨면서 그를 맞이하며 물었습니다. "평안한 일로 오셨습니까?"

5 사무엘이 대답했습니다. "그렇다. 평안한 일로 왔다. 내가 여호와께 제사를 드리려고 왔으니 너희는 몸을 거룩하게 하고 나와 함께 제사드리러 가자." 그리하여 그는 이새와 그 아들들을 거룩하게 하고 제사에 초청했습니다.

6 기름 부음을 받는 다윗 그들이 도착하자 사무엘이 엘리압을 보고 생각했습니다. "여호와께서 기름 부으실 사

16:1
28:17-18
9:12,20:29
9:16

람이 정말 여호와 앞에 나와 있구나."

7 그러나 여호와께서 사무엘에게 말씀하셨습니다. "겉모습이나 키를 보지 마라. 나는 그를 이미 버렸다. 내가 보는 것은 사람이 보는 것과 다르다. 사람은 겉모습을 보지만 여호와는 마음의 중심을 보신다."

8 그때 이새가 아비나답을 불러 사무엘 앞을 지나가게 했습니다. 그러나 사무엘은 "이 아들도 여호와께서 선택하신 사람이 아니다"라고 말했습니다.

9 이새가 삼마를 지나가게 하자 사무엘이 또 말했습니다. "이 아들도 여호와께서 선택하지 않으셨다."

10 이새는 자신의 일곱 아들들 모두를 사무엘 앞에 지나가게 했지만 사무엘은 이렇게 말했습니다. "여호와께서 이들을 선택하지 않으셨다."

11 사무엘이 이새에게 물었습니다. "네 아들이 다 온 것이냐?" 이새가 대답했습니다. "막내가 하나 있기는 한데 지금 양들을 돌보고 있습니다." 사무엘이 말했습니다. "그를 불러오너라. 그가 도착할 때까지 식사 자리에 앉지 않겠다." _{삼하 7:8:13:3:대상 2:13}

12 그래서 이새는 사람을 보내 막내아들을 데려왔습니다. 그는 발그레한 살결에 눈

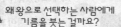

왜 왕으로 선택하는 사람에게 기름을 붓는 걸까요?

성경에서 어떤 물건이나 사람에게 기름을 붓는 것은 두 가지 뜻이 있어요. 첫째는 '거룩하게 구별되다'는 것이고(출 30:23-33; 레 8:10-12), 둘째는 '하나님이 선택하시다'는 뜻이에요(신 17:15). 이스라엘 왕은 진정한 왕이신 하나님을 대신해 백성들을 잘 다스리고 이끄는(사 11:1-9 중요한 직책이기 때문에 제사장(출 29:7), 예언자(왕상 19:16)처럼 기름을 부어 세웠답니다(삼상 16:12-13; 왕상 1:39). 또 기름 부음은 하나님이 성령님을 부어 주시는 것과도 관계가 있어요(삼상 16:13; 사 61:1). 성령님과 동행하는 동안에는 왕으로서 필요한 지도력과 은사들이 주어지는 것이지요.

이 반짝였으며 얼굴이 아름다웠습니다. 그러자 여호와께서 말씀하셨습니다. "저 아이가 맞다. 일어나 그에게 기름 부어라."

13 사무엘은 기름이 담긴 뿔을 가져와 그 형제들 앞에서 다윗에게 기름을 부었습니다. 그날 이후로 여호와의 영이 크게 다윗에게 임했습니다. 그리고 난 뒤 사무엘은 거기서 떠나 라마로 갔습니다. _{삿 3:10}

14 사울을 섬기는 다윗 여호와의 영이 사울에게서 떠났고 여호와께서 보내신 악한 영이 사울을 괴롭혔습니다. _{18:10,12:삿 9:23:16:20}

15 사울의 신하들이 그에게 말했습니다. "보십시오, 하나님께서 보내신 악한 영이 왕을 괴롭히고 있습니다.

16 왕께서는 여기 당신의 종들에게 명령을 내려 하프를 켜 줄 사람을 구하러 하십시오. 하나님께서 보내신 악한 영이 당신에게 올 때 그가 하프를 켜면 좀 나아지실 겁니다."

17 그러자 사울이 신하들에게 명령했습니다. "하프를 잘 켜는 사람을 찾아 내게로 데려오라."

18 신하들 가운데 하나가 대답했습니다. "베들레헴 사람 이새의 아들 하나를 알고 있는데 그는 하프도 잘 켜고 용감하며 말도 잘할 뿐 아니라 외모도 준수합니다. 게다가 여호와께서 그와 함께하십니다."

19 그러자 사울이 이새에게 사람을 보내 말했습니다. "양들과 함께 있는 네 아들 다윗을 내게 보내거라." _{17:15,34}

20 이새는 곧 나귀에 빵과 포도주 한 부대와 어린 염소 한 마리를 딸려 자기 아들 다윗을 사울에게 보냈습니다. _{10:27:17:18}

21 다윗이 사울에게 가서 그를 섬기게 됐습니다. 사울은 그를 무척 좋아했고 다윗은 사울의 무기를 맡은 사람이 됐습니다.

22 그때 사울이 이새에게 전갈을 보냈습니다. "다윗이 내 마음에 드니 그가 나를 섬길 수 있도록 남아 있게 하여라."

23 하나님께서 보내신 악한 영이 사울에게 내리면 다윗은 하프를 가져와 연주했습니다. 그러고 나면 악한 영이 떠나고 사울은 회

복돼 기분이 나아졌습니다. 14,16절

비늘 갑옷

블레셋의 장수 골리앗이 입은 방어용 갑옷이다(삼상 17:5). 칼이나 창 또는 화살이 뚫지 못하도록 청동 조각들을 실로 꿰매어 물고기 비늘처럼 만든 갑옷을 말한다.

골리앗이 입은 비늘 갑옷은 무게가 5천 세겔(약 57kg)이었다. 그 당시 흔히 입던 갑옷에 붙인 청동 조각의 길이가 21cm 정도였다고 한다.

17 블레셋의 침입 그때 블레셋 사람들이 전쟁을 일으키려고 군대를 소집해 유다 땅 소고에 모이게 한 후 소고와 아세가 사이의 에베스담밈에 진을 쳤습니다.

2 사울도 이스라엘 백성들을 불러 모아 엘라 골짜기에 진을 치고 블레셋 군사들과 맞서기 위해 전열을 갖추었습니다. 21:9

3 골짜기를 사이에 두고 한쪽 언덕은 블레셋 사람들이, 다른 한쪽은 이스라엘 사람들이 차지했던 것입니다.

4 싸움을 돋우는 골리앗 그때 블레셋 진영에서 골리앗이라는 장수가 싸움을 걸어 왔습니다. 가드 사람인 그는 키가 6규빗이나 됐습니다. 수 11:22;13:3;삼하 1:20;21:19;대상 20:4

5 그는 머리에 청동 투구를 쓰고 5,000세겔이나 나가는 청동으로 된 비늘 갑옷을 입었으며

6 다리에는 청동 경갑을 차고 어깨에는 청동 단창을 메고 있었습니다. 45절

7 그 창 자루는 베틀 채 같고 창 머리는 무게가 600세겔이나 됐습니다. 그의 앞에는 방패를 든 사람이 걸어 나왔습니다. 41절

8 골리앗이 서서 이스라엘 군대를 향해 소리쳤습니다. "너희는 왜 전열을 갖추고 나왔느냐? 나는 블레셋 사람이고 너희는 사울의 부하들이 아니냐? 누구든 하나만 골라서 내게 보내라. 8:17

9 만약 나와 싸워서 그가 나를 죽이면 우리가 너희의 종이 되겠고 내가 그를 쳐서 죽이면 너희가 우리 종이 돼 섬겨야 한다."

10 그러고 나서 그 블레셋 장수는 다시 소리쳤습니다. "오늘 내가 이렇게 이스라엘 군대를 모욕했으니 한 사람을 내게 보내라. 서로 싸우자." 삼하 21:21

11 이 블레셋 사람의 말을 듣고 사울과 온 이스라엘 사람들은 기가 죽어 두려움에 떨었습니다.

12 다윗의 가족 다윗은 유다 땅 베들레헴에 있는 에브랏 사람 이새의 아들입니다. 이새에게는 여덟 명의 아들이 있었는데 사울이

이스라엘을 다스리던 무렵 이새는 나이 많은 노인이었습니다. 창 35:19;룻 4:21

13 이새의 아들 가운데 위로 세 아들이 사울을 따라 싸움터에 나가 있었습니다. 그들은 맏아들 엘리압, 둘째 아들 아비나답, 셋째 아들 삼마입니다. 16:6,8-9;대상 2:13

14 다윗은 막내아들입니다. 위로 세 아들은 사울을 따라갔지만 16:11

15 다윗은 이따금씩 사울에게 갔다 와서는 베들레헴에서 자기 아버지의 양들을 돌보았습니다. 16:19

16 그 블레셋 사람 골리앗은 40일 동안 밤낮으로 앞에 나와서 싸움을 걸어왔습니다.

17 싸움터에 나간 다윗 그때 이새가 그의 아들 다윗에게 말했습니다. "이 볶은 곡식 1에바와 빵 열 덩이를 네 형들이 있는 진영으로 빨리 가져다주어라.

18 이 치즈 열 덩이는 그들의 천부장에게 가져다주고 네 형들이 잘 있는지 물어본 뒤 형들이 잘 있다는 증표를 가져오너라."

19 그때 그의 형들은 사울이 이끄는 이스라엘 군인들과 함께 엘라 골짜기에서 블레셋 사람들과 싸우고 있었습니다.

20 다음 날 아침 일찍 다윗은 양들을 양치기에게 맡기고 그의 아버지 이새가 말한 대로 짐을 챙겨 길을 떠났습니다. 그가 진영에 도착했을 때 마침 군대는 함성을 지르며 전장으로 나가고 있었습니다. 26:5,7

21 이스라엘과 블레셋 사람들은 전열을 갖추고 서로 맞서고 있었습니다.

22 다윗은 가져온 물건들을 보급 장교에게 맡기고 전선으로 달려가 형들을 만났습니다.

23 형들과 이야기를 나누고 있는데 가드 출신의 그 블레셋 장수 골리앗이 자기 쪽 전열에서 나와 늘 하던 대로 이스라엘을 모욕하며 싸움을 걸어왔습니다. 다윗도 그 말을 듣게 됐습니다. 4,8절

24 이스라엘 사람들은 그 사람을 보고 모두 두려워 벌벌 떨며 도망쳤습니다.

25 소년 다윗을 부른 사울 왕 어떤 사람들은 말했습니다. "저 사람이 또 올라왔군. 늘 나와서 저렇게 이스라엘을 모욕한다네. 저 사람을 죽이는 사람에게는 왕께서 큰 재물을 내리신다지? 뿐만 아니라 자기 딸과 결혼도 시키고 그 집안에는 모든 세금을 면제해 주신다는군." 삼상 15:16

26 그때 다윗이 곁에 서 있는 사람들에게 물었습니다. "저 블레셋 사람을 죽여 이스라엘의 치욕을 씻는 사람에게 어떻게 해 준답니까? 저 할례도 받지 않은 블레셋 사람이 도대체 누구기에 이렇게 살아 계신 하나님의 군대를 모욕하는 것입니까?"

27 사람들은 그를 죽이면 이러이러한 상을 주신다고 자기들끼리 하던 말을 다윗에게 그대로 해 주었습니다. 25절

28 다윗의 큰형 엘리압이 다윗이 그들과 하는 이야기를 듣고 그에게 화를 내며 말했습니다. "네가 왜 여기 왔느냐? 들에 있는 몇 마리 안 되는 양들은 누구한테 맡겼느냐? 이 건방지고 고집 센 녀석, 싸움 구경이나 하려고 온 것 아니냐?"

29 다윗이 말했습니다. "내가 뭐라고 했습니까? 군사들과 말하는 것이 잘못입니까?"

30 그러고는 다른 사람에게 가서 그것에 대

해 다시 물었습니다. 그러자 그 사람들도
똑같은 대답을 했습니다. 26~27절

31 누군가 다윗이 하는 말을 듣고 사울에게
보고했습니다. 그러자 사울이 다윗을 불렀
습니다.

32 **하나님을 위한 다윗의 용기** 다윗이 사울에게
말했습니다. "저 블레셋 사람 때문에 우리
의 기가 죽어서는 안 됩니다. 왕의 종인 제
가 나가서 그와 싸우겠습니다."

33 사울이 대답했습니다. "네가 어떻게 저 블
레셋 사람과 싸울 수 있단 말이냐? 너는
아직 어리고 저 사람은 어릴 적부터 싸움
터에서 단련해 온 전사다."

34 그러나 다윗이 사울에게 말했습니다. "왕
의 종인 저는 아버지의 양들을 지켜 왔습

니다. 사자나 곰이 나타나 양을 훔쳐 가면
35 뒤쫓아가서 때려 쓰러뜨리고 그 입에서
양을 구해 냈습니다. 그리고 제게 달려들
면 털을 움켜잡고 때려 죽였습니다.

36 그렇게 사자도 죽이고 곰도 죽였습니다.
저 할례 받지 못한 블레셋 사람도 그 짐승
들 가운데 하나처럼 될 것입니다. 살아 계
신 하나님의 군대를 모욕한 사람을 어찌
그냥 내버려 둘 수 있단 말입니까? 10,26절

37 사자의 발톱과 곰의 발톱에서 저를 구해
내신 여호와께서 저 블레셋 사람의 손에서
도 구해 내실 것입니다." 사울이 다윗에게
말했습니다. "가거라. 여호와께서 너와 함
께하시기를 바란다." 대상 22:11,16;딤후 4:17

다윗이 무릿매와 돌 하나로 골리앗을 쓰러뜨림

38 다윗이 가진 무기 사울은 다윗에게 자기 군복을 입혔습니다. 갑옷을 입히고 머리에 청동 투구도 씌워 주었습니다.

39 다윗은 그 군복 위에 칼을 차고 시험 삼아 걸어 보다가 사울에게 "이런 옷들은 익숙하지 않아서 입고 갈 수가 없습니다" 하고는 그것들을 다 벗어 버렸습니다.

40 대신에 다윗은 자기 지팡이를 들고 시냇가에서 매끄러운 돌 다섯 개를 골라 양치기 주머니에 넣은 다음 손에 무릿매를 쥐고 그 블레셋 사람에게로 다가갔습니다.

41 전쟁에 임하는 다윗의 믿음 그러자 그 블레셋 사람도 방패 든 사람을 앞세우고 다윗에게 가까이 다가왔습니다.   7절

42 그는 다윗을 물끄러미 쳐다보고는 그가 볼이 불그스레하고 잘생긴 어린아이인 것을 보고 우습게 여겼습니다.   16:12

43 그 블레셋 사람은 다윗에게 "막대기나 들고 오다니 내가 개인 줄 아느냐?" 하고는 자기 신들의 이름으로 다윗을 저주했습니다.

44 그는 또 말했습니다. "이리로 오너라. 내가 네 살점을 공중의 새들과 들판의 짐승들에게 주겠다."   46절

45 그러자 다윗이 블레셋 사람에게 말했습니다. "너는 칼과 창과 단창으로 내게 나오지만 나는 만군의 여호와, 곧 네가 모욕한 이스라엘 군대의 하나님의 이름으로 네게 나간다.   6절

46 오늘 여호와께서 너를 내 손에 넘겨주실 것이고 나는 너를 쳐서 네 목을 벨 것이다. 오늘 내가 이 블레셋 사람의 시체를 공중의 새들과 땅의 짐승들에게 주면 이스라엘에 하나님이 계신 것을 온 세상이 알게 될 것이다.   신 28:26;수 4:24;왕상 18:36

47 또한 여호와께서는 칼이나 창으로 구원하지 않으신다는 것을 여기 모인 사람들이 다 알게 될 것이다. 전쟁은 여호와께 속한 것이니 그분이 너희 모두를 우리 손에 넘겨주실 것이다."   대하 20:15;슥 4:6

48 다윗이 골리앗을 죽임 그 블레셋 사람이 일어나 공격하려고 다가오자 다윗은 재빨리 그가 있는 대열을 향해 달려 나갔습니다.

49 다윗은 주머니에 손을 넣어 돌을 꺼내 그 돌을 무릿매로 던져 블레셋 사람의 이마를 정통으로 맞혔습니다. 돌이 그의 이마에 박히자 그는 땅에 머리를 박고 쓰러졌습니다.

50 이렇게 다윗은 무릿매와 돌 하나로 블레셋 사람을 이겼습니다. 손에 칼도 하나 없이 블레셋 사람을 쳐서 죽인 것입니다.

51 다윗이 달려가 그 블레셋 사람을 밟고 서서 그의 칼집에서 칼을 뽑아 그를 죽인 뒤 그 칼로 그 블레셋 사람의 목을 베었습니다. 블레셋 사람들은 자기들의 영웅이 죽은 것을 보고 모두 도망쳤습니다.   히 11:34

52 다윗의 승리 이스라엘과 유다 사람들은 함성을 지르며 달려 나와 가드 입구와 에그론 성문까지 블레셋 군대를 쫓아갔습니다. 그리하여 블레셋 사람들의 시체가 사아라임 길을 따라 가드와 에그론까지 널렸습니다.

53 이스라엘 사람들은 블레셋 사람들을 쫓다가 돌아와 블레셋 진영을 약탈했습니다.

54 다윗은 그 블레셋 장수의 머리를 예루살렘으로 가져가고 그의 무기들은 자기 천막에 두었습니다.   삼하 5:6-7

55 사울은 다윗이 그 블레셋 장수를 향해 맞서서 나가는 것을 보고 자기 군대의 아브넬 장군에게 말했습니다. "아브넬아, 저 소년이 누구 아들이냐?" 아브넬이 대답했습니다. "왕이시여, 왕께서 살아 계심으로 맹세하는데 누구인지 잘 모르겠습니다."

56 왕이 말했습니다. "저 소년이 누구의 아들인지 알아보아라."

57 다윗이 그 블레셋 장수를 죽이고 돌아오자마자 아브넬이 다윗을 사울에게 데려갔습니다. 다윗의 손에는 아직도 블레셋 사람의 머리가 들려 있었습니다.   54절

58 사울이 그에게 물었습니다. "소년아, 너는 누구의 아들이냐?" 다윗이 대답했습니다. "저는 베들레헴에 사는 왕의 종 이새의 아들입니다."   12절

18 요나단이 다윗을 도움 다윗이 사울과 이야기를 마치자 사울의 아들 요나단은 다윗에게 마음이 끌려 다윗을 자기 목숨처럼 사랑하게 됐습니다. 창 44:30

2 그날부터 사울은 다윗을 아버지 집으로 돌려보내지 않고 자기 곁에 두었습니다.

3 요나단은 다윗을 자기 목숨처럼 깊이 사랑했기 때문에 둘은 의형제를 맺었습니다.

4 요나단은 자기가 입고 있던 겉옷을 벗어 다윗에게 주고 군복과 칼과 활과 허리띠까지 주었습니다.

5 증대되는 다윗의 영향력 다윗은 사울이 시키는 일마다 지혜롭게 잘 해냈습니다. 그러자 사울은 그를 군대의 높은 자리에 앉혔습니다. 이 일을 모든 백성들은 물론 사울의 신하들도 기뻐했습니다. 신 29:9

6 사울이 다윗을 질투함 다윗이 블레셋 사람을 죽이고 군사들과 함께 돌아오는데 온 이스라엘 성읍에서 여자들이 소고와 꽹과리를 갖고 나와 노래하고 춤추며 사울 왕을 맞았습니다. 출 15:20;삿 11:34

7 그들은 춤을 추며 이렇게 노래했습니다. "사울이 죽인 사람은 수천 명이요, 다윗이 죽인 사람은 수만 명이라네."

8 사울은 이 노랫소리를 듣고 몹시 불쾌해 화가 치밀었습니다. 속으로 "다윗에게는 수만 명이라더니 내게는 고작 수천 명뿐이라는구나. 그가 더 가질 것이 이제 이 나라밖에 더 있겠는가?" 하며 15:28

9 *그때부터 다윗을 시기하고 질투하기 시작했습니다.*

10 다음 날 하나님이 보내신 악한 영이 사울에게 강하게 내리 덮쳤습니다. 사울이 발작이 도져 집 안에서 소리 지르며 다니자 다윗은 평소와 같이 하프를 켰습니다. 그때 사울의 손에 창이 들려 있었는데 삿 9:23

11 그는 "다윗을 벽에다 박아 버릴 테다" 하고 혼잣말을 하며 창을 던졌습니다. 그러나 다윗은 두 번이나 그에게서 몸을 피했습니다. 19:10;20:33

12 하나님께서 다윗과 함께하심 사울은 다윗이 두려웠습니다. 여호와께서 사울을 떠나 다윗과 함께하셨기 때문입니다. 16:14

13 그래서 사울은 다윗을 천부장으로 삼고 자기에게서 멀리 떠나보냈습니다. 그리하여 다윗은 부대를 이끌고 싸움터로 나갔는데

14 그는 가는 곳마다 승리했습니다. 여호와께서 그와 함께하셨기 때문입니다. 5절

15 사울은 다윗이 큰 승리를 거두는 것을 보고 그를 더욱 두려워했습니다.

16 그러나 모든 이스라엘과 유다는 다윗이 어떤 전투에서나 백성들을 앞장서서 잘 이끌었기 때문에 그를 좋아했습니다.

17 사울의 딸과 결혼하는 다윗 사울이 다윗에게 말했습니다. "내 큰딸 메랍을 네게 시집보낼 테니 너는 그저 나를 위해 여호와께서 함께하시는 전쟁에서 용감하게 싸우면 된다." 그러나 사울은 속으로는 '내가 직접 그를 치지 않고 블레셋 사람들이 치도록 해야겠다'라고 생각했던 것입니다. 14:49

18 이에 다윗은 "제가 누구이며 제 혈통이나 제 아버지의 집안이 이스라엘에서 무엇이기에 제가 감히 왕의 사위가 되겠습니까?" 하며 사양했습니다. 삼하 7:18

19 그러나 메랍을 다윗에게 주기로 한 때가 되자 사울은 딸을 므홀랏 사람 아드리엘에게 시집보내 버렸습니다. 삿 7:22;삼하 21:8

20 한편 자신의 딸 미갈이 다윗을 사랑한다는 것을 누군가에게 전해 들은 사울은 은근히 좋아했습니다. 28절

21 사울은 또 '그 아이를 주어 다윗에게 덫이 되게 해서 블레셋 사람들의 손에 죽게 해야겠다'하고 생각했던 것입니다. 그래서 사울은 다시 다윗에게 그를 사위 삼겠다고 말했습니다. 출 10:7

22 그러고 나서 사울은 신하들에게 명령했습니다. "다윗에게 슬며시 이렇게 말해 두라. '왕께서 당신을 기뻐하고 그 신하들도 모두 당신을 좋아하니 그분의 사위가 되시오'하고 말이다."

23 사울의 신하들이 사울이 말한 대로 다윗에게 전했습니다. 그러나 다윗은 "나같이 천

people 이스라엘의 첫 번째 왕, 사울

1
베냐민 지파 기스의 아들로
온유하고 겸손한 청년이었음
(삼상 9:1-2)

2
사무엘에게 기름 부음을 받고
이스라엘 최초 왕이 됨(삼상 10장)

3
길르앗 야베스 사람들의 요청으로
암몬을 물리침(삼상 11장)

4
사무엘을 대신해 제사 지내고
아말렉을 진멸하라는 명령을
불순종(삼상 13-15장)

5
다윗을 시기하여 죽이려 함
(삼상 18:10-11)

6
신접한 여인을 찾아가 죽은
사무엘을 만남(삼상 28:3-20)

7
전쟁에서 자살(삼상 31:1-6)

사울의 가계도

아비엘
(삼상 14:51)

넬
(삼상 14:51)

아브넬
(삼상 14:50)

기스
(대상 8:33)

아히노암(아내)
(아히마아스의 딸)
(삼상 14:50)

리스바(첩)
(아야의 딸)
(삼하 21:8)

사울
(대상 8:33)

알모니
(삼하 21:8)

므비보셋
(삼하 21:8)

므립바알 또는
므비보셋
(삼하 21:7, 대상 8:34)

미가
(대상 9:40)

요나단
(대상 9:39)

리스위 또는
아비나답
(삼상 14:49, 대상 9:39)

말기수아
(대상 9:39)

메랍
(삼상 14:49;
삼하 21:8)

미갈
(삼상 14:49)

에스바알
(대상 9:39)

 결혼 관계
 자손 관계

하고 가난한 사람이 왕의 사위가 되는 것이 쉬운 일인 줄 아시오?" 하고 말했습니다.

^{민 16:9}

24 사울의 신하들이 다윗이 한 말을 사울에게 전했습니다.

25 그러자 사울이 말했습니다. "너희는 다윗에게 가서 '왕께서 바라는 지참금은 별것 아니다. 그저 왕의 적들에 대한 보복으로 블레셋 사람의 포피 100개만 가져오면 된다'라고 말하라." 사울은 이렇게 해서 다윗을 블레셋 사람들의 손에 죽게 할 속셈이었습니다. ^{14:24;창 34:12;출 22:17}

26 신하들이 다윗에게 이 말을 전하자 다윗은 왕의 사위가 되겠다고 흔쾌히 대답했습니다. 정해진 시간이 다 되기 전에

27 다윗은 사울 왕의 사위가 되기 위해 자기 군사들과 함께 나가 블레셋 사람 200명을 죽이고 그 명수만큼의 포피를 가져다가 왕에게 바쳤습니다. 그러자 사울은 자기 딸 미갈을 다윗의 아내로 주었습니다.

28 사울이 완악해짐 여호와께서도 다윗과 함께 하시고 자기 딸 미갈도 다윗을 사랑하고 있음을 보고 ^{12,20절}

29 사울은 더욱더 그를 두려워해 다윗을 평생 동안 원수로 여기며 살았습니다.

30 블레셋의 지휘관들이 계속 전쟁을 일으켰지만 그럴 때마다 다윗은 사울의 다른 신하들보다 큰 공적을 세웠기 때문에 그의 이름은 널리 알려지게 됐습니다. ^{삼하 11:1}

19 요나단이 중재함 사울은 자기의 아들 요나단과 모든 신하들에게 다윗을 죽이겠다고 말했습니다. 그러나 요나단은 다윗을 사랑했기 때문에 ^{18:1}

2 그 사실을 다윗에게 알려 주었습니다. "내 아버지 사울 왕이 자네를 죽일 기회를 엿보고 계시니 내일 아침 조심해서 은밀한 곳에 숨어 있게.

3 내가 아버지와 함께 자네가 있는 그 들판으로 나가 자네에 대해 얘기하다가 무엇인가 알아내면 이야기해 주겠네."

4 요나단은 아버지 사울 앞에서 다윗에 대해

좋게 말했습니다. "왕께서는 종 다윗에게 실수하시는 일이 없기를 바랍니다. 그는 왕께 잘못한 일이 없고 오히려 그가 한 일은 왕께 큰 덕이 됐습니다. ^{창 42:22}

5 그는 목숨을 걸고 그 블레셋 장수를 죽였습니다. 그래서 여호와께서 온 이스라엘에 큰 승리를 주신 것입니다. 왕께서도 그것을 보셨고 또 기뻐하셨습니다. 그런데 왜 아무 이유도 없이 다윗처럼 죄 없는 사람을 죽여 죄를 지으려고 하십니까?"

6 사울이 요나단의 말을 듣고 이렇게 맹세했습니다. "여호와께서 살아 계심으로 맹세하마. 내가 다윗을 절대로 죽이지 않겠다."

7 그러자 요나단은 다윗을 불러 그 모든 일에 대해 말해 주고 다윗을 사울에게 데려갔습니다. 다윗은 전처럼 사울을 섬기게 됐습니다. ^{16:21;18:2,13}

8 사울이 다시 시기함 또다시 전쟁이 일어났습니다. 이에 다윗이 전장에 나가 블레셋 사람들과 싸워 그들을 크게 무찌르자 그들은 그 앞에서 도망치기에 바빴습니다.

9 사울이 자기 집에서 창을 들고 앉아 있을 때 여호와께서 보내신 악한 영이 사울에게 내렸으므로 다윗이 그 앞에서 하프를 연주했습니다. ^{16:14,16}

10 그때 사울은 창을 던져 다윗을 벽에 꽂으려 했습니다. 그러나 다윗은 사울이 벽 쪽으로 창을 던지는 순간 재빨리 몸을 피했습니다. 그날 밤 다윗은 그곳을 빠져나와 도망쳤습니다. ^{18:11;20:33}

11 아내가 탈출을 도움 사울은 다윗의 집으로 사람을 보내 지키고 있다가 아침에 다윗을 죽이라고 했습니다. 그러나 다윗의 아내 미갈이 그에게 경고했습니다. "만약 당신이 오늘 밤에 도망치지 않으면 내일 틀림없이 죽임을 당하게 될 거예요."

12 미갈은 다윗을 창문 아래로 달아 내려보냈고 다윗은 몸을 피해 도망쳤습니다.

13 그러고 나서 미갈은 우상을 가져다가 침대

지참금 (18:25, 持參金, price for the bride) 사울 당시에 약혼자가 약혼녀의 부친이나 가족에게 지불하던 선물.

에 누이고 머리맡에는 염소털을 덮어 놓은 다음 겉옷으로 그것을 덮었습니다.

14 사울이 보낸 사람들이 다윗을 잡으러 오자 미갈은 "그가 지금 몸이 아프다"라고 둘러댔습니다.

15 그러자 사울이 다시 사람들을 보내 다윗이 아픈지 보고 오라며 말했습니다. "그를 침대에 누인 채로 내게 데려오라. 내가 그를 죽이겠다."

16 그러나 사람들이 들어가서 보니 침대에는 머리에 염소털을 씌운 우상만 뉘어 있을 뿐이었습니다.

17 사울이 미갈에게 "너는 왜 이렇게 나를 속이고 내 원수를 도망치게 했느냐"라고 말하자 미갈이 사울에게 말했습니다. "그가 제게 '나를 놓아주시오. 어떻게 내가 당신을 죽이겠소?' 하고 협박하며 말했습니다."

18 사무엘에게로 피한 그렇게 몸을 피해 도망친 다윗은 라마에 있는 사무엘에게 가서 사울이 자신에게 했던 일들을 모두 말해 주었습니다. 사무엘은 다윗을 나욧으로 데리고 가서 거기서 머물렀습니다. 1:19

19 사울의 계획이 방해받음 누군가 사울에게 다윗이 라마의 나욧에 있다고 말해 주었습니다.

20 그러자 사울은 다윗을 잡으려고 사람들을 보냈습니다. 그들은 거기서 예언자들의 무리가 사무엘을 우두머리로 세우고 서서 예언하는 것을 보았습니다. 그때 사울이 보낸 사람들에게도 하나님의 영이 내려와 그들도 예언하게 됐습니다. 민 11:25; 삼상 2:28

21 사울이 이 말을 듣고는 더 많은 사람들을 보냈으나 그들도 예언을 했습니다. 사울이 세 번째로 사람들을 보냈지만 그들도 역시 예언을 했습니다.

22 마침내 사울이 친히 라마로 갔습니다. 그가 세구에 있는 큰 연못에 이르러 사무엘과 다윗이 어디 있냐고 묻자 누군가가 라마의 나욧에 있다고 대답해 주었습니다.

23 그리하여 사울은 라마의 나욧으로 갔습니다. 그러자 사울에게도 하나님의 영이 내려서 그는 나욧에 이르기까지 걸으면서 계속 예언했습니다. 18:10

24 사울은 옷을 벗어 던지고 사무엘 앞에서도 예언을 했습니다. 그러고는 그날 온종일 벗은 채로 누워 있었습니다. 이런 까닭에 "사울도 예언자들 가운데 있느냐?" 하는 속담이 생기게 됐습니다. 사 20:2; 미 1:8

20

다윗과 요나단의 맹세 다윗은 라마의 나욧에서 도망쳐 나와 요나단에게 가서 물었습니다. "내가 무슨 짓을 했습니까? 내가 무슨 죄를 저질렀단 말입니까? 내가 당신 아버지께 무슨 잘못을 저질렀기에 이렇게 나를 죽이려고 하십니까?" 1:19

2 요나단이 대답했습니다. "그렇지 않네. 자네가 죽는 일은 결코 없을걸세. 이보게, 내 아버지는 큰일이든 작은 일이든 내게 알리지 않고는 어떤 일도 하지 않으시지 않는가? 그분이 그런 일을 내게 숨기시겠

는가? 절대 그러실 리 없네." 9:15

3 그러나 다윗은 맹세하며 말했습니다. "당신 아버지는 당신이 나를 좋아하는 것을 잘 알고 계십니다. 그래서 당신이 이 일을 알게 되면 무척 슬퍼할 것이기 때문에 당신에게 알리면 안 된다고 생각하셨을 것입니다. 여호와께서 살아 계시는 것과 당신의 생명을 놓고 맹세하는데 나와 죽음 사이는 한 걸음밖에 떨어져 있지 않습니다."

4 요나단이 다윗에게 말했습니다. "자네가 원하는 것을 말해 보게. 내가 무엇이든 다 들어주겠네."

5 그러자 다윗이 말했습니다. "내일은 초하루입니다. 내가 왕과 함께 저녁 식사를 하게 돼 있는 날입니다. 하지만 거기 가지 않고 내일모레 저녁까지 들에 나가 숨어 있겠습니다. 10절:19:2-3:민 10:10:28:11

6 만약 당신 아버지가 나를 찾거든 '다윗이 집안에 매년제가 있어 급히 자기 고향 베들레헴에 가야겠다고 부탁해 제가 허락했습니다'라고 말해 보십시오. 9:12:16:4

7 만약 잘했다고 하시면 내게 아무 일도 없을 것입니다. 그러나 버럭 화를 내시면 왕이 나를 해치려고 작정하신 걸로 아십시오.

8 그러니 당신은 당신의 종에게 친절을 베풀어 주십시오. 당신은 여호와 앞에서 나와 의형제를 맺지 않았습니까? 내가 만약 죄가 있다면 당신이 직접 나를 죽이십시오. 나를 굳이 당신 아버지에게 데려갈 이

유가 있겠습니까?" 18:3:23:18:삼하 14:32:21:7

9 요나단이 말했습니다. "절대 그렇지 않을 걸세. 내 아버지께서 자네를 해칠 생각을 조금이라도 비치신다면 왜 내가 자네에게 말해 주지 않겠는가?"

10 다윗이 물었습니다. "당신 아버지가 당신에게 화를 내신다면 누가 그것을 내게 말해 주겠습니까?"

11 요나단이 말했습니다. "이리 와서 들판으로 나가 보세." 그들은 함께 들로 갔습니다.

12 다윗을 사랑한 요나단 그러자 요나단이 다윗에게 말했습니다. "이스라엘의 하나님 여호와께 맹세하고 말하겠네. 내가 모레 이맘때쯤 내 아버지 마음을 떠보겠네. 아버지가 자네를 좋게 생각하시면 사람을 보내 알려 주겠네.

13 하지만 아버지가 자네를 해치려고 하신다는 것을 알게 되면 자네에게 알려 자네를 무사히 갈 수 있도록 하겠네. 그러지 않고 다면 여호와께서 내게 어떤 벌을 내리셔도 다 받겠네. 여호와께서 우리 아버지와 함께하셨던 것처럼 자네와 함께하시길 바라네.

14 그러니 자네는 내가 사는 동안 여호와와 같이 내게 끊임없는 긍휼을 베풀어 주고 내가 죽임을 당하지 않게 하고

15 여호와께서 이 땅 위에서 자네 다윗의 원수들을 모조리 끊어 버리시는 날에도 내 집안과의 의리를 끊지 말고 지켜 주게."

16 이렇게 요나단은 다윗의 집과 언약을 맺으며 말했습니다. "여호와께서 다윗의 원수들을 벌하시길 바라네." 25:22:수 22:23

17 요나단이 다윗을 사랑했기에 다윗으로 하여금 다시 맹세하게 했습니다. 이는 요나단이 다윗을 자기 몸처럼 사랑했기 때문이었습니다. 18:1,3

18 다윗을 보호하려는 계획 그러고 나서 요나단은 다윗에게 말했습니다. "내일은 초하루이니 자네 자리가 비어 있으면 왕께서 분명 찾으실 걸세. 5-6,25,27절

19 모레 저녁 즈음에 이런 일이 시작됐을 때

자네가 숨어 있던 에셀 바위 옆에 숨어 있게.

20 내가 과녁을 맞히는 척하면서 세 개의 화살을 그 곁에 쏘겠네.

21 그러고 나서 한 소년을 보내 '가서 화살들을 찾아오너라' 하고 말할 걸세. 그때 만약 내가 소년에게 '보아라. 화살들이 이쪽에 있으니 가져오너라' 하고 말하면 여호와께서 살아 계심으로 맹세하는데 자네는 무사할 것이니 안심하고 나오게. 룻 3:13

22 그러나 만약 그 소년에게 '보아라. 화살들이 네 앞쪽에 있다'라고 하면 자네는 자네의 길을 떠나게. 여호와께서 자네를 떠나 보내시려는 뜻인 줄로 알게나. 37절

23 그리고 자네와 내가 약속한 이 일에 대해서는 여호와께서 자네와 나 사이에 영원히 증인이 되실 걸세." 14~15,42절

24 사울이 의중을 드러냄 그리하여 다윗은 들판에 숨게 됐습니다. 초하루가 되자 왕은 식탁에 앉아 음식을 먹었습니다.

25 왕은 늘 앉는 벽 쪽 자리에 앉았고 반대쪽에는 요나단이 그리고 사울의 옆에는 아브넬이 앉았습니다. 하지만 다윗의 자리는 비어 있었습니다. 18절

26 그런데 그날 사울은 아무 말도 하지 않았습니다. 속으로 다윗에게 무슨 일이 있나 보군. 의식을 치르기에 정결하지 못한 게 분명해라고 생각했던 것입니다. 레 7:21

27 그러나 다음 날 곧 그달 둘째 날에도 다윗의 자리가 비었습니다. 그러자 사울이 아들 요나단에게 말했습니다. "왜 이새의 아

들이 식사하러 나오지 않느냐? 어제도 그러더니 오늘도 그러는구나." 34절

28 요나단이 대답했습니다. "다윗이 베들레헴에 가게 해 달라고 제게 간절히 부탁했습니다.

29 자기 가족이 베들레헴 성에서 제사를 드려야 하는데 자기 형이 그곳으로 오라고 했다면서 자기를 좋게 생각한다면 형제들을 볼 수 있도록 보내 달라고 간청하기에 보내 주었습니다. 그래서 그가 왕의 식탁에 나오지 못한 것입니다. 6절

30 사울은 요나단에게 불같이 화를 내며 말했습니다. "너 반역자이며 사악한 여자의 자식아, 네가 그 이새의 아들 쪽을 택한 걸 내가 모를 줄 아느냐? 네게도 망신이지만 널 낳아 준 어미에게도 망신이다.

31 이새의 아들이 이 땅에 살아 있는 한 너와 네 나라는 세워지지 않을 것이다. 사람을 보내 다윗을 끌어오너라. 그놈은 죽어야만 한다." 26:16;삼하 12:5;왕상 2:26

32 요나단이 아버지에게 물었습니다. "왜 다윗이 죽어야 합니까? 그가 무슨 짓을 했다고 그러십니까?" 19:5

33 그러자 사울은 창을 던져 요나단을 죽이려 했습니다. 이제 요나단은 자기 아버지가 다윗을 죽이려고 작정했다는 것을 알게 됐습니다. 7절;18:11;19:10

34 요나단은 분노로 부르르 떨며 식탁에서 일어났습니다. 그날, 곧 그달의 둘째 날에 요나단은 아무것도 먹지 않았습니다. 아버지가 다윗을 모욕하므로 다윗을 위해 슬퍼

요나단은 도망하는 다윗에게 왜 자비를 베풀어 달라고 했나요?

다윗을 위해 요나단은 목숨의 위협을 당하면서까지 다윗을 도와주었어요. 또 자기와 자기 후손들에게 자비를 베풀어 달라고 다윗에게 부탁했는데 왕자인 요나단이 다윗에게 왜 그런 부탁을 한 것일까요?

하나님이 다윗을 이스라엘 왕으로 세우신 것을

알았기 때문이에요(삼상 23:17). 요나단은 다윗을 왕으로 선택하신 하나님의 뜻과 계획을 겸손히 받아들인 믿음의 사람이었어요. 그래서 다윗이 안전하게 피신하도록 도와주었을 뿐 아니라 나중에 왕이 될 때 자기 후손에게 긍휼을 베풀어 달라고 간청한 거예요(삼상 20:14~17).

했기 때문입니다.

35 **다윗과 요나단이 헤어짐** 아침이 되자 요나단은 한 소년을 데리고 다윗을 만나기 위해 들판으로 나갔습니다.

36 요나단이 그 소년에게 말했습니다. "달려가 내가 쏘는 화살들을 찾아오너라." 소년이 달려가자 요나단은 소년의 머리 위로 화살을 쏘았습니다.

37 소년이 화살이 떨어진 곳에 다다를 즈음 요나단은 소년의 뒤에서 소리 질렀습니다. "화살이 네 앞에 있지 않느냐?" 22절

38 요나단은 그 뒤에서 계속 소리 질렀습니다. "서성대지 말고 빨리 달려가거라." 소년은 화살을 주워 요나단에게로 돌아왔습니다.

39 소년은 이 모든 것을 전혀 알지 못했습니다. 요나단과 다윗만 알 뿐이었습니다.

40 그러고 나서 요나단은 소년에게 자기 무기들을 주며 말했습니다. "가거라. 이것을 성에 다시 갖다 놓아라."

41 소년이 가고 난 뒤 다윗은 바위의 남쪽에서 일어나 땅에 엎드려 세 번 절했습니다. 그리고 그들은 서로 입을 맞추고 함께 울었습니다. 다윗이 더 많이 울었습니다.

42 요나단이 다윗에게 말했습니다. "평안히 가게. 우리가 여호와의 이름으로 서로의 형제를 맺지 않았는가? 여호와께서 자네와 나 사이에 또 자네 자손들과 내 자손들 사이에 영원히 증인이시네." 그러고 나서 다윗은 길을 떠났고 요나단은 성으로 돌아갔습니다. 1:17

21

진설병을 먹은 다윗은 놉으로 가서 제사장 아히멜렉에게 이르렀습니다. 아히멜렉은 다윗을 만나자 벌벌 떨며 말했습니다. "왜 혼자입니까? 왜 곁에 아무도 없습니까?" 눅11:32막2:26

2 다윗이 아히멜렉 제사장에게 대답했습니다. "왕께서 내게 임무를 주시며 '아무도 네 임무와 지시받은 사항을 알지 못하게 하여라'라고 하셨습니다. 군사들에게는 내가 말해 둔 곳에서 만나자고 말해 두었습니다.

3 그런데 혹시 무얼 가지신 것이 있습니까? 빵 다섯 덩이만 주십시오. 없으면 있는 것만이라도 좋습니다."

4 그러자 제사장이 다윗에게 대답했습니다. "그냥 먹는 보통 빵은 내가 가진 것이 없지만 여기 거룩한 빵은 있소. 군사들이 여인을 가까이하지 않았다면 줄 수 있소."

5 다윗이 대답했습니다. "출전할 때마다 늘 그랬듯이 우리는 3일 동안이나 여인들을 멀리했습니다. 평범한 임무일 때도 군사들의 그릇들이 거룩한데 하물며 오늘 같은 때야 얼마나 더 깨끗하겠습니까?"

6 그리하여 제사장은 다윗에게 거룩한 빵을 주었습니다. 여호와 앞에 차려 놓았던 진설병밖에는 다른 빵이 없었기 때문이었습니다. 이 빵은 그날 따뜻한 빵을 올려놓으면서 물려 낸 것이었습니다. 레24:8-9

7 **골리앗의 칼을 가짐** 그런데 그날 사울의 신하들 가운데 하나가 그곳에 있었습니다. 여호와 앞에 머물러 있던 그는 도엑이라는 에돔 사람으로서 사울의 양치기들 가운데 우두머리였습니다. 22:9;시52편

8 다윗이 아히멜렉에게 물었습니다. "혹시 창이나 칼이 여기 있습니까? 내가 칼이나 다른 무기를 가져오지 못했습니다. 왕께서 시키신 일이 너무 급해서 말입니다."

9 제사장이 대답했습니다. "당신이 엘라 계곡에서 죽인 블레셋 사람 골리앗의 칼이 저기 천에 싸여 에봇 뒤에 있다오. 원한다면 가져가시오. 그것 말고는 여기에는 칼이 없소이다." 다윗이 말했습니다. "그만 한 것이 어디 있겠습니까? 내게 주십시오."

10 **두려워하는 다윗** 다윗은 사울에게서 도망쳐 가드 왕 아기스에게로 갔습니다.

11 그러자 그의 신하들이 아기스에게 말했습니다. "저 사람은 그 땅의 왕 다윗이 아닙니까? 백성들이 춤추고 노래하며

에봇(21:9, ephod) 제사장의 의복. 가슴과 등을 덮는 긴 조끼 모양의 상의로, 하나님의 뜻을 묻고자 할 때 대제사장이 입었으며 우림과 둠밈으로 판결을 구했다.

'사울이 죽인 사람은 수천 명이고 다윗이 죽인 사람은 수만 명이다' 18:7;29:5 라고 말한 그 사람이 아닙니까?"

12 다윗이 이 말이 마음에 걸렸습니다. 그는 가드 왕 아기스가 너무나 두려웠습니다.

13 **다윗이 미친 체함** 그래서 다윗은 그들 앞에서 정상이 아닌 것처럼 꾸몄습니다. 다윗은 그들 가운데 있는 동안 미친 척하며 문짝을 긁적거리기도 하고 수염에 침을 흘리기도 했습니다.

14 그러자 아기스가 신하들에게 말했습니다. "저 사람을 보라. 미치광이가 아니냐? 저 사람을 왜 내게 데려왔느냐?

15 내게 미치광이가 부족해서 저런 사람까지 데려와서 내 앞에서 미친 짓을 하게 하는 것이냐? 저 사람을 어찌 내 집에 들어오게 하겠느냐?"

22 다윗의 지지자들이 결집함 다윗은 가드를 떠나 아둘람 동굴로 피신했습니다. 그의 형제들과 집안사람들이 이 말을 듣고 다윗을 만나러 그곳으로 내려왔습니다. 삼하 23:13;대상 11:15;미 1:15

2 그뿐 아니라 고통 속에 있는 사람들, 빚진 사람들, 현실에 불만을 품은 사람들이 그의 곁으로 모여들었습니다. 다윗은 그들의 지도자가 됐는데 그와 함께한 사람들은 400명 정도나 됐습니다. 삿 9:4;11:3;18:25

3 다윗의 부모가 모압으로 떠남 거기서 다윗은 모압 땅 미스바로 가서 모압 왕에게 "하나님께서 내게 어떻게 하실지 알려 주실 때까지 내 부모가 와서 왕 곁에 머무를 수 있게 해 주십시오" 하고 부탁했습니다.

4 그리하여 다윗은 그들을 모압 왕에게 맡겨 두고 떠났고 다윗의 부모는 다윗이 요새에 있는 동안 모압 왕 곁에 머물렀습니다.

5 그때 예언자 갓이 다윗에게 말했습니다. "요새에 머물러 있지 마시오, 유다 땅으로 들어가시오." 그리하여 다윗은 길을 떠나 헤렛 숲으로 들어갔습니다. 삼하 24:11,18-19

6 도엑이 놉의 제사장을 죽임 사울은 다윗과 그 일당들을 찾아냈다는 소식을 들었습니다. 사울은 손에 창을 들고 기브아 언덕의 에셀 나무 아래에 앉아 있었고 그의 모든 신하들은 그를 둘러싸고 있었습니다.

7 사울이 그들에게 말했습니다. "잘 들으라. 베냐민 사람들아, 이새의 아들이 너희 모두에게 밭과 포도원을 주겠느냐? 그가 너희 모두를 천부장이나 백부장으로 삼겠느냐? 8:14

8 그래서 너희가 나를 대항해 음모를 꾸몄

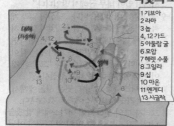

🔵 다윗의 도피 경로 🔵

```
1 기브아
2 라마
3 놉
4, 12 가드
5 아둘람 굴
6 모압
7 헤렛 수풀
8 그일라
9 십
10 마온
11 엔게디
13 시글락
```

★ 기브아에서 아둘람 동굴까지

사울의 창과 자객을 피해 라마로 감 ▶▶ 요나단과 우정을 약속하고 놉 땅으로 도피함(아히멜렉에게 진설병을 대접받음) ▶▶ 사울의 양치기들 중 우두머리인 도엑

의 고발로 가드로 도망(가드 왕 아기스 앞에서 정상이 아닌 것처럼 꾸밈) ▶▶ 아둘람 동굴로 피함(온 가족과 400여 명의 사람이 따름)

★ 모압에서 십까지의 도피 행로

예언자 갓의 명령으로 모압 땅에서 유다 땅 헤렛 수풀로 감 ▶▶ 사울의 추적으로 그일라로 도피함 ▶▶ 하나님의 명령으로 그일라를 블레셋 손에서 구원함 ▶▶ 십에서 요나단과 두 번째 약속을 함

★ 마온에서 시글락까지

사울의 추격을 마온에서 엔게디로 도망침(추격하는 사울을 살려 줌) ▶▶ 마온 사람 나발의 아내 아비가일과 결혼함, 아히노암과도 결혼함 ▶▶ 십 황무지에서 다시 사울을 살려 주고 가드로 감(가드 왕 아기스에게서 시글락을 얻어 통치)

느냐? 내 아들이 이새의 아들과 언약을 맺었을 때도 그것을 내게 말해 주는 사람이 하나도 없었다. 너희 가운데 누구도 나를 염려하는 사람이 없고 내 아들이 내 신하를 시켜 오늘이라도 매복했다가 나를 치라고 한 것을 말해 주는 사람도 없구나."

9 그때 에돔 사람 도엑이 사울의 신하들 가운데 서 있다가 말했습니다. "이새의 아들이 놉으로 와서 아히둡의 아들 아히멜렉을 만난 것을 보았습니다. 14:3;시 52편

10 아히멜렉은 그를 위해 여호와께 여쭈었고 먹을 것도 주고 블레셋 사람 골리앗의 칼도 주었습니다. 민 27:21;삼하 5:19,23

11 그러자 왕은 아히둡의 아들인 제사장 아히멜렉과 놉에 있는 그 집안의 모든 제사장들을 불러 모았습니다. 그리하여 그들은 모두 왕 앞에 왔습니다.

12 사울이 말했습니다. "잘 들어라, 아히둡의 아들아." 아히멜렉이 대답했습니다. "예, 내 주여 말씀하십시오."

13 사울이 그에게 말했습니다. "네가 어떻게 이새의 아들과 공모하여 나를 대적하려고 할 수 있느냐? 어째서 네가 다윗에게 빵과 칼을 주고 그를 위해 하나님의 뜻을 여쭈어서 그가 오늘이라도 매복해 있다가 나를 치게 하려고 했느냐?" 8절

14 아히멜렉이 왕에게 대답했습니다. "왕의 신하들 가운데 다윗만큼 충성된 사람이 어디 있습니까? 그는 왕의 사위이며 왕의 친위대장이며 왕의 집안에서 존경을 받고 있는 사람이 아닙니까?

15 내가 그를 위해 하나님께 여쭈었던 것이 이번이 처음이었습니까? 결코 그렇지 않습니다. 왕께서는 이 종이나 이 종의 집안을 문책하지 말아 주십시오. 왕의 종은 이 모든 일에 대해 아무것도 아는 것이 없습니다."

16 그러자 왕이 말했습니다. "아히멜렉아, 너는 분명 죽을 것이다. 너와 네 아버지의 온 집안도 죽게 될 것이다."

17 그러고 나서 왕은 곁에 있던 호위병들에게 명령했습니다. "돌아서서 저 여호와의 제사장들을 죽이라. 저들도 역시 다윗의 편을 들고 있다. 저들은 다윗이 도망친 것을 알고도 내게 고하지 않았다." 그러나 왕의 신하들은 자신들의 손으로 여호와의 제사장들 치기를 꺼렸습니다. 왕하 10:25

18 그러자 왕이 도엑에게 명령했습니다. "네가 나서서 저 제사장들을 쳐라." 그리하여 에돔 사람 도엑이 나서서 그들을 내리쳤습니다. 그날 그는 고운 삼베 에봇을 입은 제사장을 85명이나 죽였습니다. 2:31

19 그는 또한 제사장들의 성 놉에 들어가 남자와 여자, 아이와 갓난아기, 소와 나귀와 양을 칼로 쳐 죽였습니다. 15:3

20 다윗이 사울의 살해 사실을 알게 됨 그러나 아히멜렉의 아들이요, 아히둡의 손자인 아비아달은 몸을 피해 도망쳐 나와 다윗에게로 갔습니다. 23:6,9

21 그는 다윗에게 사울이 여호와의 제사장들을 모두 죽였다고 말해 주었습니다.

22 그러자 다윗이 아비아달에게 말했습니다. "그날 에돔 사람 도엑이 거기 있는 걸 보고 그가 사울에게 분명 말할 줄 알았다. 네 아버지의 온 집안의 죽음은 다 내 탓이다.

23 나와 함께 있자. 두려워하지 마라. 네 목숨을 노리는 사람이 내 목숨도 노리고 있으니 나와 함께 있으면 무사할 것이다."

23 그일라를 구함

다윗은 사람들에게서 "보십시오. 블레셋 사람들이 그일라를 쳐서 그 타작하는 것을 빼앗아 가고 있습니다" 하는 소식을 듣고

2 여호와께 물었습니다. "제가 가서 저 블레셋 사람들을 쳐도 되겠습니까?" 여호와께서 다윗에게 대답하셨습니다. "가서 블레셋 사람들을 치고 그일라를 구해 주어라."

3 그러나 다윗의 부하들은 "여기 유다에서도 이렇게 두려워하며 살고 있는데 그일라까지 가서 블레셋 군대를 친다고요?" 하며

요새(22:5, 要塞, stronghold) 적의 공격에 대비하여 도시나 부대를 보호하기 위해 만든 탑. 성문, 문빗장을 지닌 돌로 된 성채.

반대했습니다.

4 다윗이 여호와께 다시 묻자 여호와께서 그에게 대답하셨습니다. "그일라로 내려가라. 내가 블레셋 사람들을 네 손에 넘겨 주겠다." ^{수 24:11;삿 7:7;20:28}

5 그리하여 다윗과 그의 부하들은 그일라로 가서 블레셋 사람들과 싸워 그 가축들을 잡아 왔습니다. 그는 블레셋에 큰 타격을 주고 그일라 사람들을 구해 주었습니다.

6 아히멜렉의 아들 아비아달은 그일라에 있는 다윗에게 도망쳐 갈 때 에봇을 가져갔습니다. ^{22:20}

7 하나님의 인도를 구하는 다윗 다윗이 그일라로 갔다는 소식을 전해 듣고 사울이 말했습니다. "하나님께서 다윗을 내 손에 넘겨주셨구나. 스스로 문과 빗장이 있는 성으로 들어갔으니 이제 그는 독 안에 든 쥐다."

8 그러고 나서 사울은 출전하기 위해 모든 군대를 불러 모았습니다. 그일라로 내려가 다윗과 그의 부하들을 사로잡기 위해서였습니다.

9 다윗은 사울이 자기를 잡기 위한 음모를 꾸미고 있다는 것을 알고 제사장 아비아달에게 에봇을 가져오게 했습니다. ^{민 27:21}

10 다윗이 하나님께 여쭈었습니다. "이스라엘의 하나님 여호와여, 주의 종이 분명히 듣기로 사울이 저 때문에 그일라로 와서 이 성을 치려고 한답니다.

11 그일라 성 사람들이 저를 사울에게 넘겨주겠습니까? 주의 종이 들은 대로 사울이 내려오겠습니까? 이스라엘의 하나님 여호와여, 주의 종에게 말씀하소서." 그러자 여호와께서 말씀하셨습니다. "그가 올 것이다."

12 다윗이 다시 여쭈었습니다. "그일라 성 사람들이 정말로 저와 제 부하들을 사울에게 넘겨주겠습니까?" 그러자 여호와께서 말씀하셨습니다. "그들이 넘겨줄 것이다."

13 유다 광야에 유랑 그래서 다윗은 600명 정도 되는 부하들을 이끌고 그일라를 떠나 이곳저곳으로 옮겨 다녔습니다. 사울은 다윗이 그일라에서 떠났다는 말을 듣고 출전하려다가 그만두었습니다.

14 다윗은 광야 요새에 머물기도 하고 십 광야의 언덕에도 있었습니다. 사울은 날마다 다윗을 찾아다녔지만 하나님께서는 다윗을 사울의 손에 넘겨주시지 않았습니다.

15 요나단이 다시 언약을 다윗이 십 광야의 호레스에 있을 때 사울이 자기 목숨을 빼앗으려 왔다는 이야기를 들었습니다.

16 그때 사울의 아들 요나단이 호레스로 다윗을 찾아와서 하나님 안에서 힘을 얻을 수 있도록 격려해 주었습니다.

17 요나단이 말했습니다. "두려워하지 말게. 내 아버지 사울은 자네에게 손도 대지 못할 걸세. 자네는 이스라엘을 다스릴 왕이 될 걸세. 나는 자네 다음이지. 내 아버지 사울도 다 알고 있는 일이네." ^{24:20}

18 그 두 사람은 여호와 앞에서 언약을 맺었습니다. 그러고 나서 요나단은 집으로 돌아갔고 다윗은 호레스에 남아 있었습니다.

다윗에게 용기를 주는 요나단

다윗이 사울 왕의 칼날을 피해 십 광야에 숨어 있을 때 요나단이 찾아왔어요. 요나단은 다윗이 하나님 안에서 힘을 얻을 수 있도록 격려해 주었어요(삼상 23:16-17). 진정한 친구는 믿음 안에서 힘을 얻을 수 있도록 돌아보며 격려하는 사람이에요. 불안에 떨고 있는 친구에게 하나님을 굳게 의지하라는 말보다 용기와 확신을 주는 말은 없을 거예요.

다윗을 찾아온 요나단의 모습은 많은 것을 가르쳐 주고 있어요. 우리가 기쁨을 누리고 있는 순간에 주변에 어려움이나 두

수적

인묘와 용철이는 같은 교회에 다니는 친구예요. 최근에 아버지의 사업이 어려워져 가자 용철이의 얼굴에 근심이 깊어졌어요. 인묘는 용철이에게 용기를 주고 싶은데 어떻게 할지 고민이 되었어요.

19 십 사람들의 음모 십 사람들이 기브아에 있는 사울에게로 올라와 말했습니다. "다윗이 우리가 있는 여시몬 남쪽 하글라 언덕의 호레스 요새에 숨어 있는지 분명한대요.

20 왕이시여, 이제 왕이 좋으실 때 언제든 내려오십시오. 저희가 다윗을 왕께 넘겨 드리겠습니다." *12절*

21 사울이 말했습니다. "너희가 이렇게 내게 신경을 써 주다니 여호와께서 너희에게 복 주시기를 바란다. *22:8;룻 2:20*

22 가서 좀 단단히 준비를 하여라. 다윗은 무척 교활하다고 하니 다윗이 대체 어디를 다니는지 또 누가 어디서 그를 보았는지 알아 두라.

23 다윗이 갈 만한 은신처들을 모두 알아내고 정확한 정보를 갖고 내게 돌아오라. 그러면 내가 너희와 함께 갈 것이다. 만약 다윗이 그 장소에 있으면 내가 유다의 온 백성 가운데에서 그를 사로잡을 것이다."

24 그리하여 그들은 길을 떠나 사울보다 앞서서 십으로 갔습니다. 그때 다윗과 그 일행은 여시몬의 남쪽 아라바에 있는 마온 광야에 있었습니다. *25:2;삼上 11:4;수 15:55*

25 사울과 그의 군사들은 수색을 시작했습니다. 이 사실을 전해 들은 다윗은 바위 쪽으로 내려가 마온 광야에 머물렀습니다. 사울이 이 소식을 듣고 다윗을 쫓아 마온 광야로 들어갔습니다.

26 쫓기는 다윗 사울은 산지 한쪽 편을 따라가고 있었고 *다윗과 그 일행은 사울을 피해*

▬▬▬▬▬▬▬▬▬▬▬▬▬▬▬▬▬▬

려움에 빠져 있는 친구는 없을까요? 혹 예수님을 믿지 않는 친구라 할지라도 다가가서 하나님 안에서 힘을 얻을 수 있도록 격려하는 우리가 되어야 해요.

주변에 어려움을 당한 친구가 있나요? 이렇게 해보세요. "친구야, 내가 널 위해 기도할게. 너와 나의 도움이 되시는 하나님께 우리 함께 기도하자."라구요.

깊이 읽기 사무엘상 23장 15-18절을 읽으세요.

다른 한쪽 편으로 서둘러 도망치고 있었습니다. 사울과 그의 군대가 다윗과 그 일행을 잡으려고 에워싸며 다가올 때

27 전령이 사울에게 와서 말했습니다. "빨리 가셔야겠습니다. 블레셋 사람들이 땅을 모두 차지하려 하고 있습니다."

28 그래서 사울은 다윗 쫓는 것을 포기하고 블레셋 사람들을 맞아 싸우려 돌아갔습니다. 그리하여 이곳을 셀라하마느곳이라고 부르게 됐습니다.

29 다윗은 그곳을 떠나 엔게디 요새에서 살았습니다. *수 15:62;대하 20:2;아 1:14;겔 47:10*

24 다윗이 사울의 목숨을 살려줌 블레셋 사람들과 싸우러 나갔다가 돌아온 사울은 다윗이 엔게디 광야에 있다는 소식을 듣게 됐습니다.

2 그러자 사울은 온 이스라엘에서 뽑은 3,000명의 군사들을 이끌고 다윗과 그 일행들을 찾기 위해 들염소 바위 근처로 갔습니다. *26:2*

3 사울은 길가에 있는 양 우리에 이르게 됐습니다. 그곳에는 동굴이 하나 있었는데 사울이 용변을 보려고 거기 들어갔습니다. 그 동굴 안쪽에는 다윗과 그의 일행이 숨어 있었습니다. *삿 3:24;시 57;142편*

4 다윗의 부하들이 말했습니다. "오늘이야말로 여호와께서 '내가 네 원수를 네 손에 넘겨주어 네 마음대로 하도록 하리라'라고 말씀하신 그날인가 봅니다." 그러자 다윗은 살그머니 기어가 사울의 겉옷 한 자락을 잘라 냈습니다. *26:8*

5 다윗은 사울의 옷자락을 잘라 낸 것조차도 마음에 걸렸습니다. *10절*

6 다윗은 자기 부하들에게 말했습니다. "내 손을 들어 여호와께서 기름 부어 세우신 내 주인을 치는 일은 여호와께서 금하신 일이다. 그는 여호와께서 기름 부어 세우신 왕이다." *12:3;26:11*

7 다윗은 이런 말로 자기 부하들을 나무라며 그들이 사울을 공격하는 것을 허락하지 않았습니다. 사울은 동굴을 떠나 자기

길로 갔습니다. 시 7:4

8 자신의 결백을 호소하는 다윗 그러자 다윗은 동굴에서 나와 사울에게 외쳤습니다. "내 주 왕이시여." 사울이 뒤돌아 다윗을 보자 다윗은 얼굴을 땅에 대고 엎드려 절했습니다.

9 다윗이 사울에게 말했습니다. "어째서 왕은 사람들이 '다윗이 왕을 해치려고 한다'라고 한 말에만 귀 기울이십니까?

10 오늘 왕께서는 여호와께서 동굴 속에서 왕의 목숨을 내 손에 넘겨주셨음을 확실히 아셨을 것입니다. 저더러 왕을 죽이라고 부추긴 사람들도 있었지만 나는 왕의 목숨을 아껴 오히려 '나는 내 손으로 내 주인을 치지 않겠다. 그는 여호와께서 기름 부으신 왕이기 때문이다'라고 말했습니다.

11 내 아버지여, 보십시오. 내 손에 있는 왕의 이 옷자락을 보십시오. 내가 왕의 옷자락을 잘라 냈지만 왕을 죽이지는 않았습니다. 그러니 내가 왕께 잘못을 저지르거나 반역한 것이 아니라는 것을 알아주십시오, 왕은 내 목숨을 빼앗으려고 찾아다니시지만 나는 왕께 죄를 짓지 않았습니다.

12 여호와께서 왕과 나 사이를 판단하셔서 내 억울함을 직접 풀어 주시기 바랍니다. 그러나 나는 왕께 손대지 않을 것입니다.

13 속담에 '악한 사람에게서 악한 행동이 나온다'고 했으니 나는 왕을 해치지 않을 것입니다.

14 이스라엘의 왕이 누구를 잡으러 나온 것입니까? 왕이 누구를 쫓는 것입니까? 죽은 개나 벼룩을 쫓는 것과 같습니다.

15 여호와께서 우리 재판관이 되셔서 우리 사이를 판단해 주시기 바랍니다. 그분이 내 사정을 살피시고 나를 왕의 손에서 구해 내시기 바랍니다." 시 35:1;43:1;119:154;잠 22:23

16 사울과 다윗의 맹세 다윗이 이 말을 마치자 사울이 "내 아들 다윗아, 네 목소리가 아니냐?"라고 말하며 큰 소리로 울었습니다.

17 그가 다윗에게 말했습니다. "나는 너를 못살게 굴었는데 너는 내게 이렇게 좋게 대하니 네가 나보다 의롭구나. 26:21

18 네가 방금 내게 말해 준 것처럼 여호와께서 네 손에 나를 넘겨주셨는데도 너는 나를 죽이지 않았다.

19 사람이 자기 원수를 만났는데 누가 해치지 않고 그냥 보내 주겠느냐? 오늘 네가 내게 한 일로 여호와께서 네게 상 주시기를 바란다.

20 나는 네가 분명 왕이 될 것이고 이스라엘 왕국이 네 손에 세워지리라는 것을 알고 있다. 23:17

21 지금 여호와의 이름으로 내게 맹세하여라. 네가 내 자손들을 끊어 버리지 않고 내 이름을 내 아버지의 집안에서 지우지 않겠다고 말이다." 창 21:23;삼하 21:7

왜 다윗은 사울을 안 죽였을까요?

다윗이 사울을 피해 엔게디 동굴에 숨어 있을 때 놀랍게도 사울 왕이 그곳으로 들어왔어요. 다윗은 사울을 죽일 절호의 기회를 잡았지만 왕의 겉옷을 조금 베어 내기만 했어요. 자신을 계속 괴롭히며 죽이려는 사울을 충분히 죽일 수 있었는데도 다윗이 그렇게 하지 않은 이유는 무엇일까요?
사울은 하나님이 기름 부어 세운 자이기 때문이었어요. 기름 부음에는 아주 중요한 의미가 담겨 있어요. 구약 시대에는 제사장과 예언자, 왕에게

기름을 부어 그들이 특별하게 선택받은 사람임을 알렸답니다. 기름 부음을 받으면 각각의 임무를 수행할 때 하나님이 부여하신 권위가 주어진 거죠. 물론, 하나님의 뜻대로 통제되긴 해 동해야 했어요. 이런 기름 부음은 성령님이 함께하심을 상징했기 때문에 다윗은 사울을 죽이지 못했던 거예요.
또한 다윗은 이를 통해 사울에게 자신의 결백을 증명하고 자신을 쫓는 것이 부당함을 알리려 했어요(상상 24:9~11).

22 다윗은 사울에게 그대로 맹세했습니다. 그
러자 사울은 궁으로 돌아갔고 다윗과 그
의 부하들은 요새로 올라갔습니다.

25 사무엘이 죽음 사무엘이 죽었습니
다. 그러자 온 이스라엘이 모여
그를 위해 애곡하고 라마에 있는 그의 고
향에 묻었습니다. 그 후 다윗은 바란 광야
로 내려갔습니다.　창 50:10;민 10:12

2 나발에게 도움을 청한 마온에 어떤 사람이
있었는데, 갈멜에 기반을 두고 있는 굉장
한 부자였습니다. 그에게는 1,000마리의
염소와 3,000마리의 양들이 있었는데 마
침 갈멜에서 털을 깎고 있었습니다.

3 그의 이름은 나발이었고 그 아내의 이름
은 아비가일이었습니다. 그 여자는 지혜롭
고 아름다운 여인이었지만 갈렙 족속인
그 남편은 인색하며 하는 일이 악하기 짝
이 없었습니다.　30:14

4 다윗이 광야에 있을 때 나발이 양털을 깎
고 있다는 말을 들었습니다.

5 다윗은 열 명의 소년을 보내며 이렇게 일
러 주었습니다. "갈멜에 있는 나발에게로
올라가서 내 이름으로 인사하고

6 그에게 '당신이 장수하기를 빕니다. 당신
과 당신 집안이 평안하기를 빕니다. 또 당
신의 모든 소유물도 평안하고 번창하기를
빕니다.　대상 12:18;마 10:13;눅 10:5

7 내가 듣기로 양털 깎는 기간이라고 하던
데, 당신의 양치기들이 우리 쪽으로 왔을 때
그들을 함부로 대하지 않았고 갈멜에 있는
동안 그 어떤 것도 없어지지 않았습니다.

8 당신의 종들에게 물어 보면 이야기해 줄
것입니다. 그러니 내 소년들에게 잘해 주
길 바랍니다. 우리가 이 좋은 날에 왔으니
당신의 종들과 당신의 아들 같은 다윗에
게 손에 닿는 대로 챙겨 주시기 바랍니다'
라고 말해라."　예 8:17;9:19,22

9 다윗의 요청을 거절한 나발 다윗의 사람들이
도착해 다윗의 이름으로 나발에게 이 모
든 말을 그대로 전하고 기다렸습니다.

10 나발이 다윗의 종들에게 대답했습니다.

"다윗이 대체 누구냐? 이새의 아들이 누
구냐? 요즘 자기 주인을 버리고 떠나는 종
들이 많다는 얘길 들었다.　삿 9:28;12:4

11 내가 왜 내 빵과 물과 양털 깎는 사람들을
위해 잡은 짐승의 고기를 가져다가 출신
도 모르는 사람들에게 주겠느냐?"　삿 8:6

12 다윗 쪽 사람들이 오던 길로 돌아와 다윗
에게 이르러 이 모든 말을 전했습니다.

13 다윗이 소년들에게 말했습니다. "칼을 차
라." 그리하여 그들은 칼을 찼고 다윗도 칼
을 찼습니다. 약 400명 정도의 사람들이
다윗과 함께 올라갔고 200명은 짐을 지키
며 남아 있었습니다.　삼상 22:2;23:13;27:2;30:24

14 나발의 아내 아비가일의 지혜 나발의 종들 가
운데 하나가 나발의 아내 아비가일에게 말
했습니다. "다윗이 광야에서 사람들을 보
내 우리 주인님께 인사를 전했습니다. 그
러나 주인님께서는 그들에게 욕설을 퍼부
으셨습니다.　14:32;15:19

15 하지만 저희가 들판에 나가 그들과 함께
있는 동안 그 사람들은 저희에게 무척 잘
해 주어서 저희가 해를 입거나 무엇 하
나라도 잃어버리는 일이 없었습니다.
　7:21절

16 오히려 그들은 저희가 그들 가까이에서
양을 치는 동안 밤낮으로 성벽처럼 저희
를 지켜 주었습니다.　욥 1:10

17 그러니 어떻게 해야 할지 마님께서 빨리 생
각하셔야 합니다. 다윗은 주인님과 온 집
안을 치러 올 것입니다. 주인님은 하도 성
미가 불같아서 아무도 말을 못 붙입니다."

18 아비가일은 급히 서둘렀습니다. 그녀는 빵
200덩이, 포도주 두 부대, 손질한 양 다섯
마리, 볶은 곡식 5세아, 건포도 100송이,
무화과 200개를 가져다가 나귀에 실었습
니다.

19 그러고는 종들에게 말했습니다. "곧장 가
라. 내가 따라가겠다." 그러나 그녀는 자기
남편 나발에게는 말하지 않았습니다.

20 아비가일이 나귀를 타고 산골짜기로 내려

세아 (25:18, seah) 고체의 양을 재는 단위. 1세아는 약
7.3ℓ에 해당됨.

가는데 마침 그를 향해 내려오던 다윗과 그의 부하들을 만나게 됐습니다.

21 다윗은 내려오면서 이미 이렇게 다짐했습니다. "내가 그동안 광야에서 그의 재산을 지켜 하나도 잃지 않게 하려고 그렇게도 애를 썼건만 그게 다 소용없는 일이었습니다. 그는 선을 악으로 갚았다.   시 109:5절 37:13

22 내가 만약 아침까지 그에게 속한 모든 남자 가운데 하나라도 살려 둔다면 하나님께서 다윗에게 심한 벌을 내리고 또 내리셔도 좋다."   룻 1:17

23 다윗에게 간청하는 아비가일 아비가일은 다윗을 보고 재빨리 나귀에서 내려와 다윗 앞에서 얼굴을 땅에 대고 절했습니다.

24 그는 다윗의 발아래에서 말했습니다. "내 주여, 저만을 탓해 주십시오. 이 종이 말 한마디 하겠사오니 이 종이 하는 말을 들어 주십시오.   삼하 14:9

25 내 주께서 악한 사람 나발에게 신경 쓰지 마십시오. 그는 자기 이름과 똑같습니다. 그 이름이 '바보'라는 뜻이니 어리석음이 항상 그를 따라다닙니다. 하지만 주의 여종인 저는 주께서 보내신 소년들을 보지도 못했습니다.

26 내 주여, 여호와께서는 당신이 피 흘리지 않도록, 또 당신의 손으로 직접 복수하지 않도록 막아 주셨습니다. 여호와께서 살아 계심과 내 주 당신이 살아 계심으로 맹세하는데 당신의 원수들과 내 주를 해치려는 모든 사람들이 나발과 같게 되기를 바랍니다.   창 20:6;삼하 18:32;롬 12:19;히 10:30

27 그리고 이 선물을 당신의 여종이 내 주께 드리는 것이니 당신을 따르는 사람들에게 주시기 바랍니다.   30:26;창 33:11;왕하 5:15;18:31

28 이 종의 무례함을 부디 용서해 주십시오. 여호와께서 반드시 내 주의 집안을 든든히 세워 주실 것입니다. 이는 내 주께서 여호와를 위해 싸우셨고 또 사는 동안 그 어떤 악한 일도 하지 않으셨기 때문입니다.

29 비록 누군가가 당신을 죽이려고 쫓아온다 해도 당신의 생명은 당신의 하나님 여호와께서 생명 보자기에 안전하게 싸 주실 것입니다. 하지만 당신의 원수들은 무릿매로 돌을 던지듯 던져 버리실 것입니다.

30 이제 여호와께서 내 주에게 약속하신 모든 선한 일을 이루셔서 이스라엘을 다스릴 지도자로 삼으실 터인데

31 지금 내 주께서 이유 없이 피를 흘리시거나 직접 복수를 해 왕이 되실 때 후회하시거나 마음에 거리낄 일을 남겨 두지 마시기 바랍니다. 그리고 여호와께서 당신을 그처럼 선대하시는 날 이 여종을 기억해 주십시오.

32 다윗이 아비가일의 간청을 들음 다윗이 아비가일에게 말했습니다. "오늘 당신을 보내 나를 만나게 하신 여호와께 찬양을 드리오.

33 당신이 오늘 내가 사람을 죽여 내 손으로 직접 복수하는 일을 막아 주었으니 당신의 지혜가 복되고 당신에게도 복이 있을 것이오.

34 당신을 해치지 못하게 하신 이스라엘의 하나님 여호와의 살아 계심을 두고 맹세하는데 당신이 이토록 빨리 나를 만나려 오지 않았더라면 아침녘에는 분명 나발에게 살아남은 사람이 하나도 없었을 것이오."

35 그러고 나서 다윗은 아비가일이 자기에게 가져온 것을 모두 받고 말했습니다. "집으로 평안히 가시오. 내가 당신의 말을 충분히 들었으니 당신이 말한 대로 하리라."

36 나발의 죽음 아비가일이 집으로 돌아와 보니 나발은 자기 집에서 마치 왕처럼 큰 잔치를 벌이고 있었습니다. 그는 흥에 겨워 취할 대로 취해 있었습니다. 아비가일은 날이 샐 때까지 아무 말도 하지 않고 있다가

37 아침이 돼 나발이 정신이 들자 지금까지 있었던 모든 일에 대해 말해 주었습니다. 그러자 나발은 낙담해 몸이 돌처럼 굳어 버렸습니다.

38 10일 정도가 지난 뒤 여호와께서 나발을 치시자 그는 죽었습니다.   26:10

39 다윗의 새 아내와 이전 아내들 다윗은 나발이 죽었다는 소식을 듣고 말했습니다. "여호

와를 찬양하여라. 내가 나발에게 망신당한 것을 여호와께서 톡톡히 갚아 주시고 이 종이 악을 행하지 않도록 지켜 주셨다. 여호와께서 나발의 악을 그 머리에 돌리신 것이다." 그리고 나서 다윗은 아비가일을 아내로 삼으려고 사람을 보내 청혼했습니다.

40 그의 부하들이 갈멜로 가서 아비가일에게 말했습니다. "다윗께서 당신을 아내로 삼기 위해 저희를 보내셨습니다."

41 아비가일은 얼굴을 땅에 대고 절하며 말했습니다. "이 여종은 내 주를 섬기고 내 주의 종들의 발을 씻기겠습니다." 롯 2:10

42 아비가일은 서둘러 나귀를 타고 다섯 하녀의 시중을 받으며 다윗의 사자들을 따라 다윗에게로 가서 다윗의 아내가 됐습니다.

43 다윗은 또 이스르엘의 아히노암을 아내로 맞이했으므로 그 둘이 다 그의 아내가 됐습니다. 창 15:56;삼하 2:2;32~3:대상 3:1

44 원래 다윗의 아내는 사울의 딸 미갈이었으나 사울이 갈림 출신의 라이스의 아들 발디에게 주어 버렸습니다.

26 다윗을 다시 쫓는 사울 십 사람들이 기브아에 있는 사울에게 와서 말했습니다. "다윗이 여시몬 맞은편에 있는 하길라 산에 숨어 있는 것이 분명합니다."

2 사울은 곧 이스라엘에서 뽑은 3,000명의 군사들을 거느리고 다윗을 찾기 위해 십 광야로 내려갔습니다. 23:14;24:2

3 사울은 하길라 산 길 옆에 여시몬을 마주보고 진을 쳤습니다. 다윗은 광야에 있다가 사울이 그곳까지 따라왔다는 사실을 알게 됐습니다.

4 다윗은 정찰병을 보내 사울이 정말 왔는지 알아보았습니다.

5 그리고 나서 다윗은 사울이 진을 친 곳으로 갔습니다. 다윗은 사울과 넬의 아들 군대 사령관 아브넬이 누워 자고 있는 것을 보았습니다. 사울은 진영 안에 누워 있고 사람들이 그를 에워싸고 있었습니다.

6 사울을 또 살려준 다윗 그때 다윗은 헷 사람 아히멜렉과 스루야의 아들이며 요압의 동생인 아비새에게 물었습니다. "누가 나와 함께 사울이 있는 저 진영으로 가겠느냐?" 그러자 아비새가 "제가 함께 가겠습니다" 하고 나섰습니다. 삿 7:9~11

7 그리하여 다윗과 아비새는 어두운 밤을 틈타 적진으로 들어갔습니다. 사울은 머리맡에 창을 땅에 꽂아 둔 채 진영 안에서 누워 자고 있었고 아브넬과 군사들이 그를 둘러 누워 있었습니다. 17:20

8 아비새가 다윗에게 말했습니다. "오늘 하나님께서 원수를 장군의 손에 넘겨주실 것입니다. 그를 저 창으로 단번에 땅에 꽂게 해 주십시오. 두 번 칠 필요도 없습니다."

9 그러자 다윗이 아비새에게 말했습니다. "그를 죽이면 안 된다. 여호와께서 기름 부으신 사람에게 손을 대면 그 죄가 어떠한 줄 아느냐?" 24:6,10;삼하 1:16

10 다윗이 다시 말했습니다. "여호와께서 살아 계심을 두고 맹세하는데 여호와께서 친히 그를 치실 것이다. 아니면 자기 때가 돼서 죽게 되거나 전쟁에 나가 죽게 될 것이다.

11 그러나 여호와께서는 내 손으로 여호와께

PeOPLe   아비가일

난폭하고 어리석은 사람인 나발의 아내였다. 사울을 피해 다니던 다윗이 그의 남편 나발에게 원조를 요청했으나 나발이 거절했다. 아비가일은 다윗의 요청을 거절한 나발을 대신해 음식을 준비하여 다윗을 영접하고, 다윗에게 사죄함으로 남편의 죽음을 면하게 했다.

나중에 이 사실을 안 나발은 놀란 나머지 몸이 굳어 죽었고, 아비가일은 다윗의 청혼을 받고 그의 아내가 되었다. 가드 시글락과 헤브론에 거주하면서 길르압(다니엘)을 낳았다.

아비가일이 나오는 말씀
>> 삼상 25:3, 18~35, 39~42
성경에 나오는 다른 아비가일
>> 이새의 딸,
다윗의 친누이 (대상 2:16)

서 기름 부으신 사람을 치는 것을 금하셨다. 그러니 그 머리맡에 있는 창과 물통만 갖고 가자."

24:6

12 그리하여 다윗은 사울의 머리맡에 있는 창과 물통을 갖고 자리를 떴습니다. 아무도 본 사람이 없고 알지 못했고 깨어난 사람도 없었습니다. 여호와께서 그들을 잠들게 하셨기 때문에 그들은 모두 깊은 잠에 빠지게 됐던 것입니다.

창 2:21;15:12

13 사울 왕에 대한 다윗의 권고 그러고 나서 다윗은 건너편으로 가서 멀리 떨어진 산꼭대기에 섰습니다. 사울의 진영과는 거리가 꽤 멀었습니다.

14 그가 사울의 군대와 넬의 아들 아브넬에게 소리쳤습니다. "아브넬아, 내게 대답하여라." 그러자 아브넬이 대답했습니다. "왕에게 소리치는 녀석이 누구냐?"

15 다윗이 아브넬에게 말했습니다. "너는 용사가 아니냐? 이스라엘에 너만 한 사람이 또 어디 있느냐? 어떻게 네 주인인 왕을 지키지 못하느냐? 누군가 네 주인인 왕을 죽이러 들어갔었다.

16 너는 제대로 책임을 다하지 못했다. 여호와께서 살아 계심을 두고 맹세하는데, 너와 네 군사들은 죽어 마땅하다. 네가 여호와께서 기름 부으신 네 주를 지키지 못했으니 말이다. 자, 왕의 머리맡에 있던 창과 물통이 어디 있는지 똑똑히 보아라!"

17 사울이 다윗의 목소리임을 알아듣고 말했습니다. "내 아들 다윗아, 네 목소리가 아니냐?" 다윗이 대답했습니다. "그렇습니다. 내 주 왕이시여."

24:16

18 그리고 이어 말했습니다. "왕께서는 왜 종을 잡으러 다니십니까? 내가 무엇을 잘못했기에, 내 손으로 저지른 죄악이 무엇이기에 그러시는 겁니까?

24:9,11

19 이제 내 주 왕께서는 종의 말을 들어 주십시오. 만약 왕더러 나를 치라고 하신 분이 여호와이시라면 기꺼이 그분의 제물이 되겠습니다. 그러나 사람이 그렇게 했다면 그들은 여호와 앞에서 저주를 받을 것입니다. 그들은 내게 가서 다른 신들을 섬기라 하고 말하며 나를 내쫓고는 나를 여호와의 기업 안에 있지 못하게 하고 있습니다.

20 그러나 여호와 앞에서 멀리 떨어진 이 이방 땅에서 내 피를 흘리지 않게 해 주십시오. 이는 왕께서 마치 사냥꾼이 산에서 메추라기를 사냥하는 것처럼 벼룩 한 마리를 찾으러 나오신 것과 다르지 않습니다.

21 사울이 다시 사과함 그러자 사울이 말했습니다. "내가 잘못했다. 내 아들 다윗아, 돌아가자. 네가 오늘 내 목숨을 귀하게 여겼으니 내가 다시는 너를 해치지 않겠다. 내가 정말 어리석었구나. 내 잘못이 너무 크다."

22 다윗이 대답했습니다. "여기 왕의 창이 있습니다. 소년 하나를 보내어 가져가십시오.

23 여호와께서는 의롭고 신실한 사람에게 상을 주십니다. 여호와께서 오늘 당신을 내 손에 넘겨주셨지만 나는 여호와께서 기름 부으신 왕에게 손을 대지 않았습니다.

24 오늘 내가 왕의 목숨을 소중히 여긴 것처럼 여호와께서 내 목숨도 소중히 여겨 나를 모든 고난에서 구해 주실 것입니다."

25 그러자 사울이 다윗에게 말했습니다. "내 아들 다윗아, 네게 복이 있기를 바란다. 네

창과 물통

사울은 다윗을 쫓다가 창과 물통을 머리맡에 두고 잠이 들었다. 왜 머리맡에 창과 물통을 두고 잤을까? 그 당시 전쟁 중에 잠을 잘 때는 대장의 천막 앞에 긴 창을 꽂아 다른 군사들이 거하는 천막과 구별했다고 한다. 또

팔레스타인 지방은 날씨가 굉장히 건조하고 무더운 곳이므로 금방 갈증을 느낄 수밖에 없었다. 그래서 잠을 잘 때도 물통을 머리맡에 두고 수시로 물을 마셨다. 즉, 사울이 가지고 있던 창과 물통은 전쟁 필수품인 것이다.

가 큰일을 할 것이고 반드시 승리할 것이다." 그러고 나서 다윗은 자기 길을 갔고 사울도 자기 궁으로 돌아갔습니다.

27 블레셋에 거하는 다윗 다윗은 속으로 생각했습니다. '이러다가는 머지않아 나는 사울의 손에 죽게 될 것이다. 내가 할 수 있는 최선의 방법은 블레셋 사람들의 땅으로 도망치는 것이다. 그러면 사울이 이스라엘 안에서 나를 찾기를 그만둘 것이고 그렇게 되면 나는 그의 손에서 해방될 것이다.'

2 그리하여 다윗과 600명의 군사들은 길을 떠나 가드 왕 마옥의 아들 아기스에게로 갔습니다. 21:10;23:13;삼하 15:18;왕상 2:39

3 다윗과 그의 군사들은 저마다 자기 가족을 거느리고 가드에서 아기스와 함께 머물렀습니다. 다윗에게는 두 아내가 있었는데 이스르엘의 아히노암과 나발의 아내였던 갈멜 여자 아비가일이었습니다. 25:43

4 사울은 다윗이 가드로 도망쳤다는 이야기를 듣고 더 이상 그를 쫓지 않았습니다.

5 그때 다윗이 아기스에게 말했습니다. "나를 좋게 본다면 지방의 한 성읍 가운데 한 곳을 내게 주어 거기 살게 해 주십시오. 종이 어떻게 당신과 함께 왕의 성에서 살겠습니까?" 창 33:15

6 그러자 아기스는 그날로 다윗에게 시글락을 주었습니다. 그때부터 오늘날까지 시글락은 유다 왕들에게 속하게 됐습니다.

7 다윗은 1년 4개월간 블레셋 영토에서 살았습니다. 29:3

8 여러 침략들 그때 다윗은 군사들과 함께 그술 사람들과 기르스 사람들과 아말렉 사람들을 습격했습니다. 그들은 옛날부터 술과 이집트 땅에 걸쳐 살고 있었습니다.

9 다윗은 그 땅을 공격해 남녀를 가리지 않고 한 사람도 살려 두지 않았습니다. 그러나 그곳에 있는 양과 소와 나귀와 낙타와 옷가지들은 챙겨 두었습니다. 그리고 나서 아기스에게로 돌아갔습니다.

10 아기스는 "오늘은 어디를 습격했느냐?" 하고 물었고 다윗은 "남부 유다와 남부 여라무엘 그리고 겐 사람들의 남부입니다" 하고 대답했습니다. 23:27;30:29;삼하 1:16

11 다윗이 남자나 여자를 살려두어 가드로 데려가지 않고 모두 죽인 것은 "저들이 우리에 대해 '다윗이 사실은 이렇게 했다'고 보고할지 모른다"라는 생각이 들었기 때문이었습니다. 그는 블레셋 영토에서 사는 동안 이런 식으로 행동했습니다.

12 아기스는 다윗을 신뢰해 속으로 '그가 자기 민족 이스라엘에게 미움을 샀으니 이제 영원히 내 종이 될 것이다'라고 생각했습니다.

28 그 무렵 블레셋 사람들은 이스라엘과 싸우기 위해 군대를 소집했습니다. 그러자 아기스가 다윗에게 말했습니다. "너와 네 군사들도 나와 함께 나가 싸워야 한다." 29:1

2 다윗이 말했습니다. "알겠습니다. 그러면

하필 적국 블레셋으로 도망갔을까?

다윗은 사울을 피해 이스라엘의 적국인 블레셋 땅으로 몸을 피했어요. 사울은 다윗을 죽이지 않겠다고 약속했지만 여러 차례에 걸쳐 다윗을 죽이려고 시도했어요(삼상 18:10-11; 19:9-10; 24:1-2; 26:2).

다윗이 이스라엘과 사이가 좋은 모압 땅으로 가지 않고(삼상 22:3-4) 적국인 블레셋으로 간 것은 사울의 (추격을 피할 수 있다고 생각했기) 때문이에요. 왕인 사울이 다윗을 찾아 블레셋 땅으로 들어간다면, 그것은 블레셋과 전쟁을 하겠다는 의미였어요. 사울은 다윗이 블레셋으로 들어갔다는 소식을 듣고 더 이상 다윗을 추격하지 않았어요.

블레셋은 이스라엘과 많은 전쟁을 벌인 나라로 이스라엘이 싫어하고 피하는 이방 민족이었어요. 다윗이 블레셋으로 간 것은 비록 바람직한 일이 아니었지만, 하나님은 여전히 다윗에게 도움의 손길을 내밀었어요.

하나님은 다윗을 돌보신 것과 같이 어려운 일을 많이 당하는 우리를 사랑으로 돌보신답니다.

당신의 종이 할 일을 알려 주십시오." 아기스가 대답했습니다. "좋다. 내가 너를 영원히 내 호위대장 가운데 하나로 삼겠다."

3 신접한 여인을 찾는 사울 그전에 사무엘이 죽었습니다. 온 이스라엘이 그를 위해 애곡하고 그의 고향 라마에 그를 묻었습니다. 그때 사울은 나라 안에서 신접한 사람들과 무당들을 쫓아냈습니다. _{출 22:18,레 19:31}

4 블레셋 사람들이 모여 수넴으로 가서 진을 쳤습니다. 사울도 온 이스라엘을 불러 모아 길보아에 진을 쳤습니다. _{수 19:18}

5 블레셋 군대를 본 사울은 두려워 떨었습니다.

6 사울이 여호와께 여쭈었지만 여호와께서는 꿈으로도, 우림으로도, 예언자들로도 그에게 대답하지 않으셨습니다. _{출 28:30}

7 그래서 사울은 자기 신하들에게 말했습니다. "신이 내린 여자를 찾아 보라. 내가 가서 그 여자에게 물어볼 것이다." 그 신하들이 사울에게 말했습니다. "엔돌에 신이 내린 여자가 있긴 합니다." _{대상 10:13}

8 신접한 여인이 사무엘을 불러냄 사울은 다른 옷으로 변장하고 밤에 두 사람과 함께 그 여자에게로 갔습니다. 사울이 말했습니다. "혼백을 부르는 술법으로 내가 이름을 대는 사람을 불러 올려라." _{신 18:10}

9 그러나 그 여자가 그에게 말했습니다. "너도 사울이 이 땅에서 신이 내린 사람들과 무당들을 끊어 버린 것을 분명히 알고 있지 않느냐? 그런데 어째서 너는 내 생명에 덫을 놓아 죽게 하려는 것이냐?"

10 사울이 여호와의 이름으로 맹세하며 말했습니다. "여호와께서 살아 계심을 두고 맹세하는데 네가 이 일로 벌을 받지 않을 것이다." _{룻 3:13}

11 그러자 그 여자가 물었습니다. "너를 위해 누구를 불러내랴?" 사울이 말했습니다. "사무엘을 불러 다오."

12 사무엘이 올라온 것을 보고 그 여자는 목청껏 소리를 지르며 사울에게 말했습니다. "왜 나를 속였습니까? 당신은 사울이 아닙니까?"

13 왕이 여자에게 말했습니다. "두려워하지 마라. 무엇을 보았느냐?" 여자가 사울에게 말했습니다. "땅에서 올라오는 한 영을 보았습니다."

14 사울이 여자에게 물었습니다. "어떻게 생겼더냐?" 여자가 대답했습니다. "한 노인이 올라오는데 겉옷을 입고 있습니다." 그러자 사울은 그가 사무엘인 것을 알고 얼굴을 땅에 대고 절했습니다. _{15:27}

15 사울의 몰락과 다윗의 등장을 예언 사무엘이 사울에게 말했습니다. "왜 나를 불러내어 귀찮게 하느냐?" 사울이 말했습니다. "내가 너무 답답합니다. 블레셋 사람들이 나를 대항해 전쟁을 일으키고 있는데 하나님께서 나를 떠나셔서 예언자들로도, 꿈으로도 더 이상 내게 대답하지 않으십니다. 그래서 내가 어떻게 해야 할지 알려 달라고 당신을 부른 것입니다." _{16:14}

16 그러자 사무엘이 말했습니다. "왜 내게 묻느냐? 지금 여호와께서 너를 떠나 네 원수가 되지 않으셨느냐?

17 여호와께서는 나를 통해 말씀하셨던 일을

죽은 사람이 정말 나타날 수 있나요?

사무엘이 죽고, 블레셋 사람들 이 전쟁을 위해 수넴에 진을 치자(삼상 28:3-4), 두려움에 떨던 사울은 엔돌에 신 내린 여인을 찾아갔어요(삼상 28:7-8). 신 내린 여인을 통해 한 영이 나타났어요. 사울은 이 영을 사무엘이라고 믿었어요. 정말 죽

은 사무엘이었을까요? 루터나 칼빈같은 많은 학자들은 신 내린 여인을 통해 말하는 이 영이 사무엘이 아니라 사무엘로 가장한 귀신의 영으로 보았어요. 성경은 죽은 사람의 영이 이 세상에 영향을 미치는 것을 인정하지 않기 때문이에요(눅 16:19-31 참조).

그대로 행하셔서 네 손에서 이 나라를 찢어 내어 네 이웃 다윗에게 주셨다. 15:28

18 네가 여호와의 말씀에 순종하지 않고 여호와의 진노를 아말렉 사람들에게 쏟아 붓지 않았기 때문에 여호와께서 오늘 네게 이렇게 하신 것이다. 15:9

19 여호와께서는 이스라엘과 너를 블레셋 사람들의 손에 넘겨주실 것이다. 내일 너와 네 아들들은 나와 함께 있게 될 것이다. 또 여호와께서는 이스라엘의 군대를 블레셋 사람들의 손에 넘겨주실 것이다.

20 두려움과 절망에 빠진 사울 그러자 사울은 땅바닥에 완전히 엎드러졌습니다. 사무엘의 말을 듣고 두려움에 사로잡혔기 때문입니다. 게다가 그는 그날 온종일 아무것도 먹지 못해 기운도 없었습니다.

21 그 여자가 기운이 빠져 벌벌 떨고 있는 사울을 보고 말했습니다. "보십시오, 당신의 여종이 당신께 순종했습니다. 저는 목숨을 걸고 당신이 하라는 대로 했습니다.

22 그러니 제 말을 좀 들어 주십시오, 제가 먹을 것을 차려 드릴 테니 조금 잡수시고 길을 떠날 수 있도록 기운을 내십시오."

23 사울은 거절하며 말했습니다. "아무것도 먹지 않겠다." 그러나 그의 군사들도 여자와 함께 계속 부탁했습니다. 그래서 사울은 그들의 말을 듣고 땅바닥에서 일어나 침대에 앉았습니다.

24 여자는 집에 있는 살진 송아지 한 마리를 단숨에 잡고 밀가루를 가져다가 반죽을 해 누룩 없이 빵을 구워서

25 사울과 그의 군사들 앞에 차려 놓았습니다. 그러자 그들은 그것을 먹고 그 밤으로 일어나 길을 떠났습니다.

29

블레셋 사람들이 다윗을 싫어함 블레셋 사람들은 모든 군대를 아벡에 소집했고 이스라엘 사람들은 이스르엘 샘 곁에 진을 쳤습니다.

2 블레셋 지휘관들은 수백 명씩 수천 명씩 부대를 이루어 행진했고 다윗과 그의 군사들은 아기스와 함께 뒤쪽에서 행진했습니다.

3 블레셋 장군들이 물었습니다. "이 히브리 사람은 뭐 하러 여기 온 것입니까?" 아기스가 대답했습니다. "이 사람은 이스라엘의 왕 사울의 신하였던 다윗이 아니냐? 그가 1년이 넘게 나와 함께 있었는데 그가 사울을 떠난 그날부터 지금까지 나는 이 사람에게서 흠을 잡지 못했다." 단6:5

4 그러나 블레셋 장군들은 화를 내며 말했습니다. "저 사람을 보내 버리십시오, 당신이 그에게 정해 주신 땅으로 돌아가게 해서 우리와 함께 싸움에 나가지 못하게 하십시오. 그렇지 않으면 싸우는 동안 우리에게 덤벼들지 모릅니다. 저 사람이 자기 주인과 무엇으로 화해하겠습니까? 우리 군사들의 머리를 가져가는 것 말고 더 있겠습니까?" 14:21;27:6;30:1

5 이 사람은 저들이 춤추며 서로 '사울이 죽인 사람은 수천 명이요, 다윗

블레셋

블레셋은 '이주자', '외국인'이라는 뜻으로, 함의 자손 중 가슬루힘의 자손들이다(창 10:14). 지중해 크레타 섬으로 추정되는 갑돌에서 이동해(렘 47:4; 암 9:7) 팔레스타인 남부 해안 평원에 정착해 살았다. 그곳은 가사, 아스돗, 아스글론, 가드, 에그론의 다섯 왕이 다스리는 연합 국가로, 다곤과 바알세붑과 아스다롯을 숭배했다(삼상 5:1-12; 31:10; 왕하 1:1-6).

블레셋은 이스라엘 역사에서 오랜 기간 이스라엘과 적대 관계였다. 초기부터 철로 된 무기를 사용했기 때문에(삼상 13:19-22) 가나안 땅의 지배권을 가지고 있었다.

이스라엘은 사무엘 때 블레셋에 언약궤를 빼앗겼으며(삼상 4:11), 블레셋의 끊임없는 위험은 이스라엘 백성이 왕을 요구하게 되는 원인이 되었다(삼상 8:5, 20). 사울과 다윗 왕 때까지 블레셋과 많은 전쟁을 했으나(삼상 14:52; 23:1-5) 이스라엘은 블레셋을 완전히 정복하지 못했다. 그후 솔로몬 왕 때 비로소 블레셋을 다스렸다(왕상 4:21).

혼백(28:8, 魂魄, spirit) 사람 몸에 있으면서 목숨이 붙어 있게 하며 몸이 죽어도 영원히 남아 있다고 생각하는 초자연적인 것. 넋

이 죽인 사람은 수만 명이구나 18:7;21:11
하고 노래했던 바로 그 다윗 아닙니까?"

6 다윗을 시글락으로 보낸 아기스 그러자 아기스가 다윗을 불러 말했습니다. "여호와께서 살아 계심을 두고 맹세하는데 네가 믿을 만했기에 흔쾌히 내 군대에서 섬기도록 해 주었다. 그리고 내게 온 그날부터 지금까지 너는 흠잡을 데가 없었지만 지휘관들이 너를 좋아하지 않는구나. 삼하 3:25

7 그러니 평안히 돌아가 블레셋 지휘관들을 불쾌하게 하는 일이 없도록 하여라."

8 다윗이 물었습니다. "제가 무엇을 어쨌다고 그러십니까? 이날까지 제가 왕과 함께 있는 동안 종을 어떻게 생각하셨기에 내가 내 주인인 왕의 적들과 싸우지 못한단 말씀입니까?"

9 아기스가 대답했습니다. "내가 보기에도 네가 하나님의 천사처럼 내게 잘했음을 안다. 그럼에도 불구하고 블레셋 지휘관들은 '그가 우리와 함께 싸움에 나가서는 안 된다'고 하는구나. 삼하 14:17;20:19;27

10 그러니 너와 함께 온 네 주인의 종들과 함께 아침 일찍 일어나 날이 밝자마자 떠나거라." 대상 12:19,22

11 그리하여 다윗과 그의 군사들은 아침에 일찍 일어나서 블레셋 땅으로 되돌아갔고 블레셋 사람들은 이스르엘로 올라갔습니다.

30

아말렉 사람들이 여인들을 잡아감 다윗과 그 군사들은 3일 만에 시글락에 도착했습니다. 그러나 그때는 이미 아말렉 사람들이 남부와 시글락을 습격한 뒤였습니다. 그들은 시글락을 공격하고 불태웠으며 15:3,7;27:8;29:4,11

2 노소를 불문하고 여자들과 거기 있던 사람들을 포로로 잡아갔습니다. 아무도 죽이지는 않았지만 모두 데리고 가 버린 것이었습니다.

3 다윗과 그의 군사들이 시글락에 도착해서 보니 그곳은 이미 모두 불타 버렸고 그 아내와 아들딸들은 포로로 잡혀간 뒤였습니다.

4 다윗과 그의 군사들은 힘이 다 빠져 더 이상 울지도 못할 정도로 소리 높여 울었습니다.

5 다윗의 두 아내 이스르엘 여인 아히노암과 갈멜 사람 나발의 아내였던 아비가일도 잡혀갔습니다. 25:42-43

6 백성들은 모두 자기 자녀들로 인해 슬픈 나머지 다윗을 돌로 쳐 죽이자고 했습니다. 다윗은 너무나 괴로웠습니다. 그러나 다윗은 그의 하나님 여호와를 의지해 용기를 냈습니다. 출 17:4;민 14:10

7 다윗은 아히멜렉의 아들인 제사장 아비아달에게 말했습니다. "내게 에봇을 가져다주시오." 아비아달이 에봇을 가져오자

8 다윗은 여호와께 여쭈어 보았습니다. "제가 저 약탈자들을 쫓아가야 합니까? 제가 그들을 따라잡겠습니까?" 여호와께서 대답하셨습니다. "저들을 쫓아가거라. 네가 그들을 따라잡아 반드시 모두 구해 낼 것이다." 22:10;대상 12:21

9 여인들을 다시 찾아옴 그리하여 다윗과 함께 있던 600명의 군사들은 일어나 브솔 골짜기에 도착해서 일부는 거기에 남아 있었고

10 다윗과 400명의 군사들만 계속 뒤쫓아 갔습니다. 나머지 200명의 군사들은 너무 지쳐 있었기 때문에 브솔 골짜기를 건널 수 없어서 뒤처져 남아 있게 된 것입니다.

11 그들은 들판에서 한 이집트 사람을 발견해 다윗에게 데려왔습니다. 그들은 그 사람에게 먹을 것과 마실 것을 주었습니다.

12 그 사람은 무화과 빵 한 조각과 건포도 두 송이를 먹고 정신이 들었습니다. 그는 3일 밤낮으로 먹지도 마시지도 못했던 것입니다. 삿 15:19;삼상 14:29

13 다윗이 그에게 말했습니다. "너는 누구 소속이냐? 어디에서 왔느냐?" 그가 말했습니다. "저는 이집트 사람입니다. 아말렉 사람의 종이었지요. 3일 전 제가 병이 나자 주인이 저를 버렸습니다.

14 우리는 그렛 사람들의 남부 지역과 유다에

속한 영토와 갈렙의 남부 지역을 습격하고
시글락을 불태웠습니다." 왕상 1:38,44
15 다윗이 그에게 물었습니다. "우리를 그 군
대가 있는 곳으로 인도할 수 있겠느냐?"
그가 대답했습니다. "당신이 나를 죽이거
나 내 주인에게 넘기지 않겠다고 하나님
앞에서 내게 맹세해 주십시오. 그러면 그
들에게 인도해 드리겠습니다."
16 이렇게 해서 그는 다윗을 인도했고 과연
거기에는 그들이 있었습니다. 그들은 온
땅에 흩어져 블레셋과 유다 땅에서 빼앗은
것들을 갖고 먹고 마시고 즐기며 춤추고
있었습니다.
17 다윗은 해 질 무렵부터 다음 날 저녁때
까지 그들을 물리쳤습니다. 그들 가운데
400명의 젊은이들이 낙타를 타고 도망친
것 외에는 피한 사람이 없었습니다.
18 다윗은 아말렉 사람들이 훔쳐간 모든 것을
되찾고 자신의 두 아내도 구해 냈습니다.
19 나이가 적든 많든, 남자아이든 여자아이
든, 물건이든 그들에게 빼앗겼던 것들 가
운데 아무것도 잃은 것이 없었습니다. 다
윗이 다 되찾아 온 것입니다.
20 그는 소 떼와 양 떼를 모두 가져왔고 그의
군사들은 다른 가축들을 몰고 오면서 "다
윗이 빼앗은 것들이다"라고 외쳤습니다.
21 **노략물 분배에 관한 규례** 그러고 나서 다윗
은 너무 지쳐서 따라갈 수 없어 브솔 골짜
기에 남아 있던 200명의 군사들에게로 돌
아왔습니다. 그들은 다윗과 그와 함께 있
던 사람들을 맞으러 나왔고 다윗은 백성
들에게 다가와 인사했습니다. 삿 18:15
22 그러나 다윗과 함께 갔던 사람들 가운데
악하고 야비한 사람들이 말했습니다. "저
들은 우리와 함께 가지 않았기 때문에 우
리가 되찾은 이 빼앗은 물건들을 나눠 줄
수 없다. 그냥 자기 아내와 아이들만 데리
고 돌아가게 하여라." 신 13:13
23 그러나 다윗이 대답했습니다. "내 형제들
아, 그렇지 않다. 여호와께서 우리를 보호하
셔서 우리를 치러 온 군대를 우리 손에 넘겨

Bible basics 사무엘 속 예수님 이야기

사무엘

사무엘상 7장은 예언자, 제사장, 사사인 사무엘의 다양한 모습을 보여 준다. 사무엘은 예언자로서, 하나님을 사모하는 이스라엘 백성들에게 이방신을 버리고 하나님만을 섬기라고 선포했다(삼상 7:3). 또 제사장으로서, 미스바에 모인 이스라엘 백성을 위해 하나님께 죄를 고백하고 중보 기도를 했다(삼상 7:5). 또 사사로서, 블레셋의 침략의 위기에서 하나님께 부르짖어 이스라엘을 구원했으며 벧엘, 길갈, 미스바를 순회하며 이스라엘을 다스렸다(삼상 7:9, 15-17). 이러한 예언자, 제사장, 사사의 역할을 감당한 사무엘의 모습은 장차 오실 예수 그리스도의 사역을 잘 보여 준다.

주셨다. 그러므로 이 모든 것은 여호와께서
주신 것이니 그렇게 생각하면 안 된다.
24 너희가 하는 말을 누가 듣겠느냐? 싸움에
나갔던 사람의 몫이 있듯이 남아서 물건
을 지키던 사람도 그 몫이 있는 것이니 모
두가 똑같이 나눠야 한다." 민 31:27;수 22:8
25 다윗은 그날부터 지금까지 이것을 이스라
엘의 규례와 법도로 삼았습니다.
26 **탈취물을 나눔** 다윗이 시글락에 도착하자
빼앗은 물건을 친구들인 유다의 장로들에
게 조금씩 보내며 말했습니다. "여호와의
원수들에게서 빼앗은 물건들을 여러분에
게 선물로 보냅니다." 25:27
27 다윗은 또한 벧엘에 있는 사람들, 남방 라
못에 있는 사람들, 얏딜에 있는 사람들,
28 아로엘에 있는 사람들, 십못에 있는 사람
들, 에스드모아에 있는 사람들, 수 13:16
29 라갈에 있는 사람들, 여라므엘 사람들의
성에 있는 사람들, 겐 사람들의 성에 있는
사람들, 27:10;삿 1:16
30 홀마에 있는 사람들, 고라 산에 있는 사람

들, 아다에 있는 사람들, 삿 1:17

31 헤브론에 있는 사람들, 다윗과 그의 군사들이 다녀갔던 다른 모든 곳에 있는 사람들에게도 선물을 보냈습니다. 수 14:13-15

31 사울과 요나단이 죽음 블레셋 사람들은 이스라엘을 쳤습니다. 이스라엘 사람들은 그들 앞에서 도망치다가 길보아 산에서 쓰러져 죽었습니다.

2 블레셋 사람들은 사울과 그 아들들을 끝까지 쫓아가 그의 아들 요나단과 아비나답과 말기수아를 죽였습니다. 14:49대상 8:33

3 싸움은 점점 사울에게 불리해졌습니다. 활 쏘는 사람들이 사울을 따라가 그에게 치명적인 상처를 입혔습니다. 삼하 1:6

4 사울이 자기 무기를 든 사람에게 말했습니다. "네 칼을 뽑아 나를 찔러라. 그러지 않으면 저 할례 받지 않은 사람들이 와서 나를 찌르고 모욕할까 두렵구나." 그러나 무기를 든 사람은 너무나 두려워 감히 그렇게 하지 못했습니다. 그러자 사울은 자기 칼을 빼고 그 위에 엎드러졌습니다.

5 무기를 든 사람은 사울이 죽은 것을 보고는 그도 자기 칼 위에 엎드러져 사울과 함께 죽었습니다.

6 이렇게 해서 사울과 그의 세 아들과 그의 무기를 든 사람과 그의 모든 군사들은 그 날 함께 죽었습니다.

7 그 골짜기 건너편에 있던 이스라엘 사람들과 요단 강 건너편에 있던 사람들은 이스라엘 군대가 흩어져 도망치는 것과 사울과 그 아들들이 죽은 것을 보고 성들을 버리고 달아났습니다. 그러자 블레셋 사람들이 와서 그 성들을 차지했습니다.

8 다음 날 블레셋 사람들은 시체들의 옷을 벗기러 왔다가 사울과 그의 세 아들들이 길보아 산에 쓰러져 죽어 있는 것을 보았습니다.

9 그들은 그 목을 자르고 갑옷을 벗기고는 블레셋 땅 전역에 소식을 보내 자기들의 우상의 신전과 백성들에게 이 소식을 전했습니다. 삿 16:23-24삼하 1:20

10 그들은 아스다롯 신전에 사울의 갑옷을 가져다 두고 벧산 성벽에 사울의 시체를 매달았습니다. 삿 2:13

11 시체를 장사할 길르앗 야베스 백성들은 블레셋 사람들이 사울에게 한 짓에 대해 듣고

12 모든 용사들이 일어나 밤새도록 달려 벧산으로 갔습니다. 그들은 사울과 그 아들들의 시신을 벧산 성벽에서 내려다가 야베스로 가져와서 불태웠습니다. 삼하 2:4-7

13 그리고 그 뼈를 추려 야베스 에셀 나무 아래 묻고 7일 동안 금식했습니다. 창 50:10

사무엘하

사무엘하는 이스라엘의 두 번째 왕, 믿음의 사람 다윗의 통치를 자세히 보여 줍니다. 하나님은 다윗을 통해 이스라엘을 번성하게 해주시고 다윗 왕가의 번영도 약속해 주십니다.

사무엘하는 다윗의 성공과 함께 실패도 숨기지 않고 기록하고 있어요. 죄를 지은 다윗이 나단의 지적을 받아 회개하고 용서도 받지만 죄의 대가로 무서운 벌은 받는답니다.

하지만 여전히 하나님은 다윗을 사랑하시고 함께하시며 다윗 왕조를 세워 주겠다는 약속을 이루어 주시는 것도 볼 수 있어요.

사무엘하는 무슨 뜻인가요?

사무엘은 '내가 여호와께 그를 구하였다'는 뜻이에요. 사무엘하는 선지자 사무엘의 이름을 따온 거예요.

사무엘상하는 원래 한 권이었는데 히브리 성경을 그리스어로 번역한 70인 번역자들이 두 권으로 나누었어요.

누가 썼나요?

누가 썼는지 알 수 없어요.

언제 썼나요?

분열 왕국 직후부터 사마리아 멸망 사이인 BC 930~722년경

중요한 사람들은?

다윗
이스라엘 2대 왕,
믿음의 사람

므비보셋
요나단의 아들, 다리에 장애를 가짐,
다윗의 궁에서 지냄

요압
이스라엘의 군대장관,
다윗의 명령을 어기고
압살롬을 죽임

밧세바
우리아의 아내,
나중에 다윗의 부인이 됨

압살롬
다윗의 셋째 아들,
왕이 되기 위해 반역을 꾀함

솔로몬
다윗과 밧세바 사이에서
태어난 아들

나단
선지자,
다윗의 은밀한 죄를 밝혀
회개하게 함

한눈에 보는 사무엘하

1-5장 다윗 통치 초기

10-20장 다윗 통치의 실패

6-9장 다윗 통치와 왕권 확립

21-24장 다윗 통치의 평가

사무엘하
2 Samuel

1 다윗이 사울의 죽음을 전해 들음 사울이 죽고 난 뒤 다윗은 아말렉 사람들을 물리치고 돌아와 시글락에서 2일째 머무르고 있었습니다. _{삼상 30:17-20}

2 3일째 되는 날 사울의 진영에서 어떤 사람이 왔는데 그의 옷은 찢어지고 머리에는 먼지를 뒤집어쓰고 있었습니다. 그는 다윗에게 와서 땅에 엎드려 절을 했습니다.

3 다윗이 그에게 물었습니다. "네가 어디서 오는 길이냐?" 그가 대답했습니다. "저는 이스라엘 진영에서 도망쳐 나왔습니다."

4 다윗이 물었습니다. "무슨 일이 있었던 것이냐? 어서 말해 봐라." 그가 대답했습니다. "사람들이 싸움터에서 도망쳤는데 그 가운데 많은 사람들이 쓰러져 죽었습니다. 사울과 그 아들 요나단도 죽었습니다."

5 다윗은 소식을 전한 그 젊은이에게 말했습니다. "사울과 그 아들 요나단이 죽었다는 것을 네가 어떻게 아느냐?"

6 그 젊은이가 말했습니다. "제가 우연히 길보아 산에 올라갔는데 거기에서 사울이 자기 창에 기대어 있고 전차와 기마병들이 그를 바짝 쫓고 있었습니다. _{삼상 31:1-4}

7 그런데 사울이 뒤돌아 저를 보시며 부르시기에 제가 '여기 있습니다' 하고 말했습니다.

8 그랬더니 저더러 누구냐고 물어보아서 아말렉 사람이라고 대답했습니다.

9 그러자 그가 제게 '내 옆으로 와서 나를 죽여 다오. 내게 아직 목숨이 붙어 있어서 고통스럽구나' 하셨습니다. _{삿 9:54}

10 제가 보니 그가 이미 엎드러진 뒤라 살아날 가망이 없어 보여서 다가가서 그를 죽였습니다. 그리고 그 머리에 있던 왕관과 팔에 있던 팔찌를 벗겨 이렇게 내 주께 가져왔습니다. _{민 11:12}

11 그러자 다윗은 자기 옷을 잡아 찢었습니다. 그와 함께 있던 모든 사람들도 자기 옷을 찢었습니다. _{3:31;13:31;수 7:6}

12 그리고 사울과 그의 아들 요나단과 여호와의 백성들과 이스라엘의 집이 칼에 쓰러진 것으로 인해 저녁때까지 슬피 울며 금식했습니다. _{3:35}

13 소식 전한 자를 죽임 다윗이 그 소식을 전한 젊은이에게 물었습니다. "너는 어디 출신이냐?" 그가 대답했습니다. "저는 외국 사람 아말렉의 아들입니다."

14 다윗이 그에게 말했습니다. "네가 어떻게 감히 네 손으로 여호와께서 기름 부으신 사람을 죽이는 것을 두려워하지 않았느냐?"

15 그러고는 다윗이 자기 부하 가운데 하나를 불러 "가까이 가서 저 사람을 죽여라" 하고 명령했습니다. 그가 그 젊은이를 치자 그 자리에서 죽었습니다. _{4:10}

16 다윗이 그에게 이렇게 말했습니다. "네 피

가 네 머리에 있을 것이다. 네가 네 입으로 '내가 여호와께서 기름 부으신 사람을 죽였다고 스스로 죄를 시인했다.'

17 다윗의 애가 ─ 다윗은 사울과 그의 아들 요나단을 생각하며 이 노래로 슬퍼하고 · 3:33

18 유다 사람들에게 이 '활의 노래'를 가르치라고 명령했습니다. 이것은 야살의 책에 기록되어 있습니다. · 수 10:13

19 "이스라엘아, 너희 지도자들이 네 산 위에서 죽임을 당했다. 용사들이 쓰러져 버렸구나. · 25,27절

20 이 일을 가드에도 말하지 말고 아스글론 거리에서도 전하지 말라. 블레셋의 딸들이 즐거워할지 모른다. 할례 받지 않은 사람들의 딸들이 기뻐할지 모른다.

21 길보아 산들아, 이제 네게 이슬과 비를 내리지 않고 제물을 낼 밭도 없을 것이다. 그곳에 용사들의 방패가 버려져 있구나. 사울의 방패는 기름칠도 않은 채 버려져 있구나.

22 죽임을 당한 사람들의 피에서, 용사들의 기름에서 요나단의 활은 결코 되돌아오지 않았고 사울의 칼은 그냥 돌아오지 않았다. · 삼상 18:4

23 사울과 요나단은 그들이 살아서도 다정하고 좋아하더니 죽어서도 헤어지지 않는구나. 그들은 독수리보다 빨랐고 사자보다 강했다. · 삼상 14:18;렘 4:13;합 1:8

24 이스라엘의 딸들아, 사울을 위해 울라. 그는 너희를 자줏빛 좋은 옷으로 입혔

고 너희 겉옷을 금장식으로 꾸며 주지 않았느냐? · 겔 16:11

25 두 용사들이 저 전장에 쓰러졌구나. 요나단이 산 위에서 죽임당했구나. · 19절

26 내 형제 요나단이여, 내가 그대를 두고 슬퍼하니 그대는 내게 진정한 친구였기 때문이오. 나를 향한 그대의 사랑은 여인의 사랑보다 더욱 큰 것이었소.

27 용사들이 쓰러졌구나. 전쟁의 무기들도 사라졌구나."

2

유다 왕 다윗 ─ 그 후에 다윗이 여호와께 여쭈었습니다. "제가 유다의 성읍으로 올라가도 되겠습니까?" 여호와께서 말씀하셨습니다. "올라가라." 다윗이 다시 여쭈었습니다. "어디로 올라가야겠습니까?" 여호와께서 대답하셨습니다. "헤브론으로 가라." · 수 14:13;삼상 22:10

2 그리하여 다윗은 그곳으로 올라갔습니다. 두 아내 이스르엘 여인 아히노암과 갈멜 사람 나발의 아내였던 아비가일도 함께 갔습니다. · 삼상 25:42-43

3 다윗은 그와 함께 있던 부하들도 그들의 가족들과 함께 가서 헤브론의 여러 성들에 정착하게 했습니다. · 삼상 27:2-3;30:1;대상 12:1-22

4 그때 유다 사람들이 와서 거기서 다윗에게 기름 붓고 그를 유다의 집을 다스릴 왕으로 삼았습니다. 다윗은 사울을 장사 지낸 사람들이 길르앗 야베스 사람들이라는 말을 듣고는 · 5:5;삼상 31:11-13

5 길르앗 야베스 사람들에게 친절을 베푼 심부름

서 세 아들과 함께 죽었다는 소식을 들었을 때 다윗의 기분이 어땠을까요?

다윗은 기뻐하기는커녕 눈물을 흘리며 슬퍼했어요(삼하 1:19-27). 그는 왕으로서 사울이 행했던 선행만을 찬양했어요. 다윗은 사울의 죽음을 개인적인 복수가 아닌 여호와께 기름 부음 받은 이스라엘 왕의 죽음으로 받아들인 거예요.

지금 나를 괴롭히는 사람이 있나요? 친구나 가족이나 선배나 후배 중에 내 마음을 아프게 하고 눈물 흘리게 하는 사람이 있나요? 지금 그 사

람들을 위해 기도해 봐요. 생각만 해도 복수하고 싶지만, 다른 사람을 괴롭힐 수밖에 없는 그 사람을 불쌍하게 생각하세요. 십자가에 달리실 때 자기를 못 박는 사람들을 용서해 달라고 기도하신 예수님처럼요!(눅 23:34)

깊이 읽기 마태복음 5장 44절을 읽으세요.

야살의 책(1:18, Book of Jashar) 다윗과 솔로몬 시대 때 역사의 주요 사건에 대해 시를 모아 편집해 놓은 책. 현재는 전해지지 않는다.

꾼들을 길르앗 야베스 사람들에게 보내 말했습니다. "너희가 너희 주인 사울을 묻어 주어 호의를 베풀었으니 여호와께서 너희에게 복을 주실 것이다.

룻 2:20

6 여호와께서 너희에게 은혜와 진리를 베푸시기를 빌고 나 또한 너희가 그런 일을 한 것에 대해 그만큼의 보상을 해 줄 것이다.

7 그러니 힘을 내고 용기를 가지라. 너희 주인 사울이 죽었고 유다의 집안은 내게 기름 부어 왕으로 삼았다."

8 이스라엘 왕 이스보셋 한편 사울의 군대 사령관이었던 넬의 아들 아브넬은 사울의 아들 이스보셋을 데리고 마하나임으로 건너 갔습니다.

수 13:26;삼상 14:50

9 그는 이스보셋을 길르앗과 아술과 이스르엘과 에브라임과 베냐민과 온 이스라엘을 다스릴 왕으로 삼았습니다.

10 사울의 아들 이스보셋은 40세에 왕이 돼 2년 동안 이스라엘을 다스렸습니다. 그러나 유다 집안은 다윗을 따랐습니다.

11 다윗의 통치 기간 다윗이 헤브론에서 유다 집안을 다스리는 왕으로 있었던 기간은 7년 6개월이었습니다.

5:5;왕상 2:11

아브넬

'아버지는 등불'이라는 이름의 뜻이 있다. 사울의 삼촌인 넬의 아들로 사울의 아들 이스보셋을 왕으로 세웠다. 사울과 이스보셋 왕 때 군 사령관을 지냈다. 이스보셋이 아브넬에게 사울왕의 첩과 동침한 것을 꾸짖자 이스보셋을 배반하고 다윗 정권에 귀순했다. 다윗의 군사들과 기브온 근처에서 후퇴하던 중 자신을 추격해 온 아사헬을 죽였고, 이 때문에 요압에게 죽임당했다. 다윗은 이런 아브넬의 죽음에 대해 애석하게 여겨 애가를 지어 불렀으며, 백성들도 슬퍼했다.

아브넬이 나오는 말씀
>> 삼상 14:50-51;
삼하 2-3장

12 내전의 발발 넬의 아들 아브넬과 사울의 아들 이스보셋의 신하들은 마하나임을 떠나 기브온으로 갔습니다.

13 스루야의 아들 요압과 다윗의 부하들도 나가 기브온 못에서 그들과 마주쳤습니다. 한쪽은 못 이쪽에, 다른 한쪽은 못 저쪽에 자리 잡았습니다.

렘 41:12

14 그때 아브넬이 요압에게 제안했습니다. "청년들을 뽑아 우리 앞에서 겨루게 하자." 그러자 요압도 "좋다. 청년들을 세워 그렇게 해 보자"하고 대답했습니다.

15 그리하여 젊은이들이 일어나 정해진 수대로 나갔습니다. 베냐민, 곧 사울의 아들 이스보셋 쪽에서 12명이 나갔고 다윗의 부하들 가운데서 12명이 나갔습니다.

16 그들은 서로 자기 적수의 머리를 잡고 칼로 그 적수의 옆구리를 찔렀습니다. 그러자 그들은 함께 쓰러졌습니다. 그래서 기브온에 있는 그곳을 헬갓 핫수림이라고 부르게 됐습니다.

17 그날의 싸움은 매우 치열했습니다. 결국 아브넬과 이스라엘 군사들이 다윗의 부하들에게 지고 말았습니다.

18 아브넬이 아사헬을 죽임 스루야의 세 아들 요압과 아비새와 아사헬이 거기 있었는데 아사헬은 들노루같이 발이 빠른 사람이었습니다.

대상 2:16;12:8;삼 18:33;삼 2:17;8:14;삼 3:19

19 아사헬이 아브넬을 좇아갔는데 그는 좌우로 한눈 한 번 팔지 않고 그를 따라갔습니다.

20 아브넬이 뒤를 돌아보고 말했습니다. "아사헬아, 너로구나?" 아사헬이 대답했습니다. "그래, 나다."

21 그러자 아브넬이 그에게 "너는 좌우를 돌아보아 젊은 녀석을 하나 잡아 무기를 빼앗아라"하고 말했습니다. 그러나 아사헬은 옆을 보지 않고 계속 그에게 따라붙었습니다.

22 아브넬이 다시 아사헬에게 경고했습니다. "나를 좇지 말고 돌아가라. 내가 너를 쳐서 땅에 쓰러뜨리게 할 이유가 무엇이냐?

그러면 내가 네 형 요압의 얼굴을 어떻게 보겠느냐?"

23 그래도 아사헬이 물러가지 않자 아브넬은 창끝으로 아사헬의 배를 찔렀습니다. 창은 그의 등을 꿰뚫었고 그는 거기 쓰러져 그 자리에서 죽었습니다. 그러자 모두가 아사헬이 쓰러져 죽은 곳에 이르러 멈추어 섰습니다.   3:27;4:6;20:10

24 요압이 아브넬 쫓기를 멈춤 그러나 요압과 아비새는 아브넬을 계속 뒤쫓았습니다. 그들이 기브온 황무지로 가는 길가에 있는 기아 맞은편 암마 산에 다다르자 날이 저물었습니다.

25 베냐민족 군사들은 아브넬 뒤를 에워싸고 무리를 지어 산꼭대기에 섰습니다.

26 아브넬이 큰 소리로 요압에게 말했습니다. "언제까지 그 칼이 사람을 집어삼켜야 하겠느냐? 이 일이 결국 고통으로 끝나리라는 것을 알지 못하느냐? 네가 언제쯤 네 부하들에게 형제들을 쫓지 말라고 명령하겠느냐?"

27 요압이 대답했습니다. "하나님께서 살아 계심을 두고 맹세하는데 네가 이 말을 하지 않았다면 내 군대가 내일 아침까지 형제들을 쫓았을 것이다."   잠 17:14

28 요압이 나팔을 불자 모든 군사들이 다 멈추어 서서 더 이상 이스라엘을 쫓지 않았고 싸우지도 않았습니다.

29 아브넬과 그의 군사들은 그날 밤 내내 행군해 아라바를 지나 요단 강을 건넜고 계속해 비드론 지역을 지나 마하나임으로 갔습니다.   신 1:1;수 13:26

30 아사헬을 장사 지냄 그때 요압이 아브넬을 쫓던 길에서 돌이켜 군사들을 모아 보니 다윗의 부하들 가운데 19명과 아사헬이 없어졌습니다.

31 그러나 다윗의 부하들이 죽인 베냐민과 아브넬의 군사들은 360명이었습니다.

32 그들은 아사헬을 베들레헴에 있는 그 아버지의 무덤에 묻어 주었습니다. 그러고 나서 요압과 그의 군사들은 밤새 행군해 동

틀 무렵 헤브론에 닿았습니다.

3 헤브론에서 낳은 다윗의 아들들 사울의 집안과 다윗의 집안 사이의 싸움은 오랫동안 계속됐습니다. 다윗 집안은 점점 더 강해졌고 사울 집안은 점점 더 약해졌습니다.

2 헤브론에서 다윗이 낳은 아들들은 이렇습니다. 그의 맏아들은 이스르엘 여인 아히노암이 낳은 암논이고   삼상 25:42-43;27:8;대상 3:1-4

3 둘째는 갈멜 사람 나발의 아내였던 아비가일이 낳은 길르압이고 셋째는 그술 왕 달매의 딸 마아가 낳은 압살롬이고

4 넷째는 학깃의 아들 아도니야이고 다섯째는 아비달의 아들 스바댜이고   왕상 1:5

5 여섯째는 다윗의 아내 에글라가 낳은 이드르암입니다. 이들은 다윗이 헤브론에 있을 때 낳은 아들들입니다.

6 이스보셋이 아브넬에게 화를 냄 사울의 집안과 다윗의 집안 사이에 싸움이 있는 동안 아브넬은 사울의 집안에서 자신의 세력을 키워 가고 있었습니다.

7 사울에게 첩이 있었는데 그 이름은 리스바이고 아야의 딸입니다. 이스보셋이 아브넬에게 말했습니다. "어떻게 내 아버지의 첩과 잠자리를 같이할 수 있소?"

8 그러자 아브넬은 이스보셋의 말에 몹시 화를 내며 대답했습니다. "내가 유다의 개의 머리인 줄 압니까? 오늘까지 나는 당신 아버지 사울의 집안과 그 형제들과 친구들에게 충성을 다했고 당신을 다윗에게 넘겨주지 않았습니다. 그런데 오늘 이 여자 때문에 나를 비난하다니

9 이제 나는 여호와께서 다윗에게 약속하신 그 뜻대로 행할 생각입니다. 내가 그렇게 하지 않는다면 하나님께서 이 아브넬에게 심한 벌을 내리고 또 내리셔도 좋습니다.

10 여호와께서는 이 나라를 사울의 집안으로부터 옮겨 단에서부터 브엘세바에 이르기까지 이스라엘과 유다 위에 다윗의 보좌를 세우실 것입니다."   삿 20:1;삼상 3:20;왕상 4:25

11 이스보셋은 아브넬이 두려워 더 이상 대꾸

하지 못했습니다.

12 아브넬이 조약을 제안함 아브넬은 곧 심부름 꾼들을 다윗에게 보내 말했습니다. "이 땅이 누구의 것입니까? 나와 조약을 맺읍시다. 내가 당신을 도와 온 이스라엘을 당신에게 돌려 드리겠습니다."

13 다윗이 말했습니다. "좋다. 내가 너와 조약을 맺겠다. 그러나 조건이 하나 있다. 네가 나를 보러 올 때 사울의 딸 미갈을 먼저 데려오지 않고서는 내 얼굴을 보지 못할 것이다." <small>창 43:3:삼상 14:49</small>

14 다윗 미갈을 데려옴 그러고 나서 다윗은 사울의 아들 이스보셋에게 심부름꾼들을 보내 이렇게 말했습니다. "내 아내 미갈을 주시오. 그녀는 내가 블레셋 사람 100명의 포피를 대가로 바치고 결혼했던 사람이오."

15 그러자 이스보셋은 사람을 보내 미갈을 라이스의 아들인 남편 발디엘에게서 데려왔습니다.

16 남편은 바후림까지 울며 아내를 따라왔지만 아브넬이 그에게 "그만 집으로 돌아가라"고 말하자 그는 되돌아갔습니다.

17 아브넬이 연합을 준비함 아브넬이 이스라엘 장로들과 상의했습니다. "당신들은 전부터 다윗을 왕으로 삼기를 원했습니다.

18 여호와께서는 이미 오래전부터 다윗에게 '내 종 다윗의 손으로 내가 내 백성 이스라엘을 블레셋 사람들의 손과 그 모든 원수들의 손에서 구해 낼 것이다' 하고 약속하셨으니 이제 그렇게 하십시오." <small>9절</small>

19 아브넬은 베냐민 사람들에게도 그렇게 말했습니다. 그러고 나서 그는 이스라엘과 베냐민 온 집안이 좋게 생각한다는 것을 다윗에게 전하기 위해 헤브론으로 떠났습니다.

20 아브넬과 다윗이 만남 아브넬이 그의 부하 20명과 함께 헤브론에 있는 다윗에게 가니 다윗은 아브넬과 그의 부하들을 위해 잔치를 베풀어 주었습니다.

21 아브넬이 다윗에게 말했습니다. "내가 일어나 당장 가서 내 주인 왕을 위해 온 이스라엘을 불러 모아 왕과 조약을 맺도록 하겠습니다. 그러면 왕이 원하시는 대로 모두 다스리실 수 있을 것입니다." 그러자 다윗은 아브넬을 보내 주었고 그는 평안히 돌아갔습니다. <small>왕상 11:37</small>

22 요압의 복수 바로 그즈음 전장에 나갔던 다윗의 부하들과 요압이 적을 무찌르고 많은 전리품을 갖고 돌아왔습니다. 그때 아브넬은 이미 헤브론의 다윗 곁을 떠난 뒤였습니다. 다윗이 그를 보내 평안히 가게 된 것이었습니다.

23 요압과 그의 군사들이 도착해서는 넬의 아들 아브넬이 왕께 왔다가 왕이 보내 주어 그가 아무 탈 없이 돌아갔다는 이야기를 들었습니다.

24 그러자 요압이 왕께 가서 말했습니다. "어떻게 그러실 수 있습니까? 보십시오, 아브넬이 왕께 왔는데 왜 그냥 보내셨습니까?

25 넬의 아들 아브넬은 왕을 속여 동태를 살피고 왕이 하시는 모든 일을 엿보려고 온 것입니다."

26 요압은 다윗에게서 물러나와 심부름꾼들

을 보내 아브넬을 뒤쫓게 했습니다. 그들은 시라 우물에서 아브넬을 데리고 왔습니다. 그러나 다윗은 그 사실을 모르고 있었습니다.

27 아브넬이 헤브론으로 돌아오자 요압은 마치 조용히 이야기하려는 듯 아브넬을 성문으로 데려가 그의 배를 찔러 죽였습니다. 이는 자기 동생 아사헬의 피에 대해 복수를 한 것이었습니다. 2:23;20:9-10;왕상 2:5,32

28 다윗이 노하고 슬퍼한 그 후에 다윗이 그 소식을 듣고 말했습니다. "넬의 아들 아브넬의 피에 대해 나와 내 나라와 나는 여호와 앞에서 영원히 죄가 없다.

29 그 피는 요압의 머리와 그 아버지의 온 집안에 돌아갈 것이다. 요압의 집안에는 성병 환자나 나병 환자나 지팡이에 의지할 사람이나 칼로 쓰러지는 사람이나 먹을 것이 없는 사람이 사라지지 않을 것이다."

30 요압과 그 동생 아비새가 아브넬을 암살한 것은 그가 기브온 전투에서 그들의 동생 아사헬을 죽였기 때문이었습니다.

31 그때 다윗이 요압과 자기와 함께 있던 모든 백성들에게 말했습니다. "너희는 옷을 찢고 굵은베 옷을 입고 아브넬을 위해 슬퍼하라." 다윗 왕은 직접 상여를 따라갔습니다.

32 그들은 아브넬을 헤브론에 장사 지냈습니다. 왕이 아브넬의 무덤 앞에서 큰 소리로 울자 모든 백성들도 따라 울었습니다.

33 다윗 왕은 아브넬을 위해 이런 슬픈 노래를 지어 불렀습니다.
"아브넬이 어째서 어리석은 사람처럼 죽어야 했는가? 1:17;13:12-13;대하 35:25;전 2:16

34 네 두 손이 묶이지 않았고 네 두 발이 쇠고랑에 매이지 않았는데 네가 악한 사람들 앞에 잡혀 죽듯이 그렇게 쓰러져 버렸구나."
그러자 온 백성들이 다시 그를 생각하며 울었습니다.

35 그때 온 백성들이 나와서 다윗에게 아직 낮이니 음식을 먹으라고 권했습니다. 그러나 다윗은 맹세하며 말했습니다. "만약

내가 해 지기 전에 빵이든지 뭐든지 입에 댄다면 하나님께서 내게 심한 벌을 내리고 또 내리셔도 좋다. 1:12;12:17;롯 1:17

36 백성들은 그것을 보고 모두 좋게 여겼습니다. 그들은 왕이 하는 일마다 모두 좋게 여겼습니다.

37 그제야 비로소 모든 백성들과 온 이스라엘은 왕이 넬의 아들 아브넬을 죽일 의도가 없었음을 확실히 알게 됐습니다.

38 그때 왕이 자기 부하들에게 말했습니다. "오늘 이스라엘에 위대한 사람이 죽지 않았느냐?

39 비록 내가 기름 부음 받은 왕이지만 나는 이렇게 약하고 스루야의 아들들은 내가 제어하기에 너무 힘겹구나. 여호와께서 악을 행한 사람에게 그 악에 따라 갚아 주시길 바랄 뿐이다." 16:10;19:22;시 28:4;딤후 4:14

4

바아나와 레갑 사울의 아들 이스보셋은 아브넬이 헤브론에서 죽었다는 소식을 듣고는 겁을 먹었습니다. 온 이스라엘도 깜짝 놀랐습니다.

2 그때 사울의 아들에게는 두 명의 대장이 있었는데 한 사람의 이름은 바아나이고 다른 하나는 레갑입니다. 그들은 베냐민 지파 브에롯 사람 림몬의 아들들입니다. 브에롯은 베냐민 지파에 속했는데 수 18:25

3 그것은 브에롯 사람들이 깃다임으로 도망쳐 오늘까지 거기서 외국 사람으로 살고 있기 때문이었습니다. 삼상 31:7;느 11:33

4 **절름발이 므비보셋** 사울의 아들 요나단에게는 절름발이 아들이 하나 있는데 그의 이름은 므비보셋입니다. 사울과 요나단의 사망 소식이 이스르엘로부터 전해진 것은 므비보셋이 다섯 살 때였는데 그때 유모가 그를 안고 너무 급하게 서두르는 바람에 그 아이를 떨어뜨려 그 아이가 절게 됐습니다. 삼상 29:1,11

5 **이스보셋이 살해됨** 브에롯 사람 림몬의 아들인 레갑과 바아나는 길을 떠나 한낮에 해가 쨍쨍할 때 이스보셋의 집에 도착했습니다. 그때 이스보셋은 침대에 누워 낮잠을

자고 있었습니다.

6 레갑과 바아나 형제는 마치 밀을 얻으러 온 체하고 곧장 집 안으로 들어와서 이스보셋의 배를 칼로 찌르고 그 길로 도망쳐 버렸습니다. 2:23

7 그들이 집 안에 들어갔을 때 이스보셋은 침실의 침대에 누워 있었습니다. 그래서 그들은 이스보셋을 칼로 쳐 죽여 목을 베었고 그것을 들고 밤새 아라바로 도망친 것입니다. 2:29;신 1:1

8 그들은 헤브론에 있는 다윗에게 이스보셋의 머리를 바치며 말했습니다. "왕의 목숨을 빼앗으려던 왕의 원수인 사울의 아들 이스보셋의 머리가 여기에 있습니다. 오늘 여호와께서 사울과 그 자손에 대해 내 주 왕의 원수를 갚아 주셨습니다."

9 다윗이 브에롯 사람 림몬의 아들 레갑과 그 형제 바아나에게 대답했습니다. "나를 모든 고난에서 구해 내신 여호와께서 살아 계심으로 맹세하는데 왕상 1:29;시 3:13

10 좋은 소식이라는 생각에 '사울이 죽었다'고 내게 말해 준 사람을 내가 붙잡아 시글락에서 죽였다. 그것이 바로 그가 전한 소식에 대한 보상이었다! 1:4-10,15

11 하물며 죄 없는 사람을 자기 집 침대에서 죽게 한 악한 사람들은 어떻겠느냐? 내가 너희 손에서 그의 핏값을 구해 너희를 이 땅에서 없애 버려야 하지 않겠느냐!"

12 그러고 나서 다윗은 자기 부하들에게 명령해 그들을 죽이고 그들의 손발을 잘라

헤브론 못 가에 매달았습니다. 그리고 이스보셋의 머리를 헤브론에 있는 아브넬의 무덤에 묻어 주었습니다. 3:22

5

다윗이 온 이스라엘을 다스림 이스라엘의 모든 지파가 헤브론으로 와서 다윗에게 말했습니다. "우리는 왕의 혈족입니다.

2 전에 사울이 우리 왕이었을 때 이스라엘 군대를 이끌어 내기도 하고 다시 데리고 들어오기도 한 분은 왕이었습니다. 그리고 여호와께서 왕께 '너는 내 백성 이스라엘의 목자가 되고 이스라엘의 통치자가 될 것이다'라고 말씀하셨습니다. 마 2:6

3 이스라엘의 모든 장로들이 헤브론으로 다윗 왕을 찾아오자 왕은 헤브론에서 그들과 여호와 앞에서 언약을 맺었고 그들은 다윗에게 기름 부어 이스라엘을 다스릴 왕으로 삼았습니다. 삿 11:11;삼상 23:18;왕하 11:17

4 다윗의 통치 기록 다윗은 30세에 왕이 되어 다스리기 시작해서 40년 동안 다스렸습니다. 왕상 2:11;대상 3:4;29:27

5 그는 헤브론에서 7년 6개월 동안 유다를 다스렸고 예루살렘에서 온 이스라엘과 유다를 33년 동안 다스렸습니다. 2:11

6 다윗이 예루살렘을 빼앗음 왕과 그의 부하들은 예루살렘으로 행군했습니다. 거기에 살고 있는 여부스 사람들을 공격하려는 것이었습니다. 여부스 사람들이 다윗에게 말했습니다. "너는 여기 들어오지 못할 것이다. 눈먼 사람이나 다리 저는 사람이라도 너를 쓸어버릴 수 있을 것이다."

다윗은 이스보셋을 죽인 레갑과 바아나를 왜 처벌했을까요?

사울 왕이 죽은 후 유다 집안은 헤브론에서 다윗을 왕으로 세웠어요. 하지만 사울의 군대 사령관이었던 넬의 아들 아브넬은 사울의 아들 이스보셋을 이스라엘의 왕으로 세웠어요. 이런 상황에서 이스보셋이 지휘하는 부대의 군대 대장인 레갑과 바아나가 침대 위에서 낮잠을 자고 있던 이스보셋을 죽이고, 그의 목을 다윗에게 가져갔어요(삼하 4:5-8). 다윗에게 큰 보상을 바라고 한 행동이었어요. 하지만 자신들의 비열한 악행을 입증하는 증거물이 되어 버렸답니다. 처형당하고 말았지요(삼하 4:9-12).

다윗은 사사로운 욕심을 떠나 오직 하나님만을 의지해 그들을 공의롭게 판단하고 잘못된 악행을 벌한 것이었어요. 또 하나님이 다윗의 원수를 모두 끊어 버리시는 날에도 요나단 집안을 지켜줄 것(삼상 20:15)이라고 한 요나단과의 약속을 지킨 것이었습니다.

7 그러나 다윗이 시온 산성을 점령했으므로 그곳 이름을 다윗 성이라고 했습니다.

8 그날 다윗이 말했습니다. "누구든지 수로를 따라 올라가 다윗이 미워하는 저 다리 저는 사람과 눈먼 사람 같은 여부스 사람들을 쳐부수는 사람은 대장이 될 것이다." 그리하여 "눈먼 사람과 다리 저는 사람은 왕궁에 들어가지 못할 것이다"라는 속담이 생겼습니다.

9 다윗 성 다윗은 그 성을 점령하고 거기 거하며 그 성의 이름을 다윗 성이라고 불렀습니다. 그리고 밀로에서부터 안쪽으로 성벽을 둘러쌓았습니다.   왕상 9:15,24:11:27

10 그는 점점 강대해졌습니다. 전능하신 하나님 여호와께서 그와 함께하셨기 때문이었습니다.

11 히람이 다윗의 집을 지음 그때 두로 왕 히람이 다윗에게 심부름꾼들과 백향목과 목수들과 석공들을 보내 다윗을 위해 왕궁을 지어 주었습니다.   왕상 5-6장:대상 14:1-16

12 다윗은 여호와께서 자신을 이스라엘을 다스릴 왕으로 세우셨고 그의 백성 이스라엘을 위해 그의 나라를 높여 주셨음을 깨닫게 됐습니다.

13 다윗의 아들딸 다윗은 헤브론을 떠난 후 예루살렘에서 더 많은 첩들과 아내들을 두었고 아들딸들을 더 낳았습니다.

14 예루살렘에서 그가 낳은 아이들의 이름은 삼무아, 소밥, 나단, 솔로몬,   대상 3:5-8

15 입할, 엘리수아, 네벡, 야비아,

16 엘리사마, 엘랴다, 엘리벨렛입니다.

17 블레셋을 물리침 이스라엘이 다윗에게 기름 부어 왕으로 삼았다는 말을 듣고 블레셋 사람들이 모두 일어나 다윗을 잡으려고 올라왔습니다. 다윗은 이 소식을 듣고 요새로 내려갔습니다.   23:14:삼상 22:4-5

18 블레셋 사람들도 가서 르바임 골짜기를 메웠습니다.   수 15:8:17:15:18:16

19 다윗은 여호와께 물었습니다. "블레셋 사람들에게 맞서 올라갈까요? 저들을 제 손에 넘겨주시겠습니까?" 여호와께서 그에

왜 웃사를 죽이셨나요?

다윗은 아비나답의 집에 있던 언약궤를 예루살렘으로 옮기던 중에 언약궤를 싣고 가던 수레의 소가 날뛰어서 언약궤가 떨어질 뻔했답니다. 그때 웃사는 흔들리는 언약궤를 얼른 붙잡았어요. 하지만 웃사는 이 일로 인해 그만 그 자리에서 죽고 말았어요.

이방 사람인 블레셋 사람들이 이스라엘로 언약궤를 운반할 때는 그들이 하나님의 율법을 모르기 때문에 하나님은 진노하지 않으셨어요. 하지만 이스라엘 백성들의 경우에는 이미 율법을 통해 언약궤에 대한 규정을 알려 주셨기 때문이에요. 언약궤는 반드시 레위 사람들이 어깨에 메고 옮겨야 했고, 아무나 만져서는 안 되는 것이었어요(민 4:15).

게 대답하셨습니다. "올라가라. 내가 블레셋 사람들을 반드시 네 손에 넘겨주겠다."

20 그리하여 다윗은 바알브라심으로 갔고 거기서 그들을 물리쳤습니다. 그가 말했습니다. "여호와께서 내 앞에서 봇물 터뜨리듯 내 원수들을 치셨다." 이렇게 해서 그곳을 바알브라심이라고 불렀습니다.

21 블레셋 사람들이 그곳에 자기 우상들을 다 버리고 도망했으므로 다윗과 그의 군사들이 그것을 다 치워 버렸습니다.

22 블레셋 사람들이 다시 올라와 르바임 골짜기를 메웠습니다.   18절

23 다윗이 여호와께 물었더니 그분이 대답하셨습니다. "정면으로 올라가지 말고 포위하고 있다가 저들 뒤 뽕나무 수풀 맞은편에서 저들을 덮쳐라.   삼하 22:10

24 뽕나무 꼭대기에서 행군하는 소리가 들리면 바로 재빨리 나아가라. 여호와가 네 앞에 나아가 블레셋 군대를 칠 것이다."

25 그러자 다윗은 여호와께서 명령하신 대로

게바에서부터 게셀까지 쫓아가며 블레셋 사람들을 무찔렀습니다. _{수 10:33}

6 하나님의 궤를 가지고 옴 다윗은 다시 우 스라엘에서 뽑힌 사람 3만 명을 모았 습니다. _{대상 13:6-14}

2 다윗은 일어나 이 모든 사람들을 데리고 바알레유다로 가서 하나님의 궤를 가져오 려고 했습니다. 그 궤는 그룹들 사이에 계 시는 만군의 여호와의 이름으로 불리는 궤였습니다. _{민 25:22수 15:9,60;삼상 4:4대하 14:1왕상 8:1}

3 그들은 산 위에 있는 아비나답의 집에서 하나님의 궤를 새 수레에 옮겨 실었는데 그때 아비나답의 아들인 웃사와 아효가 그 새 수레를 몰았습니다. _{삼상 6:7:7:1}

4 그들이 산 위에 있는 아비나답의 집에서 하나님의 궤를 가지고 나왔고 아효가 궤 앞에서 걸어갔습니다.

5 다윗과 이스라엘의 온 집안은 여호와 앞에 서 잣나무로 만든 여러 가지 악기와 수금 과 비파와 소고와 꽹과리와 심벌즈를 연 주했습니다. _{대상 13:8:시 150:3-5}

6 웃사가 죽음 그들이 나곤의 타작마당에 이

르렀을 때 소들이 날뛰자 웃사가 손을 뻗 어 하나님의 궤를 붙들었습니다. _{민 4:15}

7 웃사의 잘못된 행동 때문에 여호와께서 그 에게 불같이 진노해 그를 치시니 그가 거 기 하나님의 궤 곁에서 죽었습니다.

8 그때 다윗은 여호와께서 웃사를 치신 것 때 문에 화가 나서 그곳을 베레스 웃사라고 불 러 오늘날까지 그렇게 불리고 있습니다.

9 다윗은 그날 여호와를 두려워해 말했습니 다. "내가 어떻게 여호와의 궤를 모셔 올 수 있겠는가?"

10 그는 여호와의 궤를 자기가 있는 다윗 성 으로 모셔 오려 하지 않았습니다. 그것을 가드 사람 오벧에돔의 집으로 모셔 들이게 했습니다. _{대상 15:25}

11 여호와의 궤는 석 달 동안 가드 사람 오벧 에돔의 집에 머물러 있었는데 그 동안 여 호와께서 오벧에돔과 그의 온 집안에 복을 주셨습니다. _{대상 26:5}

12 그때 다윗 왕은 "여호와께서 하나님의 궤 로 인해 오벧에돔의 집안과 그가 가진 모 든 것에 복을 주셨다" 하는 말을 듣게 됐

언약궤 앞에서 춤추는 다윗 왕을 보고 마음속으로 비웃는 미갈

습니다. 그러자 다윗이 기뻐하면서 내려가 오벧에돔의 집에서 하나님의 궤를 모셔다가 다윗 성에 두었습니다. 대상 15:25-16:3

13 여호와의 궤가 무사히 돌아옴 여호와의 궤를 멘 사람들이 여섯 걸음을 갔을 때 다윗은 소와 살진 양으로 제사를 드렸습니다.

14 다윗은 베 에봇을 입고 여호와 앞에서 온 힘을 다해 춤을 추었습니다. 출 15:20;삼상 2:18

15 다윗과 이스라엘의 온 집들이 나팔을 불고 환호하며 여호와의 궤를 모셔 왔습니다.

16 미갈이 다윗을 비웃음 여호와의 궤가 다윗 성에 들어올 때 사울의 딸 미갈이 창문으로 내다보고 있었습니다. 미갈은 다윗 왕이 여호와 앞에서 껑충껑충 뛰며 춤추는 것을 보고 마음속으로 비웃었습니다.

17 예루살렘에서의 축제 여호와의 궤를 모셔다가 다윗이 세워 둔 장막 가운데 미리 준비해 놓은 자리에 두고 다윗은 여호와 앞에 번제와 화목제를 드렸습니다. 삼하 15:1

18 다윗이 번제와 화목제를 드리고 난 뒤 전능하신 여호와의 이름으로 백성들을 축복했습니다. 왕상 8:14,55

19 그리고 남녀를 가리지 않고 온 이스라엘 사람들에게 각각 빵 한 덩이와 고기 한 조각과 건포도 빵 한 덩이씩을 주었습니다. 그 후 백성들은 모두 각각 자기 집으로 돌아갔습니다. 대상 16:43

20 다윗이 미갈을 나무람 다윗이 자기 가족을 축복하려고 집에 돌아왔습니다. 그때 사울의 딸 미갈이 나와 다윗을 맞으며 말했습니다. "오늘 이스라엘의 왕이 정말 볼 만하시더군요. 신하의 계집종들 앞에서 몸을 드러내시다니요." 삿 9:4;삼상 19:24

21 다윗이 미갈에게 말했습니다. "나는 여호와님 앞에서 그렇게 춤춘 것이오. 그분이 당신 아버지와 당신 집안 대신 나를 선택해 여호와의 백성 이스라엘의 통치자로 세우셨으니 나는 언제든 여호와 앞에서 기뻐뛸 것이오. 삼상 13:14;15:28

22 내가 이것보다 더욱 체통 없이 행동해 스스로 낮아져도 당신이 말한 그 계집종들은 나를 우러러볼 것이오."

23 이 일로 인해 사울의 딸 미갈은 죽을 때까지 자식을 낳지 못했습니다.

7 성전 건축 계획 여호와께서 사방의 모든 적으로부터 다윗을 지켜 주셨기 때문에 그는 이제 자기의 왕궁에서 살게 됐습니다. 수 11:23;대상 17:1-27

2 다윗이 예언자 나단에게 말했습니다. "나는 여기 백향목 왕궁에 사는데 하나님의 궤는 아직도 장막에 있습니다." 출 26:1

3 그러자 나단이 왕께 대답했습니다. "여호와께서 왕과 함께하시니 왕께서 마음에 두신 일이 있다면 무엇이든 그대로 하십시오."

4 응답 그날 밤 여호와께서 나단에게 오셔서 말씀하셨습니다.

5 "가서 내 종 다윗에게 말하여라. '나 여호와가 말한다. 네가 나를 위해 내가 있을 집을 지어 주겠느냐? 왕상 5:3;8:19;대상 22:8;28:3

6 내가 이스라엘 자손들을 이집트에서 이끌어 낸 그날부터 오늘까지 나는 집에 있은 적이 없고 장막이나 회막을 거쳐 삼아 이리저리 옮겨 다녔다. 출 40:18-19,34;왕상 8:16

7 내가 온 이스라엘 자손들이 옮겨 가는 곳마다 내 백성 이스라엘을 돌보라고 명령한 이스라엘 지파 가운데 누구에게든 왜 내게 백향목 집을 지어 주지 않느냐고 말한 적이 있느냐?' 레 26:11-12;삼 23:14;대상 17:6

8 그러니 내 종 다윗에게 말하여라. '전능하신 여호와께서 말씀하신다. 내가 양 떼를 따라다니던 너를 목장에서 데려다가 내 백성 이스라엘의 통치자로 삼았다.

다윗은 왜 언약궤를 가져왔나요?

다윗은 하나님이 이스라엘을 다스리는 왕이심을 백성에게 알리고자 한 것이었어요. 하나님의 언약이 나라 안에 온전히 이루어지고 종교·정치·경제·문화 모든 면에서 하나님의 통치가 이루어지며 거룩한 하나님의 나라가 되기를 바라는 마음이 간절했어요.

9 네가 어디로 가든지 내가 너와 함께했고 네 앞에서 네 모든 원수들을 끊어 내었다. 그러니 이제 내가 이 땅의 위대한 사람들의 이름처럼 네 이름을 위대하게 만들어 주겠다. 5:10;8:6,14;삼상 18:14

10 그리고 내 백성 이스라엘을 위해 한 곳을 정해 그들이 뿌리박을 터전을 주고 그들이 다시는 옮겨 다니지 않도록 할 것이다. 또한 전처럼 악한 사람들이 그들을 더 이상 괴롭히지 못하게 하며 왕하 21:8;삼상 44:2;80:8

11 내가 사사들을 세워 이스라엘을 다스리게 했던 때와는 같지 않게 할 것이다. 내가 또 너를 네 모든 원수들로부터 구해 내어 평안하게 할 것이다. 나 여호와가 직접 너를 위해 왕조를 세울 것을 선포한다.

12 네 날들이 끝나고 네가 네 조상들과 함께 잠들 때 내가 네 몸에서 나올 네 자손을 일으켜 네 뒤를 잇게 하고 내가 그의 나라를 든든히 세울 것이다. 신 31:16;시 132:11;행 13:36

13 그가 내 이름을 위해 집을 세울 것이고 나는 그 나라의 보좌를 영원히 세워 줄 것이다. 왕상 5:5;6:12;8:19;시 89:4,29,36~37

14 나는 그의 아버지가 되고 그는 내 아들이 될 것이다. 그가 잘못을 저지르면 사람이라는 막대기와 인생이라는 채찍으로 그를 징계할 것이다. 시 8:26~27;81 1:5

15 그러나 내 사랑은 결코 그를 떠나지 않을 것이다. 내가 네 앞에서 없앤 사울에게서 내 사랑을 거둔 것처럼 하지는 않을 것이다.

16 네 집과 네 나라가 내 앞에서 영원히 계속

될 것이며 네 보좌가 영원히 서 있을 것이다.'" 시 89:36~37;눅 1:33

17 나단은 이 모든 계시의 말씀을 다윗에게 그대로 전했습니다.

18 **다윗의 감사** 그러자 다윗 왕이 성막으로 들어가 여호와 앞에 앉아 기도했습니다. "주 여호와여, 제가 누구이며 제 집안이 무엇이기에 저를 이 자리까지 오르게 하셨습니까? 창 32:10

19 주 여호와여, 주께서는 이것도 부족하게 여기시고 주의 이 종의 집 미래에 대해서도 말씀해 주셨습니다. 주 여호와여, 이것이 주께서 사람을 대하시는 방법입니까?

20 주 여호와께서 주의 종을 아시니 이 다윗이 주께 무슨 말을 더하겠습니까? 시 139:1~4

21 주의 뜻에 따라 주의 말씀으로 이 모든 위대한 일을 하셨고 주의 종에게 알려 주셨습니다.

22 주 여호와여, 주께서는 얼마나 위대하신지요, 주 같은 분이 없고 주 외에는 하나님이 없습니다. 출 15:11;사 3:24;사 45:5;첩 10:6;고전 8:5~6

23 주의 백성 이스라엘과 같은 민족이 어디 있습니까? 하나님께서 직접 가셔서 이스라엘을 구원해 주의 백성으로 삼으시고 주의 이름을 드러내셨습니다. 이집트와 여러 민족과 그 신들에게서 구해 내신 주의 백성들 앞에서 주의 땅을 위해 크고 놀라운 일들을 하셨으니 이런 민족이 이 세상에 또 있겠습니까? 신 4:7,34;9:26;시 147:20;느 1:10

24 주여, 주께서 주의 백성 이스라엘을 영원

성경에 나오는 언약

언 약	표 증
여자의 후손이 사탄을 이길 것이다(창 3:15)	아기 낳는 고통
다시는 이 땅을 멸망시키는 홍수가 없을 것이다(창 9:8~17)	무지개
네 자손이 별과 같이 많게 될 것이다(창 15:5~21)	화로 불붙은 횃불, 쪼갠 고기
너와 네 자손의 하나님이 되리라(창 17:1~14)	할례
너희가 내 언약을 지키면 제사장 나라가 되고 거룩한 민족이 되리라(출 19:5~6)	이집트 탈출
네 몸에서 나올 자손을 일으켜 그 나라를 든든히 세울 것이다(삼하 7:8~17)	다윗의 가계가 지속되고 다윗의 후손에서 예수님 탄생
나는 그들의 하나님이 되고 그들은 내 백성이 될 것이다(렘 31:31~34)	죄 용서
예수님을 믿는 사람은 죄 사함과 구원을 받을 것이다(마 26:26~28)	예수님의 십자가, 죽음, 부활

히 주의 백성으로 삼으셨으니 주께서 그들의 하나님이 되셨습니다. 신 26:18

25 주 하나님이시여, 그러니 이제 주의 종과 종의 집에 대해 약속하신 말씀이 영원히 변하지 않게 해 주십시오.

26 사람들이 주의 이름을 영원히 높이며 '만군의 여호와는 이스라엘을 다스리시는 하나님이시다'라고 말하게 해 주십시오. 그리고 주의 종 다윗의 집이 주 앞에 세워지게 해 주십시오.

27 만군의 여호와여, 이스라엘의 하나님이여, 주께서 이것을 주의 종에게 드러내며 '내가 너를 위해 집을 세우리라' 하고 말씀하셨으니 주의 종이 용기를 내어 이런 기도를 올려 드립니다.

28 주 여호와여, 주는 하나님이십니다. 주의 말씀은 진실하고 주께서 주의 종에게 이런 좋은 것으로 약속하셨으니 욕 17:17

29 주의 종의 집에 기꺼이 복을 주셔서 집이 주 앞에서 영원히 지속되게 하소서. 주여호와여, 주께서 말씀하셨으니 주의 종의 집이 주께서 내리시는 복으로 영원히 복을 받게 해 주십시오." 22:51;시 89:28-29

8

블레셋을 정복함 그 일 후에 다윗은 블레셋 사람들을 쳐서 정복했고 블레셋 사람들의 손에서 메텍암마를 빼앗았습니다. 대상 18:1-17;시 60편

2 모압을 물리침 다윗은 또한 모압 사람들도 물리쳤습니다. 그는 그들을 땅에 엎드리게 하고는 줄로 재어 키가 두 줄 길이 안에 있는 사람들은 죽이고 한 줄 길이 안에 있는 사람들은 살려 주었습니다. 그리하여 모압 사람들은 다윗의 종이 되어 조공을 바치게 됐습니다. 민 24:17;삼상 10:27;왕하 17:3

3 하닷에셀을 물리침 다윗은 또 르홉의 아들 소바 왕 하닷에셀이 자기 영토를 되찾기 위해 유프라테스 강을 따라왔을 때도 그를 물리쳐서 삼상 14:47;왕상 11:23;대상 18:3

4 마병 1,700명과 보병 2만 명을 사로잡았는데, 그 가운데 전차를 끄는 말 100필만 남기고 나머지 모든 말들은 발의 힘줄을

끊어 버렸습니다. 수 11:6;대상 18:4

5 아람 사람들이 종이 될 다메섹의 아람 사람들이 소바 왕 하닷에셀을 도우러 오자 다윗은 그들 2만 2,000명을 쓰러뜨렸고

6 아람의 다메섹에 군대를 두니 아람 사람들도 다윗의 종이 되어 조공을 바쳤습니다. 여호와께서는 다윗이 어디를 가든 승리하게 하셨습니다. 2,14절

7 요람이 다윗을 문안함 다윗은 하닷에셀의 신하들이 가진 금 방패를 빼앗아 예루살렘으로 가져왔고 왕하 11:10;대하 23:9;사 44

8 하닷에셀이 통치하던 성읍들인 베다와 베로대에서는 많은 양의 청동을 빼앗아 왔습니다.

9 하맛 왕 도이가 다윗이 하닷에셀의 온 군대를 쳐부쉈다는 소식을 듣고 왕상 8:65

10 자기 아들 요람을 다윗 왕께 보내 문안하게 하고 자신과 전쟁하고 있었던 하닷에셀과 싸워 이긴 것을 축하했습니다. 요람은 다윗에게 은, 금, 청동으로 만든 물건들을 가져왔습니다.

11 하나님께 노략물을 바침 다윗 왕은 이 물건들도 여호와께 바치고 그가 전에 정복한 모든 나라에서 가져온 금, 은 왕상 7:51

12 곧 아람, 모압, 암몬 사람들과 블레셋 사람들과 아말렉에서 가져온 것들과 르홉의 아들 소바 왕 하닷에셀에게서 빼앗은 물건들도 함께 바쳤습니다. 5:17-25;삼상 30:20

13 에돔을 물리침 또한 다윗은 소금 골짜기에서 1만 8,000명의 에돔 사람들을 무찔러 더욱 이름을 떨쳤습니다. 수 15:62

14 그는 에돔에도 군대를 두되 에돔 온 지역에 두었고 모든 에돔 사람들은 다윗의 종이 됐습니다. 여호와께서는 다윗이 어디를 가든지 승리하게 하셨습니다. 창 25:23

15 다윗의 관리들 다윗은 온 이스라엘을 다스리되 그 모든 백성들을 올바르고 의롭게 다스렸습니다.

16 그때 스루야의 아들 요압은 군사령관이 됐고 아힐룻의 아들 여호사밧은 역사를 기록하는 사람이 됐습니다. 20:23-26;왕상 4:3

17 아히둡의 아들 사독과 아비아달의 아들 아히멜렉은 제사장이 됐고 스라야는 서기관이 됐습니다. 대상 18:16;24:3,6

18 여호야다의 아들 브나야는 그렛 사람들과 블렛 사람들을 다스렸고 다윗의 아들들은 중요한 신하들이 됐습니다. 삼상 30:14

9 므비보셋이 은총을 입음 하루는 다윗이 물었습니다. "사울의 집안에 아직 살아남은 사람이 있느냐? 내가 요나단을 생각해 그에게 은총을 베풀고 싶구나."

2 마침 사울 집안에서 일하던 시바라는 종이 있어서 그를 불러 다윗 앞에 서게 했습니다. 왕이 그에게 말했습니다. "네가 시바냐?" 그가 대답했습니다. "예, 왕의 종입니다."

3 왕이 다시 물었습니다. "사울의 집안에 살아남은 사람이 없느냐? 내가 하나님의 은총을 베풀려고 한다." 그러자 시바가 왕께 대답했습니다. "요나단의 아들이 아직 살아 있기는 한데 다리를 절뚝입니다."

4 왕이 물었습니다. "그가 어디 있느냐?" 시바가 대답했습니다. "지금 로드발 암미엘의 아들 마길의 집에 있습니다." 17:27

5 그리하여 다윗 왕은 사람을 보내 로드발 암미엘의 아들 마길의 집에서 그를 데려오게 했습니다.

6 사울의 손자이며 요나단의 아들인 므비보셋이 다윗에게 와서 엎드려 절했습니다. 다윗이 말했습니다. "므비보셋아." 그가 대답

다윗의 정복 전쟁

블레셋 다윗이 강성해짐을 두려워해 두 번에 걸쳐 이스라엘을 침공했다. 다윗은 하나님의 도움으로 블레셋을 물리쳐(삼하 5:17-25) 더는 블레셋의 지배를 받지 않게 되었다.

모압 다윗이 사울을 피해 도망간 곳이기도 했으나(삼상 22:3-5) 모압과의 전쟁에서 이겨 모압을 속국으로 만들고 조공을 바치게 했다(삼하 8:2; 대상 18:2).

소바 다윗은 소바 왕 하닷에셀을 공격하여 마병 1천 700명, 보병 2만 명을 사로잡았다. 전차를 끄는 100필의 말을 제외한 모든 말의 힘줄을 끊었으며 금방패, 청동 등을 빼앗았다(삼하 8:3-4, 7-8).

다메섹 다윗에 의해 패전해 가는 소바 왕을 도우려고 출전한 다메섹 아람 군사 2만 2천 명을 죽이고 조공을 받았다(삼하 8:5-6).

하맛 다메섹과 전쟁 상태에 있던 하맛 왕이 자진해서 다윗에게 조공을 바쳤다(삼하 8:9-12).

에돔 다윗은 염해 남쪽에 위치한 에돔을 쳐서 이긴 후 에돔에 군대를 두었다(삼하 8:13-14).

암몬 다윗은 암몬 왕 나하스의 죽음을 애도해 사절단을 보냈으나 나하스의 아들 하눈이 암몬 귀족들의 말을 듣고 이들을 정탐꾼으로 오해해서 수염을 절반씩 깎고 겉옷을 엉덩이 중간까지 잘라 되돌려 보냈다. 이것이 다윗에게 분노를 살 것이라고 생각한 하눈은 주변 국가들의 도움을 받아 다윗을 공격하지만 요압과 아비새의 군사들이 이들을 물리쳤다(삼하 10:1-14). 요압은 빼앗겼던 암몬의 수도 랍바를 다시 찾았는데 이때 우리아가 랍바 성 가까이에서 싸우다 죽었다(삼하 11:1, 4-21).

했습니다. "왕의 종입니다." _{대상 8:34;9:40}

7 다윗이 그에게 말했습니다. "두려워하지 마라. 내가 네 아버지 요나단을 생각해 네게 은총을 베풀고 네 할아버지 사울에게 속했던 모든 땅을 네게 돌려줄 것이다. 그리고 너는 항상 내 식탁에서 먹게 될 것이다."

8 므비보셋은 절을 하며 말했습니다. "이 종이 무엇이라고 죽은 개나 다름없는 저를 그렇게 생각해 주십니까?" _{삼상 24:14}

9 그러자 왕이 사울의 종 시바를 불러 말했습니다. "내가 네 주인의 손자에게 사울과 그 집에 속했던 모든 것을 주었다.

10 그러니 너와 네 아들들과 종들은 므비보셋을 위해 땅을 경작하고 곡식을 거두어 네 주인의 손자에게 양식을 대도록 하여라. 네 주인의 손자 므비보셋은 항상 내 식탁에서 먹게 될 것이다." 그때 시바는 15명의 아들과 20명의 종들이 있었습니다.

11 그러자 시바가 왕에게 말했습니다. "당신의 종은 무엇이든 내 주 왕께서 종에게 명령하신 대로 하겠습니다." 그리하여 므비보셋은 왕의 아들처럼 다윗의 식탁에서 먹게 됐습니다.

12 므비보셋에게는 미가라는 어린 아들이 있었습니다. 시바의 집에서 살던 모든 사람이 므비보셋의 종이 됐습니다. _{대상 8:34}

13 므비보셋은 항상 왕의 식탁에서 먹었기 때문에 예루살렘에서 살았습니다. 그는 두 다리를 절었습니다.

10 암몬 족속이 (사절단을 모욕함) 이 일 후에 암몬 자손의 왕이 죽고 그 아

들 하눈이 뒤를 이어 왕이 됐습니다.

2 그러자 다윗이 말했습니다. "하눈의 아버지 나하스가 내게 잘해 주었으니 나도 그의 아들 하눈에게 은혜를 갚아야겠다." 그래서 다윗이 그의 아버지의 죽음을 애도하려고 하눈에게 사절단을 보냈습니다. 다윗의 신하들이 암몬 자손의 땅에 이르자

3 암몬 귀족들이 자기들의 주 하눈에게 말했습니다. "다윗이 애도의 뜻을 전한다고 왕께 사람을 보낸 것이 왕의 부친을 존경해서 그러는 것이라고 생각하십니까? 그가 성을 탐색하고 정찰해 손에 넣으려고 저들을 보낸 것 아니겠습니까?"

4 그러자 하눈은 다윗이 보낸 사람들을 붙잡아 하나같이 수염을 절반씩 깎고 겉옷을 엉덩이 중간까지 잘라 되돌려 보냈습니다.

5 다윗은 이 소식을 듣고는 수치스러워하는 그들을 맞이할 사람들을 보내 일렀습니다. "수염이 다 자랄 때까지 여리고에 머물러 있다가 돌아오너라."

6 암몬과 아람 사람이 도망침 암몬 자손은 자기들이 다윗에게 미움을 사게 된 것을 깨닫고 사람을 보내 벧르홉과 소바에 걸쳐 2만 명의 아람 사람들을 보병으로 고용했고 마아가 왕에게서 1,000명, 돕 출신 1만 2,000명을 고용했습니다. _{수 13:11,13}

7 다윗은 이 소식을 듣고 용사들로 구성된 온 군대를 요압과 함께 내보냈습니다.

8 암몬 자손은 나아와 성문 입구에 진을 쳤고 소바와 르홉의 아람 사람들과 돕과 마아가의 사람들도 각각 들판에 진을 쳤습니다.

왜 다윗 신하들의 수염이 깎였을까요?

암몬의 왕이 죽자 다윗은 조문을 위해 사람들을 암몬으로 보냈어요(삼하 10:2). 그러나 암몬 사람들은 이를 고맙게 여기기는커녕 그들의 수염 절반씩을 깎고, 옷을 엉덩이 중간까지 잘라 낸 뒤 다윗에게 돌려보냈어요. 이것은 다윗이 암몬으로 보낸 사람들을 정탐꾼으로 오해하여 벌어진 일이었어요(삼하 10:3).

고대 이스라엘에서 수염이나 머리털은 권위를 상징했답니다. 따라서 수염이 깎인다는 것은 노예가 되어서 채찍질당하는 것과 맞먹을 정도로 큰 모욕을 의미했어요. 또 엉덩이 중간까지 옷이 잘린다는 것 역시 크나큰 수치였답니다.

암몬의 새로운 왕 하눈은 다윗의 신하들을 모욕하여 실질적으로 선전 포고를 한 것이나 다름없었고 실제로 3만 3천 명이나 되는 많은 군대를 모아 다윗을 공격했어요.

9 요압은 앞뒤로 적진이 서 있는 것을 보고 이스라엘 가운데서 가장 뛰어난 용사들을 골라 아람 사람들을 상대할 수 있도록 진을 쳤습니다.

10 그리고 나머지 군사들은 자기 동생 아비새에게 맡겨 암몬 자손을 상대할 수 있도록 진을 치게 했습니다.

11 그리고 요압이 말했습니다. "아람 사람들이 너무 강하면 네가 나를 구하러 와라. 그러나 암몬 사람들이 너무 강하면 내가 너를 구하러 가겠다.

12 용기를 내라. 우리 백성들과 우리 하나님의 성들을 위해 용감하게 싸우자. 여호와께서 좋게 여기시는 대로 행하실 것이다."

13 그리고 나서 요압과 그의 부대가 아람 사람들과 싸우기 위해 진군하자 그들은 그 앞에서 도망쳐 버렸습니다.

14 아람 사람들이 도망치는 것을 본 암몬 자손도 아비새 앞에서 도망쳐 성안으로 들어가 버렸습니다. 그러자 요압은 암몬 자손과의 싸움을 멈추고 예루살렘으로 돌아왔습니다.

15 아람 사람들이 전멸당함 아람 사람들은 자기들이 이스라엘에 패한 것을 보고 온 군대를 다시 집결시켰습니다.

16 하닷에셀은 사람을 보내 강 건너에 있던 아람 사람들을 불러들였습니다. 그리하여 그들은 헬람으로 갔고 하닷에셀의 군사령

17 다윗은 이 소식을 듣고 온 이스라엘을 소집해 요단 강을 건너 헬람으로 갔습니다. 아람 사람들은 다윗을 대적해 진을 치고 싸웠으나

18 그들은 이스라엘 앞에서 도망치기 바빴습니다. 다윗은 아람의 전차 탄 사람 700명과 기마병 4만 명을 죽였고 군사령관 소박을 쳐서 그 자리에서 죽였습니다.

19 하닷에셀에게 속했던 모든 왕들은 자기들이 이스라엘에 진 것을 보고 이스라엘 사람들과 화해한 후에 그들을 섬겼습니다. 그 후 아람 사람들은 이스라엘이 두려워서 다시는 암몬 자손을 돕지 못했습니다.

11 랍바를 포위함 그 다음 해 봄에 왕들이 출전할 때가 되자 다윗은 요압과 그 부하들과 이스라엘의 온 군대를 내려보냈습니다. 그들은 암몬 자손을 치고 랍바를 포위했습니다. 그러나 다윗은 예루살렘에 남아 있었습니다.

2 밧세바와의 간음 어느 날 저녁에 다윗은 침대에서 일어나 왕궁 옥상을 거닐고 있었습니다. 그는 거기서 한 여인이 목욕하는 것을 보았는데 그 여인은 너무나 아름다웠습니다. 삼상 9:25

3 다윗은 사람을 보내 그녀에 대해 알아보게 했습니다. 그 사람이 돌아와 말했습니다. "엘리암의 딸이며 헷 사람 우리아의 아내인 밧세바입니다." 23:39.대상 3:5

4 다윗은 사람을 보내 그 여인을 데려오게 했습니다. 그때 마침 그 여인은 부정한 몸을 씻은 뒤였습니다. 그래서 다윗은 여인과 함께 잤고 그 후 여인은 집으로 돌아갔습니다.

5 그 여인은 임신하게 되자 다윗에게 자신이 임신한 사실을 알렸습니다.

6 우리아를 불러들임 그러자 다윗은 헷 사람 우리아를 보내라고 요압

에게 전했습니다. 요압은 우리아를 다윗에게 보냈습니다.

7 우리아가 오자 다윗은 요압의 형편이 어떠한지, 군사들은 어떠한지, 싸움의 상황은 어떠한지 그에게 물었습니다.

8 그러고는 다윗이 우리아에게 말했습니다. "네 집으로 내려가 목욕하고 쉬어라." 우리아가 왕궁에서 나오니 왕의 음식물이 그에게 전해졌습니다. 창 18:4

9 그러나 우리아는 집으로 내려가지 않고 왕궁 문 앞에서 자기 주인의 부하들과 함께 잤습니다.

10 다윗은 우리아가 집으로 내려가지 않았다는 말을 듣고 우리아에게 물었습니다. "네가 먼 길을 오지 않았느냐? 왜 집으로 가지 않았느냐?"

11 우리아가 다윗에게 말했습니다. "언약궤와 이스라엘과 유다가 장막에 있고 내 상관이신 요압과 내 주의 군사들은 들판에 진을 치고 있습니다. 그런데 제가 어떻게 제 집으로 가서 먹고 마시며 아내와 함께 누울 수 있겠습니까? 왕의 생명을 걸고 맹세하는데 저는 결코 그럴 수 없습니다."

12 그러자 다윗이 그에게 말했습니다. "여기 하루 더 머물러 있어라. 내가 내일 너를 보내겠다." 우리아는 그날과 다음 날도 예루살렘에 머물렀습니다.

13 다윗은 우리아를 초청해 자신과 함께 먹고 마시며 취하게 했습니다. 그러나 그날 저녁에도 우리아는 밖으로 나가 자기 주인의 부하들 사이에서 자고 자기 집에 가지 않았습니다. 창 19:33,35

14 우리아를 죽일 이튿날 아침 다윗은 요압에게 편지를 써서 우리아 편에 보냈습니다.

15 그 편지에는 이렇게 쓰여 있었습니다. "우리아를 싸움이 가장 치열한 최전선으로 내보내고 너희는 뒤로 물러나 그가 맞아 죽게 하여라." 12:9

16 요압은 성을 포위하고는 적진의 가장 강한

용사들이 있는 곳을 알아내어 우리아를 그곳에 보냈습니다.

17 그 성 사람들이 나와 요압과 싸울 때 다윗의 군대에서 몇몇이 쓰러졌고 그때 헷 사람 우리아도 죽었습니다.

18 요압은 다윗에게 심부름꾼을 보내서 싸움의 상황을 보고했습니다.

19 그리고 심부름꾼에게 이렇게 일러두었습니다. "왕께 전쟁에서 일어난 모든 일을 다 보고하고 났을 때

20 왕께서 불같이 화를 내시며 '왜 그렇게 성 가까이 가서 싸웠느냐? 성벽에서 화살을 쏘아 댈 것을 몰랐느냐?

21 여룹베셋의 아들 아비멜렉을 죽인 사람이 누구냐? 한 여자가 성벽에서 맷돌 위짝을 던져서 그가 데벳스에서 죽은 것이 아니냐? 왜 그렇게 성 가까이로 갔느냐?' 하고 네게 물으시면 '왕의 종 헷 사람 우리아도 죽었습니다'라고 대답하여라."

22 전사를 통보 받은 심부름꾼은 길을 떠나 다윗에게 도착해 요압이 일러 준 대로 모두 전했습니다.

23 심부름꾼이 다윗에게 말했습니다. "저들이 우리를 몰아내려고 들판으로 나왔지만 우리가 그들을 쳐서 성문 쪽으로 몰아갔습니다.

24 그러자 활 쏘는 사람들이 성벽에서 왕의 종들에게 화살을 쏘아 댔고 왕의 군사들 몇몇이 죽었습니다. 또 왕의 종 헷 사람 우리아도

왕궁 옥상에서 목욕하고 있는 밧세바를 바라보는 다윗

죽었습니다."

25 그러자 다윗이 심부름꾼에게 말했습니다. "요압에게 '이 일로 괴로워할 것 없다. 칼이라는 것은 이 사람도 죽이고 저 사람도 죽이는 법이다. 그 성을 더욱 맹렬히 공격해 함락시켜라'라고 말해 요압을 격려하도록 하여라."

26 밧세바와 결혼함 우리아의 아내는 남편이 죽었다는 소식을 듣고 슬피 울었습니다.

27 슬픔의 기간이 끝나자 다윗은 사람을 보내 그녀를 자기 집으로 들였고 그 여인은 다윗의 아내가 되어 아들을 낳았습니다. 그러나 다윗이 한 이 일은 여호와께서 보시기에 악했습니다.

12 나단이 다윗을 책망함 여호와께서 다윗에게 나단을 보내셨습니다. 그가 다윗에게 가서 말했습니다. "한 성에 두 사람이 살고 있었는데 한 사람은 부자였고 다른 사람은 가난했습니다.

2 부자에게는 양과 소가 아주 많았지만

3 가난한 사람은 자기가 사다가 키운 작은 암양 새끼 한 마리밖에 없었습니다. 그 양

나단
이름의 뜻은 '주는 자'. 다윗과 솔로몬 시대에 하나님의 말씀을 충실하게 전한 예언자였다. 다윗이 성전 건축을 하고자 할 때 찬성했으나, 솔로몬에게 성전을 짓게 하실 것과 다윗의 후손을 세워 다윗의 나라를 견고케 하신다는 하나님의 말씀을 다윗에게 전했다.
다윗이 우리아의 아내 밧세바를 범하고, 죄를 숨기려고 우리아를 전쟁터에서 죽게 한 것과 그 죄로 말미암은 하나님의 징계를 전했다. 다윗이 밧세바에게서 솔로몬이 태어났을 때 하나님의 명을 받아 그를 '여디디야'(여호와가 가장 사랑하심)라고 불렀다. 다윗과 솔로몬의 행적을 기록하기도 했다.
나단이 나오는 말씀
>>삼하7:4~13;12:1~14, 25;
대상 29:29

은 그의 자식들과 함께 자라며 그가 먹는 것을 같이 먹었고 그 잔에서 같이 마셨으며 그 품에서 잤습니다. 그 양은 그에게 마치 딸과 같았습니다.

4 하루는 부자에게 손님이 왔습니다. 하지만 그는 자기에게 온 손님을 대접할 때 자기 소나 양을 잡지 않고 가난한 사람의 그 새끼 양을 잡아 자기에게 온 손님을 대접했습니다."

5 그 말을 듣고 다윗은 불같이 화를 내며 나단에게 말했습니다. "여호와께서 살아 계심을 두고 맹세하는데 이런 일을 한 그 사람은 죽어야 마땅할 것이다.

6 인정머리도 없이 그런 천하의 나쁜 짓을 했으니 그 새끼 양을 네 배로 갚아 주어야 한다."

7 그러자 나단이 다윗에게 말했습니다. "왕이 바로 그 사람입니다. 이스라엘의 하나님 여호와께서 말씀하십니다. '내가 네게 기름 부어 이스라엘을 다스릴 왕으로 세웠고 너를 사울의 손에서 구해 주었다.

8 내가 네 주인의 집을 네게 주었고 네 주인의 아내들도 네 팔에 안겨 주었다. 이스라엘과 유다의 집도 네게 주었다. 그리고 이 모든 것이 모자랐다면 내가 더 많이 주었을 것이다.

9 그런데 네가 어떻게 여호와의 말씀을 무시하고 여호와 보시기에 악한 짓을 했느냐? 네가 헷 사람 우리아를 칼로 쓰러뜨리고 그 아내를 네 것으로 만들지 않았느냐? 너는 그를 암몬 사람의 칼에 맞아서 죽게 했다.

10 그러니 그 칼이 네 집에서 결코 떠나지 않을 것이다. 이는 네가 나를 업신여기고 헷 사람 우리아의 아내를 네 것으로 만들었기 때문이다.'

11 여호와께서 말씀하십니다. '내가 네 집에서 너를 대적하는 악을 일으키겠다. 내가 바로 네 눈앞에서 네 아내들을 데려다가 네 이웃에게 줄 것이니 그가 밝은 대낮에 네 아내들을 욕보일 것이다.

12 너는 아무도 모르게 그 짓을 했지만 나는

대낮에 온 이스라엘이 보는 앞에서 그렇게 할 것이다.'"
_{16:22}

13 아이가 죽음 그러자 다윗이 나단에게 말했습니다. "내가 여호와께 죄를 지었습니다." 나단이 대답했습니다. "여호와께서 왕의 죄를 용서해 주셨으니 왕은 죽지 않을 것입니다.
_{삼상 15:24;시 32:1,5;51:4}

14 하지만 이 일로 인해 왕이 여호와의 원수들에게 *모독할 거리를 주었으니 왕이 낳은 아이가 죽을 것입니다."
_{롬 2:24}

15 나단이 집으로 간 뒤 여호와께서 우리아의 아내가 다윗에게 낳아 준 아이를 치시자 그 아이가 병이 들었습니다.

16 다윗은 아이를 위해 하나님께 간절히 기도했습니다. 그는 금식하고 집으로 들어가서 땅바닥에 엎드려 밤을 지새웠습니다.

17 집안의 노인들이 그 옆에 서서 일어나기를 권했지만 다윗은 그 말을 듣지 않고 그들과 함께 먹지도 않았습니다.

18 금식을 끝낸 7일째 되는 날 아이가 죽었습니다. 다윗의 종들은 아이가 죽었다는 말을 다윗에게 전하기가 두려웠습니다. "아이가 살아 있을 때도 다윗 왕이 우리 말을 듣지 않았는데 아이가 죽은 것을 우리가 어떻게 말할 수 있겠는가? 그 소식을 들으면 왕께서 얼마나 상심하시겠느냐?" 하고 생각했기 때문입니다.

19 다윗은 자기 종들이 수군거리자 아이가 죽었음을 눈치채고 물었습니다. "아이가 죽었느냐?" 그들이 대답했습니다. "그렇습니다. 죽었습니다."

20 그러자 다윗은 일어나 몸을 씻고 기름을 바르고 옷을 갈아입은 후 여호와의 집으로 들어가 경배를 드렸습니다. 그리고 자기 집으로 돌아와 음식을 가져오라고 해서는 먹기 시작했습니다.
_{룻 3:3;욥 1:20}

21 그의 종들이 다윗에게 물었습니다. "이게 어찌 된 일이십니까? 아이가 살아 있을 때는 금식하고 우시더니 지금 아이가 죽었는데 일어나 잡수시다니요."

22 다윗이 대답했습니다. "아이가 아직 살아

있을 때 내가 금식하고 운 것은 혹시 여호와께서 내게 은혜를 베푸셔서 아이를 살려 주실지도 모른다는 생각 때문이었다.

23 하지만 이제 그 아이가 죽었으니 왜 금식하겠느냐? 내가 그 아이를 되돌릴 수 있겠느냐? 나는 그 아이에게로 갈 테지만 그 아이는 내게 돌아오지 못한다."
_{욥 7:8-10}

24 솔로몬의 출생 그리고 나서 다윗은 자기 아내 밧세바를 위로하고 들어가서 그와 동침했습니다. 그리하여 밧세바는 아들을 낳았고 다윗은 아이의 이름을 솔로몬이라고 지었습니다. 여호와께서는 그 아이를 사랑하셨습니다.
_{대상 22:9;마 1:6}

25 여호와께서 그 아이를 사랑하셨기에 나단 예언자를 통해 그 아이의 이름을 여디디야라고 지어 주셨습니다.

26 랍바를 빼앗음 한편 요압은 암몬 자손의 랍바와 싸워 그 왕의 도성을 빼앗았습니다.

27 그러고 나서 요압은 다윗에게 심부름꾼을 보내 말했습니다. "제가 랍바와 싸워 도성으로 들어가는 급수 지역을 빼앗았습니다.

28 그러니 왕께서는 이제 남은 군사들을 모아 성을 에워싸 함락시키십시오. 제가 이성을 함락시키면 이 성에 제 이름이 붙을까 두렵습니다."
_{약 2:7}

29 그러자 다윗은 모든 군대를 소집해 랍바로 가서 그 성을 공격해 함락시켰습니다.

30 다윗은 암몬 왕의 머리에 무게가 1달란트나 되는 보석으로 장식한 왕관을 빼앗아 자기 머리 위에 썼습니다. 다윗은 그 성에서 엄청나게 많은 전리품을 가져왔고

31 그곳에 있던 사람들을 데려다가 톱질과 곡괭이질과 도끼질과 벽돌 굽는 일을 시켰습니다. 다윗은 암몬 자손의 모든 성들에 대해 이와 똑같이 한 후 그의 모든 군대를 거느리고 예루살렘으로 돌아갔습니다.

13 암논이 다말을 강간함 그 후에 이런 일이 있었습니다. 다윗의 아들 압살롬에게 아름다운 여동생이 하나 있었는

12:14 또는 '비방함' 상심(12:18, 傷心, desperation) 슬픔이나 걱정 따위로 속을 썩임.

데 그 이름은 다말입니다. 그런데 다윗의 아들 암논이 다말을 사랑하게 됐습니다.

2 암논은 여동생 다말 때문에 답답해하다가 병이 나고 말았습니다. 다말이 처녀였으므로 어떻게 해 볼 수도 없는 노릇이었습니다.

3 암논에게는 요나답이라는 친구가 있었는데 그는 다윗의 형인 시므아의 아들로서 매우 교활한 사람이었습니다. 삼상 16:9,17:13

4 그가 암논에게 물었습니다. "왕의 아들인 네가 왜 그렇게 날마다 더 수척해지느냐? 나한테 말해 보지 않겠느냐?" 암논이 그에게 말했습니다. "내 동생 압살롬의 여동생 다말을 사랑하기 때문에 그렇다."

5 요나답이 말했습니다. "침대로 가서 아픈 척하고 있어라. 네 아버지가 너를 보러 오시면 이렇게 말하여라. '제 여동생 다말을 보내 제게 먹을 것을 주고 제가 보는 앞에서 먹을 것을 마련해 그 손으로 먹여 주게 해 주십시오'라고 말이다."

6 그래서 암논은 자리에 누워 아픈 척했습니다. 왕이 그를 보러 오자 암논이 말했습니다. "제 여동생 다말이 와서 제가 보는 앞에서 맛있는 빵을 만들어 그 손으로 제게 먹여 주게 해 주십시오." 창 18:6

7 다윗은 집에 사람을 보내 다말에게 말을 전했습니다. "네 오빠 암논의 집으로 가서 그에게 먹을 것을 마련해 주어라."

8 그리하여 다말이 자기 오빠 암논의 집으로 가 보니 암논이 누워 있었습니다. 다말은 밀가루를 반죽해 그가 보는 앞에서 빵을 만들어 구웠습니다.

9 그러고는 빵 냄비를 가져다가 그 앞에 차려 주었습니다. 그러나 암논은 먹으려 하지 않고 사람들을 모두 내보냈습니다. 사람들이 모두 물러가자 창 45:1

10 암논이 다말에게 말했습니다. "여기 내 침실로 먹을 것을 가져와서 네 손으로 먹여 다오." 그러자 다말은 자기가 만든 빵을 들고 침실에 있는 자기 오빠 암논에게 가져왔습니다.

11 다말이 먹으려 다가가자 암논은 그를 붙잡고 말했습니다. "동생아, 나와 함께 눕자."

12 다말이 암논에게 말했습니다. "오라버니, 이러지 마세요. 이스라엘에서 이런 일을 하면 안 됩니다. 제발 이런 악한 짓은 하지 마세요. 창 34:2,7:신 21:14;삿 19:23

13 내가 이 수치를 당하고서 내 길을 어디 둘 수 있겠어요? 오라버니도 이스라엘에서 어리석은 사람 가운데 하나같이 될 거예요. 그러니 지금이라도 제발 왕께 말씀드리세요. 왕께서 나를 오라버니에게 주기를 거절하지 않으실 거예요." 3:33

14 그러나 암논은 막무가내였습니다. 암논은 다말보다 힘이 셌으므로 힘으로 눌러 다말을 욕보였습니다.

15 암논이 다말을 쫓아냄 그러고 난 뒤 암논은 다말이 몹시 미워졌습니다. 전에 다말을 사랑했던 것보다 미워하는 마음이 더 커

성경에 나오는 맛있는 과자 이야기!

 만나로 만든 과자: 광야에서 이스라엘 백성은 만나로 과자를 만들어 먹었다(출 16:31; 민 11:8). 맛은 꿀로 만든 기름 섞은 과자 같았다.

 기름 넣은 과자: 제사장 위임식을 위해 기름을 섞고 누룩을 넣지 않은 과자를 만들었다(출 29:1-2).

축하 선물로의 과자: 헤브론 근처와 먼 곳의 사람들까지 다윗이 왕이 된 것을 축하하며 과자를 가져왔다(대상 12:40).

 문병 음식: 궁중에서 먹던 간식으로, 다말이 암논에게 문병 갔을 때 구워 주었다(삼하 13:8).

 방문 선물: 여로보암이 아들 아비야의 병으로 말미암아 예언자 아히야에게 아내를 보낼 때 과자를 가지고 가라고 했다(왕상 14:1-3).

우상숭배용 과자: 예레미야 때 여자들이 '하늘의 여왕'에게 예배하기 위해 만들었다(렘 7:18).

졌습니다. 암논이 다말에게 말했습니다. "일어나서 나가거라."

16 다말이 암논에게 말했습니다. "이렇게 하면 안 됩니다. 이렇게 하는 것은 지금 오라버니가 내게 한 일보다 더 악한 일이에요." 그러나 암논은 그 말을 듣지 않고

17 자기 종을 불러 명령했습니다. "저 여자를 여기서 내쫓고 문을 닫아걸어라."

18 그러자 그 종은 다말을 밖으로 내보내고 문을 닫아걸었습니다. 그때 다말은 결혼하지 않은 왕의 공주들이 입는 색동옷을 입고 있었습니다.

19 그러나 이제 다말은 머리에 재를 뒤집어쓰고 자기가 입고 있던 색동옷을 찢어 버리고는 머리에 손을 얹고 큰 소리로 울며 떠나갔습니다. 1:11;수 7:6;삼하 2:37

20 다말의 오빠 압살롬이 물었습니다. "네 오라비 암논이 너와 함께 있었느냐? 애야, 그는 네 오라비니 지금은 조용히 있자. 이 일로 너무 근심하지 마라." 그리하여 다말은 자기 오라비 압살롬의 집에서 처량하게 지냈습니다.

21 다윗 왕은 이 모든 일을 듣고 몹시 분노했습니다.

22 압살롬은 자기 동생 다말에게 수치를 준 암논에게 양심을 품었지만 암논에게 아무 말도 잘잘못을 따지지 않았습니다. 창 24:50

23 압살롬이 암논을 죽임 그로부터 2년이 지났습니다. 압살롬이 에브라임 경계 근처의 바알하솔에서 양털을 깎을 때 그는 왕자들을 모두 그곳으로 초대했습니다.

24 압살롬은 왕께 나가서 말했습니다. "이번에 제가 양털을 깎게 됐는데 왕께서도 왕의 신하들을 데리고 종과 함께 가시지요."

25 왕이 압살롬에게 말했습니다. "아니다, 내 아들아, 우리가 다 갈 필요가 뭐가 있겠느냐? 우리가 다 가면 네가 부담만 될 텐데." 압살롬이 계속 청했지만 왕은 가기를 마다하며 그저 축복만 빌어 주었습니다.

26 그러자 압살롬이 말했습니다. "그렇다면 제 형 암논만이라도 우리와 같이 가도록

해 주십시오." 왕이 그에게 말했습니다. "그가 왜 너와 함께 가야 하느냐?"

27 그러나 압살롬이 계속 왕께 간청하자 다윗은 암논과 모든 왕자들을 그와 함께 보내 주셨습니다.

28 압살롬은 미리 자기 부하들에게 명령해 두었습니다. "잘 들으라. 암논이 포도주를 마시고 취기가 오를 때 내가 너희에게 '암논을 치라' 하면 그를 죽이라. 내가 명령한 일이니 두려워하지 말라. 마음을 굳게 먹고 용기를 내라." 삿 19:6

29 그러자 압살롬의 부하들은 암논에게 압살롬이 명령한 대로 했습니다. 그러자 모든 왕자들은 일어나 노새를 타고 도망쳤습니다.

30 압살롬이 그술로 도망감 그들이 달아나고 있을 때 다윗에게 이 소식이 들렸습니다. "압살롬이 왕자들을 다 죽여서 살아남은 사람이 하나도 없습니다."

31 왕은 일어나 자기 옷을 찢고 바닥에 쓰러졌습니다. 왕의 모든 신하들도 곁에 서서 자기 옷을 찢었습니다. 1:11;12:16

32 그러나 다윗의 형 시므아의 아들 요나답이

반란의 왕자, 압살롬

평화의 아버지'라는 이름의 뜻이 있다.
다윗의 셋째 아들로 어머니는 마아가이다. 누이 다말을 성폭행한 암논을 살해하고, 다윗을 피해 외가인 그술에 가서 3년 동안 지냈다. 요압의 중재로 다윗과 화해했지만 아버지 다윗을 대적해 반란을 일으켰다.
나중에 압살롬의 군대는 패배했고, 압살롬은 다윗의 군대와 싸우던 중 도망하다 머리털이 상수리나무에 걸려 요압의 손에 죽고 말았다.

압살롬이 나오는 말씀
>> 삼하 13; 15; 18장

말했습니다. "내 주께서는 저들이 왕자들을 다 죽였다고 생각하지 마십시오. 암논만 죽었을 것입니다. 압살롬은 암논이 자기 동생 다말을 욕보인 그날부터 이 일을 하기로 작정했습니다. 3절

33 그러니 내 주 왕께서는 왕자들이 다 죽었다는 헛소문에 상심하지 마십시오. 암논만 죽었을 것입니다." 19:19

34 그리고 압살롬도 도망쳤습니다. 그때 많은 사람들이 그 뒷산 길에서 내려오고 있는 것을 젊은 파수꾼이 보고 왕께 알렸습니다. 37~38절

35 요나답이 왕께 말했습니다. "그것 보십시오. 왕자들이 오고 있습니다. 왕의 종이 말씀드린 대로입니다."

36 그가 말을 끝내자 왕자들이 큰 소리로 통곡했습니다. 왕과 모든 신하들도 몹시 괴로워하며 함께 울었습니다.

37 압살롬은 도망쳐 그술 왕 암미훌의 아들 달매에게로 갔습니다. 그러나 다윗은 날마다 암논을 생각하며 슬퍼했습니다.

38 압살롬은 도망쳐 그술로 간 뒤 그곳에서 3년을 지냈습니다.

39 암논의 죽음에 대한 마음이 아물자 다윗 왕은 압살롬이 몹시 보고 싶어졌습니다.

14 요압의 계략 스루야의 아들 요압은 왕이 압살롬에게 마음을 쓰고 있다는 것을 알았습니다. 13:39

2 그래서 요압은 드고아에 사람을 보내 그곳에 사는 지혜로운 여자를 불러 그 여자에게 말했습니다. "너는 초상당한 여인처럼 꾸며 상복을 입고 기름을 바르지 말고 죽은 사람을 두고 오랫동안 슬픔으로 지낸 여자처럼 행동하여라. 12:20;룻 3:3;대하 11:6

3 그러고 나서 왕께 가서 이러이러한 말을 하여라." 요압은 그 할 말을 알려 주었습니다.

4 드고아 여인의 간청 드고아에서 온 여자는 왕께 가서 땅에 얼굴을 대고 엎드려 말했습니다. "왕이시여, 저를 도와주십시오."

5 왕이 그녀에게 물었습니다. "무슨 문제가

있느냐?" 그 여자가 말했습니다. "저는 불쌍한 과부입니다. 제 남편은 죽었고

6 이 여종에게는 두 아들이 있었습니다. 그들이 들판에 나가서 싸웠는데 말릴 사람이 없었습니다. 결국 한 아이가 다른 아이를 쳐 죽이고 말았습니다.

7 그런데 온 집안이 이 여종을 상대로 들고 일어나 '자기 형제를 죽인 놈을 내놓아라. 그가 죽인 형제를 대신해서 그를 죽이겠다. 그의 씨조차 말려 버리겠다'라고 합니다. 저들은 제게 남은 마지막 불마저 꺼 버려 이 땅 위에서 제 남편의 이름도, 자손도 남겨 두지 않으려 합니다. 마 21:38

8 왕이 여인에게 말했습니다. "집으로 있어라. 내가 너를 위해 명령을 내리겠다."

9 드고아에서 온 여인이 왕께 말했습니다. "내 주 왕이여, 그 죄악은 저와 제 아버지의 집에 있습니다. 왕과 왕의 보좌는 아무런 허물이 없습니다." 삼상 25:24

10 왕이 대답했습니다. "누가 네게 무슨 말을 하거든 내게로 데려오너라. 그가 너를 다시는 건드리지 못하게 해 주겠다."

11 여인이 또 말했습니다. "그렇다면 왕께서는 왕의 하나님 여호와께 간구하셔서 복수하려는 사람이 더 이상 죽이지 않도록 해 주십시오. 제 아들이 죽을까 두렵습니다." 왕이 말했습니다. "여호와께서 살아 계심을 두고 맹세하는데 네 아들의 머리털 하나라도 땅에 떨어지는 일이 없을 것이다."

12 드러나는 여인의 술수 그러자 여자가 말했습니다. "왕의 여종이 내 주 왕께 한 가지만 더 말씀드리게 해 주십시오." 왕이 대답했습니다. "말하여라."

13 여자가 말했습니다. "그렇다면 왕께서는 어째서 하나님의 백성들에 대해 이 같은 일을 계획하셨습니까? 제게 말씀은 그렇게 해 주셨지만 정작 왕은 다르게 행동하시니 그릇된 것이 아닙니까? 왕께서는 쫓아낸 아들을 다시 불러들이지 않으시니 말입니다. 13:37~38;삼 20:2

14 우리는 땅에 쏟아지면 다시 담을 수 없는

물처럼 반드시 죽게 마련입니다. 그러나 하나님께서는 생명을 빼앗지 않으시고 다른 방법을 생각해 내시어 쫓긴 사람이 그분께 버림받은 채로 있지 않게 하십니다.

15 내 주 왕께 와서 이 말씀을 드리는 것은 사람들이 저를 두렵게 만들었기 때문입니다. 저는 속으로 '내가 왕께 말씀 드려야겠다. 아마 왕께서는 이 여종의 부탁을 들어주실 거야.

16 왕께서는 나와 내 아들을 하나님이 주신 유업에서 잘라 내려는 사람의 손에서 기꺼이 구해 내실 것이다'라는 생각을 했습니다. 삼상 26:19

17 이 여종은 높으신 왕께서 말씀으로 위로를 해 주실 거라고 믿었습니다. 내 주 왕께서는 선악을 분별하는 데 있어서 하나님의 천사와 같으시기 때문입니다. 여호와, 곧 왕의 하나님께서 왕과 함께하시기를 바랍니다." 19:27;삼상 23:9

18 압살롬이 돌아옴 그러자 왕이 여자에게 말했습니다. "내가 묻는 말에 숨김없이 대답하여라." 여자가 말했습니다. "내 주 왕께서는 말씀하십시오."

19 왕이 물었습니다. "이 모든 것이 요압의 머리에서 나온 것 아니냐?" 여자가 대답했습니다. "내 주 왕이여, 왕께서 살아 계심을 두고 맹세하는데 내 주 왕께서 무슨 말씀을 하시든 좌우로 피해 갈 사람이 없습니다. 맞습니다. 이렇게 하라고 지시하고 이 모든 말을 왕의 여종의 입에 넣어 준 사람은 왕의 종 요압입니다. 삼상 1:26

20 왕의 종 요압이 이렇게 한 것은 지금의 상황을 바꿔 보려는 것이었습니다. 내 주께서는 하나님의 천사와 같이 지혜로우셔서 이 땅에서 일어나는 모든 일을 아십니다."

21 왕이 요압에게 말했습니다. "좋다. 내가 이 일을 허락할 것이니 가서 젊은 압살롬을 데려오너라."

22 그러자 요압은 얼굴을 땅에 대고 절하고는 왕을 위해 복을 빌며 말했습니다. "내 주왕이시여, 왕께서 종의 청을 들어주시는

것을 보니 종이 왕의 은총을 받은 것을 오늘에야 알겠습니다." 왕상 8:66

23 그러고 나서 요압은 일어나 그술로 가서 압살롬을 예루살렘으로 데려왔습니다.

24 그러나 왕이 말했습니다. "그를 자기 집으로 보내라. 그가 내 얼굴은 볼 수 없다." 그래서 압살롬은 왕의 얼굴을 보지 못하고 그냥 집으로 돌아갔습니다.

25 2년이 지남 이스라엘 전역에서 압살롬만큼 잘생겼다고 칭찬받는 사람이 없었습니다. 그는 머리끝부터 발끝까지 흠잡을 데가 없었습니다. 신 28:35;욥 2:7;사 1:6

26 그는 연말이 되면 머리털이 너무 무거워져서 잘랐는데 그의 머리털을 잘라 그 무게를 달아 보면 왕의 저울로 200세겔이나 됐습니다. 겔 44:20

27 압살롬은 아들 셋과 딸 하나를 낳았는데 딸의 이름은 다말이었고 외모가 아름다웠습니다. 18:18

28 압살롬은 예루살렘에서 만 2년을 살았지만 왕의 얼굴을 보지 못했습니다.

29 다윗과 압살롬이 화해함 그래서 압살롬은 요압을 불러 왕께 보내려 했습니다. 그러나 요압은 그에게 오지 않았습니다. 다시 또 불렀지만 요압은 오지 않았습니다.

30 그러자 압살롬이 자기 종에게 말했습니다. "내 밭 옆에 있는 요압의 밭에 보리가 있으니 가서 불을 질러라." 그리하여 압살롬의 종들은 그 밭에 불을 질렀습니다.

31 그러자 요압이 일어나 압살롬의 집으로 와서 그에게 말했습니다. "당신의 종들이 무엇 때문에 내 밭에 불을 질렀습니까?"

32 압살롬이 요압에게 말했습니다. "내가 네게 사람을 보냈었다. 너를 왕께 보내 나를 왜 그술에서 돌아오게 했는지 그리고 이렇게 사느니 차라리 거기 있는 편이 나았을 뻔했다고 왕께 말씀드리게 하려고 말이다. 이제 내가 왕의 얼굴을 뵙고 싶다. 내가 죄가 있다면 차라리 나를 죽여 달라고 전하여라." 삼상 20:8

33 그러자 요압은 왕께 가서 이 말을 전했습니

다. 왕은 압살롬을 불렀고 그가 들어와 왕 앞에서 얼굴을 땅에 대고 절했습니다. 그러자 왕은 압살롬에게 입을 맞추었습니다.

15 압살롬의 책략 이 일 후에 압살롬은 전차와 말들을 준비하고 50명의 군사들을 마련해 자기를 앞세웠습니다.

2 그는 일찍 일어나 성문 쪽으로 향한 길가에 섰습니다. 누구든 판결을 받으려고 왕 앞에 상소문을 들고 오면 압살롬이 그 사람을 불러 말했습니다. "네가 어느 성 출신이냐?" 그 사람이 "이스라엘의 어느 지파에서 왔습니다"라고 대답하면 롯 4:1

3 압살롬이 그에게 "보아라. 네 상소가 옳고 타당하지만 네 말을 들어줄 만한 사람이 왕에게 없구나"라고 말하며

4 또 이렇게 덧붙여 말했습니다. "내가 이 땅에서 재판관이 되고 누구든 상소나 재판 문제를 가지고 내게 오면 내가 정당한 판결을 내려 줄 텐데." 삿 9:29

5 또한 압살롬은 누가 자기에게 다가와 절을 하면 언제든 손을 뻗어 붙들고 입을 맞추곤 했습니다.

6 압살롬은 정당한 재판을 호소하며 왕께 오는 모든 이스라엘 사람들에게 이런 식으로 대해서 이스라엘 백성들의 마음을 사로잡았습니다.

7 반란을 꾸밈 4년 만에 압살롬이 왕께 말했습니다. "헤브론에 가서 제가 여호와께 서원한 것을 이룰 수 있게 해 주십시오.

8 왕의 종이 아람의 그술에서 살 때 '여호와께서 저를 예루살렘에 다시 가게 해 주시면 제가 여호와를 섬기겠다'고 서원했습니다." 13:38;창 28:20-21;삼상 1:11

9 왕이 그에게 "평안히 가거라" 하고 말하자 그는 일어나 헤브론으로 갔습니다.

10 그때 압살롬은 이스라엘 모든 지파에게 두루 첩자들을 보내 "나팔 소리가 들리면 너희는 곧바로 '압살롬이 헤브론에서 왕이 됐다'고 하라"라고 말해 두었습니다.

11 예루살렘에서 200명의 사람들이 압살롬을 따라갔는데 그들은 단지 손님으로 초대돼 이 일에 대해 아무것도 모르고 그냥 따라 나선 것이었습니다. 창 20:5;삼상 9:13;16:3,5

12 압살롬은 제사를 드리면서 다윗의 참모인 길로 사람 아히도벨에게 사람을 보내 그의 고향 길로에 오게 했습니다. 이렇게 반란 세력이 점점 커지자 압살롬의 추종자들도 점점 불어났습니다. 수 15:51;대상 27:33

13 도망가는 다윗 심부름꾼이 와서 다윗에게 말했습니다. "이스라엘의 인심이 압살롬에게로 돌아섰습니다." 삿 9:3

14 그러자 다윗이 그와 함께 예루살렘에 있던 모든 신하들에게 말했습니다. "여기서 도망가야겠다. 그러지 않으면 우리 가운데 어느 누구도 압살롬에게서 살아남을 수 없을 것이다. 지금 당장 떠나자. 머지않아 조만간 우리를 쳐서 해치고 칼로 성을 칠까 두렵구나." 19:9

15 왕의 신하들이 그에게 대답했습니다. "우리는 왕의 종들입니다. 무엇이든 우리 주 왕께서 하라고 하시는 대로 할 것입니다."

16 왕은 왕궁을 지킬 후궁 열 명만 남겨 놓고

┌─────────────────────────────────┐
다윗의 범죄 후 발생한 사건

다윗은 나단 예언자로부터 밧세바와의 부적절한 관계 때문에 칼이 그의 집에서 떠나지 않으리라는 말을 들었다(삼하 12:10). 다음은 다윗이 죄를 범한 이후에 일어난 사건들이다.

1. 밧세바에게서 태어난 맏아들이 죽었다(삼하 12:15-19).

2. 장자 암논이 압살롬의 누이 다말을 성폭행했다(삼하 13:1-20).

3. 압살롬이 암논을 살해했다(삼하 13:21-29).

4. 압살롬이 다윗을 반역했다(삼하 15:1-12) 아버지의 후궁들과 동침했다(삼하 16:21-22).

5. 압살롬은 요압에게 죽임을 당했다(삼하 18:9-14).

6. 베냐민 사람 세바가 반란을 일으켰다(삼하 20:1-22).

7. 3년 동안 흉년으로 양식이 없어 굶주렸다(삼하 21:1-14).
└─────────────────────────────────┘

그의 모든 가족들과 함께 떠났습니다.

17 왕이 떠나자 모든 백성들이 그 뒤를 따랐습니다. 그러다가 그들은 성 외곽에 멈추어 섰습니다.

18 그의 모든 신하들이 왕의 옆에서 걸었고 모든 그렛 사람과 모든 블렛 사람과 가드에서부터 왕을 따라온 600명의 모든 가드 사람이 왕 앞에서 행진해 갔습니다.

19 잇대가 함께할 왕이 가드 사람 잇대에게 말했습니다. "네가 왜 우리와 함께 가려고 하느냐? 돌아가 왕과 함께 있어라. 너는 네 고향에서 망명 온 외국 사람이니 말이다.

20 네가 온 것이 불과 얼마 전인데 어디로 갈지도 모르는 내가 어떻게 네게 우리와 같이 떠나자고 하겠느냐? 돌아가거라. 네 동포들도 데리고 가거라. 은혜와 진리가 너와 함께하기를 바란다." *삼상 23:13*

21 그러나 잇대가 왕께 대답했습니다. "여호와께서 살아 계심과 내 주 왕께서 살아 계심을 두고 맹세하는데 내 주 왕께서 계시는 곳이면 어디든 그것이 죽음이든지 생명이든지 상관없이 왕의 종도 거기에 있을 것입니다." *룻 1:16-17;3:13*

22 다윗이 잇대에게 말했습니다. "그러면 먼저 건너가거라." 그리하여 가드 사람 잇대는 자기 부하들과 그에게 딸린 아이들과 함께 건넜습니다.

23 하나님의 궤가 예루살렘으로 돌아옴 온 백성들이 지나갈 때 나라 모든 백성들이 큰 소리로 울었습니다. 왕은 기드론 골짜기를 먼저 건넜고 온 백성들은 광야 길을 향해 나아갔습니다. *왕상 2:37;15:13;왕하 23:4,6,12*

24 사독도 거기 있었고 하나님의 언약궤를 메고 있던 모든 레위 사람들도 그와 함께 있었습니다. 거기에서 하나님의 궤를 내려놓았습니다. 아비아달도 올라와 모든 백성들이 성에서 나올 때까지 기다렸습니다.

25 그러자 왕이 사독에게 말했습니다. "하나님의 궤를 성안으로 들여놓아라. 여호와 앞에 내가 은혜를 입었다면 그분이 나를 돌아오게 하시고 언약궤와 그분이 계시는 곳을 다시 보여 주실 것이다. *출 15:13;시 43:3*

26 그러나 그분께서 '내가 너를 기뻐하지 않는다'라고 하신다면 여기 있고 그분이 보시기에 선한 대로 내게 행하실 것이다."

27 왕이 제사장 사독에게 또 말했습니다. "너는 선견자가 아니냐? 너는 너희 두 아들, 곧 아히마아스와 아비아달의 아들 요나단을 데리고 평안히 성으로 돌아가라.

28 나는 네가 소식을 전해 올 때까지 광야의 나루터에서 기다리고 있겠다." *17:16*

29 그리하여 사독과 아비아달은 하나님의 궤를 메고 예루살렘으로 돌아가 그곳에 있었습니다.

30 성안으로 들어간 후에 그러나 다윗은 계속 올리브 산으로 올라갔습니다. 그는 머리를 가리고 발에 아무것도 신지 않은 채 계속 울면서 갔습니다. 그와 함께 있던 모든 백성들도 머리를 가리고 계속 울면서 올라갔습니다. *19:4;애 6:12;시 126:6;렘 14:3-4*

31 그때 누군가 다윗에게 아히도벨이 압살롬의 모반자들 가운데 껴 있다는 소식을 전했습니다. 그러자 다윗이 기도했습니다. "여호와여, 아히도벨의 계획을 어리석게 하소서."

32 다윗이 산꼭대기에 도착했습니다. 그곳은 백성들이 하나님께 경배를 드리곤 하던 곳이었습니다. 그때 그곳에 있던 아렉 사람 후새가 자기 옷을 찢고 머리에 흙을 뒤집어쓴 채로 그를 맞으러 나왔습니다.

33 다윗이 그에게 말했습니다. "네가 나와 함께 간다면 내게 짐이 될 것이다. *19:35*

34 성으로 돌아가 압살롬에게 '왕이시여, 내가 왕의 종이 되겠습니다. 내가 전에는 왕의 아버지의 종이었지만 이제 왕의 종이 되겠습니다'라고 한다면 네가 아히도벨의 계획이 실패로 돌아가도록 나를 도울 수 있을 것이다. *16:19*

35 사독과 아비아달 두 제사장이 거기 너와 함께 있지 않겠느냐? 무엇이든 왕궁에서 듣는 소식은 사독과 아비아달 두 제사장에게 말해 주어라. *17:15-16*

36 그들의 두 아들, 곧 사독의 아들 아히마아스와 아비아달의 아들 요나단이 그들과 함께 거기에 있으니 무엇이든지 들리는 대로 그들 편에 소식을 전하여라." 17:17

37 그리하여 다윗의 친구 후새는 성안으로 들어갔습니다. 그때 압살롬도 예루살렘으로 들어갔습니다. 16:15·16대상 27:33

16 시바가 책략을 꾸민 다윗이 산꼭대기에서 조금 떨어진 곳에 갔는데 그곳에서 므비보셋의 종이었던 시바가 그를 맞았습니다. 그는 나귀 두 마리에 안장을 얹고 빵 200덩이와 건포도 100송이와 무화과 100개와 포도주 한 부대를 싣고 왔습니다. 9:2·13:15·30:32삼상 25:18

2 왕이 시바에게 물었습니다. "왜 이런 것들을 가져왔느냐?" 시바가 대답했습니다. "나귀들은 왕의 가족들이 타시라고 마련한 것이고 빵과 과일은 신하들이 먹고 포도주는 광야에서 지쳤을 때 마시라고 준비했습니다." 삼 5:10·10:4

3 그러자 왕이 물었습니다. "네 주인의 손자는 어디 있느냐?" 시바가 왕에게 대답했습니다. "그는 지금 예루살렘에 남아 있습니다. 그는 이스라엘 사람들이 자기 할아버지의 왕국을 자신에게 되돌려 줄 것으로 생각하고 있습니다." 19:26·27

4 그러자 왕이 시바에게 말했습니다. "이제 므비보셋의 재산을 모두 네가 갖도록 하여라." 시바가 말했습니다. "제가 엎드려 절하니 내 주 왕께 은혜를 입기 바랍니다."

5 시므이가 다윗을 저주함 다윗 왕이 바후림에 도착하자 사울 집안 사람 하나가 그곳에서 나아왔습니다. 그의 이름은 시므이요, 게라의 아들이었는데 그는 나오면서 계속 저주를 퍼부었습니다. 3:16·19:16,21·왕상 2:8,36·46

6 그는 다윗의 좌우로 모든 군대와 호위병들이 있음에도 불구하고 다윗과 왕의 모든 신하들에게 돌을 던졌습니다.

7 시므이는 저주하며 이렇게 말했습니다. "떠나가거라. 이 피비린내 나는 살인자야, 이 악당아!" 신 13:13

8 여호와께서 네가 사울의 집안에 흘린 피를 모두 네게 갚아 주시는 것이다. 네가 그의 자리를 차지했지만 여호와께서 이 나라를 네 아들 압살롬의 손에 넘겨주셨다. 네가 피를 흘린 사람이기에 네 악 때문에 스스로 재앙을 받는 것이다." 1:16

9 그러자 스루야의 아들 아비새가 왕께 말했습니다. "어떻게 이 죽은 개와 같은 녀석이 내 주 왕을 저주하는 것입니까? 제가 가서 그 목을 치겠습니다." 삼 22:28·삼상 24:14

10 그러자 왕이 말했습니다. "스루야의 아들들아, 내가 너희와 무슨 상관이 있다고 그러느냐? 여호와께서 그에게 '다윗을 저주하여라'라고 하신 것이라면 어느 누가 '왜 네가 이렇게 하느냐?' 하고 물을 수 있겠느냐?" 19:22·삼상 26:6

11 그리고 나서 다윗이 아비새와 자기 모든 신하들에게 말했습니다. "내 몸에서 난 내 아들도 내 목숨을 빼앗으려 하는데 이 베냐민 사람이야 오죽하겠느냐. 여호와께서 그에게 그렇게 하라고 명령하셨으니 저주하게 그냥 내버려 두어라. 12:11

12 여호와께서 내 비참한 모습을 보시고 그 저주를 내게 선으로 갚아 주실지 누가 알겠느냐."

13 그리고 나서 다윗과 그의 사람들은 계속 길을 따라갔습니다. 시므이는 그 반대편 산비탈을 따라가면서 계속 저주하고 돌을 던지면서 흙을 뿌렸습니다.

14 왕과 그와 함께 있던 백성들은 모두 지쳐 한곳에 머물러 쉬었습니다. 2절

15 후새가 충성을 가장함 한편 압살롬과 이스라엘의 모든 군사들은 예루살렘에 입성했습니다. 아히도벨도 그와 함께 있었습니다.

16 그때 다윗의 친구인 아렉 사람 후새가 압살롬에게 가서 "왕께 만세, 왕께 만세!" 하고 외쳤습니다. 삼상 10:24·왕상 1:25,39·왕하 11:12

17 압살롬이 후새에게 물었습니다. "이것이 어떻게 네 친구에게 충성하는 것이냐? 어째서 네 친구를 따라가지 않았느냐?"

18 후새가 압살롬에게 말했습니다. "아닙니

다. 여호와께서 택하시고 이 백성들과 모든 이스라엘 사람들이 선택한 분의 편에 서서 그분과 함께 있을 것입니다.

19 압살롬이 아버지의 후궁들과 동침할 제가 누구를 섬겨야 하겠습니까? 제가 그의 아들을 섬겨야 하지 않겠습니까? 제가 왕의 아버지를 섬긴 것처럼 이제 왕을 섬길 것입니다." ^{15:34}

20 압살롬이 아히도벨에게 말했습니다. "네 계획을 말해 보아라. 우리가 어떻게 하면 좋겠느냐?"

21 아히도벨이 대답했습니다. "왕의 아버지가 왕궁을 돌보라고 두고 가신 후궁들과 동침하십시오. 그러면 온 이스라엘은 왕이 스스로 아버지의 노여움을 샀음을 듣게 될 것이고 그러면 왕과 함께한 모든 사람들이 힘을 얻을 것입니다." ^{슥 8:9,13}

22 그러자 그들은 압살롬을 위해 지붕에 천막을 쳤고 그는 온 이스라엘이 보는 앞에서 아버지의 후궁들과 동침했습니다.

23 아히도벨의 충성 그 당시 사람들은 아히도벨이 주는 계획들을 마치 하나님께 여쭈어서 받은 말씀과 꼭 같이 여겼습니다. 아히도벨의 계획은 다윗에게도 압살롬에게도 모두 그렇게 여겨졌습니다. ^{15:12}

17 아히도벨이 압살롬에게 말했습니다. "제가 1만 2,000명을 뽑아 오늘 밤 일어나 다윗을 쫓습니다.

2 그가 피곤해 지쳤을 때 공격해 다윗에게 겁을 주면 그와 함께 있던 모든 군사들이 달아날 것입니다. 제가 다윗 왕만 쳐 죽이고

3 백성들은 모두 왕께 데려오겠습니다. 왕이 찾으시는 그 사람만 죽이면 백성들이 다 돌아올 것이고 백성들이 모두 평안할 것입니다."

4 압살롬과 이스라엘의 모든 장로들이 보기에 이 계획은 훌륭했습니다.

5 후새가 충고함 그러나 압살롬은 아렉 사람 후새를 불러 그의 계획도 들어보자고 했습니다. ^{16:16-18}

6 후새가 들어오자 압살롬이 말했습니다.

"아히도벨이 이러이러한 계획을 세웠다. 그가 말한 대로 하는 것이 좋겠느냐? 그렇지 않다면 네 의견을 말해 보아라."

7 후새가 압살롬에게 대답했습니다. "지금으로서는 아히도벨의 계획이 그리 좋은 것 같지 않습니다.

8 왕의 아버지와 그 군사들을 아실 것입니다. 그들은 용사들인 데다가 사납기로는 새끼를 빼앗긴 들곰과 같습니다. 게다가 왕의 아버지는 백전노장이니 백성들과 함께 진영에 머물지 않습니다. ^{삿 18:25,삼하 17:12,호 13:8}

9 지금쯤 아마 동굴이나 어디 다른 곳에 숨어 있을 것입니다. 만약 우리 군사들 가운데 누가 먼저 쓰러지기라도 하면 그 소식을 듣는 사람이 '압살롬을 따르는 사람들이 졌다'라고 말할 것입니다.

10 그러면 아무리 사자 같은 심장이라도 두려움으로 간담이 서늘해질 것입니다. 왕의 아버지가 용사며 그와 함께 있는 사람들은 용맹스럽다는 것을 온 이스라엘이 알고 있기 때문입니다. ^{수 2:11}

11 그래서 제가 왕께 드리는 계획은 이렇습니다. 단에서부터 브엘세바에 이르기까지 바다의 모래알같이 수많은 온 이스라엘이 왕 앞에 모이도록 해 왕께서 직접 싸움터에 나가시는 것입니다. ^{3:10,삿 22:17}

12 그리하여 우리가 다윗을 찾는 곳에서 그를 치는 것입니다. 마치 온 땅에 이슬이 떨어지는 것처럼 다윗을 덮치는 것입니다. 그러면 다윗이나 그의 사람들 가운데 살아남는 사람이 한 사람도 없을 것입니다.

13 만약 그가 어떤 성에 들어가 있다면 온 이스라엘이 그 성에 밧줄을 가지고 들어가게 하십시오. 그러면 우리가 그 성을 강으로 잡아당겨 돌 조각 하나도 남기지 않고 쓸어버릴 것입니다."

14 압살롬과 모든 이스라엘 사람들이 말했습니다. "아렉 사람 후새의 계획이 아히도벨

후궁(16:22, 後宮, concubine) 왕이 아내 외에 데리고 사는 여자. 백전노장(17:8, 百戰老將, experienced fighter) 수많은 싸움을 치른 노련한 장수.

의 것보다 낫습니다." 이렇게 된 것은 여호와께서 압살롬에게 재앙을 주시려고 아히도벨의 좋은 계획을 좌절시키셨기 때문이었습니다. 15:31,34

15 다윗에게 소식을 보낸 그때 후새는 두 제사장 사독과 아비아달에게 말했습니다. "아히도벨이 압살롬과 이스라엘 장로들에게 이러저러한 계획을 내세우고 나도 이러이러한 계획을 내세웠습니다. 15:35-36

16 그러니 당장 다윗에게 소식을 보내 '오늘 밤 광야 나루터에 계시지 말고 한시바삐 강을 건너십시오. 그러지 않으면 왕과 그와 함께한 모든 사람이 죽을 것입니다'라고 말하십시오." 15:28,20:19

17 요나단과 아히마아스는 들킬까 봐 성으로 들어가지 않고 에느로겔에 머물러 있었습니다. 그래서 한 여종이 그들에게 가서 소식을 전해 주면 그들이 다윗 왕에게 가서 알리곤 했습니다. 15:27,36;수15:7;18:16

18 그러나 한 젊은이가 그들을 보고 압살롬에게 일러바쳤습니다. 그러자 그 두 사람은 재빨리 그곳을 떠나 바후림에 있는 어떤 사람의 집으로 갔습니다. 그 집 마당에 우물이 하나 있어서 그들은 그 속에 내려가 있었습니다. 3:16

19 그러자 그의 아내가 우물 뚜껑을 가져다가 우물을 막고 그 위에 곡식을 널어놓아서 아무도 알지 못하게 했습니다. 수2:6

20 압살롬의 사람들이 그 집 여자에게 와서 물었습니다. "아히마아스와 요나단이 어디 있느냐?" 그 여자가 그들에게 대답했습니다. "그들은 시내를 건너갔습니다." 그 사람들은 사방으로 찾아 보았으나 결국 찾지 못하고 예루살렘으로 돌아갔습니다.

21 그 사람들이 가고 난 뒤 그 두 사람은 우물에서 기어 나와 다윗 왕에게 달려가 그 말을 전했습니다. "일어나 빨리 강을 건너십시오. 아히도벨이 이러이러한 계획을 냈습니다." 15~16절

22 그리하여 다윗과 그와 함께 있던 모든 사람들은 일어나 요단 강을 건넜습니다. 동틀 무렵까지 요단 강을 건너지 못한 사람은 아무도 없었습니다.

23 아히도벨의 자살 아히도벨은 자신의 계획이 채택되지 못한 것을 보고는 나귀에 안장을 얹고 일어나 고향의 자기 집으로 돌아갔습니다. 그리고 그는 집을 정리한 뒤 목매달아 죽어 그 아버지의 무덤에 묻혔습니다.

24 전투를 위한 준비 다윗은 마하나임으로 갔고 압살롬은 모든 이스라엘 군사들을 데리고 요단 강을 건넜습니다. 수13:26

25 압살롬은 요압을 대신해 아마사를 군대 장관으로 세웠습니다. 아마사는 이스라엘 사람 이드라라는 사람의 아들입니다. 이드라는 나하스의 딸 아비갈과 결혼해 아마사를 낳았는데 아비갈은 요압의 어머니인 스루

어떻게 우물에 숨을 수 있지요?

이스라엘은 비가 적게 내리고 건조한 기후여서 항상 물이 부족한 나라랍니다. 그 때문에 가축이나 사람들이 물을 얻기 위해 우물을 팠어요. 덥고 건조한 나라에서는 우물이 매우 중요했어요. 우물 때문에 싸움이나 골짜기 또는 도시 근처, 들판, 집안의 뜰에 있었어요. 크기는 웅덩이 정도에서 야곱의 우물(약23m)처럼 아주 깊은 것까지 종류도 다양했어요. 보통 우물은 견고하게 벽을 만들고 평평한 돌로 뚜껑을 씌우고 입구는 작게 만들었어요. 그리고 우물을 사용하지 않을 때는 입구에 돌을 덮어 깨끗하게 보존했답니다.

압살롬을 피해 도망가던 요나단과 아히마아스가 숨은 곳은 바로 뚜껑을 덮는 우물이었어요. 우물에 숨고 뚜껑을 덮은 후 위에 곡식 등을 널어 완벽하게 위장했어요(삼하 17:19). 이렇게 마른 우물 안에 숨어 위험을 피할 수 있었던 거랍니다.

야의 여동생입니다. 왕상 2:5,32:대상 2:16~17

26 이스라엘 사람들과 압살롬은 길르앗 땅에 진을 쳤습니다.

27 다윗이 마하나임에 가 있을 때 암몬 사람들의 성인 랍바에서 나하스의 아들 소비가 찾아왔고 로데발에서 암미엘의 아들 마길과 로글림에서는 길르앗 사람 바르실래가 찾아와 9:4:10:1~2:왕상 27:스 2:61

28 침대와 대야와 그릇들을 가져오고 밀과 보리와 밀가루와 볶은 곡식과 콩과 팥과 볶은 녹두와

29 꿀과 버터와 양과 치즈를 가져와 다윗과 그의 일행들에게 먹으라고 주었습니다. 그들은 다윗의 일행이 광야에서 배고프고 지치고 목말랐을 것이라고 생각했던 것입니다.

18 다윗이 군대를 파견함 다윗은 그와 함께 있는 사람들의 수를 세어 천부장과 백부장을 세웠습니다.

2 다윗은 군대를 셋으로 나누어 3분의 1은 요압의 지휘 아래, 3분의 1은 요압의 동생 스루야의 아들 아비새의 지휘 아래, 또 다른 3분의 1은 가드 사람 잇대의 지휘 아래 두었습니다.

그리고 왕은 모든 백성들에게 "나도 반드시 너희와 함께 직접 나가겠다"라고 말했습니다. 15:19

3 그러나 백성들은 말했습니다. "나가시면 안 됩니다. 만약 우리가 도망쳐도 저들은 상관이지 않을 것이고 우리 가운데 절반이 죽어도 상관하지 않을 것입니다. 그러나 왕께서는 우리를 1만 명과 같습니다. 왕께서는 지금 성안에 계시면서 우리를 돕

는 것이 더 좋을 것 같습니다."

4 그러자 왕은 "무엇이든 너희 좋을 대로 할 것이다" 하고 대답했습니다. 그리하여 왕은 모든 군사들이 100명씩 그리고 1,000명씩 무리를 지어 나가는 동안 성문 곁에 서 있었습니다.

5 왕이 요압과 아비새와 잇대에게 명령했습니다. "나를 봐서라도 어린 압살롬을 너그럽게 대해 주라." 왕이 그 장군들에게 압살롬에 관해 명령을 내릴 때 모든 백성들도 다 들었습니다.

6 다윗의 용사들이 이끌 다윗의 군대는 이스라엘과 싸우기 위해 들판으로 나갔습니다. 싸움은 에브라임 숲에서 벌어졌습니다.

7 거기서 이스라엘 군대는 다윗의 군사들에게 패했는데 그날 거기서 죽은 사람은 2만 명이나 됐습니다.

8 싸움은 그 지역 전체로 퍼져 그날 숲에서 죽은 사람이 칼로 죽은 사람보다 많았습니다.

9 압살롬이 죽음 그때 압살롬이 다윗의 군사

상수리나무에 머리털이 걸린 압살롬을 요압이 죽임

들과 맞닥뜨리게 됐습니다. 그는 노새를 타고 있었는데 노새가 커다란 상수리나무의 굵은 가지들 아래로 지나갈 때 압살롬의 머리털이 나무에 걸려 공중에 매달리게 됐습니다. 그가 타고 있던 노새는 그대로 달려가 버렸습니다.

10 어떤 군사가 이 모습을 보고 요압에게 말했습니다. "방금 압살롬이 상수리나무에 매달려 있는 것을 보았습니다."

11 요압이 이 말을 한 군사에게 말했습니다. "아니, 너는 그것을 보고도 어째서 그를 그 자리에서 치지 않았느냐? 그랬으면 네게 은 10세겔과 용사의 허리띠를 주었을 것이다."

12 그 사람이 대답했습니다. "제 손에 은 1,000세겔을 주신다고 해도 손을 들어 왕자를 치지 않았을 것입니다. 왕께서 당신과 아비새와 잇대에게 '나를 위해 어린 압살롬을 건드리지 않도록 하라' 하고 명령하신 것을 저희가 들었기 때문입니다.

13 만약 내가 왕의 명령을 어기고 압살롬을 죽였다면 왕 앞에서는 아무것도 숨길 수가 없기 때문에 장군님도 제게서 등을 돌릴 것입니다."

14 요압이 말했습니다. "내가 너와 이렇게 꾸물거리고 있을 때가 아니다." 그러고는 창세 개를 손에 쥐고는 아직 살아서 상수리나무에 달려 있는 압살롬의 심장을 찔렀습니다.

15 요압의 무기를 든 군사 열 명도 압살롬을 에워싸고 쳐 죽였습니다.

16 그리고 나서 요압이 나팔을 불어 군사들을 멈추게 하자 군사들이 이스라엘을 뒤쫓아 가지 않고 돌아왔습니다.

17 그들은 압살롬을 데려다가 숲 속 큰 구덩이에 던져 넣고 그 위에 아주 큰 돌무더기를 쌓아 두었습니다. 이스라엘 군사들은 모두 자기 장막으로 도망쳤습니다. 수7:26

18 압살롬은 살아 있을 때 자신을 위해 왕의 골짜기에 비석을 세웠습니다. 자신의 이름을 기념해 줄 만한 아들이 없다고 생각

했기 때문입니다. 그가 그 비석에 자신의 이름을 붙였으므로 사람들은 오늘날까지 그것을 압살롬의 기념비라고 부르고 있습니다.

19 요압이 다윗에게 사신을 보냄 그때 사독의 아들 아히마아스가 말했습니다. "내가 달려가 여호와께서 왕의 원수를 갚아 주셨다는 소식을 왕께 전하겠습니다."

20 요압이 그에게 말했습니다. "오늘 그 소식을 전할 사람은 네가 아니다. 왕자가 죽었으니 너는 다른 날 전하고 오늘은 하지 마라."

21 그러고 나서 요압이 에티오피아 사람에게 말했습니다. "가서 왕께 네가 본 것을 말씀 드려라." 그러자 에티오피아 사람은 요압 앞에 절하고 달려갔습니다.

22 사독의 아들 아히마아스가 다시 요압에게 말했습니다. "제발 부탁입니다. 어쨌든 저 에티오피아 사람을 뒤따라가게 해 주십시오." 그러나 요압이 대답했습니다. "내 아들아, 네가 왜 그렇게 가려고 하느냐? 네게 상이 될 만한 소식이 없지 않느냐?"

23 아히마아스가 말했습니다. "제발 부탁입니다. 어쨌든 저도 가겠습니다." 그러자 요압은 그가 가는 것을 허락했습니다. 그러자 아히마아스는 들길로 내달려 에티오피아 사람을 앞질렀습니다. 신34:3

24 아히마아스가 달려옴 다윗이 두 문 사이에 앉아 있는데 파수꾼이 성벽과 성문 위 지붕에 올라갔다가 한 사람이 혼자 달려오는 것을 보았습니다. 13:34;19:8;왕하9:17

25 파수꾼이 큰 소리로 왕께 이 사실을 알렸습니다. 왕은 "그가 혼자라면 그 입에 좋은 소식이 있을 것이다"라고 말했습니다. 그 사람은 힐러 힐러 점점 가까이 오고 있었습니다.

26 그러자 파수꾼은 다른 사람 하나가 또 달려오는 것을 보고 아래 있는 성 문지기를 불러 말했습니다. "또 한 사람이 달려온다." 왕이 말했습니다. "저 사람도 소식을 가져오는 것이다."

27 파수꾼이 "제가 보기에 먼저 달려온 사람은 사독의 아들 아히마아스인 것 같습니다"라고 말하자 왕은 "그는 좋은 사람이니 좋은 소식을 가져왔을 것이다"라고 말했습니다. ^{왕상 1:42;왕하 9:20}

28 그러자 아히마아스가 얼굴을 땅에 대고 절한 뒤 큰 소리로 왕께 말했습니다. "모든 것이 잘됐습니다. 오늘 내 주 왕을 대적해 손을 든 사람들을 멸하신 왕의 하나님 여호와를 찬양합니다." ^{삼하 14:20}

29 다윗이 압살롬의 전사 소식을 들을 왕이 물었습니다. "어린 압살롬은 무사하냐?" 아히마아스가 대답했습니다. "요압이 왕의 종인 저를 보낼 때 큰 소동이 있는 것을 보았는데 뭔지는 잘 모르겠습니다." ^{20:9}

30 왕이 말했습니다. "이쪽에 서서 기다리고 있어라." 그러자 그는 한발 물러나 서 있었습니다.

31 그러자 에티오피아 사람이 이르러 왕께 아뢰었습니다. "내 주 왕이여, 좋은 소식을 들으십시오. 여호와께서 오늘 왕을 대항해 들고일어난 사람들에게 원수를 갚아 주셨습니다." ^{19절}

32 왕이 에티오피아 사람에게 물었습니다. "어린 압살롬은 무사하냐?" 에티오피아 사람이 대답했습니다. "내 주 왕의 원수들과 왕을 해치려고 들고일어나는 모든 사람들이 그 젊은이와 같게 되기를 빕니다."

33 왕은 이 말을 듣고 마음이 너무 아파서 성문 위쪽 방으로 올라가 통곡했습니다. 왕은 올라가면서 울먹이며 말했습니다. "내 아들 압살롬아, 내 아들아, 내 아들 압살롬아! 내가 너 대신 죽을 수만 있었다면, 압살롬아, 내 아들, 내 아들아!" ^{19:4}

19 다윗이 슬퍼하 요압은 "왕께서 압살롬 때문에 통곡하며 슬퍼하셨다"는 소식을 들었습니다.

2 온 백성들에게도 그날의 승리가 슬픔으로 바뀌었습니다. 그날 군사들이 "왕께서 그 아들 때문에 슬퍼하신다" 하는 말을 들었던 것입니다.

3 그날 군사들은 싸움에서 패배한 군사들이 부끄러워 슬그머니 들어가듯 그렇게 성 안으로 들어갔습니다.

4 왕은 여전히 얼굴을 가리고 큰 소리로 울었습니다. "내 아들 압살롬! 압살롬아, 내 아들아, 내 아들아!" ^{15:30;18:3}

5 요압의 충고 그때 요압이 집으로 들어가 왕께 말했습니다. "오늘 왕께서는 왕의 모든 군사들을 수치스럽게 만들고 계십니다. 저들은 왕의 목숨과 왕의 아들딸들과 왕의 아내와 후궁들의 목숨을 구해 주지 않았습니까?

6 왕이 이렇게 하시는 것은 왕께 반역한 사람들은 사랑하고 왕을 사랑하는 사람들은 미워하는 것입니다. 오늘 왕께서는 왕의 장군들과 군사들은 왕께 있으나 마나 한 사람들이라는 것을 분명히 보여 주셨습니다. 차라리 압살롬이 살아 있고 우리 모두가 죽었다면 왕은 오히려 더 기뻐하셨을 것이라는 생각마저 듭니다.

7 그러니 이제 밖으로 나가 왕의 군사들에게 위로의 말씀을 해 주십시오. 여호와를 두고 맹세하는데 왕이 밖으로 나가지 않으시면 밤이 오기 전에 왕 곁에 남아 있을 군사가 한 명도 없을 것입니다. 그것은 왕이 어릴 적부터 지금까지 당한 모든 재앙보다 더 심한 환난이 될 것입니다." ^{창 34:3}

8 그러자 왕이 일어나 성문에 자리를 잡고 앉았습니다. 군사들은 "왕께서 성문에 앉아 계신다" 하는 말을 듣고 모두 그 앞으로 나아갔습니다. 한편 이스라엘 사람들은 자기 집으로 도망쳤습니다. ^{룻 4:1}

9 혼란에 빠진 나라 온 이스라엘 지파들은 서로 의견들을 나누며 말했습니다. "왕은 우리를 원수들의 손에서 구해 내셨고 블레셋 사람들의 손에서도 구해 내셨다. 그런데 지금은 압살롬 때문에 이 나라에서 도망치셨다. ^{5:20;8:1~14;15:14}

10 그리고 우리가 기름 부어 우리를 다스리도록 세운 압살롬은 싸움터에서 죽어 버렸다. 그러니 왕을 다시 모셔 와야 할 텐데

11 다윗이 귀환을 준비함 다윗 왕은 제사장 사독과 아비아달에게 사람을 보내 이렇게 전했습니다. "유다의 장로들에게 '이스라엘에 두루 퍼진 이야기가 왕의 집에까지 미쳤는데 너희가 왕을 왕궁으로 모시는 데 맨 나중이 되려느냐? 15:29

12 너희는 내 형제들이요, 내 친척이다. 그런데 어떻게 너희가 왕을 다시 모시는 데 맨 나중이 되겠느냐?'고 물으라. 5:1창 29:14

13 그리고 아마사에게는 '네가 내 친족이 아니냐? 네가 만약 지금부터 요압을 대신해 항상 내 군대의 사령관이 되지 않는다면 하나님께서 내게 심한 벌을 내리고 또 내리셔도 좋다'고 전하여라." 룻 1:17

14 다윗 왕은 온 유다 사람들의 마음을 되돌려 한마음이 되게 했습니다. 그들은 왕께 말을 전했습니다. "왕과 왕의 모든 신하들은 돌아오십시오." 삿 20:1

15 시므이가 은혜를 입음 다윗 왕은 돌아와 요단 강에 이르렀습니다. 그때 유다 사람들은 왕을 맞아 요단 강을 건너게 하려고 이미 길갈에 와 있었습니다.

16 바후림 출신인 베냐민 사람 게라의 아들 시므이가 다윗 왕을 맞으러 유다 사람들과 함께 급히 내려왔습니다. 16:5;왕상 2:8

17 베냐민 사람들 1,000명이 시므이와 함께 왔고 사울 집안의 종이었던 시바도 그의 아들 15명과 종 20명과 함께 시므이와 동행해 요단 강을 건너 왕께 왔습니다. 9:2

18 왕의 가족들을 건너게 하려고 나룻배를 타고 왔습니다. 왕의 환심을 사려는 것이었습니다. 왕이 요단 강을 건널 때 게라의 아들 시므이가 왕 앞에 엎드려

19 왕께 말했습니다. "내 주께서는 제게 죄를 묻지 않으시길 빕니다. 내 주 왕께서 예루살렘을 떠나시던 날 왕의 종이 저지른 잘못을 부디 기억하지도, 마음에 담아 두지도 마시기를 바랍니다. 16:5-13삼상 22:15

20 왕의 종인 제가 죄를 지었음을 알고 있기에 제가 오늘 내 주 왕을 맞으러 요셉의 온 집안에서 제일 먼저 나왔습니다." 16:5

21 그러자 스루야의 아들 아비새가 말했습니다. "저 사람이 여호와께서 기름 부으신 왕을 저주했으니 죽임당해 마땅하지 않습니까?" 출 22:28

22 다윗이 대답했습니다. "너희 스루야의 아들들아, 내 일에 왜 나서서 오늘 너희가 내 대적이 되려고 하느냐? 내가 오늘 이스라엘을 다스릴 왕이 됐는데 오늘 같은 날 이스라엘에서 누가 죽임을 당하면 어떻게 되겠느냐?" 16:10;삼상 11:13

23 그러고 나서 왕이 시므이에게 "너는 죽지 않을 것이다"라고 그에게 맹세해 주었습니다. 왕상 2:8-9,37,46

24 므비보셋이 다윗을 만남 사울의 손자 므비보셋도 왕을 맞으러 나갔습니다. 그는 왕이 떠난 날부터 왕이 무사히 돌아오는 날까지 발도 씻지 않고 수염도 깎지 않으며 옷

므비보셋

'그가 부끄러움을 뿌렸다'라는 이름의 뜻이 있다. 다른 이름은 므립바알이다. 요나단의 아들로 사울과 요나단이 죽었다는 소식을 들은 유모가 므비보셋을 안고 도망하다 그를 떨어뜨려 다리를 다쳐 절게 되었다.

아버지 요나단과의 우정과 약속을 기억한 다윗에게 친아들 같은 대우를 받았다. 그러나 압살롬의 반역 때 시바의 모함 때문에 모든 소유를 시바에게 빼앗겼다. 반역이 진압되어 다윗이 다시 왕이 되었을 때 므비보셋의 진심을 알게 된 다윗이 소유를 되돌려 주게 해서 재산을 되찾았다. 므비보셋의 아들 미가의 자손들 중에는 이름난 용사들이 나왔다.

므비보셋이 나오는 말씀
>> 삼하 4:4;9:3ㅣ1:19:24-30;
대상8:34-40;9:40-44

성경에 나오는 다른 므비보셋
>> 사울과 리스바 사이에서
낳은 아들 (삼하 21:8)

도 빼앗아 입지 않고 지냈습니다. 9:6

25 므비보셋이 예루살렘에서 왕을 맞으러 나오자 왕이 그에게 물었습니다. "므비보셋아, 어째서 나와 함께 가지 않았느냐?"

26 므비보셋이 말했습니다. "내 주 왕이여, 왕의 종이 다리를 절기 때문에 제 종에게 나귀에 안장을 얹어 타고 왕께 가겠다고 일렀는데 제 종 시바가 저를 배신했습니다.

27 그리고 그가 내 주 왕께 저를 모함했습니다. 내 주 왕께서는 하나님의 천사 같으시니 왕이 좋으신 대로 하십시오. 삼상 29:9

28 내 할아버지의 모든 자손들은 내 주 왕께 죽어 마땅했으나 왕께서 왕의 종에게 왕의 식탁에서 먹는 사람들 사이에 자리를 내주셨습니다. 그러니 제가 호소할 무슨 권리가 있겠습니까?" 9:7,10,13;12:5;삼상 26:16

29 왕이 그에게 말했습니다. "더 말해 무엇하겠느냐? 내가 명령하는데 너와 시바가 서로 밭을 나누어라."

30 므비보셋이 왕께 말했습니다. "내 주 왕께서 무사히 집에 도착하셨으니 그가 모든 것을 갖게 하십시오."

31 바르실래에게 호의를 베풀 길르앗 사람 바르실래도 왕이 요단 강을 건너는 것을 도우려고 로글림에서 내려왔습니다. 왕상 2:7

32 그때 바르실래는 80세로 나이가 무척 많았습니다. 그는 큰 부자였기에 왕이 마하나임에 있을 때 물자를 공급해 주었습니다.

33 왕이 바르실래에게 말했습니다. "나와 함께 강을 건너 예루살렘에서 함께 지내자. 네가 원하는 것을 모두 주겠다."

34 그러나 바르실래가 왕께 대답했습니다. "제가 살면 얼마나 더 살겠다고 왕과 함께 예루살렘으로 올라가겠습니까? 창 47:8

35 저는 지금 80세나 됐습니다. 제가 무엇이 옳고 그른지 판단할 수 있겠습니까? 왕의 종이 먹고 마시는 것의 맛을 알 수 있겠습니까? 제가 이제 남녀가 노래하는 소리를 알아들을 수 있겠습니까? 제가 어떻게 내 주 왕께 또 다른 짐이 되겠습니까? 시 90:10

36 왕의 종은 그저 왕과 함께 요단 강을 건너

조금 가려는 것뿐인데 왕께서는 왜 굳이 그렇게 상을 주려 하십니까?

37 왕의 종이 돌아가서 내 아버지 어머니의 무덤 곁에 묻히게 해 주십시오. 다만, 여기 왕의 종 김함이 있으니 그가 내 주 왕과 함께 건너가게 하시고 무엇이든 기뻐하시는 대로 그에게 해 주시기 바랍니다."

38 그러자 왕이 말했습니다. "그러면 김함을 데리고 강을 건널 것이다. 그리고 내가 무엇이든 네가 기뻐하는 대로 그에게 해 주겠다. 그리고 무엇이든 네가 내게 요구하는 것을 너를 위해 해 줄 것이다."

39 그리하여 모든 사람들이 요단 강을 건넜고 왕도 건너가서 바르실래에게 입을 맞추며 그를 축복해 주었습니다. 그러자 바르실래는 자기 집으로 돌아갔습니다.

40 왕이 길갈로 건너갈 때 김함도 그와 함께 건너갔습니다. 모든 유다 사람들과 이스라엘 사람들 2분의 1이 왕과 함께 건넜습니다.

41 **세바의 반역** 바로 그때 온 이스라엘 사람들이 왕께 다가서 말했습니다. "유다 사람들이 우리 형제면서 어떻게 우리와 의논하지도 않고 왕을 슬쩍 모셔다가 왕과 왕의 가족과 그 신하들이 모두 요단 강을 건너시도록 했습니까?" 15절

42 모든 유다 사람들이 이스라엘 사람들에게 대답했습니다. "우리가 그렇게 한 것은 왕께서 우리와 가까운 친족이기 때문이다. 너희가 왜 그 일로 그렇게 화를 내느냐? 우리가 왕께 뭘 얻어먹기라도 했느냐? 우리를 위해 뭘 챙기기라도 했느냐?"

43 그러자 이스라엘 사람들이 유다 사람들에게 대답했습니다. "우리는 왕에 대해 열 몫의 권리를 가지고 있다. 그러니 우리가 너희보다 왕께 더 큰 권리를 주장할 수 있다. 그런데 어떻게 너희가 우리를 멸시하는 것이냐? 우리 왕을 다시 모셔 오자고 먼저 말한 것은 우리가 아니냐?" 그래도 유다 사람들이 이스라엘 사람들보다 더 강경하게 맞섰습니다. 왕상 11:30-31;사 9:21;11:13

20 그때 불량배 한 사람이 그곳에 있었는데 그는 베냐민 사람 비그리의 아들인 세바라는 사람이었습니다. 그는 나팔을 불면서 소리를 질렀습니다. "우리는 다윗과 나눌 게 없다. 이새의 아들과 나눌 유산이 없다. 이스라엘아, 모두 자기 장막으로 돌아가라." ·신 13:13

2 그러자 모든 이스라엘 사람들이 다윗을 떠나 비그리의 아들 세바를 따라갔습니다. 그러나 유다 사람들은 요단 강에서부터 예루살렘까지 줄곧 자기들의 왕 곁에 있었습니다.

3 예루살렘으로 귀환한 다윗 예루살렘에 있는 자기 왕궁으로 돌아왔습니다. 그는 왕궁을 돌보라고 두고 간 열 명의 후궁들을 잡아 가두고 먹을 것은 주되 잠자리는 같이하지 않았습니다. 그래서 그들은 죽는 날까지 갇힌 채 생과부로 살았습니다.

4 요압이 아마사를 죽임 다윗 왕이 아마사에게 말했습니다. "너는 나를 위해 유다 백성들을 소집하고 너도 여기 와 있어라."

5 아마사가 유다 사람들을 소집하러 나갔는데 다윗이 정해 준 기간보다 오래 걸렸습니다.

6 그래서 다윗이 아비새에게 말했습니다. "이제 비그리의 아들 세바가 우리에게 압살롬보다 더 못된 짓을 할 것이다. 네 주인의 신하들을 데려가 그를 뒤쫓아라. 그러지 않으면 그가 견고한 성들을 찾아 숨어 우리를 피해 버릴 것이다." ·왕상 1:33

7 그리하여 요압의 군사들과 그렛 사람들과 블렛 사람들과 모든 용사들이 아비새를 따라 나갔습니다. 그들은 예루살렘에서 나가 비그리의 아들 세바를 뒤쫓아 나갔습니다.

8 그들이 기브온의 커다란 바위에 이르렀을 때 아마사가 그들 앞에 나왔습니다. 요압은 군복을 입고 그 위에 허리띠를 차고 칼집에 칼을 꽂아 허리띠에 매고 있었습니다. 그가 앞으로 걸어 나오는데 칼이 떨어졌습니다.

9 요압이 아마사에게 "내 형제여, 잘 있었느냐?" 하고 인사하며 오른손으로 아마사의 수염을 잡고는 그에게 입 맞추었습니다.

10 아마사는 요압의 손에 칼이 있는 것을 주의하지 않았습니다. 요압은 칼로 그 배를 찔러 버렸고 그의 창자가 땅에 쏟아져 나왔습니다. 다시 찌르지 않고도 아마사는 죽었습니다. 그러고 나서 요압과 그 형제 아비새는 비그리의 아들 세바를 쫓았습니다.

11 요압의 부하 가운데 하나가 아마사 곁에 있다가 말했습니다. "요압을 좋아하는 사람과 다윗 편인 사람은 누구든 요압을 따르라."

12 아마사가 길 한가운데 피투성이가 돼 뒹굴고 있었는데 그곳을 지나가는 군사마다 멈춰 서는 것을 보고 요압의 부하가 아마사를 길에서 끌어내 들판에 두고 겉옷을 던져 덮어 놓았습니다.

13 아마사를 길가에서 치우고 난 뒤 모든 군사들은 요압을 따라 비그리의 아들 세바

왜 요압은 아마사의 수염을 잡았을까요?

고대에서 수염은 명예와 권위를 나타내 주는 것이었어요 (대상 19:5; 시 133:2). 이스라엘 사람들은 수염을 깎거나 뽑는 것을 최대의 수치로 여겼고 (삼하 10:4; 사 7:20) 수염의 끝을 자르거나 깎는 것을 하지 않았어요 (레 19:27; 21:5). 피부병이 생겼을 때와 깊은 슬픔, 자신을 낮추고 비울 때를 제외하고 수염 깎는 것이 허용된 경우는 없었어요 (레 14:9; 사 15:2; 렘 41:5;

48:37).

압살롬의 군대 장관이었다가 나중에 다윗의 군대 사령관이 된 신분 높은 아마사는 수염을 길게 길렀을 거예요. 요압은 이스라엘의 인사법에 따라 입을 맞추며 인사할 때 아마사의 긴 수염을 한 손으로 가지런히 잡고 인사를 한 것이었어요 (삼하 20:9). 오늘날도 아랍 지역은 이런 모습으로 인사를 한다고 해요.

를 뒤쫓았습니다.

14 성과 맞물린 세바의 머리 세바는 온 이스라엘의 지파를 두루 다니다가 아벨과 벧마아가와 버림 온 땅에 이르게 됐습니다. 그곳 사람들도 모두 모여 세바를 따르게 됐습니다.

15 요압과 함께한 모든 군사들이 와서 벧마아가의 아벨에서 세바를 에워싸고 그 성을 향해 성벽 높이까지 토성을 쌓았습니다. 그들이 성벽을 무너뜨리려고 계속 공격하고 있을 때

16 한 지혜로운 여인이 성안에서 소리쳤습니다. "이것 보세요, 내 얘기 좀 들어 보세요. 요압에게 이쪽으로 오시라고 말해 주세요. 내가 할 말이 있습니다."

17 요압이 그 여자를 보러 가까이 나오자 여자가 말했습니다. "당신이 요압입니까?" 그가 대답했습니다. "그렇다." 그러자 여자가 말했습니다. "당신의 여종이 하는 말을 잘 들어 보세요." 그가 말했습니다. "어디 들어 보자."

18 그러자 여자가 말했습니다. "오래전부터 사람들이 말하기를 물을 것이 있으면 아벨에 가서 물으라'는 말을 하며 문제가 있으면 그렇게 해결하곤 했습니다.

19 나는 이스라엘에서 참 평화롭고 신실하게 사는 사람 가운데 하나입니다. 그런데 당신이 이스라엘의 어머니 같은 성을 멸망시키려고 하시다니요. 왜 여호와의 유업을 삼키려고 하는 것입니까?" 17:16;삼상 26:19

20 요압이 대답했습니다. "그런 일은 없을 것이다. 내가 집어삼키거나 멸망시키는 일은 결코 없을 것이다.

21 오해일 뿐이다. 에브라임 산지에서 온 비그리의 아들 세바라는 사람이 왕, 곧 다윗을 대항해 반기를 들었기 때문이다. 그 한 사람만 넘겨주면 내가 이 성에서 물러나겠다." 여인이 요압에게 말했습니다. "그 사람의 머리를 성벽 너머로 당신께 던져 드리겠습니다." 수 24:33

22 그러고 나서 그 여인이 온 백성들에게 나가 지혜로운 말로 설득하자 성안의 백성들이 비그리의 아들 세바의 목을 잘라 요압에게 던져 주었습니다. 그리하여 요압이 나팔을 불자 군사들은 성에서 떠나 흩어져 각자 자기 장막으로 돌아갔습니다. 요압은 예루살렘에 있는 다윗 왕에게 돌아왔습니다.

23 행정 관리들 요압은 이스라엘의 모든 군대를 이끌게 됐고 여호야다의 아들 브나야는 그렛 사람들과 블렛 사람들을 다스리게 됐습니다. 8:16-18;왕상 4:3-6

24 아도니람은 감독관이 됐고 아힐룻의 아들 여호사밧은 역사를 기록하는 사람이 됐습니다. 왕상 12:18

25 스와는 서기관이 됐으며 사독과 아비아달은 제사장이 됐습니다. 15:24;1:9:11

26 야일 사람이라는 다윗의 중요한 신하가 됐습니다. 23:38

21

기근의 원인 다윗이 다스리던 시대에 3년 동안 계속 기근이 있었습니다. 이에 다윗이 여호와께 간구했더니 여호와께서 말씀하셨습니다. "사울과 피로 얼룩진 그 집안 때문이다. 그가 기브온 사람들을 죽였기 때문이다."

2 기브온 사람의 피를 흘림 왕은 기브온 사람들을 불러 말했습니다. 그 당시 기브온 사람들은 이스라엘의 자손이 아니었고 아모리 사람들 가운데 살아남은 사람들이었습니다. 이스라엘 사람들은 그들을 살려 두겠다고 맹세했지만 사울이 이스라엘과 유다를 향한 열심이 지나쳐서 그들을 죽였던 것입니다. 수 9:3-17

3 다윗이 기브온 사람들에게 물었습니다. "내가 너희에게 어떻게 해 주면 좋겠느냐? 내가 또 무엇으로 보상해 주면 너희가 여호와의 유업을 위해 복을 빌겠느냐?"

4 기브온 사람들이 다윗에게 대답했습니다. "사울과 그 집안과 우리의 분쟁은 금이나 은으로 해결될 문제가 아닙니다. 더구나 우리에게는 이스라엘 사람들을 죽일 권리

강경(19:43, 强硬, harsh) 굽히지 않고 굳세게 버팀.
토성(20:15, 土城, siege works) 흙으로 쌓아 올린 성.
아도니람(20:24, Adoniram) 또는 '하도람'(대하 10:18 참조).

가 없습니다." 다윗이 물었습니다. "그렇다면 내가 너희를 위해 무엇을 어떻게 해 주면 되겠느냐?"

5 그들이 왕께 대답했습니다. "사울은 우리를 멸망시키고 우리를 두고 음모를 꾸며 이스라엘 영토 안에 붙어 있지 못하게 한 사람입니다.

6 사울의 자손들 가운데 남자 일곱 명을 우리에게 넘겨주십시오. 그들을 여호와께서 선택하신 왕 사울의 고향 기브아에서 여호와 앞에서 매달아 죽이겠습니다." 그러자 왕이 말했습니다. "내가 그들을 너희에게 넘겨주겠다." _{삼상 10:24,26;11:4}

7 왕은 사울의 손자이며 요나단의 아들인 므비보셋은 아껴 두고 내주지 않았습니다. 다윗과 사울의 아들인 요나단이 여호와 앞에서 한 그 맹세 때문이었습니다.

8 왕은 아야의 딸 리스바가 낳은 사울의 두 아들 알모니와 므비보셋과 사울의 딸 메랍이 므홀랏 사람 바르실래의 아들인 아드리엘에게 낳아 준 다섯 아들들을 데려다가

9 기브온 사람들에게 넘겨주었습니다. 기브온 사람들이 그들을 여호와 앞에서 산에 있는 나무에 매달자 일곱 명은 모두 함께 죽었습니다. 그들이 죽임당한 것은 첫 수확기였고 보리 추수가 시작될 무렵이었습니다.

10 사울과 요나단의 뼈를 묻을 아야의 딸 리스바는 굵은베를 가져다가 자신을 위해 바위 위에 펴고 앉아서 추수가 시작될 때부터 하늘에서 비가 쏟아져 내려 그 시체가 젖을 때까지 낮에는 공중의 새들이, 밤에는 들짐승들이 시체를 건드리지 못하게 지켰습니다. _{신 21:23}

11 다윗이 아야의 딸이자 사울의 첩인 리스바가 하는 일을 전해 듣고

12 그리로 가서 사울과 그 아들 요나단의 뼈를 야베스 길르앗 사람들에게서 찾아왔습니다. 사울이 길보아에서 쓰러진 뒤 블레셋 사람들이 벧산 광장에서 그들을 목매달아 두었는데 기스의 무덤에 묻히게 됐습니다. 그 후에 하나님께서는 그 땅을 위한 기도를 들어주셨습니다. _{24:25;수 18:28}

13 다윗은 사울과 그 아들 요나단의 뼈를 가져오고 거기 목매달려 죽은 자들의 뼈도 가져왔습니다.

14 사울과 그 아들 요나단의 뼈들은 왕의 모든 지시에 따라 베냐민 땅 셀라에 있는 사울의 아버지 기스의 무덤에 묻히게 됐습니다. 그 후에 하나님께서는 그 땅을 위한 기도를 들어주셨습니다.

15 **블레셋과의 전쟁** 블레셋 사람들과 이스라엘 사이에 또다시 전쟁이 벌어졌습니다. 다윗은 부하들을 거느리고 블레셋 사람들과 싸우기 위해 내려갔다가 몹시 지쳤습니다.

16 그때 거인의 후손인 이스비브놉이 무게가 300세겔 나가는 청동 창에 새 칼로 무장한 채 다윗을 죽이겠다고 달려들었습니다.

17 **아비새가 다윗을 구함** 그러나 스루야의 아들 아비새가 그 블레셋 사람을 쳐 죽이고 다윗

기근의 원인과 해결

다윗이 통치할 때 3년 동안 기근이 계속되었다(삼하 21:1). 다윗 왕은 이렇게 오랫동안 비가 오지 않자 하나님께 기도했다. 그러자 하나님은 사울이 기브온 사람들을 없애 버리려는 정책을 썼기 때문이라고 대답해 주셨다.

기브온 민족은 여호수아가 가나안 땅에 살고 있던 사람들을 죽일 때 꾀를 내서 멸망하지 않고 살아남은 유일한 민족이었다(수 9:3-15). 그러나 사울은 기브온 사람들을 없애 버리려고 했다. 속사랑 맺었던 이미 평화조약을 맺은(수 9:15) 이들을 죽인다는

것은 하나님의 이름으로 맺은 언약을 어기는 셈이었다.

하나님은 사울의 지나친 열심에 대한 벌로 다윗 때 3년간 기근으로 징계하셨다. 이 일을 해결하기 위해 다윗은 기브온 사람들에게 물었다. 그들은 자신들을 괴롭혔던 사울 왕의 자손 중 남자 일곱 명의 목숨을 요구했다. 다윗은 민족적인 재난을 해결하기 위해 그들의 요구를 들어주었다(삼하 21:6). 기브온 사람들은 사울의 일곱 아들을 죽인 후 새나 짐승들이 뜯어 먹도록 내버려 두었다.

을 구했습니다. 그러고 나서 다윗의 부하들은 그에게 맹세하며 말했습니다. "다시는 저희와 함께 싸움터에 나서지 마십시오. 이스라엘의 등불이 꺼지면 안 됩니다."

18 블레셋과의 다른 전쟁들 그 후 곱에서 다시 블레셋 사람들과 전쟁이 벌어졌습니다. 그때 후사 사람 십브개가 거인의 후손인 삽을 죽였습니다.
23:27;삼하 11:29;20:4~8

19 또다시 곱에서 벌어진 블레셋 사람들과의 전쟁에서는 베들레헴 사람 야레오르김의 아들 엘하난이 베틀 채 같은 창자루를 가진 가드 사람 골리앗의 동생 라흐미를 죽였습니다.
23:24;삼상 17:7;대상 20:5

20 이번에는 가드에서 전쟁이 또 벌어졌습니다. 그때는 손가락과 발가락이 여섯 개씩 모두 합쳐 24개를 가진 거인이 있었는데 그 또한 거인의 후손이었습니다.
16,18절

21 그가 이스라엘을 위협하자 다윗의 형인 삼마의 아들 요나단이 그를 죽였습니다.

22 이 네 사람은 가드에 있던 거인의 후손들로 다윗과 그 부하들의 손에 쓰러졌습니다.

22 구원의 노래 다윗은 여호와께서 모든 원수들과 사울의 손에서 자신을 구해 주셨을 때 이런 노래를 불러 여호와를 찬양했습니다.
출 15:1;삿 5:1

2 그가 이렇게 노래했습니다.
"여호와는 내 바위이시요, 내 산성이시요, 나를 건져 내는 분이시며 내 힘이십니다.

3 내 하나님은 내가 피할 내 바위, 내 방패, 내 구원의 뿔, 내 산성이십니다. 내 피난처이시며 내 구원자이십니다. 주께서 난폭한 사람에게서 나를 구해 주셨습니다.

4 찬양받아 마땅하신 여호와를 내가 부르니 내가 내 적들로부터 구원을 받을 것입니다.
대상 16:25;시 48:1;96:4

5 죽음의 파도가 나를 얽어매고 멸망의 급류가 나를 압도하며
시 42:7;93:4;온 2:3

6 지옥의 줄이 나를 감아 매고 죽음의 덫이 내게 덮쳐 옵니다.
창 37:35;시 116:3

7 내가 고통 가운데 여호와를 부르고 내 하나님께 도와 달라고 부르짖었습니다. 주께서 성전에서 내 목소리를 들으셨으니 내 울부짖는 외침이 주의 귀에 들렸습니다.
시 18:6;116:4;120:1;온 2:2

8 땅이 흔들리며 떨었고 하늘이 그 기초부터 떨리고 흔들린 것은 그분이 진노하셨기 때문입니다.
삿 5:4;욥 26:11;시 77:18;97:4

9 주의 코에서 연기가 피어오르고 그분의 입에서는 불이 나와 삼키며 그 불로 숯덩이마저 불이 붙었습니다.
13절

10 주께서 하늘을 아래로 드리우고 내려오셨는데 주의 발아래에는 어둠이 있었습니다.
출 20:21;왕상 8:12;시 97:2;사 64:1

11 주께서 그룹을 타고 하늘을 나셨습니다. 바람 날개로 하늘 높이 날아오르셨습니다.
시 104:3

12 주께서 어둠을 주위에 두르시고 물과 하늘의 먹구름으로 장막을 만드셨습니다.

13 그 앞의 광채로부터 구름이 지나갔고 숯불이 타올랐습니다.
9절

14 여호와께서 하늘에서 천둥같이 고함을 치시니 지극히 높으신 분의 목소리가 쩡쩡 울렸습니다.
욥 37:4;시 29:3;사 30:30

15 주께서 화살을 쏘아 적들을 흩으시고 번개를 쏘아 그들이 쩔쩔매게 하셨습니다.

16 주의 꾸지람 소리와 주의 콧김에 바다 계곡이 드러나고 땅의 기초가 드러났습니다.
창 15:8

17 주께서 높은 곳에서 손을 뻗어 나를 꼭 붙잡아 주셨으며 깊은 물속에서 나를 건져 내셨습니다.
시 144:7

18 주께서 강력한 내 적들에게서, 나를 미워하는 사람들에게서 나를 구해 내셨습니다. 그들은 나보다 강한 사람들이기 때문입니다.

19 그들이 내 재난의 날에 나를 막아섰지만 여호와께서 내 도움이 되셨습니다.

20 주께서 나를 안전한 곳으로 데려가셨습니다. 그분이 나를 기뻐하셨기에 나를

건져 주신 것입니다.　15:26;시 31:8;18:5

21 여호와께서 내 의로움에 따라 상을 주
시고 내 손이 깨끗했기에 내게 자신을
보상해 주셨습니다.
삼상 26:23;왕상 8:32;시 7:8;24:4

22 내가 여호와께서 명하신 길을 지켰고
내 하나님에게서 돌아서서 악을 행하지
않았습니다.　창 18:19;삼하 8:32

23 나는 주의 모든 법을 지켰고 주의 명령
을 멀리한 적이 없습니다.　시 119:30,102

24 나는 주 앞에 흠 없이 살고 내 자신을
지켜 죄를 짓지 않았습니다.
롬 6:9;17:1;슬 11

25 그래서 여호와께서 내 의로움에 따라
보상해 주시고 여호와 보시기에 깨끗했
기에 갚아 주신 것입니다.

26 신실한 사람들에게는 주의 신실함을
보이시고 흠 없는 사람들에게는 주의
흠 없음을 보이시며　마 5:7

27 순결한 사람들에게는 주의 순결함을
보이시고 마음이 비뚤어진 사람들에게
는 주의 빈틈없음을 보이십니다.

28 주께서는 고통받는 사람들을 구원하시
고 교만한 눈들을 낮추십니다.　눅 1:51

29 오 여호와여, 주께서 내 등불을 켜 두시
고 내 여호와께서 나를 둘러싼 어둠을
밝혀 주셨습니다.
21:17;욥 29:3;시 27:1

30 주의 도움으로 내가 군대들과 맞섰고
내 하나님과 함께 담을 기어올랐습니다.

31 하나님의 길은 완전하고 여호와의 말씀
은 흠이 없으니 주께서는 자기를 신뢰
하는 모든 사람의 방패가 되십니다.

32 여호와 외에 누가 하나님이겠습니까?
우리 하나님 외에 든든한 바위와 같은
이가 누구겠습니까?　2절

33 내 견고한 요새이시고 내 길을 완전하
게 하시는 분은 하나님이십니다.　시 28:8

34 주께서 내 발을 암사슴의 발과 같이 만
드시고 나를 높은 곳에 세우십니다.

35 주께서 나를 훈련시켜 싸우게 하시니
내 팔이 놋쇠로 만든 활을 당길 수 있습
니다.　시 144:1

36 주께서 내게 주의 구원의 방패를 주셨고
주의 온유함이 나를 크게 하셨습니다.

37 주께서 내가 가는 길을 넓혀 주셔서 내
발이 미끄러지지 않았습니다.　잠 4:12

38 내가 내 적들을 쫓아가서 잡았으며 그
들을 멸망시키기까지 물러서지 않았습
니다.

39 내가 그들을 쳤더니 그들이 일어서지
못해 내 발아래 엎어졌습니다.　말 4:3

40 주께서 나를 힘으로 무장시켜 싸우게
하시고 적들을 내 발아래 굴복하게 하
셨습니다.　시 44:5;59:1

41 주께서 내 적들이 물러나 도망치게 해
나를 미워하던 사람들을 멸망하게 하
셨습니다.　출 23:27

42 그들이 도와 달라고 울부짖었지만 그
들을 구원할 사람이 아무도 없었습니
다. 그들이 여호와께 부르짖었지만 주께
서는 응답하지 않으셨습니다.　삼상 28:6

43 그때 내가 그들을 쳐서 땅의 흙먼지같

하나님은 마음에 맞 / 죄지은 다윗, 어떻게 하나님의 마음에 들었을까요?

는 사람을 찾고 계세요(삼상 13:14). 다
윗은 하나님의 마음에 맞는 사람이라
는 소리를 들었어요. 하지만 다윗은
여러 모로 죄를 지은 사람이었어요. 이
런 다윗이 어떻게 하나님의 마음에 드는 사
람이 되었을까요?

첫째, 다윗은 하나님을 절대적으로 믿는 사람이
었어요. 자신을 죽이려는 사울을 두 번이나 기회

가 있었지만
죽이지 않았

어요(삼상 24:4-7). 하나님이 기름 부으신
사울만은 절대로 손댈 수 없다고 생각했기 때문
이에요. 이것은 하나님의 권위를 절대
적으로 인정한 믿음의 모습이었어요.

둘째, 다윗은 회개의 사람이었어요. 밧세바
와 부적절한 관계를 범한 후 나단이 잘못을 지적
하자 즉시 회개했어요.

셋째, 다윗은 자기보다 하나님을 더 사랑한 사람

이 가루로 만들었고 길거리의 진흙같이 그들을 쏟아 버렸습니다. 신 28:13;왕하 13:7

44 주께서 사람들의 공격에서 나를 건져 내시고 나를 지켜 주셔서 이방 민족들의 머리로 삼으셨으니 내가 알지도 못하는 민족이 나를 섬깁니다. 8:1~14;사 55:5

45 이방 사람들이 내 말을 듣자마자 곧바로 순종하고 이방 사람들이 내 앞에서 복종합니다. 신 33:29;시 66:3;81:15

46 그들이 사기가 떨어져 자기들의 요새에서 떨며 나옵니다. 미 7:17

47 여호와께서는 살아 계십니다! 내 반석을 찬양합니다! 내 구원의 반석이신 하나님을 높여 드립니다! 신 32:15;시 89:26;95:1

48 주께서 나를 위해 원수를 갚아 주시고 민족들이 내게 복종하게 하시는 하나님이십니다. 시 144:2

49 주께서 내 원수들에게서 나를 건져 내셨습니다. 주께서 내게 맞서는 사람들보다 나를 높이시고 난폭한 사람들에게서 나를 구해 내셨습니다. 시 140:1

50 오 여호와여, 그러므로 내가 이방 민족들 가운데서 주께 감사하고 주의 이름을 찬양하겠습니다. 롬 15:9

51 여호와께서 자기가 세운 왕에게 큰 구원을 안겨 주시며 그 기름 부은 이에게 변함없는 자비를 베풀어 주시니 다윗과 그 자손에게 영원토록 베풀어 주십니다."

23 다윗의 마지막 말 이것은 다윗의 마지막 말입니다.

이새의 아들 다윗이 말했습니다. 하나님께서 높여 주신 그 사람, 야곱의 하나님이 기름 부으신 그 사람, 이스라엘의 아름다운 노래를 부르는 사람의 말입니다.

2 "여호와의 영이 나를 통해 말씀하셨다. 그분의 말씀이 내 혀에 있었다. 벧후 1:21

3 이스라엘의 하나님께서 말씀하셨다. 이스라엘의 반석이신 하나님께서 내게 말씀하셨다. '이스라엘에서 사람들을 공의로 다스리는 사람은, 하나님을 두려워하며 통치하는 사람은 출 18:21;대하 19:7,9

4 구름 한 점 없는 아침에 떠오르는 아침 햇살 같을 것이다. 비 갠 뒤의 햇살이 땅에 새싹을 돋게 하는 것 같을 것이다.

5 내 집이 하나님 앞에 이렇지 않은가? 그분이 나와 영원한 언약을 맺어 모든 일을 잘 갖추어 주시며 든든하게 하시지 않았는가? 그분이 어찌 내 구원을 이루지 않으시며 내 모든 소원을 들어주시지 않겠는가?

6 그러나 악한 사람들은 손으로 잡을 수 없는 가시덤불과 같다. 신 13:13

7 그 가시덤불을 만지는 사람은 누구나 철로 된 무기나 창자루를 사용하는 법이니 그런 사람들은 그 자리에서 불에 타 버릴 것이다."

8 다윗의 용사들 다윗에게 있는 용사들의 이름은 이렇습니다. 다그몬 사람 요셉밧세벳이라고도 하고 에센 사람 아디노라고도 하는 사람은 세 용사들 가운데 우두머리였는데 그는 창을 들어 한꺼번에 800명을 죽인 일도 있었습니다. 대상 11:11~47;27:2~3

9 엘르아살 그 다음은 아호아 사람 도대의 아들 엘르아살이었는데 그도 다윗의 세 용사들 가운데 한 사람이었습니다. 블레셋 사람들과 싸울 때 이스라엘 군사들이 도망치자 이 세 용사들은 힘을 내 일어났는데

10 특히 엘르아살은 손에 힘이 빠져 칼을 쥘 수 없을 때까지 블레셋 사람들을 쳐 나갔습니다. 그리하여 여호와께서 그날 큰 승리를 안겨 주셨습니다. 이스라엘 군대는

People

믿음의 사람, 다윗

3 골리앗을 물리침
(삼상 17장)

7 에돔, 모압, 암몬, 아말렉,
블레셋 족속들을 정복
(삼하 8장)

2 왕으로 기름 부음
받음 (삼상 16장)

6 헤브론에 수도를
정하고 유다의 왕
이 됨 (삼하 2장)

1 다윗의 탄생
(삼상 17:12, 15)

4 사울 왕을 피해 도망 다님
(삼상 18-31장)

5 시글락에서의 싸움
(삼상 30장)

23

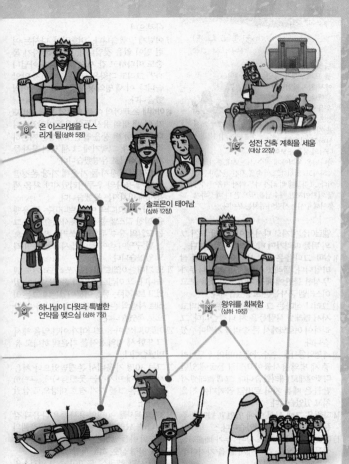

8 온 이스라엘을 다스리게 됨 (삼하 5장)

15 성전 건축 계획을 세움 (대상 22장)

11 솔로몬이 태어남 (삼하 12장)

9 하나님이 다윗과 특별한 언약을 맺으심 (삼하 7장)

13 왕위를 회복함 (삼하 19장)

10 밧세바와 부적절한 관계를 맺고 우리아를 죽임 (삼하 11장)

12 압살롬의 반역 (삼하 15-18장)

14 인구 조사로 다윗이 죄를 지음 (삼하 24장)

다윗 속에 드러난 하나님의 성품

다윗은 요나단의 아들 므비보셋을 궁궐에서 왕자처럼 잘 대우했다. 어려울 때 도움을 준 요나단과의 우정을 기억하고 약속을 지키는 모습은 신실하고 인자하신 하나님의 성품을 보여 준다.

하나님은 우리에게 예수님을 보내 주기로 약속하시고(창 3:15) 그 약속을 지킨 신실하신 분이다. 그리고 우리 죄가 너무 커서 지옥에 가야 할 처지이지만 예수님을 믿으면 다 깨끗하게 용서해 주시는 사랑이 넘치는 분이다.

엘르아살에게로 다시 돌아왔지만 그저 그의 뒤를 따라가며 빼앗을 뿐이었습니다.

11 삼마 그다음은 하랄 사람 아게의 아들 삼마입니다. 블레셋 사람들이 녹두나무가 무성한 들판에 떼를 지어 모인 것을 보고 이스라엘 군사들은 도망쳤습니다. ⟨33절⟩

12 그러나 삼마는 그 들판 한가운데 버티고 서서 블레셋 사람들을 쳐 나갔습니다. 그리하여 여호와께서 큰 승리를 가져다주셨습니다.

13 세 명의 용사들 추수기에 30명의 우두머리 중 세 명의 용사들이 아둘람 동굴에 있던 다윗에게로 내려왔습니다. 그때 블레셋 사람들은 떼를 지어 르바임 골짜기에 진을 치고 있었습니다. ⟨5:18;삼상 22:1⟩

14 다윗은 그때 산성 안에 있었고 블레셋 주둔지는 베들레헴에 있었습니다. ⟨삼상 13:23⟩

15 다윗이 물이 마시고 싶어 "누가 베들레헴 성문 곁에 있는 우물에서 물을 가져다주겠느냐?"라고 말하자

16 이 세 명의 용사들은 블레셋의 진을 뚫고 베들레헴 성문 곁에 있는 우물에서 물을 가져다가 다윗에게 주었습니다. 그러나 다윗은 그 물을 마시지 않고 여호와 앞에 쏟아부으며

17 이렇게 말했습니다. "여호와여, 다시는 이런 일이 없을 것입니다. 이 물은 자기 목숨도 마다하고 간 사람들의 피가 아닙니까?" 그리고 다윗은 그 물을 마시지 않았습니다. 이 세 명의 용사들이 한 일은 이러했습니다. ⟨레 17:10⟩

18 아비새 스루야의 아들 요압의 동생 아비새가 이 세 명의 용사들의 우두머리였습니다. 그는 한 번 창을 들면 300명은 거뜬히 죽였습니다. 그렇기에 그 세 명의 용사들 가운데 하나로 유명했습니다.

19 아비새는 세 용사들 가운데 가장 존경받았고 세 용사의 우두머리였지만 처음 세 용사에 미치지는 못했습니다. ⟨대상 11:21⟩

20 브나야 여호야다의 아들 브나야는 큰 용맹을 떨친 갑스엘 출신의 용사였습니다. 그는 모압의 장수 두 명을 쓰러뜨렸고 눈오는 날 구덩이 속에 들어가 사자를 죽인 적도 있었습니다. ⟨8:18;20:23;수 15:21⟩

21 또 거대한 이집트 사람을 쓰러뜨리기도 했습니다. 그 이집트 사람의 손에는 창이 있었고 브나야는 몽둥이뿐이었는데 그는 이 집트 사람의 손에 있던 창을 빼앗아 그 창으로 죽였습니다.

22 여호야다의 아들 브나야가 이런 일을 해서 그 또한 세 명의 용사들 가운데 하나로 유명했습니다.

23 그는 30명 가운데서 존경받았으나 처음 세 용사에 미치지는 못했습니다. 그리하여 다윗은 그를 자기 경호 대장으로 삼았습니다.

24 30명의 용사들 30명의 용사들은 다음과 같습니다. 요압의 동생 아사헬, 베들레헴의 도도의 아들 엘하난, ⟨2:18;대상 27:7⟩

25 하롯 사람 삼훗, 하롯 사람 엘리가,

26 발디 사람 헬레스, 드고아 출신 익게스의 아들 이라, ⟨14:2⟩

27 아낫돗 출신 아비에셀, 후사 사람 므분내,

28 아호아 사람 살몬, 느도바 사람 마하래,

29 느도바 사람 바아나의 아들 헬렙, 베냐민

땅 기브아 출신 리배의 아들 잇대, 수 18:28

30 비라돈 사람 브나야, 가아스 시냇가에 사는 힛대, 수 24:30;삼 12:13,15;대상 27:14

31 아르바 사람 아비알본, 바르훔 사람 아스마 웻, 3:6

32 사알본 사람 엘리아바, 야센의 아들 요나단,

33 하랄 사람 삼마, 아랄 사람 사랄의 아들 아히암, 11절

34 마아가 사람의 손자이자 아하스배의 아들인 엘리벨렛, 길로 사람 아히도벨의 아들 엘리암, 10:6,8;11:3;15:12

35 갈멜 사람 헤스래, 아랍 사람 바아래,

36 소바 사람 나단의 아들 이갈, 갓 사람 바니,

37 암몬 사람 셀렉, 스루야의 아들 요압의 무기를 들고 다니는 브에롯 사람 나하래,

38 이델 사람 이라, 이델 사람 가렙, 대상 2:53

39 헷 사람 우리아입니다. 이들은 다 합쳐 37명이었습니다. 11:3,6

24

다윗이 인구를 조사함 여호와께서 다시 이스라엘에게 진노하시게 됐습니다. 그래서 그들을 치시려고 다윗을 부추기셔서 이스라엘과 유다의 인구를 조사하게 하셨습니다. 대상 21:1-28

2 그리하여 왕이 요압과 군사령관들에게 말했습니다. "단에서부터 브엘세바까지 이스라엘 지파들을 두루 다니며 인구를 조사하라. 얼마나 되는지 알아야겠다."

3 그러나 요압이 왕께 대답했습니다. "왕의 하나님 여호와께서 군대를 100배로 늘려 주셔서 내 주 왕의 눈으로 직접 보실 수 있기를 바랍니다만 왕께서는 왜 그런 일을 하려고 하십니까?" 신 1:11

4 그러나 요압과 군사령관들은 왕의 명령을 이기지 못하여 이스라엘의 인구를 조사하기 위해 왕 앞에서 물러 나왔습니다.

5 요단 강을 건넌 뒤 그들은 골짜기에 있는 성읍인 아로엘 남쪽에 진을 치고 인구를 조사했고 그 다음에 갓을 지나 계속 야셀로 갔습니다. 민 13:23;32:1,3;신 2:36;수 13:9,16

6 그들은 또 길르앗으로 갔다가 닷딤홋시 땅에 이르렀고 다나안으로 가서 시돈으로 돌

아서 수 19:28,47;삿 18:28-29

7 두로 성곽과 히위 사람들과 가나안 사람들의 모든 성들을 거쳐 마침내 그들은 유다 남쪽 브엘세바에 이르게 됐습니다.

8 그들이 전역을 다니고 예루살렘으로 돌아오기까지 9개월 20일이 걸렸습니다.

9 요압이 왕께 싸울 수 있는 사람들의 숫자를 보고했습니다. 칼을 다룰 줄 아는 용사가 이스라엘에는 80만 명, 유다에는 50만 명이었습니다. 삿 8:10

10 다윗이 잘못을 깨달음 다윗은 인구를 조사한 후에 자책감에 시달렸습니다. 그래서 그는 여호와께 기도했습니다. "제가 이런 짓을 하다니 죽을죄를 지었습니다. 여호와여, 이제 제가 간구하오니 주의 종의 죄를 용서해 주십시오. 제가 정말 어리석은 짓을 저질렀습니다." 12:13;삼상 13:13;24:5

11 이튿날 아침 다윗이 일어날 때 여호와의 말씀이 다윗의 선견자인 예언자 갓에게 임했습니다. 삼상 9:9;22:5

12 "가서 다윗에게 말하여라. '여호와께서 말씀하신다. 내가 네게 세 가지 종류의 벌을 내놓겠으니 그 가운데 하나를 골라라. 그러면 내가 그대로 행할 것이다.'"

13 그리하여 갓이 다윗에게 가서 말했습니다. "왕의 땅에 7년 동안 기근이 드는 것이 좋겠습니까? 왕이 원수들에게 쫓겨 3개월 동안 도망치는 것이 좋겠습니까? 아니면 왕의 땅에 3일 동안 재앙이 닥치는 것이 좋겠습니까? 이제 잘 생각해 보고 나를 보내신 그분께 내가 어떻게 대답해야 할지 결정해 주십시오." 대상 21:12

14 다윗이 갓에게 말했습니다. "정말 괴롭구나. 여호와께서는 긍휼이 크신 분이니 우리가 여호와의 손에 떨어져도 사람의 손에는 떨어지지 않기를 바랄 뿐이다."

15 죽음의 재앙 그리하여 여호와께서 그날 아침부터 정해진 때까지 이스라엘에 재앙을 보내시니 단에서부터 브엘세바까지 7만 명이 죽었습니다. 대상 27:24

16 천사가 그의 손을 예루살렘으로 뻗어 그

성을 멸망시키려 할 때 여호와께서는 그 재앙을 보고 돌이키시며 사람들을 치고 있던 그 천사에게 말씀하셨습니다. "그만하면 됐다. 손을 거두어라." 그때 여호와의 천사는 여부스 사람 아라우나의 타작마당 곁에 있었습니다. 창 6:6;출 12:13,23;행 12:23

17 다윗이 사람들을 치는 천사를 보고 여호와께 말했습니다. "죄짓고 잘못을 저지른 사람은 저입니다. 저 사람들은 양 무리일 뿐입니다. 저들이 무슨 잘못을 했습니까? 주의 손으로 저와 제 집을 치십시오."

18 다윗이 제단을 쌓을 그날 갓이 다윗에게 와서 말했습니다. "올라가서 여부스 사람 아라우나의 타작마당에서 여호와께 제단을 쌓으십시오."

19 그래서 다윗은 여호와께서 갓을 통해 말씀하신 대로 올라갔습니다.

20 아라우나는 왕과 그의 신하들이 자기 쪽으로 다가오는 것을 보고 달려 나가 왕 앞에서 얼굴을 땅에 대고 절했습니다.

21 그리고 말했습니다. "내 주 왕께서 무슨 일로 종에게 오셨습니까?" 다윗이 대답했습니다. "네 타작마당을 사서 여호와께 제단을 쌓아 백성들에게 내린 재앙이 그치게 하려고 한다."

22 아라우나가 다윗에게 말했습니다. "내 주 왕께서 기뻐하시는 것이라면 무엇이든 바치십시오. 여기 번제용 소가 있고 땔감으로는 여기 타작 기계와 소의 멍에가 있습니다.

23 왕이여, 아라우나가 이 모든 것을 왕께 드리겠습니다." 아라우나가 또 다윗에게 말했습니다. "왕의 하나님 여호와께서 왕의 제물을 기쁘게 받아시길 바랍니다."

24 그러나 왕은 아라우나에게 대답했습니다. "아니다. 내가 값을 지불하고 사겠다. 내가 내 하나님 여호와께 공짜로 얻은 것으로 번제물을 드릴 수 없다." 그리하여 다윗은 50세겔을 주고 타작마당과 소를 샀습니다.

25 다윗은 거기에서 여호와께 제단을 쌓고 번제물과 화목제물을 올려 드렸습니다. 그러자 여호와께서 그 땅을 위한 다윗의 기도에 응답하셔서 이스라엘에 내리던 재앙이 그쳤습니다.

아라우나의 타작마당에서 제사드리는 다윗

정답 인물—룻, 농사—보리 추수 때, 계약—신발, 간구—기도, 우상—다곤 신전, 지명—미스바, 왕—사울 왕, 나라—아말렉, 무기—물매와 돌 하나, 우정—요나단, 음식—거룩한 빵 또는 진설병, 노래—활의 노래, 축제—빵 한덩이와 고기 한 조각과 건포도 빵 한 덩이, 이름—여디디야, 나무—상수리나무, 돈—은 50세겔

열왕기상

다윗의 뒤를 이어 왕이 된 솔로몬은 하나님의 성전도 짓고 하나님께 기도해 지혜와 부귀도 선물로 받았어요. 하나님의 복을 받아 이스라엘이 번영하게 됩니다. 하지만 솔로몬은 이방 여인들과 결혼하여 우상을 섬기는 죄를 범하고 백성에게 심하게 강제 노동을 시켰어요. 그 결과 아들 르호보암 왕 때 나라가 갈라져서 남·북의 두 왕국이 되는 벌을 받게 된답니다. 열왕기상은 솔로몬 왕 때부터 남유다 여호사밧 왕과 북이스라엘 아하시야 왕 때까지의 기록이에요. 아합 왕 때 엘리야에게 까마귀가 먹을 것을 가져다 준 이야기, 엘리야가 갈멜 산에서 바알 예언자들과 싸운 이야기가 나와요. 열왕기상은 나라와 개인이 복을 받고 벌을 받는 것은 하나님의 말씀에 순종하느냐 불순종하느냐에 달려 있음을 깨닫게 해요. 그리고 사람이 죄를 짓고 불순종하더라도 하나님은 약속을 끝까지 지키시는 분임을 알게 합니다.

열왕기상은 무슨 뜻인가요?
'여러 왕들이 나라를 다스린 것을 기록한 첫 번째 책'이라는 뜻이에요. 열왕기상·하는 원래 '열왕기'라는 한 권의 책이었어요. 분량이 너무 많아서 히브리 성경을 그리스어로 번역한 70인 번역자들이 두 권으로 나누었어요.

누가 썼나요?
누가 썼는지 정확하게 알 수 없어요. 유대 전승에는 예레미야가 썼다고 전해지나 정확하지는 않아요.

언제 썼나요?
여호야긴이 감옥에서 풀려난 후 BC 561-537년경

주요한 사람들은?

솔로몬
다윗의 아들, 통일 왕국 마지막 왕

르호보암
남왕국 유다 첫 번째 왕, 솔로몬의 아들

엘리야
아합 왕 시대 예언자, 바알, 아세라 예언자들과 대결하여 승리함

여로보암
북이스라엘 첫 번째 왕

아합
이스라엘 제7대 왕 이세벨의 남편 악한 왕으로 하나님께 벌 받아 죽음

한눈에 보는 열왕기상

열왕기상 1Kings

1 아비삭이 늙은 다윗을 시중들 다윗 왕이 나이가 많아 늙어서 이불을 덮어도 따뜻하지 않았습니다.

2 그러자 신하들이 왕께 말했습니다. "우리 주 왕을 위해 한 처녀를 찾아다가 왕을 시중들게 하고 섬기게 하겠습니다. 처녀가 왕의 품에 누워 우리 주 왕을 따뜻하게 할 것입니다."

3 그리하여 신하들은 이스라엘을 두루 찾아다녀 아름답고 젊은 여인 수넴 사람 아비삭을 왕께 데려왔습니다. _{수 19:18}

4 그 젊은 여인은 매우 아름다웠습니다. 그녀가 왕을 섬기고 시중들었지만 왕은 그 젊은 여인과 동침하지는 않았습니다.

5 아도니야의 반란 그때 학깃의 아들 아도니야는 자기를 높이며 말했습니다. "내가 왕이 될 것이다." 그러고 나서 자기를 위해 전차와 말을 준비시키고 군사 50명을 앞장서게 했습니다. _{삼하 3:4;15:1}

6 그의 아버지 다윗은 한 번도 "네가 왜 이렇게 행동하느냐?"라는 말로 아도니야의 마음을 상하게 한 적이 없었습니다. 그는 매우 잘생겼으며 압살롬 다음으로 낳은 아들이었습니다. _{삼하 3:3~4대代 3:2}

7 아도니야는 스루야의 아들 요압과 제사장 아비아달과 의논했는데 이들은 아도니야를 따르며 지지했습니다. _{삼하 2:13,18;20:25}

8 그러나 제사장 사독과 여호야다의 아들 브나야와 예언자 나단과 시므이와 레이와 다윗의 용사들은 아도니야 편에 가담하지 않았습니다. _{삼하 8:18;12:1;23:8~39}

9 그때 아도니야가 에느로겔 가까이 소헬렛 바위에서 양과 소와 살진 송아지를 제물로 드렸습니다. 그는 또 자기 형제 왕자들을 다 초청하고 유다 모든 신하들을 초청했습니다. _{수 15:7;삼하 17:17}

10 그러나 아도니야는 예언자 나단과 브나야와 용사들과 동생 솔로몬은 초청하지 않았습니다. _{삼하 12:24}

11 나단이 밧세바를 권고함 그러자 나단이 솔로몬의 어머니 밧세바에게 물었습니다. "학깃의 아들 아도니야가 우리 주 다윗도 모르게 왕이 됐는데 듣지 못했습니까?

12 이제 당신과 당신의 아들 솔로몬의 목숨을 어떻게 구할 수 있을지 조언해 드리겠습니다.

13 곧바로 다윗 왕에게 가서 이렇게 말씀하십시오. '내 주 왕이여, 왕께서 왕의 여종에게 네 아들 솔로몬이 내 뒤를 이어 왕이 되며 내 보좌에 앉으리라고 맹세하지 않았습니까? 그런데 어떻게 아도니야가 왕이 됐단 말입니까?' _{30절;대상 22:9}

14 당신이 거기서 왕과 이야기하고 있을 때 내가 따라 들어가서 당신이 한 말을 확증하도록 하겠습니다.

15 밧세바가 다윗에게 권고함 그리하여 밧세바는 왕을 만나러 왕의 침실로 들어갔습니다

왕
다
스

People

아도니야

이름의 뜻은 '여호와는 주님이다'. 다윗이 헤브론에서 낳은 넷째 아들로 어머니는 학깃이다. 형들인 암논, 길르압, 압살롬이 죽자 자신에게 왕위가 돌아올 것을 기대하고 전차, 말, 군사 50명을 준비했다. 양·소·송아지를 제물로 드리고 왕자들과 제사장, 왕의 신하들을 청해 왕위 즉위식을 하려고 했다. 밧세바와 나단이 다윗에게 솔로몬을 왕으로 세워야 한다고 주장하여 왕이 되지 못했고, 제단 뿔을 잡고 살려 달라고 요청했다. 다윗을 시중들던 아비삭을 아내로 삼으려다가 솔로몬에게 죽임당했다.

아도니야가 나오는 말씀
>> 삼하 3:4; 왕상 1:5~53; 2:13~25

다. 왕은 매우 늙어 수넴 여자 아비삭의 시중을 받고 있었습니다.

16 밧세바가 절하며 왕 앞에 무릎을 꿇었습니다. 왕이 물었습니다. "네게 무슨 일이 있느냐?"

17 밧세바가 왕께 말했습니다. "내 주여, 왕께서 왕의 하나님 여호와를 두고 왕의 여종에게 '네 아들 솔로몬이 내 뒤를 이어 왕이 되며 내 보좌에 앉을 것이다'라고 친히 맹세하셨습니다.

18 그런데 지금 아도니야가 왕이 됐는데도 내 주 왕께서 아무것도 모르고 계십니다.

19 아도니야가 많은 소와 살진 송아지와 양을 제물로 드렸고 모든 왕자들과 제사장 아비아달과 군사령관 요압을 초청했는데 왕의 종 솔로몬만 초청하지 않았습니다.

20 내 주 왕이여, 모든 이스라엘 사람들이 왕을 주목하고 누가 내 주 왕을 이어 보좌에 앉을지 말씀해 주시기를 기다리고 있습니다.

21 그렇게 하지 않으시면 내 주 왕께서 그 조상들과 함께 눕게 되실 때 저와 제 아들 솔로몬은 죄인 취급을 당하게 될 것입니다."

22 밧세바가 아직 왕과 이야기하고 있을 때 예언자 나단이 들어왔습니다.

23 신하들이 왕께 "예언자 나단이 왔습니다."라고 알렸습니다. 그래서 나단이 왕 앞으로 들어가 얼굴을 땅에 대고 절했습니다.

24 나단이 말했습니다. "내 주 왕이여, 아도니야가 왕의 뒤를 이어 왕이 될 것이며 왕의 보좌에 앉으리라고 말씀하신 적이 있습니까?

25 오늘 그가 내려가서 많은 소와 살진 송아지와 양을 제물로 드렸고 모든 왕자와 군사령관과 제사장 아비아달을 초청했습니다. 그들이 지금 아도니야와 함께 먹고 마시며 '아도니야 왕 만세'를 외치고 있습니다.

26 그러나 왕의 종인 저와 제사장 사독과 여호야다의 아들 브나야와 왕의 종 솔로몬은 초청하지 않았습니다.   8,10,32절

27 이 일이 내 주 왕께서 하신 일입니까? 그런데 왕께서는 내 주 왕의 뒤를 이어 누가 보좌에 앉을 것인지 종들에게 알려 주지 않으셨습니다."

28 다윗이 솔로몬을 왕으로 세움 그러자 다윗 왕이 말했습니다. "밧세바를 불러오너라." 밧세바가 들어와 왕 앞에 섰습니다.

29 그때 왕이 맹세했습니다. "나를 모든 고난에서 구원하신 여호와, 그분의 살아 계심을 두고 맹세하는데 룻3:13

30 내가 이스라엘의 하나님 여호와를 두고 네게 맹세한 일을 반드시 오늘 이룰 것이다. 네 아들 솔로몬이 내 뒤를 이어 왕이 되고 나를 대신해 내 보좌에 앉게 될 것이다."

31 그러자 밧세바가 얼굴을 땅에 대고 절한 후 왕 앞에 무릎 꿇은 채 말했습니다. "내 주 다윗 왕께서 오래오래 사시기를 빕니다!"

32 다윗의 지시 다윗 왕이 말했습니다. "제사장 사독과 예언자 나단과 여호야다의 아들 브나야를 불러라." 그들이 왕 앞에 오자

33 왕은 또 그들에게 말했습니다. "내 신하들을 데리고 내 아들 솔로몬을 내 노새에 태우고 기혼으로 내려가라. 삼하11:11;20:6

34 거기서 제사장 사독과 예언자 나단은 그에게 기름 부어 이스라엘의 왕으로 세우라. 그리고 나팔을 불며 '솔로몬 왕 만세'를 외치라. 25절;삼상10:1,24;삼하15:10

35 그러고 나서 너희는 솔로몬을 따라 올라오라. 그는 와서 내 자리에 앉아 나를 대신해 왕이 될 것이다. 내가 그를 이스라엘과 유다를 다스릴 통치자로 세웠다.

36 여호야다의 아들 브나야가 왕에게 대답했습니다. "옳습니다! 내 주 왕의 하나님 여호와께서도 그렇게 말씀하시기를 원합니다.

37 여호와께서 내 주 왕과 항상 함께하셨던 것처럼 솔로몬과도 함께하셔서 그 보좌를 내 주 다윗 왕의 것보다 더 크게 하시기를 원합니다!" 47절;삼상20:13

38 솔로몬이 왕이 될 그리하여 제사장 사독과 예언자 나단과 여호야다의 아들 브나야와 그렛 사람들과 블렛 사람들이 내려와 솔로몬을 다윗 왕의 노새에 태우고 기혼으로 데려갔습니다. 삼하8:18

39 제사장 사독이 성막에서 기름이 담긴 뿔을 가져다 솔로몬에게 부었습니다. 그러자 사람들이 나팔을 불었고 모든 사람들이 "솔로몬 왕 만세!"라고 외쳤습니다.

40 그러고 나서 모든 사람들이 솔로몬을 따라 올라갔습니다. 사람들이 피리를 불며 얼마나 기뻐했는지 그 소리로 인해 땅이 갈라지는 듯했습니다.

41 아도니야가 솔로몬의 소식을 들을 아도니야와 그와 함께 있던 손님들이 음식을 다 먹어 갈 즈음 그 소리를 들었습니다. 나팔 소리를 들은 요압이 물었습니다. "성이 왜 이리 시끄럽고 소란스럽냐?"

42 요압이 아직 말을 마치기 전에 제사장 아비아달의 아들 요나단이 도착했습니다. 아도니야가 말했습니다. "들어오너라. 너는 좋은 사람이니 좋은 소식을 가져왔을 것이다."

43 요나단이 대답했습니다. "아닙니다! 우리 주 다윗 왕께서 솔로몬을 왕으로 세우셨습니다.

44 왕께서는 제사장 사독과 예언자 나단과 여호야다의 아들 브나야와 그렛 사람들과 블렛 사람들을 솔로몬과 함께 보내셨고 그들이 솔로몬을 왕의 노새에 태우고

45 제사장 사독과 예언자 나단이 기혼에서 그에게 기름 부어 왕으로 세우셨습니다. 거기서 그들이 즐거워하며 올라왔기 때문에 성이 떠들썩한 것입니다. 당신이 들으신 것은 그 소리입니다.

46 솔로몬이 이미 왕위를 차지했습니다.

47 또한 왕의 신하들도 우리 주 다윗 왕께 축하드리기 위해 와서 '하나님께서 왕의 이름보다 솔로몬의 이름을 더 유명하게 하시고 왕의 보좌보다 솔로몬의 보좌를 더 크게 하시기를 원합니다!'라고 말했습니다. 그러자 왕께서 침대에서 엎드려 경배를 드리며

48 '오늘 내 보좌 계승자를 내 눈으로 보게 하신 이스라엘의 하나님 여호와를 찬양합니다'라고 하셨습니다." *왕상 3:6; 시 132:11-12*

49 아도니야의 굴욕 이 말에 아도니야의 손님들은 모두 놀라며 벌떡 일어나 뿔뿔이 흩어졌습니다.

50 아도니야는 솔로몬을 두려워해서 일어나 가서 제단의 뿔을 잡았습니다. *출 27:2*

51 그러자 솔로몬에게 이 소식이 전해졌습니다. "아도니야가 솔로몬 왕을 두려워해 제단의 뿔을 잡고는 솔로몬 왕이 그 종을 칼로 죽이지 않겠다고 오늘 내게 맹세하게 하여라라고 합니다."

52 솔로몬이 대답했습니다. "만일 그가 잘하기만 하면 그 머리카락 한 가닥도 땅에 떨

사독에게 기름 부음을 받아 왕이 되는 솔로몬

어지지 않을 것이다. 그러나 그 안에 악함이 드러나면 죽게 될 것이다." 삼상 14:45

53 솔로몬 왕은 사람들을 보내 아도니야를 제단에서 끌어 내리게 했습니다. 그러자 아도니야가 와서 솔로몬 왕에게 절하니 솔로몬이 말했습니다. "네 집으로 가거라."

2 솔로몬에게 남긴 유언 다윗이 죽을 때가 다가오자 아들 솔로몬에게 당부했습니다. 왕상 4:29

2 "내가 이제 세상 모든 사람들이 가는 길로 가게 됐다. 그러니 너는 강해지고 대장부가 되어야 한다. 수 1:6-7,23:14

3 그리고 네 하나님 여호와의 명령을 잘 지켜 그분의 길을 걷고 모세의 율법에 기록된 대로 여호와의 규례와 계명과 법도와 증거들에 대한 말씀들을 지켜라. 그러면 네가 무엇을 하든지, 어디로 가든지 모든 일이 잘될 것이다. 신 29:9;대상 22:12-13

4 여호와께서 내게 '네 자손들이 어떻게 살지 주의하고 내 앞에서 마음과 정성을 다해 신실하게 행하면 이스라엘의 왕위에 오를 사람이 네게서 끊어지지 않으리라'고 하신 약속을 이루실 것이다. 8:25;시 132:12

5 또한 네가 스루야의 아들 요압이 내게 어떻게 했는지, 곧 이스라엘 군대의 두 사령관인 넬의 아들 아브넬과 예델의 아들 아마사에게 어떻게 했는지 알 것이다. 평화의 때 요압이 그들을 죽여 전쟁의 피를 흘리고 피로 그의 허리띠와 신발에 묻혔다.

6 그러니 너는 지혜로 그를 다뤄 그의 백발이 평안히 무덤으로 내려가지 못하게 하여라.

7 그러나 길르앗 사람 바르실래의 아들들에게는 자비를 베풀고 그들을 네 식탁에서 함께 먹는 사람들 가운데 있게 하여라. 내가 네 형 압살롬 때문에 피신했을 때 그들이 내게 왔었다. 삼하 9:7,10:17:27-29:19:31-38

8 그리고 명심할 것이 있다. 바후림 출신의 베냐민 사람 게라의 아들 시므이가 네 곁에 있다는 것이다. 그는 내가 마하나임으로 가던 날 내게 저주를 퍼부은 사람이다. 시므이가 나를 만나러 요단 강으로 내려왔을 때 나는 그에게 '내가 칼로 너를 죽이지 않겠다'라고 여호와를 두고 맹세했다.

9 그러나 이제 그에게 죄가 없다고 여겨서는 안 된다. 너는 지혜로운 사람이니 그를 어떻게 해야 할지 알 것이다. 그의 백발이 피로 물들어 음부로 내려가게 하여라."

10 다윗의 죽음 그러고 나서 다윗은 죽어서 그의 조상들과 함께 다윗 성에 묻혔습니다.

11 다윗의 통치 기록 다윗은 40년 동안 이스라엘을 다스렸는데 헤브론에서 7년 동안 다스렸고 예루살렘에서 33년 동안 다스렸습니다. 삼하 5:4-5;대상 29:26-27

12 솔로몬의 왕권 솔로몬은 아버지 다윗의 왕위에 앉았고 나라를 튼튼히 세웠습니다.

13 아도니야가 아비삭을 아내로 요구함 그때 학깃의 아들 아도니야가 솔로몬의 어머니 밧세바에게 왔습니다. 밧세바가 아도니야에게 물었습니다. "네가 좋은 일로 왔느냐?" 그가 대답했습니다. "그렇습니다. 좋은 일로 왔습니다." 삼하 16:4

14 아도니야가 덧붙여 말했습니다. "드릴 말

요압은 도망가서 왜 제단의 뿔을 잡았을까요?

성막 안에 있는 제단이 어떤 모양이었는지 정확히 알 수는 없어요. 하나님이 모세에게 알려 주신 말씀에 의하면 제단 네 모퉁이 위에 네 개의 뿔을 만들라고 하셨어요(출 27:1-8).

제단의 네 뿔을 잡는 것은 용서와 보호를 요청하는 것이었어요. 마치 도피성으로 피한 사람이 보호받을 수 있는 것처럼 제단의 네 뿔을 잡으면 생명을 보호받을 수 있었답니다.

하지만 제단의 뿔을 잡는다고 다 보호받는 것은 아니었어요. 고의적으로 살인한 자는 제단 뿔을 잡더라도 보호받지 못했어요(출 21:14). 요압은 솔로몬을 두려워하여 생명을 보호받고자 제단 뿔을 잡은 것입니다.

쓸이 있습니다." 밧세바가 대답했습니다. "말해 보아라."

15 그가 말했습니다. "아시다시피 이 나라는 제 것이었습니다. 온 이스라엘은 제가 다스릴 것으로 기대하고 있었는데 상황이 바뀌어 이 나라가 동생의 것이 됐습니다. 여호와께서 그렇게 하신 것입니다.   대상 22:9

16 이제 제가 한 가지 부탁을 드릴 것이 있는데 부디 거절하지 말아 주시기 바랍니다." 밧세바가 말했습니다. "말해 보아라."

17 그러자 아도니야가 말을 이었습니다. "당신의 부탁은 거절하지 않으실 테니 솔로몬 왕께 부탁해 수넴 여자 아비삭을 제 아내로 주십시오.   1:3-4

18 밧세바가 대답했습니다. "좋다. 내가 너를 위해 왕께 말씀드려 보겠다."

19 아도니야를 죽임 그리하여 밧세바가 아도니야를 위해 솔로몬 왕께 말하러 갔습니다. 왕이 일어나 밧세바를 맞이하며 절하고 나서 다시 자리에 앉았습니다. 그는 어머니를 위한 자리를 마련해 자기 오른쪽에 앉게 했습니다.   시 45:9

20 밧세바가 말했습니다. "내게 한 가지 작은 부탁이 있는데 부디 거절하지 마십시오." 왕이 대답했습니다. "내 어머니여, 말씀하십시오. 제가 거절하지 않겠습니다."

21 그러자 밧세바가 말했습니다. "수넴 여자 아비삭을 왕의 형 아도니야에게 주어 아내를 삼게 하십시오."

22 솔로몬 왕이 자기 어머니에게 대답했습니다. "왜 수넴 여자 아비삭을 아도니야에게 주라고 하십니까? 그가 제 형이니 그를 위해 이 나라도 주라고 하시지요. 그와 제사장 아비아달과 스루야의 아들 요압을 위해서도 구하시지요.   1:6-7대상 3:2,5

23 그러고 나서 솔로몬 왕이 여호와를 두고 맹세했습니다. "아도니야가 자기 목숨을 걸고 이런 요구를 했으니 그를 죽이지 않으면 하나님께서 내게 벌을 내리시고 또 내리실 것입니다!   룻 1:17

24 그리고 나를 내 아버지 다윗의 왕위에 무

사히 앉게 하시고 약속하신 대로 나를 위해 왕가의 기초를 든든히 하신 여호와의 살아 계심을 두고 맹세하는데 아도니야는 오늘 죽임을 당할 것입니다!"   룻 3:13;삼하 7:11

25 솔로몬 왕은 여호야다의 아들 브나야에게 명령을 내렸고 그는 아도니야를 쳐서 죽였습니다.   삼하 8:18

26 아비아달이 쫓겨남 제사장 아비아달에게 왕이 말했습니다. "네 고향 아나돗으로 돌아가거라. 너는 죽어야 마땅하지만 내가 지금은 너를 죽이지 않을 것이다. 네가 내 아버지 다윗 앞에서 주 여호와의 궤를 메어 옮겼고 내 아버지의 고난의 때에 함께하였기 때문이다.   삼상 22:20~23;23:6;삼하 15:24,29

27 솔로몬은 아비아달을 여호와의 제사장직에서 내쫓았습니다. 이렇게 해서 여호와께서 엘리의 집안에 관해 실로에서 하신 말씀이 이뤄졌습니다.   3:5절;삼상 2:27~36

28 요압을 처형함 이 소식은 요압에게도 전해졌습니다. 그는 압살롬 때는 반역에 가담하지 않았지만 아도니야 때는 가담했습니다. 요압은 여호와의 장막으로 도망쳐 제단의 뿔을 잡았습니다.   1:7,50;삼하 17:25;18:2

29 솔로몬 왕은 "요압이 여호와의 장막으로 도망쳐 제단 곁에 있다"라는 말을 들었습니

왜 솔로몬은 이미 용서했던 아도니야를 죽였나요?

왕권을 억지로 빼앗으려 했던 죄도 용서한 솔로몬이 아비삭을 요구하는 아도니야를 왜 용서하지 않았을까요?

많은 성경 학자들은 아도니야가 다윗의 시중을 들던 아비삭을 아내로 요구한 것이 그녀의 미모 때문이 아니라 왕위에 대한 욕심 때문이라고 봤어요.

고대 근동에서는 전 왕의 아내와 첩들을 부인으로 삼는 경우, 왕위를 널리 인정받는 관습이 있었어요.

따라서 아도니야가 왕위를 억지로 빼앗으려 한 것은 용서받았지만 다시 반란을 시도하려는 빌미는 줄 수 없었던 거예요.

다. 그러자 솔로몬은 여호야다의 아들 브나
야를 보내며 말했습니다. "가서 그를 쳐라!"

30 브나야가 여호와의 장막에 들어가 요압에
게 말했습니다. "왕에서 '나오라'고 말씀
하신다." 그러나 요압은 대답했습니다. "아
니다. 나는 여기에서 죽겠다." 브나야가 왕
에게 보고했습니다. "요압이 이러저러하게
대답했습니다."

31 그러자 왕이 브나야에게 명령했습니다.
"그가 말한 대로 해 주어라. 그를 쳐서 죽
여 묻어라. 그리하여 요압이 흘린 죄 없는
피를 나와 내 아버지의 집에서 씻어 내어라.

32 여호와께서 요압의 피를 그 머리에 돌리실
것이다. 그가 내 아버지 다윗이 모르는 상
황에서 자기보다 의롭고 나은 두 사람, 곧
이스라엘 군사령관인 넬의 아들 아브넬과
유다 군사령관인 예델의 아들 아마사를 쳐
서 칼로 죽였기 때문이다. 삼하 3:27

33 그들의 피가 요압과 그 자손들의 머리에
영원히 돌아갈 것이다. 그러나 다윗과 그
의 자손들과 그의 집과 그의 왕위에는 여
호와의 평안이 영원히 있을 것이다."

34 여호야다의 아들 브나야가 올라가 요압을
쳐서 죽였습니다. 그는 광야에 있는 자기
집에 묻혔습니다.

35 브나야와 사독을 세울 왕은 여호야다의 아들
브나야를 요압 대신 세워 군대를 다스리게
했고 제사장 아비아달 대신 제사장 사독을
세웠습니다. 27절4:4대상 29:22

36 시므이가 성에 갇힌 그 후 왕은 시므이를 불
러 말했습니다. "예루살렘에 네 집을 지어
그곳에서 살고 다른 곳으로 가지 마라.

37 네가 길을 떠나 기드론 골짜기를 건너는
날에는 반드시 죽을 줄 알아라. 네 피가
네 머리 위에 있을 것이다." 8절

38 시므이가 왕에게 대답했습니다. "왕의 말
씀이 좋습니다. 내 주 왕께서 하라시는 대
로 왕의 종이 할 것입니다." 그 후 시므이는
오랫동안 예루살렘에 머물렀습니다.

39 시므이를 처형함 그러나 3년이 지난 뒤 시므
이의 종 두 명이 가드 왕 마아가의 아들 아

기스에게 도망쳤습니다. 시므이가 "당신의
종들이 가드에 있다"라는 말을 듣고

40 나귀에 안장을 얹고 자기 종들을 찾으러
가드의 아기스에게 갔습니다. 이렇게 시므
이가 가드에 가서 종들을 데리고 왔습니다.

41 솔로몬은 시므이가 예루살렘을 떠나 가드에
다녀왔다는 말을 들었습니다.

42 왕은 사람을 보내 시므이를 불러 말했습니
다. "내가 너더러 여호와를 두고 맹세하라
고 하며 '네가 이곳을 떠나 어디든 가는 날
에는 반드시 죽을 줄 알라'고 경고해 두지
않았느냐? 그때 네가 내게 '내가 들은 말
씀이 좋습니다'라고 했잖냐.

43 그런데 왜 너는 여호와께 한 맹세를 지키
지 않고 내가 네게 명령한 것에 순종하지
않았느냐?"

44 왕이 다시 시므이에게 말했습니다. "너는
네가 내 아버지 다윗에게 저지른 모든 잘
못을 스스로 알고 있을 것이다. 그러므로
여호와께서 네가 저지른 잘못을 네 머리
로 돌리실 것이다. 삼상 25:39

45 그러나 솔로몬 왕은 복을 받고 다윗의 왕
위는 여호와 앞에서 영원히 흔들리지 않
을 것이다." 잠 25:5

46 왕이 여호야다의 아들 브나야에게 명령하
자 그가 나가서 시므이를 쳐서 죽였습니
다. 이렇게 해서 이스라엘은 솔로몬의 손에
서 든든히 세워졌습니다. 12절대하 1:1

3

솔로몬이 결혼함 솔로몬이 이집트 왕 바
로와 동맹을 맺고 그 딸과 결혼했습니
다. 그는 바로의 딸을 다윗 성으로 데려와
자기 집과 여호와의 성전과 예루살렘의 성
벽이 다 지어질 때까지 있게 했습니다.

2 계속되는 산당의 제사 그러나 백성들은 여전히
산당에서 제사를 드리고 있었습니다. 여
호와의 이름을 위한 성전이 그때까지 세워
지지 않았기 때문입니다. 22:43신 12:2-3

3 솔로몬은 여호와를 사랑하고 자기 아버지
다윗의 규례를 따라 살긴 했지만 산당에서
제사하며 분향하는 일은 계속했습니다.

4 기브온에서의 1,000번째 왕은 제물을 드리러

기브온으로 갔습니다. 그곳에 큰 산당이 있었기 때문입니다. 솔로몬은 그 제단에서 1,000마리 짐승을 번제물로 드렸습니다.

5 솔로몬이 지혜를 구함 여호와께서 밤중에 기브온에서 솔로몬의 꿈속에 나타나셨습니다. 하나님께서 "내게 구하여라. 내가 네게 무엇을 주랴?" 하고 말씀하셨습니다.

6 솔로몬이 대답했습니다. "주께서는 주의 종 내 아버지 다윗에게 큰 은총을 베풀어 주셨습니다. 그가 주께 충성스러우며 의롭고 정직했기 때문입니다. 또 계속해서 이 큰 은총을 베풀어 오늘과 같이 그 왕위에 앉을 아들을 그에게 주셨습니다. ^{시 15:2}

7 내 하나님 여호와여, 이제 주께서 제 아버지 다윗을 대신해 주의 종을 왕으로 삼으셨습니다. 그러나 아직 저는 나이가 어리고 어떻게 제 임무를 수행해야 할지 모릅니다.

8 주의 종이 여기 주께서 선택하신 백성들, 헤아릴 수 없을 만큼 많은 수의 큰 백성 가운데 있습니다. ^{창 13:16;15:5; 신 7:6}

9 그러니 주의 종에게 옳고 그름을 가려내는 마음을 주셔서 주의 백성들을 잘 다스리고 선악을 분별하게 해 주십시오. 누가 주의 이 많은 백성들을 다스릴 수 있겠습니까?" ^{삼하 14:17;시 72:1-2;잠 2:6,9;사 7:15;히 5:14;약 1:5}

10 솔로몬이 이렇게 구하자 주께서 기뻐하셨습니다.

11 그래서 하나님께서 그에게 말씀하셨습니다. "네가 이것을 구했구나. 너 자신을 위해 장수나 재산을 구하지 않고 네 원수들의 목숨도 구하지 않고 판결할 때 필요한 분별의 지혜를 구했으니

12 내가 네가 구한 대로 할 것이다. 내가 네게 지혜롭게 분별하는 마음을 줄 것이다. 전에도 너와 같은 사람이 없었고 네 이후에도 너와 같은 사람이 일어나지 않을 것이다.

13 또한 네가 구하지 않은 것, 곧 부와 명예도 내가 네게 주겠다. 그러면 네 평생에 왕들 가운데서 너와 같은 사람이 없을 것이다.

14 또 네가 만약 네 아버지 다윗이 한 것처럼 내 길을 걷고 내 규례와 명령을 지키면 네

가 장수하게 될 것이다." ^{6절;15:5;시 91:16;잠 3:2}

15 예루살렘에서 잔치를 베풂 그러고 나서 솔로몬은 잠에서 깨어나 이것이 꿈이었음을 알았습니다. 그는 예루살렘으로 돌아와 여호와의 언약궤 앞에 서서 번제와 화목제를 드리고 모든 신하들을 위해 잔치를 베풀었습니다. ^{창 41:7}

16 지혜로운 판결 어느 날 두 명의 창녀가 왕께 와서 그 앞에 섰습니다. ^{민 27:2}

17 그 가운데 한 명이 말했습니다. "내 주여, 이 여자와 제가 한집에 살고 있습니다. 저 여자와 집에 같이 있을 때 제가 아기를 낳았습니다.

18 제가 아기를 낳은 지 3일째 되는 날에 여자도 아기를 낳았습니다. 우리는 함께 있었고 집에는 저희 둘 외에 아무도 없었습니다.

19 그런데 밤중에 이 여자가 자기 아들을 깔고 눕는 바람에 아기가 죽고 말았습니다.

20 그러자 저 여자는 한밤중에 일어나 제 곁에 있던 제 아들을 데려갔습니다. 제가 자

솔로몬의 지혜로운 판결

자기 아기라고 우기는 두 여자가 있었지만 증거도, 증인도 없었어요. 솔로몬은 당장 칼을 가져다가 아이를 반으로 나누어 두 사람에게 주라고 명령했어요. 두 여자는 각각 이렇게 외쳤습니다. "맞아요. 그렇게 해주세요." "내 주여, 아기를 죽이시다뇨. 그럴 바에는 차라리 저 여자에게 아기를 주세요."

과연 누가 진짜 엄마일까요? 진짜 엄마라면 아이가 죽는 것을 두고 볼수 없었겠죠?

그래요. 솔로몬은 아기를 향한 어머니의 사랑으로 진짜 엄마를 가려냈어요. 솔로몬은 사람의 내면 깊은 곳에서 해결책을 찾았던 거예요(왕상 3:27).

사람들은 보통 눈에 보이는 것으로 그 해결책을 찾으려 하기 때문에 어려움을 겪게 돼요. 하나님의 지혜는 그 문제의 원인을 찾아 해결해 주십니다.

고 있을 때 말입니다. 저 여자가 그 아기를 자기 품에 누이고 죽은 자기 아들은 제 품에 뉘어 놓았습니다.

21 다음 날 아침에 제가 일어나 아들에게 젖을 먹이려고 보니 아기가 죽어 있었습니다. 그런데 아침 햇살에 자세히 들여다봤더니 그 아기는 제가 낳은 아들이 아니었습니다.'

22 다른 여자가 말했습니다. "아니다! 살아 있는 아기가 내 아들이고 죽은 아기가 네 아들이다." 그러나 첫 번째 여자가 반박했습니다. "아니다! 죽은 아기가 네 아들이고 살아 있는 아기가 내 아들이다." 그렇게 그들이 왕 앞에서 말다툼을 벌였습니다.

23 왕이 말했습니다. "한 사람은 '여기 살아 있는 아기가 내 아들이고 죽은 아기가 네 아들이다'라고 하고 다른 한 사람은 '죽은 아기가 네 아들이고 살아 있는 아기가 내 아들이다'라고 하는구나."

24 왕이 이어서 말했습니다. "칼을 가져오너라." 신하들이 왕에게 칼을 가져왔습니다.

25 그때 왕이 말했습니다. "살아 있는 이 아기를 반으로 잘라 반쪽은 저 여자에게 주고 반쪽은 이 여자에게 주어라."

26 살아 있는 아들의 어머니는 자기 아들 때문에 소스라치게 놀라 왕에게 말했습니다. "내 주여, 저 살아 있는 아들을 차라리 저 여자에게 주십시오! 죽이지만 말아 주

십시오!" 그러나 다른 여자가 말했습니다. "내 아기도 안 되고 네 아기도 안 될 것이니 아기를 반으로 자르자!" ^{창 43:30}

27 그러자 왕이 대답했습니다. "살아 있는 아기를 죽이지 말고 첫 번째 여자에게 주어라. 그녀가 이 아기의 어머니다."

28 온 이스라엘이 왕이 내린 판결을 듣고 왕을 두려워했습니다. 그들은 왕이 하나님의 지혜로 판결하는 것을 보았기 때문입니다.

4 솔로몬의 신하들 솔로몬 왕은 온 이스라엘을 다스렸습니다.

2 솔로몬의 신하들은 이러합니다. 사독의 아들 아사리아는 제사장이었고 ^{대상 6:10}

3 시사의 아들인 엘리호렙과 아히야는 서기관이었습니다. 아힐룻의 아들 여호사밧은 역사를 기록하는 사람이었고 ^{삼하 8:16}

4 여호야다의 아들 브나야는 군사령관이었습니다. 사독과 아비아달은 제사장들이었습니다. ^{2:27,35;삼하 20:25}

5 나단의 아들 아사리아는 관리장이었고 나단의 아들 사붓은 제사장으로서 왕의 친구였습니다. ^{삼하 15:37;16:16;대상 27:33}

6 아히살은 왕궁 관리를 맡았고 압다의 아들 아도니람은 부역 관리를 맡았습니다.

7 솔로몬의 지방 장관들 솔로몬은 또한 온 이스라엘에 12명의 지방 장관을 세웠습니다. 그들은 왕과 왕실을 위해 양식을 공급했는데 각각 1년에 한 달씩 공급했습니다.

솔로몬의 신하들

지위	이 름	직 무
대제사장	사독의 아들 아사리아	하나님 앞에서 백성들을 대표하고 제사와 제사 의식을 지휘함
서기관	엘리호렙, 아히야	중요 사건을 기록함
군사령관	여호야다의 아들 브나야	국고성과 전차성을 포함하여 국가 방위를 지휘함 전투 시 군대를 지휘함, 왕의 정치적 문제를 처리함
제사장	사독, 아비아달	제사드리는 일과 율법을 가르치는 일을 함
관리장	나단의 아들 아사리아	솔로몬과 나단의 명을 받아 군의 일을 수행함
제사장, 조언자	나단의 아들 사붓	정치적인 일과 사적인 일에 대해 왕에게 조언함
왕궁 관리 대신	아히살	광대하고 복잡한 궁정 살림을 맡아함
부역 관리자	압다의 아들 아도니람	솔로몬의 대적적인 건축 사업을 지휘함
역사를 기록하는 사람	아힐룻의 아들 여호사밧	왕의 일과 판결을 글로 기록, 역사에 남기는 일을 함

8 그들의 이름은 이러합니다. 에브라임 산지는 벤훌이 _{수 24:33}

9 마가스와 사알빔과 벧세메스와 엘론벧하난은 벤데겔이 맡았고

10 아룹봇과 소고와 헤벨의 모든 땅은 벤헤셋이 맡았습니다.

11 돌의 전역은 벤아비나답이 맡았습니다. 그는 솔로몬의 딸 다밧을 아내로 삼았습니다.

12 다아낙, 므깃도, 이스르엘 아래 사르단 옆에 있는 벧스안과 벧스안에서부터 아벨므홀라에 이르러 욕느암에 이르는 지역은 아힐룻의 아들 바아나가 맡았습니다.

13 길르앗 라못과 길르앗에 있는 므낫세의 아들 야일의 성들과 바산에 있는 아르곱 지역의 큰 성, 곧 성벽이 있고 청동 빗장을 단 60개의 성들은 벤게벨이 맡았습니다.

14 마하나임은 잇도의 아들 아히나답이,

15 납달리는 아히마아스가 맡았는데 그는 솔로몬의 딸 바스맛과 결혼했습니다.

16 아셀과 아롯은 후새의 아들 바아나가,

17 잇사갈은 바루아의 아들 여호사밧이,

18 베냐민은 엘라의 아들 시므이가 맡았고

19 아모리 사람의 왕 시혼과 바산 왕 옥의 나라 길르앗 땅은 우리의 아들 게벨이 맡았는데 그 지방에는 장관이 그 사람밖에 없었습니다. _{신 3:8-10}

20 평화를 누림 유다와 이스라엘의 백성은 그 수가 바닷가 모래알처럼 많았습니다. 그들은 먹고 마시고 즐거워했습니다.

21 왕국의 경계 솔로몬은 유프라테스 강에서부터 블레셋 사람의 땅까지 그리고 이집트 경계선에 이르는 곳까지 모든 나라들을 다스렸습니다. 그 나라들은 솔로몬이 살아 있는 동안 조공을 바치며 그를 섬겼습니다.

22 솔로몬의 하루 양식 솔로몬의 하루 양식은 고운 밀가루 30고르, 굵은 밀가루 60고르,

23 살진 소 10마리, 들판에서 키운 소 20마리, 양 100마리, 그 밖에 수사슴과 노루와 암사슴과 살진 새들이었습니다.

24 평화를 누림 그가 딥사에서부터 가사까지 유프라테스 강 서쪽의 온 지역을 다스려 그 강 서쪽 편 모든 왕들을 다스렸으므로 온 사방에 평화가 있었습니다. _{창 10:19}

25 솔로몬이 사는 동안 유다와 이스라엘 백성들은 단에서부터 브엘세바에 걸쳐 각기 자기 포도나무와 무화과나무 아래에서 평화롭게 살았습니다. _{삼하 3:10;겔 28:26;슥 3:10}

26 말과 군마 솔로몬에게는 전차용 말을 위한 마구간 4만 개와 기마병 1만 2,000명이 있었습니다. _{10:26;대하 1:14;9:25}

27 지방 장관들은 각자 자기가 맡은 달이 오면 솔로몬 왕과 왕의 식탁에서 먹는 모든 사람을 위해 양식을 바쳐 부족함이 없도록 했습니다.

28 그들은 또한 각자 자기 책임에 따라 그 말과 군마들을 먹일 보리와 짚을 적당한 곳에 갖다 두었습니다. _{에 8:10,14;미 1:13}

29 솔로몬의 지혜 하나님께서는 솔로몬에게 지혜와 통찰력과 바닷가의 모래알같이 넓은 마음을 주셨습니다. _{20절;3:12}

30 솔로몬의 지혜는 동방 모든 사람들의 지혜와 이집트의 모든 지혜보다 뛰어났습니다.

어떻게 해야 솔로몬처럼 지혜를 얻을 수 있을까요?

솔로몬처럼 지혜가 많은 사람이 되고 싶다면 먼저 하나님이 기뻐하시는 기도를 해야 해요. 솔로몬은 하나님께 '무엇을 줄까?' 하는 질문에 욕심을 부리지 않고, 오히려 하나님이 맡기신 사명을 잘 감당하기 위해 지혜를 달라고 했어요. 솔로몬의 기도에 하나님은 크게 기뻐하셨고, 지혜와 함께 많은 복도 주셨어요.

하나님이 솔로몬을 왕들 가운데 뛰어나게 하신 것은 하나님의 지혜를 먼저 구해 나라를 다스렸기 때문이에요.

우리도 하나님의 마음에 맞는 기도와 간구로 하나님이 기뻐하시는 사람이 되기로 해요.

31 그는 그 어떤 사람보다 지혜로웠습니다. 예스라 사람 에단과 마홀의 아들들인 헤만과 갈골과 다르다보다 더 지혜로웠기에 그의 명성은 주변 모든 나라에 자자했습니다.

32 그는 3,000개의 잠언을 말했고 그의 노래는 1,005개에 이르렀습니다. 잠 1:1;시 129:1;아 1:1

33 그는 레바논의 백향목부터 성벽에서 자라는 우슬초에 이르기까지의 모든 나무에 대해 말했고 동물과 새들과 기어 다니는 것과 물고기에 대해서도 말했습니다.

34 세상 모든 왕들이 솔로몬의 지혜에 대해 듣고 지혜를 들으려고 사람을 보냈습니다.

5

두로 왕 히람과의 계약 솔로몬이 자기 아버지 다윗의 뒤를 이어 왕으로 추대됐다는 소식을 들은 두로 왕 히람은 솔로몬에게 신하들을 보냈습니다. 그는 항상 다윗에게 호의적이었기 때문입니다.

2 그러자 솔로몬은 히람에게 이런 전갈을 보냈습니다. 삼하 5:11;대상 14:1;대하 2:3

3 "당신도 아시겠지만 내 아버지 다윗께서는 주위에서 끊임없이 일어난 전쟁 때문에 그의 하나님 여호와의 이름을 위해 성전을 짓지 못하고 여호와께서 원수들을 그 발아래 두시기까지 기다리셨습니다.

4 그러나 내 하나님 여호와께서 내게 사방에 평화를 주셔서 적이나 재앙이 없습니다.

5 그러므로 내가 내 하나님 여호와의 이름을 위해 성전을 지어 여호와께서 내 아버지 다윗에게 '내가 네 대신 네 자리에 앉힐 네 아들이 내 이름을 위해 성전을 지으리라고 말씀하신 대로 이루려고 합니다.

6 그러니 당신은 나를 위해 레바논의 백향목을 베도록 명령을 내려 주십시오. 내 종들이 당신의 종들과 함께 일할 것이고 당신의 종들을 위해 당신이 요구하는 대로 삯을 지불하겠습니다. 당신도 아시겠지만 우리 가운데는 나무 베는 일에 시돈 사람들만큼 기술이 뛰어난 사람이 없습니다."

7 히람은 솔로몬의 전갈을 듣고 매우 기뻐하며 말했습니다. "저 많은 백성을 다스릴 지혜로운 아들을 다윗에게 주신 여호와여, 오늘 찬양을 받으십시오."

8 그리고 히람은 솔로몬에게 전했습니다. "내가 당신이 보낸 전갈을 받고 백향목과 잣나무 재목을 공급해 달라는 당신의 모든 요청을 들어 드리려 합니다.

9 내 종들이 그것들을 레바논에서 바다로 나르면 내가 바다에 뗏목으로 띄워 당신이 정하는 곳으로 보내 그곳에 나무들을 풀어 놓게 할 테니 당신이 가져가시면 됩니다. 당신은 내 요구를 들어주어 내 왕실에 양식을 보내 주시기 바랍니다." 스 3:7

10 서로 이익이 되는 조약 이렇게 해서 히람은 솔로몬이 원하는 대로 모든 백향목과 잣나무 재목을 제공했습니다.

11 솔로몬은 히람에게 그 왕궁의 양식으로 밀가루 2만 고르와 기름 20고르를 주되 해마다 그렇게 주었습니다.

---

12 여호와께서 솔로몬에게 약속하신 대로 지혜를 주셔서 히람과 솔로몬 사이에 평화가 있었고 그 둘은 조약을 맺었습니다.

13 모집된 일꾼들 솔로몬 왕은 이스라엘 온 지역에서 일꾼을 모집했는데 그 수가 3만 명이었습니다. 4:6;9:15

14 그는 한 달에 1만 명씩 번갈아 가며 레바논으로 보내 그들이 한 달은 레바논에서 지내고 두 달은 집에서 지내도록 했습니다. 아도니람은 이 일꾼들을 관리했습니다.

15 솔로몬에게는 7만 명의 짐꾼들과 산 위에서 돌 깎는 일꾼 8만 명이 있었고

16 그 외에도 솔로몬의 관리 3,300명이 이 일을 감독하고 일꾼들을 관리했습니다.

17 왕의 명령이 떨어지면 그들은 채석장에서 크고 질 좋은 돌을 캐다가 잘 다듬어 성전의 기초를 닦았습니다. 6:7;대상 22:2

18 솔로몬의 건축자들과 히람의 건축자들과 그발 사람들이 그 돌들을 다듬고 성전 건축을 위해 나무와 돌을 준비했습니다.

6 건축이 시작됨 이스라엘 백성들이 이집트에서 나온 지 480년째 되는 해, 솔로몬이 이스라엘을 다스린 지 4년 시브 월, 곧 둘째 달에 솔로몬이 여호와의 성전을 건축하기 시작했습니다.

2 성전의 크기 솔로몬 왕이 여호와를 위해 건축한 성전은 길이가 60규빗, 너비가 20규빗, 높이가 30규빗이었습니다.

3 낭실 성전의 낭실은 길이가 성전 너비와 같아 20규빗이었고 그 너비는 성전 앞쪽에서부터 10규빗이 들어갔습니다.

4 창문 그는 성전 안에 비스듬한 창을 냈습니다. 겔 40:16;41:16,26

5 다락 성전 벽 주위에 다락을 짓되 성소와 지성소의 벽을 다 돌아가며 골방을 만들었습니다. 대하 3:16;4:20;57,9;41 28:2;5랩 35:2;대하 41:5~6

6 아래쪽 다락은 그 너비가 5규빗이었고 가운데 다락은 6규빗이었으며, 세 번째 다락은 7규빗이었습니다. 그는 성전 바깥쪽을 돌아가며 턱을 내어 골방 들보가 성전 벽에 박히지 않게 했습니다.

7 미리 다듬어둔 돌 성전을 건축할 때 채석장에서 잘 다듬어 낸 돌을 써서 건축하는 동안 성전에서는 망치나 도끼나 다른 철 연장 소리가 들리지 않았습니다. 신 27:5~6

8 성전의 구조 중간층으로 올라가는 입구는 성전 오른쪽에 있어서 계단을 통하여 중간층으로 올라가게 돼 있고 또 중간층에서 3층까지 연결돼 있었습니다.

9 그는 이렇게 성전을 건축했고 백향목 들보와 널판을 덮어 성전 건축을 마무리했습니다. 14,38절

10 또한 온 성전을 둘러가며 높이가 5규빗이 되는 골방들을 만들었는데 그것들은 백향목 들보로 성전과 이어져 있었습니다.

11 하나님의 약속 여호와의 말씀이 솔로몬에게 내려왔습니다.

12 "네가 지금 이 성전을 짓고 있는데 만약 네가 내 규례를 잘 따르고 내 법도를 잘 지키며 내 모든 명령을 지키고 순종하면 내가 너를 통해 네 아버지 다윗에게 준 약속을 이룰 것이며 2:4;9:4;삼하 7:13;대상 22:10

13 또한 내가 이스라엘 자손들 가운데 살 것이고 내 백성 이스라엘을 버리지 않을 것이다." 출 25:8;신 31:6,8;수 1:5

14 성전의 완성 이렇게 해서 솔로몬은 성전 건축을 끝냈습니다. 9,38절

15 내부 재료 그는 성전 안쪽 벽을 성전 바닥

않는 일도 있어요. 즉, 내가 하고 싶은 일에는 하나님이 기뻐하시지 않는 것도 있을 수 있어요. 우리의 최고 목적은 "하나님을 영화롭게 하는 것과 영원토록 하나님을 즐거워하는 것"이 되어야 합니다. 그러려면 자신이 하고 싶은 것과 하나님이 좋아하시는 것이 같아야겠지요? 솔로몬처럼 하나님이 원하는 것이 무엇인지 깨달아 하나님을 기쁘게 해드리는 일을 할 수 있게 지혜를 구하세요.

깊이읽기 고린도전서 10장 31절을 읽으세요.

규빗 (6:2, cubit) 길이의 단위. 성인의 팔꿈치에서 중지까지의 길이로 약 45cm.

부터 천장까지 백향목 널판으로 둘렀고 성
전 마루는 잣나무 널판으로 덮었습니다.

16 지성소 그는 성전 뒤쪽 20규빗을 바닥부터
천장까지 백향목 널판으로 나눠 성전 안
에 안쪽 성소, 곧 지성소를 만들었습니다.

17 이 방 앞의 성소는 길이가 40규빗이었습니
다.

18 사용된 재료 성전 안쪽은 백향목으로 박과
활짝 핀 꽃이 조각돼 있었습니다. 모든 것
은 백향목으로 만들어졌고 돌은 전혀 보
이지 않았습니다. 7:24

19 그룹 그는 성전 안에 안쪽 성소를 마련해
그곳에 여호와의 언약궤를 모셔 두었습니
다.

20 안쪽 성소는 길이가 20규빗, 너비가 20규
빗, 높이가 20규빗이었습니다. 그는 그 안
쪽에 순금을 입혔고 백향목 제단에도 순
금을 입혔습니다.

21 솔로몬은 성전 안쪽에 순금을 입혔고 금
을 입힌 안쪽 성소 앞에는 금사슬을 드리
웠습니다.

22 이렇게 그는 성전 전체에 금 입히기를 마
쳤습니다. 그는 또한 안쪽 성소에 있는 제
단에도 전부 다 금을 입혔습니다. 출 30:1,3,6

23 안쪽 성소에는 올리브 나무로 만든 두 그
룹이 있었는데 각각 그 높이가 10규빗이었
습니다. 23~27절;출 37:7~9;대하 3:10~12

24 첫 번째 그룹의 한쪽 날개는 길이가 5규빗,
다른 한쪽 날개도 5규빗 이쪽 날개 끝에
서 저쪽 날개 끝까지가 10규빗이었습니다.

25 두 번째 그룹도 10규빗으로 두 그룹은 크
기와 모양이 같았습니다.

26 한 그룹의 높이가 10규빗이었고 다른 그룹
도 마찬가지였습니다.

27 그는 성전의 지성소 안에 두 그룹을 두었
는데 그 모습은 날개를 펼친 것으로 한 그

룹의 날개는 한쪽 벽면에 닿았고 다른 그
룹의 한쪽 날개는 다른 쪽 벽면에 닿았으
며 지성소 중앙에서 두 그룹의 날개가 서
로 닿았습니다. 8:7;출 25:20;37:9;대하 5:8

28 그는 그룹들도 금을 입혔습니다.

29 벽과 바닥 또 안쪽 성소나 바깥 성소 모두
성전 전체의 벽을 둘러 가며 그룹과 종려
나무와 꽃이 핀 모형을 조각해 놓았고

30 성전의 안쪽 성소와 바깥 성소 모두 바닥
에 금을 입혔습니다.

31 문 안쪽 성소의 입구에는 올리브 나무로
문을 만들어 달았는데 인방과 문설주는
벽 두께의 5분의 1이었습니다.

32 또한 두 개의 문은 올리브 나무로 만들었
고 거기에 그룹과 종려나무와 꽃이 핀 모
형을 새겨 넣고 그룹과 종려나무에 금을
입혔습니다.

33 이와 마찬가지로 성전 문에는 올리브 나무
로 문설주를 만들었는데 그 두께는 벽 두
께의 4분의 1을 차지했습니다.

34 그 두 문짝은 잣나무로 만들었는데 두 짝
다 가운데가 접히게 했습니다. 겔 41:24

35 그 문짝에는 그룹과 종려나무와 꽃이 핀
모형을 새겨 넣고 그 조각에 골고루 평평
하게 금을 입혔습니다.

36 안쪽 뜰 또한 그는 잘 다듬은 돌 세 켜와
백향목 한 켜로 안쪽 뜰을 만들었습니다.

37 성전의 완성 여호와의 성전의 기초는 4년
시브 월에 놓였고 1절

38 11년 불 월, 곧 여덟째 달에 성전은 설계도
에 따라 그 모든 세부 구조가 완성됐습니
다. 그가 성전을 짓는 데 7년이 걸렸습니
다.

7

왕궁 건축 기간 한편 솔로몬이 자기 왕
궁을 짓고 완공하기까지 13년이 걸렸
습니다. 3:1;9:10;대하 8:1

2 왕궁의 규모 그는 레바논 나무로 왕궁을 지
었는데 길이가 100규빗, 너비가 50규빗,
높이가 30규빗이었고 백향목 기둥 네 줄
이 백향목 서까래를 받치고 있었습니다.

3 한 줄에 15개씩 45개 기둥이 받치고 있는

서까래 위에 백향목으로 지붕을 덮었습니다.

4 창문은 세 줄로 서로 마주 보게 달았습니다.

5 모든 문과 문설주는 사각형으로 만들었고 창문들은 서로 마주 보게 세 줄로 달았습니다.

6 그는 기둥 현관을 만들었는데 그 길이는 50규빗, 너비는 30규빗으로 그 기둥 앞에 현관이 있었고 또 그 앞에는 다른 기둥들과 굵은 기둥이 있었습니다. 12절,겔 41:25-26

7 그는 또 왕좌를 위해 한 방을 만들었는데 그곳은 재판하는 장소로서 모든 바닥을 백향목으로 덮었습니다. 6:15-16

8 또 그가 기거하는 왕궁은 그 방 뒤쪽 다른 뜰에 있었는데 그 모양새가 그 방과 비슷했습니다. 솔로몬은 또한 자신과 결혼한 바로의 딸을 위해 이런 방과 같은 왕궁을 만들어 주었습니다. 3:1,대하 8:11

9 이 모든 것은 안팎이 귀한 돌들로 만들어졌는데 기초석에서부터 처마 끝까지 또 바깥에서부터 큰 뜰까지 모두 이 돌들을 크기에 따라 자르고 톱으로 다듬어 만든 것입니다.

10 그 기초석은 어떤 것은 크기가 10규빗, 어떤 것은 8규빗이나 되는 귀한 큰 돌로 만들었습니다.

11 그 위에는 크기에 따라 자른 귀한 돌들도 있고 백향목도 있었습니다.

12 큰 뜰은 잘 다듬은 돌 세 켜와 백향목 한 켜를 놓았는데 여호와의 성전의 안쪽 뜰과 그 현관에 놓은 것같이 만들었습니다.

13 기술자 히람 솔로몬 왕은 두로에서 사람을 보내 히람을 데려왔습니다. 대하 2:14

14 그 어머니는 납달리 지파 출신의 과부였고 그 아버지는 두로 사람으로서 청동 기술자였습니다. 히람은 청동을 다루는 일에는 모든 면에서 지혜와 총명과 기술이 가득한 사람이었습니다. 그는 솔로몬 왕에게 와서 그 모든 일을 해냈습니다.

15 두 기둥 그는 청동을 부어 기둥 두 개를 만들었는데 각각 높이가 18규빗이었으며 둘레는 줄자로 재어 12규빗이었습니다.

16 또한 기둥 꼭대기에 놓을 머리 두 개를 청동을 부어 만들었는데 각 머리의 높이가 5규빗이었습니다.

17 두 기둥 꼭대기의 머리에는 바둑판 무늬의 그물과 사슬 모양으로 땋은 것을 만들어 장식했습니다. 사슬이 한쪽 머리에 일곱 개, 다른 한쪽 머리에 일곱 개였습니다.

18 그는 두 기둥을 이렇게 만들었고 기둥 꼭대기의 머리를 장식하기 위해 각 그물 위에 두 줄로 석류를 만들어 빙 둘러서 붙였습니다.

19 현관에 있는 기둥 꼭대기의 머리들은 백합화 모양으로 높이가 4규빗이었습니다.

20 두 기둥의 머리에는 그물 옆쪽 볼록한 그릇 모양의 부분 위에 200개의 석류를 줄을 지어 둘러 붙였습니다. 42절,대하 3:16,4:13,렘 52:23

21 그는 성전의 현관에 이 두 기둥을 세우고 오른쪽 기둥은 이름을 야긴이라고 하고 왼쪽 기둥은 이름을 보아스라고 했습니다.

22 두 기둥 꼭대기에는 백합화 모양이 있었습니다. 이렇게 기둥 만드는 일이 끝났습니다.

23 바다 그는 바다를 부어 만들었습니다. 그것은 둥근 모양으로 지름이 10규빗, 높이가 5규빗, 둘레가 30규빗이었습니다.

24 가장자리 아래에 박들이 둥글게 달려 있는데 1규빗마다 열 개씩 바다를 빙 돌아가며 달려 있었습니다. 박들은 바다를 부어 만들 때 두 줄로 부어 만들었습니다.

25 바다 모형은 12마리의 황소 모형 위에 서 있는 모습이었습니다. 셋은 북쪽을, 셋은 서쪽을, 셋은 남쪽을, 셋은 동쪽을 향하고 있었습니다. 바다는 그 위에 올려졌고 소들은 꽁무니를 안으로 향하게 하고 서 있었습니다. 렘 52:20

26 그 두께는 한 뼘 너비만 했고 그 가장자리는 잔의 가장자리같이 백합화 모양을 따서 만들었습니다. 그 바다에 2,000밧이 담길 만했습니다.

27 받침대 그는 또한 청동으로 열 개의 받침

솔로몬 성전과 기구들

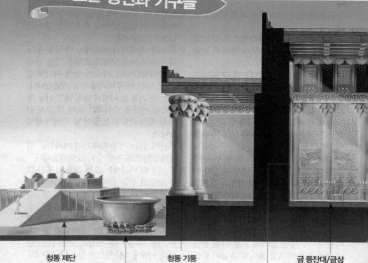

청동 제단
Bronze Altar

청동 바다
Sea of cast

청동 기둥
Bronze pillar

성소
The Holy Place

금 등잔대/금상
Lampstand / Table

청동 제단
대하 4:1; 6:13(출 27:1-8; 40:6 참조)
청동으로 만든 제단으로, 제사장이
하나님께 희생제물을 드리던 단을
말한다. 길이와 너비가 약 9m이고,
높이가 약 4.5m이다.

청동 바다
왕상 7:23-26(출 30:18, 38:8 참조)
제사장의 성결에 사용된 것으로 성
막의 대야에 해당한다. 조각된 12마
리 소의 등에 놓여 있으며 커다란 대
야처럼 생겼다. 지름이 약 4.5m이
고, 용량은 약 4만 4천ℓ이다.

금 등잔대
왕상 7:49; 대하 4:7, 20
(출 25:31-40 참조)
금으로 만든 등잔대로 성소 안에 두
어 비추게 했다. 성소 양쪽에 5개씩,
10개의 등잔대가 놓였다.

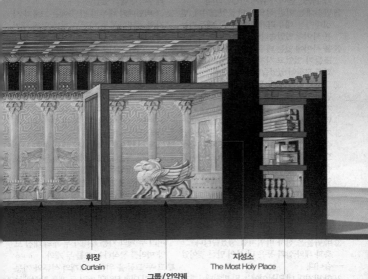

금 제단
Incense Altar

휘장
Curtain

그룹/언약궤
Cherubim
/ Ark of the Covenant

지성소
The Most Holy Place

곳간
Treasury

금상
왕상 7:48; 대하 4:8, 19
(출 25:23-30 참조)

제사에 드려지는 빵을 올려놓는 금
으로 만든 상이다. 성소에는 10개의
금상이 있었다.

금 제단
왕상 6:22; 대하 4:19
(출 30:7-8 참조)

매일 아침저녁으로 향기로운 향을 피
웠던 단으로, 지성소 입구의 휘장 앞
금상과 등잔대 중간 전면에 놓였다.

언약궤
왕상 8:6-9; 대하 5:7-10
(출 25:10-22; 신 10:2-5 참조)

싯딤 나무로 된 나무 상자에 금을 입
힌 궤이다. 언약궤를 덮는 덮개인 속
죄소는 그룹들의 날개로 덮였다.

대를 만들었는데 각각 길이가 4규빗, 너비가 4규빗, 높이가 3규빗이었습니다.

28 받침대는 이런 식으로 만들었습니다. 받침대에는 테두리가 있었고 그 테두리는 틀 사이에 있었습니다.

29 틀 사이에 있는 테두리에는 사자, 황소, 그룹들이 있었고 사자와 황소 위아래로는 화환 모형이 있었습니다.

30 그리고 각 받침대에는 바퀴 네 개와 청동판이 달렸고 그 네 귀퉁이에는 밑 받침대가 달렸습니다. 물대야 아래에는 각 화환 옆으로 부어 만든 밑 받침대가 있었습니다.

31 기둥머리 입구는 안에서 위로 1규빗이었습니다. 그러나 그 입구는 지름이 1.5규빗으로 받침대를 따라 둥글게 된 모양이었습니다. 또 그 입구 위에는 무늬가 새겨져 있었는데 그 가장자리는 둥글지 않고 네모졌습니다.

32 가장자리 아래에는 바퀴들이 달렸고 그 받침대와는 축으로 연결됐고 바퀴의 높이는 1.5규빗이었습니다.

33 바퀴들은 전차 바퀴처럼 생겼습니다. 그 축과 테와 살과 통은 다 부어 만든 것이었습니다.

34 한 받침대 네 귀퉁이에는 밑 받침대 4개가 붙었는데 그 밑 받침대는 받침대와 하나로 만들어진 모양이었습니다.

35 받침대 맨 위에는 2분의 1규빗 높이의 둥

근 띠가 있었고 받침대 맨 위에 버팀대와 테두리가 달려 있었습니다.

36 그 버팀대와 테두리 빈 곳에는 그룹과 사자와 종려나무를 화환 모형과 함께 새겨 넣었습니다.

37 그는 이런 방식으로 열 개의 기둥을 만들었습니다. 그것은 모두 같은 양으로 치수를 같게 부어 만든 것입니다.

38 **청동대야** 또 그는 청동대야 열 개를 만들었습니다. 청동대야 하나는 물 40밧이 들어가는 크기였습니다. 모든 대야는 지름이 4규빗이었고 열 개의 기둥에 각각 대야 하나씩이었습니다. 출 30:18;대하 4:6

39 그는 성전 오른쪽에 기둥 다섯 개를, 왼쪽에 다섯 개를 세웠고 바다 모형은 성전 오른쪽, 곧 동남쪽에 세웠습니다.

40 **히람이 만든 놋 제품** 히람은 또한 솥, 부삽, 대접들을 만들었습니다. 이렇게 해서 히람은 솔로몬 왕이 여호와의 집을 위해 시킨 모든 일을 마쳤습니다. 출 27:3;38:3

41 곧 기둥 두 개와 기둥 꼭대기의 대접 모양 머리 두 개와 기둥 꼭대기 두 개의 대접 모양 머리를 장식하는 그물 두 개와 17~18절

42 그 두 그물을 위한 400개의 석류와 기둥 꼭대기 대접 모양의 머리 두 개를 장식하는 각 그물마다 두 줄의 석류가 있었습니다.

43 대야 열 개와 대야 받침들 열 개와

44 바다 모형과 그 밑의 12개의 황소 모형들과

솔로몬 성전

솔로몬 성전의 역사적 의의 | 하나님은 다윗에게 그의 뒤를 잇게 될 자가 성전을 건축할 것과, 이스라엘 왕권을 대대손손 이어 주실 것을 약속하셨다(삼하 7:13). 솔로몬 성전은 그 약속이 솔로몬 때이 *루어졌음을 보여 준다.*

특히 하나님은 솔로몬에게 직접 이스라엘 백성들과 함께하시며 항상 인도하실 것을 약속하셨는데, 이것을 상징하는 것이 성전이다. 성전의 역사적인 의미는 어디에나 계시는 하나님이 예배를 받으시기 위해 그분의 임재를 상징적으로 나타내려고 선택하신 장소라는 점이다.

성전과 하나님의 임재 | 하나님의 임재는 '영광의 구름'으로 나타나셨고(왕상 8:10~11), 또 다른 형태는 '지성소에 놓인 언약궤'이다. 그룹들이 날개를 펼쳐 하나님의 실체를 보여 주는 언약궤를 덮고 있다(왕상 8:6~9). '성전 그 자체와 성전이 세워진 장소' 또한 하나님의 임재를 알게 해 준다. 하나님이 선택한 곳에 자기 이름을 두시며(왕상 9:3), 하나님이 이 산에 영원히 거하겠다고 하셨기 때문이다(시 68:16).

성전을 바치는 의식 | 제사장과 노래하는 사람

45 솥과 부삽과 대접들이었습니다. 히람이 솔로몬 왕을 위해 여호와의 성전에 만들어 준 이 모든 물건들은 광택을 낸 청동으로 만들었습니다.

46 솔로몬 왕이 숙곳과 사르단 사이의 요단 강 평지에서 가져온 진흙 틀에 그것을 부었습니다. *수 3:16;13:27*

47 솔로몬이 만든 이 모든 것들은 그 양이 엄청나게 많아서 사용된 청동의 양은 측정할 수 없었습니다. *대상 22:3,14*

48 모든 기구들 솔로몬은 또한 하나님의 성전에 있는 모든 기구들을 만들었습니다. 금 제단과 진설병을 두는 금 상들과 *출 37:10~16*

49 등잔대, 곧 지성소 앞의 오른쪽과 왼쪽에 각각 다섯 개씩의 순금 등잔대와 금 꽃과 등잔과 불집게들, *출 25:31~38;대하 4:7*

50 순금 대야들, 불집게들, 대접들, 접시들, 향로들, 안쪽 방, 곧 지성소의 문과 성전의 현관문에 다는 금 돌쩌귀들이었습니다.

51 장식의 완성 솔로몬 왕은 여호와의 성전을 위해 한 모든 일이 끝나자 자기 아버지 다윗이 바친 물건들, 곧 은과 금과 기구들을 안으로 들여 여호와 성전의 창고에 두었습니다.

8 언약궤를 성전으로 옮김 그러고 나서 솔로몬은 여호와의 언약궤를 다윗 성 시온에서 가져오려고 이스라엘 장로들과 모든 지파의 지도자들, 곧 이스라엘 가문의 족장들을 자기가 있는 예루살렘으로 불렀습니다. *1~9절;대하 5:2~10*

2 그래서 모든 이스라엘 사람들은 일곱째 달인 에다님 월 절기에 솔로몬 왕 앞에 모였습니다. *65절;레 23:34;대하 7:8~10*

3 이스라엘 모든 장로들이 도착하자 제사장들이 언약궤를 멨습니다. *민 4:15;수 3:3,6*

4 제사장들과 레위 사람들이 여호와의 궤와 회막과 회막 안의 모든 거룩한 기구들을 옮겨 갔습니다. *3:4;대하 1:3*

5 솔로몬 왕과 그 앞에 모인 이스라엘 온 회중은 언약궤 앞에서 셀 수도 없고 기록할 수도 없을 만큼 많은 양과 소로 제사를 드렸습니다. *삼하 6:13*

6 제사장들은 여호와의 언약궤를 성전 안쪽의 지성소로 들여가 그룹의 날개 아래 놓아두었습니다. *6:5,27;출 26:33~34;삼하 6:17*

7 그룹들은 언약궤가 놓인 자리 위에 두 날개를 펼쳐서 궤와 그 채를 덮었습니다.

8 언약궤의 채들은 길어서 그 끝이 지성소 앞으로 나와 성소에서도 보였습니다. 그러나 성소 바깥에서는 보이지 않았습니다. 채들은 오늘까지도 여전히 그곳에 있습니다. *출 25:13~15*

9 언약궤 안에는 돌판 두 개 외에 아무것도 없었습니다. 돌판은 이스라엘 자손들이 이집트 땅에서 나올 때 여호와께서 그들과 언약을 맺으신 곳 호렙에서 모세가 넣어 둔 것이었습니다. *출 40:20;신 10:2,5;왕 9:4*

10 제사장들이 성소에서 나오자 구름이 여호와의 성전에 가득했습니다. *출 40:34~35*

11 제사장들은 그 구름 때문에 임무를 다 마치지 못했는데 여호와의 영광이 성전 안을 가득 채웠기 때문입니다.

12 봉헌 기념사 그러자 솔로몬이 말했습니다. "여호와께서 캄캄한 구름 속에 계시겠다고 말씀하셨지만 *12~50절;레 16:2;대하 6:1~39*

13 제가 주를 위해 웅장한 성전, 곧 주께서 영원히 계실 곳을 지었습니다." *출 15:17*

14 그곳에 모인 온 이스라엘 백성들이 서 있

들은 베옷을 입었고, 뛰어난 음악가들로 구성된 찬양대는 120명의 나팔 부는 사람들과 노래하는 사람들, 악기를 연주하는 사람들과 함께 정교한 음악으로 하나님을 찬양했다(대하 5:12~13).

에다님 월(8:2) 태양력으로 9월 중순 이후.

는 동안 왕은 그들에게로 뒤돌아서 백성들을 향해 축복했습니다. 55절/삼하 6:18

15 그리고 나서 왕이 말했습니다. "이스라엘의 하나님 여호와께 찬양을 드리자. 여호와께서는 그분의 입으로 내 아버지 다윗에게 말씀하신 것을 그 손으로 이루셨다. 여호와께서 말씀하시기를 6:12/눅 1:68

16 '내가 내 백성 이스라엘을 이집트에서 이끌어 낸 날부터 내가 이스라엘 지파 가운데 한 성을 선택해 그곳에 내 이름이 있을 만한 성전을 지으라고 한 적이 없었다. 다만 내가 다윗을 선택해 내 백성 이스라엘을 다스리게 했다'라고 하셨다. 신 12:11

17 내 아버지 다윗이 이스라엘의 하나님 여호와의 이름을 위해 성전을 건축하고 싶어 하셨다. 삼하 7:2-3/대상 17:1-2

18 그러나 여호와께서 내 아버지 다윗에게 '네가 내 이름을 위해 성전을 짓겠다는 마음을 갖고 있으니 그것은 잘한 것이다.

19 그러나 이 성전을 지을 사람은 네가 아니다. 네 몸에서 태어날 네 아들이다. 그가 내 이름을 위해 성전을 건축할 것이다'라고 하셨다. 5:3,5/삼하 7:5,12-13

20 이제 여호와께서 그 약속하신 것을 이루셨다. 여호와께서 약속하신 대로 내가 내 아버지 다윗의 뒤를 이어 이스라엘의 왕위에 올랐고 내가 이스라엘의 하나님 여호와의 이름을 위해 성전을 건축하게 하신 것이다.

21 내가 또 여호와께서 우리 조상들을 이집트 땅에서 인도해 내실 때 그들과 맺으신 언약이 담긴 궤를 놓아 둘 곳을 성전 안에 마련했다." 9절/신 31:26

22 봉헌 기도 그러고 나서 솔로몬이 여호와의 제단 앞에 서서 이스라엘 온 회중이 보는 가운데 하늘을 향해 손을 뻗으며 출 9:33

23 이렇게 말했습니다. "이스라엘의 하나님 여호와여, 하늘 위에도 땅 밑에도 주와 같은 신은 없습니다. 주께서는 마음을 다해 주 앞에서 행하는 주의 종들에게 언약을 지키고 자비를 베푸시는 분입니다. 출 15:11

24 주께서는 주의 종 제 아버지 다윗에게 하신 약속을 지키셨습니다. 주의 입으로 약속하시고 주의 손으로 이루신 것이 오늘과 같습니다.

25 그러므로 이스라엘의 하나님 여호와여, 주의 종인 제 아버지 다윗에게 하신 그 약속, 곧 '네 아들들이 그 길을 조심해서 네가 내 앞에서 행한 대로 그들도 내 앞에서 살아간다면 네 후손 가운데 이스라엘의 왕위에 앉을 사람이 끊어지지 않으리라'고 하신 그 약속을 지켜 주십시오. 2:4

26 이스라엘의 하나님이여, 이제 제가 기도합니다. 주의 종 다윗에게 하신 약속의 말씀이 이뤄지게 해 주십시오. 삼하 7:25

27 그러나 하나님께서 정말 땅에 사시겠습니까? 하늘 아니라 하늘의 하늘이라도 주

솔로몬의 기도

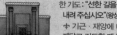

✛ 왕실에 대한 기도: "다윗에게 하신 약속의 말씀이 이뤄지게 해 주십시오"(왕상 8:22-26)

✛ 왕과 백성을 위한 기도: "성전을 향하여 기도할 때 들어 주십시오"(왕상 8:27-30)

✛ 맹세에 대한 기도: "악한 자와 의로운 자의 행위를 갚아 주십시오"(왕상 8:31-32)

✛ 전쟁에 패할 때를 위한 기도: "백성의 죄를 용서하시며 이 땅으로 돌아오게 하십시오"(왕상 8:33-34)

✛ 죄로 인해 하늘이 닫히고 비가 오지 않을 때를 위

한 기도: "선한 길을 가르쳐 주시고 비를 내려 주십시오"(왕상 8:35-36)

✛ 기근·재앙에 대한 기도: "재앙을 깨닫고 기도할 때 들어 주십시오"(왕상 8:37-40)

✛ 이방 사람을 위한 기도: "모든 민족이 하나님을 알고 경외하게 해 주십시오"(왕상 8:41-43)

✛ 출전에 대한 기도: "전쟁에서 이기도록 도와주십시오"(왕상 8:44-45)

✛ 포로를 위한 기도: "포로로 잡혀 있는 그 땅에서 은혜를 입게 해 주십시오"(왕상 8:46-51)

를 다 모실 수 없는데 하물며 제가 만든 이 성전은 어떻겠습니까! 대하 2:6;행 7:49;17:24

28 그러나 내 하나님 여호와여, 주의 종의 기도와 자비를 구하는 소리에 귀 기울이시고 오늘 주의 종이 주 앞에서 기도할 때 그 부르짖음과 기도를 들어 주십시오.

29 주께서 '내 이름이 거기 있으리라'고 하신 곳인 이 성전을 밤낮으로 주목하고 보시며 주의 종이 이곳을 향하여 하는 기도를 들어 주십시오. 16,52절;9:3;대하 7:15;6:16

30 주의 종과 주의 백성 이스라엘이 이곳을 향하여 기도할 때 그 구하는 것을 들어 주십시오. 주가 계신 곳 하늘에서 들어 주시고 주께서 들으실 때 용서해 주십시오.

31 제단 위의 맹세 어떤 사람이 자기 이웃에게 지은 잘못 때문에 맹세를 해야 할 때 그가 이 성전, 곧 주의 제단 앞에 와서 맹세하면

32 주께서는 하늘에서 들으시고 행해 주십시오. 주의 종들을 심판하셔서 악인을 정죄하고 그 행위를 그 머리에 돌리시되 의인에게는 의롭다 하시고 그 의로운 대로 갚아 주십시오. 신 25:1

33 적에게 패할 때 주의 백성 이스라엘이 주께 죄를 지어 적들에게 패배를 당했다가도 돌이켜 주의 이름을 부르며 이 성전에서 주께 기도하고 간구하면 레 26:17,40

34 주께서는 하늘에서 들으시고 주의 백성 이스라엘의 죄를 용서하시며 주께서 그 조상들에게 주신 그 땅을 그들에게 되돌려 주십시오.

35 가뭄이 들 때 주의 백성들이 주께 죄를 지었기 때문에 주께서 하늘을 닫아 비가 오지 않는 벌을 주셨을 때 그들이 이곳을 향하여 기도하며 주의 이름을 부르고 죄에서 돌이키면 신 11:17;눅 4:25

36 주께서는 하늘에서 들으시고 주의 종들과 주의 백성 이스라엘의 죄를 용서해 주십시오. 그들이 가야 할 선한 길을 가르쳐 주시고 주의 백성에게 유업으로 주신 주의 땅에 비를 내려 주십시오. 삼상 12:23;시 25:4;86:11

37 기근·재앙·질병이 있을 때 그 땅에 기근이 있거나 전염병이나 병충해가 돌거나 곰팡이나 메뚜기나 황충이 생기거나 적들이 그들의 성을 함락하는 등 어떤 재앙이나 질병이 있을 때 레 26:16;신 28:21~22;대하 20:9

38 주의 백성 이스라엘이 각각 자기 마음에 재앙을 깨닫고 이 성전을 향해 자기 손을 뻗으며 기도를 드리거나 간구하면

39 주께서는 주가 계신 곳 하늘에서 들으시고 용서해 주십시오. 주께서는 사람의 마음을 아시니 각 사람에게 그가 한 모든 일에 따라 행하시고 갚아 주십시오. 오직 주만이 모든 인생의 마음을 아십니다.

40 그러면 그들이 주께서 우리 조상들에게 주신 이 땅에서 사는 동안 항상 주를 경외할 것입니다. 신 12:1

41 이방 사람들을 위하여 또 주의 백성 이스라엘에 속하지 않지만 주의 위대한 이름 때문에 먼 땅에서 온 이방 사람들이라도

42 그들이 주의 위대한 이름과 주의 강한 손과 주의 쭉 뻗친 팔에 대해 듣고 와서 이 성전을 향해 기도하면 신 3:24;대하 6:32

43 주께서는 주가 계시는 곳 하늘에서 들으시고 이 이방 사람들이 주께 무엇을 구하든 다 들어주십시오. 그러면 땅의 모든 민족들이 주의 백성 이스라엘처럼 주의 이름을 알고 주를 경외할 것이요, 또 제가 지은 이 성전이 주의 이름으로 불리는 것을 알게 될 것입니다. 60절;수 4:24;시 102:15

44 출전할 때 주의 백성들이 주께서 보내시는 곳에 적과 싸우러 나갈 때 그들이 주께서 선택하신 이 성과 제가 주의 이름을 위해 지은 이 성전을 향해 여호와께 기도하면

45 주께서는 하늘에서 그들의 기도와 간구를 들으시고 그 일을 돌아봐 주십시오.

46 포로가 되었을 때 죄를 짓지 않는 사람이 없으니 그들이 주께 죄를 지어 주께서 그들에게 진노하시고 적들의 손에 넘겨주셔서 그들이 포로가 돼 멀든지 가깝든지 적들의 땅으로 끌려갈 때 전 7:20;롬 3:23;약 3:2

47 만약 그들이 포로로 잡혀 있는 그 땅에서

마음을 돌이켜 회개하고 주께 간구하며 '우리가 죄를 짓고 잘못을 저질렀으며 악한 행동을 했습니다'라고 말하면 레 26:40

48 또 만약 그들이 마음과 정성을 다해 자기들을 사로잡아 간 적들의 땅에서 주께 돌아와 주가 그 조상들에게 주신 그 땅, 곧 주께서 선택하신 성을 향해, 제가 주의 이름을 위해 지은 이 성전을 향해 기도하면

49 주께서는 주가 계신 곳, 하늘에서 그들의 기도와 그 간구를 들으시고 그 일을 살펴 주십시오.

50 그리고 주께 죄지은 주의 백성들을 용서해 주십시오. 그들이 주께 저지른 모든 허물을 용서하시고 그 사로잡아 간 사람들이 그들을 불쌍히 여기게 해 주십시오.

51 그들은 철을 단련하는 용광로 같은 이집트에서 이끌어 내신 주의 백성들이며 주의 유업입니다. 신 4:20;9:29;느 1:10;렘 11:4

52 주께서는 주의 종의 간구와 주의 백성 이스라엘의 간구를 살펴 주시고 그들이 부르짖을 때마다 귀 기울여 주십시오. 29절

53 주 여호와여, 주께서 우리 조상들을 이집트에서 이끌어 내실 때 주의 종 모세를 통해 선포하신 대로 주께서는 그들을 세상 모든 민족들과 구별해 주의 것이 되게 하신 것입니다." 출 19:5~6;신 9:26,29;14:2

54 솔로몬의 축복 솔로몬은 무릎을 꿇고 하늘을 향해 손을 뻗어 여호와께 이 모든 기도와 간구를 마치고 여호와의 제단 앞에서 일어났습니다. 대하 6:13;7:1

55 그는 일어나 큰 소리로 이스라엘 온 회중을 축복하며 말했습니다. 14절

56 "여호와를 찬양하라. 여호와는 약속하신 대로 그 백성 이스라엘에게 안식을 허락하셨다. 여호와께서 그 종 모세를 통해 주신 모든 선한 약속들이 하나라도 이뤄지지 않은 것이 없다. 수 21:45;23:14

57 우리 하나님 여호와께서 우리 조상들과 함께하셨던 것처럼 우리와 함께하시기를 빈다. 그분이 우리를 떠나거나 버리시는 일이 없기를 빈다. 신 31:6;수 1:5;삼상 12:22

58 그분이 우리 마음을 그분께로 돌이켜 그분의 길을 가게 하시고 그분이 우리 조상들에게 주신 그분의 명령과 규례와 법도를 지키게 하시기를 빈다. 시 119:36

59 그리고 내가 여호와 앞에서 간구했던 내 이 말들이 우리 하나님 여호와께 밤낮으로 가까이 있어 여호와께서 그 종의 일과 그 백성 이스라엘의 일을 날마다 돌보셔서

60 이 땅의 모든 민족들이 여호와께서 하나님이시며 그 외에는 아무도 없음을 알게 하시기를 빈다. 43절;18:39;신 4:35,39

61 그러니 너희 마음은 오늘처럼 여호와의 규례를 따라 살고 그 명령을 지키면서 우리 하나님 여호와께 온전히 헌신하도록 해야 할 것이다." 11:4;15:3,14;왕하 20:3

62 제사와 축제 그리고 왕은 왕과 함께 있던 온 이스라엘과 더불어 여호와 앞에서 제사를 드렸습니다. 62~66절;스 6:16~17

63 솔로몬은 화목제물을 드렸는데 그가 여호와께 드린 것은 소 2만 2,000마리, 양 12만 마리였습니다. 이렇게 왕과 모든 이스라엘 사람들은 여호와의 성전을 봉헌했습니다.

64 그날 왕은 여호와의 성전 앞쪽 가운데 뜰을 거룩히 구별하고 거기에서 번제와 곡식제와 화목제의 기름을 드렸습니다. 여호와 앞의 청동 제단이 너무 작아 번제물과 곡식제물과 화목제물의 기름을 놓을 수 없었기 때문입니다. 대하 4:1

65 그때 솔로몬이 온 이스라엘과 함께 그 절기를 지켰는데 하맛 어귀에서부터 이집트 국경의 강에 이르기까지 넓은 지역에 사는 많은 사람들이 모였습니다. 그들은 하나님 여호와 앞에서 7일 동안 절기를 지내고 또 7일을 지내서 모두 14일 동안 절기를 지켰습니다. 2절;레 23:34

66 그는 8일째에 사람들을 돌려보냈습니다. 그들은 왕을 축복하고 여호와께서 그의 종 다윗과 그 백성 이스라엘을 위해 하신 모든 선한 일에 기뻐하고 즐거워하며 그 장막으로 돌아갔습니다.

9 하나님이 솔로몬과 언약을 맺으심 솔로몬이 여호와의 성전과 왕궁 건축을 마치고 또 그가 바라던 모든 일을 이루고 난 뒤 2 여호와께서 전에 기브온에서 나타나셨던 것처럼 솔로몬에게 두 번째 나타나셨습니다.

3 여호와께서 그에게 말씀하셨습니다. "네가 내 앞에서 기도하고 간구한 것을 내가 들었다. 네가 지은 이 성전을 내가 거룩히 구별해 내 이름을 영원히 거기에 두겠다. 내 눈과 마음이 항상 그곳에 있을 것이다. 4 이제 너는 네 아버지 다윗이 한 것처럼 내 앞에서 충성스러운 마음으로 정직하게 살며 내가 명령한 모든 것을 실천하고 내 규례와 법도를 잘 지켜라. 11:38;15:5;창 17:1

5 그러면 내가 네 아버지 다윗에게 '이스라엘의 왕좌에 앉을 사람이 네게서 끊어지지 않으리라'고 약속한 대로 내가 네 이스라엘 왕위를 영원히 세울 것이다. 2:4

6 그러나 너와 네 아들들이 만약 나를 따르지 않고 등을 돌려 내가 네 앞에 둔 내 명령과 규례를 지키지 않고 다른 신들에게 가서 섬기고 숭배하면 삼하 7:14;시 89:30,32

7 내가 이스라엘에게 준 이 땅에서 그들을 끊어 내고 내 이름을 위해 내가 거룩하게 구별한 이 성전을 네 눈앞에서 던져 버릴 것이다. 그렇게 되면 이스라엘은 모든 민족들 가운데 비웃음거리와 조롱거리가 될 것이다.

8 그리고 비록 이 성전이 지금 이토록 으리으리하더라도 지나가는 모든 사람들이 깜짝 놀라며 '여호와께서 이 땅과 이 성전에 왜 이런 일을 하셨을까?' 하고 비웃을 것이다.

9 그러면 사람들은 '그들이 자기 조상들을 이집트에서 이끌어 내신 그 하나님 여호와를 버리고 다른 신들을 숭배하고 섬겼기 때문에 여호와께서 이 모든 재앙을 그들에게 내리신 것이다'라고 대답할 것이다."

10 두로 왕 히람의 불평 솔로몬이 여호와의 성전과 왕궁, 이 두 건축물 짓기를 20년 만에 마치고 10-28;대하 8:6,37-38;7:1;대하 8:1-18

11 두로 왕 히람에게 갈릴리 땅에 있는 20개의 성들을 주었습니다. 히람이 백향목과 잣나무와 금을 솔로몬이 원하는 대로 제공했기 때문입니다.

12 그러나 히람은 두로에서 와서 솔로몬이 자기에게 준 성들을 보고 별로 기뻐하지 않았습니다.

13 히람이 물었습니다. "내 형제여, 어떻게 내게 이런 성들을 주었소?" 그러고는 그 성들을 가불 땅이라고 불렀습니다. 그리하여 오늘날까지 그 이름이 남아 있습니다.

14 히람이 왕에게 금 120달란트를 보냈습니다.

15 솔로몬의 아내에게 선물을 줌 솔로몬 왕이 일꾼을 징집한 이유는 여호와의 성전과 자기 왕궁과 밀로와 예루살렘 성벽과 하솔과 므깃도와 게셀을 건축하기 위해서였습니다.

16 이집트 왕 바로가 전에 게셀에 올라가 함락한 뒤 불을 지르고 그곳 가나안 주민들을 죽이고 그 성을 솔로몬의 아내가 된 자기 딸에게 결혼 선물로 주었습니다. 수 16:10

17 성을 건축 그래서 솔로몬이 게셀을 건축했습니다. 그는 아래쪽 벧호론을 건축했고

18 바알랏과 유다 땅에 속한 광야의 다드몰과

19 자신의 국고성들과 전차와 기병대가 주둔하는 성들을 건축했습니다. 솔로몬은 또 예루살렘과 레바논과 그가 다스리는 모든 영토에 걸쳐 무엇이든 자기가 짓고 싶어하는 것은 다 지었습니다. 대하 1:14;9:25

20 남은 사람들을 노예로 삼음 이스라엘 백성이 아닌 아모리 사람, 헷 사람, 브리스 사람, 히위 사람, 여부스 사람 가운데 그 땅에 남아 있던 사람들,

21 곧 이스라엘 자손들이 완전히 진멸하지 못해 그 땅에 남아 있던 사람들을 솔로몬이 노예로 삼아 노역의 의무를 지도록 동원했습니다. 그리하여 지금까지도 그렇게 하고 있습니다. 수 15:63;17:12;삿 1:21,27-29

22 그러나 이스라엘 백성은 한 명도 노예로 삼지 않았습니다. 이스라엘 사람들은 군사와 관리와 군지휘관과 전차 부대 지휘관과 기병대가 됐습니다. 레 25:39

징집(9:15, 徵集, conscript) 국가의 병역 의무자를 불러 모음.

23 그들은 또한 솔로몬의 일을 맡아 지휘한 감독관이 됐는데 550명의 감독관이 일하는 사람들을 관리했습니다. 5:16;대하 8:10

24 솔로몬이 아내를 위해 밀로를 건축한 바로의 딸이 다윗 성에서 올라와 솔로몬이 자기를 위해 지어 준 왕궁으로 옮겼습니다. 그 후에 솔로몬은 밀로를 건축했습니다.

25 지속적인 제사 솔로몬은 여호와를 위해 지은 제단에서 1년에 세 번씩 번제와 화목제를 드렸고 여호와 앞에 놓인 제단에서 분향도 했습니다. 이렇게 솔로몬은 성전 건축을 마쳤습니다.

26 히람과 함께 편성한 해군 솔로몬 왕은 또한에돔 땅 홍해 가의 엘롯 근처 에시온게벨에서 배들을 만들었습니다. 민 33:35;신 2:8

27 히람은 그때도 바다에 대해 잘 아는 선원들인 자기 종들을 보내 솔로몬의 사람들과 함께 일하게 했습니다. 10:11

28 그들은 오빌에 가서 금 420달란트를 얻어 솔로몬 왕에게 가져다 주었습니다. 대상 29:4

10

스바 여왕의 방문 스바 여왕이 여호와의 이름으로 인해 알려진 솔로몬의 명성을 듣고 어려운 질문을 갖고 그를 시험하려고 찾아왔습니다.

2 여왕은 수많은 수행원을 거느리고 향품과 많은 양의 금과 보석들을 싣고 예루살렘에 도착했습니다. 그는 솔로몬에게 와서 마음속에 갖고 있던 모든 것을 질문했습니다.

3 솔로몬은 모든 질문에 대답했습니다. 그 어떤 것도 왕이 답하기 어려운 것은 없었습니다.

4 스바 여왕은 솔로몬의 모든 지혜와 그가 지은 왕궁을 보고

5 또 그 식탁의 음식과 신하들의 자리와 시중드는 종들의 접대와 그 옷차림새와 술 맡은 신하와 여호와의 성전에서 드리는 번제를 보고 눈이 휘둥그레졌습니다.

6 그녀가 왕에게 말했습니다. "내 나라에서 들었던 대로 왕이 이루신 일과 지혜에 대한 소문이 사실이었군요.

7 내가 와서 내 눈으로 직접 보기 전에는 그 소문을 믿지 못했습니다. 그런데 내가 들은 소문은 사실의 절반도 되지 않는군요. 지혜로 보나 부로 보나 왕은 내가 들은 소문보다 뛰어나십니다.

8 왕의 백성들은 참 행복하겠습니다. 왕의 곁에서 계속 그 지혜를 들을 수 있는 왕의 신하들은 얼마나 행복하겠습니까! 잠 8:34

9 왕의 하나님 여호와를 찬양합니다. 그분이 왕을 기뻐해 왕을 이스라엘의 왕좌에 앉히셨으니 말입니다. 여호와께서 이스라엘을 영원히 사랑하셔서 당신을 왕으로 삼아 공평과 의를 지속하게 하신 것입니다."

10 여왕은 왕에게 금 120달란트와 많은 양의 향품과 보석들을 선물했습니다. 그 후로는 스바 여왕이 솔로몬 왕에게 선물한 만큼 많은 향품이 들어온 적이 없습니다.

11 (오빌에서 금을 가져온 히람의 배들은 또 거기서 백단목과 보석을 많이 운반해 왔는데

12 왕은 그 백단목을 사용해 여호와의 성전과 왕궁의 계단을 만들었고 노래하는 사람들을 위해 하프와 비파를 만들었습니다. 그 후로 그렇게 많은 백단목이 들어온

스바 여왕이 그렇게 먼 곳에서 온 이유는 무엇인가요?

스바 여왕은 아라비아의 남서쪽에 위치한 나라인 스바를 다스리고 있었어요. 스바는 지금의 예멘이라는 곳으로 당시 향수와 향품 무역으로 유명한 나라였어요(겔 27:22).

스바 여왕은 먼 남쪽 나라에서 솔로몬을 찾아왔어요. 하나님이 주신 솔로몬의 지혜를 시험해 보려고 온 것입니다(눅 11:31).

스바 여왕은 솔로몬의 지혜를 직접 눈으로 확인하고는 이스라엘의 하나님을 찬양하며 솔로몬에게 많은 향품과 보석을 선물했으니 대(왕상 10:9-10). 또 솔로몬도 여왕이 구하는 것을 정성껏 내주었어요(왕상 10:13).

적이 없었고 오늘까지 본 적도 없습니다.)

13 솔로몬 왕은 스바 여왕에게 왕의 관례에 따라 선물한 것 외에도 여왕이 원하고 구하는 것을 모두 주었습니다. 그 후 여왕은 그곳을 떠나 수행원들과 함께 자기 나라로 돌아갔습니다.

14 솔로몬의 부와 지혜 솔로몬이 해마다 거둬들이는 금의 무게는 666달란트였고

15 그 밖에 상인들과 무역업자들의 조공물과 모든 아랍 왕들과 그 통치자들에게서도 거둬들였습니다.

16 솔로몬 왕은 금을 두드려 큰 방패 200개를 만들었는데 각 방패마다 금 600세겔이 들어갔습니다.

17 그는 또 금을 두드려 작은 방패 300개를 만들었으며 각 방패마다 금 3마네가 들어갔습니다. 왕은 그것들을 레바논 나무 궁에 두었습니다. 7:2;14:26

18 또 왕은 상아로 큰 왕좌를 만들고 순금을 입혔습니다.

19 왕좌에 오르는 계단은 여섯 개가 있었고 왕좌의 등받이 꼭대기는 둥근 모양으로 돼 있었습니다. 왕좌 양옆에 팔걸이가 있었고 팔걸이 옆에 사자가 한 마리씩 서 있었습니다.

20 여섯 개의 계단 위에 사자 12마리가 양옆에서 서 있었습니다. 그 어떤 나라에도 이렇게 만든 것은 없었습니다.

21 솔로몬의 술잔은 모두 금으로 만들었고 레바논 나무 궁에 있는 그릇들은 모두 순금이었습니다. 은으로 만든 것은 하나도 없었습니다. 솔로몬 시대에는 은이 가치가 없었기 때문입니다.

22 왕이 무역선들을 히람의 배와 함께 바다에 두어서 3년에 한 번씩 금과 은과 상아와 원숭이와 공작을 실어 나르게 했습니다.

23 솔로몬 왕의 부와 지혜가 세상의 다른 어떤 왕들보다 뛰어났습니다. 3:12-13;4:30

24 온 세상 사람들이 하나님께서 솔로몬 마음에 두신 지혜를 들으러 그 앞에 오기를 원했습니다.

25 사람들이 각각 금은으로 만든 물건과 옷과 갑옷과 향품과 말과 노새 같은 선물을 해마다 정해진 대로 들고 왔습니다.

26 전차와 말 솔로몬이 전차와 말들을 모아 보았더니 전차가 1,400대, 말이 1만 2,000마리가 있었습니다. 솔로몬은 그것을 전차두는 성에 두기도 했고 예루살렘에 직접두기도 했습니다. 대하 1:14-17;9:25

27 솔로몬의 재산 솔로몬이 왕으로 있을 때 예루살렘에 은은 돌처럼 흔하게 됐고 백향목은 평지의 뽕나무처럼 많아졌습니다.

28 솔로몬의 말들은 이집트와 구에에서 수입한 것으로 왕의 상인들이 구에에서 제값을 주고 산 것이었습니다. 신 17:16;대하 9:28

29 전차는 한 대당 은 600세겔을 주고 말은 한 필당은 150세겔을 주고 이집트에서 수입해 왔습니다. 또 그들은 그것을 헷 사람

솔로몬의 전차

BC 1600-1400년 사이에 이집트와 팔레스타인에서는 무기와 군사 조직의 급속한 발전이 있었다. 가장 두드러진 것은 바로 전차의 등장이다. 전차는 군사용 전차를 말한다. 이스라엘이 이집트 탈출한 후 가나안에 들어갈 때 가나안 원주민들은 전차를 갖고 있었다. 그래서 이스라엘은 가나안 사람들을 이기지 못했다.

이스라엘 사람들은 다윗과 솔로몬 시대에 비로소 전차를 전투력에 포함시킨 것으로 보인다. 다윗(삼하 8:4)과 압살롬 시대(삼하 15:1)에 전차와 전차를 모는 말들과 무장에 대한 기록이 나오기 때문이다. 솔로몬은 전차 1천 400대의 부대를 만들고 전차 두는 성을 만들었다. 전차와 말은 모두 이집트에서 수입했다(왕상 10:26-29). 솔로몬 당시의 전차는 3인승이었던 것 같다. '전차 부대 지휘관과 기병대'(왕상 9:22)에서 '지휘관'이라는 말은 히브리어로 '세 번째 사람'을 의미하기 때문이다.

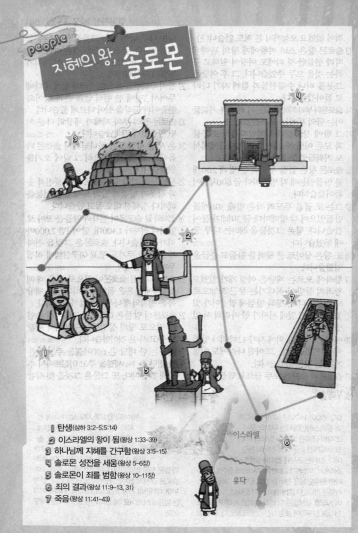

people

지혜의 왕, 솔로몬

1. **탄생**(삼하 3:2-5;5:14)
2. **이스라엘의 왕이 됨**(왕상 1:33-39)
3. **하나님께 지혜를 간구함**(왕상 3:5-15)
4. **솔로몬 성전을 세움**(왕상 5-6장)
5. **솔로몬이 죄를 범함**(왕상 10-11장)
6. **죄의 결과**(왕상 11:9-13, 31)
7. **죽음**(왕상 11:41-43)

이스라엘

유다

들과 아람 사람들의 모든 왕들에게 되팔
기도 했습니다.　　　　　　　　삿 1:26

11 이방 여인과의 결혼 한편 솔로몬 왕은
바로의 딸을 비롯한 많은 이방 여인들
을 사랑했습니다. 모압 여자, 암몬 여자, 에
돔 여자, 시돈 여자, 헷 여자들이었습니다.

2 여호와께서 전에 이 민족들에 대해 이스라
엘 자손들에게 말씀하셨습니다. "너희는
그들과 서로 결혼하지 말라. 그들은 분명
너희 마음을 자기 신들에게 돌릴 것이다."
그럼에도 불구하고 솔로몬은 그들을 사랑
했습니다.　　　　　　　　　　　출 34:16

3 그에게는 700명의 후비가 있었고 300명
의 첩이 있었는데 그 후비들이 솔로몬의
마음을 돌려놓았습니다.

4 우상을 따르는 솔로몬 솔로몬이 나이 들자 왕
비들이 그의 마음을 다른 신들에게로 돌
려놓았고 솔로몬은 그 아버지 다윗의 마음
과 달리 그의 마음을 하나님 여호와께 다
드리지 않았습니다.　　　　　　 8:61;9:4

5 그는 시돈 사람의 여신 아스다롯과 암몬 사
람의 가증스러운 신 밀곰을 따랐습니다.

6 솔로몬은 여호와 보시기에 악을 행했습니
다. 그는 자기 아버지 다윗과는 달리 여호
와를 온전히 따르지 않았습니다.

7 솔로몬은 예루살렘 동쪽 언덕에 모압의 가
증스러운 신 그모스를 위해, 또 암몬 사람
의 가증스러운 신 몰록을 위해 산당을 지
었습니다.　　　　 레 20:2-4;왕하 23:10,13;행 7:43

8 솔로몬은 이방에서 온 자기 왕비들을 위해
서도 그렇게 했고 왕비들은 그 우상들을
위해 분향하고 제사를 지냈습니다.

9 하나님의 진노 그러자 여호와께서 솔로몬에
게 진노하셨습니다. 그가 이스라엘의 하
나님 여호와에게서 마음을 돌이켰기 때문
입니다. 여호와께서는 그에게 두 번씩이나
나타나셨고　　　　　　　　 2,4절;3:5;9:2

10 이 일에 대해 다른 신들을 따르지 말라고
명령하셨습니다. 솔로몬은 여호와의 명령
을 지키지 않았습니다.　　　　　 6:12;9:6

11 그리하여 여호와께서 솔로몬에게 말씀하

셨습니다. "네가 이런 일을 해 내가 네게
명령한 내 언약과 내 규례를 지키지 않았
구나. 그러므로 내가 네 나라를 반드시 네
게서 찢어 내어 네 신하에게 줄 것이다.

12 그러나 네 아버지 다윗을 생각해서 네 시
대에는 그렇게 하지 않고 네 아들의 손에
서 빼앗아 찢을 것이다.

13 나라 전체를 찢어 내지는 않고 내 종 다윗
과 내가 선택한 예루살렘을 생각해서 네
아들에게 한 지파를 줄 것이다."　신 12:5,11

14 적이 된 하닷 그러고 나서 여호와께서 솔로
몬의 적을 일으키셨는데 그는 에돔 사람
하닷으로 에돔 왕가의 자손이었습니다.

15 전에 다윗이 에돔과 싸울 때 죽은 사람들
을 묻으러 올라간 군사령관 요압이 에돔의
남자들을 다 쳐서 죽인 일이 있었습니다.

16 요압과 모든 이스라엘은 에돔에서 모든 남
자를 죽여 없앨 때까지 그곳에 6개월 동
안 머물렀습니다.

17 그러나 당시에 아직 어린 소년이었던 하닷
은 자기 아버지의 신하 가운데 에돔 사람
몇 명과 함께 이집트로 도망갔습니다.

18 그들은 미디안에서 출발해 바란으로 갔고
바란에서 사람들을 데리고 이집트로 내려
가서 이집트 왕 바로에게 갔습니다. 그러자
바로는 하닷에게 집과 땅을 주고 먹을 것
도 얼마큼씩 정해서 주었습니다.　민 10:12

19 하닷은 바로의 은총을 얻게 됐습니다. 바로
는 자기 처제, 곧 다브네스 왕비의 동생을
하닷에게 주어 결혼시켰습니다.

20 다브네스의 동생은 하닷에게 아들 그누밧
을 낳아 주었고 다브네스는 그 아이를 바
로의 궁에서 양육했습니다. 그리하여 그누
밧은 바로의 궁에서 바로의 자녀들과 함께
살았습니다.

21 하닷은 이집트에 있는 동안 다윗이 자기 조
상들과 함께 무덤에 묻힌 것과 군사령관
요압도 죽었다는 소식을 들었습니다. 그러
자 하닷이 바로에게 말했습니다. "제가 제

밀곰 (11:5, Milcom – KJV) 암몬 사람들이 섬기던 우상
신. 몰렉, 몰록, 말감이라고도 불림.

나라로 가도록 보내 주십시오."

22 바로가 물었습니다. "갑자기 네 나라로 돌아가겠다니 여기서 부족한 것이라도 있었느냐?" 하던지 대답했습니다. "아무것도 부족한 것이 없습니다. 하지만 가도록 해 주십시오!"

23 적이 된 르손 하나님께서 솔로몬에게 또 다른 적을 일으키셨습니다. 그는 엘리아다의 아들 르손인데 자기 주인인 소바 왕 하닷르셀에게서 도망쳐 나온 사람이었습니다.

24 그는 다윗이 소바 사람들을 죽일 때 주변 사람들을 모아 반역자 무리의 우두머리가 됐습니다. 그들은 다메섹으로 가서 정착하고 거기에서 다스렸습니다. 삼하 8:3,10,8,18

25 르손은 솔로몬이 살아 있는 동안 이스라엘의 적으로서 하닷이 한 것처럼 이스라엘을 괴롭혔습니다. 이같이 르손은 * 시리아를 다스렸고 이스라엘을 계속 대적했습니다.

26 여로보암의 반역 또한 느밧의 아들 여로보암이 솔로몬 왕에게 반역했습니다. 여로보암은 솔로몬의 신하 가운데 한 명으로 스레다 출신의 에브라임 사람이었으며 그 어머니는 스루아라는 과부였습니다.

27 여로보암이 왕에게 반역한 일은 이러합니다. 솔로몬이 밀로를 건축하고 아버지 다윗 성의 무너진 곳을 보수할 때였습니다.

28 여로보암은 뛰어난 용사였습니다. 솔로몬은 그 젊은이가 부지런한 것을 보고 요셉 집안의 모든 일을 맡아 감독하게 했습니다.

29 그 무렵 여로보암은 예루살렘을 떠나 길을 가고 있었는데 가는 길에 실로 사람 예언자 아히야를 만났습니다. 아히야는 새 옷을 입고 있었고 그 들판에는 이 두 사람뿐이었습니다. 12:15;14:2;15:29;대하 9:29

30 아히야는 자기가 입고 있던 새 옷을 붙잡아 12조각으로 찢고는 삼상 15:27

31 여로보암에게 말했습니다. "열 조각은 네가 가져라. 이스라엘의 하나님 여호와께서 말씀하신다. '보아라. 솔로몬의 손에서 이

나라를 이렇게 찢어 내 네게 열 지파를 주겠다. 11~13절

32 그러나 내 종 다윗과 내가 이스라엘 모든 지파들 가운데 선택한 예루살렘 성을 위해서 한 지파는 솔로몬이 갖게 하겠다.

33 내가 이렇게 하는 것은 그들이 나를 버리고 시돈의 여신 아스다롯과 모압의 신 그모스와 암몬 사람의 신 밀곰을 숭배했으며 그 아버지 다윗과 달리 내가 보기에 정직하지 않았고 내 규례와 법도를 지키지 않았기 때문이다. 5,7절

34 그러나 내가 솔로몬의 손에서 나라 전체를 빼앗지는 않을 것이다. 내 종 다윗이 내 명령과 내 규례를 지켜 내가 그를 선택했으니 내가 다윗을 위해서 솔로몬을 평생 동안 통치자로 삼을 것이다.

35 내가 그 아들의 손에서 그 나라를 빼앗아 네게 열 지파를 줄 것이다. 12장 12:16~17

36 솔로몬의 아들에게는 내가 한 지파를 주어 내가 내 이름을 두기 위해 선택한 성 예루살렘에서 내 종 다윗에게 준 등불이 항상 내 앞에 있게 할 것이다. 삼하 21:17

37 그러나 내가 너를 택하리니 너는 네 마음이 원하는 대로 모든 것을 다스릴 것이며 이스라엘의 왕이 될 것이다.

38 만약 네가 내 종 다윗이 한 것처럼 내가 무엇을 명령하든지 다 순종하고 내 길로 가며 내가 보기에 정직히 행동해 내 규례와 명령을 지키면 내가 너와 함께하고 내가 다윗을 위해 영원한 집을 세운 것같이 너를 위해서도 영원한 집을 세우고 이스라엘을 네게 줄 것이다. ↑1:5;삼상 2:35;삼하 7:11,27

39 내가 이 일로 다윗의 자손들을 괴롭게 하겠지만 영원히 괴롭게 하지는 않을 것이다.'"

40 그러므로 솔로몬은 여로보암을 죽이려 했지만 여로보암은 이집트 땅으로 도망해 시삭 왕에게로 갔고 솔로몬이 죽을 때까지 그곳에 머물러 있었습니다. 14:25;대하 12:2,5,7,9

41 솔로몬의 남은 사적 솔로몬의 통치기에 있었던 다른 모든 일들과 그 지혜는 솔로몬의 역대기에 기록돼 있습니다. 대하 9:29~31

11:25 '아람'을 가리킴.

42 **솔로몬이 죽음** 솔로몬은 예루살렘에서 온 이스라엘을 40년 동안 다스렸습니다.

43 그는 죽어 그 아버지 다윗의 성에 묻혔습니다. 그리고 그 아들 르호보암이 왕위를 계승했습니다. 2:10;14:20;대하 1:17

12 **백성들이 자유를 요구함** 르호보암이 세겜으로 갔습니다. 온 이스라엘이 그를 왕으로 세우기 위해 세겜으로 간 것입니다. 1-19절;삿 9:6;대하 10:1-19

2 솔로몬 왕 앞에서 도망쳐 이집트에 살고 있던 느밧의 아들 여로보암이 이 소식을 들었습니다. 11:26,40

3 그들이 사람을 보내 여로보암을 불러내 여로보암과 온 이스라엘 회중이 르호보암에게 와서 말했습니다.

4 "왕의 아버지는 우리에게 무거운 멍에를 지우셨습니다. 그러나 이제 그 혹독한 강제 노동의 의무와 왕의 아버지께서 지우신 무거운 멍에를 가볍게 해 주십시오. 그러면 저희가 왕을 섬기겠습니다. 삼상 8:11-18

5 르호보암이 대답했습니다. "돌아갔다가 3일 후에 다시 오라." 그러자 사람들이 돌아갔습니다. 12절

6 **조언을 구하는 르호보암** 르호보암 왕은 자기 아버지 솔로몬이 살아 있을 때 왕 앞에서 섬겼던 노인들에게 조언을 구하며 물었습니다. "이 사람들에게 어떻게 대답하면 좋겠소?"

7 그들이 대답했습니다. "만약 오늘 왕께서 이 사람들의 종이 돼 백성들을 섬기고 그들에게 선한 말로 대답하시면 백성들이 영원히 왕의 종이 될 것입니다."

8 그러나 르호보암은 그 노인들이 해 준 조언을 받아들이지 않고 자기를 섬기고 있던 함께 자란 젊은이들에게 조언을 구했습니다.

9 르호보암 왕이 그들에게 물었습니다. "너희는 어떤 조언을 하겠느냐? 왕의 아버지가 우리에게 씌운 멍에를 가볍게 해 달라고 내게 말하는 이 백성들에게 어떻게 대답해야겠느냐?"

10 함께 자란 젊은이들이 대답했습니다. "왕께서는 '왕의 아버지는 우리에게 무거운 멍에를 지우셨으나 왕은 우리 멍에를 가볍게 해 달라'고 말한 이 백성들에게 이렇게 말씀하십시오. '내 새끼손가락이 내 아버지의 허리보다 굵다.

11 내 아버지께서 너희에게 무거운 멍에를 지우셨다고 했느냐? 나는 그 멍에를 더 무겁게 할 것이다. 내 아버지께서 채찍으로 쳐셨다면 나는 전갈로 칠 것이다.'"

12 **백성들의 요구를 거절함** 왕이 "3일 뒤에 내게로 오라"고 한 지시대로 여로보암과 그 모든 백성들이 르호보암에게로 왔습니다.

13 왕은 그 백성들에게 거친 말로 퉁명스럽게 대답했습니다. 노인들에게서 받은 조언을 무시하고

14 젊은이들의 조언을 따라 말했습니다. "내 아버지에서 너희 멍에를 무겁게 하셨다고 했느냐? 나는 더 무겁게 할 것이다. 내 아버지께서 너희를 채찍으로 쳐셨다면 나는 전갈로 칠 것이다."

15 왕이 이렇게 백성들의 말을 듣지 않았습니다. 이 일은 하나님께서 하신 것으로 여호와께서 실로 사람 아히야를 통해 느밧의 아들 여로보암에게 하신 말씀을 이루시려는 것이었습니다. 24절;11:11,31

16 유다를 제외한 온 이스라엘의 반역 온 이스라엘은 왕이 자기들의 말을 듣지 않는 것을 보고 왕에게 대답합니다. "우리가 다윗과 무슨 상관이 있는가? 우리가 이새의 아들에게서 무슨 유업을 받겠는가? 이스라엘아, 네 장막으로 돌아가라. 다윗이여, 당신 집안이나 돌아보라." 그러고 나서 이스라엘은 자기 장막으로 돌아갔습니다.

17 그러나 유다의 여러 성에 살고 있던 이스라엘 자손들은 아직 르호보암의 통치를 받고 있었습니다. 11:13,36

18 르호보암 왕이 강제 동원 노동의 관리를 맡고 있던 아도람을 보냈지만 온 이스라엘이 그를 돌로 쳐 죽이고 말았습니다. 그러자 르호보암 왕은 서둘러 자기 전차를 타

고 가까스로 예루살렘으로 도망했습니다.

19 이렇게 이스라엘이 다윗의 집에 반역해 오늘날까지 이르렀습니다. 왕하 17:21

20 여로보암이 이스라엘의 왕이 됨 온 이스라엘이 여로보암이 돌아왔다는 소식을 듣고 사람을 보내어 여로보암을 회중 앞으로 불러내 온 이스라엘을 다스릴 왕으로 세웠습니다. 다윗의 집을 따르는 사람은 유다 지파밖에 없었습니다. 11:13,32,36

21 스마야를 통해 전쟁을 막으심 르호보암이 예루살렘에 도착하자 유다의 온 집안과 베냐민 지파를 소집했는데 용사를 뽑아 보니 18만 명이었습니다. 그들은 이스라엘 집안과 전쟁을 일으켜 솔로몬의 아들 르호보암을 위해 나라를 되찾을 생각이었습니다.

22 그러나 하나님의 말씀이 하나님의 사람 스마야에게 임했습니다. 대하 12:5,7,15

23 "유다 왕 솔로몬의 아들 르호보암에게 또 유다와 베냐민 온 집안과 나머지 백성들에게 일러라. 17절

24 '여호와께서 말씀하신다. 너희는 올라가지도 말고 네 형제 이스라엘 자손들과 싸우지도 말라. 너희는 각자 집으로 돌아가라. 이 일은 내게서 나온 것이기 때문이다." 그러자 그들이 여호와의 말씀에 순종해 그 말씀에 따라 다시 집으로 돌아갔습니다.

25 여로보암이 우상을 섬김 그 후 여로보암은 에브라임 산지에 세겜을 세우고 그곳에서 살았습니다. 그는 또 그곳에서 나와 부느엘을 건축했습니다. 삿 8:17; 9:45

26 여로보암은 속으로 생각했습니다. '이 나라가 이제 다윗의 집으로 돌아갈 것 같다.

27 이 백성들이 예루살렘 여호와의 성전에 제사를 드리러 올라가면 이 백성들의 마음이 그들의 주인 유다의 왕 르호보암에게로 돌아갈 것이다. 그러면 그들이 나를 죽이고 유다 왕 르호보암에게 돌아갈 게 분명하다.'

28 그리하여 여로보암 왕은 조언을 구한 뒤에 금송아지 두 개를 만들고 백성들에게 말했습니다. "예루살렘에 올라가는 것이 너희에게 큰일이다. 이스라엘아, 여기 너희를 이집트에서 이끌어 낸 너희 신들이 있다."

29 그러고는 금송아지 하나는 벧엘에 두고 다른 하나는 단에 두었습니다.

30 이 일은 죄가 됐습니다. 백성들은 멀리 단에까지 가서 그 금송아지를 경배했습니다.

31 여로보암은 산당들을 짓고 레위 자손이 아닌 보통 사람들을 제사장들로 세웠습니다.

32 그는 유다의 명절처럼 여덟째 달 15일을 명절로 정하고 제단에서 제물을 바쳤습니다. 이렇게 그는 벧엘에서 자기가 만든 금송아지들에게 희생제물을 바쳤습니다. 또한 벧엘에서 자기가 만든 산당에 제사장들을 두었습니다. 13:2; 레 23:33~34; 민 29:12

33 여로보암이 자기 마음대로 정한 여덟째 달 15일에 자신이 벧엘에 만들어 놓은 제단에서 희생제물을 바쳤습니다. 그리고 이스라엘 자손들을 위해 명절로 정하고 제단에 제물을 바치고 분향했습니다. 13:1

왜 여로보암은 금송아지 상을 만들었죠?

솔로몬의 아들 르호보암 시대의 일이에요. 이스라엘은 여로보암이 다스리는 북쪽의 '이스라엘'과 르호보암이 다스리는 남쪽의 '유다'로 나뉘게 되었어요(왕상 11:11-13, 30-36; 12:15, 24).

하나님의 성전이 있는 수도 예루살렘은 남쪽 유다 왕국에 속해 있었어요. 그러다 보니 여로보암의 마음에 걱정이 생겼어요. 북이스라엘 백성들이 제사와 절기를 지키기 위해 예루살렘을 왕래하다가 남쪽 유다로 다시 돌아가게 될 것 같기 때문이에요(왕상 12:26-27). 그래서 그는 백성들이 예루살렘으로 가지 못하도록 금송아지 둘을 만들어 하나는 북쪽 국경에 있는 '단'에 두고, 다른 하나는 남쪽 국경에 있는 '벧엘'에 두어 제사하게 했어요(왕상 12:28-29).

여로보암은 자신의 왕권을 지키려는 욕심으로 하나님의 백성이 우상을 숭배하게 하는 큰 죄를 저질렀답니다.

13 우상 숭배를 경고함 여호와의 말씀을 전하려고 하나님의 사람 하나가 유다에서 벧엘로 왔습니다. 그때 여로보암은 분향하려고 제단 곁에 서 있었습니다.

2 하나님의 사람이 여호와의 말씀으로 그 제단을 향해 소리쳤습니다. "오 제단아, 제단아, 여호와께서 말씀하신다. '요시야라는 아들이 다윗의 집에 태어날 것이다. 그가 네 위에서 분향하는 산당의 제사장들을 네 위에서 제물로 바칠 것이요, 네 위에서 사람들의 뼈를 태울 것이다.'"

3 바로 그날 그 하나님의 사람이 표적을 보이며 말했습니다. "이것은 여호와께서 말씀하시는 표적이다. 이 제단은 산산조각 나고 그 위의 재들이 쏟아질 것이다."

4 여로보암의 손이 굳음 여로보암 왕은 하나님의 사람이 벧엘 제단을 향해 소리친 것을 듣고 제단에서 손을 뻗으며 말했습니다. "저자를 붙잡으라!" 그때 그를 향해 뻗은 왕의 손이 굳어 다시 거둘 수 없었습니다.

5 또한 하나님의 사람이 여호와의 말씀으로 보인 표적대로 제단은 산산조각이 나고 재들이 쏟아졌습니다.

6 그러자 왕이 하나님의 사람에게 말했습니다. "당신의 하나님 여호와께 은총을 빌어서 내 손이 되돌아오도록 나를 위해 중보기도해 주시오." 하나님의 사람이 여호와께 간구했더니 왕의 손이 되돌아와 이전처럼 됐습니다. 출 8:8,9:28;10:17민 21:7;삼하 8:24

7 예언자가 여로보암의 호의를 거절함 왕이 하나님의 사람에게 말했습니다. "내 집으로 가서 함께 좀 쉬시오. 내가 당신에게 상을 주겠소." 삼상 9:7;왕하 5:15

8 그러나 하나님의 사람이 왕에게 대답하였습니다. "왕이 내게 왕 소유의 2분의 1을 준다 해도 나는 왕과 함께 가지 않겠습니다. 또 여기서는 빵도 먹지 않고 물도 마시지 않겠습니다. 16~17;잠 민 22:18;24:13

9 '너는 빵도 먹지 말고 물도 마시지 말고 네가 왔던 길로 돌아가지도 마라'라는 여호와의 명령을 내가 받았기 때문입니다."

10 그러고는 벧엘로 왔던 길이 아닌 다른 길로 돌아갔습니다.

11 벧엘의 예언자가 하나님의 사람을 속임 당시에 벧엘에는 나이 많은 한 예언자가 있었습니다. 그의 아들들이 와서 하나님의 사람이 그날 벧엘에서 한 일을 모두 그에게 말해 주었습니다. 그들은 또한 그가 왕에게 한 말에 대해서도 그 아버지에게 이야기했습니다. 25왕하 23:18

12 그 아버지가 그들에게 물었습니다. "그가 어떤 길로 갔느냐?" 그 아들들이 유다에서 온 하나님의 사람이 어느 길로 갔는지 보았기 때문입니다.

13 그러고는 그가 아들들에게 말했습니다. "나귀에 안장을 얹으라." 그들이 나귀에 안장을 얹자 그는 나귀를 타고

14 하나님의 사람을 따라갔습니다. 예언자는 상수리나무 아래에 앉아 있는 그를 발

여로보암

이름의 뜻은 '백성을 더하게 하소서'이다. 솔로몬 때 건축 감독자로 일했다. 왕국이 북이스라엘과 남유다로 분열된 후 북쪽 북이스라엘 열 지파가 르호보암을 반역하면서 여로보암을 북이스라엘의 왕으로 세웠다. 세겜을 북이스라엘의 수도로 정했고 이를 근거지로 유다와 끊임없이 전쟁을 했다.

여로보암은 자신의 왕위 유지를 위해 우상인 금송아지 둘을 만들었다. 명절의 날짜도 8월 15일로 변경하여 지내게 했다. 성전을 대신하는 산당을 만들고 레위 자손이 아닌 보통 사람들을 제사장으로 세웠다. 이런 죄 때문에 한 예언자로부터 예언을 듣게 되었고, 그를 죽이려다 손을 못 쓰게 되는 벌을 받았다. 유다 왕 아비야와의 전쟁에서 패한 후 점점 몰락하다가 병으로 비참하게 죽었다.

여로보암이 나오는 말씀
>> 상상 11~14장;
대하 13장

견하고 물었습니다. "당신이 유다에서 오신 하나님의 사람입니까?" 그가 대답했습니다. "그렇소."

15 그러자 그 예언자가 그에게 말했습니다. "내 집으로 가서 함께 빵을 좀 드십시다."

16 하나님의 사람이 말했습니다. "나는 당신과 함께 돌아갈 수도 없고 당신 집에 들어갈 수도 없소. 또 이곳에서는 빵도 먹을 수 없고 물도 마실 수 없소. 8-9절

17 여호와의 말씀이 내게 '너는 빵도 먹지 말고 물도 마시지 말고 네가 온 길로 돌아가지도 마라'라고 하셨기 때문입니다. 신전 4:15

18 늙은 예언자가 대답했습니다. "나도 당신과 같은 예언자입니다. 천사가 여호와의 말씀으로 내게 '저 사람을 네 집에 불러와 그에게 빵도 먹이고 물도 마시게 하여라'라고 했습니다." 그러나 그는 거짓말을 하고 있었습니다.

19 그리하여 하나님의 사람은 그와 함께 돌아가 그 집에서 빵을 먹고 물을 마셨습니다.

20 말씀을 어긴 하나님의 사람이 죽임당함 그들이 식탁에 앉아 있는데 여호와의 말씀이 그를 데려온 늙은 예언자에게 임했습니다.

21 그가 유다에서 온 하나님의 사람에게 소리쳤습니다. "여호와께서 말씀하신다. '네가 여호와의 말씀을 듣지 않고 네 하나님 여호와가 네게 주신 명령을 지키지 않았다.

22 빵도 먹지 말고 물도 마시지 말라고 하였는데 네가 돌아가 그곳에서 빵도 먹고 물도 마시지 않았느냐? 그러니 네 시체가 네 조상들의 무덤에 들어가지 못할 것이다.'"

23 하나님의 사람이 다 먹고 마신 뒤 그 예언자는 자기가 데려온 하나님의 사람을 위해 나귀에 안장을 얹었습니다.

24 그 하나님의 사람이 길을 가는데 가는 길에 사자를 만나 죽임을 당했습니다. 그의 시체가 길에 나뒹굴었고 나귀와 사자가 함께 그 곁에 서 있었습니다. 20:36

25 시체를 장사 지냄 그곳을 지나가던 사람들이 시체가 길에 나뒹굴고 시체 곁에 사자가 서 있는 것을 보고 가서 그 늙은 예언자

가 살고 있는 성에 알렸습니다.

26 잘 가고 있던 하나님의 사람을 데려왔던 예언자는 그 소식을 듣고 말했습니다. "그는 여호와의 말씀을 듣지 않은 하나님의 사람이다. 그러므로 여호와께서 그를 사자에게 넘겨주셔서 사자가 그를 찢어 죽인 것이니 여호와께서 그에게 말씀하신 대로 됐다."

27 예언자가 아들들에게 말했습니다. "나귀에 안장을 얹으라." 그들이 나귀에 안장을 얹자

28 그는 나가서 그 시체가 길에 나뒹굴고 나귀와 사자가 곁에 서 있는 것을 보았습니다. 사자는 시체를 먹지도 않았고 나귀를 찢지도 않았습니다.

29 그 선지자는 하나님의 사람의 시체를 수습해 나귀에 얹고 다시 자기 성으로 데려와서 애곡하고 묻어 주었습니다.

30 그는 시체를 자기 무덤에 안치하고 그를 위해 애곡하며 말했습니다. "오, 내 형제여!"

31 시체를 묻고 난 뒤 그가 아들들에게 말했습니다. "내가 죽으면 저 하나님의 사람을 묻은 무덤에 함께 묻으라. 내 뼈를 그의 뼈 곁에 묻으라. 왕하 23:17-18

32 그가 여호와의 말씀으로 벧엘 제단과 사마리아 여러 성에 있는 모든 산당들을 향해 선포한 그 말씀이 반드시 이루어질 것이기 때문이다." 28절;12:31;16:24;왕하 23:16-19

33 제사장직을 경홀히 여기는 여로보암 이 일 후에도 여로보암은 그 악한 길에서 돌이키지 않았습니다. 또다시 산당에 여러 종류의 사람들을 제사장들로 세웠습니다. 누구든 원하기만 하면 그가 구별해 산당의 제사장으로 삼았습니다. 삿 17:5

34 이것이 여로보암의 집에 죄가 돼 결국 그 집은 이 땅 위에서 끊어져 멸망에 이르게 됐습니다. 14:10;15:29-30;왕하 17:21

14 여로보암의 아들이 병듦 그때 여로보암의 아들 아비야가 병들었습니다.

2 여로보암이 자기 아내에게 말했습니다. "당신이 내 아내인 줄 사람들이 모르게 변장하고 실로로 가시오. 예언자 아히야가 거

기 있을 것이오, 아히야는 내가 이 백성을 다스릴 왕이 되리라고 말해 준 사람이오.

3 빵 열 덩이와 과자와 꿀 한 병을 가지고 아히야에게 가시오, 그가 이 아이에게 무슨 일이 일어날지 말해 줄 것이오."

4 그리하여 여로보암의 아내는 여로보암이 말한 대로 준비하고 실로에 있는 아히야의 집으로 갔습니다. 아히야는 나이 때문에 눈이 침침해져 앞을 잘 볼 수 없었습니다.

5 **아히야가 하나님의 재앙을 선포함** 그렇지만 여호와께서 아히야에게 말씀하셨습니다. "여로보암의 아내가 와서 아들에 대해 네게 물을 것이다. 여로보암의 아들이 아프기 때문이다. 그러면 너는 이러이러한 대답을 해 주어라. 여로보암의 아내는 들어오면서 다른 사람인 양 행동할 것이다."

6 여로보암의 아내가 문으로 들어오는 발소리를 듣고 아히야가 말했습니다. "여로보암의 아내여, 들어오시오. 왜 다른 사람인 양 변장하였소? 하나님께서 나를 보내셔서 당신에게 나쁜 소식을 전하라 하셨소.

7 가서 여로보암에게 이스라엘의 하나님 여호와께서 이렇게 말씀하신다고 전하시오. '내가 너를 이 백성 가운데 높여 내 백성 이스라엘의 통치자로 삼았다. 삼하 12:7-8

8 다윗의 집에서 나라를 찢어 내 네게 주었는데 너는 내 종 다윗이 내 명령을 지키고 온 마음으로 나를 따르며 내가 보기에 정직한 일만 했던 것처럼 행동하지 않았다.

9 너는 너보다 앞서 살았던 모든 사람보다 더 악을 행했다. 네가 너 자신을 위해 다른 신들을 만들고 우상을 빚어 내 진노를 자아내고 나를 네 등 뒤에 버렸다.

10 그러므로 내가 여로보암의 집안에 재앙을 내리겠다. 내가 좋아든 자유인을 가리지 않고 이스라엘 종에게 여로보암에게 속한 남자를 모두 끊어 버릴 것이다. 내가 쓰레기를 불로 태우듯 다 태워 없애기까지 여로보암 집의 남은 사람들을 없애 버릴 것이다.

11 여로보암에게 속한 사람들이 성에서 죽으면 개들이 그 시체를 먹을 것이고 들에서 죽으면 공중의 새들이 그 시체를 먹을 것이다. 이것은 여호와께서 말씀하신 것이다.'

12 그러니 당신은 집으로 돌아가시오. 당신이 성에 들어설 때 아이는 죽을 것이오.

13 그러면 온 이스라엘이 아이를 위해 애곡하고 그를 묻을 것이오. 그 아이는 여로보암에게 속한 사람들 가운데 무덤에 묻힐 유일한 사람이오. 여로보암의 집에서 이스라엘의 하나님 여호와가 보시기에 선한 것이 그 아이에게 있기 때문이오. 대하 13:12

14 또 여호와께서 이스라엘을 다스릴 왕을 직접 일으키시면 그 왕은 여로보암의 집을 끊어 버릴 것인데 그날이 바로 오늘이오.

15 여호와께서 이스라엘을 치셔서 마치 갈대가 물속에서 흔들리는 것처럼 만드실 것이오. 여호와께서는 이스라엘을 조상들에게 주신 이 좋은 땅에서 뽑아 내어 유프라테스 강 너머로 흩으실 것이오. 그들이 아세라 목상을 만들어 여호와를 진노하게

했기 때문이오.

신 12:3;29:26;시 52:5;잠 2:22

16 그리고 여호와는 여로보암의 죄 때문에 이 스라엘을 버리실 것이오. 여로보암이 자기 만 죄지었을 뿐 아니라 이스라엘도 죄짓게 했기 때문이오."

13:34;16:2;19,26

17 여로보암의 아들이 죽음 그러자 여로보암의 아내가 벌떡 일어나 길을 나서서 디르사로 갔습니다. 여로보암의 아내가 자기 집 문지 방에 막 들어서자 아이가 죽었습니다.

18 온 이스라엘은 아이를 묻어 주고 아이를 위해 애곡했습니다. 모든 것이 여호와께서 그분의 종 아히야 예언자를 통해 말씀하 신 대로 됐습니다.

13절

19 여로보암이 죽음 여로보암의 통치기에 있었 던 다른 일들, 곧 그가 어떻게 전쟁을 일으 키고 어떻게 다스렸는지는 이스라엘 왕들 의 역대기에 기록돼 있습니다.

20 여로보암이 22년 동안 다스린 후 조상들 과 함께 잠들고 여로보암의 아들 나답이 그 뒤를 이어 왕이 됐습니다.

21 르호보암의 통치 행적 솔로몬의 아들 르호보 암이 유다의 왕이 됐습니다. 르호보암은 41세였습니다. 르호보암은 여호와께서 여 호와의 이름을 두기 위해 이스라엘 모든 지파 가운데 선택하신 성 예루살렘에서 17년 동안 다스렸습니다. 그의 어머니의 이름은 나아마였고 암몬 사람이었습니다.

22 우상을 숭배하는 유다 유다는 여호와 보시기 에 악을 행했습니다. 유다 백성들은 자기 조상들이 지은 모든 죄보다 더 많은 죄를 지어서 그 죄들로 인해 하나님의 진노를 자아냈습니다.

민 25:11;대하 12:1,14

23 그들은 또한 자기들을 위해 산당을 세워 높은 신과 푸른 나무가 있는 곳마다 우 상과 아세라 목상을 세웠습니다.

왕하 16:4

24 유다 땅에는 남창들도 있었습니다. 이같 이 이스라엘 백성들은 여호와께서 이스라 엘 자손들 앞에서 쫓아내신 민족들이 한 모든 가증한 일들을 똑같이 했습니다.

25 이집트의 침입 르호보암 왕 5년에 이집트 왕 시삭이 예루살렘을 공격했습니다.

26 보물과 금 방패를 빼앗김 그는 여호와의 성전 보물과 왕궁의 보물들을 다 빼앗아 갔습니 다. 그는 솔로몬이 만든 금 방패도 전부 빼앗아 갔습니다.

10:17;15:18

27 그리하여 르호보암 왕은 그것들 대신 청동 방패를 만들어 왕궁 입구를 지키는 호위 대장들에게 맡겼습니다.

삼상 22:17

28 왕이 여호와의 성전에 갈 때마다 경호병들 이 방패를 들고 갔고 돌아와서는 경호실 에 가져다 놓았습니다.

29 전쟁이 계속됨 르호보암 때 일어났던 모든 일과 그가 한 모든 것은 유다 왕들의 역대 기에 기록돼 있습니다.

대하 12:15-16

30 르호보암과 여로보암 사이에는 전쟁이 끊 이지 않았습니다.

12:21-24;15:6

31 르호보암이 죽음 르호보암은 조상들과 함께 잠들고 다윗 성에 그들과 함께 묻혔습니 다. 그 어머니의 이름은 나아마였고 암몬 사람이었습니다. 르호보암의 아들 아비얌 이 뒤를 이어 왕이 됐습니다.

마 1:7

15 아비얌이 왕이 됨 느밧의 아들 여로 보암 왕 18년에 아비얌이 유다 왕이 됐습니다.

대하 13:1-2

2 그는 예루살렘에서 3년 동안 다스렸습니 다. 그의 어머니는 아비살롬의 딸 마아가였 습니다.

3 아비얌이 악을 행함 아비얌은 아버지가 지은 모든 죄들을 그대로 따라 했습니다. 그 조 상 다윗의 마음과 달리 아비얌의 마음은 하나님 여호와 앞에 온전하지 못했습니다.

4 그런데도 다윗의 하나님 여호와께서는 다 윗을 위해 예루살렘에서 그에게 등불을 주 셨는데 그 뒤를 이을 아들을 세우시고 예 루살렘을 강하게 하신 것입니다.

11:36

5 다윗이 여호와의 눈앞에서 정직하게 행동 했고 헷 사람 우리아의 경우 말고는 평생 동안 여호와의 명령을 지키지 않은 것이 하나도 없었기 때문입니다.

삼하 11:4,15;12:9

6 전쟁이 계속됨 아비얌이 살아 있는 동안

*르호보암과 여로보암 사이에 전쟁이 끊이지 않았습니다. 14:30

7 아비얌 때 일어났던 모든 일과 그가 한 모든 것은 유다 왕들의 역대기에 기록돼 있습니다. 아비얌과 여로보암 사이에 전쟁이 있었습니다. 대하 13:2~20,22

8 아비얌은 그 조상들과 함께 잠들고 다윗 성에 묻혔습니다. 그리고 그 아들 아사가 뒤를 이어 왕이 됐습니다. 대하 14:1

9 아사가 왕이 됨 이스라엘의 여로보암 왕 20년에 아사가 유다 왕이 됐습니다.

10 아사는 예루살렘에서 41년 동안 다스렸습니다. 그의 어머니는 아비살롬의 딸 마아가였습니다.

11 아사가 유다를 개혁함 아사는 그 조상 다윗이 한 것처럼 여호와의 눈앞에 정직하게 행동했습니다. 대하 14:2

12 아사가 우상을 훼파함 아사는 유다 땅에서 남창을 쫓아냈고 왕의 조상들이 만든 모든 우상들을 없애 버렸습니다.

13 모친 마아가의 위를 폐함 그는 또 자기 어머니 마아가를 대비 자리에서 물러나게 했습니다. 그가 가증한 아세라 목상을 만들었기 때문입니다. 아사는 그 목상을 찍어 기드론 골짜기에서 태웠습니다. 출 32:20

14 비록 산당을 없애지는 않았을지라도 아사의 마음은 평생 여호와 앞에 온전했습니다.

15 아사는 자기 아버지가 바친 물건들과 자기가 바친 물건들, 곧 은과 금과 그릇들을 여호와의 성전에 갖다 두었습니다. 7:51

16 바아사가 유다를 공격함 아사와 이스라엘 왕 바아사의 사이에는 그들이 살아 있는 동안 전쟁이 끊이지 않았습니다. 32절

17 이스라엘 왕 바아사는 유다를 공격하려고 라마를 건축하고 어느 누구도 유다 왕 아사에게 왕래하지 못하도록 막았습니다.

18 아람의 도움을 구하는 아사 그때 아사는 여호와의 성전과 자기 왕궁 창고에 남아 있던 은과 금을 다 가져다 자기 부하들에게 주었습니다. 그리고 다메섹에 사는 다브림몬의 아들이며 헤시온의 손자인 아람 왕 벤하닷에게 보내며 말했습니다.

북이스라엘 수도

★ '기쁨의 도시, 디르사 | 북이스라엘은 세겜으로 부느엘(왕상 12:25)을 거쳐, 디르사로 수도를 옮겼다. 디르사는 세겜에서 북동쪽으로 약 9km 떨어진 곳으로 이름의 뜻은 '기쁨·아름다움'이다. 디르사를 이스라엘 영토에 포함시킨 사람은 여호수아였다(수 12:24). 그 후 여로보암이 무력으로 정권을 빼앗아 이곳을 수도로 삼았는데, 그의 아들 아비야는 여기에서 병 들어 죽었다(왕상 14:17). 이곳은 나답, 바아사(왕상 15:28), 엘라(왕상 16:8), 시므리(왕상 16:15) 때까지 북이스라엘의 수도였고 오므리(왕상 16:21~24) 때 사마리아로 옮겼다. 일련의 사건들은 북이스라엘의 불안정한 역사를 단적으로 보여 준다.

디르사에 대한 기록은 디르사 출신 므나헴이 사마리아에 침입하여 살룸을 살해하고 왕위를 빼앗았다는 것으로 끝난다(왕하 15:14~16).

★ 사마리아 | 사마리아는 북이스라엘의 여섯 번째 왕 오므리가 수도로 정한 곳이다. 이곳은 예루살렘에서 북쪽으로 56km, 지중해에서 35km 정도 떨어진 곳이다. 이곳에 바알 신전이나 다른 종교의 사당들이 있었기 때문에 예언자들은 이곳을 우상숭배의 중심지라 하였다(렘 23:13).

예후는 왕이 된 후 이방 신전들을 제거했으며(왕하 10:25~27) 사마리아는 여러 번 앗시리아의 공격을 받다가 끝내 함락되고 말았다(왕하 17:23~24).

그 후 앗시리아는 사마리아를 식민지로 만드는 정책을 썼다. 이곳에 살던 상류 계급의 사람들을 강제로 이주시키는 대신 이방 사람들을 데려와 살게 했다. 이렇게 해서 자연스럽게 인종이 혼합되었고, 이후 유대 사람들은 사마리아 사람들을 혼혈 민족이라고 하여 상종하지 않았다(요 4:9).

19 "내 아버지와 당신의 아버지 사이에 동맹을 맺었던 것처럼 나와 당신 사이에도 동맹을 맺읍시다. 보시오. 내가 당신에게 은과 금을 선물로 보내니 당신은 이제 이스라엘 왕 바아사와 맺은 동맹을 깨뜨리게 바아사를 내게서 물러가게 하시오."

20 벤하닷이 아사 왕의 말을 받아들이고 군사령관들을 보내 이스라엘 성들을 공격하게 했습니다. 벤하닷은 이욘과 단과 아벨벧마아가와 긴네렛 온 땅과 납달리 온 땅을 정복했습니다. 삿 18:29;삼하 20:14;왕하 15:29

21 바아사가 이 소식을 듣고 라마를 건축하던 일을 멈추고 디르사로 물러났습니다.

22 게바와 미스바를 건축함 그러자 아사 왕은 온 유다 백성에게 명령을 내려 바아사가 건축할 때 사용하던 돌과 원목들을 라마에서 가져오도록 했습니다. 아사 왕은 그것들로 베냐민의 게바와 미스바를 건축했습니다.

23 아사의 죽음 아사가 한 모든 일과 권세와 아사가 건축한 모든 성들은 유다 왕들의 역대기에 기록돼 있습니다. 그는 말년에 발에 병이 났습니다. 23~24절;대하 16:11~14

24 그 후 아사는 자기 조상들과 함께 잠들어 그 조상 다윗 성에 조상들과 함께 묻혔습니다. 그리고 아들 여호사밧이 뒤를 이어 왕이 됐습니다. 대하 17:1;마 1:8

25 나답이 왕이 됨 여로보암의 아들 나답은 유다의 아사 왕 2년에 이스라엘의 왕이 됐고 나답은 2년 동안 이스라엘을 다스렸습니다.

26 나답이 악을 행함 그는 여호와의 눈앞에 악한 일을 했습니다. 그는 이스라엘을 죄짓게 했던 자기 아버지의 악한 길을 따르고 악한 행동을 그대로 따라 했습니다. 30,34절

27 잇사갈의 집안 아히야의 아들 바아사가 그를 대적할 음모를 꾸미고 깁브돈에서 그를 죽였습니다. 그때는 나답과 온 이스라엘이 블레셋 성 깁브돈을 포위하고 있을 때였습니다. 14:14;16:15;눅 19:44;21:23

28 바아사가 왕이 됨 바아사는 유다의 아사 왕 3년에 나답을 죽이고 그의 뒤를 이어 왕이 됐습니다.

29 여로보암의 온 집안이 멸절됨 그는 왕이 되자 여로보암 집안의 모든 사람을 죽였습니다. 여로보암 집안의 숨쉬는 사람은 하나도 남김없이 다 죽였습니다. 여호와께서 그의 종 실로 사람 아히야를 통해 말씀하신 그 대로 된 것입니다. 14:10,14

30 이 일은 여로보암이 자기만 죄를 지은 것이 아니라 이스라엘을 죄짓게 해서 그가 이스라엘의 하나님 여호와를 진노하시게 했기 때문이었습니다.

31 나답의 통치 기록 나답 때 일어났던 모든 일과 그가 한 모든 것은 이스라엘 왕들의 역대기에 기록돼 있습니다.

32 전쟁이 계속됨 아사와 이스라엘 왕 바아사 사이에는 그들이 살아 있는 동안 전쟁이 끊이지 않았습니다. 16절

33 바아사가 악을 행함 유다의 아사 왕 3년에 아히야의 아들 바아사가 디르사에서 온 이스라엘의 왕이 됐고 그는 24년 동안 다스렸습니다.

34 그는 여호와 보시기에 악을 행했고 여로보암의 길을 따르며 이스라엘을 죄짓게 한 그 죄도 따라 했습니다. 26절

16

바아사가 죽음 그 후 바아사에 대한 여호와의 말씀이 하나니의 아들 예후에게 임했습니다. 대하 16:7

2 "내가 흙 속에서 너를 들어 올려 내 백성 이스라엘의 통치자로 삼았는데 네가 여로보암의 길을 걸어서 내 백성 사람이 죄를 짓게 만들었고 그 죄들이 나를 진노하게 했다. 14:7;15:34

3 그래서 내가 반드시 바아사와 그의 집을 쓸어버리겠다. 또 내가 네 집을 느밧의 아들 여로보암의 집과 같이 만들 것이다.

4 바아사에게 속한 사람들이 성안에서 죽으면 개들이 먹고 들에서 죽으면 공중의 새들이 먹을 것이다." 14:11;21:24

5 바아사 때 일어난 모든 일과 바아사의 권세는 이스라엘 왕들의 역대기에 기록돼 있습니다.

6 바아사는 그 조상들과 함께 잠들어 디르

사에 묻혔습니다. 그리고 바아사의 아들 엘라가 뒤를 이어 왕이 됐습니다. 14:17

7 여후가 바아사를 책망함 여호와의 말씀이 하나니의 아들인 예언자 여후를 통해 바아사와 그의 집에 임했습니다. 바아사가 여호와 보시기에 악한 행동을 하고 그가 지은 죄로 여호와의 진노를 자아내 바아사가 여로보암의 집과 같이 됐기 때문입니다. 게다가 그는 여로보암의 집안을 멸망시키기까지 했습니다. 15:27,29,호 1:4

8 엘라가 암살당함 유다의 아사 왕 26년에 바아사의 아들 엘라가 이스라엘의 왕이 됐고 디르사에서 2년 동안 다스렸습니다.

9 엘라가 디르사에 있는 왕궁 관리인 아르사의 집에서 술에 취해 있었는데 왕의 전차의 2분의 1을 관리하는 엘라의 신하 장관 시므리가 반란을 일으켰습니다. 18:3;왕하 9:31

10 유다의 아사 왕 27년에 시므리가 들어가 엘라를 쳐 죽이고 그 뒤를 이어 왕이 됐습니다.

11 바아사의 온 집안이 멸절됨 그는 왕위에 앉아 다스리기 시작하자마자 바아사의 온 집안을 다 죽였습니다. 시므리는 친척이든 친구든 가리지 않고 죽여 남자는 한 사람도 남겨 두지 않았습니다. 3;삼상 25:22

12 이렇게 시므리는 바아사의 집안을 멸망시켰습니다. 여호와께서 예언자 여후를 통해 바아사에게 하신 말씀대로 됐습니다.

13 그것은 바아사와 바아사의 아들 엘라가 죄를 지었고 또 이스라엘을 죄짓게 해 그들이 만든 우상들로 이스라엘의 하나님 여호와의 진노를 자아냈기 때문입니다.

14 엘라 때 일어난 모든 일과 엘라가 한 모든 일은 이스라엘 왕들의 역대기에 기록돼 있지 않습니까?

15 시므리가 죽음 유다 왕 아사 27년에 시므리가 디르사에서 7일 동안 다스렸습니다. 이스라엘 백성들이 블레셋 성 깁브돈을 공격하려고 진을 치고 있었습니다.

16 진영에 있던 백성들이 시므리가 음모를 꾸며 왕을 죽였다는 소식을 듣고 온 이스라

엘은 군사령관 오므리를 그날 그 진영에서 이스라엘의 왕으로 삼았습니다.

17 오므리와 그와 함께 있던 온 이스라엘은 깁브돈에서 올라가 디르사를 포위했습니다.

18 시므리는 성이 함락된 것을 보고 왕궁의 요새로 들어가 왕궁에 불을 지르고 그 불에 그도 죽었습니다. 왕직 15:25

19 그것은 그가 여호와의 눈앞에 악을 행하고 여로보암의 길을 따르고 이스라엘을 죄짓게 한 그 죄를 그대로 따라 했기 때문입니다.

20 시므리의 통치 기록 시므리가 한 다른 일들과 시므리의 반란에 대해서는 이스라엘 왕들의 역대기에 기록돼 있습니다.

21 오므리와 디브니 다툼 그 후 이스라엘 사람들은 두 파로 갈라졌습니다. 절반은 기낫의 아들 디브니를 따르며 디브니를 왕으로 추대했고 다른 절반은 오므리를 따랐습니다.

22 오므리가 왕이 됨 그러나 오므리의 추종자들이 기낫의 아들 디브니를 따르던 사람들을 이겼습니다. 그래서 디브니가 죽고 오므리가 왕이 됐습니다.

23 유다 왕 아사 31년에 오므리가 이스라엘 왕이 됐고 오므리는 12년 동안 다스렸는데 그 가운데 6년은 디르사에서 다스렸습니다.

24 사마리아 성의 건축 오므리는 은 2달란트를 주고 세멜에게서 사마리아 산지를 사서 산 위에 성을 건축하고 그 산의 이전 주인인 세멜의 이름을 따서 그 성을 사마리아라고 불렀습니다. '28~'26,'22절;창 33:19

25 오므리가 악을 행함 그러나 오므리는 여호와의 눈앞에 악을 행했고 이전 모든 왕들보다 더 많은 악행을 저질렀습니다. 30절

26 그는 느밧의 아들 여로보암의 길을 따라갔고 이스라엘을 죄짓게 했습니다. 그리고 우상을 만들어 이스라엘의 하나님 여호와의 진노를 자아냈습니다. 13절

27 오므리가 죽음 오므리가 한 다른 일들과 오므리의 권세는 이스라엘 왕들의 역대기에 기록돼 있습니다.

28 오므리는 그의 조상들과 함께 잠들고 사마리아에 묻혔습니다. 그리고 오므리의 아들

아합이 뒤를 이어 왕이 됐습니다.

29 아합이 왕이 됨 유다 왕 아사 38년에 오므리의 아들 아합이 이스라엘의 왕이 됐습니다. 오므리의 아들 아합은 사마리아에서 22년 동안 이스라엘을 다스렸습니다.

30 악을 많이 행한 아합 왕 오므리의 아들 아합은 여호와 보시기에 이전 모든 사람들보다 더 많은 악을 행했습니다. ·25장21:25

31 우상을 섬김 그는 느밧의 아들 여로보암의 죄를 따라 하는 것을 가볍게 여겼을 뿐 아니라 시돈 사람의 왕 엣바알의 딸 이세벨과 결혼하고 바알을 섬기며 숭배했습니다.

32 가장 사악한 아합 왕 그는 자기가 사마리아에 지은 바알 신전에서 바알을 위해 제단을 쌓았습니다. ·왕하 10:21,26-27

33 아합은 또한 아세라 목상을 만들고 이전 모든 이스라엘 왕들보다도 더한 일로 이스라엘의 하나님 여호와의 진노를 자아냈습니다. ·18:19;출 34:13;왕하 13:6;17:10;21:3대하 14:3;렘 17:2

34 여리고를 재건함 아합의 시대에 벧엘 사람 히엘이 여리고를 재건했습니다. 히엘이 기초를 쌓을 때 그 맏아들 아비람을 잃었고 문을 만들어 달 때 막내아들 스굽을 잃었습니다. 이것은 여호와께서 눈의 아들 여호수아에게 말씀하신 그대로 된 것입니다.

17 엘리야가 가뭄을 예언함 그때 길르앗에 살던 사람들 가운데 디셉 사람 엘리야가 아합에게 말했습니다. "내가 섬기는 이스라엘의 하나님 여호와께서 살아 계심을 두고 맹세하는데 앞으로 몇 년 동안 내 말이 없으면 이슬도 없고 비도 없을 것이다." ·눅 4:25;약 5:17

2 까마귀의 도움을 받는 엘리야 여호와께서 엘리야에게 말씀하셨습니다.

3 "너는 여기를 떠나 동쪽으로 가서 요단 강 앞 그릿 시내 가에 숨어 지내라.

4 그리고 너는 그 시냇물을 마셔라. 내가 까마귀들에게 명령해 거기 있는 네게 먹을 것을 가져다주게 하겠다."

5 그리하여 엘리야는 가서 여호와의 말씀대로 했습니다. 요단 강 앞 그릿 시내 가로 가서 지냈습니다.

6 까마귀들이 아침저녁으로 엘리야에게 빵과 고기를 날라다 주었습니다. 그리고 엘리야는 그곳의 시냇물을 마셨습니다.

7 얼마 뒤 시냇물이 다 말라 버렸습니다. 그 땅에 비가 내리지 않았기 때문입니다.

8 다함이 없는 사르밧 과부의 양식 그러자 여호와께서 그에게 말씀하셨습니다.

9 "너는 일어나 시돈의 사르밧으로 가서 지내라. 내가 그곳에 있는 한 과부에게 네게 먹을 것을 주라고 명령해 두었다."

10 엘리야는 일어나 사르밧으로 갔습니다. 엘리야가 성문에 다다르자 과연 한 과부가 그곳에서 나뭇가지들을 줍고 있었습니다. 엘리야가 그 여인을 불러 말했습니다. "목을 축이게 그릇에 물 좀 떠다 주시오."

11 과부가 물을 가지러 가려고 할 때 엘리야가 그녀를 불러 말했습니다. "빵도 좀 주시오."

12 그녀가 대답했습니다. "당신의 하나님 여호와께서 살아 계심을 두고 맹세하는데 제게 빵은 없고 통에 밀가루 한 줌과 병에 기름

히엘의 여리고 성 재건축 사건

여호수아는 여리고 성을 정복한 후 누구든지 여리고 성을 다시 쌓는다면 그 사람은 저주를 받을 것이라고 예언했다(수 6:26). 이 말씀은 이스라엘 백성이 가나안에 들어가기 전 정복한 성이 영원히 폐허로 남아 결코 재건되는 일이 없을 것이라는(신 13:16) 하나님의 말씀을 성취하는 것이었다.

그후 아합 시대에 벧엘 사람 히엘이 이 말씀을 기억

하지 못하고 여리고 성을 재건했다. 여호수아의 예언대로 히엘이 성의 기초를 쌓을 때 맏아들 아비람을 잃었고, 문을 만들어 달 때 막내아들 스굽이 죽었다(왕상 16:34). 이것은 여호수아의 예언이 있고 500년이 흐른 후의 일이었다. 히엘의 여리고 성 재건축 사건은 하나님의 말씀은 시대가 변해도 그대로 이루어짐을 단적으로 보여 주는 것이다(민 23:19; 사 55:11; 마 5:18).

이 조금 있을 뿐입니다. 제가 나뭇가지를 주워 집에 가서 저와 제 아들을 위해 음식을 만들어 먹고는 죽을 생각이었습니다."

13 엘리야가 그에게 말했습니다. "두려워하지 마시오. 가서 당신이 말한 대로 하되 먼저 그것으로 나를 위해 조그마한 빵 한 개를 구워 주시오. 그러고 나서 당신과 당신 아들을 위해 먹을 것을 만드시오.

14 이스라엘의 하나님 여호와께서 '여호와가 땅에 비를 내리는 그날까지 통의 밀가루가 떨어지지 않겠고 병의 기름이 마르지 않으리라' 하고 말씀하셨소."

15 과부는 가서 엘리야가 말한 대로 했습니다. 그러자 그 여자와 엘리야와 그 식구가 여러 날을 먹었는데도

16 통의 밀가루가 떨어지지 않고 병의 기름이 마르지 않았습니다. 여호와께서 엘리야를 통해 말씀하신 대로 된 것입니다.

17 과부의 아들이 살아남 그런데 얼마 후 이 집의 주인인 사르밧 과부의 아들이 병들었습니다. 병세가 점점 심해지더니 마침내 숨을 거두고 말았습니다.

18 사르밧의 과부가 엘리야에게 말했습니다. "하나님의 사람이여, 내가 당신과 무슨 상관이 있다고 이렇게 와서 내 죄를 생각나게 하고 내 아들을 죽게 합니까?" 눅4:34

19 엘리야가 대답했습니다. "당신 아들을 데려오시오." 엘리야는 과부의 팔에서 아들을 받아 자기가 지내고 있는 위층 방으로 올라가서 자기 침대에 눕혔습니다.

20 그리고 여호와께 부르짖었습니다. "내 하나님 여호와여, 어찌하여 제가 머무는 집의 이 과부에게 재앙을 내려 그 아들을 죽게 하셨습니까?"

21 그러고 나서 몸을 쭉 펴서 죽은 그 아이의 몸 위에 세 번 엎드리고 여호와께 부르짖었습니다. "오 내 하나님 여호와여, 기도하오니 이 아이의 혼이 다시 돌아오게 해 주십시오."

22 여호와께서 엘리야의 기도를 들어 주셨습니다. 아이의 혼이 돌아와 아이가 살아난 것입니다. 히11:35

23 엘리야가 아이를 안고 그 집 위층 방에서 아래로 내려가 아이를 그 어머니에게 주며 말했습니다. "보시오, 당신 아들이 살았소!"

24 그러자 여자가 엘리야에게 말했습니다. "이제 당신이 하나님의 사람인 것과 당신의 입에서 나오는 여호와의 말씀이 진실임을 알겠습니다." 요3:2

18

엘리야가 아합에게 감 시간이 흘러 3년째 되는 해에 여호와의 말씀이 엘리야에게 임했습니다. "가서 아합을 만나거라. 내가 이 땅에 비를 내릴 것이다."

2 오바댜에게 임무가 주어짐 그리하여 엘리야가 아합을 만나러 갔습니다. 그때 사마리아에는 기근이 극심했는데

3 아합이 자기 왕궁 관리를 맡고 있는 오바댜를 불렀습니다. 오바댜는 여호와를 지극히 경외하는 사람이었습니다. 16:9

4 오바댜는 이세벨이 여호와의 예언자들을 죽일 때 100명의 예언자들을 데려다가 50명

까마귀가 날라다 준 빵과 고기를 먹는 엘리야

씩 동굴에 숨기고 그들에게 빵과 물을 먹였던 사람입니다. ¹³절

5 아합이 오바댜에게 말했습니다. "온 땅을 두루 다니며 모든 샘물과 모든 시내를 둘러보아라. 혹시 말과 노새에게 먹일 풀을 찾을 수 있을지 모른다. 그러면 우리 가축들이 저대로 죽게 버려두지 않고 살릴 수 있을 것이다."

6 그리하여 그들은 자기들이 살필 땅을 나누고 아합은 이쪽으로, 오바댜는 저쪽으로 가서 조사했습니다.

7 **엘리야와 오바댜가 만남** 오바댜가 길을 가다가 엘리야를 만났습니다. 오바댜는 그를 알아보고 땅에 엎드리며 말했습니다. "내 주 엘리야여, 당신이십니까?"

8 그가 대답했습니다. "그렇다. 가서 네 주인에게 '엘리야가 여기 있다'라고 말하여라."

9 그러자 오바댜가 말했습니다. "제가 무슨 죄를 지었기에 당신께서 당신의 종을 아합의 손에 넘겨 죽게 하십니까?

10 당신의 하나님 여호와께서 살아 계심을 두고 맹세하는데 제 주인이 당신을 찾으려고 모든 나라와 모든 왕국에 사람을 보내지 않은 곳이 없었습니다. 그리고 '엘리야가 여기 없다'라고 하면 그 나라와 족속에게 당신을 찾지 못했다는 맹세를 하도록 했습니다. ¹⁷:¹

11 그런데 이제 당신께서 저더러 주인에게 가서 '엘리야가 여기 있다' 하고 말하라는 것입니까?

12 제가 당신을 떠나고 나면 여호와의 영이 당신을 어디로 데려가실지 모르는데 제가 가서 아합에게 말했다가 아합이 당신을 찾지 못하면 저를 죽일 것입니다. 당신의 종인 저는 **어려서부터** 여호와를 경외해 왔습니다.

13 내 주여, 이세벨이 여호와의 예언자들을 죽일 때 제가 어떻게 했는지 듣지 못하셨습니까? 제가 여호와의 예언자 100명을 50명씩 동굴에 나눠 숨기고 빵과 물을 먹

였습니다. ⁴절

14 그런데 저더러 제 주인에게 가서 '엘리야가 여기 있다' 하고 말하라는 것입니까? 그는 저를 죽이고 말 것입니다!"

15 그러자 엘리야가 말했습니다. "내가 섬기는 만군의 여호와께서 살아 계심을 두고 맹세한다. 내가 오늘 반드시 아합 앞에 나아가겠다."

16 **바알의 예언자들이 소집됨** 그리하여 오바댜는 가서 아합을 만나 말했습니다. 그러자 아합이 엘리야를 만나려고 왔습니다.

17 아합은 엘리야를 보자 말했습니다. "네가 바로 이스라엘에 문제를 일으키는 자로구나!"

18 그러자 엘리야가 대답했습니다. "나는 이스라엘에 문제를 일으킨 적이 없소. 당신과 당신 아버지의 집안이 문제를 일으킨 것이오. 당신은 여호와의 명령을 저버리고 바알을 따랐소. 9:9;16:31;대하 15:2;24:20

19 그러니 이제 온 이스라엘에 일러 나를 보러 갈멜 산으로 오게 하시오. 그리고 이세벨의 식탁에서 함께 먹는 바알 예언자 450명과 아세라 예언자 400명을 데려오시오."

20 그리하여 아합은 온 이스라엘 자손들을 불러 모으고 그 예언자들을 갈멜 산에 모이도록 했습니다.

21 엘리야가 온 백성들 앞에 나가 말했습니다. "너희가 이 둘 사이에서 얼마나 더 머뭇거리겠느냐? 여호와가 하나님이시면 여호와를 따르라. 그러나 바알이 하나님이면 바알을 따르라." 그러나 백성들은 한마디 대꾸도 하지 않았습니다. 수 24:15

22 **엘리야가 대결을 제안함** 그러자 엘리야가 백성들에게 말했습니다. "여호와의 예언자는 나 혼자만 남았다. 그러나 바알의 예언자는 450명이나 된다. 19절;19:10,14

23 우리에게 소 두 마리를 가져와라. 저들에게 하나를 골라 각을 떠서 나뭇가지 위에 올리게 하되 불은 붙이지 말라. 나도 다른 하나를 준비해 나뭇가지 위에 올리고 불은 붙이지 않을 것이다.

세아(18:32, seah) 고체의 양을 재는 단위. 1세아는 약 7.3ℓ.

24 그러고 나서 너희는 너희 신들의 이름을 부르라. 나는 여호와의 이름을 부를 것이다. 불로 대답하는 신, 그가 바로 하나님이시다." 그러자 온 백성들이 말했습니다. "당신의 말이 좋습니다."   38절

25 엘리야가 바알의 예언자들에게 말했습니다. "너희의 수가 많으니 먼저 너희가 소 한 마리를 골라 준비하라. 너희 신의 이름을 부르고 불은 붙이지 말라."

26 엘리야가 바알 예언자들을 비웃음 그리하여 그들은 소 한 마리를 가져다가 준비했습니다. 그러고는 아침부터 정오까지 바알의 이름을 불렀습니다. "바알이여, 우리에게 대답해 주십시오." 그러나 아무 소리도 없었고 아무도 응답하지 않았습니다. 그러자 바알 예언자들은 자기들이 만든 제단 주위를 돌며 뛰었습니다.

27 정오가 되자 엘리야가 바알 예언자들을 비웃으며 말했습니다. "더 큰 소리로 하라. 그가 신이니 아마 깊은 생각에 빠졌거나 너무 바쁘거나 여행을 떠났나 보다. 어쩌면 자고 있을지 모르니 깨워야 되지

28 그러자 그들은 더 큰 소리를 질러 대며 자기들의 관습대로 피가 흘러나오기까지 칼과 창으로 자기 몸을 질러 상하게 했습니다.

29 정오가 지나고 저녁 곡식제사를 드릴 때까지 바알 예언자들은 계속 미친 듯이 날뛰었습니다. 그러나 아무 대답이 없었고 아무 소리도 없었고 그 누구도 돌아보지 않았습니다.   출 29:39,41

30 하나님의 능력이 나타남 그러자 엘리야가 온 백성들에게 말했습니다. "내게 가까이 오라." 그들이 다 그에게로 가까이 오자 엘리야는 부서진 여호와의 제단을 고쳤습니다.

31 엘리야는 야곱의 아들들의 지파 수에 따라 돌 12개를 가져왔습니다. 이 야곱은 옛날에 여호와께서 '네 이름을 이스라엘이라 하라라' 하고 말씀하셨던 사람입니다.

32 엘리야는 그 돌들을 가지고 여호와의 이름으로 제단을 세우고 제단 주위에 2세아 정도의 씨를 담을 만한 구덩이를 팠습니다.

33 그러고 나서 엘리야는 제단 위에 나뭇가지를 쌓아 놓고 소 한 마리를 각으로 떠서 나뭇가지 위에 올려놓고 말했습니다. "네 개의 항아리에 물을 가득 채워 번제물과 나뭇가지들 위에 부으라."   창 22:9,레 1:7,상 6:20

34 그가 또 말했습니다. "다시 한 번 하라." 그러자 사람들이 다시 그렇게 했습니다. 그가 명령했습니다. "다시 한 번 더 하라." 그러자 사람들이 세 번째

갈멜 산에서 엘리야가 바알 예언자들과 대결함

로 그렇게 했습니다.

35 물이 제단 위로 흐르고 구덩이에도 물이 가득 찼습니다.

36 저녁 곡식제사를 드릴 시간이 되자 예언자 엘리야가 제단 가까이 나와서 말했습니다. "아브라함과 이삭과 이스라엘의 하나님 여호와여, 주께서 이스라엘의 하나님이 되시는 것과 제가 주의 종이며 이 모든 일을 주의 명령으로 했음을 오늘 알려 주십시오.

37 여호와여, 내게 응답해 주십시오, 오 여호와여, 응답하셔서 주는 여호와 하나님이시며 주께서 그들의 마음을 돌이키게 하시는 분임을 이 백성들이 알게 해 주십시오."

38 그러자 여호와의 불이 내려와 번제물과 나뭇가지와 돌과 흙을 태웠고 구덩이에 고인 물마저 다 말려 버렸습니다. 레9:24

39 온 백성들이 이것을 보자 엎드려 소리쳤습니다. "여호와, 그분이 하나님이시다. 여호와, 그분이 하나님이시다." 24절

40 바알 예언자들을 죽임 그러자 엘리야가 백성들에게 명령했습니다. "바알 예언자들을 붙잡으라. 한 명도 도망치지 못하게 하라." 그들은 바알 예언자들을 붙잡았습니다. 엘리야는 바알 예언자들을 기손 골짜기로 데려가 그곳에서 죽였습니다. 삿9:47

41 비가 내림 엘리야가 아합에게 말했습니다. "큰비 소리가 들리니 이제 올라가서 먹고 마시도록 하십시오."

42 그러자 아합은 올라가 먹고 마셨습니다. 그러나 엘리야는 갈멜 산 꼭대기로 올라가 얼굴을 무릎 사이에 파묻고 땅에 꿇어 엎드렸습니다. 약5:17-18

43 그가 자기 종에게 말했습니다. "올라가서 바다 쪽을 바라보아라." 그러자 엘리야의 종이 올라가서 보았습니다. 그리고 대답했습니다. "아무것도 없습니다." 엘리야는 일곱 번을 "다시 가거라" 하고 말했습니다.

44 일곱 번째에 그 종이 말했습니다. "사람 손바닥만 한 작은 구름이 바다에서 올라오고 있습니다." 그러자 엘리야가 말했습니

다. "올라가서 아합에게 말하여라. '비가 와서 길이 막히기 전에 전차를 준비해 내려가십시오' 하고 말이다." 눅12:54

45 한편 하늘은 구름과 바람으로 시커멓게 되고 바람이 일어나 큰비가 내리기 시작했습니다. 아합은 전차를 타고 이스르엘로 갔습니다. 수17:16

46 여호와의 능력이 엘리야에게 내려왔습니다. 그는 허리띠를 동여매고 아합보다 먼저 이스르엘로 달려갔습니다. 왕하3:15;렘1:17

19

이세벨이 엘리야를 협박함 아합은 이세벨에게 엘리야가 한 모든 일과 엘리야가 모든 예언자들을 칼로 죽였다는 이야기를 해 주었습니다.

2 그러자 이세벨은 엘리야에게 사람을 보내 말했습니다. "만약 내일 이맘때까지 내가 네 목숨을 죽은 예언자들 가운데 하나의 목숨처럼 되게 하지 못하면 내가 우리 신들에게서 천벌을 받아 마땅하다." 룻1:17

3 엘리야가 죽기를 간구함 엘리야는 이 상황을 보고 목숨을 지키려고 일어나 도망쳤습니다. 그는 유다의 브엘세바에 이르자 자기 종을 거기에 남겨 두고 창21:31

4 혼자서 하룻길을 가서 광야에 다다랐습니다. 그는 로뎀 나무 아래 앉아서 죽기를 기도했습니다. "여호와여, 이제 이것으로 충분하니 제 목숨을 가져가 주십시오. 저는 저의 조상들보다 나은 것이 없습니다."

5 엘리야가 호렙 산에 이름 그러고는 로뎀 나무 아래 누워 잠이 들었습니다. 그때 천사가 그를 만지며 말했습니다. "일어나서 뭘 좀 먹어라."

6 엘리야가 둘러보니 머리맡에 뜨거운 숯으로 구워 낸 빵 한 덩이와 물 한 병이 있었습니다. 그는 그것을 먹고 마시고 난 뒤 다시 누웠습니다.

7 여호와의 천사가 다시 와서 그를 만지며 말했습니다. "일어나 뭘 좀 먹어라. 네 갈 길이 아직 멀다."

8 그리하여 그는 일어나 먹고 마셨습니다. 그 음식으로 기운을 차린 뒤 엘리야는 밤

people

불의 예언자, 엘리야

시돈
사르밧
갈릴리
바다
요단 강
갈멜 산
이스르엘
아벨므홀라
디셉
대해
(지중해)
암몬
이스라엘
미스바
여리고
예루살렘
유다
염해
브엘세바
호렙 산

1 디셉에서 태어남(왕상 17:1)
2 아합 왕에게 가뭄이 있을 것을
   예언(왕상 17:1)
3 그릿 시내 가에서 까마귀의 도움
   을 받는 엘리야(왕상 17:2-7)
4 사르밧 과부의 죽은 아들을 살
   림(왕상 17:17-24)
5 갈멜 산에서 바알 선지자 450명
   과 대결(왕상 18:19-21)

6 이세벨을 피해 브엘세바로 도망
   감(왕상 19:1-4)
7 호렙 산에서 하나님의 음성을
   들음(왕상 19:5-18)
8 아벨므홀라에서 엘리사를
   후계자로 삼음(왕상 19:19-21)
9 회오리바람에 들려 하늘로 올
   라감(왕하 2:1-11)

낮으로 40일 동안을 걸어가서 하나님의 산인 호렙 산에 이르렀습니다. 출 31:18;마 4:2

9 여호와께서 호렙 산에 나타나심 그는 거기에서 동굴 속으로 들어가 그날 밤을 지냈습니다. 그때 여호와께서 엘리야에게 말씀하셨습니다. "엘리야야, 여기서 뭘 하고 있느냐?"

10 엘리야가 대답했습니다. "저는 만군의 하나님 여호와를 매우 열심히 섬겼습니다. 그러나 이스라엘 자손들이 주의 언약을 버리고 주의 제단을 부수며 주의 예언자들을 칼로 죽여서 이제 저만 혼자 남았습니다. 그런데 저들이 이제는 제 목숨까지 빼앗으려 합니다." 18:4;롬 11:3

11 여호와께서 말씀하셨습니다. "산으로 가서 여호와 앞에 서 있어라. 이제 곧 내가 지나가겠다." 그러고는 크고 강한 바람이 불어와 여호와 앞에서 산을 가르고 바위를 부수었습니다. 그러나 여호와께서는 그 바람 속에 계시지 않았습니다. 바람이 지나간 뒤에 지진이 일어났습니다. 그러나 여호와께서는 그 지진 속에도 계시지 않았습니다. 출 24:12;34:2;겔 1:4;37:7

12 지진이 물러간 뒤에는 불이 있었습니다. 그러나 여호와께서는 그 불 속에도 계시지 않았습니다. 그런데 불이 지나간 뒤에 작은 소리가 들렸습니다. 욥 4:16

13 엘리야가 사명을 받음 엘리야가 그 소리를 듣고 겉옷으로 자기 얼굴을 가리고 나가 동굴 입구에 섰습니다. 그러자 갑자기 한 음성이 그에게 들려왔습니다. "엘리야야, 여기서 뭘 하고 있느냐?" 9절;출 3:6

14 엘리야가 대답했습니다. "저는 만군의 하나님 여호와를 큰 열심으로 섬겼습니다. 그러나 이스라엘 자손들이 주의 언약을 버리고 주의 제단을 부수며 주의 예언자들을 칼로 죽여 이제 저만 혼자 남았습니다. 그런데 저들이 이제는 제 목숨까지 빼앗으려 합니다."

15 그러자 여호와께서 엘리야에게 말씀하셨습니다. "네가 왔던 길로 돌아가 다메섹 광

야로 가거라. 너는 그곳에 가서 하사엘에게 기름 부어 아람 왕이 되게 하여라.

16 또 님시의 아들 예후에게 기름 부어 이스라엘의 왕이 되게 하고 아벨므홀라 사밧의 아들 엘리사에게 기름 부어 네 뒤에 이어 예언자가 되게 하여라. 왕하 2:9,15;9:1-6

17 하사엘의 칼을 피해 도망치는 사람은 예후가 죽일 것이고 예후의 칼을 피해 도망치는 사람은 엘리사가 죽일 것이다. 호 6:5

18 그러나 내가 바알에게 무릎을 꿇지 않고 입을 맞추지도 않은 사람들 7,000명을 이스라엘에 남겨 두었다." 롬 11:4

19 엘리사가 예언자로 부름받음 그러자 엘리야는 그곳을 떠나 사밧의 아들 엘리사를 찾았습니다. 엘리사는 12쌍의 황소를 앞세우고 밭을 갈고 있었는데 마침 열두째 황소 두 마리를 몰고 있었습니다. 엘리야는 엘리사가 밭 가는 옆으로 지나가면서 자기 겉옷을 엘리사에게 던졌습니다.

20 그러자 엘리사가 자기 소들을 버려두고 엘리야를 따라가서 말했습니다. "저희 아버지와 어머니께 작별 인사를 드리게 해 주십시오. 그리고 당신을 따라가겠습니다." 엘리야가 대답했습니다. "돌아가거라. 내가 네게 무엇을 하였느냐?" 마 8:21-22

21 그러자 엘리사는 엘리야 곁을 떠나 겨리소 한 쌍을 끌어다 잡고 밭 가는 기구로 불을 지펴 고기를 구워서 사람들에게 나눠 주며 먹게 했습니다. 그러고 나서 엘리사는 일어나 엘리야를 따르며 그를 섬겼습니다. 삼하 24:22;왕상 6:15

20 아람 왕이 사마리아를 포위함 그때 아람 왕 벤하닷이 모든 군대를 소집했습니다. 벤하닷은 각자 전차와 말들을 끌고 온 32명의 영주들과 함께 올라가 사마리아를 에워싸고 공격했습니다.

2 협상 결렬 그는 사마리아 성 안에 있는 이스라엘 왕 아합에게 사람을 보내 말했습니다. "벤하닷이 말씀하신다.

3 '네 은과 금이 내 것이고 네가 가장 사랑하는 네 아내와 자식들도 내 것이다.'"

4 이스라엘 왕이 대답했습니다. "내 주 왕이여, 왕의 말씀대로 하십시오. 나와 내가 가진 모든 것은 왕의 것입니다."

5 벤하닷의 사람들이 다시 와서 말했습니다. "벤하닷이 말씀하신다. '내가 네 은과 금과 네 아내들과 자식들을 내게 넘기라고 사람을 보냈다.

6 그러나 내가 내일 이맘때쯤 내 신하들을 보낼 것이니 그들이 네 왕궁을 수색하고 네 신하들의 집을 수색해 네 눈에 든 것들을 다 가져올 것이다.'"
겔 24:16,21,25

7 이스라엘 왕은 그 땅의 모든 장로들을 소집해 말했습니다. "벤하닷이 우리를 곤경에 빠뜨리려 하는 것을 보시오. 그가 내 아내들과 내 자식들과 내 은과 내 금을 달라고 사람을 보냈는데 내가 거절할 수가 없었소."
21:8,11;왕하 5:7

8 장로들과 백성들이 모두 대답했습니다. "그 말을 듣지도 말고 동의하지도 마십시오."

9 그리하여 이스라엘 왕은 벤하닷의 사람들에게 대답했습니다. "내 주 왕께 전하라. '왕의 종에게 처음 요구하신 것은 모두 들어 드리겠으나 지금의 이 요구는 들어 드릴 수가 없습니다'라고 말이다." 그들이 나가 벤하닷에게 그 말을 전했습니다.

10 그러자 벤하닷은 아합에게 다른 말을 전해 왔습니다. "내가 사마리아를 완전히 멸망시키겠다. 만약 나를 따르는 백성들이 그 손으로 *사마리아에서 부서진 조각을 한 줌이라도 줍는다면 신들이 내게 천벌을 내리셔도 좋다."
19:2;출 11:8;창 4:10

11 이스라엘 왕이 대답했습니다. "'갑옷을 입는 사람이 갑옷을 벗는 사람처럼 자랑해서는 안 된다'라고 전하라."

12 벤하닷이 다른 왕들과 장막에서 술을 마시다가 이 말을 듣고는 자기 군사들에게 명령했습니다. "공격할 준비를 하라." 그리하여 그들은 사마리아 성을 공격할 준비를 했습니다.

13 하나님이 아합을 도우심 그때 갑자기 한 예언자가 이스라엘 왕 아합에게 다가와 말했습니다. "여호와께서 말씀하십니다. '이 엄청난 군대가 보이느냐? 내가 오늘 네 손에 이들을 주리라. 그러면 너는 내가 여호와임을 알게 될 것이다.'"
28:28;8:36

14 아합이 물었습니다. "하지만 누구를 통해 하시겠느냐?" 예언자가 대답했습니다. "여호와께서 '지방 장관들의 젊은 장교들을 통해 할 것이다'라고 하십니다." 아합이 물었습니다. "누가 전쟁을 시작하겠느냐?" 예언자가 대답했습니다. "왕이 하십시오."

15 이스라엘의 승리 그리하여 아합이 모든 지방 장관들의 젊은 장교를 다 소집했더니 232명이었습니다. 그러고 나서 온 백성들, 곧 이스라엘 자손들을 모아 보았더니 모두 7,000명이었습니다.

16 그들은 정오에 공격하러 나갔습니다. 그때 벤하닷과 그와 동맹을 맺은 32명의 영주들은 장막에서 한창 취해 있었습니다.

17 지방 장관들의 젊은 장교들이 먼저 나갔습니다. 그때 벤하닷이 보낸 정찰병들이 와서 보고했습니다. "군사들이 사마리아 성에서 나오고 있습니다."

18 벤하닷이 말했습니다. "만약 그들이 화평하자고 나오는 것이면 사로잡고 전쟁을 하려고 나오는 것이어도 사로잡으라."

19 지방 장관들의 젊은 장교들은 자기 뒤를 따르는 군대를 이끌고 성에서 나왔고

20 각각 적군을 만나는 대로 죽였습니다. 그러자 아람 사람들이 도망쳤고 이스라엘 사람들이 쫓아갔습니다. 아람 왕 벤하닷은 기마병 몇 명과 함께 말을 타고 도망쳐 버렸습니다.

21 이스라엘 왕이 진격해 말들과 전차들을 공격하고 아람 사람들을 크게 무찔렀습니다.

22 그 후 그 예언자가 이스라엘 왕에게 와서 말했습니다. "왕은 가서 힘을 키우고 앞으로 무슨 일을 해야 할지 생각해 보십시오. 내년 봄에 아람 왕이 올라와 왕을 공격할

169

*수색(20:6, 搜索, search) 구석구석 뒤져서 찾음.

것입니다." 13절

23 이스라엘이 다시 승리할 한편 아람 왕의 신하들이 아람 왕에게 조언을 했습니다. "저들의 신은 산의 신입니다. 그래서 저들이 우리보다 센 것입니다. 하지만 우리가 평지에서 싸운다면 분명 저들보다 강할 것입니다.

24 그러니 이렇게 하십시오. 모든 지방 장관들을 자리에서 물러나게 하고 군사령관들로 바꾸십시오.

25 또 왕은 말이면 말, 전차면 전차까지 전에 싸움에 져서 잃은 군대와 같은 군대를 소집하셔야 합니다. 그리하여 우리가 평지에서 이스라엘과 싸울 것이고 그때는 우리가 분명 그들보다 강할 것입니다." 아람 왕은 신하들의 말을 듣고 그대로 실행에 옮겼습니다.

26 이듬해 봄에 벤하닷이 아람 사람들을 모아 이스라엘과 싸우기 위해 아벡으로 올라갔습니다. 왕하13:17

27 이스라엘 자손들도 소집돼 물품을 공급받고는 그들에게 맞서 나갔습니다. 아람 사람들이 온 들판을 가득 메운 것에 비해서 그들 맞은편에 진을 친 이스라엘 자손들은 마치 두 무리의 염소 떼 같았습니다.

28 그때 하나님의 사람이 와서 이스라엘 왕에게 말했습니다. "여호와께서 말씀하십니다. '아람 사람들이 여호와는 산의 신이지 골짜기의 신이 아니라고 했다. 그러므로 내가 이 엄청난 군대를 네 손에 줄 것이다. 그러면 너는 내가 여호와임을 알게 될 것이다.'"

29 그들은 7일 동안 서로 마주 대한 채 진을 치고 있었습니다. 7일째 되는 날 드디어 싸움이 시작됐습니다. 이스라엘 자손들이 하루 만에 아람의 보병 10만 명을 죽였습니다.

30 아합이 벤하닷을 살려 줄 나머지는 아벡 성 안으로 도망쳤는데 그 성벽이 그들 2만 7,000명 위에 무너지고 말았습니다. 벤하

옥새(21:8, 玉璽, seal) 옥으로 만든 임금의 도장인 국새.

닷은 성안으로 도망쳐 골방에 몸을 숨겼습니다. 22:25

31 벤하닷의 신하들이 그에게 말했습니다. "보십시오. 우리가 듣기로 이스라엘 집의 왕들은 자비로운 왕이라고 합니다. 우리가 굵은베를 허리에 매고 머리에 밧줄을 두르고 이스라엘 왕에게 나가면 이스라엘 왕이 아마 우리 목숨을 살려 줄 것입니다."

32 그들은 허리에 굵은베를 매고 머리에 밧줄을 두르고 이스라엘 왕에게 가서 말했습니다. "왕의 종 벤하닷이 '나를 살려 주소서'하고 말합니다." 왕이 대답했습니다. "그가 아직 살아 있느냐? 그는 내 형제다."

33 벤하닷의 사람들이 이것을 좋은 징조로 여기고 재빨리 이 말을 받아 말했습니다. "그렇습니다. 왕의 형제 벤하닷입니다." 왕이 말했습니다. "가서 그를 데려오너라." 벤하닷이 밖으로 나오자 아합은 그를 자기 전차에 태웠습니다.

34 그러자 벤하닷이 제안했습니다. "내 아버지께서 왕의 아버지에게서 빼앗은 성들을 돌려 드리겠습니다. 또 내 아버지가 사마리아에 시장을 만든 것처럼 왕도 다메섹에 왕을 위해 시장을 만드십시오." 아합이 말했습니다. "내가 이 조약 때문에 당신을 놓아주겠소." 그리하여 아합은 조약을 맺고 벤하닷을 돌려보냈습니다. 11:24;15:20

35 예언자가 아합을 책망함 예언자들의 아들들 가운데 어떤 사람이 여호와께 명령을 받고 자기 동료에게 말했습니다. "나를 쳐라." 그러나 동료 예언자가 때리기를 거절했습니다. 13:17-18;왕하 2:3,5,7,15

36 그러자 그 예언자가 말했습니다. "네가 여호와의 말씀에 순종하지 않았으니 네가 나를 떠나자마자 사자가 너를 죽일 것이다." 그러고 나서 그 사람이 나가자마자 정말 사자가 나타나 그를 죽였습니다.

37 그 예언자가 다른 사람을 만나 말했습니다. "나를 때려라." 그러자 그 사람은 예언자를 때려 다치게 했습니다.

38 그러자 예언자는 길을 떠나 눈을 가려 변

장하고 길가에 서서 왕이 오기를 기다렸
습니다.　　　　　　　　　　　삼상 28:8

39 왕이 지나가자 예언자는 왕에게 소리쳤
습니다. "왕의 종이 치열한 싸움터에 나갔
는데 거기서 한 사람이 포로를 데려와 '이 사
람을 잘 지켜라. 어쩌다가 놓치면 그 대신
네 목숨을 가져갈 것이다. 아니면 네가 은
1달란트를 내야 한다'고 말했습니다.

40 그런데 왕의 종이 여기저기 바쁘게 다니
다 보니 포로로 끌려온 사람이 사라지고
말았습니다." 이스라엘 왕이 말했습니다.
"그건 네가 자청한 일이니 네가 그 벌을
받아 마땅하다."

41 그때 예언자가 재빨리 눈에서 머리 끈을 풀
어 냈습니다. 그러자 이스라엘 왕은 그가 예
언자들 가운데 하나임을 알아차렸습니다.

42 그가 왕에게 말했습니다. "여호와께서 말
씀하십니다. '너는 내가 죽이기로 작정한
사람을 놓아주었다. 그러니 네 목숨이 그
목숨을 대신하고 네 백성들이 그 백성들
을 대신하게 될 것이다.'"

43 이스라엘 왕은 화가 나 사마리아에 있는 자
기 왕궁으로 갔습니다.　　　　　　21:4

21 포도원을 탐내는 아합
얼마 후 한 사
건이 벌어졌습니다. 이스라엘 사람
나봇에게는 이스르엘에 포도원이 하나 있
었는데 사마리아 왕 아합의 왕궁 가까이

있었습니다.
　　　　　　　　　　　　　　　18:45-46

2 아합이 나봇에게 말했습니다. "네 포도원
은 내 왕궁에서 가까우니 내게 채소밭으
로 가꾸고 싶다. 그러니 내게 달라. 그 대
신 내가 더 좋은 포도원을 주겠다. 네가
원한다면 그 값을 돈으로 주겠다." 삼상 8:14

3 그러자 나봇이 대답했습니다. "내 조상들
에게 물려받은 재산을 왕에게 주는 것은
여호와께서 금하신 일입니다." 레 25:23절 46:18

4 이세벨의 사악한 음모 그러자 아합은 매우
언짢아하며 화가 나 집으로 돌아왔습니
다. 이스르엘 사람 나봇이 "내가 내 조상들
에게 물려받은 재산을 왕에게 주지 않겠
다"라고 말했기 때문입니다. 그는 화가 나
서 자기 침대에 누워 먹지도 않았습니다.

5 그 아내 이세벨이 들어와 그에게 물었습니
다. "무슨 언짢은 일이 있었습니까? 왜 아
무것도 드시지 않습니까?"

6 그가 대답했습니다. "내가 이스르엘 사람
나봇에게 '네 포도원을 팔아라. 네가 원한
다면 네 포도원 대신에 다른 포도원을 주
겠다'라고 했소. 그런데 나봇이 '내 포도원
을 왕에게 주지 않겠다'라고 했소."

7 아합의 아내 이세벨이 말했습니다. "이스라
엘의 왕이 당신이 그게 뭡니까? 일어나 먹
을 것을 드시고 기운을 차리십시오! 내가
이스르엘 사람 나봇의 포도원을 왕께 드리

왜 나봇의 포도원을 빼앗을 수 없었나요?

가나안 땅에 들어간 이스라엘은 지파별로 제비를 뽑아 땅을 분배
받았어요. 지파 내에서는 족속별로, 족속 내에서는 가정별로 각각 나누
어 주었어요. 분배된 땅은 엄격하게 구분하여 경계로 세운 돌(신 19:14;
27:17)을 옮기지 못하게 했어요. 경계로
세운 돌을 옮기는 것은 땅을 빼앗는 것이나 마찬
가지이고 그 땅 소유자의 생계를 위협하는 것이
었어요. 이러한 이유로 조상이 물려준 땅은 아무
리 왕이라고 해도 함부로 빼앗을 수 없었어요.
이것을 잘 알고 있는 아합은 나봇의 포도원에 대

해 그 값어치만큼
돈을 주거나 다른
것과 교환하자고 제의했어요(왕상
21:2). 조상에게 물려받은 유산은 왕
의 권력으로도 빼앗을 수 없었기 때
문이에요.
　　그러나 바알 제사장의 딸로 아합의 부
인이 된 이세벨은 이런 율법을 몰랐어요.
그 때문에 아합의 행동을 이해할 수 없었어요. 당
연히 모든 땅은 왕의 것이며 왕은 그 땅에 대해
절대적인 권한이 있다는 이방 사상을 갖고 있던
이세벨은 나봇을 모함해 죽이고 포도원을 빼앗
아 아합에게 주었답니다.

졌습니다."

8 이세벨은 아합의 이름으로 편지를 몇 통 쓰고는 그 위에 옥새를 찍고 나봇과 같은 성에 사는 장로들과 귀족들에게 보냈습니다.

9 그 편지에는 이렇게 쓰여 있었습니다. "금식을 선포하고 나봇을 백성들 가운데 높이 앉혀라.

10 그리고 두 명의 건달을 나봇의 맞은편에 앉히고 나봇이 하나님과 왕을 저주했다고 증언하게 하라. 그러고 나서 나봇을 밖으로 데리고 나가 돌로 쳐 죽여라." 레 24:16;행 6:11;23:5

11 그리하여 그 성에 살던 장로들과 귀족들은 이세벨이 편지에 지시한 대로 했습니다.

12 그들은 금식을 선포하고 나봇을 백성들 가운데 높이 앉혔습니다. 사 58:4

13 그러고 나서 건달 두 명이 들어와 나봇의 맞은편에 앉더니 백성들 앞에서 나봇에 대해 고소하며 말했습니다. "나봇이 하나님과 왕을 저주했다." 그러자 사람들은 나봇을 성 밖으로 끌고 나가 돌로 쳐 죽였습니다.

14 그리고 이세벨에게 말을 전했습니다. "나봇이 돌에 맞아 죽었습니다."

15 이세벨은 나봇이 돌에 맞아 죽었다는 소식을 듣자 아합에게 말했습니다. "일어나 이스라엘 사람 나봇이 왕에게 팔지 않겠다던 포도원을 차지하십시오. 나봇은 이제 죽었습니다."

16 아합은 나봇이 죽었다는 소리를 듣고 일어나 이스라엘 사람 나봇의 포도원을 차지하려고 내려갔습니다.

17 엘리야가 징벌을 예언함 그때 여호와의 말씀이 디셉 사람 엘리야에게 임했습니다.

18 "너는 일어나 내려가서 사마리아에 살고 있는 *이스라엘* 왕 아합을 만나라. 그가 나봇의 포도원을 차지하려고 지금 그곳에 내려가 있다. 16:24

19 너는 그에게 '여호와께서 말씀하신다. 네가 사람을 죽이고 그 재산을 차지하지 않았느냐?'라고 하여라. 또 여호와께서 말씀하신다. 개들이 나봇의 피를 핥은 바로 그곳에서

개들이 네 피도 핥을 것이다'라고 말하여라."

20 아합이 엘리야에게 말했습니다. "내 원수야, 네가 나를 찾았구나." 엘리야가 대답했습니다. "내가 왕을 찾은 것은 당신이 여호와 보시기에 악을 행하기 위해 자신을 팔았기 때문이오. 25절;18:17;왕하 17:17;롬 7:14

21 여호와께서 말씀하시오. '내가 네게 재앙을 내릴 것이다. 내가 네 자손들을 쓸어버리겠고 종이든 자유인이든 가리지 않고 아합에게 속한 모든 남자를 이스라엘에서 끊어 버릴 것이다. 14:10;왕하 9:8

22 내가 네 집을 느밧의 아들 여로보암의 집과 아히야의 아들 바아사의 집처럼 만들 것이다. 네가 내 진노를 자아냈고 이스라엘을 죄짓게 했기 때문이다.' 14:16;15:29

23 그리고 이세벨에 대해서도 여호와께서 말씀하시오. '개들이 이스라엘 성벽 옆에서 이세벨을 먹을 것이다.' 왕하 9:10,36

24 아합에게 속한 사람이 성안에서 죽으면 개들이 먹을 것이며 들판에서 죽으면 공중의 새들이 먹을 것이다." 14:11;16:4

25 가장 사악한 아합 왕 아합과 같이 여호와의 눈앞에 악을 행하려고 자기 자신을 판 사람은 일찍이 없었습니다. 이것은 모두 아합의 아내 이세벨이 그를 충동질했기 때문입니다. 16:30-33

26 아합은 여호와께서 이스라엘 자손들 앞에서 쫓아내신 아모리 사람들이 한 것처럼 우상을 숭배해 여호와께서 혐오하시는 일을 했습니다. 창 15:16;왕하 17:12;21:11

27 아합의 회개로 징벌이 연기됨 아합은 이 말을 듣고 자기 옷을 찢으며 굵은베 옷을 몸에 걸치고 금식했습니다. 또 굵은베 위에 누웠고 힘없이 다녔습니다. 삼하 3:31;12:16

28 그러자 여호와의 말씀이 디셉 사람 엘리야에게 내려왔습니다.

29 "아합이 내 앞에서 겸손해진 것을 보느냐? 그가 내 앞에서 겸손해졌으니 내가 그의 시대에는 재앙을 내리지 않고 그 아들의 시대가 되면 그 집안에 재앙을 내릴 것이다." 왕하 9:25

어가 숨게 되는 날 알게 될 것이다."

26 그러자 이스라엘 왕이 명령했습니다. "미가야를 붙잡아 이 성의 통치자 아몬과 왕자 요아스에게 돌려보내라.

27 내가 말하는데 이자를 감옥에 넣고 내가 무사히 돌아올 때까지 고생의 빵과 고생의 물만 먹이라." 삿 8:9;대하 16:10

28 미가야가 선포했습니다. "당신이 무사히 돌아온다면 여호와께서 나를 통해 말씀하시지 않았을 것입니다." 그가 또 말했습니다. "너희 온 백성들아, 내 말을 명심하라."

29 아합이 죽음 그리하여 이스라엘 왕과 유다 왕 여호사밧이 길르앗 라못으로 싸우러 올라갔습니다.

30 이스라엘 왕이 여호사밧에게 말했습니다. "나는 변장을 하고 싸움터로 들어갈 테니 왕은 왕복을 입고 있으시오." 그리하여 이스라엘 왕은 변장을 하고 싸움터로 들어갔습니다. 대하 35:22

31 그때 아람 왕은 자기 군대의 전차 부대장 32명에게 "크든 작든 다른 사람과 싸우지 말고 오직 이스라엘 왕과 싸우라"고 명령해 두었습니다. 20:1,16,24

32 전차 부대장들이 여호사밧을 보고는 "저자가 분명 이스라엘 왕이구나" 하고 뒤돌아 여호사밧과 싸우려고 하자 여호사밧이 소리를 질렀습니다.

33 전차 부대장들은 그가 이스라엘 왕이 아닌 것을 알고는 쫓아가지 않았습니다.

34 그런데 누군가가 무심코 쏜 화살이 이스라엘 왕의 갑옷 솔기 사이에 꽂혔습니다. 왕은 자기 전차의 병사에게 말했습니다. "전차를 돌려 싸움터를 빠져나가거라. 내가 부상당했다." 삼하 15:11;대하 35:23

35 전쟁은 시간이 지나갈수록 더 치열해져 갔고 왕은 전차에 기대어 서서 아람 사람들을 막다가 저녁때가 되자 죽고 말았습니다. 그 상처에서 피가 흘러 전차 바닥을 흥건히 적셨습니다.

36 해가 지자 이스라엘 군대 내에서 외치는 소리가 들렸습니다. "모두들 자기 성으로 돌아가라. 모두 자기 고향으로 돌아가라."

37 아합이 매장됨 그렇게 왕이 죽었고 사마리아로 옮겨져 묻혔습니다.

38 그들은 사마리아에 있는 못에서 그 전차를 씻었는데 여호와께서 선포하신 말씀대로 개들이 죽은 아합의 피를 핥았습니다. 그 못은 창기들이 목욕하는 곳이었습니다.

39 아합이 한 모든 일을 포함한 아합 시대의 다른 사건들과 아합이 지은 상아 궁전과 그가 건축한 성들에 관해서는 이스라엘 왕들의 역대기에 기록돼 있습니다. 암 3:15

40 아합은 그 조상들과 함께 잠들고 그의 아들 아하시야가 뒤를 이어 왕이 됐습니다.

41 유다 왕 여호사밧 아사의 아들 여호사밧이 이스라엘 왕 아합 4년에 유다 왕이 됐습니다.

42 여호사밧은 35세에 왕이 됐고 예루살렘에서 25년 동안 다스렸습니다. 그 어머니의 이름은 아수바로 실히의 딸이었습니다.

43 여호사밧의 신앙과 실수 그는 모든 일에 그 아버지 아사의 길을 따라 행하며 그 길에서 떠나지 않았고 여호와 보시기에 정직히 행했습니다. 그러나 산당은 없애지 못했으므로 백성들이 산당에서 계속 제사를 드리고 분향했습니다. 15:14;왕하 12:3;대하 17:3

44 이스라엘과 화평함 여호사밧은 또한 이스라엘 왕과도 평화롭게 지냈습니다. 대하 18:1

45 여호사밧 시대의 다른 일들과 여호사밧이 이룩한 업적과 그가 전쟁을 일으킨 것은 유다 왕들의 역대기에 기록돼 있습니다.

46 여호사밧의 통치 여호사밧은 아버지 아사의 통치 시대 후에도 여전히 남아 있던 남자 창기들을 그 땅에서 없애 버렸습니다.

47 그때 에돔에는 왕이 없었고 대리인이 통치했습니다. 삼하 8:14;왕하 3:9;8:20

48 선박 동맹이 깨어짐 그때 여호사밧은 무역선을 만들고 금을 구하러 오빌로 보냈습니다. 그러나 그 배들은 에시온게벨에서 파선돼 가지 못했습니다. 9:26;28;10:22

49 그때 아합의 아들 아하시야가 여호사밧에게 말했습니다. "내 종들이 왕의 종들과 함께 배를 타게 해 주십시오." 그러나 여호

사밧은 거절했습니다.

50 여호사밧이 죽음 그 후 여호사밧은 조상들과 함께 잠들고 자기 조상 다윗 성에 조상들과 함께 묻혔습니다. 그리고 여호사밧의 아들 여호람이 그 뒤를 이어 왕이 됐습니다.

51 아하시야가 왕이 됨 아합의 아들 아하시야는 유다 왕 여호사밧 17년에 사마리아에서 이스라엘 왕이 됐고 이스라엘을 2년 동안 다스렸습니다.

40절

52 아하시야의 통치 아하시야는 여호와의 눈앞에서 악을 행했습니다. 그는 자기 아버지의 길과 자기 어머니의 길과 이스라엘을 죄 짓게 한 느밧의 아들 여로보암의 길을 그대로 따랐습니다.

15:26

53 아하시야는 바알을 섬기고 숭배해 이스라엘의 하나님 여호와의 진노를 자아냈습니다. 그는 자기 아버지가 하던 그대로 했습니다.

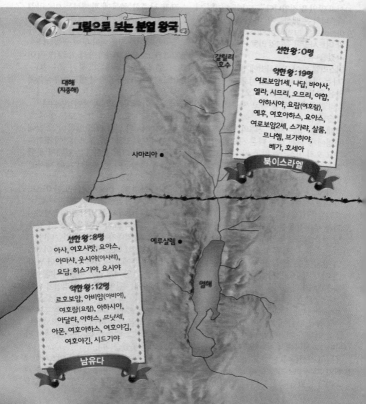

그림으로 보는 분열 왕국

갈릴리 호수

대해 (지중해)

사마리아 ●

예루살렘 ●

염해

선한 왕 : 0명

악한 왕 : 19명
여로보암1세, 나답, 바아사, 엘라, 시므리, 오므리, 아합, 아하시야, 요람(여호람), 예후, 여호아하스, 요아스, 여로보암2세, 스가랴, 살룸, 므나헴, 브가히야, 베가, 호세아

북이스라엘

선한 왕 : 8명
아사, 여호사밧, 요아스, 아마샤, 웃시야(아사랴), 요담, 히스기야, 요시야

악한 왕 : 12명
르호보암, 아비얌(아비야), 여호람(요람), 아하시야, 아달랴, 아하스, 므낫세, 아몬, 여호아하스, 여호야김, 여호야긴, 시드기야

남유다

북이스라엘 아하시야 왕과 남유다 여호사밧 왕의 이야기에서 북이스라엘과 남유다가 멸망한 때까지 이야기가 나와요. 북이스라엘과 남유다는 하나님을 배신하고 우상을 섬기는 죄를 짓다 결국 북이스라엘은 앗시리아에게, 남유다는 바벨론에게 멸망당한답니다.

북이스라엘은 여로보암에서 호세아 왕까지 아홉 왕조에서 20명의 왕이 다스려요. 남유다는 르호보암 왕부터 시드기야 왕까지 20명의 왕들이 한 왕조를 다스려요. 아달랴를 제외하고 모두 다윗의 후손들이랍니다.

열왕기하에는 엘리야가 승천한 사건도 기록되어 있고, 엘리야의 후계자인 엘리사의 능력 있는 활동상도 자세히 볼 수 있답니다. 그리고 마지막 장에는 여호야긴 왕이 옥에서 풀려난 사건이 나와요.

이것을 하나님이 약속을 지키시는 분임을 소망 가운데 기억하게 해요.

열왕기하는 무슨 뜻인가요?

'여러 왕들이 나라를 다스린 것을 기록한 두 번째 책'이라는 뜻이에요. 열왕기상 · 하는 원래 '열왕기'라는 한 권의 책이었어요. 분량이 너무 많아서 히브리 성경을 그리스어로 번역한 70인 번역자들이 두 권으로 나누었어요.

누가 썼나요?

누가 썼는지 정확하게 알 수 없어요. 유대 전승에는 예레미야가 썼다고 전해지나 정확하지는 않아요.

언제 썼나요?

여호야긴이 감옥에서 풀려난 후 BC 561~537년경

주요한 사람들은?

엘리사
엘리야의 후계자, 수많은 기적을 통해 하나님이 살아계심을 증거

예후
북이스라엘 10대 왕,
아합 일가와 바알 제사장들을 처단함

요시야
8세에 왕이 된 남유다의 16대 왕,
종교 개혁과 유월절을 지킴

히스기야
남유다 13대 왕, 종교 개혁, 죽음의 병에 걸렸으나
기도 응답으로 15년을 더 살게 됨

한눈에 보는 열왕기하

1:1~8:15 아하시야와 여호람 왕 통치 때 엘리야와 엘리사의 사역

18~20장 히스기야 왕 통치

23:31~25장 1, 2, 3차 바벨론 포로로 끌려감과 유다 멸망

8:16~17장 요람/여호람부터 이스라엘이 포로 될 때까지 이스라엘과 유다

21:1~23:30 므낫세, 아몬, 요시야 왕 통치

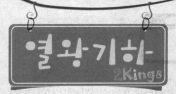

열왕기하
2 Kings

1 모압이 배반함 아합이 죽은 뒤 모압이 이스라엘에 대항해 반란을 일으켰습니다.

2 아하시야가 병듦 그때 아하시야는 사마리아의 자기 다락방 난간에서 떨어져 중상을 입었습니다. 그러자 아하시야는 심부름꾼들을 보내며 말했습니다. "가서 에그론의 신 바알세붑에게 내가 이 병에서 회복되겠느냐고 물어보아라."
_{8:3;삿 3:20}

3 엘리야의 예언 여호와의 천사가 디셉 사람 엘리야에게 말했습니다. "일어나 올라가서 사마리아 왕이 보낸 심부름꾼들을 만나서 말하여라. '이스라엘에는 하나님이 안 계셔서 너희가 에그론의 신 바알세붑에게 물으러 가느냐?'
_{왕상 17:1;21:17}

4 그러므로 여호와께서 이렇게 말씀하신다. '너는 네가 누워 있는 그 침대를 떠나지 못하고 분명 죽게 될 것이다.'" 그리하여 엘리야는 가서 천사가 말해 준 그대로 했습니다.
_{6,16절}

5 아하시야의 심부름꾼들이 왕에게 돌아오자 왕이 그들에게 물었습니다. "너희가 왜 돌아왔느냐?"

6 심부름꾼들이 대답했습니다. "어떤 사람이 저희를 만나러 올라와 저희에게 '너희를 보낸 왕에게 돌아가 말하라. 여호와께서 말씀하신다. 이스라엘에는 하나님이 안 계셔서 네가 에그론의 신 바알세붑에게 물으러 가느냐?

그러므로 너는 네가 누워 있는 그 침대를 떠나지 못할 것이라고 말하라'라고 했습니다.'

7 왕이 그 심부름꾼들에게 물었습니다. "너희를 만나러 와서 이 이야기를 해 준 사람의 모습이 어떠하더냐?"

8 그들이 대답했습니다. "그는 털이 많은 사람이었고 허리에 가죽띠를 두르고 있었습니다." 왕이 말했습니다. "그 사람은 디셉 사람 엘리야다."
_{슥 13:4;마 3:4;막 1:6}

9 아하시야의 부하들을 죽이심 그러고 나서 그는 엘리야에게 오십부장과 오십부장의 부하 50명을 함께 보냈습니다. 그 오십부장이 산꼭대기에 앉아 있는 엘리야에게 올라가 말했습니다. "하나님의 사람이여, 왕께서 내려오라고 말씀하십니다."

10 엘리야가 오십부장에게 대답했습니다. "내가 만약 하나님의 사람이라면 하늘에서 불이 내려와 너와 네 부하 50명을 태워 버릴 것이다." 그러자 하늘에서 불이 내려와 오십부장과 그 부하들을 태워 버렸습니다.

11 그러자 왕이 엘리야에게 다른 오십부장과 그의 부하 50명을 보냈습니다. 오십부장이 엘리야에게 말했습니다. "하나님의 사람이여, 왕께서 당장 내려오라고 말씀하십니다."

12 엘리야가 대답했습니다. "내가 만약 하나님의 사람이라면 하늘에서 불이 내려와 너와 네 부하 50명을 태워 버릴 것이다." 그러자 하나님의 불이 하늘에서 내려와 오십부장과 오십부장의 부하들을 태워 버렸습니다.
_{욥 1:16}

13 그러자 왕은 세 번째로 다른 오십부장과 그의 부하 50명을 보냈습니다. 그 세 번째 오십부장은 올라가 엘리야 앞에 두 무릎을 꿇고 간청했습니다. "하나님의 사람이여, 제발 당신의 종들인 저와 이 부하 50명의 목숨을 소중하게 여겨 주십시오.

14 보십시오. 하늘에서 불이 떨어져 저번에 왔던 오십부장 두 명과 그의 부하들이 모두 불타 버렸습니다. 그러나 이제 제 목숨

_{왕하}

만은 소중하게 여겨 주십시오."

15 **아하시야의 죽음을 예언함** 여호와의 천사가 엘리야에게 말했습니다. "이 사람과 함께 내려가거라. 그를 두려워하지 마라." 그리하여 엘리야는 일어나 그와 함께 왕에게로 내려갔습니다.

16 그가 왕에게 말했습니다. "여호와께서 말씀하신다. 이스라엘에는 하나님이 안 계셔서 네가 에그론 신 바알세붑에게 물으라고 심부름꾼들을 보냈느냐? 그러므로 너는 누워 있는 그 침대를 떠나지 못할 것이다. 너는 반드시 죽게 될 것이다."

17 **아하시야 죽음** 아하시야는 엘리야가 전한 여호와의 말씀대로 죽고 말았습니다. 아하시야는 아들이 없었으므로 여호람이 왕위를 계승했는데 그때는 유다 왕 여호사밧의 아들 여호람 2년이었습니다. ³¹

18 아하시야의 다른 모든 일과 그가 한 일은 이스라엘 왕들의 역대기에 기록돼 있습니다.

하나님이 회오리바람으로 엘리야를 하늘로 데려가심

2

엘리야가 하늘로 올라감 여호와께서 엘리야를 회오리바람으로 하늘로 들어 올리려 하실 때 엘리야가 엘리사와 함께 길갈에서 나왔습니다.

2 엘리야가 엘리사에게 말했습니다. "여기 있어라. 여호와께서 나를 벧엘로 보내셨다." 그러자 엘리사가 말했습니다. "여호와의 살아 계심과 선생님의 살아 계심을 두고 맹세하는데 저는 선생님 곁을 떠나지 않겠습니다." 그리하여 그들은 벧엘로 내려갔습니다. _{룻 1:15-16:3:13}

3 벧엘에 있던 예언자의 제자들이 엘리사에게 나와 물었습니다. "여호와께서 당신의 선생님을 오늘 데려가려고 하시는데 알고 계십니까?" 엘리사가 대답했습니다. "나도

알고 있으니 조용히 하여라." _{4:38}

4 그러자 엘리야가 엘리사에게 말했습니다. "엘리사야, 여기 있어라. 여호와께서 나를 여리고로 보내셨다." 그러자 그가 대답했습니다. "여호와께서 살아 계심과 선생님의 살아 계심을 두고 맹세하는데 저는 선생님 곁을 떠나지 않겠습니다." 그리하여 그들은 여리고로 갔습니다. _{수 6:26}

5 여리고에 있던 예언자의 제자들이 엘리사에게로 와서 물었습니다. "여호와께서 당신의 선생님을 오늘 데려가려고 하시는데 알고 계십니까?" 엘리사가 대답했습니다. "나도 알고 있으니 조용히 하여라."

6 엘리야가 엘리사에게 말했습니다. "여기 있어라. 여호와께서 나를 요단 강으로 보내셨다." 그러자 그가 대답했습니다. "여호와의 살아 계심과 선생님의 살아 계심을 두고 맹세하는데 저는 선생님 곁을 떠나지 않겠습니다." 그리하여 그들 두 사람은 계속같이 갔습니다.

7 예언자의 제자 50명이 멀리서 요단 강 앞에 서 있는 엘리야와 엘리사를 쳐다보고 서 있었습니다.

8 엘리야가 자기 겉옷을 둘둘 말아 강물을

반란(1:1, 叛亂, rebel) 정부나 지도자 따위에 반대해 내란을 일으킴. 오십부장(1:9, 五十夫長, official over fifty) 오십 명의 군사를 거느린 재판관 또는 군사 지도자.

내리쳤습니다. 그러자 강물이 양쪽으로 갈라졌고 그들 두 사람은 마른 땅을 밟고 건너가게 됐습니다.

9 강을 다 건너간 뒤 엘리야가 엘리사에게 말했습니다. "내가 네 곁을 떠나가기 전에 내가 너를 위해 무엇을 해 주기 원하는지 말해 보아라." 엘리사가 대답했습니다. "선생님에게 있는 영이 두 배나 제게 있게 해 주십시오."

10 엘리야가 말했습니다. "네가 어려운 부탁을 하는구나. 그러나 내가 너를 떠나 들려 올라가는 것을 네가 보면 그렇게 될 것이다. 그러나 보지 못하면 그렇게 되지 않을 것이다."

11 그들이 계속 이야기하면서 걸어가고 있는데 갑자기 불 전차와 불 말들이 나타나더니 그들 둘을 갈라놓았습니다. 그러고는 엘리야가 회오리바람에 들려 하늘로 올라갔습니다.

6:17

12 엘리야의 영을 받은 엘리사는 이 광경을 보고 소리쳤습니다. "내 아버지여, 내 아버지여, 이스라엘의 전차와 마병이여!" 엘리사는 엘리야가 더 이상 보이지 않자 자기 겉옷을 잡아 찢었습니다.

13:14

13 그는 엘리야가 떨어뜨린 겉옷을 집어 들고 돌아와 요단 강둑에 섰습니다.

14 그러고는 엘리야가 떨어뜨린 겉옷을 잡아 요단 강 물을 내리치며 말했습니다. "엘리야의 하나님 여호와여, 지금 어디 계십니

까?" 그가 강물을 치자 강이 양쪽으로 갈라졌습니다. 그가 강을 건넜습니다.

15 여리고에 있던 예언자의 제자들이 보고 있다가 말했습니다. "엘리야의 영이 엘리사 위에 내려왔다." 그리고 그들은 그를 맞으러 와서 그 앞에 절했습니다.

16 엘리야를 찾지 못함 그들이 말했습니다. "보십시오, 당신의 종들에게 50명의 용사가 있습니다. 그들이 가서 당신의 선생님을 찾도록 하겠습니다. 아마 여호와의 영께서 그분을 들어다가 어디 산 위에나 골짜기에 두었을지 모르겠습니다." 엘리사가 대답했습니다. "아니다. 보낼 것 없다."

17 그러나 엘리사가 거절하기 민망할 정도로 예언자의 제자들이 고집을 부리자 엘리사는 그들을 보내라고 했습니다. 그리하여 그들은 50명의 용사들을 보냈습니다. 그들이 3일 동안 찾으려고 애썼지만 엘리야를 찾을 수 없었습니다.

8:11

18 용사들이 여리고에 머물고 있던 엘리사에게 돌아오자 엘리사가 그들에게 말했습니다. "내가 가지 말라고 하지 않았더냐?"

19 엘리사가 물을 고침 그 성에 사는 사람들이 엘리사에게 말했습니다. "우리 주여, 보십시오, 선생님께서도 보시다시피 이 성의 위치는 좋지만 수질이 좋지 않아 땅이 황폐합니다."

20 엘리사가 말했습니다. "새 그릇에 소금을 담아 가져오라." 그러자 사람들이 가져왔

소금

엘리사는 수질이 나빠 황폐해진 땅을 고치기 위해 샘이 솟는 근원에 소금을 뿌렸다(왕하2:21).

흔히 소금은 음식물의 양념(욥6:6)이나 방부제로 쓰인다. 구약 시대에는 제사드릴 때 소금을 사용했다(레2:13; 겔43:24). 부패를 방지하고 맛이 변하지 않기 때문에 소금은 언약을 상징했다(민18:19; 대하13:5). 또 소금은 정결을 상징하며, 신생아의 소독제(겔16:4)로도 사용했다. 바위에서 나오는 팔레스타인의 소금은 풍화 작용에 의해 습기를 빼버리며 짠맛을 잃어버리기도 했다. 이러한 소금은 비료로도 쓸 수 없어 길에 버려졌다(마5:13). 그래서 소금은 폐허, 멸망(신29:23; 삿9:45), 무익함, 불모, 죽음을 상징하는 말로도 쓰였다(겔47:11; 습2:9).

엘리사의 샘

습니다.

21 엘리사는 물이 솟아오르는 곳으로 가서 그곳에 소금을 뿌려 넣으며 말했습니다. "여호와께서 말씀하신다. '내가 이 물을 고쳤으니 다시는 이 물 때문에 죽음이나 황폐함이 생기지 않을 것이다.'" 출 15:25

22 물은 엘리사가 말한 대로 오늘날까지도 깨끗합니다.

23 놀림당하는 엘리사 엘리사는 그곳에서 벧엘로 올라갔습니다. 엘리사가 길을 가고 있는데 어린아이들 몇몇이 성에서 나와 엘리사를 놀려 대며 말했습니다. "대머리야, 올라가거라. 대머리야, 올라가거라."

24 엘리사는 뒤돌아서 놀려 대는 아이들을 보고는 여호와의 이름으로 그들을 저주했습니다. 그러자 곧 암곰 두 마리가 숲 속에서 나와 어린아이들 가운데 42명을 물어 찢었습니다. ㄴ 13:25

25 그 후 엘리사는 갈멜 산으로 갔다가 거기에서 다시 사마리아로 돌아갔습니다.

3

왕이 된 여호람(요람) 아합의 아들 여호람이 유다 왕 여호사밧 18년에 사마리아에서 이스라엘 왕이 됐고 여호람은 12년 동안 다스렸습니다. 1:17

2 여호람의 행적 여호람은 여호와의 눈앞에 악을 저질렀지만 그의 부모만큼 악을 저지르지는 않았습니다. 여호람은 자기 아버지가 만든 바알 우상을 없애 버렸습니다.

3 그럼에도 불구하고 그는 이스라엘을 죄짓게 한 느밧의 아들 여로보암의 죄들을 따라 하고 그 죄를 떠나지 않았습니다.

4 모압이 배반함 모압 왕 메사는 양을 치는 사람이었습니다. 메사는 정기적으로 이스라엘 왕에게 어린양 10만 마리와 숫양 10만 마리의 털을 바쳤습니다. 16:1-2

5 그러나 아합 왕이 죽자 모압 왕은 이스라엘 왕을 배반했습니다. 1:1

6 유다와 이스라엘의 결탁 그때 여호람 왕이 사마리아에서 출정하며 온 이스라엘을 동원했습니다.

7 여호람은 또 가서 유다 왕 여호사밧에게 전갈을 보내 말했습니다. "모압 왕이 내게 반란을 일으켰습니다. 나와 함께 가서 모압과 싸우지 않겠습니까?" 여호사밧이 대답했습니다. "내가 올라가겠습니다. 나와 당신은 하나요, 내 백성과 당신 백성이 하나요, 내 말들이 당신 말들과 하나입니다."

8 여호람이 물었습니다. "어떤 길로 올라가면 좋겠습니까?" 그가 대답했습니다. "에돔 광야 길이 좋겠습니다."

9 그리하여 이스라엘 왕이 유다 왕, 에돔 왕과 함께 출정했습니다. 그들은 7일 동안 행군했는데 군대와 따르는 가축들이 마실 물이 떨어졌습니다. 왕상 22:47

10 물과 승리가 약속됨 이스라엘 왕이 소리쳤습니다. "아, 큰일이다. 여호와께서 우리 세 왕을 불러서 모압의 손에 넘겨주시려나 보다." 수 7:7

11 여호사밧이 물었습니다. "여기 여호와의 예언자가 없습니까? 우리가 그를 통해 여호

엘리사는 왜 젊은 아이들에게 저주를 퍼부었을까요?

엘리사의 '대머리'는 하나님의 진노로 여겼던 나병 때문에 생긴 것이 아니었어요. 그러니 결코 조롱받을 것이 아니었어요. 그러나 당시에 이스라엘 백성들은 하나님을 떠나 우상 숭배에 빠져 있었기 때문에 하나님의 사람을 함부로 업신여기며 놀렸어요. '올라가거라'(왕하 2:23)는 말은 엘리사를 조롱하

는 말로, 하나님의 위대한 예언자라면 엘리야가 하늘로 올라간 것같이 올라가라고 했던 경멸의 말이에요. 하나님은 예언자 엘리사를 조롱한 이들에게 저주를 내리셨어요(왕하 2:24). 이 사건을 통해 하나님의 사람을 업신여기는 사람은 반드시 하나님이 징계하신다는 것을 알 수 있어요.

왜께 여쭤야겠습니다." 이스라엘 왕의 신하 하나가 대답했습니다. "사밧의 아들 엘리사가 여기 있습니다. 그는 엘리야의 손에 물을 붓던 사람입니다."

12 여호사밧이 말했습니다. "여호와의 말씀이 그에게 있구나." 그리하여 이스라엘 왕과 여호사밧과 에돔 왕이 엘리사에게로 내려갔습니다.

13 그러나 엘리사는 이스라엘 왕에게 말했습니다. "내가 왕과 무슨 상관이 있습니까? 왕의 아버지와 어머니의 예언자들에게 가보십시오." 이스라엘 왕이 대답했습니다. "아니다. 여호와께서 우리 세 왕을 함께 불러 모압의 손에 넘겨주려고 하신다."

14 엘리사가 말했습니다. "내가 섬기는 만군의 여호와께서 살아 계심을 두고 맹세하는데 유다 왕 여호사밧의 체면을 생각하지 않았더라면 내가 왕을 생각지도 않고 보지도 않았을 것입니다. 5:16;왕상 17:1

15 어쨌든 하프 켜는 사람을 데려와 보십시오." 하프 켜는 사람이 연주하고 있는데 여호와의 능력이 엘리사에게 내려왔습니다.

16 그러자 엘리사가 말했습니다. "여호와께서 말씀하십니다. '이 골짜기에 도랑을 많이 파라.'

▲ 수넴(Shunem)
이스라엘과 슬로롯과 하바라임 부근에 있던 성읍으로, 엘리야를 대접한 수넴 여인이 아들을 얻는 축복을 받은 곳이다. 이 여인은 나중에 아들이 죽었다가 다시 소생하는 기적도 체험했다(왕하 4:8-37). 오늘날 '술람'(sulam)과 동일시된다.

17 여호와께서 말씀하십니다. '너희가 바람도, 비도 보지 못하겠지만 이 골짜기에는 물이 가득 찰 것이다. 그러니 너희와 너희 소들과 너희 가축들이 물을 마실 수 있을 것이다.

18 이것은 여호와의 눈에는 하찮은 일입니다. 그분이 또한 모압 사람들을 당신 손에 넘겨주실 것입니다.

19 그러면 당신들이 모든 견고한 성과 모든 중요한 성을 공격하고 또 모든 좋은 나무를 베어 내고 모든 샘물을 막고 모든 좋은 밭을 돌로 채워 못 쓰게 만들 것입니다.'

20 이튿날 아침 곡식제사를 드릴 때 갑자기 에돔 쪽에서 물이 나오더니 그 땅이 물로 가득 찼습니다. 출 29:39-40

21 **모압의 패배** 그때 모압의 모든 사람들은 그 왕들이 자기들과 싸우려고 올라왔다는 말을 듣고 갑옷을 입을 수 있는 나이부터 그 이상의 모든 사람이 다 모여 국경에 섰습니다.

22 그들은 아침 일찍 일어났습니다. 해가 물 위를 비추고 있었는데 건너편 모압 사람들에게는 그 물이 마치 피처럼 붉게 보였습니다.

23 그들이 말했습니다. "피다. 저 왕들이 분명 자기들끼리 싸우다가 서로 죽였나 보다. 모압 사람들아, 이제 가서 약탈하자."

24 모압 사람들이 이스라엘 진영에 들어가자 이스라엘 사람들이 일어나 모압 사람들과 싸웠습니다. 그들은 도망치기 시작했고 이스라엘 사람들은 그 땅에 들어가 모압 사람들을 죽였습니다.

25 그들은 성들을 무너뜨리고 비옥한 밭에 각 사람이 돌을 던져 밭들이 모두 돌밭이 되게 했습니다. 그들은 샘들을 다 막았고 좋은 나무들을 다 베어 버렸습니다. 그들은 길하레셋의 돌들만 남겨 두었는데 그마저도 무릿매를 가진 사람들이 둘러싸고 공격했습니다. 19절;사 15:1;16:7;16:11;렘 48:31,36

26 모압 왕은 전세가 당해 낼 수 없을 정도로 기우는 것을 보고 칼을 찬 700명의 군사

들을 데리고 에돔 왕이 있는 쪽으로 뚫고 나가려고 했지만 그 역시 실패하고 말았습니다.

27 그러자 모압 왕은 왕위를 이을 자기 맏아들을 데려다가 성벽 위에서 번제를 드렸습니다. 그곳에 이스라엘을 향한 분노가 하늘을 찔렀습니다. 그러자 이스라엘 사람들은 그곳을 떠나 자기들의 땅으로 돌아갔습니다.

^{암 2:1; 미 6:7}

4 기름이 많아지는 기적 예언자의 제자들의 아내들 가운데 어떤 여인이 엘리사에게 울부짖으며 말했습니다. "선생님의 종인 제 남편이 죽었습니다. 선생님의 종이 여호와를 경외한 것은 선생님이 아실 것입니다. 그런데 빚쟁이가 제 두 아들을 종으로 삼으려고 지금 오고 있습니다."

2 엘리사가 그 여인에게 말했습니다. "내가 어떻게 도와주면 좋겠느냐? 집 안에 무엇이 있는지 말해 보아라." 그 여인이 대답했습니다. "선생님의 여종이 가진 것이라고는 기름 한 병밖에 없습니다."

3 엘리사가 말했습니다. "가서 네 이웃에게 두루 다니며 빈 그릇들을 빌려 오너라. 빈 그릇들을 빌리되 조금만 달라고 하지 마라.

4 너는 네 두 아들과 집에 들어가 빌려온 모든 그릇에 기름을 붓고 가득 찬 그릇은 옆으로 놓아두어라."

5 그 여인은 엘리사 곁을 떠나 아들들과 함께 문을 닫고 들어갔습니다. 두 아들은 그 릇들을 그 여인에게로 가져왔고 그 여인은 계속 기름을 부었습니다.

6 모든 그릇이 다 차자 그 여인이 아들에게 말했습니다. "그릇을 더 가져오너라." 아들이 대답했습니다. "남은 그릇이 없습니다." 그러자 기름은 더 이상 나오지 않았습니다.

7 그 여인이 가서 하나님의 사람에게 말하자 하나님의 사람이 말했습니다. "가서 기름을 팔아 네 빚을 갚아라. 남은 것으로 너와 네 두 아들이 살 수 있을 것이다."

8 수넴 여인에게 아들을 약속함 어느 날 엘리사는 수넴에 갔습니다. 거기에는 한 귀부인이 있었는데 그 여인이 엘리사에게 음식을 먹으라고 권했습니다. 이렇게 그는 그곳을 지날 때마다 거기에 들러서 먹곤 했습니다.

9 그 여인이 남편에게 말했습니다. "그가 하나님의 거룩한 사람인 줄 압니다. 그가 우리에게 자주 들르시는데

10 우리가 하나님의 거룩한 사람을 위해 옥상 위에 작은 방 하나를 만들고 침대와 탁자와 의자와 등잔을 마련합시다. 그가 우리에게 오실 때마다 머무실 수 있도록 말입니다."

11 어느 날 엘리사가 와서 그 방에 들어가 누

★·⁕ ★ 엘리사의 기적 사건들 ★·⁕ ★

엘리사의 기적들	재료	유사한 사건
넘치는 기름을 받은 과부(왕하4:1-7)	기름	엘리야가 사르밧 과부에게 행했던 기적(왕상 17:8-24)
아들을 얻은 수넴 여인(왕하4:8-37)		고아와 과부를 불쌍히 여기셨던 예수님의 사역 엘리야가 사르밧 과부에게 행했던 기적(왕상17:8-24) 죽은 사람을 살리신 예수님의 사역
국 속의 독을 해독한 이적 (왕하4:38-41)	밀가루	독사에 물렸지만 아무렇지 않았던 바울(행28:1-6) 우리의 죄를 사해 주신 예수님
보리 빵 20개의 이적(왕하4:42-44)	보리빵 20개와 햇곡식	예수님의 오병이어(마 14:13-21)와 칠병이어(마8:1-9) 기적
나아만의 나병을 고친 기적 (왕하5:1-19)		예수님이 나병을 고치신 것(마8:2-4; 10:8; 눅 17:11-19)
떠오른 도끼의 기적(왕하6:1-7)	나뭇가지	
눈이 멀게 된 아람 군대(왕하6:18)		

왔습니다.

12 엘리사가 종 게하시에게 말했습니다. "수넴 여인을 불러라." 그래서 그가 여인을 부르자 여인이 엘리사 앞에 와서 섰습니다.

13 엘리사가 게하시에게 말했습니다. "저 여인에게 '당신이 우리를 위해 이렇게 정성을 다해 수고했으니 우리가 당신을 위해 무엇을 해 주었으면 좋겠는가? 내가 대신으로나 군사령관에게 구해 줄 것이 있는가?' 하고 말하여라." 여인이 대답했습니다. "저는 제 백성들 가운데서 살아가는 데 어려움이 없습니다."

5:1;삼하 19:13

14 엘리사가 물었습니다. "저 여인을 위해 무엇을 해 주는 것이 좋겠느냐?" 게하시가 말했습니다. "글쎄요. 저 여인은 아들이 없는데 남편은 나이가 많습니다."

15 그러자 엘리사가 말했습니다. "여인을 불러라." 그가 여인을 부르자 여인이 문간에 와서 섰습니다.

16 엘리사가 말했습니다. "내년 이맘때쯤 당신이 아들을 품에 안게 될 것이오." 그러자 여인이 말했습니다. "하나님의 사람이여, 주의 여종을 속이지 마십시오."

28절

17 그러나 여인은 임신했고 엘리사가 말한 그때가 되자 아들을 낳았습니다.

18 수넴 여인의 아들이 살아남 그 아이가 자랐습니다. 어느 날 아이는 아버지와 함께 곡식을 거두는 곳에 나가 있었습니다.

19 그가 아버지에게 말했습니다. "내 머리야! 내 머리야!" 아버지가 종에게 말했습니다. "아이를 어머니에게 데려가라."

20 종이 아이를 업고 아이 어머니에게로 데려갔습니다. 아이는 정오까지 어머니의 무릎에 앉아 있다가 죽고 말았습니다.

21 여인이 올라가 하나님의 사람의 침대에 아이를 눕히고 문을 닫고 밖으로 나갔습니다.

32절

22 그가 남편을 불러 말했습니다. "종 한 명과 나귀 한 마리를 보내 주세요. 제가 빨리 하나님의 사람에게 갔다가 돌아오겠습니다."

23 그가 물었습니다. "왜 오늘 가겠다는 것이오? 초하루도 아니고 안식일도 아니지 않소?" 그러나 여인은 "걱정하지 마십시오. 잘될 것입니다"라고 말했습니다.

24 여인은 나귀에 안장을 얹고 종에게 말했습니다. "나귀를 몰고 달려가거라. 내가 말하지 않는 한 나 때문에 천천히 갈 필요는 없다."

25 그러고는 길을 떠나 갈멜 산에 있는 하나님의 사람에게로 갔습니다. 하나님의 사람은 멀리서 그 여인을 보고 그 종 게하시에게 말했습니다. "저기 수넴 여인이다.

26 달려가서 그녀를 맞고 '당신 괜찮습니까? 남편은 어떻습니까? 아이는 괜찮습니까?' 하고 물어라." 여인이 대답했습니다. "다 괜찮습니다."

27 여인은 산에 있는 하나님의 사람에게 다가가서 그의 발을 세게 붙잡았습니다. 게하시가 가서 떼어 놓으려고 했습니다. 그러나 하나님의 사람이 말했습니다. "가만두어라. 그 여인은 지금 쓰라린 고통 속에 있다. 하지만 하나님께서 내게 감추시고 왜 그런지 말씀하지 않으셨다."

25절

28 여인이 말했습니다. "주여, 제가 아들을 달라고 했습니까? 제가 '저를 속이지 마십시오'라고 하지 않았습니까?"

16절

29 엘리사가 게하시에게 말했습니다. "떠날 채비를 하고 손에 내 지팡이를 쥐고 가거라. 네가 누구를 만나도 인사하지 말고 누가 네게 인사하더라도 대답하지 마라. 내 지팡이를 그 아이의 얼굴에 얹어라."

30 그러나 아이의 어머니가 말했습니다. "여호와의 살아 계심과 선생님의 살아 계심을 두고 맹세하는데 저는 선생님 곁을 떠나지 않겠습니다." 그러자 그가 일어나 여인을 따라갔습니다.

룻 3:13

31 게하시는 먼저 앞서가서 아이의 얼굴에 지팡이를 얹었습니다. 그러나 아이는 아무 소리를 내지도 않고 듣는 기척도 없었습니다. 게하시는 돌아가 엘리사를 만나 말했습니다. "아이가 깨어나지 않습니다."

32 엘리사가 집에 들어가 보니 아이는 죽은 채 엘리사의 침대에 누워 있었습니다.

33 그가 들어가 문을 닫고 여호와께 기도했습니다. 그 안에는 둘뿐이었습니다.

34 그는 침대에 올라가 아이 위에 누웠습니다. 입에는 입을, 눈에는 눈을, 손에는 손을 댔습니다. 그가 몸을 뻗어 아이 위에 눕자 아이의 몸이 따뜻해지기 시작했습니다.

35 엘리사는 몸을 일으켜 방 안에서 왔다 갔다 하다가 다시 침대에 올라가 아이의 몸을 덮었습니다. 아이가 재채기를 일곱 번 하더니 눈을 떴습니다.

36 엘리사가 게하시를 불러 말했습니다. "수넴 여인을 불러라." 그가 그렇게 했습니다. 여인이 오자 그가 말했습니다. "아들을 데려가시오."

37 여인이 들어가 엘리사 발 앞에 엎드려 절했습니다. 그러고는 아들을 데리고 나갔습니다.　8:1,5;왕상 17:23;히 11:35

38 엘리사가 국의 독소를 제함 엘리사가 길갈로 돌아왔는데 그때 그 땅에 기근이 들었습니다. 예언자의 제자들이 엘리사 앞에 앉아 있을 때 그가 자기 종에게 말했습니다. "큰 솥을 얹어 놓고 이 사람들을 위해 국을 끓여라."　8:1;삼하 33:3;겔 24:3;눅 10:39

39 그중 한 사람이 채소를 캐러 밭에 나갔다가 박넝쿨을 발견했습니다. 그는 박을 따서 옷에 가득히 담아 가져왔습니다. 그는 돌아와 국 끓일 솥에 그것을 썰어 넣었습니다. 그러나 그것이 무엇인지는 아무도 몰랐습니다.

40 사람들에게 국을 퍼 주자 사람들이 그것을 먹으려다가 소리를 질렀습니다. "하나님의 사람이여, 솥 안에 죽음이 있습니다." 그래서 그들이 먹지 못하고 있는데

41 엘리사가 말했습니다. "밀가루를 좀 가져오너라." 엘리사는 솥에 밀가루를 넣고 말했습니다. "사람들에게 먹으라고 퍼 주어라." 그러자 솥 안에 있던 독이 없어졌습니다.

42 엘리사가 100명을 먹임 어떤 사람이 바알 살리사로부터 왔는데 첫 수확한 것으로 구운 보리빵 20개와 햇곡식을 자루에 넣어 하나님의 사람에게 가져왔습니다. 엘리사

가 말했습니다. "이것을 저 사람들에게 주어 먹게 하여라."　마 14:16-21;막 6:37-44

43 엘리사의 종이 물었습니다. "뭐라고요? 100명의 사람들 앞에 이것을 내놓으라고요?" 그러자 엘리사가 대답했습니다. "이것을 사람들에게 주어 먹게 하여라. 여호와께서 말씀하신다. '그들이 먹고도 남을 것이다.'"

44 그러자 엘리사의 종은 사람들 앞에 그것을 내놓았고 여호와의 말씀대로 그들이 다 먹고도 남았습니다.

5

나아만의 나병이 치료됨 아람 왕의 군사령관인 나아만은 주인에게 대단한 신임을 받고 있습니다. 그를 통해 여호와께서 아람에 승리를 안겨 주셨기 때문입니다. 나아만은 이렇게 용맹스러운 사람이기는 했지만 나병 환자였습니다.　4:13;눅 4:27

2 전에 아람 군대가 이스라엘을 치러 나갔다가 이스라엘 땅에서 한 여자아이를 포로로 잡아 왔습니다. 그 아이는 나아만의 아내를 섬기게 됐습니다.　6:23

3 아이가 여주인에게 말했습니다. "주인님께서 사마리아에 계신 그 예언자를 만나실 수만 있다면 좋겠습니다. 그분이 주인님의 나병을 고쳐 주실 수 있을 것입니다."

나아만

나아만은 아람의 군사령관으로 나병 환자였다. 포로로 잡아온 여종에게서 사마리아의 한 예언자가 나병을 고칠 수 있다는 말을 들었다. 이에 아람 왕의 편지를 가지고 이스라엘 왕을 방문했다. 이스라엘 왕은 나아만의 방문을 정치적인 의도로 생각하며 걱정했다. 이 사실을 안 엘리사가 심부름하는 사람을 보내 요단 강에서 몸을 일곱 번 씻으라고 전하자, 화를 내고 돌아섰다. 하지만 종들의 간절한 호소로 요단 강에 들어가 일곱 번을 푹 담그자 나병이 깨끗이 나았다. 나병을 고침받은 후 나아만은 하나님만이 참신임을 믿게 되었다.

나아만이 나오는 말씀
>> 왕하 5:1-19; 눅 4:27

▲ 요단 강(Jordan river)
요단 계곡의 북에서 남으로 흐르는 강이다. 평균 넓이가 30m밖에 되지 않지만, 우기 때는 1.6km에 달한다. 나아만이 이곳에서 몸을 씻자 나병이 깨끗이 나았다(왕하 5:1~14).

4 나아만이 자기 주인에게 가서 말했습니다. "이스라엘에 온 여자 아이가 이러이러하게 말했습니다."

5 아람 왕이 대답했습니다. "물론 가야지. 내가 이스라엘 왕에게 편지를 써 주겠다." 그리하여 나아만은 은 10달란트와 금 6,000세겔과 옷 열 벌을 가지고 길을 떠났습니다. 4:42;8:8~9;삼상 9:7

6 나아만은 또 이스라엘 왕에게 줄 편지도 가지고 갔습니다. 그 편지에는 이렇게 쓰여 있었습니다. "내가 내 종 나아만을 왕께 보내니 이 편지를 받아 보시고 왕께서 그의 나병을 고쳐 주십시오."

7 이스라엘 왕은 편지를 읽고 자기 옷을 찢으며 말했습니다. "내가 하나님이냐? 내가 어떻게 사람을 죽이고 살릴 수 있겠느냐? 이자가 왜 내게 사람을 보내 나병을 고쳐 달라고 하는 것이냐? 그러니 너희는 잘 생각해서 그가 내게 싸움을 걸어오는 것인지 알아보라." 창 30:2;신 32:39;삼상 26

8 하나님의 사람 엘리사가 이스라엘 왕이 자기 옷을 찢었다는 말을 듣고 이스라엘 왕에게 심부름하는 사람을 통해 말을 전했습니다. "왜 옷을 찢었습니까? 그 사람을 내게 오도록 하십시오. 그러면 그가 이스라엘에 예언자가 있음을 알게 될 것입니다."

9 그러자 나아만이 말들과 전차들을 거느리고 와서 엘리사의 집 문 앞에 멈추었습니다.

10 엘리사는 심부름하는 사람을 집 밖으로 보내 나아만에게 말했습니다. "가서 요단 강에서 몸을 일곱 번 씻으시오. 그러면 당신의 피부가 회복돼 깨끗해질 것이오."

11 그러자 나아만은 화가 나 돌아가면서 말했습니다. "내 생각에는 그가 직접 내게 나아와 서서 그의 하나님 여호와의 이름을 부르고 상처 위에 손을 흔들어 내 나병을 고칠 줄 알았다.

12 다메섹에 있는 아바나 강과 바르발 강이 이스라엘의 강물보다 낫지 않느냐? 내가 거기 가서 씻고 깨끗해질 수 없었겠느냐?" 그러고는 화가 나서 돌아서 버렸습니다.

13 나아만의 종들이 그에게 와서 말했습니다. "내 아버지여, 만약 저 예언자가 당신께 엄청난 일을 하라고 했다면 하지 않으셨겠습니까? 하물며 그가 당신께 '몸을 씻어 깨끗하게 되라'고 말하는데 못할 까닭이 있습니까?" 6:21;8:9;삿 17:10

14 그러자 그는 하나님의 사람이 말한 대로 내려가 요단 강에 일곱 번 몸을 푹 담갔습니다. 그러자 그의 피부가 어린아이의 피부처럼 회복돼 깨끗해졌습니다. 눅 4:27

15 나아만의 믿음 그러자 나아만과 그의 모든 수행원들이 하나님의 사람에게 다시 돌아갔습니다. 나아만이 하나님의 사람 앞에 서서 말했습니다. "이제야 내가 이스라엘 외에 다른 어디에도 하나님이 계시지 않음을 알게 됐습니다. 당신의 종이 드리는 이 선물을 받아 주시기 바랍니다."

16 예언자가 대답했습니다. "내가 섬기는 여호와께서 살아 계심을 두고 맹세하는데 나는 어떤 것도 받을 수 없소." 나아만의 간청에도 불구하고 엘리사는 선물을 받지 않았습니다. 3:14;창 14:23;왕상 17:1

17 그러자 나아만이 말했습니다. "당신께서 받지 않으시겠다니 당신의 종인 제게 노새 두 마리에 실을 만한 흙을 주십시오. 당신의 종이 여호와 외에 다른 어떤 신에게도 번제나 다른 제사를 드리지 않을 것입니다.

18 그러나 여호와께서 오직 이 한 가지 일에 있어서 당신의 종을 용서하시기 바랍니다. 내 주인이 림몬의 신전에 들어가 숭배하고 내 팔에 기대면서 나도 림몬의 신전에서 절을 하는데 내가 림몬의 신전에서 절을 하더라도 여호와께서 이 일 때문에 벌하지 마시고 당신의 종을 용서하시기 바랍니다."

19 엘리사가 말했습니다. "평안히 가시오." 나아만이 떠나 얼마쯤 갔을 때   상상 1:17

20 게하시의 죄 하나님의 사람 엘리사의 종 게하시가 속으로 생각했습니다. "내 주인이 저 아람 사람 나아만에게 관대해 그 가져온 것을 받지 않으셨다. 여호와께서 살아 계심을 두고 맹세하는데 내가 그를 뒤쫓아 가서 뭘 좀 얻어 내야겠다."   4:12;롯 3:13

21 그리하여 게하시는 나아만을 뒤쫓아 갔습니다. 나아만은 게하시가 달려오는 것을 보고 마차에서 내려 그를 맞았습니다. "무슨 일이 있느냐?" 하고 나아만이 물었습니다.

22 게하시가 대답했습니다. "별일 아닙니다. 내 주인께서 나를 보내며 말씀하시기를 '예언자의 제자 두 명이 에브라임 산지에서 방금 왔으니 이들에게 은 1달란트와 옷 두 벌을 주시오'라고 하셨습니다."

23 나아만이 말했습니다. "여기 2달란트를 받아라." 그는 게하시에게 그것을 받으라고 권하며 가방 2개에 은 2달란트를 넣어 옷 두 벌과 함께 그 두 종에게 주었습니다. 나아만의 두 종들은 그것을 가지고 게하시를 앞서 갔습니다.   6:3

24 게하시는 산에 이르자 그 종들에게서 물건을 받아 집에다 감춰 두고 나아만의 종들을 돌려보냈습니다.   대하 27:3

25 그리고 게하시가 들어가 자기의 주인 엘리사 앞에 서자 엘리사가 물었습니다. "게하시야, 어디 갔다 왔느냐?" 게하시가 대답했습니다. "당신의 종은 아무 데도 가지 않았습니다."

26 그러자 엘리사가 게하시에게 말했습니다. "그 사람이 너를 맞으러 마차에서 내렸을 때 내 영이 너와 함께 있지 않았느냐?" 지금이 돈이나 옷을 받고 올리브 밭이나 포도원이나 양과 소 떼나 남의 남종이나 여종을 받을 때냐?

27 그러므로 너의 나아만의 나병이 너와 네 자손에게 영원히 있을 것이다." 그러자 게하시가 엘리사 앞에서 나오는데 눈처럼 하얗게 나병이 들고 말았습니다.   15:5;출 4:6;민 12:10

6 엘리사가 도끼를 떠오르게 함
예언자의 제자들이 엘리사에게 말했습니다. "보십시오, 우리가 선생님과 함께 사는 곳이 너무 좁습니다.   2:3

2 우리가 요단 강으로 가서 각자 나무를 구해 거기에 우리가 살 만한 곳을 짓는 것이 좋겠습니다." 엘리사가 말했습니다. "가라."

3 그러자 그 가운데 한 사람이 말했습니다. "선생님도 종들과 함께 가 주십시오." 엘리사가 대답했습니다. "같이 가겠다."

4 엘리사는 그들과 함께 갔습니다. 그리고 그들은 요단 강으로 가서 나무를 베기 시작했습니다.

5 그런데 그 가운데 한 사람이 나무를 베다가 도끼를 물속에 빠뜨리고 말았습니다. 그가 소리쳤습니다. "내 주여, 이 도끼는 빌려 온 것입니다."

6 하나님의 사람이 물었습니다. "어디에 빠졌느냐?" 그가 그 빠진 장소를 가리키자 엘리사는 나뭇가지를 꺾어 그곳에 던져서 도끼가 떠오르게 했습니다.   2:21

7 엘리사가 말했습니다. "네가 직접 꺼내어라." 그러자 그 사람은 손을 뻗어 떠오른 도끼를 꺼냈습니다.

8 아람 왕의 계획이 방해받음 그때 마침 아람 왕은 이스라엘과 전쟁 중이었습니다. 아람 왕은 자기 신하들과 의논한 후에 말했습니다. "내가 이러이러한 곳에 내 진영을 세울 것이다."

9 하나님의 사람이 이스라엘 왕에게 사람을 보내 말을 전했습니다. "그곳을 지나지 않도록 명심하십시오. 아람 사람들이 그곳

▶ 림몬(5:18, Rimmon) 폭풍과 비, 번개의 신 '하닷'을 말함.

으로 내려올 것이니 말입니다."

10 그리하여 이스라엘 왕은 하나님의 사람이 말해 준 장소로 사람을 보내 철저히 경계하게 했습니다. 엘리사가 알려 준 대로 왕이 그곳을 경계한 것이 한두 번이 아니었습니다.

11 이 일 때문에 아람 왕은 몹시 불안했습니다. 아람 왕은 자기 신하들을 불러 따져 물었습니다. "우리 가운데 누가 이스라엘 왕과 내통하고 있는지 내게 말하라."

12 왕의 신하 가운데 한 사람이 말했습니다. "내 주 왕이여, 저희들이 한 일이 아닙니다. 이스라엘에는 엘리사라는 예언자가 있어 왕께서 침실에서 하시는 말씀조차도 이스라엘 왕에게 전하는 줄로 압니다."

13 아람 사람들의 눈이 멀게 됨 그가 명령했습니다. "가서 엘리사가 어디 있는지 알아보아라. 내가 사람을 보내 엘리사를 사로잡을 것이다." 그러자 보고가 들어왔습니다. "그가 도단에 있습니다." 창 37:17

14 그러자 아람 왕은 도단에 말과 전차와 중무장한 군대를 보냈습니다. 아람 왕이 보낸 군대가 밤에 은밀히 가서 그 성을 에워쌌습니다.

15 하나님의 사람의 종이 일찍 일어나 나가 보니 말과 전차를 이끌고 온 큰 군대가 성을

에워싸고 있었습니다. 종이 물었습니다. "내 주여, 우리가 어떻게 해야 합니까?"

16 예언자가 대답했습니다. "두려워하지 마라. 우리와 함께하는 사람들은 저들과 함께하는 사람들보다 많다." 대하 32:7;롬 8:31

17 그리고 엘리사가 기도했습니다. "여호와여, 그의 눈을 열어 보게 하소서." 그러자 여호와께서 그 청년의 눈을 여셨습니다. 그가 보니 불 말과 불 전차가 산에 가득했는데 그 불 말과 불 전차들이 엘리사를 둘러싸고 있는 것이었습니다. 슥 1:8-10;6:1-7

18 아람 군대가 엘리사를 향해 내려올 때 엘리사가 여호와께 기도했습니다. "저 사람들의 눈이 멀게 해 주소서." 그러자 엘리사의 말대로 여호와께서 아람 사람들의 눈을 멀게 하셨습니다. 창 19:11

19 아람 사람이 몰려남 엘리사가 아람 사람들에게 말했습니다. "여기는 길도 아니고 성도 아니다. 나를 따라오라. 그러면 너희가 찾는 사람에게 데려다 주겠다." 그러고는 그들을 사마리아로 데려갔습니다.

20 아람 군대가 사마리아에 이르자 엘리사가 말했습니다. "여호와여, 이 사람들의 눈을 열어 보게 하소서." 그러자 여호와께서 그들의 눈을 여셨고 그리하여 그들이 보니 자기들이 사마리아에 있는 것이었습니다.

21 이스라엘 왕이 아람 군대를 보고 엘리사에게 물었습니다. "내 아버지여, 내가 저들을 죽일까요?" 5:13;삿 17:10

22 엘리사가 대답했습니다. "저들을 죽이지 마십시오. 칼과 활로 사로잡은 사람들이라고 한들 죽일 수 있겠습니까? 저들 앞에 먹을 것과 물을 주어 먹고 마시게 한 뒤 제 주인에게 돌아가게 하십시오."

23 그리하여 이스라엘 왕은 아람 사람들을 위해 큰 잔치를 베풀어 그들을 먹고 마시게 한 후 보냈습니다. 아람 군대는 자기 주인에게로 돌아갔습니다. 이렇게 해서 아람 군대는 이스라엘 영토에 다시는 쳐들어오지 못하게 됐습니다. 8-9장;5:2;24:2

24 두 번째 포위된 사마리아 얼마 후 아람 왕 벤

▲ 도단(Dothan)
다메섹과 이집트를 연결하는 대상 도로로 통과하는 곳이다. 엘리사는 이곳에서 아람 군대에 포위당하지만 하나님의 도우심으로 아람 군대를 모두 돌려보냈다(왕하 6:13~23). 오늘날의 '텔 도단'(Tel Dothan)과 동일시된다.

하닷이 모든 군대를 소집하고 올라와 사마리아를 포위했습니다. *왕상 20:1*

25 기근으로 인한 고통 그래서 사마리아 성은 굶주림이 심했습니다. 포위는 오랫동안 계속돼 나귀 머리 하나는 은 80세겔에 팔리고 비둘기 똥 4분의 1갑은 은 5세겔에 팔릴 지경이 됐습니다.

26 이스라엘 왕이 성벽 위를 지나가고 있었는데 한 여자가 왕에게 부르짖어 애원했습니다. "내 주 왕이여, 저를 도와주십시오!"

27 왕이 대답했습니다. "여호와께서 도와주지 않는데 내가 어떻게 너를 도울 수 있겠느냐? 타작마당에서 얻겠느냐? 포도주틀에서 얻겠느냐?"

28 그러고는 여자에게 물었습니다. "그래, 무슨 일이냐?" 그녀가 대답했습니다. "이 여자가 제게 말하기를 '네 아들을 오늘 내놓아라. 오늘 이 아이를 먹자. 그리고 내일은 내 아들을 먹자'라고 했습니다.

29 그래서 우리가 제 아들을 삶아 먹었습니다. 그런데 다음 날 저 여자에게 '네 아들을 내놓아라. 우리가 먹자'라고 했지만 저 여자가 아들을 숨겨 버리고 말았습니다."

30 왕은 그 여자의 말을 듣고 나서 자기 옷을 찢었습니다. 왕이 성벽을 지나가자 백성들은 왕이 속옷으로 굵은베 옷을 입고 있는 것을 보았습니다. *왕상 21:27*

31 왕이 말했습니다. "만약 사밧의 아들 엘리사의 머리가 오늘 그에게 붙어 있으면 하나님께서 내게 천벌을 내리셔도 좋다."

32 풍족함에 대한 약속 그때 엘리사는 자기 집에 앉아 있었고 장로들이 그 곁에 앉아 있었습니다. 왕이 사람을 자기보다 먼저 보냈는데 그가 도착하기 전에 엘리사가 장로들에게 말했습니다. "살인자의 아들이 사람을 보내 내 머리를 베려고 하는 것이 안 보입니까? 보십시오, 그가 보낸 사람이 오면 문을 닫고 안으로 들이지 마십시오. 그 뒤에 이스라엘 왕의 발소리가 들리지 않습니까?"

33 엘리사가 아직 말을 끝내기도 전에 왕이 보낸 사람이 엘리사에게로 내려왔습니다. 왕의 말은 이랬습니다. "이 재앙이 분명히 여호와께로부터 왔다. 그런데 왜 내가 여호와를 더 기다려야 하는가?" *욥 2:9*

7 그러자 엘리사가 말했습니다. "여호와의 말씀을 들으십시오. 여호와께서 말씀하십니다. 내일 이맘때 사마리아 성문에서 고운 밀가루 1스아가 은 1세겔에 팔리고 보리 2스아가 1세겔에 팔릴 것이라고 하십니다." *18절*

2 그러자 왕의 신임을 받는 한 장관이 하나님의 사람에게 말했습니다. "보십시오, 여호와께서 하늘에 창을 내신다 한들 이 같은 일이 일어날 수 있겠습니까?" 엘리사가 대답했습니다. "네가 네 눈으로 직접 보게 될 것이다. 그러나 너는 그것을 먹지 못할 것이다." *17,19절;5:18;말 3:10*

3 나병 환자들의 발견 그때 나병 환자 네 사람이 성문 앞에 있었습니다. 그들이 서로 말했습니다. "왜 우리가 여기 앉아 죽기를 기다리겠느냐? *레 13:46*

4 우리가 성안으로 들어간다고 해도 성안에

기근이 심하니 거기서 죽을 것이다. 그렇다고 우리가 여기 앉아 있어도 죽을 게 뻔하다. 그러니 아람 군대에 가서 항복하자. 그들이 우리를 살려 주면 살 것이고 죽이면 죽는 것이다."

5 해 질 무렵 그들이 일어나 아람 사람들의 진영으로 갔습니다. 나병 환자들이 아람 진영 끝에 다가가 보니 놀랍게도 아무도 없었습니다.

6 여호와께서 아람 사람들이 전차 소리, 말 소리가 섞인 거대한 군대 소리를 듣게 하셨습니다. 이에 아람 군인들이 서로 말했습니다. "보라. 이스라엘 왕이 헷의 왕들과 이집트 사람의 왕들을 고용해 우리를 공격하려 한다." 6:17;삼하 5:24;왕상 10:29;욥 15:21

7 그리하여 그들은 해 질 무렵에 일어나 자기 천막과 말들과 나귀와 진영을 그대로 두고 도망쳤습니다. 목숨만이라도 건지려고 도망친 것입니다. 시 48:4~6;욥 28:1

8 나병 환자들은 진영 끝에 이르자 한 천막에 들어가 먹고 마셨습니다. 그리고 은과 금과 옷가지들을 가지고 가서 숨겨 두고 다시 와서 다른 천막에 들어가 물건을 가지고 가서 또 숨겨 두었습니다.

9 달라진 상황을 왕궁에 알림 그러다가 나병 환자들이 서로 말했습니다. "우리가 아무래도 잘못하고 있다. 오늘은 좋은 소식이 있는 날인데 우리가 잠자코 있으니 말이다. 우리가 날이 밝을 때까지 이 소식을 전하지 않으면 벌을 받을 것이다. 지금 바로 가서 왕궁에 이 소식을 알리자."

10 그리하여 나병 환자들은 가서 성문지기들을 큰 소리로 부르고 말했습니다. "우리가 아람 사람들의 진영에 들어갔는데 놀랍게도 사람이 하나도 없고 아무 소리도 들리지 않았습니다. 그저 말과 나귀들만 매여 있고 천막도 그대로 있었습니다."

11 성문지기들은 이 소식을 큰 소리로 외쳤고 왕궁에 보고했습니다.

12 상황을 확증함 왕이 밤에 일어나 자기 신하들에게 말했습니다. "아람 사람들이 이렇게 한 까닭을 말해 주겠다. 그들은 우리가 굶주리고 있는 것을 안다. 그래서 그 진영에서 나가 들에 숨어 말하기를 '그들이 성 밖으로 나오면 우리가 그들을 사로잡고 성안으로 들어가자'라고 한 것이다."

13 그러자 왕의 신하 한 사람이 대답했습니다. "몇 사람을 보내 아직 성안에 남아 있는 말 다섯 마리를 끌고 오게 하십시오. 그것들은 이 성안에 남은 이스라엘의 온 무리와 마찬가지일 것입니다. 보소서, 망하게 된 사람들 가운데 남은 이스라엘의 온 무리와 같을 것입니다. 그러니 이 말들에 사람을 태워 보내 알아보는 것이 좋겠습니다."

14 그리하여 그들은 전차 두 대를 골라 말을 맸습니다. 왕은 그들을 아람 군대 쪽으로 보내며 말했습니다. "가서 알아보라."

15 그들은 요단 강까지 아람 군대를 쫓아갔는데 길에는 온통 옷가지며 무기들로 가득했습니다. 아람 사람들이 급히 서둘러 도망치면서 내버린 것들이었습니다. 그래서 사람들이 돌아가 왕에게 보고했습니다.

16 그러자 백성들이 밖으로 나가 아람 사람들의 진영에서 물건을 약탈했습니다. 그리하여 고운 밀가루 1스아가 1세겔에, 보리 2스아가 1세겔에 팔리게 됐습니다. 여호와께서 말씀하신 대로였습니다.

17 예언이 성취됨 전에 왕이 신임하는 장관을 세워 성문을 맡도록 했는데 그 장관이 성문 길에서 사람들에게 밟혀 죽었습니다. 왕이 하나님의 사람에게 내려갔을 때 하나님의 사람이 예언한 대로였습니다.

18 그때 하나님의 사람이 왕에게 내일 이맘때쯤 사마리아 성문에서 보리 2스아가 1세겔에, 고운 밀가루 1스아가 1세겔에 팔릴 것이라고 말했는데

19 그 장관이 하나님의 사람에게 "보시오, 여호와께서 하늘에 창을 내신다 한들 이 같은 일이 일어날 수 있겠습니까?"라고 했습니다. 이에 하나님의 사람이 대답하기를 "네가 네 눈으로 직접 보게 될 것이다. 그

러나 너는 그것을 먹을 수 없을 것이다'라고 했습니다. 2절

20 그런데 이 일이 정말 그 장관에게 일어났습니다. 그가 성문 길에서 사람들에게 밟혀 죽었습니다.

8

기근을 예언함 엘리사가 전에 아들을 살려 주었던 여인에게 말했습니다. "당신은 가족들과 함께 일어나 가서 지낼 만한 곳에 머물러 있으시오. 여호와께서 기근을 불러일으키셔서 앞으로 7년 동안 기근이 내릴 것이니 말이오."

2 그 여인은 일어나 하나님의 사람의 말대로 그 가족들과 함께 가서 블레셋 땅에서 7년 동안 지냈습니다.

3 여인의 땅이 반환된 7년이 끝나자 그 여인은 블레셋 땅에서 돌아와 자기 집과 땅을 돌려 달라고 호소하러 왕에게 갔습니다.

4 그때 왕은 하나님의 사람의 종 게하시와 대화를 나누며 말했습니다. "엘리사가 한 큰일들을 다 이야기해 보아라." 4:12

5 그래서 게하시가 왕에게 엘리사가 죽은 사람을 살린 것에 대해 말하고 있었습니다. 그때 엘리사가 아들을 살려 준 그 여인이 와서 자기 집과 땅을 달라고 했습니다. 게하시가 말했습니다. "내 주 왕이여, 바로 이 여인입니다. 엘리사가 살려 낸 사람이 이 여인의 아들입니다."

6 왕이 여인에게 묻자 여인은 그에게 말해 주었습니다. 그러자 그는 그 여인을 위해 관리 한 사람을 세우고 말했습니다. "이 여인에게 속았던 것을 모두 돌려주어라. 그녀가 이 땅을 떠난 그날부터 지금까지 거두어들인 모든 수확도 합쳐서 주어라."

7 엘리사가 하사엘을 만남 엘리사는 다메섹으로 갔습니다. 그때 아람 왕 벤하닷이 병들어 있었습니다. 왕은 하나님의 사람이 왔다는 소식을 들었습니다. 6:24;왕상 11:24;20:1

8 그가 하사엘에게 말했습니다. "네가 선물을 들고 가서 하나님의 사람을 만나라. 그를 통해 여호와께 '내가 이 병에서 낫겠습니까?' 하고 여쭤 보아라." 1:2;왕상 19:15,17

9 그리하여 하사엘이 엘리사를 만나러 갔습니다. 하사엘은 다메섹의 모든 진귀한 물건들로 준비한 선물을 낙타 40마리에 가득 싣고 가서 엘리사 앞에 서서 말했습니다. "당신의 아들 아람 왕 벤하닷이 나를 보내 '내가 병이 낫겠습니까?'라고 물으라고 했습니다." 5:13

10 엘리사가 대답했습니다. "가서 왕에게 말하여라. '왕은 반드시 나을 것이다'라고 말이다. 그러나 여호와께서 내게 보여 주셨는데 그는 분명 죽을 것이다." 14-15절

엘리사는 왜 하사엘을 보자 울었을까요?

엘리사가 아람의 수도인 다메섹을 방문했을 때 이스라엘의 오랜 적인 아람 왕 벤하닷은 병에 걸려 있었어요. 그래서 벤하닷은 신하 하사엘을 시켜 엘리사에게 줄 선물을 갖고 가서 자기가 병에서 나을 수 있을지 하나님께 물어보라고 했어요(왕하 8:7-8).

하사엘이 찾아오자 엘리사는 왕의 회복과 죽음에 대해 말해 주었어요. 벤하닷 왕이 반드시 나을 것이라고 말한 후, 곧이어 그가 반드시 죽을 것이라고 말했어요(왕하 8:10). 그러고 나서 엘리사는 하사엘을 뚫어지게 쳐다보다가 울기 시작했어요. 엘리사가 운 것은 하사엘이 이스라엘에

게 어떤 일을 행할 것인지 알았기 때문이에요(왕하 13:22).

다메섹(Damascus)

엘리사는 이스라엘의 예언자로서 나라의 앞날을 걱정하며 눈물을 흘렸어요. 신약에서 예수님도 하나님의 사랑을 깨닫지 못하는 예루살렘을 보시고 우셨어요. 우리도 엘리사처럼, 예수님처럼 하나님의 사랑을 알지 못하는 사람들을 보고 울어야 하지 않을까요?

11 그리고 엘리사는 하사엘이 부끄러움을 느낄 만큼 그의 얼굴을 쏘아보다가 마침내 울기 시작했습니다. 2:17

12 하사엘이 물었습니다. "내 주께서 왜 우십니까?" 엘리사가 대답했습니다. "네가 이스라엘 자손들에게 어떤 해를 끼칠지 내가 알기 때문이다. 네가 이스라엘의 견고한 성에 불을 지르고 젊은이들을 칼로 죽이며 아이들을 땅바닥에 던져 버리고 임신한 여인들의 배를 가를 것이다."

13 하사엘이 말했습니다. "개만도 못한 사람인 제가 어떻게 그런 엄청난 일을 하겠습니까?" 엘리사가 대답했습니다. "여호와께서 네가 아람 왕이 될 것을 내게 보여 주셨다."

14 하사엘이 벤하닷을 죽임 그러자 하사엘은 엘리사 곁을 떠나 자기 주인에게로 돌아갔습니다. 벤하닷이 물었습니다. "엘리사가 네게 뭐라고 말했느냐?" 하사엘이 대답했습니다. "왕께서 반드시 나으실 거라고 했습니다." 10절

15 그러나 이튿날 하사엘은 두꺼운 천을 가져다가 물속에 푹 담근 다음 그것을 왕의 얼굴에 덮었습니다. 그러자 왕이 죽었습니다. 그리고 하사엘은 벤하닷의 뒤를 이어 왕이 되었습니다.

16 여호람이 다시 공동 통치를 함 이스라엘 왕 아합의 아들 요람 5년, 여호사밧이 유다 왕으로 있을 때에 여호사밧의 아들 여호람이 유다 왕으로 다스리기 시작했습니다.

17 여호람은 32세에 왕이 됐고 예루살렘에서 8년 동안 다스렸습니다. 17-24절;대하 21:5-10

18 여호람의 행적 여호람은 아합의 집이 그랬듯이 이스라엘 왕들의 길을 그대로 따랐습니다. 여호람이 아합의 딸을 아내로 맞았기 때문이었습니다. 그는 여호와의 눈앞에 악을 저질렀습니다. 26절

19 그럼에도 불구하고 여호와께서는 자기 종 다윗을 위해 유다를 멸망시키지 않으셨습니다. 여호와께서 전에 다윗과 그 자손들에게 영원히 등불을 주겠다고 약속하셨기 때문입니다. 삼하 7:12-13;시 132:11

20 에돔과 립나의 배반 여호람 시대에 에돔이 유다에 반역하고 그 통치를 벗어나 자기들의 왕을 세웠습니다. 3:9;왕상 22:47

21 그리하여 여호람은 자신의 모든 전차들을 모아 이끌고 사일로 갔습니다. 그는 밤에 나아가 자기와 전차 대장들을 포위하고 있던 에돔 사람들을 공격했습니다. 그러자 그 백성들은 장막으로 도망쳤습니다.

22 그리하여 에돔은 유다에 반역해서 오늘날까지 유다의 지배를 벗어나 있게 됐습니다. 립나도 같은 시기에 반란을 일으켰습니다.

23 여호람이 하는 여호람의 다른 일들과 그가 한 모든 일은 유다 왕들의 역대기에 기록돼 있습니다.

24 여호람은 자기 조상들과 함께 잠들었고 다윗 성에 그 조상들과 함께 묻혔습니다. 그리고 그 아들 아하시야가 그의 뒤를 이어 왕이 됐습니다. 대하 21:17,20;22:6;25:23

25 아하시야 왕 이스라엘 왕 아합의 아들 요람 12년에 유다 왕 여호람의 아들 아하시야가 다스리기 시작했습니다. 대하 22:1-6

26 아하시야는 22세에 왕이 됐고 예루살렘에서 1년 동안 다스렸습니다. 그 어머니의 이름은 아달랴로 이스라엘 왕 오므리의 손녀입니다. 왕상 15:10;대하 22:2

27 아하시야의 행적 아하시야는 아합의 집이 간 길을 그대로 따라 아합의 집이 한 대로 여호와 보시기에 악을 저질렀습니다. 아하시야는 아합 집안의 사위였던 것입니다.

28 아하시야가 요람을 도움 아하시야가 아합의 아들 요람과 함께 길르앗 라못으로 아람 왕 하사엘과 싸우러 나갔는데 이 싸움에서 요람은 아람 사람들에 의해 부상을 당했습니다. 15절;왕상 22:3

29 그리하여 요람 왕은 아람 왕 하사엘과 우다가 라마에서 아람 사람들에게서 입은 상처를 치료하기 위해 이스르엘로 돌아갔습니다. 그래서 유다 왕 여호람의 아들 아하시야도 아합의 아들 요람을 만나려고 이스르엘로 내려왔습니다. 그가 부상을 입었기 때문입니다. 28절;9:15-16;대하 22:5-6

9 왕이 된 예후 예언자 엘리사는 예언자의 제자들 가운데 한 사람을 불러 말했습니다. "떠날 채비를 하고 이 기름병을 들고 길르앗 라못으로 가거라.

2 거기 도착하면 님시의 손자이며 여호사밧의 아들인 예후를 찾아라. 그러고 나서 들어가 그를 형제들 사이에서 불러내어 안쪽 방으로 데려가거라. 5,11,14,20절;왕상 19:16

3 그리고 이 기름병을 가져다가 예후의 머리에 붓고 '여호와께서 말씀하신다. 내가 네게 기름을 부어 이스라엘 왕으로 삼는다'라고 선포하여라. 그리고 문을 열고 도망쳐라. 머뭇거려서는 안 된다."

4 그리하여 그 소년 예언자는 길르앗 라못으로 갔습니다.

5 소년 예언자가 도착해 보니 예후가 군대 장관들과 함께 앉아 있었습니다. 소년 예언자가 말했습니다. "장군님께 전할 말씀이 있습니다." 예후가 물었습니다. "우리가운데 누구 말이냐?" 그가 대답했습니다. "바로 장군님입니다."

6 예후가 일어나 집 안으로 들어갔습니다. 그러자 예언자가 예후의 머리에 기름을 붓고 말했습니다. "이스라엘의 하나님 여호와께서 말씀하십니다. '내가 네게 기름을 부어 여호와의 백성 이스라엘의 왕으로 삼는다.

7 너는 네 주 아합의 집을 쳐야 한다. 내가 이세벨의 손에 의해 내 종 예언자들과 다른 모든 여호와의 종들이 흘린 피에 대해 복수할 것이다. 왕상 18:4;21:5~15

8 아합 집안의 사람은 다 죽을 것이다. 내가 이스라엘에서 종이든 자유인이든 할 것 없이 아합의 모든 남자를 끊어 버릴 것이다.

9 내가 아합의 집을 느밧의 아들 여로보암의 집과 아히야의 아들 바아사의 집과 똑같이 만들 것이다. 왕상 14:10;15:29;16:3,11

10 그리고 개들이 이스르엘 땅에서 이세벨을 먹을 것이다. 그러나 아무도 이세벨을 묻어 주지 않을 것이다.'" 그러고 나서 그는 문을 열고 도망쳤습니다. 35~36절;왕상 21:23

11 예후가 왕의 신하들에게 나왔더니 한 사람이 예후에게 물었습니다. "괜찮소? 저미친 사람이 왜 당신에게 온 것이오?" 예후가 대답했습니다. "당신들이 그 사람과 그 사람이 한 말을 알 것이오." 요 10:20

12 왕의 신하들이 말했습니다. "그렇지 않소. 우리에게 말해 보시오." 예후가 말했습니다. "그가 내게 이러이러하게 말했소. '여호와께서 말씀하신다. 내가 네게 기름을 부어 이스라엘의 왕으로 삼는다'고 말이오."

13 왕의 신하들은 각각 얼른 자기 옷을 벗어 예후의 발아래 깔았습니다. 그러고는 나팔을 불며 소리쳤습니다. "예후가 왕이다."

14 부상 당한 요람 그리하여 님시의 손자이며 여호사밧의 아들 예후는 요람을 반역하는 음모를 꾸몄습니다. 그때 요람과 온 이스라엘은 아람 왕 하사엘과 맞서 싸우려 길르앗 라못을 지키고 있었습니다. 왕상 19:17

15 그러나 요람 왕은 아람 왕 하사엘과 싸우다가 아람 사람에게 부상당한 것을 치료하기 위해 이스르엘로 돌아온 상태였습니다. 예후가 말했습니다. "너희가 내 뜻을 좋게 여긴다면 아무도 성 밖으로 나가 이스르엘에 이 소식을 전하러 가지 못하게 하라."

16 예후가 요람을 죽임 그러고 나서 그가 전차

예후

예후는 엘리사의 제자에게 왕으로 기름 부음을 받은 자로 예언대로 요람 왕과 이세벨, 아합의 왕자 70명을 죽여 하나님의 심판을 행했다. 또 유다 왕 아하시야와 그의 형제 42명을 죽였다. 거짓말로 바알 제사장들을 모이게 하여 그들을 죽이고 바알 신당과 바알 상을 없앴다.

그러나 예후 자신은 율법을 지키지 않았으며, 금송아지를 섬기는 죄에서 떠나지 않았다. 이에 대한 벌로 하사엘의 침략을 받았으며, 요단 동쪽의 지배권을 잃었다.

예후가 나오는 말씀
>> 왕하 9~10장;
대하 22:7~9

를 타고 이스르엘로 달려갔습니다. 요람이 그곳에 누워 있었고 유다 왕 아하시야가 그를 만나러 내려와 있었습니다.

17 이스르엘 망대를 지키는 파수병이 서 있다가 예후의 군대가 다가오는 것을 보고 외쳤습니다. "군대가 보입니다." 요람이 명령했습니다. "한 사람을 말에 태워 보내라. 그들을 만나 '평안의 소식이냐?' 하고 묻게 하여라."

18 한 사람이 말을 타고 나가서 예후를 만나 물었습니다. "왕께서 '평안의 소식이냐?' 하고 물으십니다." 예후가 대답했습니다. "네가 평안과 무슨 상관이 있느냐? 뒤로 가 나를 따르라." 파수병이 보고했습니다. "보낸 사람이 그들에게 가서 돌아오지 않습니다."

19 그리하여 왕은 다른 사람을 말에 태워 보냈습니다. 왕이 보낸 사람이 그들에게 가서 말했습니다. "왕께서 '평안의 소식이냐?' 하고 물으십니다." 예후가 대답했습니다. "네가 평안과 무슨 상관이 있느냐? 뒤로 가 나를 따르라."

20 파수병이 보고했습니다. "보낸 사람이 그들에게 가서 이번에도 돌아오지 않습니다. 그런데 말을 모는 것이 님시의 손자 예후 같습니다. 미친 사람처럼 몰고 있습니다."

21 요람이 명령했습니다. "내 전차를 준비하여라." 전차가 준비되자 이스라엘 왕 요람과 유다 왕 아하시야가 각각 자기 전차를 타고 나갔습니다. 그들은 이스르엘 사람 나봇의 땅에서 예후와 마주하게 됐습니다.

22 요람이 예후를 보고 물었습니다. "예후야, 평안의 일이냐?" 예후가 대답했습니다. "네 어머니 이세벨이 들여온 저 많은 우상들과 마술들이 있는데 어떻게 평안하겠느냐?"

23 요람이 뒤돌아서 도망치며 아하시야에게 소리 질렀습니다. "아하시야야, 모반입니다."

24 그러자 예후는 힘껏 활을 당겨 요람의 두 어깨 사이를 쏘았습니다. 화살은 요람의 가슴을 뚫었고 요람은 전차 안에서 나뒹굴었습니다.

25 예후가 자기의 전차 사령관인 빗갈에게 말했습니다. "요람의 시체를 들어 이스르엘 사람 나봇의 밭에 던져라. 너와 내가 함께 전차를 타고 요람의 아버지 아합의 뒤를 따라다닐 때 여호와께서 그에 대해 예언하신 것을 기억하여라. *왕상 21:19,29;사 13:1*

26 '나 여호와가 말한다. 어제 내가 나봇의 피와 그의 아들들의 피를 보았다. 나 여호와가 말한다. 내가 이 땅에서 네게 갚아 줄 것이다.' 그러니 이제 여호와의 말씀대로 요람의 시체를 들어 그 땅에 던져라."

27 아하시야가 죽음 유다 왕 아하시야는 이 광경을 보고 벳간으로 가는 길로 도망쳤습니다. 그러자 예후는 아하시야를 쫓아가며 "전차를 타고 있는 저자도 쏴 죽여라!" 하고 소리쳤습니다. 전차를 타고 도망가던 아하시야는 이블르암 근처 구르로 올라가는 길에서 부상을 당했습니다. 그리고 아하시야는 므깃도까지 도망쳐 거기에서 죽었습니다. *수 17:11;대하 22:9*

28 아하시야가 장사 됨 아하시야의 신하들은 아

성경에 나오는 화장품은 몰약(아 5:13), 눈 화장품(겔 23:40), 향기로운 꽃(아 5:13), 온갖 향료(대하 16:14), 섞은 향유(출 30:25), 향수(사 57:9), 계피 기름(겔 27:19), 향기로운 술(아 8:2), 향유(전 10:1), 기름(사 57:9; 암6:6) 등 여러가지이다.

이집트와 페니키아 여인들은 다양하게 화장을 했다. 페니키아 출신인 이세벨이 눈 화장을 한 것은 그곳의 화장법을 따른 것이다(왕하 9:30). 이스라엘의

여인들도 향유나 향수를 사용했는데, 이것은 화장의 목적보다 물이 부족한 지역에서 목욕을 대신해 냄새를 없애기 위한 것이었다. 예레미야는 화장을 부정적으로 말했다(렘 4:30).

▲ 화장품 도구들

하시야의 시체를 전차에 싣고 예루살렘으로 데려가 그 조상들과 함께 다윗 성 그의 무덤에 묻어 주었습니다. 23:30:대하 35:24

29 아하시야 왕 아하시야는 아합의 아들 요람 11년에 유다 왕이 됐습니다. 8:25:대하 22:7-9

30 이세벨을 죽임 그 후 예후는 이스르엘로 갔습니다. 이세벨은 이 말을 듣고 눈에 화장하고 머리를 매만진 뒤 창문으로 내다보았습니다. 렘 4:30:겔 23:40

31 예후가 성문으로 들어오자 이세벨이 물었습니다. "자기 주인을 죽인 너 시므리야 평안하냐?" 왕상 16:9-20

32 그러자 예후가 얼굴을 들어 창문을 쳐다보고 소리쳤습니다. "누가 내 편이 될 것이냐? 누구냐?" 두세 명의 내시들이 밖을 내다보았습니다.

33 예후가 말했습니다. "저 여자를 던지라!" 그러자 내시들이 이세벨을 내던졌습니다. 이세벨의 피가 벽과 말들에 튀어었고 예후는 발로 이세벨의 시체를 짓밟았습니다.

34 예후가 들어가 먹고 마시며 말했습니다. "가서 저 저주받은 여자를 찾아서 묻어 주라. 그 여자가 왕의 딸이었기 때문이다."

35 사람들이 이세벨을 묻어 주려고 나가 찾아 보니 남은 것은 해골과 발과 손바닥뿐이었습니다.

36 그들이 돌아와 예후에게 말했습니다. 그러자 예후가 말했습니다. "과연 여호와께서 자기 종 디셉 사람 엘리야를 통해 하신 말씀대로구나. 이스르엘 땅에서 개들이 이세벨의 살을 먹을 것이다. 26절:왕상 21:23

37 이세벨의 시체가 이스르엘 땅에서 밭에 거름같이 될 것이요 여기 이세벨이 누워 있다고 말할 사람이 없을 것이다.'"

10

예후가 아합의 왕자들을 죽임 아합에게는 사마리아에 70명의 아들이 있었습니다. 그래서 예후는 편지를 써서 사마리아의 이스르엘 관리들과 장로들과 아합의 아들들을 교육하던 사람들에게 보냈습니다. 예후는 편지에 이렇게 써 보냈습니다. 왕상 16:24:에 27

2 "너희 주인의 아들들이 너희와 함께 있고 너희에게 전차와 말과 견고한 성과 무기가 있으니 이 편지가 너희에게 도착하자마자

3 너희 주인의 아들들 가운데 가장 뛰어난 사람을 뽑아 그 아버지의 왕위에 앉히고 너희 주인의 집안을 위해 싸우라.'

4 그러나 그들은 매우 두려워하며 말했습니다. "두 왕이 그를 당해 내지 못했는데 우리가 어떻게 당해 낼 수 있겠는가?"

5 그래서 왕궁 관리와 성의 총독과 장로들과 아합의 아들들을 교육하던 사람들이 예후에게 심부름꾼을 보내 이렇게 말했습니다. "우리는 당신의 신하니 당신의 명령은 무엇이든 따르겠습니다만 누군가를 왕으로 세우지는 않겠습니다. 그냥 당신이 보기에 좋은 대로 하십시오." 수 9:8,11

6 그러자 예후가 두 번째 편지를 써 보냈습니다. "너희가 만약 내 편이 돼 내 말을 듣겠다면 너희 주인의 아들들의 머리를 가지고 내일 이맘때까지 이스르엘에 있는 내게로 오라." 그때 왕자들 70명은 자기들을 교육하던 그 성의 지도자들과 함께 있었습니다.

7 편지가 도착하자 그 사람들은 왕자 70명을 잡아다가 모두 죽이고 그들의 머리를 바구니에 넣어 이스르엘에 있는 예후에게로 보냈습니다. 왕상 21:21

8 심부름꾼이 도착해 예후에게 말했습니다. "그들이 왕자들의 머리를 가져왔습니다." 그러자 예후가 말했습니다. "그 머리들을 성문 입구에 두 무더기로 쌓아 아침까지 두어라."

9 이튿날 아침에 예후는 밖으로 나가 백성들 앞에 서서 말했습니다. "너희는 죄가 없다. 내 주인을 반역해 죽인 사람은 바로 나다. 그러나 누가 이 모든 사람을 죽였느냐?

10 여호와께서 아합의 집을 향해 하신 말씀 가운데 어느 것 하나도 땅에 떨어지지 않았다는 것을 알아야 한다. 여호와께서는 그 종 엘리야를 통해 말씀하신 것을 이루신 것이다." 삼상 3:19:왕상 21:19,21,29

11 그러고 나서 예후는 아합의 집안 가운데 이스르엘에 살아남은 사람들을 모두 죽였습니다. 또 아합의 고관들과 가까운 친구들과 제사장들을 다 죽여 그 집안에 살아남은 사람이 아무도 없게 했습니다.

12 예후가 아하시야의 왕자들을 죽임 그러고 나서 예후는 길을 떠나 사마리아로 갔습니다. 가는 도중 벳에켓 하로임에서

13 예후는 유다 왕 아하시야의 형제들을 만나게 됐습니다. 예후가 물었습니다. "너희는 누구냐?" 그들이 대답했습니다. "우리는 아하시야의 형제들이다. 우리는 왕자들과 왕후의 아들들에게 문안드리러 내려왔다." 8:29;9:16;대하 21:17;22:8

14 예후가 명령했습니다. "저들을 사로잡으라." 그러자 아하시야의 형제들 42명을 사로잡아 벳에켓의 웅덩이에서 다 죽이고 한 명도 남기지 않았습니다.

15 예후와 여호나답이 결탁함 예후는 그곳을 떠난 뒤 자기를 만나러 오고 있던 레갑의 아들 여호나답을 만나게 되었습니다. 예후가 여호나답을 맞으며 말했습니다. "내가 너를 믿듯이 너도 나를 믿느냐?" 여호나답이 대답했습니다. "그렇습니다." 예후가 말

했습니다. "그렇다면 나와 손을 잡자." 여호나답이 예후의 손을 잡자 예후는 그를 잡아 올려 전차에 태웠습니다.

16 예후가 말했습니다. "나와 함께 가서 내가 여호와께 얼마나 열심인지 보아라." 이렇게 하여 예후는 여호나답을 자기 전차에 태우고 데려갔습니다. 왕상 19:10

17 아합 집안의 멸망 예후는 사마리아에 이르러 사마리아에 남아 있던 아합 집안사람들을 모두 죽였습니다. 그는 여호와께서 엘리야에게 하신 말씀을 따라 아합 집안을 멸망시킨 것입니다. 왕상 21:21;대하 22:8

18 예후가 바알 숭배자들을 죽임 그 일 후에 예후는 온 백성들을 불러 모으고 말했습니다. "아합은 바알을 조금 섬겼지만 예후는 많이 섬길 것이다. 왕상 16:31-32

19 그러니 이제 바알의 예언자들과 종들과 제사장들을 모두 내게로 불러오라. 한 사람도 빠져서는 안 된다. 내가 바알에게 큰 제사를 드릴 것이다. 누구든 빠진 사람은 목숨을 지킬 수 없을 것이다." 그러나 예후는 바알을 섬기는 사람들을 멸망시키기 위해 속임수를 쓴 것이었습니다. 왕상 18:19

20 예후가 말했습니다. "바알을 경배하는 큰 집회를 열라." 그러자 바알을 섬기는 사람들이 큰 집회를 선포했습니다. 출 32:5;레 23:36

21 그러고 나서 예후는 이스라엘 모든 곳에 사람을 보냈습니다. 그러자 바알을 섬기는 사람들이 빠짐없이 다 왔습니다. 그들이 바알 신전에 들어오니 바알 신전이 이 끝에서 저 끝까지 꽉 들어찼습니다. 11:18

22 그러자 예후가 예복을 관리하는 사람에게 말했습니다. "바알을 섬기는 사람들에게 예복을 내주어라." 그러자 예복을 관리하는 사람이 그들에게 예복을 내주었습니다.

23 그러고 나서 예후와 레갑의 아들 여호나답은 바알 신전으로 들어가 바알을 섬기는 사람들에게 말했습니다. "여기 너희에게 여호와의 종은 하나도 없고 오직 바알을 섬기는 사람들만 있는지 살펴보라."

24 그러고 나서 그들은 제물과 번제를 드리

기 위해 들어갔습니다. 예후는 바깥에 80명을 세워 두고 "내가 너희에게 넘겨준 사람 가운데 한 사람이라도 도망가면 그를 놓친 사람이 대신 죽게 될 것이다"라고 경고해 두었습니다. _{왕상 20:39,42}

25 번제를 다 드리자 즉시 예후가 호위병과 장교들에게 명령했습니다. "들어가 한 사람도 나오지 못하게 하고 죽여라." 그러자 호위병들과 장교들은 칼로 그들을 죽여 밖으로 내던지고는 바알 신전의 안쪽 방으로 들어갔습니다. _{11:4,6;왕상 22:17;왕상 18:40}

26 호위병과 장교들은 바알 신전에서 목상을 꺼내 와 불태워 버렸습니다. _{3:2;왕상 14:23}

27 그들은 또 바알 목상을 깨뜨렸고 바알 신전을 무너뜨려 변소로 만들었습니다. 그리하여 그것이 오늘날까지 이르렀습니다.

28 이렇게 예후는 이스라엘에서 바알을 없애 버렸습니다. _{스 6:11;단 2:5;3:29}

29 여로보암을 따르는 예후 그러나 예후는 이스라엘을 죄짓게 한 느밧의 아들 여로보암의 죄, 곧 벧엘과 단에 있는 금송아지를 섬기는 죄의 길에서는 돌아서지 못했습니다.

30 예후에 대한 하나님의 약속 여호와께서 예후에게 말씀하셨습니다. "너는 내가 보기에 옳은 일을 했고 내 마음에 생각한 일들을 아합의 집에 다 이루었으니 네 자손들이 4대까지 이스라엘 왕좌에 앉게 될 것이다."

31 그러나 예후는 이스라엘의 하나님 여호와의 법을 지키는 데는 마음을 다하지 못했습니다. 그는 이스라엘을 죄짓게 한 여로보암의 죄에서 떠나지 못했습니다. _{29절}

32 이방 군대의 침공 그 무렵 여호와께서는 이스라엘의 영토를 떼어 다른 나라에 넘겨주기 시작하셨습니다. 하사엘이 이스라엘의 모든 국경을 공격했는데 _{왕상 19:17}

33 그곳은 요단 강 동쪽의 길르앗 모든 지방, 곧 갓과 르우벤과 므낫세 사람의 땅으로 아르논 골짜기에 있는 아로엘에서부터 길르앗과 바산까지였습니다. _{신 2:36;암 1:3-4}

34 예후의 죽음 예후의 다른 모든 일과 예후의 모든 업적은 이스라엘 왕들의 역대기에 기록돼 있습니다.

35 예후는 자기 조상들과 함께 잠들어 사마리아에 묻혔습니다. 그리고 예후의 아들 여호아하스가 뒤를 이어 왕이 됐습니다.

36 예후가 사마리아에서 이스라엘을 다스린 기간은 28년이었습니다.

11

아달랴가 왕좌를 빼앗음 아하시야의 어머니 아달랴는 자기 아들이 죽은 것을 보고 일어나 왕가의 모든 사람을 다 죽였습니다. _{8:26;대하 22:10-12}

2 요아스가 위기를 모면함 그러나 요람 왕의 딸이며 아하시야의 누이인 여호세바는 왕자들이 죽임을 당하는 가운데서 아하시야의 아들 요아스를 몰래 빼내 도망쳐 나왔습니다. 그리고 요아스가 죽임당하지 않게 하려고 왕자와 그의 유모를 침실에 숨겼습니다. _{21절;12:1}

3 요아스는 자기 유모와 함께 여호와의 성전에서 6년 동안 숨어서 지냈고 그동안 아달랴가 그 땅을 다스렸습니다.

4 여호야다의 계획 7년째 되는 해에 여호야다가 사람을 보내 가리 사람의 백부장들과 호위병의 백부장들을 여호와의 성전에 있는 자기에게로 불러들였습니다. 여호야다는 백부장들과 언약을 맺고 여호와의 성전에서 그들에게 맹세하도록 시켰습니다. 그러고 왕의 아들을 그들에게 보여 주었습니다. _{4-20절;삼하 20:23;대하 23:1-21}

5 여호야다는 그들에게 말했습니다. "너희가 할 일은 이렇다. 안식일에 당번을 나눠 3분의 1은 왕궁을 지키고 _{대상 9:25}

6 3분의 1은 수르 문을 지키고 3분의 1은 호위대 뒤에 있는 문을 지키라. 이와 같이 너희는 왕궁을 철저히 지키라. _{대하 23:5}

7 안식일에 임무를 쉬는 너희 가운데 두 무리는 왕을 위해 여호와의 성전을 지키라.

8 너희는 각자 손에 무기를 들고 왕 주위에 둘러서서 왕을 호위하라. 누구든 너희 대열에 다가오는 사람은 죽이라. 너희는 왕이 드나드실 때 왕께 가까이 있으면서 왕을 지켜야 한다." _{민 27:17}

9 백부장들은 제사장 여호야다가 명령한 그대로 했습니다. 그들은 각각 자기 부하들, 곧 안식일에 당번인 부하들과 임무를 쉬는 부하들을 이끌고 제사장 여호야다에게 갔습니다.

10 그러자 여호야다는 여호와의 성전에 있던 다윗 왕의 창과 방패들을 백부장들에게 주었습니다. 삼하 8:7;대상 18:7

11 호위병들은 손에 무기를 든 채 왕을 둘러싸고 성전 오른쪽부터 성전 왼쪽까지 제단과 성전 곁에 섰습니다.

12 요아스가 왕위에 오름 여호야다는 왕의 아들을 데리고 나와 왕관을 씌우고 율법책을 왕의 아들에게 주었습니다. 그러자 사람들은 그에게 기름을 부어 그를 왕으로 삼고 박수를 치며 "왕께 만세!"라고 소리 질렀습니다. 신 17:18-20;삼상 10:24;왕상 1:39

13 아달랴 죽음 아달랴는 호위병들과 사람들이 지르는 소리를 듣고 여호와의 성전에 있는 사람들에게로 갔습니다.

14 아달랴가 보니 거기에는 왕이 관습대로 기둥 곁에 서 있었습니다. 관료들과 나팔수들이 왕 곁에 있었고 그 땅의 모든 백성들이 기뻐하며 나팔을 불었습니다. 그러자 아달랴는 자기 옷을 찢으며 "반역이다! 반역이다!" 하고 외쳤습니다. 창 44:13

15 제사장 여호야다가 군대를 지휘하는 백부장들에게 명령했습니다. "저 여자를 대열 밖으로 끌어내고 저 여자를 따르는 사람은 누구든지 칼로 죽이라." 이는 제사장이 "여호와의 성전 안에서는 그를 죽이지 말라" 하고

어린 요아스가 왕위를 이어 받음

말해 두었기 때문입니다.

16 그리하여 그들은 아달랴가 왕궁의 말이 다니는 길로 지나갈 때 붙잡아 거기서 죽였습니다.

17 백성들이 개혁에 동참함 그러고 나서 여호야다는 왕과 백성들이 여호와와 언약을 맺어 여호와의 백성들이 되게 했습니다. 그는 또한 왕과 백성들 사이에도 언약을 맺게 했습니다. 수 24:25;삼하 5:3

18 그 땅의 모든 백성들이 바알 신전으로 가서 바알 신전을 부서뜨렸습니다. 그들은 제단과 우상들을 산산조각 냈고 제단 앞에 있던 바알 제사장 맛단을 죽였습니다. 그 후 제사장 여호야다는 여호와의 성전에 관리들을 세웠습니다. 10:21,23,26;신 12:3

19 그는 백부장들과 가리 사람들과 호위병들과 그 땅의 모든 백성들을 거느리고 왕을 모시고 여호와의 성전에서 내려와 호위병의 문 쪽 길을 지나 왕궁으로 갔습니다. 이렇게 그는 왕위에 올랐고 4,6절;대하 23:20

20 그 땅의 모든 백성들이 기뻐했습니다. 아달랴가 왕궁에서 칼로 죽임을 당했기 때문에 예루살렘 성은 평화를 되찾고 조용해졌습니다.

21 요아스 왕이 됐을 때 그는 7세였습니다.

12

어린 왕 요아스 여후 7년에 요아스가 왕이 돼 예루살렘에서 40년을 다스렸습니다. 요아스의 어머니 이름은 시비아이며 브엘세바 출신이었습니다.

2 여호야다의 영향 요아스는 제사장 여호야다가 이끌어 준 기간 내내 여호와 보시기에 올바르게 행했습니다.

3 우상 숭배의 흔적 그러나 산당들은 없애지 않았습니다. 백성들이 여러 산당에서 제사와 분향을 계속했기 때문입니다.

4 성전 수리를 명함 요아스가 제

사장들에게 말했습니다. "여호와의 성전에 거룩한 제물로 바친 은, 곧 세금으로 바친 은, 개인적인 서원으로 바친 은, 성전에 자진해서 가져온 은을 22:4출 35:5대상 29:9

5 모든 제사장이 각각 아는 사람에게서 받아서 그것으로 어디든 성전이 부서진 곳을 보수하는 데 사용하도록 하라."

6 성전 수리 그러나 요아스 왕 23년까지 제사장들은 성전의 부서진 곳을 보수하지 않았습니다.

7 그리하여 요아스 왕이 제사장 여호야다와 다른 제사장들을 불러서 물었습니다. "왜 성전의 부서진 곳을 보수하지 않았느냐? 이제 더 이상 아는 사람에게서 은을 받아 두지 말고 그것을 성전 부서진 곳을 보수하는 데 쓰도록 직접 내주어라."

8 제사장들은 백성들에게 은을 더 이상 받지 않고 스스로 성전의 부서진 곳을 보수하지도 않는 것에 동의했습니다.

9 제사장 여호야다는 상자 한 개를 가져다가 뚜껑에 구멍을 내고 그것을 제단 옆 여호와의 성전 입구 오른쪽에 놓아두었습니다. 입구를 지키는 제사장들은 백성들이 여호와의 성전에 가져온 모든 은을 그 상자에 넣었습니다. 막 12:41눅 21:1

10 그 상자에 은이 많이 있는 것을 보면 왕의 서기관과 대제사장이 와서 여호와의 성전에 바친 은을 세어 가방 속에 넣었습니다.

11 그 세어 넣은 은을 그들이 여호와의 성전을 공사하는 감독관들에게 가져다주어 그 은으로 여호와의 성전에서 일하는 사람들에게 보수를 지급하게 했습니다. 곧 목수와 건축가들과

12 석수장이들에게 주어 여호와의 성전의 부서진 곳을 보수하기 위해 목재와 다듬은 돌을 사고 성전 복구에 드는 다른 모든 비용으로 사용하게 했습니다.

13 여호와의 성전에 바친 은은 여호와의 성전의 은대야와 부집게와 물 뿌리는 대접과 나팔과 금 기물이나 은 기물 만드는 데는 쓰지 않았습니다. 22:5-6

14 그 은을 일꾼들에게 주어 성전을 보수하게 했습니다.

15 성전을 공사하는 감독관들은 그 은을 받아 일꾼들에게 주는 사람들과 은 사용에 대한 회계를 안 했는데 그것은 은을 맡은 사람들이 성실하게 일했기 때문입니다.

16 속건제나 속죄제로 바친 은은 여호와의 전에 바치지 않았습니다. 그것은 제사장들이 가졌습니다. 레 4:24;29;5:15;18;7:7

17 아람 군대가 떠나 그때쯤 아람 왕 하사엘이 올라와 가드를 공격해 함락시켰습니다. 그러고 나서 하사엘은 예루살렘으로 올라갔습니다. 8:12;왕상 19:17대하 24:23-24

요아스의 성전 수리

요아스는 여호야다의 지도 아래 선한 정치를 했다. 그는 아달랴 통치 때 부서진 성전을 수리하고자 했다. 처음엔 명령을 내려 성전 수리비를 모금해 성전을 고치려고 했지만 23년이 지나도록 수리를 못했다. 레위 사람들이 수리비를 거두는 데 게을렀기 때문이다(대하 24:5).

요아스 왕은 대제사장과 제사장들을 불러서 상자를 마련해 백성이 직접 헌금을 넣도록 해서 많은 돈을 모금할 수 있었다. 이 돈을 지출할 때는 원래의 목적인 성전 수리 외에는 사용하지 않았으며(왕하 12:14), 수리가 끝나고 나서야 남은 돈을 다른 일에 사용했다(대하 24:14).

18 그러자 유다 왕 요아스는 자기 조상인 유다 왕 여호사밧과 여호람과 아하시야가 바친 모든 신성한 물건들과 요아스 자신이 바친 예물들과 여호와 성전의 창고와 왕궁에 있던 모든 금을 챙겨 아람 왕 하사엘에게 보냈습니다. 그러자 그가 예루살렘에서 물러갔습니다. 16:8;왕상 15:18;대하 24:23-24

19 요아스가 신하들에 의해 암살당함 요아스의 다른 일들과 그가 한 모든 일은 유다 왕들의 역대기에 기록돼 있습니다.

20 요아스의 신하들이 요아스를 대적해 반역하고 실라로 내려가는 길 가 밀로의 집에서 요아스를 죽였습니다. 대하 24:25-27

21 요아스를 죽인 신하들은 시므앗의 아들 요사갈과 소멜의 아들 여호사바드였습니다. 요아스는 죽어서 자기 조상들과 함께 다윗 성에 묻혔습니다. 그리고 요아스의 아들 아마샤가 뒤를 이어 왕이 됐습니다.

13 이스라엘 왕 여호아하스 유다 왕 아하시야의 아들 요아스 23년에 예후의 아들 여호아하스가 사마리아에서 이스라엘의 왕이 돼 17년 동안 다스렸습니다.

2 여호아하스의 죄악 그는 이스라엘 백성들을 죄짓도록 만든 느밧의 아들 여로보암의 죄를 그대로 따라 했습니다. 여호아하스는 여호와 보시기에 악을 저질렀고 그 죄에서 떠나지 못했습니다. 왕상 14:16

3 아람의 지배를 받음 그래서 여호와께서는 이스라엘에 매우 화가 나셨고 이스라엘을 얼마 동안 아람 왕 하사엘과 하사엘의 아들 벤하닷의 손에 넘기셨습니다. 삿 2:14

4 여호아하스의 간구 그러자 여호아하스가 여호와께 은총을 간구했습니다. 여호와께서는 그 간구를 들으셨습니다. 아람 왕이 얼마나 혹독하게 이스라엘을 억누르고 있는지 보셨기 때문입니다. 14:26;출 32:11;시 78:34

5 이스라엘의 회복 여호와께서는 이스라엘에게 구원자를 보내 주셨습니다. 그리하여 이스라엘 자손들은 아람 사람의 지배에서 벗어나 이전처럼 자기 집에서 살게 됐습니다.

6 계속 범죄하는 이스라엘 그러나 그들은 이스라엘을 죄짓게 한 여로보암 집안의 죄를 떠나지 못하고 계속 그 죄를 지었습니다. 또 사마리아에는 아세라 목상이 여전히 남아 있었습니다. 왕상 16:33

7 심한 고통을 받는 이스라엘 여호아하스의 군대에 남은 것은 기병 50명과 전차 열 대와 보병 1만 명뿐이었습니다. 아람 왕이 백성들을 짓밟아 멸망시켜 타작 때의 먼지처럼 만들었기 때문입니다. 암 1:3

8 여호아하스가 죽음 여호아하스의 다른 일들과 그가 한 모든 일과 그의 업적은 이스라엘 왕들의 역대기에 기록돼 있습니다.

9 여호아하스는 자기 조상들과 함께 잠들어 사마리아에 묻혔습니다. 그리고 여호아하스의 아들 요아스가 뒤를 이어 왕이 됐습니다.

10 이스라엘 왕 요아스 유다 왕 요아스 37년에 여호아하스의 아들 요아스가 사마리아에서 이스라엘 왕이 돼 16년 동안 다스렸습니다.

11 요아스의 행적 요아스는 여호와 보시기에 악을 저질렀고 이스라엘 백성을 죄짓게 한 느밧의 아들 여로보암의 죄를 그대로 따르며 계속 그 죄를 저질렀습니다.

12 요아스가 죽음 요아스의 다른 모든 일과 요아스가 한 일들과 유다 왕 아마샤와 싸운 일을 포함한 요아스의 업적에 대해서는 이스라엘 왕들의 역대기에 기록돼 있습니다.

13 요아스는 자기 조상들과 함께 잠들고 여로보암이 그 뒤를 이어 왕이 됐습니다. 요아스는 사마리아에 이스라엘 왕들과 함께 묻혔습니다.

14 엘리사의 마지막 예언 그때 엘리사가 죽을병을 앓고 있었습니다. 이스라엘 왕 요아스가 엘리사에게 내려와 그를 보고 통곡하며 말했습니다. "내 아버지여, 내 아버지여, 이스라엘의 전차와 마병이여."

15 엘리사가 말했습니다. "활과 화살을 가져오십시오." 그러자 요아스가 직접 활과 화

살을 가져왔습니다.

16 엘리사가 이스라엘 왕에게 말했습니다. "활을 잡으십시오." 왕이 활을 잡자 엘리사는 자기 손을 왕의 손에 얹었습니다.

17 엘리사가 말했습니다. "동쪽으로 난 창문을 여십시오." 그러자 왕이 동쪽 창문을 열었습니다. 엘리사가 말했습니다. "활을 쏘십시오." 그러자 요아스가 활을 쏘았습니다. 그러자 엘리사가 소리쳤습니다. "여호와의 구원의 화살입니다. 아람에게서 이스라엘을 구원하실 화살입니다. 왕은 아벡에서 아람 사람들과 싸워 그들을 완전히 멸망시킬 것입니다."

왕상 20:26

18 그리고 나서 엘리사가 말했습니다. "화살을 집으십시오." 그러자 왕이 화살을 집었습니다. 엘리사가 이스라엘 왕에게 말했습니다. "땅을 치십시오." 그러자 그가 세 번 내리치고 멈추었습니다.

19 하나님의 사람이 그에게 화를 내며 말했습니다. "대여섯 번 쳤어야 아람 사람들을 완전히 멸망시킬 수 있었습니다. 그러나 이제 왕이 아람을 세 번밖에 못 칠 것입니다."

20 엘리사의 무덤의 이적 그 후 엘리사는 죽어 땅에 묻혔습니다. 그해 봄에 모압 사람들이 떼를 지어 이스라엘 땅을 습격했습니다.

21 그때에 이스라엘 사람들이 어떤 죽은 사람을 땅에 묻고 있다가 갑자기 침입자의 떼가 보이자 그 시체를 엘리사의 무덤에 던져 버렸습니다. 그 시체는 엘리사의 무덤에 내려가 엘리사의 뼈에 닿자 다시 살

22 아나 두 발로 일어섰습니다.

22 아람을 이김 아람 왕 하사엘이 여호아하스 시대 내내 이스라엘을 억눌렀습니다.

23 여호와께서는 아브라함과 이삭과 야곱과 맺으신 언약 때문에 이스라엘을 은혜롭게 대하시며 그들을 불쌍히 여기시고 관심을 보이셨습니다. 그리하여 오늘날까지 그들을 멸망시키지 않으시고 여호와 앞에서 쫓아내지 않으셨습니다.

14:27

24 아람 왕 하사엘이 죽자 하사엘의 아들 벤하닷이 뒤를 이어 왕이 됐습니다.

25 그러자 여호아하스의 아들 요아스는 자기 아버지 여호아하스가 전쟁 가운데 빼앗긴 성들을 하사엘의 아들 벤하닷에게서 되찾았습니다. 요아스는 그를 세 번 무찌르고 이스라엘 성들을 되찾았습니다.

10:32장 14

14 아마샤의 통치 이스라엘 왕 여호아하스의 아들 요아스 2년에 유다 왕 요아스의 아들 아마샤가 다스리기 시작했습니다.

1-6절;13:10;대하 25:1-4

2 아마샤는 25세에 왕이 돼 예루살렘에서 29년 동안 다스렸습니다. 그의 어머니의 이름은 여호앗단으로 예루살렘 출신이었습니다.

3 아마샤는 여호와 보시기에 올바르게 행했으나 그의 조상 다윗만큼은 하지 못했습니다. 아마샤는 모든 일에 그의 아버지 요아스가 한 대로 했습니다.

4 그러나 산당은 없애지 않아 백성들은 여전히 여러 산당에서 제사드리고 분향했습니다.

12:3;16:4

아마샤는 왕권을 다진 후에 선왕인 요아스를 죽인 신하들을 처형했습니다. 하지만 그들의 자녀들은 죽이지 않았어요(왕하 14:5-6). 당시에는 한 사람이 죄를 지으면 당사자뿐 아니라 그 가족도 처벌하는 연대 처벌법이 있었어요. 이스라엘 백성이 여리고 성을 정복하고서 아간의 죄 때문에 그 가족 모두가 죽임을 당했던 사건을 기억하지요?(수 7:24-25). 십계명에도 보면 하나님을 미워하는 자

아버지의 죄 때문에 아들이 벌을 받기도 하나요?

의 죄에 대해서는 자식의 3, 4대에 이르기까지 벌을 내리실 것이라고 하셨어요(출 20:5). 비록 한 개인의 죄일지라도 그 죄가 간접적으로 사회 환경에 영향을 주기 때문이에요. 그러나 하나님은 개인적인 죄에 대해서는 자신이 책임을 지고 죗값을 치르게 하셨어요. 아마샤는 아버지의 죄 때문에 자녀들을 죽이지 말라는 모세의 율법책에 기록된 말씀(신 24:16)을 기억하고 지켰습니다.

5 아마샤는 왕권을 든든히 한 후에 선왕인 자기 아버지를 죽인 신하들을 처형했습니다.

6 그러나 그 신하들의 아들들은 모세의 율법책의 기록에 따라서 죽이지 않았습니다. 모세의 율법책에 여호와께서 "아버지는 그 자녀들로 인해 죽임당해서는 안 되고 자녀들은 그 아버지로 인해 죽임당해서는 안 된다. 각자 자기 죄로 인해 죽임을 당할 것이라'라고 명령하셨습니다.

7 에돔의 멸망 아마샤는 소금 골짜기에서 에돔 사람 1만 명을 죽였습니다. 그리고 전쟁을 일으켜 셀라를 함락하고 그 이름을 욕드엘이라고 불렀는데 그 이름이 오늘날까지도 있습니다. 삼하 8:13,대하 25:11

8 유다가 이스라엘에게 패배함 그때 아마샤가 예후의 손자이며 여호아하스의 아들인 이스라엘 왕 요아스에게 사람을 보내 말했습니다. "와서 서로 보고 싸우자."

9 그러나 이스라엘 왕 요아스는 유다 왕 아마샤에게 대답했습니다. "레바논의 가시나무가 레바논의 백향목에게 사람을 보내 '네 딸을 내 아들에게 주어 결혼하게 하여라'라고 하자 레바논의 들짐승이 지나가면서 그 가시나무를 발로 밟아 버렸다.

10 네가 에돔을 물리쳤으니 네 마음이 교만하기 짝이 없구나. 네 승리를 자랑하되 왕궁에나 머물러 있어라. 왜 사서 문제를 일으키며 너와 유다의 멸망을 자초하느냐?'

11 그러나 아마샤는 듣지 않았습니다. 그리하여 이스라엘 왕 요아스가 유다와 싸우러 나갔습니다. 요아스와 유다 왕 아마샤는 유다의 벧세메스에서 서로 맞닥뜨리게 됐습니다.

12 유다 사람들은 이스라엘에 패하자 흩어져 각자 자기 집으로 도망갔습니다. 삼상 4:10

13 이스라엘 왕 요아스는 아하시야의 손자이며 요아스의 아들인 유다 왕 아마샤를 벧세메스에서 사로잡았습니다. 그리고 나서 요아스는 예루살렘으로 가서 예루살렘 성벽의 에브라임 문에서부터 모퉁이 문까지 400규빗을 무너뜨렸습니다. 대하 25:23

14 요아스는 여호와의 성전과 왕궁 창고에 있던 모든 금과 은과 모든 기물들을 가져갔습니다. 또 사람들을 인질로 사로잡아 사마리아로 데려갔습니다. 12:18;왕상 7:51

15 요아스가 죽음 요아스의 다른 모든 일과 요아스의 업적과 그가 유다 왕 아마샤와 싸운 일은 이스라엘 왕들의 역대기에 기록돼 있습니다. 13:12-13

16 요아스는 자기 조상들과 함께 잠들고 이스라엘 왕들과 함께 사마리아에 묻혔습니다. 그리고 그의 아들 여로보암이 뒤를 이어 왕이 됐습니다.

17 계속되는 아마샤의 통치 유다 왕 요아스의 아들 아마샤는 이스라엘 왕 여호아하스의 아들 요아스가 죽은 뒤 15년을 더 살았습니다.

18 아마샤가 암살당함 아마샤의 다른 모든 일은 유다 왕들의 역대기에 기록돼 있습니다.

19 예루살렘에서 아마샤 왕을 반역하는 음모가 있었습니다. 아마샤가 라기스로 피신했는데 반역자들은 사람을 보내 라기스까지 그를 뒤쫓았고 거기서 그를 죽였습니다.

20 그들은 죽은 아마샤를 말에 태워 끌고 가 그 조상들과 함께 다윗 성 예루살렘에 묻었습니다.

21 아사랴(웃시야)를 왕으로 삼음 그 후 온 유다 백성들은 16세인 아사랴를 데려다가 그의 아버지 아마샤를 대신해 왕으로 삼았습니다.

22 엘랏을 재건축함 그는 아마샤가 자기 조상들과 함께 잠든 후 엘랏을 건축해 유다 땅으로 되돌려 놓았습니다. 16:6;신 2:8;대하 8:17;26:2

23 여로보암 2세의 통치 유다 왕 요아스의 아들 아마샤 15년에 이스라엘 왕 요아스의 아들 여로보암이 사마리아에서 왕이 됐고 그는 41년 동안 다스렸습니다.

24 여로보암의 죄악 여로보암은 여호와 보시기에 악을 저질렀고 이스라엘에게 죄짓게 한 느밧의 아들 여로보암의 모든 죄를 떠나지 않았습니다. 왕상 14:16

25 이스라엘의 회복 여로보암은 하맛 어귀에서부터 아라바 바다까지 이스라엘의 국경을 회복시켰습니다. 그것은 이스라엘의 하나님 여호와께서 그분의 종인 가드헤벨 출신

아밋대의 아들인 예언자 요나를 통해 하신 말씀에 따른 것이었습니다.

26 여호와께서 이스라엘의 고통이 얼마나 심한지 보신 것입니다. 종이나 자유인이나 이스라엘을 돕는 사람이 없었습니다. ^{13:4}

27 여호와께서는 이스라엘의 이름을 하늘 아래에서 지워 버리겠다고 하신 적이 없으셨기 때문에 요아스의 아들 여로보암의 손으로 그들을 구해 내셨습니다. ^{13:5,23}

28 여로보암 2세가 죽음 여로보암의 다른 일들과 그가 한 모든 일, 곧 전쟁을 일으킬 것과 또 다메섹과 하맛을 유다 이스라엘에 편입시킨 일 등 그의 군사적 업적들은 이스라엘 왕들의 역대기에 기록돼 있습니다.

29 여로보암은 자기 조상들, 곧 이스라엘 왕들과 함께 잠들었습니다. 그리고 여로보암의 아들 스가랴가 뒤를 이어 왕이 됐습니다.

15 아사라의 통치 이스라엘 왕 여로보암 27년에 유다 왕 아마샤의 아들 아사라가 다스리기 시작했습니다.

2 아사라는 16세에 왕이 돼 예루살렘에서 52년 동안 다스렸습니다. 그의 어머니의 이름은 여골리아로 예루살렘 출신이었습니다.

3 아사라는 자기 아버지 아마샤가 했던 것처럼 여호와 보시기에 올바르게 행했습니다.

4 남아 있는 산당 그러나 산당들은 아직 없애지 않았습니다. 그래서 백성들이 여전히 여러 산당에서 제사와 분향을 했습니다.

5 아사라의 나병 여호와께서 왕을 벌하셨으므로 아사라는 죽는 날까지 나병 환자가 돼 괴로움을 겪으며 별채에서 살았으니

다. 왕의 아들 요담이 왕궁 일을 관리하고 그 땅의 백성들을 다스렸습니다. ^{5-7절}

6 아사라가 죽음 아사라의 다른 일들과 그가 한 모든 일은 유다 왕들의 역대기에 기록돼 있습니다.

7 아사라는 자기 조상들과 함께 잠들었고 자기 조상들과 함께 다윗 성에 묻혔습니다. 그리고 아사라의 아들 요담이 뒤를 이어 왕이 됐습니다. ^{대하 26:23}

8 스가랴의 행적 유다 왕 아사라 38년에 여로보암의 아들 스가랴가 사마리아에서 이스라엘 왕이 돼 6개월 동안 다스렸습니다.

9 스가랴는 자기 아버지가 그랬던 것처럼 여호와 보시기에 악을 저질렀습니다. 스가랴는 이스라엘에게 죄짓게 한 느밧의 아들 여로보암의 죄를 떠나지 못했습니다.

10 스가랴가 암살당함 야베스의 아들 살룸이 음모를 꾸며 스가랴에게 반역하고 스가랴를 백성들 앞에서 죽이고 뒤이어 왕위에 올랐습니다. ^{암 7:9}

11 스가랴의 다른 모든 일은 이스라엘 왕들의 역대기에 기록돼 있습니다.

12 여후에게 한 약속이 성취됨 여호와께서 예후에게 "네 자손들이 4대까지 이스라엘의 왕좌에 앉을 것이다" 하고 말씀하신 대로 이뤄졌습니다. ^{10:30}

13 살룸이 암살당함 야베스의 아들 살룸은 유다 왕 웃시야 39년에 왕이 돼 사마리아에서 한 달 동안 다스렸습니다. ^{13절:왕상 16:24}

14 가디의 아들 므나헴이 디르사에서 사마리아로 올라 사마리아에서 야베스의 아들 살

북왕국 이스라엘의 첫 번째 왕 여

여로보암의 죄가 뭔가요?

로보암은 왕위를 공고히 다지기 위해 금송아지 우상을 만들어 벧엘과 단에 두었어요(왕상 12:26-29). 이것은 이스라엘 백성들이 예루살렘으로 가서 하나님께 제사 드리는 것을 막으려고 한 것이에요. 또 산당들을 짓고 레위 자손이 아닌 보통 사람들을 제사장으로 삼아 제사 드리게 했어요(왕상 12:31). 모세의 율법에 따라 일곱 번째 달 15일에 지키던 초막절도 날짜를 변경해 여덟 번째 달 15일에 지내게 했어요(왕상 12:32-33).

이러한 여로보암의 우상 숭배는 이후 이스라엘의 모든 왕들이 계속해서 하나님께 죄를 짓게 하는 원인이 됐어요.

룸을 죽이고 그를 대신해 왕이 됐습니다.

15 살룸의 다른 모든 일과 그가 주도한 모반 사건은 이스라엘 왕들의 역대기에 기록돼 있습니다.

16 이스라엘 왕 므나헴 그때 므나헴은 디르사에서 와서 딥사와 그 성 모든 사람들과 딥사의 주변 지역을 공격했습니다. 딥사 성의 사람들이 므나헴에게 성문을 열어 주지 않았기 때문에 므나헴은 딥사를 공격하고 모든 임산부들의 배를 가르기까지 했습니다.

17 유다 왕 아사랴 39년에 가디의 아들 므나헴이 이스라엘 왕이 돼 사마리아에서 10년 동안 다스렸습니다.

18 므나헴의 행적 므나헴은 여호와 보시기에 악을 저질렀습니다. 그는 다스리는 동안 이스라엘에게 죄짓게 한 느밧의 아들 여로보암의 죄를 떠나지 않았습니다.

19 앗시리아의 침략 앗시리아 왕 불이 그 땅을 침략했습니다. 므나헴은 왕권을 견고히 세우기 위해 불에게 은 1,000달란트를 주었습니다. 14:5;대상 5:26

20 므나헴은 앗시리아 왕에게 돈을 주기 위해 이스라엘의 모든 부자들에게 돈을 걷었는데 한 사람당 은 50세겔씩을 거두었습니다. 이렇게 해서 앗시리아 왕은 그 땅에 더 이상 머물지 않고 물러갔습니다.

21 므나헴이 죽음 므나헴의 다른 일들과 그가 한 모든 일은 이스라엘 왕들의 역대기에 기록돼 있습니다.

22 므나헴은 자기 조상들과 함께 잠들었습니다. 그리고 므나헴의 아들 브가히야가 뒤를 이어 왕이 됐습니다.

23 이스라엘 왕 브가히야 유다 왕 아사랴 50년에 므나헴의 아들 브가히야가 사마리아에서 이스라엘 왕이 돼 2년 동안 다스렸습니다.

24 브가히야의 행적 브가히야는 여호와 보시기에 악을 저질렀습니다. 브가히야는 이스라엘에게 죄짓게 한 느밧의 아들 여로보암의 죄를 떠나지 않았습니다.

25 브가히야가 암살당함 브가히야의 관리들 가운데 한 사람인 르말랴의 아들 베가가 길르앗 사람 50명과 함께 브가히야를 반역했습니다. 그들은 사마리아 왕궁 요새에서 브가히야를 죽이고 아르곱과 아리에도 죽였습니다. 이렇게 베가는 브가히야를 죽이고 뒤이어 왕이 됐습니다. 왕상 16:18

26 브가히야의 다른 일들과 그가 한 모든 일은 이스라엘 왕들의 역대기에 기록돼 있습니다.

27 베가의 통치 유다 왕 아사랴 52년에 르말랴의 아들 베가가 사마리아에서 이스라엘 왕이 돼 20년 동안 다스렸습니다.

28 베가의 행적 베가는 여호와 보시기에 악을 저질렀습니다. 그는 이스라엘에게 죄짓게 한 느밧의 아들 여로보암의 죄를 떠나지 않았습니다.

29 처음 포로들이 잡혀감 이스라엘의 베가 왕 시대에 앗시리아 왕 디글랏 빌레셀이 와서 이욘, 아벨 벧마아가, 야노아, 게데스, 하솔, 길르앗, 갈릴리, 납달리 온 땅을 빼앗았고 이스라엘 백성들을 포로로 잡아 앗시리아로 끌고 갔습니다. 왕상 15:20;대상 5:26

아사랴의 이름

유다 제10대 왕의 이름이 열왕기하 14장 21절에는 아사랴(여호와께서 도우심)로, 역대하 26장 1절에는 웃시야(여호와가 나의 힘)로 다르게 적혀 있었다. 기록하는 사람이 실수한 걸까? 아니다. 두 개의 이름으로 불렸던 것이다. 두 본문의 계보나 행적을 살펴보면 분명히 같은 사람이다. 그는 아버지 아마샤처럼 정직하게 행했지만 산당을 제거하지 않았고, 교만해져서 여호와의 전에 분향을 하려고 했다(대하 26:16). 분향은 제사장만이 할 수 있는 일인데(민 18:1-7) 월권행위를 한 것이다. 하나님은 이런 아사랴를 나병에 걸리게 하셨고, 그는 죽는 날까지 별궁에 갇혀서 살았다. 나병에 걸린 채 죽음을 맞이한 아사랴는 왕들의 무덤에 묻히지 못했다(대하 26:23).

30 베가가 암살당함 그 후 웃시야의 아들 요담 20년에 엘라의 아들 호세아가 르말랴의 아들 베가를 반역해 그를 죽이고 뒤를 이어 왕이 됐습니다. 17:1

31 베가의 다른 일들과 그가 한 모든 일은 이스라엘 왕들의 역대기에 기록돼 있습니다.

32 요담의 통치 이스라엘 왕 르말랴의 아들 베가 2년에 유다 왕 웃시야의 아들 요담이 다스리기 시작했습니다.

33 요담은 25세에 왕이 됐고 예루살렘에서 16년 동안 다스렸습니다. 그의 어머니의 이름은 여루사로 사독의 딸이었습니다.

34 요담의 행적 요담은 자기 아버지 웃시야가 한 대로 여호와 보시기에 올바르게 행동했습니다. 3절;대하 27:6

35 그러나 산당들을 없애지는 않았습니다. 그래서 백성들이 여전히 여러 산당에서 제사와 분향을 했습니다. 요담은 여호와의 성전의 윗문을 건축했습니다. 대하 23:20

36 요담이 죽음 요담의 다른 일들과 그가 한 일들은 유다 왕들의 역대기에 기록돼 있습니다.

37 아람과 이스라엘의 공격 그때 여호와께서 아람 왕 르신과 르말랴의 아들 베가를 보내 유다를 공격하게 하셨습니다. 16:5

38 아하스의 통치 요담은 자기 조상들과 함께 잠들었고 자기 조상 다윗의 성에 그 조상들과 함께 묻혔습니다. 그리고 요담의 아들 아하스가 뒤를 이어 왕이 됐습니다.

16

르말랴의 아들 베가 17년에 유다 왕 요담의 아들 아하스가 다스리기 시작했습니다.

2 아하스는 20세에 왕이 됐고 예루살렘에서 16년 동안 다스렸습니다. 아하스는 그 조상 다윗과는 달리 그의 하나님 여호와 보시기에 올바른 일을 하지 못했습니다.

3 아하스의 악행 아하스는 이스라엘 왕들의 길을 그대로 따라 했고 여호와께서 이스라엘 자손들 앞에서 쫓아내신 민족들의 혐오스러운 일을 본받아 *자기 아들을 불 속으로 지나가게까지 했습니다. 신 12:31

4 그는 산당과 산꼭대기와 푸른 나무 아래에서 제사하고 분향했습니다. 14:4;신 12:2

5 유다의 패배 그 후 아람 왕 르신과 르말랴의 아들인 이스라엘 왕 베가가 예루살렘으로 올라와 전쟁을 일으켰습니다. 그들은 아하스를 포위했지만 굴복시키지는 못했습니다.

6 그때 아람 왕 르신이 엘랏을 빼앗아 아람에 편입시키고 엘랏에서 유다 사람들을 쫓아냈습니다. 그러자 에돔 사람들은 엘랏으로 옮겨 갔습니다. 그리하여 에돔 사람들이 오늘날까지 엘랏에서 살고 있습니다.

7 아하스가 앗시리아에게 도움을 청함 아하스가 앗시리아 왕 디글랏 빌레셀에게 사람을 보내 말했습니다. "나는 당신의 종이며 당신의 아들입니다. 아람 왕과 이스라엘 왕이 나를 공격하고 있으니 올라와 나를 그들의 손에서 구해 주십시오." 대하 28:16

8 그리고 아하스는 여호와의 성전과 왕궁 금고에 있던 은과 금을 가져다가 앗시리아 왕에게 선물로 보냈습니다. 12:18

9 앗시리아 왕이 다메섹을 취함 앗시리아 왕은 그 말을 듣고 다메섹을 치러 올라가 그 성을 함락시켰습니다. 앗시리아 왕은 다메섹 거주민들을 포로로 잡아 길 성으로 끌고 갔고 르신을 죽였습니다. 대하 28:21

10 아하스가 다메섹의 제단을 본뜸 그러자 아하스 왕이 다메섹으로 가서 앗시리아 왕 디글랏 빌레셀을 만났습니다. 그는 다메섹에 있는 제단을 보고는 제단의 모형도와 세밀한 구조를 그려 제사장 우리야에게 보냈습니다.

11 그러자 제사장 우리야는 아하스 왕이 다메섹에서 보낸 것대로 제단을 만들었고 아하스 왕이 다메섹에서 돌아오기 전에 제단 건축을 다 끝내 놓았습니다.

12 새 제단에서 여호와께 제사를 드림 아하스 왕은 다메섹에서 돌아와 제단을 보고 다가가 그 위에 제물을 드렸습니다.

13 아하스는 번제와 곡식제사를 드렸고 전제

불 (15:19, Pul) '디글랏 빌레셀'의 또 다른 이름.
16:3 또는 '아들을 불에 태워 제물로 바쳤다.'

를 붓고 화목제의 피를 제단 위에 뿌렸습니다.

14 그는 또한 여호와 앞에 있었던 청동 제단을 성전 앞, 곧 새 제단과 여호와의 성전 사이에서 가져다가 새 제단 북쪽에 두었습니다.

15 제사 방법을 명함 그러고 나서 아하스 왕은 제사장 우리야에게 이런 명령을 내렸습니다. "저 새로 만든 큰 제단 위에 아침 번제물과 저녁 곡식제물과 왕의 번제물과 곡식제물과 이 땅 모든 백성들의 번제물과 곡식제물과 전제물을 드려라. 번제물의 피와 희생제물의 피를 모두 이 제단에 뿌려라. 이 청동 제단은 내가 여호와의 말씀을 구할 때 쓸 것이다." 14절, 출 29:39-41

16 그리하여 제사장 우리야는 아하스 왕이 시키는 대로 했습니다.

17 옛 제단의 파괴 아하스 왕은 청동대야 받침의 옆면에 있는 청동판을 떼어 내고 청동대야를 거기에서 옮기고 청동 소가 받치고 있는 청동 바다를 떼어 내 돌 받침 위에 얹었습니다. 왕상 7:23,25,27-28,38

18 그는 성전 안에 지어진 안식일에 이용하는 현관을 치웠고 앗시리아 왕에게 경의를 표하기 위해 여호와의 성전 바깥에 있는 왕의 출입로를 없애 버렸습니다.

19 아하스가 죽음 아하스의 다른 일들은 유다 왕들의 역대기에 기록돼 있습니다.

20 아하스는 자기 조상들과 함께 잠들었고 다윗 성에 그 조상들과 함께 묻혔습니다. 그리고 아하스의 아들 히스기야가 뒤를 이어 왕이 됐습니다. 대하 28:27

17

이스라엘 왕 호세아 유다 왕 아하스 12년에 엘라의 아들 호세아가 사마리아에서 이스라엘 왕이 돼 9년 동안 다스렸습니다. 15:30

2 호세아는 여호와 보시기에 악을 저질렀지만 이전의 이스라엘 왕들과는 달랐습니다.

3 살만에셀의 종이 된 호세아 앗시리아 왕 살만에셀이 호세아를 공격하려고 올라왔습니다. 호세아는 살만에셀의 종이 돼 그에게 조공을 바쳤습니다. 3-7절;18:9-12;호 10:14

4 동맹 맺음이 발각됨 그러나 앗시리아 왕은 호세아가 반역하고 있음을 알아챘습니다. 호세아가 해마다 앗시리아 왕에게 바치던 조공을 끊고 이집트 왕 소에게 사절을 보낸 것입니다. 그리하여 앗시리아 왕은 호세아를 잡아 감옥에 가두었습니다.

5 3년간의 포위 앗시리아 왕은 이스라엘 모든 지방을 침략했고 사마리아까지 올라가 3년 동안 그곳을 포위했습니다.

6 이스라엘이 포로가 됨 호세아 9년에 앗시리아 왕은 사마리아를 함락시켰고 이스라엘 사람들을 앗시리아로 끌고 가 할라와 *하볼 강 가에 있는 고산과 메대 사람들의 여러 성에 정착시켰습니다. 18:11;대상 5:26;사 37:12

7 이스라엘이 멸망한 이유 이 모든 일은 이스라엘 자손이 자기들을 이집트에서 이끌어 내 이집트 왕 바로의 손에서 벗어나게 해 주신 자기들의 하나님 여호와께 죄를 지었기 때문에 일어난 것입니다. 또 그들이 다른 신들을 경외하고 출 20:2;레 25:38

People 아하스

20세에 유다의 왕이 된 아하스는 하나님의 뜻을 행하지 않고 이방 민족의 풍습을 본받아 자기 아들을 우상에게 산 채로 불태워 제물로 바쳤으며, 산당과 산꼭대기와 푸른 나무 아래서 우상에게 제사를 지냈다.

아람과 북이스라엘이 함께 예루살렘을 침략해 왔을 때 아시리아의 조언을 듣지 않고, 앗시리아 왕 디글랏 빌레셀에게 도움을 구했다. 이 때문에 앗시리아의 지배를 받게 되었다. 또 앗시리아의 종교를 받아들여 예루살렘 성전의 청동 제단을 앗시리아 식으로 바꾸었□□□□□□다.

요담의 아들이며 히스기야의 아버지인 아하스는 왕들의 무덤에 묻히지 못했다.

아하스가 나오는 말씀
>> 왕하 16장;
대하 28장

8 여호와께서 이스라엘 자손들 앞에서 쫓아내신 나라들의 관습과 이스라엘 왕들이 행한 잘못들을 그대로 따라 했기 때문입니다.

9 이스라엘 자손들은 그들의 하나님 여호와 모르게 옳지 않은 일을 했습니다. 망대부터 성곽까지 자기들의 온 성에 산당을 지은 것입니다. 18:8

10 그들은 자기들을 위해 산꼭대기마다 푸른 나무 아래 목상과 아세라 상을 세워 놓았습니다. 출 23:24;왕상 14:23;미 5:14

11 그리고 그 모든 산당에서 이스라엘 자손들은 여호와께서 그들 앞에서 쫓아내신 나라들이 했던 것처럼 분향했습니다. 이스라엘 자손들은 악을 행해 여호와의 진노를 자아냈습니다.

12 여호와께서 "너희는 이렇게 하지 말라"고 말씀하셨음에도 불구하고 그들은 우상을 숭배했습니다. 출 20:4

13 예언자의 경고를 무시함 그래도 여호와께서는 모든 예언자들과 선견자들을 통해 이스라엘과 유다에 경고하셨습니다. "너희는 악한 길에서 떠나고 내가 네 조상들에게 명령하고 내 종 예언자들을 통해 너희에게 보낸 그 모든 율법에 따라 내 계명과 규례를 지키라." 렘 18:11;25:5;35:15

14 그러나 이스라엘 백성은 듣지 않았고 그들의 하나님 여호와를 믿지 않았던 조상들처럼 고집스럽게 행했습니다. 신 9:6;31:27

15 이스라엘의 죄 그들은 여호와의 규례와 여호와께서 그 조상들과 맺으신 그 언약과 그들을 향해 경고하신 말씀을 모두 거부했습니다. 그들은 우상들을 따라 스스로 우상 숭배자가 됐습니다. 여호와께서 그들에게 "저들처럼 하지 말라"고 명령하셨음에도 이웃 나라들을 따랐습니다. 롬 1:21

16 이렇게 이스라엘 백성은 하나님 여호와의 모든 명령을 버리고 떠나 자기들을 위해 송아지 모양의 우상 두 개와 아세라 상을

만들었습니다. 또 하늘의 별 무리를 숭배하고 바알을 섬겼습니다. 21:3;23:5;왕상 16:31,33

17 그들은 자기 아들딸들을 *불 속으로 지나가게 하고 점술과 마법을 행하고 자신을 팔아 여호와 보시기에 악을 행하며 여호와의 진노를 자아냈습니다. 16:3;레 18:21

18 유다도 온전치 못함 그러므로 여호와께서는 이스라엘에 크게 진노하시고 이스라엘 백성을 그분 앞에서 쫓아내셨습니다. 그리하여 유다 지파밖에 남은 지파가 없었습니다.

19 그러나 유다조차도 그 하나님 여호와의 명령을 지키지 않고 이스라엘이 만들어 낸 규례를 따랐습니다. 렘 3:8

20 그리하여 여호와께서는 온 이스라엘 자손들을 저버리셨습니다. 여호와께서 이스라엘 백성을 벌하셔서 약탈자의 손에 넘겨 주어 그분 앞에서 쫓아내셨습니다. 삿 2:14

21 여로보암의 죄 여호와께서 이스라엘을 다윗의 집에서 찢어 내고 두 나라로 나누셨을 때 이스라엘은 느밧의 아들 여로보암을 왕으로 삼았습니다. 여로보암은 이스라엘이 여호와를 떠나도록 꾀어내고 그들로 큰 죄

이스라엘 멸망의 원인들

앗시리아 왕은 이스라엘을 점령하고 백성들을 포로로 잡아갔다.

1. 하나님의 경고를 듣지 않았다. 하나님을 믿지 않고 고집스럽게 행했다(왕하 17:14).

2. 여호와의 규례, 언약, 경고하신 말씀을 모두 거부했다(왕하 17:15).

3. 우상을 숭배했고 이웃 나라들의 풍속을 본받았다(왕하 17:15).

4. 송아지 모양의 우상 두 개와 아세라 상을 만들었다. 하늘의 별무리를 숭배하고 바알을 섬겼다(왕하 17:16).

5. 아들들과 딸들을 불 속으로 지나가게 하는 제사를 드렸다(왕하 17:17).

6. 점술과 마법을 행하고 자신을 팔아 악을 행했다(왕하 17:17).

청동대야(16:17, bronze basin) 또는 '물두멍.'
17:6 또는 '고산 강 가에 있는 하볼.'
17:17 또는 '불살라 제물로 바치는 일도 했다.'

를 짓게 했습니다. _{왕상 11:11,31:12:20:14:16}

22 이스라엘 자손들은 여로보암이 지은 모든 죄들을 따르고 그 길을 떠나지 않았습니다.

23 그래서 여호와께서 그의 모든 종들, 곧 예언자들을 통해 경고하신 대로 이스라엘을 그 앞에서 쫓아내신 것입니다. 이렇게 이스라엘은 자기 고향 땅에서 쫓겨나 앗시리아에 포로로 끌려갔고 오늘까지 이르게 됐습니다. _{6,13절}

24 사마리아에 거주하는 이방인들 앗시리아 왕은 바벨론과 구다와 아와와 하맛과 스발와임에서 사람들을 데려다가 이스라엘 자손들을 대신해 사마리아 여러 성에 정착시켰습니다. 그들은 사마리아를 차지하고 여러 성에서 살았습니다. _{30-31절:18:34:스 4:2,10}

25 이주자들이 사자의 공격을 받음 각 민족들이 그곳에 처음 살 때는 여호와를 경외하지 않았습니다. 그리하여 여호와께서는 그들에게 사자들을 보내셔서 그들 몇 사람을 죽게 하셨습니다.

 남유다와 북이스라엘에서 활동한 예언자들

북이스라엘

아히야(BC 922-901)	여로보암의 멸망을 예언함
예후(BC 909-886)	우상 숭배자 바아사의 멸망을 예언함
엘리야(BC 875-848)	아합의 멸망을 예언함(죽지 않고 승천)
미가야(BC 869-850)	아합의 죽음을 예언함
엘리사(BC 848-797)	아합 가문의 멸망을 예언함(각종 기적을 행하고 죽은 후에도 죽은 이를 살림)
호세아(BC 755-715)	하나님을 버리고 외세에 의존한 이스라엘 백성을 책망함
아모스(BC 782-739)	이스라엘에 대한 심판과 회복을 예언함
요나(BC 782-750)	니느웨에서 심판을 선언함
	이스라엘의 부흥을 예언함
오뎃(BC 736-732)	베가에게 유다 사람 포로 석방을 요구함

남유다

스마야(BC 922-915)	르호보암에게 전쟁을 만류함
아사랴(BC 913-873)	아사에게 언약 이행을 촉구함
하나니(BC 910-909)	아사의 이방 외교 정책을 책망함
예후(BC 908-886)	여호사밧이 이스라엘에 대한 정책을 책망함
야하시엘(BC 873-849)	모압, 암몬, 연합군에 대한 승리를 예언함
엘리에셀(BC 873-849)	여호사밧이 아하시야와 교류하는 것을 책망함
엘리야(BC 875-848)	여호람이 창자가 빠져 죽을 것을 예언함
스가랴(BC 835-800)	요아스의 우상 숭배를 책망함
요엘(BC 835-796)	성령 강림을 예언함
이사야(BC 740-680)	열방과 유다의 멸망을 예언함
미가(BC 740-690)	유다에 대한 심판과 회복을 예언함
나훔(BC 661-612)	앗시리아의 멸망을 예언함
하박국(BC 610-599)	바벨론의 멸망을 예언함
훌다(BC 640-609)	유다의 멸망을 예언함
스바냐(BC 630)	여호와의 날 심판을 예언함
예레미야(BC 627-586)	시드기야에게 유다의 멸망을 예언함

편집자주: 섬정 기간에 따른 중복, 남유다·북이스라엘 중 어느 쪽에 기준을 두느냐에 따라 연대 산출이 조금씩 다를 수 있다.

26 이것이 앗시리아 왕에게 보고됐습니다. "왕께서 이주시켜 사마리아 여러 성에 정착한 사람들은 그 땅 신의 법도를 모르고 있습니다. 그래서 그가 사자들을 보내 그들을 죽였는데 그것은 그 사람들이 그 땅 신의 법도를 모르기 때문인 듯합니다."

27 **혼합주의 신앙** 그러자 앗시리아 왕은 이런 명령을 내렸습니다. "그곳에서 포로로 끌고 온 제사장들 가운데 한 사람을 그곳으로 돌려보내 살게 하고 그 땅 신의 법도를 그 백성들에게 가르쳐 주도록 하라."

28 그리하여 사마리아에서 포로로 잡혀간 제사장들 가운데 한 사람이 와서 벧엘에 살게 됐고 여호와를 경외하는 법을 그들에게 가르쳐 주었습니다. 왕상 12:29

29 그럼에도 불구하고 각 민족은 자기들이 거주하고 있는 여러 성에서 자기의 신들을 만들었고 사마리아 사람들이 만들어 놓은 여러 산당에 갖다 두었습니다.

30 바벨론 사람들은 숙곳브놋을 만들었고 굿 사람들은 네르갈을 만들었으며 하맛 사람들은 아시마를 만들었고 24절

31 아와 사람들은 닙하스와 다르닥을 만들었고 스발와임 사람들은 자기 자식들을 불에 태워 스발와임의 신들인 아드람멜렉과 아남멜렉에게 바쳤습니다. 17절상 19:37

32 그들은 여호와를 경외하여 각계각층에서 자기들을 위해 산당의 제사장들을 뽑아 그 산당에서 자기들을 위해 제사를 드리도록 했습니다. 29절왕상 12:31

33 이주한 각 민족은 여호와를 경외했지만 그와 동시에 자기들이 원래 고향에서 가져온 관습에 따라 자기들의 신들도 섬겼습니다. 습 1:5

34 오늘날까지 그들은 본래의 관습을 고집하고 있습니다. 그들은 여호와를 경외하지도 않고 여호와께서 전에 이스라엘이라 이름하신 야곱의 자손들에게 주신 규례와 법도와 율법과 계명을 지키지 않고 있습니다.

35 여호와께서는 이스라엘 자손들과 언약을 맺으시며 이스라엘 자손들에게 이렇게 명령하셨습니다. "너희는 다른 신들을 경외하지 말고 그들에게 절하지 말며 섬기지 말고 제사하지도 말라. 왕상 20:5삿 6:10

36 너희는 오직 강한 능력과 쭉 뻗친 팔로 너희를 이집트 땅에서 이끌어 낸 여호와만을 경외하고 여호와만을 경배하며 여호와께만 제물을 드릴 것이며 7절출 6:6신 4:34

37 여호와께서 너희를 위해 기록한 규례와 법도와 율법과 계명을 영원히 지키고 다른 신들을 경외하지 말라. 신 5:32

38 내가 너희와 맺은 언약을 너희는 잊지 말고 다른 신들을 경외하지 말라. 신 4:23

39 오직 너희 하나님 여호와를 경외하라. 그분이 너희를 모든 원수들의 손에서 구하실 것이다."

40 그러나 이 민족들은 듣지 않았고 본래의 관습을 고집했습니다.

41 이렇게 그들은 여호와를 경외하고 또 우상들을 섬겼습니다. 그리하여 오늘날까지도 그들의 자자손손이 그 조상들이 하던 대로 계속하고 있습니다. 32절

18 히스기야의 통치 이스라엘 왕 엘라의 아들 호세아 3년에 유다 왕 아하스의 아들 히스기야가 다스리기 시작했습니다.

2 히스기야는 25세에 왕이 돼 예루살렘에서 29년 동안 다스렸습니다. 그의 어머니의 이름은 아비로 스가리야의 딸이었습니다.

3 **히스기야의 우상 타파** 히스기야는 자기 조상 다윗이 한 모든 것을 따라 여호와 보시기에 정직한 일을 했습니다. 20:3대하 31:20

4 그는 산당들을 없애고 주상들을 깨 버렸으며 아세라 상을 찍고 모세가 만든 청동 뱀을 산산조각 냈습니다. 그때까지도 이스라엘 자손들이 그것을 느후스단이라 부르면서 분향했기 때문입니다. 민 21:8-9

5 히스기야는 이스라엘의 하나님 여호와를 신뢰했습니다. 모든 유다 왕들 가운데 그만 한 사람은 그 전에도, 그 후에도 없었습니다. 19:10;23:25

6 그는 여호와를 굳건히 의지해 그분을 떠나지 않고 따랐으며 여호와께서 모세에게 주

신 계명들을 지켰습니다. 신 10:20;수 23:8

7 여호와께서 히스기야와 함께하셨기에 그는 가는 곳마다 번영했습니다. 히스기야는 앗시리아 왕에 대항하고 더 이상 그를 섬기지 않았습니다. 16:7;대하 15:2

8 히스기야가 블레셋을 물리침 히스기야는 가사와 그 영토에 이르기까지 블레셋 사람들을 물리쳐서 망대와 견고한 성까지 다 점령했습니다. 17:9;사 14:29

9 사마리아가 함락됨 히스기야 왕 4년에, 곧 이스라엘 왕 엘라의 아들 호세아 7년에 앗시리아 왕 살만에셀이 사마리아로 진군해 포위했습니다. 9~12절;17:3~7

10 3년 동안의 전쟁 끝에 그들은 그 성을 차지하게 됐습니다. 히스기야 6년, 곧 이스라엘 왕 호세아 9년에 사마리아가 함락됐습니다.

11 앗시리아 왕은 이스라엘 백성들을 앗시리아까지 포로로 끌고 가 할라와 *하볼 강가에 있는 고산과 메대 사람의 여러 성에 정착시켰습니다. 17:6;대상 5:26

12 이런 일이 일어난 것은 이스라엘 백성들이 그들의 하나님 여호와의 말씀에 순종하지 않고 여호와의 언약과 여호와의 종 모세가 명령한 모든 것을 어겼기 때문입니다. 이스라엘 백성들은 여호와의 명령을 듣지도, 행하지도 않았습니다.

13 산헤립이 유다를 침입함 히스기야 왕 14년에 앗시리아 왕 산헤립이 성벽으로 둘러싸인 유다의 모든 견고한 성들을 공격해 함락시켰습니다. 13~37절;대하 32:1~20;사 36:1~22

14 유다가 조공을 바침 그러자 유다 왕 히스기야는 라기스에 있는 앗시리아 왕에게 사람을 보내 이렇게 말했습니다. "내가 잘못했습니다. 물러가 주기만 한다면 요구하는 대로 뭐든지 하겠습니다." 앗시리아 왕은 유다 왕 히스기야에게 은 300달란트와 금 30달란트의 조공을 요구했습니다. 23:33

15 그러자 히스기야는 그에게 여호와의 성전과 왕궁 창고에 있던 모든 은을 내주었습니다.

16 또 그때 유다 왕 히스기야는 여호와의 성전 문들의 금과 자기가 성전 기둥에 입혀 놓은 금을 앗시리아 왕에게 주었습니다.

17 전쟁 사령관의 위협 앗시리아 왕은 라기스에서 예루살렘을 공격하기 위해 큰 군대와 함께 다르단과 랍사리스와 랍사게를 히스기야 왕에게로 보냈습니다. 그들은 올라와 예루살렘에 도착해 '세탁자의 들판'으로 가는 길가 위쪽 연못의 수로 옆에 멈춰 섰습니다.

18 그들은 왕을 불러냈습니다. 그러자 왕궁 관리 대신에 힐기야의 아들 엘리야김과 서기관 셉나와 아삽의 아들인 역사를 기록하는 사람 요아가 그들에게 나갔습니다.

19 랍사게가 그들에게 말했습니다. "히스기야에게 이렇게 말하여라. '위대하신 왕 앗시리아 왕께서 말씀하신다. 네가 무엇을 믿고 이렇게 당당하냐?

20 네가 전략도 있고 군사력도 있다고 하지만 다 빈말일 뿐이다. 네가 도대체 누구 믿고 반역하는 것이냐?

21 이제 보아라. 네가 저 상한 갈대 지팡이인 이집트를 믿나 본데 만일 사람이 그것을 의지하면 그것이 의지한 그 사람의 손을 찌르고 들어간다. 이집트 왕 바로는 자기를

QT 쿠티

불편

'잘되면 내 탓, 못되면 조상 탓'이라는 속담이 있지요? 우리는 자신의 잘못을 보다내 핑계로 돌릴 때가 많죠.

너 때문이야!

유다 왕 히스기야는 선한 왕이었어요(왕하 18:1-3). 하지만 히스기야의 아버지인 아하스 왕은 사악한 사람이었어요(대하 28:1). 아하스 왕은 하나님의 눈앞에서 불의를 행했어요. 바알 신상을 만들고, 힌놈의 아들 골짜기에서 자기 아들들을 불에 넣어 제물로 바쳤어요(대하 28:2-4). 또 성전에서 기구들을 모아 버리고 성전 문을 닫아 버렸어요(대하 28:24).

히스기야 왕은 이런 악한 아버지 밑에서 자랐어도 하나님이 인정하시

믿고 의지하는 자들에게 다 그렇게 한다.

22 너희는 내게 너희 하나님 여호와를 믿는다고 하겠지만 히스기야가 유다와 예루살렘에 사는 백성에게 예루살렘에 있는 이 제단 앞에서만 경배해야 한다며 산당과 제단을 모두 없애 버리지 않았느냐? 4절

23 그러니 와서 내 주인인 앗시리아 왕과 내기하라. 만약 네가 말 탈 사람을 구할 수만 있다면 내가 네게 말 2,000마리를 줄 것이다.

24 네가 전차와 말들을 이집트에서 가져온다 한들 네가 내 주인의 신하들 가운데 가장 작은 한 사람이라도 물리칠 수 있겠느냐?

25 게다가 내가 여호와의 말씀도 받지 않고 이곳을 공격해 멸망시키려고 온 줄 아느냐? 여호와께서 직접 내게 이 나라로 진군해 멸망시키라고 하셨다.'"

26 대신들의 요청 그러자 힐기야의 아들 엘리야김과 셉나와 요아가 랍사게에게 말했습니다. "당신의 종들이 아람 말을 알아들으니 우리에게 아람 말로 말씀하시고 히브리 말로 하지 마십시오. 성벽에 있는 백성들이 듣고 있습니다." 스 4:7;단 2:4

27 전쟁 사령관의 조롱 그러나 랍사게가 대답했습니다. "내 주인이 나를 보내실 때 이런 말을 네 주인과 네게만 하고 성벽에 앉아 있는 저 사람들에게는 하지 말라고 하신 줄 아느냐? 저들도 너희처럼 자기 대변을 먹고 소변을 마시게 될 것이다."

28 그러고 나서 랍사게가 서서 히브리 말로 크게 외쳤습니다. "위대하신 왕 앗시리아 왕의 말씀을 들으라.

29 왕께서 하시는 말씀이다. '너희는 히스기야에게 속지 말라. 그가 너희를 내 손에서 구해 낼 수 없을 것이다.

30 히스기야가 너희로 여호와를 신뢰하라고 해도 설득당하지 말라. 그가 여호와께서 분명 너희를 구해 내실 것이며 이 성이 앗시리아 왕의 손에 넘어가지 않을 것이라고 말해 너희로 여호와를 신뢰하도록 설득하지 못하게 하라.

31 그의 말에 귀 기울이지 말라.' 앗시리아 왕이 하시는 말씀은 '나와 평화 조약을 맺고 내게로 나오라. 그리고 너희 모두가 각자 자기 포도나무와 무화과나무의 열매를 먹고 각자 자기 우물물을 마시라.

32 그러면 내가 가서 너희를 너희 땅과 같은 곳, 곧 곡식과 새 포도주가 나는 땅, 빵과 포도원이 있는 땅, 올리브 밭과 꿀이 있는 땅으로 데려갈 것이다. 너희는 그 땅에서 죽지 않고 살 것이다. 히스기야가 너희에게 '여호와께서 구해 내실 것이다' 하며 설득해도 그 말을 듣지 말라. 출 3:8;신 8:7-8

33 앗시리아 왕의 손에서 그 땅을 구해 낸 신이 있었느냐? 19:12;사 10:10-11

34 하맛과 아르밧의 신들이 어디 있느냐? 스발와임과 헤나와 이와의 신들이 어디 있느냐? 그들이 내 손에서 사마리아를 구해 냈느냐? 17:24;19:13;사 10:9

35 그 나라들의 모든 신들 가운데 누가 그 땅을 내 손에서 구해 낼 수 있었느냐? 그러니 여호와라고 내 손에서 예루살렘을 구해 낼 수 있겠느냐?'" 단 3:15

36 조롱에 대한 반응 그러나 백성들은 아무런 대답도 하지 않고 잠잠히 있었습니다. "대답하지 말라"는 왕의 명령이 있었기 때문입니다.

37 그러자 왕궁 관리 대신인 힐기야의 아들 엘리야김과 서기관 셉나와 아삽의 아들인 역사를 기록하는 사람 요아가 히스기야에게로 가서 옷을 찢으며 랍사게의 말을 전

는 정직한 왕이 되었어요. 현재 자신에게 주어진 가정 환경이 어떠하든지 자신의 삶은 스스로 책임져야 해요. 하나님께 도움을 구하며 어려운 환경을 극복해 나가는 적극적인 삶의 태도가 필요합니다.

길이읽기 시편 51편 17절을 읽으세요.

18:11 또는 '고산 강 가에 있는 하볼.'

했습니다. 18,26절;19:2;수 7:6

19

히스기야가 이사야와 상의함 이 말을 들은 히스기야 왕은 자기 옷을 찢고 굵은베 옷을 입은 후 여호와의 성전으로 들어갔습니다. 대하 32:20-22

2 그는 왕궁 관리 대신 엘리야김과 서기관 셉나와 나이 든 제사장들에게 모두 굵은베 옷을 입혀 아모스의 아들인 예언자 이사야에게로 보냈습니다.

3 그들이 이사야에게 말했습니다. "히스기야 왕께서 말씀하십니다. '오늘은 고난과 징계와 수치의 날입니다. 마치 아이가 나오려 하나 해산할 힘이 없는 것과 같습니다.

4 랍사게가 자기 주인 앗시리아 왕의 보냄을 받아 살아 계신 하나님을 조롱한 말을 당신의 하나님 여호와께서 다 들으셨을 것입니다. 당신의 하나님 여호와께서 들으신 바에 따라 그를 징계하실 것이니 아직 살아남아 있는 사람들을 위해 기도드려 주십시오.'" 16절;18:35;삼하 16:12;사 1:9

5 이사야의 예언 히스기야 왕의 신하들이 이사야에게 갔을 때

6 이사야가 그들에게 말했습니다. "너희 주인에게 말하라. 여호와께서 말씀하신다. '네가 들은 말, 곧 앗시리아 왕의 부하들이 나를 모독한 그 말로 인해 두려워하지 마라.

7 내가 반드시 그에게 한 영을 불어넣을 것이니 그가 어떤 소문을 듣고는 자기 땅으로 돌아가게 될 것이다. 그러면 내가 그를 자기 땅에서 칼에 맞아 죽게 할 것이다.'"

8 전쟁 사령관의 철수 랍사게가 앗시리아 왕이 이미 라기스를 떠났다는 말을 듣고는 돌아가 립나와 싸우고 있는 왕을 찾아갔습니다.

9 산헤립이 히스기야에게 편지를 씀 그때 산헤립은 에티오피아 왕 디르하가가 나와서 자기와 싸우려고 한다는 보고를 받았습니다. 그러자 산헤립은 다시 사람을 보내 히스기야에게 이런 말을 전했습니다.

10 "너는 유다 왕 히스기야에게 이렇게 말하여라. '네가 믿는 그 신이 예루살렘은 앗시리아 왕의 손에 넘어가지 않을 것이라 해도 속지 마라. 18:5,30

11 보아라. 너는 앗시리아 왕들이 많은 나라들을 완전히 멸망시키면서 어떻게 했는지 들

히스기야가 성전에서 산헤립 편지를 펴 놓고 하나님께 기도함

었을 것이다. 그런데 네가 구원받겠느냐?

12 내 조상들이 멸망시킨 그들을 그 나라의 신들이 구했더냐? 고산과 하란과 레셉의 신들과 들라살에 있는 에덴 사람들의 신들이 구해 주었더냐?

13 하맛 왕과 아르밧 왕과 스발와임 성의 왕과 헤나와 아와의 왕들이 다 어디 있느냐?'"

14 **히스기야의 기도** 히스기야는 그 사신들의 손에서 편지를 받아 읽었습니다. 그러고 나서 그는 여호와의 성전으로 올라가 여호와 앞에 그 편지를 펴 놓았습니다.

15 그리고 히스기야는 여호와 앞에 기도드렸습니다. "그룹들 사이에 계신 이스라엘의 하나님 여호와여, 오직 주만이 세상 모든 나라의 하나님이십니다. 주께서 하늘과 땅을 지으셨습니다.

16 여호와여, 귀를 기울여 들으소서. 여호와여, 눈을 열어 보소서. 산헤립이 살아 계신 하나님을 모독하는 말을 들어 보소서.

17 여호와여, 앗시리아 왕들이 그 나라들과 그 땅들을 폐허로 만든 것이 사실입니다.

18 또 그 왕들이 그들의 신들을 불 속에 던져 넣어 멸망시켰습니다. 그들은 신이 아니라 *사람 손으로 만든 나무 조각과 돌덩이였기* 때문입니다.   대하 32:19; 시 115:4

19 그러나 우리 하나님 여호와여, 이제 우리를 그 손에서 구하셔서 주만이 여호와 하나님이심을 세상의 모든 나라들이 알게 해 주십시오."

20 **이사야를 통한 하나님의 응답** 그러자 아모스의 아들 이사야가 히스기야에게 사람을 보내 말했습니다. "이스라엘의 하나님 여호와께서 말씀하십니다. '내가 앗시리아 왕 산헤립에 대한 네 기도를 들었다.'   20:5

21 이것은 여호와께서 산헤립을 향해 하신 말

씀입니다.

'처녀 딸 시온이 너를 경멸하고 너를 조롱했다. 딸 예루살렘이 도망하는 네 뒤에서 머리를 흔드는구나.   욥 16:4

22 네가 누구를 꾸짖고 모독했느냐? 네가 누구에게 목소리를 높이고 눈을 부릅떴느냐? 이스라엘의 거룩한 자가 아니냐?

23 너는 사자들을 보내 주를 조롱하며 말했다. 내가 무수한 전차를 이끌고 여러 산들의 꼭대기에 오르고 레바논의 경계까지 이르렀다. 내가 거기서 키 큰 백향목들과 숲에서 가장 좋은 잣나무들을 베어 냈다. 내가 국경 끝, 열매 많은 숲에 들어갔다.

24 내가 다른 나라에 우물을 파고 그곳에서 물을 마셨다. 내 발바닥으로 이집트의 모든 하천을 말려 버렸다고 했다.

25 네가 듣지 못했느냐? 내가 그것을 정했고 옛적에 그것을 계획했었다. 이제 내가 그것을 이루니 네가 견고한 성들을 돌무더기가 되게 한 것이다.   사 10:5; 45:7

26 그래서 거기 사는 백성들이 힘이 없고 놀라고 당황하게 됐다. 그들은 들풀과 푸른나물 같고 지붕 위에 난 풀과 자라기 전에 말라 버린 곡식 같다.   시 129:6

27 그러나 나는 네가 어디 머무는 것과 언

예루살렘 성 밖에서 히스기야를 조롱하는 랍사게

제 드나드는 것과 네가 내게 분노한 것을 다 알고 있다.

삼상 29:6

28 네가 내게 화를 내고 네 거만함이 내 귀에 미쳤으니 내가 네 코에 내 갈고리를 꿰고 네 입에 내 재갈을 물리며 네가 온 길로 다시 돌아가게 할 것이다.'

29 이것은 왕에게 보여 주는 표적입니다. 곧 네가 올해는 스스로 자라는 것을 먹고 내년에는 그것에서 나온 것을 먹을 것이다. 그러나 3년째에는 씨를 뿌리고 수확하며 포도원을 가꾸어 그 열매를 먹을 것이다.

30 유다 집에서 피하고 남은 사람들은 다시 한 번 땅 아래로 뿌리를 내리고 위로 열매를 낼 것이다.

대하 32:22-23

31 남은 사람들이 예루살렘에서 나오고 피한 사람들이 시온 산에서 나올 것이다. 만군의 여호와의 열심이 이 일을 성취할 것이다.'

사 9:7;10:20

32 그러므로 여호와께서 앗시리아 왕에 대해 말씀하십니다. '그가 이 성에 들어가지 못하겠고 거기에서 화살 하나도 쏘지 못할 것이다. 또 방패를 들고 그 앞에 오지도 못하고 토성을 쌓지도 못할 것이다.

33 그는 왔던 길로 돌아갈 것이고 이 성에 들어오지 못할 것이다.' 여호와께서 말씀하십니다.

28절

34 '내가 나를 위해, 또 내 종 다윗을 위해 이 성을 지켜 구할 것이다.'"

사 31:5;왕상 11:13

35 앗시리아 군사가 도망침 그날 밤에 여호와의 천사가 나가 앗시리아 진영에서 앗시리아 군사 18만 5,000명을 죽였습니다. 이튿날 아침 일찍 사람들이 일어나 보니 모두 죽은 시체뿐이었습니다.

출 12:23;삼하 24:16

36 그러자 앗시리아 왕 산헤립은 진영을 철수하고 물러갔습니다. 그는 니느웨로 돌아가 거기 머물렀습니다.

창 10:11;겔 12:1;나 1:1

37 산헤립이 암살당함 그러던 어느 날 산헤립이 자기 신 니스록의 신전에서 경배하고 있었는데 그의 아들 아드람멜렉과 사레셀이 산헤립을 칼로 치고는 아라랏 땅으로 도망갔습니다. 그리고 산헤립의 아들 에살핫돈이 뒤를 이어 왕이 됐습니다.

17:31

20

히스기야의 생명이 연장됨 그즈음에 히스기야가 병들어 죽게 됐습니다. 아모스의 아들 이사야 예언자가 히스기야에게 와서 말했습니다. "여호와께서 말씀하십니다. '네 집을 정리하여라. 네가 죽고 살지 못할 것이다.'"

1-11절

2 히스기야는 얼굴을 벽 쪽으로 돌리고 여호와께 기도했습니다.

3 "여호와여, 내가 주 앞에서 신실하게 온 마음을 다해 행하고 주께서 보시기에 선한 일을 했다는 것을 기억해 주십시오." 그리고 히스기야는 매우 슬프게 울었습니다.

4 이사야가 중간 뜰을 떠나기 전에 여호와의 말씀이 그에게 임했습니다.

5 "내 백성의 지도자 히스기야에게 돌아가서 말하여라. '네 조상 다윗의 하나님 여호와가 말한다. 내가 네 기도를 듣고 네 눈물을 보았다. 내가 반드시 너를 고쳐 줄 것이다. 지금부터 3일째 되는 날 너는 여호와의 성전으로 올라가거라.

삼상 9:16;사 56:8

6 그러면 네 수명을 15년 연장해 줄 것이다. 그리고 내가 너와 이 성을 앗시리아 왕의 손에서 구해 낼 것이다. 내가 나를 위해 또 내 종 다윗을 위해 이 성을 지켜 줄 것이다.'"

누가 좀 도와주세요!

히스기야 왕이 심각한 병에 걸렸어요. 예언자 이사야가 찾아와 왕이 살지 못할 것이라는 여호와의 말씀을 전했어요. 절망적인 상황에서 히스기야 왕은 얼굴을 벽에 돌리고 하나님께 간절히 눈물의 기도를 드렸어요(왕하 20:1-3). 눈물로 매달린 기도에 하나님은 히스기야의 병을 고쳐 주시고 15년을 더 살게 해 주셨어요.

7 그리고 나서 이사야가 말했습니다. "무화과 반죽을 준비하라." 그들은 그것을 준비해 히스기야의 종기에 발랐습니다. 그러자 히스기야가 회복됐습니다.

8 히스기야가 이사야에게 물었습니다. "여호와께서 나를 고치시고 내가 3일째 되는 날 여호와의 성전에 올라갈 거라는 표적이 무엇입니까?"

9 이사야가 대답했습니다. "왕에게 여호와께서 약속하신 일을 실행하실 거라는 표적이 이것이 있습니다. 해 그림자를 앞으로 10도 가게 할까요, 아니면 뒤로 10도 가게 할까요?"

19:29

10 히스기야가 말했습니다. "해 그림자가 앞으로 10도 가는 것은 쉬운 일입니다. 뒤로 10도 가게 해 주십시오."

시 102:11

11 그러자 예언자 이사야가 여호와께 간구했습니다. 여호와께서는 아하스의 해시계에 드리워진 그림자를 10도 뒤로 가게 하셨습니다.

수 10:12-13

12 **바벨론 사신들의 방문** 그때 발라단의 아들인 바벨론 왕 부로닥발라단이 히스기야에게 편지와 선물을 보내 왔습니다. 히스기야가 병들었다는 말을 들었기 때문입니다.

13 히스기야는 사신들의 말을 듣고 자기 창고에 있는 모든 것, 곧 은과 금과 향품과 귀한 기름과 자기 모든 무기 등 자기 보물 창고에 있는 모든 것을 보여 주었습니다. 왕궁과 온 나라 안에 있는 것들 가운데 그들*에게 보여 주지 않은 것이 없었습니다.*

14 그러자 예언자 이사야가 히스기야 왕에게 와서 물었습니다. "저 사람들이 무슨 말을 했습니까? 저들이 어디서 왔습니까?" 히스

기야가 말했습니다. "그들은 먼 나라 바벨론에서 왔습니다."

15 예언자가 물었습니다. "그들이 왕궁에서 무엇을 보았습니까?" 히스기야가 말했습니다. "그들은 내 왕궁에 있는 것을 다 보았습니다. 내 보물 가운데 내가 그들에게 보여 주지 않은 것은 하나도 없습니다."

16 그러자 이사야가 히스기야에게 말했습니다. "여호와의 말씀을 들으십시오.

17 '보아라. 네 왕궁에 있는 모든 것과 네 조상들이 오늘날까지 쌓아 둔 것들을 바벨론에 빼앗겨 아무것도 남지 않을 날이 반드시 올 것이다.' 여호와께서 말씀하십니다.

18 '또한 네가 낳을 네 혈육, 곧 네 자손들 가운데 일부는 끌려가 바벨론 왕의 궁전에서 내시가 될 것이다.'"

24:11;대하 33:11;단 1:3

19 그러자 히스기야가 이사야에게 대답했습니다. "당신이 전한 여호와의 말씀은 좋은 말씀입니다." 히스기야는 '적어도 내가 살아 있는 동안에는 평화와 안전이 있지 않겠는가?' 하고 생각했기 때문입니다.

20 히스기야가 죽음 히스기야의 다른 모든 일과 그의 모든 업적과 히스기야가 연못과 굴을 만들어서 그 성에 물을 댄 일 등은 유다 왕들의 역대기에 기록돼 있습니다.

21 히스기야는 자기 조상들과 함께 잠들고 히스기야의 아들 므낫세가 뒤를 이어 왕이 됐습니다.

대하 32:33

21

유다 왕 므낫세 므낫세는 12세에 왕이 돼 55년 동안 예루살렘에서 다스렸습니다. 그의 어머니의 이름은 헵시바입니다.

1-9절;대하 33:1-9

2 유다가 다시 우상 숭배함 므낫세는 여호와 보시기에 악한 일을 했습니다. 그는 여호와께서 이스라엘 백성들 앞에서 쫓아내신 나라들의 혐오스러운 관습을 따랐습니다.

3 므낫세는 자기 아버지 히스기야가 무너뜨린 산당들을 다시 지었고 또 이스라엘 왕 아합이 한 것처럼 바알의 제단을 세웠으며 아세라 목상을 만들었습니다. 그리고 그는 하늘의 별 무리를 경배하고 섬겼습니다.

4 므낫세는 여호와께서 "내가 예루살렘에 내 이름을 둘 것이다"라고 말씀하신 그 여호와의 성전에 제단을 만들었습니다.

5 또 여호와의 성전 안뜰의 두 뜰에 하늘의 모든 별무리를 위한 제단을 만들었습니다.

6 므낫세는 자기 아들을 불 속으로 지나가게 했고 점을 치고 마법을 행했으며 신접한 사람들과 영매들에게 조언을 구했습니다. 그는 여호와 보시기에 악한 일을 많이 해 그분의 진노를 자아냈습니다. 레 18:21

7 므낫세는 자기가 만든 아세라 목상을 성전에 세워 두었습니다. 여호와께서는 전에 이 성전에서 다윗과 그 아들 솔로몬에게 말씀하셨습니다. "이 성전에 그리고 내가 온 이스라엘 지파들 가운데 선택한 예루살렘에 내가 내 이름을 영원히 둘 것이다.

8 만약 이스라엘이 내가 명령한 모든 것을 행하고 내 종 모세가 그들에게 명령한 모든 율법을 지킨다면 내가 그 조상들에게 준 땅에서 떠나 방황하는 일이 다시는 없게 하겠다." 삼하 7:10

므낫세

이스라엘 왕 중에서 가장 오래 왕위에 있던 왕이다.

경건했던 아버지 히스기야와 달리 므낫세는 할아버지 아하스처럼 악한 정치를 했다.

므낫세는 이방 나라의 혐오스러운 관습을 따르고, 아버지 히스기야가 무너뜨린 산당을 다시 세우며, 아합처럼 이방 종교를 좇고, 성전을 모독하며, 예언자와 죄가 없는 사람들을 죽이기도 했다. 나중에는 앗시리아의 공격을 받아 바벨론에 포로로 끌려가기도 했다. 회개한 후에는 우상을 제거하고 예배를 회복시켰다.

므낫세가 나오는 말씀
>> 참하 21:1-18; 대하 33:1-20

성경에 나오는 다른 므낫세
>> 야곱의 손자이자 요셉의 맏아들
(창 41:51)

9 그러나 그들은 듣지 않았습니다. 므낫세는 그들을 잘못 인도해 여호와께서 이스라엘 자손들 앞에서 멸망시키신 나라들보다 더 악한 일을 하게 했던 것입니다.

10 **예언자들의 선포** 그래서 여호와께서는 그분의 종인 예언자들을 통해 말씀하셨습니다.

11 "유다 왕 므낫세가 이런 가증스러운 죄들을 지었다. 그는 자기보다 전에 있던 아모리 사람들보다 더 악한 일을 했고 또 유다가 자기 우상들을 섬기는 죄에 빠지게 했다.

12 그러므로 이스라엘의 하나님 여호와가 말한다. '보라. 내가 예루살렘과 유다에 재앙을 보내 그 소식을 듣는 사람마다 귀가 울리게 할 것이다. 삼상 3:11; 렘 19:3

13 내가 사마리아에 사용한 줄자와 아합의 집에 사용한 추를 예루살렘에 펼칠 것이다. 내가 예루살렘을 씻어 내되 사람이 접시를 씻어 엎어 놓는 것처럼 완전히 씻어 낼 것이다.

14 내가 내 유업 가운데 남은 사람들을 버려 그들의 원수들 손에 넘길 것이다. 그러면 그들은 모든 원수들에게 먹이가 되고 전리품이 될 것이다.

15 그들이 내 눈앞에서 악을 행해 그 조상들이 이집트에서 나온 그날부터 오늘날까지 내 진노를 자아냈기 때문이다."

16 **므낫세의 유혈 정치** 므낫세는 유다가 죄를 짓도록 만들어 그들이 여호와 보시기에 악을 행하게 한 일 외에도 죄 없는 사람들의 피를 흘리게 한 일이 무척 많았습니다. 그리하여 그 피가 예루살렘의 이 끝에서 저 끝까지 가득하게 됐습니다. 11절; 24:4

17 므낫세가 죽은 므낫세의 통치기에 있었던 다른 일들, 곧 므낫세가 한 모든 일과 므낫세가 지은 죄는 유다 왕들의 역대기에 기록돼 있습니다. 대하 33:11-19

18 이렇게 해서 므낫세는 자기 조상들과 함께 잠들었고 자기 왕궁의 정원, 곧 웃사의 정원에 묻혔습니다. 그리고 므낫세의 아들 아몬이 뒤를 이어 왕이 됐습니다.

19 유다 왕 아몬 아몬은 22세에 왕이 돼 예루

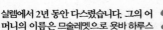

실렘에서 2년 동안 다스렸습니다. 그의 어머니의 이름은 므술레멧으로 욧바 하루스의 딸입니다.

20 아몬의 악행 아몬은 자기 아버지 므낫세가 그랬듯이 여호와 보시기에 악을 저질렀습니다.
2-6,11절

21 아몬은 자기 아버지의 모든 길을 답습해 자기 아버지가 섬기던 우상들을 섬기고 숭배했습니다.
11절

22 그는 그 조상들의 하나님 여호와를 버리고 여호와의 길로 가지 않았습니다.
22:17

23 아몬의 신하들이 그를 반역해 왕궁에서 왕을 살해했습니다.

24 음모자들을 죽임 그러나 그 땅의 백성들이 아몬 왕을 반역한 사람들을 모두 죽이고 그 아들 요시야를 왕위에 올렸습니다.

25 아몬이 암살당함 아몬의 다른 모든 일과 그가 한 일은 유다 왕의 역대기에 기록돼 있습니다.

26 그는 웃사의 정원에 있는 자기 무덤에 묻혔습니다. 그리고 아몬의 아들 요시야가 뒤를 이어 왕이 됐습니다.
18절

22

유다 왕 소년 요시야 요시야는 8세에 왕이 돼 예루살렘에서 31년 동안 다스렸습니다. 그의 어머니의 이름은 여디다로 보스갓 아다야의 딸입니다.

2 요시야의 경건함 요시야는 여호와 보시기에 올바른 일을 했고 자기 조상 다윗의 모든 길을 걸었으며 좌로나 우로나 치우치지 않았습니다.
신 5:32

3 여호와의 성전을 수리함 요시야 왕 18년에 요시야는 므술람의 손자이며 아살리야의 아들인 서기관 사반을 여호와의 성전으로 보내며 말했습니다.

4 "대제사장 힐기야에게 가서 여호와의 성전에 바친 은, 곧 문지기들이 백성들에게서 받아 모아 놓은 것을 세어라.
12:4,9-10

5 그것을 성전 일을 돌보는 감독관들의 손에 넘겨주고 그들이 여호와의 성전의 일꾼들에게 주게 해 성전의 부서진 곳을 보수하도록 하여라.
12:11-12,14

6 목수와 건축가와 미장공들에게 주고 성전 보수를 위해 쓸 목재와 다듬은 돌을 사도록 하여라.

성전에서 발견된 율법책의 내용을 듣고 옷을 찢는 요시야

7 그러나 그들에게 맡긴 은의 사용에 대해 회계할 필요는 없다. 그들이 성실하게 일하기 때문이다. 12:15

8 율법책을 발견함 대제사장 힐기야가 서기관 사반에게 말했습니다. "내가 여호와의 성전에서 율법책을 발견했습니다." 그가 사반에게 율법책을 주었고 사반은 그것을 읽었습니다. 신 31:24-26;대하 34:14

9 율법을 낭독함 그리고 나서 서기관 사반은 왕께 가서 보고했습니다. "왕의 관리들이 여호와의 성전에 있는 은을 모아서 성전 일을 하는 감독들에게 맡겼습니다."

10 그러고 나서 서기관 사반은 왕에게 "제사장 힐기야가 책 한 권을 주었습니다" 하고 왕 앞에서 그것을 읽었습니다.

11 요시야의 깨달음 왕은 율법책에 있는 말씀을 듣고 자기 옷을 찢었습니다. 수 7:6

12 왕은 제사장 힐기야와 사반의 아들 아히감과 미가야의 아들 악볼과 서기관 사반과 왕의 시종 아사야에게 이렇게 명령을 내렸습니다. 25:22;대하 34:20

13 "가서 나와 백성들과 온 유다를 위해 지금 발견된 이 책의 말씀에 대해 여호와께 여쭈라. 우리 조상들이 이 책의 말씀들을 지키지 않고 우리에 관해 기록된 모든 것에 따라 행동하지 않았기 때문에 여호와께서 우리에게 크게 진노하신 것이다."

14 예언자 훌다 제사장 힐기야와 아히감과 악볼과 사반과 아사야가 살룸의 아내인 예언자 훌다에게 가서 말했습니다. 살룸은 할하스의 손자이며 디과의 아들로 궁중 예복을 관리하고 있었습니다. 훌다는 예루살렘의 두 번째 구역에 살고 있었습니다.

15 훌다가 그들에게 말했습니다. "이스라엘의 하나님 여호와께서 이렇게 말씀하시니 당신들을 내게 보낸 그 사람에게 가서 말하시오.

16 여호와가 말한다. 보라. 내가 유다 왕이 읽은 이 책의 모든 말대로 이곳과 여기에 사는 사람들에게 재앙을 내리려 한다.

17 그들이 나를 버리고 다른 신들에게 분향하며 그들 손으로 만든 모든 우상들로 내 진노를 자아냈으니 내 진노가 이곳을 향해 타올라 꺼지지 않을 것이다. 신 29:25-26

18 여호와께 묻기 위해 당신들을 보낸 유다 왕에게 이렇게 말하시오, '이스라엘의 하나님 여호와가 네가 들은 그 말에 관해 말한다.

19 이곳과 여기에 사는 사람들이 저주를 받고 폐허가 될 거라고 내가 말한 것을 듣고 네 마음이 순해지고 네가 여호와 앞에 겸손해졌으며 또 네가 네 옷을 찢고 내 앞에서 통곡했기에 나도 네 소리를 들었다. 여호와가 말한다. 11;왕상 21:29;사 57:15

20 그러므로 내가 반드시 너를 네 조상들에게 가게 할 것이고 네가 평화롭게 묻힐 것이다. 또 내가 이곳에 내리는 그 모든 재앙을 네가 눈으로 보지 않게 될 것이다.'" 그러자 그들은 왕에게 훌다의 대답을 전했습니다. 시 37:37;사 57:1-2

23 백성에게 율법을 낭독함 그 후 왕은 사람들을 보내 유다와 예루살렘의 모든 장로들을 불러 모았습니다.

2 그러고는 유다의 모든 사람들을 데리고 여호와의 성전으로 올라갔습니다. 제사장과 예언자와 아이로부터 어른에 이르기까지 예루살렘의 모든 거주민들이 왕과 함께 갔습니다. 왕은 그들이 듣는 가운데 여호와의 성전에서 발견된 언약책의 모든 말씀을 읽었습니다. 22:8;신 31:11

3 언약의 맹세 왕이 기둥 곁에 서서 여호와 앞에서 언약을 세워 여호와를 따르고 그 계명과 법도와 규례를 온 마음과 온 정신으로 지키며 그 책에 기록된 언약의 말씀들

을 행하기로 했습니다. 그러자 온 백성들이 그 언약을 지키기로 맹세했습니다.

4 **요시야의 신속한 개혁** 왕이 대제사장 힐기야와 그 아래 제사장들과 문지기들에게 명령해 여호와의 성전에서 바알과 아세라와 하늘의 모든 별 무리를 위해 만든 모든 물품들을 꺼내도록 했습니다. 그는 그것들을 예루살렘 밖 기드론 들판에서 불태워 그 재를 벧엘로 가져가게 했습니다.

5 그는 유다 왕들이 유다 성들과 예루살렘 주변의 여러 산당에서 분향하라고 세운 이방 제사장들을 쫓아내고 또 바알과 해와 달과 12별자리와 하늘의 모든 별 무리에게 분향하던 사람들도 쫓아냈습니다.

6 그는 아세라 목상을 여호와의 성전에서 가져다가 예루살렘 밖 기드론 시내로 가져가 거기에서 불태우고 빻아서 가루를 만들어 평민들의 무덤에 뿌렸습니다.

7 또 남창의 집들이 여호와의 성전 안에 있어 거기에서 여자들이 아세라 목상을 위해 천을 짜곤 했는데 그 집들도 없애 버렸습니다.

왕상 14:24;15:12;겔 16:16

8 그리고 요시야는 유다의 여러 성에 있는 모든 제사장들을 불러다가 게바에서 브엘세바에 이르기까지 제사장들이 분향하던 산당들을 부정하게 했습니다. 그는 또 성문 왼쪽의 산당들을 부서뜨렸는데 그곳은 성의 총독 '여호수아'의 문 입구, 곧 성문 왼쪽에 있었습니다.

왕상 15:22

9 **산당의 제사장들**은 예루살렘에서 여호와의 제단에 올라가지 못하고 단지 그 형제들과 함께 누룩 없는 빵을 먹었습니다.

10 요시야는 힌놈의 아들 골짜기에 있는 도벳을 부정하게 해 그 어떤 사람도 몰렉을 위해 자기 아들이나 딸을 불 속으로 지나가게 하지 못하도록 했습니다.

레 18:21

11 또 여호와의 성전 입구, 곧 나단멜렉이라는 이름을 가진 관리의 방 근처 뜰에는 유다 왕들이 태양에 바친 말들이 있었는데 그는 그것들을 없애 버렸고 태양의 전차들도 불태워 버렸습니다.

대상 9:26,33;28:12

12 또 유다 왕들이 아하스의 다락방 지붕에 세운 제단들과 므낫세가 여호와의 성전 안 팎의 두 뜰에 만든 제단들을 허물고 그곳에서 그것을 빻아 그 가루를 기드론 시내에 버렸습니다.

4,5절;21:5;렘 19:13;32:29

13 또한 왕은 예루살렘 앞, 곧 '멸망의 산' 오른쪽에 있던 산당들을 부정하게 했습니다. 그 산당들은 이스라엘 왕 솔로몬이 전에 시돈 사람들의 가증스러운 신 아스다롯과 모압 사람들의 역겨운 신 그모스와 암몬 사람들의 가증스러운 신 밀곰을 위해 지었던 것입니다.

민 21:29;왕상 11:5,7

14 요시야는 돌로 만든 우상들을 깨부수고 아세라 목상들을 찍어 버렸으며 죽은 사람들의 뼈로 그곳을 채웠습니다.

출 23:24

15 **개혁이 사마리아까지 확장됨** 벧엘에 있는 제단과 느밧의 아들 여로보암이 만들어 이스라엘을 죄짓게 한 산당도 헐어 버렸습니다. 그는 그 산당을 불태우고 빻아서 가루로 만들었고 아세라 목상도 불태웠습니다.

16 요시야가 돌아서서 보니 산 위에 무덤들이 있었습니다. 그는 사람을 보내 무덤에서 죽은 사람들의 뼈를 가져다 제단 위에서 불태우고 제단을 부정하게 했습니다. 그래서 이 일에 대해 하나님의 사람이 전한 여호와의 말씀대로 되었습니다.

왕상 13:2

17 왕이 물었습니다. "내가 보고 있는 저 비석이 무엇이냐?" 그 성 사람들이 말했습니다. "그것은 하나님의 사람의 무덤입니다. 그는 유다에서 와 왕께서 벧엘 제단에 하신 이 일에 대해 예언한 사람입니다."

18 왕이 말했습니다. "그대로 놔두라. 그의 뼈들은 아무도 건드리지 못하게 하라." 그래서 그들은 그의 뼈들과 사마리아에서 온 예언자의 뼈들을 그대로 놔두었습니다.

19 요시야는 이스라엘 왕들이 사마리아 여러 성에 만들어 여호와의 진노를 자아냈던 그 산당들을 없애고 부정하게 했습니다.

도벳 (23:10, Topheth) '불타는 곳'이라는 뜻. 예루살렘 남쪽 힌놈의 아들 골짜기 근처에서 몰렉을 위해 제사를 지내던 장소.

그가 벧엘에서 했던 그대로 했습니다.

20 요시야는 거기 있던 산당의 모든 제사장들을 그 제단 위에서 죽이고 사람의 뼈들을 그 위에서 불태운 후 예루살렘으로 돌아왔습니다. 11:18上·출 22:20;왕상 18:40

21 유월절을 지킴 그러고 나서 왕은 온 백성들에게 명령을 내렸습니다. "이 언약책에 기록돼 있는 대로 우리 하나님 여호와를 위해 유월절을 지켜라." 출 12:3-11;민 9:2-4

22 사사들이 이스라엘을 이끌던 사사 시대부터 이스라엘의 왕들과 유다의 왕들의 시대에 이르기까지 이렇게 유월절을 지킨 적은 없었습니다. 대하 35:18-19

23 요시야 왕 18년에 예루살렘에서 여호와 앞에 이렇게 유월절을 지켰습니다.

24 계속되는 요시야의 개혁 또한 요시야는 신접한 사람들과 무당들과 집안의 신들과 우상들과 그 밖에도 유다와 예루살렘에 있는 모든 가증스러운 것들을 제거했습니다. 이것은 제사장 힐기야가 여호와의 성전에서 찾아낸 이 책에 기록된 율법의 말씀을 이루려는 것이었습니다. 신 18:11

25 요시야 왕 이전에도 이후에도 요시야가 한 것같이 모세의 모든 율법에 따라 온 마음과 온 정신과 온 힘으로 여호와를 향한 왕은 없었습니다. 18:5

26 유다가 심판을 받을 그럼에도 불구하고 여호와께서는 그 크고 불타는 진노를 돌이키지 않으셨습니다. 여호와께서는 므낫세가 한 모든 일 때문에 유다에 대해 진노하셨습니다. 21:11;24:3-4;렘 15:4

27 그리하여 여호와께서 말씀하셨습니다. "내가 이스라엘처럼 유다 역시 내 눈앞에서 없애 버릴 것이다. 내가 선택한 이 성 예루살렘과 내 이름이 그곳에 있을 거라고 했던 이 성전을 내가 버릴 것이다."

28 요시야의 행적 요시야의 다른 모든 일들과 그가 한 모든 일은 유다 왕들의 역대기에 기록돼 있습니다.

29 요시야가 죽음 요시야가 왕으로 있는 동안 이집트 왕 바로 느고가 앗시리아 왕을 도와 유프라테스 강까지 나왔습니다. 요시야 왕이 그와 싸우려 나갔는데 바로 느고가 그를 만나서 므깃도에서 죽였습니다.

30 요시야의 신하들은 요시야의 시체를 전차에 싣고 므깃도에서 예루살렘으로 와 그의 무덤에 묻어 주었습니다. 그리고 그 땅의 백성들은 요시야의 아들 여호아하스를 데

🎖 이스라엘의 종교 개혁

아사의 종교 개혁 | 남창을 쫓아내고 우상을 없앴으며 아세라를 섬긴 어머니 마아가를 대비의 자리에서 물러나게 했다. 그러나 산당은 없애지 않았다(왕상 15:9-24).

여호사밧의 종교 개혁 | 선왕 아사처럼 행했으나 산당은 없애지 않았다(왕상 22:41-50).

요아스의 종교 개혁 | 하나님 보시기에 올바르게 행했고 성전을 수리했다. 그러나 산당은 없애지 않았다(왕하 11:21-12:21).

아마샤의 종교 개혁 | 선왕 요아스처럼 올바르게 행했으나 산당은 없애지 않았다(왕하 14:1-14).

아사랴(웃시야)의 종교 개혁 | 선왕 아마샤처럼 올바르게 행했으나 산당은 없애지 않았다(왕하 15:1-7).

요담의 종교 개혁 | 선왕 아사랴(웃시야)처럼 올바르게 행했으나 산당은 없애지 않았다. 여호와의 성전 윗문을 건축했다(왕하 15:32-35).

히스기야의 종교 개혁 | 조상 다윗처럼 정직한 일을 했으며 산당을 없앴다. 주상을 깨고 아세라 상을 찍고 당시까지 백성들이 섬기던 모세의 청동 뱀을 산산조각 냈다(왕하 18:1-8).

요시야의 종교 개혁 | 성전을 수리하던 중 발견된 율법책 내용을 듣고 회개했다. 바알, 아세라 등 우상을 불태우고 이방 제사장들도 쫓아냈다. 남창의 집, 산당, 신접한 사람들, 무당, 집 안의 신들도 없앴다. 몰록에게 드리는 인신 제사도 금했으며, 모세의 율법 그대로 유월절을 지켰다(왕하 23:4-20).

려다 기름을 붓고 그 아버지를 대신해 왕으로 삼았습니다. 　30~34절;9:28;대하 36:1~4

31 **여호아하스(살룸)왕** 여호아하스는 23세에 왕이 돼 예루살렘에서 3개월 동안 다스렸습니다. 그의 어머니의 이름은 하무달로 립나 예레미야의 딸입니다. 　대상 3:15;렘 22:11

32 **여호아하스의 악행** 여호아하스는 자기 조상들이 그랬던 것처럼 여호와 보시기에 악을 저질렀습니다. 　24:9,19

33 **바로 느고가 여호아하스를 사로잡음** 바로 느고가 여호아하스를 하맛 땅 리블라에 가두어 예루살렘에서 통치하지 못하게 했고 유다로 하여금 은 100달란트와 금 1달란트를 조공으로 바치게 했습니다. 　렘 52:9~10;26~27

34 **여호야김을 왕으로 삼음** 바로 느고는 요시야의 아들 엘리아김을 그 아버지 요시야를 대신해 왕으로 삼고 그 이름을 여호야김이라고 바꾸었습니다. 그리고 바로 느고는 여호아하스를 잡아 이집트로 갔는데 그는 거기서 죽고 말았습니다. 　렘 22:11~12

35 **바로 느고에게 바치는 공물** 여호야김은 바로에게 은과 금을 바쳤습니다. 그는 바로의 명령대로 돈을 내기 위해 그 땅에 세금을 부과해 그 땅 백성들 각각의 사정에 따라 은과 금을 거두어들였습니다. 　33절

36 **여호야김의 악행** 여호야김은 25세에 왕이 돼 예루살렘에서 11년 동안 다스렸습니다. 그의 어머니의 이름은 스비다로 루마 브다야의 딸입니다. 　대하 36:5

37 여호야김은 자기 조상들이 그랬던 것처럼 여호와 보시기에 악을 저질렀습니다.

24 바벨론의 속국이 된 유다 여호야김이 다스리는 동안에 바벨론 왕 느부갓네살이 침입해 왔습니다. 그래서 여호야김은 3년 동안 느부갓네살의 속국 왕이 됐습니다. 그러다가 여호야김은 마음이 바뀌어 느부갓네살에게 반역했습니다.

2 **공격하는 이웃 나라들** 여호와께서는 갈대아 사람들과 아람 사람들과 모압 사람들과 암몬 사람들을 보내 유다를 습격하게 하셨습니다. 이것은 여호와께서 그분의 종인 예언

자들을 통해 하신 말씀에 따라 유다를 멸망시키려고 그들을 보내신 것이었습니다.

3 이런 일이 유다에 일어난 것은 분명히 여호와의 명령에 따른 것으로 유다 백성들을 여호와의 눈앞에서 없애려는 것이었습니다. 므낫세가 저지른 모든 죄와 　21:11;23:26

4 또 그가 죄 없는 피를 흘렸기 때문이었습니다. 그가 예루살렘을 죄 없는 피로 가득 메웠기에 여호와께서 그것을 용서할 마음이 없으셨습니다.

5 **여호야김이 죽음** 여호야김의 다른 일들과 그가 했던 모든 일들은 유다 왕들의 역대기에 기록돼 있습니다. 　대하 36:8

6 여호야김은 자기 조상들과 함께 잠들었고 여호야김의 아들 여호야긴이 뒤를 이어 왕이 됐습니다. 　대하 36:8;렘 22:18~19;36:30

7 **이집트가 돕지 못함** 이집트 왕이 다시는 자기 나라에서 나오지 않았습니다. 바벨론 왕이 이집트의 시내로부터 유프라테스 강까지 이집트 왕의 모든 영토를 차지했기 때문입니다. 　렘 37:5~7;46:2,20,24,26

8 **어린 왕 여호야긴** 여호야긴은 18세에 왕이 돼 예루살렘에서 3개월 동안 다스렸습니다. 그의 어머니의 이름은 느후스다로 예루살렘 엘라단의 딸입니다. 　대하 36:9;렘 22:24

9 **여호야긴의 악행** 여호야긴은 자기 조상들이 그랬던 것처럼 여호와 보시기에 악을 저질렀습니다. 　23:37

10 **포로로 잡혀간 여호야긴** 그때 바벨론 왕 느부갓네살의 군대가 예루살렘으로 진격해 성을 포위했습니다. 　단 1:1

11 그리고 바벨론 왕 느부갓네살도 자기 군대가 포위하는 동안 직접 예루살렘 성까지 올라왔습니다.

12 그러자 유다 왕 여호야긴과 그 어머니와 그 신하들과 귀족들과 지휘관들이 느부갓네살에게 나왔습니다. 느부갓네살은 여호야긴을 포로로 사로잡았습니다. 느부갓네살 왕이 통치한 지 8년째의 일이었습니다.

13 **포로 이송** 여호와께서 선포하신 대로 느부갓네살은 여호와의 성전과 왕궁에서 모든

보물들을 꺼내 가고 이스라엘 왕 솔로몬이 여호와의 성전에 만들어 놓은 금 기구들을 모두 산산조각 냈습니다. 20:17

14 느부갓네살은 또 예루살렘의 모든 백성들을 포로로 잡아갔습니다. 모든 관료들과 모든 용사들을 합쳐 모두 1만 명과 모든 직공들과 대장장이들까지 그 땅에서 가장 가난한 사람들만 빼고는 남은 사람이 없었습니다. 16절;25:12렘 39:2;52:28

15 느부갓네살은 여호야긴을 포로로 잡아 바벨론으로 데려갔습니다. 그리고 왕의 어머니와 왕비들과 그의 관료들과 그 땅의 지도자들도 예루살렘에서 바벨론으로 잡아갔습니다. 대하 36:10;에 2:6;렘 22:24-26

16 바벨론 왕은 또한 전쟁에 준비된 강한 용사 7,000명과 직공과 대장장이 1,000명을 바벨론으로 잡아갔습니다. 14절

17 꼭두각시 왕 시드기야 느부갓네살은 여호야긴의 삼촌인 맛다니야를 여호야긴 대신에 왕으로 세우고 이름을 시드기야로 바꾸었습니다. 17-20절;24:33렘대하 36:4;10-13

18 시드기야는 21세에 왕이 돼 예루살렘에서 11년 동안 다스렸습니다. 그의 어머니의 이름은 하무달로서 립나 예레미야의 딸입니다. 23:31;24:18-25:21렘 52:1-27

19 반역하는 시드기야 시드기야는 여호야김이 그랬던 것처럼 여호와 보시기에 악을 저질렀습니다. 23:37

20 예루살렘과 유다에 이런 일이 일어난 것은 여호와의 진노 때문으로 여호와께서는 결국 그들을 여호와 앞에서 쫓아내신 것입니다. 그때 시드기야가 바벨론 왕에게 대항해 반역을 일으켰습니다. 렘 17:18

25 예루살렘의 포위 시드기야 9년 열째 달 10일에 바벨론 왕 느부갓네살이 모든 군대를 거느리고 예루살렘으로 진격해 진을 치고 그 주위에 공격용 성벽을 쌓았습니다. 대하 36:17-20

2 성벽이 무너짐 그리하여 예루살렘 성은 시드기야 왕 11년까지 계속 포위돼 있었습니다.

3 넷째 달 9일 성안에 기근이 극심해 그 땅 백성들이 먹을 양식이 떨어져 버렸습니다.

4 그때 성벽이 뚫리니 바벨론 사람들이 성을 포위해 진을 치고 있음에도 불구하고 모든 군사들이 밤에 왕궁 뜰 옆에 있는 두 벽 사이 문으로 도망쳤고 왕은 아라바 길로 갔습니다. 24:2;신 1:1;느 3:15

5 그러나 바벨론 군대가 왕을 뒤쫓아 여리고 들판에서 시드기야를 따라잡았고 시드기야의 모든 군사들은 뿔뿔이 흩어져 버렸습니다.

6 그들이 시드기야 왕을 잡아 리블라의 바벨론 왕에게 끌고 가니 그가 거기서 시드기야를 심문하고 33:33;렘 32:4

7 시드기야가 모욕을 당함 시드기야가 보는 앞에서 그의 아들들을 죽이고 시드기야의 눈을 빼고 청동사슬로 묶은 뒤 바벨론으로 끌고 갔습니다. 겔 12:13

8 성이 파괴됨 바벨론 왕 느부갓네살 19년 다섯째 달 7일에 바벨론 왕의 신하인 호위대장 느부사라단이 예루살렘으로 왔습니다.

9 느부사라단이 여호와의 성전과 왕궁과 예루살렘의 모든 집을 불태웠습니다. 그는 중요한 건물들을 다 불태웠습니다.

10 바벨론 모든 군대가 호위대장의 지휘하에 예루살렘의 성벽을 다 무너뜨렸습니다.

11 나머지 포로 이송 호위대장 느부사라단은 성안에 남아 있던 사람들과 바벨론 왕에게 항복한 사람들과 나머지 무리를 포로로 잡아갔습니다.

12 그러나 호위대장은 그 땅의 가장 가난한 사람들은 남겨 두어 포도원과 밭을 일구도록 했습니다.

13 성전 기구들을 빼앗김 바벨론 사람들은 여호

와의 성전에 있던 청동 기둥들과 받침대들과 청동 바다를 부수어 그 청동을 바벨론으로 가져갔습니다.

14 그들은 또한 솥과 부삽과 부집게와 접시와 성전 일에 쓰는 모든 청동 기구들도 가져갔습니다.

15 왕의 호위대장은 또 흔들리는 향로와 물 뿌리는 그릇 등 순금이나 순은으로 만든 것들도 모두 가져갔습니다.

16 솔로몬이 여호와의 성전을 위해 만들어 놓은 두 기둥과 바다와 받침대에서 얻은 청동이 너무 많아 무게를 달 수 없을 정도였습니다.

왕상 7:47

17 각 기둥은 높이가 18규빗이었고 기둥 꼭대기에 붙어 있는 청동 머리는 높이가 3규빗으로 둘레에 붙어 있는 그물과 석류도 청동이었습니다. 다른 기둥도 똑같은 그물로 장식돼 있었습니다.

왕상 7:15-18

포로로 사로잡혀 감

18 호위대장은 대제사장 스라야와 그다음 제사장 스바냐와 세 명의 성전 문지기를 포로로 잡았습니다.

19 그는 또 아직 성에 남아 있는 사람들 가운데 군대 장관과 다섯 명의 왕실 고문을 사로잡고 또 그 땅의 백성들을 징집하는 일을 맡은 서기관과 그 성에서 찾은 그 땅 백성들 60명을 사로잡았습니다.

에 1:14

20 호위대장 느부사라단은 그들 모두를 붙잡아 리블라에 있는 바벨론 왕에게 끌고 갔습니다.

23:33

21 바벨론 왕은 하맛 땅 리블라에서 그들을 죽였습니다. 이렇게 유다는 자기 땅을 떠나 포로로 잡혀갔습니다.

23:27|렘 26:33|신 28:64

그달리야 다스림

22 바벨론 왕 느부갓네살은 사반의 손자이며 아히감의 아들인 그달리야를 세워 자기가 유다 땅에 남겨 놓은 사람들을 다스리게 했습니다.

22:12

23 **그달리야가 군대 장관들을 환영함** 모든 군대 장관들과 그 부하들은 바벨론 왕이 그달리야를 총독으로 삼았다는 말을 듣고 미스바에 있는 그달리야에게로 갔습니다. 그들은 느다냐의 아들 이스마엘, 가레아의 아들 요하난, 느도바 사람 단후멧의 아들 스라야, 마아가 사람의 아들 아아사니야입니다.

24 그달리야는 그들과 그 부하들에게 맹세하며 말했습니다. "바벨론 관리들을 두려워하지 말라. 이 땅에 살면서 바벨론 왕을 섬

예루살렘 성벽이 무너지고 사람들은 포로가 되어 바벨론으로 끌려 감

기라. 그러면 너희가 잘될 것이다."

25 **그달리야가 암살당함** 그러나 일곱째 달이 되자 왕실의 혈통으로 엘리사마의 손자이며 느다니야의 아들인 이스마엘이 열 사람과 함께 와서 그달리야를 죽이고 미스바에서 그와 함께 있던 유다 사람들과 바벨론 사람들도 죽였습니다. 렘 40:14-15

26 **두려운 바벨론 사람들** 이에 작은 사람부터 큰사람에 이르기까지 온 백성들과 군대 장관들이 바벨론 사람들을 두려워해 일어나 이집트로 도망쳤습니다. 렘 43:4-7

27 **여호야긴의 석방** 유다 왕 여호야긴이 잡혀간 지 37년 되던 해, 곧 바벨론 왕 에윌므로닥이 통치하기 시작하던 해 열두째 달 27일에 바벨론 왕은 유다 왕 여호야긴을 감옥에서 풀어 주었습니다. 렘 52:31-34

28 바벨론 왕은 그에게 친절하게 말하고 바벨론에서 그와 함께 있던 다른 왕들보다 더 높은 자리를 주었습니다.

29 그리하여 여호야긴은 죄수복을 벗고 남은 생애 동안 항상 왕의 식탁에서 먹게 됐습니다. 삼하 9:7,13

30 왕은 여호야긴에게 필요한 것을 평생 동안 날마다 공급해 주었습니다. 렘 40:5

이스라엘의 왕들과 예언자들

연대	통일 왕국		예언자	연대	분열 왕국	예언자
B.C.1050	사울		사무엘	767	아사랴(웃시야)	아모스 (북이스라엘)
1010	다윗			765		
970	솔로몬			760		요나(앗시리아)
931	분열 왕국					호세아 (북이스라엘)
	남유다	북이스라엘		753	스가랴	
931	르호보암	여로보암1세		752	살룸, 므나헴	
913	아비얌(아비야)			742	브가히야	
911	아사			740	베가	이사야(남유다)
910		나답		739	요담	미가(남유다)
909		바아사		735		
886		엘라		731	아하스	
885		시므리, 디브니, 오므리		722		북이스라엘 멸망(앗시리아)
874		아합	엘리야 (북이스라엘)	715	히스기야	
870	여호사밧			686	므낫세	
854		아하시야		642	아몬	
853			엘리사 (북이스라엘)	640	요시야	스바냐(남유다)
852		요람		630		나훔(유다)
848	여호람(요람)		요람	627		예레미야(남유다)
841	아하시야, 아달랴	예후		609	여호아하스, 여호야김	
835	요아스			605	바벨론 느부갓네살1차 침공	하박국(남유다)
814		여호아하스		598	여호야긴	다니엘(바벨론)
798		요아스		597	시드기야, 느부갓네살2차 침공	에스겔(바벨론)
796	아마샤		요엘(남유다)	586	바벨론3차 침공, 남유다 멸망	오바댜(에돔)
782		여로보암2세				

역대상

이스라엘 백성이 70년간 포로 생활에서 자신의 민족성과 역사성, 무엇보다 하나님께 선택 받았다는 것조차 잊고 지냈어요. 그 때문에 포로지에서 돌아온 이스라엘 백성에게 존재감 과 정체성을 회복시켜 주는 것이 중요했어요.

역대상은 이런 목적 때문에 쓴 성경이에요. 역대상 1장에서 9장까지 나오는 긴 족보는 바벨 론에서 포로로 살다가 돌아온 이스라엘 백성에게 그들의 조상이 누구이고, 그들이 어떤 사 람들인지를 알려주었어요. 이 족보를 통해서 예전에도 함께 해주신 하나님이 지금 자신들 의 하나님이며, 하나님의 뜻과 약속이 이루어지는 것을 알게 되었을 거 예요.

성전의 역할, 제사장의 임무를 강조해, 이스라엘 백성에게 이 신앙의 유산을 이어가야 한다고 격려하고 있어요.

역대상은 이스라엘이 비록 포로 생활을 했더라도 여전히 하나님 이 선택하신 민족인 것을 보여 줍니다. 하나님의 신실하신 약속 은 항상 변함없음을 알려주고 있답니다.

역대상은 무슨 뜻인가요? 역대상은 '역대기의 전편' 이라는 의미예요. 그리고 역대기는 '각 시대의 사건들의 기록' 이라는 뜻이 에요. 역대상과 역대하는 원래 '역대기' 라는 한 권이었어요. 분량이 너무 많아서 히브 리 성경을 그리스어로 번역한 70인 번역자들이 두 권으로 나누었어요.

누가 썼나요? 정확하게 저자는 알 수 없어요. 책의 내용은 성전과 제사장이 맡은 일을 강조하고 있어요. 역대하의 마지막 내용과 에스라의 첫 내용이 비슷한 것으로 보아 제사장 에스라가 쓴 것으로 보기도 해요.

언제 썼나요? BC 450년경

중요한 사람들은?

사울
베냐민지파가 기스의 아들,
이스라엘 첫 번째 왕

다윗
이스라엘 2대 왕,
믿음의 사람

한눈에 보는 역대상

1-9장 족보

10-12장 다윗의 즉위

13-20장 다윗의 통치

21-27장 다윗의
성전 건축 준비

28-29장 다윗의 죽음

역대상
1 Chronicles

1 아담부터 노아의 아들까지 아담, 셋, 에노스, 창 4:25–26:5:3,6

2 게난, 마할랄렐, 야렛, 2–4절창 5:9–32

3 에녹, 므두셀라, 라멕, 노아,

4 노아의 아들은 셈, 함, 야벳입니다.

5 야벳 자손 야벳의 아들은 고멜, 마곡, 마대, 야완, 두발, 메섹, 디라스입니다.

6 고멜의 아들은 아스그나스, 디밧, 도갈마입니다.

7 야완의 아들은 엘리사, 다시스, 깃딤, 도다님입니다.

8 함 자손 함의 아들은 구스, 미스라임, 붓, 가나안입니다. 8–10절창 10:6–8

9 구스의 아들은 스바, 하윌라, 삽다, 라아마, 삽드가입니다. 라아마의 아들은 스바, 드단입니다.

10 구스는 또 니므롯을 낳았는데 그는 세상에서 첫 용사가 됐습니다.

11 미스라임에게서 루딤 족속, 아나밈 족속, 르하빔 족속, 납두힘 족속, 11–16절창 10:13–18

12 바드루심 족속, 가슬루힘 족속, 갑도림 족속이 나왔습니다. 가슬루힘 족속은 블레셋 족속의 조상이 됐습니다.

13 가나안은 맏아들 시돈과 헷을 낳았습니다.

14 가나안에서 여부스 족속, 아모리 족속, 기르가스 족속,

15 히위 족속, 알가 족속, 신 족속,

16 아르왓 족속, 스말 족속, 하맛 족속이 나왔습니다.

17 셈 자손 셈의 아들은 엘람, 앗수르, 아르박삿, 룻, 아람, 우스, 훌, 게델, 메섹입니다.

18 아르박삿은 셀라를 낳고 셀라는 에벨을 낳고

19 에벨은 두 아들을 낳았습니다. 한 아들의 이름을 벨렉이라고 지었는데 그 시절에 땅이 나뉘었기 때문입니다. 그 동생의 이름은 욕단입니다.

20 욕단은 알모닷, 셀렙, 하살마윗, 예라,

21 하도람, 우살, 디글라,

22 에발, 아비마엘, 스바,

23 오빌, 하윌라, 요밥을 낳았습니다. 이 모두가 욕단의 아들들입니다.

24 셈, 아르박삿, 셀라, 24,27절창 11:10–26:눅 3:34–36

25 에벨, 벨렉, 르우,

26 스룩, 나홀, 데라,

27 아브람, 곧 아브라함.

28 아브라함의 아들 아브라함의 아들은 이삭과 이스마엘입니다. 창 16:11,15:21:2–3

29 이스마엘의 아들들 이스마엘의 족보는 이러합니다. 이스마엘의 맏아들은 느바욧이며, 그 아래로 게달, 앗브엘, 밉삼, 29–31절창 25:13–16

30 미스마, 두마, 맛사, 하닷, 데마,

31 여둘, 나비스, 게드마입니다. 이들 모두 이스마엘의 아들들입니다.

32 그두라가 낳은 자손을 아브라함의 첩 그두라가 낳은 아들은 시므란, 욕산, 므단, 미디안, 이스박, 수아입니다. 욕산의 아들은 스바와 드단입니다. 32–33절창 25:1–4

33 미디안의 아들은 에바, 에벨, 하녹, 아비다, 엘다아입니다. 이들 모두 그두라의 자손입니다.

34 이삭의 자손을 아브라함은 이삭을 낳았습니다. 이삭의 아들은 에서와 이스라엘입니다.

35 에서의 아들은 엘리바스, 르우엘, 여우스, 얄람, 고라입니다. 35–37절창 36:4–5,9–13

36 엘리바스의 아들은 데만, 오말, 스비, 가담, 그나스, 딤나, 아말렉입니다.

37 르우엘의 아들은 나핫, 세라, 삼마, 미사입니다.

38 에돔에 있는 세일의 자손 세일의 아들은 로단, 소발, 시브온, 아나, 디손, 에셀, 디산입니다.

39 로단의 아들은 호리와 호맘입니다. 딤나는 로단의 여동생입니다.

40 소발의 아들은 알란, 마나핫, 에발, 스비,

미스라임(1:8, Mizraim) 일반적으로 이집트를 말하는 히브리어. 족장(1:54, patriarch) 종족이나 부족의 우두머리

오남입니다. 시브온의 아들은 아야와 아나 입니다.

41 아나의 아들은 디손입니다. 디손의 아들은 하므란, 에스반, 이드란, 그란입니다.

42 에셀의 아들은 빌한, 사아완, 야아간입니다. 디산의 아들은 우스와 아란입니다.

43 에돔의 왕들 다음은 이스라엘을 다스리는 왕이 있기 전에 에돔을 다스린 왕들입니다. 브올의 아들 벨라는 자기 성의 이름을 딘하바라고 지었습니다.

창 36:31-43

44 벨라가 죽자 보스라 출신의 세라의 아들 요밥이 뒤를 이어 왕이 됐습니다.

사 34:6

45 요밥이 죽자 데만 족속 출신의 후삼이 뒤를 이어 왕이 됐습니다.

욥 2:11;렘 49:7,20;겔 25:13

46 후삼이 죽자 브닷의 아들 하닷이 뒤를 이어 왕이 됐습니다. 하닷은 모압 들판에서 미디안을 친 사람으로 그는 성의 이름을 아윗이라고 지었습니다.

47 하닷이 죽자 마스레가 출신의 사믈라가 뒤를 이어 왕이 됐습니다.

48 사믈라가 죽자 강가에 살았던 르호봇 출신인 사울이 뒤를 이어 왕이 됐습니다.

49 사울이 죽자 악볼의 아들 바알하난이 뒤를 이어 왕이 됐습니다.

50 바알하난이 죽자 하닷이 뒤를 이어 왕이 됐습니다. 그는 성의 이름을 바이라고 지

었습니다. 그 아내의 이름은 므헤다벨인데 메사합의 손녀이자 마드렛의 딸입니다.

51 하닷 또한 죽었습니다. 그 후에 에돔의 족장은 딤나, 알랴, 여덧,

52 오홀리바마, 엘라, 비논,

53 그나스, 데만, 밉살,

54 막디엘, 이람입니다. 이들은 모두 에돔의 족장이었습니다.

2 이스라엘의 아들들 이스라엘의 아들은 르우벤, 시므온, 레위, 유다, 잇사갈, 스불론,

창 29:32-35;30:18-20

2 단, 요셉, 베냐민, 납달리, 갓, 아셀입니다.

3 유다 자손 유다의 아들은 에르, 오난, 셀라입니다. 이 세 사람은 가나안 사람 수아의 딸과 유다 사이에서 태어났습니다. 유다의 맏아들 에르는 여호와께서 보시기에 악했습니다. 그래서 여호와께서 그를 죽이셨습니다.

창 38:2-5,7;46:12

4 유다의 며느리 다말과 유다 사이에 베레스와 세라가 태어났습니다. 유다는 모두 다섯 아들이 있었습니다.

창 38:11,14,29-30;룻 4:12

5 베레스의 아들은 헤스론과 하물입니다.

6 세라의 아들은 시므리, 에단, 헤만, 갈골, 다라 이렇게 모두 다섯이었습니다.

7 갈미의 아들은 아갈인데 그는 진멸시켜 하나님께 바쳐야 하는 물건 때문에 죄를 지

성경에는 왜 그렇게도 많은 족보가 나오나요?

족보는 어떤 사람의 조상이나 후손의 이름들을 적은 것을 말해요. 족보를 통해서 사람들은 자신이 어떤 조상의 뿌리에서 태어났는지 족보에 나오는 사람들과 어떤 관계에 속해 있는지를 알 수 있어요.

역대상 1장에서 9장에 걸쳐 나오는 긴 족보도 바벨론으로 포로로 살다가 돌아온 이스라엘 사람들에게 그들의 조상이 누구이고 그들이 어떤 사람들인지를 알려 주고자 기록된 것입니다. 이스라엘 사람들은 이 족보를 통해서 예전에도 함께해 주신 하나님

이 지금 자신들과도 함께해 주신다는 믿음을 갖게 되었어요. 하나님의 뜻과 약속이 이루어지는 것도 깨닫게 되었어요. 성경에는 많은 족보가 나와요. 이 족보들을 종합하면, 하나님에게서 시작해서 예수님까지 연결되고 있어요(눅 3:23-38). 이것은 예수 그리스도를 구원자로 믿는 우리 신앙이 어떤 허황된 신 이야기나 전설(傳說)에서 나온 것이 아니라는 것을 알게 해요. 그 옛날 사람들과 함께하신 하나님이 지금 우리와도 함께하신다는 것을 알려주는 것입니다.

어 이스라엘에 문제를 일으킨 사람입니다.

8 에단의 아들은 아사랴입니다.

9 헤스론이 낳은 아들은 여라므엘, 람, 글루배입니다.
18,42절출 4:19;마 1:3-4

10 람 자손 람은 암미나답을 낳고 암미나답은 유다 백성들의 지도자인 나손을 낳았습니다.
민 1:7;2:3;롯 4:19;마 1:4

11 나손은 살마를 낳고 살마는 보아스를 낳고

12 보아스는 오벳을 낳고 오벳은 이새를 낳았습니다.

13 이새가 낳은 아들은 맏아들 엘리압, 둘째 아비나답, 셋째 시므아
삼상 16:6,8-9;17:13

14 넷째 느다넬, 다섯째 랏대,

15 여섯째 오셈, 일곱째 다윗입니다.
삼상 16:10

16 그들의 자매는 스루야와 아비가일입니다. 스루야의 세 아들은 아비새, 요압, 아사헬입니다.
삼하 2:18

17 아비가일은 아마사의 어머니인데 아마사의 아버지는 이스마엘 사람 예델입니다.

18 갈렙 자손 헤스론의 아들 갈렙은 자기 아내 아수바와 여리옷에게서 자식을 얻었습니다. 그 아들은 예셀, 소밥, 아르돈입니다.

19 아수바가 죽자 갈렙은 에브랏과 결혼해 훌을 낳았습니다.
50절출 17:10;24:14

20 훌은 우리를 낳고 우리는 브살렐을 낳았습니다.
출 31:2

21 그 후에 헤스론은 60세에 길르앗의 아버지 마길의 딸과 결혼해 스굽을 낳았습니다.

22 스굽은 야일을 낳았는데 야일은 길르앗에서 23개의 성을 다스렸습니다.

23 그러나 그술과 아람이 그것과 그 주변의 정착지인 60개의 성과 야일의 성을 빼앗았습니다. 이들 모두 길르앗의 아버지 마길의 자손입니다.
민 32:41-42;신 3:14절

24 헤스론이 갈렙 에브라다에서 죽은 뒤 헤스론의 아내 아비야는 그에게서 드고아의 아버지인 아스훌을 낳았습니다.
19,50절출 4:5

25 여라므엘 자손 헤스론의 맏아들 여라므엘의 아들은 맏아들 람이며, 그 아래로는 브나,

오렌, 오셈, 아히야입니다.
9절

26 여라므엘에게는 아내가 한 사람 더 있었는데 그 이름은 아다라입니다. 아다라는 오남의 어머니입니다.

27 여라므엘의 맏아들 람의 아들은 마아스, 야민, 에겔입니다.

28 오남의 아들은 삼매와 야다입니다. 삼매의 아들은 나답과 아비술입니다.

29 아비술의 아내의 이름은 아비하일인데 그녀는 아반과 몰릿을 낳았습니다.

30 나답의 아들은 셀렛과 압바임입니다. 셀렛은 자식 없이 죽었습니다.

31 압바임의 아들은 이시인데 이시의 아들은 세산이고 세산의 아들은 알래입니다.

32 삼매의 동생인 야다의 아들은 예델과 요나단입니다. 예델은 자식 없이 죽었습니다.

33 요나단의 아들은 벨렛과 사사입니다. 이들은 여라므엘의 자손입니다.

34 세산은 아들이 없고 딸뿐이었습니다. 그는 야르하라고 부르는 이집트 사람 종이 있었는데

35 세산이 자기 종 야르하에게 자기 딸을 시집보냈고 그녀는 앗대를 낳았습니다.

36 앗대는 나단을 낳고 나단은 사밧을 낳았습니다.
11:41

37 사밧은 에블랄을 낳고 에블랄은 오벳을 낳았습니다.
대하 23:1

38 오벳은 예후를 낳고 예후는 아사랴를 낳았습니다.

39 아사랴는 헬레스를 낳고 헬레스는 엘르아사를 낳았습니다.

40 엘르아사는 시스매를 낳고 시스매는 살룸을 낳았습니다.

41 살룸은 여가먀를 낳고 여가먀는 엘리사마를 낳았습니다.
7,55절

42 갈렙 자손 여라므엘의 동생 갈렙의 맏아들 메사는 십을 낳고 그의 아들 마레사는 헤브론을 낳았습니다.
9절수 14:13

43 헤브론의 아들은 고라, 답부아, 레겜, 세마입니다.

44 세마는 라함을 낳고 라함은 요르그암을 낳

글루배(2:9, Chelubai-KJV) '갈렙'의 또 다른 이름.
에브랏(2:19, Ephrath) '에브라다'의 또 다른 이름.

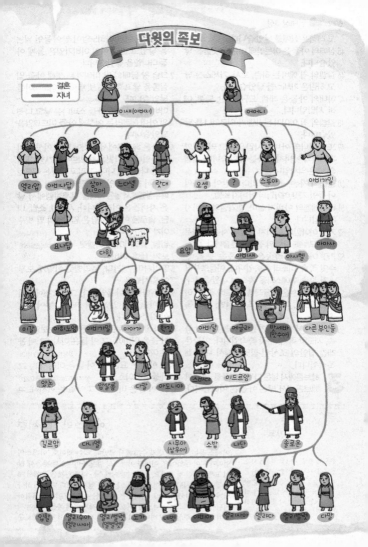

고 레겜은 삼매를 낳았습니다.

45 삼매의 아들은 마온인데 마온은 벳술을 낳았습니다.

46 갈렙의 첩 에바는 하란, 모사, 가세스를 낳고 하란은 가세스를 낳았습니다.

47 야대의 아들은 레겜, 요담, 게산, 벨렛, 에바, 사압입니다.

48 갈렙의 첩 마아가는 세벨과 디르하나를 낳았습니다.

49 또 맛만나의 아버지 사압을 낳고 막베나와 기브아의 아버지 스와를 낳았습니다. 갈렙의 딸은 악사입니다. ^{수 15:17;삿 1:13}

50 갈렙의 자손, 곧 에브라다의 맏아들 훌의 아들인 기럇 여아림의 아버지 소발, ^{19절;4:4}

51 베들레헴의 아버지 살마, 벧가델의 아버지 하렙입니다. ^{4:4}

52 기럇 여아림의 아버지 소발의 자손은 하로에와 므누홋 사람의 절반이었으며

53 기럇 여아림의 족속은 이델 족속, 붓 족속, 수맛 족속, 미스라 족속입니다. 이들로부터 소라 족속과 에스다올 족속이 나왔습니다.

54 살마의 자손은 베들레헴, 느도바 족속, 아다롯벳요압, 마하낫 족속의 절반, 소라 족속이고

55 야베스에서 살던 서기관 족속들은 디랏 족속, 시므앗 족속, 수갓 족속입니다. 이들은 레갑 집안의 조상인 함맛에게서 나온 겐 족속입니다. ^{삿 1:16;왕하 10:15;렘 35:2}

3 헤브론에서 낳은 다윗의 아들들 다윗이 헤브론에서 낳은 아들은 이러합니다.

이스르엘 여인 아히노암이 맏아들인 암논을 낳았고 갈멜 여인 아비가일은 둘째 아들 다니엘을 낳았습니다.

2 그술 왕 달매의 딸 마아가는 셋째 아들 압살롬을 낳고 학깃은 넷째 아들 아도니야를 낳았습니다.

3 아비달은 다섯째 아들 스바댜를 낳고 다윗의 아내 에글라는 여섯째 아들 이드르암을 낳았습니다.

4 이들은 헤브론에서 다윗이 낳은 여섯 명의 아들입니다. 다윗은 헤브론에서 7년 6개월 동안 다스렸습니다. 그리고 다윗은 예루살렘에서 33년 동안 다스렸습니다.

5 예루살렘에서 낳은 자녀들 예루살렘에서 낳은 자녀들은 이러합니다. 시므아, 소밥, 나단, 솔로몬 이 네 사람은 암미엘의 딸 밧수아가 낳았습니다. ^{삼하 5:14~16}

6 입할, 엘리사마, 엘리벨렛, ^{14:5;삼하 5:15}

7 노가, 네벡, 야비아,

8 엘리사마, 엘랴다, 엘리벨렛 이렇게 모두 아홉 사람은 ^{14:7}

9 모두 다윗의 아들입니다. 그리고 첩에게서 난 아들들이 있었으며 그들의 누이 다말이 있었습니다. ^{삼하 13:1}

10 유다 왕들 솔로몬의 아들은 르호보암, 그 아들은 아비야, 그 아들은 아사, 그 아들은 여호사밧, ^{왕상 11:43;14:31;15:1,8,24}

11 그 아들은 요람, 그 아들은 아하시야, 그 아들은 요아스, ^{왕하 8:16,24;11:2;대하 21:17;22:6}

12 그 아들은 아마샤, 그 아들은 아사랴, 그

야베스의 기도처럼

현주는 항상 하나님께 기도하는 친구랍니다. 감사할 때도, 아플 때도, 슬플 때도, 걱정이 될 때도… 어떤 상황에 있든지 기도하는 친구라서 박 권사님이라는 별명이 붙었어요.

'야베스'라는 이름은 '내가 수고해서 낳았다.'라는 의미로, 야베스의 엄마가 지어 주었어요. 아마도 야베스의 엄마가 야베스를 낳을 때 많이 고생하셨던 것 같아요. 그렇지만 야베스는 다른 형제들 중에서 제일 존경받는 사람이었어요. 야베스는 다른 형제들보다 더 많이 하나님께 기도했던 것 같아요. 하나님은 기도하는 사람을 귀하게 생각하시니까요. 야베스는 하나님께 "여호와께서 제게 복에 복을 주시어 제 영역을 넓혀 주십시오! 하나님의 손이 저와 함께하셔서서 저를 해로운

아들은 요담. _{왕하 12:21;15:7,30}

13 그 아들은 아하스, 그 아들은 히스기야, 그 아들은 므낫세. _{왕하 15:38;16:20;20:21}

14 그 아들은 아몬, 그 아들은 요시야입니다.

15 요시야의 아들들은 맏아들 요하난, 둘째 여호야김, 셋째 시드기야, 넷째 살룸입니다.

16 여호야김의 자손들은 그 아들 여고냐와 시드기야입니다. _{왕하 24:6;렘 22:24;마 1:11}

17 포로기 시대의 왕족 사로잡혀 간 여고냐의 자손들은 그 아들 스알디엘, _{왕하 24:15;스 3:2;52}

18 말기람, 브다야, 세낫살, 여가먀, 호사먀, 느다뱌입니다.

19 브다야의 아들은 스룹바벨과 시므이입니다. 스룹바벨의 아들은 므술람과 하나냐입니다. 슬로밋은 그들의 누이입니다.

20 또 다섯 아들이 더 있었는데 그들은 하수바, 오헬, 베레갸, 하사댜, 유삽헤셋입니다.

21 하나냐의 자손은 블라댜와 여사야이고 르바야의 아들들, 아르난의 아들들, 오바댜의 아들들, 스가냐의 아들들입니다.

22 스가냐의 자손은 스마야, 스마야의 아들은 핫두스, 이갈, 바리야, 느아랴, 사밧 이렇게 모두 여섯입니다. _{느 3:29;스 8:2}

23 느아랴의 아들들은 에료에내, 히스기야, 아스리감 이렇게 모두 셋입니다.

24 에료에내의 아들들은 호다위야, 엘리아십, 블라야, 악굽, 요하난, 들라야, 아나니 이렇게 모두 일곱입니다.

4 유다의 다른 자손 유다의 아들은 베레스, 헤스론, 갈미, 훌, 소발입니다. ₂₇

2 소발의 아들 르아야는 야핫을 낳고 야핫은 아후매와 라핫을 낳았습니다. 이들은 소라 족속입니다. _{2:52–53}

3 에담의 아들은 이스르엘, 이스마, 잇바스이고 그들의 누이는 하슬렐보니입니다.

4 그들의 아버지 브누엘, 후사의 아버지 에셀은 베들레헴의 아버지인 에브라다의 맏아들 훌의 아들들입니다. _{18,39절;2:50–51절;5:19}

5 드고아의 아버지 아스훌은 헬라와 나아라라는 두 아내가 있었습니다. _{2:24}

6 나아라는 아훗삼, 헤벨, 데므니, 하아하스다리를 낳았는데 이들은 나아라의 자손입니다.

7 헬라의 아들은 세렛, 이소할, 에드난입니다.

8 고스는 아눕, 소베바, 하룸의 아들 아하헬 족속을 낳았습니다.

9 야베스는 다른 형제들보다 더 존경을 받았습니다. 그의 어머니가 야베스라는 이름을 붙여 주면서 "내가 아이를 고통 가운데 낳았다"라고 말했습니다. _{창 34:19}

10 야베스는 이스라엘의 하나님께 부르짖었습니다. "여호와께서 제게 복에 복을 주시어 제 영역을 넓혀 주십시오! 하나님의 손이 저와 함께하셔서 저를 해로운 것으로부터 지켜 주시고 고통을 당하지 않도록 해 주십시오." 그러자 하나님께서 야베스가 구하는 것을 허락하셨습니다.

11 수하의 형 글룹은 므힐을 낳았는데 므힐은 에스돈의 아버지입니다.

12 에스돈은 베드라바, 바세아, 이르나하스의

것으로부터 지켜 주시고 고통을 당하지 않도록 해주십시오."라고 기도했어요. 야베스의 기도에 하나님은 'OK'라고 말씀하셨어요. 만약 하나님이 우리의 기도에 응답하시지 않는다면 우리는 기도할 마음이 생기지 않을 거예요. 그렇기 때문에 야베스의 이야기는 하나님이 우리 기도를 반드시 들으시고 응답해 주시는 분이란 것을 알게 해줘요.

친구와 싸웠을 때, 공부가 자꾸 어려워질 때, 가

족들이 미워질 때, 몸이 아플 때 등 어떤 때라도 하나님께 기도하세요. 하나님은 우리의 기도에 반드시 응답해 주십니다. 지금 바로 하나님께 기도해 볼까요?

깊이 읽기 역대상 4장 9–10절을 읽으세요.

암논은 (3:1, Amnon) 다윗의 첫째 아들, 이복누이인 다말을 강간하고 압살롬에게 죽임당했다.

아버지 드하나를 낳았습니다. 이들이 레가 사람입니다.

13 그나스의 아들은 옷니엘과 스라야입니다. 옷니엘의 아들은 하닷입니다.　수 15:17

14 므오노대는 오브라를 낳았습니다. 스라야는 요압을 낳았는데 요압은 게하라심에 사는 사람들의 조상이 되었습니다. 게하라심이라 불린 것은 그곳에 사는 사람들이 장인들이었기 때문입니다.　느 11:35

15 여분네의 아들 갈렙의 아들은 이루, 엘라, 나암이고, 엘라의 아들은 그나스입니다.

16 여할렐렐의 아들은 십, 시바, 디리아, 아사렐입니다.

17 에스라의 아들은 예델, 메렛, 에벨, 얄론입니다. 메렛의 아내 가운데 하나가 미리암, 삼매, 에스드모아의 조상인 이스바를 낳았습니다.

18 이들은 메렛과 결혼한 바로의 딸 비디아의 아들입니다. 또 유다 사람인 그의 아내 여후디야가 그돌의 조상 예렛과 소고의 조상 헤벨과 사노아의 조상 여구디엘을 낳았습니다.

19 나함의 누이 호디야의 아내의 아들은 가미 사람 그일라의 아버지와 마아가 사람에스드모아입니다.

20 시몬의 아들은 암논, 린나, 벤하난, 딜론입니다. 이시의 아들은 소헷과 벤소헷입니다.

21 유다의 아들인 셀라의 자손은 레가의 아버지 에르, 마레사의 아버지 라아다, 고운 삼베를 짜는 족속 아스베아 집안사람과

22 요김, 고세바 사람, 요아스, 모압을 다스리던 사람들과 야수비네헴입니다. 이것은 오래

전에 적힌 것에서 밝혀진 것입니다.

23 셀라의 자손은 네다임과 그데라에서 옹기를 구우면서 살았고 거기서 왕과 함께 살며 왕을 위해 일했습니다.

24 시므온 자손 시므온의 아들은 느무엘, 야민, 야립, 세라, 사울입니다.　민 26:12

25 사울의 아들은 살룸, 그 아들은 밉삼, 그 아들은 미스마이며

26 미스마의 아들은 함무엘, 그 아들은 삭굴, 그 아들은 시므이입니다.

27 시므이는 아들 16명과 딸 여섯 명이 있었는데 그 형제들에게는 자식이 많지 않았습니다. 그리하여 그들 모든 집안은 유다 집안만큼 번창하지 못했습니다.　민 24:13

28 시므온 자손이 살던 곳은 브엘세바, 몰라다, 하살수알,　28~33삼상 19:2~8

29 빌하, 에셈, 돌랏,　수 19:3~4

30 브두엘, 호르마, 시글락,

31 벧말가봇, 하살수심, 벧비리, 사아라임인데 다윗 왕 때까지 그 성읍들은 그들의 것이었습니다.　수 19:6

32 여기에 이웃 마을들인 에담, 아인, 림몬, 도겐, 아산 이렇게 다섯 개의 성읍들과

33 이 성읍들 주위로 바알에 이르기까지 마을들이 있었습니다. 이것이 그들이 정착했던 곳이며 그들은 각각 족보를 남겼습니다.

34 또 메소밥과 야믈렉 그리고 아마시야의 아들은 요사와

35 요엘과 예후가 있는데 예후는 아시엘의 증손이며 스라야의 손자이며 요시비야의 아들입니다.

36 엘료에내, 야아고바, 여소하야, 아사야, 아디엘, 여시미엘, 브나야와

37 시사가 있습니다. 시사는 스마야의 5대 손자이며 시므리의 현손이며 여다야의 증손이며 알론의 손자이며 시비의 아들입니다.

38 위에 기록된 사람들은 그들 족속의 지도자들입니다. 그들의 집안은 수가 크게 늘어났습니다.　27절

상속권

상속받는 사람이 갖는 율법과 따른 권리를 말한다. 이스라엘에서 유산은 지파별로 분배되었으며, 아들들이 유산을 상속받는데 장자는 다른 아들이 받는 몫의 2배를 받았다. 만일 아들이 없고 딸만 있을 경우 딸들이 유산을 이어받았으며, 딸도 없을 경우는 형제에게 주고 형제도 없으면 가장 가까운 친척에게 주도록 했다.

장인(4:14, 匠人, craftsman) 손으로 물건을 만드는 직업을 가진 사람.

39 그들은 양 떼를 먹일 풀밭을 찾아 골짜기 동쪽에 있는 그돌 지역까지 나갔습니다.

40 그들은 풍성하고 좋은 풀밭을 찾아냈는데 그 땅은 넓고 평화롭고 조용했습니다. 그 곳에는 전부터 함 사람이 살고 있었습니다

41 위에 기록된 사람들은 유다 왕 히스기야 때 왔습니다. 그들은 함 사람의 거주지와 모우님 사람을 쳐서 진멸시키고 그들 대신 오늘날까지 거기에 살고 있습니다. 그곳에 양 떼를 먹일 풀밭이 있었으므로 그들이 거기에 살았습니다. 34-38절5:22

42 그리고 시므온 사람 500명은 이시의 아들 블라댜, 느아랴, 르바야, 웃시엘을 우두머리로 삼고 세일 산으로 갔습니다. 창 36:8

43 그들은 도망쳐서 살아남은 아말렉 사람을 치고 오늘날까지 거기에 살고 있습니다.

5 르우벤 자손 이스라엘의 맏아들인 르우벤의 아들들은 이러합니다. (르우벤은 맏아들이었으나 자기 아버지의 침실을 더럽혔기에 맏아들의 상속권이 이스라엘의 아들인 요셉의 아들들에게로 넘어갔습니다

다. 그리하여 그는 맏아들로 족보에 올라갈 수는 없습니다. 창 29:32;35:22

2 비록 유다가 자기 형제들 가운데 가장 뛰어나고 그로부터 주권자가 나왔지만 맏아들의 권리는 요셉에게 있게 됐습니다.)

3 이스라엘의 맏아들인 르우벤의 아들은 하녹, 발루, 헤스론, 갈미입니다. 창 46:9;출 6:14

4 요엘의 아들은 스마야, 그 아들은 곡, 그 아들은 시므이, 8절

5 그 아들은 미가, 그 아들은 르아야, 그 아들은 바알,

6 그 아들은 브에라입니다. 브에라는 르우벤 자손의 우두머리로서 앗시리아 왕 디글랏 빌레셀에게 포로로 사로잡혀 간 사람입니다. 대하 28:20

7 요엘 족속은 족보에 따라 기록됐으며 우두머리는 여이엘, 스가랴, 벨라입니다.

8 벨라는 아사스의 아들이며 세마의 손자이며 요엘의 증손입니다. 그들은 아로엘에서부터 느보와 바알므온에 걸친 영역에 살았습니다. 4절[민 32:3,38;신 2:36;수 13:16

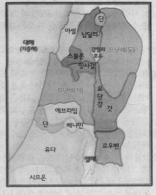

므낫세 반 지파

므낫세 지파는 요셉의 장남인 므낫세에서 시작되었다(대상 5:23). 므낫세는 요셉이 이집트에 있을 때 이집트 제사장 보디베라의 딸인 아스낫과 결혼하여 낳은 아들이다. 이스라엘이 이집트를 탈출해 가나안에 들어가기 전에 므낫세 지파의 반은 모세에게 르우벤, 갓 지파와 함께 요단 강 동쪽에 거하고 싶다고 요구했다(민 32:33~42). 여기서 므낫세 지파의 2분의 1을 의미하는 반 지파라는 말이 나온 것이다.

그 후 그들은 가나안 땅을 점령한 후 요단 강 동쪽 땅을 분배받았다. 이들이 분배받은 땅은 매우 비옥했으며 남쪽의 갓으로부터 북쪽의 헤르몬 산에 이른다(신 3:12~17; 수 13:29~31).

많은 축복을 받았지만 나중에 이들은 요단 강 동쪽 땅의 이방 신들을 섬겼다. 그래서 하나님은 앗시리아의 왕 불과 디글랏 빌레셀의 손에 잡히게 하셨다(대상 5:23~26).

한편 요단 서편 땅에 들어간 다른 므낫세 반 지파는 에브라임 지파 북쪽과 스불론, 잇사갈 지파의 남쪽 지역 땅을 유산으로 받았다(수 17:7~13).

▲ 땅 분배에 의해 정해진 각 지파의 위치

9 그들은 동쪽으로 가서 살았는데 유프라테스 강에서부터 광야 끝에 이르는 땅까지 이르렀습니다. 그것은 길르앗에서 살기에는 그 가축들의 수가 너무 늘어났기 때문입니다. ○수 22:9

10 사울 왕이 다스리는 동안 그들은 하갈 사람과 싸워 그 손으로 물리쳤고 길르앗 동쪽 온 지역에 걸쳐 장막을 치고 살았습니다.

11 갓 자손 르우벤 바로 옆 바산 땅에 갓 사람이 살았는데 그 영역은 살르가까지 이르렀습니다. ○수 12:5;13:11

12 요엘이 족장이었고 사밧이 그 다음이요, 또 그 다음으로 야내와 바산에 살던 사밧이었습니다.

13 그들의 집안 형제는 미가엘, 므술람, 세바, 요래, 야간, 시아, 에벨 이렇게 모두 일곱 명입니다.

14 이들은 아비하일의 아들인데 아비하일은 후리의 아들이며 야로아의 손자이며 길르앗의 증손이며 미가엘의 현손이며 여시새의 5대 손자이며 야도의 6대 손자이며 부스의 7대 손자입니다.

15 압디엘의 아들이며 구니의 손자인 아히가 그들 집안의 우두머리였습니다.

16 갓 사람이 살던 곳은 바산 길르앗과 그 주변에 펼쳐진 마을들과 샤론의 모든 초원지대였습니다. ○27:29

17 이 모두는 유다 왕 요담과 이스라엘 왕 여로보암이 다스리던 때 족보에 올랐습니다.

18 하갈 사람과의 싸움 르우벤 사람, 갓 사람, 므낫세 반 지파에서 군사로 나가서 싸울 준비된 사람은 4만 4,760명으로 그들은 전쟁을 위해 방패와 칼을 사용할 줄 알고 활을 쏠 줄 아는 훈련된 사람이었습니다.

19 그들은 하갈 사람, 여두르, 나비스, 노답과 싸웠습니다. ○10절;1:31;창 25:15

20 그들과 싸울 때 하나님의 도움을 받았는데 그들이 싸우는 가운데 하나님께 부르짖었더니 하나님께서 하갈 사람과 그 모든 동맹국들을 그들 손에 넘겨주셨습니다. 하나님이 그들의 기도를 들어주신 것은

그들이 하나님을 믿었기 때문입니다.

21 그들이 빼앗아 온 하갈 사람의 가축들은 낙타 5만 마리, 양 25만 마리, 나귀 2,000마리였습니다. 또 10만 명의 사람을 포로로 사로잡아 왔고

22 많은 하갈 사람을 죽였습니다. 이 전쟁은 하나님의 것이었기 때문입니다. 그들은 바벨론에 포로로 사로잡혀 가기 전까지 그 땅에서 살았습니다. ○왕하 15:29;17:6

23 므낫세 반 지파 자손 므낫세 반 지파 사람은 번창해 바산에서부터 바알헤르몬, 스닐, 헤르몬 산에 걸쳐 살았습니다. ○신 3:9

24 그들 집안의 우두머리들은 에벨, 이시, 엘리엘, 아스리엘, 예레미야, 호다위야, 야디엘입니다. 그들은 모두 용감하며 유명한 우두머리였습니다.

25 그러나 그들은 조상의 하나님께 죄를 범하고 하나님께서 그 앞에서 멸망시키신 가나안 땅 사람의 신들을 간음하듯이 섬겼습니다. ○출 34:15;삿하 17:7

26 그리하여 이스라엘의 하나님은 앗시리아 왕 불과 앗시리아 왕 디글랏 빌레셀의 마음을 움직여서 르우벤 사람과 갓 사람과 므낫세 반 지파를 포로로 사로잡아 가게 해 할라, 하볼, 하라, 고산 강 가로 끌려가게 하셨습니다. 그래서 그들이 오늘날까지 거기 있게 됐습니다. ○6절;왕하 15:19;17:6;18:11

6 레위의 아들들 레위의 아들은 게르손, 그핫, 므라리입니다. ○창 46:11

2 그핫에서 아론의 자손까지 그핫의 아들은 아므람, 이스할, 헤브론, 웃시엘입니다.

3 아므람의 자녀는 아론, 모세, 미리암입니다. 아론의 아들은 나답, 아비후, 엘르아살, 이다말입니다. ○출 6:20;15:20;레 10:1,12

4 엘르아살은 비느하스를 낳고 비느하스는 아비수아를 낳고

5 아비수아는 북기를 낳고 북기는 웃시를 낳고

6 웃시는 스라히야를 낳고 스라히야는 므라욧을 낳고 ○6-8,50-53절;9:11;느 11:11

7 므라욧은 아마랴를 낳고 아마랴는 아히둡

을 낳고

8 아히둡은 사독을 낳고 사독은 아히마아스를 낳고

삼하 8:17;15:27

9 아히마아스는 아사랴를 낳고 아사랴는 요하난을 낳고

대하 26:17-18

10 요하난은 아사랴를 낳았습니다. 아사랴는 솔로몬이 예루살렘에 지은 성전에서 제사장으로 섬겼습니다.

왕상 6장;대하 3장

11 아사랴는 아마랴를 낳고 아마랴는 아히둡을 낳고

대하 19:11;스 7:3

12 아히둡은 사독을 낳고 사독은 살룸을 낳고

13 살룸은 힐기야를 낳고 힐기야는 아사랴를 낳고

왕하 22:4;스 7:1

14 아사랴는 스라야를 낳고 스라야는 여호사닥을 낳았습니다.

왕하 25:18

15 여호사닥은 여호와께서 유다와 예루살렘 사람을 느부갓네살 왕의 손에 포로로 사로잡혀 가게 하실 때 사로잡혀 갔습니다.

16 레위의 아들은 레위의 아들은 게르손, 그핫, 므라리입니다.

16-19절;출 6:16-19

17 게르손의 아들의 이름은 립니와 시므이입니다.

237

18 그핫의 아들은 아므람, 이스할, 헤브론, 웃시엘입니다.

44,47절;23:12

19 므라리의 아들은 말리와 무시입니다. 그 아버지를 따라 기록에 오른 레위 사람의 족속은 이러합니다.

20 레위 자손 게르손에게서 난 자손은 그 아들 립니, 그 아들 야핫, 그 아들 심마,

21 그 아들 요아, 그 아들 잇도, 그 아들 세라, 그 아들 여아드래입니다.

22 그핫의 자손은 그 아들 암미나답, 그 아들

고라, 그 아들 앗실,

22-28,33-38절

23 그 아들 엘가나, 그 아들 에비아삽, 그 아들 앗실,

24 그 아들 다핫, 그 아들 우리엘, 그 아들 웃시야, 그 아들 사울입니다.

25 엘가나의 아들은 아마새와 아히못입니다.

26 엘가나의 자손은 그 아들 소배, 그 아들 나핫,

27 그 아들 엘리압, 그 아들 여로함, 그 아들 엘가나입니다.

28 사무엘의 아들은 맏아들 요엘과 둘째 아비야입니다.

29 므라리의 자손은 말리, 그 아들 립니, 그 아들 시므이, 그 아들 웃사,

19,44-47절

30 그 아들 시므아, 그 아들 학기야, 그 아들 아사야입니다.

31 성전의 음악을 맡은 사람들 언약궤가 평안한 곳에 있게 된 후 다윗이 그곳에서 음악을 맡도록 세운 사람은 이러합니다.

32 그들은 솔로몬이 예루살렘에 여호와의 성전을 지을 때까지 회막 앞에서 찬송하는 일로 섬겼습니다. 그들은 정해진 임무의 차례에 따라 자기 일을 했습니다.

33 그 일을 섬겼던 사람과 그 아들들입니다. 그핫의 자손 가운데 연주자인 헤만은 요엘의 아들이고 요엘은 사무엘의 아들이고

34 사무엘은 엘가나의 아들이고 엘가나는 여로함의 아들이고 여로함은 엘리엘의 아들이고 엘리엘은 도아의 아들이고

35 도아는 숩의 아들이고 숩은 엘가나의 아들이고 엘가나는 마핫의 아들이고 마핫은 아마새의 아들이고

다윗은 왜 찬양대를 뽑았나요?

하나님이 우리를 만드신 것은 하나님을 기뻐하며 찬양하기 위해서지요(사 43:21; 엡 1:6). 다윗은 이런 하나님의 마음을 잘 알았어요. 다윗은 오벧에돔의 집에서 예루살렘으로 언약궤를 가져온 후에 성전에서 전문적으로 찬양을 담당할 사람들을 레위 지파 사람들 가운데서 세웠어요(대상 6:31-47). 다윗은 찬양대를 통해 이스라엘 백성들의 마음을 하나님께로 집중하게 했어요. 다윗은 찬양대를 조직해 하나님을 찬양하는 일에 전문성과 질적인 향상을 이루었답니다.

36 아마새는 엘가나의 아들이고 엘가나는 요
엘의 아들이고 요엘은 아사랴의 아들이고
아사랴는 스바냐의 아들이고

37 스바냐는 다핫의 아들이고 다핫은 앗실의
아들이고 앗실은 에비아삽의 아들이고 에
비아삽은 고라의 아들이고

38 고라는 이스할의 아들이고 이스할은 그핫
의 아들이고 그핫은 레위의 아들이고 레위
는 이스라엘의 아들입니다.

39 헤만의 오른쪽에 섬겼던 헤만의 형제 아
삽은 베레갸의 아들이고 베레갸는 시므아
의 아들이고   15:17,19; 대하 5:12; 스 2:41; 느 7:44

40 시므아는 미가엘의 아들이고 미가엘은 바
아세야의 아들이고 바아세야는 말기야의
아들이고

41 말기야는 에드니의 아들이고 에드니는 세
라의 아들이고 세라는 아다야의 아들이고

42 아다야는 에단의 아들이고 에단은 심마의
아들이고 심마는 시므이의 아들이고

43 시므이는 야핫의 아들이고 야핫은 게르손
의 아들이고 게르손은 레위의 아들입니다.

44 헤만의 왼쪽에서 섬기던 사람은 므라리의
자손 가운데 에단입니다. 에단은 기시의
아들이고 기시는 압디의 아들이고 압디는
말룩의 아들이고

45 말룩은 하사뱌의 아들이고 하사뱌는 아마
시야의 아들이고 아마시야는 힐기야의 아
들이고

46 힐기야는 암시의 아들이고 암시는 바니의
아들이고 바니는 세멜의 아들이고

47 세멜은 말리의 아들이고 말리는 무시의 아
들이고 무시는 므라리의 아들이고 므라리
는 레위의 아들입니다.

48 아론과 그의 자손의 임무 *그들과 그들의 형제 레위
사람들은 장막, 곧 하나님 집의 모든 임무
를 맡았습니다.

49 아론과 그의 자손은 번제단에서 제물을

드렸으며 향단에 향을 피우는 일을 했습
니다. 그들은 지성소에서 모든 일을 하도
록 세워졌으며 하나님의 종 모세가 명령한
모든 것에 따라 이스라엘을 위해 죄를 씻
는 일을 하기로 돼 있었습니다.   출 30:7,10

50 아론의 자손은 그 아들 엘르아살, 그 아들
비느하스, 그 아들 아비수아,   4~8,50~53절

51 그 아들 북기, 그 아들 웃시, 그 아들 스라
히야,

52 그 아들 므라욧, 그 아들 아마랴, 그 아들
아히둡,

53 그 아들 사독, 그 아들 아히마아스입니다.

54 성읍과 땅 그들이 사는 곳은 사방으로 지
역 안에 있으니 위치는 이러합니다. 그핫
족속, 곧 아론의 자손이 먼저 제비를 뽑아
서 살 곳을 받았습니다.   창 25:16; 민 31:10; 수 21:4,10

55 그들은 유다 땅에 있는 헤브론과 그 주변
초지를 받았습니다.

56 그러나 성을 둘러싼 밭과 마을은 여분네
의 아들 갈렙에게 주었습니다.   수 14:13;15:13

57 그리하여 아론의 자손은 도피성을 받게
됐는데, 곧 헤브론, 립나와 그 들, 얏딜, 에
스드모아와 그 들,   57~60절;수 21:13~19

58 힐렌과 그 들, 드빌과 그 들,

59 아산과 그 들, 벳세메스와 그 들이었습니다.

60 또 베냐민 지파로부터 게바와 그 들, 알레
멧과 그 들, 아나돗과 그 들을 받게 됐습니
다. 그핫 족속이 얻은 성읍들은 모두 13개
였습니다.

61 그핫 자손 가운데 남은 사람에게는 므낫세
반 지파 족속 가운데 제비를 뽑아 열 개의
성읍을 주었습니다.   66~70절;수 21:5

62 게르손 자손에게는 잇사갈 지파, 아셀 지
파, 납달리 지파, 바산에 있는 므낫세 반 지
파 가운데서 13개의 성읍을 주었습니다.

63 므라리 자손에게는 르우벤 지파, 갓 지파,
스불론 지파 가운데서 제비를 뽑아 그 족
속대로 12개의 성읍을 주었습니다.   수 21:7

64 이렇게 이스라엘 자손은 이 성읍들과 그 들
을 레위 사람들에게 주었습니다.   수 21:3

65 유다 지파, 시므온 지파, 베냐민 지파에서

초지(6:55, 草地, pastureland) 풀이 나 있는 땅. 가축
을 방목하거나 목초를 재배하는 데 이용. 용사(7:7, 勇士,
mighty man) 용맹스러운 사람. 구약에서는 네피림의 후
손, 또는 다윗을 도와 주었던 30용사의 집단을 말함.

는 위에서 말한 성읍을 제비 뽑아 레위 자손들에게 주었습니다. <small>57-60절</small>

66 그핫 자손 가운데 몇몇 족속은 에브라임 지파에게서 받은 영토로 성읍을 얻었습니다.

67 또 에브라임 산지에서 도피성으로 받게 된 것은 세겜과 그 들, 게셀과 그 들,

68 욕므암과 그 들, 벧호론과 그 들, <small>수 12:22</small>

69 아얄론과 그 들, 가드림몬과 그 들이었습니다.

70 또 그핫 자손 가운데 남은 족속에게는 므낫세 반 지파 중에서 아넬과 그 들, 빌르암과 그 들을 주었습니다.

71 게르손 자손에게는 므낫세 반 지파 족속에게서 바산의 골란과 그 들, 아스다롯과 그 들을 주었고 <small>71-76절삿 9:10:21:27-33</small>

72 잇사갈 지파에게서는 게데스와 그 들, 다브랏과 그 들,

73 라못과 그 들, 아넴과 그 들을 주었고

74 아셀 지파에게서는 마살과 그 들, 압돈과 그 들,

75 후곡과 그 들, 르홉과 그 들을 주었고

76 납달리 지파에게서는 갈릴리의 게데스와 그 들, 함몬과 그 들, 기랴다임과 그 들을 주었습니다.

77 므라리 자손의 남은 사람에게는 스불론 지파에게서 림모노와 그 들, 다볼과 그 들을 주었고 <small>77-81절수 19:12-13:21:34-39</small>

78 또 요단 건너 동쪽, 곧 여리고 맞은편의 르우벤 지파에게서는 광야의 베셀과 그 들, 야사와 그 들, <small>수 13:32</small>

79 그데못과 그 들, 메바앗과 그 들을 주었습니다.

80 또 갓 지파에게서는 길르앗의 라못과 그 들, 마하나임과 그 들, <small>창 32:2:왕상 22:3-4:왕하 9:1.4</small>

81 헤스본과 그 들, 야셀과 그 들을 주었습니다.

7

잇사갈 자손 잇사갈의 아들은 돌라, 부아, 야숩, 시므론 이렇게 모두 넷입니다.

2 돌라의 아들은 웃시, 르바야, 여리엘, 야매, 입삼, 스무엘인데 그들은 돌라 집안의 우두머리였습니다. 다윗이 다스리던 때 돌라의

자손은 용사로 그 족보에 올랐는데 그 수는 2만 2,600명이었습니다.

3 웃시의 아들은 이스라히야입니다. 이스라히야의 아들은 미가엘, 오바댜, 요엘, 잇시야인데 이 다섯 사람 모두 우두머리였습니다.

4 그들 집안의 족보에 따르면 그들은 전쟁에 나갈 3만 6,000명을 보유하고 있었습니다. 그들의 아내와 자녀들이 많았기 때문이었습니다.

5 모든 잇사갈 족속에 속한 형제들은 용사들로 그 족보에 기록된 대로 모두 8만 7,000명이었습니다.

6 **베냐민 자손** 베냐민의 세 아들은 벨라, 베겔, 여디아엘입니다. <small>8:1-40;창 46:21:민 26:38</small>

7 벨라의 아들은 에스본, 우시, 웃시엘, 여리못, 이리 이렇게 모두 다섯으로 집안의 우두머리들이었습니다. 그 족보에는 2만 2,034명의 용사들이 올랐습니다.

8 베겔의 아들은 스미라, 요아스, 엘리에셀, 엘료에내, 오므리, 여레못, 아비야, 아나돗, 알레멧이며 이 모두가 베겔의 아들입니다.

9 그 족보에는 집안의 우두머리들과 2만 200명의 용사들이 올랐습니다.

10 여디아엘의 아들은 빌한입니다. 빌한의 아들은 여우스, 베냐민, 에훗, 그나아나, 세단, 다시스, 아히사할입니다.

11 이 여디아엘의 아들은 모두 집안의 우두머리였고 이들에겐 전쟁에 나갈 1만 7,200명의 용사들이 있었습니다.

12 일의 자손은 숩빔과 훕빔이고 아헬의 아들은 후심입니다. <small>8:1</small>

13 **납달리 자손** 납달리의 아들은 야시엘, 구니, 예셀, 빌하의 손자인 살룸입니다.

14 **므낫세 자손** 므낫세의 아들은 그 처가 낳은 아스리엘이 있었고 그 첩인 아람 여자는 길르앗의 아버지 마길을 낳았습니다.

15 마길은 훕빔과 숩빔의 누이 마아가라 하는 여자를 아내로 삼았습니다. 므낫세의 둘째 아들의 이름은 슬로브핫입니다. 그는 딸밖에 없었습니다. <small>민 27:1:36:11수 17:3</small>

16 마길의 아내 마아가는 아들을 낳고 베레스

라고 이름을 지었습니다. 그 동생의 이름
은 세레스이고 세레스의 아들은 울람과 라
겜입니다.

17 울람의 아들은 브단입니다. 이들은 마길의
아들이며 므낫세의 손자인 길르앗의 아들
입니다. 삼상 12:11

18 그의 누이 함몰레겟은 이스홋, 아비에셀, 말
라를 낳았습니다.

19 스미다의 아들은 아히안, 세겜, 릭히, 아니
암입니다.

20 에브라임 자손 에브라임의 자손은 수델라,
그 아들 베렛, 그 아들 다핫, 그 아들 엘르
아다, 그 아들 다핫, 민 26:35

21 그 아들 사밧, 그 아들 수델라입니다. 그
아들 에셀과 엘르앗은 가드 가축을 빼앗으
러 갔다가 가드 원주민에게 죽임을 당했
습니다.

22 그 아버지 에브라임은 그들을 생각하며 여
러 날을 슬퍼했는데 친척들이 와서 그를
위로했습니다.

23 그 후에 에브라임은 아내와 다시 잠자리를
같이해 아내가 잉태해서 아들을 낳았습니
다. 그는 아이에게 브리아라는 이름을
지어 주었습니다. 그 가정에 불행이 있었
기 때문입니다.

24 에브라임의 딸은 세에라인데 그는 위 벧호
론과 아래 벧호론 그리고 우센세에라를 세
웠습니다. 수 10:10-11

25 브리아의 아들은 레바와 레셉이고 레셉의
아들은 델라이고 그 아들은 다한이고

26 그 아들은 라단이고 그 아들은 암미훗이고

고 그 아들은 엘리사마이고 민 1:10,7:48

27 그 아들은 눈이고 그 아들은 여호수아입
니다. 민 13:8,16

28 에브라임 자손의 땅과 사는 곳은 벧엘과
주변 마을, 동쪽으로는 나아란, 서쪽으로
는 게셀과 주변 마을, 또 아사와 주변 마을
에 이르는 세겜과 주변 마을이었습니다.

29 므낫세 땅 쪽으로는 벧스안과 주변 마을,
다아낙과 주변 마을, 므깃도와 주변 마을,
돌과 주변 마을들이었습니다. 이스라엘의
아들인 요셉 자손이 이렇게 여러 성에 살
았습니다. 수 17:7,11

30 아셀 자손 아셀의 아들은 임나, 이스와, 이스
위, 브리아이고 그들의 누이는 세라입니다.

31 브리아의 아들은 헤벨과 비르사잇의 아버
지인 말기엘입니다.

32 헤벨은 야블렛, 소멜, 호담, 그 누이 수아를
낳았습니다.

33 야블렛의 아들은 바삭, 빔할, 아스왓입니
다. 이들이 야블렛의 아들입니다.

34 소멜의 아들은 아히, 로가, 호바, 아람입니
다.

35 그 동생 헬렘의 아들은 소바, 임나, 셀레스,
아말입니다.

36 소바의 아들은 수아, 하르네벨, 수알, 베리,
이므라,

37 베셀, 홋, 사마, 실사, 이드란, 브에라입니다.

38 예델의 아들은 여분네, 비스바, 아라입니다.

39 울라의 아들은 아라, 한니엘, 리시아입니다.

40 이들은 모두 아셀의 자손이며 집안의 우
두머리였고 뽑힌 사람들로서 용감한 군인

형제 사랑

할머니와 단 둘이 살고 있던 회아에게 큰 슬픔이 찾아왔어요. 할
머니가 돌아가신 거예요. 어렸을 때 같이 살고 있던 할머니를 잃은
슬픔과 앞으로 어떻게 살아가야 할지 막막했어요. 이 모습을 본
순화의 친구들 모두와 선생님은 회아를 돕기 시작했어요. 성금
을 모으고, 쌀을 모으고 사랑을 담아 회아에게 전달했답니다.

어려울 때 도와주는 형제

하나님은 형제가 위급한 일을 당하거나
슬픈 일을 당했을 때 서로서로 위로해 주
길 바라세요. 에브라임 자손들이 가드의
원주민에게 죽임을 당했을 때 형제들이
찾아와 위로해 주는 것을 볼 수 있어요.(대
상 7:21-22)
교회에서 쉽게 이런 모습들을 찾아볼 수

이었고 뛰어난 지도자였습니다. 전쟁에 나
갈 만한 사람의 수는 족보에 오른 대로 세
면 2만 6,000명이었습니다.

8 베냐민 자손 베냐민은 맏아들 벨라, 둘
째 아스벨, 셋째 아하라,

2 넷째 노하, 다섯째 라바를 낳았습니다.

3 벨라의 아들은 앗달, 게라, 아비훗,

4 아비수아, 나아만, 아호아,

5 게라, 스부반, 후람입니다.   7:12

6 에훗의 아들은 이러합니다. 이들은 게바에
서 살던 집안의 우두머리로 마나핫에 포
로로 사로잡혀 갔습니다.   2:52,54

7 곧 에훗의 아들 나아만, 아히야, 게라를 사
로잡아 갔으며 게라는 웃사와 아히훗을 낳
았습니다.

8 사하라임은 두 아내 후심과 바아라를 내쫓
은 뒤 모압에서 자녀들을 낳았습니다.

9 아내 호데스에게서 낳은 자녀는 요밥, 시비
야, 메사, 말감,

10 여우스, 사갸, 미르마입니다. 이 아들들은
집안의 우두머리였습니다.

11 또 아내 후심에게서 아비둡과 엘바알을 낳
았습니다.

12 엘바알의 아들은 에벨, 미삼, 세멧입니다.
세멧은 오노와 롯과 그 주변 마을을 세웠
습니다.   2:33,느 6:2737,행 9:32,35,38

13 브리아와 세마는 아얄론에 사는 집안의 우
두머리로서 가드 주민들을 쫓아냈습니다.

14 아히요, 사삭, 여레못,

15 스바댜, 아랏, 에델,

16 미가엘, 이스바, 요하는 모두 브리아의 아

들입니다.

17 스바댜, 므술람, 히스기, 헤벨,

18 이스므래, 이슬리아, 요밥은 엘바알의 아들
입니다.

19 야김, 시그리, 삽디,

20 엘리에내, 실르대, 엘리엘,

21 아다야, 브라야, 시므랏은 모두 시므이의 아
들입니다.

22 이스반, 에벨, 엘리엘,

23 압돈, 시그리, 하난,

24 하나냐, 엘람, 안도디야,

25 이브드야, 브누엘은 모두 사삭의 아들입니다.

26 삼스래, 스하랴, 아달랴,

27 야아레시야, 엘리야, 시그리는 모두 여로함
의 아들입니다.

28 이들 모두는 족보에 오른 대로 집안의 우
두머리였고 예루살렘에서 살았습니다.

29 기브온의 조상 여이엘은 기브온에 살았습
니다. 그 아내의 이름은 마아가이고

30 그 맏아들은 압돈, 그다음으로는 술, 기스,
바알, 나답,

31 그돌, 아히오, 세겔,

32 시므아를 낳은 미글롯입니다. 그들도 역시
자기 친척들과 더불어 예루살렘에서 살았
습니다.

33 벨은 기스를 낳고 기스는 사울을 낳고 사울
은 요나단, 말기수아, 아비나답, 에스바알을
낳았습니다.   33~38,9:39~44,10:2,삼상 31:2

34 요나단의 아들은 므립바알입니다. 므립바
알은 미가를 낳았습니다.   삼하 9:12

35 미가의 아들은 비돈, 멜렉, 다레아, 아하스

입니다.

36 아하스는 여호앗다를 낳고 여호앗다는 알레멧, 아스마웻, 시므리를 낳고 시므리는 모사를 낳고

37 모사는 비느아를 낳았습니다. 비느아의 아들은 라바이고 그 아들은 엘르아사이고 그 아들은 아셀입니다.

38 아셀은 여섯 아들이 있었는데 그들의 이름은 이러합니다. 아스리감, 보그루, 이스마엘, 스아랴, 오바댜, 하난 이 모두가 아셀의 아들들입니다.

39 그 동생 에섹의 아들은 맏아들 울람, 둘째 여우스, 셋째 엘리벨렛입니다.

40 울람의 아들들은 활을 사용할 줄 아는 용감한 군사들이었습니다. 그들은 아들과 손자들이 많았는데 모두 150명이었습니다. 이 모두가 베냐민의 자손들입니다.

9 다시 돌아와 살게 된 사람들 온 이스라엘이 그 족보에 올랐고 이스라엘 열왕기에 기록됐습니다. 유다 사람들은 죄를 지음으로 인해 포로로 사로잡혀 바벨론으로 끌려갔습니다. 5:25-26

2 그 후 먼저 자신들의 성읍에 다시 돌아와 살게 된 사람들은 몇몇 이스라엘 제사장들과 레위 사람들과 느디님 사람이었습니다.

3 유다 자손과 베냐민 자손과 에브라임 자손과 므낫세 자손 가운데 예루살렘에 살던 사람은

느디님 사람

느디님은 '하나님께 드려진 사람들'이라는 뜻이다. 느디님 사람들은 전쟁에 붙잡혔다가 다시 돌아온 사람들로 이스라엘 사람들 중 낮은 계급으로 이루며 살았다. 이들은 하나님의 집(성전)에서 봉사하는 일을 했다(민 31:40, 42, 47). 청소, 제단에 물을 떠 놓는 일, 나무 자르는 일, 예배에 사용하는 그릇을 닦는 일과 같이 힘든 일들을 했다(수 9:23). 특별한 지역에서 살았으며 세금을 내지 않아도 되었다(스 7:24). 안식일을 꼭 지켜야 했으며, 이스라엘 사람 외에 다른 사람들과 결혼할 수 없었다(느 10:28-30).

4 유다의 아들 베레스의 자손 가운데 우대인데, 그는 암미훗의 아들이고 오므리의 손자이고 이므리의 증손이고 바니의 현손입니다. 25-6

5 실로 사람 가운데는 맏아들 아사야와 그 아들입니다.

6 세라 자손 가운데는 여우엘과 그 형제 690명입니다.

7 베냐민 자손 가운데는 핫스누아의 증손이며 호다위아의 손자이며 므술람의 아들인 살루와

8 여로함의 아들인 이브느야와 미그리의 손자이며 웃시의 아들인 엘라와 이브니야의 증손이며 르우엘의 손자이며 스바댜의 아들인 무술람입니다.

9 베냐민 자손은 그 족보대로 세면 그 수가 956명입니다. 이 모두가 그들 집안의 우두머리였습니다. 대하 35:4-5; 느 11:8

10 하나님의 집 일을 맡은 사람 제사장 자손에는 여다야, 여호야립, 야긴, 느 11:10-14

11 아사랴이니 아사랴는 하나님 집의 일을 맡았고 힐기야의 아들이며 므술람의 손자이며 사독의 증손이며 므라욧의 현손이며 아히둡의 5대 자손입니다. 렘 20:1; 행 4:1

12 아다야는 여로함의 아들이며 바스훌의 손자이며 말기야의 증손입니다. 마아새는 아디엘의 아들이며 야세라의 손자이며 므술람의 증손이며 므실레밋의 현손이며 임멜의 5대 자손입니다.

13 또 그 형제들이 있는데 그들은 그 집안의 우두머리들로서 그 수가 1,760명이었고 하나님의 집을 섬길 능력 있는 사람들이었습니다.

14 레위 사람 가운데는 므라리 자손으로서 핫숩의 아들이며 아스리감의 손자이며 하사뱌의 증손인 스마야, 14-17절; 느 11:15-19

15 박박갈, 헤레스, 갈랄, 미가의 아들이며 시그리의 손자이며 아삽의 증손인 맛다냐,

16 스마야의 아들이며 갈랄의 손자이며 여두

포로 (9:1, 捕虜, captivity) 전쟁에서 패한 군인이나 백성들이 이긴 나라에 잡혀가 있는 것

둔의 증손인 오바댜, 아사의 아들이며 엘가나의 손자이며 느도바 사람의 마을에 살던 베레가가 있었습니다.

17 문지기를 맡은 사람들 문지기들은 살룸, 악굽, 달몬, 아히만과 그 형제들입니다. 살룸은 그들의 우두머리였습니다.

18 이 사람들은 전에 왕의 문 동쪽에 있었고 레위 자손 진영의 문지기였습니다. `겔 46:1-2`

19 고라의 증손이며 에비아삽의 손자이며 고레의 아들인 살룸과 그 집안 출신인 형제, 곧 고라 자손들은 성막의 문을 지키는 일을 했습니다. 그 조상들도 여호와께서 계시는 집을 맡고 들어가는 곳을 지켰습니다.

20 옛적에 엘르아살의 아들 비느하스가 문지기들을 거느렸고 여호와께서 비느하스와 함께하셨습니다. `민 25:11-13`

21 므셀레먀의 아들 스가랴는 회막 입구의 문지기였습니다. `262`

22 문지기로 뽑힌 사람의 수는 모두 212명이었습니다. 그들은 자기 마을에서 족보에 올랐습니다. 그 문지기들은 다윗과 선견자 사무엘이 그들을 믿었기에 그 자리를 맡게 됐습니다. `26:1-2;삼상 9:9;대하 31:15,18`

23 그 문지기들과 그 자손은 대대로 여호와의 집, 곧 성막이라 불리는 집의 문들을 지키는 일을 맡았습니다.

24 문지기들은 동서남북 사방에 서서 지켰습니다.

25 자기 마을에 있는 그 형제들은 번갈아 가며 7일 동안 그 일을 했습니다. `16절;왕하 11:5`

26 네 명의 우두머리 문지기들은 레위 사람이었는데 하나님의 집의 안쪽 방들과 보물을 지키는 일을 맡았습니다. `왕상 6:5,8`

27 그들은 하나님의 집 주변에서 밤을 새며 그곳을 지켰습니다. 또한 그들은 아침마다 성전 문을 여는 책임이 있었습니다.

28 그들 가운데 몇몇은 제사에 쓰이는 기구와 그릇들을 맡았습니다. 그 물건들을 들여가고 내갈 때마다 그 수를 세었습니다.

29 다른 사람은 성전의 기구들과 제단의 모든 다른 물건들, 고운 밀가루, 포도주, 기름, 향, 향품들을 맡았습니다. `23:29;레 6:20-21`

30 그러나 몇몇 제사장들의 아들은 향품을 섞어 향 기름을 만드는 일을 했습니다.

31 고라의 자손이며 살룸의 맏아들인 맛디댜라는 레위 사람은 빵 굽는 일을 책임 맡게 됐습니다. `19절;23:29`

32 그들의 형제 그핫 자손 가운데 몇몇은 안식일마다 내갈 빵을 준비하는 일을 맡았습니다. `레 24:5-8`

33 찬송하는 사람 찬송하는 사람은 레위 집안의 우두머리들로서 성전 안에 있는 방에 머물러 있었는데 다른 일은 하지 않고 밤낮으로 자기 일을 했습니다.

34 이 모두가 레위 집안의 우두머리였고 그 족보에 우두머리로 올랐으며 예루살렘에서 살았습니다.

35 사울의 족보 기브온의 조상 여이엘은 기브온에 살았습니다. 그 아내의 이름은 마아가이고 `35-38절;8:29-32`

36 그 맏아들은 압돈이며 그 다음으로는 술, 기스, 바알, 넬, 나답,

37 그돌, 아히오, 스가랴, 미글롯입니다.

38 미글롯은 시므암을 낳았습니다. 그들은 자기 친척들 가까이 예루살렘에서 살았습니다.

39 넬은 기스를 낳고 기스는 사울을 낳고 사울은 요나단, 말기수아, 아비나답, 에스바알을 낳았습니다. `39,44절;8:33-38`

40 요나단의 아들은 므립바알이고 므립바알은 미가를 낳았습니다. `삼하 4:4;9:6,10`

41 미가의 아들은 비돈, 멜렉, 다레아, 아하스이고 `8:35`

42 아하스는 야라를 낳고 야라는 알레멧, 아스마웻, 시므리를 낳고 시므리는 모사를 낳았습니다. `8:36`

43 모사는 비느아를 낳았습니다. 비느아의 아들은 르바야이고 그 아들은 엘르아사이고 그 아들은 아셀입니다. `8:37`

44 아셀은 여섯 아들이 있었는데 그 이름은 아스리감, 보그루, 이스마엘, 스아랴, 오바댜, 하난입니다. 이들이 아셀의 아들입니다.

10

사울과 요나단이 죽음 블레셋 사람들이 이스라엘과 맞서 싸웠습니다. 이스라엘 사람들이 블레셋 앞에서 도망치다가 길보아 산에서 많이 죽었습니다.

2 블레셋 사람들이 사울과 그 아들들을 끝까지 추격해서 그 아들 요나단, 아비나답, 말기수아를 죽였습니다.

3 사울 주변에서는 싸움이 더욱 치열해졌습니다. 활잡이들이 사울을 따라잡았고 사울이 화살에 맞아 상처를 입었습니다.

4 사울이 자기 병기를 든 사람에게 말했습니다. "네 칼을 뽑아 나를 쳐라. 그러지 않으면 이 할례 받지 못한 놈들이 와서 나를 조롱하고 죽일 것이다." 그러나 그 방패든 사람은 두려워서 그렇게 하지 못했습니다. 그러자 사울은 자기 칼을 뽑아 세우고 그 위에 몸을 던졌습니다.

5 사울의 병기를 든 사람은 사울이 죽은 것을 보고 자기도 칼에 몸을 던져 죽고 말았습니다.

6 그리하여 사울과 그 세 아들과 그 온 집이 함께 죽었습니다.

7 골짜기에 있던 모든 이스라엘 사람들은 군사들이 도망치고 사울과 그 아들들이 모두 죽은 것을 보고 자기 성읍들을 버리고 도망쳤습니다. 그러자 블레셋 사람들이 와서 그곳에 살게 됐습니다.

8 이튿날 블레셋 사람들이 와서 죽은 사람들의 옷을 벗기다가 사울과 그 아들이 길보아 산에 죽어 있는 것을 발견했습니다.

9 그들은 사울의 옷을 벗기고 머리와 갑옷을 가져갔고 블레셋 온 땅에 사람을 보내 그 우상들과 백성들에게 이 소식을 널리 알렸습니다.

10 그들은 자기들의 신전에 사울의 갑옷을 가져다 두고 사울의 머리는 다곤 신전에 매달았습니다.

11 길르앗 야베스에 사는 사람 모두가 블레셋 사람들이 사울에게 한 짓에 대해 낱낱이 들었습니다.

12 그들 용감한 군사들이 모두 가서 사울과 그 아들들의 시체를 거두어 야베스로 가져왔습니다. 그러고는 야베스에 있는 상수리나무 아래 그 뼈들을 묻고 7일 동안 금식했습니다.

13 사울이 죽은 이유 사울이 죽은 것은 그가 여호와께 죄를 지었기 때문입니다. 그는 여호와의 말씀을 지키지 않았을 뿐 아니라 무당에게 찾아가 도움을 구하고

14 여호와께 묻지 않았습니다. 그리하여 여호와께서는 사울을 죽이시고 이새의 아들 다윗에게 그 나라를 넘겨주셨습니다.

11

이스라엘의 왕이 된 다윗 온 이스라엘이 헤브론에 있는 다윗에게 몰려와 말했습니다. "우리는 왕의 혈육입니다.

2 전에 사울이 왕이었을 때도 이스라엘을 이끌고 전쟁터에 나가신 분은 왕이셨습니다. 또 왕의 하나님 여호와께서 '네가 내 백성 이스라엘의 목자가 되고 내 백성 이스라엘을 다스리게 될 것이라고 말씀하셨습

길보아 산

길보아 산은 해발 530m이며 이스르엘 평야 동쪽 끝, 모레 언덕 남쪽에 위치한다. 이 산은 요단 계곡에서 이스르엘 평야에 이르는 계곡과 가까이 있기 때문에 전쟁을 많이 치르는 장소가 되곤 했다.

기드온은 모레 고원 근처에 있는 미디안을 치기 위해 이 부근에 군사를 배치했고(삿 7:1) 사울도 이곳에서 블레셋 군대와 전쟁을 하다가 세 아들과 함께 죽었다(삼상 31:1, 8; 대상 10:1, 8). 다윗은 사울과 요나단의 전사 소식을 듣고 길보아 산을 향해 "길보아 산들아, 이제 네게 이슬과 비를 내리지 않고 제물을 낼 밭도 없을 것이다."라고 하며 슬퍼했다(삼하 1:21).

길보아 산(Mt. Gilboa)

니다." 겔 34:23

3 이스라엘의 모든 장로들이 헤브론에 있는 다윗 왕에게 오자 다윗은 여호와 앞에서 그들과 약속을 맺었습니다. 여호와께서 사무엘을 통해 약속하신 대로 이루어졌습니다. 그들은 다윗을 온 이스라엘을 다스릴 왕으로 세웠습니다. 10절:12:23;삼상 16:1,3,12-13

4 다윗이 예루살렘을 빼앗음 다윗과 온 이스라엘 군사들은 예루살렘, 곧 여부스로 갔습니다. 그곳에 여부스 사람이 살았습니다.

5 여부스 사람들이 "너는 여기 들어올 수 없다"라고 다윗에게 말했지만 다윗은 시온 산성을 빼앗고 다윗 성이라고 불렀습니다.

6 다윗성 다윗은 "누구든 앞장서서 여부스를 공격하는 사람은 사령관이 될 것이다"라고 말했습니다. 그 말을 듣고 스루야의 아들 요압이 먼저 올라가 여부스를 공격해 사령관이 됐습니다. 삼하 8:16

7 그 후 다윗은 그 산성에서 살았고 그 성은 다윗 성으로 불렀습니다.

8 다윗은 성을 다시 쌓았는데 밀로에서부터 성벽을 쌓았고 성의 나머지 부분을 요압이 다시 쌓았습니다.

9 만군의 여호와께서 다윗과 함께 계셨기 때문에 다윗은 점점 더 강해졌습니다.

10 우두머리들 다윗이 거느리는 용사들의 우두머리들은 이렇습니다. 이 사람들은 온 이스라엘과 함께 다윗을 도와 나라를 얻게 하고 다윗이 왕이 돼서 왕의 힘이 온 땅에 미치도록 도와주었는데 여호와께서 약속하신 대로 이루어졌습니다. 삼하 23:8-39

11 야소브암 다윗의 용사들은 이러합니다. 학몬 사람의 아들 야소브암은 30명의 우두머리였는데 그는 창을 들어 300명을 단번에 죽였습니다. 12:18;삼하 23:8

12 엘르아살 그 다음으로는 아호아 사람 도도의 아들 엘르아살인데 그는 세 용사 가운데 하나였습니다. 27:4

13 엘르아살은 블레셋 사람들이 싸우려고 바스담임에 모였을 때 다윗과 함께 있었습니다. 보리가 가득한 밭이 있었는데 이스라엘 군사들은 블레셋 사람들에게서 도망쳤지만

14 그는 보리밭 한가운데 굳게 서서 밭을 지키며 블레셋 사람들을 죽였습니다. 여호와께서 이스라엘에 큰 승리를 가져다주셨습니다.

15 세 용사의 용기 블레셋 무리가 르바임 골짜기에 진을 치고 있을 때 30명의 우두머리 가운데 세 사람이 아둘람 동굴에 있는 다윗에게 내려왔습니다. 14:9-10

16 그때 다윗은 요새 가운데 있었고 블레셋 군대는 베들레헴에 머물러 있었습니다.

17 다윗이 간절하게 말했습니다. "아, 누가 베들레헴 성문 곁 우물에서 물을 길어다 주

예루살렘을 정복한 다윗과 환호하는 백성들

었으면 좋겠다!"

18 이 말을 듣고 그 세 용사가 블레셋 군사들을 뚫고 베들레헴 성문 곁 우물에서 물을 떠서 다윗에게 가져왔습니다. 그러나 다윗은 세 용사가 가져온 물을 기꺼이 마시지 않고 여호와께 부어 드렸습니다.

19 다윗이 말했습니다. "하나님이여, 저는 이 물을 마시지 못하겠습니다! 자기 목숨을 걸고 갔다 온 이 사람들의 피를 제가 어떻게 마실 수 있겠습니까?" 그들이 물을 길어 오려고 목숨을 걸었으므로 다윗은 마실 수 없었습니다. 이것이 세 용사가 한 일이었습니다.

20 아비새 요압의 동생 아비새는 이 세 용사들 중 우두머리였습니다. 그는 창을 들어 300명을 죽였는데 이 일로 세 용사 가운데 유명해졌습니다.

21 아비새는 둘째 세 용사보다 더 큰 명예를 얻었으나 첫째 세 용사 안에 들지는 못하고 그들의 사령관이 됐습니다.

22 브나야 여호야다의 아들인 브나야는 용사의 아들이며 갑스엘 사람으로 많은 행적을 남겼습니다. 그는 사자같이 용맹한 모압 사람 둘을 죽였고 눈 오는 날 함정에 내려가 사자를 죽이기도 했습니다.

23 또 5규빗이나 되는 큰 이집트 사람을 쓰러뜨리기도 했습니다. 그 이집트 사람이 베틀 채 같은 창을 손에 가지고 있었지만 브나야는 몽둥이를 들고 그에게로 달려가 이집트 사람의 손에서 창을 빼앗아 그 창으로 이집트 사람을 죽였습니다. 삼하 17:7

24 여호야다의 아들 브나야가 이런 일을 했으

므로 그 또한 세 용사들만큼이나 유명했습니다.

25 그는 30명의 우두머리 가운데 어느 누구보다 큰 존경을 받았으나 첫째 세 용사 안에 들지는 못했습니다. 다윗은 브나야를 자기 경호 대장으로 삼았습니다.

26 다른 용사들 그 밖의 용사들은 이러합니다. 요압의 동생 아사헬, 베들레헴 사람 도도의 아들 엘하난, 27:7

27 하롤 사람 삼훗, 블론 사람 헬레스,

28 드고아 사람 익게스의 아들 이라, 아나돗 사람 아비에셀,

29 후사 사람 십브개, 아호아 사람 일래,

30 느도바 사람 마하래, 느도바 사람 바아나의 아들 헬렛,

31 베냐민 자손의 기브아 사람 리배의 아들 이대, 비라돈 사람 브나야,

32 가아스 시냇가에 사는 후래, 아르바 사람 아비엘,

33 바하룸 사람 아스마윗, 사알본 사람 엘리아바,

34 기손 사람 하셈의 아들들, 하랄 사람 사게의 아들 요나단,

35 하랄 사람 사갈의 아들 아히암, 울의 아들 엘리발,

36 므게랏 사람 헤벨, 블론 사람 아히야,

37 갈멜 사람 헤스로, 에스배의 아들 나아래,

38 나단의 동생 요엘, 하그리의 아들 밉할,

39 암몬 사람 셀렉, 스루야의 아들 요압의 병기 잡은 베롯 사람 나하래,

40 이델 사람 이라, 이델 사람 가렙,

41 헷 사람 우리아, 알래의 아들 사밧, 2:36

 다윗을 도운 사람들

다윗은 주변에 그를 도우며 따르는 사람들이 많았습니다. 성경은 다윗을 도왔던 이들을 '용사'라고 표현했습니다.

이들은 어떤 사람들인가? 다윗이 사울을 피해서 아둘람 동굴로 도망쳤을 때 400여 명의 사람들이 다윗에게로 모였다. 이들은 '고통 속에 있는 사람들, 빚진 사람들, 현실에 불만을 품은 사람들'이었다(삼상 22:2).

사울을 피해 다니는 동안 다윗과 그를 따르는 사람들은 일종의 침략자이자 이스라엘의 적으로 취급당했다(삼상 23:5; 27:8-12). 그러나 사울이 죽고 다윗이 왕이 되자 그들은 용사라는 표현답게 강력한 군대를 이루어 다윗을 도와 왕권을 공고히 다질 수 있도록 도왔다(대상 11:10).

42 르우벤 자손의 우두머리로 르우벤 자손 시사의 아들인 아디나, 또 그가 거느린 30명,

43 마아가의 아들 하난, 미덴 사람 요사밧,

44 아스드랏 사람 웃시야, 아로엘 사람 호담의 아들 사마와 여이엘,

45 시므리의 아들 여디아엘, 그 동생 디스 사람 요하,

46 마하위 사람 엘리엘, 엘리암의 아들 여리배와 요사위야, 모압 사람 이드마,

47 엘리엘, 오벳, 므소바 사람 야아시엘이었습니다.

12 다윗에게 찾아와 도운 용사들 다음 사람들은 다윗이 기스의 아들 사울에게 쫓겨났을 때 시글락으로 다윗에게 찾아온 사람들이며 전쟁터에서 다윗을 도운 용사들이기도 합니다.
삼상 27:2-6

2 이들은 활을 가졌고 오른손과 왼손, 곧 양손으로 화살을 쏘거나 무릿매 돌을 던질 수 있었으며 베냐민 지파 출신으로 사울의 친척들이었습니다.
29잘상 3:15;대하 17:17

3 그들의 우두머리는 아히에셀이고 그다음은 요아스인데 이들은 기브아 사람 스마아의 두 아들입니다. 또 아스마윗의 아들 여시엘과 벨렛, 브라가, 아나돗 사람 예후도

4 30명의 용사에 들었습니다. 30명의 지도자격인 사람은 기브온 사람 이스마야와 예레미야, 야하시엘, 요하난, 그데라 사람 요사밧,

5 엘루새, 여리못, 브아랴, 스마랴, 하룹 사람 스바댜,

6 고라 사람인 엘가나, 잇시야, 아사렐, 요에셀, 야소브암,
9:19

7 그돌 사람 여로함의 아들인 요엘라와 스바댜입니다.

8 용사들이 다윗에게로 모여들 갓 사람 가운데 몇몇이 광야에 있는 다윗의 요새로 도망쳐 왔습니다. 그들은 용감한 용사들이었고 전쟁에 나갈 준비가 돼 있었으며 방패와 창을 잘 다룰 수 있었습니다. 그들의 얼굴은 사자 같고 빠르기는 산을 내달리는 사슴 같았습니다.
삼하 2:18

9 에셀이 그 우두머리이고 둘째 오바댜, 셋째 엘리압,

10 넷째 미스만나, 다섯째 예레미야,

11 여섯째 앗대, 일곱째 엘리엘,

12 여덟째 요하난, 아홉째 엘사밧,

13 열째 예레미야, 열한째 막반내입니다.

14 이 갓 사람은 군대 사령관이 돼 작게는 100명을 지휘하고 크게는 1,000명을 지휘했습니다.
레 26:8

15 이들이 첫째 달에 요단 강 물이 모든 언덕에 넘칠 때 강을 건너가 골짜기에 살고 있는 모든 사람을 쫓아내서 동쪽과 서쪽으로 도망치게 했습니다.
수 3:15

16 베냐민 사람과 유다 출신의 몇몇 사람도 요새로 다윗을 찾아왔습니다.

17 다윗은 나가서 그들을 맞이하고 "너희가 평화를 위해 나를 도우려고 내게 왔다면 나는 너희와 연합할 준비가 돼 있다. 그러나 내 손에 잘못이 없음에도 불구하고 너희가 나를 배반해 내 적들에게 넘겨주려고 왔다면 우리 조상들의 하나님께서 보시고 너희를 심판하시길 바란다"라고 말했습니다.

18 그때 성령께서 30명 용사의 우두머리인

아마새에게 오셔서 아마새를 사로잡았습니다. 아마새가 말했습니다. "다윗이여, 우리는 당신의 것입니다. 이새의 아들이여, 우리는 당신과 함께할 것입니다. 평화, 평화가 당신께 있기를 빕니다. 당신을 돕는 자들에게 평화가 있기를 빕니다. 당신의 하나님이 당신을 도우실 것입니다." 그리하여 다윗은 그들을 받아들여 군대의 사령관으로 삼았습니다.
<small>삿 3:10;삼상 25:6</small>

19 도망자들이 다윗을 도울 다윗이 블레셋 사람과 함께 가서 사울과 싸우고 있을 때 므낫세 사람 가운데 몇몇이 다윗에게로 도망쳐 왔으나 다윗과 그들은 블레셋 사람을 돕지 못했습니다. 왜냐하면 블레셋 지도자들이 의논한 뒤에 다음과 같은 말을 하면서 그들을 돌려보냈기 때문입니다. "저 사람은 우리를 죽여 우리 목을 가지고 제 주인 사울에게 항복할지도 모른다."

20 다윗이 시글락에 가 보니 므낫세 사람이 다윗에게 도망쳐 와 있었습니다. 그들은 아드나, 요사밧, 여디아엘, 미가엘, 요사밧, 엘리후, 실르대인데 그들은 모두 므낫세의 군사 1,000명을 거느린 부장이었습니다.

21 그들은 다윗을 도와 적 무리를 물리쳤는데 이는 그들 모두가 용감한 군사이고 군대의 사령관들이었기 때문입니다.

22 사람들이 날마다 다윗을 도우러 왔으며 다윗의 군사는 큰 군대가 됐습니다. 그 모습은 마치 하나님의 군대와 같았습니다.

23 다윗을 왕으로 만든 용사를 하나님의 말씀하신 대로 사울의 왕권을 다윗에게 넘겨주기 위해 헤브론으로 다윗에게 온 무장한 사람의 수는 이렇습니다.
<small>10:14;11:1,3,10</small>

24 방패와 창을 들고 전쟁을 위해 준비한 유다 사람 6,800명,

25 싸울 준비가 된 큰 용사들인 시므온 사람 7,100명,

26 레위 사람 4,600명,

27 아론 집안의 우두머리인 여호야다와 그와 함께한 사람 3,700명,

28 용감하고 젊은 용사인 사독과 그 집안 출신 우두머리 22명이 포함돼 있습니다.

29 사울의 친척 베냐민 사람 3,000명이 나아 왔는데 그들 대부분은 그때까지 사울의 집안에 충성하고 있었습니다.
<small>2절;삼하 2:8-9</small>

30 자기 족속에게 유명했던 에브라임의 용감한 용사들 2만 800명,

31 특별히 세움을 받아서 다윗을 왕으로 세우려고 온 므낫세 반 지파 사람 1만 8,000명,

32 때를 알고 이스라엘이 할 일을 알았던 잇사갈 사람들 가운데 우두머리 200명과 그들 수하의 그 모든 친족들,
<small>에 1:13</small>

33 모든 종류의 무기로 전쟁에 나갈 준비가 된 노련한 군인들이며 다윗만을 돕기로 한마음으로 충성을 바친 스불론 사람 5만 명,

34 납달리 사람 가운데 1,000명의 장교들과 방패와 창을 가진 3만 7,000명의 군인들,

35 싸울 준비가 된 단 사람 2만 8,600명,

36 잘 훈련된 군인들로서 싸울 준비가 되어 아셀 사람 4만 명,
<small>33절;삼하 2:9</small>

37 모든 종류의 무기로 무장하고 요단 강 동쪽에서 온 르우벤 사람과 갓 사람과 므낫세 반 지파 사람 12만 명이었습니다.

38 충성스러운 마음으로 싸울 준비를 잘 갖춘 이 모든 사람들은 다윗을 온 이스라엘을 다스릴 왕으로 세우기 위해 굳은 결심을 하고 헤브론으로 갔으며 이스라엘 남은 백성들도 다윗을 왕으로 세우는 데는 한마음이었습니다.
<small>33절;왕상 8:61</small>

39 그 무리는 그곳에서 다윗과 함께 먹고 마시며 3일을 보냈고 그 가족들이 그들에게 먹을 것을 보냈습니다.

40 뿐만 아니라 잇사갈, 스불론, 납달리처럼 먼 곳에서도 사람들이 나귀와 낙타와 노새와 황소에 먹을 것을 싣고 왔습니다. 밀가루, 무화과 과자, 건포도, 포도주, 기름, 소와 양을 먹을 것을 많이 가져와 이스라엘 백성 가운데 기쁨이 넘쳤습니다.

13

하나님의 궤를 가져 옴 다윗은 자기 군대의 모든 지도자들과 천부장들과 백부장들과 의논한 후

2 온 이스라엘 백성에게 말했습니다. "너희가 좋게 생각하고 또 우리 하나님 여호와의 뜻이라면 이스라엘 온 땅 곳곳의 성읍들에서 우리와 함께 살고 있는 제사장들과 레위 사람들을 우리에게 오게 하자.

3 그런 후에 하나님의 궤를 가져오자. 사울이 다스리던 때에는 우리가 궤 앞에서 하나님께 묻지 않았기 때문이다." 삼상 7:1-2

4 모든 백성들이 옳다고 생각해 온 백성이 이 일을 그대로 따르기로 했습니다.

5 그리하여 다윗은 이집트의 시홀 강에서부터 하맛 어귀까지 온 이스라엘 백성들을 불러모으고 그랏 여아림에서 하나님의 궤를 가져오려 했습니다. 민 34:5;삼상 7:1;왕상 8:65

6 다윗과 온 이스라엘 백성들을 거느리고 유다의 바알라, 곧 그랏 여아림으로 올라가서 여호와 하나님의 궤를 가져오려 했습니다. 그 궤는 여호와의 이름으로 불렸는데 여호와께서 궤 위의 두 그룹들 사이에 계시기 때문입니다. 수 15:9,60;삼상 4:4

7 그들은 아비나답의 집에서 하나님의 궤를 새 수레에 실어 옮겼습니다. 웃사와 아히오가 그 수레를 몰았습니다. 삼상 7:1

8 다윗과 온 이스라엘 백성들은 온 힘을 다해 노래와 수금과 비파와 탬버린과 심벌즈와 나팔을 연주하며 하나님 앞에서 즐거워했습니다. 15:16

9 웃사의 죽음 그들이 기돈의 타작마당에 이르렀을 때 소들이 갑자기 날뛰므로 웃사가 손을 뻗어 궤를 붙들었습니다.

10 여호와께서 웃사에게 불이 일듯이 노하셔서 웃사를 치셨는데 웃사가 궤를 손으로 만졌기 때문이었습니다. 웃사는 거기 하나님 앞에서 죽고 말았습니다. 레 10:2;민 4:15

11 여호와의 벌이 웃사에게 내리자 다윗은 화가 났습니다. 그래서 그곳을 오늘날까지 베레스 웃사라고 합니다.

12 그날 다윗은 하나님을 두려워해 말했습니다. "이래서야 어찌 하나님의 궤를 내가 있는 곳으로 모셔 올 수 있을까?"

13 다윗은 그 궤를 다윗 성 안으로 모셔 들이지 못하고 가드 사람 오벧에돔의 집으로 향했습니다. 대하 25:24

14 하나님의 궤는 오벧에돔의 집에 석 달 동안 있었으며 여호와께서 오벧에돔의 집안과 그가 가진 모든 것에 복을 주셨습니다.

14 히람이 다윗의 왕궁을 지음 그때 두로 왕 히람이 다윗에게 사절단을 보냈는데 다윗에게 왕궁을 지어 주려고 백향목과 함께 석수장이와 목수들을 같이 보냈습니다. 1-16절;삼하 5:11-25

2 다윗은 여호와께서 자신을 이스라엘을 다스릴 왕으로 세워 주신 것과 그 백성 이스라엘을 위해 그의 나라를 높이셨다는 것을 깨달았습니다.

3 다윗이 많은 아들딸들을 낳음 예루살렘에서 다윗은 또 많은 아내들을 얻었고 더 많은 아들딸들을 낳았습니다.

4 그가 예루살렘에서 낳은 아들의 이름은 삼무아, 소밥, 나단, 솔로몬, 4-7절;3:5-8

5 입할, 엘리수아, 엘벨렛,

6 노가, 네벡, 야비아,

두로왕, 히람(후람)

아셀 지파에 분배되었으나 정복하지 못했던 두로 땅의 왕이다. 그는 다윗, 솔로몬과 우호적인 관계를 유지했다. 다윗이 궁전을 건축할 때는 일꾼과 백향목을 보냈고 솔로몬이 성전을 건축할 때도 일꾼과 백향목, 잣나무, 금을 보내 성전 건축을 적극적으로 도왔다. 이에 대한 대가로 솔로몬은 히람 왕에게 밀과 기름, 포도주 등 농산물을 주었다. 또 성전이 완성되기까지 백향목을 보낸 것에 대한 대가로 갈릴리의 성읍 20개도 주었다. 성경의 다른 구절에서는 후람(대하 2:3, 11; 8:18, 9:10)으로 기록된다.

히람이 나오는 말씀
>> 삼하 5:1-12;
왕상 5:1; 9:10-14; 대하 2:1-18

성경에 나오는 다른 히람(후람)
두로 왕 후람이 솔로몬에게 보낸 금속 세공인
대하 2:13; 4:11-16

7 엘리사마, 브엘랴다, 엘리벨렛입니다.

8 블레셋을 물리침 다윗이 기름 부음을 받아 온 이스라엘을 다스릴 왕이 됐다는 말을 블레셋 사람들이 듣고, 온 블레셋 군대가 일어나 다윗을 찾으려 올라왔습니다. 다윗은 이 말을 듣고 그들과 싸우기 위해 앞으로 나아갔습니다.

9 그때 블레셋 사람들은 이미 와서 르바임 골짜기를 공격했습니다. 　13절;11:15

10 다윗이 하나님께 물었습니다. "제가 나가서 블레셋 사람들을 공격해도 되겠습니까? 저들을 제 손에 넘겨주시겠습니까?" 여호와께서 다윗에게 대답하셨습니다. "가라. 내가 저들을 네 손에 넘겨주겠다."

11 그리하여 다윗과 그의 군사들은 바알브라심으로 올라가 그곳에서 블레셋 군사들을 쳐부수었습니다. 다윗이 말했습니다. "여호와께서 봇물을 터뜨려 물이 쏟아지듯이 내 손으로 내 원수들을 치셨다." 그래서 그곳은 바알브라심이라고 불리게 됐습니다.

12 블레셋 군사들은 우상들을 그곳에 두고 달아났습니다. 다윗은 그것들을 불사르라고 명령했습니다.

13 블레셋 사람들이 다시 골짜기를 공격했습니다.

14 다윗이 다시 하나님께 물었습니다. 하나님께서 그에게 말씀하셨습니다. "곧장 올라가지 말고 블레셋 주변에서 원을 그리듯 뒤를 돌아가서 뽕나무 맞은편에서 공격해라.

15 뽕나무 꼭대기에서 걸음 걷는 소리가 들리자마자 싸우러 나가라. 여호와께서 블레셋 군대를 치시려고 네 앞서 먼저 나가셨다."

16 다윗은 하나님께서 명령하신 대로 했고 다윗의 군사들은 기브온에서부터 게셀에 이르기까지 블레셋 군사들을 쳐 죽였습니다.

17 이렇게 해 다윗의 이름이 모든 나라에 알려졌습니다. 여호와께서는 모든 나라들이 다윗을 두려워하게 하셨습니다. 　신 2:25

15

궤를 가져 오기 위한 준비 다윗은 다윗 성에 자신을 위해 궁궐을 세우고 하나님의 궤를 모셔 둘 장소를 마련하고 장막을 세웠습니다. 　16:1

2 다윗이 말했습니다. "레위 사람 외에는 어느 누구도 하나님의 궤를 멜 수 없다. 여호와께서 그들을 선택해 여호와의 궤를 메고 영원히 그분을 섬기도록 하셨기 때문이다."

3 다윗은 여호와의 궤를 메다가 자신이 마련해 둔 장소에 옮기려고 온 이스라엘을 예루살렘으로 불러 모았습니다. 　삼하 6:17

4 그가 불러 모은 사람은 아론의 자손과 레위 사람으로 　6:16~30

5 그핫 자손에서 우두머리 우리엘과 120명의 형제들, 　6:8;16:39;삼상 22:20;왕상 2:26

6 므라리 자손에서 우두머리 아사야와 220명의 형제들,

7 게르솜 자손에서 우두머리 요엘과 130명의 형제들,

8 엘리사반 자손에서 우두머리 스마야와 200명의 형제들,

9 헤브론 자손에서 우두머리 엘리엘과 80명의 형제들,

10 웃시엘 자손에서 우두머리 암미나답과 112명의 형제들입니다.

어떻게 뽕나무 꼭대기에서 걸음 소리가 날까요?

여기에 나오는 뽕나무는 누에를 치는 나무가 아니라 박하나무로, '포풀루스 유프라티카'라고도 해요. 이 나무는 바람이 아무리 많이 불어도 잎사귀끼리 부딪치는 소리가 나지 않는답니다. 그래서 평상시 소리를 내지 않는 이 나무가 소리를 낸다는 것은 매우 신기한

여기서 '뽕나무 꼭대기에서 걸음 소리가 난다'는 것은 사람의 걸음 소리라기보다 나뭇잎끼리 부딪치는 소리를 비유적으로 표현한 것이에요. 다윗이 블레셋과 싸울 때 이런 현상을 보여주신 것은 이 싸움에 하나님이 다윗과 함께하신다는 것을 알려주신 것입니다.

11 언약궤를 옮김 그리고 다윗은 두 제사장 사독과 아비아달, 레위 사람 우리엘, 아사야, 요엘, 스마야, 엘리엘, 암미나답을 불렀습니다.

12 다윗이 그들에게 말했습니다. "너희는 레위 사람의 우두머리다. 너희와 너희 형제 레위 사람은 자신을 거룩하게 하고 이스라엘의 하나님 여호와의 궤를 내가 마련해 둔 장소로 모셔 오도록 하라. 대하 35:6

13 여호와께서 우리에게 노해 치신 것은 우리가 하나님의 궤를 옮길 때 처음부터 너희 레위 사람이 어깨에 메지 않았기 때문이었다. 우리가 하나님의 궤를 어떻게 옮겨야 할지 여호와께 그 방법을 먼저 물어보지 않았기 때문이다." 13:7, 삼하 6:3,8

14 그러자 제사장들과 레위 사람은 이스라엘의 하나님 여호와의 궤를 메어 모셔 오기 위해 자신의 몸을 거룩하게 했습니다.

15 그리고 레위 사람은 하나님의 궤를 막대에 꿰어 어깨에 메고 옮겼습니다. 모세가 여호와의 말씀을 따라 명령한 대로였습니다.

16 음악을 맡을 레위 사람을 세움 다윗은 레위 사람의 지도자들에게 말해 형제들을 세워 수금과 비파와 심벌즈의 반주에 맞춰 즐거운 노래를 크게 부르게 했습니다.

17 레위 사람이 요엘의 아들 헤만과 그 형제 가운데 베레갸의 아들 아삽, 그 형제 므라리 사람 가운데 구사야의 아들 에단을 세웠고 6:33,39,44

18 그 다음으로는 그 형제들인 스가랴, 벤, 야아시엘, 스미라못, 여히엘, 운니, 엘리압, 브나야, 마아세야, 맛디디야, 엘리블레후, 믹네야, 문지기들인 오벧에돔과 여이엘을 세웠습니다.

19 연주자들인 헤만, 아삽, 에단은 청동 심벌즈를 치게 했습니다.

20 스가랴, 아시엘, 스미라못, 여히엘, 운니, 엘리압, 마아세야, 브나야는 알라못에 맞춰 비파를 타게 했고 18장시 46편제목

21 맛디디야, 엘리블레후, 믹네야, 오벧에돔, 여이엘, 아사시야는 쉐미니트에 맞춰 수금을 켜게 했습니다. 26:4, 시 6편제목

22 레위 사람의 우두머리인 그나냐는 노래를 맡게 했습니다. 그는 노래를 잘했으므로 노래를 가르쳤습니다. 27절

23 베레갸와 엘가나는 궤 앞에서 문을 지키게 했고

24 제사장들인 스바냐, 요사밧, 느다넬, 아마새, 스가랴, 브나야, 엘리에셀은 하나님의 궤 앞에서 나팔을 불게 했습니다. 오벧에돔과 여히야도 역시 궤 앞에서 문을 지키게 했습니다. 28절, 16:6; 민 10:8

25 궤가 무사히 돌아옴 이렇게 다윗과 이스라엘의 장로들과 천부장들은 오벧에돔의 집에 가서 여호와의 언약궤를 메어 왔고 그들은 기뻐했습니다. 25~28절삼하 6:12~15

26 하나님께서 여호와의 언약궤를 메어 오는 레위 사람을 도와주셨으므로 수송아지 일곱 마리와 숫양 일곱 마리를 제물로 바쳤습니다. 민 23:1; 욥 42:8

27 그때 다윗은 고운 삼베로 만든 겉옷을 입고 있었는데 궤를 메고 오는 모든 레위 사람이나 노래하는 사람이나 성가대를 지휘하는 그나냐도 모두 고운 삼베옷을 입었습니다. 다윗은 또 삼베로 만든 에봇을 입었습니다. 22절

28 온 이스라엘은 뿔나팔과 나팔을 큰 소리로 불고 심벌즈를 치며 비파와 수금을 힘 있게 켜며 여호와의 언약궤를 메어 왔습니다.

29 미갈이 다윗을 비웃음 여호와의 언약궤가 다윗의 성으로 들어올 때 사울의 딸 미갈이 창문으로 내다보고 있었습니다. 미갈은 다윗 왕이 춤을 추며 즐거워하는 것을 보고 마음속으로 왕을 비웃었습니다.

16 예루살렘에서의 축제 그들은 하나님의 궤를 모셔다가 다윗이 친 장막 안에 두었고 하나님 앞에 번제와 화목제를 드렸습니다. 15:1

2 다윗은 번제와 화목제를 다 드린 후 백성들을 여호와의 이름으로 축복했습니다.

게르솜 (15:7, Gershom) 또는 '게르손' 알라못 (15:20, alamoth) 히브리어로 '젊은 여인'이라는 뜻. 음악적인 리듬의 명칭으로 여성의 고음.

3 그리고 그는 남자 여자 모두 이스라엘 백성 하나하나에게 빵 한 덩이와 고기 한 조각 과 건포도 과자 하나를 나눠 주었습니다.

4 레위 사람이 섬기는 자로 임명됨 다윗은 몇몇 레위 사람을 뽑아 여호와의 궤 앞에서 섬 기고 이스라엘의 하나님 여호와를 찬양하 며 감사를 드리게 했습니다.

5 그 우두머리는 아삽이었고 그다음은 스가 랴, 그다음은 여이엘, 스미라못, 여히엘, 맛 디디아, 엘리압, 브나야, 오벧에돔, 여이엘이 었습니다. 그들은 비파와 수금을 켜고 아 삽은 심벌즈를 치고   6:39

6 제사장인 브나야와 야하시엘은 정해진 시 간마다 하나님의 언약궤 앞에서 나팔을 불었습니다.

7 감사의 노래 그날 다윗은 아삽과 그 형제들 에게 먼저 여호와께 감사하라고 말했습니다.

8 여호와께 감사를 드리라. 그분의 이름 을 부르라. 그분이 하신 일을 모든 민족 들에게 알리라.   8~22절;시 105:1~15;시 12:4

9 그분을 노래하라. 그분을 찬양하라. 그 분이 하신 놀라운 일들을 말하라.

10 그분의 거룩한 이름에 영광이 있기를, 여호와를 찾는 사람들의 마음에 기쁨 이 있기를.

11 여호와를 바라보고 그분의 힘을 바라보 라. 그분의 얼굴을 항상 찾으라.

12 그분이 하신 놀라운 일과 그분이 베푸신 기적과 그분이 하신 판단을 기억하라.

13 이스라엘의 자손아, 그분의 종들아, 야곱 의 아들아, 그분이 선택하신 너희들아,

14 그분은 우리 하나님 여호와시다. 그분 의 판단이 온 땅에 있구나.   시 26:9

15 그분이 그분의 약속, 곧 천대에 걸쳐 명 령하신 말씀을 너희는 영원히 기억하라.

16 아브라함과 맺으신 약속과 이삭에게 맹 세하신 약속이 바로 그것이다.   눅 1:73

17 그분은 이것을 야곱에게 율례로, 이스 라엘에게 영원히 계속되는 약속으로 세 우셨다.

18 "내가 너희 몫으로 가나안 땅을 너희에

게 주겠다."   창 13:15;15:18~21

19 너희들의 수는 너무나 적어 보잘것없었 고, 그 땅에서 낯선 나그네였으며   히 11:9

20 이 민족 저 민족에게로, 이 나라 저 나 라로 떠돌아다녔다.

21 그분은 어느 누구도 그들을 억압하지 못하게 하셨고 그들로 인해서 여러 왕 들을 꾸짖으셨다.   창 12:17;20:3

22 "내가 기름 부은 백성을 건드리지 말라. 내 예언자들을 해치지 말라."   창 20:7

23 온 땅아, 여호와께 노래를 부르라. 날마 다 그분의 구원을 널리 알리라.   시 96:1~13

24 저 여러 나라에 그분의 영광을 알리라. 그분이 행하신 놀라운 일을 모든 민족 들에게 알리라.

25 여호와는 위대하시고 찬양받으시기에 가장 마땅하다. 그분은 모든 신보다 존 경받으시고 두려워해야 할 분이시다.

26 모든 나라들의 모든 신들은 헛것들이나 여호와께서는 하늘을 만드신 분이다.

27 영광과 위엄이 그분 앞에 있고 힘과 기 쁨이 그분이 계시는 곳에 있다.

28 온갖 민족들의 족속들아, 영광과 능력 을 여호와께 돌리라. 여호와께 돌리라.

29 그분의 이름에 걸맞은 영광을 여호와께 돌리라. 그분 앞에 예물을 갖고 나가라. 아름답고 거룩한 것으로 여호와께 절하 라.

30 온 땅아, 그분 앞에 두려워하며 떨라. 세상 이 든든히 세워졌으니 흔들리지 않는다.

31 하늘은 기뻐하고 땅은 즐거워하며 모든 민족들은 "여호와께서 다스리신다!"라 고 말하리.   시 49:13;52:7;기 11:15;17;19:6

32 바다와 그 안에 가득한 모든 것이 소리 를 낼 것이다. 밭과 그 안의 모든 것이 즐거워할 것이다.   시 98:7

33 그때 숲 속의 나무들이 노래할 것이다. 그것들이 즐거워하며 여호와 앞에서 노 래할 것이다. 그분이 땅을 심판하러 오 시기 때문이다.

34 여호와께 감사를 드리라. 그분은 선하시

며 그분의 사랑은 영원하다. 시 106:1

35 너희는 이렇게 외치라. "우리 구원자 하나님이여, 우리를 구원하소서. 우리를 모으시고 모든 나라들에서 우리를 구해 내소서. 우리가 주의 거룩한 이름에 감사를 드리고 주의 영광을 찬양하게 하소서."

36 이스라엘의 하나님 여호와를 찬양하라. 영원토록, 영원토록 찬양하라.

그러자 모든 백성들이 "아멘" 하며 여호와를 찬양했습니다.

37 규칙적인 예배가 확립됨 다윗은 아삽과 그 형제들을 하나님의 언약궤 앞에 있게 해 거기서 날마다 정해진 대로 섬기게 했습니다.

38 또 그들과 함께 일하게 오벧에돔과 68명의 형제들도 두었습니다. 여두둔의 아들 오벧에돔과 호사를 문지기로 삼았습니다.

39 다윗은 제사장 사독과 그 형제 제사장들을 기브온의 높은 곳에 있는 여호와의 장막 앞에서 15:11;왕상 3:4

40 여호와께서 이스라엘에게 주신 여호와의 율법에 따라 아침저녁으로 번제단에 번제를 드리게 했습니다. 출 27:1;29:38-41;대하 28:3-8

41 그들과 함께 헤만과 여두둔과, 선택을 받아 이름이 기록된 나머지 사람들이 "그분의 사랑은 영원할 것이다" 하며 여호와께 감사를 드렸습니다. 민 1:17;대하 5:13;7:3,6;20:21

42 헤만과 여두둔은 나팔과 심벌즈와 거룩한 노래를 위한 다른 악기들을 연주하게 했습니다. 여두둔의 아들들은 문 앞을 지키게 했습니다. 25:7;대하 7:6;29:27

43 그리고 모든 백성들이 각각 자기 집으로 돌아갔고 다윗도 자기 집을 축복하기 위해 돌아갔습니다. 삼하 6:19-20

17
성전 건축 계획 다윗이 왕궁에서 살 때 나단 예언자에게 말했습니다. "나는 여기 백향목 왕궁에 사는데 여호와의 언약궤는 장막에 있소."

2 나단이 다윗에게 대답했습니다. "왕께서 마음에 생각하신 일이 있으면 무엇이든 하십시오. 하나님이 왕과 함께하십니다."

3 하나님의 계시의 말씀 그날 밤 하나님께서 나단에게 말씀하셨습니다.

4 "가서 내 종 다윗에게 말하여라. 여호와께서 하시는 말씀이, 내가 있을 집을 지을 사람은 네가 아니다. 28:3

5 내가 이스라엘 백성들을 이집트에서 이끌어 낸 그날부터 지금까지 나는 집에 있지 않았다. 나는 이 장막, 저 장막으로 이리저리 옮겨 다녔다. 삼하 7:6

6 내가 온 이스라엘 백성들과 함께 옮겨 다니면서 내 백성 이스라엘을 다스리라고 명령한 지도자들 가운데 누구에게 '왜 내게 백향목으로 집을 만들어 주지 않느냐'고 말한 적이 있느냐? 삼하 7:7

7 그러니 내 종 다윗에게 말하여라. '만군의 여호와께서 하시는 말씀이, 내가 너를 풀밭, 곧 양을 쫓아다니던 자리에서 데려다 내 백성 이스라엘을 다스릴 사람으로 삼았다.

8 네가 어디로 가든 내가 너와 함께했고 네 앞에서 네 모든 원수들을 멸망시켰다. 이제 내가 이 땅의 위대한 사람들의 이름처럼 네 이름을 위대하게 하겠다.

다윗이 성전 짓는 걸 왜 허락하지 않으셨어요?

다윗 자신은 왕궁에서 지내는데 하나님의 언약궤가 장막에 있는 것이 마음에 걸렸어요. 그래서 성전을 지어 거기에 언약궤를 모셔야 한다고 생각했어요. 이런 생각은 하나님을 순수하게 사랑하는 다윗의 마음에서 나온 것이었어요.

하나님은 다윗의 마음을 아셨지만 성전 건축을

허락하지 않으셨어요. 하나님은 나단 예언자를 통해 화려한 궁전이 아니라 성막에서도 이스라엘 백성과 함께하셨음을 말씀해 주셨어요.

하나님에게는 언약궤가 어디에 있는지가 중요한 게 아니었어요. 진심으로 하나님을 사랑하고 마음에 모시기를 원했어요.

9 그리고 내 백성 이스라엘을 위해 한 곳을 정해 그곳에 그들을 심을 것이다. 그들이 자기들의 집에 살게 될 것이며 옮겨 다니지 않고 괴롭힘을 당하지 않을 것이다. 예전처럼 악한 사람이 그들을 해치지 못할 것이다.

10 또한 내 백성 이스라엘을 다스릴 사사들을 세울 때와 같지 않고 내가 네 모든 원수들을 네게 복종하게 할 것이다. 여호와께서 친히 너를 위해 집을 세우실 것이다.

11 네 날이 다 돼 네 조상들에게 갈 때가 되면 내가 네 자손을 일으켜 네 뒤를 잇게 할 것이다. 네 아들 가운데 하나를 왕으로 세우고 내가 그의 나라를 굳게 할 것이다.

12 그는 나를 위해 집을 세울 것이다. 그리고 나는 그의 왕위를 영원히 굳게 세워 줄 것이다.

13 내가 그의 아버지가 되고 그는 내 아들이 될 것이다. 내가 네 전에 있던 왕에게서 사랑을 거두었으나 그에게서는 사랑을 결코 거두지 않을 것이다. _{삼상 15:23, 28:16; 1:5}

14 내가 내 집과 내 나라 위에 영원히 그를 왕으로 세울 것이다. 그 왕의 자리는 영원히 흔들리지 않을 것이다.'"

15 나단은 이 모든 계시의 말씀을 다윗에게 전했습니다.

16 다윗의 기도 그러자 다윗 왕은 여호와 앞에 들어가 앉아 말했습니다. "여호와 하나님이여, 제가 누구이며 제 집안이 무엇이기에 이토록 저를 극진히 대우하십니까?

17 하나님께서 보시기에 이 종은 보잘것없는

사람입니다. 하나님이여, 여호와께서 종의 집의 먼 앞날에 대해서 말씀해 주셨습니다. 여호와 하나님이여, 주께서는 저를 사람 가운데 가장 귀한 사람으로 높여 주셨습니다.

18 이렇게 주의 종을 높여 주시니 다윗이 주께 무슨 말을 더하겠습니까? 주께서 주의 종을 잘 아십니다.

19 여호와여, 주의 종을 위해 주의 뜻에 따라 주께서 이 위대한 일을 하셨고 이 모든 위대한 약속을 알려 주셨습니다. _{삼하 7:21}

20 여호와여, 주 같으신 분은 없습니다. 우리가 우리 귀로 들은 대로 주 말고는 참신이 없습니다.

21 땅에 있는 누가 주의 백성 이스라엘과 같습니까? 하나님께서 가서 이스라엘을 구하시고 주의 백성으로 삼아 주셨습니다. 이집트에서 이끌어 내신 주의 백성들 앞에서 다른 나라들과 그 신들을 주께서 내쫓고 이스라엘을 위해 크고 놀라운 기적을 일으키셨습니다.

22 주께서는 주의 백성 이스라엘을 영원히 주의 것으로 세우셨습니다. 여호와여, 주께서는 그들의 하나님이 되셨습니다.

23 여호와여, 이제 주의 종과 그 집에 대해 하신 약속을 영원히 굳게 세워 주십시오. 약속하신 말씀대로 하셔서

24 반드시 그렇게 이뤄지게 하시고 주의 이름이 영원히 높임을 받게 하십시오. 그러면 사람이 '만군의 여호와, 이스라엘을 다스리시는 하나님은 이스라엘의 하나님이시

하나님의 언약

QT 크리 하나님의 약속

사람들은 살아가면서 많은 약속을 해요. 친구와 가족과 선생님과 또 자기 자신과도 약속을 해요. 약속은 꼭 지켜야 하지만 그렇지 않을 때가 종종 있어요. 약속이 지켜지지 않을 때 우리 마음은 어떤가요? 실망스럽기도 하고, 속이 많이 상하기도 할 거예요. 그렇지만 한번 한 약속은 반드시 지키시는 분이 계세요. 바로 하나님이세요. 하나님은 다윗에게 '네가 죽을 때에 네 아들 가운데서 왕을 세울 것이고, 내가 그의 나라를 강하게 하겠다.'라고 약속하셨어요. 다윗은 하나님이 약속하신 것이 이루어지는 것을 보지 못하고 죽었지만, 하나님의

론아이는 반짝 통산 플 감을 지시 할꺼내고 나 네 가치와 큰 모리로 약속합니다.

다!'라고 말할 것입니다. 그리고 주의 종 다윗의 집은 주 앞에 굳게 세워 주십시오.

25 내 하나님이여, 주께서 종을 위해 집을 세우실 것을 주의 종에게 듣게 하셨습니다. 그래서 주의 종이 감히 기도를 올려 드립니다.

26 여호와여, 오직 주만이 하나님이십니다! 주께서 주의 종에게 이런 좋은 것으로 약속하셨습니다.

27 이제 주께서 주의 종의 집에 기꺼이 복을 주셨으니 그 집이 주 앞에 영원히 계속되게 해 주십시오. 여호와여, 주께서 복을 주셨으니 영원히 복을 받을 것입니다.'

18 블레셋이 굴복함 그 후에 다윗은 블레셋 사람들을 쳐서 굴복시켰습니다. 그는 가드와 그 주변 마을들을 블레셋에게서 빼앗았습니다. 1~17절

2 모압이 굴복함 다윗은 또 모압을 쳤고 모압 사람들은 다윗의 종이 돼 조공을 바치게 됐습니다.

3 하닷에셀을 물리침 또한 다윗은 유프라테스 강을 따라 지배권을 넓히려고 하는 소바 왕 하닷에셀과 싸워 하맛까지 갔습니다.

4 다윗은 1,000대의 전차와 7,000명의 기마병과 2만 명의 보병을 빼앗고 말은 전차용 말 100마리만을 남기고 나머지 말은 모두 발의 힘줄을 끊어 버렸습니다.

5 다메섹이 굴복함 다메섹의 아람 사람이 소바 왕 하닷에셀을 도우러 오자 다윗은 아람 사람 2만 2,000명을 죽였습니다. 19:6

6 다윗은 다메섹의 아람에 군대를 두었고 아람 사람은 그에게 굴복해 조공을 바쳤습니다. 여호와께서는 다윗이 가는 곳마다 승리하게 하셨습니다.

7 다윗을 축하함 다윗은 하닷에셀의 부하들이 가져온 금 방패들을 빼앗아 예루살렘으로 가져왔습니다.

8 또 다윗은 하닷에셀의 성들인 디브핫과 군에서 많은 양의 청동을 가져왔으며 솔로몬은 그것으로 청동 바다와 기둥과 여러 가지 청동그릇들을 만들었습니다. 삼하 8:8

9 하맛 왕 도우는 다윗이 소바 왕 하닷에셀의 모든 군사를 무찔렀다는 소식을 듣고

10 자기 아들 하도람을 다윗 왕에게 축하 인사를 하도록 보내, 도우와 싸운 적이 있던 하닷에셀과 싸워 이긴 것을 축하했습니다. 하도람은 금, 은, 청동으로 만든 온갖 종류의 물품들을 가져왔습니다. 삼하 8:10

11 하나님께 물건들을 바침 다윗 왕은 이 물건들을 여호와께 바쳤습니다. 에돔과 모압, 암몬 사람, 블레셋 사람, 아말렉 등 이 모든 나라들에서 빼앗은 은과 금도 함께 바쳤습니다. 삼하 8:12

12 에돔이 굴복함 스루야의 아들 아비새는 소금 골짜기에서 에돔 사람 1만 8,000명을 죽였습니다. 19:11;삼하 26:6;삼하 8:13

13 그는 에돔에 군대를 두었고 모든 에돔 사람은 다윗에게 굴복했습니다. 여호와께서는 다윗이 가는 곳마다 승리하게 하셨습니다.

14 다윗의 관리들 다윗은 온 이스라엘을 다스리고 모든 백성들에게 공평하고 올바르게 행했습니다.

약속은 솔로몬이라는 다윗의 아들을 통해서 이루어졌어요. 하나님은 우리에게 하신 약속도 꼭 지켜 주세요. 우리를 사랑하신다는 약속, 어디를 가든지 함께하시고 지켜 주신다는 약속, 우리를 하나님의 일꾼으로 사용해 주신다는 약속, 우리의 기도를 들어 주신다는 약속을 이루어 주세요. 우리는 하나님과 어떤 약속을 할 수 있을까요? 친구를 위해 기도하는 것, 성경을 읽는 것, 부모님을 도와드리는 것, 거짓말을 하지 않는 것, 미워하지 않는 것 등 내가 하나님께 약속할 수 있는 것을 두 가지만 생각해서 오늘 하루 꼭 지켜보아요.

깊이 읽기 여호수아 1장 1~9절,
로마서 4장 17~22절을 읽으세요.

조공 (18:2, 朝貢, tribute) 종속국이 종주국에게 바치던 예물 혹은 공물.

15 스루야의 아들 요압은 군사를 지휘했고 아 힐룻의 아들 여호사밧은 역사를 기록하는 사람이 됐고 ^{11:6}

16 아히둡의 아들 사독과 아비아달의 아들 아 비멜렉은 제사장이 됐으며 사워사는 서기 관이 됐습니다. ^{24:3,6,삼하 8:17,20:25,왕상 4:3}

17 여호야다의 아들 브나야는 그렛 사람과 블 렛 사람을 지휘했고 다윗의 아들은 왕을 섬기는 신하가 됐습니다. ^{삼하 8:18}

19

암몬 족속이 다윗의 종들을 모욕함 그 후 암몬 사람의 왕 나하스가 죽고 그 아들이 뒤를 이어 왕이 됐습니다.

2 다윗이 말했습니다. "내가 나하스의 아들 하눈에게 은혜를 베풀어야겠다. 그의 아 버지가 내게 은혜를 베풀었기 때문이다." 그리하여 다윗은 하눈의 아버지의 죽음을 위로하려고 암몬 땅의 하눈에게 신하들을 보냈습니다. 다윗의 종들이 위로의 뜻을 표하려고 암몬 사람의 땅에 이르렀습니다.

3 암몬의 귀족들이 하눈에게 말했습니다. "다윗이 위로의 뜻을 전하기 위해 당신께 사람을 보낸 것이 왕의 아버지를 공경했 기 때문이라고 생각하십니까? 다윗이 성 읍을 엿보고 살펴서 손에 넣으려고 종들 을 보낸 것 아니겠습니까?"

4 그러자 하눈은 다윗의 종들을 붙잡아 수 염을 깎고 겉옷을 엉덩이 중간까지 자른 뒤에 돌려보냈습니다.

5 사람들이 다윗에게 와서 그 사람들이 당 한 일에 대해 말했습니다. 다윗은 사람을 보내 엄청난 수치를 당한 그들을 맞이하 게 했습니다. 그리고 왕이 말했습니다. "수 염이 자랄 때까지 여리고에 머물다가 돌아 오너라."

6 암몬과 아람 사람이 도망침 암몬 사람은 자기 들이 다윗에게 밉게 보인 줄을 알고 아람 나하라임, 아람마아가, 소바에 1,000달란트 의 은을 보내 전차와 마병을 고용했습니 다.

7 그들은 3만 2,000대의 전차와 마아가 왕 과 그 군사를 고용한 후 메드바 가까이로 가서 진을 쳤습니다. 암몬 사람은 자기들의 성읍에서 모여 와 싸움터로 갔습니다.

8 다윗은 이 소식을 듣자마자 요압과 모든 용사를 보냈습니다.

9 암몬 사람은 나아가 자기들의 성문에 진 을 쳤고 이미 와 있던 왕들은 따로 들판에 떨어져 있었습니다.

10 요압은 앞뒤에 적이 진을 친 것을 보고 이 스라엘에서 뛰어난 군사 가운데서 고르고 골라 아람 사람을 상대로 진을 쳤습니다.

11 나머지 군사들은 요압의 동생인 아비새의

암몬 자손

암몬 자손은 아브라함의 조카 롯이 둘째 딸과 동침하 여 낳은 '벤암미'의 자손이다(창 19:36-38). 암몬 자손 은 이스라엘과 형제 나라 사이였지만, 이스라엘을 방 해하는 나라였다. 이들은 아르논 강에서 얍복 강에 이 르는 랍바 지역에 주로 살았다(신 2:19-22; 3:11).

암몬 자손은 이집트를 탈출한 이스라엘을 공격하였 고(신 23:3-6), 사사 시대에도 괴롭혔으며(삿 10:6, 9, 18), 나하스 왕은 야베스 길르앗을 공격했다가 사울에 게 지기도 했다(삼상 11:1-11). 다윗 때 잠깐 사이가 좋았지만, 나하스 왕이 죽자 다시 이스라엘을 공격했 다(대상 19:7). 솔로몬 때 왕족 간에 서로 결혼함으로써 이스라엘과 사이가 좋은 적도 있었다(왕상 11:1). 이스라 엘이 바벨론 포로 이후 성벽을 다시 쌓을 때에 방해하 기도 했다(느 4:3, 7-8).

랍바(Rabbah)

'랍바'라는 말은 '큰 성읍'이란 뜻으로 얍복 강 상류에 위치한 대규모의 대구모의 성채를 이룬 암몬 자손의 수도이다. 암몬 왕 하눈이 다윗의 조문 사절을 모욕하여 일어난 전쟁에서 요압에 의해 정복당한 곳이다. 오늘날의 '암 만 성채'(Amman Citadel)와 동일시된다.

지휘 아래 암몬 사람을 상대로 진을 쳤습니다. 18:12

12 요압이 말했습니다. "아람 사람이 나보다 강하면 나를 도우러 와야 한다. 그러나 암몬 사람이 너보다 강하면 내가 너를 도우러 가겠다.

13 마음을 굳게 먹어라. 우리 백성들과 우리 하나님의 성을 위해 용감하게 싸우자. 여호와께서 보시기에 옳은 일을 하실 것이다."

14 그리고 요압과 그의 군대가 아람 사람과 싸우기 위해 나가자 아람의 군사들은 도망쳐 버렸습니다.

15 아람 사람이 도망치는 것을 본 암몬 사람은 요압의 동생 아비새 앞에서 도망쳐 성안으로 들어가 버렸습니다. 그래서 요압은 예루살렘으로 돌아갔습니다.

16 아람 사람들이 쫓겨 도망침 아람 사람은 자기들이 이스라엘에게 진 것을 보고 사람을 보내 아람 사람을 다시 강 건너로 불러냈습니다. 하닷에셀 군대의 사령관 소박이 그들을 이끌었습니다. 삼하 10:6,16,18

17 다윗이 이 소식을 듣고 온 이스라엘을 모아서 요단 강을 건너갔습니다. 그는 아람 사람들을 향해 나아가 그 반대편에 진을 쳤습니다. 다윗은 그곳에서 아람 사람과 맞서 그들과 싸웠습니다.

18 그러나 아람 사람들은 이스라엘 앞에서 쫓겨 도망쳤습니다. 다윗은 아람의 전차병 7,000명과 보병 4만 명을 죽이고 또 그 군대의 사령관 소박도 죽였습니다.

19 하닷에셀의 부하들은 자기들이 이스라엘에 진 것을 보고 다윗과 평화롭게 지내고 다윗을 섬기기로 했습니다. 그 후로 아람 사람은 암몬 사람을 도우려 하지 않았습니다.

20 랍바를 쳐서 멸망시킴

봄이 돼 왕들이 전쟁터에 나갈 때가 되자 요압이 군사를 이끌고 나갔습니다. 그는 암몬 사람의 땅을 쳐서 무찌르고 랍바로 가서 그곳을 에워쌌습니다. 그러나 다윗은 예루살렘에 남아 있었습니다. 요압은 랍바를 쳐서 멸망시켰습니다.

2 다윗은 그 나라 왕의 머리에서 왕관을 빼앗아 자기 머리에 썼습니다. 보석이 박혀 있는 그 왕관의 무게는 금 1달란트나 됐습니다. 다윗은 그 성에서 값진 물건을 많이 빼앗아 가져왔습니다. 2~3절삼하 12:30~31

3 그곳에 있던 사람을 끌어다가 톱질과 써레질과 도끼질을 시키고 벽돌을 굽게 했습니다. 다윗은 암몬의 모든 성들을 이렇게 했습니다. 그리고 모든 군사를 거느리고 예루살렘으로 돌아왔습니다. 삼하 12:31

4 계속되는 블레셋과의 전쟁 이후에 게셀에서 이스라엘이 블레셋 사람과 전쟁했습니다. 그때 후사 사람 십브개가 거인족의 자손 가운데 한 사람인 십배를 죽이자 블레셋 사람은 항복했습니다. 4~8절삼하 21:18~22

5 다시 블레셋 사람과 전쟁할 때 야일의 아들 엘하난이 자루가 베틀 채 같은 창을 가진 가드 사람 골리앗의 동생 라흐미를 죽였습니다. 삼하 21:19

6 가드에서 일어난 또 다른 전쟁에서 거인족의 자손으로서 손가락과 발가락이 여섯 개씩 모두 24개인 거인이 있었습니다.

7 그가 이스라엘을 조롱하자 다윗의 형 시므아의 아들 요나단이 그를 죽여 버렸습니다.

8 이들은 가드에 있던 거인족의 후손들이었지만 다윗과 그의 부하들의 손에 쓰러졌습니다.

21 이스라엘의 인구 조사

사탄이 일어나 이스라엘을 치려고 다윗에게 이스라엘의 인구를 조사할 마음을 불어넣었습니다. 1~28절삼하 24:1~25:6 3:1~2

2 다윗이 요압과 백성의 우두머리들에게 말했습니다. "너희는 가서 브엘세바에서부터 단까지 이스라엘 백성들의 수를 세고 돌아와 백성들이 얼마나 많은지 내게 보고하여라."

3 요압이 대답했습니다. "여호와께서 왕의 백성을 100배나 늘려 주시기를 원합니다. 내 주 왕이여, 그 백성 모두가 내 주의 종이 아닙니까? 내 주께서 왜 이렇게 하기를 원하십니까? 왜 이스라엘이 죄를 지어 벌

받게 하십니까?"

4 그러나 왕이 요압을 재촉해 명령했습니다. 요압은 왕의 앞에서 물러나와 이스라엘 전역을 두루 다닌 뒤 예루살렘으로 돌아왔습니다.

5 요압이 다윗에게 백성들의 수를 보고했습니다. "이스라엘에서 칼을 다룰 줄 아는 용사들은 110만 명이고 유다에는 47만 명이 있었습니다." _삼하 24:9_

6 그러나 왕의 명령을 못마땅하게 여긴 요압은 레위와 베냐민을 숫자에 넣지 않았습니다.

7 다윗이 잘못을 깨달음 이 일은 하나님이 보시기에도 악한 일이었습니다. 그리하여 하나님께서 이스라엘에 벌을 내리셨습니다.

8 다윗이 하나님께 말했습니다. "제가 이 일을 해서 큰 죄를 지었습니다. 이제 주의 종의 죄를 용서해 주십시오. 제가 너무나도 어리석은 짓을 저질렀습니다." _삼하 12:13_

9 여호와께서 다윗의 선견자 갓에게 말씀하셨습니다.

10 "가서 다윗에게 말하여라. '여호와께서 이렇게 말씀하신다. 내가 세 가지 벌을 보일 것이다. 그 가운데 하나를 네가 선택하여라. 네가 고른 대로 내가 벌을 내리겠다.'"

11 그러자 갓이 다윗에게 나아가서 말했습니다. "여호와께서 왕이 받을 벌을 고르라고 말씀하십니다.

12 '3년 동안

굶주리든가, 3개월 동안 적들에게 쫓겨 다니든가, 3일 동안 이스라엘 사방 땅에 재난, 곧 전염병을 돌게 해 이스라엘을 고통스럽게 하는 여호와의 칼을 택할 것인가 네가 선택해 말하여라.' 이제 저를 보내신 분께 대답할 수 있도록 결정을 내리십시오." _삼하 24:13_

13 다윗이 갓에게 말했습니다. "나는 너무나 고통스럽다. 그분의 긍휼하심이 아주 크시기 때문에 나는 여호와의 손에 쓰러지는 것을 선택하겠다. 나는 사람의 손에 쓰러지는 것을 선택하지 않을 것이다."

14 전염병의 재앙 그래서 여호와께서 이스라엘에 재앙을 내리셨습니다. 여호와께서 전염병을 보내 이스라엘 백성 7만 명이 죽었습니다.

15 하나님께서 예루살렘을 멸망시키기 위해 천사를 보내셨습니다. 그러나 천사가 멸망시키려 하자 여호와께서 그 비참한 광경을 보고 그 재난을 슬퍼하며 돌이켜 멸망시키고 있는 천사에게 말씀하셨습니다. "이제 됐다! 네 손을 거두어라." 그때 여호와의 천사는 여부스 사람 오르난의 타작마당 곁에 서 있었습니다.

16 다윗이 고개를 들어 바라보니 여호와의 천사가 하늘과 땅 사이에 서 있었습니다. 그 손에 칼을 들고 예루살렘을 가리키고 있었습니다.

다윗의 인구 조사로 말미암아 이스라엘 백성들이 하나님께 벌을 받음

다윗과 장로들은 굵은베 옷을 입고 얼굴을 땅에 대고 엎드렸습니다.

17 다윗이 하나님께 말했습니다. "백성들의 수를 세라고 명령한 사람은 제가 아닙니까! 죄를 짓고 잘못을 저지른 사람은 저입니다. 이들은 그저 양 무리일 뿐입니다. 이들이 무슨 일을 했습니까? 여호와 내 하나님이여, 저와 제 집안을 치시고 주의 백성들에게 재난을 내리지 말아 주십시오."

18 다윗이 제단을 쌓을 그러자 여호와의 천사가 갓에게 명령해 다윗더러 여부스 사람 오르난의 타작마당으로 올라가서 여호와를 위해 제단을 쌓으라고 말했습니다.

19 다윗은 갓이 여호와의 이름으로 이른 그 말씀에 순종해 올라갔습니다.

20 오르난이 밀을 타작하다가 뒤를 돌아보니 천사가 있었습니다. 오르난은 그와 함께 있던 네 아들과 함께 몸을 숨겼습니다.

21 그때 다윗이 다가왔습니다. 오르난이 내다보다 다윗을 알아보고 타작마당에서 나와서 얼굴을 땅에 대고 다윗에게 절했습니다.

22 다윗이 오르난에게 말했습니다. "네 타작마당을 내게 팔아라. 넉넉히 값을 치를 테니 이 땅을 내게 팔아라. 여기에다 여호와께 제단을 쌓아야 백성들에게 내린 재난이 멈출 것이다."

23 오르난이 다윗에게 말했습니다. "그냥 가지십시오! 내 주 왕께서는 무엇이든 좋으실 대로 하십시오. 보십시오. 제가 번제로 *바칠* 소와 땔감으로 쓰도록 타작 기계를 드리고 곡식제사로 바칠 밀을 드리겠습니다. 제가 이 모든 것을 다 드리겠습니다."

24 다윗 왕이 오르난에게 대답했습니다. "아니다. 나는 넉넉히 값을 치를 것이다. 내가 여호와께 네 것을 드리거나 내가 값을 치르지 않은 번제를 드릴 수 없다."

25 그리하여 다윗은 오르난에게 그 땅 값으로 금 600세겔을 저울에 달아 주었습니다.

26 다윗은 그곳에서 여호와께 제단을 쌓고 번제와 화목제를 드렸습니다. 그는 여호와께 부르짖었고 여호와께서는 그에게 하늘에서부터 번제단에 불을 내림으로써 대답하셨습니다.

레 9:24

27 그리고 여호와께서 천사에게 말씀하시자 천사는 칼을 칼집에 넣었습니다.

28 여호와께서 여부스 사람 오르난의 타작마당에서 자신에게 대답하신 것을 보고 다윗은 그곳에서 제물을 드렸습니다.

29 모세가 광야에서 만든 여호와의 장막과 번제단은 그 당시 기브온의 높은 곳에 있었습니다.

16:39;왕상 3:4;대하 1:3

30 그러나 다윗이 여호와의 천사의 칼을 두려워해서 감히 그 앞으로 가 하나님께 물을 수 없었습니다.

22 성전 터를 잡음 다윗이 말했습니다. "여기가 여호와 하나님의 집이며 또 여기가 이스라엘을 위한 번제단이다."

2 재료를 준비함 다윗은 이스라엘에 살고 있는 외국 사람들을 불러 모으라고 명령했습니다. 그중에서 석수장이들을 세워 하나님의 집을 짓기 위한 돌을 다듬게 했습니다.

3 그는 철을 많이 준비해 문짝과 돌쩌귀에 쓸 못을 만들게 했고 무게를 달 수 없을 만큼 많은 청동도 준비해 두었습니다.

오르난의 타작마당

오르난의 타작마당은 다윗이 여부스 사람인 오르난에게 금 600세겔을 주고 산 땅이다. 인구 조사로 인해 이스라엘에 전염병이 걷잡을 수 없이 퍼졌을 때 다윗이 하나님의 명령으로 제사를 드렸던 곳이다(대상21:28). 이곳은 아브라함이 이삭을 제물로 바쳤던 모리아 산에 위치해 있다(창22:2). 훗날 솔로몬이 이곳에다 성전을 세웠다(대하 3:1). 그래서 이곳을 '성전 산'이라고 부른다. 현재 이곳에는 '바위의 돔'이라고 불리는 이슬람교 사원이 자리하고 있다. 최근 발굴에 의하면, 성전 터와 오르난의 타작마당의 위치는 '바위의 돔'의 북편이라고 한다.

4 또 셀 수 없을 만큼 많은 백향목도 준비했습니다. 시돈 사람과 두로 사람은 다윗에게 엄청난 양의 백향목을 가져왔습니다.

5 다윗이 말했습니다. '내 아들 솔로몬은 아직 어리고 경험이 없다. 그러나 여호와를 위해 지어야 할 그 집은 아주 크고 아름다워서 모든 나라들이 보기에 대단한 명성과 영광을 지녀야 한다. 그러므로 내가 그것을 위해 준비할 것이다.' 그리하여 다윗은 자기가 죽기 전에 필요한 것을 많이 준비했습니다. ^{29:1·왕상 3:7·왕상 4:3}

6 솔로몬에게 성전 건축의 임무를 맡길 다윗이 아들 솔로몬을 불러 이스라엘의 하나님 여호와를 위한 집을 짓는 일을 맡겼습니다.

7 다윗이 솔로몬에게 말했습니다. '내 아들아, 나는 내 하나님 여호와의 이름을 위해 집을 지으리라고 마음을 먹었다. ^{시 132:1-5}

8 그러나 여호와께서 내게 이렇게 말씀하셨다. '너는 많은 피를 흘렸고 많은 싸움을 치렀다. 내 이름을 위해 집을 지을 사람은 네가 아니다. 네가 내 앞에서 이 땅에 많은 피를 흘렸기 때문이다. ^{28:3·왕상 5:3}

9 보아라. 네게 한 아들이 태어날 것이다. 그는 평안의 사람이 될 것이다. 내가 그에게 사방에 있는 그 모든 적들에게서 평안을 안겨 줄 것이다. 그의 이름은 솔로몬이니 내가 그가 살아 있는 동안 이스라엘에 평화와 안정을 줄 것이다. ^{삼하 12:24}

10 그가 바로 내 이름을 위해 집을 지을 사람이다. 그는 내 아들이 될 것이고 나는 그의 아버지가 될 것이다. 그리고 내가 이스라엘을 다스릴 그의 왕좌를 영원히 세워

줄 것이다.' ^{28:6·삼하 7:13-14·히 1:5}

11 내 아들아, 여호와께서 너와 함께하시고 네가 잘되며 네게 말씀하신 대로 네가 네 하나님 여호와의 집을 짓기 바란다.

12 여호와께서 네게 지혜와 슬기를 주셔서 네가 이스라엘을 다스릴 때 네 하나님 여호와의 율법을 잘 지키기 원한다. ^{왕상 3:9}

13 만일 여호와께서 이스라엘을 위해 모세에게 주셨던 율례와 규례를 잘 지키면 너는 잘될 것이다. 강해지고 용기를 가져라. 두려워 말고 놀라지 마라. ^{신 31:6-7·수 1:6-7,9}

14 내가 여호와의 성전을 위해 애써서 10만 달란트, 즉 100만 달란트, 무게를 달 수 없을 만큼 많은 청동과 철, 또 나무와 돌을 준비했다. 이제 너는 그것에 더할 것이다.

15 네게는 일꾼들이 많다. 석수장이들과 목수들과 갖가지 재주가 있는 사람은 물론

16 금, 은, 청동, 철을 잘 다루는 사람도 수없이 많다. 이제 일을 시작하여라. 여호와께서 너와 함께하신다.' ^{11절}

17 솔로몬을 도울 지도자들 그리고 다윗은 이스라엘의 모든 지도자들에게 자기 아들 솔로몬을 도우라고 명령했습니다. ^{28:1-6}

18 다윗이 그들에게 말했습니다. "여호와 너희 하나님께서 너희와 함께 계시지 않느냐? 너희에게 모든 면에서 평안을 허락하지 않으셨느냐? 이 땅의 주민들을 내게 넘겨 주셨고 이 땅은 여호와와 그분의 백성들에게 복종한다. ^{9:2·삼상 23:25·신 12:10·수 21:44·23:1·삼하 7:1}

19 그러므로 너희는 마음과 영을 다해 여호와 너희 하나님을 찾으라. 여호와 하나님의 성소를 짓는 일을 시작해 여호와의 언

하는 일이 바뀐 레위 사람들

과거 이스라엘 민족이 광야에서 생활할 때에는 이스라엘 백성이 이동할 때마다 레위 사람들은 항상 성막과 그에 딸린 기구들을 옮겨야 했습니다(민 3-4장). 그러나 성전을 지은 후 레위 사람들은 더 이상 성막을 옮길 필요가 없었습니다(대상 23:25-26). 원래 레위 사람들은 30세부터 50세까지 성막에서 일했고(민 4:3), 25세만 되어도 성막을 섬기는 일에 참여해야 했습니다(민 8:24). 그러나 다윗은 일할 수 있는 레위 사람의 나이를 20세까지 낮췄습니다(대상 23:27). 그 이유는 성막을 옮기는 일은 없어졌지만, 성전에는 많은 일꾼이 필요했기 때문이었다. 이제 레위 사람들은 성막을 옮기는 일을 벗어나 성전에서 일을 맡게 되었다.

약궤와 하나님께 속한 거룩한 물건들을 여호와의 이름을 위해 지어질 성전에 가져다 두도록 하라." _{왕상 5:3,8:6,21;대하 5:7,6:11}

23

솔로몬의 왕위 계승 다윗이 나이가 들어 늙었습니다. 그는 자기 아들 솔로몬을 이스라엘을 다스릴 왕으로 세웠습니다. _{28:5,29:22,28;왕상 1:33-39}

2 레위 사람들을 모음 그는 또한 제사장들과 레위 사람을 비롯한 모든 이스라엘의 지도자들을 불러 모았습니다.

3 30세 이상인 레위 사람을 세웠더니 그 수가 3만 8,000명이었습니다. _{민 1:2-4:3,47-48}

4 이들 가운데 2만 4,000명이 여호와의 성전 일을 맡았고 6,000명이 관리와 재판관의 일을 맡았습니다. _{신 16:18;대하 22;18:19:8:34:12}

5 4,000명은 문지기가 되고 4,000명은 다윗이 찬송을 하기 위해 준비한 악기들을 갖고 여호와를 찬송하는 일을 맡게 됐습니다. _{대하 29:25-26;느 12:36;암 6:5}

6 다윗은 레위 사람을 게르손, 그핫, 므라리의 자손에 따라 그 계열을 나누었습니다.

7 게르손 자손 게르손 자손은 라단과 시므이입니다. _{26:21}

8 라단의 아들은 우두머리 여히엘, 세담, 요엘 이렇게 모두 셋입니다. _{15:18;29:8}

9 시므이의 아들은 슬로밋, 하시엘, 하란 이렇게 모두 셋입니다. 이들은 라단의 우두머리들이었습니다.

10 또 시므이의 아들은 야핫, 시나, 여우스, 브리아 이렇게 모두 넷입니다.

11 그 우두머리는 야핫이었고 그다음은 시사였습니다. 여우스와 브리아는 아들이 많지

✱ 레위 사람들이 맡은 새 일은?
▶ 성전 뜰과 골방을 맡아 관리하는 일
▶ 거룩한 물건들을 깨끗이 하는 일
▶ 곡식 제사를 위한 빵, 밀가루, 무교병을 굽고 반죽하는 일
▶ 저울과 자를 맡아 관리하는 일
▶ 새벽과 저녁마다 감사하고 찬송하는 일
▶ 안식일과 초하루와 정해진 명절에 번제를 준비하는 일

않아서 그들과 한 집안으로 여겼습니다.

12 그핫 자손 그핫의 아들은 아므람, 이스할, 헤브론, 웃시엘 이렇게 넷입니다. _{출 6:18}

13 아므람의 아들은 아론과 모세입니다. 아론과 그의 자손은 구별돼서 영원히 몸을 거룩하게 해 여호와 앞에서 분향하고 섬기며 여호와의 이름으로 영원히 축복하게 했습니다. _{출 6:20:28:1,30:7;민 6:23:16:40;신 21:5;시 5:4}

14 하나님의 사람 모세의 아들은 레위 지파에 속했습니다. _{26:23-25;신 33:1}

15 모세의 아들은 게르솜과 엘리에셀입니다.

16 게르솜의 아들은 우두머리 스부엘입니다.

17 엘리에셀의 아들은 우두머리 르하뱌입니다. 엘리에셀은 다른 아들은 없었으나 르하뱌의 아들은 수가 매우 많았습니다.

18 이스할의 아들은 우두머리 슬로밋입니다.

19 헤브론의 아들은 우두머리 여리야, 둘째 아마랴, 셋째 야하시엘, 넷째 여가므암입니다.

20 웃시엘의 아들은 우두머리 미가와 그다음으로 둘이 잇시야입니다. _{24:24-25}

21 므라리 자손 므라리의 아들은 마흘리와 무시입니다. 마흘리의 아들은 엘르아살과 기스입니다. _{6:19,29;24:26,29;출 6:19;민 26:58}

22 엘르아살은 아들 없이 죽었고 오직 딸만 있었습니다. 그들은 사촌 형제인 기스의 아들들과 결혼했습니다. _{24:28;민 36:6,8}

23 무시의 아들은 마흘리, 에델, 여레못 이렇게 모두 셋입니다. _{24:30}

24 레위 자손의 직무가 바뀜 이들은 집안에 따라 기록된 레위 자손입니다. 자기 이름이 등록된 우두머리들로서 여호와의 성전에서 섬기는 20세 이상의 일꾼들이었습니다.

25 다윗은 말했습니다. "이스라엘의 하나님 여호와께서 그 백성들에게 평안을 주시고 영원히 예루살렘에 머물기 위해 오셨으므로

26 레위 사람은 더 이상 장막이나 그 일에 쓰이는 기구들을 어깨에 메어 옮길 필요가 없다." _{민 4:5-15:8:1,8:2}

27 다윗의 마지막 말에 따라서 20세 이상의 레위 사람 수를 세웠습니다.

28 레위 사람의 임무 레위 사람의 임무는 여호

와의 성전을 섬기는 일에 아론의 자손을 돕는 것이었습니다. 성전 뜰과 골방을 맡아 관리하며 모든 거룩한 물건들을 깨끗하게 하는 일, 곧 하나님의 집에서 해야 할 여러 가지 일들이었습니다.

29 그들은 상에 가져갈 빵, 곡식제사를 위한 밀가루, 무교병, 빵 굽기와 반죽하기, 모든 저울과 자를 맡아 관리했습니다. ^{9:29}

30 그들은 새벽과 저녁마다 서서 여호와께 감사하고 찬송했습니다.

31 안식일과 초하루와 정해진 명절에 여호와께 번제를 드릴 때마다 그렇게 했습니다. 그들은 여호와 앞에서 명령하신 수와 방법대로 계속 섬겼습니다. 레 23:2,4;민 28:1;1:13

32 그리고 또 레위 사람은 회막의 임무, 성소의 임무, 그들의 형제 아론의 자손의 임무를 지켜 여호와의 집에서 섬기는 일을 했습니다. 민 1:53;3:6~9

24 제사장들을 나눔 이들은 아론 자손의 계열입니다. 아론의 아들은 나답, 아비후, 엘르아살, 이다말입니다.

2 그러나 나답과 아비후는 아버지보다 먼저 죽었고 아들이 없었습니다. 그래서 엘르아살과 이다말이 제사장이 됐습니다.

3 다윗은 엘르아살의 자손 사독과 이다말의 자손 아히멜렉을 그들의 맡은 일에 따라 섬기도록 나누었습니다. 삼하 8:17

4 이다말의 자손보다 엘르아살의 자손에서 많은 지도자들이 나왔는데 엘르아살 자손의 집안에서 16명의 우두머리가 나오고 이다말 자손의 집안에서 여덟 명의 우두머리가 나왔습니다.

5 그들은 제비를 뽑아 공평하게 일을 나누었습니다. 엘르아살과 이다말 자손 가운데 성소 일을 관리하는 사람과 하나님의 일을 관리하는 사람들이 있기 때문입니다.

6 24계열 느다넬의 아들이며 레위 사람인 서기관 스마야는 왕과 그 신하들과 제사장 사독, 아비아달의 아들 아히멜렉, 제사장들과 레위 사람 집안의 우두머리들이 있는 자리에서 그들의 이름을 기록했습니다. 일

꾼 하나는 엘르아살 집안에서 뽑고 하나는 이다말 집안에서 제비 뽑았습니다.

7 첫째로 여호야립이 뽑혔고 둘째로 여다야가 뽑혔고

8 셋째로 하림이 뽑혔고 넷째로 스오림이 뽑혔고

9 다섯째로 말기야가 뽑혔고 여섯째로 미야민이 뽑혔고

10 일곱째로 학고스가 뽑혔고 여덟째로 아비야가 뽑혔고 눅 1:5

11 아홉째로 예수아가 뽑혔고 열째로 스가냐가 뽑혔고

12 열한째로 엘리아십이 뽑혔고 열두째로 야김이 뽑혔고

13 열셋째로 훕바가 뽑혔고 열넷째로 예세브압이 뽑혔고

14 열다섯째로 빌가가 뽑혔고 열여섯째로 임멜이 뽑혔고

15 열일곱째로 헤실이 뽑혔고 열여덟째로 합비세스가 뽑혔고

16 열아홉째로 브다히야가 뽑혔고 스무째로 여헤스겔이 뽑혔고

17 스물한째로 야긴이 뽑혔고 스물두째로 가물이 뽑혔고

18 스물셋째로 들라야가 뽑혔고 스물넷째로 마아시야가 뽑혔습니다.

19 이와 같은 계열로 그들은 여호와의 성전에 들어가서 이스라엘의 하나님 여호와께서 아론에게 명령하신 대로 조상 아론이 그들에게 세운 규례에 따라 섬겼습니다.

20 나머지 레위 자손 나머지 레위 자손은 이렇습니다. 아므람의 아들 가운데서는 수바엘, 수바엘의 아들 가운데서는 예드야,

21 르하뱌에게는 그 아들 가운데 우두머리 잇시야. 23:17

22 이스할의 아들 가운데서는 슬로못, 슬로못의 아들 가운데서는 야핫,

23 헤브론의 아들 가운데서는 맏아들 여리야, 둘째 아마랴, 셋째 야하시엘, 넷째 여가므암,

24 웃시엘의 아들 가운데서는 미가, 미가의 아들 가운데서는 사밀, 23:20

25 미가의 동생 잇시야, 잇시야의 아들 가운데서는 스가랴.

26 므라리 자손 므라리의 아들 가운데서는 마흘리, 무시이며 야아시야의 아들 브노,

27 므라리의 자손 가운데서 야아시야에게서 난 브노, 소함, 삭굴, 이브리,

28 마흘리에게서 난 엘르아살, 엘르아살은 아들이 없고 ²³²²

29 기스에게서 난 그의 아들 여라므엘.

30 무시의 아들 마흘리, 에델, 여리못입니다. 이들은 각자의 집안에 따른 레위 사람입니다.

31 레위 자손이 섬기는 일도 또한 자기 형제들이 아론의 자손처럼 다윗 왕과 사독과 아히멜렉과 제사장들과 레위 집안의 우두머리들이 보는 자리에서 제비 뽑았습니다. 가장 맏형이 되는 집안이나 가장 아우 되는 집안이나 똑같이 그렇게 했습니다.

25 노래 부르는 자의 임명 다윗은 군사령관들과 함께 아삽, 헤만, 여두둔의 아들 가운데 몇몇을 따로 세워 수금과 비파와 심벌즈의 반주에 맞춰 노래 부르며 예언하는 일을 맡겼습니다. 이 일을 맡은 사람의 수는 다음과 같습니다.

2 아삽의 아들 가운데서는 삭굴, 요셉, 느다냐, 아사렐라입니다. 아삽의 아들은 아삽 밑에서 왕의 명령에 따라 노래하며 예언했습니다.

3 여두둔으로 말하면 그 아들은 그달리야, 스리, 여사야, 시므이, 하사바, 맛디디야이렇게 모두 여섯이었는데 그들은 그 아비 여두둔 밑에서 수금을 사용해 여호와께 감사와 찬양을 드리며 예언했습니다.

4 헤만으로 말하면 그 아들은 북기야, 맛다냐, 웃시엘, 스브엘, 여리못, 하나냐, 하나니, 엘리아다, 깃달디, 로맘디에셀, 요스브가사, 말로디, 호딜, 마하시옷입니다.

5 이들 모두는 왕의 선견자 헤만의 아들입니다. 헤만을 높이겠다는 하나님의 약속에 따라 하나님은 헤만에게 아들 14명과 딸 세 명을 주셨습니다. 삼하 24:11

6 24부류 이 모든 사람은 여호와의 집을 섬기는 일로 그 아버지 밑에서 여호와의 성전에서 심벌즈와 수금과 하프로 노래하며 섬겼습니다. 아삽과 여두둔과 헤만은 왕의 수하에 있었습니다.

7 그들은 그 형제들까지 합해 288명이었는데 그들 모두는 여호와를 찬송하는 일에 익숙한 사람들이었습니다. 23:5

8 그들은 나이가 적든 많든, 선생이든 제자든 똑같이 제비 뽑아 자기 일을 얻었습니다.

성경에 나오는 제비뽑기

성경에는 어떤 일이나 사람을 결정할 때 제비 뽑는 방법을 자주 사용했다.
'제비'의 종류로 '우림과 둠밈', '나무나 토기 조각째', '동물의 간', '동전' 등 여러 가지가 있었다.
제비뽑기는 신분이나 나이, 상황에 차별을 두지 않고
모든 사람에게 동등한 기회를 주기 위한 하나님의 방법이다.

일상생활에서 제비뽑았던 예	종교적인 일에 사용된 예	그 밖에 사용된 예
1. 이스라엘 자손이 가나안 땅을 분배할 때 (민 33:54)	1. 두 염소 중에서 여호와께 드리는 속죄제물과 광야에 내보낼 아사셀을 가려내는 경우 (레 16:8-10)	1. 사울이 사무엘로부터 기름 부음을 받았지만 (삼상 10:1) 백성들 앞에서 왕으로 선택받을 때 (삼상 10:17-21)
2. 전쟁에 나갈 병력을 뽑을 때 (삿 20:9)		
3. 이스라엘 민족이 포로에서 돌아온 후에 예루살렘 성에 거주할 주민을 선발할 때 (느 11:1)	2. 성전에서 해야 할 일을 나눌 때 (대상 25:8; 26:13; 느 10:34)	2. 요나단이 아버지의 명을 어기고 꿀을 찍어 먹은 일이 드러날 때 (삼상 14:36-42)
4. 하만이 이스라엘 백성을 모두 죽일 음모를 꾸미고 그 날짜를 정할 때 (에 3:7)		
5. 재난에 대한 원인을 알아야 할 때 (욘 1:7)	3. 가룟 유다를 대신하여 맛디아를 사도로 뽑을 때 (행 1:26)	
6. 로마 군인들이 예수님의 옷을 나눌 때 (마 27:35; 막 15:24)		

9 첫째로는 아삽의 아들 가운데 요셉이 뽑혔습니다. 둘째로는 그달리야로 그와 그 형제와 아들 12명이 뽑혔습니다.

10 셋째로는 삭굴로 그와 그 아들과 형제 12명이 뽑혔습니다.

11 넷째로는 이스리로 그와 그 아들과 형제 12명이 뽑혔습니다.

12 다섯째로는 느다냐로 그와 그 아들과 형제 12명이 뽑혔습니다.

13 여섯째로는 북기야로 그와 그 아들과 형제 12명이 뽑혔습니다.

14 일곱째로는 여사렐라로 그와 그 아들과 형제 12명이 뽑혔습니다.

15 여덟째로는 여사야로 그와 그 아들과 형제 12명이 뽑혔습니다.

16 아홉째로는 맛다냐로 그와 그 아들과 형제 12명이 뽑혔습니다.

17 열째로는 시므이로 그와 그 아들과 형제 12명이 뽑혔습니다.

18 열한째로는 아사렐로 그와 그 아들과 형제 12명이 뽑혔습니다.

19 열두째로는 하사뱌로 그와 그 아들과 형제 12명이 뽑혔습니다.

20 열셋째로는 수바엘로 그와 그 아들과 형제 12명이 뽑혔습니다.

21 열넷째로는 맛디디야로 그와 그 아들과 형제 12명이 뽑혔습니다.

22 열다섯째로는 여레못으로 그와 그 아들과 형제 12명이 뽑혔습니다.

23 열여섯째로는 하나냐로 그와 그 아들과 형제 12명이 뽑혔습니다.

24 열일곱째로는 요스브가사로 그와 그 아들과 형제 12명이 뽑혔습니다.

25 열여덟째로는 하나니로 그와 그 아들과 형제 12명이 뽑혔습니다.

26 열아홉째로는 말로디로 그와 그 아들과 형제 12명이 뽑혔습니다.

27 스무째로는 엘리아다로 그와 그 아들과 형

제 12명이 뽑혔습니다.

28 스물한째로는 호딜로 그와 그 아들과 형제 12명이 뽑혔습니다.

29 스물두째로는 깃달디로 그와 그 아들과 형제 12명이 뽑혔습니다.

30 스물셋째로는 마하시옷으로 그와 그 아들과 형제 12명이 뽑혔습니다.

31 스물넷째로는 로맘디에셀로 그와 그 아들과 형제 12명이 뽑혔습니다.

26

문지기들의 계열 문지기들의 계열은 이렇습니다. 고라 족속 아삽의 자손 가운데 하나인 고레의 아들 므셀레먀입니다.

2 므셀레먀의 아들로는 맏아들 스가랴, 둘째 여디야엘, 셋째 스바댜, 넷째 야드니엘,

3 다섯째 엘람, 여섯째 여호하난, 일곱째 엘여호에내입니다.

4 오벧에돔의 아들로는 맏아들 스마야, 둘째 여호사밧, 셋째 요아, 넷째 사갈, 다섯째 느다넬, ^{15:18,24;16:38}

5 여섯째 암미엘, 일곱째 잇사갈, 여덟째 브울래대였습니다. 하나님께서 오벧에돔에게 복을 주셨습니다. ^{13:14;상하 6:11}

6 그 아들 스마야도 두어 아들이 있는데 그들은 무척 능력 있는 사람이었으며 그 아버지 집안에서 지도자들이었습니다.

7 스마야의 아들은 오드니, 르바엘, 오벳, 엘사밧이고 엘사밧의 형제 엘리후와 스마갸도 능력 있는 사람이었습니다.

8 이 모두가 오벧에돔의 자손입니다. 그들과 그 아들과 그 형제들은 능력 있는 사람으로서 일을 잘했습니다. 오벧에돔의 자손은 모두 62명입니다.

9 므셀레먀의 아들과 형제들은 능력 있는 사람으로 18명입니다.

10 므라리 자손인 호사에게 아들이 있었는데 맏아들은 시므리입니다. 그는 원래 첫째가 아니었지만 그 아버지가 그를 맏아들로 세웠습니다. ^{16:38}

11 둘째는 힐기야, 셋째는 드발리야, 넷째는 스가랴입니다. 호사의 아들과 형제들은 모

회랑(26:18, 回廊, court) 가옥의 어떤 방을 중심으로 하여 둘러댄 마루. 보수(26:27, 補修, repair) 건물이나 시설 따위의 낡거나 부서진 것을 손보아 고침.

두 13명입니다.

12 문지기의 책임 이들은 문지기의 우두머리로서 자기 형제들과 같이 여호와의 성전을 섬기는 일을 맡았습니다.

13 그들의 집안에 따라 젊든지 나이가 들었든지 각 문을 지키기 위해 똑같이 제비 뽑았습니다. 25:8

14 셀레먀는 동쪽 문을 뽑았습니다. 그리고 지혜로운 참모인 그 아들 스가랴는 북쪽 문을 뽑았습니다.

15 남쪽 문에는 오벧에돔이 뽑혔고 창고에는 그의 아들이 뽑혔습니다. 대하 25:24/느 12:25

16 서쪽 문과 위쪽 길로 통하는 살레겟 문에는 숩빔과 호사가 뽑혔습니다. 이들은 나란히 서서 지켰습니다. 왕상 10:5/대하 9:4/느 3:31

17 레위 사람은 동쪽에는 하루에 여섯 명, 북쪽에는 하루에 네 명, 남쪽에는 하루에 네 명, 창고에는 한 번에 두 명씩 지켰습니다.

18 서쪽 문의 회랑에는 네 명, 길가의 회랑에는 두 명이 지켰습니다. 왕골 23:11

19 이것은 고라와 므라리 자손인 문지기들이 맡은 일입니다.

20 창고 맡은 자와 책임 레위 사람 가운데 아히야는 하나님의 집의 창고와 제물로 바친 물건을 위한 창고를 맡았습니다. 스 2:69

21 라단 자손은 라단에게 거슬러 올라가면 게르손 자손인데 게르손 사람 라단에게 속한 집안의 우두머리는 여히엘입니다.

22 여히엘리의 아들은 스담과 그 동생 요엘입니다. 그들은 여호와 집의 창고를 맡았습니다. 23:8

23 아므람 자손과 이스할 자손과 헤브론 자손과 웃시엘 자손 가운데서 23:12

24 모세의 아들이며 게르솜의 자손인 스브엘이 창고를 맡았습니다. 23:16/24:20

25 그의 형제 엘리에셀에게서 난 자는 그 아들 르하뱌, 그 아들 여사야, 그 아들 요람, 그 아들 시그리, 그 아들 슬로못입니다.

26 슬로못과 그의 형제들은 모든 창고를 맡았습니다. 그 창고는 다윗 왕과 천부장과 백부장 집안의 우두머리들과 다른 군사령관들이 성전에 바친 물건들을 위한 것입니다.

27 그들은 전쟁에서 빼앗은 물건들 가운데 구별해서 여호와의 성전을 보수하는 데 바쳤습니다.

28 선견자 사무엘이 바친 모든 것과 기스의 아들 사울과 넬의 아들 아브넬과 스루야의 아들 요압이 바친 모든 것과 또 바쳐진 모든 물건들을 슬로못과 그 형제들이 관리했습니다. 29:29/삼상 9:9

29 다른 관리들과 재판관들 이스할 자손 가운데 그나냐와 그 아들은 성전 바깥의 일을 맡았는데 그들은 이스라엘을 다스리는 관리와 재판관이 됐습니다. 23:4/신 16:18/느 11:16

30 헤브론 자손 가운데서는 하사뱌와 그 동족인 1,700명의 용사들이 요단 강 서쪽에서 여호와를 위한 모든 일과 왕을 섬기는 일을 맡았습니다. 27:17

31 헤브론 사람 가운데서는 여리야가 그 집안의 족보에 따라 우두머리가 됐습니다. 다윗이 다스린 지 40년 되는 해에 족보에서 헤브론 자손 가운데 길르앗 야셀에 용사들

다윗의 내각

이름	지위	직무
요압	군사령관	나라를 방위, 군대 지휘, 정치적인 문제 처리
브나야	그렛, 블렛셋 관할 장관	이스라엘의 속국을 관할
사독, 아히멜렉	대제사장	제사 총괄, 지휘
여호사밧	사관	매일의 사건 기록, 왕에게 기억하도록 함
스와(스라야, 사워사)	서기관	공문서 관리, 서신 연락, 사무 집행
아도니람	감역관	노무 관계를 감독
요나단, 아히도벨, 후새	참모, 자문관	왕의 고문, 상담자
여히엘	다윗 아들들의 교사	왕자들을 가르침

이 있다는 것을 발견했습니다. 민 21:32

32 여리아는 2,700명의 형제들이 있는데 그들은 용사며 우두머리들이었습니다. 다윗 왕은 그들이 르우벤 자손과 갓 자손과 므낫세 반 지파를 관리하며 하나님과 관련된 모든 일과 왕을 위한 일을 맡아보도록 했습니다.

대하 19:11

27 12명의 군대 사령관 이스라엘 자손의 계열은 이러합니다. 곧 한 해 동안 매달 들어가고 나가며 왕을 섬겼던 군사의 계열로 집안의 우두머리들, 천부장들, 백부장들, 그 밖의 지휘관들입니다. 이 계열은 2만 4,000명으로 이뤄져 있습니다.

2 첫째 달 첫 번째로 일할 지휘관은 삽디엘의 아들 야소브암이 맡았습니다. 그의 계열에 2만 4,000명이 있었습니다. 삼하 23:8

3 그는 베레스의 자손으로 첫째 달에 일할 모든 부대의 우두머리를 맡았습니다.

4 둘째 달에 일할 지휘관은 아호아 사람 도대가 맡았습니다. 미글롯이 그 계열의 지도자였습니다. 그의 계열에 2만 4,000명이 있었습니다. 11:12;삼하 23:9

5 셋째 달의 군사령관은 대제사장 여호야다의 아들 브나야입니다. 그는 우두머리였고 그의 계열에 2만 4,000명이 있었습니다.

6 브나야는 바로 그 30명 가운데 용사였고 그 30명을 다스리는 사람이었습니다. 그의 아들 암미사밧이 이 계열을 맡았습니다.

7 넷째 달의 사령관은 요압의 동생인 아사헬입니다. 그의 아들 스바댜가 그다음입니다. 이 계열에 2만 4,000명이 있었습니다.

8 다섯째 달의 사령관은 이스라 사람 삼훗입니다. 이 계열에 2만 4,000명이 있었습니다.

9 여섯째 달의 사령관은 드고아 사람 익게스의 아들 이라입니다. 이 계열에 2만 4,000명이 있었습니다. 11:28

10 일곱째 달의 사령관은 에브라임 자손에

속한 발론 사람 헬레스입니다. 이 계열에 2만 4,000명이 있었습니다. 11:27

11 여덟째 달의 사령관은 세라 족속인 후사 사람 십브개입니다. 이 계열에 2만 4,000명이 있었습니다. 11:29;20:4;삼하 21:18

12 아홉째 달의 사령관은 베냐민 자손인 아나돗 사람 아비에셀입니다. 이 계열에 2만 4,000명이 있었습니다. 11:28

13 열째 달의 사령관은 세라 족속인 느도바 사람 마하래입니다. 이 계열에 2만 4,000명이 있었습니다. 11:30

14 열한째 달의 사령관은 에브라임 자손에 속한 비라돈 사람 브나야입니다. 이 계열에 2만 4,000명이 있었습니다. 11:31

15 열두째 달의 사령관은 옷니엘 자손에 속한 느도바 사람 헬대입니다. 이 계열에 2만 4,000명이 있었습니다. 삿 1:13;3:9;삼하 23:29

16 각 지파의 지도자 이스라엘 지파들을 다스리는 지도자들은 이러합니다. 르우벤 지파는 시그리의 아들 엘리에셀이 맡았고 시므온 지파는 마아가의 아들 스바댜가 맡았습니다.

17 레위는 그무엘의 아들 하사뱌가 맡았고 아론은 사독이 맡았습니다. 24:3;26:30

18 유다는 다윗의 형 엘리후가 맡았고 잇사갈은 미가엘의 아들 오므리가 맡았습니다.

19 스불론은 오바댜의 아들 이스마야가 맡았고 납달리는 아스리엘의 아들 여레못이 맡았습니다.

20 에브라임 자손은 아사시야의 아들 호세아가 맡았고 므낫세 반 지파는 브다야의 아들 요엘이 맡았습니다.

21 길르앗에 있는 므낫세 반 지파는 스가랴의 아들 잇도가 맡았고 베냐민은 아브넬의 아들 야아사엘이 맡았습니다.

22 단은 여로함의 아들 아사렐이 맡았습니다. 이들은 이스라엘 지파의 지도자들이었습니다. 28:1

23 계수할 때 주의 사항 다윗은 20세 이하의 남자들은 세지 않았습니다. 여호와께서 이스라엘에게 하늘에 있는 별처럼 많은 수를

<hr>

참조 (27:32, 參謀, counselor) 윗사람을 도와 어떤 일을 꾀하고 꾸미는 데에 참여하는 사람.

규례 (28:7, 規例, decree) 일정한 규칙을 말하며, 구약에서는 규례와 법도라는 말로 언급된다.

주시겠다고 약속하셨기 때문입니다.

24 스루야의 아들 요압은 사람의 수를 세기 시작했지만 끝내지 못했습니다. 이렇게 사람의 수를 세는 것 때문에 이스라엘에 벌이 내렸고 다윗 왕의 책에 이 숫자는 올라가지 않았습니다. 21:5-7;삼하 24:12-15

25 여러 관리들 아디엘의 아들 아스마웻은 왕의 창고 관리를 맡았습니다. 웃시야의 아들 요나단은 밭과 성과 마을과 산성의 창고 관리를 맡았습니다.

26 글룹의 아들 에스리는 땅을 일구는 농부들을 관리를 맡았습니다.

27 라마 사람 시므이는 포도밭 관리를 맡았고 스밤 사람 삽디는 포도밭에서 나는 포도주 창고를 관리하는 일을 맡았습니다.

28 게델 사람 바알하난은 서쪽 평야에 있는 올리브 나무와 뽕나무 관리를 맡았습니다. 요아스는 올리브기름 창고를 맡았습니다.

29 샤론 사람 시드래는 샤론에서 먹이는 소 떼 관리를 맡았습니다. 아들래의 아들 사밧은 골짜기에 있는 소 떼 관리를 맡았습니다.

30 이스마엘 사람 오빌은 낙타 관리를 맡았습니다. 메로놋 사람 예드야는 나귀 관리를 맡았습니다. 하갈 사람 야시스는 양 떼 관리를 맡았습니다. 5:10

31 이들 모두는 다윗 왕의 재산 관리를 맡은 신하들입니다.

32 가까운 참모 다윗의 삼촌 요나단은 지혜가 있어 참모가 됐고 서기관이기도 했습니다. 학모니의 아들 여히엘은 왕의 아들을 돌보았습니다.

33 아히도벨은 왕의 참모가 됐습니다. 아렉 사람 후새는 왕의 친구가 됐습니다.

34 브나야의 아들 여호야다와 아비아달은 아히도벨의 자리를 물려받아 왕의 고문이 됐습니다. 요압은 왕의 군사령관이었습니다.

28 총회 소집 다윗이 이스라엘의 모든 관리를 예루살렘에 불러 모았습니다. 그들은 각 지파의 관리, 왕을 섬기는 부대의 사령관, 천부장과 백부장, 왕과 그의 아들이 가진 모든 재산과 가축을 맡은 관리, 왕궁 관리의 지도자, 용사들과 모든 용감한 전사들이었습니다.

2 다윗의 연설 다윗 왕이 일어나 말했습니다. "내 형제들과 내 백성들아, 내 말을 잘 들으라. 내가 마음속에 우리 하나님의 발받침판인 여호와의 언약궤를 둘 집을 지을 생각이었다. 그리하여 나는 성전을 지을 준비를 했다. 시 99:5;110:1;132:7;시 66:1;애 2:1

3 그러나 하나님께서 내게 '내 이름을 위해 집을 지을 사람은 네가 아니다. 너는 용사라 피를 너무 많이 흘렸기 때문에 할 수 없다'라고 말씀하셨다. 렘 7:5,13

4 그러나 이스라엘의 하나님 여호와께서는 우리의 모든 집안에서 나를 선택해 영원히 이스라엘을 다스릴 왕이 되게 하셨다. 그는 유다를 지도자로 선택하셨고 유다의 집에서는 내 집안을 선택하셨으며 내 아버지의 아들 가운데서는 나를 기뻐하셔서 온 이스라엘을 다스릴 왕으로 삼으셨다.

5 여호와께서 내게 아들을 많이 주셨는데 내 모든 아들 가운데서는 내 아들 솔로몬을 선택해 이스라엘 위에 있는 여호와의 나라의 왕의 자리에 앉게 하시고 이스라엘을 다스리게 하셨다. 3:1-9;14:3-7;22:9;23:1

6 여호와께서 내게 말씀하셨다. '네 아들 솔로몬이 내 집과 내 마당을 지을 사람이다. 내가 솔로몬을 내 아들로 선택했고 나는 그의 아버지가 될 것이다. 삼하 7:13-14

7 그가 만약 변하지 않고 지금처럼 내 규례와 율례를 힘써 지키면 내가 그의 나라를 영원히 세울 것이다.' 22:13

8 그러므로 이제 너희는 온 이스라엘과 여호와의 회중이 보는 앞에서, 또 우리 하나님께서 들으시는 가운데 너희 하나님 여호와의 모든 명령을 지키려고 애쓰라. 그래서 너희가 이 좋은 땅을 물려받아 누리고 너희 자손에게 이 땅을 영원히 넘겨줄 수 있도록 하라.

9 솔로몬에 대한 훈계 내 아들 솔로몬아, 하나님을 네 아버지로 알고 온 마음을 드리며 기꺼이 그분을 섬겨라. 여호와께서는 모든

마음을 살피시고 사람의 생각과 의도를 헤아리신다. 만약 네가 그분을 찾으면 만날 것이요, 만약 네가 그분을 버리면 그분이 너를 영원히 버리실 것이다.

10 그러므로 너는 깊이 생각하여라. 여호와께서 너를 선택해 성소로서 성전을 짓도록 하셨기 때문이다. 힘써서 이 일을 하여라."

11 성전 계획을 알림 그 다음에 다윗은 자기 아들 솔로몬에게 성전 현관, 집, 창고, 다락, 골방, 속죄소의 설계도를 주었습니다.

12 그는 성령께서 그 마음에 불어넣으신 것, 곧 여호와의 성전 뜰과 모든 주변 방들과 하나님의 성전의 창고와 제사 물건 창고에 대한 모든 계획을 그에게 알려 주었습니다.

13 그는 솔로몬에게 제사장들과 레위 사람의 계열에 대해, 여호와의 성전에서 섬기는 모든 일들에 대해, 또한 그 섬기는 일에 쓰일 모든 물건들에 대해 설명해 주었습니다.

14 그는 여러 종류의 제사에 쓰일 모든 금그릇에 대해 금의 무게를 정해 주었고 여러 종류의 제사에 쓰일 모든 은그릇에 대해

은의 무게를 정해 주었습니다.

15 곧 금 등잔대와 금 등잔의 금의 무게를 적당하게 달아 정했고 또 은 등잔대와 은 등잔의 은의 무게는 각각 쓰임새에 따라 적당하게 정해 주었습니다. _{출 25:31-37}

16 진설병을 놓을 상에 들어갈 금의 무게를 정하고 은으로 만든 상에 들어갈 은의 무게도 정해 주었습니다.

17 포크와 접시와 잔을 만들 순금의 무게, 곧 금잔을 만들 순금의 무게, 은잔을 만들 은의 무게도 정해 주었습니다.

18 향을 피우는 제단을 만들 순금의 무게와 또한 그들의 날개를 펴서 여호와의 언약궤를 덮고 있는 그룹을 금으로 만드는 데 필요한 설계도를 주었습니다. _{출 25:18-22; 30:1}

19 다윗이 말했습니다. "이 모든 것은 여호와께서 내게 주신 것을 내가 받아 적은 것이다."

20 솔로몬에 대한 격려 다윗은 또 그 아들 솔로몬에게 말했습니다. "강하고 용감하게 이 일을 하여라. 두려워하거나 놀라지 마라. 내 하나님 여호와께서 너와 함께하시기 때문이다. 여호와의 성전을 짓는 이 일을 모두 마칠 때까지 여호와께서 너를 떠나지 않고 너를 버리지 않으실 것이다. _{22:13 수 1:5}

21 제사장들과 레위 사람들은 하나님의 성전에서 짓는 모든 일에 도울 준비가 돼 있으며 기술이 있는 사람 가운데 뜻있는 사람은 누구나 기쁜 마음으로 너를 도울 것이다. 모든 지도자들과 백성들이 네 모든 명령을 따를 것이다." _{13장 24-26장; 출 35:25-26; 36:1-2}

29

헌신을 요청함 다윗 왕이 모인 모든 이스라엘 백성에게 말했습니다. "내 아들 솔로몬을 하나님께서 선택하셨으나 아직 어리고 경험이 부족하다. 이 성전은 사람을 위한 것이 아니라 여호와 하나님을 위한 것이므로 이 일은 중요하다. _{19장; 22:5; 왕상 3:7}

성전 건축을 위한 다윗의 준비

다윗은 하나님의 집(성전)을 짓고 싶었다. 그러나 하나님이 허락하지 않았다(대상 22:7-8). 그의 아들을 통해 하나님의 집을 지을 것이라는 말씀을 듣고(대상 22:9-10), 이를 위한 준비에 최선을 다했다(대상 22:14-16).

다윗이 준비한 것들

◆ 하나님의 집을 지을 돌(대상 22:2)
◆ 못으로 사용할 철과 청동(대상 22:3)
◆ 시돈과 두로라는 지역에서 가장 좋은 백향목을 가져옴(대상 22:4)
◆ 금 10만 달란트, 은 100만 달란트(대상 22:14)
◆ 돌 다듬는 사람, 나무 짜는 사람, 갖가지 재주가 있는 사람(대상 22:15)
◆ 하나님의 집에서 봉사할 제사장, 레위 사람들과 이스라엘의 지도자들에게 일을 맡김(대상 23:2-26장)
◆ 하나님 집의 설계도(대상 28:11-19)
◆ 하나님의 집을 꾸밀 여러 가지 보석(대상 29:2)

진설병 (28:16, 陳設餠, consecrated bread) 고운 가루로 만든 누룩을 넣지 않은 빵으로, 성소 안 떡상에 올려 놓는 떡. 설계도 (28:18, 設計圖, plan) 설계한 구조, 형상, 치수 따위를 일정한 규약에 따라서 그린 도면.

2 하나님의 성전을 위해 내가 온 힘을 다해 준비해 두었다. 금이 필요한 데는 금을, 은이 필요한 데는 은을, 청동이 필요한 데는 청동을, 철이 필요한 데는 철을, 나무가 필요한 데는 나무를 준비했다. 또 마노, 꾸밀 보석, 반짝이는 여러 가지 색의 돌, 갖가지 귀한 보석, 대리석을 매우 많이 준비했다.

3 거룩한 성전을 위해 내가 준비한 것에 더해 하나님의 성전에 바칠 마음으로 내가 가진 금은을 하나님의 성전에 드렸다.

4 오빌의 금 3,000달란트와 순은 7,000달란트는 성전 벽을 덮고　　22:14,왕상 9:28

5 금그릇과 은그릇을 만들며 기술자들이 하는 모든 일에 쓰일 것이다. 그러나 오늘 누가 여호와께 자신의 것을 기꺼이 기쁨으로 드리겠느냐?"

6 **풍성한 반응** 그러자 지파의 우두머리들과 이스라엘 지파의 지도자들과 천부장들과 백부장들과 왕의 일을 맡은 관리들이 즐겁게 드렸습니다.　　27:1,25~31,28:1

7 그들이 하나님의 성전 짓는 일을 위해 드린 것은 금 5,000달란트, 금 1만 다릭, 은 1만 달란트, 청동 1만 8,000달란트, 철 10만 달란트였습니다.　　스 2:69,8:27,느 7:70~72

8 보석을 가진 사람은 누구든지 그것을 여호와의 성전 창고에 드려 게르손 사람 여히엘이 관리하도록 했습니다.　　23:8,26:21

9 백성들은 지도자들이 자진해서 드리는 것을 두고 기뻐했습니다. 그들이 한결같이 기쁨으로 마음을 다해 여호와께 드렸기 때문입니다. 다윗 왕도 무척 기뻐했습니다.

10 **기도와 찬양** 다윗은 온 이스라엘의 모인 무리들이 보는 앞에서 여호와를 찬송하며 말했습니다. "우리 조상 이스라엘의 하나님 여호와여, 주께 찬양을 드립니다. 주를 영원토록, 영원토록 찬양합니다.　　눅 1:68

11 여호와여, 위대함과 능력과 영광과 승리와 위엄이 다 주의 것입니다. 하늘과 땅에 있는 모든 것이 다 주의 것입니다. 여호와여, 나라도 주의 것입니다. 주는 높으셔서 모든 것을 다스리시며 세상 모든 것의 머리이십니다.　　딤전 1:17,계 5:13

12 부와 명예가 주께로부터 나옵니다. 주께서는 모든 것을 다스리시는 분입니다. 주의 손에는 힘과 능력이 있어 모든 사람을 누구든지 높이시고 힘을 주실 수 있습니다.

13 우리 하나님이여, 이제 우리가 주께 감사드립니다. 주의 영광스러운 이름을 찬양합니다.

14 그러나 제가 누구이기에, 제 백성들이 누구이기에 이렇게 많은 것을 드릴 수 있게 하셨습니까? 모든 것은 주께로부터 나온 것이니 우리가 주의 손에서 받은 것을 드린 것일 뿐입니다.

15 우리는 우리 조상들처럼 주께서 보시기에 나그네이며 잠깐 머무는 낯선 사람들입니다. 이 땅에서 사는 날은 그림자 같아서 희망이 없습니다.　　레 25:23,용 14:2

16 우리 하나님 여호와여, 주의 거룩한 이름을 위해 성전을 지어 드리려고 준비한 이 모든 풍족한 것은 다 주의 손에서 나온 것이며 모든 것이 다 주의 것입니다.

17 내 하나님이여, 주께서는 마음을 살피시고 정직함을 기뻐하시는 줄 압니다. 이 모

상식쑥쑥

돈의 역사

아주 먼 옛날에는 종이돈이나 동전을 사용하지 않았다. 처음에는 농사와 관련된 물건을 서로 바꾸어 사용했다. 땅이나 가축, 곡물, 기름, 포도주, 씨앗 등이 물건을 바꾸는 도구였다.

이후 금속을 주로 물건을 바꾸는 단위로 사용했다. 특히 금과 은은 아주 중요하게 사용되었으며, 가치는 무게로 결정했다. 달란트, 세겔과 같은 단위는 처음에는 금, 은의 무게를 나타내는 단위였다. 그러던 것이 점차 '돈'의 의미로 바뀌게 되었다.

이스라엘은 포로 시절 이후 금, 은, 구리로 첫 동전을 만들었는데 달란트, 세겔이라는 이름이 비로소 돈의 단위로 쓰이게 되었다.

든 것은 제가 정직한 마음으로 즐겁게 드린 것입니다. 이제 여기 있는 주의 백성들이 즐겁게 주께 드리는 모습을 보니 매우 기쁩니다. _{28:9;삼상 16:7;잠 11:20;17:3}

18 여호와여, 우리 조상 아브라함과 이삭과 이스라엘의 하나님이여, 주의 백성들이 마음속에 영원히 주를 섬기는 마음을 갖게 하시고 그 마음을 주께로 돌이켜 계속 충성하도록 지켜 주십시오.

19 또 내 아들 솔로몬이 온 마음을 바쳐 주의 명령과 법과 율례를 지켜 이 모든 일을 하고 제가 성전을 짓기 위해 준비한 모든 것으로 성전을 짓게 해 주십시오."

20 그리고 다윗이 모인 온 무리에게 말했습니다. "너희 하나님 여호와를 찬양하라." 그러자 백성들은 모두 그들 조상의 하나님 여호와를 찬양했습니다. 그들은 여호와와 왕 앞에서 머리를 숙여 절했습니다.

21 솔로몬을 왕으로 세움 이튿날 그들은 여호와께 제사를 드리고 번제물을 바쳤습니다. 수송아지 1,000마리, 숫양 1,000마리, 어린양 1,000마리, 또 부어 드리는 전제물을 바쳤습니다. 온 이스라엘을 위해 많은 다른 제물을 드렸습니다. _{창 35:14}

22 그날 백성들은 여호와 앞에서 크게 기뻐하며 먹고 마셨습니다. 그리고 여호와 앞에서 다윗의 아들 솔로몬에게 기름 부어 다시 왕으로 세우고 사독에게 기름 부어

제사장으로 세웠습니다. _{23:1;왕상 1:33~39:2:35}

23 솔로몬의 왕권 솔로몬은 여호와께서 주신 자리에 앉아 자기 아버지 다윗을 이어 왕이 됐습니다. 솔로몬이 잘 다스리니 온 이스라엘이 그에게 순종했습니다. _{왕상 2:12}

24 모든 지도자들과 용사들과 다윗 왕의 여러 아들도 솔로몬 왕에게 충성을 맹세했습니다.

25 여호와께서 온 이스라엘이 보는 앞에서 솔로몬을 높여 주셨고 왕의 위엄을 주셔서 이전의 어떤 이스라엘 왕보다 더 뛰어나게 하셨습니다. _{수 3:7;왕상 3:13;대하 1:1,12;전 2:9}

26 다윗의 통치 기록 이새의 아들 다윗은 온 이스라엘을 다스렸습니다.

27 그는 7년 동안 헤브론에서 다스렸고 33년 동안 예루살렘에서 다스렸습니다. 모두 40년 동안 이스라엘을 다스렸습니다.

28 다윗은 나이가 많아 늙도록 부자였으며 높임을 받고 영예를 누리다가 죽었습니다. 그 아들 솔로몬이 뒤를 이어서 왕이 됐습니다.

29 다윗의 행적 다윗 왕이 다스리던 때 있었던 모든 일은 처음부터 끝까지 선견자 사무엘의 글과 예언자 나단의 글과 선견자 갓의 글에 적혀 있습니다. _{삼상 9:9;22:5;삼하 12:1}

30 거기에는 또한 다윗이 왕이 된 일과 왕으로서 다스린 일이 적혀 있고 다윗과 이스라엘과 다른 모든 나라들에서 지난 시대에 일어난 일도 다 적혀 있습니다. _{단 4:23,25}

2Chronicles

역대하

역대하는 다윗의 아들 솔로몬이 왕이 되어 성전을 건축하는 이야기로 시작해요. 이 성전은 이후 이스라엘이 받은 복 그리고 고난과 관련이 아주 많답니다. 역대하에는 솔로몬에서 시드기야까지 남유다 왕조 20명의 왕에 대한 이야기가 나와요. 하나님의 성전을 사랑하여 신앙을 지키고자 한 왕의 시대에는 평안과 번영을 누렸어요. 하지만 스스로 교만하여 하나님의 성전을 무시하고 우상과 이방 신을 섬긴 왕의 시대에는 고난과 역경이 있었어요.

역대하는 악한 왕들보다 신앙을 지킨, 하나님 보시기에 정직하게 행한 선한 왕들의 이야기를 더 많이 소개해요. 하나님을 섬기는 성전 중심의 신앙이 중요함을 가르치고자 한 것예요. 역대하는 한 나라뿐 아니라, 한 개인이 복을 받는지 고난을 받는지는 하나님과 관계 속에 있다는 것을 깨닫게 해요.

역대하는 무슨 뜻인가요? '역대기의 후편'이라는 의미예요. 그리고 역대기는 '각 시대의 사건들의 기록'이라는 뜻이에요. 역대상과 역대하는 원래 '역대기'라는 한 권의 책이었어요. 분량이 너무 많아서 히브리 성경을 그리스어로 번역한 70인역 번역자들이 두 권으로 나누었어요.

누가 썼나요? 정확하게 저자는 알 수 없어요. 책의 내용은 성전과 제사장이 맡은 일을 강조하고 있어요. 역대하의 마지막 내용과 에스라의 첫 내용이 비슷한 것으로 보아 제사장 에스라가 쓴 것으로 보기도 해요.

언제 썼나요? BC 450년경

주요한 사람들은?

솔로몬
다윗의 아들.
통일왕국 마지막 왕
성전을 건축한 지혜의 왕

시드기야
바벨론에 멸망당한
남유다의 마지막 왕

요시야
8세에 왕이 된 남유다 16대 왕
종교 개혁과 유월절을 지킴

르호보암
남유다 첫번째 왕.
솔로몬의 아들

여호사밧
하나님의 말씀에 순종한
남유다 4대 왕

히스기야
남유다 14대 왕. 종교 개혁
죽을병에 걸렸으나
기도 응답으로 15년을 더 살게 됨

한눈에 보는 역대하

● 1-9장 솔로몬이 왕이 됨과 성전 건축

● 10-13장 왕국이 남과 북으로 분열됨

● 14-35장 남유다의 왕들

● 36장 남유다의 멸망

역대하 2Chronicles

1

솔로몬의 왕권 다윗의 아들 솔로몬 왕의 지위가 든든하게 섰습니다. 그의 하나님 여호와께서 솔로몬과 함께하셔서 누구보다도 뛰어나게 하셨습니다.
왕상 2:46

2 기브온에서의 1,000번째 솔로몬은 온 이스라엘의 천부장들, 백부장들, 재판관들, 온 이스라엘의 지도자들과 집안의 우두머리들을 불렀습니다.
대상 27:1

3 솔로몬과 이스라엘 온 회중은 기브온에 있는 산당으로 갔는데 여호와의 종 모세가 광야에서 만든 하나님의 회막이 그곳에 있었기 때문입니다.
출 29:10;레 10:7;민 14:10;수 18:1

4 그러나 하나님의 궤는 다윗이 기럇 여아림에서부터 예비한 곳인 예루살렘으로 이미 메어서 옮겨 갔으니 이는 그가 예루살렘에 하나님의 궤를 위해 장막을 쳤기 때문입니다.

5 훌의 손자이며 우리의 아들인 브살렐이 만든 청동 제단은 기브온에 있는 여호와의 장막 앞에 있었습니다. 솔로몬과 이스라엘 회중이 그리로 나아갔습니다.
출 27:1-2

6 솔로몬이 회막에서 여호와 앞 청동 제단에 올라가 그 위에 번제물 1,000마리를 드렸습니다.
왕상 3:4

7 솔로몬이 지혜를 구함 그날 밤 하나님께서 솔로몬에게 나타나 말씀하셨습니다. "내가 네게 무엇을 주기를 바라느냐? 너는 내게 구하여라."
7-12절;왕상 3:5-14

8 솔로몬이 하나님께 대답했습니다. "주께서는 제 아버지 다윗에게 큰 은총을 베푸셨고 저로 아버지의 뒤를 이어 왕이 되게 하셨습니다.
대상 28:5

9 이제 여호와 하나님이여, 제 아버지 다윗에게 약속하신 것을 확실히 이루어 주십시오. 주께서 저를 땅의 먼지처럼 많은 백성을 다스릴 왕으로 삼으셨으니
창 13:16

10 제게 지혜와 지식을 주셔서 이 백성을 잘 이끌게 해 주십시오. 누가 이렇게 많은 주의 백성들을 어떻게 다스릴 수 있겠습니까?"

11 하나님께서 솔로몬에게 말씀하셨습니다. "이것이 네 마음의 소원이냐? 네가 부나 재산이나 명예나 네 원수의 죽음을 구하지 않고 또 장수하기를 구하지 않고 오로지 내가 너를 왕으로 삼아 맡길 내 백성들을 다스리기 위한 지혜와 지식을 구했다.

12 나는 네게 지혜와 지식을 줄 뿐만 아니라 네가 이전이나 이후에 어떤 왕도 갖지 못한 그런 부와 재산과 명예를 더불어 주겠다."

13 이스라엘을 다스림 그 후 솔로몬은 기브온의

솔로몬은 왜 기브온 산당에 갔나요?

성막은 성전이 지어지기 전까지 기브온에 있었어요(대하 1:3). 하나님의 임재를 상징하는 법궤는 예루살렘에 옮겨져 있었지만 성막과 번제단 같은 기구들은 여전히 기브온에 있었어요. 아직 성전이 지어지지 않아 특별히 제사를 드릴 장소가 없었답니다. 그래서 솔로몬은 모세가 지은 성막과 청동 제단이 있는 기브온 산당에 가서 제사를 드릴 수밖에 없었어요.

그리고 기브온에는 많은 물을 담아 두는 저수지가 있어 1천 마리의 동물을 율법에 따라 물로 깨끗이 씻어 번제로 드릴 수 있었답니다.

▲ 기브온(Gibeon)
예루살렘 북서쪽에 있던 베냐민 지파의 성읍으로 제사장들에게 주어진 곳이다(수 21:17). 기브온의 산당이 컸기 때문에 솔로몬은 이곳에서 1천 번제를 드렸다. 여기서 그는 꿈에 하나님을 뵙고 지혜를 구했다(왕상 3:3-15).

산당에 있는 회막을 떠나 예루살렘으로 돌아와 이스라엘을 다스렸습니다.

14 전차와 기마병 솔로몬은 전차와 기마병을 모았습니다. 1,400대의 전차와 1만 2,000마리의 말을, 전차를 두는 성과 왕이 있는 예루살렘에 두었습니다.
왕상 4:26

15 솔로몬의 부 왕으로 말미암아 예루살렘에는 금과 은이 돌처럼 흔하고 백향목도 경사진 평지에서 자라는 뽕나무만큼 많았습니다.

16 또 솔로몬은 말들을 이집트와 구에에서 가져왔는데 왕의 상인들이 값을 주고 사서 가져온 것이었습니다.

17 그들은 이집트에서 전차 한 대에 은600세겔, 말 한 마리에 150세겔을 주고 사들였습니다. 그리고 이것을 헷 사람의 모든 왕들과 아람의 왕들에게 되팔기도 했습니다.

2 성전과 왕궁 건축 계획 솔로몬은 여호와의 이름을 위해 성전을 짓고 또 자기를 위해 왕궁을 짓기로 결정했습니다.

2 후람과 계약 그는 짐꾼 7만 명과 산에서 돌을 캐낼 일꾼 8만 명과 감독할 사람 3,600명을 뽑았습니다.
왕상 5:15~16;9:20~21

3 솔로몬은 또 두로 왕 후람에게 사람을 보내 이렇게 말했습니다. "전에 내 아버지 다윗이 왕궁을 지을 때 백향목을 보내 주셨듯이 내게도 백향목을 보내 주십시오.

4 내가 지금 내 하나님 여호와의 이름을 위

해 성전을 짓고 그분 앞에 향기로운 향을 태우며 늘 거룩한 빵을 내고 안식일과 초하루와 우리 하나님 여호와께서 정하신 명절에 아침저녁으로 번제를 드리려고 합니다. 이것은 이스라엘이 지켜야 할 영원한 규례입니다.
출 30:7;레 24:5~8;민 28:3~9,11,19,26

5 내가 건축할 성전은 아주 클 것입니다. 우리 하나님께서는 다른 어떤 신보다 크시기 때문입니다.
출 15:11;대상 16:25;시 86:8;135:5

6 하늘과 하늘들의 하늘도 그분을 다 모실 수 없는데 누가 그분을 위해 성전을 지을 수 있겠습니까? 또 내가 누구라고 그분을 위해 성전을 짓겠습니까? 단지 그분 앞에 번제드릴 집을 지을 따름입니다.
행 7:49

7 그러니 이제 금, 은, 청동, 철을 잘 다루는 대장장이와 자주색, 빨간색, 파란색 실로 천을 잘 짜는 사람과 조각을 잘하는 기술자들을 보내 주셔서 내 아버지 다윗께서 준비하신 유다와 예루살렘에 있는 내 기술자들과 함께 일할 수 있도록 해 주십시오.

8 또 내게 레바논에서 백향목과 잣나무와 백단목을 보내 주십시오. 당신의 일꾼들은 레바논에서 나무 자르는 기술이 좋다고 알고 있습니다. 내 일꾼들이 당신의 일꾼들을 도와 함께 일할 것입니다.
9:10~11

9 내가 지을 성전은 크고 아름다우니 내가 쓸 나무를 많이 보내 주십시오.

10 나무를 자르는 당신의 일꾼들에게는 내

솔로몬이 기브온에 있는 회막에서 1천 마리 번제물을 드림가 밀 2만 고르와 보리 2만 고르와 포도주 2만 밧과 기름 2만 밧을 주겠습니다."

11 두로 왕 후람은 솔로몬에게 답장을 보냈습니다. "여호와께서 자기 백성들을 사랑하셔서 당신을 그들의 왕으로 삼으셨습니다.

12 후람은 덧붙여 말했습니다. "하늘과 땅을 만드신 이스라엘의 하나님 여호와를 찬양합니다! 그분은 다윗 왕에게 지혜와 슬기를 지닌 총명한 아들을 주셔서 여호와를 위해 성전을 짓고 또 자신을 위해 왕궁을 건축하게 하셨습니다. _1절,창 11_

13 내가 당신에게 총명하고 훌륭한 기술자인 후람을 보내 드립니다.

14 그의 어머니는 단 자손의 사람이고 아버지는 두로 사람으로 그는 금, 은, 청동, 철, 또 돌과 나무를 잘 다룰 수 있으며 자주색, 빨간색, 파란색 실, 고운 베를 다루는 기술이 뛰어난 사람입니다. 그는 모든 종류의 조각에도 익숙하고 어떤 모양이라도 주는 대로 잘 만들어 낼 것입니다. 그가 당신의 기술자들과 내 주 당신의 아버지 다윗의 기술자들과 함께 일할 것입니다.

15 내 주께서는 약속하신 대로 내 종들에게 밀과 보리와 기름과 포도주를 보내 주시기 바랍니다. _10절_

16 그러면 당신이 쓰실 만큼 우리가 레바논에서 나무를 베어 바다에 띄워 뗏목으로 엮어 욥바까지 보내 드리겠으니 당신이 나무를 예루살렘까지 운반해 가시기 바랍니다." _왕상 5:9_

17 솔로몬은 이스라엘에 있는 모든 외국 사람들의 수를 조사했습니다. 그의 아버지 다윗이 했던 인구 조사 이후의 일이었습니다. 그 수는 15만 3,600명이었습니다.

18 그는 그 가운데 7만 명을 짐꾼으로, 8만 명을 산에서 돌을 캐는 일꾼으로 삼고 3,600명을 감독하는 사람으로 삼아 백성들에게 일을 시키게 했습니다. _2절_

3

건축이 시작됨 솔로몬은 예루살렘의 모리아 산에 여호와의 성전을 건축하기 시작했습니다. 그곳은 여호와께서 그의 아버지 다윗에게 나타나셨던 곳이며 여부스 사람 오르난의 타작마당으로 다윗이 결정한 장소였습니다. _창 22:2,14_

2 솔로몬이 짓기 시작한 때는 그가 다스린 지 4년째 해 둘째 달 둘째 날이었습니다.

3 성전 기초 솔로몬이 세운 하나님의 성전 기초는 옛날에 사용하던 자로 길이가 60규빗, 너비가 20규빗이었습니다.

4 현관 성전 앞 현관은 성전 너비에 맞춰 너비는 20규빗, 높이는 120규빗이었습니다. 그는 현관 안에는 순금을 입혔습니다.

5 사용된 재료 본당의 천장에는 잣나무를 댔고 겉에 순금을 입혔으며 종려나무와 사슬무늬를 새겼습니다.

6 또 성전을 보석으로 아름답게 꾸몄습니다. 그가 사용한 금은 바르와임 금이었습니다.

7 그는 성전의 천장과 들보와 문지방과 벽과 문짝에 금을 입혔고 벽에는 그룹의 모양을 새겼습니다. _왕상 6:29,32_

나의 재능은 무엇일까?

재능

많은 친구들이 이런 고민을 하고 있어요. 하나님이 내게 주신 특별한 재능을 발견하는 것은 매우 중요한 일이에요.

후람은 금과 은, 철 등을 잘 다루고 천을 잘 다루는 뛰어난 기술자였어요(대하 2:13-14). 금속 공예와 직물 기술이 뛰어난 사람이었다는 것이지요. 두로 왕이 후람을 칭찬하며 여호와의 성전을 짓는 데 보낼 정도였으니 말이에요. 후람은 예루살렘에 가서 하나님의 성전을 건축하는 데 큰 역할을 했어요.

'어휴, 난 정말 뭐 하나 잘하는 게 없어.', '내가 특별히 좋아하는 것이 무엇인지, 어떤 사람이 되고 싶은지도 잘 모르겠어.'

8 지성소 또 지성소를 만들었는데 그 길이는 성전 너비와 같이 20규빗, 너비도 20규빗이었습니다. 그 안쪽에는 순금 600달란트를 입혔습니다. 왕상 6:16

9 못의 무게는 금 50세겔이나 됐고 또한 다락에 있는 방에도 금을 입혔습니다.

10 그룹 지성소에는 두 그룹 모양을 만들어 금을 입혀 두었으며

11 그룹들의 날개 길이는 모두 20규빗이었습니다. 왼편 그룹의 한쪽 날개는 5규빗으로 성전 벽에 닿았고 다른 한쪽 날개도 길이가 5규빗으로 오른쪽 그룹의 날개에 닿았습니다.

12 오른편 그룹의 한쪽 날개는 길이가 5규빗으로 성전 벽에 닿았고 다른 한쪽 날개도 역시 길이가 5규빗으로 왼편 그룹의 날개에 닿았습니다.

13 이 그룹들의 날개는 20규빗입니다. 그들은 성전 바깥쪽을 향해 발로 서 있었습니다.

14 휘장 솔로몬은 성전 휘장을 파란색, 자주색, 진홍색 실과 고운 베로 만들고 그 위에 그룹의 모양을 수놓았습니다. 출 26:31

15 두 기둥 성전 앞쪽에는 두 기둥을 만들었는데 그 높이는 35규빗이었고 각 기둥 꼭대기의 머리는 5규빗이었습니다.

16 또 성소 안과 같이 사슬을 만들어 기둥 위에 두르고 100개의 석류를 만들어 사슬에 달았습니다.

17 그는 그 두 기둥을 성전 앞에 세웠는데 하나는 남쪽에, 다른 하나는 북쪽에 세웠습니다. 남쪽 기둥은 야긴이라 부르고 북쪽 기둥은 보아스라 불렀습니다. 왕상 7:21

4 청동 제단 솔로몬은 청동 제단을 만들었는데 그 길이가 20규빗, 너비가 20규빗, 높이가 10규빗이었습니다.

2 청동 바다 후람은 솔로몬의 명령에 따라 청동을 부어 바다 모양을 둥그렇게 만들었는데 지름이 10규빗, 높이가 5규빗, 둘레는 30규빗이었습니다. 2-5절/왕상 7:23-26

3 그 가장자리 아래에는 황소 모양이 매 규빗마다 10개씩 청동 바다 주위를 두르고 있었습니다. 황소 모양들을 만들 때는 청동 바다와 붙여 두 줄로 만들었습니다.

4 청동 바다는 12마리 황소 위에 있었는데 셋은 북쪽을, 셋은 서쪽을, 셋은 남쪽을, 셋은 동쪽을 향하고 있었습니다. 청동 바다는 그 위에 있었고 소의 뒤꽁무니는 중앙을 향해 있었습니다.

5 청동 바다의 두께는 한 손바닥 정도였고 가장자리는 백합화 모양의 잔 가장자리와 같았습니다. 청동 바다는 3,000밧의 물을 담을 수 있었습니다. 왕상 7:26

6 또 씻을 물을 담을 수 있는 대야 열 개를 만들어 다섯 개는 남쪽에, 다섯 개는 북쪽에 두었습니다. 그 안에서 번제에 사용되는 물건들을 씻었습니다. 청동 바다에서는 제사장들이 손을 씻었습니다.

7 금 등잔대와 금대접 후람은 정해진 규격에 따라 금 등잔대 열 개를 만들어 성전 안에 두었는데 다섯 개는 남쪽에, 다섯 개는 북쪽에 두었습니다. 20절/출 25:31-39,27:20-21/왕상 7:49

8 그는 상도 열 개를 만들어 성전 안에 두었

이 시대 최고 부자인 빌 게이츠도 후람과 비슷한 사람이지요. 그는 컴퓨터 프로그램을 개발하는 데 천재적 재능을 가졌어요. 하지만 그가 다른 일을 했다면 크게 성공하지 못했을 거예요. 성공한 대다수 사람들은 그들만이 특별히 잘하는 일을 발견하고, 거기에 남보다 더 많은 노력을 기울였어요. 아무리 성공한 사람도 모든 것을 다 잘하지는 못해요.

자신이 못하는 것 때문에 속상해 하지 말고 먼저 자신이 가장 즐거워하는 일을 찾아보세요. 포기하지 않고 열심을 낸다면 어느 날 쑥쑥 성장한 자신을 발견할 수 있을 거예요.

길이 읽기 고린도전서 12장 4-5절을 읽으세요.

바다 (4:3, sea of cast) 솔로몬 성전의 안뜰에 있던 청동으로 만든 큰 대야. 성막의 '물두멍과 같다.

는데 다섯 개는 남쪽에, 다섯 개는 북쪽에 두었고 또한 금으로 대접 100개를 만들었습니다. 19절 왕상 7:48

9 뜰 및 제사장의 뜰과 큰 뜰과 뜰의 문을 만들었고 그 문짝에는 청동을 입혔습니다.

10 그는 청동 바다를 성전 남쪽의 남동쪽 귀퉁이에 두었습니다. 왕상 7:39

11 후람이 만든 가구들 후람이 또 솥과 부삽과 대접을 만들었습니다. 이렇게 후람은 솔로몬의 명령을 받들어 하나님의 성전에서 하던 일을 모두 마쳤습니다. 왕상 7:13-14

12 기둥 두 개와, 기둥 꼭대기의 공 모양의 머리 두 개와, 기둥 꼭대기의 두 개의 공 모양의 머리를 덮는 그물 두 개와 왕상 7:41

13 그 기둥 꼭대기의 공 모양의 머리를 덮는 두 그물을 위해 각 그물마다 두 줄씩 400개의 석류가 있었습니다. 왕상 7:20

14 받침대와 받침대 위의 대야들과

15 청동 바다와 그 아래의 12개의 황소 모양들과

16 솥과 부삽과 고기용 갈고리와 모든 관련된 기구들이었습니다. 후람이 솔로몬 왕을 위해 여호와의 성전에 만들어 준 모든 물건들은 번쩍이는 윤을 낸 청동으로 만들어졌습니다.

17 솔로몬 왕이 숙곳과 스레다 사이의 요단 강 평지에서 가져온 진흙 틀에 청동을 부어 냈습니다.

18 솔로몬이 만든 이 모든 것들은 엄청나게 많아서 사용된 청동의 무게를 잴 수가 없었습니다. 왕상 7:47

19 순금 기구 솔로몬은 또 하나님의 성전에 있는 모든 물건들을 만들었습니다. 금 제단과 진설병을 두는 상들과 8절

20 정해진 대로 안쪽 성소 앞에서 불을 켤 순금 등대와 그 등잔들과 7절

21 순금으로 만든 꽃과 등잔과 부젓가락과

22 순금으로 만든 부집게와 대접과 숟가락과 불 옮기는 접시와 금으로 만든 맨 안쪽 지성소의 문과 성전 본당으로 통하는 문들입니다.

5 성전의 건축 완료 솔로몬이 여호와의 성전을 위해 한 모든 일이 끝났습니다. 그는 아버지 다윗이 바친 은과 금과 모든 기구들을 가져다 하나님의 성전 창고에 두었습니다. 1-10절

2 언약궤를 메어 올림 그러고 나서 솔로몬은 이스라엘 장로들과 각 지파의 우두머리들, 곧 이스라엘 집안의 우두머리들을 예루살렘에 불러 모았습니다. 다윗의 성 시온으로부터 여호와의 언약궤를 메어 옮겨 오려는 것이었습니다. 삼하 6:12

3 일곱째 달 명절에 모든 이스라엘 사람들이 왕에게 모였습니다.

4 모든 이스라엘 장로들이 도착하자 레위 사람들이 언약궤를 멨습니다. 7절 왕상 8:3

5 레위 사람인 제사장들이 언약궤를 메고 올라가고 회막과 그 안에 있는 모든 거룩한 물건들을 옮겼습니다. 23:18:30:27

6 솔로몬 왕과 그 곁에 모인 온 이스라엘 회중은 언약궤 앞에서 양과 소로 제사를 드렸는데 그 수가 많아 셀 수도 없고 기록할 수도 없었습니다.

7 제사장들이 여호와의 언약궤를 모셔다가 제자리, 곧 성전 안쪽 지성소로 옮겨 그룹들의 날개 아래 두었습니다.

8 그룹들은 언약궤가 놓인 곳 위에 날개를 펼쳐 언약궤와 그것을 메는 막대들을 덮고 있었습니다.

9 이 막대들은 아주 길어서 그 끝이 안쪽 방 앞쪽에서 보였습니다. 그러나 성소 밖에서는 보이지 않았습니다. 그것은 지금까지도 여전히 거기에 있습니다. 왕상 8:8

10 언약궤 안에는 이스라엘 백성들이 이집트에서 나온 후 여호와께서 그들에게 약속을 주신 호렙산에서 모세가 그 안에 넣은 두 개의 돌판이 있었고 그것 외에 다른 아무 것도 없었습니다. 6:11;신 10:2,5

11 이때 제사장들은 성소에서 나왔습니다. 그곳에 있던 제사장들은 순서와 상관없이 모두 자기 몸을 깨끗하게 하고 섬길 준비를 했습니다. 대상 24:1,5;눅 1:5

12 음악을 담당한 모든 레위 사람들, 곧 아삽, 헤만, 여두둔과 그의 아들들과 형제들은 제단 동쪽에 서서 고운 베옷을 입고 심벌즈와 비파와 하프를 연주했습니다. 또 그들을 따라 120명의 제사장들이 나팔을 불었습니다. 7:6;대상 6:33,39;15:16,24;25:1;시 150:3-5

13 나팔 부는 사람들과 노래하는 사람들이 한 소리로 한꺼번에 소리를 내 여호와께 찬양과 감사를 드렸습니다. 나팔과 심벌즈와 다른 악기들의 연주에 맞춰 그들은 여호와께 감사하며 찬양하고 목소리를 높여 노래했습니다. "그분은 선하시다. 그분의 사랑은 영원하다." 그러자 여호와의 성전이 구름으로 뒤덮였습니다. 대상 16:34

14 제사장들은 그 구름으로 인해 서서 계속 연주할 수 없었습니다. 여호와의 영광이 하나님의 성전에 가득했기 때문입니다.

6 봉헌 기념사 그때 솔로몬이 말했습니다. "여호와께서는 캄캄한 구름 속에 계시겠다고 말씀하셨으나 왕상 12:18

2 제가 주를 위해 아름다운 성전을 지었습니다. 주께서 영원히 계실 곳입니다."

3 이스라엘 온 회중이 그곳에 서 있는 동안 왕은 얼굴을 돌이켜 그들을 축복했습니다.

4 왕이 말했습니다. "이스라엘의 하나님 여호와를 찬양하자. 그분이 그 입으로 내 *아버지 다윗에게* 약속하신

것을 이제 이루셨다. 그분이 말씀하셨다.

5 '내가 내 백성들을 이집트에서 이끌어 낸 그날부터 이스라엘의 어느 지파나 어느 성을 선택해 내 이름을 둘 성전을 짓게 하지 않았다. 내 백성 이스라엘을 다스릴 지도자로 어떤 다른 사람을 선택하지도 않았다.

6 그러나 이제 내가 내 이름을 둘 곳으로 예루살렘을 선택했고 내 백성 이스라엘을 다스릴 사람으로 다윗을 선택했다'라고 하셨다. 12:13;16:11-13;대상 28:4;시 78:68

7 내 아버지 다윗이 이스라엘의 하나님 여호와의 이름을 위해 성전을 지을 마음이 있으셨다. 삼하 7:2;대상 17:1;28:2

8 그러나 여호와께서 내 아버지 다윗에게 말씀하시기를 '네 마음에 내 이름을 위해 성전을 짓겠다는 마음이 있으니 네 마음이 갸륵하다.

9 그러나 너는 성전을 지을 사람이 아니다. 오직 네 몸에서 낳을 네 아들이 내 이름을

솔로몬이 성전 건축을 마친 후 하나님께 봉헌함

위해 성전을 지을 것이다라고 하셨다.

10 이제 여호와께서 말씀하신 대로 이루셨다. 나는 내 아버지 다윗의 뒤를 이어 이스라엘의 왕좌에 앉아 있다. 그리고 내가 이스라엘의 하나님 여호와의 이름을 위해 성전을 지었다.

11 내가 바로 그곳에 이스라엘 백성들과 맺은 여호와의 언약을 넣은 언약궤를 두었다."

12 봉헌 기도 그리고 나서 솔로몬은 여호와의 제단 앞에서 온 이스라엘 회중과 마주서서 그의 손을 폈습니다.

13 솔로몬은 이미 청동으로 단을 만들었는데 길이가 5규빗, 너비가 5규빗, 높이가 3규빗이었고 바깥뜰 가운데 두었습니다. 그가 그 단에 서서 온 이스라엘 회중 앞에 무릎을 꿇고 하늘을 향해 손을 폈습니다.

14 그가 말했습니다. "이스라엘의 하나님 여호와여, 하늘과 땅에 주와 같은 하나님은 없습니다. 주께서는 온 마음으로 주의 길을 가는 주의 종들에게 약속을 지키시며 사랑을 베푸시는 분이십니다. _{출15:11;신7:9}

15 주께서는 주의 종 제 아버지 다윗에게 하신 약속을 지키셨습니다. 주의 입으로 약속하신 것을 오늘과 같이 주의 손으로 이루신 것입니다. _{대상22:9-10}

16 이제 이스라엘의 하나님 여호와여, 주의 종인 제 아버지 다윗에게 하신 그 약속, 곧 '네 아들들이 네가 내 앞에서 행한 대로 모든 일에 내 법을 따라 산다면 이스라엘의 왕좌에 앉을 사람이 내 앞에서 끊어지

지 않으리라고 하신 그 약속의 말씀을 지켜 주십시오. _{7:18;왕상 2:4;시 132:12}

17 이스라엘의 하나님 여호와여, 이제 주의 종 다윗에게 하신 약속의 말씀을 이루어 주시기를 원합니다.

18 그러나 하나님께서 정말 땅에서 사람과 함께 계실 수 있겠습니까? 하늘과 하늘들의 하늘도 주를 다 모실 수 없는데 하물며 제가 지은 이 성전이겠습니까? _{2:6}

19 그러나 제 하나님 여호와여, 주의 종의 기도와 자비를 구하는 소리에 귀 기울여 주십시오. 종이 주 앞에서 부르짖으며 드리는 이 기도를 들어 주십시오.

20 주께서 주의 이름을 두시겠다던 이곳 성전을 향해 주의 눈을 밤낮 여시어 종이 이곳을 향해 드리는 기도를 들어 주십시오.

21 종과 주의 백성 이스라엘이 이곳을 향해 기도할 때 그 기도를 들어 주십시오. 주께서 계신 곳, 곧 하늘에서 들어 주시고 들으실 때 용서해 주십시오. _{단9:19}

22 제단 앞에서 맹세할 사람이 자기 이웃에게 잘못을 저질러 맹세를 해야 할 때 그가 와서 이곳 주의 제단 앞에서 맹세를 하면

23 주는 하늘에서 들어 주시고 행해 주십시오. 주의 종들 사이에 심판하셔서 죄 있는 사람에게는 그 악을 저지른 만큼 벌을 머리에 내림으로써 갚아 주십시오. 죄 없는 사람에게는 죄 없다고 선포해 그 정직함이 서게 해 주십시오.

24 적들에게 패할 때 주의 백성 이스라엘이 주

교회 건물이 성전인가요?

하나님은 성전뿐만 아니라 모든 곳에 거하실 수 있으세요. 하나님은 성전 안에 갇혀 있는 분이 아니에요(대하 6:18). 이것은 분 솔로몬은 성전을 기도하는 곳, 하나님께 제사드리고 죄사함 받는 곳(대하6:21), 하나님의 말씀이 선포되는 곳으로 믿었어요(대하 6:23). 하지만 솔로몬 이후 이스라엘 사람들은 성전에 대해 잘못 생각하게 되었어요. 어떤 사람들은 성전이라는 건

물만 있으면 하나님은 언제나 계시다고 착각했어요. 반대로 성전을 다른 건물들처럼 함부로 취급하기도 했어요. 예수님은 성전에서 장사하는 사람들을 엄하게 꾸짖으셨어요(막 11:17). 교회 건물을 구약에 나오는 성전처럼 생각하는 것은 옳지 않아요. 그렇지만 교회 건물을 아무렇게나 사용해서도 안 됩니다. 그곳은 하나님을 예배하고 만나는 소중한 장소이기 때문이에요.

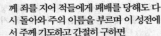

께 죄를 지어 적들에게 패배를 당해도 다시 돌아와 주의 이름을 부르며 이 성전에서 주께 기도하고 간절히 구하면

25 주께서는 하늘에서 들어 주시고 주의 백성 이스라엘의 죄를 용서하시고 그들을 그들과 그 조상들에게 주신 그 땅으로 돌아오게 해 주십시오.

26 가뭄을 당할 때 주의 백성들이 주께 죄를 지어 하늘이 닫히고 비가 오지 않을 때 그들이 이곳을 향해 기도하며 주의 이름을 부르고 그들이 죄에서 돌아키면 _{왕상 17:1}

27 주께서는 하늘에서 들어 주시고 주의 종들과 주의 백성인 이스라엘의 죄를 용서해 주십시오. 그들에게 옳은 삶의 길을 가르쳐 주시고 주의 백성에게 기업으로 주신 땅에 비를 내려 주십시오.

28 가뭄이나 전염병이 있을 때 이 땅에 가뭄과 전염병이 있을 때 곡식이 시들거나 깜부기병이 나거나 메뚜기와 병충해가 생기거나 적들이 그들의 성을 에워싸거나 온갖 재난이나 질병이 올 때 _{20:9}

29 주의 백성 이스라엘 가운데 누구라도 각각 자신의 재난과 고통을 깨닫고 이 성전을 향해 자기 손을 펼치며 무엇을 위해서든지 기도나 간구를 드릴 때

30 주께서는 주의 계신 곳 하늘에서 들어 주시고 용서를 베풀어 주십시오. 주께서는 각 사람의 마음을 아시므로 각 사람에게 그 행위대로 갚아 주십시오. 주께서만 사람의 마음을 아시기 때문입니다. _{삼상 16:7}

31 그리하여 주께서 그 조상들에게 주신 이 땅에서 사시는 동안 그들이 주를 경외하며 언제나 주의 길로 가게 하십시오.

32 이방 사람을 위하여 주의 백성 이스라엘에 소속하지 않은 이방 사람이 주의 위대한 이름과 능력 있는 손과 쭉 뻗친 팔로 인해 먼 땅에서 와서 이 성전을 향해 기도하면

33 주께서 계시는 곳, 하늘에서 들어 주셔서 이방 사람이 주께 구하는 것은 무엇이든 들어 주십시오. 그리하여 이 땅의 모든 민족들이 주의 백성 이스라엘처럼 주의 이름을 알고 두려워하게 하며 제가 지은 이 집이 주의 이름으로 불리는 줄을 알게 하십시오.

34 적들과 싸울 때 주의 백성들이 주께서 보내시는 어느 곳이든 적들과 싸우러 나갈 때 그들이 주께서 선택하신 이 성과 제가 주의 이름을 위해 지은 이 성전을 향해 주께 기도하면

35 주께서는 하늘에서 그들의 기도와 그들의 간구를 들어 주시고 그 일을 돌아보아 주십시오.

36 포로가 되었을 때 죄를 짓지 않는 사람이 없으니 저희가 주께 죄를 지어 주께서 저희에게 진노하셔서 그 적들의 손에 넘겨 저희가 포로가 돼서 멀거나 가까운 땅으로 끌려간 후에 _{전 7:20;약 3:2;요일 1:8}

37 만약 저희가 포로로 사로잡혀 있는 그곳에서 마음을 돌이켜 회개하고 그 포로로 지내는 땅에서 간구하며 '우리가 죄를 지었습니다. 우리가 잘못을 저질렀고 악한 일을 했습니다라고 말하거나

38 또 만약 저희가 끌려가 포로로 잡혀 있던 그 땅에서 마음과 영을 다해 주께 돌아와 주께서 저희 조상들에게 주신 땅과 주께서 주신 성과 제가 주의 이름을 위해 지은 이 성전을 향해 기도하면

39 주께서 계신 곳 하늘에서 저희의 기도와 저희의 간구를 들어 주시고 그 일을 돌아보아 주십시오. 주께 죄를 지은 주의 백성들을 용서해 주십시오.

40 기도를 마칠 내 하나님이여, 주께서 눈을 여시고 이제 이곳에서 드린 기도에 귀 기울여 주십시오. _{20:8;7:15;느 1:6,11;시 130:2}

41 여호와 하나님이여, 일어나 주께서 평안히 계실 곳, 주와 주의 능력의 궤와 함께 계실 곳으로 오십시오. 여호와 하나님이여, 주의 제사장들이 구원을 입게 하시고 주의 성도들이 주의 선하심을 기뻐하게 해 주십시오. _{7:10;대상 28:2;느 9:25;시 132:8-9;사 61:10}

깜부기병 (6:28, mildew) 곡식의 이삭이 까만 가루로 변하는 병.

42 여호와 하나님이여, 주께서 기름 부은 사람을 버리지 마시고 주의 종 다윗에게 베푸신 사랑을 기억해 주십시오." 시 132:1,10

7 **하나님의 영광이 가득함** 솔로몬이 기도를 마치자 하늘에서 불이 내려와 번제물과 희생제물을 태웠고 여호와의 영광이 성전에 가득 찼습니다. 5:13

2 여호와의 영광이 성전에 가득 찼으므로 제사장들이 감히 그곳에 들어갈 수 없었습니다.

3 모든 이스라엘 백성들은 불이 내려온 것과 여호와의 영광이 성전에 있는 것을 보고 돌을 깐 땅에 엎드려 경배하며 여호와께 감사하고 찬양하며 말했습니다. "그분은 선하시다. 그분의 사랑은 영원하다."

4 **제사와 축제** 그러자 왕과 모든 백성들이 여호와 앞에 희생제물을 드렸습니다.

5 솔로몬 왕은 소 2만 2,000마리와 양 12만 마리를 희생제물로 드렸습니다. 이렇게 왕과 모든 백성들은 하나님의 성전을 드리는 예식을 했습니다.

6 제사장들은 맡은 일에 따라 섬기고 여호와를 위해 악기를 연주할 레위 사람들도 그렇게 했습니다. 그 악기들은 다윗 왕이 레위 사람들로 하여금 여호와를 찬양하게 하기 위해 만든 것입니다. "그분의 사랑은 영원하다"라고 찬양하며 악기를 사용해 감사를 드렸습니다. 레위 사람들 맞은편에서 제사장들이 나팔을 불었고 모든 이스라엘 백성들이 서 있었습니다.

7 솔로몬은 여호와의 성전 앞뜰 가운데를 거룩하게 구별하고 거기에서 번제와 화목제

의 기름을 드렸습니다. 솔로몬이 만든 청동 제단에 모든 번제물과 곡식제물과 기름을 다 놓을 수 없었기 때문입니다.

8 이렇게 솔로몬은 7일 동안 절기를 지켰는데 하맛 어귀에서부터 이집트 시내에 이르기까지 온 이스라엘 무리들이 모여 와서 매우 많은 사람들이 그와 함께했습니다.

9 성전을 드리는 예식을 7일 동안 한 후 또 7일 동안 절기를 지키고 8일째 되는 날 그들은 함께 모였습니다. 레 23:36

10 일곱 번째 달 23일에 그는 백성들을 집으로 돌려보냈습니다. 그들은 여호와께서 다윗과 솔로몬과 그 백성 이스라엘에게 베푸신 모든 은혜로 인해 마음이 즐겁고 기뻤습니다.

11 **하나님이 솔로몬과 언약을 맺으심** 솔로몬이 여호와의 성전과 왕궁 건설을 다 마치고 여호와의 성전과 자신의 왕궁에 해야 할 모든 일을 계획한 대로 잘 이루었습니다.

12 여호와께서 밤에 솔로몬에게 나타나 말씀하셨습니다. "내가 네 기도를 들었고 이곳을 제사받기 위한 성전으로 삼았다.

13 내가 하늘을 닫아 비가 오지 않거나 메뚜기 떼에 명령해 이 땅의 생산물을 갉아 먹게 하거나 내 백성들 가운데 전염병을 보낼 때

14 내 이름으로 불리는 내 백성들이 악한 길에서 돌이켜 스스로 낮아져 기도하고 내 얼굴을 구하면 내가 하늘에서 듣고 그들의 죄를 용서하며 그 땅을 고칠 것이다.

15 내 눈을 열고 이곳에서 드리는 기도에 내 귀를 기울일 것이다. 6:40

축복과 저주의 말씀

신명기 28장의 축복과 저주의 말씀이 솔로몬에게 하신 언약에도 담겨 있다. 성전 봉헌후 솔로몬이 기도를 마치자 하나님은 기도에 대한 응답으로 축복과 저주의 말씀을 솔로몬에게 주셨다. 하나님의 말씀을 따르면 축복을 받고 왕국이 영원할 것이지만(대하 7:17-18), 하나님을 떠나 다른 신들을 섬기

면 이방 나라에 포로로 잡혀가고 성전도 파괴될 것이라고 말씀하셨다(대하 7:19-20). 하나님의 축복과 저주의 말씀은 이스라엘의 끊임없는 우상 숭배 때문에 저주의 말씀이 1차적으로 이루어졌지만(왕상 52:12-13), 솔로몬의 자손인 예수님을 통해 축복의 말씀도 이루어졌다(마 1:1-17).

16 내가 이미 이곳을 선택해 거룩하게 하며 내 이름이 거기에 영원히 있으니 내 눈과 내 마음은 항상 그곳에 있을 것이다.

17 네가 만약 내 앞에서 네 아버지 다윗이 행한 것처럼 내가 명령한 모든 것을 행하고 내 규례와 법도를 지키면

18 내가 '네 후손 가운데 이스라엘을 다스릴 사람이 끊어지지 않게 하리라'고 네 아버지 다윗과 언약한 대로 네 나라의 왕위를 굳게 할 것이다. 6:16;왕상 8:25

19 그러나 만약 너희가 내게 등을 돌려서 내가 네게 준 규례와 명령들을 버리고 나를 떠나 다른 우상들을 섬기고 경배하면 신 28:15

20 내가 너희에게 준 내 땅에서 이스라엘을 뽑아내고 내 이름을 위해 거룩하게 한 이 성전을 내 앞에서 버려 모든 민족들 사이에 속담거리와 웃음거리가 되게 하겠다.

21 이 성전이 지금은 귀함을 여김을 받지만 그때가 되면 지나가는 사람마다 놀라서 '왜 여호와께서 이 땅과 이 성전을 이렇게 비참하게 만드셨는가?' 하면

22 사람들은 '그들이 자기 조상들을 이집트에서 이끌어 내신 그 하나님 여호와를 저버리고 다른 우상들을 흔쾌히 받아들여 경배하고 섬겼기 때문에 여호와께서 이 모든 재앙을 그들에게 내리셨더라'고 대답할 것이다."

8

후람이 준 성읍을 고쳐 지음 솔로몬이 20년 동안 여호와의 성전과 자기 왕궁을 지었습니다. 1~18절;왕상 9:10~28

2 솔로몬은 후람이 자기에게 준 성을 다시 고쳐 짓고 그곳에 이스라엘 백성들을 살게 했습니다.

3 하맛소바를 취함 그때 솔로몬은 하맛소바로 내려가 그곳을 빼앗았습니다.

4 성 건축 그는 또 광야에 다드몰을 건축하고 하맛에는 모든 창고 성들을 건축했습니다.

5 솔로몬은 위쪽 벧호론과 아래쪽 벧호론을 성벽과 문과 문빗장이 있는 요새로 만들었습니다. 14:7;대상 3:5;수 16:3,5

6 바알랏과 그 모든 창고 성들을 비롯해 그의 전차들과 말들을 위한 모든 성들을 건축했습니다. 예루살렘과 레바논과 그가 다스리는 모든 땅에 걸쳐 그가 짓기로 생각한 것은 무엇이든 다 지었습니다.

7 남은 사람들을 노예로 삼음 거기 남아 있던 이스라엘 백성이 아닌 헷 사람들, 아모리 사람들, 브리스 사람들, 히위 사람들, 여부스 사람들, 창 15:18~21

8 곧 이스라엘 사람들이 멸망시키지 못했던 그 땅에 남아 있던 그들의 자손들은 솔로몬의 노예로 부역을 했고 오늘날까지도 노예로 남아 있습니다. 수 16:10;왕상 4:6;9:21;12:18

9 그러나 솔로몬이 이스라엘 백성들은 한 명도 노예로 삼지 않았습니다. 그들은 군인들이거나 관리들의 우두머리거나 전차와 기마병의 대장들이었습니다.

10 솔로몬이 계획한 일을 맡아 감독하는 사람은 250명으로 저희가 백성을 다스렸습니다.

11 솔로몬이 바로의 딸을 위해 새 궁을 건축함 솔로몬은 다윗의 성에 있던 바로의 딸을 그녀를 위해 지어 놓은 궁으로 데려갔습니다. 그는 "내 아내는 이스라엘 왕 다윗의 성에 살아서는 안 된다. 그곳은 여호와의 궤가 들어가 있던 거룩한 곳이기 때문이다"라고 말했습니다. 왕상 3:1;7:8;9:24

12 지속적인 제사 솔로몬은 성전 현관 앞에 만든 여호와의 제단에서 여호와께 번제를 드렸습니다. 4:1;15:8

13 모세가 명령한 대로 안식일, 초하루, 또 세 차례의 명절인 무교절, 칠칠절, 초막절에 정해진 대로 드려야 할 제사를 드렸습니다.

14 그는 자기 아버지 다윗이 정한 가르침에 근거해 제사장들을 그 계열대로 일하게 했고 레위 사람들은 규례에 따라 날마다 찬양하고 제사장들을 돕도록 했습니다. 그는 또한 계열에 따라 여러 문들을 지키는 문지기들도 세웠습니다. 이것은 하나님의

부역(8:8, 賦役, labor force) 국가나 공공 단체가 국민에게 의무적으로 일을 시킴.

사람 다섯이 명령한 것이었습니다.

15 제사장들이나 레위 사람들은 창고에 관한 일을 비롯해 어떤 일이든지 왕이 명령한 것을 어기지 않았습니다.

16 솔로몬은 여호와의 성전에 기초가 놓인 그 날부터 다 짓기까지 모든 일을 마쳤습니다. 그리하여 여호와의 성전이 부족한 것 하나 없이 완성됐습니다.

17 후람과 함께 편성한 해군 그 후 솔로몬이 에돔의 바닷가 에시온게벨과 엘롯에 갔는데

18 후람이 자기 부하를 시켜 배들과 바다를 잘 아는 사람들을 솔로몬에게 보냈습니다. 이들은 솔로몬의 사람들과 함께 오빌에 가서 거기서 금 450달란트를 얻어 솔로몬 왕에게 가져왔습니다.

9:10,왕상 9:28

9 스바 여왕의 방문 스바 여왕이 솔로몬의 명성에 대해 듣고 어려운 질문으로 그를 시험하고자 찾아왔습니다. 스바 여왕은 많은 수행원을 거느리고 향료와 많은 양의 금과 보석들을 낙타에 싣고 예루살렘

에 왔습니다. 솔로몬에게 와서 그녀의 마음속에 있는 모든 생각을 솔로몬과 더불어 이야기했습니다.

1~12절

2 솔로몬은 그녀의 모든 질문에 다 대답했으며 설명하지 못한 것이 없었습니다.

3 스바 여왕은 솔로몬이 지혜로움을 알았고 그가 지은 왕궁을 보았습니다.

4 그 식탁의 음식과 신하들의 자리와 종들이 일하는 모습과 그들이 입은 옷과 그 술잔을 시중드는 사람들과 그들이 입은 옷과 여호와의 성전에 올라가는 계단을 보고 너무 놀랐습니다.

5 여왕이 왕에게 말했습니다. "내 나라에서 들은 왕이 하신 일과 왕의 지혜에 대한 소문이 사실이었습니다.

6 내가 와서 내 눈으로 직접 보지 않고는 이런 일들을 믿을 수가 없었습니다. 그런데 내가 들은 것은 왕의 지혜의 절반도 못 되는군요. 왕은 내가 들은 소문보다 훨씬 더 뛰어납니다.

스바 여왕이 솔로몬의 명성을 듣고 솔로몬을 찾아옴

7 왕의 백성들은 참 행복하겠습니다. 계속 왕 곁에 서서 그 지혜를 들을 수 있는 왕의 신하들은 참 행복하겠습니다.

8 왕의 하나님 여호와를 찬양합니다. 여호와께서 왕을 기뻐해 왕의 하나님 여호와를 위해 이스라엘의 왕좌에 앉히셨으니 말입니다. 왕의 하나님은 이스라엘을 사랑하시고 영원히 굳게 하시려고 왕을 그들을 다스릴 왕으로 삼아 공평과 의로 다스리게 하셨습니다."

2:11;대상 29:23

9 그러고 나서 여왕은 왕에게 금 120달란트와 많은 양의 향료와 보석을 주었습니다. 지금까지 누구도 스바 여왕이 솔로몬 왕에게 준 향료 같은 것을 가져온 적이 없었습니다.

10 (후람의 신하들과 솔로몬의 신하들은 오빌에서 금을 가져왔고 또 거기서 백단목과 보석을 많이 가져왔습니다.)

8:18

11 왕은 그 백단목을 사용해 여호와의 성전과 왕궁의 난간을 만들었고 음악가들을 위해 수금과 비파를 만들었습니다. 예전에는 이런 백단목을 유다 땅에서 볼 수 없었습니다.)

왕상 10:12

12 솔로몬 왕은 스바 여왕에게 그가 바라고 구하는 모든 것을 주었습니다. 그는 여왕이 가져온 것보다 더 많이 주었습니다. 여왕은 그곳을 떠나 수행원들과 함께 자기 나라로 돌아갔습니다.

왕상 10:13

13 솔로몬의 부 솔로몬이 해마다 거둬들이는 금의 양은 666달란트였습니다.

13~28절

14 그 밖에 상인들과 무역업자들이 금을 가져왔습니다. 또 아라비아 왕들과 이스라엘 지도자들도 솔로몬에게 금과 은을 가져왔습니다.

시 68:29;72:10

15 솔로몬 왕은 금을 두드려 큰 방패 200개를 만들었는데 각 방패마다 600세겔의 금이 들어갔습니다.

16 그는 또한 금을 두드려 작은 방패 300개를 만들었는데 각 방패마다 300세겔의 금이 들어갔습니다. 왕은 그것들을 '레바논 나무 왕궁'에 두었습니다.

왕상 10:17

17 그리고 왕은 상아로 큰 왕좌를 만들고 순금을 입혔습니다.

18 왕좌에는 여섯 개의 계단이 있었고 금으로 된 발 받침이 달려 있었습니다. 왕좌 양쪽에 팔걸이가 있었는데 팔걸이 옆쪽에 사자가 하나씩 서 있었습니다.

19 여섯 개의 계단 위에 사자 12마리가 서 있었습니다. 계단 양쪽 끝마다 사자가 한 마리씩입니다. 그 어떤 나라도 이런 왕좌를 만든 나라가 없었습니다.

20 솔로몬이 마시는 모든 그릇은 모두 금이었고 '레바논 나무 왕궁'에 있는 모든 살림살이들은 순금이었습니다. 은으로 만든 것은 하나도 없었습니다. 솔로몬 시대에는 은을 귀하게 여기지 않았기 때문입니다.

21 왕은 무역을 하는 배들을 갖고 있었는데 그 배로 후람의 사람들과 함께 다시스로 다니며 3년에 한 번씩 금과 은과 상아와 원숭이와 공작새를 실어 왔습니다.

20:36~37

22 솔로몬은 부와 지혜에 있어서 이 땅의 다른 어떤 왕들보다 뛰어났습니다.

23 세상의 모든 왕들은 하나님께서 솔로몬에게 주신 지혜를 듣고 싶어서 솔로몬을 만나려고 했습니다.

24 솔로몬을 만나러 오는 사람들마다 선물을 들고 왔습니다. 그들은 저마다 은으로 만든 물건과 옷과 무기와 향료와 말과 노새 같은 것들을 정한 대로 해마다 가지고 왔습니다.

25 말과 전차 솔로몬에게 말과 전차를 두는 마굿간이 4,000칸, 기마병들이 1만 2,000명 있었습니다. 그는 그것들을 전차를 두는 성과 왕이 사는 예루살렘에 나눠서 두었습니다.

1:14;왕상 4:26;10:26

26 왕국의 크기 솔로몬은 유프라테스 강에서부터 블레셋 땅과 이집트의 경계까지 모든 왕들을 다스렸습니다.

창 15:18;출 23:31

27 왕은 예루살렘에서 은을 돌처럼 흔한 것으로 만들었고 백향목은 평지의 뽕나무처럼 널려 있게 만들었습니다.

1:15

상아(9:17, 훗꼬, ivory) 코끼리의 앞니.

28 솔로몬의 말들은 이집트와 다른 나라들에서 들여왔습니다.

1:16

29 솔로몬의 남은 사적 솔로몬이 다스리던 때 처음부터 끝까지 있었던 다른 일들은 예언자 나단의 기록과 실로 사람 아히야의 예언서와 선견자 잇도가 느밧의 아들 여로보암에 관해 적은 계시의 책에 적혀 있습니다.

30 솔로몬이 죽음 솔로몬은 예루살렘에서 온 이스라엘을 40년 동안 다스렸습니다.

31 솔로몬은 자기 조상들과 함께 잠들었고 그 아버지 다윗의 성에 묻혔습니다. 그리고 그 아들 르호보암이 뒤를 이어 왕이 됐습니다.

왕상 2:10

10

백성들이 자유를 요구함 르호보암은 세겜으로 갔습니다. 온 이스라엘 백성들이 그를 왕으로 삼으려고 그곳에 가 있었기 때문입니다.

왕상 12:1-20

2 느밧의 아들 여로보암이 솔로몬 왕을 피해 이집트에 있었는데 이 소식을 듣고 이집트에서 돌아왔습니다.

왕상 11:40

3 이스라엘은 여로보암에게 사람을 보냈습니다. 여로보암과 백성들은 르호보암에게 와서 말했습니다.

4 "왕의 아버지는 우리에게 무거운 짐을 지우셨습니다. 그러나 이제 힘든 부역의 의무와 솔로몬 왕이 우리에게 지우신 무거운 짐을 줄여 주십시오. 그러면 우리가 왕을 섬기겠습니다."

왕상 5:15

5 르호보암이 대답했습니다. "3일 있다가 다시 내게로 와라." 그러자 백성들이 물러갔습니다.

6 조언을 구하는 르호보암 르호보암 왕은 자기 아버지 솔로몬이 살아 있었을 때 섬겼던 원로들에게 도움을 구하며 물었습니다. "이 사람들에게 어떻게 대답해야 하겠습니까?"

7 그들이 대답했습니다. "만약 오늘 왕께서 이 사람들에게 너그럽게 대하고 그들을 기쁘게 하실 말로 대답하신다면 그들은 항상 왕의 종이 될 것입니다."

왕상 12:7

8 그러나 르호보암은 원로들이 준 도움의 말을 듣지 않고 자기와 함께 자라서 자기를 섬기는 젊은 사람들에게 도움을 구했습니다.

9 르호보암 왕은 그들에게 물었습니다. "너희는 어떤 말을 하겠느냐? '왕의 아버지가 우리에게 지운 짐을 가볍게 해 달라'하고 말하는 저 사람들에게 내가 어떻게 대답해야겠느냐?"

10 그와 함께 자란 젊은 사람들이 대답했습니다. "'왕의 아버지는 우리에게 무거운 짐을 지우셨으나 우리 짐을 가볍게 해 주십시오'라고 말했던 저 사람들에게 '내 새끼손가락이 내 아버지의 허리보다 더 굵다.

11 내 아버지께서 너희에게 무거운 짐을 지웠

조언

가장 친한 친구들이 토요일은 동아리를 만들었다고 가입하라고 꿔네요. 대신 엄마에게는 비밀로 하라면서요. 아빠 어른들의 별로 좋아하지 않는 모임인 거 같네요. 친구들과 계속 친하게 지내고 싶은데다 떨어야 할지 모르겠어요.

누구의 말을 따르고 있나요?

살다 보면 때때로 여러 가지 결정을 해야 할 일이 있어요. 그때 누구와 상의하세요? 실수 없이 바른 결정을 내려야 할 텐데 그리 쉬운 일은 아닙니다.

르호보암 때 무거운 세금과 강제 노동으로 백성들의 불만은 날로 커졌어요. 다급해진 르호보암은 다른 사람들의 의견을 구했어요. 아버지 솔로몬 때부터 있던 나이 많은 신하들은 백성들을 더 너그럽게 대하라고 했어요. 하지만 르호보암과 어려서부터 같이 자라난 친구들은 백성들을 꼼짝 못하게 더 괴롭히라고 했어요. 르호보암은 친구들의 말이 더 그럴듯해 보였어요. 친구들의 말만 듣고 백성들을 더 힘들게 하자, 결국 나라는 북이스라엘과 남유다로 갈라지게 되었어요.(왕상 12:20). 경험이 부족다고 했느냐? 나는 더 무겁게 하리라. 내 아버지께서 가죽 채찍으로 치셨다면 나는 쇠 채찍으로 너희를 치겠다'라고 말씀하십시오."

12 무자비하게 대답함 3일 후 여로보암과 그 모든 백성들이 르호보암에게 나왔습니다. 왕이 "3일 있다가 다시 나를 찾아오라" 하고 말했기 때문입니다.

13 왕이 원로들에게서 받은 도움의 말을 뿌리치고 그 백성들에게 무자비하게 대답했습니다.

14 그는 젊은 사람들의 말을 따라 말했습니다. "내 아버지께서 너희 짐을 무겁게 하셨다고 했느냐? 나는 더 무겁게 할 것이다. 내 아버지께서 너희를 가죽 채찍으로 치셨다면 나는 쇠 채찍으로 너희를 치겠다."

15 왕은 이렇게 백성의 말에 귀 기울이지 않았습니다. 일이 이렇게 된 것은 하나님께서 하신 것으로 예전에 실로 사람 아히야를 통해 느밧의 아들 여로보암에게 하신 말씀을 이루려는 것이었습니다.

16 이스라엘의 반역 온 이스라엘은 왕이 그들의 말에 귀 기울이기를 거부했다는 말을 듣고 왕에게 대답했습니다. "우리가 다윗과 무슨 상관이 있는가? 이새의 아들과 나눌 몫이 없다. 이스라엘아, 우리네 집으로나 돌아가자. 다윗아, 네 집안이나 돌보아라." 그러고 나서 그 이스라엘 사람들은

집으로 돌아갔습니다.

17 그러나 유다 성들에 살고 있던 이스라엘 백성들은 아직 르호보암의 다스림을 받았습니다.

18 르호보암 왕이 부역을 관리하고 있던 하도람을 이스라엘 백성에게 보냈지만 온 이스라엘은 그에게 돌을 던져 죽이고 말았습니다. 르호보암 왕은 서둘러 자기 전차를 타고 예루살렘으로 도망쳐 버렸습니다.

19 이렇게 이스라엘은 다윗의 집에 반역해 지금까지 이르렀습니다.

11

예언자 스마야를 통해 전쟁 계획을 저지하심 르호보암은 예루살렘에 도착하자 유다의 온 집안과 베냐민 지파를 불러 모았습니다. 용사들의 수는 18만 명이었습니다. 이들은 이스라엘과 싸워 솔로몬의 아들 르호보암을 위해 나라를 되찾을 생각이었습니다. 1-4월

2 그러나 하나님의 말씀이 하나님의 사람 스마야에게 임했습니다. 125,15

3 "유다 왕 솔로몬의 아들 르호보암과 유다와 베냐민 지파의 모든 이스라엘 백성들에게 말하여라.

4 '여호와께서 말씀하신다. 네 형제들과 싸우려고 올라가지 말라. 너희는 각각 집으로 돌아가라. 이 일은 내가 일으킨 일이다'라고 말하여라." 그러자 그들은 여호와의 말씀에 순종해 여로보암을 치러 가지 않고 돌아섰습니다. 28:8,11

5 르호보암이 왕국을 강화시킴 르호보암은 예루살렘에 살면서 유다를 지키기 위해 성들을 건축했는데 23:7,8;5:12;4:14;6:17,2;19:21:3

6 베들레헴, 에담, 드고아,

7 벧술, 소고, 아둘람,

8 가드, 마레사, 십, 14:9

9 아도라임, 라기스, 아세가,

10 소라, 아얄론, 헤브론이었습니다. 이 성들은 유다와 베냐민의 튼튼한 성들이었습니다.

11 르호보암은 그 성들을 더욱 굳게 해 사령

깊이읽기

한 친구들의 잘못된 말을 따랐기 때문이에요. 우선은 듣기에 좋은 말이 있어요. 하지만 우리는 아직 어려서 올바른 판단을 못할 때가 많아요. 나와 같은 친구들의 말만 따를 것이 아니라, 우리보다 훨씬 더 지혜롭고 경험도 많고 현명한 사람에게 도움을 구하는 것이 필요해요. 부모님이나 선생님들은 우리에게 정말 필요한 조언을 해 주실 수 있어요. 더 나아가 하나님은 지혜의 근원이 되시는 분이시기 때문에 가장 좋은 말씀을 주신답니다.

깊이읽기 잠언 16장 9절을 읽으세요.

원로(10:6, 元老, elder) 어떤 일에 오래 종사하여 경험과 공로가 많은 사람.

판들을 두고 먹을 것과 올리브기름과 포도주를 쌓아 두었습니다.

12 르호보암은 이 모든 성들에 방패와 창을 두어 강하게 했습니다. 이렇게 유다와 베냐민은 르호보암에게 속했습니다.

13 레위 사람들이 유다로 돌아옴 온 이스라엘의 제사장들과 레위 사람들이 자기들이 살던 지역을 떠나 르호보암에게 왔습니다.

14 레위 사람들은 여로보암과 그 아들들이 여호와의 제사장들인 자기들을 버려 제사장의 일을 못하게 했기 때문에 자기 초지와 재산마저 버리고 유다와 예루살렘으로 오게 됐습니다.
13:9 민 35:2

15 여로보암이 우상 숭배함 여로보암은 자기를 위해 스스로 제사장들을 세우고 산당에다 자기가 만든 숫염소 우상과 송아지 우상들을 섬기게 했습니다.
왕상 12:28

16 하나님을 섬기려는 사람들도 유다로 올라온 이스라엘의 모든 지파 가운데 이스라엘의 하나님 여호와를 찾기로 마음을 정한 사람

들은 레위 사람들을 따라 예루살렘으로 와서 자기 조상들의 하나님인 여호와께 제사를 드렸습니다.
15:9

17 그들은 3년 동안 유다 왕국을 강하게 했고 솔로몬의 아들 르호보암을 강하게 했는데 이는 3년 동안 그들이 다윗과 솔로몬을 본받아 살았기 때문입니다.
12:1

18 르호보암의 가족 르호보암은 마할랏과 결혼했는데 마할랏은 다윗의 아들인 여리못과 이새의 아들 엘리압의 딸 아비하일 사이에서 난 딸입니다.
삼상 16:6,17:13,28,대상 27:18

19 마할랏은 그에게서 세 아들 여우스, 스마랴, 사함을 낳았습니다.

20 그 후 르호보암은 압살롬의 딸 마아가와 결혼했고 그는 아비야, 앗대, 시사, 슬로밋을 낳았습니다.
왕상 14:31,15:2

21 르호보암은 다른 아내들과 첩들보다 압살롬의 딸 마아가를 더욱 사랑했습니다. 그는 아내가 18명, 첩이 60명이었으며 아들이 28명, 딸이 60명이었습니다.

22 르호보암은 마아가의 아들 아비야를 그 형제들 가운데 맏아들로 삼아 왕으로 세울 생각이었습니다.
신 21:15-17

23 그는 이 일을 지혜롭게 했습니다. 그 모든 아들들을 유다와 베냐민 땅 전 지역 튼튼한 성읍들로 흩어 보내 그들에게 많은 양식을 주고 아내를 많이 구해 주었습니다.

12

율법을 버린 유다 르호보암의 나라가 든든해지고 힘이 강해지자 그는 여호와의 율법을 버렸습니다. 온 이스라엘이 그를 본받았습니다.

2 이집트의 침입 저희가 여호와께 죄를 범했기 때문에 르호보암 왕 5년에 이집트 왕 시삭이 예루살렘을 공격했습니다.
왕상 11:40

3 전차 1,200대, 기마병 6만 명을 비롯해 셀수 없이 많은 리비아, 숩, 에티오피아 사람들이 이집트와 함께 공격했습니다.

4 시삭은 유다의 견고한 성읍들을 점령하고 예루살렘까지 쳐들어왔습니다.
11:5-12

5 예언자 스마야가 심판을 선포함 그때 시삭 때문에 유다 지도자들이 예루살렘에 모였는

르호보암

'백성이 널리 퍼진다'라는 이름의 뜻을 가진 솔로몬의 아들이다. 무거운 세금과 강제 노동을 줄여 달라는 백성의 요청을 받아들이지 않았고, 그 결과 나라가 북이스라엘과 남유다로 분열되는 비극을 맛보았다. 이스라엘을 원 상태로 회복하려고 했지만 그렇게 하지 말라는 하나님의 말씀에 순종했고, 북이스라엘의 레위 족속과 제사장을 받아들이는 선한 정치를 베풀었다. 하나님의 말씀에 순종한 3년 동안은 경제적·군사적으로 강한 나라를 이루었다.
하지만 이방 여자들과 결혼하고 우상 숭배하는 악을 행하여 이집트 왕 시삭의 침입을 받았다.
17년간 남유다를 다스렸다.

르호보암이 나오는 말씀
>> 왕상 12:1-24; 14:21-31;
대하 10:1-12:16

니다. 예언자 스마야가 르호보암과 유다 지도자에게 가서 말했습니다. "여호와께서 말씀하십니다. '너희가 나를 버렸으니 나도 너희를 버려 시삭에게 주겠다.'"

6 이스라엘 지도자들과 왕은 자기들을 낮추어 말했습니다. "여호와는 의로우십니다."

7 여호와께서 그들이 겸손해진 것을 보셨습니다. 여호와의 말씀이 스마야에게 내려왔습니다. "저들이 겸손해졌으니 내가 저들을 멸망시키지 않고 곧 구해 줄 것이다. 내 진노를 시삭을 통해 예루살렘에 쏟아 붓지 않을 것이다. 7:14;34:25;왕상 21:29;약 4:10

8 그러나 저희가 시삭에게 복종하게 될 것이니 나를 섬기는 것과 다른 나라 왕들을 섬기는 것이 어떻게 다른지 알게 될 것이다."

9 보물과 금 방패를 빼앗김 이집트 왕 시삭은 예루살렘을 공격하면서 여호와의 성전의 보물들과 왕궁의 보물들을 다 빼앗아 버렸습니다. 그는 솔로몬이 만든 금 방패도 다 빼앗았습니다. 9~11절;9:15~16;왕상 10:16~17;14:26~28

10 르호보암 왕은 금 방패 대신에 청동으로 방패들을 만들어 왕궁 문을 지키는 경호 책임자들에게 주었습니다.

11 왕이 여호와의 성전에 갈 때마다 경호대들은 그 방패들을 들고 갔다가 경호실에 도로 가져다 놓았습니다.

12 여호와께서 진노를 돌이키심 르호보암이 스스로 겸손했기에 여호와께서 진노를 그에게서 거두시고 그를 완전히 멸망시키지는 않으셨습니다. 그래서 유다도 형편이 나아졌습니다. 19:3

13 르호보암의 행적 르호보암 왕은 예루살렘에서 힘을 강하게 해 계속 다스릴 수 있었습니다. 그가 왕이 된 것은 41세 때였고 여호와께서 모든 이스라엘 지파 가운데 자기 이름을 두시려고 선택하신 성, 곧 예루살렘에서 17년 동안 다스렸습니다. 그 어머니는 이름이 나아마로 암몬 사람이었습니다.

14 여호와를 찾지 않는 르호보암 그는 오로지 여호와를 찾는 데 마음을 두지 않아 악한 일을 저질렀습니다. 19:3

15 르호보암이 죽음 르호보암이 한 일은 처음부터 끝까지 예언자 스마야의 기록과 선견자 잇도의 족보에 적혀 있습니다. 르호보암과 여로보암 사이에는 늘 싸움이 있었습니다.

16 르호보암은 자기 조상들과 함께 잠들었고 다윗의 성에 묻혔습니다. 그 아들 아비야가 그 뒤를 이어 왕이 됐습니다. 왕상 14:31

13

유다 왕 아비야 여로보암이 다스린 지 18년에 아비야가 유다 왕이 됐습니다. 왕상 15:1~2

2 두 왕국 사이의 전쟁 그는 예루살렘에서 3년 동안 다스렸습니다. 그 어머니는 이름이 미가야로 기브아 사람 우리엘의 딸이었습니다. 아비야와 여로보암 사이에는 전쟁이 있었습니다. 11:20;왕상 15:7

3 아비야는 40만 명의 용사들을 데리고 싸움터로 나갔고 여로보암은 80만 명의 큰 군대로 그를 맞섰습니다. 14:10;삿 20:2;삼상 17:2

4 아비야가 여로보암에게 메시지를 전함 아비야는 에브라임 산지의 스마라임 산 위에서 말했습니다. "여로보암과 온 이스라엘아, 내 말을 잘 들어라. 수 18:22;24:33

5 너희는 이스라엘의 하나님 여호와께서 소금 언약으로 이스라엘의 왕권을 다윗과 그 자손들에게 영원히 주신 것을 알지 못하느냐? 민 18:19;삼하 7:12~13,16

6 그러나 다윗의 아들 솔로몬의 신하였던 느

Q&A 아비야인가 아비얌인가?

아비야는 르호보암의 아들로 형들이 있었지만 남유다 2대 왕이 되었어요. 그런데 이 왕의 이름이 열왕기상에는 '아비얌'으로 나와요(왕상 15:1).

이에 대해 여러 견해가 있지만 둘 다 본명일 거라는 설명이 가장 유력해요. 왜냐하면 왕에 대한 기록을 하는 필사자가 왕의 이름을 잘못 기록했을 리 없다는 것이지요.

두 개의 이름 중 열왕기를 기록한 사람은 '아비얌'으로, 역대기를 기록한 사람은 '여호와는 나의 아버지시다'는 뜻을 가진 '아비야'로 기록한 것으로 봅니다.

밧의 아들 여로보암이 그 주인에게 반역을
저질렀다. 왕상 11:26;12:19~20

7 건달과 불량배들이 그의 주위에 모여서
솔로몬의 아들 르호보암을 반역했으나 그
때 르호보암이 어리고 약해서 그들을 능
히 막을 수 없었다. 12:13;신 13:13;왕상 4:21

8 이제 너희가 다윗의 자손들의 손에 있는 여
호와의 나라에 저항하려 하는구나. 너희
는 군사가 많고 여로보암은 너희 신이라고
금송아지를 만들어 너희 가운데 두었다.

9 너희가 아론의 아들들인 여호와의 제사장
들과 레위 사람들을 쫓아내고 다른 나라
의 백성들처럼 너희 스스로 제사장을 삼
지 않았느냐? 누구든 수송아지 한 마리
와 숫양 일곱 마리를 가지고 오는 자마다
헛된 신의 제사장이 될 수 있게 했다. 렘 5:7

10 우리에게는 여호와께서 우리 하나님이 되
시고 우리는 그분을 저버리지 않았다. 여
호와를 섬기는 제사장들은 아론의 아들
들이고 레위 사람들이 그들을 돕고 있다.

11 매일 아침저녁으로 그들이 여호와께 번제
와 향기로운 향을 드리고 있다. 그들은 깨
끗한 상에 빵을 올려놓고 매일 저녁마다
금 등잔대에 불을 켠다. 우리는 우리 하나
님 여호와의 명령들을 잘 지키고 있으나
너희는 그분을 저버렸다. 출 25:31~39;27:20~21

12 보라, 하나님께서 우리와 함께하시며 우리
의 대장이 되신다. 나팔을 든 그분의 제사
장들이 너희를 향해 나팔을 불어 우리로
싸우게 하려 한다. 이스라엘 사람들아, 너
희 조상들의 하나님 여호와와 싸우지 말
라. 너희가 이기지 못한다." 민 10:9;행 5:39

13 유다의 승리 여로보암이 유다의 뒤쪽으로
둘러서 몰래 군사를 보냈습니다. 여로보암
이 유다 앞에 있는 동안 여로보암의 군사
들이 뒤쪽을 치려고 한 것입니다. 수 8:9

14 유다 사람이 뒤를 돌아보니 앞뒤로 공격
을 당하고 있었습니다. 그러자 그들은 여

호와께 부르짖었습니다. 제사장들이 나팔
을 불었습니다. 14:11

15 유다 사람들은 소리를 질렀습니다. 그 소
리를 들으시고 하나님께서 아비야와 유다
앞에서 여로보암과 온 이스라엘을 치셨습
니다. 14:12

16 이스라엘 사람들은 유다 앞에서 도망쳤고
하나님께서는 그들을 유다 사람들의 손에
넘겨주셨습니다. 16:8

17 아비야와 그의 용사들은 이스라엘 군사들
을 많이 죽였습니다. 이스라엘 군사들 가
운데 죽은 사람은 50만 명이었습니다.

18 이스라엘 군사들은 그 일로 완전히 항복하
게 됐고 유다 사람들은 그 조상들의 하나
님 여호와께 의지해 승리를 거뒀습니다.

19 아비야는 여로보암을 쫓아가서 벧엘, 여사
나, 에브론 성과 그 주변 마을을 빼앗았습
니다. 15:8;17:2;수 15:9

20 여로보암은 아비야 시대에 세력을 되찾지
못했으며 여호와께서 그를 치심으로 말미
암아 죽었습니다. 삼상 25:38;왕상 14:20

21 아비야의 가족 그러나 아비야는 점점 힘
이 커졌습니다. 그는 14명의 아내를 얻어
22명의 아들과 16명의 딸을 두었습니다.

22 아비야의 남은 행적 아비야가 한 나머지 일,
곧 그의 다른 일과 말은 예언자 잇도의 주
석 책에 적혀 있습니다. 9:29;12:15;24:27

14 아사가 우상을 제거함 아비야는 그
조상들과 함께 잠들었고 다윗의
성에 묻혔습니다. 그리고 그 아들 아사가
뒤를 이어 왕이 됐고 그의 시대에 나라가
10년 동안 평안했습니다.

2 아사는 그 하나님 여호와의 눈앞에 선하고
올바르게 행동했습니다.

3 그는 그 땅에서 이방 제단과 산당들을 없
애고 돌기둥을 깨고 아세라 우상을 찍어
버렸습니다. 15:17;출 23:24;34:13;왕상 15:14

4 아사는 유다에게 그 조상들의 하나님 여호
와를 찾고 하나님의 율법과 명령을 지키게
했습니다.

5 아사는 유다의 모든 성들에서 산당과 태양

주석(13:22, 註釋, annotation) 뜻을 잘 알도록 풀이해서
쓴 책. 빗장(14:7, bar) 문을 잠그기 위해서 가로 얹는 막
대기로, 재료는 나무나 쇠가 쓰임.

상을 없애 버렸고 그의 다스림 아래 나라가 평안했습니다. 레26:30.사 17:8;27:9;겔 6:4,6

6 유다를 다시 강화시킴 여호와께서 아사에게 평안을 주셨기에 수년 동안 전쟁이 없었습니다. 아사는 나라가 평안한 때 유다의 요새들을 건축했습니다. 11:5;15:15;20:30

7 아사가 유다 사람에게 말했습니다. "이 땅이 아직 우리 앞에 있을 때 성들을 건축하고 그 주위에 탑과 성문과 빗장이 있는 성벽을 쌓자. 우리가 우리 하나님 여호와를 찾고 찾았기에 그분이 우리의 사방에 평안을 주셨다." 그러자 그들은 성을 건축하고 잘살았습니다. 8:5

8 아사에게는 큰 방패와 창을 가진 유다 사람의 군사 30만이 있었고 작은 방패와 활을 가진 베냐민 사람의 군사 28만이 있었습니다. 이 모두는 용감한 용사들이었습니다.

9 에티오피아를 물리침 에티오피아 사람 세라가 유다를 치려고 100만의 군대와 300대의 전차를 이끌고 진군해 마레사까지 이르렀습니다. 11:8;12:3;16:8;수 15:44

10 아사가 그를 맞서 싸우러 나갔고 마레사의 스바다 골짜기에서 진을 치고 싸울 태세를 갖추었습니다. 13:3

11 그때 아사가 그의 하나님 여호와께 부르짖어 말했습니다. "여호와여, 힘없는 사람이 강한 사람들에게 대항할 때 도와줄 분은 주밖에 없습니다. 우리 하나님 여호와여, 우리를 도와주십시오, 우리가 주를 의지하고 주의 이름으로 이 큰 군대에 맞서 나왔습니다. 여호와여, 주께서는 우리 하나님이십니다. 사람이 주를 이기지 못하게 하십시오." 13:14,18;출 14:10;삼상 17:45;시 22:5

12 여호와께서 아사와 유다 앞에서 에티오피아 사람들을 치시자 에티오피아 사람들은 도망쳤습니다. 13:15

13 아사와 그 군대가 그랄까지 그들을 쫓아갔습니다. 수많은 에티오피아 사람들이 쓰러졌고 살아남은 사람이 없었습니다. 그들은 여호와와 그의 군대 앞에서 망했습니

다. 유다 사람들은 수많은 물건을 빼앗았습니다. 창10:19;20:1;26:1,6

14 여호와께서 그 성읍들에 두려움을 내리셨기 때문에 그들은 그랄 주변의 모든 성읍들을 쳤습니다. 그 성읍들 안에 많은 물건들을 빼앗았습니다. 17:10;20:29;창 35:5

15 그들은 또 가축을 치는 사람들의 천막을 공격해 양들과 염소들과 낙타들을 빼앗아 예루살렘으로 돌아왔습니다.

15

아사라의 예언 하나님의 영이 오뎃의 아들 아사라에게 임했습니다.

2 그는 아사를 만나러 나가 말했습니다. "아사 왕과 온 유다와 베냐민 지파야, 내 말을 잘 들으라. 너희가 여호와와 함께하는 한 여호와께서 너희와 함께 계실 것이다. 너희가 그분을 찾으면 그분을 찾게 될 것이지만 너희가 그분을 버리면 그분이 너희를 버릴 것이다. 대상 28:9;사 55:6;렘 29:13

3 이스라엘은 오랫동안 참하나님이 없었고 가르치는 제사장도 율법도 없이 지내 왔다.

4 그 어려움 가운데서 이스라엘의 하나님 여호와께 돌아와 그분을 찾으므로 하나님께서는 백성들을 만나 주셨다. 신 4:30-31

5 그때 나가는 사람이나 들어오는 사람에게 평안이 없었다. 그 땅에 사는 모든 사람들이 큰 혼란에 빠져 있었다. 삿 5:6

6 민족이 민족을 치고 성읍이 성읍을 치니

하나님께서 모든 고난으로 그들을 힘들게 하셨다.

7 그러나 너희는 강해지고 포기하지 말라. 너희가 한 일에 대해 상이 있을 것이다."

8 아사가 유다를 다시 개혁함 아사는 이 말, 곧 오뎃의 아들인 예언자 아사랴의 예언을 듣고 용기를 얻었습니다. 아사 왕은 유다와 베냐민 온 땅 그리고 에브라임 산지에서 빼앗은 성들에서 그 역겨운 우상들을 없애 버렸습니다. 그는 또 여호와의 성전 현관 앞에 있는 여호와의 제단을 고쳤습니다.

9 유다가 언약을 갱신함 그는 온 유다와 베냐민 사람들과 그들 가운데 살고 있던 에브라임, 므낫세, 시므온 사람들을 불러 모았습니다. 하나님 여호와께서 아사와 함께하시는 것을 보고 이스라엘에서도 많은 사람들이 아사에게로 돌아왔습니다. 11:16

10 그들은 아사가 다스린 지 15년 셋째 달에 예루살렘에 모였습니다.

11 그날 그들은 자기들이 빼앗은 것 가운데

아사

'치료하는 사람'이라는 이름의 뜻을 가진 아사는 남유다 3대 왕이었다. 하나님의 도움으로 에티오피아 사람 세라의 침입을 물리쳤다. 아사랴의 예언을 듣고 우상을 없앴으며, 어머니인 마아가가 만든 우상을 찍어 불사르는 등 종교 개혁을 했다.

그 후 이스라엘의 바아사와 싸우기 위해 벤하닷과 동맹을 했고, 이때 예언자 하나니의 책망을 듣자 화가 나서 하나니를 가두고 백성을 학대했다. 왕이 된 지 39년에 아사는 발에 병이 들었는데 하나님께 도움을 구하지 않고 의사들에게만 도움을 청했다.

41년간 유다를 통치한 아사에 대해 역대기는 아무 평가가 없지만 열왕기는 정직하게 행한 왕이라고 적었다.

아사가 나오는 말씀
>> 왕상 15:9-24;
대하 14-16장

소 700마리, 양 7,000마리를 여호와께 제물로 올려 드렸습니다. 14:13-15

12 그들은 온 마음과 영혼을 다해 조상들의 하나님 여호와를 찾겠다고 약속했습니다.

13 이스라엘의 하나님 여호와를 찾지 않는 사람들은 작든 크든, 남녀를 불문하고 다 죽이기로 했습니다. 신 13:6-9

14 그들은 큰 소리로 부르고 나팔 소리와 뿔 소리로 여호와께 맹세했습니다.

15 온 유다는 그들이 마음을 다해 맹세한 것이 기뻤습니다. 그들이 마음을 다해 하나님을 찾았고 여호와께서도 그들과 만나 주셨습니다. 여호와께서는 그들 주변에 평안을 주셨습니다. 14:7;20:30

16 마아가를 폐함 아사 왕은 또한 자기 어머니 마아가를 대비 자리에서 물러나게 했습니다. 그가 역겨운 아세라 우상을 만들었기 때문입니다. 아사는 그 우상을 찍어 기드론 골짜기에서 태웠습니다.

17 그가 이스라엘에서 산당을 없애지는 않았지만 아사는 그 마음을 평생 여호와께 온전히 바쳤습니다. 14:3,5

18 아사 왕은 그와 그 아버지가 바친 은과 금과 물건들을 거룩한 예물로 여호와의 성전에 드렸습니다.

19 아사가 다스린 지 35년째까지 더 이상 전쟁이 없었습니다.

16

바아사가 유다를 침공함 아사가 다스린 지 36년째에 이스라엘 왕 바아사가 유다를 치러 올라와서 아무도 유다 왕 아사에게 오가지 못하도록 라마 성을 건축했습니다. 왕상 15:17-22:16:8

2 아람의 도움을 구하는 아사 아사는 여호와의 성전과 자기 왕궁의 창고에 있던 은과 금을 가져다가 다메섹을 다스리는 아람 왕 벤하닷에게 보냈습니다. 대상 18:5

3 아사가 말했습니다. "내 아버지와 당신의 아버지 사이에 있던 것처럼 나와 당신 사이에 조약을 맺읍시다. 내가 당신에게 은과 금을 보냅니다. 이제 이스라엘 왕 바아사와 맺은 조약을 깨십시오. 그러면 그가

내게서 물러갈 것입니다."

4 벤하닷은 아사 왕의 말을 듣고 이스라엘 성들을 치기 위해 그의 군사령관들을 보냈습니다. 그들은 이욘, 단, 아벨마임, 납달리의 모든 창고 성들을 함락시켰습니다.

5 바아사가 이 소식을 듣고 라마를 건축하던 것을 멈췄습니다.

6 게바와 미스바를 건축함 아사 왕은 모든 유다 사람들을 불렀고 그들은 바아사가 라마에서 쓰려고 하던 돌과 나무들을 가져왔습니다. 아사 왕은 그것들로 게바와 미스바를 건축했습니다.

7 선견자 하나니가 아사를 책망함 그때 선견자 하나니가 유다 왕 아사에게 와서 말했습니다. "왕이 왕의 하나님 여호와가 아니라 아람 왕을 의지했기 때문에 아람 왕의 군대가 왕의 손에서 벗어났습니다.

8 에티오피아와 리비아 사람들은 전차와 말의 수가 많고 강한 군대가 아니었습니까? 그럼에도 왕이 여호와를 의지했기 때문에 여호와께서 그들을 왕의 손에 넘기셨던 것입니다. 12:3;13:3;16:8;14:9

9 여호와의 눈은 세상을 두루 볼 수 있어서 그 마음이 온전히 그분께 향하는 사람들을 힘 있게 하십니다. 왕은 이번 일에서 어리석게 행했으니 이제 전쟁에 휘말릴 것입니다." 삼상 13:13;왕상 8:61;15:16,32,33;15:3;4:4:10

10 선견자를 옥에 가둔 아사는 이 말을 듣고 선견자에게 화를 냈습니다. 왕은 매우 화가 나서 하나니를 감옥에 가뒀습니다. 그때 아사는 백성들 몇몇을 학대하기도 했습니다.

11 아사의 행적 아사가 한 다른 일들은 처음부터 끝까지 유다와 이스라엘 왕의 역사책에 적혀 있습니다. 11~14절;왕상 15:23~24

12 아사의 발이 병듦 아사가 다스린 지 39년에 그는 발에 병이 났습니다. 병이 아주 심했는데 아사 왕은 여호와를 찾지 않고 의사들만 찾았습니다.

13 아사의 죽음 그 후 아사가 다스린 지 41년에 아사는 자기 조상들과 함께 잠들었습니다.

14 백성들은 그 조상 다윗의 성에 자기를 위

해 만들어 둔 무덤에 아사를 묻었습니다. 백성들은 좋은 향기가 나도록 온갖 향료로 채운 침대에 그를 뉘었고 그를 기리기 위해 크게 불을 밝혔습니다. 창 50:2;렘 34:5

17

유다 왕 여호사밧 아사 왕의 아들 여호사밧이 뒤를 이어 왕이 됐고 이스라엘에 대항하기 위해 스스로 힘을 길렀습니다.

2 유다의 번영 그는 유다의 모든 요새들에 군대를 주둔시키고 유다와 그 아버지 아사가 함락시킨 에브라임 성들에 군대를 두었습니다. 11:5;15:8

3 여호와께서 여호사밧과 함께하셨습니다. 그는 그 조상 다윗이 처음에 걸었던 길을 가며 바알에게 묻지 않았습니다.

4 여호사밧은 이스라엘의 행위를 좇지 않고 그 조상의 하나님을 찾고 그분의 명령을 따랐습니다. 왕상 12:28

5 그래서 여호와께서 그 나라를 든든히 세워 주셨습니다. 유다는 여호사밧에게 예물을 가져왔고 그는 큰 부와 명예를 갖게 됐습니다.

6 여호사밧은 여호와의 길을 가기로 마음먹고 유다에서 산당과 아세라 우상을 없애 버렸습니다. 15:17;20:33;왕상 22:43

7 유다에게 율법을 가르침 여호사밧이 다스린 지 3년에 그는 자기 신하들인 벤하일, 오바댜, 스가랴, 느다넬, 미가야를 보내 유다의 성들에서 가르치게 했습니다.

8 그들은 레위 사람들로 스마야, 느다냐, 스바댜, 아사헬, 스미라못, 여호나단, 아도니야, 도비야, 도바도니야를 보냈고 또한 제사장인 엘리사마와 여호람이 함께 갔습니다.

9 그들은 여호와의 율법책을 가져가 유다 모든 성읍에서 가르쳤습니다. 유다의 온 성들을 두루 다니며 백성들을 가르쳤습니다.

10 여호사밧이 점점 강대해짐 여호와에 대한 두려움이 유다 주변의 모든 나라들에 번

주둔(17:2, 駐屯, station) 군대 용어로 어떤 지방에 거처를 마련하여 머무는 것. 함락(17:2, 陷落, capture) 적의 성, 요새, 진지 따위를 공격하여 무너뜨림.

져 그들은 여호사밧에게 싸움을 걸지 못
했습니다.   14:14:20:29

11 몇몇 블레셋 사람들은 여호사밧에게 예물
을 보내고 조공으로 은을 보내기도 했고
아라비아 사람들은 숫양 7,700마리와 숫염
소 7,700마리를 보냈습니다.   28:8:삼하 8:2

12 여호사밧은 더욱 세력이 강해져 유다에 요
새들과 창고성들을 지었고

13 막강한 군사력 유다 성들에 양식을 많이 쌓
아 두었습니다. 또 예루살렘에 용감한 군
사들을 두었습니다.

14 군사는 족속대로 이름이 올라 있었습니
다. 유다 집안의 천부장들 가운데 사령관
인 아드나가 부하 30만 명을 거느리고

15 다음으로는 여호하난이 부하 28만 명을
거느리고

16 그다음으로는 여호와를 섬기겠다고 스스
로 나선 시그리의 아들 아마시야가 부하
20만 명을 거느렸습니다.   삿 5:2,9;느 11:2

17 베냐민 사람으로는 용감한 군인 엘리아다
가 활과 방패를 가진 부하 20만 명을 거느
리고

18 여호사밧은 싸울 준비가 돼 있는 군사
18만 명이 있었습니다.

19 이들은 모두 왕을 섬기는 군사들인데 그

들 외에도 왕은 유다 온 땅의 요새들에 군
사들을 두었습니다.   2절

18
아합과 동맹을 맺을 그때 여호사밧
은 큰 부와 명예를 누렸습니다. 그
리고 결혼을 통해서 아합과 동맹을 맺었습
니다.   17:5:21:6:왕하 8:18

2 아합을 만남 몇 해 후 여호사밧은 아합을
만나러 사마리아로 내려갔습니다. 아합은
그와 그 수행원들을 위해 많은 양과 소를
잡았고 함께 길르앗 라못을 공격하자고 권
했습니다.   2~34:왕상 22:2~35

3 이스라엘 왕 아합이 유다 왕 여호사밧에게
물었습니다. "나와 함께 가서 길르앗 라못
을 공격합시다." 여호사밧이 대답했습니
다. "나와 왕이 같은 생각이고 내 백성과
왕의 백성이 마찬가지니 우리가 왕과 함
께 싸우겠습니다."

4 거짓 예언자들이 승리를 예언함 그리고 여호
사밧은 이스라엘 왕에게 말했습니다. "먼
저 여호와의 뜻이 어떤지 여쭤 봅시다."

5 그러자 이스라엘 왕이 예언자 400명을 데
려다 물었습니다. "우리가 길르앗 라못에
전쟁을 일으켜도 되겠느냐 안 되겠느냐?"
그들이 대답했습니다. "가십시오, 여호와
께서 그곳을 왕의 손에 주실 것입니다."

6 미가야를 부름 그러나 여호사밧이 말했습
니다. "우리가 물어볼 만한 여호와의 예언
자가 여기에 또 없습
니까?"

7 이스라엘 왕이 여호
사밧에게 대답했습니다. "우리
를 위해 여호와께 여쭤 볼 수
있는 사람이 아직 한 명 있습
니다만 그 사람은 나에 대해
서는 항상 나쁜 말만 하며 한마디도
좋은 예언을 해 준 적이 없기에 내
가 그를 싫어합니다. 그는 이믈라의
아들 미가야입니
다." 여호사밧이
대답했습니다.
"왕께서는 그렇

여호사밧 왕이 산당과 아세라 우상을 유다에서 없애 버림게 말씀해서는 안 됩니다."

8 그러자 이스라엘 왕이 자기 신하 한 사람을 불러 말했습니다. "이믈라의 아들 미가야를 당장 불러오너라."

9 이스라엘 왕과 유다 왕 여호사밧은 왕의 옷을 입고 사마리아 성문 입구에 각각 왕좌를 놓고 앉아 있었습니다. 예언자들이 두 왕 앞에서 예언하고 있었습니다. 룻 4:1

10 그때 그나아나의 아들 시드기야가 자기가 만든 철뿔들을 가지고 말했습니다. "여호와께서 말씀하십니다. '이것으로 너희가 아람 사람들을 찔러 멸망시킬 것이다.'"

11 모든 예언자들도 똑같이 예언하며 말했습니다. "길르앗 라못을 공격하면 승리할 것입니다. 여호와께서 그곳을 왕의 손에 주셨기 때문입니다."

12 **미가야의 참예언과 투옥** 미가야를 부르러 갔던 사람이 미가야에게 말했습니다. "다른 예언자들은 모두 한결같이 왕의 승리를 예언하고 있습니다. 당신도 그들과 같이 왕의 승리를 말하는 게 좋겠습니다."

13 그러나 미가야가 말했습니다. "내가 여호와를 두고 맹세하는데 나는 여호와께서 말씀하신 것만을 말하겠다." 민 22:18;24:13

14 미가야가 이르자 왕이 그에게 물었습니다. "미가야야, 우리가 길르앗 라못에서 전쟁을 일으켜도 되겠느냐, 안 되겠느냐?" 미가야가 대답했습니다. "공격하십시오. 그러면 승리할 것입니다. 저들을 왕의 손에 주실 것입니다."

15 왕이 미가야에게 말했습니다. "네가 몇 번이나 맹세해야 여호와의 이름으로 진실만을 말하겠느냐?"

16 그러자 미가야가 대답했습니다. "내가 온 이스라엘이 목자 없는 양처럼 산 위에서 흩어지는 것을 보았는데 여호와께서 '이 백성들은 주인이 없다. 각각 평안히 자기 집으로 돌아가게 하라'라고 말씀하셨습니다."

17 이스라엘 왕이 여호사밧에게 말했습니다. "저 사람은 내게 나쁜 말만 하고 한마디도 좋은 예언은 한 적이 없다고 말하지 않았

습니까?"

18 미가야가 말을 이었습니다. "그러니 여호와의 말씀을 들으십시오. 내가 여호와께서 하늘 보좌 위에 앉아 계신 것을 보았습니다. 하늘의 모든 군대가 그분의 오른쪽과 왼쪽에 서 있었습니다. 왕상 22:19

19 여호와께서 '누가 아합을 꾀어 길르앗 라못에 올라가서 죽게 하겠느냐?'고 하셨습니다. 누구는 이렇게 하겠다고 하고 누구는 저렇게 하겠다고 했습니다.

20 드디어 한 영이 앞으로 나와뵈니 여호와와 앞에 서서 말했습니다. '제가 그를 꾀겠습니다.'

21 여호와께서 물으셨습니다. '어떻게 하겠느냐?' 그가 대답했습니다. '제가 나가서 그의 모든 예언자들의 입에 들어가 거짓말하는 영이 되겠습니다.' 여호와께서 말씀하셨습니다. '너는 그를 잘 꾈 것이다. 가서 그렇게 하여라.' 왕상 22:22

22 그래서 지금 여호와께서는 왕의 이 예언자들의 입에 거짓말하는 영을 불어넣으신 것입니다. 여호와께서 왕에게 재난을 준비하셨습니다.

23 그러자 그나아나의 아들 시드기야가 가까이 와서 미가야의 뺨을 때리며 말했습니다. "여호와의 영이 언제 내게서 나와 네게 말씀하셨느냐?" 왕상 22:24

24 미가야가 대답했습니다. "네가 다락방에 들어가 숨는 날 알 것이다."

25 그러자 이스라엘 왕이 명령했습니다. "미가야를 붙잡아 아몬 성주와 왕의 아들 요아스에게 끌고 가서 34:8

26 말하기를 '왕이 말씀하신다. 이 사람을 감옥에 넣고 내가 무사히 돌아올 때까지 빵과 물 이외에는 아무것도 주지 말라'고 하라." 16:10

27 미가야가 선포했습니다. "왕이 무사히 돌아온다면 여호와께서 나를 통해 말씀하시지 않았을 것입니다." 그러고 나서 그가 덧붙였습니다. "너희 온 백성들아, 내 말을 다 기억하라." 미 1:2

28 **아합이 죽음** 그리하여 이스라엘 왕과 유다

왕 여호사밧은 길르앗 라못으로 올라갔습니다.

29 이스라엘 왕이 여호사밧에게 말했습니다. "내가 변장을 하고 전쟁터로 들어갈 테니 왕은 왕의 옷을 입고 있으시오." 그리하여 이스라엘 왕은 변장을 하고 전쟁터로 갔습니다.

30 그때 아람 왕은 자신의 전차 지휘관들에게 "이스라엘 왕 외에는 크든 작든 그 누구와도 싸우지 말라"라고 명령해 두었습니다.

31 전차 지휘관들이 여호사밧을 보고 '저 자가 이스라엘 왕임이 틀림없다'라고 생각하고 달려들어 그를 공격했습니다. 그러나 여호사밧이 소리를 지르자 여호와께서 그를 도와주셨습니다. 하나님께서 군사들을 여호사밧에게서 물러나게 하셨습니다.

32 전차 지휘관들은 여호사밧이 이스라엘 왕이 아닌 것을 알고 그를 쫓아가지 않았습니다.

33 그런데 누군가가 무심코 쏜 화살이 이스라엘 왕의 갑옷 솔기를 뚫고 몸에 꽂혔습

니다. 왕이 자기가 타고 있던 전차 모는 병사에게 "전차를 몰아 싸움터를 빠져나가자. 내가 부상을 입었다"라고 말했습니다.

34 하루 종일 전쟁은 더 치열해져 갔고 왕은 전차에 버티고 서서 저녁때까지 아람 사람들을 막아 냈으나 해가 질 무렵 이스라엘 왕은 죽었습니다.

19

여호사밧이 책망받을 유다 왕 여호사밧이 무사히 예루살렘의 자기 왕궁으로 돌아왔습니다.

2 하나니의 아들인 선견자 예후가 그를 만나러 와서 왕에게 말했습니다. "왕께서 사악한 사람을 돕고 여호와를 미워하는 사람들을 사랑하면 되겠습니까? 이 일로 여호와의 진노가 왕에게 내렸습니다. ^{삼상 9:9}

3 그러나 왕 안에는 선한 것이 있습니다. 왕이 이 땅에서 아세라 우상들을 없애고 하나님을 찾는 데 마음을 두었기 때문입니다."

4 재판 제도의 개혁 예루살렘에서 살고 있던 여호사밧은 다시 브엘세바에서부터 에브라임 산지에 이르기까지 백성들 가운데로 나가서 백성들이 그 조상들의 하나님 여호와께로 돌아오게 했습니다. ^{수 24:33}

5 여호사밧은 그 땅 유다의 요새마다 재판관들을 세웠습니다. ^{11:5;신 16:18}

6 그가 재판관들에게 말했습니다. "너희가 하는 일을 가만히 생각해 보라. 너희가 사람을 위해 재판하는 것이 아니라 여호와를 위해 재판하는 것이다. 너희가 판결을 내릴 때마다 여호와께서 너희와 함께하신다.

7 이제 여호와를 두려워하는 마음으로 깊이 생각해서 재판하라. 우리 하나님 여호와께서는 불공평과 치우침도 없으시며 뇌물을 받지 않으신다." ^{창 18:25;신 10:17;32:4;욥 8:3}

8 여호사밧은 예루살렘에도 레위 사람들, 제사장들, 이스라엘의 우두머리들을 세워 여호와의 율법을 섬기고 다툼을 해결하도록 했습니다. ^{17:8-9}

9 여호사밧은 그들에게 이런 명령을 내렸습니다. "너희는 여호와를 두려워하는 마음으로 믿음을 갖고 마음을 다해 섬겨야

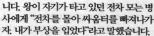

여호사밧

'하나님이 심판하신다'라는 이름의 뜻을 가졌다. 아사 왕의 뒤를 이어 산당과 아세라 목상을 제거하는 종교 개혁을 했다. 레위 사람, 제사장, 우두머리들을 뽑아 성경을 가르치고 공평한 재판을 하도록 했다. 모압과 암몬이 침략했을 때 온 백성과 함께 금식하고 하나님의 도우심으로 그들을 물리쳤다.

그러나 아들 여호람을 아합의 딸 아달랴와 결혼시킴으로 백성들을 종교적으로 타락하게 하는 원인을 제공했다. 북이스라엘 왕 아하시야와 공동으로 배를 만들어 다시스에서 오빌의 금을 수입하려 했지만 배가 파선하는 바람에 실패했다.

유다를 25년간 다스렸으며, 하나님의 뜻을 구하고 순종한 선한 왕으로 하나님이 함께하신 사람이었다.

여호사밧이 나오는 말씀

>> 왕상 22:41-42;
장하 8:16-19;
대하 20장; 21:1-2

것이다.

삼하 23:3;왕상 8:61

10 이 성들에 살고 있는 너희 형제가 너희 앞에 들고 오는 사건이 피 흘린 일이든지, 율법이나 명령이나 규례나 법도에 관한 것이든지 너희는 그들에게 경고해 여호와께 죄짓는 일이 없게 해야 한다. 그러지 않으면 그분의 진노가 너희와 너희 형제들에게 내릴 것이다. 이렇게 하면 너희가 죄짓지 않을 것이다.

2:2;신 17:8

11 여호와에 관해서는 어떤 일이든지 대제사장 아마랴가 너희를 다스릴 것이고, 왕에 관해서는 어떤 일이든지 이스마엘의 아들인 유다 지파의 지도자 스바댜가 다스릴 것이며, 레위 사람들이 너희 앞에서 관리로 섬길 것이다. 담대하게 행동하라. 여호와께서 선하게 행하는 사람들과 함께하실 것이다."

대상 26:30,32;28:10;스 10:4

20

모압과 암몬이 침공함 이 일 후에 모압 사람들과 암몬 사람들이 마온 사람들과 함께 여호사밧에 대항하여 싸우려고 왔습니다.

왕하 1:1;3:4,7

2 어떤 사람들이 여호사밧에게 가서 말했습니다. "큰 군대가 바다 저쪽 아람에서부터 왕을 치러 오고 있습니다. 벌써 하사손다말, 곧 엔게디까지 이르렀습니다."

3 **여호사밧의 기도** 여호사밧은 두려운 마음으로 여호와께 마음을 다해 간구하고는 온 유다에 금식을 명령했습니다.

대상 22:19

4 유다 백성들은 여호와께 도움을 청하려고 함께 모였습니다. 유다의 모든 성에서 모여 와서 여호와를 찾았습니다.

5 그때 여호사밧이 여호와의 성전 새 뜰 앞에 모인 유다와 예루살렘 무리들 가운데 일어났습니다.

6 여호사밧이 말했습니다. "우리 조상들의 하나님 여호와여, 주께서는 하늘에 계신 하나님이 아니십니까? 주께서 모든 민족의 나라들을 다스리십니다. 능력과 힘이 주의 손에 있으니 어느 누구도 주께 대항할 수 없습니다.

신 4:39;대상 29:12;단 4:17,25,32

7 우리 하나님이여, 주께서 주의 백성 이스라엘 앞에서 이 땅에 살던 사람들을 쫓아내시고 그 땅을 주의 친구인 아브라함의 자손들에게 영원히 주시지 아니하셨습니까?

8 그들이 거기 살면서 주의 이름을 위해 성소를 짓고는 말했습니다.

9 '심판의 칼이나 전염병이나 기근 등 재난이 우리에게 닥쳐와도 우리가 주의 이름이 있는 이 성전, 주께서 계시는 곳에 서서 고난 가운데 주께 부르짖으면 주께서 우리 소리를 들고 우리를 구원해 주시겠다'라고 하셨습니다.

왕상 8:33,37;스 10:1;겔 14:21

10 여기 암몬과 모압과 세일 산에서 온 사람들이 있습니다. 이스라엘이 이집트에서 나올 때 주께서는 이스라엘이 그들의 땅에 들어가도록 허락하지 않으셨습니다. 그리하여 이스라엘은 그들에게서 물러나 그들을 멸망시키지 않았습니다.

11 그런데 그들이 우리에게 갚는 것을 보십시오. 주께서 우리에게 기업으로 주신 땅에서 우리를 쫓아내려고 합니다.

시 83:6~7,12

12 우리 하나님이여, 주께서 그들을 심판하지 않으시겠습니까? 우리는 우리를 공격하고 있는 저 큰 군대에 맞설 힘이 없습니다. 우리는 어떻게 해야 할지 모르겠습니다. 오직 우리 눈은 여호와만 바라볼 뿐입니다."

13 **하나님의 응답** 유다의 모든 사람들은 그들의 아내들과 자식들과 어린아이들과 함께 여호와 앞에 섰습니다.

14 그때 여호와의 영이 이스라엘 회중 가운데 있는 아삽 자손 레위 사람 야하시엘에게 임했습니다. 그는 맛다냐의 현손이며 여이엘의 증손이며 브나야의 손자이며 스가랴의 아들이었습니다.

15:1

15 야하시엘이 말했습니다. "여호사밧 왕과 유다와 예루살렘에 사는 모든 사람들이여, 잘 들으십시오. 여호와께서 여러분에게 말씀하십니다. '큰 군대가 있다고 해서 두려워하거나 놀라지 말라. 이 전쟁은 너희 전쟁이 아니라 내 것이다. 하나님의 전쟁이다.

슬기(18:33, section) 옷이나 이부자리 따위를 지을 때 두 폭을 맞대고 꿰맨 줄.

16 내일 너희는 그들을 향해 내려가라. 그들이 시스 고개로 올라올 것이니 너희는 여루엘 광야의 골짜기 끝에서 그들을 만날 것이다.　민 13:23

17 이 전쟁에서 너희는 싸울 것이 없다. 유다와 이스라엘아, 그저 너희 자리를 지키고 굳게 서서 너희와 함께하는 여호와의 구원을 보라. 두려워하지 말고 놀라지 말라. 내일 그들을 맞으로 나가라. 여호와가 너희와 함께하실 것이다.'"　출 14:13~14; 민 14:9

18 여호사밧은 얼굴을 땅에 대고 절했고 유다와 예루살렘 모든 백성은 엎드려 여호와를 경배했습니다.　29:29~30; 출 4:31; 느 8:6

19 레위 사람들 가운데 그핫 자손과 고라 자손 몇 사람이 일어나 매우 큰 소리로 이스라엘의 하나님 여호와를 찬양했습니다.

20 적들의 멸망 아침 일찍 그들은 드고아 광야로 향했습니다. 그들이 출발하자 여호사밧이 서서 말했습니다. "유다와 이스라엘의 백성들아, 내 말을 잘 들으라. 너희 하나님 여호와를 믿으라. 그러면 너희가 든든히 설 것이다. 그분의 예언자를 믿으라. 그러면 너희가 이길 수 있을 것이다."

21 여호사밧은 백성들과 의논해 찬양하는 사람들을 세웠습니다. 그들이 군대보다 앞서 나아가면서 찬양했습니다. "여호와께 감사를 드리자. 그분의 사랑은 영원하다."

22 그들이 노래하며 찬송을 시작하자 여호와께서 유다에 침입한 암몬과 모압과 세일의 군사들을 칠 복병을 숨기시고 그들을 치게 하셔서 그들이 패했습니다.　10절;13:13

23 암몬과 모압 군사들은 세일 산에서 온 군

사들을 대항해 일어나 세일 사람들을 죽였습니다. 그들이 세일 군사들을 다 죽이고 나서는 자기들끼리 서로 죽였습니다.

24 유다 사람들은 그 광야가 보이는 곳으로 가서 그 큰 군대를 살펴보았습니다. 그들이 본 것은 땅바닥의 시체들뿐이었습니다. 아무도 피해 도망친 사람이 없었습니다.

25 유다의 승리 여호사밧과 군사들은 그들의 물건들을 빼앗으려고 갔습니다. 그들 가운데 엄청난 양의 값진 물건과 옷과 양식들이 널려 있었는데 다 가져갈 수 없을 정도로 양이 많았습니다. 그래서 다 모으는 데만 3일이 걸렸습니다.

26 4일째 되는 날 그들은 브라가 골짜기에 모여 여호와를 찬양했습니다. 그리하여 그곳이 지금까지도 브라가 골짜기라 불리는 것입니다.

27 유다와 예루살렘의 모든 군사들은 여호사밧을 앞세우고 기뻐하며 예루살렘으로 돌아왔습니다. 여호와께서 그 원수들을 이기는 기쁨을 주셨기 때문입니다.　느 12:43

28 그들은 예루살렘으로 들어가 하프와 수금과 나팔을 연주하며 여호와의 성전으로 갔습니다.

29 여호와께서 이스라엘의 적들과 어떻게 싸우셨는지에 대해서 들은 모든 다른 나라들은 여호와를 두려워했습니다.　14:14;17:10

30 그리하여 여호사밧의 나라가 평화로웠습니다. 하나님께서 그의 주변에 평안을 주셨기 때문입니다.　14:6~7;15:15

31 여호사밧의 행적 여호사밧은 35세에 유다 왕이 됐고 예루살렘에서 25년 동안 다스렸

전쟁하는데 왜 찬양을 했나요?

모압, 암몬, 마온 연합군이 쳐들어오자 여호사밧은 군사 준비보다 기도를 먼저 했어요(대하20:12~13). 그때 하나님은 야하시엘을 통해 하나님이 직접 싸우신다고 하시며, 유다 백성은 아무것도 할 일이 없다고 했어요. 그 말씀을 믿고 여호사밧은 찬양대를 군대 앞에 세우고 찬양하게 했어요. 하나님은 적군을 혼란시켜 서로 싸우게만 들어 완전히 멸망하게 하셨어요. 우리도 어려운 일을 만나 두려워할 때가 있어요. 하지만 하나님을 믿고 찬양하면 하나님은 그 어려움을 이기게 해주십니다.

습니다. 그 어머니는 실히의 딸 아수바였습니다. 31-33절;왕상 22:41-43

32 여호사밧은 모든 일에 그 아버지 아사의 길로 행해 그 길에서 떠나지 않았습니다. 그는 여호와의 눈앞에 옳은 일을 했습니다.

33 그러나 산당이 많아 백성들은 아직 그 마음을 그 조상들의 하나님 여호와께 돌리지 못했습니다. 12:14;17:6

34 여호사밧의 다른 행적 여호사밧이 다스리던 때 다른 일들은 처음부터 끝까지 하나니의 아들 예후의 글, 곧 이스라엘 왕의 역사책에 적혀 있습니다. 19:2;왕상 16:1,7

35 여호사밧과 아하시야의 조약 나중에 유다 왕 여호사밧은 매우 악한 이스라엘 왕 아하시야와 조약을 맺었습니다. 왕상 22:48-49

36 두 왕은 연합해서 다시스로 항해할 배를 만들었는데 그들은 에시온게벨에서 배들을 만들었습니다.

37 마레사 사람 도다와후의 아들 엘리에셀이 여호사밧에 대해 예언하며 말했습니다. "왕이 아하시야와 조약을 맺었으므로 여호와께서 왕이 만든 것을 부수실 것입니다." 그의 말대로 배는 부서져서 다시스로 가지 못했습니다. 19:2

21

여호사밧이 죽음 그 후 여호사밧은 자기 조상들과 함께 잠들었고 다윗의 성에 그들과 함께 묻혔습니다. 그의 아들 여호람이 뒤를 이어 왕이 됐습니다.

2 여호람이 형제를 죽임 여호사밧의 아들들, 곧 여호람의 동생들은 아사랴, 여히엘, 스가랴, 아사랴, 미가엘, 스바댜였습니다. 이들은 유다 왕 여호사밧의 아들들이었습니다.

3 그들의 아버지는 그들에게 많은 금과 은과 값비싼 물건들을 유다의 요새들과 함께 선물로 주었지만 맏아들이었던 여호람에게는 왕의 자리를 주었습니다. 11:5

4 여호람이 자기 아버지를 이어 왕위에 오르고 힘이 강해지자 자기 형제들과 이스라엘의 지도자들을 칼로 죽였습니다.

5 여호람의 통치 기간 여호람은 32세에 왕이 됐고 예루살렘에서 8년 동안 다스렸습니다.

6 여호람이 행한 일 그는 아합의 집이 했던 것처럼 이스라엘 왕들이 가는 길을 갔습니다. 그가 아합의 딸과 결혼했기 때문입니다. 그는 여호와의 눈앞에서 악한 일을 저질렀습니다. 18:1;왕상 12:28-30;16:31-33;왕하 8:18

7 그러나 여호와께서는 다윗과 맺으신 약속 때문에 다윗의 집을 멸망시키려고 하지 않으셨습니다. 그분은 그와 그 자손들을 위한 등불이 영원히 꺼지지 않게 하겠다고 약속하셨습니다. 삼하 21:17;왕상 11:36

8 에돔과 립나의 반란 여호람의 시대에 에돔이 유다에게 반란해서 에돔 스스로 왕을 세웠습니다. 10절

9 여호람이 지휘관과 전차를 다 거느리고 에돔으로 갔으나 에돔 군사들에게 전차 지휘관들과 함께 포위를 당했습니다. 여호람은 밤에 일어나 틈을 타서 에돔의 포위망을 뚫고 달아났습니다.

10 그리하여 오늘날까지 에돔이 유다와 대항해 맞서 있습니다. 그때 립나도 들고일어났습니다. 이런 일은 여호람이 자기 조상들

여호사밧 시대의 예언자들

시드기야	철 뿔을 만들어 아람과의 전쟁에서 승리할 것이라고 거짓 예언함(대하 18:10)
미가야	길르앗 라못을 공격하는 전쟁에서 이스라엘이 패배할 것과 아합의 죽음을 예언함(대하 18:27)
예후	여호사밧과 아합의 동맹 정책을 비난함. 그러나 아세라 목상을 제거하고, 하나님에 대한 신앙은 칭찬함(대하 19:2-3)
야하시엘	모압, 암몬, 마온의 침략에 대해 하나님의 승리를 예언함(대하 20:15)
엘리에셀	아하시야 왕과 연합하여 배를 만든 것을 책망함. 에시온게벨에서 만든 배가 파선할 것을 예언함(대하 20:37)

의 하나님 여호와를 저버렸기 때문에 일어났습니다. 8절

11 여호람의 행적 그는 또한 유다의 산에 산당들을 짓고 예루살렘 백성들이 스스로를 더럽히게 했으며 유다를 잘못된 길로 이끌었습니다. 출 34:16,16 17:7,20:5

12 엘리야의 편지 여호람은 예언자 엘리야에게 편지를 받았습니다. "네 조상 다윗의 하나님 여호와께서 말씀하신다. '너는 네 아버지 여호사밧이나 유다 왕 아사의 길을 걷지 않고 14:2~5:17:3

13 오히려 이스라엘 왕들의 길을 가고 있다. 네가 유다와 예루살렘 백성들을 이끌어 아합의 집이 그랬던 것처럼 스스로 더럽히고 있다. 네가 또 네 아버지 집안에서 너보다 선한 형제들을 죽였다. 왕상 16:31~33

14 이제 여호와께서 네 백성들과 네 아들들과 네 아내들과 네 모든 재물을 큰 재난으로 칠 것이다.

15 너 자신도 창자에 무서운 병이 들어 마침내 네 창자가 밖으로 터져 나오게 될 것이다.'"

16 이방 나라의 침입 여호와께서 블레셋 사람들과 에티오피아 사람들 가까이 사는 아라비아 사람들이 여호람에 대해 적대감을 일으키게 하셨습니다. 왕상 11:14,23

17 그들은 유다를 공격해 침입했고 왕의 아들과 아내들과 함께 왕궁의 모든 재물을 빼앗았습니다. 여호람의 막내아들 여호아하스 말고는 아들이 하나도 남지 않았습니다.

18 여호람이 중병에 걸림 이 모든 일 후에 여호와께서 창자에 고칠 수 없는 병을 내려 여호람을 치셨습니다. 15절

19 여호람이 죽음 두 해 만에 그의 창자는 병 때문에 터져 나왔고 여호람은 심한 고통 가운데 죽었습니다. 백성들이 여호람에게는 그의 조상들에게 향불을 피운 것같이 슬퍼하지 않고 향불을 피우지 않았습니다.

20 여호람은 32세에 왕이 됐고 예루살렘에서

8년 동안 다스렸습니다. 여호람이 죽었지만 아무도 아쉬워하지 않았으며 그는 다윗의 성에 묻혔습니다. 그러나 왕들의 무덤에 묻히지는 못했습니다. 5절:24:25:28:27:28:22:18

22

아하시야 왕 예루살렘에 사는 백성들은 여호람의 뒤를 이어 막내 아들 아하시야를 왕으로 세웠습니다. 아라비아 사람들과 함께 습격해 온 군사들이 그의 형들을 다 죽였기 때문입니다. 그리하여 유다 왕 여호람의 아들 아하시야가 다스리기 시작했습니다. 1~6절

2 아하시야는 *42세에 왕이 됐고 예루살렘에서 1년 동안 다스렸습니다. 그 어머니는 이름이 아달랴로 오므리의 손녀였습니다.

3 아하시야의 악한 일 아하시야도 또한 아합의 집이 간 길을 따라갔습니다. 그 어머니가 악을 행하도록 했던 것입니다.

4 아하시야는 아합의 집이 한 대로 여호와의 눈앞에서 악을 행했습니다. 그 아버지의 죽음 후에 아합 가문의 사람들은 왕을 잘못된 길로 이끌어 멸망했습니다.

5 아하시야가 요람을 도움 아하시야가 또한 아합의 집 사람들의 말을 따라 이스라엘 왕 아합의 아들 요람과 함께 아람 왕 하사엘과 싸우려고 길르앗 라못으로 갔을 때 아람 사람들에 의해 요람이 부상을 당했습니다.

6 부상 입은 요람 그리하여 요람 왕은 라마에서 아람 왕 하사엘과의 싸움 중에 아람 사람들에게서 입은 부상을 치료하기 위해 이스르엘로 돌아갔습니다. 그러자 유다 왕 여호람의 아들 *아사랴는 아합의 아들 요람을 만나려고 이스르엘로 내려갔는데 이는 요람 왕이 병들었기 때문입니다.

7 예후와 아하시야 아하시야가 요람을 찾아갔다가 죽게 됐는데 이것은 하나님께서 계획하신 일이었습니다. 아하시야는 요람을 만나러 갔다가 님시의 아들 예후를 만났습니다. 예후는 여호와께서 아합의 집을 멸망시

키도록 세우신 사람이었습니다.

8 아하시야의 친척까지 죽임 예후가 아합의 집을 벌할 때 그는 유다의 지도자들과 아하시야의 시중을 들던 아하시야의 친척들까지 죽였습니다. 24:24;왕하 10:11-14

9 아하시야가 죽음 예후는 아하시야를 찾으러 다녔고 사마리아에 숨은 아하시야를 예후의 사람들이 사로잡았습니다. 아하시야는 예후에게 죽임을 당했습니다. 백성들은 "그는 온 마음으로 여호와를 찾던 여호사밧의 아들이었습니다"라고 말하며 아하시야를 묻어 주었습니다. 그리하여 아하시야의 집에는 나라를 다스릴 만한 힘을 가진 사람이 하나도 없었습니다. 왕하 9:27-28

10 아달랴 왕자들을 죽임 아하시야의 어머니 아달랴는 자기 아들이 죽자 유다 집안 왕의 자손들을 다 죽였습니다. 왕하 11:1-3

11 요아스가 위기를 모면함 그러나 여호람 왕의 딸인 여호사브앗은 아하시야의 아들 요아스를 빼내 왕자들이 죽임을 당하는 중에 도망쳐 나와 요아스와 그의 유모를 침실에 숨겨 두었습니다. 여호사브앗은 여호람 왕의 딸이며 아하시야 왕의 누이이며 제사장 여호야다의 아내였습니다.

12 요아스는 아달랴가 그 땅을 다스리는 6년 동안 그들과 함께 여호와 전에 숨어 살았습니다.

23

여호야다의 계획 7년째 되는 해에 여호야다 제사장이 힘을 냈습니다. 그는 백부장들과 약속을 했습니다. 그들은 여로함의 아들 아사랴, 여호하난의 아들 이스마엘, 오벳의 아들 아사랴와 아다야의 아들 마아세야, 시그리의 아들 엘리사밧이었습니다. 1-21절;왕하 11:4-20

2 그들은 유다를 두루 다니며 유다의 모든 성들에서 레위 사람들과 이스라엘 집안의 우두머리들을 모았습니다. 그들이 예루살렘으로 오자 21:2

3 온 이스라엘 회중은 하나님의 성전에서 왕과 언약을 세웠습니다. 여호야다가 그들에게 말했습니다. "여호와께서 다윗의 아들

들에게 약속하신 대로 왕의 아들이 다스려야 한다. 6:16

4 너희는 이렇게 하라. 너희 레위 사람들과 제사장들 가운데 안식일에 당번인 3분의 1은 왕궁을 지키고 대상 9:25;24:4

5 3분의 1은 왕궁 문을 지키고 3분의 1은 기초문을 지켜라. 그리고 모든 백성은 여호와의 성전 뜰에 있어야 한다.

6 당번인 제사장들과 레위 사람들은 거룩하니 여호와의 성전에 들어가되 다른 누구도 여호와의 성전에 들어가서는 안 된다. 다른 모든 사람들은 여호와께서 지시하신 대로 성전 밖에 서 있어야 한다. 대상 23:27-29

7 레위 사람들은 왕 주위를 둘러서되 각자 손에 무기를 들라. 누구든 성전으로 들어오는 자는 죽이라. 왕이 어디로 가든 함께 있어야 한다."

8 레위 사람들과 유다의 모든 사람들은 여호야다 제사장이 명령한 그대로 했습니다. 각자 자기 부하들, 곧 안식일에 당번인 부하들과 비번인 부하들을 거느리고 있었습니다. 제사장 여호야다가 안식일에 일을 마친 사람들마저 내보내지 않았습니다.

여호야다가 반대 세력을 모은 이유는?

아하시야가 죽은 후 아달랴는 스스로 왕위에 올라 6년간 유다를 다스리면서 우상숭배를 했어요. 아달랴의 통치에 불만을 품은 제사장 여호야다는 다윗의 후손인 요아스를 왕으로 세우기 위해 세력을 모았어요.(대하23:1-2). 정치적인 목적이었지만 이 일은 하나님의 말씀이 이루어져야 한다는 신앙적인 동기에서 시작됐어요.(대하 23:3). 권력을 잡겠다는 개인의 욕심이 아니라 다윗 왕조의 정통성을 세우고, 하나님이 정하신 사람을 왕으로 세우려는 의도에서 반대세력을 모은 거였어요.(대하23:11). 하나님의 백성들은 하나님이 원하시는 통치가 이 땅 위에 이루어지도록 기도해야 해요. 상황에 따라 참여하는 방법은 차이가 있을 수 있지만 결코 무관심해서는 안 돼요.

9 여호야다는 백부장들에게 하나님의 성전에 있는 다윗 왕의 창과 크고 작은 방패들을 주었습니다.

10 여호야다는 모든 사람들의 손에 무기를 들려서 제단과 성전 가까이에서, 성전의 남쪽에서 북쪽으로 왕 주변에 둘러 세웠습니다.

11 요아스가 왕위에 오름 여호야다와 그 아들들은 왕의 아들 요아스를 데리고 나와 요아스에게 왕관을 씌웠습니다. 그들은 요아스에게 율법책을 주며 왕으로 선포했습니다. 그들은 요아스에게 기름 부었고 "왕 만세!" 하며 소리 질렀습니다. 신 17:18

12 아달랴가 죽음 아달랴는 사람들이 달려가며 왕을 찬송하는 소리를 듣고 여호와의 성전에 있는 그들에게로 갔습니다.

13 아달랴가 보니 왕이 성전 입구의 기둥 곁에서 서 있었습니다. 관리들과 나팔수들이 왕 곁에 있었고 그 땅의 모든 백성은 기뻐하며 나팔을 불었으며 악기를 연주하며 노래하는 사람들은 찬양을 인도하고 있었습니다. 그러자 아달랴가 자기 옷을 찢으며 "반역이다! 반역이다!" 하고 외쳤습니다.

14 제사장 여호야다가 군대를 맡은 백부장들을 내보내며 말했습니다. "저 여자를 성전 밖으로 끌어내고 그녀를 따르는 사람은 누구나 칼로 죽여라." 제사장은 또 "그녀를 여호와의 성전 안에서는 죽이지 말라"라고 명령했습니다.

15 그리하여 그들이 길을 열어 주었습니다. 아달랴가 말문 입구에 닿았을 때 붙잡아 거기서 그녀를 죽였습니다. 왕하 11:16;느 3:28

16 백성들이 개혁에 동참함 여호야다는 자신과 백성과 왕이 여호와의 백성들이 되기로 약속을 세우게 했습니다.

17 모든 백성들은 바알 신전으로 가서 신전을 허물어뜨렸습니다. 그들은 제단들과 우상들을 깨뜨리고 제단 앞에서 바알 제사장 맛단을 죽였습니다. 신 13:9

18 제사장 여호야다는 여호와의 성전을 레위 사람들인 제사장들의 손에 맡겨 돌보게 했습니다. 이들은 모세의 율법에 기록된 대로 여호와께 번제를 드리려고 다윗이 세운 사람들이었습니다. 이들은 성전에서 다윗의 규례대로 기뻐 노래하며 여호와께 제사했습니다. 민 28:2;대상 23:6,30-31;24:1;25:2

19 그는 또한 여호와 성전에 문지기들을 세워 부정한 사람은 아무도 들어오지 못하게 했습니다. 대상 26:1-19

20 그는 백부장들, 귀족들, 백성들의 지도자들과 그 땅의 모든 백성들과 함께 왕을 여호와의 성전에서 모시고 윗문을 통해 왕궁에 들어가서 왕을 왕의 자리에 앉혔습니다.

21 그 땅의 온 백성들은 기뻐했습니다. 아달랴가 칼로 죽임을 당한 후에 그 성은 평안해졌습니다.

24

어린 왕 요아스 요아스는 7세 때 왕이 됐고 그는 예루살렘에서 40년을 다스렸습니다. 그 어머니의 이름은 시비아로 브엘세바 사람이었습니다.

2 여호야다의 영향 요아스는 제사장 여호야다가 살아 있는 동안 여호와의 눈앞에서 옳은 일을 했습니다. 26:5

3 요아스가 두 아내를 취함 여호야다는 요아스 왕을 위해 두 명의 아내를 얻어 주었습니다. 요아스는 여러 명의 아들과 딸을 낳았습니다.

4 성전 수리를 명함 얼마 후 요아스는 여호와의 성전을 고치기로 마음먹었습니다.

5 그는 제사장들과 레위 사람들을 불러 말했습니다. "유다의 성들로 가서 온 이스라엘이 해마다 내야 할 돈을 거두라. 그것으로 너희 하나님의 성전을 고칠 생각이다. 지금 당장 하라." 그러나 레위 사람들은 그 일을 서두르지 않았습니다. 21:2

6 성전 수리 왕은 대제사장 여호야다를 불러 말했습니다. "어째서 대제사장은 여호와의 종 모세의 명령에 따라서 증거 장막을 위해 이스라엘 무리들이 레위 사람들에게 내야 할 세금을 유다와 예루살렘에서 거두지 않았느냐?" 출 30:12-16; 민 17:7-8

7 이는 악한 여자 아달랴의 아들들이 하나님의 성전을 부수고 들어가 거룩한 물건들을 바알에게 바쳤기 때문이었습니다.

8 왕의 명령이 떨어지자 상자 하나를 만들어 여호와의 성전 문 밖에 두었습니다.

9 그리고 유다와 예루살렘에 명령을 내렸습니다. 그것은 하나님의 종 모세가 광야에서 이스라엘에게 정한 세금을 여호와께 바쳐야 한다는 것이었습니다. 스 11

10 모든 관리들과 모든 백성들은 기뻐하며 바칠 것을 가져와 상자 안이 가득 찰 때까지 넣었습니다.

11 상자가 가득 차면 레위 사람들은 그 상자를 왕의 신하들에게 가져갔습니다. 돈이

많이 들어 있는 것을 보면 왕의 비서관과 대제사장의 시종이 와서 그 상자를 비우고 있던 자리에 다시 갖다 놓았습니다. 이렇게 되풀이해 많은 돈을 모았습니다.

12 왕과 여호야다는 그 돈을 여호와의 성전 공사를 맡은 사람들에게 주었습니다. 그들은 여호와의 성전을 고치며 석수장이와 목수와 철과 청동으로 성전을 보수하는 일꾼들을 고용했습니다.

13 그 일을 맡은 사람들이 열심히 일해 성전 수리는 잘 진행됐습니다. 그들은 하나님의 성전을 수리해 본래 모습대로 더욱 튼튼하게 만들었습니다. 느 4:7

14 일을 마치자 그들은 남은 돈을 왕과 여호야다에게 가져왔습니다. 그들은 그것으로 여호와의 성전에서 쓸 번제 기구들과 접시와 다른 금은 물건들을 만들었습니다. 여호야다가 살아 있는 동안 날마다 여호와의 성전에서 계속해서 번제를 드렸습니다.

15 여호야다가 죽음 여호야다는 점점 나이가 들어 130세에 죽었습니다.

16 여호야다는 다윗의 성에 있는 왕실 묘지에 왕들과 함께 묻혔습니다. 그가 이스라엘과 하나님과 성전을 위해 선한 일을 했기 때문입니다. 대하 2:10:11; 43:14:31

17 요아스가 우상 숭배함 여호야다 제사장이 죽은 뒤 유다의 관리들이 와서 왕에게 엎드려 절하니 요아스 왕이 그들의 말을 들었습니다.

18 유다 백성들은 그 조상들의 하나님 여호와의 성전을 버리고 아세라 상과 우상들을 경배했습니다. 이 죄로 인해 하나님의 진노가 유다와 예루살렘에 내렸습니다. 19:2

19 여호와께서 백성들을 돌아오게 하시려고 예언자들을 그들에게 보내셔서 말씀하셨지만 백성들은 듣지 않았습니다. 마 23:34

20 여호야다의 아들이 죽음 그러자 하나님의 영이 제사장 여호야다의 아들 스가랴에게 내려왔습니다. 스가랴가 백성들 앞에 서서 말했습니다. "하나님께서 말씀하신다. '너희가 왜 여호와의 명령을 듣지 않느냐? 너

운 신하에게 죽임을 당하고 왕들의 무덤이 아닌 다윗의 성에 묻혔어요(대하 24:25). 요아스의 시작은 좋았지만 나중은 형편없었어요.
하나님을 믿기로 한 것은 참 귀한 일이에요. 끝까지 그 마음을 잃지 않고 가는 것은 더 어렵고도 소중한 일이에요.

깊이 읽기 요한계시록 2장 4-5절을 읽으세요.

희는 번영하지 못할 것이다. 너희가 여호와를 버렸기 때문에 여호와께서 너희를 버리셨다." 민 14:41;상 6:34;마 23:35

21 무리들이 스가랴를 죽일 음모를 꾸미고 왕의 명령을 따라 스가랴를 여호와의 성전 뜰에서 돌로 쳐 죽였습니다. 마 23:35

22 요아스 왕은 스가랴의 아버지 여호야다가 자신에게 베푼 친절을 기억하지 못하고 그의 아들을 죽였습니다. 스가랴는 쓰러져 죽으면서 "여호와께서 이 일을 살펴보시고 갚아 주십시오"라고 말했습니다.

23 유다가 아람을 통해 심판받을 1년 후에 아람 왕의 군대가 요아스를 치려고 와서 유다와 예루살렘에 침입해 백성들의 모든 지도자들을 죽였습니다. 그들은 빼앗은 모든 물건을 다메섹에 있는 왕에게 보냈습니다.

24 아람 군대가 작은 군사로 쳐들어왔으나 여호와께서는 더 큰 군대를 그들의 손에 붙이셨습니다. 유다가 조상의 하나님 여호와를 버렸으므로 요아스에게 벌을 내린 것입니다. 22:8;겔 26:8,36~37;사 30:17

25 요아스가 살해당할 아람 사람들은 요아스에게 큰 상처를 입히고 버리고 갔습니다. 요아스의 신하들은 제사장 여호야다의 아들을 죽인 일로 인해 반란을 일으켜 침대에 누워 있는 요아스를 죽였습니다. 요아스는 죽어서 다윗의 성에 묻혔지만 왕들의 무덤에는 묻히지 못했습니다. 신 28:35

26 요아스에게 반란을 일으킨 사람들은 암몬 여자 시므앗의 아들 사밧, 모압 여자 시므릿의 아들 여호사밧이었습니다.

27 유다 왕 아마샤 요아스의 아들들에 관한 것과 요아스에 대한 많은 예언들과 하나님의 성전 수리에 관한 일은 왕들의 역사책 주석에 적혀 있습니다. 그리고 요아스의 아들 아마샤가 뒤를 이어 왕이 됐습니다.

25

아마샤는 25세에 왕이 됐고 예루살렘에서 29년 동안 다스렸습니다. 그 어머니의 이름은 여호앗단으로

참모(25:16, 參謀, adviser) 윗사람을 도와 어떤 일을 꾀하고 꾸미는 데에 참여하는 사람.

예루살렘 사람이었습니다. 왕하 14:1~6

2 아마샤의 행적 아마샤는 여호와의 눈앞에서 올바르게 행했지만 온 마음을 다한 것은 아니었습니다. 14절

3 아마샤는 나라가 굳게 선 후 자기 아버지를 죽인 관리들을 죽였습니다.

4 그러나 그들의 자녀들은 죽이지 않았는데 이것은 모세의 책, 곧 율법에 기록된 말씀을 따른 것입니다. 여호와께서 "아버지를 자녀로 인해 죽이지 말고 자녀를 아버지로 인해 죽이지 말며 각 사람은 자기 자신의 죄로 인해 죽어야 한다"라고 말씀하셨습니다. 신 24:16;렘 31:30;겔 18:20

5 에돔과의 전쟁을 계획한 아마샤는 유다 백성들을 불러 온 유다와 베냐민 땅을 위해 그 집안별로 백부장과 천부장을 세웠습니다. 그리고 20세 이상인 남자들을 불러 모았는데 창과 방패를 다룰 수 있는 사람들 30만 명이었습니다. 민 1:3;대상 12:8

6 외국인 용사들을 돌려보낸 또 이스라엘에서 10만 명의 용사들을 은 100달란트를 주고 고용했습니다.

7 어떤 하나님의 사람이 그에게 와서 말했습니다. "왕이여, 이스라엘 군대는 왕과 함께 가서는 안 됩니다. 여호와께서는 이스라엘, 곧 에브라임의 모든 자손과 함께하지 않으십니다. 신 33:17;삼 13:6

8 왕이 전쟁터에 나가 아무리 용감하게 싸워도 하나님께서는 적들 앞에서 왕을 거꾸러뜨리실 것입니다. 하나님께서는 돕기도 하시고 패하게도 하실 힘이 있습니다."

9 아마샤가 하나님의 사람에게 말했습니다. "내가 이스라엘 군대에 준 100달란트는 어쩌란 말이냐?" 하나님의 사람이 대답했습니다. "여호와께서는 그것보다 더 많이 주실 수 있습니다."

10 그러자 아마샤는 에브라임에서 자기에게 온 군대를 자기 집으로 돌려보냈습니다. 그들은 유다 백성에게 크게 화를 내며 고향으로 돌아갔습니다.

11 에돔의 멸망 그리고 나서 아마샤는 용기를

내 자기 군대를 소금 골짜기로 이끌고 갔습니다. 거기서 아마샤는 세일 사람들 1만 명을 죽였습니다. 20:10;왕하 14:7

12 유다 군대는 또 다른 1만 명의 사람들을 사로잡았고 그들을 절벽 꼭대기에서 떨어뜨리니 모두 몸이 부서졌습니다.

13 **외국인 용병들이 피해를 입힘** 아마샤가 싸움에 나가지 못하도록 돌려보낸 군대는 사마리아부터 벧호론 사이에 있는 유다 성들을 습격했습니다. 그들은 3,000명의 사람들을 죽이고 물건을 많이 빼앗아 갔습니다.

14 **아마샤가 우상을 세움** 아마샤는 에돔 사람들을 죽이고 돌아가는 길에 세일 사람들의 우상들을 가져갔습니다. 아마샤는 그것들을 자기 신들로 삼고 그 앞에서 절하고 번제물을 올렸습니다. 28:23

15 여호와의 진노가 아마샤에게 내렸고 여호와께서 아마샤에게 예언자를 보내 말씀하셨습니다. "네가 어떻게 저 자들의 신들에게 구하느냐? 그것들이 자기 백성을 그 손으로 구하지 못했다." 11절

16 예언자의 말이 아직 끝나기도 전에 왕이 예언자에게 말했습니다. "우리가 너를 왕의 참모로 삼았느냐? 닥쳐라. 왜 화를 스스로 불러오느냐." 그러자 예언자가 예언을 그치면서 말했습니다. "왕이 이런 일을 하고도 제 경고를 듣지 않으시니 저는 하나님께서 왕을 멸망시키려고 결정하신 것을 이제 알 것 같습니다." 수 11:20

17 **유다가 이스라엘에게 패배함** 유다 왕 아마샤는 자기 신하들의 의견을 물은 뒤 예후의 손자이며 여호아하스의 아들인 이스라엘 왕 요아스에게 사람을 보내 말했습니다. "자, 와서 나와 겨루어 보자."

18 그러나 이스라엘 왕 요아스는 유다 왕 아마샤에게 대답했습니다. "레바논의 가시나무가 레바논의 백향목에게 사람을 보내 '네 딸을 보내 내 아들과 결혼시켜라'라고 말하였더니 레바논의 들짐승이 나와 그 가시나무를 발로 짓밟아 버렸다.

19 네가 에돔을 물리쳤다고 교만해졌구나.

이제 집에 가만히 머물러 있어라. 왜 문제를 일으켜 너와 유다의 멸망을 부르느냐?"

20 그러나 아마샤는 듣지 않았으니 그 일이 하나님께로부터 왔기 때문입니다. 유다 백성들이 에돔의 신들에게 구했으므로 하나님께서 그들을 원수들의 손에 넘겨주시려고 그렇게 하신 것이었습니다. 14~15절

21 그러자 이스라엘 왕 요아스가 공격해서 그와 유다 왕 아마샤는 유다의 벧세메스에서 맞섰습니다.

22 유다는 이스라엘에 패했고 모든 사람이 뿔뿔이 흩어져 자기 집으로 도망쳐 버렸습니다.

23 이스라엘 왕 요아스는 여호아하스의 손자이며 요아스의 아들인 유다 왕 아마샤를 벧세메스에서 사로잡았습니다. 그리고 요아스는 아마샤를 예루살렘으로 데려갔고 에브라임 문에서부터 모퉁이 문까지 400규빗의 예루살렘 성벽을 무너뜨렸습니다.

24 요아스는 여호와의 성전과 왕궁 창고에서

아마샤

'주는 능력이시다'라는 이름의 뜻이 있다. 25세에 남유다 9대 왕이 되어, 여호와 보시기에 올바르게 행했으나 온 마음을 다하지는 않았다. 요아스 왕을 죽인 신하들을 처형할 때 율법에 순종하여 자녀들은 죽이지 않았다. 에돔과 싸울 때도 하나님의 사람의 말에 순종하여 용병으로 사들인 에브라임 군대를 돌려보냈다.

하지만 에돔과의 전쟁에서 승리하고 돌아올 때 세일 자손의 우상을 가져와 숭배했으며, 이를 책망하는 예언자의 충고를 듣지 않았다. 북이스라엘에게 패하여 예루살렘 성벽의 일부가 파괴당하고 성전 기구를 빼앗기는 수치를 당했다. 결국 부하들에게 암살당했다.

아마샤가 나오는 말씀
>> 왕하 14:1-14; 대하 25장

성경에 나오는 다른 아마샤
>> 북이스라엘 여로보암 2세 때 벧엘의 제사장 (암 7:10)

오벧에돔이 지키던 모든 금과 은과 모든 물건들과 왕궁 보물을 빼앗고 사람들도 인질로 잡아 사마리아로 돌아갔습니다.

25 **계속되는 아마샤의 통치** 유다 왕 요아스의 아들 아마샤는 이스라엘 왕 여호아하스의 아들 요아스가 죽은 뒤 15년을 더 살았습니다.
왕하 14:17-22

26 아마샤가 다스린 다른 일들은 처음부터 끝까지 유다와 이스라엘의 왕의 역사책에 적혀 있습니다.

27 아마샤가 여호와를 따르는 데서 돌아선 뒤 예루살렘에서는 반란이 일어났고 아마샤는 라기스로 도망했습니다. 그러나 반란자들은 라기스까지 사람을 보내 거기서 아마샤를 죽였습니다.

28 그들은 아마샤를 말에 실어 와 그의 조상들과 함께 성에 장사했습니다.

26

웃시야를 왕으로 삼음 온 유다 백성들은 16세인 웃시야를 그의 아버지 아마샤를 대신해 왕으로 삼았습니다.

2 **엘롯을 건축함** 웃시야는 아마샤가 자기 조상들과 함께 잠든 후 엘롯을 다시 건축해 유다 땅이 되게 했습니다.

3 **웃시야의 행함** 웃시야는 16세에 왕이 됐고 예루살렘에서 52년 동안 다스렸습니다. 그의 어머니 이름은 여골리아였고 예루살렘 사람이었습니다.
3-4 참 왕하 15:2-3

4 웃시야는 자기 아버지 아마샤가 했던 것처럼 여호와의 눈앞에 옳게 행동했습니다.

5 그는 하나님을 두려워하도록 가르쳐 준 스가랴가 살아 있는 동안 하나님을 구했습니다. 웃시야가 여호와를 찾는 동안은 하나님께서 그가 하는 일을 잘되게 해 주셨습니다.
24:2 단 1:17;10:1

6 **블레셋 이김** 그는 블레셋 사람들과의 전쟁에 나가 가드, 야브네, 아스돗 성들을 헐었습니다. 그리고 아스돗 가까이 블레셋 사람들 가운데 성들을 지었습니다.

7 하나님께서 웃시야를 도와줘서 블레셋 사람들과 구르바알에 사는 아라비아 사람들과 마온 사람들을 치게 하셨습니다.
20:1

8 암몬 사람들은 웃시야에게 조공을 바쳤고 웃시야의 이름은 이집트 국경에까지 널리 퍼졌습니다. 그의 세력이 아주 막강했기 때문입니다.
17:11;삼하 8:2

9 **웃시야의 업적** 웃시야는 예루살렘의 '모퉁이 문', '골짜기 문', 성벽 굽이에 망대들을 세워 굳게 했습니다.
왕하 14:13;느 2:13

10 웃시야는 또한 광야에 망대들을 세웠고 많은 우물을 팠는데 산자락과 평원에 그의 가축들이 많이 있었기 때문입니다. 웃시야는 또 산과 비옥한 땅에 있는 자기 밭과 포도밭에 농부들을 두었는데 그가 농사를 좋아했기 때문입니다.
신 6:11;느 9:25

11 **웃시야의 군사력** 웃시야에게는 잘 훈련된 군대가 있었는데 그들은 왕의 관리인 하나냐의 지휘 아래 서기관 여이엘과 장군 마아세야가 군대를 조직해서 싸우러 나갔습니다.

훈련 잘 받은 웃시야 왜 실패했나요?

웃시야는 16세에 왕이 되어 아버지 아마샤를 본받아 하나님 보시기에 옳은 일을 했어요. 군사·건축·농업의 기술도 있었고, 조직적인 능력도 갖춘 훌륭한 행정가였어요. 하지만 그는 실패한 인생이었어요. 왜 실패했을까요?

첫째, 사람을 의지했어요(대하 26:5). 스가랴 예언자의 가르침을 받으며 하나님을 찾는 동안에는 형통했지만 스가랴가 떠나고 없자 하나님보다 사람을 더 의지했어요.

둘째, 기도의 특권을 게을리했어요. "여호와를 찾는 동안은 하나님께서 그가 하는 일을 잘 되게 해 주셨습니다."(대하 26:5)라는 말을 통해 웃시야가 하나님께 기도하지 않는 날이 있었음을 알 수 있어요.

셋째, 교만해져 제사장의 고유 권한인 분향하는 일을 직접 하려고 했어요(대하 26:16-19). 교만만큼이나 우리 삶을 실패로 몰고 가는 것은 없답니다.

12 그 용사들을 지휘하는 족장들의 수는 다 합쳐 2,600명이었습니다.

13 그들 아래 전쟁을 위해 훈련된 30만 7,500명의 군사들이 있었고 그들은 건강과 전쟁에서 왕을 도와 적과 싸우는 자들이었습니다. 25:5

14 웃시야는 온 군대에 방패와 창과 투구와 갑옷과 활과 무릿매를 주었습니다. 느 4:16

15 웃시야는 예루살렘에서 기술자들에게 기계를 만들어 망대와 성벽 모퉁이에 두고 화살을 쏘고 큰 돌을 날려 보내라고 했습니다. 웃시야의 이름은 널리널리 퍼져 나갔으니 이는 그가 놀라운 도우심을 받아 강해졌기 때문입니다.

16 웃시야의 나병 그러나 웃시야는 강해진 후에 교만해져 멸망하게 됐습니다. 웃시야는 그의 하나님 여호와께 죄를 범했고 제단에 향을 피우려고 여호와의 성전에 들어갔습니다. 신 8:14;32:15;왕하 14:10;16:12-13

17 제사장 아사랴는 다른 용감한 여호와의 제사장 80명을 데리고 웃시야를 따라 들어갔습니다. 대상 6:10

18 그들은 웃시야를 막아서며 말했습니다. "웃시야여, 왕이 여호와께 분향하는 것은 옳지 않습니다. 향을 피우는 일은 거룩하게 구별된 아론의 자손들인 제사장들만이 하는 일입니다. 성소에서 나가십시오. 왕이 죄를 범했으니 왕이 여호와 하나님께 영광을 얻지 못할 것입니다." 출 30:7-8

19 자기 손에 향로를 들고 있던 웃시야는 화를 냈습니다. 웃시야가 여호와의 성전에 있는 분향하는 제단 앞에서 제사장들에게 화를 내자 웃시야의 이마에 나병이 생겼습니다. 출 4:6;민 12:10;왕하 5:27

20 대제사장 아사랴와 다른 모든 제사장들이 그의 이마에 나병이 생긴 것을 보고 서둘러 웃시야를 쫓아냈습니다. 여호와께서 웃시야를 벌하시니 웃시야도 스스로 서둘러 나갔습니다.

21 웃시야 왕은 나병에 걸려 죽었습니다. 웃시야는 나병에 걸린 채 한 집에 떨어져 홀로 살았고 여호와의 성전에서 끊어졌습니다. 그 아들 요담이 왕궁을 맡아 그 땅의 백성들을 다스렸습니다. 레 13:46;민 5:2;왕하 15:5-7

22 웃시야가 죽음 웃시야가 다스린 다른 일들은 처음부터 끝까지 아모스의 아들인 예언자 이사야가 적어 두었습니다. 사 1:1;6:1

23 웃시야는 자기 조상들과 함께 잠들었고 왕들의 무덤에서 떨어진 묘지에 묻혔는데 그가 나병에 걸렸기 때문입니다. 그의 아들 요담이 그의 뒤를 이어 왕이 됐습니다.

27

요담의 통치 요담은 25세에 왕이 됐고 예루살렘에서 16년 동안 다스렸습니다. 그의 어머니는 사독의 딸로 이름이 여루사였습니다. 1-3절

2 요담의 행함 요담은 자기 아버지 웃시야처럼 여호와의 눈앞에 올바르게 행동했으며 그의 아버지와는 달리 여호와의 성전에 들어가지는 않았습니다. 그러나 백성들은 계속 악한 일을 저질렀습니다. 26:16

3 요담의 건축 요담은 여호와의 성전 위쪽 문을 재건했고 오벨 산의 성벽을 더 지었습니다. 33:14;느 3:26-27;11:21

4 요담은 유다 산지에 성들을 짓고 수풀이 무성한 지역에 요새와 망대를 세웠습니다.

5 암몬을 정복함 요담은 암몬 사람들의 왕과 싸워 그들을 이겼습니다. 그해에 암몬 사람들은 요담에게 은 100달란트와 밀 1만 고르와 보리 1만 고르를 바쳤습니다. 암몬 사람들은 그 이듬해에도 또 3년째 되는 해에도 같은 양을 바쳤습니다.

6 요담은 그의 하나님 여호와 앞에서 신실하게 행동했으므로 점점 강해졌습니다.

7 요담이 죽음 요담이 다스리던 다른 일들은 그가 일으킨 모든 전쟁과 그가 한 다른 일들과 함께 이스라엘과 유다의 왕들의 역사책에 적혀 있습니다. 왕하 15:36

8 그는 25세에 왕이 됐고 예루살렘에서 16년 동안 다스렸습니다. 1절

9 아하스의 통치 요담은 자기 조상들과 함께

비옥(26:10, 肥沃, fertility) 땅이 기름짐.

잠들었고 다윗의 성에 묻혔습니다. 그리고 그 아들 아하스가 요담의 뒤를 이어 왕이 됐습니다.

28

아하스의 행악 아하스는 20세에 왕이 됐고 예루살렘에서 16년 동안 다스렸습니다. 그 조상 다윗과 달리 아하스는 그의 하나님 여호와의 눈앞에서 옳은 일을 하지 않았습니다. 　　1-4절

2 그는 이스라엘 왕들의 길을 걸어갔고 바알 신상들을 부어 만들었습니다. 　　출 34:17

3 아하스는 한놈의 아들 골짜기에서 제물을 바쳤는데 여호와께서 이스라엘 백성들 앞에서 쫓아내신 그 민족들의 역겨운 죄를 따라 자기 아들들까지 불에 넣어 제물로 바쳤습니다. 　　25:33;32,2,6레 18:21;신 18:9;수 15:8

4 아하스는 산당과 언덕과 모든 푸른 나무 아래에서 제물을 바치고 분향했습니다.

5 유다의 패배 그러하여 하나님 여호와께서는 아하스를 아람 왕에게 넘겨주셨습니다. 아람 사람들이 아하스를 쳤고 많은 백성들을 포로로 잡아 다메섹으로 끌고 갔습니다. 여호와께서 또한 그를 이스라엘 왕의 손에 넘기셨는데 이스라엘 왕이 아하스를 쳐서 수많은 사람들을 죽였습니다.

6 르말랴의 아들 베가가 유다에서 하루 동안 12만 명의 군사를 죽였습니다. 이는 유다가 그 조상들의 하나님 여호와를 저버렸

♥아하스의 죄

16년 동안 유다를 다스린 아하스 왕은 하나님을 버리고 바알 숭배, 몰록 제사, 산당 제사, 다메섹 신 제사 등 모든 우상을 섬겼다. 또 성전 기구들을 파괴하고, 성전 문들을 닫기까지 한 악한 왕이었다(대하 28:1-2). 이런 죄에 대한 심판으로 다메섹, 북이스라엘 블레셋, 에돔의 공격이 계속되자 이를 물리치기 위해 앗시리아 왕에게 도움을 구했다. 이사야 예언자가 아하스 왕에게 하나님의 말씀을 전했으나 거절하고(사 7:1-12) 앗시리아의 디글랏 빌레셀 3세에게 도움을 요청했다. 성전과 왕궁, 방백들의 재물을 취하여 앗시리아 왕에게 뇌물로 주었으나, 도움은커녕 괴롭힘만 당했다(대하 28:16-20).

기 때문입니다. 　　왕하 15:27;16:5

7 에브라임 용사인 시그리는 왕의 아들 마아세야와 왕궁 관리자 아스리감과 총리대신 엘가나를 죽였습니다.

8 이스라엘 사람들은 그들의 형제들 가운데 아내와 아들과 딸을 포함해서 20만 명을 포로로 잡아갔습니다. 그들은 많은 물건을 빼앗아 사마리아로 가져갔습니다. 　　11:4

9 포로의 안전한 해방 오뎃이라는 여호와의 예언자가 있었는데 그가 사마리아로 돌아가고 있는 이스라엘의 군대를 만나러 나가서 그들에게 말했습니다. "너희 조상들의 하나님 여호와께서 유다에게 진노하셨기에 그들을 너희 손에 주신 것이다. 그러나 너희가 하늘까지 미칠 만큼 잔인하게 유다 백성들을 죽였다. 　　스 9:6;사 47:6;겔 25:12

10 이제는 너희가 유다와 예루살렘의 사람들을 너희 종으로 삼으려 한다. 너희 또한 너희 하나님 여호와를 배반하는 죄가 없다고 하겠느냐?

11 이제 내 말을 잘 들으라. 너희가 포로로 끌고 온 너희 형제들을 돌려보내라. 이는 여호와의 무서운 진노가 너희 위에 있기 때문이다."

12 에브라임의 지도자들인 요하난의 아들 아사랴, 무실레못의 아들 베레갸, 살룸의 아들 여히스기야, 하들래의 아들 아마사가 전쟁터에서 돌아오는 사람들을 막으며 말했습니다.

13 "저 포로들을 여기 들어오게 할 수 없다. 이 일은 우리가 여호와 앞에 죄를 짓는 것이다. 우리 죄에 죄를 더하고 싶으냐? 우리 죄가 이미 커서 무서운 진노가 이스라엘에 다가와 있다."

14 그러자 군사들은 관리들과 온 회중들 앞에서 그 포로들과 빼앗은 물건들을 내놓았습니다.

15 위의 지도자 네 명이 포로들을 데려갔고 그들은 빼앗은 것들로 벌거벗은 사람들을 입혀 주었습니다. 그들은 포로들에게 옷가지와 신발, 먹을 것과 마실 것과 약을 주

었습니다. 약한 사람들은 나귀에 태웠습니다. 이스라엘 군사들은 자기 형제들을 종려나무 성 여리고까지 데려다 주었고 자기들은 사마리아로 돌아갔습니다.

16 아하스가 앗시리아의 도움을 구함 그때 아하스 왕은 앗시리아 왕에게 도움을 청하려고 사람을 보냈습니다. 　　　　　　왕하 16:7-8

17 에돔 사람들이 다시 와서 유다를 공격하고 포로들을 끌고 가는 동안

18 블레셋 사람들이 유다 평지와 남방을 습격했던 것입니다. 그들은 벧세메스, 아얄론, 그데롯과 소고, 딤나, 김소와 그 주변 마을들을 점령하고 거기에 살았습니다.

19 이스라엘 왕 아하스가 유다에 악한 일을 저지르고 여호와께 그토록 죄를 지었으므로 여호와께서 유다를 낮추셨던 것입니다. 21:2

20 앗시리아 왕 디글랏 빌레셀이 아하스 왕에게 왔지만 디글랏 빌레셀은 오히려 아하스 왕을 괴롭혔습니다. 　　　　왕하 15:29;16:7

21 아하스는 여호와의 성전과 왕궁과 방백들의 집에서 값진 물건을 가져다가 앗시리아 왕에게 주었지만 디글랏 빌레셀은 아하스를 돕지 않았습니다. 　　　　　　왕하 16:8-9

22 아하스의 극심한 타락 이런 어려운 때 아하스 왕은 더욱 여호와께 죄를 범했습니다.

23 그는 자기를 친 다메섹의 신들에게 제물을 바치면서 "아람 왕들의 신들이 그들을 도와주었으니 내가 그들에게 제물을 바쳐야겠다. 그러면 그 신들이 나도 도와줄 것이다'라고 생각했습니다. 그러나 그것들이 아하스 왕의 멸망과 온 이스라엘의 멸망을 불렀습니다. 　　25:14;렘 44:17-18

24 아하스는 하나님의 성전의 기구들을 모아 버렸습니다. 아하스는 여호와의 성전 문들을 닫고 예루살렘의 길모퉁이마다 제단을 세워 두었습니다. 　29:3,7;30:14;왕하 16:17

25 유다의 성마다 아하스는 다른 신들에게 분향할 산당들을 만들어 그 조상들의 하나님 여호와의 진노를 자아냈습니다.

26 아하스가 죽음 아하스가 다스린 다른 일들과 그가 한 모든 행동들은 처음부터 끝까

지 유다와 이스라엘의 왕들의 역사책에 적혀 있습니다. 　　　26-27;왕하 16:19-20

27 아하스는 자기 조상들과 함께 잠들었고 예루살렘에 장사했으나 이스라엘 왕들의 무덤에 두지 않았습니다. 아하스의 아들 히스기야가 뒤를 이어 왕이 됐습니다.

29 히스기야의 통치 히스기야는 25세에 왕이 됐고 예루살렘에서 29년 동안 다스렸습니다. 그 어머니는 이름이 아비야로 스가랴의 딸이었습니다.

2 히스기야의 행함 히스기야는 자기 조상 다윗이 한 것처럼 여호와의 눈앞에서 옳은 일을 했습니다.

3 성전 정결의 명령 히스기야 왕 1년 첫째 달에 그는 여호와의 성전 문을 열고 수리했습니다. 　　　　　　7절;28:24

4 그는 제사장들과 레위 사람들을 불러 동쪽 광장에 모으고

5 말했습니다. "레위 사람들아, 내 말을 들으라. 지금 너희 자신을 거룩하게 구별하고 우리 조상들의 하나님 여호와의 성전을 거룩하게 하라. 성소에서 모든 더러운 것들을 없애 버려라. 　15,34절;35:6;대상 15:12;스 6:20

6 우리 조상들은 죄를 범해 우리 하나님 여호와의 눈앞에 악한 짓을 하고 그분을 저버렸습니다. 그들은 여호와께서 계시는 곳에서 얼굴을 돌리고 그분에게 등을 돌렸습니다.

7 그들은 또 성전 현관문을 닫고 등불을 꺼버렸습니다. 성소에서 분향하지도 않고 이스라엘의 하나님께 번제를 드리지도 않았습니다.

8 유다와 예루살렘에 여호와의 진노가 내리고 우리 조상들을 내버려서 두려움과 놀람 그리고 비웃음거리로 만드셨다. 너희가 지금 너희 눈으로 보고 있는 대로니.

9 그런 까닭에 우리 조상들이 칼에 쓰러지고 우리 아들딸과 우리 아내들이 포로로 사로잡혀 있다. 　　　　　28:5-6,8,17

10 이제 내가 이스라엘의 하나님 여호와와 언약을 세워 무서운 진노를 우리에게서 돌이키려 한다. 　　　　　15:12;대상 22:7

11 내 아들들아, 이제는 게으르지 말라. 여호

와께서 너희를 선택해 그분 앞에 서서 그분을 섬기고 그분 앞에 시중들며 분향하게 하셨다."
민 3:6;8:14;18:2,6

12 레위 사람들이 순종함 그러자 레위 사람들이 일을 시작했습니다. 그들은 그핫 자손들 가운데 아마새의 아들 마핫, 아사랴의 아들 요엘, 므라리 자손들 가운데 압디의 아들 기스, 여할렐렐의 아들 아사랴, 게르손 자손들 가운데 심마의 아들 요아, 요아의 아들 에덴,

13 엘리사반 자손들 가운데 시므리, 여우엘, 아삽 자손들 가운데 스가랴, 맛다냐,

14 헤만 자손들 가운데 여후엘, 시므이, 여두둔 자손들 가운데 스마야, 웃시엘이었습니다.

15 그들은 자기 형제들을 모아 거룩하게 구별하고 여호와의 말씀대로 왕이 명령한 것에 따라 여호와의 성전에 들어가 깨끗하게 했습니다.

16 제사장들도 여호와의 성소로 들어가 깨끗하게 했습니다. 그들이 여호와의 성전에서 발견되는 모든 더러운 것들을 여호와의 성전 뜰로 끌어내면 레위 사람들은 그것들을 가져다가 기드론 골짜기에 버렸습니다.

17 그들이 정결하게 하는 일을 시작한 것은 첫째 달 1일이었고 그달 8일

에 여호와의 현관까지 정결하게 했습니다. 그리고 그 후 8일 동안 그들은 여호와의 온 성전을 깨끗하게 해 첫째 달 16일에 그 일을 마쳤습니다.

18 그들은 히스기야 왕에게 들어가 말했습니다. "우리가 여호와의 온 성전을 정결하게 했습니다. 번제단과 그 모든 기구들과 거룩한 빵을 놓는 상과 그 모든 물건들을 깨끗하게 했습니다.

19 우리는 아하스 왕이 다스리던 때 그가 죄를 저질러서 없앤 모든 물건들을 다시 준비해 정결하게 했습니다. 그것은 지금 여호와의 제단 앞에 있습니다." 28:24

20 성소와 유다를 위한 속죄제 이튿날 아침 일찍 히스기야 왕은 성안의 관리들을 모아 여호와의 성전으로 올라갔습니다.

21 그들은 그 나라와 성소와 유다를 위해 수송아지 일곱 마리, 숫양 일곱 마리, 어린양 일곱 마리를 속죄제물로 드렸습니다. 왕은 제사장들과 아론의 자손들에게 그 제물을 여호와의 제단에 올리라고 명령했습니다.

22 그러자 그들은 수송아지들을 잡았고 제사장들은 그 피를 가져다 제단 위에 뿌렸습니다. 그들은 숫염소들을 잡았고 그 피를 제단에 뿌리고 또 어린양들을 잡아서 그 피를 제단에 뿌렸습니다.

23 속죄제물인 염소들을 왕과 이스라엘 무리들 앞으로 끌어왔고 그들이 안수했습니다.

24 그러자 제사장들은 염소들을 잡아 온 이스라엘을 위한 속죄제물로 그 피를 제단에 올렸습니다. 왕이 온 이스라엘을 위해 번제물과 속죄제물을 드리라고 했습니다.

25 하나님께 대한 경배와 찬양 그는 레위 사람들이 다윗과 왕의 선견자 갓과 예언자 나단이 정해준 대로 심벌즈와 비파와 수금을 손에 들고 여호와의 성전에 있도록 했습니다. 이것은 여호와께서 그 예언자들을 통

히스기야 왕과 이스라엘 백성들이 기쁨으로 유월절을 지킴

해 명령하신 것입니다. _{삼상 9:9;삼하 12:1}

26 레위 사람들은 다윗의 악기들을, 제사장들은 나팔을 갖고 섰습니다. _{대상 15:24;23:5}

27 히스기야는 제단에서 번제를 올리라는 명령을 내렸습니다. 제사가 시작되자 여호와를 찬양하는 소리가 나팔과 이스라엘 왕다윗의 악기들의 반주에 맞춰 시작했습니다.

28 노래를 부르고 나팔 소리가 울리는 동안 온 이스라엘 회중이 경배하며 절했습니다. 이 모든 것은 번제가 끝날 때까지 계속됐습니다.

29 제사가 끝나자 왕과 그와 함께 있던 모든 사람은 무릎을 꿇고 경배를 드렸습니다.

30 히스기야 왕과 그의 신하들은 레위 사람들에게 다윗과 선견자 아삽의 시로 여호와를 찬양하게 했습니다. 그들은 기쁨으로 찬양을 불렀고 고개를 숙이고 경배를 드렸습니다.

31 희생제물과 감사제물 히스기야가 말했습니다. "너희가 이제 너희 자신을 여호와께 거룩히 구별했으니 와서 여호와의 성전에 희생제물과 감사의 제물을 드리라." 그러자 이스라엘 무리들이 희생제물과 감사제물을 가져왔고 마음에 원하는 자마다 번제물을 가져왔습니다. _{13:9;레 28:41;35:5,22}

32 이스라엘 무리들이 가져온 번제물의 수는 수소 70마리, 숫양 100마리, 어린양 200마리였는데 이 모든 것은 여호와께 드리는 번제물이었습니다.

33 희생제물로 거룩하게 한 동물들은 수소 600마리, 양 3,000마리였습니다.

34 모든 번제물의 가죽을 벗기기에는 제사장들의 수가 너무 적었습니다. 그래서 그 형제인 레위 사람들이 일을 마칠 때까지 돕고 또 다른 제사장들이 거룩하게 구별되기까지 도와주었습니다. 레위 사람들은 자신을 거룩하게 하는 데 제사장들보다 더 열심이 있었습니다. _{30:3;35:11}

35 번제물과 함께 화목제물의 기름도 많았고 번제와 함께 드리는 전제물도 매우 풍성했습니다. 이렇게 여호와의 성전에서 섬기는 일이 갖추어졌습니다. _{레 3:1,16;17; 민 15:5,7,10}

36 이 일이 갑작스럽게 이루어졌으나 하나님께서 백성을 위해 준비하셨으므로 히스기야와 온 백성이 기뻐했습니다.

30

이스라엘이 유월절을 지킴 히스기야는 온 이스라엘과 유다에 명령을 내리고 또 에브라임과 므낫세에 편지를 보냈습니다. 예루살렘에 있는 여호와의 성전에 와서 이스라엘의 하나님 여호와께 유월절을 지켜 드리라는 것이었습니다.

2 왕과 그의 신하들과 예루살렘의 온 이스라엘 무리들은 둘째 달에 유월절을 지키기로 결정했습니다. _{13,15절;민 9:10-11}

3 자신을 거룩하게 구별한 제사장들이 부족하고 백성들도 예루살렘에 모이지 못했기 때문에 정한 때 유월절을 지킬 수 없었던 것입니다. _{24절;29:17,34;출 12:6,18}

4 그 일은 왕에게나 온 이스라엘 무리들에게 다 옳게 여겨졌습니다.

5 왕은 브엘세바부터 단에 이르기까지 이스라엘 온 땅에 명령을 내려 백성들이 예루살렘에 와서 이스라엘의 하나님 여호와의 유월절을 지키도록 했습니다. 유월절이 오랫동안 그 기록된 규례대로 지켜지지 못했던 것입니다. _{삼하 3:10}

6 왕의 명령을 좇아 전하는 사람들이 왕과 그의 신하들의 편지를 들고 이스라엘과 유다를 두루 다녔습니다. 편지의 내용은 이 랬습니다. "이스라엘 백성들아, 아브라함과 이삭과 이스라엘의 하나님 여호와께 돌아오라. 그러면 그분이 앗시리아 왕들의 손을 벗어나 남게 된 너희에게 돌아오실 것이다.

7 하나님 여호와께 죄를 범했던 너희 조상들과 너희 형제들처럼 되지 말라. 너희가 보았듯이 여호와께서 그들을 멸망하게 하셨다.

8 너희 조상들처럼 목을 곧게 해서는 안 된다. 여호와께 순종하라. 그분이 영원히 거룩하게 하신 성소로 오라. 너희 하나님 여호와를 섬겨 그분의 무서운 진노가 너희에게서 떠나게 하라. _{29:10;겔 32:9;신 9:6;행 7:51}

9 너희가 만약 여호와를 섬기면 너희 형제들

과 너희 자녀들은 그 사로잡은 사람들에게 자비를 얻어 이 땅으로 돌아오게 될 것이다. 너희 하나님 여호와는 은혜롭고 자비가 많으신 분이기 때문이다. 너희가 그분께로 돌아오면 그분은 너희에게서 얼굴을 돌리지 않으실 것이다." 출34:6;상하7:3

10 이스라엘에 온 사람들 전하는 사람들은 에브라임과 므낫세의 여러 성들을 다녀 스불론까지 이르렀지만 백성들은 그들을 조롱하며 비웃었습니다. 삼하36:16

11 그러나 아셀, 므낫세, 스불론의 몇몇 사람들은 겸손해져서 예루살렘으로 왔습니다.

12 유다에서는 하나님께서 백성들에게 한마음을 주사 여호와의 말씀을 따라 왕과 그의 신하들이 명령한 것을 따르게 하셨습니다.

13 유월절 의식을 행함 둘째 달에 백성들의 큰 무리가 무교절을 지키러 예루살렘에 모였습니다. 2절

14 그들은 예루살렘에 있는 거짓 신을 위한 제단들을 없애고 분향단을 모두 없애 기드론 골짜기에 버렸습니다. 15:16;왕하23:6

15 그들은 둘째 달 14일에 유월절 어린양을 잡았습니다. 제사장들과 레위 사람들은 부끄러워서 자신을 거룩하게 하고 여호와의 성전에 번제물을 갖고 왔습니다.

16 그들은 하나님의 사람 모세의 율법에 정해진 대로 자기 자리에 섰습니다. 제사장들은 레위 사람들이 갖다 준 그 피를 뿌렸습니다. 35:10;신33:1

17 무리 가운데 많은 사람들이 자신을 거룩하게 하지 않았으므로 레위 사람들이 정결하지 않은 모든 사람들을 위해 유월절 어린양을 잡았습니다.

18 에브라임, 므낫세, 잇사갈, 스불론에서 온 많은 사람들의 대부분이 자신을 거룩하게 하지 않고 유월절 양을 먹어 규례를 어겼습니다. 그러나 히스기야는 그들을 위해 이렇게 기도했습니다. "선하신 여호와여, 용서해 주십시오. 11,25절;출12:43-49

19 하나님, 곧 그 조상들의 하나님 여호와를 찾으려고 마음을 준비한 사람은 비록 성소의 규정에 따르면 부정할지라도 누구든지 용서해 주십시오." 19:3

20 여호와께서 히스기야의 기도를 듣고 백성들을 고쳐 주셨습니다.

21 예루살렘에 모인 이스라엘 사람들은 7일 동안 기쁨에 넘쳐 무교절을 지켰습니다. 레위 사람들과 제사장들은 여호와의 악기 반주에 맞춰 날마다 여호와께 찬양을 올려 드렸습니다. 출12:15;13:6;스6:22

22 히스기야가 여호와를 섬기는 일을 잘 알고 행동하는 모든 레위 사람들을 격려해 주었습니다. 그들은 7일 동안 절기 음식을 먹고 화목제물을 드리고 그 조상들의 하나님 여호와를 찬양했습니다. 레5:5

23 2주 동안 계속된 유월절 그러고 나서 온 이스라엘 무리들은 절기를 7일 더 지키기로 했습니다. 그때부터 다시 7일 동안 즐거워하며 절기를 지켰습니다. 왕상8:65

24 유다 왕 히스기야는 이스라엘 무리들을 위해서 수송아지 1,000마리, 양 7,000마리를 주었고 신하들은 그들에게 수송아지

1,000마리, 양 1만 마리를 주었습니다. 자신을 거룩하게 한 제사장들의 수도 많았습니다.

^{3절;29:34;35:7-9}

25 유다의 온 이스라엘 무리들은 제사장들과 레위 사람들과 이스라엘에서 모인 모든 사람들과 또 이스라엘에 와 있는 이방 사람들과 유다에 살고 있던 사람들과 함께 기뻐했습니다.

^{11,18절}

26 예루살렘에는 큰 기쁨이 있었습니다. 이스라엘 왕 다윗의 아들 솔로몬의 시대로부터 이런 일은 예루살렘에 없었습니다.

27 제사장들과 레위 사람들은 백성들을 축복하기 위해 섰고 하나님께서는 그들의 소리를 들어 주셨습니다. 그들의 기도가 하늘, 곧 그 거룩한 곳까지 미쳤습니다.

31 우상들을 파괴함 이 모든 일이 끝나자 거기 있던 이스라엘 백성들은 유다 성들로 나가 거룩하는 돌들을 부수고 아세라 우상들을 찍어 버렸습니다. 그들은 유다와 베냐민 온 지역에서, 에브라임과 므낫세에서 산당들과 제단들을 없앴습니다. 그것을 모두 없애고 난 후 이스라엘 백성들은 자기 성과 자기 고향으로 돌아갔습니다.

^{출 23:24;신 16:21}

2 또 다른 종교 의식의 개혁 히스기야는 제사장들과 레위 사람들의 계열을 정했는데 각각 제사장이나 레위 사람의 일에 따라 정했습니다. 곧 번제물이나 화목제물을 드리며 여호와께서 계시는 곳의 문에서 섬기고 감사를 드리고 찬양하는 일이었습니다.

3 왕은 자기가 가진 것에서 여호와의 율법에 정해진 대로 아침저녁으로 번제에 쓸 짐승을 드리게 하고 안식일과 초하루와 절기들에 드릴 번제를 위해 쓰게 했습니다.

4 그는 제사장들과 레위 사람들이 여호와의 율법을 지키는 일에 헌신하도록 예루살렘에 사는 백성들에게 명령해 제사장들과 레위 사람들의 몫을 가져오게 했습니다.

5 명령을 내리자 이스라엘 백성들은 곡식과 새 포도주와 기름과 꿀과 밭에서 난 모든 것의 첫 수확을 아낌없이 냈습니다. 그들

이 모든 것의 십일조로 가져온 것은 매우 많았습니다.

^{느 13:12}

6 유다 성들에 사는 이스라엘 사람들과 유다 사람들도 자기 소와 양의 십일조를 가져왔고 그들의 하나님 여호와께 바칠 거룩한 것들의 십일조를 가져와 더미를 이루어 쌓아 놓았습니다.

^{레 27:30;신 14:28}

7 백성들은 이 일을 셋째 달에 시작해 일곱째 달에 끝냈습니다.

8 히스기야와 그의 신하들이 와서 그 쌓아 놓은 것을 보고 여호와를 찬양하고 그 백성 이스라엘을 축복했습니다.

9 남은 예물을 보관함 히스기야는 제사장들과 레위 사람들에게 그 쌓아 놓은 더미에 대해 물었습니다.

10 그러자 사독 집안사람 대제사장 아사랴가 대답했습니다. "백성들이 여호와의 성전에 바칠 것을 가져오기 시작해 우리가 충분히 먹었으나 남은 것도 많습니다. 여호와께서 그 백성들을 축복하셔서 이렇게 많이 남은 것입니다."

^{대상 6:8;날 3:10}

11 히스기야가 여호와의 성전에 창고를 마련하도록 명령을 내려 창고들이 지어졌습니다.

12 그들은 예물과 십일조로 바쳐진 거룩한 물건들을 그리로 들여놓았습니다. 레위 사람 고나냐가 이 물건들을 관리했고 그 형제 시므이는 관리하는 일에 버금가는 사람이 됐습니다.

^{29:12;14;35:9;느 13:13}

13 히스기야 왕과 하나님의 성전 관리를 맡은 신하 아사랴가 여히엘, 아사시야, 나핫, 아사헬, 여리못, 요사밧, 엘리엘, 이스마갸, 마핫, 브나야를 세워 고나냐와 그 형제 시므이 밑에 감독으로 삼았습니다.

14 예물을 나눔 동쪽 문지기인 레위 사람 임나의 아들 고레는 하나님께 드리는 낙헌제를 맡아 여호와께 바친 것과 거룩하게 구별된 예물을 나눠 주었습니다.

15 에덴, 미냐민, 예수아, 스마야, 아마랴, 스가냐는 제사장들의 성에 다니면서 그들의 형제 제사장들 모두에게 나눠 주었습니다.

16 또한 그들은 3세 이상 된 남자들로 족보에

이름이 기록된 사람들 외에도 여호와의 성전에 들어가 일하는 순서에 따라 여러 가지 맡은 일을 하는 모든 사람들에게 다 나눠 주었습니다. · 왕상 8:59;스 3:4;느 11:23;12:47

17 그리고 그들은 족보에 자기 집안별로 기록된 제사장들과 그 일과 순서에 따라 20세 이상 된 레위 사람들에게도 나눠 주었습니다. · 대상 23:24,27

18 그들은 이 족보에 적혀 있는 모든 무리의 어린아이, 아내, 아들과 딸을 빠뜨리지 않았습니다. 이들은 자신을 거룩하게 구별한 사람들이기 때문입니다.

19 아론의 자손들에게 주어진 성이나 다른 성에 살고 있는 제사장들의 모든 남자와 레위 사람들의 족보에 기록된 모든 남자에게도 먹을 몫을 나눠 주었습니다.

20 **히스기야의 충성** 히스기야가 이 일을 했습니

산헤립

조공을 받고 있는 산헤립의 부조

앗시리아 왕으로 사르곤 2세의 아들이다. 히스기야 14년에 라기스를 비롯한 유다의 견고한 성읍들을 공격해 점령하고 히스기야를 위협했다. 은 300달란트와 금 30달란트를 히스기야에게서 받고도 만족하지 못해 예루살렘을 공격하려고 군 군대를 보냈다. 랍사게를 통해 앗시리아에 항복하고 위협하면서 하나님도 예루살렘을 구원하지 못할 것이라고 조롱했다. 하지만 히스기야와 이사야 예언자의 기도로 하룻밤 사이에 18만 5천 명의 군사를 잃고 니느웨로 돌아가 니스록 신전에서 두 아들에게 살해당했다.

산헤립이 나오는 말씀
>> 왕하 18:13-19장; 대하 32:1-21

다. 그는 유다 온 지역에서 하나님 여호와 앞에 선하고 올바르고 충성된 일을 했습니다.

21 하나님의 성전을 섬기는 것과 율법과 계명에 순종하는 것에 있어서 그는 하나님을 찾았고 온 마음으로 일했습니다. 그리하여 그는 번영하게 됐습니다.

32

산헤립의 재침입 히스기야가 충성스럽게 이 모든 일을 다 한 후에 앗시리아 왕 산헤립이 와서 유다를 쳤습니다. 산헤립은 견고한 성들을 포위하고 그들을 점령하려 했습니다.

2 히스기야가 방비를 강화함 히스기야는 산헤립이 예루살렘을 치러 온 것을 보고

3 그 신하들과 용사들과 의논해 성 밖의 샘에서 물의 근원을 막기로 했습니다. 그들은 왕을 도왔습니다.

4 많은 백성들이 모여 모든 샘과 그 땅을 굽어 흐르는 물길을 막아 버리고 말했습니다. "어떻게 앗시리아 왕들이 이 많은 물을 얻겠는가?" · 30절

5 히스기야는 성벽의 무너진 부분 이곳저곳을 다 고치고 그 위에 망대를 짓는 데 힘을 쏟았습니다. 그는 바깥쪽으로 성벽을 하나 더 세워 다윗의 성을 더욱 강하게 했습니다. 히스기야는 또한 무기와 방패들을 많이 만들었습니다. · 25:23;삼하 5:9;사 22:9-10

6 그는 사람들을 지휘할 군사령관들을 세우고 그들을 성문 앞 광장 자기 앞에 모으고 위로의 말을 하며 용기를 북돋웠습니다.

7 "마음을 강하게 먹고 용기를 내라. 앗시리아 왕과 그 큰 군대로 인해 두려워하거나 낙심하지 말라. 우리에게 그보다 더 큰 힘이 있다. · 20:15;신 31:6;왕하 6:16

8 그에게는 육체의 팔뿐이지만 우리에게는 우리 하나님 여호와께서 계신다. 그분이 우리를 도와 우리를 대신해 싸워 주실 것이다." 그러자 백성들은 유다 왕 히스기야의 말을 듣고 용기를 얻었습니다. · 렘 17:5

9 **산헤립이 조롱함** 그 후 앗시리아 왕 산헤립과 그 모든 군대들이 라기스를 포위하고 자기 신복들을 예루살렘으로 보내 유다 왕

히스기야와 예루살렘에 있는 유다의 모든 백성들에게 말을 전했습니다.

10 "위대하신 앗시리아 왕께서 말씀하신다. 지금 너희가 포위된 예루살렘에 있는데 무엇을 믿고 이렇게 당당하냐?

11 히스기야가 '우리 하나님 여호와께서 앗시리아 왕의 손에서 우리를 구해 내시리라'고 말하는데 그가 너희를 잘못 이끌어 굶주림과 목마름으로 죽게 하는 것이다.

12 히스기야는 여호와의 산당들과 제단들을 없애고 유다와 예루살렘에 명령을 내려 '너희는 한 제단 앞에서 경배하고 거기서 번제물을 올리라고 하지 않았느냐?

13 나와 내 조상들이 다른 땅의 모든 민족들에게 어떻게 했는지 알지 못하느냐? 그 민족들의 신들이 그들의 땅을 내 손에서 건져 낼 수 있었느냐?

14 내 조상들이 멸망한 그 민족들의 모든 신들 가운데 누가 그 백성들을 구해 낼 수 있었느냐? 그런데 하물며 너희 신이 너희를 내 손에서 건져 낼 것 같으냐?

15 이제 히스기야가 너희를 속이고 너희를 잘못 이끌지 못하게 하라. 그를 믿지 말라. 어떤 민족이나 나라의 어떤 신도 자기 백성들을 내 손이나 내 조상들의 손에서 건져 내지 못했다. 그러니 너희 신이 어떻게 내 손에서 너희를 건져 낼 수 있겠느냐!"

16 히스기야를 비난함 산헤립의 신복들도 여호와 하나님과 그 종 히스기야를 더욱 비난했습니다.

17 산헤립이 히스기야에게 편지를 씀 산헤립 왕은 또 이스라엘의 하나님 여호와를 모독하는 내용의 편지를 썼습니다. "다른 땅 민족들의 신들이 그 백성들을 내 손에서 구해 내지 못했던 것처럼 히스기야의 신도 자기 백성들을 내 손에서 구해 내지 못할 것이다."

18 그리고 그들은 히브리 말로 성벽 위에 있던 예루살렘 사람들에게 크게 외쳤습니다. 그들은 성을 함락시키려고 백성들에게 두려움을 주며 괴롭게 했습니다.

19 그들은 예루살렘의 하나님을 사람의 손으로 만든 세상의 다른 민족들의 신들처럼 훼방하며 지껄였습니다.

20 히스기야의 기도 히스기야 왕과 아모스의 아들인 예언자 이사야는 이 일에 대해 하늘을 향해 큰 소리로 기도했습니다.

21 산헤립이 암살당함 그러자 여호와께서 한 천사를 보내 앗시리아 왕의 군대의 모든 용사들과 지도자들과 신하들을 죽이셨습니다. 앗시리아 왕은 부끄러움에 휩싸여 자기 땅으로 물러가 자기 신의 신전으로 들어갔는데 그의 아들 몇몇이 그를 칼로 죽였습니다. 사 44:15;렘 7:19

22 구원하심 이렇게 여호와께서는 히스기야와 예루살렘의 백성들을 앗시리아 왕 산헤립의 손과 다른 모든 사람들의 손에서 구해 내셨습니다. 여호와께서는 그들을 여러모로 돌보아 주셨습니다.

23 유다가 다시 번성함 많은 사람들이 예루살렘으로 여호와를 위해 예물들을 가져왔고 유다 왕 히스기야에게 값진 선물들을 가져왔습니다. 그때부터 히스기야는 모든 민족들에게 존경을 받았습니다.

24 히스기야의 생명이 연장됨 그때 히스기야가 병이 들어 죽게 됐습니다. 히스기야는 여호와께 기도를 드렸고 여호와께서는 히스기야에게 응답해 기적을 주셨습니다.

25 히스기야의 교만 그러나 히스기야는 마음이 교만해져 그에게 보여 주신 은혜에 보답하지 않았습니다. 그리하여 히스기야와 유다와 예루살렘에 여호와의 진노가 내렸습니다. 19:2;24:18;26:16;사 116:12

26 히스기야는 자기 마음의 교만함을 회개했고 예루살렘 사람들도 회개했습니다. 그리하여 히스기야가 사는 동안에 여호와의 진노가 그들에게 내리지 않았습니다.

27 유다의 번창 히스기야는 큰 부와 명예를 가졌고 은, 금, 보석, 향료, 방패 등 온갖 값진 물건들을 두는 창고를 만들었습니다.

28 히스기야는 또한 추수한 곡식과 새 포도주와 기름을 두는 창고를 지었습니다. 또

여러 종류의 짐승들을 위해 외양간을 만들고 양들을 위해 우리들을 갖췄습니다.

29 그는 많은 양과 소들을 위해 성을 더 만들었습니다. 하나님께서 그에게 많은 재산을 주셨던 것입니다.

30 기혼 샘의 위쪽을 막아 다윗 성의 서쪽으로 물길을 튼 사람도 바로 히스기야였습니다. 히스기야가 하는 모든 일이 잘됐습니다.

31 시험받는 히스기야 그러나 바벨론의 지도자들이 그 땅에 나타난 기적들에 대해 묻기 위해 사절단을 보냈습니다. 하나님께서는 히스기야를 시험해 그의 마음속에 있는 모든 것을 알아보려고 했습니다. 하나님께서는 히스기야 왕이 마음대로 하도록 내버려 두셨습니다.

신 8:2;왕하 20:12;사 39:1

32 히스기야가 죽음 히스기야가 다스렸던 다른 일들과 그의 헌신적인 행동은 아모스의 아들인 예언자 이사야의 예언서와 유다와 이스라엘의 왕들의 역사책에 적혀 있습니다.

33 히스기야는 그 조상들과 함께 잠들었고 다윗의 자손들의 무덤이 있는 높은 곳에 묻혔습니다. 온 유다와 예루살렘 백성들은 히스기야가 죽었을 때 경의를 표했습니다. 그리고 그의 아들 므낫세가 뒤를 이어 왕이 됐습니다.

삼하 15:30

33

유다 왕 므낫세 므낫세는 12세에 왕이 됐고 55년 동안 예루살렘에서 다스렸습니다.

1-9절;왕하 21:1-9

2 유다가 다시 우상 숭배함 그는 여호와께서 이스라엘 백성들 앞에서 쫓아내신 민족들의 역겨운 일들을 따름으로써 여호와의 눈앞에서 악한 일을 저질렀습니다.

3 므낫세는 자기 아버지 히스기야가 무너뜨린 산당들을 다시 지었고 또 바알의 제단을 세웠으며 아세라 상을 만들었습니다. 그는 또한 하늘의 별들을 경배하고 섬겼습니다.

신 16:21;17:3;왕하 18:4

4 그는 여호와께서 "내 이름을 예루살렘에 영원히 두겠다"라고 말씀하신 그 여호와의 성전에 우상을 위한 제단을 만들었습니다.

5 여호와의 성전 안팎의 뜰에 하늘의 모든 별들을 위한 제단을 만들었습니다.

6 므낫세는 자기 아들들을 힌놈의 아들 골짜기에서 불 속에 넣어 희생제물로 바쳤고 점을 치고 마법을 행했으며 신접한 사람들과 무당들의 말을 믿었습니다. 므낫세는 여호와의 눈앞에 악한 일을 많이 저질러서 여호와의 진노를 자아냈습니다.

7 그는 자기가 조각해 만든 아세라 상을 가져다 하나님의 성전에 두었습니다. 이 성전은 여호와께서 다윗과 그 아들 솔로몬에게 "내가 온 이스라엘 지파들 가운데 선택한 예루살렘에, 그리고 이 성전에 내가 영원히 내 이름을 두겠다.

15절

히스기야의 지하 터널

히스기야는 BC 701년경 예루살렘 성 밑에 지하 수로를 파서 기혼 샘물을 끌어들였다(왕하 20:20). 이 터널을 '히스기야의 지하 수로' 또는 '실로암 수로'라고 한다.

이 지하 수로를 판 이유는 첫째, 전쟁 때에도 예루살렘 성안에 식수를 원활히 공급하기 위해서였고(대하 32:30), 둘째, 기혼 샘물의 근원을 막아 외국 군대가 식수를 공급받는 것을 막기 위해서였다(대하 32:3-4). 셋째, 건기 때에도 백성들에게 식수를 충분히 공급하기 위해서였다. 히스기야의 지하 수로는 물에서 놀던 한 소년이 발견했고, 콘라드 쉬크(Conrad Schick) 박사가 1886년에 발굴했다. 이 지하 수로는 길이가 500m 정도 되며 높이 60~150cm, 너비 60cm 정도로 S자형을 이루었다. 지하 벽에 쓰인 기록을 보면 이 터널은 히스기야의 일꾼들이 만든 것임을 알 수 있다.

8 만약 그들이 마음을 다해 모세를 통해 준 모든 율법과 규례와 법도에 따라, 내가 명령한 모든 것을 지켜 행하면 내가 다시는 이스라엘 백성들의 발이 내가 너희 조상들에게 준 땅에서 떠나 방황하지 않게 할 것이다'라고 말씀하신 곳이었습니다. 삼하7:10

9 그러나 므낫세는 유다와 예루살렘 백성들을 잘못 이끌어 이스라엘 백성들 앞에서 여호와께서 멸망시키신 그 민족들보다 더 악한 짓을 하게 만들었습니다.

10 므낫세가 잡혀 감 여호와께서는 므낫세와 그 백성들에게 말씀하셨지만 그들은 듣지 않았습니다.

11 그러자 여호와께서 그들에게 앗시리아 왕의 군사령관들을 보냈는데 그들은 므낫세를 포로로 잡아 코에 고리를 꿰고 청동사슬로 묶어 바벨론으로 끌어갔습니다.

12 회개가 회복을 가져옴 그는 고난 가운데 하나님 여호와의 은혜를 구하고 그 조상들의 하나님 앞에서 매우 겸손해졌습니다.

13 그리하여 므낫세는 여호와께 기도드렸고 여호와께서는 그의 맹세에 마음을 움직여 그의 간구를 들어주셨습니다. 여호와께서는 므낫세를 그의 나라 예루살렘으로 돌려보내셨습니다. 그러자 므낫세는 여호와가 하나님이심을 알게 됐습니다. 대상5:20

14 므낫세의 개혁 그 후 므낫세는 골짜기에 있는 기혼 샘의 서쪽 다윗의 성에 바깥 성벽을 재건했는데 '물고기 문' 입구에서부터 오벨 산자락을 둘러쌓았고 더욱 높게 지었습니다. 그는 유다의 모든 든든한 성들에 군사령관들을 두었습니다. 왕상1:33느3:3

15 그는 이방신들을 없애고 여호와의 성전에서 자기가 성전 산과 예루살렘에 지어 놓은 모든 제단들을 비롯한 우상들을 없앴습니다. 3,5,7절

16 므낫세는 여호와의 제단을 보수하고 그 위에 화목제물과 감사제물을 드렸으며 유다에게 이스라엘의 하나님 여호와를 섬기라고 명령했습니다.

17 그러나 백성들은 하나님 여호와께만 제사를 드리되 계속 산당에서 제사를 드렸습니다. 32:12

18 므낫세가 죽음 므낫세가 다스리던 다른 일들과 그가 그의 하나님께 드린 기도와 이스라엘의 하나님 여호와의 이름으로 선견자들이 한 말들은 이스라엘 왕들의 역사책에 적혀 있습니다. 13,19절21:12상9:9

19 므낫세의 기도와 하나님께서 그의 맹세를 듣고 마음을 움직이신 일, 그의 모든 죄와 허물, 그가 겸손해지기 전에 산당을 짓고 아세라 상과 우상을 만들어 둔 것, 이 모든 것은 호새의 책에 적혀 있습니다. 3절

20 므낫세는 자기 조상들과 함께 잠들었고 자기 왕궁에 묻혔습니다. 그리고 그의 아들 아몬이 뒤를 이어 왕이 됐습니다.

21 아몬의 다스림 아몬은 22세에 왕이 됐고 예루살렘에서 2년 동안 다스렸습니다.

22 아몬은 자기 아버지 므낫세가 한 것처럼 여호와의 눈앞에 악한 일을 저질렀습니다. 아몬은 므낫세가 만든 모든 우상들을 경배하고 희생제물을 바쳤습니다. 7절

23 그러나 그 아버지 므낫세와 달리 아몬은 여호와 앞에서 겸손하지 않았습니다. 아몬은 죄악을 쌓아만 갔습니다. 12절

24 반역자들을 죽임 아몬의 신하들이 그에게 반역해 아몬을 그의 왕궁에서 죽였습니다.

25 그 후 그 땅의 백성들은 아몬 왕에게 반역한 모든 사람들을 죽였고 그의 아들 요시야를 왕으로 삼았습니다.

34

요시야의 경건 요시야는 8세에 왕이 됐고 예루살렘에서 31년 동안 다스렸습니다.

2 요시야는 여호와의 눈앞에 올바르게 행동했고 그 조상 다윗의 길을 걸어 좌우로 치우치지 않았습니다.

3 우상 제거 그가 다스린 지 8년째 되던 아직 어릴 때 요시야는 그의 조상 다윗의 하나님을 찾았습니다. 그가 다스리던 12년에 그는 유다와 예루살렘에서 산당과 아세라 상과 조각해 만든 우상들과 부어 만든 형상들을 없앴습니다. 14:3

4 요시야 앞에서 백성들이 바알의 제단들을 부수었고 그 위에 있던 분향단들을 산산조각 냈으며 아세라 상과 우상과 새긴 우상들을 깨뜨렸습니다. 요시야는 이것들을 산산조각 내 그것들에 희생제물을 드리던 사람들의 무덤에 뿌렸습니다.
왕하 23:6

5 요시야는 그 제사장들의 뼈를 그들의 제단에서 태워 유다와 예루살렘을 깨끗하게 했습니다.
왕상 13:2;왕하 23:20

6 므낫세, 에브라임, 시므온 성들과 납달리까지 그 주변의 폐허가 된 곳에서 그렇게 했습니다.
왕하 23:15,19

7 요시야는 제단들과 아세라 상을 부수고 우상들을 가루로 만들며 이스라엘 온 땅의 모든 분향단을 찍어 내고 예루살렘으로 돌아왔습니다.
신 9:21

8 **성전을 수리함** 요시야가 다스리던 18년에 그 땅과 성전을 깨끗하게 하려고 아살랴의 아들 사반과 그 성의 지도자 마아세야를 역사를 기록하는 사람 요아하스의 아들 요아와 함께 보내 그의 하나님 여호와

의 성전을 수리하게 했습니다.
삼하 8:16

9 그들은 대제사장 힐기야에게 가서 하나님의 성전에 바쳐진 돈을 주었습니다. 그 돈은 문지기들인 레위 사람들이 므낫세, 에브라임과 이스라엘에 남은 모든 사람들과 온 유다와 베냐민 사람들과 예루살렘에 사는 사람들에게서 거둔 것이었습니다.

10 그들은 그것을 여호와의 성전 일을 감독하도록 세운 사람들에게 맡겼습니다. 이 사람들은 성전을 보수해 건축하는 일꾼들에게 그 돈을 주었습니다.

11 그들은 다듬은 돌과 나무를 사도록 목수와 건축하는 사람들에게 돈을 주었으며 유다 왕들이 헐어 버린 건물의 천장과 들보를 만들게 했습니다.
느 2:8

12 그 사람들은 성실하게 일했습니다. 그들을 감독하고 지시하는 사람들은 레위 사람들로 므라리 자손들인 야핫과 오바댜, 그핫 자손들인 스가랴와 무슬람이었습니다. 악기 연주에 익숙했던 모든 레위 사람들도 함께했습니다.
대상 23:5

13 그 사람들은 또한 짐꾼들을 관리했고 모든 일에 있어서 기술자들을 감독했습니다. 몇몇 레위 사람들은 관리, 서기관, 문지기가 됐습니다.

14 **율법책을 발견함** 그들이 여호와의 성전에 들어가 드려진 돈을 꺼내고 있을 때 제사장 힐기야가 모세에게 주신 여호와의 율법책을 발견했습니다.

15 힐기야가 서기관 사반에게 말했습니다. "내가 여호와의 성전에서 율법책을 발견했습니다." 그는 율법책을 사반에게 주었습니다.

16 **율법을 읽음** 그러자 사반은 그 책을 왕에게로 가져가서 말했습니다. "왕의 관리들이 맡겨진 모든 일을 잘하고 있습니다.

17 그들은 여호와의 성전에 있던 돈을 잘 처리해 감독관들과 일꾼들에게 맡겼습니다."

18 그리고 나서 서기관 사반은 왕에게 말했습니다. "제사장 힐기야가 제게 책 한 권을 주었습니다." 그리고 사반은 왕 앞에서 그것을 읽었습니다.

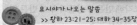

19 요시야의 깨달음 왕은 율법책에 있는 말씀을 듣고 자기 옷을 찢었습니다.
수 7:6

20 왕은 제사장 힐기야, 사반의 아들 아히감, 미가의 아들 압돈, 서기관 사반, 왕의 시종 아사야에게 이렇게 명령을 내렸습니다.

21 "너희는 가서 나와 백성들과 온 유다를 위해 지금 발견된 이 책에 기록된 것에 대해 여호와께 여쭤 보라. 우리 조상들이 여호와의 말씀을 지키지 않았기에 우리에게 내린 여호와의 진노가 너무 크다. 우리는 이 책에 기록된 것을 따르지 않았나라."

22 여자 예언자 훌다 힐기야와 왕이 보낸 사람들은 여예언자 훌다에게 갔습니다. 훌다는 하스라의 손자이며 독핫의 아들로 예복을 관리하는 사람 살룸의 아내였습니다. 훌다는 예루살렘의 둘째 구역에 살고 있었습니다.

23 훌다가 그들에게 말했습니다. "이스라엘의 하나님 여호와께서 말씀하시니 너희를 내게 보낸 그 사람에게 말하라.

24 '여호와가 말한다. 내가 유다 왕 앞에서 읽힌 그 책에 기록된 모든 재난을 이곳과 그 백성들에게 보내려 한다.

25 그들이 나를 버리고 다른 신들에게 분향해 그들 손으로 만든 모든 우상들로 내 진노를 자아냈으니 내 진노가 이곳에 쏟아져서 꺼지지 않을 것이다.
28:3-4,25

26 너희를 보내 여호와께 여쭤 보게 한 유다 왕에게 말하라. '이스라엘의 하나님 여호와 께서 네가 들은 그 말에 관해 말하건대

27 네가 이곳과 백성에 대해 하나님이 말한 것을 듣고 네 마음이 약해지고 또 네가 하나님 앞에서 겸손해져서 네 옷을 찢고 내 앞에서 통곡했으니 나도 네 말을 들었다. 여호와가 말한다.

28 그러므로 내가 너를 네 조상들에게 가게 할 것이고 너는 평화롭게 묻힐 것이다. 너는 내가 이곳과 여기에 사는 사람들에게 내릴 그 모든 재앙을 보지 않을 것이다.'" 그들은 그 대답을 왕에게 전했습니다.

29 율법을 읽음 왕은 유다와 예루살렘의 모든 장로들을 불렀습니다.
29-32절

30 그는 유다 사람들과 예루살렘 사람들과 제사장들과 레위 사람, 곧 크고 작은 모든 백성들을 데리고 여호와의 성전에 올라갔습니다. 그는 여호와의 성전에서 발견된 그 언약책의 모든 말씀을 크게 읽어 들려주었습니다.

31 언약책을 새롭게 함 왕은 기둥에 기대서서 여호와 앞에서 그 언약을 새롭게 세워 여호와를 따르고 그분의 계명과 증거와 규례를 온 마음과 온 영혼을 다해 지키고 이 책에 기록된 그 언약의 말씀에 순종하기로 했습니다.
6:13:15:12:30:16;왕하 11:14

32 그리고 왕은 예루살렘과 베냐민 사람들도 이 언약을 하게 했습니다. 예루살렘 백성들은 하나님, 곧 그들의 조상들의 하나님의 언약을 좇아 행했습니다.

33 요시야의 신속한 개혁 요시야는 이스라엘 백성들이 사는 모든 땅에서 우상들을 없애고 이스라엘에 있던 모든 사람들이 그들의 하나님 여호와를 섬기게 했습니다. 그가 사는 동안 그들은 그들의 조상들의 하나님 여호와를 따랐습니다.
28:3;33:2

35

유월절을 지킴 요시야는 예루살렘에서 유월절을 지켰습니다. 첫째 달 14일에 유월절 양을 잡았습니다.

왜 요시야는 옷을 찢었나요?

이스라엘 사람들은 슬픔이나 분노 같은 격한 감정이 일어날 때 자기 옷을 찢었어요. 특별히 가족이나 왕 같은 중요한 사람이 죽으면 애통의 표시로 옷을 찢었어요.

또 율법에 열심인 사람들은 하나님을 모독하는 말을 들으면 옷을 찢었어요. 유다 전통에 따르면 신성 모독죄는 청중들이 옷을 찢음으로 그 죄가 인정되었어요.

요시야가 율법책의 말씀을 듣고 옷을 찢은 것도 죄에 대해 크게 슬퍼함을 나타낸 것이었어요(대하34:19).

하나님은 요시야의 이런 모습을 보시고 유다는 죄 때문에 심판받겠지만 요시야는 평안히 지내다 죽을 것이라고 하셨어요(대하34:27-28).

2 요시야는 제사장들에게 일을 맡기고 여호와의 성전에서 일하는 그들을 격려했습니다. 29:11

3 그가 온 이스라엘을 가르치고 여호와께 자신을 거룩하게 구별했던 그 레위 사람들에게 말했습니다. "이스라엘 왕 다윗의 아들인 솔로몬이 지은 성전에 거룩한 궤를 두라. 그것을 다시는 너희 어깨에 메어 옮기지 말라. 마땅히 너희 하나님 여호와와 그분의 백성 이스라엘을 섬기라. 15:3

4 이스라엘 왕 다윗과 그 아들 솔로몬의 글을 따라 너희 족속의 순서대로 스스로 준비하라. 8:14;대상 9:9;23-26장

5 너희 형제, 곧 모든 백성의 족속의 순서대로, 또 레위 족속의 순서대로 성소에 서서

6 유월절 양을 잡고 너희 자신을 거룩하게 구별하고 너희 형제들을 위해 양들을 준비해 여호와께서 모세를 통해 명령하신 대로 행하라. 29:5

7 유월절 제물을 내준 요시야는 거기 모인 모든 백성에게 유월절 제물로 양과 어린 염소 3만 마리와 수소 3,000마리를 자기가 가진 것 가운데 내주었습니다. 31:3

8 그의 신하들도 스스로 백성들과 제사장들과 레위 사람들에게 바쳤습니다. 하나님의 성전을 섬기는 힐기야, 스가랴, 여히엘은 제사장들에게 유월절 양 2,600마리와 수소 300마리를 내주었습니다. 34:9,14

9 또한 레위 사람들의 지도자들인 고나냐와 그 형제들인 스마야와 느다넬, 또 하사뱌, 여이엘, 요사밧은 유월절 제물로 양 5,000마리와 소 500마리를 레위 사람들에게 주었습니다.

10 회복된 유월절 예배가 준비되자 제사장들과 레위 사람들은 왕의 명령에 따라 자기 자리에 섰습니다. 30:16;스 6:18

11 유월절 양을 잡아서 제사장들은 그 피를 받아 뿌렸고 레위 사람들은 잡은 짐승의 가죽을 벗기고 29:22,34;30:15;스 6:20

12 번제물을 옆으로 옮겨 모세의 책에 기록된 대로 백성의 족속의 순서에 따라 모두 여호와께 드릴 수 있도록 했습니다. 그

요시야 왕이 성전에서 언약의 말씀을 낭독한 후 언약을 세움

들은 소도 그렇게 했습니다.

13 그들은 유월절 양들을 정해진 대로 불에 굽고 거룩한 예물들은 솥과 가마와 냄비에 삶아 모든 백성들에게 곧바로 나눠 주었습니다.

_{출 12:8~9;신 16:7;삼상 2:13~15}

14 이후에 그들은 자신들과 제사장들을 위한 준비를 했습니다. 아론의 자손인 제사장들은 밤이 될 때까지 번제물과 기름을 드렸습니다. 그리하여 레위 사람들은 자기들과 아론의 제사장들을 위해 준비를 했습니다.

15 아삽의 자손인 노래하는 사람들은 다윗과 아삽과 헤만과 왕의 선견자 여두둔이 명령한 곳에 있었습니다. 각 문을 지키는 문지기들은 자기 자리를 떠나지 않았습니다. 그의 형제 레위 사람들이 그들을 위한 준비를 했기 때문입니다. _{삼상 9:9;대상 9:17~29}

16 그날 이렇게 여호와를 섬기는 모든 일이 잘 준비돼 요시야 왕이 명령한 대로 유월절을 지키고 번제물을 여호와의 제단에 드렸습니다.

17 거기 모인 이스라엘 백성들은 유월절을 지키고 이어서 7일 동안 무교절을 지켰습니다.

18 이렇게 유월절을 지킨 것은 예언자 사무엘의 시대 이래로 이스라엘에서 한 번도 없었습니다. 그리고 이스라엘의 어떤 왕도 요시야가 제사장들과 레위 사람들과 예루살렘 백성들과 거기 모인 온 유다와 이스라엘 사람들과 함께 지킨 그런 유월절을 지킨 적이 없었습니다. _{왕하 23:22~23}

19 이 유월절은 요시야가 다스리던 18년에 지켰습니다.

20 요시야가 죽음 이 모든 일 후, 곧 요시야가 성전을 잘 정돈한 뒤에 이집트 왕 느고가 유프라테스 강 가에 있는 갈그미스를 치려고 올라왔습니다. 요시야는 그를 맞아 싸우러 나갔습니다. _{왕하 23:29~30;렘 46:2}

21 느고는 요시야에게 사람을 보내 말했습니다. "유다 왕이여, 왕과 내가 무슨 상관이 있겠소? 내가 이번에 치려는 것은 왕이 아니라 나와 싸우는 그 족속이오. 하나님께

서 나로 속히 하도록 명령하셨소. 하나님께서 나와 함께 계시니 하나님을 막는 짓을 멈추시오. 그래야 하나님께서 왕을 멸망시키지 않으실 것이오."

22 그러나 요시야는 그를 싫어하고 그와 싸우기 위해 변장했습니다. 요시야는 느고가 하나님의 명령으로 한 말을 듣지 않고 그와 싸우러 므깃도 평지로 나갔습니다.

23 싸우는 가운데 활 쏘는 사람들이 요시야 왕을 쏘아 맞혔습니다. 요시야는 자기 신하에게 말했습니다. "내가 많이 다쳤으니 나를 데려가라." _{왕상 22:34}

24 신하들은 왕의 전차에 있던 요시야를 다른 전차에 옮겨 태우고 예루살렘으로 모셔 왔지만 요시야는 예루살렘에 이른 후에 죽었습니다. 요시야는 자기 조상들의 무덤에 묻혔고 온 유다와 예루살렘이 그를 위해 슬퍼했습니다. _{슥 12:11}

25 예레미야는 요시야를 위해 슬퍼하는 노래를 지었고 오늘날까지 모든 노래하는 남

자들과 여자들이 이 슬픈 노래로 요시야를 기리고 있습니다. 이 노래들은 이스라엘에 지금까지 내려오며 가사는 애가 가운데 적혀 있습니다. *삼하 1:17;19:35,소 2:65*

26 요시야의 행한 일 요시야가 다스리던 나머지 일들과 여호와의 율법에 기록된 대로 행한 모든 선한 일과

27 그의 업적은 처음부터 끝까지 이스라엘과 유다의 왕들의 역사책에 적혀 있습니다.

36 여호아하스 왕 그 땅의 사람들이 요시야의 아들 여호아하스를 데려다가 그 아버지의 뒤를 이어 예루살렘에서 왕으로 삼았습니다. *왕하 23:30~34*

2 여호아하스는 23세에 왕이 됐고 예루살렘에서 3개월 동안 다스렸습니다.

3 이집트 왕이 여호아하스를 사로잡음 이집트 왕이 그를 예루살렘의 왕의 자리에서 쫓아냈습니다. 그리고 유다로 하여금 은 100달란트와 금 1달란트를 바치게 했습니다.

4 꼭두각시 왕 여호야김 이집트 왕은 여호아하스의 형제인 엘리아김을 유다와 예루살렘을 다스릴 왕으로 세웠고 엘리아김의 이름을 여호야김으로 바꿨습니다. 그러나 느고는 엘리아김의 형제인 여호아하스를 이집트로 데려갔습니다.

5 여호야김은 25세에 왕이 됐고 예루살렘에서 11년 동안 다스렸습니다. 그는 여호와의 눈앞에서 악한 일을 저질렀습니다.

6 포로된 여호야김 바벨론 왕 느부갓네살이 그 땅을 공격해 여호야김을 쇠사슬로 묶어 바벨론으로 끌고 갔습니다. *왕하 24:1,6*

7 첫 포로들이 끌려감 느부갓네살은 또 여호와의 성전에서 기구들을 바벨론으로 가져가 자기 신전에 두었습니다. *왕하 24:13*

8 여호야김의 다른 일들과 그가 했던 역겨운 짓들과 그의 못된 짓들은 이스라엘과 유다의 왕들의 역사책에 적혀 있습니다. 그리고 그 아들 여호야긴이 뒤를 이어 왕이 됐습니다.

9 여호야긴의 행적 여호야긴은 *8세에 왕이 됐고 예루살렘에서 3개월 10일을 다스렸습니다. 그는 여호와의 눈앞에서 악한 일을 저질렀습니다. *9~10절:왕하 24:8~17*

10 포로로 잡혀 간 여호야긴 *새해 초에 바벨론 왕 느부갓네살이 그에게 사람을 보내 그를 바벨론으로 데려갔는데 그때 여호와의 성전에 있는 값진 물건들도 함께 가져갔습니다. 그는 여호야긴의 삼촌 시드기야를 유다와 예루살렘을 다스릴 왕으로 삼았습니다. *삼하 11:1;왕하 24:17*

남유다, 북이스라엘

	남유다	북이스라엘
나라 이름	유다	이스라엘
1대 왕	르호보암	여로보암
마지막 왕	시드기야	호세아
왕의 수	20명	19명
왕조수	1왕조	9왕조
정권 교체	국왕 살해가 네 번 일어남	대부분 암살되고, 쿠데타 발생
선한 왕	8명이 선한 왕으로 평가됨	선한 왕으로 평가된 사람은 없음
지파 구성	두 지파로 구성	열 지파로 구성
수도	예루살렘	세겜 ▶ 디르사 ▶ 사마리아
특성	종교와 정치 중심지가 일치됨	종교와 정치 중심지가 분리됨
개혁 여부	아사, 여호사밧, 히스기야, 요시야왕의 개혁 단행	예후만 부분적인 개혁 단행
멸망	BC 586년 바벨론에게 망함	BC 722년 앗시리아에게 망함
멸망 이후	바벨론에서 3차에 걸친 포로 귀환	앗시리아에서 아무도 돌아오지 못함
비고	345년간 존속(BC 931~586년)	209년간 존속(BC 931~722년)

11 **시드기야의 행적** 시드기야는 21세에 왕이 됐고 예루살렘에서 11년 동안 다스렸습니다.

12 **시드기야의 성격** 시드기야는 하나님 여호와의 눈앞에서 악한 일을 저질렀고 예언자 예레미야가 여호와의 말씀을 전했으나 겸손하게 듣지 않았습니다. 렘21:3·7:27:12~22

13 **시드기야의 죄악** 느부갓네살 왕은 그로 하여금 하나님의 이름으로 충성을 맹세하도록 했는데 왕은 느부갓네살에게 반항했습니다. 그는 목이 곧고 마음을 굳게 해 이스라엘의 하나님 여호와께 돌아오지 않았습니다. 30:8·렘52:3·겔17:15,18

14 제사장들의 모든 지도자들과 백성들도 저 민족들의 모든 역겨운 일들을 따라 했습니다. 그들은 여호와께서 예루살렘에서 거룩하게 구별하신 여호와의 성전을 더럽히면서 더욱 죄를 범했습니다.

15 그들의 조상들의 하나님 여호와께서 그분의 예언자들을 보내 계속 말씀하셨습니다. 이는 그분이 자기 백성들과 그분이 택하신 곳을 불쌍히 여기셨기 때문입니다.

16 그러나 그들은 하나님께서 보낸 예언자들을 조롱하고 그들의 말을 무시했으며 그분의 예언자들을 비웃었습니다. 마침내 여호와의 진노가 그분의 백성들을 향해 일어났고 전혀 돌이킬 길이 없게 됐습니다.

17 **성소의 파멸** 그분은 그들을 바벨론 왕의 손에 넘기셨습니다. 바벨론 사람들이 와서 성소에서 젊은 사람들을 칼로 죽였습니다. 젊은 남자나 여자, 약한 사람이나 건강한 사람을 가리지 않고 죽였습니다. 하나님께서는 그들을 모두 느부갓네살에게 넘겨주셨습니다. 17~20·잠신28:49·렘25:1~7·슨9:7

18 **보물들을 빼앗김** 느부갓네살은 하나님의 성전에서 크고 작은 모든 물건과 여호와의 성전에 있는 보물과 왕과 신하들의 보물들을 바벨론으로 가져갔습니다. 7:10:절

19 그들은 하나님의 성전에 불을 지르고 예루살렘 성벽을 무너뜨렸습니다. 그들은 모든 왕궁과 거기 있는 모든 값진 것을 부숴 버렸습니다. 왕하25:9

20 **포로들의 운명** 느부갓네살의 칼을 피해 살아남은 사람들은 바벨론으로 끌려갔고 거기서 느부갓네살 왕과 그의 아들들의 종이 됐습니다. 페르시아 제국이 바벨론을 물리칠 때까지 그렇게 살았습니다.

21 예레미야를 통해 하신 여호와의 말씀이 이루어져 땅이 안식년을 누림같이 70년 동안 황폐했습니다. 렘25:4~5·26:34~35,43·렘29:10

22 **고레스의 칙령** 페르시아 왕 고레스 1년에 여호와께서 예레미야를 통해 하신 말씀이 이루어졌습니다. 여호와께서 페르시아 왕 고레스의 마음을 감동시키시니, 그가 나라 온 지역에 칙령을 내려 이렇게 널리 알렸습니다. 22~23절

23 "페르시아 왕 고레스는 말한다. '하늘의 하나님 여호와께서 세상의 모든 나라들을 내게 주셨다. 하나님께서 나를 세우셔서 유다의 예루살렘에 성전을 짓게 하셨다. 이제 너희 가운데 하나님의 백성인 사람은 누구나 다 예루살렘으로 돌아가도록 하라. 하나님 여호와께서 너희와 함께하실 것이다.'" 스1:4~11

고레스 칙령

하나님의 감동을 받은 페르시아 왕 고레스는 온 나라에 칙령을 발표하고, 전국에 공문을 보냈다. 유다 백성들이 예루살렘에 성전을 세울 수 있도록 귀환을 허락한다는 내용이었다. 이 칙령은 다리오가 내린 예루살렘 성전과 성벽에 관한 칙령의 근거가 되었다(스6:1~12).

고레스는 포로로 잡혀 온 유다 백성들이 예루살렘으로 돌아가 성전을 세우도록 허락했으며, 느부갓네살이 예루살렘에서 가져온 성전 기물을 돌려주었고, 주변 사람들이 금은과 물품과 가축 등으로 돕게 했다(스1:4~11).

하나님이 예레미야와 이사야를 통해서 예언하신 내용을 이루신 것이다(사46:11; 렘25:11~12; 29:10, 14; 30:3; 33:10~12).

열왕기서와 역대기를 읽으며 마음이 어땠나요? 여러 왕들이 나오는데 하나님을 기쁘시게 한 왕도 있고, 죄를 지은 왕도 있어요. 하나님에게 지혜와 부와 영예를 받은 솔로몬이 우상을 섬긴 죄 때문에 아들 르호보암 때 나라가 둘로 갈라지게 된 것 기억나지요? 아래 다트판에 두 나라를 다스렸던 왕들의 이름이 있어요. 왕들의 힌트를 맞히는 거예요!

hint!

이스라엘의 왕

① 벧엘과 단에 금송아지 우상을 만든 왕(왕상 12장) **②** 사마리아 성을 건축한 왕(왕상 16장) **③** 이세벨을 아내로 맞아 바알과 아세라를 숭배한 왕(왕상 16장) **④** 다락방 난간에서 떨어져 바알세붑에게 심부름꾼을 보낸 왕(왕하 1장) **⑤** 아합 집안을 심판하기 위해, 엘리사에 의해 기름 부음을 받은 왕(왕하 9장) **⑥** 엘리사에게 "내 아버지여, 이스라엘의 전차와 기마병이여"라고 말한 왕(왕하 13장) **⑦** 앗시리아 왕 불에게 은 1천 달란트를 바친 왕(왕하 15장) **⑧** 앗시리아 왕 디글랏 빌레셀이 이스라엘 백성을 포로로 끌고 갔던 때의 왕(왕하 15장) **⑨** 이스라엘의 마지막 왕(왕하 17장)

유다의 왕

⑩ "내 새끼손가락이 내 아버지의 허리보다 굵다"라고 말한 왕(왕상 12장) **⑪** 이스라엘 왕 요람을 도와 아람 왕 하사엘과 싸운 왕(왕하 8장) **⑫** 제사장 여호야다의 도움으로 7세에 왕위에 오른 왕(왕하 11장, 대하 24장) **⑬** 모세의 율법에 따라, 신하들의 자녀들을 죽이지 않은 왕(왕하 14장, 대하 25장) **⑭** 하나님께 벌을 받아 나병 환자가 된 왕(왕하 15장) **⑮** 다메섹에 있는 앗시리아의 제단 모양을 본 떠 성전 제단을 만든 왕(왕하 16장) **⑯** 병들어 죽게 되었을 때 하나님이 15년 더 살게 된 왕(왕하 20장) **⑰** 하늘의 모든 별들을 위한 제단을 만든 왕(왕하 21장, 대하 33장) **⑱** 성전에서 발견한 율법책을 읽고 종교개혁을 일으킨 왕(왕하 22-23장) **⑲** 이집트의 왕 느고가 세운 왕(왕하 24장, 대하 36장) **⑳** 유다의 마지막 왕(왕하 24장, 대하 36장)

정답 1.여로보암 2.오므리 3.아합 4.아하시야 5.예후 6.요아스 7.므나헴 8.베가 9.호세아 10.르호보암 11.아하시야 12.요아스 13.아마샤 14.웃시야 15.아하스 16.히스기야 17.므낫세 18.요시야 19.여호야긴 20.시드기야

에스라

하나님은 이스라엘 백성에게 죄 때문에 다른 나라의 포로가 될 것이지만, 다시 돌아오게 할 것이라고 약속하셨어요. 에스라서에는 하나님이 그 약속을 어떻게 이루시는지 잘 나타나요. 바빌론의 포로로 잡혀갔던 이스라엘 백성은 70년 만에 하나님의 약속대로 다시 돌아와요. 1차 귀환에는 스룹바벨과 5만여 명, 2차 귀환에는 에스라와 2천여 명이 함께 돌아왔고, 3차 귀환에는 느헤미야가 백성을 인도해 예루살렘에 도착해요. 그들이 돌아온 길은 무려 1천 500km나 되는 먼 거리였어요. 서울에서 부산까지 세 번 왕복보다 더 긴 거리였으니 상상이 되지요? 고국에 돌아온 이스라엘 백성은 가장 먼저 성전을 재건축하기로 했어요. 다윗의 후손인 스룹바벨이 그 일을 맡아 했어요. 성전은 이스라엘 백성에게 신앙의 중심이고 성전 재건은 하나님과 관계를 바로 세운다는 의미에서 매우 중요했어요. 제사장 가문 출신인 에스라는 성전 예배를 확립하고 하나님의 율법을 백성에게 가르쳤어요. 이스라엘 백성은 율법을 듣자 다른 신을 섬긴 것과 잘못된 결혼 풍습을 따라 하나님을 제대로 섬기지 못한 죄들을 회개했답니다. 에스라에는 약속하신 것은 지키고, 회복하는 하나님의 신실하심이 잘 나타나 있답니다.

에스라는 무슨 뜻인가요?

'하나님이 도우셨다'라는 뜻이에요. 에스라의 이름을 따라 성경 이름을 붙인 것입니다. 히브리성경과 70인역은 에스라서와 느헤미야서가 한 권으로 되어 있어요. 라틴어로 번역하면서 두 권으로 나뉘었어요.

누가 썼나요?

확실하지 않지만 에스라가 썼을 것으로 생각해요. 에스라의 저자는 예루살렘으로 돌아온 이스라엘 백성이 약속의 백성으로 성전 중심의 경건한 생활을 하도록 도우려고 이 책을 썼어요.

언제 썼나요?

BC 445년 직후로 추정

주요한 사람들은?

스룹바벨
고레스에 의해 유다 총독으로 임명됨.
1차 포로 귀환 때 이스라엘 백성을 인도,
예루살렘으로 돌아온 지도자.
성전 재건의 책임자.

고레스
페르시아인 초대 왕. 정복 민족의 전통과 종교의 자유를 인정.
이스라엘 백성을 예루살렘으로 귀환시켜 성전을 다시 건축하도록
허락함.

에스라
대제사장 아론의 후손.
율법을 잘 아는 서기관. 제사장.
2차 포로 귀환 때 이스라엘 백성을
인도한 지도자.

한눈에 보는 에스라

- 1-2장 스룹바벨의 인도로 이스라엘 백성의 1차 귀환
- 3-6장 성전을 다시 건축
- 7-8장 에스라의 인도로 이스라엘 백성의 2차 귀환
- 7-8장 회개 운동

에스라 Ezra

1 고레스의 칙령

여호와께서 예레미야의 입으로 하신 말씀을 이루기 위해 페르시아 왕 고레스 1년에 페르시아 왕 고레스의 마음을 감동시키셔서 그가 온 나라에 칙령을 공포하고 공문을 보내게 하셨습니다.

2 "페르시아 왕 고레스가 말한다. '하늘의 하나님 여호와께서 내게 세상의 온 나라를 주셨고 그분을 위해 유다의 예루살렘에 성전을 세울 임무를 주셨다.
사 44:28

3 너희 가운데 하나님을 섬기는 여호와의 백성이 누구냐? 하나님이 함께하시기를 바라노니 여호와를 섬기는 백성들은 이제 유다의 예루살렘으로 올라가 이스라엘의 하나님 여호와의 집을 지어라. 그분은 예루살렘에 계신 하나님이시다.
단 6:26

4 포로로 잡혀 온 백성들이 어디든 살든 그 지역의 사람들은 그들에게 금은과 물품과 가축으로 도와주고 예루살렘에 있는 하나님의 집을 위해 기꺼이 헌금을 드릴 수 있게 하라.'"

5 **성전 재건을 위한 준비** 그리하여 유다와 베냐민 가문의 우두머리와 제사장과 레위 사람은 하나님께서 영을 움직이신 모든 사람들과 함께 일어나 여호와의 집을 지으려고 예루살렘으로 올라갔습니다.

6 그 주변 사람은 모두 그들에게 금은과 물품과 가축과 귀한 선물로 도와주었고 모든 예물도 기꺼이 내주었습니다.
4:4; 렘 38:4

7 **성전 기물이 되돌아옴** 더구나 고레스 왕은 느부갓네살이 예루살렘에서 가져와 자기 신전에 들여놓았던 여호와의 성전 기물을 꺼냈습니다.
5:14; 6:5; 왕하 24:13; 대하 36:7

8 페르시아 왕 고레스는 재무관 미드르닷의 손으로 그것을 가지고 나오게 했으며 미드르닷은 그 수를 세어 유다의 총독 세스바살에게 주었습니다.
4:7; 5:14

9 그 목록은 금쟁반 30개, 은쟁반 1,000개, 칼 29개,
8:27; 대상 28:17

10 금대접 30개, 그다음은 은대접 410개, 다른 그릇들 1,000개로,

11 다 합해 금그릇, 은그릇이 5,400개나 있었습니다. 포로로 잡혀갔던 사람들이 바벨론에서 예루살렘으로 올라갈 때 세스바살이 이것을 모두 가져갔습니다.

2 귀환 포로의 명단

다음은 바벨론 왕 느부갓네살에 의해 바벨론 포로로 잡혀갔다가 풀려나 올라온 사람들의 명단입니다. 그들은 예루살렘과 유다로 돌아와 각각 고향에 있는 자기 성으로 갔습니다.

2 이들은 스룹바벨, 예수아, 느헤미야, 스라야, 르엘라야, 모르드개, 빌산, 미스발, 비그왜, 르훔, 바아나와 함께 돌아온 사람들입니다. 이스라엘의 사람들 가운데 남자들의 수는
에 2:5-6

3 바로스 자손이 2,172명,
8:3; 10:25

4 스바댜 자손이 372명,

5 아라 자손이 775명,

6 예수아와 요압 계보의 바핫모압 자손이 2,812명,

7 엘람 자손이 1,254명,

8 삿두 자손이 945명,

9 삭개 자손이 760명,

10 바니 자손이 642명,

11 브배 자손이 623명,

12 아스갓 자손이 1,222명,

13 아도니감 자손이 666명,

14 비그왜 자손이 2,056명,

15 아딘 자손이 454명,

16 히스기야 족보의 아델 자손이 98명,

17 베새 자손이 323명,

18 요라 자손이 112명,

19 하숨 자손이 223명,

20 깁발 자손이 95명이었습니다.

칙령(1:1, 勅令, royal order) 왕이 내린 명령.
공포(1:1, 公布, proclamation) 일반 사람에게 널리 알림.
임무(1:2, 任務, mission) 맡아서 해야 할 일.

21 베들레헴 사람이 123명,
22 느도바 사람이 56명,
23 아나돗 사람이 128명,
24 아스마웻 자손이 42명,
25 기랴다림과 그비라와 브에롯 자손이 743명,
26 라마와 게바 자손이 621명,
27 믹마스 사람이 122명,
28 벧엘과 아이 사람이 223명,
29 느보 자손이 52명,
30 막비스 자손이 156명,
31 다른 엘람 자손이 1,254명, 7절
32 하림 자손이 320명,
33 로드와 하딧과 오노 자손이 725명,
34 여리고 자손이 345명,
35 스나아 자손이 3,630명이었습니다.
36 귀환 포로 중 제사장의 명단 제사장으로는 예수아의 계보 여다야 자손이 973명,
37 임멜 자손이 1,052명,
38 바스훌 자손이 1,247명, 대상 9:12
39 하림 자손이 1,017명이었습니다.
40 레위 사람으로는 호다위야 가문의 예수아와 갓미엘 자손이 74명, 느 10:9
41 노래하는 사람으로는 아삽 자손이 128명,
42 성전 문지기로는 살룸, 아델, 달문, 악굽, 하디다, 소배 자손이 모두 139명이었습니다.

43 느디님 사람으로는 시하 자손, 하수바 자손, 답바옷 자손, 대상 9:2;느 11:3
44 게로스 자손, 시아하 자손, 바돈 자손,
45 르바나 자손, 하가바 자손, 악굽 자손,
46 하갑 자손, 사믈래 자손, 하난 자손,
47 깃델 자손, 가할 자손, 르아야 자손,
48 르신 자손, 느고다 자손, 갓삼 자손,
49 웃사 자손, 바세아 자손, 베새 자손,
50 아스나 자손, 므우님 자손, 느부심 자손,
51 박북 자손, 하그바 자손, 할훌 자손,
52 바슬룻 자손, 므히다 자손, 하르사 자손,
53 바르고스 자손, 시스라 자손, 데마 자손,
54 느시야 자손, 하디바 자손들이 있었습니다.
55 솔로몬을 섬기던 신하들의 자손으로는 소대 자손, 하소베렛 자손, 브루다 자손,
56 야알라 자손, 다르곤 자손, 갓델 자손,
57 스바댜 자손, 하딜 자손, 보게렛하스바임 자손, 아미 자손이 있었습니다.
58 위에 기록한 모든 느디님 사람의 자손과 솔로몬의 종의 자손이 392명이었습니다.
59 다음은 델멜라, 델하르사, 그룹, 앗단, 임멜에서 올라온 사람인데 이들은 자기 조상이 누구인지, 누구의 자손인지, 정말 이스라엘 사람인지 증명할 수 없는 사람들이 있었습니다.

페르시아 제국

홍해
아라랏 산
더베 · 갈그미스 · 니느웨 · 메대
크레타 · 티그리스 강 · 유프라테스 강 · 페르시아
구레네 · 시돈 · 다메섹 · 수사
태해(지중해) · 두로 · 아라비아 · 바벨론 · 엘람
멤피스 · 예루살렘
이집트 · 시내 산
시로-아라비아 사막
페르시아 제국 · 에티오피아 · 홍해
힌두스(인도)

60 그들은 들라야 자손, 도비야 자손, 느고다 자손인데 모두 652명이었습니다.

61 제사장 가운데 하바야 자손, 학고스 자손, 바르실래 자손이 있었습니다. 바르실래는 길르앗 사람 바르실래의 딸과 결혼한 사람으로 장인 족보의 이름으로 불렸습니다.

62 이들은 자기의 족보를 찾았지만 찾을 수 없어 부정한 사람으로 분류돼 제사장 명단에서 제외됐습니다.   민 3:10

63 총독은 그들에게 명령해 우림과 둠밈을 가지고 섬길 제사장이 있기 전에는 가장 거룩한 음식을 먹지 말라고 했습니다.

64 온 회중의 수 포로에서 돌아온 회중이 다 합쳐 4만 2,360명이었습니다.   느 7:66-67

65 그 외에도 남녀종이 7,337명이었고, 노래하는 남녀가 200명이 있었습니다.

66 또 말 736마리, 노새 245마리,   대하 35:25

67 낙타 435마리, 나귀 6,720마리가 있었습니다.

68 예루살렘 여호와의 집에 바친 예물 몇몇 족장은 예루살렘 여호와의 집에 도착해 그 자리에 하나님의 집을 재건하기 위해 기꺼이 예물을 드렸습니다.   느 7:70-72

69 그들은 이 일을 위해 각자 자기 능력에 따라 그 보물 창고에 금 6만 1,000다릭과 은 5,000마네와 제사장이 입을 옷 100벌을 드렸습니다.   느 7:73

70 흩어져 거주함 이렇게 해 제사장들과 레위 사람들과 노래하는 사람들과 문지기들과 느디님 사람들이 각각 자기 성들에 정착했고 모든 이스라엘 사람들도 자기 고향의 성에 정착했습니다.   느 7:73

3

제단이 재건됨 이스라엘 자손들이 각각 고향에 정착한 지 일곱째 달이 지난 후에 백성들이 예루살렘에 일제히 모였습니다.

2 그때 요사닥의 아들 예수아와 동료 제사장들과 스알디엘의 아들 스룹바벨과 그 동료들이 일어나 이스라엘의 하나님의 제단을 다시 짓기 시작했습니다. 하나님의 사람 모세의 율법에 기록된 대로 그 위에 번제를 드리기 위해서였습니다.   마 1:12

3 그들은 그 땅의 민족들을 두려워하면서도 옛터의 기초 위에 제단을 세우고 그곳에서 아침저녁으로 여호와께 번제를 드렸습니다.

4 그들은 기록된 대로 초막절을 지키고 법령에 정해져 있는 횟수대로 번제를 드렸습니다.

5 그리고 정기적으로 드리는 번제와 월삭과 거룩하게 구별돼 정해진 여호와의 모든 절기의 번제와 여호와께 기꺼이 드리는 예물로 가져온 것을 끊임없이 드렸습니다.

6 아직 여호와의 성전 기초가 놓이지 않았지만 그들은 일곱째 달 1일부터 여호와께 번제를 드리기 시작했습니다.

7 **성전 건축을 위한 준비** 백성들은 석공과 목수에게 돈을 주고, 시돈과 두로 사람에게

스룹바벨

유다 사람이지만 '바벨론의 후예, 바벨론에 대한 슬픔'이라는 뜻의 바벨론식 이름을 가졌다. 여호야긴 왕의 손자로 브다야의 아들이다. 스알디엘의 아들로도 나오는데 스알디엘의 조카인 스룹바벨의 아들로 삼았거나 스알디엘이 죽은 후 동생 브다야가 결혼해서 낳은 아들이었기 때문인 것으로 보인다.

바벨론에서 예루살렘으로 돌아갈 때 고레스 왕이 유다 총독으로 임명했다. 대제사장인 예수아와 함께 예배를 부흥시키고, 성전을 건축하기 시작했다. 성전 건축을 방해하는 무리가 나쁜 일을 꾸며 16년간 공사가 중단되었지만 용기를 북돋워 준 학개와 스가랴의 도움으로 다시 성전을 건축하기 시작했다. 다리오 왕도 성전 건축을 허락하는 명령을 내려 BC 515년 초에 성전이 완성되었다. 이 성전을 스룹바벨 성전이라고도 불렀다.

스룹바벨이 나오는 말씀
>> 스 2:2; 3:4장; 5:1-2; 대상 3:19; 마 1:12

월삭(3:5, 月朔, New Moon) 그달의 초하룻날, 월초.

먹을 것과 마실 것과 기름을 주고 페르시아 왕 고레스의 허가를 받은 대로 레바논에서 욥바까지 해안을 따라 백향목을 운반하게 했습니다. 1:3~4:6:3;왕상 5:6,9:대하 2:10,16

8 성전 기초가 놓일 그들이 예루살렘에 있는 하나님의 집에 도착한 지 2년 둘째 달이 되었을 때에 스알디엘의 아들 스룹바벨과 요사닥의 아들 예수아와 그 나머지 동료 제사장과 레위 사람과 포로로 잡혀갔다가 예루살렘에 돌아온 모든 사람이 성전을 짓는 일에 착수했고 20세 이상의 레위 사람을 세워 여호와의 집 짓는 일을 감독하게 했습니다. 2:2,4:3;대하 23:4,24

9 예수아와 그 아들들과 그 형제들, 호다위야의 자손 갓미엘과 그 아들들, 헤나닷의 아들과 형제 등 이 레위 사람들이 다 같이 하나님의 집 짓는 사람들을 감독했습니다.

10 감사 찬송 건축자들이 여호와의 성전 기초를 놓을 때 제사장들은 예복을 입고 나팔을 들었고 아삽 자손의 레위 사람은 심벌즈를 들고 이스라엘 왕 다윗이 명령한 대로 여호와를 찬양했습니다. 대상 6:31

11 그들은 여호와께 찬송과 감사의 노래를 불렀습니다. "여호와는 선하시니 이스라엘을 향한 그분의 인자하심이 영원하다." 온 백성들이 여호와께 큰 소리로 찬양하며 함성을 질렀습니다. 하나님의 집의 기초가 놓였기 때문이었습니다. 삼상 18:7

12 엇갈린 감정들 그러나 나이가 지긋한 여러 제사장과 레위 사람과 족장들, 곧 전에 있

던 첫 성전을 본 사람들은 자기 눈앞에 성전 기초가 놓이는 것을 보고 목 놓아 울었습니다. 다른 많은 사람들은 기뻐 소리쳤습니다. 학 2:3

13 사람들이 어찌나 크게 소리를 질렀는지 기뻐하는 소리와 우는 소리를 구별할 수 없었고 그 소리는 멀리까지 들렸습니다.

4 대적들의 거짓된 도움 유다와 베냐민의 대적은 포로로 잡혀갔던 사람들이 돌아와 이스라엘의 하나님 여호와를 위해 성전을 건축한다는 소식을 들었습니다.

2 스룹바벨과 가문의 우두머리에게 찾아와 말했습니다. "당신들이 건축하는 일을 우리가 돕겠소. 당신들처럼 우리도 당신들의 하나님을 경배하기 때문이오. 우리도 우리를 여기까지 끌고 온 앗시리아 왕 에살핫돈 때부터 하나님께 제사를 드려 왔으니 말이오." 10:2;왕하 17:24,32~33;19:37

3 그러나 스룹바벨과 예수아와 나머지 이스라엘 가문의 우두머리는 그들에게 말했습니다. "당신들은 하나님의 성전을 짓는 일에 우리와 아무 상관이 없소. 우리는 페르시아의 고레스 왕이 명령한 대로 오직 우리끼리 여호와를 위해 그 집을 지을 것이오."

4 대적들이 건축을 방해함 그러자 그 땅 사람들은 유다 백성들의 마음을 약하게 하고 겁을 주어 건축하지 못하게 했습니다.

5 그들은 또 참모들을 고용해 페르시아 왕 고레스 시절 내내, 심지어 페르시아와 다리오 왕 때까지 그 계획을 방해했습니다.

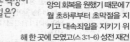

바벨론 포로 생활에서 돌아온 이스라엘 백성은 파괴된 성전을 바라보면서 불순종했던 조상들의 모습을 떠올렸어요. 그러면서 그들은 '지금 우리가 제일 먼저 할 일은 무엇일까?'를 생각했답니다. 이들은 한 가지 생각을 떠올렸는데 그것은 하나님과의 관계 회복, 곧 무너진 성전을 재건축하는 일이었어요.
구약 시대에는 신앙의 중심이 성전이었어요. 신

포로지에서 돌아온 백성이 제일 먼저 한 일은?

앙의 회복을 원했기 때문에 7월 초하루부터 초막절을 지키고 대속죄일을 지키기 위해 한 곳에 모였고(스 3:1-6) 성전 재건을 위한 실제적인 준비도 했어요(스 3:7). 그들은 돌아온 고향, 이스라엘 땅에서 새로운 삶을 시작하며 하나님과의 관계 회복을 최우선으로 생각한 것입니다. 바벨론 포로 생활을 통해 하나님 안에 거하는 삶의 중요성을 절실히 깨달았기 때문이었지요.

6 고소 아하수에로 왕이 다스리던 초기에 그 땅 사람들은 유다와 예루살렘 사람에 대해 상소문을 올렸습니다. 에 11:1단 9:1

7 르홈의 편지 또 아닥사스다 때 비슬람, 미드르닷, 다브엘과 그 동료들이 페르시아 왕 아닥사스다에게 상소문을 올렸습니다. 그 상소문은 아람 말로 쓰였다가 그 후 번역됐습니다. 1:8왕하 18:26

8 사령관 르훔과 서기관 심새가 아닥사스다 왕에게 예루살렘 주민을 고소하는 편지를 다음과 같이 썼습니다.

9 사령관 르훔과 서기관 심새와 다른 동료들, 곧 재판장, 총독, 관리, 비서관들과 그 밖의 다른 나라 사람들 디나와 아바삭과 다블래와 아바새와 아렉 사람, 바벨론 사람, 수산과 데해와 엘람 사람과 왕하 17:24

10 귀족 오스납발이 추방시켜 사마리아의 여러 성과 유프라테스 강 건너 지역에 정착시킨 사람들이 편지를 올립니다. 2절

11 다음은 그들이 보낸 상소문의 사본입니다. "유프라테스 강 건너 지역에 있는 왕의 종들이 아닥사스다 왕께 편지를 올립니다.

12 왕께 알려 드립니다. 왕으로부터 우리에게 올라온 유다 사람들이 예루살렘으로 갔습니다. 그들은 반역을 일삼던 악한 성을 다시 세우고 있습니다. 그들은 성벽을 세우고 기초를 재건하고 있습니다. 5:3,9

13 왕께서 아셔야 할 일은 만약 예루살렘에 성이 세워지고 성벽이 재건되면 그들이 더 이상 조공이나 관세나 조세를 내지 않을 것입니다. 그러면 왕실 예산에 막대한 손실이 있을 것입니다. 20절 7:24

14 왕궁의 녹을 먹는 입장에서 우리는 왕께서 수치당하는 것을 차마 보지 못하므로 이 전갈을 보내 왕께 알려 드립니다.

15 그러니 왕께서는 조상의 기록을 조사할 필요가 있을 것입니다. 왕께서 기록을 살펴보시면 이 성은 반역의 성이요, 왕들과 여러 지방에 피해를 입혔으며 옛날부터 반란이 일어나고 있다는 것을 알 것입니다. 이 성이 멸망당한 것도 그 때문이었습니다.

16 만약 이 성이 재건되고 그 성벽이 세워지면 유프라테스 강 건너 지방에는 왕의 소유가 없게 될 것임을 우리가 왕께 알려 드립니다."

17 왕의 응답 왕은 다음과 같이 답장을 보냈습니다. "사령관 르훔과 서기관 심새와 사마리아와 유프라테스 강 건너에 사는 그 동료들에게 칙서를 내린다. 평안을 빈다.

18 너희가 우리에게 보낸 편지는 내 앞에서 번역되고 분명히 낭독됐다. 느 8:8

19 내가 편지의 내용을 듣고 명령을 내려 조사를 해 보니 이 성은 과거에 여러 왕들을 대적해 일어났던 성이 있고 반역과 반란이 그 성에서 계속해서 일어났음이 밝혀졌다.

20 예루살렘에 강력한 왕들이 있어 유프라테스 강 건너편 전 지역을 다스려 왔으며 그들이 조공과 조세와 관세를 거뒀었다.

에스라 시대의 페르시아 왕들

BC 559~530년	고레스	• 바벨론을 정복, 이스라엘 포로들을 돌려보냄.
		• 느부갓네살 왕이 빼앗아 온 성전 기물을 되돌려 보내고 스룹바벨을 예루살렘에 보냄.
522~486년	다리오	• 왕의 허가가 담긴 편지와 더불어 재정적인 지원을 함으로써 예루살렘 성전 건축을 완성시킴.
486~465년	아하수에로	• 왕비 와스디를 폐위하고 에스더를 왕비로 맞이함.
		• 인도에서 에티오피아까지 127도를 다스린 왕.
		• 세계사에는 그리스어에 따라 크세르크세스(Xerxes) 1세로 알려짐.
		• 이스라엘 사람을 없애려던 하만의 나쁜 계획으로부터 이스라엘 백성을 보호함.
465~425년	아닥사스다	• 느헤미야가 아닥사스다의 술을 맡아 관리함.
		• 에스라, 느헤미야가 예루살렘으로 돌아가도록 허락함.
		• 예루살렘 성벽을 다시 건축하게 함.

21 그러므로 이제 칙령을 내려 그 사람들이 하는 일을 중단시키라. 그 후에 내가 다시 칙령을 내릴 것이다.

22 이 문제를 느슨하게 다루지 않도록 주의하라. 왜 굳이 해악을 키워 왕실에 손실을 끼치겠느냐?"

23 **성전 건축이 중단됨** 아닥사스다 왕의 칙서 사본을 읽은 르훔과 비서관 심새와 그 동료들은 당장 예루살렘의 유다 사람들에게 달려가 강제로 그들을 내쫓고 성전 짓는 일을 중단시켰습니다.

24 그리하여 예루살렘에 있는 하나님의 집 짓는 일은 중단됐고 페르시아 왕 다리오 2년까지 중단된 채로 있었습니다.

5 **성전 건축이 재개됨** 예언자 학개와 잇도의 자손인 예언자 스가랴가 유다와 예루살렘에 사는 유다 사람들에게 이스라엘 하나님의 이름으로 예언했습니다.

2 그러자 스알디엘의 아들 스룹바벨과 요사닥의 아들 예수아가 일어나 예루살렘 하나님의 집을 다시 세우기 시작했습니다. 그때 하나님의 예언자들이 그들과 함께하며 도왔습니다. 3:2;6:14

3 **명령에 대한 질문** 그때 유프라테스 강 건너편 총독 닷드내와 스달보스내와 그 동료들이 이스라엘 백성들에게 가서 말했습니다. "누가 너희에게 성전을 재건하고 이 건물을 복구하라고 명령했소?" 4:12

4 *그들은 또 다음과 같이 말했습니다. "성전 건축에 참여하고 있는 사람의 이름이 무엇인지 아시오?"

5 그러나 하나님께서 유다 장로들을 지켜 주셨기에 그들은 건축자들을 더 이상 저지할 수 없었습니다. 그래서 다리오 왕에게 이 사실을 보고하고 답신을 받을 때까지 기다려야 했습니다. 7:6,28;시 33:18

6 **다리오 왕에게 보낸 편지** 이것은 유프라테스 강 건너편 지방의 총독 닷드내와 스달보스내와 그 동료들과 관리들이 다리오 왕에게 보낸 상소문의 사본입니다. 4:9

7 그들이 왕에게 보낸 보고서는 다음과 같습니다. "다리오 왕께 문안드립니다.

8 왕께 알려 드립니다. 우리가 유다 지방에 가 보니 사람들이 위대하신 하나님의 성전을 짓기 위해 큰 돌을 쌓고 그 성벽에 대들보를 놓고 있었습니다. 이 일이 빠른 속도로 진행되고 있으며 그들의 손으로 훌륭하게 짓고 있습니다.

9 우리가 그 백성의 장로들에게 '누가 성전을 재건하고 이 건물을 복구하라고 명령했느냐?'고 물었습니다.

10 또 공사를 책임지고 있는 우두머리들의 이름을 적어 왕에게 알려 드리기 위해 그들의 이름을 물었습니다.

11 그들은 우리에게 이같이 대답했습니다. 우리는 하늘과 땅의 주인이신 하나님의 종으로서 수년 전에 세웠던 성전을 지금 재건하고 있습니다. 이 성전은 이스라엘의 위대한 왕께서 지어 완공한 것인데

12 우리 조상들이 하늘의 하나님의 진노를 사게 돼 여호와께서 우리 조상들을 갈대아 사람인 바벨론 왕 느부갓네살에게 넘겨주셨습니다. 느부갓네살 왕은 성전을 허물고 백성들을 바벨론으로 잡아갔습니다.

13 그러나 바벨론 왕 고레스 1년에 고레스 왕이 우리에게 하나님의 집을 다시 세우라는 명령을 내렸습니다. 1:1

14 고레스 왕은 심지어 느부갓네살 왕이 전에 예루살렘 성전에서 가져다 바벨론 신당에 들여놓았던 하나님의 집의 금은 집기들까지 바벨론 신당에서 다 내주었습니다. 그 후 고레스 왕은 자기가 총독으로 임명한 세스바살이라는 사람에게 그것들을 내주며

15 이 집기들을 가지고 가서 예루살렘의 성전 안에 보관하고 옛터에 성전을 다시 세우라고 말했습니다.

16 그리하여 세스바살이 와서 예루살렘 하나님의 집의 기초를 놓고 그날부터 지금까지 공사를 계속해 왔는데 아직도 끝나지

조공(4:13, 朝貢, tribute) 속국이 종주국에 바치던 예물 혹은 공물. 5:4 70인역과 시리아어역을 따름. 답신(5:5, 答信, reply) 회답으로 편지를 보냄.

않은 것입니다.' 3:8,10;6:15

17 그러므로 왕께서 기쁘게 여기시면 바벨론의 왕실 문서 보관소에서 고레스 왕이 과연 예루살렘에 하나님의 집을 다시 세우라는 명령을 내렸는지 조사해 주십시오. 그다음 왕께서 이 문제에 대해 원하시는 바를 결정하셔서 우리에게 보내 주십시오."

6

악메다 궁의 두루마리 다리오 왕은 명령을 내려 바벨론의 문서 보관소에 보관된 서류를 조사하게 했습니다.

2 그때 메대 지방의 악메다 궁에서 두루마리 책이 나왔고 거기에 이렇게 기록되어 있었습니다.

3 "고레스 왕 1년에 고레스 왕이 예루살렘의 하나님의 성전에 관해 칙령을 내렸습니다. '성전, 곧 희생제사와 번제를 드리는 곳을 재건하도록 하라. 그 기초를 놓되 높이 60규빗, 너비 60규빗으로 하고

4 큰 돌을 세 층으로 올리고 그 위에 목재를 한 층 놓으라. 거기에 드는 비용은 왕실에서 충당할 것이다. 왕상 6:36

5 또 하나님의 집의 금은 집기들, 곧 느부갓네살이 예루살렘 성전에서 바벨론으로 가져온 것들은 다시 예루살렘 성전의 원래 있던 곳으로 갖다 놓되 각각 제자리에 두도록 하라.'" 1:7~8;5:14

6 다리오 왕의 칙령 다리오 왕은 회답을 보내기를 "그러므로 이제 유프라테스 강 건너편 총독 닷드내와 스달보스내와 그 지방에 있는 동료 관리들은 거기에 신경 쓰지 말라.

7 하나님의 성전 짓는 일을 가만히 두라. 유

성전 봉헌식을 위해 제사장들이 제물에 안수함

다 총독과 유다 장로들이 원래 자리에 하나님의 성전을 재건하게 놓아두라.

8 또한 내가 칙령을 내리노니 너희는 하나님의 집을 짓는 유다 장로들을 위해 할 일이 있다. 곧 이 사람들에게 드는 경비는 왕실의 것으로 충당하되 유프라테스 강 건너편 지방의 세금에서 다 내도록 해 성전 짓는 일에 지장이 없도록 하라. 7:13,21

9 하늘의 하나님께 번제물로 드릴 수송아지와 숫양과 어린양, 또 밀과 소금과 포도주와 기름 등 필요한 것은 무엇이든지 예루살렘 제사장들이 요청하는 대로 날마다 빠짐없이 주도록 하라.

10 그리하여 그들이 하늘의 하나님이 기뻐하시는 제물을 드리고 왕과 왕자들의 안위를 위해 기도하게 하라. 렘 29:7;딤전 2:2

11 또 내가 칙령을 내리노니 누구든 이 칙령을 변경하면 그 집에서 들보를 빼내 그것으로 그를 꿰어 매달 것이요, 그 집은 이 때문에 거름 더미가 될 것이다. 단 2:5;3:29

12 어떤 왕이나 백성이라도 손을 들어 이 칙령을 바꾸거나 예루살렘 성전을 허무는 사람은 그의 이름을 그곳에 두신 하나님께서 멸망시키실 것이다. 나 다리오가 칙령을 내리니 즉각 수행하도록 하라." 왕상 9:3

13 왕의 칙령을 수행함 유프라테스 강 건너편 총독 닷드내와 스달보스내와 그 동료들은 다리오 왕이 보낸 칙령에 따라 일을 즉시 수행했습니다.

14 완성된 성전 그리하여 유다 장로들은 예언자 학개와 잇도의 자손 스가랴의 예언에 힘입어 건축을 성공적으로 진행해 나갔습니다. 그들은 이스라엘의 하나님의 명령에 따라 페르시아 왕 고레스, 다리오, 아닥사스다의 칙령에 따라 드디어 성전을 완공했습니다.

15 성전이 완공된 것은 다리오 왕 6년 아달 월 3일이었습니다. 에 3:7

16 기쁨의 축제 제사장들, 레위 사람들, 나머지 포로로 잡혀갔다 돌아온 사람들 등 모든 이스라엘 백성은 기쁨으로 하나님의 집 봉헌식을 거행했습니다. 왕상 8:63;대하 7:5

17 그들은 하나님의 집 봉헌식을 위해 황소 100마리, 숫양 200마리, 어린양 400마리를 드리고 모든 이스라엘을 위한 속죄제물로 이스라엘의 지파 수에 따라 숫염소 12마리를 드렸습니다.

18 그다음에 모세의 책에 기록된 대로 제사장을 각 분반대로, 레위 사람을 그 계열대로 예루살렘의 하나님을 섬기게 했습니다.

19 유월절을 지킴 포로로 잡혀갔다 돌아온 사람들은 첫째 달 14일에 유월절을 지켰습니다.

20 제사장과 레위 사람은 함께 몸을 정결하게 했고 다 정결하게 된 후에 포로로 잡혀갔던 모든 사람을 위해, 자기 형제 제사장을 위해, 또 자신들을 위해 유월절 양을 잡았습니다.

대하 30:15;35:11

이스라엘 백성들이 기쁨으로 성전 봉헌식을 거행함

21 그리하여 포로로 잡혀갔다 돌아온 이스라엘 백성과 스스로 이방 민족의 부정한 관습을 버리고 자기를 구별하여 이스라엘의 하나님 여호와를 찾는 모든 사람이 유월절 음식을 먹었습니다.

9:1,11上; 9:2;10:28

22 그들은 또 7일 동안 기쁜 마음으로 무교절을 지켰습니다. 여호와께서 그들을 기쁘게 하셨고 또 그들에 대한 *앗시리아 왕의 마음을 바꿔 주셔서 그가 오히려 하나님, 곧 이스라엘 하나님의 집을 건축하는 데 있어 그들을 도와주게 하셨기 때문입니다.

7 에스라가 귀환을 준비함 이 일이 있은 후 페르시아 왕 아닥사스다의 통치기에 에스라라는 사람이 있었습니다. 그는 스라야

의 아들이자 아사랴의 손자, 힐기야의 증손,

2 살룸의 현손, 사독의 5대손, 아히둡의 6대손,

3 아마랴의 7대손, 아사랴의 8대손, 므라욧의 9대손,

4 스라히야의 10대손, 웃시엘의 11대손, 북기의 12대손,

5 아비수아의 13대손, 비느하스의 14대손, 엘르아살의 15대손, 대제사장 아론의 16대손이었습니다.

6 이 에스라가 바벨론에서 올라왔습니다. 그는 이스라엘의 하나님 여호와께서 주신 모세의 율법에 정통한 서기관으로서 그의 하나님 여호와의 손길이 그 위에 있었기

6:22 페르시아 왕 다리오를 말함.

성경에 나오는 이방 왕들의 명령

고레스	• 예루살렘 성전 건축에 필요한 돈과 물건들을 내주라고 명령함(대하 36:22; 스 1:1; 3:7; 5:13, 17; 6:3, 8, 11-12, 14).
아닥사스다	• 예루살렘 성전 건축을 못하게 함(스 4:17-22). • 에스라에게 이스라엘로 돌아가도록 명령함(스 7:11, 13, 21; 8:36). • 느헤미야에게 유다 땅에 다녀오도록 허락하고 성벽 건축에 필요한 재료를 지원함(느 2:7-9).
아하수에로	• 자신의 명령을 거절한 왕비를 자리에서 물러나게 함(에 1:20, 22). • 이스라엘 백성을 죽이려는 하만의 명령을 취소함(에 3:9, 12, 14-15; 4:8; 8:8-14; 9:13-14).
느부갓네살	• 하나님께 함부로 대항해 말하는 사람은 끔찍하게 죽이라고 함(단 3:29).
니느웨 왕	• 요나의 선포를 듣고 모든 백성에게 금식하며 회개하라고 명령함(욘 3:5-10)

때문에 왕은 에스라가 요청한 것이라면 다 들어주었습니다. 느 2:8,18;8:1,4,13;12:26,36

7 또 이스라엘 백성 일부와 제사장과 레위 사람과 노래하는 사람과 문지기와 느디님 사람 가운데 일부도 아닥사스다 왕 7년에 예루살렘으로 올라왔습니다. 2:43;8:1-20

8 예루살렘으로의 여정 에스라는 아닥사스다 왕 7년 다섯째 달에 예루살렘에 도착했습니다.

9 에스라는 첫째 달 1일에 바벨론을 출발해, 그의 하나님의 은혜의 손길이 그 위에 있었기 때문에, 다섯째 달 1일에 예루살렘에 도착할 수 있었습니다. 6절

10 에스라는 이전부터 여호와의 율법을 연구하고 지키며 이스라엘에게 율례와 규례를 가르치겠다고 마음을 정했습니다. 마 23:2-3

11 아닥사스다 왕의 칙령 다음은 이스라엘을 위한 여호와의 계명의 말씀과 율례에 정통한 서기관이자 제사장인 에스라에게 아닥사스다 왕이 보낸 칙서의 사본입니다.

12 "모든 왕의 왕인 아닥사스다가 하늘의 하나님의 율법을 가르치는 서기관이자 제사장인

에스라에게 칙서를 내리노라. 평안을 비오.

13 이제 내가 칙령을 내리겠소, 내 나라 안에 있는 이스라엘 백성들이나 제사장이나 레위 사람 가운데 그대와 함께 예루살렘에 가고 싶어 하는 사람은 다 가도 좋소.

14 당신은 왕과 일곱 명의 참모에 의해 당신의 손안에 있는 하나님의 율법에 따라 유다와 예루살렘 사정을 알아보려고 보냄을 받은 것이므로 15:28절;8:25;에 1:14

15 예루살렘에 거처를 두신 이스라엘의 하나님께 왕과 참모들이 예물로 드릴 은과 금을 가져가고 대하 6:2;시 135:21

16 바벨론 지방에서 얻을 모든 금은과 백성들과 제사장이 예루살렘에 있는 그들의 하나님의 성전에 기꺼이 서원하는 제물도 가져가시오.

17 이 돈으로 즉각 황소와 숫양과 어린양을 사서 곡식제사와 전제와 함께 예루살렘에 있는 당신의 하나님의 성전 제단에 바치시오.

18 남은 금은에 대해서는 당신과 당신의 형제 유다 사람들이 당신의 하나님의 뜻에 따라 가장 좋다고 여기는 일을 하도록 하시오.

19 당신의 하나님 성전에 바치라고 당신에게 맡긴 모든 기물들을 예루살렘에 계신 하나님께 갖다 바치시오.

20 그리고 당신의 하나님의 성전을 위해 그 밖에 필요한 것, 곧 당신이 쓸 것이 있으면 왕실 국고에서 갖다 쓰시오.

21 이제 나 아닥사스다 왕은 강 건너편의 재무관들에게 명령하니 하늘의 하나님의 율법을 가르치는 서기관이자 제사장인 에스라가 요청하는 것은 무엇이든 신속하게 내주되

22 은 100달란트, 밀 100고르, 포도주 100밧, 올리브기름 100밧의 범위 내에서 주고 소금은 제한 없이 주도록 하라.

23 무슨 일이든 하늘의 하나님께서 명령하신 일이면 하늘의 하나님의 성전을 위해 신속하게 수행하도록 하라. 하나님의 진노가 왕인 나와 내 왕자들의 영토에 있게 할 수야 없지 않느냐?

24 너희가 알아 둘 것은 제사장이나 레위 사

람이나 노래하는 사람이나 문지기나 느디
님 사람이나 하나님의 집에서 일하는 다
른 사람 가운데 어느 누구에게도 너희가
조세나 조공이나 관세를 부과하지 못한
다는 점이다. 4:13,20

25 그리고 에스라 당신은 당신에게 있는 당신
의 하나님의 지혜를 따라 행정관과 재판
관을 세워 강 건너편에 사는 모든 백성,
당신의 하나님의 율법을 아는 사람까지
모두 재판하도록 하시오. 그리고 율법을
모르는 사람은 당신들이 알아서 가르치
도록 하시오. 10절대 18:21~22;신 16:18

26 누구든 당신의 하나님의 율법과 왕의 법
령을 지키지 않는 사람은 사형이든, 추방
이든, 재산 몰수든, 투옥이든 즉각 처벌을
하시오."

27 에스라의 감사 우리 조상들의 하나님 여호
와를 찬양하십시오. 여호와께서 이렇게
왕의 마음에 예루살렘에 있는 여호와의 집
을 아름답게 하려는 마음을 주셨고

28 왕과 그 고문관들과 왕의 모든 고관들 앞
에서 선한 은총을 내게 베푸셨습니다. 내
하나님 여호와의 손길이 내 위에 있었으
므로 내가 용기를 얻고 이스라엘 출신의
지도자들을 모아 나와 함께 올라가게 했
습니다. 9:9

8 족장들의 명단 다음은 아닥사스다 왕
때 나와 함께 바벨론에서 올라온 각
가문의 족장들과 그 족보입니다.

2 비느하스 자손 가운데는 게르솜, 이다말 자
손 가운데는 다니엘, 다윗 자손 가운데는
핫두스, 대상 3:22;24:3-4

3 스가냐 자손, 곧 바로스 자손 가운데는 스
가랴와 그와 함께 등록된 남자들이 150명
입니다. 대상 2:3-15

4 바핫모압 자손 가운데는 스라히야의 아들
엘여호에내와 그와 함께 등록된 남자들이

200명입니다. 10:30

5 스가냐 자손 가운데는 야하시엘의 아들과
그와 함께 등록된 남자들이 300명입니다.

6 아딘 자손 가운데는 요나단의 아들 에벳과
그와 함께 등록된 남자들이 50명입니다.

7 엘람 자손 가운데는 아달리야의 아들 여사야
와 그와 함께 등록된 남자들이 70명입니다.

8 스바댜 자손 가운데는 미가엘의 아들 스바댜
와 그와 함께 등록된 남자들이 80명입니다.

9 요압 자손 가운데는 여히엘의 아들 오바댜
와 그와 함께 등록된 남자들이 218명입니다.

10 슬로밋 자손 가운데는 요시바의 아들과 그
와 함께 등록된 남자들이 160명입니다.

11 베배 자손 가운데는 베배의 아들 스가랴와
그와 함께 등록된 남자들이 28명입니다.

12 아스갓 자손 가운데는 학가단의 아들 요하
난과 그와 함께 등록된 남자들이 110명입
니다.

13 아도니감 자손 가운데는 아우들, 곧 엘리
벨렛, 여우엘, 스마야와 그들과 함께 등록
된 남자들이 60명입니다.

14 비그왜 자손 가운데는 우대와 사붓과 그들
과 함께 등록된 남자들이 70명입니다.

15 부름받은 레위 자손들 나는 아하와로 흐르는
강에 사람들을 모으고 거기서 3일 동안 진
을 쳤습니다. 나는 백성과 제사장을 둘러
보았는데 레위 사람을 찾을 수 없었습니다.

16 그래서 지도자인 엘리에셀, 아리엘, 스마
야, 엘라단, 야립, 엘라단, 나단, 스가랴, 므술
람과 통찰력이 뛰어난 요야립과 엘라단을
불러 10:15

17 가사뱌 지방의 지도자인 잇도에게 보내며
잇도와 그 형제인 가사뱌 지방의 느디님 사
람에게 할 말을 일러 주었습니다. 우리 하
나님의 집을 위해 섬길 사람을 우리에게
보내 달라는 것이었습니다.

18 하나님의 은혜로운 손길이 우리 위에 있

었기 때문에 그들은 이스라엘의 손자이자 레위의 아들인 말리의 자손 가운데 통찰력 있는 사람 세레뱌와 그 아들과 형제 18명을 우리에게 데려왔습니다.

19 하사뱌와 므라리 자손 가운데 여사야와 그 형제와 조카 20명.
대상 6:1,16; 느 12:24

20 또 느디님 사람들, 곧 다윗과 그의 관리들이 레위 사람을 도우라고 세운 느디님 사람 가운데 220명도 데리고 왔습니다. 이들 모두 이름이 등록됐습니다.
2:43; 7:7; 민 1:17

21 안전을 위한 기도 그때 나는 아하와 강 가에서 금식을 선포해 우리가 하나님 앞에서 스스로 낮춰 우리와 우리 자녀와 우리 모든 재산을 위해 안전한 여정이 되게 해 달라고 기도했습니다.
15:31; 참대하 20:3; 사 58

22 우리가 이전에 왕에게 "하나님을 바라보는 모든 사람에게는 우리 하나님의 은혜로운 손길이 그 위에 있고 하나님을 버리는 모든 사람에게는 그의 능력과 진노가 그를 대적하십니다"라고 말한 적이 있어서 왕에게 차마 우리를 여행길에서 적으로부터 지켜 줄 보병과 마병을 요구할 수 없었습니다.

23 그래서 우리가 이 일을 두고 금식하며 하나님께 기도했더니 하나님께서 우리 간청을 들어주셨습니다.

24 위탁된 성물들 나는 제사장 가운데 지도자 12명, 곧 세레뱌와 하사뱌와 그 형제 열 명을 따로 세우고

25 그들에게 왕과 그의 참모들과 귀족들과 거기 있던 모든 이스라엘 백성들이 우리 하나님의 집을 위해 드린 예물인 금, 은, 집기를 달아 주었습니다.
7:14-16

26 내가 그들에게 달아 준 것은 은이 650달란트, 은그릇이 100달란트, 금이 100달란트이며

27 1,000다릭 나가는 금접시 20개, 반질반질 윤이 나고 금처럼 귀한 좋은 청동그릇 두 개였습니다.

28 나는 그들에게 말했습니다. "여러분은 여호와께 속한 거룩한 사람들입니다. 이 집기들도 거룩한 것입니다. 은과 금은 여러

분 조상들의 하나님 여호와께 기꺼이 드리는 예물이니
레 21:6; 22:2-3

29 여러분이 예루살렘에 있는 여호와의 집 골방에서 여러 제사장과 레위 사람과 이스라엘 족장들 앞에서 그 무게를 달 때까지 그것들을 잘 지키십시오."
10:6

30 그러자 제사장들과 레위 사람들은 예루살렘에 있는 우리 하나님의 집으로 가져가기 위해 무게를 달아 놓은 금은과 집기들을 받았습니다.

31 예루살렘으로의 여정 그 후 우리는 첫째 달 12일에 아하와 강 가를 떠나 예루살렘으로 갔습니다. 우리 하나님의 손길이 우리 위에 있었고 여호와께서 가는 길 내내 우리를 적들과 매복한 사람들로부터 지켜 주셨습니다.
7:6,9

32 마침내 우리는 예루살렘에 도착해 거기서 3일을 지냈습니다.
느 2:11

33 계수와 제사 넷째 날에 우리는 하나님의 집에서 금과 은과 집기들을 달아서 제사장 우리야의 아들 므레못의 손에 맡겼습니다. 비느하스의 아들 엘르아살이 그와 함께 있었고 레위 사람인 예수아의 아들 요사밧과 빈누이의 아들 노아댜도 함께 있었습니다.

34 모든 것을 수와 무게로 계산했고 전체의 무게를 그 자리에서 기록해 두었습니다.

35 이방 땅에 포로로 잡혀갔다가 돌아온 사람들이 그제야 이스라엘의 하나님께 번제를 드렸습니다. 모든 이스라엘을 위해 황소 12마리, 숫양 96마리, 어린양 77마리를 드리고 또 속죄제물로는 숫염소 12마리를 드렸습니다. 이것은 모두 여호와께 드린 번제물입니다.
레 21:6; 7:26

36 그들은 또 왕의 대신들과 유프라테스 강 건너편 총독들에게 왕의 명령을 전달했습니다. 그러자 명령을 받은 관리들은 백성들이 하나님의 집을 지을 수 있도록 지원했습니다.
7:21; 에 3:12; 8:9; 9:3; 단 3:2-3, 27; 6:2-3

9 잡혼에 대한 소식 이런 일을 마치고 나자 관리들이 내게 와서 말했습니다. "이스라엘의 백성들, 제사장과 레위 사람

들이 이 땅 민족들과 스스로 구별하지 않
고 그들의 가증스러운 관습들, 곧 가나안
사람들, 헷 사람들, 브리스 사람들, 여부스
사람들, 암몬 사람들, 모압 사람들, 이집트
사람들, 아모리 사람들의 관습들을 따르
고 있습니다. 출 13:5;신 12:30-31
2 이스라엘 백성들은 이 땅 사람들의 딸을
데려와 아내와 며느리로 삼고 거룩한 씨
를 이방 민족과 섞고 있습니다. 사실 지도
자들과 관리들이 앞장서서 이런 죄악을
저지르고 있습니다." 출 34:16;신 7:3,6;고후 6:14
3 나는 이 말을 듣고 나서 내 속옷과 겉옷을
찢고 머리털과 수염을 잡아 뜯고는 기가
막혀 앉아 있었습니다. 7:6;느 1:4
4 포로로 잡혀갔다 돌아온 사람들의 이런
죄 때문에 이스라엘의 하나님의 말씀을 두
려워하는 모든 사람이 내게 모였습니다.
나는 저녁 제사 때까지 망연자실하게 앉
아 있었습니다. 10:3;출 29:39,41;사 66:2,5
5 에스라의 기도 저녁 제사 때가 되자 나는 무
거운 마음을 털고 일어나 내 속옷과 겉옷
을 찢은 채로 무릎을 꿇고 내 하나님 여호
와께 손을 들고 왕상 8:22
6 기도했습니다. "하나님이여, 제가 주께, 하
나님께 얼굴을 들기가 너무 부끄럽고 민
망스럽습니다. 우리의 죄가 우리 머리보다
높고 우리의 죄악이 하늘까지 닿았기 때
문입니다. 대하 24:18;28:9;시 38:4;계 18:5
7 조상들 때부터 지금까지 우리 죄악이 너
무 컸습니다. 우리 죄 때문에 우리 자신은
물론 우리 왕들과 우리 제사장들이 이 땅
의 왕의 손에 넘겨져 칼에 맞고 포로로 잡
혀가고 약탈당하고 수모를 겪으면서 오늘
까지 왔습니다. 시 106:6;단 9:5-8
8 그러나 이제 잠시 동안 우리 하나님 여호와
께서 은혜를 베풀어 주셔서 살아남은 사
람들을 우리에게 남겨 두시고 그분의 성
소에 굳건한 자리를 마련해 주셨습니다.
우리 하나님께서 우리의 눈을 밝히고 속
박에서 조금씩이나마 회복시켜 주십니다.
9 우리는 매인 사람들이었지만 하나님께서
는 우리가 속박당했을 때에도 우리를 버리
지 않으시고 오히려 페르시아 왕 앞에서 우
리에게 자비를 베풀어 회복을 허락하셨고
우리 하나님의 집을 다시 짓고 그 허물어진
것을 복구하게 하셨고 유다와 예루살렘에
서 보호받을 수 있는 성벽을 주셨습니다.
10 우리 하나님이여, 이런 일이 있었는데 우
리가 주의 계명을 저버렸으니 우리가 무
슨 말을 하겠습니까?
11 주께서 주의 종 예언자에게 계명을 주시
며 말씀하시지 않았습니까? '너희가 들어
가 차지하게 될 이 땅은 이 땅 민족의 부정
한 것들로 가득 찬 땅이다. 이 끝부터 저
끝까지 가증한 것으로 가득 차 있고 더러
운 것이 들끓는 곳이니 6:21
12 너희 딸을 그들의 아들에게 시집보내지
말고 그들의 딸을 너희 아들을 위해 데려
오지 말고 어떤 경우에도 그들과 동맹을
맺지 말라. 그래야 너희가 강해져서 그 땅
의 좋은 것을 먹고 그 땅을 너희 자식들에
게 영원한 기업으로 남기게 될 것이다.'

국제결혼이 죄인가요?

국제결혼이 죄는 아니에요. 하지만 하나님은 이스라엘 백성이 우상을 숭배하는 다른 민족과 결혼하는 것을 금하셨어요(출 34:12-16; 신 7:3-5). 그들과 결혼하는 것은 이방 종교와 우상을 받아들임을 뜻하는 것이었거든요. 실제로 솔로몬은 누구보다 하나님에게 사랑을 많이 받은 왕이었지만 이방 나라 여자와 결혼하고, 그 여자가 믿는 우상을 섬기는 죄를 지었답니다(느 13:26-27).
에스라 당시에도 이스라엘 사람들은 이방 사람과 결혼하여 우상 숭배의 죄를 짓고 율법을 바르게 지키지 못했어요(스 9:1-2).
에스라와 백성들은 하나님만을 온전히 섬기고자 율법 어긴 죄를 회개하며, 이방 아내와 자녀들을 내보내기로 결단한 것입니다(스 10:18-44; 느 13:23-27).

회개는 죄를 고백하고 마음과 삶의 방향을 하나님께로 바꾸는 것을 말한다.

하나님이 기뻐하는 참회개는 무엇일까?

📖 첫째 단계는 '죄를 인정하는 것'이다. 죄 지은 것 때문에 슬퍼하며, 잘못을 솔직히 인정하고, 죄를 하나님께 고백하는 것이다.

📖 둘째 단계는 '죄를 버리는 것'이다. 그 죄를 다시 짓지 않기로 결심하는 것이다. 이 결심이 잘 이루어지기 위해서는 먼저 죄를 이기신 예수님께 죄의 문제를 믿음으로 맡겨야 한다. 죄에 빠질 환경에서 떠나야 하며, 교회 선생님이나 부모님께 죄의 문제를 말하고 도움을 구해야 한다.

📖 셋째 단계는 '용서를 구하는 것'이다. 나의 죄 때문에 다른 사람에게 손해를 입혔다면, 그 사람에게서 용서를 구해야 한다 (마 5:23-24).

📖 마지막 단계는 '보상하는 것'이다. 나 때문에 손해 본 것을 물질이나 시간 등 구체적으로 상대방에 보상해야 한다 (눅 19:8).

13 우리에게 일어난 일은 우리의 악행과 우리의 큰 죄악에서 비롯된 것입니다. 그러나 우리 하나님이신 주께서는 우리 죄악보다 형벌을 가볍게 하시고 우리에게 이렇게 구원을 주셨습니다.   욥 11:6

14 그런데 우리가 다시 주의 계명을 어기고 그런 가증스러운 짓을 하는 민족들과 섞여 혼인을 맺어야 되겠습니까? 주께서 우리를 노여워해 한 사람도 남기거나 피할 사람이 없도록 모조리 멸망시키는 게 당연하지 않겠습니까? 신 9:8

15 이스라엘의 하나님 여호와여, 주는 의로우십니다! 우리가 오늘과 같이 살아남게 되었기 때문입니다. 보십시오. 우리가 여기 주앞에, 우리의 죄악 가운데 있습니다. 그것 때문이라면 우리 가운데 하나라도 주 앞에 설 수 없습니다." 느 9:33:시 119:137:130:3

10 **스가냐의 제안** 에스라가 하나님의 집 앞에 엎드려 울며 기도하고 죄를 고백할 때 남녀와 어린아이 할 것 없이 이스라엘 사람들이 무리를 지어 그에게 모

여들어 통곡했습니다.

2 그때 엘람 자손 가운데 하나인 여히엘의 아들 스가냐가 에스라에게 말했습니다. "우리가 이 땅의 이방 여자와 결혼해 우리 하나님께 죄를 지었습니다. 그러나 이런 일에도 불구하고 이스라엘에게는 아직 소망이 있습니다. 9:2

3 우리가 우리 하나님 앞에 언약을 세워 내 주의 교훈과 우리 하나님의 계명을 두려워하는 사람들의 충고에 따라 모든 이방 여자들과 그 자녀들을 내보내기로 합시다. 율법에 따라 그렇게 하도록 합시다.

4 자, 일어나십시오. 이 문제는 당신 손에 달렸습니다. 우리가 힘이 돼 줄 테니 용기를 내 그렇게 하십시오." 대상 28:10:대하 19:11

5 소집을 공포한 그리하여 에스라가 일어나 지도인인 제사장과 레위 사람과 모든 이스라엘에게 이 말에 따르기를 맹세하게 하니 그들이 맹세했습니다. 느 5:12:13:25

6 에스라는 하나님의 집 앞에서 물러나 엘리아십의 아들 여호하난의 방으로 갔습니다. 그는 포로로 잡혀갔다 돌아온 사람들의 죄를 애통하며 빵도 물도 입에 대지 않았습니다. 1절:8:29:신 9:18:느 3:1:12:22-23

7 그때 포로로 잡혀갔다 돌아온 사람은 모두 예루살렘에 모이라는 칙령이 유다와 예루살렘 전역에 걸쳐 공포됐습니다.

8 누구든지 3일 안에 나타나지 않는 사람은 관리들과 장로들의 결정에 따라 모든 재산을 박탈하고 포로로 잡혀갔다 돌아온 사람의 모임에서 내쫓는다는 내용이었습니다.

9 에스라의 간청 그리하여 유다와 베냐민 모든 사람들이 3일 안에 예루살렘에 모였습니다. 그날은 아홉째 달 20일이었습니다. 모든 백성들이 하나님의 집 앞 광장에 앉아 그 문제와 쏟아지는 비로 인해 떨고 있었습니다. 삼상 12:18

10 그때 제사장 에스라가 일어나 그들에게 말했습니다. "여러분이 죄를 지었습니다. 이방 여자와 결혼함으로써 이스라엘에 죄를 더했습니다.

11 그러므로 이제 여러분의 조상들의 하나님 여호와께 죄를 고백하고 여호와께서 기뻐하시는 일을 하십시오. 이방 민족과 관계를 끊고 여러분의 이방 아내와도 관계를 끊으십시오."

3절;수 7:19

12 **해결 방안** 그러자 온 회중이 큰 소리로 대답했습니다. "당신이 옳습니다! 우리는 당신이 말씀하신 대로 해야 합니다.

13 그러나 여기 백성들이 많이 있고 지금은 비가 내리는 계절이므로 우리는 밖에 서 있을 수가 없습니다. 게다가 이 일은 하루이틀에 해결될 문제가 아닙니다. 이 일로 죄를 지은 사람이 많기 때문입니다.

14 온 회중을 대표해 우리 관리들을 세우고 여러 성읍에 사는 사람 가운데 이방 여자와 결혼한 사람은 모두 각 마을의 장로와 재판장과 함께 정해진 시간에 오도록 해 이 문제로 인한 우리 하나님의 불같은 진노가 우리에게서 떠나가게 해 주십시오."

15 이 일에 반대한 사람은 오직 아사헬의 아들 요나단과 디과의 아들 야사였고 이들에게 동조한 사람은 므술람과 레위 사람 삽브대뿐이었습니다.

8:16;느 11:16

16 **문제가 종결됨** 포로로 잡혀갔다 돌아온 많은 사람들은 에스라의 의견을 지지했습니다. 제사장 에스라는 각 가문에 따라 이름별로 몇몇 우두머리를 따로 세웠습니다. 그들은 열째 달 1일에 자리에 앉아 사례들을 조사했습니다.

17 이방 여자와 결혼한 모든 사람을 조사한 그 일은 다음 해 첫째 달 1일에 끝났습니다.

18 **이방 여자와 결혼한 사람들** 다음은 제사장 자손 가운데 이방 여자와 결혼한 사람들입니다. 요사닥의 아들 예수아와 그 형제들의 자손 가운데 마아세야, 엘리에셀, 야립, 그달랴가 있었습니다.

3:2

19 그들은 모두 손을 들어서 아내를 내보내기로 서약하고 각각 자기 죄를 위해 양 떼 가운데 숫양 한 마리를 속건제로 드렸습니다.

20 임멜 자손 가운데 하나니와 스바댜,

21 하림 자손 가운데 마아세야, 엘리야, 스마

야, 여히엘, 웃시야,

31절

22 바스훌 자손 가운데 엘료에내, 마아세야, 이스마엘, 느다넬, 요사밧, 엘라사가 있었습니다.

23 레위 사람 가운데 요사밧, 시므이, 글리다라고도 하는 글라야, 브다히야, 유다, 엘리에셀이 있었고

24 노래하는 사람 가운데 엘리아십, 문지기 가운데는 살룸, 델렘, 우리가 있었습니다.

25 또 다른 이스라엘 사람으로 바로스 자손 가운데 라먀, 잇시야, 말기야, 미야민, 엘르아살, 말기야, 브나야,

26 엘람 자손 가운데 맛다냐, 스가랴, 여히엘, 압디, 여레못, 엘리야,

27 삿두 자손 가운데 엘료에내, 엘리아십, 맛다냐, 여레못, 사밧, 아시사,

28 베배 자손 가운데 여호하난, 하나냐, 삽배, 아들래,

29 바니 자손 가운데 므술람, 말룩, 아다야, 야숩, 스알, 여레못,

30 바핫모압 자손 가운데 앗나, 글랄, 브나야, 마아세야, 맛다냐, 브살렐, 빈누이, 므낫세,

31 하림 자손 가운데 엘리에셀, 잇시야, 말기야, 스마야, 시므온,

21절

32 베냐민, 말룩, 스마랴,

33 하숨 자손 가운데 맛드내, 맛닷스, 사밧, 엘리벨렛, 여레매, 므낫세, 시므이,

34 바니 자손 가운데 마아대, 아므람, 우엘,

35 브나야, 베드야, 글루히,

36 와냐, 므레못, 에라심,

37 맛다냐, 맛드내, 야아수,

38 바니, 빈누이, 시므이,

39 셀레먀, 나단, 아다야,

40 막나드배, 사새, 사래,

41 아사렐, 셀레먀, 스마랴,

42 살룸, 아마랴, 요셉,

43 느보 자손 가운데 여이엘, 맛디디야, 사밧, 스비내, 잇도, 요엘, 브나야가 있었습니다.

44 이상은 모두 이방 여자와 결혼한 사람이었고 이들 가운데 일부는 이방 아내와의 사이에 자식도 있었습니다.

3절

Nehemiah
느헤미야

느헤미야는 페르시아 왕의 술을 따르는 관리였어요. 느헤미야는 예루살렘 성이 무너지고 성문이 불에 탄다는 소식을 듣자 울면서 기도했던 기도의 사람이랍니다. 그리고 왕의 허락을 받아 3차 포로 귀환 책임자가 되어 예루살렘으로 돌아왔어요. 느헤미야는 페르시아에서 편안한 생활을 할 수 있었지만 이스라엘의 재건을 위해 그 특권을 포기했어요. 그리고 여러 가지 방해에도 52일 만에 예루살렘 성벽 재건을 완성했어요. 성벽은 이스라엘 백성의 보호 벽일 뿐 아니라, 정치적인 독립을 의미하기 때문에 중요했어요. 느헤미야는 성벽 재건에 이스라엘 백성을 참여시켜 스스로 민족의 동질성과 자주성 그리고 하나님 백성의 거룩성을 회복시키려 했답니다.

느헤미야서에는 에스라와 느헤미야라는 두 지도자가 나와요. 에스라는 제사장으로 이스라엘의 신앙을, 느헤미야는 총독으로 이스라엘의 자주권을 회복시킨 지도자였어요. 두 지도자의 협력과 헌신으로 이스라엘은 포로 생활에서 잃은 신앙과 민족적 자긍심을 회복하게 됩니다. 한 나라의 지도자의 역할과 헌신이 얼마나 중요한지 느헤미야를 통해 알 수 있어요. 우리 나라에 꼭 필요한 에스라와 느헤미야 같은 지도자가 되어야겠지요?

느헤미야는 무슨 뜻인가요?

'여호와의 위로'라는 뜻이에요. 느헤미야의 이름을 따라 성경 이름을 붙인 것입니다. 히브리성경과 70인역은 에스라서와 느헤미야서가 한 권으로 되어 있어요. 라틴어로 번역하면서 두 권으로 나누었어요.

누가 썼나요?

느헤미야가 썼을 것으로 생각해요. 이 책은 느헤미야의 1인칭 관점의 글들이 많기 때문이에요. 느헤미야는 포로에서 돌아온 이스라엘 백성이 성벽을 재건하고, 다시 신앙을 회복하는 과정을 회상하면서 이 책을 썼어요.

언제 썼나요?

느헤미야가 은퇴한 후인 BC 420년경

주요한 사람들은?

느헤미야
페르시아 왕 아닥사스다의 술 따르는 관리.
3차 포로 귀환 때 이스라엘 백성을 인도한 지도자.
예루살렘 성벽을 52일 만에 재건한 책임자

에스라
대제사장 아론의 후손.
율법을 잘 아는 서기관, 제사장.
2차 포로 귀환 때 이스라엘
백성을 인도한 지도자

도비야
예루살렘 성벽 재건을 방해

산발랏
성벽 재건을 방해,
느헤미야를 암살하려 함

한눈에 보는 느헤미야

1-7장 3차 포로 귀환과 예루살렘 성벽 재건

8-10장 율법의 낭독과 회개 결단

10-11장 성벽 봉헌과 개혁 운동

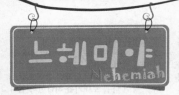

느헤미야
Nehemiah

1 예루살렘 소식 히가랴의 아들 느헤미야의 말입니다. 아닥사스다 왕 20년 기슬르월 내가 수산 성에 있을 때에

2 내 형제 가운데 하나니가 몇몇 사람들과 함께 유다에서 왔습니다. 그래서 나는 포로로 잡혀 오지 않고 그곳에 남아 있는 유다 사람들의 안부와 예루살렘의 형편을 물었습니다. _{7:2}

3 그들이 내게 말했습니다. "포로로 잡혀 오지 않고 그 지방에 남아 있는 사람들은 지금 큰 고난과 수모를 당하고 있습니다. 예루살렘 성벽은 무너졌고 그 성문들은 다 불에 탔습니다. _{2:3,13,17;왕하 25:10}

4 느헤미야의 기도 나는 이 말을 듣고 그만 주저앉아 울고 말았습니다. 나는 몇 날 며칠

동안 슬픔에 잠긴 채 금식하면서 하늘의 하나님 앞에 기도하며 _{2:4;슥 9:3}

5 말했습니다. "하늘의 하나님 여호와, 크고 두려운 하나님이여, 하나님을 사랑하고 그 계명을 지키는 사람들과 맺은 사랑의 언약을 지키시는 하나님이여, _{신 7:21}

6 주의 종들인 이스라엘 백성들을 위해 주의 종이 밤낮으로 주 앞에 기도하니 주께서는 귀를 기울이시고 눈을 떠서 이 기도를 들으소서. 저와 제 조상의 집을 비롯해 우리 이스라엘 족속이 주님을 거역했던 죄를 고백합니다. _{왕상 8:29;대하 6:40;시 106:6;단 9:18,20}

7 우리가 주께 매우 악하게 굴었습니다. 주께서 주의 종 모세에게 주신 계명과 율례와 규례를 우리가 지키지 않았습니다.

8 주께서 주의 종 모세에게 하신 말씀을 기억하소서. '너희가 만약 죄를 지으면 내가 너희를 여러 민족들 가운데로 흩어 버릴 것이요 _{레 26:33;신 4:25~27;28:64}

9 만약 너희가 내게 돌아와 내 계명을 지키면 너희 포로 된 사람들이 하늘 끝에 있더

_{느에욥}

_{기슬르 월 (1:1, the month of Kislev) 유대력으로 9월, 태양력으로 11-12월에 해당함.}

바벨론에서 이스라엘로 돌아오다

	BC 537년	BC 458년	BC 444년
	1차 귀환	**2차 귀환**	**3차 귀환**
인도자	스룹바벨, 예수아	에스라	느헤미야
페르시아 왕	고레스	아닥사스다 1세	아닥사스다 1세
조서 내용	포로민의 귀향을 허가함. 성전 건축을 허가하고 성전 기물을 반환함. 성전 건축 재료를 지원함.	포로민의 귀향을 허가함. 제물, 재정을 지원함. 성직자의 세금을 면제하고 관리 조직을 허용함.	예루살렘의 중건을 허가하고 건축 재료 지원함
귀환자 수	일반 회중 4만2천360명 남녀 종 7천337명 노래하는 사람 200명 합계 4만9천897명	남자 1천496명 레위사람 38명 수종드는 사람 220명 합계 1천754명 (여자, 어린이 5천명)	통계가 없음.
관련 사건	성전 건축을 시작함(사마리아 사람의 방해로 BC 520년까지 중단됨). 제사를 드림. 유월절을 지킴. 성전 건축을 다시 시작함(스 1:1~4:6; 4:24~6:22).	이방 사람과의 결혼으로 상실된 신앙의 순수성을 회복하기 위한 개혁을 에스라가 주도함(스 7:1~10:44).	사마리아 사람들의 반대에도 성벽이 52일 만에 완성됨(느 6:15). 에스라가 율법을 가르침(느 8~9장).

라도 내가 그들을 거기에서부터 불러 모아 내 이름을 위해 선택해 놓은 곳으로 데려올 것이다'라고 하시지 않았습니까?

10 그들은 주께서 주의 큰 능력과 주의 강한 손으로 구속하신 주의 종이요, 주의 백성들입니다.

신 9:29

11 주여, 이 종의 기도와 주의 이름을 경외하기를 기뻐하는 주의 종들의 기도에 귀를 기울이소서. 오늘 주의 종이 이 사람 앞에서 은총을 입고 잘되게 하소서." 그때 나는 왕에게술을 따라 올리는 사람이었습니다.

2

왕이 느헤미야의 근심을 눈치챔 아닥사스다 왕 20년 니산 월에 나는 왕에게 술을 따르는 일을 맡았기에 술을 가져다 왕에게 따라 드렸습니다. 평소와는 다르게 내가 왕 앞에서 슬픈 기색이 있는 것을 보고

2 왕이 내게 물었습니다. "네가 아프지도 않은데 네 안색이 왜 그리 슬퍼 보이느냐? 마음에 근심이 있는 게 분명하구나." 나는 무척 두려웠지만

잠 15:13

3 왕에게 말했습니다. "왕께서는 만수무강하옵소서! 제 조상들이 묻혀 있는 성이 폐허가 됐고 그 성문들이 불에 타 허물어졌으니 어찌 슬프지 않겠습니까?"

왕상 1:31

4 느헤미야가 허락받을 왕이 내게 물었습니다. "네가 무엇을 원하느냐?" 그때 내가 하늘의 하나님께 기도하고

스 5:12단 2:18

5 왕에게 대답했습니다. "왕께서 기뻐하시고 종이 왕께 은총을 입었다면 왕께서는

저를 조상들이 묻혀 있는 유다 땅으로 보내 그 성을 다시 건축하게 하소서."

6 그때 왕 옆에 왕비도 앉아 있었는데 왕이 내게 물었습니다. "그렇게 다녀오려면 얼마나 걸리겠느냐? 언제쯤 돌아오겠느냐?" 왕이 나를 보내기를 허락한 것입니다. 그래서 나는 왕에게 기한을 정해 말했습니다.

5:14; 13:6; 시 45:9

7 또 다른 허락 내가 다시 왕에게 말했습니다. "만약 왕께서 기뻐하신다면 제가 유다에 도착할 때까지 무사히 통과할 수 있도록 유프라테스 강 건너 총독들에게 보여 줄 친서를 써 주시겠습니까?

스 8:36

8 그리고 왕의 산림 감독 아삽에게 친서를 내리셔서 성전 옆 성문과 성벽과 제가 살게 될 집의 들보 재목을 내주도록 해 주십시오." 왕은 내게 허락해 주었습니다. 내 하나님의 은혜로운 재난이 내 위에 있었기 때문입니다.

18절7:2;스 7:6;전 2:5-6;아 4:13

9 사마리아 사람들이 근심함 왕은 군대 장교들과 기마병을 나와 함께 보내 주었고 나는 이렇게 유프라테스 강 건너 총독들에게 가서 왕의 친서를 전했습니다.

10 호론 사람 산발랏과 관리인 암몬 사람 도비야가 이 소식을 들었습니다. 어떤 사람이 이스라엘 자손의 재건을 위해 왔다는 말에 그들은 심기가 몹시 불편해졌습니다.

11 밤중에 시찰할 나는 예루살렘으로 가서 그곳에서 3일 동안 머물렀습니다.

스 8:32

계획

"새해가 되었으니 한 해의 계획을 세워보라는 엄마의 말씀에 큰 마음 먹고 계획들을 생각해 봅니다. 매일 큐티하기, 매일 운동하기, 열심히 공부하기, 친구와 사이좋게 지내기, 게임과 TV 줄이기, 부모님께 효도하기 등등…. 그렇지만 이 많은 계획들을 어떻게 지켜야 하는지 큰 고민입니다."

새해의 계획

새해가 되면 누구나 새롭게 시작되는 한 해를 후회 없이 보내려고 계획들을 세웁니다. 그동안 하지 못했던 것들이나 하고 싶은 일들 또는 꼭 해야 할 일들을 계획에 넣지요. 그런데 계획만 하고 실천에 옮기지 못하는 경우가 있어요. 그 이유는 처음부터 계획을 너무 높게 세웠거나, 현실성이 없고 구체적이지 않기 때문이에요. 계획은 나의 습관이나 생활 태도를 생각해서 구체적으로 짜는 것이 좋아요. 느헤미야는 구체적이고 분명한 계획을 가지고 있었어요. 아닥사스다 1세의 술을 따르는 일을 했던 느헤미야가 왕에게 유다로 돌아가 성벽을 다시 건축하고 싶다고 말할 때, 느헤미야

12 그러던 중 밤에 몇 사람을 데리고 순찰을 나갔습니다. 나는 내 하나님께서 내 마음에 예루살렘을 위해 할 일을 정해 두신 것을 아무에게도 말하지 않은 상태였습니다. 내가 타고 있던 말 외에는 탈 것도 없었습니다.

13 그 밤에 나는 '골짜기 문'으로 나갔습니다. '용 우물'과 '거름 문'으로 향하면서 살펴보니 예루살렘 성벽은 다 무너졌고 성문들은 모두 불에 탄 채로 버려져 있었습니다.

14 그러고는 '샘 문'과 '왕의 못'을 향해 갔습니다. 그러나 너무 비좁아 말을 타고 지나갈 수조차 없었습니다.　　왕하 20:20/대하 32:3,30

15 그래서 나는 밤에 시내를 따라 올라가면서 성벽을 살피고 골짜기 문을 지나 되돌아왔습니다.　　삼하 15:23

16 관리들은 내가 어디에 갔는지 무엇을 했는지 알지 못했습니다. 내가 유다 사람이나 제사장이나 귀족이나 관리나 그 일을 하게 될 다른 어떤 사람에게도 이것을 말하지 않았기 때문이었습니다.

17 계획이 알려짐　　그 후 나는 그들에게 말했습니다. "우리가 당면한 고난은 여러분이 보는 바와 같소. 예루살렘은 황무지가 됐고 그 성문들은 불에 타 버렸소. 자, 이제 우리가 예루살렘 성벽을 재건합시다. 그러면 우리가 다시는 수치를 당하지 않을 것이오."

18 나는 또한 내 하나님의 은혜로운 손길이 내게 있는 것과 왕이 내게 말한 것을 그들에게 말해 주었습니다. 그들이 대답했습니다. "우리가 재건을 시작합시다." 이렇게 해 그들은 이 선한 일을 시작했습니다.

19 계획을 비웃음　　그러나 호론 사람 산발랏과 관리인 암몬 사람 도비야와 아라비아 사람 게셈이 이 말을 듣고 우리를 조롱하고 비웃었습니다. 그들이 말했습니다. "너희가 무슨 짓을 하려는 것이냐? 왕에게 반역이라도 할 참이냐?"　　4:1/6:6/시 44:13

20 내가 그들에게 대답했습니다. "하늘의 하나님께서 우리를 위해 이 일을 꼭 이뤄 주실 것이오. 성벽 재건은 주의 종인 우리의 할 일이오. 너희는 아무 몫도 없고 권리도 없고 역사적 명분도 없다."　　4절

3

일의 분담　　대제사장 엘리아십과 그 동료 제사장이 함께 일어나 '양 문'을 다시 세웠습니다. 그들은 그 문을 거룩하게 하고 문짝을 달고는 '함메아 탑'에서부터 '하나넬 탑'까지 성벽을 쌓고 봉헌했습니다.

2 그다음 구획은 여리고 사람들이 건축했고 그다음은 이므리의 아들 삭굴이 건축했습니다.　　스 2:34

3 '물고기 문'은 하스나아의 아들들이 세웠습니다. 그들은 거기다 들보를 얹고 문짝과 자물쇠와 빗장을 달았습니다.　　대하 33:14

4 그다음 구획은 학고스의 손자이며 우리야의 아들인 므레못이 복구했고 그다음은 므세사벨의 손자이며 베레갸의 아들인 므술람이 복구했으며 그다음은 바아나의 아들 사독이 복구했습니다.　　21,30절/스 8:16,33

5 그다음 구획은 드고아 사람들이 복구했는데 그 귀족들은 여호와의 일에 협조하지 않았습니다.　　27절/삼하 14:2

는 정확한 기한을 말했어요(느 2:5-6). 우리가 분명하고 구체적인 계획을 세우러 실천할 때 하나님은 그 계획을 구체적으로 이끌어 주신답니다. 하나님의 인도하심을 기대하면서 지금부터 계획을 한번 세워 볼까요? 오늘의 계획, 이번 달의 계획, 여름ㆍ겨울 방학 동안의 계획, 3년 후의 계획, 10년 후의 계획들을 구체적으로 생각하고 적어 보기로 해요.

깊이읽기 　 잠언 16장 9절을 읽으세요.

구속(1:10, 拘束, redemption) 이스라엘 백성들을 이집트의 노예 상태에서 구출하신 것을 '구속'하셨다고 표현. 신약에서는 죄의 종이 된 인간을 예수님이 자신의 피로 죄값을 지불하시니 그 죄에서 해방시키신 것을 의미함. **경외**(1:11, 敬畏, revere) 공경하면서 두려워함. **니산월**(2:1, the month of Nisan) 바벨론 포로 생활에서 돌아와 사용한 유대력의 첫 달. 태양력으로 3~4월에 해당함. **2:13** 또는 '뱀 우물'. **봉헌**(3:1, 奉獻, Dedicate) 전쟁에서 얻은 전리품, 성막, 성물, 성전을 구별하여 거룩한 목적으로 하나님께 바치는 것

6 '옛 문'은 바세아의 아들 요야다와 브소드야의 아들 므술람이 복구했는데 그들이 거기에다 들보를 얹고 문짝과 자물쇠와 빗장을 달았습니다. 12:39

7 그다음은 기브온 사람 믈라댜와 메로놋 사람 야돈과 기브온과 미스바 사람들이 함께 복구해 유프라테스 강 건너 총독의 보좌에까지 갔습니다. 2:7,9

8 그다음 구획은 금세공인 할해야의 아들 웃시엘이 복구했고 그다음은 향수 제조업자인 하나냐가 복구했습니다. 이렇게 해 그들은 '넓은 벽'에 이르기까지 성을 복원해 놓았습니다. 12:38

9 그다음 구획은 예루살렘의 반쪽 구역의 통치자이며 후르의 아들인 르바야가 복구했고

10 그다음은 하루맙의 아들 여다야가 자기 집 맞은편을 복구했으며 그다음은 하삽느야의 아들 핫두스가 복구했습니다.

11 그다음 구획과 '풀무 탑'은 하림의 아들 말기야와 바핫모압의 아들 핫숩이 복구했으며 12:38

12 그다음 구획은 예루살렘의 반쪽 구역의 통치자이며 할로헤스의 아들인 살룸과 그 딸들이 복구했습니다. 9절

13 '골짜기 문'은 하눈과 사노아 주민이 복구했는데 거기에다 그들이 문을 다시 세우고 문짝과 자물쇠와 빗장을 달았습니다. 그들은 또한 '거름 문'까지 성벽 1,000규빗을 복구했습니다. 대하 26:9

14 '거름 문'은 벧학게렘 지방의 통치자이며 레갑의 아들인 말기야가 복구해 문을 다시 세우고 문짝과 자물쇠와 빗장을 달았습니다. 렘 6:1

15 '샘 문'은 미스바 지방의 통치자이며 골호세의 아들인 살룬이 복구해 문을 다시 세우고 그 위에 지붕을 올리고는 문짝과 자물쇠와 빗장을 달았습니다. 그는 또한 왕의 궁정 옆에 있는 실로암 못의 성벽을 다윗의 성에서 내려오는 계단까지 복구했습니다.

16 그다음은 벧술 지방의 반쪽 구역의 통치자이며 아스북의 아들인 느헤미야가 다윗의 무덤 맞은편에서부터 '인공 못'과 '영웅의 집'까지 복구했습니다. 왕상 2:10;행 2:29

17 그다음은 레위 사람인 바니의 아들 르훔이 복구했고 그다음은 그일라의 반쪽 구역을 통치하는 하사뱌가 자기 지방을 복구했습니다.

느헤미야의 독려로 무너진 성벽을 재건하기 시작함

18 그다음은 그일라의 나머지 반쪽 구역의 통치자이며 헤나닷의 아들인 바왜가 그 친척들과 함께 복구했습니다.

19 그다음은 미스바의 통치자이며 예수아의 아들인 에셀이 무기고로 올라가는 곳의 맞은편부터 성의 굽은 곳까지 그다음 구획을 복구했고 대하 26:9

20 그다음은 삽배의 아들 바룩이 성의 굽은 곳부터 대제사장 엘리아십

의 집 입구까지 그다음 구획을 열심히 복구했습니다.

21 그다음은 학고스의 손자이며 우리야의 아들인 므레못이 엘리아십의 집 입구에서부터 그 집 끝까지 그다음 구획을 복구했습니다. 4절

22 그다음은 그 주변 지역에 사는 제사장들이 복구했고 12:28

23 그다음은 베냐민과 핫숩이 자기들 집 앞을 복구했으며 아나냐의 손자이자 마아세야의 아들인 아사랴가 자기 집 주변을 복구했습니다.

24 그다음은 헤나닷의 아들 빈누이가 아사랴의 집부터 성의 굽은 곳을 지나 성의 모퉁이까지 그다음 구획을 복구했습니다.

25 또한 우새의 아들 발랄은 성 모퉁이 맞은편과 경호대 근처 왕궁 위의 '돌출 탑'을 복구했고 그다음은 바로스의 아들 브다야가 복구했으며 12:39:3절 32:2;33:1;37:21;38:6;13,28

26 오벨 언덕에 사는 느디님 사람들이 동쪽으로 난 '물 문' 맞은편과 '돌출 탑'까지 복구했습니다. 8:1;3,16:11:21;12:37;대하 27:3

27 그다음으로 드고아 사람들이 큰 '돌출 탑'에서부터 오벨 성벽까지의 다음 구획을 복구했습니다. 5절

28 '말 문' 위로는 제사장들이 각각 자기 집 앞을 복구했고 대하 23:15

29 그다음은 임멜의 아들 사독이 자기 맞은편을 복구했습니다. 그다음은 동문지기 스가냐의 아들 스마야가 복구했습니다.

30 그다음은 셀레먀의 아들 하나냐와 살랍의 여섯째 아들 하눈이 그다음 구획을 복구했습니다. 그다음으로는 베레갸의 아들 므술람이 자기 방 앞을 복구했습니다.

31 그다음은 금세공인 말기야가 복구해 함밉갓 문 맞은편 느디님 사람들과 상인들의 집과 성 모퉁이 다락방까지 갔고

32 성 모퉁이 다락방 양 문 사이는 금세공인들과 상인들이 복구했습니다. 1절

4 사마리아 사람들의 비웃음 산발랏은 우리가 성벽을 쌓는다는 말을 듣고 분노하고 몹시 분개했습니다. 그는 유다 사람들을 조롱하며 7절;2:10,19

2 그의 동료들과 사마리아 군대 앞에서 빈정거리며 말했습니다. "저 유다 사람 약골들이 무엇을 하는 것이냐? 그 성벽을 복원하겠다는 것이냐? 제사를 드리겠다는 것이냐? 하루 만에 공사를 끝내겠다는 것이냐? 타 버린 돌들을 저 흙무더기 속에서 원상 복구하겠단 말이냐?" 왕상 16:24

3 그 곁에 있던 암몬 사람 도비야가 맞장구치며 말했습니다. "그들이 무엇을 건축하든 여우라도 한 마리 올라가면 그 돌 성벽이 다 허물어질 것이다!" 애 5:18

4 비웃음에 대한 기도 우리 하나님이여, 우리의 기도를 들으소서. 우리가 멸시당하고 있습니다. 그들이 하는 욕이 그들에게 되돌아가게 하소서. 그들이 포로가 돼 남의 땅으로 끌려가게 하소서. 시 79:12;123:3~4

5 그들의 죄악을 덮지 마시고 그들의 죄를 주 앞에서 지우지 마소서. 그들은 우리 앞에서 주의 얼굴에 욕설을 퍼부었습니다.

6 반대 세력의 위협 백성들이 마음을 다해 열심히 일한 결과 우리는 성벽 전체를 절반 높이까지 복구했습니다.

7 그러나 산발랏과 도비야, 아라비아 사람들과 암몬 사람들과 아스돗 사람들은 예루살렘 성벽이 복원돼 허물어진 부분들이 점점 메워진다는 소식을 듣고 몹시 분노했습니다. 대하 24:13

8 그들은 함께 음모를 꾸며 예루살렘에 와서 싸우고 훼방을 놓으려고 했습니다.

9 그래서 우리는 우리의 하나님께 기도하는 한편, 밤낮으로 경비병을 세워 이 위협에 대비했습니다.

10 낙담한 일꾼들 그런데 유다에 있는 사람들은 "할 일은 아직 산더미 같은데 일꾼들의 힘이 다 빠져 버려 우리가 성벽을 쌓을 수가 없다"라고 불평했습니다.

11 또 우리의 원수들은 "그들이 알아채기 전

느디님 사람 (3:26, temple servants) '바쳐진 사람들'이라는 뜻. 성전에서 봉사했던 사람들.

에 우리가 그들 가운데 들어가서 그들을 죽이고 그 일을 중단시켜야겠다"라고 말했습니다.

12 그들 가까이 사는 유다 사람들도 우리에게 와서 그들이 사방에서 우리를 치려 한다고 열 번씩이나 말했습니다.

13 느헤미야의 계획 그래서 나는 사람들을 가문별로 칼과 창과 활로 무장시켜서 성벽 뒤 낮고 넓게 펼쳐진 곳에 배치했습니다.

14 백성들이 두려워하는 것을 보고 나는 귀족들과 관리들과 나머지 백성들에게 말했습니다. "그들을 두려워하지 마시오. 위대하고 두려워하신 여호와를 기억하고 여러분의 형제와 자녀와 가정을 위해 싸우시오."
민 14:9;신 1:29;7:21;10:17;삼하 10:12

15 우리의 원수들은 우리가 그들의 계략을 알았고 하나님이 그들의 계획을 꺾으셨다는 것을 들었습니다. 그제야 우리는 모두 성으로 돌아와 각자 하던 일을 계속했습니다.

16 그날부터 내 부하들의 절반은 그 일을 계속하고 나머지 절반은 갑옷을 입고 창과 방패와 활로 무장했습니다. 그리고 관리들은 유다의 모든 백성 뒤에 진을 쳤습니다.
대하 26:14

17 건축 자재를 실어 나르는 사람들은 한 손으로는 일을 하고 다른 한 손으로는 무기를 들었습니다.

18 그리고 성벽을 쌓는 사람들도 각자 칼을 허리에 차고 일했습니다. 다만 나팔 부는 사람만 나와 함께 있었습니다.

19 그때 내가 귀족들과 관리들과 나머지 백성들에게 말했습니다. "이 일이 크고 방대하기 때문에 일하는 지역이 넓어 우리는 성벽을 따라 서로 너무 멀리 떨어져 있습니다.

20 그러니 여러분은 어디에 있든지 나팔 소리를 들으면 우리 쪽으로 집결하시오. 우리

하나님께서 우리를 위해 싸우실 것이오!"

21 이렇게 해 우리는 새벽 동틀 때부터 별이 뜰 때까지 일을 계속했고 백성들의 절반은 창을 들고 일을 했습니다.

22 그때 나는 또 백성들에게 말했습니다. "각 사람과 그 부하들은 밤에는 예루살렘 성안에서 지내면서 경계를 서고 낮에는 일을 하시오."

23 나도, 내 형제도, 내 부하도, 나와 함께 경비하는 사람도 옷을 벗지 않았고 각자 무기를 갖고 있었으며 심지어 물 마시러 갈 때도 그렇게 했습니다.
삿 5:11

5

저당 잡히는 것에 대한 문제 그때 백성들과 그 아내들 사이에 그들의 유다의 형제들을 원망하는 소리가 있었습니다.

2 어떤 사람은 "우리에게는 자녀가 많다. 우리 자신을 비롯해서 많은 식구가 먹고살기 위해서는 곡식을 얻어야 한다'라고 말했으며

3 또 어떤 사람은 "우리는 기근 동안 곡식을 얻기 위해 우리 밭과 우리 포도원과 우리 집을 저당 잡혔다'라고 말했으며

4 또 어떤 사람은 이렇게 말했습니다. "우리는 세금 낼 돈을 꾸기 위해 우리 밭과 포도원을 잡혔다.
스 4:13,20;7:24

5 우리는 우리 친척들과 한 몸이요, 한 핏줄이다. 보라. 우리의 자식들은 그들의 자식이나 다름없는데 우리가 우리 자녀들을 종으로 내주게 됐다. 우리의 딸 가운데 일부는 이미 종으로 팔렸고 우리의 밭과 포도원이 남의 것이 됐으니 우리는 그들을 속량할 힘이 없다."
창 29:14;출 21:7;레 25:39;왕하 4:1

6 느헤미야가 귀족들을 책망함 그들의 원성과 탄식을 듣고 나는 몹시 화가 났습니다.

7 내가 속으로 이 말들을 곰곰이 생각하고 나서 귀족들과 관리들을 꾸짖으며 말했습니다. "당신들은 지금 각기 자기 형제에게 폭리를 취하고 있소!" 나는 그들을 책망하기 위해 큰 집회를 열고
출 22:25;레 25:36

8 그들에게 말했습니다. "우리는 이방 민족들에게 팔려 갔던 우리 유다의 형제들을 힘닿는 대로 속량해 오지 않았소? 그런데 지

금 당신들은 여러분의 형제들을 또 팔고 있단 말이오." 그들은 할 말이 없어 침묵했습니다. 레 25:48-49

9 그래서 내가 계속 말했습니다. "당신들이 하는 일은 옳지 못하오. 이제 여러분이 이방 민족들의 비방을 피하기 위해서라도 우리 하나님을 경외하며 살아야 하지 않겠소? 4:4,4:14, 25:36,삼하 12:14

10 나와 내 형제들과 내 부하들도 백성들에게 돈과 곡식을 꿔 줄 테니 이제부터는 폭리를 취하는 일을 제발 그만두시오.

11 그들의 밭과 포도원과 올리브 농장과 집들을 오늘 당장 그들에게 돌려주고 당신들이 그들에게 추징한 폭리, 곧 돈과 곡식과 새 포도주와 기름의 100분의 1도 돌려주시오."

12 귀족들이 무담보를 약속함 그들이 말했습니다. "우리는 돌려주고 그들에게서 아무것도 받지 않겠습니다. 말씀하신 대로 다 준행하겠습니다." 그래서 내가 제사장들을 불렀고 귀족들과 관리들로 하여금 약속대로 하겠다고 맹세를 시켰습니다.

13 나는 또한 내 주머니를 털어 보이면서 말했습니다. "이 약속을 지키지 않는 사람은 하나님께서 이런 식으로 그 집과 재산을 털어 버리실 것이오. 그런 사람은 털리고 털려서 마침내 빈털터리가 될 것이오!" 이 말에 모든 회중이 "아멘"하고 여호와를 찬양했습니다. 그다음 백성들은 약속을 이행했습니다. 신 27:15,대상 16:36,행 18:6

14 착취한 일이 없음 나는 유다 땅 총독으로 임명되던 해, 곧 아닥사스다 왕 20년부터 32년까지 12년 동안 총독으로 있었지만 나와 내 형제들은 총독의 몫으로 나오는 녹을 먹지 않았습니다. 2:1,13:6,삼하 3:8

15 그러나 내 앞에 있었던 총독들은 백성들에게 힘겨운 세금을 물리고 음식과 포도주뿐 아니라 은 40세겔을 갈취했습니다. 심지어 총독들 밑에 있는 사람들도 백성들을 착취했습니다. 그러나 나는 하나님을 경외하였으므로 그런 짓을 하지 않았습니다. 9절

16 나는 땅 한쪽도 사지 않고 오직 이 성벽을 쌓는 일에만 헌신했고 내 부하들 역시 성벽 쌓는 일에만 마음을 썼습니다.

17 느헤미야가 은혜를 간구함 또한 150명의 유다 사람과 관리들이 내 상에서 음식을 먹었고 또 주변 나라에서 우리를 찾아온 이방 민족들도 함께 먹었으므로 삼하 9:7,10

18 날마다 나를 위해 황소 한 마리와 좋은 양여섯 마리, 닭 여러 마리 그리고 10일에 한번은 온갖 종류의 포도주도 풍성하게 마련해야만 했습니다. 이 모든 것에도 불구하고 나는 총독의 몫으로 나오는 음식을 요구하지 않았습니다. 왜냐하면 이런 요구가 백성들에게 큰 짐이 됐기 때문입니다.

19 하나님이여, 제가 이 백성들을 위해 한 선한 일을 기억하시고 은혜를 베풀어 주소서.

6

산발랏의 계략 내가 성벽을 다시 건축해 허물어진 부분들을 남김없이 다 메웠다는 것을 산발랏과 도비야와 아라비아 사람 게셈과 그 나머지 원수들이 들었습니다. 그러나 그때까지도 나는 아직 성문의 문짝을 달지 못했습니다.

2 그때 산발랏과 게셈이 내게 이런 전갈을

보냈습니다. "오시오. 우리가 오노 평지의 한 마을에서 만납시다." 그러나 사실은 나를 해치려는 수작이었습니다. _{대상 8:12}

3 그래서 나는 그들에게 사람을 보내 다음과 같이 대답했습니다. "내가 큰 공사를 하고 있으므로 내려갈 수가 없소. 어떻게 내가 자리를 비워 일을 중지시키고 당신들에게 내려가겠소?"

4 그들은 네 번씩이나 똑같은 전갈을 내게 보냈고 나 역시 매번 똑같이 대답했습니다.

5 감추어진 협박 그리고 다섯 번째로 산발랏은 자기 종의 손에 봉인되지 않은 편지를 들려 보냈는데

6 다음과 같은 내용이었습니다. "당신과 유다 사람들이 반역을 꾀하고 있고 그래서 성벽도 건축하는 것이라는 소문이 여러 나라에 돌고 있으며 게셈도 그 말이 맞다고 했소. 게다가 이 소문에 따르면 당신이 그들의 왕이 되려고 하며 _{2:19}

7 심지어 예언자를 세우고 예루살렘에서 당신에 대해 '유다에 왕이 있다!'라고 선포하려고 한다는 말을 들었소. 이제 이 소문이 왕께도 보고될 것이오. 그러니 이제 우리가 만나서 함께 의논합시다."

8 나는 그에게 이런 회답을 보냈습니다. "당신이 한 말은 모두 거짓이오. 당신이 꾸며 낸 것일 뿐 실제로 그런 일은 없소."

9 그들은 우리에게 겁주려 했습니다. 그렇게 하면 우리가 낙심해 공사를 끝내지 못

할 것이라고 생각한 것입니다. 그러나 하나님이여, 이제 제 손을 강하게 하소서.

10 불신에 하는 계략 어느 날 므헤다벨의 손자이며 들라야의 아들 스마야가 문밖출입을 하므로 내가 그 집에 갔더니 그가 말했습니다. "사람들이 당신을 죽이러 올 것이니 우리가 성전 안 하나님의 집에서 만나 성전 문을 닫읍시다. 그들이 밤에 당신을 죽이러 올 것입니다." _{렘 36:5}

11 그러나 내가 말했습니다. "나 같은 사람이 도망가야 되겠소? 나 같은 사람이 성전 안으로 들어가 목숨이나 구하겠소? 나는 가지 않겠소!"

12 그 순간 나는 하나님이 그를 보내지 않았다는 것을 알았습니다. 도비야와 산발랏이 그를 매수해 그가 나에 대해 이런 예언을 했습니다. _{겔 13:17,22}

13 그들이 나를 협박하려고 그를 매수해 내가 두려움에 휩싸인 나머지 그렇게 해 가 죄를 짓게 하며 오명을 쓰게 해 결국 나를 비방하려는 것이었습니다.

14 적들에 대한 기도 하나님이여, 도비야와 산발랏의 소행을 보시고 그들을 기억하소서. 또한 여예언자 노아댜와 저를 위협하려던 그 나머지 예언자들도 기억하소서.

15 성벽의 완성 이렇게 해 성벽 건축이 52일 만인 엘룰 월 25일에 끝났습니다.

16 적들이 두려워함 우리 원수들이 모두 이 소식을 듣고 주변 나라들이 보고 모두 두려

왜 느헤미야가 성벽을 다시 쌓으려 했나요?

고대 세계에서 성은 백성들의 안전을 위해 꼭 필요한 것이었어요. 성을 건축한다는 것은 한 나라가 다른 나라의 간섭을 받지 않고 독립적인 일을 결정하고 처리할 수 있는 권리를 가졌다는 거예요. 느헤미야는 예루살렘 성을 쌓아 이스라엘이 포로 생활에서 벗어나 스스로 다스릴 수 있는 한 나라가 되었음을 보여 주고, 또 이스라엘의 중심인 예루살렘을 외부의 침략으로부터 보호하려고 했어요. 게다가 포로지에서 돌아온 사람들을 성벽 쌓는 일에 참여시킨 것은 이스라엘 민족이 하나라는 것, 스스로 나라를 다스릴 수 있다는 생각을 회복시키려는 의도도 있었어요. 또 선택된 민족인 이스라엘은 다른 민족과 구별된다는 생각을 회복하고, 계속 유지시키기 위해서였어요. 예루살렘 성은 이방 민족과 이스라엘 민족을 구별하기 위한 경계의 상징이기도 했답니다.

위하고 절망감에 휩싸였습니다. 하나님께서 하신 일임을 그들도 알게 됐습니다.

17 협박 편지 또한 그즈음 유다의 귀족들은 도비야에게 여러 통의 편지를 보냈고 도비야의 답장도 계속 왔습니다.

18 도비야는 아라의 아들 스가냐의 사위였고 또 그 아들 여호하난은 베레갸의 아들 므술람의 딸과 결혼한 사이였으므로 유다에는 그와 동맹한 사람들이 많았습니다.

19 그들은 계속해 그의 선한 행실을 내 앞에서 이야기했고 또 내 말을 그에게 전했습니다. 그래서 도비야는 나를 협박하기 위해 편지를 보냈습니다.

7 하나가 임명됨 성벽을 건축하고 문짝들을 달고 나서 문지기와 노래하는 사람들과 레위 사람들을 임명했습니다. 6:1

2 나는 내 동생 하나니와 성의 사령관 하나냐를 세워 예루살렘을 다스리게 했습니다. 하나냐는 사람됨이 충직하고 많은 사람들보다 하나님을 더 경외하는 사람이었기 때문입니다. 1:2;2:8;13:13

3 성문에 대한 규칙 내가 그들에게 말했습니다. "해가 높이 뜰 때까지 예루살렘 성문을 열지 말고 문지기가 지키고 있는 동안에도 문을 단단히 닫고 빗장을 질러 놓아야 한다. 그리고 예루살렘 주민들을 경비로 세워 각기 지정된 초소와 자기 집 앞을 지키게 하라."

4 희소한 인구의 문제 그 성은 크고 넓은데 성 안에 사는 사람들은 얼마 없고 제대로 된 집들도 아직 얼마 없었습니다.

5 종족별 명단 그런데 하나님이 내게 귀족들과 관리들과 일반 백성들을 모아 종족별로 인구를 조사할 마음을 주셨습니다. 마침 나는 처음 돌아온 사람들의 족보를 찾게 됐는데 거기에는 다음과 같이 적혀 있었습니다. △1:11

6 이들은 바벨론 느부갓네살 왕에게 포로로 잡혀간 사람들 가운데 다시 고향으로 돌아온 사람들입니다. 그들은 예루살렘과 유다로 돌아와 각기 자기 마을로 갔습니다.

7 이들과 동행한 사람은 스룹바벨, 예수아, 느헤미야, 아사랴, 라아먀, 나하마니, 모르드개, 빌산, 미스베렛, 비그왜, 느훔, 바아나였습니다. 이들 이스라엘 사람들의 명단은 이러합니다. △22

8 바로스의 자손이 2,172명,
9 스바댜의 자손이 372명,
10 아라의 자손이 652명, △25
11 바핫모압의 자손, 곧 예수아와 요압의 족보를 잇는 자손이 2,818명,
12 엘람의 자손이 1,254명, 34절
13 삿두의 자손이 845명,
14 삭개의 자손이 760명,
15 빈누이의 자손이 648명, △2:10
16 브배의 자손이 628명,
17 아스갓의 자손이 2,322명,
18 아도니감의 자손이 667명,
19 비그왜의 자손이 2,067명,
20 아딘의 자손이 655명,
21 아델의 자손, 곧 히스기야의 자손이 98명,
22 하숨의 자손이 328명,
23 베새의 자손이 324명, △2:17
24 하립의 자손이 112명,
25 기브온의 자손이 95명이었습니다. △2:20
26 베들레헴과 느도바 사람이 188명,
27 아나돗 사람이 128명,
28 벧아스마웻 사람이 42명, △2:24
29 기럇 여아림과 그비라와 브에롯 사람이 743명, △2:25
30 라마와 게바 사람이 621명,
31 믹마스 사람이 122명,
32 벧엘과 아이 사람이 123명,
33 그 밖에 느보 사람이 52명,
34 그 밖에 엘람 자손이 1,254명, 12절
35 하림 자손이 320명,
36 여리고 자손이 345명,

37 로드와 하딧과 오노 자손이 721명,

38 스나아 자손이 3,930명이었습니다.

39 제사장들은 예수아 집안 여다야의 자손이 973명, 대상 9:10;24:7

40 임멜의 자손이 1,052명, 대상 9:12;24:14

41 바스훌의 자손이 1,247명,

42 하림의 자손이 1,017명이었습니다. 대상 9:12

43 레위 사람들은 호드와 자손인 예수아와 갓미엘 자손이 74명이었고 스 2:40;3:9

44 노래하는 사람은 아삽의 자손 148명이었습니다.

45 성전 문지기들은 살룸 자손, 아델 자손, 달문 자손, 악굽 자손, 하디다 자손, 소배 자손이 138명이었습니다.

46 느디님 사람들은 시하 자손, 하수바 자손, 답바옷 자손,

47 게로스 자손, 시아 자손, 바돈 자손,

48 르바나 자손, 하가바 자손, 살매 자손,

49 하난 자손, 깃델 자손, 가할 자손,

50 르아야 자손, 르신 자손, 느고다 자손,

51 갓삼 자손, 웃사 자손, 바세아 자손,

52 베새 자손, 므우님 자손, 느비스심 자손,

53 박북 자손, 하그바 자손, 할훌 자손,

54 바슬릿 자손, 므히다 자손, 하르사 자손,

55 바르고스 자손, 시스라 자손, 데마 자손,

56 느시야 자손, 하디바 자손이었습니다.

57 솔로몬의 신하들의 자손은 소대 자손, 소베렛 자손, 브리다 자손, 스 2:55

58 야알라 자손, 다르곤 자손, 깃델 자손,

59 스바댜 자손, 핫딜 자손, 보게렛하스바임 자손, 아몬 자손이었습니다. 스 2:57

60 느디님 사람들과 솔로몬의 신하들의 자손이 392명이었습니다.

61 인구 조사 결과 다음은 델멜라와 델하르사와 그룹과 앗돈과 임멜에서 올라온 사람들인데 그 종족이 이스라엘의 자손인지에 대

해서는 증거가 없었습니다. 스 2:59

62 이들 가운데 들라야의 자손, 도비야의 자손, 느고다의 자손이 642명,

63 제사장 가운데 호바야 자손, 학고스 자손, 바르실래 자손이 있었는데 바르실래는 길르앗 사람 바르실래의 딸과 결혼한 사람으로서 그 이름으로 불렸습니다.

64 이들은 자기 족보를 찾았지만 얻지 못하고 결국 부정하게 여겨져 제사장직 계열에 들지 못했습니다.

65 그래서 총독은 그들에게 명령해 우림과 둠밈으로 다스리는 제사장이 나오기 전에는 지성물을 먹지 못하게 했습니다. 스 2:63

66 온 회중의 수가 4만 2,360명이었고

67 거기에 남녀종들이 7,337명, 남녀 노래하는 사람들이 245명이었습니다.

68 또 말이 736마리, 노새가 245마리,

69 낙타가 435마리, 나귀가 6720마리였습니다.

70 어떤 족장들은 건축하는 일을 위해 기부했습니다. 총독은 금 1,000드라크마와 대접 50개와 제사장의 옷 530벌을 보물 창고에 드렸고

71 어떤 족장들은 금 2만 드라크마와 은 2,200마네를 보물 창고에 드렸습니다.

72 나머지 백성들이 드린 것을 다 합치면 금 2만 드라크마와 은 2,000마네와 제사장의 옷 67벌이었습니다. 스 2:69

73 제사장들과 레위 사람들과 성전 문지기들과 노래하는 사람들과 느디님 사람들과 몇몇 백성들과 온 이스라엘 사람들은 저마다 자기 고향에 정착했습니다.

8 에스라가 율법을 낭독함 그러고 나서 일곱째 달이 됐고 그때 이스라엘 자손들은 모두 자기 마을에 있었습니다. 그때 모든 백성들이 '물 문 앞 광장에 일제히 모였습니다. 그러고는 학사 에스라에게 여호와께서 이스라엘에게 주신 모세의 율법책을 가져와 읽어 달라고 했습니다. 3:26;스 3:1;7:6

2 그리하여 일곱째 달 1일에 제사장 에스라가 남녀 회중과 알아들을 만한 모든 백성들 앞에 율법책을 들고 나왔습니다.

3 그러고는 '물 문 앞 광장에서 남녀와 알아들을 만한 모든 사람들에게 이른 아침부터 정오까지 율법을 큰 소리로 낭독했습니다. 그러자 모든 백성들이 그 율법책에 귀를 기울였습니다.

4 학사 에스라는 그 행사를 위해 특별히 만든 높은 나무 강단에 서 있었습니다. 그 오른쪽에는 맛디댜, 스마, 아나야, 우리야, 힐기야, 마아세야가 서고 그 왼쪽에는 브다야, 미사엘, 말기야, 하숨, 하스밧다나, 스가랴, 므술람이 함께 있었습니다.

5 에스라가 백성들 위에 서서 그들이 보는 앞에서 그 책을 펼쳤습니다. 그가 책을 펴자 백성들이 다 일어났습니다.

6 에스라가 위대하신 하나님 여호와를 찬양하자 온 백성이 손을 들고 "아멘, 아멘" 하고 대답하며 얼굴을 땅에 대고 납작 엎드려 여호와께 경배했습니다.　5:13;딤전 2:8

7 레위인들이 율법을 해석함 예수아, 바니, 세레뱌, 야민, 악굽, 사브대, 호디야, 마아세야, 그리다, 아사랴, 요사밧, 하난, 블라야와 레위

사람들이 거기 서 있는 백성들에게 율법을 설명해 주었습니다.　대하 35:3

8 그들이 그 책, 곧 하나님의 율법을 읽고 그 읽은 것을 백성들이 알아듣도록 설명해 주었습니다.

9 백성들이 율법을 듣고 슬퍼하고 즐거워함 온 백성이 율법의 말씀을 듣고 울었습니다. 그러자 총독 느헤미야와 제사장이자 학사인 에스라와 백성들을 가르치던 레위 사람들이 모든 백성들에게 말했습니다. "이날은 우리 하나님 여호와의 거룩한 날이니 슬퍼하거나 울지 말라."　레 23:24

10 느헤미야가 그들에게 말했습니다. "가서 좋은 음식과 단것을 마시고 아무것도 준비하지 못한 사람들에게도 나누어 주라. 이날은 우리 주의 거룩한 날이니 슬퍼하지 말라. 여호와를 기뻐하는 것이 너희 힘이다."

11 그러자 레위 사람들도 온 백성을 진정시키며 말했습니다. "오늘은 거룩한 날이니 조용히 하고 슬퍼하지 마시오."

12 그리하여 온 백성들이 가서 먹고 마시고 먹을 것을 나눠 주며 큰 잔치를 벌였습니다. 자기들이 들은 말씀을 이제 깨달았기 때문입니다.　7-8절

13 초막절을 지킴 그 이튿날 온 백성들의 족장들과 제사장들과 레위 사람들이 모여 율법의 말씀을 들으려고 학사 에스라를 둘러쌌습니다.

14 그들은 율법에 기록된 것으로 여호와께서 모세를 통해 명령하신 것을 발견했습니다. 곧 이스라엘 백성들은 일곱째 달 절기 동안에 초막에서 살라는 것과

15 "산간 지대로 나가서 올리브 나무와 야생 올리브 나무 가지, 은매화나무 가지, 야자나무 가지와 또 다른 활엽수 가지를 가져와 기록된 대로 초막을 지으라" 하는 말씀

에스라가 나무 강단에 올라 율법을 낭독함

을 그들이 사는 여러 마을과 예루살렘에 선포하고 전하라는 것이었습니다.

16 그리하여 백성들은 밖으로 나가 가지를 주워 와서 초막을 지었는데 각자 지붕 위에, 뜰 안에, 하나님의 집 뜰 안에, 물 문 앞 광장에, 에브라임 문 앞 광장에 지었습니다.

17 포로로 잡혀갔다가 돌아온 무리들은 모두 초막을 짓고 그 안에 살았습니다. 눈의 아들 여호수아 시절부터 그날까지 이스라엘 백성들이 이렇게 한 적이 없었기 때문에 그들은 기쁨을 감출 수 없었습니다.

18 에스라는 첫날부터 마지막 날까지 날마다 하나님의 율법책을 낭독했습니다. 그들은 7일 동안 절기를 지켰고 8일째 되는 날에는 규례에 따라 공회를 열었습니다.

9 회개의 날 그달 24일에 이스라엘 백성들이 모두 모여 금식하고 베옷을 입고 머리에 흙먼지를 뒤집어썼습니다.

2 그리고 스스로 모든 이방 사람들과의 관계를 끊고 제자리에 선 채로 자기들의 죄와 자기 조상들의 죄악을 고백했습니다.

3 그들은 또 각자의 자리에서 일어서서 낮 시간의 4분의 1은 그들의 하나님 여호와의 율법책을 읽고 또 4분의 1은 죄를 고백하며 그들의 하나님 여호와께 경배했습니다.

4 레위 사람인 예수아, 바니, 갓미엘, 스바냐, 분니, 세레뱌, 바니, 그나니가 단상에 서서 큰 소리로 그들의 하나님 여호와께 부르짖었습니다.   87

5 레위 사람의 기도 그리고 레위 사람들, 곧 예수아, 갓미엘, 바니, 하삽느야, 세레뱌, 호디야, 스바냐, 브다히야가 백성들을 향해 외쳤습니다. "모두 일어나서 주 너희 하나님을 영원토록 찬양하라! 주의 영광의 이름을 송축합니다. 주께서는 모든 찬송과 찬양 위에 높임을 받으소서.   대상 29:13

6 오직 주만이 여호와이십니다. 주께서는 하

늘과 하늘 위의 하늘과 그 위에 떠 있는 별무리와 땅과 그 안에 있는 모든 것, 바다와 그 안에 있는 모든 것을 다 짓고 생명을 주셨으니 하늘의 만물이 주를 경배합니다.

7 주께서는 여호와 하나님이십니다. 주께서 아브람을 선택해 갈대아 우르에서 끌어내시고 아브라함이라는 이름을 주셨습니다.

8 그 마음이 주께 신실한 것을 보시고 주께서 가나안 족속과 헷 족속과 아모리 족속과 브리스 족속과 여부스 족속과 기르가스 족속의 땅을 그 자손에게 주시겠다고 그와 언약하셨으며 의로우신 주께서는 그 약속을 지키셨습니다.   창 12:7; 15:5; 15:6, 18

9 주께서는 우리 조상들이 이집트에서 고난받는 것을 보시고 또한 그들이 홍해에서 부르짖는 소리를 들으시고   출 3:7; 14:10

10 표적과 기사를 바로와 그의 모든 대신들과 그 땅의 모든 백성들에게 보내셨습니다. 이집트 사람들이 그들에게 얼마나 교만하게 굴었는지 주께서 아신 것입니다. 이렇게 해 주께서 오늘의 명성을 얻으셨습니다.

11 주께서는 우리 조상들 앞에서 바다를 갈라 그들이 마른 땅을 밟고 건너가게 하셨지만 그들을 핍박하는 사람들은 깊은 물에 돌을 던지듯 깊음 속에 던지셨습니다.

12 그들을 낮에는 구름기둥으로 인도하시고 밤에는 불기둥으로 갈 길을 비춰 주셨습니다.   19절; 출 13:21-22; 민 14:14; 고전 10:1

13 광야 생활을 회상하며 기도함 주께서는 시내 산에 내려오셔서 그들에게 말씀하시고 의로운 규례와 참된 율법과 선한 율례와 계명을 그들에게 주셨으며   출 19:20; 롬 7:12

14 주의 거룩한 안식을 그들에게 알려 주시고 주의 종 모세를 통해 계명과 율례와 율법을 가르쳐 주셨습니다.   창 2:2-3; 출 16:23; 20:8-9

15 그들이 굶주렸을 때 하늘에서 양식을 내려 주셨고 그들이 목말랐을 때 바위에서 물을 내어 먹이셨습니다. 그리하여 주께서 전에 손을 들고 그들에게 주기로 맹세하신 그 땅에 들어가 차지하라고 하셨습니다.

16 그러나 우리 조상들은 교만하고 목이 곧

율례(9:13, 律例, regulation) 법의 적용에 관한 범례. 사람들 사이에 발생하는 관계를 규정하기 위한 서약이나 맹세 등이 이에 속한다.

궁휼(9:28, 矜恤, compassion) 가엾게 여기는 마음.

아져서 주의 계명을 듣지 않았습니다.

17 그들은 순종하지 않았고 주께서 그들 가운데 일으키신 기적을 곧 잊었습니다. 그들은 목이 곧아져 거역하고 우두머리를 세워 종살이하던 곳으로 돌아가려고 했습니다. 그러나 주께서는 용서하시는 하나님이요, 은혜와 긍휼이 많으시며 더디 화내시고 사랑이 많으신 분이기에 그들을 저버리지 않으셨습니다.

18 그들이 자기를 위해 송아지 형상을 부어 만들고 '이것이 바로 너를 이집트에서 인도해 낸 너의 하나님이다'라고 하며 하나님을 모독했을 때에도 그랬습니다. _{행 7:41}

19 주께서는 주의 큰 긍휼로 그들을 광야에 버려두지 않으셨습니다. 낮에는 구름기둥이 떠나지 않고 그 길을 안내했고 밤에는 불기둥으로 그들이 가는 길을 밝히 비춰 주셨습니다. _{12,27,31절;시 106:45}

20 또 주의 선한 영을 주어 그들을 가르치셨습니다. 주께서는 그들의 입에 만나가 끊이지 않게 하시며 그들이 목말라하면 물을 주셨습니다. _{15절출 16:35;민 11:17;시 63:11}

21 주께서는 그렇게 40년 동안 광야에서 그들을 돌보셨기에 그들이 부족한 것이 없었습니다. 옷도 낡지 않고 발도 부르트지 않았습니다. _{신 2:7}

22 주께서는 여러 나라들과 민족들을 우리 조상에게 굴복시켜 주셨고 그 영역을 나눠 주셨습니다. 그리하여 그들은 헤스본 왕 시혼의 땅과 바산 왕 옥의 땅을 차지했습니다. _{민 21:21-31,33-35}

23 주께서는 그들의 자손들을 하늘의 별처럼 많게 하셨고 그들의 조상들에게 약속하신 땅으로 인도하면서 그 땅을 차지하게 하셨습니다. _{창 15:5;22:17}

24 그리하여 그 자손들은 들어가 그 땅을 차지했습니다. 주께서는 그들 앞에서 그 땅에 살고 있던 가나안 족속들을 굴복시키시고 그 왕들과 그 땅 백성들과 함께 다 그들 손에 넘겨줘 그들 마음대로 하게 하셨습니다. _{수 1-12장;시 44:2-3}

25 그들은 견고한 성들과 비옥한 땅을 점령하고 온갖 좋은 것들로 가득한 집들과 파 놓은 우물과 포도원과 올리브 나무 숲과 풍성한 과실나무들을 다 차지했으며 배불리 먹어 살찌고 주님께서 주신 큰 복을 누렸습니다. _{35절;민 13:20,27;신 3:5;6:11;8:7-8;9:1;32:15}

26 회개의 기도 그럼에도 불구하고 그들은 불순종했고 주를 거역했습니다. 주의 율법을 뒤로 제쳐 두고, 그들을 주께로 돌이키려고 타이르는 예언자들을 죽이기까지 했습니다. _{삿 2:11-12;왕상 14:9;18:4;19:10;대하 23:37;행 7:52}

27 그래서 주께서 그들을 그 적들의 손에 넘겨 억압당하게 하셨습니다. 그러나 그들이 고통 가운데 주께 울부짖으면 주께서 하늘에서 들으시고 주의 큰 긍휼을 베푸셔서 그들에게 구원자들을 주시고 그들을 원수의 손에서 구해 내셨습니다. _{삿 2:14,16}

28 그러나 그들은 평안해지면 또다시 주 앞에 악행을 저질렀습니다. 그때에는 주께서 그들을 원수의 손에 그냥 내버려 둬 그들을 원수의 지배 아래에 두셨습니다. 그러다가도 그들이 다시 돌이켜 주께 부르짖으면 주께서 하늘에서 들고 주의 긍휼로 그들을 때마다 구해 주셨습니다. _{삿 3:11}

29 주께서는 그들에게 주의 율법으로 돌아오라고 경고하셨지만 그들은 교만해 주의 계명에 순종하지 않고 사람이 지키기만 하면 살 수 있는 주의 율법을 거역하는 죄를 지었습니다. 그들은 고집스럽게도 주께 등을 돌려 대고 목을 뻣뻣이 세우고는 도무지 말을 들으려 하지 않았습니다.

30 주께서는 수년 동안 그들을 참아 주셨고 주의 예언자를 통해 주의 영으로 그들을 타이르셨지만 그들은 들은 척도 하지 않았습니다. 그리하여 주는 그들을 이웃 민족들의 손에 넘기셨습니다. _{왕하 7:51;13:18}

31 그러나 은혜와 긍휼이 많은 하나님께서는 그 큰 긍휼로 그들을 완전히 멸망시키거나 버리지 않으셨습니다. _{렘 4:27;5:10,18}

32 우리 하나님이시여, 주의 언약과 사랑을 지키시는 위대하고 강하고 두려운 하나님이

시여, 앗시리아 왕들이 쳐들어온 날로부터 오늘까지 우리와 우리 왕들과 우리 왕자들과 우리 제사장들과 우리 예언자들과 우리 조상들과 주의 모든 백성들이 겪은 이 모든 고난을 작은 것으로 여기지 마소서.

33 우리에게 이 모든 일이 일어난 것은 주의 잘못이 아닙니다. 우리는 잘못했지만 주께서는 성실히 행하셨습니다. △9:15;시 106:6

34 우리 왕들과 우리 지도자들과 우리 제사장들과 우리 조상들은 주의 율법을 따르지도 않았고 주의 계명과 주께서 주신 경고에 신경 쓰지도 않았습니다.

35 그들은 그 나라에 살면서 주가 그들 앞에 두신 넓고 비옥한 땅에서 주가 주신 큰 복을 누리면서도 주를 섬기지도 않고 그 악한 길에서 돌이키지도 않았습니다. 25절

36 그러나 보소서. 우리가 오늘 종이 됐습니다. 주께서 우리 조상들에게 그 땅이 내는 과일과 다른 좋은 것들을 먹으라고 주신 그 땅에서 우리가 종이 됐습니다. △9:9

37 우리 죄들 때문에 이 땅의 풍성한 소산이 주께서 우리 죄를 벌하시려고 세우신 이방 왕들의 것이 됐습니다. 그들이 우리 몸과 우리 가축들을 자기들 좋을 대로 다스리니 우리가 너무 괴롭습니다." 신 28:33,51

38 "이 모든 것을 생각하며 우리가 언약을 굳게 세웁니다. 이것을 문서로 남기고 우리 지도자들과 우리 레위 사람들과 우리 제사장들이 서명을 합니다." 10:1,29;왕하 23:3

10

서명한 사람들 서명한 사람들은 이러합니다. 하가랴의 아들인 총독 느헤미야와 시드기야,

2 스라야, 아사랴, 예레미야, 2~27절;1:1,22:1~21

3 바스훌, 아마랴, 말기야,

4 핫두스, 스바냐, 말룩, △8:2

5 하림, 므레못, 오바댜,

6 다니엘, 긴느돈, 바룩,

7 므술람, 아비야, 미야민,

8 마아시야, 빌개, 스마야로 이들은 모두 제

사장이었습니다.

9 또 레위 사람들로는 아사냐의 아들 예수아, 헤나닷의 자손인 빈누이, 갓미엘,

10 그리고 이들의 형제인 스바냐, 호디야, 그리다, 블라야, 하난,

11 미가, 르홉, 하사뱌,

12 삭굴, 세레뱌, 스바냐,

13 호디야, 바니, 브니누가 있었습니다.

14 백성의 지도자들로는 바로스, 바핫모압, 엘람, 삿두, 바니, 7:8~42;스 2:3~35

15 분니, 아스갓, 베배,

16 아도니야, 비그왜, 아딘,

17 아델, 히스기야, 앗술,

18 호디야, 하숨, 베새,

19 하립, 아나돗, 노배,

20 막비아스, 므술람, 헤실,

21 므세사벨, 사독, 얏두아,

22 블라댜, 하난, 아나야,

23 호세아, 하나냐, 핫숩,

24 할로헤스, 빌하, 소벡,

25 르훔, 하삽나, 마아세야,

26 아히야, 하난, 아난,

27 말룩, 하림, 바아나입니다.

28 쓰여진 언약 이 밖에 그 나머지 백성들, 곧 제사장들, 레위 사람들, 성전 문지기들, 노래하는 사람들, 느디님 사람들, 또 하나님의 율법을 위해 다른 민족들과 스스로 구별한 모든 사람들과 그 아내들과 그 아들딸들, 지각과 통찰력이 있는 사람들 모두가

29 그 형제 귀족들과 마음을 같이해 하나님의 종 모세를 통해 주신 하나님의 율법을 따르고 우리 주 여호와의 모든 계명과 규례와 율례를 잘 지키기로 맹세했으며 그것을 어기면 저주를 달게 받겠다고 맹세했습니다.

30 그들은 또한 맹세하기를 '우리 딸을 그 땅의 민족에게 시집보내거나 우리 아들들을 그들의 딸과 결혼시키지 않겠다'라고 했습니다. 출 34:16;신 7:3;스 9:12,14

31 또 다른 민족이 안식일에 물건이나 곡식을 팔러 오더라도 안식일과 거룩한 날에는 우리가 사지 않을 것이며 또 7년마다

축복(11:2, 祝福, blessing-KJV) 하나님이 복을 내려 주시기를 빔.

땅을 쉬게 하고 모든 빚을 탕감하겠다고 했습니다. _{출 20:10,2:3:10-11,레 23:3,25:4;신 5:12,15:1-2}

32 우리는 또 우리 하나님의 집을 섬기기 위해 해마다 의무적으로 3분의 1세겔을 바치는 것을 규례화해서 _{마 17:24}

33 진설병과 정기적으로 드리는 곡식제사와 번제, 안식일과 초하루와 정해진 명절에 드리는 제물과 거룩한 물건들과 이스라엘을 위한 속죄제와 우리 하나님의 집의 모든 일을 하는 데 쓰기로 했습니다.

34 우리 제사장들과 레위 사람들과 백성들은 제단의 땔감 드리는 일에 제비를 뽑아 각 종족에 따라 해마다 정해진 시간에 우리 하나님의 집에 나무를 가져와 율법에 기록된 대로 우리 하나님 여호와의 제단 위에서 태우게 했고 _{11:1,13:31;레 6:12;사 40:16}

35 또 해마다 우리 땅의 첫 수확물과 모든 과일나무의 첫 열매를 우리 하나님의 집에 가져오게 했으며 _{출 23:19,34:26;레 19:23-24;민 18:12;신 26:2}

36 율법에 기록된 대로 우리 장자들과 우리 가축의 처음 난 것, 곧 우리 양 떼와 우리 소 떼의 처음 난 것들을 우리 하나님의 집에 가져와 우리 하나님의 집을 섬기는 제사장들에게 주기로 했습니다. _{출 13:2,12-13}

37 또한 우리는 우리가 드릴 예물로 우리 밀의 첫 수확물과 모든 종류의 나무 열매와 새 포도주와 기름의 첫 수확물을 제사장들에게 가져와 우리 하나님의 집 방에 들이고 우리 땅에서 난 것의 십일조를 레위 사람들에게 가져오기로 했습니다. 레위 사람들은 우리가 일하는 모든 성읍에서 십일조를 받아야 할 사람들이기 때문입니다.

38 레위 사람들이 십일조를 받을 때는 아론의 자손인 제사장이 레위 사람들과 함께 있어야 하고 레위 사람들은 받은 십일조의 십일조를 우리 하나님의 집에 있는 방들, 곧 창고에 두기로 했습니다. _{대상 26:20}

39 이스라엘 백성들과 레위 사람들은 자기가 드린 곡물과 새 포도주와 기름을 거룩한 물건이 보관돼 있는 방, 곧 성전을 섬기는 제사장들과 성전 문지기들과 노래하는 사람들이 있는 방으로 가져가도록 했습니다. 이렇게 해 우리가 우리 하나님의 집을 소홀히 하지 않을 것을 다짐했습니다.

11

백성을 다시 배치하는 계획 백성들의 지도자들은 예루살렘에 살게 됐습니다. 나머지 백성들에 대해서는 제비를 뽑아 10분의 1은 거룩한 성 예루살렘에서 살게 했고 그 나머지 10분의 9는 각자 자기의 성읍에서 살게 했습니다.

2 또 모든 백성들은 예루살렘에 살기로 자원하는 사람들을 축복해 주었습니다.

3 지도자들이 각 성읍에 다시 거주함 예루살렘에 살게 된 각 지방의 지도자들은 다음과 같습니다. 다른 이스라엘 사람들, 제사장들, 레위 사람들, 느디님 사람들, 솔로몬의 신하들의 자손들은 각각 자기가 물려받은 유다 여러 성읍에서 살았습니다.

4 예루살렘에는 유다와 베냐민 출신도 몇몇 살았습니다. 유다의 자손으로는 베레스의 자손으로 웃시야의 아들이며 스가랴의 손자이며 아마랴의 증손이며 스바댜의 현손이며 마할랄렐의 5대손인 아다야와

5 바룩의 아들이며 골호세의 손자이며 하사

왜 예루살렘에서 살기를 꺼렸을까요?

이스라엘 백성은 포로지에서 돌아온 후 무너진 성을 다시 쌓고 해이해진 율법을 회복했어요. 그후 이들은 비로소 살 장소를 정하고 그곳에 터전을 세웠답니다. 일단 지도자들은 예루살렘에 머물기로 했고, 백성 중에서도 원하든 원하지 않든 10분의 1은 제비뽑기를 해서 예루살렘에 옮겨가 살도록 했어요 (느 11:1).

그 당시에 예루살렘에 산다는 것은 다른 민족의 침입 위험 가운데 살아야 하고 또 거룩한 성을 지켜야 한다는 책임도 지는 것이었어요. 그 때문에 백성들은 예루살렘에 사는 것을 꺼리고 자기 고향에서 살기를 원했어요. 하지만 그 가운데서도 예루살렘 성에 살기를 원하는 헌신적인 사람들도 있었어요 (느 11:2). 다른 사람들은 이들을 칭찬하며 축복해 주었답니다.

야의 증손이며 아다야의 현손이며 요야립
의 5대손이며 스가랴의 6대손이며 실로의
7대손인 마아세야가 있었습니다.

6 예루살렘에 살던 베레스의 자손들은 다 합
쳐 468명이었는데 이들은 다 용사들이었
습니다.

7 베냐민의 자손들로는 므술람의 아들이며
요엣의 손자이며 브다야의 증손이며 골라
야의 현손이며 마아세야의 5대손이며 이디
엘의 6대손이며 여사야의 7대손인 살루와

8 그 다음의 갑비와 살래를 비롯해 928명이
있었습니다.

9 시그리의 아들 요엘이 그들의 감독이었고
핫스누아의 아들 유다가 그 다음가는 사람
이었습니다.

10 거주자들을 확정함 제사장들로는 요야립의
아들 여다야와 야긴과

11 힐기야의 아들이며 므술람의 손자이며 사
독의 증손이며 므라욧의 현손이며 하나님
의 집을 맡은 사람 아히둡의 5대손인 스라
야가 있었습니다.

12 그를 도와 성전에서 일하는 그 형제들이
822명이 있었고 또 여로함의 아들이며 블
라야의 손자이며 암시의 증손이며 스가랴
의 현손이며 바스훌의 5대손이며 말기야의
6대손인 아다야와

13 족장인 그 형제들 242명이 있었습니다. 또
아사렐의 아들이며 아흐새의 손자이며 므
실레못의 증손이며 임멜의 현손인 아맛새와

14 용사인 그 형제들 128명이 있었는데 그들
의 감독은 하그돌림의 아들 삽디엘이었습
니다.

15 레위 사람들로는 핫숩의 아들이며 아스리
감의 손자이며 하사뱌의 증손이며 분니의
현손인 스마야와

16 하나님의 집의 바깥 일을 맡은 레위 사람
들의 우두머리 두 사람 삽브대와 요사밧이
있었고
대상 26:29;스 8:33

17 또 미가의 아들이며 삽디의 손자이며 아삽

의 증손인 맛다냐가 있었는데 그는 감사의
찬송과 기도를 인도하는 지휘자입니다. 박
부갸는 그 형제들 가운데 다음가는 지휘자
였습니다. 또 삼무아의 아들이며 갈랄의
손자이며 여두둔의 손자인 압다가 있었습
니다.
12:8,24

18 그 거룩한 성에 살게 된 레위 사람들은 다
합쳐 284명이었습니다.
1절

19 성전 문지기들로는 악굽과 달몬과 그 형제
들 172명이 있었습니다.

20 다른 거주자들의 명단 그 나머지 이스라엘 사
람들은 제사장들과 레위 사람들과 함께 각
각 자기가 물려받은 기업이 있는 유다의
여러 성읍에서 살았습니다.
3절

21 느디님 사람들은 오벨 언덕에 살았고 시하
와 기스바가 그들을 다스렸습니다.
3:26

22 예루살렘에 있는 레위 사람들의 감독은 바
니의 아들이며 하사뱌의 손자이며 맛다냐
의 증손이며 미가의 현손인 웃시였는데 그
는 하나님의 집에서 예배드릴 때 노래를
맡은 아삽 자손들 가운데 하나였습니다.

23 노래하는 사람들에 관해서는 왕의 명령이
있었는데 그것은 그들에게 날마다 일정량
의 양식을 공급하라는 것이었습니다.

24 유다의 아들인 세라의 자손들 가운데 하
나인 므세사벨의 아들 브다히야는 왕의 대
신이 돼 백성들에 관한 모든 일을 담당했
습니다.
대상 23:28

25 마을과 거기 딸린 밭들이 있었는데 유다
자손의 몇몇 사람들은 기럇 아르바와 그
주변 마을들, 디본과 그 주변 마을들, 여갑
스엘과 그 주변 마을들,
민 21:25;수 14:15;21:11

26 예수아, 몰라다, 벧벨렛,

27 하살수알, 브엘세바와 그 주변 마을들,

28 시글락, 므고나와 그 주변 마을들,

29 에느림몬, 소라, 야르뭇,

30 사노아, 아둘람과 그 마을들, 라기스와 그
들판, 아세가와 그 주변 마을들에 살았습
니다. 이렇게 그들은 브엘세바에서 힌놈의
골짜기까지 장막을 치고 살았습니다.

31 그리고 베냐민 자손들은 게바, 믹마스와 아

하나님의 집을 맡은 사람 (11:11, supervisor in the house of God) 모든 예배를 주관하는 사람.

야, 벧엘과 그 주변 마을들,

32 아나돗, 놉, 아나냐,

33 하솔, 라마, 깃다임,

34 하딧, 스보임, 느발랏,

35 로드, 오노와 '수공업자들의 골짜기'에 걸쳐 살았습니다.   6:2;대상 8:12

36 유다에 있던 일부 레위 사람들은 베냐민에 정착했습니다.

12 제사장들과 레위 사람들 스알디엘의 아들 스룹바벨과 예수아와 함께 돌아온 제사장들과 레위 사람들은 이러합니다. 스라야, 예레미야, 에스라,

2 아마랴, 말룩, 핫두스,

3 스가냐, 르훔, 므레못,

4 잇도, 긴느도이, 아비야,

5 미야민, 마아댜, 빌가,

6 스마야, 요야립, 여다야,

7 살루, 아목, 힐기야, 여다야입니다. 이들은 예수아 때의 제사장 가문의 우두머리와 그 동료들입니다.

8 레위 사람들은 예수아, 빈누이, 갓미엘, 세레뱌, 유다, 맛다냐였는데 맛다냐는 그 형제들과 함께 감사의 노래를 맡은 사람이었습니다.

9 또 그들의 형제인 박부갸와 운노는 예배를 드릴 때 그들을 맞은편에 서 있는 사람들이었습니다.   24절

10 예수아로부터 나온 대제사장들 예수아는 요야김을 낳고 요야김은 엘리아십을 낳고 엘리아십은 요야다를 낳고

11 요야다는 요나단을 낳고 요나단은 얏두아를 낳았습니다.

12 제사장 가문의 우두머리들 요야김 때의 제사장 가문의 우두머리들은 이러합니다. 스라야 가문은 므라야, 예레미야 가문은 하나냐,

13 에스라 가문은 므술람, 아마랴 가문은 여호하난,

14 말루기 가문은 요나단, 스바냐 가문은 요셉,

15 하림 가문은 아드나, 므라욧 가문은 헬개,

16 잇도 가문은 스가랴, 긴느돈 가문은 므술람,

느헤미야가 재건한 예루살렘 성문들

양문(Sheep gate, 느 3:1; 12:39) 제물(양)들을 베데스다 못에서 씻은 후 이 문으로 통과시켰기 때문에 생긴 이름. 성의 북동쪽에 있으며, 옆에 베데스다 연못이 있었다(요 5:2).

물고기 문(Fish gate, 느 3:3) 북쪽 문으로 요단 강과 갈릴리에서 잡은 물고기를 이 문을 통해 들여온 데서 생긴 이름이다.

옛문(Old gate, 느 3:6) 오늘날의 다메섹 문으로 본다.

골짜기 문(Vally gate, 느 3:13) 남서쪽에 있는 문으로, 한놈의 골짜기를 마주하고 있어 붙여진 이름이다. 웃시야 왕이 견고한 망대를 세운 문이다(대하 26:9).

거름 문(Dung gate, 느 3:14) 남쪽 중앙에 있는 문으로, 성안의 모든 오물을 실어 내는 문이다.

샘문(Fountain gate, 느 3:15) 실로암 못가에 있었기 때문에 붙여진 이름이다.

물문(Water gate, 느 3:26) 성에서 쓰는 물을 실어 들여와서 붙여진 이름이다. '물 문' 앞 광장에서 에스라는 율법책을 낭독했다(느 8:1).

말문(Horse gate, 느 3:28) 동쪽에 있는 문으로(렘 31:40), 말이나 말 탄 사람이 통과하던 문으로 보인다. 또 아달랴가 여호야다에 의해 죽임을 당한 문이다(대하 23:15).

동문(East gate, 느 3:29) 양 문과 같은 문으로 보기도 한다.

에브라임 문(Gate of Ephraim, 느 8:16), 감옥 문(Prison gate, 느 12:39), 모퉁이 문(Corner Gate, 대하 26:9)

느헤미야 시대,
예루살렘의
대략적인 윤곽

양문
감옥문
물고기문
옛문
성전
동문
말문
물문탑
큰돌출탑
골짜기문
거름문
샘문

17 아비야 가문은 시그리, 미나민, 곧 모아댜 가문은 빌대,

18 빌가 가문은 삼무아, 스마야 가문은 여호나단,

19 요야립 가문은 맛드내, 여다야 가문은 웃시,

20 살래 가문은 갈래, 아목 가문은 에벨,

21 힐기야 가문은 하사뱌, 여다야 가문은 느다넬이었습니다.

22 레위 자손의 우두머리 엘리아십, 요야다, 요하난, 얏두아 때의 레위 사람들 가운데 우두머리들과 제사장들의 이름은 페르시아 왕 다리오의 통치기에 기록됐습니다.

23 엘리아십의 아들 요하난 때까지 레위 자손의 우두머리들도 역대기 책에 기록됐습니다.

대상 9:14-16

24 레위 사람들의 우두머리들은 하사뱌, 세레뱌, 갓미엘의 아들 예수아인데 이들은 하나님의 사람 다윗이 명령한 대로 자기 형제들과 마주 보고 두 무리로 나뉘어 서로 마주 보고 서서 화답하며 찬양과 감사를 드리는 사람들이었습니다.

스 2:40;3:11

25 맛다냐, 박부갸, 오바댜, 므술람, 달몬, 악굽은 성문 앞을 지키는 문지기들이었습니다.

26 이들은 예수아의 아들이며 요사닥의 손자인 요야김과 총독 느헤미야와 제사장이자

학사인 에스라 때에 섬긴 사람들입니다.

27 봉헌식 준비 예루살렘 성벽 봉헌식을 거행하기 위해 레위 사람들을 그 모든 거처에서 찾아 예루살렘으로 데리고 왔습니다. 심벌즈와 하프와 수금에 맞춰 감사의 찬송을 부르며 즐겁게 찬양하며 봉헌식을 거행하기 위해서였습니다.

민 7:10;대상 15:16

28 이에 노래하는 사람들이 예루살렘 외곽 지역, 곧 느도바 사람들의 마을과

3:22

29 벧길갈과 게바와 아스마벳 들판에서 모여 들었습니다. 노래하는 사람들은 예루살렘 외곽에 자기네 마을을 이루고 있었던 것입니다.

30 정결 의식 제사장들과 레위 사람들은 스스로 정결 의식을 치른 뒤 백성들과 성문들과 성벽을 정결하게 했습니다.

13:22,30

31 찬양대의 두 행렬 그 후 나는 유다 지도자들을 성벽 꼭대기에 올라오게 하고 찬양대 둘을 세우되 하나는 성벽 꼭대기에서 오른쪽으로 '거름 문을 향해 행진하게 했습니다.

32 그 뒤에는 호세야와 유다 지도자의 절반이 따라갔고

33 아사랴, 에스라, 므술람,

34 유다, 베냐민, 스마야, 예레미야가 함께 갔으며

찬양대의 찬양 가운데 예루살렘 성벽 봉헌식을 거행함

35 나팔 든 제사장들과 요나단의 아들이며 스마야의 손자이며 맛다냐의 증손이며 미가야의 현손이며 삭굴의 5대손이며 아삽의 6대손인 스가랴와

대상 15:24

36 그 형제들, 곧 스마야, 아사렐, 밀랄래, 길랄래, 마애, 느다넬, 유다, 하나니가 하나님의 사람 다윗의 악기를 들고 따라갔습니다. 학사 에스라가 그 행진에 앞장섰습니다.

37 그들은 '샘 문'에서 곧장 다윗 성의 계단을 올라 성벽으로 올라가다가 다윗의 집을 지나 동쪽 '물 문'에 이르렀습니다.

38 다른 찬양대는 반대 방향으로 행진했고 그 뒤는 내가 성벽 꼭대기에서 나머지 절반의 사람들과 함께 따라갔습니다. 그리하여 '풀무 탑'을 지나 넓은 성벽에 이르렀다가

39 '에브라임 문', '옛 문', '물고기 문', '하나넬 탑', '함메아 탑'을 지나 '양 문'까지 가서 '감옥 문'에서 멈춰 섰습니다.

40 **성전의 찬양대** 그리하여 그 두 찬양대는 하나님의 집으로 들어가 자리를 잡았고 나와 지도자들 절반도 그렇게 했습니다.

41 제사장인 엘리아김, 마아세야, 미나민, 미가야, 엘료에내, 스가랴, 하나냐는 나팔을 들고 있었는데

42 마아세야, 스마야, 엘르아살, 웃시, 여호하난, 말기야, 엘람, 에셀도 함께 있었습니다. 노래하는 사람은 그들의 선창자 예스라히야와 함께 큰 소리로 찬양했습니다.

43 **제사를 드리고 기뻐함** 또한 그들은 그날 희생제사를 크게 드리고 즐거워했습니다. 하나님께서 그들에게 큰 기쁨을 주셨기 때문입니다. 아내들과 어린아이들도 즐거워했습니다. 그리하여 예루살렘에서 즐거워하는 소리가 멀리까지 들렸습니다.

44 **창고를 채움** 그리고 그날 예물과 첫 수확물과 십일조를 모아 두는 창고를 맡을 사람들을 임명해 제사장들과 레위 사람들을 위해 율법에 정해진 몫을 여러 성들의 들에서 거둬들이도록 했습니다. 항상 준비하고 서 있는 제사장들과 레위 사람들을 유다가 기뻐했기 때문입니다.

대하 31:11-12

45 노래하는 사람들과 성전 문지기들은 다윗과 그 아들 솔로몬의 명령에 따라 그들의 하나님을 섬기는 일과 정결하게 하는 일을 수행했습니다.

대상 25-26장

46 오래전 다윗과 아삽 시대에는 노래하는 사람들과 하나님께 찬양과 감사를 드리는 노래를 지휘하는 사람들이 있었습니다.

47 그렇기에 스룹바벨과 느헤미야 시대에도 모든 이스라엘이 노래하는 사람들과 성전 문지기들을 위해 날마다 필요한 몫을 주었고 레위 사람들을 위해 그 몫을 거룩하게 구별해 두었습니다. 또 레위 사람들은 아론의 자손들을 위해 그 몫을 거룩하게 구별해 두었습니다.

민 18:21,24,26-28;대하 31:16

13 **율법을 낭독함** 그날 백성들이 듣는 앞에서 모세의 책을 큰 소리로 낭독했습니다. 그런데 거기에 암몬 사람과 모압 사람은 영원히 하나님의 회중에 들지 못한다는 기록이 나왔습니다.

2 그들이 빵과 물을 줘 이스라엘 백성들을 반기기는커녕 오히려 발람을 매수해 그들을 저주하게 했기 때문입니다. 그러나 우리 하나님께서는 그 저주를 복으로 바꾸어 주셨습니다.

3 **백성들의 반응** 이 율법을 들은 백성들은 이방 피가 섞인 사람들을 이스라엘에서 몰아냈습니다.

9:2;출 12:38;민 11:4

4 **성전을 정결케 함** 이 일이 있기 전에 우리 하나님 집의 창고를 맡고 있던 제사장 엘리아십은 도비야와 가깝게 지내며

2:10;3:1

5 그에게 큰 방을 하나 내주었는데 그 방은 전에 곡식제물과 유향과 성전의 물건을 두고 레위 사람들과 노래하는 사람들과 성전 문지기들을 위해 십일조로 거둔 곡식과 새 포도주와 기름과 제사장들에게 주는 제물을 두던 방이었습니다.

6 그러나 이 모든 일이 진행되고 있을 때 나는 예루살렘에 없었습니다. 바벨론 왕 아닥사스다 32년에 내가 왕에게 갔다가 며칠 후에 왕의 허락을 받고

5:14;스 6:22

7 다시 예루살렘으로 돌아왔던 것입니다. 그

제야 나는 엘리아십이 도비야에게 하나님의 집 뜰에 있는 방을 내준 그 어처구니없는 소행을 알게 됐습니다. 5절

8 나는 너무 화가 나서 그 방에서 도비야의 모든 살림살이를 밖으로 내던지고는

9 방들을 정결하게 하라고 명령을 내리고 나서 하나님의 집의 기구들과 곡식제물과 유향을 그 방에 다시 들여놓았습니다.

10 성전 보조가 소홀해짐 그리고 레위 사람들이 받게 돼 있는 몫을 받지 못한 것과 직무를 수행해야 하는 레위 사람들과 노래하는 사람들이 자기네 땅으로 돌아가 버린 사실도 알게 됐습니다. 대하 31:4;말 3:8

11 그래서 나는 관리들을 꾸짖으며 "하나님의 집이 버려지다니 어떻게 된 일이오?"라고 묻고는 그들을 소집해 각각의 자리에 복직시켰습니다. 17,25절;10:39

12 창고를 채움 그러자 온 유다가 곡식과 새 포도주와 기름의 십일조를 가져와 창고에 들였습니다. 10:38-39;12:44

13 나는 제사장 셀레먀와 학사 사독과 레위

사람 브다야를 창고 책임자로 임명하고 삭굴의 아들이며 맛다냐의 손자인 하난을 그 밑에 세웠습니다. 그들은 모두 정직하고 믿을 만한 사람으로 인정받는 사람들이었기 때문입니다. 형제들에게 분배하는 것이 그들의 직무였습니다. 7:2;고전 4:2

14 하나님이여, 제가 이렇게 한 것을 기억하소서. 제가 하나님의 집을 위해 또 그 직무를 위해 일을 성실하게 수행한 것을 잊지 마소서. 22,31절;5:19

15 안식일에 장사함 그 무렵 나는 사람들이 유다에서 안식일에 포도주 틀을 밟고 곡식을 들여와 나귀에 싣고 포도주, 포도, 무화과와 그 밖에 온갖 물건을 다 싣고는 안식일에 예루살렘으로 갖고 들어오는 것을 보고 그들에게 그날에 음식을 팔지 말라고 경고했습니다. 21절;10:31;출 20:10

16 예루살렘에는 두로 사람들도 살고 있었는데 그들이 물고기와 온갖 종류의 상품을 갖고 와서 안식일에 예루살렘에서 유다 사람들에게 팔고 있었습니다.

17 그래서 내가 유다 귀족들을 꾸짖으며 말했습니다. "당신들이 안식일을 모독하다니 이게 가당하기나 한 짓이오? 11절;마 12:5

18 당신들의 조상들도 똑같은 짓을 해서 하나님이 우리와 이 성에 이 모든 재앙을 내리신 게 아니오? 그런데 당신들이 지금 안식일을 더럽히며 이스라엘에 더 큰 진노를 부르고 있소." 렘 17:19-23

19 나는 안식일 전날 예루살렘 성문들에 어둠이 드리울 때 그 문들을 닫고 안식일이 끝날 때까지 열지 말라고 명령했습니다. 또 내 부하들 가운데 몇 사람을 성문들 앞에 세워 안식일에 아무것도 싣고 들어오지 못하게 했습니다. 레 23:3;2

20 그러자 온갖 물건을 싣고 온 상인들과 장사꾼들이 예루살렘 성 밖에서 한두 번 밤

도비야

도비야는 느헤미야가 예루살렘 성벽을 다시 쌓을 때 산발랏과 함께 성벽 쌓는 일을 적극적으로 방해한 사람이다. 그는 정치적인 일을 처리하는 방법이 뛰어나 유다의 귀족들과 돈독한 관계를 유지했고, 세력 있고 재산이 많은 사람과 결혼하여 유다 사회에서도 한 자리를 차지하게 했다. 암몬 사람은 이스라엘 백성이 하나님께 드리는 공식적인 예배나 집회에 참석할 수 없다는(신 23:3) 율법의 규정이 있었는데도, 하나님의 집 창고를 맡은 제사장 엘리아십의 도움으로 보호받는 특권을 누렸다.

결국 느헤미야에게 발각되어 하나님의 집 뜰에 있던 방에서 쫓겨나고 물건들이 내던져졌다.

도비야가 나오는 말씀
>> 느 4:7-8; 6:17-19; 13:1-9

소행(13:7, 所行) 이미 해놓은 일이나 짓. 소집(13:11, 召集, called) 불러 모음. 복직(13:11, 復職) 물러났던 직업에 다시 돌아감. 은총(13:31, 恩寵, Favor) 하나님께 받은 무조건적인 혜택과 특별한 사랑.

을 새웠습니다.

21 내가 그들에게 경고하며 말했습니다. "너희가 왜 성 밖에서 밤을 새우는 것이냐? 다시 이렇게 하면 내가 가만두지 않을 것이다." 그 이후 다시는 그들이 안식일에 나타나지 않았습니다. 15절

22 그러고 나서 나는 레위 사람들에게 자신을 정결하게 하고 성문을 지켜 안식일을 거룩하게 하라고 명령했습니다. 하나님이여, 제가 이렇게 한 것을 기억하시고 주의 큰 사랑을 따라 저를 불쌍히 여기소서.

23 이방 여자들과 결혼 또한 그 무렵 나는 유다 사람들이 아스돗, 암몬, 모압 여자들과 결혼하는 것을 보았습니다. 스 9:1~2:10:10

24 그 자식들 가운데 절반이 아스돗 말은 해도 유다 말은 할 줄 몰랐습니다.

25 나는 그들을 꾸짖고 저주를 내렸고 그 사람들 가운데 몇 사람은 때리기도 하고 머리채도 잡아당겼습니다. 또 그들에게 하나님의 이름으로 맹세하며 말했습니다. "너희는 너희 딸들을 그들의 아들들에게 시집보내지 말고 그들의 딸도 너희 아들이나 너희에게 시집오게 하지도 말라.

26 이스라엘의 왕 솔로몬이 그래서 죄지은 것이 아니냐? 많은 나라들 가운데 그 같은 왕은 없었다. 그가 하나님의 사랑을 한 몸에 받아 하나님께서 그를 온 이스라엘을 다스리도록 왕으로 세우셨지만 이방 여자들 때문에 그마저도 죄에 빠지고 말았다.

27 그러니 이제 너희가 이방 여자들과 결혼해 이 모든 끔찍한 악을 저지르고 우리 하나님께 죄짓고 있다는 말을 우리가 들어야겠느냐?" 스 10:2

28 그런데 대제사장 엘리아십의 아들인 요야다의 아들들 가운데 하나가 호론 사람 산발랏의 사위였습니다. 그래서 내가 그를 내 앞에서 쫓아 버렸습니다. 4,7절:3:1:12:10

29 하나님이여, 그들을 기억하소서. 그들은 제사장의 직분과 제사장의 언약과 레위 사람들의 언약을 저버린 사람들입니다.

30 그리하여 나는 제사장들과 레위 사람들을 이방의 모든 것으로부터 정결하게 하고 각각의 직무대로 그들에게 책임을 맡겨

31 정해진 때에 땔감을 드리는 일과 첫 열매를 드리는 일을 하게 했습니다. 하나님이여, 저를 기억하시고 은총을 내리소서.

주일, 어떻게 보내야 하나?

> "반에서 농구를 제일 잘하는 수현이는 주일 예배 시간과 농구시합 시간이 같아서 고민입니다. 예배는 꼭 드려야 하는데, 농구시합에 빠진다면 친구들이 수현이를 따돌릴 것 같습니다."

하나님은 6일 동안 이 세상을 아름답게 만드시고 7일째 되는 날에 쉬셨어요. 그리고 이스라엘 사람들에게 6일 동안은 열심히 일하고, 7일째 되는 날은 쉬면서 다른 날과 구별되게 생활하라고 명령하셨어요.

하지만 바벨론에서 돌아온 이스라엘 사람들은 하나님이 쉬라고 하신 '안식일'에 쉬지 않고 장사를 했어요(느 13:15-16). 이에 화가 난 느헤미야는 이스라엘 사람들을 꾸짖고 안식일에 일하지 못하도록 했어요(느 13:17-22).

우리는 어떤가요? 하나님의 명령에 따라 예배를 드리며 쉬고 있나요? 아니면 너무나 바빠서 예배는 간단히 드리고 다른 일에 정신을 쏟고 있나요? 주일에 시험을 보러 다니랴, 밀린 숙제를 하랴, 학원에 다니랴 더 피곤한 건 아니간요?

주일에는 쉬라고 하신 하나님의 명령을 기억하세요. 쉰다는 것은 하나님께 예배하며 하나님께 내 마음을 드리며 더 가까이 지내는 시간을 갖는 것을 말해요. 사람은 하나님을 깊이 만나야 진정한 안식(쉼)을 누릴 수 있답니다.

그동안 내가 주일에 어떤 모습으로 행했는지, 하지 않아도 될 일들은 무엇이 있는지 적어 보세요.

깊이읽기 출이집트기 20장 8-11절을 읽으세요.

Esther
에스더

페르시아에는 고향인 이스라엘로 돌아가지 않은 이스라엘 백성이 남아 있었어요. 이 사람들은 이미 페르시아에 자리를 잡고 살아 왔기 때문에 쉽게 떠날 수 없었던 것이요. 에스더와 모르드개도 이스라엘로 돌아가지 않은 사람들이었어요.

에스더는 와스디 왕비가 폐위된 후 아하수에로 왕의 왕비가 되었어요. 하지만 하만이 유다 사람들을 죽이려는 음모를 꾸미자 '죽으면 죽으리라'는 마음으로 3일 동안 금식을 했어요. 그리고 자기를 부르지도 않은 왕 앞에 용감하게 나아가서 하만의 음모를 알리게 됩니다. 결국 유다 사람들을 죽이려던 하만이 죽고, 유다 사람들은 살게 되었어요. 이것을 기념하여 지킨 절기가 '부림절'이랍니다.

성경에는 하나님의 은혜로 위기를 벗어났다고 직접 기록하지 않았지만, 분명 보이지 않는 하나님의 설리와 은혜로 유다 사람들이 구원을 받게 될 거랍니다. 에스더서는 하나님의 사랑을 지키시는 하나님의 은혜와 세상의 역사를 다스리시는 하나님의 섭리를 깨닫게 해요.

무슨 뜻인가요?

'별'이라는 뜻이에요. 에스더의 이름을 따라 성경 이름을 붙인 것입니다.

누가 썼나요?

누가 썼는지 알 수 없어요. 에스더의 저자는 스룹바벨이나 에스라를 따라서 예루살렘으로 돌아가지 않고, 페르시아에 남아 있던 이스라엘 백성을 위해 이 책을 썼어요.

언제 썼나요?

BC 464–435년경

주요한 사람들은?

에스더
히브리 이름은 '하닷사'. 사촌 모르드개에게 양육됨. 페르시아의 왕비

모르드개
사촌 에스더가 왕비가 되는 것을 도와, 그를 통해 죽음의 위기에 빠진 유다 사람들을 구함

하만
모르드개와 유다 사람들을 죽이려다 죽임당함

와스디
아하수에로 왕의 왕비였으나 왕비의 자리를 빼앗김

아하수에로
인도에서 에티오피아까지 127개 지방을 다스린 페르시아의 왕. 에스더의 남편

한눈에 보는 에스더

에스더
Esther

1 왕궁에서 열린 잔치 아하수에로 시절에 일어난 일입니다. 아하수에로는 인도에서부터 에티오피아에 이르기까지 127개 지방을 다스렸습니다.

2 그 당시 아하수에로 왕은 수산 왕궁에 있는 왕좌에서 다스리고 있었는데   *왕상 1:46

3 그가 통치한 지 3년째 되는 해에 모든 장관들과 대신들을 위해 잔치를 베풀었습니다. 페르시아와 메대의 장수들과 귀족들과 지방 장관들이 참석했습니다.   *막 6:21

4 그는 180일 내내 자기 왕국의 광대한 부와 영예와 화려한 위엄을 나타냈습니다.

5 이 기간이 끝나자 왕은 왕궁의 비밀 정원에서 수산 왕궁에 있는 높고 낮은 모든 사람들을 위해 7일 동안 계속되는 잔치를 열었습니다.   *7:7-8

6 그 정원에는 흰색, 초록색, 푸른색의 고운 삼베 휘장들이 자주색 고운 삼베 줄로 대리석 기둥의 은고리에 매여 있었고 금과 은으로 된 긴 의자들이 화반석, 백옥, 운모석, 흑석으로 모자이크된 바닥에 길게 배치돼 있었습니다.   *겔 23:41;암 6:4

7 금잔으로 마실 것을 내왔는데 그 잔들은 모양새가 각각 달랐고 왕의 포도주는 풍부해서 떨어질 줄 몰랐습니다.   *2:18

8 음주의 규칙은 *제한을 두지 말 것이었습니다. 왕이 모든 손님들이 각자 원하는 대로 할 수 있게 하라고 궁전의 집사들에게 명령했습니다.

9 와스디 왕비도 아하수에로 왕궁에서 여자들을 위한 잔치를 베풀고 있었습니다.

10 7일째 되는 날 포도주를 거나하게 마신 아하수에로 왕은 기분이 좋아서 아하수에로 왕을 섬기는 일곱 명의 내시, 곧 므후만, 비스다, 하르보나, 빅다, 아박다, 세달, 가르가스에게 말해   *2:21;6:2;7:9;삼하 13:28

11 와스디 왕비를 왕관을 쓴 차림으로 왕 앞으로 데려오게 했습니다. 와스디 왕비는 보기에 아름답기에 그녀의 아름다움을 사람들과 귀족들에게 보이기 위해서였습니다.

12 그러나 내시들이 전달한 왕의 명령에도 와스디 왕비는 오기를 거절했습니다. 그러자 왕은 격노해 화가 불붙듯 했습니다.

13 왕궁에서 생긴 문제 왕이 규례와 법률의 전문가들에게 묻는 것이 관례였기 때문에 왕은 사례를 아는 박사들에게 물었습니다.

14 페르시아와 메대의 일곱 귀족들인 가르스나, 세달, 아드마다, 다시스, 메레스, 마르스나, 므무간은 왕을 가장 가깝게 모시는 사람들로 왕과 대면할 수 있었고 왕국에서 가장 높은 자리를 차지하고 있었습니다.

15 왕이 물었습니다. "규례에 따르면 와스디 왕비를 어떻게 해야 하느냐? 그녀가 내시들이 전달한 내 명령을 거역했다."

16 그러자 므무간이 왕과 귀족들 앞에서 대답했습니다. "와스디 왕비는 왕뿐 아니라 모든 귀족들과 아하수에로 왕의 모든 통치

수산 궁

수산궁 유적지

오늘날 이란의 '수사'(Susa)는 페르시아 제국의 수도였다. 고레스 왕이 이곳을 정복했고, 다리오 왕은 이곳을 수도로 정하여 궁전을 건축했다. 아하수에로 당시에는 포로로 잡혀간 유다 사람들이 이곳에 많이 살았다(에 4:16; 9:18).

아하수에로(1:1, Xerxes) 페르시아 제국의 황제로 '크세르크세스'를 말함. 1:8 억지로 마시게 하지 않고 많이 마시고 싶은 사람은 많이, 적게 마시고 싶은 사람은 적게 마시게 했다는 뜻.

구역의 백성들에게까지 잘못을 저지른 것입니다.

17 왕비의 행동이 모든 여자들에게 알려지면 그들이 자기 남편을 무시하며 '아하수에로 왕이 와스디 왕비에게 그 앞으로 나오라고 명령했는데 왕비는 가지 않았다라고 할 것입니다.

18 바로 오늘이라도 왕비의 행동에 대해 들은 페르시아와 메대의 귀부인들이 왕의 모든 귀족들에게 그렇게 말할 것입니다. 그러면 불미스러운 일과 잠음이 끊이지 않을 것입니다.

19 그러니 왕께서 좋게 여기신다면 와스디가 다시는 아하수에로 왕의 면전에 나타나서는 안 되고 왕께서는 왕비 자리를 그녀보다 나은 다른 사람에게 주신다는 것을 왕의 칙령으로 내리시고 페르시아와 메대의 법으로 기록해 번복되는 일이 없도록 하십시오.

20 왕의 칙령이 그 모든 광대한 왕국에 선포

되고 나면 고위층부터 하층민까지 모든 여자들이 자기 남편을 공경하게 될 것입니다."

21 왕과 귀족들은 이 조언이 마음에 들었습니다. 그래서 왕은 므무간이 제안한 대로 했습니다.

22 왕은 그가 다스리는 각 지역의 지방마다 문자와 민족들의 언어대로 조서를 보내 집안을 다스리는 것은 남자이며 남편이 쓰는 언어가 그 가정의 언어가 돼야 한다고 명령했습니다. 3:12;8:9

2 모르드개가 에스더를 딸로 삼음 그 후 아하수에로 왕은 분노가 가라앉자 와스디와 와스디가 한 일과 와스디에 대해 취한 조치를 기억했습니다.

2 왕을 섬기는 젊은이들이 말했습니다. "왕을 위해 젊고 아름다운 처녀들을 찾아 보십시오.

3 왕께서는 왕국의 모든 지방에 관리를 임명하시고 젊고 아름다운 소녀들을 모두 수산 궁의 후궁으로 모이게 해 여자들을 관리하는 왕의 내시 헤개의 관리 아래 두시고 그녀들을 가꿀 여성용 미용품을 주셔서 아름답게 가꾸게 하십시오. 8~9,12,15절

4 그러고 나서 왕께서 보시기에 마음에 드는 소녀를 와스디를 대신해 왕비로 세우십시오." 왕은 이 조언을 흡족히 여기고 그대로 따랐습니다.

5 그때 수산 왕궁에 한 유다 사람이 있었는데 그의 이름은 모르드개였고 베냐민 지파 사람으로 기스의 증손이며 시므이의 손자이며 야일의 아들이었습니다. 스22

6 기스는 바벨론 왕 느부갓네살이 예루살렘에서 유다 왕 여호야긴을 포로로 잡아 올 때 함께 포로로 잡혀 온 사람이었습니다.

7 모르드개에게는 하닷사, 곧 에스더라는 사촌 여동생이 있었습니다. 그녀는 부모가 없어서 모르드개가 기르고 있었습니다. 소녀는 아름답고 사랑스러웠습니다. 부모가

people 모르드개

유다 사람으로 기스의 증손, 시므이의 손자이자 야일의 아들로 베냐민 자손이다. 모르드개는 마르둑 신에서 유래한 바벨론식 이름이다. 모르드개는 궁중에서 일을 맡고 있었다. 사촌인 에스더를 키워, 에스더가 아하수에로 왕의 비가 되는 것을 도왔다.

하나님의 율법을 아는 모르드개는 유다 사람의 원수인 하만에게 무릎을 꿇어 절하지 않았다. 그 때문에 하만이 유다 사람들을 죽이려고 했지만 모르드개는 모든 유다 사람들의 목숨을 구했으며, 아하수에로 왕 다음 가는 국무총리가 되어 유다 사람들의 이익을 위해 힘을 다했다.

모르드개가 나오는 말씀
>> 에 2~4장; 8~10장

칙령(1:19, 勅令) 왕의 명령 공포(2:8, 公布, proclaim) 일반사람들에게 널리 알림. 몰약(2:12, 沒藥, Myrrh) 향료의 일종으로 발삼나무에서 얻는 향기가 나는 진액.

죽자 모르드개가 그녀를 자기 딸로 삼았습니다. 15절

8 에스더의 준비 왕의 명령과 칙령이 공포되자 많은 소녀들이 수산 왕궁으로 불려 들어가 헤개의 관리 아래로 됐습니다. 에스더도 왕궁으로 이끌려 가 여성들을 관리하는 헤개에게 맡겨졌습니다. 3절

9 헤개는 에스더가 마음에 쏙 들어 특별한 대우를 해 주었습니다. 헤개는 에스더에게 신속히 미용품과 특별한 음식을 주었고 왕궁에서 뽑은 일곱 명의 하녀들을 붙여 후궁의 가장 좋은 곳으로 옮겨 주었습니다.

10 에스더는 자기의 민족 배경과 집안 배경을 밝히지 않았습니다. 모르드개가 밝히지 말라고 명령했기 때문입니다. 20절

11 모르드개는 에스더가 잘 있는지, 무슨 일은 없는지 알아보려고 날마다 후궁 뜰 앞을 거닐었습니다.

12 이제 소녀들은 차례대로 아하수에로 왕에게 들어가기 전에 여자들에게 정해진 규례대로 12개월 동안 아름답게 가꾸어야 했습니다. 곧 6개월 동안은 몰약 기름으로, 6개월 동안은 향수와 여성용 미용품으로 가꾸었습니다.

13 이렇게 해야만 왕에게 나아갈 수 있었고

그때는 원하는 것은 무엇이든 줘서 후궁에서 왕궁으로 가지고 들어갈 수 있었습니다.

14 소녀가 저녁때 그리로 들어갔다가 아침에 나오면 후궁을 관리하는 왕의 내시 사아스가스가 후궁으로 데려갔습니다. 그리고 왕이 마음에 들어 이름을 불러 주지 않으면 왕에게로 다시 들어갈 수 없었습니다.

15 이제 모르드개의 삼촌 아비하일의 딸, 곧 모르드개가 자기 딸로 삼은 에스더가 왕에게 들어갈 차례가 됐습니다. 에스더는 후궁을 관리하는 왕의 내시 헤개가 정해 준 것 외에는 다른 것을 요구하지 않았습니다. 에스더는 그녀를 보는 모든 사람들에게 사랑을 받았습니다. 3,7~8절;9:29

16 왕비가 된 에스더 에스더가 아하수에로 왕 7년 열째 달, 곧 데벳 월에 왕궁의 아하수에로 왕에게 들어갔습니다.

17 왕은 다른 어떤 여자들보다 에스더를 더 사랑했습니다. 그리하여 에스더는 다른 처녀들보다 더 많은 은총을 입어 왕은 에스더의 머리에 관을 씌우고 와스디를 대신할 왕비로 세웠습니다. 1:11;6:8

18 그리고 왕은 귀족들과 신하들을 불러 큰 잔치를 베풀었습니다. 에스더를 위한 잔치

PEOPLE 에스더

'별'이라는 이름의 뜻이며 히브리식 이름은 '하닷사'이다. 베냐민 지파 아비하일의 딸로, 일찍 부모를 잃고 고아가 되었다. 사촌인 모르드개가 딸처럼 길렀다. 와스디가 왕비에서 폐위된 후 빼어난 미모로 왕의 사랑과 은총을 받아 왕비가 되었다. 사촌인 모르드개는 자신이 하나님의 백성임을 깊이 깨닫고 페르시아의 고관이 된 하만에게 절하기를 거부했다. 이에 하만은 왕에게 계략을 써서 유다 사람들을 죽일 칙령을 쓰게 했다. 이런 위기에 처했을 때 에스더는 유다 사람들과 함께 3일 동안 금식하며, 하나님의 도움을 구한 후 지혜롭게 하만의 흉계를 왕에게 알렸다. 하만은 모르드개를 매달려고 준

비한 바로 그 교수대에 처형되었고, 모르드개는 페르시아의 127지역을 다스리는 국무총리가 되었다.

왕은 명령을 내려 유다 사람들을 보호하고, 유다 사람들을 죽이려는 사람들을 멸하게 했다. 이 일로 온 나라 사람들이 유다 사람들을 두려워하고, 유다 사람으로 귀화하기까지 했다.

하만이 유다 사람들을 죽이고자 하는 날을 '부르'(제비)를 던져 결정했다는 데서 '부림절'이라 유다 사람들은 지금까지 구원받은 이날을 축하하며 지킨다.

에스더가 나오는 말씀
>> 에 2:5~7; 8:2

였습니다. 그는 각 지방에 휴일을 선포하고 왕의 작함에 어울리는 선물을 보냈습니다.

19 두 번째로 처녀들을 모집할 때 모르드개는 왕의 문 앞에 앉아 있었습니다. 3~4:21절

20 한편 에스더는 모르드개가 그녀에게 당부한 대로 자기 집안과 민족에 대해 밝히지 않았습니다. 에스더는 자신을 키워 준 모르드개의 가르침을 계속 따르고 있었습니다.

21 모르드개가 왕의 문 앞에 앉아 있던 그때 문지방을 지키던 왕의 내시 빅단과 데레스 두 사람이 아하수에로 왕에게 원한을 품고 살해할 음모를 꾸미고 있었습니다.

22 그러나 모르드개가 그 음모를 듣고 에스더 왕비에게 말하자 에스더가 왕에게 모르드개의 이름으로 이 음모를 전했습니다.

23 그 보고된 내용을 조사해 보니 사실임이 드러났습니다. 그렇게 돼 그 두 내시는 나무에 매달리게 됐습니다. 이 모든 것은 왕이 보는 앞에서 궁중 일기에 기록됐습니다.

3 하만과 모르드개

이런 일들이 있은 후 아하수에로 왕은 아각 사람 함므다다의 아들 하만의 지위를 모든 귀족들 가운데 가장 높은 자리에 올려 주었습니다.

2 왕의 문에 있는 왕의 모든 신하들은 하만에게 무릎을 꿇고 경의를 표했습니다. 왜냐하면 그에게 그렇게 하라는 왕의 명령이 내려졌기 때문입니다. 그러나 모르드개

는 무릎을 꿇지도, 경의를 표하지도 않았습니다. 5:9

3 그러자 왕의 문에 있던 신하들이 모르드개에게 물었습니다. "왜 왕의 명령을 거역하느냐?" 2절,2:19

4 날마다 그들이 모르드개를 설득하려 했지만 그는 그 말을 듣지 않았습니다. 그리하여 그들은 자신이 유다 사람임을 밝힌 모르드개의 행동이 어떤 결과를 초래하는지 보려고 하만에게 고자질했습니다.

5 하만은 모르드개가 자신에게 절하지도, 경의를 표하지도 않는 것을 보고 화가 치밀어 올랐습니다. 단3:19

6 그런데 하만은 모르드개가 어디 출신인지 알게 된 후 모르드개 한 명만 죽이는 것으로는 별 가치가 없다고 생각했습니다. 그리하여 하만은 아하수에로 왕국 전역에 있는 모르드개의 민족인 유다 사람들을 모조리 쓸어버릴 묘안을 찾아냈습니다.

7 하만의 음모 아하수에로 왕 12년 첫째 달, 곧 니산 월에 사람들이 하만 앞에서 부르, 곧 제비를 뽑아 월일을 정했습니다. 제비를 뽑은 결과는 열두째 달, 곧 아달 월이었습니다. 9:24,26;스6:15

8 그 후 하만이 아하수에로 왕에게 말했습니다. "왕의 왕국 모든 지방에 있는 여러 민족들 사이에 흩어져 살고 있는 한 민족이

모르드개는 왜 하만에게 절하지 않았나요?

아하수에로 왕은 하만을 모든 신하들보다 높은 자리에 앉히고, 하만 앞에 무릎 꿇어 절하라고 명령했어요. 하지만 모르드개는 그에게 절하지 않았어요. 왕의 명령을 어기면 무서운 벌을 받을 수 있는데 왜 그랬을까요? 그 이유를 묻자 모르드개는 자신이 유다 사람이기 때문이라고 했어요(에 3:4). 이것은 모르드개가 하나님의 말씀을 기억하고 지키는 믿음이 있었음을 보여 주었죠.

이스라엘이 이집트를 탈출했을 때 아말렉이 이스라엘을 공격해 하나님을 대적했어요(출 17:8). 이 때문에 하나님은 대대로 아말렉과 싸우시겠

다고 하셨고(출 17:14-16) 아말렉을 완전히 멸망시키라고 명하셨어요(삼상 15:3). 하만은 아말렉 자손으로 사울 시대 아말렉 왕이었던 아각의 후손이었어요(에 3:1). 하만에게 절한다는 것은 아말렉을 멸하라는 하나님의 명령을 거역하는 것이었어요. 모르드개가 하만에게 절하지 않아서 유다 사람들이 다 죽을 위기에 처했지만, 하나님이 도와주심으로 오히려 아말렉의 후손 하만과 그 자손들이 다 처형당하게 되었어요(에7:8-10; 9:7-10). 하나님이 대대로 아말렉과 싸워 없애겠다는 말씀을 친히 이루셨어요(출 17:16).

있는데 그들의 관습은 다른 모든 민족들과 다르고 또 그들은 왕의 법률을 따르지 않고 있습니다. 그들을 그냥 내버려 두는 것은 왕께 좋을 것이 없습니다. 행16:20

9 왕께서 원하신다면 그들을 멸망시키라는 칙령을 내리십시오. 그러면 제가 은1만 달란트를 왕궁의 창고에 헌납해 왕의 업무를 맡은 사람에게 주겠습니다.

10 그러자 왕은 손가락에서 자기의 인장 반지를 빼어 유다 사람의 원수인 아각 사람 함므다다의 아들 하만에게 주며 창41:42

11 말했습니다. "그 돈은 네가 가져라. 또한 그 민족도 네가 하고 싶은 대로 처리하여라."

12 그리하여 첫째 달 13일에 왕의 비서관들이 소집됐습니다. 하만이 명령한 모든 것들은 각 지방의 문자와 각 민족의 언어로 기록돼 왕의 총독들과 여러 지방의 통치자들과 여러 민족의 귀족들에게 하달됐습니다. 이 칙령은 아하수에로 왕의 이름으로 쓰였고 그 인장 반지로 봉인됐습니다.

13 특사들이 모든 유다 사람들을 노소를 불문하고 여자와 아이들까지 열두째 달, 곧 아달 월 13일 하루 동안 모조리 죽이고 학살하고 그 물건들을 약탈하라는 명령을 왕이 다스리는 여러 지방으로 보냈습니다.

14 이 칙령의 사본을 모든 지방에 알리고 모든 백성들에게 공포해 그날에 대비하게 했습니다. 8:13-14

15 특사들은 왕의 명령을 받들어 급하게 나갔습니다. 수산 궁에도 그 칙령이 공포됐습니다. 왕과 하만은 앉아서 마셨으나 그러나 수산 성 안은 술렁거렸습니다.

4 하만의 음모를 안 모르드개 모르드개는 이 모든 일에 대해 알게 되자 자기 옷을 찢고 베옷을 입고 재를 뒤집어쓴 채 괴로워 큰 소리로 울며불며 성안으로 들어갔습니다. 수7:6:삼하3:31

2 그러나 왕의 문가까지만 갈 수 있었습니다. 베옷 입은 사람은 들어갈 수 없었던 것입니다.

3 왕의 명령이 담긴 칙령이 도착한 지역마다

유다 사람들은 금식하고 울며불며 통곡했습니다. 많은 사람들이 베옷을 입고 재를 뒤집어썼습니다. 16절:9:3:사58:5:단9:3

4 에스더의 하녀들과 내시들이 와서 모르드개의 일에 관해 전하자 에스더는 너무나 괴로웠습니다. 에스더는 그에게 베옷을 벗고 다른 옷을 입으라고 옷을 보냈지만 모르드개는 그 옷을 받지 않았습니다.

5 그러자 에스더는 자기 시중을 드는 왕의 내시 하닥을 불러 모르드개가 무슨 일로 괴로워하는지, 그 이유는 무엇인지 알아오라고 명령을 내렸습니다.

6 그리하여 하닥은 왕의 문 앞 성 광장에 있는 모르드개에게 갔습니다.

7 모르드개는 그에게 무슨 일이 있었는지 낱낱이 말해 주었고 하만이 유다 사람들을 학살하는 대가로 왕의 금고에 정확하게 얼마를 헌납하겠다고 약속했는지도 덧붙였습니다. 3:9

8 그는 또한 수산 성에 공포된 학살을 명령한 그 칙령의 사본도 그에게 넘겨주면서 에스더에게 보여 주고 설명해 주라고 했습니다. 그리고 에스더에게 왕 앞에 가서 자비를 구하고 민족을 위해 간청해 달라는 말도 전해 달라고 부탁했습니다. 3:14:8:13

9 죽게 되면 죽겠습니다 하닥은 돌아와 에스더에게 모르드개가 한 말을 전했습니다.

10 그러자 에스더가 모르드개에게 전할 말을 지시했습니다.

11 "왕의 모든 신하들과 각 지방의 백성들은 남자든 여자든 왕이 부르시지도 않았는데 안뜰에 계신 왕께 다가가는 것이 오직 하나의 법, 곧 죽음을 의미하는 것임을 알고 있습니다. 단 하나, 왕께서 금으로 된 규를 내밀 경우에만 목숨을 부지할 수 있습니다. 그런데 내가 왕께 부름받지 않은 지 벌써 30일이 지났습니다." 단2:9

12 에스더의 말이 모르드개에게 전해졌습니다.

달란트(3:9, talent) 저울로 무게를 다는 최대의 단위. 1만 달란트는 약 340t, 학살(4:7, 虐殺, destruction) 가혹하게 마구 죽임.

13 모르드개는 이런 대답을 전했습니다. "네가 유다 사람들 가운데 혼자 왕의 집에 있다고 해서 이 일을 피할 수 있다고 생각하지 마라.

14 네가 만약 이번에 침묵한다면 다른 어디에서든 유다 사람들은 안녕과 구원을 얻을 것이다. 그러나 너와 네 아버지의 집안은 망할 것이다. 하지만 네가 이때를 위해 왕비의 자리에 오르게 됐는지 누가 알겠느냐?"

15 그러자 에스더는 모르드개에게 이런 대답을 보냈습니다.

16 "가서 수산 성 안에 있는 모든 유다 사람들을 모으고 저를 위해 금식해 주십시오. 3일 동안 밤낮으로 먹지도 마시지도 마십시오. 저와 제 하녀들도 그렇게 금식할 것입니다. 그리고 나서 비록 법을 어기는 일이지만 제가 왕께 나가겠습니다. 제가 죽게 되면 죽겠습니다." 창 43:14

17 그리하여 모르드개는 나가서 에스더의 모든 지시대로 했습니다.

5
에스더의 용기와 지혜 제3일에 에스더는 왕비의 예복으로 차려입고 왕궁

왕의 부름이 없음에도 왕 앞에 나아간 에스더

앞에 있는 왕궁 안뜰에 섰습니다. 왕은 왕궁 입구의 반대편에 있는 왕좌에 앉아 있었습니다. 4:11,16;6:4

2 왕이 에스더 왕비가 뜰에 서 있는 것을 보고 기뻐하며 손에 있던 금으로 된 규를 내밀었습니다. 그러자 에스더가 다가와 규 끝을 만졌습니다. 2:9;4:11;8:4

3 왕이 물었습니다. "에스더 왕비, 무슨 일이오? 무슨 할 말이 있소? 내가 이 나라의 반이라도 떼어서 당신에게 주겠소."

4 에스더가 대답했습니다. "제가 오늘 왕을 위해 잔치를 준비했으니 왕께서 허락하신다면 하만과 함께 오셨으면 합니다."

5 왕이 말했습니다. "당장 하만을 들라 하라. 우리는 에스더가 부탁한 대로 할 것이다." 그리하여 왕과 하만이 에스더가 준비한 잔치에 참석했습니다.

6 왕은 그들과 포도주를 마시면서 에스더에게 다시 물었습니다. "이제 당신의 소원이 무엇이오? 내가 들어주겠소. 뭘 해 주면 좋겠소? 내가 이 나라의 반이라도 떼어서 당신에게 주겠소." 3절;7:2;9:12

7 에스더가 대답했습니다. "제 소원, 제가 부탁드릴 것은 이것입니다.

8 제가 왕께 은혜를 입고 왕께서 제 소원을 이뤄 주시고 제 부탁을 들어주시기를 좋게 여기시면 제가 잔치를 준비하겠으니 왕께서는 하만과 함께 와 주십시오. 내일 제가 왕의 말씀대로 하겠습니다."

9 하만의 교만 하만은 그날 기쁘고 기분이 좋아 밖으로 나갔습니다. 그러나 왕의 문 앞에 있는 모르드개가 눈에 들어왔습니다. 그런데 모르드개는 하만을 보고 일어서지도 않았고 두려운 기색도 없었습니다. 하만은 모르드개를 보고 화가 끓어올랐습니다.

10 그러나 하만은 꾹 참고 집으로 돌아갔습니다. 자기 친구들과 아내 세레스를 부른

11 하만은 많은 재산과 많은 아들들에 대해서와, 왕이 자기를 얼마나 존중해 주는지, 다른 귀족들이나 대신들보다 얼마나 높은 위치에 있는지 자랑했습니다. 3:1;9:7-10

12 그리고 덧붙였습니다. "그런데 그게 다가 아니야. 에스더 왕비께서 준비한 잔치에 왕과 동반으로 초대된 사람이 나 말고 더 있겠어? 그리고 왕비께서 내일도 왕과 함께 오라고 초대하셨어.

13 하지만 저 유다 사람 모르드개가 왕의 문 앞에 앉아 있는 한 이 모든 것들도 만족스럽지가 않아."

14 그 아내 세레스와 그의 모든 친구들이 그에게 말했습니다. "50규빗 높이로 나무를 세우고 아침에 왕께 모르드개를 거기에 매달자고 하십시오. 그러고 나서 왕과 함께 저녁 식사를 들러 가시면 얼마나 즐겁겠습니까!" 하만은 이 제안을 좋게 받아들이고 나무를 세우게 했습니다.
6:4,7,9

6 하만의 착각 그날 밤 왕은 도무지 잠이 오지 않았습니다. 그래서 역대기, 곧 자신의 통치 기록을 가져와 읽게 했습니다.

2 그런데 거기 문을 지키던 왕의 두 신하 빅다나와 데레스가 아하수에로 왕을 암살하려던 음모를 모르드개가 폭로했다는 대목이 있었습니다.

3 왕이 물었습니다. "이 일로 모르드개가 어떤 영예와 지위를 받았느냐?" 왕을 섬기는 젊은이들이 대답했습니다. "그를 위해 시행된 것은 아무것도 없었습니다."

4 왕이 말했습니다. "누가 뜰에 있느냐?" 그때 하만이 자기가 세워 둔 나무에 모르드개를 매달려고 한다는 것을 왕께 말하기 위해 막 왕궁 바깥뜰에 들어섰습니다.

5 그 시종들이 대답했습니다. "하만이 뜰에 서 있습니다." 왕이 명령했습니다. "들여보내라."

6 하만이 들어서자 왕이 그에게 물었습니다. "왕이 영예를 주려고 하는 사람이 있는데 어떻게 해 주는 게 좋겠는가?" 하만은 속으로 생각했습니다. '나 말고 왕이 영예를 주려고 하는 사람이 또 누가 있겠는가?'

7 그래서 그가 왕에게 대답했습니다. "왕께서 영예를 주시려는 사람이 있다면

8 왕이 입으시는 왕복과 왕이 타시는 왕의 말을 내어 오게 하시고 그 머리에 왕관을 씌우십시오.
1:11;2:17;왕상 1:33

9 왕복과 말은 왕의 가장 높은 귀족에게 맡겨 왕께서 영예를 주려고 하시는 그 사람에게 그 옷을 입히고 말에 태워 성의 거리를 돌면서 '왕께서 영예를 주시려고 하는 사람에게는 이렇게 해 주신다!' 하고 외치게 하십시오."
창 41:43

10 왕이 하만에게 명령했습니다. "당장 가서 왕복과 말을 가져다 네가 말한 대로 왕의 문에 앉아 있는 유다 사람 모르드개에게 똑같이 하여라. 네가 말한 것 가운데 어느 하나라도 생략해서는 안 된다."

11 그리하여 하만은 예복과 말을 가져갔습니다. 그는 모르드개에게 예복을 입히고 말에 태워서 성의 거리로 다니며 "왕께서 영예를 주시려고 하는 사람에게는 이렇게 해 주신다!" 하고 외쳤습니다.

12 그러고 나서 모르드개는 왕의 문으로 돌아갔습니다. 그러나 하만은 수심이 가득한 얼굴로 곧장 집으로 달려가
삼하 15:30

13 자기 아내 세레스와 모든 친구들에게 무슨 일이 있었는지 다 말해 주었습니다. 그의 조언자들과 그 아내 세레스가 그에게 말했습니다. "당신의 체면을 떨어뜨린 모르드개가 유다 출신인 이상 당신이 그를 당해 낼 수 없을 것입니다. 당신은 틀림없이 이 망하게 될 것입니다!"
5:10,14

14 그들 사이에 이런 이야기가 오고 가는 사이에 왕의 내시들이 도착했습니다. 그들은 에스더가 준비한 잔치에 서둘러 하만을 데려갔습니다.
5:8

7 하만의 최후 그리하여 왕과 하만은 에스더와 함께 잔치에 갔습니다.

2 둘째 날 그들이 포도주를 마시고 있는데 왕이 다시 에스더에게 물었습니다. "에스더 왕비, 당신의 소원이 무엇이오? 내가 들어주겠소. 당신이 뭘 부탁하려는 것이오? 내가 이 나라의 반이라도 떼어 주겠소."

동반(5:12, 同伴, accompany) 함께 감.

3 그러자 에스더 왕비가 대답했습니다. "왕이여, 제가 왕의 은총을 입었다면, 저를 좋게 여기신다면, 제 목숨을 살려 주십시오. 이것이 제 소원입니다. 그리고 제 동족을 살려 주십시오, 이것이 제 부탁입니다.

4 저와 제 동족이 팔려서 멸망과 죽음과 학살을 당하게 생겼습니다. 우리가 그저 남녀종들로 팔리게 됐더라도 가만히 있었을 것입니다. 그 같은 일로 왕이 괴로워하실 필요가 없기 때문입니다." 3:9,13;4:7,8;11

5 아하수에로 왕이 에스더 왕비에게 물었습니다. "그가 누구요? 감히 그런 일을 벌이려고 마음먹은 자가 어디 있소?"

6 에스더가 말했습니다. "그 원수이며 적수는 바로 이 사악한 인간, 하만입니다." 그러자 하만은 왕과 왕비 앞에서 하얗게 질렸습니다. 3:10

7 왕은 몹시 분노해 일어서서 잔치 자리에서 떠나 왕궁 정원으로 들어갔습니다. 그러나 하만은 왕이 이미 자기 운명을 결정한 것을 알고 에스더 왕비에게 목숨만 살려 달라고 빌었습니다. 1:5

8 왕이 왕궁 정원에서 잔치 자리로 돌아왔습니다. 하만은 에스더가 기대어 앉았던 긴 의자 위에 꿇어 엎드려 있었습니다. 왕이 말했습니다. "저자가 내 집에서 나와 함께 있는 왕비를 폭행하려는 것 아니냐?" 왕의 입에서 이 말이 나오자마자 사람들이 하만의 얼굴을 가렸습니다. 1:6

9 그러자 왕의 시중을 들던 내시 하르보나가 말했습니다. "하만의 집에 50규빗 되는 나무가 세워져 있습니다. 그가 왕을 도우려고 음모를 폭로한 모르드개를 매달려고 그것을 만들었다고 합니다." 왕이 말했습니다. "저자를 거기 달라!" 1:10;2:22;5:14

10 그래서 그들은 하만이 모르드개를 매달려고 준비한 그 나무에 하만을 달았습니다. 그제야 왕의 분노가 가라앉았습니다.

8 왕의 칙령 바로 그날에 아하수에로 왕은 에스더 왕비에게 유다 사람들의 원수인 하만의 집을 내주었습니다. 그리고 모르드개는 왕의 앞으로 나아오게 됐습니다. 모르드개가 자신에게 얼마나 가까운 사람인지 에스더가 말했기 때문입니다.

2 왕은 하만에게서 거둔 그 인장 반지를 빼어 모르드개에게 내주었습니다. 그리고 에스더는 모르드개를 세워 하만의 집을 관할하게 했습니다. 3:10

3 에스더는 다시 왕의 발 앞에 꿇어 울면서 간청했습니다. 왕에게 아각 사람 하만이 유다 사람들을 미워해 꾸민 그 악한 계획을 거두어 달라고 빌었습니다. 3:1;9:24

4 그러자 왕은 에스더에게 금으로 만든 규를 내밀었고 에스더는 일어나 왕 앞에 섰습니다. 4:11;5:2

5 에스더가 말했습니다. "만일 왕께서 좋게

인장 반지

인장 반지는 다양한 모양과 재질의 도장을 반지에 붙인 것을 말한다. 고대에서 도장은 여러 동·식물의 모양이나 신들의 형상, 도장 주인의 이름, 글씨 등을 새겨 넣어 도장 주인의 신분이나 지위를 나타냈다. 다음은 성경에 도장을 사용한 예이다.

권력을 대신해 사용하기 위해	문서의 승인을 위해	구조물에 대한 권리를 알리기 위해
• 이세벨은 자기의 편지에 왕의 권위를 부여하려고 아합 왕의 옥새를 찍음(왕상21:8). • 하만은 유다 민족을 죽이려는 계획에 왕의 권위를 부여하려고 아하수에로 왕의 인장 반지를 찍음(에3:12). • 아하수에로 왕은 하만의 계획을 바꾸려는 모르드개에게 왕의 권위를 부여하려고 인장 반지를 내어 줌(에8:2, 8, 10).	• 예레미야는 자신이 산 땅의 문서를 단단히 묶어서 싸고, 그 위에 도장을 찍음(렘 32:10-11).	• 다리오 왕은 다니엘을 사자 굴에 넣고 입구를 돌로 막은 후 아무도 돌을 옮기지 못하도록 도장을 찍음(단6:17). • 빌라도는 예수님의 무덤을 돌로 막고 아무도 돌을 옮기지 못하도록 도장을 찍음(마27:66).

여기신다면, 만일 왕께서 제게 은총을 베푸시고 이것을 옳게 생각하신다면, 만일 저를 좋게 여기신다면, 아각 사람 함므다다의 아들 하만이 왕의 모든 통치 구역 안에서 유다 사람들을 죽이려는 음모로 쓴 칙령을 취소해 주시기 바랍니다.

6 제가 어떻게 제 동족에게 재앙이 내리는 것을 눈뜨고 볼 수 있겠습니까? 제 집안이 망하는 것을 제가 어떻게 눈뜨고 볼 수 있겠습니까?" 7:4

7 아하수에로 왕이 에스더 왕비와 유다 사람 모르드개에게 대답했습니다. "하만이 유다 사람들을 공격했으므로 내가 그의 집을 에스더에게 주고 그를 나무에 매단 것이오.

8 그러니 이제 당신 보기에 가장 좋은 대로 왕의 이름으로 유다 사람들을 위해 다른 칙령을 써서 왕의 인장 반지를 찍으시오. 어떤 문서도 왕의 이름을 쓰고 그 반지로 도장을 찍지 않은 것은 효력이 없으니 말이오."

9 왕의 서기관들이 즉각 소집됐습니다. 셋째 달, 곧 시완 월 23일이었습니다. 그들은 모르드개가 내린 모든 명령을 써서 인도에서 에티오피아에 걸친 127개 지방의 유다 사람들과 지방 관리들과 총독들과 귀족들에게 보냈습니다. 이 명령은 각 지방의 문자와 그 백성들의 언어로 각각 쓰였고 유다 사람들을 위해서는 그들의 문자와 언어로 쓰였습니다. 1:1,22;3:12;8:36

10 모르드개는 아하수에로 왕의 이름으로 칙서를 쓰고 왕의 인장 반지로 도장을 찍어 왕의 일에 쓰는 준마에 특사들을 태워 보냈습니다. 3:12-13;왕상 4:28

11 유다 사람들의 구원 왕의 칙서의 내용은 이러했습니다. "모든 성에서 유다 사람들이 모여 스스로 보호할 수 있는 권리를 허락한다. 만일 어떤 민족이나 지역이 유다 사람들을 친다면 그들을 멸망시키고 죽이고 여자와 어린아이와 함께 그 군대를 섬멸시키고 그들의 재산을 약탈해도 된다."

12 유다 사람들이 아하수에로 왕의 모든 통치

구역 안에서 이렇게 할 수 있도록 정해진 날짜는 열두째 달, 곧 아달 월 13일이었습니다. 3:13;9:1

13 이 칙서의 사본이 모든 지방에서 법률로 제정되고 모든 민족에게 공포됨으로써 유다 사람들은 그날 그들의 적들에게 원수를 갚을 준비를 했습니다. 3:14;4:8

14 왕의 말을 탄 특사들은 왕의 명령에 따라 급히 달려갔습니다. 칙서는 수산 궁에도 공포됐습니다.

15 모르드개는 푸른색, 흰색의 예복을 입고 커다란 금관을 쓰고 고운 자색 베옷을 입고 왕 앞에서 물러나왔습니다. 수산 성은 기뻐하고 즐거워했습니다. 창 41:42;대상 15:27

16 유다 사람들에게 행복과 기쁨, 즐거움과 영예가 있었습니다. 시 97:11

17 왕의 칙서가 전달된 각 지방과 각 성에서는 유다 사람들 사이에 기쁨과 즐거움이 넘쳐서 잔치를 베풀었고 그날을 축일로 삼았습니다. 그리고 그 땅에 사는 여러 민족 가운데 많은 사람들이 유다 사람들을 두려워했기 때문에 자기 스스로 유다 사람이 되기도 했습니다. 9:2,19,22,27;삼상 25:8

9

하나님이 주신 구원의 기쁨 열두째 달, 곧 아달 월 13일로 왕의 칙령이 시행되는 날이었습니다. 그날 유다 사람의 원수들이 유다 사람들을 없애려고 했지만, 상황이 뒤바뀌어 유다 사람들이 오히려 자기들을 미워하는 사람들을 없애게 됐습니다. 17절

2 아하수에로 왕의 모든 통치 구역에서 유다 사람들이 성안에 모였습니다. 자기들의 멸망을 바라던 사람들을 치기 위함이었습니다. 아무도 유다 사람들에 대항해 설 수 없었는데 이는 다른 모든 민족들이 유다 사람들을 두려워했기 때문입니다.

3 모든 지방의 귀족들과 대신들과 총독들과 왕의 관리들이 유다 사람들을 도와주었습니다. 모르드개가 두려웠기 때문입니다.

준마(8:10, 駿馬, fast horse) 빠르게 잘 달리는 말.

4 모르드개는 왕궁의 주요 인사였고 그의 명성은 온 지방에 자자해졌으며 그의 힘은 점점 더 막강해졌습니다. 삼하 3:1;대상 11:9

5 유다 사람들은 칼로 모든 원수들을 쓰러 뜨려 학살하고 멸망시켜 버렸습니다. 그들은 자기들을 미워하는 사람들에게 마음껏 갚아 주었습니다.

6 수산 왕궁에서 유다 사람들이 죽인 사람은 500명이었습니다.

7 또 그들이 죽인 사람은 바산다다, 달본, 아스바다,

8 보라다, 아달리야, 아리다다,

9 바마스다, 아리새, 아리대, 왜사다였는데

10 그들은 함므다다의 아들인 유다 사람의 원수 하만의 열 아들들이었습니다. 그러나 그들은 물건에는 손을 대지 않았습니다.

11 수산 성에서 죽임당한 사람들의 숫자가 바로 그날 왕에게 보고됐습니다.

12 왕이 에스더 왕비에게 말했습니다. "유다 사람들이 수산 왕궁에서 500명과 하만의 아들 열 명을 죽여 없앴다니 왕의 나머지 통치 구역에서는 어떻겠소? 이제 당신의 소원이 무엇이오? 내가 들어주겠소. 당신이 무엇을 부탁하겠소? 그것 또한 해 주겠소."

13 에스더가 대답했습니다. "왕께서 기뻐하신다면 수산 성의 유다 사람들이 내일도 오늘처럼 칙서대로 그렇게 할 수 있게 하시고 하만의 열 아들의 시체를 나무에 달게 하소서." 15장8:11

14 그러자 왕은 이것을 시행하도록 명령을 내렸습니다. 칙령이 수산 성에 공포됐습니다. 그러자 하만의 열 아들의 시체가 매달렸습니다.

15 수산 성의 유다 사람들은 아달 월 14일에 도 모여 수산 성에서 300명을 죽였습니다. 그러나 물건에는 손을 대지 않았습니다.

16 한편 왕의 통치 구역들 안에 남아 있던 유다 사람들도 스스로 보호하고 그 원수들로부터 안녕을 얻기 위해 모였습니다. 그들은 자기들을 미워하는 7만 5,000명을 죽였지만 물건에는 손대지 않았습니다.

17 이것은 아달 월 13일에 일어났고 14일에는 그들이 쉬며 그날을 잔치하며 기뻐하는 날로 삼았습니다. 1,21절

18 부림절의 제정 그러나 수산의 유다 사람들은 13일, 14일에 모였고 15일에는 쉬며 그날을 잔치하며 기뻐하는 날로 삼았습니다.

19 이렇게 해서 성벽이 없는 지방의 작은 마을에 사는 유다 사람들은 아달 월 14일을 즐기며 잔치를 베풀고 그날을 축일로 삼아 서로 선물을 나누었습니다. 신 5:5;겔 38:11

20 모르드개는 이 모든 일들을 기록해 원근 각처 아하수에로 왕의 통치 구역 전역의 모든 유다 사람들에게 편지로 보내서

21 그들이 아달 월 14일, 15일을 해마다 절기로 지키게 했습니다.

22 유다 사람들이 그 원수들에게서 안녕을 찾은 날로, 그들의 슬픔이 바뀌어 기쁨이 되고 그 신음이 바뀌어 축제의 달이 됐기 때문입니다. 그는 그날을 잔치하며 기뻐하는

부림절

유다 사람들을 모두 죽이려는 하만의 음모에서 벗어난 것을 기념하여 지키는 절기이다.
부림절은 유대 달력 아달 월 14일에 지켰는데, 현재 달력으로 2월 말이나 3월 초에 해당된다. 당시 수산 궁에 살던 유다 사람들은 아달 월 15일(에 9:18)을, 궁 밖에 살던 유다 사람들은 14일을 부림절로 지켰다(에 9:19).

행사	의미
회당에 가서 에스더를 읽는다	이날은 개인적인 사건이 아니라 민족 전체를 구원한 사건이기 때문에 모든 백성이 에스더를 읽는다. 회당에 갈 수 없는 사람은 집에서라도 읽어야 한다. 특히 에스더 2장 5절, 8장 15~16절, 10장 3절을 큰 소리로 읽는다. 또 하만의 이름이 나오면 소리를 지르며 소동을 위해 특별히 만든 기구를 가지고 시끄러운 소리를 내야 한다. 하만의 열 아들 이름이 나오는 부분(에 9:7~10)에서는 그들이 한꺼번에 처형되었다는 사실을 기억하기 위해 단숨에 읽어야 한다.

날로 지키고 서로 음식을 나누고 가난한 사람들에게 선물을 주라고 써 보냈습니다.

23 그리하여 유다 사람들은 모르드개가 그들에게 지시한 내용대로 그 절기를 계속지켰습니다.

24 아각 사람 함므다다의 아들인 모든 유다 사람의 원수 하만이 유다 사람들을 멸망시킬 일을 꾸미고 부르, 곧 제비를 뽑았지만

25 왕비가 왕 앞에 나가 하만의 음모를 밝히자 왕이 조서를 내려 하만이 유다 사람들을 두고 꾸민 그 악한 계획이 그 머리 위에 돌아가 그와 그 아들들이 나무에 매달리게 됐습니다.

26 그러므로 '부르'라는 말을 따서 이날을 부림절이라고 부르게 됐습니다. 이 편지에 적힌 모든 것과 그들이 그 일에 관해 본 것과 그들에게 알려진 일 때문에

27 유다 사람들은 자신들과 그 후손과 그들에게 붙은 모든 사람들을 위해 이 두 날을 기록된 대로 해마다 그때에 틀림없이 지키도록 했습니다.

28 이날들을 꼭 기억해 모든 집안마다 모든 세대에서, 모든 지방과 모든 성에서 지켜야 했습니다. 유다 사람들은 이 부림절을 지키는 일이 그치지 않도록 했으며 그 후손 가운데서 그날이 잊혀지지 않도록 했습니다.

29 이렇게 아비하일의 딸 에스더 왕비는 유다 사람 모르드개와 함께 전권을 가지고 이 부림절에 관해 두 번째 편지를 써서 확증했습니다.

30 모르드개는 평화와 진실한 말이 담긴 편지들을 아하수에로 왕국의 127개 지방에 있는 모든 유다 사람들에게 보내

31 유다 사람 모르드개와 에스더 왕비가 정한 대로, 그 금식하고 슬퍼하던 것으로 인해 그들 스스로 자신들과 그 후손을 위해 결정한 대로 그 정해진 때를 부림절로 제정했습니다.

32 에스더의 명령에 따라 부림절에 관한 규례가 확정됐고 책에 기록됐습니다.

10 모르드개의 존귀함 아하수에로 왕은 왕국 전역과 바다의 섬들에 조공을 바치도록 했습니다.

2 그의 모든 권세 있는 행적은 왕이 높여 준 모르드개가 승승장구하게 된 모든 내용과 함께 메대와 페르시아 왕들의 연대기에 기록돼 있지 않습니까?

3 유다 사람 모르드개는 아하수에로 왕 다음가는 사람으로 유다 사람들 가운데 출중한 사람이었고 많은 유다 동족 사람들에게 큰 존경을 받았는데 그가 자기 백성들을 위해 일했고 모든 유다 사람들의 안녕을 위해 힘썼기 때문입니다.

전권(9:29, 全權, full authority) 맡겨진 일을 책임지고 처리할 수 있는 모든 권리. 조공(10:1, 朝貢, tribute) 속국이 종주국에게 바치던 예물. 보통 조공으로 바치던 물건으로는 귀금속, 미술품, 의료품, 노예 등이 있었다. 연대기(10:2, 年代記, chronicles) 역사적으로 중요한 사건을 연대순으로 적은 기록. 출중(10:3, 出衆, preeminent) 특별히 뛰어나다.

행사	의미
어려운 처지에 있는 사람을 돕는다	모르드개는 서로 음식을 나누며 가난한 사람들에게 선물을 주는 명절로 정했다. 유다 사람들은 최소한 두 사람 이상에게 음식을 만들어 보내거나 가난한 사람들에게 돈을 보냈다.
점심 때부터 저녁 때까지 많은 음식을 먹는다	반드시 삶은 콩과 완두콩을 먹는다. 양귀비 씨나 과일을 넣어 만든 삼각형의 과자를 후식으로 먹는데, 이것을 '하만의 주머니', '하만의 귀'라고 부른다. 이날은 하만을 저주하는 일과 모르드개를 축복하는 일을 구분할 수 없을 때까지 마셔도 좋다고 한다.
각종 가면을 만든다	부림절 며칠 전부터 에스더, 아하수에로, 모르드개의 얼굴 등 여러 가면을 만든다. 남녀가 옷을 바꿔 입을 수 있는 유일한 날로, 각종 가면과 화려한 옷을 차려입고 거리로 쏟아져 나온다. 마음껏 즐기다가 저녁이 되면 예배드리고 에스더서를 각본으로 연극을 한다.

욥기

사람은 살면서 왜 고난을 받을까요? 특히 하나님의 거룩함을 좇아 사는 성도에게 왜 고난이 있을까요? 우리가 갖는 이런 질문들은 욥기에서도 볼 수 있어요.

욥은 잘못이 없는 의인이었지만 고난을 받았어요. 자녀들이 갑자기 죽고 모든 재산을 잃고 심한 병도 얻게 됩니다. 욥은 자기에게 왜 이런 고난이 왔는지 알고 싶어 했어요. 친구들은 욥이 죄를 지어서 벌을 받는다고 말했어요. 우리도 어려움을 당하는 친구를 보면 뭔가 잘못한 게 있어서 벌을 받는 것이라고 생각할 때가 있지 않나요?

그렇지만 하나님은 왜 고난을 받는지에 대한 직접적인 답은 주시지 않아요. 다만 하나님이 창조하신 자연 질서의 신기함을 말씀하세요. 모든 창조물이 하나님의 뜻 가운데 질서를 가진 것처럼 모든 인생도 하나님의 뜻 가운데 있다는 것을 말씀하신 거예요. 고난도 마찬가지입니다. 욥기는 하나님의 뜻 가운데 '고난'도 있음을 알려 주는 책이에요.

욥기는 무슨 뜻인가요?

'욥'이라는 이름은 히브리어로 '박해받는 사람', 아랍어로 '회개'라는 뜻이에요. 욥기는 이 책의 주인공인 욥의 이름을 따서 붙인 책제목입니다.

누가 썼나요?

알 수가 없어요.

언제 썼나요?

문화적, 역사적 배경은 BC 2000년경인 족장 시대로 추측되나, 이 책을 쓴 사람이 확실하지 않아서 정확한 시기를 알 수 없어요.

주요한 사람들은?

욥
하나님이 인정한 당대 최고의 의인

엘리바스
데만 사람, 욥의 친구

빌닷
수아 사람, 욥의 친구

소발
나아마 사람, 욥의 친구

엘리후
부스 사람, 욥의 친구

한눈에 보는 욥기

1-3장 사탄의 시험, 욥의 고난

4-28장 욥과 친구들의 대화

29-31장 욥의 대답

32-37장 엘리후의 말

38-41장 하나님의 말씀

42장 욥의 회개와 회복

욥기
Job

1

욥의 부귀 우스 땅에 욥이라는 사람이 살고 있었습니다. 이 사람은 흠이 없고 정직할 뿐 아니라 하나님을 경외하며 악을 멀리하는 사람이었습니다. 창 6:9;17:1;겔 14:14

2 그는 아들 일곱과 딸 셋을 두었습니다.

3 또한 그는 양 7,000마리, 낙타 3,000마리, 소 500쌍, 암나귀 500마리 외에 종도 많이 있었습니다.

욥은 동방에서 가장 큰 사람이었습니다.

4 **욥의 의로움** 욥의 아들들은 집집마다 돌아가며 잔치를 벌이곤 했는데 그때마다 세 누이도 초대해 함께 먹고 마셨습니다.

5 이 잔치 기간이 끝나고 나면 욥은 그들을 불러 성결하게 하고 아침 일찍 일어나 그들의 수대로 번제를 드렸습니다. '내 자식들이 죄를 짓고 마음으로 하나님을 저주했을지도 모른다'고 생각했기 때문입니다. 욥은 항상 이와 같이 했습니다.

6 **사탄이 헐뜯음** 하루는 하나님의 아들들이 여호와 앞에 와 서 있는데 사탄도 그들과 함께 왔습니다. 왕상 22:19;시 89:6;계 12:9-10

7 여호와께서 사탄에게 말씀하셨습니다. "네가 어디에서 왔느냐?" 사탄이 여호와께 대답했습니다. "땅에서 여기저기를 왔다 갔다 하다 왔습니다." 벧전 5:8

8 그러자 여호와께서 사탄에게 말씀하셨습니다. "내 종 욥을 유심히 살펴보았느냐? 땅 위에 그런 사람이 없다. 그는 흠이 없고 정직한 자로서 하나님을 경외하고 악을 멀리하는 사람이다." 민 12:7;삼하 7:5;사 20:3

9 이에 사탄이 여호와께 대답했습니다. "욥이 아무런 이유 없이 하나님을 경외하겠습니까?

10 주께서 그와 그 집안과 그가 가진 모든 것의 사면에 울타리를 쳐 주지 않으셨습니까? 주께서 욥이 손대는 일에 복을 주셔서 그 가축이 땅에서 늘어 가는 것입니다.

11 하지만 주께서 손을 뻗어 그가 가진 모든 것을 쳐 보십시오. 그러면 그가 분명 주의 얼굴에 대고 저주할 것입니다." 사 53:4;65:3

12 여호와께서 사탄에게 말씀하셨습니다. "좋다. 그의 모든 재산을 네 마음대로 해도 좋다. 그러나 그의 몸에는 손가락 하나도 대지 마라" 하시니 사탄이 여호와 앞에서 물러났습니다.

13 **욥이 모든 것을 잃음** 하루는 욥의 아들딸들

사탄의 참소로 고난당하는 욥

이 맏형의 집에서 잔치를 벌이고 포도주를 마시고 있었습니다.

14 그때 한 심부름꾼이 욥에게 와서 말했습니다. "소들은 밭을 갈고 있고 나귀들은 그 근처에서 풀을 뜯고 있었는데

15 스바 사람들이 갑자기 들이닥치더니 그것들을 빼앗아 가고 종들을 칼로 쳐 죽였습니다. 저만 혼자 피해 이렇게 주인님께 말씀드리러 온 것입니다." 왕상 10:1

16 그가 아직 말을 채 끝내기도 전에 또 한 사람이 와서 말했습니다. "하나님의 불이 하늘에서 떨어져 양 떼와 종들을 다 집어삼켰습니다. 저만 혼자 피해 이렇게 주인님께 말씀드리러 왔습니다." 창 19:24;왕하 1:12

17 그가 아직 말을 채 끝내기도 전에 또 한 사람이 와서 말했습니다. "갈대아 사람들이 세 무리로 떼를 지어 쳐들어와서 낙타들을 빼앗아 가고 종들은 칼로 쳐 죽였습니다. 저만 혼자 피해 이렇게 주인님께 말씀드리러 왔습니다." 창 11:28;왕하 24:2;단 1:4

18 그가 아직 말을 채 끝내기도 전에 또 한 사람이 와서 말했습니다. "주인님의 아들딸들이 맏아드님 댁에서 잔치를 벌이며 포도주를 마시고 있었습니다.

19 그런데 갑자기 광야에서 돌풍이 불어오더니 집의 네 모퉁이를 쳤습니다. 그러자 집이 그 젊은이들 위에 폭삭 내려앉고 그들이 죽고 말았습니다. 저만 혼자 피해 이렇게 주인님께 말씀드리러 왔습니다."

20 욥의 반응 이 말에 욥은 벌떡 일어나 겉옷을 찢고 머리털을 밀어 버리고 땅에 엎드려 경배하며 창 37:29;스 9:3;벧전 5:6

21 말했습니다. "내가 내 어머니의 모태에서 벌거벗고 나왔으니 떠날 때도 벌거벗고 갈 것입니다. 여호와께서 주신 것을 여호와께서 가져가시니 여호와의 이름이 찬양받으시기를 바랍니다." 엡 5:20;살전 5:18;딤전 6:7

22 이 모든 일에도 불구하고 욥은 죄를 짓거나 하나님을 원망하지 않았습니다. 2:10

2

욥이 고통을 당하는 또 하루는 하나님의 아들들이 여호와 앞에 와 서 있었는데 사탄도 그들과 함께 와서 그분 앞에 섰습니다.

2 여호와께서 사탄에게 물으셨습니다. "네가 어디에서 왔느냐?" 사탄이 여호와께 대답했습니다. "땅에서 여기저기를 왔다 갔다 하다 왔습니다."

3 그러자 여호와께서 사탄에게 말씀하셨습니다. "내 종 욥을 유심히 살펴보았느냐? 땅 위에 그런 사람이 없다. 그는 흠이 없고

하늘에서도 회의를 하나요?

욥기에는 하늘에서 회의하는 장면이 두 번 나와요(욥 1:6-12; 2:1-7). 하나님이 욥을 흠이 없고 정직한 종이라고 자랑하시자 사탄은 욥의 순수한 믿음을 의심하며 그의 믿음이 진짜인지 시험해 볼 것을 제안해요. 하나님은 사탄에게 제한적으로 시험을 허락하시고 이 때문에 욥의 고난이 시작됩니다.

✋ **다른 성경에도 하늘 회의 내용이 나와요!**

1. 창세기에 나오는 하늘 회의(창 1:26)
하나님이 사람을 만드실 때 삼위 하나님의 형상대로 만들자고 제안하시며, 사람에게 우주를 다스릴 권세를 주자고 결의하시는 장면이 나온다. 마치 창세기를 쓴 사람이 하늘 회의의 현장에 참석해 현지 방송을 하는 것 같은 표현법을 쓰고 있다.

2. 열왕기상에 나오는 하늘 회의(왕상 22:19-22)
하나님은 오른쪽과 왼쪽에 서 있는 천사들과 아합을 죽일 방법에 대한 의견을 토의하고 계신다.

천사들이 이런저런 의견을 말할 때 사탄은 모든 예언자들이 거짓말을 하게 해 아합을 전쟁에 나가게 한 후 죽이자고 한다.

✋ **하늘 회의를 왜 기록했나요?**
사람의 눈에 보이지 않는 영적 세계를 보여 주어 성경을 읽는 사람에게 이 세상 모든 일들에는 영적인 세계가 연결되어 있음을 깨닫게 한다. 이 세상의 모든 일이 하나님의 주권 아래 있으며, 사탄은 인간을 괴롭히고 시험하며 죄에 빠지게 하는 존재임을 가르쳐 준다.

정직한 자로서 하나님을 경외하고 악을 멀리하는 사람이다. 그리고 네가 나를 부추겨 아무 이유 없이 망하게 했는데도 그는 아직까지 충성심을 잃지 않았다."

4 그러자 사탄이 여호와께 대답했습니다. "가죽은 가죽으로 바꾸어야지요! 사람이 자기 목숨을 위해서는 가진 모든 것을 다 내주기 마련입니다.

5 그러니 손을 뻗어 그의 뼈와 살을 쳐 보십시오. 그러면 그가 틀림없이 주의 얼굴에 대고 저주할 것입니다."   1:5,11

6 여호와께서 사탄에게 말씀하셨습니다. "보아라. 그가 네 손안에 있다. 그러나 그 목숨만은 살려 두어야 한다."

7 그리하여 사탄은 여호와 앞에서 물러가 욥을 그 발바닥에서 머리끝까지 악성 종기가 나도록 쳤습니다.   신 28:27

8 그러자 욥은 잿더미에 앉아서 토기 조각을 쥐고 자기 몸을 긁어 댔습니다.   마 11:21

9 그 아내가 그에게 말했습니다. "아직도 그 잘난 충성심이나 붙들고 있다니! 차라리 하나님을 저주하고 죽어 버려요!"

10 욥의 반응 그러나 그가 아내에게 대답했습니다. "정말 어리석은 여자처럼 말하는군. 그래, 우리가 하나님께 좋은 것만 받고 고난은 받지 않겠다는 것이요?" 이 모든 일에도 불구하고 욥은 입술로 죄짓지 않았습니다.

11 욥의 세 친구 욥의 세 친구가 그에게 닥친 이 모든 고난에 대해 듣고는 각각 자기 집을 나섰습니다. 데만 사람 엘리바스와 수아 사람 빌닷과 나아마 사람 소발은 그에게 가서 그와 함께 슬퍼하고 위로할 마음으로 만나기로 약속했던 것입니다.

12 그들이 멀리서 눈을 들어 보았는데 도무지 욥을 알아볼 수 없었습니다. 그들은 소리 높여 울며 옷을 찢고 하늘을 향해 재를 날려서 자신들의 머리에 뿌렸습니다.

13 그러고 나서 그들은 그와 함께 바닥에 눌러앉아 7일 밤낮을 같이 지냈습니다. 그가 당한 고난이 엄청난 것을 보고 그들은

그에게 아무 말도 할 수 없었던 것입니다.

3

욥이 생일을 저주함 그 후 욥은 입을 열어 자기가 태어난 날을 저주하며

2 이렇게 말했습니다.

3 "내가 태어난 그날이 사라졌더라면, 사내아이를 배었다고 말하던 그 밤도 없었더라면,   10:18-19;렘 20:14-18

4 그날이 어둠이 됐더라면, 위에 계신 하나님이 신경도 쓰지 않으셨더라면, 그날에 동이 트지도 않았더라면 얼마나 좋았을까.

5 어둠과 죽음의 그림자가 그날을 가렸더라면, 구름이 그날 위에 덮였더라면, 그날의 캄캄함이 그날을 엄습했더라면 얼마나 좋았을까.   사 23:4;마 4:16

6 그날 밤이여, 어둠이 그 밤을 사로잡았더라면, 그 밤이 한 해의 날에서 빠졌더라면, 그 밤이 어떤 달의 날에도 들지 않았더라면 얼마나 좋았을까.

7 오, 그 밤이 잉태할 수 없는 밤이었더라면, 기뻐 외치는 소리가 그 밤에 들리지 않았더라면 얼마나 좋았을까.

8 날을 저주하는 자들, 리워야단을 깨울 수 있는 자들이 그 밤을 저주했더라면 얼마나 좋았을까.   41:1

9 그 밤의 새벽 별들이 어두워졌더라면, 날이 새기를 기다려도 밝지 않고 동이 트는 것을 보지 못했더라면 얼마나 좋았을까.

10 그 밤이 내 어머니의 태의 문을 닫지 않고 내 눈앞에서 고난을 숨기지 않았기 때문이다.

11 내가 왜 모태에서 죽지 않았던가? 그 배 속에서 나오면서 왜 숨을 거두지 않았던가?

12 나를 받을 무릎이 왜 있었던가? 나를 먹일 유방이 왜 있었던가?   창 30:3

13 그렇지 않았더라면 지금 내가 조용히 누워서 자고 또 쉬었을 텐데.

14 자기들을 위해 폐허를 재건한 이 땅의 왕들과 그 신하들과 함께 있었을 텐데.

15 또는 금을 가진 지도자들, 은으로 집을 가득 채운 지도자들과 함께 있었을 텐데.

16 또는 낙태된 아이처럼, 세상 빛을 보지 못

한 아기처럼 돼 있을 텐데. 시 58:8;고전 15:8

17 거기는 악인이 소란을 멈추고 지친 사람들이 쉼을 얻으며 17:16

18 갇힌 사람들이 함께 쉬고 억압하는 자의 소리가 들리지 않는 곳이다. 솔 3:7

19 거기서는 작은 사람, 큰사람이 함께 있고 종이 그 주인에게서 놓여 있지 않는가!

20 왜 비참한 사람들에게 빛을 주시고 고통스러워하는 영혼에게 생명을 주시는가?

21 죽음을 기다리는 사람들이 죽음이 오지 않아 숨겨진 보물을 찾는 것보다 더욱 간절히 죽음을 찾는다 계 9:6

22 마침내 무덤에 이르게 되면 기뻐서 어쩔 줄 몰라 하지 않겠는가?

23 하나님의 울타리에 싸여 그 인생길이 숨겨진 사람에게 왜 빛을 주시는 것인가?

24 내가 먹기 전에 한숨이 나오고 내 신음이 물처럼 쏟아져 나오는구나. 시 42:3;80:5;102:9

25 내가 그토록 두려워하던 것이 내게 닥치고 내가 무서워하던 일이 내게 일어났구나.

26 내게 평안도 없고 쉼도 없고 조용함도 없고 그저 고난만 와 있구나."

4

욥에게 교훈하는 엘리바스 그러자 데만 사람 엘리바스가 말했습니다.

2 "누가 자네에게 말을 걸면 자네 짜증이 나겠지? 그렇지만 누가 말하지 않고 물러나 있겠는가?

3 생각해 보게. 자네가 많은 사람을 가르쳤고 약한 손을 가진 사람에게 힘을 주지 않았는가. 사 35:3;히 12:12

4 넘어지는 사람을 말로 붙들어 주고 무릎이 연약한 사람에게 힘을 주지 않았는가.

5 그런데 자네가 이 지경이 됐다고 힘이 빠지고 문제가 생겼다고 힘들어하다니!

6 자네의 경외함이 자네의 자신감이었고 자네가 올바르게 사는 것이 자네의 소망이 아니었나? 잠 3:26

7 죄 없이 망한 자가 없음 잘 생각해 보게. 누가 죄 없이 망하겠나? 정직한 사람이 끊어지

는 일이 어디 있나?

8 내가 본 바로는 죄악을 경작하는 사람, 고난의 씨를 뿌리는 사람은 그대로 거두더군.

9 하나님의 입김에 그들은 망하고 그분의 콧김에 끝장나는 것이네. 시 30:33

10 사자의 포효 소리, 사나운 사자의 으르렁대는 소리는 사라지고 젊은 사자의 이빨은 부러지고 시 58:6

11 늙은 사자가 먹이가 없어 죽고 암사자의 새끼들이 다 흩어져 버린다네.

12 신비의 소리 한마디 말이 내게 살짝 들려오기에 내 귀가 솔짝 들어 보았네.

13 사람들이 깊은 잠에 빠져드는 그 밤의 불안한 꿈속에서 33:15;창 15:12

14 두려움과 떨림이 나를 사로잡아 내 모든 뼈를 흔들었다네.

15 그러고 나서 한 영이 내 얼굴 앞으로 지나갔네. 내 몸의 털이 다 쭈뼛 서 버렸지.

16 그 영이 가만히 서 있었지만 나는 그 모습이 어떤지 알 수 없었다네. 내 눈앞에 한 형상이 서 있고 적막이 흐르는데 내가 어떤 음성을 듣게 됐네. 왕상 19:12

17 인간의 약함 '인간이 하나님보다 더 의로울 수 있겠느냐? 사람이 그 창조자보다 더 깨끗할 수 있겠느냐?

18 보라. 하나님께서는 당신의 종들조차 믿지 않으시고 당신의 천사들조차 허물이 있다 하시는데 15:15

19 하물며 진흙집에서 살면서 흙먼지 속에 그 기초를 두며 하루살이처럼 눌려 죽을 사람들이야 오죽하겠는가? 13:28;창 2:7

20 그들은 아침에 살았다가 저녁이 되면 멸망하고 아무도 생각해 주는 사람 없이 영원히 멸망하는 법이네. 시 90:5~6;사 42:25

21 그들의 장막 줄이 뽑히지 않겠는가? 그들은 죽어도 참 지혜 없이 죽는다네.'"

5

인생의 고난 "자네에게 대답할 사람이 있다면 지금 불러 보게. 거룩한 이들 가운데 누가 자네를 돌아보겠나?

2 분노는 어리석은 사람을 죽이고 질투는 바보 같은 사람을 죽인단 말이지.

계략(5:12, 計略, plot) 어떤 일을 이루기 위한 꾀나 수단

3 어리석은 사람이 뿌리박는 것을 본 적이
있는데 그 집이 갑자기 저주를 받더군.

4 그 자식들은 무사한 것과는 거리가 멀어
서 성문 앞에서 짓눌리고 있는데도 구해
주는 사람이 없더군. 수 20:4;시 119:155

5 그들이 추수한 것은 배고픈 사람이 먹어
치우되 가시나무에서 난 것까지도 먹고
그 재산은 목마른 사람들이 집어삼킨다
네.

6 어려움은 흙먼지에서 나는 게 아니고 고
난은 땅에서 생겨나는 게 아닐세.

7 그러나 불꽃이 위로만 솟듯이 사람은 고
난받기 위해 태어나는 것일세. 창 3:17-19

8 하나님의 역사 나 같으면 하나님을 찾아서
하나님께 내 사정을 맡겼을 텐데.

9 그분은 크고도 헤아릴 수 없는 일을 하시
고 기적을 셀 수 없이 보이시며 9:10;시 40:5

10 땅에 비를 내리시고 밭에 물을 대시며

11 낮은 사람들을 높은 곳에 세우시고 슬퍼
하는 사람들을 안전한 곳으로 들어 올리
신다네. 삼상 2:7;시 113:7

12 또 교활한 사람의 계략을 좌절시켜 그 손
이 일을 이루지 못하게 하신다네. ㄴ 4:15

13 지혜로운 사람들을 자기 꾀에 빠뜨리시고
간교한 사람의 계획이 뒤틀리게 하시네.

14 대낮에도 그들이 어둠을 맞닥뜨리니 정오
에도 밤에 하듯이 더듬고 다닌다네.

15 그러나 그분은 궁핍한 사람들을 칼과
같은 그들의 입에서 구해 내시고 힘 있는
사람들의 손아귀에서 구해 내신다네.

16 그렇기에 가난한 사람들에게 희망이 있
고 불의가 자기 입을 막는 것 아니겠나.

17 징계 후의 축복 이보게, 하나님께서 바로잡
아 주시는 사람은 복이 있다네. 그러니 전
능하신 분의 훈계를 거절하지 말게.

18 그분은 상처를 주기도 하시지만 또 싸매
주기도 하시고, 다치게도 하시지만 그 손
길이 또 치료도 하신다네. 신 32:39

19 그분이 여섯 재앙에서도 자네를 구해 내
시고, 아니 일곱 재앙에서도 자네에게 아
무 해도 끼치지 않게 하실 걸세. 고전 10:13

20 기근 속에서도 그분은 자네를 죽음에서
구속하시고 전쟁에서도 칼의 권세로부터
자네를 구속하실 걸세. 시 33:19

21 자네는 혀의 채찍에서 보호받을 것이고
멸망이 닥칠 때 두려워할 필요가 없을 걸
세.

22 자네는 멸망과 기근을 비웃을 것이고 땅
의 짐승들을 두려워할 필요가 없을 걸세.

23 자네가 밭의 돌들과 언약을 맺을 것이고 들짐승
들이 자네와 잘 어울려 지낼 테니 말이네.

24 자네는 자네 장막에는 아무 탈이 없음을 알
게 될 것이고, 자네 거처를 살펴보아도 아
무것도 잃은 것이 없음을 알게 될 걸세. 2:9

**욥은 고난당하자
죽는 것이 더 낫다**

정말 고난은 죄 때문에 받는 벌일까요?

고 말하며(욥 7:15), 자신의 무죄를 주
장했어요. 하지만 친구들은 "죄 없이
고난당하는 사람은 없다. 고난은 죄
를 뿌린 대가다."라며 욥에게 회개하
라고 했어요.

우리는 대개 욥의 친구들처럼 고난당하는
것은 죄를 지었기 때문이라고 생각하는 경우가
많아요. 고난은 때때로 죄 때문에 받는 벌일 수 있
어요. 모세를 헐뜯다가 나병에 걸렸던 미리암(민
12:9-10), 하나님께 죄를 지음으로 망했던 아하
스(대하 28:22-23)를 성경 곳곳에서 죄를 지어 고난

당하는 모습을 볼 수
있기 때문이에요.

그러나 예수님은 날 때부터 앞을 보
지 못하는 사람에 대해 그 사람이 자
기의 죄나 부모의 죄로 앞을 못
보게 된 것이 아니라고 말씀하셨어요.
고난과 죄가 늘 직접적인 관계가 있다는
생각을 고쳐 주신 것입니다(요 9:1-3). 하나
님 나라를 위해 고난 받고 믿음의 조
상들을 볼 때(히 11:4-40), 고난이 죄와 반드시 직
접적인 관련이 있다는 것은 잘못된 생각입니다.
하나님은 고난에 대한 욥의 친구들의 생각이 잘
못되었음도 지적해 주셨음요(욥 42:7).

25 자네의 자손이 많아지고 자네의 후손이 땅의 풀처럼 될 것을 자네가 알게 될 걸세.

26 때가 되면 곡식 단을 모아들이듯이 자네가 수명이 다해서야 무덤으로 갈 것이네.

27 아, 그렇군. 우리가 고찰해 본 것이니 이 말이 맞을 걸세. 그러니 자네의 유익을 위해 그것을 알았으면 좋겠네." ^{시 1:1,2}

6 고통으로 인해 자신을 저주하는 욥 그러나 대답했습니다.

2 "내 고뇌를 달아 볼 수만 있다면, 내 비참함을 저울에 올려 볼 수만 있다면 얼마나 좋을까!

3 틀림없이 바다의 모래보다 무거울 것이다. 그 때문에 내 말이 경솔했구나. ^{잠 27:3}

4 전능하신 분의 화살이 내 속에 박혀서 내 영이 그 독을 마셨으니 하나님에 대한 두려움이 나를 향해 줄지어 서 있구나.

5 풀이 있는데 들나귀가 울겠는가? 꼴이 있는데 소가 울겠는가?

6 소금 없이 맛없는 음식이 넘어가겠는가? 달걀흰자에 무슨 맛이 있겠는가?

7 나는 그것을 건드리기도 싫다. 그런 것을 먹으면 속이 메스꺼워진다.

8 고통 중에 범한 죄의 두려움 내가 구하는 것이 있다면 하나님께서 내가 바라는 것을 해 주셨으면

9 하나님께서 선뜻 나를 죽여 주셨으면, 그 손을 놓아 나를 끊어 버리셨으면 좋겠다는 것이네! ^{민 11:15;사 38:12}

10 그러면 내가 편안해질 텐데. 그래, 고통 속에서도 기뻐 뛸 텐데. 내가 거룩하신 분의 말씀을 거역하지 않았으니까. ^{사 19:2}

11 내게 무슨 힘이 남아 있어 소망이 있겠는가? 내 마지막이 어떠하겠기에 살아야 하는가?

12 내가 무슨 돌 같은 힘이라도 있단 말인가? 내 몸이 청동이라도 된단 말인가?

13 나 스스로를 도울 힘이 내게 없지 않느냐?

지혜가 내게서 사라지지 않았느냐?

14 믿을 수 없는 친구 전능하신 분을 경외하는 마음을 저버릴지라도 친구라면 고난받는 사람에게 동정심을 보여야 하는데,

15 내 형제들은 시내처럼, 흘러가는 시냇물처럼 그냥 지나가 버릴 뿐이구나. ^{상상 14:33}

16 얼음이 녹아 시냇물이 시커멓게 되고 물속에서 눈이 녹아 넘치게 흘러도

17 날이 따뜻해지면 물이 없어지고 더워지면 그 자리에서 아예 사라져 버리는구나.

18 물길에서 벗어나면 갈 곳 없어 사라지는구나. ^{창 1:2}

19 데마의 대상들이 그 물을 찾고 스바의 상인들도 기다렸다. ^{왕상 10:1;사 21:14}

20 그들이 바랐기 때문에 당황했던 것이고 거기에 가서는 실망뿐이었던 것일세.

21 이제 자네들도 아무 도움이 안 되네. 내가 무너진 것을 보고는 더럭 겁이 나나 보네.

22 내가 언제 무엇을 좀 달라, 네 재산에서 얼마를 떼어 달라,

23 적의 손에서 나를 구해 달라, 극악무도한 자의 손아귀에서 돈 주고 나를 빼 달라고 하던가?

24 책망에 대한 꾸짖음 나를 가르쳐 보시게나. 내가 입 다물고 있겠네. 내가 어디서부터 잘못됐는지 가르쳐 보란 말이네.

25 바른말은 실로 힘이 있는 법이지. 그러나 자네들은 도대체 뭘 나무라고 싶은 건가?

26 자네들이 말을 책잡으려는 것 같은데 절망에 빠진 사람의 말은 그저 바람 같은 것 아닌가? ^{사 41:29}

27 자네들은 고아를 놓고 제비뽑기하고 친구들조차 팔아넘기겠군. ^{사 3:10}

28 악의 없는 책망 그러니 자네들은 조용히 하고 나를 잘 보게나. 내가 자네들의 얼굴에 대고 거짓말이라도 하겠는가?

29 부탁하는데 잘 돌아보고 불의한 일을 하지 말도록 하게나. 내 의가 아직 여기 있으니 다시 생각해 보게나.

30 내 혀에 불의가 있던가? 내 입이 악한 것을 분별하지 못하겠는가?"

고찰(5:27, 考察, examime) 어떤 것을 깊이 생각하고 연구함. 극악무도(6:23, 極惡無道, ruthless) 더할 나위 없이 악하고 바른 길에 완전히 어긋나 있음.

7 고통을 인내함 "사람이 땅에서 사는 것이 고된 종살이가 아닌가? 그 삶이 품꾼의 삶과 다를 바가 무엇이겠는가?

2 종이 땅거미 지기를 간절히 기다리는 것 같이, 품꾼이 하루 품삯을 애타게 기다리는 것같구나. 렘 6:4

3 나도 몇 달 동안 허무한 일을 당하고 비참한 밤이 나를 위해 정해졌다네. 30:17

4 내가 누울 때 '내가 언제나 일어날까? 밤이 언제 끝날까?' 하지만 새벽까지 이리저리 뒤척이다네. 신 28:67

5 내 몸은 벌레와 흙먼지로 옷 입었고 내 살은 곪아 터졌다네. 사 14:11

6 인생이 빠름 내 인생이 베틀의 북보다 빠르게 지나가니 소망도 없이 끝나고 마나 보네.

7 내 인생이 바람임을 기억해 주십시오, 내 눈이 다시는 좋은 것을 보지 못할 것 같나이다. 시 78:39

8 지금 나를 보는 눈이 더는 나를 못 보고 주의 눈이 나를 찾아도 내가 더는 존재하지 않을 것입니다. 8:18;20:9;시 37:36

9 구름이 사라져 없어지듯이 무덤으로 내려가는 자는 돌아오지 않는 법입니다. 21:13

10 그가 다시는 자기 집에 돌아오지 못하고 그가 있던 자리도 더는 그를 알지 못할 것입니다.

11 고통의 탄식 그러므로 내가 입을 다물지 못하겠습니다. 내 영이 이렇게 고통을 받으면서 말하고 내 영혼이 이렇게 쓰리려 하면서 원망할 것입니다.

12 내가 바다입니까, 아니면 바다의 괴물입니까? 주께서 왜 나를 감시하십니까?

13 내가 내 침대가 나를 편하게 해 주겠지, 내 보금자리가 내 원망을 받아 주겠지라고 하면

14 주께서는 꿈속에서 두렵게 하시고 환상으로 무섭게 하십니다.

15 내 영혼이 차라리 질식해서 죽는 게 이런 몸으로 사는 것보다 낫다 싶습니다. 19:20

16 나는 사는 게 싫습니다. 영원히 살 것도 아닌데 나를 혼자 내버려 두소서. 내 인생이 허무하기 짝이 없습니다. 출 14:12

17 고통의 절규 사람이 무엇인데 주께서 그를 크게 생각하시고 그에게 그렇게 많은 관심을 쏟으십니까?

18 왜 그렇게 아침마다 감시하시고 순간마다 시험하십니까? 시 17:3

19 주께서 언제까지 나를 떠나지 않으시겠습니까? 침을 꼴깍 삼키는 동안만이라도 나를 가만히 내버려 두지 않으시겠습니까?

20 오 사람을 감시하시는 분이여, 내가 죄를 지었다 해도 그것이 주께 무슨 일이 되겠습니까? 주께서 왜 나를 과녁으로 삼으셔서 내가 나 자신에게 짐이 되게 하십니까?

21 주는 왜 내 허물을 용서하지 않으시고 내 죄를 없애 주지 않으십니까? 이제 내가 흙먼지 속에 누울 것입니다. 주께서 아침에 나를 찾으셔도 내가 더는 없을 것입니다."

8 공평하신 하나님 그때 수아 사람 빌닷이 대꾸했습니다.

2 "자네가 언제까지 그런 말을 하겠는가? 언제까지 거친 바람처럼 말하겠는가?

3 하나님께서 심판을 잘못하시겠는가? 전능하신 분이 정의를 왜곡하시겠는가?

4 자네의 자식들이 그분께 죄를 지었다면 그 죄 때문에 그들을 버리시지 않았겠는가?

5 그러나 자네가 하나님을 간절히 찾으며 전능하신 분께 은총을 구한다면 11:13

6 또 자네가 순결하고 정직하다면 지금이라도 그분께서 자네를 위해 직접 일어나 자네의 의의 자리를 회복시키실 것이네. 시 7:6

7 자네의 시작은 보잘것없을지라도 자네의 나중은 심히 창대하게 될 걸세. 42:12;창 5:11

8 지식에 호소함 부탁하는데 이전 세대에게 물어보아 그 조상들이 알아낸 것을 들을 준비를 하게.

9 (우리가 어제 태어나서 아는 것이 없고 이 땅에서의 우리 인생은 그림자에 불과한 것이네.) 대상 29:15;시 102:11;전 6:12

10 조상들이 자네에게 가르쳐 주고 말해 주지 않겠는가? 조상들이 마음에서 나온 말로 쏟아 내지 않겠는가?

11 하나님께만 안전히 있음 늪 없이 왕골이 자

라겠는가? 물 없이 갈대가 자라겠는가?

12 아직 푸른색이 돌아 꺾을 때가 되지 않았는데도 다른 풀보다 먼저 시들어 버리지 않는가?

13 하나님을 잊고 사는 사람의 운명도 마찬가지라네. 하나님 없는 사람의 소망은 망해 버릴 것이네. 시 9:17

14 그가 바라는 것은 끊어질 것이고 그가 의지하는 것은 거미줄 같을 것이라네.

15 그가 자기 집에 기대어도 집이 서 있지 못할 것이고 그가 단단히 붙잡아도 집이 버티지 못할 것란 말일세. 27:18

16 그가 해 아래의 싱싱한 식물같이 새 가지가 정원 가득 뻗어 나오고 시 80:11

17 그 뿌리가 서로 얽혀 바위 더미를 두르고 돌 속에서도 자리를 찾지만

18 만약 그 자리에서 뽑혀지면 그 자리도 '너를 본 적이 없다'고 하며 밀어낼 것이네.

19 이보게, 이것이 그런 길의 기쁨이나 그 땅에서는 다른 것이 자랄 것이네. 삼상 27-8

20 악인의 장막은 사라질 분명히 하나님께서는 온전한 사람을 버리지도 않고 악을 행하는 사람을 도와주지도 않는 분이시라네.

21 그리하여 그분이 자네 입을 웃음으로 채우시고 자네 입술을 기쁨으로 채우실 것이네.

22 자네를 미워하는 사람들은 수치로 옷 입고 악한 사람의 장막은 완전히 사라질 것이라네." 시 35:26;109:29

9 하나님의 창조 능력 그러자 욥이 대답했습니다.

2 "그 말이 맞는 줄은 나도 물론 아네. 그러나 인생이 어떻게 하나님 앞에 의로울 수 있겠는가?

3 제 아무리 그분과 따져 보려 해도 천에 하나도 대답할 수 없을 것이네. 10:2;시 143:2

4 그 지혜가 심오하고 그 힘이 막강하니 그분을 거역하고도 잘된 사람이 누구겠는가?

5 그분이 진노해 산들을 옮기고 뒤집으시더라도 그들은 알지 못한다네.

6 그분은 땅을 그 자리에서 흔드시고 그 기둥을 떨게 하시며 시 75:3;사 2:19,21;8:1 12:26

7 그분이 해에게 명령하시면 해가 뜨지 않으며 별빛까지도 봉인해 버리신다네.

8 그분은 혼자 하늘을 펴시고 바다 물결을 밟으신다네. 창 1:6

9 그분은 북두칠성과 삼성과 묘성과 비밀의 남쪽 방을 만드신 분, 38:32;창 1:16;암 5:8

10 알 수 없는 큰일들을 하시는 분, 셀 수 없이 많은 기적을 보이시는 분이나라고, 59

11 그분이 내 곁을 지나가셔도 내가 보지 못하고 그분이 내 앞을 지나가셔도 내가 깨닫지 못한다네. 23:8-9

12 이보게, 그분이 빼앗아 가시면 누가 막겠는가? 그분께 '무엇을 하십니까?'라고 누가 물을 수 있겠는가? 23:13;렘 18:6;롬 9:20

13 하나님께서 진노를 억누르지 않으시면 라합을 돕는 무리들도 그분 아래 굴복하거늘

14 하나님과 논쟁하지 않음 하물며 내가 어떻게 그분께 대답할 수 있겠는가? 내가 도대체 무슨 말을 골라 그분과 논쟁하겠는가?

15 내가 의인이었어도 그분께 감히 대답하지 못하고 다만 내 재판자에게 간구할 뿐이 나겠나. 8:5;10:15

16 내가 그분을 불러 그분이 내게 응답하셨다 해도 나는 그분이 내 음성을 듣고 계시리라고 믿지 못하겠네.

17 그분이 폭풍으로 나를 상하게 하시고 아무 이유 없이 내게 많은 상처를 내시니 말이네. 2:3;34:6

18 숨 돌릴 틈도 없이 쓰라린 고통으로 나를 채우신다네.

19 힘으로 하자니 그분은 힘이 세시고 재판으로 하자니 누가 그를 불러내 주겠는가?

20 내가 아무리 나를 정당화해도 내 입이 나를 정죄할 것이요, 내가 아무리 스스로 온전하다 해도 내 입이 내 죄를 증명할 것이네.

21 모든 사람이 똑같음 내가 온전하다 해도 내가 나 자신을 알 수가 없으니 내가 살아 있

다는 게 정말 싫을 뿐이네.

22 모든 게 다 똑같은 게야. 그러게 내가 말하지 않던가? 그분은 온전한 사람이나 악한 사람이나 마찬가지로 멸망시키신다고 말일세. 전 9:2~3;잠 21:3

23 재앙이 갑자기 닥쳐 죽게 돼도 그분은 죄 없는 사람이 시험당하는 것을 비웃으실 것이네. 시 10:26

24 이 땅이 악한 사람의 손에 떨어져도 그분은 그 땅의 재판관들의 얼굴을 가리실 것인데, 그분이 아니면 대체 누구겠는가?

25 고난이 계속되니 내 인생이 달리는 사람보다 빨리고 좋은 것을 보지도 못하고 날아가 버리는구나.

26 내 인생이 갈대배와 같이 빨리 지나가며 먹이를 보고 날아 내리는 독수리와 같이 쏜살같이 지나가는구나. 합 1:8

27 내가 '내 원통함을 잊어버리고 내 무거운 짐을 떨어내고 웃음을 보이리라' 해도

28 아직도 내 모든 고난이 두렵습니다. 주께서 내가 죄 없다고 하지 않으실 줄 내가 알기 때문입니다. 10:14;시 119:120

29 내가 정녕 악한 사람이라면 왜 이처럼 헛되이 고생을 해야 합니까? 10:2

30 내가 눈 녹은 물로 몸을 씻고 잿물로 손을 깨끗이 씻어도 22:30;시 51:7;렙 2:22

31 주께서 나를 시궁창에 빠뜨리실 것이니 내 옷마저도 나를 싫어할 것입니다. 19:19

32 도울 사람이 없음 그분은 나와 같은 사람이 아니시니 내가 그분께 대답할 수도 없고 서로 대면하여 시비를 가릴 수도 없구나.

33 우리를 중재할 누군가가 있어 우리 둘 사이에 그 손을 얹어 줄 이도 없구나. 16:21

34 그분의 회초리가 내게서 사라지고 그분에 대한 두려움이 나를 짓누르지 않기를 바라노라. 13:21;시 39:10

35 그러면 내가 그분을 두려워하지 않고 말할 것이다. 그러나 나는 지금 그런 위치에 있지 않구나.

10 고난당하는 이유를 질문함 "인생 살기가 정말 괴롭구나. 그러니 내 원통함을 터뜨리고 쓰라린 내 마음을 토로할 것이다.

2 내가 하나님께 말씀드립니다. 나를 정죄하지 마시고 주께서 무슨 이유로 내게 이러시는지 말씀해 주십시오. 9:29

3 주께서 손으로 지으신 나는 억압하고 멸시하시면서 도리어 악인이 꾀하는 일은 좋게 보시는 것이 선한 일입니까? 시 138:8

4 주께 있는 것이 육신의 눈입니까? 사람이 보듯이 보십니까? 삼상 16:7;요 8:15

5 주의 날이 사람의 날과 같습니까? 주의 해가 사람의 해와 같습니까? 시 90:4;벧후 3:8

6 내 잘못을 찾고 내 죄를 탐색하시나요!

7 주께서는 내가 악하지 않은 것을 아시고 나를 주의 손에서 빼낼 자가 없음도 아십

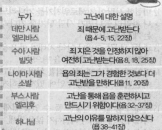

고난받는 욥에게 주어진 충고들

누가	고난에 대한 설명	욥에 대한 충고	욥의 반응
데만 사람 엘리바스	죄 때문에 고난받는다 (욥 4~5, 15, 22장)	죄를 고백하라	나는 죄가 없다
수아 사람 빌닷	죄지은 것을 인정하지 않아 여전히 고난받는다(욥 8, 18, 25장)	회개하면 창대케 될 것이다	고난의 이유를 알기 원한다
나아마 사람 소발	욥의 죄는 그가 경험한 것보다 더 고난받을 만하다(욥 11, 20장)	너의 죄를 버려라	나는 의롭다
부스 사람 엘리후	고난을 통해 욥을 훈련하시고 만드시기 위함이다(욥 32~37장)	잠잠하라 지혜로 너를 가르치겠다	무응답
하나님	고난의 이유를 말하지 않으신다 (욥 38~41장)	전능자와 다투겠느냐	이제는 눈으로 주를 보았다고 회개한다

니다.   2:3,9;신 32:39;사 43:13

8 하나님의 은혜를 바람 주의 손이 나를 만들고 나를 두루 다듬어 주셨는데 이제 와서 나를 멸망시키려 하십니까?

9 주께서 나를 진흙같이 빚으셨다는 것을 잊지 마소서. 나를 다시 흙으로 돌려보내시렵니까?   4:17;창 27;전 12:7

10 주께서 나를 우유같이 쏟아붓고 치즈같이 굳히지 않으셨습니까?

11 내게 가죽과 살로 옷 입히시고 뼈와 힘줄로 짜서 나를 만들지 않으셨습니까?

12 주께서 내게 생명을 주시고 은총을 베푸셨고 나를 돌보시고 내 영혼을 지키셨습니다.

13 불평과 탄식 주께서 이런 것들을 주의 마음에 숨겨 두셨지요. 주께서 이를 염두에 두고 계심을 내가 압니다.

14 내가 죄를 지으면 주께서 지켜보시고 내 죄악에서 나를 면해 주지 않으십니다.

15 내가 악하다면 내게 재앙이 있을 것입니다. 하지만 내가 의인이어도 고개를 들지 못합니다. 수치와 고난을 지긋지긋하게 겪고 있습니다.   9:15;시 25:18;사 3:11

16 내가 머리라도 들면 주께서 사자처럼 나를 사냥하시며 다시 내게 권능을 보이십니다.   5:9;사 38:13;도 5:14

17 주께서 나를 대적하는 증인들을 새로 세우시고 주의 진노가 내게 더해 가고 있으니 군대가 번갈아 나를 칩니다.   16:8;룻 1:21

18 가련한 인생 어째서 주께서 나를 모태에서 끌어내셨습니까? 아무 눈에도 띄지 않게 죽어 버렸다면 좋았을 것입니다!

19 내가 차라리 없었어야 했는데! 차라리 모태에서 무덤으로 바로 갔어야 했는데!

20 이제 내 인생도 얼마 없지 않습니까? 그러니 끝내 주십시오. 나를 내버려 두어 잠시나마 편안하게 해 주십시오.   14:1;사 13:3

21 내가 돌아오지 못하는 곳, 어두침침한, 죽음의 그림자가 드리운 땅에 가기 전

22 어둠 그 자체의 땅, 죽음의 그림자와 혼돈의 땅, 빛조차 어둠 같은 그런 땅으로 가기 전에 그리해 주십시오."

욥을 비난하는 소발

11 나아마 사람 소발이 대꾸했습니다.

2 "말이 많으니 대답은 해야 하지 않겠는가? 말 많은 사람을 의롭다 하겠는가?

3 속 빈 자네의 말에 사람들이 잠잠히 있겠는가? 자네가 비아냥거리는데 자네를 망신 줄 사람이 없겠는가?

4 자네가 '내 주장은 순수하고 나는 주가 보시기에 깨끗합니다' 하는군.   시 18:26

5 그러나 하나님께서 말씀하시고 그 입술을 열어 자네를 치시기를 빌 뿐이네.

6 그분이 자네에게 지혜의 비밀을 보여 주시기를 바라네. 지혜는 양면을 갖고 있다네. 하나님께서 자네의 죄 가운데 얼마를 잊어 주셨음을 알게나.   스 9:13

7 하나님의 오묘하신 지혜 자네가 아무리 연구해도 하나님을 알아낼 수 있겠는가? 자네가 전능하신 분을 완전히 찾아낼 수 있겠는가?

8 하늘보다 높은데 자네가 무엇을 할 수 있겠는가? 지하 세계보다 깊은데 자네가 무엇을 알 수 있겠는가?

9 재 보자면, 땅보다 길고 바다보다 넓단 말일세.

10 모든 것을 아시는 하나님 그분이 두루 다니시며 사람을 잡아서 재판을 여시면 누가 그분을 막을 수 있겠는가?

11 그분은 허황된 생각을 하는 사람들을 알아보시는데 악을 보고 분간하지 못하시겠는가?   시 26:4

12 미련한 사람이 지혜로워지기를 기다리느니 차라리 들나귀가 사람 낳기를 기다리는 게 나을 걸세.   39:5~8;시 73:22

13 고난은 지나감 그러나 만약 자네가 마음을 다잡고 그분께 자네의 손을 뻗으면

14 만약 자네의 손에 있는 죄를 치워 버리고 어떤 악도 자네의 장막 안에 있지 못하게 하면

15 자네가 흠 없이 얼굴을 들 수 있을 걸세. 자네가 굳게 서서 두려워하지 않을 걸세.

16 자네가 고난을 잊어버릴 것이니 기억하되

라도 고작 흘러간 물 같을 걸세. 사 65:16

17 그리고 자네의 나날들이 정오의 빛보다 환할 것이고 어둠은 아침같이 밝아질 걸세.

18 자네는 이제 괜찮아질 것이네. 아직 희망이 있으니 말이야. 그래, 자신을 잘 추스르고 편히 쉬게 될 걸세. 레 26:5~6;사 4:8

19 자네가 누울 때도 아무도 두려움을 주지 않을 것이고 많은 사람이 자네의 비위를 맞추려고 애쓸 것이네. 사 45:12

20 그러나 악인의 눈은 앞을 보지 못하고 피할 길이 없을 것이며 그 소망은 숨이 끊어지는 것뿐일세. 사 142:4;렘 15:9

12

변론에 대한 욥의 반박 그러자 욥이 대답했습니다.

2 "참으로 자네들만 사람이로군. 그러니 자네들이 죽으면 지혜도 죽겠군!

3 그러나 자네들과 마찬가지로 내게도 통찰력이 있다네. 내가 자네들보다 못하지는 않다네. 그래, 이런 것들을 누가 모르겠는가?

4 악인이 다른 사람의 재앙을 비웃을 때 하나님을 부르고 응답을 받던 내가. 참, 내 친구들에게 웃음거리가 되고 말았구나. 의롭고 정직한 내가 웃음거리가 됐구나!

5 평안하게 사는 사람은 재앙을 멸시하나 그 발이 곧 미끄러질 사람에게는 그 재앙이 덮치는 법일세.

6 강도들의 장막의 일이 잘되고 하나님의 진노를 자아내는 사람들이 무사한 것은 하나님께서 그들의 손에 풍성하게 주셨기 때문이네. 21:7

7 하나님이 고난을 허락하심 하지만 짐승들에게 물어보게나. 자네들에게 가르쳐 줄 것이네. 공중의 새들에게 물어보게나. 자네들에게 말해 줄 테니.

8 아니면 땅에 말해 보게나. 자네들에게 가르쳐 줄 테니. 그것도 아니면 바다의 고기들이 자네들에게 알려 줄 것이네.

9 여호와의 손이 이 일을 하셨다는 것을 이 모든 것들 가운데 그 어떤 것이 모르겠는가?

10 모든 살아 있는 것들의 목숨이 그 손에 달려 있고 모든 사람의 호흡이 그 손에 달려 있는 것이네. 행 17:28

11 귀가 말을 듣지 못하겠는가? 입이 맛을 보지 못하겠는가? 34:3

12 나이 든 사람들에게는 지혜가 있고 장수한 사람들에게는 통찰력이 있는 것이네.

13 하나님의 섭리 지혜와 힘은 하나님께 있는 것이고 계략과 통찰력도 그분의 것이네.

14 보게나. 그분이 부수신 것은 다시 세울 수 없고 그분이 가둬 놓은 사람은 석방되지 못하는 법이네. 11:10;사 22:22

15 이보게. 그분이 물을 막으시면 가뭄이 생기고 그분이 물을 보내시면 땅에 홍수가 생기는 법이네. 창 7:11~24;왕상 8:35;17:1

16 힘과 지혜는 그분께 있는 것이니 속는 사람과 속이는 사람이 다 그분의 것이지 않은가. 5:13

17 그분은 계략을 꾸미는 사람들을 맨발로 끌고 가시고 재판관들을 바보로 만드시고

18 왕들의 띠를 푸시고 그 허리를 조이신단 말일세. 시 116:16

19 또 제사장들을 벌거벗겨 끌고 가시고 힘 있는 사람들을 무너뜨리시며

20 신실한 사람의 말을 제거하시고 노인들의 통찰력을 빼앗아 가시며 32:9

21 통치자들에게 멸시를 쏟으시며 권세자의 권세를 약하게 하신다네.
시 107:40

22 또 어둠의 깊은 것을 밝혀내시고 죽음의 그림자를 빛 가운데로 끌어내시지 않는가!

23 민족들을 일으켰다가도 멸망시키고 민족들을 확장시켰다가도 다 흩어 버리신다네.
왕하 18:11; 사 9:3; 26:15

24 세상의 지도자들의 마음을 빼앗아 버리시고 그 백성들이 길 없는 광야에서 방황하게 하시고
시 107:40

25 그들이 빛도 없는 어둠 속을 더듬고 다니게 하시고 술 취한 사람처럼 비틀거리고 다니게 하신다네."
5:14; 시 107:27

13 하나님의 응답이 필요함 "아, 내 눈이 이 모든 것을 보았고 내 귀가 듣고 깨달았다네.

2 자네들이 아는 것을 나도 아니 나는 자네들보다 못하지 않다네.
12:3

3 정말 전능하신 분께 말하고 싶다네. 하나님께 좀 따져 묻고 싶다네.
15:18

4 그러나 자네들은 거짓말을 지어내는 자들이니 자네들은 모두 쓸모없는 의사들일세!

5 자네들이 모두 입 좀 다물고 있었으면 좋겠군! 그게 차라리 지혜롭겠네.
잠 17:28

6 사람의 말이 필요 없을 내 변론을 듣고 내 입술의 항변을 들어들 보게나.

7 자네들이 악하게 말하는 게 하나님을 위해서인가? 자네들이 속 빈 말을 하는 게 그분을 위해서인가?
27:4

8 자네들이 그분의 편을 들겠다는 것인가? 자네들이 하나님을 위해 논쟁하겠다는 것인가?
삿 6:31

9 그분이 자네들을 살펴보셔도 좋겠나? 사람이 사람을 속이듯이 자네들도 그분을 속일 수 있겠나?
잠 28:11; 갈 6:7

10 자네들이 쓸데없이 편을 가르면 그분이 틀림없이 자네들을 꾸짖으실 거야.

11 그분의 뛰어남이 두렵지 않은가? 그분을

두려워하는 마음이 자네들에게 임하지 않겠는가?
31:23

12 자네들이 말하는 격언은 잿더미 같고 자네들의 변론은 진흙 벽에 써 놓은 것에 불과하네.
사 44:20

13 변론에 대한 자신감 그러니 이제 조용히 하고 내가 말하는 대로 내버려 두게. 무슨 일이 내게 일어나도 좋네.

14 내가 왜 내 이로 내 살점을 물고 내 손으로 내 목숨을 끊겠나.
삿 12:3

15 그분이 나를 죽이신다 해도 나는 그분을 신뢰할 것이네. 그러나 그분 앞에서 내 사정을 밝힐 것이네.
잠 14:32

16 그분 또한 내 구원이 되실 것이네. 위선자들은 그분 앞에 감히 나오지 못할 것이니 말이네.

17 내 말을 잘 듣고 내가 하는 말에 귀를 기울이네.
21:2

18 이보게. 이제 재판받을 준비가 다 됐네. 내가 무죄가 될 것으로 알고 있네.
3:5

19 누가 나에게 시비를 걸고 다투겠는가? 그렇다면 나는 입을 다물고 차라리 죽고 말겠네.
사 50:8-9

20 욥의 간구 이 두 가지만은 내게 허락해 주십시오. 그러면 내가 주로부터 숨지 않을 것입니다.

21 주의 손을 내게서 멀리 가져가시고 주의 두려움으로 나를 두렵게 하지 마십시오.

22 그리고 나를 부르십시오, 내가 대답하겠습니다. 아니면 내가 말하겠으니 주께서 대답해 주십시오.
14:15

23 허물과 죄 내가 저지른 잘못과 지은 죄가 얼마나 많습니까? 내 허물과 내 죄를 알려 주십시오.

24 왜 주의 얼굴을 숨기시고 나를 주의 적으로 여기십니까?
신 32:20; 사 13:1;애 2:5

25 주께서 낙엽을 괴롭히시겠습니까? 마른 겨를 쫓아다니시겠습니까?
레 26:36

26 주께서 내 쓰라린 과거를 기록하시고 내 어린 시절의 죄를 상속받게 하십니다.

27 주께서 또 내 발을 차꼬에 채우시고 내 모

변론 (13:6, 辯論, argument) 옳고 그른 것을 가려서 따짐. 차꼬 (13:27, shackle) 죄수의 발을 묶어 두기 위해 만든 형벌 기구.

든 길을 뚫어지게 지켜보며 내 발자국을 제한하시니 말입니다. 20:11;33:11

28 그러니 사람이 썩은 것처럼 쇠약해지고 좀먹은 옷 같습니다." 잠 12:4

14 한정된 인생 "여자가 낳은 사람은 사는 날이 얼마 되지 않고 고난으로 가득해

2 꽃처럼 피어났다 시들어 버리고 그림자처럼 덧없이 사라지는데 시 37:2;103:15;벧전 1:24

3 주께서 그런 사람을 눈여겨보시겠습니까? 주께서 나를 데려다 심판하시겠습니까?

4 누가 더러운 것 가운데 깨끗한 것을 낼 수 있겠습니까? 아무도 할 수 없습니다.

5 사람이 사는 날이 정해져 있고 그 달수가 주께 있는 것을 보면 주께서 사람이 넘을 수 없는 한계를 정해 주신 것입니다.

6 그러니 그가 쉴 수 있도록 눈을 떼 주십시오, 그가 일꾼처럼 그날을 채울 때까지 말입니다. 7:1,19

7 단 한번 뿐인 인생 나무는 베일지라도 다시 싹이 돋고 부드러운 가지가 또 나오리라는 희망이 있습니다.

8 땅속에서 그 뿌리가 늙고 그 밑동이 흙 속에서 죽는다 해도 사 11:1

9 물 기운이 있으면 그 싹이 돋아나고 새로 심은 듯이 가지가 나옵니다. 29:19

10 그러나 사람은 죽으면 사라집니다. 참으로 사람이 숨을 거두면 온데간데없이 사라집니다. 20:7

11 바다에서 물이 사라지고 강이 잦아들고 바짝 마르게 되는 것같이 사 19:5

12 사람도 한 번 누우면 일어나지 못합니다. 하늘이 사라질 때까지 일어나지 못하고 그 잠에서 깨어나지 못합니다. 요 11:11

13 오직 부활만이 소망 오, 주께서 나를 무덤에 숨기시고 주의 진노가 지나갈 때까지 나를 감추시면 얼마나 좋겠습니까! 주께서 내게 시간을 정해 주시고 나를 기억하신다면 얼마나 좋겠습니까!

14 사람이 죽으면 다시 살 수 있겠습니까? 내게 정해진 모든 날 동안 나는 내가 회복될 날이 오기만을 기다릴 것입니다.

15 주께서 불러만 주신다면 내가 주께 대답하겠습니다. 주께서는 손수 만드신 것을 간절히 바라실 것입니다. 10:3

16 주께서 지금 내 발걸음을 세고 계시니 주께서는 내 죄를 뒤좇지 않으시고 10:6

17 내 허물을 자루 속에 넣어 봉하시고 내 죄를 꿰매어 덮어 주실 것입니다. 신 32:34

18 슬픔은 한순간임 그러나 산이 무너져 내리듯이, 바위가 그 자리에서 옮겨 가듯이,

19 물이 돌들을 닳게 하듯이, 급류가 땅의 흙먼지들을 쓸어버리듯이, 주께서는 사람의 소망을 없애 버리십니다.

20 주께서 사람을 영원히 이기시니 그가 사라집니다. 주께서 그의 낯빛을 바꾸시고 멀리 보내십니다.

21 그 아들들이 영광을 누려도 그는 알지 못하며 그들이 비천해져도 그는 알지 못합니다. 전 9:5

22 그는 그저 자기 몸의 고통만 느낄 뿐이요, 자기를 위해서 슬피 울 수 있을 뿐입니다."

고난당할 때

하나님이 하시는 일

- ★ 우리를 지켜 주신다(시 121:7)
- ★ 우리와 함께하신다(사 43:2)
- ★ 고난을 이겨낼 힘과 피할 방법을 주신다(고전 10:13)
- ★ 슬픔을 기쁨으로 바꾸신다(시 30:11)
- ★ 고난으로 말미암아 잃은 것을 갚아 주신다(롬 8:18)
- ★ 고난에서 건져 내신다(시 34:17)

우리가 할 일

- ★ 따뜻한 말이나 행동으로 슬픔을 달래 준다(고후 1:4)
- ★ 안타깝게 생각하는 마음을 보여 준다(욥 6:14)
- ★ 기도한다(행 12:5)
- ★ 보살피고 돌본다(잠 22:22)
- ★ 도와준다(욥 31:19~20)
- ★ 같은 느낌, 같은 마음을 갖는다(롬 12:15)

15 엘리바스가 하나님과의 논쟁을 책망 그러자 데만 사람 엘리바스가 대꾸했습니다.

2 "지혜로운 사람이 헛된 지식으로 대답하겠는가? 동쪽 바람으로 그의 배를 채우겠는가? 12:3호 12:1

3 말도 안 되는 소리로 논쟁하겠는가? 아무 짝에도 쓸모없는 말로 싸우겠는가?

4 그래, 자네가 하나님 경외하기를 내던져 버리고 하나님 앞에 기도하기를 그치고 있네.

5 자네 죄가 자네 입을 가르쳐서 교활한 사람의 말만 골라 하고 있네.

6 지혜로운 사람의 입이 자네를 정죄하지 내가 정죄하는 게 아니네. 자네 입술이 자네에게 불리하게 증언하는 거야 삼하 1:16

7 자네가 첫 번째로 태어난 사람이며 자네가 산보다 먼저 만들어졌는가? 잠 8:25

8 자네가 하나님의 비밀을 들었으며 자네만 지혜를 알고 있는가? 렘 23:18;롬 11:34;고전 2:11

9 우리는 모르고 자네만 아는 게 무엇인가? 우리가 알지 못하는 사실을 자네만 깨달은 게 무엇인가? 12:3

10 우리 가운데는 백발의 노인들도, 나이가 많은 사람들도 있고 자네 아버지보다 훨씬 나이 많은 사람들도 있네. 12:12;32:6-7

11 하나님의 위로가 충분하지 않던가? 부드러운 말씀조차도 충분하지 않던가?

12 어찌하여 자네가 이토록 흥분해 눈을 치켜뜨고 21:4

13 영으로 하나님을 원망하고 입으로 그런 말들을 쏟아 내는가?

14 하나님께 잡혀 있는 사람 사람이 무엇이라고 깨끗할 수 있겠나? 여자가 낳은 자가 무엇이라고 의로울 수 있겠는가?

15 이보게, 그분은 그분의 거룩한 사람들을 신뢰하지 않으신다네. 진정 그분 보시기에는 하늘도 깨끗하지 않다네. 4:18;5:1

16 그런데 하물며 죄악을 물 마시듯 들이키는 추악하고 부패한 사람이야 오죽하겠는가!

17 악한 사람의 피할 수 없는 운명 내 말을 들어 보게. 내가 설명해 주겠네. 내가 본 것을 말해 주지.

18 지혜로운 사람들이 그 조상들에게서 들은 것을 숨김없이 전해 준 것이네. 시 44:1

19 그 조상들에게만 이 땅이 할당됐고 그 어떤 이방 사람도 그들 가운데로 지나가지 못할 때였네. 욜 3:17

20 악한 사람은 일평생 고통을 당하게 돼 있고 억압자는 그 햇수가 자기에게 쌓이게 돼 있네. 21:19

21 소름끼치는 소리가 그 귀에 들리고 잘돼 가는 것 같을 때 멸망자가 그를 덮칠 것이네.

22 그는 어둠에서 벗어나기를 바라지 못하고 칼을 기다리고만 있는 것이네.

23 그는 먹을 것을 찾아 미친 듯이 돌아다니며 '어디 있나?' 하고 어둠의 날이 바로 코앞에 닥쳤음을 알고 있다네. 시 59:15;109:10

24 고난과 고뇌가 그를 두렵게 하고 싸울 태세를 갖춘 왕처럼 그를 덮칠 것이라네.

25 그가 하나님께 주먹을 휘두르고 전능하

죽음

QT 코너

소망이 있는 죽음

이 세상에 태어난 모든 사람은 죽는 때가 반드시 있어요. 물론 에녹과 엘리야는 죽지 않고 하늘로 올라 갔고, 예수님의 경우도 죽으셨다가 살아나서서 하늘로 올라 가셨지요. 그렇지만 이 분들을 제외한 모든 사람은 죽게 되고, 언제 죽을지 그 때를 아는 사람은 아무도 없어요. 그래서 사람들은 죽음을 두려워해요. 그렇지만 죽음의 순간을 준비하며 살아간다면 죽음을 더 이상 두려워하지 않을 거에요. 성경은 "주 안에서 죽는 사람들이 복이 있다." (계 14:13)라고 말하고 있어요. 예수님을 믿는 사람들에겐 죽음 이후에 영원한 삶이 기다리고 있기 때문이에요. 그래서

순한 이는 사랑하는 할머니가 돌아가셔서 많이 슬퍼합니다. 사랑은 꽤 죽는지, 죽은 다음에는 어떻게 되는지 궁금합니다.

신분 앞에서 자기 힘을 다지며

26 목을 세우고 강한 방패를 가지고 그분을 향해 달려들었기 때문이네. 16:14;단 8:6

27 그 얼굴에 기름기가 가득하고 그 허리에 살이 피둥피둥 쪘어도 시 17:10

28 그는 황폐한 마을, 아무도 살지 않는 집, 돌무더기가 돼 버릴 집에서 사는 것이네.

29 그가 부자가 되지 못하고 그 재산이 남아 있지 않을 것이고 그 땅에 뿌리박지 못할 것이네.

30 그는 어둠에서 떠나지 못할 걸세. 불꽃이 그 가지들을 말리고 그분의 입김에 그가 사라져 버릴 것이네. 4:9

31 속아 넘어간 그가 헛것을 믿지 않도록 해야 할 것이네. 그러면 그 보상이 또 헛것이 될 테니 말이야. 사 59:4

32 그의 때가 이르기 전에 그 일이 다 이루어질 것이고 그 가지는 푸를 수 없을 것이네.

33 아직 익지 않은 열매가 떨어지는 포도나무 같고 꽃이 떨어져 버리는 올리브 나무 같을 것이네.

34 위선자들의 무리는 자식을 낳지 못할 것이고 뇌물을 좋아하는 사람들의 장막은 불탈 것이네. 20:26

35 그들은 악행을 잉태해 재난을 낳으며 그 뱃속은 기만을 준비하고 있는 것일세."

16

헛된 위로 그러자 욥이 대답했습니다.

2 "나도 그런 것들은 많이 들어 보았네. 자네들이 위로라고 하는 말이 다 형편없네.

예수님을 믿는 사람이 죽는 것은 절망이 아니라 오히려 소망이 된답니다(잠 14:32).
예수님을 믿다 죽으면 천국에서 어떻게 살게 될지 상상해 보세요. 지금 살아 있을 때 어떻게 하면 후회 없이 보낼 수 있을지 그 방법들도 생각해 봐요.

깊이 읽기 로마서 14장 8절,
요한계시록 21장 1-5절을 읽으세요.

3 쓸데없는 말에 끝이 있겠나? 그렇게 말하는 저의가 무엇인가? 15:2

4 하긴 자네들이 나 같은 상황이라면 나도 자네들처럼 말했을지 모르지. 나도 자네들에게 그럴듯한 언변을 늘어놓고 끗끗 하며 고개를 절레절레 흔들었을지 모르네.

5 하지만 입으로 자네들을 격려하고 내 입술을 움직여 자네들을 위로했을 걸세.

6 말을 해도 고통이 가시지 않고 입을 다물어 보아도 사라지지 않습니다.

7 지치게 하신 하나님 이제 주께서 나를 지치게 하시고 온 집안을 황폐하게 하셨습니다.

8 주께서 나를 피골이 상접하게 만드셔서 증거로 삼고 내 여윈 모습도 내게 불리한 증거가 됩니다. 룻 1:21;시 109:24

9 주께서 진노하심으로 나를 찢으시고 나를 미워하시며 이를 가시고 나의 원수가 돼 나를 노려보십니다. 시 35:16;암 1:11;행 7:54

10 사람들이 입을 쩍 벌리고 달려들고 수치스럽게도 내 뺨을 치며 한통속이 돼 나를 적대시하니 시 22:13;애 3:30;마 5:1

11 하나님께서 나를 경건치 않은 사람들에게 넘기시고 악인의 손아귀에 던져 넣으셨습니다.

12 나는 평안하게 살고 있었는데 주께서 나를 산산이 부숴 버리셨습니다. 내 목을 잡고 나를 흔들어 산산조각 내며 나를 그 표적으로 삼으셨습니다. 7:20;애 3:12

13 주의 화살이 나를 사방에서 두루 쏘았고 사정없이 내 콩팥을 둘로 찢었으며 내 쓸개를 땅바닥에 쏟아 놓으셨습니다. 애 2:11

14 주께서는 상처에 또 상처가 나게 나를 깨뜨리시고 용사처럼 내게 달려드십니다.

15 순결한 지킴 나는 굵은베를 기워 내 살 위에 덮었으며 내 뿔은 먼지 속에 처박았습니다.

16 내 얼굴은 하도 울어서 벌겋게 됐고 내 눈꺼풀에는 죽음의 그림자가 드리웠습니다.

17 그러나 내 손은 여전히 불의와 상관이 없

저의(16:3, 底意, ulterior motive) 겉으로 드러나지 않은 속으로 품은 생각. 피골이 상접하게(16:8, gauntness) 뼈와 살이 붙을 정도로 마름.

고 내 기도도 순결합니다.   시 53:9

18 진정 돕는 사람이 있어 오 땅이여, 내 피를 덮지 말아 다오. 내 부르짖음이 머물 곳이 없게 하라!

19 보라, 지금도 내 증인이 하늘에 계시고 내 보증인이 높은 곳에 계신다.   시 148:1; 롬 1:9

20 내 친구들은 그들을 비웃지만 내 눈은 하나님께 눈물을 쏟아 놓는다.   12:5

21 사람이 자기 친구를 위해 간구하듯 하나님과 함께한 사람을 위해 누군가가 간청한다면!   31:35

22 몇 년이 지나면 나는 영영 돌아오지 못할 길을 떠날 것이다."   10:21

17 격동시키는 친구들 "내 기운이 없어졌고 내 수명이 다했으니 무덤이 나를 위해 준비돼 있구나.

2 조롱하는 사람들이 내 옆에 있지 않느냐? 내 눈이 그들의 분노를 쳐다보고 있지 않느냐?   삼상 1:6-7

3 이제 놓아 주시고 친히 나를 위해 보증해 주십시오. 나와 손바닥을 마주칠 사람이 누구겠습니까?   잠 6:1; 17:18

4 주께서 그들의 마음을 닫아 깨닫지 못하게 하셨으니 그들을 높여 주지도 않으실 것입니다.

5 한몫 받으려고 친구를 험담하는 사람은 그 자식들의 눈이 멀게 될 것입니다.

6 그분이 나를 사람들의 웃음거리로 삼으셨으니 사람들이 내 얼굴에 침을 뱉습니다.

7 내 눈이 슬픔으로 침침해지고 내 몸의 모든 지체들은 그림자 같구나.   시 6:7; 31:9

8 정직한 사람은 이 일에 놀라고 죄 없는 사람은 위선자들 때문에 격동할 것이다. 시 42:14

9 그러나 악인은 자기 길을 갈 것이요, 깨끗한 손을 가진 사람들은 더욱 강해질 것이다.

10 소망이 없을 테니 너희 모두는 돌아오라. 내가 너희 가운데 지혜로운 사람을 찾지 못하겠노라.

11 내 인생이 지나갔고 내 계획과 내 마음의 생각마저도 부서졌도다.   7:6; 9:25

12 그들이 밤을 낮으로 바꾸니 어둠으로 인

해 빛이 짧구나.   11:17

13 내가 바라는 것이 있다면 무덤으로 내 집을 삼는 것이요, 어둠 속에 내 침대를 깔아 놓는 것이로다.   21:13; 전 12:5

14 내가 무덤에게 '너는 내 아버지다'라고 말하고 벌레에게 '내 어머니, 내 자매다'라고 했도다.

15 그러니 내 소망은 어디 있느냐? 내 소망을 누가 보겠느냐?

16 내 소망이 나와 함께 무덤으로 내려가겠느냐? 나와 함께 흙 속에 묻혀 버리겠느냐?"

18 빌닷의 두 번째 비난 그러자 수아 사람 빌닷이 대꾸했습니다.

2 "자네 도대체 언제까지 말을 할 건가? 정신 좀 차리게. 우리도 말 좀 하세.   막 12:13

3 어떻게 우리가 짐승 취급을 받고, 자네 눈에 그렇게 비열하다고 여겨지는 것인가?

4 분노로 스스로를 갈기갈기 찢어 놓는 자여, 자네가 땅을 황무지로 만들겠는가? 바위를 그 자리에서 옮기자는 것인가?

5 악인이 받는 고통 악인의 등불은 꺼지고 그 불꽃은 타오르지 않을 걸세.

6 그 장막에서는 빛이 어두워지고 그 곁의 등불도 함께 꺼질 걸세.   10:22

7 그 힘찬 발걸음이 약해지고 자기 꾀에 자기가 넘어갈 걸세.   5:13

8 그 발은 스스로 그물에 걸리고 그 올가미에 빠지게 되지.   시 9:15

9 그의 발꿈치는 덫에 걸리고 올가미가 그를 얽어맬 걸세.

10 그를 잡으려고 땅에 올가미가 놓여 있고 그가 가는 길에 덫이 놓여 있다네.

11 사방에서 그를 무섭게 하며 그가 발걸음을 뗄 때마다 끝없이 따라다닌다네.

12 그는 굶주려 힘이 빠질 것이요 파멸이 그 곁에서 준비하고 있네.   15:23; 시 38:17

13 그 힘 있던 살을 파먹고 죽음의 장자가 그 힘을 삼키고 말 걸세.   시 14:30

14 그의 자신감은 그 장막에서 뿌리째 뽑히고 공포의 왕에게로 끌려갈 걸세.   계 9:11

15 그의 장막에서 사는 것 가운데 그의 것은

하나도 없을 것일세. 그가 사는 곳에는 유황이 뿌려질 걸세. _시 11:6; 겔 38:22_

16 그 뿌리는 밑에서부터 말라 버리고 위로는 가지들이 잘릴 걸세. _호 9:16; 말 4:1_

17 그에 대한 기억은 이 땅에서 사라지고 없고 그 이름은 거리에서 존재하지 않을 걸세.

18 그는 빛에서 어둠으로 빠져들고 이 세상에서 쫓겨날 걸세. _10:21-22_

19 그는 그 백성들 가운데 아들도, 후손도 없을 것이며 그가 살던 곳에는 남은 사람이 아무도 없을 걸세. _사 14:22_

20 그 선대가 두려움에 싸였듯이 그 후대가 그 운명을 보고 놀랄 걸세. _삼상 26:10; 시 37:13_

21 악한 사람의 집은 반드시 그렇게 되고 이것이 바로 하나님을 알지 못하는 사람이 사는 곳일세." _삿 2:10; 살전 4:8; 살후 1:8_

19 의인도 고난받음

그때 욥이 대답했습니다.

2 "자네들이 언제까지 내 영혼을 괴롭히고 말로 나를 갈가리 찢어 놓겠는가?

3 자네들이 열 번이나 나를 비난하는구나. 나를 의심하고도 부끄러워하지 않는구나.

4 내가 정말 잘못을 했다 하더라도 내 잘못은 내 문제일 뿐일세.

5 자네들이 진정 나를 짓밟아 높이려 하고 나를 꾸짖어 고발하려거든 _시 35:26_

6 하나님께서 이미 나를 거꾸러뜨리시고 그 그물로 나를 둘러싸셨음을 이제 알게나.

7 욕의 파멸 보라. 내가 아무리 잘못됐다고 부르짖어도 응답이 없고 아무리 크게 부르짖어도 공정한 처분이 없다네.

8 그분이 내 길을 가로막아 지나가지 못하게 하셨고 내 길에 어둠을 깔아 놓으셨다네.

9 내게서 명예를 벗기시고 내 머리의 면류관을 빼앗아 버리셨다네. _시 89:39,44; 애 5:16_

10 그분이 사방으로 나를 치시니 내가 죽는구나. 내 소망을 송두리째 뽑아 버리셨다네.

11 그분이 나를 향해 진노의 불을 켜시고 나를 당신의 원수같이 여기시는구나. _13:24_

12 그 군대가 한꺼번에 나와 나를 향해 진군해 내 장막 주위에 진을 치는구나. _10:17_

13 소외당한 욕 그분이 내 형제들을 내게서 멀리 두셨으니 내가 아는 사람들이 나를 완전히 외면한다네.

14 내 친척들이 다 떠나고 내 친구들도 나를 잊었다네. _시 38:11_

15 내 집에 살던 사람들과 내 여종들이 나를 낯선 사람 취급하니 나는 그들이 보기에 이방 사람이라네. _창 17:27; 마 10:36_

16 내가 내 종을 불러도 대답하지 않으니 오히려 내가 입으로 애걸했다네.

17 내 아내도 내 입김을 싫어하고 내 형제들

착하게 사는데 왜 고난당하나요?

착한 친구가 갑자기 고치지 못할 중병에 걸리면 왜 하필 착한 친구가 어려움을 당하는지 때로 하나님께 따지고 싶어져요. 죄 없는 욥도 재산을 잃고 가족도 잃고 낫지 않는 질병에 걸려 하나님께 질문을 던졌어요. 그런데 하나님은 욥에게 왜 고난을 당하는지 알려 주지 않았어요(욥 33:13). 그 대신 하나님이 지으신 세상과 그 가운데 행하신 일들을 나열하시며(욥 40-41장), 하나님만이 세상의 이치와 전부를 아시는 주권자이심을 알려 주셨어요. 고난의 이유에 대한 유일한 답은 하나님 자신이

셨던 거예요. 하나님이 지을 받은 우리는 고난당하는 어려운 상황에서도 하나님만 믿고 섬겨야 함을 알려 주신 거예요(전 3:14). 하나님은 토기장이시고 우리는 토기인 셈이지요. 토기장이가 뜻대로 이런저런 물건을 만들 듯이 하나님은 크신 뜻대로 우리 인생을 인도해 가십니다(렘 18:6). 어려운 일을 당하거나, 친구가 어려움을 겪는 것을 볼 때 하나님 앞에 먼저 겸손하게 엎드려 기도하는 것이 필요해요. 하나님은 우리를 사랑하시고 합력하여 선을 이루시는 분이기 때문입니다(롬 8:28).

도 나를 혐오스러워했다네. 29

18 심지어 어린아이들까지도 나를 경멸하며
내가 일어났더니 나를 비웃었다네.

19 내 속을 털어놓는 친구들도 다 나를 싫어
하고 내가 사랑하는 사람들도 내게서 고
개를 돌렸다네. 시 41:9

20 나는 이제 가죽과 뼈만 남았고 겨우 잇몸
만 남아 있구나. 애 4:8

21 긍휼을 바랄 자네들, 내 친구들아, 너희는
나를 불쌍히 여기라. 나를 불쌍히 여기라.
하나님의 손이 나를 치셨으니 말일세.

22 자네들이 왜 하나님이 하시듯 나를 핍박
하는가? 내 살로 배부르지 않았는가?

23 부활에 대한 확신 내 말이 기록된다면! 오,
그게 책에 쓰여진다면!

24 철필과 납으로 바위에 영원히 새겨진다면!

25 내 구속자가 살아 계시고 그분이 결국에
는 이 땅 위에 서실 줄을 나는 알고 있으며

26 내 살갗이 다 썩은 뒤에라도 내가 육신을
입고서 하나님을 뵐 걸세. 고전 13:12,요일 3:2

27 내가 그분을 뵐 것이요, 내 두 눈으로 그
를 뵐 걸세. 내 간장이 내 안에서 타들어
가는구나. 시 73:26

28 형벌을 부르는 분노 자네들은 '우리가 그를
무엇으로 칠까?', 또 '문제의 뿌리는 그에
게서 찾을수 있다'라고 할 것이지만

29 자네들은 칼을 두려워하게. 진노는 칼의
징벌을 부르기 때문일세. 그러고 나면 자
네들은 심판이 있음을 알게 될 걸세."

20 초급함을 책망함 그러자 나아마
사람 소발이 대꾸했습니다.

2 "어쩔 수 없이 내 생각을 토로해야겠군,
참 답답하네. 4:13

3 나를 모욕하고 훈계하는 말을 듣고는 내영
이 깨닫는 바가 있어 대답할 수밖에 없구나.

4 악인은 항상 멸망함 자네는 옛날부터 내려
온 이 일을 알지 못하는가? 사람이 이 땅
에 살게 되면서부터

5 악인의 승리는 짧고 위선자의 기쁨은 순
간이라는 것 말일세. 시 37:35-36

6 그 뛰어남이 하늘을 찌르고 그 머리가 구
름에 닿는다 해도 사 14:13-14

7 그는 자기 똥처럼 영원히 스러지는 법일
세. 그를 본 사람들이 '그가 어디 있느냐?'
할 걸세. 왕상 14:10,왕하 9:37,욥 1:17

8 그는 꿈처럼 날아가 버려 더 이상 찾을 수
가 없을 것이며 정녕 밤에 보는 환상처럼
사라져 버릴 걸세. 시 73:20,사 29:7-8

9 그를 본 눈이 다시는 그를 못 보고 그가
가 살던 곳도 다시는 그를 보지 못할 걸세.

10 그 자손은 가난한 사람에게 은혜를 구하
겠고 가난한 사람의 손이 그들의 재물을
되찾을 걸세. 18절

11 그 뼈는 젊은 기운으로 가득 찼었지만 그
기운은 그와 함께 흙먼지 속에 누울 걸세.

12 죄에 대한 대가 악이 그 입에 달아 그가 그
것을 혀 밑에 숨기더라도

13 그가 그것을 아끼고 아껴서 버리지 못하
고 입속에 물고 있더라도

14 그가 먹은 것은 뱃속에서 변해 그 안에서
독사의 독이 돼 버릴 걸세. 신 32:33,시 140:3

15 그는 자기가 삼킨 재물을 뱉어 낼 걸세. 하
나님께서 그것들을 그 뱃속에서 토해 내
게 하실 걸세.

16 그가 뱀의 독을 빨고 독사의 혀가 그를 죽
일 걸세. 잠 23:32

17 그는 흐르는 시내, 꿀과 젖이 흐르는 시내
를 보지 못할 걸세. 29:6,신 32:13-14,렘 17:6

18 그는 그토록 애를 써도 자기는 먹지 못하
고 돌려주어야 하고 자기가 장사해서 얻
은 이익을 누리지 못할 걸세. 10,15절

19 그가 가난한 사람들을 억압하고 내버려
두었으며 자기가 짓지도 않은 집을 강제로
빼앗았기 때문일세.

20 악인은 피할 곳이 없음 그 뱃속이 편안할 날
이 없을 것이고 그가 원하는 어떤 것도 갖
지 못할 걸세.

21 그가 삼킬 만한 것이 아무것도 남지 않고
그리하여 그가 잘되는 것을 누구도 볼 수

철필(19:24, 鐵筆, Iron tool) 쇠로 만든 펜으로 돌에 문
자를 새기기 위한 도구. 융성(20:28, 隆盛, Prosperity)
기운차게 일어나거나 대단히 번성함.

없을 걸세.

22 그는 풍족한 중에도 모자라고 모든 악한 사람의 손이 그를 덮칠 걸세.

23 그가 자기 배를 채우려 할 때 하나님께서는 그를 향해 타오르는 진노를 쏟으시고 그가 먹고 있는 가운데 비같이 퍼부으실 걸세. _{민 11:33}

24 그가 철 무기를 피해 도망치겠으나 강철로 된 활이 그를 관통할 걸세. _{삼하 22:35}

25 그가 몸에서 그 화살을 빼내면 번쩍거리는 화살촉이 그 쓸개에서 나올 것이요 그리하여 공포가 그를 덮칠 걸세. _{18:11;욥 3:22}

26 그의 비밀스러운 곳에 모든 어둠이 드리우고 피우지도 않은 불이 그를 태워 버리며 그 장막에 남은 것을 삼켜 버릴 걸세.

27 하늘이 그의 죄를 드러내고 땅이 그를 대적해 들고일어날 걸세. _{16:18-19}

28 그 집이 융성해지기를 그치고 그분의 진노의 날에 그 재물들이 떠나려갈 걸세.

29 이러한 것이 하나님께서 악인에게 주신 몫이요, 하나님께서 그들에게 정하신 유업일세." _{18:21;31:2-3}

21

자세히 들을 것 그러자 욥이 받아 대답했습니다.

2 "내 말을 잘 들어 보게. 이것으로 자네들의 위로를 삼으시게. _{13:17}

3 내가 말하는 동안 좀 참고 있다가 내 말이 끝나면 조롱하게나. _{16:10,20:17:2}

4 악인도 변함할 내가 사람을 원망하는 것인가? 그렇다면 내가 어떻게 괴롭지 않을 수 있겠나?

5 나를 잘 보고 놀라게. 자네들의 손으로 입을 막게. _{29:9;삿 18:19}

6 나는 이것을 생각하면 끔찍해서 몸서리가 쳐진다네.

7 어떻게 악인은 그렇게 세력을 키우면서 늙을 때까지 계속 사는 건가? _{전 8:14;렘 12:1-2}

8 그들의 눈앞에서 그 자식들이 그들과 함께 굳건히 서고 그 자손들도 그렇게 되면서 말일세. _{5:25}

9 그 집들은 안전하고 두려울 게 없으며 하나님의 매도 그들 위에는 있지 않다네.

10 그 수소는 문제 없이 번식하고 그 암소들은 유산하는 일 없이 새끼를 낳는다네.

11 그들은 자기 자식들을 양 떼처럼 내보내고 그 어린 자녀들은 춤을 춘다네.

12 그들이 탬버린과 하프를 쥐고 피리 소리에 즐거워하고 있다네. _{창 4:21;출 15:20}

13 그들은 부유한 나날을 누리다가 한순간에 무덤으로 내려간다네. _{창 37:35;사 16:10}

14 그런데도 그들은 하나님께 '우리를 내버려 두십시오! 우리는 당신의 길을 알고 싶은 마음이 없습니다. _{22:17}

15 전능자가 누구이기에 우리가 그를 섬겨야 합니까? 그에게 기도해서 얻을 게 무엇입니까?'라고 말한다네. _{34:9;출 5:2}

16 그들의 복이 그들의 손에 있지 않으며 악한 사람들의 계획은 내게서 멀다네. _{시 1:1}

17 그런데 악인의 등불이 꺼지는 일이 몇 번이나 있었는가? 그들에게 재난이 몇 번이나 닥쳤는가? 하나님께서 진노해 슬픔을 안겨 주시던가? _{18:5-6}

18 그들이 바람 앞의 짚과 같이, 폭풍에 휘날

리는 겨와 같이 된 적이 있는가? 시 1:4;83:13

19 **불공정한 심판** '하나님께서 그 범죄를 쌓아 두셨다가 그 자식들에게 갚는다'고 하지만 그에게 갚아 주어야 그가 깨닫게 되리라.

20 그 눈이 그 멸망을 보게 되고 전능하신 분의 진노를 마셔야 할 걸세. 시 60:3;겔 14:10

21 그의 달수가 다해 죽게 되면 제 집에 무슨 관심이 있겠는가? 14:5

22 **불공평한 죽음** 하나님께서 높은 사람들도 심판하시는데 누가 하나님께 지식을 가르칠 수 있는가?

23 어떤 사람은 죽을 때까지도 기력이 정정해 행복하고 평안하게 삶을 마친다네.

24 그의 몸은 기름기가 넘치고 그 뼈는 골수로 미끈거린다네. 시 58:11

25 그런데 어떤 사람은 좋은 것은 누린 적이 없이 죽을 때도 고통 가운데 죽는다네.

26 이들이 다 같이 흙 속에 누울 것이요, 구더기가 그들 위에 득실거리지 않겠는가.

27 **옳지 않은 심판** 자네들이 무슨 생각을 하는지, 나를 해하려는 자네들의 속셈을 다 잘 알고 있다네.

28 자네들이 말하기를 '그 대단하던 사람의 집이 어디 있는가? 악한 사람들이 살던

▲ 무덤(Tomb)
팔레스타인! 땅은 바위가 많기 때문에 땅을 파고 시신을 묻는 것이 어려웠다.
그래서 천연 동굴이나 골짜기의 암초를 깎아 묘실로 사용했다. 욥이 '무덤'을 '내 아버지'라고 한 것은 그토록 갑갑하고 더러운 곳이 마치 한 가족처럼 느껴질 정도로 고통스러운 현실을 표현한 것이다(욥 17:14). 사진은 기드론 골짜기의 스가랴 무덤이다.

곳이 어디 있는가?' 하는데 8:22;20:6-7

29 자네들이 지나가는 사람들에게 묻지 않았는가? 그들이 한 말을 자네들이 깨닫지 못했는가?

30 악인이 멸망의 날에 목숨을 부지하고 진노의 날에도 살아남는다고 말하지 않던가?

31 누가 그 얼굴에 대고 어찌고저찌고하겠는가? 그가 한 일에 대해 누가 갚겠는가?

32 그가 무덤으로 실려 갈 것이고 사람들이 그 무덤을 지켜 줄 것이네. 10:19

33 골짜기의 흙덩어리가 그를 부드럽게 덮어 줄 것이고 셀 수 없는 사람들이 그보다 앞섰듯이 모든 사람이 그 뒤를 따를 것이네.

34 헛된 위로 그러니 자네들이 대꾸하는 게 다 거짓인데 그렇게 지껄인다고 내게 위로가 되겠는가!'"

22

사람은 하나님을 유익하게 못함 그때 데만 사람 엘리바스가 대꾸했습니다.

2 "사람이 하나님께 도움이 되겠는가? 아무리 지혜롭다고 해도 하나님께 도움이 되겠는가? 35:7

3 자네가 의롭다는 게 전능하신 분께 어떤 기쁨이 되겠는가? 자네 행위가 흠 없었다고 해서 그분이 무엇을 얻겠는가? 시 18:32

4 악함이 큼을 반박 자네가 그분을 경외했기 때문에 그분이 꾸짖으셨단 말인가? 그래서 자네를 심판하신다는 건가?

5 자네 악함이 큰 것 아닌가? 자네 죄악이 끝이 없는 것 아닌가?

6 자네는 이유 없이 형제에게 담보를 요구했고 사람들의 옷을 벗겨 버렸네. 출 22:26

7 또 자네는 지친 사람에게 물을 주지 않고 굶주린 사람에게 빵을 주지 않았네.

8 권세 있는 사람이 땅을 얻었고 존귀한 사람이 거기 살았네. 왕하 5:1;사 9:15

9 또 자네는 과부를 빈손으로 보냈고 고아들의 팔을 꺾어 버렸네. 38:15;눅 1:53

10 그렇기 때문에 지금 올가미가 자네를 둘러싸고 있고 갑작스러운 공포가 덮치는 것이네. 18:8-10

11 아니, 너무 어두워 자네가 앞을 볼 수 없고 홍수가 자네를 덮고 있는 것이네.

12 악은 숨길 수 없음 하나님께서 하늘 높은 곳에 계시지 않은가? 높은 곳에 있는 별들이 얼마나 높은지 좀 보게!

13 그런데 자네는 '하나님이 어떻게 아시겠나? 그분이 이런 먹구름을 뚫고 심판하시겠나? 38:9;시 73:11

14 빽빽한 구름이 그분을 가려 보실 수 없고 하늘을 이리저리 돌아다녀도 우리를 보지 못하신다고 하니 시 139:11-12;잠 8:27

15 악인이 밟은 전철을 자네가 밟으려는 것인가?

16 그들은 때가 되기 전에 끊어졌고 그 기초가 홍수에 쓸려가 버렸네. 15:32

17 그들이 하나님께 '우리를 떠나 주십시오'라고 했고 '전능하신 분께서 우리를 위해서 무엇을 하실 수 있겠습니까?'라고 했다네.

18 하지만 그분은 그 집들을 좋은 것으로 채워 주셨네. 그러나 악인의 계획은 나와는 거리가 멀다네. 21:16

19 의인들은 보고 즐거워하고 죄 없는 사람은 그들을 보고 웃는다네. 시 52:6;64:10

20 '우리가 가진 것은 끊어지지 않았지만 그들의 재물은 불이 삼켜 버렸다'고 할 것이라네.

21 욥은 회개해야 할 자네는 그분과 화해하고 맘을 편히 하게. 그러면 자네에게 좋은 일이 올 것이네.

22 부탁하는데 그분의 입에서 나오는 가르침을 받아들이고 그분의 말씀을 자네 마음에 차곡차곡 쌓아 두게. 말 27;시 119:11

23 자네가 전능하신 분께 돌아가고 죄악을 자네 장막에서 치우면 다시 회복될 걸세.

24 황금을 티끌 위에 버리고 오빌의 금을 시내의 자갈들 위에 버리게. 왕상 9:27

25 그리하면 전능하신 분이 자네 보물이 되고 자네에게 귀한 은이 될 것이네.

26 그러면 자네는 전능하신 분 안에서 기쁨을 찾게 되고 자네 얼굴을 하나님께로 들게 될 걸세. 11:15;27:10

27 자네가 그분께 기도할 것이고 그분이 자네 말을 들으실 걸세. 그리고 자네는 그 서원한 것을 지키게 될 걸세. 시 50:14-15

28 또한 마음먹는 일이 이루어질 것이고 자네의 길에 빛이 비칠 걸세. 잠 4:18

29 사람이 낮추어질 때 네가 높여지게 되리라고 하지 않는가? 그분은 겸손한 사람을 구원하신다네. 마 23:12;눅 1:52;약 4:6;벧전 5:5

30 그분은 죄 없는 사람을 풀어 주시니 자네 손이 깨끗하다면 풀려날 걸세." 9:30;창 18:26

23 전능자가 들으심 그러자 욥이 대답했습니다.

2 "오늘까지도 내 쓰라린 원망은 계속되는구나. 내가 당한 일이 너무 심해서 신음 소리도 나오지 않는구나. 시 32:4

3 오, 내가 그분을 어디서 찾을지 알 수만 있다면! 내가 그분의 거처에 갈 수만 있다면!

4 내가 그분 앞에서 내 사정을 내놓고 내 입을 할 말로 채웠을 텐데. 33:5

5 그분이 내게 뭐라고 대답하실지 알고 그분이 내게 하시는 말씀을 곰곰이 생각했을 텐데.

6 그분이 엄청난 힘으로 나를 반대하실까? 아닐세. 그분은 오히려 귀를 기울여 들어주실 걸세. 9:34

7 정직한 사람이라면 그곳에서 그분과 변론할 수 있을 것이네. 그리고 나의 심판자로부터 영원히 구원을 받을 것이네.

8 그러나 주장하는 자신의 의 그러나 내가 앞으로 가도 그분이 계시지 않고 뒤로 가도 그분을 찾을 수 없구나.

9 그분이 왼쪽에서 일하고 계실 때도 그분을 뵙지 못하고 그분이 오른쪽으로 돌이키시나 도무지 만나 뵐 수 없구나.

10 그러나 그분은 내가 가는 길을 아시는데 그분이 나를 시험하시고 나면 내가 순금같이 나올 것이다. 슥 13:9;말 3:3;약 1:12;벧전 1:7;계 3:18

11 내 발이 그분의 발자취를 딛고 옆길로 새지 않았으며 그분의 길을 지켰다네. 시 17:5

12 나는 그분의 입술의 계명을 떠나지 않았

담보(22:6, 擔保, security) 빌린 돈을 갚기로 약속하고 빚을 대신해 맡겨 놓은 사람이나 물건. 전철(22:15, 前轍, old path) 이전 사람의 잘못된 일이나 행동이 남긴 표시.

고난

고난은 사람들에게 괴로움과 슬픔을 주기 때문에 누구도 고난당하는 것을 원하지 않는다. 그렇지만 성경에 나타난 고난의 의미는 완전히 다르다. 성경은 고난을 하나님이 복을 주시려고 우리에게 주시는 기회라고 한다.

첫째, 사람은 고난을 통해 자신의 잘못과 나쁜 행동을 깨닫고, 하나님 앞에 회개하는 자세를 갖게 된다(시 119:67, 71).

둘째, 고난당하는 다른 사람을 이해하고 위로할 수 있게 된다(고후 1:4).

셋째, 예수님이 당하신 고난을 경험하는 영광을 얻게 된다(고후 1:5).

넷째, 고난을 통해 겸손해지고 하나님을 완전히 의지하는 믿음직한 사람으로 성장하게 된다(욥 23:10, 16; 42:6).

성경은 고난당할 때 하나님을 완전히 믿고(벧전 4:19), 고난이 주는 유익을 생각하며 오히려 기쁘게 생각하고 고난을 참으라고 우리에게 명령한다(약 1:2-4).

고 그분의 입에서 나오는 말씀을 꼭 필요한 양식보다 귀하게 여겼네. *시 119:11; 2 4:32, 34*

13 하나님의 뜻은 두려움 그러나 그분이 정하신 뜻이 있는데 누가 바꾸겠는가? 그분은 무엇이든 원하시면 그대로 하시는 분이네.

14 그분은 나를 위해 정하신 일을 이루시고 또 그분께는 아직도 그런 계획이 많이 있다네.

15 그래서 내가 그분 앞에서 이렇게 괴로워하고 내가 그분을 생각하며 두려워하는 것이라네.

16 하나님께서 나를 낙심케 하시고 전능하신 분이 내게 어려움을 주시는구나. *신 20:3*

17 그러나 내가 어둠 앞에서도 끊어지지 않았네. 그분이 내 얼굴을 어둠으로 덮지 않으셨다."

24 심판 없는 고통 "어찌하여 전능하신 분이 시간을 정하지 않으셨을까? 그분을 아는 사람들이 왜 그분의 날을 보지 못하는 것인가?

2 사람들이 경계를 표시하는 돌들을 치우고 양 떼를 훔쳐다가 자기들이 치면서

3 고아의 나귀를 몰아내고 과부의 소를 담보로 잡으며 *22:6*

4 궁핍한 사람을 길에서 몰아내고 그 땅의 가난한 사람을 숨어 살게 하는구나.

5 가난한 사람이 광야의 들나귀처럼 먹을 것을 얻으려고 일거리를 찾아 나서는구나. 광야가 그들과 그 자식들을 위해 먹을 것을 낸다. *시 104:21, 23*

6 그들은 들판에서 알곡을 모으고 악인의 포도원에서 남은 것을 주우며

7 옷이 없어 벌거벗은 채로 밤을 지내고 추위에도 덮을 것이 아무것도 없구나.

8 산에 내리는 소나기로 흠뻑 젖고 쉴 곳이 없어 바위를 안고 있구나. *애 4:5*

9 어떤 사람들은 고아를 품에서 빼앗아 가고 가난한 사람에게서 담보를 잡고 있다.

10 그들을 옷 없이 벌거벗고 다니게 하고 굶주린 사람에게서 곡식 단을 빼앗아 간다.

11 그들이 담 안에서 기름을 짜고 포도주 틀을 밟지만 여전히 목마르다.

12 사람들이 성 밖에서 신음하고 상처받은 영혼들이 부르짖으나 하나님께서는 그들에게 잘못을 묻지 않으신다. *렘 51:52; 겔 30:24*

13 어둠의 일들 빛을 거역하는 사람들도 있는데 그들은 그 길을 알지 못하고 그 길에 머물러 있지도 않는다.

14 살인자는 새벽에 일어나 가난하고 궁핍한 사람들을 죽이고 밤이 되면 도둑같이 되는구나. *시 10:8*

15 간음하는 사람의 눈도 역시 해가 지기를 기다리며 '어떤 눈도 나를 보지 못할 것이다'라고 하며 얼굴을 가린다. *시 10:11*

16 그들은 낮에 보아 둔 집을 어둠이 깔리면 부수고 들어가서 빛을 알지 못한다.

17 그들에게는 아침이 한밤과 마찬가지다. 그들은 짙은 어둠의 두려움에 친숙한 사람이로다. *3:5*

18 죽게 될 악인 그들은 물 위에 빨리 떠내려가고 그들의 산업인 밭은 땅에서 저주를 받아 자기 포도원에 갈 일이 없게 되는구나.

19 더위와 가뭄이 눈 녹은 물을 말려 버리듯

무덤도 죄지은 사람들을 그렇게 한다.

20 그런 사람을 낳은 모태가 그를 잊어버리고 벌레들이 그를 달게 먹고 다시는 기억되지 않고 사악함이 나무처럼 부러져 버릴 것이다. 잠 10:7

21 그런 사람은 아이 못 낳는 여자를 학대하고 과부에게 선을 베풀지 않는다.

22 그러나 그분은 그 능력으로 세력가들을 끌어가시니 그분이 일어나시면 어느 누구도 생명을 확신할 수 없을 것이다.

23 그분은 안전을 보장해 주시는 것 같지만 그 눈은 항상 그들의 길을 보고 계신다네.

24 그들은 잠시 동안 높여졌다가 곧 없어지고 낮추어진다. 다른 모든 사람처럼 끌려 나와서 곡식 이삭처럼 베이게 되는 것이라네.

25 만약 그렇지 않다고 해도 나더러 거짓말한다고 반박하고 내 말이 헛소리라고 할 사람이 누구겠나?" 9:24

25

의는 불가능함 그때 수아 사람 빌닷이 대꾸했습니다.

2 "주권과 위엄이 그분께 있으니 그분이 높은 곳에서 평화를 세우신다.

3 그분의 군대를 셀 수 있겠는가? 그 빛이 일어나면 누가 받지 않겠는가? 약 1:17

4 그렇다면 사람이 어떻게 하나님 앞에서 의로워질 수 있겠는가? 여자가 낳은 사람을 어떻게 깨끗하다

고 하겠는가? 시 130:3

5 하나님 보시기에는 달도 밝지 않고 심지어는 별들도 맑다고 할 수 없는데

6 하물며 벌레 같은 사람이야, 구더기 인생이야 오죽하겠는가!" 시 22:6

26

계속되는 헛된 위로 그러자 욥이 대답했습니다.

2 "자네들이 힘없는 사람을 잘도 도왔구나! 약한 팔을 잘도 구해 냈구나! 창 49:24;호 7:15

3 자네들이 지혜 없는 사람에게 무슨 조언을 했다는 건가? 큰 깨달음이라도 가르쳐 주었다는 건가? 시 73:24;약 1:5

4 자네들이 누구에게 말해 주었다는 건가? 누구의 영이 자네들에게서 나왔는가?

5 헤아릴 수 없는 하나님의 길 죽은 사람들이 물속에서 떨고 거기 살고 있는 것들도 그러하다.

6 하나님 앞에서는 무덤이 훤히 드러나고 멸망의 구덩이도 가릴 게 없다. 계 9:11

7 그분은 허공에 북쪽 하늘을 펼쳐 놓으시고 아무것도 없는 공간에 땅을 매달아 놓으신다. 9:8;창 1:2

8 그분은 물을 두터운 구름으로 싸시지만 구름이 그 밑에서 터지는 일은 없다.

9 또 그 보좌 앞을 가리시

고통받는 욥과 논쟁하는 세 친구

고 그 위에 그분의 구름을 펼쳐 놓으신다.

10 그분은 수면에 수평선을 그어 빛과 어둠의 경계가 되게 하신다. 　　　　장 8:29

11 그분이 꾸짖으시면 하늘 기둥이 흔들리고 깜짝 놀란다. 　　　　　시 104:7

12 능력으로 바다를 잠잠하게 하시고 지혜로 라합을 쳐부수신다. 　시 51:15깜 31:35

13 그 숨결로 하늘을 맑게 하시고 손으로 달아나는 뱀을 찌르셨도다. 　시 33:6사 27:1

14 오, 이런 것들은 그분이 하신 일의 일부분일 뿐이라네. 그분에 대해 듣는 것은 희미한 소리일 뿐이라네. 과연 권능에 찬 우렛소리를 누가 깨달을 수 있을까!" 　40:19

27 변함없는 욥의 믿음 욥이 계속해서 비유를 들어 말했습니다.

2 "내 의를 빼앗아 가신 하나님, 내 영혼을 힘들게 하신 전능자께서 살아 계시는 이상,

3 내 안에 아직 숨이 붙어 있고 하나님의 숨결이 내 코에 남아 있는 이상, 　창 2:7

4 내 입술이 악을 말하지 않고 내 혀가 속이는 말을 내뱉지 않겠네. 　13:7

5 나는 결단코 자네들이 옳다고 말하지 않겠네. 내가 죽을 때까지 나의 온전함을 포기하지 않겠네. 　23:9

6 내가 나의 의로움을 굽히지 않을 것이고 내가 살아 있는 한 내 마음이 나를 원망하지 않을 걸세. 　잠 23:1;24:16;고전 4:4

7 악인의 소리를 듣지 않으심 내 원수들이 악인처럼 되고 내게 들고일어난 사람들이 불의한 사람처럼 될 것이네.

8 위선자가 얻은 게 있다고 한들 하나님께서 그 영혼을 가져가시는데 무슨 소망이 있겠는가? 　마 16:26;눅 12:10

9 그에게 고난이 닥친다고 하나님께서 그 부르짖는 소리를 들으시겠는가? 　시 18:41

10 그가 전능하신 분을 기뻐하겠는가? 그가 항상 하나님을 부르겠는가? 　22:26

11 내가 하나님의 권능을 자네들에게 가르쳐 주겠네. 전능하신 분의 뜻을 감추지 않겠네. 　10:13

12 자네들이 다 이것을 직접 보고도 왜 그렇게 헛소리만 하고 있는가?

13 악인의 운명 하나님께서 악인에게 정하신 몫, 억압자들이 전능하신 분께 받을 기업은 이것이네.

14 그 자식이 많더라도 칼에 죽을 운명이요, 그 자손들은 결코 배불리 먹지 못할 것이네.

15 살아남더라도 질병으로 죽어 묻힐 것이고 그 과부들은 울지도 못할 것이네. 　시 78:64

16 그가 은을 흙먼지처럼 쌓아 두고 옷을 진흙더미처럼 쌓아 두더라도 　슥 9:3

17 그가 쌓아 놓은 것은 의인이 입고 그 은은 죄 없는 사람들이 나눠 가질 것이네.

18 그가 지은 집은 거미집 같고 파수꾼이 지어 놓은 초막 같을 것이네. 　아 1:8;8:11~12;사 1:8

19 그가 부자가 돼 누워도 그것으로 마지막이요, 눈을 뜨고 나면 모든 것이 없어지고 말 것이네. 　렘 8:2

20 공포가 물처럼 그를 덮치고 폭풍이 밤에 그를 휩쓸어 가며 　18:11;22:11

21 동쪽에서 바람이 불어 그를 낚아채 가되 폭풍처럼 그가 살던 곳을 휩쓸어 갈 것이네.

22 하나님께서 그를 아끼지 않으시고 던져 버리시리니 그 손으로부터 도망치려고 안간힘을 쓰겠지. 　16:13

23 사람들이 그를 보고 손뼉을 치고 비아냥거리며 그를 내쫓을 것이네. 　대하 29:8

28 지혜는 감춰져 있음 "은을 캐내는 광산이 있고 금을 정련하는 제련소가 있다네.

2 철은 땅속에서 캐내고 동은 광석에서 제련해 내는 것인데

3 사람은 어둠의 끝까지 가서 구석구석 찾아서 광석을 캐낸다네. 　3:5

4 마을에서 멀리 떨어진 곳에, 인적이 드문 곳에 갱도를 파고는 줄을 타고 매달려서 외롭게 일을 하는구나.

5 땅으로 말하면 그 위에서는 먹을거리가 자라지만 그 밑은 불로 들끓고 있고

6 사파이어가 그 바위에서 나오고 그 흙먼지 속에는 사금도 있도다. 　출 24:10

7 그 길은 솔개도 알지 못하고 매도 보지 못

했으며

8 그 길은 사나운 짐승들도 밟은 적이 없고 사자도 지나간 적이 없도다. 10:16:41:34

9 사람은 그 바위에 손을 대고 산을 뿌리째 파헤치며 시 114:8

10 그 바위를 뚫어 물길을 내고 그 눈으로 모든 보물을 찾아내며

11 강을 둑으로 막고 숨겨진 것들을 훤히 드러낸다.

12 그러나 지혜는 어디에서 찾을 수 있겠는가? 통찰력은 어디에 있는가? 잠 16:16:전 7:24

13 사람은 그 가치를 알지 못하니 사람 사는 땅에서는 그것을 찾을 수 없다. 시 27:13

14 깊은 물은 '그것은 내 안에 없다'고 하고 바다도 '내게는 없다'고 말하는구나. 창 49:25

15 그것은 금으로 살 수 없고 은으로도 그 값을 치를 수 없으며 잠 3:14:8:10~11,19

16 오빌의 금으로도, 귀한 루비나 사파이어로도 그 가치를 당할 수 없다. 창 2:12:왕상 9:27

17 금이나 유리에 비할 수 없고 순금 세공품과도 바꿀 수 없으며

18 산호나 수정은 말할 것도 없으니 이는 지혜의 값은 진주 이상이기 때문이다. 잠 3:15

19 그것은 에티오피아의 토파즈에 비할 수 없고 순금으로 가치를 따질 수도 없다.

20 하나님을 두려워하는 지혜 그렇다면 지혜는 어디에서 오는 것인가? 통찰력은 어디에 있는 것인가?

21 그것은 모든 생물의 눈에 숨겨져 있고 공중의 새에게도 감추어져 있다.

22 멸망과 죽음이 말하기를, '우리가 그 이름만을 소문으로 들었다'고 하는구나.

23 하나님께서 지혜의 길을 헤아리시고 그분만이 지혜가 어디 있는지 아신다. 잠 8:22~31

24 그분은 땅끝을 보시고 하늘 아래 모든 것을 보신다. 잠 15:3:호 4:10

25 그리하여 바람의 세기를 정하시고 물의 양을 재신다. 시 135:7

26 그분이 비에게 명령하시고 천둥의 길을 내셨을 때 38:25

27 그때 그분은 지혜를 보시고 그에게 말씀을 건네시며 그를 굳게 세우시고 시험해 보셨다.

28 그러고는 사람에게 말씀하셨다. '주를 경외하는 것이 지혜요, 악에서 떠나는 것이 명철이다.'" 신 4:6:잠 1:7:전 12:13

29 욥의 이전 부귀 욥이 계속 비유를 들어 말했습니다.

2 "내가 지나가 버린 달들과 같이 될 수만 있다면 하나님께서 나를 지켜 주시던 그날과 같이 될 수만 있다면!

3 그때는 그분의 등불이 내 머리를 비추고 그 빛으로 내가 어둠 속을 걸어갔는데!

4 하나님과의 친밀한 사귐이 내 집에 있던 내 한창때와 같을 수만 있다면! 시 25:14

5 그때는 전능하신 분이 여전히 나와 함께 계시고 내 자식들이 내 주위에 있었다.

6 내 발자취가 버터로 씻겼고 바위가 내게 올리브기름을 쏟아부었다. 신 32:13~14:33:24

7 욥의 이전 영광 그때는 내가 성문으로 나갔고 거리에 내 자리를 만들었으며

8 청년들은 나를 보고 옆으로 비키고 노인들은 일어서서 나아오고

9 높은 사람들은 말을 멈추고 손으로 자기 입을 막았다. 21:5

10 귀족들이 소리를 죽이고 그 혀는 입천장에 달라붙었으며 시 137:6:겔 3:26

11 누구든 내 말을 듣기만 하면 나를 축복하고 나를 보기만 하면 나를 인정했었다.

12 내가 울부짖는 빈민과 도와줄 사람 없는 고아를 구해 주었기 때문이었다. 시 72:12

13 죽어 가는 사람이 나를 축복했고 과부의 마음이 나 때문에 기뻐 노래했으며 시 26:5

14 내가 의를 옷 삼아 입었고 공의가 내 겉옷이요, 내 면류관이었다. 사 11:5:59:17:61:10:엡 6:14

15 내가 눈먼 사람들에게는 눈이 됐고 발을

욥과 예수님

성경은 모두 예수님에 대한 기록이다(요 5:39). 욥기에서도 예수님의 모습을 볼 수 있다. 욥기에 나타난 예수님의 모습은 다음과 같다.

욥	예수님
하나님을 경외하고 악점이 없으며 정직하여 악을 멀리하는 사람으로 자신의 죄와 상관없이 고난을 당함(욥 1:8)	죄를 알지도 못하신 분이 이 세상 사람들의 죄를 대신해 고난을 당함(고후 5:21)
하나님께 자신의 고난과 아픔을 호소함(욥 30:20)	십자가 위에서 하나님을 애타게 부르짖음(마 27:46)
자신을 정죄한 친구들을 위해 기도함(욥 42:10)	자신을 십자가 위에 못 박히게 한 사람들을 위해 그들의 죄를 용서해 달라고 하나님께 기도함(눅 23:34)

저는 사람에게는 밭이 됐으며 민 10:31

16 가난한 사람에게는 아버지 같은 존재였으며 또 무슨 문제가 생기면 해결해 주었고

17 악인의 턱을 깨뜨리고 그 이 사이에 물고 있는 것을 다시 찾아 주기도 했다.

18 그러고는 내 생각에 '나는 내 집에서 죽을 것이요, 내 날들은 모래알처럼 많구나.

19 내 뿌리가 물가로 뻗어 나갔고 내 가지들에는 밤새 이슬이 맺혔구나. 욥 18:16;시 1:3

20 내 영광은 날로 새로워지고 내 활은 내 손에서 계속 새 힘을 얻는구나'라고 했다.

21 사람들은 내 말을 귀 기울여 듣고 내 조언을 잠잠히 기다렸다.

22 내가 말을 끝내면 그들은 더 말하지 않았는데 내 말이 그들 귀에 이슬같이 내려앉은 까닭이다. 신 32:2;33:28

23 그들이 나를 기다림이 마치 비를 기다리는 것 같았으며 또한 봄비를 기다리듯이 입을 벌리고 있었다. 시 119:131;잠 16:15

24 내가 그들에게 웃어 보이면 그들은 어리둥절해했고 내 낯빛을 일그러지게 하는 일은 하지 않았다. 창 4:5;잠 16:15

25 내가 윗자리에 앉아서 그들의 길을 지시해 주었고 군대를 거느린 왕처럼 슬피 우는 사람을 위로해 주었다." 15:24

30 빼앗긴 위엄 "그러나 이제는 나보다 젊은 사람들이 나를 조롱하는구나. 내가 전에 그 아버지들을 양 지키는 개들만큼도 못하다고 여겼는데.

2 그래, 그들도 다 늙었는데 그 손의 힘이 내게 무슨 소용이 있겠는가? 5:26;24:4-8

3 그들은 궁핍과 기근으로 피골이 상접해 메마른 땅과 황무지에서 방황하며 렘 2:6

4 떨기나무 숲에서 쓴 나물을 캐 먹으며 싸리나무 뿌리를 뜯어 먹고 살았다.

5 사람들이 도둑을 쫓듯 그들에게 소리를 질러 대면 그들은 사람들 사이에서 쫓겨나

6 골짜기 절벽에, 땅굴에, 바위 굴에 살곤 했다.

7 그들은 떨기나무 숲에서 나귀처럼 소리 지르고 가시나무 아래 모여 있었다.

8 그들은 어리석은 사람의 자식들이요, 밑바닥 인생의 자식들로, 제 땅에서 쫓겨난 인간들이었다. 18:17

9 그런데 이제 그 자식들이 나를 두고 노래를 불러 댄다. 내가 그들의 조롱거리가 됐다.

10 그들이 나를 싫어하며 멀찍이 떨어져서 망설임 없이 내 얼굴에 침을 뱉는다. 17:6

11 그분이 내 활시위를 느슨하게 풀어 놓고 나를 괴롭히시니 그들마저 내 앞에서 굴레를 풀어 던지는구나. 시 109:6

12 내 오른쪽에는 저 젊은이들이 일어나 내 발을 밀쳐 내고 나를 대항하며 멸망의 길을 가는구나. 19:12

13 저들이 내 길에 흠집을 내고 누구의 도움도 없이 나를 잘도 무너뜨리는구나. 6:2

14 성벽 틈으로 들어오는 것처럼 몰려 들어오고 폭풍처럼 나를 덮치는구나. 16:14

15 공포가 나를 엄습하며 내 영광은 바람처럼 지나가고 내 행복도 구름처럼 사라져 버리는구나. 18:11;사 44:22

16 빼앗긴 건강 이제 내 영혼이 속에서 쏟아내 버리고 고통의 나날이 나를 붙들었다.

17 밤이 되면 뼈가 쑤시고 뼈를 깎는 아픔이
끊이지 않는다. 33:19

18 엄청난 힘이 내 옷을 잡아채는구나. 내 옷
깃같이 나를 휘감는구나. 삼상 28:8;왕상 20:38

19 그분이 나를 진흙 속에 던지셨고 내가 흙
덩어리처럼, 잿더미처럼 돼 버렸다. 창 18:27

20 응답 없는 부르짖음 내가 주께 부르짖는데
도 주께서는 듣지 않으시며 내가 일어서
도 주께서는 나를 보아 주지 않으십니다.

21 주께서 이토록 내게 잔혹하셔서 주의 강
한 손으로 나를 치십니다. 사 63:10;애 4:3

22 또 나를 들어 바람에 날아가게 하시고 폭
풍으로 나를 쓸어버리십니다. 27:21

23 나는 주께서 모든 살아 있는 것에게 정해
진 집, 곧 죽음으로 나를 끌고 가실 것을
압니다. 19:25

24 그러나 사람이 망해 가면서 어찌 손을 뻗
지 않겠습니까? 재앙을 당할 때 어찌 도
움을 청하지 않겠습니까? 미 1:6;3:12

25 내가 고난당하는 사람들을 위해 울어 주
지 않았던가? 내 영혼이 가난한 사람들을
위해 안타까워하지 않았던가? 롬 12:15

26 내가 선을 바랐는데 악이 왔고 빛을 기다
렸는데 어둠이 왔구나. 렘 8:15;14:19

27 참혹한 고통 내 속이 끓고 편하지 않았다.
고난의 날들이 내게 닥쳤기 때문이다.

28 내가 햇빛도 비치지 않는 곳에서 울며 다
니다가 회중 가운데 서서 도움을 청하게
됐다. 시 38:6;42:9

29 내가 자칼의 형제가 됐고 타조의 동무가
됐구나. 미 1:8

30 내 피부가 검게 그을리고 내 뼈는 고열로
타들어 가는구나. 시 119:83;애 4:8;5:10

31 내 수금 소리는 통곡으로 변하고 내 피리
소리는 애곡으로 변해 버렸다. 애 5:15

31 욕망을 멀리함 "내가 내 눈과 언약
한 것이 있는데 어떻게 처녀에게
한눈을 팔겠는가?

2 그리한다면 위에 계신 하나님께 무슨 몫
을 받으며 높은 곳에 계시는 전능하신 분
께 무슨 기업을 받겠는가? 20:29

3 불의한 사람에게는 파멸이, 악한 일을 저지
른 사람에게는 재앙이 닥치지 않겠는가?

4 그분이 내 길을 보시고 내 발걸음을 다 세
지 않으시는가? 14:16;대하 16:9;잠 5:21;렘 16:17

5 거짓을 멀리함 내가 잘못된 길로 갔거나 내
발이 속이는 데 빨랐을까?

6 그랬다면 내가 공평한 저울에 달려서 하
나님께서 나의 흠 없음을 알게 되시기를
바란다. 단 5:27

7 내 발걸음이 바른길에서 벗어났거나 내
마음이 내 눈이 바라는 대로 이끌렸거나
내 손에 어떠한 오점이라도 묻어 있다면

8 내가 심은 것을 다른 사람이 먹어도 좋고
심지어는 내 곡식들이 뿌리째 뽑혀도 좋
을 것이다. 레 26:16;요 4:37

9 아내에게 신실함 내 마음이 여자의 유혹에
빠져 내 이웃집 문 앞을 기웃거리기라도
했다면

10 내 아내가 다른 남자의 곡식을 갈아 주고
다른 남자가 그와 누워도 좋을 것이다.

11 이런 것은 극악무도한 죄요, 심판받아 마
땅한 죄일 것이다. 신 22:22

12 이런 것은 멸망하기까지 태우는 불이나 나
의 모든 소출을 뿌리째 뽑아냈을 것이다.

13 종들을 공정하게 대우함 내 남종이나 여종이
나에 대해 원망이 있을 때 내가 그들의 말
을 무시해 버렸다면

14 하나님께서 일어나실 때 내가 어떻게 하
겠는가? 내게 찾아와 물으실 때 내가 어떻
게 대답하겠는가? 시 17:3

15 나를 모태에서 지으신 분이 그들도 짓지
않으셨는가? 우리 모두를 모태에서 지으
신 분이 같은 분이 아니신가? 잠 14:31;엡 6:9

16 가난한 사람에게 베풂 내가 가난한 사람의
소원을 들어주지 않았거나 과부의 눈으
로 실망케 했던가?

17 나만 혼자 내 몫을 먹고 고아들과 나누어
먹지 않았던가?

업습 (30:15, 掩襲, overwhelm) 감정, 생각 등이 갑작
스럽게 들이닥치거나 덮침. 소출 (31:12, 所出, harvest) 논
밭에서 나는 곡식 또는 그 곡식의 양

18 실상은 내가 젊을 때부터 아버지처럼 고아를 키워 주었고 나면서부터 과부를 돌보아 주었다.

19 내가 옷이 없어 죽어 가는 사람이나 덮을 것이 없는 궁핍한 사람을 보고도 _{24:7,10}

20 내 양털 이불로 그를 따뜻하게 해 주어서 그들이 진실로 나를 축복하지 않았던가?

21 내가 성문에서 나를 도와줄 사람이 있는 것을 보고 내 손을 들어 고아를 쳤다면

22 내 팔이 어깨에서 떨어져 나가고 내 팔의 관절이 부러져도 좋다.

23 나는 하나님의 재앙이 두렵고 그분의 위엄 때문에도 그런 짓은 하지 못한다.

24 재물을 의지하지 않음 내가 금을 신뢰했다면, 순금에게 '너는 내 의지하는 것이다'라고 말했다면,

25 내가 내 많은 재물 때문에 내 손으로 많이 얻었다고 기뻐했다면, _{신 8:17,1 62:10}

26 하나님을 부인하지 않음 내가 빛나는 해를 보거나 달이 환하게 뜨고 지는 것을 보고

27 내 마음이 은근히 유혹당했거나 내 손에 스스로 입을 맞추었다면,

28 이런 것도 심판받아 마땅한 죄다. 내가 높이 계신 하나님을 부인한 것이기 때문이다.

29 미워하는 사람의 멸망을 기뻐하지 않음 내가 나를 미워하는 사람이 망한다고 기뻐하거나 그에게 닥친 고난을 흐뭇해한 적이 있는가?

30 실상 나는 그 영혼을 저주하며 내 입으로 죄지은 적이 없다. _{마 5:44:눅 12:14}

31 낯선 사람에게 친절함 내 장막 안에 있는 사람들이 이렇게 말하지 않던가? '그가 주는 고기를 먹고 배부르지 않은 사람을 보았느냐'라고.

32 그러나 내 집 문이 항상 열려 있었으므로 낯선 사람이라도 거리에서 밤을 지내지 않았다. _{창 19:2~3:삿 19:20~21:히 25:35:히 13:2}

33 위선은 없음 내가 아담처럼 내 악을 마음속에 숨겨 허물을 덮은 적이 있는가?

34 내가 많은 사람을 두려워하거나 집안의 멸시를 무서워해 잠잠히 있고 밖에도 나가지 않은 적이 있는가?

35 고소장도 기꺼이 환영함 누가 내 말을 좀 들어 주었으면! 여기 나의 서명이 있으니 전능하신 분께서 내게 응답하셨으면! 내 대적이 쓴 고소장이라도 있었으면!

36 그러면 내가 분명 그것을 내 어깨에 걸치고 관처럼 머리에 쓰고는 _{사 9:6:슥 6:11}

37 내 모든 발걸음을 그분께 낱낱이 고하고 왕족처럼 그분께 다가갈 것이다.

38 소작농을 박대하지 않음 내 땅이 나에 대해 원망하거나 내 밭고랑이 불평한다면,

39 내가 값을 치르지도 않고 그 수확을 삼켜 버려서 소작농의 목을 조르기라도 했다면,

40 밀 대신 찔레가 나오고 보리 대신 잡초가 나와도 좋다." 욥이 이렇게 말을 마쳤습니다.

32 엘리후의 첫 번째 말 이렇듯 욥이 스스로 의롭다고 생각하자 이 세 사람은 더 이상 대꾸하지 않았습니다.

2 그러자 람족 출신인 부스 사람 바라겔의 아들 엘리후는 화가 불끈 솟았습니다. 그

가 욥에게 화가 난 것은 자기가 하나님보다 의롭다고 했기 때문입니다. *4:17;34:5*

3 또 세 친구들에게도 화가 났는데, 그것은 그들이 욥에게 반박할 것이 없으면서도 정죄하고 있기 때문이었습니다. *8:6;15:20-35*

4 엘리후는 그들이 자기보다 나이가 많기 때문에 그들의 말이 끝나기를 기다리고 있었습니다.

5 그런데 세 사람이 더 이상 답변을 하지 못하는 것을 보자 화가 났던 것입니다.

6 젊은이의 통찰력 그리하여 부스 사람 바라겔의 아들 엘리후가 대답했습니다. "나는 나이가 어리고 여러분은 연세가 있으니 내가 두려워서 감히 내가 아는 것을 말씀드리지 못하고

7 '나이가 말해 주겠지. 나이가 들수록 지혜가 생기는 법이라'고 생각했습니다.

8 그러나 깨달음을 주는 것은 사람 속에 있는 영이요, 전능하신 분의 입김이더군요.

9 어르신들만이 항상 지혜로운 것은 아니고 나이 든 사람만이 올바르게 판단하는 것이 아니었습니다. *고전 1:26;마 11:25*

10 잘못된 이전 답변 그러므로 내가 말하는 것을 잘 들어 보십시오. 나도 내 의견을 말하겠습니다.

11 보십시오. 여러분이 얘기하시는 동안 내가 기다렸고 여러분이 할 말을 찾는 동안 그 논리를 내가 들었습니다.

12 물론 여러분의 말씀을 나는 주의 깊게 들었습니다. 그러나 여러분 가운데 한 분도

욥의 잘못을 증명하지 못했고 여러분 가운데 한 분도 그가 하는 말에 대답하지 못했습니다.

13 그러니 '우리가 지혜를 찾았다. 사람이 아니라 하나님께서 그를 반박하실 것이다'라고 하지 마십시오. *롬 9:23*

14 사실 욥과 내가 논쟁을 했다면 여러분이 한 말처럼 그에게 대답하지 않았을 것입니다.

15 말을 참을 수 없음 그들이 놀라 대답이 없고 할 말을 잃었습니다.

16 그들이 묵묵부답으로 서 있으니 더는 못 기다리겠습니다.

17 나도 내 할 말을 하고 나도 내 의견을 말해야겠습니다.

18 내가 할 말이 가득 차서 더 이상은 참을 수 없습니다. *요 7:38*

19 보십시오. 내 속이 마개를 꼭꼭 막아 놓은 포도주 같고 새 가죽 부대와 같아서 곧 터지려고 합니다. *마 9:17*

20 내가 말해야 속이 후련하겠습니다. 내 입술을 열어 대답해야겠습니다. *삼상 16:23*

21 나는 아무 편도 들지 않고 사람에게 아첨하는 말은 하지 않을 것입니다. *레 19:15*

22 어차피 나야 아첨하는 말을 할 줄 모르니까요. 그렇게 한다면 나를 지으신 분이 나를 곧 데려가실 것입니다."

33 마음의 정직함 "이제 욥이여, 내 말을 듣고 내가 하는 모든 말에 귀 기울이시기 바랍니다.

2 보십시오. 내가 입을 열고 내 입의 혀가 말을 시작합니다. *3:1*

3 내 말은 정직한 내 마음에서 나오고 내 입술은 아는 것을 솔직하게 쏟아 낼 것입니다.

4 하나님의 영이 나를 지으셨고 전능하신 분의 숨이 내게 생명을 주셨습니다. *행 17:25*

5 그러니 할 수만 있다면 내게 대답하십시오. 일어나서 할 말을 한번 준비해 보십시오.

6 보십시오. 나도 하나님 앞에서 당신이나 마찬가지며 나 또한 진흙으로 빚어진 사람입니다. *4:19*

7 보십시오. 내가 어떻게 겁을 줘도 당신이 놀라지 않고 내가 어떻게 해도 당신을 짓누르지 못할 것입니다. 23:2

8 욥의 잘못 그러나 내가 듣는 데서 당신이 분명히 말했습니다. 나는 당신이 하는 말을 들었습니다.

9 '나는 죄도 없고 잘못도 없다. 나는 결백하며 불의도 없다. 9:21;10:7;34:6

10 그런데 하나님께서 내게서 흠을 잡으시고 나를 당신의 원수로 여기신다. 13:24

11 그분이 내 발에 차꼬를 채우시고 내 모든 길을 가까이서 감시하신다'고 하더군요.

12 보십시오. 내가 말하겠습니다. 이 점에 있어서 당신은 옳지 못합니다. 왜냐하면 하나님은 사람보다 크시기 때문입니다.

13 어찌하여 당신은 그분을 거역해 다툽니까? 하나님은 하시는 일을 굳이 설명하지 않으십니다. 9:12

14 하나님의 말씀 사실은 하나님께서 한두 번 말씀하시지만 사람이 깨닫지 못하는 것입니다.

15 사람이 꿈을 꿀 때나, 밤중에 환상을 볼 때나, 침대에서 깊은 잠에 빠졌을 때

16 하나님께서 사람의 귀를 열고 그들이 받을 교훈을 거기에 인 치시고 삼상 9:15;시 40:6

17 사람으로 하여금 그 행실에서 돌아서게 하시고 교만하지 않도록 하십니다. 36:9

18 그 영혼을 구덩이에서 지키시고 그 생명이 칼에 쓰러지지 않게 하십니다. 36:12

19 또는 병상에서 당하는 고통이나 뼈마디가 쑤시는 고통을 징벌로 주기도 하십니다.

20 그렇게 되면 입맛을 잃어버려 진수성찬도 싫어하게 됩니다. 시 107:18

21 몸이 말라서 살을 찾아볼 수 없게 되고 보이지 않던 뼈가 불거져 나올 것입니다.

22 이렇게 그 영혼이 무덤 가까이 이르고 그 목숨이 파괴자들에게 가까이 다가갑니다.

23 천사의 중재 그러다가 1,000명의 천사 가운데 하나가 그 곁에서 해석자가 돼 그에게 무엇이 옳은지 말해 줄 것입니다.

24 그리하여 그에게 자비를 베풀고는 '그를 구해서 구덩이에 내려가지 않게 하여라. 내가 그를 위해 대속물을 찾았다고 말씀하실 것입니다. 시 49:7

25 그렇게 되면 그 몸이 어린아이의 몸처럼 새롭게 되고 그 어린 시절처럼 회복될 것입니다. 왕하 5:14;히 9:12

26 그가 하나님께 기도해 그분의 은총을 받고 그가 하나님의 얼굴을 보고 기뻐 외칠 것입니다. 그분이 그의 의를 회복시켜 주실 것입니다. 삼하 12:13;눅 15:21~24;요일 1:9

27 그가 사람들을 보고 말할 것입니다. '내가 죄를 짓고 옳은 것을 왜곡시켰는데 그분은 나를 벌하지 않으셨다. 롬 6:21

28 그분이 그 영혼을 구해 구덩이에 내려가지 않게 하셨고 그래서 내 생명이 빛을 보게 됐습니다'라고.

29 고난의 이유 정말 이런 일들은 하나님께서 사람에게 종종 하시는 일입니다.

30 사람의 영혼을 구덩이에서 돌이키고 생명의 빛을 비추어 주시는 것 말입니다.

31 귀 기울일 것을 요청 오, 욥이여! 내 말을 잘 듣고 잠잠히 계십시오. 내가 말하겠습니다.

32 할 말이 있다면 하십시오. 나야말로 당신이 옳았기를 바라는 사람이니 어디 말해 보십시오. 5절;34:33

33 그렇지 않다면 내 말을 듣고 잠잠히 계십시오. 내가 당신에게 지혜를 가르치겠습니다." 시 34:11

34

엘리후의 두 번째 말 그러고는 엘리후가 말을 이었습니다.

2 "지혜로운 분들이여, 내 말을 들으십시오. 학식이 많은 분들이여, 내 말에 귀를 기울이십시오. 12:11

3 혀가 맛을 보듯이 귀는 말을 분별합니다.

4 무엇이 옳은지 우리 스스로 분별해 봅시다. 무엇이 선한지 함께 알아봅시다.

5 욥의 입장 욥이 '나는 의롭다. 그러나 하나님께서 내 공의를 빼앗아 가셨다.

6 내가 옳은데도 아니라고 해야겠나? 내가 죄가 없는데도 치유할 수 없는 상처를 입었다고 합니다. 6:4;시 38:2

7 누가 욥처럼 하나님을 조롱하는 말을 물 마시듯 하겠습니까? 15:16

8 그는 악을 행하는 사람들과 친구로 지내고 악한 사람들과 어울려 지냅니다. 시 1:1

9 '사람이 하나님을 기쁘시게 하는 게 다 무슨 소용이냐?'라고 말합니다. 35:3; 말 3:14

10 공평하신 전능자, 그러니 지각이 있는 분들이여, 내 말을 들으십시오. 악을 행하는 것은 하나님과 거리가 멀고 불의를 저지르는 것은 전능하신 분과는 아무 상관이 없는 일입니다.

11 그분은 사람이 행한 대로 갚으시고 사람이 살아온 대로 대하십니다. 마 16:27; 롬 2:6

12 그렇습니다. 하나님께서는 절대로 악을 행하지 않으시고 전능하신 분께서는 절대로 공의를 왜곡하지 않으십니다. 8:3

13 누가 땅을 그분께 맡기기라도 했습니까? 누가 온 세상을 그분 손에 두기라도 했나까? 38:4-7

14 만약 그분이 마음먹고 그 영과 숨을 거두신다면 시 104:29; 146:4

15 모든 육신은 다 같이 숨을 거두고 사람은 흙먼지로 돌아갈 것입니다. 10:9

16 당신이 지각이 있다면 이것을 들어 보십시오. 내가 하는 말에 귀 기울이십시오.

17 공의를 미워하는 분이 다스리시겠습니까? 의로우신 전능자를 당신이 정죄하겠습니까? 창 18:25

18 그분은 왕에게라도 '너는 쓸모없는 인간이다', 귀족들에게는 '너희가 불경하다'고 못하시겠습니까? 삼 22:28

19 그분은 통치자라고 편을 들어 주지 않으시고 부자라고 해서 가난한 사람보다 더 생각해 주지 않으십니다. 그들 모두가 그분의 손으로 지으신 것들이니 말입니다.

20 그들은 순식간에 죽습니다. 백성들은 한밤중에 재앙을 만나 사라집니다. 아무리 장사라도 손 하나 대지 않으시고 없애 버리실 수 있습니다. 27:20; 출 11:4; 단 8:25

21 악한 사람을 감찰하시는 하나님. 그분의 눈이 사람의 행위를 지켜보시고 하는 일마다

일일이 살펴보십니다.

22 거기에는 악을 행하는 사람이 숨을 만한 어둠도, 죽음의 그림자도 없습니다. 히 4:13

23 하나님께서는 사람들에게 다른 권리를 주지 않으셨습니다. 그저 하나님의 심판으로 들어가야 할 뿐입니다. 시 2:9

24 그분은 세력가들을 수도 없이 산산조각 내시고 그들 대신 다른 사람들을 그 자리에 세우십니다.

25 그분이 그들의 행위를 아시기 때문에 밤중에 그들을 엎어 멸망하게 하시는 것입니다.

26 그분은 사람들이 보는 앞에서 드러나게 그들을 악하다고 치십니다.

27 그들이 그분에게서 등을 돌려 그분의 길을 전혀 생각하지 않았기 때문입니다.

28 이렇게 해서 가난한 사람들의 부르짖음이 하나님께 올라가고 결국 고난당하는 소리를 그분이 들으십니다. 창 18:20-21; 약 3:7; 9:5:4

29 그러나 그분이 잠잠히 계신다 해도 누가 문제 삼겠습니까? 그분이 그 얼굴을 가리신다면 누가 그분을 뵙겠습니까? 어떤 민족이든 어떤 사람이든 마찬가지입니다.

30 이는 경건하지 못한 사람이 다스리지 못하게 하고 또한 백성들이 함정에 빠지지 않게 하시려는 것입니다.

31 일반적인 회개, 어떤 사람이 하나님께 '내가 벌을 받았습니다. 더는 죄를 짓지 않겠습니다.

32 그러니 내가 보지 못하는 것을 가르쳐 주십시오. 내가 잘못했다면 다시는 그러지 않겠습니다'라고 말씀드린 적이 있습니까?

33 당신이 반대한다고 해서 그분이 당신 생각대로 갚아 주시겠습니까? 내가 아니라 당신이 선택할 일입니다. 그러니 당신이 아는 것을 말해 보십시오.

34 죄를 더하는 욥. 지각 있는 사람이라면 내게 말할 것입니다. 지혜 있는 사람이라면 내 말을 들을 것입니다.

35 '욥이 무식하게 말을 하니 그 말에는 지혜가 없다'고 말입니다. 35:15

▶ 지각(34:10, 知覺, understanding) 사물의 이치나 도리를 분별하는 능력.

36 내가 바라는 것은 욥이 악한 사람처럼 대답했으니 끝까지 시련을 받는 것입니다!

37 그는 죄를 짓고 거기에다 반역까지 더합니다. 우리 가운데서 박수를 치고 하나님을 대적하는 말들을 자꾸 하고 있습니다."

35 엘리후의 세 번째 말 엘리후가 이어 말했습니다.

2 "당신이 '내가 하나님보다 의롭다'고 하다니 그게 옳다고 생각합니까? 32:2

3 당신이 '그것이 내게 무슨 유익이 있느냐? 내가 죄를 깨끗이 없애면 얻을 것이 무엇입니까?'라고 했으니 말입니다. 34:9

4 하나님께 영향을 주지 못하는 죄 내가 당신과 당신 친구들에게 대답하겠습니다.

5 우러러 하늘을 보십시오. 당신보다 훨씬 높이 있는 구름을 보십시오. 22:12

6 당신이 죄를 짓는다고 그분께 무슨 영향이 있겠습니까? 당신의 죄가 많다 해도 그분과 무슨 상관이 있겠습니까? 잠 8:36

7 당신이 의롭다 해서 그분께 무엇을 드리겠습니까? 그분이 당신 손에서 무엇을 얻으시겠습니까? 잠 9:12;눅 17:10;롬 11:35

8 당신의 악은 당신 같은 사람에게 해를 끼치고 당신의 의도 인간들에게나 영향을 줄 것입니다. 25:6

9 소용없는 부르짖음 사람들은 악압이 심해지면 울부짖게 되며 힘 있는 사람들의 팔에 눌려서 부르짖습니다.

10 그러나 아무도 '나를 지으신 하나님이 어디 계시냐? 밤에 노래하게 하시고 신 32:6

11 땅의 짐승들보다 우리에게 더 많은 것을 가르쳐 주시며 우리를 공중의 새들보다 더 지혜롭게 하시는 분이 어디 계시냐?'고 말하지 않습니다. 시 42:8;94:12;행 16:25

12 그들이 거기에서 부르짖어도 아무 대답이 없는 것은 악한 사람들의 교만 때문입니다.

13 그들의 헛된 간구를 하나님께서 듣지 않으시고 전능하신 분께서 주목하지 않으시는 것입니다.

14 당신이 '그분을 뵐 수 없다'고 할지라도 그분 앞에 심판이 놓여 있으니 당신은 그를 기다리십시오. 9:11

15 하나님은 벌을 주시지 않으시며 죄를 짓는다 해도 별로 관심을 가지지 않으신다고 생각하시지요? 민 16:29

16 그러니 당신 욥이 입을 열어 헛된 말을 하고 알지도 못하는 말을 자꾸 하는 것입니다."

36 엘리후의 마지막 말 엘리후가 계속 말했습니다.

2 "조금만 더 참아 주면 하나님 대신 해야 할 말을 들려 드리겠습니다.

3 내가 멀리서 지식을 가져와서 나를 지으

신 분께 의를 돌려 드릴 참입니다. 계 15:3-4

4 내 말은 진정 거짓말이 아니라 온전한 지식을 가진 이 사람이 당신과 함께 있습니다.

5 합당하게 처리하시는 하나님은 전능하시지만 누구도 멸시하지 않으십니다. 그분은 힘과 지혜에 있어서 전능하십니다.

6 그분은 악인의 생명을 보존하지 않으시고 억눌린 사람의 권리를 보장하시며 34:28

7 의인에게서 눈을 떼지 않으시고 왕과 함께 왕좌에 앉혀 영원히 세우고 높이십니다.

8 그러나 만일 그들이 사슬에 매여 있거나 고난의 끈에 단단히 묶여 있다면 시 107:10

9 그들이 무슨 짓을 했는지 그들이 해 온 범죄를 깨닫도록 말씀해 주시는 것입니다.

10 그분은 또 그들의 귀를 열어 교훈을 듣게 하시고 그들에게 죄에서 돌아서라고 명령하십니다. 렘 18:11

11 만약 그들이 순종하고 그분을 섬기면 그 날들 동안 번영하고 그 연수만큼 즐겁게 살겠으나 사 1:19-20

12 만약 순종하지 않으면 칼에 쓰러지고 아무것도 모르는 채 죽을 것입니다. 4:21:36:15

13 고통받는 사람에게 응답하시는 하나님 그러나 불경한 사람들은 마음속에 분노를 쌓아 놓고는 그분이 그들을 묶어도 도와 달라고 부르짖지 않습니다.

14 그들은 젊어서 죽고 그 목숨이 남창들처럼 끊어질 것입니다. 시 55:23

15 그분은 가난한 사람들을 그 고난에서 구해 주시고 억압당하는 가운데 귀를 열어 주십니다. 33:15~28:시 119:67,71

16 악에 대한 경고 그러므로 그분은 당신을 고난의 입에서 꺼내 고난이 없는 넓은 데로 옮겨 주셨고 당신의 식탁에는 기름진 음식으로 가득 채워 주셨습니다.

17 그러나 당신은 악인이 받을 심판으로 가득합니다. 심판과 공의가 당신을 붙들고 있는 것입니다.

18 엄청난 분노로 일을 그르치지 않도록 하십시오. 속전을 많이 바친다고 용서받는 것은 아닙니다.

19 당신의 재물, 아니 금이나 다른 어떤 힘도 당신을 고난에서 구해 내지 못할 것입니다.

20 사람들이 그 있던 곳에서 사라져 버리는 그런 밤을 기다리지 마십시오. 27:20

21 삼가 악을 생각하지 마십시오. 당신은 고난이 아니라 악을 선택한 것입니다.

22 하나님의 위대하심 보십시오. 하나님의 권능이 심히 크니 누가 그분처럼 가르치겠습니까?

23 누가 그 길을 그분께 정해 주었습니까? 누가 그분께 '주께서 잘못했다'고 말하겠습니까? 사 40:13~14:롬 11:34:고전 2:16

24 당신은 사람들이 늘 노래해 왔듯이 그분이 하신 일을 찬양해야 함을 기억하십시오.

25 모든 사람이 그것을 보았습니다. 사람이라면 아무리 멀리서도 볼 수 있습니다.

26 보십시오. 하나님이 얼마나 위대하신지! 우리는 그분을 알지 못하고 그분의 연수를 헤아릴 수조차 없습니다. 시 90:2:전 3:11

27 번개 같은 하나님의 능력 그분은 물을 증발시켜서 끌어 올리시고 그것으로 빗방울을 만드십니다.

28 구름이 그것을 떨어뜨리면 모든 사람 위에 내리는 비가 됩니다. 신 33:28:잠 3:20

29 그분이 어떻게 구름을 펼치시는지, 어떻게 그 장막에서 천둥소리를 내시는지 누가 알겠습니까? 사 18:11

30 보십시오. 그분이 번갯불을 펼치시고 바다의 밑바닥을 덮으십니다. 37:3

31 그분은 이런 것들로 백성을 심판하시며 먹을 것을 넉넉하게 공급해 주십니다.

32 두 손에 번개를 쥐시고 과녁을 맞히라고 명령하십니다. 합 3:4

33 천둥소리가 폭풍이 올 것을 암시하니 심지어 가축까지도 그것이 오는 것을 알게 됩니다." 사 11:12:겔 7:2

37 "이러니 내 마음도 떨리고 펄쩍펄쩍 뛰는 것입니다.

2 잘 들어 보십시오. 천둥 같은 그분의 음성,

33:24 불경(36:13, 不敬, godless) 신앙이 없음을 의미.

그 입에서 나오는 우레 같은 소리를 말입니다.

3 그 소리를 모든 하늘 아래 펼치시고 번개를 땅끝까지 보내십니다.

4 그런 뒤에 천둥과 같은 위엄 있는 음성이 울려 퍼지며 그분의 위엄 있는 목소리가 우렁차게 울려 퍼집니다. 시 18:13;68:33

5 하나님께서는 놀라운 음성을 울리시며 우리가 이해하지 못하는 엄청난 일들을 하십니다. 5:9;36:26

6 그분은 눈에게 '땅에 떨어지라'고 명하시고 비에게도 '억수로 쏟아지라'고 명하십니다.

7 그분은 모든 사람의 손을 봉해 사람으로 하여금 그분이 하시는 일을 알게 하십니다.

8 그러면 짐승들이 굴에 들어가 그 자리에 그대로 있게 됩니다. 시 104:22

9 남쪽에서는 태풍이 나오고 북쪽에서는 한기가 나옵니다. 시 147:17

10 하나님의 입김에 서리가 내리고 넓디넓은 물이 얼어붙습니다. 시 147:17

11 또 두터운 구름을 물기로 적시시고 번개 구름을 널리 퍼뜨리시니

12 구름은 그분의 계획대로 운행되는 것으로, 땅의 온 지상에서 그분이 명령하시는 대로 수행합니다. 창 3:24;시 148:8

13 그분이 징벌을 내리실 때나 혹은 땅을 위해서나 혹은 은총을 베푸실 때도 비를 내리십니다. 출 9:18,23;삼상 12:18-19;왕상 18:45

14 말로 할 수 없는 하나님의 기이한 능력 오, 욥이

여! 이 말을 들어 보십시오. 가만히 서서 하나님의 기이한 일들을 생각해 보십시오.

15 하나님께서 언제 구름을 움직이시고 그 번갯불을 내시는지 압니까?

16 구름이 어떻게 공중에 잘 매달려 있는지, 지식이 완전하신 분의 이런 기이한 일들을 알기나 합니까? 삼상 2:3

17 남쪽에서 바람이 불어와 땅이 고요해지고 당신 옷이 어떻게 따뜻해지는지 압니까?

18 당신이 그분과 함께 부어 만든 거울처럼 단단한 하늘을 펼칠 수 있습니까? 창 1:6

19 하나님 앞에 설 수 없는 우리가 그분께 무슨 말을 해야 할지 가르쳐 주십시오. 도무지 캄캄해 무엇이 무엇인지 알 수 없습니다.

20 하고 싶은 말이라고 그분께 다 고하겠습니까? 삼킴을 당하고 싶어서 말한단 말입니까?

21 사람들이 구름 속의 빛을 보지 못할 때도 있지만 바람이 지나가면 다시 맑아지는 법입니다.

22 북방에서 금빛이 나오고 하나님께는 두려운 위엄이 있습니다. 시 104:1

23 우리는 능력이 크신 전능하신 분게 나아갈 수 없습니다. 그분의 심판이나 무한한 공의는 왜곡될 수 없습니다. 애 3:33;딤전 6:16

24 그러므로 사람이 그분을 경외하는 것입니다. 그분은 스스로 지혜롭다는 사람을 거들떠보지도 않으십니다. 마 10:28;11:25

38 응답하시는 하나님 그때 여호와께서 회오리바람 가운데서 나타나

성경 속 기상학 이야기

대기권의 신비로운 현상들을 설명한 엘리후의 말에는 오늘날의 물리학, 기상학, 그리고 해양학에 속하는 단어들이 많이 나온다(욥 36:27-37:24). 바람과 구름, 비와 눈 등에 대한 욥기의 기록과 현대 과학이 설명하는 기상과 물리 현상이 일치하는 것을 본다.

성경으로 말씀하신 하나님은 창조하신 세계를 통해 자신을 알도록 하신다. 또 신앙뿐 아니라

과학에 의한 방법으로도 하나님을 알게 하신다(롬 1:20). 기록된 성경과 과학으로 읽을 수 있는 이 세계의 하나님은 동일하신 분이다. 신앙과 과학은 별개가 아니며, 하나님의 창조를 통해 연결된다. 과학은 하나님이 지으신 세계의 일부분을 설명할 뿐, 하나님에 대해 모두 알려 주는 것은 아니다. 성경은 하나님이 만드신 세계뿐 아니라 영적 세계의 비밀까지도 가르쳐 주는 책이다.

욥에게 대답하셨습니다.

2 "알지도 못하면서 말로 이치를 어둡게 하는 사람이 누구냐? 35:16

3 너는 대장부처럼 허리를 묶고 나서라. 내가 네게 물을 테니 내게 대답해 보아라.

4 너의 능력이 있느냐 내가 땅의 기초를 놓을 때 네가 어디 있었느냐? 아는 게 있으면 말해 보아라.

5 누가 그 크기를 정했느냐? 네가 아느냐? 또 누가 그 위에 줄을 쳤느냐?

6 그 단단한 기초는 무엇 위에 세웠느냐? 모퉁잇돌은 누가 놓았느냐?

7 그때 새벽 별들이 함께 노래하고 모든 천사들이 기뻐 외치지 않았느냐? 눅 2:13~14

8 바닷물이 모태에서 빠져나오듯 쏟아져 나올 때 누가 문을 닫아서 그것을 막았느냐?

9 그때 내가 구름을 바다의 옷으로 삼아 짙은 어둠으로 그것을 둘렀고 22:13

10 내가 그것의 한계를 정해 그 문과 빗장을 세우고 26:10

11 '너는 이만큼까지만 오고 더는 나오지 말라. 네 도도한 물결이 여기서 멈출 것이다' 하지 않았느냐? 시 65:7

12 네가 아침에게 명령을 내린 적이 있느냐? 새벽에게 그 자리를 알게 해서 시 65:8;74:16

13 그것이 땅끝을 붙잡고 악인을 그 가운데서 흔들어 떨쳐 낸 적이 있느냐? 눅 5:13

14 땅이 도장 찍힌 진흙처럼 변하고 만물이 옷처럼 나타났도다.

15 악인에게서 그 빛이 거둬지며 그 높이 든 팔은 부러진다. 24:13~17;시 10:15;ářáfam 6:23

16 네가 아느냐 네가 바다의 근원에 가 본 적이 있느냐? 깊은 물 밑으로 걸어 본 적이 있느냐? 시 77:19

17 죽음의 문이 네게 열린 적이 있느냐? 죽음의 그림자의 문들을 본 적이 있느냐?

18 땅이 얼마나 드넓은지 깨달은 적이 있느냐? 네가 이 모든 것을 안다면 말해 보아라.

19 빛의 근원지로 가는 길이 어디냐? 어둠이 있는 자리는 어디냐?

20 네가 그것들을 제자리로 데려갈 수 있느냐? 그것들의 집으로 가는 길을 아느냐?

21 너는 그때 이미 태어난 몸이니 물론 알겠지! 네가 살아온 날이 얼마나 많으냐?

22 누가 나에게 네가 눈의 창고에 들어가 본 적이 있으며 우박의 창고를 본 적이 있느냐?

23 그것은 내가 고난의 때를 위해, 전쟁과 전투의 날을 위해 준비해 놓은 것이다.

24 해가 뜨는 곳에 가 본 적이 있느냐? 동풍이 어느 쪽으로 흩어지는지 네가 아느냐?

25 누가 폭우가 빠지는 수로를 파며 우레의 길을 냈느냐? 28:26

26 사람이 살지 않는 땅, 아무도 없는 광야에 비를 내리고 시 107:35

27 황폐하게 버려진 땅을 비옥하게 해 연한 풀에서 싹이 나게 하느냐? 창 1:11;삼하 23:4

28 비에게 아버지가 있느냐? 누가 이슬방울을 낳았느냐? 렘 14:22

29 얼음이 누구의 태에서 나왔느냐? 하늘에서 내리는 서리는 누가 낳았느냐? 시 147:16~17

30 물이 돌처럼 딱딱하게 굳고 깊은 물의 수면이 얼어붙는다. 37:10

31 네가 통치하느냐 네가 북두칠성을 묶을 수 있느냐? 네가 오리온의 줄을 풀 수 있느냐?

32 네가 때에 따라 별자리를 낼 수 있느냐? 곰자리와 그 별들을 인도할 수 있느냐?

33 네가 하늘의 법칙을 아느냐? 네가 땅을 다스리는 주권을 세울 수 있느냐? 렘 31:35

34 네게 권세가 있느냐 네 소리를 구름까지 높여 스스로 홍수로 뒤덮이게 할 수 있느냐?

35 네가 번개를 보내 번개가 가면서 '우리가 여기 있다'고 말하게 할 수 있느냐?

36 지혜는 누가 준 것이나 누가 속에 지혜를 두었느냐? 누가 마음속에 지각을 주었느냐?

37 누가 지혜롭게도 구름을 셀 수 있느냐? 누가 하늘의 물병들을 쏟을 수 있느냐?

38 티끌이 뭉쳐서 진흙이 되고 그 덩어리들이 달라붙게 할 수 있느냐? 21:33

39 예비하는 자가 누구냐 네가 사자를 위해 먹이를 사냥하겠느냐? 배고픈 어린 사자를 배부르게 하겠느냐?

40 그것들이 굴에 웅크리고 있고 덤불 속에

숨어 기다리고 있을 때 그렇게 하겠느냐?

41 까마귀 새끼들이 하나님께 부르짖고 먹이가 없어 돌아다닐 때 누가 그 까마귀를 위해 먹어를 주겠느냐?

39 네가 알 수 있느냐 "너는 산양이 언제 새끼를 낳는지 아느냐? 암사슴이 새끼 배는 것을 네가 알 수 있느냐?

2 몇 달 만에 만삭이 되는지 네가 아느냐? 또 언제 새끼를 낳는지 아느냐?

3 산양들이 웅크리고 앉아 그 새끼를 낳으면 그 산고가 끝난다.

4 그 새끼들이 무럭무럭 자라 들판에서 강해지면 그 곁을 떠나서 돌아오지 않는다.

5 누가 자유케 하였느냐 누가 들나귀를 풀어 주었느냐? 누가 그 묶인 줄을 풀어 주었겠느냐?

6 내가 광야를 들나귀에게 주어 집으로 삼고 소금기 있는 땅을 거처로 삼게 했다.

7 들나귀는 마을의 북적댐을 보고 비웃고 나귀 모는 사람의 소리도 무시한다.

8 산지가 그의 초장이니 푸른 것이 있는 데마다 찾아다닌다.

9 들소가 너를 기쁘게 섬기겠느냐? 네 구유 옆에서 가만히 있겠느냐?

10 네가 들소를 밭고랑에 줄로 묶어 둘 수 있느냐? 그것이 네 뒤에서 골짜기를 경작하겠느냐?

11 들소가 힘이 세다고 네가 의지하겠느냐? 네가 들소에게 무거운 짐을 지우겠느냐?

12 네가 네 곡식을 가져와 타작마당에 모으는 일을 들소에게 맡기겠느냐?

13 누가 만들었느냐 타조가 재빠르게 날갯짓을 한다마는 그 날개와 깃털이 황새만은

삼상 4:19

마 6:26; 눅 12:24

못지 않느냐?

14 타조는 그 알들을 땅에 낳고 흙 속에서 따뜻하게 되도록 내버려 두고

15 누가 발로 밟든, 들짐승이 깨뜨리든 상관않고 잊어버린다.

16 타조는 자기 새끼가 제 것이 아닌 듯 신경 쓰지 않는다. 산고가 헛수고가 되는 것쯤은 두려워하지 않는다.

17 이는 나 하나님이 타조에게서 지혜를 없애고 지각을 주지 않았기 때문이다.

18 그러나 타조가 그 몸을 높이 쳐들고 뛸 때는 말과 그 기수를 우습게 여기는 법이다.

19 네가 말에게 힘을 주었느냐? 휘날리는 갈기를 그 목에 둘러 주었느냐?

20 네가 말이 메뚜기처럼 잘 뛰게 할 수 있느냐? 그 위엄 있는 콧소리가 무섭지 않느냐?

21 말은 앞발로 땅을 차며 그 힘을 과시하고 무장한 사람들을 맞으러 달려간다.

22 말은 두려움을 비웃고 무서움을 모르며 칼을 보아도 뒤를 보이지 않으니

23 화살통과 번쩍이는 창과 단창이 그 앞에서 흔들려도

24 말은 힘차게, 무섭도록 한달음에 내달리

렘 8:6

하나님과 대화하는 욥

고 나팔 소리도 개의치 않는다. _{렘 4:19;암 3:6}

25 나팔 소리가 울리면 말은 콧소리로 '히히힝!' 하고는 멀리서부터 싸움 냄새를 맡고 장군들의 우레 같은 소리와 함성을 듣는다.

26 매가 떠올라서 남쪽으로 그 날개를 뻗고 나는 것이 네 지혜로 인한 것이냐?

27 독수리가 하늘로 날아오르고 높은 곳에 그 둥지를 만드는 것이 네 명령으로 인한 것이냐? _{민 24:21;잠 2:9}

28 독수리는 바위에 살고 바위틈과 든든한 장소에 있으면서 _{삼상 14:5}

29 거기에서 먹이를 찾되 그 눈은 멀리서도 먹이를 볼 수 있다.

30 그 새끼들도 피를 빨아 먹으니 주검이 있는 곳에는 독수리가 있다." _{마 24:28;눅 17:37}

40
대답을 요구하심 여호와께서 또 욥에게 말씀하셨습니다.

2 "전능자와 싸운다고 그를 가르치겠느냐? 하나님을 나무라는 사람아, 대답해 보아라!"

3 할 말이 없는 욥 그러자 욥이 여호와께 대답했습니다.

4 "보십시오, 저는 보잘것없는 사람입니다. 제가 어떻게 주께 대답하겠습니까? 손으로 입을 막을 뿐입니다. _{삿 18:19;42:6}

5 한 번 내가 말했었지만 대답하지 않을 것이며 두 번 말했지만 다시는 하지 않겠습니다. _{시 62:11}

6 또 다른 질문 그러자 여호와께서 회오리바람 가운데서 욥에게 말씀하셨습니다.

7 "너는 이제 대장부처럼 허리를 동여매어라. 내가 네게 물을 테니 너는 대답하도록 하여라. _{38:3;42:4}

8 무슨 권한으로 하나님을 욕되게 하느냐? 네가 내 판결을 무너뜨리겠느냐? 네가 나를 비난해서 의롭게 되려느냐?

9 네게 하나님의 팔 같은 팔이 있느냐? 네게 하나님같이 우레 같은 음성이 있느냐?

10 그렇다면 영광과 위엄으로 자신을 장식하고 존귀와 아름다움으로 옷 입어라.

11 네 극에 달한 분노를 쏟아 내고 교만한 사람을 보고 그를 낮추어라.

12 교만한 사람을 다 눈여겨보아 그를 낮추고 악인은 그 서 있는 곳에서 밟아 버려라.

13 그들을 모두 한꺼번에 흙먼지 속에 묻어 버리고 그 얼굴들을 몰래 싸매 두어라.

14 그때가 되면 네 오른손이 너를 구원할 수 있음을 내가 직접 인정할 것이다. _{시 98:1}

15 큰 동물을 두려워하는 사람 소처럼 풀을 먹는 베헤못을 보아라. 내가 너를 지었듯이 그것도 지었다.

16 보아라, 그 힘은 허리에 있고 그 강함은 배 근육에 있다.

17 꼬리는 백향목처럼 흔들리고 돌 같은 허벅지 힘줄은 서로 연결되어 있으며

18 뼈들은 놋으로 된 관 같고 뼈대는 철 빗장 같다.

19 그것은 하나님의 피조물 가운데 제일가는 것이어서 그것을 지은 이가 칼을 쥐어 주었고 _{잠 8:22}

20 모든 들짐승들이 노는 그 산들이 그것을 위해서 먹을 것을 내느니라. _{시 104:26}

21 그것은 연꽃잎 아래, 늪지대의 갈대 숲 사이에 누우며

22 연꽃잎 그늘이 그것을 가려 주고 시냇가의 버드나무가 그것을 둘러싸느니라.

23 보아라. 강물이 넘쳐도 놀라지 않으며 요단강 물이 불어서 입에 차도 태연하구나.

24 그것이 보고 있을 때 누가 그것을 잡아 갈고리로 그 코를 꿸 수 있느냐?" _{잠 1:17}

41
리워야단도 두려워함 "네가 리워야단을 낚을 수 있느냐? 끈으로 그 혀를 묶을 수 있느냐?

2 그 코를 줄로 꿸 수 있느냐? 그 턱을 갈고리로 꿸 수 있느냐?

3 그것이 네게 빌고 또 빌겠느냐? 네게 점잖은 말로 말하겠느냐?

4 그것이 너와 언약을 맺겠느냐? 네가 그것을 평생 노예로 삼겠느냐? _{출 21:6;삼상 15:17}

5 네가 새 같은 애완동물로 삼겠느냐? 네 딸들을 위해 그것을 묶어 두겠느냐?

6 어부들이 그것으로 잔치를 벌이겠느냐? 상인들 사이에서 그것을 나누겠느냐?

7 네가 그 가죽을 쇠꼬챙이로 찌를 수 있느냐? 그 머리를 작살로 찌를 수 있느냐?

8 네가 그것에 손을 대 보아라. 얼마나 혼이 났는지 기억하며 다시는 그렇게 하지 않을 것이다.

9 보아라. 그것을 굴복시키겠다는 생각은 어림도 없으니 그것을 보기만 해도 아절하지 않느냐?

10 그것을 감히 자극할 만큼 용맹한 사람은 없다. 그런데 누가 내 앞에 설 수 있겠느냐?

11 나를 막아서서 내가 갚아야 한다고 하는 사람이 누구냐? 하늘 아래 있는 것이 다 내 것이다. 시 24:1;롬 11:35

12 그 사지와 그 힘과 그 튼튼한 뼈대를 내가 말하지 않을 수 있겠느냐?

13 누가 그 가죽을 벗길 수 있느냐? 누가 두 겹 비늘 사이를 뚫겠느냐?

14 누가 감히 그 얼굴 문을 열겠느냐? 그 둘러 난 이빨이 무시무시하니 말이다.

15 그 비늘은 단단히 봉인된 듯 붙어 그 자랑이 된다.

16 비늘이 서로 꽉 붙어 있어서 바람도 통하지 않는다.

17 그것들이 서로 단단히 조여 있고 함께 붙어 있어 떨어지지 않는다. 23절

18 그가 재채기를 하면 빛이 번쩍이고 그 눈은 새벽의 눈꺼풀 같다. 39

19 그 입에서는 횃불이 나오고 불꽃이 튀며

20 그 코에서는 연기가 나오니 펄펄 끓는 냄비나 가마솥에서 나오는 것 같다.

21 그 숨은 숯에 불을 붙이고 그 입에서는 불꽃이 나온다. 삼하 22:13;시 18:8

22 그 목에는 힘이 있으니 그 앞에서는 경악하게 된다.

23 그 살갗이 서로 연결되고 견고해 움직이지 않는다.

24 그 마음은 돌처럼 단단하며 맷돌의 아래짝같이 단단하다.

25 그것이 일어나면 용사라도 두려워하고 그것이 부수어 대면 기가 꺾인다.

26 칼이 닿아도 힘을 쓰지 못하고 창이나 화

살이나 작살도 아무 소용이 없다. 대하 26:14

27 그것은 철을 짚처럼 다루고 청동을 썩은 나무처럼 취급한다.

28 화살을 쏘아도 도망치지 않으며 무릿매 돌도 겨와 같이 날려 버린다.

29 몽둥이도 지푸라기쯤으로 여기고 창을 던지는 것을 보고도 피식 웃는다.

30 그 뱃가죽은 들쭉날쭉한 질그릇 조각 같고 진흙 위에 타작 기계처럼 자국을 내는구나. 사 28:27;41:15

31 그것은 깊은 물을 솥 끓이듯 하고 바다를 기름 솥 끓이듯 한다.

32 또 가고 난 자취에 빛나는 길을 남기니 사람이 보기에 깊은 물이 백발 같다고 여긴다.

33 땅 위에 그 같은 것이 없으니 그는 두려울 것 없이 지어졌다.

34 모든 교만한 것을 다 쳐다볼 수 있으니 모든 교만한 자식들을 다스리는 왕이다." 19:25

42

욥의 대답 그러자 욥이 여호와께 대답하며 말했습니다.

2 **욥의 고백** "나는 주께서 모든 일을 하실 수 있고 계획하신 일은 무엇이든 이루신다는 것을 알았습니다.

3 잘 알지도 못하고 주님의 뜻을 가린 자가 누구입니까? 내가 알지도 못하는 일들을 말하고 너무 기이해서 알 수 없는 일들을 내가 내뱉었습니다. 시 40:5;13:1

4 **욥의 회개** 간구하오니 들어 주십시오. 내가 말하겠습니다. 내가 여쭙겠으니 대답해 주십시오.

5 내가 주에 대해 지금까지 내 귀로만 들었는데 이제 내 눈으로 주를 보게 됐습니다.

6 그래서 내가 스스로 한탄하며 티끌과 재를 뒤집어쓰고 회개합니다." 28;창 18:27

7 **책망받는 욥의 친구들** 여호와께서 욥에게 이 말씀을 마치고 나서 데만 사람 엘리바스에게 말씀하셨습니다. "내가 너와 네 두 친구에게 진노한다. 너희는 나에 대해 내 종 욥처럼 옳게 말하지 않았다.

8 그러므로 너희는 수소 일곱 마리와 숫양 일곱 마리를 가지고 내 종 욥에게 가서 너

고난 후에 복을 더 많이 받은 욥

희 자신을 위해 번제를 드려라. 내 종 욥이 너희를 위해 기도해 줄 것이다. 그러면 내가 그 기도를 받아들여 너희의 어리석음대로, 너희가 나에 대해 내 종 욥처럼 옳은 말을 하지 않은 것에 대해 갚지 않겠다."

9 그러자 데만 사람 엘리바스와 수아 사람 빌닷과 나아마 사람 소발은 여호와의 말씀대로 했고 여호와께서는 욥의 기도를 받으셨습니다. 2:11

10 *회복된 욥의 부귀영화* 욥이 그 친구들을 위해 기도를 마치자 여호와께서는 욥의 상황을 돌이키셨고 전에 있었던 것보다 두 배로 더해 주셨습니다.

11 그러자 그 모든 형제들과 자매들과 전에 알고 지냈던 사람들이 그에게 와서 그 집에서 함께 먹었습니다. 여호와께서 그에게 보내신 모든 고난을 위로하고 달래며 각

각 은 한 조각과 금가락지를 욥에게 주었습니다. 2:11;19:13;창 33:19;수 24:32

12 여호와께서는 욥의 말년에 초년보다 더 많은 복을 주셨습니다. 그리하여 그는 양 1만 4,000마리, 낙타 6,000마리, 소 1,000쌍, 암나귀 1,000마리를 갖게 됐습니다.

13 그는 또 일곱 아들과 세 딸도 얻었습니다.

14 그는 큰딸을 여미마, 둘째 딸을 긋시아, 셋째 딸을 게렌합북이라고 이름 지었습니다.

15 온 땅에서 욥의 딸들만큼 아름다운 여인들은 찾아볼 수 없었고 그 아버지는 아들들에게 준 것처럼 딸들에게도 유산을 나누어 주었습니다. 민 27:1-8

16 이후로 욥은 140년을 더 살면서 아들들과 손자들, 나아가 4대 자손까지 보았습니다.

17 그리고 나서 욥은 나이 들어 수명이 다해 죽었습니다. 5:26

예배드릴 때마다 빼놓을 수 없는 것 중 하나가 '찬양'이에요. 찬양은 하나님께 감사와 영광을 돌리는 것으로 하나님의 피조물인 사람이 마땅히 해야 할 일이에요.

이 세상에서 가장 오래된 찬양집이 무엇일까요? 시편이랍니다. 시편은 거의 천 년 동안 여러 사람이 쓴 찬양을 모은 책입니다. 그래서 시편의 내용은 아주 다양해요. 하나님을 찬양하고 감사하는 내용뿐 아니라, 기쁨과 슬픔, 두려움과 분노, 소망과 고통 등 여러 가지 내용들이 있어요. 또 지혜를 나타내는 노래도 있고, 이스라엘 역사를 노래한 것도 있고, 혼자서 부르는 찬양이 있는가 하면, 여러 명이 함께 부르는 찬양도 있어요.

이스라엘 백성은 예배뿐 아니라, 일상생활에서도 자기의 사정이나 형편에 적합한 찬양을 골라서 불렀답니다. 시편은 예배뿐 아니라, 일상생활에서도 하나님을 경배하고 예배할 수 있게 하는 책입니다.

시편은 무슨 뜻인가요?
'찬양의 책', '시를 엮음'이라는 뜻이에요.

누가 썼나요?
시편은 여러 사람의 시를 묶어 놓은 책이에요. 다윗이 73편을 썼고, 아삽이 12편, 솔로몬이 2편, 고라 자손이 10편, 모세가 1편, 헤만이 1편, , 에단이 1편을 썼어요. 그밖에 누가 썼는지 알 수 없는 시들도 있어요.

언제 썼나요?
BC 1410~430년경

주요한 사람들은?

다윗
이새의 막내아들.
이스라엘에서 가장 위대한 왕

아삽
다윗왕 때 예배 음악에
큰 공헌을 한 레위 사람

솔로몬
다윗의 아들.
성전을 건축한 지혜의 왕

고라 자손.
레위 사람 고라 후손.
성전에서 찬송을 부르는 일을 담당함

모세
이스라엘 백성을
가나안으로 인도한 지도자

한눈에 보는 시편

제1권 1~41편 다윗, 무명의 시

제3권 73~89편 아삽, 다윗, 고라 자손, 에단의 시

제2권 42~72편 다윗, 아삽, 솔로몬,
고라 자손의 시

제4권 90~106편 모세, 다윗, 무명의 시

제5권 107~150편 다윗, 솔로몬, 무명의 시

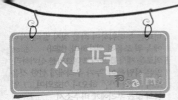

시편
psalms

제1권

1 의인과 악인 복이 있는 사람은 악한 사람들의 꾀를 따르가지 않고 죄인들의 길에 서지 않으며 남을 업신여기는 사람과 자리를 함께하지 않고

2 오직 여호와의 율법을 즐거워하고 그 율법을 밤낮으로 깊이 생각하는 자로다.

3 그는 시냇가에 심은 나무가 계절에 따라 열매를 맺고 그 잎이 시들지 않는 것처럼 하는 일마다 모두 잘되리라. 렘 17:8;겔 19:10

4 악인은 그렇지 않으니 그저 바람에 날려 가는 겨와 같도다. 욥 21:18

5 그러므로 악인들은 심판을 견디지 못하며 죄인들은 의인의 모임에 참석하지 못하리라.

6 의인의 길은 여호와께서 보호하시나 악인의 길은 망하리라. 나 1:7;요 10:14;딤후 2:19

2 세상 통치자들에 대한 경고와 오실 메시아 어째서 나라들이 술렁거리며 민족들이 헛된 일을 꾀하는가?

2 세상의 왕들이 자기를 내세우고 통치자들이 모여 여호와와 그 기름 부음 받은 이를 거스르며

3 "저들의 사슬을 끊자. 저들의 족쇄를 던져 버리자" 하는구나.

4 하늘에 앉으신 분이 웃으시며 주께서 그들을 비웃으시리라.

5 그러고는 진노하셔서 그들을 꾸짖고 그들을 놀라게 하시며 계 6:16~17

6 "내가 내 왕을 내 거룩한 산 시온에 세웠노라" 하시리라. 3:4;15:1;43:3;삼하 5:7;잠 8:23

7 내가 이제 여호와의 율례를 선포하리라. 그분께서 내게 말씀하셨도다. "너는 내 아들이다. 내가 오늘 너를 낳았노라. 마 3:17;17:5

8 내게 구하여라. 그러면 내가 이방 민족들을 네게 기업으로 주어 온 세상이 네 소유가 되게 하리라. 72:8;89:27;단 7:14

9 너는 그들을 쇠지팡이로 다스리며 토기장이가 자기 그릇을 부숴 버리듯 그들을 부수리라." 욥 34:24;사 30:14;렘 19:11;계 2:27;12:5;19:15

10 그러므로 너희 왕들아, 지혜를 가지라. 너희 세상

통치자들아, 경고를 들으라.

11 여호와를 경외하며 섬기고 떨며 환호하라.

12 그분의 아들께 입을 맞추라. 그러지 않으면 그분이 진노하셔서 가는 길에 네가 멸망하리니 그 진노는 급하시리라. 그러나 여호와를 의지하는 사람은 모두 복이 있도다.

3 다윗의 시 아들 압살롬에게서 달아날 때 지은 시
절망 중에 기도함 여호와여, 내게는 적들이 어찌 이리 많습니까! 나를 거스

복이 있는 사람은 여호와의 율법을 즐거워함

르고 맞서는 사람이 많습니다.

2 많은 사람들이 나를 두고 "그는 하나님께 구원을 얻지 못한다"라고 말합니다. (셀라)

3 그러나 여호와여, 주는 내 방패이시며 내 영광이시며 내 머리를 드시는 분이시니

4 내가 여호와께 큰 소리로 부르짖을 때 주의 거룩한 산에서 내게 반드시 응답해 주십니다. (셀라)

2:6;6:8;34:4,6;60:5;77:1;108:6;142:1

5 내가 누워 잠들었다 깨어나는 것은 여호와께서 나를 붙드시는 것이니 레 26:6;욥 11:18

6 수많은 사람들이 나를 거슬러 둘러쌌다 해도 내가 두려워하지 않겠습니다.

7 여호와여, 일어나소서! 내 하나님이여, 나를 건지소서! 주께서 내 모든 원수들의 턱을 치시고 악인들의 이를 부숴 주소서!

8 구원이 여호와께 있사오니 주의 백성에게 복을 내리소서. (셀라) 사 43:11;계 7:10;19:1

다윗의 시 지휘자를 따라 현악기에 맞춘 노래

4

의로운 제사와 믿음 의로우신 내 하나님, 내가 부를 때 응답하소서. 곤경에서 나를 구원하셨으니 나를 가엾게 여기시고 내 기도를 들으소서.

2 사람들아, 언제까지 내 영광을 더럽히며 헛된 것을 사랑하며 거짓을 구하겠느냐? (셀라) 5:6~7

3 여호와께서 그분을 위해 경건한 사람을 택하셨음을 알라. 내가 부르짖을 때 그분께서 들으실 것이라. 50:5;출 11:7

4 너희는 두려워하며 죄를 짓지 말라. 자리에 누워 조용히 생각하라. (셀라) 엡 4:26

5 의로운 제사를 드리고 여호와를 신뢰하라.

6 많은 사람들이 "누가 우리에게 선한 것을 보여 주겠는가?" 하오니 여호와여, 그 얼굴의 빛을 우리에게 비추소서. 31:16;민 6:26

7 주께서 내 마음에 기쁨을 주셨으니 곡식과 새 포도주가 풍성할 때보다 더합니다.

8 내가 편히 눕고 자기도 하리니 나를 안전한 곳에 살게 하시는 분은 오직 여호와뿐이십니다. 3:5;16:9;레 25:18~19;26:5;신 33:28

다윗의 시 지휘자를 따라 관악기에 맞춰 부른 노래

5

의인의 보호를 위한 기도 여호와여, 내 말에 귀를 기울여 주소서. 내 탄식 소리를 들어 주소서. 39:3

2 내 왕, 내 하나님이여, 내가 주께 기도하오니 도와 달라고 외치는 내 울부짖음에 귀를 기울이소서. 84:3;145:1

3 여호와여, 주께서 아침마다 내 목소리를 들으시니 아침에 내 간구를 주께 아뢰고 주의 응답을 기다립니다. 88:13;미 7:7;합 2:1

4 주는 악을 기뻐하시는 하나님이 아니시니 악인이 주와 함께 있지 못할 것입니다.

5 어리석은 사람들이 주 앞에 서지 못하리니 이는 주께서 악을 행하는 모든 사람들을 미워하시기 때문입니다. 1:5;11:5;합 1:13

6 주께서는 거짓말하는 사람들을 멸망시키고 다른 사람의 피를 흘리고 속이는 사

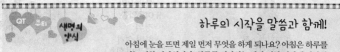

QT 큐티   새영의 양식

하루의 시작을 말씀과 함께!

아침에 눈을 뜨면 제일 먼저 무엇을 하게 되나요? 아침은 하루를 여는 귀한 시간입니다. 하루를 시작하는 가장 귀한 시간에 하나님을 만날 수 있다면 얼마나 좋을까요! 하나님은 우리에게 말씀을 들려주길 원하시고 우리의 기도를 귀 기울여 듣고 싶어 하세요.

다윗은 매일 아침 일찍 일어났어요. 그리고 하루를 시작하기 전에 하나님께 소리 높여 기도했어요(시 5:3). 아침 일찍 일어나 하나님께 기도하는 것은 하나님을 정말 사랑하는 것과 하나님을 의지하는 믿음이 있다는 것입니다. 다윗처럼 아침에 좀 더 일찍 일어나는 습관을 기르세요. 그리고 하루를 시작하기 전에 성경을 읽고 하나님께 기도하는 시간을 가지세요.

람들을 미워하십니다. 42:5;55:23;23:21;8:22:15

7 그러나 나는 주의 크신 은혜를 입고 주의 집에 들어가 경외하는 마음으로 주의 거룩한 성전을 향해 경배할 것입니다. 11:4

8 여호와여, 내게 적들이 있으니 나를 주의 의로운 길로 인도해 주시고 내 얼굴 앞에 주의 길을 곧게 하소서. 23:3;25:4~5;27:11;스 8:21

9 그들의 입에서 나오는 말은 한마디도 믿을 수 없고 그들의 생각은 멸망으로 인도하며 그들의 목구멍은 열린 무덤이며 그들의 혀는 거짓말만 합니다. 잠 2:16;롬 3:13

10 하나님이여, 그들을 멸망시키소서. 자기 꾀에 스스로 빠지게 하소서. 헤아릴 수 없이 많은 죄들이 있으니 그들을 쫓아내소서. 그들이 주께 반역했습니다. 삼하 15:31

11 그러나 주께 피하는 사람들은 모두 기뻐하고 기쁨에 겨워 소리치게 하소서. 주께서 그들을 보호해 주소서. 주의 이름을 사랑하는 사람들이 주 안에서 즐거워하게 하소서.

12 여호와여, 주께서는 분명히 의인들에게 복을 주시고 방패로 두르듯 주의 신실하신 사랑으로 그들을 둘러 주실 것입니다.

다윗의 시, 지휘자를 따라 현악 스미닛에 맞춘 노래

6 대적으로부터 구원을 구하는 기도 여호와여, 주의 노여움으로 나를 꾸짖지 마시고 주의 분노로 나를 벌하지 마소서. 38:1

2 여호와여, 내가 쇠약하오니 나를 가엾게

여기소서. 여호와여, 내 뼈들이 고통당하고 있으니 나를 고쳐 주소서. 4:1;30:2;호 6:1

3 내 영혼이 몹시 떨고 있습니다. 여호와여, 언제까지입니까? 90:13;요 12:27

4 여호와여, 돌아오셔서 나를 구하소서. 주의 신실하신 사랑으로 나를 구원하소서.

5 죽으면 아무도 주를 기억할 수 없으니 누가 무덤에서 주를 찬양할 수 있겠습니까?

6 나는 신음하다 지쳐 버렸습니다. 내가 밤새도록 울어 눈물로 침대를 적셨으며 내 이불도 푹 젖었습니다. 38:9;69:3

7 내 눈은 슬픔으로 희미해지고 내 모든 적들 때문에 약해졌습니다. 욥 17:7;시 31:9;41:5;17

8 너희 악을 행하는 모든 사람들아, 내게서 떠나라. 여호와께서 내 울부짖음을 들으셨도다. 3:4;94:4;119:115;139:19;마 7:23;25:41;눅 13:27

9 여호와께서 내 간청을 들으시고 여호와께서 내 기도를 들어주시리니 55:1;왕상 8:38

10 내 모든 적들이 두려워하며 부끄러움을 당한 후 곧 물러가리라. 14:5;6:9

다윗의 쉬가욘, 베냐민 사람 구시에 관해 여호와께 부른 노래

7 대적으로부터 피난처를 간구하는 기도 여호와 내 하나님이여, 내가 주를 믿습니다. 나를 쫓는 모든 사람들에게서 나를 구원해 건져 주소서. 11:1;31:15

2 그렇지 않으면 나를 구해 줄 이가 아무도 없으니 그들이 사자같이 나를 물어뜯고 갈기갈기 찢어 놓을 것입니다. 50:22;요 10:16

3 여호와 내 하나님이여, 만약 내가 이 일을 했다면, 그래서 내 손에 죄악이 있다면

4 내가 만약 나와 화해한 사람에게 악한 행동으로 갚았거나 내 적에게 아무 이유 없이 빼앗은 것이 있다면 55:20;삼상 24:7;26:9

5 내 적이 나를 쫓아와 붙잡게 하소서. 그가 내 영혼을 짓밟아 나를 땅속에 묻게 하시고 내 영광이 먼지 속에 있게 하소서. (셀라)

6 여호와여, 진노하며 일어나소서. 내 적들에 맞서 일어나 싸워 주소서. 내 하나님이여, 나를 위해 일어나 심판을 명하소서.

셀라(3:2. Selah) 시편에 자주 나오는 말로, 뜻이 확실하지 않으나 음악적인 지시어로 추정됨.

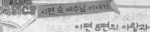
시편 8편의 사람과 예수 그리스도

신약성경을 쓴 저자들은 시편 8편에 나오는 '사람'이 예수 그리스도 안에서 이루어졌음을 선언한다.

예수님은 잠깐 동안 '하늘에 있는 존재, 즉 천사보다 못하게 되었지만, 부활을 통해 영광과 존귀함의 관을 쓰셨다(시 8:5). 하나님은 만드신 모든 것을 예수님이 다스리게 하시고, 모든 것을 예수님의 발아래 두셨다(고전 15:27; 히 2:6-8).

이제 우리는 그리스도를 통해 "여호와 우리 주여, 주의 이름이 온 땅에 어찌 그리 장엄한지요."(시 8:1,9)라는 찬양을 새롭게 드리게 되었다.

---

7 민족들 가운데 모인 무리가 주를 에워싸리니 그들을 위해서 높은 자리로 돌아오소서.

8 여호와께서 그 민족들을 심판하시니 여호와여, 내 의에 따라, 내 안에 있는 내 성실함에 따라 나를 판단하소서.　26:1;35:24;43:1

9 악인들의 악을 끊으시고 의인들을 세워 주소서. 이는 의로우신 하나님이 마음과 생각을 살피는 분이시기 때문입니다.

10 내 방패는 마음이 올바른 사람들을 구원하시는 하나님께 있도다.　11:2;32:11;대하 29:34

11 하나님은 공정한 재판장이시요, 악인들에게는 날마다 분노하시는 분이십니다.

12 사람이 뉘우치지 않으면 그 칼을 가실 것이며 그 활시위를 당겨 준비하십니다.

13 하나님이 죽이는 무기를 준비하시며 불화살을 당길 채비를 하고 계시도다.　엡 6:16

14 보라, 악인이 악을 품고 있으며 해악을 잉태해 거짓을 낳았다.　욥 15:35;사 33:11;59:4;약 1:15

15 그가 땅을 파서 웅덩이를 만들더니 자기가 만든 구덩이에 자기가 빠졌도다.

16 자기가 꾸민 재난이 자신의 머리로 떨어지고 그 포악함이 그의 정수리에 떨어지리라.

17 내가 의로우신 여호와를 찬양하고 지극히 높으신 여호와의 이름을 노래하리라.　9:2

8

온 땅에 충만하신 여호와의 영광　여호와 우리 주여, 주의 이름이 온 땅에 어찌 그리 장엄한지요! 주께서 그 영광을 하늘 위에 두셨습니다.

2 어린아이들과 젖먹이들의 입으로 찬양하게 하셨으니 주께서 대적들과 원수들과 보복하는 사람들을 잠잠하게 하시려는 것입니다.　44:16;851 16:19;마 11:25;21:16;고전 1:27

3 주의 손가락으로 만드신 주의 하늘과 주께서 달아 놓으신 달과 별들을 생각해 봅니다.　111:2;창 1:16;율 8:19;31:18

4 사람이 무엇이기에 주께서 이렇게 마음을 쓰시며 인자가 과연 무엇이기에 이토록 돌봐 주십니까?　창 1:12:11;50:24;욥 7:17;25:6;히 2:6-8

5 주께서 사람을 *하늘에 있는 존재보다 조금 못하게 만드시고 영광과 존귀함의 관을 씌우셨습니다.　21:5;창 1:26

6 또 주의 손으로 만드신 것을 사람이 다스리게 하시고 모든 것을 사람의 발아래 두셨습니다.　창 1:26,28;마 28:18;고전 15:27

7 곧 모든 양들, 소들, 들짐승들,

8 공중의 새들, 바다의 물고기들, 바닷길을 헤엄쳐 다니는 모든 것들을 다스리게 하신 것입니다.

9 여호와 우리 주여, 주의 이름이 온 땅에 어찌 그리 장엄한지요!

9

심판하시는 하나님을 찬양　오 여호와여, 내가 온 마음을 다해 주를 찬양하겠습니다. 주께서 행하신 놀라운 일들을 내가 모두 말하겠습니다.

2 내가 주를 기뻐하고 즐거워하며 가장 높으신 주의 이름을 찬양하겠습니다.　5:11

3 주 앞에서는 내 적들이 뒤돌아서다가 넘어져 멸망할 것입니다.

4 주께서 내 권리와 내 사정을 변호해 주셨으며 주의 옥좌에 앉으셔서 나를 의롭게 심판하셨습니다.　29:10;140:12

5 또 이방 민족들을 꾸짖으시며 악인들을

멸망시키시며 그들의 이름을 영원히 지워 버리셨습니다. 68:30;신 9:14;29:20;잠 10:7

6 적들이 멸망해 영원히 사라지고 주께서 그들이 살던 성들을 뿌리째 뽑으셔서 이 제 아무도 그 성을 기억하지 못합니다.

7 오직 여호와만이 영원히 다스리십니다. 여호와께서 심판하시기 위해 옥좌를 준비하셨습니다. 102:12;마 5:19

8 주께서는 세상을 의롭게 심판하실 것이며 모든 민족을 다스리실 것입니다. 58:11;96:10

9 여호와는 억압받는 사람들의 피난처이시며 환란 때 피할 요새이십니다. 삼하 22:3;잠 18:10

10 여호와여, 주의 이름을 아는 사람은 주를 신뢰할 것입니다. 이는 주를 찾는 사람들을 주께서 결코 버리지 않으시기 때문입니다. 9:14

11 시온에 계시는 여호와를 찬양하라. 주께서 하신 일들을 온 세상에 선포하라.

12 살인자에게 복수하시는 하나님께서 고통당하는 사람을 기억하시며 그들의 울부짖음을 모른 척하지 않으시리라. 18:32;창 9:5

13 오 여호와여, 나를 미워하는 사람들이 나를 어떻게 괴롭히는지 보소서. 나를 불쌍히 여기시고 죽음의 문에서 나를 들어 올리소서. 4:1;욥 38:17

14 그리하시면 내가 시온 성문에서 주를 높이 찬양하며 주께서 나를 구원하신 일을 찬양하며 기뻐할 것입니다. 왕하 19:21

15 이방 민족들은 자기들이 판 구덩이에 빠졌으며 자기가 쳐 놓은 그물에 발이 걸렸구나.

16 여호와께서 의로운 재판으로 자신을 알리셨으니 악인이 자기 손으로 한 일로 덫에 걸렸도다. (히가욘, 셀라) 출 7:5;14:4

17 악인들은 지옥으로 갈 것이나 하나님을 잊은 모든 민족들도 다 그렇게 될 것입니다.

18 그러나 궁핍한 사람들이 항상 잊어지지는 않을 것이며 가난한 사람들의 소망이 영원히 없어지지는 않을 것입니다. 잠 23:18

19 여호와여, 일어나소서! 사람이 승리하지 못하게 하시고 이방 나라들이 주 앞에서 심판을 받게 하소서. 3:7;10:18

20 여호와여, 그들이 두려움에 떨게 하시고 자기들이 한낱 사람일 뿐임을 알게 하소서.

10 악한 자들의 악압에서 구원을 간구하는 기도 오 여호와여, 어찌하여 멀리 서 계시며 어찌하여 내가 어려울 때 숨어 계십니까? 9:9;13:1;22:1,11,19

2 악인들이 교만하게 가난한 사람들을 학대하니 악인들이 자기 꾀에 넘어가게 하소서.

3 악인들은 그 마음에 품은 악한 생각을 자랑하고 여호와께서 미워하시는 욕심 많은 사람들을 축복합니다. 138편;94:4;욥 1:5,11;사 3:9

4 악인들은 교만하고 거만해 하나님을 찾지도 않으며 하나님이 없다고 생각합니다.

5 그러나 그 길은 항상 잘되고 주의 심판은 저 멀리 있어 그들에게 미치지 못하니, 악인들은 모든 반대자들에게 코웃음만 칩니다.

6 그는 마음속으로 '나는 절대 흔들리지 않으리니 내게 어려움이 어디 있겠는가?' 합니다. 11,13절;15:5;16:8;21:7;계 18:7

7 그 입은 저주와 거짓과 위협으로 가득 차 있고 그 혀에는 해악과 허영이 있습니다.

8 그는 으슥한 뒷골목에 앉으며 은밀한 곳에서 죄 없는 사람들을 죽입니다. 그가 노리는 것은 가난한 사람들입니다. 합 3:14

9 그는 굴 안에 있는 사자같이 조용히 웅크리고 가난한 사람을 잡으려고 기다리다가 가난한 사람을 잡으면 그물로 덮쳐 끌고 갑니다. 15:17;12:59;3:8;38:40;미 7:2

10 그 잡힌 사람은 굽실거리며 비굴하게 살다 결국에는 그 힘 있는 사람 때문에 쓰러지게 됩니다.

11 그는 마음속으로 '하나님이 잊어버리셨다. 그분이 얼굴을 숨기시고 영원히 보지 않으시리라'고 합니다. 73:11;94:7;욥 22:13;겔 8:12;9:9

12 오 여호와여, 일어나소서! 오 하나님이여, 주의 손을 높이 드소서. 힘없는 사람들을 잊지 마소서. 3:7;9:12,18;미 5:9

13 어째서 악인들이 하나님을 모독하게 내버

해악 (7:14, 흉흉, trouble) 해로움과 악함. 8:5 또는 '하나님보다', '천사보다.' 히브리어로 '엘로힘.' 사정 (9:4, 事情, cause) 일의 형편이나 까닭.

려 두십니까? 그들이 속으로 '주께서 벌을 주지 않으시리라'고 합니다. 3절9:12

14 그러나 주께서는 그것을 보셨습니다. 그 학대와 억울한 것을 보시고 주의 손으로 갚아 주시려고 하시니 가난한 사람들이 그 몸을 주께 맡깁니다. 주께서는 고아들을 도와주시는 분입니다. 딤후1:12;벧전4:19

15 악인들과 악을 행하는 사람들의 팔을 부러뜨리소서. 모두 없어질 때까지 그 악함을 들춰내소서. 37:17,36;사41:12

16 여호와께서는 영원토록 왕이 되시리니 이 방 민족들이 그 땅에서 사라질 것입니다.

17 여호와여, 주께서는 힘없는 사람들의 소원을 들으셨습니다. 주께서 그들을 위로해 주시고 그 울부짖음에 귀 기울이시어

18 고아들과 억압당하는 사람들의 변호를 맡아 주실 것입니다. 그러면 세상에 다시는 억압당하는 사람이 없을 것입니다.

다윗의 시 지휘자를 위한 노래

11 의인의 안전
내가 여호와를 의뢰하는데 어쩌서 너희가 내 영혼에게 "새처럼 산으로 피하여라" 하고 말하느냐?

2 보라, 악인들이 화살을 활에 대어 당기고 마음이 바른 사람을 남몰래 쏘려 하고 있구나. 7:10,12;21:12;58:7;64:4;렘9:3

3 기초가 무너지고 있는데 의인들이라고 별수 있겠는가? 82:5;사19:10;겔30:4

4 여호와께서 그분의 거룩한 성전에 계시고 여호와의 옥좌는 하늘에 있으니 그분이 눈을 열어 사람들을 지켜보신다. 마5:34

5 여호와께서는 의인들을 시험하시고 악한 사람들과 폭력을 좋아하는 사람들을 미

위하신다. 5:5;창22:1;약1:12

6 악인들에게는 덫과 불과 유황과 무서운 혼란을 비 오듯 쏟아부으실 것이니 그것이 그들의 몫이 되리라. 창19:24;욥18:15;21:20

7 의로우신 여호와께서는 의를 사랑하시니 정직한 사람은 그분의 얼굴을 보리라.

다윗의 시 '스가'에 맞춰 쓴 시 지휘자를 위한 노래

12 입술에 대한 경계
여호와여, 도우소서. 경건한 사람이 끊어졌습니다. 신실한 사람들이 사람의 자손들 가운데서 사라지고 말았습니다.

2 이웃 간에 서로 거짓말만 하고 입술로는 아부하고 두 마음을 품습니다. 롬16:18;약1:8

3 여호와께서 아부하는 입술과 자랑하는 혀를 모두 잘라 버리시라라. 17:10;단7:8;계13:5

4 그들이 "우리가 우리의 혀로 이길 것이다. 입술은 우리 것인데 누가 우리를 제어하겠는가?"라고 하지만

5 여호와의 말씀에 "가난한 사람이 억압당하고 궁핍한 사람이 신음하면 그때는 내가 일어나 고통스럽게 하는 사람들로부터 지켜 주리라" 하셨도다. 9:12;10:5;82:8;사33:10

6 여호와의 말씀은 순결해서 흙 도가니에서 일곱 번 걸러 낸 은과 같도다. 18:30;잠30:5

7 오 여호와여, 주께서 우리를 안전하게 지켜 주시고 이 세대로부터 우리를 영원히 보존하소서.

8 타락한 사람들이 높임을 받고 악인들이 곳곳에서 판을 치고 있습니다.

다윗의 시 지휘자를 위한 노래

13 대적으로부터 구원을 간구하는 기도
오 여호와여, 얼마나 더 나를 잊고 계

도가니에서 걸러 낸 은

정련공은 활활 타오르는 뜨거운 불속으로 은이 든 집어넣어 은 속에 섞여 있는 불순물과 찌꺼기들을 제거한다.

시편 12편에서는 여호와의 말씀을 불순물이 완전히 없어진 은에 비유하고 있다.

이것은 악인들의 말과 전혀 다르게 하나님의 말씀에는 어떤 찌꺼기도 포함되어 있지 않고 순결하다는 것을 의미한다. 또 "일곱 번 걸러 낸 은과 같다."라고 한 것은 하나님의 말씀은 완전하고 부족함이 없으며 거룩하다는 것을 표현한다. 시편 12편을 쓴 다윗은 악인들의 더러운 말을 듣지만 똑같이 대응하지 않을 것이며, 하나님이 완전하고 거룩한 말씀으로 자신을 보호하실 것이라고 말한다.

시겠습니까? 영원히 그리 하시렵니까? 주의 얼굴을 얼마나 더 내게서 감추시겠습니까?
시13:24;시4:5;20

2 언제까지 내가 걱정해야 하며 언제까지 내가 슬퍼해야 합니까? 도대체 얼마나 더 내 적들이 내 위에 있겠습니까?
77:6

3 오 여호와 내 하나님이여, 나를 보시고 응답하소서. 내 눈을 뜨게 하소서. 내가 죽음의 잠에 빠질 것 같습니다.
스 9:8;잠 29:13

4 그러면 내 적이 "내가 그를 이겼다" 하고 내가 흔들릴 때 나를 괴롭히던 사람들이 기뻐할 것입니다.
10:6;25:2;30:1;시 32:27

5 그러나 나는 주의 변함없는 사랑을 믿습니다. 내 마음이 주의 구원을 기뻐합니다.

6 주께서 내게 은혜를 베푸셨으니 내가 여호와를 찬송할 것입니다.
103:10;116:7;119:17

14 불신앙의 어리석음과 악인의 불행 어리석은 사람들은 그 마음속으로 '하나님이 없다'고 말합니다. 그들은 썩었고 가증스러운 죄악을 저지른 사람들이며 선을 행하는 사람이라고는 하나도 없습니다.
1~7절؛롬 3:10~12

2 여호와께서 하늘에서 사람의 자손들을 내려다보시며 지각이 있는 사람이 있는지, 하나님을 찾는 사람이 있는지 살펴보셨지만

3 모든 이들이 곁길로 돌아섰고 다 함께 썩어 선을 행하는 사람이라고는 없으니 정말 하나도 없습니다.
욥 15:16

4 악을 행하는 사람들아, 무지해서 그러느냐? 그들이 내 백성을 떡 먹듯 삼키고 나 여호와를 부르지도 않는구나.
렘 4:22;10:25

5 하나님이 의인의 세대와 함께 계시니 거기서 악한 사람들은 두려움에 사로잡혔습니다.
24:6;73:15

6 너희가 가난한 사람의 계획을 비웃었지만 오직 여호와께서 그들의 피난처가 되시리라.
46:1;61:3;62:7~8;91:2;142:5

7 오 이스라엘의 구원이 시온에서 나오게 하소서! 여호와께서 그 포로 된 백성을 자유롭게 하실 때 야곱이 즐거워하고 이스라엘

이 기뻐할 것입니다.
욥 42:10;렘 30:18

15 의인의 특성 여호와여, 주의 장막 안에 살 사람이 누구입니까? 주의 거룩한 산에 살 사람이 누구입니까?

2 올바르게 행동하고 의를 행하며 마음으로 진실을 말하고
잠 28:18;사 6:1;요 1:47;엡 4:25;잠 3:9

3 혀로 헐뜯는 말을 하지 않으며 이웃에게 해를 입히지 않고 동료에게 누명을 씌우지 않으며
34:13;출 23:1;레 19:16

4 타락한 사람을 경멸하고 여호와를 경외하는 사람을 존경하며 손해를 봐도 맹세를 지키며
삿 11:35;마 3:2

5 돈을 빌려 주면서 이자를 많이 받지 않고 뇌물을 받지 않고 죄 없는 사람을 억울하게 하지 않는 사람입니다. 이렇게 행동하는 사람은 절대로 흔들리지 않을 것입니다.

16 의인의 기쁨과 안전 오 하나님이여, 내가 주를 신뢰합니다. 나를 지켜 주소서.
11:1

2 내 영혼이 여호와께 고백합니다. "주는 내 주시니 주를 떠나서는 어디에도 내 행복이 없습니다."
73:25

시편 15편에 나타난
생활 속에서 하나님을 만나는 방법

- 올바르게 행동한다.
- 의를 행한다.
- 진실을 말한다.
- 헐뜯는 말을 하지 않는다.
- 이웃에게 해를 입히지 않는다.
- 누명을 씌우지 않는다.
- 타락한 사람을 경멸한다.
- 하나님을 경외하는 사람을 존경한다.
- 약속한 것을 반드시 지킨다.
- 부당한 이자를 받지 않는다.
- 뇌물을 받지 않는다.
- 죄 없는 사람을 억울하게 하지 않는다.

3 이 세상에 있는 성도들은 고귀한 사람들입니다. 그들과 함께하는 것이 내 기쁨입니다.

4 다른 신을 좇는 사람들은 더욱 근심하게 될 것입니다. 나는 우상들에게 피의 잔을 바치지 않고 그 이름들도 내 입술에 올리지 않을 것입니다. 삿 23:13◇237

5 여호와께서는 내 *재산이시며 내가 마실 잔이시니 주께서 내가 받을 몫을 지켜 주십니다.

6 내게 주신 땅은 아름다운 곳에 있으니 내가 정말 좋은 곳을 내 몫으로 받았습니다.

7 내게 조언해 주시는 여호와를 찬양합니다. 앞이 캄캄할 때도 내 속에서 갈 길을 알려 주시니 7:9:17:3:42:8:삼상 23:9~12:삼하 5:18~19

8 내가 여호와를 항상 내 앞에 모셔 둡니다. 주께서 내 오른쪽에 계시니 내가 흔들리지 않을 것입니다. 10:6:15:5:109:31:110:5:웁 225~28

9 그러므로 내 마음이 기쁘고 뛸 듯이 즐거워하며 내 몸도 안전할 것입니다. 살 49:6

10 주께서 내 영혼을 지옥에 버려두지 않으시고 주의 거룩한 분께서 썩지 않게 하실 것입니다. 9:17:30:3:읍 21:13:막 1:24:행 13:35

11 주께서 내게 생명의 길을 보여 주시리니 주 앞에서는 기쁨이 항상 넘칠 것이요, 주의 오른손에는 영원한 즐거움이 있을 것입니다. 17:51:21:6:36:8:65:4:마 7:14

17 대적으로부터 구원을 간구하는 기도 오 여호와여, 내 의로움을 들으소서. 내 울부짖음을 돌아보소서. 내 기도에 귀 기울이소서. 거짓 없는 내 기도를 들어 주소서. 61:1:142:6:렘 7:16

2 주는 언제나 공정하신 분이십니다. 주의 눈으로 결백하게 살펴봐 주십시오. 26:1

3 주께서 내 마음을 자세히 살펴보시고 밤에도 나를 살피셨습니다. 나를 시험해 보신다 해도 아무것도 찾지 못하실 것입니다. 나는 내 입술로 죄짓지 않기로 작정했

16:5 또는 '기업', '유업', '산업'. 그룹 (18:10, cherubim) 특정한 계급의 천사를 가리킨다. 은신처(18:11, 隱身處, covering) 몸을 숨길 수 있는 장소.

습니다. 삿 7:4:삼 23:10:33:15:숙 13:9:말 3:2~3:벧전 1:7

4 다른 사람들이 어떠하든 나는 주의 입술의 말씀으로 멸망하는 사람들의 길에서 나 자신을 지켰습니다.

5 내가 주의 길을 가도록 붙잡아 주셔서 내 발이 미끄러지지 않게 하소서. 44:18:읍 23:11

6 오 하나님이여, 주께서 응답하실 줄 알고 내가 주를 부릅니다. 내게 귀를 기울이시고 내 말을 들으소서. 31:2:86:6~7:116:1~2

7 주를 신뢰하는 사람들을 그 적들에게서 오른손으로 구원하시는 주여, 주의 크고 놀라운 사랑을 보여 주소서. 31:21:44:5:59:1

8 나를 주의 눈동자처럼 지켜 주시고 주의 날개 그늘 아래 숨기셔서 23:37:숙 13:34

9 나를 공격하는 악인들에게서, 나를 둘러싸고 죽이려는 내 적들에게서 지켜 주소서.

10 그들은 자기 뱃속만을 기름으로 채우고 입으로 거만하게 말합니다. 삼상 2:3:읍 15:27

11 그들이 나를 쫓아와서 나를 에워싸고 땅에 메어치려고 노려보고 있습니다. 62:4

12 마치 먹이에 굶주린 사자 같기도 하고 웅크린 채 숨어 있는 젊은 사자 같기도 합니다.

13 오 여호와여, 일어나소서. 그들을 끌어내리고 던져 버리소서. 주의 칼로 악인들에게서 나를 건져 내소서. 사 10:5:렘 51:20

14 오 여호와여, 주의 손으로 이런 사람들에게서 나를 구하소서. 그들은 자기들의 몫을 다 받고 사는 사람들입니다. 그들은 주의 재물로 자신들의 배를 채우고 그 자식들도 풍족히 먹이고 남은 재산을 자식에게 남겨 주었습니다. 마 6:2:5:16:눅 16:8:25

15 나는 떳떳하게 주의 얼굴을 볼 것입니다. 내가 일어날 때 주를 닮아 가는 것으로 만족할 것입니다. 읍 33:26:사 26:19:린 12:2:요일 3:2

18 구원의 하나님을 노래할 내 힘이 되신 여호와여, 내가 주를 사랑합니다.

2 여호와는 내 바위이시요, 내 산성이시요, 나를 건져 내는 분이시며 내 힘이신 내 하

나님은 내가 피할 바위이십니다. 내 방패,
내 구원의 뿔, 내 산성이십니다. _{눅 1:69}

3 찬양받아 마땅하신 여호와를 내가 부르니
내가 내 적들로부터 구원을 받을 것입니다.

4 죽음의 줄이 나를 얽어매고 멸망의 급류
가 나를 압도하며 _{32:6;116:3;119:61}

5 지옥의 줄이 나를 감아 매고 죽음의 덫이
나를 막아섰습니다.

6 내가 고통 가운데 여호와를 부르고 내 하
나님께 도와 달라고 울부짖었습니다. 주
께서 성전에서 내 목소리를 들으셨으니 내
울부짖는 외침이 주의 귀에 들렸습니다.

7 땅이 흔들리며 떨었고 산이 그 기초부터
떨리고 흔들린 것은 그분이 진노하셨기
때문입니다. _{삿 5:4;행 4:31;16:26}

8 주의 코에서 연기가 피어오르고 그분의
입에서는 불이 나와 삼키며 그 불로 숯덩
이에는 불이 붙었습니다. _{21:9}

9 주께서 하늘을 아래로 드리우고 내려오셨
는데 주의 발아래에는 어둠이 있었습니다.

10 주께서 그룹을 타고 하늘을 나셨습니다.
바람 날개로 하늘 높이 날아오르셨습니다.

11 주께서 어둠을 은신처로 삼으시고 물과
하늘의 먹구름으로 장막을 만드셨습니다.

12 그 앞의 광채로부터 구름이 지나갔고 우
박과 숯불이 함께 떨어졌습니다. _{수 10:11}

13 여호와께서 하늘에서 천둥같이 고함을 치
시니 지극히 높으신 분의 목소리가 우박

과 숯불과 함께 쩡쩡 울렸습니다. _{삼상 2:10}

14 주께서 화살을 쏘아 적들을 흩으시고 번
개를 쏘아 그들이 쩔쩔매게 하셨습니다.

15 오 여호와여, 주의 꾸짖음 소리와 주의 콧
김에 바다 계곡이 드러나고 땅의 기초가
드러났습니다. _{42:1;106:9;창 15:8;욥 36:30;37 1:20;나 1:4}

16 주께서 높은 곳에서 손을 뻗어 나를 꼭 붙
잡아 주셨으며 깊은 물속에서 나를 건져
내셨습니다. _{32:6;144:7;출 2:10;욥 22:11}

17 주께서 강력한 내 적들에게서, 나를 미워
하는 사람들에게서 나를 구해 내셨습니
다. 그들은 나보다 강한 사람들이기 때문
입니다. _{142:6}

18 그들이 내 재난의 날에 나를 막아섰지만
여호와께서 내 도움이 되셨습니다.

19 주께서 나를 안전한 곳으로 데려가셨습니
다. 그분이 나를 기뻐하셨기에 나를 건져
주신 것입니다. _{36:8;22:8;31:8;118:5;삼하 15:26}

20 여호와께서 내 의로움에 따라 상을 주시
고 내 손이 깨끗했기에 내게 보상해 주셨
습니다. _{7:8;삼상 24:19;26:23;왕상 8:32;욥 22:30}

21 내가 여호와께서 명하신 길을 지켰고 내
하나님에게서 돌아서서 악을 행하지 않았
습니다. _{창 18:19;잠 8:32}

22 나는 주의 모든 법을 지켰고 주의 명령을
멀리한 적이 없습니다. _{119:30,102}

23 나는 주 앞에 흠 없이 살고 내 자신을 지
켜 죄를 짓지 않았습니다. _{창 17:1;왕상 14:8}

다윗이 찬양한 하나님

다윗은 하나님의 마음에 맞는 사람이었지만(삼상 13:14), 평생 고난과 어려운 처지에 놓이곤 했다. 사울의 시기
를 받아 억울하게 피해 다니는 도망자 신세가 되기도 했고(삼상 19~27장), 아들 압살롬의 반란으로 쫓기는 아픔
도 경험하기도 했다(삼하 15장). 그러나 고난을 겪는 동안 하나님의 돌보심과 크신 사랑을 경험하며(시 23:1~6) 다
윗은 하나님을 이렇게 찬양했다.

반석, 요새	적으로부터 보호받을 수 있도록 높은 곳에 마련해 놓은 피난처나 방어 장소이다.
건지시는 자	사울과 같은 악한 사람에게서 구원해 주시는 손길을 표현한 것이다.
바위	하나님이 그분의 백성을 지원하고 방어해 주심을 표현한 것이다.
방패	적으로부터 온몸을 막아 주시는 분이다.
뿔	힘, 능력의 상징으로 하나님이 우리를 능히 구원하실 수 있는 분임을 의미한다.
산성	안전한 곳으로, 적으로부터 보호하시는 하나님을 표현한 것이다.

24 그래서 여호와께서 내 의로움에 따라 보
상해 주시고 여호와 보시기에 내 손이 깨
끗했기에 갚아 주신 것입니다.

25 신실한 사람들에게는 주의 신실함을 보이
시고 흠 없는 사람들에게는 주의 흠 없음
을 보이시며 마 5:7

26 순결한 사람들에게는 주의 순결함을 보
이시고 마음이 비뚤어진 사람들에게는
주의 빈틈없음을 보이십니다. 신 11:12;잠 7:42;롬 1:28

27 주께서는 고통받는 사람들을 구원하시고
교만한 눈들을 낮추십니다. 101:5;잠 3:7

28 오 여호와여, 주께서 내 등불을 켜 주시고
내 하나님께서 나를 둘러싼 어둠을 밝혀
주셨습니다. 삼하 21:17;왕상 11:36;15:4;왕하 8:19

29 주의 도움으로 내가 군대들과 맞섰고 내
하나님과 함께 담을 기어올랐습니다.

30 하나님의 길은 완전하고 여호와의 말씀은
흠이 없으니 주께서는 자기를 신뢰하는
모든 사람들의 방패가 되십니다. 마 5:48

31 여호와 외에 누가 하나님이겠습니까? 우
리 하나님 외에 든든한 바위와 같은 이가
누구겠습니까? 2절;86:8

32 내게 힘을 주시고 내 길을 완전하게 하시
는 분은 하나님이십니다. 삼상 2:4;욥 22:3;사 45:5

33 주께서 내 발을 암사슴의 발과 같이 만드
시고 나를 높은 곳에 세우십니다. 신 32:13

34 주께서 나를 훈련시켜 싸우게 하시니 내
팔이 놋쇠로 만든 활을 당길 수 있습니다.

35 주께서 내게 주의 구원의 방패를 주셨고
주의 오른손이 나를 붙드시며 주의 온유
함이 나를 크게 하셨습니다. 20:2;사 63:9

36 주께서 내가 가는 길을 넓혀 주셔서 내 발
이 미끄러지지 않았습니다. 19절;31:8;잠 4:12

37 내가 내 적들을 쫓아가서 잡았으며 그들
을 멸망시키기까지 물러서지 않았습니다.

38 내가 그들이 일어서지 못하게 쳤더니 그들
이 내 발아래 엎어졌습니다.

39 주께서 나를 힘으로 무장시켜 싸우게 하시
고 적들을 내 발아래 굴복하게 하셨습니다.

40 주께서 내 적들이 물러나 도망치게 해 나를
미워하던 사람들을 멸망하게 하셨습니다.

41 그들이 도와 달라고 울부짖었지만 그들을
구원할 사람이 아무도 없었습니다. 그들
이 여호와께 부르짖었지만 주께서는 응답
하지 않으셨습니다. 용 27:9

42 그때 내가 그들을 쳐서 바람에 날리는 먼
지같이 가루로 만들었고 길거리의 진흙같
이 그들을 쏟아 버렸습니다. 왕하 13:7

43 주께서 사람들의 공격에서 나를 건져 내
시고 나를 이방 민족들의 머리로 삼으셨
으니 내가 알지도 못하는 민족이 나를 섬
깁니다.

44 그들이 내 말을 듣자마자 곧바로 순종하
고 이방 사람들이 내 앞에서 복종합니다.

45 이방 사람들이 사기가 떨어져 자기들의
요새에서 떨며 나옵니다. 미 7:19

46 여호와께서는 살아 계십니다! 내 반석을
찬양합니다! 내 구원의 하나님을 높여 드
립니다!

47 주께서 나를 위해 원수를 갚아 주시고 민
족들이 내게 복종하게 해 주십니다.

48 주께서 내 원수들에게서 나를 건져 내셨
습니다. 주께서 내게 맞서는 사람들보다
나를 높이시고 난폭한 사람들에게서 나
를 구해 내셨습니다. 59:1;140:1

49 오 여호와여, 그러므로 내가 이방 민족들
가운데서 주께 감사하고 주의 이름을 찬
양하겠습니다. 66:4;롬 15:9

50 여호와께서 자기가 세운 왕에게 큰 구원
을 안겨 주시며 그 기름 부은 이에게 변함
없는 자비를 베풀어 주시니 다윗과 그 자
손에게 영원토록 베풀어 주십니다.

다윗의 시. 지휘자를 위한 노래

19

하나님의 창조와 그의 율법을 찬양함 하
늘이 하나님의 영광을 선포하고 창
공이 그 손으로 하신 일을 보여 줍니다.

2 날이면 날마다 말씀을 쏟아붓고 밤이면
밤마다 지식을 나타냅니다.

3 말도 언어도 없고 들리지도 않는

4 그 소리가 온 땅에 퍼져 나가고 그 말들이
세상 끝까지 이릅니다. 그분이 해를 위해
저 하늘에다 장막을 치셨습니다. 롬 10:18

5 해가 자기 방에서 나오는 신랑같이, 경주
하는 힘센 장사같이 기뻐하며 삿 5:31;율 2:16

6 하늘 이 끝에서 올라와 반원을 그리며 하
늘 저 끝으로 집니다. 그 뜨거운 열기를 피
해 숨을 사람이 아무도 없습니다.

7 여호와의 율법은 완전해서 영혼을 되살리
고 여호와의 증거는 확실해서 어리석은 사
람을 지혜롭게 만들며 마 11:25;롬 7:12;고전 1:27

8 여호와의 율법은 올바르니 마음에 기쁨을
주고 여호와의 계명은 순전해서 눈을 밝
혀 줍니다. 12:6;13:3;103:18;111:7;119:4,27

9 여호와를 경외하는 것은 신성하며 영원히
지속되며 여호와의 판결은 참되고도
의롭습니다. 119:142,151,160

10 이는 금보다, 순금보다 더 귀하고 벌집에
서 뚝뚝 떨어지는 꿀보다 더 답니다.

11 주의 종들이 이것들로 경고를 받아 이를
지키면 큰 상이 있습니다. 잠 29:18

12 누가 자기 실수를 낱낱이 알 수 있겠습니
까? 내게 감춰진 잘못을 깨끗하게 하소
서.

13 또한 주의 종이 알고도 죄짓는 일이 없게
하시고 그 죄가 나를 지배하지 못하게
하소서. 그러면 내가 흠이 없게 되고
큰 죄에서 결백할 것입니다.

14 오 여호와여, 내 반석이여, 나를
구원하신 주여, 내 입의 말과
내 마음의 묵상이 주께서 받으
실 만한 것이 되기를 원합니다.

다윗의 시 지휘자를 위한 노래

20

다른 사람의 축복을 위
한 기도 네가 고통당
하고 있을 때 여호와께서 네게
응답하시고 야곱의 하나님의
이름이 너를 보호해 주시며

2 성소에서 너를 도와주시고 시온
에서 너를 붙들어 주시기 원하
노라.

3 네가 드린 모든 제물을 기억하시고
네 번제를 받으시기를 바라노라. (셀라)

4 네 마음에 소망을 주시고 네 모든 계획을

이뤄 주시기를 바라노라. 21:2

5 우리가 네 승리로 인해 기뻐 소리칠 것이
며 우리 하나님의 이름으로 우리 깃발을
높이 세울 것이라. 여호와께서 네 모든 간
구를 이뤄 주시기를 바라노라. 출 17:15

6 여호와께서 그 기름 부으신 이를 구원하
시는 줄 이제 내가 알았도다. 그분이 구원
하시는 그 오른손의 힘으로 거룩한 하늘
에서 그에게 응답하시니 28:8

7 어떤 이는 전차를 의지하고 어떤 이는 말
을 믿으나 우리는 여호와 우리 하나님의
이름을 믿노라. 삼상 17:45;대하 32:8;잠 21:31;사 31:1

8 그들은 엎드러지고 쓰러지겠으나 우리는
일어나서 굳건히 서리라.

9 여호와여, 구원하소서! 우리가 부를 때 왕
이시여, 응답하소서!

다윗의 시 지휘자를 위한 노래

21

왕의 축복과 하나님의 진노를 생각나게
하심을 찬양함 오 여호와여, 우리 왕
이 주의 힘으로 인해 기뻐할 것입니다. 주께
서 주신 구원으로 그가 몹시 기뻐합니다.

2 주께서 그의 마음에 소망을 주셨고 그의

아름다운 세상을 보고 하나님의 영광을 노래함

기도를 물리치지 않으셨습니다. (셀라)

3 주께서 풍성한 복으로 그를 맞아 주시고 그의 머리에 순금 왕관을 씌우셨습니다.

4 그가 주께 생명을 구하였더니 주께서 주셨습니다. 영원토록 오래 살게 해 주셨습니다.

5 주의 구원으로 인해 왕이 크게 영광을 받았으며 주께서 영예와 위엄을 그에게 내려 주셨습니다. 8:5;45:3;96:6

6 주께서 그에게 영원한 큰 복을 베풀어 주셨고 주의 얼굴을 보고 뛸 듯이 기뻐하게 하셨습니다. 16:11;45:7;사 19:24;겔 34:26

7 왕이 주를 굳게 의지하기 때문입니다. 지극히 높으신 분의 변함없는 사랑으로 인해 그가 결코 흔들리지 않을 것입니다.

8 왕이여, 왕의 손이 왕의 모든 적들을, 왕의 오른손이 왕을 미워하는 사람들을 찾아낼 것입니다. 사 10:10

9 왕이 분노할 때 가마처럼 그들을 불태울 것입니다. 여호와께서도 진노하시며 그들을 삼키실 것이니 그 불이 그들을 살라 먹을 것입니다. 욥 20:26;사 26:11;언 7:10;욥 3:5;말 4:1

10 왕은 그들이 낳은 것들을 이 땅에서, 그 자손을 인류 가운데서 멸망시킬 것입니다.

11 그들이 왕에게 악한 일을 행하려고 못된 짓을 꾸미지만 이루지 못할 것입니다.

12 그들이 그들의 얼굴에 활을 겨누면 그들이

등을 돌려 달아나게 될 것입니다. 7:12

13 여호와여, 주의 힘으로 높임을 받으소서. 우리가 주의 능력을 노래하며 찬양하겠습니다.

다윗의 시, 지휘자를 위해 아얠렛샤할에 맞춰 쓴 노래

22 오실 메시아에 대해 찬양함 내 하나님이여, 내 하나님이여, 왜 나를 버리셨습니까? 왜 이토록 멀리 계셔서 나를 돕지 않으시고 내 신음 소리를 듣지 않으십니까? 마 27:46;막 15:34;히 5:7

2 오 내 하나님이여, 내가 낮에도 부르짖고 밤에도 외치는데 주께서는 듣지 않으십니까?

3 오 이스라엘이 찬양하는 주여, 주는 거룩하십니다. 9:11,14;65:1;80:1;99:1;102:21;147:12;겔 19:2

4 우리 조상들은 주를 믿었습니다. 그들이 주를 믿었기에 주께서 그들을 건져 내셨습니다.

5 그들이 주께 부르짖어 구원을 얻었습니다. 그들이 주를 믿고 실망하지 않았습니다.

6 나는 사람이 아닌 벌레에 불과하며 사람들의 비웃음거리며 민족들의 멸시 덩어리입니다. 69:19;109:25;욥 25:6;사 41:14;49:7;53:3

7 나를 보는 사람들은 모두 나를 비웃습니다. 그들은 고개를 절레절레 흔들고 입술을 삐쭉거리며 마 27:39~43;막 15:29~32;눅 23:35~36

8 "그가 여호와를 의지한다는데 여호와께서

Bible basics 시편 속 예수님 이야기

시편에 나타난 메시아 예언

시편에는 장차 메시아로 오실 예수님에 대한 이야기들로 가득 차 있다. 예수님의 탄생과 고난, 죽음과 부활, 다시 오심에 이르기까지 예수님에 관한 예언들이 기록되어 있다.

예수님도 "시편에서 나에 대해 기록된 모든 일이 마땅히 이루어져야 한다."(눅 24:44)라고 말씀하셨다. 시편에 나타난 예수님에 관한 예언은 다음과 같다.

본문 내용	성경구절
메시아의 자기 낮춤과 높임	8:4-5
메시아의 부활	16:9-11
메시아의 다스리심	18:43; 93~100편
하나님이 메시아에게 응답하심	20:6
싸움에서 이기고 돌아오는 메시아	21편
그리스도의 고난	22; 69편

그를 구원하시라지. 주가 그를 사랑하신
다니 그를 건지시겠지"라고 합니다. 마 3:17

9 그러나 주께서는 나를 태에서 나오게 하
시고 내가 어머니 젖을 빨 때부터 주께 소
망을 두게 하셨습니다. 71:6

10 나는 태어날 때부터 주의 품에 맡겨졌고
내 어머니의 태에서부터 주께서는 내 하
나님이셨습니다. 사 46:3;49:1;갈 1:15

11 나를 멀리하지 마소서. 고난이 가까이 있
고 도울 사람이 하나도 없습니다. 왕하 14:26

12 많은 소들이 나를 둘러쌌습니다. 바산의
힘센 소들이 나를 에워싸고 있습니다.

13 포효하며 먹이를 찢는 사자처럼 그들이
입을 쩍 벌리고 달려듭니다. 욥 16:10;애 2:11

14 나는 물처럼 쏟아졌고 내 뼈들은 다 어그
러졌습니다. 내 마음은 초가 녹아내리듯
창자 아래로 녹아내렸습니다. 수 2:11;겔 23:16

15 내 힘이 질그릇 조각처럼 말라 버렸고 내
혀는 입천장에 붙어 버렸습니다. 주께서
나를 죽음의 흙바닥에 두신 것입니다.

16 개들이 나를 둘러싸고 악인의 무리가 나
를 에워싸 내 손발을 찔렀습니다. 마 27:35

17 내가 내 뼈들을 다 셀 수 있을 정도가 됐으
므로 사람들이 나를 뚫어져라 쳐다봅니다.

18 그들이 자기들끼리 내 옷을 나누며 내 속
옷을 두고 제비를 뽑습니다. 마 27:35;눅 23:34

19 오 여호와여, 멀리 계시지 마소서. 오 내
힘이시여, 어서 나를 도우소서. 38:22

20 내 목숨을 칼로부터 건져 주시고 하나뿐인
내 목숨을 개들의 세력에서 구해 주소서.

21 사자들의 입에서 나를 구해 주소서. 주께
서는 들소들의 뿔에서 내 말을 들으셨습니
다. 민 23:22;딤후 4:17

22 내가 내 형제들에게 주의 이름을 선포하
고 내가 사람들 가운데서 주를 찬송하겠
습니다. 102:21;마 28:10;요 17:6;20:17;롬 8:29;히 2:12

23 너희 여호와를 경외하는 사람들아, 주를
찬양하라! 너희 야곱의 모든 자손들아, 주
께 영광 돌리라! 너희 이스라엘의 모든 자
손들아, 주를 경외하라! 50:15,23;135:20

24 주께서 고통받는 사람들을 무시하거나 모
른 체하지 않으셨고 그들을 외면하지 않
으셨으며 도와 달라고 울부짖을 때 그 소
리를 들으셨습니다. 10:1,13:1;욥 13:24;사 53:4,7;히 5:7

25 많은 사람들이 모인 가운데 내 찬송이 주
께로부터 나옵니다. 주를 경외하는 사람
들 앞에서 내가 내 서원을 지킬 것입니다.

26 가난한 사람들이 먹고 배부를 것이요, 여
호와를 찾는 사람들이 주를 찬양할 것이
니 너희 마음이 영원히 살리라! 사 25:6

27 땅끝에 사는 사람들이 여호와를 기억하
고 돌아올 것이요, 모든 민족들이 속속

주 앞에 경배하리라. 2:8;67:7;72:11;86:9;96:7;사 49:6

28 그 나라는 여호와의 것이니 그분이 모든 민족들을 다스리신다. 47:8;옵 21장;슥 14:9

29 세상의 모든 부유한 이들이 먹고 경배할 것이며 아무도 자기 영혼을 스스로 살릴 수 없으니 흙으로 돌아가는 모든 사람들이 주 앞에 절하리라. 45:12;72:9;겔 18:27;빌 2:10

30 자손들이 주를 섬길 것이요, 모든 자손들이 주에 대해 전해 들을 것이니 48:13;71:18

31 그들이 와서 앞으로 태어날 민족에게 주의 의를 선포하며 주께서 하신 일을 말하리라. 78:6;86:9;102:18;사 60:3

다윗의 시

23 위험에서 우리를 건지시는 목자 여호와는 나의 목자이시니 내게 부족한 것이 없습니다. 마 6:33;요 10:11

2 그분이 나를 푸른 목장에 눕히시고 잔잔한 물가로 인도하십니다. 겔 34:14;요 10:9

3 내 영혼을 회복시키시고 당신의 이름을 위해 의로운 길로 인도하십니다. 잠 4:11

4 내가 죽음의 그림자가 드리운 골짜기를 지날 때라도 악한 것을 두려워하지 않는 이유는 주께서 나와 함께 계시기 때문입니다. 주의 지팡이와 막대기가 나를 지키시고 보호하십니다.

5 주께서 내 적들 앞에서 내게 상을 베푸시고 내 머리에 기름을 부으셨으니 내 잔이 넘칩니다. 삼하 17:27~29;잠 9:2;눅 7:46;요 6:51

6 내 평생에 선하심과 한결같은 사랑이 진실로 나와 함께

하실 것이니 내가 여호와의 집에서 영원히 살 것입니다.

다윗의 시

24 만물이 왕께 속함 땅과 그 안에 있는 모든 것, 세상과 그 안에 사는 모든 것들이 여호와의 것입니다.

2 여호와께서 바다 위에 땅의 기초를 세우셨으며 물 위에 그 터를 세우셨습니다.

3 누가 여호와의 산에 오르겠습니까? 누가 그 거룩한 곳에 서겠습니까? 3~5절;2:6;15:1~5

4 깨끗한 손과 순결한 마음을 가진 사람, 곧 마음에 헛된 생각을 품지 않으며 거짓으로 맹세하지 않는 사람입니다. 31:6;마 5:8

5 그는 여호와께 복을 받고 구원해 주시는 하나님께 의로운 사람이라고 인정받을 것입니다. 창 22:17~18;사 46:13;56:1

6 이는 여호와를 찾는 세대며 그 야곱의 하나님의 얼굴을 구하는 세대입니다. (셀라)

7 오 너희 문들아, 고개를 들라, 너희 영원한 문들아, 들리라. 영광의 왕이 들어오신다.

8 누가 영광의 왕이신가? 힘 있고 강한 여호와, 전쟁에 강한 여호와이시다. 출 15:3

9 오 너희 문들아, 머리를 들라, 오 너희 영원한 문들아, 열리라. 영광의 왕께서 들어오신다.

10 이 영광의 왕이 누구신가? 만군의 여호와, 그분이 영광의 왕이시다. (셀라)

여호와는 나의 목자이십니다

다윗의 시

25

하나님을 향한 믿음의 표현과 하나님이 주시는 교훈 오 여호와여, 내 영혼이 주를 바랍니다. 애 3:41

2 오 내 하나님이여, 내가 주를 신뢰합니다. 내가 수치를 당하지 않게 하시고 내 적들이 나를 이기지 못하게 하소서. 11:1

3 주께 소망을 둔 사람은 수치를 당하지 않겠고 이유 없이 죄를 짓는 사람들은 수치를 당할 것입니다. 사 49:23;렘 3:20;롬 5:5;벧전 1:20

4 오 여호와여, 주의 길을 내게 보여 주시고 주의 길을 내게 가르쳐 주소서. 출 33:13

5 주의 진리로 나를 인도해 주시고 가르쳐 주소서. 주는 나를 구원하실 하나님이십니다. 내가 하루 종일 주만 바라봅니다.

6 오 여호와여, 오래전부터 있었던 주의 크신 자비와 사랑을 기억하소서. 창 8:1;9:15

7 내가 어릴 적에 지었던 죄들과 내 범죄를 기억하지 마소서. 오 여호와여, 주는 선하시니 주의 사랑으로 나를 기억하소서.

8 여호와는 선하고 올바른 분이십니다. 그러므로 죄인들에게 바른길을 가르치십니다.

9 마음이 따뜻한 사람들을 옳은 길로 인도하시고 그들에게 그 길을 가르치십니다.

10 여호와의 모든 길은 그 약속의 명령을 지키는 사람들에게는 사랑과 진리입니다.

11 오 여호와여, 내 죄가 크다 해도 주의 이름을 위해서라도 용서해 주소서. 23:3

12 그렇다면 여호와를 경외하는 사람이 누구입니까? 주께서 그에게 선택할 길을 가르쳐 주실 것입니다. 롬 5:20

13 그의 영혼이 잘될 것이요, 그의 자손이 이 땅을 유산으로 얻을 것입니다. 잠 1:33;19:23

14 여호와께서는 그분을 경외하는 사람들에게 친밀감을 가지고 그들에게 그 언약을 알리십니다. 욥 29:4;잠 3:7

15 내 눈이 항상 여호와를 바라보는 것은 그분이 내 발을 덫에서 빼내실 것이기 때문입니다. 31:4;123:1~2;141:8;대하 20:12

16 내게 돌아오셔서 은혜를 베풀어 주소서. 내가 외롭고 괴롭습니다. 69:16;86:16;119:132

17 내 마음의 근심이 갈수록 더하니 나를 이 괴로움에서 끌어내 주소서.

18 내 괴로움과 고통을 보시고 내 모든 죄를 용서하소서. 삼하 16:12;욥 10:15

19 내 적들이 얼마나 많이 늘어났는지, 그들이 얼마나 나를 미워하는지 보소서!

20 오, 내 영혼을 지키시고 나를 구해 주소서. 내가 주를 믿고 있으니 내가 수치를 당하지 않게 하소서. 2절

21 내가 주를 바라니 성실함과 정직함으로 나를 보호하소서.

22 오 하나님이여, 이스라엘을 그 모든 고통에서 구원하소서. 34:22;71:23;130:8;삼하 4:9;욥 3:58

다윗의 시

26

의인의 구속을 위한 기도 오 여호와여, 나는 진실하게 살아왔습니다. 나를 변호해 주소서. 내가 여호와를 믿었으니 내가 미끄러지지 않을 것입니다.

2 오 여호와여, 나를 살피시고 시험해 내 마음과 내 생각을 알아보소서. 7:9;17:3;139:23

3 주의 사랑이 항상 내 앞에 있기에 내가 한결같이 주의 진리를 따라 살아갑니다.

4 나는 사기꾼들과 한자리에 앉지 않으며 위선자들과도 어울리지 않습니다. 욥 11:11

5 나는 악을 행하는 사람들의 모임을 싫어하며 악인들과 자리를 함께하지 않습니다.

6 오 여호와여, 내가 결백함을 보이려고 손을 씻으며 주의 제단을 두루 돌겠습니다.

7 감사의 노래를 소리 높여 부르며 주가 하신 놀라운 일들을 모두 말하겠습니다.

8 여호와여, 주께서 사시는 집, 주의 영광이 계시는 곳을 내가 사랑합니다. 27:4

9 죄인들과 함께 내 영혼을, 피 묻은 사람들과 함께 내 생명을 거둬 가지 마소서.

10 그들의 손에 악한 계략이 있고 그 오른손에 뇌물이 가득합니다. 출 23:8;삼 16:19

11 그러나 나는 진실하게 살 것이니 나를 구원하시고 불쌍히 여기소서.

12 내 발이 평탄한 곳에 서 있으니 사람들 가운데서 내가 여호와를 찬양할 것입니다.

다윗의 시

27 의인의 부활에 대한 확신 여호와는 내 빛이시요, 내 구원이시니 내가 무엇을 두려워하겠습니까? 여호와는 내 삶의 힘이시니 내가 누구를 무서워하겠습니까?

출 15:2 시 12:2,60:20:62:11:118:7,8

2 악한 사람들이, 내 원수들이, 내 적들이 내 살을 뜯어 먹으려고 덮칠 때 그들은 걸려 넘어질 것입니다.

14:4

3 군대가 나를 향해 진을 쳐도 내 마음은 두렵지 않을 것입니다. 내게 대항하는 전쟁이 일어나더라도 내가 오히려 담대할 것입니다.

4 한 가지 내가 여호와께 바라는 것이 있으니 내가 찾는 것은 이것입니다. 내가 평생 여호와의 집에 있어 여호와의 아름다움을 바라보고 주의 성전에서 여쭙는 것입니다.

5 고통스러운 날에 주께서 나를 그 장막에 숨겨 주실 것입니다. 그 천막의 은밀한 곳에 나를 숨겨 주실 것입니다. 나를 바위 위에 높이 세워 주실 것입니다.

욥 5:21 사 4:6

6 그때 내 머리가 나를 둘러싸고 있는 적들 위에 높이 들려 올려질 것입니다. 그러면 내가 주의 장막에서 기쁘게 제사를 드리고 여호와께 노래하고 찬양할 것입니다.

7 오 여호와여, 내가 부르짖을 때 들으소서. 나를 불쌍히 여기시고 응답하소서.

30:10

8 주께서 "내 얼굴을 바라보아라!" 하실 때 내 마음이 "오 여호와여, 주의 얼굴을 바라보겠습니다" 했습니다.

24:6;105:4

9 주의 얼굴을 내게서 숨기지 마시고 진노로 주의 종을 외면하지 마소서. 주께서 이제껏 내 도움이 되지 않으셨습니까? 오 내 구원의 하나님이여, 나를 떠나지 마시고 버리지 마소서.

24:5;69:17;102:2;143:7

10 내 부모가 나를 버릴지라도 여호와는 나를 받으실 것입니다.

사 40:11;49:15;63:16

11 오 여호와여, 주의 길을 내게 가르치소서. 내게 적들이 있으니 나를 평탄한 길로 인도하소서.

5:8;25:4;26:12;143:10

12 거짓 증언하는 사람들이 내게 맞서며 일어나 잔혹한 숨을 거칠게 내쉬고 있으니 내 적들이 바라는 곳에 나를 넘겨주지 마소서.

13 살아 있는 사람들의 땅에서 여호와의 선하심을 보리라는 믿음이 없었던들 나는 기력을 잃었을 것입니다.

출 33:19;욥 28:13

14 여호와를 바라보아라. 강하고 담대하게 여호와를 바라보아라.

신 31:7;수 1:6,9,18;잠 20:22

다윗의 시

28 의인의 구원과 악인의 징벌을 간구하는 기도 오 여호와 내 반석이여, 내가 주를 부를 때 가만히 계시지 마소서. 주께서 가만히 계시면 내가 저 아래 구덩이에 내려간 사람들과 뭐가 다르겠습니까?

2 주의 지성소를 향해 손을 들어 주께 부르짖을 때 내 간구하는 소리를 들으소서.

3 악인들과 함께, 죄지은 사람들과 함께 나

를 끌어내지 마소서. 그들은 이웃에게 화 평을 말하지만 마음속에는 못된 생각을 품고 있습니다. `5:9;12:2;26:9;55:21;62:4절9;9:8;3절 32:20`

4 그들의 행위에 따라, 그들이 저지른 악에 따라 갚아 주시며 그들의 손으로 행한 대 로 갚아 주시고 그들이 받아 마땅한 벌을 내려 주소서. `137:8절8 50:15,29;담후 4:14;계 18:6`

5 그들은 여호와의 업적들과 그 손으로 하 신 일들이 안중에도 없습니다. 여호와께 서 그들을 무너뜨리시고 다시는 세우지 않으실 것입니다. `사 5:12;욥 34:27`

6 내 울부짖는 소리를 들으신 여호와를 찬 양합니다. `2절`

7 여호와는 내 힘이시며 내 방패이십니다. 내 마음이 주를 믿으니 주의 도움을 받아 이토록 기뻐합니다. 내가 내 노래로 주께 찬양할 것입니다. `3:3;11:1;69:30`

8 여호와는 백성들의 힘이시요, 그 기름 부 음 받은 이를 구원하는 힘이십니다.

9 주의 백성들을 구원하시고 주의 기업에 복을 주소서. 또 그들의 목자가 돼 영원토 록 그들을 보살펴 주소서. `신 9:29;32:9;왕상 8:51`

다윗의 시

29 번개 속에 나타난 하나님의 권능과 영광 오 너희 힘 있는 사람들아, 영광과 능력을 여호와께 돌려 드리라.

2 그 이름에 합당한 영광을 여호와께 돌려 드리며 그 거룩한 아름다움으로 여호와께

경배하라. `110:3;출 28:2;대상 16:29;대하 20:21`

3 여호와의 음성이 물 위에 있으며 영광의 하나님이 천둥 같은 소리를 내시고 여호와 께서 여러 물 위에 계십니다. `18:11;욥 37:4-5`

4 여호와의 음성은 힘이 있고 여호와의 음성 은 위엄이 가득합니다. `68:33`

5 여호와의 음성은 백향목을 부러뜨리며 여 호와께서 레바논의 백향목을 산산조각 내 십니다. `104:16;상 9:15;사 2:13`

6 그분께서는 레바논이 송아지처럼 뛰게 하 시고 시룐이 들송아지처럼 뛰게 하십니다.

7 여호와의 음성이 번갯불을 쪼개시며

8 여호와의 음성이 광야를 흔드십니다. 여호 와께서 가데스 광야를 흔드십니다.

9 여호와의 음성은 암사슴이 새끼를 낳게 하 시고 숲이 벌겋게 드러나게 하십니다. 그분 의 성전에서는 모두가 "영광!"을 외칩니다.

10 여호와께서 홍수 위에 앉아 계시니 영원 히 왕으로 앉으신 것입니다. `10:16;창 6:17`

11 여호와께서 그 백성들에게 힘을 주시고 그 백성들에게 평안의 복을 주십니다.

다윗의 시 성전 봉헌을 위한 노래

30 성전 봉헌 노래 오 여호와여, 내가 주를 높입니다. 주께서 나를 들 어 올리셨고 내 적들이 나를 보고 즐거워 하지 못하게 하셨습니다. `13:4;25:2`

2 오 여호와 내 하나님이여, 내가 주께 부르 짖었더니 주께서 나를 고쳐 주셨습니다.

3 오 여호와여, 주께서 나를 무덤에서 끌어 올리시고 나를 살려 내셔서 내가 저 아래 구덩이에 빠지지 않게 하셨습니다.

4 너희 성도들아, 여호와께 노래하라. 그분 의 거룩하심을 기억하며 찬양하라.

5 그분의 진노는 잠깐이요, 그분의 은총은 영원합니다. 밤새 울었더라도 아침이면 기 쁨이 찾아옵니다. `사 26:20;54:7-8;고후 4:17-18`

평탄 (27:11, 푸르므, straight) 일이 아무 탈이나 말썽 없이 잘 되어가는 모양. 기력 (27:13, 氣力) 활동할 수 있는 정 신과 육체의 힘. 기업 (28:9, 불業, inheritance) 대대로 내려오는 재산이나 사업. 이스라엘에서 기업은 주로 땅 을 의미함.

6 내가 잘되고 있을 때 "내가 결코 흔들리지 않으리라" 했었는데 10:6,8 29:18;32:1,2

7 여호와여, 주의 은혜로 내가 산같이 굳건히 서 있다가 그렇게 주께서 내 얼굴을 숨기시니 괴로웠습니다. 신31:17;삼하5:9;24:10

8 오 여호와여, 내가 주께 부르짖었습니다. 여호와께 내가 도와 달라고 기도했습니다.

9 내가 저 아래 구덩이로 내려가는 것이, 내가 죽는 것이 무슨 유익이 있겠습니까? 흙덩이가 주를 찬양하겠습니까? 주의 진리를 선포하겠습니까? 6:5

10 오 여호와여, 내 말을 들으시고 나를 불쌍히 여기소서. 오 여호와여, 나를 도와주소서.

11 주께서 내 슬픔이 춤이 되게 하셨고 내 베옷을 벗기고 기쁨의 옷을 입혀 주셨습니다.

12 그러므로 내가 가만히 있지 않고 끝까지 마음으로 주를 찬양하겠습니다. 오 여호와 내 하나님이여, 내가 영원히 주께 감사를 드립니다. 16:9

다윗의 시 지휘자를 위한 노래

31 추적자와 비방자의 공격으로부터 구원을 간구하는 기도 오 여호와여, 내가 주를 신뢰하오니 내가 결코 수치를 당하지 않게 하소서. 주의 의로 나를 건져 내소서. 17:6;18:2;28:1

2 주의 귀를 내게 기울이시고 하루 속히 나를 구해 주소서. 내 튼튼한 바위가 되시고 나를 구원할 산성이 되소서.

3 주는 내 반석이시요, 내 요새이시니 주의 이름을 위해 나를 이끄시고 인도하소서.

4 주는 내 힘이시니 그들이 나를 잡으려고 몰래 쳐 놓은 그물에서 나를 끌어내소서.

5 주의 손에 내 영을 맡깁니다. 오 여호와 진리의 하나님이여, 나를 구원하소서.

6 나는 헛되고 거짓된 것들을 섬기는 사람들을 미워했고 오직 여호와만을 믿고 있습니다. 26:5;신32:21;렘8:19;14:22;온2:8

7 내가 주의 인자하심을 기뻐하고 즐거워할 것입니다. 주께서 내 고통을 보셨고 내 영혼의 고난을 아셨기 때문입니다. 1:6

8 주께서 나를 적들의 손에 넘겨주지 않으셨고 넓은 곳에 내 발을 세우셨습니다.

9 오 여호와여, 나를 불쌍히 여기소서. 내가 고통받고 있습니다. 내 눈이 슬픔으로 흐려지고 내 몸과 영혼도 그렇습니다.

10 슬픔으로 내 목숨이 끊어질 것 같고 한숨으로 내 인생이 꺼질 듯합니다. 내 죄악으로 내 힘이 빠지고 내 뼈들이 닳고 있습니다.

11 내가 내 모든 적들과 내 이웃들에게 비난의 대상이 되고 내 친구들도 나를 보고 놀라 그들이 거리에서 나를 보아도 모른 척 피해 갑니다. 41:7~8;88:19:13~14;사14:4;53:3;마26:56;막14:50

12 내가 죽은 것처럼 잊혀진 존재가 됐고 깨진 질그릇 조각같이 돼 버렸습니다.

13 여러 사람들이 비방하는 것을 내가 들었고 사방에는 위협이 있습니다. 그들은 나를 반대할 음모를 꾸미면서 내 목숨을 빼

QT 코터 시간관리

굵은이는 판판 "시간 없어, 빨리빨리 해!"라고 말씀하시는 엄마에게 불만이 많아요. 엄마는 밥을 먹을 때도, 옷을 갈아입을 때도, 숙제를 할 때도, 씻을 때도 무엇을 하든지 빨리하라고 말씀하신대요. 엄마는 왜 그렇게 시간이 없다고 하시는지 굵은이는 궁금해졌어요.

시간의 주인이 있어요!

모든 사람에게 주어진 '하루'라는 시간은 같아요. 그렇지만 어떤 사람은 하루를 낭비하지 않고 열심히 생활하는가 하면, 어떤 사람은 게으름으로 하루를 다 써 버리기도 해요. 그런데 '내 것'이라는 '하루'라는 시간의 주인은 따로 계세요. 바로 하나님이세요.

시간은 하나님이 만드신 해와 달과 별들의 정확한 움직임으로 알 수 있기 때문이지요. 하나님은 별들의 움직임을 정확하게 조절하셔서 계절과 시기와 시간을 결정하세요. 그런 하나님은 우리의 삶도 정확하게 조절해 주세요. 하나님은 각 사람을 향한 계획을 가지고, 정확한 시간을 통해 하나씩 이루어 주신답니다. 이 사실을 안 다윗

앗아 가려고 궁리합니다. 렘 20:10.마 27:1

14 오 여호와여, 그러나 내가 주를 의지합니다. '주는 내 하나님'이라고 고백합니다.

15 내 하루하루가 주의 손에 달려 있으니 내 적들에게서, 나를 괴롭히는 사람들에게서 나를 구해 주소서. 7:1.대상 29:30.욥 24:1

16 주의 얼굴을 주의 종에게 환히 비춰 주시고 주의 변함없는 사랑으로 나를 구원하소서.

17 오 여호와여, 내가 주께 부르짖으니 내가 수치를 당하지 않게 하소서. 악인들은 수치를 당해서 잠잠히 무덤 속에 있게 하소서.

18 그들의 거짓말하는 입술을 막아 주소서. 그들이 의인들에 맞서 교만하고 오만하게 말하고 있으니 말입니다. 17:10.유 1:15

19 오 주의 선함이 얼마나 크신지요! 주를 경외하는 사람들을 위해 예비하신 주의 선하심이 얼마나 크신지요! 이는 주께서 사람의 자손들 앞에서 주를 신뢰하는 이들에게 배풀어 주신 것입니다. 23:5

20 주께서 그들을 교만한 사람들에게서 구하셔서 주 앞의 은밀한 곳에 숨겨 주시고 쏘아 대는 혀로부터 그들을 구해 조용한 장막에서 보호하실 것입니다. 27:5.32:7

21 여호와를 찬양하라. 내가 성에서 포위됐을 때 그분께서 내게 놀라운 사랑을 베풀어 주셨도다. 17:7.삼상 23:7

22 내가 그렇게도 서슴없이 "내가 주의 눈 밖에 났구나" 했으나 그럼에도 불구하고 내가 주께 부르짖을 때 주께서는 자비를 구하는 내 음성을 들으셨습니다.

23 오 너희 모든 성도들아, 여호와를 사랑하라! 여호와께서는 신실한 사람들은 보호하시나 교만한 사람들에게는 철저히 갚으신다. 30:4.시 32:4:1

24 여호와를 바라는 너희 모든 사람들아, 담대하라. 그분이 너희 마음을 강하게 하시리라. 27:14.33:18.22:147:11.사 49:23

32

다윗의 마스길

죄의 고백과 용서 죄를 용서받고 그 죄가 씻겨진 사람은 복이 있습니다. 85:2.출 34:7.요 1:29.롬 4:7~8

2 여호와께서 그 죄를 묻지 않으시고 그 마음에 교활함이 없는 사람은 복이 있습니다.

3 내가 죄를 고백하지 않고 온종일 신음할 때 내 뼈들이 다 녹아내렸습니다.

4 밤낮으로 주의 손이 나를 짓누르시니 한여름 뙤약볕에 있던 것처럼 내 원기가 다 빠져 버렸습니다. (셀라) 38:2.삼상 5:6.11

5 내가 주께 죄를 인정하고 내 범죄를 감추지 않았습니다. "내가 내 범죄를 여호와께 고백하리라" 했더니 주께서 내 죄악을 용서하셨습니다. (셀라) 눅 15:18.21.요일 1:9

6 그러므로 경건한 사람이라면 모두 주를 만나 주께 기도할 것입니다. 거센 물결이 일지라도 결코 그를 덮치지 못할 것입니다.

7 주는 내 피난처이십니다. 주께서 나를 모든 고난에서 보호하시며 구원의 노래로 나를 감싸실 것입니다. (셀라) 출 15:1~18.사 5:1~31

8 주께서 말씀하시기를 "내가 너를 지도하고 네가 가야 할 길을 가르치며 너를 내 눈으로 인도하리라. 25:8.12.73:24

9 너는 말이나 노새처럼 되지 마라. 그것들은 아는 게 없고 재갈과 굴레로 제어하지 않으면 가까이 오지 않는다"라고 하셨습니다.

10 악인들에게는 슬픔이 많겠지만 여호와를 신뢰하는 사람은 변함없는 사랑이 그를 감쌀 것입니다. 잠 13:21.16:20.벧전 17:7.롬 2:9

11 너희 의인들아, 여호와를 기뻐하고 즐거워하라. 마음이 정직한 너희 모든 사람들아, 기뻐 외치라! 7:10.33:1.64:10.68:3.97:12.신 32:43

은 "내 하루하루가 주의 손에 달려 있으니."(시 31:15)라고 말했어요. 다윗처럼 나의 시간을 하나님께 맡기고 있나요? 아니면, 나의 생각과 계획만으로 하루하루가 너무 바쁜 건 아닌가요? 이제 나의 시간, 나의 하루를 하나님께 맡겨보세요. 하나님이 나의 시간들을 조절하실 수 있도록, 하나님을 만나고 하나님의 음성을 듣는 시간은 언제나 좋을지 생각해서 '나의 하루 계획표'를 다시 만들어 보세요.

깊이 읽기 전도서 3장 1~13절을 읽으세요.

33

하나님의 권능과 공의와 사랑을 찬양함 너희 의인들아, 여호와를 기뻐하라. 찬송은 마음이 정직한 사람에게는 당연한 것이니라.

2 하프로 여호와를 찬양하고 열 줄 비파로 연주하라. 71:22;92:3;144:9

3 새 노래로 찬양하고 솜씨를 내 우렁차게 연주하라. 40:3;96:1;사 42:10;계 5:9;14:3

4 여호와의 말씀은 의롭고 진실하며 그분은 모든 일을 진리로 하셨습니다. 119:75

5 여호와께서는 의와 공의를 사랑하시며 이 땅은 그분의 변함없는 사랑으로 가득 차 있습니다. 11:7;36:5~6;45:7;89:14;119:64

6 여호와의 말씀으로 하늘이 지어졌고 그 입김으로 하늘의 별들이 만들어졌습니다.

7 여호와께서 바닷물을 모아 쌓아 놓으시고 깊은 물을 창고에 넣어 두십니다.

8 온 땅은 여호와를 두려워하며 세상의 온 민족들은 그분을 경외하라.

9 주께서 말씀하시니 그대로 이루어졌고 그분이 명령하시니 그것이 굳건히 섰습니다.

10 여호와께서 이방 민족들의 계획을 뒤엎으시고 민족들이 꾸미는 일을 꺾으십니다.

11 그러나 여호와의 계획은 영원히 서고 그 마음의 뜻도 대대로 설 것입니다. 잠 19:21

12 여호와를 자기 하나님으로 삼은 민족, 하나님께서 그분의 소유로 선택하신 백성들은 복이 있습니다. 65:4;144:15;출 19:5;신 7:6;33:29

13 여호와께서 하늘에서 내려다보시고 모든 사람의 자손들을 지켜보십니다. 11:4;욥 28:24

14 주께서 계시는 그곳에서 이 땅에 사는 모든 사람들을 지켜보십니다. 왕상 8:39,43,49

15 주께서는 마음을 만드신 분이요, 그들의 모든 행위를 아십니다.

16 아무리 군대가 많아도 스스로 구원받는 왕은 없고 용사가 아무리 힘이 세도 제 목숨을 구하지는 못합니다. 44:6

17 구원이 군마에 달려 있는 것이 아니니 제 아무리 강한 힘이 있다 해도 대체 누구를 구원하겠습니까? 20:7;147:10;잠 21:31;호 1:7

18 그러나 여호와의 눈은 그를 경외하는 사람들, 그 변함없는 사랑을 바라는 사람들 위에 있습니다. 147:11;34:15;슥 36:7;벧전 3:12

19 죽음에서 그들을 건지실 것이며 굶주림에서도 살려 주실 것입니다. 37:19;욥 5:20;행 12:11

20 우리 영혼이 여호와를 바라고 기다립니다. 주는 우리 도움이시요, 우리 방패이십니다.

21 우리 마음이 주 안에서 기뻐하는 것은 우리가 그 거룩한 이름을 의지하기 때문입니다.

22 오 여호와여, 우리가 주를 바라는 것처럼 주의 변함없는 사랑을 우리에게 베풀어 주소서.

다윗의 시 아비멜렉 앞에서 미친 척하다가 쫓겨났을 때 지은 시

34

하나님의 위로하심에 감사함 내가 항상 여호와를 찬양하겠습니다. 내 입에서 그분을 찬양하는 것이 끊이지 않을 것입니다. 살전 5:18

나를 도와주는 천사가 있나요?

천사들이 어떻게 생겼는지 확실히 알 수는 없어요. 확실히 알 수 있는 것은 천사도 하나님이 만드셨다는 거예요(시 148:2,5).

천사들이 해야 할 일은 하나님을 섬기고 하나님의 명령에 따라 봉사하는 것이에요(시 103:20~21; 히 1:14). 그래서 우리가 위험한 상황에 놓여 있을 때 하나님은 우리에게 천사들을 보내셔서 우리를 돕게 하세요. 다윗은 "여호와의 천사가 주를 경외하는 사람들을 둘러서 진을 치고 구원하신다."(시 34:7)라고 고백했고, 엘리사는 이람 군대에 포위되었을 때 두려움에 떠는 그의 종을 위해 기도했어요. 그래서 그 종은 그들을 도우려고 온 하나님의 의사자들을 볼 수 있었어요(왕하 6:17). 이처럼 우리를 도와주는 천사가 있답니다. 하나님이 항상 우리를 도와주시기 때문이에요. 만일 우리의 영적인 눈이 뜨인다면 우리를 도와주는 수많은 천사들을 볼 수 있을 거예요.

2 내 영혼이 여호와를 자랑할 것이니 겸손한 사람들이 듣고 기뻐할 것입니다.

3 오, 나와 함께 여호와께 영광을 돌립시다. 우리 함께 그분의 이름을 높이십시다.

4 내가 여호와를 찾으니 그분이 내게 응답하셨고 내 모든 두려움에서 나를 건져 내셨습니다. 대하 15:2;마 7:7

5 주를 바라보는 사람들은 밝게 빛났고 그 얼굴이 결코 수치로 얼룩지지 않았습니다.

6 이 불쌍한 사람이 부르짖으니 여호와께서 들으시고 그 모든 괴로움에서 구원하셨습니다. 15,17,19절;삼하 22:1

7 여호와의 천사가 주를 경외하는 사람들을 둘러서 진을 치고 구원하십니다. 히 1:14

8 오 성도들이여, 여호와의 선하심을 맛보고 깨달으십시오. 주를 믿는 사람은 복이 있습니다. 2:12;100:5;히 6:5;벧전 2:3

9 오 성도들이여, 여호와를 경외하십시오. 여호와를 경외하는 사람들은 부족한 게 없을 것입니다.

10 젊은 사자들이라도 힘이 없고 굶주릴 수 있지만 여호와를 찾는 사람들은 좋은 것이 부족할 리 없습니다. 84:11;욥 4:10-11

11 너희 자녀들아, 와서 내 말을 들으라. 내가 여호와를 경외하는 법을 가르쳐 줄 것이다.

12 생명을 사랑하는 사람이 누구겠는가? 장수를 누리며 좋은 것을 보려는 사람이 누구겠는가? 전 3:13;6:6;벧전 3:10

13 혀를 악에서 지키고 입술을 거짓에서 지키라. 잠 13:3;21:23;요 1:47;약 1:26;3:2;벧전 2:1,22;계 14:5

14 악에서 떠나 선을 행하고 평화를 찾고 구하도록 하라. 시 28:28;사 1:16-17;롬 12:18;14:19;히 12:14

15 여호와의 눈은 의인들에게 향해 있고 그 귀는 그 부르짖는 소리에 열려 있습니다.

16 여호와의 얼굴은 악을 행하는 사람들을 노려보시니 그들에 대한 기억조차 이 땅에서 끊어 버리십니다. 21:10;렘 44:11;암 9:4

17 의인들이 부르짖으면 여호와께서는 그 소리를 들으시고 그 모든 고난에서 그들을 건져 내십니다.

18 여호와께서는 마음이 상한 사람들 곁에 계시고 뉘우치는 마음이 있는 사람들을 구원하십니다. 51:17;147:3;사 57:15;61:1;66:2;눅 15:17-24

19 의인들은 고난이 많으나 여호와께서는 그 모든 고난에서 건져 내십니다. 행 12:11

20 그분이 의인의 모든 뼈를 보호하시리니 그 뼈가 하나도 꺾이지 않을 것입니다.

21 악은 악인들을 죽일 것이며 의인을 미워하는 사람들은 버림받을 것입니다.

22 여호와께서 그 종들의 영혼을 구원하시니 그분께 피하는 사람은 아무도 버림받지 않을 것입니다. 25:22;롬 8:33-34

다윗의 시

35

보호를 간구함 오 여호와여, 내가 다툴 때 내 편을 들어 주시고 나와 싸우는 사람들과 싸워 주소서.

2 방패와 손 방패를 들고 일어나 나를 도와주소서. 5:12;91:4

3 창을 빼 들고 나를 괴롭히는 사람들을 막

겨

겨는 곡식의 껍질로, 대부분 쓸모가 없어서 버린다. 성경 시대의 농부들은 바람이 부는 날에 곡식을 떨어 겨를 날려 보냈다. 가벼운 겨는 바람에 날아가고 알갱이(곡식)는 바닥으로 떨어졌다. 그래서 성경에 나오는 겨는 대부분 가치가 없고, 옳지 못한 것을 의미하는 경우가 많다.

성경에 나오는 겨의 비유

- 악인을 비유할 때(시 1:4; 35:5)
- 앗시리아의 허황된 계획들을 표현할 때(사 33:11)
- 가치가 없는 것을 표현할 때(욥 21:18)
- 예레미야가 거짓 예언자들을 비유할 때(렘 23:28)
- 세례 요한이 마지막 때 악인들이 받을 심판을 설명할 때(마 3:12)

아 주소서. "나는 네 구원이다" 하고 내 영혼에게 말씀하소서.

4 내 목숨을 노리는 사람들이 망신을 당하고 수치를 당하게 하소서. 나를 해치려는 사람들이 당황해 물러나게 하소서.

5 그들이 바람에 날리는 겨 같게 하시고 여호와의 천사들이 그들을 쫓아내게 하소서.

6 그들이 가는 길을 어둡고 미끄럽게 하시고 여호와의 천사들이 그들을 괴롭히게 하소서.

7 그들이 이유 없이 나를 잡으려고 그물을 쳐 놓았고 이유 없이 내 영혼을 사로잡으려고 구멍을 파 놓았습니다. 욥 18:8

8 파멸이 그들에게 갑자기 닥치게 하소서. 그들이 쳐 놓은 그물에 그들이 잡히고 바로 그 파멸에 그들이 빠지게 하소서.

9 그러면 내 영혼이 여호와를 기뻐하고 주의 구원을 즐거워할 것입니다. 9:14;눅 1:47

10 내 모든 뼈들이 "오 여호와여, 힘겨워하는 약한 사람들을 구해 내시고 돈도, 힘도 없는 사람들을 강한 사람들에게서 구해 내시니 주와 같은 분이 어디 있겠습니까?" 할 것입니다. 51:8;71:19;86:8;89:6,8;113:5;출 15:11

11 거짓말하는 증인들이 일어나 내가 알지도 못하는 일에 대해 캐묻습니다. 27:12

12 그들은 내게 선을 악으로 갚아 내 영혼을 망쳐 놓았습니다. 38:20;109:4;렘 18:20;욥 10:32

13 그러나 나는 그들이 병들었을 때 베옷을 입고 금식하며 나를 낮추었고 내 기도가

응답 없이 내 가슴에 되돌아왔을 때

14 그가 내 친구나 형제인 양 내 어머니를 위해 통곡하듯 고개를 떨구고 다녔습니다.

15 그러나 내가 고통을 당하자 그들은 모여서 기뻐했고 내가 모르는 사이에 모여들어 나를 공격하며 끊임없이 나를 찢었습니다. 욥 30:1,8,12

16 그들은 잔칫상에서 조롱하는 위선자들과 함께 나를 보고 이를 갈았습니다.

17 오 여호와여, 언제까지 지켜만 보시겠습니까? 내 영혼을 파멸시키는 사람들에게서 구해 주시고 내 하나밖에 없는 목숨을 저 사자들에게서 구해 주소서. 22:20;합 1:13

18 내가 큰 회중 가운데서 주께 감사드리며 많은 백성들 가운데 주를 찬양하겠습니다.

19 내 원수들이 나를 보고 통쾌해하지 않게 하소서. 아무 이유 없이 나를 미워하는 사람들이 서로 눈짓하지 않게 하소서.

20 그들은 평화를 말하지 않고 오히려 땅에서 조용히 있는 사람들을 향해 못된 거짓말만 꾸며 냅니다.

21 그들이 내게 입을 크게 벌리고는 "아하, 아하, 우리 눈으로 똑똑히 봤다!"라고 합니다.

22 오 여호와여, 주께서 이것을 보셨으니 잠잠히 계시지 마소서. 오 여호와여, 나를 멀리하지 마소서. 10:1;28:1;출 3:7

23 내 하나님이여, 내 주여, 박차고 일어나시고 나를 위해 판단하시고 내 편을 들어 주소서. 7:6;44:23;59:4;80:2

친구들이 나를 따돌려요!

하나님을 사랑한 위대한 다윗도 사람들에게 따돌림당했어요. 다윗은 따돌림당하여 힘들고 괴로울 때 그 사람들에게 복수하려고 하지 않았답니다. 하나님께 슬프고 힘든 상황을 다 기도로 털어놓았어요. 다윗은 하나님이 자신이 당하는 상황을 이미 아실 뿐 아니라, 따돌리는 사람들에게 갚아주시는 분이심을 믿었어요.

그래요! 하나님은 우리를 악한 자에게서 건지시는 분이에요. 그런데 하나 기억할 것이 있어요. 내가 따돌림당한다고 같이 욕하거나 복수하면 안 돼요. 그것은 하나님의 방법이 아니에요. 때가 되면 하나님이 우리를 높이신답니다. 친구들을 따돌리는 사람도 조심해야 할 것이 있어요. 사

24 오 여호와, 내 하나님이여, 주의 의를 따라 판단하소서. 저들이 나를 보고 통쾌해하지 않게 하소서.

25 저들이 속으로 "아하, 우리 소원대로 됐다!"라고 하거나 "우리가 그를 삼켜 버렸다"라고 말하지 않게 하소서. _{삼하 17:16;애 2:16}

26 내가 당하는 고통을 통쾌해하는 사람들은 다 수치를 당해 어쩔 줄 모르게 하소서. 내 앞에서 우쭐대는 사람들이 수치와 불명예를 당하게 하소서. _{4절;욥 8:22;19:5}

27 내 의를 즐거워하는 사람들이 기뻐 외치며 즐거워하게 하소서. 그들이 항상 "그 종이 잘되는 것을 기뻐하시는 여호와를 높이자"라고 말하게 하소서. _{34:3;40:16;70:4}

28 내 혀가 하루 종일 주의 의를 말하며 주를 찬양할 것입니다. _{51:14;71:8,15,24}

여호와의 종 다윗의 시. 지휘자를 위한 노래

36 악인의 부패함과 의인에게 베푸시는 은총 악인의 죄악이 내 마음에서 말하기를 자기 눈앞에는 하나님을 경외하는 마음이 없다고 합니다.

2 자기 범죄가 드러나지 않을 것처럼, 눈에 자기밖에 보이지 않는 듯 우쭐대고 있습니다.

3 그가 하는 말은 죄악과 속임수니 지혜롭거나 선하기는 다 틀렸습니다. _{12:2;웹 4:22}

4 그는 잠자리에 누워서도 음모를 꾸미고 스스로 좋지 않은 길에 발을 내디디며 악한 것을 싫어하지 않습니다. _{잠 4:16;사 65:2}

5 오 여호와여, 주의 인자하심이 하늘에 있

고 주의 신실하심이 구름까지 닿습니다.

6 주의 의는 거대한 산과 같고 주의 판단은 크고 깊습니다. 오 여호와여, 주께서 사람과 동물을 모두 돌보십니다. _{눈 9:6;롬 11:33}

7 오 하나님이여, 주의 변함없는 사랑이 얼마나 소중한지요! 사람의 자손들이 다 주의 날개 그늘 아래 피합니다. _{31:19;롯 2:12}

8 그들은 주의 집의 기름진 것으로 배부를 것입니다. 주께서는 그들에게 주의 기쁨의 강물을 마시게 하실 것입니다.

9 생명의 샘물이 주께 있으니 주의 빛으로 우리가 빛을 볼 것입니다. _{요 1:9;4:10;14:5;26}

10 오, 주를 아는 사람들에게 주의 사랑을, 마음이 올곧은 사람들에게 주의 의를 베푸소서. _{7:10;79:6;렘 22:16;갈 4:9}

11 오만한 사람들의 발이 나를 쫓아오지 못하게 하시고 악인들의 손이 나를 제거하지 못하게 하소서.

12 범죄자들이 넘어져 있습니다. 저들이 엎어졌으니 다시 일어서지 못할 것입니다!

다윗의 시

37 가난한 의인이 악인을 부러워할 이유가 없음 악을 행하는 사람들 때문에 초조하지 말며 죄악을 행하는 사람들을 부러워하지 마십시오.

2 그들은 풀처럼 곧 시들 것이요, 채소처럼 말라 버릴 것입니다. _{90:5~6;129:6;겔 14:22;77:13~23}

3 여호와를 신뢰하고 선을 행하십시오. 그러면 이 땅에서 살게 되고 먹을 걱정이 없을 것입니다. _{62:8;115:9~11;레 26:5;잠 2:21;3:5;사 26:4}

4 또한 여호와를 기뻐하십시오. 그러면 그분이 당신 마음의 소원을 이루어 주실 것입니다. _{단 21:2;사 58:14;70:1;63:3;힘 1:3;14:4}

5 당신의 길을 여호와께 맡기십시오. 또 그분을 신뢰하십시오. 그러면 그분이 이루어 주실 것입니다. _{22:8;55:22;잠 16:3;벧전 5:7}

6 그분이 당신의 의를 빛나게 하시고 당신의 의를 한낮처럼 밝히실 것입니다.

7 여호와 안에서 잠잠히 그분을 참고 기다리십시오. 일이 잘돼 가는 사람들, 곧 악한 짓을 하는 사람들이 있다고 초조하

지 마십시오. 1절:62:1:사 30:15:렘 121:애 3:26

8 화를 그치고 분노를 참아 내십시오. 초조해하지 마십시오. 그렇게 하면 악으로 치달을 뿐입니다. 엡 4:26

9 악을 행하는 사람은 사라지고 여호와를 바라는 사람들은 이 땅을 유산으로 얻을 것입니다. 25:13:2,22절:잠 2:21:사 57:13:60:21

10 얼마 후면 악인들이 더 이상 없을 것이니 아무리 눈 씻고 찾아 봐도 없을 것입니다.

11 그러나 온유한 사람들은 땅을 유산으로 얻을 것이고 큰 평화를 누리며 기뻐할 것입니다. 119:165:사 32:17:미 5:5

12 악인들이 의인들에게 음모를 꾸미고 이를 갈고 있습니다. 31:13:35:16

13 여호와께서는 그들을 보고 비웃으실 것입니다. 그들에게 멸망할 날이 올 줄 그분은 아십니다. 2:4:욥 18:20

14 악인들이 칼을 빼고, 활을 겨누고 있습니다. 가난하고 궁핍한 사람들을 쓰러뜨리려는 것입니다. 올바른 말을 하는 사람들을 죽이려는 것입니다. 7:10,12

15 그러나 그들의 칼이 자기 심장을 찌를 것이요, 그들의 활이 부러질 것입니다.

16 한 사람의 의인이 적은 것을 가졌어도 여러 악인들이 많이 가진 것보다 낫습니다.

17 악인들의 팔은 부러지겠지만 여호와께서는 의인들을 붙들어 주십니다. 욥 38:15

18 여호와께서는 정직한 사람들이 어떻게 살지 아시니 그들의 소유가 영원할 것입니다.

19 그들은 재앙이 닥칠 때도 수치를 당하지 않고 굶주림이 닥쳐올 때도 배부를 것입니다.

20 그러나 악인들은 멸망할 것이요, 여호와의 원수들은 어린양의 기름처럼 타 버릴 것이니 그들이 연기 속으로 사라질 것입니다.

21 악인들은 꾸고 갚지 않지만 의인들은 넉넉하게 베풀어 줍니다. 26절

22 여호와께서 복 주시는 사람들은 이 땅을 유산으로 얻을 것이요, 그분이 저주하시는 사람들은 끊어질 것입니다. 2,9절

23 선한 사람의 걸음을 여호와께서 정하시니 그분은 그 길을 기뻐하십니다. 삼상 2:9

24 그는 넘어지더라도 아주 엎어지지 않을 것입니다. 여호와께서 그 손으로 붙잡아 주시기 때문입니다. 17절:잠 24:16:미 7:8:고후 4:9

25 내가 젊어서나 이렇게 늙어서나 의인이 버림받거나 그 자녀들이 구걸하는 것을 본 일이 없습니다. 109:10:잠 15:23

26 그들이 항상 흔쾌히 베풀고 꾸어 주니 그 자손이 복을 받습니다. 신 15:8,10:사 5:42:눅 6:35

27 악에서 돌아서서 선을 행하십시오. 그러면 이 땅에서 영원히 살 것입니다.

28 여호와께서는 공의를 사랑하시고 그분의 성도들을 저버리지 않으십니다. 그들은 영원히 보호받으나 악인들의 후손은 끊어질 것입니다. 2,9절:11:7:16:10:21:10:잠 2:22:사 14:20

자존심이 상했을 때(민 22:24-29), 나 역시 죄가 있지만 남의 죄가 눈에 띌 때(창 38:24-26), 죄인들에게 하나님의 선하심과 자비하심을 선포하라고 할 때(욘 3:10-4:4), 우리의 잘못을 지적당할 때(잠 9:7-8), 이기심으로 무엇인가를 갖고자 할 때(왕상 21:4) 하나님께 원망한 적이 있나요? "이것 참도 잘못된 거예요. 하나님은 이런 일이 나에게 일어나도록 하십니까?" 하고 말이에요.

어쩌면 이것은 지극히 당연한 반응일 것입니다. 특히 사랑하는 사람을 잃었을 때는 더할 거예요. 그러나 하나님께 화를 내고 원망하는 것은 어떤 경우에도 옳지 않아요. 우리에게 언제나 좋은 것을 주시는 하나님이기 때문입니다. 이것을 깊이 깨달은 사도 바울은 성경에서 이렇게 말했어요. "사람이 무엇이기에 감히 하나님께 말대답을 한단 말입니까? 지음을 받은 것이 지은 자에게

29 의인들은 땅을 유산으로 받고 거기서 영원히 살 것입니다.

30 의인들은 입으로 지혜를 말하고 혀로는 공의를 말합니다.

31 하나님의 법이 그 마음에 있으니 그의 발이 미끄러지는 일이 없습니다. 렘 31:33;롬 7:22

32 악인들이 의인들을 죽이려고 노려봅니다.

33 그러나 여호와께서는 의인들을 그 손에 버려두지 않으시고 심판을 받을 때 유죄를 선고하지 않으십니다. 109:31;벧후 2:9

34 여호와를 바라고 그 길을 지키십시오. 그분이 당신을 높여 땅을 상속하게 하실 것입니다. 악인이 끊어지는 것을 당신이 보게 될 것입니다. 9절:27:14;52:5-6;91:8

35 내가 악인의 세력이 커져 그 본토에 심긴 푸른 나무처럼 번성하는 것을 보았지만

36 그는 곧 사라져 없어졌습니다. 내가 그를 찾아 봤지만 찾을 수 없었습니다. 욥 20:5

37 온전한 사람들을 주목하십시오. 정직한 사람들을 지켜보십시오. 그런 사람들의 마지막은 평안할 것입니다. 사 57:2

38 그러나 죄인들은 모두 멸망할 것이며 악인들은 결국 끊어질 것입니다. 욥 18:17;잠 2:22

39 의인들의 구원은 여호와께로부터 옵니다. 그분은 고통당할 때 그들의 힘이십니다.

40 여호와께서 그들을 돕고 건져 내실 것이며 그들을 악인들에게서 건져 구원하실 것입니다. 이는 그들이 주를 믿기 때문입니다.

다윗의 시 탄원서

38 죄의 절실한 고백 오 여호와여, 진노해 나를 꾸짖지 마시고 주의 분노로 나를 책망하지 마소서.

2 주의 화살이 나를 깊이 찌르고 주의 손이 나를 심하게 눌렀습니다. 32:4;욥 6:4

3 주의 진노 때문에 내 몸에 멀쩡한 곳이 없고 내 죄 때문에 내 뼈가 성하지 못합니다.

4 내 죄들이 무거운 짐처럼 나를 짓눌러 내가 감당할 수 없습니다. 40:12;스 9:6

5 내 어리석음 때문에 내 상처가 곪아 터져 악취가 납니다.

6 내가 괴로워서 몸을 심히 구부린 채 하루 종일 신음하며 돌아다닙니다. 용 30:28

7 내 등이 지글지글 타는 것처럼 아프며 내 몸에 멀쩡한 곳이 없습니다.

8 내가 힘이 없고 심하게 상했으며 마음이 괴로워 신음합니다. 6:6;22:1

9 오 여호와여, 내가 바라는 것이 다 주 앞에 있습니다. 내 한숨 소리를 주께 숨기지 않겠습니다.

10 내 가슴이 뛰고 내 힘이 다 빠져 내 눈빛마저도 흐려졌습니다. 6:7

11 내 상처 때문에 내 친구들과 동료들도 나를 피하고 내 이웃들도 나를 멀리합니다.

12 내 목숨을 노리는 사람들이 덫을 놓고 나를 해치려는 사람들이 악담을 퍼부으며 하루 종일 속일 궁리만 합니다. 마 22:15

13 그러나 내가 귀머거리같이 듣지도 못하고 벙어리같이 입도 뻥긋하지 못했습니다.

14 이렇게 나는 듣지 못하고 입은 있으나 대답할 수 없는 사람처럼 됐습니다. 잠 23:4

15 오 여호와여, 내가 주를 갈망하니 주께서 들어 주실 것입니다. 39:7;삼하 16:12

16 내가 말하기를 "내 말을 들어 주소서. 그러지 않으면 그들이 나 때문에 기뻐할 것입니다. 내 발이 미끄러질 때 그들이 우쭐거릴 것입니다"라고 했습니다. 욥 19:5

17 내가 지금 넘어지게 됐으며 고통에서 떠나질 않습니다. 35:15;렘 20:10

18 내가 내 죄를 고백하겠습니다. 또 내가 내

죄로 인해 괴로워합니다. 32:5;고후 7:9-10

19 그런데 내 적들은 활기차고 힘이 넘치며 아무 이유 없이 나를 미워하는 사람들이 수없이 많습니다. 35:19

20 내 적들은 선을 악으로 갚고 있습니다. 이는 내가 선한 것을 따른다는 이유 때문입니다. 35:12;109:4;요삼 1:11

21 오 여호와여, 나를 버리지 마소서. 오 내 하나님이여, 나를 멀리하지 마소서.

22 오 여호와여, 내 구원이시여, 어서 와서 나를 도우소서. 27:1;40:13

다윗의 시. 지휘자 여두둔을 위한 노래

39

분노를 억제하기 어려울과 인생의 덧없음을 생각함 내가 "내 길을 지켜 내 혀가 죄짓지 않게 하리라. 악인이 내 앞에 있는 한 내 입에 재갈을 물리리라" 했으나

2 내가 말없이 잠잠히 있어 아예 선한 말조차 하지 않고 있으나 내 고통이 한층 더 심해집니다. 9절;38:13;욥 40:4-5

3 내 마음이 안에서 뜨거워져 묵상하면서 속이 타서 급기야 부르짖지 않을 수 없습니다. 렘 20:9;욥 32:18-19;눅 24:32

4 "오 여호와여, 내 마지막을 보여 주소서. 내가 얼마나 더 살지 보여 주소서. 내 인생이 얼마나 덧없는지 알려 주소서.

5 주께서 내 삶을 한 뼘만큼 짧게 하셨고 내 일생이 주가 보시기에 아무것도 아니니 제아무리 높은 자리에 있어도 사람이란 헛될 뿐입니다. (셀라) 11절;욥 14:2

6 사람이란 저마다 이리저리 다니지만 그림자에 불과하고 별것도 아닌 일에 법석을 떨며 누가 갖게 될지 모르는 재물을 차곡차곡 쌓아 둡니다. 눅 12:20;고전 7:31;약 4:14

7 하지만 주여, 내가 무엇을 기다리겠습니까? 내 소망은 주께 있습니다. 38:15

8 내 모든 죄악에서 나를 구원하시고 어리석은 사람들의 조롱거리가 되지 않게 하소서.

9 내가 잠잠하고 입을 열지 않았으니 이는 주께서 하신 일이기 때문입니다.

10 주의 채찍을 내게서 없애 주소서. 주께서 손으로 치시니 내가 거의 죽게 됐습니다.

11 주께서 죄지은 사람을 꾸짖어 고쳐 주실 때 그가 소중히 여기던 것을 좀먹듯이 사라지게 하시니 사람이란 헛일일 뿐입니다. (셀라)

12 오 여호와여, 내 기도를 들어 주소서. 부르짖는 내 소리에 귀 기울이소서. 내 눈물을 보시고 가만히 계시지 마소서. 내 모든 조상들이 그랬듯이 나도 이방 사람이 되고 나그네가 돼서 주와 함께할 수밖에 없습니다.

13 내게 눈길을 돌려 주소서. 그래서 내가 떠나 없어지기 전에 내 기력을 되찾게 해 주소서"

다윗의 시. 지휘자를 위한 노래

40

의로운 삶과 진실된 신앙 내가 참고 참으며 여호와를 기다렸더니 그분이 내게 귀를 기울이시고 내 부르짖음을 들으셨습니다. 27:14

2 그분이 무서운 구덩이에서, 진흙탕 속에서 나를 끌어내셔서 내 발을 바위 위에 두어 내가 안전하게 걷도록 하셨습니다.

3 그분이 내 입에 새 노래를, 우리 하나님을 찬양하는 노래를 넣어 주셨습니다. 많은 사람들이 보고 두려워하며 주를 믿게 될 것입니다. 33:3;52:6;64:8-9;신 13:11

4 여호와를 의지하고 교만한 사람들이나 거짓의 길로 빠지는 사람들을 돌아보지 않는 사람은 복이 있습니다. 2:12;101:3;렘 19:4

5 오 여호와 내 하나님이여, 주께서 하신 놀라운 일들이 너무나 많고 우리를 향한 주의 생각이 너무나 많습니다. 내가 그것들을 말하려고 해도 너무 많아 일일이 다 열거할 수 없을 정도입니다. 출 15:11;욥 5:9

6 주께서는 제사와 제물을 원하지 않으셨고 번제와 속죄제도 요구하지 않으셨습니다. 주께서 내 귀를 열어 주셨으니

7 그때에 "내가 여기 있습니다. 내가 왔습니다. 나에 대해 기록한 것이 두루마리 책에 있습니다. 왕하 22:13;눅 24:44

8 오 내 하나님이여, 내가 기쁘게 주의 뜻을 행하겠습니다. 주의 법이 내 마음속에 있

재갈(39:1, muzzle) 말을 부리기 위하여 입에 가로로 물리는 청동이나 철로 된 가느다란 막대.

습니다"라고 했습니다. _{37:31;119:16;요 4:34}

9 내가 집회에서 의로운 말씀을 선포했습니다. 오 여호와여, 내가 내 입술을 막지 않았음을 주께서 아시지 않습니까?

10 내가 마음에 주의 의를 숨기지 않았고 주의 신실함과 주의 구원을 선포했습니다. 집회에서 내가 주의 사랑과 주의 진리를 감추지 않았습니다.

11 오 여호와여, 주의 자비를 내게서 거두지 마소서. 주의 사랑과 주의 진리로 항상 나를 보호하소서. _{36:5;57:3;61:7;와 20:28}

12 수도 없는 악이 나를 둘러싸고 있습니다. 내 죄들이 나를 덮치니 앞을 볼 수가 없습니다. 그 죄들이 내 머리털보다 많으니 내가 낙심했습니다. _{38:4;10;69:4;73:26;116:3}

13 오 여호와여, 어서 나를 구원하소서. 오 여호와여, 어서 빨리 나를 도우소서.

14 내 목숨을 노리는 사람들이 수치와 망신을 당하게 하소서. 내가 멸망하기를 바라는 사람들은 모두 수치를 당하고 물러나게 하소서. _{6:10;35:4,26;71:13}

15 내게 "아하, 아하!" 하는 사람들이 오히려 수치를 당하고 물러나게 하소서.

16 그러나 주를 찾는 사람들은 모두 주 안에서 즐거워하고 기뻐하게 하소서. 주의 구원을 사랑하는 사람들이 "여호와는 높임을 받으소서!" 하고 끊임없이 말하게 하소서.

17 그러나 나는 가난하고 구차합니다. 주여, 나를 생각해 주소서. 주는 내 도움이시며 나를 건지시는 분이시니 오 내 하나님이여, 지체하지 마소서. _{86:1;109:22;빌전 5:7}

다윗의 시 지휘자를 위한 노래

41

약한 자와 배반으로 고통당하는 자들을 위한 기도 가난한 사람들을 생각해 주는 사람은 복이 있습니다. 고통당할 때 여호와께서 그를 건지실 것입니다. _{37:19;잠 14:21}

2 여호와께서 그를 보호하시고 살려 주실 것입니다. 그가 땅에서 복을 받을 것이며 주께서 그의 적들의 뜻대로 그를 내주지 않으실 것입니다. _{27:12}

탄식시가 뭔가요?

자기 잘못을 뉘우치며 크게 한숨을 쉬는 것을 탄식이라고 해요. 시편에는 고통당하는 시편 기자가 하나님께 하소연하면서 울부짖는 내용이 나온답니다. 저자의 불평이나 탄식은 하나님께 대한 불신을 토로하는 게 아니라, 오히려 하나님이 자녀들의 기도를 들으시는 분임을 알려 줍니다. 시편에 나오는 탄식시에는 다음과 같은 내용이 담겨 있어요.

● 하나님께 도움을 구함 (시 12:1)
● 호소하는 말 (시 17:1)
● 탄식, 불평 (시 22:1-2; 42:5)
● 죄를 고백하거나 죄가 없음을 주장함 (시 26:5; 69:5)
● 원수들에 대한 저주 (시 28편; 109편)
● 찬양이나 축복 (시 26:12)

3 그가 아플 때 여호와께서 그에게 힘을 주시고 병상에서 일으켜 다시 건강하게 해 주실 것입니다. _{20:2}

4 내가 "오 여호와여, 나를 불쌍히 여기시고 내 영혼을 고쳐 주소서. 내가 주께 죄를 지었습니다" 했습니다. _{대하 30:20}

5 내 적들이 내게 악담을 합니다. "그가 언제 죽을까? 그의 이름이 언제 사라질까?" 하며

6 나를 보러 와서는 빈말이나 늘어놓고 마음 가득 악을 모아 두었다가 밖으로 나가서 퍼뜨리고 다닙니다. _{12:2;144:8}

7 나를 미워하는 사람들이 모두 합심해 나를 두고 수군거리고 어떻게 하면 나를 해칠까 계획을 세우면서

8 "그가 몹쓸 병에 걸려서 자리에서 다시는 일어나지 못할 것이라"라고 합니다.

9 내가 믿던 가까운 친구, 내 빵을 나눠 먹던 그 친구조차 나를 대적해 발꿈치를 들었습니다. _{욥 19:13-14,19;겔 9:4;20:10;미 7:5,요 13:18}

10 그러나 오 여호와여, 내게 자비를 베푸소서. 나를 일으켜 내가 그들에게 갚아 주게 하소서.

11 주께서 나를 기뻐하시는 줄 내가 압니다. 내 적들이 나를 이기지 못하기 때문입니다.

12 내 진실함을 보신 주께서 나를 붙드시고 주의 얼굴 앞에 영원히 세우십니다.

13 이스라엘의 하나님 여호와를 영원부터 영원까지 찬양합니다. 아멘, 아멘. 눅1:68

제2권
고라 자손의 마스길 지휘자를 위한 노래

42 찔망 중에 하나님을 소망하는 믿음 오 하나님이여, 사슴이 목이 말라 헐떡거리며 시냇물을 찾듯이 내 영혼이 목이 말라 주를 찾습니다.

2 내 영혼이 하나님을, 살아 계신 하나님을 목말라합니다. 내가 언제 나아가서 하나님을 뵐 수 있겠습니까? 요7:37;딤전4:10

3 사람들이 밤낮으로 내게 "네 하나님이 어디 있느냐?" 하니 내 눈물이 밤낮으로 내 음식이 됐습니다. 10절;79:10;율 2:17;벧전 7:10

4 지난날들을 생각해 보면 내 영혼을 토해 내지 않을 수 없습니다. 내가 많은 사람들과 함께 그 행렬을 이끌고 하나님의 집으로 가며 명절을 지키러 가는 사람들 사이에서 기뻐 외치며 찬양했습니다. 삼상1:15

5 오 내 영혼아, 왜 그렇게 풀이 죽어 있으냐? 왜 이렇게 내 속에서 불안해하느냐? 너는

하나님을 바라라. 그 도와주시는 얼굴을 보아라. 내가 오히려 그분을 찬양하리라.

6 오 내 하나님이여, 내 영혼이 내 속에서 풀 죽어 있으니 요단 땅 헤르몬 산, 곧 미살 산을 바라보며 내가 주를 기억할 것입니다.

7 주의 폭포 소리에 깊은 바다가 깊은 바다를 부르고 주의 파도와 주의 물결이 나를 덮칩니다. 32:6;88:7;욘 2:3

8 그러나 낮에는 여호와께서 그 신실함을 보여 주시고 밤에는 주의 노래가 내게 있으니 내 기도가 내 생명 되신 하나님께 닿을 것입니다. 4:4;16:7;44:4;63:6;68:28;융 35:10

9 내 반석이신 하나님께 내가 말할 것입니다. "왜 나를 잊으셨습니까? 내가 왜 적들에게 억눌린 채 슬퍼하며 돌아다녀야 합니까?"

10 내 원수들이 나를 조롱하며 날마다 "네 하나님이 어디 있느냐?" 하는 말이 마치 칼이 내 뼈마디를 쑤시는 것 같습니다.

11 오 내 영혼아, 왜 이렇게 풀이 죽어 있으냐? 왜 이렇게 내 속에서 불안해하느냐? 너는 하나님을 바라라. 내가 오히려 그분을 찬양하리라. 그분은 내 얼굴을 도와주시는 분이시며 내 하나님이십니다. 5절

사슴이 시냇물을 찾듯이

팔레스타인에서는 가을이 되면 사슴들이 짝짓기를 한다. 많은 수사슴들이 자기가 사랑할 짝을 찾아 나선다. 이때 사슴들의 몸에는 불타는 것 같은 목마름이 생긴다고 한다.

사랑할 짝을 찾아다니는 중에 이 목마름이 온몸에 갑작스럽게 나타나면 사슴들은 갈급함으로 물을 찾아 헤매게 된다. 물이 귀한 팔레스타인 지역에서 물을 찾아 헤매던 사슴들은 심한 목마름으로 기력을 잃고 나중에는 헛것을 보기도 한다. 마구 달리다가 헛것이 보여 찾아보면 거기에는 아무것도 없어서, 결국 뜨거운 태양의 열사 거꾸러져 거품을 물고 죽는다. 그렇게 죽어 가는 사슴들에게 있어 한 모금의 물은 곧 생명수와 같다.

시편 42편의 '시냇물'은 요한복음 4장에 나오는 '생수'와 같은 뜻을 가지고 있다. 이것은 하나님과의 생생한 영적 교제(사귐)를 의미한다.

시편 기자는 들판을 다니다가 한 모금의 물을 얻지 못해 비참하게 죽어 있는 수많은 사슴들을 실제로 목격한 사람이었을 것이다. 쓰러진 사슴을 보면서 한 모금의 물이 얼마나 소중한지 깨달았을 것이다. 우리도 물을 찾아 헤매는 사슴과 같은 마음으로 하나님과 교제해야 한다.

사슴에게 물이 없다는 것이 곧 죽음인 것처럼, 우리에게 있어서 생수 되신 예수 그리스도의 말씀을 듣지 않는, 즉 말씀의 고갈은 죽음이라는 것을 늘 기억해야 한다.

43 반대에 직면하여 통찰력을 간구하는 기도 오 하나님이여, 나를 판단하시고 경건치 않은 민족들에 대한 내 호소를 듣고 변호해 주소서. 오, 거짓되고 악한 저 사람들에게서 나를 구하소서.

2 주는 내 힘이 되시는 하나님이십니다. 그런데 왜 나를 외면하십니까? 왜 내가 적들에게 억눌린 채 슬퍼하며 돌아다녀야 합니까?

3 오, 주의 빛과 주의 진리를 보내 주셔서 나를 인도하게 하시고 주의 거룩한 산과 주의 장막으로 나를 이끌어 주소서.

4 그러면 내가 하나님의 제단으로, 내게 가장 큰 기쁨이 되시는 하나님께로 나아갈 것입니다. 오 하나님이여, 내 하나님이여, 내가 하프로 주를 찬양하겠습니다.

5 오 내 영혼아, 왜 그렇게 풀이 죽어 있느냐? 왜 그렇게 내 속에서 불안해하느냐? 너는 하나님을 바라라. 내가 오히려 그분을 찬양하리라. 그분은 내 얼굴을 도와주시는 분이시며 내 하나님이십니다.

고라 자손의 마스길 지휘자를 위한 노래

44 백성이 지은 죄의 고백과 구원을 위한 기도 오 하나님이여, 우리가 두 귀로 들었고 우리 조상들의 시대에 주께서 하신 일들을 그들이 우리에게 들려주었습니다. 출10:2

2 주께서 주의 손으로 이방 민족들을 쫓아내시고 그 땅에 우리 조상들을 심어 놓으셨으며 주께서 그 민족들을 치시고 우리 조상들은 번창하게 하셨습니다. 출15:17

3 그들이 자기 칼로 그 땅을 차지한 것이 아니고 자신들의 팔로 구원한 것도 아닙니다. 오직 주의 오른손, 주의 팔, 주의 얼굴 빛으로 하신 것입니다. 주께서 그들에게 은총을 내리셨기 때문입니다. 신4:37

4 오 하나님이여, 주는 내 왕이십니다. 야곱을 위해 승리를 명령하소서. 18:50:74:12

5 주를 통해 우리가 우리 적들을 물리칠 것이며 주의 이름을 통해 우리에게 맞서 일어나는 사람들을 짓밟을 것입니다.

6 나는 내 활을 믿지 않을 것입니다. 내 칼도 내게 승리를 안겨 주지 못하기 때문입니다.

7 오직 주께서 우리를 우리 적들에게서 구원하셨고 우리를 미워하는 사람들이 수치를 당하게 하셨습니다. 35:4

8 그러므로 우리가 하루 종일 하나님만 자랑합니다. 우리가 주의 이름을 영원히 찬양합니다. (셀라) 34:2

9 그런데 이제 와서 주께서 우리를 외면하시고 수치를 주십니까? 더 이상 우리 군대와 함께하지 않으십니까? 삿4:14삼하5:24

10 주께서 우리를 적 앞에서 물러나게 하시니 우리를 미워하는 사람들이 우리를 멋대로 약탈해 갑니다. 레 26:17:신 28:25:сₗ 7:8,12

11 주께서 우리를 잡아먹힐 양처럼 내어 주셨고 이방 민족들 가운데로 흩어 버리셨습니다. 레 26:33:신 4:27:28:64:오 7:35:벧전 1:1

12 주께서 주의 백성을 헐값에 넘기시니 주께는 돈벌이도 되지 않습니다! 신 32:30:삿 2:14

13 주께서 우리를 이웃의 비난거리가 되게 하시고 주변 사람들의 조롱거리와 웃음거리가 되게 하셨습니다. 39:8:79:4:80:6:느 2:17

14 주께서 우리를 이방 민족들 가운데 본보기가 되게 하시니 저 사람들이 우리를 보고 고개를 젓습니다. 렘 24:9:욥 16:4:17:6

15 내가 하루 종일 혼란스럽고 내 얼굴이 수치로 뒤덮였으니 대하 32:21

16 이는 나를 비난하고 헐뜯는 사람들의 빈정거림 때문이며 적들과 보복하려는 사람들 때문입니다. 8:2

17 이 모든 일이 우리에게 임했으나 우리가 주를 잊지 않고 주의 언약을 소홀히 하지 않았습니다. 단9:13

18 우리 마음이 돌아서지 않았으며 우리 발걸음도 주의 길을 벗어나지 않았습니다.

19 그러나 주께서는 자칼의 처소에서 우리를 처부수셨고 죽음의 그림자로 우리를 덮으셨습니다. 51:8:욥 3:5:30:29

20 우리가 혹시 우리 하나님의 이름을 잊었더

행렬 (42:4, 行列, procession) 여러 명이 줄지어 감.

라면 혹은 이방신들에게 손을 뻗었더라면
21 하나님께서 설마 모르셨겠습니까? 주께
서는 마음의 비밀도 다 아시지 않습니까?
22 그러나 우리가 주를 위해 하루 종일 죽임
을 당하니 마치 도살장에 끌려가는 양 같
은 신세입니다.

11롬8:36

23 오 여호와여 깨어나소서, 왜 주무시고 계십
니까? 일어나 우리를 영영 외면하지 마소서.
24 왜 그렇게 주의 얼굴을 숨기시며 우리의 처
참함과 억압당하는 것을 잊고 계십니까?
25 우리 영혼이 흙먼지에 처박혔고 뱃가죽이
땅에 붙었습니다.

119:25

26 일어나 우리를 도와주소서. 주의 변함없
는 사랑 때문에라도 우리를 구원하소서.

고라 자손의 마스길, 지휘자를 위해 소산님에 맞춰 쓴 사랑의 노래

45

영원하신 왕의 위엄과 그 나라의 아름
다움 내가 왕을 위해 아름다운
시를 읊조리게 되니 마음이 떨리지 않을 수
없습니다. 내 혀는 능숙한 작가의 붓입니다.
2 왕은 사람이 낳은 이 가운데 가장 아름다
운 분입니다. 왕의 입술 안으로 은혜가 쏟
아졌으니 하나님께서 왕에게 영원한 복을
주셨습니다.

사 33:17;61:1~3;눅 4:22

3 오 지극히 강하신 이여, 왕의 칼을 옆에 차
고 영화와 위엄으로 옷 입으소서.
4 왕은 진리와 겸손과 의를 위해 위엄 있게
말을 타고 당당히 나가소서. 왕의 오른손
이 두려운 일들을 가르쳐 줄 것입니다.

5 왕의 화살이 날카로워 왕의 적들의 심장
을 뚫으니 그들이 왕의 발아래 쓰러집니다.
6 오 하나님이여, 주의 옥좌는 영원할 것이며
주의 나라의 규는 공의의 규가 될 것입니다.
7 왕이 의를 사랑하고 악을 싫어하니 하나님
께서, 왕의 하나님께서 왕에게 기쁨의 기름
을 부어 왕의 동료들 위에 세우셨습니다.
8 왕의 모든 옷에서 몰약과 알로에와 계피
향이 나며 상아궁에서 흘러나오는 현악
소리가 왕을 기쁘게 합니다.

150:4;마 2:11

9 왕이 소중히 여기는 여자들 가운데 여러
왕의 딸들이 있고 왕의 오른쪽에는 오빌
의 금으로 치장한 왕후가 있습니다.
10 오 딸아, 듣고 생각하고 귀를 기울여라. 네
백성들과 네 아버지의 집은 이제 잊어버려라.
11 그리하면 왕이 네 아름다움에 흐뭇해하
실 것이다. 그분이 네 주인이시니 너는 왕
께 경배하여라.

95:6;사 54:5

12 두로의 딸이 선물을 들고 올 것이요 부유
한 백성들도 네 은총을 구할 것이다.
13 왕의 딸이 그 안에서 모든 영광을 누리고
그 옷은 금으로 수놓은 것입니다.
14 그가 수놓인 옷을 입고 왕께로 인도될 것
이며 시녀들도 그 뒤를 따를 것입니다.
15 그들은 기뻐하고 즐거워하며 이끄는 대로
왕궁으로 들어갈 것입니다.
16 왕의 자녀들은 왕의 조상의 자리를 이어
받고 왕께서 그들을 온 땅의 왕들로 삼을

QT 코너 피난처

피난처 되시는 하나님

'만일 내가 거울에 있었
다면 어디로 피할 수 있었을
까?' 순현이는 뉴스를 통해
아이티라는 나라에서 일어난
지진의 끔찍한 일을 보고 마음이
떨립니다.

우리는 인터넷과 같은 대중 매체의 발달로 세상의 많은 이야기들을 빠
르게 알 수 있는 시대에 살고 있어요. 이 세상에 일어나는 지진, 홍수, 전염
병, 기근, 전쟁, 폭설, 재난 등을 쉽고 빠르게 알 수 있게 되었어요.
이런 소식들을 듣게 되면 사람들은 하나님께 기도하며 마음의 준비와 여
러 가지 대비를 하게 돼요. 그런 재난이 닥쳤을 때 빨리 피하고 싶기 때
문이죠. 하지만 이런 준비들은 한계가 있어서 모든 재난을 완벽하게
막아 줄 수는 없답니다. 오로지 하나님만이 모든 재난을 완벽하게 막아
주는 피난처가 되신답니다.
시편 기자는 "하나님은 우리 피난처이시요, 힘이십니다. 고통당할 때 바
로 눈앞에 있는 도움이십니다."(시 46:1)라고 말했어요. 이제 완전한 피난

것입니다.   벤전 2:9;계 1:6;5:10;20:6;22:5

17 내가 온 세대에 걸쳐 왕의 이름을 기억하게 할 것이니 그러므로 백성들이 영원토록 왕을 찬양할 것입니다.   말 1:11

고라 자손의 시, 지휘자를 위해 알라못에 맞춘 노래

46

열방을 다스리는 파난처, 힘이 되시는 하나님 하나님은 우리 피난처이시요, 힘이십니다. 고통당할 때 바로 눈앞에 있는 도움이십니다.   신 4:7

2 그러므로 땅이 없어진다 해도, 산들이 바다 속에 빠진다 해도 우리는 두려워하지 않을 것입니다.   18:7;24:27:26

3 바다 물결이 으르렁거리며 철썩거려도 산들이 끓어올라 흔들린다 해도 두려워하지 않을 것입니다. (셀라)   93:3~4;렘 5:22

4 지극히 높으신 분이 계시는 성소를 흐르며 하나님의 성을 기쁘게 하는 강이 있습니다.

5 하나님께서 그 성안에 계셔서 성이 흔들리지 않을 것이니 이것은 이른 아침에 하나님께서 도우시기 때문입니다.   출 14:27

6 이방 민족들이 소동을 일으켜 왕국들이 흔들렸지만 주께서 소리를 높이시니 땅이 녹아 버렸습니다.   출 15:15;수 2:9;24:렘 25:30;암 2:11

7 만군의 여호와께서 우리와 함께 계시니 야곱의 하나님은 우리의 피난처입니다. (셀라)

8 와서 여호와께서 하신 일들을, 그분이 어떻게 땅을 황폐하게 하셨는지를 보십시오.

9 그분은 땅끝까지 전쟁을 그치게 하시고

활을 부러뜨리고 창을 두 동강 내시며 병거를 불태우십니다.   삼상 2:4;사 2:4;겔 39:9

10 "차분히 생각해 내가 하나님임을 알라. 내가 이방 민족들 가운데서 높임을 받고 내가 땅에서 높임을 받으리라."

11 전능하신 여호와께서 우리와 함께 계시니 야곱의 하나님은 우리 피난처이십니다. (셀라)

고라 자손의 시, 지휘자를 위한 노래

47

만군의 하나님을 높임 오 너희 모든 백성들아, 손뼉을 치라. 승리의 소리로 하나님께 외쳐라.

2 지극히 높으신 여호와는 두려운 분이시다. 온 땅을 다스리시는 위대한 왕이시다.

3 그분은 사람들을 우리 아래 복종시키시고 저 민족들을 우리 발아래 두실 것이다.

4 우리를 위해 유산을 선택하셨는데 그것은 바로 그분이 사랑하시는 야곱의 자랑거리다.   2:8;창 6:8;8:7;나 2:2;벤전 1:4

5 기뻐 외치는 소리와 함께 하나님께서 나팔 소리 울리는 가운데 올라가셨다.

6 찬양하라. 하나님을 찬양하라. 찬양하라. 우리 왕을 찬양하라.

7 하나님은 온 땅의 왕이시니 찬양의 시로 노래하라.   슥 14:9;고전 14:15

8 하나님께서 이방 민족들을 통치하신다. 하나님께서 그 거룩한 옥좌에 앉으셨다.

9 백성들 가운데 귀족들이 아브라함의 하나님의 백성이 돼 모여 있구나. 이 땅의 방패들이 하나님께 속해 있으니 그분은 지극히 높임을 받으셨도다.   사 14:1;계 21:24

고라 자손의 시 노래

48

시온의 영광 여호와는 위대하시니 우리 하나님의 성에서, 그 거룩한 산에서 크게 찬양을 받으실 것이다.

2 그 터가 아름다우니 북쪽에 있는 위대한 왕의 성 시온 산이 온 세상의 기쁨이 됩니다.

3 그 성에 계시는 하나님은 자신을 피난처로 알리셨습니다.   46:7

처가 되시는 하나님을 믿음으로, 두려운 마음을 모두 물리쳐 봐요.
지금 나를 두렵게 만드는 것은 무엇이 있나요? 성적, 나를 괴롭히는 친구, 자주 싸우는 가족, 친구와의 경쟁. 이런 것들이 주는 두려움을 이길 수 있도록 하나님께 기도해요. 피난처 되시는 하나님이 함께하시면 그 어떤 것도 우리를 두렵게 할 수 없답니다.

같이 읽기 시편 11편 1절, 18편 1~3절, 54편 4~7절을 읽으세요.

도살장(44:22, 屠殺場, slaughter) 고기를 얻기 위해 가축을 잡아 죽이는 곳. 위엄(45:3, 威嚴, majesty) 존엄할 만한 위세가 있어 점잖고 엄숙함.

4 왕들이 연합해서 함께 나아갔다가

5 그 성을 보고 깜짝 놀라 안 되겠다 싶어 도 망쳐 버렸습니다.

6 해산하는 여인처럼 그들이 두려움에 사로 잡혔습니다. 출 15:15;사 13:8;렘 13:13

7 주께서 다시스 배들을 동쪽 바람으로 부수셨습니다. 왕상 10:22;22:48;겔 18:17;렘 27:26

8 우리가 들은 대로 만군의 여호와의 성에서, 우리 하나님의 성에서 우리가 보았으니 하나님께서 그 성을 영원히 세우실 것입니다. (셀라) 87:5;사 22:개 4:1

9 오 하나님이여, 우리가 주의 성전에서 주의 변함없는 사랑을 생각했습니다.

10 오 하나님이여, 주의 이름과 같이 주를 찬양하는 소리도 땅끝까지 이르렀고 주의 오른손에는 의가 가득합니다. 출 34:5-6

11 주께서 판단하시니 시온 산이 즐거워하며 유다의 마을들이 기뻐합니다. 97:8

12 너희는 시온을 두루 돌아다니면서 그 망대들을 세어 보라.

13 그 성벽들을 잘 살펴보고 그 궁전을 두루 둘러보아 다음 세대에 그것들을 말해 주라.

14 이 하나님이 영원토록 우리 하나님이 되시니 죽을 때까지 그분은 우리를 인도하실 것이다. 23:3-4

49 고라 자손의 시 지휘자를 위한 노래
영적 통찰 너희 모든 백성들아, 이 말을 들으라. 이 세상에 사는 모든 사람들아, 귀를 기울이라.

2 낮은 사람이나 높은 사람이나, 부자나 가난한 사람이나 할 것 없이 다 들으라.

3 내 입이 지혜의 말을 할 것이니 내 마음의 묵상으로 꿰뚫어 알게 되리라. 잠 1:20;9:1

4 내가 귀 기울여 잠언을 듣겠고 하프를 켜면서 내 수수께끼를 풀리라. 마 13:35

5 재난의 날이 다가올 때, 내 발꿈치의 범죄가 나를 둘러쌀 때를 내가 왜 두려워하겠는가? 37:1;94:13

6 자기 부를 의지하는 사람들은 돈이 많은 것을 자랑하지만 52:7;잠 31:24;잠 11:28;막 10:24

7 그 가운데 어느 누구도 결코 자기 형제를

구원하지 못하고 형제를 위해 하나님께 대속할 제물을 바치지 못하리라. 욥 33:24

8 영혼을 대속하는 것은 너무나 엄청난 일이어서 어떤 값이라도 충분하지 않으니

9 썩는 것을 보지 않고 영원히 살게 할 수는 없다. 16:10;89:48

10 어리석은 사람이나 우둔한 사람들이 죽는 것같이 지혜로운 사람들도 죽고 그들의 재산은 결국 남에게 남기고 가는 것이다.

11 그들이 속으로는 자기 집이 영원히 남고 그 거처는 대대로 있을 것이라며 그 땅도 자기들 이름을 따서 붙이지만 욥 4:17

12 제아무리 명예가 있다 해도 사람이란 오래가지 못하고 죽게 돼 있는 짐승과 다를 것이 없다. 20절;39:5;82;7;전 3:19

13 이것이 바로 어리석은 사람들의 운명이니 오직 그들의 자손이 그들의 말을 증명하리라. (셀라) 눅 12:20

14 그들은 양과 같이 무덤 안에 누워 있으니 죽음이 그들을 다스리리라. 아침이면 정직한 사람들이 그들을 다스릴 것이요, 그들의 아름다움은 무덤에서 사라져 그 흔적조차 없어지겠으나 눅 22:30;고전 6:2

15 오직 하나님께서 내 영혼을 무덤의 권세에서 구원하시고 나를 받아 주시리라. (셀라)

16 누가 부자라 해서 그 집이 점점 더 화려해진다고 해도 두려워할 것이 없도다.

17 죽을 때는 아무것도 가져가지 못하고 그 화려함이 그를 따라 내려가지 못하리라.

18 그가 사는 동안에는 스스로 복이 있다 여기고 그가 잘돼서 사람들의 칭찬을 받을지라도

19 결국에는 자기 선조들에게로 돌아가 빛을 보지 못할 게 뻔하도다!

20 제아무리 명예가 있다 해도 깨닫지 못하는 사람은 스러지고 마는 짐승과 다를 게 없다.

50 아삽의 시
제사의 참 의미와 악인의 위험 전능하신 하나님, 바로 여호와께서 말씀하셔서 해 뜨는 데부터 해 지는 데까

지 세상을 부르셨다. 113:3;수 22:22

2 완벽한 아름다움 그 자체인 시온에서 하나님께서 눈부시게 빛을 내셨다. 신 33:2

3 우리 하나님께서는 잠잠히 오시지 않으실 것이다. 그분 앞에는 삼키는 불이 있으며, 그 주위에는 맹렬한 폭풍이 있을 것이다.

4 그분이 위로는 하늘을 부르시고 아래로는 땅을 부르시니 그 백성들을 심판하시려는 것이다. 신 4:26;31:28;32:1;사 1:2;미 1:2;6:1-2

5 "제사로써 나와 언약을 맺은 내 성도들을 내게로 모아 오너라!" 창 15:9-18;출 24:7-8

6 하늘이 그 의를 선포할 것이다. 하나님께서 친히 심판자가 되시기 때문이다. (셀라)

7 "오 내 백성들아, 들으라. 내가 말한다. 오 이스라엘아, 내가 너에 대해 할 말이 있다. 나는 하나님이다. 바로 네 하나님이다.

8 내가 네 희생제로 너를 책망하지 않을 것이니 너는 계속해서 내 앞에 번제를 드렸다.

9 나는 네 외양간의 황소도, 네 우리의 염소도 가져갈 생각이 없다.

10 숲 속의 동물이 다 내 것이며 수천의 산에 널려 있는 소들도 다 내 것이 아니냐!

11 내가 산에 있는 새들을 다 알고 있고 들에 있는 동물들도 다 내 것이다. 마 10:29

12 내가 혹 굶주려도 네게 말하지는 않을 것이다. 세상이 내 것이고 그 안의 모든 것이 내 것이다. 24:1

13 내가 황소 고기를 먹겠느냐? 아니면 염소 피를 마시겠느냐?

14 하나님께 감사의 제사를 드리고 지극히 높으신 분께 네 서원을 이루라. 롬 12:1

15 고통받을 때 나를 불러라. 내가 너를 건지겠고 네가 나를 영화롭게 할 것이다."

16 그러나 악인들에게는 하나님께서 이렇게 말씀하신다. "네가 무슨 권리로 내 법을 말하고 내 언약을 네 입에 담느냐?

17 너는 가르침을 싫어해 내 말을 등 뒤로 던져 버리고 왕상 14:9;느 9:26;롬 2:21-22

18 도둑을 보면 동조하고 간음하는 사람들과 어울리며 롬 1:32;딤전 5:22

19 입은 악에게 내주고 혀로는 속임수를 일삼으며 5:22

20 네 형제를 비난하고 네 어머니의 아들을 비방하는구나.

21 네가 이런 짓들을 해도 내가 입 다물고 있었더니 나를 너와 같다고 생각했느냐? 그

러나 이제 내가 너를 질책하고 네 눈앞에
네 죄를 차근차근 밝혀 보이겠다.

22 너희 하나님을 잊은 사람들아, 이것을 잘
생각해 보라. 그러지 않으면 내가 너희를
산산조각 내도 구할 사람이 없을 것이다.

23 감사의 제사를 드리는 사람은 내게 영광
돌리는 것이니 길을 곧게 닦는 사람에게
는 내가 내 구원을 보여 주겠다."   갈 6:16

다윗의 시 다윗이 밧세바와 간음하고 나서
나단 예언자가 다윗에게 왔을 때 지은 시 지휘자를 위한 노래

51

죄를 자복하며 용서를 간구함 오 하나
님이여, 주의 신실하신 사랑으로
나를 불쌍히 여기소서. 주의 크신 자비로
내 죄과를 지워 주소서.

2 내 모든 죄악을 씻어 주시고 내 죄를 없애
나를 깨끗이 하소서.   행 22:16;히 9:14;요일 1:7,9;계 1:5

3 내가 내 죄과를 압니다. 내 죄가 나를 떠
나지 않습니다.   32:5잠 28:13

4 내가 주께, 오직 주께만 죄를 지었고 주 앞
에서 악한 일을 저질렀습니다. 그러니 주
의 말씀이 옳으시고 주께서 순전하게 판
단하실 것입니다.   눅 15:18,21;롬 3:4;고전 8:12

5 나는 분명히 죄 가운데 태어났습니다. 내
어머니가 죄 가운데 나를 잉태한 것입니
다.

6 주께서는 진실한 마음을 원하시니 내 마
음 깊은 곳에 지혜를 알려 주실 것입니다.

7 우슬초로 나를 깨끗하게 하소서. 그러면
내가 깨끗해질 것입니다. 나를 씻어 주소
서. 그러면 내가 눈보다 희게 될 것입니다.

8 내게 기쁘고 즐거운 소리를 듣게 하소서.
주께서 부러뜨리신 뼈들도 즐거워할 것입
니다.   35:10;44:19;사 38:13

9 주의 얼굴을 내 죄에서 가리시고 내 모든
죄악을 지워 주소서.   렘 16:17

10 오 하나님이여, 내 속에 정결한 마음을 창
조하소서. 내 안에 정직한 영을 새롭게 하
소서.   삼상 10:9;24:7;62:1;사 52:1;마 5:8;8:9;15:9;엡 4:23~24

11 주 앞에서 나를 쫓아내지 마시고 주의 성
령을 내게서 거둬 가지 마소서.   롬 8:9;엡 4:30

12 주의 구원의 기쁨을 내게 회복시켜 주시
고 주의 자유로운 영으로 나를 붙들어주
소서.   출 35:5,22;대하 29:31;롬 8:15;고후 3:17

13 그러면 내가 범죄자들에게 주의 길을 가
르칠 것이니 죄인들이 주께로 돌아올 것
입니다.   눅 22:32

14 오 하나님이여, 나를 구원하신 하나님이
여, 피 흘린 죄에서 나를 구원하소서. 그
러면 내 혀가 주의 의를 노래할 것입니다.

15 오 여호와여, 내 입술을 여소서. 그러면 내
입이 주를 찬양할 것입니다.

16 주께서는 제사를 기뻐하지 않으시니 그러
지 않았다면 내가 제사를 드렸을 것입니
다. 주께서는 번제도 즐거워하지 않으십
니다.

17 하나님께서 바라시는 제사는 상한 영혼입
니다. 오 하나님이여, 주께서는 상하고 뉘
우치는 마음을 외면하지 않으십니다.

18 주의 선하신 뜻대로 시온이 번영하게 하
소서. 예루살렘의 성벽을 세우소서.

왜 우슬초로 씻어 달라고 했을까요?

우슬초는 이스라
엘 동네마다 돌び
어구에 흔히 자라는 작은 풀이에요. 구
약 시대에는 우슬초 묶음에 동물의
피를 발라 깨끗하게 하는 정결예식
을 할 때(출 12:22), 나병환자가 완
전히 치유되어 공동체 안으로 들어
가기 전에 제사장이 베푸는 정결예
식 때 사용되었어요.
우슬초는 겸손과 회개를 나타내는 식물이

었으며, 동시에 죄를
씻는다는 의미를 가
지고 있었답니다.
다윗은 밧세바와 죄를 짓고 그녀의
충성스런 신하까지 죽였을 때, 자
신의 죄를 하나님 앞에서 솔직하게
인정하고 회개했어요. 자신의 죄를
깨끗하게 해 달라는 의미로 우슬초
로 씻어 달라고 표현했어요(시 51:7). 여
기서 다윗의 진실한 회개를 발견할 수 있어요.

19 그때 주께서 의로운 제사, 곧 번제와 온전한 재물을 기뻐하시리니 그들이 수송아지들을 주의 제단에 바칠 것입니다. 신 33:10

다윗의 마스길. 에돔 사람 도엑이 사울에게 가서 "다윗이 아히멜렉의 집에 갔다"라고 전했을 때 지은 시. 지휘자를 위한 노래

52 악을 행하는 사람들을 비난함 너 힘센 사람아, 왜 네가 저지른 못된 짓을 자랑하느냐? 하나님의 선하심은 항상 있도다. 삼상 21:7

2 네 혀가 못된 짓을 꾸미고 있구나. 마치 날카로운 면도날처럼 속임수를 쓰고 있구나.

3 너는 선한 것보다 악한 것을 좋아하고 의로운 말보다 거짓말을 더 잘하는구나. (셀라)

4 이 간사한 혀야, 너는 집어삼키는 말들이라면 뭐든지 좋아하는구나.

5 하나님께서 너를 영원히 멸망시키시리라. 그분이 너를 끌어내어 네 장막에서 뽑아내시고 산 사람들의 땅에서 너를 뿌리째 뽑으시리라. (셀라)

6 의인들이 보고 두려워하며 그를 비웃을 것이다.

7 "하나님을 자기의 힘으로 삼지 않고 자기 많은 재물만 믿고 사악함으로 힘을 키운 사람은 저렇게 되기 마련이다!" 49:6

8 그러나 나는 하나님의 집에 있는 푸른 올리브 나무같이 하나님의 신실하신 사랑을 영원토록 의지합니다. 렘 11:16; 호 14:6

9 내가 주께서 하신 일에 대해 영원히 찬양하겠고 성도들 앞에서 선하신 주의 이름을 받들겠습니다.

다윗의 마스길. 지휘자를 위해 마할랏에 맞춘 노래

53 죄의 보편성과 이스라엘의 구원 어리석은 사람들은 그 마음속으로 '하나님이 없다'고 합니다. 그들은 썩어 빠졌고 가증스러운 죄악을 저지른 사람들이며 선을 행하는 사람이라고는 하나도 없습니다. 1-6절;14:1-7

2 하나님께서 하늘에서 사람의 자손들을 내려다보시며 지각이 있는 사람이 있는지, 하나님을 찾는 사람이 있는지 살펴보셨지만

3 모든 이들이 제각기 등을 돌리고 다 함께 썩어 선을 행하는 사람이라고는 없으니 정말 하나도 없습니다.

4 악을 행하는 사람들아, 무지해서 그러느냐? 그들이 내 백성을 떡 먹듯 삼키고 나 하나님을 부르지도 않는구나.

5 그들이 두려울 것이 없는 곳에서 두려움에 사로잡혔으니 그들의 뼈를 하나님께서 흩으셨기 때문입니다. 그들이 수치를 당했으니 이것은 하나님께서 그들을 멸시하셨기 때문입니다. 레 26:17,36;잠 28:1;렘 8:1-2;겔 6:5

6 오, 이스라엘의 구원이 시온에서 나오게 하소서! 하나님께서 그 포로 된 백성을 자유롭게 하실 때 야곱이 즐거워하고 이스라

배신한 친구로 인해 탄식하는 다윗

엘이 기뻐할 것입니다.

다윗의 마스길 십 사람이 사울에게 가서 "다윗이 우리 가운데 숨지 않았습니까?" 하고 말했을 때 지은 시 지휘자를 위한 현악곡

54

다윗의 거처를 고발한 사람들에 대해

오 하나님이여, 주의 이름으로 나를 구원하시고 주의 힘으로 나를 판단하소서.

2 오 하나님이여, 내 기도를 들으소서. 내 입으로 하는 말에 귀 기울이소서. 55:1

3 이상한 사람들이 내게 맞서 들고일어나며 압제자들이 내 목숨을 노리고 있습니다. 그들은 하나님에 대해서는 안중에도 없습니다. (셀라) 삼상 23:15;시 25:5

4 보십시오. 하나님은 나를 돕는 분이시며 여호와는 내 영혼을 붙들어 주시는 분이십니다. 118:7

5 그분이 내 원수를 갚아 주실 것입니다. 주의 진리로 그들을 끊어 주십시오. 89:49

6 내가 기꺼이 주께 희생제를 드리겠습니다. 오 여호와여, 주의 이름이 선하시니 내가 주의 이름을 찬양하겠습니다. 52:9

7 주께서 내 모든 고난에서 나를 건져 내셨고 내 적들에게 무엇을 하시려는지 내 눈으로 똑똑히 보게 하셨습니다. 59:10;92:11

다윗의 마스길 지휘자를 위한 현악곡

55

배신한 동료로 인한 번뇌

오 하나님이여, 내 기도에 귀 기울이소서. 내 간구로부터 자신을 숨기지 마소서.

2 나를 돌아보시고 귀 기울이소서. 내가 슬픔으로 편치 못해 탄식합니다. 17절

3 이것이 다 내 적의 목소리 때문이며 악인들의 압제 때문입니다. 그들이 내게 죄를 저지르고 분노하며 미워하고 있습니다.

4 내가 괴로워하여 죽을 지경입니다. 죽음의 공포가 나를 덮칩니다. 116:3

5 두려움과 떨림이 내게 다가왔고 공포가 나를 덮었습니다. 78:53;욥 21:6;사 21:4;겔 7:18

6 그래서 내가 말했습니다. "내게 비둘기처럼 날개가 있었더라면 멀리 날아가 쉬었

을 텐데!

7 저 멀리 도망가 광야에서 지냈을 텐데! (셀라)

8 광풍과 폭풍을 피해 내가 쉴 곳으로 얼른 달아났을 텐데." 83:15

9 오 여호와여, 저들의 혀를 분열시키고 파멸시키소서. 내가 이 성안에서 폭력과 분쟁을 보았습니다. 창 11:9;렘 6:7

10 그들이 밤낮으로 성벽 위를 돌아다니니 그 성안에 학대와 슬픔이 있습니다.

11 사악함이 난무하고 협박과 거짓이 그 거리를 떠나지 않습니다. 5:9;10:7

12 만약 나를 모욕한 사람이 적이었다면 내가 참았을 것입니다. 만약 나를 보고 우쭐대는 사람이 나를 미워했던 사람이라면 내가 그냥 숨고 말았을 것입니다. 욥 19:5

13 그런데 바로 너라니! 가깝게 지내던 내 동료 내 친구라니! 41:9;삼하 15:12;16:23

14 우리가 즐겁게 어울리며 하나님의 집에서 무리 지어 다녔는데! 42:4

15 죽음이 내 적들을 갑자기 덮치게 하소서. 그들이 산 채로 지옥으로 내려가게 하소서. 사악함이 그들이 사는 곳에, 그들 가운데 있습니다. 16:10;124:3;민 16:30,33;잠 1:12

16 오직 나는 하나님을 부를 것입니다. 그러면 여호와께서 나를 구원하실 것입니다.

17 저녁이나 아침이나 한낮이나 내가 울부짖으며 기도할 것입니다. 그러면 그분이 내 소리를 들으실 것입니다. 단 6:10;삼상 3:1;110:3,9,30

18 그분은 나를 대적하는 전쟁으로부터 평안한 가운데 내 혼을 구해 주셨습니다. 이것은 나를 대적하는 사람이 많았기 때문입니다. 56:2

19 옛날부터 계시는 그 하나님께서 그들의 소리를 듣고 그들을 징벌하실 것입니다. (셀라) 그들이 변할 줄 모르고 하나님을 두려워할 줄 모르기 때문입니다. 신 33:27

20 그는 자기 손을 뻗어 자기 동료에게 대항하고 그의 언약을 깨뜨렸습니다. 민 30:2;잠 12:1

광야(55:7, 曠野, desert) 사람이 없고 개척되지 않은 넓은 장소. 성경에서 광야는 '시험과 고난의 장소'였던 동시에 '하나님의 인도와 사랑'이 나타난 장소였다. 평안(55:18, 平安, peace) 걱정이나 탈이 없다는 뜻. 성경에서는 '평강'과 '평화', 평안을 구별 없이 사용하고 있음.

21 그가 하는 말은 버터보다 부드러웠지만 그 마음에는 전쟁을 품고 있었습니다. 그의 말은 기름보다 매끄러웠지만 실은 뽑힌 칼이었습니다. 28:3/57:4/잠 5:3-4

22 네 짐을 여호와께 맡겨라. 그러면 그분이 너를 붙드시고 결코 의인들이 흔들리게 두지 않으실 것이다. 10:6/37:5

23 오 하나님이여, 주께서 악인들을 저 아래 구덩이에 빠뜨리실 것입니다. 손에 피를 묻히고 속임수를 쓰는 사람들은 자기 수명의 반도 못 살 것입니다. 그러나 나는 주를 의지할 것입니다. 욥 15:32/잠 10:27

다윗의 믹담, 가드에서 블레셋 사람에게 잡혔을 때 지은 시
지휘자를 위해 요낫 엘렘 르호김에 맞춰 쓴 노래

56

하나님을 의지하고 찬양함 오 하나님이여, 나를 불쌍히 여기소서. 사람들이 나를 삼키려고 하루 종일 공격합니다. 4:1/57:1,3/124:3/민 16:30/잠 1:12

2 내 적들이 날마다 나를 삼키려고 합니다. 오 지극히 높으신 주여, 나와 싸우는 사람들이 많습니다. 11:1

3 내가 두려울 때 주를 의지하겠습니다.

4 내가 하나님을 의지하고 그 말씀을 찬양하니 두려울 게 없습니다. 죽을 수밖에 없는 육체가 내게 무엇을 할 수 있겠습니까?

5 그들은 날마다 내 말을 왜곡하고 나를 해치려고 음모를 꾸미고 있습니다.

6 그들은 내 목숨을 노리기에 혈안이 돼서 모여 숨어서 내 걸음을 감시하고 있습니다.

7 그들이 죄를 짓고도 도망칠 수 있겠습니까? 오 하나님이여, 주의 진노로 저 사람들을 내던지소서. 7:6,55:23,59:5

8 주께서 내 방황을 굽어살피시니 내 눈물을 주의 병에 담으소서. 그것들이 주의 책에 적혀 있지 않습니까? 왕하 20:5/말 3:16

9 그러면 내가 주께 부르짖을 때 적들이 물러날 것입니다. 내가 이것으로 하나님께서 내 편이심을 알게 되지 않겠습니까!

10 내가 하나님의 말씀을 찬양합니다. 내가 여호와의 말씀을 찬양합니다.

11 하나님을 의지하니 내게 두려울 게 없습니다. 사람이 내게 무엇을 할 수 있겠습니까?

12 오 하나님이여, 내가 주께 서원한 것이 있으니 주께 감사 예물을 드리겠습니다.

13 주께서 나를 죽음에서 건져 내시고 내 발을 넘어지지 않게 지켜 주셔서 내가 하나님 앞, 산 사람들의 빛 가운데 다니게 하셨습니다. 49:15,19/116:8-9

다윗의 믹담, 사울을 피해 동굴에 있을 때 쓴 시
지휘자를 위해 '알다스헷'에 맞춰 쓴 노래

57

안전하게 지켜주신 하나님을 찬양함 오 하나님이여, 나를 불쌍히 여기소서, 나를 불쌍히 여기소서. 내 영혼이 주를 신뢰하오니 주의 날개 그늘 아래 이 재난이 지나갈 때까지 피할 것입니다.

2 내가 지극히 높으신 하나님께, 나를 위해 무엇이든 하시는 하나님께 부르짖을 것입니다.

3 그분이 하늘로부터 나를 구원하시고 나를 삼키려는 사람들을 꾸짖으실 것입니다. (셀라) 하나님께서 그의 신실하신 사랑과 그의 진리를 보내실 것입니다.

눈물 병

온 가족의 눈물을 모아서 병에 넣어 두는 것은 고대의 풍습 중 하나였다.

다윗은 "내 눈물을 주의 병에 담으소서. 그것들이 주의 책에 적혀 있지 않습니까?"(시 56:8)라고 쓰고 있다.

팔레스타인 지방의 무덤을 발굴해 보면 눈물 병이 많이 발견된다. 보통 넓은 바닥과 가느다란 몸통, 깔때기 모양의 입구로 된 유리병이다.

눈물 병은 이스라엘 백성들에게 소중한 것이었다. 병 속에 담긴 눈물에는 슬픔, 죽음 등 갖가지 가슴 아픈 사연들이 들어 있기 때문이다. 그래서 사람이 죽으면 그의 삶이 담긴 눈물 병을 무덤에 함께 넣어 장사 지냈다.

4 내 영혼이 사자들 가운데 있습니다. 불이 붙은 사람들 가운데 누워 있습니다. 그들은 바로 사람의 자손들인데 그 이는 창과 화살이요, 그 혀는 날카로운 칼입니다.

5 오 하나님이여, 하늘보다 높임을 받으시고 주의 영광이 온 땅을 덮게 하소서.

6 그들이 내 발을 걸려고 그물을 쳐 두니 내 영혼이 원통합니다. 그들이 내 앞에 구덩이를 파 놓았지만 결국은 그들 스스로가 빠지고 말았습니다. (셀라) 7:15외 18:8

7 오 하나님이여, 내 마음이 정해졌습니다. 내 마음이 정해졌습니다. 내가 내 마음을 다해 노래하고 찬양하겠습니다. 7-11절

8 내 영혼아, 깨어라! 하프와 수금아, 깨어라! 내가 새벽을 깨우리라. 삿 5:12대상 15:16

9 오 주여, 내가 백성 가운데서 주를 찬양하겠습니다. 민족들 가운데서 주를 노래하겠습니다.

10 주의 인자는 커서 하늘보다 높고 주의 진리는 구름에까지 이릅니다. 36:5

11 오 하나님이여, 하늘보다 높임을 받으시고 주의 영광이 온 땅을 덮게 하소서.

다윗의 믹담, 지휘자를 위해 알다스헷에 맞춰진 노래

58
부정을 일삼는 통치자들에 대한 분노 오 통치자들이여, 너희가 정말 의로운 말을 하고 있느냐? 오 사람의 자손들아, 너희가 사람들 가운데서 정말 정직하게 심판했느냐?

2 정말로 너희는 마음에 악을 품고 너희 손은 땅에서 폭력의 수위를 가늠하고 있구나.

3 악인들은 모태에서부터 길을 잃고 태어나면서부터 곁길로 새어 거짓말만 하는구나.

4 그들의 독은 뱀의 독 같고 귀 막은 독사의 독 같아서 140:3신 32:33

5 마술사의 음성을 들으려 하지 않으며 능숙한 술객의 소리도 결코 듣지 않는구나.

6 오 하나님이여, 그들의 입에 있는 이를 다 부러뜨리소서. 오 여호와여, 사자들의 송곳니를 뜯어내소서! 37:8 4:10:29:17

7 그들이 흘러가는 물처럼 녹아 버리게 하소서. 그들이 활시위를 당길 때 그 화살이

이 부러지게 하소서. 64:3;112:10;수 7:5

8 달팽이가 녹듯이 그들 모두가 없어지게 하시며 조산한 아이처럼 해를 보지 못하게 하소서. 3:16

9 생나무든 마른나무든 상관없이 가시나무를 태우는 불로 주의 가마가 뜨겁게 되기도 전에 악인은 바람에 휩쓸려 가리라.

10 악인들이 복수당하는 것을 보고 의인들은 기뻐하며 악인들의 피에 발을 씻게 되리라.

11 그때 사람들이 말하리라. "정말 의인들이 상을 받고 정말 세상을 심판하시는 하나님이 계시는구나." 창 18:25;욥 19:29;전 12:14;사 3:10

다윗의 믹담, 사울이 다윗을 죽이려고 다윗의 집에 사람들을 보냈을 때 온 시 지휘자를 위해 알다스헷에 맞춰진 노래

59
하나님의 능력을 간구함 오 내 하나님이여, 내 원수들에게서 나를 건지소서. 내게 맞서 일어나는 사람들에게서 나를 보호하소서. 77:18;48

2 악을 행하는 사람들로부터 나를 건지시고 피 묻은 사람들로부터 나를 구원하소서.

3 오 여호와여, 보소서. 그들이 내 영혼을 해치려고 숨어서 기다립니다. 내 범죄 때문도 아니고 내 죄악 때문도 아닙니다. 힘 있는 사람들이 나를 해치려고 모였습니다.

4 내가 잘못한 일이 없는데 그들은 나를 보고 벼르고 있습니다. 주여, 일어나 나를 도우시고 살펴 주소서! 35:23

5 오 여호와 전능하신 하나님이여, 이스라엘의 하나님이여, 주께서 일어나 모든 이방 민족들을 징벌하소서. 악한 반역자들을 가엾게 여기지 마소서. (셀라) 80:4;84:8

6 그들이 저녁이면 돌아와 개처럼 짖으며 성을 돌아다닙니다. 22:16

7 그들이 그 입에서 토해 내는 것을 보소서. 그 입술에서 칼을 토하며 "누가 들으랴?"라고 합니다. 57:4;94:4;잠 15:2,28;음 22:13

8 오 여호와여, 그러나 주께서는 그들을 비웃고 저 모든 이방 민족들에게 코웃음 치실 것입니다. 2:4

9 하나님은 내 요새이시니 내가 그 힘을 보고 주를 바라보겠습니다. 16-17절:9:9

10 나를 가엾게 보시는 하나님께서 나를 막아 주실 것입니다. 하나님께서 내 적들을 향해 내가 바라는 것을 보게 하실 것입니다.

11 오 내 방패이신 여호와여, 그들을 죽이지는 마소서. 그러면 내 백성들이 잊을지도 모릅니다. 주의 능력으로 그들을 흩어 버리시고 끌어내리소서. 15절;시33:5;55:23

12 그 입의 죄와 그 입술의 말로, 그들이 뻗어 내는 저주와 거짓말로 그들이 교만할 때 사로잡게 하소서. 잠12:13

13 주께서 진노해 그들을 없애시되 하나도 남김없이 없애 버리소서. 그리하여 하나님께서 야곱을 다스리시는 것이 땅끝까지 알려지게 하소서. (셀라) 7:9;22:27;83:18

14 그리고 그들이 저녁이면 돌아와 개처럼 짖으며 성을 돌아다니게 하소서.

15 그들이 먹이를 찾아 돌아다니다가 배가 차지 않아 으르렁거리게 하소서. 욥15:23

16 그러나 나는 주의 능력을 노래할 것입니다. 아침에 주의 신실하심을 노래하겠습니다. 주는 내 산성이시며 고통당할 때 내 피난처이셨기 때문입니다. 9절;18:6;삼하22:3

17 오 내 힘이 되신 주여, 내가 주를 찬송합니다. 오 하나님이여, 주는 내 산성이시며 나를 긍휼히 보시는 하나님이십니다.

교훈을 위한 다윗의 믹담 다윗이 아람 나하라임과 아람소바와 싸우고 있는데 요압이 돌아와 소금 골짜기에서 만 2,000명의 에돔 사람들을 죽였을 때 지은 시, 지휘자를 위해 수신에둣에 맞춰 쓴 노래

60 사랑하시는 사람들을 건져 주소서! 오 하나님이여, 주께서 우리를 외면하셨고 우리를 흩으셨으며 노여워하셨습니다. 그러나 이제는 우리에게 마음을 돌리소서! 10절;44:9;80:3;삼하5:20

2 주께서 땅을 흔들어 갈라지게 하셨습니다. 땅이 갈라졌으니 그 틈을 메우소서.

3 주께서 주의 백성에게 어려움을 주셨고 포도주를 마시게 해 우리가 비틀거립니다.

4 주를 두려워하는 사람들에게는 주께서 깃발을 주셔서 진리를 위해 매달게 하셨습니다. (셀라) 20:5;사5:26;11:12;13:2;잠22:21

5 그리하여 주께서 사랑하시는 사람들이

건짐받게 하시며 주의 오른손으로 구원하시고 내게 응답하소서! 신33:12;렘11:15

6 하나님께서 그 거룩함 가운데 말씀하셨습니다. "내가 기뻐하리라. 세겜을 나누고 숙곳 골짜기를 측량하리라. 창12:6;33:17-18

7 길르앗이 내 것이요, 므낫세가 내 것이며 에브라임이 내 투구이며 유다가 내 지팡이이며

8 모압이 내 목욕탕이로다. 에돔 위에 내가 내 신을 던질 것이요, 블레셋을 이기리라."

9 누가 나를 튼튼한 성으로 데려가겠는가? 누가 나를 에돔으로 인도하겠는가?

10 오 하나님이여, 우리를 버리신 분이 주가 아니겠습니까? 이제 우리 군대와 함께하지 않으시겠습니까? 1절;44:9

11 이 고통 속에서 우리를 도우소서. 사람의 도움은 아무 소용이 없습니다. 146:3

12 하나님과 함께라면 우리가 용감해질 수 있습니다. 우리 적들을 짓밟으실 분이 바로 하나님입니다. 44:5;118:15-16;민24:18;사63:3

다윗의 시 지휘자를 위한 현악곡

61 하나님의 보호와 피난처를 간구하는 기도 오 하나님이여, 내 울부짖는 소리를 들으소서, 내 기도에 귀 기울이소서.

내 신을 던질 것이요

유다 사람들은 신발을 아주 더럽고 부정한 것으로 생각했었다.

하나님이 모세를 부르셨을 때 "더 이상 가까이 다가오지 마라. 네가 서 있는 곳은 거룩한 땅이니 네 발에서 네 신을 벗어라."(출 3:5)라고 말씀하신 것을 기억해 보라.

여호수아가 여호와의 군사령관 앞에 섰을 때도 그랬다. "네 발에서 신을 벗어라. 네가 서 있는 곳은 거룩한 곳이다."(수 5:15).

시편 60편 8절에서 다윗은 에돔을 비웃으면서 "에돔 위에 내가 내 신을 던질 것이요"라고 말한다.

신발을 던지는 행동은 상대방을 깔보고 업신여기며 비웃는 것으로, 자신이 더 우위에 있음을 표시하는 행동이다.

이 표현은 앞으로 에돔이 이스라엘의 노예가 됨을 뜻하는 것이었다.

2 내가 낙심할 때 땅끝에서부터 주께 부르
짖을 것입니다. 나보다 높이 있는 바위로
나를 인도하소서. 18:2;77:3

3 주는 내 피난처이시며 적들로부터 지켜
주는 든든한 망대이십니다. 14:6;잠 18:10

4 내가 주의 장막에 영원히 있을 것입니다.
내가 주의 날개 밑으로 피하겠습니다. (셀
라) 15:1;17:8;27:4

5 오 하나님이여, 주께서 내 서원을 들으셨
고 주의 이름을 두려워하는 사람들의 *
유산을 내게 주셨습니다.

6 주께서 왕의 수명을 연장해 주셔서 그 나
날이 여러 세대에 걸쳐 계속되게 하소서.

7 그가 하나님 앞에 영원히 있을 것이니 주
의 인자하심과 진리를 세워 그를 보호하
소서.

8 그러면 내가 영원히 주의 이름을 찬송하
며 날마다 내 서원을 이루겠습니다.

다윗의 시 지휘자 여두둔을 위한 노래

62

하나님은 우리의 유일한 힘이요, 그
사랑은 모든 사랑에 뛰어나시도다 내
영혼이 조용히 하나님만 기다리는 것은
내 구원이 그분에게서 나오기 때문이다.

2 그분만이 내 반석이시며 내 구원이시며,
그분만이 내 산성이시니 내가 결코 흔들

요새(망대)

요새는 성읍을 안전하게 지키려고 망을 보기 위
해 세워진 탑이나 대를 말한다(창 11:4-5; 삿 8:9;
9:46-52; 왕하 9:17).

성읍 요새에는 복잡하고 많은 망대들이 세워졌다.
이스라엘 초기의 망대는 직사각형이었으며, 나중
에는 둥근 형태가 보편적이었다.

망대의 파수꾼들은 적의 침략 여부와 성문에 접
근하는 낯선 사람들을 살폈다(삼하 18:24). 망
대는 가축들과 농
작물을 지키려
는 목적으로도
세워졌다 (대하
26:10; 사 5:2).

리지 않으리라. 9:9;10:6;18:2

3 기울어 넘어지는 벽처럼, 흔들리는 울타
리처럼 너희가 언제까지 사람을 모함하겠
느냐? 너희가 다 죽임을 당하리라.

4 너희는 그를 그 높은 자리에서 떨어뜨릴
궁리만 하는구나. 너희가 거짓말하기를
좋아하니 입으로는 축복하지만 속으로는
저주하고 있다. (셀라) 28:3;욥 13:11

5 내 영혼이, 조용히 하나님만 바라라. 내 소
망이 그분에게서 나오는구나.

6 그분만이 내 바위이시며 내 구원이시다.
그분이 내 산성이시니 내가 흔들리지 않
으리라. 3:8

7 내 구원과 명예가 하나님께 달려 있다. 그
분은 든든한 반석이시며 피난처이시다.

8 오 백성들아, 언제든지 그분을 의지하라.
너희 마음을 그분께 쏟아 놓으라. 하나님
이 우리 피난처이시다. (셀라) 37:3;42:4

9 비천한 사람도 헛것에 불과하고 귀족도 역
시 별것 아니다. 저울에 달면 둘을 합쳐도
한낱 한숨에 지나지 않을 것이다.

10 사람을 억압하는 것을 힘으로 삼지 말고
남의 것을 훔치는 헛된 욕망을 품지 말라.
너희 재물이 늘어나더라도 거기에 마음을
두지 말라. 49:6;잠 11:4-19;롬 2:3;눅 12:15

11 하나님께서 한 번 말씀하셨을 때 내가 들
은 것은 두 가지인데 그것은 능력이 바로
하나님께 있다는 것이다. 욥 33:14;40:5;계 19:1

12 오 여호와여, 인자하심도 주의 것입니다.
주께서는 분명 각 사람이 행한 대로 갚아
주시는 분이십니다. 86:5,15;103:8;잠 34:11;단 9:9

다윗의 시 다윗이 유다 광야에 있을 때 지은 시

63

하나님의 보호하심에 감사함 오 하
나님이여, 주는 내 하나님이시니
내가 주를 간절히 찾습니다. 물이 없어
메마르고 지친 땅에서 내 영혼이 주를 목
말라하며 내 육체가 주를 간절히 바랍니
다. 78:34;84:2;143:6;사 26:9;32:2

2 내가 주를 성소에서 보았듯이 주의 능력
과 주의 영광을 보려는 것입니다. 27:4

3 주의 인자하심이 생명보다 낫기에 내 입

술이 주께 영광을 돌릴 것입니다. 69:16

4 이렇게 내가 살아 있는 동안 주를 찬양하고 주의 이름 때문에 내 손을 들어 올릴 것입니다. 20:1;5:28:2;104:33;146:2

5 내 영혼이 진수성찬으로 배부른 것 같고 기뻐하는 입술로 내 입이 주를 찬양할 것입니다. 36:8

6 내가 침대에서 주를 기억하고 밤에 보초를 서면서도 주를 생각합니다. 42:8

7 주는 내 도움이시니 내가 주의 날개 그늘에서 즐거워할 것입니다. 17:8

8 내 영혼이 주께 끝까지 매달리니 주의 오른손이 나를 붙드십니다. 41:12;민 14:24

9 그러나 내 목숨을 노리는 사람들은 멸망할 것입니다. 그들은 땅속 저 아래로 내려갈 것이며 9:17;55:15;겔 26:20;31:14;엡 4:9

10 칼에 쓰러져 여우들의 밥이 될 것입니다.

11 오직 왕은 하나님을 즐거워할 것이며 그분의 이름으로 맹세하는 사람마다 기뻐할 것입니다. 그러나 거짓말쟁이들은 말문이 막힐 것입니다. 욥 5:16;사 45:23;65:16;롬 3:19

다윗의 시, 지휘자를 위한 노래

64

악행을 꾀하는 음모자들을 물리쳐 주시기를 간구하는 기도 오 하나님이여, 내 탄식하는 음성을 듣고 적들의 협박에서 내 목숨을 지켜 주소서.

2 악인들의 음모와 악을 행하는 사람들의 소란으로부터 나를 숨기소서. 2:1;55:14

3 그들은 자기 혀를 칼처럼 날카롭게 만들어 모진 말을 화살처럼 겨누고는 11:2;57:4

4 숨어서 죄 없는 사람을 쏘았습니다. 거리낌 없이 순식간에 쏴 버렸습니다. 10:8;55:19

5 그들은 악한 계획으로 똘똘 뭉치고 덫을 숨겨 놓자며 "아무도 못 본다"라고 합니다.

6 또 죄악을 꾀하며 참 부지런히도 머리를 굴립니다. 사람의 생각과 마음은 정말 알 수 없는 것입니다. 49:11

7 그러나 하나님께서 화살로 쏘시면 그들이 순식간에 상처를 입을 것입니다. 7:12~13

8 그러면 그들이 스스로 자기 혀에 걸려 넘어지게 될 것입니다. 그들을 보는 사람들은 모두 도망칠 것입니다. 잠 12:13;18:7;겔 18:16

9 모든 사람이 다 두려워하며 하나님의 일을 선포할 것입니다. 하나님께서 하신 일을 생각할 테니 말입니다.

10 의인들은 하나님을 즐거워하고 주를 믿을 것이며 마음이 정직한 사람들은 모두 하나님을 찬양할 것입니다! 7:10;8 22:19

다윗의 시, 지휘자를 위한 노래

65

하나님의 용서와 권능, 물질의 축복을 찬양함 오 하나님이여, 찬송이 시온에서 주를 기다립니다. 우리가 주께 한 서원을 지킬 것입니다.

2 오 기도를 들으시는 주여, 주께 모든 영혼이 나올 것입니다. 86:9;왕상 19:20

3 우리가 죄를 짓고 헤매고 있을 때 주께서 우리 죄악을 씻어 주실 것입니다. 38:4

4 주께서 선택하셔서 가까이 데려와 주의 뜰에 살도록 하신 사람들은 복이 있습니다! 우리가 주의 집, 곧 주의 성전의 온갖 좋은 것들로 채워질 것입니다. 16:11;27:4

5 오 우리 구원의 하나님이여, 주께서 의로 이루신 놀라운 일들로 우리에게 응답하실 것입니다. 주는 모든 땅끝과 머나먼 바다가 의지할 분이시고 신 10:21;삼하 7:23

6 주의 능력으로 산을 세우셨고 주의 힘으로 무장하시며 93:1

7 포효하는 바다와 그 출렁거리는 물결과 저 민족들의 폭동까지도 진압하시는 분이십니다. 74:23;89:9;93:3~4;107:29;사 17:12~13;렘 5:22;마 8:26

8 땅끝에 사는 사람들이 주의 징조를 보고 두려워합니다. 해 뜨는 데부터 해 지는 데까지 주께서 기뻐하게 하십니다.

9 주께서 땅을 돌보고 물을 대 주시며 하나님의 강이 물로 넘쳐 비옥하게 하십니다. 주께서 사람들에게 이렇게 곡식을 공급해 주시려고 다 준비해 놓으신 것입니다.

10 주께서는 밭고랑에 물을 흠뻑 대 주시고 밭이랑을 고르게 펴시며 소나기로 부드럽

61:5 또는 '기업'. 진수성찬(63:5, 珍羞盛饌, richest of foods) 푸짐하게 잘 차린 맛있는 음식. 음모(64:2, 陰謀, conspiracy) 나쁜 목적으로 몰래 흉악한 일을 꾸밈.

게 하시고 그 싹에 복을 주십니다. 신 32:2

11 주께서 그 선하심으로, 한 해에 면류관을 씌우시니 주의 길에 기름진 것이 뚝뚝 떨어집니다. 욥 36:28

12 들의 초지에도 뚝뚝 떨어져 언덕마다 기쁨이 있습니다. 욥 38:26-27; 사 55:12; 욜 2:22

13 초지가 양들로 옷 입었고 골짜기도 곡식으로 뒤덮였습니다. 그들이 기뻐 외치며 노래합니다. 98:8; 사 30:23; 44:23

66

시. 지휘자를 위한 노래

나의 기도에 귀를 기울이신 하나님을 찬양함 온 땅이여, 하나님께 기쁨의 소리를 외치라! 81:1; 95:1; 98:4; 100:1

2 그 이름의 영광을 노래하고 그분을 영화롭게 찬양하라! 수 7:19; 사 42:12

3 하나님께 고백하라. "주께서 하신 일들이 놀랍습니다! 주의 능력이 얼마나 위대하신지 주의 적들이 주 앞에서 복종합니다.

4 온 땅이 주께 경배하고 주를 찬송합니다. 주의 이름을 찬송합니다." (셀라) 22:27

5 하나님께서 하신 일들을 와서 보라. 사람의 자손들을 위해 이렇게 놀라운 일들을 하신다. 16:3; 46:8

6 바다를 마른 땅으로 바꿔 물 사이로 걸어 지나가게 하셨으니 거기서 우리가 그분을 기뻐했다. 74:15; 출 14:21; 수 3:14-17

7 그분이 그 능력으로 영원히 다스리시고 그 눈으로 이방 민족들을 지켜보시니 반역자들은 들고일어나지 말라. (셀라)

8 오 백성들아, 우리 하나님을 찬양하라. 그분을 찬양하는 소리가 들리게 하라.

9 그분이 우리 목숨을 보존해 주시고 우리 발이 미끄러지지 않게 해 주신다. 121:3

10 오 하나님이여, 주께서 우리를 시험하셔서 은처럼 잘 단련시켜 주셨습니다.

11 주께서 우리를 그물에 걸리게 하셨고 우리 등에 짐을 지게 하셨습니다. 애 1:13

12 사람들이 우리 머리 꼭대기에 있게 하셨습니다. 우리가 불 사이로, 물 사이로 지나가기도 했습니다. 그러나 결국에는 풍성한 곳으로 우리를 데려오셨습니다.

13 내가 주의 성전에 번제물을 들고 들어가겠습니다. 내가 주께 서원을 지키겠습니다.

14 내가 고통당하고 있을 때 내 입술로 약속하고 내 입으로 말했던 그 서원 말입니다.

15 내가 주께 숫양의 향기와 함께 살진 짐승을 바치고 숫염소와 함께 수소를 드리겠습니다. (셀라)

16 하나님을 경외하는 너희 모든 사람들아, 와서 귀 기울이라. 하나님께서 내 영혼에 하신 일들을 말해 주리라. 5장; 34:11

17 내가 내 입으로 그분께 울부짖었고 내 혀로 그분을 찬양했다.

18 내 마음에 혹시 죄를 품고 있었다면 주께서 듣지 않으셨을 것이다. 요 9:31; 약 4:3

19 그러나 하나님께서 분명 내 말을 들으셨다. 내 기도하는 소리에 귀 기울이신 것이다. 116:1-2

20 하나님을 찬양하라! 그분이 내 기도에 등 돌리지 않으시고 그 인자하심을 내게서 거두지 않으셨도다.

시, 지휘자를 따라 현악기에 맞춰 부른 노래

67

하나님의 복에 대한 찬양과 기도 하나님, 우리에게 은혜를 베푸시고 복을 주시며 그 얼굴을 우리에게 비추소서. (셀라)

4:6.민 6:25

2 그리하여 주의 길이 땅에 알려지고 구원하시는 주의 힘이 온 민족들 사이에 알려지게 하소서. 98:3.눅 2:30.행 18:25.담 2:11

3 오 하나님이여, 민족들이 주를 찬양하게 하소서. 모든 민족들이 주를 찬송하게 하소서. 22:27

4 민족들이 즐거워하며 기뻐 노래하게 하소서. 주께서 사람들을 공의롭게 심판하시고 땅 위의 민족들을 통치하실 것입니다. (셀라)

5 오 하나님이여, 사람들이 주를 찬양하게 하소서. 모든 백성들이 주를 찬송하게 하소서.

6 그러면 이 땅의 수확물이 불어날 것이고 하나님, 곧 우리 하나님께서 우리에게 복을 주실 것입니다. 85:12.레 26:4.겔 34:27.요 2:22

7 하나님께서 우리에게 복을 주실 것이니 땅의 모든 끝도 그분을 두려워할 것입니다.

다윗의 시, 지휘자를 위한 노래

68

백성들에게 힘을 주시고 구원하시는 하나님을 찬양함 하나님께서 일어나 적들을 흩으시게 하라. 그분을 미워하는 사람들이 그 앞에서 도망치게 하라.

2 연기가 바람에 날려 가듯 그들을 날려 보내라. 불 앞에 초가 녹아내리듯 하나님 앞에서 악인들이 사라지게 하라. 22:14.미 1:4

3 그러나 오직 의인들은 하나님 앞에서 기뻐하고 즐거워하게 하라. 그들이 뛸 듯이 기뻐하게 하라. 32:11

4 하나님께 노래하라. 그 이름을 찬양하라. 하늘을 타고 다니시는 그분의 이름 여호와를 극찬하라. 그 앞에서 즐거워하라.

5 그 거룩한 곳에 계시는 하나님은 고아들에게는 아버지이시며 과부들에게는 변호인이 되신다. 10:14,18

6 하나님은 외로운 사람을 위해 가정을 이루시고 사슬에 묶인 사람들을 풀어 주신다. 그러나 반역자들은 마른 땅에서 살리라. 18절.69:33.삼상 2:5.행 12:7.16:26

7 오 하나님이여, 주께서 주의 백성들 앞에서 나가실 때 주께서 광야를 가로질러 행진하실 때 (셀라) 출 13:21.삿 4:14.5:4.합 3:13.스 14:3

8 땅이 흔들렸고 하늘이 하나님 앞에서 비를 쏟았으며 시내 산마저 하나님, 곧 이스라엘의 하나님 앞에서 흔들렸습니다.

9 오 하나님이여, 주께서 소나기를 충분히 내리셔서 시들해진 주의 기업을 다시 살려 주셨습니다. 65:9~10

10 주의 백성들의 모임이 그 땅에 자리를 잡았습니다. 오 하나님이여, 주께서 선하심으로 가난한 사람들을 채워 주셨습니다.

11 주께서 이 말씀을 선포하시니 큰 무리가 그것을 알립니다. 33:9.출 15:20.삼상 18:6

12 "왕들과 군대들은 허둥지둥 도망쳤고 진영 안의 사람들은 전리품을 나누었다.

13 너희는 양 우리에서 잠을 잘지라도 그 날개는 은으로 덮이고 그 깃털은 빛나는 금으로 뒤덮인 비둘기처럼 되리라." 창 49:14

14 전능하신 분이 이 땅의 왕들을 흩어 버리셨으니 그 모습이 살몬에 날리는 눈처럼 하얗게 됐다. 삿 9:48

15 하나님의 산이 바산의 산 같고 높은 봉우리가 바산의 봉우리 같다.

16 오 높은 봉우리들아, 너희가 왜 날뛰느냐? 이곳은 하나님이 계시기로 하신 산이다. 여호와께서 분명 거기에 영원히 계시리라.

17 하나님의 전차들은 수천, 수만이다. 여호와께서 그 가운데 계시니 시내 산 성소에 계신 것 같도다. 왕하 6:17.창 3:8

18 주께서 높이 올라가셨고 포로들을 사로잡아 끌고 오셨으며 사람들에게 선물을 받으실 때 반역자들에게도 받으셨으니 여호와 하나님께서 거기 계시려는 것이다.

19 날마다 우리 짐을 지시는 여호와와 우리 구원의 하나님을 찬양하라. (셀라) 사 46:4

20 우리 하나님은 구원의 하나님이시다. 죽음을 피할 길은 여호와께 있다. 신 7:18.겔 1:18

21 그러나 하나님께서는 적들의 머리를, 곧

계속해서 죄짓는 사람들의 정수리를 깨뜨리시리라.
110:6합 3:13

22 여호와께서 말씀하셨다. "내가 바산에서, 바다 깊은 곳에서 그들을 데려올 것이다.

23 네가 네 적들의 피에 발을 담그고 네 개들의 혀도 그 피를 핥으리라."
왕상 21:19:22:38

24 오 하나님이여, 그들이 주의 행렬을 보았습니다. 내 하나님이신 왕께서 성소에 들어가시는 행렬입니다.

25 맨 앞에는 노래하는 사람들이, 그 뒤에는 연주하는 사람들이 따라갔고 탬버린을 치는 소녀들이 함께 갔습니다.
출 15:20:대상 13:8:15:16

26 큰 모임 가운데서 하나님을 찬양하고 이스라엘의 집회에서 여호와를 찬양하라.

27 작은 지파 베냐민이 있어 그들을 이끄는구나. 유다의 왕자가 그 무리 가운데 있고 스불론과 납달리의 왕자들도 있구나.

28 주의 능력을 발휘하소서. 오 하나님이여, 전에 하셨던 것처럼 주의 힘을 보여 주소서.

29 예루살렘에 있는 주의 성전을 위해 왕들이 주께 선물을 가져올 것입니다.
왕상 10:10

30 창 든 무리와 황소 떼와 사람들의 송아지들을 꾸짖으소서. 모두가 은 조각을 들고 굴복할 때까지 말입니다. 전쟁을 기뻐하는 사람들을 흩어 버리소서.
삼하 8:2:6장 40:21

31 통치자들이 이집트에서 나올 것이요, 에티오피아가 그 손을 하나님께 뻗을 것입니다.

32 오 땅에 사는 사람들아, 하나님께 노래하라. 오 여호와를 찬송하라. (셀라)
102:22

33 옛적부터 하늘 위의 하늘을 타고 다니시는 분께 찬양하라. 보라. 주께서 그의 음성을 내보내시니 장엄한 음성이구나.

34 하나님의 능력을 선포하라. 그 위엄이 이스라엘 위에 있고 그 능력은 구름 속에 있다.

35 오 하나님이여, 주께서 주의 성소에서 나오시는 것이 놀라울 따름입니다. 이스라엘의 하나님께서는 그 백성들에게 능력과 힘을 주시는 분이시다. 하나님을 찬양하라!

다윗의 시 지휘자를 위해 소산님으로 맞춰 쓴 노래

69

멸시와 곤욕에서 구원하소서 오 하나님이여, 나를 구원하소서. 물이 내 목까지 차올랐습니다.

2 내가 발 디딜 곳 없는 깊은 진창 속에 빠지고 깊은 물속에 들어왔으니 홍수가 나를 집어삼킵니다.
14장 40:2:124:4

3 내가 도와 달라 외치다 지쳤고 내 목은 말라 버렸습니다. 내가 눈이 빠지도록 하나님을 기다립니다.
신 28:32:사 38:14

4 이유 없이 나를 미워하는 사람들이 내 머리털보다 많습니다. 까닭 없이 내 적이 돼 나를 멸망시키려는 사람들이 너무 강합니다. 내가 훔치지도 않았는데 억지로 물어 주게 생겼습니다.
35:7,19:38:19:40:12:요 15:25

5 오 하나님이여, 내 어리석음을 주께서 아시니 내 죄를 주께 숨길 수가 없습니다.

6 오 만군의 주 여호와여, 주를 기다리는 사람들이 나 때문에 망신을 당하지 않게 하소서. 오 이스라엘의 하나님이여, 주를 찾는 사람들이 나 때문에 수치를 당하지 않게 하소서.
25:2

7 내가 주를 위해 곤욕을 참아 내리니 내 얼굴이 수치로 덮였습니다.
44:22롬 15:15

8 내가 내 형제들에게 외면당하고 내 어머니의 아들들에게 소외당했습니다.
요 1:11

9 주의 집을 향한 열정이 나를 삼키고 주를 모욕하는 사람들의 욕설이 내게 쏟아집니다.
89:41,50:119:139:132:1-5요 2:17:롬 15:3

10 내가 울며 금식한 것이 오히려 내게 욕이 됐습니다.
35:13

11 내가 베옷을 입은 것이 오히려 그들의 놀림거리가 됐습니다.
욥 17:6

12 성문 앞에 앉아 있는 사람들이 나를 욕하고 술주정뱅이들이 나를 두고 노래를 흥얼거립니다.
창 19:1:애 2:19:욥 30:9

13 오 여호와여, 그러나 나는 주께서 은혜를 베풀어 주실 그때 주께 기도합니다. 오 하나님이여, 주의 신실하신 사랑으로 내게 응

지파(68:27, 支派, Tribe) 같은 혈연으로 맺어진 집단. 성경에서는 야곱의 열두 아들부터 나온 자손들을 지칭하는 말. 곤욕(69:7, 困辱, scorn) 심하게 깔보고 욕되게 하는 것

답하셔서 주의 확실한 구원을 보여 주소서

14 수렁에서 나를 구해 주시고 빠지지 않게 하소서. 나를 미워하는 사람들에게서, 깊은 물에서 나를 건지소서.　1-2절;14:7

15 홍수가 나를 덮치지 못하게 하시고 깊은 물이 나를 삼키지 못하게 하시며 저 구덩이가 나를 넣고 입을 닫지 못하게 하소서.

16 오 여호와여, 주께서는 인자하시고 선하시니 내게 응답하소서. 주의 신실하신 사랑으로 나를 돌아보소서.　25:16,63:3;106:45

17 주의 종에게서 주의 얼굴을 숨기지 마소서. 내가 고통당하고 있으니 어서 내게 응답하소서.　18:6;27:9;102:2;143:7

18 내게 가까이 와서 나를 구원하소서. 내 적들에게서 나를 구하소서.

19 주께서는 내가 당한 곤욕과 망신과 수치를 아십니다. 내 모든 적들이 주 앞에 있습니다.　10-11절;22:6;102:12:2

20 조롱으로 인해 내 마음이 상했고 내가 근심으로 어쩔 줄 모르겠습니다. 내가 동정을 구했지만 아무도 없었고 위로해 줄 사람을 찾았지만 하나도 없었습니다.

21 그들이 나더러 먹으라고 쓸개를 주었고 내가 목말라한다고 식초를 마시게 했습니다.

22 그들 앞에 차려진 밥상이 덫이 되게 하시고 그들이 누리는 평화로움이 함정이 되게 하소서.　23:5;35:4-8;109:6-15;롬 11:9-10;살전 5:3

23 그들 눈이 어두워져 보지 못하게 하시고 그들 등이 영원히 굽어지게 하소서.

24 주의 진노를 그들에게 쏟아부으시고 주의 격렬한 분노로 그들을 덮치소서.

25 그들이 있는 곳이 황폐하게 돼 그들의 장막에 아무도 살지 못하게 하소서.　행 23:38

26 그들이 주께 맞은 사람들을 다시 핍박하고 주께 상처받은 사람들의 고통에 대해 다시 말하고 있으니　욥 19:21;사 53:4;슥 1:15

27 그들의 죄 위에 죄를 더해 그들이 주께 용서받지 못하게 하소서.　느 4:5

28 그들을 생명책에서 지워 버려 의인들과 함께 기록되지 못하게 하소서.　눅 10:20;빌 4:3

29 나는 지쳤고 슬픔으로 가득 차 있습니다.

오 하나님이여, 주의 구원이 나를 높은 곳으로 건지게 하소서.　20:1

30 내가 하나님의 이름을 찬송하며 감사하면서 주께 영광을 돌리겠습니다.　28:7;34:3;50:14,23

31 여호와께서는 소 한 마리보다, 뿔과 발굽 달린 황소 한 마리보다 이것을 더 기뻐하실 것입니다.　50:13;레 11:3

32 겸손한 사람들이 이것을 보고 기뻐할 것입니다. 너희 하나님을 찾는 사람들아, 너희 마음이 살아나리라!　22:26;34:2

33 여호와께서는 가난한 사람들의 말을 들으시고 그 사로잡힌 백성들을 모른 척하지 않으신다.　68:6

34 하늘과 땅이 그분을 찬양하고 바다와 그 안에 움직이는 모든 것도 그분을 찬양하라.

35 하나님이 시온을 구원하실 것이요, 유다의 성들을 다시 지으시리라. 그러고 나면 백성들이 거기 정착해 그 땅을 차지하리라.　사 44:26

36 그 종들의 씨가 그 땅을 기업으로 얻을 것이요, 그분의 이름을 사랑하는 사람들이 거기 살게 되리라.　102:28;사 65:9

생명책과 관련된 이야기

구원받은 성도들의 이름이 기록된 책을 말한다(빌 4:3; 계 3:5). '기억의 두루마리'(말 3:16)라고도 불린다. 성경에는 이 책이 마지막 심판 때에 알곡과 쭉정이를 나누고(눅 3:17), 천국과 지옥에 갈 사람들을 나누는 데 중요한 기준이 될 것이라고 나온다(시 56:8; 사 65:6; 단 7:10; 계 20:12-15).

모세는 이스라엘 백성이 금송아지를 숭배하는 죄를 지었을 때, 하나님이 이스라엘 백성을 용서하시지 않으려면 주께서 기록하신 책에서 자기 이름을 지워 달라고 기도했다(출 32:32).

시편 기자는 악인을 생명책에서 지워 버려 의인들과 함께 기록되지 않게 해 달라고 기도했다(시 69:28).

예수님도 전도 여행에서 돌아온 70명에게 귀신들이 항복한 것으로 기뻐하지 말고, 그들의 이름이 하늘에 기록된 것으로 기뻐하라고 말씀하셨다(눅 10:20).

바위(반석)

팔레스타인 지역에서 바위는 사람들에게 원시적 집터와 은신처를 제공하고 생활의 편의를 주는 중요한 역할을 했다(삼상 13:6;20:19;사 32:2).

그래서인지 바위나 반석은 이스라엘 백성을 안전하게 보호하시는 하나님에 대한 상징으로 자주 쓰였다(삼하 22:32; 시 18:2; 71:3).

성경에는 바위나 반석에 관한 이야기나 표현들이 많이 나온다. 다윗은 사울을 피해 도망다닐 때 바위에 숨었다(삼상 20:19).

이스라엘 백성이 블레셋 사람의 공격을 받고, 급하게 몸을 숨긴 곳도 바위틈이었다(삼상 13:6). 또 팔레스타인은 더운 곳이어서 사람들이 불별 더위를 피해 바위 그늘에서 쉬곤 했다(사 32:2).

또한 바위가 예수 그리스도를 표현하는 데 사용된 경우가 있다. 이사야 8장 14절에서 '부딪히는 돌'과 시편 118편 22절의 '건축자들이 버린 돌'과 함께 버림받은 메시아를 나타내고 있다. 이 '버림받은 돌'은 하나님의 성전을 잇는 '모퉁잇돌'로도 표현되었다(벧전 2:6-8).

고린도전서 10장 4절에는 예수님을 신령한 물을 내시는 '신령한 반석'으로 표현하고 있다.

70

다윗의 청원시, 지휘자를 위한 노래

하나님의 구원을 간절히 바라는 기도 오 하나님이여, 어서 나를 구원하소서. 오 여호와여, 어서 빨리 나를 도우소서.

2 내 영혼을 노리는 사람들이 수치와 망신을 당하게 하소서. 내가 멸망하기를 바라는 사람들은 모두 당황해 물러나게 하소서.

3 내게 "아하, 아하" 하는 사람들이 오히려 수치를 당하고 물러나게 하소서.

4 그러나 주를 찾는 사람들은 모두 주 안에서 즐거워하며 기뻐하게 하소서. 주의 구원을 사랑하는 사람들이 "하나님은 높임을 받으소서!" 하고 끊임없이 말하게 하소서.

5 그러나 나는 가난하고 구차합니다. 오 하나님이여, 어서 내게 오소서. 주는 내 도움이시며 나를 건지시는 분이시니 오 여호와여, 지체하지 마소서. _{141:1}

71

노년에도 하나님이 함께하시기를 간구하는 기도 오 여호와여, 내가 주를 믿으니 내가 결코 수치를 당하지 않게 하소서.

2 주의 의로 나를 구하시고 피하게 하소서. 내게 귀 기울여 나를 구원하소서.

3 주께서 내가 피할 반석이 되셔서 내가 언제든지 가서 쉴 수 있게 하소서. 주는 내 바위이시요, 내 산성이시니 나를 구원하라 명령하소서. _{90:1;91:9;신 33:27}

4 오 내 하나님이여, 악인의 손에서, 악하고 잔인한 사람들의 손에서 나를 구하소서.

5 오 주 하나님이여, 주께서는 내 소망이 되시며 내 어린 시절부터 나의 의지가 되셨습니다.

6 내가 모태에서부터 주를 의지했고 나를 내 어머니의 배 속에서 끌어내신 분은 주이시니 내가 항상 주를 찬양하겠습니다.

7 나는 많은 사람들이 이상하게 쳐다보는 사람이 됐으나 주는 내 견고한 피난처이십니다.

8 내 입이 하루 종일 주를 찬양하는 것과 주의 찬란한 영광을 말하는 것으로 가득 차게 하소서. _{24절}

9 내가 늙어도 내치지 마시고 내 기운이 다 떨어져도 나를 버리지 마소서. _{18절}

10 내 적들이 나를 욕하고, 숨어서 내 영혼을 노리는 사람들이 서로 음모를 꾸밉니다.

11 그들이 "하나님이 그를 버렸으니 그를 쫓아가 잡으라. 아무도 그를 구하지 못하리라"고 합니다.

12 오 하나님이여, 나를 멀리하지 마소서. 내 하나님이여, 어서 와서 나를 도우소서.

13 내 적들이 수치를 당하고 멸망하게 하소서. 나를 해치려는 사람들이 치욕과 불명예로 뒤덮이게 하소서. _{삼상 35:4,26;70:2}

14 그러나 내게는 항상 소망이 있으니 내가 더욱더 주를 찬양하겠습니다. _{5,22절}

15 내가 셀 수 없는 주의 의와 주의 구원을 내 입으로 하루 종일 말하겠습니다.

16 내가 주 하나님의 힘으로 가서 주의 의를, 오직 주의 의만을 선포하겠습니다.

17 오 하나님이여, 내가 어릴 때부터 주께서

나를 가르쳐 주셔서 지금도 내가 주의 놀라운 일들을 선포하는 것입니다.

18 오 하나님이여, 내가 이렇게 늙어 백발이 돼도 주의 능력을 다음 세대에 전할 때까지, 주의 권능을 장차 올 세대에 전할 때까지 나를 버리지 마소서. 9절;71:9,11;사 46:4;53:1

19 오 하나님이여, 위대한 일들을 행하신 주여, 주의 의가 너무도 높습니다. 오 하나님이여, 주와 같은 분이 어디 있겠습니까?

20 주께서는 비록 내게 크고도 심한 고통을 맛보게 하셨지만 이제는 내 생명을 다시 회복시키고 땅의 깊은 곳에서 나를 다시 끌어올리실 것입니다. 60:3;80:18;ует 6:2

21 주께서 나를 더욱 성공하게 하시고 여러 모로 나를 위로하실 것입니다.

22 오 내 하나님이여, 하프로 주를 찬양하리니, 곧 주의 진리를 찬양하겠습니다. 오 이스라엘의 거룩하신 분이여, 내가 하프로 주를 찬송하겠습니다. 왕하 19:22;사 60:9

23 내가 주께 노래할 때 내 입술이 기뻐서 부르르 떨 것입니다. 주께서 구원하신 내 영혼이 말입니다. 34:22

24 내 혀도 하루 종일 주의 의를 말할 것입니다. 나를 해치려던 사람들이 수치와 망신을 당했기 때문입니다. 8,13,15;35:28

72

솔로몬의 시

하나님이 주신 복을 찬양함 오 하나님이여, 왕에게 주의 판단력을 주시고 왕의 아들에게 주의 의를 주소서.

2 그가 주의 백성들을 의롭게 판단하고 주의 가난한 사람들을 공평하게 판단할 것입니다. 사 9:7;11:2~4;32:1;122:5

3 산들이 백성들에게 평안을 주고 작은 언덕들도 의로 평화로워질 것입니다.

4 왕이 백성들 가운데 가난한 사람들을 판단해 주고 궁핍한 사람들의 자녀들을 구원해 주며 억압하는 사람들을 칠 것입니다.

5 해가 존재하는 한, 달이 존재하는 한 온 세대에 걸쳐 백성들이 주를 경외하게 하소서.

6 왕이 잔디밭에 비가 내리듯 소나기가 땅을 적시듯 나아올 것이니 신 32:2;삼하 23:4

7 그가 다스릴 때 의인들이 번성하고 달이 없어질 때까지 그 번영이 계속될 것입니다.

8 왕은 바다에서 바다까지, 강에서 땅끝까지 다스릴 것입니다. 출 23:31;왕상 4:21,24

9 광야에 있는 사람들이 그 앞에서 절하고 그의 적들이 먼지를 핥을 것입니다.

10 다시스와 머나먼 섬들의 왕들이 조공을 바치고 스바와 시바의 왕들이 그에게 예물을 드릴 것입니다. 창 10:7;삼상 10:27;왕상 10:1,22

11 모든 왕들이 그에게 절하고 모든 민족들이 그를 섬길 것입니다. 사 49:7,23

12 그는 궁핍한 백성들이 부르짖을 때 건지고 도와줄 사람이 없는 가난한 백성들을 또한 건질 것이며 욥 29:12~17

13 가난한 사람들과 궁핍한 사람들을 불쌍히 여기고 궁핍한 사람들의 영혼을 구원해 줄 것입니다.

14 왕이 백성들의 영혼을 속임수와 폭력에서 구할 것입니다. 왕이 보기에 그들의 피가 귀할 테니 말입니다. 116:15;왕하 1:13

15 왕은 장수할 것입니다! 스바의 금을 그가 받게 될 것입니다. 그를 위한 기도가 끊이지 않을 것이고 날마다 그를 칭찬하는 소리가 들릴 것입니다. 신 9:20;왕상 10:10

16 이 땅에 곡식이 풍성해 여러 언덕 위에 쏟아져 내릴 것입니다. 그 열매가 레바논의 백향목처럼 물결치고 그의 백성들은 들풀처럼 무성하게 될 것입니다. 92:7;욥 5:25

17 그의 이름이 영원히 계속될 것입니다. 해가 존재하는 한 지속될 것입니다. 사람들이 그를 통해 복을 받을 것이니 모든 민족들이 그를 복 받은 사람이라 부르게 하소서.

18 여호와 하나님, 이스라엘의 하나님을 찬양합니다. 놀라운 일들을 하시는 분은 하나님뿐입니다. 41:13;77:14;86:10;136:4;을 15:11;욥 5:9

19 주의 영광스러운 이름을 영원히 찬양합니다. 온 땅이 주의 영광으로 가득 차게 하소서. 아멘, 아멘. 민 14:21;삼하 23:1;느 9:5

▶ 찬란(7:18, 燦爛, splendor) 빛이 눈부시도록 아름답게 빛나는 것. 72:20 대부분의 사본에 20절이 따로 분리되어 있다.

20 *이것으로 이새의 아들 다윗의 기도가 끝납니다.

제3권
아삽의 시

73 악인의 잘됨과 부의 헛됨 하나님은 진정 이스라엘에게 선하시고 마음이 깨끗한 사람에게 선하신 분이시지만

2 나로 말하자면 발이 걸려 하마터면 미끄러질 뻔했습니다.

3 내가 악인들이 잘되는 것을 보고 그 어리석은 사람들을 부러워했기 때문입니다.

4 그들은 아무 문제도 없고 도무지 힘을 잃지 않습니다. 사58:6

5 남들처럼 걱정 근심이 있는 것도 아니고 남들처럼 병에 걸리는 것도 아닙니다.

6 그러므로 그 목에는 교만이라는 목걸이를 걸었고 그 몸에는 폭력이라는 옷을 걸쳤습니다. 109:18;삼 8:26

7 번들거리는 눈빛으로 삐기면서 다니고 그 마음속 생각은 방탕하기 이를 데 없습니다.

8 그들이 갈 데까지 다 가서 악의에 찬 말을

'아멘'은 무슨 뜻인가요?

'아멘'은 '의지하다', '믿다'라는 뜻을 가진 히브리어 '아만'에서 파생한 부사예요. '진실로, 참으로, 확실히'라는 의미를 가지고 있어요. 구약에서는 다른 사람이 말한 것에 동의를 표시할 때(왕상 1:36), 맹세나 저주의 결과를 기꺼이 받아들인다고 약속할 때 이 말을 사용했어요(신 27:15). 또 기도나 찬양이 끝날 때 '진실로 그렇습니다. 그렇게 되기를 바랍니다'라는 의미로도 사용되었어요(대상 16:36; 시 41:13).
신약에서는 바울의 편지(롬 1:25; 고전 14:16)와 기도의 마지막(롬 16:27)에 사용되었고, 예수님도 말씀을 시작하실 때 '진실로'라는 말로 해석되고 있지만, 실제로 '아멘'이라는 단어를 사용하여서 말씀의 진실성을 보여주셨어요(마 6:2; 16:28; 막 3:28; 10:15).
그리고 예수님은 하나님의 구원약속을 이루실 분으로 '아멘' 그 자체가 되십니다(계 3:14).

하고 들어줄 수 없는 오만한 말을 입에 담습니다. 벧후 2:18;유 1:16

9 입으로는 하늘을 대적하고 혀로는 안 가본 땅이 없습니다.

10 그러므로 하나님의 백성들도 이곳으로 돌아와 가득 찬 물을 다 마셔 버리듯 그들의 말을 마셔 버리는 것입니다. 욥 15:16

11 그러면서 하는 말이 "하나님이 어떻게 알겠느냐? 지극히 높으신 이가 뭘 알겠느냐?" 합니다. 욥 22:13

12 이 불경한 사람들을 좀 보라. 세상에서 번영하며 부를 쌓는구나. 3절

13 내가 내 마음을 정결하게 지키고 내가 손을 씻어 죄 없이 한 것이 헛일이었던가!

14 내가 하루 종일 병들어 있고 아침마다 벌을 받고 있으니 말입니다. 101:8;계 3:19

15 내가 만약 "그러니 나도 그렇게 살겠다"라고 했다면 주의 자녀들을 배신하는 일이 됐을 것입니다. 17:14

16 내가 이 모든 것을 이해하려고 애쓰다가 너무 답답한 나머지 전 8:17

17 하나님의 성소로 들어가 그때서야 결론을 얻었습니다. 20:2;35:6;37:38

18 주께서는 정말 그들을 미끄러운 곳에 세워 두셨고 멸망에 던지셨습니다. 35:6

19 그들이 멸망하는 게 얼마나 갑작스럽던지, 그들이 공포에 완전히 휩쓸려 버렸습니다.

20 오 여호와여, 잠에서 깨어나면 꿈이 사라지듯 주께서 깨어나시면 그들을 형상조차 무시하실 것입니다. 78:65;욥 20:8

21 내 마음이 괴롭고 내 창자가 뒤틀린 듯이 아팠습니다.

22 내가 어리석고 무지했습니다. 내가 주 앞에서 짐승 같았습니다. 49:10;욥 11:12;18:3

23 그럼에도 불구하고 내가 항상 주와 함께 있습니다. 주께서 내 오른손을 붙들어 주십니다. 41:12;63:8

24 주의 지혜로 나를 인도하시고 나중에 나를 영광스러운 곳으로 데려가실 것입니다.

25 하늘에서 주 말고 내게 누가 있겠습니까?

땅에서도 내가 바라는 것은 주밖에 없습니다. 16:2 빌 3:8

26 내 몸과 내 마음은 다 쇠약해졌지만 오직 하나님께서 내 마음의 힘이시요, 영원히 지속되는 내 몫이십니다. 16:5;18:2;40:12;84:2;단 12:3

27 주를 멀리하는 사람들은 멸망할 것이니 주를 버리고 간음하는 사람은 다 주께서 멸망시키셨습니다. 출 34:15;민 15:39;약 4:4

28 그러나 나는 하나님과 가까이 있는 것이 좋습니다. 내가 주 하나님을 믿어 왔기에 주께서 하신 모든 일들을 내 선포할 수 있는 것입니다. 14:6;118:17;히 10:22;약 4:8

아삽의 마스길

74

하나님의 전능하신 능력으로 백성을 구원해 주시기를 간구함 오 하나님이여, 왜 우리를 영원히 버리셨습니까? 주의 진노를 왜 주의 목장에 있는 양들에게 뿜어내십니까? 신 29:20;랩 23:1

2 주께서 옛적에 사서 구원하신 백성들을, 주의 소유로 삼으신 지파를 기억하소서. 주께서 계시는 시온 산도 기억하소서. 창 29:1;사 61:4

3 주의 걸음을 이 영원한 멸망에 올려놓으소서. 이 모든 멸망은 적들이 성소에 가져온 것입니다. 창 29:1;사 61:4

4 주의 적들이 주의 백성들 가운데서 으르렁거리고 자기 깃발을 표적으로 세웠습니다.

5 그들은 나무숲을 베려고 도끼를 휘두르는 사람들처럼 보였습니다. 렘 46:22

6 그들은 그 도끼와 망치로 그 안의 조각품들을 모두 단숨에 깨부숴 버렸고 왕상 6:18

7 주의 성소에 불을 질렀으며 주의 이름이 계신 곳을 땅에 처박아 더럽혔습니다.

8 그들은 속으로 말하기를 '우리가 이곳을 완전히 쳐부수리라'고 하면서 땅에서 하나님을 경배하던 곳들을 다 불태웠습니다. 4절;83:4

9 우리에게는 아무 표적도 없고 예언자도 없으며 우리 가운데 이 일이 언제까지 갈지 아는 사람이 없습니다. 삼상 3:1;애 2:9;겔 7:26

10 오 하나님이여, 적들이 얼마나 더 주를 조롱하겠습니까? 적이 주의 이름을 영원히 욕하도록 두시겠습니까? 18,22절;79:12;89:51

11 주께서는 왜 주의 손, 곧 주의 오른손을 거두십니까? 주의 품에서 손을 빼 저들을 치소서! 애 2:3

12 오 하나님이여, 그러나 주께서는 옛적부터 내 왕이셨습니다. 주께서 이 세상 한가운데서 구원을 갖다 주십니다. 44:4

13 주께서 힘으로 바다를 가르셨고 바다 가운데 있던 괴물의 머리를 깨뜨리셨습니다.

14 거대한 바다 짐승의 머리를 산산조각 내셨고 그것을 광야의 생물들에게 먹이로 주셨습니다. 23:13;욥 41:1

15 주께서는 또한 샘물과 강물을 여셨고 강력한 강물을 말려 버리기도 하셨습니다.

16 낮도 주의 것이요, 밤도 주의 것입니다! 해도 달도 주께서 달아 두셨습니다.

17 땅의 모든 경계도 주께서 세우셨고 여름도 겨울도 주께서 만드신 것입니다.

18 오 여호와여, 적들이 주를 욕한 것을 기억하소서. 그들이 어리석게도 주의 이름을 모독했습니다. 2,22절;39:8;89:50;신 32:6;겔 16:19;18:5

19 오, 주의 비둘기의 영혼을 악인들의 소굴에 넘겨주지 마소서. 주의 가난한 백성을 의 무리를 영영 잊지 마소서. 68:10;아 2:14

20 주의 언약을 생각해 주소서. 땅의 어두운 곳이 폭력배들로 득실거립니다. 창 17:7

21 오, 억압당하는 사람들이 수치를 당하고 돌아가는 일이 없게 하소서. 가난한 사람들과 궁핍한 사람들이 주의 이름을 찬양하게 하소서. 6:10;9:9;10:8;86:1

22 오 하나님이여, 일어나 주의 생각을 알려 주시고 어리석은 사람들이 날마다 주를 모독하는 것을 기억하소서. 삼상 24:15

23 주의 적들의 소리를 지나치지 마소서. 주께 들고일어나는 사람들의 소동이 점점 더 많아지고 있습니다. 65:7

아삽의 시 지휘자를 위해 알다스헷에 맞춰 쓴 노래

75

땅의 재판장이신 위대하신 하나님을 찬양함 오 하나님이여, 우리가 주께 감사를 드립니다. 주의 이름이 가까이 있으니 주의 놀라운 일들이 선포됩니다.

2 주께서 말씀하십니다. "내가 시간을 정해

바르게 심판하리라. 17:2:102:13:단 8:19:합 2:3

3 이 땅과 땅 위에 사는 모든 사람이 흩어질 때 내가 그 기둥을 굳게 붙잡고 있으리라. (셀라) 삼상 2:8:사 24:19

4 내가 거만한 사람들에게는 '바보처럼 굴지 말라'고 했고 악인들에게는 '뿔을 들지 말라. 10:절숙 1:21

5 너희 뿔을 높이 들지 말고 뻣뻣한 목으로 말하지 말라'고 했다." 왕4:4

6 왜냐하면 높이는 일이 동쪽이나 서쪽이나 남쪽에서 오는 것이 아니기 때문입니다.

7 오직 재판장이신 하나님께서 누구는 낮추시고 누구는 높이시는 것입니다. 삼상 2:7

8 여호와의 손에는 한 잔이 있는데 그 잔에는 여러 가지가 섞여 거품이 나는 포도주가 가득 담겨 있습니다. 그분이 그 잔을 쏟아부으시면 땅의 모든 악인들이 들이키고 들이켜 찌꺼기까지 남김없이 마실 것입니다. 11:6:73:10:욥 21:20:잠 23:30

9 그러나 나는 영원히 선포할 것입니다. 야곱의 하나님을 찬양할 것입니다.

10 악인들의 뿔은 주께서 모두 꺾으실 것이나 의인들의 뿔은 높이 들릴 것입니다.

아삽의 시 지휘자를 따라 현악기에 맞춰 부른 노래
76 하나님의 심판과 구원하심 유다에 하나님이 알려지셨고 이스라엘에서

그 이름이 위대합니다. 48:3

2 살렘에 그 장막이 있고 시온에 그분이 계시는 곳이 있습니다. 9:11:27:5:74:2:창 14:18:미 2:6

3 거기서 그분은 화살과 방패와 칼과 전쟁 무기를 다 부수셨습니다. (셀라) 46:9:겔 39:9

4 주께서는 눈부시게 빛나고 사냥감이 있는 산들보다 뛰어나십니다. 사 14:25:겔 39:4:나 2:13

5 용감한 사람들이 약탈을 당해 잠이 들었으니 용사들 가운데 그 누구도 손을 쓸 수가 없습니다. 13:3:왕하 19:35:사 46:12:렘 51:39:나 3:18

6 오 야곱의 하나님이여, 주의 꾸지람에 말도, 전차도 기절해 버렸습니다. 출 15:1,21

7 경외할 분은 오직 하나님뿐이십니다. 주께서 한번 노하시면 누가 주 앞에 서겠습니까? 47:2:130:3

8 주께서 심판하시는 소리가 하늘에서 들려왔을 때 이 땅은 두려워 꼼짝도 하지 못했습니다. 대하 20:29~30:합 2:20

9 하나님께서 심판하려고 일어나신 것은 이 땅의 모든 연약한 사람들을 구하시려는 것이었습니다. (셀라) 9:7~8

10 진실로 사람의 분노는 주께 찬송이 될 것이고 주의 진노에서 살아남는 사람들은 주께서 허리띠처럼 묶어 버릴 것입니다.

11 여호와 너희 하나님께 서원하고 그 일들을 이루라. 주위의 모든 땅들은 두려워해야 할 그분께 예물을 드리라. 창 31:42,53

QT 쿡티 사랑

하나님의 사랑

시편 74편은 아삽이 쓴 시예요. 아삽은 과거에 이스라엘을 향한 하나님의 사랑을 생각하며, 그와 동일한 사랑으로 자기 민족을 구원해 달라고 기도했어요.

"오 하나님이여, 왜 우리를 영원히 버리셨습니까? 주의 진노를 왜 주의 목장에 있는 양들에게 뿜어내십니까? 주께서 옛날부터 사서 구원하신 백성들을, 주의 소유로 삼으신 지파를 기억하소서, 주께서 계시는 시온 산도 기억하소서."(시 74:1-2).

하나님의 사랑은 이스라엘뿐 아니라 오늘날 나를 향해서도 변함이 없으며 조건이 없답니다.

하나님은 만일 네가 어떤 일을 한다면, 나는 너를 사랑할 것이다'라고 말씀하지 않아요. 하나님 사전에는 '만일'이라는 단어가 없어요. 나를 향한 하나님의 사랑은 내 행동이나 말, 외모나 지식, 성공

보람이는 교회 탁구에서 아무 조건 없이 사랑하시는 하나님을 알게 되었어요. 그 분과 이야기하고 교류함으로 친구들을 떠올렸어요. 노트에 그 친구들의 이름을 적으며 하나님이 나를 사랑하신 것처럼 나도 친구들을 사랑하기로 다짐했어요.

12 그분이 통치자들의 영을 잘라 내실 것이니 세상의 왕들이 그분을 두려워할 것입니다.

아삽의 시 지휘자 여두둔을 위해 쓴 노래

77 하나님의 구원 역사가 주는 위로 내가 하나님께 도와 달라고 부르짖었습니다. 내 목소리로 하나님께 내 말을 들어 달라고 부르짖었습니다. 그랬더니 내게 귀를 기울이셨습니다.

2 내가 고난 가운데 여호와를 찾았습니다. 밤새도록 지치지 않고 손을 뻗었으나 내 영혼은 위로받기조차 거절했습니다.　창 37:35

3 나는 주를 생각하면서 속상해했습니다. 원망할 수밖에 없었고 내 영이 어쩔 줄 몰랐습니다. (셀라)　42:5;11;43:5;61:2;142:3;143:4;욥 27

4 주께서 눈을 감지도 못하게 하시니 너무 괴로워서 말도 못하겠습니다.　창 41:8

5 내가 옛날, 오래된 일을 생각해 봅니다.

6 밤에 부르던 내 노래를 기억해 봅니다. 내가 마음으로 깊이 생각하며 영에게 곰곰이 물어봅니다.　4:4;42:8

7 "여호와께서 영원히 버리시려나? 더 이상 은총을 베풀지 않으시려나?　44:9;85:1

8 그 신실하신 사랑이 영원히 그쳤는가? 그 약속이 영원히 끝장나 버렸나?　합 9:6

9 하나님께서 은혜 베푸시기를 잊어버리셨나? 진노하셔서 그 부드럽던 자비의 마음을 거두셨나?" (셀라)　사 49:15;합 3:2

10 그러고 나서 나는 말했습니다. "내가 정말 연약하기 때문이야, 자극히 높으신 분의 오른손에 붙잡혀 있을 때를 기억해 보자"

11 여호와께서 하신 일들을 내가 기억하겠습니다. 내가 정말 오래전에 주께서 하신 기적들을 기억해 내겠습니다.　5절;105:6

12 내가 또한 주의 모든 일들을 깊이 생각하고 주께서 하신 일들을 말하겠습니다.

13 오 하나님이여, 주의 길은 거룩합니다. 우리 하나님처럼 위대한 신이 어디 있겠습니까?

14 주께서는 기적을 일으키시는 하나님이십니다. 저 백성들 가운데 주의 힘을 보여 주시지 않으셨습니까!　72:18;106:8

15 주께서 그 팔로 주의 백성을, 야곱과 요셉의 아들들을 구원하시지 않으셨습니까! (셀라)

16 오 하나님이여, 물들이 주를 보았습니다. 물들이 주를 보고는 두려워서 저 깊은 곳까지 몸서리를 쳤습니다.　출 14:21;수 3:15-16

17 구름이 물을 쏟아부었고 하늘이 천둥소리를 내보냈으며 주의 화살도 이리저리 날아다녔습니다.　18:14;68:33

18 주의 천둥소리가 하늘에 있었고 주의 번개가 세상에 번쩍거렸으며 땅이 흔들리고 요동쳤습니다.　18:7;97:4;104:7

19 주의 길이 바다 가운데 있고 주의 길이 큰 물 가운데 있지만 주의 발자국은 보이지 않습니다.　36:6;합 3:15

20 주께서는 주의 백성들을 양 떼처럼 모세와 아론의 손으로 인도하셨습니다.　78:52

78 이스라엘의 불순종에도 하나님은 신실하심 오 내 백성들아, 내 가르침을 들으라. 내 입으로 하는 말에 귀 기울이라.

2 내가 입을 열어 비유를 들고 옛날부터 전해 오는 비밀스러운 일들을 말해 주리라.

3 그것은 우리가 들어서 아는 것이고 우리 조상들이 우리에게 전해 준 것이다.

이나 인기에 따라 달라지는 것이 아니에요. 그 사랑은 내가 태어나기 전부터 있었고, 내가 죽고 난 후에도 계속이요.

하나님의 사랑은 영원히 존재하며, 시간이나 환경의 제약을 받지 않아요. 하나님의 조건 없는 사랑이 내가 악한 말을 하거나 나쁜 생각을 할 때도 계속해서 나를 사랑하시며 기다리신다는 것을 의미해요. 하나님은 내가 하나님 앞에 회개하며 돌아오기를 애타게 기다리세요.

하나님은 나의 작은 신음에도 언제나 귀 기울이시는 분이에요.

깊이 읽기 시편 143편 1절을 읽으세요.

아삽의 마스길

살렘(76:2, Salem) '예루살렘'의 다른 이름.

4 우리가 그것들을 자녀들에게 숨기지 않고 여호와께서 하신 훌륭한 일들과 그 능력과 그분이 하신 놀라운 일들을 다음 세대에 전해 줄 것이다.
출 12:26-27;13:8,14;시 11:19

5 그분은 야곱을 위해 계명을 세우시고 이스라엘을 위해 율법을 정하셔서 우리 조상들에게 그것을 자녀들에게 가르치라고 명령하셨다.
19:7;81:5;147:19

6 그래서 다음 세대가 그것을 알고 아직 태어나지 않은 자녀들까지도 그것을 알며 또 그 자녀들에게도 전하도록 하였다.

7 그러면 그들이 하나님을 의지하고 그분이 하신 일들을 잊지 않으며 오직 그 계명을 지킬 것이고
77:12;105:45

8 그 조상들처럼 고집 세고 반항적인 세대가 되지 않을 것이다. 그들의 마음은 하나님께 바르지 못했고 영으로도 하나님께 신실하지 못했다.
출 32:9;33:3;신 9:7,24;31:27

9 에브라임의 자손들은 무장해 활을 지니고 있었지만 전투하던 날에는 뒤로 물러나고 말았다.
57절

10 그들은 하나님의 언약을 지키지 않았고 그 율법대로 살기를 거부했다.
왕하 17:15

11 그들은 하나님께서 하신 일들과 자기들에게 보여 주신 그 놀라운 일들을 다 잊어버렸다.
4절;106:13

12 그분이 이집트 땅 소안 들판에서 그들의 조상들이 보는 앞에서 일으키신 기적을 잊은 것이다.
출 7-12장;민 13:22;사 19:11,13;겔 30:14

13 바다를 가르고 물을 벽처럼 세우셔서 그들을 그 가운데로 지나가게 하신 것을 말이다.
136:13;출 14:21;15:8

14 그러고 나서 하나님께서 낮에는 구름으로, 밤에는 불빛으로 그들을 인도하셨고
출 13:21

15 광야에서 바위를 조개 바닷물만큼 많은 물을 주셨으며
20절;105:41;114:8;출 17:6;사 48:21

16 바위의 쪼개진 틈에서도 시내를 내어 강물처럼 흐르게 하셨다.
민 20:8,10-11

17 그러나 그들은 광야에서 지극히 높으신 분을 성나게 함으로써 더더욱 하나님께 죄를 지었다.
40,56절;신 9:22;사 63:10;히 3:16

18 그들은 욕심껏 음식을 구하면서 의도적으로 하나님을 시험했다.
41,56절;95:9;고전 10:9

19 하나님께 이런 못된 말을 했던 것이다. "하나님께서 과연 광야에서 음식상을 준비하시겠는가?
23:5;출 16:3;민 11:4;20:3;21:5

20 보라, 하나님이 바위를 치셨더니 물이 흘러나와 시내가 줄줄 넘쳤는데 과연 빵도 주실 수 있겠는가? 백성들에게 고기를 마련하시겠는가?"
15-16절

21 여호와께서 그 말을 듣고 몹시 진노하셨다. 야곱을 향해 불이 붙었고 이스라엘을 향해 진노하셨다.
민 11:1

22 그들이 하나님을 믿지 않았고 그 구원을 의지하지 않았기 때문이다.
8,32,37절

23 그런데도 그분은 저 높이 있는 구름에게 명령하시고 하늘 문을 열어
창 7:11;말 3:10

24 만나를 비같이 내려 하늘의 곡식을 그 백성들에게 주셨도다.
105:40;출 16:4;요 6:31

25 그래서 사람이 천사의 빵을 먹게 된 것이다. 그것도 충분히 먹을 만큼 보내 주셨다.

26 그분은 하늘에서 동쪽 바람이 불게 하시고 능력으로 남쪽 바람을 보내셨다.

27 그분은 먼지가 일듯 그들에게 고기를 내려 주셨는데 그것은 바닷가의 모래알처럼 많은 새들이다.
창 13:16;22:17

28 그분은 새들이 그 진영 안에, 그들이 사는 곳에 떨어지게 하셨다.
출 16:13;민 11:31

29 그리하여 그들은 배부를 때까지 실컷 먹게 됐다. 하나님께서 그들이 욕심 부린 대로 주신 것이다.
민 11:4,19-20,34

30 그러나 그들은 그 욕망을 벗어던질 줄 몰랐다. 그 음식이 아직 그들의 입속에 있을 때

31 하나님의 진노가 그들에게 닥쳤다. 하나님께서 그들 가운데 가장 살찐 사람들을 죽이시고 이스라엘의 청년들을 뻗어내어 죽이신 것이다.
63절;사 10:16

32 이 모든 것에도 그들은 여전히 죄를 지었고 하나님의 놀라운 일들을 보고도 믿지 않았다.
22절;민 14:16-17장

33 그리하여 하나님께서는 그들에게 헛된 날들을 보내게 하셨으며 그들의 세월을 고

통스럽게 끝나게 하셨다.　민 14:29,35;26:64-65

34 하나님께서 그들을 죽이시자 그들은 그때
서야 하나님을 찾았기에 다시 간절하게 하
나님께 마음을 돌이켰다.　63:1;호 5:15

35 그제야 그들은 하나님이 그들의 반석이심
을, 지극히 높으신 하나님이 그들의 구속
자이심을 기억했던 것이다.　사 15:13;신 32:4

36 그러나 여전히 입만 놀릴 뿐 혀로는 거짓
말을 했다.　사 29:13;57:11;겔 33:31

37 그 마음은 하나님께 충성되지 못했고 하
나님의 언약을 성실하지 못했다.　51:10

38 그러나 하나님께서는 불쌍한 마음이 가
득해 그들의 죄악을 용서하시고 그들을
멸망시키지 않으셨다. 몇 번이나 진노가
솟구치는 것을 참고 참으신 것이다.　출 34:6

39 그들이 그저 육체에 지나지 않는 존재인
것을, 다시 돌아오지 않는 지나가는 바람
인 것을 기억하셨기 때문이다.　창 6:3;욥 7:7

40 그들이 광야에서 얼마나 진노를 부르고
사막에서 얼마나 걱정을 끼쳤는지!

41 뒤돌아 하나님을 시험하고 이스라엘의 거
룩하신 분을 막아선 것이다.　18장;71:22

42 그들은 하나님의 손과 하나님께서 그들
을 억압하는 사람들에게서 구원하신 날
을 기억하지 않았다.　삿 8:34

43 하나님께서 이집트에서 보여 주신 표적과
소안 지역에서 보여 주신 놀라운 일들을
잊어버린 것이다.　출 4:21;7:3;11:9-10;행 7:36

44 강물을 피로 변하게 해 그들이 마실 수 없
게 하셨고　출 7:17-24

45 파리 떼를 보내 그들을 삼키게 하셨고 개
구리를 보내 그들을 파멸시키셨으며　출 8:24

46 그들이 수확한 것을 해충들에게, 그 수고
한 것을 메뚜기들에게 주셨다.　출 10:12-15

47 또 그들의 포도나무를 우박으로 치시고
무화과나무가 서리 맞게 하셨으며

48 소들은 우박에, 가축들은 번갯불에 내어
주셨고　76:3;출 9:19-21

49 그들을 향해 그 타오르는 분노와 진노와
분과 고난을 멸망시키는 천사들의 군대를
통해 내려보내셨다.　출 12:13,23;삼하 24:16

50 하나님께서 진노의 길을 트셨기에 영혼들
을 아낌없이 죽음에 내어 주셨고 전염병
에 넘겨주셨다.　출 9:3-6

51 그리하여 이집트에서 처음 태어난 모든 것
들, 곧 함의 장막에 있는 그 힘의 근원을
치셨다.　105:23,27,36;106:22;창 49:3;출 12:29

52 그러나 그분의 백성들은 양 떼처럼 몰고
나와 광야에서 양같이 이끄셨다.　77:20

53 그들을 안전하게 인도하시니 그들에게는
두려움이 없었지만 백성의 적들은 바다가
집어삼켜 버렸다.　출 14:13,19-20,27-28;15:10

54 그리하여 그분은 백성을 그 거룩한 땅
의 경계까지, 그 오른손이 얻어 낸 그 산까
지 인도하셨다.　68:16;74:2;출 15:17;사 11:9;57:13

55 그분은 백성 앞에서 이방 민족들을 쫓아
내시고 그 땅을 그들에게 기업으로 나눠
주셨고 이스라엘 지파들을 그 땅에 정착
하게 하셨다.　44:2;105:11;135:12;수 23:4;삿 13:19

56 그러나 그들은 지극히 높으신 하나님을

왜 하나님은 화를 내시나요?

하나님의 진노는 사람들의 분노나 복수의 감
정과 달라요. 하나님의 진노는 인간의 죄악
에 대한 하나님의 정당한 반응이에요. 하나
님은 사랑과 자비가 넘치는 분이지만 죄를
엄청 싫어하시는 분이에요. 하나님은 부정,
죄, 악과 함께할 수 없는 거룩한 성품을 가지
셨기 때문이에요.
시편 78편에서 하나님이 이스라엘 사람들에
게 화를 내신 이유는 첫째, 이스라엘 사람들
이 하나님의 은혜에 감사하지 않고, 약속을
지키지도 않고, 율법에 순종하며 살기를 거
부했기 때문이에요(10~11절).
둘째, 이집트의 노예 생활에서 해방시키시
고 광야 40년간 하나님의 능력을 보여 주셨
음에도 이스라엘 사람들이 하나님을 끝까지
믿지 못하고 하나님을 시험하는 죄를 지었기
때문이에요(18~22,32절).
셋째, 이스라엘 사람들이 거짓으로 회개하
고(36절), 하나님이 아닌 우상을 섬겼기 때문
이었어요(58절).

시험해 거역했으며 그 계명을 지키지 않았
다.

57 그들은 자기 조상들처럼 등 돌리고 성실
하지 못했으며 속이는 활처럼 빗나갔다.

58 산당을 만들어 하나님의 진노를 자아냈
고 조각된 우상들로 그분의 질투심을 일
으켰다. 레 26:30;전 25:11;왕상 11:7;12:31;겔 20:28

59 하나님께서는 그들의 말을 듣고 진노해 이
스라엘을 완전히 외면하셨다. 신 3:26

60 그리하여 실로의 장막을, 곧 그분이 사람들
가운데 직접 세우신 그 장막을 버리셨다.

61 그분의 힘을 드러내는 궤를 포로와 함께
내어 주셨으며 그 영광을 적들의 손에 넘

겨주셨고 63:2;96:6;132:8;삼상 4:21

62 그 백성들을 칼에 내어 주셨다. 그분의 백
성들에게 몹시 화가 나신 것이다. 삼상 4:10

63 청년들은 불탔고 처녀들은 결혼하지 못하며

64 제사장들은 칼에 맞아 죽었고 그 과부들
은 슬퍼하며 울지도 못했다. 삼상 4:11

65 그때 여호와께서 잠에서 깨어나신 것같
이, 포도주를 마시고 외치는 용사같이

66 그 적들의 뒤를 쫓아가 치셨고 영원히 수
치를 당하게 하셨다. 40:14

67 더구나 요셉의 장막도 거부하셨고 에브라
임 지파도 선택하지 않으셨다. 80:1;81:5

68 오직 유다 지파를, 곧 그분이 사랑하신 시

시편에 사용된 음악 용어들

깃딧 (시 8; 81; 84편)	정확한 뜻은 알려져 있지 않다. 블레셋 성읍 가드에서 전해 온 악기일 가능성이 크다. 일종의 거문고, 수금과 비슷한 악기로 보기도 한다. 또 어떤 리듬의 한 형식을 말하는 것일 수도 있다.
마스길 (시 32; 42; 44; 45; 52; 55; 74; 78; 88; 89; 142편)	'교훈적인 시', '묵상 시', '능력 있는 노래'라는 뜻으로 보는 견해가 다수이지만 그 의미는 분명치 않다. 히브리어의 음을 따서 시편 47편 7절에는 '찬양의 시'로 번역되어 있다.
믹담 (시 16; 56~60편)	정확한 뜻은 알 수 없으나 '황금 시', 혹은 '금언 시'로 보거나 '속죄의 시'로 보기도 한다.
셀라	정확한 음악적 의미는 알려져 있지 않다. '높임', '중지'라는 뜻으로 보이며 시편에 71회, 하박국에 3회 나온다. 이런 의미에서 볼 때 셀라는 찬양하다가 음성을 높이거나, 악기를 연주하는 중에 그 음을 높이는 것, 또는 노래하는 사람들이 악기가 연주되는 동안 잠시 침묵하는 것 등으로 이해할 수 있다.
스미닛 (시 6; 12편)	히브리어로 '여덟 번째'라는 뜻으로, '팔현금' 혹은 '여덟째 음'으로 번역되기도 한다.
시르	일반적으로 부르는 노래로 성가 혹은 일반적인 노래를 말한다.
식가욘 (시 7편)	'분명치 않음'이라는 뜻을 가진 히브리어이다. 이 음악은 '슬픔의 노래' 혹은 '다양한 형식들로 모아진 글'을 의미한다.
알라못 (시 46편)	원어의 뜻이 '처녀'인 것으로 보아 젊은 여자들이 연주하도록 만들어진 악기 종류로 보기도 하고, 여성의 음악인 '소프라노'로 볼 수도 있다(대상 15:20).
여두둔 (시 39; 62; 77편)	아삽, 헤만과 함께 다윗 시대에 합창을 지휘한 레위 사람이다(대상 9:16; 16:41~42).
힉가욘 (시 9:16)	급격하게 변화하는 리듬을 가진 정열적인 노래의 기호이거나 '명상하듯 쉬라'는 의미의 음악 기호로 추측한다.

온 산을 선택하셨다. 87:2

69 그분의 성소를 높은 왕궁처럼, 영원히 세워 두신 땅처럼 지으셨다. 왕상 6:1

70 하나님은 또한 다윗을 선택해 그분의 종으로 삼으셨고 그를 양 우리에서 끌어내

71 새끼를 둔 어미 양을 치던 그를 불러 그분의 백성 야곱을, 그분의 소유 이스라엘을 치는 목자가 되게 하셨다. 삼상 10:1;삼하 5:2;7:8

72 그리하여 다윗은 참된 마음으로 그들을 먹이고 능숙한 솜씨로 그들을 인도했던 것이다. 77:20;1012;왕상 9:4

아삽의 시

79

언제 포로의 소리를 들으시고 원수를 갚아 주실까 오 하나님이여, 이방 민족들이 주의 백성에게 쳐들어와서 주의 성전을 더럽히고 예루살렘을 폐허로 만들었습니다.

2 주의 종들의 시체를 공중의 새들에게 먹이로 주고 주의 성도들의 살점을 땅의 짐승들에게 주어 버렸습니다. 신 28:26;렘 7:33

3 그들의 피를 온 예루살렘에 물처럼 쏟아부어도 그들을 묻어 주는 사람이 없습니다.

4 우리가 이웃들에게 원망거리가 되고 주변 사람들에게 조롱거리와 비웃음거리가 됐습니다. 44:13;겔 9:16

5 오 여호와여, 언제까지입니까? 주께서 영원히 진노하시겠습니까? 주의 질투가 불같이 타오르겠습니까? 13:1;74:1;1078;21;58

6 주를 인정하지 않는 이방 민족들에게, 주의 이름을 부르지 않는 왕국들에게 주의 진노를 쏟아부으소서. 렘 10:25;습 3:8;살후 1:8

7 이는 그들이 야곱을 삼켰고 그들이 사는 땅을 파멸시켰기 때문입니다.

8 예전에 지은 죄악을 기억해 우리에게 묻지 마소서. 우리를 가엾게 여기셔서 어서 우리를 지켜 주소서. 우리가 이토록 천하게 됐습니다.

9 오 우리 구원의 하나님이여, 주의 이름의 영광을 위해 우리를 도와주소서. 주의 이름을 위해 우리를 건지시고 우리 죄를 깨끗하게 하소서. 23:3;65:3;대하 14:11;렘 14:7;21

10 이방 민족들이 "그들의 하나님이 어디 있냐?"라고 해도 되겠습니까? 주의 종들이 흘린 피를 주께서 갚아 주셔서 우리 눈앞에서 이방 민족들에게 주를 알게 하소서.

11 갇힌 사람들이 탄식하는 소리가 주 앞에 미치게 하소서. 죽이기로 정해진 사람들을 주의 크신 힘으로 보존하소서. 삼상 20:31

12 오 주여, 우리 이웃들이 주께 퍼부은 모독을 그들의 품에 일곱 배로 갚아 주소서.

13 그러면 주의 백성이요, 주의 목장의 양들인 우리가 주께 영원히 감사를 드리겠습니다. 대대로 주를 찬양하겠습니다.

아삽의 시. 지휘자를 위해 소산님에돗에 맞춰 쓴 노래

80

이집트에서 가져온 포도나무의 회생을 위해 간구함 오 요셉을 양 떼처럼 이끄시는 이스라엘의 목자여, 귀를 기울이소서. 그룹 사이의 옥좌에 앉으신 주여, 빛을 내소서. 출 25:22;삼상 4:4

2 에브라임과 베냐민과 므낫세 앞에서 주의 힘을 떨치시고 오셔서 우리를 구원하소서.

3 오 하나님이여, 우리를 회복시키소서. 우리 위에 주의 얼굴을 비추소서. 그러면 우리가 구원을 받을 것입니다. 민 6:25;해 5:21

4 오 만군의 하나님 여호와여, 얼마나 더 주의 백성들의 기도에 진노하시겠습니까?

5 주께서 그들에게 눈물 젖은 빵을 먹이시고 많은 눈물을 마시게 하셨습니다.

6 우리가 이웃에게 논쟁거리가 되게 하시니 적들이 우리를 비웃습니다. 왕상 22:27;시 30:20

7 오 만군의 하나님이여, 우리를 회복시키소서. 주의 얼굴을 우리 위에 비추소서. 그러면 우리가 구원을 받을 것입니다.

8 주께서 이집트에서 포도나무 가지 하나를 가져다가 이방 민족들을 내쫓으시고 그 포도나무를 심으셨습니다. 마 21:33;막 12:1;눅 20:9

9 그것을 위해 터를 준비해 뿌리를 내리고 땅을 가득 채우게 하셨습니다. 수 24:12

10 산들이 그 그림자로 덮였고 그 가지들은

조롱(79:4, 嘲弄, scorn) 상대방을 비웃거나 깔보고 놀리는 것. 모독(79:12, 冒瀆, reproach) 말이나 행동으로써 더럽혀 욕되게 함.

멋진 백향목 같았습니다.

11 그 굵은 가지들은 바다까지 뻗어 내렸고 그 가지들은 강까지 미쳤습니다. 72:8

12 주께서는 왜 그 울타리를 허물어서 지나가는 사람들이 모두 그 열매를 따 먹게 하셨습니까? 89:40;사 5:5

13 숲 속에서 멧돼지가 나와 그것을 짓밟고 들짐승들이 그것을 삼키지 않습니까!

14 오 만군의 하나님이여, 우리에게 돌아오소서! 우리가 주를 간절히 바랍니다. 하늘에서 우리를 내려다보시고 이 포도나무를 지켜 주소서. 사 63:15

15 주의 오른손으로 심으신 포도원과 주께서 친히 강하게 하신 나뭇가지를 지켜 주소서.

16 주의 포도나무가 잘려 불에 탑니다. 주의 안색이 달라지자 저들이 스러집니다.

17 주의 오른손에 잡힌 사람에게, 곧 주께서 친히 강하게 하신 인자에게 손을 얹어 주소서. 89:21

18 우리가 주를 떠나지 않겠습니다. 우리를 회복시키소서. 그러면 우리가 주의 이름을 부르겠습니다. 71:20

19 오 만군의 하나님 여호와여, 우리를 회복시키소서. 주의 얼굴을 우리 위에 비추소서. 그러면 우리가 구원을 받을 것입니다.

81

아삽의 시 지휘자를 위해 깃돗에 맞춰 쓴 노래

이스라엘을 구원하신 하나님을 찬양함과 이스라엘의 죄악 우리의 힘이신 하나님께 큰 소리로 노래하라. 야곱의 하나님께 기뻐 외치라.

2 시를 읊고 탬버린과 아름다운 하프와 수금을 연주하라. 71:22;슥 15:20

3 월삭 때, 정해진 때, 우리 명절에 나팔을 불라. 레 23:24;민 10:10;29:1

4 이것이 이스라엘을 위한 규칙이요, 야곱의 하나님의 법이다.

5 하나님께서 이집트 땅을 치러 나가실 때 요셉에게 이것을 명하셨다. 내가 거기서 알지 못하는 언어를 들었다. 출 11:4;신 28:49

6 "내가 그 어깨의 짐을 내려 주었고 그 손의 바구니를 내려 주었다. 출 1:11;사 9:4;10:27

7 네가 고통당하며 부르기에 내가 구해 주었고 천둥 치는 은밀한 곳에서 네게 응답했으며 내가 너를 므리바의 물에서 시험했다. (셀라) 출 2:23;14:10;17:7;19:19;민 20:13

8 오 내 백성들아, 들으라. 내가 너희에게 경고한다. 오 이스라엘아, 네가 내 말을 듣기를 원한다면 50:7

9 너희 가운데 다른 신을 두지 말고 이방신에게 경배하지 말라. 출 20:3;신 32:12;사 43:12

포도나무

포도나무는 쌍떡잎 식물의 포도과에 속하는 덩굴 식물로 팔레스타인 지방에서 잘 자란다. 건조한 기후에도 잘 자라는 포도나무는 산지를 개간하여 심는 경우도 많았다. 포도는 날 것으로 먹거나 술을 담그거나 말려서 건포도나 건포도 떡을 만들어 먹었다. 건포도는 비타민과 미네랄이 풍부하여 고대 이스라엘 사람들에게 영양소를 보충해 주는 중요한 음식물 중 하나였다(삼상 25:18). 성경에는 포도나무 혹은 포도밭과 관련된 이야기가 자주 나온다.

성경에 나오는 포도 이야기

● 노아가 포도주를 마시고 취함(창 9:21)
● 가나안으로 정탐하러 간 사람들이 포도송이를 따 옴(민 13:23-24)
● 아합이 나봇의 포도원을 탐냄(왕상 21:1-16)
● 이사야가 이스라엘 사람들을 포도원에 비유하여 노래함(사 5:1-7)
● 예수님이 자신을 포도나무로 비유하심(요 15:1-17)
● 예수님이 갈릴리 가나의 결혼 잔치에서 물로 포도주를 만드심(요 2:1-11)
● 예수님에게 포도주를 즐기는 사람이라고 함(마 11:19)

10 나는 너를 이집트에서 끌어낸 네 하나님 여호와니 입을 크게 벌려라. 그러면 내가 채워 주겠다. 37:3-4;출 20:2

11 그러나 내 백성들이 내 말에 귀 기울이지 않고 이스라엘이 내게 복종하려는 마음이 없구나. 출 32:1;신 32:15,18;잠 1:25,30

12 내가 그들을 그 마음의 욕망대로 내버려 두었더니 그들이 자기 마음이 가는 대로 행하는구나. 욥 8:4;미 6:16;행 7:42;14:16;롬 1:24,26

13 내 백성들이 오직 내 말에 귀 기울이려 했다면, 이스라엘이 내 길을 따르려 했다면

14 내가 순식간에 그 적들을 굴복시키고 내 손으로 그들을 쳐 버렸을 텐데! 암 1:8

15 나를 미워하는 사람들이 너희에게 순종했을 것이며 너희들의 시대는 영원히 계속됐을 것이다. 18:44

16 내가 가장 좋은 밀을 먹여 주었을 것이고 바위에서 나는 꿀을 배불리 먹여 주었을 것이다." 147:14;신 32:13-14;욥 29:6;겔 16:19

아삽의 시

82 공의의 하나님께 악인을 고발함　하나님께서 강한 사람들의 모임에서 서 신들 가운데서 심판하십니다.

2 "너희가 언제까지 불공평하게 심판하며 악인들의 편을 들겠느냐? (셀라) 신 1:17

3 약자들과 고아들을 변호하고 가난한 사람들과 억압당하는 사람들의 권리와 이익을 보호하라. 10:18;41:1;렘 22:3

4 약하고 궁핍한 사람들을 구해 주고 악인들의 손에서 건져 주라. 욥 29:12;잠 24:11

5 그러나 그들은 알지도, 이해하지도 못한다. 그들이 어둠을 헤매며 다니니 땅의 모든 기초가 흔들리는구나. 잠 2:13;미 3:1

6 내가 '너희는 신들이니 지극히 높으신 분의 모든 아들들'이라고 했으나 1절;요 10:34

7 너희는 보통 사람들처럼 죽기도 하고 다른 통치자들처럼 쓰러지기도 하리라."

8 오 하나님이여, 일어나 이 땅을 심판하소

서. 모든 민족들이 주의 소유입니다.

아삽의 시 노래

83 압제하는 나라의 징벌을 간구하는 기도　오 하나님이여, 침묵하지 마소서. 오 하나님이여, 조용히 계시지 마시고 가만히 내버려 두지 마소서.

2 주의 적들이 소동을 벌이고 주를 미워하는 사람들이 고개를 들었습니다. 2:1;삿 8:28

3 그들이 주의 백성들에 대해 교활한 음모를 꾸미고 주께서 숨겨 두신 사람들을 치려고 계략을 꿉니다. 27:5;31:20;눅 54:8

4 적들이 "그들을 잘라 내 나라가 되지 못하게 하자. 그래서 이스라엘의 이름이 다시는 기억되지 못하게 하자"라고 했습니다.

5 그들이 한마음으로 계략을 짜고 주를 반대하며 연합하고 있습니다.

6 이들은 에돔의 장막이고 이스마엘 사람들이며 모압의 장막이고 하갈 사람들이며

7 그발, 암몬, 아말렉, 블레셋, 두로 사람들입니다. 수 13:5;삼상 4:1;15:2;겔 27:3;민 1:6,9

8 앗시리아도 합세해 롯의 자손들에게 힘을 더해 주었습니다. (셀라) 신 2:9,19;왕하 15:19

9 주께서 미디안 사람들에게 하신 것처럼 하소서. 그들에게도 기손 강에서 시스라와 야빈에게 하신 것처럼 하소서. 민 31:7

10 그들은 엔돌에서 망했고 땅에 굴러다니는 쓰레기같이 됐습니다. 수 17:11;삼상 28:7;창 3:19

11 그들의 귀족들을 오렙처럼, 스엡처럼 만드시고 그들의 왕자들이 모두 세바처럼, 살문나처럼 되게 하소서. 삿 7:25;8:3,5-21

12 그들은 "우리가 하나님의 집을 차지하자"라고 했습니다. 대하 20:11

13 오 내 하나님이여, 그들을 바퀴같이, 바람에 날리는 겨같이 만드소서. 욥 13:25

14 불이 숲을 사르듯, 불꽃이 산을 태우듯

15 주의 세찬 바람으로 그들을 괴롭게 하시고 그들이 주의 폭풍을 두려워하게 하소서.

16 오 여호와여, 그들의 얼굴이 수치로 가득하게 하셔서 주의 이름을 찾게 하소서.

월삭(81:3, 月朔, new moon) 그달의 초하룻날. 계략(83:3, 計略, plot) 어떤 일을 이루기 위한 꾀나 수단.

17 그들이 영원히 수치와 고통을 당하게 하
시고 망신을 당하고 멸망하게 하소서.
18 그 이름이 홀로 여호와이신 주만이 온 땅
위에 지극히 높으신 분임을 그들이 알게
하소서. 9:2;18:13;59:13;97:9;출 6:3

고라 자손의 시, 지파스를 위해 깃5에 맞춰쓴 노래

84

악인의 거처보다 뛰어난 하나님의 집 오
만군의 여호와여, 주의 장막이
얼마나 사랑스러운지요!
2 내 영혼이 여호와의 뜰을 애타게 그리워하
다가 지쳤습니다. 내 마음과 육체가 살아
계신 하나님께 부르짖습니다. 욥 19:27
3 오 만군의 여호와여, 내 왕, 내 하나님이
여, 주의 제단 가까운 곳에 참새도 집을
찾았고 제비도 자기 새끼를 둘 보금자리
를 찾았습니다. 5:2
4 주의 집에 사는 사람들은 복이 있습니다.
그들이 항상 주를 찬양할 것입니다. (셀라)
5 주께 힘을 얻고 마음에 시온의 대로가 있
는 사람들은 복이 있습니다. 122:1
6 그들이 *바카 골짜기를 지나거니 샘물이
생깁니다. 이른 비도 그 골짜기를 가득 채
웁니다. 잠 4:18;사 40:31;겔 34:26;욥 22:3;요 1:16;고후 3:18
7 그들은 점점 더 힘을 얻어 나아가서 시온
에서 하나님 앞에 나타날 것입니다. 42:2
8 오 만군의 하나님 여호와여, 내 기도를 들

어 주소서. 오 야곱의 하나님이여, 내 말에
귀 기울이소서. (셀라) 59:5
9 오 우리 방패이신 하나님이여, 주께서 기
름 부음 받은 이의 얼굴을 돌봐 주소서.
10 주의 뜰에 하루 있는 것이 다른 곳에 천
날 있는 것보다 낫습니다. 악인들의 장막
에 있느니 문지기로서라도 차라리 내 하
나님의 집에 있겠습니다. 2절;대상 26:19
11 여호와 하나님은 해요, 방패이시니 여호와
께서 은혜와 영광을 내려 주실 것입니다.
정직하게 행동하는 사람들에게 좋은 것
을 아끼지 않으실 것입니다. 마 6:33;7:11
12 오 만군의 여호와여, 주를 의지하는 사람
은 복이 있습니다. 2:12

고라 자손의 시, 지파자를 위한 노래

85

의와 함께 오는 구원 여호와여, 주
께서 주의 땅에 은혜를 베푸셨습
니다. 포로 된 야곱을 회복시키셨습니다.
2 주의 백성들의 죄악을 용서하셨고 그 모
든 죄들을 덮어 주셨습니다. (셀라) 32:1
3 주의 모든 진노를 거두셨고 주의 극한 진
노를 돌이키셨습니다. 출 32:12;신 13:17;겔 3:9
4 오 우리 구원의 하나님이여, 우리를 회복
시키시고 우리를 향한 진노를 거두소서.
5 주는 영원히 진노하시겠습니까? 주의
분노를 대대로 끌고 가시겠습니까?

'하나님의 집 문지기로 있는 것이 좋다'는 뜻은?

시편 기자는 악인들의 장막에서 많은 날을 지내
는 것보다 비록 문지기일지라도 하나님의 집에
서 지내는 것이 좋다고 노래했어요. 하나님의 집
은 하나님이 자기의 이름 두기를 기뻐하시는 곳
이며, 하나님이 계신 곳임을 상징하기도 해요. 그
러므로 하나님의 집을 간절히 바란다는 것은 곧
살아 계신 하나님을 간절히 바란다는 거예요(시
42:2). 시편 기자가 하나님의 집을 얼마나 사랑했
고, 하나님의 집에 올라가기를 얼마나 그리워했
는지는 시편 84편 1~4절에 잘 나타나 있어요. 그
런데 이 내용은 시편 기자가 하나님의 집을 그리
워하고, 그 집에 문지기로 있는 것을 좋아했다는

의미를 넘어서 살아 계신 하나님을 만나며, 그분
과 함께하는 삶이 가장 행복한 인생임을 나타내
려는 것이에요.

6 주의 백성들이 주를 즐거워하도록 우리를 다시 회복시키지 않으시겠습니까?

7 오 여호와여, 우리에게 주의 신실한 사랑을 보여 주시고 주의 구원을 허락해 주소서.

8 하나님 여호와의 말씀을 내가 듣겠습니다. 주께서 백성들에게, 성도들에게 말씀하시는 것은 평화입니다. 부디 그들이 어리석게 되돌아가지 않게 하소서. 벧후 2:21

9 주의 구원이 분명히 주를 두려워하는 사람들 가까이 있으니 주의 영광이 우리 땅에 있을 것입니다. 사 46:13;슥 2:5;요 1:14

10 가엾게 여기는 마음과 진리가 만나고 의와 평화가 서로 입을 맞춥니다. 89:14;사 45:8

11 진리가 땅에서 샘솟고 의가 하늘에서 내려다볼 것입니다.

12 여호와께서 진정 좋은 것을 주실 것이니 우리 땅이 수확할 것이 많을 것입니다.

13 의가 주의 앞에 가서 우리를 주께로 걸으시는 길에 둘 것입니다. 89:14;사 58:8

다윗의 기도

86

대적을 직면하여 자비를 구하는 기도 오 여호와여, 주의 귀를 기울여 들어 주소서. 내가 가난하고 궁핍합니다.

2 나는 거룩한 사람이니 내 영혼을 보호하소서. 오 주는 내 하나님이십니다. 주를 믿고 의지하는 주의 종을 구원하소서. 111:1;50:5

3 오 여호와여, 나를 불쌍히 여기소서. 내가 날마다 주께 부르짖습니다. 16:2;삿 4:1;56:1;57:1

4 오 주여, 내 영혼을 주께 올려 드리니 주의 종의 마음을 기뻐하소서. 25:1

5 주여, 주께서는 선하시고 기꺼이 용서하시며 주를 부르는 모든 사람을 가엾게여기는 분이십니다. 130:4;145:8~9;출 34:6;율 2:13

6 오 여호와여, 내 기도를 들으소서. 내가 간청하는 소리에 귀 기울이소서. 55:1~2

7 내가 고통당할 때 주를 부르면 주께서는 내게 응답하실 것입니다. 17:6;77:2

8 오 주여, 신들 가운데 주와 같은 분이 없습니다. 주의 행적과 비길 만한 것도 없습니다.

9 오 주여, 주께서 만드신 모든 민족들이 주 앞에 와서 경배하고 주의 이름에 영광을 돌릴 것입니다. 사 66:23;슥 14:18;계 15:4

10 주께서는 위대하시고 놀라운 일들을 하시니 오직 주만이 하나님이십니다. 고전 8:4,6

11 오 여호와여, 주의 길을 내게 가르치소서. 그러면 내가 주의 진리 안에서 다닐 것입니다. 내 마음을 하나로 모으셔서 주의 이름을 두려워하게 하소서. 25:4;26:3;렘 32:39

12 오 주 내 하나님이여, 내 온 마음으로 주를 찬양하고 영원히 주의 이름에 영광 돌리겠습니다.

13 주께서 나를 가엾게 여기시는 마음이 크시고 가장 깊은 죽음에서 나를 건지셨기 때문입니다. 5절;30:3;88:6;겔 26:20

14 오 하나님이여, 교만한 사람들이 내게 맞서 들고일어났습니다. 폭력을 행하는 무리가 내 목숨을 노립니다. 주에 대해서는 안중에도 없는 사람들입니다. 54:3

15 오 주여, 그러나 주께서는 크신 자비의 하나님이시고 은혜롭고 오래 참으며 돌보시는 마음과 진리가 넘치는 분이십니다.

16 오 주여, 나를 돌아보시고 불쌍히 여기소서. 주의 종에게 힘을 주시고 주의 여종의 아들을 구원하소서. 25:16;116:16

17 주의 은혜의 증거를 내게 주어 나를 미워하는 사람들이 그것을 보고 수치를 당하게 하소서. 여호와여, 주께서 나를 도우셨고 나를 위로하셨습니다. 삿 6:17;느 5:19;13:31

고라 자손의 시 노래

87

거룩한 산 시온에 태어나실 메시아 주께서 거룩한 산에 터를 세우셨습니다. 사 28:16;48:1

2 여호와께서는 야곱의 다른 곳들보다 시온의 문들을 더 사랑하십니다. 78:67~68

3 오 하나님의 성아, 너를 향해 영광스럽다고 하는구나. (셀라) 46:4;54:1~3;60:1

4 내가 나를 아는 사람들 가운데 라합과 바벨론에 관해 말하리라. 블레셋과 두로와 에티오피아를 보라. 이곳 사람들도 시온에서

84:6 또는 '눈물 골짜기'. 문지기(84:10, doorkeeper) 드나드는 문을 지키는 사람, 이스라엘의 성전 또는 부요한 자들의 집 정문을 지켰다.

태어났다 하리라.

5 시온에 대해서는 이렇게 말하리라. "이 사람과 저 사람이 이 성에서 났고 지극히 높으신 분이 직접 시온을 세우셨다."

6 여호와께서 그 백성들을 등록하실 텐데 그때는 "이 사람이 시온에서 났다"라고 하실 것입니다. (셀라) _{22:30;69:28}

7 그들이 악기를 연주하고 노래하면서 "내 모든 샘물이 주께 있다"라고 하리라.

고라 자손의 시 에스라 사람 헤만의 마스길
지휘자를 위하여 마할랏르앗놋에 맞춰쓴 노래

88

하나님의 귀기울여 주심을 바라며 죽어가는 자의 기도 오 여호와여, 내 구원의 하나님이여, 내가 밤낮으로 주 앞에서 부르짖었습니다. _{눅 18:7}

2 내 기도가 주앞에 이르게 하시고 내 부르짖음에 귀를 기울이소서.

3 내 영혼이 고통으로 가득하며 내 목숨이 죽음에 가까이 다가가 있습니다. _{16:10}

4 내가 저 아래 구덩이에 빠진 사람들처럼 여겨지고 힘없는 사람 같으며 _{28:1}

5 죽은 사람처럼 버려져 무덤 속에 누운 사람, 곧 주의 기억에서 완전히 사라지고 주의 손에서 끊어져 버린 사람 같습니다.

6 주께서 나를 가장 깊은 구덩이 속에, 어둠 속에, 깊은 곳에 두셨습니다. _{12,18절;애 3:6}

7 주의 진노가 무겁게 나를 짓누르고 주의 모든 파도가 나를 덮쳤습니다. (셀라)

8 내 가장 친한 친구들도 나로부터 멀리 떼어 놓으셨고 그들이 나를 피하게 하셨습니다. 내가 꼭꼭 갇혀서 나갈 수가 없습니다.

9 내 눈이 근심과 걱정으로 신음합니다. 여호와여, 내가 날마다 주를 부르고 내 손을 주께 뻗었습니다. _{6:7;욥 11:13}

10 죽은 사람들에게 기적을 베푸시겠습니까? 죽은 사람들이 일어나 주를 찬양하겠습니까? (셀라) _{6:5}

11 주의 사랑이 무덤에서 선포되겠습니까? 주의 의가 멸망 가운데 선포되겠습니까?

12 주의 기적들이 어둠 속에서 알려지고 주의 의가 망각의 땅에서 알려지겠습니까?

13 오 여호와여, 그러나 내가 주께 부르짖었

시편에 나오는 표현법

표현법	설명	예
직유법	비슷한 성질이나 모양을 가진 두 사물을 '~같은, ~처럼, ~듯이, ~마냥, ~인 양' 등의 표현을 써서 직접 비유하는 표현법이다.	"나를 쫓는 모든 사람들에게서 나를 구원해 건져 주소서. 그렇지 않으면 나를 구해 줄 이가 아무도 없이 그들이 사자같이 나를 물어뜯고 갈기갈기 찢어 놓을 것입니다."(시 7:1-2) → 이 표현은 나를 쫓는 적을 사자에 비유한다. 적과 사자는 둘 다 매우 힘이 세고 잔혹하다는 것이 특징이다.
은유법	어떤 사물을 비유하거나 설명할 때 본래의 뜻을 숨기고 겉으로 비유하려는 형상만을 드러내는 표현법이다.	"여호와는 나의 목자시니 내게 부족한 것이 없습니다."(시 23:1) → 하나님은 목자이시고 자신을 양이라고 했는데, 목자는 모든 것을 알고 양의 모든 것을 책임지는 존재로 비유한다.
의인법	사람이 아닌 것을 사람에 빗대어 사람이 행동하는 것처럼 표현하는 방법이다.	"해가 자기 방에서 나오는 신랑같이, 경주하는 힘센 장사같이 기뻐하며…"(시 19:5) → 인격이 없는 해를 침실에서 나오는 신랑이나 달리기를 하는 힘센 장수에 비유해 해가 주는 일반적 은총을 신랑의 애정과 장수의 힘으로 표현했다.
제유법	어떤 사물의 한 부분으로 그 사물의 전체를 나타내는 표현법이다.	"주를 신뢰하는 사람들을 그 적들에게서 오른손으로 구원하시는 주여"(시 17:7) → 전능하신 하나님 아버지를 인체의 일부분인 오른손에 비유하고 있다. 오른손은 힘과 자비를 상징한다.
기타 표현법	풍유법, 환유법, 과장법, 반어법, 곡어법, 완서법, 수사적 질문법, 상징법, 역설법 등이 있다.	

으니 아침에 내 기도가 주 앞을 막아설 것입니다. 53:3,30:2

14 여호와여, 왜 나를 던져 버리십니까? 왜 주의 얼굴을 내게서 숨기십니까? 욥 13:24

15 내가 어릴 적부터 계속 고통을 겪었고 죽음의 문턱을 넘나들었고, 주께서 주시는 공포를 느낄 때마다 미칠 것 같습니다.

16 주의 진노가 나를 휩쓸어 가고 주의 공포가 나를 끊었습니다. 욥 6:4,9:34

17 그들이 날마다 나를 홍수처럼 둘러싸고 완전히 집어삼켰습니다. 18:4,22:16,88:3,118:10-12

18 주께서 내 친구들과 사랑하는 사람들을 내게서 빼앗아 가시니 어둠만이 나의 가장 가까운 친구가 됐습니다. 욥 17:13-14

89 다윗과 맺은 언약을 상기시키시는 하나님 내가 주의 사랑을 영원히 노래하겠습니다. 내 입으로 주의 신실하심을 온 세대에 알리겠습니다.

2 내가 "주의 사랑이 영원히 세워질 것입니다. 주께서 주의 신실하심을 하늘에 세우실 것입니다"라고 말하겠습니다. 36:5

3 "나는 내가 선택한 사람들과 언약을 맺었고 내 종 다윗에게 맹세하기를 삼하 7:8-16

4 '내가 네 씨를 영원히 세우고 네 왕좌를 모든 세대에 튼튼히 하겠다'고 했다." (셀라)

5 오 여호와여, 하늘이 주의 기적을 찬양할 것입니다. 성도들의 집회에서 주의 신실하심도 찬양할 것입니다. 7절;19:1;50:6;8 5:1;15:15

6 하늘 위에서 누가 여호와와 비길 수 있겠습니까? 신들 가운데 여호와와 같은 이, 누가 있겠습니까? 8절;86:8

7 성도들이 모임에서 하나님을 몹시 두려워할 것입니다. 하나님께서는 그 주변에 있는 그 누구보다 더욱 경외해야 할 분이십니다.

8 오 만군의 하나님 여호와여, 주 같은 분이 누가 있겠습니까? 주의 주변에 누가 그토록 신실하겠습니까? 35:10;68:4;삼상 2:2

9 주께서는 파도치는 바다를 다스리시며 그 일어나는 물결을 잔잔하게 하십니다.

10 주께서 라합을 죽임당한 자같이 깨뜨리셨

고 주의 강한 팔로 주의 원수들을 흩어 버리셨습니다. 53:5;출 14:30;욥 9:13

11 하늘이 주의 것이요, 땅도 주의 것이니 주께서 세상과 그 안에 있는 모든 것을 지으셨습니다. 24:1;10:4:5;창 1:1;왕상 29:11

12 주께서 남북을 창조하셨으니 다볼과 헤르몬이 주의 이름을 기뻐할 것입니다.

13 주께는 강한 팔이 있고 주의 손은 강하며 주의 오른손은 높습니다.

14 정의와 공의가 주의 옥좌의 기초이며 사랑과 진리가 주의 얼굴 앞에 나아갑니다.

15 기쁨의 소리를 아는 사람들은 복이 있습니다. 오 여호와여, 그들은 주의 얼굴 빛 가운데 다니는 사람들입니다. 4:6;66:1

16 그들은 하루 종일 주의 이름을 즐거워하며 주의 의 안에서 높아집니다. 20:5;7;롬 36:7

17 주께서는 그들의 힘의 영광이십니다. 주께서 주의 은혜로 우리 뿔을 높이 올려 주실 것입니다. 24절;75:10;78:61

18 진정 여호와는 우리의 방패이시니 이스라엘의 거룩한 분이 우리 왕이십니다. 47:9

19 주께서 언젠가 환상 가운데 주의 거룩한 사람들에게 말씀하셨습니다. "내가 한 용사에게 힘을 주었다. 내가 백성 가운데 택한 사람을 높였다. 3-4절;16:10;21:5;삼하 17:10

20 내가 내 종 다윗을 찾아내 내 거룩한 기름을 그에게 부어 주었다. 삼상 16:13;행 13:22

21 내 손으로 그를 붙들고 내 팔이 그에게 힘을 주리니 80:17

22 적들이 그를 협박하지 못하고 사악한 자들이 그를 억압하지 못하리라.

23 내가 그 앞에서 그 적들을 짓밟고 그를 미워하는 자들을 치리라. 2:9;삼하 7:9

24 내 신실함과 자비가 그와 함께할 것이니 내 이름으로 그의 뿔이 높이 들리리라.

25 내가 그의 손을 바다 가운데 두고 그의 오른손을 강 가운데 두리라. 72:8

26 그가 나를 불러 '주는 내 아버지이시며 내 하나님이시며 내 구원의 반석이십니다'라고 하리라. 18:2;삼하 7:14

27 내가 또 그를 내 맏아들로 삼고 이 땅의

왕들보다 높이 올리리라.   롬 8:29;창 1:15;18;히 1:5

28 내가 내 사랑을 영원히 그에게 두고 그와 맺은 언약을 어기지 않으리라.   3절

29 내가 그의 후손들을 영원히 지속되게 하고 그의 왕좌도 하늘이 존재하는 한 있게 하리라.   4절;창 14:12

30 만약 그 자손들이 내 법을 버리고 내 판단대로 따르지 않으며   삼하 7:14;행상 2:4

31 내 법을 어기고 내 계명을 지키지 않으면

32 그때는 내가 막대기로 그 죄를 다스리고 채찍으로 그 죄악을 징벌하리라.

33 그러나 내 사랑을 그에게서 완전히 거두지는 않을 것이며 내 신실함도 저버리지 않으며

34 내 언약도 깨지 않고 내 입술로 한 말도 번복하지 않으리라.

35 내가 내 거룩함으로 맹세한 것이 있으니 내가 어떻게 다윗에게 한 말이 거짓될이 되게 하겠느냐?   60:6;히 6:18

36 그 씨가 영원히 이어지겠고 그의 왕좌가 해처럼 내 앞에 지속될 것이며

37 하늘의 신실한 증인인 달처럼 영원히 설 것이다." (셀라)   4절;72:5

38 그러나 주께서는 기름 부으신 이를 미워해 쫓아 버리셨고 그에게 진노하셨습니다.

39 주의 종과 맺은 언약을 무효로 만드시고 그 왕관이 땅에 던져져 먼지를 뒤집어쓰게 하셨습니다.   3절;74:7;겔 19:9;애 2:7

40 주께서는 또한 그의 모든 벽을 허물고 그의 요새를 황폐하게 만드셨습니다.   80:12

41 지나가는 사람들이 다 그를 약탈해 그가 이웃들의 조롱거리가 됐습니다.   50:2;44:13

42 주께서 그의 적들의 오른손을 들어 주셨고 그의 모든 원수들을 기쁘게 하셨습니다.

43 또 그의 칼날을 무디게 해 그가 전투에 서지 못하게 하셨고

44 그의 영광이 끝나게 하셨고 그의 왕좌를 땅에 내치셨습니다.

45 그의 젊은 나날을 단축시키고 그를 수치로 뒤덮으셨습니다. (셀라)   71:13;102:23;109:29

46 오 여호와여, 언제까지입니까? 영원히 스스로를 숨기시겠습니까? 주의 진노가 언제까지 불같이 타겠습니까?   13:1;78;63;79:5

47 내 때가 얼마나 짧은지 기억하소서. 주께서 지으신 인생들이 어찌 그리 허무한지요!

48 죽음을 보지 않고 살 수 있는 사람이 누가 있겠습니까? 그가 죽음의 권세에서 자신을 구원할 수 있겠습니까? (셀라)   히 11:5

49 오 주여, 전에 주께서 보이신 그 사랑이 어디로 갔습니까? 주께서 주의 진리로 다윗에게 맹세하신 그 사랑 말입니다.

50 주여, 주의 종이 조롱당한 것을 기억하소서. 모든 강한 민족들이 나를 원망한 것을 내 마음에 품고 있음을 기억하소서.

51 오 여호와여, 주의 적들이 그것으로 조롱하고 그들이 주의 기름 부음 받은 이의 발

뿔, 힘과 구원의 상징

성경에서는 직접적인 동물의 뿔을 말하기도 하고, 뿔 모양의 다른 것을 가리키기도 한다. 양각 나팔은 양의 뿔로 만들었는데, 여리고를 정복할 때에 사용되었다(수 6:4-5, 13).

번제단의 네 모퉁이에도 뿔을 만들었는데, 제사드릴 때 제물의 피를 이 뿔에 발랐다(출 29:12). 죄인이나 이 번제단의 뿔을 잡는다는 것은 하나님의 능력으로 구원받기를 원한다는 것을 의미했다(왕상 1:50-51). 실제로 반역을 계획했던 아도니야는 솔로몬에게 용서를 구하면서 제단 뿔을

잡았고, 이런 의미를 알았던 솔로몬은 그의 목숨을 살려 주었다(왕상 1:52-53). 시편에는 다양한 의미로 뿔이 사용되었다. "뿔은 높이 들릴 것입니다"(시 75:10; 89:17, 24; 112:9), "뿔을 무성하게 하리니"(시 132:17), "들소의 뿔처럼 높이실 것입니다"(시 92:10; 148:14)에서는 힘, 높음의 의미로 사용되었다.

"구원의 뿔"(시 18:2)은 구원을 위한 강력한 도우심을 의미하며, "너희 뿔을 높이 들지 말고"(시 75:5)라는 말은 교만하지 말라는 의미로 사용되었다.

걸음을 조롱했습니다. 20,38절;17:11;49:5;56:6

52 여호와를 영원히 찬양하리! 아멘, 아멘.

제4권

하나님의 사람 모세의 기도

90 인생의 무상함을 아는 것이 중요할 주
여, 주께서는 온 세대에 걸쳐 우
리의 거처가 되셨습니다.

2 산들이 나타나기도 전에, 주께서 땅과 세
상을 만드시기도 전에 영원부터 영원까지
주께서는 하나님이십니다. 참 36:26

3 주께서 사람들을 먼지로 돌아가게 하시며
"오 사람의 자손들아, 흙으로 돌아가라"
하십니다. 창 3:19;전 12:7

4 주께서 보시기에 1,000년은 금방 지나간
하루 같고 밤 한때 같습니다. 삔후 7:19;삔후 3:8

5 주께서 그것들을 홍수처럼 휩쓸어 가시니
그것은 잠 한숨 자고 일어난 것 같고 아침
에 돋는 풀과 같습니다. 삔전 1:24

6 아침에 싹이 돋았다가 저녁이 되면 이내
마르고 시들지 않습니까! 욥 4:20;14:2;약 1:11

7 우리가 주의 진노 때문에 스러지고 주의
격분으로 인해 고난받습니다.

8 주께서 우리 죄악을 주 앞에 들추시고 우
리의 은밀한 죄들을 주의 얼굴 빛 가운데
낱낱이 드러내셨습니다. 19:12;렘 16:17;최 4:13

9 우리의 모든 나날들이 주의 진노 아래 지
나가고 우리가 살아온 세월은 희자되는
이야깃거리가 됩니다.

10 우리의 일생이 70이고, 혹시 힘이 남아 더
살아 봤자 80인데, 그저 고통과 슬픔의 연
속이며 그것도 금세 지나가니 우리가 멀리
날아가 버리는 것 같습니다.

11 주의 진노의 힘을 누가 알겠습니까? 주의
진노로 인한 두려움을 누가 알겠습니까?

12 그러니 우리가 인생을 바로 셀 수 있도록
가르치소서, 그래야 우리가 마음에 지혜
를 담게 될 것입니다. 39:4

13 오 여호와여! 돌아오소서, 대체 언제까지
입니까?? 주의 종들을 불쌍히 여기소서.

14 오, 아침에 주의 변함없는 사랑이 충만하
게 하소서, 그리하여 우리가 기뻐 노래하

고 일평생 기뻐하게 하소서. 46:5;85:6

15 주께서 우리를 힘들게 하신 날들만큼, 우
리가 고통을 당한 햇수만큼 우리를 기쁘
게 하소서. 8:2

16 주의 행동을 주의 종들에게 보여 주시고 주
의 영광을 주의 자녀들에게 보여 주소서.

17 우리 하나님 여호와의 아름다움이 우리
위에 있게 하시고 우리 손으로 한 일을 우
리에게 세워 주소서. 제발 우리 손으로 한
일을 세워 주소서. 27:4;128:2;사 26:12

91 하나님을 믿는 자의 보호하심을 간구함 지
극히 높으신 분의 비밀스러운 곳에
사는 자는 전능하신 그분의 그늘 아래 머
물게 되리라. 사 25:4;32:2

2 내가 여호와를 내 피난처시요, 내 요새
이시며 내가 의지하는 하나님이라고 말하
리라. 9절;11:1;14:6;18:2

3 참으로 그분은 너를 새 사냥꾼의 덫에서,
죽음병에서 구원하실 것이다. 잠 6:5

4 하나님께서 너를 그 깃털로 감싸 주시니
네가 그 날개 아래로 피할 것이며 그 진리
가 네 방패와 성벽이 되리라. 왕상 8:7

5 너는 밤에 엄습하는 공포나 낮에 날아오
는 화살을 두려워하지 않을 것이다.

6 어둠을 활보하는 흑사병이나 한낮에 넘치
는 재앙도 두려워하지 않으리라.

7 네 곁에서 1,000명이 넘어지고 네 오른쪽
에서 1만 명이 쓰러져도 네게는 가까이 이
르지 않으리라.

8 너는 그저 네 두 눈으로 악인들이 어떤 대
가를 치르는지 똑똑히 보게 될 것이다.

9 네가 지극히 높으신 분을, 피난처이신 여
호와를 네가 있을 곳으로 삼으면 71:3

10 어떤 해악도 네게 닥치지 않고 어떤 재앙
도 네 장막 가까이에 이르지 못하리라.

11 그분이 천사들에게 명령해 네 모든 길을
지켜 주라고 하실 것이기 때문이다.

12 천사들이 손으로 너를 들어 올려 네 발이

격분(90:7, 激忿, indignation) 몹시 화를 냄. 회자(90:9, 膾炙, tale-KJV) 회와 구운 고기라는 뜻, 칭찬을 받으며 사람의 입에 자주 오르내림.

돌에 맞는 일도 없으리라. 37:24;잠 3:23

13 네가 사자와 독사를, 젊은 사자와 살모사를 짓밟으리라. 단 6:23;숙 16:18;눅 10:19;롬 28:5

14 여호와께서 말씀하신다. "그가 나를 사랑하니 내가 그를 구하리라. 그가 내 이름을 알았으니 내가 그를 높이 올리리라. 9:10

15 그가 나를 부를 것이니 내가 응답하리라. 내가 그의 고통과 함께하겠고 그를 건져 영광스럽게 하리라. 삼상 2:30;욥 12:4;요 12:26

16 그가 원하는 만큼 오래 살게 해 주고 내 구원을 그에게 보이리라." 신 6:2;왕상 3:14

92

시 안식일을 위한 노래

의인만이 진실로 번성함 오 지극히 높으신 분이여, 여호와께 감사하고 주의 이름을 찬양하는 것이 좋습니다.

2 아침에는 주의 사랑을, 밤에는 주의 신실하심을 알리는 것이 좋습니다. 147:1

3 열 줄 현악기와 수금과 하프의 선율에 맞춰 하는 것입니다. 창 14:19~20

4 여호와여, 주께서 행하신 일들이 나를 기쁘게 하니 그 일들 덕분에 내가 기뻐할 것입니다. 8:6;90:16

5 오 여호와여, 주께서 하시는 일이 얼마나 위대한지요! 주의 생각이 얼마나 깊은지요!

6 우둔한 사람은 알지 못하고 어리석은 사람은 깨닫지 못합니다. 49:10;롬 11:33

7 악인들이 잡초처럼 돋아나고 모든 범죄자들이 번성하더라도 결국에는 영원히 멸망할 것입니다. 94:4;125:5;요 2:17

8 여호와여, 그러나 주는 영원토록 지극히 높으신 분이십니다. 93:4

9 오 여호와여, 참으로 주의 적들이, 참으로 주의 적들이 멸망할 것입니다. 악을 행하는 모든 사람들이 흩어질 것입니다. 68:1

10 그러나 주께서 내 뿔을 들소의 뿔처럼 높이실 것입니다. 내게 좋은 기름을 부으실 것입니다. 23:5;75:10;민 23:22;삼상 2:1

11 적들이 내가 바라던 대로 된 것을 내 눈이 볼 것이고 내게 들고일어나던 악인들이 내가 바라던 대로 된 것을 내 귀가 들을 것입니다. 37:34;54:7

12 의인들은 종려나무처럼 번성하고 레바논의 백향목처럼 자랄 것입니다. 민 24:6;사 61:3

13 여호와의 집에 심긴 사람들이니 우리 하나님의 뜰에서 번성할 것입니다. 100:4

14 그들은 노년에도 여전히 열매를 맺고 진액이 가득하고 싱싱할 것입니다.

15 그들은 "여호와는 정직한 분이시다. 그분은 내 바위이시니 그분 안에는 악함이라곤 없다"는 것을 나타낼 것입니다. 욥 34:10

93

하나님의 위엄과 거룩하심을 찬양함 여호와께서 다스리시며 위엄으로 옷 입으셨습니다. 여호와께서 힘으로 옷 입고 능력으로 무장하셨습니다. 세상이 든든히 세워졌으니 흔들리지 않습니다.

2 주의 옥좌는 오래전에 세워졌고 주께서는 영원부터 계셨습니다. 45:6;90:2

3 오 여호와여, 바다가 소리를 높이고 또 높입니다. 바다가 그 결을 높이 듭니다.

4 높이 계신 여호와는 강하시니 큰 물이 쏟

왜 성경에는 목자라는 말이 자주 나올까요?

이스라엘 사람들은 유목 생활을 했기 때문에 '목자'라는 말이 아주 친숙했어요. 목자는 양에게 없어서는 안 될 중요한 존재였어요(시 23:1). 목자는 양들에게 필요한 풀을 배불리 먹여야 했기 때문에(시 23:2) 새로운 목초지를 찾아 양 떼를 거느리고 자주 이동했어요. 또 팔레스타인은 건조하고 더워서 목자는 양들에게 규칙적으로 충분한 물을 먹여야 했어요(시 23:2). 게다가 양은 자신을 보호할 능력이 없기 때문에 목자가 야생 동물이나 도둑에게서 양을 안전하게 보호해야 했어요. 그래서 목자는 맹수나 도둑으로부터 양아지는 소리보다 강력하시고 바다에서 부서지는 파도 소리보다 강력하십니다.

5 주의 증언은 틀림없습니다. 오 여호와여, 거룩함이 영원히 주의 집이 될 것입니다.

94 이방 민족들을 훈계하시는 하나님을 찬양할 오 하나님 여호와여, 복수는 주의 것입니다. 오 하나님이여, 모습을 드러내소서. 롬 12:19

2 오 땅의 심판자여, 몸을 일으켜 교만한 사람들에게 마땅한 것으로 갚아 주소서.

3 여호와여, 악인들이 얼마나 더, 악인들이 얼마나 더 환호하겠습니까? 욥 20:5;계 6:10

4 그들이 얼마나 더 험악한 말을 쏟아붓겠습니까? 악을 행하는 사람들은 다 자기 자랑하기에 급급하지 않습니까? 삼상 2:3

5 오 여호와여, 그들이 주의 백성들을 갈가리 찢고 주께서 선택하신 민족을 망치고 있습니다. 잠 22:2;사 3:15

6 과부들과 나그네들을 죽이고 고아들을 살해하면서

7 "여호와는 보지 못한다. 야곱의 하나님은 생각하지 못한다"라고 합니다. 욥 22:13

8 백성들 가운데 너희 우둔한 사람들아, 생각해 보라. 너희 어리석은 사람들아, 얼마나 더 있어야 지혜로워지겠느냐?

9 귀를 지으신 분이 듣지 못하시겠느냐? 눈을 지으신 분이 보지 못하시겠느냐? 출 4:11

10 이방 민족들을 훈계하시는 분이 바로잡지 않으시겠느냐? 사람을 가르치시는 분이 모르시겠느냐? 욥 12:23;35:11

11 여호와께서는 사람의 생각을 아시고 그런 생각들이 얼마나 헛된지도 다 아십니다.

12 오 여호와여, 주의 훈계를 받고 주의 법의 가르침을 받는 사람은 복이 있습니다.

13 주께서 그를 고통스러운 나날에서 벗어나게 하시고 악인을 위해 구덩이를 파실 때까지 평안하게 하실 것입니다.

14 여호와께서 그 백성들을 모른 척하지 않으시고 그 택하신 민족을 결코 버리지 않으실 것입니다. 신 32:9;삼상 12:22;록 11:2

15 그러나 심판은 다시 의를 따라갈 것이니 마음이 정직한 사람들이 다 그것을 따를 것입니다. 삼상 12:14;창 18:8;사 42:3

16 누가 나를 위해 악인들에게 들고일어날까? 나를 위해 누가 악을 저지르는 사람들에게 들고일어날까? 12:5

17 여호와께서 나를 도와주지 않으셨다면 내 영혼은 침묵 속에 빠졌을 것입니다.

18 내가 "내 발이 미끄러진다"라고 했더니 오 여호와여, 주의 사랑이 나를 붙드셨습니다.

19 내 마음이 복잡할 때 주의 위로가 내 영혼을 기쁘게 합니다. 4:13

20 율법을 핑계로 악한 일을 꾸미는 썩어 빠진 재판장이 어떻게 주와 상관이 있겠습니까?

21 그들은 의인들을 반대하며 함께 모이고 죄 없는 사람들에게 사형을 선고합니다.

22 그러나 여호와는 내 산성이시요, 내 하나님은 내가 피할 바위가 되셨습니다.

23 그분은 그 죄악이 그들에게 돌아가게 하시고 그 악으로 인해 그들을 끊어 내실 것입니다. 여호와 우리 하나님께서 그들을 끊어 내실 것입니다. 7:16;34:21;92:9;잠 2:22

95 우리를 기르는 목자, 창조주 하나님 와 우리가 여호와께 기뻐 노래 부르자. 우리 구원의 바위에게 큰 소리로 기뻐 외치자. 시 11:89;26;94:22

2 우리가 감사하며 그분 앞에 와서 즐겁게 소리 높여 그분을 찬양하자. 미 6:6

을 지키다가 다치거나 목숨을 잃는 경우도 있었어요(요 10:11, 15). 그리고 여럿이 같은 지역에서 목축할 경우 목자들은 많은 양 떼를 한 우리에 넣어 밤을 지내게 한 후 아침이면 자기의 양들을 각각 이끌어 냈어요. 이때 양은 자기 목자의 음성을 알고 있어서 목자가 붙여 준 자기의 이름을 듣고 자기 목자에게 갔어요(요 10:2~5; 미 2:12). 이같이 헌신적인 목자의 모습은 우리를 사랑하시고 인도하시는 하나님의 모습을 잘 표현해 주고 있어요.

훈계(94:10, 訓戒, discipline) 타일러서 잘못이 없도록 주의를 줌. 선고(94:21, 宣告, condemn) 선언하여 널리 알림. 재판의 판결을 일반에게 발표함.

3 여호와는 위대하신 하나님이시며 모든 신들 위에 위대하신 왕이시다. 86:8;대하 2:5

4 땅의 깊음이 그 손안에 있고 산의 힘도 그분의 것이다.

5 바다도 그분이 만드셨으니 그분의 것이며 육지도 그분 손으로 지으신 것이다. 창 1:9

6 와서 우리가 엎드려 절하자. 우리를 지으신 여호와 앞에 무릎을 꿇자. 신 32:6,15,18

7 그분은 우리 하나님이시고 우리는 그분 목장의 백성들이요, 그분 손에 딸린 양이다. 너희는 그분의 음성을 들으라.

8 므리바에서처럼, 맛사 광야에서 시험당할 때처럼 완고한 마음을 품지 말라.

9 그때 너희 조상들이 내가 행한 일을 보았으면서도 나를 시험하고 또 시험하지 않았느냐! 78:18,41,56;90:16;민 14:22;고전 10:9

10 내가 40년 동안 그 세대를 노여워하며 말했다. "그들은 마음이 비뚤어진 백성들이어서 내 길을 모른다." 행 7:36;13:18;8:3:17

11 그래서 내가 진노하며 "그들은 결코 내 안식에 들어오지 못하리라"고 맹세했던 것이라.

96 하나님의 의로운 통치를 찬양함 여호와께 새 노래로 노래하라. 온 땅이여, 여호와께 노래하라.

2 여호와께 노래하고 그 이름을 찬양하며 날마다 그 구원을 선포하라.

3 이방 민족들 가운데 그 영광을 선포하며 모든 백성들에게 그 놀라운 일들을 선포하라.

4 여호와는 위대하시고 가장 큰 찬송을 받으실 분이시며 모든 신들 위에 경외받으실 분이시다. 18:3;48:1;95:3

5 이방 민족들의 신들은 모두 우상이지만 여호와께서는 하늘을 만드셨다.

6 영화로움과 위엄이 그분 앞에 있고 능력과 아름다움이 그 성소 안에 있도다.

7 오 모든 민족들아, 여호와께 영광을 돌리고 여호와의 능력을 찬양하라. 22:27;29:1

8 그 이름에 합당한 영광을 여호와께 돌리고 제물을 가져와 그 뜰로 들어가라.

9 거룩한 옷을 입고 여호와를 경배하라. 온 땅이여, 그분 앞에서 두려워하라.

10 이방 민족들 가운데서 "여호와께서 다스리신다"라고 선포하라. 세상이 든든하게 세워졌으니 흔들리지 않으리라. 그분이 사람들을 공정하게 심판하시리라. 9:8;58:11

11 하늘은 즐거워하고 땅은 기뻐하라. 바다와 그 안에 있는 모든 것이 기뻐 울리고

12 들과 그 안에 있는 것이 다 기뻐하리라. 숲의 모든 나무들도 기뻐 노래하리라.

13 여호와께서 오신다. 그분이 이 땅을 심판하시려고 오신다. 그분이 세상을 의로 심판하시고 사람들을 그분의 진리로 심판하시리라. 사 11:1~9

97 하나님의 의와 공평하심을 찬양함 여호와께서 다스리시니 땅은 기뻐하라. 여러 섬들은 즐거워하라.

2 구름과 짙은 어둠이 그분을 둘러쌌고 의와 심판 위에 그분의 왕좌가 있다. 출 19:9

3 불이 그분 앞에서 나와 사방에 있는 적들을 살라 버리는구나. 21:9;50:3

4 그분의 번개가 세상을 밝혔으니 이 땅이 보고 떨었고 77:18;96:9

5 산들이 여호와 앞에서, 온 땅의 주 앞에서 초처럼 녹아내렸다. 68:2;수 3:11;사 5:5;나 1:5

6 하늘이 그분의 의로우심을 선포하고 모든 백성들이 그분의 영광을 보았다. 사 40:5

7 조각된 형상을 숭배하는 모든 사람들아, 우상을 자랑하는 사람들은 수치를 당할 것이다. 너희 모든 신들아, 그분을 경배하라.

8 오 여호와여, 주의 심판 소식을 듣고 시온이 즐거워했고 유다의 딸들이 기뻐했습니다.

9 오 여호와여, 주께서는 온 땅 위에 가장 높으신 분이십니다. 주께서는 모든 신들보다 훨씬 높으십니다. 83:18;95:3

10 여호와를 사랑하는 사람들은 악을 미워하라. 그분이 성도들의 영혼을 보호하시고 악인들의 손에서 건져 주신다. 잠 12:11

11 의인들 위에는 빛이 심기고 마음이 정직한 사람에게는 기쁨이 있다. 호 10:12;약 3:18

새 노래 (96:1, new song) 구원받은 사람이 구원의 즐거움 때문에 하나님을 찬송하는 노래.

12 너희 의인들아, 여호와를 즐거워하고 그 거룩한 이름을 기억하며 감사를 드리라.

시

98

주님의 구원을 찬양하는 노래 여호와께 새 노래로 노래하라. 하나님이 놀라운 일들을 행하셨다. 그 오른손과 그 거룩한 팔로 승리를 이루셨다.

2 여호와께서 그 구원을 알려 주셨다. 그 의로우심을 이방 민족들이 보는 데서 나타내셨다. 사 49:6;52:10;59:16;62:2;63:5;눅 2:30-31;롬 3:25-26

3 그분이 이스라엘 집에 주신 사랑과 그 신실하심을 기억하셨으니 모든 땅끝이 우리 하나님의 구원을 보았도다.

4 온 땅이여, 여호와께 기뻐 외치라. 함성을 지르고 즐거워하며 찬송을 부르라.

5 하프에 맞추어 여호와께 노래하라. 하프를 켜고 찬송의 소리를 내라.

6 나팔과 양의 뿔로 찬양하라. 왕이신 여호와 앞에 기쁨의 소리를 내라.

7 바다와 그 안에 있는 모든 것들과 세상과 그 안에 사는 모든 것들은 소리를 내라.

8 강들은 손뼉을 치고 산들은 함께 기뻐하라.

9 여호와께서 땅을 심판하러 오신다. 그분은 세상을 정의롭게 심판하시고 사람들을 공정하게 심판하실 것이다. 58:11;96:13

시

99

거룩하고 공평하신 하나님을 높임 여호와께서 다스리시니 백성들이 떨 것이요, 그분이 그룹들 사이에 앉으셨으니 땅이 흔들릴 것이다.

2 시온에 계신 여호와는 위대하시고 모든 백성들 위에 우뚝 선 분이시다. 사 24:23

3 그들이 주의 크고 두려운 이름을 찬양하게 하라. 그 이름은 거룩하시다. 계 15:4

4 왕의 힘은 공의를 사랑하는 것입니다. 주께서는 공평을 세우셨고 심판과 의를 야곱 안에 이뤄 내셨습니다. 욥 36:5-7

5 여호와 우리 하나님을 높이고 그분의 발판 앞에 경배하라. 그분은 거룩하시다.

6 그분의 제사장들 가운데 모세와 아론이 있었고 그분의 이름을 부르는 사람들 가운데 사무엘이 있었는데 그들이 여호와를 불렀더니 주께서 응답하셨다. 렘 15:1

7 그분은 구름기둥 가운데서 그들에게 말씀하셨고 그들은 주의 말씀과 그들에게

시편 속의 하나님은?

창조주	하늘 · 달 · 별(8:3), 땅(104:5), 짐승을 만드신 분(104:20)
지혜와 지식	모든 것을 지혜로 지으심(104:24) 지혜의 근본이시며(111:10) 내가 하는 모든 일들을 낱낱이 아시는 분(139:2-4)
전능	세상의 통치자들을 비웃으시고(2:4) 큰 소리를 내시며(29:8), 주의 적들을 복종시키시는 분(66:3)
거룩	거룩하신 분(47:8; 99:3, 5, 9; 111:9)
영원	영원부터 영원까지 계시는 분(90:2; 93:2; 102:27)
선하심	선하신 분(25:8; 100:5)
사랑과 진리	자비롭고 진리가 되시며(25:10; 136편) 불쌍히 여겨 용서하시며 돌봐 주시는 분(103:3)
신실	주를 찾는 사람들에게 응답하시며(9:10) 늘 가까이에서 지켜 주시는 분(121:3)
피조물을 살피심	사람(33:15)과 식물 등을 보살피시는 분(104:14)
의와 진리	의로우시며(19:9) 진실하신 분(31:5; 119:151)
공의	공정한 재판장이시고(7:11) 의와 공의를 사랑하시며(33:5), 억압받는 사람들을 위해 판정을 내리는 분(146:7)

주신 율례를 지켰다. 105:28;슬 33:9;민 12:5

8 오 여호와 우리 하나님이여, 주께서 그들에게 응답하셨습니다. 그들이 행한 대로 갚아 주기도 하셨지만 주께서는 그들을 용서하시는 하나님이기도 하셨습니다.

9 여호와 우리 하나님을 높이고 그 거룩한 산에서 경배하라. 여호와 우리 하나님은 거룩하시도다. 26

감사드리는 시

100

신실하신 하나님의 자녀 됨의 기쁨 온 땅이여, 여호와께 기뻐 외치라.

2 기쁨으로 여호와를 섬기고 노래하며 그분 앞으로 나아가라. 2:11;95:2

3 여호와가 하나님이신 줄 알라. 그분이 우리를 만드셨으니 우리는 그분의 백성이고 그 목장의 양들이다. 왕상 18:39;슬 10:3,8

4 감사하면서 그 문으로 들어가고 찬양하면서 그 뜰로 들어가라. 그분께 감사하고 그 이름을 찬양하라. 66:13;96:2,8

5 여호와는 선하시니 그 인자하심이 영원하고 주의 진리가 온 세대에 걸쳐 지속될 것이다. 25:8;36:5;106:1;119:68;대하 5:13;슥 3:11

다윗의 시

101

의로운 생활에 대한 헌신의 표현 내가 주의 사랑과 공의를 노래하겠습니다. 오 여호와여, 내가 주를 찬양하겠습니다. 슬 34:7

2 내가 온전한 삶을 살기 위해 노력하겠습니다. 그런데 주께서는 언제 내게 오시겠습니까? 내가 내 집에서 완전한 마음으로 행동할 것이고 삼 20:24;마 5:48;요 14:23

3 내 눈앞에 악한 것을 두지 않겠습니다. 내가 빗나간 사람들의 행위를 싫어하니 그들이 내게 붙어 있지 않을 것입니다.

4 심술궂은 마음이 내게서 떠날 것입니다. 내가 악한 사람을 알지 못하게 될 것입니다.

5 누구든 그 이웃을 몰래 헐뜯는 사람은 내

가 끊어 버릴 것입니다. 누구든지 눈이 높고 마음이 교만한 사람은 내가 참지 않을 것입니다. 8절;15:3;18:27;131:1;잠 6:17;16:5

6 내 눈이 이 땅의 신실한 사람들 위에 있을 것이니 그들이 나와 함께 있을 것입니다. 온전한 길로 다니는 사람은 나를 섬길 것입니다.

7 속이기를 일삼는 사람은 내 집에 있지 못하고 거짓말하는 사람은 내 앞에 서지 못할 것입니다. 52:2;102:28

8 이 땅의 모든 악인들을 내가 아침마다 멸망시키고 악을 행하는 모든 사람들을 여호와의 성에서 끊어버리겠습니다.

연약한 사람이 낙심해 여호와 앞에서 하소연하는 기도

102

곤고한 자의 심정으로 나라를 위해 간구함 오 여호와여, 내 기도를 들으소서. 내 울부짖는 소리가 주께 미치게 하소서. 출 2:23;삼상 9:16

2 내가 괴로워할 때 주의 얼굴을 내게서 숨기지 마시고 주의 귀를 내게 기울이소서. 내가 부르면 바로 응답하소서. 18:6;27:9

3 내 하루하루가 연기처럼 사라지고 내 뼈들이 난로처럼 타오릅니다. 애 1:13;약 4:14

4 내 마음이 풀처럼 짓밟히고 말라 버려 먹는 것조차 잊었습니다. 약 1:10~11

5 내가 큰 소리로 탄식하니 피골이 상접했습니다. 욥 19:20

6 내가 광야의 펠리컨 같고 사막의 올빼미 같습니다. 욥 30:29;사 34:11;습 2:14

7 내가 누워도 잠을 못 이루니 지붕 위에 혼자 있는 한 마리 새 같습니다. 77:4

8 내 적들이 하루 종일 나를 조롱하고 있습니다. 미치도록 나를 싫어하는 사람들이 맹세코 나를 반대하겠다고 합니다.

9 내가 재를 빵처럼 먹고 눈물을 물처럼 마십니다. 42:3

10 이것은 주의 크나큰 진노 때문입니다. 주께서 나를 들어 내던지셨습니다. 겔 3:12,14

11 내 하루하루가 길게 기울어지는 그림자 같으니 내가 풀처럼 시들어 갑니다.

12 오 여호와여, 그러나 주께서는 왕좌에 영

피골이 상접(102:5) '살가죽과 뼈가 붙었다'는 뜻으로, 살이 빠져서 매우 야윈 상태를 말함. **빈곤(102:17, 貧困, destitution)** 가난하여 살기가 어려움.

원히 계실 것입니다. 주의 명성이 온 세대에 걸쳐 전해질 것입니다. 26절;9:7;슥 3:15

13 주께서 일어나 시온을 불쌍히 여기실 것입니다. 이제 시온에게 은총을 베푸실 때가, 그 정해진 때가 왔습니다. 사 40:2;60:10

14 주의 종들이 시온의 돌을 보고 즐거워하며 그 먼지들까지 좋아할 것입니다.

15 이방 민족들이 여호와의 이름을 두려워하고 이 땅의 모든 왕들이 주의 영광을 경외할 것입니다. 138:4;왕상 8:43;사 59:19;60:3

16 여호와께서 시온을 다시 세우시고 영광스럽게 나타나실 것입니다. 147:2;사 60:1-2

17 그분은 빈곤한 사람들의 기도를 고려하시고 그들의 간청을 무시하지 않으실 것입니다. 느 1:6,11

18 이제 올 세대를 위해 기록할 것이 있습니다. 그러면 아직 태어나지 않은 백성들이 여호와를 찬양할 것입니다. 롬 15:4;고전 10:11

19 "그분이 높은 성소에서 내려다보시고 하늘에서 땅을 지켜보셨다. 11:4

20 갇힌 사람들의 신음 소리를 들으시고 죽을 지경에 놓인 사람들을 풀어 주시려는 것이다." 79:11

21 이로써 여호와의 이름이 시온에 선포되고 그분에 대한 찬양이 예루살렘에 울려 퍼질 것입니다. 22:22

22 그때 민족들과 나라들이 모여 여호와를 섬기게 될 것입니다. 22:27;사 45:14

23 그분은 내가 아직 한창때인데도 내 힘을 *꺾으셨고 내 삶을 단축시키셨습니다.*

24 그래서 내가 말했습니다. "오 내 하나님이여, 내가 아직 한창때니 나를 데려가지 마소서. 주의 날은 모든 세대까지 계속되지 않습니까? 90:2;욥 36:26;사 38:10;합 1:12

25 태초에 주께서 땅의 기초를 놓으셨고 하늘도 주의 손으로 지으신 작품입니다.

26 그것들은 다 없어지겠지만 주는 계실 것입니다. 그것들은 다 옷처럼 낡아 해질 것입니다. 주께서 옷을 갈아입듯 바꾸신다면 그것들은 없어지겠지만 마 24:35;히 1:11-12

27 주께서는 여전히 한결같으시고 주의 날들은 끝이 없을 것입니다. 히 13:8;약 1:17

28 주의 종의 자녀들이 계속 이어질 것이고 그들의 후손이 주 앞에 설 것입니다."

다윗의 시

103

궁휼이 많으신 하나님을 찬양함 오 내 영혼아, 여호와를 찬양하라. 내 속에 있는 모든 것들아, 그 거룩하신 이름을 찬양하라. 22절

2 내 영혼아, 여호와를 찬양하고 그분께서 베풀어 주신 모든 은혜를 잊지 마라.

3 그분은 네 모든 범죄를 용서하시고 네 모든 질병을 고치시며 8:17;마 9:2;막 2:5;눅 7:47

4 네 생명을 멸망에서 구속하시고 사랑과 자비로 네게 관을 씌우시며 5:12;56:13

5 좋은 것으로 네 입을 채워 네 청춘을 독수리같이 새롭게 하신다. 107:9;사 40:31

6 여호와께서는 억압당하는 모든 사람들을 위해 의와 심판을 행하신다. 146:7

7 하나님께서는 모세에게 그가 갈 길을 알

어떻게 하나님을 찬양할까요?

우리 삶의 가장 중요한 목적은 하나님을 찬양하고 기쁘시게 하는 것입니다.

우리를 만드시고 구원해 주신 하나님의 거룩, 지혜, 능력, 선하심, 자비, 성실, 진실하심 등을 깊이 묵상해 보세요. 다음은 성경에서 하나님께 찬양드리는 다양한 방법들이에요.

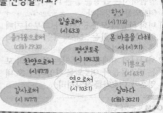

입술로써 (시 71:6)

향상 (시 71:6)

즐거움으로써 (대하 29:30)

온 마음을 다해서 (시 9:1)

평생토록 (시 104:33)

찬양으로써 (시 147:1)

기쁨으로 (시 63:5)

영으로써 (시 103:1)

감사로써 (시 147:7)

날마다 (대하 30:21)

려 주셨고 이스라엘 백성들에게 그분이 행하신 일들을 보여 주셨다. _출 33:13;34:10_

8 여호와께서는 자비로우시고 은혜로우시며 화를 더디 내시고 사랑이 넘쳐나는 분이시다. _86:15_

9 항상 꾸짖지는 않으시고 끝까지 진노를 품지도 않으시리라. _30:5;사 57:16;렘 3:5,12;미 7:18_

10 하나님께서는 우리를 죄인으로 대하지 않으셨고 우리 죄악에 따라 갚지 않으셨다.

11 하늘이 땅 위에 높이 있는 것처럼 하나님을 경외하는 사람들에 대한 그분의 사랑도 크다. _13:17;살전 3:5;117:2;눅 1:50_

12 동쪽이 서쪽에서 먼 것처럼 하나님께서는 우리 죄악을 우리에게서 멀리 옮기겠다.

13 아버지가 자식을 불쌍히 여기듯 여호와께서도 주를 경외하는 사람들을 불쌍히 여기신다. _말 3:17_

14 우리의 체질을 아시고 우리가 흙임을 기억하시기 때문이다. _78:39;창 3:19;전 12:7_

15 인생으로 말하자면 우리의 나날은 풀과 같고 들꽃처럼 번성하지만 _90:5;웹 14:2_

16 바람이 불면 어디론가 사라지고 그 자리는 언제 그랬냐는 듯 흔적조차 없다.

17 그러나 여호와의 사랑은 영원에서 영원까지 여호와를 경외하는 사람에게 있고 그 의는 자녀의 자녀들, _25:6;출 20:5~6_

18 곧 그 언약을 지키고 계명을 기억하고 순종하는 사람들에게 이를 것이다. _19:8;신 7:9_

19 여호와께서 하늘에 옥좌를 마련하셨으니 그분의 나라가 모든 것을 다스린다.

20 힘이 넘쳐 하나님의 명령대로 수행하고 그 말씀하시는 음성을 듣는 너희 천사들아, 여호와를 찬양하라. _78:25;148:2;마 6:10;눅 2:13_

21 너희 하늘의 모든 군대들아, 그분이 기뻐하시는 일을 하는 그분의 종들아, 여호와를 찬양하라. _창 32:2;수 5:14;왕상 22:19;단 7:10;히 1:14_

22 하나님의 지배권 아래 있는 하나님의 모든 피조물들아, 여호와를 찬양하라. 오 내 영혼아, 여호와를 찬양하라. _1~2절;145:10_

104 창조의 하나님을 찬양함 오 내 영혼아, 여호와를 찬양하라. 오 여호와 내 하나님이여, 주께서는 정말 위대하십니다. 주께서는 영예와 위엄으로 옷 입으셨습니다.

2 주께서는 빛을 옷 입듯 두르시고 하늘을 휘장처럼 펼치시며 _욥 9:8;사 40:22_

3 물 위에 들보를 얹으시고 구름으로 마차를 삼으시며 바람 날개 위를 거니십니다.

4 바람을 주의 천사들로 삼으시고 불꽃을 주의 종들로 삼으십니다. _왕하 1:10;2:11_

5 하나님께서 땅의 기초를 세우셨으니 이 땅이 결코 흔들리지 않습니다. _욥 38:4_

6 주께서 땅을 옷으로 덮듯 깊은 물로 덮으셨으니 물이 산들 위에 섰습니다. _창 7:19_

7 그러나 주께서 꾸짖으시니 물들이 도망쳤습니다. 주의 천둥 같은 소리에 물들이 정신없이 도망쳤습니다. _창 9:8;1,5;마 8:26_

8 물들은 산들 위에 넘쳐흐르고 골짜기로 내려가서 주께서 정해 주신 곳까지 갔습니다.

9 주께서 물의 경계를 지어 더는 넘치지 못하게 하셨으니 다시는 물이 땅을 덮지 못할 것입니다. _창 9:11~16;욥 26:10;38:8,10~11_

10 하나님께서 골짜기에서 샘물이 나게 하십니다. 그 물이 산 사이로 흐르게 하시니

11 모든 들짐승이 마시고 들나귀가 타는 듯한 갈증을 풉니다. _13절_

12 나뭇가지 사이에서 노래 부르는 공중의 새들도 물가에 깃들고 있습니다.

13 주께서 그 높은 방에서 산들을 축축하게 적셔 주십니다. 이 땅이 주께서 일하신 결과로 흡족합니다. _신 11:11;욥 5:10;암 10:13;14:22_

14 주께서 *소를 먹일 풀과 사람이 먹을 채소를 길러 이 땅에서 양식이 나게 하시니

15 그것은 사람의 마음을 기쁘게 하는 포도주, 그 얼굴을 빛나게 하는 기름, 그 마음에 힘을 주는 빵입니다. _창 18:5;삿 9:9,13;잠 31:6~7_

16 여호와의 나무들은, 그분이 심으신 레바논의 백향목들은 진액이 가득해 _민 24:6_

17 새들이 거기에 깃들고 학들이 소나무에 둥지를 틉니다.

18 높은 산들은 산양들이 피할 곳이고 바위는 오소리들의 은신처입니다. 레 11:5:슴 39:1

19 여호와께서 달을 두어 계절을 나타내셨고 해에게는 그 지는 때를 알게 하셨습니다.

20 주께서 어둠을 만드시면 바로 밤이 되고 숲의 모든 짐승들이 기어 나옵니다.

21 젊은 사자들이 먹이를 찾아 으르렁거리며 하나님께 주시는 먹이를 구하고 욥 1:20

22 해가 뜨면 저희들끼리 몰려 들어가 자기 굴속에 눕습니다. 욥 37:8

23 사람은 일하러 나와 저녁때까지 수고합니다.

24 오 여호와여, 주께서 하시는 일이 얼마나 다양하지요! 주께서 그 모든 것을 지혜로 지으셨으니 이 땅이 주의 부요함으로 가득합니다. 잠 3:19

25 바다도 저토록 거대하고 넓으며 그 안에는 기어 다니는 것들이 큰 것, 작은 것 할 것 없이 수없이 많습니다. 69:34

26 거기서 배들이 왔다 갔다 하고 주께서 손수 지으신 리워야단이 그 안에서 놀고 있습니다. 욥 40:20:41:1

27 이 모든 것들이 주를 보며 때에 맞춰 양식 주시기를 기다립니다. 104:14:145:15:욥 36:31

28 주께서 양식을 주시면 그들이 모이고 주께서 손을 펴시면 아주 만족하다가 145:16

29 주께서 얼굴을 숨기시면 불안해하고 그들의 숨을 거두시면 죽어서 흙으로 되돌아갑니다. 30:7:신 31:17:욥 10:9:23:15:34:14

30 주께서 주의 영을 보내시면 그들이 새롭게 창조돼 지면을 새롭게 합니다. 계 21:5

31 여호와의 영광은 영원히 계속될 것입니다. 여호와께서는 그분이 하신 일을 기뻐하실 것입니다. 72:17:창 1:31:잠 8:31

32 하나님께서 땅을 쳐다보시면 땅이 벌벌 떨고 산을 만지시면 산들이 연기를 내뿜습니다. 144:5:슴 19:18:암 9:5:합 3:10

33 내가 사는 한 여호와를 찬양할 것입니다. 내가 존재하는 동안 내 하나님을 찬양하겠습니다. 63:4

34 그분을 잠잠히 생각하는 것이 너무나 달콤하니 나는 여호와 안에서 기뻐합니다.

35 그러나 죄인들은 땅에서 사라지게 하시고 악인들은 더 이상 존재하지 않게 하소서. 오 내 영혼아, 여호와를 찬양하라. 여호와를 찬양하라. 1절:37:38:105:45:106:48

시편 105편에 나타난 하나님의 이름을 높이는 법

음악을 통해	시편을 쓴 사람은 하나님이 행하신 일에 대해 노래하라고 말한다(2절). 음악은 의사 전달의 강력한 도구가 되며, 하나님을 찬양하는 음악은 사람들에게 강한 영향력을 줄 수 있기 때문이다.
이야기를 통해	하나님은 우리와 다른 사람의 생애 가운데 행하신 일을 실제적으로, 설득력 있게 전달함으로써 하나님이 행하신 모든 것을 알릴 수 있다(2절).
예배를 통해	창의적인 방법으로 하나님께 영광 돌리고 경배함으로(3절), 우리가 진심으로 하나님을 섬기고 있음을 사람들에게 보여 줄 수 있다.
우리의 성실과 정직함을 통해	우리 믿음의 기준은 궁극적으로 우리 각자의 인격에 달려 있다. 우리는 무엇을 하든 주님을 찾고 능력을 바라보며(4절), 항상 하나님 앞에서 정직히 행해야만 한다. 모든 이들이 우리의 행동을 보기 때문이다.
역사를 통해	역사를 통해 하나님이 행하신 일들(5절) 가운데 가장 놀라운 것은 하나님이 사람이 되어 이 땅에 오셨다는 사실이다. 예수 그리스도로 인해 역사의 AD(기원후)와 BC(기원전)가 갈라졌다. 역사, 곧 history는 His story를 말한다.
성경을 통해	성경은 하나님의 신비로움과 기적, 심판에 대해 말한다. 우리는 일상에서, 사람들을 만날 때마다 성경이 말하는 것들을 알려 주어야 한다(5절). 사람들은 점점 더 성경의 교훈을 무시하게 될 것이다. 그럴수록 우리는 더욱더 하나님을 자랑하며 그분이 행하신 일들을 선포해야 한다.

105

언약에 신실하신 하나님을 찬
양함 여호와께 감사하고 그
분의 이름을 부르라. 그분이 하신 일들을
사람들 가운데 알리라.   대상 16:34: 사 12:4

2 그분께 노래하고 찬송하며 그분이 하신
놀라운 일들을 말하라.   77:12: 119:27

3 그 거룩하신 이름을 자랑하라. 여호와를
찾는 사람들은 마음으로 즐거워하라.

4 여호와를 찾고 그분의 능력을 바라보라.
영원히 그분의 얼굴을 찾으라.   27:8:78:61

5 하나님께서 하신 놀라운 일들과 그 기적들
과 그분이 선포하신 심판들을 기억하라.

6 오 그분의 종 아브라함의 후손아, 오 그 선
택하신 백성 야곱의 자손들아   창 6:6:7:4

7 그분은 우리 하나님 여호와이시니 그 심
판이 온 땅에 있구나.   사 26:9

8 그분은 언약을 영원히 기억하시고 명령하
신 말씀을 천대까지 기억하신다.   눅 1:72

9 이것은 그분이 아브라함과 맺은 언약이요,
이삭에게 하신 맹세이니   창 17:2

10 야곱에게 율법으로 세우신 것이며 이스라
엘에게 영원한 언약으로 세우신 것이다.

11 "너희가 받을 유산으로 내가 너희에게 가
나안 땅을 주리라"고 하신 것이다.   78:55

12 그들이 고작 몇 사람밖에 안 돼 그 땅에서
나그네로 지낼 때   창 34:30: 신 7:7: 26:5: 히 11:9

13 이 땅에서 저 땅으로, 이 나라에서 저 나
라로 옮겨 다닐 때

14 하나님께서는 아무도 그들을 해치지 못하
게 하셨고 오히려 그들을 위해 왕들을 꾸
짖으셨다.   창 12:17: 20:3: 35:5

15 "내가 기름 부은 이들에게 손대지 말며 내
예언자들을 해치지 말라"고 하셨다.

16 그 땅에 굶주림을 내리시고 그들 식량의
공급원을 모두 끊으셨다.   겔 4:16: 암 1:11

17 그러나 그들 앞에 한 사람을 보내셨으니
노예로 팔렸던 요셉이다.   창 37:28, 36: 행 7:9

18 그들은 그의 발을 차꼬로 상하게 했고 목
에는 쇠사슬을 채웠지만   창 39:20

19 여호와의 말씀이 이루어질 때까지 말씀이
그를 연단했다.   119:50: 창 40:20~21: 41:25, 53~54: 상 7:4

20 왕이 사람을 보내 요셉을 풀어 주었으니 백
성의 통치자가 그를 자유롭게 한 것이다.

21 왕이 요셉에게 왕의 집을 관리하고 모든
재산을 관할하게 했으며   창 41:40

22 관료들을 마음대로 교육하고 원로들에게
지혜를 가르치게 했다.

23 그때 이스라엘도 역시 이집트로 들어가게
됐다. 야곱이 함의 땅에서 나그네로 살게
된 것이다.   78:51: 106:22: 창 46:6: 행 7:15: 13:17

24 여호와께서는 그분의 백성들이 점점 불어
나 그들의 적들보다 더 강해지게 하셨고

25 적들의 마음을 바꿔 주의 백성들을 미워
하게 하셨으며 그분의 종들에게 음모를
꾸미게 하셨다.   출 1:8~14: 9:12: 명 7:19: 삼 11:8

26 또 그분의 종 모세와 직접 선택하신 아론
을 보내셨다.   출 3:10: 4:12: 민 16:5: 17:5

27 그들은 이집트 사람들 가운데서 하나님의
표적을 보였고 함의 땅에서 하나님의 기적
들을 행했다.   27~36절: 78:43~51

28 하나님께서 어둠을 보내 그 땅을 어둡게 하
시니 사람들이 그 말씀을 거부하지 못했다.

29 하나님께서는 물을 피로 바꿔 물고기들
을 죽이셨고   출 7:21

30 그 땅에 개구리들을 가득 채워 왕의 침실
에까지 들어가게 하셨다.   출 8:3

31 하나님께서 말씀하시니 파리 떼가 날아왔
었고 온 나라에 이가 득실거렸다.   출 8:16

32 하나님께서는 또 우박을 비처럼 쏟아붓고
온 땅에 번개가 치게 하셨으며   출 9:23

33 포도나무들과 무화과나무들을 치고 그
땅에 있는 나무들을 산산조각 내셨다.

34 그분이 말씀하시니 이런저런 메뚜기 떼가
수도 없이 몰려들어   출 10:12~15

35 그 땅의 채소란 채소는 다 먹어 치웠고 그
밭에서 난 열매들도 삼켜 버렸다.   78:51

36 그리고 나서 그분은 그 땅의 모든 처음 난
것들, 곧 모든 기력의 시작인 장자를 치셨다.

37 그러고는 이스라엘을 데리고 나오시되 은
과 금을 가지고 나오게 하셨으니 그들 지파

기력 (105:36, 氣力) 활동할 수 있는 정신과 육체의 힘.

가운데 약한 사람이라고는 하나도 없었다.

38 이집트 사람들은 두려움에 떨고 있었기 때문에 그들이 떠나자 기뻐했다. 출 12:33

39 하나님께서는 구름을 이불처럼 펴시고 밤에는 불을 비춰 주셨다. 출 13:21;출 36:29;사 4:5

40 백성들이 구하면 하나님께서는 메추라기를 불러 주셨고 하늘의 빵으로 배부르게 하셨다. 78:18,24~25,27;출 16:13;요 6:31

41 그분이 바위를 여시니 물이 펑펑 솟아 나와 강물처럼 마른 땅을 적셨다. 63:1;78:15

42 그분의 거룩한 약속과 그분의 종 아브라함을 기억하신 것이다. 6,8~9장;창 15:14;출 2:24

43 그분은 기뻐하며 백성들을 이끌어 내셨다. 즐거워하며 선택하신 사람들을 이끌어 내신 것이다. 출 15:1~21;사 35:10

44 그러고는 그들에게 이방 민족들의 땅을 주셨다. 그리하여 그들은 이방 민족들이 일구어 놓은 것을 상속하게 됐다. 수 24:13

45 그들이 하나님의 율례를 지키고 그 율법에 순종하게 하시려는 것이었다. 여호와를 찬양하라. 78:7;104:35;신 4:1,40

106

이스라엘의 회개와 포로 귀환을 위한 기도 여호와를 찬양하십시오, 여호와께 감사를 드리십시오. 그분은 선하시고 그 인자하심은 영원합니다.

2 누가 과연 여호와의 놀라운 행적을 입에 담을 수 있으며 누가 그분의 모든 공적을 나타낼 수 있겠습니까?

3 심판을 염두에 두고 항상 의를 행하는 사람들은 복이 있습니다. 15:2

4 오 여호와여, 주께서 주의 백성에게 은혜를 베푸실 때 나를 기억하소서. 주의 구원을 가지고 나를 도우러 오소서. 119:132

5 주께서 택하신 이들이 잘되는 것을 내게 보게 해 주의 나라의 기쁨을 나누게 하시고 주의 유산을 자랑하게 하소서. 105:5,43

6 우리가 조상들처럼 죄를 지었습니다. 우리가 잘못을 저질렀고 악한 짓을 했습니다.

7 우리 조상들은 이집트에 있을 때 주의 기적을 전혀 이해하지 못했고 그 많은 주의 자비를 기억하지 못했으며 오히려 바다, 곧 홍해에서 진노를 자아냈습니다.

8 그러나 하나님께서는 그분의 이름을 위해 그들을 구원해 위대한 능력을 알리셨습니다. 9:16;겔 20:9,14

9 하나님께서 홍해를 꾸짖으시니 홍해가 말라 버렸고 그리하여 광야를 지나듯 깊은 물을 가로질러 그들을 이끌어 내셨습니다.

10 이렇게 그들을 미워하는 사람들의 손에서 구원하시고 적들의 손에서 건져 내신 것입니다. 107:2;출 14:30

11 그리고 그 적들은 물이 덮어 버려 한 사람도 살아남지 못했습니다. 출 14:28;15:5

12 그때야 그들은 주의 말씀을 믿고 주를 찬양했습니다. 출 14:31;15:1~21

13 그러나 그들은 곧 하나님이 하신 일을 잊어버리고는 주의 가르침을 기다리지 않고

14 오히려 광야에서 심하게 욕심을 부렸으며 사막에서 하나님을 시험했습니다. 78:18

15 하나님께서는 그들이 요구하는 것을 들어주셨지만 영혼이 쇠약해지는 병도 보내셨습니다. 78:29;사 10:16

16 그들이 진영에서 모세와, 여호와께 거룩하게 구별된 아론을 질투하자 숙 14:5;유 1:14

17 땅이 입을 벌려 다단을 삼키고 아비람 일
당을 묻어 버렸습니다.
민 16:31-32;신 11:6

18 그 일당에게 붙은 불꽃이 그 악인들을 다
태웠습니다.
민 16:35

19 그들은 호렙에서 송아지를 만들고 우상을
숭배했습니다.
출 32:4;신 9:8;행 7:41

20 이렇게 그들은 자기들의 영광을 풀 먹는
황소의 모습과 바꾸었습니다.
렘 2:11;롬 1:23

21 이집트에서 위대한 일을 하신 구원자 하나
님을 잊어버렸고
7,13절;78:11,43;신 10:21;32:18

22 함의 땅에서 일어났던 기적들과 홍해에서
일어난 놀라운 일들도 다 잊어버렸습니다.

23 급기야는 그들을 다 멸망시키겠
다고 말씀하셨고 그러자 그분이 선택하
신 모세가 그분 앞에 서서 어떻게든 하나
님의 진노를 되돌려 그들을 멸망시키지지
않게 했습니다.
105:6;출 32:10;신 9:14;겔 20:8;22:30

24 그때 그들은 그 좋은 땅을 무시하고 하나
님의 말씀을 믿지 않았으며
민 14:31;히 1:32

25 자기 장막 안에서 불평하며 여호와의 음
성을 듣지 않았습니다.
민 14:2;신 1:27

26 그리하여 하나님께서는 손을 들고 그들을
광야에서 내치려고 하셨습니다.
출 6:8

27 그 자손들을 민족들 가운데 내치고 그 땅
에서 흩어 버리겠다고 하셨습니다.
44:11

28 그들은 스스로 바알브올에게 붙어 죽은
것들에게 바친 제물을 먹고
민 25:3

29 이러한 짓으로 여호와의 진노를 샀습니다.
그리하여 그들 가운데 전염병이 돌았습니다.

30 그때 비느하스가 일어나 중재해 가까스로
전염병이 그치게 됐습니다.
민 25:7-8

31 이것 때문에 그는 의롭다고 여겨졌고 이 사
실은 모든 세대에 걸쳐 지속되고 있습니다.

32 또한 그들은 므리바 물가에서 그분의 진노
를 샀고 그로 인해 모세가 괴로움을 당하
게 됐습니다.
민 20:2-13;신 1:37

33 그들이 모세의 마음을 상하게 했기에 모세
가 그 입술로 경솔하게 말했던 것입니다.

34 그들은 여호와께서 명령하신 대로 이방 민
족들을 멸망시키지 않았고
신 7:2,16

35 오히려 그 민족들과 섞여 그들의 관습을

배우고
삿 3:5-6;스 9:2

36 그들의 우상들을 경배했으니 그것이 그들
에게 덫이 되고 말았습니다.
출 23:33

37 심지어는 자기 아들딸들을 귀신들에게 제
물로 바쳤고
신 32:17;왕하 16:3;고전 10:20

38 죄 없는 피, 곧 가나안의 우상들에게 자기
아들들과 딸들을 바쳐 피를 흘리니 그 땅
이 온통 피로 얼룩지고 말았습니다.
사 24:5

39 이렇게 그들은 스스로를 더럽혔고 자기들
이 만든 것들로 음행했습니다.
겔 20:18

40 그러므로 여호와의 진노가 그 백성들을
향해 불이 붙어 선택하신 백성을 미워하
시기까지 하신 것입니다.
삿 2:9;78:5,9;62;사 2:14

41 그분은 그들을 이방 민족들의 손에 내어
주셔서 그들을 미워하는 사람들의 지배
를 받게 하셨습니다.
느 9:27

42 적들이 그들을 억압해 결국 그 손 아래에
굴복시켰습니다.
삿 4:3;10:12

43 하나님께서 여러 번에 걸쳐 그들을 건져
내셨으나 그들은 자기들의 생각대로 행동
해 그분의 진노를 샀고 결국 자기들의 죄
악 때문에 낮아지게 됐습니다.
삿 2:16

44 그러나 하나님께서는 그들의 부르짖음을
들으시고 그 고통을 돌아보셨고
삿 3:9;4:3

45 그들을 위해 그분의 언약을 기억하시고
엄청난 인자하심에 따라 마음을 돌이켜

46 그들을 사로잡아 간 모든 사람들이 그들
을 불쌍히 여기게 하셨습니다.
렘 42:12

47 오 여호와 우리 하나님이여, 우리를 구원
하시고 이방 민족들 가운데서 우리를 모
으시어 주의 거룩한 이름에 감사를 드리
고 주를 찬양하는 것을 자랑하게 하소서.

48 이스라엘의 하나님 여호와를 영원에서 영
원까지 찬양하라. 모든 백성들은 "아멘!"
하라. 여호와를 찬양하라.
41:13;104:35

제5권

107

심판받은 후 회복시키신 하나님을
찬양함 여호와께 감사하라. 그
분은 선하시고 그 인자하심이 영원하시다.

2 여호와께서 구원하신 사람들은 이처럼 말
해야 한다. 하나님께서 적들의 손에서 구

원해 106:10;사 62:12;63:4

3 그들을 땅에서, 동서남북에서 모으셨다.

4 그들이 정착할 성을 찾지 못하고 광야 황무지에서 방황하다가

5 굶주리고 목이 말라 영혼의 기력을 잃은 일이 있었다. 77:3

6 그 고통 가운데 그들이 여호와께 부르짖었더니 그분이 그들을 고통에서 건져 주시고

7 바른길로 인도하시어 정착할 성으로 들어가게 해 주셨다. 스 8:21

8 여호와의 선하심과 사람의 자손들에게 하신 그 놀라운 일들로 인해 사람들은 주를 찬양하라. 15,21,31절

9 그분이 목마른 영혼들에게 넉넉하게 물을 주시고 굶주린 영혼들에게 좋은 것으로 채워 주셨다. 34:10;146:7;눅 1:53

10 그들이 어둠 속에, 죽음의 그림자 가운데 앉아 쇠사슬에 묶인 채 고난에 빠진 일도 있었다. 14절;욥 10:21;36:8;사 42:7;49:9;미 7:8;눅 1:79

11 하나님의 말씀을 거역하고 지극히 높으신 분의 가르침을 무시했기 때문이다. 눅 7:30

12 그래서 그분이 그들의 마음에 어려움을 주어 낮추셨던 것이다. 그들이 넘어져도 돕는 사람 하나 없었다. 22:11

13 그때 그들이 그 고통 가운데서 여호와께 부르짖었더니 그분이 그들을 구원해 주셨다.

14 그분이 그들을 어둠에서, 죽음의 그림자 속에서 끌어내시고 그들을 묶고 있던 것을 끊으셨다. 10절;2:3;렘 5:5

15 여호와의 변함없는 사랑과 사람의 자손들에게 하신 그 놀라운 일들을 생각하며 여호와께 감사하라. 8,21,31절

16 이는 주께서 청동으로 된 문을 허무셨고 철 빗장을 잘라 버리셨기 때문이다. 사 45:2

17 어리석은 사람들이 반항하고 죄악을 저질렀기 때문에 곤란을 겪게 된 일도 있었다.

18 그들의 영혼이 모든 음식을 거부하고 죽음의 문턱까지 이르렀을 그때, 욥 33:20

시편의 일곱 가지 갈래 (장르)

시편은 여러 가지 유형의 시들이 모여 있는데, 일반적으로 찬양시, 탄식시, 감사시, 신뢰의 시,
회상의 시, 지혜시, 제왕시의 일곱 가지 갈래(장르)로 나눈다.
어떤 시들은 여러 형태를 같이 가지고 있는 것도 있다.

찬양시	시편에서 가장 두드러진 갈래이다. 찬양시는 대부분 경배하라는 요청으로 시작해 뒤이어 찬양해야 하는 이유를 말하고, 다시 찬양하라는 요청으로 끝을 맺는다(시 19; 92; 100; 103; 113편).
탄식시	상실과 버려짐, 몹시 슬퍼함과 아픔, 고난을 노래한 것으로 그 특징은 마지막에 가서 찬양으로 바뀐다는 것이다(시 22; 28; 42; 57; 102편).
감사시	하나님께 구한 기도가 응답된 것에 대한 반응으로, 그 시작은 찬양시와 비슷한 방식으로 시작된다. 그러나 곧이어 응답된 내용을 소개하고 있다는 점에서 쉽게 구별된다. 그런 점에서 감사시는 하나님의 선하심과 권능에 대한 증거이다(시 18; 30; 32편).
믿음의 시	하나님께 대한 믿음이 분명하게 드러난 시들로, 하나님을 안전한 피난처로 묘사하고 있는 것이 특징이다(시 11; 16; 23; 27; 62; 91; 121; 125; 131편).
회상의 시	하나님이 과거에 이루신 구속 행위들에 초점을 맞추고 있는 시들로, 이러한 시들에서는 하나님의 일련의 행위들이 열거된다(시 78; 105; 106; 135; 136편).
지혜시	서로 다른 결과를 낳는 삶의 방식들(지혜로운 자와 미련한 자, 의인과 악인)이 강조된 시들로, 하나님 공동체의 바른 행실에 초점을 둔다(시 1; 45; 73; 119편).
제왕시	하나님을 왕으로 찬양하는 시들과 이스라엘의 통치자를 왕으로 찬양하는 두 가지 형태를 모두 포함한다(시 21; 45; 47; 98편).

19 그 고통 가운데서 여호와께 부르짖었더니
그분이 그들을 구원해 주셨다. 6,13,28절

20 그분이 말씀을 보내 그들을 고쳐 주시고
그들을 파멸에서 구해 주셨다. 마 8:8

21 여호와의 선하심과 사람의 자손들에게 하
신 그 놀라운 일들을 두고 여호와께 감사
하라. 8,15,31절

22 감사제물을 바치고 기쁨의 노래로 그분이
하신 일들을 선포하는 것이 마땅하다.

23 배를 타고 바다에 나가 큰 물에 장사하
는 사람들이 있는데 사 42:10

24 그들은 여호와께서 하신 일을, 깊은 물에
서 그분이 하신 놀라운 일들을 본다.

25 하나님께서 명령해 큰바람을 일으키시면
큰 물결이 일어난다. 105:31,34;148:8;욘 1:4

26 그 물결이 하늘까지 올라갔다가 깊은 곳
에 내려가기도 할 때 그들의 영혼이 걱정
으로 녹아 없어진다. 22:14;119:28

27 그들이 이리저리 구르고 술 취한 것처럼
비틀거리며 어쩔 줄 모른다. 사 19:3:24:20;29:9

28 그때 그들이 그 고통 가운데 여호와께 부
르짖으면 그분께서 그들을 고통 가운데서
끌어내 주실 것이다. 6,13,19절

29 하나님께서 폭풍을 잠잠하게 하시면 바다
물결도 잔잔해진다. 65:7

30 물결이 가라앉으면 그들이 기뻐하고 여호
와께서는 그들을 원하는 항구까지 인도해
주신다.

31 오 사람들아, 여호와의 선하심과 사람의
자손들에게 하신 그 놀라운 일들을 두고
여호와께 감사하라. 8,15,21절

32 집회에서 그분을 높이고 원로들의 공회에
서 그분을 찬양하라. 22:22,25;99:5

33 그분이 강물을 광야로, 샘물을 마른 땅으
로 변하게 하시며 사 42:15;50:2

34 비옥한 땅을 소금밭으로 변하게 하시는 것
은 그곳에 사는 사람들이 악하기 때문이다.

35 그분이 광야를 흐르는 물로, 마른 땅을 샘
물로 바꾸시며 욥 38:26-27;사 35:6-7;41:18;43:19-20

36 거기에 굶주린 사람들을 데려와 살게 하
시며 그들이 살 성읍을 준비하게 하신다.

37 밭에 씨를 뿌리고 포도원을 만들어 많은
수확을 얻게 하신다.

38 또 그들에게 복을 주어 그들의 수가 크게
늘어나게 하시고 그들의 가축 떼가 줄지
않게 하신다. 창 12:2;17:20;출 1:7

39 그러고 다시 억압과 재앙과 슬픔으로 그
들의 수가 줄게 해 그들을 낮추신다.

40 귀족들에게는 모욕을 주시고 길이 아닌
곳에서, 광야 가운데서 방황하게 하신다.

41 그러나 궁핍한 사람들은 그 어려움에서
높이 드시고 그 가족들을 양 떼처럼 늘려
주신다. 113:7-8;삼상 2:8;욥 21:11

42 의인들은 그것을 보고 기뻐할 것이요, 악
인들은 다 그 입을 다물 것이다. 욥 22:19

43 지혜로운 사람들과 이 일을 명심할 사람
들은 여호와의 큰 사랑을 깨달을 것이다.

다윗의 시 노래

108

승리를 간구하는 기도 오 하나
님이여, 내 마음이 정해졌습
니다. 내가 내 마음을 다해 노래하고 찬양
하겠습니다. 1-5절;57:7-11

2 하프와 수금아, 일어나라! 내가 새벽을 깨
우리라.

3 오 여호와여, 내가 백성 가운데서 주를 찬
양하겠습니다. 민족들 가운데서 주를 노
래하겠습니다.

4 주의 인자는 커서 하늘보다 높고 주의 진
리는 구름에까지 이릅니다. 113:4

5 오 하나님이여, 하늘보다 높임을 받으시
고 주의 영광이 온 땅을 덮게 하소서.

6 그리하여 주께서 사랑하시는 사람이
건짐을 받게 하시며 주의 오른손으로 구
원하시고 내게 응답하소서! 6-13절;60:5-12

7 하나님께서 그 거룩함 가운데서 말씀하
셨습니다. "내가 기뻐하리라. 세겜을 나누
고 숙곳 골짜기를 측량하리라.

8 길르앗이 내 것이요, 므낫세가 내 것이며 에
브라임이 내 투구이며 유다가 내 지팡이다.

9 모압이 내 목욕탕이로다. 에돔 위에 내가
내 신을 던질 것이요, 블레셋을 이기리라.

10 누가 나를 튼튼한 성으로 데려가겠는가?

누가 나를 에돔으로 인도하겠는가?

11 오 하나님이여, 우리를 버리신 분이 주가 아니겠습니까? 이제 우리 군대와 함께하지 않으시겠습니까?

12 이 고통 속에서 우리를 도우소서. 사람의 도움은 아무 소용이 없습니다.

13 하나님과 함께라면 우리가 용감해질 수 있습니다. 우리 적들을 짓밟으실 분이 바로 하나님이십니다.

109 다윗의 시 지휘자를 위한 노래

고소하는 자의 징벌을 간구하는 기도　오 내가 찬양하는 하나님이여, 가만히 있지 마소서.

2 악인들과 속임수를 쓰는 사람들이 그 입을 벌려 나를 반대하고 있습니다. 거짓말하는 혀로 나를 대적해 말했습니다.　52:4

3 또 못된 말로 나를 둘러싸고 이유 없이 나를 공격했습니다.　69:4

4 내 사랑에 대해서 그들은 미움으로 보답합니다. 그러나 나는 기도할 뿐입니다.

5 그들이 내 선을 악으로 갚고 사랑을 미움으로 갚으니　35:12

6 주께서 악한 사람을 그 위에 세우시고 고소자가 그 오른쪽에 서게 하소서.

7 그가 재판받으면 유죄 판결이 나게 하시고 그의 기도가 죄가 되게 하소서.　잠 15:8

8 그가 사는 날이 얼마 안 되게 하시고 다른 사람이 그 자리를 차지하게 하소서.　행 1:20

9 그 자녀들이 고아가 되게 하시고 그 아내가 과부가 되게 하소서.　출 22:24

10 그 자녀들이 돌아다니며 구걸하게 하시고 폐허가 된 집을 떠나 양식을 찾게 하소서.

11 빚쟁이에게 그 소유를 다 저당 잡히게 하시고 나그네에게 그 수고한 열매를 다 빼앗기게 하소서.　신 28:43-44

12 그에게 친절을 베푸는 사람이 없게 하시고 고아 된 그 자녀들을 불쌍히 여기는 사람이 없게 하소서.　36:10;욥 5:4

13 그 자손들이 끊어져 그들의 이름이 다음 세대에서 지워지게 하소서.　21:10;잠 10:7

14 그 조상들의 죄악이 여호와 앞에 기억되게

하시고 그 어머니의 죄가 절대로 지워지지 않게 하소서.　출 20:5;느 4:5;렘 18:23

15 그들의 죄가 언제나 여호와 앞에 남아 있어 그가 이 땅에 사는 사람들의 기억에서 끊어지게 하소서.　34:16;90:8

16 그가 친절을 베풀 생각은 하지 않고 가난하고 궁핍한 사람과 마음이 상한 사람을 괴롭혀 마음 상한 사람들을 죽였습니다.

17 그가 저주하기를 좋아했으니 그 저주가 그에게 이르게 하소서. 그가 축복하기를 기뻐하지 않았으니 복이 그에게서 멀리 떠나게 하소서.　잠 14:14;겔 35:6

18 그가 저주하기를 옷 입듯 했으니 저주가 물이 몸을 적시듯 하고 기름이 뼈에 스미듯 하게 하소서.　29절;73:6;민 5:22

19 저주가 외투처럼 그를 두르고 허리띠처럼 그를 영원히 매게 하소서.

20 나를 비난하는 사람들에게, 내 영혼을 두고 악담하는 사람들에게 여호와께서 이렇게 갚아 주소서.　6,29절

21 오 주 여호와여, 주의 이름을 위해 나를 선하게 대하시고 주의 사랑이 선하시니 나

다른 사람이 벌받으라고 기도해도 될까요?

나의 복수를 위해 다른 사람에게 벌을 내리시라고 기도하는 것은 옳지 않아요. 예수님은 원수까지 사랑해야 한다고 가르치셨어요(마 5:43-48).

그런데 왜 다윗은 악인에게 저주가 임할 것이라고 기도했을까요? 다윗은 개인적인 복수를 위해 기도한 것이 아니라, 하나님의 공의를 위해 기도한 것이었어요. 악한 사람들 때문에 착한 사람들이 고통받는 것은 하나님의 공의가 훼손당하는 것이라 생각했어요. 그래서 다윗은 악인의 죄를 벌해 달라고 기도한 것이었고요.

개인적인 감정으로 복수해 달라고 기도하는 것은 옳지 않아요. 원수를 갚는 것은 우리가 아니라 하나님이 하시는 것이고, 하나님이 하실 것입니다(롬 12:19).

를 건지소서.   23:3;63:3;69:16;렘 14:7

22 내가 가난하고 궁핍하며 내 마음이 내 안
에서 상했습니다.   16절

23 내가 날이 저물 때의 그림자처럼 쇠약해
졌습니다. 내가 메뚜기 떼처럼 이리저리
날려 다닙니다.   102:11;ће 10:19;눅 5:13;삼 38:13

24 금식으로 인해 내 무릎이 약해졌고 내 몸
은 살이 빠져 수척해졌습니다.   35:13;겔 16:8

25 내가 그들에게 조롱거리가 됐으니 그들이
나를 쳐다보고는 고개를 흔들어 댔습니다.

26 오 여호와 하나님이여, 나를 도우소서. 주
의 인자하심을 따라 나를 구원하소서.

27 그리하여 이것이 주의 손인 줄을 그들이 알
게 하소서. 오 여호와여, 주께서 그 일을 하
셨습니다.

28 그들은 저주하라고 두시고 오직 주께서는
복을 주소서. 그들이 들고일어나면 수치
를 당하게 하시고 주의 종은 기뻐하게 하
소서.   삼하 16:12;사 65:14

29 내 적들이 부끄러움으로 옷 입게 하시고
겉옷을 두르듯 그들의 수치로 스스로를
덮게 하소서.   6;18,20절;35:26;71:13;월 8:22

30 내 입으로 내가 여호와께 많은 찬송을 드
리고 많은 무리 가운데서 주를 찬양하겠
습니다.   22:25

31 그분은 가난한 사람들의 오른쪽에 서시
어 그 영혼을 정죄하는 사람들에게서 그
를 구원해 주실 것입니다.   6절;16:8

다윗의 시

110

제사장과 왕이 될 메시아 여호와께
서 내 주에게 말씀하셨습니다.
"내가 네 적을 네 발의 발판으로 삼을 때
까지 너는 내 오른쪽에 앉아 있으라."
                                             히 1:3,13;2:8

2 여호와께서 시온에서 주의 힘의 지팡이를
내어시고 주의 <del>적들 가운데서 다스리실</del>
것입니다.   45:6;68:35;72:8;렘 48:17;창 19:14;단 7:13~14

3 주께서 능력을 보이시는 날에 주의 백성들
이 거룩한 아름다움을 차려입고 동트는
곳에서 기꺼이 나아올 것입니다. 주께는
이슬 같은 주의 청년들이 있지 않습니까!

4 여호와께서 맹세하셨으니 마음이 바뀌지

않을 것입니다. "너는 멜기세덱의 계열을 따
르는 영원한 제사장이다" 하신 것입니다.

5 왕의 오른쪽에 계시는 주께서 그 진노의
날에 왕들을 치실 것입니다.   눅 2:34;계 6:17

6 그분이 이방 민족들을 심판하시어 그곳
을 죽은 사람들로 가득 채우고 여러 나라
의 우두머리들을 치실 것입니다.
                                             계 19:17~18

7 그분이 길가의 시냇물을 마시고 고개를
드실 것입니다.   삿 7:5~6

111

여호와를 경외하는 것이 지혜의 근
본이니 여호와를 찬양하라. 내가 정
직한 사람들의 공회와 집회에서 내 온 마
음을 다해 여호와를 찬양하리라.

2 여호와께서 하시는 일이 위대하기에 그 일
을 기뻐하는 사람들이 다 연구하는구나!

3 그분의 행적에 영광과 위엄이 있으며 그
의는 영원히 계속된다.   112:3,9;145:5

4 그 기적들을 기억하게 하셨으니 여호와께
서는 은혜롭고 자비가 넘치는 분이시다.

5 그분은 자기를 경외하는 이들에게 양식을
주시며 그들과의 언약을 영원히 마음에
두신다.   34:9~10;105:8;마 6:31~33

6 그 백성들에게 일하시는 능력을 보여 주시
어 이방 민족들의 유산을 주기까지 하신다.

7 그 손으로 하시는 일들은 참되고 공의롭
고 그 법도는 다 믿을 수 있다.   19:7;93:5

8 그것들이 진리와 정직함으로 된 일이니 영
원토록 굳건히 서 있을 것이다.   마 5:18

9 그분이 백성들에게 구원을 보내 주셨고
언약에 명령을 영원하라고 하셨으니 그
이름이 거룩하고 위대하다.   마 1:21;눅 1:49,68

10 여호와를 경외하는 것이 지혜의 근본이니
그 계명을 따르는 사람들은 다 훌륭한 통
찰력이 있어 영원히 여호와를 찬양할 것
이다.   44:18;잠 1:7;3:4;9:10;13:15;요 7:17

112

의인이 받는 복 여호와를 찬양하
라. 여호와를 경외하고 그 계명
을 크게 기뻐하는 사람은 복이 있으니 1:2

2 그 자손이 그 땅에서 강해질 것이요, 정직
한 사람들의 세대에게 복이 있을 것이다.

3 그 집에 부와 재물이 있고 의로움도 영원

히 계속될 것이다. 111:3;잠 3:16

4 어둠 속에서도 빛이 일어나 정직한 사람들을 비출 것이니 그는 은혜를 베풀 줄 알고 인정 많고 의롭구나. 27:11;욥 11:17;마 1:19

5 선한 사람은 아낌없이 베풀고 기꺼이 빌려 주니 그런 사람은 분별력 있게 일을 처리할 것이다. 37:26

6 그는 영원히 흔들리지 않을 것이며 의인들은 영원히 기억될 것이다. 55:22;잠 10:7

7 그가 나쁜 소식을 두려워하지 않는 것은 여호와를 의지하는 그 마음이 확고하기 때문이다. 111:1;57:7;64:10;잠 1:33

8 마음에 흔들림이 없어 두려워하지 않을 것이니 끝내 그의 적들은 그가 바라던 대로 될 것이다. 54:7

9 그가 가난한 사람들에게 선물을 나눠 주었으니 그의 의가 영원히 지속될 것이고 그 뿔이 영광으로 높이 들릴 것이다.

10 악인들이 그것을 보고 아쉬워할 것이요, 이를 갈며 녹아 없어질 것이니 악인들이 바라는 것은 성취되지 않으리라. 마 8:12

113 하늘의 주님을 찬양함 여호와를 찬양하라. 오 여호와의 종들아, 찬양하라. 여호와의 이름을 찬양하라.

2 지금부터 영원히 여호와의 이름을 찬양하라.

3 해 뜨는 데부터 해 지는 데까지 여호와의 이름이 찬양받으리라.

4 여호와는 모든 민족들보다 높으시고 그 영광은 하늘보다도 높으시다.

5 여호와 우리 하나님 같은 이가 누가 있겠는가? 높은 곳에 계신 분이 35:10

6 하늘과 땅에 있는 것들을 살펴보시려고 스스로를 낮추시지 않았는가? 11:4;138:6

7 그분은 가난한 사람들을 흙구덩이에서 일으키고 궁핍한 사람들을 퇴비 더미에서 들어 올려 107:41;136:23

8 왕자들과 함께 앉히는 분이시다. 바로 그 백성들의 왕자들과 함께 말이다. 욥 36:7

9 또 잉태하지 못하는 여자가 떳떳하게 가정을 지켜 결국 자식을 가진 행복한 어머니가 되게 하신다. 여호와를 찬양하라.

114 하나님의 기이함에 떨며 놀람 이스라엘이 이집트에서 나올 때, 야곱의 집이 이방 언어를 말하는 민족에게서 나올 때 창 42:23;출 12:37

2 유다가 하나님의 성소가 됐고 이스라엘이 그분의 영토가 됐다. 출 15:17;19:6;25:8;신 4:20

3 바다가 그것을 보고 도망쳤고 요단은 물러 갔으며 77:16;수 3:13-16

4 산들은 숫양들처럼 펄쩍펄쩍 뛰었고 언덕들은 어린양들처럼 깡충깡충 뛰었다.

5 오 바다야, 네가 무엇 때문에 도망쳤느냐? 오 요단아, 네가 무엇 때문에 물러갔느냐?

6 너희 산들아, 너희가 무엇 때문에 숫양들처럼 펄쩍펄쩍 뛰었느냐? 너희 언덕들아, 너희가 무엇 때문에 어린양들처럼 깡충깡충 뛰었느냐?

7 오 땅이여, 너는 여호와 앞에서, 야곱의 하나님 앞에서 떨라. 96:9

8 그분은 반석을 흐르는 물이 되게 하셨고 단단

한 바위를 샘물이 되게 하셨다.

115 우상을 버리고 하나님을 의지하라 오
여호와여, 영광이 우리에게 있
지 않습니다. 영광이 우리에게 있지 않고
오직 주의 이름에 있습니다. 영광은 주의
인자와 주의 진리에 있습니다. ^{사 48:11}

2 왜 이방 민족들이 "그들의 하나님이 어디
있느냐?"라고 말하게 하겠습니까?

3 우리 하나님께서는 하늘에 계셔서 무엇이
든 기뻐하시는 일을 하지 않으셨습니까!

4 그러나 그들의 우상은 은과 금이요, 사람
의 손으로 만든 것입니다. ^{4~8절;렘 10:26}

5 그것들은 입이 있어도 말하지 못하며 눈
이 있어도 보지 못하며 ^{사 46:7;합 2:18}

6 귀가 있어도 듣지 못하고 코가 있어도 냄
새 맡지 못하며

7 손이 있어도 잡지 못하고 발이 있어도 걷
지 못하며 그 목구멍으로 소리조차 내지
못한니다.

8 우상을 만드는 사람들은 우상처럼 될 것
이요, 우상을 의지하는 사람들도 그렇게
될 것입니다. ^{사 44:9}

9 오 이스라엘이여, 여호와를 의지하라. 그
분이 너희의 도움이시요, 방패이시다.

10 오 아론의 집아, 여호와를 의지하라. 그분
이 너희의 도움이시요, 방패이시다.

11 너희 여호와를 경외하는 사람들아, 여호
와를 의지하라. 그분이 너희의 도움이시
요, 방패이시다. ^{22:23;103:11,13,17}

12 여호와께서 우리를 마음에 두고 계시니 그
분이 우리에게 복 주시리라. 그분이 이스
라엘의 집에 복을 주시고 아론의 집에 복
을 주시리라.

13 작은 사람이나 큰사람이나 여호와를 경외
하는 *사람들에게 복을 주시리라.* ^{렘 16:6}

14 여호와께서 너희와 너희 자손들 모두를
번성케 하시리라. ^{신 1:11}

15 너희가 하늘과 땅을 지으신 여호와께 복
을 받으리니 ^{롯 2:20;렘 10:11;행 14:15;계 14:7}

16 하늘은, 저 온 하늘은 여호와의 것이나 그
분께서 땅은 사람의 자손들에게 주셨다.

17 죽은 사람이 여호와를 찬양하는 것이 아
니며 침묵으로 내려가는 사람들은 여호와
를 찬양하지 못하지만 ^{6:5;31:17}

18 우리는 여호와를 찬양할 것이니 지금부터
영원히 찬양하리라. 여호와를 찬양하라.

116 포로 생활에서 구원하신 하나님을 찬
양함 내가 여호와를 사랑합니
다. 그분이 내 소리를 들으셨고 내 기도를
들으셨습니다. ^{18:1;66:19}

2 그분이 내게 귀를 기울이셨으니 내가 사
는 한 그분을 부를 것입니다. ^{31:2}

3 죽음의 슬픔이 나를 얽어매고 지옥의 고통
이 내게 미쳐 내가 고통과 슬픔에 잠겨 있던

4 그때 여호와의 이름을 불렀습니다. "오 여호
와여, 주께 간구합니다. 나를 구원하소서!"

5 여호와는 은혜롭고 의로우십니다. 우리 하
나님은 자비가 가득하십니다. ^{렘 12:1;단 9:7}

6 여호와께서는 순박한 사람들을 보호하시는
분이셔서 내가 어려움을 당했을 때 나를
구원해 주셨습니다. ^{19:7;79:8;142:6}

7 오 내 영혼아, 편히 쉬어라. 여호와께서 지
금까지 네게 관대하셨도다. ^{렘 6:16;마 11:29}

8 오 여호와여, 주께서 내 영혼을 죽음에서
건져 주시고 내 눈에서 눈물을 거둬 주시
며 내 발이 넘어지지 않게 하시어 ^{49:15}

9 내가 생명의 땅에서 여호와 앞에 다니게
하셨습니다. ^{27:13}

10 내가 믿었기에 "인생이 왜 이렇게 고달프
냐?"라고 한 것 아닙니까! ^{39:3;고후 4:13}

11 내가 어쩔 줄 몰라 하며 "사람은 다 거짓말
쟁이다"라고 한 적도 있었습니다.

12 여호와께서 내게 베푸신 그 모든 은혜를
내가 어떻게 다 갚겠습니까? ^{대하 32:25}

13 내가 구원의 잔을 들고 주의 이름을 부르며

14 모든 백성들 앞에서 여호와께 내 서원을
지키겠습니다. ^{50:14}

15 성도들의 죽음은 여호와께서 보시기에 귀
합니다. ^{50:5;72:14}

16 오 여호와여, 내가 진정 주의 종입니다. 나
는 주의 종이며 주의 여종의 아들입니다.
주께서 나를 사슬에서 풀어 주셨습니다.

17 내가 주께 감사제물을 드리고 여호와의 이름을 부르겠습니다. 50:14

18 내가 모든 백성들 앞에서 여호와께 내 서원을 지키겠습니다.

19 오 예루살렘아, 네 가운데서, 여호와의 집들에서 내가 갚으리라. 여호와를 찬양하라.

117
하나님의 사랑과 신실하심을 찬양함 너희 모든 민족들아, 여호와를 찬양하라. 너희 모든 백성들아, 여호와를 찬양하라. 롬 15:11

2 우리를 향한 그분의 사랑이 크고 여호와의 진리가 영원히 지속될 것이다. 여호와를 찬양하라. 100:5;103:11;116:5

118
새로운 삶에 대한 찬양 여호와께 감사하라. 그분은 선하시고 그분의 사랑은 영원하시다.

2 이스라엘은 "그분의 사랑은 영원하다"라고 하라. 115:9-11

3 아론의 집은 "그분의 사랑은 영원하다"라고 하라.

4 여호와를 경외하는 사람들은 "그분의 사랑은 영원하다"라고 하라.

5 내가 고통 가운데서 여호와께 부르짖었더니 여호와께서 응답하시어 나를 넓게 펼쳐 진 곳에 세워 주셨습니다. 18:19;116:4

6 여호와께서 내 편이시니 내가 두려워하지 않겠습니다. 사람이 내게 어떻게 하겠습니까? 23:4;56:4,9,11;81:13:6

7 여호와께서 내 편이 돼 나를 도와주시니 나를 미워하는 사람들은 내가 바라던 대로 될 것입니다. 54:4,7

8 여호와를 믿는 것이 사람을 의지하는 것보다 낫고 40:4;62:8;146:3

9 여호와를 믿는 것이 통치자들을 의지하는 것보다 낫습니다.

10 모든 민족들이 나를 둘러쌌지만 나는 여호와의 이름으로 그들을 멸망시킬 것입니다.

11 그들이 나를 사방으로 둘러싸고 분명 그들이 나를 에워쌌으나 나는 여호와의 이름으로 그들을 멸망시킬 것입니다.

12 그들은 벌 떼처럼 내게 몰려들었지만 불붙은 가시덤불이 금세 꺼지듯 죽어 버렸습니다. 여호와의 이름으로 내가 그들을 멸망시킬 것입니다. 58:9

13 내가 넘어지도록 네가 나를 떠밀었지만 여호와께서 나를 도와주셨다. 140:4

14 여호와께서 내 힘이시요, 내 노래이시며 내 구원이 되셨습니다. 27:1

15 기쁨과 승리의 외침이 의인들의 장막에 울리는구나. "여호와의 오른손이 엄청난

머릿돌

두 개의 벽이 직각으로 마주치는 곳에 놓여서 그 벽을 지탱해 주는 주춧돌을 '머릿돌'이라고 한다.

시편 118편 22절의 '머릿돌'이라는 말은 둘 이상의 줄로 배열된 돌들을 하나로 연결해 묶는, 건물 기초에 놓이는 큰 돌들 중의 하나를 가리킨다. 이는 이방나라에 버려진 하찮은 돌처럼 취급받던 이스라엘이, 하나님의 은혜로 머릿돌과 같은 영광을 얻게 된다고 표현한 것이다. 나아가 유다 사람과 이방 사람을 연결시켜, 교회를 이루는 '모퉁잇돌'이 되신 예수님을 미리 보여 주는 것이다.

신약에서의 인용

예수님
불의한 농부들의 비유를 말씀하실 때 이 구절을 자신에게 적용하심(마 21:42; 막 12:10-12; 눅 20:17-18)

베드로
예수님이 유대 사람들에게 버림을 당하셨으나, 하나님이 그들을 높이셔서 교회의 머리가 되게 하셨다고 설명(행 4:11; 벧전 2:7)

바울
건물을 완성하며 통일되게 하는 모퉁잇돌인 예수님이 새 성전의 돌들을 서로 연결하는 것으로 표현(엡 2:20)

일을 하시니 60:12;출 15:6;min 1:51

16 여호와의 오른손이 높이 들렸도다. 여호와의 오른손은 엄청난 일을 행하셨도다!"

17 내가 죽지 않고 살아서 여호와께서 하신 일을 선포할 것입니다. 6:5;73:28;107:22;빌 1:12

18 여호와께서 나를 심하게 징벌하기 하셨어도 죽음에 넘기지는 않으셨습니다.

19 나를 위해 의의 문들을 열어라. 내가 들어가 여호와께 감사할 것이다. 24:7;9:14 26:2

20 이것은 여호와의 문이니 의인들이 그 안으로 들어갈 것이다. 사 35:8;계 21:27;22:14

21 주께서 내게 응답하시고 내 구원이 되셨으니 내가 주를 찬양하겠습니다. 116:1

22 건축자들이 버린 돌이 머릿돌이 됐습니다.

23 이 일은 여호와께서 하신 일이요, 우리 보기에 참 놀라운 일이다.

24 이날은 여호와께서 지으신 날이니 이날에 우리가 즐거워하고 기뻐하자.

25 오 여호와여, 간구합니다. 우리를 구원하소서. 오 여호와여, 간구합니다. 우리가 잘 되게 하소서.

26 여호와의 이름으로 나오는 사람이 복이 있습니다. 우리가 여호와의 집에서 너희를 축복했도다. 마 21:9;23:39;막 11:9;눅 13:35;19:38

27 여호와는 우리에게 빛을 주시는 하나님이시니 제물을 제단의 뿔에 묶어 두어라.

28 주는 내 하나님이시니 내가 주를 찬양하겠습니다. 주는 내 하나님이시니 내가 주를 높이겠습니다. 99:5

29 오, 여호와께 감사하라. 그분은 선하시고 인자하심이 영원하시다. 1절

119 하나님의 율법의 통찰력과 인도하심

하나님의 율법을 찬양함 행위가 흠이 없고 여호와의 율법대로 사는 사람들은 복이 있습니다. 청 17:1;잠 11:20;13:6

2 여호와의 교훈을 지키고 온 마음을 다해 여호와를 찾는 사람들은 복이 있습니다.

3 그들은 죄를 저지르는 일이 없고 여호와의 길로 행합니다. 요일 3:9;5:18

4 주께서는 주의 교훈을 부지런히 지키라고 명령하셨습니다. 19:8

5 주의 율례들을 지키도록 나의 길들을 인도하소서! 37:23;잠 16:9;렘 10:23

6 내가 주의 모든 계명을 깊이 되새기면 수치당할 일이 없을 것입니다. 80절;요일 2:28

7 내가 주의 의로운 법을 배울 때 정직한 마음으로 주를 찬양할 것입니다. 출 24:3

8 내가 주의 율례를 지킬 것이니 나를 버리지 마소서. 38:21;71:9,18

9 청년이 어떻게 그 길을 깨끗하게 지킬 수 있겠습니까? 주의 말씀을 따라 주의하는 것입니다. 25:7

10 내가 온 마음을 다해 주를 찾았으니 내가 주의 계명에서 벗어나 방황하는 일이 없게 하소서. 21;118절

11 내가 주께 죄짓지 않으려고 주의 말씀을 마음에 품었습니다. 37:31;눅 2:19,51

12 오 여호와여, 찬양을 받으소서. 주의 율례를 내게 가르치소서. 26,64,68,108,124,135절

13 주의 입에서 나오는 모든 법도를 내 입술로 선포했습니다. 40:9;신 6:7

14 사람이 재물이 많은 것을 좋아하듯 나는 주의 교훈 따르기를 좋아합니다.

15 내가 주의 교훈을 묵상하고 주의 길을 깊이 생각하며 23,78,97절;25:4

16 내가 주의 율례를 기뻐하니 내가 주의 말씀을 잊지 않겠습니다. 24,47,70,77,92,143,174절

17 주의 종을 너그럽게 대해 나를 살게 하시고 주의 말씀을 지키게 하소서. 144절

18 내 눈을 열어 주의 법이 얼마나 놀라운지 보게 하소서.

19 내가 땅에서는 나그네이니 주의 계명을 내게서 숨기지 마소서. 39:12;사 6:9~10

20 주의 법을 이토록 바라다가 내 영혼이 지쳤습니다. 40,131,174절;42:1~2

21 주의 계명에서 떠난 저주받은 교만한 사람들을 주께서 꾸짖으셨습니다. 신 27:26

22 조롱과 경멸을 내게서 없애 주소서. 나는 주의 교훈을 지켰습니다. 2절;44:13

23 통치자들이 앉아서 나를 욕해도 주의 종은 주의 율례를 잠잠히 생각했습니다.

24 주의 교훈은 내 기쁨이요, 내 갈 길을 인

도해 주는 길잡이입니다. 16,104절;롬 7:22

25 내 영혼이 진흙 바닥에 나뒹굴고 있으니 말씀하셨던 것처럼 나를 되살리소서.

26 내가 내 길을 자세히 설명했더니 주께서 들어주셨습니다. 주의 율례를 내게 가르치소서. 12절;37:5

27 주의 교훈의 길을 내가 깨닫게 하소서. 그러면 내가 주의 놀라운 일을 말하겠습니다.

28 내 영혼이 무거워 녹아내립니다. 주의 말씀대로 내게 힘을 돋워 주소서. 22:14

29 거짓된 길에서 나를 벗어나게 하시고 주의 법을 내게 은혜로 허락하소서. 27절

30 내가 진리의 길을 선택했고 내 마음을 주의 법에 두었습니다. 16:8

31 오 여호와여, 내가 주의 교훈을 꼭 붙잡으니 내게 수치를 당하지 않게 하소서.

32 주께서 내 마음을 넓혀 주실 때 내가 주의 계명의 길로 달려가겠습니다. 마 10:22

33 오 여호와여, 주의 율례를 가르치소서. 그러면 내가 끝까지 그 율례를 지키겠습니다.

34 내게 깨달음을 주소서. 그러면 내가 주의 법을 지키고 내 온 마음을 다해 순종하겠습니다. 2,27절;잠 2:6;약 1:5

35 내가 주의 계명을 따르도록 나를 인도하소서. 내가 거기서 기쁨을 얻습니다.

36 내 마음이 주의 교훈에 기울게 하시고 탐욕으로 치닫지 않게 하소서. 눅 12:15;딤전 6:10

37 내 눈이 쓸데없는 것을 보지 않게 하시고 주의 약속대로 나를 되살리소서. 25절

38 마음을 바쳐 주를 경외하는 주의 종에게 주의 약속을 이루소서. 25:10;112:1;삼하 7:25

39 내가 두려워하는 수치를 가져가소서. 주의 법은 선합니다. 22절

40 내가 얼마나 주의 교훈을 갈망해 왔는지 모릅니다! 주의 의로 나를 되살리소서.

41 오 여호와여, 주의 말씀대로 주의 변함없는 사랑과 주의 구원이 내게 임하게 하소서.

42 그러면 나를 조롱하는 사람에게 그것으로 응답할 수 있을 것입니다. 내가 주의 말씀을 의지하기 때문입니다. 잠 27:11

43 진리의 말씀을 내 입에서 빼앗지 마소서.

내가 주의 법을 바랐습니다. 49,74,81,114절

44 그러므로 내가 주의 법을 끊임없이 영원토록 지킬 것입니다.

45 내가 주의 교훈을 지니고 있으니 자유롭게 다닐 것입니다. 94,155절;잠 4:12

46 내가 부끄러움 없이 왕들 앞에서 주의 교훈을 말하겠습니다. 마 10:18;행 26:1~2

47 내가 주의 계명을 기뻐하리니 이는 내가 그 계명들을 사랑하기 때문입니다.

48 내가 사랑하는 주의 계명을 향해 내 손을 높이 들고 주의 율례를 묵상하겠습니다.

49 종에게 하신 주의 말씀을 기억하소서. 주께서 그것으로 내게 소망을 주셨습니다.

50 내가 고통당하는 가운데서도 위로를 받은 것은 주의 약속이 나를 되살린 덕분입니다.

51 교만한 사람들이 한없이 나를 조롱했지만 내가 주의 법에서 물러나지 않았습니다.

52 오 여호와여, 내가 주의 오래된 법을 기억하고 거기서 위로를 얻습니다.

53 주의 법을 버린 악인들 때문에 내가 분노에 사로잡혔습니다. 느 13:25

54 주의 율례는 내가 어디에 가든 내 노래가 됐습니다. 39:12

55 오 여호와여, 밤에 내가 주의 이름을 기억

시편 119편에 있는 하나님 말씀의 정의들

법 | 지시, 방향, 가르침. 레위기나 신명기 또는 모세오경 전체(창 10:34)를 가리킴(1절)

교훈 | 하나님의 뜻을 깨닫고 이끌어 깨우치는 일. 하나님이 정하신 행동 기준(2절)

길 | 여기서는 하나님의 율법에 의해 규정되는 삶의 형태를 가리킴(3절)

율례 | '새겨진 사항들'이라는 의미로 제정된 법률을 가리킴(5절)

계명 | 명확하고 절대적인 명령. 권위 있게 내리는 구체적인 명령(6절)

의로운 법 | 재판에 의한 판결로 만들어진 선례와 법칙. 악인에 대한 하나님의 심판 행위(7절)

말씀 | 하나님의 계시. 십계명은 '열 가지 말씀'으로 불리기도 함(9절)

했고 주의 법을 지켰습니다. 42:8

56 내가 가진 것이 이것이니 이는 내가 주의 교훈들을 지켰기 때문입니다. 22,69,100절

57 오 여호와여, 주는 내 몫이십니다. 내가 주의 말씀을 지키겠다고 말했습니다. 16:5

58 내가 온 마음을 다해 주의 은총을 구했으니 주의 약속대로 내게 은혜를 베푸소서.

59 내가 내 행위를 깊이 생각하고는 주의 교훈으로 내 발걸음을 돌렸습니다. 눅 15:17

60 내가 주의 계명을 지키는 데 신속하고 지체하지 않았습니다.

61 악한 무리가 나를 꽁꽁 묶었지만 내가 주의 법을 잊지 않았습니다. 83,110절

62 한밤중에 내가 일어나 주의 의로운 법을 두고 주께 감사하겠습니다. 7절;행 16:25

63 나는 주를 경외하는 모든 사람들, 주의 교훈을 따르는 모든 사람들의 친구입니다.

64 오 여호와여, 이 땅이 주의 사랑으로 가득합니다. 주의 율례를 내게 가르치소서.

65 오 여호와여, 주의 약속대로 주의 종에게 선하게 대하소서. 41절

66 내가 주의 계명을 믿었으니 선한 판단과 지식을 내게 가르치소서. 빌 1:9;약 1:5

67 내가 고난을 받기 전에는 방황했는데 이제는 주의 말씀을 지킵니다. 히 12:5-11

68 주는 선하시고 주께서 하시는 일도 선하십니다. 주의 율례를 내게 가르치소서.

69 교만한 사람들이 나에 대해서 거짓말을 꾸며 댔지만 나는 온 마음을 다해 주의 교훈을 지키겠습니다. 51,56절;109:2;삼 13:4

70 그들의 심장은 기름만 끼어 있지만 나는 주의 법을 기뻐하고 있습니다. 사 6:10

71 내가 고난을 받는 것이 내게는 잘된 일입니다. 이는 내가 주의 율례를 배우게 되기 때문입니다. 67절

72 주의 입의 법이 내게는 수천 개의 은, 금보다 귀합니다. 127절;19:10;잠 8:10

73 주의 손이 나를 만들고 지으셨으니 내게 통찰력을 주셔서 주의 계명을 배우게 하소서.

74 주를 경외하는 사람들이 나를 보고 즐거워하게 하소서. 내가 주의 말씀을 바랐습니다. 43절;34:2;35:27;107:42;130:5

75 오 여호와여, 나는 주의 법이 옳다는 것과 주께서 신실함으로 내게 고통을 주셨음을 압니다. 67,138절;33:4

76 기도하오니 주의 변함없는 사랑이 주의 종에게 하신 약속에 따라 내게 위로가 되게 하소서.

77 주의 자비를 내리셔서 내가 살게 하소서. 주의 법은 내 기쁨이기 때문입니다.

78 교만한 사람들이 내게 이유 없이 잘못을 저질렀습니다. 그러나 나는 주의 교훈을 기억하겠습니다. 15,23,51,86절;25:3

79 주를 경외하는 사람들이, 주의 교훈을 깨닫는 사람들이 내게로 돌아오게 하소서.

80 내 마음이 주의 율례 속에 깨어 있어서 내가 수치를 당하지 않게 하소서. 1,6절

81 내 영혼이 주의 구원을 바라다가 지쳤습니다. 그래도 나는 주의 말씀에 소망을 둡니다. 74,114절:84:2

82 내 눈이 주의 말씀을 찾다가 흐려져서 말합니다. "주께서 언제 나를 위로하시겠습니까?" 69:3;101:2

83 내가 비록 연기 속의 가죽 부대같이 됐어

상식

주의 말씀은 내 발의 등불이요

고대 팔레스타인 지역의 길은 좁고 험했기 때문에 구멍에 빠지거나 여기저기 깔린 돌에 걸려 넘어지는 일이 많았다. 그래서 밤길을 다닐 때는 꼭 작은 등불을 가지고 다녀야 했다.

사람들은 발목에 작은 등불을 가죽끈으로 매달거나 손에 큰 등불을 들고 다녔다. 시편 기자는 이러한 정황을 배경으로 해서 하나님의 말씀은 어두운 밤길에 필요한 등불처럼 험한 세상을 살아가는 데 빛이 되어 준다고 노래했다(시 119:105).

도 주의 율례는 잊지 않습니다. 마 9:17

84 주의 종의 날이 얼마나 더 남았습니까? 나를 괴롭히는 사람들을 주께서 언제 심판하시겠습니까? 39:4;속 1:12;계 6:10

85 주의 법을 따르지 않는 교만한 사람들이 나를 빠뜨리려고 함정을 파 놓았습니다.

86 주의 모든 계명들은 진실합니다. 사람들이 이유 없이 나를 괴롭히고 있으니 나를 도우소서. 78,138절;렘 35:19;109:26

87 그들이 나를 땅에서 거의 없애 버리려 했으나 내가 주의 교훈을 버리지 않았습니다.

88 주의 인자하심을 따라 나를 되살리소서. 그러면 내가 주의 입의 교훈을 지키겠습니다. 25절;7:20

89 오 여호와여, 주의 말씀이 하늘에 영원히 서 있고 152절;렘 31:35~37;마 24:35;벧전 1:25

90 주의 신실하심은 온 세대에 걸쳐 있습니다. 주께서 이 땅을 세우셨으니 땅이 존재하는 것입니다. 36:5;148:6;전 1:14

91 그것들이 주의 법도를 따라 지금까지 계속되는 것은 그 모든 것이 주를 섬기기 때문입니다. 렘 33:25

92 주의 법이 내 기쁨이 아니었다면 내가 고통당하다 멸망했을 것입니다. 77절

93 내가 주의 교훈을 결코 잊지 않는 것은 주께서 그 교훈으로 나를 되살리셨기 때문입니다. 83절

94 내가 주의 것이니 나를 구원하소서. 내가 주의 교훈을 찾으니 말입니다. 45절

95 악인들은 나를 죽이려고 기다리고 있지만 나는 주의 교훈을 깊이 생각하겠습니다.

96 내가 보니 모든 완전한 것에도 한계가 있으나 주의 계명에는 한계가 없습니다.

97 오, 내가 얼마나 주의 법을 사랑하는지요! 내가 하루 종일 그것을 묵상합니다.

98 주께서 그 계명으로 나를 내 원수들보다 더 지혜롭게 하셨습니다. 주의 계명이 항상 나와 함께 있기 때문입니다. 신 4:6

99 내 모든 스승들보다 내게 더 많은 통찰력이 있습니다. 주의 교훈을 묵상하기 때문

▲ 가죽 부대(Skin)
이스라엘 등 유목민들이 물이나 술 등을 담아 두기 위해 만든 가죽으로 된 주머니이다(창 21:14). '연기 속의 가죽 부대같이 되었어'(시 119:83)는 것은 가죽을 불 가까이 대면 쪼그라들고 검게 그을리듯 이 온갖 고난으로 시인 자신이 심히 황폐해진 상태를 말한다.

입니다. 딤후 3:15

100 내가 노인들보다 더 잘 깨닫습니다. 주의 교훈을 지키기 때문입니다. 욥 32:7~9

101 내가 주의 말씀을 지키려고 모든 악의 길에 빠지지 않도록 발을 잘 간수했습니다.

102 주께서 직접 나를 가르치셨기 때문에 내가 주의 법을 떠나지 않았습니다.

103 주의 말씀이 내 입에 어쩌면 이렇게 달콤한지요! 내 입에 꿀보다 더 답니다!

104 내가 주의 교훈에서 깨달음을 얻으니 모든 잘못된 길을 싫어합니다. 128절

105 주의 말씀은 내 발의 등불이요, 내 길의 빛입니다. 잠 6:23

106 내가 주의 의로운 법을 따르기로 맹세했으니 그렇게 할 것입니다. 7절;느 10:29

107 내가 많은 고난을 당했습니다. 오 여호와여, 주의 약속대로 나를 되살리소서.

108 간구하건대 내 입의 낙헌제를 받으시고 오 여호와여, 주의 법을 내게 가르치소서.

109 내 영혼이 계속 내 손안에 있어도 내가 주의 법을 잊지 않습니다. 83절;삿 12:3

낙헌제(119:108, 樂獻祭, freewill offering) 하나님의 선하심에 감사하여 자발적이고 즐거운 마음으로 하나님께 예물을 드리는 제사.

110 악인들이 나를 덮치려고 덫을 놓았어도 나는 주의 교훈에서 떠나지 않았습니다.

111 내가 주의 교훈을 영원히 내 재산으로 삼았습니다. 그것이 내 마음의 기쁨이기 때문입니다. 14,162절;신 33:4

112 내가 내 마음을 주의 율례에 기울였으니 끝까지 수행할 것입니다. 33,36절

113 나는 헛된 생각들을 싫어하고 주의 법을 사랑합니다. 97절;왕상 18:21;약 1:8;4:8

114 주는 내 피난처이시요, 내 방패이시니 내가 주의 말씀을 바랍니다. 74절;3:3;32:7

115 너희 악을 행하는 사람들아, 내게서 물러가라. 나는 내 하나님의 계명을 지킬 것이다! 22절;6:8

116 주의 약속에 따라 나를 붙잡아 주소서. 그래야 내가 살 것입니다. 내 소망이 부끄럽지 않게 하소서. 31,41절;25:2;146:5

117 나를 붙드소서. 그러면 내가 무사할 것입니다. 내가 끊임없이 주의 율례를 염두에 두겠습니다. 10,21,110절;20:2

118 주의 율례를 떠나는 사람은 모두 주께서 짓밟으셨습니다. 그들의 속임수는 헛것이기 때문입니다. 애 1:15

119 이 땅의 모든 악인들은 주께서 찌꺼기처럼 버리십니다. 그러므로 나는 주의 교훈을 사랑합니다. 97절;사 1:25;겔 22:18;말 2:2~3

120 내 육체가 주를 두려워하며 벌벌 떱니다. 나는 주의 법이 두렵습니다. 욥 4:14

121 내가 의롭고 정의를 행했으니 나를 억압하는 사람들에게 나를 내주지 마소서.

122 주의 종에게 평안함을 보장해 주시고 교만한 사람들이 나를 억압하지 못하게 하소서. 51절;욥 17:3

123 내 눈이 주의 구원을 찾다가 주의 의의 말씀을 찾다가 희미해졌습니다. 83절

124 주의 종을 주의 인자하심에 따라 다루시고 주의 율례를 내게 가르치소서. 12절

125 나는 주의 종입니다. 내게 통찰력을 주어 주의 교훈을 깨닫게 하소서. 27절

126 여호와여, 주께서 행동하실 때입니다. 주의 법을 그들이 깨어 버리고 있습니다.

127 그러므로 내가 주의 계명을 금보다, 순금보다 더 사랑합니다. 72절;19:10

128 그러므로 주의 모든 교훈을 의롭다고 여깁니다. 나는 모든 잘못된 길을 미워합니다.

129 주의 교훈은 놀랍습니다. 그래서 내 영혼이 그것을 지킵니다. 18,22,27절

130 주의 말씀을 펼치면 빛이 나와 우둔한 사람들에게 깨달음을 줍니다. 19:7

131 내가 주의 계명에 목말라 입을 열고 헐떡거립니다. 20절;42:1;81:10;욥 29:23

132 주여, 주의 이름을 사랑하는 사람들에게 하시듯 나를 돌아보고 불쌍히 여기소서.

133 내 발걸음을 주의 말씀에 따라 인도하시고 어떤 죄도 나를 다스리지 못하게 하소서. 17:5;19:13

134 사람의 악압에서 나를 건져 주소서. 그러면 내가 주의 교훈을 지킬 것입니다.

135 주의 얼굴을 이 종에게 비추시고 주의 율례를 내게 가르치소서. 12절;4:6

136 주의 법이 지켜지지 않으면 내 눈에서 눈물이 강물처럼 쏟아집니다. 158절;렘 3:18

137 오 여호와여, 주는 의로우시고 주의 판단은 올바릅니다. 116:5

138 주께서 정하신 교훈은 의롭고 모두 믿을 수 있습니다. 75,86,172절;19:7~9

139 내 적들이 주의 말씀을 잊었기에 내 열정이 나를 지치게 했습니다. 69:9

140 주의 말씀은 매우 순결합니다. 주의 종이 그것을 사랑합니다. 97절;12:6

141 내가 낮고 비천하다 해도 주의 훈계를 잊지 않았습니다. 83절

142 주의 의는 영원하고 주의 법은 진실합니다.

143 고난과 번민이 나를 사로잡아도 주의 계명은 내 기쁨입니다. 24절

144 주의 교훈의 의는 영원하니 내게 통찰력을 주소서. 그러면 내가 살 것입니다.

145 오 여호와여, 내가 온 마음을 다해 주께 부르짖었습니다. 내게 응답하소서. 내가 주의 율례를 지키겠습니다. 2,10,22,33절

146 내가 주께 부르짖었습니다. 나를 구원하소서. 내가 주의 교훈을 지키겠습니다.

147 내가 동트기 전에 일어나 부르짖었으며 주의 말씀을 믿었습니다. 74절;53

148 내가 주의 약속을 생각하느라 한밤중에도 눈을 뜨고 있습니다. 15절;4:28

149 주의 인자하심으로 내 소리를 들으소서. 오 여호와여, 주의 약속대로 나를 되살리소서. 25,40,156절;71:20

150 악한 계략을 꾸미는 사람들이 가까이 다가오고 있습니다. 주의 법과는 거리가 먼 사람들입니다.

151 오 여호와여, 주께서 가까이 계시고 주의 모든 계명은 진실합니다. 142절;145:18

152 주께서 그 교훈을 영원히 세우신 것을 내가 오래전부터 알고 있습니다. 마 5:18

153 내 고난을 보시고 나를 건져 주소서. 내가 주의 법을 잊지 않았습니다. 욥 36:15

154 나를 변호하시고 구속해 주소서. 주의 약속대로 나를 되살리소서. 51절;35:1

155 구원이 악인들과 거리가 먼 것은 그들이 주의 율례를 구하지 않기 때문입니다.

156 오 여호와여, 주의 자비가 너무나 크시니 주의 법에 따라 나를 되살리소서.

157 나를 괴롭히는 사람들과 적들의 수가 많지만 나는 주의 교훈에서 떠나지 않았습니다. 3:1-2

158 나는 믿지 않는 사람들을 보고 안타까워했습니다. 그들이 주의 말씀을 지키지 않으므로 혐오합니다. 136절;139:21;웹 3:20

159 내가 주의 교훈을 얼마나 사랑하는지 보소서. 오 여호와여, 주의 인자하심으로 나를 되살리소서. 97절

160 태초부터 주의 말씀은 참되며 주의 의로운 법은 하나같이 영원합니다. 7;142;139:17

161 통치자들이 이유 없이 나를 괴롭히지만 내 마음은 주의 말씀을 경외하며 서 있습니다. 23절;2:11;69:4;삼상 24:11;26:18

162 내가 많은 전리품을 얻은 것처럼 주의 약속을 기뻐합니다. 삼상 30:16;사 9:3;마 13:44

163 내가 거짓말은 싫어하고 혐오하지만 주의 법은 사랑합니다. 97절

164 주의 의로운 법으로 인해 하루에 일곱 번씩 주를 찬양합니다.

165 주의 법을 사랑하는 사람들에게는 큰 평강이 있습니다. 그러니 그들을 넘어뜨릴 만한 것이 없습니다. 마 13:41;요일 2:10

166 여호와여, 내가 주의 구원을 기다렸으며 주의 계명을 따랐습니다. 174절;창 49:18

167 내가 주의 교훈을 너무 사랑하기에 내 영혼이 그것을 지켰던 것입니다.

168 내 모든 행위가 주께 알려졌으니 내가 주의 교훈과 주의 법을 지킨 것입니다.

169 오 여호와여, 내 부르짖음이 주 앞에 닿게 하소서. 주의 약속대로 내게 깨달음을 주소서. 34,65,145절

170 내가 간절히 구하는 소리가 주 앞에 미치게 하소서. 주의 약속대로 나를 건져 주소서. 41절

171 주께서 주의 율례로 나를 가르치실 때 내 입술에 찬양을 담게 하소서. 12절;145:7

172 내 혀가 주의 말씀을 노래하게 하소서. 주의 모든 계명이 의롭기 때문입니다.

173 내가 주의 교훈을 선택했으니 주의 손이 나를 돕게 하소서. 수 24:22;잠 1:29

174 오 여호와여, 내가 주의 구원을 사모하니 주의 법은 내 기쁨이 됐습니다. 20,24절

175 내 영혼이 살아 주를 찬양하게 하시고 주

혐오(119:163, 嫌惡, abhorrence) 몹시 싫어하고 미워함.

의 법이 나를 붙들게 하소서.
176 내가 잃어버린 양처럼 길을 잃었으니 주
의 종을 찾으소서. 내가 주의 계명을 잊
지 않았으니 말입니다.
마 18:12; 눅 15:4; 벧전 2:25

성전에 오르며 부르는 노래

120
전쟁을 일으키는 거짓된 이방 사
람으로부터 구원받기를 간구하는
기도 내가 고난 가운데 여호와께 부르짖었
더니 그분께서 들어주셨습니다.
2 오 여호와여, 거짓말하는 입술과 속이는
혀에서 내 영혼을 구하소서.
3 오 속이는 혀야, 주께서 무엇으로 더하시
며 무엇으로 네게 행하시겠느냐?
4 용사들의 예리한 화살로, 로뎀 나무 숯불
로 하시리라.
잠 25:22; 렘 50:9
5 내가 메섹에 살고 게달의 장막에 있으니
내게도 재앙이 있으리라!
사 60:7; 렘 49:28
6 내 영혼이 평화를 싫어하는 사람들과 함
께 오랫동안 살았습니다.
7 나는 평화를 원하나 내가 말할 때 그들은
싸우려 하는구나.
109:4

성전에 오르며 부르는 노래

121
자기 백성을 지키시는 여호와 내가
산을 향해 눈을 든다. 내 도움
이 어디서 오겠는가?
렘 3:23
2 내 도움은 하늘과 땅을 만드신 여호와께
로부터 온다.
20:2; 115:15; 124:8
3 그분은 네 발을 미끄러지지 않게 하시리
라. 너를 지키시는 그분은 졸지도 않으시

라.
4 이스라엘을 지키시는 그분은 졸지도 않으
시고 주무시지도 않으신다.
5 여호와는 너를 지켜 주시는 분이시니 여호
와께서 네 오른편에서 그늘이 되신다.
6 낮의 해도, 밤의 달도 너를 해치지 못하리
라.
7 여호와께서 모든 해악에서 너를 지켜 주시
며 네 영혼을 지켜 주시리라.
8 여호와께서 네가 나가고 들어오는 것을 지
금부터 영원히 지키시리라.
민 27:17; 신 28:6

다윗의 시. 성전에 오르며 부르는 노래

122
예루살렘과 여호와의 집을 찬
양함 그들이 "여호와의 집에
가자"라고 했을 때 나는 기뻐했다.
2 오 예루살렘아, 우리 발이 네 성문 안에 서
있다.
3 예루살렘은 밀집된 성읍처럼 지어져 있으니
4 지파들, 곧 여호와의 지파들이 그곳으로
올라가 이스라엘에게 주신 율례대로 여호
와의 이름에 감사를 드린다.
78:5; 신 16:16
5 거기 심판의 왕좌가, 다윗의 집의 왕좌가
있구나.
신 17:8; 삼하 15:2; 왕상 3:16,7:7; 대하 19:8
6 예루살렘의 평화를 위해 기도하라. "예루살
렘을 사랑하는 사람들이 잘되게 하소서.
7 그 성안에 평화가 있게 하시고 그 궁전 안
에 번영이 있게 하소서."
48:13
8 내 형제들과 친구들을 위해 내가 "네 안
에 평강이 있기를 바란다"라고 말하리라.

로뎀 나무

로뎀 나무는 팔레스타인, 시리아, 시내, 이집
트 등의 사막에서 흔히 볼 수 있는 나무
이다. 잎은 많지 않지만 잔가지가 많
기 때문에 사막을 여행하는 나그네
에게 좋은 그늘을 제공해 준다(왕상
19:4-5).
로뎀 나무 뿌리로 만든 숯은 화력이
강하고 오래 가서 좋은 연료로 쓰였
다. 유대 전설에 의하면 두 여행자가 로
뎀 나무 아래서 마른 가지를 연료로 삼아 밥을
지어 먹었다고 한다. 그리고 그들이 1년 후에 다시

그 자리를 지나가게 되었는데, 놀랍게도 1년
전에 남긴 그 재 속에 아직도 불씨가 남
아있더라는 것이다.
이런 전설이 내려올 정도로 화력이
강한 로뎀 나무는 오늘날도 아랍 사
람들에게 좋은 연료로 사용되고 있
으며, 이집트의 카이로에서는 다른
어떤 숯보다 비싼 값에 팔리고 있다.
시편 기자는 거짓말하는 입술과 속이는
혀를 가진 사람에게는 강력한 로뎀 나무 숯불
같은 형벌이 임할 것이라고 말했다(시 120:4).

9 우리 하나님 여호와의 집으로 인해 내가 네 복을 구하리라. ㄴ 2:10; 에 10:3

성전에 오르며 부르는 노래

123

자비를 위한 노래 오 하늘에 계시는 분이여, 내 눈을 들어 주를 봅니다. 2:4; 25:15; 121:1; 141:8

2 종들의 눈이 그 주인의 손을 바라보듯, 여종의 눈이 그 여주인의 손을 바라보듯 내 눈이 우리 하나님 여호와를 바라봅니다. 주께서 우리에게 그 자비를 베푸실 때까지 말입니다. 4:1

3 오 여호와여, 우리를 불쌍히 여기소서. 우리를 불쌍히 여기소서. 우리가 너무나도 많은 비난을 받았습니다. ㄴ 4:4

4 우리의 영혼이 안락에 빠진 사람들의 심한 조롱과 교만한 사람들의 비난으로 가득 차 있습니다. 119:51; ㄴ 2:19; 사 32:9, 11; 암 6:1

다윗의 시 성전에 오르며 부르는 노래

124

대적으로부터 백성을 구원하신 하나님을 찬양함 이제 이스라엘은 말해 보라. 만약 여호와께서 우리 편이 아니셨다면 94:17; 129:1

2 사람들이 우리에게 들고일어났을 때, 여호와께서 우리 편이 아니셨다면

3 그들이 우리를 향해 분노의 불을 지폈을 때, 그들이 우리를 산 채로 잡아먹었을 것이고

4 홍수가 우리를 삼키고 급류가 우리 영혼을 덮치며 32:6; 69:1~2; 욥 22:11; 사 8:8

5 넘쳐 일어나는 물이 우리 영혼을 휩쓸어 갔으리라.

6 여호와를 찬양하라. 그분은 우리를 그들의 먹이로 내주지 않으셨다.

7 새가 사냥꾼의 덫에서 나오듯 우리 영혼이 벗어났구나. 새덫이 부서져 우리가 벗어났도다. 91:3

8 우리의 도움은 하늘과 땅을 지으신 여호와의 이름에 있도다. 121:2

성전에 오르며 부르는 노래

125

악인의 통치가 끝날 것임을 신뢰하는 찬양 여호와를 의지하는 사람들은 흔들리지 않고 영원히 든든해 시온 산과 같을 것입니다.

2 산들이 예루살렘을 둘러싼 것처럼 여호와께서도 그 백성들을 지금부터 영원히 둘러싸실 것입니다. 왕하 6:17; 슥 2:5

3 의인들에게 분배된 땅 위에 악인들의 힘이 미치지 못할 것입니다. 만약 그렇다면 의인들이 악인들의 손을 빌려 악을 행하지도 모르지 않습니까! 창 3:22; 출 22:8

4 오 여호와여, 선한 사람들과 마음이 정직한 사람들을 선하게 대하소서. 7:10; 119:63

5 그러나 굽은 길로 돌아선 사람들은 여호와께서 악을 행하는 사람들과 함께 내쫓아 버리실 것입니다. 그러나 이스라엘 위에는 평강이 있을 것입니다. 잠 2:15; 갈 6:16

성전에 오르며 부르는 노래

126

포로 되었던 백성들이 예루살렘으로 돌아오는 기쁨 여호와께서 시온의 포로를 다시 데려오실 때 우리가 꿈꾸는 사람들 같았습니다.

2 우리 입에는 웃음이 가득하고 우리 혀에는 노래가 가득했습니다. 그때 이방 민족들 가운데 있는 이들이 "여호와께서 그들에게 큰일을 하셨다" 했습니다. 욥 8:21

3 여호와께서 우리를 위해 큰일을 하셨으니 우리가 정말 기쁩니다.

4 오 여호와여, 포로 된 우리를 남쪽의 시내처럼 회복시키소서.

5 눈물로 씨 뿌리는 사람들은 기뻐하며 거두게 될 것입니다. 스 6:22; ㄴ 12:43; 렘 2:3~9; 렘 6:9

6 귀한 씨를 들고 울며 나가는 사람들은 반드시 기뻐하며 단을 거두어 돌아오게 될 것입니다.

솔로몬의 시 성전에 오르며 부르는 노래

127

만물을 주신 자를 인정함 여호와께서 집을 짓지 않으시면 건축자들은 헛수고하는 것이다. 여호와께서 성을 지키지 않으시면 파수꾼이 지키고 서 있는 것도 헛일이다. 121:4

2 너희가 일찍 일어나는 것도, 늦게까지 자지 않으며 고생해서 얻은 것을 먹는 것도

헛되다. 여호와께서는 사랑하시는 사람들에게 잠을 주시기 때문이다. 막 4:26-27

3 자식들은 여호와의 유산이요, 모태의 열매는 그분께 받는 상이다. 132:11;창 33:5;신 28:4

4 젊을 때 낳은 아들들은 용사들의 손에 든 화살과 같다. 120:4

5 화살통이 화살로 가득 찬 사람은 복이 있으니 그들이 문 앞에서 적들과 싸워도 수치를 당하지 않을 것이다. 욥 5:4

성전에 오르며 부르는 노래

128

하나님을 경외하는 자가 받을 축복 여호와를 경외하는 사람은 누구나, 그분의 길로 행하는 사람은 누구나 복이 있다. 잠 8:32

2 네가 네 손으로 수고한 것을 먹을 것이요, 네가 행복해지고 잘되리라. 109:11;사 3:10

3 네 아내는 네 집안 곳곳에서 열매 맺은 포도나무 같겠고 네 자식들은 올리브 나무

'성전에 오르며 부르는 노래'는 무엇인가요?

시편 120-134편은 '성전에 오르며 부르는 노래'라고 알려져 있는데, 이것에 대해서는 여러 의견과 생각들이 있었어요. 하지만 일반적으로 이스라엘의 세 절기 중 한 때에 예루살렘 성전으로 올라가면서 순례자들이 이 시편들을 불렀을 것으로 보고 있어요.

이 시편들 모두가 순례자들의 노래며 대부분이 시온과 성전을 향한 뜨거운 사랑, 예루살렘의 평화와 번영을 기원하는 내용으로 이루어졌기 때문이에요.

또한 132편 1-4절은 성전에 올라가는 사람들이 불렀던 노래임을 보여 주어요.

들처럼 네 식탁 주위에 둘러앉으리라.

4 여호와를 경외하는 사람은 이런 복을 받으리라.

5 여호와께서 시온에서 네게 복 주시리라. 너는 평생토록 예루살렘이 잘되는 것을 보리라. 20:2;122:9;134:3;135:21

6 네 자식의 자식들을 보기까지 하리라. 이스라엘에 평화가 있기를! 125:5;롬 42:16;창 17:6

성전에 오르며 부르는 노래

129

시온을 미워하는 자가 당할 수치 이스라엘은 말할 것이다. "그들이 내 어린 시절부터 나를 여러 번 억압했습니다. 출 1:14;삿 3:8,14:4:3

2 그들이 내 어린 시절부터 여러 번 나를 억압했지만 나를 이기지는 못했습니다.

3 밭을 가는 사람들이 내 등을 갈아 길게 고랑을 만들었습니다. 사 50:6;51:23;미 3:12

4 그러나 여호와께서는 의로우신 분이시라 그분이 악인들의 줄을 끊어 주셨습니다."

5 시온을 미워하는 사람들은 다 수치를 당하고 물러가라. 35:4

6 그들은 자라기도 전에 시들어 버리는 지붕 위의 풀 같아서 37:2;왕하 19:26;욥 8:12;사 37:27

7 베는 사람이 자기 손을 채우지 못하고 모으는 사람이 그 품을 채우지 못하리라.

8 지나가는 사람들도 "여호와의 복이 네게 있기를 빈다. 여호와의 이름으로 우리가 너를 축복한다"라고 하지 않으리라. 룻 2:4

성전에 오르며 부르는 노래

130

오직 하나님께만 구원의 소망이 있음 오 여호와여, 깊은 곳에서 내가 주께 부르짖었습니다.

2 주여, 내 소리를 들으소서. 자비를 바라며 부르짖는 내 소리에 주의 귀를 기울이소서.

3 여호와여, 주께서 죄를 지적하신다면 오 주여, 누가 견뎌 낼 수 있겠습니까?

4 그러나 용서가 주께 있으니 주는 경외를 받으실 분이십니다. 렘 33:8-9;단 9:9;롬 2:4

5 내가 여호와를 바라고 내 영혼이 기다리며 여호와의 말씀에 소망을 두고 있습니다.

6 내 영혼이 주를 기다리는 것이 아침이 오

기를 기다리는 파수꾼보다 더 간절합니다. 정녕 파수꾼이 아침이 오기를 기다리는 것보다 더합니다. ^{5:3,63:6;119:147;123:2}

7 이스라엘은 여호와를 바라라. 변함없는 신실하심이 여호와께 있고 온전한 구원이 그분께 있도다. ^{4절;13:1}

8 그분이 손수 이스라엘을 그 모든 죄악에서 구원하시리라. ^{25:22;111:9;마 1:21;눅 1:68;딛 2:14}

다윗의 시 성전에 오르며 부르는 노래

131
겸손의 기도 오 여호와여, 내 마음이 교만하지 않고 내 눈이 높지 않습니다. 내가 너무 큰일들과 나에게 벅찬 일들을 행하지 않습니다.

2 진실로 내가 내 영혼을 가만히, 잠잠히 있게 하니 젖 뗀 아이가 그 어미와 함께 있는 것 같고 내 영혼도 젖 뗀 아이와 같습니다.

3 오 이스라엘아, 지금부터 영원히 여호와를 바라라. ^{130:7}

성전에 오르며 부르는 노래

132
신실하신 하나님의 약속이 성취되기를 간구함 오 여호와여, 다윗과 그가 당한 모든 어려움을 기억하소서.

2 그가 여호와께 맹세했습니다. 야곱의 전능하신 분께 서원했습니다. ^{창 49:24;사 49:26}

3 "내가 내 집에 들어가지도, 잠자리에 들지도 않고

4 내 눈이 잠들지도, 내 눈꺼풀이 졸지도 않겠습니다. ^{잠 6:4}

5 내가 여호와를 위한 곳, 야곱의 전능하신

하나님이 계시는 곳을 찾을 때까지 말입니다." ^{대상 22:7;행 7:46}

6 그곳이 에브라다에 있다는 말을 듣고 나무들이 무성한 들판에서 찾았습니다.

7 "우리가 그분이 계신 곳에 가서 그분의 발 앞에서 경배를 드릴 것입니다. ^{5:7;99:5}

8 오 여호와여, 주와 주의 능력의 언약궤는 일어나 쉴 곳으로 들어가소서. ^{14절}

9 주의 제사장들은 의로 옷 입고 주의 성도들은 기뻐 외치게 하소서." ^{16절;149:5;습 29:14}

10 주의 종 다윗을 위해 주의 기름 부음 받은 자를 외면하지 마소서. ^{17절;왕상 18:24}

11 여호와께서 진심으로 다윗에게 맹세하셨으니 번복하지 않으실 것입니다. "네 몸에서 나온 것 가운데 하나를 내가 네 왕좌에 앉히리라. ^{삼하 7:12;대하 6:16;눅 1:32;갈 2:30}

12 만약 네 자녀들이 내 언약을 지키고 내가 가르칠 교훈을 지키면 그들의 자녀들도 네 왕좌에 영원히 앉으리라"고 하셨습니다.

13 여호와께서 시온을 선택하셨고 주께서 계실 곳이 되기를 바라셨습니다. ^{68:16;78:68}

14 "이곳이 영원토록 내 안식처가 되리라. 내가 여기 있을 것이다. 내가 그것을 바란다.

15 내가 시온에게 먹을 것이 많도록 복을 주어 성의 가난한 사람들이 배부르게 먹게 하리라. ^{147:14;눅 1:6}

16 또한 제사장들에게 구원의 옷을 입힐 것이니 성도들이 기뻐 외치리라. ^{9절}

17 여기에 내가 다윗을 위해 뿔에 싹이 트게

상식충충

헤르몬 산

'거룩한 산'이라는 뜻을 지닌 팔레스타인 북쪽에 있는 산이다. 이 산의 최고봉은 1년 내내 눈이 쌓여 있는데, 이 눈이 녹아서 요단 강으로 흘러들어 팔레스타인 땅에 물을 공급해 준다.

또 산꼭대기에는 낮은 온도 때문에 대기 중의 수분을 급격히 냉각시켜서 밤사이에 많은 양의 이슬이 내린다. 강우량이 적은 팔레스타인에서 이슬은 식물에 충분한 수분을 공급하는 중요한 역할을 한다.

시편 기자는 헤르몬 산에서 내리는 이슬이 그 지역을 풍요롭게 함같이 형제가 함께 한마음으로 사는 축복이 이와 같다고 노래했다(시 133:3).

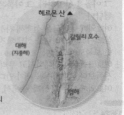

헤르몬 산 ▲
대해
(지중해)
갈릴리 호수
요단 강
염해

하리니 내가 기름 부은 이를 위해 등불을
세워 두었다. 대하 217;겔 2921;눅 169

18 그의 적들에게는 내가 수치의 옷을 입힐
것이나 그는 머리 위의 면류관으로 찬란
히 빛나리라." 욥 822

다윗의 시 성전에 오르며 부르는 노래

133

형제가 함께 한마음으로 살아가는
기쁨 형제가 함께 한마음으
로 사는 것이 얼마나 선하고 얼마나 보기
좋은가! 창 138;히 131

2 그것은 마치 귀한 기름을 머리에 부어 수
염에까지, 곧 아론의 수염에까지 흘러내리
고 그 옷깃에까지 흘러내리는 것 같고

3 또 헤르몬의 이슬이 시온 산에 내리는 것
같구나. 거기서 여호와께서 복을 내리셨으
니 바로 영원한 생명이로다. 잠 1912;히 57

성전에 오르며 부르는 노래

134

여호와의 모든 종들아 하나님을
찬양하라. 밤에 여호와의 집에
서 있는 너희 여호와의 모든 종들아, 여호
와를 찬양하라. 레 835;신 108

2 성소에서 손을 들고 여호와를 찬양하라.

3 하늘과 땅을 지으신 여호와께서 시온에서
너희에게 복 주시기를 원한다. 민 624

135

성전의 종들이 하나님께 찬양드려
야 할 많은 것들 여호와를 찬양
하라. 여호와의 이름을 찬양하라. 오 여호
와의 종들아, 그분을 찬양하라. 1131461

2 너희 여호와의 집, 우리 하나님의 집 뜰에
서 있는 사람들아, 9213

3 여호와를 찬양하라. 여호와는 선하시다.
그 이름을 찬양하라. 그 이름은 듣기에 아
름답다. 529;1000;5;1471

4 여호와께서 야곱을 선택해 자신의 것으로
삼으시고 이스라엘을 선택해 자신의 특별
한 보물로 삼으셨다. 1055;출 195;신 76~7;1015

5 여호와께서는 위대하시고 우리 주는 모든
신들보다 위대하심을 내가 안다. 953

6 여호와께서는 하늘과 땅에서, 바다와 모

든 깊은 곳에서 기뻐하시는 일이라면 무엇
이든 하신다. 1153

7 여호와께서는 땅끝에서 안개를 일으키고
비와 함께 번개를 보내시며 그 창고에서
바람을 내보내신다. 욥 2825~26;38:2225

8 또 사람이든 가축이든 이집트에서 처음
난 것들을 치셨다. 7851

9 오 이집트야, 여호와께서 너희 가운데 바로
와 그 모든 종들에게 그 표적과 기사를 보
내셨다. 신 622

10 그분은 또 큰 민족들을 치셨고 강한 왕들
을 죽이셨다. 10~12절;136:17~22

11 아모리 사람의 왕 시혼과 바산 왕 옥과 가
나안의 모든 왕들이며 민 2121~26,33~35;신 297

12 그 땅을 유산으로 주시되 그분의 백성들
인 이스라엘에게 유업으로 주셨다. 신 298

13 오 여호와여, 주의 이름은 영원합니다. 오
여호와여, 주에 대한 기억은 온 세대까지
계속될 것입니다. 102:12;잠 315

14 여호와께서 그 백성들을 변호하시고 그
종들을 긍휼히 여기실 것입니다. 신 3236

15 이방 민족의 우상들은 은과 금이요, 사람
의 손으로 만든 것이다. 15~18절;1154~8

16 입이 있어도 말을 못하고 눈이 있어도 보
지 못하며

17 귀가 있어도 듣지 못하고 그 입에 숨이 없다.

18 그것을 만드는 사람들이 그것처럼 되고
그것을 의지하는 사람들도 다 그렇게 되
리라.

19 오 이스라엘의 집아, 여호와를 찬양하라.
오 아론의 집아, 여호와를 찬양하라.

20 오 레위의 집아, 여호와를 찬양하라. 너희
여호와를 경외하는 사람들아, 여호와를
찬양하라.

21 예루살렘에 계시는 여호와께 시온에서 찬
양을 드립니다. 여호와를 찬양하라.

136

특별한 감사의 시 여호와께 감
사하라. 그분은 선하시며 그
인자하심이 영원하시다. 대상 1641

2 신들의 하나님께 감사하라. 그 인자하심
이 영원하시다. 신 1017

3 주의 주께 감사하라. 그 인자하심이 영원하시다.

4 홀로 위대한 일들을 하시는 분께 감사하라. 그 인자하심이 영원하시다. 72:18

5 지혜로 하늘을 지으신 분께 감사하라. 그 인자하심이 영원하시다. 창 1:1;잠 3:19

6 물 위에 이 땅을 펼치신 분께 감사하라. 그 인자하심이 영원하시다. 24:2;사 42:5;44:24

7 큰 빛들을 지으신 분께 감사하라. 그 인자하심이 영원하시다. 창 1:16

8 해를 지어 낮을 다스리게 하신 분께 감사하라. 그 인자하심이 영원하시다.

9 달과 별을 지어 밤을 다스리게 하신 분께 감사하라. 그 인자하심이 영원하시다.

10 이집트에서 처음 난 것들을 치신 분께 감사하라. 그 인자하심이 영원하시다.

11 그들 가운데서 이스라엘을 데리고 나오신 분께 감사하라. 그 인자하심이 영원하시다.

12 강한 손과 쭉 뻗친 팔로 그렇게 하신 분께 감사하라. 그 인자하심이 영원하시다.

13 홍해를 쫙 갈라지게 하신 분께 감사하라. 그 인자하심이 영원하시다. 78:13

14 그 가운데로 이스라엘을 지나가게 하신 분께 감사하라. 그 인자하심이 영원하시다.

15 바로와 그 군대를 홍해 속에 빠뜨리신 분께 감사하라. 그 인자하심이 영원하시다.

16 그 백성을 광야로 인도하신 분께 감사하라. 그 인자하심이 영원하시다. 신 8:15

17 큰 왕들을 치신 분께 감사하라. 그 인자하심이 영원하시다. 17~22절;135:10~12

18 유명한 왕들을 죽이신 분께 감사하라. 그 인자하심이 영원하시다.

19 아모리 사람들의 왕 시혼을 죽이신 분께 감사하라. 그 인자하심이 영원하시다.

20 바산 왕 옥을 죽이신 분께 감사하라. 그 인자하심이 영원하시다.

21 그 땅을 유산으로 주신 분께 감사하라. 그 인자하심이 영원하시다.

22 바로 주의 종 이스라엘에게 그 땅을 유산으로 주신 분께 감사하라. 그 인자하심이 영원하시다. 105:6,26

23 비천한 처지에 있는 우리를 기억하신 분께 감사하라. 그 인자하심이 영원하시다.

24 우리 적들에게서 우리를 *해방시키신 분께 감사하라. 그 인자하심이 영원하시다.

25 모든 육체에게 먹을 것을 주시는 분께 감사하라. 그 인자하심이 영원하시다.

26 하늘의 하나님께 감사하라. 그 인자하심이 영원하시다. 스 5:12;느 1:4;단 2:18

137 바벨론에서의 슬픈 노래 바벨론 강 가에 앉아 우리가 시온을 기억하면서 울었습니다.

2 거기 버드나무 가지에 우리가 하프를 매달았습니다.

3 우리를 사로잡아 온 사람들이 우리에게 노래를 시키고 우리를 고문하는 사람들이 기쁨의 노래를 부르라고 했기 때문입니다. 그들은 "시온의 노래 가운데 하나를 부르라!" 하고 말했습니다.

4 우리가 어떻게 남의 땅에서 여호와의 노래

기쁨의 노래, 시온의 노래는?

'기쁨의 노래', '시온의 노래'는 유다 사람들이 성전에서 하나님을 찬양하던 노래를 말해요. 유다 사람들이 바벨론에 포로로 있을 때, 바벨론 사람들은 유다 사람들을 여러 강변의 운하를 만드는 공사에 데려다 강제로 일을 시켰어요.

바벨론 사람들은 유다 사람들을 육체적으로 몹시 괴롭혔을 뿐만 아니라, 정신적으로도 많이 힘들게 했어요. 특히 그들은 오락거리로 유다 사람들에게 성전에서 부르는 찬송인 '시온의 노래'를 부르게 했어요. 하지만 시인은 바벨론 사람들이 깔보면서 놀리는 것에 대해 그들이 시키는 것을 강력히 거부했어요. 심지어 그 오른손이 연주하는 재주를 잊기를 소원하며(시 137:5), 허가 입천장에 붙어 버릴 것이라고까지 말했어요(시 137:6). 이렇게 바벨론에 포로로 있는 고통 속에서 오직 하나님을 향한 마음을 지켰답니다.

우리도 어떤 고난이 다가와도 하나님을 향한 믿음의 마음을 굳게 지키기로 해요.

를 부를 수 있겠습니까?   느 23

5 오 예루살렘아, 만약 내가 너를 잊는다면 내 오른손이 그 재주를 잃게 될 것이다.

6 내가 너를 기억하지 못한다면, 내가 예루살렘을 내 가장 큰 기쁨으로 여기지 않는다면 내 혀가 내 입천장에 붙어 버릴 것이다.

7 오 여호와여, 예루살렘이 넘어지던 날에 에돔이 한 일을 기억하소서. 그들이 부르짖으며 "무너뜨리라. 그 기초까지 다 무너뜨리라"라고 했습니다.   옵 8:14,20,사 34:5~6

8 오 멸망할 수밖에 없는 바벨론의 딸아, 네가 우리에게 한 대로 갚아 주는 사람은 복이 있으리라.   28:4,사 13:1~22,21:9,47:1~15,렘 25:12

9 네 어린아이들을 잡아다가 바위에 메어치는 사람은 복이 있으리라.   왕하 8:12,사 13:1

다윗의 시

138

신실하신 하나님께 드리는 찬양 내 마음을 다해 주를 찬양하겠습니다. 내가 신들 앞에서 주를 찬양하겠습니다.   95:3,96:5,111:1

2 주의 거룩한 성전을 향해 내가 경배하겠고 주의 인자하심과 주의 진리를 생각하며 주의 이름을 찬양하겠습니다. 이는 주께서 주의 이름과 주의 말씀을 모든 것 위에 높이셨기 때문입니다.   57:2,8:2,왕상 8:29

3 내가 부르짖는 날에 주께서 응답하셨고 내 영혼을 담대하고 용감하게 만드셨습니다.

4 오 여호와여, 땅의 모든 왕들이 주의 입의 말씀을 듣고 주를 찬양하게 하소서.

5 그들이 여호와의 길을 노래하게 하소서. 주의 영광이 크기 때문입니다.   103:7

6 여호와께서는 높이 계시지만 낮은 사람을 돌아보십니다. 그러나 교만한 사람들은 멀리서도 아십니다.   왕상 3:3,사 34:5,눅 1:48,요 4:6

7 내가 고통 가운데 처해 있더라도 주께서는 나를 회복시키실 것입니다. 내 적들의 분노를 향해 주의 손을 뻗으실 것이고 주의 오른손이 나를 구원하실 것입니다.

8 여호와께서 나를 위한 뜻을 이루실 것입니다. 오 여호와여, 주의 인자하심이 영원

합니다. 주의 손으로 만드신 것을 버리지 마소서.   57:2,100:3,136:1,대상 16:41,빌 1:6

다윗의 시 지휘자를 위한 노래

139

우리들의 삶을 아시는 하나님 오 여호와여, 주께서 나를 살펴보셨으니 나를 아실 것입니다.

2 내가 앉고 서는 것을 아시고 멀리에서도 내 생각을 아십니다.   마 9:4,요 2:24~25

3 주께서는 내가 길을 다니는 것과 내가 눕는 것을 아시니 내가 하는 모든 일을 살살이 알고 계십니다.

4 오 여호와여, 내가 말을 혀에 담기도 전에 주께서는 그것마저 다 아십니다.   히 4:13

5 주께서는 나를 앞뒤로 둘러싸 주시고 내게 손을 얹으셨습니다.   욥 9:33,19:8

6 그토록 잘 아시다니 너무도 놀랍고 너무도 높아서 나는 이를 수 없습니다.   롬 11:33

7 내가 주의 영을 떠나 어디로 가겠습니까? 내가 주 앞을 떠나 어디로 피하겠습니까?

8 내가 하늘로 올라가도 거기에 계시며 지옥에 잠자리를 마련해도 거기에 계십니다.

9 내가 새벽 날개를 타고 바다 저 끝에 내려 앉더라도

10 어디에서든 주의 손이 나를 인도하시며 주의 오른손으로 나를 꼭 붙드실 것입니다.

11 내가 "어둠이 나를 가리고 밤이 나를 둘러 달라" 해도   욥 22:14

12 어둠조차 주로부터 숨지 못하며 밤도 낮처럼 환하게 빛날 것입니다. 주께는 어둠이나 빛이나 다를 바 없으니 말입니다.

13 주께서는 내 장기를 지으셨고 내 어머니의 모태에서 나를 만드셨습니다.   신 32:6

14 내가 주를 찬양하겠습니다. 주께서 나를 경이롭게, 멋지게 지으셨습니다. 주의 작품은 정말 놀랍습니다. 내 영혼이 너무나 잘 알고 있습니다.   72:18

15 내가 아무도 모르는 데서 지어지고 땅속 가장 아래쪽에서 지음을 받았을 때 내 것 하나하나가 주께 숨겨진 것이 없었습니다.

16 아직 완성되지도 않았는데 내 *틀을 주의 눈으로 보셨고 아직 아무것도 없을 때도

나를 구성한 재료들이 이미 낱낱이 주의 책에 적혀 있었습니다. 56:8

17 오 하나님이여, 주의 생각이 내게 너무나 귀합니다! 그 수가 얼마나 크고 많은지요!

18 내가 다 셀 수 있다면 모래보다 많을 것입니다. 깨어나 보면 나는 여전히 주와 함께 있습니다. 40:5장 22:17

19 오 하나님이여, 주께서 분명 악인들을 죽이실 것입니다. 너희 피 묻은 사람들아, 내게서 물러가라! 5:6;6:8;9:17;시 11:4

20 그들이 주를 나쁘게 말하며 주의 적들이 주의 이름을 헛되이 말합니다. 출 20:7;유 1:15

21 오 여호와여, 주를 미워하는 사람들이 미워하지 않으며 주께 들고일어나는 사람들을 싫어하지 않을 수 있겠습니까?

22 내가 그들을 철저하게 미워하며 내가 그들을 적으로 여깁니다.

23 오 하나님이여, 나를 살펴 내 마음을 알아 주시고 나를 시험해 내 생각을 알아주소서.

24 내 안에 혹시라도 악한 것이 있는지 보시고 나를 영원한 길로 인도하소서. 10절

다윗의 시 지휘자를 위한 노래

140

폭행으로부터 보호를 간구하는 기도 오 여호와여, 나를 악한 사람들에게서 건져 내소서. 폭력을 행하는 사람들에게서 나를 보호하소서.

2 그들은 마음에 악한 계획을 세우고 날마다 모여서 싸움을 일으킵니다. 56:6

3 그들이 자기 혀를 뱀의 혀같이 날카롭게 만들었으니 뱀의 독이 그 입술 아래 있습니다. (셀라) 10:7;52:2;58:4;롬 3:13

4 오 여호와여, 악인들의 손에서 나를 지켜 주시고 내 발을 걸어 넘어지게 하려는 폭력을 행하는 사람들에게서 나를 보호하소서.

5 교만한 사람들이 덫과 올가미를 숨겨 놓고 내가 가는 길목에 그물을 쳐 놓았으며 나를 잡으려고 함정을 파 놓았습니다. (셀라)

6 내가 여호와께 "주는 내 하나님"이라고 했으니 오 여호와여, 내 부르짖는 소리를 들으소서. 28:2;31:22;130:2;142:5

7 오 주 하나님이여, 내 구원의 힘이여, 주께서 전쟁의 날에 내 머리를 덮어 주셨습니다.

8 오 여호와여, 악인들이 바라는 대로 허락하지 마소서. 그들의 계획이 성공하지 못하게 하소서. 그들이 높아질까 두렵습니다. (셀라) 14:21;35:25

9 나를 둘러싼 사람들의 머리에 그들의 입술이 담은 그 음모가 덮치게 하소서.

10 불타는 숯불이 그들에게 떨어지게 하소서. 그들을 불 속에, 깊은 구덩이 속에 던져 다시는 일어나지 못하게 하소서. 11:6

11 욕하는 사람들이 그 땅에 서지 못하게 하시고 폭력을 행하는 사람들에게 악이 따라가게 하소서.

12 여호와께서 고난당하는 사람들의 사정을 변호하시고 가난한 사람들의 권리와 이익을 보장해 주시는 것을 내가 압니다.

13 분명 의인들은 주의 이름에 감사를 드리고 정직한 사람들은 주 앞에서 살 것입니다.

다윗의 시

141

말의 지혜로움을 구하는 기도 여호와여, 내가 주를 부릅니다. 어서 속히 내게로 오소서. 내가 주를 부를 때 내 소리에 귀 기울이소서.

2 내 기도가 주 앞에 피운 향처럼 올라가게 하시고 내 손을 드는 것이 저녁제물처럼 되게 하소서. 28:2;출 29:41;눅 1:10;계 5:8;8:3~4

3 오 여호와여, 내 입에 파수꾼을 두시고 내 입술의 문을 지켜 주소서. 34:13;미 7:5

4 내 마음이 악한 것에 이끌려 죄악을 저지르는 사람들과 함께 악한 것을 일삼지 않게 하시고 그들의 진수성찬을 먹지 않게 하소서.

5 의인들이 나를 치게 하소서. 이것이 친절이 될 것입니다. 의인들이 나를 꾸짖게 하소서. 이것이 내 머리를 상하지 않게 하는 좋은 기름이 될 것입니다. 그러나 내 기도는 악인들에게 재앙을 부르게 하소서.

6 그들의 통치자들이 절벽에서 내던져질 때 내 말이 옳았음을 알게 될 것입니다.

7 그들이 "사람이 나무를 잘라 조개 만든 땔감처럼 무덤의 입구에 우리 뼈들이 흩어져 있다"라고 할 것입니다. 53:5;겔 37:1

8 오 주 하나님이여, 내 눈이 주께 맞추어졌습니다. 내가 주를 의지합니다. 내 영혼을 죽음에 넘기지 마소서. 11:1;25:15

9 그들이 나를 잡으려고 놓은 덫과 범죄자들이 파 놓은 함정에서 나를 지켜 주소서.

10 악인들은 자기 그물에 스스로 빠지게 하시고 나는 안전하게 지나가게 하소서.

142

다윗의 마스길 다윗이 굴에 있을 때의 기도

핍박으로부터 피난처를 간구함 내가 목소리를 내어 여호와께 부르짖었습니다. 내 목소리로 여호와께 기도했습니다. 3:4;30:8

2 내가 그분 앞에 내 불평을 털어놓았으며 그분 앞에 내 어려움을 보여 드렸습니다.

3 내 영이 마음속에서 실망할 때도 내 길을 아는 분은 하나님이셨습니다. 내가 걸어가는 길에 그들이 몰래 덫을 숨겨 놓았습니다.

4 내 오른쪽을 보아도 나를 아는 사람이 아무도 없었고 내가 피할 곳도 없었으며 내 영혼에 관심을 갖는 사람도 없었습니다.

5 오 여호와여, 내가 주께 부르짖습니다. "주는 내 피난처이시요, 살아 있는 사람들의 땅에서 받는 내 몫이십니다." 14:6

6 내 부르짖음에 귀 기울이소서. 나는 너무나도 비참합니다. 나를 핍박하는 사람들에게서 나를 구하소서. 그들은 나보다 강합니다. 17:1;18:17;79:8

7 내 영혼을 감옥에서 풀어 주셔서 내가 주의 이름을 찬양하게 하소서. 주께서 나를 너그럽게 대하시면 의인들이 내 주위에 몰려들 것입니다. 13:6;143:11;사 42:7

143

다윗의 시

생명의 보존과 고통으로부터 보호를 간구하는 기도 오 여호와여, 내 기도를 들으시고 내 기도에 귀 기울이소서. 주의 신실하심과 주의 의로 내게 응답하소서. 31:1;140:6;요일 1:9

2 주의 종이 심판을 받지 않게 하소서. 살아 있는 사람 누구도 주 앞에 의로운 사람이 없습니다. 욥 9:2;14:3;15:14;25:4;전 7:20;롬 3:23;고전 4:4

3 적들이 내 영혼을 괴롭혔습니다. 내 생명을 땅바닥에 내리꽂았고 죽은 지 오래된 사람들처럼 나를 어둠 속에서 살게 했습니다.

4 그러니 내 영혼이 깊이 실망하고 내 마음이 속에서 절망합니다. 77:3

5 내가 지난날을 기억하며 주께서 하신 모든 일들을 묵상합니다. 주의 손으로 하신 일들을 생각합니다. 77:5,11~12;111:2

6 내가 주께 손을 뻗습니다. 내 영혼이 바짝 마른 땅같이 주를 목말라합니다. (셀라)

7 오 여호와여, 어서 빨리 응답하소서. 내 영이 죽어 가고 있습니다. 주의 얼굴을 내게서 숨기지 마소서. 내가 저 아래 구덩이에

시편 이렇게 읽어 보자!

시편은 성경의 다른 책들과 다르게 하나님과의 관계에서 경험하는 사람의 마음을 시적으로 표현한 내용이 대부분이다. 시편을 많이 읽고 묵상할수록 영혼이 맑아지고 하나님과 깊은 교제에 쉽게 들어갈 수 있다.

■ 이렇게 읽어 보자!
• 매일 한 편씩 읽는다.
• 아침마다 묵상하고 그중 한 구절을 선택해 그 날의 암송 구절로 만든다.
• 시편에서 나오는 이름이나 '나'에 자기 이름을 넣어 읽어 본다.
• 가족이나 친구와 한 절씩 번갈아 가며 읽는다.
• 밤에 잠들기 전에 소리 내어 읽는다.
• 시편과 그 역사적 배경이 되는 본문을 함께 읽는다.

■ 역사적 배경이 되는 본문과 시편
• 시편 59편 (삼상 19:11~17)

빠지는 사람들과 똑같이 될까 두렵습니다.

8 내가 주를 의지하니 아침에 주의 변함없는 사랑을 듣게 하소서. 주께 내 영혼을 올려 드리니 내가 가야 할 길을 보여 주소서.

9 오 여호와여, 내 적들에게서 나를 구하소서. 내가 주께로 피해 숨습니다. 59:1:142:6

10 나를 가르쳐 주의 뜻대로 하게 하소서. 주는 내 하나님이십니다. 주의 영은 선하십니다. 나를 평탄한 땅으로 인도하소서.

11 오 여호와여, 주의 이름 때문에라도 나를 되살리소서. 주의 의로우심 때문에라도 내 영혼을 고통에서 건져 내소서. 233

12 주의 변함없는 사랑으로 내 적들을 끊어 버리시고 내 영혼을 해치는 모든 사람들을 멸망시키소서. 나는 주의 종입니다.

다윗의 시

144

전쟁에서 하나님의 능력을 간구하는 기도 내 반석이신 여호와를 찬양합니다. 그분은 전쟁을 위해 내 손을, 전투를 위해 내 손가락을 훈련시키십니다.

2 그분은 내 선함이시요, 내 요새이시며 내 산성이시며 나를 건지는 분이시요, 내 방패이시며 내가 의지하는 분이시며 내 백성들을 내 밑에 복종시키는 분이십니다.

3 오 여호와여, 사람이 무엇이관대 주께서 그를 돌보시며 인자가 무엇이관대 주께서 생각하십니까! 8:4:31:7

4 사람은 한낱 헛것에 불과합니다. 그 인생

은 지나가는 그림자 같습니다. 욥 8:9

5 오 여호와여, 하늘을 낮게 드리우고 내려오소서. 산들을 건드려 연기 나게 하소서.

6 번개를 보내 적들을 흩어 버리시고 주의 화살을 쏘아 그들을 물리치소서. 18:14

7 높은 곳에서 주의 손을 뻗어 내려 거센 물결과 이방 사람의 자손들의 손에서 나를 건지시고 구하소서. 18:16,44-45;69:14

8 그들은 입으로 헛된 것을 말하며 그 오른손으로는 속이는 일만 합니다. 삼하 14:22

9 오 하나님이여, 내가 주께 새 노래를 부르겠습니다. 수금과 현악기로 주를 찬양하겠습니다. 33:2-3

10 주께서는 왕들에게 승리를 안겨 주는 분이십니다. 주의 종 다윗을 해치는 칼에서 건져 내시는 분이십니다. 18:50

11 이방 사람의 자손들의 손에서 나를 건지시고 나를 구하소서. 그들은 입으로 헛된 것을 말하며 그 오른손으로는 속이는 일만 합니다.

12 그러면 우리 아들들은 나무가 자라듯 할 것이고 우리 딸들은 왕궁 모퉁이에서 번쩍이는 조각 기둥 같을 것입니다. 슥 9:15

13 우리 창고에 각종 식량이 가득하고 우리 양들이 길가에 1,000배, 1만 배로 늘어날 것이며

14 우리 황소들이 힘든 일도 너끈히 해낼 것입니다. 또 성벽을 침범하는 일이나 포로로 잡혀가는 일이 없고 거리에서 불평하는 소리도 없을 것입니다. 사 24:11;롐 14:2

15 이런 백성들은 복이 있습니다. 여호와를 하나님으로 모신 백성들은 복이 있습니다.

다윗의 찬송시

145

신실과 사랑과 의의 하나님께 드리는 찬양 왕이신 내 하나님이여, 내가 주를 높이고 영원토록 주의 이름을 찬양하겠습니다. 21절

2 내가 날마다 주를 찬양하고 영원토록 주의 이름을 찬양하겠습니다.

3 여호와께서는 위대하시니 찬양받기에 마땅하신 분이십니다. 주의 위대하심은 어

느 누구도 헤아리지 못합니다. 욥 5:9;사 40:28
4 한 세대가 다음 세대에게 주의 일들을 찬
양하고 주의 능력 있는 행적을 선포할 것
입니다. 사 38:19
5 내가 주의 위엄 있고 영광스러운 영예와
행하신 놀라운 일들을 말하겠습니다.
6 사람들이 주가 하신 두려운 일들이 얼마
나 힘이 있었는지 말할 것이니 나도 주의
위대하심을 선포하겠습니다. 78:4
7 그들이 주의 선하심이 얼마나 컸는지 기억
해서 말하며 주의 의를 노래할 것입니다.
8 여호와는 은혜롭고 자비가 넘치시며 노하
기를 더디 하시고 사랑이 크십니다. 86:5,15
9 여호와께서는 모두에게 선하십니다. 그분
이 지으신 모든 것에 자비를 베푸십니다.
10 오 여호와여, 주께서 지으신 모든 것이 주
를 찬양하고 주의 성도들이 주를 찬양할
것입니다. 19:1;103:22;132:9,16
11 그들이 주의 나라의 영광을 말하며 주의
능력을 말할 것입니다.
12 그러면 모든 사람의 자손들이 주의 능력
있는 행적과 주의 나라의 영광스러운 위
엄을 알게 될 것입니다. 4-5절;105:1;150:2;신 3:24
13 주의 나라는 영원한 나라요, 주의 통치는
온 세대에 이를 것입니다. 10:16
14 여호와께서는 넘어지는 사람들 모두를 붙
들어 주시고 엎드린 사람들 모두를 일으
키십니다. 37:17,24;146:8
15 모든 눈들이 주를 바라보니 주께서는 때
에 맞춰 그들에게 먹을 것을 주십니다.
16 주께서 손을 펴서 살아 있는 모든 것의 소
원을 이루어 주십니다. 104:21,28;147:9
17 여호와께서는 모든 길에 의로우시고 하시
는 모든 일에 거룩하십니다. 18:25;116:5;렘 3:12
18 여호와께서는 주를 부르는 모든 사람들,
진심으로 주를 부르는 모든 사람들 가까
이에 계십니다. 34:18;119:151;신 4:7;요 4:23-24
19 주께서는 그분을 경외하는 사람들의 소
원을 이루어 주시고 그들의 부르짖음을
듣고 구원해 주실 것입니다. 31:22;잠 10:24;요 9:31
20 여호와께서는 그분을 사랑하는 모두를 지
켜보시지만 악인들은 다 멸망시키십니다.
21 내 입이 여호와를 찬양하리라. 모든 육체는
그분의 거룩한 이름을 영원토록 찬양하라.

146 우리를 돌보시는 하나님을 신뢰하며 찬양함

여호와를 찬양하라.
오 내 영혼아, 여호와를 찬양하라. 135:1
2 내가 평생 여호와를 찬양하겠고 내가 존
재하는 한 내 하나님을 찬양하겠습니다.
3 왕들을 의지하지 말고 사람의 자손들을
의지하지 마십시오. 거기에는 도움이 없
습니다. 60:11;108:12;118:8-9;사 2:22;렘 17:5
4 그 숨이 떠나가면 땅으로 돌아가고 바로
그날에 그들의 계획은 사라집니다.
5 야곱의 하나님을 도움으로 삼고 그 하나님
여호와를 바라는 사람은 복이 있습니다.
6 하늘과 땅과 바다와 그 안에 있는 모든 것
을 지으신 분, 그분은 진리를 영원히 지키
십니다. 100:5;115:15;117:2
7 그분은 억압받는 사람들을 위해 심판해 주
시고 배고픈 사람들에게 먹을 것을 주십니
다. 여호와는 갇힌 사람들을 풀어 주시고
8 여호와는 눈먼 사람들의 눈을 뜨게 하시
며 여호와는 엎드린 사람들을 일으키시고
여호와는 의인들을 사랑하십니다. 마 9:30
9 여호와는 나그네들을 보호하시며 고아와
과부를 붙들어 주십니다. 그러나 악인들
의 길은 좌절시키십니다. 출 22:21-22;신 10:18
10 오 시온아, 여호와께서 영원히 다스리시며
네 하나님이 온 세대에 걸쳐 다스리신다.
여호와를 찬양하라. 10:16

147 회복을 가져다 주시는 창조주 하나님의 능력

여호와를 찬양하라.
우리 하나님께 찬양하는 것이 얼마나 좋
은지요! 그분을 찬양하는 것이 얼마나 기
쁘고 당연한 일인지요! 33:1
2 주께서는 예루살렘을 지으시고 이스라엘
에서 쫓겨 나간 사람들을 모으시며
3 마음이 상한 사람을 고치시고 그들의 상
처를 싸매십니다. 34:18;겔 34:16
4 주께서는 별들의 수를 세시고 그 하나하
나에 모두 이름을 붙여 주십니다. 창 15:5

5 우리 주는 위대하시고 능력이 크시며 그 통찰력은 한이 없으십니다. 시 5:9;사 40:28

6 여호와께서는 마음이 따뜻한 사람들을 높여 주시고 악인들은 땅에 던지십니다.

7 여호와께 감사의 찬송을 부르라. 우리 하나님께 하프로 찬양하라. 출 15:21;대상 15:16

8 그분은 하늘을 구름으로 덮으시고 땅에 비를 내리시며 산에 풀이 자라게 하십니다.

9 그분은 가축을 위해 먹이를 주시고 어린 까마귀가 부르면 먹이를 주십니다.

10 여호와께서는 말의 힘을 기뻐하지 않으시고 사람의 다리도 기뻐하지 않으십니다.

11 여호와께서는 그분을 경외하는 사람들과 그 변함없는 사랑을 바라는 사람들을 기뻐하십니다. 33:18;149:4

12 오 예루살렘아, 여호와를 찬양하라. 오 시온아, 네 하나님을 찬양하라.

13 그분은 네 문들의 빗장을 강하게 하셨고 네 안에 있는 네 백성들에게 복을 주셨다.

14 또 네 경계 안에 평화를 주시고 가장 고운 밀가루로 너를 배불리신다. 출 34:24;시 32:14

15 그분이 주의 계명을 땅에 보내시니 그 말씀이 빨리 퍼져 나갑니다. 148:8

16 그분은 양털같이 눈을 내려 주시고 서리를 재같이 흩으십니다. 욥 37:6;38:29

17 또 우박을 자갈처럼 집어 던지시니 그 추위를 누가 견뎌 낼 수 있겠습니까?

18 그분은 말씀을 보내어 얼음을 녹이시고 또 바람을 보내 물이 돼 흐르게 하십니다.

19 그분은 야곱에게 말씀을 들려주시고 이스라엘에게 규례와 명령을 나타내셨습니다.

20 다른 어떤 민족에게도 이렇게 하신 적이 없으시니 그들은 그분의 명령을 알지 못했습니다. 여호와를 찬양하라. 135:1

148 모든 피조물이 창조주 하나님을 찬양함 여호와를 찬양하라. 하늘에서 여호와를 찬양하고 높은 곳에서 그분을 찬양하라. 마 21:9

2 그분의 모든 천사들아, 그분을 찬양하라. 그분의 모든 군대들아, 그분을 찬양하라.

3 해와 달아, 그분을 찬양하라. 너희 빛나는 모든 별들아, 그분을 찬양하라.

4 너 가장 높은 하늘아, 너 하늘 위의 물들아, 그분을 찬양하라. 시 17:15;104:14;왕상 8:27;느 9:6

5 여호와의 이름을 찬양하라. 그분의 명령으로 그것들이 창조됐다. 13절;33:6,9

6 그분이 그것들을 그 자리에 두어 영원토록 있게 하셨고 결코 없어지지 않을 법령을 주었다. 욥 14:5;28:26;렘 31:35~36;33:25

7 땅에서부터 여호와를 찬양하라. 너희 용들과 모든 바다 깊은 물들아, 시 33:6;13:21

8 번개와 우박, 눈과 구름, 그분의 명령을 수행하는 폭풍아, 18:12;103:20;105:32

9 산들과 모든 언덕들아, 과일나무들과 모든 백향목들아, 104:16;창 1:11;사 44:23;49:13;55:12

10 들짐승들과 모든 가축들, 기어 다니는 것들과 날아다니는 새들아, 창 1:20~21,24

11 땅의 왕들과 모든 백성들, 땅의 모든 고관들과 재판관들아, 계 7:9

12 총각들과 처녀들, 노인들과 아이들아,

13 여호와의 이름을 찬양하라. 그 이름만이 위대하시고 그 영광이 땅과 하늘 위에 있다.

14 그분은 백성들을 위해 뿔을 높이 드시니

시편은 왜 '장'이 아니고 '편'이라고 하나요?

시편은 성경 66권 중에서 유일하게 '장'이라고 부르는 부분을 '편'이라고 불러요. 그 이유는 시편이 모두 시이기 때문이에요. '시편'이라는 말 자체에 '시를 모아 묶은 책'이라는 뜻을 가지고 있어요.

다른 성경은 장과 절로 되어 있어 앞뒤가 서로 연결되어 있는데, 시편은 각각 독립된 한 편의 시로 되어 있어, 각 편이 서로 연결되지 않아요. 한 편씩 따로 읽어도 그 자체로 뜻이 다 전달되는 것이지요.

시편은 모두 150편으로 되어 있는데, 시를 쓴 사람이나 주제들이 다양해서 이스라엘 사람들은 상황에 맞는 시에 곡을 붙여 찬양으로 불렀어요. 특히 이스라엘 사람들이 명절을 지키려고 예루살렘으로 올라갈 때, 이 시편에 있는 노래들을 부르며 모였답니다.

그분의 모든 성도들, 곧 그분께 가까이 있
는 백성 이스라엘 자손들의 찬양을 높이
신다. 너희는 여호와를 찬양하라.

149 이스라엘을 위해 싸움을 준비하시
는 여호와를 찬양함 여호와를
찬양하라. 새 노래로 여호와께 노래하며
성도들의 집회에서 그분을 찬양하라.

2 이스라엘은 자기를 만드신 분을 즐거워하
며 시온의 자녀들은 그 왕을 기뻐하라.

3 춤을 추며 그분의 이름을 찬양하고 탬버
린과 하프로 그분께 찬양하라.

4 여호와께서 그 백성들을 기뻐하시니 그분
은 겸손한 사람들에게 구원의 관을 씌우
실 것이다. 35:27;147:11;사 61:3

5 성도들은 이 영예를 즐거워하고 그들의 잠
자리에서 큰 소리로 노래하라. 호 7:14

6 그들의 입에 하나님을 향한 찬양이 있게
하고 그들의 손에는 양날 선 칼이 있어

7 이방 민족들 위에 복수의 일격을 가하고
그 백성에게 벌을 내리며

8 그들의 왕들을 사슬로 묶고 그들의 귀족
들에게 쇠고랑을 채우며 욥 36:8

9 그들을 위해 기록된 형벌을 시행하게 하
라. 이것이 그의 모든 성도들의 영광이다.
너희는 여호와를 찬양하라. 욥 13:26

150 만물이 주를 찬양함 여호와를
찬양하라. 그분의 성소에서
하나님을 찬양하라. 그분의 능력이 머무
는 하늘에서 여호와를 찬양하라.

2 그분의 놀라운 일들을 두고 여호와를 찬
양하라. 그분은 한없이 위대하시니 그것
을 따라 여호와를 찬양하라. 145:12

3 나팔 소리로 여호와를 찬양하라. 하프와
수금으로 여호와를 찬양하라. 신 3:24

4 탬버린을 치고 춤을 추며 여호와를 찬양
하라. 현악기와 오르간으로 여호와를 찬양
하라. 45:8;149:3;욥 21:12;사 38:20

5 큰 소리 나는 심벌즈로 여호와를 찬양하며
심벌즈의 높은 소리로 여호와를 찬양하라.

6 호흡이 있는 모든 것들은 여호와를 찬양
하라. 여호와를 찬양하라. 1절;145:21

성도(149:5, 聖徒, saints) '거룩한 무리라는 뜻으로 기독
교에서 믿는 사람들을 부르는 말.

QT 큐티! 찬양

하나님 높이기 : 찬양의 비밀

지난번 찬양 대회에서 상을 받지 못해 속
상해 하는 은혜에게 엄마가 말씀하십니
다. "찬양을 통해서 상 받는 것은 찬양
한 분이 시련다." 은혜는 엄마의 말씀이
무슨 뜻인지 곰곰이 생각해 봅니다.

우리는 교회에서 예배를 드리거나 모임이 있을 때마다 찬
양을 해요. 그런데 찬양을 하면서도 그 뜻을 모를 때가 많
아요.

찬양은 하나님이 어떤 분인지, 우리에게 어떤 일을 하시는
지를 정직하게 고백하는 것이에요. 그리고 "호흡이 있는 모
든 것들은 여호와를 찬양하라"(시 150:6)고 한 것처럼 찬양
은 우리가 당연히 해야 할 일이에요.

우리가 찬양할 때 하나님은 우리의 찬양을 받아 주시고, 우
리의 기도를 들어주신답니다. 여호사밧 왕이 적들을 물리칠 때(대하 20:21-22)도, 바울과 실라가 갇혔
던 감옥의 문이 열렸을 때(행 16:25-26)도 찬양을 할 때였어요.

하나님은 우리가 찬양할 때도 이런 기적들을 경험하도록 해주신답니다. 우리의 찬양은 어떤가요?
매일 내 생활 속에 찬양이 있는지, 나만의 찬양시가 있는지 생각해 봐요. 다윗이 "내가 주의 위엄 있
고 영광스러운 영예와 행하신 놀라운 일들을 말하겠습니다."(시 145:5)라고 말한 것처럼 우리도 찬양
시를 한번 적어보아요. 글 솜씨가 없어도 진실한 마음으로 하나님이 지금 나에게 하신 일들을, 해주
신 일들을 고백한다면, 하나님은 우리의 진정한 찬양을 기쁘게 받아 주실 거예요.

깊이읽기 시편 148편 1-14절과 150편 1-6절을 읽으세요.

잠언

잠언은 인생의 참다운 지혜를 담은 교훈집이에요. 잠언에 담긴 지혜는 세상의 격언 그 이상의 가치를 지닙니다. 창조주 하나님이 본래 계획하시고 창조하신 그대로 삶을 살아가는 기술을 알려 주어요. 특별히 어린이와 젊은이들에게 어떻게 하면 하나님이 기뻐하시고 인정하시는 행복한 삶, 성공하는 삶, 옳바른 삶을 살 수 있는지를 알려 주어요.

잠언의 핵심 메시지는 "어떠한 상황 속에서도 여호와 하나님을 경외하는 것이 참 지혜이다."라는 것이에요. 어떤 순간에도 변함없이 하나님을 존경하고 신뢰하며, 그 뜻에 순종하는 삶을 살라고 해요.

잠언이 무슨 뜻인가요?

'훈계나 충고가 되는 글을 모은 기록'이라는 뜻이에요. 'Proverbs'라는 단어가 '금언'(본보기가 될 만한 귀중한 내용을 담고 있는 짤막한 말), '격언'(교훈이나 충고를 간결하게 표현한 짧은 글)이라는 뜻을 가진 것처럼 말이에요. 잠언은 일상생활에서 이어나는 실제적인 문제를 신앙 안에서 어떻게 지혜롭게 처리해야 하는지를 배우게 합니다.

누가 썼나요?

주로 솔로몬 왕 자신이 직접 기록했어요. 아굴, 르무엘 왕 그리고 이름이 밝혀지지 않은 몇몇 사람들도 잠언을 기록하는 데 도움을 주었어요.

언제 썼나요?

BC 950~ 700년경

주요한 사람들은?

솔로몬
다윗의 아들, 이스라엘의 세 번째 왕, 지혜의 왕

아굴
야게의 아들,
아굴의 잠언을 지음

르무엘
르무엘 잠언을 지은 왕

한눈에 보는 잠언

1:1-7 서론

10:1-22:16 솔로몬의 잠언

24:23-34 또 다른 지혜 격언

1:8-9:18 지혜자에 대한 훈계

22:17-24:22 30개의 지혜 격언

30:1-33 아굴의 잠언

31:1-31 르무엘 왕의 잠언

25:1-29:27 히스기야의 신하들이 편집한 솔로몬의 잠언

잠언
Proverbs

1 잠언의 목적 다윗의 아들 이스라엘 왕 솔
로몬의 잠언이다. 전 12:9

2 이것은 지혜와 교훈을 얻게 하고 슬기로
운 말씀을 깨달으며

3 지혜롭게, 의롭게, 공평하게, 정직하게 행
동하도록 교훈을 얻게 하려는 것이며

4 어리석은 사람들에게는 깊이 생각할 수
있는 슬기를 주고 아직 어린 사람들에게
는 지식과 옳은 것을 판단할 수 있는 능력
을 주기 위한 것이다. 2:11;3:21;8:5;14:15;시 116:6

5 지혜로운 사람들은 듣고 그 배움을 더할
것이며 슬기로운 사람들은 더욱 슬기를 얻
게 될 것이다. 9:9

6 잠언과 비유와 지혜로운 사람의 말씀과
이해하기 어려운 말의 진정한 의미를 깨닫
게 될 것이다.

7 여호와를 두려워하며 섬기는 것이 지식의
시작인데 어리석은 사람들은
지혜와 교훈을
가볍게 여긴다.

8 **부모의 가르침** 내 아들아, 네 아버지의 교
훈을 잘 듣고 네 어머니의 가르침을 버리
지 마라. 2:1;3:1;4:1;시 34:11;엡 6:1

9 그것은 네 머리의 아름다운 화관이요, 네
목에 두를 목걸이다. 3:22;4:9;창 41:42;단 5:29

10 **죄의 유혹** 내 아들아, 죄인들이 너를 꾀더
라도 거기에 넘어가지 마라. 16:29

11 그들이 "우리를 따라와라. 우리가 몰래 숨
어 있다가 사람을 잡자. 우리가 죄 없는 사
람을 아무 이유 없이 가만히 기다리고 있
다가 18:잠;12:6;시 10:8;64:5;렘 5:26

12 그들을 무덤처럼 산 채로 삼키고 지옥에
떨어지는 사람처럼 통째로 삼켜 버리자.

13 그러면 우리가 온갖 종류의 귀중품들을
얻고 우리 집을 남에게 빼앗은 것들로 가
득 채울 것이다.

14 그러나 너는 우리와 함께 제비를 뽑아라.
이 모든 것을 우리와 함께 나누어 가지자"
라고 해도

15 내 아들아, 너는 그들을 따라가지 말고 그
들이 가는 길에 한 발짝도 들여놓지 마라.

16 저들의 발은 죄를 짓는 데 조금도 주저하
지 않고 사람을 죽이는 데 재빠르기 때문
이다. 6:18;사 59:7;롬 3:15

17 새들이 다 보고 있는 데서 그물을 치는 것
처럼 소용없는 일이 또 있을까!

18 그들은 결국 숨어 있다가 자기 피
를 흘리게 되고 숨어 기다리다가 자기
목숨을 잃게 될 뿐이다.

여호와를 두려워하며 섬기는 것이 지식의 시작이다.

19 정당하지 않은 이득을 욕심내는 사람들은 결국 자기 생명만 잃게 될 뿐이다.

20 지혜를 거부하는 어리석은 지혜가 길거리에서 소리치며 광장에서 외친다. 요7:37

21 복잡한 길목에서 부르짖고 성문 어귀에서 외친다. 8:3

22 "너희 어리석은 사람들아, 언제까지 어리석은 것을 좋아하겠느냐? 빈정대는 사람들이 언제까지 빈정대기를 즐거워하고 미련한 사람들은 언제까지 지식을 미워하겠느냐? 4:29절;5:12,8 21:14;사1:1

23 너희가 내 책망을 듣고 돌이키면 내가 내 영을 너희에게 쏟아부어 내 말을 너희가 깨닫도록 할 것이다. 욜2:28;행2:17

24 그러나 내가 불러도 너희가 듣지 않았고 내가 내 손을 뻗어도 거들떠보지 않았다.

25 너희가 내 모든 조언을 무시하고 내 책망을 전혀 받아들이지 않았으니 눅7:30

26 이제 나도 너희 재앙을 보고 웃을 것이며 너희에게 두려운 일이 닥칠 때 내가 비웃을 것이다. 10:24;사2:4;렘48:43; 49:5

27 재앙이 폭풍처럼 너희를 덮치고 재난이 회오리바람처럼 너희를 휩쓸 것이고 근심과 고난이 너희를 덮칠 것이다. 습1:15

28 그제야 너희들이 나를 부르겠지만 내가 대답하지 않을 것이며 너희들이 나를 찾겠지만 찾을 수 없을 것이다. 삼상8:18

29 그것은 너희가 지식을 미워하고 여호와를 두려워하며 섬기기로 선택하지 않았으며

30 내 교훈을 받아들이지 않고 내 모든 책망을 무시했기 때문이다.

31 그러므로 너희는 자기가 뿌린 씨의 열매를 먹고 자기 꾀에 배가 부를 것이다.

32 어리석은 사람들은 자기 마음대로 하다가 죽을 것이고 미련한 사람들은 스스로 잘난 체하다 망할 것이다. 시73:18~19;렘2:19

33 그러나 누구든 내 말을 듣는 사람은 안전하고 재앙받을 걱정 없이 평안하게 살 것이다."

시25:12~13;11:27~8

2 지혜를 깨닫는 유익

내 아들아, 네가 내 말을 받아들이고 내 명령을 마음 속 깊이 간직해 1:8;4:1,10,20;7:1

2 지혜에 귀를 기울이고 지혜를 깨닫는 데 마음을 쏟는다면,

3 네가 지식을 찾아 부르짖고 깨달음을 얻으려고 목소리를 높인다면, 4:1,5,7

4 네가 은이나 숨은 보물을 찾듯 지혜를 찾는다면, 3:14;삼 3:21;마 13:44

5 네가 여호와를 두려워하며 섬기는 것을 깨닫고 하나님을 아는 지식을 얻게 될 것이다.

6 여호와께서 지혜를 주시며 여호와의 입에서 지식과 깨달음이 나오기 때문이다.

7 그분은 정직한 사람들을 위해 분별할 수 있는 지혜를 예비하시고 흠 없이 행하는 사람들의 방패가 되시니 30:5;시3:3;84:11

8 의로운 사람의 길을 보호하시고 주께 충실한 사람들의 길을 지켜 주신다. 삼상2:9

9 그러면 너는 무엇이 바르고, 의롭고, 공평한지 깨닫게 되고 모든 선한 길을 알게 될 것이다. 5절;1:3

10 지혜가 네 마음에 들어가고 지식이 네 영혼을 즐겁게 할 것이다.

11 분별력이 너를 보호하고 깨달음이 너를 지킬 것이다. 1:4;6:22

12 지혜가 악한 사람의 길과 거짓말을 하는 자들에게서 너를 구원할 것이다. 6:14

13 그들은 정직한 길을 떠나 어두운 길로 다니고 시82:5;요 3:19~20

14 악을 행하기를 즐거워하고 악한 사람의 못된 짓을 좋아하니 10:23;사 50:18;렘11:15;롬 1:32

15 그들의 길은 구불구불하며 그 행실은 비뚤어지고 잘못됐다. 3:32;14:22;시8:1;125:5

16 지혜는 너를 음란한 여자에게서 지켜 주고 말로 너를 꾀는 부정한 여자에게서 너를 구원해 준다. 5:3,6,24;7:5,23;27;사1 5:9

17 그런 여자는 젊은 시절의 남편을 버리고 하나님 앞에서 맺은 언약을 잊어버린 사람이다. 시 55:13;렘 3:4;말 2:14~15

조언 (1:25, 助言, advice) 말로 거들거나 깨우쳐 주어서 도움, 또는 그 말.

분별력 (2:11, 分別力, discretion) 옳고 그른 것을 판단하는 능력.

18 그녀의 집은 죽음에 이르는 길이며 그 길은 지옥으로 내려가는 길이다. 7:27;욥 26:5

19 그녀에게로 가는 사람은 아무도 다시 돌아올 수 없고 다시는 생명의 길로 돌아오지 못한다.

20 그러므로 너는 선한 사람들이 가는 길로 가고 의로운 사람이 가는 길로만 가거라.

21 정직한 사람은 그 땅에서 살 것이요, 흠 없이 사는 사람은 살아남게 될 것이지만

22 악인은 그 땅에서 끊어지고 성실하지 않은 사람들은 뿌리째 뽑힐 것이다. 신 28:63

3 가르침과 훈계 내 아들아, 내 가르침을 잊지 말고 내 명령을 네 마음에 잘 간직하여라. 1:8;신 8:1;30:16;욥 6:9

2 그러면 너는 오래 살고 잘살게 될 것이다.

3 사랑과 성실 사랑과 성실을 저버리지 말고 그것을 네 목에 매고 네 마음 판에 새겨라.

4 그러면 네가 하나님과 사람 앞에서 사랑과 귀중히 여김을 얻을 것이다. 눅 2:52

5 여호와만을 의뢰함 네 마음을 다해 여호와를 믿고 네 지식을 의지하지 마라.

6 네가 하는 모든 일에서 그분을 인정하여라. 그러면 그분이 네 갈 길을 알려 줄 것이다. 대상 28:9;시 73:24

7 스스로 지혜롭다 생각하지 말고 여호와를

'여호와를 두려워하며 섬긴다'는 뜻이 무엇인가요?

하나님을 두려워하며 섬긴다(잠 3:7)는 것은 삶의 모든 영역에서 하나님을 전적으로 믿고 의지하며 순종하는 자세를 말해요. 그러므로 하나님을 두려워하며 섬기는 사람은 스스로 지혜롭다고 생각하지도 말하지도 않아요.

인간이 자신의 지혜와 능력으로 자신의 삶과 역사를 이끌어 갈 수 없다는 것을 알기 때문이에요. 또한 아무리 멋진 계획을 세워도 일을 이루시는 분은 하나님이심을 고백하게 돼요(잠 16:9). 하나님을 두려워하며 섬긴다는 것은 모든 일에 하나님을 인정하고 하나님과 사람 앞에서 겸손한 자세를 갖는 것을 의미합니다(잠 15:33).

두려워하며 섬기고 악에서 떠나거라.

8 이것이 네 몸을 건강하게 하며 네 뼈에 영양분이 될 것이다. 4:22;욥 21:24

9 수확물의 첫 열매 네 재물과 네 수확물의 첫 열매로 여호와를 공경하여라. 신 26:2

10 그러면 네 창고가 가득 차고 네 포도주 통에 새 포도주가 넘칠 것이다. 28:8;시 4:52

11 훈육 내 아들아, 여호와의 훈계를 업신여기지 말고 그 꾸지람을 싫어하지 마라.

12 여호와께서는 사랑하는 사람을 훈계하고 벌주시되 아버지가 그 기뻐하는 아들에게 하는 것과 같이 하신다. 신 8:5;고전 11:32

13 지혜를 따르는 유익 지혜를 찾고 깨달음을 얻는 사람은 행복하다. 8:34-35

14 그것이 은이나 금보다 더 가치 있고 유익하기 때문이다. 8:10;19:16:16:28:15-19;시 19:10

15 지혜는 보석보다 더 귀하니 네가 갖고 싶어 하는 그 어떤 것과도 비교할 수 없다.

16 지혜의 오른손에는 장수가 있고 그 왼손에는 부귀와 영화가 있으니 23:절;8:18:22:4

17 그 길은 즐거운 길이고 그 모든 길에는 평화가 있다. 마 11:29-30

18 지혜는 그것을 붙잡는 사람에게는 생명나무이니 지혜를 붙드는 사람은 복이 있다.

19 여호와께서는 지혜로 땅의 기초를 놓으셨고 통찰력으로 하늘을 세우셨다. 8:27

20 그 지식으로 깊은 물이 갈라지고 구름이 이슬을 내리게 됐다. 창 7:11;욥 36:28:38:8

21 내 아들아, 온전한 지혜와 분별력을 지켜 그것들이 네게서 떠나지 않게 하여라.

22 그것이 네게 생명이 될 것이요, 네 목에 두를 목걸이가 되리니 1:9;4:22

23 그러면 네가 네 길을 안전하게 갈 것이고 발이 돌에 걸려 넘어지지 않을 것이다.

24 네가 잠자리에 들 때 두렵지 않을 것이고 단잠을 자게 될 것이다. 욥 11:19;시 3:5:4:8

25 여호와를 의지함 갑자기 밀려오는 재앙을 두려워하지 말고 악인들에게 멸망이 닥쳐도 두려워하지 마라. 욥 5:21;시 91:5;벧전 3:14

26 여호와는 네가 의지할 분이시니 네 발이 걸려 넘어지지 않게 지켜 주실 것이다.

27 **자선과 후한 인심** 네가 선을 행할 수 있는
능력이 있으면 도움이 필요한 사람에게 기
꺼이 선을 배풀어라. 　　　　　갈 6:10

28 가진 것이 있을 때 네 이웃에게 "갔다가 다
시 오거나. 내일 주겠네"라고 말하지 마라.

29 **나쁜 짓** 네 곁에서 평안이 잘 있는 네 이웃
에게 나쁜 짓을 하지 마라. 　　　삿 18:7,27

30 네게 아무 해도 입히지 않은 사람에게 괜
히 시비를 걸지 마라. 　　　　　　롬 12:18

31 **폭력** 폭력을 휘두르는 사람을 부러워하지
말고 그의 어떠한 행동도 본받지 마라.

32 여호와께서는 악한 사람을 미워하시고 정
직한 사람을 믿고 그와 함께 있기를 기뻐
하신다. 　　　　　　　　2:15;욥 29:4

33 **적절한 보응** 악인의 집에는 여호와의 저주
가 있으나 의인의 집에는 축복이 있다.

34 그분은 스스로 잘난 체하는 사람을 비웃
으시고 겸손한 사람에게는 은혜를 베푸
신다.

35 지혜로운 사람은 영광을 얻지만 어리석은
사람들이 노력해 얻는 것은 부끄러움뿐이
다.

4 솔로몬의 개인적인 청원 **자녀들아, 아버
지의 가르침을 잘 듣고 주의해 깨달음
을 얻으라.** 　　　　　　1:8;2:2;1:34:11

2 내가 너희에게 좋은 가르침을 줄 테니 너
희는 내 교훈을 버리지 말라. 　　엡 11:4

3 나도 어려서는 내 아버지의 아들이었고
내 어머니가 사랑하는 외아들이었는데

4 그때 내 아버지는 나를 이렇게 가르쳤다.
"내가 하는 말을 기억하고 잊지 마라. 내 명
령을 지켜라. 그러면 네가 잘살 것이다.

5 지혜와 깨달음을 얻어라. 내 말을 잊지 말
고 내가 하는 말에서 벗어나지 마라.

6 지혜를 버리지 마라. 그러면 지혜가 너를
보호할 것이다. 지혜를 사랑하여라. 그러
면 지혜가 너를 지킬 것이다. 　　살후 2:10

7 지혜가 무엇보다 중요하니 지혜를 얻어라.
네가 가진 모든 것을 희생하고서라도 깨
달음을 얻어라. 　　　　　　　　17

8 지혜를 존경하여라. 그러면 지혜가 너를

높여 줄 것이다. 지혜를 붙잡아라. 그러면
지혜가 너를 영광스럽게 할 것이다.

9 지혜가 네 머리에 우아한 화관을 씌워 주
고 영광스러운 왕관을 네게 줄 것이다."

10 오 내 아들아, 내가 하는 말을 잘 듣고 받
아들여라. 그러면 네가 장수할 것이다.

11 내가 네게 지혜의 길을 가르쳐 주고 너를
바른길로 이끌어 주었으니 　　　삼상 12:23

12 네가 걸을 때 네 걸음에 걸리는 것이 없고
네가 달릴 때 넘어지지 않을 것이다.

13 내 교훈을 꼭 붙잡고 굳게 지켜라. 그것이
네 생명이기 때문이다.
　　　　　　　22:18;3:18;요 14:6;요월 5:12

14 **악인의 길** 악인의 길에 발을 내딛지 말고 악한 사람
의 길로 다니지 마라. 　　　　1:15;시 1:1

15 그 길을 피하고 지나가지 말며 돌아서거라.

16 그들은 악한 짓을 하지 않으면 잠을 못 자
고 누군가를 해치지 않으면 잠이 오지 않
는 사람들이다. 　　　　　　　　시 36:4

17 그들은 악한 방법으로 얻은 빵을 먹고 폭
력으로 빼앗은 술을 마신다. 　　　암 28

18 그러나 의인의 길은 동틀 무렵 비추는 빛
과 같아서 점점 밝아져 환한 대낮같이 되
지만 　　　　　　삼하 23:4;욥 11:17;시 84:7;60:3;요일 3:2

19 악인의 길은 어둠 같아서 넘어져도 무엇
에 걸려 넘어졌는지조차 모른다.

20 내 아들아, 내가 하는 말을 주의하고 내

지혜

지혜는 훈련과 경험, 특별한 재능으로 얻어진 비
범한 기술을 의미한다. 또 지혜는 세상의 도덕적
질서에 맞추어 살 수 있는 능력을 말하기도 한다.
그런데 참된 지혜는 오직 하나님에게서 나온다고
성경은 말한다(잠 2:6).

잠언에서는 교훈, 배움, 분별력, 현명함 등으로 표
현되었으며 여인이나 완전한 인격체로 묘사되기
도 했다(잠 8장). 인격체로 표현된 지혜는 영적 생
명의 근원이며, 자기 품은 모든 자에게 생명을
주시는 분, 곧 예수 그리스도를 의미한다. 따라서
지혜는 하나님이 세상을 창조하시기 전부터 존재
했다(잠 8:22~26).

이러한 지혜를 지닌 사람에게는 생명과 만족함,
평안과 진실한 삶등 많은 복들이 약속되어 있다.

말에 귀를 기울여라.   10절

21 그것을 네게서 떠나지 않게 하고 그것을 네 마음속 깊이 잘 간직하여라.   21:13;21

22 내 말은 깨닫는 자들에게 생명이 되고 그들의 온몸을 건강하게 해 준다.   딤전 4:8

23 무엇보다도 네 마음을 지켜라. 네 마음에서 생명의 샘이 흘러나오기 때문이다.

24 더러운 말을 버리고 거짓되고 남을 해치는 말은 입 밖에도 내지 마라.   2:15;6:12

25 네 눈은 앞만 똑바로 보고 다른 곳으로 시선을 돌리지 말고   히 12:2

26 네가 발 디딜 곳을 잘 살피고 네 모든 길을 곧게 하며 확실히 행하여라.   히 12:13

27 좌우로 치우치지 말고 네 발을 악에서 멀리하여라.   신 5:32;28:14;수 1:7;왕상 15:5

5
간음 내 아들아, 내 지혜에 주의하고 내가 깨달은 것에 귀를 기울여라.

2 그러면 네가 분별력을 갖게 돼 지혜로운 말만 할 것이다.   1:4;암 2:7

3 창녀의 입술은 꿀처럼 달콤하고 그 말은 기름보다 미끄러우나   2:16;시 55:21;아 4:11

4 그것은 결국 쑥처럼 쓰고 양날 칼처럼 날카롭게 될 뿐이다.   시 57:4;149:6;전 7:26;계 8:11

5 그 여자의 발은 죽음으로 가고 그 걸음은 무덤을 향해 달려간다.   7:27

6 그녀는 생명의 길에는 관심이 없고 자기의 길이 비뚤어져도 그것을 깨닫지 못한다.

7 그러니 너희 자녀들아, 내 말을 듣고 내가 하는 말에서 떠나지 말라.

8 그런 여자를 멀리하고 그 여자의 집 문 근처에는 얼씬도 하지 말라.

9 그렇게 하지 않으면 네가 네 명예를 남에

게 빼앗기고 네 목숨을 잔인한 사람에게 빼앗길지도 모른다.

10 네가 모르는 사람들이 네 재물로 잔치를 벌이고 네가 수고한 것이 남의 집으로 돌아갈 것이다.   시 127:2

11 결국 네 몸이 병들게 된 후 네 인생의 끝에 가서 너는 탄식하며   겔 24:23

12 말할 것이다. "내가 왜 교훈을 싫어하며 꾸지람을 무시했을까!   시 107:11

13 내가 선생님의 말씀에 순종하지 않고 나를 가르쳤던 그분들의 말에 귀 기울이지 않았던가.

14 모든 사람들이 보는 앞에서 망하게 생겼구나!"   시 94:17

15 순결하고 복된 결혼 생활 너는 네 샘물에서 물을 마시고 네 우물에서 흐르는 물만 마셔라.   18장3;17;아 4:12,15;렘 2:13

16 네 샘이 널리 흘러넘치고 네 시냇물이 거리에 넘치게 하겠느냐?   아 4:15;왕하 9:2;눅 8:5

17 그 물을 너만의 것이 되게 하고 다른 사람과는 절대로 나누지 마라.   14:10

18 네 샘이 복된 줄 알아라. 네가 젊을 때 만난 아내를 기뻐하여라.   신 24:5;말 2:14

19 그녀를 사랑스러운 암사슴, 우아한 암노루처럼 여겨라. 그 품을 항상 만족하며 그녀의 사랑을 항상 기뻐하여라.   렘 31:14

20 내 아들아, 왜 외간 여자에게 마음을 빼앗기겠느냐? 왜 다른 여자의 가슴을 껴안겠느냐?   2:16

21 여호와의 눈 사람이 하는 일은 여호와의 눈앞에 있으니 그분이 그 모든 길을 살피신다.

22 악인은 자기 죄악에 걸리고 그 죄의 올무

QT 코너   게으름

게으름을 극복하자!

잠을 자도 계속 더 자고 싶을 때가 있어요. 공부는 하기 싫고 이런저런 엉뚱한 생각들만 떠올라요. 이렇게 게으름만 피우면 어떻게 될까요?

이스라엘의 옛 선생들은 많은 사람들을 살펴보고, 부지런한 사람은 성공하고, 게으른 사람은 가난하게 된다는 것을 알게 되었어요. 게으르면 자신에게 있던 재능도 녹슬게 되고 오히려 빨리 늙어 죽는다고 해요. 부지런한 사람은 부자가 되기도 하고 자신의 일에 전문가가 되니까 삶의 만족도도 높아져요. 성경에 나오는 위대한 사람들 즉 요셉과 모세, 예수님과 바울에 걸려든다.

6:2;시 7:15-16

23 그는 훈계를 받지 않아서 죽고 그토록 어리석은 채로 방황할 것이다.

욥 4:21;12:24

6 남을 위한 보증

내 아들아 만약 네가 네 친구를 위해 담보를 세우거나 만약 남을 위해 보증을 섰다면

2 너는 네가 한 말로 덫에 걸린 것이요, 네가 한 말에 스스로 잡히게 된 것이다.

3 내 아들아, 네가 네 친구의 손에 잡혔으니 너는 네 이웃에게 가서 겸손히 간청하여라!

4 잠을 자지도 말고 졸지도 말고

시 132:4

5 노루가 사냥꾼의 손에서 벗어나듯이, 새가 사냥꾼의 손에서 벗어나듯이 너 자신을 구하여라.

시 91:3

6 근면한 너, 게으름뱅이야, 개미에게 가서 그들이 하는 것을 보고 지혜를 얻어라.

7 개미들은 장군도, 감독도, 통치자도 없는데

8 여름에 먹을 것을 저장해 두고 추수 때에 양식을 모은다.

10:5

9 너, 게으름뱅이야, 너는 언제까지 자겠느냐? 언제 잠에서 깨어 일어나겠느냐?

10 "조금만 더 자자, 조금만 더 눈 좀 붙이자, 조금만 더 손을 모으고 자자" 하다가

11 가난이 강도처럼 네게 이르고 빈곤이 무장한 사람처럼 이르게 될 것이다.

12 표리부동 못된 사람, 악한 사람은 거짓말만 하고 다니고

4:24;16:27

13 그들은 눈짓과 발짓과 손짓으로 서로 신호를 한다.

10:10;히 3:19

14 또 그들은 마음에 심술이 있어 계속 악한 일을 꾀하며 싸움을 부추긴다.

2:1;12:3;29

15 그러므로 재앙이 한순간에 그들을 덮칠

것이며 그들은 갑자기 파멸해 회복될 수 없을 것이다.

대하 36:16;사 30:13-14;렘 19:11

16 여호와께서 싫어하시는 것 여호와께서 미워하시며 그분이 정말로 싫어하시는 것 예닐곱 가지가 있다.

욥 5:19

17 곧 거만한 눈, 거짓말하는 혀, 죄 없는 피를 흘리는 손,

신 19:10;사 31:18;101:5

18 악한 계략을 꾸미는 마음, 악한 일을 하려는 데 빠른 발,

1:16;창 6:5

19 거짓말을 쏟아붓는 거짓 증인, 형제들 사이에 불화를 심는 사람이다.

창 27:12

20 간을 내 아들아, 네 아버지의 계명을 지키고 네 어머니의 가르침을 버리지 마라.

21 그것을 네 마음에 잘 간직하며 네 목에 걸고 다녀라.

3:3;욥 31:36

22 네가 다닐 때 그것이 너를 인도할 것이요, 네가 잘 때에 그것이 너를 지켜 줄 것이요, 네가 깨면 그것이 너와 말을 할 것이다.

23 이 계명은 등불이요, 이 율법은 빛이며 가르침 있는 꾸람은 생명의 길이니

24 너를 악한 여자로부터, 외간 여자의 아첨하는 말로부터 지켜 줄 것이다.

2:16

25 네 마음에서 그 여자의 아름다움을 탐하지 말고 그 여자가 눈짓으로 너를 홀리지 못하게 하여라.

왕하 9:30;수 5:28

26 창녀는 네게 빵 한 덩이만 남게 하며 음란한 여자는 네 귀한 목숨을 빼앗아간다.

27 불을 품었는데 그 옷이 타지 않겠느냐?

28 뜨거운 숯불 위를 걷는데 발이 데지 않겠느냐?

사 43:2

29 남의 아내와 간음하는 사람도 마찬가지다. 그녀를 건드리는 사람은 죄 없다고 할 수 없을 것이다.

16:5

30 도둑질한 자와 간음한 자 도둑이 굶주려 배를 채우려고 도둑질을 했다면 사람에게 멸시받지는 않으나

욥 38:39

31 그가 잡히면 자기 집의 모든 물건을 내놓아야 하리니 일곱 배로 갚아 주어야 한다.

32 그러나 여자와 간음한 사람은 생각이 모

겸손 (6:3, 謙遜, humble) 남을 존중하고, 자기를 내세우지 않는 태도.

자라는 자니 그렇게 하는 사람은 자기 영혼을 망치는 것이다. 7:7;9:4,16;10:13,21

33 그는 상처를 받고 망신을 당할 것이요, 그 수치가 결코 씻겨지지 않을 것이다.

34 질투가 남편의 분노를 일으키니 그가 원수를 갚는 날에는 용서가 없을 것이다.

35 그는 어떤 보상도 받지 않을 것이요, 네가 아무리 많은 선물을 주더라도 받으려고 하지 않을 것이다.

7 지혜를 가까이 하라 내 아들아, 내 말을 지키고 내 계명을 네 속에 간직하여라.

2 네가 내 계명을 지키면 잘살게 될 것이니 내 가르침을 네 눈동자처럼 지켜라.

3 그것을 네 손가락에 매고 네 마음 판에 새겨 넣어라. 3:3

4 지혜에게 "너는 내 누이"라고 말하고 통찰력을 "내 친구"라고 불러라.

5 그것이 너를 외간 여자에게서, 말로 아첨하는 や깐 여자에게서 지켜 줄 것이다.

6 어리석고 지혜 없는 젊은이 내 집 창문에서 창살 틈으로 내다보니 5:2;8

7 어리석은 사람들 가운데, 그 젊은이들 가운데서 지혜 없는 청년이 내 눈에 띄었다.

8 그가 모퉁이 근처 길로 내려가 그 여자의 집 쪽으로 걸어가고 있었다. 12장

9 때는 어스름한 무렵, 날이 저물고 밤의 어둠이 내릴 무렵이었다. 20:20;욥 24:15

10 청년을 맞이하는 창녀 그때 한 여자가 창녀의 옷을 입고 교활한 속셈으로 그를 맞으러 나왔다. 창 38:14

11 그 여자는 수다스럽고 고집이 세며 그 발은 집 안에 있는 적이 없고 딤전 5:13;딛 2:5

12 바깥에서, 길거리에서, 길모퉁이마다 숨어서 기다린다. 8장23:28

13 여자가 그 청년을 붙잡고 입을 맞추며 뻔뻔한 얼굴로 이렇게 말했다. 21:29

14 유혹하는 창녀 "내가 집에서 화목제를 드렸

는데 오늘에서야 내 서원을 이루었답니다.

15 그래서 당신을 맞으려고 나왔고 그토록 당신의 얼굴을 찾다가 이제야 만났네요!

16 내 침대를 이집트의 무늬 넣은 천으로 씌워 놓았고 31:22;사 19:9

17 또 몰약과 알로에와 계피 향을 뿌려 놓았지요. 출 30:23;시 45:8

18 와서 우리 아침까지 깊은 사랑을 나눠요, 우리가 서로 사랑을 즐겨요!

19 남편은 멀리 여행을 떠나서 집에 없고

20 돈지갑을 두둑이 채워 가지고 갔으니 보름이 돼야 집에 올 거예요."

21 창녀를 따라가는 바보 그 여자가 온갖 사랑 발림하는 말로 그를 유혹하고 그 입술의 꼬드기는 말로 그에게 떼를 썼다. 시 12:2

22 그가 단번에 그 여자를 따라갔는데 그 꼴이 소가 도살장으로 가는 것 같고 바보가 족쇄에 매이러 가는 것 같았다.

23 화살이 간을 꿰뚫기를 기다리는데 새가 자기 목숨이 걸린 줄도 모르고 덫으로 날아드는 것 같았다. 전 9:12

24 창녀의 길에서 방황하지 마라 그러니 내 자녀들아, 내 말을 잘 듣고 내가 하는 말에 주의를 기울이라. 4:1

25 네 마음이 그 여자의 길로 기울지 않게 하고 그 여자의 길에서 방황하지 말아야 하며라.

26 그 여자 때문에 상처 나서 쓰러진 사람이 많다. 그 여자로 인해 죽임당한 힘센 남자들이 참으로 많다. 삿 16:1-5;느 13:26

27 그 여자의 집은 지옥으로 가는 길이니 죽음의 방으로 내려가는 것이다. 2:18;5:5;9:18

8 지혜의 부름 지혜가 부르지 않느냐? 통찰력이 소리를 높이지 않느냐?

2 길가의 높은 곳, 길이 만나는 지점에 지혜가 서 있다. 9:3;14

3 성으로 들어가는 문 옆, 그 입구에서 지혜가 부르짖는다. 1:21;욥 29:7

4 "오 사람들아, 내가 너희를 부르고 너희들에게 소리를 높인다. 시 49:1-2

5 너희 우둔한 사람들아, 지혜를 얻으라. 너희 어리석은 사람들아, 통찰력을 얻으라.

몰약(7:17, 沒藥, Myrrh) 향료의 일종으로 발삼나무에서 얻어지는 향기가 나는 진액.
통찰력(8:1, 洞察力, understanding) 사물이나 현상을 예리한 관찰력으로 꿰뚫어 보는 능력.

6 잘 들으라. 내가 뛰어난 것을 말하고 내 입술을 열어 옳은 것을 말할 것이다.

7 내 입술이 악을 너무나도 싫어하니 내 입이 진리를 말할 것이다. 시 37:30

8 내가 하는 모든 말이 다 의로우니 비뚤어지거나 잘못된 것은 하나도 없다.

9 알아듣는 사람에게는 아주 분명한 말이요, 지식을 찾는 사람들에게는 옳은 말이다.

10 은이 아니라 내 훈계를 받아들이고 순금보다는 지식을 받아들이라. 시 119:72, 127

11 지혜가 루비보다 귀하여 너희가 바라는 그 어떤 것도 지혜와 비교할 수 없다.

12 지혜가 주는 유익 나 지혜는 신중함과 함께 살며 재치가 있고 창의적인 지식을 소유하고 있다. 5절 14

13 여호와를 경외하는 것은 악을 미워하는 것이다. 나는 교만함과 거만함, 악한 행실과 고집이 센 입을 싫어한다.

14 조언은 내 것이요, 온전한 지혜도 내 것이다. 나는 통찰력이 있으며 힘이 있다.

15 나로 인하여 왕들이 통치하고 방백들이 의로운 법을 만들 수 있다. 단 2:21;롬 13:1;계 19:16

16 나로 인하여 왕자들과 귀족들이 바르게 다스리고 세상의 재판관들도 옳은 판결을 내릴 수 있는 것이다.

17 나는 나를 사랑하는 자들을 사랑하니 일찍부터 나를 찾는 자들은 나를 찾을 것이다.

18 부와 명예가 나와 함께 있다. 그렇다. 든든한 부와 의가 내게 있다. 마 6:33;눅 16:11

19 내 열매는 금보다, 아니 순금보다 낫고 내가 거둬들이는 것은 순은보다 낫다.

20 나는 의의 길로 다니고 공의의 길 가운데로 걸으며

21 나를 사랑하는 사람들에게는 재산을 상속받게 해 그들의 창고가 가득 차게 할 것이다.

22 여호와께서 태초에 일하시기 전, 그 사역이 시작될 때 여호와는 이미 나를 가지고 계셨고 창 14:19;욥 28:25~28;시 93:2;104:24;136:5

23 나는 영원부터, 세상이 시작되기 전 처음부터 세워져 있었다. 시 2:6;요 17:5

24 바다가 없었을 때, 물이 넘치는 샘이 없을 때 내가 이미 났으니 창 1:2;욥 15:7

25 산들이 자리 잡기 전에, 언덕이 생겨나기 전에 나는 이미 태어났다. 욥 38:6;시 90:2

26 그때는 그분이 땅이나 들이나 세상의 가장 높은 곳의 흙도 만드시기 전이었다.

27 여호와께서 하늘을 마련하실 때, 그분이 깊은 물의 표면에 수평선을 표시하실 때 내가 거기에 있었다. 3:19;욥 22:14

28 그분이 저 위 구름들을 만드시고 깊은 샘이 솟아나오게 하실 때 창 1:6

성문, 지혜가 교육된 장소

고대 이스라엘에서 교육은 가정을 중심으로 이전 세대가 물려준 교훈과 지혜를 후대에 전달하는 방식으로 이루어졌다. 그 내용은 주로 부모의 경험이나 선조에게서 이어받은 교훈을 배우고 익히는 것이었다.

교육을 비롯한 중요한 일들은 성문이나 마을 입구에서 행해졌다(잠 1:21; 8:2-3). 그곳에서 사람들은 재판을 하거나 심각한 인생 문제에 대해 토론했다. 이렇게 사람들이 의견을 나누는 동안 많은 지혜들이 모아지기도 했다.

욥도 정기적으로 성문에서 인생의 깊은 문제들을 놓고 토론했음을 볼 수 있다(욥 29:7). 욥기에 나오는 대부분의 논쟁들은 성문에서 자주 논의된 내용들이었다(잠 1:20-21; 8:2-3 참조).

예루살렘의 다메섹 문

29 그분이 또 바다의 경계를 정해 물이 그 명령을 어기지 못하게 하실 때, 땅의 기초를 정하실 때 `창1:9~10;욥26:10;시104:5`

30 내가 바로 그분 곁에 있는 장인이다. 내가 날마다 그분의 기쁨이 되고 항상 그 앞에서 즐거워하며 `시104:24;마3:17;요1:1~2;히1:2`

31 세상의 살 만한 공간 안에서 즐거워하고 사람의 아들들을 기뻐했다. `창1:31`

32 지혜를 얻는 자와 잃은 자 그러니 오 내 자녀들아, 내 말을 잘 들으라. 내 도를 잘 지키는 자들은 복이 있다. `눅11:28;잠3:1`

33 내 훈계를 듣고 지혜롭게 되라. 그것을 거부하지 말라. `4:1;15:32`

34 내 말을 듣고 날마다 내 문을 지켜보고 내 문기둥에서 기다리는 사람은 복이 있다.

35 누구든 나를 찾는 자는 생명을 찾고 여호와께 은총을 받을 것이다. `요14:1;7:3`

36 그러나 내게 죄짓는 자는 자기 영혼을 해치는 것이니 나를 싫어하는 모든 자들은 죽음을 사랑하는 사람들이다." `잠5:24`

9 지혜의 잔치 초청 지혜가 그 집을 짓고 일곱 기둥을 깎아 만들고는

2 짐승을 죽여 고기를 마련하고 포도주를 잘 빚어 상을 차렸다.

3 그렇게 하고 나서 그는 자기 여종을 사람들에게 보냈는데 여종은 그 성의 가장 높은 곳에서 큰 소리로 말했다. `마22:4;눅14:17`

4 "어리석은 사람은 다 여기로 오너라!" 그리고 지각이 부족한 사람에게 말했다.

5 "와서 내 음식을 먹고 내가 만든 포도주를 마셔라. `아5:1;사55:1;요6:27;7:37`

6 네 어리석음을 버려라. 그러면 살 것이다. 지각 있는 길로 가거라." `11절;1:4;23:19`

7 훈계와 책망 냉소적인 사람을 책망하는 사람은 부끄러움을 당하고 악한 사람을 꾸짖는 사람은 오히려 비난을 받는다.

8 냉소적인 사람을 꾸짖지 마라. 그가 너를 미워할지도 모른다. 지혜로운 사람을 꾸짖어라. 그러면 그가 너를 사랑할 것이다.

9 지혜로운 사람을 훈계하여라. 그가 더욱 지혜로워질 것이다." 의로운 사람을 가르

처라. 그가 배우는 게 많아질 것이다.

10 여호와를 경외함 "여호와를 경외하는 것이 지혜의 근본이요, 거룩한 분을 아는 것이 슬기의 근본이다. `17:30:3`

11 내 명에 있으면 네가 사는 날이 많아질 것이요, 네 수명이 몇 해 늘어날 것이다.

12 네가 지혜롭다면 그 지혜가 네게 유익할 것이요, 네가 거만하다면 그 거만은 너를 해롭게 할 것이다." `욥22:2~3;고전3:8;갈6:5`

13 지혜를 거부하는 어리석음 어리석은 여자는 수다스럽고 지각이 없어 아무것도 모른다.

14 그녀가 자기 집 문 앞에, 성의 가장 높은 곳에 자리 잡고 앉아 `3절`

15 자기 길을 부지런히 가고 있는 사람들을 불러 `6절`

16 "어리석은 사람은 모두 이리로 오라!" 한다. 지각없는 사람에게 그녀가 말한다.

17 "훔친 물이 달고 몰래 먹는 음식이 맛있다!"

18 그러나 그 지각없는 사람은 죽음의 그늘이 그곳에 드리워져 있는 것을 모르고 그 여자를 찾아온 손님들이 지옥의 깊은 곳에 있는 것을 모른다. `7:27`

10 부모와 자녀 솔로몬의 잠언들이다. 지혜로운 아들은 그 아버지에게 기쁨을 주고 어리석은 아들은 그 어머니에게 근심을 안겨 준다.

2 악인의 보물 악인의 보물은 아무 유익이 없지만 의는 죽음에서 사람을 구해 낸다. `시34:9;37:25;11:2;10:이;6:33;약4:3`

3 적절한 보응 여호와께서 의인의 영혼은 굶주리지 않게 하시지만 악인의 욕심은 내던져 버리신다. `시34:9;37:25;11:2;10:이;6:33;약4:3`

4 부지런함 게으른 사람은 가난하게 되고 부지런한 사람은 부요하게 된다. `6:11;12:24`

5 여름에 곡식을 거두는 사람은 지혜로운 아들이요, 추수 때 잠만 자는 사람은 망신스러운 아들이다. `6:8;17:2;19:26`

6 의인과 악인 의인의 머리에는 복이 있고 악인의 입은 폭력으로 가득하다.

7 의인은 그 이름까지도 칭찬을 들으며 기억되지만 악인의 이름은 잊혀진다.

8 지혜로운 자와 바보 마음이 지혜로운 자는

계명을 받아들이지만 말만 많은 바보는 망한다. 호 4:14;마 7:24-25

9 **정직한 사람** 정직하게 사는 사람은 미래가 보장되지만 허랑방탕하게 사는 사람은 결국엔 드러난다. 마 10:26;딤전 5:25

10 **의인의 과와 악인의 입** 눈을 흘기는 사람은 근심하게 하고 말만 많은 바보는 망할 것이다. 6:13

11 의인의 입은 생명의 샘이지만 악인의 입은 폭력으로 가득하다. 요 4:10;계 22:1

12 **미움과 사랑** 마음은 다툼을 일으켜도 사랑은 모든 허물을 덮는다. 벧전 4:8

13 **분별력과 지혜** 분별력 있는 사람의 입술에는 지혜가 있지만 분별력 없는 사람의 등에는 회초리가 필요하다. 6:32;19:29;26:3

14 **지식** 지혜로운 사람은 지식을 쌓고 어리석은 사람의 입은 멸망을 재촉한다.

15 **부와 가난** 부자의 재물은 자신의 견고한 성이요, 가난한 사람은 그 가난 때문에 망한다. 18:11;시 52:7;잠 10:24

16 **의로움과 사악함** 의인의 수고는 생명에 이르고 악인이 얻은 것은 죄에 이른다.

17 **훈계와 꾸지람** 훈계를 지키는 사람은 생명 길에 있으나 꾸지람을 거부하는 사람은 길을 잃게 된다. 6:23

18 **중상과 험담** 거짓말하는 입술로 미움을 감추는 사람과 남을 비난하는 사람은 어리석은 사람이다.

19 **침묵** 말이 많으면 죄를 짓기 쉽지만 말을 조심하는 사람은 지혜롭다. 마 12:36-37;약 3:2

20 **의인의 허와 악인의 마음** 의인의 혀는 순은과 같지만 악인의 마음은 가치가 적다.

21 악인의 입술은 많은 사람을 먹여 살리지만 어리석은 사람은 지혜가 모자라 죽게 된다.

22 **여호와의 복** 여호와는 복을 주셔서 사람을 부요하게 하시지만 그 복에 다른 근심을 함께 주지 않으신다. 창 24:35;26:12

23 **지혜의 기쁨** 어리석은 사람은 악한 행동을 하면서 기쁨을 느끼지만 분별력 있는 사람은 지혜에서 기쁨을 누린다.

24 **적절한 보응** 악인에게는 그 두려워하던 일

이 덮칠 것이요 의인은 그 바라는 것을 얻게 될 것이다. 시 5:6;마 10:27;요일 5:14

25 폭풍이 휩쓸고 가면 악인은 없어지지만 의인은 영원히 굳게 서 있을 것이다.

26 **게으른 사람** 게으른 사람은 그를 보낸 사람에게 있어서 이에 식초 같고, 눈에 연기 같다.

27 **여호와를 경외함** 여호와를 경외하면 수명이 길겠으나 악인의 연수는 짧아질 것이다.

28 **의인의 소망** 의인의 소망은 기쁨이 되지만 악인의 기대는 사라질 것이다.

29 여호와의 길이 의인에게는 힘이 되지만 악을 행하는 자들에게는 파멸이 될 뿐이다.

30 의인은 절대로 없어지지 않으나 악인은 그 땅에 거하지 못할 것이다. 시 37:22

31 **의인의 입술과 악인의 입** 의인의 입은 지혜를 불러오지만 악인의 혀는 잘릴 것이다.

32 의인의 입술은 기쁘게 하는 것을 알지만 악인의 입은 못된 것만 말한다. 2:12

11
정확한 추 여호와는 속이는 저울을 싫어하시고 정확한 추를 기뻐하신다. 16:11;18:12;단 4:30-31;미 6:8

2 **교만과 겸손** 교만한 사람에게는 부끄러움이 따르지만 겸손한 사람에게는 지혜가 따른다.

3 **성실함과 속임수** 정직한 사람의 성실함은 그들을 인도하고 범죄한 사람의 속임수는 그들을 망하게 한다. 13:6;19:3

4 **의리** 진노의 날에 재물은 아무 쓸모가 없지만 의리는 죽을 사람을 구해 낸다.

5 **의로운 사람과 악한 사람** 흠 없는 사람은 그의 의로 그가 갈 길을 곧게 하지만 악인은 자기 악함 때문에 걸려 넘어진다. 3:6

6 정직한 사람의 의는 그들을 구원하지만 범죄자들은 자신의 악함에 걸려 넘어진다.

7 악한 사람이 죽으면 그가 기대하던 것은 사라진다. 불의한 사람들의 소망은 사라지고 마는 것이다. 10:28;욥 8:13-14

8 의로운 사람은 고난에서 빠져나오게 되지만 악인은 그 대신 고난에 빠진다.

경외(10:27, 敬畏, fear) 공경하면서 두려워함.

9 하나님을 경외하지 않는 사람은 그 입으로 이웃을 망하게 하지만 의인은 지식으로 구원받는다.

10 의인이 번영하면 그 성이 기뻐하고 악인이 쓰러지면 그 성에 함성이 울린다.

11 성의 흥함과 망함 정직한 사람의 복으로 인해 그 성은 흥하게 되지만 악인의 입 때문에 그 성은 망한다.
14:1;29:8;시 10:7

12 지각 있는 사람 지혜 없는 사람은 그 이웃을 무시하지만 지각 있는 사람은 잠잠하고 있는다.
14:21;마 7:1

13 중상과 험담 소문을 퍼뜨리는 사람은 남의 비밀을 드러내고 믿을 만한 사람은 그 일을 감춰 둔다.
20:19;레 19:16

14 조언자의 가치 지도자가 없으면 백성은 망하지만 조언자가 많으면 승리가 있다.

15 남을 위한 보증 남을 위해 보증을 서는 사람은 보증으로 괴로움을 당하지만 보증 서기를 거절한 사람은 안전하다.

16 명예와 재물 덕이 있는 여자는 명예를 얻고 힘센 남자들은 재물을 얻는다.

17 자비로운 사람은 자기 영혼에 유익을 주지만 잔인한 사람은 자기 육체를 괴롭힌다.

18 의로운 사람은 상을 얻음 악한 사람에게 돌아오는 상은 헛되지만 의를 심는 사람은 반드시 상을 얻는다.
호 10:12;갈 6:8~9;약 3:18

19 의의 길을 가는 사람은 생명에 이르지만 악을 추구하는 사람은 죽음에 이른다.

20 악한 마음을 가진 사람은 여호와께서 싫어하시지만 흠 없는 길을 가는 사람은 기뻐하신다.
대상 29:17;시 119:1

21 적절한 보응 이것을 꼭 붙잡으라. 악인은 반드시 징벌을 받게 돼 있지만 의인의 자손은 구원을 받을 것이다.
시 37:2,9;11:2:2

22 여자와 분별력 아름다운 여자가 분별력이 없으면 돼지 코에 금고리와 같다.

23 의인의 소원 의인의 소원은 선한 것뿐이지만 악인이 기대할 것은 진노뿐이다.

24 자선과 후한 인심 거저 주는 사람은 더 많이 얻게 되지만 지나치게 아끼는 사람은 가난에 이른다.
13:7;19:17;시 37:21;112:9

25 남에게 베풀기 좋아하는 사람은 번영하고 남에게 물을 주는 사람은 자신도 복이 마르지 않게 될 것이다.
마 7:2;고후 9:6~11

26 곡식을 쌓아 놓은 사람은 백성들이 저주하지만 그것을 선뜻 파는 사람에게는 복이 있을 것이다.
24:24;창 42:6;암 29:13

27 적절한 보응 부지런히 선을 구하는 사람은 은총을 얻지만 악을 좇아가는 사람은 그 악이 자기 머리 위에 떨어질 것이다.

28 부와 빈곤 자기 부를 의지하는 사람은 쓰러지지만 의인은 가지처럼 쭉쭉 뻗어 나갈 것이다.
시 49:6;92:12;렘 17:8

29 부모와 자녀 집안에 문제를 일으키는 사람은 바람을 물려받을 것이요 어리석은 사람은 마음이 지혜로운 사람의 종이 될 것이다.
15:27;전 5:16

30 적절한 대가 의인이 받는 열매는 생명나무

힘답

오늘도 나하고 전양 안 맞는 한 친구가 다른 곳에 있어요. 다른 친구 들에게 그 아이가 얼마나 나쁜 아이인지 알려 주고 싶어요. 입이 근질근질한 것이 틀리지만 참기에는 억울해요.

왜 헐뜯지 말아야 할까?

우리는 마음에 들지 않는 사람을 미워하다 못해 다른 사람들에게도 그 사람을 나쁘게 말하곤 해요. 그러나 하나님은 다른 사람에 대해 나쁘게 말하는 것이 큰 죄라고 말씀하셨어요(레 19:16). 신약성경에서도 다른 사람을 헐뜯는 것은 믿음이 성숙하지 못한 것(고후 12:20)이며, 믿는 사람들이 절대 해서는 안 되는 일(약 4:11-12)이라고 했어요. 하나님이 이렇게 다른 사람에 대한 험담을 금하시는 것은 비방 받는 사람이 상처를 받을 뿐만 아니라, 공동체 전체에도 어려움을 주기 때문이에요.

페르시아에 모르드개라는 사람이 있었어요. 페르시아 왕의 신하인 하만은 모르드개가 자기에게 절을 하지 않자 그를 미워했어요. 그래서 거짓말로 왕에게 이고 마음을 사는 사람은 지혜롭다.

31 보라, 의인이 이 땅에서 자신이 한 대로 대가를 받는데 하물며 악인과 죄인은 얼마나 더하겠느냐! 렘 25:29;벧전 4:18

12

훈계 훈계를 사랑하는 사람은 지식을 사랑하지만 꾸지람을 싫어하는 사람은 짐승과 다를 바 없다.

2 의로움과 사악함 선한 사람은 여호와께 은총을 얻지만 악을 도모하는 사람은 여호와께서 정죄하신다. 8:35

3 사람이 악으로는 굳게 설 수 없지만 의인의 뿌리는 흔들리지 않을 것이다. 10:25

4 덕이 있는 아내 덕이 있는 아내는 남편의 면류관이지만 남편을 부끄럽게 하는 아내는 남편의 뼈를 썩게 하는 것과 같다.

5 의로움과 사악함 의인의 생각은 옳으나 악인의 계략은 속임수뿐이다. 마 12:35

6 악인의 말은 숨어서 다른 사람들이 피를 흘리기를 기다리지만 정직한 사람의 입은 사람들을 구할 것이다. 1:11;14:3

7 악한 사람들은 쓰러지면 사라져 버리지만 의인의 집은 굳게 설 것이다. 욥 34:25

8 사람은 그 지혜에 따라 칭찬을 받지만 비뚤어진 마음을 가진 사람은 멸시를 당할 것이다. 삼상 23:8

9 교만과 겸손 먹을 것도 없으면서 높은 체하는 것보다 비천해도 종을 부리는 게 낫다.

10 친절과 자비 의인은 자기 가축의 생명도 돌봐 주지만 악인은 따뜻한 온정을 베푼다

11 자기 땅을 일구는 사람 자기 땅을 일구는 사람은 먹을 것이 넉넉하지만 헛된 것을 좇는 사람은 지각이 없다. 20:13;28:19;살후 9:4

12 열매 있는 말 악인은 불의한 이익을 바라지만 의인의 뿌리는 많은 열매를 낸다.

13 의인의 말과 악인의 말 악한 사람은 자신의 입술 때문에 죄의 덫에 걸려들지만 의인은 고난에서 빠져나갈 것이다.

14 사람은 열매 있는 말을 해 좋은 것으로 배부르고 손이 수고한 만큼 보상을 받을 것이다. 13:2;삿 9:16,56;사 3:10~11

15 지혜자는 조언에 귀기울임 바보는 자기 길이 옳다고 하지만 지혜로운 사람은 조언에 귀를 기울인다. 3:7;14:12;16:2;21:2;26:12

16 성격과 인내 어리석은 사람의 분노는 당장에 드러나지만 현명한 사람은 수치를 덮는다.

17 거짓 증인 진실을 말하는 사람은 의를 나타내지만 거짓 증인은 거짓을 말한다.

18 아픔을 주는 말 칼로 찌르는 듯 아픔을 주는 말이 있으나 지혜로운 사람의 혀는 병을 고친다. 4:22;사 57:4

19 거짓말 진실한 입술은 영원히 남지만 거짓 말하는 혀는 오래가지 못한다.

20 속임수와 기쁨 악을 도모하는 사람의 마음에는 속임수가 있지만 평화를 도모하는 사람에게는 기쁨이 있다. 3:29

21 의로움과 사악함 의인은 해를 당하지 않지만 악인은 고난으로 가득할 것이다.

22 진실함 거짓말하는 입술은 여호와께서 싫어하시지만 진실한 사람들은 기뻐하신다.

23 침묵 현명한 사람은 지식을 마음에 간직하지만 어리석은 사람의 마음은 어리석음을 폭로한다. 13:16;15:2

24 부지런함 부지런한 사람의 손은 남을 다스리게 되지만 게으른 사람은 남의 부림을 받게 된다. 10:4;13:4;창 49:15;왕상 9:21

25 친절한 말 마음속의 근심은 자신을 가라앉게 하지만 친절한 말은 그 마음을 상쾌하게 한다. 15:13;17:22;사 50:4

---

26 **이웃** 의인은 그 이웃을 바른 길로 이끌어 가지만 악인은 이웃을 방황하게 한다.

27 **게으름과 부지런함** 게으른 사람은 그 사냥해 온 것마저 굽지 않으나 부지런한 사람은 귀한 재물을 얻는다. 24절

28 **의의 길** 의의 길에는 생명이 있고 죽음은 없다. 10:2

13

훈계 지혜로운 아들은 아버지의 훈계를 듣지만 거만한 사람은 그 꾸지람을 듣지 않는다.

2 **입술의 열매** 선한 사람은 그 입술의 열매로 좋은 것을 맛보지만 죄짓는 사람의 영혼은 폭력을 맛보게 될 것이다.

3 **침묵** 말을 조심하는 사람은 생명을 지키지만 말을 함부로 하는 사람은 망하게 된다.

4 **부지런한 사람의 영혼** 게으름뱅이의 영혼은 아무리 원하는 것이 있어도 얻는 것이 없지만 부지런한 사람의 영혼은 원하는 것을 넉넉하게 얻는다. 6:9-11;11:25

5 **진실함** 의인은 거짓말을 싫어하지만 악인은 염치도 없으며 망신스러운 일을 할 뿐이다.

6 **정직한 길** 의는 정직한 길을 가는 사람을 지키지만 악은 죄인을 거꾸러뜨린다.

7 **빈털터리 부자** 부자인 척해도 빈털터리가 있고 가난한 척해도 큰 재물을 가진 사람이 있다. 눅 12:21,33;고후 6:10;약 2:5;계 3:17

8 **재물과 가난** 재물로 자기 목숨을 살릴 수도 있지만 가난하면 협박받는 일은 없다.

9 **의로움과 사악함** 의인의 빛은 밝게 비추지만 악인의 등불은 금세 꺼진다.

10 **교만과 겸손** 교만하면 다툼만 일으킬 뿐이지만 충고를 받아들이는 사람들에게는 지혜가 있다. 28:25

11 **불의의 재물** 부정하게 얻은 돈은 점점 없어지지만 수고해 모은 것은 더 늘어난다.

12 **소망** 소망이 이루어지지 않으면 마음이 아프지만 소원이 이루어지면 그것은 생명나무가 된다. 19절;3:18

13 **계명을 존중하는 사람** 말씀을 무시하는 사람은 망하지만 계명을 존중하는 사람은 상을 받는다. 16:20;19:16;신 15:31;신 30:14;마 36:16

14 **생명의 샘** 지혜로운 사람의 가르침은 생명의 샘이니 죽음의 덫에서 벗어나게 한다.

15 **선한 통찰력** 선한 통찰력은 은총을 베풀지만 죄인들의 길은 험난하다. 눅 2:52

16 **현명함** 현명한 사람은 모두 잘 알고 행동하지만 어리석은 사람은 자신의 어리석음을 훤히 드러내 보인다. 12:23;15:2;18:2;전 10:3

17 **못된 전령과 믿음직한 사신** 못된 전령은 사람을 고난에 빠지게 하지만 믿음직한 사신은 일을 바로잡는다. 14:5;25:13

18 **훈계** 훈계를 거부하는 사람에게는 가난과 수치가 닥치지만 꾸지람을 받아들이는 사람은 존경받는다. 15:5,31-32

19 **소원** 소원이 이루어지면 자기 영혼에게 즐거운 일이다. 그러나 어리석은 사람은 악에서 돌아서기를 싫어한다. 12절

20 **친구** 지혜로운 사람들과 동행하는 사람은 더욱 지혜로워지지만 어리석은 사람들과 어울리는 사람은 망하게 된다.

21 **재앙과 보상** 죄인에게는 재앙이 따르지만

지혜로운 사람 VS 어리석은 사람

세상 모든 것들에 대한 하나님의 지혜를 인간이 헤아릴 수 없다(롬 11:33-36). 하지만 우리가 하나님을 경외하면 그분의 지혜를 얻을 수 있다(시 111:10).
잠언에서는 하나님의 지혜를 가진 지혜로운 사람과 그렇지 못한 어리석은 사람을 다음과 같이 기록하고 있다.

지혜로운 사람	• 말씀에 귀를 기울인다(잠 1:5). • 말씀에 순종한다(잠 10:8). • 배운 것을 간직한다(잠 10:14).
	• 악을 멀리한다(잠 14:16). • 마음을 얻는다(잠 11:30).
어리석은 사람	• 말씀을 가볍게 여긴다(잠 1:7). • 자기 자신만 믿는다(잠 12:15). • 생각 없이 말한다(잠 11:13).
	• 죄를 우습게 본다(잠 14:9). • 심판을 받게 된다(잠 19:25).

의인에게는 좋은 보상이 따른다.

22 **선한 사람의 유산** 선한 사람은 그 후손들을 위해 유산을 남기지만 죄인의 재물은 의인을 위해 쌓는 것이다. 잠 27:16~17;13:7:25

23 **가난한 사람을 압제하지 말 것** 가난한 사람의 밭에 먹을 것이 많아도 공의가 사라지면 그것은 사라지고 만다. 12:11:16:8

24 **사랑의 회초리** 회초리를 아끼는 것은 아들을 사랑하지 않는 것이다. 아들을 사랑하는 사람은 제때에 징계한다. 19:18:22:15

25 **배부름과 주림** 의인은 먹고 난 후 배부르지만 악인의 배 속은 항상 주린다.

14 **여자와 집** 지혜로운 여자는 자기 집을 짓지만 어리석은 여자는 자기 손으로 집을 무너뜨린다.

2 **여호와를 경외함** 정직하게 사는 사람은 여호와를 경외하지만 잘못 사는 사람은 여호와를 무시한다. 2:15:19:1;28:6

3 **지혜로운 말과 어리석은 말** 어리석은 사람의 말은 교만해 매를 자청하지만 지혜로운 사람의 말은 자신을 지켜 준다.

4 **소** 소가 없으면 구유는 깨끗하지만 풍성한 수확은 소의 힘에서 나오는 법이다.

5 **거짓 증인** 믿을 만한 증인은 거짓말하지 않지만 거짓 증인은 거짓말을 쏟아 낸다.

6 **통찰력** 거만한 사람은 지혜를 구해도 얻지 못하지만 오직 통찰력 있는 사람은 쉽게 지식을 얻는다. 시 25:9;벧전 5:5

7 **어리석은 친구** 어리석은 사람이 있으면 그에게서 멀리 떨어져라. 그 입술에서는 지식을 얻지 못한다.

8 **현명함** 현명한 사람의 지혜는 생각하고 행동하게 하지만 어리석음은 자기를 속이게 한다.

9 **회개의 은총** 어리석은 사람은 죄를 우습게 보나 의인들 가운데는 은총이 있다.

10 **기쁨과 고통** 마음의 고통은 자기만 알고 마음의 기쁨도 다른 사람과 나누지 못한다.

11 **의로움과 사악함** 악인의 집은 망할 것이요, 정직한 사람의 장막은 번성할 것이다.

12 **사람의 결국** 사람이 옳다고 여기는 길이어도 결국에는 죽음에 이를 뿐이다.

13 **기쁨과 슬픔** 웃으면서도 마음은 아플 수 있으며 기쁨도 끝은 슬플 때가 있다. 눅 6:25

14 **적절한 보응** 마음이 타락한 사람은 악한 행위로 보응이 가득 찰 것이요, 선한 사람은 자신의 행실로 보상을 만족하게 받는다.

15 **맹신과 분별력** 어리석은 사람은 온갖 말을 믿으나 현명한 사람은 생각하고 그 길을 살핀다. 1:4

16 **성격과 인내** 지혜로운 사람은 두려워 악을 멀리하지만 어리석은 사람은 성급하고 조심할 줄 모른다. 욥 28:28;시 34:14

17 **쉽게 화내는 사람**은 어리석게 행동하고 악한 일을 꾸미는 사람은 미움을 받는다.

18 **지식의 면류관** 우둔한 사람은 어리석음을 유산으로 받으나 현명한 사람은 지식의 면류관을 쓴다.

19 **의로움과 사악함** 악한 사람은 선한 사람 앞에서 엎드리고 불의한 사람은 의인의 문 앞에 엎드려 절한다. 창 42:6;삼상 2:36

20 **부와 빈곤** 가난한 사람은 이웃들에게도

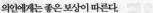

잠언이 말하는 하나님이 미워하시는 사람

- 폭력을 휘두르는 사람(잠3:31)
- 거만, 거짓말, 살인, 악한 마음, 악한 일을 하는 데 달려가는 발, 거짓 증인, 형제 사이에 불화를 일으키는 사람(잠6:16-19)
- 거짓말하는 사람(잠12:22)
- 마음이 교만한 사람(잠16:5)

- 악인을 의롭다고 하며, 의인을 악하다고 하는 사람(잠17:15)

하나님이 미워하시는 것들

- 악인의 제사(잠15:8)
- 악인의 길(행동)(잠15:9-10)
- 악인의 생각(잠15:26)

따돌림을 당하지만 부자는 친구가 많다.

21 자선과 후한 인심 이웃을 멸시하는 사람은 죄짓는 자요, 가난한 사람에게 친절을 베푸는 사람은 복이 있다. _{11:12;시 41:1}

22 적절한 보응 악을 꾀하는 사람은 잘못된 길을 가지만 선을 계획하는 사람은 자비와 진리를 얻는다. _{3:3,29}

23 근면함 열심히 일하면 유익이 있지만 말만 하면 가난해질 뿐이다. _{11:24;21:5;22:16}

24 지혜와 어리석음 지혜로운 사람의 재물은 그에게 면류관이 되지만 어리석은 사람의 어리석음은 어리석음만 낳는다.

25 거짓 증인 진실한 증인은 영혼을 구해 내지만 거짓 증인은 거짓말만 늘어놓는다.

26 여호와를 경외함 여호와를 경외하는 사람에게는 강한 믿음이 생기고 그의 자녀들에게는 피난처가 있다. _{1:33;시 14:6;73:15}

27 여호와를 경외하는 것은 생명의 샘으로 사람을 죽음의 덫에서 건져 낸다.

28 왕과 백성들 인구가 많은 것은 왕에게 영광이 되지만 백성들이 없는 것은 통치자의 멸망이다. _{왕상 4:20}

29 성격과 인내 조급하게 화를 내지 않는 사람은 큰 명철이 있지만 성질이 급한 사람은 어리석음을 드러낸다. _{전 7:9;약 1:19}

30 질투심 평온한 마음은 육체에 생명이 되지만 질투심은 뼈를 썩게 한다. _{시 112:10}

31 가난한 자를 억압하지 말 것 가난한 사람을 억압하는 사람은 그를 지으신 분을 비난하는 자요, 궁핍한 사람에게 친절을 베푸는 사람은 하나님을 높여 드리는 자이다.

32 용기 악인은 자기 악함 때문에 쓰러지지만 의인은 죽음이 닥쳐도 소망이 있다.

33 통찰력과 지혜 지혜는 통찰력 있는 사람의 *마음에* 머물지만 어리석은 사람들의 마음 안에 있는 것은 다 드러나게 된다.

34 의로움과 사악함 정의는 나라를 높이지만 죄는 민족을 욕되게 한다.

35 지혜로운 신하 지혜로운 신하는 왕의 총애를 얻지만 수치를 일으키는 신하에게는 진노가 내린다. _{16:13;22:11;마 24:45-47}

15 온유한 대답 온유한 대답은 진노를 가라앉히지만 과격한 말은 분노를 일으킨다. _{삿 8:1-3}

2 지혜로운 말과 어리석은 말 지혜로운 사람의 혀는 지식을 바르게 사용하지만 어리석은 사람의 입은 어리석음을 쏟아 낸다.

3 여호와의 눈 여호와의 눈은 어디든지 있어 악인과 선인을 지켜보신다. _{욥 31:4}

4 상처를 주는 말 따뜻한 말은 생명나무와 같지만 가시 돋친 말은 영혼을 상하게 한다.

5 훈계와 꾸지람 어리석은 사람은 아버지의 훈계를 무시하지만 현명한 사람은 꾸지람을 받아들인다. _{10:1;13:18;시 107:11}

6 이로움과 사악함 의인의 집에는 재물이 많이 쌓이지만 악인의 소득은 고통을 가져온다.

7 지혜로운 말과 어리석은 말 지혜로운 사람의 입술은 지식을 퍼뜨리지만 어리석은 사람의 마음은 그렇지 않다. _{마 12:34-35}

8 정직한 사람의 기도 악인의 제사는 여호와께서 싫어하시지만 정직한 사람의 기도는 기뻐하신다. _{시 66:18;렘 6:20;7:22;암 5:22;미 6:7}

9 이로움과 사악함 악인의 길은 여호와께서 싫어하시지만 의를 따르는 사람들은 사랑하신다. _{11:19;21:21;딤전 6:11}

10 징계 옳은 길을 저버리는 사람에게는 엄한 징계가 있고 꾸지람을 싫어하는 사람은 죽게 될 것이다. _{12:1;시 1:5}

11 사람의 마음 지옥과 멸망도 여호와 앞에 드러나는데 하물며 사람의 마음이야 더욱 그렇지 않겠느냐? _{시 44:21;요 2:24}

12 거만한 사람 거만한 사람은 자기를 꾸짖는 사람을 좋아하지 않으며 지혜로운 사람에게 가지도 않는다. _{시 1:1;암 5:10}

13 행복한 마음 행복한 마음은 얼굴에 환히 드러나지만 마음이 상하면 영혼도 상하게 마련이다. _{15절;12:25;17:22;18:14}

14 지식 지각 있는 마음은 지식을 구하지만 어리석은 사람의 입은 어리석음을 즐긴다.

15 고통과 기쁨 고통받는 사람에게는 모든 날이 다 불행하지만 마음이 기쁜 사람에게는 매일이 잔칫날이다.

16 **부와 빈곤** 재산이 부족한 듯해도 여호와를 경외하는 것이 큰 재물 때문에 고민하며 사는 것보다 낫다. _잠 4:6;딤전 6:6_

17 **사람과 미움** 사랑이 있는 곳에서 풀을 먹으며 사는 것이 서로 미워하면서 살진 송아지를 먹는 것보다 낫다. _마 22:4;눅 15:23_

18 **성격과 인내** 화를 쉽게 내는 사람은 다툼을 일으키지만 화를 천천히 내는 사람은 마음을 가라앉혀 준다. _14:29;16:28;26:21;29:22_

19 **의인의 길** 게으름뱅이의 길은 가시덤불로 막혀 있지 그 같지만 의인의 길은 평탄하다.

20 **부모와 자녀** 지혜로운 아들은 아버지에게 기쁨을 선사하지만 어리석은 사람은 어머니를 무시한다. _29:3_

21 **명철과 지혜** 지혜를 멸시하는 사람은 어리석음을 기뻐하지만 지각 있는 사람은 옳은 길로 걷는다. _10:23;잠 5:15_

22 **조언자의 가치** 의견을 수렴하지 않으면 계획은 무산되지만 조언자가 많으면 그 일은 성공한다. _11:14;20:18_

23 **적절한 대답** 적절한 대답은 사람을 기쁘게 하니 때맞춰 하는 말이 얼마나 좋은지!

24 **생명과 지옥의 길** 지혜로운 사람이 가는 생명의 길은 위쪽으로 나 있어서 그가 아래쪽에 있는 지옥의 길을 벗어나게 한다.

25 **경계선** 교만한 사람의 집은 여호와께서 허무시지만 과부가 사는 곳의 경계선은 튼튼히 세워 주신다. _시 68:5;146:9_

26 **순결한 사람의 말** 악인의 생각은 여호와께서 싫어하시지만 순결한 사람의 말은 기뻐하신다. _6:16,18;16:24_

27 **뇌물** 욕심 많은 사람은 집안에 문제를 일으키지만 뇌물을 거절하는 사람은 살게 될 것이다. _수 7:25;사 5:8;렘 17:11_

28 **의인의 말과 악인의 말** 의인은 대답할 때 깊이 생각하며 말하지만 악인의 입은 악한 것을 쏟아 낸다. _2절;사 37:30;벧전 3:15_

29 **의인의 기도** 여호와께서는 악인을 멀리하시지만 의인의 기도는 들으신다.

30 **좋은 소식** 밝은 얼굴은 사람을 기쁘게 하고 좋은 소식은 사람을 낫게 한다.

31 **꾸짖음** 생명을 살리는 꾸짖음에 귀 기울이는 사람은 지혜로운 사람들 가운데 있다.

32 **훈계와 깨달음** 훈계를 싫어하는 사람은 자기 영혼을 가볍게 여기지만 꾸지람을 듣는 사람은 깨달음을 얻는다. _8:33;36;19:8_

33 **여호와를 경외함** 여호와를 경외하는 것이 지혜 있는 훈계이며 겸손함이 있어야 영광이 따른다. _17:1;18:12_

16 **하나님의 섭리** 마음의 계획은 사람에게 있어도 결정은 여호와께 있다.

2 **동기와 마음** 사람의 행위가 자기 눈에는 다 깨끗해 보여도 여호와께서는 그 마음을 꿰뚫어 보신다. _12:15;21:2;24:12;30:12;삼상 16:7_

3 **여호와만을 의뢰함** 네가 하는 일을 여호와께 맡겨라. 그러면 네가 생각하는 것이 이루어질 것이다. _시 37:5_

4 **악인의 쓰임** 여호와께서는 모든 것을 그 쓰임에 맞게 지으셨으니 악인들은 재앙의 날에 쓰일 것이다. _롬 11:36_

5 **교만과 벌** 마음이 교만한 사람은 하나님이 싫어하시니 그들은 반드시 벌을 받게 될

하나님은 정말 우리가 하는 걸 다 아세요?

하나님은 우리의 모든 것을 알고 계세요. 우리가 어떤 말을 하는지, 어떤 행동을 하는지, 심지어 우리가 어떤 생각을 하는지도 다 알고 계세요(잠 15:3). 하나님은 모든 것을 아시지만 우리가 잘못했을 때 곧바로 벌하지 않으시고 참고 기다려 주세요. 우리 스스로 하나님께 고백하기

회를 주시는 거예요. 하나님은 눈으로 보이는 것뿐만 아니라, 마음 속 깊은 곳까지 보시는 분이세요(삼상 16:7). 모든 것을 알고 계시는 분이기 때문에 우리는 마음으로 지은 죄까지도 숨김없이 내놓고 회개 기도를 드려야 해요. 하나님을 두려워하며 그분 앞에서 정직하게 말씀대로 살아야 해요.

것이다. 6:16~17;8:13;28:20;눅 16:15

6 인자와 진리 사람이 어질고 진실하게 살면 죄를 용서받고 여호와를 경외하면 악을 피할 수 있다. 잠14:16;월 28:28;단 4:27;눅 11:41

7 적절한 보응 사람의 행위가 여호와를 기쁘시게 하면 원수들까지도 그와 화평하게 지낼 수 있게 하신다. 창 26:28;대하 17:10

8 소득의 의와 불의 적게 가지고 의로운 것이 많이 벌면서 올바르지 못한 것보다 낫다.

9 하나님의 섭리 사람이 마음으로 자기 앞길을 계획한다 해도 그 걸음은 여호와께서 이끄신다. 1장19:21;20:24;시 37:23;렘 10:23

10 왕의 판결 왕의 판결은 하나님의 판결이니 왕은 공의롭게 판결해야 한다.

11 공정한 저울과 추 공정한 저울과 추는 여호와의 것이고 주머니 속의 모든 추들도 다 그분이 만드신 것이다. 11:1

12 왕과 공의 왕은 악을 행하는 것을 싫어해야 한다. 오직 공의로만 왕위가 굳게 세워지기 때문이다. 20:28;25:5;29:14;사 16:5

13 왕들은 정직한 말을 기뻐하고 올바르게 말하는 사람을 높이 평가한다. 14:35;22:11

14 왕의 진노는 저승사자와 같지만 지혜로운 사람은 왕의 진노를 달랜다. 19:12;20:2;25:15

15 왕의 얼굴빛이 밝아야 생명을 얻을 수 있으며 그 은총은 늦은 비를 뿌리는 구름 같다.

16 지혜와 통찰력 금보다 지혜를 구하는 것이, 은보다 통찰력을 얻는 것이 얼마나 더 나은지! 3:14;8:10~11,19;10:20

17 악을 피하는 것 악을 피하는 것이 정직한 사람의 넓은 길이니 그 길을 지키는 사람은 그 영혼도 지키는 것이다. 6절

18 교만과 겸손 교만에는 멸망이 따르고 거만에는 몰락이 따른다. 11:2

19 겸손한 사람과 함께하며 마음을 겸손하게 하는 것이 교만한 사람들과 함께 약탈물을 나누는 것보다 낫다. 출 15:9;사 57:15

20 믿는 사람의 복 일을 지혜롭게 처리하는 사람은 잘되고 여호와를 믿는 사람은 누구나 복이 있다. 19:8;시 2:12

21 적절한 말 마음이 지혜로운 사람은 신중하다는 말을 듣고 상냥한 말은 지혜를 늘려 준다. 23절

22 통찰력과 어리석음 통찰력을 지닌 사람은 그 통찰력이 생명의 샘이지만 어리석은 사람은 그 어리석음이 길잡이가 된다.

23 지혜로운 사람의 마음 지혜로운 사람의 마음은 자기 입을 가르치고 자기 입술에 배움을 더해 준다. 시 37:30;막 12:34

24 기분 좋은 말 기분 좋은 말은 꿀송이 같아서 영혼을 즐겁게 하고 아픈 뼈를 고치는 힘이 된다. 4:22;15:26;시 19:10

25 죽음에 이르는 길 사람이 보기에 옳은 길이어도 결국에는 죽음에 이르는 길이 있다.

26 굶주린 입이 자신을 위해 일하는 것은 그 굶주린 입이 요구하기 때문이다.

27 상처를 주는 말 경건하지 못한 사람들은 악한 일을 하고 그들의 말은 타오르는 불과

교만은 왜 위험한가요?

교만은 마음이 높아져 하나님의 뜻을 인정하지 않고 자기 생각대로 행동하는 것을 말해요. 그것은 하나님처럼 높아지려던 교만한 사탄에게서 시작되었으며(사 14:12~15) 아담과 하와가 죄를 지은 원인이 되기도 해요(창3:5).

교만은 우상 숭배와 같은 죄로, 하나님의 심판을 가져와요(사2:11, 17). 이사야는 하나님이 교만한 사람들의 거만함을 없애고, 무자비

한 사람들의 오만함을 낮추실 것이라고 했어요(사 13:11). 잠언 기자도 교만에는 멸망이 따르고, 거만에는 몰락이 따른다고 했어요(잠16:18). 하나님은 교만한 사람을 대적하시고 물리치지만 겸손한 사람에게는 은혜를 주신다고 약속하셨어요(약4:6). 겸손은 하나님이 우리에게 원하시는 것이며(미6:8), 예수님도 자신이 겸손하다고 말씀하셨어요(마 11:28~30).

같다. 6:12,14,19;약 3:6

28 싸움과 수군거림 악한 사람은 싸움을 불러 일으키고 다른 사람에 대해 수군거리는 사람은 친한 친구들을 떼어 놓는다.

29 죄의 유혹 난폭한 사람은 그 이웃을 꾀어 내어 좋지 못한 길로 끌어간다. 1:10

30 악한 계획 눈짓하는 것은 악한 일을 계획 하려는 것이고 음흉하게 웃는 사람은 악 한 일을 저지른다. 2:12;6:13

31 노인 굽은 길을 걸어왔다면 흰머리는 영광 의 면류관이 될 것이다. 3:1~2;17:6;20:29

32 성격과 인내 화내는 데 더딘 사람은 용사보 다 낫고 마음을 다스릴 줄 아는 사람은 성 을 빼앗는 사람보다 낫다. 14:29;19:11;25:28

33 하나님의 섭리 제비는 사람이 뽑지만 그 모 든 결정은 여호와께 있다. 29:26;롬 1:26

17 분쟁과 불화 마른 빵을 먹더라도 평 안하고 조용한 것이 온갖 맛있는 음식이 가득하고도 다투며 사는 것보다 낫다. 7:14;15:17

2 지혜로운 종 지혜로운 종은 주인의 부끄러 운 짓을 하는 아들을 다스리고 그 형제들 과 함께 유산을 나눠 받는다. 삼하 16:4

3 마음을 단련하심 도가니는 은을, 용광로는 금을 단련하지만 마음을 단련하시는 마음을 단 련하신다. 27:21;대상 29:17;시 26:2;렘 17:10;잘 3:3

4 의인의 말과 악인의 말 악인은 악한 말에 마 음을 두고 거짓말쟁이는 못된 말에 귀 기 울인다.

5 사랑과 미움과 동정 가난한 사람을 조롱하 는 사람은 그 지으신 분을 비난하는 자요, 남이 당한 재앙을 기뻐하는 사람은 벌을

피할 수 없다. 24:17;욥 31:29;겔 1:12;마 25:40~45

6 부모와 자녀 손자는 노인의 면류관이요, 부모는 그 자녀의 영광이다. 시 127:3~4;128:6

7 통치자의 입술 훌륭한 말이 어리석은 사람 에게 어울리지 않는데 하물며 거짓말하 는 입술이 통치자에게 어울리겠느냐!

8 뇌물 뇌물은 그 뇌물을 쓰는 사람에게 요 술방망이 같아서 어디에 쓰든지 안 되는 일이 없다. 18:16;19:6;출 23:8;사 1:23;삼 5:12

9 중상과 험담 허물을 덮어 주는 것은 사랑 을 구하는 것이요, 문제를 자꾸 들추어내 는 사람은 가까운 친구를 갈라놓는다.

10 충고와 책망 어리석은 사람을 100번 때리 느니 지혜로운 사람을 한 번 꾸짖는 게 더 깊이 박힌다.

11 반역 반역하는 데만 마음을 쓰는 악한 사 람은 잔인한 사람에게 잡힐 것이다.

12 어리석은 사람의 만남 어리석은 사람을 만나 는 것보다 새끼를 빼앗긴 곰을 만나는 것 이 낫다. 27:3;삼하 17:8;호 13:8

13 적절한 보응 사람이 선을 악으로 갚으면 그 집에서 재앙이 결코 떠나지 않는다.

14 다툼 다툼을 시작하는 것은 댐에 구멍 내 는 것과 같으니 다툼이 일어나기 전에 말 다툼을 그치라. 18:1;20:3;25:8

15 재판의 공의로움 악인을 의롭다 하는 사람 이나 의인을 정죄하는 사람 모두를 여호와 께서 싫어하신다. 출 23:7;잠 34:17

16 어리석은 사람의 마음 어리석은 사람은 손에 돈이 있어도 지혜를 살 마음이 없는데 어 떻게 지혜를 얻겠느냐? 23:23

17 친구 항상 사랑하는 것이 친구이고 어려

성경적인 돈 사용 원리

돈은 물건을 사고파는 매개 역할을 하는 교환 수단이자 가치를 저장해 두는 수단이기도 하다.
잠언에서 말하는 '돈'에 관한 사용법을 살펴보자.

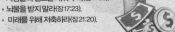

- 구제하라(잠 11:24~25; 22:9).
- 빚보증을 서지 말라(잠 17:18; 22:26~27).
- 가난한 사람을 도우라(잠 19:17; 21:13; 22:9).
- 돈을 빌리는 일에 신중하라(잠 22:7).

- 사람들의 필요를 채워 주라(잠 11:26).
- 뇌물을 받지 말라(잠 17:23).
- 미래를 위해 저축하라(잠 21:20).

울 때 도움이 되려고 태어난 것은 형제다.

18 친구를 위한 보증 분별력 없는 사람이 서약을 함부로 하고 자기 친구를 위해 보증을 선다. 6:1;11:15

19 다툼 다툼을 좋아하는 사람은 죄를 좋아하고 집을 꾸미기 좋아하는 사람은 파멸을 구한다. 11:2;29:23

20 거짓말 사악한 마음을 가진 사람이 잘될 리 없고 거짓말하는 혀를 가진 사람은 고난에 빠지려고 마련이다. 11:20

21 부모와 자녀 미련한 자식을 낳은 부모는 그 자식 때문에 슬픔을 당하고 어리석은 자식을 둔 부모는 기쁨이 없다. 10:1;19:13

22 기쁨과 슬픔 즐거운 마음은 병을 낫게 하지만 근심하는 마음은 뼈를 말린다.

23 뇌물 악인은 남몰래 뇌물을 받고 옳은 재판을 굽게 한다. 8절;미 3:11;7:3

24 명철과 지혜 통찰력 있는 사람은 가까이에서 지혜를 찾지만 어리석은 사람의 눈은 땅끝에 있다. 14:6;15:14;신 30:11~14;전 2:14

25 부모와 자녀 어리석은 아들은 그 아버지에게 걱정을 끼치고 그 어머니의 마음을 쓰라리게 한다. 10:1;23:25

26 재판의 공의로움 의인을 징벌하거나 고귀한 사람이 정직하다고 채찍질하는 것은 옳지 않다. 15절

27 절제된 말 지식이 있는 사람은 말을 아끼고 통찰력 있는 사람은 성급해하지 않는다.

28 침묵 어리석은 사람도 조용히 하면 지혜롭게 보이고 입을 다물고 있으면 슬기로워 보인다. 욥 13:5

18 이기심 다른 사람과 어울리지 못하는 사람은 자기 욕심만 채우려 하고 모든 지혜를 배격한다.

2 자기 의견을 내세움 어리석은 사람은 깨닫는 것을 좋아하지 않고 자기 의견을 내세우기만 한다. 13:16;전 10:3

3 적절한 보응 악인이 오면 멸시가 뒤따라오고 부끄러운 일이 오면 망신도 온다.

4 슬기로운 사람의 말 슬기로운 사람의 입에서 나오는 말은 깊은 물과 같고 지혜의 샘은 흐르는 시냇물과 같다. 20:5

5 재판의 공의로움 재판할 때 의인을 넘어뜨리려고 악인의 편을 드는 것은 옳지 않다.

6 미련한 자의 어리석은 말 어리석은 사람의 입술은 다툼을 일으키고 그 입은 매를 부른다.

7 어리석은 사람의 입은 자기를 멸망하게 하고 그 입술은 그 영혼의 덫이 된다.

8 중상과 험담 남의 말을 하는 것은 맛있는 음식과 같아서 사람의 뱃속 깊이 내려간다.

9 게을러 자기 일을 게을리하는 사람은 일을 망치는 사람의 형제다. 28:24

10 여호와만을 의뢰함 여호와의 이름은 견고한 망대이니 의인이 거기로 달려가면 안전하다.

11 부자의 재물 부자의 재물은 견고한 성과 같으니 그는 그것을 마치 높은 성벽인 것처럼 여긴다. 10:15

12 교만과 겸손 사람의 마음이 교만하면 파멸

지혜로운 사람과 사귀라

이 뒤따르지만 겸손하면 영광이 뒤따른다.

13 침묵 듣기도 전에 대답하는 사람은 미련함 그 자체이고 망신만 당한다. 요.7:51

14 사람의 병 사람의 병은 정신력으로 이겨낼 수 있지만 마음이 상하면 누가 견딜 수 있겠는가? 12:25;15:13

15 지식 신중한 사람의 마음은 지식을 얻고 지혜로운 사람의 귀는 지식을 찾게 된다.

16 선물 선물은 사람이 가는 길을 여유롭게 해 주고 그를 높은 사람들 앞으로 인도해 준다. 17:8;창 32:20;삼상 25:27

17 말의 진실 원고가 자기 사건을 말할 때는 그의 말이 옳아 보이나 이웃이 오면 진실은 밝혀지는 법이다.

18 분쟁과 불화 제비뽑기는 말다툼을 끝내고 강하게 반박하는 사람들 사이에 해결을 지어 준다. 16:33

19 마음이 상한 형제를 달래기는 견고한 성을 손에 넣기보다 어렵다. 그들의 다툼은 꺾이지 않는 성문의 빗장과 같다.

20 혀의 능력 사람은 그 입에서 나오는 것으로 만족하고 그 입술에서 거두는 것으로 배부르게 된다. 12:14

21 죽고 사는 것이 혀의 능력에 달려 있으니 혀 쓰기를 좋아하는 사람들은 그 열매를 먹을 것이다. 4:23;12:13;마 12:36~37

22 아내를 맞이한 사람 아내를 얻은 사람은 좋은 것을 얻은 것이며 여호와께 은혜를 받은 것이다. 8:35;12:4;19:14;31:10~31;창 2:18

23 부와 빈곤 가난한 사람이 자비를 간절히 구해도 부자는 혹독하게 대답한다.

24 형제보다 더 가까운 친구 많은 친구를 가진 사람은 해를 입기도 하지만 형제보다 더 가까운 이도 있다. 17:17

19 지혜로운 말과 어리석은 말 가난하지만 진실하게 사는 사람이 어리석고 입술이 고약한 사람보다 낫다. 14:2;20:7;28:6

2 지식 또 지식 없이 열심히만 하는 것은 좋지 않으며 너무 서두르면 죄짓기 쉽다.

3 어리석음 사람이 자기가 어리석어 자기 길을 망치고는 속으로 여호와를 원망한다.

4 돈과 친구 돈이 있으면 많은 친구가 생기지만 가난한 사람은 이웃에게 따돌림을 당한다. 14:20

5 거짓말 거짓 증인은 벌을 피하지 못하며 거짓말을 잘하는 사람도 벌을 피하지 못할 것이다. 6:19;12:19;21:28;신 19:16~19

6 선물과 친구 통치자 주위에는 비위를 맞추는 사람이 많고 선물을 잘 주는 사람에게는 모두가 달려들어 친구가 되려 한다.

7 가난한 사람은 형제라도 다 피하는데 친구들이야 더더욱 피하지 않겠느냐! 그가 아무리 그들에게 말하려 해도 아무런 소용이 없다. 4절;시 38:11

8 깨달음과 지혜 지혜를 얻는 것은 자기 영혼을 사랑하는 일이고 깨달음을 간직하는 사람은 잘되게 돼 있다. 15:32;16:20

9 거짓 증인 거짓 증인은 벌을 피하지 못하며 거짓말을 잘하는 사람은 쓰러질 것이다.

10 어울리지 않는 것 어리석은 사람에게 사치는 어울리지 않는다. 종이 왕들을 다스리는 것은 더더욱 그렇다! 17:7;26:1;30:22;전 10:6~7

11 성격과 인내 분별력이 있으면 화를 참고 허물을 덮어 주는 것은 그의 영광이 된다.

12 왕의 분노와 은총 왕이 분노하면 사자가 울부짖는 것 같고 그 은총은 풀잎 위의 이슬과 같다. 14:35;16:14~15;시 133:3;호 14:5;미 5:7

13 아들과 아내 어리석은 아들은 아버지에게 재난이 되고 다투는 아내는 계속 떨어지는 빗방울과 같다. 10:1;17:21;21:9;27:15

14 집과 재물은 아버지에게서 상속받지만 현명한 아내는 여호와께 받는다. 고후 12:14

15 게으름 게으르면 깊은 잠에 빠지고 나태한 사람은 굶주리게 된다. 창 4:13

16 훈계와 순종 훈계에 순종하는 사람은 그 영혼을 지키고 그런 행위를 경멸하는 사람은 죽게 될 것이다. 13:13;눅 10:28

17 자선과 후한 인심 가난한 사람을 불쌍히 여기는 사람은 여호와께 빌려 드리는 것이니 그가 한 일에 대해 그분이 갚아 주실 것이다. 12:14;마 10:42;25:40;눅 6:38;고후 9:6~8

18 훈계 네 아들을 훈계할 때 소망이 있다. 그

러나 아들이 괴로워 죽겠다고 할 때까지 하지는 마라. 13:24,23:13;신 21:18~21

19 성질과 벌 성질이 불같은 사람은 벌을 받아야 한다. 그런 사람을 한 번 구해 주게 되면 또 구해 줘야 할 일이 생긴다.

20 조언과 훈계 조언에 귀 기울이고 훈계를 받아들여라. 그러면 결국에는 네가 지혜롭게 될 것이다. 시 37:37

21 하나님의 섭리 사람의 마음에는 많은 계획이 있으나 오직 여호와의 뜻만이 이뤄진다.

22 성실 사람은 성실해야 한다. 거짓말쟁이가 되느니 가난뱅이가 되는 것이 낫다.

23 여호와를 경외함 여호와를 경외하면 생명을 얻는다. 생명을 가진 사람은 만족하며 살고 재앙을 만나지 않을 것이다.

24 게으름 게으름뱅이는 손을 그릇에 넣고는 다시 입으로 들어 올려 떠먹는 것조차 하지 않는다. 15:19,20;4:26,15;0:1 14:20

25 충고와 책망 거만한 사람을 치면 우둔한 사람도 깨닫게 된다. 지각 있는 사람을 꾸짖으면 지식을 얻게 될 것이다.

26 부모와 자녀 자기 아버지를 구박하고 자기 어머니를 쫓아내는 사람은 수치와 망신을 당하게 하는 아들이다.

27 잘못된 훈계 내 아들아, 지식의 말씀에서 벗어나게 하는 훈계는 듣지 마라.

28 경건하지 못한 증인 경건하지 못한 증인은 공의를 우습게 여기고 악인의 입은 죄악을 꿀꺽 삼켜 버린다. 18:8;을 15:16;34:7

29 적절한 보응 거만한 사람을 위해서는 심판이 준비돼 있고 어리석은 사람의 등에는 매가 준비돼 있다.

20 술 취함 포도주는 다른 *사람을 조* 롱하게 하고 독

주는 떠들게 한다. 이런 것들에 빠지는 것은 지혜롭지 않다.

2 왕의 분노 왕이 분노하는 것은 사자가 으르렁대는 것 같으니 왕의 분노를 자아내는 것은 자기 목숨을 거는 일이다.

3 다툼 다툼을 그치는 것은 영광이 되나 어리석은 사람은 다들 쓸데없이 참견한다.

4 게으름 게으름뱅이는 춥다고 밭을 갈지 않으니 추수 때 구걸해도 아무것도 얻지 못할 것이다. 6:11;19:15,24

5 명철과 지혜 사람의 생각은 깊은 물속과 같아서 지각 있는 사람만이 길어 낼 수 있다.

6 성실한 사람 대부분 스스로 선하다고 하는데 정말로 성실한 사람은 어디 있는가?

7 의로움 의인은 진실하게 살고 그의 자손은 그로 인해 복을 받는다. 왕상 15:4;시 37:26

8 왕의 심판 왕은 그 심판의 보좌에 앉아서 그 눈으로 모든 악을 흩어 버린다.

9 교만함 누가 "내 마음을 순결하게 지켰으니 나는 깨끗하고 죄가 없다"라고 말할 수 있겠는가? 왕상 8:46

10 저울과 자 제멋대로 된 저울과 자는 모두 여호와께서 싫어하신다. 23잠11:1

11 동기와 마음 어린아이라도 그의 행동으로 그가 한 일이 깨끗한지 더러운지, 옳은지 그른지 알 수 있다. 마 7:16

12 귀와 눈 듣는 귀와 보는 눈은 모두 여호와

가난한 사람을 도와주는 것은 여호와께 빌려 드리는 것임

께서 지으신 것이다. _{출 4:11;시 94:9}

13 게으름과 근면함 잠을 좋아하지 마라. 가난해질지 모른다. 깨어 있어라. 그러면 넉넉히 먹을 것이다. _{4절:6:4;12:11,31:15;롬 12:11}

14 표리부동 물건을 사면서 "좋지 않다, 좋지 않다" 하고는 가서 자기가 산 것을 자랑하고 다닌다.

15 지식 금이 있고 루비가 많아도 정말 귀한 보석은 지식을 말하는 입술이다.

16 타인을 위한 보증 타인을 위해 보증이 된 사람은 옷을 잡히며 외인의 보증이 된 사람은 자기의 몸을 잡혀라. _{잠 22:6}

17 불의의 재물 사람들은 속여서 얻은 빵이 달다고 하지만 나중에는 그 입이 자갈로 가득 차게 된다. _{9:17;애 3:16}

18 계획의 가치 계획이 있어야 목표를 달성한다. 전쟁은 전략을 세워 놓고 하여라.

19 중상과 험담 남의 말을 하고 다니는 사람은 비밀을 누설하게 돼 있으니 입을 함부로 놀리는 사람과는 어울리지 마라.

20 부모와 자녀 자기 부모를 저주하는 사람은 자신이 암흑 속에 있을 때 그 등불이 꺼질 것이다. _{30:11,17;출 21:17;심하 21:17;롬 18:5}

21 불의의 재물 처음부터 쉽게 얻은 재산은 행복하게 끝을 맺지 못한다. _{13:11}

22 복수 "내가 악을 꼭 갚겠다"라고 벼르지 말고 여호와를 기다려라. 그러면 그분이 너를 구원해 주실 것이다. _{마 5:39;롬 12:17}

23 정직한 추와 저울 서로 다른 추는 여호와께서 싫어하시는 것이며 속이는 저울은 나쁜 것이다. _{10절;11:1}

24 여호와의 인도하심 사람의 걸음은 여호와께서 인도하시니 사람이 어떻게 자기 길을 알 수 있겠는가? _{16:9}

25 서원 서원하고 난 후에 그 생각이 달라지면 그것이 덫이 된다. _{전 5:4-5}

26 지혜로운 왕 지혜로운 왕은 악인을 키질하며 타작용들 바퀴를 그 위로 굴린다.

27 사람의 영혼 여호와께서는 등불처럼 사람의 영혼을 비추시나니 사람의 마음속 깊은 곳까지 낱낱이 살펴신다. _{고전 2:11}

28 왕과 정의 인자와 진리는 왕을 보좌하고 정의는 그 왕좌를 든든히 한다.

29 노인 청년의 영광은 그 힘에 있고 노인의 아름다움은 백발에 있다. _{16:31}

30 매질 상처가 나도록 때려야 악이 없어진다. 매질은 사람의 속 깊은 곳까지 들어간다.

21

왕의 마음 왕의 마음은 여호와의 손에 달려 있어 강물과 같이 여호와께서 원하시는 대로 돌리신다. _{스 6:22}

2 동기와 마음 사람의 행위가 다 자기 눈에는 옳게 보이지만 그 마음은 여호와께서 살펴보신다. _{녹 16:15;고전 4:4}

3 진정한 예배 의와 공의를 행하며 사는 것은 희생제사를 드리는 것보다 여호와께서 더 기뻐하신다. _{15:8;삼상 15:22}

4 교만 거만한 눈과 교만한 마음, 악인이 경작하는 것은 죄다. _{왕상 11:36;시 101:5}

5 부와 빈곤 부지런한 사람의 생각은 풍성한 결과에 이르지만 마음만 급한 사람은 궁핍함에 이를 뿐이다. _{10:4;11:24;14:23;19:2;22:16}

6 거짓말 거짓말하는 혀로 얻은 보물은 죽음을 구하는 자들의 사라지는 물거품과 같다. _{8:36;10:2;13:11;20:21;롬 13:25}

7 악인의 강도질 악인의 강도질은 자기를 멸

게으름뱅이는 춥다고 밭을 갈지 않는대!

이스라엘은 11월부터 2월까지 집중적으로 비가 내린다. 비 오는 계절이라고 해서 늘 비가 오는 것은 아니다. 대체적으로 12월에 비가 내리며, 12월 이후에는 날씨가 추워져 눈이 내린다. 겨울이 지나면 건조한 기후가 계속되는데, 약 5개월 동안은 비가 오지 않아 땅은 돌같이 굳어진다.

따라서 비가 오는 계절(개역 성경에는 가을로 번역)에 밭을 갈지 않으면 한 해 농사를 망치게 된다. 춥다는 이유로 겨울비가 내리기 시작할 때 밭을 갈지 않거나, 씨를 뿌리지 않고 집에 틀어박혀 일하지 않는 게으른 사람들이 있다. 조금만 더 자자, 조금만 더 졸자 하며 일하기를 싫어하는 사람들이(잠 20:4; 21:25; 24:33) 어떻게 부자가 될 수 있겠는가?(잠 24:34)

망시키리니 그들이 올바르게 살기를 거절하기 때문이다. 잠 30:23

8 죄인의 길 죄인의 길은 악하고 굽어 있지만 깨끗한 사람의 길은 올바르다.

9 잘 다투는 아내 잘 다투는 아내와 넓은 집에서 사는 것보다 지붕 한 모퉁이에 혼자 사는 것이 낫다. 19절:19:13:25:24:27:15

10 친절과 자비 악인의 마음은 악한 것만을 바라니 그는 자기 이웃에게도 은혜를 베풀지 못한다.

11 벌 거만한 사람이 벌을 받으면 우둔한 사람이 지혜로워지며 지혜로운 사람이 훈계를 받으면 지식을 얻게 된다. 19:25:시 1:1

12 적절한 보응 의로우신 하나님께서는 악인의 집을 주목하시고 그를 망하게 하신다.

13 자선과 후한 인심 가난한 사람의 부르짖음에 귀를 막으면 자기도 부르짖게 될 때 아무에게도 응답받지 못할 것이다.

14 뇌물 남몰래 주는 선물이 화를 달래고 품에 감춘 뇌물이 큰 진노를 누그러뜨린다.

15 재판의 공의로움 공의가 이루어지면 의인은 기뻐하고 악인은 파멸하게 된다.

16 적절한 보응 깨달음의 길에서 떠난 사람은 죽은 사람들과 함께 있게 될 것이다.

17 쾌락과 가난 쾌락을 좋아하는 사람은 가난해지고 포도주와 기름을 좋아하는 사람도 결코 부자가 되지 못할 것이다.

18 몸값 악인은 의인 대신 치르는 몸값이 되고 죄를 범한 사람은 정직한 사람 대신 치르는 몸값이 된다. 11:8:사 43:3

19 다투는 아내 다투기 좋아하고 쉽게 화내는 아내와 사느니 광야에서 혼자 사는 것이 낫다. 9절

20 관리 *의인의 집에는 값진 보물과 기름이 *있지만 어리석은 사람은 자기가 가진 것을 다 없애 버린다. 욥 20:15,18:사 112:3

21 적절한 보응 의와 자비를 추구하는 사람은 생명과 의와 명예를 얻는다. 마 5:6:6:33

22 여호와만을 의뢰함 지혜로운 사람은 강자

들의 성읍에 올라가서 그들이 믿고 있는 요새를 무너뜨린다. 삼하 5:6~9:전 7:19:9:14~18

23 말을 절제하는 사람 입과 혀를 지키는 사람은 자기 자신을 재앙으로부터 지킨다.

24 교만 하늘 높은 듯이 교만하게 행동하는 사람, 그는 교만하고 오만하며 냉소적인 사람이다. 1:22:시 1:1

25 근면함 게으름뱅이의 욕심은 그 자신까지 죽이니 자기 손으로 어떤 일도 하기 싫어하기 때문이다. 13:4

26 악인은 하루 종일 욕심만 부리나 의인은 아낌없이 베푼다. 시 37:26

27 거짓된 예배 악인의 제물이 역겨우면 악한 의도로 가져온 제물은 어떻겠는가!

28 거짓 증인 거짓 증인은 망할 것이나 진실한 증인의 말에는 힘이 있다. 12:19:19:5,9

29 정직한 사람의 길 악인은 얼굴이 굳어지나 정직한 사람의 길은 순탄하다. 시 119:5

30 하나님의 섭리 어떤 지혜나 깨달음, 계획도 여호와께 대항할 수 없다. 고전 3:19~20

31 전쟁을 위해 말이 준비돼도 승리는 여호와께 달렸다. 시 3:8:20:7:33:17:사 31:1:잠 3:23

22 명에 많은 재산보다는 명예를 선택하는 것이 더 낫고 은과 금보다는 은총을 받는 것이 더 낫다.

2 부와 가난 부와 가난은 이런 공통점이 있는데 둘 다 여호와께서 만드신 것이다.

3 위험을 보고 피함 현명한 사람은 위험을 보고 피하지만 우둔한 사람은 계속 나아가다가 화를 당하고 만다. 14:16:27:12

4 겸손 겸손하고 여호와를 경외하는 사람은 부와 명예와 생명을 얻게 된다.

5 악을 떠나는 것 악인의 길에는 가시와 덫이 있지만 자기 영혼을 지키는 사람은 그런 것들과는 거리가 멀다. 15:19:21:23:22절:5:18

6 훈육 어린아이에게 바른 길을 가르치라. 그러면 나이 들어서도 그 길을 떠나지 않을 것이다. 엡 6:4:딤후 3:15

7 부와 빈곤 부자는 가난한 사람을 다스리고 빚진 사람은 빚쟁이의 종이 된다.

8 적절한 보응 죄악을 심는 사람은 거둘 것이

없으며 분노하며 휘두르는 막대기는 부러
질 것이다. 잠 4:8; 사 14:6; 30:31; 호 10:13

9 자선과 후한 인심 남을 보살펴 주는 자는
복이 있을 것이다. 이는 그가 자기 먹을 것
을 가난한 사람에게 나눠 주기 때문이다.

10 다툼 거만한 사람을 쫓아내라. 그러면 다
툼이 없어지리니 논쟁과 모욕하는 일이
그칠 것이다. 26:20; 잠 21:9~10

11 왕의 친구 순결한 마음을 사랑하는 사람
은 그가 하는 은혜로운 말 때문에 왕의 친
구가 될 것이다. 시 101:6; 잠 16:10; 12

12 하나님의 섭리 여호와의 눈은 지식을 지키
시지만 범죄자의 말은 좌절시키신다.

13 용기 게으름뱅이는 "밖에 사자가 있으니
내가 거리에서 죽임당할 것 같다!"라고 한
다.

14 간음의 유혹 외간 여자의 입은 깊은 구덩이
니 여호와께 미움받는 사람은 거기에 빠
질 것이다. 2:16; 22:3; 27:3; 전 7:26

15 훈육 어린아이의 마음은 어리석기 짝이
없지만 가르침의 막대기가 어리석음을 멀
리 쫓아낼 수 있다. 13:24

16 가난한 사람을 못 살게 굴지 말 것 재물을 늘
리기 위해 가난한 사람을 못 살게 구는 사
람과 부자에게 자꾸 갖다 바치는 사람은
반드시 가난해질 것이다. 28:22

17 지혜로운 잠언의 가치 귀를 기울여 지혜로운
사람의 말을 듣고 내가 가르치는 것을 네
마음에 잘 새겨라. 1:6; 5:1; 10:14; 24:23

18 네가 이것들을 네 마음속에 잘 간직해 그
것을 모두 네 입술로 말하면 네게 즐거움
이 된다.

19 이는 네가 여호와를 의뢰하며 살도록 내가
오늘 네게 가르쳐 주는 것이다.

20 내가 네게 가장 뛰어난 조언과 지식을 써
주었으니 8:6

21 네가 진리의 말씀을 분명히 알고 네게 어
떤 사람이 오더라도 진리의 말씀으로 대
답할 수 있게 하려는 것이다. 눅 1:3~4

22 함부로 빼앗지 말 것 가난하다고 그 가난한
사람에게서 함부로 빼앗지 말고 불쌍한

사람을 성문에서 학대하지 마라.

23 여호와께서 그들을 위해 변호하시고 그들
을 약탈한 사람들을 약탈하실 것이기 때
문이다. 삼상 25:39; 사 12:5; 35:10; 68:5; 140:12

24 성격과 인내 성급한 사람과 어울리지 말고
화를 잘 내는 사람과 함께 다니지 마라.

25 네가 그 행동을 배워 네 영혼이 덫에 걸리
게 될지 모른다.

26 타인을 위한 보증 너는 담보를 잡히거나 남
의 빚보증을 서지 마라. 욥 17:3

27 네가 갚을 것이 없게 되면 네가 누워 있는
침대까지 빼앗기지 않겠느냐? 출 22:26

28 경계돌 옛날에 네 조상들이 세운 경곗돌
을 옮기지 마라. 23:10; 신 19:14; 27:17; 22; 24:2; 호 5:10

29 부지런함 자기 일에 솜씨가 부지런한 사람
을 보았느냐? 그런 사람은 왕들 앞에 설
것이며 낮고 천한 사람들 앞에 서지는 않
을 것이다. 창 41:46; 왕상 10:8

23 왕과 다스리는 자 네가 높은 사람
과 함께 앉아 음식을 먹게 되거
든 네 앞에 누가 앉아 있는지를 보고

2 만약 네가 많이 먹는 것을 좋아하는 사람
이라면 네 목에 칼을 두어서라도 참아라.

3 그리고 그 온갖 맛난 음식에 군침 흘리지
마라. 그 음식은 속임수다.

4 자신의 지혜를 버리라 부자가 되려고 애쓰지
말고 네 자신의 지혜를 버려라.

5 너는 별것도 아닌 것에 주목하지 마라. 재
물은 분명 스스로 날개를 달고 독수리가
하늘로 날아가듯 날아가 버린다.

6 표리부동 너는 인색한 사람의 빵을 먹지
말며 그가 온갖 맛있는 음식을 먹는 것을
보고 탐내지 마라. 신 15:9; 시 141:4; 마 6:23

7 그 마음에 생각하는 그대로 사람도 그런
즉, 그가 네게 "먹고 마셔라"라고 말하지
만 그 속마음은 네 편이 아니다. 시 12:2

8 네가 조금만 먹어도 토해 내게 되고 네 아
침도 아무런 소용이 없을 것이다.

9 충고와 책망 어리석은 사람의 귀에다 말하
지 마라. 그는 네가 말한 지혜를 조롱할 것
이다.

10 옛 경곗돌을 옮기지 말고 고아들의 밭에
는 들어가지 마라. _{22:28}

11 그들을 구원해 주시는 분은 강하시니 그
들이 너에 대해 탄원하는 것을 들어주실
것이다. _{22:23;출 6:6;욥 19:25}

12 지식 훈계를 네 마음에 받아들이고 지식
의 말씀에 네 귀를 기울여라.

13 훈계와 매 어린아이를 바로잡는 일을 그만
두지 마라. 네가 매를 때린다고 죽기야 하
겠느냐? _{13:24;19:18}

14 매를 때려서라도 그 영혼을 지옥에서 구
해 내야 하지 않겠느냐? _{고전 5:5}

15 지혜로운 말과 어리석은 말 내 아들아, 네 마
음이 지혜로우면 내 마음도 기쁠 것이다.

16 네가 바른말을 하면 내 마음이 즐거울 것
이다. _{8:6;시 7:9;73:21}

17 소망 죄인들을 부러워하지 말고 늘 오직
여호와를 경외하는 일에만 마음을 써라.

18 분명 네 미래가 밝아지고 네가 기대하는
것은 끊어지지 않을 것이다. _{시 9:18}

19 술 취함과 과식 내 아들아, 잘 듣고 지혜를
얻어서 네 마음을 바른길로 이끌어라.

20 술을 많이 마시는 사람과 고기를 즐기는
사람들과 어울리지 마라. _{마 24:49;눅 21:34}

21 술 취하고 식탐하는 자는 가난해지고 잠
자기를 좋아하는 자는 누더기를 입게 된
다.

22 부모와 자녀 너를 낳은 네 아버지의 말을
잘 듣고 네 어머니가 늙더라도 무시하지
마라.

23 진리를 사들이되 그것을 다시 팔지 마라.
지혜와 훈계와 지각도 마찬가지다.

24 의인의 아버지에게는 큰 기쁨이 있고 지
혜로운 아들을 가진 사람은 그로 인해 기
뻐할 것이다. _{15절;29:3}

25 네 부모가 기뻐할 것이며 너를 낳은 어머
니가 즐거워할 것이다. _{17:25}

26 청년의 함정 내 아들아, 나를 주시해 보고
내가 걸어온 길을 따르도록 하여라.

27 창녀는 깊은 함정이며 외간 여자는 좁은
구멍이다.

28 그녀는 숨어서 남자를 노리다가 남자들
가운데 배신자들을 길러 낸다. _{7:12;벧전 7:26}

29 술 취함과 과식 재앙이 누구에게 있느냐?
근심이 누구에게 있느냐? 다툼이 누구에
게 있느냐? 불평이 누구에게 있느냐? 원
인 모를 상처가 누구에게 있느냐? 충혈된
눈이 누구에게 있느냐? _{20~21,35절;창참 49:12}

30 술에 찌든 사람들, 섞은 술
을 찾아다니는 사람들이다.

31 포도주는 붉고 잔에서 번쩍
이며 마실 때 좋게 넘어가니 너
는 그것을 보지도 마라.

32 결국에는 그것이 너를 뱀처
럼 물고 독사처럼 독을 쏠 것
이다. _{겔 20:16;사 11:8;59:5}

33 네 눈이 외간 여자를 보고
네 마음이 타락한 말을 할 것
이다. _{2:12}

34 너는 바다 한복판에 누운
것 같고 돛대 꼭대기에 누
워 있는 것 같을 것이다.

부모의 말을 잘 듣고 무시하지 마라.

35 그러고는 "아무리 때려 봐라. 내가 아픈가, 아무리 때려 봐라. 내가 고통을 느낄 수 있나. 내가 언제나 깨어서 다시 술을 마실까?" 할 것이다.

24

악인 악인을 부러워하지 말고 그들과 어울리려고 하지 마라.
2 그 마음은 나쁜 일 할 것만 계획하고 그 입술은 악한 말만 한다. 시 10:7;사 59:13
3 지혜로 지어진 집 집은 지혜로 지어지고 통찰력으로 튼튼해진다. 14:1
4 지식 때문에 방마다 귀하고 아름다운 보물들이 가득 찬다. 23:23;눅 16:11
5 조언자 지혜로운 사람은 강하고 지식 있는 사람은 더 강해진다.
6 너는 지혜로운 계책이 있을 때만 전쟁을 일으켜라. 조언자들이 많아야 승리할 수 있다. 11:14;20:18
7 지혜와 어리석음 어리석은 사람에게는 지혜가 너무 높이 있어서 그는 사람들이 모인 데서 입을 열지 못한다.
8 교활한 사람 악을 꾀하는 사람은 교활한 사람이라 불릴 것이다. 롬 1:30
9 어리석은 생각은 죄요, 거만한 사람은 사람들이 싫어한다. 21:27;사 1:1
10 용기 네가 고난의 때에 비틀거리면 네 힘이 약하다는 것을 드러내는 것이다.
11 재판의 공의로움 죽음으로 끌려가는 사람들을 구하고 죽임당하게 된 사람들을 구해 내어라. 시 82:4;사 58:6-7
12 만약 네가 "이것에 대해 우리가 아는 바가

없다"라고 할지라도 마음을 살펴보시는 분이 그것을 알아채지 못하시겠느냐? 네 생명을 지키시는 분이 그것을 모르시겠느냐? 그분이 각 사람이 행한 대로 갚지 않으시겠느냐? 삼상 16:7;욥 34:11;시 91:11
13 지혜와 어리석음 내 아들아, 꿀이 좋으니 먹어라. 꿀송이를 먹으면 입에 달 것이다.
14 마찬가지로 지혜는 네 영혼에 달다. 네가 그것을 찾으면 네게 상이 있을 것이고 네가 기대하는 바가 끊어지지 않을 것이다.
15 의로움과 사악함 오, 악한 사람아! 의인의 집에 숨어 있지 마라. 그가 쉬는 곳을 무너뜨리지 마라. 시 10:9-10
16 의인은 일곱 번 넘어져도 다시 일어나지만 악인은 재앙을 만나면 넘어진다.
17 사랑과 미움과 동정 네 원수가 쓰러질 때 좋아하지 마라. 그가 걸려 넘어질 때 네 마음에 기뻐하지 마라. 17:5;시 35:15,19;미 7:8
18 그러면 여호와께서 보고 기뻐하지 않으시고 그 진노를 네게로 돌이키실지 모른다.
19 적절한 보응 악한 사람 때문에 초조해하거나 악인을 부러워하지 마라. 렘 12:1
20 악한 사람은 상이 없고 악인의 등불은 꺼져 버린다. 13:9;욥 18:5
21 왕과 반역자 내 아들아, 여호와와 왕을 경외하고 반역자들과 함께하지 마라.
22 이는 그런 사람들에게 갑자기 재앙이 닥칠 것이기 때문이다. 여호와와 왕이 어떤 몰락을 가져다줄지 누가 알겠느냐
23 재판의 공의로움 이것은 지혜로운 사람의

왜 아이들에게 '매'를 대라고 하나요?

잠언에는 아이들에게 매(회초리)를 대라고 말하는 구절이 몇 군데 나온다. 혹자는 이것이 '아동 학대를 지지하는 것이 아니냐'는 생각을 할지도 모른다. 그러나 이것은 훈육의 한 가지 방법으로 경우에 따라서 매를 통해 자녀 교육을 해야 할 필요성에 대해서 말한 것이다. 부모는 아이들이 멸망의 길에서 빠져나와 바른 길로 가도록 징계로써 매를 사용해야 한다(잠 23:13-14). 매는

어리석음을 없애 주고(잠 22:15) 지혜를 준다(잠 29:15). 그리고 가정에 평안과 기쁨을 가져온다(잠 29:17). 훈육으로 매를 사용할 때는 주의할 점이 있다. 첫째는 사랑으로 매를 들라는 것이다(잠 13:24). 둘째는 제때에 매를 사용해야 한다는 것이다(잠 13:24). 셋째는 (훈계로써) 매는 교훈이 병행되어야 한다는 것이다(엡 6:4). 넷째는 정도를 벗어나 매를 사용하면 안 된다는 것이다(잠 19:18).

말이다. 재판할 때 편견이 있는 것은 좋지
않다.

1:6:18;5:22:17

24 죄인에게 "의롭다"라고 하는 사람은 누구
든지 사람들의 저주를 받고 민족들의 비
난을 받게 된다.

11:26;17:15

25 그러나 죄인을 꾸짖는 사람은 잘되고 좋
은 복을 받을 것이다.

26 진정한 우정 바른말 해 주는 것이 진정한
우정이다.

27 근면함 바깥일을 다 해 놓고 네 밭을 다 마
무리한 후에야 집안을 세워라.

눅 14:28

28 복수 아무 이유 없이 네 이웃에게 불리한
증언을 하지 말고 네 입술로 속이지 마라.

29 "그가 내게 한 그대로 나도 그에게 해 줄
것이다. 그가 한 짓을 갚아 주리라"라고 하
지 마라.

20:22

30 게으름 내가 게으름뱅이의 밭과 생각 없는
사람의 포도밭을 지나가면서 보니

31 가시가 여기저기에 나 있고 땅은 잡초로
덮여 있으며 돌담은 무너져 있었다.

32 그때 내가 살펴본 것을 곰곰이 생각해 보
고 교훈을 얻었다.

22:17

33 조금만 더 자자, 조금만 더 졸자, 조금만
더 손을 모으고 쉬자 하면

6:10-11

34 가난이 강도같이, 궁핍함이 방패로 무장
한 군사같이 네게 이를 것이다.

25 잠언의 목적 이것들 또한 솔로몬
의 잠언으로 유다 왕 히스기야의

신하들이 기록한 것이다.

1:1

2 왕과 다스리는 자 일을 감추는 것은 하나님
의 영광이요, 일을 살피는 것은 왕의 영광
이다.

신 29:29;욥 29:16;롬 11:33

3 하늘이 높고 땅이 깊은 것처럼 왕의 마음
도 살필 수가 없다.

시 145:3

4 은의 찌꺼기를 없애라. 그래야 은세공업자
가 그릇으로 만들 수 있다.

딤후 2:20-21

5 왕 앞에서 악인을 없애라. 그러면 그 왕좌
가 의로 세워질 수 있다.

16:12;20:8

6 왕 앞에서 나서지 말고 위대한 사람들의
자리에 서 있지 마라.

7 그가 네게 "이리 올라오너라"라고 하는 것
이 너를 보고 있는 귀족들 앞에서 너를 낮
추는 것보다 낫다.

왕하 25:19;눅 11:14

8 겸손 네가 본 것을 성급하게 법정으로 가
지고 가지 마라. 네 이웃이 모욕이라도 하
면 결국에 어떻게 하려고 그러느냐?

9 명예 다툴 일이 있으면 당사자와 직접 하
고 다른 사람에게까지 그 비밀을 드러내
지 마라.

마 18:15

10 그 말을 듣는 사람이 너를 모욕할지 모르
고 너에 대한 좋지 않은 평판이 끊이지 않
을지 모른다.

11 적절한 말 적절한 말을 하는 것은 은쟁반
에 금사과와 같다.

15:23;사 50:4

12 지혜로운 꾸짖음 지혜로운 꾸짖음이 그 말
을 들을 줄 아는 사람의 귀에는 금귀고리

나 순금 장식과 같다. 15:31;20:12;장 24:22

13 **믿음직한 사절** 믿음직한 사절은 그를 보낸 사람에게 추수 때의 차가운 눈같이 그 주인의 영혼을 시원하게 해 준다. 13:17

14 **거짓 선물** 선물을 한다고 거짓말로 자랑하는 사람은 비 없는 구름과 바람 같다.

15 **인내** 인내는 통치자를 설득할 수 있고 부드러운 혀는 뼈를 녹일 수 있다.

16 **이웃집에 자주 드나들지 말** 꿀을 찾았느냐? 그러면 적당히 먹어 과식하여 토하지 않게 하여라. 27절;삿 14:8;삼상 14:25

17 **이웃집을 자주 드나들지 마라.** 그러면 그가 너를 지겨워하며 싫어하게 된다.

18 **불리한 증인** 이웃에 대해 불리한 증언을 하는 사람은 방망이나 칼이나 뾰족한 화살과 같다. 12:18;24:28;시 57:4

19 **인자와 진리** 고난의 때에 진실하지 못한 사람을 믿는 것은 부러진 이나 어긋난 발과 같다.

20 **부적절한 위로** 마음이 무거운 사람에게 노래를 불러 주는 것은 추운 날에 겉옷을 빼앗거나 소다에 식초를 붓는 것과 같다.

21 **사랑과 미움과 동정** 네 원수가 굶주리면 먹을 것을 주고 그가 목말라하면 마실 물을 주어라. 출 23:4-5;왕하 6:22;대하 28:15;롬 12:20

22 이렇게 하면 네가 그의 얼굴을 부끄럽게 하는 것이며 여호와께서 네게 상 주실 것이다. 시 140:10

━━━━━━━━━━━━━━━━━━━━━━

오늘 참 잘했어라고 자신에게 칭찬해 주세요. 이렇게 자신감이 붙게 되면 어떤 일이 주어졌을 때, 빨리 도전해 보고 싶은 마음이 생길 거예요.
내일은 어떤 일이 일어날지 아무도 몰라요. 그런 내일에 오늘의 일을 맡기지 않도록 해요. 해야 할 일을 먼저 하고 놀면 더 즐겁게 놀 수 있어요. 해야 할 일을 미루고 놀면 놀더라도 마음이 개운하지 않아요. 공부할 때는 열심히 하고, 놀 때도 즐겁게 놀려면 할 일을 미루는 버릇과 작별 인사를 해야겠지요?

깊이 읽기 요한계시록 3장 15~16절을 읽으세요.

━━━━━━━━━━━━━━━━━━━━━━

23 **험담하는 혀** 북쪽 바람이 비를 불러오는 것처럼 뒤에서 험담하는 혀는 얼굴에 분노를 일으킨다.

24 **잘 다투는 아내** 잘 다투는 아내와 넓은 집에서 사는 것보다 지붕 한 모퉁이에서 혼자 사는 게 낫다. 21:9

25 **좋은 소식** 먼 땅에서 들려오는 좋은 소식은 지친 영혼에게 주는 시원한 물과 같다.

26 **죄의 유혹** 악인에게 무릎 꿇는 의인은 진흙 섞인 샘이나 더러워진 우물 같다.

27 **교만과 겸손** 꿀을 너무 많이 먹는 것이 좋지 않듯이 자기 스스로 영광을 구하는 것은 좋지 않다. 16절;27:2

28 **자제력** 자제력이 없는 사람은 성벽이 무너져 내린 성과 같다. 대하 32:5;36:19;느 1:3

26

1 **적절한 보응** 어리석은 사람에게는 영광이 어울리지 않으니 그것은 마치 한여름의 눈이나 추수 때의 비와 같다. 8절;17:7;19:10;삼상 12:17

2 **퍼붓는 저주** 떠도는 참새나 날아가는 제비처럼 이유 없이 퍼붓는 저주는 아무에게도 들이닥치지 않는다. 시 84:3

3 **적절한 보응** 말에는 채찍이, 나귀에는 굴레가, 어리석은 사람의 등에는 매질이 필요하다. 19:29;시 32:9

4 **어리석은 사람을 다루는 법** 어리석은 사람에게 그 어리석음에 맞춰 대답해 주지 마라. 그러지 않으면 너 자신도 그와 같이 돼 버린다. 삼하 16:11;왕하 18:36;눅 23:9

5 **어리석은 사람에게** 그 어리석음에 맞춰 대답해 보아라. 아마 스스로 지혜로운 줄 알 것이다. 28:11;마 16:1-4;21:24-27;롬 12:16

6 **어리석은 사람의 손에 전할 말을 들려 보내는 것은 자기 발을 자르고 손해를 불러들이는 것과 같다.** 13:2;욥 15:16

7 **저는 사람의 다리가 힘이 없듯이** 어리석은 사람의 입에서 나오는 잠언도 그렇다.

8 **어리석은 사람에게 영광을 돌리는 것은** 무릿매에 돌을 매는 것과 같다. 1절

9 **어리석은 사람의 입에서 나오는 잠언은** 술취한 사람의 손에 들린 가시나무와 같다.

10 어리석은 사람이나 그냥 지나가는 사람을 고용하는 사람은 아무에게나 활을 쏘아 대는 궁수와 같다.

11 개가 그 토한 것을 다시 먹듯이 어리석은 사람도 자기 어리석음을 되풀이한다.

12 여호와만을 의뢰한 자기 스스로 지혜롭다고 생각하는 사람을 보았느냐? 그보다는 차라리 어리석은 사람에게 더 소망이 있다.

13 용기 게으름뱅이는 "길에 사자가 있다. 사자가 거리에 어슬렁거리고 있다!"라고 한다.

14 근면한 문짝이 경첩에 붙어 돌아가듯이 게으름뱅이도 자기 침대에서 뒹군다.

15 게으름뱅이는 손을 그릇에 넣고도 입에 떠 넣는 것조차 귀찮아한다. `19:24`

16 교만과 겸손 게으름뱅이는 신중하게 대답하는 일곱 사람보다 자기가 더 지혜롭다고 생각한다. `26:5상;6:16;27:11;롬 5:19`

17 간섭 지나가다가 자기 일도 아닌 다툼에 간섭하는 것은 개의 귀를 잡는 것과 같다.

18 진실함 이웃을 속이고 나서 "농담이었다"

19 라고 말하는 사람은 횃불을 던지고 화살을 쏴 사람을 죽이는 미친 사람과 같다.

20 중상과 험담 나무가 없으면 불이 꺼지듯이 남의 말을 하는 사람이 없으면 다툼도 그친다. `16:28;22:10`

21 다툼 숯불에 숯을 넣고 타는 불에 나무를 넣는 것처럼 다투기 좋아하는 사람은 싸움에 불을 붙인다. `15:18`

22 중상과 험담 남의 말을 하는 것은 맛있는 음식 같아서 사람의 뱃속 깊이 내려간다.

23 표리부동 악한 마음을 품고서 그럴듯한 말을 하는 입술은 은도금을 한 질그릇과 같다. `25:4;마 23:27;눅 11:39`

24 남을 미워하는 사람은 입술로 그럴듯하게 꾸미지만 속에는 딴마음을 품고 있다.

25 그 말이 그럴듯해도 그를 믿지 마라. 마음에 일곱 가지 역겨운 것이 있다.

26 미움을 속여 감추더라도 그 악이 회중 앞

에 드러나게 될 것이다.

27 적절한 보응 사람이 함정을 파면 자기가 빠지게 되고 돌을 굴리면 그 돌이 다시 자기에게로 굴러 온다. `28:10;시 7:15`

28 아첨 거짓말하는 혀는 그 혀 때문에 고난당하는 사람들을 싫어하고 아첨은 파멸을 가져온다.

27 하나님의 섭리 내일 일을 자랑하지 마라. 네가 하루 동안에 무슨 일이 일어날지 알 수 없기 때문이다.

2 칭찬 남이 너를 칭찬하게 하고 스스로 하지 마라. 칭찬은 남이 해 주는 것이지 자기 스스로 하는 것이 아니다.

3 죄의 유혹 돌은 무겁고 모래는 짐이 되지만 어리석은 사람의 분노는 그 둘을 합친 것보다 더 무겁다. `12:16;17:12`

4 질투 화내는 것이 무섭고 진노가 폭풍 같다지만 질투 앞에 누가 당해 낼 수 있겠는가?

5 충고와 책망 숨은 사랑보다는 드러내고 꾸짖는 것이 낫다. `28:23`

6 친구의 꾸지람은 진실하나 원수의 입맞춤은 속이는 것이다. `시 141:5;마 26:49`

7 부와 빈곤 배부른 사람은 꿀도 싫어하지만 배고픈 사람에게는 쓴 것도 달다. `25:16`

8 고향(자기 집) 자기 집을 떠나 방황하는 사람은 둥지를 떠나 헤매는 새와 같다.

9 친구 기름과 향수가 마음을 기쁘게 하듯 친구의 진심 어린 충고도 그러하다. `시 23:5`

10 네 친구와 네 아버지의 친구를 버리지 말고 재앙이 닥쳤을 때 네 형제의 집으로 가지 마라. 가까운 이웃이 멀리 사는 형제보다 낫다. `17:17;왕상 12:6~8;대하 10:6~8`

11 기쁨과 슬픔 내 아들아, 지혜롭게 돼 내 마음을 기쁘게 하여라. 그래면 나를 욕하는 사람에게 내가 대답할 수 있을 것이다.

12 악을 피하는 것 현명한 사람은 위험을 미리 보고 피하지만 우둔한 사람은 그대로 가다가 고난을 당한다. `1:4;22:3`

13 타인을 위한 보증 타인을 위해 보증이 된 사람은 옷을 잡혀야 하며 외인의 보증이 된 사람은 자기의 몸을 잡혀야 한다.

아첨(26:28, 阿諂, flattering) 남의 마음을 얻거나 잘 보이려고 알랑거리는 것. **율법**(28:4, 律法, law) 하나님이 이스라엘 백성에게 주신 생활과 행위의 규범.

14 **적절한 말** 아침 일찍 큰 소리로 그 이웃을 축복하면 그것은 오히려 저주로 여겨질 것이다.

15 **아내** 다투기 좋아하는 아내는 비 오는 날 끊임없이 새는 물과 같고 　19:13

16 그런 여자를 다스리는 것은 바람을 다스리려는 것 같으며 손으로 기름을 잡으려는 것 같다.

17 **충고와 책망** 철이 철을 날카롭게 하듯 사람이 그 친구의 얼굴을 빛나게 한다.

18 **근면함** 무화과나무를 잘 돌보는 사람은 그 열매를 먹을 것이요 윗사람의 시중을 잘 드는 사람은 영예를 얻을 것이다.

19 **동기와 마음** 얼굴이 물에 비치듯이 사람의 마음은 그 사람됨을 나타낸다.

20 **호기심** 지옥과 파멸은 결코 만족이 없듯이 사람의 눈도 만족함이 없다.

21 **교만과 겸손** 은은 도가니에서, 금은 풀무에서 각 사람을 칭찬으로 사람됨을 시험해 볼 수 있다. 　17:3

22 **미련한 자를 다루는 법** 어리석은 사람을 절구에 넣고 낟알과 함께 공이로 찧을지라도 그 어리석음은 벗겨지지 않는다.

23 **근면함** 네 양 떼의 상태를 잘 알고 네 가축 떼를 주의 깊게 살펴라. 　요 10:3,14

24 이는 부가 영원히 지속되지 않으며 면류관이 대대로 이어지는 것이 아니기 때문이다.

25 풀을 베면 새 풀이 자라나니 산에서 나는 꼴을 거둘 수 있다. 　시 37:2;90:5-6

26 그러면 양으로 옷을 만들고 염소들로 밭 값을 치를 수 있을 것이다. 　딤전 6:8

27 그리고 네 염소젖은 넉넉해 너와 네 가족뿐만 아니라 네 여종도 먹일 수 있을 것이다.

28

1 **용기** 악인은 누가 따라오지 않아도 도망치지만 의인은 사자처럼 당당하다. 　레 26:8,17;삼상 17:32;시 53:5

2 **오래가는 나라** 나라에 반역이 일어나면 통치자가 자주 바뀌지만 통찰력과 지식이 있는 사람이 다스리면 그 나라는 오래간다.

3 **가난한 사람을 억압하는** 가난한 사람은 먹을 것을 하나도 남기지 않는 폭우와 같다.

4 **율법 준수** 율법을 저버리는 사람들은 악인을 칭찬하고 율법을 지키는 자는 악인에게 저항한다. 　마 3:7;14:4;롬 1:32;엡 5:11

5 **재판의 공의로움** 악한 사람은 공의를 이해하지 못하지만 여호와를 찾는 사람은 모든 것을 깨닫는다. 　요 7:17;12:39-40;고전 2:15

6 **부와 가난** 가난해도 올바르게 사는 사람이 부하면서도 추악하게 사는 부자보다 낫다.

7 **지혜로운 아들** 율법을 지키는 사람은 지혜로운 아들이다. 방탕한 사람들과 사귀는 사람들은 그 아버지를 망신시킨다.

8 **부와 빈곤** 높은 이자로 자기 재산을 늘리는 것은 결국 가난한 사람을 불쌍히 여기는 사람을 위해 모으는 셈이 된다.

9 **율법 준수와 기도** 율법을 듣지 않고 귀를 돌리는 사람은 그 기도조차 가증스럽다.

10 **죄의 유혹** 의인을 악한 길로 가게 하는 사

농담으로 하는 거짓말도 잘못인가요?

사람들은 재미로 농담을 하곤 해요. 어떤 때는 사실이 아닌 일도 그럴 듯하게 꾸며 말하기도 해요. 상대방이 놀라면 "아, 농담이야" 하며 웃어넘기기도 해요. 농담처럼 말하면서 다른 사람을 놀리거나 비꼴 때도 있고, 사실보다 더 부풀려 말할 때도 있어요.

다른 사람을 위로하려고 사실과 다르게 말하는 하얀 거짓말도 종종 해요. 하지만 나중에 사실이 드러나게 되었을 때는 일이 더 꼬이게 될 수도 있어요.

이러한 것들은 다 바르지 못한 거예요. 잠언은 "이웃을 속이고 나서 농담이었다고 말하는 사람은 횃불을 던지고 화살을 쏴 사람을 죽이는 미친 사람과 같다."(잠 26:18-19)라고 했어요. 진실을 말하는 것이 반드시 심각해지라는 뜻은 아니에요. 사실을 말하면서도 서로의 기분을 즐겁게 해주는 칭찬의 말을 하는 것은 어떨까요?

람은 자기 구덩이에 자기가 빠지지만 정직한 사람은 복을 받게 된다. 시 7:15,마 6:33

11 **부와 빈곤** 부자는 스스로 지혜롭다고 하지만 가난해도 지각 있는 사람은 그 속을 꿰뚫어 본다. 26:5,16,잠 13:9

12 **의로움과 사악함** 의인이 기뻐할 일이 생기면 큰 영광이 있지만 악인이 일어나면 사람들은 숨는다. 28장:11:10,29:2,전 10:5~6

13 **죄를 감추는 사람** 자기 죄를 감추는 사람은 잘되지 못하지만 누구든 자기 죄를 고백하고 그것을 끊어 버리는 사람은 불쌍히 여김을 받는다. 요일 1:8~10

14 **여호와를 경외함** 여호와를 항상 경외하는 사람은 복을 받지만 마음이 완고한 사람은 고난에 빠진다. 23:17,시 95:8,사 66:2,빌 2:12

15 **악한 통치자** 가난한 백성을 다스리는 악한 통치자는 울부짖는 사자나 굶주린 곰과 같다. 1:14,16,22,왕하 2:24,마 2:16,벧전 5:8

16 지각없는 통치자 역시 극심한 억압자지만 탐욕을 싫어하는 사람은 오래 살 것이다.

17 **살인한 사람** 피를 흘린 죄가 있는 사람은 죽을 때까지 도망자 신세가 된다. 아무도 그를 도와주지 못하게 하여라. 창 9:6

18 **온전한 자와 굽은 자** 올바르게 사는 사람은 구원을 얻을 것이요 악하게 사는 사람은 갑자기 넘어질 것이다. 6장3:23,10:9

19 **근면함** 자기 땅을 잘 일구는 사람은 풍성한 양식을 얻지만 헛된 것을 좇는 사람은 가난에 찌들 것이다. 12:11

20 **부와 가난** 성실한 사람은 복을 많이 받지

만 벼락부자가 되려고 애쓰는 사람은 벌을 면치 못한다. 22장13:11,16:5,딤전 6:9

21 사람에 따라 차별하는 것은 좋지 않으니 사람은 한 조각 빵 때문에 죄를 지을 수 있기 때문이다. 18:5,겔 13:19

22 벼락부자가 되려는 사람은 죄악에 눈이 어두워 가난이 자기에게 닥칠 것을 깨닫지 못한다. 20장:22:16,23:6

23 **아첨** 바르게 꾸짖는 사람이 결국에는 아첨하는 사람보다 더 많은 총애를 받는다.

24 **부모와 자녀** 자기 부모의 것을 억지로 빼앗고 "죄가 아니다"라고 하는 사람은 살인자와 한패거리다. 18:9

25 **여호와를 의지하는 사람** 마음이 교만한 사람은 분쟁을 일으키지만 여호와를 의지하는 사람은 삶이 윤택해진다. 11:25,13:4,15:18

26 **지혜롭게 사는 사람** 자기를 의지하는 사람은 어리석은 사람이나 지혜롭게 사는 사람은 구원을 얻는다. 고전 3:18

27 **자선과 후한 인심** 가난한 사람에게 베푸는 사람은 부족할 것이 없으나 가난한 사람을 보고 못 본 체하는 사람은 많은 저주를 받을 것이다. 11:24,19:17,29:7

28 **의로움과 사악함** 악인이 일어나면 사람들은 숨지만 그가 망하면 의인은 많이 나타난다.

29

충고와 책망 여러 번 꾸짖어도 자기 고집만 부리는 사람은 갑자기 멸망하되 결코 회복되지 못할 것이다.

2 **의로움과 사악함** 의인이 많으면 백성들은

기뻐하지만 악인이 다스리면 백성들이 신음한다. 11:10:28:12,28:16 참 3:15:8:15

3 창녀 지혜를 사랑하는 사람은 그 아버지를 기쁘게 하지만 창녀와 어울려 다니는 사람은 재물을 탕진한다. 눅 15:13,30

4 공의와 뇌물 왕은 공의로 나라를 세우지만 뇌물을 좋아하는 왕은 나라를 망하게 한다.

5 아첨 자기 이웃에게 아부하는 사람은 자기 발에 걸릴 그물을 놓는 셈이다. 시 9:15

6 기쁨과 슬픔 악한 사람은 죄를 짓다가 덫에 걸리지만 의인은 노래하며 기뻐한다.

7 의로마 악인 의인은 가난한 사람의 사정을 잘 알지만 악인은 전혀 신경 쓰지 않는다.

8 성격과 인내 거만한 사람들은 성을 시끄럽게 하지만 지혜로운 사람은 분노를 가라앉힌다. 11:11

9 어리석은 사람과의 다툼 지혜로운 사람이 어리석은 사람과 싸우면 어리석은 사람이 화를 내든지 비웃기 때문에 그 다툼은 조용할 수 없다. 전 4:6

10 온전한 자와 굽은 자 남을 피 흘리게 하기를 좋아하는 사람은 정직한 사람을 싫어하지만 의인은 그런 영혼을 찾는다.

11 자기 제어 어리석은 사람은 그 마음을 다 드러내지만 지혜로운 사람은 끝까지 담아 둘 줄 안다. 12:16

12 통치자 통치자가 거짓말에 귀 기울이면 그 모든 신하가 다 악하게 된다.

13 가난한 사람과 압제자 가난한 사람과 압제자가 *함께 사는데 여호와께서 이 둘에게 다 볼 수 있는 눈을 주셨다는 것이다.

14 공정한 왕 왕이 가난한 사람을 공정하게 심판하면 그 왕좌는 영원히 세워질 것이다.

15 훈계 매와 꾸지람은 지혜를 주지만 제멋대로 하도록 내버려 둔 아이는 그 어머니를 망신시킨다. 17절:10:1:17:25

16 의로움과 사악함 악인들이 많아지면 죄악도 늘어나지만 의인들은 그들의 파멸을 보게 될 것이다. 시 37:34,36:58:10:91:8:92:11

17 훈계 네 아들을 바로잡아 주어라. 그러면 그가 너를 평안하게 하고 또 네 마음에 기쁨을 줄 것이다. 13:24

18 율법 준수 계시가 없으면 백성들은 망하나 율법을 지키는 사람은 복이 있다.

19 훈계 단순한 말로는 종을 가르칠 수 없다. 이는 그가 알아듣는다 해도 따르지 않기 때문이다. 21절

20 성급한 말 네가 성급하게 말을 하는 사람을 보았느냐? 그보다는 차라리 어리석은 사람에게 더 소망이 있다. 26:12

21 훈육 종을 어려서부터 곱게 키우면 결국에는 아들인 양한다. 19절

22 성격과 인내 화가 난 사람은 다툼을 일으키고 화를 잘 내는 사람은 죄를 많이 짓는다.

23 교만과 겸손 사람이 교만하면 낮아지지만 겸손한 마음을 가진 사람은 영광을 얻는다.

24 자기 영혼을 미워하는 것 도둑과 어울리는 것

가증(28:9, 可憎, detestable) 몹시 괘씸하고 얄미운 것 29:13 또는 서로 만나는데

이 주신 은혜에 감사해서 그 사랑을 나눠 주는 행동이에요.

사람들은 잘못된 마음으로 남을 도와주는 때도 있어요. 예를 들면 다른 사람의 칭찬을 받기 위해 보이는 데서만 돕거나, 어떤 대가를 바라고 돕는 경우도 있어요. 하지만 나눔을 실천할 때 가장 많이 유익을 얻는 사람은 바로 자신이에요. 전에는 나 혼자 쓰기에도 부족했는데 나눠 주고 나니 마음이 훨씬 행복해진 것을 느낄 수 있을 거예요. 나누게 되면 나눌 수 있다는 사실만으로도 감사하게 된답니다.

지금 바로 남을 도와줄 수 있는 방법은 무엇일까요? 누구를 어떻게 도와주어야 할지 모른다면 구제를 전문으로 하는 단체에 문을 두드려 보세요. 그러면 우리 친구들이 할 수 있는 작은 일부터 차근차근 알려 줄 거예요.

깊이읽기 누가복음 6장 38절을 읽으세요.

은 자기 영혼을 미워하는 것이니 저주하는 소리를 들어도 변명할 수 없다.

25 여호와만을 의뢰함 사람을 두려워하면 덫에 걸리지만 여호와를 의지하는 사람은 누구나 안전하다. 창 12:1;20:2;눅 12:4;요 12:42~43

26 하나님의 섭리 통치자의 은총을 구하는 사람은 많으나 모든 사람의 심판은 여호와께로부터 나온다. 19:6;시 49:4;고전 4:4~5

27 의로움과 사악함 의인은 불의한 사람을 싫어하고 악인은 정직한 사람을 싫어한다.

30 아굴의 잠언 이것은 야게의 아들 아굴의 잠언이다. 아굴이 이디엘에게, 곧 이디엘과 우갈에게 말한다.

2 "나는 사람들 가운데 가장 무식하다. 내게는 사람의 지각이 없다. 시 49:10

3 나는 지혜를 배운 적이 없고 거룩하신 분을 잘 알지도 못한다. 9:10

4 하늘에 올라갔다가 내려온 자가 누구인가? 바람을 손으로 모은 자가 누구인가? 자기 옷으로 물을 모은 자가 누구인가? 모든 땅끝을 세운 자가 누구인가? 그 이름이 무엇이며 그 아들의 이름이 무엇인가? 네가 알면 말해 다오! 요 3:13;계 19:12

5 순전한 하나님의 말씀 하나님의 모든 말씀은 순전하고 하나님은 당신을 믿는 자들에게 방패가 되신다. 시 3:3;12:6;18:30

6 그 말씀에 아무것도 더하지 마라. 그러지 않으면 그분이 너를 꾸짖으실 것이며 네가 거짓말쟁이가 될 것이다. 계 22:18

7 두 가지를 구함 내가 주께 두 가지를 구했으니 내가 죽기 전에 그것들을 이루어 주십시오. 창 45:28

8 허영과 거짓을 내게서 멀리하시고 내게 가난도, 부도 허락하지 마시고 오직 내게 필요한 양식으로 나를 먹여 주십시오.

9 그러지 않으면 내가 배불러서 주를 부인하며 '여호와가 누구냐?'라고 할지 모르고, 아니면 너무 가난해서 도둑질을 하여 내 하나님의 이름을 부끄럽게 할지도 모릅니다.

10 바람직하지 못한 다섯 가지 행동 주인에게 가서 종에 대해 알리바치지 마라. 그러면 종이 너를 저주하며 죄가 네게 돌아갈까 두렵다.

11 자기 아버지를 저주하고 자기 어머니를 축복하지 않는 무리가 있는데 출 21:17

12 그들은 스스로 깨끗하다고 생각하지만 그들은 아직 더러움을 씻어 내지 않았다.

13 오, 그들의 눈이 얼마나 거만한지! 눈꺼풀을 치켜 올리고 남을 깔보는 무리가 있다.

14 그 무리는 이가 칼 같고 턱은 큰 칼 같아서

하나님을 의지하는 사람은 완전하고 복을 받음

가난한 사람들을 이 땅에서 삼키고 궁핍한 사람들을 사람들 가운데서 삼킨다.

15 만족하지 못하는 것 네 가지 거머리에게는 두 딸이 있는데 '주시오, 주시오' 하며 부르짖는다. 결코 만족하지 못하는 것이 세 가지 있으며, '충분하다!'라고 하지 않는 것이 네 가지 있구나. _{18,21,29절&6:16}

16 그것은 무덤, 잉태하지 못하는 태, 물이 차지 않은 땅, 그리고 결코 '충분하다!'라고 하지 않는 불이다. _{27:20;창 30:1}

17 아버지를 조롱하고 어머니에게 순종하는 것을 비웃는 사람은 골짜기의 까마귀들이 그 눈을 파낼 것이요, 독수리 새끼가 그것을 먹을 것이다. _{창 9:22;민 16:14;겔 16:4}

18 신기한 것 네 가지 내게 너무 신기한 것이 세 가지 있고 정녕 내가 알 수 없는 것이 네 가지 있구나. _{욥 42:3}

19 그것은 하늘을 나는 독수리가 지나간 자취, 바위를 기어 다니는 뱀이 지나간 자취, 바다 한가운데로 배가 지나간 자취, 남자가 여자와 함께한 자취이다.

20 음란한 여자가 지나간 자취도 그렇다. 그는 먹고 나서 입을 닦듯이 '난 하나도 잘못한 것이 없다'라고 한다.

21 참을 수 없는 것 네 가지 땅을 흔드는 것이 세 가지 있으며 도저히 참을 수 없는 것이 네 가지 있구나. _{삼하 2:10;암 8:8}

22 그것은 종이 왕이 되는 것, 어리석은 사람이 잔뜩 먹는 것, _{9장;19:10}

23 밉살스러운 여자가 결혼하는 것, 여종이 여주인의 자리를 차지하는 것이다. _{신 21:15}

24 지혜로운 생물 땅에 사는 작은 것 가운데 굉장히 지혜로운 것이 네 가지 있는데

25 그것은 힘없는 종류지만 여름에 양식을 쌓을 줄 아는 개미, _{6:6~8}

26 연약한 족속이지만 바위 속에 집을 짓는 *오소리와 _{레 11:5;시 104:18}

27 왕이 없어도 일제히 줄을 지어 행진하는 메뚜기와 _{6:7;욜 2:7~8,25}

28 손에 잡힐 만한데도 왕궁에 드나드는 도마뱀이다.

29 위풍 있는 피조물 당당하게 걷는 것이 세 가지 있고 늠름하게 다니는 것이 네 가지 있구나.

30 그것은 짐승 가운데 가장 힘세고 어느 누가 와도 물러서지 않는 사자와 _{욥 39:22}

31 사냥개와 숫염소와 아무도 맞설 수 없는 왕이다. _{욥 40:16}

32 네가 만약 어리석게도 스스로 우쭐했거나 악한 일을 꾀했다면 네 손으로 네 입을 막아라! _{욥 21:5;미 7:16}

33 우유를 통에 넣어 휘저으면 버터가 되고 코를 비틀면 코피가 나듯 분노를 일으키면 다툼이 난다."

31 르무엘 왕의 잠언 *르무엘 왕의 어록, 곧 그의 어머니가 그를 가르친 잠언이다.

2 "오 내 아들아, 무엇을 말해 줄까? 오 내 태에서 나온 아들아, 무엇을 말해 줄까? 오 내가 서원한 아들아, 무엇을 말해 줄까?

3 네 힘을 여자들에게 허비하지 말고 네 기력을 왕들을 멸망시키는 일에 쏟지 마라.

잠언에서 말하는 현숙한 여인

가정, 교회, 직장 어디에서든지 행복을 가져다주는 '현숙한 여인'은 참으로 보배롭다. 잠언 31장은 이 시대가 필요로 하는 현숙한 여인에 대해 잘 말해 주고 있다.

첫째, 자신의 존재 가치를 안다. 자신의 위치를 소중히 여기고, 남편을 돕고 세울 줄 안다.

둘째, 부지런하다 지혜롭다. 지식과 지혜가 있어 구체적인 행동과 전략으로 부지런히 미래를 준비한다.

셋째, 자신을 아름답게 가꿀 줄 안다. 외모뿐만 아니라 내면을 가꾸어 자신만의 향기를 낸다.

넷째, 경건한 생활을 한다. 하나님의 말씀에 순종하고 남편과 자녀들, 주변 사람들을 돌아보며 그들을 위해 기도한다.

내 아들아

4 어머니의 교훈 르무엘아, 왕에게 어울리지 않는 일이 있다. 포도주를 마시는 것이 왕에게 적합하지 않으며 독한 술을 좋아하는 것이 통치자들에게 합당하지 않다.

5 이는 그들이 술을 마시고 율법을 잊어버려 고난받는 백성들의 판결을 불리하게 할까 두렵기 때문이다.   사 5:22-23

6 독한 술은 죽을 사람에게 주고 포도주는 마음이 무거운 사람들에게 주어라.

7 그들이 마시고 그 가난을 잊어버리고 그 비참함을 더 이상 기억하지 않도록 말이다.

8 너는 벙어리처럼 할 말을 못하는 사람을 위해 입을 열어 변호하여라.   욥 29:12,15-16

9 입을 열어 공정하게 재판하고 가난하고 궁핍한 사람들의 편이 돼 주어라."

10 현숙한 여인 현숙한 여인을 누가 찾을 수 있느냐? 그녀는 루비보다 훨씬 더 값지다.

11 그녀의 남편이 그녀를 마음으로 끝까지 믿으니 부족한 것이 없을 것이다.

12 그녀가 사는 날 동안 남편에게 도움이 되고 해가 되지 않는다.

13 그녀는 양모와 마를 골라 부지런히 손을

현숙(31:10, 賢淑) 여자의 마음이 너그럽고 착하며 깨끗함을 뜻한.

놀려 일한다.   21-22,24절

14 그녀는 상인들의 배와 같아서 양식을 멀리서 구해 온다.

15 또 아직 어두울 때 일어나 식구들을 위해 음식을 준비하고 여종들이 일할 몫을 챙겨 준다.   20:13;30:8;출 5:14;시 111:5;눅 12:42

16 또 생각하고 생각한 후에 밭을 사고 자신이 번 돈으로 포도원을 지으며

17 허리를 단단히 동이고 그 팔로 힘차게 일을 한다.   24절

18 장사가 잘될 것을 알고는 등불을 밤에도 꺼뜨리지 않는다.

19 손으로 솜뭉치를 들고 손가락으로는 물레를 잡는다.

20 그녀의 한 손은 가난한 사람들을 돕고 다른 한 손은 궁핍한 사람들을 돕는다.

21 눈이 와도 집안사람들을 걱정하지 않으니 이는 그들을 모두 자주색 옷으로 따뜻하게 입히기 때문이다.   삼하 1:24

22 그녀는 자기 침대보를 만들고 자주색 명주로 옷을 지어 입는다.   창 41:42;겔 19:8,14

23 그녀의 남편은 성문에서 그 땅 장로들 가운데 앉고 그곳에서 존경을 받는다.

24 그녀는 고운 베옷을 지어 팔고 상인들에게 띠를 공급해 준다.   삿 14:12;사 3:23

25 능력과 존귀함이 그녀의 옷이며 미래에 대한 두려움도 없다.   17절

26 그녀는 입을 열면 지혜가 나오고 그녀의 혀에는 따뜻한 훈계가 있다.

27 그녀는 또 집안의 크고 작은 일을 보살피고 일하지 않고 얻은 빵은 먹지 않는다.

28 그녀의 자녀들이 일어나 그녀를 찬양하고 그녀의 남편도 그녀를 축복하고 칭찬하며

29 "덕을 끼치는 여자들이 많지만 당신은 그들 모두보다 뛰어나다'라고 한다. 아 6:9

30 고운 것도 거짓되고 아름다움도 잠깐이지만 여호와를 경외하는 여자는 칭찬을 받을 것이다.   11:16

31 그녀의 손에서 난 것을 그녀에게 돌려라. 그녀가 한 일에 대해 성문 안에서 칭찬이 자자하게 하여라.

Ecclesiastes

전도서

사람이 나이 들어 세상을 떠나가게 될 때가 되면 어떤 마음이 생길까요? 아마 사람들에게 자기의 경험과 지혜를 이야기해 주고 싶을 거예요.

전도서도 솔로몬이 이런 목적을 가지고 쓴 글이에요. 솔로몬은 이스라엘의 왕이었고, 많은 것을 가진 부자였으며, 무엇보다 하나님이 주신 지혜를 듬뿍 가진 사람이었어요. 그런 솔로몬이 나이가 들어 '많은 것을 가졌고 많은 경험을 했더라도 하나님 없는 인생은 허무하다'라고 말하고 있어요.

전도서는 하나님을 믿고 섬기는 것이 인생의 허무함을 극복하고, 가장 가치있고 행복하게 사는 것임을 알려 줍니다.

전도서는 무슨 뜻인가요?

'사람이 모인 곳에서 말하거나 전달하는 사람, 선교자, 성직자'라는 뜻에서 따온 책 이름이에요.

누가 썼나요?

솔로몬으로 봐요. 이스라엘을 다스린 지혜로운 솔로몬 왕이 나이가 들었을 때 썼어요.

언제 썼나요?

BC 935년경

주요한 사람들은?

솔로몬
지혜의 왕. 잠언과 전도서를 쓴 이스라엘의 3대 왕

한눈에 보는 전도서

1장 세상의 모든 것이 헛되다는 고백

2-6장 세상이 헛되다는 것을 솔로몬의 경험과 관찰을 통해 설명

7-12장 세상의 헛됨을 극복할 수 있는 방법을 소개

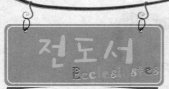

전도서
Ecclesiastes

1 전도자의 궁극적인 질문 다윗의 아들이자 예루살렘 왕이었던 전도자의 말씀입니다.

2 전도자가 말합니다. "허무하다. 허무하다. 정말 허무하다. 모든 것이 허무하다!"

3 사람이 해 아래에서 열심히 일해서 얻는 것이 무슨 소용이 있는가? 2:11,22;3:9;5:16

4 우주의 순환적인 특성 한 세대가 가고 다른 세대가 오지만 이 땅은 영원히 남아 있으며

5 해는 늘 떴다가 지고는 다시 그 떴던 곳으로 급히 돌아간다. 시 19:4-6

6 바람은 남쪽으로 불다가 다시 북쪽으로 돌이키며 이리저리 돌다가 다시 그 불던 대로 돌아가고 11:5;요 3:8

7 모든 강물이 바다로 흘러가지만 바다는 가득 차는 법이 없고 강물은 흘러나왔던 그곳으로 다시 돌아간다. 시 104:8-9

허무하다

사람들이 중요하다고 여기는 것들에 대해 전도서 기자는 다 허무하다고 말한다(전1:2).

솔로몬은 사람들이 최고라고 생각하는 것들을 전부 가져보았지만, 그 속에 하나님이 계시지 않으면 허무할 뿐이라는 사실을 알게 되었다. 그가 쓴 전도서는 상상이나 공상 같은 추상적인 이야기가 아니라, 삶 속에서 허무와 좌절과 실패를 체험한 후에 다시 하나님 앞에 돌아와 겸손히 무릎 꿇고 고백하는 간증이라고 할 수 있다.

행복은 찾아다녀서 얻을 수 있는 것이 아니다. 내가 서 있는 자리에서 찾을 수 있는 것이다(전 9:9). 우리가 할 일은 오직 하나님을 경외하고 그분의 계명을 지키는 것이다(전12:13).

● **솔로몬이 말한 해 아래의 헛된 것들은 무엇인가?**

그것은 인간의 지혜(전 1:9-10), 인간의 노력(전 2:22-23), 인간의 목적(전 2:26), 인간의 성취(전 4:4), 인간의 욕심(전 4:8), 인간의 명성(전 4:16), 인간의 재산(전 5:10-11) 등이다.

8 모든 것에 피곤함이 가득 차 있어 사람의 말로는 다할 수 없고 눈은 아무리 보아도 만족스럽지 못하고 귀는 아무리 들어도 채워지지 않는구나. 4:8;잠 27:20

9 예전 것이나 지금 것이 똑같고 예전 일이나 지금 일이 다 똑같으니 해 아래 새로운 것이 없구나. 2:12;3:15;6:10

10 그러니 "보라. 새것이로다"라고 할 만한 것이 있겠는가? 그것은 이미 오래전부터 우리 시대 이전에도 있었던 것이다.

11 이전 세대의 일은 기억하지 못하고 이제 올 일도 한번 지나가면 그 이후에는 기억에서 사라지게 마련이다. 2:16;9:5

12 지혜의 허무함 나 전도자는 예루살렘에서 이스라엘을 다스리는 왕이었다.

13 내가 하늘에서 행해지는 모든 일에 대해 마음을 다해 지혜로 찾고 탐구하는데 이는 괴로운 일이었으며 하나님께서 사람들에게 주셔서 참으로 수고하게 하신 것이다.

14 내가 해 아래에 있었던 일들을 모두 보았는데 그것은 다 허무하고 *뜬구름 잡는 일이다.

15 구부러진 것은 펼 수 없고 모자라는 것은 채울 수 없구나. 7:13

16 내가 마음속으로 말했다. '나는 지혜를 많이 쌓았다. 나보다 앞서 예루살렘을 다스린 그 어느 누구보다 더 많은 지혜를 얻었고 지혜와 지식을 많이 가졌다.

17 또 나는 무엇이 지혜이며 무엇이 바보스럽고 어리석은 것인지 알려고 마음을 쏟았는데 결국 내가 배운 것은 이것 또한 뜬구름 잡는 일이라는 것이다. 13절;2:3,12

18 지혜가 많을수록 근심도 많고 아는 것이 많을수록 고민도 늘어난다. 12:12

2 쾌락의 허무함 내가 또 마음속으로 말했다. '자, 시험 삼아 내가 무엇을 즐겨 원하는지 알아보자.' 결국 이것 역시 허무할 뿐이었다. 눅 12:19

2 나가 웃음에 대해서 "미친 짓이다"라고 했고 쾌락에 대해서는 "그게 무엇이냐?"라고 했다.

1:14 또는 '바람'.

3 내가 포도주에서 즐거움을 찾아 보려고 했지만 내 마음은 여전히 지혜 쪽으로 기울었다. 참 어리석게도 사람들이 하늘 아래에 살면서 무엇을 하며 살아야 좋을지 알아보려고도 했다. *1:17;7:25*

4 성취의 허무함 그래서 나는 이것저것 큰일들을 벌였다. 나 자신을 위해 집들을 지었고 포도원을 심어 보았다. *왕상 7:1-12*

5 정원과 과수원을 만들고 그 안에 온갖 과일나무를 심었다. *느 2:8;아 4:16;5:1*

6 나무를 기르는 숲에 물을 대려고 못도 만들었다.

7 남녀종들을 사들이기도 했으며 내 집에서 종들이 태어나게도 했다. 나는 또 나보다 앞서 예루살렘에서 다스렸던 어느 누구보다도 많은 소와 양 떼들을 소유해 보았다.

8 금은과 왕들의 보물과 여러 지방의 독특한 보물을 나 자신을 위해 모으기도 했다. 노래하는 남녀들과 남자들이 좋아하는 첩들도 수없이 많이 거느렸다. *왕상 4:21;9:28*

9 이렇게 나는 나보다 앞서 예루살렘에 있던 그 누구보다도 크게 세력 있는 사람이 돼 남부러울 게 없었고 지혜도 여전히 내게 있었다. *1:16;대상 29:25*

10 나는 무엇이든지 내 눈이 원하는 것은 멀리하지 않았고 무엇이든지 내 마음이 기뻐하는 것은 절제하지 않았다. 내 마음이 내 모든 수고를 기뻐했고 그것이 내 모든 수고에 대한 보상이었다. *3:22;5:18;9:9;8:31*

11 그러나 내 손이 한 모든 일과 내가 이루려고 그토록 노력한 것을 살펴보니 모든 것이 허무하고 뜬구름 잡는 일이었다. 해 아래에 유익한 것은 하나도 없었다.

12 어리석은 사람과 지혜로운 사람의 유한성 그러고 나서 내가 다시금 지혜에 대해 곰곰이 생각하고 바보스럽고 어리석은 것에 대해서도 생각해 보았다. 왕위에 오를 사람이라고 무슨 일을 더하겠는가? 이미 돼 있는 일 말고 더 있겠는가? *1:9-10,17;7:25*

13 빛이 어둠보다 나은 것처럼 지혜가 어리석은 것보다 낫다는 것을 내가 알았다.

14 지혜로운 사람은 그 머리에 눈이 있고 어리석은 사람은 어둠 속에서 헤맨다. 그러나 결국 내가 깨닫게 된 것은 이들 모두가 똑같은 운명이라는 것이다. *시 49:10;잠 17:24*

15 그러고 나서 내가 속으로 '어리석은 사람에게 일어나는 일이 나에게도 똑같이 일어나는데 내가 무엇이 더 지혜롭다고 하겠는가?'라고 했다. 그리고 속으로 '이것 또한 허무하구나'라고 말했다. *16장;6:8*

16 지혜로운 사람도 어리석은 사람과 마찬가지로 영원히 기억되지 않는다. 이들 모두 다 미래에는 잊혀지고 만다. 지혜로운 사람이 어떻게 죽는가? 어리석은 사람은 죽는 것과 같다. *14장;1:11;9:5*

17 수고의 허무함 그래서 나는 사는 것이 싫어졌다. 해 아래 이루어진 모든 일이 내게는 괴로움이었기 때문이다. 그 모든 것이 허무하고 뜬구름 잡는 일이었다.

18 나는 내가 해 아래에서 그토록 노력해서 얻은 모든 것이 싫었다. 나도 뒤를 이을 사람에게 이것들을 남겨 주어야 하기 때문이다.

19 그런데 그가 지혜로울지 어리석을지 누가 알겠는가? 어쨌든 내가 그토록 노력해서 얻은 모든 것, 내가 해 아래에서 지혜를 쏟아부은 모든 것을 그가 다스릴 것이다. 이것 또한 허무하다.

20 그래서 내 마음은 내가 해 아래에서 노력해서 얻은 모든 일을 보고 낙심하기 시작했다.

21 이는 자기 지혜와 지식과 공정함으로 수고해서 얻은 것을 그렇게 수고하지 않은 다른 사람에게 넘겨주어야 하기 때문이다. 이것 또한 허무한 것이요 큰 악이다.

22 사람이 그토록 애쓰고 해 아래에서 마음이 쓰라리기까지 노력해 얻는 것이 과연 무엇인가? *1:3,14*

23 그 인생은 내내 고달프고 뼈를 깎는 고통이다. 밤에도 그 마음이 쉬지 못하니 이것도 역시 허무하구나. *1:13;욥 5:7;14:1*

24 먹고 마시고 하는 일이 잘되는 것보다 사람에게 더 좋은 것이 무엇이겠는가? 그런

데 내가 보니 이것 또한 하나님의 손에 달려 있다. 3:12-13,22:눅 12:19;고전 15:32;딤전 6:17

25 나보다 먹고 즐기는 일에 나은 사람이 어디 있을까?

26 하나님은 하나님 보시기에 좋은 사람에게 지혜와 지식과 복을 주시지만 죄인에게는 온갖 노력으로 모으고 쌓게 하시고 그것을 하나님 보시기에 좋은 사람에게 넘겨주게 하신다. 이것 또한 허무하고 뜬구름 잡는 일이다. 1:14;욥 27:16-17;32:8;잠 13:22

3 모든 것에는 때가 있음 모든 것에는 시기가 있고 하늘 아래 모든 일에는 목적에 따라 때가 있으니 17장:8:6

2 태어날 때와 죽을 때가 있고, 심을 때와 뿌리째 뽑을 때가 있고, 20절;삼 14:5;8) 9:27

3 죽일 때와 치료할 때가 있고, 허물 때와 세울 때가 있고,

4 울 때와 웃을 때가 있고, 슬퍼할 때와 춤출 때가 있고,

5 돌을 던질 때와 모을 때가 있고, 품을 때와 멀리할 때가 있고,

6 찾을 때와 포기할 때가 있고, 간직할 때와 던져 버릴 때가 있고, 잠 11:24;마 10:39

7 찢을 때와 꿰맬 때가 있고, 잠잠할 때와 말할 때가 있고, 창 37:29;암 5:13

8 사랑할 때와 미워할 때가 있고, 전쟁의 때와 평화의 때가 있다. 눅 14:26

9 사람이 열심히 일해서 얻는 것이 무엇인가?

10 내가 보니 그것은 하나님께서 사람들에게 주신 고통이었다. 1:13;잠 3:17-19

11 하나님은 모든 것을 그분

의 때에 아름답게 만드시고 사람들의 마음속에 영원을 사모하는 마음을 주셨다. 그러나 하나님께서 하시는 일의 처음과 끝을 다 알지는 못하게 하셨다. 8:17;창 1:31

12 그저 사람은 기쁘게 살면서 선을 행하는 것보다 더 나은 것이 없다. 22장;사 34:14;37:3

13 또 사람이라면 먹고 마시고 하는 일이 잘되기를 바라는데 이것이야말로 하나님이 주시는 선물이다. 2:24;5:19

14 또 하나님께서 하시는 일은 무엇이든 영원하다는 것도 안다. 아무것도 거기에 더할 수도 뺄 수도 없다. 하나님께서 이렇게 하시는 것은 사람으로 하여금 하나님을 경외하게 하려는 것이다. 약 1:17

15 예전에 있었던 일이 지금도 있고 앞으로 일어날 일도 이미 있었던 것이다. 하나님께서는 지나간 일을 또 되풀이하신다.

16 게다가 내가 또 해 아래에서 본 것은 심판의 자리에 악이 있고 의의 자리에 범죄가 있다는 것이다. 4:1;5:8

17 내가 마음속으로 '의인들과 악인들 모두 하나님께서 심판하실 것이다. 모든 목적과 모든 일에는 때가 있기 때문이다'라고 했다.

18 **짐승과 사람의 유한성** 또 사람에 대해 생각했다. '하나님께서 그들이 짐승과 다름없음을 분명히 알게 하셨다.' 시 49:12,20;73:22

19 사람에게 닥치는 일이 짐승에게 닥치는 것과 같으니, 곧 같은 일이 그들에게 닥친다. 사람이 죽는 것처럼 짐승도 죽는다. 사람이나 짐승이나 목숨이 하나이기는 마찬가지다. 사람이 짐승보다 더 나을 것도 없으니 모든 것이 허무하구나.

20 모두가 한곳으로 되돌아간다. 모두가 흙에서 나왔으니 모두가 흙으로 돌아가는 것이다.

21 사람의 영혼은 위로 올라가고 짐

모든 것은 때가 있으니 씨를 뿌리는 때가 있으면

승의 혼은 땅 속으로 내려 간다고 하는데 그것을 누가 알겠는가?'

22 이렇듯 사람이 기쁘게 자기 일을 하는 것보다 더 나은 것이 없음을 내가 알았다. 그것이 그가 받은 몫이기 때문이다. 그가 죽은 뒤에 무슨 일이 일어나는지 알고 싶다고 누가 그를 다시 데려올 수 있겠는가?

4
인간 상황의 허무함 내가 다시 해 아래에서 일어나고 있는 모든 억압당하는 일을 살펴보았다. 억압받는 사람들이 눈물을 흘리지만 그들을 위로해 줄 사람이 없다. 억압하는 사람들은 힘을 행사하는데 억압받는 사람들을 위로하는 사람이 없다.

2 그러므로 이미 죽은 사람들이 아직 살아 있는 사람들보다 복이 있다는 생각이 들었다.

3 그러나 이들보다 더 복이 있는 사람은 아직 태어나지 않아서 해 아래에서 자행된 온갖 악을 보지 못한 사람이다. 63

4 축재의 허무함 또 나는 모든 노력과 모든 성취가 결국 이웃을 시기하는 마음에 비롯된 것임을 깨달았다. 이것 또한 허무하고 뜬구름 잡는 일이다. 1:14,2:21

5 어리석은 사람은 팔짱을 끼고는 자기 몸만 축내는구나. 6:10,24:33,사 9:20

6 한 손에만 가득하고 평안한 것이 양손에 가득하고 고통과 번뇌가 있는 것보다 낫다.

7 나눔이 없는 삶의 허무함 내가 다시 돌이켜 해 아래에서 허무한 것들을 보았다.

8 혈혈단신으로 아들도 형제도 없는 사람이 있는데 그는 끝도 없이 열심히 수고한다. 그러나 쌓여 가는 재물도 그의 눈에는 도무지 흡족하지 않고 "내가 누구를 위해 이렇게 열심히 일하나? 내 영혼이 왜 이렇게 누리지도 못하나 있나?"라고 말하지 않으니 이것 또한 허무하고 비참한 일이다.

9 하나보다 둘이 더 낫다. 둘이 함께 노력하면 더 좋은 결과를 얻기 때문이다.

10 넘어지게 되면 하나가 다른 하나를 일으켜 줄 수 있다. 그러나 혼자여서 넘어져도 일으켜 줄 사람이 없으면 얼마나 불쌍한가!

11 또 둘이 함께 누우면 따뜻해지지만 혼자라면 어떻게 따뜻해지겠는가? 왕상 1:1-4

12 혼자서는 질 일도 둘이서는 당해 낼 수 있으니 세 겹줄은 쉽게 끊어지지 않는다.

13 정치의 허무함 남의 말을 받아들일 줄 모르는 늙고 어리석은 왕보다는 가난해도 지혜로운 청년이 백 번 낫다. 9:15-16,12:12

14 그런 청년은 감옥에 있다가도 나와서 다스릴 수 있다. 그가 그 나라에서 가난하게 태어났어도 말이다. 창 41:14,41-43,왕상 11:11-12

15 해 아래 다니는 모든 사람이 왕의 후계자가 된 그 청년을 따랐다.

16 이게 모든 무수한 백성들의 속성이니 그 이전 세대도 마찬가지였다. 그다음 세대는 그를 기뻐하지 않을 것이다. 이것 또한 허무하고 뜬구름 잡는 일이다. 1:14

5
하나님을 경외하라 너는 하나님의 집에 갈 때 네 걸음을 조심하여라. 가까이 다가가 귀 기울여 듣는 것이 자기가 잘못한 줄도 모르는 어리석은 사람들이 희생제를 드리는 것보다 나으니 이는 어리석은 사람들은 자신들이 악을 행한다고 생각하지 않기 때문이다.

2 네 입을 쉽게 놀리지 말고 조급한 마음에 하나님 앞에 아무 말이나 내뱉지 마라. 하나님께서는 하늘에 계시고 너는 땅에 있

혈혈단신(4:8, 子子單身, all alone) 의지할 곳이 없는 외로운 홀몸.

으니 네 말수를 적게 하여라. `마 6:7`

3 일이 많으면 꿈을 많이 꾸듯이 말이 많으면 어리석은 소리가 나온다. `욥 11:2,잠 10:19`

4 네가 하나님께 서원한 것이 있으면 그것을 지키는 데 미적거리지 마라. 그분은 어리석은 사람을 기뻐하지 않으신다. 네가 서원한 것을 갚아라. `민 30:2,신 23:21`

5 서원을 하고 지키지 않으니 차라리 서원하지 않는 것이 낫다. `잠 20:25,행 5:4`

6 네 입 때문에 네 육체가 죄짓는 일이 사 앞에서 "내가 실수로 서원했다"라고 말하는 일이 없게 하여라. 왜 네 말에 하나님이 진노하셔서 네 손으로 세운 것을 망가뜨리시게 하려 하느냐? `레 4:2,민 15:25`

7 꿈 많고 말 많은 것도 허무할 뿐이다. 오직 너는 하나님을 경외하여라. `12:13`

8 부의 허무함 네가 어떤 지방에서 가난한 사람이 억압받는 것과 공의와 권리가 박탈당하는 것을 보더라도 그런 일에 놀라지 마라. 높은 사람이라도 더 높은 사람에게 감시를 당하고 또 그들보다 더 높은 사람이 있다. `3:16;4:1;시 12:5;58:11;82:1;벧전 4:12`

9 더구나 이 땅에서 나는 것은 모두를 위한 것이다. 왕이라도 밭에서 나는 것으로 살지 않느냐!

10 돈을 사랑하는 사람마다 돈으로 만족하는 법이 없고 부를 사랑하는 사람마다 재산이 아무리 불어나도 만족하는 법이 없다. 이것 또한 허무한 것이다.

11 재산이 많아지면 먹는 사람들도 많아진다. 그러니 주인의 눈요깃거리 말고는 그것들이 무슨 이득이 되겠는가?

12 일하는 사람은 먹는 것이 적든 많든 단잠을 자나 부자는 그의 풍부함 때문에 잠을 이루지 못한다.

13 내가 해 아래에서 통탄할 만한 악을 보았는데 오히려 재물이 그것을 소유한 사람들에게 해가 되는 일이다. `6:1`

14 재물은 어떤 재앙이 생기면 몽땅 잃어버리게 되기도 한다. 아들을 낳았어도 남겨 줄 것이 하나도 남지 않을 수도 있다.

15 그가 자기 어머니의 모태에서 벌거벗은 모습대로 나올 때처럼 돌아가며 그가 열심히 일해서 얻은 것은 아무것도 가져가지 못할 것이다. `욥 1:21`

16 이것 또한 통탄할 만한 악인데 사람이 올 때처럼 되돌아가게 된다는 것이다. 겨우 한 자락 바람을 잡으려고 이토록 열심히 일했으니 무슨 이익이 있겠는가?

17 사람은 평생을 어둠 속에서 먹고 슬픔만 넘쳐 나고 병마에 시달릴 뿐이다.

18 내가 깨닫게 된 것은 하나님께서 사람에

부자가 되는 것은 하나님의 복인가요?

성경은 부자에 대해서 여러 견해를 갖고 있어요.

첫째, 부자는 하나님이 주신 복이라는 생각이에요(신 28:2-12; 딤전 5:19). 부자가 되는 복은 하나님의 뜻에 순종한 결과로 받는 것이지, 게으른 사람은 결코 받을 수 없어요(잠 10:4). 가난은 하나님께 불순종한 사람에게 오는 것이며(레 26:14-26; 신 28:15-46), 게으르고(잠 6:6-11) 쾌락을 추구한 결과라고 말해요.

둘째, 부자는 하나님의 저주라는 생각이에요(시 73:1-12). 성경에는 부자와 악인을 똑같이 취급하는 경우가 있어요(사 53:9). 타락한 인간은 부를 우상으로 섬기는 죄에 빠지고(눅 16:19-31), 부자가

되기 위해 약탈과 속임수를 쓰는 경우가 많기 때문이에요(암 4:1; 미 2:2; 3:2-3). 이러한 결과로 나온 부와 재물은 복이 아니라 저주예요(딤전 6:7-10). 그래서 예언자들도 부자가 되는 것은 저주라면서, 그들을 향해 고한 거예요(사 5:8-9, 13; 렘 5:26-30).

성경을 종합해 볼 때 부자가 되는 것은 하나님이 주시는 복의 일부분이라고 봐요. 그렇지만 하나님을 경외하는 믿음이 함께 있을 때에만 복인 거예요. 부를 통해 하나님과 사람에게 선을 행한다면 부자가 되는 것은 분명히 하나님이 주신 복이에요.

게 주신 생애 동안 해 아래에서 먹고 마시고 열심히 일해서 보람을 얻는 것이 가장 선하고 분수에 합당하다는 것이다. 이것이 사람이 받은 몫이다. 2:10,24

19 만약 하나님께서 부와 재산을 주셔서 누리게 하시고 또 제 몫으로 챙길 힘을 받게 하신 사람은 그것이 하나님의 선물임을 알아야 할 것이다. 2:24;3:13;6:2;대하 1:11

20 하나님께서는 사람의 마음에 기쁨을 주실 것이니 인생살이를 그리 심각하게 생각할 것은 없다.

6 물질의 허무함 내가 해 아래에서 또 악한 것을 보았는데 그것은 사람들 가운데서 흔히 볼 수 있는 일이다. 5:13

2 하나님께서 부와 재산과 명예를 주셔서 그 영혼이 원하는 것이 하나도 부족하지 않게 하시고 그것들을 그가 누리는 것이 아니라 다른 사람들이 누리게 하시니 이것 또한 허무하고 통탄할 만한 재앙이다.

3 사람이 100명의 자녀를 두고 장수할 수 있지만 그가 아무리 오래 살아도 그 영혼이 평안함을 누리지 못하고 제대로 묻히지도 못한다면 차라리 사산아가 그보다 더 낫다. 6절;창 47:8~9;왕하 9:35;욥 3:16;사 14:20

4 사산아는 허무하게 왔다가 어둠 속으로 사라지니 그 이름이 어둠으로 덮일 것이다.

5 비록 사산아가 해를 보지도 알지 못하고 아무 것도 아는 게 없다 해도 그 사람보다는 더 평안히 안식하지 않는가! 4:6;7:1;11:7

6 정녕 사람이 1,000년의 두 배를 살아도 그 평안함을 누리지 못한다면 말이다. 모두가 같은 곳으로 가는 것이 아닌가?

7 사람이 열심히 일하는 것은 입을 위한 것이지만 그 식욕은 결코 만족하는 법이 없다.

8 지혜로운 사람이 어리석은 사람보다 무엇을 더 가졌겠는가? 가난한 사람이 살아 있는 사람들 앞에서 어떻게 행동해야 할지 안다고 해서 얻을 것이 무엇이겠는가?

9 눈으로 보는 것이 마음으로 갈망하는 것보다 낫다. 그러나 이것 또한 허무하고 뜬 구름 잡는 일이다. 1:14;11:9

10 사람의 의미 이미 존재하고 있는 것은 무엇이든지 이름이 있다. 사람이 어떤 존재인지도 알려져 있다. 그렇다고 사람이 자기보다 강한 자와 다툴 수 있겠는가! 고전 10:22

11 말이 많으면 많을수록 허무함은 더해만 간다. 그러니 많은 말이 사람에게 무슨 유익이 있겠는가?

12 그림자처럼 지나가는 허무한 날들 동안에 인생 가운데 사람에게 선한 것이 무엇인지 누가 알겠는가? 죽은 다음에 해 아래 무슨 일이 있을지 누가 말해 주겠는가?

7 지혜로운 사람 좋은 이름이 좋은 향수보다 낫고 죽는 날이 태어나는 날보다 낫다.

2 초상집에 가는 것이 잔칫집에 가는 것보다 낫다. 모든 사람은 죽게 돼 있으니 말이다. 살아 있는 사람은 이것을 명심해야 한다.

3 슬픔이 웃음보다 나은 것은 슬픔 어린 얼굴이 그의 마음을 바로잡기 때문이다.

4 지혜로운 사람의 마음은 초상집에 있지만 어리석은 사람의 마음은 잔칫집에 있다.

5 지혜로운 사람의 꾸지람을 듣는 것이 어리석은 사람의 노래를 듣는 것보다 낫다.

6 어리석은 사람의 웃음은 솥 밑에서 가시나무 타는 소리 같으니 이것 또한 허무하다.

7 여러 가지 잠언 억압하는 것은 지혜로운 사람을 미치게 만들고 뇌물은 마음을 부패시킨다. 4:1;신 16:19;잠 17:8

8 일의 끝이 시작보다 낫고 인내하는 마음이 교만한 마음보다 낫다. 잠 14:29

9 너는 조급하게 분노하지 마라. 분노는 어리석은 사람의 가슴에 머무는 것이다.

10 "어떻게 옛날이 지금보다 나은가?"라고 하지 마라. 이것은 질문은 지혜롭지 못하다.

11 지혜는 유산처럼 좋은 것이다. 해를 보는 사람이라면 지혜의 덕을 보지 않는 사람이 없다. 6:5;11:7

12 돈이 방패막이가 되듯 지혜도 방패막이가 된다. 그러나 지혜를 깨우쳐 아는 지식이 더 뛰어난 이유는 지혜가 그것을 가진 사람에게 생명을 주기 때문이다. 10:19;3:18

13 변영의 허무함 하나님께서 하시는 일을 생

각해 보아라. 하나님께서 구부리신 것을 누가 펼 수 있겠는가?
_{욥 12:14; 사 14:27}

14 잘되어 갈 때는 기뻐하고 고난의 때에는 생각하여라. 이 두 가지 다 하나님께서 만드신 것이다. 이는 사람으로 하여금 그의 미래에 대해 헤아려 알지 못하게 하시려는 것이다.
_{34:18; 22:6; 12:1; 신 28:47}

15 극단을 피함 나는 내 허무한 삶 가운데 이 두 가지를 다 보았다. 의인들이 자신의 의로움 가운데 망해 가는 것과 악인들이 자신의 악함 가운데 장수하는 것 말이다.

16 그러니 지나치게 의롭게 살려고 하지 말며 지나치게 지혜롭게도 살려고 하지 마라. 무엇 때문에 멸망을 자초하겠는가?

17 또 지나치게 악하게 살지도 말고 그렇다고 어리석게 살지도 마라. 무엇 때문에 때가 되기 전에 죽으려고 하는가?
_{욥 22:16}

18 하나를 붙잡되 다른 하나도 놓지 않는 게 좋다. 하나님을 경외하는 사람은 양극단을 피해야 한다.
_{16~17장; 11:6}

19 여러 가지 잠언 지혜는 성안에 있는 열 명의 용사들보다 지혜로운 한 사람을 더 강하게 한다.
_{9:16; 18; 잠 21:22; 24:5}

20 선한 일만 하고 절대로 죄짓지 않는 의인은 세상에 없다.
_{왕상 8:46}

21 사람들이 하는 모든 말에 신경 쓰지 마라. 그러지 않으면 네 종이 너를 저주하는

말도 들릴지 모른다.
_{잠 30:10}

22 너 자신도 여러 번 남을 저주했던 것을 네 마음이 알 것이다.
_{갈 6:1}

23 이 모든 것을 내가 지혜로 시험해 보고는 "내가 지혜로워지기로 결심했다"라고 했으나 그것은 내 능력 밖이었다.
_{롬 1:22}

24 지혜라는 것이 그토록 멀고 깊이를 알 수 없이 심오하니 누가 그것을 알겠는가?

25 그리하여 내가 마음을 바쳐 지혜와 사물의 이치를 알아내려고 살펴보고 연구해 악한 것이 얼마나 어리석은지 얼마나 바보스럽고 미련한지 알아보려고 했다.

26 그러고 나서 내가 깨달은 것은 마음이 덫과 그물 같고 손이 사슬 같은 여자는 죽음보다 더 지독하다는 것이다. 하나님을 기쁘시게 하는 사람은 그런 여자에게서 피할 수 있다. 그러나 죄인은 사로잡힐 것이다.

27 전도자의 깨우침 전도자가 말한다. "보라. 이것이 내가 깨달은 것이다. 내가 모든 이치를 알아내기 위해서 하나씩 하나씩 살펴보았지만
_{25장; 1:1}

28 도무지 알 수가 없다. 내 영혼이 계속 찾아보았지만 남자 가운데는 1,000명 가운데 한 명 그것을 알아낼 수 있을까 여자 가운데는 한 명도 없었다.
_{왕상 11:3; 욥 33:23}

29 내가 깨우친 것은 오직 이것이다. 하나님께서는 사람을 바르게 만드셨지만 사람들

은 온갖 짓을 다했다는 것이다." 창 1:27

8 지혜의 풍요로움 누가 지혜로운 사람 같겠는가? 누가 사물의 이치를 알겠는가? 지혜는 사람의 얼굴을 빛나게 하고 굳은 표정을 바꾸어 준다.

2 왕에 대한 반항의 허무함 내가 충고하는데 왕의 명령을 지키고 하나님 앞에서 서원한 것을 지켜라. 출 22:11;심하 21:7;왕상 2:43

3 왕 앞에서 서둘러 물러나오지 말고 그가 싫어할 일에 동조하지 마라. 악한 일에 끼어들지 마라. 왕은 무엇이든 자기 좋을 대로 하기 때문이다. 10:4

4 왕의 말은 막강하니 누가 그에게 "당신이 무엇을 하십니까?" 하고 말하겠는가?

5 왕의 명령을 지키는 사람은 누구든 해를 받지 않을 것이다. 지혜로운 사람의 마음은 언제 어떻게 행동할지 분별한다.

6 사람에게 불행이 크게 닥치더라도 모든 일에 시기와 방법이 있다. 3:1,17

7 악함의 허무함 미래를 아는 사람은 없다. 무슨 일이 일어날지 누가 말해 줄 수 있겠는가?

8 바람을 다스려 바람을 막아버릴 사람이 없듯이 죽음의 날에 힘을 쓸 수 있는 사람도 없다. 전쟁을 모면할 길도 없고 악조차도 악에 내던져진 사람들을 건져 내지 못한다. 3:19;9:11;신 20:5~8;습 14:5

9 내가 이 모든 것을 보았고 해 아래에서 일어

난 모든 일에 내 마음을 바쳐 보았다. 사람이 사람을 다스리다가 해를 입는 때도 있다.

10 나는 악한 사람들이 무덤에 묻히는 것을 보았는데 그들이 성소로부터 왔다가 갔고 나 그들은 그처럼 행했던 도성에서 잊혀졌다. 이것 또한 얼마나 허무한가!

11 악한 일에 대해 판결이 빠르게 집행되지 않으면 사람들은 악한 짓을 저지르려는 마음으로 가득 차게 된다. 행 53;롬 2:4~5

12 죄인은 악을 100번 저지르고도 오래 살기도 한다. 그러나 하나님을 경외하는 사람들, 하나님 앞에 두려워할 줄 아는 사람들은 잘될 것이라는 것을 내가 분명히 안다.

13 그러나 악인들은 하나님을 경외하지 않기 때문에 잘되지 않을 것이고 오래 살지도 못할 것이며 그림자처럼 살다가 갈 것이다.

14 불공평의 허무함 세상에서 일어나는 허무한 일이 또 있으니 악인이 받아야 할 것을 의인들이 받고 의인들이 받아야 할 것을 악인들이 받는 것이다. 이것 또한 내가 보기에 허무한 일이다. 욥 21:7;시 17:9~10;73:3;12

15 그러므로 나는 인생을 즐거워하라고 권한다. 사람이 먹고 마시고 즐거워하는 것보다 해 아래에서 더 좋은 것이 없기 때문이다. 하나님께서 해 아래에서 사람에게 주신 생의 날들 동안 그가 수고하는 가운데 이것은 항상 함께 있을 것이다.

16 아무도 알 수 없는 세상의 일들 나는 마음을 바쳐 지혜를 알고 세상에서 일어나는 일을 보려고 했다. (밤낮 잠을 못 이루는 때도 있었다.) 1:13;3:10;시 127:2

17 그때 나는 하나님께서 하시는 모든 일, 곧 해 아래에서 일어나는 일들을 사람이 알 수 없다는 것을 알았다. 아무리 애써도 사람은 알 수 없다. 지혜로운 사람이 자기는 안다고 주장해도 실은 그도 그것을 알 능력이 없는 것이다. 3:11;시 73:16;롬 25:2

9 의인과 악인의 유한성 내가 이 모든 것을 생각하고 나서 결론을 내리기는 의인들과 지혜로운 사람들과 그들이 하는 일은 모두 하나님의 손에 달려 있고 그 누

구도 자기 앞에 놓인 것이 사랑인지 마음
인지 알지 못한다는 것이다.

2 모든 사람 앞에 놓인 운명은 다 같다. 의인
이나 악인이나 선한 사람이나 나쁜 사람
이나 정결한 사람이나 부정한 사람이나
희생제물을 드리는 사람이나 드리지 않는
사람이나 다 마찬가지다. 선한 사람도 똑
같고 나쁜 사람도 똑같고 맹세하는 사람
도 똑같이 두려운 마음에 맹세하지 못하
는 사람도 똑같다. 2:14;욥 9:22;슥 5:3;렘 3:5

3 이것은 해 아래에서 일어나는 모든 일들
가운데 악한 것이다. 모든 사람의 운명이
다 같으니, 곧 사람들은 마음이 악으로 가
득 차서 미친 듯이 살아가다가 결국 죽은
사람들에게로 돌아가는 것이다. 1:17

4 현재의 중요성 무엇이든 살아 있는 쪽에 끼
어 있으면 소망이 있으니 비록 개라도 살
아 있으면 죽은 사자보다 낫다.

5 산 사람은 자기가 죽을 것을 알지만 죽은
사람은 아무것도 모른다. 죽은 사람들은
더 받을 상도 없고 그들에 대한 기억도 사
라져 버린다. 욥 14:21;시 31:12;88:5,12;사 26:14

6 죽은 사람들에게는 사랑이나 미움이나
질투도 이제 사라져 버렸으니 해 아래에
서 일어나는 어떤 일에도 그들이 참여할
수 없을 것이다.

7 너는 가서 기쁨으로 네 음식을 먹고 즐거
운 마음으로 네 포도주를 마셔라. 하나님
이 네 일을 기쁘게 받으셨으니 말이다.

8 너는 항상 흰옷을 입고 머리에는 기름을
발라라. 시 23:5;겔 3:4

9 허무한 생애 동안, 하나님께서 해 아래에

서 네게 주신 허무한 일생 동안 네 사랑하
는 아내와 즐겁게 살아라. 이것이 이생에
서 네 몫이요 네가 해 아래에서 열심히 일
한 것에 대한 몫이다. 2:1,10;6:1,2;7:15

10 무엇이든지 네 손으로 할 만한 일을 찾으
면 온 힘을 다해 하여라. 네가 가게 될 무
덤 속에는 일도, 계획도, 지식도, 지혜도
없기 때문이다. 5절;시 9:33;롬 2:11;골 3:23

11 자기 때를 알지 못함 내가 해 아래에서 또 다
른 것을 보았는데 발 빠르다고 경주에서
이기는 것이 아니고 강하다고 전쟁에서
승리하는 것도 아니며 지혜롭다고 먹을
것이 생기지 않고 총명하다고 재물이 생기
지 않으며 똑똑하다고 총애를 받는 것도 아
니다. 오직 그들 모두에게 때와 기회가 있
을 뿐이다. 2:14;4:1,7;왕상 22:34;대하 20:15;롬 9:16

12 게다가 사람은 자기 때가 언제인지 모른다.
촘촘한 그물에 물고기가 걸리는 것처럼,
올무에 새가 걸리는 것처럼 재앙이 갑자기
닥치면 사람들은 덫에 걸리는 것이다.

13 지혜의 유능함 내가 또 해 아래에서 이런 지
혜를 보았는데 참 놀라웠다.

14 사람이 조금밖에 살지 않는 작은 성이 있었
다. 그런데 아주 대단한 왕이 대적해 와서
그 성을 둘러싸고 공격 태세를 갖추었다.

15 그 성에는 가난하지만 지혜로운 사람이
살고 있었는데 그가 자신의 지혜로 성을
구해 냈다. 그러나 아무도 그 가난한 사람
을 기억하지 않았다.

16 그때 나는 "지혜가 힘보다 낫긴 한데 가
난하면 무시만 당하고 말이 먹혀 들어가
지 않는구나" 했다. 7:19;막 6:2-3

솔로몬의 인생철학

솔로몬이 본 인생에 대한 생각	솔로몬이 제안한 인생철학
✦ 인생은 전능하신 하나님의 손에 달려 있다(전 9:1)	✦ 어디든지 행복하게 살아라(전 9:7)
✦ 모든 사람은 확실히 죽을 것이다(전 9:3)	✦ 순전한 삶을 살며 성령의 능력 안에 있으라(전 9:8)
✦ 모든 사람의 마음에는 죄가 있다(전 9:3)	✦ 행복한 결혼 생활을 누려라(전 9:9)
✦ 살아 있는 사람에게는 소망이 있다(전 9:4-6)	✦ 자신에게 맡겨진 일에 최선을 다하라(전 9:10)

17 어리석은 사람의 외침보다는 지혜로운 사람들의 조용한 말에 더욱 귀를 기울여야 한다.
18 지혜가 전쟁의 무기보다 낫다. 그러나 죄인 한 사람이 많은 좋은 것들을 망치게도 한다.

10 여러 가지 잠언 죽은 파리가 향유에 썩은 냄새가 나게 하듯이 하찮은 어리석음도 지혜와 명예를 망가뜨린다.
2 지혜로운 사람의 마음은 바른 쪽으로 쏠리지만 어리석은 사람의 마음은 그릇된 쪽으로 치우친다. 2:14
3 어리석은 사람은 자기가 얼마나 바보인지를 길 가다가도 모두에게 드러낸다.
4 만약 통치자가 네게 화를 내거든 네가 있던 자리를 떠나지 마라. 가만히 있으면 크게 상한 감정을 진정시킨다. 잠 25:15
5 내가 해 아래에서 통치자의 실수와 관련된 또 한 가지 악을 보았는데 5:6
6 그것은 어리석은 사람을 높이 앉히고 부자를 낮은 자리에 앉힌다는 것이다.
7 종들이 말을 타고 앉았고 왕자들이 종들처럼 두 발로 걸어가는 것을 내가 보았다.
8 구덩이를 파는 사람은 거기에 빠질 것이요, 벽을 허무는 사람은 뱀에게 물릴 것이다.
9 돌을 캐는 사람은 그 돌에 치일 것이요, 통나무를 쪼개는 사람은 그것 때문에 위험을 당할 것이다. 신 19:5;대상 22:2
10 도끼가 무디고 날이 날카롭지 못하면 힘이 더 들게 마련이다. 그러나 지혜는 일의 능률을 올려 준다.
11 주문을 걸기도 전에 뱀에게 물리면 마술사가 무슨 소용이 있겠는가? 렘 8:17
12 지혜로운 사람의 입에서 나오는 말은 은혜롭지만 어리석은 사람의 입술은 그 자신을 삼키고 만다. 잠 10:32;18:7;22:11;눅 4:22
13 어리석은 사람의 입에서 나오는 말은 처음에는 어리석은 것이더니 결국에는 사악하고 미친 소리로 끝난다.
14 어리석은 사람은 말이 많다. 사람은 모름지기 앞으로 닥칠 일을 모른다. 죽은 후에 일어날 일을 누가 그에게 말해 주겠는가?
15 어리석은 사람들의 수고는 자신을 피곤하게 할 뿐이다. 그는 성으로 가는 길도 알지 못하기 때문이다. 사 35:8
16 왕이 어린아이며, 고관들이 아침부터 잔치를 벌이는 나라여, 네게 재앙이 있을 것이다.
17 고결한 사람이 왕이 되고 고관들이 쾌락을 위해서가 아니라 생존을 위해서 제때에 먹는 나라여, 네게는 복이 있다.
18 사람이 게으르면 들보가 내려앉고 그 손이 게으르면 지붕이 샌다.
19 잔치는 웃으려고 베푸는 것이다. 포도주는 즐거움을 주나 돈은 모든 것을 해결해 준다.
20 너는 생각으로라도 왕을 저주하지 말고 침실에서라도 부자를 저주하지 마라. 공중의 새가 네 말을 실어 나를 것이요, 날개 있는 것들이 네가 한 말을 전할 것이다.

11 네 빵을 물 위에 던져라. 여러 날 후에 네가 다시 찾게 될 것이다.
2 그 땅에 어떤 재앙이 닥칠지 알지 못하니 일곱, 여덟로 나누어 두어라.
3 구름에 물이 가득하면 비가 돼 땅에 쏟아진다. 나무가 남쪽으로 쓰러지든 북쪽으로 쓰러지든 쓰러진 곳에 그대로 놓여 있는 법이다.
4 바람이 어디로 불지 살피다가는 심지 못할 것이요, 구름만 쳐다보다가는 거두지 못할 것이다.
5 네가 바람이 어디서 오는지 알지 못하고 임신한 여인의 배 속에서 태아의 뼈들이 어떻게 자라는지 알지 못하는 것처럼 모든 것을 지으신 하나님의 일도 알지 못한다.
6 아침에 씨를 뿌리고 저녁에 네 손을 거두지 마라. 이는 이것이 싹틀지, 저것이 싹틀지, 아니면 둘 다 잘 자랄지 모르기 때문이다.
7 청년에게 주는 말 빛은 참으로 달콤하며 눈으로 해를 보는 것은 기분 좋은 일이다.
8 사람이 오래 살려면 다 즐겁게 누리도록 하여라. 그러나 어두운 날도 많을 것이니

올무 (9:12, snare) 새나 짐승을 잡는 데 사용하는 올가미
향유 (10:1, 香油, perfume) 향기로운 냄새가 나는 기름.

그날들도 기억하도록 하여라. 앞으로 닥칠 일은 다 허무하다. 1:2;2:23;12:1-2

9 청년이여, 네 젊음을 즐거워하여라. 네 젊은 시절을 마음으로 기뻐하여라. 네 마음이 가는 대로, 네 눈에 보이는 대로 따라가거라. 다만, 이 모든 것들에 하나님의 심판이 있다는 것을 알아라. 민 15:39;욥 31:7

10 그러므로 네 마음에서 근심을 떨어내고 네 몸에서 악을 떨쳐 버려라. 어린 시절과 젊은 시절은 허무한 것이다. 고후 7:1;딤후 2:22

12 젊은 시절에 너는 네 창조자를 기억하여라. 고통의 날들이 닥치기 전에 "인생에 낙이 없다"라고 할 때가 오기 전에

2 해와 빛과 달과 별들이 어두워지기 전에, 비 온 후에 다시 먹구름이 끼기 전에 그렇게 하여라. 욥 3:9;사 5:30;겔 32:7-8

3 그때가 되면 집 지키다가 손이 떨리고 다리에 힘이 빠져 엎어지고 이가 몇 개 안 남아 씹지 못하고 눈이 침침해져 창문 밖으로 보이는게 없어진다. 창 27:1;48:10

4 또 거리로 나가는 문들이 닫히고 곡식 가는 소리가 어렴풋해지고 새 소리에 일어나며 노래하는 모든 딸들이 조용하게 될 것이다. 2:8;사 14:13;겔 25:10;계 18:22

5 또 높은 곳을 두려워하게 되고 길에 나서기조차 무서워하며 머리 위에는 허옇게 꽃이 피고 메뚜기도 짐이 되며 욕망이 더는 일어나지 않을 그때, 그때가 되면 사람

은 자신의 영원한 고향으로 가고 조문객들이 슬퍼하며 거리를 다니게 될 것이다.

6 그분을 기억하여라. 은줄이 끊어지기 전에, 금대접이 부서지기 전에, 물 항아리가 샘 곁에서 깨어지기 전에, 우물가의 도르래가 부서지기 전에. 사 30:14;슥 4:2-3

7 육체가 본래 왔던 흙으로 돌아가기 전에, 영이 그것을 주신 하나님께로 돌아가기 전에 그분을 기억하여라. 창 2:7;3:20-21

8 전도자가 말한다. "허무하고 허무하다. 모든 것이 허무하다!" 1:1-2

9 **전도자의 잠언** 전도자는 지혜로울 뿐 아니라 사람들에게 지식을 가르쳤으며 묵상하고 연구해 많은 잠언을 정리했습니다.

10 전도자가 연구해 합당한 말들을 찾아냈으니 그가 기록한 것은 올바른 것이고 진리의 말씀입니다.

11 **지혜자의 잠언** 지혜로운 사람의 말은 찌르는 막대기 같고 회중의 선생들이 단단히 박은 못과 같습니다. 이 모두가 한 목자에게서 받은 것입니다. 잠 1:6;22:17;조 5:9;8:2;요 10:11,16

12 내 아들아, 이것들 외에도 더 훈계를 받도록 하여라. 책은 아무리 많이 써도 끝이 없고 연구를 많이 하는 것은 몸을 지치게 한다.

13 **모든 것의 결론** 모든 것의 결론은 이것이다. 하나님을 경외하고 그분의 계명을 지켜라. 이것이 사람의 본분이다.

14 하나님께서는 선악 간에 모든 행위를 그 숨은 일까지도 낱낱이 심판하신다.

전도서 11장이 주는 삶의 지혜

선을 행하라(1절) 다른 사람을 위해 나누어 줄 때, 하나님께서는 큰 복으로 보답해 주신다. 이런 삶에는 모험이 따르지만 보상은 크다.

쌓아 두지 말고 나누어 주라(2절) 가진 것을 여러 방법으로 나누어 주어야 한다. 풍족할 때 다른 사람에게 덕을 베풀어 두어야 한다는 것이다. 그러면 진짜 재앙이 왔을 때 그들로부터 도움을 받을 수 있다.

하는 일 없이 시간만 보내지 말고 항상 근면하라(3-4,6절) 가장 좋은 기회만을 기다리면서 사는 사람들이 있다. 하지만 기회는 쉽게 오는 것이 아니며, 언제 오는지 알 수도 없다. 기다리기만 하지 말고, 현재를 성실하게 с008는 태도가 필요하다.

의심보다 용기와 믿음을 가져라(5절) 인생에 대해서, 또 하나님에 대해서 이해할 수 없는 것이 많이 있다. 그러나 우리는 모든 것을 주관하시는 분이 하나님이심을 잘 알고 있다. 하나님을 믿을 때 비로소 하나님과 동행하는 삶을 사는 것이다.

Song of songs
아가

누군가를 좋아하게 될 때, 사랑이라는 감정이 생길 때 우리 마음은 어떤가요? 아가서는 솔로몬이 술람미 여인과 사랑에 빠져 쓴 책이에요. 솔로몬은 왕이지만, 사랑 앞에서 자존심이나 신분을 완전히 잊고, 사랑의 감정을 솔직하게 표현했어요.

우리에게도 솔로몬보다 더 큰 사랑을 표현하신 분이 계세요.
그분이 바로 하나님이에요. 우리를 사랑하시는 하나님의 마음이 성경 곳곳에 아낌없이, 솔직하게 표현되어 있어요.

아가서는 남자와 여자 간의 사랑뿐만 아니라, 우리를 사랑하시는 하나님의 사랑을 깊이 깨닫게 해줍니다.

아가는 무슨 뜻인가요?
'노래 중의 노래', '최고의 노래'라는 뜻이에요.

누가 썼나요?
솔로몬이 썼어요. 솔로몬 왕이 젊었을 때 술람미 여인을 사랑해서 쓴 것입니다. 솔로몬이 얼마나 솔직하게 사랑의 감정을 표현했는지 잘 나와 있어요.

언제 썼나요?
BC 970-960년경

주요한 사람들은?

솔로몬
지혜의 왕.
잠언과 전도서를 쓴 이스라엘의 3대 왕.
술람미 여인을 사랑함

술람미 여인
솔로몬에게 사랑받은 여인

한눈에 보는 아가

1:1-3:5 사랑에 빠짐

5:2-7:10 사랑에 갈등함

3:6-5:1 사랑을 얻음

7:11-8:14 사랑을 완전히 이룸

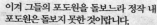

아가
Song of songs

1 아가 노래들 가운데 가장 아름다운 노래, 솔로몬의 노래입니다.

2 사랑의 고백 그의 입술로 내게 입 맞추게 하소서. 당신의 사랑은 포도주보다 더 달콤합니다. 4:10

3 당신에게서 풍겨나는 감미로운 그 향기, 그대 이름은 부어 놓은 향수 같아 젊은 여인들이 당신을 사랑할 수밖에 없어요.

4 나를 데려가 주세요. 조금만 더 서둘러 주세요. 왕의 침실로 나를 이끌어 주세요. 우리가 즐거워하며 그대 안에서 기뻐할 것입니다. 우리가 포도주보다 더 달콤한 그대의 사랑을 기억할 것입니다. 젊은 여인들이 그대를 사랑함이 당연합니다.

5 사모하는 마음 비록 내 살결은 검지만 나는 사랑스럽답니다. 예루살렘의 딸들이여, 비록 내가 게달의 장막처럼 검다 해도 솔로몬의 휘장처럼 아름답답니다. 눅 23:28

6 내가 햇볕에 그을려 검다 해도 나를 업신여기지는 마세요. 내 오빠들의 성화에 못

고벨화

솔로몬과 술람미 여인의 아름다운 사랑을 비유적으로 표현한 꽃이다. '지갑피', '헨나'라고도 불린다(아 1:14; 4:13). 고벨화는 2~3m 정도의 키에 잎은 매끄럽고 연한 녹색에 타원형이며, 네 개의 꽃잎으로 된 백색·황색꽃을 피운다.
이 꽃은 향이 매우 짙어서 목욕물에 넣어 그 향기를 즐겼고, 고벨화 꽃다발을 친구에게 줄 경우에 최상의 선물로 여겼다고 한다.
고대 이집트에서는 고벨화 잎을 말린 후 풀처럼 만들어 화장품으로 사용했고 손톱, 머리, 옷을 물들이는 재료로도 사용했다.

이겨 그들의 포도원을 돌보느라 정작 내 포도원은 돌보지 못한 것이랍니다.

7 내 사랑하는 그대여, 내게 말해 주세요, 당신의 양 떼를 어디서 먹이시는지, 한낮에는 어디에서 쉬게 하시는지. 왜 나로 하여금 이리저리 헤매며 당신 친구들의 양 떼 가운데서 그대를 찾게 하시나요? 시 23:1-3

8 연인들의 사랑 고백 가장 아름다운 여인이여, 만약 그대가 모른다면 양 떼를 따라가 보세요. 그리고 목자의 천막 곁에서 그대의 어린 염소를 먹이며 기다려 보세요.

9 내 사랑이여, 바로의 전차를 끌고 달리는 준마에 그대를 비유할까요? 15절대하 1:16-17

10 땋은 머리카락으로 흘러내린 그대의 두 뺨이, 보석으로 감은 그대의 목이 너무도 아름답네요. 5:13;겔 16:11-14

11 우리가 금으로 엮어 은으로 장식한 귀걸이를 그대에게 만들어 드리겠습니다.

12 사랑하는 이의 모습 왕께서 식탁에 앉아 계실 때 내 나드 향이 향기를 발했으니

13 내가 사랑하는 그분은 내 젖가슴 사이에 품은 몰약 주머니입니다. 시 45:8;요 19:39

14 내 사랑 그분은 내게 엔게디 포도원의 한 송이 고벨화입니다. 4:13;삼상 23:29

15 내 사랑, 그대는 얼마나 아름다운지요! 너무나 아름다워요. 그대의 눈은 비둘기 같네요. 22,10,13;4:1,7,52,12;6:4;겔 16:13

16 내 사랑이여, 당신은 얼마나 멋진지요! 너무나 준수한 그대, 푸른 풀밭은 우리의 침대랍니다. 2:3;삼하 1:23,26

17 백향목은 우리 집의 기둥이며 잣나무는 우리 집의 서까래입니다. 사 37:24;60:13;갤 31:8

2 나는 샤론의 수선화요, 골짜기의 백합화입니다. 5:13;사 35:1;호 14:5

2 저 젊은 여인들 가운데 있는 내 사랑은 가시 속에 핀 백합화 같네요. 1:15

3 순수하고 지극한 사랑 저 젊은 남자들 가운

몰약(1:13, 沒藥, Myrrh) 향료의 일종으로 발삼나무에서 얻어지는 향기가 나는 나무 진액. 수선화(2:1, 水仙花, Rose) 또는 '장미'. 파수꾼(3:3, watchmen) 어떤 일에 한눈팔지 않고 지키는 일을 하는 사람.

데 있는 내 사랑은 숲 속 나무들 사이에 서 있는 사과나무 같아요. 그의 그늘 아래 앉는 것이 기쁨이랍니다. 그의 열매가 내 입에 너무 달콤하네요. 1:16;사 25:4;32:2;계 22:2

4 그는 연회가 펼쳐진 곳에서 나를 데려가겠 죠. 내 위에서 펄럭이는 그분의 깃발은 사 랑이랍니다. 1:4;시 20:5

5 건포도로 내게 힘을 주세요. 사과로 내게 새 기운을 북돋워 주세요. 나는 사랑 때 문에 병이 났습니다. 삼하 6:19;대상 16:3;호 3:1

6 그가 왼팔로 나를 눕혀 내 머리를 안으시 고 오른팔로 나를 감싸 안아 주시네요.

7 예루살렘의 딸들이여, 노루와 들사슴을 두 고 내가 부탁합니다. 그가 원하기 전까지는 내 사랑을 일으키지 말고 깨우지 마세요.

8 내가 사랑하는 분의 목소리가 들려오네 요! 보세요! 저기 그분이 오시네요! 산을 뛰어넘고 언덕을 내달려 오시네요.

9 내가 사랑하는 그분이 노루처럼, 어린 사슴 처럼 달려오네요. 보세요! 우리 집 담장 너 머에 서 계시는 그분을. 그가 창문으로 바 라보며 창살 틈으로 들여다보고 계시네요.

10 내가 사랑하는 그분이 입을 열어 내게 말 씀하십니다. "내 사랑이여, 일어나세요. 아름다운 내 사람이여, 나와 함께 가요.

11 겨울은 지나갔으며 내리던 비도 그쳤고

12 땅에는 꽃들이 피어나며 새들이 노래하 는 때가 왔어요. 우리 땅에는 비둘기 우는

소리가 들려옵니다. 삼하 23:4;렘 8:7

13 무화과나무는 푸른 열매를 맺었고 꽃을 피운 포도나무는 향기를 퍼뜨리니 내 사 랑이여, 일어나 오세요. 내 사랑하는 그대 여, 나와 같이 떠나요." 10장7:12;아 24:32

14 사랑의 초청과 고백 바위틈에 숨은 내 비둘 기여, 산기슭 은밀한 곳에 숨어 있는 내 비 둘기여, 그대의 얼굴을 보여 주세요. 그대 의 목소리를 듣고 싶어요. 그대 목소리는 감미롭고 그대 얼굴은 사랑스럽네요.

15 우리를 위해 여우들을 잡아요. 꽃이 만발 한 우리 포도원을 망치려는 저 작은 여우 들을 잡아요. 겔 13:4

16 사랑하는 이와의 연합 내가 사랑하는 그분 은 내 것입니다. 나는 그분의 것입니다. 백합 화 사이에서 양 떼를 먹이고 계시는 그분,

17 날이 저물고 그림자가 사라질 때까지 내 사랑하는 분이여, 돌아오세요. 베데르 산 에 있는 노루처럼, 어린 사슴처럼 달려 내 게로 오세요. 9장4:6:8장 3:8;렘 6:4;시 102:11

3 밤마다 나는 내 침상에서 내 마음 깊 이 사랑하는 그분을 찾습니다. 그러 나 그분을 찾을 수 없네요. 사 26:9;요 7:34

2 이제 일어나 길거리로, 광장으로 나가 봅 니다. 내 마음 깊이 사랑하는 그분을 찾 아 봅니다. 하지만 그토록 그분을 찾아도 그는 보이지 않네요. 렘 5:1

3 성안을 순찰하는 파수꾼들을 만나 이렇

게 묻습니다. "내 마음 깊이 사랑하는 그
분을 못 보셨나요?" 57

4 그들을 지나치자마자 내 마음 깊이 사랑
하는 그분을 만났습니다. 나는 놓칠세라
그분을 꼭 붙들고는 내 어머니의 집으로,
내 어머니께서 나를 가지신 그 방으로 들
어갔답니다. 82;욜 27:6;호 2:5

5 예루살렘의 딸들이여, 노루를 두고 들사
슴을 두고 내가 부탁합니다. 내 사랑이 원
하기 전까지는 내 사랑을 일으키지 말고
깨우지 마세요. 1:5;2:7,9

6 연기가 기둥처럼 올라가듯이 상인들이 가
져온 모든 향품들로 만든 몰약과 유향의
향기를 흩날리며 저 거친 들에서 올라오
는 이 사람은 누구입니까? 마 2:11;요 19:39

7 보세요! 솔로몬의 타신 가마입니다. 60명
의 이스라엘 전사들이 호위하고 있네요.

8 손에 칼을 굳게 쥔 그들은 모두 전장의 뛰
어난 용사들입니다. 그들은 허리에 칼을
차고 한밤의 그 어떤 습격도 물리칠 대비
를 하고 있습니다. 시 45:3;91:5

9 솔로몬 왕께서 자신을 위해 레바논 나무로
그 가마를 만드셨습니다.

10 그 기둥은 은으로, 바닥은 금으로 만들어
졌고 자리에는 자줏빛 덮개가 깔렸습니
다. 그 안은 예루살렘 딸들의 사랑 어린 장
식으로 채워졌습니다. 15

11 시온의 딸들이여, 이리로 나오세요. 그분
의 결혼식 날, 그분의 마음이 기뻐 뛰노던
그날, 그분의 어머니께서 씌워 준 왕관, 그
왕관을 쓰고 계신 솔로몬 왕을 보세요.

4 마음을 빼앗는 순결한 사랑 내 사랑
대여, 당신은 얼마나 아름다운지요!
너무나 아름다워요. 베일 너머 당신의 눈
은 비둘기 같군요. 당신의 머리칼은 길르
앗산에서 내려오는 염소 떼와 같네요.

2 당신의 이는 목욕하고 나와방금 털을 깎은
암양 떼와 같습니다. 하나하나 모두 짝을

이루어 그 가운데 홀로된 것이 없네요.

3 그대의 입술은 새빨간 매듭 같고 그대의
입은 사랑스럽습니다. 베일 너머 그대의
뺨은 조개 놓은 석류 한쪽 같아요. 4:2;8

4 당신의 목은 무기를 두려고 세운 다윗의
탑과 같으니 거기에는 1,000개의 방패들,
전사들의 방패들이 걸려 있습니다.

5 그대의 두 젖가슴은 백합화 사이에서 풀
을 뜯는 두 마리 쌍둥이 노루 같아요.

6 날이 저물고 그림자가 사라질 때까지 나는
몰약의 산을, 유향의 언덕을 오르겠습니다.

7 내 사랑이여, 당신은 정말 아름답습니다.
그대에게 흠이라고는 없습니다. 5:2;엡 5:27

8 레바논에서 나와 함께 가요. 내 신부여! 레
바논에서 나와 함께 가요. 아마나와 스닐
과 헤르몬 꼭대기에서, 사자 굴에서, 표범
들의 산에서 내려오세요. 신 3:9;왕상 4:33

9 내 누이여, 내 신부여, 그대가 내 마음을
빼앗아 갔습니다. 그대의 단 한 번 눈길
로, 당신 목에 있는 단 하나의 장식으로,
그대는 내 마음을 빼앗아 갔습니다.

10 내 누이여, 내 신부여, 그대의 사랑이 얼마
나 달콤한지요! 그대의 사랑은 어떤 포도
주보다도 감미롭고 그대의 향기는 그 어
떤 향내와도 비교할 수 없습니다. 1:2~4

11 내 신부여, 그대의 입술에서는 꿀송이가
흘러나오고 그대의 혀 밑에 맺혀 있는 젖
과 꿀이 느껴집니다. 당신 옷의 향기는 레
바논의 향기 같네요. 창 27:27;잠 5:3;24:13;호 14:6

12 내 누이여, 내 신부여, 그대는 잠가 놓은
정원입니다. 닫아 놓은 우물이며 봉해 놓
은 샘물입니다. 창 29:3;잠 5:15;6:17

13 당신에게서 나는 것은 석류나무와 탐스러
운 여러 가지 과일, 고벨화, 나드초,

14 나드, 번홍화, 창포, 계수와 같은 갖가지
향나무들, 몰약, 침향과 같은 귀한 향품들
입니다. 6철;3:6출 30:23;요 19:39

15 그대는 동산에 있는 샘, 솟아나는 우물이
며 레바논에서 흘러나오는 시냇물입니다.

16 북풍아, 일어라! 남풍아, 불어라! 내 동산
에 불어 주렴, 내 향기가 멀리까지 퍼지도

유향(3:6, 乳香, incense) 향기 나는 나무에서 채취한 진
액으로 만든 물품. 번홍화(4:14, 番紅花, saffron) 붓꽃
과의 식물로 잎이 넓은 것이 특징.

록, 내가 사랑하는 그분께서 이 동산에 찾아와 탐스러운 과일을 드시도록. 5:1 6:2

5 사랑에로의 초대 내 누이여, 내 신부여, 내가 내 정원을 찾아왔습니다. 내 향품과 함께 몰약을 거두고 내 꿀송이와 꿀을 먹고 내 포도주와 젖을 마셨습니다. 친구들이여, 먹고 마셔요. 사랑하는 사람들이여, 마음껏 들어요. 요 2:5 14

2 사랑을 붙잡지 못한 안타까움 나는 자고 있었지만 내 마음은 깨어 있었습니다. 들어 보세요! 내가 사랑하는 그분이 문을 두드리시네요. 내 누이여, 내 사랑이여, 문을 열어 주세요. 내 비둘기여, 흠 없는 내 사람이여, 내 머리는 이슬에 흠뻑 젖었고 내 머리칼에는 밤이슬이 가득합니다. 계 3:20

3 나는 이미 옷을 벗었는데 다시 입어야 하나요? 나는 발을 씻었는데 다시 더럽혀야 하나요?

4 내가 사랑하는 그분이 문틈으로 손을 들이미시나 내 마음이 그분으로 인해 두근거리기 시작합니다. 렘 31:20

5 내가 사랑하는 그분을 위해 문을 열려고 일어날 때 몰약이 내 손에서, 몰약의 즙이 내 손가락을 타고 흘러 문빗장에 닿습니다.

6 내가 사랑하는 그분을 위해 문을 열었는데 내가 사랑하는 그분은 떠나고 없네요. 그분이 없어 내 마음은 무너져 내립니다. 그분을 찾았지만 찾을 수 없습니다. 그분을 불렀지만 대답이 없습니다. 2절 3:1 잠 1:28

7 성안을 순찰하던 파수꾼들이 나를 발견하고는 나를 때려 상처를 내고 저 성벽을 지키는 사람들은 내 겉옷을 빼앗아 갔습니다.

8 예루살렘의 딸들이여, 내가 부탁합니다. 만약 내가 사랑하는 그분을 만나거든 내가 사랑 때문에 병이 났다고 말해 주세요.

9 사랑하는 남자에 대한 찬양 가장 아름다운 여자여, 당신이 사랑하는 분이 다른 이보다 얼마나 더 나은가요? 당신이 사랑하는 분이 다른 이보다 얼마나 낫기에 우리에게 이렇게 부탁하나요? 1:8 6:1

10 내가 사랑하는 그분은 깨끗한 외모에 혈색이 붉은 건강한 분입니다. 수많은 사람들 가운데서도 뛰어나지요. 삼상 16:12

11 그의 머리는 순금 같고 굽이치는 머릿결은 까마귀처럼 검습니다. 2절

12 그의 눈은 시냇가의 비둘기 같은데 젖으로 목욕한 듯 보석처럼 아름답게 박혀 있습니다. 1:15 4:1 출 25:7 35:9

13 그의 볼은 향기로 가득한 꽃밭 같고 그의 입술은 몰약이 뚝뚝 떨어지는 백합향 같습니다. 1:10 2:1 6:2

14 그의 두 팔은 황옥이 박힌 황금 방망이 같고 그의 몸은 사파이어로 장식한 매끄러운 상아 같습니다. 겔 1:16 28:10 1:계 21:19~20

15 그의 두 다리는 순금 받침 위에 세운 대리석 기둥 같고 그의 모습은 레바논 같고 백향목처럼 뛰어납니다. 7:5 왕상 4:33

16 그의 입은 달콤하며 그지없으니 그가 가진 모든 것이 사랑스럽습니다. 예루살렘의 딸들이여, 이분이 바로 내가 사랑하는 그분, 내 친구입니다. 7:9

6 사랑의 고백 가장 아름다운 여자여, 그대가 사랑하는 그분이 어디로 가셨나요? 그대가 사랑하는 그분이 어느 곳으로 가셨나요? 우리 함께 그분을 찾아봐요.

2 내가 사랑하는 그분은 그의 동산으로, 향기로운 꽃밭으로 내려가 동산에서 양 떼를 먹이시며 백합화를 꺾고 계시겠죠.

3 나는 내가 사랑하는 그분의 것이고 내가 사랑하는 그분은 내 것입니다. 백합화 사이에서 그분이 양 떼를 먹이시네요. 2:16

4 내 사랑이여, 그대는 디르사처럼 아름답고 예루살렘처럼 사랑스럽습니다. 깃발을 높이 든 군대처럼 위엄이 있습니다.

5 그대가 바라보는 두 눈을 나는 감당할 수 없으니 그대여 눈을 돌려 주세요. 당신의 머리칼은 길르앗 산에서 내려오는 염소 떼와 같네요. 4:1

6 당신의 이는 목욕하고 나와 방금 털을 깎은 암양 떼와 같습니다. 하나하나가 모두 짝을 이루어 그 가운데 홀로된 것이 없네요. 4:2

7 베일 너머 당신의 뺨은 쪼개 놓은 석류 한 쪽 같군요. 4:3

8 60명의 왕비가 있고 80명의 후궁이 있으며 궁녀들은 수도 없이 많지만 시45:9,14

9 내 비둘기, 온전한 내 사람은 하나뿐입니다. 어머니의 외동딸이며 그녀를 낳은 어머니가 가장 귀히 여기는 딸, 젊은 여인들이 그녀를 보고 복이 있다 말하고 왕비들과 후궁들도 그녀를 칭찬합니다. 잠17:25

10 새벽처럼 찬란하고 달과 같이 아름답고 해와 같이 빛나며 깃발을 높이 든 군대처럼 위엄 있는 여자가 누구일까요? 4절

11 내가 골짜기에 새로 난 것들, 포도나무에 싹이 났는지 석류나무에 꽃이 피었는지 보려고 호두나무 동산으로 내려갔을 때

12 나도 모르는 사이에 내 마음이 나를 이끌어 백성들의 존귀한 병거 위로 올라타게 합니다. 출35:21;삿5:2;왕하2:12;시35:8;잠5:6

13 사랑하는 이를 간절히 사모함 돌아와요, 돌아와요. 술람미여, 돌아와요, 돌아와요, 우리가 그대를 볼 수 있도록.

14 사랑의 속삭임 그대들은 왜 마하나임이 춤추는 것을 보듯 술람미를 보려고 합니까?

7 귀한 사람의 딸이여, 신을 신은 그대의 발이 얼마나 아름다운지요. 우아한 그대의 다리는 장인의 손으로 정성 들여 세공한 보석과 같습니다.

2 당신의 배꼽은 혼합 포도주를 가득 부은 둥근 잔 같고 그대의 허리는 백합화로 두른 밀단 같습니다. 2:1

3 그대의 젖가슴은 암사슴의 쌍둥이 새끼 같고 4:5

4 그대의 목은 상아탑 같습니다. 그대의 눈은 바드랍빔 문 곁에 있는 헤스본 연못 같고 그대의 코는 다메섹을 향한 레바논 탑 같습니다. 4:4,8:5:12민21:26;왕상4:33;11:24

5 그대의 머리는 갈멜 산처럼 그대에게 왕관이 되고 그대의 머리칼은 붉은 융단 같습니다. 왕이 그 머리칼에 포로가 되고 말았습니다. 4:1;15:15;수19:26

6 내 사랑이여, 그대가 얼마나 아름답고 얼마나 매혹적인지 나를 기쁘게 하네요.

7 그대의 키는 종려나무처럼 크고 늘씬하며 그대의 젖가슴은 그 열매 송이 같아요.

8 나는 말했습니다. "내가 그 종려나무에 올라가서 그 열매를 따오겠어요." 그대 젖가슴은 포도송이 같고 그대 콧김은 사과 향내 같습니다. 1:14;히7:1

9 그대 입은 가장 귀한 포도주 같습니다. 그 포도주가 내 사랑하는 그분에게로 가서 그 입술과 이로 부드럽게 흘러가기를.

10 참사랑 나는 내가 사랑하는 그분의 것이고 그분의 마음은 나를 향해 있습니다.

11 내가 사랑하는 분이여, 우리 함께 들로 나가요, 그곳 마을에서 밤을 지내요. 2:10

12 이른 아침 포도원에 나가 포도 싹이 돋았는지, 꽃이 피었는지, 석류꽃이 피었는지 함께 봐요. 거기서 제 사랑을 드리겠어요.

종려나무는 3~7m 정도 | **술람미 여인은 키가 얼마나 컸나요?**

되는 상록수로, 사막 기후에서도 잘 자라며 야자나무와 비슷해요. 열매는 대추 같은 모양으로 포도송이처럼 다닥다닥 붙어 있어요. 특히 키가 크고 잎이 무성한 종려나무는 이스라엘 사람들이 광야 생활을 할 때 좋은 쉼터를 제공했어요. 시편 92편 12~15절에서 의인을 성전 뜰에 깊게 뿌리내리고 자라서 늙어도 진액이 가득하며, 상상하여 번성하는 종려나무라고 표현했어요. 또 예수님이 예루살렘 성에 들어가실 때 사람들은 종려나무 가지를 흔들며 "호산나"라고 외쳤어요(요12:13).

솔로몬이 술람미 여인을 종려나무에 비유한 것(아7:7)으로 보아 그 여인의 키가 크고 늘씬했을 것으로 생각됩니다.

Isaiah
이사야

구약 성경 39권 중에서 신약성경에 가장 많이 이용된 책이 무엇인지 아세요? 이사야서예요. 이사야가 예언할 때 북이스라엘은 이미 앗시리아의 침략을 받았고, 남유다도 같은 어려움을 당하게 될 처지였어요. 이사야는 유다 백성을 향해 죄에서 돌이켜 하나님 한 분만을 의지하고 하나님을 바르게 섬겨야 한다고 외쳐요. 회개하지 않으면 심판이 있을 것이라고 말해요. 그리고 하나님은 심판을 내리신 후에 다시 그들을 용서하시고 구원하실 것임을 전해요. 이사야의 핵심 메시지는 "진정한 구원자이신 하나님의 약속만을 의지하고 소망하라." 이에요. 특별히 이사야의 예언 중 가장 중요한 것은 하나님의 백성을 구원하실 메시아 탄생과 고난의 종을 통한 회복에 대한 약속이에요. 우리는 신약 성경을 통해 약속된 그분이 오신 사건을 읽게 될 거예요. 그분은 곧 '임마누엘'이시며 온 세상의 구세주이신 예수님입니다.

이사야는 무슨 뜻인가요?

이사야는 '여호와께서 구원하신다'라는 뜻이에요. 이 책의 저자이며 중심 인물인 이사야의 이름을 따서 제목을 붙인 거예요.

누가 썼나요?

이사야 예언자가 썼어요.

이사야는 웃시야 왕 말기에 사역을 시작해서 요담, 아하스, 히스기야를 거쳐 므낫세 때 순교하기까지 약 60년간 활동했어요.

언제 썼나요?

BC 739 ~ BC 680년경

주요한 사람들은?

히스기야
유다 제4대 왕. 종교 개혁을 함.
기도의 왕

이사야
아모스의 아들. 예언자

한눈에 보는 이사야

1-23장 유다와 열방에 대한 심판 예언

28-35장 심판과 복 예언

40-48장 이스라엘의 구원과 회복에 대한 예언

24-27장 주의 날 예언

58-66장 영원한 구원과 영원한 심판에 대한 예언

36-39장 역사적 사건: 앗시리아의 공격, 히스기야의 기도, 바벨론 사절단 방문

49-57장 여호와의 종의 사명과 이스라엘의 회복에 대한 예언

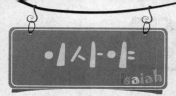

이사야 Isaiah

1 서언 이것은 유다 왕 웃시야, 요담, 아하스, 히스기야 시대에 아모스의 아들 이사야가 유다와 예루살렘에 대해 본 이상입니다.

2 유다의 죄악 하늘아, 들으라! 땅아, 귀 기울이라! 여호와께서 말씀하셨다. "내가 자식들이라고 기르고 키웠으나 그들이 나를 거역했구나. 신 4:26;32:1,6,10,15;미 1:2;62

3 황소도 자기 주인을 알고 나귀도 자기 주인의 구유를 아는데 이스라엘은 알지 못하고 내 백성은 깨닫지 못하는구나.

4 아! 어긋나 버린 민족! 죄악을 진 백성! 악행하는 종자! 타락한 자식들! 그들이 여호와를 저버렸구나. 그들이 이스라엘의 거룩하신 분을 경멸했구나. 그들이 완전히 등을 돌려 남이 돼 버렸구나. 마 37

5 왜 너희는 계속 반역해 매를 더 맞으려고 하느냐? 머리는 온통 병들었고 마음은 온통 혼미해졌구나. 9:13;31:6;렘 5:3

6 발바닥부터 머리까지 성한 곳이 없구나. 상한 곳과 멍든 곳과 새로 맞은 상처뿐, 짜내고 싸매고 기름으로 상처를 가라앉히지도 못했구나. 시 38:3;렘 8:22

7 너희 땅은 황폐해졌고 너희 성들은 불태워졌다. 너희 땅은 너희 눈앞에서 이방 사람들에게 삼켜졌으며 이방 사람들에게 파괴된 것처럼 폐허로만 남았다. 신 28:51-52

8 시온의 딸이 포도원의 초막처럼, 오이밭의 원두막처럼, 에워싸인 성처럼 겨우 남았다.

9 만군의 여호와께서 우리 몇몇을 살아남게 하지 않으셨다면 우리는 소돔같이, 고모라같이 됐을 것이다. 애 3:22;롬 9:29

10 헛된 제물과 악한 행실 여호와의 말씀을 들으라, 너희 소돔의 지도자들아! 우리 하나님의 율법에 귀 기울이라, 너희 고모라의 백성들아! 3:9;렘 32:32;겔 16:46;48-49,55;겔 11:8

11 여호와께서 말씀하신다. "그 많은 너희 제물을 무엇하려고 내게로 가져오느냐? 나는 숫양의 번제와 살진 짐승의 기름도 지겹다. 나는 황소와 어린양과 염소의 피도 기쁘지 않다. 66:3;삼상 15:22;잠 15:8;렘 6:20;딤 1:10

12 너희가 내 얼굴을 보려고 나올 때 누가 너희에게 이것을 달라고 요구하더냐? 내 뜰만 밟을 뿐이다. 출 23:17;34:23;삼상 2:29

13 더 이상 헛된 제물을 가져오지 말라. 제물 타는 냄새도 역겹다. 초하루와 안식일과 집회의 선포를 견딜 수 없다. 악을 행하면서 성회를 여는 것을 참을 수 없다.

14 너희 초하루와 정한 절기들, 나는 그것들이 싫다. 그것들이 내게는 짐만 될 뿐이다. 그것들을 짊어지기에 내가 지쳐 버렸다.

15 너희가 아무리 손을 펼쳐 기도해도 나는 눈을 가리고 너희들을 보지 않을 것이다.

이사야가 활동했던 시대의 유다 왕들

웃시야 (BC 783-742년)	이때 유다는 경제적으로 부강하게 되었고(대하 26:6-15), 정치적인 강국으로 성장했다. 그러나 신앙이나 가치관은 타락한 상태였다. 초기에 모범적이던 웃시야 왕은 나중에 제사장의 직분을 침해하는 죄를 범해 나병에 걸려 죽었다.
요담 (BC 742-735년)	하나님을 경외하는 왕이었으나 아버지 웃시야와 함께 다스리다가 BC 739년경부터 혼자 통치했다.
아하스 (BC 735-715년)	아람과 이스라엘이 동맹을 맺고 예루살렘에 쳐들어 왔을 때 이사야가 하나님의 말씀을 전했다(왕하 16:5; 사 7:5-6). 그러나 이사야의 말을 듣지 않고 앗시리아의 디글랏 빌레셀에게 도움을 요청했고(왕하 16:7), 우상 숭배를 해서 아들을 제물로 바치기까지 했다(왕하 16:3-4). 하나님보다 사람을 의지한 왕이다.
히스기야 (BC 715-687/6년)	국가적·개인적으로 어려운 상황에서 이사야에게 도움을 구한 경건한 왕이다. 앗시리아의 산헤립이 침략했을 때 하나님의 도움으로 구원을 얻었으며, 병들었을 때 기도하여 15년이나 생명이 늘어났다.

너희가 아무리 기도를 많이 해도 나는 듣지 않을 것이다. 너희 손에는 피가 가득하구나.
_{왕상 8:22;잠 1:28;미 3:4}

16 손을 씻고 스스로 깨끗하게 하라. 내 눈앞에서 너희의 악한 행실을 버리라. 악한 일을 그만두고
_{렘 2:22;벧전 3:11}

17 좋은 일 하기를 배우라! 정의를 추구하고 압제하는 사람들을 바른길로 인도하라. 고아를 위해 변호하고 과부를 위해 싸워 주라.

18 **순종을 요구하심** 자! 와서 우리 함께 판가름해 보자." 여호와께서 말씀하신다. "비록 너희 죄가 주홍빛 같더라도 눈처럼 희게 될 것이다. 비록 그 죄가 *지렁이처럼 붉어도 양털처럼 될 것이다.
_{계 7:14}

19 만약 너희가 기꺼이 순종한다면 너희는 그 땅에서 좋은 것을 먹게 될 것이다.

20 그러나 만약 너희가 거역하고 반항하면 칼이 너희를 집어삼킬 것이다." 이것은 여호와께서 친히 입으로 말씀하신 것이다.

21 **불의함에 대한 죄** 그 신실했던 성이 어쩌다 창녀가 됐는가? 정의가 가득하고 그 안에 공의가 깃들어 있더니 지금은 온통 살인자들뿐이구나.
_{출 34:15;잠 2:20;31:23}

22 네 은은 찌꺼기가 됐고 네 포도주는 물이 섞여 묽어졌구나.
_{렘 6:30;겔 22:18}

23 네 귀족들은 반역자들이요, 도둑들과 한패로구나. 그들은 모조리 뇌물을 좋아하고 사례금을 좇아다니는구나. 고아를 변호하지도 않고 과부의 송사는 받아 주지도 않는구나.
_{출 23:8;슥 5:28;미 7:3;슥 7:10}

24 그러므로 주, 곧 만군의 여호와, 이스라엘의 전능하신 분이 말씀하신다. "아! 내가 내 대적들에게서 받은 한을 풀어 버리겠다. 내 원수들에게 앙갚음하겠다.

25 내가 네게로 손을 돌려 네 찌꺼기를 녹여 깨끗하게 하고 네 모든 불순물들을 걸어

낼 것이다.
_{5:25;시 81:14;겔 22:20;말 3:3}

26 옛날처럼 내가 네 사사들을 다시 세우고 처음처럼 네 모사들을 다시 세울 것이다. 그런 후에야 너는 의의 도성, 신실한 고을이라고 불릴 것이다."
_{렘 33:7;11:슥 8:3}

27 **반역함에 대한 심판** 시온은 정의로 구속함을 얻고 돌아온 사람들은 공의로 구속함을 얻을 것이다.
_{렘 22:3-4}

28 그러나 반역자들과 죄인들은 함께 부서질 것이며 여호와를 저버린 사람들은 멸망할 것이다.
_{욥 31:3;시 1:6;말 4:1}

29 "너희가 쾌락을 일삼던 상수리나무 때문에 부끄러움을 당할 것이며 너희가 선택한 그 동산 때문에 수치를 당할 것이다.

30 너희는 잎사귀 마른 상수리나무처럼, 물 없는 동산처럼 될 것이다.
_{렘 17:8}

31 강한 사람은 삼 부스러기가 되고 그가 한 일은 불티가 될 것이다. 또한 이 둘이 함께 불에 타는데도 아무도 그것을 끌 수 없을 것이다."
_{66:24;삿 16:9}

2

마지막 날 이것은 아모스의 아들 이사야가 본 유다와 예루살렘에 관한 말씀입니다.
_{1:1;13:1;20:2}

2 마지막 날에 여호와의 성전이 있는 산이 산들의 꼭대기 위에 우뚝 서고 언덕들보다 높이 솟아 모든 민족들이 그리로 물밀듯이 몰려올 것이다.
_{14:13;25:6;56:7;미 4:1-3}

3 많은 백성들이 오면서 말할 것이다. "자, 올라가자, 여호와의 산으로! 야곱의 하나님의 집으로! 그분이 우리에게 그분의 길을 가르쳐 주실 것이니 우리가 그분의 길을 걸어가자!" 율법이 시온에서 나오고 여호와의 말씀이 예루살렘에서 나온다.

4 그분이 민족들 사이에서 재판하시고 많은 백성들을 중재해 판결하실 것이니 그들이 자기 칼을 쳐서 쟁기를 만들고 창을 쳐서 낫을 만들 것이다. 민족이 민족에 대항해

이상(1:1, 理想, vision) 하나님으로부터 온 말씀이 예언자나 특별히 선택받은 사람들에게 꿈과 같은 모양으로 주어지는 것 **구유**(1:3, manger) 말이나 소 같은 짐승에게 줄 먹이나 물을 담는 큰 그릇 **종자**(1:4, 種子, brood) 식물에서 나온 씨를 말하나 여기에서는 '자손'을 말함 **시온의 딸**(1:8, the Daughter of Zion) 예루살렘 주민과 이스라엘 백성을 대표하는 말. 1:18 포도나무에 사는 붉은 지렁이를 말함. 이스라엘에서는 시체를 먹는 더러운 동물로 알려져 있다.

칼을 들지 않으며 군사 훈련도 다시는 하
지 않을 것이다. 9:7;시 72:3,7;호 2:18절 3:10;슥 9:10

5 야곱의 집아! 와서 여호와의 빛 가운데 걸
어가자. 60:1~2겔 58

6 **우상 숭배에 대한 죄** 주께서 주의 백성 야곱
의 집을 버리셨습니다. 이는 동쪽에서 온
미신이 그들에게 가득 찼기 때문입니다.
그들은 블레셋 사람들처럼 점을 치고 이방
사람들과 손을 잡고 언약을 맺었습니다.

7 그 땅에는 은과 금이 가득하며 보석도 끝
이 없습니다. 그 땅에는 말들이 가득하고
병거도 끝이 없습니다. 신 17:16~17:0| 5:10

8 그 땅에는 우상들이 가득합니다. 그들은
자기 손으로 만든 작품에, 자기 손가락으
로 만든 것에 절을 합니다. 10:10~11;겔 2:28

9 사람들이 누구나 절하고 엎드리니 그들을
용서하지 마십시오. 5:15

10 **교만에 대한 죄** 바위틈으로 들어가라. 땅속
에 숨으라. 여호와의 두려운 얼굴과 위엄
을 발하는 광채를 피하라! 살후 1:9

11 인간의 오만한 눈이 감기고 사람들의 거
만함이 꺾일 것이니 그날에 여호와 그분만
이 홀로 드높으실 것이다. 고후 10:5

12 그날은 만군의 여호와께 속한 날, 모든 거
만한 사람들과 높임받는 사람들과 기고
만장한 사람들이 낮아지는 날이다.

13 또 높이 뻗은 레바논의 모든 백향목과 바
산의 모든 상수리나무와 겔 27:6;슥 11:2

14 드높은 모든 산과 솟아오른 모든 언덕과

15 드높은 모든 탑과 튼튼한 모든 성벽과

16 다시스의 모든 배와 멋들어진 모든 조각물
이 낮아지는 날이다. 왕상 10:22;대하 20:37

17 사람의 오만이 땅에 떨어지고 인간의 오
만은 낮아질 것이다. 그날에 여호와 그분
만이 홀로 드높으시고

18 우상들은 모조리 사라질 것이다. 8절

19 **땅을 흔드심** 여호와께서 땅을 흔들기 위해

일어나실 때 사람들은 그분의 두려운 얼
굴과 위엄을 발하는 광채를 피해 바위틈
의 동굴로, 땅속 구멍으로 들어갈 것이다.

20 그날에 사람들은 자기들을 위해 만들었
던 은 우상과 금 우상을 두더지와 박쥐들
에게 던져 버릴 것이다. 30:22;31:7;겔 11:19;신 14:18

21 여호와께서 땅을 흔들기 위해 일어나실 때
사람들은 그분의 두려운 얼굴과 위엄을
발하는 광채를 피해 바위 구멍과 절벽 틈
으로 들어갈 것이다.

22 **능력이 없는 사람** 사람 높이는 것을 그만두
라. 그의 숨이 코에 붙어 있으니 뭐가 그리
대단하겠느냐? 약 4:14

3 보라. 주 만군의 여호와께서 예루살렘
과 유다에서 그들이 의지하는 지팡이
와 막대기, 곧 그들이 의지하는 모든 빵과
모든 물을 치워 버리신다.

2 영웅과 전사, 재판관과 예언자, 점쟁이와
장로, 왕하 24:14;겔 17:13~14

3 오십부장과 귀족, 모사, 솜씨 있는 장인과
주문을 외는 마법사를 치워 버리신다.

4 "내가 철부지들을 그들의 우두머리로 세
우고 장난꾸러기들이 그들을 다스리게 할
것이다. 전 10:16

5 그래서 백성들이 서로서로 억압할 것이
다. 어떤 사람은 자기 동료에게 거칠게 대
하고 젊은이는 노인에게 버릇없이 대하고
천박한 사람은 존경받는 사람에게 무례하
게 대할 것이다." 미 7:3~6

6 어떤 사람은 자기 아버지 집에서 자기 형제
하나를 붙들고 이렇게 말할 것이다. "네게
는 겉옷이 있으니 우리의 우두머리가 돼 다
오. 이제 이 폐허 더미가 네 손안에 있다."

7 그러나 그는 바로 그날에 이렇게 소리 높
여 말할 것이다. "나는 의사가 아니다. 내
집에는 빵도 없고 겉옷도 없다. 그러니 나
를 이 백성의 우두머리로 세우지 마라."

8 우두머리들의 죄 그렇구나. 예루살렘이 휘청거리고 유다가 쓰러지는구나. 이것은 그들이 말과 행동으로 여호와께 반항하고 그분의 영광스러운 눈길을 무시했기 때문이다.

9 그들의 얼굴 표정이 스스로 대답해 주는구나. 그들은 소돔처럼 자기들의 죄를 숨기지도 않고 떠벌리고 다니는구나. 아! 그들에게 재앙이 있을 것이다. 그들은 화를 입어도 마땅하다.

겔 16:46,48~49;롬 6:23

10 의로운 사람에게 말하라. "그들이 행한 일의 열매를 그들이 먹으니 얼마나 좋은가!"

11 아! 악한 사람에게는 화가 있을 것이다. 그의 손으로 저지른 일이 그에게로 돌아가는 것은 마땅하다.

신 28:15~68;전 8:13

12 어린아이들이 내 백성을 괴롭히고 여인들이 다스리는구나. 내 백성아, 그들이 너를 엉뚱한 길로 이끌고 네가 걷는 길을 엉망으로 만들어 놓는구나.

28:14~22

13 여호와께서 변론하시려고 일어서신다. 그분이 백성들을 심판하시려고 일어서신다.

14 여호와께서 그분의 백성의 장로들과 우두머리들을 상대로 재판을 시작하신다. "내 포도원을 불태운 사람들이 바로 너희들이다. 가난한 사람에게서 약탈한 것이 너희들의 집에 있다.

시 14:4;암 3:10;미 3:1

15 너희들이 내 백성을 짓밟고 가난한 사람들의 얼굴을 맷돌질하다니 어떻게 그들에게 그럴 수 있느냐? 만군의 주 여호와의 말씀이다."

시 94:5

16 시온의 딸들의 죄 여호와께서 말씀하셨다.

"시온의 딸들이 얼마나 거만한지 목을 길게 뽑고 다니면서 눈으로 추파를 던지고 종종걸음으로 걸어 다니면서 발 장신구를 차고 딸랑거리는구나.

아 3:11

17 그러므로 여호와께서 시온의 딸들의 머리 위에 딱지가 생기게 하실 것이다. 여호와께서 그들을 발가벗겨 은밀한 곳을 드러내실 것이다."

신 28:60

18 그날에 주께서 장식품들을 벗겨 버리실 것이다. 발목 장식, 머리띠, 반달 장신구,

19 귀걸이, 팔찌, 너울,

20 머리 장식, 발찌, 허리띠, 향수병, 부적,

21 반지, 코걸이,

창 24:47;겔 16:12

22 연회복, 겉옷, 목도리, 손지갑,

눅 15:22

23 손거울, 모시옷, 머릿수건, 면사포를 몽땅 벗겨 버릴 것이다.

24 그래서 향기 대신 썩은 냄새가 나고, 허리띠 대신 포승으로 묶이고, 곱게 다듬은 머리카락 대신 대머리가 되고, 우아한 옷 대신 삼베 자루를 걸치고, 아름다움 대신 수치스러운 자국이 남을 것이다.

25 네 남자들은 칼에 쓰러지고 네 용사들은 전쟁으로 쓰러질 것이다.

26 시온의 성문들은 슬퍼하며 통곡할 것이며 남김없이 파괴돼 땅으로 무너져 내릴 것이다.

4 그날에 일곱 여자가 한 남자를 붙잡고 이렇게 말할 것이다. "빵도 우리가 알아서 먹고 옷도 우리가 알아서 입을 테니 그저 당신의 이름으로 불리게만 해 주십시오. 우리가 과부라는 비난만 받지 않

성경에 나오는 여인들의 장식품

성경에 등장하는 여인들도 오늘날과 같이 목걸이나 반지 등의 장식품을 많이 착용했다. 그 종류를 보면 발목 장식, 머리띠, 반달 장신구, 귀걸이, 팔찌, 너울, 머리 장식, 발찌, 허리띠, 향수병, 반지, 코걸이, 손거울 등 여러 가지이다.

유대 사람들이 오랜 광야 생활을 끝내고 가나안에 정착해 살게 됐을 때는 주변의 다른 나라들보다 장식품을 만드는 기술이 한참 뒤떨어졌다. 이 때문에

주로 장식품을 수입에 의존했으나 나중에 페니키아인 사람들에게 기술을 배워 좋은 장식품을 직접 만들어 사용하게 되었다.

성경에 처음 나오는 장식품 중 하나인 팔찌는 남녀 모두 착용하는 것이었는데 남자는 팔꿈치 위쪽에, 여자는 손목에 착용했다. 여인들은 발 장신구를 주로 착용했는데, 그것에 방울을 달아 걸을 때마다 소리가 나도록 만들기도 했다(사 3:16).

게 해 주십시오."   3:6;13:12;창 30:23

2 영적인 회복 그날에 여호와의 어린 가지는 아름답고 영광스러울 것이며 그 땅의 열매는 이스라엘에서 살아남은 사람들에게 자랑거리와 찬미거리가 될 것이다.

3 그리고 시온에 남은 사람들과 예루살렘에 남아 있는 사람들은 거룩하다고 불릴 것이며 예루살렘의 생존자로 모두 기록될 것이다.   슥 32:32;시 69:28;눅 10:20;히 12:23

4 주께서 시온의 딸들의 더러움을 씻어 주실 때 심판의 영과 불의 영으로 예루살렘의 피를 닦아 내 깨끗하게 하실 것이다.

5 그러고는 여호와께서 시온 산이 서 있는 모든 지역과 그곳에 모인 사람들 위에 낮에는 구름과 연기를, 밤에는 불꽃과 밝은 빛을 만들어 주실 것이다. 그렇다. 그것은 모든 영광 위에 펼쳐진 덮개가 될 것이다.

6 그 초막이 한낮의 더위를 피할 그늘이 돼 줄 것이며 폭풍과 비를 피할 피난처와 은신처가 돼 줄 것이다.   25:4;시 27:5

5 포도원 비유 이제 내가 사랑하는 내 임을 위해 노래하겠다. 이 노래는 그의 포도원에 관한 내 사랑의 노래다. 내 사랑하는 임은 비옥한 산자락에 포도원을 가지고 있었네.   막 12:1;눅 20:9

2 그는 땅을 파고 돌을 골라내고 아주 좋은 포도나무를 심고 한가운데는 망대를 세우고 포도 짜는 틀까지도 깎아 놓고서 좋은 포도가 열리기를 기다렸는데 들포도가 맺히고 말았네.   2:21;마 21:19;막 11:1;3:6; 13:6

3 "예루살렘 주민들아! 유다 사람들아! 이제 나와 내 포도원 사이를 판가름해 보라.

4 내가 내 포도원을 위해 더 어떻게 해야 한단 말이냐? 내가 거기에서 하지 않은 일이 무엇이냐? 나는 좋은 포도 맺기를 기다렸는데 왜 어떻게 들포도만 열렸느냐?

5 그러므로 이제 내가 내 포도원에 무엇을 할 것인가를 너희에게 알려 주겠다. 내가 그 울타리를 걷어 내서 그곳이 망가지게 하겠다. 그 담을 헐어 내서 그곳이 마구 짓밟히게 하겠다.   시 80:12;8절 24:31;렘 5:10;호 2:12

6 그곳을 황폐하게 버려두겠다. 가지치기도 하지 않고 김도 매 주지 않고 가시나무와 찔레나무가 자라나게 하겠다. 내가 먹구름에게도 명령해 포도원 위에는 비를 뿌리지도 못하게 하겠다."   왕상 17:1;8절 14:1,22

7 그렇다. 만군의 여호와의 포도원은 이스라엘의 집이며 그분의 기쁨이 되는 식물은 유다 사람들이다. 그분은 공의를 기대하셨는데 오히려 피 흘림만 있다니. 정의를 기대하셨는데 오히려 울부짖음만 있다니.

8 탐욕의 죄 아! 너희에게 재앙이 닥칠 것이

이사야에 나타난 이스라엘 백성의 별명들

어리석은 자녀 | 하나님은 이스라엘 백성을 하나님의 자녀답게 양육하기 위해 많은 방법으로 벌하셨지만 전혀 소용없었다(사 1:5-6). 오히려 그들은 하나님을 괄보고 업신여겼으며 멀리했다(사 1:4). 하나님은 이스라엘 백성이 헌신된 자녀가 되기를 원하셨지만(사 1:16-17) 그들은 형식적인 제물을 가져올 뿐이었다(사 1:11-15).

반역한 성 | 이스라엘 백성은 우상을 숭배하며 교만을 행했다(사 2:6-22). 우두머리들은 가난한 백성을 억압하고(사 3:1-15) 거짓을 행하며 하나님의 말씀을 하찮게 여겨 깔봤다(사 5:11-25). 이사야는 이스라엘 백성을 소돔과 고모라와 같으며(사 1:9-10), 또 신실했던 성이 창녀가 되었다고 했다(사 1:21).

들포도를 맺은 포도원 | 이사야는 이스라엘을 들포도 맺은 포도원으로 비유했다(사 5:1-7). 포도원의 주인이신 하나님은 좋은 열매를 기대하며 사랑으로 돌보셨지만 이스라엘 백성은 그 사랑을 저버리고 타락했다.

포도원

다. 이 집 저 집, 이 밭 저 밭 더 이상 남은 땅이 없도록 끝도 없이 사들여 그 땅 한가운데 혼자 앉아 살려고 하는 사람들아!

9 만군의 여호와께서 내 귀에 대고 말씀하신다. "많은 집들이 틀림없이 황폐하게 될 것이다. 크고 좋은 집이라도 주인 없이 덩그러니 남을 것이다. _{6:12}

10 열흘 갈이 포도원이 겨우 포도주 1바트만 내고, 1호멜의 씨가 겨우 1에바밖에 내지 못할 것이다." _{레 26:26;겔 45:11;학 1:6;2:16}

11 환락의 죄 아! 너희에게 재앙이 있을 것이다. 아침부터 일어나 독한 술을 찾아다니고 해가 지고도 여전히 포도주에 취하는 사람들아! _{잠 23:29~30;전 10:16~17}

12 그들이 잔치에는 수금과 하프, 탬버린과 피리와 포도주를 갖추었지만 여호와께서 하신 일에는 관심도 없고 그분의 손으로 하신 일은 거들떠보지도 않는구나.

13 그러므로 내 백성은 아는 것이 없어서 포로로 잡혀가게 될 것이다. 귀족들은 굶주릴 것이고 서민들은 목이 탈 것이다.

14 그러므로 무덤이 제 입맛이 돋아나서 한없이 그 입을 벌릴 것이다. 귀족들과 서민들과 떠드는 사람과 기뻐 날뛰는 사람이 그 안으로 빠져 들어갈 것이다. _{롬 3:13}

15 교만함의 죄 그래서 인간은 비천해지고 사람은 낮아질 것이다. 거만한 사람들의 눈이 낮아질 것이다. _{2:9}

16 그러나 만군의 여호와께서는 공의로 인해 드높아지실 것이고 거룩하신 하나님은 정의로 인해 공경을 받으실 것이다. _{2:11,17}

17 그때에 새끼 양들이 제 목장에서처럼 풀을 뜯을 것이고 다른 곳에서 온 양들마저 살진 양이 먹고 남은 황무지에서 먹을 것이다.

18 악행을 도모하는 죄 아! 너희에게 재앙이 있을 것이다. 속임수의 줄을 당겨 악행을 끌어오며 수레 줄을 당기듯 죄를 끌어오는 사람들아! _{잠 5:22}

19 너희들은 이렇게 빈정거리고 있구나. "우리가 볼 수 있도록 하나님께서 서둘러 보시지 그래. 하나님께서 하시던 일을 빨리 끝내고 보시지 그래. 이스라엘의 거룩하신 분의 계획이 빨리 이뤄지면 우리가 알아나 줄 텐데!"

20 아! 너희들에게 재앙이 있을 것이다. 나쁜 것을 좋다고 하고 좋은 것을 나쁘다고 하는 사람들아! 어둠을 빛이라고 하고 빛을 어둠이라고 하는 사람들아! 쓴 것을 달다고 하고 단것을 쓰다고 하는 사람들아!

21 아! 너희에게 재앙이 있을 것이다. 스스로 똑똑한 사람이라고 보고 스스로 많이 안다고 여기는 사람들아! _{잠 3:7;롬 12:16}

22 술 취함의 죄 아! 너희에게 재앙이 있을 것이다. 포도주 마시는 데 장수이고 술을 섞는 데 유능한 사람들아! _{11절}

23 불의함의 죄 뇌물을 받고 죄인에게는 무죄를 선고하면서 무고한 사람들은 변호도 하지 않는 사람들아! _{출 23:8;잠 17:15}

24 하나님의 분노 그러므로 날름거리는 불길이 지푸라기를 삼키듯, 마른 풀이 불꽃에 스러지듯, 그들의 뿌리가 썩고 꽃잎은 티끌처럼 흩날려 올라가 버릴 것이다. 그들이 만군의 여호와의 가르침을 저버리고 이스라엘의 거룩하신 분의 말씀을 업신여겼기 때문이다. _{출 15:7;삼 18:16;호 5:12;슬 2:5}

25 그러므로 여호와께서 그분의 백성을 향해 분통을 터뜨리셔서 손을 뻗어 그들을 때리시니 산들이 진동하고 그들의 시체가 마치 거리 한가운데 널려진 썩은 고기 같구나. 그래도 여전히 분노가 풀리지 않으셔서 그 손이 아직도 높이 들려 있다.

26 파괴적인 군대가 소집됨 그가 멀리 있는 나라들을 향해 깃발을 치켜드시고 휘파람을 불어 그들을 땅끝에서부터 부르신다. 보라, 번개처럼 손살같이 달려오는 모습이!

27 그들 가운데 지치거나 비틀거리는 사람이 없고 졸거나 잠자는 사람도 없으며 허리띠

산자락 (5:1, hillside) 산 아래 경사나 굴곡이 심하지 않게 비탈진 부분. 들포도 (5:2, bad fruit) 신맛이 나는 나쁜 포도 또는 썩은 포도. 울타리 (5:5, hedge) 풀, 나무 등을 이어서 집이나 밭 둘레에 친 작은 담장. 지푸라기 (5:24, straw) 벼나 보리에서 이삭을 떼어 낸 줄기 또는 부스러기.

가 풀리거나 신발 끈이 끊어진 사람도 없
구나. 　10:28-31

28 그들의 화살은 날카롭게 날이 섰고 모든
활은 팽팽히 당겨져 있으며 말발굽은 차
돌같이 단단하고 병거 바퀴는 회오리바람
같이 돌아가는구나. 　21:1·시 7:12-13

29 그들은 암사자처럼 고함을 치고 젊은 사
자가 포효하듯 소리를 지르는구나. 그들
이 으르렁거리며 먹이를 움켜 숨겨 버리니
빼낼 사람이 아무도 없구나.

30 그날에 그들은 이 백성을 향해 성난 바다
가 몰아치듯이 으르렁거릴 것이니 사람이
그 땅을 바라보면 보이는 것은 어둠과 고
난뿐일 것이다. 빛조차도 구름에 가려 어
두워질 것이다. 　8:22

6 이사야의 환상 웃시야 왕이 죽던 해에
나는 드높은 보좌에 앉으신 여호와를
보았다. 그런데 그 옷자락이 성전을 가득
채우고 있었다. 　요 12:41

2 그분 위에는 스랍들이 서 있었는데 각각
여섯 날개를 가지고 있었다. 두 날개로는
자기 얼굴을 가리고, 두 날개로는 발을 가
리고, 두 날개로는 날고 있었다.

3 그들은 서로를 향해 큰 소리로 노래했다.

"거룩하시다! 거룩하시다! 거룩하시다! 만
군의 여호와여! 그분의 영광이 온 땅에 가
득하시다."

4 크게 외치는 소리에 문설주들이 흔들렸고
성전은 연기로 가득 찼다. 　암 9:1·계 15:8

5 내가 말했다. "아! 내게 재앙이 있겠구나!
내가 죽게 됐구나! 나는 입술이 더러운 사
람인데, 입술이 더러운 사람들 사이에 내
가 살고 있는데, 내 눈이 왕이신 만군의 여
호와를 보았으니!" 　삼상 12:12·렘 10:10·눅 5:8

6 그러자 스랍들 가운데 하나가 제단에서
불집게로 집어 온 불붙은 숯을 손에 들고
내게로 날아와서 　22:14·27:9·렘 1:9·단 10:16

7 그것을 내 입에 대고 말했다. "보아라, 이
것이 네 입술에 닿았으니 네 죄는 사라졌
고 네 허물은 덮어졌다."

8 그리고 내 주께서 말씀하시는 음성을 들
었다. 그분이 말씀하셨다. "내가 누구를
보낼까? 누가 우리를 위해 갈까?" 그래서
내가 말했다. "제가 여기 있습니다. 저를
보내 주십시오!" 　창 1:26

9 그분이 말씀하셨다. "너는 가서 이 백성에
게 말하여라. '듣기는 들어도 너희는 깨닫
지 못할 것이다. 보기는 보아도 너희는 알
지 못할 것이다.' 　행 28:26-27·롬 11:18

10 이 백성들의 마음을 둔하게 하고 귀를 어
둡게 하고 눈을 감기게 하여라. 그들이 눈
으로 보고 귀로 듣고 마음으로 깨닫고 돌
아와 치료를 받을까 걱정이다." 　요 12:40

11 그래서 내가 말했다. "언제까지입니까? 내
주여!" 그분이 대답하셨다. "성읍들이 황폐
해 아무도 살지 않을 때까지, 집에는 사람
이 없고 땅은 황폐해져 황무지가 될 때까지

12 여호와께서 사람을 멀리 쫓아 보내 그 땅
가운데 버려진 곳이 많을 때까지다.

13 만약 사람의 10분의 1이 그 땅에 남아 회
개할지라도 그들마저 밤나무와 상수리나
무처럼 불에 타게 될 것이다. 그러나 그 나
무들이 쓰러질 때 그루터기는 남아 있듯
이 거룩한 씨가 남아서 그 땅의 그루터기
가 될 것이다."

이사야가 환상 중에
보좌에 앉으신 여호와와 하나님을 봄

7 아람이 에브라임에 진을 칠 웃시야의 손자이며 요담의 아들인 아하스가 유다의 왕으로 다스릴 때 아람의 르신 왕과 르말리야의 아들인 이스라엘 왕 베가가 예루살렘과 전투를 하기 위해 올라왔다. 그러나 그들은 예루살렘을 정복할 수 없었다.

2 다윗 왕실에 "아람이 에브라임에 진을 쳤다"라는 말이 전해졌다. 그러자 아하스와 그 백성의 마음이 마치 숲 속의 나무들이 바람 앞에서 흔들리듯 떨렸다.

3 아하스에게 임한 하나님의 말씀 그러자 여호와께서 이사야에게 말씀하셨다. "너와 네 아들 스알야숩은 '세탁자의 들판' 길 가에 있는 윗저수지의 수로 끝으로 나가서 아하스를 만나거라.

4 그리고 그에게 이렇게 말하여라. '조용히 기다리고 두려워하지 마라. 아람 왕 르신과 르말리야의 아들이 분노한다 할지라도 그들은 연기 나는 두 부지깽이 토막에 불과하니 거기에 마음 약해지지 마라.

5 아람과 에브라임과 르말리야의 아들이 음모를 꾸미며 말하기를

6 우리가 유다로 밀고 올라가 겁을 주고 침입해서는 다브엘의 아들을 왕으로 세워 버리자고 하지만

7 주 여호와가 말한다. 그런 일은 일어나지 않는다. 그런 일은 없을 것이다.

8 아람의 머리는 다메섹이고 다메섹의 머리는 르신일 뿐이기 때문이다. 그리고 65년 안에 에브라임은 산산조각 나서 더 이상한 민족이 되지 못할 것이기 때문이다.

9 또한 에브라임의 머리는 사마리아이고 사마리아의 머리는 르말리야의 아들일 뿐이

기 때문이다. 만약 너희가 굳게 믿지 않으면 결코 굳게 서지 못할 것이다.'"

10 아하스가 거절함 여호와께서 다시 아하스에게 말씀하셨다.

11 "너는 네 하나님 여호와께 표적을 보여 달라고 요구하여라. 저 깊은 무덤에서 오는 것이든, 저 높은 위에서 오는 것이든 표적을 구해 보아라." _{왕하 19:29}

12 그러나 아하스가 말했다. "저는 요구하지 않겠습니다. 여호와를 시험하지 않겠습니다."

13 임마누엘을 예언 그러자 이사야가 말했다. "다윗 왕실은 이제 들으십시오. 다윗 왕실은 사람들을 지치게 한 것도 모자라 이제 내 하나님마저도 지치게 합니까?

14 그러므로 주께서 친히 다윗 왕실에 표적

임마누엘

'임마누엘(사 7:14)은 '하나님이 우리와 함께하시다'라는 뜻이에요. 예언자 미가는 이사야의 임마누엘 예언을 메시아, 즉 평화를 가져오실 분으로 해석하고 있어요(미 5:5).
마태복음 1장 23절에서는 임마누엘을 예수님에 대한 상징적 호칭으로 쓰고 있어요.

구약의 복음 전도자, 이사야

"시리아-에브라임 전쟁" 이전 시기
(웃시야, 요담 왕 시기: BC 742-734년)

1 예언자로 부름을 받음(사6장)

2 온갖 죄가 넘쳐나는 유다에 대한 잘못을 꾸짖음 (사1-5장)

아하스 왕의 통치 시기
(BC 734-715년)

3 에브라임과 동맹하려는 아하스의 계획을 반대, 유다의 멸망 예언 (사7장)

4 메시아에 대한 예언: 처녀 잉태 예언 (사7:14), 이새의 뿌리(사11:10), 메시아의 고난사(사53:1-12), 메시아의 사명(사61:1-3)

히스기야 왕의 통치 시기
(BC 715-701년)

5 열방을 향해 예언(사13-23장)

7 히스기야가 이집트와 동맹하는 것을 반대 (사30-31장)

6 3년간 옷을 벗고 맨발로 다님(사20장)

9 믿는 자에게 주어질 미래의 축복을 예언 (사55:6-9; 59장-66장)

8 바벨론 포로 생활을 예언(사39장)

을 주실 것입니다. 보십시오, 처녀가 잉태해 아들을 낳고 그를 임마누엘이라고 부를 것입니다! _{잠 30:19;마 1:23;눅 1:31,34}

15 그 아이가 그른 것을 거절하고 옳은 것을 선택할 줄 아는 나이가 되면 버터와 꿀을 먹을 것입니다. _{22절}

앗시리아의 침략 그렇습니다. 그 아이가 그른 것을 거절하고 옳은 것을 선택할 나이가 되기 전에 당신이 두려워하는 두 왕의 땅은 버려질 것입니다. _{6:12;8:4}

17 여호와께서 에브라임이 유다로부터 떨어져 나가던 날 이후로 한 번도 오지 않았던 시절을 당신과 당신의 백성과 당신의 조상의 집에 오게 하실 것입니다. 그때에 그가 앗시리아 왕을 불러올리실 것입니다."

18 그날에 여호와께서는 휘파람을 불어 이집트의 나일 강 끝에서 파리 떼를 부르시고 앗시리아 땅에서 벌 떼를 부르실 것입니다.

19 그러면 모두들 몰려와서 거친 골짜기와 바위틈과 모든 풀밭과 모든 가시덤불 위에 내려앉을 것입니다. _{2:19;겔 13:4;16:16}

20 그날에 주께서 유프라테스 강 너머에서 빌려 온 면도칼, 곧 앗시리아 왕을 통해 머리털과 발털을 밀고 수염마저도 완전히 밀어 버리실 것입니다. _{렘 2:18;겔 5:1}

21 그날에는 사람마다 어린 암소 한 마리와 양 두 마리를 기르게 될 것입니다. _{5:17}

22 그리고 그것들이 내는 젖이 많아서 버터를 먹을 수 있을 것입니다. 그 땅에 남아 있는 사람들은 모두 버터와 꿀을 먹을 수 있을 것입니다. _{15절}

23 그날에는 은 1,000세겔의 값어치를 하는 1,000그루의 포도나무가 있는 곳이 온통 찔레나무와 가시나무로 뒤덮일 것입니다.

24 이렇게 온 땅이 찔레나무와 가시나무로 뒤덮여서 사람들은 화살과 활을 갖고서야 그곳으로 들어갈 것입니다. _{삿 5:11}

25 그러나 괭이로 경작된 모든 산들에는 찔레나무와 가시나무가 덮이므로, 너는 겁

이 나서 그리로 들어가지 못할 것이다. 그래서 그곳은 소나 풀어 놓고 양이나 밟고 다니는 곳이 되고 말 것이다. _{32:13-14}

8 앗시리아와 이스라엘의 멸망 여호와께서 내게 말씀하셨다. "큰 판을 가져다 그 위에 누구나 읽을 수 있는 글자로 '마헬살랄하스바스'라고 써라.

2 내가 제사장 우리야와 여베레기야의 아들 스가랴를 불러서 믿을 만한 증인으로 삼아야겠다." _{43:10;왕하 16:10-11;15-16}

3 그리고 내가 여예언자를 가까이했는데 그가 임신해 아들을 낳았다. 그러자 여호와께서 내게 말씀하셨다. "그 아이의 이름을 '마헬살랄하스바스'라고 지어라.

4 그 아이가 '아빠', '엄마'라고 부를 줄 알기도 전에 앗시리아 왕 앞에 다메섹의 재물과 사마리아의 약탈물을 바칠 것이다."

5 여호와께서 내게 다시 말씀하셨다.

6 "이 백성이 평온히 흐르는 실로아 물은 싫어하고 르신과 르말리야의 아들을 기뻐해 날뛰는구나. _{7:1,4;느 3:15;요 9:7,11}

7 그러므로 보아라. 나, 주가 거세게 몰아치는 강물, 곧 앗시리아 왕과 그의 모든 위력을 그들 위로 넘쳐흐르게 할 것이다. 그 강물이 모든 물길을 넘고 모든 둑을 넘쳐흘러

8 유다까지 침범해 휩쓸고 지나가면서 그 강물이 목에까지 차오를 것이다. 그러나 임마누엘이여, 그가 날개를 펼쳐 네 땅을 전부 덮을 것이다." _{7:14;30:28;36:1}

9 너희 민족들아, 함성을 질러 보라! 그래도 산산이 부서지고 말 것이다. 귀 기울이라! 멀리 있는 모든 나라들아, 허리를 동여 보라! 그래도 부서질 것이다. 허리를 동여 보라! 그래도 부서질 것이다. _{단 2:34-35}

10 전략을 세워 보라! 그래도 소용없을 것이다. 말을 지껄여 보라! 그래도 이루지 못할 것이다. 하나님께서 우리와 함께하시기 때문이다. _{7:7;롬 8:31}

11 **하나님만 의지할 것을 촉구함** 여호와께서 그

세겔(7:23, shekel) 무게의 단위, 1세겔은 11.42g으로, 1,000세겔은 11.42kg에 해당됨. 약탈물(8:4, 掠奪物, plunder) 폭력을 써서 남의 것을 억지로 빼앗은 물건. 둑(8:7, bank) 홍수를 막으려고 흙이나 돌을 쌓아서 올린 언덕.

분의 손으로 나를 강하게 붙잡고 이 백성들의 길을 따르지 말라고 경고하며 말씀하셨다. 겔 28

12 "이 백성이 음모라고 말하는 모든 것에 대해서 음모라고 말하지 마라. 그들이 두려워하는 것을 두려워하지 말고 떨지도 마라.

13 너희는 만군의 여호와 분을 거룩하다고 여겨야 한다. 너희가 두려워하고 떨어야 할 분은 다름 아닌 그분이다. 민 20:12

14 그분은 성소도 되시지만 이스라엘의 두 집에는 걸리는 돌도 되시고 부딪히는 바위도 되시며 예루살렘 주민에게는 함정과 올가미도 되신다. 겔 11:16;롬 9:33;벧전 2:8

15 많은 사람들이 거기에 걸려 비틀거리고 넘어지고 깨지며 덫에 걸리고 잡힐 것이다."

16 나는 증거 문서를 묶어 매고 내 제자들과 함께 이 가르침을 봉인하고는 눅 20:18

17 여호와를 기다릴 것이다. 그분이 야곱의 집에서 얼굴을 숨기고 계시지만 나는 그분을 기다리겠다. 시 27:14;33:20;합 2:3

18 여기에 여호와께서 주신 자녀들과 나를 보아라. 우리는 시온 산에 계시는 만군의 여호와께서 이스라엘에게 주신 표적과 상징이다.

19 아무도 신뢰할 수 없을 그런데 사람들은 너희에게 이렇게 말하고 있다. "속살거리고 중얼거리는 마법사와 무당을 찾아가십시오. 어느 백성이든 자기 신에게 찾아가지 않습니까? 살아 있는 사람 대신 죽은 사람에게 찾아가지 않습니까?" 시 106:28

20 율법과 증거에 따르면 이런 말을 하는 사람은 기필코 동트는 것을 보지 못할 것이다.

21 그들은 고생하며 배고파하며 이 땅을 헤맬 것이다. 그리고 그들이 굶주리면 화가 나서 위를 쳐다보고 그들의 왕, 그들의 하나님을 저주할 것이다.

22 그러고는 땅을 굽어보겠지만 고통과 어둠과 괴로운 암흑밖에 없고 마침내 그 짙은 어둠 속으로 내쫓길 것이다. 5:30;나 1:8

9

앞으로 올 구세주의 나라 그러나 고통을 겪고 있는 사람들에게 어둠은 이제 사라졌다. 전에는 그가 스불론 땅과 납달리 땅이 모욕을 당하도록 해 내버려 두셨지만, 이후로는 바닷길과 요단 강 저편의 땅과 이방 사람들이 사는 갈릴리를 영광스럽게 하셨다. 대하 16:4;마 4:15~16

2 어둠 속에서 걷던 백성이 큰 빛을 보았고 죽음의 그림자가 드리운 땅에 사는 사람들 위에 빛이 비쳤다. 욥 3:5;눅 1:79;엡 5:8,14

3 주께서 이 백성을 번성케 하셨고 기쁨을 키워 주셨습니다. 사람들이 추수할 때 기뻐하고 전리품을 나눌 때 즐거워하듯이 그들이 주 앞에서 기뻐합니다. 요 4:36

4 그들을 짓누르던 멍에와 어깨를 내리치던 회초리와 압제자의 몽둥이를, 미디안을 꺾으시던 날처럼 주께서 부숴 버리셨기 때문입니다. 시 83:9;나 1:13;마 11:29

5 쿵쿵거리며 짓밟았던 모든 군화와 피범벅이 된 모든 군복이 땔감으로 불에 타 사라졌기 때문입니다.' 겔 39:9

6 한 아이가 우리를 위해 태어났다. 우리가

한 아들을 얻었다. 그의 어깨에는 주권이 있고 그의 이름은 기묘자, 모사, 전능하신 하나님, 영원하신 아버지, 평화의 왕이라 불릴 것이다. _{마 28:18;눅 2:11}

7 그분의 넘치는 주권과 평화는 다윗의 보좌와 그의 왕국 위에 끝없이 펼쳐질 것이다. 지금부터 영원히 공평과 정의로 그것을 견고히 세우실 것이다. 만군의 여호와의 열정이 이것을 이루실 것이다.

8 하나님께 돌아오지 않는 이스라엘 내 주께서 야곱에게 말씀을 던지셨고 그 말씀이 이스라엘에게 떨어지고 있다.

9 그러나 모든 백성들, 곧 에브라임과 사마리아 주민들은 이것을 알고 있지만 마음이 교만하고 자만심에 가득 차서 말하기를

10 "벽돌이 무너졌지만 우리가 다듬은 돌로 다시 짓고 무화과나무가 찍혀 쓰러졌지만 우리가 백향목으로 바꿔 심겠다" 하는구나.

11 그래서 여호와께서 르신의 대적들을 자극하셨고 그의 원수들을 부추기셨다.

12 동쪽에서는 아람 사람들이, 서쪽에서는 블레셋 사람들이 모두 입을 벌려 이스라엘을 삼켜 버렸다. 그러고도 여전히 그분의 분노가 풀리지 않아 아직도 그분의 손이 펴져 있다. _{왕하 16:6;대하 28:18}

13 그런데도 이 백성은 자기를 치신 분에게 돌아오지도 않고 만군의 여호와를 찾지도 않았다. _{1:5;호 7:10}

14 그러므로 여호와께서 이스라엘의 머리와 꼬리, 곧 종려나무와 갈대를 하루에 잘라 버리실 것이나 _{19:15;산 28:13}

15 그 머리는 장로와 귀족이고 그 꼬리는 거짓을 가르치는 예언자다. _{3:2-3;28:7;미 3:5}

16 이 백성을 바르게 이끌어야 할 사람들이 잘못 이끌고 있으니 그들의 인도를 받는 사람들이 휩쓸릴 수밖에 없다.

17 여호와의 분노 그러므로 주께서는 젊은이

들을 향해 기뻐하지 않고 고아들과 과부들을 불쌍히 여기지 않으신다. 모두가 경건하지 못해 못된 것을 하고 입으로는 몰상식한 말을 내뱉고 있기 때문이다. 그러고도 여전히 그분의 분노가 풀리지 않아 아직도 그분의 손이 펴져 있다.

18 그렇다. 악은 불처럼 타올라 찔레나무와 가시나무를 삼켜 버리고 숲의 관목들을 태워 버리니 연기 기둥이 휘감아 올라가는구나.

19 만군의 여호와께서 분노하셔서 땅이 타 버리니 이 백성이 땔감처럼 돼 버렸구나. 어느 누구도 자기 형제들을 아끼지 않는구나.

20 오른쪽에서 갈라 먹어도 배가 고프고 왼쪽에서 뜯어 먹어도 배부르지 않아서 각 사람이 자기 동족의 살을 먹고 있구나.

21 므낫세는 에브라임을, 에브라임은 므낫세를 먹고 그들이 하나가 돼 유다를 덮치고 있구나. 그러고도 여전히 그분의 분노가 풀리지 않아 아직도 그분의 손이 펴져 있다.

10 불의에 대한 분노 아! 너희에게 재앙이 있을 것이다. 악법을 공포하고 괴롭히는 법령을 만드는 사람들아!

2 너희는 약한 사람들의 권익을 빼앗고 가난한 내 백성의 공의를 강탈하며 과부들의 재산을 약탈하고 고아들의 물건을 빼앗는다. _{렘 8:8}

3 벌을 받는 날에, 멀리서 약탈하러 오는 날에 너희는 어떻게 하려고 하느냐? 너희가 누구에게로 도망가서 도움을 청하려고 하느냐? 너희의 재산은 어디에다 쌓아 두려고 하느냐? _{5:23}

4 포로들 틈에서 무릎을 꿇거나 살해당한 시체들 사이에 쓰러지는 것 말고는 할 일이 없을 것이다. 그러고도 여전히 그분의 분노가 풀리지 않아 아직도 그분의 손이 펴져 있다. _{렘 5:29;호 9:7;눅 19:44}

함정(8:14, 陷宴, trap) 짐승을 잡으려고 판 구덩이 올가미(8:14, snare) 철사, 줄을 가지고 고리처럼 매어 짐승을 잡는 물건으로 남이 걸려들게 꾸며 놓은 꾀를 빗대어 이르는 말 덫(8:15, snare) 짐승을 잡는 데 쓰는 물건으로, 속임수나 꾀를 빗대어 이르는 말. 기묘자(9:6, wonderful) 오실 메시야의 여러 이름 중 하나로 '비범하다'는 뜻이지만 여기서는 '탁월하다'라는 뜻으로 쓰임. 모사(9:6, 謀士, counselor) 왕에게 조언을 하거나 상담하는 일을 맡은 궁중의 관리

5 앗시리아에 대한 심판 "아! 너희에게 재앙이 있을 것이다. 내 진노의 막대기인 앗시리아야! 그 손에 쥐어진 몽둥이는 내 분노다.

6 내가 그를 경건하지 않은 민족에게 보내면서 나를 격노케 한 민족을 약탈해 노획물을 챙기고 강도짓을 하고 그들을 길가의 진흙처럼 짓밟으라고 명령했더니

7 그는 이렇게 하려고 생각하거나 이렇게 할 마음조차 품지 않고 오로지 무작정 닥치는 대로 몰살시키고 많은 민족들을 쳐부술 생각뿐이었다.

8 그러고는 한다는 소리가 '내 수하 지휘관들은 왕이나 다름없지 않은가?

9 갈로는 갈그미스처럼 망하지 않았는가? 하맛도 아르밧처럼 망하지 않았는가? 사마리아도 다메섹처럼 망하지 않았는가?

10 내가 이미 그 우상의 나라들을 손에 넣은 것처럼, 예루살렘과 사마리아보다 더 많은 우상을 가진 나라들을 손에 넣은 것처럼,

11 내가 이미 사마리아와 그 우상들을 손에 넣은 것처럼, 예루살렘과 그 우상들인들 왜 손에 넣지 못하겠는가?'"

12 주께서 시온 산과 예루살렘에서 하실 모든 일들을 마치신 후에 "내가 앗시리아 왕이 뺏은 오만한 마음의 열매와 기품이 넘치는 거만한 눈을 심판하겠다"라고 말씀하신다.

13 그는 이렇게 지껄이고 있다. "나는 내 손의 힘과 내 지혜로 이 일을 했어. 이것은 다 내가 똑똑하기 때문이다. 나는 민족들의 경계선을 치워 버리고 쌓아 놓은 보물들을 약탈했으며 용사처럼 주민들을 굴복시

14 마치 새가 보금자리를 차지하듯 내 손이 백성들의 재물을 움켜쥐었고 버려진 알들을 모으듯 온 땅을 늘려 모았지만 날개를 퍼덕이거나 입을 벌리거나 찍 소리 내는 사람이 없었다."

37:23-25;왕하 19:22-24

15 도끼가 도끼질하는 사람에게 칭찬을 듣겠느냐, 아니면 톱이 톱질하는 사람에게 뻐기겠느냐? 이것은 지팡이가 자기를 들고 있는 사람을 휘두르는 것과 같고 몽둥이가 나무가 아닌 사람을 들어 올리는 것과 같다.

16 그러므로 주 만군의 여호와께서 살찐 사람들을 쇠약하게 하시고 그의 재물에 불을 질러 태워 버리실 것이다.

시 78:31;106:15

17 이스라엘의 빛은 불이 되고 이스라엘의 거룩하신 분은 불꽃이 되셔서 가시나무와 찔레나무를 하루에 불태워 삼켜 버리신다.

18 병자의 힘이 점점 소진돼 가듯이 그 우거진 숲과 풍요로운 과수원을 영혼과 육체까지 몽땅 시들게 하실 것이다.

19 그 숲의 나무들이 거의 남지 않아서 어린아이라도 수를 세어 적을 수 있을 것이다.

20 구원받은 남은 사람 그날에 이스라엘의 남은 사람들과 야곱 집의 생존자들은 그들을 친 사람에게 더 이상 기대지 않고 이스라엘의 거룩하신 여호와께 굳게 기댈 것이다.

21 남은 사람들은 돌아올 것이다. 야곱의 남은 사람들이 강하신 하나님께로 돌아올 것이다.

9:6

22 이스라엘아! 네 백성이 바닷가의 모래같이

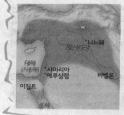

이사야 때의 앗시리아

✛ 디글랏 빌레셀 3세 때 ✛

실만에셀이 죽고 디글랏 빌레셀 3세(BC 745-727년?)가 왕권을 장악한 뒤 앗시리아는 군사력을 키우며 세력을 회복하기 시작했다.

당시 유프라테스 강 너머의 땅이 교통의 요지며 목재와 광물 자원이 풍부함을 알고 탐내던 앗시리아는 이 지역의 두로, 비블로스, 다메섹, 시리아와 이스라엘을 침략했다(BC 739년). 이때 디글랏 빌레셀(불)이 이스라엘에 침입하여 조공을 요구하자 므나헴 왕은 부자들의 돈을 빼앗아 모은 은 1천 달란트를 조공으로 바쳤다(왕하 15:19). 유다 왕 아하스가 이스라엘과 다메섹의 연합군을 물리쳐 달라는 요청을 하자(왕하 16:7) 이들을 빌미로 이스라엘에 다시 침입하

많아도 남은 사람들만이 돌아올 것이다. 멸망이 결정됐고 공의가 넘쳐흐르고 있으니

23 주 만군의 여호와께서 끝을 내겠다고 결정하신 대로 온 땅에 이루실 것이다.

24 포로 생활에서 해방될 그러므로 주 만군의 여호와께서 이렇게 말씀하신다. "시온에 사는 내 백성아, 이집트가 한 것처럼, 앗시리아가 막대기로 너희를 치고 몽둥이를 너희에게 치켜들더라도 그를 두려워하지 말라.

25 이제 오래지 않아 너희에게 품었던 노여움은 풀리겠지만 내 분노가 그에게로 향할 것이다. *9:4;출 14:30;왕하 19:35*

26 만군의 여호와께서 오렙 바위에서 미디안을 치신 것처럼, 이집트에서 나오는 길에 지팡이를 바다 위에 드신 것처럼 그에게 격분하셔서 채찍질하실 것이다.

27 그날에 그가 네 어깨에 지웠던 짐이 내려지고 네가 살이 붙어서 그의 멍에가 네 목에서 부서질 것이다. *삼하 17:22;창 21:15*

28 앗시리아가 아얏으로 올라가 미그론을 지나서 믹마스에 그의 무기들을 내려놓으는

29 여울을 건너서 "우리가 게바에 진을 쳤다"라고 말하니 라마 사람들은 떨고 사울의 고향 기브아 사람들은 도망치는구나.

30 딸 갈림아, 울부짖어라! 라이사야, 잘 들어라! 아나돗아, 대답하여라! *렘 1:1*

31 맛메나는 도망쳤고 게빔 사람들은 피신했다.

32 이날 앗시리아는 놉에 우뚝 서서 딸 시온의 산, 예루살렘 언덕을 향해 그의 손을 흔들 것이다. *18:37;삼상 21:1;22:19*

33 보라. 주 만군의 여호와께서 무섭게 그 가지들을 치시니 높이 솟은 나무들이 찍혀 베어지고 키가 큰 나무들이 낮아질 것이다.

34 그가 도끼로 숲에 일격을 가하시니 당당하던 레바논은 쓰러질 것이다. *암 2:9*

11 이새의 줄기 이새의 줄기에서 한 싹이 나오고 그의 뿌리에서 가지가 돋아나 열매를 맺을 것이다.

2 그리고 여호와의 영이 그에게 머물 것이다. 곧 지혜와 통찰의 영, 모략과 용기의 영, 지식과 여호와를 경외하는 영이 그에게 머물 것이다. *막 1:10;눅 3:22*

3 그는 여호와를 즐겨 경외하고 눈에 보이는 대로 판결하지 않고 귀에 들리는 대로 결정하지 않을 것이다. *전 1:8;요 7:24*

4 오히려 그는 약한 사람들을 공의로 판결하고 세상에서 학대받는 사람들을 위해 정직하게 결정을 내릴 것이다. 그는 그 입의 몽둥이로 세상을 치고 그 입술의 바람으로 죄를 범한 사람들을 죽일 것이다.

5 그는 정의로 그의 허리띠를 띠고 신실함으로 그의 몸 띠를 삼을 것이다. *엡 6:14*

6 늑대가 어린양과 함께 살고 표범이 새끼 염소와 함께 누우며 송아지와 어린 사자와 살진 짐승이 함께 있는데 어린아이가 그들을 이끌고 다닐 것이다. *호 2:18*

7 암소와 곰이 함께 풀을 뜯고 그 새끼들이 함께 뒹굴며 사자가 소처럼 짚을 먹을 것이다.

8 젖먹이가 독사의 구멍 곁에서 장난하고 어린아이가 뱀의 굴에 손을 넣을 것이다.

여갈릴리와 요단 동편의 이스라엘 땅을 유린하고 많은 사람들을 잡아가며 도시들을 파괴했다(왕하 15:29).

✛ **살만에셀 5세 때** ✛

그 후 베가에 이어 이스라엘 왕이 된 호세아(왕하 15:30)가 친이집트 정책을 펴고, 앗시리아에게 조공을 바치지(왕하 17:3-4) 앗시리아 왕 살만에셀 5세는 이스라엘을 다시 공격하여(BC 724년) BC 722년에 마침내 이스라엘을 정복했다(왕하 18:9-10).

✛ **산헤립 때** ✛

사르곤에 이어 앗시리아 왕이 된 산헤립은 유다 왕이

스기야가 반앗시리아 정책과 함께 주변 나라와 동맹을 맺고 반란을 일으키자 예루살렘을 공격해 왔다(왕하 18:13-19:37; 사 36:1-2). 이때 히스기야가 기도하자 하나님은 기적을 통해 앗시리아를 물러가게 하셨다(왕하 19:35). 유다 정복에 실패하고 돌아간 산헤립은 암살당하고 그의 아들 에살핫돈이 앗시리아 왕이 되었다(왕하 19:36-37).

이렇게 앗시리아는 이스라엘과 유다를 치는 진노의 막대기로 사용되었으나(사 10:5-6) 결국 그들은 교만 때문에 하나님의 심판을 받았다(사 10:12-16; 14:24-25).

이새 줄기의 한싹

'이새의 줄기'는 다윗의 가문을 말한다. 왕이었던 '다윗' 대신에 아버지인 '이새'의 이름을 사용한 것은 메시아가 미천한 신분으로, 겸손한 모습으로 태어날 것을 의미한다. 또 '이새의 줄기에서 한 싹'(사 11:1)이란 다윗 가문에서 태어날 메시아를 가리킨다.

이사야는 메시아를 '싹', '가지'(사 4:2; 53:2)로 표현하여 메시아가 우리와 같은 연약한 인간으로 오시겠지만, 사람들의 영광과 자랑이 되실 것이며 그분이 택한 사람은 모두 '거룩하다'고 불릴 것이라고 했다(사 4:2-3).

또 이사야는 메시아에게 하나님의 영이 머물러서 눈에 보이는 대로 귀에 들리는 대로 판단하지 않고, 약한 사람과 학대받는 사람들을 위해 공정하고 정직하게 판결을 내릴 것(사 11:2-4)이라고 기록했다.

9 그들은 내 거룩한 산 모든 곳에서 해치거나 다치게 하지도 않을 것이다. 물이 바다를 덮고 있듯이 세상에 여호와를 아는 지식으로 가득할 것이기 때문이다.
<small>사 78:54</small>

10 이새의 뿌리 그날에 이새의 뿌리가 나타나 민족들의 깃발이 될 것이다. 나라들이 그에게 찾아오고 그가 있는 곳은 영화롭게 될 것이다.
<small>롬 15:12</small>

11 그날에 주께서 다시 손을 뻗어 앗시리아와 이집트와 바드로스와 에티오피아와 엘람과 시날과 하맛과 해안 지대로부터 그의 남은 백성들을 되찾으실 것이다.

12 그는 여러 나라들을 향해 깃발을 들고 쫓겨난 이스라엘 백성들을 모으시며 땅끝 사방에서부터 흩어진 유다 백성을 부르실 것이다.
<small>56:8; 숙 10:6</small>

13 에브라임의 질투는 사라지고 유다를 괴롭히던 자들은 끊어질 것이니 에브라임은 유다를 질투하지 않고 유다는 에브라임을 괴롭히지 않을 것이다.
<small>9:21; 렘 37:16-17; 슥 11:14</small>

14 그들은 서쪽 블레셋을 공격하고 힘을 합쳐 동쪽 사람들을 약탈하며 에돔과 모압을 그들의 손에 넣고 암몬 사람들까지도 굴복시킬 것이다.
<small>시 60:8; 렘 49:28</small>

15 여호와께서 이집트 바다의 물목을 말리시고 유프라테스 강 위에 뜨거운 바람과 함께 손을 휘저으시며 그것을 쳐서 일곱 갈래로 물길을 갈라 사람들이 신발을 신고 건너게 하실 것이다.
<small>7:20-1; 15:2; 슥 10:11</small>

16 그래서 이스라엘이 이집트 땅에서 올라오던 때처럼 그것이 앗시리아에서 살아남은 그의 백성들이 돌아올 큰길이 될 것이다.

12 구원에 대한 찬양

그날에 너는 이렇게 말할 것이다. "여호와여, 주께 감사합니다. 주께서 제게 분노하셨지만 주의 분노를 돌이키시고 저를 위로하시니 감사합니다.
<small>10:4; 41:11:11</small>

2 보십시오, 하나님은 제게 구원이시니 제가 믿고 두려워하지 않겠습니다. 주 여호와는 제 힘과 노래이시며 제게 구원이 되셨기 때문입니다.
<small>시 15:2; 시 118:14</small>

3 너는 구원의 샘에서 기뻐하며 물을 길을 것이다.
<small>요 4:13-14; 7:37-38</small>

4 그리고 그날에 너는 이렇게 말할 것이다. "여호와께 감사하라. 그분의 이름을 부르라. 그분이 하신 일들을 민족들 가운데 알리고 그분의 이름이 높아졌다고 선포하라.

5 여호와를 노래하라. 그분이 위엄 있게 일하셨으니 이 일을 온 세상에 알리라.

6 시온의 주민아, 소리쳐며 기뻐 외치라. 너희 가운데 계시는 위대한 분은 바로 이스라엘의 거룩하신 분이기 때문이다."

물목(11:15, gulf) 물이 흘러 들어오거나 나가는 어귀. 정병(13:3, 精兵) 우수하고 강한 군사. 의기양양(13:3, 意氣揚揚) 원하는 바를 이루어 만족한 마음이 얼굴에 나타난 모양. 충천(13:3, 衝天) 자신감이나 기세가 하늘을 찌를 듯이 거세게 오른 상태. 사열(13:4, 査閱, muster) 군인들을 줄지어 세우거나 행진하게 하여 사기나 훈련 정도 같은 것을 살펴보는 것. 번민(13:8, 煩悶, anguish) 마음이 답답하여 괴로워하는 것. 혼비백산(13:8, 魂飛魄散, aghast) 몹시 놀라 넋을 잃음을 이르는 말.

메시아가 다스리는 세상에서는 사자가 물을 돌고 어린아이가 맹수들과 즐겁게 지냄

13 바벨론을 향한 예고

아모스의 아들 이사야가 받은 바벨론에 내려진 판결이다.

2 벌거숭이산에 깃발을 올리고 소리를 높이고 손짓으로 그들을 불러 귀족들의 문으로 들어가라고 하라. 5:26;41:25

3 나는 내가 거룩하게 구별한 정병들에게 명령했다. 내 용사들을 불러서 내 노여움을 풀게 했다. 그들은 의기양양하며 사기가 충천해 있다.

4 산 위에서 울려 퍼지는 저 소리는 많은 백성이 모인 소리 같구나! 나라들이 떠드는 저 소리는 여러 민족이 모인 소리 같구나! 만군의 여호와께서 전투를 위해 군대를 사열하신다.

5 그들은 먼 땅, 하늘 끝에서 온다. 여호와와 그분의 진노의 무기가 온 땅을 파괴하러 온다. 46:11

6 슬피 울라! 여호와의 날이 가까이 왔다. 전능하신 분이 오시면 파멸뿐이다.

7 그러므로 모든 손이 축 늘어지고 모든 사람의 마음이 녹아내릴 것이다. 수 2:11

8 그들은 공포와 고통과 번민에 사로잡히고 해산하는 여인이 몸을 뒤틀듯 괴로워할 것이다. 사람들이 혼비백산해 동료를 쳐다보는데 그 얼굴들이 모두 벌겋게 달아올라 있다. 렘 4:31;6:24;미 4:9–10;나 2:10;호 16:21;살전 5:3

9 여호와의 날 보라. 여호와의 날이 온다. 처참한 그날, 진노와 맹렬한 분노로 얼룩진 날, 그 땅을 황폐하게 만들고 죄인들이 그 땅에서 몰살되는 날이 온다. 시 104:35

10 하늘의 별들과 별자리들이 빛을 뿜지지 못하며 해가 떠올라도 어두컴컴하고 달도 빛을 비추지 않을 것이다. 눅 21:25

11 "내가 세상의 죄악을 처벌하고 악인들의 사악함을 징벌하겠다. 잘난 체하는 사람들의 거만함을 끝장내고 무자비한 사람들의 오만함을 낮추고야 말겠다. 24:4

12 내가 사람을 순금보다 드물고 오빌의 금보다 희귀하게 만들어 버리겠다. 욥 28:16

13 그러므로 내가 하늘을 흔들어 놓겠다. 그러면 땅도 흔들려서 그 자리에 있지 않을 것이다." 그날은 만군의 여호와께서 노여워하시고 진노를 불태우시는 날이다.

14 그들은 쫓기는 노루처럼, 모는 사람 없는 양 떼처럼, 제각각 자기 동족에게로 돌아가고 제 뿔뿔이 자기 고향으로 도망치다가

15 발각되는 대로 찔려 죽고 잡히는 대로 칼에 쓰러질 것이다.

16 그들의 어린아이들은 그들이 보는 데서 갈기갈기 찢겨 죽고 그들의 집은 빼앗기며 그들의 아내들은 겁탈을 당할 것이다.

17 보라. 내가 메대 사람들을 선동해 바벨론을 치겠다. 메대 사람들은 은 같은 것에는 관심이 없고 금도 좋아하지 않는다.

18 그들은 활을 쏴 젊은이들을 쓰러뜨리고 갓난아기를 불쌍히 여기지 않으며 아이

들을 동정하지도 않는다. 렘 50:14

19 왕국들 가운데 가장 영화롭고 갈대아 사람들의 영광과 자랑거리인 바벨론은 하나님이 전복시켰던 소돔과 고모라처럼 될 것이다. 1:9;47:5;창 19:24;렘 50:40;암 4:11

20 그곳은 영원히 인적이 사라지고 대대로 아무도 살지 않을 것이다. 아라비아 사람도 그곳에 천막을 치지 않고 양치기들도 그곳에 양들을 쉬게 하지 않을 것이다.

21 대신에 들짐승들이 그곳에 누워 쉬고 사람이 살던 집에는 맹수들로 가득 차고 부엉이들이 깃들여 살고 들양들이 그곳에서 뛰어다닐 것이다. 레 17:7;대하 11:15;렘 50:39

22 바벨론 사람들이 살던 궁전에서는 자칼들이 울부짖고 호화롭던 왕궁에서는 늑대들이 울 것이다. 그때가 다가오고 있고 그 날은 미뤄지지 않을 것이다. 렘 51:37;암 3:15

14 이스라엘 백성의 회복 여호와께서 야곱을 불쌍히 여기셔서 다시 한 번 이스라엘을 선택하시고 그들의 땅에 평안히 자리 잡게 하실 것이다. 나그네들이 그들과 어울리고 야곱의 집에서 함께 살게 될 것이다. 엡 2:12-14

2 여러 민족이 이스라엘 백성을 데려와 그들이 있던 곳으로 보내줄 것인데, 이스라엘의 집은 여호와의 땅에서 그들을 남종과 여종으로 삼을 것이다. 그래서 자기들을 사로잡았던 사람을 사로잡고 자기들을 압제하던 사람들을 다스리게 될 것이다.

3 **바벨론 왕에 대한 예언** 그리고 여호와께서 아픔과 불안과 네가 당해야 했던 심한 노동에서 네게 쉼을 주시는 그날에

4 너는 바벨론 왕을 비꼬아 이런 이야기를 만들어 노래할 것이다. 웬일이냐. 폭군이 없어지다니! 그 난폭함이 사라지다니!

5 여호와께서 악당들의 막대기와 지배자들의 규를 부러뜨리셨구나. 9:4

6 화를 내면서 백성을 쉬지도 않고 치고 받더니, 분을 내면서 민족들을 무자비하게 굴복시키더니 겔 50:23

7 이제 모든 땅이 고요해지고 평온해져서 환호성을 터뜨리는구나. 44:23;49:13

8 심지어 향나무와 레바논의 백향목도 너를 보고 기뻐하면서 이렇게 말하는구나. "네가 쓰러져 누워 버렸으니 아무도 우리를 베러 올라오지 않겠구나." 겔 31:16

9 저 아래 무덤으로 네가 오는 것을 맞으려고 흥분에 휩싸여 있구나. 한때 세상을 통치하다가 죽은 사람들의 유령을 깨우고 각 나라의 모든 왕들을 보좌에서 일어나게 하는구나. 겔 32:21

10 그들이 네게 이렇게 말할 것이다. "너도 역시 우리처럼 약해졌구나. 너도 우리와 같은 신세가 됐구나." 렘 51:48

11 네 의기양양함이 네 하프 소리와 함께 무덤으로 내려갔으니 네 아래에 깔린 것은 구더기들이고 네 위에 덮인 것은 지렁이들이로구나.

---

12 바벨론 왕에 대한 조롱 웬일이냐, 새벽의 아들 샛별아, 네가 하늘에서 떨어지다니! 민족들을 무찌르던 네가 땅에 쳐박히다니!

13 네가 속으로 이렇게 말했었지, "내가 하늘로 올라가서 하나님의 별들보다 더 높은 곳에 내 보좌를 높이 세우겠다, 북쪽 끝에 있는 신들의 회의 장소인 산꼭대기에 내가 앉겠다.

14 내가 구름 꼭대기 위로 올라가서 가장 높으신 분과 같아지겠다."

15 그러나 결국엔 너는 저 아래 무덤으로, 구덩이의 맨 밑에까지 내려가고 있구나.

16 너를 보는 사람들은 너를 가만히 쳐다보면서 곰곰이 생각할 것이다, '이 사람이 과연 땅을 뒤흔들고 여러 나라를 떨게 하던 그 사람인가?

17 세상을 황무지로 만들고 성읍들을 무너뜨리며 포로들을 고향으로 돌려보내지 않던 그 사람인가?'

18 다른 모든 나라의 왕들은 자기의 무덤에 명예롭게 누워 있는데

19 너는 마치 역겨운 오물처럼 무덤도 없이 던져졌구나, 너는 마치 짓밟힌 시체처럼 칼에 찔려 죽은 사람들 속에 뒤덮여 있다가 구덩이 속 돌 틈으로 던져졌구나.

20 너는 네 땅을 망쳐 놓고 네 백성을 죽었기 때문에 선왕들과 함께 묻히지도 못하는구나, 악한 사람들의 자손은 영원히 이름이 불려지지 않을 것이다.

신가요? 운동을 잘하나요? 다른 사람을 웃기는 재주가 있나요?
나만 잘난 척, 빼기고 싶은 마음 때문에 교만하게 되지는 않았나요? 오히려 그것으로 다른 사람을 위해 어떻게 봉사할 수 있는지 생각해 보세요.

깊이읽기 창세기 11장 1-9절로, 빌립보서 2장 5-11절을 읽으세요.

21 그 조상들의 죄를 물어 그 자손을 학살할 곳을 마련해 두어라, 그들이 일어나 땅을 상속하고 세상을 자기 성읍들로 채우지 못하도록 말이다.

22 "만군의 여호와께서 말씀하신다, 내가 일어나 그들을 치겠다, 바벨론이라는 이름과 거기서 살아남은 사람들, 그 자손과 후손을 잘라 내 버리겠다, 여호와의 말씀이다."

23 "내가 또 그곳을 고슴도치가 살 곳과 물웅덩이로 바꿔 버리겠다, 내가 멸망의 빗자루로 바벨론을 쓸어버리겠다, 만군의 여호와의 말씀이다."

24 앗시리아를 향한 예언 만군의 여호와께서 맹세해 말씀하셨다, "기필코 내가 계획한 대로 되고 내가 작정한 그대로 이뤄질 것이다.

25 내가 앗시리아를 내 땅에서 산산조각 내고 내 산에서 그를 짓밟아 버릴 것이다, 그러면 그가 이스라엘에게 씌운 멍에가 풀어지고 그가 그들의 어깨에 지운 짐이 벗겨질 것이다."

26 이것이 온 땅을 향해 세워 놓은 계획이다, 이것이 온 나라들을 향해 편 손이다.

27 만군의 여호와께서 작정하셨는데 누가 훼방을 놓겠느냐? 그분이 손을 펴셨는데 누가 그 손을 오므리게 하겠느냐?

28 블레셋을 향한 예언 이것은 아하스 왕이 죽던 해에 선포된 판결이다.

29 모든 블레셋 사람들아! 너희를 내리쳤던 막대기가 부러졌다고 기뻐하지 말라, 뱀의 뿌리에서 독사가 나오고 그 열매가 날아다니는 불뱀이 될 테니 말이다.

30 극빈자들은 배불리 먹고 빈곤한 사람들은 편안히 몸을 눕히겠지만 네 뿌리는 내가 굶겨 죽이고, 네 남은 사람마저도 죽여 버리겠다.

31 성문아, 통곡하라! 성읍아, 울부짖으라! 너희 블레셋 사람들아, 소멸되라! 북쪽에서 대군이 흙먼지를 일으키며 내려오는데

인적(13:20, 人跡, inhabited) 사람의 발자취 또는 왕래. 규(14:5, 圭, scepter) 왕권이나 왕위를 상징하는 것으로 짧은 지팡이나 표적으로 만든 쇠붙이.

아무도 그 대오에서 떨어져 나온 사람이 없구나.
_{5:27;13:6;20:1;24:1,12}

32 블레셋 사신들에게 어떻게 대답을 하겠느냐? "여호와께서 시온을 세우셨으니 고통당하는 백성들은 그리로 와서 피할 수 있다"라고 말하라.
_{28:16;시 87:1,5;102:16;132:13}

15

모압을 향한 예언 모압에 내려진 판결이다. 아, 밤에 유린당하던 그 밤에 모압이 망했다. 아, 밤에 유린당하던 그 밤에 모압이 망했다.
_{삼 28~9}

2 모압이 신전과 디본 산당으로 올라가서 울고 느보와 메드바를 위해서 통곡하는구나. 모두 머리를 밀고 수염을 깎는구나.

3 길가에서는 사람들이 삼베를 두르고 지붕과 광장에서는 모두들 통곡하며 주저앉아 울고 있구나.

4 헤스본과 엘르알레가 울부짖는데 그 목소리가 야하스까지 들리는구나. 그러므로 무장한 모압 사람들이 큰 소리로 울어서 넋이 나가 버렸다.
_{민 32:37;렘 48:34}

5 모압을 보니 내 마음이 우는구나. 모압의

피난민들이 소알까지, 에글랏 슬리시야까지 도망치며 울면서 루힛 고개로 올라가는구나. 호로나임 길에서 그들이 괴로워서 소리를 지르는구나.
_{렘 48:5}

6 니므림의 물은 말라서 사막이 돼 버렸네. 풀들은 시들어서 풀밭이 사라지고 푸른름이 더 이상 남지 않았구나.
_{민 32:36}

7 그러므로 그들은 자기들이 벌어 쌓아 놓은 재물을 갖고 버드나무 시내를 건너고 있다.

8 그들의 울부짖음은 모압 경계를 따라 메아리치고 그들의 통곡 소리는 에글라임까지 들리고 그들의 아우성 소리는 브엘엘림까지 미친다.

9 디몬의 물은 피로 가득하다. 그러나 내가 디몬에 재앙을 더하겠다. 모압의 피난민들과 그 땅의 살아남은 사람들에게 사자를 보내겠다.
_{왕하 17:25;렘 50:17}

16

모압에 대한 조롱 그 땅의 지배자에게 양들을 보내라. 셀라에서 광야를 거쳐 딸 시온의 산으로 양들을 보내라.

2 퍼덕거리며 떠도는 새처럼, 둥지에서 떨어진 새끼 새처럼 모압의 여인들은 아르논 나루터에서 서성거리고 있다.
_{삼 11:18}

3 "조언해 주고 중재해 주어라. 한낮에는 밤처럼 네 그림자를 드리워서 쫓겨난 사람들을 숨겨 주고 피난민을 그림자 밖으로 몰아내지 마라.
_{왕상 18:4}

4 모압에서 쫓겨난 사람들이 네게 머물게 해주어라. 너는 그들에게 그들을 유린하는 사람들로부터 숨을 피난처가 돼 주어라." 그렇다. 폭력이 끝나고 파괴가 멈추고 짓밟는 자가 이 땅에서 사라질 때

5 인자함으로 보좌가 세워지고 다윗의 장막에서 나온 한 사람이 신실함으로 그 위에 앉을 것이다. 그는 공의를 구하고 지체하지 않고 정의를 행할 것이다.
_{눅 1:33}

6 모압의 교만과 최후 우리는 모압이 교만하고 들었다. 그 짜늘 듯한 교만과 자긍심과 우쭐거림과 오만함, 그러나 그 자랑거리들은 허풍이다.
_{대하 20:1;렘 48:29;습 2:10}

모압 사람들이 심판받은 이유는?

모압 사람들은 롯의 후손이에요(창 19:37). 모압 왕 발락은 발람에게 이스라엘을 저주하라고 시켰고(민 22~24장; 수 24:9) 모압 사람들은 이스라엘 사람들에게 다른 신을 섬기도록 유도했어요(민 25:1-9). 모압은 하나님을 떠나 다른 신을 섬기는 악을 행하고(민 21:29; 신 4:3) 오랫동안 이스라엘을 대적했어요.

그럼에도 이사야는 모압 사람들에게 하나님의 심판을 피할 수 있는 방법을 알려 주었어요(사 16:1-5). 하지만 모압 사람들은 교만하여 이사야의 권면을 받아들이지 않았어요. 그들은 지리적으로 유리한 지역에 살고 있으며, 든든한 요새가 있어서 외부의 침략으로부터 안전하다고 생각했어요.

결국 이러한 교만 때문에 모압은 하나님의 심판을 받았어요. 모압은 바벨론 왕 느부갓네살에게 정복당한 후 로마에게 완전히 멸망당했어요(BC 107년), 이사야의 예언이 그대로 이루어진 것입니다.

7 그러므로 모압 사람들이 통곡하는구나. 모두가 모압을 두고 통곡하는구나. 길하레셋에서 먹던 건포도 빵을 생각하며 절망 울며 괴로워한다.
상하 6:19

8 헤스본의 들판과 십마의 포도나무가 시들어 버렸기 때문이다. 한때 그 가지가 야셀에까지 뻗어 나가 광야로 퍼져 나갔고 그 싹이 자라서 바다 너머까지 뻗어 나갔었는데 여러 나라 군주들이 포도나무들을 짓밟아 버렸다.
렘 48:32

9 그래서 야셀이 십마의 포도나무를 두고 울 때 나도 함께 울고 있다. 헤스본아, 엘르알레야, 내가 눈물로 너를 적시는구나. 다 익은 네 여름 열매와 네 수확물을 보고 기뻐 외치던 소리가 그쳤구나.
15:5

10 과수원에는 기쁨과 즐거움이 사라져 버렸고 포도원에는 노랫소리나 환호성이 울려 퍼지지 않고 포도주 틀에는 포도 밟는 사람이 없구나. 내가 환호성을 그치게 했다.

11 그래서 모압 때문에 내 내장이 하프처럼 떨리고 길하레셋 때문에 내 창자가 뒤틀린다.

12 모압 사람들이 산당에 올라가 얼굴을 비쳐도 몸만 피곤해질 뿐이고 성소에 들어가서 기도해도 아무 소용이 없을 것이다.

13 이것은 여호와께서 이미 오래전에 모압을 두고 하신 말씀이다.
왕상 18:29

14 그러나 이제 여호와께서 이렇게 말씀하신다. "머슴으로 고용된 기한처럼 3년 안에 모압의 영화로움과 그 많은 주민들이 모두 치욕을 당할 것이며 결국 살아남은 사람도 아주 적고 보잘것없을 것이다.

17

다메섹을 향한 예언 다메섹에 내려진 판결이다. "보라. 다메섹은 이제 성읍이 아니라 폐허 더미가 될 것이다.

2 아로엘의 성읍들은 버려져서 양 떼가 지나가다가 몸을 뉘어도 아무도 그들을 놀라게 하는 사람이 없을 것이다.
미 4:4

3 에브라임은 요새가 사라지고 다메섹은 주권을 잃어버리고 아람의 남은 사람들은 이스라엘 자손의 영광처럼 사라질 것이다. 만군의 여호와의 말씀이다."

4 "그날에 야곱의 영화는 시들고 기름진 몸은 야윌 것이다.
10:16

5 마치 농부가 곡식을 추수해서 거둬들이고 이삭을 끌어안아서 모아들일 때처럼, 르바임 골짜기에서 이삭을 주워 모을 때처럼 될 것이다.
24:1;상하 5:18

6 올리브 나무를 칠 때 가지 꼭대기에 두세 알의 열매만 남고 굵은 가지에 네다섯 알의 열매만 남는 것과 같이 될 것이다. 이스라엘의 하나님 여호와의 말이다."

7 이스라엘이 받을 심판 그날에 사람들은 그들을 만드신 분을 바라보고 이스라엘의 거룩하신 분께 눈을 맞출 것이다.
호 8:14

8 자기들이 손으로 만든 제단은 바라보지 않고 자기 손가락으로 만든 아세라 상이나

다메섹

다메섹은 아람(시리아)의 수도이다. 아바나 강과 바르발 강을 끼고 있어(왕하 5:12) 동서남북을 잇는 통로 역할을 한다. 그래서 다메섹은 교통과 상업·군사의 요충지로, 남쪽 도시들이 동맹을 맺고 북쪽 방어의 최전선을 구축하는 데 오랫동안 이용되었다.

이 때문에 이사야가 다메섹에 대해 장차 성읍 모양을 이루지 못하고, 폐허 더미가 될 것이라는 심판을 예언했을 때(사 17:1) 이스라엘 사람들은 놀랐을 것이다. 다메섹이 무너지면 도미노 현상이 일어나 연쇄적으로 동맹 세력들이 무너질 것을 알았기 때문이다.

다메섹의 멸망에 대한 이사야의 예언은 앗시리아 왕 디글랏 빌레셀이 다메섹 왕 르신을 죽이고 다메섹을 공격한 데서 일차적으로 이루어졌다(왕하 16:9, BC 732년).

그 후 다메섹은 다시 바벨론, 페르시아에 정복당했고 알렉산드리아에게 완전히 정복되어 이사야의 예언이 모두 그대로 이루어졌다.

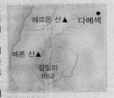

헤르몬 산 ▲ · 다메섹

메론 산 ▲

갈릴리 바다

흑해

아라랏 산 ▲

앗시리아

앗시리아(사 14:24-27)
앗시리아가 산산조각 나며
짓밟힐 것이다.

메대

타우루스 산맥

갈그미스 ●
● 하란

● 니느웨

● 앗수르

두로(사 23:1-18)
무역으로 유명했던
두로가 망할 것이다.
후에 황폐화된 두로가
여호와께 예배드리게 된다.

다메섹(사 17:1-11)
폐허가 되며,
굶주림을 겪을 것이다.

시돈 ●
두로 ●

● 다메섹

아라비아(사 21:13-17)
게달의 명성이 사라지고, 게달 자손
중 활 쏘는 전사들의 남은 수가
거의 없을 것이다.

● 수사

대해(지중해)

블레셋(사 14:28-32)
북쪽에서 대군이
내려와 굶어 죽거나
살해당할 것이다.

세겜 ●
● 랍바(암만)
블레셋 ● 예루살렘

아라비아

바벨론

엘람

염해 ●

에돔

모압

에돔(사 21:11-12)
계속 밤이 올 것이다.

시내 산 ●

바벨론(사 13:1-14:23; 21:1-10)
도시가 완전히 황폐해지며
왕이 죽을 것이다. 바벨론
군대가 패배할 것이다.

페르시아 만

이집트

이집트(사 19:1-22)
이집트 사람들끼리 싸우며, 바다와
나일 강이 마를 것이다. 나일 강을
따라 난 식물들도 시들고 어부들도
탄식할 것이다. 여호와께서 이집트를
치시지만 다시 고쳐 주실 것이다.

모압(사 15:1-16:14)
모압이 망하며, 사람들은
통곡할 것이다. 그들은
교만하고 성소에 들어가
기도해도 아무 소용이 없으며,
살아 남은 자가 거의 없을
것이다.

홍해

에티오피아

에티오피아(사 18:1-7)
재앙이 있을 것이다.

태양 기둥은 쳐다보지 않을 것이다.

9 그날에 그들의 튼튼한 성읍들은 마치 히위 족과 아모리 족이 이스라엘 자손 앞에서 버려두고 도망친 성읍들처럼 폐허가 되고 말 것이다. 27:10

10 그렇다. 너는 너를 구원하시는 하나님을 잊어버리고 네 피할 바위를 기억하지 않았다. 그러므로 네가 가장 좋은 묘목을 심고 포도 가지를 수입해서 심어서 시106:21

11 심은 그날로 정성을 들여 울타리를 치고 다음 날 아침에 싹이 트게 해도 병이 들고 시들어 버리는 날에 추수할 것은 아무것도 없을 것이고 그때 네 고통은 고칠 수도 없을 것이다.

12 아, 많은 민족들이 내지르는 소리가 날뛰는 바다의 파도 소리와 같고 많은 백성들이 떠드는 고함 소리가 거대한 물결이 밀려다치는 소리와 같구나! 22:5-7

13 비록 많은 사람들이 굽이치는 물결처럼 으르렁거려도 하나님께서 그들을 꾸짖으시면 그들은 바람에 날려 가는 산 위의 겨와 같이, 폭풍에 휘말려 굴러가는 티끌과 같이 멀리멀리 쫓겨 도망칠 것이다.

14 저녁에 밀려왔던 엄청난 공포가 아침이 오기 전에 이미 가고 없을 것이다. 이것이 우리를 약탈한 사람들의 몫이고 우리를 노략한 사람들의 운명이다. 시30:5

18 에티오피아를 향한 예언 에티오피아 강 너머 날벌레들이 윙윙거리며 날아다니는 땅에 재앙이 있을 것이다. 8:8

2 그들은 물에 파피루스 배들을 띄우고 강으로 특사를 보내는구나. 가라, 민첩한 특사들아, 키가 크고 매끈한 피부를 가진 민족, 멀리서도 사람들이 무서워하는 백성, 여러 줄기의 강이 흐르는 곳에 사는 사람들, 힘이 세어 적을 짓밟는 백성에게로 가라.

3 세상 모든 사람들아, 이 땅에 사는 사람들아, 깃발이 산 위에 세워지면 주목해 보고 나팔 소리가 울리면 잘 들어라. 5:26

4 여호와께서 내게 이렇게 말씀하신다. "태양 빛에서 조용히 어른거려 내리는 열기처럼 가을 추수의 열기 속에서 고요히 사라지는 이슬처럼 나는 내 처소에서 잠잠히 살필 것이다." 시11:4

5 그러다가 추수하기 전에 꽃이 지고 신 포도가 익어갈 때 그가 가지 치는 가위로 가지를 베어 내고 길게 뻗은 가지들을 잘라 버리실 것이다. 렘31:3,12-13

6 그 가지들은 모두 버려져서 산에 사는 맹금들과 들짐승들의 먹이가 될 것이니 독수리가 그것으로 여름을 나고 모든 들짐승이 그것으로 겨울을 날 것이다.

7 그때에 만군의 여호와께 예물을 받으실 것이다. 키가 크고 매끈한 피부를 가진 민족, 멀리서도 사람들이 무서워하는 백성, 여러 줄기의 강이 흐르는 곳에 사는 사람들, 힘이 세어 적을 짓밟는 백성들이 만군의 여호와의 이름이 모셔진 시온 산으로 예물을 들고 올 것이다. 시68:32;습3:11

파피루스 배

파피루스는 나일 강 주변이나 델타 호수같은 습지나 물가에서 자라는 식물이다. 보통 1~3m 정도의 키에 속이 빈 줄기와 길고 뾰족한 잎을 가졌다. 파피루스는 묶어서 배를 만들거나, 얇게 빤은 껍질은 붙여서 글씨를 쓸 수 있는 재료로 만들었다. 이집트에서는 배 만드는 데 필요한 나무가 많이 부족해, 가볍고 편리한 파피루스로 배를 만들어 일상 생활에 이용했다. 이 배는 가볍고 사용이 간편해 뛰어난 기동성을 가지고 있다. 성경에는 급하게 특사를 보낼 때 이 파피루스 배를 타고 갔다는 기록이 나온다(사18:2).

특사(18:2, 特使, envoy) 나라와 나라 사이에 큰 일이 생겼을 때 특별한 임무를 맡겨 보내는 사람.

주목(18:3, 注目, see) 관심을 가지고 주의 깊게 살피는 것.

맹금(18:6, 猛禽, birds of prey) 성질이 사납고 육식을 하는 새들을 통틀어 말함.

19

이집트를 향한 예언 이집트에 내려진 판결이다. 보라. 여호와께서 날쌘 구름을 타고 이집트로 가신다. 이집트의 우상들이 그 앞에서 벌벌 떨고 이집트 사람들의 마음이 그 안에서 녹아내릴 것이다.

2 "내가 이집트 사람들이 자기들끼리 들고일어나게 하겠다. 그래서 형제끼리 싸우고 이웃끼리 싸우고 성들끼리 싸우고 나라끼리 서로 싸울 것이다. 삿7:22

3 결국 이집트 사람들은 낙담할 것이다. 내가 그들의 계획을 수포로 돌아가게 하면 그들은 우상들과 죽은 사람의 영들과 신접한 사람들이나 마술사들을 찾아다니면서 물을 것이다. 8:19

4 내가 이집트를 잔혹한 군주의 손에 넘겨줄 것이니 난폭한 왕이 그들을 다스릴 것이다. 주 만군의 여호와의 말씀이다."

5 바닷물이 말라 버리고 나일 강도 바닥까지 바싹 마를 것이다. 겔32:2나38

6 운하들에서는 악취가 나고 이집트의 시내들도 다 말라 버릴 것이다. 갈대와 파피루스는 시들고 37:25

7 나일 강을 따라 난 식물들도, 나일 강 어귀에 난 식물들도 시들고 나일 강을 따라 씨 뿌려진 밭마다 말라 버리고 날아가 없어질 것이다.

8 어부들도 탄식할 것이다. 나일 강에 낚시를 던지던 어부들이 모두 신음하며 애곡하고 물속에 그물을 던지던 사람들이 수척해질 것이다. 민11:5

9 고운 삼베를 만드는 사람들과 실을 뽑아 천을 짜는 사람들도 낙심할 것이다.

10 천을 짤 실들이 끊어지니 모든 품꾼들이 실망할 것이다. 렘46:21갈29

11 이집트의 어리석음 소안의 귀족들은 정말 어리석은 자들이고 지혜롭다는 바로의 전략가들도 어리석은 조언만 하고 있으니 너희가 어떻게 바로에게 "나는 지혜로운 사람들의 자손이고 옛 왕들의 후예입니다"라고 말하겠느냐? 왕상4:30;시78:43;행7:22

12 네 지혜로운 사람이 지금 어디에 있느냐? 만군의 여호와께서 그들에게 세워 놓으신 이집트를 향한 계획을 네게 보이고 알려 달라고 해 보라.

13 소안의 귀족들은 어리석었고 놉의 지도자들은 속았다. 그 지역의 지도자들은 이집트를 잘못 이끌었다. 20:2;삼하14:38:슥10:4

14 여호와께서 그들 속에 혼란의 영을 불어넣으셔서 마치 술주정꾼이 토하면서 비틀거리듯 그들이 하는 모든 일에서 이집트를 비틀거리게 하고 있구나. 왕상22:22

15 이제 이집트가 할 수 있는 일은 하나도 없다. 머리나 꼬리도, 종려나무 가지나 갈대도 아무것도 할 수 없다. 9:14

16 이집트를 정복할 유다 그날에 이집트 사람들은 여인처럼 돼 만군의 여호와께서 그들을 향해 손을 펴서 휘두르시는 것을 보고 두려움에 벌벌 떨 것이다. 나3:13

17 또 유다 땅은 이집트 사람들에게 공포의 존재가 될 것이다. 누군가 그들에게 '유다'라고 말하기만 해도 모두들 현기증을 일으키고 만군의 여호와께서 그들에게 세우신 계획 때문에 그들은 겁을 집어먹을 것이다.

18 그날에 이집트 땅에 있는 다섯 성읍들은 가나안 말을 하면서 만군의 여호와께 맹세할 것이다. 그 가운데 한 성읍은 파괴의 성읍이라 불릴 것이다. 30:17;왕하7:13;슥3:9

19 하나님을 알게 될 이집트 그날에 이집트 땅 한복판에는 여호와께 드리는 제단이 서겠고 이집트 국경선에는 여호와께 드리는 기념비가 세워질 것이다. 창28:18;왕하5:17

20 그것은 이집트 땅에서 만군의 여호와를 위한 표적과 증거가 돼서, 그들이 압제를 받을 때 여호와께 부르짖으면 그분이 그들에게 구원자를 보내 그들을 구해 내실 것이다.

운하(19:6, 運河, canal) 배가 다닐 수 있게 땅을 파서 만든 물길. 어귀(19:7, mouth) 어떤 곳을 드나들 때 거치는 첫머리. 전략가(19:11, 戰略家, counselor) 경쟁에서 이기거나 어떤 일을 잘하려고 계획을 세우는 사람. 경악(20:5, 驚愕, afraid) 소스라치게 깜짝 놀라서 두려워하는 것. 몸서리(21:4, tremble) 몹시 싫거나 무서워서 몸이 떨리는 것

21 이렇게 여호와께서 자신을 이집트 사람들에게 알리시면, 그날에 그들이 여호와를 알게 돼 제물과 예물로 경배하며 여호와께 맹세를 하고 그것을 지켜 행할 것이다.

22 여호와께서 이집트를 치신다. 그러나 치시고는 고쳐 주실 것이다. 그들이 여호와께로 돌아오면 그는 그들의 간청을 들어주셔서 그들을 고쳐 주실 것이다.

23 영적 회복 그날에 이집트에서 앗시리아로 가는 큰길이 생겨서 앗시리아 사람들이 이집트로, 이집트 사람들이 앗시리아로 갈 것이다. 그리고 이집트 사람들이 앗시리아 사람들과 함께 예배를 드릴 것이다.

24 그날에 이스라엘은 이집트와 앗시리아 다음의 세 번째 나라가 돼 세상 가운데 복이 될 것이다.   창 12:2-3

25 만군의 여호와께서 그들에게 복을 주시면서 이렇게 말씀하신다. "내 백성 이집트야, 내가 만든 앗시리아야, 내 상속자 이스라엘아, 복을 받으라."   신 32:9; 호 2:23

20 옷을 벗은 이사야 때는 앗시리아 왕 사르곤이 보낸 군사령관이 아스돗에서 전투를 해 그곳을 점령한 해였다.

2 그때 여호와께서 아모스의 아들 이사야에게 말씀하셨다. "가서 허리에 두른 삼베 끈을 풀고 네 발에서 신을 벗어라." 그는 말씀대로 옷을 벗은 채 맨발로 돌아다녔다.

3 표적과 상징 그러자 여호와께서 말씀하셨다. "내 종 이사야가 옷을 벗고 맨발로 3년 동안 다닌 것은 이집트와 에티오피아에게 주는 표적과 상징이다.   18:1

4 이렇게 앗시리아 왕이 이집트의 포로들과 에티오피아의 망명자들을 젊은이나 늙은이나 할 것 없이 옷을 벗겨 맨발로 끌고 갈 것이고 이집트 사람들은 엉덩이까지 드러낸 채로 끌려갈 것이다.   19:4

5 그래서 에티오피아를 신뢰하고 이집트를 자랑하던 사람들은 경악하고 부끄러워할 것이다.   14:29,31;30:3,5;37:9;삼8:47:7

6 그날에 이 해안가에 사는 주민들은 이렇게 말할 것이다. '보라, 우리가 의지했던

사람들, 우리가 앗시리아 왕에게서 도망쳐서 구해 달라고 도움을 요청한 그 사람들이 이렇게 됐다면, 이제 우리는 어떻게 피해야 할까?'   37:6

21 바벨론을 향한 예언 바다 광야에 내려진 판결이다. 남쪽에서 회오리바람이 쓸려오듯 광야로부터, 무시무시한 땅으로부터 침입자가 오고 있다.   13:1;창 12:9

2 나는 무서운 환상을 보았다. 반역자가 반역하고 약탈자가 약탈하고 있구나! 엘람아, 공격하라! 메대야, 에워싸라! 내가 그 땅의 모든 신음 소리를 멈추게 하겠다.

3 이것 때문에 내 허리가 끊어질 듯 아팠다. 마치 아기를 낳는 산모가 몸부림치는 것처럼 아파서 어쩔 줄 몰랐다. 너무 아파서 아무것도 들리지 않았고 너무 무서워서 아무것도 보이지 않았다.   13:8

4 내 마음이 갈파를 잡지 못하고 두려움으로 몸서리를 쳤다. 해가 지기를 그렇게도 바랐는데 도리어 그것이 내게 두려움이 됐다.

5 그들이 식탁을 준비하고 깔개를 펼치고 먹고 마시는구나. 너희 장군들아, 일어나라! 방패에 기름칠을 하라! 렘 51:39,57

6 주께서 내게 이렇게 말씀하셨다. "가서 파수꾼을 세우고 발견하는 대로 보고하게 하여라.

7 말들이 끄는 병거를 탄 사람들이나 나귀나 낙타를 탄 사람들을 발견하면 주의 깊게 살펴보고 정신을 바짝 차리고 있어라."

8 그러자 파수꾼이 소리쳤다. "나는 날마다 밤마다 망대를 지키고 서 있습니다.

9 그런데 보십시오. 한 사람이 병거를 타고 오고 있습니다. 말을 탄 사람들이 무리지어 오고 있습니다." 또 그가 소리 높여 말했다. "무너졌습니다! 바벨론이 무너져 버렸습니다! 모든 신상들이 땅에 떨어져서 산산조각 났습니다." 합 22:계 14:8:18:2

10 짓밟혀 으깨진 내 겨레여! 타작마당에서 으스러진 내 형제여! 내가 이스라엘의 하나님 전능하신 여호와께 들은 것을 이렇게 너희에게 전해 주었다. 암 13:01:4:13

11 에돔을 향한 예언 두마에 내려진 판결이다. 세일에서 누군가가 나를 부른다. "파수꾼이여, 밤이 얼마나 남았습니까? 파수꾼이여, 밤이 얼마나 남았습니까?"

12 파수꾼이 대답한다. "아침이 왔지만 또 밤이 올 겁니다. 묻고 싶으시면 물어보십시오, 또 와서 물어보십시오." 암 5:8

13 아라비아를 향한 예언 아라비아에 내려진 판결이다. 아라비아의 숲과 초원에 장막을 치고 밤을 지내는 드단의 상인들아,

14 목마른 사람들에게 물을 가져다주라. 데마 땅에 사는 사람들아, 피난민들에게 먹을 것을 가져다주라. 욥 6:19

15 그들은 칼을 피해 온 사람들이다. 그들은 칼을 뽑고 활을 당기는 전쟁터에서 도망친 사람들이다. 렘 2:10:49:28:겔 27:21

16 주께서 내게 이렇게 말씀하셨다. "머슴으로 고용된 날처럼 1년 안에 게달의 모든 명성이 사라질 것이다." 1:20

17 게달 자손 가운데 활 쏘는 전사들이 살아 남아도 그 수는 거의 없을 것이다." 여호와 이스라엘의 하나님께서 말씀하셨다.

22

환상의 골짜기에 대한 예언 '환상의 골짜기에 내려진 판결이다. 너희가 모두 지붕 위로 올라가 있다니 도대체 너희에게 무슨 일이 있기에 그러느냐? 13:1

2 소란스러운 성읍아, 흥청거리며 즐거워하는 마을아! 너희 가운데 죽은 사람들은 칼에 찔려 죽은 것도, 전쟁터에서 죽은 것도 아니다. 32:13;왕4:9

3 너희 지도자들은 하나같이 도망쳐 버렸다. 활 한 번 쏴 보지 못하고 몽땅 사로잡혔다. 사로잡힌 너희들도 멀리 도망쳤다가 모두 잡혀 갇히고 말았다. 1:10

4 그래서 내가 말했다. "나 혼자 실컷 울 테니 다들 내 눈에서 사라지라. 내 딸 백성의 성읍이 멸망했다고 나를 위로하려 들지 말라." 9:1;미 1:8

5 주 만군의 여호와께서 '환상의 골짜기'에 소란과 짓밟힘과 혼란의 날을 부르셨기 때문이다. 그날에 성벽은 무너지고 사람들은 산을 향해 소리를 지른다. 미 7:4

6 엘람이 화살통을 들고 병거와 말을 탔고 기르는 방패를 꺼내 들었다. 왕하 16:9

7 빼어나고 경관을 자랑하는 너희의 골짜기에는 병거들로 가득 차고 성문 앞에는 마부들이 진을 쳤다.

8 그러고는 유다의 보호막을 뚫었다. 그날에 너희는 삼림 집에 있는 무기들을 보았고

9 다윗 성의 여기저기 무너진 곳도 많이 보았다. 그리고 아랫못에다가 물을 저장해 두기도 했다. 대하 32:5;느 3:16

10 너희는 예루살렘의 가옥 수를 세어 보고 더러는 집을 헐물어 그것으로 성벽을 막아 보기도 했다.

11 너희는 옛 못에 물을 끌어 들이려고 두 성벽 사이에 저수지를 만들기도 했다. 그러나 너희는 이 일을 행하신 분은 바라보지도 않았고 오래전부터 이 일을 계획하신 분은 쳐다보지도 않았다. 대하 32:3-4

12 하나님의 말씀 그날에 주 만군의 여호와께

서 너를 불러 슬피 울고 통곡하며 너희의 머리칼을 쥐어뜯고 베옷을 입게 하셨다.

13 그러나 보라. 너희는 오히려 기뻐하고 즐거워하며 소를 잡고 양을 죽여 고기를 먹고 포도주를 마시면서 "내일이면 우리가 죽을 것이니 지금 먹고 마시자"라고 하는구나.

14 그래서 만군의 여호와께서 내 귀를 여시고 말씀하셨다. "너희가 죽는 날까지 이 죄를 용서받지 못할 것이다." 주 만군의 여호와께서 말씀하셨다. *삼상 3:14*

15 셉나가 쫓겨남 주 만군의 여호와께서 이렇게 말씀하신다. "왕궁을 관리하는 시종장 셉나에게 가서 말하여라. *왕하 18:18*

16 네가 여기서 무슨 짓을 했느냐? 누구를 위해 이곳에서 이런 짓을 했느냐? 너 자신을 위해 여기에 무덤을 깎아 만들다니, 이 높은 곳에 네 무덤을 깎아 놓았다니, 바위 안에 네가 쉴 곳을 파 두었다니."

17 보아라. 너 힘센 사람아. 여호와께서 너를 단단히 붙잡아서 멀리 던져 버리실 것이다.

18 그가 너를 공처럼 돌돌 말아서 광활한 땅에 내던지실 것이다. 거기에서 네가 죽어서 네 호화로운 병거들만 덩그러니 남을 것이다. 너는 네 주인집의 수치로다.

19 내가 너를 네 자리에서 쫓아낼 것이니 너는 일자리를 빼앗길 것이다. *25절*

20 셉나의 뒤를 이은 엘리아김 그날에 내가 힐기야의 아들인 내 종 엘리아김을 부르겠다.

21 내가 그에게 네 관복을 입히고 그에게 네 띠를 둘러 주면서 네 권력을 그에게 넘겨주겠다. 그는 예루살렘에 사는 사람들과 유다 집의 아버지가 될 것이다. *창 45:8*

22 그리고 내가 다윗 집의 열쇠를 그의 어깨에 두겠다. 그가 열면 닫을 사람이 없고 그가 닫으면 열 사람이 없을 것이다.

23 내가 그를 잘 다져진 곳에 말뚝을 박듯이 견고하게 해 줄 것이니 그가 선왕의 집에 영광의 보좌가 될 것이다. *계 3:21*

24 그 집의 모든 영광이 그에게 걸릴 것이다. 작은 잔에서부터 항아리에 이르기까지 모든 작은 그릇과 같은 그의 자손과 그 후손의 영광이 그에게 달려 있을 것이다.

25 "만군의 여호와의 말씀이다. 그날에 잘 다져진 곳에 튼튼히 박혀 있던 말뚝이 삭아서 부러지고 떨어져 나갈 것이니, 그 위에 걸어 놓은 것들이 깨지고야 말 것이다." 이것은 여호와께서 하신 말씀이다.

이사야가 신·구약성경의 축소판이라고요?

이사야서는 형태와 내용에 있어 성경 전체와 유사한 부분이 많기 때문에 성경의 축소판이라고 불러요. 성경은 모두 66권으로 되어 있고, 이사야서도 66장으로 되어 있어요. 그리고 구약이 39권, 신약이 27권으로 구성되어 있는 것처럼, 이사야서도 전반부가 39장(1-39장), 후반부가 27장(40-66장)으로 되어 있어요. 다음은 성경과 이사야서가 비슷한 점을 비교한 것이에요.

성경		이사야	
권수	66권	장수	66장
구약	39권	전반부	39장(1-39장)
신약	27권	후반부	27장(40-66장)
구약의 첫 내용	인간의 타락	전반부의 첫 내용	죄에 대한 지적(1:18)
구약의 마지막 내용	메시아를 기다림	전반부의 마지막 내용	메시아의 왕국이 임할 것을 예언(34-35장)
신약의 첫 내용	예수 그리스도의 탄생	후반부의 첫 내용	오실 메시아를 예언함(40:3-5)
신약의 마지막 내용	새 하늘과 새 땅	후반부의 마지막 내용	의인들이 거하는 새 하늘과 새 땅에 대한 환상(65:17; 66:22)

23

두로를 향한 예언 두로에 내려진 판결이다. 다시스의 배들아, 슬피 울라. 두로가 파멸돼서 들어갈 집도 없고 항구도 없다. 깃딤 땅에서부터 이 소식이 그 배에 전해졌다. _{슥 9:2-4}

2 잠잠하라. 선원들 덕분에 부자가 된 너희 섬 사람들아, 시돈의 상인들아. _{슥 9:2}

3 시홀의 곡식들, 곧 나일 강에서 추수한 것을 저 큰 강으로 수송해 두로가 국제 시장이 됐다. _{렘 2:18;겔 27:3-23}

4 부끄럽구나, 시돈아. 바다 곧 바다의 요새가 이렇게 말했다. "나는 산고도 없었고 아기를 낳지도 않았다. 아들들을 키운 적도 없고 딸들을 기른 적도 없다."

5 두로가 망했다는 소식이 이집트에 전해지면 이집트도 그 소식을 듣고 기가 꺾일 것이다.

6 다시스로 건너가서 슬피 울라, 너희 섬 사람들아. _{12절}

7 이것이 정말 너희가 기뻐하던 성읍이었느냐? 유구한 역사를 가진 성읍이었느냐? 그 백성들을 멀리까지 원정 보낸 성읍이었느냐? _{창 10:15}

8 하나님께서 계획하심 누가 두로를 향해 이 일을 계획했느냐? 왕관을 씌우던 나라였고 그 상인들은 귀족들이었고 그 무역상들은 세상에 유명했던 그 두로가 아니었느냐?

9 이 일은 전능하신 여호와께서 계획하신 것이다. 온갖 영화를 누리면서 우쭐대던 교만한 사람을 낮추고 세상에서 유명하던 사람을 시시하게 만드시

10 다시스의 딸아, 나일 강을 건너듯 땅이나 건너거라. 항구는 이제 없다.

11 여호와께서 바다에 손을 펴서 왕국들을 떨게 하셨다. 여호와께서 가나안의 요새들을 무너뜨리라고 명령하시면서

12 이렇게 말씀하셨다. "너는 이제 더 이상 기뻐하지 마라. 약탈을 당하고 있는 처녀 딸 시돈아. 어디 한 번 일어나서 건너면 깃딤으로 가 보아라. 거기서도 네가 쉴 수 없을 것이다. _{1-2,6절}

13 두로의 회복 갈대아 사람들의 땅을 보아라. 그 백성은 이제 없지 않느냐. 앗시리아 사람들이 그곳을 들짐승들이나 있을 곳으로 만들어 버렸다. 그들이 망대를 세우고 성을 공격하고 허물어서 폐허로 바꾸어 버렸다. _{사 72:9;74:14;렘 6:27}

14 다시스의 배들아, 슬피 울라. 너희의 요새가 무너졌으니. _{1절}

15 그날에 두로는 한 왕의 수명인 70년 동안 잊혀질 것이다. 70년이 지난 뒤에는 창녀의 노래에 나오는 것과 같은 일들이 두로에게 일어날 것이다. _{렘 25:11,22}

16 "하프를 들고 성읍을 돌아다녀라. 잊혀져 버린 창녀야. 하프를 멋지게 연주하며 노래를 많이 불러라. 그래야 사람들이 너를 기억해 줄 것이다."

17 70년이 지나면 여호와께서 두로를 다시 찾아오실 것이다. 그러면 두로는 창녀 생활을 다시 시작해 이 땅에 있는 모든 나라들에게

여호와께서 죄 짓는 세상 모든 나라들을 멸하시고 황폐하게 하심

부지런히 몸을 팔 것이다.

18 그러나 두로가 벌어 놓은 수익은 여호와께 구별돼 바쳐져서 두로가 그것을 간직하거나 쌓아 둘 수 없을 것이다. 그들이 벌어 놓은 것은 여호와 앞에 사는 사람들이 배불리 먹을 음식과 우아하게 입을 옷을 사는 데 쓰일 것이다.

24 온 땅에 대한 경고 보라. 여호와께서 이 땅을 텅 비게 하시고 황폐하게 하실 것이다. 땅바닥을 쥐어 틀으셔서 주민들을 흩으실 것이다.

2 백성이나 제사장이나 종이나 주인이나 하녀나 여주인이나 사는 사람이나 파는 사람이나 빌려 주는 사람이나 빌리는 사람이나 채권자나 채무자나 똑같이 흩으실 것이다.

3 땅이란 땅은 모두 텅 비고 모조리 약탈을 당할 것이다. 그렇다. 여호와께서 이렇게 말씀하셨다. 1:20

4 온 땅에 임할 재앙 땅은 마르고 시들어 간다. 세상은 쇠약해지고 시들어 간다. 이 땅에서 지위가 높은 사람들도 쇠약해져 간다.

5 땅은 사람들이 살면서 더럽혀졌다. 거기에서 사는 사람들이 율법을 지키지 않고 규례를 어겨서 영원한 언약을 깨뜨렸기 때문이다. 26,8;민 35:33

6 그러므로 저주가 땅을 삼켰고 거기에서 사는 사람들이 형벌을 받아야 한다. 그러므로 거기에서 사는 사람들이 불에 타서 살아남은 사람들이 조금밖에 없다.

7 새 포도주는 마르고 포도나무는 시든다. 즐거워하던 사람들은 모두 앓는 소리를 하고 있다. 욜 1:10,12

8 탬버린의 흥겨운 기분이 가라앉고 흥청거리는 소리가 멈추었으며 즐거운 하프 소리도 잠잠하다. 렘 7:34;호 2:11;암 8:10

9 포도주를 마시는 자리에 노래가 없다. 독한 술은 마시는 사람들의 입에 쓰기만 하다.

10 성읍은 산산조각 나서 폐허가 된 채로 남아 있고 집집마다 문이 잠겨 오가는 사람도 없다. 23:1;34:11

11 거리에서는 포도주를 달라고 아우성이고 저녁이 되자 온통 슬픔에 잠기고 모든 즐거움이 이 땅에서 사라진다. 욜 1:5,12

12 성읍은 폐허가 된 채로 남아 있고 성문은 산산조각 나 버렸다.

13 이런 일이 이 땅에 일어나고 백성들 사이에 일어날 것이니 올리브 나무를 쳐서 수확할 때처럼, 포도를 딴 뒤에 남은 열매를 주울 때처럼 될 것이다. 17:6;미 7:1

14 하나님의 영광 그들은 소리를 높이고 기뻐 외칠 것이다. 서쪽에서 여호와의 크심을 외치는구나.

15 그러므로 동쪽에서도 여호와께 영광을 돌리라. 바다의 섬들에서도 이스라엘의 하나님 여호와의 이름을 높이라. 11:11;45:6

16 땅끝에서 노래하는 소리가 들린다. "의로우신 주께 영광을 돌리세!" 그러나 나는 말한다. "나는 끝장났다! 나는 끝장났다! 내게 이런 재앙이 닥치다니! 배신자들이 끝내 배신을 했구나! 반역자들이 딴마음을 먹었구나!" 21:2;26:2;33:1;60:21

17 두려운 일과 함정과 올가미가 너를 기다리고 있다. 땅에 사는 사람들아.

18 무서운 비명에 놀라 도망치는 사람은 함정에 빠지고 함정에서 기어 올라오는 사람은 덫에 걸릴 것이다. 하늘에서 수문이 열리고 땅의 기반이 흔들릴 것이다.

19 땅이 산산조각 나고 땅이 쩍쩍 갈라지고 땅이 마구 흔들린다.

20 땅이 술에 취한 사람처럼 휘청거리고 오두막처럼 이리저리 흔들린다. 자기가 지은 죄가 너무나 무거운 나머지 쓰러져서 다시는 일어나지 못할 것이다. 19:14

21 그날에 여호와께서 위에 있는 하늘의 권세들과 아래에 있는 세상의 왕들을 벌하실 것이다. 10:12;31:8;시 76:12

22 그들은 죄수들처럼 지하 감옥에 갇혀 있다가 오랜 세월이 지난 뒤 형벌을 받을 것이다. 29:6;42:7;램 37:16;38:6;호 4:11~12

23 만군의 여호와께서 시온 산과 예루살렘에

서 왕이 되시고 그의 영광을 장로들에게 나타내실 것이니 달이 얼굴을 들지 못하고 해가 부끄러워할 것이다.

미 4:7

25 하나님을 찬양 여호와여, 주는 내 하나님이십니다. 주께서 오래전에 계획하신 놀라운 일들을 변치 않고 신실하게 이루셨으니 내가 주를 높이고 주의 이름을 찬양합니다.

2 주께서 성읍을 돌무더기로 만드셨고 튼튼한 성곽을 폐허로 만드셨으며 이방 사람의 요새는 더 이상 성읍이라고도 할 수 없게 만드셨으니 그 성읍은 결코 재건될 수 없을 것입니다.

17:1;렘 51:37

3 그러므로 강한 민족이 주께 영광을 돌리고 포악한 민족들의 성읍이 주를 두려워할 것입니다.

18:7

4 주께서는 약한 사람들에게 요새가 되시고 고생하는 빈민들에게 요새가 되시고 폭풍우를 피할 피난처가 되시며 폭염을 피할 그늘이 되십니다. 포악한 사람들의 숨소리는 벽을 쳐 대는 폭풍우와 같고

5 광야의 뙤약볕과 같습니다. 그러나 주께서는 이방 사람들의 소동을 잠재우실 것입니다. 따가운 빛이 구름 그늘에 가려 힘을 잃듯이 포악한 자들의 노래가 사라졌습니다.

6 만민을 향한 구원 만군의 여호와께서 이 산에서 모든 민족에게 기름진 음식으로 잔치를 베풀어 주실 것입니다. 가장 좋은 고기와 가장 좋은 포도주를 내주실 것입니다.

7 이 산에서 그가 모든 민족의 얼굴을 덮고 있던 수의를 걷어 버리시고 모든 나라를 덮고 있던 수의를 치워 버리실 것이다.

8 그는 죽음을 영원히 삼키실 것이다. 주 여호와께서 모든 얼굴에서 눈물을 닦아 주시고 주의 백성들의 수치를 온 땅에서 씻어 내실 것이다. 이것은 여호와께서 말씀하신 것이다.

호 13:14;고전 15:54;계 7:17

9 그날에 이렇게 말할 것이다. "보십시오, 이분이 우리 하나님이십니다. 우리가 그분을 기다렸더니 그분이 우리를 구원하셨습니다. 이분이 여호와이십니다. 우리가 기다렸던 바로 그분이십니다. 우리가 그분의 구원을 기뻐하고 즐거워합시다."

10 여호와의 손이 이 산에 머물겠지만 모압은 지푸라기가 거름 속에서 짓밟히듯 그 아래에서 짓밟힐 것이다.

15:1

11 마치 헤엄치는 사람이 양손을 뻗어 헤엄치듯이 그가 그 속에서 양손을 뻗겠지만 하나님께서는 능숙하게 휘젓는 그의 손을 내리누르시고 그들의 교만함을 꺾으실 것이다.

16:12,14

12 그분이 높고 단단한 네 성벽을 부서뜨려 땅바닥까지 낮추실 것이다.

26 이스라엘의 회복에 대한 찬양 그날에 유다 땅에서는 이 노래를 부를 것이다. 우리의 성읍은 튼튼하다. 하나님께서 성벽과 방벽을 겹겹이 세우셔서 우리를 구원하셨다.

이사야는 하나님이 백성을 구원하시는 장면을 여호와의 산에서 벌어지는 잔치로표현했어요(사 25:6-12). 산은 세상을 다스리는 힘을 상징하는 것으로, 메시아가 머물며 세상을 다스리실 예루살렘을 가리켜요. 이 잔치에서는 모든 사람이 좋은 음식을 먹고(사 25:6), 모든 민족이 하나님의 초대를 받을 것이며(사 25:7), 이 잔치에 참여한 사람은 죽

여호와의 산에서 어떤 잔치가 열리나요?

지 않고 슬픔과 수치가 모두 사라질 것이라고 예언했어요(사 25:8). 이러한 예언은 역사의 마지막 때에, 모든 민족이 복음을 듣고 하나님께로 돌아와 구원받은 백성이 될 것을 보여 주는 것이에요.

이 예언은 예수님이 이 세상에 다시 오심으로 이루어질 새 하늘과 새 땅에서 누릴 것을 미리 보여 준 거예요(계 21:1-27).

2 성문들을 열라. 신의를 지키는 의로운 나라가 들어오게 하라. *시 118:19-20*

3 '주를 한결같은 마음으로 의지하는 사람들에게 주께서 평화를 넘치도록 부어 주십시오. 그가 주님을 신뢰하기 때문입니다.'

4 영원히 여호와를 신뢰하라. 여호와 그분만이 영원한 바위이시기 때문이다.

5 그분은 거만한 사람들을 낮추시고 높은 성읍을 낮추셨다. 그 성읍을 땅에까지 낮추시는데 땅바닥에 내동댕이치셔서

6 전에 짓밟혔던 사람들이 그 성읍을 밟고 다닌다. 약하고 가난한 사람들이 발바닥으로 밟고 다닌다. *25:4*

7 '바르게 사는 사람의 길은 곧게 뻗어 있습니다. 주께서 바르게 사는 사람의 길을 평탄하게 하십니다. *삼상 2:9; 시 37:23*

8 주를 바라는 백성들 여호와여, 그렇습니다. 우리는 주의 공의의 길을 걸으면서 주를 기다립니다. 우리의 영혼이 바라는 것은 주의 이름이며 주를 기억하는 것입니다.

9 내 영혼이 밤에 주를 바라고 내 마음이 주를 부지런히 찾습니다. 주께서 이 땅을 심판하실 때 세상 사람들은 정의를 배우게 됩니다. *대하 33:12*

10 악인에 대한 비난 그러나 악인은 은혜를 입어도 정의를 배우지 못합니다. 정직한 땅에서조차 그들은 악한 일을 해 대고 여호와의 위엄을 무시해 버립니다.

11 여호와여, 주의 손이 높이 들렸지만 그들이 쳐다보지 않습니다. 주의 백성들을 향한 주의 열정을 그들이 보고 부끄러워하게 해 주십시오. 그리고 주께서 불로 주의 원수들을 태워 버리십시오. *미 5:9*

12 유일하신 하나님 여호와여, 주께서 우리에게 평화를 주셨습니다. 우리가 한 일들조차도 모두 주께서 우리를 위해 해 주신 것입니다. *9:7; 미 5:5*

13 여호와 우리 하나님이여, 주 말고도 다른 주인들이 우리를 다스렸지만 우리는 주의 이름만을 기억하겠습니다. *왕하 16:3-4; 시 20:7*

14 악인의 영원한 죽음 그들은 이제 죽어서 다시 살지 못할 것입니다. 떠나간 영들은 일어나지 못할 것입니다. 주께서 그들에게 벌을 주셔서 그들을 망하게 하셨고 주께서 그들에 관한 기억을 모두 지워 버리셨습니다.

15 여호와여, 주께서 이 나라를 키우셨습니다. 주께서 이 나라를 키우시고 이 땅의 모든 경계를 넓혀서 영광을 받으셨습니다.

16 여호와여, 괴로워서 그들이 주께로 찾아왔습니다. 주께서 그들을 징계하실 때 그들이 기도를 쏟아 놓았습니다. *호 5:15*

17 아기를 가져 해산할 때가 된 여인이 아파서 몸부림치며 울부짖는 것같이 여호와여, 우리도 주 앞에서 울부짖었습니다.

18 우리가 아기를 가져서 해산하듯이 몸을 비틀었지만 바람밖에 낳은 것이 없어서 이 땅에 구원을 베풀지도 못했고 세상의 주민들을 낳지도 못했습니다.

19 주의 백성들의 부활 그러나 이미 죽은 사람들 가운데서 주의 백성들이 살아날 것입니다. 그들의 시체가 일어날 것입니다. 땅속에 있는 사람들아, 일어나서 환호성을 지르라. 주의 이슬은 빛나는 이슬이어서 땅이 죽은 사람들을 도로 내놓을 것입니다.'

20 하나님의 심판 내 백성아, 가거라. 네 방으로 들어가서 문을 닫아걸고 그의 노여움이 지나갈 때까지 잠깐 숨어 있어라.

21 보라, 여호와께서 그 계시던 곳에서 나오셔서 이 땅에 사는 사람들의 죄를 물어 벌하실 것이다. 그러면 땅은 스며들었던 피를 드러내고 살해당한 사람들을 더 이상 숨기지 않을 것이다. *24:5; 미 1:3*

27 그날에 여호와께서 단단하고 크고 강한 칼로 도망가는 뱀, 구불구불한 뱀 리워야단을 벌하시고 바다에 사는 그 용을 죽이실 것이다.

2 이스라엘의 구원 그날에 사람들은 '기쁨을 주는 포도원'을 노래할 것이다. *5:7; 26:1*

리워야단 (27:1, Leviathan) 바다에 사는 거대한 신화적인 동물로, 성경에서 ·용·뱀·악어 등으로 표현되었다. 여기서는 약탈자로서의 앗시리아를 상징한다.

3 "나 여호와는 포도원지기다. 내가 꾸준히 물을 주고 아무도 포도원을 해치지 못하도록 밤낮으로 지킨다.

4 나는 노여워할 일이 없다. 그러나 어쩌랴. 찔레나무와 가시나무가 있다면 나는 그들에게 싸움을 걸어 모조리 불살라 버릴 것이다. 10:17

5 그렇게 되지 않으려면 차라리 내 피난처에 몸을 의탁하여라. 차라리 나와 화목하여라. 나와 화친을 맺어라."

6 다가올 날에 야곱이 뿌리를 박고 이스라엘이 싹을 내고 꽃을 피우면 온 세상이 열매로 가득 찰 것이다. 37:31호 14:5-6

7 여호와께서 그를 친 사람들을 치신 것처럼 그에게도 그렇게 치셨겠느냐? 그를 죽인 사람들을 살육한 것처럼 그에게도 그렇게 살육하셨겠느냐? 호 6:1-2

8 주께서 정확하게 측량하셔서 이스라엘을 포로로 보내 그와 다투시고 동풍이 불 때 강한 바람으로 이스라엘을 쫓아 버리셨다.

9 그래서 이것으로 야곱의 죄가 용서를 받았고 이것으로 그의 죄가 사라졌으니 곧 모든 제단의 돌이 분필처럼 박살이 나고 아세라상이나 분향단이 서 있지 못하는구나.

10 요새와도 같던 성읍이 황량하게 인적도 없이 광야처럼 버려져 있구나. 거기서 송아지가 풀을 뜯고 누워 그 나뭇가지들을 모조리 먹어 치우고 있구나. 미 5:11

11 가지들이 마르면 꺾이는 법, 여인들이 와서 그것을 땔감으로 삼고 있구나. 이 백성이 이렇게도 분별력이 없는 사람들이어서 그들을 지으신 분이 불쌍히 여기지도 않고 그들을 만드신 분이 은혜를 베풀지도 않으시는구나. 30:16-18신 32:28

12 그날에 여호와께서 굽이쳐 흐르는 유프라테스 강에서부터 이집트의 강에 이르기까지 쓸어 내 너희 이스라엘 자손을 하나씩 하나씩 알곡처럼 모으실 것이다.

13 그날에 큰 나팔이 울릴 것이니 앗시리아 땅에서 방황하던 사람들과 이집트에 포로

Bible basics 구약에 나오는 부활 이야기

부활

부활은 죽었다가 다시 살아나는 것으로, 예수님의 부활 사건은 기독교가 부활의 종교라 할 만큼 기독교의 핵심이 된다.

예수님은 살아 계실 동안 "나는 부활이요, 생명이니"(요 11:25)라고 말씀하셨고, 말씀대로 죽었다가 3일 만에 살아나셨다. 그래서 부활은 예수님께 한정된 신약의 이야기로만 생각할 수 있다. 그렇지만 이미 구약에도 부활에 관한 이야기가 나온다.

구약에 나온 부활 말씀

▨ 내 살갗이 다 썩은 뒤에라도 내가 육신을 입고서 하나님을 뵐 걸세(욥 19:26).

▨ 주께서 내 영혼을 지옥에 버려두지 않으시고 주의 거룩한 분께서 썩지 않게 하실 것입니다(시 16:10).

▨ 오직 하나님께서 내 영혼을 무덤의 권세에서 구원하시고 나를 받아 주시리라(셀라)(시 49:15).

▨ 주께서는 비록 내게 크고도 심한 고통을 맛보게 하셨지만 이제는 내 생명을 다시 회복시키시고 땅의 깊은 곳에서 나를 다시 끌어올리실 것입니다(시 71:20).

▨ 그러나 이미 죽은 사람들 가운데서 주의 백성들이 살아날 것입니다. 그들의 시체가 일어날 것입니다. 땅속에 있는 사람들아, 일어나서 환호성을 지르라. 주의 이슬은 빛나는 이슬이어서 땅이 죽은 사람들을 도로 내놓을 것입니다(사 26:19).

▨ 땅의 흙 속에서 자는 사람들 가운데 많은 사람이 깨어나서 어떤 사람은 영원한 생명을 받고 어떤 사람은 욕과 함께 영원히 부끄러움을 당하게 될 것이다(단 12:2).

▨ 내가 그들을 음부의 손에서 속량할 것이며 내가 그들을 죽음에서 건져 낼 것이다. 죽음아, 네 재앙이 어디에 있느냐? 무덤아, 네 멸망이 어디에 있느냐? 슬픔이 내 눈에서 숨겨질 것이다(호 13:14).

로 잡혀간 사람들이 돌아와서 예루살렘의 거룩한 산에서 여호와를 경배할 것이다.

28 에브라임에 대한 경고 아! 너희에게 재앙이 있을 것이다. 교만의 면류관아! 에브라임의 술꾼들아! 포도주로 얼룩진, 기름진 골짜기 꼭대기에 앉아서 찬란한 아름다움을 뽐내던 에브라임이 시들어 가는 꽃이로구나.

2 보라. 주께서 힘 있고 강한 한 사람을 보내신다. 마치 쏟아지는 우박처럼, 파괴력을 가진 바람처럼, 마구 퍼부어 범람하는 폭풍우처럼, 그가 폭력으로 힘껏 땅에 내던질 것이다. 87

3 교만의 면류관아! 에브라임의 술꾼들아! 너희가 그 발아래 짓밟힐 것이다.

4 포도주로 얼룩진, 기름진 골짜기 꼭대기에 앉아서 찬란한 아름다움을 뽐내던 꽃들아! 시들어 가는 꽃들아! 너는 여름 추수 직전에 탱탱하게 영글어 가는 무화과같아서 누군가 보자마자 손에 따서 꿀꺽 삼켜 버릴 것이다. 호 9:10;암 8:1-2;미 7:1

5 그날에 만군의 여호와께서는 그 남은 백성들을 위해 영광스러운 면류관, 아름다운 화환이 되실 것이다. 2:11

6 그는 재판석에 앉은 사람들에게 공의의 영이 되시고 성문에서 싸우는 사람들에게 힘의 원천이 되실 것이다. 38:6;왕상 3:28

7 심판받을 영적 지도자들 이 사람들 역시 포도주로 비틀거리고 독한 술로 휘청거리는구나. 제사장들과 예언자들이 독한 술을 마셔 비틀거리고 포도주를 들이켜 혼미해졌구나. 그들이 독한 술에 빠져 비틀거리니 환상을 잘못 풀이하고 판결을 내리면서도 비틀거리는구나. 호 4:11

8 식탁마다 토한 것으로 가득하고 깨끗한 곳이 하나도 없구나.

9 "그가 누구를 가르치려는 것이냐? 그가 누구에게 그 말을 설명하고 있느냐? 젖을

떼고 품에서 떠난 어린아이들이냐 깨닫게 하여라. 렘 6:10

10 그들이 하는 말이라곤 이런 것이다. 교훈에 교훈을, 교훈에 교훈을! 이 줄까지, 이 줄까지! 여기 조금, 저기 조금!"

11 좋다! 그렇다면 하나님께서도 더듬거리는 말투와 다른 나라 방언으로 이 백성들에게 말씀하셔야겠구나. 5:26-29;고전 14:21

12 그분이 말씀하시기를, "이곳이 쉴 곳이다. 지친 사람들은 여기서 쉬라. 이곳이 쉼터다"라고 하셨지만 그들은 들으려 하지 않았다. 30:15;마 11:28-29

13 그래서 여호와께서 그들에게 "교훈에 교훈을, 교훈에 교훈을! 이 줄까지, 이 줄까지! 여기 조금, 저기 조금!"이라고 말씀하실 수밖에 없다. 그래서 그들은 가다가 쓰러져 뒹굴고 몸이 상하고 걸리며 붙잡힐 것이다.

14 그러므로 예루살렘에서 이 백성들을 다스리는 너희 조롱꾼들아! 여호와의 말씀을 들으라. 29:20

15 너희가 자랑하기를, "우리는 죽음과 계약을 맺었고 무덤과 협정을 체결했다. 엄청난 징벌이 쓸고 지나가도 우리에게는 오지 않을 것이다. 우리가 거짓말을 우리의 피난처로 삼고 속임수를 우리의 은신처로 삼았기 때문이다'라고 하는구나. 롬 1:25

16 나타날 정의 그러므로 주 여호와께서 이렇게 말씀하신다. "보아라. 내가 시온에 주춧돌을 놓는다. 그것은 시험을 거친 돌로서, 단단한 기초를 세우기 위한 귀중한 모퉁잇돌이다. 이것을 믿는 자는 결코 조급하지 않을 것이다. 행 4:11;고전 3:11;벧전 2:6

17 내가 공의로 척도를 삼고 정의로 저울추를 삼겠다. 거짓말로 만든 피난처는 우박이 덮쳐 부서지고 네 은신처는 물이 차서 휩쓸려 가 버릴 것이다. 왕하 21:13

18 네가 죽음과 맺은 계약은 무효가 되고 음

부와 체결한 협정은 깨질 것이다. 엄청난 재앙이 휩쓸고 지나갈 때 너는 그것에 맞아 쓰러질 것이다. 15절

19 그것이 지나갈 때마다 너를 잡을 것이다. 아침마다 쓸어 가고 낮에도 밤에도 쓸어 갈 것이다.” 이 말씀을 알아듣는 것이 오히려 섬뜩한 공포가 될 것이다. 50:4

20 침대가 너무 짧아 몸을 뻗을 수 없고 담요가 너무 좁아 너를 다 쌀 수 없구나.

21 여호와께서 브라심 산에서처럼 일어나시고 기브온 골짜기에서처럼 몸을 일으키실 것이다. 그가 일을 행하신다. 이상한 일을 행하신다. 그가 사역을 행하신다. 기이한 사역을 행하신다. 삼하 5:25; 대상 14:11

22 그러므로 사슬에 더욱 꽁꽁 매이지 않으려면 이제 비웃지 마라. 주 만군의 여호와께서 이 온 땅을 멸하기로 작정하셨음을 내게 말씀하셨다. 10:23

23 온당한 귀를 기울이고 내 목소리를 들어라. 주목해 내 말을 들어라.

24 농부가 밭을 갈 때 끊임없이 밭만 갈겠느냐? 땅을 파고 흙을 고르기만 하겠느냐?

25 땅을 평평하게 고르고 나면 소회향 씨를 심거나 대회향 씨를 뿌리지 않겠느냐? 밀을 줄지어 심고 적당한 곳에 보리를 심으며 가장자리에는 귀리를 심지 않겠느냐?

26 이것은 하나님이 농부에게 가르쳐 주신 것이다. 하나님이 가르치셨다. 21:10

27 소회향은 도리깨로 타작하지 않는다. 대회향 위로는 수레바퀴를 굴리지 않는다.

타작마당

타작은 이삭을 떨어 곡식 알갱이를 거두는 것을 말한다. 타작은 타작마당에서 여러 종류의 타작 기계를 통해 이루어졌다. 고대 팔레스타인의 타작마당은 직경 8~12m 정도의 크기로, 대개 곡식밭이나 바람이 잘 불어오는 언덕에 동그란 모양으로 만들어졌으며(룻 3:2; 대하 21:15) 타작마당 주위는 곡식일이 흘러나는 것을 막기 위해 돌로 테두리를 쌓았다. 한 마을에 십여 개 정도의 타작마당이 있었으며, 농한기에는 각 마을의 모임 장소로 쓰이기도 했다(왕상 22:10). 성경에는 그밖에 타작마당과 관련된 이야기가 많이 나온다.

타작마당	
웃사의 죽음 (삼하 6:6~7)	나곤(기돈)의 타작마당에서는 소들이 뛰므로 수레에 실린 법궤를 붙들었던 웃사가 하나님의 진노로 말미암아 죽었다.
하나님의 성전 (대하 3:1)	다윗은 아라우나(오르난)의 타작마당을 사서 하나님께 제사를 드렸으며(삼하 24:18~25) 나중에 솔로몬이 이곳에 성전을 세웠다.
타작할 때의 타작마당 같다. (렘 51:33)	이제 곧 곡식이 타작될 타작마당 같다는 뜻으로, 심판이 가까이 왔음을 강조한 비유적인 표현이다.
타작마당에서 하는 음란한 짓의 대가를 좋아한다. (호 9:1)	타작마당은 다소 높은 언덕에 위치하여 우상 숭배의 장소로 활용되었다. 우상 숭배는 종종 음란한 행동으로 비유되었으므로, 타작마당에서 우상 숭배를 한다는 의미로 볼 수 있다.
타작마당과 포도주 틀이 먹을 것을 내지 못하리라(호 9:2)	타작마당에서 알곡 먹을 것이 나오지 않는다는 뜻으로, 우상을 숭배하는 사람들에게는 풍요로움이 사라질 것이라는 표현이다.
타작마당에서 날리는 겨 같고 (호 13:3)	흔적도 없이 사라지는 허망함을 표현한 것으로 쉬 사라지는 우상 숭배자들의 허무함을 보여 준다.
타작마당을 깨끗이 하다. (마 3:12)	타작마당에서 알곡과 쭉정이를 깨끗이 가려낸다는 것으로, 심판의 때에 믿는 자와 믿지 않는 자를 깨끗이 가려낸다는 의미이다.

소회향은 지팡이로 두드리고 대회향은 막대기로 두드린다.

28 빵을 만들려고 곡식을 갈 때 그것을 무작정 오래 빻는 것이 아니다. 사람이 그 타작 수레를 그 위에 굴려도 말들이 그것을 부수게는 하지 않는다.

29 이것 또한 만군의 여호와께서 가르쳐 주신 것이다. 그분의 모략이 놀랍고 지혜가 크시다.
_{9:6;렘 32:19}

29

예루살렘의 멸망 아! 너희에게 재앙이 있을 것이다. 아리엘아, 아리엘아, 다윗이 진을 쳤던 성읍아! 해를 거듭하고 절기가 돌아오겠지만

2 내가 아리엘을 포위할 것이니 통곡과 탄식 소리만 있을 것이다. 그것은 내게 아리엘 같을 것이다.

3 내가 너를 둘러 진을 치고 사방에 탑을 쌓아 너를 에워싸며 흙더미를 쌓아 올려 너를 공격하겠다.
_{왕하 25:1;겔 4:2;21:22;26:8}

4 그러면 너는 땅보다 더 낮아져서 말할 것이다. 네 말소리는 나직하게 흙 속에서 날 것이다. 네 목소리는 땅에서 유령처럼 올라올 것이다. 중얼거리는 네 목소리가 흙 속에서 새어 나올 것이다.
_{2:11;28:19}

5 원수들에 대한 심판 그러나 네 많은 원수들은 미세한 흙먼지처럼 되고 포악한 무리는 바람에 흩날리는 겨처럼 될 것이다. 갑자기, 순식간에.
_{왕하 19:35;시 18:42}

6 만군의 여호와께서 번개와 지진과 큰 소음을 내시며 회오리바람과 폭풍과 삼킬 듯한 불꽃으로 오실 것이다.
_{왕상 19:11~12}

7 그러면 아리엘과 싸우고 그 요새를 공격하며 그를 포위하는 모든 민족들의 무리는 꿈에서나 볼 듯한 모습처럼, 한밤중의 환상처럼 될 것이다.
_{미 4:11~13;슥 12:9}

8 마치 배고픈 사람이 허겁지겁 먹는 꿈을 꾸다가 깨어나면 그 배고픔이 여전함과 같고 목마른 사람이 벌컥벌컥 마시는 꿈을 꾸다가 갈증을 풀지 못한 채 기력 없이 깨어난 것과 같을 것이다. 시온 산과 싸우는 모든 민족들의 무리가 이와 같을 것이다.

9 무지함 깜짝 놀라고 놀라라. 눈이 가려져 앞을 보지 못하게 되라. 포도주를 마시지 않았는데 취할 것이다. 독한 술에 취하지도 않았는데 비틀거릴 것이다.

10 여호와께서 너희에게 깊은 잠을 주셨다. 그분이 너희 눈을 봉인하셨으니 눈은 예언자요, 그분이 너희 머리를 덮으셨으니 머리는 선견자다.
_{6:10;롬 11:8}

11 이 모든 환상이 너희에게는 봉인된 두루마리의 말씀과도 같다. 그러니 만약 너희가 글을 읽을 수 있는 사람에게 그 두루마리를 주면서 "이것을 꼭 읽어 주십시오"라고 부탁하면 그는 "봉인돼 있어서 읽을 수 없습니다"라고 대답할 것이다.

12 그러나 만약 너희가 글을 못 읽는 사람에게 그 두루마리를 주면서 "이것을 꼭 읽어 주십시오"라고 부탁하면 그는 "나는 읽을 줄 모릅니다"라고 대답할 것이다.

13 헛된 경배 여호와께서 말씀하신다. "이 백성이 입으로는 내게 다가오고 입술로는 나를 공경하지만 그 마음은 내게서 멀어져 있고 사람에게서 배운 관습대로 나를 두려워할 뿐이니.
_{미 15:8~9;막 7:6}

14 지혜와 분별이 사라짐 그러므로 내가 다시금 이 백성을 놀라게 할 것이다. 지혜 있는 사

아리엘

아리엘은 '하나님의 제단'이라는 뜻이다. 아리엘은 제단 아래로 떨어지는 제물의 피를 모아 불태우는 데 사용하는 번제단의 아래 부분을 말한다.

이사야 예언자가 예루살렘을 일컬어 '아리엘'(사 29:1)이라고 한 것은 예루살렘이 적들의 침입을 받

아 아리엘처럼 피로 물들고, 불타는 번제단처럼 전쟁으로 황폐하게 될 것이라는 예언이었다(사 29:2~4). 하나님은 유다 사람들이 하나님을 형식적으로 섬기고 외식적인 제사를 드리는 것(사 29:13~14)과 악을 행하는 모습 때문에 예루살렘을 심판하겠다고 하셨다.

람에게서 지혜가 사라질 것이고 분별 있
는 사람에게서 분별력이 없어질 것이다."

15 자기 계획을 숨기려고 여호와를 떠나 깊은
곳으로 들어가 어둠 속에서 음모를 꾸미
면서 "누가 우리를 보겠는가? 누가 알겠는
가?"라고 중얼거리는 사람들에게 재앙이
있을 것이다. 30:1;겔 8:12

16 너희가 일들을 뒤집어서 마치 토기장이를
진흙처럼 생각하고 있구나. 만들어진 것
이 만드신 분에게 "그가 나를 만들지 않
았다!"라고 말할 수 있으냐? 빚어진 것이
그것을 빚으신 분에게 "그는 아무것도 몰
라!" 하고 말할 수 있느냐? 10:15

17 깨달음에 이름 레바논이 금방 기름진 밭으
로 변하고 기름진 밭이 금방 숲처럼 바뀌
지 않느냐? 시 107:33,35

18 그날에 듣지 못하던 사람이 두루마리 책
의 말씀을 듣고, 보지 못하던 사람이 암
흑과 어둠 속에서 두 눈으로 똑똑히 보게
될 것이다. 32:3;35:5;마 11:5

19 빈곤한 사람들이 다시금 여호와를 기뻐하
고 가난한 사람들이 이스라엘의 거룩한
분을 즐거워할 것이다. 습 3:12;마 5:3

20 포악한 사람이 사라지고 비꼬아 말하는
사람이 없어질 것이며 나쁜 일 저지르기
를 호시탐탐 노리고 있는 사람은 멸망할
것이다.

21 말로써 사람을 죄인으로 만들고 성문에
서 변호하는 사람을 함정에 빠뜨리며 정
직한 사람들을 거짓 증언으로 억울하게

하는 사람은 멸망할 것이다. 시 127:5;암 5:10,12

22 **영적 재각성** 그러므로 아브라함을 구원하
신 여호와께서 야곱의 집에 이렇게 말씀하
신다. "야곱은 더 이상 부끄러움을 당하지
않고 그의 얼굴이 더 이상 창백해지지 않
을 것이다. 51:2

23 그들 가운데서 내 손으로 만든 그 자녀들
을 보고 그들이 내 이름을 거룩하다 여길
것이다. 야곱의 거룩한 이를 거룩하게 받
들고 이스라엘의 하나님을 두려워하며 설
것이다.

24 그래서 정신이 비뚤어진 사람들은 분별력
을 얻고 불평하던 사람들은 가르침을 받
아들일 것이다." 28:7

30

유다를 도울 수 없는 이집트 여호와
께서 말씀하신다. "아! 재앙이
있을 것이다. 반역하는 자식들아! 내 뜻을
무시하고 계획을 세우고 내 영을 무시하
고 다른 이와 동맹을 맺으면서 죄에 죄를
더하고 있구나. 1:2,4;29:15;시 25:7

2 내게 묻지도 않고 이집트로 내려가서 바로
의 보호를 피난처로 삼고 이집트의 그늘
아래 쉴 곳을 찾는구나. 31:1;36:6

3 그러나 바로의 보호가 도리어 너희에게 부
끄러움이 되고 이집트의 그늘이 너희에게
치욕이 될 것이다. 20:5

4 그 고관들이 소안으로 가고 그 사신들이
하네스에 이르렀지만 19:11;렘 43:7;겔 17:15

5 도움이나 이익은커녕 수치와 치욕만 받고
쓸모도 없는 민족에게 모두가 수치를 당

할 것이다." _{렘 2:36}

6 네게브의 짐승들에게 내려진 판결이다. 사절단들이 나귀의 등에 재물을 싣고 낙타의 혹에 자기 보물을 얹어 숨기며 고통과 고난의 땅, 수사자들과 암사자들의 땅, 독사들과 날아다니는 뱀들의 땅을 지나 그 무익한 민족에게로 가는구나.

7 이집트의 도움은 쓸모없고 공허할 뿐이다. 그러므로 내가 이집트를 "자리에 앉아 있기만 하는 라합"이라고 불렀다.

8 이스라엘이 진리를 거부함 이제 가서 이것을 돌판에 새기고 두루마리에 기록해서 훗날을 위해 영원한 증거가 되게 하라.

9 이 백성은 반역하는 백성, 속이는 자식들, 여호와의 가르침은 듣지도 않는 자식들이로구나. _{1절}

10 선견자들에게는 "더 이상 환상을 보지 마시오!" 하고 예언자들에게는 "더 이상 진실을 예언하지 말고 거짓말이라도 듣기 좋은 말로 예언해 주시오! _{암 7:12-13}

11 지금 방식을 버리고 탈선을 좀 하시오! 우리가 이스라엘의 거룩한 분을 대면하게 하는 일은 그만두시오!"라고 하는구나.

12 그러므로 이스라엘의 거룩하신 분이 이렇게 말씀하신다. "너희가 이 말을 거부하면서 억누르고 벗어난 것을 신뢰하고 그것에 의지했다. _{5:8,20}

13 그러므로 너희가 저지른 악은 마치 높은 담이 불쑥 나와 갑자기 순식간에 무너져 내리는 것같이 되고 _{시 62:3}

14 도자기가 완전히 박살 나 버려서 아궁이에서 불을 담아 오거나 우물에서 물을 퍼낼 수 있는 조각이 하나도 남아 있지 않는 것 같다." _{시 2:9}

15 하나님의 능력 주, 이스라엘의 거룩한 여호와께서 이렇게 말씀하신다. "회개하고 쉼을 얻는 것이 너희가 구원받을 길이고 잠잠히 믿고 의지하는 것이 너희가 힘을 얻는 길인데 너희는 그렇게 하려 하지 않는구나.

16 오히려 너희는 '아니다. 우리가 말을 타고 빨리 도망치겠다'라고 말하니 그렇다면 그렇게 빨리 도망쳐 보라. 또 너희는 '우리가 빨리 달리는 말을 타고 도망치겠다'라고 말하니 그렇다면 너희를 쫓아가는 사람들이 더 빠르게 쫓아갈 것이다.

17 한 사람의 위협에 1,000명이 넘을 잃고 도망치고 다섯 사람의 위협에 너희가 모두 도망쳐 버려서 결국 너희에게 남은 사람들이 산꼭대기에 남은 깃대 같고 언덕 위에 홀로 꽂힌 깃발 같을 것이다."

18 그러나 여호와께서는 너희에게 은혜 베풀기를 간절히 바라신다. 너희를 불쌍히 여기셔서 도우려 일어나신다. 여호와는 공의의 하나님이시기 때문이다. 복되다. 그를 기다리는 모든 사람들이! _{렘 17:7;합 2:3}

19 유다에 대한 하나님의 축복 예루살렘에 사는 시온 백성아, 너희는 더 이상 슬피 울지 않아도 된다. 너희가 도와 달라고 부르짖을 때 그분은 큰 은혜를 베푸셔서 듣자마자 너희에게 대답하실 것이다. _{14:32}

20 여호와께서 너희에게 고난의 빵과 역경의 물을 주시더라도 더 이상 너희 선생들을 숨기지 않으실 것이니 너희가 두 눈으로 직접 볼 것이다. _{왕상 22:27;시 127:2;겔 4:10-11}

21 너희가 오른쪽으로나 왼쪽으로나 벗어나려 하기만 하면 뒤에서 너희 귀에 이렇게 들려줄 것이다. "이 길이다. 이쪽으로 걸으라."

22 그래서 너희는 은을 입힌 너희 우상들과 금으로 덮은 너희 신상들을 더러운 것으로 여기고 그것들을 여인들이 달거리 때 입는 옷처럼 던져 버리고는 "나가라!"라고 말할 것이다. _{2:20;31:7;호 14:8}

23 너희가 땅에 심은 씨앗이 자라도록 그분이 비를 내려 주실 것이니 그 땅에서 나오는 것이 많고도 풍족할 것이다. 또 너희 떼는 넓은 풀밭에서 풀을 뜯을 것이다.

24 흙을 가는 황소들과 나귀들이 키와 삽으로 잘 까부르고 개어 놓은 사료와 먹이를 먹을 것이다. _{창 45:6}

라합(30:7, Rahab) '폭풍'. '거만'을 뜻하는 신화 속의 바다 괴물로, 이집트를 상징함. 탈선(30:11, 脫線) 말이나 행동 따위가 나쁜 방향으로 벗어남.

25 대학살이 일어나고 탑들이 무너지는 날에 높은 산과 높이 솟은 언덕마다 시냇물이 흘러넘칠 것이다. 시 107:35; 슥 3:18

26 여호와께서 그 백성들의 상처를 싸매시고 그가 때린 자리를 치료하시는 날에 달은 해처럼 빛을 내고, 햇볕은 7일 동안 내려쪼인 햇볕을 한꺼번에 모아 놓은 밝기처럼 일곱 배나 더 밝을 것이다. 호 6:1

27 앗시리아의 멸망 보라. 여호와의 이름이 멀리서 오고 있다. 불타오르는 노여움과 빽빽이 피어오르는 구름과 함께 멀리오고 있다. 그분의 입술에는 노여움이 가득 서려 있고 혀는 마치 삼켜 버리는 불과 같다.

28 그분의 숨결은 밀어닥치는 시냇물처럼 목에까지 받쳐 오른다. 키질을 하셔서 저 민족들을 걸러 내 날려 버리시고 저 민족들의 턱에다가 잘못 이끄는 재갈을 물리신다.

29 그러면 너희가 거룩한 절기를 지키는 밤에 하는 것처럼 노래를 부르고 백성들이 이스라엘의 바위, 여호와의 산으로 피리를 불며 올라갈 때처럼 마음이 즐거울 것이다.

30 여호와의 위엄 있는 소리를 들려주시고 내려치시는 주의 팔을 보여 주신다. 주께서 분노가 치밀어 오르시니 불이 타오르고 구름이 갑자기 생기고 번개가 치고 폭풍이 쏟아지고 돌덩이 같은 우박이 휘려진다.

31 그렇다. 여호와의 음성이 앗시리아를 흩으시고 막대기로 그들을 치실 것이다.

32 여호와께서 움켜잡으신 몽둥이로 그들을 내리치실 때마다 탬버린과 하프로 장단을 맞출 것이니 그가 전쟁터에서 그분의 팔을 흔들면서 그들을 후려치실 것이다.

33 오래전에 벌써 도벳이 준비되어 있었다. 그것도 앗시리아 왕을 위해 준비돼 있었다. 불구덩이가 깊고 넓게 만들어졌고 불과 땔감도 넉넉히 마련돼 있었다. 여호와의 숨결이 타오르는 용광로처럼 그것을 불사를 것이다. 왕하 23:10; 사 18:8; 겔 20:48; 24:9

31 이집트를 의지하는 사람을 아! 너희에게 재앙이 있을 것이다. 도움을 청하러 이집트에 내려가고 말들을 의지하고

그 병거들의 숫자와 그 기병들의 힘을 신뢰하지만 이스라엘의 거룩한 분은 찾지도 않고 여호와의 도움은 구하지도 않는 사람들아! 시 20:7

2 그러나 여호와께서도 지혜로우셔서 재앙을 내리실 것이다. 그분은 말을 번복하시는 법이 없으시다. 일어나셔서 악을 행하는 사람들의 집을 치고 악인을 돕는 사람도 치실 것이다. 22:14; 민 23:19; 시 94:4,8-10

3 그러나 이집트 사람은 사람일 뿐 하나님이 아니다. 그들의 군마는 고깃덩어리일 뿐영이 아니다. 여호와께서 손을 펴시면 돕던 사람도 걸려 넘어지고 도움을 받던 사람도 쓰러질 것이다. 둘 다 함께 멸망할 것이다. 렘 17:5

4 하나님이 멸망시킬 앗시리아 여호와께서 내게 말씀하신다. "사자가 으르렁거릴 때, 큰 사자가 먹잇감을 두고 으르렁거릴 때, 비록 목동들이 무리를 지어 모여와서 목청껏 고함을 지른다 해도 사자가 그 고함 소리에 두려워하겠느냐? 그 떠드는 소리에 겁을 집어먹겠느냐? 만군의 여호와께서도 이렇게 시온 산과 그 언덕에 내려와서 싸워 주실 것이다. 호 11:10; 암 1:2; 3:8

5 날개를 편 새들처럼 만군의 여호와께서 그렇게 예루살렘을 보호하실 것이다. 예루살렘을 덮어서 지켜 주시고, 낡어져 구해 내시고 쓰다듬어 아껴 주시고, 사슬을 풀어 구해 주실 것이다." 신 32:11; 시 91:4

6 이스라엘 백성아, 너희가 그토록 심하게 배신했던 그분께 돌아오라. 1:5; 30:15

7 그날에 누구든지 너희의 죄 있는 손으로 만든 은 우상과 금 우상을 버릴 것이다.

8 "앗시리아는 사람이 휘두르지 않은 칼에 쓰러질 것이다. 인간이 찌르지도 않은 칼에 삼켜질 것이다. 그들이 그 칼 앞에서 도망칠 것이고 그들의 젊은아들이 강제 노역에 시달릴 것이다. 창 49:15; 잠 12:24

9 바위처럼 믿었던 그들의 지휘관이 겁에 질려 달아나고 그들의 사령관들은 소스라치게 놀라 깃발을 버리고 도망칠 것이다. 이것

은 시온에 불을 가져다 놓으시고 예루살렘에 용광로를 장만하신 여호와의 말씀이다."

32 의의 나라 보라. 한 왕이 정의로 통치하고 귀족들이 공의로 다스릴 것이다.

시 72:1-2,4;렘 23:5

2 모든 통치자들이 바람을 피할 곳처럼, 폭풍을 피할 곳처럼, 광야의 시냇물처럼, 사막의 큰 바위 그늘처럼 될 것이다.

3 설 땅이 없는 악인을 그때 감찰하는 관리는 더 이상 눈을 감지 않을 것이고 심리하는 관리는 귀를 기울여 들을 것이다.

4 경솔한 사람의 마음은 올바른 분별력을 갖게 되고 어눌한 사람의 혀는 유창하고 또렷한 발음을 낼 것이다.

35:6

5 사람들은 더 이상 어리석은 자들을 존귀한 사람이라고 부르지 않고 더 이상 악당들을 고귀한 사람이라고 부르지 않을 것이다.

5:20

6 어리석은 사람은 실없는 말을 하고 악한 일을 마음속으로 꾸며서 불경건한 일을 하고 여호와께 함부로 말하고 배고픈 사람을 그대로 내버려 두고 목마른 사람에게서 물을 빼앗아 버리는 사람이다.

7 악당은 나쁜 무기를 갖고 다니고 약한 사람들의 간청이 정당하지만 악한 계획을 꾸며 거짓말로 가난한 사람들을 파멸시키기를 서슴지 않는 사람이다.

미 2:1-2

8 그러나 고결한 사람은 고결한 계획을 세우고 고결하게 살아간다.

9 여인들의 죄 태평한 여인들아, 일어나서 내 말을 잘 들으라. 자신만만한 딸들아, 내 말에 귀를 기울이라.

3:16-4:1;암 6:1

10 한 해가 조금 더 지나면 자신만만하던 사람은 불안해할 것이다. 포도 수확을 하지 못하고 열매를 추수할 때가 오지 않을 것이기 때문이다.

11 태평한 여인들아, 마음을 졸이라. 믿는 구석이 있다고 느끼는 딸들아, 벌벌 떨라. 옷을 벗어 벌거숭이가 되고 허리에 굵은베를 두르라.

47:2-3;창 37:34

12 회복으로 인한 평화 저 좋은 밭과 열매 많은 포도나무를 두고 가슴을 쳐라.

247

13 내 백성이 사는 땅에 가시와 찔레가 가득 자랄 테니 가슴을 쳐라. 큰 기쁨을 주는 모든 집과 유쾌한 성읍을 두고 가슴을 쳐라.

14 요새는 버려지고 시끄러운 성은 적막해지고 성채와 망대가 영원히 폐허가 돼 나귀들이 즐겁게 뛰고 양 떼가 풀을 뜯을 곳이 될 테니 가슴을 쳐라.

7:23;24:11-12;34:13;호 9:6

15 마침내 높은 곳에서 우리에게 영이 쏟아져 내리면 광야는 기름진 밭이 되고 기름진 밭은 숲이 될 것이다.

11:2;35:1-2;욜 2:28

16 그때 광야에 공의가 거하고 기름진 밭에 정의가 자리 잡을 것이다.

17 정의는 평화를 열매 맺어서 영원히 평화롭고 안전하게 만들 것이다.

1:27;약 3:18

18 내 백성이 평화로운 거처, 안전한 거주지, 조용한 휴식처에서 살 것이다.

19 비록 우박으로 숲이 쓰러지고 성읍이 완전히 무너져도,

26:5;28:2,17

20 복되다. 물이 있는 곳마다 씨를 뿌리고 소와 나귀들을 풀어 놓아 키우는 너희들아!

33 폭행자들의 멸망 아! 너희에게 재앙이 있을 것이다. 폭행 한 번 당하지 않았으면서 남을 폭행하기만 한 사람들아! 배반 한 번 당하지 않았으면서 남을 배반하기만 한 사람들아! 네가 폭행을 멈출 때 폭행을 당할 것이고 네가 배반을 멈출 때 배반을 당하게 될 것이다.

17:14

2 드높으신 여호와 여호와여, 우리에게 은혜를 베풀어 주십시오. 우리가 주를 기다립니다. 아침마다 우리의 힘이 돼 주시고 힘들 때 우리의 구원이 돼 주십시오.

3 주께서 크게 고함을 치시면 백성은 달아나고 주께서 일어나시면 나라들이 흩어집니다.

17:13;왕하 19:7

4 사람들이 메뚜기 떼처럼 모여들어 너희를 약탈하고 메뚜기가 뛰어다니듯 사람들이

번역 (31:2, 鎔爐) 이리저리 뒤집음. 감찰 (32:3, 監察) 감시하여 살핌. 심리 (32:3, 審理) 사실을 자세히 조사하여 처리함. 경솔 (32:4, 輕率, rash) 말이나 행동이 조심성 없이 가벼움.

Bible basics 이사야 속 성령 이야기

오순절 성령 강림 예언

오래 전 이사야 예언자는 성령님이 임하실 것을 예언했다. "마침내 높은 곳에서 우리에게 영이 쏟아져 내리면 광야는 기름진 밭이 되고…."(사 32:15)

이사야의 예언은 오순절에 성령님이 성도들 각 사람 위에 임하심으로 성취되었다(행 2:1-4). 사실 성령님은 창조 때부터 계셨다(창 1:2), 하지만 믿는 사람들의 마음에 구체적으로 임한 것은 예수님이 십자가에 못 박혀 돌아가신 후 죄와 죽음을 이기고 부활하셔서 하늘로 올라가신 뒤였다. 요엘 예언자가 이사야와 동일하게 예언한다(욜 2:28-29)

성령님이 비로소 오순절에 임한 것이다

(행 2:16-18).

그 위에 뛰어오를 것이다.   욜 24-5

5 여호와는 드높으시다. 그분은 높은 곳에 거하시면서 공의와 정의로 시온을 가득 채우고 계시기 때문이다.   2:17;5:15-16

6 그분은 너희 시대의 든든한 기초가 되시고 구원과 지혜와 지식이 쌓여 있는 보물 창고가 될 것이다. 그중에서도 여호와를 두려워하는 것이 이 창고의 보물이다.

7 높은 곳에 살게 될 사람 보라, 그들의 영웅들이 거리에서 울부짖고 평화 사절단들이 비통하게 울고 있다.   36:22;왕하 18:37

8 큰길이 황폐해져서 행인이 끊기며 계약이 깨져서 성읍들이 보호를 받지 못하니 사람들은 배려받지 못한다.   왕하 18:14-17

9 땅은 신음하고 시들어만 간다. 레바논은 수치를 당해 소멸됐고 사론은 아리바 사막 같고 바산과 길멜은 나뭇잎이 떨어져 벌거숭이가 된다.   24:4;신 1:1;나 1:4

10 "이제 내가 일어나겠다." 여호와께서 말씀하신다. "이제 내가 스스로 드높여서 높임을 받아야겠다."   10:26;시 12:5;68:1

11 너희는 겨를 잉태해 지푸라기를 낳는구나. 너희의 숨결은 불이 돼 너희를 삼켜 버리는구나.   10:16-17;59:4;시 7:14

12 백성들은 석회처럼 불살라지고 잘려진 가시덤불처럼 불에 탈 것이다.

13 멀리 있는 사람들아, 내가 한 일을 들으라. 가까이 있는 사람들아, 내 능력을 인정하라!"

14 시온에 있는 죄인들이 두려워하고 불경한 사람들은 겁에 잔뜩 질려 떨고 있구나. "우리 가운데 누가 삼키는 불길을 견뎌 낼 것인가? 우리 가운데 누가 영원한 불꽃을 견뎌 낼 것인가?"   시 15:1;24:3;히 12:29

15 올바로 살아가고 정직하게 말하고 강제로 빼앗은 이익을 거절하고 뇌물은 손바닥을 흔들어 뿌리치고 살인 음모는 귀를 막아 듣지 않고 나쁜 일은 눈을 감고 보지 않는 사람,   시 15:2;24:4;119:37

16 이런 사람이야말로 높은 곳에 살게 되고 절벽 요새에서 안전하게 쉬게 될 것이다. 먹을 빵도 떨어지지 않고 마실 물도 끊어지지 않을 것이다.   30:23,25

17 영원하고 평화로운 거주지 네 눈이 그 아름다운 왕을 보고 멀리까지 뻗은 땅을 바라보게 될 것이다.   6:5;54:2-3;숙 9:9

18 네 마음은 지난날 두려웠던 일을 떠올릴 것이다. "관리하던 사람은 어디 있는가? 세금을 거두던 사람은 어디 있는가? 탑들을 관리하던 사람은 어디 있는가?"

19 너는 더 이상 그런 사람들을 보지 못할 것이고 이해할 수 없는 이상한 방언으로 알아듣지도 못하게 말하는 사람들을 보지 못할 것이다.   왕하 19:32-33;고전 1:20

20 우리 절기의 성읍 시온을 바라보아라. 네 눈이 예루살렘, 평화로운 거주지, 옮겨지지 않을 장막을 보게 될 것이다. 그 말뚝은 결코 뽑히지 않을 것이며 그 밧줄은 어느 것 하나도 끊어지지 않을 것이다.

21 거기서 여호와께서 우리의 강한 분이 되실 것이다. 그곳은 넓은 강과 시내가 흐르는 곳이 되겠지만 노 젓는 배가 그 위를 다니지 않을 것이고 큰 배가 항해하지 않을 것이다.   2:16;시 46:4-5;48:7

22 여호와는 우리의 재판관이시며, 여호와는

우리의 지휘관이시며, 여호와는 우리의 왕이시니 그분이 우리를 구원하실 것이다.

23 네 돛대 줄이 풀려서 돛대가 그 자리에 튼튼히 서 있지 않고 돛이 펼쳐지지 않을 것이다. 그때에는 많은 약탈물을 나눌 것이다. 다리를 저는 사람도 그것을 나눠 가질 수 있을 것이다. 창 49:27;시 68:12

24 그리고 아무도 "내가 병들었다"라고 말하는 사람이 없고 거기 사는 백성은 죄를 용서받을 것이다. 15-6,25-26절; 50:20

34 민족들을 향한 심판 민족들아, 가까이 와서 들으라. 민족들아, 주목하라! 땅과 거기 가득한 모든 것들아, 들으라! 세상과 거기에서 태어나는 모든 것들아, 들으라! 49:1;창 3:1-2

2 여호와께서 모든 민족들에게 분노하시고 모든 군대에게 노여워하셔서 그들을 완전히 멸망시키려 하신다. 그들이 학살을 당하도록 넘겨주실 것이다. 수 6:21

3 그들 가운데 살해를 당한 시체들은 밖으로 던져져서 그 시체들이 악취를 내고 산들이 그 피에 흠뻑 젖어 녹아내릴 것이다.

4 하늘의 모든 별들은 사라지고 하늘이 두루마리처럼 말려 올라갈 것이다. 포도나무에서 시든 잎사귀가 떨어지듯, 무화과나무에서 마른 무화과가 떨어지듯, 모든 별들이 떨어질 것이다. 히 1:11;계 6:13-14

5 에돔에 대한 심판 내 칼이 하늘에서 마실 만큼 마셨으니, 보라, 이제 에돔을 치려고 내려오고 있다. 그들을 심판해 완전히 멸망시키려고 내려오고 있다.

6 여호와의 칼이 피에 절어 있고 기름에 덮여 있다. 어린양들과 염소들의 피가 칼에 가득하고 숫양의 콩팥을 찌른 칼에 기름이 묻어 나온다. 그렇다. 여호와께서 보스라에서 희생제물을 삼고 에돔 땅에서 대학살을 감행하신 것이다. 63:1

7 들소들과 함께 쓰러지고 송아지들과 수소들도 쓰러질 것이다. 땅은 피로 젖고 흙은 기름으로 가득 차게 될 것이다. 시 22:12

8 그렇다. 그날은 여호와께서 보복하시는 날이고 시온을 위해 대신 싸워 주시며 보상하시는 해이다. 61:2;63:4;시 137:7

9 에돔의 시내는 역청으로 변하고 에돔의 흙은 타오르는 유황으로 변할 것이다. 그 땅은 온통 역청이 돼 타오를 것이다!

10 그 불은 밤낮으로 꺼지지 않고 연기가 끊임없이 치솟아 올라갈 것이다. 대대로 그곳이 폐허로 남아서 아무도 다시는 그쪽으로 지나다니지 않을 것이다. 말 1:4

11 매와 해오라기가 그 곳을 차지하고 부엉이와 까마귀가 그 안에 둥지를 틀 것이다. 주께서 혼란의 줄과 공허의 추로 에돔을 측량하실 것이다. 애 2:8;암 7:7-9;습 2:14;겔 18:2

12 그들은 그곳을 '거기 왕국 없음'이라고 부를 것이다. 모든 귀족들이 사라지고

13 대신 가시들만 그 성채들을 덮고 엉겅퀴와 찔레만 그 요새들을 덮을 것이다. 에돔은 자칼의 소굴이 되고 부엉이의 보금자리가 될 것이다. 13:22;32:13;시 44:19;말 1:3

14 들짐승들은 이리 떼와 마주치고 숫염소들은 자기 친구 염소를 부르며 울어 댈 것이다. 물론 밤 짐승들도 거기 드러누워 쉴 곳을 찾게 될 것이다. 13:21

15 부엉이가 거기서 둥지를 틀고 알을 낳아 알을 까고 나온 어린것들을 자기 날개 아래에서 돌볼 것이다. 거기에 매들도 짝을 지어 함께 모일 것이다. 신 14:13

16 여호와의 두루마리를 찾아서 자세히 읽어 보라. 이 짐승들이 모두 기록돼 있을 것이고 짝이 없는 것이 하나도 없을 것이다. 주께서 친히 입으로 명령을 내리셔서 이 짐승들을 모으실 것이기 때문이다.

17 그분이 그 짐승들을 위해서 제비를 뽑으시고 그분의 손으로 그들에게 적절히 나눠 주시니 그들이 그 땅을 영원히 차지하고 거기서 대대로 살게 될 것이다.

35 구원받을 백성의 기쁨 광야와 메마른 땅이 기뻐하며 사막이 즐거워서 백합화처럼 피어오를 것이다.

2 꽃들이 만발하고 기쁨에 겨워 어쩔 줄 모르고 즐거워서 환호성을 지를 것이다. 그

들은 레바논의 영광을 받고 갈멜과 사론의 광채를 받을 것이다. 그리고 여호와의 영광을 보고 우리 하나님의 광채를 보게 될 것이다. 33:9;40:5;0ㅏ 21:5;15:7:5

3 맥없이 늘어진 손을 강하게 하고 비틀거리는 무릎을 굳세게 할 것이다. 히 12:12

4 불안한 마음을 떨치지 못하는 사람들에게 말하라. "힘을 내라. 두려워하지 말라. 너희의 하나님을 보라. 하나님께서 앙갚음하러 오신다. 하나님께서 오셔서 원수를 갚으시고 너희를 구원하신다." 40:10-11

5 그때 눈먼 사람의 눈이 열리고 귀먹은 사람의 귀가 뚫릴 것이다.

6 그때 다리를 절던 사람이 사슴처럼 뛰고 말하지 못하던 혀가 기뻐서 소리칠 것이다. 그렇다. 사막에서 물이 터지고 강물이 광야로 쏟아질 것이다. 요 5:8~9;9:6-7

7 타는 듯한 모래밭이 물웅덩이로 변하고 말라 버린 땅에 샘물이 솟아날 것이다. 자칼이 뒹굴던 곳에는 풀 대신 갈대와 파피루스가 자랄 것이다. 13:22;48:20

8 그리고 거기에 큰길이 생길 것인데, 사람들은 그 길을 '거룩한 길'이라고 부를 것이다. 깨끗하지 않은 사람은 그 길로 다니지 못하고 오직 그 길을 지나다닐 만한 사람만 지나다닐 것이다. 어리석은 사람은 얼씬도 못할 것이다.

9 그곳에는 사자가 없고 사나운 짐승도 거기에서 어슬렁거리지 않을 것이다. 그런 짐승은 거기서 찾아볼 수 없고 오로지 구원을 받는 사람만이 지나다닐 것이다.

10 여호와께서 값 주고 사신 사람들이 돌아올 것이다. 그들이 노래하면서 시온으로 들어갈 것이다. 그들의 머리 위에는 기쁨이 영원히 머물러서 기쁨과 즐거움이 가득할 것이니 슬픔과 한숨은 사라져 버릴 것이다.

36 산헤립이 유다를 점령 히스기야 왕 14년에 앗시리아 왕 산헤립이 유다를 공격해 모든 성읍들을 점령했다.

2 랍사게의 위협 그때 앗시리아 왕은 라기스에서 랍사게에게 많은 병력을 주면서 예루살렘에 있는 히스기야 왕에게 보냈다. 랍사게가 윗저수지의 수로, 곧 '세탁자의 들판' 길가에 멈춰 섰을 때

3 왕궁 관리 힐기야의 아들 엘리아김과 서기관 셉나와 역사를 기록하는 사람 아삽의 아들 요아가 그를 맞으러 나아왔다.

4 랍사게가 그들에게 말했다. "히스기야에게 전하라. '위대한 왕이신 앗시리아 왕께서 이렇게 말씀하신다. 네가 무엇을 믿고 있기에 그렇게 자신만만하냐? 10:8

5 네가 전략과 군사력을 갖추었다고 큰소리만 땅땅 치는데, 다 헛소리라는 사실을 알고 있다. 네가 지금 무엇을 믿고 내게 반항하는 것이냐?

6 이제 보아라. 네가 이집트를 믿고 있는데 이집트는 뚝 부러진 갈대 지팡이나 마찬가지다. 그것을 믿다가는 사람의 손이나 찔러서 상처만 날 뿐이다! 이집트 왕 바로를 믿고 있는 사람들은 모두 그렇게 될 것이다.

7 그리고 너는 내게 우리는 우리의 하나님 여호와를 의지하고 있다고 하겠지만, 그러는 히스기야 너는 누구냐? 유다와 예루살렘에게 너희가 이 제단 앞에서만 경배해

구속받은 백성들의 기쁨은 사막에 꽃이 만발한 것과 같음

야 한다면서 산당들과 제단들을 없애 버린 그 주인공이 아니냐? 왕하18:4

8 이제 와서 내 주인이신 앗시리아 왕과 겨루어 보아라. 네가 태울 사람이 있다면 내가 네게 말 2,000마리를 주겠다.

9 네가 이집트의 병거와 기병을 믿고 있는데 어디 내 주인의 장교 가운데 제일 하찮은 졸병이라도 물리칠 수 있겠느냐?

10 더구나 내가 이 땅을 공격하고 멸망시키려고 들어온 것이 여호와 없이 한 일인 줄 아느냐? 여호와께서 친히 내게 이 나라를 치러 진격해서 멸망시키라고 말씀하셨다.'"

11 **관리들의 요청** 그러자 엘리아김과 셉나와 요아가 랍사게에게 말했다. "우리가 아람 말을 잘 합니다. 그러니 아람 말로 말씀하시고 유다 말로 말씀하지는 마십시오. 성벽에서 사람들이 듣고 있습니다." 단2:4

12 **랍사게의 오만함** 그러나 랍사게가 대답했다. "내 주인께서 이 말을 너희의 주인이나 너희에게만 전하라고 나를 보내신 줄 아느냐? 너희와 똑같이 자기 똥을 먹고 자기 오줌을 먹게 될 저 사람들에게도 전하라고 나를 보내신 것이다."

13 그러고는 랍사게가 서서 유다 말로 크게 말했다. "위대한 왕이신 앗시리아 왕의 말씀을 들으라!

14 왕께서 말씀하신다. 히스기야에게 속지 말라. 그는 너희를 구해 낼 수 없다!

15 히스기야가 '여호와께서 반드시 우리를 구해 주실 것이다. 이 성은 앗시리아 왕의 손에 넘어가지 않을 것이다'라고 하면서 여호와를 의지하도록 너희를 설득하고 있는데 절대로 듣지 말라.

16 히스기야의 말에 귀 기울이지 말라. 앗시리아 왕이 이렇게 말씀하신다. '나와 평화 조약을 맺고 내게로 나오라. 그러면 너희 한 사람 한 사람이 자기 포도나무와 무화과

나무에서 먹을 것을 얻고 자기 우물에서 마실 물을 얻을 것이다.

17 내가 가서 너희의 땅과 같은 땅, 곧 곡식과 새 포도주가 있는 땅, 빵과 포도원이 있는 땅으로 너희를 데려갈 것이다.'

18 히스기야가 '여호와께서 우리를 구해 주시리라'라고 말하면서 너희를 잘못 이끌지 못하게 하라. 어떤 민족의 신이 앗시리아 왕의 손에서 자기 땅을 구해 낸 적이 있느냐?

19 하맛과 아르밧의 신들은 어디에 있느냐? 스발와임의 신들은 또 어디에 있느냐? 그들이 사마리아를 내 손에서 건져 냈느냐?

20 그 모든 나라들의 모든 신들 가운데 자기 땅을 내 손에서 구해 낸 신이 누구냐? 그런데 하물며 여호와가 예루살렘을 내 손에서 구해 낼 수 있겠느냐?" 대하32:19

21 **조롱에 대한 반응** 그러나 백성들은 묵묵부답이었다. 왕이 "그에게 대답하지 말라"는 명령을 내려 놓았기 때문이다.

22 그러자 왕궁 관리 힐기야의 아들 엘리아김과 서기관 셉나와 역사를 기록하는 사람 아삽의 아들 요아가 히스기야에게로 가서 자기 옷을 찢으면서 랍사게가 한 말을 전했다.

랍사게

랍사게라는 히브리어는 사람의 이름을 말하는 것이 아니다. '왕에게 술을 따르는 자들의 우두머리'라는 뜻이다. 영어 성경에서는 이 단어를 '산헤립의 군대 장관'이라고 표현했다.

랍사게가 앗시리아 왕 산헤립의 신임을 받던 높은 지휘관인 것은 분명하다(사36장 참고).

랍사게는 당시 앗시리아에서 사용하는 아람어뿐 아니라 유다 방언도 유창하게 한 것으로 보아 종교를 바꾼 유다 사람일 가능성도 있다(사36:11,13). 그는 하나님을 의뢰하려고 하는 유다 사람들을 향해 하나님은 그들의 도움이 되지 못한다는 막말을 했다. 심지어 히스기야 왕에게 근거 없는 말을 하여 명예와 지위를 손상시켰다(사36:4~20).

랍사게의 비웃음과 깔봄에도 유다 사람들은 속지 않고 히스기야 왕과 이사야 예언자의 말에 귀를 기울였다(사36:21~22).

서기관(36:3, 書記官, secretary) 문서를 기록하고 관리하는 직무를 담당한 사람. 아람 말(36:11, Aramaic) 아람 사람들이 사용하던 언어로, 당시 국제적인 언어로 사용되었다.

37

히스기야가 이사야와 상의함 히스기
야 왕이 이 말을 듣고는 자기 옷
을 찢고 굵은베 옷을 입고 여호와의 성전
으로 들어갔다.

왕하 19장

2 그는 왕궁 관리 엘리야김과 서기관 셉나와
지도자 격인 제사장들에게 굵은베 옷을
입혀서 아모스의 아들 예언자 이사야에게
로 보냈다.

1:1

3 그들이 이사야에게 말했다. "히스기야께서
말씀하십니다. 오늘은 환난과 질책과 수
치의 날입니다. 우리는 마치 아기를 낳을
때가 됐지만 낳을 힘이 없는 산모와도 같
습니다.

13:8 22:5,또 13:13

4 그대의 하나님 여호와께서 살아 계신 하
나님을 조롱하려고 자기 주인인 앗시리아
왕의 보냄을 받고 온 랍사게의 말을 들으
셨을 것이나 그대의 하나님 여호와께서 꾸
짖으실 것입니다. 따라서 아직 살아남은
사람들을 위해 기도해 주십시오."

5 이사야가 안심시킴 히스기야 왕의 신하들이
이사야에게 가서 이렇게 말하니

6 이사야가 그들에게 대답했다. "여러분의
주인에게 이렇게 전하십시오. 여호와께서
이렇게 말씀하십니다. '앗시리아 왕의 부하
들이 나를 조롱한 말을 듣고 두려워하지
말라.

7 보라. 내가 그에게 영을 씌워서 그가 뜬소
문을 듣고 자기 나라로 돌아갔다가 자기
땅에서 칼에 맞아 쓰러지게 하겠다.'"

8 랍사게의 후퇴 랍사게는 앗시리아 왕이 라기
스를 떠났다는 말을 듣고는 후퇴해 립나
와 싸우고 있는 왕에게 가서 합세했다.

9 산헤립이 히스기야에게 편지를 씀 그때 산헤
립은 에티오피아 왕 디르하가가 자기와 맞
서 싸우려고 진격해 온다는 소식을 듣게
됐다. 그는 그 소식을 듣고서 히스기야에
게 사신을 보내 말했다.

18:1~2:20:5

10 "유다 왕 히스기야에게 이렇게 전하여라.
너희가 의지하고 있는 신은 '예루살렘이 앗
시리아 왕에게 넘어가지 않을 것이다'라고
말하지만 거기에 속지 말라.

36:14

11 보라. 너희는 분명히 앗시리아 왕들이 그간
모든 나라들을 어떻게 진멸했는지 들었을
것이다. 그런데도 너희가 구원받겠느냐?

12 내 조상들이 멸망시킨 그 민족들의 신들이
그들을 구해 냈느냐? 고산, 하란, 레셉, 들
라살에 있는 에덴 사람들의 신들 말이냐?

13 하맛 왕과 아르밧 왕과 스발와임 성이나 헤
나 성이나 이와 성의 왕은 모두 어디에 있
느냐?"

14 히스기야의 기도 히스기야는 그 사람들에게
서 받은 편지를 읽어 내려갔다. 그러고 나
서 여호와의 성전으로 올라가서 여호와 앞
에 그 편지를 펼쳐 놓고

15 여호와께 기도를 드렸다.

16 "그룹 사이에 자리하신 이스라엘의 하나님
만군의 여호와여, 주님이 세상 모든 나라
들을 다스리시는 하나님이십니다. 주께서

하늘과 땅을 만드셨습니다. 행 4:24

17 여호와여, 귀를 열어 들어 보십시오, 여호와여, 눈을 열어 보십시오. 산헤립이 살아 계신 하나님을 모독하려고 보내온 이 모든 말을 들어 보십시오. 대하 6:40;32:19

18 여호와여, 앗시리아 왕들이 이 모든 민족들과 그들의 땅을 폐허로 만든 것은 사실입니다. 10:13-14

19 그들이 신들을 불 속에 던졌습니다. 그들은 신이 아니라 다만 사람의 손으로 모양 낸 나무와 돌에 불과했기 때문입니다. 그러므로 그들은 멸망했습니다.

20 여호와 우리 하나님이여, 이제 우리를 그의 손에서 구원해 주셔서 세상 모든 나라가 오직 주만이 하나님이심을 알게 해 주십시오."

21 산헤립의 멸망 그때 아모스의 아들 이사야가 히스기야에게 전갈을 보냈다. "여호와 이스라엘의 하나님께서는 왕께서 앗시리아 왕 산헤립을 두고 주께 올린 기도를 들으셨다고 말씀하셨습니다.

22 이 말씀은 여호와께서 그를 두고 하신 말씀입니다. '처녀 딸 시온이 너를 경멸하고 조롱하는구나. 딸 예루살렘이 네가 후퇴할 때 뒤에서 머리를 흔드는구나. 미 4:13

23 네가 감히 누구를 비방하고 모독했느냐? 네가 감히 누구에게 목소리를 높이고 거만하게 눈을 치켜뜨느냐? 이스라엘의 거룩한 분이 아니냐! 10:17

24 너는 특사를 보내 주를 모독하면서 이렇게 말했다. '나는 내 병거들을 많이 거느리고 산꼭대기를 정복하고 레바논의 가장 높은 곳까지 올라가 보았다. 가장 키가 큰 백향목과 가장 훌륭한 잣나무를 베어 내 보았다. 가장 멀리 있는 꼭대기까지 가 보았고 가장 빽빽한 숲도 밟아 보았다.

25 우물을 파고 거기서 물을 마셔 보기도 했다. 내 발바닥으로 이집트의 모든 강물을 말려 버리기까지 했다.' 19:6;20:4

26 그러나 너는 듣지 못했느냐? 그것은 내가 오래전에 이미 했던 일이었음을. 나는 옛날에 그 일을 계획했고 이제 내가 그 일을 이루었으니 그것은 튼튼한 성읍들을 돌무더기로 만들게 했다. 10:5,15

27 그 백성들은 힘이 빠져서 실망하고 부끄러움을 당했다. 그들은 들판의 식물 같고 부드러운 푸른 싹 같으며 지붕에서 움텄다가 자라기도 전에 말라 버린 풀과 같은 신세로구나.

28 그러나 나는 네가 어디 머물러 있는지, 언제 오고 갈지, 어떻게 내게 화를 낼지 다 알고 있다.

29 또 네가 내게 화를 내고 네 오만함이 내 귀에게까지 미쳤으니 내가 네 코에 갈고리를 걸고 입에 재갈을 물려 네가 왔던 그 길로 되돌려 보낼 것이다.' 10:12;대하 33:11

30 하나님의 약속과 표적 히스기야 왕이여, 이것은 왕을 위한 표적입니다. '올해는 저절로 자라는 것을 먹겠고 내년에도 똑같이 올라오는 것을 먹을 것이다. 그러나 3년째에는 씨를 뿌리고 거둬들이고 포도원을 가꿔서 그 열매를 먹을 것이다.

31 유다 집의 남은 사람들이 다시금 아래로는 뿌리를 내리고 위로는 열매를 맺을 것이다.

32 예루살렘에서 남은 사람들이 나오고 시온산에서 살아남은 사람들의 무리가 나올

입에 물리는 재갈

보통 코뚜레나 재갈은 소나 말 등을 잘 부리기 위해 사용했던 도구였는데, 이사야에 나오는 "코에 갈고리를 걸고 입에 재갈을 물려"(사 37:29)라는 표현은 짐승이 아닌 사람에게 코뚜레와 재갈을 한 것을 말한다.

고대 앗시리아 사람들은 포로를 잡아갈 때 코나 입에 고리를 끼워 짐승처럼 끌고 갔다. 코르사밧에서 발견된 앗시리아 시대의 그림 조각에서 포로들이 왕 앞으로 끌려 나오는 모습을 볼 수 있는데, 포로들의 아랫입술에 구멍을 뚫고 쇠고리를 채운 다음 그 고리에 끈을 묶어 끌고 오는 장면이 묘사되어 있다.

전갈(37:21, 傳喝, message) 사람을 시켜서 남의 안부를 묻거나 말을 전함.

것이다.' 만군의 여호와의 열정이 이것을 이루실 것입니다." ^{9:7,14:32}

33 "그러므로 여호와께서 앗시리아 왕을 두고 이렇게 말씀하십니다. '그는 이 성으로 들어오지도 못하고 이곳으로 화살 하나도 쏘지 못할 것이다. 방패를 들고 전진하지도 못하고 이 성을 공격할 토성도 쌓을 수 없을 것이다. ^{합 1:10;눅 19:43}

34 그는 왔던 길로 되돌아가게 될 것이다. 그는 이 성에 들어오지 못할 것이다.' 여호와의 말씀이다.

35 '내가 나와 내 종 다윗을 위해 이 성을 보호하고 구할 것이다!'" ^{29:1;31:5;38:6}

36 **앗시리아가 도망침** 그러고는 여호와의 천사가 밖으로 나가서 앗시리아 진영에 있는 사람 18만 5,000명을 죽였다. 아침에 백성들이 일찍 일어나 보니 모두 죽은 시체들뿐이었다! ^{10:33;17:14;29:5;31:8}

37 그래서 앗시리아 왕 산헤립은 진영을 철수하고 물러가게 됐다. 그는 니느웨로 돌아가서 머물렀다. ^{창 10:11;욘 1:2;3:3;4:11;나 1:1}

38 어느 날 그가 자기 신 니스록의 신전에서 예배하고 있을 때 그의 아들 아드람멜렉과 사레셀이 그를 칼로 쳐 죽이고는 아라랏 땅으로 도망쳤다. 그 후 그 아들 에살핫돈이 뒤를 이어 왕이 됐다. ^{창 8:4;스 4:2}

38

히스기야의 수명이 연장됨 그 무렵 히스기야는 아파서 거의 죽게 됐는데 아모스의 아들 이사야가 그에게 가서 말했다. "여호와께서 이렇게 말씀하십니

다. 네가 곧 죽을 것이니 네 집을 잘 정리하도록 하여라. 너는 다시 회복되지 못할 것이다."

2 히스기야는 얼굴을 벽 쪽으로 돌리고 여호와께 기도했다.

3 "여호와여, 제가 주님 앞에서 신실하게 살아온 것과 온 마음으로 헌신하면서 나아갔던 것과 주님의 눈에 선한 일을 한 것을 기억해 주십시오." 그리고 히스기야는 슬프게 울었다. ^{왕하 18:5-6}

4 그러자 여호와의 말씀이 이사야에게 내려왔다.

5 "가서 히스기야에게 전하여라. '네 조상 다윗의 하나님 여호와가 이렇게 말한다. 내가 네 기도를 들었고 네 눈물을 보았다. 내가 네 수명을 15년 더 연장해 주겠다.

6 내가 너와 이 성읍을 앗시리아 왕의 손에서 구해 주고 이 성읍을 보호하겠다.

7 나 여호와는 약속을 지킬 것이다. 그래서 이것을 증거로 네게 보여 주겠다.

8 내가 아하스의 해시계에서 해 그림자를 10도 물러가게 하겠다.'" 그러자 해 그림자가 10도 물러가게 됐다. ^{왕하 20:9-10}

9 **히스기야의 감사** 유다 왕 히스기야가 병석에서 일어난 후 쓴 글이다.

10 "나는 이렇게 생각했다. '내 삶의 절정기에 이렇게 떠나야 하는구나. 내 남은 삶을 음부의 문으로 넘겨야 하는구나.'

11 나는 또 이렇게 생각했다. '내가 다시는 여호와를 뵙지 못하겠구나. 사람이 사는 땅

병에 걸려 죽게 된 히스기야가 얼굴을 벽 쪽으로 돌려 기도함

에서는 다시는 여호와를 뵙지 못하겠구나. 내가 더 이상 이 세상에 사는 사람들을 보지 못하겠구나. 88:5;시 27:13

12 목자가 자기 천막을 거두는 것같이 내 장막도 뽑혀서 옮겨지겠구나. 베를 걷어 마는 것같이 내 삶이 돌돌 말려 가 버리겠구나. 주께서 베틀에서 나를 끊으실 것이다. 주께서 나를 조만간에 끝내실 것이다.

13 내가 밤이 새도록 기도했지만 주께서는 사자처럼 내 모든 뼈를 부수어 버리셨다. 주께서 나를 조만간에 끝내실 것이다.

14 내가 제비처럼 학처럼 아우성쳤고 비둘기처럼 신음했다. 내 눈은 하늘을 쳐다보다가 피곤해졌다. '여호와여, 괴롭습니다. 저를 도와주십시오!' 시 69:3;119:122렘 8:7;히 7:22

15 그러나 주께서 내게 말씀하셨고 주께서 행하신 일인데 내가 뭐라고 말할 수 있겠는가? 내 마음이 너무 괴로워서 잠도 멀리 달아나고 말았다. 왕상 21:27

16 '주여, 이 모든 일 때문에 그리고 이 모든 일에도 불구하고 제가 다시 살아났습니다. 주께서 저를 회복시켜 건강을 주시고 저를 살게 하셨습니다. 신 8:3

17 보십시오, 제가 그런 고통을 당한 것은 분명히 제게는 유익이었습니다. 주께서는 주의 사랑으로 멸망의 구덩이에서 제 생명을 지키셨습니다. 주께서 제 모든 죄들을 주의 등 뒤로 던지셨습니다. 미 7:19

18 음부가 주를 찬양하지 못하고 죽음이 주를 찬송하지 못하지만 저 아래 구덩이로 내려가는 사람들은 주의 신실함을 바랄 수 없습니다. 시 88:10-12;115:17;전 9:10

19 오로지 살아 있는 사람들이 오늘 제가 찬양하듯 주를 찬양할 수 있습니다. 아버지가 자식들에게 주의 신실하심을 말하고 있습니다. 신 4:9;6:7;시 78:3-4

20 여호와께서 저를 구원하시니 우리는 한평생 여호와의 성전에서 현악기를 타면서 노래하겠습니다.'" 왕하 20:5

21 무화과와 증거 이사야가 왕에게 말했다. "무화과 한 무더기를 가져다가 그 종기에 붙이십시오, 그러면 왕께서 나으실 것입니다."

22 히스기야가 물었다. "내가 여호와의 성전으로 올라가게 될 것이라는 증거가 무엇인고?"

39

바벨론 사절단의 방문 그때에 바벨론 왕 발라단의 아들 므로닥발라단이 히스기야에게 편지와 선물을 보내왔다. 히스기야가 병들었다가 나았다는 것을 그가 들었기 때문이다.

2 히스기야는 그 사절단을 환영하면서 보물 창고에 있는 것들, 곧 은과 금과 향품과 값비싼 기름과 갑옷 등 자기 창고에 있는 모든 것을 그들에게 보여 주었다. 왕궁과 그 나라 전체에서 히스기야가 그들에게 보여 주지 않은 것은 하나도 없었다.

3 그러자 예언자 이사야가 히스기야 왕에게 가서 물었다. "이 사람들이 무슨 말을 했습니까? 이 사람들은 어디에서 온 사람들입니까?" 히스기야가 대답했다. "그들은 먼 나라, 바벨론에서 내게 왔다고 했소."

4 예언자가 물었다. "그들이 왕의 왕궁에서 무엇을 보았습니까?" 히스기야가 말했다. "그들은 내 왕궁에 있는 모든 것을 보았소. 내 창고에서 내가 그들에게 보여 주지 않은 것은 하나도 없소."

5 그러자 이사야가 히스기야에게 말했다. "만군의 여호와의 말씀을 들으십시오.

6 '네 왕궁에 있는 모든 것과 네 조상들이 지금까지 보관해 둔 모든 것이 바벨론으로 실려 갈 그때가 반드시 올 것이다. 그때는 아무것도 남지 않을 것이다.' 여호와께서 또 말씀하십니다. 왕하 24:13;25:13-17

7 '네 자손들과 네가 낳은 네 혈육 가운데 몇몇은 포로로 끌려갈 것이고 그들은 바벨론의 왕궁에서 내시가 될 것이다.'"

8 히스기야가 이사야에게 대답했다. "그대가 전해 준 여호와의 말씀은 지당하신 말씀이오." 그리고 히스기야는 이렇게 생각했다. '내가 살아 있는 동안에는 평화롭고 안

혈육 (39:7, 血肉, flesh and blood) 한 핏줄로 맺어진 부모, 형제, 자식 따위.

전하겠지.' 대하 32:26

40 위로하시는 하나님 "위로하라. 내 백성을 위로하라." 너희의 하나님께서 말씀하신다.

51:12;눅 2:25

2 "예루살렘의 마음을 위로하며 말하라. 예루살렘의 복역 기간이 완전히 끝났고 형벌도 다 치렀으며 여호와의 손에서 그 죗값을 두 배나 받았다고 선포하라."

3 오실 메시아 한 소리가 외친다. "광야에 여호와의 길을 내라. 사막에 우리의 하나님께서 오실 큰길을 곧게 닦으라.

4 모든 골짜기는 높이고 모든 산과 언덕은 낮추고 가파른 곳은 고르게 하고 울퉁불퉁한 곳은 평지로 만들라. 49:11;눅 3:5

5 여호와의 영광이 드러날 것이니 모든 사람이 그것을 함께 보게 될 것이다. 여호와께서 친히 입으로 말씀하셨다." 눅 3:6

6 영원한 말씀 한 소리가 명령하였다. "외치라." 그래서 내가 말했다. "무엇이라고 외쳐야 합니까?" "모든 사람은 풀과 같고 그 모든 아름다움은 들판의 꽃과 같다.

7 여호와께서 입김을 부시면 풀은 시들고 꽃은 떨어진다. 그렇다. 이 백성은 풀에 불과하다.

8 풀은 시들고 꽃은 떨어지지만 우리 하나님의 말씀은 영원하다." 막 1:11

9 하나님의 돌보심 시온에 좋은 소식을 전하는 사람아, 너는 높은 산으로 올라가거라. 예루살렘에 좋은 소식을 전하는 사람아, 두려워하지 말고 힘껏 외쳐라. 유다의 성읍들에게 말하여라. "보라. 너희 하나님께서 여기 계시다!" 52:7

10 보라. 주 여호와께서 능력으로 오신다. 친히 그 팔로 다스리실 것이다. 보라. 그분이 상급을 갖고 오신다. 그분의 보상이 그분의 앞에 있다. 눅 11:22;계 22:12

11 그분은 목자처럼 자신의 양 떼를 돌보시고 자신의 어린양들을 양팔로 끌어안아 가슴에 품으시고 젖먹이 딸린 양들을 고이 이끄시리라. 겔 34:23;요 11:7;눅 15:5

12 하나님의 무한하신 능력 누가 손바닥으로 바닷물을 헤아렸고 뼘으로 하늘을 쟀느냐? 누가 땅의 흙을 바구니에 담았고 저울로 산을 달았으며 천칭으로 언덕을 달았느냐?

13 누가 여호와의 마음을 헤아렸고 그분의 상담자가 돼 그분을 가르쳤느냐? 고전 2:16

14 누구에게 여호와께서 자신을 이해시켜 달라고 요청하셨느냐? 누가 그분께 공의의 길을 가르쳤고 지식을 가르쳤으며 분별의 길을 알려 드렸느냐? 욥 21:22

15 모든 민족의 연약함 보라. 뭇 민족들은 물통에 담긴 물 한 방울 같고 저울 위에 놓인 흙과 같을 뿐이다. 섬들도 고운 흙보다 더 가볍다. 29:5;41:1

16 레바논의 숲도 제단의 장작으로 쓰기에 모자라고 그곳의 짐승들도 번제물로는 충분하지 않다. 시 50:10

17 그분 앞에서는 모든 민족이 아무것도 아니다. 그분은 그들을 아무것도 아닌 것보다 더 하찮게 여기신다. 41:12;시 62:9;단 4:35

18 우상 숭배의 무익함 그렇다면 하나님을 누구와 견주겠으며 어떤 형상과 닮았다고 하겠는가? 46:5;행 13:2;행 17:29

19 우상? 그것은 장인들이 부어 만들고 도금장이가 그 위에 금을 입힌 다음 은으로 장식한 물건일 뿐이다.

20 너무 가난해서 그런 물건을 구할 수 없는 사람은 썩지 않는 나무를 골라서 숙련된 기술자를 찾아가 썩지 않을 우상을 만든다.

21 창조주의 능력 너희는 알지 못하느냐? 너희는 듣지 못했느냐? 태초부터 그것을 듣지 않았느냐? 땅의 기초가 세워지기 전부터 너희가 잘 알고 있지 않느냐? 행 14:17

22 그분은 땅 위의 둥근 천장에 앉으시니 땅의 백성들은 메뚜기와 같다. 그분은 하늘을 휘장처럼 펴시고 사람이 사는 장막처럼 그것을 펼치신다. 민 13:33;욥 9:8;시 104:2

천칭(40:12, 天秤, balance) 양쪽에 똑같은 저울판이 달려 있어 한쪽에는 물건을, 다른 한쪽에는 추를 놓아 무게를 재는 저울. 장정(40:30, 壯丁, young men) 나이가 젊고 기운이 좋은 남자. 모루(41:7, anvil) 대장간에서 뜨거운 금속을 올려놓고 두드릴 때 쓰는 쇠로 된 대.

23 그분은 귀족들을 있으나 마나 한 사람으로 만들고 세상 통치자들을 쓸모없는 사람으로 만드신다. 욥 12:21;사 107:40

24 그들이 심기자마자, 씨가 뿌려지자마자, 땅에 뿌리를 내리자마자, 그분은 입김을 불어 그들을 말려 버리고 회오리바람이 그들을 겨처럼 쓸고 지나가게 하실 것이다.

25 "너희는 나를 누구와 견주겠느냐? 누가 나와 같겠느냐?" 거룩하신 분이 말씀하신다.

26 눈을 높이 들어 위를 쳐다보라. 누가 이 모든 것을 창조했느냐? 그분은 별자리들을 하나하나 불러내어 그것들을 각각 이름대로 부르신다. 그분의 능력은 크시고 힘은 강하시니 하나도 빠뜨리지 않고 부르신다.

27 하나님 안에서의 능력 야곱아, 네가 왜 이렇게 말하느냐? 이스라엘아, 네가 왜 이렇게 이야기하느냐? 왜 "내 길은 여호와께 숨겨져 있고 내 공의는 하나님이 무시하신다" 하느냐? 49:4,14

28 너희가 알지 못하느냐? 너희가 듣지 못했느냐? 여호와는 영원한 하나님이시고 땅끝을 창조한 분이시다. 그분은 지치거나 피곤해하지 않으시고 그분의 통찰력은 아무도 탐구할 수 없다. 욥 11:7;시 121:4;147:5

29 그분은 지친 사람들에게 힘을 주시고 약한 사람들에게 힘을 북돋워 주신다.

30 젊은이라도 지쳐 피곤하고 장정이라도 걸려 비틀거리겠지만

31 여호와를 바라는 사람들은 새로운 힘을 얻을 것이다. 독수리가 날개를 치면서 솟구치듯 올라갈 것이고 아무리 달려도 지치지 않고 아무리 걸어도 피곤하지 않을 것이다. 출 19:4;시 103:5

41 하나님의 섭리 "섬들아, 내 앞에서 잠잠하라! 백성들아, 힘을 새롭게 하라! 가까이 와서 말해 보라. 우리 함께 법정에서 따져 보자.

2 누가 동방에서 사람을 일으켜 세우고 의를 불러서 자기 발 앞에 두었느냐? 누가 민족들을 그의 앞에 두고 왕들을 굴복하게 했느냐? 누가 그의 칼로 그들을 흙이

되게 하고 그의 활로 바람에 흩날리는 겨가 되게 했느냐? 40:24;46:11;와 4:10;대하 36:23

3 누가 자기 발로 간 적이 없는 길로 그들을 추격하되 상처도 없이 안전하게 지나가게 했느냐?

4 누가 처음부터 시대마다 사람을 불러내 이 일을 이루게 했느냐? 처음이며 끝인 나 여호와가 이 일을 했다." 계 1:8,17;22:13

5 선택받은 이스라엘 섬들이 보고 두려워하며 땅끝이 떨고 있구나. 그들이 함께 모여 다가오는구나.

6 서로가 서로를 도와주면서 자기 형제에게 "힘내라!" 하고 말하는구나.

7 기술자는 도금장이를 격려하고 망치로 펴는 사람은 모루를 치는 사람을 격려하며 용접한 것을 보고 "잘했다"라고 말하면서 그 우상에 못을 단단히 박아 고정시키는구나. 40:19~20

8 "그러나 너 이스라엘, 내 종아, 내가 선택한 야곱아, 내 친구 아브라함의 자손들아,

9 내가 너를 땅끝에서, 머나먼 땅 모퉁이에

왜 '두려워하지 말라'고 하셨나?

첫째, 하나님이 이스라엘을 만드셨고 이스라엘을 구원하신 분이기 때문이에요(사 43:1). 하나님이 이집트의 종살이에서 이스라엘을 구원하신 것처럼 바벨론의 포로에서도 다시 구원하실 것이기 때문이에요(사 43:5~7, 16~21).

둘째, 하나님은 이스라엘을 특별히 사랑하시기 때문이에요(사 43:4). 하나님은 이스라엘을 자기의 백성으로 삼으시기 위해 이집트의 장자들을 다 죽이기까지 이스라엘을 사랑하셨어요(사 43:3~4).

셋째, 하나님은 이스라엘의 죄를 용서하시고 잘못을 가려 주시는 분이기 때문이에요(사 43:25). 이스라엘 백성은 하나님께 제사를 드리면서 마음으로 하나님을 두려워하지도, 하나님의 법을 지키지도 않고 온갖 잘못을 저질렀어요(사 43:22~24). 그래서 그들은 하나님의 심판을 받아 바벨론의 포로가 될 것이지만 결국 하나님은 그들의 죄를 용서하시고 회복시키실 것이기 때문이에요(사 43:18~20).

서 불러 너를 데려왔다. 그리고 내가 네게 이렇게 말했다. '너는 내 종이다. 내가 너를 선택했고 너를 버리지 않았다.'

10 그러니 두려워하지 마라. 내가 너와 함께 있다. 걱정하지 마라. 나는 네 하나님이다. 내가 너를 강하게 하고 너를 도와주겠다. 내 의로운 오른손으로 너를 붙들어 주겠다.

11 **두려워하지 마라** 너를 향해 화내던 사람들은 모두 부끄러움을 당하고 수치를 당할 것이다. 너와 다투던 사람들은 아무것도 아닌 것같이 돼 사라질 것이다.
　　　　　　　　　　　　　　　　45:24

12 네가 아무리 원수들을 찾아 보아도 발견하지 못할 것이다. 네게 싸움을 걸어오던 사람들은 아무것도 아닌 것같이 될 것이다.

13 나는 네 오른손을 잡은 네 하나님 여호와다. 내가 네게 말한다. '두려워하지 마라. 내가 너를 도와주겠다.'

14 지렁이 야곱아, 이스라엘 사람아, 두려워하지 마라. 내가 너를 도와주겠다. 여호와의 말씀이다. 너를 구원하시는 분은 이스라엘의 거룩한 분이시다."
　　　　　　　　　　　　시 22:6;78:35

15 "보아라. 내가 너를 날카롭게 날이 선 새 타작 기계로 만들 것이다. 너는 산들을 타작하고 부술 것이며 언덕을 겨처럼 만들 것이다.
　　　　　　　　　　　　2:14;미 4:13

16 네가 산들을 키질하면 바람이 그것들을 휩쓸어 갈 것이며 회오리바람이 그것들을 흩어 버릴 것이다. 그러나 너는 여호와를 기뻐하면서 이스라엘의 거룩한 분을 찬양할 것이다.
　　　　　　　　　　　　45:25;월 5:2

17 만물을 보고 깨닫는 사람들 힘없고 가난한

사람들이 물을 찾지만 물이 없어서 혀가 다 타 버린다. 그러나 나 여호와는 그들에게 대답한다. 나 이스라엘의 하나님은 그들을 버리지 않는다.
　　　　　　　　　　　　44:3

18 내가 메마른 산에 강이 흐르고 골짜기 사이에 시냇물이 흐르게 하겠다. 내가 광야를 물웅덩이로 바꾸고 메마른 땅을 샘물로 만들겠다.
　　　　　　　　　　　　35:6~7;시 107:35

19 내가 광야에 백향목과 아카시아와 화석류와 올리브 나무를 심겠다. 사막에는 잣나무를 놓고 소나무와 회양목도 함께 두겠다.
　　　　　　　　35:1~2;55:12~13;60:13

20 이것을 보고 사람들은 알게 될 것이다. 여호와께서 친히 손으로 이 일을 하셨고 이스라엘의 거룩한 분이 만드신 것임을 생각하고 깨달으게 될 것이다.
　　　　　　　　　　　　욥 12:9

21 **헛된 우상** 여호와께서 말씀하신다. "소송을 걸어 보라." 야곱의 왕이 말씀하신다. "증거를 내놓아 보라."

22 "너희의 우상들을 데려와서 우리에게 무슨 일이 일어날지 말하게 해 보라. 전에 어떤 일이 있었는지 말하게 해 보라. 우리가 그것을 듣고 고려해서 결국 어떤 일이 일어날지 알게 해 보라. 아니면 앞으로 일어날 일을 말하게 해 보라.
　　　　　　　　　　　　45:7;45:21;46:10

23 장차 될 일을 말해서 너희가 신들임을 우리로 알게 해 보라. 좋은 일이 생기게 하든 나쁜 일이 생기게 하든 어떻게 좀 해 보라. 그러면 우리가 불안해지든지 두려움에 빠지든지 할 텐데.
　　　　　　　　　　　　45:7

24 보라. 너희는 아무것도 아니다. 너희가 하

하나님이 세운 내 종은 누구를 말하나요?

하나님이 세운 종은 '메시아', 곧 예수님을 말해요. 이사야서에서는 종에 대한 노래가 네 곳에 나오는데(42:1~9; 49:1~13; 50:4~11; 52:13~53:12), 모두 메시아를 표현하고 있어요.

하나님이 세운 종은 하나님의 뜻을 거역하는 불순종의 종인 이스라엘과 비교되는, 끝까지 순종하는 완전한 종이에요. 하나님은 "내가 붙잡아 세

운 내 종을 보라. 내가 뽑았고 내가 기뻐하는 내 종을 보라." (사 42:1)라고 말씀하셨어요.

그 종은 상한 갈대를 꺾지 않고, 불길이 약한 심지를 끄지 않고, 성실히 공의를 베풀고(사 42:3), 백성의 언약과 이방의 빛(사 42:6)이 되어 눈먼 사람들의 눈을 뜨게 하고 갇힌 사람들을 감옥에서 나오게 할 분이에요(사 42:7).

는 일은 쓸모도 없는 것이다. 너희를 신이라고 선택하는 사람을 보면 역겹다.

25 거짓 예언자들의 멸망 내가 북쪽에서 한 사람을 일게했으니 그가 오고 있다. 해 뜨는 곳에서 내 이름을 부르는 사람을 오게 했다. 그는 토기장이가 진흙을 밟아 이기듯 통치자들을 회반죽처럼 밟는다.

26 어떤 우상이 태초부터 이 일을 우리에게 말해 주어서 알게 했느냐? '그 말이 맞았어'라고 말하도록 미리 일러 준 우상이 있느냐? 그렇게 말해 준 사람도 없고 선포한 사람도 없다. 아무도 너희의 말을 들은 사람이 없다. 22절

27 나는 처음에 시온에게 '보라, 그것들을 보라' 하고 말했고 예루살렘에 기쁜 소식을 전해 주었다. 40:9;52:7

28 그런데 내가 둘러보니 아무도 없구나. 그들 가운데 물어볼 사람이 없구나. 내가 물어도 아무도 대답할 사람이 없다.

29 보라, 그들은 모두 가짜다! 그들이 한 일은 하나도 없다. 그들의 우상들은 바람이며 헛것일 뿐이다." 12절

42

공의의 메시야 "내가 붙잡아 세운 내 종을 보라. 내가 뽑았고 내가 기뻐하는 내 종을 보라. 내가 내 영을 그에게 불어넣었으니 그가 민족들에게 공의를 가져다 줄 것이다.

2 그는 소리치거나 목소리를 높이지 않고 거리에서는 목소리를 내지 않을 것이다.

3 그는 상한 갈대를 꺾지 않고 불길이 약해진 심지를 끄지 않을 것이다. 그는 성실히 공의를 베풀고 57:15;시 9:8

4 그가 세상에 공의를 세울 때까지 마음이 약해지지 않고 마음이 상하지 않을 것이다. 바닷가에 사는 사람들도 그의 가르침을 기다릴 것이다." 2:3;60:9;시 105:하 12:21

5 만인을 위한 새 나라 하늘을 만들어 펼치시고 땅과 거기서 생겨난 것들을 펴뜨리시며 땅 위에 사는 사람들에게 숨을 주시고 땅 위를 걸어 다니는 사람들에게 생명을 주시는 여호와 하나님께서 이렇게 말씀하신다.

6 "나 여호와가 공의를 이루려고 너를 불렀다. 내가 네 손을 잡고 지켜 줄 것이니 너는 백성의 언약이 되고 이방의 빛이 되며

7 눈먼 사람들의 눈을 뜨게 하고 갇힌 사람들을 감옥에서 나오게 하고 어둠 속에 앉은 사람들을 지하 감옥에서 풀어 줄 것이다.

8 하나님의 계획을 미리 알리심 나는 여호와다. 그것이 내 이름이다! 나는 내가 받을 영광을 다른 이에게 주지 않고 내가 받을 찬송을 우상에게 주지 않겠다. 48:11

9 보라, 전에 말한 일들은 다 이뤄졌다. 이제 내가 새로 일어날 일들을 알려 주겠다. 그 일들이 시작되기도 전에 내가 너희에게 말해 주겠다." 43:19

10 하나님의 승리를 찬양함 바다로 내려가는 사람들아, 그 안에 있는 모든 생물들아, 섬들과 그 안에 사는 모든 사람들아, 여호와께 새 노래를 부르라. 땅끝에서부터 그를 찬양하라. 시 33:3;107:23

11 광야와 거기 있는 성읍들아, 게달 사람들이 사는 마을들아, 목소리를 높이라. 셀라

상한 갈대를 꺾지 않고

이스라엘의 목자들은 혼자 양을 돌보며 보내는 시간이 많았다. 이들은 외로움과 심심함을 덜기 위해서 갈대를 꺾어 피리로 만들어 불었다.

그런데 이 갈대 피리는 아주 약해서 땅에 떨어져 밟히기라도 하면 소리를 낼 수 없을 정도로 잘 망가졌다. 갈대 피리는 얼마든지 구할 수 있는 것이기 때문에 망가진 것을 쉽게 버릴 수도

있었지만 목자들은 자신의 손때가 묻고 외로움을 달래 준 갈대 피리를 쉽게 버리지못하는 경우가 많았다. 그래서 상한 갈대 피리의 망가진 부분을 다시고 쳐서 사용했다(사 42:3).

이와 같이 목자 되신(시 23편) 하나님도 죄로 망가진 우리를 사랑으로 감싸 주시며, 고치셔서 새롭게 살아가도록 하신다.

의 주민들아, 환호성을 지르라. 산꼭대기에서 외치라. 16:1;21:16

12 여호와께 영광을 돌리며 섬에서 그를 찬송하라.

13 여호와께서 용사처럼 나서시고 전사처럼 큰 소리로 고함을 지르며 그 원수를 압도하실 것이다. 9:7;40:10;59:17;시 78:65

14 **신자들의 새 나라** "오랫동안 내가 침묵하고 있었다. 내가 조용히 물러서 있었다. 그러나 이제 나는 해산하는 여인처럼 소리치고 숨이 차서 헐떡이고 있다.

15 내가 산들과 언덕들을 파괴하고 모든 초목을 시들게 하겠다. 강을 섬으로 만들고 웅덩이를 말려 버리겠다. 50:2

16 내가 눈먼 사람들을 그들이 모르는 길로 이끌고 그들이 다녀 보지 않은 길로 걷게 하겠다. 내가 그들 앞에서 어둠을 빛으로 바꾸고 굽은 곳을 바르게 만들겠다. 이것이 내가 할 일들이다. 내가 결코 그만두지 않겠다. 35:5,8;40:4

17 그러나 우상들을 믿는 사람들과 부어 만든 형상들을 보고 '당신들이 우리의 신들입니다'라고 하는 사람은 크게 부끄러움을 당하고 돌아갈 것이다." 시 97:7

18 **귀먹고 눈먼 이스라엘** "너희 귀먹은 사람들아, 들으라. 너희 눈먼 사람들아, 주목하여 보라!

19 내 종 말고 또 누가 눈이 멀었느냐? 내가 보낸 내 사자 말고 또 누가 귀가 먹었느냐? 사명을 주어 보낸 내 종처럼 눈이 먼 사람이 또 어디에 있단 말이냐?

20 너는 많은 것을 보고도 마음에 담지 않았고 귀가 열려 있어도 귀담아듣지 않았다."

21 여호와께서는 그분의 의를 위해 그분의 가르침을 높이고 존중받기를 기뻐하셨다.

22 그런데 이 백성은 약탈당하고 빼앗겨서 모두 구덩이에 빠져 있거나 감옥에 갇혀 있다. 그들이 약탈을 당해도 건져 낼 사람이 아무도 없고 빼앗겨도 '돌려주어라' 하고 말해 주는 사람이 아무도 없다.

23 **징벌의 뜻을 깨닫지 못한** 너희 가운데 누가 이 말에 귀 기울이고 다가올 일을 유념해 듣겠느냐? 마 13:9

24 야곱을 약탈자에게 넘겨주고 이스라엘을 노략자에게 내준 자가 누구냐? 그것은 바로 여호와가 아니냐? 우리가 그분께 죄를 지었다. 그분의 길을 따르지 않았고 그분의 가르침에 순종하지 않았다.

25 그러므로 내가 불같이 노여워하시고 잔혹한 전쟁을 그들에게 쏟아부으셨다. 노여움이 불꽃처럼 그들을 에워쌌지만, 깨닫지 못했고 분노가 그들을 불태웠지만, 마음에 두지도 않았다. 47:11;57:17;11:발 7:9

43

구원받을 이스라엘 그러나 이제 여호와께서 말씀하신다. 야곱아, 너를 창조하신 분이 말씀하신다. 이스라엘아, 너를 만드신 분이 말씀하신다. "내가 너를 건져 주었으니 두려워하지 마라. 내가 네 이름을 불렀으니 너는 내 것이다.

2 네가 바다를 건널 때 내가 너와 함께하겠

소망

내가 새 일을 행하고 있다!

피아니스트가 꿈인 굳은이는 손을 다쳐서 더 이상 피아노를 칠 수 없게 되었어요. 이제는 아무것도 할 수 없다는 생각에 굳은이는 눈물만 흘립니다.

하나님은 사람의 경험과 생각을 뛰어넘는 분이세요. 하나님은 사람의 잣대로 그 능력을 제한할 수 없는 전지전능한 분이시죠. 하나님은 이스라엘 사람들에게 말씀하셨어요. "지나간 일들을 기억하지 말라. 과거에 연연하지 말라. 보라. 내가 새 일을 하고 있다! 이제 막 솟아나고 있는데 너희는 느끼지 못하느냐? 내가 광야에 길을 내고 사막에 강을 만들리라."(사 43:18-19)라고 말씀하셨어요. 하나님이 말씀하시는 새 일은 우리의 상상을 뛰어넘는 것이에요. 우리가 생각하는 방법과 너무나 다른 것이에요. 그래서 하나님은 이전의 일들을 기억하지 말고 집착하지 말라고 하신 거예요.

고 네가 강을 건널 때 휩쓸려 가지 않을 것이다. 네가 불 속을 걸어갈 때 타지 않을 것이고 불꽃이 네 몸을 태우지 못할 것이다.

3 나는 네 하나님 여호와, 이스라엘의 거룩한 자, 네 구원자다. 내가 이집트를 네 대속물로 주었고 너를 대신해서 에티오피아와 스바를 내주었다. 출 20:2;시 72:10

4 네가 내 눈에 소중하고 귀한 만큼, 또 내가 너를 사랑하기 때문에 내가 너를 대신해 다른 사람을 내주고 네 목숨을 대신해 다른 민족들을 내주겠다.

5 내가 너와 함께 있으니 두려워하지 마라. 내가 동쪽에서 네 자손들을 데려오고 서쪽에서 너를 모으겠다. 시 107:3;렘 30:10-11

6 내가 북쪽에다 '그들을 풀어 주어라' 하고 남쪽에다 '그들을 잡아 두지 마라' 하고 말하겠다. 아무리 멀어도 내 아들들을 거기서 데려오고 땅끝에서라도 내 딸들을 데려오라 하라. 고후 6:18

7 그들은 내 피붙이들, 내가 내 명예를 걸고 창조하고 만들고 지은 내 백성이다' 하고 말하겠다."

8 **유일한 구원자되신 하나님** 눈이 있어도 눈이 멀어 버린 사람들, 귀가 있어도 귀가 먹어 버린 사람들을 출두시켜라. 42:19

9 그 자리에 모든 민족이 함께 모였고 모든 백성이 모여 앉아 있다. 그들 가운데 누가 이렇게 될 것이라고 선포했고 누가 예전에 우리에게 미리 보여 주었느냐? 있다면 증인을 데려와서 자기들이 옳았음을 증명하

지금 기도하고 있는 것은 무엇인가요? 우리가 할 일은 그것을 내 방법대로 이루어 달라고 하나님께 조르기보다 하나님의 방법에 맡기고 기대하는 마음을 가지는 거예요. 하나님은 우리가 알지 못하는 방법으로, 우리가 상상할 수 없는 놀랍고 신기한 방법으로 응답해 주시거든요. 기대하는 마음을 가지세요.

깊이읽기 시편 107편 35절과
이사야 43장 18~19절을 읽으세요.

게 하고 다른 사람들이 듣고 "그것이 진실이다" 하고 말하게 해 보아라.

10 "여호와의 말씀이다. 너희가 내 증인들이다. 내가 뽑은 내 종이다. 내가 너희를 뽑은 것은 너희가 나를 알고 믿고 내가 하나님임을 깨닫게 하려는 것이다. 나보다 앞서 만들어진 신이 없으며 나 이후로도 없을 것이다. 41:4;42:1;44:8

11 나, 내가 바로 여호와다. 나밖에는 구원자가 없다. 45:21;호 13:4

12 내가 나타냈고 구원했고 선포했다. 너희 중에는 그렇게 한 이방신이 없다. 너희가 내 증인들이다. 여호와의 말씀이다."

13 "그렇다. 나는 태초부터 하나님이었다. 어느 누구도 내 손에서 건져 낼 사람이 없다. 내가 하는 일을 누가 막겠느냐?"

14 **바벨론의 멸망** 너희들을 건져 낸 이스라엘의 거룩하신 분 여호와께서 이렇게 말씀하신다. "나는 너희를 위해 바벨론에 사람을 보내 모두 도망쳐 나오게 하겠다. 갈대아 사람들은 슬퍼서 목소리를 높여 울부짖을 것이다. 23:13;41:14;44:6;24;47:1

15 나는 여호와며 너희의 거룩한 자이며 이스라엘의 창조자이며 너희의 왕이다."

16 지나간 과거 바다 가운데 길을 내시고 거센 물결 가운데 통로를 내신 여호와께서 이렇게 말씀하신다. 51:10;출 14:21-22;시 77:19

17 병거와 말과 군대와 용사를 모두 이끌어 내어 그곳에서 쓰러뜨리셔서 다시는 일어나지 못하고 불이 꺼진 심지처럼 사그라지게 하신 여호와께서 이렇게 말씀하신다.

18 "지나간 일들을 기억하지 마라. 과거에 연연하지 마라. 렘 16:14;23:7

19 보라. 내가 새 일을 하고 있다! 이제 막 솟아나고 있는데 너희는 느끼지 못하느냐? 내가 광야에 길을 내고 사막에 강을 만들고 있다. 35:8;41:18;고후 5:17;계 21:5

유념 (42:23, 留念) 잊거나 소홀히 하지 않도록 마음속에 깊이 간직하여 둠. 대속물 (43:3, 代贖物, ransom) 노예나 죄인을 자유케 하기 위해 대신 지불하는 값. 출두 (43:8, 出頭, lead out) 어떤 곳에 몸소 나아감.

20 들짐승과 자칼과 부엉이가 나를 공경할 것이다. 내가 광야에 물을 대고 사막에 강을 만들어서 내가 택한 백성들이 마시게 할 것이기 때문이다. 13:22;49:10

21 이 백성은 나를 찬양하게 하려고 내가 손수 만든 사람들이다. 시 79:13;눅 1:74~75;벧전 2:9

22 이스라엘을 용서하시는 하나님 그러나 야곱아, 너는 나를 부르지 않았다. 이스라엘아, 너는 내게 싫증을 냈다. 미 6:3

23 너는 번제할 양을 내게 가져오지 않았고 네 희생제물로 내게 영광을 돌리지도 않았다. 나는 네게 곡식제물로 부담을 주지 않았고 분향을 요구해 귀찮게 하지도 않았다. 암 5:25

24 너는 내게 향품을 가져오지 않았고 네 희생제물의 기름으로 나를 흡족하게 하지도 않았다. 대신 너는 네 죄들을 내게 지우고 네 죄악으로 나를 괴롭혔다. 창 6:20

25 나, 나는 나를 위해 네 죄를 닦아 없애는 자이니 네 죄를 더 이상 기억하지 않겠다.

26 용서에 필요한 조건 내게 털어놓을 만한 옛일을 떠올려 보아라. 우리 함께 판가름을 해 보자. 네 결백을 주장해 보아라.

27 네 첫 조상부터 잘못을 저질렀고 네 중재자들마저 나를 배반했다. 렘 5:31;겔 16:3

28 그러므로 내가 *구별된 귀족들을 천하게 했다. 내가 야곱을 전멸되게 내주고 이스라엘을 비웃음거리가 되게 버려둘 것이다."

44 선택받은 이스라엘 "그러나 내 종 야곱아, 잘 들어라. 내가 선택한 이스라엘아, 41:8

2 여호와께서 말씀하신다. 너를 만들고 너를 태로부터 지으신 분이 너를 도와줄 것이다. 내 종 야곱아, 내가 선택한 여수룬아, 두려워하지 마라. 렘 1:5;갈 1:15

3 내가 메마른 땅에 물을 주고 마른 바닥에 시냇물이 흐르게 하듯이 네 자손에게 내 영을 주고 네 후손에게 내 복이 흐르게 하겠다. 욜 2:28;요 7:38;행 2:18

4 그들은 들판에서 솟아나는 풀 같고 흐르는 시냇가의 버드나무 같을 것이다.

5 그때에 '나는 여호와의 것'이라고 말하는 사람도 있고 스스로를 야곱이라고 부르는 사람도 있고 손에다가 '여호와의 것'이라고 쓰는 사람도 있고 이스라엘이라고 불리는 것을 기뻐하는 사람도 있을 것이다."

6 하나님밖에 다른 신이 없는 이스라엘의 왕이요, 이스라엘의 구세주이신 전능하신 여호와께서 이렇게 말씀하신다. "나는 처음이요, 마지막이다. 나밖에 다른 신이 없다.

7 도대체 누가 나와 같다는 것이냐? 있다면 나서서 한번 설명해 보라. 옛날에 내가 사람들을 세운 이래로 장차 일어날 일들을 내게 설명할 수 있는 자가 누구냐? 있다면 그 일을 미리 말해 보라. 41:26~27

8 너희는 떨지 말고 두려워하지 말라. 내가 옛적부터 이것을 말하고 설명해 주지 않았느냐? 너희가 내 증인들이다. 나 말고 다른 신이 있느냐? 아니다. 다른 반석은 없다. 나는 아는 바가 없다." 삼상 22:2;2:7

9 헛된 우상 숭배 우상을 만드는 사람은 모두

나의 우상은 무엇인가?

우상이란 하나님보다 더 중요한 위치에 두고 있는 그 어떤 것을 말해요. 우상은 돌이나 금, 나무로 만든 눈에 보이는 것만 말하는 것은 아니에요. 우상에는 우리가 하나님보다 더 좋아하는 것, 하나님보다 더 많이 생각하는 것들도 포함하고 있어요. 그래서 밀림의 원주민들만 우상을 숭배하는 죄를 범하는 게 아니에요. 우상은 하나님이 싫어하실 뿐 아니라, 우리에게도 아무 유익이 없다는 것을 기억하세요.

내 주변에 있는 우상은 무엇인가요? 내가 하나님보다 더 의지하거나 더 좋아하는 것이 있나요? 그것은 자신감일 수도 있고, 음식이나 옷일 수도 허망한 사람이다. 그들이 그렇게 기뻐하는 우상은 아무 이득도 주지 않는 것이다. 우상을 펴는 사람은 눈먼 사람이고 무식한 사람이니 부끄러움을 당할 것이다.

10 아무런 이득을 바라지 않고 신의 모양을 뜨고 우상을 부어 만드는 사람이 있겠느냐?

11 그런 무리들은 모두 부끄러움을 당할 것이다. 우상을 만드는 장인들은 그저 사람일 뿐이다. 그들 모두 함께 출두하라. 모두들 잔뜩 겁을 집어먹고 함께 창피를 당할 것이다. 42:17;45:16;41:11;58

12 스스로 만드는 헛된 우상 철공은 연장을 들고 숯불에 넣어 달구고 망치로 두들겨 우상의 모양을 만든다. 이렇게 팔에 힘을 주고 만들어 내다 보면 시장해지는 데다가 힘도 빠진다. 물을 마시지 못하면 기진맥진해진다.

13 목공은 줄자로 재 기본 틀을 잡고는 대패로 대충 밀다가 이리저리 재 보고는 사람의 모양대로, 가장 아름다운 사람의 모습으로 만들어 집에 모셔 둔다. 시 115:5-7

14 그는 백향목을 베거나 혹은 삼나무나 상수리나무를 가져다가 쓰기도 하는데, 이 나무들은 키운 것이 아니라 숲 속에서 스스로 자란 나무다. 전나무를 심어 두면 비가 그것을 자라나게 하는 것이다. 40:20

15 이 나무는 사람들에게 땔감에 불과하다. 목공은 어떤 나무를 가져다가 몸을 녹이기도 하고 거기다 불을 지펴 빵을 굽기도 하지만 또 어떤 나무로는 신상을 만들어

경배하고 우상을 만들어 절하기도 한다.

16 똑같은 나무들 가운데 절반은 불에 태우는데 거기다가 음식을 만들기도 하고 고기를 구워서 배불리 먹기도 한다. 그는 또 몸을 녹이면서 말한다. "아! 불을 보니까 따뜻해지는구나."

17 그리고 나머지 절반으로 신상, 곧 자기의 우상을 만들고 거기에 절하고 경배한다. 그는 거기에다 기도하면서 "나를 구원해 주십시오, 당신은 내 신입니다"라고 말한다.

18 모두들 아무것도 모르고 아무것도 이해하지 못한다. 그 눈에는 덕지덕지 발라서 아무것도 볼 수 없고 그 마음들은 닫혀 있어서 아무것도 깨닫지 못한다.

19 '내가 이 나무의 절반은 땔감으로 써서 거기에다 빵을 굽고 고기를 구워 먹었다. 그렇다면 내가 남은 것으로 가증스러운 것을 만들어야 하는가? 내가 나무토막 하나에다 절해야 하는가?' 이렇게 생각하는 사람이 없으니 모두들 지식도 없고 분별력도 없다. 신 27:15

20 재나 먹고 살아가니 마음이 비뚤어질 수밖에. 마음이 비뚤어지니 자기 영혼을 돌보지 못할 수밖에. 그들은 "내 오른손에 들고 있는 것이 혹시 헛것이 아닐까?"라고 말하지 않는다. 시 148:8;호 12:1;롬 1:25

21 하나님의 종 이스라엘 "야곱아, 이스라엘아, 이것들을 기억하여라. 너는 내 종이다. 내가 너를 만들었다. 그렇다, 너는 내 종이다. 이스라엘아, 내가 너를 잊지 않았다.

22 내가 네 죄를 먹구름처럼 날려 버렸고 네 허물을 아침 안개처럼 흩어 버렸다. 내게로 돌아오너라. 내가 너를 구해 냈다."

23 여호와께서 이 일을 하셨으니 하늘아, 노래하라. 땅 깊은 곳아, 소리 높여 외치라. 산들아, 숲과 그 속에 있는 모든 나무들아,

43:28 또는 '정소와 지도자들을', 여수룬(44:2,Jeshurun) 이스라엘 백성을 명예롭게 부르는 시적 표현으로 '의로운 자', '올바른 자라는 뜻임. 철공(44:12, 鐵工, blacksmith) 쇠를 다루어서 기구들을 만드는 사람. 목공(44:13, 木工, carpenter) 나무를 다루어서 물건을 만드는 사람.

노래를 터뜨리라. 여호와께서 야곱을 구원하셔서 이스라엘에서 영광을 받으셨다.

24 회복될 예루살렘 너를 태에서부터 지으시고 구원하신 여호와께서 이렇게 말씀하신다. "나는 여호와다. 모든 것을 만들었고 혼자서 하늘을 펼쳤으며 땅을 펼쳐 냈다. 누가 나와 함께 있었느냐? `43:14;45:12`

25 거짓 예언자들의 징조를 무효로 만들고 점쟁이들을 멍청이로 만든다. 지혜로운 사람을 물리쳐서 그들의 지식을 시시하게 만든다. `19:3,14`

26 내 종의 말들을 이루고 화친을 전하는 사자들의 예언을 이룬다. 예루살렘에게 말한다. '여기에 사람이 살게 될 것이다.' 유다 성읍들에게 말한다. '이 성읍들이 재건될 것이다. 허물어진 것을 내가 회복시키겠다.'

27 깊은 물에게 말한다. '바싹 말라 버려라. 내가 네 시내를 말려 버리겠다.' `51:10`

28 고레스에게 말한다. '너는 내가 세운 목자이니 내가 기뻐하는 것을 네가 모두 이룰 것이다.' 예루살렘에게 말한다. '너는 재건될 것이다.' 예루살렘 성전에게 말한다. '네 기초가 세워질 것이다.'" `시78:72`

45

고레스를 향한 말씀 여호와께서 그의 기름 부은 고레스에게 이렇게 말씀하신다. "내가 네 오른손을 잡고 민족들을 네게 굴복시키고 왕들을 무장 해제시키겠다. 네 앞에 있는 성문을 활짝 열어 줘서 성문들이 다시는 닫히지 않게 하겠다.

2 내가 너보다 앞서가서 산들을 평평하게 밀어 버리고 청동 성문들을 부수고 철 빗장들을 끊어 버리겠다. `40:4`

3 내가 어두운 곳에 감춰 둔 보물과 비밀스*러운 곳에 보관된 재물들*을 네게 주면 내가 바로 네 이름으로 불러낸 이스라엘의 하나님 여호와임을 네가 알게 될 것이다.

4 내 종 야곱을 돕고 내가 선택한 이스라엘을 도우라고 네 이름을 불렀다. 그래서 네

가 나를 알지 못했지만 내가 네게 칭호를 준 것이다. `6:2,2`

5 나는 여호와이며 다른 신은 없다. 나밖에 다른 신은 없다. 비록 네가 나를 알지 못하더라도 내가 네게 능력을 주어서

6 해 뜨는 데부터 해 지는 데까지 사람들이 나 말고는 다른 신이 없음을 알게 하겠다. 나는 여호와이며 다른 신은 없다.

7 나는 빛도 지었고 어둠도 만들었으며 평화도 만들었고 재앙도 일으켰다. 나 여호와가 이 모든 일을 한다. `41:23;암 3:6`

8 창조자 하나님 하늘아, 위에서부터 떨어뜨리라. 정의를 이슬처럼 내리게 하라. 땅이 입을 벌려 구원이 열매 맺고 정의가 싹트게 하라. 나 여호와가 이것을 창조했다.

9 고레스를 사용하시는 하나님 아! 너희에게 재앙이 있을 것이다. 바다에 뒹구는 질그릇들 가운데 하나의 주제에 자기를 만드신 분과 다투는 자야! 진흙이 토기장이에게 '무엇을 만드느냐?' 하고 묻겠느냐? 작품이 작가에게 '이 사람은 도대체 손도 없느냐?' 하고 말하겠느냐?

10 아! 너희에게 재앙이 있을 것이다. 자기 아버지에게, '도대체 무엇을 낳았느냐?' 하고 말하거나, 자기 어머니에게, '도대체 무엇을 낳느냐고 그 고생을 했느냐?' 하고 말하는 사람아!

11 이스라엘의 거룩하신 분, 곧 이스라엘을 만드신 여호와께서 이렇게 말씀하신다. 내 자식의 일로 감히 내게 묻고 있느냐. 아니면 내 손으로 만든 작품에 대해 내게 명령하느냐? `29:23;41:23;렘 31:9;겔 39:7`

12 땅을 만들고 그 위에 인류를 창조한 것은 바로 나다. 내가 손수 하늘을 펼쳐 냈고 모든 별들에게 명령했다. `느 9:6;欲 27:5`

13 내가 정의를 세우기 위해 고레스를 일으켰으니 그의 모든 길을 평탄하게 하겠다. 그가 내 성읍을 재건하고 포로 된 내 백성을 해방시키겠지만 어떤 대가도 보상도 없을 것이다." 만군의 여호와께서 말씀하셨다.

14 이집트가 하나님을 알게 될 것임 여호와께서

빗장(45:2, bar) 문을 닫고 가로질러 잠그는 막대기.

이렇게 말씀하신다. "이집트가 벌어들인 소득과 에티오피아가 벌어 놓은 재물이 네게로 넘어오고 스바의 거인들이 네 것이 될 것이다. 그들이 네 뒤에서 터벅터벅 걸으며 사슬에 묶인 채 네게로 넘어올 것이다. 그들이 네 앞에서 절하고 빌면서 '틀림없이 하나님이 당신과 함께하십니다. 그밖에 다른 누구도 없습니다. 그밖에 다른 신은 없습니다'라고 말할 것이다."

15 우상 숭배자들이 하나님을 알게 될 것임 '구원자이신 이스라엘의 하나님, 주께서는 참으로 숨어 계신 하나님이십니다.

16 우상들을 만든 사람들은 모두 부끄러움을 당하고 모욕을 당할 것입니다. 모두 함께 창피해서 줄행랑을 칠 것입니다. 42:17

17 그러나 이스라엘은 여호와께 구원을 받을 것입니다. 그리고 그 구원은 영원할 것입니다. 주께서는 영원토록 결코 수치를 당하거나 모욕을 당하지 않으실 것입니다.'

18 하늘을 창조하신 여호와께서 말씀하신다. 하나님이신 분, 땅을 지어 만드신 분, 땅을 견고하게 하신 분, 땅을 황무지로 창조하지 않으시고 사람이 살도록 지으신 분이 말씀하신다. "나는 여호와다. 나밖에 다른

이가 없다. 42:5;창 1:2;시 115:16

19 나는 어둠의 땅 어딘가에서 비밀스럽게 말하지 않았다. 나는 야곱의 자손에게 '나를 찾아 봤자 헛수고다'라고 말하지 않았다. 나 여호와는 진실만 말하고 바른 것만 선포한다. 48:16;신 30:11;렘 29:13-14

20 민족들 가운데서 살아남은 사람들아, 함께 모여 오라. 나무로 만든 우상들을 갖고 다니며 구원해 주지도 않는 신들에게 기도하는 사람아, 44:17-19;46:1,7;렘 10:5

21 앞으로 무슨 일이 있을지 드러내 이야기해 보라. 함께 모여 의논해 보라. 누가 이것을 오래전에 말해 주었느냐? 누가 예전부터 이것을 일러 주었느냐? 그것은 나, 바로 여호와가 아니냐? 나밖에 다른 신이 없으니 나는 정의를 세우고 구원을 베푸는 하나님이다. 나밖에는 아무도 없다.

22 내게 돌아와서 구원을 받으라. 너희 땅끝에 있는 모든 사람들아. 내가 하나님이니 나밖에는 아무도 없다. 11:12;43:5-6

23 내가 나를 두고 맹세한다. 내 입에서 공의로운 말이 나갔으니 결코 번복되지 않을 것이다. 모든 사람이 내게 무릎을 꿇을 것이고 모든 사람이 내게 자기 나라 방

people 기름 부음을 받은 자, 고레스

안샨 왕 캄비세스 1세의 아들로 페르시아(바사, 현재의 이란)의 첫 번째 왕이 되었다(BC 559-530년). 왕이 되었을 때는 작은 나라였지만 메대와 리디아, 바빌론을 정복하고 현재의 이스라엘, 요르단, 시리아, 터키, 이라크, 파키스탄, 아프가니스탄, 러시아에 이르는 나라를 정복하여 그 당시 최대의 영토를 차지했다.

정복한 민족의 전통을 존중하고 종교의 자유도 인정한(스 1:2-3) 고레스는 포로였던 이스라엘 백성을 고향으로 돌아가게 했으며 성전도 재건축하도록 허락했다(스 1:3-4).

고레스는 하나님의 '기름 부음을 받은 자요, 이스라엘을 해방시킬 '목자'의 역할을 했다(사 44:28; 45:1). 이로써 결국 열국을 정복하고 예루살렘과 성전을

회복할 것이라고 예언한 이사야의 예언(사 45:1-13)과 예레미야의 예언(렘 29:10)이 이루어졌다.

강력한 정복자로 살던 그는 페르시아 동북 지역 유목민들의 반란을 진압하다 전사했고(BC 530년) 아들 캄비세스 2세가 왕위를 이었다.

고레스가 나오는 말씀
>> 사 44:28-45:13; 대하 36:22-23; 스 1:1-11

고레스 왕 무덤

언으로 맹세할 것이다.　창 22:16;롬 14:11;빌 2:10

24 그들은 나를 두고 '여호와께만 정의와 능력이 있다'라고 말할 것이다." 그에게 화를 내는 사람들은 모두 그에게로 나와 부끄러움을 당하게 되겠지만　41:11;44:8

25 이스라엘의 자손은 모두 여호와 안에서 의롭다고 인정을 받고 자랑스러워할 것이다.

46

바벨론 우상의 무력함 벨이 엎드러지고 느보가 고꾸라진다. 그들의 우상들이 짐승과 가축 위에 실려 있구나. 너희가 실어 나르는 우상들은 지친 짐승에게 큰 짐이 되는구나.

2 우상들은 넘어져 있고 함께 엎어져 있다. 그들은 짐 속에서 빠져나올 수 없어서 포로가 돼 끌려가고 있구나.　렘 48:7;호 10:5~6

3 "야곱의 집아, 내 말을 잘 들으라. 이스라엘 집의 모든 남은 사람들아, 너희가 잉태됐을 때부터 내가 너희의 편이 돼 주었고 너희가 태어날 때부터 내 품에 안아 주었다.

4 너희가 늙어도 나는 여전히 너희를 들어 안고 너희가 백발이 돼도 여전히 너희 편을 들어 주겠다. 내가 만들었으니 내가 감당하겠다. 내가 편을 들어 주고 내가 구해 내겠다.

5 너희가 나를 누구와 견주고 누구와 같다고 하겠느냐? 너희가 나를 누구와 비교하

벨과 느보

벨과 느보는 바벨론 사람들이 섬기던 신이다.
벨은 바벨론의 수호신인 마르둑의 히브리식 이름으로 '주인'이라는 뜻이다(사 46:1; 렘 50:2; 51:44). 벨은 수메르의 '엔', '아누', '엔키'와 함께 초기 수메르 신들 중 하나였고, 그 이름은 '바람과 폭풍의 신' '엔릴'과 동일하게 취급되었다.
느보는 벨의 아들로서 바벨론의 신 '나부'와 동일한 것으로 생각된다. 나부는 '복식의 신'으로 문학 · 점성학 · 과학의 신이다. 나부의 상징은 기둥 위에 있는 쐐기 모양인데, 상형 문자나 점성학에 서 사용하던 관측 기구를 의미한다.
이사야는 바벨론의 심판을 예언하면서, 고레스 군대의 공격을 받아 무너지는 바벨론의 모습을 "벨이 엎드러지고 느보가 고꾸라진다."라는 우상들의 무력한 모습으로 비유했다(사 46:1).

면서 '닮았다'고 하겠느냐?　40:18

6 사람들이 자기 가방에서 금을 쏟아 내고 저울에다 은의 무게를 재고 금세공업자를 고용해 신상을 만들고서는 거기에다 절하고 경배하고 있구나.　44:10,15

7 사람들은 그것을 자기 어깨에 올려 실어다가 놓아둘 자리에 세워 두지만, 그것은 그 자리에서 움직이지도 못하고 그에게 부르짖어도 대답하지도 못하고 어려울 때 그를 구원해 줄 수도 없다.　45:20;시 115:7

8 구원은 하나님의 능력 이것을 기억하고 가슴에 새기라. 너희 반역자들아, 이것을 마음에 담아 두라.　43:25

9 예전의 일, 오래전에 있었던 일을 기억하라. 나는 하나님이니 나밖에 다른 신이 없다. 나는 하나님이니 나 같은 이가 없다.

10 내가 처음부터 장차 일어날 일들을 밝혔고 오래전에 이미 아직 이뤄지지 않은 일들을 일러 주었다. 내 뜻은 이뤄질 것이며 내가 하고 싶은 일들은 반드시 이루고야 만다.

11 내가 동쪽에서 독수리를 불러내고 먼 땅에서 내 뜻을 이룰 사람을 불러낸다. 내가 말한 것을 내가 이루겠다. 내가 계획한 것을 내가 하고야 말겠다.　41:2;민 23:19

12 마음에 살이 쪄서 공의로부터 멀어진 사람들아, 내 말에 귀 기울이라.

13 내가 내 공의를 가까이 부르고 있으니 승리할 시간도 멀지 않다. 내 구원을 미루지 않겠다. 내가 시온에게 구원을 베풀고 이스라엘에게 내 영광을 나타내겠다."

47

구원자가 바벨론을 멸하심 "처녀 딸 바벨론아, 땅바닥에 앉아라. 딸 갈대아야, 보좌가 없으니 땅바닥에나 앉아라. 이제 더 이상 아무도 너를 보고 친절하다고 우아하다고 말하지 않을 것이다.

2 맷돌을 가져다가 밀이나 빻아라. 네 가리개를 벗고 치마를 걷어 올려 다리를 드러내고 강을 건너가거라.　삿 16:21;마 24:41

3 벌거벗은 몸이 드러나고 네 부끄러운 곳도 가려지지 않을 것이다. 내가 앙갚음을 할 것이니 아무도 막을 사람이 없을 것이다."

4 우리의 구원자, 그 이름은 만군의 여호와,
이스라엘의 거룩하신 분이라. 43:14

5 딸 갈대아야, 조용히 앉아 있다가 어둠 속
으로 사라져 버려라. 너를 왕국들의 여왕
이라 부르는 사람이 더 이상 없을 것이다.

6 내가 내 백성에게 화를 내어 내 기업을 더
럽히고 그들을 네 손에 넘겨주었는데 너
는 그들을 무자비하게 다뤘다. 나이 든 사
람에게도 엄청난 멍에를 지웠다. 슥 1:15

7 너는 언제까지나 내가 여왕이다라고 말했
지만 이런 일은 속에 담아 두지도 않았고
장차 일어날 일은 생각조차 하지 않았다.

8 교만한 사람에게 닥치는 재앙 그러므로 이제
잘 들어라. 편안하게 빈둥거리면서 '나 말
고는 아무도 없고 내가 최고다. 나는 결코
과부가 되지 않을 것이며 자식을 잃는 일
도 없을 것이다'라고 속으로 말하는 너 음
탕한 족속아, 습 2:15;계 18:7

9 과부가 되는 일과 자식을 잃는 일, 이 두
가지 일이 한꺼번에, 그것도 한순간에 너
를 덮칠 것이다. 네가 아무리 점을 치고 온
갖 주문을 다 외운다 해도 그런 일들이 갑
자기 한꺼번에 네게 닥칠 것이다.

10 너는 나쁜 짓을 하고서도 '아무도 나를 보
지 못해!'라고 하면서 자신만만해했다. 네
지혜와 지식이 너를 잘못 이끌어 '나 말고
는 아무도 없고 내가 최고야'라고 속으로
생각했다.

11 이제 재앙이 네게 닥칠 것이니 주문을 외
워도 쫓아내지 못할 것이다. 재난이 너를

덮칠 것이니 그 어떤 것으로도 진정시키지
못할 것이다. 네가 알지 못하는 파멸이 갑
자기 네게 내려 닥칠 것이다. 렘 51:41

12 점성술사의 속임수 네가 어릴 때부터 부려
왔던 마법과 많은 요술을 갖고 어디 한번
버텨 보아라. 혹시 잘될지 누가 알겠느냐?
네가 나를 겁나게 할지 누가 알겠느냐?

13 너는 네게 조언해 주는 수많은 사람들에
게 싫증이 났다. 점성술사들과 달마다 예
언해 주는 별자리 전문가들을 나서게 해
보아라. 그들이 네게 닥칠 일로부터 너를
구하게 해 보아라. 44:25;겔 22:10

14 보아라. 그들은 지푸라기 같아서 불에 타
버릴 것이다. 그 불은 몸을 녹여 줄 정도
의 숯불이 아니다. 옆에 앉아서 쬘 정도의
불이 아니다. 그들은 엄청난 불꽃의 힘에
서 자기 스스로도 구해 낼 수 없을 것이다.

15 네게 이 같은 일들이 일어날 것이다. 네가
공을 들여 온 사람들, 네가 어릴 때부터
거래하던 사람들은 모두 도망가 버려서
너를 구해 줄 사람이 아무도 없을 것이다.”

48

이전의 예언 “야곱의 집아, 이스라
엘이라 불리는 사람들아, 유다의
혈통에서 이것을 잘 들으라. 너는 여호와의
이름으로 맹세하고 이스라엘의 하나님을
부르고는 있지만 진실과 공의로 하지는
않는다. 43:1;시 68:26;렘 7:9

2 그들은 스스로를 거룩한 성읍의 시민들이
라고 부르면서 그 이름 만군의 여호와, 이스
라엘의 하나님께 의지한다고 말하는구나.

바벨론이 멸망한 이유는?

1 잔인하고 포악
했기 때문이에요.(사
47:6). 바벨론 사람들은 다른 민족 특히 하나님
의 백성들을 불쌍하게 생각하지 않았어요. 이스
라엘을 공격하여 정복했을 때, 하나님의 성전에
서 청년들을 칼로 죽이고, 성전의 보물과 그릇들
을 가져가고 성전을 불사르는 포악함을 보였어
요.(대하36:17-19).

2 교만했기 때문이에요.(사 47:7, 10). 세계 최강
대국인 바벨론은 천문학과 수학 등 당시에 있어

서 최첨단의 기술
과 학문을 자랑했
지만 하나님의 존재를 부인했어요. 더구나 다른
나라를 과소평가하는 교만에 빠져 국가 방위에
소홀한 결과, 다른 나라의 침입을 받아 멸망하고
말았어요.

3 사치와 방탕한 생활로 윤리적 · 사회적으로
타락했기 때문이에요(사 47:8).

4 우상을 섬기며 죄악을 버리지 않고 점성술
등 미신을 믿었기 때문이에요.(사 47:12-13).

3 내가 오래전에 장차 일어날 일들을 미리 일러 주었다. 내가 내 입으로 그들에게 알려 주었고 내가 그 일들을 갑자기 이루었다.

4 네가 얼마나 고집스러운지 나는 알고 있다. 네 목의 힘줄은 철심 같았고 네 이마는 청동 같았다.

출 32:9

5 그러므로 내가 오래전에 네게 말해 주었다. 그 일들이 일어나기 전에 네게 알려 주어서 네가 '내 우상들이 그렇게 했다. 내 나무 우상과 철 우상이 한 일이다'라고 말하지 못하게 했다.

렘 44:15-17

6 네가 이 일들을 들었으니, 모든 것을 똑똑히 보아라. 그리고 네가 한번 말해 보아라. 지금부터 내가 네게 새로운 일을 말하겠다. 이것은 네가 알지 못하는 비밀스러운 일이다.

43:19

7 미래에 대해 예언하는 이유 그 일은 오래전 것이 아니라 지금 막 창조한 것이다. 오늘까지 네가 결코 듣지 못했던 일이다. 그러므로 네가 '내가 그런 것인 줄 이미 알고 있었어!'라고 말할 수 없을 것이다.

8 나는 너를 듣지도 못하게 하고 알지도 못하게 했다. 옛날부터 네 귀는 열려 있지 않았다. 나는 네가 얼마나 반항적이었는지 잘 알고 있었기 때문이다. 나는 네가 태어나면서부터 반역자라고 불릴 만한 사람이라는 것도 잘 알고 있었기 때문이다.

9 다만 내 이름 때문에 화낼 때를 늦추고 있을 뿐이다. 내 명성 때문에 내가 노여움을 누르고 너를 끊어 내지 않고 있는 것이다.

10 보아라. 내가 너를 제련했지만 은처럼 하지 않고 고난의 용광로에서 너를 시험했다.

11 나를 위해서, 오로지 나를 위해서 내가 이렇게 하고 있는 것이다. 어떻게 내가 모욕을 당하도록 내버려 두겠느냐? 어떻게 내 영광을 남에게 양보하겠느냐?

겔 20:9

12 바벨론에 대한 하나님의 계획 "야곱아, 내 말을 잘 들으라. 내가 불러낸 이스라엘아, 내가 바로 그다. 내가 처음이요, 마지막이다.

13 내 손으로 땅의 기초를 놓았고 내 오른손으로 하늘을 펼쳤다. 내가 땅과 하늘을 부르면 다 함께 내 앞에 나와 선다.

히 1:10

14 너희 모두 함께 모여서 들어 보라. 우상들 가운데 누가 이런 일을 일러 준 적이 있느냐? 여호와께서 그를 사랑하셔서 바벨론에서 여호와의 뜻을 이루고 그의 팔로 갈대아 사람을 쳐부수실 것이다.

47:1

15 나, 바로 내가 말했다. 그렇다. 내가 그를 불렀다. 내가 그를 데려왔으니 그는 그의 방식대로 일을 수행할 것이다.

45:1-3

16 이스라엘아 돌아라 내게 가까이 와서 이 말을 잘 들으라. 내가 처음부터 비밀리에 말하지 않았다. 그 일이 이뤄진 때부터 내가 거기 있었다." 이제 주 여호와께서 나를 보내셨고 그분의 영도 함께 보내셨다.

17 너를 구원하신 분, 이스라엘의 거룩하신 분 여호와께서 이렇게 말씀하신다. "나는 네 하나님 여호와다. 가장 좋은 것을 네게 가르치고 네가 가야 할 길로 이끄는 하나님이다.

18 네가 만약 내 명령에 귀를 기울였다면 너는 강물처럼 평화롭고 바다의 파도처럼 공의로웠을 것이다.

신 32:29;시 81:13;눅 19:42

19 네 자손들은 모래와 같고 네 후손들은 낟알과 같았을 것이다. 그들의 이름은 끊어

고난의 용광로

용광로는 광석을 녹여서 쇠붙이를 뽑아내는 가마를 말한다. 구약성경에서 '용광로'라는 말은 형벌이나 연단을 목적으로 받는 고난을 상징적으로 표현할 때 사용된다(신 4:20; 렘 11:4). 이사야 예언자는 하나님이 이스라

엘을 연단하실 때 '고난'이라는 용광로를 통해 하셨음을 전했다(사 48:10). 이것은 우상 숭배를 하는 이스라엘 백성들이 바벨론 포로 생활을 통해서 아주 멸망되지는 않고, 연단받을 것임을 상징적으로 예언한 것이다.

지지 않았을 것이고 내 앞에서 멸망하지 않았을 것이다." 10:22;창 22:17;호 1:10

20 이스라엘의 구원 너희는 바벨론을 떠나고 갈대아 사람들로부터 도망하라! 그리고 환호성을 지르면서 외쳐 알리라. "여호와께서 그분의 종 야곱을 구원하셨다." 이 소식을 땅끝까지 전하라. 출 19:4-6;렘 50:8;51:6,45;슥 2:6-7

21 여호와께서 그들을 광야로 이끄셨지만 그들은 목마르지 않았다. 그분이 그들을 위해 바위에서 물이 흘러나오게 하셨다. 그분이 바위를 치시니 물이 터져 나온 것이다.

22 여호와께서 말씀하신다. "악인들에게는 평화가 없다." 57:21

49

하나님의 종 이스라엘 너희 섬들아, 잘 들으라. 너희 먼 곳의 민족들아, 귀를 기울이라. 여호와께서 태중에서부터 나를 부르셨다. 내 어머니의 자궁에서부터 내 이름을 지으셨다.

2 그분이 내 입을 예리한 칼처럼 만드셨고 주의 손 그림자 아래에 나를 숨기셨다. 그분이 나를 날카로운 화살로 만드셨고 그분의 화살통에 나를 숨기셨다. 계 1:16

3 그분이 내게 말씀하셨다. "너는 내 종, 이스라엘이다. 내가 네게서 영광을 받겠다."

4 그러나 나는 말했다. "나는 헛수고만 했구나. 내가 힘을 쏟아부었지만 아무것도 된 일이 없었고 헛捞만 썼구나. 그러나 여호와께서 나를 제대로 판단해 주시고 내 하나님께서 내게 적절한 보상을 내리셨다."

5 하나님의 종 메시아 나를 태에서부터 지어 그분의 종이 되게 하시고 야곱을 자기에게 돌아오게 하시고 이스라엘을 그에게로 모이게 하신다. 나는 여호와 앞에서 보시기에 귀중한 사람이 됐고 내 하나님이 내 힘이 되셨다. 이제 여호와께서 말씀하신다.

6 그가 말씀하신다. "네가 내 종이 돼서 야곱 지파들을 일으키고 이스라엘 가운데 내가 보호해 놓은 사람들을 돌아오게 하는 일이 네게는 아주 작은 일이다. 또한 땅끝까지 내 구원을 이르게 하도록 내가 너를 못 나라의 빛으로 삼아서 땅끝까지 내

구원이 이르게 하겠다." 행 13:47

7 멸시를 당하고 민족들에게 미움을 사며 지배자들의 종이 된 사람에게 이스라엘의 구원하신 분, 거룩하신 여호와께서 이렇게 말씀하신다. "왕들이 너를 보고 일어나고 귀족들이 너를 경배할 것이다. 신실하신 여호와, 이스라엘의 거룩하신 분이 너를 택하셨기 때문이다." 시 98:3

8 포로 생활에서의 해방 여호와께서 이렇게 말씀하신다. "은혜를 베풀 때 내가 네게 대답했고 구원하는 날에 내가 너를 도왔다. 그러므로 내가 너를 지키고 너를 백성들의 언약으로 삼겠다. 그 땅을 일으켜서 폐허가 된 기업들을 다시 나누고 고후 6:2

9 갇힌 사람들에게는 '나오라!' 하고 말하겠고 어둠 속에 있는 사람들에게는 '풀려났다!' 하고 말하겠다. 그들은 길 위에서도 먹겠고 헐벗은 언덕이 모두 그들의 목장이 될 것이다. 41:18;42:7

10 그들은 배고프거나 목마르지 않으며 뜨거운 바람이나 햇볕도 그들을 치지 못할 것이다. 그들을 불쌍히 여기는 분이 그들을 이끌어 물가에서 쉬게 하시기 때문이다.

11 내가 내 모든 산에 길을 만들고 내 큰길들

예언의 성취

예언자들이 전한 메시지가 예언자 자신의 시대에 바로 이루어지기도 했지만, 먼 훗날 다른 일을 통해서 이루어지기도 했다.

하나의 메시지가 하나 또는 둘 이상으로 성취되는 것을 '예언 성취의 복합성'이라고 한다.

'주의 날'같이 다양한 의미를 지니며 그 성취 또한 복합적인 것이 그 예이다. '주의 날'은 이스라엘의 회복을 의미하기도 하지만 궁극적으로 '예수님 재림의 때'를 가리키기 때문이다.

아하스 시대에 태어난 '임마누엘'이라 불리는 아이에 대한 예언(사 7:14)도 이사야 시대에 이루어졌으나, 신약에 와서 예수님의 탄생으로 그 예언이 이중으로 성취된 좋은 예이다.

그러므로 성경의 예언을 읽을 때 그 예언의 목적과 배경, 예언이 말하는 내용의 정확한 뜻을 파악하는 것이 중요하다.

을 돋우겠다. 40:4

12 보라, 사람들이 멀리서 나올 것이다. 어떤 이는 북쪽에서 오고, 어떤 이는 서쪽에서 오고, 어떤 이는 시님 땅에서도 나올 것이다."

13 하늘아, 기뻐 소리치라. 땅아, 즐거워하라! 산들아, 노래 부르라! 여호와께서 그분의 백성들을 위로하시고 고난을 당하던 사람들을 불쌍히 여기셨다. 40:1;44:23

14 잊혀지지 않을 포로 생활 그러나 시온은 이렇게 말했다. "여호와께서 나를 버리셨구나. 주께서 나를 잊으셨구나." 62:4

15 "어머니가 자기의 젖먹이를 어떻게 잊겠느냐? 자기 태에서 낳은 아들을 어떻게 가엾게 여기지 않겠느냐? 혹시 그 어머니는 잊어버려도 나는 너를 잊지 않겠다!

16 보아라, 내가 너를 손바닥에 새겼고 네 성벽이 언제나 내 앞에 있다. 계 13:16

17 네 자녀들이 발길을 재촉하고 있다. 그리고 너를 무너뜨리고 꼼짝 못하게 했던 사람들은 너를 떠날 것이다. 숙1:18~21

18 눈을 들어서 사방을 둘러보아라. 모두들 모여서 네게로 오고 있다. 여호와께서 맹세코 말씀하신다. 너는 그들 모두를 장신구처럼 주렁주렁 달아 입고 신부처럼 그들

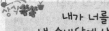

내가 너를 내 손바닥에 새겼고

이스라엘은 하나님이 자신들을 버리셨고 잊으셨다고 생각했다(사 49:14). 하지만 하나님은 이스라엘을 한시도 잊을 수 없으신 분이다.

이러한 하나님의 사랑을 이사야 예언자는 먼 곳에 자녀를 떠나보내고 항상 생각하는 어머니의 모습으로 표현한다. 집 떠난 자녀를 잊지 않기 위해 생각에서 낸 방법은 그 자녀를 기억할 수 있는 표시를 손바닥에 새겨 넣는 것이었다.

이사야는 하나님의 사랑을, 살아 있는 동안 없어지지 않는 문신을 새겨 자녀를 기억한다. 사랑에 비유하면서 하나님의 사랑은 어머니의 잊히는 사랑보다 훨씬 더 크다고 했다(사 49:15~16).

로 온몸을 꾸밀 것이다. 렘 43:12;겔 5:11

19 보아라, 네가 버려져서 쑥대밭이 됐고 땅이 폐허가 됐는데 이제는 사람이 너무 많아서 땅이 비좁을 것이고 너를 집어삼킨 사람들은 멀리 떠나가 버릴 것이다.

20 잃은 줄로만 알았던 네 자녀들이 네 귀에 대고 말할 것이다. '이곳은 내게 너무 좁습니다. 내가 살 만한 더 넓은 곳을 마련해 주십시오.' 54:1

21 그러면 너는 속으로 이렇게 말할 것이다. '내가 자식을 잃고 더 낳지 못하는 몸이 됐는데 누가 내게 이 아이들을 낳아 주었을까? 포로로 끌려가서 버림을 받았는데 누가 이 아이들을 키웠을까? 가만 있자, 나만 홀로 살아남았는데 이 아이들은 도대체 어디에서 왔을까?'"

22 뒤바뀐 위치 주 여호와께서 말씀하신다. "보아라, 내가 뭇 나라를 향해 손을 들고 뭇 백성에게 내 깃발을 들어 신호를 할 것이니 그들이 네 아들들을 양팔에 안고 오며 네 딸들을 어깨에 메고 데려올 것이다.

23 왕들이 네 양아버지가 되고 왕비들이 네 유모가 될 것이다. 그들이 코를 땅에 대고 네게 절하고 네 발에 묻은 흙을 핥을 것이다. 그러면 너는 내가 여호와인 줄을 알게 되고 나를 기다리는 사람은 수치를 당하지 않을 줄 알게 될 것이다." 미 7:17

24 구원의 약속 힘센 사람에게서 전리품을 빼앗을 수 있느냐? *포악한 사람에게서 포로를 빼낼 수 있느냐?

25 여호와께서 이렇게 말씀하신다. "포로를 힘센 사람에게서 건져 내고 전리품을 포악한 사람에게서 빼내 오겠다. 내가 너와 다투던 사람과 싸우고 직접 네 자녀들을 건져 내겠다. 마 12:29;눅 11:21~22

26 내가 너를 압제하던 사람들로 자기 살을 먹게 하고 자기 피를 달콤한 포도주처럼 마시고 취하게 하겠다. 그러면 모든 사람이 나 여호와가 네 구원자, 네 속량자, 야곱

의 강한 자임을 알게 될 것이다."

50 죄로 인한 포로 생활 여호와께서 이렇게 말씀하신다. "너희 어머니의 이혼 증서가 여기 어디 있느냐? 내가 너희 어머니를 쫓아내기라도 했느냐? 내가 어느 채권자에게 너희를 팔았더냐? 보라. 너희는 너희의 죄 때문에 팔린 것이다. 너희의 잘못 때문에 너희 어머니가 쫓겨난 것이다. 렘 3:8;호 2:2;마 18:25

2 내가 왔을 때 왜 아무도 없었느냐? 내가 불렀을 때 왜 아무도 대답하지 않았느냐? 내 손이 너희를 구해 내지 못할 만큼 너무 짧으냐? 내가 너희를 구할 힘이 없겠느냐? 보라. 내가 꾸짖음으로 바다를 말려 버리고 강을 광야로 바꾸어 버린다. 물고기들이 물이 없어서 악취가 나고 목말라 죽게 된다. 출 14:21;민 11:23;수 3:16

3 내가 하늘을 어둠으로 옷 입히고 굵은베 옷으로 덮어 버린다." 렘 14:22;계 6:12

4 종의 순종 주 여호와께서 내게 가르치는 혀를 주시고 어떻게 하면 지친 사람을 말로 되살릴 수 있는지 알게 하신다. 아침마다 내 귀를 깨워 주셔서 마치 제자를 대하듯 들려주신다. 출 4:11;잠 15:23;마 11:28

5 주 여호와께서 내 귀를 열어 주시니 나는 배반하지도 않았고 등을 돌려 가 버리지도 않았다. 시 40:6,8;마 14:31;빌 2:8;히 5:8

6 나는 나를 때리는 사람들에게 내 등을 내주었고 내 수염을 뽑는 사람들에게 내 뺨을 내주었다. 조롱하고 침을 뱉는데도 나는 얼굴을 가리지 않았다. 막 15:19;눅 22:63

7 주 여호와께서 나를 도와주시니 조금도 자존심이 상하지 않았다. 도리어 나는 내 얼굴을 부싯돌처럼 굳게 하였다. 따라서 내가 부끄러움을 당하지 않을 것을 안다.

8 나를 의롭다고 하시는 이가 가까이 계시는데 누가 나를 고소하겠는가? 우리 함께 법정에 가 보자! 누가 나를 상대로 고소했느냐? 내게 가까이 와 보라. 롬 8:33-34

9 보라. 주 여호와께서 나를 도우시는데 누가 감히 나를 두고 죄가 있다 하느냐? 그들은 모두 옷처럼 낡아져서 좀에게 먹힐 것이다. 41:10

10 그 이름을 의지하라 너희 가운데 여호와를 두려워하고 그분의 종의 목소리에 순종하는 사람이 누구냐? 비록 빛도 없이 어둠 속을 걸어가는 사람일지라도 여호와의 이름을 의지하고 자기 하나님께 기대라. 미 7:8

11 보라. 너희가 모두 불을 붙여 횃불을 들고 불빛을 비추면서 다녀 보라. 그 횃불에 너희가 탈 것이다. 이것은 내가 손수 너희에게 한 것이고 너희는 괴로워서 누워 뒹굴게 될 것이다. 요 9:39

51 하나님의 축복 "정의를 추구하며 여호와를 찾는 사람들아, 내 말을 잘 들으라. 너희를 떠낸 저 바위와 너희를 파낸 저 구덩이를 바라보라.

2 너희의 조상 아브라함과 너희를 낳은 사라를 바라보라. 내가 그를 불렀을 때 그는 혼

가르치는 사람은 어떤 사람인가?

이사야 50장 4절에 나오는 '가르치는'이라는 표현은 율법을 연구하고 가르치는 것을 말해요. 가르치는 사람들은 필기도구를 가진 사람(겔 9:2), 서기관(대하 34:13)으로 불렸어요. 그들이 성경을 베껴 쓰는 일도 했기 때문입니다(렘 8:8). 포로 귀환 후에 그들은 한 계급을 이루었고 신약 시대에 와서는 율법학자(마 5:20), 율법교사(마 22:35), 율법사(딛 3:13), 학자(고전 1:20) 등으로 불렸어요. 그들은 율법을 해석하고 율법을 일상생활에 잘 적용하도록 사람들을 돕는 일을 했답니다. 그러나 존경받는 위치에 오르자 오히려 교만해지고 성경을 잘못 해석해서 사람들을 율법의 굴레에 묶어 실족하게 했어요. 결국 그들은 예수님을 십자가에 못 박는 치명적인 죄를 저지르고 말았답니다.

자였지만 내가 그에게 복을 주어서 그 자손을 많게 했다.   겔 33:24

3 그렇다, 여호와께서 시온을 위로하셨다. 폐허가 된 시온의 모든 곳을 불쌍히 여기셨다. 그분이 그 광야를 에덴처럼 만드시고 그 사막을 여호와의 동산처럼 만드셨으니 그곳에는 기쁨과 즐거움이 있고 감사의 노랫소리가 그곳에 울려 퍼질 것이다.

4 영원한 구원 내 백성아, 내게 주목하라. 내 백성아, 내게 귀를 기울이라. 가르침이 내게서 나오고 내 공의가 뭇 백성의 빛이 될 것이다.   2:3;시 78:1

5 내 정의는 가까이 왔고 내 구원은 이미 나타났다. 내가 내 팔로 뭇 백성을 심판하겠다. 그러면 섬들이 나를 갈망하고 내 팔에 희망을 둘 것이다.   11:11;46:13

6 눈을 들어 하늘을 바라보라. 아래로 땅을 내려다보라. 하늘은 연기처럼 사라지고 땅은 옷처럼 해어져서 거기에 사는 사람들은 하루살이처럼 죽을 것이다. 그러나 내 구원은 영원하고 내 정의는 꺾이지 않을 것이다.   시 102:26~28;마 24:35;벧후 3:10;계 21:1

7 정의를 아는 사람들아, 내 가르침을 마음에 두는 사람들아, 내 말을 들으라. 사람의 잔소리를 두려워하지 말고 그들의 욕설에 겁먹지 말라.   41:14;사 37:31;마 10:28

8 좀이 그들을 옷처럼 먹고 벌레가 그들을 양털처럼 먹을 것이지만 내 의는 영원하고 내 구원은 대대에 미칠 것이기 때문이다."

9 팔려 난 사람들의 기쁨 깨어나십시오, 깨어나십시오, 힘으로 무장하십시오, 여호와의 팔이여! 옛날 옛적에 그랬던 것처럼 깨어나십시오! 라합을 심히 찢고 바다 괴물을 찌르신 분이 주가 아니십니까?   43:16;출 14:21;시 106:9

10 바다를, 깊고도 깊은 물을 완전히 말리시고 바다 속 깊이 길을 만드셔서 구원받은 사람들을 건너가게 하신 분이 주가 아니십니까?

11 여호와께서 구해 내신 사람들이 돌아올 것입니다. 그들이 노래하며 시온으로 올 것입니다. 영원한 기쁨이 그들의 머리에 면류관이 될 것입니다. 기쁨과 즐거움이 그들을 사로잡을 것이고 슬픔과 한숨이 달아날 것입니다.   35:10

12 두려워하지 마라 "나, 내가 너희를 위로하는 이다. 너는 누구이기에 죽을 운명의 사람을 두려워하고 풀 같은 사람의 아들을 두려워하느냐?   40:1,6;86:13;시 118:6

13 너는 너를 지으신 여호와를 잊어버렸구나. 하늘을 펼치시고 땅의 기초를 놓으신 여호와를 잊어버렸구나. 그러고는 파멸이 정해진 그 압제자의 분노 때문에 날마다 공

시온

시온(사 52:1)은 원래 여부스의 영토이자, 요새의 이름이었다(삼하 5:6~7). 다윗이 시온을 빼앗아 하나님의 법궤를 안치하면서부터(왕상 8:1) 이곳은 이스라엘의 중심지가 되었으며 이스라엘과 예루살렘의 상징이 되었다.

시온을 하나님이 거하시는 곳(시 20:1~2)이자, 거룩한 산(시 2:6)이라고 생각했던 이스라엘 사람들은 포로 생활 중에도 시온의 회복을 사모했다. 시온의 회복은 하나님의 축복과 임재의 회복을 의미하기 때문이었다(사 49:14; 51:3; 52:1~8; 슥 2:10~11). 시온의 회복과 관련하여 신약에서는 시온이 '하늘의 예루살렘'(히 12:22)을 의미하는 상징으로 쓰였다.

포 속에 살고 있구나. 도대체 그 압제자의 분노가 어디에 있느냐?" 14:4;40:22;48:13

14 움츠린 죄수들이 곧 해방될 것이다. 그들은 죽어서 구덩이에 묻히지도 않고 빵이 부족하지도 않을 것이다. 45:13;숙 9:11

15 나는 여호와 네 하나님이다. 바다를 휘저어 사나운 파도를 일으키는, 내 이름은 만군의 여호와다. 렘 31:35

16 나는 네 입에 내 말을 담았고 내 손 그림자로 너를 덮었다. 하늘을 펼치고 땅의 기초를 놓은 내가 시온에게 말한다. '너는 내 백성이다.'" 59:21

17 여호와의 진노의 잔 깨어거라. 깨어나거라! 너, 여호와의 손에서 진노의 잔을 받아 마신 예루살렘아, 일어나거라! 너는 사람을 비틀거리게 하는 술잔을 모두 비워 버렸구나. 숙 12:2;막 10:38;눅 22:42

18 자기가 낳은 모든 아들 가운데 저 여자를 인도할 아들이 없구나. 자기가 키운 모든 아들 가운데 저 여자의 손을 잡아 줄 아들이 없구나. 시 74:9;렘 5:31

19 이 두 가지 재앙이 네게 닥쳤지만 누가 너를 위해 함께 슬퍼해 주겠느냐? 폐허와 파멸과 굶주림과 칼뿐이니 *누가 너를 위로하겠느냐? 47:9

20 네 아들들은 여호와의 진노와 하나님의 질책을 너무나도 많이 받아서 그물에 걸린 영양처럼 거리의 모퉁이마다 정신을 잃고 뻗어 있구나. 신 14:5;시 141:10;애 2:11~12

21 그러니 이제 이 말을 들어 보아라. 포도주도 아닌 것에 취해 버린 가엾은 사람아!

22 네 주 여호와, 그분의 백성을 위해 싸워 주시는 네 하나님께서 말씀하신다. "보아라. 내가 네 손에서 비틀거리게 하는 술잔, 내 진노의 잔을 빼앗았으니 네가 다시는 그것을 마시지 않을 것이다. 렘 50:34

23 이제 내가 그 잔을 너를 괴롭히던 사람들의 손에 쥐어 주겠다. 그들은 전에 네게 이렇게 말하던 사람들이다. '엎드려라. 우리가 딛고 지나가겠다.' 그러면 너는 등을 마치 땅바닥인 양, 행인들이 다니는 길바닥

인 양 만들지 않았었느냐?" 렘 25:17

52 예루살렘의 회복 깨어나거라, 깨어나거라. 힘으로 무장하여라. 시온아! 아름다운 옷을 걸쳐라. 거룩한 성읍 예루살렘아! 할례 받지 않은 사람과 부정한 사람이 다시는 네게로 들어가지 못할 것이다. 출 28:2;40:34; 11:1;욜 3:17;숙 3:1~4

2 흙먼지를 흔들어 털고 일어나서 보좌에 앉아라. 예루살렘아! 네 목에서 사슬을 풀어 버려라. 포로 됐던 딸 시온아! 51:14

3 안타까워하시는 하나님 여호와께서 이렇게 말씀하신다. "네가 값없이 팔려 갔으니 돈 없이 풀려날 것이다." 벧전 1:18

4 주 여호와께서 이렇게 말씀하신다. "내 백성이 처음에는 이집트로 내려가서 거기 머물렀다. 그러고는 앗시리아가 까닭도 없이 그들을 짓눌렀다. 창 46:6

5 그런데 이제는 여기서 그렇게 하고 있다. 여호와의 말씀이다. 내 백성이 이유도 없이 끌려가고 그들을 지배하는 통치자들은 *야유를 퍼붓고 있는데도 말이다. 여호와의 말씀이다. 그리고 매일 온종일 내 이름이 업신여김을 당하고 있는데 지금 내가 여기서 무엇을 하고 있는가? 롬 2:24

6 이제 내 백성이 내 이름을 알게 될 것이다. 이제 그날에 그들은 '내가 여기 있다'라고 말한 것이 바로 나임을 알게 될 것이다."

7 구원의 노래 너무나 반갑다! 좋은 소식을 안고 산을 넘어 달려오는 저 발이여! 평화가 이르렀다고 통보하면서 좋은 소식을 들려주는구나. 구원이 이르렀다고 말하면서 시온을 향해 "네 하나님이 왕이 되셨다!"라고 하는구나. 40:9;나 1:15;롬 10:15

8 파수꾼이 목소리를 높이는구나. 그들이 한목소리로 환호성을 올리는구나. 모두가 여호와께서 시온으로 돌아오시는 것을 목격하고 있기 때문이다. 욜일 3:2;계 22:4

51:19 사해 사본과 70인역과 불가타역과 시리아역을 따름. 히브리어는 '내가 어떻게 너를 위로하겠느냐.'
52:5 사해 사본과 불가타역을 따름. 히브리어는 '슬기롭게 행동할 것이다.'

9 모두 함께 환호성을 터뜨리라, 예루살렘의 버려진 곳들아! 여호와께서 그분의 백성을 위로하셨고 예루살렘을 구해 내셨다.

10 여호와께서 모든 나라가 보는 앞에서 그분의 거룩한 팔을 걷어붙이시니 온 땅 구석구석에서 우리 하나님의 구원을 볼 것이다.

11 회복의 성결함 떠나라, 떠나라, 거기서 나오라! 부정한 것은 건드리지도 말라! 그 가운데서 나오라! 여호와의 그릇을 받들어 나르는 사람들아, 너희는 깨끗이 하라.

12 그러나 너희는 서둘러 나오지 않아도 되고 쫓기듯 나오지 않아도 된다. 여호와께서 너희 앞에 가시고 이스라엘의 하나님께서 너희를 보살피시기 때문이다.

13 종의 고난과 영광 보라, 내 종이 *잘될 것이다. 그가 드높아지고 존귀하게 될 것이다.

14 전에는 그의 몰골이 사람이라 할 수 없을 만큼 엉망이고 그의 풍채도 사람의 모습이 아니어서 많은 사람들이 그를 보고 놀랐지만

15 이제는 왕들이 지금껏 아무도 말해 주지 않은 것을 보고 아무에게도 들어 보지 못한 것을 깨달아서 많은 나라들이 그를 보고 물을 끼얹듯 놀라고 왕들이 그 앞에서 입을 다물 것이다.

53 메시아의 모습 우리가 전한 이 소식을 누가 곧이 믿겠느냐? 여호와께서 그분의 팔을 누구에게 드러내셨느냐?

497,23레 4:6,17,롬 15:21

2 그는 주 앞에서 마치 새싹과 같이, 메마른 땅을 뚫고 나온 싹과 같이 자라났다. 그는 수려한 풍채도 없고 화려한 위엄도 없으니 우리가 보기에 볼품이 없었다.

52:14

3 그는 사람들에게 멸시를 당하고 버림을 받았을 뿐 아니라 고통을 겪었고 언제나 병을 앓고 있었다. 사람들이 그를 보고서 얼굴을 가릴 만큼 그는 멸시를 당했으니 우리마저도 그를 무시해 버렸다.

요 1:10

4 우리의 죄악으로 인한 고난 그러나 사실 그가 짊어진 병은 우리의 병이었고 그가 짊어진 아픔은 우리의 아픔이었다. 그런데도 우리는 그가 맞을 짓을 해서 하나님께서 그를 때리시고 고난을 주신다고 생각했다.

5 그러나 사실은 우리의 허물이 그를 찔렀고 우리의 악함이 그를 상하게 했다. 그가 책망을 받아서 우리가 평화를 누리고 그가 매를 맞아서 우리의 병이 나은 것이다.

6 우리는 모두 양처럼 길을 잃고 제각각 자기 길로 흩어져 가 버렸지만 여호와께서는 우리 모두의 죄악을 그에게 지우셨다.

7 겸손히 죽으신 메시아 그는 학대를 받고 괴롭힘을 당했지만 입을 열지 않았다. 마치 도살장으로 끌려가는 어린양처럼, 마치 털을 깎이는 잠잠한 어미 양처럼 그는 입을 열지 않았다.

마 26:63,요 19:9,벧전 2:23

8 그는 강제로 끌려가 재판을 받고 처형을 받았지만 땅에서 그의 생명이 끊어지는

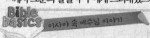

Bible basics 이사야 속 예수님 이야기

고난받는 예수님에 대한 예언과 성취

예 언	성 취
"그는 사람들에게 멸시를 당하고 버림을 받았을 뿐 아니라…멸시를 당했으니 우리마저도 그를 무시해 버렸다."(사53:3)	"이 모든 표적을 그들 앞에서 행하셨으나 불구하고 그들은 여전히 예수를 믿지 않았습니다."(요 12:37)
"사실 그가 짊어진 병은 우리의 병이었고…그가 책망을 받아서…우리의 병이 나은 것이다."(사 53:4-5)	"예수께서는 우리의 범죄로 인해 죽음에 넘겨지셨고 우리의 의를 위해 살리심을 받았습니다."(롬 4:25; 벧전 2:24)
"우리는 모두 양처럼 길을 잃고 제각각 자기 길로 흩어져 가 버렸지만 여호와께서는 우리 모두의 죄악을 그에게 지우셨다."(사53:6)	"하나님께서는 죄를 알지도 못하신 분에게 우리 대신 죄를 짊어지게…하나님의 의가 되게 하시려는 것입니다."(고후 5:21)

것을 보고서 그가 당하는 것은 내 백성의 죄악 때문이라고 중얼거리기라도 한 사람이 우리 세대 가운데 누가 있느냐?

9 폭행을 한 적도 없고 거짓말을 입에 담은 적도 없었지만 사람들은 그의 무덤을 악인과 함께 두었고 그가 죽은 후에 부자와 함께 묻어 버렸다. ㅎ히4:15;벧전2:22;요일3:5

10 **부활의 승리** 그러나 그가 병들어 으스러진 것은 여호와께서 원하신 일이었다. 그가 그의 생명을 속건제물로 내놓으면 그는 자손을 보면서 오래오래 살 것이다. 그리고 여호와께서 원하시는 일이 그의 손에서 이뤄지고 있다. 44:28;시22:30

11 그는 고통에서 벗어나서 그가 알고 있었던 자신의 사명을 제대로 이뤄 냈음을 보고 만족할 것이다. 내 종이 많은 사람들을 의롭게 할 것이다. 그는 많은 사람의 죄악을 스스로 짊어질 것이다. 행13:39;롬5:18~19

12 그러므로 나는 그에게 많은 사람들을 몫으로 나눠 주고 강한 사람들을 전리품으로 나눠 주겠다. 그가 자기 목숨을 죽음으로 내던지고 죄지은 사람들 가운데 하나로 여겨졌으며 많은 사람의 죄를 대신 지고 죄지은 사람들이 용서를 받도록 중재를 했기 때문이다. 롬8:34;창2:15;딤전2:5;요일2:1

54 황폐한 삶 "환호성을 질러라, 아이를 낳지 못하는 여인아! 환호성을 터뜨리며 소리쳐라, 산고를 겪어 보

지 못한 여인아! 홀로 쓸쓸히 지내는 여인의 자녀들이 결혼한 여인의 자녀보다 더 많기 때문이다." 여호와께서 말씀하셨다.

2 "장막 터를 넓히고 장막의 휘장을 아낌없이 활짝 펼쳐라. 장막 줄을 길게 늘이고 말뚝을 단단히 박아라. 49:19~20

3 네가 좌우로 터져 나갈 것이기 때문이다. 네 자손이 뭇 나라를 차지하고 버려졌던 성읍들에 살게 될 것이다. 11:14;창28:14

4 **하나님의 아내 이스라엘** 두려워하지 마라! 네가 부끄러움을 당하지 않을 것이다. 기죽지 마라! 네가 창피를 당하지 않을 것이다. 너는 어린 시절의 부끄러움을 잊고 과부 시절의 창피를 더 이상 떠올리지 않을 것이다. 45:17

5 너를 만드신 분이 네 남편이시다. 그 이름은 만군의 여호와시다. 이스라엘의 거룩한 분이 네 구원자시다. 그분은 '온 땅의 하나님'이라 불린다. 43:14;호2:7;슥14:9

6 버림받은 여인처럼 마음에 상처를 입은 너를 여호와께서 부르신다. 어린 시절에 버려진 여인과 같은 너를 여호와께서 부르신다." 네 하나님께서 말씀하셨다.

52:13 또는 '형통할 것이다.', '슬기롭게 행동할 것이다.' 물골(52:14) 볼품없는 모습. 도살장(53:7, 屠殺場, slaughter) 동물이나 가축을 잡아 죽이는 곳. 중재(53:12, 仲裁, intercession) 갈등이 있는 당사자들 사이에서 화해를 시킴. 산고(54:1, 産苦) 아이를 낳을 때 느끼는 고통.

예 언	성 취
"그는 학대를 받고 괴롭힘을 당했지만 입을 열지 않았다. … 우리 세대 가운데 누가 있느냐?"(사53:7~8)	"나는 선한 목자다. 선한 목자는 양들을 위해 자기 생명을 내놓는다."(요10:11; 19:30 참조)
"폭행을 한 적도 없고 거짓말을 입에 담은 적도 없었지만 사람들은 그의 무덤을 악인과 함께 두었고 그가 죽은 후에 부자와 함께 묻어 버렸다."(사53:9)	"이 일이 있은 후 아리마대 사람 요셉이 … 그 동산에는 아직 사람을 매장한 일이 없는 새 무덤이 하나 있었는데 … 예수의 시신을 그곳에 모셨습니다."(요19:38~42)
"그가 병들어 으스러진 것은 여호와께서 원하신 일이었다. … 많은 사람들을 의롭게 할 것이다. 그는 많은 사람의 죄악을 스스로 짊어질 것이다."(사53:10~11)	"그러나 하나님이 그리스도를 통해 주시는 은사는 … 한 사람의 범죄로 인해 … 한 분의 순종으로 인해 많은 사람이 의인이 될 것입니다."(롬5:15~19)
"그러므로 나는 그에게 많은 사람을 몫으로 나눠 주고 … 죄 지은 사람들이 용서를 받도록 중재를 했기 때문이다."(사53:12)	"내가 너희에게 말한다. '그는 무법자들과 한패로 여겨졌다'라고 기록된 말씀이 마땅히 내게 이루어져야 한다. …"(눅22:37)

7 "내가 잠시 너를 버렸지만 큰 긍휼로 너를 다시 모으겠다. 26:20

8 노여움이 북받쳐서 내가 잠시 내 얼굴을 네게서 숨겼지만 이제 영원한 사랑으로 네게 자비를 베풀겠다." 네 구원자 여호와께서 말씀하셨다. 55:3

9 **평화의 언약** "노아 시대에 다시는 땅을 물로 덮어 버리지 않겠다고 내가 맹세한 것처럼 이제 맹세한다. 나는 네게 화를 내지 않고 꾸짖지도 않겠다. 창 8:21

10 산들이 옮겨지고 언덕이 흔들려도 내 사랑은 네게서 옮겨지지 않고 내 평화의 언약은 흔들리지 않을 것이다." 너를 가엾게 여기시는 여호와께서 말씀하셨다.

11 **보장된 이스라엘의 안전** "폭풍에 그렇게 고생하고도 위로조차 받지 못한 성읍아, 보라. 내가 홍옥으로 벽을 쌓고 사파이어로 주춧돌을 놓겠다. 51:21;60:10;계 21:19

12 루비로 뾰족탑을 만들고 반짝이는 석류석으로 성문을 만들고 보석으로 모든 성벽을 둘러쌓겠다.

13 네 자녀들은 모두 여호와께 가르침을 받고 평화를 마음껏 누릴 것이다. 요 6:45

14 너는 정의로 굳게 서겠고 압제는 네게서 멀어질 것이니 두려워할 일이 없을 것이다. 공포마저 멀리 사라져서 네게 가까이 오지 못할 것이다.

15 너와 다투는 사람들이 생기겠지만 그것은 내가 허락한 것이 아니라 너와 다투는 사람들이 너 때문에 무릎을 꿇을 것이다.

16 보라. 숯을 불어 숯불을 피우고 쓸 만한 무기를 만들어 내는 장인을 창조한 것은 바로 나다. 또 부수고 파괴하는 사람들도 내가 창조했다.

17 너를 치려고 만든 무기는 성능을 다하지 못하고 너를 고소해서 법정에 세우는 혀마다 도리어 패소할 것이다. 이것은 여호와의 종들이 받을 몫이고 내가 그들에게 주는 권리다. 45:24-25

55 **찬란한 회복** "너희 모든 목마른 사람들아, 물로 나아오라! 돈 없는 사람들아, 너희도 와서 사 먹으라! 와서 돈을 내지 말고 값도 지불하지 말고 포도주와 우유를 사라. 잠 9:5;마 5:6;요 7:37

2 왜 너희는 음식이 아닌 것에 돈을 쓰고 배부르게 하지도 못할 것에 애를 쓰느냐? 들으라. 내 말을 잘 들으라. 그러면 너희가 좋은 것을 먹고 기름진 것으로 즐길 것이다.

3 너희는 귀를 기울이고 내게로 오라. 내 말을 들으라. 그러면 너희가 살 것이다. 내가 너희와 영원한 언약을 맺을 텐데, 그것은 내가 다윗에게 약속한 사랑이다.

4 보라. 내가 그를 뭇 백성 앞에 증인으로 세웠고 뭇 백성의 지도자와 지휘관으로 삼았다. 시 18:43;行 9:25;미 52:행 5:31

5 보라. 네가 알지 못하는 나라를 네가 부르면 너를 알지 못하는 나라가 네게로 달려올 것이다. 네 하나님 여호와, 이스라엘의 거룩한 분께서 너를 영화롭게 하셨기 때문이다. 44:23;슥 8:22~23행 3:13

6 **순종을 요구하심** 만날 수 있을 때 여호와를 찾으라. 가까이 계실 때 그를 부르라.

7 죄를 지은 사람은 그 길을 버리고 나쁜 짓을 저지른 사람은 그 생각을 버리라. 그리고 여호와께로 돌아오라. 그러면 그가 불쌍히 여기실 것이다. 우리의 하나님께로 돌아오라. 그가 너그럽게 용서하실 것이다.

8 **확실하게 임할 회복** "내 생각은 너희 생각과

평화의 언약

평화의 언약(사 54:10)은 만물의 완전한 회복을 약속하는 말씀이며 '새 언약'이라고도 한다. 이 언약은 하나님이 그분의 백성들에게 하신 모든 언약들(창조 언약, 아브라함 언약, 모세 언약, 다윗 언약)을 통합하는 것이다.

평화의 언약은 고난받는 종의 사역(사 52~53장)에 근거한다.

고난받는 종이신 예수님의 순종으로 하나님은 새로운 공동체를 만드실 것이고, 이는 그들에게 주시는 구원의 '새 언약'을 말한다.

다르고 내 길은 너희 길과 다르다. 여호와의 말씀이다.

9 하늘이 땅보다 높은 것처럼 내 길은 너희 길보다 높고 내 생각은 너희 생각보다 높다.

10 하늘에서 비와 눈이 내리면 땅을 적셔 싹이 나고 자라서 뿌릴 씨와 먹을 음식을 주기 전까지는 다시 하늘로 돌아가지 않는 것처럼

시 148:8;고후 9:10

11 내 입에서 나가는 말도 내가 원하는 것을 이루고 내가 보낸 사명을 성취하기 않고는 허사로 내게 다시 돌아오는 일이 없을 것이다.

40:8

12 그렇다. 너희는 기뻐하면서 그곳을 떠나고 평안히 안내를 받으면서 돌아올 것이다. 산과 언덕이 너희 앞에서 환호성을 터뜨리고 들의 나무가 모두 손뼉을 칠 것이다.

13 가시나무 대신 잣나무가 자라고 찔레나무 대신 화석류가 자랄 것이다. 이것은 영원히 없어지지 않는 표가 돼 여호와의 명성을 드높일 것이다."

35:1-2;41:19

56

정의를 행할 여호와께서 이렇게 말씀하신다. "공의를 지키고 정의를 행하여라. 내 구원이 가까이 왔고 내 정의가 곧 드러날 것이다.

2 복되다. 이것을 행하는 사람아! 하나님의 정의를 꼭 붙들고 안식일을 지켜서 더럽히지 않고 손을 지켜서 어떤 악한 일도 행하지 않는 사람아!"

58:13

3 구원받을 이방 사람 이방 사람이라도 여호와께 속했다면 "여호와께서 나를 그분의 백성과 차별하시는구나" 하고 말하지 못하게 하여라. 고자라도 "나는 마른 나무에 불과하구나" 하고 말하지 못하게 하여라.

4 여호와께서 말씀하신다. "고자라도 내 안식일을 지키고 내가 기뻐하는 일을 골라서 하며 내 언약을 단단히 붙들기만 하면

5 내 성전과 내 성벽 안에 기념비를 세워 주고 아들과 딸에게 물려주는 이름보다 더 좋은 이름을 주겠다. 내가 그들에게 영원히 끊어지지 않는 이름을 주겠다.

왕 3:12

6 이방 사람이라도 여호와께 속하고 나 여호와를 섬기며 여호와의 이름을 사랑하고 내 종이 돼서 안식일을 지켜 더럽히지 않고 내 언약을 굳게 지키기만 하면

7 내가 그들을 내 거룩한 산으로 데려와서 내 기도하는 집에서 그들을 기쁘게 해 주겠다. 그들이 내 제단에 바친 번제물과 희생제물을 내가 기꺼이 받을 것이다. 내 집은 모든 백성이 모여서 기도하는 집이라고 불릴 것이다."

막 11:17;눅 19:46;롬 15:16

8 쫓겨난 이스라엘 사람들을 모으시는 주 여호와의 말씀이다. "내가 이미 모은 사람들 외에 더 많은 사람들을 또 모으겠다."

9 비나받을 영적 지도자들 들짐승들아, 숲 속의 짐승들아, 모두들 와서 먹어 치우라!

10 이스라엘의 파수꾼은 모두 눈이 멀었고 아무도 알아차리지 못하는구나. 그들은 모조리 짖지도 못하는 벙어리 개들이구

내 집은 기도하는 집이라

성전에는 '이방 사람의 뜰'이 있었다. 이방 사람들은 그 뜰을 넘어서 더 이상 안으로 들어갈 수 없었다. 그러나 하나님은 이방 사람에게 있던 제한을 폐지하실 것이라고 하셨다. 하나님은 이방 사람들도 하나님을 믿고 사랑하면 성전에서 그들을 기쁘게 해 주고, 그들이 바친 번제물과 희생제물을 아무런 차별 없이 받을 것이라고 말씀하셨다(사 56:6-7). 이곳에서 번제물과 희생제물을 드리는 것은, 곧 기도하는 것과 통한다. 이제 이방 사람도 이스라엘 사람과 마찬가지로 성전에서 기도할 수 있게 되었다. 이것이 바로 '모든 백성이 모여서 기도하는 집'인 것이다(사 56:7). 이는 신약에서 유대 사람과 이방 사람이 아무 차별 없이(갈 3:28) 예배드릴 수 있는 특권을 갖는 것과 연결된다. 예수님도 성전에서 장사하던 사람들을 쫓아내실 때 "내 집은 모든 백성이 모여서 기도하는 집이라고 불릴 것이다."라는 이사야의 예언을 말씀하시며 성전을 깨끗하게 하셨다(마 21:13; 눅 19:46).

나, 기껏 드러누워 꿈이나 꾸고 나른하게 잠자는 것만 좋아하는구나. 빌 3:2

11 게다가 그 개들은 식욕까지 왕성해서 도대체 만족할 줄 모르는구나. 그들은 아는 것도 없는 목자들이어서 모두들 자기 길만 고집하고 자기 이익만을 챙기는구나.

12 "오라, 우리가 포도주를 내올 테니, 독한 술로 취하도록 마시자! 내일도 오늘처럼 마시자! 아니, 더 마시자!" 고전 15:32

57

의인이 죽는 이유 올바른 사람이 죽어도 아무도 마음에 두는 사람이 없고 경건한 사람이 사라져도 아무도 알아차리는 사람이 없다. 사실 올바른 사람이 사라지는 것은 재앙을 떠나

2 평화를 누리러 가는 것이다. 올곧게 사는 사람은 자기 침상에 누워서 편히 쉴 것이다.

3 사악한 사람들에게는 구원이 없음 "그러나 너희는 이리 가까이 오라, 무당의 자식들아! 간통하는 자와 매춘부의 종자들아!

4 너희가 누구에게 치근덕거리며 말하느냐? 너희가 누구에게 입을 쩍 벌리고 혀를 쏙 내미느냐? 너희는 어그러진 자의 자식, 거짓말쟁이의 종자가 아니냐?

5 너희는 상수리나무 사이와 우거진 나무 아래라면 어디에서나 정욕을 불태우고 있다. 골짜기에서, 갈라진 바위 밑에서, 자식들을 잡아서 희생제물로 바치고

6 골짜기의 매끄러운 돌들을 자기 것으로 골라서 그 돌들을, 바로 그 돌들을 네 운명의 돌로 삼으며, 심지어 그것들에게 술을 붓고 곡식을 바치기까지 하니 이런 것들을 내가 어떻게 눈감아 주겠느냐?

7 너는 높이 솟은 언덕에다 침대를 만들어 놓고 심지어 거기에 올라가서 제사를 지냈다.

8 *너는 문과 문설주 뒤에다 이방 사람의 상징물을 두었다. 너는 나를 버리고 옷을 벗고 누울 자리를 넓게 폈다. 그리고 네가 좋아하는 사람들에게서 화대를 받고 함께

누워 색을 즐겼다. 겔 16:25,23:17;호 1:2

9 또 너는 기름을 바르고 향수를 듬뿍 뿌리고 몰렉에게 나아갔다. 너는 네 *사신들을 멀리 보냈고 심지어는 음부에까지 내려보냈다. 겔 16:26,28~29

10 너는 많은 여행으로 지쳤을 법도 한데 '그만 해야지!' 하고 말하지 않고 도리어 네 우상이 네게 활력을 주어서 네가 아프지 않은 것이라고 여겼다. 렘 2:25;18:12

11 누가 그렇게도 무섭고 두렵기에 너는 내게 거짓말이나 하고 나를 기억하지도 못하며 나를 네 마음에 두지도 않느냐? 내가 오랫동안 침묵을 지키고 있었다고 네가 나를 두려워하지 않는 것이냐?

12 네게 잘한 것이 얼마나 있는지 네가 한 일을 내가 드러내 보이겠다. 그때 네 우상들은 네게 아무런 도움도 주지 못할 것이다.

13 소리를 질러서 네 우상들을 건져 내게 해 보아라! 도리어 바람이 그것들을 몽땅 날려 버리고 입김이 그것들을 가져가 버릴 것이다. 그러나 내게 피하는 사람은 땅을 물려받고 내 거룩한 산을 상속받을 것이다."

14 회개하는 사람들에게는 구원이 있음 여호와께서 또 말씀하신다. "돋우어라. 돋우어서 길을 내어라. 내 백성이 가는 길에 장애물을 치워 버려라." 40:3;62:10

15 지극히 높으시고 영원히 보좌에 앉아 계시는 분, 그 이름이 거룩하신 분이 이렇게 말씀하셨다. "내가 높고 거룩한 곳에 살고 있지만 잘못을 뉘우치는 사람과도 함께 있고 기운이 빠진 사람과도 함께 있다. 기운이 빠진 사람에게 생기를 불어넣고 상한 마음을 되살려 주려는 것이다.

16 그렇다, 나는 줄곧 다투지만은 않는다. 끊임없이 노여워하지도 않는다. 내가 만든 사람에게서 기운이 빠지고 숨이 약해지지나 않을까 해서다. 창 6:3;시 103:9

17 그의 사악한 탐욕 때문에 내가 화가 나서 그를 치고 얼굴을 가렸다. 그래도 그는 자기 식대로 살았다. 56:11;렘 6:13

화대(57:8, 花代) 기생, 창기 따위와 관계를 갖고 그 대가로 주는 돈. 57:9 또는 '우상을.' 통회(58:5, 痛悔, humble) 깊이 뉘우침.

18 그가 어떤 식으로 살아가는지 내가 보았기에 그를 고쳐 주겠다. 그를 이끌어 주고 위로해 주겠다. 그와 그의 슬퍼하는 사람들도 위로해 주겠다. 61:3행 3:22

19 내가 그들에게 입술의 열매를 맺게 하겠다. 멀리 있는 사람과 가까이 있는 사람에게 평화가 있을 것이다. 평화가 있을 것이다." 여호와께서 말씀하셨다. "내가 그를 고쳐 주겠다." 행 2:39;엡 2:17;히 13:15

20 그러나 악인들은 거친 파도가 몰아치는 바다와 같아서 잠잠할 줄 모르고 진창과 진흙을 토해 낼 뿐이다. 욥 3:17

21 "악인들에게는 평화가 없다." 내 하나님께서 말씀하셨다. 48:22

58

헛된 금식 "주저하지 말고 크게 외쳐라. 나팔처럼 목소리를 높여라. 내 백성에게 그들의 죄악을 드러내고 야곱의 집에 그들의 허물을 밝혀라.

2 그들은 날마다 나를 찾고 내 길 알기를 기뻐하는 듯하니 그들이 마치 올바르게 행동하고 하나님의 가르침을 저버리지 않은 민족 같구나. 그들은 무엇이 올바른 가르침인가를 내게 묻고 하나님께 가까이 나아가는 것을 기뻐하는 듯 보인다.

3 그들은 '우리가 금식을 하는데 왜 주께서는 보시지 않습니까? 우리가 통회하여 괴로워하는데 왜 주께서는 모른 체 하십니까?'라고 말한다. 그러나 보라. 금식하는 날에 너희는 너희가 즐겨하는 일을 하고 있고 너희가 부리는 일꾼들을 혹사시키고 있구나. 60:17;느 5:1~8

4 보라. 너희는 싸우고 다투면서 금식을 하고 못된 주먹질로 하면서 금식을 하는구나. 너희의 목소리가 높은 곳에 들리게 하려면 차라리 오늘 같은 날에는 금식을 하지 말라.

5 이것이 내가 받고 싶은 금식이며 사람이 통회하며 괴로워하는 날이란 말이냐? 그저 갈대처럼 고개를 숙이기만 하고 굵은 베 옷과 재를 펼쳐 놓는 것뿐이 아니냐? 이것이 너희가 금식이라고 부르는 것이냐? 이것이 너희가 여호와께서 기꺼이 받으실 만한 날이라고 부르는 것이냐? 슥 7:5

6 참된 금식과 그 보상 내가 받고 싶은 금식은 이런 것들이 아니냐? 부당하게 묶인 사슬을 끌러 주고 멍에의 줄을 풀어 주는 것, 압제받는 사람을 자유롭게 놓아주고 모든 멍에를 부숴 버리는 것이 아니냐?

7 너희가 굶주린 사람에게 먹을 것을 나눠 주고 가난한 노숙자를 집에 맞아들이는 것이 아니냐? 헐벗은 사람을 보면 옷을 입혀 주고 네 혈육을 못 본 체하지 않는 것이 아니냐? 느 5:5;겔 18:7;마 25:35

8 그렇게만 하면 네 빛이 새벽 동녘처럼 터져 나올 것이고 네 상처는 빨리 아물 것이다. 그리고 네 옳음을 밝혀 주실 분이 네 앞에 가시고 여호와의 영광이 네 뒤에서 보살펴 주실 것이다. 시 85:13;껠 30:17

9 그때야 비로소 네가 부르면 여호와께서 대답하실 것이다. 네가 도와 달라고 외치면 그는 '내가 여기 있다' 하고 말씀하실 것이다. 네가 너희 가운데서 억누르는 멍에와 손가락질과 못된 말을 없애 버린다면

10 네가 굶주린 사람에게 열정을 쏟고 괴롭힘을 당하는 사람의 소원을 들어준다면, 네 빛이 어둠 가운데 떠올라서 네 어둠이

하나님이 기뻐하시는 금식

금식은 음식이나 물을 먹지 않는 것 혹은 대부분의 음식을 금하고 물과 간단한 음식만 먹는 것을 말한다.

■ 하나님이 원하시지 않는 금식
• 금식하면서 다투거나(사 58:4) 남을 착취하며 자신은 오락하는 것(사 58:3)
• 굵은 베옷을 입고 재에 앉아 있으나 마음은 하나님께로 향하지 않으며 형식에 치우친 금식(사 58:5)

■ 하나님이 기뻐하시는 금식
• 가난하고 약한 사람들에 대한 억압을 풀어 주고 도움이 필요한 사람을 기꺼이 도와주는 것(사 58:6)
• 굶주린 사람에게 음식을 주며 가난한 노숙인을 집에 초대하고, 헐벗은 사람을 입히는 것(사 58:7)

대낮처럼 밝아질 것이다.

11 여호와께서 너를 언제나 이끄시고 땡볕이 내리쬐는 마른 땅에서도 배불리시며 네 뼈를 단단하게 하실 것이다. 너는 마치 물 댄 동산 같고 *물이 끊어지지 않는 샘 같을 것이다. 렘 31:12

12 네 자녀들이 옛 폐허를 재건하고 대대로 버려진 기초를 세울 것이다. 사람들이 너를 '부서진 성벽을 다시 세우는 사람', '거리를 사람 살도록 만든 장본인'이라고 부를 것이다. 61:4 65:21 갈 6:14 눅 4:18

13 안식일의 준수를 요구하심 네가 안식일에 발걸음을 삼가고 내 거룩한 날에 네가 즐거워하는 일을 하지 않으며, 네가 안식일을 '기쁜 날'이라고 부르고 여호와의 거룩한 날을 '귀한 날'이라고 하면, 네가 이 날을 귀하게 여겨 네 마음대로 하지 않고 네가 즐거워하는 일을 하거나 수다를 떨지 않으면

14 그때에야 비로소 너는 여호와 안에서 기쁨을 누릴 것이고 내가 너를 땅에서 높이 올려 네 조상 야곱의 유산을 먹고 살게 하겠다." 여호와께서 친히 입으로 말씀하셨다.

59

죄의 고백 보라, 여호와의 손이 너무 짧아서 구원하지 못하시는 것이 아니다. 귀가 너무 어두워서 듣지 못하시는 것이 아니다. 민 11:23

2 다만 너희의 죄악이 너희와 너희 하나님 사이를 갈라놓았을 뿐이다. 너희의 잘못이 하나님의 얼굴을 가렸기 때문에 하나님께서 너희의 말을 듣지 않으실 뿐이다.

3 너희의 손바닥은 피로 더럽혀졌고 너희의 손가락은 죄악으로 물들었구나. 너희의 입술은 거짓말을 하고 너희의 혀는 못된 *말을 주절거리는구나. 1:15

4 아무도 결백한 사람을 변호해 주지 않고 아무도 진실하게 판결을 내리지 않는구나. 허풍을 믿고 거짓말만 대는구나. 고통을 잉태했으니 슬픔을 낳을 수밖에 없

지 않느냐. 요 15:35 시 7:14

5 그들은 독사의 알을 품고 거미줄을 친다. 그 알 가운데 하나만 먹어도 죽을 것이고 그 알이 밟혀서 깨지면 독사가 나올 것이다.

6 그들이 짠 거미줄로는 옷을 만들 수 없고 그들이 만든 것으로는 몸을 가릴 수도 없다. 그들이 하는 짓이란 사악한 행동뿐이고 손으로 저지르는 짓이란 폭행뿐이다.

7 그들의 발은 나쁜 일을 하려고 뛰어다니고 무고한 사람을 죽이려고 빨리 다닌다. 그들의 생각은 못된 궁리뿐이고 그들이 가는 길에는 폐허와 파멸만 깔려 있다.

8 그들은 평화의 길을 알지 못하며 그들이 가는 길에는 공의가 없다. 그들이 스스로 길을 굽혀 놓았으니 그 길을 걷는 사람들은 모두 평화를 모를 수밖에 없다.

9 그러므로 공의는 우리에게서 멀고 정의는 우리에게 미치지 못하다. 우리는 빛을 기다리지만 보라, 암흑뿐이다. 밝기만을 기다리지만 어둠 속을 걸어 다니고 있다.

10 우리는 눈먼 사람처럼 벽을 짚으며 다니고 눈이 없는 사람처럼 손의 감각만으로 길을 더듬으며 다닌다. 대낮에도 황혼 때처럼 헛디며 넘어지고 건강한 사람 같아 보여도 죽은 사람이나 다름이 없다.

11 우리는 모두 곰처럼 부르짖으며 비둘기처럼 구슬프게 울면서 공의를 기다리지만 찾을 수 없고 구원을 기다리지만 우리에게서 멀어져만 간다. 38:14 46:13 56:1

12 "그렇습니다. 주님 앞에서 저지른 우리의 죄악이 너무나 많습니다. 우리의 허물이 우리를 고발합니다. 우리의 죄가 아직 우리에게 있으니 우리의 사악함을 우리가 잘 알고 있습니다.

13 우리는 여호와를 거역하고 배반했습니다. 우리의 하나님께 등을 돌리고 뒤에서 협잡과 반란을 의논했고 마음에 거짓말을 품었고 또 중얼거렸습니다. 3~4절

14 그리고 공의는 뒤로 제쳐 두고 정의는 저 멀리 멀어졌습니다. 성실이 길바닥에서 비틀거리고 있으니 정직이 들어올 수도 없습

여호와의 영광이 비추는 예루살렘을 향해 열방의 백성들이 여호와를 찬양하며 나아옴

...니다.

15 성실이 없어지니 오히려 악을 피하는 사람이 약탈을 당합니다." 여호와께서 보셨다. 그런데 공의가 없음을 보시고는 슬퍼하셨다.

16 회개하는 사람을 위한 구원

사람이 없음을 보시고 놀라셨다. 중재하는 사람이 없으니 기가 막혀 하셨다. 그래서 주께서 손수 그분의 팔로 구원하셨고 그분의 정의에만 의지하셨다.

17 주께서 정의를 갑옷으로 입으시고 구원을 투구 삼아 머리에 쓰셨다. 앙갚음을 속옷으로 입으시고 열정을 겉옷으로 두르셨다.

18 그들의 소행대로 갚으시고 적들에게 진노하시며 원수들에게 앙갚음하신다. 섬들에게도 보복하신다.

19 해 지는 곳에서 여호와의 이름을 두려워하고 해 뜨는 곳에서 그분의 영광을 두려워할 것이다. 그분이 봇물 터지듯 오실 것이다. 여호와의 바람에 밀려 몰아치는 강물과 같이 오실 것이다.

20 그분이 구원자로 시온에 오시고 야곱 가운데 자기 죄를 뉘우치는 사람에게 오신다. 여호와의 말씀이다.

21 성령의 약속 "내가 그들과 맺은 내 언약은 이것이다." 여호와께서 말씀하셨다. "네 위에 있는 내 영과 내가 네 입에 담은 내 말은 지금부터 영원히 네 입과 네 자손의 입과 네 자손의 자손의 입에서 떠나지 않을

것이다." 여호와께서 말씀하셨다.

60 시온의 영광 "일어나서 빛을 비추어라. 네 빛이 밝아지기 시작했다. 여호와의 영광이 네 위에 떠올랐다.

2 이제 보아라. 어둠이 땅을 덮고 먹구름이 뭇 백성 위에 있지만 여호와께서 네 위에 떠오르시고 그분의 영광이 네 위에 나타나고 있다.

3 나라들이 네 빛을 보고 나오고 왕들이 네 떠오르는 광채를 보고 나오고 있다.

4 눈을 들어 사방을 둘러보아라. 모두 모여서 네게로 오고 있다. 네 아들들이 멀리서 오고 네 딸들이 팔에 안겨 오고 있다.

5 그것을 보고서 네 얼굴이 상기돼 밝아지고 네 가슴은 두근두근 고동치며 벅차오를 것이다. 바다의 산물이 네게로 밀려오고 뭇 나라의 재물이 네게로 흘러올 것이다.

6 낙타 떼가 네 땅을 덮고 미디안과 에바의 어린 낙타들이 네 땅을 채울 것이다. 모든 스바 사람이 금과 향품을 들고 여호와를 찬양하면서 나아올 것이다.

7 게달의 모든 양 떼가 네게로 모이며 느바욧의 숫양들을 네가 제물로 쓸 것이다. 나는 그것들을 내 제단 위에서 제물로 기쁘게 받을 것이니 내가 내 성전을 영화롭게 하겠다.

8 저기 구름처럼 둥실거리며 몰려오는 저

사람들이 누구냐? 둥지로 돌아오는 비둘기처럼 날아오는 저 사람들이 누구냐?

9 보아라. 섬들이 나를 바라보며 다시스의 배들이 앞장서서 멀리서 네 자녀를 데려오는구나. 은과 금도 함께 싣고 오는구나. 여호와 네 하나님의 이름을 높이고 너를 영화롭게 하신 이스라엘의 거룩하신 분을 높이려고 오는구나. 갈 4:26

10 여호와의 성을 이방 사람이 네 성벽을 다시 쌓고 그들의 왕들이 너를 섬길 것이다. 내가 비록 노여움에 너를 쳤지만 이제는 은혜를 베풀어서 너를 불쌍히 여길 것이기 때문이다.

11 네 성문은 밤낮으로 닫히지 않고 언제나 열려 있어서 사람들이 네게 여러 나라의 재물을 가져오고 여러 나라의 왕들을 포로로 이끌어 오게 하겠다. 계 21:25-26

12 너를 섬기지 않는 민족이나 나라는 사라질 것이다. 그 나라들은 완전히 말라 버릴 것이다. 슥 14:17-19

13 레바논이 자랑하는 잣나무와 소나무와 회양목이 함께 네게로 올 것이다. 나는 그것으로 내 성전 터를 꾸며서 내 발이 쉬는 곳을 아름답게 만들겠다. 35:2;41:19

14 너를 짓누르던 사람들의 자손이 네게 절하며 나아오고 너를 멸시하던 사람들은 모두 네 발아래 엎드려서 너를 '여호와의 성읍', '이스라엘의 거룩한 분의 시온'이라고 부를 것이다. 슥 8:23;계 3:9

15 영광이 되신 하나님 전에는 네가 버림을 받고 미움을 받아서 아무도 네 곁을 지나가는 사람이 없었지만 이제는 내가 너를 영원히 높여서 대대로 기쁨이 되게 하겠다.

16 너는 뭇 나라의 젖을 빨고 왕실의 젖을 빨아 먹을 것이다. 이것으로 너는 나 여호와가 네 구원자, 네 속량자, 야곱의 강한 분임을 알게 될 것이다. 창 49:24;사 13:22

17 내가 청동 대신 네게 금을 주고 철 대신 은을 가져다주며, 나무 대신 청동을, 돌 대신에 철을 가져다주겠다. 내가 평화를 네 통치자로 세우고 정의를 네 지배자로 삼겠다.

18 그 어떤 폭행의 소문도 네 땅에서는 들리지 않을 것이며 유린이나 파괴의 소식도 네 국경 안에서는 들리지 않을 것이다. 너는 네 성벽을 '구원'이라 부르고 네 성문을 '찬양'이라 부를 것이다. 11:9;26:1

19 낮에는 해가 더 이상 너를 비출 필요가 없고 달도 네게 빛을 비출 필요가 없을 것이다. 여호와께서 네 영원한 빛이 되시고 네 하나님께서 네 영광이 되실 것이기 때문이다.

20 네 해가 다시는 지지 않을 것이며 네 달은 더 이상 기울지 않을 것이다. 여호와께서 네 영원한 빛이 되실 것이니 네 슬픔의 날도 끝날 것이다. 35:10;65:19;계 21:4

21 그때 네 백성은 모두 올바르게 살아서 영원히 그 땅을 차지할 것이다. 그들은 내가 심은 싹이다. 내 영광을 드러내기 위해 내 손으로 만든 작품이다. 시 37:9;계 37:25

22 가장 작은 사람이 1,000명으로 불어나고 가장 약한 사람이 강한 민족이 될 것이다.

네 성문들이 항상 열려 있을 것이다

고대의 성(城)들은 성문을 항상 열어 놓지 않았다. 밤이 되면 도둑들이 들어오는 것을 막기 위해 성문을 닫아야 했다.

그러나 이사야 예언자는 성문이 언제나 열려 있을 것이라는 하나님의 약속을 전했다(사 60:11). 즉 구속자가 오셔서 하나님의 백성을 위협하던 것들이 없어지고 완전한 평화가 이루어질 것을 예언했다. 또 위협적인 요소가 사라질 뿐 아니라 그 성문은 풍요와 승리를 가져다주는 축복의 성문이 될 것을 상징적으로 표현한다. 이 사실을 이사야 60장 18절에서 좀 더 구체적으로 표현한다.

"그 어떤 폭행의 소문도 네 땅에서는 들리지 않을 것이고 유린이나 파괴의 소식도 네 국경 안에서는 들리지 않을 것이다. 너는 네 성벽을 구원이라 부르고 네 성문을 '찬양'이라 부를 것이다."

때가 되면 나 여호와가 이 일을 서둘러 이루겠다."

합 2:3

61

여호와의 은혜의 해 주 여호와의 영이 내 위에 있으니 이것은 여호와께서 내게 기름을 부어 가난한 사람들에게 좋은 소식을 전하게 하려는 것이다. 그분이 나를 보내서서 마음이 상한 사람들을 감싸 주고 포로에게 자유를 선포하고 갇힌 사람은 풀어 주고

2 여호와의 은혜의 해와 우리 하나님의 보복의 날을 선포하며 슬퍼하는 모든 사람을 위로하게 하셨다.

34:8;25:10

3 시온에서 슬퍼하는 사람에게 재 대신 화관을 씌워 주고 슬픔 대신 기쁨의 기름을 발라 주며 통곡 대신 찬양을 옷 입게 하셨다. 그래서 사람들은 그들을 가리켜서 여호와의 영광을 드러내시려고 여호와께서 손수 심으신 '정의의 상수리나무'라고 부른다.

4 희망의 소식 그들은 예전에 폐허가 된 곳을 재건하고 오래전에 황폐해진 곳을 일으킬 것이다. 그들은 대대로 무너진 채로 폐허가 됐던 성읍들을 다시 세울 것이다.

5 이방 사람들이 너희의 양 떼를 돌보고 다른 나라 사람들이 너희의 밭과 포도원에서 일할 것이다.

14:2;60:10

6 사람들이 너희를 '여호와의 제사장'이라고 부르고 '우리 하나님의 일꾼'이라고 부를 것이다. 너희는 여러 나라의 재물을 먹고 그들의 보물을 자랑할 것이다.

7 너희가 받은 수치는 갑절이어서 사람들은 "불명예가 그들의 몫이다!"라고 외쳤다. 그러나 이제는 너희가 땅에서 갑절이나 상속을 받고 영원히 그 기쁨을 누릴 것이다.

8 "나 여호와는 공의를 사랑하고 강도질과 약탈을 미워하기 때문에 나는 고생한 대가를 성실히 갚아 주고 그들과 영원한 언약을 맺을 것이다.

시 11:7

9 그들의 자손은 여러 나라에 알려지고 그들의 후손은 여러 민족 가운데 알려질 것이다. 그들을 보는 사람마다 그들이 여호와께서 복을 내리신 자손임을 인정하게

될 것이다."

10 하나님의 구원을 찬양 나는 여호와를 생각하면 매우 기쁘다. 내 영혼이 내 하나님을 생각하면 매우 즐겁다. 마치 신랑에게 제사장의 관을 씌워 주고 신부에게 보석을 달아서 단장하듯이 그가 구원의 옷을 내게 입히셨고 정의의 긴 옷으로 둘러 주셨기 때문이다.

합 3:18;슥 3:4;계 21:2

11 흙이 싹을 틔우듯, 동산이 씨앗을 움트게 하듯, 주 여호와께서는 모든 나라들 앞에서 정의와 찬양이 싹트게 하실 것이다.

62

시온의 새 이름 시온을 위해 내가 잠잠히 있지 않을 것이다. 예루살렘을 위해 내가 쉬지 않을 것이다. 시온의 정의가 빛나기 시작하고 예루살렘의 구원이 횃불처럼 타오르기까지 내가 쉬지 않을 것이다.

잠 4:18

2 이방 나라들이 네 정의를 보고 모든 왕들이 네 영광을 볼 것이다. 사람들은 여호와께서 친히 지어 주신 새로운 이름으로 너를 부를 것이다.

60:3,14;사 98:2;계 2:17;3:12

3 너는 여호와의 손에서 화려한 면류관이

왜 예수님이 이사야 61장 2절의 뒷부분을 읽지 않으셨을까요?

예수님은 안식일에 회당에서 두루마리를 펴서 이사야의 글을 읽으셨어요(눅 4:18-19). 그런데 예수님은 '여호와의 은혜의 해'는 말씀하시고 이사야 61장 2절의 뒷부분에 있는 '우리 하나님의 보복의 날을 선포하며'라는 말은 생략하셨어요.

성경은 예수님이 어느 날 하늘로부터 다시 오실 것이라고 말해요(살후 1:7-10). 다시 오시는 예수님은 죄인의 구세주가 아니라, 악인을 심판하시는 심판주로 오실 거예요. 이 날이 바로 '하나님의 보복의 날'이 될 거예요.

그러므로 예수님은 '하나님의 보복의 날'을 실수로 빠뜨리신 것이 아니라, 지금은 이미 오신 예수님과 다시 오실 예수님 사이에 있는 은혜 받을 만한 때요, 구원의 날임을 알려 주신 것입니다(고후 6:2).

되고 우리 하나님의 손바닥에 놓여 있는 왕관이 될 것이다. 54:11-12;슥 9:16

4 다시는 너를 '버림받은 여인'이라고 부르지 않고 네 땅을 '쓸쓸한 여인'이라고 부르지 않을 것이다. 오직 너를 '하나님이 좋아하는 여인'이라고 부르고 네 땅을 '결혼한 여인'이라고 부를 것이다. 여호와께서 너를 좋아하시고 네 땅을 신부로 맞는 신랑이 돼 주실 것이기 때문이다.

5 총각이 처녀와 결혼하듯 너를 지으신 분이 너와 결혼하실 것이다. 신랑이 신부를 기뻐하듯 네 하나님께서 너를 기뻐하실 것이다.

6 **영광과 구속** 예루살렘아, 내가 네 성벽에 파수꾼을 세워 두었다. 그들은 밤이나 낮이나 잠잠해서는 안 된다. 여호와를 일깨워 드려야 할 너희는 가만히 있지 말고

7 그분이 예루살렘을 세우시고 세상의 자랑거리가 되게 하실 때까지 여호와께서 쉬시지 못하도록 해야 한다. 시 3:20

8 여호와께서 그분의 오른손을 드시고 맹세하셨다. 그분의 강한 팔을 드시고 맹세하셨다. "다시는 내가 네 곡식을 네 원수들이 먹을 군량미로 내주지 않겠다. 다시는 네가 땀 흘려 얻은 신선한 포도주를 이방 사람들에게 내주지 않겠다. 히 6:13

9 곡식을 거둔 사람이 그것을 먹고는 여호와를 찬양하고 포도를 거둔 사람이 내 성소의 뜰에서 그것을 마실 것이다."

10 나아가라! 성문을 지나 나아가라! 백성이 돌아올 길을 닦아라. 돋우어라! 큰길을 돋우어 만들고 돌들을 치워라. 뭇 백성 위로 깃발을 올려라. 11:10;40:3;49:22;57:14

11 보아라, 여호와께서 땅끝까지 들리도록 선포하셨다. "딸 시온에게 전하여라. '보아라, 네 구원자가 오신다! 보아라, 상급으로 따 내신 백성을 데리고 오신다. 보답으로 받으신 백성을 앞세우고 오신다.'"

12 사람들은 그들을 '거룩한 백성', '여호와께서 값을 주고 건져 내신 자들'이라고 부르겠고 너를 '찾은 성읍', '버릴 수 없는 성읍'이라고 부를 것이다. 61:4,6

63 하나님의 복수와 구속의 날 에돔에서 오시는 이분은 누구신가? 붉은빛 옷을 입고 보스라에서 오시는 이분은 누구신가? 광채로 옷을 입고 그 큰 힘으로 터벅터벅 걸어오시는 이분은 누구신가? "나는 정의를 말하며 구원할 만한 힘을 가진 자다." 34:6;시 68:7

2 왜 그대의 옷은 포도주 틀을 밟는 사람의 옷처럼 붉게 물이 들었습니까? 애 1:15

3 "나는 혼자서 포도주 틀을 밟았다. 백성 가운데 아무도 나와 함께한 사람이 없다. 내가 노여워서 그들을 내리밟았고 분이 나서 그들을 짓밟았다. 그러자 그들의 피가 내 옷에 튀어서 내 옷이 온통 피로 더러워진 것이다. 욜 3:13

4 보복할 날이 됐고 구원할 해가 이르렀다는 생각을 속으로 했지만 34:8

5 아무리 둘러봐도 도와줄 사람이 하나도 없었다. 나는 기가 막혔다. '나를 격려해 주는 사람이 아무도 없다니.' 그래서 내가 손수

내 팔로 구원했고 내 분노에만 의지했다.

6 내가 화가 나서 민족들을 짓밟았고 내가 분이 나서 그들을 취하게 하고 그들의 피를 땅에 쏟아 냈다." 49:26

7 백성들에게 향하신 자비 나는 여호와의 사랑을 떠올려 말하고 여호와께서 우리를 위해 하신 모든 일로 여호와를 찬양하겠다. 그분이 이스라엘 집에 베푸신 많은 선한 일은 그분의 크신 은혜와 풍성한 사랑으로 하신 일이었다. 시 145:7

8 그분이 말씀하셨다. "그들은 분명히 내 백성이며 나를 속이는 자녀들이 아니다." 그래서 그분은 그들의 구원자가 되셨다.

9 그들 모두가 고난을 받을 때 그분도 친히 고난을 받으셨다. 천사를 보내 구하시지 않고 그분이 친히 그들을 구해 주셨다. 그들을 사랑하시고 가엾게 여기셔서 그들을 구하신 것이다. 긴긴 세월 동안 언제나 그들을 높이 들고 안아 주셨다. 겔 16:5-6

10 반역자를 향하신 진노 그러나 그들이 반역하고 그분의 거룩한 마음을 슬프게 했다. 그래서 그분은 그들의 원수가 되셔서 친히 그들과 싸우셨다. 민 14:11;겔 20:8;행 7:51

11 하나님의 보호하심을 떠올림 그러다가 그들은 오래전 모세의 시절을 떠올렸다. 양 떼를 거느리던 목자를 바다에서 이끌어 올리신 그분이 지금은 어디에 계실까? 그들 가운데 그분의 거룩한 영을 넣어 주신 그분이 지금은 어디에 계실까? 출 14:19-22

12 그분의 영광스러운 팔로 모세의 오른손을 붙들어 이끄시고 백성 앞에서 물을 갈라서 그 이름을 영원히 명예롭게 하신 그분이 지금은 어디에 계실까? 삼하 7:23

13 말이 들판을 내달리듯 그들을 이끌어 비틀거리지 않고 깊은 바다를 걸어가게 하신 그분이 지금은 어디에 계실까?

14 평원으로 내려가는 소 떼처럼 여호와의 영이 그들을 쉬게 하셨다. 주께서 이렇게 주의 백성을 인도하셔서 그 이름을 스스로 영광스럽게 하셨다. 민 10:33

15 이스라엘의 기도 하늘에서 내려다보시고 거룩하고 영광스러운 주의 높은 보좌에서 굽어보십시오. 주의 열정과 주의 강한 힘은 이제 어디에 있습니까? 주의 간절함과 주의 긍휼이 우리에게서 이제 그쳤습니다.

16 그러나 주께서는 우리 아버지십니다. 비록 아브라함이 우리를 알지 못하고 이스라엘이 우리를 인정하지 않는다 해도, 여호와여, 주는 우리 아버지시고 옛날부터 주의 이름은 '우리의 속량자'십니다.

17 여호와여, 왜 우리를 주의 길에서 떠나 헤매게 하시고 우리의 마음을 굳어지게 하셔서 주를 두려워하지 않게 하십니까? 주의 종들을 굽어 살피시고 주의 유산인 지파들을 생각하셔서라도 돌아와 주십시오.

18 잠시 동안 주의 백성이 주의 성소를 차지했지만 이제 우리의 원수들이 주의 성소를 짓밟았습니다. 64:11;신 4:25-26

19 우리는 주께서 오랫동안 전혀 다스린 적

매일 똑같은 기도를 해도 싫증 내지 않으실까요?

하나님은 우리가 매일 같은 기도를 한다고 해도 전혀 싫증 내지 않으신답니다. 오히려 하나님은 같은 내용의 기도라도 매일 듣고 싶어 하세요. 하나님은 기도를 통해서 우리와 만나고 교제하기를 원하시기 때문이에요.

매일 기도하면 하나님이 우리의 기도 내용을 바꾸어 주시는 것도 경험하게 됩니다. 내게 필요 없는 기도를 빼게 하시고, 정말 필요한 기도를 하게 해주시기 때문이에요. 그리고 나를 위해 기도하던 것들을 점점 다른 사람을 위한 중보의 기도로 바꾸어 주세요. 성숙한 기도의 사람으로 성장하게 하신답니다. 그러므로 똑같은 기도라도 매일 하는 것이 좋아요. 매일 기도하면서 기도하는 방법도 배우게 되고, 기도를 훈련할 수 있으며 무엇보다 하나님과 더욱 가까워지기 때문이에요.

이 없는 사람들처럼 됐습니다. 주의 이름을 부르지 않은 사람들처럼 됐습니다.

64 하나님의 능력을 간구함 주께서 하늘을 손으로 찢으시고 내려오시면 산들이 주 앞에서 벌벌 떨 것입니다.

2 불이 나뭇가지를 활활 살라 버리듯 불이 물을 펄펄 끓게 하듯 내려오셔서 주의 원수들에게 주의 이름을 알리시고 저 나라들이 주 앞에서 떨게 해 주십시오!

3 주께서 내려오셔서 하신 일들은 우리가 생각하지도 못했던 일입니다. 그 엄청난 일을 하셨을 때 산들이 주 앞에서 벌벌 떨었습니다. 출 14:13;15:11

4 그 일은 예로부터 아무도 들어 보지 못한 일이었습니다. 귀로 듣지도 못했고 눈으로 보지도 못한 일이었습니다. 주 말고는 그 어떤 신이 자기를 기다리는 사람들에게 이런 일을 할 수 있었습니까? 고전 2:9

5 주께서는 정의를 기쁨으로 실천하고 주의 길을 걸으면서 주를 기억하는 사람을 찾으시면 기뻐하시는데, 보십시오. 우리는 계속 잘못을 저질러서 주께 노여워하셨습니다. 그러니 우리가 어떻게 구원을 받겠습니까?

6 우리는 모두 부정한 사람처럼 됐으니 우리가 실천한 모든 의로운 행동은 더러운 옷과 같습니다. 우리는 모두 나뭇잎처럼 시들었으니 우리의 죄가 바람처럼 우리를 쓸어 내고 있습니다. 시 90:5-6

7 아무도 주의 이름을 부르지 않고 주를 붙들려고 애쓰는 사람도 없습니다. 그래서 주께서 우리에게 얼굴을 숨기시고 우리의 죄 때문에 우리를 녹이셨습니다. 호 7:7

8 **토기장이와 진흙** 그러나 여호와여, 주는 우리의 아버지십니다. 우리는 주의 진흙이고 주는 토기장이십니다. 우리는 모두 주의 손이 만드신 작품입니다. 롬 9:20-21

9 여호와여, 너무 많이 노여워하지 마십시오. 우리 죄를 영원히 기억하지는 말아 주십시오. 우리를 눈여겨보아 주십시오. 우리는 모두 주의 백성입니다. 시 74:1-2;79:8

10 주의 거룩한 성읍들이 광야가 됐습니다. 시온이 광야가 됐고 예루살렘이 폐허가 됐습니다. 느 1:3;2:3

11 우리의 조상이 주를 찬양하던 그곳, 거룩하고 영광스럽던 우리의 성전이 불에 타버렸고 우리가 소중히 여기던 모든 것이 황무지가 됐습니다. 시 74:7;학 1:9;2:3

이사야 65장에 나타난 천년 왕국 설계도

요한은 요한계시록에서 새 하늘과 새 땅이 천년 왕국 다음에 올 것이라 기록했다(계 21:1). 그러나 이사야는 천년 왕국과 천국을 구분하지 않고 말하고 있다(사 65:17). 다음은 이사야가 기록한 천년 왕국의 모습이다.

이전 일은 기억나지 않을 것이다(17절).	천년 왕국은 현재 세상을 고쳐서 바꾼 것이 아니라 완전히 새로운 세상이 될 것이다. 그래서 이전의 하늘과 땅은 기억되거나 생각나지 않을 것이다(계 21:1).
울음이 없다(19절).	즐겁고 기쁜 일만 있기 때문에 슬픔과 고통을 표현하는 울음소리나 부르짖는 소리가 다시는 들리지 않을 것이다.
수명이 길어진다(20절).	그 나라에서는 죽는 아이나 제 생명을 다하지 못하고 죽는 노인이 없을 것이다.
노동의 열매를 먹는다(22절).	자기가 지은 집에 다른 사람이 살지 않을 것이며, 자기가 심은 것을 다른 사람이 먹지 않을 것이다.
자손이 번성한다(23절).	그들이 낳은 자식은 불행을 당하지 않을 것이다. 여호와 하나님의 복된 자녀로 인정받게 될 것이다.
기도가 즉시 응답된다(24절).	하나님은 하나님을 부르기 전에 응답하시고, 그들이 구하는 말을 마치기 전에 들어주신다.
해치거나 죽이는 일이 없는 완전한 평화의 동산이다(25절).	모든 육식 동물이 더 이상 연약한 동물을 해치지 않고, 원래 창조 때처럼 초식 동물이 될 것이다(사 11:6-8).

12 여호와여, 이 모든 일에도 주께서 물러서 계시겠습니까? 우리가 엄청난 고통을 당하는데도 그저 잠잠히 계시겠습니까?

65 **하나님의 심판** "나는 내게 물어 오지도 않던 사람들에게도 대답해 주었다. 나를 찾지도 않던 사람들도 내가 만나 주었다. 내 이름을 부르지도 않던 나라에게 '내가 여기 있다. 내가 여기 있다' 하고 말했다.
엡 2:12-13

2 제멋대로 좋지 않은 길로 걸어가는 반역한 백성에게 나는 온종일 손을 벌리고 있었다.
롬 10:21

3 이 백성은 그치지도 않고 동산에서 우상에게 제물을 바치고 벽돌 제단에 분향하면서 언제나 내 화를 돋우던 백성이다.

4 그들은 무덤 안에 들어가 앉아서 비밀스러운 곳에서 밤을 새고 돼지고기를 먹고 부정한 음식을 그릇에 담으면서
66:17

5 '저리 물러서 있어라. 가까이 오지 말라. 우리는 거룩한데 너희가 다가오면 너희도 거룩해질까 겁난다' 하고 말하는구나. 이런 사람들을 보면 언제나 내 콧구멍에서 콧김이 솟는다. 분노의 불길이 활활 타오른다.

6 보라. 이 모든 것이 내 앞에 기록돼 있으니 내가 침묵하지 않고 갚으며 말겠다. 그들의 죄를 그들의 가슴에 고스란히 앙갚음 하겠다.
시 50:3;79:12;렘 2:22;16:18

7 그들의 죄와 그들 조상들의 죄를 함께 갚아 주겠다." 여호와께서 말씀하셨다. "그들이 산 위에서 희생제물을 태우고 언덕에서 나를 모욕했으니 그들이 한 짓거리에 대한 값을 톡톡히 쳐서 내가 그들의 가슴에다 갚아 주겠다."
겔 20:27-28;마 23:35

8 **남은 사람들의 구원** 여호와께서 이렇게 말씀하셨다. "포도송이에 아직 즙이 남아 있으면 사람들이 '그것을 터뜨리지 말라. 그 속에 복이 들었다' 하고 말하는 것처럼 나도 내 종들을 생각해서 그렇게 하겠다. 내가 그들을 모두 멸망시키지는 않겠다.

9 내가 야곱으로부터 자손이 나오게 하고 유다로부터 내 산들을 차지하게 할 후손이 나오게 하겠다. 내가 뽑은 사람들이 그것을 유업으로 물려받고 내 종들을 거기에서 살게 하겠다.
27:6;37:31

10 나를 찾는 내 백성에게 사론 평야는 양 떼를 치는 풀밭이 되고 아골 골짜기는 소 떼가 누워 쉬는 곳이 될 것이다.
호 2:15

11 **구원받지 못할 악인** 그러나 너희는 여호와를 저버리고 내 거룩한 산은 무시해 버리면서 미래의 행운을 점치려고 상을 펴고 운명을 떠보려고 섞은 포도주로 잔을 채웠다.

12 따라서 내가 너희의 운명을 칼에게 맡기겠다. 너희는 모두 학살하는 자 앞에 무릎을 꿇을 것이다. 내가 불러도 너희는 대답하지 않았고 내가 말해도 너희는 듣지 않았으며, 너희가 내 눈에 거슬리는 일을 했고 내가 기뻐하지 않는 일만 골라서 저질렀기 때문이다."
66:4;신 1:24;렘 7:13

13 종들이 받을 축복 그러므로 주 여호와께서 이렇게 말씀하셨다. "보라. 내 종들은 먹겠지만 너희는 계속 배고플 것이다. 보라. 내 종들은 물을 마시겠지만 너희는 계속 목마를 것이다. 보라. 내 종들은 기뻐하겠지만 너희는 부끄러움을 당할 것이다.

14 보라. 내 종들은 마음이 즐거워서 환호성

새 하늘과 새 땅이 무엇인가요?

새 하늘과 새 땅은 지금 우리가 살고 있는 세상과 다른 세계, 즉 천국을 의미해요. 우리가 살고 있는 세상은 하나님이 만드신(창 1:1) 처음 하늘과 처음 땅이에요(계 21:1). 그런데 세상은 인간의 죄 때문에 더럽혀져 모든 창조물들은 세상을 새롭게 할 메시야를 기다리게 되었어요(롬 8:19-23). 메시아가 오셔서 완성할 곳이 새 하늘과 새 땅이에요. 그곳은 슬픔과 고통, 죄와 사망이 없고(계 21:4) 이전의 일도 기억나지 않는(사 65:17) 새로운 곳이에요. 그곳에서 예수님을 믿고 따르던 사람들은 새로운 백성이 되어, 하나님의 새로운 복을 누리게 될 거예요(사 65:19-25).

을 지르겠지만 너희는 아픈 마음을 부여 잡으면서 울부짖고 속이 상해 통곡할 것이다.

15 너희가 남긴 이름을 두고 내가 뽑은 사람들이 두고두고 이렇게 저주할 것이다. '주 여호와께서 너를 죽게 하시겠지만 주의 종들에게는 새로운 이름을 주실 것이다.'

16 누구든지 땅에서 복을 비는 사람은 성실하신 하나님을 부르면서 빌고 땅에서 맹세하는 사람은 성실하신 하나님을 두고 맹세하게 될 것이다. 지난날의 고통은 잊혀지고 다시는 내 눈앞에 나타나지 않을 것이다."

17 **새 하늘과 새 땅** "보라. 내가 새 하늘과 새 땅을 창조할 것이니 이전 일은 기억되지 않을 것이고 마음에 떠오르지도 않을 것이다.

18 그러니 내가 창조하는 것을 기뻐하고 영원히 즐거워하라. 보라. 내가 예루살렘을 기쁨의 성읍으로 창조하고 그 백성을 즐거움의 백성으로 만들겠다. 렘 31:7

19 그래서 내가 예루살렘을 보고 기뻐하고 내 백성을 보고 즐거워할 것이니 울음소리와 절규가 그 안에서 더 이상 들리지 않을 것이다. 35:10;62:5;66:10;계 21:4

20 거기에는 며칠 살지도 못하고 죽는 아기가 더 이상 없고 제 명을 다하지 못하고 죽는 노인도 없을 것이다. 100세에 죽으면 '아주 젊을 때 죽었구나' 하고 100세도 채우지 못하고 죽으면 '저주를 받았다'라고 말할 것이다. 잠 3:2;전 8:12

21 사람들마다 자기가 지은 집에서 살고 자기가 심은 포도원에서 열매를 따 먹을 것이다.

22 자기가 지은 집에 다른 사람이 살거나 자기가 심은 것을 다른 사람이 먹는 일은 없을 것이다. 내 백성은 나무처럼 오래 살겠고 그들이 손수 만든 것을 닳을 때까지 쓸 것이다. 시 92:12-14

23 그들은 헛고생을 하지 않을 것이고 불행의 씨앗이 될 자식은 낳지 않을 것이다. 그들은 여호와께 복받은 백성이 되고 그들과 그 자손도 그렇게 될 것이다.

24 그들이 부르기 전에 내가 대답하고 그들

Bible Basics 이사야 속 예수님 이야기

구약의 중심 주제는 장차 오실 메시아에 집중되어 있다. 모든 역사와 사건의 초점이 예수님에게 맞춰지며 예수님에 대한 내용이 300여 회 이상 나온다. 이사야에는 예수님에 대한 예언이 더욱 자세하게 기록되어 있다.

예수님의 탄생

▶ "보십시오. 처녀가 잉태해 아들을 낳고 그를 임마누엘이라고 부를 것입니다."(사 7:14)

▶ "한 아이가 우리를 위해 태어났다. 우리가 한 아들을 얻었다. 그의 어깨에는 주권이 있고 그의 이름은 기묘자, 모사, 전능하신 하나님, 영원하신 아버지, 평화의 왕이라 불릴 것이다."(사 9:6)

기름 부음을 받으신 예수님

▶ "여호와의 영이 그에게 머물 것이다. 곧 지혜와 통찰의 영, 모략과 용기의 영, 지식과 여호와를

이사야에 나타난 예수님의 일생

경외하는 영이 그에게 머물 것이다."(사 11:2)

▶ "너는 여호와의 손에서 화려한 면류관이 되고 우리 하나님의 손바닥에 놓여 있는 왕관이 될 것이다."(사 62:3)

걸리는 돌

▶ "그분은 성소도 되시지만 이스라엘의 두 집에는 걸리는 돌도 되시고 부딪히는 바위도 되시며 예루살렘 주민에게는 함정과 올가미도 되신다."(사 8:14)

예수님의 고난

▶ "나는 나를 때리는 사람들에게 내 등을 내주었고 내 수염을 뽑는 사람들에게 내 뺨을 내주었다. 조롱하고 침을 뱉는데도 나는 얼굴을 가리지 않았다."(사 50:6)

▶ "사실 그가 짊어진 병은 우리의 병이었고 그가

이 아직 말하고 있을 때 내가 들어 주겠다.

25 늑대와 어린양이 함께 풀을 뜯고 사자가 소처럼 짚단을 먹으며 뱀이 흙을 먹을 것이다. 그들이 내 거룩한 산 어디서나 서로 해치거나 죽이는 일이 없을 것이다." 여호와께서 말씀하셨다.
11:6-7,9,창 3:14;마 7:17

66 하나님의 위엄과 능력 여호와께서 이렇게 말씀하셨다. "하늘은 내 보좌이고 땅은 내 발판이다. 그런데 너희가 나를 위해 어디에 집을 짓겠다는 말이냐? 어디에서 나를 쉬게 한단 말이냐?

2 이 모든 것이 내가 손수 만든 것이 아니냐? 그래서 이 모든 것이 내 것이 아니냐? 여호와의 말씀이다. 내가 굽어보는 사람은 학대를 받아서 괴로워하는 사람, 마음이 찢어지고 깨진 사람, 내 말이라면 벌벌 떠는 사람이다.
57:15;대상 29:14;시 34:18

3 하나님의 원수들이 멸망할 것임 그러나 소를 잡아 드리는 사람은 사람을 죽이는 사람과 다름이 없고 양을 잡아 드리는 사람은 개의 목을 꺾는 사람과 다름이 없다. 곡식 제사를 드리는 사람은 돼지의 피를 바치는 사람과 다름이 없고 분향을 드리는 사람은 우상 앞에 무릎을 꿇는 사람이나 다름이 없다. 이렇게 제각각 자기 식대로 마음을 먹고 가증한 것을 좋아한다.

4 그래서 나도 그들을 괴롭히기로 마음을 먹고 그들이 무서워하는 것을 그들에게 가져갈 것이다. 내가 불러도 그들이 대답하지 않았고 내가 말해도 그들이 듣지 않았다. 그들이 내 눈에 거슬리는 일을 했을 뿐 아니라 내가 싫어하는 것만 골라서 했기 때문이다."
30:16;51:12;65:12;겔 7:31

5 여호와의 말씀을 들으라. 너희는 그분의 말씀에 떨고 있구나. "너희를 미워하는 너희 형제는 내 이름을 부른다는 이유로 너희를 따돌리면서 '어디 한번 여호와께서 영광을 드러내셔서 너희가 기뻐하는 모습을 좀 보자꾸나' 하고 비꼬아 말하지만 그들이 도리어 부끄러움을 당할 것이다.

6 성읍에서 아우성 소리가 난다. 성전에서도 소리가 들린다. 이것은 여호와께서 그분의 원수들에게 그들이 받아 마땅한 대

짊어진 아픔은 우리의 아픔이었다. 그런데도 우리는 그가 맞을 짓을 해서 하나님께서 그를 때리시고 고난을 주신다고 생각했다."(사 53:4)

예수님의 말씀 선포
▶ "주 여호와의 영이 내 위에 있으니 이것은 여호와께서 내게 기름을 부어…나를 보내셔서…갇힌 사람은 풀어 주고,"(사 61:1)

예수님의 죽음
▶ "그는 강제로 끌려가 재판을 받고 처형을 받았지만 땅에서 그의 생명이 끊어지는 것을 보고서 그가 당하는 것은 내 백성의 죄악 때문이라고 중얼거리기라도 한 사람이 우리 세대 가운데 누가 있느냐? 폭행을 한 적도 없고 거짓말을 입에 담은 적도 없었지만 사람들은 그의 무덤을 악인과 함께 두었고 그가 죽은 후에 부자와 함께 묻어버렸다."(사 53:8-9)

예수님의 인격
▶ "그는 상한 갈대를 꺾지 않고 불길이 약해진

심지를 끄지 않을 것이다. 그는 성실히 공의를 베풀고."(사 42:3)

예수님의 부활
▶ "그가 병들어 으스러진 것은 여호와께서 원하신 일이었다. 그가 그의 생명을 속건제물로 내놓으면 그는 자손을 보면서 오래오래 살 것이다. 그리고 여호와께서 원하신 일이 그의 손에서 이뤄지고 있다."(사 53:10)

예수님의 순종
▶ "주 여호와께서 내 귀를 열어 주시니 나는 배반하지도 않았고 등을 돌려 가버리지도 않았다."(사 50:5)

예수님의 승천
▶ "보라. 내 종이 잘될 것이다. 그가 드높아지고 존귀하게 될 것이다."(사 52:13)

예수님의 재림
▶ "보라. 한 왕이 정의로 통치하고 귀족들이 공의로 다스릴 것이다."(사 32:1)

로 앙갚음하시는 소리다. 59:18;63:4;65:6

7 **하나님의 위로** 시온은 진통이 시작되기도 전에 이미 낳았고 산고가 덮치기도 전에 아이를 낳았다. 13:8

8 누가 이런 일을 들은 적이 있느냐? 누가 이런 일을 본 적이 있느냐? 어떻게 땅이 하루 만에 생기고 한 민족이 순식간에 생겨나겠느냐? 그러나 시온은 진통이 시작되자마자 아이들을 낳고 있구나.

9 내가 아이를 갖게 하려고 하는데 어떻게 아이를 낳게 하지 않겠느냐?" 여호와께서 말씀하신다. "내가 아이를 낳게 하려고 하는데 어떻게 나오지 못하게 태를 닫겠느냐?" 네 하나님께서 말씀하셨다.

10 "예루살렘을 사랑하는 사람들아, 그 성읍과 함께 기뻐하고 즐거워하라. 예루살렘을 두고 슬퍼하던 사람들아, 그 성읍과 함께 매우 기뻐하라. 65:19

11 너희는 젖을 빠는 것처럼 그 위로하는 품에서 만족할 것이고 젖을 깊이 빠는 것처럼 그 넉넉함에 기뻐할 것이다."

12 여호와께서 이렇게 말씀하셨다. "보라, 내가 예루살렘에 평화를 강물처럼 흐르게 하고 여러 나라의 재물을 범람하는 시내처럼 넘치게 하겠다. 너희는 그 성읍의 젖을 빨고 그 품에 안기며 그 무릎에서 응석을 부릴 것이다. 48:18;60:4,16

13 어머니가 자기 아이를 위로하듯이 내가 너희를 위로하겠다. 그러면 너희가 예루살렘에서 위로를 받을 것이다." 35:10

14 너희가 이것을 보고 마음이 흐뭇하겠고 너희의 뼈들이 무성한 풀처럼 잘 자라날 것이다. 주의 종들에게는 여호와의 손이 드러나겠지만 대적들에게는 여호와의 분노가 나타날 것이다. 58:11;스 8:22,31

15 **악인의 멸망** 보라, 여호와께서 불을 타고 오신다. 그분의 병거들은 마치 회오리바람 같구나. 그분이 분을 내셔서 뿜으시는 콧김은 불꽃을 내뿜는 책망이 돼 보복한다.

16 그렇다. 여호와께서 불로 심판하시고 주의 칼로 모든 사람을 심판하실 것이니 여호와께 죽을 사람이 많을 것이다. 욜 3:2

17 "스스로 거룩히 구별하고 몸을 정결하게 한 뒤에 그 동산에 들어가서 돼지고기와 쥐고기와 다른 가증스러운 것을 먹는 사람들과 함께 따라다니는 사람들은 함께 끝장날 것이다. 여호와의 말씀이다.

18 **복음 사역자를 세우심** 나는 그들의 행동과 생각을 알기 때문에 때가 되면 언어가 다른 나라를 모두 모으겠다. 그러면 그들이 와서 내 영광을 볼 것이다.

19 내가 그들 가운데 징표를 두어서 내가 살아남은 사람들 가운데 몇몇을 다시스와 뿔과 활잡이로 유명한 룻과 두발과 야완과 내 명성을 들은 적도 없고 내 영광을 본 적도 없는 저 먼 섬들에게로 보내서 여러 나라에 내 영광을 알릴 것이다.

20 그러면 마치 이스라엘 백성이 깨끗한 그릇에 선물을 담아서 여호와의 성전에 드리는 것처럼 그들이 모든 나라들로부터 너희의 모든 형제들을 말과 병거와 마차와 노새와 낙타에 태워서 예루살렘에 있는 내 거룩한 산으로 데려올 것이다." 여호와께서 말씀하셨다. 14:2;49:22;롬 15:16

21 "내가 그들 가운데 몇몇을 뽑아서 제사장과 레위 사람으로 세우겠다." 여호와께서 말씀하셨다. 출 19:6;벧전 2:9;계 1:6

22 **영생과 죽음** "내가 만드는 새 하늘과 새 땅이 내 앞에 있는 것처럼 너희의 자손과 너희의 이름도 그렇게 이어질 것이다. 여호와의 말이다. 53:10;65:17;시 89:29

23 매달 초하루와 안식일마다 모든 사람이 내 앞에 와서 내게 절할 것이다." 여호와께서 말씀하셨다. 시 86:9;슥 14:16

24 "그들이 나가서 나를 거역하던 사람들의 시체를 볼 것이다. 그들을 갉아 먹는 지렁이는 죽지 않을 것이고 그들을 태우는 불도 꺼지지 않을 것이니 모든 사람이 그것을 보고 역겨워할 것이다." 계 21:8

지렁이(66:24) 지렁이로 번역된 '톨라'는 포도나무에 사는 붉은 색 지렁이로, 이스라엘에서는 시체를 먹는 더러운 동물로 알려져 있다.

Jeremiah
예레미야

만약 하나님의 심판으로 우리나라에 전쟁이 나서 국민 모두가 다른 나라에 포로로 끌려가게 될 거라는 뉴스를 듣는다면 여러분은 어떻게 하겠어요? 예레미야서는 그런 내용이 나오는 책이에요. 유다의 마지막 다섯 왕들인 요시야 때부터 시드기야 때까지 일어난 일들을 기록한 책이에요. 예레미야는 유다와 예루살렘 백성들에게 회개하고 하나님에게 돌아오라고 말해요. 그러면서 하나님이 심판하실 것을 강조합니다. 하지만 유다 사람들은 끝까지 말씀을 듣지 않아 결국 하나님의 심판을 받고 포로로 잡혀가게 됩니다. 하지만 하나님은 유다 백성을 끝까지 사랑하셔서 70년 후에 다시 예루살렘으로 돌아오게 하신다고 약속해 주세요. 백성의 죄를 용서하시고 하나님을 믿는 새로운 마음을 주신다고 약속하십니다.

예레미야는 무슨 뜻인가요?

'여호와께서 던지신다 또는 보내실 것이다'라는 뜻이에요. 이 책의 저자이자 중심 인물인 예레미야의 이름을 따서 제목을 붙인 거예요.

누가 썼나요?

예레미야가 썼어요. 대부분은 친구 바룩이 받아 썼어요. 때로 시간적으로 따로 이어난 일들도 함께 말하고 있어서 사건들이 꼭 시간 순서대로 나오지 않아요. 예레미야는 아나돗 제사장 힐기야의 아들로 태어났어요. 요시야 왕 13년부터 예루살렘이 멸망할 때까지 40여 년 동안 활동했어요. 나라가 망하게 될 것이라는 예언 때문에 매도 많이 맞고 감옥에도 갇혔어요. 결혼도 하지 않았어요. 강제로 이집트로 끌려가서 그곳에서 죽은 것으로 보고 있어요.

언제 썼나요?

BC 627~BC 586년경

주요한 사람들은요?

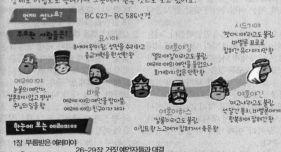

요시야
8세에 왕이 됨. 성전을 수리하고 종교개혁을 한 선한 왕

여호아김
'엘리야김'이라고도 불림. 예레미야의 예언을 듣지 않으나 회개하지 않은 악한 왕

시드기야
'맛다니야'라고도 불림. 바벨론 포로로 잡혀간 유다 마지막 왕

예레미야
눈물의 예언자. 결혼하지 않고 평생 주님의 일을 함

바룩
예레미야의 예언을 받아씀. 예레미야의 친구이자 제자

여호아하스
'살룸'이라고도 불림. 이집트 왕 느고에게 잡혀가서 죽은 왕

여호야긴
'여고냐'라고도 불림. 석 달간 통치, 바벨론에게 항복하여 잡혀간 왕

한눈에 보는 예레미야

렘

예레미야
Jeremiah

1 서언 베냐민 땅 아나돗의 제사장 가운데 힐기야의 아들 예레미야의 말입니다.

2 유다 왕 아몬의 아들 요시야가 다스린 지 13년 되던 해에 여호와의 말씀이 예레미야에게 임했고 25:3;36:2;왕하 23:1~30

3 유다 왕 요시야의 아들 여호야김을 거쳐 유다 왕 요시야의 아들 시드기야 11년 다섯째 달에 예루살렘 사람들이 포로로 끌려갈 때까지 계속됐습니다. 왕하 24:17~25:7

4 예레미야를 부르심 여호와의 말씀이 내게 임해 말씀하셨다.

5 "내가 너를 모태에서 생기게 하기 전에 너를 알았고 네가 태어나기 전에 너를 거룩하게 구별했으며 너를 여러 민족들을 위한 예언자로 정했다." 사 44:2;49:1,5;6:2;요 10:36

6 예레미야의 변명 내가 말했다. "주 여호와여, 보소서. 저는 어린아이라 말할 줄 모릅니다." 출 4:10;왕상 3:7

7 그러나 여호와께서 내게 말씀하셨다. "너는 어린아이라고 말하지 마라. 내가 너를 보내는 모든 사람에게 너는 가야만 하고 내가 네게 명령하는 모든 것을 말해야 한다.

8 그들을 두려워하지 마라. 내가 너와 함께해 너를 구할 것이다. 여호와의 말이다."

9 아몬드 나뭇가지의 환상 그리고 여호와께서 손을 내밀어 내 입에 대시고 내게 말씀하셨다. "보아라. 이제 내가 내 말을 네 입에 넣어 준다. 5:14;사 6:7;겔 2:9

10 보아라. 오늘 내가 너를 여러 민족들과 나라들 위에 임명해, 네가 그것들을 뽑고 붕

11 여호와의 말씀이 내게 임해 말씀하셨다. "예레미야야, 네게 무엇이 보이느냐?" 내가 말했다. "*아몬드 나무 가지가 제게 보입니다."

12 여호와께서 내게 말씀하셨다. "네가 옳게 보았다. 내 말이 이루어지는 것을 내가 *지켜보고 있다."

13 끓는 솥의 환상 다시 여호와의 말씀이 내게 임해 말씀하셨다. "네게 무엇이 보이느냐?" 내가 대답했다. "끓는 솥이 북쪽에서부터 기울어지는 것이 제게 보입니다."

14 여호와께서 내게 말씀하셨다. "재앙이 북쪽에서부터 이 땅에 사는 모든 사람들 위에 쏟아질 것이다.

15 보아라. 내가 북방 나라의 모든 족속들을 부를 것이다. 그들이 와서 각자 자기의 왕좌를 예루살렘 성문들 입구에, 주위의 모든 성벽과 유다의 모든 성읍들에 세울 것이다. 여호와의 말이다. 25:9;39:3;43:10

16 그들이 나를 저버리고 다른 신들에게 제물을 드리며 그들의 손으로 만든 것을 경배했으니 그들의 모든 죄악에 대해 내가 내 심판을 그들에게 선포할 것이다.

17 감당할 능력을 주실 그러나 너는 준비하고 있다가 일어나 내가 네게 명령하는 모든 것을 그들에게 말하여라. 그들을 두려워하지 마라. 그러지 않으면 내가 너를 그들 앞에서 두렵게 할 것이다. 겔 3:9;벧전 1:13

18 보아라. 오늘 내가 너를 견고한 성읍, 철기둥, 청동 벽으로 만들어 온 땅, 곧 유다의 왕들과 그 관료들과 그 제사장들과 그 땅의 백성들과 맞서게 했다. 사 50:7;계 3:12

19 그들이 너와 싸우겠지만 너를 이기지 못할 것이다. 내가 너와 함께해 너를 구할 것이기 때문이다. 여호와의 말이다."

2 첫 열매 이스라엘 여호와의 말씀이 내게 임해 말씀하셨다.

2 "가서 예루살렘의 귀에 외쳐라. '여호와가 이렇게 말한다. 네 어릴 적의 헌신과 네 결혼 때의 사랑과 네가 광야, 곧 씨 뿌리지

예언자(1:5, 豫言者, prophet) 하나님의 특별한 부르심을 받아 하나님의 말씀을 대신 전하는 사람. 1:11~12 히브리어로 아몬드 나무(샤케드)와 '지켜본다'(쇼케드)의 발음이 비슷함. 지도자들(2:8, leaders) 히브리어로 목자들. 원천(2:13, 源泉, spring) 물이 흘러나오기 시작하는 곳

못하는 땅에서 어떻게 나를 따랐는지를 내가 기억한다. 신 2:7; 8:2-3; 겔 16:8, 43, 60; 계 2:4

3 이스라엘은 여호와께 거룩함이요, 여호와의 수확 가운데 첫 열매였다. 그것을 삼킨 사람들 모두가 죄를 지었으니 그들 위에 재앙이 임할 것이다. 여호와의 말이다."

4 헛된 우상을 따르는 이스라엘 야곱의 집아, 이스라엘 집의 모든 족속들아, 여호와의 말씀을 들으라.

▲ 아나돗(Anathoth)
예루살렘 북동쪽으로 4㎞쯤 떨어진 곳에 위치했던 성읍으로, 여호수아가 베냐민 지파의 성읍 중에서 제사장에게 준 것이었고(수 21:18; 대상 6:60), 다윗의 용사였던 아비에셀(삼하 23:27; 대상 11:28), 예후(대상 12:3), 선지자 예레미야(렘 1:1) 그리고 대제사장 아비아달(왕상 2:26-27)의 고향이다.

5 여호와께서 이렇게 말씀하셨다. "너희 조상들이 내게서 무슨 불의함을 찾아냈기에 그들이 나를 떠나 헛된 우상을 따르고 우상처럼 헛되게 됐느냐? 왕하 17:15; 사 5:4; 미 6:3

6 '우리를 이집트 땅에서 이끌어 내어 광야로, 사막과 협곡의 땅으로, 가뭄과 죽음의 어둠이 드리운 땅으로, 아무도 다니지 않고 아무도 살지 않는 땅으로 인도하신 여호와가 어디 계시냐?' 하고 그들은 묻지 않았다. 사 8:15; 32:10; 사 63:11-13; 호 13:4-5

7 내가 너희를 기름진 땅으로 데려가 그 열매와 좋은 것을 먹게 했다. 그러나 너희는 와서 내 땅을 더럽혔고 내 유산을 혐오스러운 것으로 만들어 버렸다. 레 18:24-25

8 '여호와가 어디 계시냐?' 하고 제사장들이 묻지 않았고 율법을 취급하는 사람들이 나를 알지 못했고 지도자들이 내게 죄를 저질렀다. 예언자들은 바알의 이름으로 예언하며 헛된 우상들을 추종했다.

9 그러므로 내가 너희와 다툴 것이다. 또 너희 자손 대대로 다툴 것이다. 여호와의 말이다. 민 20:5-6; 렘 17:20; 20:35-36

10 영광을 헛된 우상과 바꿈 깃딤 해변가로 건너가서 보고 게달에 사람을 보내 자세히 살피고 이와 같은 일이 있었는지 알아보라.

11 어떤 민족이 자기 신들을 신이 아닌 것과 바꾸었느냐? 그런데 내 백성은 그들의 영광을 아무 유익이 없는 헛된 우상들과 바꾸었다. 시 106:20; 사 37:19; 미 4:5;갈 4:8

12 하늘아, 이것으로 인해 소스라치게 놀라라. 몹시 두려워해 황폐해지라. 여호와의 말이다. 사 1:2

13 생명수의 원천을 버림 내 백성이 두 가지 악을 저질렀다. 생명수의 원천인 나를 버리고 스스로 물 저장소를 파서 만들었다. 그러나 그것은 물을 담지 못하는 깨진 물 저장소였다. 17:13; 사 36:9; 요 4:10

14 이스라엘이 종이냐? 태어나면서부터 종이었느냐? 그런데 왜 약탈물이 됐느냐?

15 어린 사자들이 이스라엘을 보고 포효하고 소리를 질렀다. 그것들이 이스라엘 땅을 폐허로 만들었으며 이스라엘의 성읍들은 불에 타서 사람이 살지 않게 됐다.

16 또한 놉과 다바네스 자손들이 네 머리 꼭대기를 벌거벗게 했다. 신 33:20; 사 19:13; 겔 30:16

17 너를 길에서 인도하는 네 하나님 여호와를 네가 버림으로 이 일을 네 스스로에게 초래한 것이 아니냐? 6장 4:18

18 그런데 이제 왜 네가 이집트로 가서 시홀의 물을 마시려는 것이냐? 왜 앗시리아로 가서 그 강물을 마시려는 것이냐?

19 네 악함이 너를 징계할 것이며 네 타락이 너를 질책할 것이다. 그러므로 네 하나님 여호와를 버리는 것과 네 속에 나를 경외함이 없는 것이 얼마나 악하고 쓰라린 것인지 네가 알고 깨달아라. 만군의 하나님 주 여호와의 말이다." 사 3:9; 호 5:5

20 퇴화한 야생 포도나무 "내가 오래전에 네 멍

눈물과 고독의 예언자, 예레미야

1 예레미야가 예언자로 부르심을 받음(렘 1:4-5)

2 아몬드 나무 가지 환상과 끓는 솥 환상을 봄 (렘 1:9-16)

3 여호와의 성전 문에서 하나님의 말씀을 선포함(렘 7:2)

4 유다의 멸망 때문에 슬퍼하며 눈물을 흘림(렘 9:1)

시드기야의 통치 시대 (BC 597-586년)

고니야(여호야긴)의 통치 시대 (BC 598-597년)

14 경호대의 뜰에 거함 (렘 37:18-21)

13 예레미야에게 붙잡혀 반역죄로 감옥에 갇힘 (렘 37:4-15)

12 바벨론에 무조건 항복해야 함을 주장함 (렘 38:17-18)

항복만이 살 길이다!

11 고니야가 바벨론으로 끌려갈 것을 예언함 (렘 22:24-30)

15 진흙 웅덩이에 던져짐 (렘 38:1-6)

16 에벳멜렉의 상소로 웅덩이에서 구출됨 (렘 38:7-13)

17 바벨론 포로 및 귀환을 예언함(렘 32:22-44)

요시야 왕의 통치 시대
(BC 640-609년)

살룸(여호아하스)의
통치 시대(BC 609년)

요시야 왕의 종교 개혁 때 하나님의
말씀을 선포함(렘 11:1-8; 17:19-27)

하나님에게 토기장이의
비유를 들음(렘 18:1-10)

살룸이 이집트에서 죽을 것을
예언함(렘 22:10-12)

여호야김의 통치 시대
(BC 609-598년)

여호야김 왕이 예레미야의
두루마리를 칼로 잘라 불태움
(렘 36:20-26)

예루살렘의 멸망을
예언함(렘 25장)

여호야김 왕의 악행에 대해
지적함(렘 22:21-23)

시드기야의 통치 시대
(BC 597-586년)

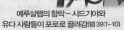

바벨론의 보복을 두려워한 요하난이 예레미야와
바룩을 이끌고 이집트로 감(렘 43:4-7)

예루살렘의 함락 - 시드기야와
유다 사람들이 포로로 끌려감(렘 39:1-10)

느부사라단의 도움으로
풀려나 유다 총독 그다랴의
보호를 받으며 백성들 가운데
살게 됨(렘 40:1-6)

이집트 왕 호브라가 바벨론에게
멸망할 것을 예언함(렘 44:29-30)

에를 부수고 너를 묶은 밧줄을 끊어 주었더니 '나는 주를 섬기지 않겠다'라고 너는 말했다. 모든 높은 언덕 위에서, 그리고 모든 우거진 나무 아래 드러누워 너는 음란한 짓을 했다. 　　　　　사 1:21;57:5,7

21 내가 너를 특별히 선택된 포도나무로, 가장 확실한 씨앗으로 심었다. 그런데 어떻게 네가 내게 퇴화한 야생 포도나무가 됐느냐? 　　출 15:17;신 32:32;사 44:2;80:8;사 5:2,4

22 네가 네 몸을 잿물로 씻고 많은 비누로 닦아도 네 죄는 내 앞에 여전히 남아 있다. 주 여호와의 말이다. 　　　17:1;욥 9:30

23 이방 신들을 추종을 '나는 더럽혀지지 않았다. 나는 바알을 추종하지 않았다'라고 네가 어떻게 말할 수 있느냐? 골짜기에서의 네 행위를 보아라. 네가 무엇을 했는지 생각해 보아라. 너는 이리저리 날뛰는 발 빠른 어린 낙타 같고 　　35절;7:31~32;19:2,6

24 광야에 익숙한 야생 나귀가 짝짓기 욕구로 숨을 헐떡거리는 것 같다. 누가 그것의 욕구를 억제할 수 있느냐? 그것을 찾는 사람은 아무도 수고할 필요가 없다. 그것의 짝짓는 달에 그것을 발견할 것이다.

25 너는 네 발이 맨발이 되지 않게 하고 네 목이 마르지 않게 하여라. 그러나 너는 말했다. '아무 소용이 없다! 내가 이방신들을 사랑하니 그들을 따라가겠다.'"

26 우상의 무능함 "도둑이 잡히면 수치를 당하듯 이스라엘의 집, 곧 그들과 그들의 왕들과 그들의 관료들과 그들의 제사장들과 그들의 예언자들이 그렇게 수치를 당했다.

27 그들이 나무에게 말한다. '당신이 내 아버지다.' 그리고 돌에게 말한다. '당신이 나를 낳았다.' 이는 그들이 내게서 등을 돌리고 *얼굴을 내게 향하지 않았기 때문이다*. 그러나 고난의 때에 그들은 말한다. '일어나 우리를 구원하소서!'

28 네 스스로가 만든 네 신들은 어디 있느냐? 네 고난의 때에 그들이 너를 구해 줄

수 있다면 그들을 일어나게 하라! 오 유다여, 네 성읍들의 수만큼 네 신들이 있구나!

29 너희가 왜 나와 다투느냐? 너희 모두가 내게 죄를 짓지 않았느냐? 여호와의 말이다.

30 잊지 않으시는 하나님 내가 헛되이 너희 자녀를 처벌했다. 그들은 훈계를 받아들이지 않았다. 너희의 칼이 성난 사자같이 너희 예언자들을 삼켰다. 　　사 1:5;9:13;살전 2:15

31 너희 이 세대여, 여호와의 말에 귀 기울이라. 내가 이스라엘에게 광야가 됐느냐, 아니면 깊은 어둠의 땅이 됐느냐? 왜 내 백성이 '우리가 자유로우니 더 이상 주께로 가지 않겠다'라고 말하느냐?

32 처녀가 자기 장식품을 잊을 수 있느냐? 신부가 그녀의 예복을 잊을 수 있느냐? 그러나 내 백성들은 나를 잊어버렸으며 그날들을 셀 수 없다. 　　사 32:18;시 106:21;사 3:20

33 죄를 부추긴 사랑을 찾는 네 행위가 얼마나 익숙한지! 너는 네 행위를 악한 여자들에게까지도 가르칠 수 있다.

34 또 네 옷자락에서는 죄 없는 가난한 사람들의 피가 발견됐어. 그들이 강도 짓 하다가 너를 만난 것도 아닌데 말이다. 이 모든 일들에도 불구하고 　　출 22:2;왕하 21:16

35 너는 '나는 죄가 없으니 분명히 그의 진노가 내게서 떠날 것이다'라고 말한다. 보아라. 네가 '죄를 짓지 않았다'라고 하니 내가 너를 심판할 것이다. 　　욥 1:8,10

36 실망을 안겨 줄 동맹국들 왜 네가 네 길을 바꾸며 이리저리 돌아다니느냐? 네가 앗시리아로 인해 수치를 당했던 것처럼 이집트로 인해서도 수치를 당할 것이다.

37 거기서도 네가 두 손으로 네 머리를 싸고 떠날 것이다. 이는 네가 신뢰하던 사람들을 여호와가 거부해서 네가 그들로 인해 번성하지 못할 것이기 때문이다."

3 이스라엘의 타락함 "한 남자가 그 아내와 이혼하고 그 아내가 그를 떠나 다른 남자의 아내가 된다면 처음 남자가 그녀에게 다시 돌아가겠느냐? 그러면 그 땅이 크게 더럽혀지지 않겠느냐? 그런데 너

사악 (3:2, 邪惡, wickedness) 자신의 이익을 위하여 나쁜 꾀를 부리는 등 마음이 바르지 않고 악함.

는 많은 사람들과 음란한 짓을 하고 내게 돌아오려느냐? 여호와의 말이다.

2 눈을 들어 벌거숭이 언덕들을 보라. 네가 드러눕지 않은 곳이 어디에 있느냐? 너는 광야의 아라바 사람처럼 길가에 앉아서 사랑하는 사람들을 기다렸다. 너는 네 음란한 짓과 사악함으로 이 땅을 더럽혔다.

3 그러므로 소나기가 오지 않고 봄비도 내리지 않았다. 그러나 너는 창녀의 낯을 갖고도 수치스럽게 생각하지 않는다.

4 네가 지금 내게 외치지 않았느냐? '내 아버지여, 아버지는 내 어릴 때부터 친구입니다.

눅 15:18

5 내게 계속 화내시겠습니까? 끝까지 노하시겠습니까?' 보라. 네가 이렇게 말하면서도 네가 할 수 있는 악한 짓은 다 하고 있다.

시 103:9

6 유다가 경고를 무시함 요시야 왕 때 여호와께서 내게 말씀하셨다. "믿음 없는 이스라엘이 행한 것을 네가 보았느냐? 그가 모든 높은 언덕 위에 올라가 모든 푸른 나무 아래서 음란한 짓을 했다.

1:2:2:20

7 이스라엘이 이 모든 것을 행한 후에 내게 돌아올 것이라고 나는 생각했다. 그러나 이스라엘은 돌아오지 않았다. 이스라엘의 신실하지 못한 자매 유다가 그것을 보았다.

8 믿음 없는 이스라엘이 간음을 저지른 이 모든 일로 인해서 내가 그에게 이혼 증서를 주고 쫓아내 버렸다. 그러나 이스라엘의 신실하지 못한 자매 유다가 두려운 줄도 모르고 자기도 역시 나가서 음란한 짓을 하는 것을 내가 보았다.

마 19:7; 막 10:4

9 그가 음란한 짓 하는 것을 가볍게 여겨서 이 땅을 더럽히고 돌과 나무와 간음했다.

10 그러나 이 모든 것에도 불구하고 이스라엘의 신실하지 못한 자매 유다는 온 마음으로 내게 돌아오지 않고 거짓으로 돌아올 뿐이었다. 여호와의 말이다.'

호 7:14

11 여호와께서 내게 말씀하셨다. "믿음 없는 이스라엘이 신실하지 못한 유다보다 의롭

다는 것이 드러났다.

겔 16:51-52

12 자비로운 하나님 가서 이 말들을 북쪽을 향해 선포하여라. 여호와의 말이다. '믿음 없는 이스라엘아, 돌아오라.' 여호와의 말이다. '나는 자비롭기 때문에 노한 얼굴로 너희를 향하지 않을 것이다. 내가 한없이 화를 내지는 않겠다.

신 30:1-10; 시 86:5,15

13 네가 네 하나님 여호와를 배반하고 모든 푸른 나무 아래서 이방신들을 향해 네 행동을 흩뜨리고 내 목소리를 듣지 않았던 네 죄를 인정하기만 하라.' 여호와의 말이다."

14 "여호와의 말이다. 돌아오라. 믿음 없는 자녀들아. 내가 너희 남편이다. 내가 너희를 한 성읍에서 하나를, 한 족속에서 둘을 선택해 시온으로 데려갈 것이다.

15 그리고 내 마음을 따르는 목자들을 내가 너희에게 주어 그들이 너희를 지식과 분별력으로 양육하게 할 것이다.

요 10:11

16 여호와의 말이다. 그 무렵 이 땅에서 너희 수가 증가해 번성하게 될 때 사람들이 '여

호와의 언약궤'를 더 이상 말하지 않을 것이고 그것이 마음에 떠오르거나 기억되지도 않을 것이고 찾지도 않을 것이고 더 이상 만들지도 않을 것이다."

17 "그때 그들은 예루살렘을 '여호와의 보좌'라고 부를 것이고 모든 민족들이 그곳으로, 곧 여호와의 이름을 기리기 위해 예루살렘으로 모일 것이다. 그들이 더 이상 그들의 악한 마음에서 나오는 완고함을 따르지 않을 것이다.

사 2:2-3;60:9

18 그때 유다의 집이 이스라엘의 집과 동행해 함께 북쪽 땅에서부터 나와 내가 너희 조상들에게 유산으로 준 땅으로 갈 것이다."

19 "'내가 기꺼이 너희를 자녀로 삼고 또 여러 민족들 가운데 가장 아름다운 유산인 탐스러운 땅을 너희에게 주겠다라고 내가 말했다. 그리고 '너희는 나를 아버지라고 부르고 내게서 돌아서지 말 것이다'라고 내가 말했다.

사 63:16

20 그러나 이스라엘의 집아, 너희는 신실하지 못한 아내가 자기 남편을 떠나는 것처럼 그렇게 나를 배반했다. 여호와의 말이다."

21 저 벌거숭이 언덕에서 한 소리가 들린다. 이스라엘 자손들이 그들의 행동을 정도에서 벗어나게 하고 그들의 하나님 여호와를 잊고 말았기 때문에 울고 간청하는 소리다.

22 이스라엘의 고백 "믿음 없는 자녀들아, 돌아오라. 내가 너희의 믿음 없음을 고칠 것이다." "보소서, 우리가 주께 갑니다. 주는

우리의 하나님 여호와이시기 때문입니다.

23 언덕들과 산들 위에서의 소동은 확실히 망상입니다. 이스라엘의 구원은 확실히 우리 하나님 여호와께 있습니다.

24 우리의 어린 시절부터 수치스러운 것이 우리의 조상들이 수고한 것, 곧 그들의 양 떼와 소 떼 그리고 그들의 아들딸들을 삼켜 버렸습니다.

25 우리를 우리의 수치 가운데 눕게 하시고 우리의 불명예가 우리를 덮게 하십시오. 이는 우리와 우리 조상들이 우리의 어린 시절부터 오늘날까지 우리 하나님 여호와께 죄를 지었고 우리가 우리 하나님 여호와의 목소리를 듣지 않았기 때문입니다."

4 회개의 결과 "여호와의 말이다. 이스라엘아, 네가 돌아오려거든 내게로 돌아오라. 만약 네가 내 눈앞에서 네 가증스러운 우상들을 제거하고 흔들리지 않는다면

왕상 14:15;욜 2:12

2 또 네가 진리와 정의와 의로움으로 '여호와께서 살아 계심'을 두고 맹세하면 민족들이 여호와로 인해 복을 받고 여호와로 인해 자랑할 것이다."

사 65:16;고전 1:31

3 유다의 회개를 촉구하심 유다와 예루살렘 사람들에게 여호와께서 이렇게 말씀하셨다. "너희가 묵히고 있는 땅을 갈고 가시덤불 속에 씨를 뿌리지 말라.

마 13:7,22

4 유다 사람들과 예루살렘 주민들아, 너희 스스로 할례를 하고 너희 마음에 할례를 해서 여호와께 속하라. 그러지 않으면 너

묵히고 있는 땅을 갈라!

유다 왕 요시야는 유다와 예루살렘 백성들 *의 마음을 하나님께로 향하게* 하려고 최선을 다했다. 하지만 백성들은 우상을 버리지 않았고 그로 인하여 그들의 마음은 굳어져만 갔다.

예레미야는 유다와 예루살렘 백성들에게 회개를 촉구하며 '묵히고 있는 땅을 갈고 가시덤불 속에 씨를 뿌리지 말

라'고 했다(렘 4:3). 그는 모든 것을 용서하고 받아주시는 아버지 하나님께로 돌아오려면 이전과는 전혀 다른 근본적인 변화와 회개가 선행되어야 함을 농사를 비유하여 묘사했다. 묵은 땅과 같은 마음을 새롭게 하고 가시덤불과 같은 죄를 완전히 제거하여 하나님께로 돌아가는 것만이 참된 회개임을 강조했다.

희 행위의 사악함으로 인해 내 진노가 불처럼 나와 타리니 아무도 그 불을 끄지 못할 것이다."

사 10:16;28:20;롬 2:28-29

5 임박한 바벨론의 침입 "유다에서 선언하고 예루살렘에서 선포하라. '이 땅에서 나팔을 불라!' 또 큰 소리로 외쳐 말하라. '모이라. 요새화된 성읍으로 들어가자.'

6 시온을 향해 기를 올리라! 도피하라. 머물지 말라. 내가 북쪽에서 재앙과 큰 파멸을 가져올 것이다.

렘 1:28

7 사자가 그의 숲 속에서 나왔고 여러 민족을 멸망하게 하는 사람이 출발했다. 그가 네 땅을 황무지가 되게 하려고 자기 자리에서 나왔다. 네 성읍들은 폐허가 돼서 거주하는 사람이 없게 될 것이다.

사 5:9;6:11

8 이로 인해 너희는 굵은베 옷을 입고 슬퍼하며 울부짖으라. 이는 여호와의 사나운 노여움이 우리를 떠나지 않았기 때문이다.

9 여호와의 말이다. 그날에는 왕과 그의 관료들이 용기를 잃게 되고 제사장들이 무서워 떨며 예언자들이 깜짝 놀랄 것이다."

렘 16:11;22:4;겔 3:16

10 하나님께 묻는 예레미야 그러고 나서 내가 말했다. "주 여호와여, 주께서 '너희에게 평강이 있을 것이다'라고 말씀하시며 이 백성과 예루살렘을 완전히 속이셨습니다. 칼이 그들의 생명에 미쳤기 때문입니다."

11 하나님의 대답 그때 이 백성들과 예루살렘에게 이 말씀이 들릴 것이다. "뜨거운 바람이 광야의 벌거숭이 언덕에서 내 백성의 딸을 향해 불어오지만 그것은 까불러 골라내기 위한 것도 아니고 깨끗하게 하려는 것도 아니다.

3:2

12 이보다 더 강한 바람이 나를 위해 불어오리니 이제 내가 그들에게 심판을 선포할 것이다."

1:16

13 닥칠 재앙 보라. 그가 구름처럼, 그의 전차들이 폭풍처럼 올라오며 그의 말들은 독수리들보다 빠르다. 우리에게 화가 있을 것이다. 우리가 멸망하게 됐다.

14 예루살렘아, 네 마음에서 악을 씻어 내어라. 그러면 너희가 구원을 받을 것이다. 네

속에 사악한 생각들을 얼마나 오래 품으려고 하느냐?

시 51:2;7;사 1:16;약 4:8

15 한 목소리가 단에서 선언하고 에브라임 산에서 재앙을 선포한다.

수 24:33

16 "민족들에게 경고하고 예루살렘에 알리라. '에워싸는 군대가 먼 땅에서 와서 유다의 성읍들을 향해 고함을 지른다.

17 밭을 지키는 사람처럼 그들이 유다를 둘러싼다. 유다가 나를 배반했기 때문이다.' 여호와의 말이다."

왕하 25:1-4

18 하나님의 고통 "네 행동과 행위가 이 일들을 네게 가져왔다. 이것이 네 죄악이다. 이것은 쓰라린 고통이요, 네 마음에까지 이를 것이다."

시 107:17;사 50:1

19 내 고통아, 내 고통아! 내 마음이 고통 속에서 몸부림친다. 내 마음의 고통아! 내 마음이 심하게 뛰니 내가 잠잠할 수 없다. 이는 내가 전쟁을 알리는 나팔 소리를 들었기 때문이다.

20 재앙 위에 재앙이 따르고 온 땅이 황폐하게 됐다. 갑자기 내 천막이, 순식간에 내 숙소가 무너져 버렸다.

겔 7:26

21 내가 얼마나 더 저 기를 보아야 하고 저 나팔 소리를 들어야 하는가?

22 유다의 어리석음 "내 백성은 어리석어 나를 알지 못한다. 그들은 어리석은 아이들이어서 분별력을 갖고 있지 않다. 그들은 악을 행하는 데는 능숙하지만 선을 행할 줄 모른다."

시 36:3;82:5;사 1:3;16-17;롬 16:19

23 재난의 결과 내가 땅을 보니 형태가 없고 비어 있었다. 하늘을 보니 그곳에 빛이 없었다.

창 1:2;사 5:30

24 내가 산들을 보니 산들이 진동하고 모든 언덕들이 흔들리고 있었다.

나 1:5

25 내가 보니 사람이 하나도 없었고 공중의 새도 모두 날아가 버렸다.

습 1:3

26 내가 보니 좋은 땅이 광야가 됐고 여호와 앞에서, 여호와의 맹렬한 진노 앞에서 여호와의 모든 성읍들이 붕괴됐다.

시 107:34

27 그러므로 여호와께서 이렇게 말씀하셨다. "온 땅이 폐허가 될 것이나 내가 완전히 파

멸시키지는 않을 것이다. _느 9:31;겔 11:13_

28 이 일로 인해 땅이 슬퍼할 것이며 저 위의 하늘이 어두워질 것이다. 내가 이미 말했고 작정했으니 내가 긍휼히 여기지도, 돌이키지도 않을 것이다." _민 23:19;사 50:3;호 4:3_

29 기마병들과 활 쏘는 사람들의 소리에 온 성읍이 도망간다. 몇몇은 숲 속으로 들어가고 몇몇은 바위 위로 올라간다. 모든 성읍이 버려지니 그 안에 아무도 살지 않을 것이다.

30 배반당하는 유다 멸망당한 사람이여, 네가 무엇을 하고 있느냐? 네가 주홍색 옷을 입고 금장식으로 치장하고 네 눈에 화장을 하지만 네가 헛되이 아름답게 치장하고 있다. 네 사랑하는 사람들이 너를 경멸하고 네 목숨을 찾을 것이다. _왕하 9:30_

31 해산하는 여자의 소리 같고 초산하는 여자의 고통 소리와 같은 소리를, 시온의 딸이 손을 뻗으며 숨을 헐떡이는 소리를 내가 들었다. "아! 내게 화 있도다. 살인자들로 인해 내가 피곤하다." _애 1:17_

5

거짓이 판치는 예루살렘 "예루살렘 거리를 이리저리 다니며 둘러보고 깨달아라. 광장에서 찾아 보아라. 정의를 행하고 믿음을 추구하는 사람을 단 한 사람이라도 네가 발견하면 내가 이 성읍을 용서해 줄 것이다. _창 18:23-32_

2 그들이 '여호와께서 살아 계심'으로 말하더라도 그들은 여전히 거짓으로 맹세한다.

3 지도자들마저 타락함 "여호와여, 주의 눈이 믿음을 찾고 계시지 않습니까? 주께서 그들을 내리치셨지만 그들은 고통을 느끼지 않았고 주께서 그들을 멸망케 하셨지만 그들은 고치기를 거부했습니다. 그들은 얼굴을 바위보다 더 굳게 해 회개하기를 거부했습니다." _겔 3:8;습 3:2:7_

4 그러므로 내가 말했다. "그들은 천하고 어리석다. 여호와의 길, 곧 그들의 하나님의

5 그래서 내가 지도자들에게 가서 그들에게 말할 것이다. 이는 그들이 여호와의 길, 곧 그들의 하나님의 판단을 알고 있기 때문이다." 그러나 그들도 다 같이 그 멍에를 부수고 결박을 끊어 버렸다. _시 2:3_

6 그러므로 숲 속에서 나오는 사자가 그들을 공격하며 광야에서 나오는 늑대가 그들을 황폐하게 하며 표범이 그들의 성읍들을 지켜보고 있다가 그곳에서 나오는 사람 모두를 찢을 것이다. 그들의 범법이 많고 그들의 배반이 크기 때문이다. _호 13:7,8_

7 간음한 민족 "내가 어떻게 너를 용서하겠느냐? 네 자녀들이 나를 저버렸고 신이 아닌 것들로 맹세했다. 내가 그들을 배불리 먹였더니 그들이 간음했고 창녀들의 집으로 떼 지어 모였다. _수 23:7;대하 13:9;갈 4:8_

8 그들은 잘 먹인 원기 왕성한 말이어서 서로 이웃의 아내를 향해 소리를 냈다.

9 이런 일들로 인해 내가 그들을 처벌하지 않겠느냐? 여호와의 말이다. 내가 이런 민족에게 복수하지 않겠느냐? _롬 2:2_

10 불의에 대한 징벌 너희는 그의 *포도밭에 가서 파괴하라. 그러나 완전히 파멸시키지는 말고 가지들만 꺾어라. 그들은 이미 여호와의 것이 아니다. _4:27;39:8_

11 이스라엘의 집과 유다의 집이 내게 심히 신실하지 못했다. 여호와의 말이다."

12 거짓 예언자들의 거짓말 그들이 여호와를 속이고는 이렇게 말했다. "여호와는 아무것도 아니며 재앙이 우리에게 임하지 않을 것이고 칼이나 기근도 우리가 보지 않을 것이다. _창 3:4;사 28:15_

13 예언자들은 바람이다. 말씀이 그들 가운데 있지 않으니 그러한 일은 그들이나 당할 것이다."

14 적에 의한 멸망 그러므로 만군의 하나님 여호와께서 이렇게 말씀하셨다. "보라, 이 백성이 이런 말을 했으니 네 입에 있는 내 말들을 내가 불로 만들고 이 백성을 나무로 만들어 그 불이 그들을 삼키게 할 것이다.

초산(4:31, 初産, bear one's first child) 처음으로 아이를 낳음, 5:10 또는 '성벽으로', 파멸(5:18, 破滅, destroy) 때려 부수거나 헐어 없어짐.

15 보라. 이스라엘의 집아, 내가 먼 곳에서 한 민족을 네게 데려올 것이다. 여호와의 말이다. 그들은 강하고 오랜 역사를 가진 민족이다. 네가 그들의 언어를 알지 못하고 그들이 무슨 말을 하는지 네가 알아듣지 못한다.

신 28:49;사 33:19;암 6:14

16 그들의 화살통은 열린 무덤 같고 그들은 모두 강한 용사다.

시 5:9;사 5:28

17 그들은 네 추수와 네 양식을 먹어 치우고 네 아들들과 딸들을 먹어 치우며 네 양 떼와 소 떼를 먹어 치우고 네 포도나무와 무화과나무를 먹어 치울 것이다. 그들은 네가 의지하는 요새화된 성읍들을 칼로 파괴시킬 것이다.

레 26:16;신 28:31,33,51;요 8:14

18 파멸의 의미 그러나 그때도 내가 너희를 완전히 파멸시키지는 않을 것이다. 여호와의 말이다.

19 '왜 우리 하나님 여호와께서 우리에게 이 모든 일을 하셨는가?'라고 너희 백성이 물을 때 너는 그들에게 이렇게 말하여라. '너희가 나를 저버리고 너희 땅에서 이방신들을 섬긴 것처럼 너희가 이제 너희 땅이 아닌 곳에서 이방 사람들을 섬길 것이다.'

20 하나님을 두려워하라 이것을 야곱의 집에 선언하고 유다에 선포하여라.

21 눈이 있어도 보지 못하고 귀가 있어도 듣지 못하는 어리석고 분별력이 없는 백성아, 이것을 들으라.

신 32:6;사 6:9;마 13:14

22 여호와의 말이다. 너희는 나를 두려워하지 않느냐? 내 앞에서 너희는 떨리지 않느냐? 내가 모래를 바다의 경계로 두었으니 영원한 경계가 돼 바다가 그것을 넘을 수 없다. 파도가 뛰놀아도 그것을 이길 수 없고 으르렁거려도 그것을 넘을 수 없다.

23 그러나 이 백성은 배반하고 완고한 마음을 갖고 있어서 이미 반항하고 떠나가 버렸다.

24 '때를 따라 이른 비와 늦은 비를 주시고 우리를 위해 추수 시기를 정해 주시는 우리의 하나님 여호와를 우리가 경외하자'라고 그들은 마음속으로 말하지 않는다.

25 너희 불법들이 이런 일들을 물리쳤고 너희 죄들이 너희에게서 좋은 것들을 빼앗았다.

26 불가 넘침 내 백성 가운데 악한 사람들이 있어서 그들은 새 잡는 사냥꾼처럼 매복하고서 덫을 놓아 사람을 잡는구나.

27 새로 가득한 새장처럼 그들의 집은 속임수로 가득하다. 그러므로 그들은 크게 되고 부유해졌고

28 살이 찌고 윤이 났다. 그들은 사악한 행위의 한계를 알지 못했다. 그들은 정의를 실행하지 않고 고아의 권익을 변호하지 않고 가난한 사람들의 권익을 지키지 않는다.

29 내가 이런 일들에 대해 그들을 처벌하지 않겠느냐? 여호와의 말이다. 나 자신이 이런 민족에게 복수하지 않겠느냐?

30 거짓 예언자들을 좋아함 끔찍하고 무서운 일이 이 땅에서 일어나고 있다.

호 6:10

31 예언자들이 거짓 예언을 하고 제사장들이 자기 자신의 권위로 다스리고 내 백성은 그것을 좋아한다. 그러나 마지막 때에 너희가 어떻게 하려느냐?

겔 13:6;미 2:11

6 예루살렘이 포위당함 "베냐민 자손들아, 예루살렘으로부터 도피하라! 드고아에서 나팔을 불고 벧하게렘에서 기를 올리라! 재앙과 커다란 파멸이 북쪽에서 어렴풋하게 보인다.

삿 1:21

이른 비와 늦은 비

팔레스타인 지방에 이른 비는 10-11월경에 내리며, 땅에 씨를 뿌리고 경작을 할 수 있도록 도와준다 (렘 5:24). 늦은 비는 3-4월경에 내리며, 농작물이 알차게 결실하도록 도와주는 비를 말한다. 이스라엘 사람들은 이른 비와 늦은 비를 하나님이 축복하셔서 주시는 것으로 여겼다 (신 11:14; 욥 29:23; 호 6:3). 하지만 예레미야 당시의 사람들은 이른 비와 늦은 비를 당연하게 혹은 우연히 내리는 것으로 여겼다. 이렇게 비를 경외하지 않는 모습은 하나님 앞에서 죄를 짓는 것과 다름없었다 (렘 5:24-25).

2 아름답고 우아한 딸 시온을 내가 멸망시킬 것이다.
왕하 19:21

3 목자들이 그들의 양 떼를 몰고 와서 성읍 사방에 천막을 치고 각자가 원하는 장소에서 양 떼를 먹일 것이다.
4:17;23:1

4 싸울 준비를 하라! 일어나라. 정오에 공격하자! 아, 낮이 기울고 저녁의 그림자가 길어지는구나.
욜 3:9

5 일어나라. 밤에 공격해서 시온의 성채들을 파괴시키자!

6 만군의 여호와께서 이렇게 말씀하셨다. "나무를 베어 내고 예루살렘에 맞서 성을 공격할 언덕을 쌓으라. 이 성읍은 처벌을 받아야 한다. 성읍 안에 압제가 가득하다.

7 우물이 물을 솟구쳐 내듯 그 성읍이 그 악함을 쏟아 낸다. 폭력과 파괴의 소리가 그 안에서 들린다. 질병과 상처가 내 앞에 계속 있다.
시 55:9;사 57:20;겔 7:11,23

8 예루살렘아, 경고를 받아들이라. 그러지 않으면 내가 너를 떠나고 너희 땅을 아무도 살지 않는 황폐한 땅으로 만들 것이다."

9 모두가 위험에 처할 만군의 여호와께서 이렇게 말씀하셨다. "그들이 이스라엘의 남은 사람들을 포도나무처럼 샅샅이 찾아낼 것이다. 너는 포도를 따는 사람이 포도나무 가지마다 다시 살펴보는 것처럼 남은 사람들을 구하여라."
신 24:21

10 내가 누구에게 말하고 경고해 듣게 하겠는가? 그들의 *귀가 막혀서 들을 수 없다. 여호와의 말씀이 그들에게는 책망이니 그들이 여호와의 말씀을 기뻐하지 않는다.

11 그러므로 나는 여호와의 진노로 가득해 참기 어렵다. "그 진노를 거리에 있는 어린아이들에게, 또한 함께 모여 있는 젊은이들에게 쏟아부어라. 남편과 아내 모두가 또 노인과 나이 많은 이가 포함될 것이다.

12 그 땅에 사는 사람들에게 내가 내 손을 뻗을 때 그들의 집과 그들의 밭과 아내들이 함께 다른 사람들에게 넘어갈 것이다. 여호와의 말이다.
8:10~12

13 거짓된 예언자들 이는 가장 작은 사람들부터 가장 큰 사람들까지 그들 모두가 부당한 소득을 탐하며, 예언자들부터 제사장들까지 모두가 거짓을 행하기 때문이다.

14 그들은 내 백성들의 상처를 건성으로 고쳐 주며 평안이 없는데도 '평안하다, 평안하다'라고 말했다.
미 3:5;오 14:27

15 부끄러워하지 않는 죄인들 가증한 일을 한 것을 그들이 부끄러워했느냐? 그들은 전혀 부끄러워하지 않았다. 그들은 얼굴을

붉히지도 않았다. 그러므로 그들은 넘어지는 사람들 가운데서 넘어질 것이다. 내가 그들을 처벌할 때 그들이 거꾸러질 것이다." 여호와께서 말씀하셨다. 3:3;8:12

16 선한 길로 가지 않은 백성을 여호와께서 이렇게 말씀하셨다. "길가에 서서 보라. 옛길, 곧 선한 길이 어디에 있는지 묻고 그 길을 걸으라. 그러면 너희 영혼이 쉴 곳을 찾을 것이다. 그러나 너희는 '우리가 그 길을 걷지 않겠다'라고 말했다. 마 11:29

17 내가 너희 위에 파수꾼들을 세우고 말했다. '나팔 소리를 귀 기울여 들으라!' 그러나 너희는 '우리가 귀 기울여 듣지 않겠다'라고 말했다. 사 21:11;56:10;58:1

18 그러므로 민족들아, 들으라. 증인들아, 그들에게 벌어질 일을 보라.

19 땅아, 들으라. 보라. 내가 반드시 이 백성에게 그들의 책략의 열매인 재앙을 가져올 것이다. 이는 그들이 내 말에 귀 기울이지 않고 내 율법을 거부했기 때문이다.

20 시바의 유향이나 먼 곳에서 가져온 향료가 나와 무슨 상관이냐? 너희 번제물은 받을 만하지 않고 너희 희생제물은 나를 기쁘게 하지 않는다." 왕상 10:1;사 1:11

21 그러므로 여호와께서 이렇게 말씀하신다. "보라. 내가 이 백성 앞에 거치는 것을 둘 것이니 아버지들과 아들들이 함께 그것들에 걸려 넘어질 것이다. 이웃과 친구가 멸망할 것이다." 겔 3:20

22 이방 민족들의 침략 여호와께서 이렇게 말씀하셨다. "보라. 한 민족이 북쪽 땅에서 올 것이다. 한 큰 민족이 땅끝으로부터 일어날 것이다. 1:13;25:32;31:8

23 그들은 활과 창을 잡았고 잔인하고 무자비하다. 그들의 소리는 바다가 으르렁거리는 것 같고 그들은 말을 타고 전사처럼 대열을 지어 너를 공격하려 한다. 딸 시온아."

24 우리가 그들에 대한 소식을 듣고는 우리의 손이 무력해졌다. 고통이 우리를 사로잡았으니 아픔이 해산하는 여인의 아픔 같았다. 삼하 4:1;사 13:8;겔 7:17;21:7

25 너희는 들판으로 나가지 말고 길거리를 걸어 다니지 말라. 원수가 칼을 갖고 있고 공포가 사방에 있다. 욥 18:11;사 31:13;애 2:22

26 내 백성의 딸아, 굵은베 옷을 입고 재에서 구르라. 외아들을 잃은 것처럼 쓰라린 통곡을 하라. 파괴자가 갑자기 우리에게 올 것이기 때문이다. 애 4:1;와 3:16;슥 27:30;미 1:10

27 내버려진 은과 같은 유다 "예레미야야, 내가 너를 내 백성 가운데 시험하는 사람으로 세웠다. 너는 그들의 길을 알고 시험해야 한다.

28 그들은 모두가 완고한 반항자들이며 돌아다니며 비방하는 사람들이다. 그들은 청동이고 철이며 그들 모두가 타락한 사

6:10 히브리어로 '할례를 받지 않아서'(행 7:51).
책략(6:19, 策略, scheme) 어떤 일을 꾸미고 이루어 나가는 교묘한 방법.

왜 성전을 여호와의 성전으로 말하는 걸 거짓이라고 하나요?

이스라엘 사람들에게 성전은 하나님이 임재해 계셔서 만나 주시는 곳으로, 하나님의 축복과 보호, 구원을 의미하는 상징물이에요(왕상 9:3). 그런데 시간이 지나면서 이스라엘 사람들은 성전의 원래 의미를 잊은 채, 성전에 대한 맹목적이고 미신적인 신앙을 갖게 되었어요.

다른 신을 섬기고 악을 행하면서도 성전만을 바라보며 안전과 구원을 확신한 거예요(렘 7:4). 그러면서 구원을 얻었다고 이야기하는 것이죠.

이에 하나님은 성전을 파괴시켜서(왕상 9:7-8) 이스라엘 사람들의 미신적 신앙과 죄악을 모른 척하지 않는 분임을 보여 주셨어요(왕상 9:9). 이스라엘 사람들에게 성전 파괴는 하나님이 떠나신다는 것이고, 백성을 버리신다는 것과 같은 의미예요.

람들이다. 레 19:16;겔 22:18,20

29 풀무가 세게 불어서 납이 불에 타 없어져 버리니 제련공이 헛되이 제련한다. 이처럼 악한 사람들은 제거되지 않는다.

30 그들은 내버려진 은이라 불릴 것이다. 여호와가 그들을 버렸기 때문이다." 사 1:22

7
거짓된 신앙은 쓸모없음 여호와로부터 예레미야에게 임한 말씀입니다.

2 "너는 여호와의 성전 문에 서서 이 말씀을 선포하여라. '여호와를 경배하러 이 문으로 들어가는 모든 유다 사람들아, 여호와의 말씀을 들으라. 26:2

3 이스라엘의 하나님 만군의 여호와께서 이렇게 말씀하셨다. 너희 행동과 너희 행위를 바르게 하라. 그러면 내가 너희를 이곳에 살게 할 것이다. 18:11;26:13

4 '이것이 여호와의 성전이다. 여호와의 성전이다. 여호와의 성전이다'라고 하는 거짓 말들을 믿지 말라. 8절

5 만약 너희가 참으로 너희 행동과 너희 행위를 올바르게 하고 이웃 사이에 참으로 정의를 행한다면, 22:3

6 만약 너희가 이방 사람과 고아와 과부를 억압하지 않으며 이곳에서 죄 없는 피를 흘리지 않는다면, 그리고 너희가 다른 신들을 추종해서 스스로 재앙을 초래하지

않는다면, 신 6:14;24:14

7 그러면 내가 너희를 이곳, 곧 내가 너희 조상들에게 영원토록 준 이 땅에서 살게 할 것이다. 신 4:40

8 그러나 보라. 너희가 쓸모없는 거짓된 말들을 믿고 있다.

9 너희가 도둑질하고 살인하고 간음하고 거짓 맹세하고 바알에게 희생제물을 태우고 너희가 알지 못하는 다른 신들을 추종하고서 호 4:1-2

10 내 이름으로 불리는 이 집, 내 앞에 와 서서 이 모든 가증한 일들을 하기 위해 '우리가 구원받았다'고 말하겠느냐?

11 내 이름으로 불리는 이 집이 너희가 보기에 강도들의 소굴이 됐느냐? 내가 똑똑히 지켜보고 있다. 여호와의 말이다.

12 파괴될 성전 너희는 이제 처음으로 내 이름을 둔 실로에 있는 내 거처로 가서 내가 내 백성 이스라엘의 죄악으로 인해 그곳에 무엇을 했는지 보라. 신 12:11;삼 18:31

13 여호와의 말이다. 너희가 이 모든 일을 했음으로 인해 내가 너희에게 계속해서 말해도 너희가 듣지 않았으며 내가 너희를 불러도 너희가 대답하지 않았다.

14 그러므로 이제 내 이름으로 불리며 너희가 의지하는 이 집에 그리고 내가 너희와

왜 예레미야에게 기도하지 말라고 하셨나요?

1 유다 백성들이 하나님이 아닌 다른 신들에게 제사를 드렸기 때문입니다. '하늘의 여왕'을 위해 빵을 만들었어요(렘 7:18). 심지어 자기 아들들과 딸들을 불태워 다른 신들에게 제사를 드렸어요(렘 7:31). 바알을 섬기는 제단을 나라곳곳에 많이 세웠어요(렘 11:13).

2 다른 신을 섬기면서도 동시에 하나님께 자신들을 위해 형식적이고 위선적인 성전 제사를 드렸기 때문입니다(렘 7:4, 10-11).

3 지도자들과 유다 백성이 악한 일을 양심의 가책도 없이 행했기 때문입니다. 다른 나라 사람

과 고아, 과부를 억압하고 죄 없는 사람을 죽였어요(렘 7:6). 도둑질, 간음, 거짓 맹세(렘 7:9) 등 많은 죄를 지었지만 회개하지 않았기 때문이에요(렘 7:27).

4 가장 중요한 이유는 이스라엘 백성이 하나님의 말씀을 저버리고 하나님에게서 떠났기 때문이에요(렘 7:28). 이는 이스라엘 백성을 심판하시기로 굳게 마음먹으셨어요(렘 6:27-30).
그래서 예레미야가 이스라엘 백성을 위해 기도를 드려도 하나님의 심판 계획은 변경될 수 없다고 하신 것입니다.

너희 조상들에게 준 이곳에, 내가 실로에 행한 것처럼 행할 것이다. 신 12:5;왕상 9:7

15 내가 너희 모든 형제, 곧 에브라임 자손 모두를 쫓아낸 것처럼 너희를 내 앞에서 쫓아낼 것이다." 왕하 17:6,23;시 78:67

16 **하나님의 진노** "그러니 너는 이 백성을 위해 기도하거나 그들을 위해 부르짖어 구하지 마라. 내게 간구하지 마라. 내가 네 말을 듣지 않을 것이다.

17 그들이 유다의 성읍들과 예루살렘 거리에서 행하는 것을 너는 보지 못하느냐?

18 자식들은 나무를 모으고 아버지들은 불을 피우고 여자들은 반죽을 해서, '하늘의 여왕'을 위해 빵을 만들고 있다. 그들은 다른 신들에게 전제물을 부어 바쳐 나를 화나게 한다. 신 32:16,21;왕상 14:9;왕하 23:13;호 7:4

19 여호와의 말이다. 그들이 나를 화나게 하는 것이냐? 그들이 자기 얼굴에 수치를 자초하는 것이 아니냐? 욥 35:6

20 그러므로 주 여호와 내가 이렇게 말한다. '보라. 내 진노와 분노를 이곳에, 사람과 짐승에게, 들판의 나무와 땅 위의 열매에 쏟아부을 것이다. 진노가 불타 꺼지지 않을 것이다.'" 대하 34:25;애 4:11

21 **이스라엘의 완악함** 이스라엘의 하나님 만군의 여호와께서 이렇게 말씀하셨다. "너희 희생제물에 번제를 더해서 그 고기를 먹어라!

22 이는 내가 너희 조상들을 이집트 땅에서 이끌어 낸 날에 그들에게 번제와 희생제물에 관해서는 말하거나 명령하지 않았기 때문이다. 호 6:6

23 오직 이 명령을 내가 그들에게 했다. '내 목소리를 들으라. 그러면 내가 너희 하나님이 될 것이고 너희는 내 백성이 될 것이다. 내가 너희에게 명령한 모든 길로 걸으라. 그러면 너희가 잘될 것이다.'

24 그러나 그들은 순종하지도 않고 귀 기울이지도 않았다. 그들은 오히려 그들의 완고한 꾀와 그들의 악한 마음을 따랐다. 그들은 떠났고 나아오지 않았다. 시 81:11-12

25 너희 조상들이 이집트 땅에서 나온 그날

부터 오늘까지 내가 너희에게 내 종 예언자들을 날마다 부지런히 보냈다.

26 그러나 그들은 내 말을 듣지 않고 귀를 기울이지도 않았으며 오히려 목을 곧게 세웠다. 그들은 그들의 조상들보다 더 죄악을 저질렀다. 대하 30:8

27 예레미야의 말을 듣지 않음 그러므로 네가 이 모든 말들을 그들에게 말해도 그들은 네 말을 듣지 않을 것이다. 네가 그들을 불러도 그들은 네게 대답하지 않을 것이다.

28 그러면 그들에게 이렇게 말하여라. '이 민족은 그들의 하나님 여호와의 목소리에 순종하지 않고 훈계를 받아들이지 않는 민족이다. 진리가 사라져 그들의 입술에서 끊어졌다.' 5:3;9:3

29 너희 머리칼을 잘라 내 던져 버리고 슬픔의 노래를 갖고 벌거벗은 산에 올라가라. 여호와께서 자기의 진노 아래 있는 이 세대를 거부하고 버리셨기 때문이다.'"

30 학살의 골짜기 "여호와의 말이다. 유다 자손들이 내 눈앞에서 악을 행했다. 그들이 내 이름으로 불리는 집에 가증스러운 우상들을 두어 그곳을 더럽혔다. 왕하 21:4,7

31 그들이 힌놈의 아들 골짜기에 도벳 산당을 짓고 자기 아들들과 딸들을 불에 태웠다. 이것은 내가 명령하지도 않았고 내 마음에 떠올리지도 않았던 일이다. 신 17:3

32 여호와의 말이다. 그러므로 보아라. 날이 오리니 그때는 그곳을 '도벳'이나 '힌놈의

도벳 산당

'불사르는 곳'이라는 뜻을 지닌 힌놈의 아들 골짜기에 있던 이방 신의 사당이었다. 이스라엘 사람들은 이곳에서 자기 아들들과 딸들을 불에 태워 우상에게 제사를 드렸다(렘 7:31).

요시야 왕이 종교 개혁을 할 때 이곳에서 자녀들을 불태워서 드리는 제사를 금지했다(왕하 23:10). 하지만 나중에 이곳에서 또 다시 자녀들을 불태우는 제사가 계속되었다.

이 때문에 예레미야는 이곳이 '학살의 골짜기'로 변할 것이라고 예언했다(렘 7:32).

아들 골짜기라고 부르지 않고 '학살의 골 짜기라고 부를 것이다. 빈자리가 없을 때 까지 그들이 도벳에 매장될 것이다.

33 그러면 이 백성의 시체들이 공중의 새들 과 땅의 짐승들의 먹이가 될 것이고 그것 들을 쫓아낼 사람이 아무도 없을 것이다.

34 내가 유다의 성읍들과 예루살렘의 거리에서 기뻐하는 소리, 즐거워하는 소리, 신랑의 소리, 신부의 소리를 그치게 할 것이다. 이 는 그 땅이 폐허가 될 것이기 때문이다.'"

8 뼈를 꺼냄 "여호와의 말이다. '그때에 사람들이 유다 왕들의 뼈와 유다 관료 들의 뼈, 제사장들의 뼈, 예언자들의 뼈, 예루살렘에 사는 사람들의 뼈를 그들의 무 덤에서 꺼낼 것이다.

2 그리고 그들이 사랑하며 숭배하고 추종하 고 문의하며 경배하던 해와 달과 하늘의 모든 별 무리 앞에 그것들을 펼쳐 놓을 것 이다. 그리고 그 뼈들은 거두어지지도 않 고 묻히지도 않고 다만 땅 위의 쓰레기 같 을 것이다.

3 내가 그들을 추방한 각처에서 이 악한 족 속 가운데 살아남은 사람들이 살기보다는 죽기를 원할 것이 다. 만군의 여호와 의 말이다.'

4 회개하지 않는 이스라엘 너 는 또 그들에게 말하여

라. 여호와께서 이렇게 말씀하셨다. 사람 이 넘어지면 다시 일어나지 않느냐? 사람 이 떠나가면 다시 돌아오지 않느냐?

5 그런데 왜 이 백성은 떠나가느냐? 예루 살렘은 왜 끊임없이 떠나가느냐? 그들은 거짓에 붙잡혀 돌아오기를 거절한다.

6 내가 귀 기울여 들어 보았지만 그들은 옳 은 것을 말하지 않는다. '내가 무엇을 했는 가?'라고 말하며 자신의 악함을 후회하는 사람이 아무도 없다. 말이 전쟁터로 돌진 하는 것처럼 모든 사람들이 각자 자기 갈 길로 갔다.

7 하늘을 나는 황새도 자기의 정한 시기를 알고 비둘기와 제비와 두루미도 자기가 올 때를 지키는데 내 백성은 여호와의 법규 들을 알지 못하는구나.

8 서기관이 율법을 잘못 다룸 보라, 서기관들의 거짓된 펜이 여호와의 율법을 그릇되게 다 루고 있는데 '우리는 지혜롭다. 우리에게 여 호와의 율법이 있다'라고 어떻게 너희가 말 할 수 있느냐?

9 지혜로운 사람들은 수치를 당할 것이다. 그들이 당황하게 될 것이며 붙잡히게 될 것이다. 보라, 그들이 여호와의 말씀을 거 부했으니 그들에게 도대체 무슨 지혜가 있겠느냐?

10 지도자들이 다시 비난받음 그러므로 내가 그 들의 아내들을 다른 사람들에게, 그들의 밭들을 새 소유주들에게 넘겨줄 것이다. 가장 작은 사람들부터 가장 큰 사람들까 지 그들 모두가 부정한 소득을 탐하며 예언자들부터 제사 장들까지 그들 모두가 거 짓을 행하기 때문이다.

11 그들은 내 백성의 상 처를 건성으로 고쳐 주 었다. '평안하다, 평안하 다라고 말하나 평안이 없다.

12 그들이 가증한 일을 할 때 부끄러워했느냐? 아니다. 그들 은 부끄러워하지 않았다. 그들은 얼굴을

붉히지도 않았다. 그러므로 그들은 넘어지는 사람들 가운데서 넘어질 것이고 내가 그들을 처벌할 때 그들이 거꾸러질 것이다. 여호와의 말이다.

13 **수확이 없음** 여호와의 말이다. '내가 그들의 수확물을 거두어 갈 것이다. 포도나무에는 포도가 없고 무화과나무에는 무화과가 없을 것이며 그 나뭇잎조차 시들어 버릴 것이다. 또 내가 그들에게 준 것들이 그들에게서 없어질 것이다.'" 마 21:19;눅 13:6

14 **죄인들의 멸망** "우리가 왜 이렇게 앉아만 있는가? 함께 모이라. 요새화된 성읍들로 들어가 거기서 멸망하자. 이는 우리가 여호와께 죄를 지었기 때문이다. 우리 하나님 여호와께서 우리를 망하게 하시고 우리에게 독을 탄 물을 마시게 하셨다.

15 우리가 평안을 바랐지만 좋은 것이 오지 않았다. 치유의 때를 바랐지만 보라. 무서운 것만 있었다." 욥 30:26

16 대적의 말들의 콧바람 소리가 단에서부터 들리고 그들의 말들의 울음소리에 온 땅이 진동한다. 그들이 와서 이 땅과 그 안의 모든 것, 성읍과 거기 사는 사람들을 삼켜 버렸다." 삿 5:22;욥 39:20;시 60:2

17 "보라. 내가 너희 가운데 뱀들, 곧 술법으로 통제할 수 없는 독사들을 보낼 것이다. 그것들이 너희를 물 것이다. 여호와의 말이다."

18 **유다 멸망에 대한 슬픔** 내 슬픔을 달래려는데 내 마음이 내 안에서 기력을 잃었다.

19 보라. 먼 땅으로부터 내 백성 딸의 울부짖는 소리가 있다. "여호와께서 시온에 안 계시는가? 시온의 왕이 그 가운데 계시지 않는가?" "그들이 왜 그들의 조각한 우상들과 이방 우상들로 내 진노를 일으켰는가?"

20 "추수 때가 지나가고 여름이 끝났지만 우리는 구원받지 못한다."

21 내 백성의 딸이 상했기 때문에 내가 상했다. 내가 슬퍼하고 놀라움에 사로잡혀 있다.

22 길르앗에는 향유가

없느냐? 그곳에는 의사가 없느냐? 그런데 왜 내 백성의 딸의 상처가 치료되지 않느냐? 창 37:25

9

유다 멸망에 대한 절망 오, 내 머리가 샘물이 되고 내 눈이 눈물샘이 될 수 있다면! 그러면 내가 내 백성의 딸의 죽음을 위해 밤낮으로 울어 낼 텐데.

2 오, 내가 광야에서 여행자들이 머물 곳을 얻을 수만 있다면! 그러면 내가 내 백성을 저버리고 멀리 떠나 버릴 텐데. 이는 그들 모두가 간음한 사람들이며 반역하는 사람들의 무리이기 때문이다. 사 21:2;호 7:4

3 **거짓된 민족** "그들은 자기의 혀를 활처럼 구부린다. 그들이 이 땅에서 강한 것은 진리가 아니라 거짓에 의한 것이다. 그들이 한 죄에서 또 다른 죄로 나아가니 그들이 나를 인정하지 않는다. 여호와의 말이다.

4 너희는 각각 친구들을 조심하고 어떤 형제도 믿지 말라. 형제가 모두 속이며 친구가 모두 중상모략하며 다닌다. 창 27:36

5 모든 사람이 친구를 속이고 아무도 진리를 말하지 않는다. 그들은 자기 혀에 거짓말하는 것을 가르치고 죄를 짓느라 피곤하다.

6 너는 거짓의 한가운데 살고 있다. 그들은 거짓으로 인해 나를 인정하기를 거절한다. 여호와의 말이다."

7 그러므로 만군의 여호와께서 이렇게 말씀하셨다. "보라. 내가 그들을 금속을 단련하듯 단련하고 시험할 것이다. 내 백성의 죄를 내가 어떻게 할 것인가?

에레미야가 회개하지 않는 유다에 닥칠 멸망으로 인해 통곡함

8 그들의 혀는 죽음의 화살이어서 거짓으로 속인다. 그들이 입으로는 이웃에게 평안을 말하지만 마음속으로는 해칠 생각을 하고 있다.

9 여호와의 말이다. 이런 일로 인해 내가 그들을 처벌하지 않겠으며 나 자신이 이 같은 민족에게 복수하지 않겠느냐?" 5:9,29

10 철저한 멸망됨 내가 산들을 위해 울며 애곡하고 광야의 초원을 위해 슬퍼할 것이다. 그것들이 황폐하게 돼서 지나가는 사람이 아무도 없고 가축 떼의 울음소리도 들리지 않는다. 공중의 새도, 짐승도 도망가 사라졌다. 사 65:12

11 "내가 예루살렘을 폐허 더미로, 자칼의 소굴로 만들 것이다. 내가 유다의 성읍들을 폐허가 되게 해 거주하는 사람이 없게 만들 것이다." 사 25:2

12 멸망의 이유 이것을 이해할 만한 지혜로운 사람이 누구인가? 여호와의 입이 말씀하신 것을 받아 선포하도록 한 사람이 누구인가? 왜 이 땅이 파괴돼 광야처럼 황폐해져 지나가는 사람이 아무도 없게 된 것인가?

13 여호와께서 말씀하셨다. "이는 그들 앞에 내가 세워 둔 내 율법을 저버렸기 때문이다. 그들은 내 목소리에 순종하지도, 그것을 따르지도 않았다. 시 89:30-32

14 대신에 그들은 자기들의 마음의 완고함을 따르고 자기 조상들이 그들에게 가르친 대로 바알을 따랐다." 3:17

15 그러므로 이스라엘의 하나님 만군의 여호와께서 이렇게 말씀하셨다. "보라. 내가 이 백성들에게 쓴 음식을 먹이고 독 있는 물을 마시게 할 것이다. 신 29:18;시 80:5

16 내가 또 그들을 자기들이나 자기 조상들이 알지 못한 민족들 가운데 흩어 버릴 것이고 내가 그들에게 칼을 보내 그들을 다 없앨 것이다." 레 26:33;사 28:64;겔 5:2,12

17 시온의 울부짖음 만군의 여호와께서 이렇게 말씀하셨다. "너희는 잘 생각해서 애곡하는 여자들을 불러오라. 능숙한 여자들을 불러오라. 대하 35:25

18 그들이 서둘러 와서 우리를 위해 애곡하게 하라. 그리하여 우리 눈에서 눈물이 흘러내리고 눈꺼풀에서 물이 흐르게 하라.

19 애곡하는 소리가 시온에서 들리는구나. '우리가 이렇게 망했도다! 우리가 이렇게 큰 수치를 당했도다! 우리의 거처가 폐허가 됐으니 우리가 이 땅을 떠날 수밖에 없도다.'"

20 여자들아, 이제 여호와의 말씀을 들으라. 너희 귀로 그분의 입의 말씀을 받으라. 너희 딸들에게 애곡하는 법을 가르치고 서로에게 애가를 가르치라.

21 죽음이 우리 창문을 통해 올라와 우리 요새에 들어와서 어린아이들을, 거리에서 젊은 사람들을 광장에서 없애려고 한다.

22 너는 말하여라. "이것은 여호와의 말씀이다. '사람의 시체들이 들판에 있는 쓰레기처럼, 추수 후의 곡식 단처럼 넘겨져 있겠지만 거두어 모을 사람이 아무도 없을 것이다.'"

우리나라를 불쌍히 여겨 주세요!

TV나 인터넷을 보면 나라가 어렵다고 많이들 걱정하지요? 경제가 어렵고, 누가 큰 죄를 지었고, 정직하지 못한 사람이 뇌물을 받았다는 등 좋지 않은 말들을 듣지요? 그때 여러분은 어떻게 하나요? '나와 상관없이!'라고 생각하나요?

여러분의 집에 문제가 있으면 여러분은 어떻게 하나요? 그때도 '나와 상관없는 일이라고 생각하나요? 그렇지 않을 거예요. 문제가 없는 가정이 되길 간절히 바라며 하나님께 문제를 해결해 달라고 기도할 거예요.

나라는 더 큰 우리 집이에요. 그러니 문제가 많은 우리 집을 위해 더 열

23 합당한 자랑거리 여호와께서 이렇게 말씀하셨습니다. "지혜로운 사람은 자기 지혜를 자랑하지 못하게 하고 힘 있는 사람은 자기 힘을 자랑하지 못하게 하며 부자는 자기 부를 자랑하지 못하게 하라. 전 9:11

24 자랑하는 사람은 오직 이것을 자랑하게 하라. 곧 그가 나를 깨달아 내가 이 땅에 인애와 정의와 의로움을 행하는 여호와임을 아는 것을 자랑하게 하라. 이것들을 내가 기뻐한다. 여호와의 말이다. 고전 1:31

25 할례가 보증이 못 됨 여호와의 말이다. 보라. 그날이 오고 있다. 내가 몸에만 할례를 받은 사람을 모두 처벌할 것이다.

26 이집트, 유다, 에돔, 암몬의 자손, 모압 그리고 멀리 광야에 사는 모든 사람들을 처벌할 것이다. 이는 이 모든 민족들이 할례 받지 못했고 이스라엘의 온 집 또한 마음에 할례를 받지 못했기 때문이다."

10 무능력한 우상 이스라엘의 집아, 여호와께서 너희에게 하시는 말씀을 들으라.

2 여호와께서 이렇게 말씀하셨습니다. "민족들의 길을 배우지 말고 하늘의 표적들을 두려워하지 말라. 민족들은 하늘의 표적들을 두려워한다.

3 이 민족들의 풍습은 헛된 것이다. 사람들이 숲에서 나무를 베어다가 공예가가 도끼로 그것에 모양을 만든다. 사 40:20

4 그들이 그것을 금과 은으로 장식하고 못과 망치로 고정시켜서 흔들거리지 않게 한다.

5 그들의 우상들은 참외밭의 허수아비 같아서 말할 수 없다. 그것들은 걷지 못하기 때문에 들어 날라야만 한다. 그것들을 두려워 말라. 그것들은 해를 끼칠 수도, 유익을 줄 수도 없다." 합 2:18-19;고전 12:2

6 하나님과 우상의 비교 여호와여, 주와 같은 분은 없습니다. 주는 위대하시며 주의 이름은 권능이 큽니다. 출 15:11;시 86:8,10

7 민족들의 왕이여, 누가 주를 경외하지 않겠습니까? 이것은 주께 당연한 것입니다. 민족들 가운데도, 모든 지혜로운 사람들 가운데도, 모든 나라 가운데도 주와 같은 분은 없습니다. 계 15:4

8 그들은 모두 분별력이 없고 어리석습니다. 나무로 만든 헛된 우상에게서 가르침을 받습니다. 사 41:29;합 2:18;숙 10:2

9 은은 다시스에서, 금은 우바스에서 가져와서 공예가와 세공장이가 만들고 보라색과 자주색으로 옷을 입혔으니 모든 것이 능숙한 장인들이 만든 것입니다. 단 10:4

10 그러나 여호와는 참하나님이십니다. 그분은 살아 계신 하나님이며 영원한 왕이십니다. 그분이 진노할 때 땅이 흔들리고 그분의 진노를 민족들이 견뎌 낼 수 없습니다.

11 우주의 창조자 여호와 "너희는 그들에게 이같이 말하라. '하늘과 땅을 만들지 않은 신들은 땅에서 그리고 하늘 아래서 멸망할 것이다.'" 시 96:5;사 2:18;숙 13:2

12 그러나 하나님께서는 그분의 권능으로 땅을 만드셨고 그분의 지혜로 세계를 세우셨으며 그분의 분별력으로 하늘을 펼치셨습니다. 창 1:1,6,9,8;창 9:8;시 104:5;삼 3:19

13 하나님께서 목소리를 내실 때 하늘에 많은 물이 생깁니다. 또 하나님께서 안개를 땅끝에서 올라오게 하시고 비를 내리시기 위해 번개를 만드시며 그분의 창고에서 바람을 내보내 주십니다. 욥 5:10;38:22,34

14 사람이 만든 우상 모든 사람이 분별력이 없고 지식이 없고 세공장이들 모두가 그의 우상들로 수치를 당합니다. 그들이 부어 만든 우상들은 헛것이며 그것들 안에는

심히 기도해야겠지요? 집에 어떤 문제가 생기면 더 잘해서 그 문제를 풀려고 노력하는 것처럼 나라에 문제가 있을 때도 더 열심히 기도하고 일해야겠지요?

부모님이 우리가 도와 달라고 외치면 언제라도 바로 도와주려고 달려오시는 것처럼 우리가 하나님께 '우리나라를 불쌍히 여겨 주세요! 도와주세요!'라고 기도하면 하나님은 기쁘게 도와주십니다.

깊이읽기 출이집트기 14장 15-25절을 읽으세요.

호흡이 없습니다. 잠 30:2;사 42:17;합 2:19;롬 1:22

15 그것들은 쓸모가 없고 조롱거리일 뿐입니다. 여호와께서 벌하실 때 그것들은 망할 것입니다.

16 야곱의 몫은 그것들과 같지 않습니다. 이는 그분이 그분의 소유로 삼으신 이스라엘을 포함해 모든 것을 만드신 분이기 때문입니다. 그분의 이름은 만군의 여호와이십니다.

17 다가오는 포로 생활 포위당한 상태에서 살고 있는 사람이여! 네 짐을 주워 모으고 이 땅을 떠나라. 겔 12:3

18 여호와께서 이렇게 말씀하셨다. "보라. 이번에는 내가 이 땅에 사는 사람들을 내던질 것이다. 그들에게 재난을 가져와 그들이 고통을 겪도록 할 것이다." 신 28:20

19 내 상처로 인해 내게 화가 있도다! 내 상처가 심하구나! 그러나 내가 나 자신에게 말했다. "이것은 내 고난이니 내가 견뎌 내야만 한다." 14:17;30:12

20 내 천막이 부서졌고 내 밧줄이 모두 끊어졌다. 내 자녀들이 내 곁을 떠나가고 더 이상 있지 않으니 내 천막을 쳐 줄 사람이, 내 숙소를 세울 사람이 아무도 없다.

21 목자들은 분별력이 없고 여호와께 질문하지 않는다. 그러므로 그들이 번성하지 못하고 그들의 모든 양 떼가 흩어질 것이다.

22 보라. 소식이 오고 있다. 큰 소동이 북쪽 땅에서 오고 있다! 그것은 유다의 성읍들을 폐허로, 자칼의 소굴로 만들 것이다.

23 열방을 향한 예레미야의 기도 여호와여, 사람

의 길이 자기에게 있지 않음을, 또 발걸음이 향하는 것이 걷는 사람에게 있지 않음을 제가 압니다. 잠 16:1;20:24;단 5:23

24 여호와여, 저를 훈계하시되 오직 정의로 하시고 주의 진노 가운데 하지 말아 주십시오. 주께서 저를 사라지게 하실까 두렵습니다. 시 6:1;38:1

25 주를 인정하지 않는 민족들에게, 주의 이름을 부르지 않는 족속들에게 주의 진노를 쏟아부으십시오. 이는 그들이 야곱을 집어삼켰기 때문입니다. 그들이 야곱을 완전히 집어삼켰고 야곱의 거주지를 황폐하게 했습니다. 시 14:4

11 언약이 깨어짐 여호와께서 예레미야에게 하신 말씀이다.

2 "이 언약의 말을 듣고 유다 백성과 예루살렘에 사는 사람들에게 말해 주어라.

3 그들에게 말하여라. 이스라엘의 하나님 여호와께서 이렇게 말씀하셨다. '이 언약의 말씀에 순종하지 않는 사람은 저주를 받을 것이다. 신 27:26;갈 3:10

4 내가 너희 조상들을 이집트 땅에서, 저 철을 녹이는 용광로에서 이끌어 낼 때 그들에게 이렇게 명령했다.' 내가 말했다. '내 목소리에 순종하고 내가 너희에게 명령하는 모든 것을 행하라. 그러면 너희는 내 백성들이 되고 나는 너희의 하나님이 될 것이다.

5 그러고 나서 젖과 꿀이 흐르는 땅을 너희 조상들에게 주리라고 내가 너희 조상들에게 맹세한 서약을 이룰 것이다. 그 땅을

우상 숭배, 왜 그렇게 미워하실까요?

우상 숭배는 사회적·도덕적·종교적으로 타락을 가져왔어요. 우상을 숭배하는 사람들은 자기 아들들을 불로 태워 번제물로 드렸고(렘 19:5), 풍요와 다산을 위해 남녀 간에 음란한 성행위를 갖기도 했어요.

또 자기의 욕심을 이루기 위해서나 사기와 거짓과 살인을 하더라도 생명력과 도덕성이 없는 우상은 꾸짖거나 나무라지 않아요.

하지만 무엇보다 하나님이 우상 숭배를 미워하시는 이유는 우상을 섬기는 것 자체가 창조주이자 구원자인 하나님을 거부하는 것이기 때문이에요. 하나님은 십계명 중 제1, 2계명을 통해 우상을 섬기지 말라고 엄격히 명령하셨어요(출 20:3-5).

우상 숭배는 하나님을 무시하고 부인하는 것으로, 죄 중에서도 가장 악한 죄랍니다.

오늘날 너희가 소유하고 있다.'" 내가 대답했다. "아멘, 여호와여!" 출 38:신 7:12-13

6 **언약에 의한 저주** 또 여호와께서 내게 말씀하셨다. "유다의 성읍들과 예루살렘 거리에서 이 모든 말을 선포하여라. '이 언약의 말씀을 듣고 행하라. 19:2

7 내가 너희 조상들을 이집트 땅에서 이끌어 내던 날부터 오늘까지 내가 그들에게 내 목소리에 순종하라고 거듭 경고했다.

8 그러나 그들은 순종하지 않았고 귀를 기울이지도 않았다. 오히려 모두가 각자 자기들의 악한 마음의 완고함을 따랐다. 그래서 내가 그들에게 지키라고 명령한 이 언약의 모든 말씀을 그들은 행하지 않았다.'"

9 **우상 숭배로 언약이 깨어짐** 여호와께서 내게 말씀하셨다. "유다 백성들과 예루살렘에 사는 사람들 사이에 음모가 있다.

10 내 말에 순종하기를 거부하던 자기 조상들의 죄악으로 그들이 되돌아갔다. 그들이 다른 신들을 추종해 그들을 섬겼다. 이스라엘의 집과 유다의 집 둘 다 내가 그들의 조상들과 맺은 언약을 깨 버렸다.

11 그러므로 여호와가 이렇게 말한다. '보라. 내가 그들이 피할 수 없는 재앙을 내릴 것이다. 그들이 내게 부르짖어도 내가 듣지 않을 것이다. 잠 1:28·사 1:15·겔 8:18·미 3:4

12 유다의 성읍들과 예루살렘에 사는 사람들은 자신들이 희생제물을 태우던 신들에게로 가서 부르짖을 것이다. 그러나 그것들은 재앙의 때에 그들을 전혀 구원하지 못할 것이다. 행 17:16

13 유다여, 네 성읍들의 수만큼 네게 신들이 있도다. 네가 저 수치스러운 것, 곧 바알에게 희생제물을 태우려고 세운 제단들이 예루살렘 거리들의 수만큼이나 많도다.'

14 **기회를 잃은 기도** 그러므로 너는 이 백성을 위해서 기도하거나, 그들을 위해서 부르짖거나, 간구하지 마라. 이는 그들의 재앙의 때에 그들이 내게 부르짖어도 내가 듣지 않을 것이기 때문이다. 히 10:26·요일 5:16

15 우상 숭배가 진노의 원인이 됨 내 사랑하는 자가 많은 악한 행위를 했으니 내 집에서 무엇을 할 것인가? 희생제물이 너를 처벌로부터 면하게 할 수 있겠느냐? 너는 악을 행하고는 즐거워한다. 겔 16:25

16 여호와께서 너를 아름답고 좋은 열매를 맺는 푸른 올리브 나무라고 부르셨다. 그러나 강한 폭풍 같은 소리로 여호와께서 그것을 불사르고 그 가지들을 부러뜨릴 것이다. 시 52:8·83:2·호 14:6·롬 11:17,20

17 너를 심으신 만군의 여호와께서 이스라엘의 집과 유다의 집이 지은 죄악으로 인해, 또한 그들이 바알에게 희생제물을 태움으로써 여호와를 진노케 했기 때문에 네게 재앙을 선포하셨다." 사 5:2

18 예레미야를 해치고자 할 여호와께서 내게 알려 주셨기에 내가 그것을 알았다. 여호와께서 그들의 행위를 내게 보여 주셨다.

19 나는 도살장으로 끌려가는 순한 어린양 같았고 '우리가 그 나무와 열매를 함께 없애자. 생명의 땅에서 그를 잘라 버리자. 그래서 그의 이름이 더 이상 기억되지 못하게 하자' 하면서 그들이 내게 음모를 꾸미고 있는지 알지 못했다. 애 3:60~61·계 5:6

20 그러나 오 만군의 여호와여, 의롭게 심판

왜 아나돗 사람들은 예레미야를 죽이려고 했나요?

아나돗은 예언자 예레미야의 고향이며 레위 사람에게 주어진 성이었어요(수 21:18-19). 아나돗 사람들은 성전에서 여호와의 이름으로 예언한 예레미야를 죽이려고 했어요(렘 11:21). 예레미야가 우상 숭배에 대한 벌로 유다가 멸망하고 백성들이 포로로 끌려갈 것이라고 공개적으로 말한 것이 유다 안에서 큰 문젯거리가 되었던 거예요. 이 때문에 아나돗 사람들은 예레미야가 자기 고향의 명예를 심각하게 훼손시켰다고 생각해 예레미야를 죽이려고 한 것이죠.

하나님은 이러한 아나돗 사람들을 처벌하시겠다고 말씀하셨어요(렘 11:22~23).

하시고 생각과 마음을 시험하시는 주여, 제가 주께 저의 사정을 아뢰었으니 주께서 그들에게 복수하시는 것을 제가 보게 해 주십시오. 삼상 16:7;시 7:9;애 3:64;계 2:23

21 "그러므로 네 목숨을 찾는 아나돗 사람들에 대해 여호와가 이렇게 말한다. 너희가 '여호와의 이름으로 예언하지 말라. 그러지 않으면 네가 우리 손에 죽을 것이다'라고 했다.

22 그러므로 만군의 여호와가 이렇게 말한다. '보라. 내가 아나돗 사람들을 처벌할 것이다. 젊은이들은 칼에 죽을 것이고 그들의 아들들과 딸들은 기근으로 죽을 것이다.

23 그들 가운데 남은 자가 없을 것이다. 이는 그들을 처벌할 때 내가 아나돗 사람들 위에 재앙을 내릴 것이기 때문이다.'"

12 예레미야의 불평 여호와여, 제가 주와 변론할 때, 주께서는 의로우십니다. 그러나 제가 주의 정의에 관해 이야기하고자 합니다. 악한 사람의 길이 왜 번성합니까? 믿음 없는 사람들이 왜 안락하게 삽니까? 스 9:15;시 51:4

2 주께서 그들을 심으셔서 그들이 뿌리를 내리고 자라 열매를 맺습니다. 그들의 입술은 주께 가까이 있지만 그들의 마음은 주께 멀리 떠나 있습니다. 사 29:13

3 그러나 여호와여, 주께서 저를 아시고 저를 보시며 제 마음이 주와 함께 있음을 시험해 알고 계십니다. 그들을 도살할 양들처럼 끌어내시고 도살할 날을 위해 그들

을 따로 떼어 놓으십시오. 약 5:5;벧후 2:12

4 언제까지 이 땅이 슬퍼하며 들판마다 풀이 마르겠습니까? 동물들도, 새들도 사라졌으니 이는 그곳에 사는 사람들이 악하기 때문입니다. 그 사람들은 "그가 우리의 종말을 보지 못할 것이다"라고 말합니다.

5 하나님의 대답 "만약 네가 발로 사람들과 함께 달렸는데 그들이 너를 지치게 했다면 네가 어떻게 말들과 경주할 수 있느냐? 만약 네가 평안한 땅에서 비틀거려 넘어진다면 *요단 강변의 수풀에서는 어떻게 하겠느냐?

6 네 형제들과 네 아버지의 집조차도, 그들조차도 너를 배신했다. 그들이 너를 반대해 큰소리를 냈다. 그들이 네게 좋은 말들을 해도 그들을 믿지 마라. 잠 26:25

7 내가 내 집을 버렸고 내 소유로 택한 백성을 포기했다. 내가 깊이 사랑하는 사람을 원수들의 손에 넘겨주었다. 사 19:25

8 내 소유로 택한 백성이 내게 숲 속의 사자처럼 돼 내게 으르렁거린다. 그러므로 내가 그들을 미워한다.

9 내 소유로 택한 백성이 내게 반점이 있는 매처럼 됐느냐? 다른 매들이 그것 주위를 둘러싸고 있느냐? 너희는 가서 들판의 모든 짐승들을 모아 와서 그들을 집어삼키게 하라. 사 46:11;56:9;겔 39:17;계 19:17

10 많은 목자들이 내 포도밭을 망치고 내 밭을 발로 짓밟을 것이다. 그들은 내가 기뻐

예레미야는 왜 불평했나요?

예레미야는 공의로운 하나님의 살아 계심을 믿었어요. 그런데 예레미야가 하나님의 도움이 필요할 때 도와주시지 않았다고 생각해 하나님께 불평했어요 (렘 15:17-18).

예레미야는 악한 사람들을 벌해야 한다고 생각했는데 그렇지 않은 것 같아 하나님께 물었어요. "악한 사람이 하는 일이 왜 번성합니까?" 이것은 "왜 악한 사람에게

지금 벌을 내리시지 않는 거죠?"라는 말이나 "하나님, 빨리 악한 사람들에게 벌을 내려 주세요"라고 말하는 것과 같은 뜻이에요. 이런 질문은 예레미야만 한 것이 아니에요. 하박국 선지자도 '왜 정의가 전혀 시행되지 못하며 악인이 의인을 에워싸는지'(합 1:2-4) 물었어요. 시편 73편에서 아삽도 하나님께 '왜 악한 사람들이 잘되는지' 물었어요.

하는 밭을 황량한 황무지로 만들 것이다.

11 그들이 그것을 황무지로 만들었으니 황무지, 곧 그것이 내게 애곡한다. 그것에 관심을 가진 사람이 아무도 없기 때문에 그 온 땅이 황폐하게 될 것이다. _{사 42:25}

12 광야의 벌거벗은 모든 언덕 위에 파괴자들이 이르렀고 여호와의 칼이 그 땅 한 끝에서 다른 끝까지 집어삼킬 것이다. 어느 누구도 안전하지 않을 것이다.

13 그들이 밀을 심어도 가시를 거둘 것이고 지치도록 일을 해도 얻는 것이 없을 것이다. 그러므로 여호와의 맹렬한 분노로 인해 내가 추수한 것으로 수치를 당할 것이다.'"

14 여호와께서 이렇게 말씀하셨다. "보라. 내백성 이스라엘에게 내가 유산으로 준 땅에 손을 대는 내 모든 악한 이웃들에 대해서 내가 그들을 그 땅에서 뽑고 유다의 집을 그들 가운데서 뽑아내리라. _{슥 2:8}

15 그러나 그들을 뽑은 뒤에 내가 그들을 다시 불쌍히 여기고 그들 각각을 자기의 고향과 자기의 땅으로 데려갈 것이다.

16 만약 그들이 내 백성의 길을 부지런히 배워 그들이 내 백성에게 바알로 맹세하라고 가르친 것처럼 '여호와께서 살아 계신 것같이'라고 말하며 내 이름으로 맹세한다면 그들이 내 백성 가운데 세워질 것이다.

17 그러나 만약 그들이 순종하지 않으면 내가 그 민족을 완전히 뿌리 뽑아 멸망시킬 것이다. 여호와의 말이다.'" _{사 60:12}

13 베 허리띠로 징표를 삼음 여호와께서 내게 이렇게 말씀하셨다. "너는 가서 베 허리띠를 사서 네 허리에 두르고 물에 넣지 마라." _{행 21:11}

2 그래서 나는 여호와의 말씀을 따라 허리띠를 사서 내 허리에 둘렀다.

3 그러고 나서 여호와의 말씀이 내게 다시 임해 말씀하셨다.

4 "네가 사서 네 허리에 두르고 있는 허리띠를 취하여라. 그리고 일어나 유프라테스로 가서 그곳 바위틈 사이에 그것을 숨겨라."

5 나는 여호와께서 내게 명령하신 대로 가

서 유프라테스 강 가에 그것을 숨겼다.

6 여러 날 후 여호와께서 내게 말씀하셨다. "일어나 유프라테스로 가서 내가 네게 그곳에 숨겨 두라고 명령했던 허리띠를 그곳에서 가져와라."

7 그래서 내가 유프라테스로 가서 허리띠를 숨겼던 곳을 파내 허리띠를 찾았다. 그러나 이제 그 허리띠는 썩어서 완전히 쓸모없게 됐다. _{겔 15:4-5}

8 그때 여호와의 말씀이 내게 임해 말씀하셨다.

9 "여호와가 이렇게 말한다. '이와 마찬가지로 내가 유다의 교만과 예루살렘의 큰 교만을 썩게 할 것이다. _{레 26:19;시 137:1}

10 이 악한 백성이 내 말 듣기를 거부하고 자기들의 마음의 완고함을 따르며 다른 신들을 추종해 그것들을 섬기고 경배했으니 그들이 완전히 쓸모없게 된 허리띠와 같이 될 것이다. _{3:17;16:11-12}

11 여호와의 말이다. '허리띠가 사람의 허리에 붙어 있는 것처럼 내가 이스라엘의 집 모두와 유다의 집 모두를 내게 붙어 있게 해서 내 이름과 칭찬과 영광을 위해 내 백성이 되게 하려 했다. 그러나 그들이 듣지 않았다.'"

12 포도주 병의 경고 "그러므로 너는 그들에게 이 말을 하여라. '이스라엘의 하나님 여호와께서 이렇게 말씀하셨다. 모든 병이 포도주로 가득 찰 것이다.' 그러면 '모든 병이 포도주로 가득 찰 것을 우리가 어찌 모르겠는가?'라고 그들이 네게 말할 것이다.

13 그때 너는 그들에게 말하여라. '여호와께서 이렇게 말씀하셨다. 보라. 내가 이 땅에 사는 모든 사람들과 다윗의 보좌에 앉아 있는 왕들과 제사장들과 예언자들과 예루살렘에 사는 사람들을 모두 잔뜩 취하게 할 것이다. _{겔 23:33}

14 내가 그들을 서로 충돌하게 할 것이니 아버지와 아들조차도 서로 충돌하게 할 것이다. 내가 그들에게 인정을 베풀지도 않

12:5 또는 '요단 강 물이 넘칠 때에는'.

으며 불쌍히 여기지도 않으며 긍휼히 여기지도 않고 오히려 그들을 멸망시킬 것이다.' 여호와의 말이다."   시 29

15 "거짓말의 경고 듣고 귀 기울이라. 교만하지 말라. 여호와께서 말씀하셨다.

16 너희 하나님 여호와께서 흑암을 가져오시기 전에, 너희 발이 어두운 산 위에서 걸려 넘어지기 전에, 그분께 영광을 돌리라. 너희가 빛을 바랄 때 그분은 빛을 죽음의 그림자로 바꾸시고 짙은 어둠이 되게 하실 것이다.   암 5:8,8:9,요 11:10

17 그러나 너희가 그분의 말을 듣지 않으면 내 영혼이 너희의 교만함 때문에 은밀히 울 것이다. 여호와의 양 떼가 포로로 잡혀갔기 때문에 내 눈이 몹시 슬퍼해 눈물을 흘릴 것이다.   애 1:2,16,2:18,3:40

18 여호야긴이 추방당함 왕과 그의 어머니에게 말하라. '낮은 곳으로 내려와 앉으라. 이는 너희의 영광스러운 왕관이 너희의 머리에서 떨어질 것이기 때문이다.'

19 남쪽의 성읍들은 철저히 닫힐 것이고 그것들을 열 사람이 없을 것이다. 온 유다가 포로로 끌려가되 완전히 끌려갈 것이다.

20 동맹국이 체포자가 될 너희는 눈을 들어 북쪽에서 오는 사람들을 보라. 네게 주어진 양 떼, 네 아름다운 양 떼가 어디에 있느냐?

21 여호와께서 네가 가르쳤던 사람들을 네 위에 우두머리로 임명한다면 네가 무슨 말을 하겠느냐? 해산하는 여인처럼 고통이 너희를 사로잡지 않겠느냐?   사 13:8

22 죄가 그 원인이 됨 너는 마음속으로 "이런 일이 왜 내게 일어났을까?"라고 말할 것이다. 이 모든 것은 네 죄악이 많아서 네 치마가 벗겨졌고 네 발꿈치가 상처를 입게 된 것이다.   사 3:17,애 1:8,호 2:10,나 3:5

23 에티오피아 사람들이 자기 피부색을 바꿀 수 있느냐? 표범이 자기 몸의 반점을 바꿀 수 있느냐? 그렇다면 악한 짓에 익숙한 너희도 선을 행할 수 있을 것이다.

24 "광야 바람에 날아가는 겨처럼 내가 그들을 흩어지게 할 것이다.   사 4:3,13:13

25 이것이 네 몫이며 내가 네게 할당된 양이다. 여호와의 말이다. 이것은 네가 나를 잊고 거짓 신들을 믿었기 때문이다.

26 내가 네 치마를 얼굴까지 들어 올려 네 수치가 드러나게 할 것이다.

27 네가 간음한 것과 네 욕정의 소리와 네 수치스러운 음란한 짓과 들판의 언덕 위에서 저지른 네 가증스러운 행동을 내가 보았다. 예루살렘아, 네게 화 있으리라! 얼마나 지나야 네가 깨끗해지겠느냐?"

14

가뭄에 대한 예언 가뭄에 관해 예레미야에게 임한 여호와의 말이다.

2 "유다가 슬퍼하고 그 성문들이 곤비해 그 땅을 두고 통곡하며 예루살렘의 부르짖음이 위로 올라간다.   삼상 5:12,사 3:26,애 1:4,2:8

3 귀족들이 물을 구하려 하인들을 보내고 하인들이 우물에 가지만 물을 찾지 못한다. 그들이 빈 항아리로 돌아오니 부끄럽고 당황해 그들의 머리를 가린다.   시 40:14

하나님은 이스라엘 백성에게 젖과 꿀이 흐르는 **땅을 주시겠다고 약속하셨** 어요. 하지만 율법에서 떠나 하나님을 배반하고 이방 신을 섬긴다면 해마다 내리던 비를 주지 않겠다는 말씀도 하셨어요(렘 26:14-15, 20; 신 28:24). 하나님은 약속을 이행하셨어요(렘 14:1-16). 예레미야

왜 하나님은 가뭄을 내리셨나요?

가 자비를 구했으나 듣지 않으시고 가뭄을 내리셨어요(렘 14:7-12). 때는 이미 늦었던 것입니다. 당시 이스라엘 사람들은 가나안의 우상들이 비를 내려 준다고 생각했어요. 하지만 하나님은 가뭄을 통해 가나안의 우상들이 자연을 주관하는 것이 아님을 명백하게 드러내셨어요(렘 14:22).

4 그 땅에 비가 없어서 땅이 갈라지기 때문에 농부들이 부끄러워해 그들의 머리를 가린다. 3:3

5 풀이 없기 때문에 들판의 암사슴조차도 새끼를 낳아서 내버린다. 욥 39:1;시 29:9

6 들나귀들이 벌거벗은 언덕 위에 서서 자칼처럼 숨을 헐떡인다. 그들의 눈이 희미해졌는데 그 이유는 풀이 없기 때문이다."

7 **유다를 위한 기도** 여호와여, 우리 죄악이 우리에 대해 증거할지라도 주의 이름을 위해서라도 무엇인가 해 주십시오. 우리의 타락이 크고 우리가 주께 죄를 지었습니다.

8 이스라엘의 소망이시여, 고난의 때에 구원하는 분이시여, 왜 주께서는 이 땅에서 이방 사람처럼, 하룻밤 지내는 여행객처럼 행하십니까? 시 71:5

9 왜 주께서는 깜짝 놀란 사람처럼, 구원할 힘이 없는 용사처럼 되셨습니까? 그러나 여호와여, 주께서 우리 가운데 계시고 우리가 주의 이름으로 불리니 우리를 떠나지 마십시오! 출 29:45;사 59:1;단 9:18;엡 3:15

10 **응답 없는 기도** 이 백성들에게 여호와께서 이렇게 말씀하셨다. "그들은 방랑하기를 좋아해서 자기의 발을 억제하지 않았다. 그러므로 여호와가 이제 그들을 즐거이 받아들이지 않는다. 내가 그들의 죄악을 기억하고 그들의 죄를 처벌할 것이다."

11 그리고 여호와께서 내게 말씀하셨다. "이 백성이 잘되게 해 달라고 기도하지 마라.

12 그들이 금식하더라도 내가 그들의 부르짖음을 듣지 않을 것이다. 그들이 번제와 곡식제사를 드려도 내가 받지 않을 것이다. 오히려 칼과 기근과 전염병으로 내가 그들을 멸망시킬 것이다." 잠 1:28;사 1:15

13 **예레미야의 질문** 그때 내가 말했다. "주 여호와여! 보소서. 예언자들이 그들에게 '너희가 칼을 보지 않을 것이다. 너희에게 기근도 없을 것이다. 내가 너희에게 확실한 평안을 줄 것이다'라고 말합니다."

14 **하나님의 대답** 그러자 여호와께서 내게 말씀하셨다. "예언자들이 내 이름으로 거짓

예언을 한다. 내가 그들을 보내지 않았고 그들을 임명하지도 않았고 그들에게 말하지도 않았다. 그들이 너희에게 거짓 환상과 점술과 헛된 것과 그들 마음속에 있는 망상을 예언하고 있다. 마 7:15;막 13:22

15 그러므로 내 이름으로 예언하는 예언자들에 대해 나 여호와가 이렇게 말한다. 내가 그들을 보내지 않았는데도 그들이 '칼이나 기근이 이 땅에 있지 않을 것이다'라고 말한다. 그러니 그 예언자들이 칼과 기근으로 멸망할 것이다. 23:34

16 그리고 예언해 주는 백성은 기근과 칼로 인해 예루살렘의 길거리로 내던져질 것이다. 그들이나 그들의 아내들이나 그들의 아들들이나 그들의 딸들을 묻어 줄 사람이 아무도 없을 것이다. 내가 그들의 죄악을 그들 위에 쏟을 것이다.

17 너는 그들에게 이 말을 전하여라. '내 눈에 눈물이 흘러내려 밤낮으로 끊이지 않게 하라. 내 백성의 처녀 딸이 큰 상처를, 매우 심한 상처를 입었기 때문이다.

18 내가 들판에 나가면 칼로 죽은 사람들을 보고 내가 성읍에 들어가면 기근의 참혹한 피해를 본다. 예언자도, 제사장도 모두 그들이 알지 못하는 땅에서 돌아다닌다.'"

19 **하나님의 의로우심을 간구함** 주께서는 유다를 완전히 버리셨습니까? 주의 영혼이 시온을 몹시 싫어하십니까? 주께서는 왜 우리를 치시고 우리를 치료하지 않으십니까? 우리가 평안을 바랐지만 좋은 것이 오지 않았습니다. 보소서, 치료의 때를 바랐지만 두려움만 있습니다. 애 5:22

20 여호와여, 우리가 우리 사악함을, 우리 조상들의 죄악을 인정합니다. 우리가 분명 주께 죄를 지었습니다. 시 106:6;단 9:5,8

21 그러나 주의 이름을 위해서라도 우리를 미워하지 마십시오, 주의 영광의 보좌를 욕되게 하지 마십시오. 우리와 맺은 주의 언약을 기억하시고 깨뜨리지 마십시오.

망상(14:14, 妄想, delusion) 이치에 어긋나는 헛된 생각.

22 여러 민족들의 우상들 가운데 비를 내릴 우상이 있습니까, 아니면 하늘이 소나기를 내릴 수 있습니까? 우리의 하나님 여호와여, 그런 분은 주가 아닙니까? 그러므로 우리가 주를 바랍니다. 주께서 이 모든 것을 하시기 때문입니다. 10:15;사 32:21

15 **이미 심판이 확정됨** 그때 여호와께서 내게 말씀하셨다. "모세와 사무엘이 내 앞에 섰다고 하더라도 내 마음이 이 백성에게 향하지 않을 것이다. 그들을 내 앞에서 쫓아낼 것이다.

2 그리고 그들이 네게 '우리가 어디로 가야 합니까?'라고 묻는다면 그들에게 말하여라. '여호와께서 이렇게 말씀하셨다. 죽을 사람들은 죽음으로 향하고, 칼을 맞을 사람들은 칼로 향하고, 기근을 당할 사람들은 기근으로 향하고, 포로가 될 사람들은 포로 됨으로 향하라.'" 겔 5:12;6:11~12;슥 11:9

3 **하나님의 네 가지 형벌** "여호와의 말이다. 내가 그들에게 네 종류의 멸망시키는 것들을 보낼 것이다. 죽이는 칼과 끌어가는 개들과 삼키고 황폐하게 할 공중의 새들과 땅의 짐승들이다. 레 26:16~22;신 28:26;계 6:8

4 유다 왕 히스기야의 아들 므낫세가 예루살렘에서 한 짓으로 인해서 내가 그들을 세상 모든 나라들에게 공포의 대상이 되게 할 것이다. 신 28:25;왕하 21:2,11,16~17;23:26;24:3~4

5 긍휼히 여김을 거부하는 예루살렘아, 누가 네게 인정을 베풀겠느냐? 누가 너를 위해 슬퍼하겠느냐? 누가 네 안녕을 묻기 위해 발길을 멈추겠느냐?

6 여호와의 말이다. 네가 나를 버렸고 계속 타락했다. 그래서 내가 내 손을 네게 뻗어 너를 멸망시킬 것이다. 나는 가엾게 여기는 것에 지쳤다. 신 32:15;호 13:14

7 내가 그 땅 성문에서 키질해 그들을 골라낼 것이다. 내가 그들에게서 자식들을 빼앗아 가고 내 백성을 멸망시킬 것이다. 이는 그들이 자기들의 행동을 돌이키지 않

앗기 때문이다. 사 30:24;41:16;마 3:12;눅 3:17

8 내가 그들의 과부들을 바다의 모래보다 더 많게 할 것이다. 정오에 내가 젊은 사람들의 어머니들에게로 파괴자를 데리고 와서 갑자기 그들에게 고통과 공포를 가져다줄 것이다. 창 22:17;사 139:18

9 일곱 자식을 낳은 어머니가 기력을 잃고 그녀의 마지막 숨을 쉬게 될 것이다. 아직 낮인데도 그녀의 해가 져서 그녀가 수치를 당하고 창피를 당하게 될 것이다. 그들의 남은 사람들을 내가 그들의 대적들 앞에서 칼에 넘겨줄 것이다. 여호와의 말이다."

10 **예레미야의 고통 소리** 내게 화가 있도다. 내 어머니여, 어머니께서 나를 온 땅과 싸우고 다툴 사람으로 낳으셨도다! 내가 빌려 주지도, 빌리지도 않았건만 모두가 나를 저주하는구나.

11 **하나님의 위로하심** 여호와께서 말씀하셨다. "내가 너를 반드시 선의로 구원할 것이다. 내가 반드시 재앙의 때에, 고난의 때에 네 대적들로 하여금 네게 간구하게 할 것이다.

12 **재앙의 묘사** 철, 곧 북쪽에서 오는 철 또는 청동을 깨뜨릴 수 있는 사람이 있느냐?

13 네 땅 전역에 퍼져 있는 네 모든 죄로 인해 내가 네 재산과 네 보물들을 약탈물로 대가 없이 줄 것이다. 시 44:12

14 네가 알지 못하는 땅에서 내가 너로 하여금 네 대적을 섬기게 할 것이다. 이는 내 진노에 불이 붙어 너희를 사를 것이기 때문이다."

15 **예레미야의 불평** 여호와여, 주께서 아시나니 저를 기억하시고 저를 돌보아 주십시오. 저를 위해 저를 핍박하는 사람들에게 복수해 주십시오. 주께서는 오래 참는 분이시니 저를 떠나가게 하지 마십시오. 주를 위해 제가 치욕을 당하는 것을 생각해 주십시오. 삿 16:28;시 69:7

16 주의 말씀을 찾아 제가 먹으니 주의 말씀이 제게 기쁨이었고 제 마음의 즐거움이었습니다. 만군의 하나님 여호와여, 이는 제가 주의 이름으로 불리기 때문입니다.

키질 (15:7, winnowing) 키로 곡식을 위아래로 부채질하듯이 흔들어 찌꺼기를 날려 보내는 것

17 제가 조롱하는 사람들의 무리 가운데 앉지 않았고 즐거워하지도 않았습니다. 주의 손으로 인해 제가 홀로 앉았습니다. 이는 주께서 분노로 저를 채우셨기 때문입니다.

18 왜 제 고통은 계속되고, 왜 제 상처는 중하고 치료될 수 없습니까? 주께서는 제게 물이 없는 샘처럼 속이는 시내가 되시렵니까?

19 **예레미야를 책망하시는 하나님** 여호와께서 이렇게 말씀하셨다. "만약 네가 돌아온다면 내가 너를 다시 데려오리니 네가 내 앞에 설 것이다. 만약 네가 쓸모없는 것에서 소중한 것을 골라내면 너는 내 입처럼 될 것이다. 그들이 네게 돌아오게 하고 너는 그들에게 돌아가지 마라. ^{3:14}

20 내가 너를 이 백성에게 견고한 청동 성벽이 되게 할 것이다. 그들이 너와 싸우겠지만 너를 이기지 못할 것이다. 이는 내가 너와 함께 있어 너를 구해서 건져 낼 것이기 때문이다. 여호와의 말이다. ^{1:8,18-19}

21 내가 너를 악한 사람들의 손에서 구해 내고 너를 잔인한 사람들의 손에서 되찾아 올 것이다." ^{사 13:11;25:4-5;29:5}

16 **결혼을 금하심** 여호와의 말씀이 내게 임해 말씀하셨다.

2 "네가 이곳에서는 아내를 얻거나 아들들이나 딸들을 낳지 마라."

3 이곳에서 낳은 아들들과 딸들과 그들을 낳은 어머니들과 이 땅에서 그들을 낳은 아버지들에 대해서 여호와께서 이렇게 말씀하셨다.

4 "그들은 치명적인 질병으로 죽을 것이다. 아무도 그들을 위해 통곡하지도 않고 그

들을 묻어 주지도 않을 것이며 그들은 다만 땅 위의 쓰레기 같을 것이다. 그들이 칼과 기근으로 멸망하게 될 것이고 그들의 시체는 공중의 새들과 땅의 짐승들의 먹이가 될 것이다. ^{겔 7:11}

5 **슬퍼하지 마라** 여호와께서 이렇게 말씀하셨다. "초상집에 들어가지 마라. 통곡하기 위해 가거나 그들을 위해 슬퍼하지 마라. 이는 내가 이 백성에게서 내 평안과 내 인애와 내 긍휼히 여김을 거두어들였기 때문이다. 여호와의 말이다. ^{겔 24:16-23}

6 큰사람이나 작은 사람이나 모두 이 땅에서 죽을 것이다. 아무도 그들을 묻어 주지 않을 것이고 그들을 위해 통곡하거나 그들을 위해 자기 몸을 베거나 머리를 밀지도 않을 것이다. ^{레 19:28;신 14:1;16:20;사 3:24}

7 또 죽은 사람들을 위해 통곡하는 사람을 위로하려고 빵을 떼어 줄 사람이 없을 것이다. 아무도 그의 아버지나 어머니를 위해 그들을 위로하려고 마실 것을 주지 않을 것이다. ^{신 26:14;삼하 5:8;7:2왕 24:17;호 9:4}

8 **잔칫집에 가지 마라** 또 잔칫집에 들어가서 사람들과 함께 앉아 먹고 마시지 마라.

9 이스라엘의 하나님 만군의 여호와가 이렇게 말한다. 보아라. 내가 네 눈앞에, 그리고 네가 살아 있는 날 동안 이곳에서 기뻐하는 소리, 즐거워하는 소리, 신랑의 소리, 신부의 소리를 그칠 것이다.

10 **여호와의 선포** 네가 이 모든 것을 이 백성에게 말했을 때 그들이 네게 말할 것이다. '왜 여호와께서 우리에게 이 모든 큰 재앙을 선포하십니까? 우리가 무슨 잘못을 했

하나님은 예레미야에 **왜 예레미야에게 결혼하지 말라고 했을까요?**

게 결혼하지 말고 자녀도 낳지 말라고 하셨어요(렘 16:2). 결혼하지 말라는 것은 예루살렘이 멸망할 것을 알리기 위함이에요. 이스라엘 사람들은 결혼을 하나님의 축복이라고 생각했어요(잠 18:22). 그런데 결혼하지 말라는 것은 하나님의 심판으로 말미암아 하나님의 축복을 받지 못

하게 될 것이라는 의미예요. 한편 이스라엘 사람들은 자녀를 통해 자신의 삶이 이어 간다고 생각했어요. 그래서 자녀를 하나님이 주신 엄청난 축복으로 생각했어요(창 22:17). 그런데 하나님이 자녀를 낳지 말라고 하신 것은 전쟁에 나가 죽게 될 거라는 심판의 의미를 담고 있어요.

습니까? 우리가 우리 하나님 여호와께 무슨 죄를 지었습니까?' 5:19

11 그러면 너는 그들에게 말하여라. '여호와의 말이다. 너희 조상들이 나를 버리고 다른 신들을 추종하며 그들을 섬기고 그들에게 경배했다. 그들이 나를 버렸고 내 법을 지키지 않았다. 신 29:25-26;왕하 22:17;대하 34:25

12 너희는 너희 조상들보다도 더 악하게 행동했다. 보라. 너희 각자가 자기의 악한 마음의 완고함을 따르고 내게 순종하지 않았다. 3:17;7:26

13 그러므로 내가 이 땅에서 너희를 뽑아내어 너희나 너희 조상들이 알지 못하던 땅으로 쫓아낼 것이다. 그리고 그곳에서 너희가 밤낮으로 다른 신들을 섬길 것이다. 이는 내가 너희에게 은혜를 베풀지 않을 것이기 때문이다. 신 4:26-28;28:36,64-65;사 22:17-18

14 여호와의 말이다. 그러므로 보아라. 날들이 오고 있는데 그때 사람들은 '이스라엘 자손들을 이집트 땅에서 이끌어 내신 여호와께서 살아 계심으로' 맹세하지 않고

15 오히려 '이스라엘 자손들을 북쪽 땅과 추방했던 모든 땅에서 이끌어 내신 여호와께서 살아 계심'으로 맹세할 것이다. 내가 그들을 그들의 조상들에게 준 그들의 땅으로 되돌아가게 할 것이다. 사 43:5-6

16 여호와의 말이다. 보아라. 내가 많은 어부들을 보낼 것이니 어부들이 그들을 낚을 것이다. 그 후에 내가 많은 사냥꾼들을 보낼 것이니 사냥꾼들이 모든 산과 모든 언덕 그리고 바위틈에서 그들을 사냥할 것이다.

17 이는 내 눈이 그들의 모든 행동을 보고 있기 때문이다. 그들이 내게서 숨지 못하고 그들의 죄 또한 내 눈앞에서 숨기지 못한다.

18 내가 우선 그들의 부정과 그들의 죄를 두 배로 갚을 것이다. 이는 그들이 내 땅을 그들의 가증스러운 우상들의 시체로 더럽혔고 그들의 혐오스러운 우상들로 내 유산을 가득 채웠기 때문이다." 신 40:2;65:4

19 여호와여, 내 힘이시며 내 요새이시며 환난 날에 내 피난처이시여, 민족들이 땅끝에서 주께로 와서 말합니다. "우리 조상들이 거짓과 아무 유익도 주지 못하는 가치 없는 것을 상속했습니다. 삼하 22:33

20 사람이 스스로 신들을 만들 수 있습니까? 그런 것들은 신들이 아닙니다." 고전 8:4

21 "그러므로 보아라. 내가 그들로 하여금 알게 할 것이다. 이번에도 내가 그들에게 내 힘과 내 능력을 알게 할 것이다. 그러면 그들이 내 이름이 여호와라는 것을 알게 될 것이다." 33:2

17

하나님의 심판을 선포함 "유다의 죄가 철필로 기록돼 금강석의 뾰족한 끝으로 그들의 마음판과 그들의 제단 뿔에도 새겨졌다. 잠 3:3;7:3;고후 3:3

2 그들의 자녀들이 그들의 제단들과 높은 언덕 위 푸른 나무들 곁에 서 있는 아세라를 기억한다. 신 16:21;사 3:7;사 1:29

3 들에 있는 내 산아, 네 나라 도처에 있는 죄로 인해 내가 네 재산과 네 모든 보물들을, 네 산당들을 약탈물로 줄 것이다.

4 내가 네 몫으로 준 땅을 너는 잃을 것이다. 네가 알지 못하는 땅에서 내가 너로 하여금 네 대적들을 섬기게 할 것이다. 이는 네가 내 진노에 불을 붙여 그것이 영원히 탈 것이기 때문이다." 신 32:22

5 사람을 의지하는 것이 헛됨 여호와께서 이렇게 말씀하셨다. "사람을 의지하고 육체를

금강석의 뾰족한 끝

금강석은 보석 중에서도 가장 단단한 다이아몬드를 말한다.

이런 금강석으로 기록한다면 그 기록된 내용은 오래도록 변하지 않는 성질을 갖게 되는 것이다.

그러므로 금강석의 뾰족한 끝으로 유다의 죄를 기록한다는 것은 유다의 죄가 도저히 지울 수 없을 만큼 크다는 것을 말해준다(렘 17:1).

예레미야 17장 1절은 '철필로, 금강석 끝으로'라고도 번역할 수 있다.

이것은 유다의 죄가 너무 크다는 것을 강조하기 위해 사용된 반복적인 표현법이다.

그의 힘으로 삼는, 그래서 그 마음이 여호
와를 떠나는 사람은 저주를 받는다.

6 그는 사막의 덤불과 같아서 좋은 일이 생
겨도 보지 못하고 광야의 메마른 땅에서,
아무도 살지 않는 소금 땅에서 살 것이다.

7 그러나 여호와를 의지하고 여호와를 신뢰
하는 사람은 복을 받을 것이다.

8 그는 물가에 심어서 시냇가에 뿌리를 내
린 나무 같을 것이다. 더위가 닥쳐도 두
려워하지 않으며 그 잎이 항상 푸르다. 가
뭄의 해에도 걱정이 없으며 그치지 않고
열매를 맺는다.

시 1:3;겔 47:12

9 사람의 마음을 아는 하나님 마음은 모든 것
보다 거짓되고 몹시 병들어 있다. 누가 그
것을 이해할 수 있겠는가?

10 "나 여호와는 마음을 살펴보며 생각을 시
험해 각 사람을 그의 행동에 따라, 그의
행위의 열매에 따라 보상한다."

롬 8:27

11 부당한 수단으로 부를 얻는 사람은 자기
가 낳지 않은 알을 품은 자고새 같다. 그
인생의 반이 지나갈 때 부가 떠날 것이고
결국 그는 어리석은 사람이 될 것이다.

12 곧 다가올 심판에 대한 탄원 태초부터 높은
곳에 자리한 영광스러운 보좌는 우리의
성소가 있는 곳입니다.

13 여호와여, 이스라엘의 소망이시여, 주를 버
리는 사람은 모두 수치를 당할 것입니
다. 주를 떠나는 사람은 땅에 기록될 것입
니다. 이는 그들이 생명수의 샘물인 여호
와를 버렸기 때문입니다.

눅 10:20;요 4:10,14

14 여호와여, 저를 치유해 주십시오, 그러면
제가 치유될 것입니다. 저를 구원해 주십시
오, 그러면 제가 구원받을 것입니다. 주께
서는 제가 찬양하는 분이시기 때문입니다.

15 보십시오, 그들이 저에게 말합니다. "여호
와의 말씀이 어디 있느냐? 지금 임하게 하라!"

16 그러나 저는 주의 목자가 되는 것을 피하
지도 않았고 재앙의 날을 바라지도 않았
습니다. 제 입술에서 나온 것을 주께서 아
시니 그것이 주 앞에 있습니다.

시 40:9;렘 9:4

17 제게 두려움이 되지 마십시오. 재앙의 날

자고새

자고새는 겉모습이 메추라기와 비슷하며 갈릴리,
레바논 산록 지역과 사해 부근에 많이 산다.
자고새는 잘 날지 못하는데, 사냥꾼에게 쫓기게
되면 이리저리 도망다니다가 결국 잡힌다.
다른 새가 낳은 알을 자기가 품는 일이 종종 알고 품
으나, 새끼가 자란 뒤에는 둥지를 버리고 떠나서
어미는 버림받게 된다.
예레미야 17장 11절은 악한 사람이 남의 재물을
옳지 않은 방법으로 소유하여 살다가, 결국 중년
에 가서 그 재물을 잃어버리는 것을 의미한다.
이것은 정의롭게 보응하시는 하나님의 성품을 잘
나타내 주는 비유이다.

에 주는 제 피난처이십니다.

16:19

18 저를 핍박하는 사람들이 수치를 당하게
하시고 저로 수치를 당하지 않게 해 주십
시오. 그들로 낙담하게 하시고 저로 낙담
하지 않게 해 주십시오. 그들에게 재앙의
날이 이르게 해 주십시오, 두 배의 멸망으
로 그들을 멸망시켜 주십시오!

시 35:4;8:40:14

19 안식일을 지키라 여호와께서 내게 이렇게 말
씀하셨다. "너는 가서 유다의 왕들이 드나
드는 백성의 성문과 또 예루살렘의 모든
성문에 서라.

13:13

20 그리고 그들에게 말하여라. '이 문들로 들
어가는 유다의 왕들과 온 유다와 모든 예
루살렘에 사는 사람들아, 여호와의 말씀
을 들으라.

21 여호와께서 이렇게 말씀하셨다. 너희는 스
스로 조심해 안식일에 짐을 지거나 그것
을 예루살렘 성문 안으로 가져오지 말라.

22 안식일에 너희 집에서 짐을 지고 나가지도
말고 어떤 일도 하지 말라. 오직 내가 너희
조상들에게 명령한 대로 안식일을 거룩하
게 지키라.

출 23:12;31:13;민 15:32~36

23 그러나 그들은 듣지도 않고 귀를 기울이
지도 않았다. 오히려 그들은 목을 곧게 세
워 들으려고 하지도 않고 훈계를 받으려
고도 하지 않았다.

대하 30:8;행 7:51

24 여호와의 말씀이다. 그러나 만약 너희가

주의해 내 말을 듣고 안식일에 이 성읍의
성문들로 짐을 지고 들어오지 않으며 안
식일을 거룩하게 지켜 그날에 아무 일도
하지 않으면
25 다윗의 보좌에 앉은 왕들이 관료들과 함
께 이 성읍의 성문들을 통과해 들어올 것
이다. 왕들과 그 관료들이 유다 사람들과
예루살렘에 사는 사람들과 함께 전차와
말을 타고 이 성읍의 성문들로 들어올 것
이다. 그리고 이 성읍에 영원히 살 것이다.
26 유다 성읍들과 예루살렘 주변 지역에서, 베
냐민 땅에서, 서부 저지대에서, 산간 지대
에서, 그리고 남쪽 지방에서 사람들이 번
제물과 희생제물과 곡식제물과 유향과 감
사제물을 여호와의 집으로 가져올 것이다.
27 그러나 안식일을 거룩하게 하라는 내 말
에 너희가 순종하지 않고 안식일에 짐을
지고 예루살렘 성문으로 들어가면 내가 그
성문들에 불을 지를 것이다. 그 불이 예루
살렘의 성채들을 삼킬 것이고 꺼지지 않
을 것이다.'"

18 토기장이를 방문함 여호와로부터 예
레미야에게 임한 말씀이다.
2 "너는 일어나 토기장이의 집으로 내려가
라. 그곳에서 내가 네게 내 말을 들려줄 것
이다." 대상 4:23;슥 11:13
3 그리하여 나는 토기장이의 집으로 내려
갔다. 보아라. 그가 물레 위에서 일하고 있
었다.
4 그런데 그가 진흙으로 만들고 있던 그릇
이 토기장이의 손에서 망가지는 것이었
다. 그는 자기가 보기에 좋은 대로 그것을
다른 그릇으로 만들었다. 롬 9:21
5 토기장이의 비유 그러고 나서 여호와의 말
씀이 내게 임해 말씀하셨다.
6 "여호와의 말이다. 이스라엘의 집아, 내가 너
희에게 이 토기장이처럼 하지 못하겠느냐?
보아라. 이스라엘의 집아, 진흙이 토기장이
손에 있는 것처럼 너희도 내 손안에 있다.
7 내가 어떤 민족이나 나라에 대해 뽑고 붕
괴시키고 파괴할 것을 말했을 때
8 내가 경고한 그 민족이 그들의 죄악에서
돌아서면 내가 그들에게 행하려고 생각했
던 재앙을 돌이킬 것이다. 삿 2:18;겔 18:21
9 또 내가 어떤 민족이나 나라에 대해 세우
고 심을 것을 말했을 때
10 그들이 내가 보기에 악을 행하고 내 목소
리에 순종하지 않는다면 내가 그들에게
유익하리라고 말했던 그 선한 것을 돌이
킬 것이다.
11 그러므로 이제 유다 사람들과 예루살렘에
사는 사람들에게 말하여라. '여호와께서
이렇게 말씀하셨다. 보라. 내가 네게 내릴
재앙을 준비하고 너를 칠 계획을 세우고
있다. 그러므로 너희 각자는 자기의 악한
길에서 돌아와 너희의 행동과 행위를 선
하게 하라.' 왕하 17:13;욘 3:8
12 그러나 그들은 말했다. '그것은 소용없는
일이다. 우리는 우리 자신의 계획을 따를
것이다. 우리 각자는 자기의 악한 마음의
완고함을 따를 것이다.'" 2:25;3:17
13 토기장이의 계획 그러므로 여호와께서 이렇
게 말씀하셨다. "민족들 가운데 물어보라.
누가 이와 같은 일을 들어 보았느냐? 처녀
이스라엘이 아주 끔찍한 일을 저질렀다.
14 레바논의 눈이 그 바위 절벽에서 사라지겠

진흙이 토기장이 손에 있는 것처럼
모든 사람이 하나님 손안에 있다

느냐? 먼 근원에서부터 오는 차가운 물줄기가 멈추겠느냐?

15 그러나 내 백성은 나를 잊어버리고 헛된 우상들에게 희생제물을 태웠다. 그리고 그것들이 그들을 그들의 길에서, 그 옛길에서 넘어지게 했다. 그것들이 그들을 곁길, 곧 닦이지 않은 길로 행하게 했다.

16 그들의 땅이 황폐하게 되고 끊임없는 조롱거리가 될 것이다. 그곳을 지나가는 사람마다 놀라서 머리를 흔들 것이다.

17 동쪽에서 부는 바람처럼 내가 원수 앞에서 그들을 흩을 것이다. 그들의 재앙의 날에 내가 그들에게 내 얼굴이 아니라 내 등을 보일 것이다." _{출 10:13;욥 27:21;겔 27:26}

18 예레미야를 죽이려는 음모 그러자 그들이 말했다. "오라. 우리가 예레미야를 칠 계획을 세우자. 제사장으로부터 율법이, 지혜자들로부터 지혜가, 예언자로부터 말씀이 사라지지 않을 것이다. 그러므로 오라. 우리가 그를 혀로 공격하고 그가 말하는 어떤 것에도 주의하지 말자." _{욥 5:21}

19 예레미야의 분노 여호와여, 제 말에 귀 기울이시고 제 적들의 목소리를 들어 보십시오!

20 선을 악으로 갚아도 되는 겁니까? 그러나 그들은 제 목숨을 노리고 구덩이를 팠습니다. 제가 주 앞에서 그들을 위해 선한 것을 말해 주의 진노가 그들에게서 떠나게 하려고 했음을 기억해 주십시오.

21 그러므로 그들의 자손들을 기근에 넘기시고 그들을 칼의 세력에 넘겨주십시오. 그들의 아내들이 자식을 잃게 하시고 과부가 되게 해 주십시오. 그들의 남자들이 죽임을 당하게 하시고 그들의 젊은 남자들이 전쟁에서 칼에 맞아 죽게 해 주십시오.

22 주께서 갑자기 그들에게 군대를 보낼 때 그들의 집에서 부르짖는 소리가 들리게 해 주십시오. 이는 그들이 저를 잡으려고 구덩이를 파고 제 발을 노리고 덫을 놓았기 때문입니다. _{시 140:5}

23 그러나 여호와여, 주께서는 저를 죽이려는 그들의 모든 음모를 아십니다. 그들의 죄

악을 용서하지 마시고 그들의 죄를 주의 눈앞에서 지워 버리지 마십시오. 그들이 주 앞에서 넘어지게 하시되 주의 진노의 때에 그들을 징벌해 주십시오. _{느 4:5}

19 깨진 토기병 비유 여호와께서 이렇게 말씀하셨다. "가서 토기장이의 토기 병 하나를 사라. 백성의 장로 몇 사람과 제사장들의 장로 몇 사람을 데리고

2 하시드 문 입구에 있는 힌놈의 아들 골짜기로 가라. 그곳에서 내가 네게 말하는 것을 선포하여 _{수 15:8}

3 말하여라. '유다의 왕들과 예루살렘에 사는 사람들아, 여호와의 말씀을 들으라. 이스라엘의 하나님 만군의 여호와께서 이렇게 말씀하셨다. 보라. 내가 이곳에 그 소리를 듣는 사람마다 그의 귀가 울릴 재앙을 내릴 것이다. _{삼상 3:11;왕하 21:12}

4 그들이 나를 버렸고 이곳을 이방신들의 자리로 만들었기 때문이다. 그들은 이곳에서 자기들이나 자기들의 조상이나 유다 왕들이 알지 못했던 다른 신들에게 희생제물을 태웠고 이곳을 죄 없는 사람들의 피로 가득 채웠다. _{왕하 21:16}

5 그들은 또 바알의 산당들을 지어 자기 아들들을 불로 태워 바알에게 번제물로 바쳤다. 이것은 내가 명령하지도, 말하지도, 내 마음에 떠오르지도 않았던 일이다.

6 그러므로 여호와의 말씀이다. 보라. 이곳이 더 이상 '도벳'이나 '힌놈의 아들 골짜기'라고 불리지 않고 '학살의 골짜기'라고 불릴 날이 올 것이다. _{7:32}

7 이곳에서 내가 유다와 예루살렘의 계획들을 헛되게 만들 것이다. 내가 그들을 그들의 원수들 앞에서 그들의 목숨을 찾는 사람들의 손에 의해서 칼로 쓰러지게 하겠다. 내가 그들의 시체들을 공중의 새들과

땅의 짐승들에게 먹이로 줄 것이다.

8 내가 이 성읍을 황폐하게 하고 조롱거리로 만들 것이다. 이곳을 지나가는 사람마다 이곳의 모든 재앙에 놀라New 비웃을 것이다.

9 내가 그들로 하여금 자기 아들들의 살과 자기 딸들의 살을 먹게 할 것이다. 그들의 대적들과 그들의 목숨을 찾는 사람들이 그들을 포위하고서 압박할 때 그들이 서로의 살을 뜯어 먹을 것이다.' *레 26:29;사 9:20*

10 깨진 토기 병의 의미 그리고 나서 너는 너와 함께 간 사람들이 보는 앞에서 그 토기 병을 깨뜨리고 *51:63-64*

11 그들에게 말하여라. '만군의 여호와께서 이렇게 말씀하셨다. 토기장이의 그릇이 한 번 깨지면 다시 원상회복될 수 없는 것처럼 내가 이 백성과 이 성읍을 그렇게 깨뜨릴 것이다. 묻을 땅이 없을 때까지 사람들이 죽은 사람들을 도벳에서 묻을 것이다.

12 여호와의 말씀이다. 내가 이곳과 이곳에 사는 사람들에게 이렇게 해서 이 성읍을 도벳처럼 만들 것이다. *왕하 23:10*

13 예루살렘의 집들과 유다 왕들의 집들이 이곳 도벳처럼 더럽혀질 것이다. 이는 그들이 모든 집 지붕 위에서 하늘의 모든 별자리들에게 희생제물을 태우고 다른 신들에게 전제물을 부었기 때문이다.'"

14 예레미야가 재앙을 선포함 그리고 나서 예레미야는 여호와께서 그를 보내 예언하도록 하신 도벳에서 돌아와 여호와의 성전 뜰에 서서 모든 백성에게 말했습니다.

15 "이스라엘의 하나님 만군의 여호와께서 말씀하셨다. '보라! 내가 이 성읍에 대해 선포한 모든 재앙을 이 성읍과 그 모든 마을들에 보낼 것이다. 그들이 목을 곧게 해내 *말을 들으려고 하지 않았기 때문이다.*'"

20 예레미야가 묶임 임멜의 아들 제사장 바스훌은 여호와의 성전 관리장이었는데 그는 예레미야가 예언하는 것을 들었다. *대상 9:12;24:14;스 2:37-38*

2 그때 바스훌은 예언자 예레미야를 때리고 여호와의 성전 곁 '베냐민 윗문에 있는 형틀에 그를 묶었다. *대하 16:10;행 16:24*

3 바스훌에 관한 말씀 다음 날 바스훌이 예레미야를 형틀에서 풀어 줄 때 예레미야가 그에게 말했다. "여호와께서 네 이름을 바스훌이라 부르지 않고 마골밋사빕이라고 부르신다.

4 이는 여호와께서 이렇게 말씀하시기 때문이다. '보아라. 내가 너를 너 자신과 네 모든 친구들에게 공포가 되게 할 것이다. 그들이 그들의 원수들의 칼에 쓰러지는 것을 네 두 눈이 볼 것이다. 내가 온 유다를 바벨론 왕의 손에 넘겨줄 것이고 그가 그들을 바벨론으로 사로잡아 가거나 칼로 죽일 것이다. *6:25*

5 또 이 성읍의 모든 재물과 모든 생산물과 모든 귀중품과 유다 왕들의 모든 보물을 내가 그들의 원수들의 손에 넘겨줄 것이다. 그들은 그것을 약탈물로 취해 바벨론으로 가져갈 것이다. *왕하 28:10;겔 22:25*

6 그리고 너 바스훌과 네 집에 사는 모든 사람이 포로가 돼 바벨론으로 갈 것이다. 거기서 네가 죽어 묻히게 될 것이다. 너와 너의 거짓 예언을 들었던 네 친구들 모두가 그곳에서 죽어 묻히게 될 것이다.'"

7 예레미야의 원망 여호와여, 주께서 저를 속이셔서 제가 속았습니다. 주께서 저보다 강해 저를 이기셨습니다. 제가 온종일 조롱거리가 됐으니 모두가 저를 조롱합니다.

8 제가 말할 때마다 부르짖으며 폭력과 멸망을 선언합니다. 그리하여 여호와의 말씀으로 인해 제가 온종일 모욕과 비난을 받습니다. *시 44:13;79:4*

9 그러나 "내가 여호와를 언급하지 않고 더 이상 그분의 이름으로 말하지 않겠다"라고 말하면 여호와의 말씀이 제 마음속에서 불, 곧 내 뼛속에 갇힌 불 같습니다. 내가 그것을 견디는 데 지쳐서 참을 수가 없습니다. *욥 32:18-19;시 39:3*

10 많은 사람들이 수군거리는 소리를 내가 듣습니다. "사방에 공포가 있다! 그를 고발하라! 우리도 고발하도록 하자!" 내 모

든 친구들이 내가 넘어지기를 기다립니다. "아마 그가 속아 넘어갈 것이다. 그러면 우리가 그를 넘어뜨리고 그에게 복수하자."

11 예레미야가 하나님을 찬양함 그러나 여호와께서는 힘센 용사로서 나와 함께하십니다. 그러므로 나를 핍박하는 사람들이 넘어지고 나를 압도하지 못할 것입니다. 그들이 성공하지 못하기 때문에 크게 수치를 당할 것입니다. 그들의 영속하는 치욕은 결코 잊혀지지 않을 것입니다. 18

12 만군의 여호와여, 의인들을 시험하시며 생각과 마음을 보시는 주여, 제가 제 사정을 아뢰었으니 주께서 그들에게 복수하시는 것을 제가 보게 해 주십시오.

13 여호와께 노래하라! 여호와를 찬양하라! 그분이 가난한 사람들의 목숨을 악한 사람들의 손에서 건져 내신다. 시 35:9-10

14 생일을 저주함 내가 태어난 그날이 저주받을지어다! 내 어머니가 나를 낳은 그날이 복을 받지 못할지어다! 욥 3:3

15 내 아버지에게 소식을 전해 주며 "당신에게 아이가 태어났습니다. 아들입니다!"라고 말해 내 아버지를 매우 기쁘게 해 주던 사람에게, 그 소식을 내 아버지에게 가져온 사람에게 저주가 있을지어다! 욥 16:21

16 그 사람이 여호와께서 뒤엎으시고 후회하지 않으신 그 성읍들처럼 될지어다! 그로 하여금 아침에는 부르짖는 소리를, 정오에는 전쟁의 소리를 듣게 할지어다!

17 이는 여호와께서 나를 태에서 죽이지 않으셨으며 내 어머니가 내 무덤이 되게 하지 않으셨으며 내 어머니의 태가 부른 채로 항상 있게 하지 않았기 때문이다.

18 내가 왜 태에서 나와서 고생과 슬픔을 보고 수치 속에 내 날들을 보내는가?

21

도움을 청한 시드기야 시드기야 왕이 말기야의 아들 바스훌과 마아세야의 아들 제사장 스바냐를 예레미야에게 보냈을 때 여호와로부터 예레미야에게 임한 말씀입니다. 왕하 25:18

2 "바벨론의 왕 느부갓네살이 우리를 공격하고 있으니 우리를 대신해서 여호와께 문의해 보아라. 혹시 여호와께서 우리를 위해 경이로운 일들을 행하시면 그가 우리에게서 물러갈 것이다." 왕하 25:1; 시 105:2,5

3 전염병과 칼과 기근 그러나 예레미야가 그들에게 말했습니다. "너희는 시드기야에게 이렇게 말하라.

4 '이스라엘의 하나님 여호와께서 이렇게 말씀하셨다. 보라, 성벽 밖에서 너를 포위하고 있는 바벨론 왕과 갈대아 사람들과 싸울 때 네 손에 있는 전쟁용 무기들을 내가 돌이킬 것이다. 그리고 내가 그들을 이 성읍 안으로 모아들일 것이다. 사 13:4

5 내뻗은 손과 강한 팔로써 진노와 분노와 심한 격분 속에서 나 자신이 너와 싸울 것이다. 슥 6:6; 신 4:34; 29:28; 겔 20:33

6 내가 이 성읍에 사는 사람들을, 사람과 짐승 모두를 칠 것이다. 그리고 그들은 끔찍한 전염병으로 죽을 것이다.

7 여호와의 말씀이다. 그 후에 내가 유다 왕 시드기야와 그의 관료들과 전염병과 칼과

왜 예레미야는 자기 생일을 저주했나요?

하나님은 예레미야에게 하나님의 심판을 말씀하셨어요. 예레미야는 가족, 친구, 주변 사람들에게 그대로 말씀을 전했어요. 하지만 그 말을 들은 사람들은 예레미야를 미워했고, 심지어 죽이려고까지 했어요(렘 18:18). 친구들까지도 예레미야가 잘못되기를 바랐어요(렘 20:10).

하나님의 말씀으로 말미암아 오히려 핍박하고 죽이려고 하는 것을 보자, 예레미야는 깊은 슬픔과 절망이 생겼어요. 그래서 자기가 태어나지 않았다면 좋았을 거라는 한탄까지 했어요(렘 20:14-18). 예레미야는 하나님께 자기 마음 상태를 말할 만큼 하나님과 가깝게 지냈고 또 솔직하게 마음을 표현한 것이에요.

기근에서 살아남은 이 성읍 백성을 바벨론 왕 느부갓네살의 손에, 그들의 대적들의 손에, 그리고 그들의 생명을 찾는 사람들의 손에 넘겨줄 것이다. 그가 칼날로 그들을 내리칠 것이다. 그가 그들을 불쌍히 여기거나 인정을 베풀거나 동정하지 않을 것이다. 신 28:50;대하 36:17;겔 5:11

8 생명의 길과 죽음의 길 그리고 이 백성들에게 말하라. '여호와께서 이렇게 말씀하셨다. 보라. 내가 너희 앞에 생명의 길과 죽음의 길을 놓았다.

9 누구든지 이 성읍에 머물러 있는 사람은 칼과 기근과 전염병으로 죽을 것이다. 그러나 누구든지 나가서 너희를 포위하고 있는 갈대아 사람들에게 항복하는 사람은 살 것이고 그의 목숨이 그에게 노획물처럼 될 것이다. 15:2;37:13~14;39:18;45:5

10 여호와의 말씀이다. 내가 내 얼굴을 이 성읍으로 향한 것은 재난을 위해서지 좋은 일을 위해서가 아니다. 이 성읍은 바벨론 왕의 손에 넘겨질 것이고 그가 이 성읍을 불로 태울 것이다.' 레 20:3,5;사 34:16

11 공평한 판결 그리고 유다 왕의 집에 말하라. '여호와의 말씀을 들으라.

12 다윗의 집아, 여호와께서 이렇게 말씀하셨다. 아침마다 정의를 실행하고 압제자의 손에서 강탈당한 자를

구하라. 그러지 않으면 너희가 행한 악으로 인해 내 분노가 불같이 나갈 것이고 아무도 끌 수 없게 탈 것이다. 시 101:8;슥 7:9

13 여호와의 말씀이다. 보라. 골짜기와 평원 바위에 사는 사람이여, 우리를 대적해 내려올 사람이 누구며 우리의 거주지로 들어올 사람이 누구냐고 말하는 사람아, 내가 너를 대적하고 있다. 시 12:6;겔 13:8

14 여호와의 말씀이다. 그러나 내가 너희 행위의 열매를 따라 너희를 처벌할 것이다. 내가 그의 숲에 불을 질러 그 불이 그 주변에 있는 모든 것을 삼킬 것이다.'"

22 악한 왕들에 관한 말씀 여호와께서 이렇게 말씀하셨다. "유다 왕의 집으로 내려가 그곳에서 이 말을 선포하여라.

2 너는 말하여라. 다윗의 보좌에 앉아 있는 유다 왕아, 너와 네 신하들과 이 성문들로 들어가는 네 백성아, 여호와의 말씀을 들으라. 21:12

3 여호와께서 이렇게 말씀하셨다. 정의와 의를 행하고 강탈당한 사람을 압제자의 손에서 구해 주라. 이방 사람이나 고아나 과부에게 잘못 행하거나 폭력을 행하지 말고 이곳에서 죄 없는 피를 흘리지 말라.

4 만약 너희가 진실로 이 일을 행한다면 다윗의 보좌에 앉는 왕들이, 그의 신하들이, 그의 백성이 전차와 말을 타고 이 집 문들로 들어올 것이다. 17:25

5 그러나 만약 너희가 이 말들을 듣지 않으면 내가 나 자신을 두고 맹세하는데 이 집

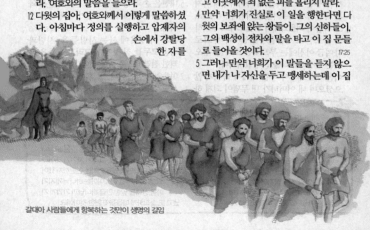

갈대아 사람들에게 항복하는 것만이 생명의 길임

은 폐허가 될 것이다.' 여호와의 말이다."

6 유다 왕의 집에 대해 여호와께서 이렇게 말씀하셨다. "네가 내게 길르앗과 같고 레바논의 정상과 같지만 내가 반드시 너를 광야처럼, 사람이 살지 않는 성읍들처럼 만들 것이다. 6:8

7 내가 너를 파괴할 사람들을 준비할 것이니 그들이 각자 자기의 무기를 들고 네 훌륭한 백향목들을 잘라서 불 속에 던질 것이다.

8 많은 민족들이 이 성읍을 지나가며 그들이 서로 물을 것이다. '여호와께서 왜 이 큰 성읍에 이렇게 하셨는가?' 5:19

9 그리고 그들이 대답할 것이다. '그들이 그들의 하나님 여호와의 언약을 저버리고 다른 신들을 경배하고 그들을 섬겼기 때문이다.'"

10 **여호아하스에 대한 예언** 죽은 사람을 위해 눈물을 흘리지 말며 그를 위해 슬퍼하지 말라. 오히려 길을 떠난 사람을 위해 슬프게 울라. 이는 그가 다시 돌아오지 못하고 자기가 태어난 땅을 보지 못할 것이기 때문이다. 대하 35:24-25

11 그의 아버지 요시야의 뒤를 이어 통치하다 이곳을 떠난 유다 왕 요시야의 아들 살룸에 대해 여호와께서 이렇게 말씀하셨다. "그가 다시는 이곳으로 돌아오지 못할 것이다.

12 포로로 끌려간 그곳에서 그가 죽을 것이고 이 땅을 다시는 보지 못할 것이다.

13 불의로 자기 왕궁을 건설하고 불공평으로 자기의 다락방을 지으며 자기의 이웃을 품삯 없이 부리고 자기 임금을 지불하지 않는 사람에게 화가 있을 것이다.

14 그가 말한다. '넓은 다락방들이 있는 큰 집을 내가 지을 것이다.' 그가 거기에 창문들을 만들고 백향목 판을 입히며 붉은색으로 칠한다. 겔 23:14

15 네가 백향목을 더 많이 썼기 때문에 네가 왕이 되는 것이냐? 네 아버지는 먹고 마시

는 것으로 만족하고 정의와 의를 행하지 않았느냐? 그때 그는 모든 것이 잘됐다.

16 그가 가난한 사람과 궁핍한 사람의 주장을 변호했고 그래서 모든 것이 잘됐다. 바로 이것이 나를 아는 것 아니냐? 여호와의 말이다. 삿 2:10;잠 31:9;사 1:17

17 그러나 네 눈과 네 마음은 부정적인 소득과 죄 없는 피를 흘리는 것과 압제와 폭력을 행사하는 것에만 쏠려 있다." 겔 22:13

18 **예언된 여호야김의 죽음** 그러므로 유다 왕 요시야의 아들 여호야김에 대해 여호와께서 이렇게 말씀하셨다. "'아 내 형제여! 아 내 자매여!' 하고 그들이 그를 위해 애도하지 않을 것이다. '아 내 주인이여! 아 그의 영광이여!' 하고 그들이 그를 위해 애도하지 않을 것이다. 왕상 13:30;시 78:64

19 질질 끌려가 예루살렘 성문 밖에 던져져서 그가 나귀같이 매장될 것이다.

20 레바논으로 올라가 소리치라. 바산에서 네 목소리를 높여라. 아바림에서 소리치라. 이는 네 모든 사랑하는 사람들이 다 멸망했기 때문이다. 민 27:12;신 32:49

21 네가 평안할 때 내가 네게 말했지만 너는 '내가 듣지 않겠다!'라고 말했다. 이것이 어릴 적부터 네 습관이 됐다. 너는 내 목소

왜 바벨론에 항복하라고 했나요?

예레미야는 바벨론 왕 느부갓네살이 공격할 때 유다 백성들에게 바벨론에 항복하라고 말했어요(렘 21:8-9).

반역자라는 오명을 쓸 수도 있는 상황이었지만 예레미야는 항복을 권유했어요. 바벨론에게 유다가 멸망하는 것은 불 보듯 뻔한 일이었어요. 유다가 멸망하는 것은 바벨론 때문이 아니라 하나님이 심판하시는 것이기 때문이에요. 그래서 예레미야는 바벨론 왕에게 항복하는 것만이 목숨을 부지할 수 있는 유일한 길이라고 외친 것입니다(렘 21:9).

그것이 하나님께 순종하는 것이고, 생명의 길이기 때문이었어요.

살룸 (22:11, shallum) 다른 이름은 '여호와하스'(왕하 23:30; 대상 3:15 참조)

리에 순종하지 않았다. 시 129:1-2

22 바람이 네 모든 목자들을 이끌 것이고 네 사랑하는 사람들이 포로로 끌려갈 것이다. 그때 네 모든 사악함으로 인해 네가 수치를 당하고 굴욕을 당할 것이다.

23 레바논에 살면서 백향목에 둥지를 틀고 있는 사람이여, 해산하는 여인의 고통 같은 고통이 네게 올 때 네가 얼마나 신음하겠느냐! 시 13:8

24 예레미야의 예언 여호와의 말이다. 내가 살아 있는 것으로 맹세한다. 유다 왕 여호야김의 아들 고니야가 내 오른손에 있는 인장 반지라 해도 내가 너를 빼내 버릴 것이다.

25 네 목숨을 찾는 사람들의 손에, 네가 두려워하는 사람들의 손에, 바벨론 왕 느부갓네살의 손에, 그리고 갈대아 사람들의 손에 내가 너를 넘겨줄 것이다. 신 1:17

26 내가 너와 너를 낳아 준 네 어머니를 네가 태어나지 않은 다른 나라로 내던질 것이다. 그곳에서 너희가 죽을 것이다.

27 그들이 돌아오기를 바라는 이 땅으로 그들은 돌아오지 못할 것이다." 44:14

28 이 사람 고니야는 경멸을 받는 깨진 토기인가? 아무도 원하지 않는 그릇인가? 왜 그와 그 자손들이 내던져져 그들이 알지 못하는 땅에 던져지는가? 시 31:12;호 8:8

29 땅이여, 땅이여, 땅이여, 여호와의 말씀을 들으라! 사 1:2

30 여호와께서 이렇게 말씀하셨다. "이 사람을 자식이 없는 사람으로, 그의 평생 번성하지 못한 사람으로 기록하라. 그의 자손 가운데 어느 누구도 다윗의 보좌에 앉을 사람이, 유다를 통치하며 번성할 사람이 다시는 없을 것이기 때문이다." 마 1:12

23 남은 사람들이 다시 모임 "여호와의 말이다. 내 목장의 양을 멸하고 흩어 버리는 목자들에게 화가 있도다!"

2 그러므로 내 백성을 돌보는 목자들에 대해서 이스라엘의 하나님 여호와께서 이렇게 말씀하셨다. "너희가 내 양 떼를 흩어 버리고 그들을 쫓아냈으며 그들에게 주의를 주지 않았다. 보라, 너희의 악한 행위로 인해 내가 너희에게 벌 줄 것이다. 여호와의 말이다. 4:4

3 내가 내 양 떼의 남은 사람들을 추방했던 모든 나라들에서 모아 그들의 목장으로 다시 데려올 것이다. 그들이 다산하고 번성할 것이다. 창 1:28;신 30:3;겔 20:34,41

4 내가 그들을 돌볼 목자들을 그들 위에 세울 것이다. 그들이 다시는 두려워하거나 놀라지 않을 것이고 잃어버리지도 않을 것이다. 여호와의 말이다. 3:15

5 의로운 나뭇가지 여호와의 말이다. 보라, 그날이 오리니 그때에 내가 다윗에게 의로운

가지를 일으킬 것이다. 그가 왕으로서 지혜롭게 통치하고 이 땅에서 정의와 의를 실천할 것이다. 눅 1:32;19:38

6 그날에 유다가 구원을 얻고 이스라엘이 안전하게 살게 될 것이다. '여호와 우리의 의, 이것이 그가 불릴 이름이다.

7 회복의 증거가 될 여호와의 말이다. 그러므로 보라. 그날들이 오리니 그때는 그들이 '이스라엘 자손들을 이집트 땅에서 이끌어 내신 여호와께서 살아 계신 것같이라'고 더 이상 말하지 않고 16:14-15

8 '이스라엘 집의 자손들을 북쪽 땅에서, 그들을 좇아내었던 모든 나라들에서 이끌어 내신 여호와께서 살아 계신 것같이라'고 말할 것이다. 그리고 그들이 자기 땅에서 살 것이다.

9 거짓 예언자들에 대한 경고 예언자들에 관해 말한다. 내 마음이 속에서 부서지고 내 모든 뼈가 흔들린다. 내가 술 취한 사람 같고 포도주에 만취한 사람 같다. 이는 여호와 때문이고 그분의 거룩한 말씀 때문이다.

10 이 땅이 간음하는 사람들로 가득하다. 저주 때문에 이 땅이 슬퍼하고 광야의 초장들이 말랐다. 그들의 행위가 악하고 그들이 힘쓰는 일도 의롭지 않다. 호 4:2-3

11 "예언자도 제사장도 모두 경건하지 않고 내 성전에서조차 그들의 악함을 내가 발견한다. 여호와의 말이다. 겔 8:16;23:39;습 3:4

12 그러므로 그들의 길이 그들에게 미끄럽게 될 것이고 그들이 어두운 곳으로 쫓겨날 것이며 그곳에서 쓰러질 것이다. 정해진 때에 내가 그들에게 재앙을 가져올 것이다. 여호와의 말이다. 시 35:6;73:18;잠 4:19

13 사마리아의 예언자들 가운데 내가 불미스러운 일을 보았다. 그들이 바알에 의해 예언하고 내 백성 이스라엘을 타락하게 했다.

14 내가 또한 예루살렘 예언자들에게서도 끔찍한 것을 보았다. 그들이 간음하고 거짓된 길을 간다. 그들이 악을 행하는 사람들

고니야(22:24, 28, Coniah) 다른 이름은 '여호야긴'(왕하 24:6,8), '여고냐'(렘 24:1; 대상 3:16 참조).

의 손을 강하게 해 자기의 사악함으로부터 아무도 돌아오지 않게 한다. 그들은 모두 내게 소돔 같고, 예루살렘에 사는 사람들은 고모라 같다." 사 64:5;사 1:9~10;13:19;겔 13:22

15 거짓 예언자들에 대한 징벌 그러므로 예언자들에 관해 만군의 여호와께서 이렇게 말씀하셨다. "보라. 내가 그들에게 쓴 음식을 먹이고 독이 든 물을 마시게 할 것이다. 이는 예루살렘의 예언자들에게서 타락함이 나와 온 땅으로 나갔기 때문이다."

16 만군의 여호와께서 이렇게 말씀하셨다. "너희에게 예언하는 예언자들의 말을 듣지 말라. 그들은 너희에게 헛된 희망을 가르친다. 그들은 여호와의 입에서 나온 것이 아니라 자기 자신의 마음에서 나온 환상을 말한다. 민 16:28;시 12:2

17 그들은 나를 멸시하는 사람들에게 계속해서 이렇게 말한다. '여호와의 말씀이다. 너희가 평안할 것이다.' 그리고 그들은 자기 마음의 완고함을 따르는 모든 사람들

Bible basics 예레미야 속 예수님 이야기

의로운 가지

"다윗에게 의로운 가지를 일으킬 것이다."(렘 23:5)라고 하나님이 말씀하셨다. '의로운 가지'는 이 땅에 육신으로 오실 예수 그리스도를 가리킨다. 이것은 그분이 오시면 완전한 구원과 영원한 평화가 임할 것이라는 메시아 구원에 대한 약속이다.

예레미야는 이 말씀을 선포하기 전 여호야김이 바벨론으로 끌려가 누렸던 영예를 잃고 나귀의 묘에 매장될 것이라고 예언했다(렘 22:19). 그 뒤 예레미야는 이렇게 폐위당한 왕과 대조적으로 다윗의 왕권을 새롭게 이을 한 새로운 왕에 대해 말했다(렘 23:5).

그 왕은 이전의 왕들과 달리 온전한 정의와 공평을 행하며 유대 민족을 회복시키실 것이라고 말했다.

에게 이렇게 말한다. '어떤 재앙도 너희에게 오지 않을 것이다.'
미 3:11;슥 10:2

18 그러나 그들 가운데 누가 여호와의 말씀을 보거나 듣기 위해서 여호와의 회의에서 보았는가? 누가 그분의 말씀을 듣고 귀기울였는가?
사 40:14

19 보라. 여호와의 폭풍이 진노해 나올 것이다. 회오리바람이 악한 사람들의 머리 위에 소용돌이칠 것이다.
25:32;30:23

20 여호와의 노여움이 여호와 그분의 마음에 목적한 일을 실행하고 성취하기까지 결코 돌아서지 않을 것이다. 마지막 날에 너희가 이것을 분명히 이해할 것이다.

21 내가 이 예언자들을 보내지 않았으나 그들이 스스로 달려 나갔고 내가 그들에게 말하지 않았으나 그들이 예언했다.

22 그러나 그들이 내 회의에 섰고 내 백성에게 내 말을 듣게 했다면 그들의 악한 행동에서, 그들의 악한 행위에서 그들을 돌이켰을 것이다.
눅 1:17

23 여호와의 말이다. 내가 가까운 데 있는 하나님이고 멀리 떨어져 있는 하나님은 아니냐?

24 여호와의 말이다. 내가 볼 수 없도록 어느 누가 은밀한 곳에 숨을 수 있느냐? 여호와의 말이다. 내가 하늘과 땅에 충만하지 않겠느냐?
사 66:1;행 7:49

25 거짓된 꿈 내 이름으로 거짓되게 예언하는 예언자들이 말하는 것을 내가 들었다. '내가 꿈을 꾸었다! 내가 꿈을 꾸었다!'라고 그들이 말한다.
슥 10:2

26 이 거짓말하는 예언자들의 마음속에서 이런 일이 언제까지 계속되겠느냐? 그들은 자기 마음속의 망상을 예언한다.

27 그들은 마치 그들의 조상이 바알로 인해 내 이름을 잊은 것처럼 그들 서로 간에 말하는 자기들의 꿈으로 내 백성들이 내 이름을 잊게 만들려고 궁리한다.
삿 3:7

28 여호와의 말이다. 꿈을 가진 예언자는 꿈을 말하고 내 말을 가진 사람은 내 말을 진실하게 말하라. 밀짚이 알곡과 무슨 상관이 있느냐?
민 12:6;눅 3:17

29 여호와의 말이다. 내 말이 불과 같지 않느냐? 또 바위를 조각으로 깨뜨리는 망치와 같지 않느냐?
단 2:34,45

30 여호와의 말이다. 그러므로 보라. 내가 그 예언자들을 대적할 것이다. 그들은 서로에게서 내 말을 훔친다.
신 18:20;겔 13:8

31 여호와의 말이다. 보라. 그 예언자들을 내가 대적할 것이다. 그들은 '여호와께서 말씀하셨다'라며 자기 혀를 놀린다.

32 여호와의 말이다. 보라. 거짓된 꿈들을 예언하는 사람들을 내가 대적할 것이다. 그들은 거짓된 꿈들을 말하며 그들의 거짓말들과 무모함으로 내 백성을 그릇되게 인도하고 있다. 그러나 나는 그들을 보내지도 않았고 임무를 주지도 않았다. 그들은 이 백성들에게 전혀 유익이 되지 않는

예레미야에 나오는 비유들

아몬드 나무 가지	끓는 솥	썩은 베 허리띠	토기장이와 진흙	깨진 토기 병
유다에 대한 하나님의 심판의 말씀이 이루어지고 있음을 상징 (렘 1:11-12)	우상숭배와 죄악이 만연한 유다를 바벨론을 통해 심판하신다는 상징 (렘 1:13-16)	하나님의 백성이라고 자랑하는 유다가 쓸모없는 베 허리띠처럼 버림받게 될 것이라는 비유 (렘 13:1-11)	유다를 포함한 모든 나라를 일으키기도 하시고 멸하기도 하시는 하나님의 주권을 상징 (렘 18:1-10)	유다가 자신의 죄 때문에 깨진 토기 병처럼 철저히 심판받을 것을 나타냄 (렘 19:1-13)

다. 여호와의 말이다." 14:14

33 거짓된 예언 "이 백성이나 예언자나 제사장이 네게 '여호와의 신탁이 무엇이냐?' 물을 때 너는 그들에게 말하여라. '무슨 신탁 말이냐? 내가 너희를 버리겠다. 여호와의 말이다.' 애 2:14;14:1-11;호 4:6;잘 1:1

34 예언자나 제사장이나 그 밖에 누가 '이것이 여호와의 신탁이다!'라고 주장하면 내가 그와 그의 집을 처벌할 것이다.

35 너희는 각자 자기 친구나 자기 형제에게 이렇게 말할 것이다. '여호와께서 뭐라고 대답하셨느냐?' 또는 '여호와께서 뭐라고 말씀하셨느냐?'

36 그러나 '여호와의 신탁'이라고 다시는 언급하지 말라. 이는 각자 자신의 말이 자기의 신탁이 돼 살아 계신 하나님, 곧 우리 하나님 만군의 여호와의 말씀을 너희가 왜곡하기 때문이다. 시 42:2;마 15:6

37 너는 예언자에게 이렇게 말하여라. '여호와께서 네게 뭐라고 대답하셨느냐?' 또는 '여호와께서 뭐라고 말씀하셨느냐?'

38 '여호와의 신탁'이라고 너희가 주장한다 하더라도 여호와께서 이렇게 말씀하셨다. 너희가 '여호와의 신탁'이라는 이 말을 했기 때문에 내가 너희에게 보내 '여호와의 신탁'이라고 말하지 말라고 했다.

39 그러므로 보라. 내가 너희를 확실히 잊을 것이다. 그리고 내가 너희와 너희 조상에게 준 이 성읍과 함께 너희를 내 눈앞에서

내버릴 것이다.

40 내가 너희에게 영원한 모욕과 잊혀지지 않을 영원한 수치를 줄 것이다." 20:11

24

무화과나무의 환상 바벨론 왕 느부갓네살이 유다 왕 여호야김의 아들 *여고냐와 유다의 관료들과 공예가들과 세공장이들을 포로로 잡아 예루살렘에서 바벨론으로 끌고 간 후에 여호와께서 여호와의 성전 앞에 놓인 두 바구니의 무화과를 내게 보여 주셨다. 마 1:11

2 한 바구니에는 처음 익은 무화과 같은 아주 좋은 무화과들이 담겨 있었고 다른 바구니에는 나빠서 먹을 수 없을 정도인 아주 나쁜 무화과들이 담겨 있었다. 사 28:4

3 여호와께서 내게 말씀하셨다. "예레미야야. 네가 무엇을 보느냐?" 내가 대답했다. "무화과들입니다. 좋은 무화과들은 아주 좋은데 나쁜 무화과들은 너무 나빠서 먹을 수 없을 정도로 나쁩니다."

4 그때 여호와의 말씀이 내게 임해 말씀하셨다.

5 "이스라엘의 하나님 여호와가 이렇게 말한다. '내가 이곳에서 갈대아 땅으로 보내 버린 유다의 포로들을 이 좋은 무화과들처럼 그렇게 좋게 여길 것이다. 29:20

신탁(23:33, 神託, oracle) 사람을 매개자로 하여 그의 뜻을 나타내거나 물음에 대답하는 일로, 여기서는 하나님이 예레미야 예언자를 통해 주시는 말씀을 말한다.
24:1 다른 이름은 '여호야긴'.

무화과 두 바구니	줄과 멍에	발을 삼	진흙에 감춘 돌	강 속에 버려진 책
좋은 무화과는 바벨론 포로 후 회복될 백성, 나쁜 무화과는 바벨론에 항거하거나 이집트로 도망간 사람들을 상징 (렘 24:1-10)	바벨론의 침략은 불가피하며 유다는 바벨론의 지배를 받아들여야 함을 상징 (렘 27-28장)	반드시 유다 백성을 바벨론에서 다시 돌아오게 하여 회복시키실 것을 상징 (렘 32장)	유다 사람들이 도망간 이집트도 바벨론에 의해 고통과 멸망을 받을 것임을 나타냄 (렘 43:8-13)	바벨론이 반드시 멸망할 것임을 상징 (렘 51:59-64)

6 내 눈이 그들을 좋게 보아 그들을 이 땅으로 돌려보낼 것이다. 내가 그들을 세우고 허물어뜨리지 않을 것이고 그들을 심고 뽑지 않을 것이다.

암 9:4,15

7 내가 그들에게 나를 아는 마음을 주어 내가 여호와임을 알게 할 것이다. 그들은 내 백성이 될 것이고 나는 그들의 하나님이 될 것이다. 이는 그들이 그들의 온전한 마음으로 내게 돌아올 것이기 때문이다.'

8 여호와가 이렇게 말한다. '내가 유다 왕 시드기야와 그의 관료들과 이 땅에 남아 있는 예루살렘의 남은 사람들과 이집트 땅에 거하는 사람들을 너무 나빠서 먹을 수 없을 정도인 나쁜 무화과들처럼 그렇게 처리할 것이다.

21:1; 29:17

9 내가 그들을 세상의 모든 나라들에게 두려움과 모욕의 대상이 되게 하고 또 내가 그들을 추방하는 모든 곳에서 그들이 수치와 비웃음과 조롱과 저주의 대상이 되게 할 것이다. 신 28:37; 대하 7:20; 왕하 22:19; 느 2:17; 사 43:28

10 내가 그들과 그들의 조상들에게 준 땅에서 그들이 멸망할 때까지 그들에게 칼과 기근과 전염병을 보낼 것이다.'"

14:12

25 악한 행위를 깨우침 유다 왕 요시야의 아들 여호야김 4년 곧 바벨론 왕 느부갓네살 1년에 모든 유다 백성들에 관해 예레미야에게 임한 말씀입니다.

2 이 말씀을 예언자 예레미야가 모든 유다 백성들과 예루살렘에 사는 모든 사람들에게 말했습니다.

3 유다 왕 아몬의 아들 요시야 13년부터 오늘까지 23년 동안 여호와의 말씀이 내게 임했다. 내가 너희에게 거듭 말했지만 너희가 듣지 않았다.

4 그리고 여호와께서 그분의 종인 모든 예언자들을 너희에게 거듭 보내셨지만 너희는 듣지도 않았으며 귀 기울여 들으려고도 하지 않았다.

대하 36:15

5 여호와께서는 예언자들을 통해 이렇게 말씀하셨다. "이제 너희는 각기 자기의 악한 행동과 악한 행위에서 돌아서라. 그러면 너희가 여호와께서 너희와 너희 조상들에게 주신 땅에서 영원토록 살 것이다.

6 다른 신들을 추종해 그들을 섬기고 경배하지 말라. 너희 손으로 만든 것들로 나를 화나게 하지 말라. 그러면 내가 너희에게 아무런 해도 가하지 않을 것이다."

7 "여호와의 말이다. 그러나 너희가 내 말을 듣지 않았고 너희 손으로 만든 것들로 나를 화나게 해 너희 스스로에게 해를 가져왔다."

8 70년의 포로 생활 그러므로 만군의 여호와께서 이렇게 말씀하셨다. "너희가 내 말을 듣지 않았다."

9 "여호와의 말이다. 보라. 내가 북쪽 모든 민족들과 내 종 바벨론 왕 느부갓네살을 불러다가 이 땅과 거기에 사는 사람들과 둘러싸고 있는 모든 민족들을 대적하게 할 것이다. 내가 그들을 진멸할 것이다. 내가 그들을 공포의 대상과 조롱거리와 영

원한 폐허로 만들 것이다.

10 또 내가 그들에게서 기뻐하고 즐거워하는 소리, 신랑과 신부의 소리, 맷돌 소리와 등불 빛이 사라지게 할 것이다.

11 이 온 땅이 황폐하게 되고 폐허가 될 것이다. 이 민족들이 70년 동안 바벨론 왕을 섬길 것이다. 대하 36:21-22;스 1:1;사 23:15;단 9:2

12 멸망할 바벨론 그러나 70년이 다 되면 내가 바벨론 왕과 그 민족 갈대아 사람들의 땅을 그들의 죄악으로 인해 처벌할 것이다. 그리고 그것을 영원한 황무지로 만들 것이다. 사 13:19 여호와의 말이다.

13 내가 그 땅에 대해 말한 모든 것들과 예레미야가 모든 민족들에 대해 예언해 이 책에 기록한 모든 것을 내가 그 땅에 가져갈 것이다. 46-51장

14 그들 자신도 많은 민족들과 큰 왕들을 섬길 것이다. 내가 그들에게 그들의 행위와 그들의 손이 행한 것들에 따라 갚아 줄 것이다. 27:7;50:9,29,41;51:6,24,27-28

15 하나님의 진노의 잔 이스라엘의 하나님 여호와께서 내게 말씀하셨다. "너는 내 손에서 이 진노의 포도주 잔을 가져다 내가 너를 보내는 모든 민족들로 하여금 마시게 하여라.

16 그들이 마시고 비틀거릴 것이며 내가 그들 가운데 보낼 칼로 인해서 그들이 미칠 것이다."

17 그리하여 내가 여호와의 손에서 그 잔을 가져다가 여호와께서 나를 보내신 모든 민족들로 하여금 마시게 했다.

18 예루살렘과 유다 성읍들과 그의 왕들과 그의 관료들로 하여금 마시게 해 오늘날처럼 폐허와 황폐한 것이 되게 했고 조롱거리와 저주의 대상이 되게 했다.

19 이집트 왕 바로와 그의 신하들과 그의 관료들과 그의 모든 백성을,

20 또 모든 이방 사람들, 우스 땅의 모든 왕들, 블레셋 땅의 모든 왕들, 곧 아스글론, 가사, 에그론과 아스돗의 남은 사람들,

21 에돔과 모압, 암몬 자손들,

22 두로의 모든 왕들과 시돈의 모든 왕들, 바다 건너 해안 지방의 왕들,

23 드단, 데마, 부스, 털을 모지게 깎은 모든 사람들,

24 아라비아의 모든 왕들, 광야에 사는 이방 사람들의 모든 왕들,

25 시므리의 모든 왕들, 엘람의 모든 왕들, 메대의 모든 왕들,

26 가까이에 혹은 멀리 있는 북쪽 지방의 모든 왕들 한 사람 한 사람 그리고 지상에 있는 세상의 모든 왕국들로 하여금 마시게 했다. 그리고 그들 다음에 세삭 왕이 마실 것이다.

27 열국에 있을 심판 "그러므로 너는 그들에게 말하여라. '이스라엘의 하나님 만군의 여호와가 이렇게 말한다. 마시고 취하고 토하라. 넘어지고 다시 일어나지 말라. 이는 내가 너희 가운데 보낼 칼로 인한 것이다.'

28 그러나 그들이 네 손에서 그 잔을 받아 마시기를 거절하면 너는 그들에게 말하여라. '만군의 여호와께서 이렇게 말씀하셨다. 너희는 반드시 마셔야만 한다!

29 보라. 내가 내 이름으로 불리는 성읍에 재난을 일으키기 시작하니 너희가 참으로 처벌을 면할 수 있겠는가? 너희가 처벌을 면하지 못할 것이다. 이는 내가 칼을 불러서

예레미야가 유다 백성들을 향해 하나님의 심판을 예언함

땅 위에 사는 모든 사람들 위에 내릴 것이기 때문이다. 만군의 여호와의 말씀이다.'

30 그러므로 너는 그들에게 이 모든 말을 예언하여라. 그들에게 말하여라. '여호와께서 높은 곳에서 외치실 것이다. 그분의 거룩한 처소에서 그분의 소리를 낼 것이다. 그분이 그분의 양 우리를 향해 힘차게 외치실 것이다. 그분이 포도를 밟는 사람들처럼 땅에 사는 모든 사람들을 향해 소리치실 것이다.

31 요란한 소리가 땅끝까지 울릴 것이다. 이는 여호와께서 민족들에 대해 문책하실 것이기 때문이다. 그분이 모든 인류를 심판하시고 악한 사람들을 칼에 넘겨주실 것이다.' 여호와의 말씀이다." 사 66:16

32 만군의 여호와께서 이렇게 말씀하셨다. "보라! 재앙이 민족에서 민족으로 나아갈 것이고 큰 폭풍이 땅끝에서부터 일어날 것이다." 6:22;23:19;30:23

33 극렬한 심판 그날에 여호와에 의해 살해된 사람들이 땅 이 끝에서부터 땅 저 끝까지 널려 있을 것이다. 그들을 애도하거나 시체를 거두어 묻을 사람이 없을 것이고 다만 땅 위 쓰레기 같을 것이다. 사 66:16

34 너희 목자들아, 통곡하고 울부짖으라. 너희 양 떼를 이끄는 사람들아, 잿더미에서 뒹굴라. 이는 너희가 살해당할 때가 왔기 때문이다. 귀한 그릇이 깨지듯이 너희가 넘어져 깨질 것이다. 4:8;6:26;23:1

35 목자들이 도망갈 데가 없고 양 떼를 이끄는 사람들이 도피할 곳이 없을 것이다.

36 목자들의 외치는 소리, 양 떼를 이끄는 사람들의 울부짖는 소리, 이는 여호와께서 그들의 목초지를 황폐하게 하셨기 때문이다.

37 여호와의 맹렬한 진노로 인해 평화로운 목초지가 황폐하게 됐다. 사 32:18

38 그분은 사자처럼 그분의 굴을 떠날 것이다. 이는 그 압제자의 잔인함으로 인해, 그분의 맹렬한 진노로 인해 그들의 땅이 황폐하게 될 것이기 때문이다. 욥 38:40

26

예루살렘에 대한 예언 유다 왕 요시야의 아들 여호야김의 통치 초기에 이 말씀이 여호와께로부터 임했습니다.

2 "여호와가 이렇게 말한다. 여호와의 집 뜰에 서서 여호와의 집에 경배하러 오는 유다의 모든 성읍 사람들에게, 내가 네게 명령하는 모든 말을 전하여라. 한 마디도 빠뜨리지 마라. 신 4:2;12:32;잠 3:10;행 20:27

3 혹시 그들이 귀 기울여 듣고 각자 그의 악한 행동으로부터 돌이킬지도 모른다. 그러면 그들 행위의 악함으로 인해 내가 그들에게 행하려고 했던 재앙을 돌이킬 것이다.

4 너는 그들에게 말하여라. '여호와께서 이렇게 말씀하셨다. 너희가 내 말에 귀 기울이지 않고 내가 너희 앞에 놓은 내 율법을 따르지 않으면 레 26:14;신 28:15

5 또 내가 너희에게 되풀이해서 보냈으나 너희가 귀 기울이지 않았던 내 종들, 예언자들의 말에 너희가 귀 기울이지 않으면

6 내가 이 집을 실로처럼 만들고, 이 성읍을 세상 모든 민족들 가운데서 저주의 대상이 되게 할 것이다.'" 7:12;24:9

7 예레미야와 맞서는 제사장들 제사장들과 예언자들과 모든 백성이 예레미야가 여호와의 집에서 이 말을 하는 것을 들었다.

8 그러나 여호와께서 모든 백성에게 말하라고 명령하신 모든 것을 예레미야가 온 백성에게 말하기를 마치자 제사장들과 예언자들과 모든 백성이 그를 붙잡고 말했다. "네가 반드시 죽어야만 한다!

9 왜 네가 여호와의 이름으로 이 집이 실로같이 되고 이 성읍이 황폐하게 돼 사람이 살지 않게 될 것이라고 예언하느냐?" 그러고는 모든 백성이 여호와의 집에서 예레미야 주위로 모여들었다. 4:7

10 관료들 앞에서의 재판 유다의 관료들이 이 일들을 듣고서, 왕궁에서 나와 여호와의 집으로 올라가서, '여호와의 집의 새 문' 입구에 자리를 잡고 앉았다. 36:10,12

11 그러자 제사장들과 예언자들이 그 관료들과 모든 백성에게 말했다. "이 사람이 죽

는 것이 합당하니 이는 당신들의 귀로 들은 것처럼 그가 이 성읍을 대적해서 예언을 했기 때문이다. 38:4

12 **예레미야의 변호** 그러자 예레미야가 모든 관료들과 모든 백성에게 말했다. "여호와께서 나를 보내 이 집과 이 성읍에 대해 너희가 들은 모든 말들을 예언하라고 하셨다.

13 그러므로 너희는 이제 너희의 행동과 행위를 올바르게 하고 여호와 너희 하나님의 목소리에 순종하라. 그러면 여호와께서 너희에 대해 말씀하신 재앙을 마음에서 돌이키실 것이다. 신 30:2

14 보라. 나는 너희 손안에 있다. 너희 생각에 좋고 올바른 것으로 내게 행하라.

15 그러나 만약 너희가 나를 죽이면 너희는 죄 없는 피를 너희와 이 성읍과 그 안에 사는 사람들 위에 흘리게 하는 것이라는 점을 분명히 알라. 이는 여호와께서 진정 나를 너희에게 보내 너희의 귀에 이 모든 말들을 하라고 하셨기 때문이다.

16 **다른 사람들의 변호** 그러자 관료들과 모든 백성이 제사장들과 예언자들에게 말했다. "이 사람이 죽는 것이 합당하지 않다. 이는 그가 우리 하나님 여호와의 이름으로 우리에게 말했기 때문이다." 8,11절

17 그 땅의 장로들 가운데 몇 사람이 일어나 백성의 모든 회중에게 말했다. 행 5:34

18 "유다 왕 히스기야 때 모레셋의 미가가 이렇게 예언한 적이 있다. '만군의 여호와께서 이렇게 말씀하셨다. 시온이 밭처럼 경작될 것이고 예루살렘이 폐허 더미가 될 것이며 성전의 산이 숲의 높은 곳처럼 될 것이다.'

19 그때 유다 왕 히스기야와 모든 유다가 그를 죽였는가? 오히려 그가 여호와를 두려워해 여호와께 간구하지 않았는가? 그리하여 그들에게 선언하신 재앙에 대해 여호와께서 마음을 돌이키지 않았는가? 우리는 우리 자신 위에 큰 재앙을 가져오려 하고 있다."

20 **우리야의 참혹한 운명** 여호와의 이름으로 예언하는 또 한 사람이 있었는데 기랏 여아림 출신이며 스마야의 아들인 우리야였다.

그는 이 성읍과 이 땅에 대해 예레미야와 같은 말로 예언했다. 수 9:17;삼상 6:21

21 여호야김 왕과 그의 모든 용사들과 그의 모든 관료들이 그의 말을 듣고 왕이 그 사람을 죽이려고 했다. 그러나 우리야는 그 소식을 듣고 두려워서 도망해서 이집트로 갔다. 27:1

22 그러자 여호야김 왕이 악볼의 아들 엘나단을 비롯해 몇 사람을 이집트로 보냈다.

23 그들은 이집트에서 우리야를 데려와서 여호야김 왕에게 데려갔고, 여호야김 왕은 그를 칼로 죽이고 그의 시체를 평민들의 묘지에 던졌다. 느 9:26;마 21:35;23:37

24 **풀려 난 예레미야** 그러나 사반의 아들 아히감의 손이 예레미야와 함께해 예레미야가 백성들 손에 넘겨져 죽임을 당하지 않게 됐다.

27

멍에를 멘 예레미야 유다 왕 요시야의 아들 여호야김의 통치 초기에 여호와께로부터 이 말씀이 예레미야에게 임했습니다.

2 여호와께서 내게 이렇게 말씀하셨다. "너는 줄과 멍에를 만들어 네 목에 걸어라.

3 그러고 나서 예루살렘에 있는 유다 왕 시드기야에게 온 사신들을 통해 에돔 왕, 모압 왕, 암몬 자손의 왕, 두로 왕, 시돈 왕에게 전갈을 보내라. 25:21~22

4 **나라들에 대한 가르침** 그 사신들에게 명령해 자기 군주들에게 전하라고 하여라. '이스

라엘의 하나님 만군의 여호와가 이렇게 말한다. 너희 군주들에게 이렇게 말하라.

5 내가 큰 능력과 펼친 팔로 땅과 땅 위의 인간과 짐승을 만들었다. 그리고 내가 보기에 합당한 사람에게 내가 그것을 주었다.

6 이제 내가 이 모든 나라들을 내 종 바벨론 왕 느부갓네살의 손에 넘겨줄 것이다. 내가 또한 들짐승들을 그에게 주어 그를 섬기도록 할 것이다. 겔 30:21,25:단 2:38

7 바벨론 땅이 멸망할 때가 오기까지 모든 민족들이 느부갓네살과 그의 아들과 그의 손자를 섬길 것이다. 그러나 그 후 많은 민족들과 큰 왕들이 그를 정복할 것이다.

8 그러나 어떤 민족이나 나라가 바벨론 왕 느부갓네살을 섬기지 않거나 자기 목을 바벨론 왕의 멍에 아래에 숙이지 않는다면 내가 그의 손으로 그들을 처벌해 칼과 기근과 전염병으로 그 민족을 멸망시킬 것이다. 여호와의 말이다. 14:12;30:8

느부갓네살

'나부가 내 상속 재산을 지켰다'라는 이름의 뜻이다. 초대 왕 나보폴라살을 뒤이은 신바벨론 2대 왕이다(BC 605-562년). 갈그미스 전투에서 이집트의 왕 바로 느고를 물리치고 이집트의 강에서 유프라테스 강까지 지배했다.
이때 유다를 침략하여 속국으로 만들고 조공을 받았다. 여호야김 왕이 이집트와 손을 잡고 반역을 하자, 예루살렘 성전을 약탈하고 왕을 포로로 끌고 갔다(BC 605년). 이후 왕위에 오른 여호야긴을 석 달 만에 바벨론으로 끌고 갔다(BC 597년). 시드기야 왕 역시 반역을 하자, 예루살렘 성전과 왕궁을 불태우고, 성벽을 헐어 버렸다. 그리고 남아 있던 백성들을 모두 포로로 끌고 갔다(BC 586년).

느부갓네살이 나오는 말씀
>> 왕하 24-25장; 렘 39:1-8; 46:2-13;
단 1-4장

9 그러므로 너희가 바벨론 왕을 섬기지 않을 것이라고 말하는 너희의 예언자들이나 너희의 점쟁이들이나 너희의 꿈꾸는 사람들이나 너희의 무당들과 너희의 마술사들에게 너희는 귀 기울이지 말라. 신 18:10

10 그들은 너희에게 거짓을 예언해 그 결과 너희를 너희의 땅에서 멀리 떠나게 할 것이다. 내가 너희를 쫓아낼 것이고 너희가 멸망할 것이다. 5:31

11 그러나 어떤 민족이라도 바벨론 왕의 멍에 아래에 자기 목을 숙이고 그를 섬긴다면 내가 그들을 자기의 땅에 남게 할 것이니 그들이 그 땅을 갈고 그곳에서 살 것이다. 여호와의 말이다.'" 2,8절

12 유다에 대한 가르침 내가 똑같은 말을 유다 왕 시드기야에게 주었다. "너희의 목을 바벨론 왕의 멍에 아래에 숙이고 왕과 그의 백성을 섬겨라. 그러면 너희가 살 것이다.

13 왜 너와 네 백성들이 여호와께서 바벨론 왕을 섬기지 않으려는 민족에게 말씀하신 대로 칼과 기근과 전염병으로 죽으려 하느냐? 겔 18:31

14 그러므로 '너희가 바벨론 왕을 섬기지 않을 것이다'라고 말하는 예언자들의 말에 너희는 귀 기울이지 말라. 이는 그들이 너희에게 거짓을 예언하기 때문이다.

15 여호와의 말이다. '내가 그들을 보내지 않았다. 그러나 그들은 내 이름으로 거짓을 예언하니 내가 너희를 쫓아낼 것이고 너희가 멸망할 것이다. 너희도, 너희에게 예언하는 예언자들도 다 멸망할 것이다.'"

16 성전 기물들에 대한 예언 그러고 나서 제사장들과 이 모든 백성에게 내가 말했다. "여호와가 이렇게 말한다. '보라. 여호와의 집의 기물들이 바벨론에서 이제 속히 돌아올 것이다라고 너희에게 예언하는 너희 예언자들의 말에 너희는 귀 기울이지 말라. 이는 그들이 너희에게 거짓을 예언하고 있기 때문이다. 왕하 24:13

17 너희는 그들의 말에 귀 기울이지 말고 바벨론 왕을 섬기라. 그러면 너희가 살 것이

다. 이 성읍이 왜 폐허가 돼야 하느냐?

18 만약 그들이 예언자라면 그리고 여호와의 말씀이 그들과 함께하신다면 그들로 하여금 만군의 여호와께 간청하여 여호와의 집과 유다 왕의 집과 예루살렘에 남아 있는 기물들이 바벨론으로 가지 못하도록 해야 할 것이다. _{사 59:16:단 1:2}

19 기둥들과 청동 바다와 받침대와 이 성읍에 남아 있는 다른 기물들에 대해서 만군의 여호와가 이렇게 말한다. _{왕하 25:13}

20 바벨론 왕 느부갓네살이 유다 왕 여호야김의 아들 여고니야를 유다와 예루살렘의 모든 귀족들과 함께 예루살렘에서 바벨론으로 포로로 잡아갈 때 가져가지 않았던,

21 여호와의 집과 유다 왕의 집과 예루살렘에 남아 있는 기물들에 대해서 이스라엘의 하나님 만군의 여호와가 이렇게 말한다.

22 '그것들이 바벨론으로 옮겨질 것이고 내가 그것들을 돌아볼 그날까지 거기 남아 있을 것이다. 후에 내가 그것들을 가져와 이곳에 다시 둘 것이다.' 여호와의 말이다."

▲ 느부갓네살의 원통형 비문

느부갓네살은 바벨론 제국의 2대 왕으로 44년간 나라를 다스렸다(BC 605~562년). 갈그미스 전투에서 이집트 왕 바로 느고를 격퇴하고, 이집트 하수에서부터 유프라테스 하수까지 정복했다(왕하 24:7: 렘 46:2~12).

그는 이스라엘을 침략하여 속국으로 만들고 조공을 받았으나, 이스라엘이 친이집트 정책을 펴자 예루살렘을 함락시켰다. 성전을 약탈하고 왕과 귀족, 백성들을 포로로 잡아갔다. 사진은 느부갓네살의 원통형 비문의 모습이다.

28

거짓 예언자 하나냐 그해 유다 왕 시드기야의 통치 4년 다섯째 달에 기브온 출신 예언자 앗술의 아들 하나냐가 여호와의 집에서 제사장들과 모든 백성 앞에서 내게 말했다.

2 "이스라엘의 하나님 만군의 여호와가 말한다. '내가 바벨론 왕의 멍에를 깨뜨릴 것이다.

3 내가 2년 안에 바벨론 왕 느부갓네살이 이곳에서 바벨론으로 가져간 여호와의 집의 모든 기물들을 이곳에 다시 가져다 놓을 것이다. _{27:16}

4 또한 유다 왕 여호야김의 아들 여고니야와 바벨론으로 간 유다의 모든 포로들을 내가 이곳으로 다시 데려올 것이다. 이는 내가 바벨론 왕의 멍에를 깨뜨릴 것이기 때문이다.' 여호와의 말이다." _{22:10,12,26}

5 **예레미야의 반응** 그러자 예언자 예레미야가 여호와의 집에 서 있는 제사장들과 모든 백성 앞에서 예언자 하나냐에게 대답했다.

6 예언자 예레미야가 말했다. "아멘! 여호와께

서 그렇게 하시기를 빈다! 여호와의 집 기물들과 포로로 끌려간 모든 사람들이 바벨론에서 이곳으로 다시 돌아올 것이라고 예언하는 네 말을 여호와께서 이루시기를 빈다.

7 그러나 내가 네 귀에 그리고 모든 백성의 귀에 말하는 이 말을 이제 들으라.

8 너와 나 이전에 오래전부터 있었던 예언자들이 많은 나라들과 큰 왕국들에 대해 전쟁과 재앙과 전염병을 예언했다.

9 그러나 평화를 예언하는 예언자는 그의 예언이 이루어졌을 때야 여호와께서 진실로 보내신 예언자로 인정될 것이다."

10 **멍에를 깨뜨린 하나냐** 그러자 예언자 하나냐가 예언자 예레미야의 목에서 멍에를 취해 깨뜨리며 _{27:2}

11 모든 백성 앞에서 말했다. "여호와가 이렇게 말한다. '이와 같이 내가 2년 안에 모든 민족들의 목에서 바벨론 왕 느부갓네살의 멍에를 깨뜨릴 것이다.'" 이에 예언자 예레

여고니야(27:20, Jeconiah) 다른 이름은 '여호야긴', '여고냐'.

미야는 자기 갈 길을 갔다.

12 하나냐에 관한 말씀 예언자 하나냐가 예언자 예레미야의 목에서 멍에를 깨뜨린 후에 여호와의 말씀이 예레미야에게 임했습니다.

13 "가서 하나냐에게 말하여라. '여호와가 이렇게 말한다. 네가 나무 멍에를 깨뜨렸지만 그것 대신에 철 멍에를 만들 것이다.

14 이스라엘의 하나님 만군의 여호와가 이렇게 말한다. 내가 이 모든 민족들의 목에 쇠 멍에를 놓아서 바벨론 왕 느부갓네살을 섬기게 할 것이니 그들이 그를 섬기게 될 것이다. 내가 또한 그에게 들짐승들도 주었다.'"

15 그리하여 예언자 예레미야가 예언자 하나냐에게 말했다. "하나냐여, 잘 들어라! 여호와께서 너를 보내지 않았다. 그러나 네가 이 백성으로 하여금 거짓말을 믿게 하고 있다.

<small>신 18:20;겔 13:22-23</small>

16 그러므로 여호와께서 이렇게 말씀하신다. '보아라, 내가 너를 지면에서 제할 것이다. 올해 네가 죽을 것이다. 이는 네가 여호와에 대해 거역하는 말을 했기 때문이다.'"

17 그해 일곱째 달에 예언자 하나냐는 죽었다.

29 포로들에게 보낸 편지 이것은 예언자 예레미야가 느부갓네살이 예루살렘에서 바벨론으로 잡아간 포로들 가운데 남은 장로들과 제사장들과 예언자들과 모든 백성에게 예루살렘에서 보낸 편지

의 내용입니다. <small>겔 8:1</small>

2 이 일은 여고니야 왕과 그의 어머니와 내시들과 유다와 예루살렘의 관료들과 공예가들과 세공장이들이 예루살렘을 떠난 후에 일어났습니다. <small>왕하 24:12,14</small>

3 이 편지는 유다 왕 시드기야가 바벨론 왕 느부갓네살에게 보냈던 사반의 아들 엘라사와 힐기야의 아들 그마랴를 통해서 바벨론으로 보내졌습니다. <small>대상 6:13;대하 34:8</small>

4 이스라엘의 하나님 만군의 여호와 내가 예루살렘에서 바벨론으로 포로로 가게 한 모든 포로들에게 이렇게 말한다.

5 "집들을 짓고 그곳에서 살라. 정원을 만들고 그곳에서 나는 열매를 먹으라.

6 아내를 취해 아들들과 딸들을 낳으라. 너희 아들들을 위해 그 아내들을 취하고 너희 딸들을 결혼시켜 그들이 아들딸들을 낳게 하라. 너희가 그곳에서 번성하고 수가 줄지 않게 하라.

7 또한 내가 너희를 포로로 가게 한 성읍의 평안을 구하라. 그 성읍을 위해 여호와께 기도하라. 이는 그 성읍이 평안해야 너희도 평안할 것이기 때문이다." <small>딤전 2:1-2</small>

8 이스라엘의 하나님 만군의 여호와께서 말씀하신다. "너희 가운데 있는 예언자들과 점쟁이들이 너희를 속이지 못하게 하라. 또 그들이 꾼 꿈 이야기에 너희는 귀 기울

힘든 상황, 어떻게 극복할까?

때로 형제자매끼리 서로 싸워서 마음을 닫고 지내는 불편한 상황에 놓이기도 해요. 시험공부를 열심히 했는데 성적이 오르지도 않고, 친구들과 친하게 지내지도 못하는 상황이 생겨요. 이럴 때 어떻게 해야 할지 몰라 당황하죠?

유다 백성들은 아주 어렵고 힘든 상황에 놓였어요. 나라가 망해 백성들이 포로로 잡혀갈 처지가 되었어요. 자기 집도 없고 하고 싶은 것도 마음껏 할 수 없는 상황이 된 거지요. 그들은 실망하고 좌절했어요. 하지만 하나님은 예레미야를 통해 희망의 메시지를 주셨어요(렘 29:7). 하나님은 70년이 지나면 유다 사람들을 바벨론에서 해방시켜 주실 것이라고 하셨어요. 그들을 고향으로 다시 돌아오게 하실 것이라고 하셨어요(렘 29:10). 그런데 조건이 있어요. 그것은 유다 사람들

이지 말라.   5:31;6:14;27:9,15

9 그들이 내 이름으로 너희에게 거짓되게 예언한다. 내가 그들을 보내지 않았다. 여호와의 말이다."   5:31

10 여호와께서 이렇게 말씀하셨다. "바벨론에서 70년이 차면 내가 너희를 돌아보아 너희를 이곳으로 돌아오게 할 것이라는 내 은혜로운 약속을 너희에게 이행할 것이다.

11 여호와의 말이다. 내가 너희를 위해 갖고 있는 계획들을 내가 알고 있으니 그것은 평안을 위한 계획이지 재앙을 위한 것이 아니며 너희에게 미래와 소망을 주기 위한 것이다.

12 그러면 너희가 나를 부르고 와서 내게 기도할 것이고 나는 너희 말을 들을 것이다.

13 너희가 너희의 온 마음으로 나를 찾을 때 너희가 나를 찾고 나를 발견할 것이다.

14 여호와의 말이다. 내가 너희에게 발견될 것이다. 그리고 내가 너희의 포로 상태를 돌이킬 것이다. 내가 너희를 추방했던 모든 곳들과 모든 민족들로부터 너희를 모을 것이다. 그리고 내가 너희를 포로로 끌려가게 했던 그곳으로 다시 데려올 것이다. 여호와의 말이다.   8:3;23:3;30:3

15 거짓을 예언하는 사람들 너희가 "여호와께서 바벨론에서도 우리를 위해 예언자들을 일으키셨다"라고 말했기 때문에

16 다윗의 보좌에 앉은 왕에 대해서, 이 성읍에 사는 모든 백성에 대해서, 너희와 함께 포로로 가지 않은 너희 형제들에 대해서 여호와가 이렇게 말한다.   22:2

17 만군의 여호와가 말한다. 보라. 내가 그들에게 칼과 기근과 전염병을 보낼 것이다. 내가 그들을 먹을 수 없을 정도로 아주 형편없는 무화과처럼 만들 것이다.   24:8,10

18 내가 칼과 기근과 전염병으로 그들을 추적할 것이다. 또한 내가 그들을 땅의 모든 나라들에게 공포의 대상이 되게 하며, 그들을 그곳으로 쫓아낸 모든 민족들 가운데서 저주와 두려움과 조롱과 모욕의 대상이 되게 할 것이다.   15:4;18:16;42:18

19 이는 그들이 내 말에 귀 기울이지 않았기 때문이다. 여호와의 말이다. 내가 그들에게 내 종 예언자들을 계속해서 보냈지만 너희가 듣지 않았다. 여호와의 말이다."

20 그러므로 내가 예루살렘에서 바벨론으로 보냈던 너희 모든 포로야, 여호와의 말을 들으라.   24:5

21 거짓 예언자 아합과 시드기야 내 이름으로 너희에게 거짓을 예언하는 골라야의 아들 아합과 마아세야의 아들 시드기야에 대해 이스라엘의 하나님 만군의 여호와가 이렇게 말한다. "보라. 내가 그들을 바벨론 왕 느부갓네살의 손에 넘겨줄 것이니 그가 너희 눈앞에서 그들을 죽일 것이다.

22 그들로 인해서 바벨론에 있는 유다의 모든 포로들이 이 저주하는 말을 사용할 것이다. '여호와께서 너를 바벨론 왕이 불 속에 태워 버린 시드기야와 아합과 같이 하실 것이다.'   사 65:15;단 3:6

23 이는 그들이 이스라엘에서 극악한 짓을 했고 그 이웃의 아내들과 간음했고 내가 그들에게 명령하지도 않은 거짓말들을 내 이름으로 말했기 때문이다. 내가 이것을 알고 있고 내가 증인이다. 여호와의 말이다."

24 스마야에게 주는 말씀 너는 느헬람 사람 스마야에게 말하여라.   31~32절

25 "이스라엘의 하나님 만군의 여호와가 말한다. 예루살렘에 있는 온 백성과 제사장 마

이 하나님께 간절히 기도해야 한다는 것이었어요(렘 29:12-14).

우리는 어려운 상황이 오면 걱정만 하고 있지는 않나요? 누가 도와주었으면 하지요? 그때 부모님께 말씀드리면 부모님은 쉽게 그 일들을 해결해 주실 때가 있어요.

그리고 부모님보다 나를 더 잘 아시는 하나님께 기도로 고민을 말씀드려 보세요. 그러면 하나님이 쉽게 해결해 주시고 마음에도 평안을 주신답니다.

깊이 읽기 빌립보서 4장 6-7절을 읽으세요.

아세야의 아들 스바냐와 모든 제사장들에게 네가 네 이름으로 편지를 써 보냈다.

26 '여호와께서 제사장 여호야다를 대신해 너를 제사장으로 임명하고 여호와의 집 책임자로서 예언자처럼 행동하는 모든 미친 사람을 형틀에 채우고 칼을 씌우게 하셨다.

27 그런데 너는 왜 너희에게 예언하는 아나돗 출신 예레미야를 꾸짖지 않느냐?

28 그가 바벨론에 있는 우리에게 편지를 보내 말했다. 시간이 오래 걸릴 것이니 집을 짓고 그곳에서 살라. 정원을 만들고 그곳에서 나는 열매를 먹으라.'" 5절

29 제사장 스바냐가 예언자 예레미야가 듣는 데서 이 편지를 읽었다.

30 그때 여호와의 말씀이 예레미야에게 임해 말씀하셨다. 1,20절

31 "모든 포로들에게 이렇게 써 보내라. '느헬람 사람 스마야에 대해서 여호와가 이렇게 말한다. 내가 그를 보내지 않았는데도 스마야가 너희에게 예언하고 너희로 하여금 거짓말을 믿게 했다. 5:31

32 그러므로 여호와가 이렇게 말한다. 보라. 내가 느헬람 사람 스마야와 그 자손들을 처벌할 것이다. 그에게 이 백성 가운데 거할 자손이 없을 것이다. 그러므로 내가 이 백성에게 해 줄 좋은 일도 보지 못할 것이다. 그가 나에 대해 거역하는 말을 했기 때문이다.' 여호와의 말이다." 17:6,28:16

30

약속된 회복 여호와께로부터 예레미야에게 임한 말씀입니다.

2 "이스라엘의 하나님 여호와가 이렇게 말한다. '내가 네게 말한 모든 말들을 책에 기록하여라.' 합2:2

3 여호와의 말이다. '보라. 내가 내 백성 이스라엘과 유다를 포로 상태에서 돌아오게 할 날들이 이를 것이다.' 여호와가 말한다. '내가 그들의 조상들에게 주었던 땅으로 내가 그들을 돌아오게 할 것이니 그들이 그 땅을 차지할 것이다.'" 슥2:1

4 포로 생활이 끝날 것임 이것은 여호와가 이스라엘과 유다에게 하신 말씀입니다.

5 "여호와가 이렇게 말한다. '우리가 떨리는 소리를 들으니 공포요, 평화가 아니다.

6 남자가 아이를 낳을 수 있는지 물어보라. 그런데 왜 해산 중인 여인처럼 모든 남자들이 손을 허리에 대고 있고 모든 얼굴이 창백해져 있는 것을 내가 보는가?

7 아, 그날이 크므로 그와 같은 날이 없을 것이다. 그날이 야곱의 고난의 때나 그가 그 고난의 때에 구원받을 것이다.'

8 만군의 여호와의 말이다. '그날에 내가 그들의 목에서 멍에를 깨뜨리고 그들을 묶는 끈을 끊어 버릴 것이다. 이방 사람들이 그들을 더 이상 종으로 삼지 못할 것이다.

9 그들은 그들의 하나님 여호와를 섬기고 내가 그들을 위해 일으킬 그들의 왕 다윗을 섬길 것이다.' 눅1:69~70;행13:22~23

포로 생활이 끝나 감사의 노래와 기쁨의 소리로 여호와 하나님을 찬양할 것이다

10 여호와의 말이다. '그러므로 내 종 야곱아, 두려워하지 말라. 이스라엘아, 놀라지 말라. 보라. 내가 너를 먼 곳에서 구원할 것이고 포로 된 땅에서 네 자손을 구원할 것이다. 야곱이 다시 돌아와 평화와 안전을 얻고 그를 두렵게 할 사람이 아무도 없을 것이다.'

11 여호와의 말이다. '내가 너와 함께해 너를 구원할 것이다. 내가 너를 흩었던 모든 민족들을 완전히 멸망시킬지라도 너는 내가 완전히 멸망시키지 않을 것이다. 그러나 내가 너를 정의로 훈계하고 네가 결코 처벌을 면하게는 하지 않을 것이다.'

12 죄로 인한 포로 생활 여호와께서 이렇게 말씀하셨다. '네 상처는 치료할 수 없고 네 부상이 중하다.　　　　10:19:14:17:15:18

13 네 소송을 변호할 사람이 아무도 없고 네 부상을 치료할 약이 없으니 너는 치유될 수 없다.　　　　　　　　　　　46:11

14 너를 사랑하던 사람들은 모두 너를 잊어버렸고 너를 찾지 않는다. 원수가 다치게 하듯이 내가 너를 다치게 했고 잔인한 사람을 처벌하듯이 너를 처벌했다. 이는 네 범죄가 너무 크고 네 죄들이 너무 많기 때문이다.

15 왜 네 상처를 두고 부르짖느냐? 네 고통은 치료될 수 없다. 네 범죄가 크고 네 죄들이 많기 때문에 내가 네게 이런 일을 한 것이다.

16 회복을 약속하심 그러나 너를 삼키는 사람들이 모두 삼켜질 것이며 네 모든 원수들이 포로가 될 것이다. 너를 약탈하는 사람들이 약탈당할 것이며 너를 착취하는 사람 모두를 내가 착취물로 만들 것이다.'

17 여호와의 말이다. '그러나 내가 너를 회복시켜 건강하게 하고 네 상처를 치료해 줄 것이다. 이는 그들이 너를 추방당한 사람, 아무도 돌보지 않는 시온이라고 부르기 때문이다.'　　시 62:2;호 61:1;마 4:6~7;눅 3:19

18 모든 것의 회복을 말씀하심 여호와가 이렇게 말한다. '보라. 내가 야곱 장막의 포로 된 것을 회복시키고 그가 거처하는 곳들을 긍휼히 여길 것이다. 성읍이 언덕 위에 다시 세워지고 궁궐이 본래 있던 자리에 있게 될 것이다.　　　　　신 13:16;암 9:11

19 그들에게서 감사의 노래와 기쁨의 소리가 나올 것이다. 내가 그들을 번성하게 할 것이니 그들의 수가 줄지 않을 것이다. 내가 또 그들을 영화롭게 할 것이니 그들이 비천하게 되지 않을 것이다.　　시 35:10;51:11

20 그들의 자녀들이 예전같이 되고 그들의 회중이 내 앞에 세워질 것이니 그들을 억압하는 사람들을 다 내가 처벌할 것이다.

21 그들의 지도자가 그들 가운데서 나오고 그들의 통치자가 그들 가운데서 일어날 것이다. 내가 그를 가까이 데리고 올 것이니 그가 내게 가까이 올 것이다. 누가 감히 스스로 내게 가까이 나아오겠느냐?' 여호와의 말이다.　　창 49:10;사 18:18;민 16:5;히 5:4

22 너희는 내 백성이 되고 나는 너희 하나님이 될 것이다."　　　　　렘 26:12

23 보라. 여호와의 폭풍이 진노해 나올 것이다. 휘몰아치는 폭풍이 악한 사람들의 머리 위에 회오리칠 것이다.　　23:19~20;25:32

24 여호와의 맹렬한 노여움이 여호와께서 그분의 마음의 목적을 실행하고 성취하시기까지 돌아서지 않을 것이다. 마지막 때 너희가 이것을 이해할 것이다.　　호 3:5

31 회복의 기쁨 여호와의 말씀이다. "그 때에 내가 이스라엘 모든 지파의 하나님이 되고 그들은 내 백성이 될 것이다."

2 여호와께서 이렇게 말씀하셨다. "칼에서 살아남는 백성은 광야에서 은총을 얻을 것이다. 내가 가서 이스라엘을 쉬게 할 것이다."

3 여호와께서 오래전에 우리에게 나타나 말씀하셨다. "내가 영원한 사랑으로 너를 사랑했기에 내가 인애로 너를 이끌었다.

4 처녀 이스라엘아, 내가 다시 너를 세울 것이니 네가 세워질 것이다. 네가 다시 탬버린을 잡고 네가 기뻐하는 사람들과 함께 춤추며 나올 것이다.　　출 15:20;삿 11:34

5 네가 다시 사마리아 언덕 위에 포도나무들을 심을 것이다. 농부들이 심을 것이고 그 열매를 먹을 것이다.　　사 65:21;암 9:14

6 파수꾼이 에브라임 언덕에서 '일어나라. 우리가 시온으로, 우리의 하나님 여호와께로 올라가자' 하고 외칠 날이 있을 것이다."

7 여호와께서 이렇게 말씀하셨다. "야곱을 위해 기쁨으로 노래하라. 민족들의 머리가 되는 사람을 위해 소리치라. 선포하고 찬양하며 말하라. '여호와여, 주의 백성이 스라엘의 남은 사람을 구원하소서.'

8 보라. 내가 북쪽 땅에서 그들을 데려오고 땅끝에서 그들을 모을 것이다. 그들 가운데는 눈먼 사람과 다리를 저는 사람과 임신한 여인들과 해산하는 여인들도 함께할 것이니 큰 무리가 돌아올 것이다. _사 35:5-6_

9 그들이 울며 올 것이고 간구함으로 내가 그들을 이끌 것이다. 내가 그들을 시냇가로 인도하고 평탄한 길로 인도해 그들이 걸려 넘어지지 않게 할 것이다. 이는 내가 이스라엘의 아버지며 에브라임은 내 맏아들이기 때문이다. _사 23:2;속 12:10;잠 8:15_

10 민족들아, 여호와의 말씀을 듣고 멀리 있는 섬들에 이 말을 선포하라. '이스라엘을 흩은 자가 그들을 모을 것이고 목자처럼 그의 양 떼를 지킬 것이다.' _사 40:11_

11 여호와께서 야곱의 몸값을 지불했고 저보다 강한 자의 손에서 그들을 구속했기 때문이다.

12 그들이 와서 시온의 높은 곳에서 노래하고 곡식과 새 포도주와 기름과 어린양 떼와 소 떼를 주신 여호와의 선하심을 기뻐할 것이다. 그들의 영혼은 물 댄 정원 같을 것이고 그들이 더 이상 슬퍼하지 않을 것이다.

13 그때에는 처녀들이 춤을 추며 기뻐하며 젊은 사람들과 늙은 사람들이 함께 기뻐할 것이다. 내가 그들의 애곡을 즐거움으로 바꿀 것이고 그들을 위로하고 슬픔 대신에 기쁨을 줄 것이다. _요 16:20_

14 내가 풍성함으로 제사장들의 영혼을 만족하게 하고 내 백성은 내 선함으로 만족하게 할 것이다. 여호와의 말이다." _25절_

15 위로하심 여호와께서 이렇게 말씀하셨다. "라마에서 한 소리가 들리니 애곡과 몹시 우는 소리다. 라헬이 그녀의 자식으로 인해 울고 있다. 그녀의 자식으로 인해 위로받기를 거절하니 이는 더 이상 자식이 없기 때문이다." _수 18:25;삼상 10:2;마 2:18_

16 여호와께서 이렇게 말씀하셨다. "네 목소리를 삼가서 울지 말며 네 눈을 삼가서 눈물을 흘리지 마라. 이는 네 일이 보상받을 것이기 때문이다. 여호와의 말이다. 그들이 대적의 땅에서 돌아올 것이다.

17 그래서 네 미래에는 소망이 있다. 여호와의 말이다. 네 자녀들이 그들의 영토로 돌아올 것이다. _29:11_

18 회개를 촉구하심 내가 에브라임의 탄식 소리를 분명히 들었다. '주께서 나를 훈계하셨습니다. 길들이지 않은 송아지 같은 나를 훈계시켜 주십시오. 그러면 내가 돌아오겠습니다. 이는 주께서 내 하나님 여호와이시기 때문입니다.

19 길을 잃은 후에 내가 회개했습니다. 내가 알게 된 후에 내가 내 허벅지를 쳤습니다. 내가 부끄럽게 되고 모욕을 당한 것은 내가

성경에 나오는 언약들

● **창조 언약**(창 1-2장) : 하나님이 아담과 맺은 언약으로, 아담이 이 언약을 준수하는 대신 아담을 하나님 나라를 다스릴 왕으로 세워 주셨다.

● **은혜 언약**(창 3:14-19) : 아담과 하와의 범죄로 그들은 죽을 수밖에 없었으나 하나님이 그들에게 생명을 주기로 하

시고 맺은 언약이다. 그 약속은 '씨(여자의 자손)'를 통해 구원을 베푸시겠다는 것이다.

● **노아의 언약**(창 6:17-22; 8:20-22; 9:9-17) : '언약'이라는 용어가 이때 처음으로 사용됐다(창 6:18). 홍수 심판 후에 다시는 물로 심판하지 않을 것과 자연 질서를 계속 보존하실 것을 노아에게 약속하셨다.

내 어릴 적 수치를 지니고 있기 때문입니다.'

20 에브라임이 내 사랑하는 아들이 아닌가? 내게 기쁨을 주는 자식이 아닌가? 내가 그를 자주 책망해 말하지만 아직도 그를 기억한다. 그러므로 내 창자가 그로 인해 고통을 받으니 내가 분명 그를 긍휼히 여길 것이다. 여호와의 말이다. 잠 8:30

21 너 자신을 위해 길 표지판을 세우라. 너 자신을 위해 방향 푯말을 세우라. 대로, 곧 네가 갔던 길을 잘 생각하라. 처녀 이스라엘아, 돌아오라. 네 성읍들로 돌아오라.

22 타락한 딸아, 네가 얼마나 더 방황하겠느냐? 여호와가 땅 위에 새로운 것을 창조하셨으니 여자가 남자를 에워쌀 것이다."

23 이스라엘의 하나님 만군의 여호와께서 이렇게 말씀하셨다. "내가 그들의 포로들을 돌아오게 할 때 유다 땅과 그 성읍들의 사람들이 다시 이런 말을 하게 될 것이다. '의의 처소여, 거룩한 산이여, 여호와께서 네게 복을 주신다.' 시 122:6상 1:26:6하 8:3

24 유다와 그의 모든 성읍들에 농부들과 양 떼를 몰고 다니는 사람들이 다 함께 살 것이다. 33:13

25 내가 고달픈 영혼을 만족시켰고 시들은 영혼을 새롭게 했기 때문이다. 시 36:8

26 잠에서 깸 이에 내가 깨어나 둘러보았다. 내 잠이 내게 달콤했다.

27 다시 세울 시기 "여호와의 말이다. 내가 이스라엘의 집과 유다의 집을 사람의 씨와 짐승의 씨로 심을 날들이 오고 있다.

28 내가 그들을 지켜보아 뽑고, 붕괴시키고,

무너뜨리고, 파괴하고, 재앙을 가져왔듯이 그들을 지켜보아 세우고 심을 것이다. 여호와의 말이다. 24:6 44:27

29 죄에 대한 개인적인 책임 그때에는 사람들이 더 이상 '아버지가 신 포도를 먹었으니 그 자식들의 이가 시다'라고 말하지 않을 것이다.

30 모든 사람이 각각 자기 죄로 인해 죽을 것이다. 신 포도를 먹는 자는 누구나 자기 이가 시릴 것이다. 겔 18:4

31 새 언약 여호와의 말이다. 내가 이스라엘의 집과 유다의 집과 새 언약을 맺을 날들이 오고 있다. 눅 22:20; 고후 3:6; 히 8:8-12

32 이 언약은 그들의 조상들의 손을 붙잡고 이집트 땅에서 나오게 하던 날, 내가 그들의 조상과 맺은 언약과는 같지 않다. 내가 그들의 남편이었음에도 그들은 내 언약을 깨뜨렸다. 여호와의 말이다. 신 1:31

33 여호와의 말이다. 이것이 내가 그날들 후에 이스라엘의 집과 맺을 언약이다. 내가 내 율법을 그들의 생각 속에 주고 그들의 마음에 기록할 것이다. 그리하여 나는 그들의 하나님이 되고 그들은 내 백성이 될 것이다. 겔 37:26,8; 2:23; 슥 8:8; 13:9; 고후 3:3; 히 10:16

34 그들은 각자 자기 이웃에게 또는 자기 형제에게 더 이상 '여호와를 알라'고 말하지 않을 것이다. 이는 가장 작은 사람들부터 가장 큰 사람들까지 그들 모두가 나를 알 것이기 때문이다. 내가 그들의 죄를 용서하고 그들의 죄를 더 이상 기억하지 않을 것이다. 여호와의 말이다." 행 10:43

35 항상 특별한 이스라엘 여호와께서 이렇게 말

○ **아브라함의 언약**(창 12:1-3; 15:1-21; 17:1-14) : 아브라함에게 큰 민족을 이루시고 복의 근원이 되게 하시며 약속의 땅을 주실 것을 언약하셨다. 그리고 그의 자손이 땅의 티끌과 같이 많게 될 것이라고 약속하셨다.

○ **모세의 언약**(출 20장) : 모세 언약은 아브라함 언약에 대한 계승이자 성취로서 이스라엘과 맺은 것이다. 다른 언약들처럼 하나님의 주권적인 체결이 강조되었다(출 24:3-4). 이것은 아브라함 언약이 버려짐을 의미하는 것은 아니다.

○ **다윗의 언약**(삼하 7:8-16) : 언약이라는 단어가 사용되고 있지 않지만, 이 구절은 다윗과 맺은 언약의 기본적인 공표임이 분명하다. 다윗에게 주신 이 언약에 의하여 이스라엘 역사의 가장 중심적인 왕조가 존립해 가는 기반이 조성된 것이다.

○ **새 언약**(렘 31:31-34) : 하나님이 이스라엘의 죄를 사하시고, 자신의 뜻을 그들의 마음속에 기록하시며, 그들의 하나님이 되고 그들은 하나님의 백성이 될 것이라는 내용이다.

씀하셨다. "해를 낮의 빛으로 주고 달과 별을 밤의 빛으로 명하시고 바다를 흔들어 파도가 소리치게 하는 이, 그의 이름은 만군의 여호와라.

창 1:16

36 여호와의 말이다. 이러한 법칙들이 내 앞에서 어긋나지 않는 한 이스라엘 자손 또한 내 앞에서 한 민족으로 남아 있기를 영원히 멈추지 않을 것이다."

시 148:6;사 54:9-10

37 여호와께서 이렇게 말씀하셨다. "저 위의 하늘이 측량될 수 있고 저 아래 땅의 기초가 조사될 수 있다면 나도 이스라엘 자손이 행한 모든 것으로 인해 이스라엘 자손을 버릴 수 있을 것이다. 여호와의 말이다.

38 영원할 예루살렘 여호와의 말이다. 보라. 이 성읍이 여호와를 위해 '하나넬의 탑'으로부터 '모퉁이 문까지' 재건될 날이 오고 있다.

39 측량하는 줄자가 그곳에서부터 곧바로 가렙 언덕까지 갈 것이고 그다음 고아로 돌아갈 것이다.

겔 40:3;슥 1:16;2:1-2;계 11:1

40 시체들과 재의 골짜기 전체와 기드론 시내와 동쪽의 '말 문' 모퉁이에 이르는 모든 들판이 여호와께 거룩한 곳이 될 것이다. 그 성읍이 결코 다시는 뽑혀 무너지지 않을 것이다."

삼하 15:23;대하 23:15;사 52:1;슥 3:17

32

예레미야가 갇힘 유다 왕 시드기야 10년 느부갓네살 18년에 여호와께로부터 예레미야에게 임한 말씀입니다.

2 그때에 바벨론 왕의 군대가 예루살렘을 포위하고 있었고 예언자 예레미야는 유다 왕의 집 경호대 뜰에 갇혀 있었다.

3 유다 왕 시드기야가 그를 감옥에 가두며 말했다. "너는 왜 '여호와께서 이렇게 말씀하셨다. 보라. 내가 이 성읍을 바벨론 왕의 손에 넘겨줄 것이니 그가 이곳을 차지할 것이다.

4 유다 왕 시드기야는 갈대아 사람들의 손에서 빠져나가지 못할 것이고 반드시 바벨론 왕의 손에 넘겨져 그와 얼굴을 맞대고 이야기하고 눈을 맞대고 볼 것이다.

5 그가 시드기야를 바벨론으로 잡아갈 것이고 내가 그를 돌아볼 때까지 그곳에 있을 것이다. 너희가 갈대아 사람들과 싸우더라도 너희가 그들을 이기지 못할 것이다. 여호와의 말이다'라고 예언을 하느냐?"

6 예레미야가 땅 구입에 대해 말함 예레미야가 말했다. "여호와의 말씀이 내게 임해 말씀하셨습니다.

7 보아라. 네 삼촌인 살룸의 아들 하나멜이 네게 와서 말한다. '아나돗에 있는 내 밭을 사라. 그것을 사서 되찾을 권리가 네게 있다.'

8 그러자 여호와의 말씀대로 내 삼촌의 아들인 하나멜이 경호대 뜰에 있는 내게 와서 말했습니다. '베냐민 땅 아나돗에 있는 내 밭을 사라. 그 상속권이 네게 있고 그것을 사서 되찾을 권리가 네게 있으니 네가 사라.' 이것이 여호와의 말씀인 것을 내가 알았습니다.

9 그래서 내가 내 삼촌의 아들인 하나멜에

이스라엘과 맺으실 '새 언약'은 무엇인가요?

시내 산에서 맺은 언약은 이스라엘 백성들의 죄와 불순종 때문에 깨져 버렸어요(렘 11:1-10). 그럼에도 하나님은 예레미야를 통해 다시 그들과 새 언약을 맺겠다고 약속하셨어요(렘 31:31). 지금까지 이스라엘 백성이 하나님과 맺었던 언약이 있는데 그럼 새 언약은 무엇일까요?

첫째, 백성들에게 하나님의 뜻을 행할 능력을 주신다는 것이에요. 모든 믿는 사람들에게 성령님을 임하게 하셔서(욜 2:28-32) 마음을 변화시키며, 하나님의 말씀이 마음속에 새겨져서 하나님을 알고, 하나님과 개인적인 교제를 나누게 될 것을 말씀하신 거예요.

둘째, 백성들의 죄를 용서하실 뿐 아니라 기억하시지도 않으리라는 희망의 약속이에요(렘 31:34).

실제로 하나님은 예수님을 보내 주셔서 새 언약을 완벽하게 성취하셨어요(마 26:28; 요 19:30).

게서 아나돗에 있는 밭을 사고 그에게 은 17세겔을 달아 주었습니다. 마 26:15

10 내가 증서를 써서 봉인하고 증인을 세우고 저울로 은을 달아 주었습니다.

11 내가 매매 증서를 법과 규례에 따라 봉인한 것과 봉인하지 않은 것을 다 가져다가

12 내 삼촌의 아들인 하나멜과 매매 증서에 서명한 증인들과 경호대 뜰에 앉아 있던 모든 유다 사람들 앞에서 매매 증서를 마세야의 손자이며 네리야의 아들인 바룩에게 주었습니다. 사 8:2

13 다시 그들에게 될 때 그들 앞에서 내가 바룩에게 명령했습니다.

14 '이스라엘의 하나님 만군의 여호와가 이렇게 말한다. 이 증서들, 즉 봉인한 증서와 봉인하지 않은 증서를 가져다가 토기 안에 담아서 오랫동안 보관하여라.

15 이스라엘의 하나님 만군의 여호와가 이렇게 말한다. 사람들이 집과 밭과 포도밭들을 다시 사게 될 것이다.'

16 에레미야가 하나님을 찬양할 내가 매매 증서를 네리야의 아들 바룩에게 건네준 후에 내가 여호와께 기도했습니다.

17 '아, 주 여호와여, 보소서, 주께서 큰 능력과 펼친 팔로 하늘과 땅을 만드셨습니다. 주께는 너무 어려워서 못할 일은 없습니다.

18 주께서 수천 명에게 인애를 베푸시고 조상들의 죄악을 그들의 자손들의 품에 갚으십니다. 크고 능하신 하나님이여, 주의 이름은 만군의 여호와이십니다. 출 20:6; 34:7

19 주의 뜻은 위대하시고 주의 일에 능력이

있으십니다. 주의 눈이 사람의 모든 길을 주목하시니 주께서는 모든 사람에게 각자 자기의 행동과 행위의 열매에 따라 갚아 주십니다. 시 66:3,5; 사 28:29

20 이집트 땅에서 그리고 오늘날까지 이스라엘과 모든 인류 가운데 주께서 표적과 기사를 행하시어 주의 이름을 오늘과 같이 되게 하셨습니다. 삼하 7:23; 느 9:10; 시 135:9

21 주께서 주의 백성 이스라엘을 표적과 기사로, 강한 손과 펼친 팔로, 큰 두려움으로 이집트 땅에서 이끌어 내셨습니다.

22 그들의 조상들에게 주시겠다고 주께서 맹세하신 이 땅, 곧 젖과 꿀이 흐르는 땅을 주께서 그들에게 주셨습니다. 신 26:15

23 그리하여 그들이 와서 그 땅을 차지하게 됐습니다. 그러나 그들은 주의 목소리에 순종하지도 않고 주의 율법을 따르지도 않았습니다. 주께서 그들에게 행하라고 명령하셨던 모든 것 가운데 어떤 것도 그들이 행하지 않았습니다. 그리하여 주께서 이 모든 재앙을 그들에게 가져오셨습니다.

24 보소서, 저 흙 언덕 쌓은 것을! 그들이 이 성읍을 차지하려고 왔습니다. 이 성읍은 칼과 기근과 전염병을 보았습니다. 갈대아 사람들의 손에 이 성읍이 넘어갈 것입니다. 주께서 말씀하신 일이 일어났습니다. 보소서, 주께서 그것을 보고 계십니다.

25 여호와여, 그런데 이 성읍이 갈대아 사람들 손에 주어졌는데도 주께서는 내게 은을 주고 그 밭을 사고 증인을 세우라고 말씀하십니다.'" 7,10절

매매 증서

매매 증서는 고대 이스라엘에서 땅을 사고팔 때 주고받던 증서인데 두 가지 형태로 계약서를 작성했다(렘 32:11). 원본의 성격을 띠는 매매 증서는 영구히 보존하기 위해 땅속 항아리 안에 보관했다(렘 32:14).
매매 증서를 넣은 항아리는 역청으로 봉해졌다. 문서를 영구적으로 보존할 수 있었기 때문이다. 사본 형태로 작성된 다른 증서는 누구나 볼

수 있도록 봉하지 않았다(렘 32:11). 살룸의 아들 하나멜에게 토지를 샀던 에레미야도 이렇게 두 가지 형태의 매매 증서를 만든 후 봉인한 증서와 사본을 바룩에게 주었다(렘 32:11~12).
이것은 유다 백성이 포로지에서 돌아와 예전처럼 사회·경제 생활이 정상적으로 이루어질 것을 예언한 상징적인 행위였다(렘 32:15).

26 예루살렘에 대한 진노 그때 여호와의 말씀이 예레미야에게 임했습니다.

27 "보아라. 나는 모든 육체의 하나님 여호와다. 내게 너무 어려워서 못할 일이 있느냐?

28 그러므로 여호와가 이렇게 말한다. 내가 이 성읍을 갈대아 사람들과 바벨론 왕느부갓네살의 손에 넘겨줄 것이다. 그가 이것을 취할 것이다. 3절

29 이 성읍을 공격하는 갈대아 사람들이 이 성읍에 와서 불을 지를 것이다. 그들은 지붕에서 바알에게 분향하고 다른 신들에게 전제물을 부어 나를 화나게 했던 사람들의 집과 함께 이 성읍을 태워 버릴 것이다.

30 이스라엘 자손과 유다 자손이 그들의 어린 시절부터 내 눈앞에서 악한 짓만 했다. 이스라엘 자손들은 그들의 손으로 만든 것으로 나를 화나게 했다. 여호와의 말이다.

31 건축한 그날부터 오늘까지 이 성읍이 내 노여움과 분노를 일으켰기 때문에 내가 이것을 내 눈앞에서 없애 버릴 것이다.

32 이스라엘 자손과 유다 자손이 그들이 행한 모든 악으로 인해 나를 화나게 했다. 그들이나 그들의 왕들이나 그들의 관료들이나 그들의 제사장들과 그들의 예언자들이나 유다 사람들이나 예루살렘에 사는 사람들이 다 그러했다. 2:26

33 그들이 내게 얼굴이 아니라 등을 돌렸다. 내가 그들을 거듭해서 가르쳤으나 그들이 훈계를 들으려 하지도 않았고 받아들이지도 않았다. 2:27;7:24;8:16;25:3

34 그들이 내 이름으로 불리는 집에 그들의 가증스러운 우상들을 세우고 그곳을 더럽혔다. 7:30;23:11

35 그들은 힌놈의 아들 골짜기에 바알의 산당을 짓고는 자기 아들들과 딸들을 불 속으로 지나가게 해 몰렉에게 바쳤다. 이러한 일은 내가 명령하지도 않았고 내 마음에 떠오르지도 않았던 일인데 그들이 이 가증스러운 일을 해서 유다로 하여금 죄짓게 했다." 레 18:21;수 18:16;왕상 16:19

36 회복에 대한 약속 "그러므로 이제 '그것이 칼과 기근과 전염병으로 바벨론 왕의 손에 주어질 것이다'라고 너희들이 말하는 이 성읍에 대해 이스라엘의 하나님 여호와께서 말씀하신다. 3절

37 보라. 내 노여움과 분노와 큰 격분으로 내가 그들을 쫓아냈던 모든 땅에서 내가 그들을 모을 것이다. 내가 그들을 이곳으로 돌아오게 하고 그들을 안전하게 살게 할 것이다. 신 29:28;겔 34:25

38 그들은 내 백성이 되고 나는 그들의 하나님이 될 것이다. 30:22;31:33

39 그리고 내가 그들에게 한마음과 한길을 주어 그들이 자기와 자기 자손들의 복을 위해서 나를 항상 경외하게 할 것이다.

40 내가 영원한 언약을 그들과 맺어 그들에게서 돌이켜 떠나지 아니하고 그들에게 복을 줄 것이다. 내가 그들의 마음에 나를 경외함을 두어 그들이 나를 떠나지 않게 할 것이다. 시 89:34;사 55:3;겔 16:60

41 내가 그들에게 복을 주는 것을 기뻐할 것이고 내가 내 온 마음과 내 온 정신으로 확실하게 그들을 이 땅에 심을 것이다.

42 다시 이루어질 매매 여호와가 이렇게 말한다. 내가 이 모든 큰 재앙을 이 백성에게 내린 것같이 내가 그들에게 약속한 모든 복도 그렇게 그들에게 내릴 것이다.

43 '황폐해 사람이나 동물이 없고 갈대아 사람들의 손에 주어졌다' 하며 너희들이 말하는 이 땅에서 밭이 매매될 것이다.

44 베냐민 땅과 예루살렘 주변 지역들과 유다 성읍들과 산간 지방의 성읍들과 서쪽 평원의 성읍들과 남쪽 성읍들에서 사람들이 은을 주고 밭들을 사고 매매 증서에 서명해 봉인하고 증인을 세울 것이다. 이는 내가 그들을 포로 생활에서 돌아오게 할 것이기 때문이다. 여호와의 말이다."

33

두 번째 경고 예레미야가 아직 경호대 뜰에 갇혀 있을 때 또다시 여호와의 말씀이 예레미야에게 임해 말씀하셨습니다. 32:2

2 "땅을 만든 여호와, 땅을 형성하고 세운 여

호와, 그 이름이 여호와라 하는 이가 이렇게 말한다. _{출 6:3;시 83:18;사 37:26;암 4:13}

3 '내게 부르짖어라. 그러면 내가 네게 대답하겠고 네가 알지 못하는 크고 비밀스러운 일들을 네게 알려 줄 것이다.'

4 흙 언덕과 칼에 대항해 붕괴된 이 성읍에 있는 집들과 유다 왕의 집에 대해 이스라엘의 하나님 여호와가 이렇게 말한다.

5 '그들이 갈대아 사람들과 싸우기 위해서 왔지만 내가 진노와 분노로 죽인 사람들의 시체로 이 성읍을 채울 것이다. 이는 그들의 모든 죄악으로 인해 이 성읍에서 내가 내 얼굴을 숨길 것이기 때문이다.

6 **두 번째 약속** 그러나 보라. 내가 이 성읍에 건강과 치유를 가져올 것이다. 내가 그들을 치료해 그들에게 풍성한 번영과 안정을 드러내 보일 것이다. _{30:17}

7 내가 유다의 포로와 이스라엘의 포로를 돌아오게 하고 그들을 처음과 같이 세울 것이다. _{사 1:26}

8 그들이 내게 저지른 모든 죄악을 내가 그들에게서 씻어 내고 그들이 내게 저지른 모든 죄악과 나에 대한 반역을 내가 용서할 것이다. _{시 51:2,7;겔 36:25;히 9:13~14}

9 그러면 내가 그들을 위해 해 준 모든 복에 대해 땅 위의 모든 민족들이 듣고 이 성읍은 내게 기쁨과 찬양과 영광의 이름이 될 것이다. 내가 이 성읍에 제공한 모든 복과 모든 평안으로 인해 그들이 두려워하고 떨 것이다.' _{시 130:4;사 60:5}

10 **회복될 기쁨** 여호와가 이렇게 말한다. '이곳은 사람도, 짐승도 없는 황무지다'라고 너희가 말하고 있는 이곳에, 황폐하게 돼 사람도 동물도 살지 않게 된 유다 성읍들과 예루살렘 거리에 다시 소리가 들릴 것이다.

11 그것은 기쁨의 소리와 즐거움의 소리와, 신랑의 소리와 신부의 소리와, '만군의 여호와께 감사를 드려라. 여호와는 선하시고 그분의 인자는 영원하기 때문이다'라고 말하며 여호와의 집에 감사의 제물을 드리는 사람의 소리다. 이는 내가 이 땅의 포로를

▲ 네겝(Negev)
'건조한 땅'이라는 뜻으로, 유다의 남쪽에 길게 뻗어 있는 사막 지역을 말한다. 이 지역에는 구리 원광이 있어, 경제적으로 매우 중요했다. 아말렉, 에돔과 싸웠던 사울의 전쟁(삼상 14:47~48), 그 뒤를 이은 다윗과 에돔 간의 전쟁(왕상 11:15~16)은 모두 구리 교역권을 둘러싸고 일어났던 것으로 추측할 수 있다.

을 처음과 같이 돌아오게 할 것이기 때문이다. 여호와가 말한다.

12 **풍요로운 회복** 만군의 여호와가 이렇게 말한다. '황폐하게 돼 사람이나 짐승이 살지 않는 이 모든 성읍들에 양 떼를 눕게 할 목자들의 목초지가 다시 생길 것이다.

13 산간 지대의 성읍들과 서쪽 평원의 성읍들과 남쪽 성읍들과 베냐민 땅과 예루살렘 주변 지역과 유다의 여러 성읍들에서 양 떼가 양의 숫자를 세는 사람의 손 아래로 다시 지나가게 될 것이다. 여호와가 말한다.

14 **다윗의 의로운 가지** 여호와의 말이다. '보라. 내가 이스라엘의 집과 유다의 집과 약속한 좋은 일을 행할 날이 오고 있다.

15 그날에, 그리고 그때에 내가 다윗에게서 한 의로운 가지가 나오게 할 것이니 그가 이 땅에서 정의와 의를 실행할 것이다.

16 그날에 유다가 구원을 얻고 예루살렘이 안전하게 살게 될 것이다. '여호와 우리의 의', 이것이 그의 이름이다. _{23:6;32:37}

17 **영적 지도력** 여호와가 이렇게 말한다. '이스라엘의 집 보좌에 앉을 사람이 다윗에게서 결코 끊어지지 않을 것이다.

18 내 앞에서 번제를 드리고 곡식제물을 태우

고 희생제물을 드릴 사람이 레위 사람 제사장들에게서 영원히 끊어지지 않을 것이다.'"

19 **약속의 확실성** 여호와의 말씀이 예레미야에게 임했습니다.

20 여호와가 이렇게 말한다. '너희가 낮과 맺은 내 언약과 밤과 맺은 내 언약을 파기할 수 있어서 낮과 밤이 정해진 시간에 오지 못한다면 ^{창8:22;시72:5;사54:9}

21 내가 내 종 다윗과 맺은 내 언약도 파기될 수 있을 것이고 그의 보좌에 앉아 다스릴 아들이 없을 것이다. 나를 섬기는 레위 사람 제사장들과 맺은 내 언약도 파기될 수 있을 것이다. ^{시89:34}

22 하늘의 별 무리들을 셀 수 없고 바다의 모래알을 측량할 수 없는 것처럼 내가 내 종 다윗의 자손과 나를 섬기는 레위 사람들을 번성하게 할 것이다.'" ^{창22:17}

23 **새로운 왕국의 이스라엘** 여호와의 말씀이 예레미야에게 임해 말씀하셨습니다.

24 "자신이 선택한 두 족속을 여호와께서 버리셨다'고 이 백성이 말한 것을 네가 듣지 못했느냐? 그들이 이렇게 내 백성을 경멸해 그들을 한 민족으로 더 이상 여기지 않는다.

25 여호와가 이렇게 말한다. '낮과 밤에 대한 내 언약이 흔들릴 수 없고 하늘과 땅에 대한 내 규례가 무너질 수 없는 것처럼

26 내가 야곱과 내 종 다윗의 자손을 버리지 않을 것이며 그 자손 가운데서 아브라함과 이삭과 야곱의 자손을 다스릴 사람을 선택할 것이다. 내가 그들의 포로들을 돌아오게 하고 그들을 긍휼히 여길 것이다.'"

34

여호와의 말씀이 임함 바벨론 왕 느부갓네살과 그 모든 군대와 그의 통치하에 있는 땅의 모든 나라들과 모든 백성들이 예루살렘과 그 주변의 모든 성읍들과 싸우고 있을 때 여호와께로부터 예레미야에게 임한 말씀입니다.

2 "이스라엘의 하나님 여호와가 이렇게 말한다. 유다 왕 시드기야에게 가서 말하여라. '여호와가 이렇게 말한다. 보아라. 내가 이 성읍을 바벨론 왕의 손에 줄 것이니 그가 이곳을 불로 태워 버릴 것이다.

3 너는 그의 손에서 빠져나오지 못할 것이고 오히려 확실히 붙잡혀 그의 손에 넘겨질 것이다. 네가 바벨론 왕을 눈을 맞대고 볼 것이며 그가 너와 얼굴을 맞대고 말할 것이다. 그리고 너는 바벨론으로 갈 것이다.'"

4 **시드기야의 죽음에 대한 말씀** "그러나 유다 왕 시드기야여, 여호와의 말씀을 들어라. 너에 관해 여호와께서 이렇게 말씀하셨다. 네가 칼에 죽지 않고 ^{38:17,20;39:4,7}

5 평화롭게 죽을 것이다. 백성이 네 조상들, 곧 네 선왕들을 위해서 분향했던 것처럼 너를 위해서 분향하고, '슬프다, 주인이여!'

라고 너를 위해서 애곡할 것이다. 내가 이것을 약속한다. 여호와의 말이다."

6 시드기야에게 알려 준 예레미야 그 후 예언자 예레미야가 예루살렘에서 유다 왕 시드기야에게 이 모든 말을 했다.

7 그때는 바벨론 왕의 군대가 예루살렘과 아직 남아 있는 유다의 성읍들인 라기스와 아세가와 싸우고 있었다. 그 성읍들은 유다의 성읍들 가운데 남아 있던 요새화된 성읍들이었다. ^{수 10:3,10;15:35;왕하 18:13}

8 다시 끌려 온 히브리 노예를 시드기야 왕이 예루살렘에 있는 모든 백성에게 자유를 선포하는 언약을 맺은 후에 여호와께로부터 예레미야에게 임한 말씀입니다.

9 그 언약은 모든 사람이 각자 자기의 히브리 사람인 남녀종들을 해방시켜 어느 누구도 그 형제 유다 사람을 그들의 종이 되게 하지 않는다는 것이었습니다. ^{느 5:8}

10 그리하여 이 언약에 동참한 모든 관료들과 모든 백성이 각자 자기의 남녀종들을 해방시켜 더 이상 노예 상태로 있게 하지 않기로 하고 남녀종들을 놓아주었습니다.

11 그러나 그 후 그들은 마음을 바꾸어 자기들이 해방한 남녀종들을 데려와 다시 종으로 삼았습니다.

12 언약을 파기함 그때 여호와의 말씀이 여호와께로부터 예레미야에게 임해 말씀하셨습니다.

13 "이스라엘의 하나님 여호와가 이렇게 말한다. 내가 너희 조상들을 이집트 땅, 그들이 종이었던 집에서 이끌어 내던 날 그들과 내가 언약을 맺었다. ^{출 20:2}

14 '7년째 되는 해에 너희는 너희에게 팔린 히브리 형제를 풀어 주어라. 그가 너를 6년 동안 섬겼으니 너는 그를 해방해야 한다.' 그러나 너희 조상들은 내 말을 듣지도 않았고 귀를 기울이지도 않았다.

15 최근에 너희는 회개를 하고 내 눈앞에 옳은 일을 했다. 너희 각자가 자기 이웃에게 자유를 선포했다. 그리고 너희가 내 이름으로 불리는 집에서, 내 앞에서 언약을 맺었다.

16 그러나 너희가 또 돌이켜 내 이름을 더럽혔다. 그들 마음에 원하는 대로 가도록 너희가 해방시켜 준 남녀종들을 너희가 다시 데려왔다. 너희가 그들을 다시 종으로 삼아 너희의 종이 되게 했다."

17 언약 파기자들의 운명 "그러므로 여호와가 이렇게 말한다. 너희가 내게 순종하지 않았다. 너희가 각각 자기의 형제와 이웃에게 자유를 선포하지 않았다. 보라, 내가 너희에게 자유를 선포해 칼과 전염병과 기근으로 죽게 할 것이다. 여호와의 말이다. 내가 너희를 세상의 모든 나라들에 두려움의 대상이 되게 할 것이다. ^{마 7:2}

18 송아지를 둘로 자르고 그 조각 사이를 지나가며 내 앞에서 맺은 언약의 조항을 지키지 않고 내 언약을 어긴 사람들을,

19 곧 송아지 조각들 사이를 지나간 유다의 지도자들과 예루살렘의 지도자들, 내시들, 제사장들, 이 땅의 모든 백성을

20 내가 대적들의 손에, 그들의 목숨을 찾는 사람들의 손에 넘겨줄 것이다. 그들의 시체가 공중의 새들과 땅의 짐승들의 먹이가 될 것이다." ^{7:33;22:25}

21 유다에 관한 말씀 "내가 유다 왕 시드기야와 그의 관료들을 대적들의 손에, 그들의 목숨을 찾는 사람들의 손에 그리고 너희들에게서 물러간 바벨론 왕 군대의 손에 넘겨줄 것이다. ^{37:5,11}

22 여호와의 말이다. 보라, 내가 명령을 내려 그들을 이 성읍으로 돌아오게 할 것이다. 그들이 이 성읍을 공격해서 취하고 불로 태울 것이다. 그러면 내가 유다의 성읍들을 폐허로 만들 것이니 그곳에 아무도 살지 못할 것이다." ^{사 10:6}

35

레갑 족속 앞에 놓인 포도주 유다 왕 요시야의 아들 여호야김의 때에 여호와께로부터 예레미야에게 임한 말씀입니다. ^{25:1}

2 "레갑 족속의 집에 가서 그들에게 말해 그들을 여호와의 집에 있는 한 방으로 데려다가 그들에게 포도주를 마시게 하여라."

3 그리하여 나는 하바시냐의 손자 예레미야의 아들 야아사냐와 그의 형제들과 그의 모든 아들들과 모든 레갑 족속 사람들을 데리고

4 그들을 여호와의 집으로 데려가 익다랴의 아들 하나님의 사람 하난의 아들들의 방으로 들여보냈다. 그곳은 관료들의 방 옆쪽에, 문지기 살룸의 아들 마아세야의 방 위쪽에 있었다. 신 33:1;왕하 12:9;25:18

5 나는 레갑 족속의 자손들 앞에 포도주가 가득 담긴 대접과 잔을 주고 그들에게 말했다. "포도주를 드시오."

6 순종을 맹세하는 레갑 족속 그러나 그들이 대답했다. "우리는 포도주를 마시지 않습니다. 레갑의 아들인 우리 조상 요나답께서 우리에게 명령했습니다. '너희와 너희 자손들은 영원히 포도주를 마시지 말라.

7 또한 너희는 집을 짓거나 씨를 뿌리거나 포도밭을 만들지 말고 이런 것들 가운데 어떤 것도 소유하지 말라. 오직 너희는 일생 동안 천막에서 살라. 그러면 너희가 유목하는 땅에서 오랫동안 살 수 있을 것이다.'

8 레갑의 아들인 우리 조상 요나답의 목소리에 우리가 귀 기울여서 그가 우리에게 명령한 모든 것에 순종해 왔습니다. 우리와 우리의 아내들과 우리의 아들들, 그리고 우리의 딸들이 포도주를 마신 적이 없고

9 우리의 거주할 집을 우리가 짓지 않았으며 포도밭이나 밭이나 씨앗도 우리가 갖지 않았습니다.

10 우리가 천막에서 살았고 우리 조상 요나

답이 명령한 모든 것을 따라 순종하고 실행했습니다.

11 그러나 바벨론 왕 느부갓네살이 이 땅에 왔을 때 우리가 말했습니다. '갈대아 사람의 군대와 아람 사람의 군대 때문에 우리가 예루살렘으로 가자.' 그래서 우리가 예루살렘에 머물고 있습니다." 왕하 24:1-2

12 그때 여호와의 말씀이 예레미야에게 임해 말씀하셨다.

13 유다에 대한 메시지 "이스라엘의 하나님 만군의 여호와가 이렇게 말한다. 가서 유다 사람들과 예루살렘에 사는 사람들에게 말하여라. '너희가 교훈을 얻고 내 말에 귀 기울이지 않겠느냐?' 여호와의 말이다.

14 '그의 자손들에게 포도주를 마시지 말라고 명령한 레갑의 아들 요나답의 말을 그들이 지켜서 그들이 오늘날까지 포도주를 마시지 않고 있는 것은 그들이 조상들의 명령을 순종하고 있기 때문이다. 그러나 내가 너희에게 거듭 말했는데도 너희는 내게 순종하지 않았다. 25:3

15 내가 내 모든 종 예언자들을 너희에게 거듭 보내면서 말했다. "너희는 각자 자기의 악한 행동에서 떠나 너희 행위를 올바르게 하고 다른 신들을 추종해 그들을 섬기지 말라. 그러면 내가 너희와 너희 조상들에게 준 이 땅에서 너희가 살 것이다." 그러나 너희는 내게 귀를 기울이지도 않고 듣지도 않았다. 왕하 17:13

16 레갑의 아들 요나답의 자손들은 자기들에게 명령한 그들 조상의 명령을 지켰지만

레갑 사람들 사막

왜 예레미야는 레갑 사람들에게 포도주를 권했나?

에서 살던 유목민으로 '겐 족속'이라고도 불렀다. 이집트에서 나온 이스라엘 사람들 대열에 끼어들어 갔지만, 한곳에 정착하지 않고 계속해서 유목생활을 하며 포도주를 마시지 않았다(렘 35:6-7).

이것은 그들의 조상인 레갑(왕하 10:15-21)의 아들 요나답의 순종과 경건한 생활을 본받은 결

과였다(렘 35:8-10).

그들의 조상 요나답은 바알을 섬기는 것을 거부하고 광야에 천막을 치고 경건한 생활을 했다(렘 35:10).

예레미야는 그들에게 포도주를 권했는데, 이는 술을 뿌리치는 그들의 모습을 통해 불순종하는 유다 백성에게 순종의 본을 보여 주기 위함이었다(렘 35:5-11).

이 백성은 내게 순종하지 않았다.'"

17 "그러므로 이스라엘의 하나님 만군의 여호와의 말이다. '보라! 내가 선포한 모든 재앙을 유다와 예루살렘에 사는 모든 사람들에게 내릴 것이다. 이는 내가 그들에게 말했으나 그들이 듣지 않았고 내가 그들을 불렀으나 그들이 대답하지 않았기 때문이다.'"

18 축복받은 레갑 족속 그러고 나서 예레미야가 레갑 족속의 집에 말했다. "이스라엘의 하나님 만군의 여호와께서 이렇게 말씀하셨다. '너희가 너희 조상 요나답의 명령에 순종하고 그의 모든 명령들을 지켰으며 그가 너희에게 명령한 모든 것대로 실행했다.'

19 그러므로 이스라엘의 하나님 만군의 여호와께서 이렇게 말씀하셨다. '내 앞에 설 사람이 레갑의 아들 요나답에게서 영원히 끊어지지 않을 것이다.'" 15:1

36 기록된 두루마리 유다 왕 요시야의 아들 여호야김 4년에 여호와의 말씀이 예레미야에게 임해 말씀하셨으니

2 "두루마리 책을 가져다가 요시야 때 내가 네게 말하기 시작한 날부터 오늘까지 이스라엘과 유다와 다른 모든 민족들에 대해 내가 네게 말한 모든 것을 그것에 기록하여라.

3 혹시 유다 집이 내가 그들에게 행하려고 생각하는 모든 재앙에 대해 듣고서 그들 각자가 자기의 악한 길에서 떠날지 모른다. 그러면 내가 그들의 악함과 그들의 죄를 용서할 것이다." 겔 12:3;암 5:15;습 2:3

4 기록하는 바룩 그리하여 예레미야는 네리야의 아들 바룩을 불렀고 바룩은 두루마리 책에 여호와께서 예레미야에게 말씀하신 모든 것을 예레미야의 말에 따라 기록했다.

5 두루마리 책을 읽을 것을 명령함 그리고 나서 예레미야가 바룩에게 명령했다. "나는 지금 감금당해 여호와의 성전에 올라갈 수 없으니 32:2;33:1;39:15

6 네가 올라가서 내 말에 따라 네가 기록한 두루마리 책에 있는 여호와의 말씀을 금식하는 날 여호와의 집에서 백성이 듣는 가운데 읽어 주어라. 여러 성읍들에서 온

모든 유다 백성이 듣는 데서도 그것들을 읽어 주어라. 9절

7 혹시 그들이 여호와 앞에서 간구하며 각자 자기의 악한 길에서 떠날지 모른다. 이는 여호와께서 이 백성을 향해 선포하는 그분의 노여움과 분노가 컸기 때문이다."

8 두루마리 책을 읽는 바룩 네리야의 아들 바룩이 예언자 예레미야가 명령한 모든 것을 실행해 여호와의 성전에서 여호와의 말씀의 책을 읽었다.

9 유다 왕 요시야의 아들 여호야김 5년 아홉째 달에 예루살렘에 있는 모든 백성과 유다 여러 성읍에서 예루살렘으로 온 모든 백성들에게 여호와 앞에서 금식이 선포됐다.

10 그때 바룩이 여호와의 성전 '새 문' 입구 위쪽 뜰에 있는 사반의 아들 서기관 그마랴의 방에서 모든 백성이 듣도록 그 책에 기록된 예레미야의 말들을 읽었다.

11 말씀을 듣는 관료들 사반의 손자 그마랴의 아들 미가야는 그 책에 기록된 여호와의 말씀들을 모두 듣고는

12 왕의 집으로 내려가 서기관의 방으로 갔다. 보라, 그곳에는 모든 관료들, 곧 서기관 엘리사마, 스마야의 아들 들라야, 악볼의 아들 엘라단, 사반의 아들 그마랴, 하나냐의 아들 시드기야와 다른 모든 관료들이 앉아 있었다. 왕하 25:25

13 바룩이 백성이 듣는 데서 책을 읽어 줄 때 그가 들은 모든 말을 미가야는 그들에게 알려 주었다.

14 그러자 모든 관료들이 구시의 증손 셀레먀의 손자 느다냐의 아들 여후디를 바룩에게 보내 말했다. "네가 백성이 듣는 데서 읽어 준 그 두루마리를 갖고 오너라." 그리하여 네리야의 아들 바룩이 두루마리를 그의 손에 갖고 그들에게로 갔다.

15 그들이 바룩에게 말했다. "앉아서 우리가 듣는 데서 그것을 읽어 보아라." 그리하여 바룩은 그들에게 그것을 읽어 주었다.

서기관(36:10, 書記官, Secretary) 문서를 기록하고 관리하는 직무를 담당하던 사람.

16 바룩에게 경고하는 관료들 그들이 이 모든 말씀을 들었을 때 그들이 두려워하며 서로 쳐다보고서 바룩에게 말했다. "우리가 이 모든 말씀을 왕께 알려주겠다."

17 그리고 그들이 바룩에게 물었다. "이 모든 것을 네가 어떻게 썼는지 말해 보아라. 예레미야가 그것을 입으로 말했느냐?"

18 바룩이 그들에게 대답했다. "그가 이 모든 말을 내게 말하고 내가 책에 잉크로 기록했습니다."
32절

19 그러자 관료들이 바룩에게 말했다. "너와 예레미야는 가서 숨어 있어라. 아무도 너희가 어디 있는지 알지 못하게 하여라."

20 두루마리를 불태우는 여호야김 그들은 그 두루마리를 서기관 엘리사마의 방에다 놓은 후 뜰에 있는 왕에게 가서 그에게 모든 것을 보고했다.
12절

21 왕은 여후디를 보내 두루마리를 가져오게 했다. 여후디는 서기관 엘리사마의 방에서 그것을 가져왔다. 왕과 그의 곁에 서 있던 모든 관료들이 듣는 데서 여후디가 그것을 읽어 주었다.

22 그때는 아홉째 달이어서 왕이 겨울 궁에 머물러 있었고 왕 앞에는 불 피운 화로가 있었다.
암 3:15; 요 10:22

23 여후디가 서너 편을 읽어 주고 나면 왕이 그것들을 서기관의 칼로 잘라 화롯불 속에 던졌다. 결국 두루마리가 전부 화롯불 속에서 타 없어졌다.

24 왕이나 왕의 신하들은 이 모든 말씀을 듣고서 두려워하지도, 자기 옷을 찢지도 않았다.
수 7:6

25 엘라단과 들라야와 그마랴가 왕께 두루마리를 태우지 말라고 간청해도 그는 그들의 말에 귀 기울이지 않았다.
사 59:16

26 대신에 왕은 왕의 아들 여라므엘과 아스리엘의 아들 스라야와 압디엘의 아들 셀레먀에게 명령해 서기관 바룩과 예언자 예레미야를 붙잡도록 했다. 그러나 여호와께서

그들을 숨겨 놓으셨다.
왕상 22:26; 습 1:8

27 다시 쓰여지는 두루마리 예레미야의 말에 따라 바룩이 기록한 말씀이 있는 두루마리를 왕이 태워 버린 후에 여호와의 말씀이 예레미야에게 임해 말씀하셨습니다.

28 "다른 두루마리를 가져다가 유다 왕 여호야김이 태워 버린 첫 번째 두루마리에 있던 이전의 모든 말씀을 그것에 기록하여라.

29 여호야김에 관한 말씀 또 유다 왕 여호야김에게 말하여라. 여호와께서 이렇게 말씀하셨다. 네가 이 두루마리를 불태우며 이렇게 말했다. '너는 왜 바빌론 왕이 분명히 와서 이 땅을 황폐하게 하고 사람과 짐승이 그곳에서 끊어지게 될 것이라고 기록했느냐?'

30 그러므로 유다 왕 여호야김에 관해 여호와께서 이렇게 말씀하셨다. 여호야김에게서 다윗의 보좌에 앉을 사람이 없을 것이다. 그의 시체가 던져져 낮의 열기와 밤의 서리에 노출될 것이다.
22:2,4,19,30

31 내가 그들의 죄악으로 인해 그와 그의 자식들과 그의 신하들을 처벌할 것이다. 내가 그들에게 선포한 모든 재앙을 그들과 예루살렘에 사는 사람들과 유다 백성에게 오게 할 것이다. 이는 그들이 믿지 않았기 때문이다."

32 두 번째 두루마리가 쓰여짐 그리하여 예레미야는 다른 두루마리를 가져다가 네리야의 아들 서기관 바룩에게 주었다. 바룩은 그 두루마리에 유다 왕 여호야김이 불로 태워 버린 책에 있던 모든 말씀을 예레미야가 말하는 대로 기록했다. 그 외에도 많은 비슷한 말씀이 더해졌다.
4,18절

37 시드기야 왕이 통치함 요시야의 아들 시드기야 왕이 여호야김의 아들 고니야를 대신해서 통치했다. 바빌론 왕 느부갓네살이 유다 땅을 다스리는 왕으로 그를 임명했다.
왕하 24:17

2 시드기야의 성격 시드기야 왕과 그의 신하들과 이 땅의 백성이 예언자 예레미야를 통해 선포된 여호와의 말씀에 귀 기울이지 않았다.
대하 36:12-14

바로(37:5, Pharaoh) 고대 이집트 왕들을 나타내는 말.

3 앞날에 대한 도움을 청함 그러나 시드기야 왕이 셀레먀의 아들 여후갈과 마아세야의 아들인 제사장 스바냐를 예언자 예레미야에게 보냈다. "우리 하나님 여호와께 우리를 위해 기도하여라."
21:1-2:35:4:38:1

4 그때 예레미야가 아직 감옥에 갇히지 않았으므로 예레미야는 백성 가운데 출입하고 있었다.
민 27:17

5 바로의 군대가 이집트에서 나왔다. 예루살렘을 포위하고 있던 갈대아 사람들이 그 소식을 듣고 예루살렘으로부터 떠났다.

6 갈대아 사람이 되돌아올 것을 말씀하심 그때 여호와의 말씀이 예언자 예레미야에게 임해 말씀하셨습니다.

7 "이스라엘의 하나님 여호와가 이렇게 말한다. 너희를 내게 보내 물어보도록 한 유다 왕에게 이렇게 말하여라. '보라. 너희를 돕기 위해서 나온 바로의 군대가 자기 땅인 이집트로 되돌아갈 것이다.
사 24:7

8 그러면 갈대아 사람들이 돌아와 이 성읍을 공격해서 취하고 불로 태울 것이다.'

9 여호와가 이렇게 말한다. 갈대아 사람들이 반드시 우리에게서 떠날 것이다라고 말하며 너희 자신을 속이지 말라. 그들은 떠나지 않을 것이다!

10 너희가 너희와 싸우고 있는 바벨론의 모든 군대를 물리쳐서 그들에게 부상자들만 남는다고 할지라도 그들이 자기의 막사에서 일어나 이 성읍을 불로 태울 것이다."

11 예레미야가 감옥에 갇힘 바로의 군대로 인해 갈대아 사람들의 군대가 예루살렘에서 물러간 뒤에
5절

12 예레미야는 베냐민 땅으로 가서 그곳 백성 가운데 자기 몫의 재산을 받기 위해 예루살렘을 떠났다.
1:1:32:8-9:39:14

13 그러나 그가 베냐민 성문에 이르렀을 때 그곳에서 하나냐의 손자 셀레먀의 아들 이리야라는 문지기 우두머리가 예언자 예레미야를 붙잡고 말했다. "너는 우리를 배반하고 갈대아 사람들에게 항복하려고 한다!"

14 예레미야가 말했다. "거짓말이다! 나는 바벨론 사람들에게 항복하려는 것이 아니다!" 그러나 이리야는 그의 말을 들으려 하지 않았다. 이리야는 오히려 예레미야를 붙잡아 그를 관료들에게 데리고 갔다.

15 관료들은 예레미야에게 화가 나서 그를 때리고 서기관 요나단의 집에 가두었다. 그때 그곳은 감옥으로 사용됐기 때문이다.

16 예레미야가 토굴 속 감옥에 들어가 그곳에서 여러 날 머물렀다.
38:6-14

17 시드기야가 다시 경고를 받음 그때 시드기야 왕이 사람을 보내 그를 왕궁으로 데려갔다. 왕은 그에게 비밀리에 물었다. "혹시 여호와로부터 어떤 말씀이 있느냐?" 예레미야가 말했다. "있습니다." 그러고 나서 그가 말했다. "왕은 바벨론 왕의 손에 넘겨질 것입니다!"
21:7:38:16

18 예레미야가 잠시 풀려 남 그리고 예레미야가 시드기야 왕에게 말했다. "제가 왕과 왕의 신하들과 이 백성에게 무슨 죄를 지었기에 왕께서 저를 감옥에 가두셨습니까?

19 왕께 '바벨론 왕이 왕과 이 땅을 치러 오지 않을 것이다라고 예언했던 왕의 예언자들은 어디에 있습니까?
28:2,11,17

20 내 주 왕이여, 그러니 이제 부디 들으시고 제 간청을 받아 주십시오. 저를 서기관 요나단의 집으로 돌려보내지 마십시오. 제가 그곳에서 죽을까 두렵습니다."

21 그러자 시드기야 왕이 예레미야를 경호대

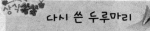

생생생생 다시 쓴 두루마리

바룩이 기록한 예레미야의 두루마리 책을 여호야김 왕이 불에 태워 없애자, 하나님은 예레미야에게 다른 두루마리를 가져다가 다시 하나님의 말씀을 기록하라고 하셨습니다(렘36:28).
바룩은 예레미야가 말하는 대로 불에 태워 없어진 첫 두루마리에 있던 하나님의 말씀을 다시 기록했다. 그 두루마리에는 첫 두루마리 책의 내용을 모두 기록하고 다른 내용들도 첨가했다(렘 36:32).
현재 우리가 읽는 구약성경의 예레미야서에는 첨가한 예언의 내용이 다 들어 있다.

뜰에 있게 하고 성읍 안에 빵이 다 없어지기까지 빵 굽는 사람의 거리에서 날마다 빵 한 덩이씩 그에게 갖다 주라고 명령했다. 그래서 예레미야는 경호대 뜰에 머물렀다.

38

관료들의 음모 맛단의 아들 스바댜와 바스훌의 아들 그다랴와 셀레먀의 아들 유갈과 말기야의 아들 바스훌이 예레미야가 모든 백성에게 선포하던 말을 들었다. 20:1:37:3

2 "여호와께서 이렇게 말씀하셨다. 누구든지 이 성읍에 머물러 있는 사람은 칼과 기근과 전염병으로 죽을 것이다. 그러나 누구든지 갈대아 사람들에게 나아가는 사람은 살 것이다. 그의 목숨이 그에게 전리품처럼 될 것이다. 그가 살 것이다.'

3 여호와께서 이렇게 말씀하셨다. '이 성읍이 반드시 바벨론 왕의 군대의 손에 넘겨질 것이니 그가 이 성읍을 취할 것이다.'"

4 예레미야가 웅덩이에 빠짐 그러자 관료들이 왕에게 말했다. "이 사람을 죽이십시오. 그가 이런 말들을 선포해서 모든 백성의 손과 이 성읍에 남아 있는 군사들의 손을 약하게 하고 있습니다. 이 사람이 이 백성의 평안을 추구하지 않고 해를 추구하고 있습니다.' 6:24:26:11:33:9

5 시드기야 왕이 대답했다. "보라. 그가 너희 손안에 있다. 왕은 너희의 뜻에 반대해서 아무것도 할 수 없다." 24~28절

6 그러자 그들이 예레미야를 데려다가 경호대 뜰에 있는 왕의 아들 말기야의 웅덩이에 던져 넣었는데 예레미야를 밧줄로 내려 놓았다. 그 웅덩이 안에는 물이 없고 진흙만 있었기 때문에 예레미야는 진흙 속에 빠졌다.

7 예레미야가 구출됨 그때 왕궁의 내시 에티오피아 사람 에벳멜렉이 예레미야를 웅덩이 속에 넣었다는 소식을 들었다. 왕이 베냐민 성문에 앉아 있을 때

8 에벳멜렉이 왕궁에서 나와 왕에게 말했다.

9 "내 주 왕이여. 이 사람들이 예언자 예레미야에게 행한 모든 것은 악합니다. 그들이 그를 구덩이에 던져 넣었는데 성읍 안에 더 이상 빵이 없기 때문에 그가 그 안에서 굶어 죽을 것입니다." 11:22:37:21

10 그러자 왕이 에티오피아 사람 에벳멜렉에게 명령했다. "너는 여기서 30명을 데리고 가서 예언자 예레미야가 죽기 전에 그를 웅덩이에서 끌어 올려 내어라."

11 그러자 에벳멜렉은 사람들을 데리고 왕궁 창고 아래 있는 방으로 가 그곳에서 천 조각들과 낡은 옷가지를 꺼내 밧줄에 매달아 웅덩이 안에 있는 예레미야에게 내려 주었다.

12 에티오피아 사람 에벳멜렉이 예레미야에게 말했다. "이 천 조각들과 낡은 옷가지를 겨드랑이에 대고 밧줄을 그 아래 두르시오." 예레미야가 그렇게 했다.

13 그러자 그들이 밧줄로

예레미야가 경호대 뜰에 있는 말기야의 웅덩이에 던져짐

예레미야를 끌어 올려 그를 웅덩이에서 건져 냈다. 그리하여 예레미야는 경호대 뜰에 머물렀다.

14 시드기야가 예레미야를 심문함 그 후에 시드기야 왕이 사람을 보내 예언자 예레미야를 여호와의 성전 세 번째 문으로 데려오게 했다. 왕이 예레미야에게 말했다. "내가 네게 한 가지 물어보겠다. 아무것도 내게 숨기지 마라."

15 예레미야가 시드기야에게 말했다. "만약 내가 왕께 말하면 왕이 나를 죽이지 않겠습니까? 내가 왕께 조언을 해도 왕은 내게 귀 기울이지 않을 것입니다."

16 그러나 시드기야 왕은 예레미야에게 비밀리에 맹세했다. "우리 영혼을 지으신 여호와께서 살아 계신 것같이 내가 너를 죽이거나 네 목숨을 찾는 이 사람들의 손에 넘기지 않을 것이다." 롯 3:13;사 57:16

17 시드기야의 선택 그러자 예레미야가 시드기야에게 말했다. "이스라엘의 하나님, 만군의 하나님 여호와께서 말씀하셨습니다. '만약 네가 바벨론 왕의 고관들에게 항복하면 살 것이고 이 성읍이 불타지 않을 것이다. 너와 네 가족이 살 것이다.

18 만약 네가 바벨론 왕의 고관들에게 항복하지 않으면 이 성읍은 갈대아 사람들 손에 넘겨지고 그들이 이 성읍을 불로 태울 것이다. 그러면 너는 그들의 손에서 빠져나가지 못할 것이다.'" 21:10

19 항복을 두려워하는 시드기야 시드기야 왕이 예레미야에게 말했다. "나는 갈대아 사람들에게 항복하는 유다 사람들이 두렵다. 갈대아 사람들이 나를 그들 손에 넘겨주어 그들이 나를 학대할지 모른다."

20 예레미야가 대답했다. "그들이 왕을 넘겨주지 않을 것입니다. 제가 왕께 말한 것을 행하시고 여호와께 순종하십시오. 그러면 왕이 잘되고 왕은 살 것입니다. 40:9

21 그러나 만약 왕께 항복하기를 거부하시면 여호와께서 내게 보여 주신 일들이 그대로 일어날 것입니다.

22 보십시오, 유다 왕궁에 남아 있는 모든 여자들이 바벨론 왕의 고관들에게 끌려가면서 왕께 이렇게 말할 것입니다. '네가 신뢰하던 친구들이 너를 속여서 너를 말하게 했다. 네 발이 진흙 속에 빠지니 너를 버렸다.'

23 왕의 모든 아내들과 자식들은 갈대아 사람들에게 끌려갈 것입니다. 왕도 그들의 손에서 빠져나오지 못하고 바벨론 왕의 손에 붙잡힐 것이고 이 성읍이 불타게 될 것입니다."

24 그러자 시드기야가 예레미야에게 말했다. "아무에게도 이것을 알리지 마라. 그러지 않으면 네가 죽을 것이다.

25 만약 관료들이 내가 너와 이야기했다는 것을 들으면 그들이 네게 와서 말할 것이다. '네가 왕에게 무슨 말을 했는지 우리에게 말하여라. 우리에게 숨기지 마라. 그러면 우리가 너를 죽이지 않을 것이다. 왕이 네게 무엇을 말했느냐?' 5절

26 그러면 너는 그들에게 이렇게 말하여라. '내가 왕에게 요나단의 집에 가면 죽게 될 테니 그곳으로 돌려보내지 말아 달라고 간청했다.'" 37:20

27 모든 관료들이 예레미야에게 와서 물었다. 그러자 그는 왕이 명령한 말대로 그들에게 말했다. 그리하여 그들은 그에게 더 이상 말하지 않았다. 이는 아무도 왕과의 대화를 듣지 못했기 때문이다.

28 계속 갇혀 있는 예레미야 그리하여 예레미야

예레미야가 던져진 웅덩이

이스라엘에서는 물을 저장해 두기 위해 웅덩이를 파는 경우가 많았다. 대체로 가정집의 지하층에 팠다.

예레미야가 던져진 웅덩이는 매우 깊어서 줄로 매달아 내려졌다(렘 38:6). 그 웅덩이에 물은 없었고 진흙만 있었다.

진흙으로 번역된 히브리어 '티트'는 진창을 말하는데, 역사학자 요세푸스에 의하면 예레미야는 목까지 진창에 잠겨 있었다고 한다.

예레미야는 이런 상황 속에서 하나님께 기도했고(애 3:55), 하나님은 그를 위로하셨다(애 3:57).

는 예루살렘이 함락되는 날까지 경호대 뜰에 머물렀다. 예루살렘이 함락될 때 예레미야는 그곳에 있었다.

39

예루살렘의 포위 유다 왕 시드기야 9년 열째 달에 바벨론 왕 느부갓네살과 그의 모든 군대가 와서 예루살렘을 포위했다.
왕하 25:1-12

2 **예루살렘의 함락** 그리고 시드기야 11년 넷째 달 그달 9일에 그 성읍이 함락됐다.

3 그 후에 바벨론 왕의 모든 관료들이 와서 '중간 성문'에 자리를 잡았다. 그들은 네르갈사레셀, 삼갈르보, 내시의 우두머리 살스김, 점쟁이의 우두머리 네르갈사레셀 그리고 바벨론 왕의 다른 모든 관료들이었다.

4 왕과 군대가 도망감 유다 왕 시드기야와 그의 모든 군사들이 그들을 보고는 도망갔다. 그들은 밤에 왕의 정원 길로 해서 두 성벽 사이의 문을 통해 성읍을 떠나 아라바로 도망갔다.
신 1:1

5 **시드기야가 끌려감** 그러나 갈대아 군대가 그들을 뒤쫓아 갔고 여리고 평원에서 시드기야를 따라잡았다. 그들이 시드기야를 붙잡아 하맛 땅 리블라에 있는 바벨론 왕 느

부갓네살에게 데려갔다. 그곳에서 그는 시드기야를 판결했다.
수 5:10:왕하 23:33;겔 17:1:15

6 그리고 바벨론 왕은 리블라에서 시드기야가 보는 앞에서 그의 아들들을 죽였고 유다의 모든 귀족들도 다 죽였다.
52:10

7 그는 또 시드기야의 눈을 뽑고 청동 족쇄로 묶어 바벨론으로 데려갔다.
겔 12:13

8 **성의 파멸** 갈대아 사람들은 왕궁과 백성의 집들을 불로 태우고 예루살렘 성벽을 붕괴시켰다.
느 1:3;시 80:12;사 2:5

9 **포로로 끌려감** 경호 대장 느부사라단이 성읍 안에 남아 있던 백성과 자기에게 항복한 사람들과 그 외 남아 있던 백성을 바벨론으로 사로잡아 갔다.
창 37:36;왕하 25:8

10 그러나 경호 대장 느부사라단은 가진 것이 아무것도 없는 일부 가난한 사람들을 유다 땅에 남겨 두고 그들에게 포도밭과 밭을 주었다.
왕하 25:12

11 예레미야가 구원받음 그때 바벨론 왕 느부갓네살이 경호 대장 느부사라단을 통해서 예레미야에 관해 명령을 내렸다.

12 "그를 데려다가 돌봐 주어라. 그를 해치지 말고 그가 네게 말하는 대로 그에게 해 주

예레미야의 투옥 생활

투옥과 구출	1차 투옥	1차 구출	2차 투옥	2차 구출	예루살렘 함락까지
장소	서기관 요나단의 집 토굴 (렘 37:15)	경호대 뜰 (렘 37:21)	왕자 말기야의 웅덩이 (렘 38:6)	경호대 뜰 (렘 38:13)	경호대 뜰 (렘 32:2; 37:21)
이유	예루살렘이 갈대아 사람(바벨론)에게 무너질 것이라고 말했기 때문 (렘 37:8-10)	왕은 예레미야의 말을 듣고 토굴에서 나오게 하고 경호대 뜰에 머물게 함 (렘 37:21)	스바댜, 그다랴, 유갈, 바스훌이 왕에게 말함 (렘 38:1-6)	왕궁 내시 에티오피아 사람 에벳멜렉의 도움으로 다시 구출됨 (렘 38:7-13)	시드기야 왕이 하나님에게 받은 말씀을 은밀히 묻기 위해 예레미야를 성전으로 부름
투옥과 결과	시드기야 왕이 하나님에게 받은 말씀을 은밀히 묻기 위해 왕궁으로 부름 (렘 37:17-20)	매일 빵 한 덩이씩을 먹으며 살 수 있음 (렘 37:21)	물이 없고 진흙만 있는 깊은 웅덩이에서 생활함 (렘 38:6)	왕이 보낸 30명과 함께 에벳멜렉이 넘겨준 천 조각과 낡은 옷으로 구출됨 (렘 38:10-12)	예루살렘이 무너진 후 바벨론 왕은 그를 잘 대접했고 감옥에서 나와 그다랴의 집에서 보호받음 (렘 39:11-14)

40:4

13 그리하여 경호 대장 느부사라단과 내시의 우두머리 느부사스반과 점쟁이의 우두머리 네르갈사레셀과 바벨론 왕의 모든 관료들은 사람을 보내

3절

14 경호대 뜰에서 예레미야를 데려왔다. 그들은 예레미야를 사반의 손자 아히감의 아들 그다랴에게 넘겨주어 집으로 돌려보냈다. 그리하여 예레미야는 백성 가운데서 살았다.

왕하 22:3,12;25:22-25

15 구원에 대해 확인받는 예레미야 예레미야가 아직 경호대 뜰에 갇혀 있을 때 여호와의 말씀이 예레미야에게 임해 말씀하셨습니다.

16 "에티오피아 사람 에벳멜렉에게 가서 말하여라. '이스라엘의 하나님 만군의 여호와께서 말씀하셨다. 보아라. 내가 이 성읍에 복이 아니라 재앙을 내릴 것이다. 그날에 그것들이 네 앞에서 이뤄질 것이다.

17 그러나 그날에 너를 구해 낼 것이다. 너는 네가 두려워하는 사람들의 손에 넘겨지지 않을 것이다.

18 내가 반드시 너를 구해 낼 것이니 너는 칼에 쓰러지지 않고 네 목숨이 네게 전리품처럼 될 것이다. 이는 네가 나를 믿기 때문이다. 여호와의 말이다.'"

시 25:2;37:40

40

풀려남 경호 대장 느부사라단이 바벨론으로 사로잡혀 가고 있는 유다와 예루살렘의 모든 포로들 가운데 사슬에 묶여 있는 예레미야를 라마에서 풀어

준 후에 여호와께로부터 예레미야에게 임한 말씀입니다.

2 경호 대장이 예레미야를 데리고 가서 그에게 말했다. "네 하나님 여호와께서 이곳에 이 재앙을 선포하신 것이다.

신 29:24,28

3 이제 여호와께서 그 재앙을 이루시고 선포하신 대로 행하셨다. 이 모든 것은 너희가 여호와께 죄를 지었고 그분의 목소리에 순종하지 않았기 때문에 일어났다.

4 그러나 이제 보아라. 오늘 네 손에 묶여 있는 사슬로부터 내가 너를 풀어 줄 것이다. 네가 나와 함께 바벨론으로 가는 것이 좋게 여겨지면 가라. 내가 너를 잘 돌봐 주겠다. 그러나 네가 나와 함께 바벨론으로 가는 것이 좋지 않게 여겨지면 가지 마라. 보아라. 온 땅이 네 앞에 놓여 있다. 어디든지 네 생각에 좋고 적당한 곳으로 가라."

5 그러나 예레미야가 떠나기 전에 느부사라단이 덧붙여 말했다. "사반의 손자 아히감의 아들 그다랴에게로 돌아가라. 바벨론 왕에서 그를 유다 성읍들의 총독으로 임명하셨다. 그와 함께 네 백성 사이에서 살아라. 아니면 어디든 네 생각에 적당한 곳으로 가라." 그러고 나서 경호 대장은 예레미야에게 먹을 것과 선물을 주고 그를 가게 했다.

6 남은 사람들과 함께한 예레미야 그리하여 예레미야는 미스바에 있는 아히감의 아들 그다랴에게로 가서 이 땅에 남아 있던 백성 사이에서 함께 살았다.

수 18:26

갈대아 사람

갈대아는 원래 티그리스, 유프라테스 강 사이에 위치한 작은 나라였다.

BC 626년 신바벨론 제국을 세워 앗시리아를 멸망시키더니 점차 커져 메소포타미아 전 지역을 지배하는 큰 제국이 되었다.

성경에서 지칭하는 갈대아 사람은 느부갓네살이 이끌던 신바벨론 제국의 백성을 가리킨다(왕하 24:2; 렘 21:4; 40:9; 단 4:1). 이 나라는 '벨'(므로닥)이라는 신을 섬겼으며 천문학과 상업이 발달했다.

우리가 아브라함의 고향으로 알고 있는 '갈대아 우

르'는 갈대아의 우르를 가리키는 말로, 이곳은 바벨론의 한 지역이다(창 11:31).

갈대아 우르(Ur of the Chaldeans)

7 그러다가 유다 총독이 된 바벨론 왕이 아히감의 아들 그다랴를 그 땅의 총독으로 임명했다는 것과 남녀와 어린아이들과 바벨론에 사로잡혀 가지 않은 그 땅의 가난한 사람들을 그에게 맡겼다는 소식을 들판에 있는 군대 장관들과 그들의 군사들이 들었다.

8 느다냐의 아들 이스마엘, 가레아의 두 아들 요하난과 요나단, 단후멧의 아들 스라야, 느도바 사람 에배의 아들들, 마아가 사람의 아들 여사냐와 그들의 부하들로 미스바에 있는 그다랴에게 왔다. `41:1-3`

9 사반의 손자 아히감의 아들 그다랴는 그들과 그들의 부하들에게 맹세하며 말했다. "갈대아 사람들을 섬기는 것을 두려워하지 말라. 이 땅에 살면서 바벨론 왕을 섬기라. 그것이 너희에게 좋을 것이다.

10 나 또한 미스바에 살면서 우리에게 오는 갈대아 사람들 앞에서 너희를 대표할 것이다. 너희는 포도주와 여름 열매와 기름을 모아서 너희의 그릇에 보관하고 너희가 취한 너희 성읍들에서 살라." `신 1:38`

11 남은 사람들이 열매를 모음 바벨론 왕이 유다에 사람들을 남겨 두었다는 것과 그들의 총독으로 사반의 손자 아히감의 아들 그다랴를 임명했다는 것을 모압과 암몬 족속과 에돔과 다른 나라에 있는 모든 유다 사람들이 들었다. `창 36:8:민 22:1:삼상 11:1`

12 자기들이 쫓겨나 있던 모든 곳에서 모든 유다 사람들이 돌아와서 유다 땅 미스바의 그다랴에게 왔다. 그리고 그들은 포도주와 여름 열매들을 아주 많이 모았다.

13 이스마엘에 대한 경고 가레아의 아들 요하난과 들판에 있던 그들의 군대 장관들이 미스바에 있는 그다랴에게 와서

14 그에게 말했다. "암몬 족속의 왕인 바알리스가 당신을 살해하려고 느다냐의 아들 이스마엘을 보낸 것을 아십니까?" 그러나 아히감의 아들 그다랴는 그들의 말을 믿지 않았다. `41:10`

15 그러자 가레아의 아들 요하난이 미스바에 있는 그다랴에게 은밀히 말했다. "내가 가서 느다냐의 아들 이스마엘을 죽이게 해 주시오, 아무도 모를 것입니다. 그 사람이 당신의 목숨을 빼앗아 당신에게 모여든 모든 유다 사람들을 다시 흩어지게 하고 유다에 남은 사람들이 멸망당하게 해서야 되겠습니까?" `42:2`

16 그러나 아히감의 아들 그다랴는 가레아의 아들 요하난에게 말했다. "이런 일을 하지 마라! 이스마엘에 대해 네가 말하는 것은 거짓이다."

41 그다랴가 암살당할 일곱째 달에 왕족이며 왕의 장관인 엘리사마의 손자 느다냐의 아들 이스마엘이 열 명의 사람들을 데리고 미스바에 있는 아히감의 아들 그다랴에게 왔다. 그곳에서 그들이 함께 음식을 먹고 있다가

2 느다냐의 아들 이스마엘과 그와 함께 온 열 명의 사람들이 일어나 사반의 손자이며 아히감의 아들인 그다랴를 칼로 쳐서 바벨론 왕이 그 땅의 총독으로 임명한 그를 죽였다. `삼하 13:28-29`

3 이스마엘은 또한 미스바에서 그다랴와 함께 있던 모든 유다 사람들과 그곳에 있던 갈대아 군사들도 죽였다.

people

그다랴

'주는 위대하시다'라는 이름의 뜻이 있다. 예루살렘이 파괴된 이후 바벨론으로 옮겨 가지 않은 유다 백성을 다스리도록 느부갓네살 왕이 유다 총독으로 임명했다. 그다랴는 예레미야의 도움을 받아 친바벨론 정책을 펼치며 백성들의 생활 안정을 위해 노력했다.
하지만 자신을 죽이려는 이스마엘의 음모와 대비책을 제시한 요하난의 충고를 무시하여 결국 이스마엘에게 암살당하고 말았다.

그다랴가 나오는 말씀
>> 렘 40:5-41:3

성경 속의 다른 그다랴
>> 스바냐의 할아버지 (습 1:1)

4 70명이 살해당함 그다랴가 살해된 이튿날
에도 아무도 그에 대해 알지 못했다.

5 그때 수염을 깎고 자기 옷을 찢고 몸에 상
처를 낸 80명의 사람들이 그들의 손에 곡식
제물과 유향을 갖고 세겜과 실로와 사마리
아에서 와서 여호와의 집에 드리려고 했다.

6 느다냐의 아들 이스마엘이 그들을 맞으러
미스바에서 나와서 계속 울며 가다가 그들
을 만나자 이렇게 말했다. "아히감의 아들
그다랴에게 가라."
40:6,8,10

7 그들이 성읍 안으로 들어갔을 때 느다냐의
아들 이스마엘과 그와 함께 있던 사람들이
그들을 죽이고는 웅덩이 속에 던졌다.

8 그러나 그들 가운데 열 명의 사람들이 이
스마엘에게 말했다. "우리를 죽이지 마십
시오! 우리에게 들에 숨겨 놓은 밀과 보리
와 기름과 꿀이 있습니다." 그러자 그가 멈
추고 그들의 형제들과 함께 그들을 죽이
지 않았다.
삿6:11

9 이스마엘이 그다랴 때문에 죽인 모든 사
람들의 시체들을 던져 넣은 웅덩이는 아
사 왕이 이스라엘 왕 바아사를 두려워해서
만든 것이었다. 느다냐의 아들 이스마엘은
그 웅덩이를 시체들로 가득 채웠다.

10 미스바 사람들이 끌려감 이스마엘은 미스바
에 있던 남은 사람들을 전부 포로로 잡았
다. 그들은 왕의 딸들이며 모두 미스바에
남아 있던 백성으로 경호 대장 느부사라단
이 아히감의 아들 그다랴에게 위임한 사람
들이었다. 느다냐의 아들 이스마엘은 그들
을 포로로 잡아 암몬 족속에게로 가려고
떠났다.

11 요하난이 구원함 가레아의 아들 요하난과 그
와 함께 있던 모든 군대 장관들이 느다냐
의 아들 이스마엘이 저지른 모든 죄악에
대해 들었다.
40:8,13

12 그들은 그들의 모든 군사들을 데리고 느다
냐의 아들 이스마엘과 싸우러 나갔다. 그들
은 기브온에 있는 큰 연못에서 그를 만났다.

13 이스마엘에게 끌려가던 모든 백성은 가레
아의 아들 요하난과 그와 함께 있는 모든

▲ 미스바(Mizpah)

아히감의 아들 그다랴가 살던 곳(렘 40:6)으로, '지
켜보는 자(망대)'라는 뜻이다. 그다랴는 이곳에서
유다의 총독이 되었고(왕하 25:22; 렘 40:7), 포로에
서 풀려난 예레미야를 보호했다(렘 40:6). 그러나
총독이 된지 2개월 만에 이곳에서 이스마엘에 의
해 죽임을 당했다(렘 41:1-3).

군대 장관들을 보고서 기뻐했다.

14 이스마엘이 미스바에서 포로로 잡아 온 모
든 백성은 돌이켜 가레아의 아들 요하난에
게로 넘어갔다.
10,16절

15 그러나 느다냐의 아들 이스마엘과 여덟 명
의 사람들은 요하난에게서 도망쳐서 암몬
족속에게로 갔다.

16 요하난이 백성들을 도피시킴 가레아의 아들
요하난과 그와 함께 있는 모든 군대 장관
들이 느다냐의 아들 이스마엘이 아히감의
아들 그다랴를 살해한 뒤에 미스바에서
포로로 잡아간 백성의 남은 사람들 모두,
곧 군사들, 여자들, 어린아이들, 내시들을
데리고 기브온에서 돌아왔다.

17 그리고 그들은 이집트로 가려고 떠나 베들
레헴 근처 게룻김함에 머물렀다.

18 이는 갈대아 사람들 때문이었다. 바벨론
왕이 그 땅의 총독으로 세운 아히감의 아
들 그다랴를 느다냐의 아들 이스마엘이 죽
였기 때문에 그들은 갈대아 사람들을 두
려워했다.
40:5

42
예레미야가 갈 길을 구함 모든 군대
장관들과 가레아의 아들 요하난

게룻김함(41:17, Geruth Kimham) '김함의 여관'이라는 뜻
여사냐(42:1, Jezaniah) 다른 이름은 아사랴(렘 43:2).

과 호사야의 아들 여사냐와 가장 작은 사람들부터 가장 큰 사람들까지 모든 백성이 가까이 나아와

6:13;40:8,13

2 예언자 예레미야에게 말했다. "당신은 우리의 간구를 들어 주시고 또 우리를 위해, 그리고 이 모든 남은 사람들을 위해 당신의 하나님 여호와께 기도해 주십시오. 당신의 눈으로 보는 것처럼 한때 우리의 수가 많았지만 이제 조금밖에 남지 않았습니다.

3 우리가 가야 할 길과 우리가 해야 할 일을 당신의 하나님 여호와께서 우리에게 말씀해 주시도록 기도해 주십시오."

슥 8:21

4 예언자 예레미야가 그들에게 말했다. "내가 너희 말을 들었으니 내가 너희가 말한 대로 너희 하나님 여호와께 기도할 것이다. 여호와께서 너희에게 응답하시는 모든 말들을 내가 너희에게 말해 주고 너희에게 어떤 것도 숨기지 않을 것이다."

5 순종을 약속 그러자 그들이 예레미야에게 말했다. "여호와께서 우리 사이에 진실하고 신실한 증인이 되소서. 우리가 당신의 하나님 여호와께서 당신을 보내 우리에게 하시는 모든 말씀에 따르겠습니다.

6 좋든 나쁘든 당신을 보내 간구하고 있는 우리 하나님 여호와의 목소리에 순종할 것입니다. 우리가 우리 하나님 여호와의 목소리에 순종하면 우리가 잘될 것입니다."

7 남은 사람들 열흘이 지난 후에 여호와의 말씀이 예레미야에게 임했습니다.

겔 3:16

8 예레미야는 가레아의 아들 요하난과 그와 함께 있던 모든 군대 장관들과 가장 작은 사람들부터 가장 큰 사람들까지 모든 백성을 불러 놓고

9 그들에게 말했다. "너희가 나를 보내 너희의 간구를 드려 달라고 했던 이스라엘의 하나님 여호와께서 이렇게 말씀하셨다.

10 '만약 너희가 이 땅에 머무르면 내가 너희를 세우고 무너뜨리지 않을 것이다. 내가 너희를 심고 너희를 뽑지 않을 것이다. 이는 내가 너희에게 내린 재앙에 대해 내가 마음을 돌이키기 때문이다.

창 6:6;신 32:36

11 여호와의 말이다. 너희가 두려워하는 바벨론 왕을 두려워하지 말라. 그를 두려워하지 말라. 이는 내가 너희와 함께하여 너희를 구하고 그의 손에서 건져 낼 것이기 때문이다.

12 내가 너희를 긍휼히 여기리니 그가 너희를 긍휼히 여겨서 너희 땅으로 돌려보낼 것이다.'

느 1:11

13 그러나 만약 너희가 '우리가 이 땅에 살지 않겠다'라고 말하며 너희 하나님 여호와의 목소리에 순종하지 않고

43:4;44:16-17

14 '아니다. 우리가 이집트 땅으로 가겠다. 그곳에서는 우리가 전쟁을 보거나 전쟁의 나팔 소리를 듣거나 빵에 주리거나 하지

예레미야는 매국노였나요?

유다 총독 그다랴가 이스마엘에게 살해당한 후 이스마엘을 놓친 요하난은 반역에 대한 책임을 두려워하여 이스마엘에게 포로로 잡혀 있던 백성을 이끌고 이집트로 가려고 했어요(렘 41:16-18).

하지만 이집트로 가기 전, 하나님의 인도하심을 받기 위해 예레미야에게 기도를 부탁했어요(렘 42:1-3).

열흘이 지난 후 예레미야는 요하난과 백성들에게 바벨론 왕을 두려워하지 말고 유다에 남아 있으라고 했어요.

그렇게 하면 바벨론 왕이 땅을 돌려줄 것이고 하나님의 축복도 받게 되지만, 이집트로 내려가면 칼과 기근과 전염병으로 죽게 될 것이라고 전했어요(렘 42:10-22).

하지만 바벨론으로부터 자기 것을 두려워하여 이집트로 가고자 하는 요하난과 백성들의 눈에는 유다에 남아 바벨론에 항복하라고 외치는 예레미야가 매국노로 비칠 수밖에 없었어요.

그러나 예레미야는 하나님의 말씀을 그대로 전한 것뿐이었어요(렘 43장).

않을 것이니 우리가 그곳에서 살겠다라고 말한다면 4:19;37:21;41:17

15 유다의 남은 사람들아, 여호와의 말을 들으라. 이스라엘의 하나님 만군의 여호와가 이렇게 말한다. '만약 너희가 이집트로 가겠다고 결정하고 그곳에 가서 살면

16 너희가 두려워하는 칼이 그곳 이집트 땅에서 너희를 따라붙을 것이고 너희가 두려워하는 기근이 이집트까지 너희를 바싹 따라올 것이며 너희가 그곳에서 죽게 될 것이다.

17 이집트로 가서 그곳에서 살겠다고 결정한 모든 사람들은 칼과 기근과 전염병으로 죽게 될 것이다. 내가 그들에게 가져올 재앙에 살아남는 사람이나 피하는 사람이 없을 것이다.' 애 2:22

18 이스라엘의 하나님 만군의 여호와께서 말씀하신다. '내 노여움과 분노가 예루살렘에 사는 사람들 위에 쏟아부어진 것처럼 너희가 이집트로 갈 때 내 분노가 너희 위에 쏟아부어질 것이다. 너희는 악담과 경악의 대상이 될 것이고 저주와 모욕의 대상이 될 것이다. 너희는 다시는 이곳을 볼 수 없을 것이다.'" 7:20;18:16

19 도망에 대한 경고 "유다의 남은 사람들아, 여호와께서 너희에 대해 말씀하셨다. '이집트로 가지 말라.' 내가 오늘 너희에게 경고하는 것을 분명히 알라. 겔 2:5

20 너희가 나를 너희 하나님 여호와께 보내며 '우리를 위해 우리의 하나님 여호와께 기도해 주십시오. 우리의 하나님 여호와께서 우리에게 말씀하시는 모든 것을 우리에게 말해 주십시오. 그러면 우리가 그대로 할 것입니다'라고 말했을 때 너희는 너희의 목숨을 거는 실수를 했다. 2~3절

21 내가 오늘 너희에게 말했지만 그분이 나를 너희에게 보내 말씀하신 모든 것에 대해서 너희가 너희의 하나님 여호와의 목소리에 순종하지 않았다. 5절

22 그러므로 너희가 가서 살고 싶어 하는 곳에서 너희가 칼과 기근과 전염병으로 죽게 될 것이라는 것을 너희가 분명히 알라."

43 거짓말쟁이로 몰리는 예레미야 예레미야가 모든 백성에게 그들의 하나님 여호와의 이 모든 말씀, 곧 그들의 하나님 여호와께서 자기를 그들에게 보내셔서 말하게 한 그 말씀을 말하는 것을 끝냈을 때

2 호사야의 아들 아사랴와 가레아의 아들 요하난과 모든 교만한 사람들이 예레미야에게 말했다. "당신은 거짓말을 하고 있다! 우리 하나님 여호와께서 '너희가 이집트에서 살기 위해 그곳으로 가지 말라'고 당신을 보내시지 않았다. 32:12;37:13;38:22

3 오직 네리야의 아들 바룩이 당신을 부추겨서 우리를 대적하게 하고 우리를 갈대아 사람들 손에 넘겨주어 그들이 우리를 죽이거나 우리를 바벨론에 포로로 잡아가도록 한 것이다. 32:12;37:13;38:22

4 이끌려가는 남은 사람들 이렇게 가레아의 아들 요하난과 모든 군대 장관들과 모든 백성이 유다 땅에 머물러 있으라는 여호와의 목소리에 순종하지 않았다. 40:13

5 오히려 가레아의 아들 요하난과 모든 군대 장관들은 유다의 남은 사람들, 곧 그들이 쫓겨난 모든 나라로부터 유다 땅에서 살기 위해 돌아온 사람들, 40:11~12

6 곧 남자들과 여자들과 어린아이들과 왕의 딸들과 경호 대장 느부사라단이 사반의 손자 아히감의 아들 그다랴와 함께 남겨둔 사람들과 예언자 예레미야와 네리야의 아들 바룩을 데리고 38:23;39:10,14;40:7;44:20

7 여호와께 불순종하여 이집트에 들어가 다바네스까지 이르렀다. 사 30:4

8 이집트에 대한 예언 다바네스에서 여호와의 말씀이 예레미야에게 임해 말씀하셨습니다.

9 "너는 유다 사람들이 보는 앞에서 네 손에 큰 돌 몇 개를 가져다가 다바네스에 있는 바로의 집 입구에 있는 포장된 곳에 진흙으로 묻어라.

10 그리고 그들에게 말하여라. '이스라엘의 하나님 만군의 여호와가 말한다. 보라. 내가 내 종 바벨론 왕 느부갓네살을 불러서

여기에 내가 묻은 이 돌들 위에 그의 보좌를 둘 것이니 그는 그 위에 왕의 큰 장막을 펼칠 것이다.
1:15:25:9

11 느부갓네살이 와서 이집트 땅을 공격해 죽을 사람은 죽이고 사로잡을 사람은 사로잡고 칼에 맞을 사람은 칼에 맞게 할 것이다.

12 내가 이집트의 신전들에 불을 지를 것이니 그가 그것들을 불태우고 그들을 포로로 잡을 것이다. 목자가 자기 옷으로 자신을 감싸듯이 그가 이집트 땅으로 자기 몸을 감쌀 것이다. 그리고 안전하게 이집트를 떠날 것이다.
출 12:12:사 104:2:사 49:18:겔 30:13

13 그는 이집트 땅에 있는 벧세메스 기둥들을 깨뜨리고 이집트의 신전들을 불로 태워 버릴 것이다.'"
창 41:45:호 23:24:사 19:18

44 이집트에 사는 유다 사람들에 대한 경고 이집트 땅, 곧 믹돌, 다바네스, 놉, 바드로스 땅에 살고 있는 모든 유다 사람들에 관해 예레미야에게 임한 여호와의 말씀입니다.
출 14:2

2 "이스라엘의 하나님 만군의 여호와가 말한다. 내가 예루살렘과 유다의 모든 성읍들에 내린 모든 재앙을 너희가 보았다. 보라. 오늘날 그 성읍들이 폐허가 돼 그곳에 아무도 살지 않는다.
6절

3 이는 그들이 그들이나 너희나 너희 조상들이 알지 못하는 다른 신들에게 향을 태우며 섬김으로써 나를 화나게 한 죄악 때문이다.
신 6:14

4 그러나 내가 너희에게 내 종 예언자들을

거듭 보내서 말했다. '내가 미워하는 이 가증한 일을 하지 말라!'
대하 36:15

5 그러나 그들은 듣지도, 귀 기울이지도 않았다. 그들은 자신의 악으로부터 돌아서지도, 다른 신들에게 희생제물을 태우는 것을 그만두지도 않았다.
34:14

6 그러므로 내 진노와 내 분노가 쏟아져 유다 성읍들과 예루살렘 거리에 불붙었고 그것들이 오늘날처럼 황폐한 곳과 폐허가 됐다.

7 이제 이스라엘의 하나님, 만군의 하나님 여호와가 이렇게 말한다. 왜 너희가 너희 자신에게 이 큰 악을 저질러 너희의 남자와 여자와 어린아이와 젖먹이를 유다 가운데서 끊어지게 하고 너희에게 남은 사람을 하나도 남기지 않게 하려는 것이냐?

8 왜 너희가 살기 위해 간 이집트 땅에서 다른 신들에게 희생제물을 태우며 너희의 손으로 만든 것으로 나를 화나게 해서 너희가 끊어 버림을 당하고 또 땅의 모든 민족들에게 저주와 모욕의 대상이 되려고 하느냐?
18:16:42:18

9 유다 땅과 예루살렘 거리에서 그들이 저지른 너희 조상의 죄악과 유다 왕들의 죄악과 그들의 왕비들의 죄악과 너희의 죄악과 너희 아내들의 죄악을 너희가 잊었느냐?

10 오늘날까지도 그들이 자기 자신을 낮추지 않고 두려워하지도 않으며 내가 너희와 너희 조상들 앞에 세운 내 율법과 율례를 따르지도 않았다.
잠 28:14

11 그러므로 이스라엘의 하나님 만군의 여호

예언이 뭔가요?

우리는 보통 '예언'을 '장래 일을 미리 알려 주는 것'으로 생각해요. 물론 구약 성경에서 '예언'을 말할 때는 이런 뜻이 전혀 없었던 것은 아니에요. 하지만 예언자들이 말하는 미래에 관한 예언이란 그것이 심판의 메시지든 구원의 메시지든, 그 목적은 듣는 사람들을 회개시키고 격려하기 위한 것이었습니다. 구약

성경은 물론 신약 성경에 나타난 예언은 본질적으로 '장래 일을 미리 말하기'보다 '하나님이 맡겨 주신 말씀을 전하기'라는 뜻이 더 강하답니다. 성경의 예언은 '맡길 예(預)'와 '말씀 언(言)'의 결합으로, '맡겨 주신 말씀'이라는 뜻이에요. 성경에서 예언이란 본질적으로 하나님이 '현재'와 '미래'를 위해 주신 '하나님의 말씀'임을 기억하세요.

와가 이렇게 말한다. 보라. 내가 너희에게 재앙을 내리고, 온 유다를 멸망시키기로 결정했다.

12 이집트 땅으로 가서 그곳에서 살겠다고 결정한 유다의 남은 사람들을 내가 제거할 것이다. 그들 모두는 이집트 땅에서 멸망할 것이다. 그들은 칼로 넘어지고 기근으로 멸망할 것이다. 가장 작은 사람부터 가장 큰 사람까지 그들은 칼과 기근으로 죽게 될 것이다. 그들은 악담과 경악의 대상이 되고 저주와 저주의 대상이 될 것이다.

13 내가 예루살렘을 처벌했듯이 이집트 땅에 사는 사람들을 칼과 기근과 전염병으로 처벌할 것이다. 43:11

14 이집트 땅으로 가서 그곳에서 살고 있는 유다의 남은 사람들 가운데 도피하는 사람이나 살아남는 사람이 없을 것이다. 그들이 돌아가 살기를 갈망했던 유다 땅으로 돌아가지 못할 것이다. 몇몇 도피하는 사람들을 빼고는 그들이 돌아가지 못할 것이다."

15 **백성들의 뻔뻔스러운 대답** 그때 그들의 아내들이 다른 신들에게 희생제물을 태운 사실을 알고 있는 모든 남자들과 그 곁에 서 있던 모든 여자들과 이집트 땅 바드로스에서 사는 백성의 큰 무리가 예레미야에게 대답했다.

16 "당신이 여호와의 이름으로 우리에게 선포한 말에 대해 우리가 귀 기울이지 않겠습니다! 6:16:42:13

17 우리 입에서 나온 모든 말을 우리가 반드시 실행할 것입니다. 우리는 우리와 우리 조상들과 우리 왕들과 우리 관료들이 유다의 성읍들과 예루살렘의 거리에서 했던 그대로 하늘의 여왕에게 희생제물을 태우고 전제물을 부어 드릴 것입니다. 그때는 우리가 먹을 것도 많았고 우리가 부유했고 우리가 어떤 재앙도 보지 않았습니다.

18 그런데 우리가 하늘의 여왕에게 희생제물을 태우고 전제물을 부어 드리기를 멈춘 그때부터 모든 것이 부족했고 칼과 기근으로 우리가 멸망당했습니다." 애 3:22

19 그리고 여자들이 말했습니다. "우리가 하늘의 여왕에게 희생제물을 태우고 전제물을 부어 드릴 때 우리 남편들의 허락 없이 하늘 여왕의 형상대로 제사용 과자를 만들고 전제물을 부었겠습니까?" 민 30:6-7

20 **우상 숭배로 인한 유다의 멸망** 그러자 이렇게 대답하는 남자들과 여자들, 모든 백성에게 예레미야가 말했다. 43:6

21 "너희와 너희 조상들과 너희 왕들과 너희 관료들과 그 땅의 백성이 유다의 성읍들과 예루살렘의 거리에서 희생제물을 태운 것에 대해 여호와께서 그것을 기억하지 아니하셨겠느냐? 그것이 여호와께 생각나지 아니하셨겠느냐? 겔 8:10~11:21:24

22 여호와께서 너희 행위의 악함과 너희가 행한 가증한 짓들을 더 이상 참을 수 없으셨기 때문에 오늘날처럼 너희 땅이 폐허가 되고 경악과 저주의 대상이 돼 그곳에 사는 사람이 없게 됐다. 겔 8:6

23 너희가 희생제물을 태우고 여호와께 죄를 짓고 여호와의 목소리에 순종하지 않고 그분의 율법과 규례와 계명을 따르지 않았기 때문에 이 재앙이 오늘날처럼 너희에게 일어났다." 신 31:29

24 **우상 숭배에 관한 말씀** 예레미야가 모든 백성과 모든 여자들에게 말했다. "이집트 땅에 있는 모든 유다야, 여호와의 말씀을 들으라.

25 이스라엘의 하나님 만군의 여호와께서 이렇게 말씀하셨다. 너희와 너희 아내들이 입으로 말하고 그것을 손으로 행했다. '우리가 하늘의 여왕에게 희생제물을 태우고 전제물을 그녀에게 부어 드리겠다고 한 맹세를 반드시 실행할 것이라'고 했으니 너희의 맹세를 반드시 이루라! 너희의 맹세를 반드시 실행하라! 16~17절

26 그러므로 이집트 땅에 사는 모든 유다 사람들아, 여호와의 말씀을 들으라. 여호와께서 말씀하셨다. 보라. 내가 내 큰 이름으로 맹세하니 이집트 온 땅에서 어떤 유다 사람의 입에서도 '여호와께서 살아 계신 것같이'라고 말해 내 이름이 불려지는 일이 다시는 없을 것이다. 겔 20:39

27 보라. 내가 복을 위해서가 아니라 재앙을 위해서 그들을 지켜볼 것이다. 이집트 땅에 있는 모든 유다 사람들이 칼과 기근으로 완전히 멸망할 것이다. 31:28;42:16

28 칼을 피하고 이집트 땅에서 유다 땅으로 돌아갈 사람들이 적을 것이다. 이집트 땅에서 살려고 그곳으로 간 유다의 모든 남은 사람들이 내 말과 그들의 말 가운데 누구의 말이 이루어질 것인지 알게 될 것이다.'

29 바로의 운명에 대한 표적 "여호와의 말이다. '이것이 너희에게 내가 이곳에서 너희를 처벌할 표적이 될 것이다. 내 말이 너희에게 재앙으로 반드시 이루어질 것이라는 것을 너희가 알게 될 것이다.'

30 여호와가 이렇게 말한다. '보라. 내가 유다 왕 시드기야를 그의 목숨을 찾는 원수인 바벨론 왕 느부갓네살에게 넘겨준 것처럼, 이집트 왕 바로 호브라를 그의 대적들의 손과 그의 목숨을 찾는 사람들의 손에 넘겨줄 것이다.'" 겔 29:2-5;30:21-24

People

바룩

이름의 뜻은 '축복받은 자'이다. 바룩은 예레미야의 친구이며 제자였다. 예레미야의 예언을 받아 믿음과 감옥에 갇힌 예레미야 대신 성전에서 백성들에게 예언의 말씀을 낭독했다(렘 36:4-20). 바룩이 쓴 두루마리를 여호야김 왕이 불태우자 하나님은 다시 예레미야에게 예언의 말씀을 쓰라고 하셨다(렘 36:28). 바룩은 예레미야를 도와 불사른 첫 두루마리의 말씀을 모두 다시 기록했다(렘 36:32).
바룩은 자신의 처지를 슬퍼한 적도 있었지만(렘 45:3), 하나님은 그분의 주권을 말씀하시며 위로하셨다(렘 45:4-5). 예레미야와 함께 이집트로 끌려갔다(렘 43:1-7).

바룩이 나오는 말씀
>> 렘 36:4-32; 43:1-7; 45:1-5

45 약속을 받는 바룩 유다 왕 요시야의 아들 여호야김 4년에 예레미야가 불러 주는 말에 따라 바룩이 이 말들을 책에 기록한 후 예언자 예레미야가 네리야의 아들 바룩에게 한 말이다.

2 "바룩아, 네게 이스라엘의 하나님 여호와께서 이렇게 말씀하셨다.

3 네가 말했다. '내게 화가 있도다! 이는 여호와께서 내 고통에 슬픔을 더하셨기 때문이다. 내가 탄식으로 피곤하고 쉼을 찾지 못한다.'" 시 6:6;애 1:3;5:5

4 여호와께서 말씀하셨다. "그에게 이것을 말하여라. '여호와께서 이렇게 말씀하셨다. 보아라. 내가 세운 것을 내가 무너뜨릴 것이고 내가 심은 것을 내가 뽑아 버릴 것이다. 내가 온 땅에 그리하겠다.

5 그런데도 네가 네 자신을 위해 큰일들을 추구하느냐? 그것들을 추구하지 마라. 보아라. 이는 내가 모든 사람에게 재앙을 가져올 것이기 때문이다. 그러나 네가 가는 모든 곳에서 내가 네 목숨을 전리품처럼 건져 줄 것이다.' 여호와의 말이다."

46 이집트에 대한 예언 민족들에 대해 여호와의 말씀이 예언자 예레미야에게 임했습니다. 1:5;25:13

2 이집트에 대한 말씀입니다. 유다 왕 요시야의 아들 여호야김 4년에 유프라테스 강 가 갈그미스에서 바벨론 왕 느부갓네살이 물리친 이집트 왕 바로 느고의 군대에 관해 말씀하셨습니다. 왕하 23:29;대하 35:20

3 "크고 작은 방패를 준비해 전쟁에 나가라!

4 기병들아, 말에 안장을 채우고 올라타라! 투구를 쓰고서 너희의 위치를 지켜라! 창을 갈고 갑옷을 입어라! 나 1:3;2

5 내가 무엇을 보는가? 그들이 놀라서 뒤로 물러가고 있다. 그들의 용사들이 패해 도망가고 있으며 뒤도 돌아보지 않는다. 공포가 사방에 있다. 여호와의 말이다.

6 발 빠른 사람이 도망치지 못하고 강한 사람도 피하지 못한다. 유프라테스 강 가 북쪽에서 그들이 넘어지고 쓰러진다.

7 나일 강처럼 일어나는 이 사람이 누구인가? 물을 물결치게 하는 강물처럼 일어나는 이 사람이 누구인가? 사 8:7-8; 단 11:22

8 이집트가 나일 강처럼 일어나고 물을 물결치게 하는 강들과 같다. 이집트가 말한다. '내가 일어나 세상을 덮을 것이다. 내가 성읍들과 그곳에 사는 사람들을 멸망시킬 것이다.'

9 말들아, 달리라! 전차들아, 진격하라! 용사들아, 나가라! 방패를 든 에티오피아와 붓 사람들아! 활을 당기는 루딤 사람들아!

10 그날은 만군의 주 여호와의 날이다. 대적에게 복수하는 복수의 날이다. 칼이 삼켜서 배가 부르며 그들의 피로 취할 것이다. 이는 유프라테스 강 가 북쪽 땅에서 만군의 주 여호와가 희생을 낼 것이기 때문이다.

11 이집트의 처녀 딸아! 길르앗으로 올라가 유향을 취하라. 네가 헛되이 많은 약을 쓰나 네게는 치유가 없다. 렘 30:21

12 바벨론이 이집트를 정복함 네 수치를 민족들이 듣고 네 부르짖음이 땅에 가득할 것이니 한 용사가 다른 용사에 걸려 넘어지고 그들 다 함께 쓰러질 것이다." 6절

13 바벨론 왕 느부갓네살이 이집트를 공격하러 올 것에 대해 여호와께서 예언자 예레미야에게 하신 말씀입니다. 사 19:4; 겔 29:10

14 "이집트에서 선포하고 믹돌에서 선언하라. 놉과 다바네스에서 선언하라. '네 위치를 지키고 준비하라. 이는 칼이 네 주변을 삼킬 *것이기 때문이다.'* 44:1

15 왜 너희 용사들이 쓰러지겠느냐? 그들이 서지 못한 것은 여호와가 그들을 쫓아냈기 때문이다. 레 26:37

16 그들이 계속해서 넘어질 것이고 한 사람이 또 한 사람 위에 쓰러질 것이다. 그들이 말한다. '일어나라! 압제자의 칼날에서 벗어나 우리의 동족에게로, 고향 땅으로 돌아가자.'

17 그곳에서 그들이 외칠 것이다. '이집트 왕 바로는 허풍선이일 뿐이다. 그는 정해진 때를 놓쳤다.'" 사 30:7

18 그의 이름이 만군의 여호와 되시는 왕의

▲ 갈그미스(Carchemish)
메소포타미아와 유럽, 이집트를 잇는 군사, 교통의 요충지로, 강대국들의 주도권 쟁탈전의 주요 무대였다. 예레미야는 갈그미스 전투에서 이집트가 바벨론에 침패할 것을 예언하며, 이것이 이집트에 대한 심판이라고 했다(렘 46:1-25).

말씀이다. "나의 삶을 두고 맹세한다. 산들 가운데서 다볼 같고 바다 곁의 갈멜 같은 사람이 나올 것이다. 삿 4:6; 왕상 18:42,44

19 이집트에 사는 사람들아, 너는 짐을 꾸려 포로로 잡혀갈 준비를 하라. 이는 놉이 황폐하게 되고 아무도 살지 않게 될 것이기 때문이다. 겔 12:3

20 이집트가 아름다운 암송아지이나 그의 멸망이 북쪽에서부터 오고 있다. 호 10:11

21 그들 가운데 있는 용병들은 살진 송아지 같으나 그들 역시 돌아서서 함께 도망칠 것이다. 그들이 버티지 못할 것은 이는 재앙의 날이 그들에게 오고 있고 그들이 처벌받을 때가 오기 때문이다. 말 4:2

22 대적이 군대를 거느리고 행진할 때 이집트가 도망하는 뱀처럼 소리를 낼 것이다. 그들이 이집트를 치러 도끼를 갖고 올 것이다.

23 여호와의 말이다. 숲이 빽빽하더라도 그들이 숲을 찍어 낼 것이다. 그들은 메뚜기 떼보다 많아서 그 수를 셀 수 없다.

24 이집트의 딸이 수치를 당해 북쪽 사람들의 손에 넘겨질 것이다."

25 이스라엘의 하나님 만군의 여호와께서 말씀하셨다. "보라. 내가 노의 아몬과 바로와 이

전리품(45:5, 戰利品) 전쟁 때 적에게서 빼앗은 물품.
허풍선이(46:17, 虛風扇−, a loud noise) 실제보다 지나치게 보태거나 꾸며서 실속이 없는 말이나 행동을 하는 사람.

예레미야가 예언한 심판받을 나라들

블레셋
북쪽의 바벨론에게 블레셋(5대 성읍: 가사, 아스돗, 아스글론, 가드, 에그론)이 멸망할 것을 예언(렘 47:1-7)

다메섹
다메섹의 성벽과 벤하닷 궁전이 불탈 것을 예언(렘 49:23-27)

바벨론
바벨론과 수도가 멸망할 것을 예언(렘 50:1-3), 이스라엘의 귀향을 예언(렘 51:15-19, 45-53), 바벨론이 심판받는 것은 하나님께 죄를 범했기 때문이고(렘 25:12) 멸망시키는 자가 교만한 바벨론을 덮칠 것을 예언(렘 50:40)

엘람
엘람의 으뜸가는 활의 힘이 꺾이고 멸망할 것을 예언(렘 49:34-39)

대해 (지중해)

카스피 해

앗시리아

니느웨 두라

하솔 블레셋 다메섹 암몬 모압 에돔

니푸르 바벨론 엘람 우르

이집트

홍해

이집트
이집트가 갈그미스 전투에서 바벨론에 패할 것을 예언(렘 46:1-26)

에돔
에돔은 완전히 멸망할 것을 예언(렘 49:7-22)

모압
유다와 연합하여 바벨론에 대항하지만 멸망당할 것을 예언(렘 48장)

암몬
랍바가 폐허로 될 것을 예언(렘 49:1-6)

게달과 하솔
느부갓네살에게 멸망당할 것을 예언(렘 49:28-33)

집트와 그의 신들과 그의 왕들, 곧 바로와 바로를 의지하는 사람들을 처벌할 것이다.

26 내가 그들의 목숨을 찾는 사람들의 손에, 바벨론 왕 느부갓네살과 그의 신하들의 손에 그들을 넘겨줄 것이다. 그러나 그 후에는 이집트는 예전처럼 사람 사는 곳이 될 것이다. 여호와의 말이다." 사 19:22-25

27 백성을 위로하심 "내 종 야곱아, 두려워하지 말라. 이스라엘아, 놀라지 말라. 보라. 내가 너를 먼 곳에서 구원하고 네 자손들을 그들의 포로 된 땅에서 구원할 것이다. 야곱이 돌아와 평화와 안정을 얻을 것이니 아무도 그를 두렵게 하지 못할 것이다. 사 43:5

28 여호와의 말이다. 내 종 야곱아, 내가 너와 함께하니 두려워하지 말라. 너를 쫓아낸 모든 민족들을 내가 완전히 멸망시킬 것이나 너는 완전히 멸망시키지 않을 것이다. 그러나 내가 너를 정의로 훈계해 전혀 처벌받지 않게 하지는 않을 것이다."

47 블레셋의 위험 바로가 가사를 공격하기 전 블레셋 사람들에 대해 예언자 예레미야에게 임한 여호와의 말씀입니다. 겔 25:15-16;암 1:6-7;습 2:4-5

2 여호와께서 이렇게 말씀하셨다. "보라. 물이 북쪽에서 일어나 흘러넘치는 급류가 되고 땅과 그 안의 모든 것 위에, 성읍과 그 안에 사는 사람들 위에 흘러넘칠 것이다. 사람들이 소리치고 그 땅에 사는 모든 사람들이 울부짖을 것이다. 사 8:7

3 준마들의 말발굽 소리, 전차의 달리는 소리, 바퀴가 덜거덕거리는 소리에 아버지들은 손에 기운이 없어져 자기 자식을 돌아보지 못할 것이다. 나 3:2

4 이는 모든 블레셋 사람들을 멸망시키고 두로와 시돈을 도울 수 있는 모든 남은 사람들이 끊어질 날이 오기 때문이다. 여호와가 블레셋 사람들을, 갑돌 해변에 남은 사람들을 멸망시킬 것이다. 창 10:14

5 가사가 삭발하게 되고 아스글론이 파괴됐

다. 평원의 남은 사람들아, 네가 언제까지 네 몸에 상처를 내겠느냐? 삿 1:18

6 '여호와의 칼이여, 네가 언제까지 쉬지 않겠느냐? 그만하고 칼집에 들어가서 조용히 있어라!' 신 32:41;겔 21:3-5

7 여호와가 그 칼을 보냈는데 어떻게 그 칼이 쉴 수 있느냐? 내가 아스글론과 해변 지역을 치라고 그 칼을 보냈다." 겔 14:17

48 모압에 관한 말씀 모압에 관해 이스라엘의 하나님 만군의 여호와께서 이렇게 말씀하셨다. "느보에 화가 있으리라. 그곳이 황폐해졌다. 기랴다임이 수치를 당해 사로잡히고 미스갑이 수치를 당하고 파괴됐다. 왕하 24:2

2 모압이 더 이상 칭찬받지 않을 것이다. 헤스본에서 사람들이 모압을 몰락시킬 음모를 꾸밀 것이다. '가라. 저 민족을 끝내 버리자.' 맛멘아, 너 또한 멸망하게 될 것이다. 칼이 너를 뒤쫓아 갈 것이다.

3 호로나임에서 들리는 부르짖는 소리, 큰 파괴와 파괴의 소리를 들으라. 사 15:5

4 모압이 파괴돼 그 어린아이들이 부르짖을 것이다.

신약을 통해서 본 예레미야

● 예레미야는 영적인 능력의 소유자였다.

예수님 당시 사람들은 예레미야를 엘리야, 세례 요한, 선지자, 예수님과 같은 영적인 능력을 가진 사람으로 알았다(마 16:13-16).

● 마태는 예레미야의 예언을 인용했다.

마태복음에는 예레미야의 예언이 헤롯 왕이 저지른 두 살 이하의 아기를 죽임을 통해 이루어졌다고 기록되어 있다(마 2:17-18).

● 예레미야에게 주신 새 언약이 신약에서 다시 설명되었다.

하나님이 예레미야에게 주신 새 언약(렘 31:31-34)이 예수 그리스도의 구원 사역으로 이루어졌다(히 8:7-13).

준마 (47:3, 駿馬, galloping steed) 빠르게 잘 달리는 말.
갑돌 (47:4, Caphtor) 지중해 연안의 '크레타' 섬을 말함.

5 루힛으로 올라가는 길에서 비참하게 울면서 그들이 올라가고 있다. 호로나임으로 내려가는 길에서 파괴로 인한 괴로운 부르짖음이 들린다.

6 도망가라. 네 목숨을 위해 도망가라! 광야의 덤불처럼 되라. 17:6

7 네 업적과 재산을 네가 의지하니 너 또한 포로가 될 것이고 그모스가 그의 제사장들과 관료들과 함께 포로로 끌려갈 것이다. 신 3:10; 수 13:9; 17:21

8 파괴자가 모든 성읍으로 오고 있으니 어느 성읍도 피하지 못할 것이다. 여호와가 말한 대로 골짜기가 폐허가 되고 평원이 황폐하게 될 것이다. 신 3:10; 수 13:9; 17:21

9 모압에 날개를 달아 주어 날아서 떠나가게 하라. 그의 성읍들이 황폐하게 돼 그곳에 아무도 살지 않게 될 것이다.

10 여호와의 일을 게을리하는 사람은 저주를 받을 것이다! 칼을 갖고도 피를 흘리지 않는 사람은 저주를 받을 것이다! 고전 15:58

11 모압이 어릴 적부터 평안을 누렸고 포로로 끌려간 적이 없었다. 잘 가라앉은 찌꺼기 위의 포도주처럼 이 술통에서 저 술통으로 옮겨 부어지지 않았다. 그러므로 그 맛이 그대로고 그 향이 변하지 않았다.

12 여호와의 말이다. 보라. 내가 그를 부어 버릴 사람을 그에게 보내 그릇들을 비우고 그의 병들을 깨뜨릴 것이다.

13 이스라엘의 집이 그들이 신뢰하던 벧엘 때문에 수치를 당했던 것처럼 모압이 그모스 때문에 수치를 당할 것이다.

14 '우리는 용사들이다. 전쟁의 군사들이다'라고 너희가 어떻게 말할 수 있는가?

15 모압에 대한 멸망 예언 모압이 폐허가 되고 그 성읍들이 침략당하고 가장 뛰어난 젊은이들이 살해당해 쓰러질 것이다. 만군의 여호와가 왕으로 하는 말이다.

16 모압의 재앙이 가까이에 있다. 그의 재난이 신속히 올 것이다.

17 그의 주변에 사는 모든 사람들아, 그의 명성을 아는 모든 사람들아, 그를 위해 애곡하라. '어떻게 그 강력한 지팡이가, 어떻게 그 영광스러운 막대기가 깨졌는가!'

18 디본의 딸에 사는 사람아, 네 영광에서 내려와 메마른 땅바닥에 앉아라. 모압의 파괴자가 너를 대적해 와서 요새화된 네 성읍들을 파괴할 것이다. 민 21:30; 사 15:2; 47:1

19 아로엘에 사는 사람아, 길가에 서서 살펴보아라. 도망가는 남자와 도피하는 여자에게 물어보아라. '무슨 일이 있었느냐?'

20 모압이 수치를 당했다. 이는 그가 파괴됐기 때문이다. 울부짖고 소리쳐라! 모압이 폐허가 됐다고 아르논 가에서 선포하라.

21 심판이 평원에 내렸다. 곧 홀론에, 야사에, 메바앗에, 민 21:23; 수 13:18; 사 15:4

22 디본에, 느보에, 벧디블라다임에, 사 15:2

23 기랴다임에, 벧가물에, 벧므온에, 대상 5:8

24 그리욧에, 보스라에, 모압 땅의 멀고 가까운 모든 성읍들에 내렸다. 사 63:1; 암 2:2

25 모압의 뿔이 잘렸고 그 팔이 부러졌다. 여호와의 말이다. 시 75:10; 겔 30:21

26 모압을 술 취하게 하라. 이는 그가 여호와에 대해 교만해졌기 때문이다. 모압이 자

기가 토한 것에서 뒹굴 것이니 그가 조롱
거리가 될 것이다. _{사 19:14:애 1:9}

27 이스라엘이 너희에게 조롱거리가 아니었
느냐? 그가 도둑들 가운데서 잡히지 않았
느냐? 네가 그에 대해 말할 때마다 네가
조롱하며 고개를 흔들었다. _{렘 27:39}

28 모압에 사는 사람들아, 네 성읍들을 버리
고 바위틈에서 살며 동굴 입구에 둥지를
트는 비둘기처럼 되라. _{사 55:6~7:애 2:14}

29 모압의 멸망 원인 우리가 모압의 자만에 대
해 들었다. 그의 교만함, 그의 거만함, 그
의 자만, 그의 마음의 오만함에 대해 들었
다. 그는 지나치게 거만하다. _{사 16:6}

30 여호와의 말이다. 내가 그의 거만함을 안
다. 그것은 헛된 것이다. 그의 자랑은 아무
것도 성취하지 못한다. _{사 16:6}

31 그러므로 내가 모압을 두고 울부짖을 것
이다. 모압의 모든 사람들을 두고 소리칠
것이다. 내가 길헤레스 사람들을 위해 애
곡할 것이다. _{렘 3:25:사 15:5:16:7:11}

32 십마의 포도나무야, 야셀을 위해 우는 것
보다 내가 너를 위해 울고 있다. 네 가지들
이 바다를 넘어 지나가 야셀 바다까지 도
달했으나 파괴자가 네 여름 열매와 네 포
도송이 위에 떨어졌다. _{민 21:32:렘 13:19}

33 기쁨과 즐거움이 과수원과 모압 땅에서
사라졌다. 내가 포도주 틀에서 포도주를
그치게 했으니 기쁨의 소리를 지르며 포도
주 틀을 밟을 사람이 없을 것이다. 외치는
소리가 있더라도 기쁨의 소리가 아니다.

34 헤스본의 외치는 소리로부터 엘르알레까
지 그리고 야하스까지, 소알에서부터 호로
나임을 지나 에글랏 셀리시야까지 그들의
외치는 소리가 일어났다. 이는 니므림 물까
지도 말라 버렸기 때문이다. _{사 15:4~6}

35 여호와의 말이다. 모압 산당에서 제물을
바치며 자기 신들에게 분향하는 사람들
을 내가 그치게 할 것이다. _{사 15:2:16:12:렘 20:29}

36 그러므로 내 마음이 모압을 위해 피리 소
리같이 슬퍼한다. 내 마음이 또한 길헤레
스 사람들을 위해 피리 소리같이 슬퍼한

다. 그들이 모아 놓은 재산이 사라졌기 때
문이다.

37 모든 머리가 깎이고 모든 수염이 잘리고
모든 손에 상처가 나고 허리에는 굵은베
옷을 걸치고 있다. _{사 15:2~3:암 2:10}

38 모압의 모든 지붕 위에 그리고 그의 모든
광장에 애곡하는 소리만 있다. 이는 아무
도 원하지 않는 그릇처럼 내가 모압을 깨
뜨렸기 때문이다. 여호와의 말이다.

39 '모압이 어떻게 파괴됐는가! 모압이 어떻게
수치로 인해 그 등을 돌리고 달아났는가!'
하고 말하며 그들이 울부짖는다. 그리하
여 모압이 그의 주위에 있는 모든 사람들
에게 조롱거리가 되고 공포의 대상이 될
것이다."

40 모압의 멸망과 회복 약속 여호와께서 이렇게
말씀하셨다. "보라! 그가 독수리처럼 습격
할 것이다. 모압 위로 그의 날개를 펼칠 것
이다. _{신 28:49:사 8:8:겔 17:3}

41 크리욧이 점령당하고 요새들이 함락될 것
이다. 그날 모압의 용사들의 마음은 해산
하는 여인의 마음 같을 것이다.

42 모압이 여호와에 대해 교만해졌기 때문에
멸망당해 더 이상한 민족이 되지 못할 것
이다. _{사 7:8}

43 모압에 사는 사람아, 공포와 웅덩이와 덫
이 너를 덮칠 것이다. 여호와의 말이다.

44 공포를 피하는 사람은 웅덩이에 빠질 것
이고 웅덩이에서 나오는 사람은 덫에 걸릴
것이다. 내가 모압을 처벌할 때가 오게 할
것이기 때문이다. 여호와의 말이다.

45 헤스본 그늘 아래 도망자들이 무력하게
서 있다. 불이 헤스본에서 나오고 불꽃이
시혼 한가운데서 나와서 모압의 이마를,
소동하는 사람들의 머리를 삼킬 것이다.

46 모압아, 네게 화가 있도다! 그모스 사람들
이 멸망당했다. 네 아들들이 포로로 잡혀
가고 네 딸들이 포로가 됐다. _{1:13절}

47 그러나 내가 마지막 날에 모압의 포로를
다시 돌아오게 할 것이다. 여호와의 말이
다." 모압에 관한 심판이 여기서 끝난다.

49 암몬에 관한 말씀 암몬 자손들에 대해 여호와께서 이렇게 말씀하셨다. "이스라엘이 아들들이 없느냐? 이스라엘이 상속자가 없느냐? 왜 말감이 갓을 차지했으며 왜 그의 백성이 그 성읍들에 살고 있느냐?

왕상 11:5,33

2 여호와의 말이다. 보라. 내가 암몬 자손들의 랍바에 전쟁 소리가 들리게 할 날들이 오고 있다. 그곳이 폐허 더미가 될 것이고 그 마을들은 불에 탈 것이다. 그때에 이스라엘이 자기를 쫓아낸 사람들을 몰아낼 것이다." 여호와께서 말씀하셨다.

3 "헤스본아, 통곡하라. 이는 아이가 파괴됐기 때문이다! 랍바의 딸들아, 부르짖으라! 굵은베 옷을 입고 애곡하라. 성벽 안에서 이리저리 뛰어다녀라. 말감이 그의 제사장들과 그의 관료들과 함께 포로로 잡혀갈 것이기 때문이다.

수 8:20

4 네가 왜 골짜기들을 자랑하느냐? 네 호르는 골짜기를 왜 네가 자랑하느냐? 타락한 딸아, 너는 네 재산을 의지하며 '누가 나를 공격하겠는가?'라고 말한다."

5 주 만군의 여호와께서 이렇게 말씀하셨다. "보라. 내가 네 주변에 있는 무서운 적들을 데려다가 너를 칠 것이다. 너희가 쫓겨날 것이고 도망자들을 모을 사람이 없을 것이다.

48:43

6 그러나 그 후에 암몬 자손들의 포로를 내가 다시 돌아오게 할 것이다. 여호와의 말이다."

48:47

7 에돔에 관한 말씀 에돔에 대해 만군의 여호와께서 말씀하셨다. "데만에 더 이상 지혜가 없느냐? 분별 있는 사람들에게서 모략이 없어졌느냐? 그들의 지혜가 사라졌느냐?

8 드단에 사는 사람들아, 뒤돌아 도망치라. 깊은 곳에 숨으라. 내가 에서의 재앙을 그에게 내릴 때가 됐다.

창 25:3

9 포도 따는 사람들이 와서 포도를 거둘 때도 그들이 약간의 포도를 남겨 두지 않겠느냐? 도둑들이 밤에 오면 그들이 원하는 만큼만 훔치지 않겠느냐?

삿 8:2

10 그러나 내가 에서를 벌거벗기고 그의 숨은 곳을 드러낼 것이니 그가 자신을 숨길 수 없을 것이다. 그의 자손들과 형제들과 이웃들이 멸망할 것이니 그가 더 이상 존재하지 않을 것이다.

사 17:14·말 1:3

11 네 고아들을 남겨 두라. 내가 그들의 생명을 보호할 것이다. 네 과부들 역시 나를 의지하게 하라."

시 10:14,18·68:5

12 여호와께서 이렇게 말씀하셨다. "보라. 그 잔을 마시지 않아도 될 사람들도 반드시 마셔야 했다면 하물며 네가 처벌받지 않겠느냐? 네가 처벌받지 않을 수 없고 반드시 그 잔을 마셔야 할 것이다.

13 여호와의 말이다. 내가 나를 두고 맹세하나니 보스라가 경악의 대상, 모욕의 대상, 공포의 대상 그리고 저주의 대상이 될 것이며 그 모든 성읍들이 영원히 폐허가 될 것이다."

14 내가 여호와께로부터 한 소식을 들었다. 사절이 여러 나라에 보내졌다. "너희는 함께 모여 와서 그를 대적해 일어나 싸우라!

15 보라. 내가 민족들 가운데 너를 작게 만들고 사람들 가운데서 멸시당하게 할 것이다.

16 바위 틈 사이의 은신처에 사는 사람아, 산꼭대기를 차지하고 있는 사람아, 너의 사나움이, 네 마음의 교만함이 너를 속였다. 네가 독수리처럼 높이 둥지를 만든다 해도 내가 너를 그곳에서 끌어내릴 것이다. 여호와의 말이다.

48:28

17 에돔이 경악의 대상이 될 것이다. 그곳을 지나가는 사람마다 그의 모든 재앙에 놀라고 비웃을 것이다."

겔 35:3,7,9

18 여호와께서 말씀하셨다. "소돔과 고모라가 이웃 성읍들과 함께 망한 것처럼 그곳에 아무도 살지 않을 것이며 그곳에 어떤 사람도 살지 않을 것이다.

사 13:19

19 보라. 무성한 초원을 향해 요단의 수풀에서 올라오는 사자처럼 내가 순식간에 에돔을 자기들의 땅에서 쫓아낼 것이다. 내가 이것을 위해 선택할 지도자가 누구냐? 누가 나

말감 (49:1, Malcam) 암몬 신으로, 아들을 불태우는 밀곰, 몰렉 신과 같은 신

와 같고 누가 내게 도전할 수 있겠느냐? 어떤 목자가 나를 대적해 설 수 있겠느냐?"

20 그러므로 에돔에 대해 세우신 여호와의 계획과 데만에 사는 사람들에 대한 그분의 뜻을 들으라. 양 떼의 어린 것들이 끌려갈 것이고 그들 때문에 그가 그들의 목초지를 반드시 황폐하게 할 것이다.

21 그들이 넘어지는 소리에 땅이 흔들릴 것이다. 그들이 부르짖는 소리가 홍해에서도 들릴 것이다. 겔 26:15

22 보라! 그가 독수리처럼 빨리 날아올라 보스라 위에 날개를 펼 것이니 그날에 에돔의 용사들의 마음이 해산의 고통 가운데 있는 여자의 마음처럼 될 것이다.

23 다메섹에 관한 말씀 다메섹에 대한 말씀이다. "하맛과 아르밧이 수치를 당하니 이는 그들이 나쁜 소식을 들었기 때문이다. 그들이 낙심하고 쉼이 없는 바다처럼 괴로워한다.

24 다메섹이 기력을 잃어 도망가려고 돌아서니 두려움이 그를 사로잡았다. 해산하는 여자처럼 걱정과 고통이 그를 붙잡았다.

25 내가 기뻐하는 성읍! 칭송받던 성읍이 왜 버려졌느냐? 33:9

26 그러므로 그의 젊은이들이 광장에서 쓰러질 것이고 그날에 그의 모든 군사들이 멸망할 것이다. 만군의 여호와의 말이다.

27 내가 다메섹 성벽에 불을 지를 것이다. 그 불이 벤하닷의 성채들을 삼킬 것이다."

28 게달과 하솔에 관한 말씀 바벨론 왕 느부갓네살이 공격한 게달과 하솔의 왕국들에 관

해 여호와께서 이렇게 말씀하셨다. "일어나 게달로 올라가 동쪽 지방의 사람들을 멸망시키라. 삿 6:3; 사 11:14; 21:16; 60:7; 겔 25:4,10

29 저들이 그들의 장막과 그들의 양 떼를 빼앗고 그들의 휘장과 그들의 모든 그릇들과 그들의 낙타들을 차지할 것이다. 사람들이 그들에게 '사방에 공포가 있다' 하고 외칠 것이다. 시 120:5; 사 1:5

30 여호와의 말이다. 멀리 도망가라! 깊은 곳에 머무르라. 하솔에 사는 사람들아! 바벨론 왕 느부갓네살이 너를 대적해서 계획을 세웠다. 너를 대적해서 계략을 생각해 냈다.

31 여호와의 말이다. 너는 일어나서 안전하게 살고 있는 평안한 민족을 공격하라. 성문도 없고 빗장도 없이 홀로 거주하는 민족을 공격하라. 욥 16:12; 겔 38:8,11

32 그들의 낙타들이 약탈물이 될 것이고 그들의 가축의 큰 무리는 전리품이 될 것이다. 내가 먼 곳에 있는 사람들을 바람에 흩어 버리고 그들 위에 사방에서 재앙을 불러올 것이다. 여호와의 말이다.

33 하솔이 자칼의 소굴이 돼 영원히 폐허가 될 것이니 그곳에 아무도 살지 않을 것이다. 그곳에 어떤 사람의 아들도 살지 않을 것이다." 9:11

34 엘람에 관한 말씀 유다 왕 시드기야 통치 초기에 엘람에 대해 여호와의 말씀이 예언자 예레미야에게 임해 말씀하셨습니다.

35 만군의 여호와께서 이렇게 말씀하셨다. "보라. 엘람의 힘의 근원인 활을 내가 꺾을

바벨론

바벨론은 니므롯이 세운 도시들 중 하나이다(창 10:9-10). 사람들은 이곳에 성과 탑을 세우려고 했으나 하나님이 언어를 혼잡하게 하셔서 바벨탑 건설이 중단되었다(창 11:1-9). 바벨론은 교육과 문서들의 중심지가 되어 도서관과 학교가 세워졌다. 바벨론은 BC 1000년경 앗시리아 제국에 병합

되었다가 BC 698년에 앗수르바니팔에 의해 재건되었다. BC 625년에 갈대아 사람 나보폴라살이 왕권을 잡았고, 느부갓네살 2세(BC 605-562년) 때 최고의 전성기를 맞이했다. 이때 예루살렘과 성전이 파괴되고 이스라엘 백성들이 포로로 끌려갔다. 바벨론은 BC 539년에 고레스에게 정복되었고, 그후 페르시아 제국이 세워졌다.

것이다.

사 22:6

36 내가 하늘 사방에서 나온 사방의 바람을 엘람에 보내 그들을 사방으로 흩어 버릴 것이다. 엘람에서 쫓겨난 사람이 가지 않을 나라가 없을 것이다.

37 여호와의 말이다. 그들의 적들 앞에서, 그들의 목숨을 찾는 사람들 앞에서 내가 엘람을 놀라게 할 것이다. 내가 그들 위에 재앙을, 내 맹렬한 진노를 내릴 것이다. 내가 그들에게 칼을 뽑을 것이다. 내가 그들을 멸할 때까지 칼을 삼킬 것이다.

38 내가 엘람에 내 보좌를 두고 그곳에서 왕과 그의 관료들을 멸망시킬 것이다. 여호와의 말이다.

39 그러나 내가 마지막 날에 엘람의 포로를 다시 돌아오게 할 것이다. 여호와의 말이다."

50

바벨론에 관한 말씀 바벨론과 갈대아 사람들의 땅에 대해 예언자 예레미야를 통해 여호와께서 하신 말씀입니다.

2 "민족들 가운데 선언하고 선포하여라. 기를 세우고 선포하여라. 아무것도 숨기지 말고 말하여라. '바벨론이 사로잡힐 것이다. 벨이 수치를 당할 것이다. 므로닥이 깨뜨려질 것이다. 그의 신상들이 수치를 당하고 그의 우상들이 깨뜨려질 것이다.'

3 북쪽에서 한 민족이 그를 대적해 올라와 그의 땅을 황폐하게 만들 것이다. 그곳에 거하는 사람이 없을 것이다. 사람도, 짐승조차도 도망가 버릴 것이다.

사 13:5,8

4 유다의 포로 생활이 끝날 것임 여호와의 말이다. 그날에, 그때에 이스라엘 자손과 유다 자손이 함께 올 것이다. 울며 와서 그들의 하나님 여호와를 찾을 것이다.

5 그들이 시온으로 가는 길을 묻고 그들의 얼굴을 그쪽으로 향할 것이다. 그리고 '오라! 잊혀지지 않을 영원한 언약으로 우리가 여호와와 연합하자'라고 할 것이다.

6 내 백성은 잃어버린 양들이었다. 그들의 목자들이 그들을 길 잃게 하고 산 위에서 헤매게 했다. 그들이 산으로, 언덕으로 다니며 그들의 쉴 곳을 잊어버렸다.

7 그들을 만나는 사람들이 모두 그들을 삼켰다. 그들의 대적들이 말했다. '그들이 그들의 의로 여호와, 그들의 조상들의 소망이신 여호와께 죄를 지은 것이니 우리에게는 죄가 없다.'

14:8;31:23;40:2-3

8 바벨론 가운데서 떠나라. 갈대아 사람들의 땅에서 나오라. 양 떼 앞에 앞서가는 숫염소같이 되라.

사 48:20

9 보라. 내가 북쪽 땅에서 큰 민족들의 동맹군을 일으켜 바벨론을 치러 오게 할 것이다. 그들이 바벨론에 맞서 대열을 짓고 바벨론을 사로잡을 것이다. 그들의 화살은 노련한 용사의 화살 같아서 헛되이 돌아오지 않을 것이다.

25:14

10 그렇게 갈대아가 약탈당할 것이다. 그를 약탈하는 사람은 다 배부를 것이다. 여호와의 말이다.

25:12

11 수치당할 바벨론 내 땅을 약탈하는 사람들아, 너희가 즐거워하며 기뻐하고 있으니, 너희가 초원의 송아지처럼 뛰어다니고 황소들처럼 소리를 내니

애 1:21

12 너희 어머니가 크게 수치를 당할 것이다. 너를 낳아 준 그녀가 창피를 당할 것이다. 보라. 그녀가 민족들 가운데 가장 작은 자, 곧 광야, 메마른 땅, 사막이 될 것이다.

13 여호와의 격분으로 인해 그곳에 아무도 살지 않게 되고 완전히 황폐하게 될 것이다. 그 모든 재앙으로 인해 바벨론을 지나는 사람마다 놀라며 비웃을 것이다.

14 힘을 얻는 바벨론의 적들 활을 당기는 모든 사람들아, 바벨론 주위에 대열을 지으라. 그를 향해 쏘라! 화살을 아끼지 말라. 이는 그가 여호와께 죄를 지었기 때문이다.

15 사방에서 그를 향해 고함을 질러라! 그가 굴복하고 그의 성채가 쓰러지며 그의 성벽이 헐려 무너졌다. 이것은 여호와의 보복이니 그에게 복수하라. 그가 한 대로 그에게 갚아 주라.

수 6:16;대상 29:24

16 바벨론에서 씨 뿌리는 사람과 추수 때 낫을 쥔 사람을 없애 버려라. 압제자의 칼을 두려워해 모든 사람이 각자 자기 백성에

계로 돌아갈 것이고 모든 사람이 각자 자기 땅으로 도망갈 것이다.

<small>사 13:14</small>

17 심판받을 느부갓네살 이스라엘은 사자들이 쫓아낸 흩어진 양 떼다. 처음에는 앗시리아 왕이 그를 삼켰고 마지막에는 바벨론 왕 느부갓네살이 그의 뼈를 부러뜨렸다.

18 그러므로 이스라엘의 하나님 만군의 여호와께서 이렇게 말씀하셨다. "보라, 내가 앗시리아 왕을 처벌했듯이 바벨론 왕과 그의 땅을 처벌할 것이다.

<small>시 76:12;사 10:12</small>

19 이스라엘과 유다가 용서받을 그러나 이스라엘은 내가 그의 목초지로 돌려보낼 것이다. 그러면 그가 갈멜과 바산에서 풀을 뜯고 그의 영혼이 에브라임과 길르앗 언덕에서 만족할 것이다.

<small>겔 34:13~14;미 7:14</small>

20 여호와의 말이다. 그날과 그때에 이스라엘의 죄악을 찾지만 아무것도 없을 것이다. 유다의 죄를 찾지만 발견되지 않을 것이다. 이는 내가 남은 사람들을 용서할 것이기 때문이다.

<small>사 33:24;40:2</small>

21 싸움에 임하는 적들 여호와의 말이다. 너희는 므라다임 땅을, 브곳에 사는 사람들을 공격하라. 그들을 뒤따라 쫓아가 죽이고 완전히 멸망시키라. 내가 너희에게 명령한 모든 것을 하라.

<small>51:3</small>

22 전쟁의 소리와 큰 파괴의 소리가 그 땅에 있다!

<small>51:54</small>

23 온 땅의 망치가 어떻게 부서지고 깨뜨려졌는가! 바벨론이 어떻게 민족들 사이에 폐허가 됐는가!

<small>사 14:6;렘 18:19,21</small>

24 바벨론아, 내가 네게 덫을 놓았다. 네가 알아채지 못하고 걸렸다. 네가 여호와를 대적했기 때문에 내가 너를 찾아 사로잡은 것이다.

<small>시 141:9;단 5:30</small>

25 여호와가 무기 창고를 열고 분노의 무기들을 꺼냈다. 이는 만군의 주 여호와가 갈대아 사람들의 땅에 할 일이 있기 때문이다.

26 너희는 먼 곳으로부터 바벨론으로 오라. 그의 곡물 창고를 열라. 그를 곡물 더미처럼 쌓아 놓으라. 그를 완전히 멸망시키고 그에게 남은 사람이 하나도 없게 하라.

27 그의 어린 황소를 모두 죽이고 그것들을 도살장에 내려보내라! 그들에게 화가 있도다! 그들의 날, 그들의 처벌의 때가 왔기 때문이다.

<small>사 22:12;34:7~8</small>

28 바벨론 땅으로부터 도망가고 피신하는 사람들의 소리가 있어 우리 하나님 여호와의 복수, 곧 주의 성전을 파괴한 이들에 대한 복수를 시온에서 선포한다.

29 활 쏘는 사람들을 바벨론에 불러 모으라. 모든 활을 당기는 사람들아, 바벨론 주변을 둘러 진을 치고 아무도 도망가지 못하게 하라. 그의 행위대로 그에게 갚아 주라. 그가 한 대로 그에게 해 주라. 이는 그가 이스라엘의 거룩한 분, 여호와께 교만하게 행동했기 때문이다.

<small>욥 16:13;사 47:10</small>

30 그러므로 그의 젊은이들이 광장에서 쓰러질 것이고 그의 모든 군사들이 그날에 멸망당할 것이다. 여호와의 말이다.

31 교만으로 인해 패할 만군의 주 여호와의 말이다. 보라. 교만한 사람아, 내가 너를 대적하고 있다. 이는 네 날, 곧 내가 너를 처벌할 때가 왔기 때문이다.

<small>49:8</small>

32 교만한 사람이 걸려 넘어질 것이나 그를 일으킬 사람이 없을 것이다. 내가 그의 성읍들에 불을 지를 것이니 불이 그 주변의 모든 것을 다 삼킬 것이다."

<small>17:27</small>

33 이스라엘의 강한 구원자 만군의 여호와께서 이렇게 말씀하셨다. "이스라엘 자손과 유다 자손이 함께 억압당하고 있다. 그들을 사로잡은 사람들이 그들을 단단히 붙잡아 그들을 보내 주기를 거부한다.

34 그러나 그들의 구원자는 강하다. 만군의 여호와가 그의 이름이다. 그가 그들의 소송을 적극적으로 변호해 그 땅에 안식을 주고 바벨론에 사는 사람들에게는 불안을 줄 것이다.

<small>사 43:14;51:22</small>

35 바벨론의 파멸이 다가올 여호와의 말이다. 칼이 갈대아 사람들 위에, 바벨론에 사는 사람들 위에, 그의 관료들과 현자들 위에,

36 그의 거짓 예언자들 위에 임하리니 그들이 어리석은 사람들이 될 것이다. 칼이 그

의 용사들 위에 임하리니 그들이 두려움으로 가득 찰 것이다. 사 44:25

37 칼이 그들의 말들과 마차들과 그의 중앙에 있는 모든 이방 사람들 위에 임하리니 그들이 무기력해져서 여자들같이 될 것이다. 칼이 그의 보물들 위에 임하리니 그것들이 약탈당할 것이다. 사 45:3

38 가뭄이 그의 물 위에 임하리니 그것들이 말라 버릴 것이다. 이는 그곳이 우상들의 땅이요, 그들이 우상들에 미쳤기 때문이다.

39 그러므로 사막의 들짐승과 하이에나가 그곳에 살 것이며 타조들도 그곳에 살 것이니 다시는 영원히 사람이 살지 않을 것이고 대대로 사람이 살지 않을 것이다.

40 여호와가 말한다. 하나님께서 소돔과 고모라를 그 이웃 성읍들과 함께 멸망시킨 것처럼 그곳에 아무도 살지 않을 것이다. 그곳에 어떤 사람의 아들도 살지 않을 것이다.

41 북쪽에서 오는 적들 보라. 북쪽에서 한 민족이 오고 있다. 땅끝으로부터 한 큰 민족이, 많은 왕들이 일어나고 있다.

42 그들은 활과 창을 잡고 있고 잔인하고 무자비하다. 그들의 소리는 바다가 으르렁거리는 것 같고 그들은 말을 타고 군사처럼 대열을 하고 너를 공격하려고 한다. 바벨론의 딸아.

43 바벨론 왕이 그들에 대한 소식을 듣고는

그의 손이 축 늘어져 버렸다. 고통이, 해산하는 여인의 고통이 그를 사로잡았다.

44 보라. 무성한 초원을 향해 요단의 수풀에서 올라오는 사자처럼 내가 순식간에 바벨론을 그들의 땅에서 쫓아낼 것이다. 내가 이것을 위해 선택한 지도자가 누구냐? 누가 나와 같고 누가 내게 도전할 수 있겠느냐? 어떤 목자가 나를 대적해서 설 수 있겠느냐?" 욥 41:10

45 그러므로 바벨론에 대해 세우신 여호와의 계획과 갈대아 사람들의 땅에 대한 그분의 뜻을 들으라. 양 떼의 어린 것들까지 끌려갈 것이니 그들의 목초지가 반드시 황폐하게 될 것이다. 사 14:24

46 바벨론이 사로잡히는 소리에 땅이 흔들릴 것이다. 바벨론의 부르짖는 소리가 민족들 사이에 울릴 것이다. 49:21

51 버림받지 않은 이스라엘 여호와께서 이렇게 말씀하셨다. "보라, 내가 파괴자의 영을 일으켜 바벨론을, 렙가메아에 사는 사람들을 치게 할 것이다. 사 21:1; 대하 3:62

2 내가 이방 사람들을 바벨론으로 보내 그들이 그를 키질하고 그의 땅을 황폐하게 할 것이다. 그의 재앙의 날에 그들이 사방에서 그를 칠 것이다. 마 3:12

3 활 쏘는 사람이 활을 당기게 하지 말고 그가 일어나 갑주를 입게 하지 말라. 그의 젊

예레미야 시대의 왕들

예레미야는 요시야부터 시드기야까지 유다의 마지막 다섯 명의 왕들이 통치하던 시대에 사역했다.

요시야
(BC 640-609년)

8세에 왕이 되어 성전을 수리하고 종교 개혁을 통해 다른 신들을 섬김을 배격했다. 하나님을 잘 섬겼던 선한 왕이었다. 므깃도에서 이집트 왕 느고와 싸우다가 전사했다(왕하 22:1-23:30).

여호아하스
(BC 609년)

예레미야서에는 '살룸'이라고 적혀 있다(렘 22:11). 이집트 왕 느고에게 이집트로 잡혀가 죽었다(왕하 23:31-34).

여호야김
(BC 609-598년)

이집트 왕 느고가 왕으로 세웠다. 예레미야의 예언을 들었으나 회개하지 않았다. 바벨론의 느부갓네살에게 굴복했다가 다시 반역했다(왕하 23:34-24:6).

여호야긴
(BC 598-597년)

바벨론 왕이 18세 때 유다 왕으로 세웠고 석 달간 통치한 포악한 왕이었다(왕하 24:8-9). 예레미야에게서 멸망에 대한 예언을 들었다(렘 22:24-25). 바벨론에 항복하여(왕하 24:10-12) 포로로 잡혀갔고, 풀려난 뒤 좋은 대접을 받았다(왕하 25:27-30).

시드기야
(BC 597-586년)

유다의 마지막 왕으로, 바벨론 왕이 여호야긴 왕을 대신해 왕으로 세웠다(왕하 24:17-20). 예레미야의 예언을 무시해, 결국에는 바벨론 포로로 잡혀갔다(렘 39:4-7).

은이들에게 인정을 베풀지 말고 그의 군대를 완전히 멸망시키라. 50:14,21,29

4 그들이 갈대아 사람의 땅에서 살해되고 그들의 거리에서 치명적인 상처를 입을 것이다. 49:26

5 이는 이스라엘과 유다가 이스라엘의 거룩한 분을 거역해 그들의 땅이 죄악으로 가득 차 있었을지라도 만군의 여호와 하나님이 그들을 버리지 않았기 때문이다.

6 포로 생활에서 해방되는 기쁨 바벨론 한가운데서 도망가라! 각자 자기의 목숨을 구하라! 바벨론의 죄악으로 인해 멸망당하지 않도록 하라. 지금은 여호와의 보복의 때다. 여호와가 그에게 복수할 것이다.

7 바벨론은 여호와의 손안에 있던 금잔이었는데 그가 온 땅을 취하게 했다. 민족들이 거기에 담긴 포도주를 마셨다. 그러므로 민족들이 그 포도주를 마시고 미쳤다.

8 바벨론이 갑자기 쓰러져 파멸할 것이다. 그를 위해 울부짖으라! 그의 고통을 위해 향유를 준비하라. 혹시 그가 치유될지 모른다.

9 '우리가 바벨론을 치유하려고 했으나 그가 치유되지 않으니 그를 버리고 각자 자기 땅으로 가자. 이는 그의 심판이 하늘에까지 다다르고 창공에까지 올라갔기 때문이다.

10 '여호와께서 우리 의를 드러내셨다. 오라. 우리의 하나님 여호와께서 하신 일을 시온에서 선포하자.' 시 37:6

11 바벨론을 멸할 메대 화살을 갈고 방패를 들라! 여호와가 메대 왕들의 혼을 일으켰다. 바벨론에 대한 그의 목적은 바벨론을 멸망시키는 것이다. 이는 이것이 여호와의 보복, 곧 성전을 파괴한 이들에 대한 복수이기 때문이다. 왕하 17:6;사 13:17;단 5:31

12 바벨론 성벽에 기를 세우라! 경비를 강화하고 파수꾼을 세우며 복병을 준비시키라! 바벨론에 사는 사람들을 향해 말씀하신 것을 여호와가 계획하고 이룰 것이다.

13 많은 물 가에 살아서 재물이 많은 사람아, 네 끝이 왔고 네가 끊어질 때가 왔다.

14 만군의 여호와가 스스로를 두고 맹세한다. '내가 너를 메뚜기 떼처럼 그렇게 많은 사람들로 반드시 채울 것이다. 그러면 그들이 너를 대적해 함성으로 응답할 것이다.'" 시 105:34;사 16:9;욜 1:4;2:25

하나님의 창조 능력 "그분은 권능으로 땅을 만드셨고 그분의 지혜로 세계를 세우셨으며 그분의 분별력으로 하늘을 펼치셨다.

16 그분이 목소리를 내면 하늘에 많은 물이 있게 된다. 그분은 땅끝에서 안개가 올라오게 하시고 비를 위해 번개를 만드시며 그분의 창고에서 바람을 내보내 주신다.

17 무능력한 우상 모든 사람이 분별력이 없고 지식이 없고 세공장이들 모두가 자신의 우상들로 수치를 당한다. 이는 그가 녹여 만든 우상들이 헛것이며 그것들 안에 생명이 없기 때문이다.

18 그것들은 헛것이고 기만하는 것이다. 그것들의 멸망의 때가 오면 그것들이 망할 것이다.

19 야곱의 몫은 이것들과 같지 않다. 그분은 자신의 소유로 삼으신 이스라엘을 포함해 모든 것을 만드신 분이요, 만군의 여호와가 그분의 이름이다.

20 하나님의 도구로 사용될 이스라엘 "너는 내 쇠몽둥이요, 내 전쟁 무기다. 너를 통해 내가 민족들을 부수고 너를 통해 내가 나라들을 멸망시키며 겔 9:2;단 7:7,19,23

21 너를 통해 내가 말과 그것을 탄 사람을 부수고 너를 통해 내가 전차와 그것을 탄 사람을 부수고

22 너를 통해 내가 또 남자와 여자를 부수고 너를 통해 내가 늙은이와 젊은이를 부수고 너를 통해 내가 청년과 처녀를 부수고

23 너를 통해 내가 목자와 그의 양 떼를 부수고 너를 통해 내가 농부와 그의 땅에 매인 소를 부수고 너를 통해 내가 통치자와 지도자들을 부순다. 28,57절

24 완전한 멸망 바벨론과 갈대아에 사는 모든

렙가매 (51:1, Leb Kamai) 갈대아, 곧 바벨론을 가리키는 암호.

사람들이 시온에서 저지른 그들의 모든 죄악을 내가 너희 눈앞에서 갚아 줄 것이다. 여호와의 말이다. 시137:8

25 여호와의 말이다. 보라. 멸망의 산아, 온 땅을 멸망시키는 너를 내가 대적하고 있다. 내가 너를 대적해 내 손을 펴서 너를 바위산에서 아래로 굴려 떨어뜨리고 너를 불에 타버린 산으로 만들 것이다.

26 사람들이 네게서 모퉁잇돌이나 주춧돌을 가져가지 않을 것이니 너는 영원히 황폐할 것이다. 여호와의 말이다. 사28:16

27 메대의 힘 그 땅에 기를 세우라! 민족들 가운데 나팔을 불라! 그를 대적해서 민족들을 준비시키고 그를 대적해서 나라들을, 곧 아라랏, 민니, 아스그나스를 소집하라. 그를 대적할 사령관을 세우고 곤두선 메뚜기들처럼 말들을 올려 보내라.

28 그를 대적해서 민족들을, 곧 메대의 왕들과 그의 통치자들과 그의 모든 지도자들과 그들이 다스리는 모든 땅을 준비시켜라.

29 그 땅이 진동하고 소용돌이칠 것이다. 여호와의 모든 계획이 바벨론을 대적해 세워져 바벨론 땅을 폐허로 만들어 아무도 살지 않게 할 것이다. 8:16;50:45

30 바벨론의 용사들이 싸움을 멈추고 그들이 요새에 머무르고 있는데 그들의 힘이 다 소모돼 여자처럼 돼 버렸다. 바벨론의 거주지가 불에 타고 그의 성문 빗장들이 부서져 버렸다. 사19:16;47:14;애 2:9;나 3:13

31 한 전달자가 달려가서 다른 전달자를 만나고 한 전령이 달려가서 다른 전령을 만나서 바벨론 왕에게 보고했다. '성읍 전체가 함락됐으며 대하 30:6

32 나루터들이 점령당했으며 갈대밭이 불탔고 군사들이 겁에 질려 있습니다.'"

33 이스라엘의 하나님 만군의 여호와께서 이렇게 말씀하셨다. "바벨론의 딸은 타작할 때의 타작마당 같다. 그를 타작할 때가 곧 올 것이다. 사 17:5;21:10;욜 3:13;마 14:15

34 느부갓네살에 대한 복수 '바벨론 왕 느부갓네살이 나를 삼키고 나를 부수며 나를 텅 빈 그릇으로 만들었다. 그가 괴물처럼 나를 삼켰고 내 좋은 음식으로 그의 배를 채우고는 나를 토해 버렸다. 시 74:13

35 바벨론의 멸망 나와 내 육체에 가했던 폭력이 바벨론 위에 있기를 빈다'고 시온에 사는 사람들이 말한다. '내 피가 갈대아에 사는 사람들 위에 있기를 빈다'고 예루살렘이 말한다."

36 그러므로 여호와께서 이렇게 말씀하셨다. "보라. 내가 네 소송을 변호하고 네 원수를 갚아 줄 것이다. 내가 그의 바다를 말리고 그의 샘을 메마르게 할 것이다.

37 바벨론은 폐허 더미가 되고 자칼의 소굴이 되며 경악과 조롱의 대상이 되고 아무도 살지 않는 곳이 될 것이다. 사 13:22;25:2

38 그들이 모두 함께 어린 사자들처럼 포효하고 새끼 사자들처럼 으르렁거릴 것이다.

39 그들이 흥분해 있을 때 내가 그들을 위해 잔치를 벌이고 그들을 취하게 할 것이니 그들이 즐거워하다가 영원히 잠들어 깨어나지 못할 것이다. 여호와의 말이다.

40 도살장에 가는 어린양처럼 숫양과 숫염소처럼 내가 그들을 끌어내릴 것이다.

41 어떻게 세삭이 함락될 것인가! 온 땅의 자랑거리가 빼앗길 것인가! 어떻게 바벨론이 민족들 사이에서 놀람의 대상이 될 것인가!

42 바다가 바벨론 위로 일어서고 으르렁대는 파도가 그를 덮칠 것이다. 사 8:7~8

43 그의 성읍들이 황폐해져 메마른 땅과 사막이 돼서 아무도 살지 않고 아무도 지나가지 않게 될 것이다. 50:12,40

44 내가 바벨론의 벨을 처벌하고 그가 삼킨 것을 그의 입에서 내뱉게 할 것이다. 민족들이 다시는 그에게로 흘러가지 않을 것이다. 그리고 바벨론 성벽마저도 무너질 것이다.

45 바벨론을 떠날 준비 내 백성아, 그 한가운데서 나오라. 너희는 각기 여호와의 맹렬한 분노에서 자기 목숨을 구하라! 12:13

46 그 땅에 소문이 들리더라도 너희가 낙심

전령(51:31, 傳令, Messenger) 명령을 전하는 사람.
세삭(51:41, Sheshach) 바벨론을 가리키는 암호.

하지 말고 두려워하지 말라. 이해에는 이런 소문이, 다음 해에는 저런 소문이 있고 그 땅에 폭력이 있고 한 통치자가 다른 통치자에게 대적해서 일어설 것이다.

47 그러므로 보라. 내가 바벨론의 우상들을 처벌하고 그의 온 땅이 수치를 당하고 그의 모든 살해된 사람들이 그 안에 쓰러져 있을 날들이 오고 있다. `50:2,12`

48 그때에 하늘과 땅과 그 안에 있는 모든 것들이 바벨론으로 인해 기뻐 노래할 것이다. 이는 북쪽에서부터 파괴자가 그에게 올 것이기 때문이다. 여호와의 말이다.

49 바벨론으로 인해서 온 땅이 살해당한 사람들같이 쓰러진 것처럼 이스라엘의 살해당한 사람들로 인해서 바벨론이 반드시 쓰러질 것이다. `24절`

50 너희 칼을 피한 사람들아, 서 있지 말고 길을 떠나라! 너희가 먼 땅에서 여호와를 기억하고 예루살렘을 너희 마음에 두라!

51 하나님의 보응 "우리가 수치를 당했다. 책망을 받고 부끄러움이 우리 얼굴을 덮었다. 이는 이방 사람들이 여호와의 성전의 거룩한 곳에 들어갔기 때문이다."

52 "여호와의 말이다. 그러므로 보라. 내가 그의 우상들을 심판하고 그의 땅 전역에서 부상당한 사람들이 신음할 날들이 오고 있다. `욥 24:12; 겔 26:15`

53 바벨론이 하늘까지 미치고 그의 높은 성채를 요새화한다고 하더라도 파괴자들이 내게서 그에게로 갈 것이다. 여호와의 말이다.

54 바벨론에서 부르짖는 소리여! 갈대아 사람들의 땅에서 들리는 큰 파괴의 소리로다!

55 이는 여호와가 바벨론을 멸망시키고 그에게서 큰소리가 사라지게 하기 때문이다. 그들의 파도가 큰 물들처럼 으르렁대고 그들의 목소리의 소음이 터져 나온다.

56 파괴자가 바벨론을 향해 올 것이니 그의 용사들이 사로잡힐 것이고 그들의 활이 부러질 것이다. 여호와는 보복하는 하나님이다. 그는 반드시 보응한다. `사 59:18`

57 내가 그의 관료들과 현자들과 그의 통치자들과 지도자들과 용사들을 다 취하게 할 것이니 그들이 영원히 잠들어 깨어나지 못할 것이다. 그의 이름이 만군의 여호와인 왕의 말이다." `46:18`

58 만군의 여호와께서 이렇게 말씀하셨다. "바벨론의 두꺼운 성벽이 무너지고 그의 높은 성문들이 불에 탈 것이다. 백성이 헛수고를 하고 민족들이 불로 인해 지치고 말 것이다." `사 45:2; 합 2:13`

59 스라야에게 주신 말씀 유다 왕 시드기야의 통치 4년에 마세야의 손자 네리야의 아들 왕의 수행관 스라야가 왕과 함께 바벨론으로 갈 때 예레미야가 그에게 준 말입니다.

60 스라야에 대한 지시 예레미야는 바벨론에 올 모든 재앙들을 한 책에 써 놓았는데 그것은 바벨론에 대해 기록된 모든 말씀들입니다.

61 예레미야가 스라야에게 말했다. "네가 바벨

왜 강 속에 책을 던졌나요?

책을 강에 던진 사람은 예레미야의 비서인 스라야예요.

예레미야는 시드기야 왕과 함께 바벨론에 간 스라야에게 특별 임무를 주었어요.

바벨론 포로들에게 책에 쓰인 하나님의 예언인 '바벨론에 닥칠 재앙'을 다 읽고 나서 그것을 돌에 매어 강에 던지라는 것이었요. 책에 돌을 매어 강에 던지면 돌 때문에 책이 다시 물 위로 떠오르지못하며 그것

을 통해 바벨론이 확실히 망할 것임을 보여 주는 거예요.

예레미야는 '행동을 통해 예언하는 일'을 많이 했어요.

토기장이 집을 찾아간다든지(렘 18장), 토기 병을 깬다든지(렘 19장), 자신의 목에 줄과 멍에를 건다든지(렘 27~28장), 아나돗에 있는 밭을 사는 일(렘 32:6~15) 등 행동을 통해 하나님의 말씀을 강하고 분명하게 전달했어요.

론에 도착하면 명심해 이 모든 말씀을 읽어라.

62 그러고 나서 '여호와여, 이곳을 멸망시켜 사람이나 동물이 그 안에 살지 않게 되고 영원히 황폐하게 될 것이라고 주께서 이곳에 대해 말씀하셨습니다'라고 너는 말하여라. 50:3

63 네가 이 책을 다 읽은 다음에는 그것에 돌을 묶어서 유프라테스 강 속으로 던져라.

64 그리고 이렇게 말하여라. '내가 바빌론에 내릴 재앙으로 인해 바빌론이 이렇게 가라앉아 다시는 올라오지 못할 것이요 그들이 지치게 될 것이다.'" 예레미야의 말이 여기서 끝납니다. 58절

52

꼭두각시 왕 시드기야 시드기야가 왕이 됐을 때 21세였습니다. 그가 예루살렘에서 11년 동안 통치했습니다. 그의 어머니의 이름은 하무달이요 립나 출신으로 예레미야의 딸입니다.

2 시드기야의 성격 시드기야는 여호야김이 행한 모든 것을 따라 여호와 보시기에 악을 행했습니다. 왕하 23:37

3 여호와의 노여움 때문에 결국 여호와께서 그들을 자기 앞에서 쫓아내는 이런 일이 예루살렘과 유다에서 일어나고 말았습니다. 그리고 시드기야는 바빌론 왕에게 반역했습니다.

4 예루살렘의 포위 그러자 시드기야 통치 9년 열째 달 10일에 바빌론 왕 느부갓네살이 모든 군대를 거느리고 예루살렘을 치러 와서 성읍 밖에 진을 치고 성읍을 둘러서 포위벽을 쌓았습니다. 39:1-10

5 성벽이 무너침 성읍은 시드기야 왕 11년까지 포위l됐습니다.

6 넷째 달 9일에 성읍 안에 기근이 극심해 그 땅의 백성에게 양식이 하나도 남지 않게 됐습니다.

7 그때 성벽이 무너졌고 모든 군사들이 도망갔습니다. 갈대아 사람들이 성읍을 둘러 포진하고 있는데도 그들은 밤에 왕의 정원 가까이에 있는 두 성벽 사이의 문을 통해 성읍에서 나가 아라바 길로 갔습니다.

8 왕과 군대가 도망감 그러나 갈대아 사람들의 군대가 시드기야 왕을 뒤쫓아 가서 여리고 평원에서 그를 따라잡았습니다. 그의 모든 군사들은 그를 떠나 흩어져 버렸습니다.

9 시드기야가 모욕을 당함 그들이 왕을 사로잡았습니다. 그들이 그를 하맛 땅 리블라에 있는 바빌론 왕에게 끌어갔고 바빌론 왕이 그를 판결했습니다.

10 그리고 바빌론 왕은 시드기야가 보는 앞에서 그의 아들들을 죽였고 또 리블라에서 유다의 모든 관료들도 죽였습니다. 26-27절

11 그리고 그는 시드기야의 눈을 뽑고 청동 족쇄로 묶어 바빌론으로 끌어가 그가 죽는 날까지 그를 감옥에 가두었습니다.

12 성의 파멸 바빌론 왕 느부갓네살 19년 다섯째 달 10일에 바빌론 왕을 섬기는 경호 대장 느부사라단이 예루살렘에 왔습니다.

13 그는 여호와의 성전과 왕궁을 불태우고 예루살렘의 모든 집들, 모든 큰 집들을 불태웠습니다.

14 경호 대장을 따르던 갈대아 사람의 모든 군대가 예루살렘을 둘러싸고 있는 모든 성벽을 무너뜨렸습니다.

15 또 다른 포로 이송 경호 대장 느부사라단은 백성 가운데 가난한 백성과 성읍 안에 남아 있던 백성과 바빌론 왕에게 항복한 사람들과 남아 있던 세공장이들을 포로로 끌어갔습니다. 37:13

16 그러나 경호 대장 느부사라단은 가난한 사람들 일부를 그 땅에 남겨 두어 포도원을 관리하고 밭을 갈게 했습니다.

17 보물들을 빼앗김 갈대아 사람들은 여호와의 성전에 있는 청동 기둥들과 여호와의 성전에 있는 받침대와 청동 바다를 깨뜨리고 부수어 그 모든 청동을 바빌론으로 가져갔습니다. 대하 4:2,10,12-15

18 그들은 또한 솥, 부삽, 부집게, 사발, 접시와 성전 예배 때 쓰는 청동으로 만든 모든 기구들을 다 가져갔습니다. 왕하 25:14

19 경호 대장은 또 대야, 화로, 사발, 솥, 촛대, 접시, 잔 등 순금과 순은으로 된 것들

을 다 가져갔습니다. 출 25:29;37:16;왕상 7:49-50

20 솔로몬 왕이 여호와의 성전을 위해 만든 두 기둥과 바다 하나와 그 아래 12마리 청동 황소 받침대 등 이 모든 집기들에서 나온 청동은 무게를 달 수 없을 정도였습니다.

21 기둥에 대해서 말하자면 기둥 하나에 높이가 18규빗, 둘레가 12규빗이었고 그 두 께가 손가락 네 개 너비였고 속은 비어 있었습니다. 왕상 7:15

22 기둥 위에는 청동으로 된 머리가 있었는데 그 머리는 높이가 5규빗이었고 머리 주위에 그물과 석류가 달려 있었는데 모두 청동이었습니다. 다른 기둥도 석류들을 갖고 있어 그 모양이 비슷했습니다.

23 그 사방에 석류 96개가 있었고 기둥 위로 둘린 그물 위에 있는 석류는 다 합쳐 100개였습니다.

24 **지도자들이 처형당함** 경호 대장이 대제사장 스라야와 부제사장 스바냐와 세 명의 문지기들을 붙잡았습니다. 대상 6:14-15

25 또 군사들을 담당했던 장관 한 사람과 성읍 가운데서 찾은 일곱 명의 왕의 고문들과 그 땅 백성을 징집하던 군대의 최고 서기관과 성읍 가운데서 발견된 그 땅의 백성 60명을 성읍에서 붙잡았습니다.

26 경호 대장 느부사라단이 그들을 잡아 리블라에 있는 바벨론 왕에게 끌고 갔습니다.

27 그 후에 바벨론 왕이 하맛 땅 리블라에서 그들을 쳐 죽였습니다. 이렇게 유다가 자기 땅에서 떠나 포로로 잡혀가게 됐습니다.

28 **포로의 숫자** 이것이 느부갓네살이 포로로 사로잡아 간 백성입니다. 느부갓네살 7년에 유다 사람 3,023명, 왕하 24:12,14

29 느부갓네살 18년에 예루살렘에서 사로잡아 옮긴 사람 832명, 12절

30 느부갓네살 23년에 경호 대장 느부사라단이 포로로 끌고 간 유다 사람 745명, 모두 합쳐 4,600명이었습니다.

31 **여호야긴이 풀림** 유다 왕 여호야긴이 포로가 된 지 37년이 되던 해 바벨론 왕 에윌므로닥이 왕으로 즉위한 해 열두째 달 25일에 에윌므로닥 왕이 유다 왕 여호야긴의 머리를 들게 하고 감옥에서 꺼내 주었습니다.

32 에윌므로닥 왕은 그에게 친절하게 말하고 바벨론에 자기와 함께 있는 다른 왕들보다 더 높은 자리를 내주었습니다. 27:3

33 그리하여 여호야긴은 죄수복을 벗고 그의 남은 평생을 계속해서 바벨론 왕 앞에서 식사하게 됐습니다. 40:5

34 그의 쓰는 몫은 바벨론 왕이 날마다 그에게 필요한 몫을 죽는 날까지 그의 남은 평생 동안 공급해 주었습니다.

DAILY NEWS | 유다 '최후의 날' | DAILY NEWS

제목: 예루살렘이 함락되다
기자: 예레미야
자료 제공: 예레미야 52장

나는 하나님의 명령으로 지금까지 유다 사람들의 죄와 가까이 다가온 심판에 대해 열정적으로 선포해 왔습니다.

이젠 더 이상 선포할 필요가 없어졌습니다. 왜냐고요? 멸망의 날이 왔기 때문입니다.

시드기야 왕의 두 눈이 뽑혔고, 왕자들과 지도자들은 모두 사형을 당했습니다.

보십시오, 성전은 지금 활활 불타고 있습니다. 그리고 성전 안에 거룩히 보관했던 그릇들이 바벨론으로 옮겨지고 있습니다.

배고픔과 두려움, 사랑하는 사람을 잃은 슬픔이 백성들에게 남겨져 있습니다. 지금 우리 안에 분노와 증오만이 남아 있어 눈물만 흘리고 있습니다.

하지만 여러분! 하나님은 분명 우리를 회복하실 것을 약속했습니다.

그 날, 희망의 날이 분명히 올 것입니다.

예레미야애가

사랑하는 나라가 망하는 것을 보면 여러분은 어떤 심정이겠어요? 예레미야 당시 바벨론의 군대가 예루살렘 성벽을 뚫고 들어와 성을 다 무너뜨리고 백성들을 포로로 끌고 갔어요. 이 모든 광경을 목격한 예레미야가 그에 관한 슬픔을 적었는데 그게 예레미야애가입니다. 다섯 장의 슬픔 노래 또는 시로 이루어져 있는 예레미야애가는 백성의 죄로 말미암은 슬픔, 비통, 고뇌를 말하고 있어요. 하지만 하나님의 선하심과 신실하심에 대해서도 알려 주어요. 하나님은 죄악을 심판하시지만 그분의 백성에 대해 변하지 않는 사랑과 자비가 있는 분이세요. 예레미야애가는 슬퍼하는 것으로만 끝나지 않아요. 살아남은 사람들에게 하나님의 옳바른 길과 소망을 말하고 있어요.

예레미야애가는 무슨 뜻인가요?

애가는 '슬픈 노래'라는 뜻이에요. 예레미야의 슬픈 노래가 담긴 것을 따라 붙인 이름이에요.

누가 썼나요?

예레미야가 썼다는 말은 나오지 않지만 예레미야가 쓴 것으로 보고 있어요. 예레미야애가는 예레미야가 글을 쓴 방식과 거의 비슷하기 때문이에요. 역대하 35장 25절에는 예레미야가 애가를 썼다고 되어 있어요.

예레미야는 아나돗 제사장 힐기야의 아들로 태어났어요. 요시야 왕 13년부터 예루살렘이 멸망할 때까지 40여 년 동안 활동했어요. 유다의 심판을 가슴 아파하며 눈물로 예언해서 '눈물의 예언자'라고도 해요. 나라가 망하게 될 것이라는 예언 때문에 매도 많이 맞고 감옥에도 갇혔어요. 결혼도 하지 않았어요. 강제로 이집트로 끌려가 그곳에서 죽은 것으로 보고 있어요.

언제 썼나요?

예루살렘 멸망 직후부터 예레미야가 죽기 전까지인 BC 586~585년경

주요한 사람들은?

예레미야
예언자, 결혼하지 않고
평생 주의 일을 함

딸 에돔
이스라엘을 괴롭힌
에돔 나라를 의인화함

딸 유다
이스라엘의 남왕국 유다를 의인화함

한눈에 보는 예레미야애가

- **1장 첫 번째 애가**: 예루살렘의 멸망
- **2장 두 번째 애가**: 예루살렘에 임한 하나님의 심판
- **3장 세 번째 애가**: 예레미야의 슬픔과 기도
- **4장 네 번째 애가**: 예루살렘의 포위 묘사
- **5장 다섯 번째 애가**: 예루살렘의 회복을 위한 기도

예레미야애가
Lamentations

1 **예루살렘의 멸망** 사람으로 가득 찼던 성읍이 얼마나 외롭게 앉아 있는지! 민족들 가운데 뛰어났던 성읍이 어찌 과부처럼 됐는지! 열방들 가운데 공주였던 이 성읍이 노예가 되고 말았다.

2 예루살렘이 밤에 비통하게 울어 눈물이 뺨 위로 흐른다. 그를 사랑하던 사람들 가운데 위로하는 사람이 아무도 없다. 그의 모든 친구들이 배신하고 적이 되고 말았다.

3 유다는 고통과 고역을 겪은 후에 포로가 돼 버렸다. 유다가 민족들 가운데 살며 안식처를 찾지 못한다. 유다를 추적하던 사람들이 그의 고난의 한복판에서 그를 따라잡는다. 신 28:64-65;렘 45:3;52:27

4 절기를 지키러 오는 사람이 아무도 없으니 시온으로 가는 길이 슬피 애곡한다. 시온의 모든 성문이 황폐했으니 시온의 제사장들이 탄식한다. 처녀들이 고통을 당하고 시온이 쓰라리게 고통스러워한다. 렘 14:2

5 그 적들이 주인이 되고 대적들이 번성한다. 숱한 죄들로 인해 여호와께서 고통을 주셨다. 그의 자녀들은 끌려가 적들 앞에서 포로가 됐다. 신 28:13,44;대하 36:17,20;단 9:16

6 모든 영광이 딸 시온으로부터 떠났다. 관료들은 풀밭을 찾지 못한 사슴들과 같이 돼서 쫓아오는 사람들 앞에서 힘없이 도망친다. 렘 14:6

7 고난과 방황의 날에 예루살렘이 옛날에 갖고 있었던 모든 귀한 것들을 기억한다. 백성들이 적의 손에 떨어졌을 때 그를 돕는 사람이 아무도 없었다. 예루살렘의 원수들이 그를 보고 그의 몰락을 비웃었다.

8 예루살렘이 크게 죄를 지었기에 그가 불결하게 됐다. 그의 벌거벗은 것을 보았기 때문에 그를 존경하던 모든 사람들이 그를 경멸

한다. 그가 스스로도 탄식하며 외면한다.

9 예루살렘의 불결함이 그의 치마에 있었는데 그는 자기의 미래에 대해 아무런 생각을 하지 않았다. 그러므로 그의 몰락은 깜짝 놀랄 만하다. 그를 위로해 주는 사람이 아무도 없다. "여호와여, 내 환난을 보십시오. 이는 대적이 승리했기 때문입니다."

10 예루살렘의 모든 보물 위에 대적이 손을 뻗쳤습니다. 주의 성소에 들어가는 민족들을 그가 보았습니다. 그들은 주의 회중에 들어오지 못하게 주께서 명령하신 사람들입니다. 신 23:3;느 13:1;시 79:1;렘 51:51

11 예루살렘의 모든 백성들이 빵을 찾으며 탄식합니다. 그들의 귀중품들을 먹을 것과 바꾸며 목숨을 유지합니다. "오 여호와여, 살펴보소서. 내가 경멸을 받나이다."

12 **예언자의 고통** "지나가는 모든 사람들아, 너희가 살펴보라. 내게 가해진 내 고통과 같은 고통이 어디에 있는가? 여호와의 맹렬한 진노의 날에 여호와께서 내게 그 고통을 당하게 하셨다." 욥 21:29;시 80:12

13 "주께서 높은 곳에서 불을 내려 불이 내 뼛속까지 사무치게 하셨다. 그분이 내 발에 그물을 펼쳐 나를 뒤로 물러가게 하셨다. 나를 황폐하게 해 온종일 기운이 없게 하셨다." 시 9:15;102:3;렘 8:18;겔 12:13;17:20

14 "내 죄들이 멍에로 묶여지고 그것들이 그분의 손에 얽매어졌다. 그것들이 내 목에 얹어 놓이니 나의 힘쓰지 못하게 하셨다. 내가 당해 낼 수 없는 사람들의 손에 주께서 나를 넘기셨다." 신 28:48

15 "내 가운데 있는 내 모든 용사들을 주께서 거절하셨다. 그분이 나를 대적해서 군대를 소집해 내 젊은이들을 무너뜨리셨다. 주께서 처녀 딸 유다의 딸을 포도주 틀을 밟듯 밟으셨다." 사 63:2-3

16 "이것들 때문에 내가 우니 내 눈에는 눈물이 물같이 흐른다. 이는 나를 위로할 사람, 내 영혼을 회복시킬 사람이 내게서 멀

애결단

리 떨어져 있기 때문이다. 내 자식들이 황폐하니 이는 대적들이 이겼기 때문이다."

17 시온이 손을 뻗지만 그를 위로할 사람이 아무도 없다. 그의 이웃들이 그의 적이 될 것이라고 여호와께서 야곱을 향해 명령하셨다. 그들 가운데서 예루살렘이 불결하게 됐다. 사 1:15;렘 4:31

18 **하나님을 향한 호소** "여호와께서는 의로우시나 내가 그분의 명령을 거역했다. 모든 민족들이여, 들으라. 내 환난을 보라. 내 처녀들과 젊은이들이 포로로 끌려가고 말았다."

19 "내가 내 사랑하는 사람들을 불렀지만 그들은 나를 속였다. 내 제사장들과 장로들이 목숨을 유지하려고 먹을 것을 찾아 다니다가 성읍 안에서 죽었다." 2:11절

20 "여호와여, 보십시오! 내가 고통 가운데 있고 내 내장이 끓어오릅니다. 내 마음이 내 속에서 뒤집히는 것은 내가 크게 반역을 했기 때문입니다. 밖에는 칼의 살육이 있고 집 안에는 죽음이 있습니다."

21 "내가 탄식하는 것을 그들이 듣지만 나를 위로할 사람이 아무도 없습니다. 내 모든 대적들이 내 고통 소리를 듣고 주께서 그렇게 하신 것을 즐거워하고 있습니다. 주께서 선포하신 그날이 오게 하셔서 그들도 나처럼 되게 하소서." 렘 50:11

22 "그들의 모든 죄악들이 주 앞에 드러나게 하소서. 내 모든 죄악으로 인해 주께서 내게 하셨듯이 그들에게 해 주소서. 이는 내 탄식이 많고 내 마음이 기절할 지경이기 때문입니다." 시 109:14~15;렘 8:18

2 하나님의 심판

주께서 어떻게 진노하셔서 딸 시온을 구름으로 덮어 버리셨는지! 그분이 이스라엘의 아름다움을 하늘에서 땅으로 던져 버리셨다. 그분의 진노의 날에 그분의 발판을 기억하지 않으셨다.

2 주께서 인정을 베풀지 않고 야곱의 모든 거처들을 삼켜 버리셨다. 그분의 진노 가운데서 딸 유다의 요새들을 무너뜨리셨다. 왕국과 관료들을 욕되게 땅에 내리치셨다.

3 그분의 맹렬한 분노로 이스라엘의 모든 뿔을 잘라 버리셨다. 원수 앞에서 그분의 오른손을 거두셨다. 활활 타는 불이 주위의 모든 것을 집어삼키듯이 야곱을 불태우셨다. 삼상 2:1;시 74:11;79:5;89:46;렘 12:13

4 마치 대적처럼 그분은 활을 당기고 그분의 오른손은 준비돼 있다. 마치 적과 같이 눈에 즐거움을 주는 사람을 모두 죽이셨다. 불처럼 그분의 진노를 딸 시온의 장막에 쏟아부으셨다. 렘 30:14

5 주께서 마치 원수같이 돼서 이스라엘을 집어삼키셨다. 이스라엘의 모든 성채들을 집어삼키시고 요새들을 파괴시키셨다. 딸 유다에게 애곡과 슬픔을 많게 하셨다.

6 마치 정원의 초막을 허무는 것처럼 주께서는 공회가 모이는 곳을 파괴하셨다. 여

왜 예레미야가 울었나요?

성경에서는 남자들이 눈물 흘리면서 우는 모습을 종종 볼 수 있어요. 아브라함은 사라가 죽었을 때 울었고(창 23:2), 다윗과 요나단은 헤어지면서 서로 격정하며 같이 울었어요(삼상 20:41~42). 히스기야는 죽을병에 들었을 때 울면서 기도했어요(왕하 20:3).

예수님은 나사로가 죽었을 때 눈물을 흘리셨어요(요 11:33~35). 모두 자신의 슬픔과 고통을 눈물로 솔직하게 표현했어요.

예레미야도 그랬어요. 하나님께 부름 받은 예언자로, 유다 백성이 하나님께로 돌아오기만을 기도하며 살았어요. 하지만 그가 보게 된 것은 바벨론에 포위되어 기근과 질병에 휩싸인 예루살렘이었어요(왕하 25:1~3).

그 광경을 보는 예레미야의 심정이 어떠했을까요? 그는 마음 깊은 곳에서부터 솟구치는 슬픔과 아픔 때문에 하염없이 눈물을 흘릴 수밖에 없었어요(렘 9:1; 애 2:11).

호와께서는 시온에서 정한 절기와 안식일이 잊혀지게 하셨다. 그분의 맹렬한 진노로 왕과 제사장을 쫓아내셨다.

⁷ 주께서는 그분의 제단을 거부하셨고 그분의 성소를 버리셨다. 성채의 벽들을 원수의 손에 넘겨주셨다. 정해진 절기의 날처럼 대적들은 여호와의 집에서 소리를 질렀다. 민27:18

⁸ 딸 시온의 성벽을 여호와께서는 파괴하기로 작정하셨다. 그분은 줄자를 펼치셨고 파멸로부터 손을 거두지 않으셨다. 그분이 요새와 성벽을 슬퍼하게 하셨으니 그것들이 다 함께 쇠약해 버렸다. 왕하21:13

⁹ 성문들이 땅속으로 가라앉았고 주께서 빗장들을 깨뜨려 부수셨다. 왕과 관리들이 민족들 가운데 있으니 율법이 더 이상 존재하지 않는다. 예언자들도 여호와께로부터 환상을 받지 못하게 됐다. 나3:13

¹⁰ 딸 시온의 장로들은 땅바닥에 앉아서 말이 없다. 그들은 머리 위에 흙을 뿌리고 굵은베 옷을 입었다. 예루살렘의 처녀들은 땅바닥에 머리를 숙이고 있다. 수7:6

¹¹ 예루살렘을 위한 탄식 내 눈이 눈물로 상하게 되고 내 창자가 끓어오른다. 내 간이 땅에 쏟아져 나왔으니 이는 딸 내 백성이 멸망했기 때문이다. 이는 내 자식들과 아기들이 성읍의 광장에서 기운을 잃고 있기 때문이다. 욥16:13,나1:6,7;시20:20,447

¹² 성읍의 광장에 마치 부상당한 사람처럼 쓰러져서 자기 어머니의 품 안에 그들의 생명을 쏟아붓고는 "곡식과 포도주는 어디 있었나요?" 하며 그들의 어머니에게 말한다.

¹³ 딸 예루살렘아, 내가 너를 어떻게 위로하겠느냐? 내가 너를 무엇에 비교하겠느냐? 처녀 딸 시온아, 내가 너를 무엇에 비유해 위로하겠느냐? 네 상처가 바다처럼 큰데 누가 너를 치료해 주겠느냐? 삼하5:20

¹⁴ 네 예언자들이 너를 위해 거짓되고 헛된 것을 환상으로 보았다. 그들은 네가 포로 되는 것을 막도록 네 죄악을 드러내는 일을 하지 못했다. 네게 거짓된 말과 현혹시키는 예언만 했다. 사58:1;렘5:31;23:33~34;30:3

¹⁵ 지나가는 사람들이 모두 너를 보고 손뼉을 친다. 딸 예루살렘을 보고 그들이 비웃으며 머리를 흔든다. "이것이 아름다움의 완성이라고 불리고 온 세상의 기쁨이라고 불리던 성읍인가?" 대하29:8;사48:2;겔16:14

¹⁶ 네 원수들이 모두 너를 향해 그들의 입을 크게 벌렸다. 그들이 조롱하며 이를 갈며 말한다. "우리가 성읍을 집어삼켰다. 이날은 진정 우리가 기다리던 날이다. 우리가 이것을 찾았고 또 보았다." 욥16:9

¹⁷ 여호와께서 계획하신 대로 하셨고 오래전에 그분이 명령하신 말씀을 이루셨다. 그분은 헐어 무너뜨리고 긍휼히 여기지 않으셨다. 대적들이 너를 보고 즐거워하게 하셨고 네 적들의 뿔을 높이셨다.

¹⁸ 여호와께 호소함 그들의 마음이 주께 소리 질러 외쳤다. 딸 시온의 성벽아, 너는 밤낮으로 눈물을 강물처럼 흘려라. 안도의 숨을 쉬지 말고 네 눈을 쉬게 하지 마라.

¹⁹ 밤이 시작되는 시각에 일어나 부르짖어라. 주 앞에서 네 마음을 물처럼 쏟아부어라. 모든 길 어귀에 배고파서 쓰러지는 네 어린 자녀들의 생명을 위해 네 손을 그를 향해 들어 올려라. 시62:8;119:147~148;딤전2:8

²⁰ "여호와여, 보시고 고려해 주소서. 주께서 누구에게 이렇게 하셨습니까? 여자들이 자기 자식들을, 자기들의 귀여운 어린아이들을 먹어야만 하겠습니까? 제사장과 예언자가 주의 성소에서 죽임을 당해야만 하겠습니까?" 렘19:9

²¹ "젊은이와 늙은이가 함께 맨땅 길바닥에 드러누워 있습니다. 내 처녀들과 젊은이들이 칼에 맞아 쓰러졌습니다. 주의 진노의 날에 주께서 그들을 학살하시고 인정을 베풀지 않으시고 살육하셨습니다."

²² "마치 정해진 절기를 부르듯이 주께서는 사방에서 공포를 부르십니다. 여호와의 진노의 날에는 피할 사람도, 살아남을 사람도 없었습니다. 내가 돌보고 양육했던 사

현혹 (2:14, 誘惑, misleading) 정신을 빼앗게 해야 할 바를 잊어버림.

람들을 내 원수들이 멸망시켰습니다."

3 **예언자의 슬픔** 나는 여호와의 진노의 매로 고통을 겪은 사람이다.

2 빛이 아닌 어둠 속에 나를 내몰아 다니게 하셨다.

3 진정 나를 대적해서 하루 종일 계속해서 나를 치고 또 치셨다.

4 내 살과 피부를 쇠약하게 하셨고 내 뼈들을 부러뜨리셨다. <small>시 51:8;사 38:13;렘 50:17</small>

5 쓰라림과 고통으로 나를 에워싸고 둘러싸셨다. <small>신 29:18;욥 19:12</small>

6 오래전에 죽은 사람들처럼 나를 어두운 곳에 머무르게 하셨다. <small>시 143:3</small>

7 도망갈 수 없도록 나를 둘러싸고 내 사슬을 무겁게 하셨다. <small>욥 19:8;시 88:8</small>

8 내가 소리치고 부르짖어도 내 기도를 닫아 버리셨다. <small>욥 19:7;30:20;시 22:2</small>

9 내 앞길에 다듬은 돌을 쌓아 내 길을 막으시고 내 갈 길을 뒤틀리게 하셨다.

10 여호와는 나를 숨어 기다리는 곰과 같고 은밀한 곳에 숨어 있는 사자와 같으시다.

11 내 길을 잘못 들게 하시고 내 몸을 찢어서 나를 황폐하게 하셨다.

12 그분의 활을 당기시고 나를 화살의 과녁으로 세우셨다.

13 그분의 화살통의 화살이 내 심장을 뚫고 지나가게 하셨다. <small>욥 6:4;시 38:2</small>

14 내가 내 모든 백성의 조롱거리가 됐고 그들은 하루 종일 노래를 부르며 나를 놀려 댔다. <small>욥 30:9;시 69:12;렘 20:7</small>

15 그분은 나를 비통함으로 배부르게 하시고 쓰라림으로 취하게 하셨다. <small>시 51:17,21;렘 9:15</small>

16 자갈로 내 이를 부러뜨리셨고 재로 나를 덮으셨다. <small>잠 20:17;렘 6:26</small>

17 그분이 내 심령에서 평안을 빼앗으셨으니 내가 행복을 잊고 말았다.

18 그래서 내가 말했다. "내 인내와 소망이 여호와로부터 사라져 버렸다." <small>시 9:18</small>

19 내 고난과 내 방황, 비통함과 쓰라림을 기억하소서. <small>1:9,11,20</small>

20 내가 아직도 기억하고 있으며 내 영혼이 내 안에서 낙심하고 있습니다.

21 그러나 내가 이것을 생각해 내기에 오히려 내게 소망이 있습니다.

22 **예언자의 소망** 여호와의 인애하심이 끝이 없는 것은 그분의 긍휼하심이 끝이 없기 때문입니다.

예레미야가 황폐하게 된 예루살렘을 보고 하나님께 눈물로 기도함

23 그것들이 아침마다 새롭고 주의 신실하심
이 큽니다. 욜 7:18;시 36:5

24 내 영혼이 말한다. "여호와는 내 유산이시
니 내가 주를 기다립니다." 시 16:5;73:26

25 그분을 기다리는 사람과 찾는 사람에게
여호와께서는 선하십니다. 시 130:6;사 30:18

26 여호와의 구원을 조용히 기다리는 것이 좋
도다. 시 130:5,7;미 7:7

27 사람이 아직 젊을 때 멍에를 메는 것이 좋
도다. 전 12:1;마 11:29

28 그가 홀로 조용히 앉아 있게 하여라, 이는
여호와께서 그 위에 멍에를 놓으셨기 때문
이다. 시 3:26

29 그가 흙먼지 속에 겸손하게 하여라, 그러
면 희망이 있을지 모른다. 욥 42:6

30 자신을 치는 사람에게 뺨을 내밀어 그에
게 수치로 가득 차게 하여라. 마 5:39

31 이는 주께서 영원히 버리지 않으실 것이기
때문이다. 시 103:9

32 주께서 슬픔을 주시더라도 풍성한 인애하
심에 따라 긍휼히 여기실 것이다.

33 이는 주께서 사람의 자녀들에게 고난이나
슬픔 주시기를 즐거워하지 않으시기 때문이
다. 벧전 2:6,10~11

34 회개할 것을 호소함 세상의 모든 갇힌 사람
들이 발아래서 짓밟히는 것, 시 107:10

35 지극히 높으신 분 앞에서 한 인간의 정의
가 부인되는 것, 합 1:13

36 사람에게서 권리를 빼앗는 것은 주께서
기뻐하지 않으시는 것이다.

37 주께서 그것을 명령하지 않으셨다면 누가
그것을 말할 수 있고 일어나게 할 수 있는
가? 시 33:9

38 좋은 것과 나쁜 것이 지극히 높으신 분의
입에서 나오지 않는가? 사 45:7;암 3:6

39 자기 죄로 인해 벌받는데 살아 있는 사람
이 어찌 불평을 하겠는가? 잠 19:3

40 우리의 행동을 살펴보고 점검하고 우리가
여호와께로 돌아가자. 욜 2:12~13

41 하늘에 계신 하나님께 우리가 우리 마음
과 손을 들어 올리자. 시 25:1;119:48

42 "우리가 죄를 짓고 반역을 했으며 주께서
용서해 주지 않으셨습니다. 단 9:5

43 주께서는 진노로 스스로를 덮으시고 우리
를 추적하셔서 인정을 베풀지 않고 살해
하셨습니다. 2:2,17,21

44 주께서는 구름으로 스스로를 덮으시고
어떤 기도도 통과할 수 없게 하셨습니다.

45 주께서는 우리를 민족들 사이에서 찌꺼기
와 쓰레기가 되게 하셨습니다. 고전 4:13

46 우리의 모든 원수들이 우리를 향해 그들
의 입을 벌렸습니다. 2:16~17

47 두려움과 함정이 우리 위에 임하고 황폐
함과 멸망이 닥쳐왔습니다." 렘 48:43

48 딸 내 백성의 멸망으로 인해 내 눈에서 눈
물이 강같이 흘러내립니다. 렘 13:17

49 내 눈에서 눈물이 쉬지도 그치지도 않고
흘러내립니다.

50 여호와께서 하늘에서 내려다보시고 바라
보실 때까지 그럴 것입니다. 시 14:2;사 63:15

51 내 성읍의 모든 딸들로 인해 내 눈이 내 영
혼에 고통을 줍니다. 시 11:1;35:19

52 이유 없이 내 대적이 된 사람들이 새처럼
나를 사냥합니다. 시 11:1;35:19

53 웅덩이에서 내 목숨을 끝내려고 그들이
내게 돌을 던졌습니다. 렘 37:16;38:6,9~10;단 6:17

54 물이 내 머리 위로 넘쳐흘렀기에 내가 말
했습니다. "나는 끝이 났도다!"

55 구원에 대한 간구 여호와여, 내가 저 깊은 구
덩이에서 주의 이름을 불렀습니다.

56 주께서 탄원을 들으셨습니다. "구원을 요
청하는 내 부르짖음에 주의 귀를 막지 마
소서." 시 130:2

57 내가 주를 부를 때 주께서 가까이 오시며
말씀하셨습니다. "두려워하지 마라!"

58 주여, 주께서 내 소송을 들으시고 내 생명
을 구속해 주셨습니다. 삼상 24:15;시 119:154

59 여호와여, 내게 행해진 잘못을 주께서 보
셨으니 내 소송을 변호해 주십시오.

60 나를 향한 그들의 모든 복수와 모든 계획
을 주께서 보셨습니다. 렘 11:19

61 나를 향한 그들의 욕설과 그들의 모든 계

획을 여호와여, 주께서 들으셨습니다.

62 내 적들의 속닥거림과 중얼거림이 하루 종
일 나를 향해 있습니다. 시 18:39,48

63 그들을 보소서! 그들은 앉으나 서나 나를
조롱하는 노래를 하고 있습니다.

64 여호와여, 그들의 손이 한 것을 그대로 그
들에게 갚아 주소서. 시 28:4;렘 11:20;딤후 4:14

65 그들에게 완고한 마음을 주시고 주의 저
주를 그들 위에 임하게 하소서!

66 주의 진노 가운데 그들을 추적하셔서 여호
와의 하늘 아래에서 그들을 멸망시키소서.

4 기근의 고통 어떻게 금이 빛을 잃고 어
떻게 순금이 변해 버렸는가! 모든 길
어귀에 성소의 돌들이 흩어져 널려 있구나.

2 시온의 귀한 아들들이, 순금만큼 값진 그
들이 어떻게 토기장이가 손으로 만든 흙
항아리로밖에 여겨지지 않는지!

3 자칼들도 젖을 꺼내 그들의 새끼들을 젖
먹이는데 광야에 있는 타조들처럼 딸 내
백성은 잔인해졌다.

4 젖먹이들의 혀가 목마름으로 입천장에 달
라붙고 아이들이 빵을 달라고 하지만 그
들에게 주는 사람이 아무도 없다.

5 한때 진수성찬을 먹던 사람들이 길거리에
내버려졌고 자주색 옷을 입고 자란 사람
들이 쓰레기 더미를 안고 있다. 삼하 1:24

6 딸 내 백성의 죄로 인한 처벌은 소돔의 것
보다 크구나. 도움의 손길 없이 소돔은 한
순간에 무너졌다. 창 19:25;마 10:15;눅 10:12;벧후 2:6

7 귀족들은 눈보다 깨끗하고 우유보다 희었
다. 그들은 몸이 루비보다 붉고 그들의 생
김새는 사파이어 같았다. 민 6:2;암 2:12

8 그러나 이제 그들은 숯보다 검고 거리에서
그들을 알아보는 사람이 없다. 그들의 살
갗이 뼈에 달라붙어서 막대기처럼 말라
버렸다. 욥 30:30;시 119:83

9 칼에 맞아 죽은 사람들이 굶주림으로 죽
은 사람들보다 낫다. 들판에 생산물이 없

어서 굶주림으로 그들이 수척해진다.

10 인정 많은 여자들도 자기 손으로 자기 자
식들을 삶아 먹었다. 딸 내 백성이 멸망할
때 자식들이 그들에게 양식이 됐다. 신 28:57

11 **책망과 구원의 소망** 여호와께서 화를 내시
고 그분의 맹렬한 분노를 쏟아 내셨다. 그
분이 시온에 불을 붙이시자 그 불이 시온
의 기초를 삼켜 버렸다. 렘 17:27;겔 5:13

12 적들과 대적들이 예루살렘의 성문들로 들
어갈 수 있을 것이라고는 이 땅의 왕들도,
세상의 어느 누구도 믿지 않았다.

13 이것은 그의 예언자들의 죄와 그의 제사장
들의 죄악 때문이었다. 그들이 예루살렘 한
복판에서 의인들의 피를 흘렸기 때문이다.

14 이제 그들이 눈먼 사람들처럼 거리에서
더듬으며 나아간다. 그들이 이렇게 피로
더럽혀졌으니 아무도 그들의 옷을 만지려
하지 않는다. 민 19:16;사 59:10

15 "저리 가라! 부정하다!" 사람들이 그들에
게 소리친다. "저리 가라! 저리 가라! 만지
지 말라!" 그들이 도망가서 방황할 때 민
족들 가운데서 사람들이 말한다. "그들은
여기서 더 이상 살 수 없다." 레 13:45

16 여호와 그분이 그들을 흩어 버리셨다. 그
분이 더 이상 그들을 지켜보지 않으신다.
그들이 제사장들을 높이지 않고 장로들
을 대접하지 않는다. 사 24:2

17 그러나 우리가 헛되이 도움을 기다리다가
우리 눈이 약해졌다. 우리를 구원할 수 없
는 민족을 우리가 바라고 기다렸다.

18 그들이 우리 발자취를 따라오니 우리가
길거리에서 걸어 다닐 수 없었다. 우리의
끝이 가까이 왔고 우리 날들이 다 됐다. 우
리의 끝이 왔다. 겔 7:2~3,6;암 8:2

19 우리를 쫓던 사람들은 하늘의 독수리보
다 재빨랐다. 그들이 우리를 쫓아 산을 넘
고 광야에서 매복하고 우리를 기다렸다.

20 우리의 코의 호흡이 되시는 여호와의 기름
부음 받은 이가 그들의 함정에 잡혔다. 우
리가 그를 두고 말했다. "그의 그늘 아래
서 우리가 민족들 가운데 살겠다!"

진수성찬(4:5, 珍羞盛饌, delicacies) 푸짐하게 잘 차린
맛있는 음식. **유린**(5:11, 蹂躪, ravish) 남의 권리나 인격
을 짓밟고 욕보임.

21 딸 에돔이여, 우스 땅에 살고 있는 이여, 기뻐하고 즐거워하여라. 그러나 그 잔이 또한 네게로 넘어갈 것이니 네가 취하고 벌거벗게 될 것이다. 욥 1:1;렘 25:15-16,20

22 딸 시온이여, 네 죄악에 대한 벌이 끝날 것이니 주께서 더 이상 너를 포로가 되게 하지 않으실 것이다. 그러나 딸 에돔이여, 주께서 네 죄악을 처벌하시고 네 죄악을 드러내실 것이다. 사 40:2;슥 1:10

5 비참한 포로 생활에 대한 슬픔 여호와여, 우리에게 일어난 것을 기억하소서. 보소서, 우리의 수치를 보소서.

2 우리의 유산이 이방 사람들에게, 우리의 집들이 외국 사람들에게 넘겨졌습니다.

3 우리가 아버지 없는 고아가 됐고 우리의 어머니들은 과부같이 됐습니다.

4 우리의 물도 돈을 지불해야만 하고 우리의 나무도 돈을 주고 사야만 합니다.

5 우리를 뒤쫓는 사람들이 우리 발꿈치에 닿을지라도 우리가 지치고 쉬지도 못합니다.

6 우리가 음식을 충분히 얻으려고 이집트와 앗시리아에 굴복했습니다. 대상 29:24;호 12:1

7 우리 조상들이 죄를 지었으나 이제 가고 없습니다. 그들의 죄악을 우리가 감당하고 있습니다. 렘 31:29;겔 18:2

8 종들이 우리를 지배하는데 우리를 그들의 손에서 구할 사람이 없습니다. 창 30:21-22

9 우리가 목숨을 걸고 빵을 얻는 것은 광야에 칼이 있기 때문입니다. 렘 6:25

10 굶주림의 열기로 우리의 살갗이 화로처럼 뜨겁습니다. 신 32:24

11 여인들은 시온에서, 처녀들은 유다의 성읍들에서 유린당했습니다.

12 관료들의 손이 매달렸고 장로들이 존경받지 못하고 있습니다. 왕하 25:19-21

13 젊은이들이 맷돌을 지고 소년들이 나뭇짐으로 비틀거립니다. 수 9:27;삿 16:21

14 장로들이 성문을 떠났고 젊은이들이 노래하기를 멈추었습니다. 사 24:8

15 우리 마음에 기쁨이 그쳤고 우리의 춤이 애곡으로 변해 버렸습니다. 암 8:10

16 우리 머리에서 면류관이 떨어졌으니 우리에게 화가 있도다! 이는 우리가 죄를 지었기 때문입니다. 시 89:39;렘 13:18

17 이 때문에 우리 마음에 활기가 없고 이것들 때문에 우리 눈이 희미해집니다.

18 시온 산이 폐허가 돼 여우들이 거기서 어슬렁거립니다. 사 34:13

19 마지막 기도 여호와여, 주는 영원히 통치하시며 주의 보좌는 자손 대대로 지속됩니다.

20 왜 우리를 영원히 잊으시고 왜 우리를 이토록 오랫동안 버려두십니까? 시 13:1

21 여호와여, 우리를 주께로 돌이켜서 우리를 회복시키소서. 우리의 날들을 옛날처럼 새롭게 하소서. 시 80:3,7,19;렘 31:18

22 주께서 우리를 완전히 버리시지 않았고 주의 진노가 아주 심하지 않다면 그렇게 하소서. 렘 14:19

포로의 비애

고대에는 전쟁에서 패하면 그 나라의 군인이나 백성이 전쟁에서 이긴 국가의 포로로 잡혀갔다(수 9:21-27).

갈대아 사람들, 곧 바벨론은 여자들을 욕보이며 장로들을 업신여기고 젊은이들에게 심한 부역을 시켰다(애 5:11-14).

앗시리아는 이런 바벨론보다 훨씬 잔혹한 방법으로 포로들을 다루었는데, 그들은 포로들의 팔이나 다리 혹은 손을 잘랐고 아예 목을 자르기도 했다.

땅을 파서 포로를 세워 놓은 채 배를 가르거나, 예루살렘 성벽 밖에 세운 날카로운 말뚝에 박기도 했다.

이렇게 잔인한 행동을 한 이유는 자신들의 잔혹함을 과시하여 정복한 나라를 굴복시키고 다른 나라들의 저항을 막기 위해서였다.

Ezekiel
에스겔

하나님의 부름을 받은 에스겔은 많은 환상을 보고 그 내용을 전달해요. 이상하게 생긴 네 생물 환상, 마른 뼈 환상, 새 성전 환상이 대표적인 내용이지요. 그리고 여러 상징적인 행동을 통해 하나님의 메시지를 온몸으로 전달합니다. 같은 시대에 예루살렘에서는 예레미야가, 바벨론에서 는 에스겔이 하나님의 심판과 회복의 약속을 전했어요.

에스겔은 유다 백성이 지금 포로 생활을 하는 것은 우상숭배와 불순종 때문이라고 해요. 하지만 마른 뼈들이 생기를 얻어 살아나듯이 하나님 이 다시 그들을 살리시고 구원하실 것이라는 소망의 메시지도 전해요. 하나님이 각 사람의 마음 가운데 역사하셔서 그 마음을 바꾸고 진심으로 하나님께 반응하게 하실 것이라는 사실도 알려 주어요.

에스겔은 무슨 뜻인가요?

'하나님이 강하게 하신다' 라는 뜻이에요.

이 책의 저자이자 중심 인물인 에스겔의 이름을 따라 제목을 붙인 거예요.

누가 썼나요?

에스겔이 썼어요. 에스겔은 25세 정도에 여호야긴 왕과 함께 바벨론 에 포로로 잡혀갔어요. 그리고 5년이 지난 후 30세에 하나님의 부르심 을 받았어요. 예루살렘이 멸망한 때까지 예언했고 그 후에도 20년을 더 예언하며 지냈어요. 에 스겔은 유다를 향한 하나님의 심판과 회복의 말씀을 선포했어요.

언제 썼나요?

BC 593~BC 570년경

중요한 사람들은?

에스겔
예언자, 아내가 죽었지만 슬퍼하지 못함

오홀라
사마리아를 상징, 북왕국 이스라엘을 가리킴

오홀리바
예루살렘을 상징, 남왕국 유다를 가리킴

한눈에 보는 에스겔

1-3장 부름받은 에스겔

25-32장 열방의 심판 예언

4-24장 유다 심판 예언

33-48장 이스라엘의 회복 예언

겔

에스겔
Ezekiel

1 에스겔에게 임한 여호와의 말씀 30년째 되는 해 넷째 달 5일에 내가 그발 강 가에서 포로들 가운데 있는데 하늘이 열려 하나님의 환상을 보았다.

2 그때는 여호야긴 왕이 포로로 잡혀간 지 5년째 되던 해로 그달 5일에 ^{왕하 24:12}

3 갈대아 사람의 땅 그발 강 가에 있던 부시의 아들이며 제사장인 에스겔에게 여호와의 말씀이 임했다. 그곳에서 여호와의 손이 에스겔 위에 있었다. ^{왕상 18:46;왕하 3:15}

4네 생물에 대한 환상 내가 보니 북쪽에서 폭풍이 불고 있었다. 큰 구름과 번쩍거리는 불, 그 주위에는 광채가 있었고 광채의 중앙은 불 가운데로부터 오는 황갈색 빛과 같았다. ^{27절;겔 1:14;23:19;25:32;30:23}

5 거기에 살아 있는 네 생물의 모습이 있었는데 그들의 생김새는 사람의 모습이었다.

6 네 생물은 각각 네 개의 얼굴과 네 개의 날개를 가지고 있었다. ^{10:21}

7 네 생물의 다리는 일직선이었고 그들의 발은 송아지 발 같았으며 광낸 청동색같이 빛났다. ^{40:3;계 1:15;2:18}

8 사방에 달린 그들의 날개 아래에는 사람의 손들이 달려 있었다. 네 생물들에게는 각각 얼굴과 날개들이 있었는데 ^{17절}

9 그들의 날개들은 서로 닿아 있었다. 그들이 움직일 때는 뒤돌지 않고 각자 자기 앞으로만 곧장 갔다. ^{10:22}

10 그들의 얼굴 생김새로 말하자면 그 네 생물들은 사람의 얼굴을 갖고 있는데 오른쪽은 사자 얼굴, 왼쪽은 황소 얼굴, 뒤쪽은 독수리 얼굴을 갖고 있었다.

11 그들의 얼굴은 이렇게 생겼다. 그들의 날개는 위로 펼쳐져 있는데 각각 두 날개는 다른 생물과 서로 닿아 있고 다른 두 날개

는 자기의 몸통을 덮고 있었다. ^{23절;사 6:2}

12 각 생물은 앞으로만 곧장 나아갔다. 영이 가는 곳마다 그들이 갔는데 가면서 몸을 돌리지 않았다. ^{10:17}

13 그 생물들의 생김새는 불타는 석탄 같은 모양이기도 하고 횃불 모양 같기도 했다. 생물들 사이에서 불이 앞뒤로 왔다 갔다 했다. 불은 밝았고 불 속에서 번개가 나왔다.

14 생물들이 번개 모양처럼 앞뒤로 왔다 갔다 했다. ^{슥 4:10;마 24:27;눅 17:24}

15 내가 그 생물들을 보니 네 얼굴을 가진 각각의 생물들 옆 땅 위에 바퀴가 하나씩 있었다. ^{10:9;단 7:9}

16 그 바퀴들의 모양과 구조는 황옥이 빛나는 것 같고 네 개 모두 똑같이 생겼다. 그들의 모양과 구조는 바퀴 안에 바퀴가 있는 것처럼 생겼다. ^{10:10;단 10:6}

17 바퀴들은 움직일 때 네 방향 가운데 어느 한 방향으로 움직였다. 그들은 나아가면서 옆으로 방향을 돌이키지 않았다.

18 그들 바퀴의 둘레는 높고 놀랍게 생겼다.

에스겔이 환상 중에 두루마리를 받아 먹음

바퀴 네 개가 다 그 둘레에 눈이 가득 달려 있었다. 10:12;계 4:8

19 생물들이 움직이면 바퀴들도 그 옆에서 움직였고 생물들이 땅에서 들어 올려지면 바퀴들도 들어 올려졌다. 10:16,19;11:22

20 어디든지 영이 가려고 하면 생물들도 그곳에 갔고 바퀴들도 생물들을 따라 들어 올려졌다. 생물들의 영이 바퀴에 있었기 때문이다. 10:17

21 생물들이 움직이면 바퀴들도 움직이고 생물들이 서면 바퀴들도 섰다. 생물들이 땅에서 들어 올려지면 바퀴들도 따라서 들어 올려졌다. 생물들의 영이 바퀴들에 있었기 때문이다.

22 생물들의 머리 위로는 창공같이 생긴 것이 펼쳐져 있었는데 그것은 수정 같은 색깔을 띠었고 놀라울 따름이었다. 계 4:6

23 창공 아래에는 그들의 날개가 서로를 향해 똑바로 펼쳐져 있었다. 각 생물은 두 날개를 갖고 있었는데 하나로는 자기 몸통의 한쪽을, 다른 하나로는 다른 한쪽을 덮고 있었다. 7,11절

24 생물들이 움직일 때 그들의 날갯소리를 내가 들으니 많은 물소리 같기도 하고, '전능한 분의 목소리' 같기도 하고, 곧 군대의 소리 같기도 했다. 생물들이 가만히 서 있을 때는 그들의 날개를 내렸다.

25 여호와의 형상 생물들의 머리 위 천장 위쪽으로부터 한 소리가 들려왔다. 그들은 서 있을 때 그들의 날개를 내렸다. 22절

26 그들의 머리 위 천장 위에는 사파이어 보석같이 생긴 보좌 모양이 있었고 그 보좌 모양 위에 사람의 모습 같은 형상이 높이 있었다. 10:1;출 24:10;왕상 22:19;단 8:15;계 1:13

27 내가 그의 허리로 보이는 부분에서 위쪽으로 올려다보니 그 안쪽 사방에는 반짝이는 금속에 불의 모양을 하고 있었다. 그의 허리로 보이는 부분에서 아래쪽으로

내려다보니 불의 모양이 있었고 그의 주변이 밝게 빛났다. 4절;8:2

28 비 오는 날 구름 속에 있는 무지개의 모습과 같이 그의 주변이 그렇게 밝게 빛났다. 이는 여호와의 영광의 형상의 모습이었다. 나는 그것을 보고 얼굴을 땅에 대고 엎드렸다. 그러자 말하는 이의 목소리가 내게 들렸다. 출 24:16;수 5:14;행 9:4;계 4:3

2

에스겔을 부르시는 하나님 그분이 내게 말씀하셨다. *"사람아, 일어서라. 내가 네게 말할 것이다."

2 그분이 내게 말씀하실 때 영이 내게 들어와 나를 일으켜 세우셨다. 그리고 그분이 내게 말씀하시는 것을 나는 들었다.

3 에스겔의 사명 그분이 내게 말씀하셨다. "사람아, 내가 너를 이스라엘 자손들에게, 나를 반역한 패역의 민족에게 보낼 것이다. 그들과 그 조상들은 바로 오늘날까지도 내게 죄악을 저지르고 있다. 5~6,8절

4 그들은 뻔뻔스럽고 고집 센 백성이다. 내가 너를 그들에게 보내니 너는 그들에게 말하여라. '주 여호와가 이렇게 말한다.'

5 그들은 반역하는 족속이니 그들이 듣든 듣지 않든 예언자가 그들 가운데 있음을 그들이 알 것이다. 3:11,27;17:12;33:33

6 그리고 너 사람아, 찔레와 가시가 너와 함께 있고 네가 전갈들 가운데 살더라도 네가 그들을 두려워하지 말고 그들의 말도 두려워하지 마라. 비록 그들이 반역하는 족속이나 그들의 말을 두려워하지도 말고 그들에게 겁먹지도 마라. 렘 1:8;미 7:4

7 그들은 반역하는 사람들이니 그들이 듣든 듣지 않든 너는 내 말을 그들에게 전하여라.

8 그러나 너 사람아, 너는 내가 네게 하는 말을 듣고 저 반역하는 집처럼 반역하지 마라. 네 입을 벌려 내가 네게 주는 것을 먹어라." 3:1,3;사 50:5;계 10:9

9 두루마리 책의 내용 그리고 내가 보니 한 손

2:1 또는 '사람의 아들아'. 히브리어로 '벤 아담'인데 에스겔서 전체에서 '사람'으로 표현함. 패역 (2:3, 悖逆, rebellious) 사람으로서 마땅히 지켜야 할 일에 어긋나게 하는 행동. 부싯돌 (3:9, flint) 불을 일으키는 데 쓰는 돌. 파수꾼 (3:17, watchman) 경계하여 지키는 일을 하는 사람.

이 내게 뻗쳐 오는 것이었다. 그 손에는 두 루마리 책이 있었다. 단 10:10; 겔 10:2

10 그분이 그것을 내 앞에 펼치시니 그 앞뒷 면에 글이 있었는데 여기에 슬픔과 탄식 과 재앙이 기록돼 있었다. 계 5:1

3 에스겔이 두루마리를 먹음 그분이 내게 말씀하셨다. "사람아, 네가 보고 있는 그것을 먹어라. 이 두루마리를 먹고 이스 라엘 족속에게 가서 말하여라."

2 내가 입을 벌리자 그분이 내게 이 두루마 리를 먹이셨다.

3 그리고 내게 말씀하셨다. "사람아, 내가 네 게 주는 이 두루마리로 네 배를 채우고 네 내장을 가득 채워라." 그래서 내가 그것을 먹었는데 그것은 내 입에 꿀처럼 달콤했다.

4 명령 수행의 어려움 그러자 그분께서 내게 말씀하셨다. "사람아, 이스라엘 족속에게 로 가서 그들에게 내 말을 전하여라.

5 너를 낯선 언어와 어려운 말을 하는 민족 에게 보내는 것이 아니라 이스라엘 족속에 게 보내는 것이다.

6 네가 알아들을 수 없는 낯선 언어와 어려 운 말을 하는 많은 민족들에게 보내는 것 이 아니다. 내가 너를 그들에게 보냈다면 그들은 분명 네 말에 귀 기울였을 것이다.

7 그러나 이스라엘 족속은 네 말에 기꺼이 귀 기울이려고 하지 않을 것이다. 그들이 내 말에 기꺼이 귀 기울이려고 하지 않기 때문이다. 이스라엘 족속 모두가 뻔뻔스럽 고 고집이 세기 때문이다. 2:4; 요 15:20

8 그러나 내가 네 얼굴을 그들의 얼굴에 맞 서 강하게 했고 네 이마를 그들의 이마에

맞서 강하게 했다. 렘 1:18

9 내가 네 이마를 조약돌보다 단단한 부싯 돌처럼 만들었으니 비록 그들이 반역하는 족속이나 그들을 두려워하지도 말고 그들 에게 겁먹지도 마라. 2:6; 사 50:7

10 그리고 그분이 내게 말씀하셨다. "사람아, 내가 네게 말하는 모든 말을 네 마음으로 받아들이고 네 귀로 들어라. 3절

11 그리고 포로가 된 네 민족의 자손들에게 가서 그들에게 말하여라. 그들이 듣든 듣 지 않든 그들에게 말하여라. '주 여호와가 이렇게 말한다.'" 27절;11:2;7:3;2:12

12 환상이 끝남 그러자 영이 나를 들어 올리셨 고 내 뒤에서 나는 큰 진동 소리를 내가 들 었다. "여호와의 거처에서 여호와의 영광 을 찬양하여라!" 1:24;8:3;11:1,24;37:1

13 생물들의 날개들이 서로 접촉해 나는 소 리와 그 옆의 바퀴들 소리와 큰 진동 소리 였다. 1:5,15

14 여호와의 손이 에스겔을 붙들어 줌 여호와의 영이 나를 들어 올려 데려가실 때 내 영이 비통했고 나는 분노했다. 그러자 여호와의 손이 강하게 나를 붙들어 주셨다.

15 그리하여 나는 그발 강 가 델아빕에 살고 있는 포로들에게 갔다. 그리고 그들이 살 고 있는 곳, 그곳에서 내가 7일 동안 놀란 상태로 그들 가운데 머물러 있었다.

16 이스라엘의 파수꾼으로 부르심 7일이 지난 후 에 여호와의 말씀이 내게 임해 말씀하셨다.

17 "사람아, 이스라엘의 집을 위해 내가 너를 파수꾼으로 삼았다. 그러니 내 입에서 나 오는 말을 듣고 내 경고를 그들에게 전하

왜 두루마리를 먹으라고 했나요?

하나님은 뻔뻔하 고 고집 센 이스라 엘 백성들에게 에스겔을 보내기에 앞서 에스겔에게 두루마리 책을 먹게 하셨 어요(겔 3:1).
여기서 두루마리를 먹은 것은 환상 중 에 일어난 사건으로, 에스겔이 전해야 할 하나님의 말씀을 주신 것이에요.

그 말씀은 슬픔과 탄식과 재앙의 말 씀(겔 2:10)으로, 에스겔은 이스라엘 백 성들이 듣든지 않든지 간에 전해야 했 어요(겔 2:7). 이스라엘의 집을 위해 세 워진 파수꾼으로, 에스겔은 하나님의 경고를 이스라엘 백성들에게 전해야 했어요(겔 3:17).

▲ 성벽을 부수는 무기(Battering ram)
성벽이나 성문을 무너뜨릴 때 사용하는 무기이다. 수레 위에 세운 큰 기둥의 끝에 뾰족한 쇳덩이를 달아 흔들어서 성을 부수는 데 사용했다. 에스겔은 예루살렘이 적군에게 공격당할 때, 이 기계가 사용될 것을 예언했다(겔 4:2; 21:22).

여라.

18 내가 악한 사람에게 '네가 반드시 죽을 것이다'라고 말했는데 네가 그에게 깨우쳐 주지 않거나 또는 악한 사람이 자기의 악한 길에서 떠나 생명을 유지할 수 있도록 네가 경고하지 않으면 그 악한 사람은 자기 죄로 인해 죽을 것이고 내가 그의 피에 대해 네게 책임을 추궁할 것이다.

19 그러나 네가 그 악한 사람에게 경고했는데도 그가 그 사악함이나 악한 길에서 돌아오지 않으면 그는 자기 죄로 인해 죽게 될 것이고 너는 네 목숨을 구할 것이다.

20 또한 의로운 사람이 그의 의로움에서 돌이켜 불의를 행하면 내가 그 앞에 장애물을 두어 그가 걸려 넘어져 죽게 될 것이다. 네가 그에게 경고하지 않았기 때문에 그는 자기의 죄로 인해서 죽게 될 것이다. 그가 행한 의로움은 기억되지 않을 것이며 내가 그의 피에 대해 네게 책임을 추궁할 것이다.

21 그러나 네가 만약 의로운 사람에게 죄짓지 말라고 경고해 그가 죄를 짓지 않으면 그는 경고를 받아들였으므로 반드시 살

겠고 너도 네 목숨을 구할 것이다."

22 들판으로 나감 그리고 그곳에서 여호와께서 손을 내 위에 얹으시고 말씀하셨다. "일어나 들판으로 나가라. 내가 그곳에서 네게 말하겠다." 1:3;8:4;37:1;창 11:2행 9:6;22:10

23 그래서 나는 일어나 들판으로 나갔다. 그러자 내가 그발 강 가에서 본 그 영광과 같은 여호와의 영광이 그곳에 있었다. 나는 땅에 엎드렸다. 1:1,28

24 밧줄로 묶임 그러자 여호와의 영이 내게 들어와 나를 일으켜 세우시고 내게 이야기하셨다. 그분이 내게 말씀하시기를 "네 집에 가서 안에서 문을 닫아라. 22

25 그리고 너 사람아, 그들이 너를 밧줄로 묶어 네가 그들에게 가지 못할 것이다.

26 게다가 내가 네 혀를 입천장에 달라붙게 할 것이니 그들이 반역하는 족속이라 할지라도 네가 벙어리가 돼 그들을 책망하지 못할 것이다. 2:3;사 8:16

27 그러나 내가 네게 이야기할 때 내가 네 입을 열 것이니 너는 그들에게 말하여라. '주 여호와가 이렇게 말한다.' 들을 사람은 듣게 하고 듣지 않으려 하는 사람은 듣지 말게 하여라. 그들은 반역하는 족속이기 때문이다." 11절;24:27;29:21;계 22:11

4 포로 될의 표적 "이제 너 사람아, 흙판을 가져다가 그것을 네 앞에 두고 예루살렘 성읍을 그 위에 그려라.

2 그리고 나서 그곳을 포위하여라. 그것을 둘러 포위망을 세우고 토성을 쌓고 진을 치며 그 주위에 성벽을 부수는 쇳덩이들을 설치하여라. 17:17;21:22;왕하 25:1;눅 19:43

3 또 너는 철판을 가져다가 너와 성 사이에 그것을 철벽으로 세우고 네 얼굴을 그것을 향해 돌려라. 그러면 그곳은 포위당할 것이고 너는 그것을 포위할 것이다. 이것이 이스라엘 족속을 향한 표적이 될 것이다.

4 부자유함의 표적 그리고 너는 왼쪽으로 누워 이스라엘 족속의 죄악을 네가 뒤집어써라. 너는 네가 옆으로 누워 있는 날의 수만큼 그들의 죄악을 감당해야 할 것이다.

추궁 (3:18, 追窮, accountable) 잘못한 일에 대하여 엄하게 따져서 밝히는 것. 인분 (4:12, 人糞, human excrement) 사람의 똥.

5 내가 그들이 죄지은 햇수를 네게 날수로 정하니 그 날수가 390일이다. 그러니 너는 이스라엘 족속의 죄를 감당해야 할 것이다.

6 너는 이것을 끝내고 난 후에 다시 오른쪽으로 누워라. 그리하여 유다 족속의 죄를 감당하여라. 한 해를 하루씩 쳐서 40일을 네게 지우겠다. 23:11-12

7 그러므로 너는 네 얼굴을 포위된 예루살렘 쪽으로 향하고 팔을 걷어 올리고 그곳에 대해 예언하여라. 사 52:10

8 내가 너를 밧줄로 묶어 네 포위 기간이 끝날 때까지 네가 몸을 이쪽으로 저쪽으로 돌리지 못하게 할 것이다. 렘 39:1-2;52:4-5

9 부정한 빵의 표적 너는 밀과 보리와 콩과 팥과 조와 귀리를 가져와 한 그릇에 담고 그것으로 네 자신을 위해 빵을 만들어라. 그리고 네가 390일을 옆으로 누워 있는 동안 그것을 먹어라. 5,8절;왕상 22:27

10 네가 먹을 양식을 무게로 하루 20세겔이니 이것을 때를 따라 먹어라. 12:19;45:12;렘 37:21

11 또한 물은 양으로 6분의 1힌을 측정해서 이것을 때를 따라 마셔라.

12 너는 그것을 보리빵으로 먹되 백성들이 보는 앞에서 인분에 불을 피워서 그것을 구워라." 123

13 그리고 여호와께서 말씀하셨다. "내가 이스라엘 자손을 다른 민족에게로 추방할 것이니 그곳에서 그들이 이렇게 더럽혀진 음식을 먹을 것이다."

14 그래서 내가 아뢰었다. "주 여호와여, 보소서, 제가 더럽혀진 적이 없습니다. 제 어린 시절부터 지금까지 제가 죽은 것이나 짐승의 시체나 짐승에 의해 찢긴 고기를 먹어 본 적이 없고 정결하지 못한 고기가 제 입에 들어간 적이 없습니다."

15 여호와께서 내게 말씀하셨다. "내가 네게 인분 대신에 쇠똥을 줄 테니 너는 그것으로 네 빵을 굽도록 하여라."

16 여호와께서 내게 말씀하셨다. "사람아, 내가 예루살렘에 식량 공급을 끊을 것이니 백성들은 근심에 싸인 채 빵의 무게를 달아서 먹고 두려움에 싸인 채 물의 양을 재어 가며 마실 것이다. 레 26:26

17 빵과 물이 모자라기 때문에 그들이 서로 놀라움에 싸인 채 그들의 죄악으로 인해 쇠약해질 것이다." 3:15;24:23;33:10;레 26:39

5 머리와 수염을 깎음 "사람아, 너는 날카로운 칼을 가져다가 그 칼을 이발사의 면도칼로 삼아 네 머리와 수염을 깎아라. 그리고 저울로 양을 재고 그 털을 나눠라.

2 포위 기간이 끝나면 너는 그 털 가운데 3분의 1을 성읍 안에서 불에 태워라. 또 3분의 1을 가져다가 성읍 주위를 돌아가며 칼로 쳐라. 다른 3분의 1은 바람에 흩날려 보내라. 내가 그들의 뒤를 따라서 칼을 뽑을 것이다. 5,10,12절;4:1,8;렘 9:16

3 너는 거기에서 몇 개를 가져다가 그것들을 네 옷자락에 싸라. 렘 40:6;52:16

4 또 그 가운데 얼마를 가져다가 그것들을 불 속에 던져서 태워라. 그 속에서 불이 나와 온 이스라엘 족속에게 번질 것이다."

5 주 여호와께서 이렇게 말씀하셨다. "이것이 예루살렘이니 내가 민족들 가운데 그 성읍을 두고 그 주변에 나라들을 두었다.

6 예루살렘은 죄악을 행해 그 주변 민족들과 나라들보다 더욱 내 규례와 법령을 거역했다. 그

에스겔이 여호와의 명령을 따라 머리와 수염을 깎음

들은 내 규례를 거부했고 내 법령을 따르지 않았다." _{16:47-48}

7 그러므로 주 여호와께서 이렇게 말씀하셨다. "너희가 제멋대로 행하는 것이 네 주변 민족들보다 심했으며 내 법령을 따르지 않고 내 규례를 지키지 않으며 또 네 주변 민족들의 규례조차도 따라 행하지 않았다."

8 그러므로 주 여호와께서 이렇게 말씀하셨다. "내가 네게 대적해서 민족들이 보는 앞에서 네 가운데서 심판을 내릴 것이다.

9 네 모든 혐오스러운 것들 때문에 내가 한 적이 없고 또 다시는 하지 않을 일을 내가 네게 행할 것이다. _{왕하 21:12-13;애 1:12;단 9:12}

10 그러므로 네 가운데서 아버지들은 자기 아들들을 잡아먹고 아들들은 자기 아버지들을 잡아먹게 될 것이다. 내가 네게 심판을 내릴 것이고 네 모든 남은 사람들을 바람에 흩어 버릴 것이다. _{신 28:64;슥 2:6}

11 그러므로 내가 내 삶을 두고 맹세한다. 주 여호와의 말이다. 네가 네 모든 가증스러운 것들과 네 모든 혐오스러운 일들로 내 성소를 더럽혔으므로 내가 너를 쇠약하게 할 것이며 내 눈이 너를 불쌍히 여기지도 않고 또 내가 너를 긍휼히 여기지도 않을 것이다. _{11:18;16:48;대하 36:14;램 7:30;21:7}

12 네 백성 가운데 3분의 1이 전염병으로 죽거나 네 안에서 기근으로 멸망할 것이며 3분의 1은 네 주위의 칼에 맞아 쓰러질 것이고 3분의 1은 내가 바람에 흩어 버리고

그들 뒤를 따라가서 칼을 뽑을 것이다.

13 따라서 내 노여움이 다하면 내가 그들에 대한 내 분노를 가라앉힐 것이며 내가 측은하게 여길 것이다. 내가 내 분노를 그들에게 다하고 나면 주 여호와가 열정적으로 말했다는 것을 그들이 알게 될 것이다.

14 네 주변 민족들 가운데서, 지나가는 모든 사람들 보기에 내가 너를 폐허로 만들고 모욕의 대상이 되게 할 것이다. _{램 22:5;24:9}

15 내가 노여움과 분노와 무서운 질책으로 네게 심판을 내릴 때 그것이 네 주변 민족들에게 모욕의 대상과 조롱거리가 되고 훈계와 경악의 대상이 될 것이다. 나 여호와가 말한다. _{14:8,21;25:17;신 28:37}

16 너희를 멸망시키려고 내가 끔찍한 기근의 화살과 재난의 화살, 곧 멸망의 화살을 쏠 것이다. 그때 내가 너희에게 기근을 더하고 너희의 식량 공급을 단절할 것이다.

17 내가 기근과 들짐승들을 너희에게 보낼 것이니 그것들이 너희 자식을 빼앗아 갈 것이다. 전염병과 피 흘림이 너를 쓸고 지나갈 것이고 내가 너희에게 칼을 보낼 것이다. 나 여호와가 말했다." _{왕하 17:25}

6 산에 대한 예언 여호와의 말씀이 내게 임해 말씀하셨다.

2 "사람아, 이스라엘의 산들을 바라보고 그들에게 예언하여라. _{21:13;17:19,9:38:2;눅 9:51}

3 그리고 너는 이렇게 말하여라. '이스라엘의 산들아, 주 여호와의 말씀을 들으라. 산들

왜 예루살렘이 고난당했나요?

하나님은 이스라엘의 죄악을 공개하시면서 왜 그들이 고난을 당하게 되는지 말씀하셨어요.

첫째, 주변 민족들에게 모범이 되어야 할 이스라엘이 하나님의 규례를 지키지 않았기 때문이에요(겔 5:5-6). 하나님은 이스라엘을 통해 세상 모든 민족들이 여호와가 유일하신 참 하나님이심을 알게 되기를 원하셨어요. 하지만 이스라엘은 하나님의 규례를 어기고 더욱 악을 행했어요.

둘째, 주변 민족들의 규례조차 지키지 않았어요(겔 5:7). 이스라엘은 하나님의 규례를 지키지 않을 뿐 아니라 주변 민족보다 더 가증한 악을 행했어요.

셋째, 하나님의 성소를 더럽혔어요(겔 5:11). 언제나 거룩해야 할 성소에 바알과 아세라와 밀곰과 같은 우상들을 들여와 더럽혔어요.

결국 이러한 죄악들 때문에 이스라엘은 하나님의 심판을 받게 되었어요.

과 언덕들과 시냇가와 골짜기들에게 주 여호와께서 이렇게 말씀하신다. 보라, 내가 너희에게 칼을 가져와 너희의 산당들을 파괴할 것이다. 레26:30/사5:7,5~6

4 너희 제단들은 폐허가 되고 너희 분향 제단들은 깨뜨려질 것이다. 내가 너희의 더 럽혀진 사람들을 너희의 우상들 앞에 쓰 러뜨릴 것이다. 대하14:5

5 내가 이스라엘 자손의 시체들을 그들의 우상들 앞에 두고 너희의 뼈들을 너희의 제단 주위에 흩어 놓을 것이다. 왕하23:14

6 너희의 모든 거주지에서 성읍들이 황폐하 게 되고 산당들이 폐허가 될 것이다. 그래 서 너희의 제단들은 황폐하게 되며 폐허 가 될 것이다. 너희의 우상들은 깨뜨려져 파괴될 것이다. 너희의 분향 제단들은 토 막 내어지고 너희가 만든 것은 완전히 파 괴될 것이다. 3~4절

7 더럽혀진 사람들이 너희 가운데서 쓰러질 것이니 너희는 내가 여호와임을 알게 될 것이다.'" 7:4;12;20;20:38;24:24

8 "그러나 내가 남은 사람을 남겨 둘 것이니 너희 가운데 칼을 피한 사람들은 민족들 과 나라들 가운데 흩어져 살아가게 될 것 이다. 5:10;7:16;12:16;14:22

9 그러면 너희 가운데 피신해 포로가 된 사 람들은 이방 민족들과 살면서 내게서 떠 나버린 자기들의 음란한 마음과 우상을 추종하는 자기들의 간음하는 눈으로 인 해 내 마음이 상했다는 것을 기억할 것이 다. 그들은 자기들이 행했던 죄악과 자기 들의 모든 혐오스러운 일들로 인해 자신 들을 몹시 싫어하게 될 것이다. 레26:40;렘23:9

10 그러면 내가 여호와임을 그들이 알게 될 것이다. 내가 그들 위에 이 재앙을 내리겠 다는 것은 헛된 말이 아니다." 민23:19

11 주 여호와께서 이렇게 말씀하셨다. "너는 손뼉을 치고 발을 구르며 말하여라. 이스 라엘 족속의 모든 사악하고 혐오스러운 일로 인해 그들이 칼과 기근과 전염병으 로 쓰러질 것이다. 5:12;21:14,17;25:6

12 멀리 있는 사람은 전염병으로 죽고 가까 이 있는 사람은 칼에 의해 쓰러지고 살아 남아 포위당한 사람은 기근으로 죽을 것 이다. 내가 그렇게 내 분노를 그들에게 쏟 을 것이다. 5:13;7:15

13 그들 가운데 학살당한 시체들이 그들의 모든 제단 주위의 우상들 가운데 그리고 높은 언덕마다, 산꼭대기마다, 우거진 나 무들과 잎이 무성한 상수리나무들 아래 마다, 그들이 자기 모든 우상들에게 분향 했던 곳마다 있을 때 너희는 내가 여호와 임을 알게 될 것이다. 사1:29;렘2:20;호4:13

14 그리고 내가 그들에게 내 손을 뻗쳐서 그 들의 모든 거주지에서 그 땅을 폐허로 만 들고 디블라의 광야보다 더 황폐하게 만들 것이다. 그러면 내가 여호와임을 그들이 알게 될 것이다." 사5:25;렘48:22

7

마지막이 다가옴 여호와의 말씀이 내게 임해 말씀하셨다.

2 "사람아, 이스라엘 땅에 대해 주 여호와가 이렇게 말한다. '마지막이다! 마지막이 이 땅의 사방 구석구석에 왔다. 암 4:18

3 이제 마지막이 네 위에 왔으니 내가 네게 내 분노를 보일 것이다. 네 행동에 따라 너를 심판하고 네 모든 혐오스러운 일들에 대해 네게 갚아 줄 것이다. 8:18;18:30

4 내 눈이 너를 불쌍히 여기지 않고 내가 네 게 인정을 베풀지도 않을 것이다. 내가 네 행동에 따라 너희를 심판하리니 네 혐오스 러운 일들이 네 가운데 나타날 것이다. 그러 면 너는 내가 여호와임을 알게 될 것이다.'

5 주 여호와께서 이렇게 말씀하셨다. "재앙 이다! 기이한 재앙이다! 보라, 그것이 오고 있다! 5:9

6 마지막이 오고 있다! 마지막이 오고 있다! 그것이 네게 나타나기 시작했다. 보라, 그

경악 (5:15, 驚愕, horror) 소스라치게 깜짝 놀라는 것.
산당 (6:3, 山堂, high place) 우상을 섬기기 위해 산꼭대 기에 지어 놓은 제단. 황폐 (6:6, 荒廢, waste) 버려두어 서 거칠어지고 못 쓰게 됨. 인정 (7:4, 人情, spare) 남을 위하는 따뜻한 마음씨.

것이 오고 있다!

7 이 땅에 사는 이여, 파멸이 네게 오고 있다. 때가 이르렀고 날이 가까이 왔다. 산 위에 즐거운 외침이 아니라 혼란이 있다.

8 이제 곧 내가 내 분노와 노여움을 네게 쏟아부으려 한다. 내가 네 행동에 따라 너를 심판하고 네 모든 혐오스러운 일에 대해 네게 갚아 줄 것이다. 22:22;36:18

9 내 눈이 너를 불쌍히 여기지 않고 네게 인정을 베풀지도 않을 것이다. 내가 네 행동에 따라 네게 갚아 줄 것이니 네 혐오스러운 일들이 네 가운데 나타날 것이다. 그러면 처벌하는 이가 바로 나 여호와인 것을 너희가 알게 될 것이다. 6:7

10 여호와의 진노의 날 그날이다! 그날이 왔다! 파멸이 시작됐다. 몽둥이에 꽃이 피고 교만이 싹텄다. 2,7절;사 10:5;14:5

11 폭력이 일어나서 죄악을 징벌할 몽둥이가 됐다. 그들 가운데 아무도 남지 않고 그들의 재산도 사라질 것이며 그들에게 있어서 어떤 소중한 것도 남는 것이 없을 것이다.

12 때가 왔고 그날이 이르고야 말았다. 사는 사람도 기뻐하지 말고 파는 사람도 슬퍼하지 말라. 진노가 그 온 무리에게 올 것이기 때문이다. 14절;사 24:2;고전 7:29-30

13 파는 사람이 살아 있어서 판 것을 되찾을 수 없을 것이다. 그 환상은 모든 무리에게 보여진 것이니 되돌릴 수 없다. 자신의 죄악 가운데 살면서 자기 생명을 유지할 사람이 없을 것이다. 9:8-10;레 25:13-14

14 그들이 나팔을 불고 모든 것을 준비한다 해도 전쟁에 나갈 사람이 없을 것이다. 내 진노가 그 온 무리에게 내릴 것이기 때문이다.

15 밖에는 칼이 있고 안에는 전염병과 기근이 있다. 들판에 있는 사람은 칼로 죽을 것이고 성읍 안에 있는 사람은 기근과 전염병이 삼킬 것이다. 6:12절;14:18;마 1:20

16 그들 가운데 살아남은 사람들은 산으로 피신해 모두 자기 죄악으로 인해 골짜기의

비둘기처럼 애통해할 것이다. 사 38:14

17 모든 사람의 손에 힘이 빠지고 모든 사람의 무릎이 떨릴 것이다. 21:7;사 13:7;렘 6:24

18 그들은 굵은베 옷으로 자신을 동여맬 것이고 공포가 그들을 덮을 것이다. 그들의 모든 얼굴에는 수치스러움이 있고 그들의 머리는 모두 대머리가 될 것이다. 애 2:10

19 그들은 자기의 은을 길거리에 던질 것이고 그들의 금은 정결하지 못하게 될 것이다. 그들의 은과 금이 여호와의 진노의 날에 그들을 구해 내지 못할 것이고 그들의 영혼을 만족시키지 못하고 그들의 배를 가득 채우지도 못할 것이다. 그것은 그들을 걸려 넘어지게 해 죄짓게 한 것이었기 때문이다. 44:12;잠 11:4;습 1:18;딤전 6:10

20 그들이 자신의 아름다운 장신구를 자랑하고 그것으로 그 혐오스러운 우상들과 가증스러운 것들을 만들었다. 그러므로 내가 그것들을 정결하지 못한 것으로 만들었다. 9:7;16:17;24:21;사 64:11

21 내가 그것을 이방 사람들 손에 약탈물로 넘겨주고 세상의 사악한 사람들에게 전리품으로 내줄 것이다. 그러면 그들이 그것을 더럽힐 것이다. 24절;23:46;28:7

22 내가 내 얼굴을 그들로부터 돌릴 것이고 그들은 내 비밀 거처를 더럽힐 것이다. 강도들이 거기 들어가 더럽힐 것이다.

23 너는 사슬을 만들어라. 그 땅에 피 흘리는 죄가 가득 차고 그 성읍에 폭력이 가득 찼기 때문이다. 11절;8:17;렘 6:7;27:2

24 내가 민족 가운데 가장 악한 사람들을 데려다가 그들의 집을 차지하게 할 것이다. 내가 강한 사람들의 교만을 멈추게 할 것이다. 그리고 그들의 성소들이 더럽혀질 것이다. 71:20-25절;렘 16:5,9

25 환난이 오고 있다. 그러면 그들이 평화를 구하겠지만 평화가 없을 것이다. 살전 5:3

26 재앙 위에 재앙이 올 것이며 소문에 소문이 더해질 것이다. 그러면 그들이 예언자에게서 계시를 구할 것이다. 제사장에게는 율법이 사라질 것이고 장로들에게서는

조언이 사라질 것이다. 렘 4:20/말 27

27 왕은 애통할 것이고 왕자는 절망에 휩싸일 것이며 그 땅의 백성의 손은 떨릴 것이다. 그들의 행동에 따라 내가 그들을 심판하고 그들이 심판한 대로 내가 그들을 심판할 것이다. 그러면 그들이 여호와임을 그들이 알게 될 것이다." 4절/6:7

8 예루살렘으로 이끌려 간 에스겔 여섯째 해 여섯째 달 5일에 내가 내 집에 앉아 있고 내 앞에 유다의 장로들이 앉아 있는데 그때 주 여호와의 손이 내 위에 내려왔다.

2 내가 보니 불의 모습과 같은 형상이 있었는데 그의 허리 아래쪽으로는 불처럼 생겼고 그의 허리 위쪽으로는 밝은 모습이 금속 빛 같았다. 1:4,27

3 그는 손처럼 보이는 것을 뻗어 내 머리털을 붙잡으셨다. 영이 땅과 하늘 사이로 나를 들어 올리셨고 하나님의 환상 가운데 나를 예루살렘으로 데려가서 안뜰의 북쪽 문 입구로 이끄셨는데 그곳은 질투를 불러일으키는 우상이 서 있는 자리였다.

4 그리고 그곳에 내가 환상으로 보았던 모습과 같은 이스라엘 하나님의 영광이 있었다.

5 성전의 우상 그분이 내게 말씀하셨다. "사람아, 네 눈을 들어 북쪽을 보아라." 그래서 내가 눈을 북쪽으로 드니 그곳 제단 문 북쪽 입구에 이 질투하는 우상이 있었다.

6 그분이 내게 말씀하셨다. "사람아, 그들이 무엇을 하고 있는지 보이느냐? 이스라엘 집이 여기서 심히 혐오스러운 짓을 행해서 나를 내 성소에서 멀리 떠나게 하고 있

다. 그러나 다시 돌아보아라. 네가 더욱 혐오스러운 일들을 보게 될 것이다."

7 그리고 그분은 나를 뜰 입구로 데려가셨다. 내가 보니 벽에 구멍이 하나 있었다.

8 그분이 내게 말씀하셨다. "사람아, 이 벽을 뚫어라." 그래서 내가 벽을 뚫었더니 문이 하나 있었다. 12:5

9 그러자 그분이 내게 말씀하셨다. "들어가서 그들이 여기에서 하고 있는 사악하고 혐오스러운 일들을 보아라."

10 그래서 내가 들어가서 보니 온갖 기어 다니는 것들과 가증스러운 짐승들과 이스라엘 집의 모든 우상들이 벽 전체에 새겨져 있었다. 23:14;레 20:4;레 11:20;롬 1:23

11 그들 앞에는 이스라엘 족속의 장로들 가운데 70명과 사반의 아들 야아사냐가 그들 가운데 서 있었다. 각 사람은 각자의 손에 향로를 들고 있었고 향의 연기 냄새가 피어오르고 있었다. 민 11:16;대하 34:8

12 그분이 내게 말씀하셨다. "사람아, 이스라엘 족속의 장로들이 어둠 속에서 무엇을 하는지, 각자가 자기 우상의 방에서 무엇을 하는지 보았느냐? 그들은 '여호와께서는 우리를 보지 않으신다. 여호와께서 이 땅을 버리셨다'라고 말한다." 시 29:15

13 그분이 내게 말씀하셨다. "다시 뒤돌아보아라. 그들이 하고 있는 더욱 혐오스러운 일들을 보게 될 것이다." 6절

14 그리고 그분은 나를 여호와의 집 북쪽 문 입구로 데려가셨는데 여자들이 담무스를 위해 애곡하며 그곳에 앉아 있었다.

담무스

담무스는 바벨론에서 섬기던 신이다. 사람들은 봄이 되면 담무스가 식물을 소생케 하고, 하천이 마르는 여름이 되면 식물이 시들고 죽어서 지하 세계로 내려갔다가 이듬해 봄에 다시 올라온다고 생각했다. 그래서 바벨론 사람들은 여름에는 그의 죽음을 슬퍼하며 애곡하는 의식을 가졌고, 이듬해 봄이 되면 그가 살아났다며 기뻐했다.

이런 담무스 숭배는 이스라엘 백성들에게서도 볼 수 있었다. 하나님은 이상 중에 에스겔에게 성전으로 들어가는 북쪽 문에서 여인들이 담무스를 위해 애곡하는 모습을 보여 주셨다(겔 8:14).

이 세상의 모든 생명을 주관하는 진정한 신은 오직 하나님 한 분뿐이지만 이스라엘 백성들은 하나님을 버리고 다른 신을 섬겼다.

15 그분이 내게 말씀하셨다. "사람아, 네가 이것을 보았느냐? 다시 뒤돌아보아라. 네가 이것보다 더욱 혐오스러운 일들을 보게 될 것이다."

16 그리고 그분이 나를 여호와의 집 안뜰로 데려가셨는데 그곳 여호와의 성전 입구, 제단과 현관 사이에 25명가량의 남자들이 있었다. 그들은 여호와의 성전을 등지고 얼굴을 동쪽으로 향한 채 동쪽 태양을 향해 경배하고 있었다. 렘 2:27;8:2;슥 2:17

17 그분이 내게 말씀하셨다. "사람아, 네가 이것을 보았느냐? 유다 족속이 여기서 행하는 이런 혐오스러운 일들이 그들에게 별것이 아니라고 하겠느냐? 그들은 이 땅에 폭력이 가득 차게 해 또다시 나를 진노케 한다. 그들을 보아라. 그들이 나뭇가지를 그들의 코에 가져다 대고 있다.

18 그러므로 내가 또 진노로 행할 것이다. 내 눈이 그들을 불쌍히 여기지 않을 것이며 내가 그들에게 인정을 베풀지도 않을 것이다. 그들이 내가 듣는 데서 큰 소리로 울부짖어도 내가 그들에게 귀 기울이지 않을 것이다." 5:11;13:3장;사 1:15;미 3:4

9

우상 숭배자들의 죽음 그리고 그분이 내가 듣는 데서 큰 소리로 외치셨다. "손

왜 나뭇가지를 코에 가져다 대고 있는 건가요?

유다 백성들은 성전을 등지고 떠오르는 태양을 향해 경배를 하면서, 자신의 코에 나뭇가지를 두었어요(겔 8:16-17).

이들은 왜 나뭇가지를 코에 두었을까요?

고대 페르시아에서는 태양신을 경배할 때 종교 의식으로 나뭇가지를 코앞에 두었어요.

그 이유는 태양에서 나오는 광선이 사람의 코에서 나오는 숨 때문에 더럽혀지는 것을 막기 위해서였어요. 그래서 태양신을 향해 경배할 때 야자나무 같은 나뭇가지로 코를 가렸어요.

이러한 유다 백성들의 행동은 하나님의 진노를 일으키는 우상숭배였어요(왕하 17:10-11; 렘 7:18-20).

에 살상 무기를 들고 있는 사람들아, 이 성읍에 대한 처벌이 다가오고 있다." 4:3:3

2 그런데 북쪽을 향해 있는 윗문 방향에서 여섯 사람이 각각 자기의 손에 자기의 살상 무기를 들고 오고 있었다. 그들 가운데 한 사람은 베옷을 입었고 옆구리에는 필기구를 갖고 있었다. 그들이 들어와서 청동 제단 옆에 섰다. 렘 20:2;단 10:5;12:6-7

3 그러자 이스라엘 하나님의 영광이 이제까지 머물러 있던 그룹에서 위로 올라와 성전의 문턱으로 옮겨 갔다. 그분은 베옷을 입고 옆구리에 필기구를 갖고 있는 사람을 부르셨다. 1:28;10:4;18;46:2;47:1

4 여호와께서 그에게 말씀하셨다. "예루살렘 성읍을 돌아다니며 그 가운데서 행해지고 있는 모든 혐오스러운 일들에 대해 한숨짓고 탄식하는 사람들의 이마에 표시를 하여라." 시 119:53,136,158;계 3:12;20:4

5 내가 듣는 데서 그분이 나머지 사람들에게 말씀하셨다. "그를 따라 성읍을 두루 돌아다니며 쳐 죽여라. 너희 눈은 그들을 불쌍히 여기지도 말고 그들에게 인정을 베풀지도 말라. 2절;5:11

6 늙은이들, 젊은이들, 처녀들과 아이들과 여자들을 학살해 폐허가 되게 하라. 그러나 표시가 있는 사람 어느 누구에게라도 가까이 가지 말라. 내 성소에서부터 시작하라." 그러자 그들은 성전 앞에 있던 장로들부터 시작했다. 8:11-12;대하 36:17;렘 25:29;계 9:4

7 그분이 그들에게 또 말씀하셨다. "성전을 더럽히고 그 뜰을 학살당한 사람들로 가득 채우라. 나아가라!" 그러자 그들이 나아가 성읍 안에서 쳐 죽였다. 7:21-22

8 그들이 쳐 죽이고 있을 때 나는 혼자 남겨져 있었다. 나는 얼굴을 땅에 대고 울부짖으며 말했다. "주 여호와여, 주께서는 예루살렘에 주의 노여움을 퍼부으셔서 이스라엘의 남은 사람을 모두 죽이려고 하십니까?"

9 그러자 그분이 내게 대답하셨다. "이스라엘과 유다 족속의 죄악이 너무나 크다. 이 땅이 피로 가득 차고 이 성읍은 불법으로

가득 차 있다. 그들은 '여호와께서 이 땅을 버리셨다. 여호와께서 보고 계시지 않는다'라고 말한다. 7:23;8:12;대하 36:14-16

10 그러나 내 눈이 그들을 불쌍히 여기지 않고 내가 인정을 베풀지 않을 것이다. 그러니 그들의 행동을 그들의 머리에 그대로 갚아 줄 것이다." 7:4

11 베옷을 입고 옆구리에 필기구를 갖고 있는 사람이 보고했다. "주께서 내게 명령하신 모든 것대로 내가 했습니다."

10 영광이 성전을 떠남 그룹들 머리 위 창공에 사파이어로 보석으로 된 보좌같이 생긴 것을 내가 보았다.

2 그분께서 베옷을 입은 그 사람에게 말씀하셨다. "그룹 아래 있는 바퀴들 사이로 들어가거라. 너는 그룹 사이에서 나오는 불타는 숯불을 손에 가득 담아다가 성읍에 흩어 뿌려라." 그러자 내가 보는 앞에서 그가 들어갔다. 6:13;19절:1:13;9:2;계 8:5

3 그 사람이 들어갈 때 그룹들은 성전 남쪽에 서 있었고 구름이 안뜰을 가득 채웠다.

4 여호와의 영광이 그룹 위에서부터 일어나 성전 문턱 위에 머무르니 성전이 구름으로 가득 차고 뜰은 여호와의 영광의 광채로 가득했다. 18-19절;1:28;43:2

5 그룹들의 날갯소리가 뜰 바깥에까지 들리는데 그것은 전능하신 하나님께서 말씀하실 때 그분의 음성 같았다. 1:24

6 그분께서 베옷을 입은 사람에게 "그룹들의 바퀴들 사이에서 불을 집어 들어라"라고 명령하시자 그 사람이 들어가서 바퀴

곁에 섰다. 2절;9:2

7 그러자 그룹들 가운데 하나가 그룹들 사이에 있던 불에 손을 뻗어 약간의 불을 집어 들어서 베옷 입은 사람의 손바닥에 주었다. 그러자 그는 그것을 받아 들고 밖으로 나갔다.

8 그룹들에게는 그들의 날개들 아래에 사람의 손처럼 생긴 것이 보였다. 21절;1:8;8:3

9 내가 보니 그룹들 곁에 네 바퀴가 있는데 그룹 하나에 바퀴가 하나씩 있었다. 그 바퀴들의 모양은 황옥이 빛나는 것과 같았다.

10 그들의 생김새로 말하자면 네 개가 모두 한 모양이었으며 바퀴 안에 바퀴가 있는 듯했다.

11 그들이 움직일 때 네 방향 가운데 한 방향으로 움직이는데 어느 방향으로 출발하든지 바퀴가 돌 필요가 없었다. 머리가 향한 방향대로 그들이 따라갔다. 그래서 바퀴가 돌지 않았다. 22절;1:9,17

12 그들의 등과 손과 날개를 비롯한 몸통 전체와 네 그룹들의 바퀴들에는 온통 눈들이 가득 달려 있었다. 1:18

13 내가 들으니 바퀴들은 '도는 것'으로 불렸다.

14 각 그룹에게는 얼굴이 네 개씩 있었다. 첫째 얼굴은 그룹의 얼굴이었고 둘째 얼굴은 사람의 얼굴, 셋째 얼굴은 사자의 얼굴, 넷째 얼굴은 독수리의 얼굴이었다.

15 그리고 그룹들은 올라갔다. 이들은 내가 그발 강 가에서 본 생물들이었다. 17,19절

16 그룹들이 움직일 때 그들의 옆에 있는 바퀴들도 움직였다. 그리고 그룹들이 그들의

이마의 표

에스겔은 예루살렘의 우상숭배자들이 심판받는 환상을 보았다(겔 9장). 그런데 놀랍게도 이마에 표시 가 있는 사람은 죽임을 당하지 않았다.

이들은 우상숭배하는 것을 보고 탄식하며 울던 사람들로, 옆구리에 필기구를 갖고 있는 사람이 이마에 표시를 해준 사람들이었다(겔 9:3-4).

이것은 출이집트 때의 마지막 재앙을 생각나게 한다(출 12:1-36), 또 이 표는 마지막 날 하나님의 천사

가 이마에 표시해 주는 '하나님의 인'을 생각나게 한다(계 7:2-3).

이처럼 이마에 받는 '표시'는 하나님의 자비와 심판을 동시에 의미한다.

곧 이 표시는 자기 민족의 죄에 대해 아파하며 하나님께 나아가는 사람들에게는 하나님의 구원과 자비를 의미하지만 하나님께 돌아오지 않는 사람들에게는 심판의 표시였다.

날개를 들어 땅에서 떠오를 때 바퀴들도 그들 곁에서 떠나지 않았다. 1:19

17 그룹들이 멈춰 서 있을 때는 바퀴들도 멈춰서 있었고 그룹들이 올라갈 때 바퀴들도 올라갔다. 생물들의 영이 바퀴들 안에 있었기 때문이다. 1:20

18 그때 여호와의 영이 성전 문턱에서 나와 그룹들 위에 멈춰 섰다. 4절;1:28;43:2

19 내가 보는 앞에서 그룹들은 그들의 날개를 들어서 땅에서 떠올랐다. 그들이 나아갈 때 바퀴들은 그들의 옆에 있었다. 그들은 여호와의 성전 동문 입구에 멈춰 섰고 이스라엘 하나님의 영광이 그들 위에 있었다.

20 이들은 그발 강 가에서 내가 보았던 이스라엘의 하나님을 대신하는 생물들이었다. 나는 그들이 그룹들인 것을 알고 있었다.

21 각자가 네 개의 얼굴과 네 개의 날개를 갖고 있었고 그들의 날개 아래에는 사람의 손같이 생긴 것이 있었다. 8절

22 그들의 얼굴 모양은 내가 그발 강 가에서 보았던 얼굴들이다. 각 그룹은 앞으로만 곧장 갔다. 11절;1:10

11 이스라엘 지도자들을 심판함

그러고 나서 주의 영이 나를 들어 올려서 나를 여호와의 집 동쪽으로 향한 동문으로 데려가셨다. 문 입구에는 사람 25명이 있었

는데 그들 가운데 백성들의 지도자인 아술의 아들 야아사냐와 브나야의 아들 블라댜가 있었다. 렘 28:1

2 그분께서 내게 말씀하셨다. "사람아, 이들은 죄악을 도모하고 이 성읍에 악한 조언을 해 주고 있는 사람들이다. 2:1

3 그들은 말하기를 '집을 지을 때가 가까이 이르지 않았으니 이 성읍은 솥이요, 우리는 고기다'라고 한다. 12:22,27;24:3,6;렘 29:28

4 그러므로 저들을 대적해서 예언하여라. 사람아, 예언하여라." 2:2;20:32;38:10;사 29:15

5 그리고 여호와의 영이 내 위에 내려와 내게 말씀하셨다. "너는 말하여라! 여호와가 이렇게 말한다. 이스라엘 족속아, 너희가 이렇게 말했지만 나는 너희의 마음속에서 일어나고 있는 일들을 알고 있다.

6 너희가 이 성읍 안에서 많은 백성들을 살육했고 그 거리를 죽은 사람들로 가득 채웠다.'" 7:23

7 그러므로 주 여호와께서 이렇게 말씀하셨다. "너희가 그 성읍 가운데 던진 너희 죽은 사람들은 고기이며 이 성읍은 솥이다. 그러나 내가 너희를 그 가운데서 끌어낼 것이다.

8 너희가 칼을 두려워했으나 내가 너희 위에 칼을 내릴 것이다. 주 여호와의 말이다.

9 내가 너희를 그 성읍 가운데서 끌어내 이방 사람들의 손에 넘겨주고 너희 위에 심판을 내릴 것이다. 7절;5:8;렘 7:21

10 너희는 칼에 의해 쓰러질 것이다. 이스라엘의 영토에서 내가 너희를 심판할 것이다. 그러면 내가 여호와임을 너희가 알게 될 것이다. 6:7;왕하 25:18~21;렘 39:6

11 이 성읍이 너희를 보호하는 솥이 되지 않고 너희가 그 솥에서 보호받는 고기가 되지 않을 것이다. 내가 이스라엘 경계에서 너희를 심판할 것이다. 3,7절

12 그러면 내가 여호와임을 너희가 알게 될 것이다. 너희가 내 규례를 따르지도 않고 내 법령을 지키지도 않고 너희 주변에 있는 이방 사람들의 관례대로 행했기 때문이다."

13 내가 예언하고 있을 때 브나야의 아들 블

라다가 죽었다. 그래서 내가 얼굴을 땅에 대고 엎드려 큰 소리로 부르짖었다. "주 여호와여, 주께서 이스라엘의 남은 사람들을 완전히 멸망시키려 하십니까?"

14 **회복에 대한 약속** 여호와의 말씀이 내게 임해 말씀하셨다.

15 "사람아, '여호와에게서 멀리 떠나거라. 이 땅은 우리가 차지하도록 우리에게 주어진 것이다'라고 예루살렘 주민들이 말한 것은 네 형제, 네 친척, 네 친족과 이스라엘의 집을 두고 한 말이다. 삼상 26:19

16 "그러므로 너는 말하여라. '주 여호와가 이렇게 말한다. 내가 그들을 멀리 이방 사람들 가운데로 추방하고 그들을 여러 나라 가운데로 흩어 버렸지만 그들이 쫓겨 간 여러 나라에서 내가 얼마 동안 그들에게 성소가 됐다.' 37:26,28;사 8:14;계 21:22

17 그러므로 너는 말하여라. '주 여호와가 이렇게 말한다. 내가 민족들 가운데서 너희를 찾으며 흩어져 나간 여러 나라에서 모아 올 것이다. 그리고 내가 이스라엘 땅을 너희에게 줄 것이다.' 20:41;28:25;34:13

18 그러면 그들이 그곳으로 가서 그들의 모든 가증스러운 것들과 그들의 모든 혐오스러운 일들을 거기서 제거할 것이다.

19 내가 그들에게 *한마음을 주고 그들 속에 새로운 영을 불어넣을 것이다. 내가 그들에게서 돌같이 굳은 마음을 제거하고 살같이 부드러운 마음을 줄 것이다. 고후 3:3

20 그리하여 그들로 하여금 내 규례를 따르게 하고 내 법령을 지켜 행하게 할 것이다. 그러면 그들이 내 백성이 되고 나는 그들의 하나님이 될 것이다. 렘 30:22;31:33

21 그러나 그들의 가증스러운 것들과 혐오스러운 일들을 마음으로 쫓아가는 사람들에게는 그들의 행동을 그들의 머리에 갚아 줄 것이다. 주 여호와의 말이다." 7:4

22 **하나님의 환상을 본 에스겔** 그러자 그룹들이 그들의 날개를 펼쳤는데 그들 곁에는 바퀴들이 있었고 이스라엘의 하나님의 영광이 그들 위에 있었다. 10:19

23 여호와의 영광이 성읍 가운데서 올라가 성읍의 동쪽에 있는 산 위에 멈춰 섰다.

24 그러자 하나님의 영이 환상 가운데 나를 들어서 갈대아에 있는 포로에게로 데려가셨다. 그리고 내가 본 환상이 내게서 떠나갔다. 1장1:1;3:12;8:3

25 나는 포로들에게 여호와께서 내게 보여 주신 모든 것을 말해 주었다.

12 **사로잡힘의 징표** 여호와의 말씀이 내게 임해 말씀하셨다.

2 "사람아, 너는 반역하는 족속 가운데 살고 있다. 그들은 볼 눈이 있어도 보지 않고 들을 귀가 있어도 듣지 않는다. 그들은 반역하는 족속이기 때문이다.

3 그러므로 사람아, 너는 포로 생활에 대비해 짐을 싸서 대낮에 그들이 보는 앞에서 포로로 끌려가듯 떠나거라. 그들이 보는 앞에서 네가 있던 곳을 떠나 다른 곳으로 포로로 끌려가듯 떠나거라. 그들이 비록 반역하는 족속이라도 깨우칠지도 모른다.

4 너는 낮에 그들이 보는 앞에서 포로로 끌려가듯이 네 짐을 밖으로 내놓아라. 또 저녁에는 그들이 보는 앞에서 포로로 끌려가는 사람처럼 떠나거라. 렘 39:4;52:7

5 너는 그들이 보는 앞에서 성벽을 뚫고 그곳을 통해서 네 짐들을 밖으로 옮겨라.

6 저녁때 그들이 보는 앞에서 그 짐들을 어깨에 메고 밖으로 나가거라. 너는 네 얼굴을 가리고 땅을 보지 않도록 하여라. 내가 너를 이스라엘 족속에게 징표가 되게 했기 때문이다." 4:3

7 그리하여 나는 명령받은 대로 했다. 낮에는 포로로 끌려가는 짐을 내놓고 저녁에는 손으로 벽을 뚫었다. 저녁때는 그들이 보는 앞에서 그 짐들을 어깨에 메고 밖으로 나갔다. 3장;24:18;37:7

8 아침에 여호와의 말씀이 내게 임해 말씀하셨다.

살육(11:6, 殺戮, kill) 사람을 마구 죽임. **가증**(11:18, 可憎, vile) 괘씸하며 얄미움. 11:19 또는 '일치된 마음', '새 마음'.

에스겔의 모노드라마

에스겔은 자신이 직접 연기하는 다양한 드라마, 즉 상징 행위를 통해 메시지를 선포했다. 이러한 상징 행위는 극적인(연극적인) 방법을 통해서 하나님의 뜻과 메시지를 행동으로 나타내며, 선포한 내용을 강하게 전달하는 기능을 했다.

| 흙판 위에 그려진 예루살렘 성읍을 철벽으로 에워쌈(겔4:1-3) | 왼쪽으로 누워 390일 동안 있음(겔4:4-5) | 오른쪽으로 누워 40일 동안 있음(겔4:6-8) | 쇠똥으로 빵을 구워 먹음(겔4:9-17) |

| 바벨론에 예루살렘 성읍이 포위됨을 상징 | 북이스라엘의 죄에 대한 형벌 기간이 390년임을 상징 | 남유다의 죄에 대한 형벌 기간이 40년임을 상징 | 예루살렘 성읍이 포위당하여 백성들이 심히 적은 양의 물과 빵을 먹게 됨을 상징 |

| 머리털과 수염을 깎아 바람에 날리고, 불사르고, 칼로 치고, 옷자락에 넣어 둠(겔5:1-4) | 성벽을 뚫고 나와 짐을 어깨에 메고 이사함(겔12:1-7) | 근심하며 놀라고 몸서리치면서 음식을 먹고 물을 마심(겔12:17-20) | 허리가 끊어지듯이 쓰라림으로 탄식함(겔21:6-7) |

| 유다 백성이 엄중한 심판으로 멸망할 것과 그 심판의 와중에서도 남은 자는 보호됨을 상징 | 예루살렘이 무너지고 백성들이 포로로 끌려갈 때 여행 도구를 준비해야 함을 상징 | 성안의 사람들이 공포에 떨며 음식을 먹는 것과 성읍이 폐허가 됨을 상징 | 재앙의 소식을 듣고 통곡하지 않을 수 없음을 상징 |

| 두 길을 표시하고 성읍으로 가는 어귀에 표지판을 만듦(겔21:18-23) | 아내의 죽음을 슬퍼하지 않고 명령대로 행함(겔24:15-24) | 두 막대기를 합하며 하나로 만듦(겔37:15-28) | |

| 바벨론 군대가 예루살렘 칠 것을 상징 | 예루살렘 멸망에 대해 잠잠히 받아들여야 함을 상징 | 남유다와 북이스라엘이 다시 한 나라가 될 것을 상징 | |

9 "사람아, 반역하는 족속인 저 이스라엘 족속이 내게 '네가 지금 무엇을 하고 있느냐?' 하고 묻지 않느냐?
17:12:24:19:37:18

10 너는 그들에게 말하여라. '주 여호와가 이렇게 말한다. 이 징조는 예루살렘의 지도자와 그곳에 있는 온 이스라엘의 집에 관한 것이다.'
21:25:대하 36:11-13

11 그들에게 말하여라. '나는 너희의 징표다.' 내가 한 것처럼 그렇게 그들이 행하게 될 것이다. 그들이 포로로 끌려가게 될 것이다.

12 그들 가운데 있는 지도자가 저녁때 짐을 어깨에 메고 성벽을 뚫고 그 구멍을 통해 밖으로 나갈 것이다. 그는 자기의 얼굴을 가려서 땅을 볼 수 없을 것이다.

13 내가 그 위에 내 그물을 펼칠 것이고 그는 내 덫에 붙잡힐 것이다. 내가 그를 갈대아 사람들의 땅 바벨론으로 데려갈 것이다. 그러나 그는 그곳을 보지 못할 것이고 그곳에서 죽을 것이다.
렘 32:4~5:호 7:12

14 그의 주위에서 그를 도우려는 모든 사람들과 그의 모든 군대들을 내가 사방으로 흩어 버릴 것이다. 그리고 내가 칼을 뽑아 들고 그들을 뒤쫓을 것이다.
5:2,10:왕der 25

15 내가 그들을 민족들 가운데로 흩어지게 하고 그들을 여러 나라에 퍼지게 할 때 그들은 내가 여호와임을 알게 될 것이다.

16 그러나 내가 그들 가운데 몇 사람을 칼과 굶주림과 전염병에서 살아남게 할 것이다. 그래서 그들은 어디를 가든지 민족들 가운데서 그들의 모든 혐오스러운 일들을 이야기할 것이다. 그때 내가 여호와임을 그들이 알게 될 것이다.'"
6:8~9:14:12

17 땅과 성읍이 황폐할 것임 여호와의 말씀이 내게 임해 말씀하셨다.

18 "사람아, 떨면서 음식을 먹고 몸서리치고 근심하면서 물을 마셔라.
21:14:10-11

19 이 땅 백성들에게 말하여라. '예루살렘에 사는 사람들과 이스라엘의 땅에게 주 여호와가 이렇게 말한다. 그들이 근심하며 음식을 먹고 놀라면서 물을 마실 것이다. 그 곳에 사는 모든 사람들의 폭력으로 인해

서 그 땅 모든 것이 폐허가 될 것이다.

20 사람 사는 성읍들이 폐허가 되고 그 땅이 황폐해질 것이다. 그러면 너희는 내가 여호와임을 알게 될 것이다.'"
6:6

21 거짓 예언에 대한 하나님의 말씀 여호와의 말씀이 내게 임해 말씀하셨다.

22 "사람아, '많은 날들이 지나가도 어느 계시도 실현되지 않는다'라는 이스라엘 땅에서의 이 속담은 도대체 어떻게 된 것이냐?

23 그러므로 그들에게 말하여라. '주 여호와가 이렇게 말한다. 내가 이 속담을 그치게 할 것이다.' 그러면 그들이 이스라엘에서 더 이상 이 속담을 인용하지 않을 것이다. 그러나 그들에게 말하여라. '모든 계시가 이뤄질 날들이 가까이 다가오고 있다.

24 이스라엘 족속 가운데 거짓 계시나 말뿐인 점술이 더 이상 없을 것이다.
13:6-7,23

25 나는 여호와다. 내가 말하는 것은 무엇이든지 그대로 이뤄질 것이다. 그리고 더 이상 지체되지 않고 실현될 것이다. 반역하는 족속아, 너희 생전에 내가 말하는 것을 내가 실현할 것이다. 주 여호와의 말이다.'"

26 압박한 예언 성취 여호와의 말씀이 내게 임해 말씀하셨다.

27 "사람아, 이스라엘 족속이 말하기를 '그가 계시하는 것은 많은 날들이 지난 후에 실현될 계시고 그는 먼 미래에 관한 예언을 하고 있다'라고 한다.
벧후 3:4

28 그러므로 그들에게 말하여라. '주 여호와가 이렇게 말한다. 내가 말하는 모든 말들이 더 이상 지체되지 않고 실현될 것이다. 주 여호와의 말이다.'"

13

거짓 예언자들의 속임 여호와의 말씀이 내게 임해 말씀하셨다.

2 "사람아, 지금 예언하고 있는 저 이스라엘의 예언자들을 향해 예언하여라. 자기 마음대로 예언하는 사람들에게 말하여라. '여호와의 말씀을 들어라!'
렘 23:16

3 주 여호와께서 이렇게 말씀하셨다. '자기 자신의 영을 따르고 아무것도 보지 못하는 어리석은 예언자들에게 화 있을 것이다!

4 이스라엘아, 네 예언자들은 황무지에 사는 여우들과 같다.

5 너희가 성벽을 보수하려고 성벽의 무너진 곳으로 올라가거나 여호와의 날에 전쟁에 견딜 수 있도록 이스라엘 족속을 위해 성벽을 쌓거나 하지 않았다. 사 5:5;58:12

6 그들은 허황된 계시를 하고 거짓된 점괘를 여호와의 말씀이라고 말한다. 그러나 나 여호와는 그들을 보내지 않았다. 그런데도 그들은 그들의 말이 이뤄지기를 기대하였다. 23절;12:24;렘 5:31;14:14

7 내가 말하지 않았는데도 너희가 여호와의 말씀이라고 말하니 허황된 계시를 보고 거짓된 점괘를 말한 것 아니냐?

8 그러므로 나 주 여호와가 말한다. 너희가 허황된 것을 말하고 거짓된 것을 계시하기 때문에 내가 너희를 대적할 것이다. 주 여호와의 말이다. 5:8;21:3;26:3;렘 21:13

9 허황된 계시를 하고 거짓된 점괘를 말하는 예언자들을 내 손이 대적할 것이다. 그들이 내 백성의 회중에 속하지 못하고 이스라엘 족속의 족보에도 기록될 수 없으며 이스라엘 땅에 들어가지도 못할 것이다. 그러면 너희는 내가 주 여호와임을 알게 될 것이다. 스 2:59,62;눅 7:5;시 9:28;87:6

10 그들이 내 백성들로 길을 잃게 해서 평안이 없는데도 '평안!'이라고 말하고 누가 성벽을 쌓으면 거기에 회반죽을 바른다.

11 회반죽을 바르는 사람들에게 너는 그것이 무너질 것이라고 말하여라. 폭우가 내릴 것이고 큰 우박이 떨어질 것이며 폭풍이 그것을 파괴할 것이다. 사 28:2,17;30:13

12 성벽이 무너질 때 '너희가 바른 그 회반죽이 어디에 있느냐?'라고 누군가가 너희에게 묻지 않겠느냐?"

13 "그러므로 주 여호와가 이렇게 말한다. 내 분노 가운데 내가 폭풍을 일으키고 내 진노 가운데 폭우가 쏟아질 것이며 큰 우박이 분노 가운데 떨어져 그것을 붕괴시킬 것이다.

14 너희가 회반죽을 바른 벽을 내가 헐어서 땅에 무너뜨려 그 기초가 드러나게 할 것이다. 성벽이 무너지면 너희가 그 안에서 멸망할 것이다. 그러면 내가 여호와임을 너희가 알게 될 것이다. 67

15 그래서 그 성벽과 그것에 회반죽을 바른 자들 위에 내가 내 분노를 다 쏟을 것이다. 내가 너희에게 말할 것이다. 성벽이 사라졌고 회반죽을 바른 사람들도 사라졌다.

16 그들은 평안이 없는데도 그들에게 평안의 계시를 말하며 예루살렘에 대해 예언해 준 이스라엘 예언자들이다. 주 여호와의 말이다.'"

17 거짓 예언하는 여자들의 죄 "사람아, 너는 자기 마음대로 예언하는 네 백성의 딸들을 향하여 예언하여라. 삿 4:4;왕하 22:14

18 너는 말하여라. '주 여호와가 이렇게 말한다. 자기 팔목마다 부적을 꿰매어 차는 여자들과 사람의 머리에 너울을 만들어 씌우며 영혼을 사냥하려는 여자들에게 화 있을 것이다. 너희가 내 백성들의 영혼을 사냥하고도 너희 영혼이 살 수 있을 것 같으냐?

19 너희가 보리 몇 줌과 빵 몇 조각으로 내 백성들 가운데서 나를 모독하고 거짓말을 곧이듣는 내 백성들에게 거짓말을 해 죽어서는 안 될 사람을 죽이고 살아서는 안 될 사람들을 살렸다. 잠 28:21;민 35

20 그러므로 나 주 여호와가 말한다. 너희가 그곳에서 영혼들을 마치 새처럼 사냥하는 데 사용하는 너희 부적을 내가 대적하겠다. 내가 그것들을 너희 팔에서 찢어 내고 너희가 마치 새처럼 사냥했던 그들의 영혼들을 내가 해방시킬 것이다. 8절

21 내가 또한 너희가 머리에 쓴 천 조각을 찢어 버리고 내 백성들을 너희의 손에서 구해 낼 것이다. 그들은 더 이상 너희의 손안에서 먹이가 되지 않을 것이다. 그러면 내가 여호와임을 너희가 알게 될 것이다.

22 내가 고통을 주지 않은 의인의 마음을 너희가 거짓말로 낙담시켰고 또 너희가 악한 사람의 손을 강하게 해 악한 길에서 그가 돌아서지 않게 했고 자기 생명을 구원하지 못하게 했기 때문이다 렘 14:14;23:14

23 너희가 더 이상 허망된 것을 계시하지 못하고 점술 행위를 하지 못할 것이다. 내가 너희의 손안에서 내 백성을 구해 낼 것이다. 그러면 내가 여호와임을 너희가 알게 될 것이다.'" 6-7,9절

14 우상숭배자들에 대한 예언

이스라엘의 장로들 몇 사람이 내게 와서 내 앞에 앉았다. 8:1

2 그러자 여호와의 말씀이 내게 임해 말씀하셨다.

3 "사람아, 이 사람들은 자신들의 마음에 우상을 세우고 자신들을 죄에 빠뜨리는 걸림돌을 앞에 두었다. 그런데 내가 그들의 질문에 응해야겠느냐? 왕하 3:13

4 그러므로 그들에게 선포하여 말하여라. '주 여호와가 이렇게 말한다. 자기 마음에 자기의 우상을 세우고 자신을 죄에 빠뜨리는 걸림돌을 자기 앞에 두고서 예언자에게 오는 사람은 이스라엘 족속 어느 누구에게라도 여호와가 그 많은 우상의 대가를 지불할 것이다. 7절

5 우상으로 인해 그들이 내게서 떠나 버렸으니 이제는 내가 모든 이스라엘 족속의 마음을 붙잡으려는 것이다.' 살후 2:11-12

6 그러므로 이스라엘 족속에게 말하여라. '주 여호와가 이렇게 말한다. 회개하라! 너희의 우상들에게서 돌아서고 모든 혐오스러운 일들로부터 돌아서라! 18:30,32

7 이스라엘 족속 어느 누구나, 또 이스라엘에 거주하는 어느 이방 사람이라도 나를 떠나서 그의 마음에 우상을 세우고 자신을 죄에 빠뜨리는 걸림돌을 앞에 둔 채 내게 문의하려고 예언자에게 오는 사람은 나 여호와가 그에게 친히 응답할 것이다.

8 내가 그 사람을 대면하고 본보기로 내가 그를 속담거리로 만들 것이다. 내가 그를

내 백성들 가운데서 죽일 것이다. 그러면 내가 여호와임을 너희가 알게 될 것이다.

9 만약 예언자가 속어서 말을 하면 나 여호와가 그 예언자를 속도록 내버려 둘 것이다. 내가 손을 그에게 뻗어서 내 백성 이스라엘 가운데서 그를 멸망시킬 것이다.

10 그들이 자기 죗값을 치러야 할 것이다. 예언자의 죄나 그에게 문의하는 사람의 죄나 마찬가지일 것이다. 창 4:13

11 그러면 이스라엘 족속이 더 이상 내게서 떠나 방황하지 않을 것이고 더 이상 모든 죄악으로 인해 더럽혀지지 않을 것이다. 오직 그들은 내 백성이 되고 나는 그들의 하나님이 될 것이다. 주 여호와의 말이다.'"

12 피할 수 없는 심판 여호와의 말씀이 내게 임해 말씀하셨다.

13 "사람아, 만약 어떤 나라가 내게 신실하지 못해서 내게 죄를 지으면 내가 그 나라에 손을 뻗어서 그 땅에 식량 공급을 끊을 것이다. 또한 기근을 보내어 사람과 짐승을 멸종시킬 것이다. 4:16;5:8;18:24;대하 36:14

14 노아, 다니엘, 욥 이 세 사람이 그 안에 있다고 해도 그들이 그들의 의로움으로 인해서 자기들의 목숨만 건질 것이다. 주 여호와의 말이다. 3:19;욥 6:9,용 1:1;18절 15:1;단 9:23

15 만약 내가 사나운 짐승들을 그 땅에 지나다니게 해 그 땅을 메마르게 하고 사나운 짐승 때문에 아무도 그곳을 지나다닐 수

상식풍풀 자기들의 목숨만 건질 것이다

"그들의 의로움으로 인해서 자기들의 목숨만 건질 것이다."(겔 14:14)라는 말은 하나님 앞에서 구원은 하나님과의 일대일 관계에 따른 것임을 설명한다. 노아, 다니엘, 욥과 같은 사람들도 극심한 죄악과 환난 중에 자신의 의로움을 지켜 구원을 받았지만 그들의 의로움이 다른 사람을 구원할 수는 없다. 하나님은 개개인의 행동에 따라 각각 심판하시기 때문이다(겔 33:20).

우리는 마지막 심판 때에 홀로 하나님 앞에 서야 함을 기억해야 한다.

없게 돼 그 땅이 황무지가 된다고 하자.

16 내가 목숨을 걸고 단언하건대 노아, 다니엘, 욥 이 세 사람이 그 안에 있다고 해도 그들은 아들들이나 딸들을 구하지 못할 것이다. 오직 그들 자신만 구할 것이다. 그리고 그 땅은 황폐하게 될 것이다. 나 여호와의 말이다. 5:11;6:14

17 또는 만약 내가 그 땅에 전쟁의 칼을 보내 '칼아, 그 땅을 통과해서 지나가라'라고 말하고 내가 그 땅으로부터 사람과 짐승을 사라지게 한다면 레 26:25;렘 47:6-7

18 내 삶을 두고 맹세한다. 이 세 사람이 그 안에 있다고 해도 그들은 아들들이나 딸들을 구하지 못할 것이다. 오직 자신들만 구할 것이다. 주 여호와의 말이다.

19 또는 만약 내가 그 땅에 전염병을 보내 내 분노를 그 땅에 피로 쏟아붓고 그곳으로부터 사람과 짐승을 사라지게 한다면

20 내 삶을 두고 맹세한다. 노아, 다니엘, 욥이 그 안에 있다고 해도 그들은 아들들이나 딸들을 구하지 못할 것이다. 그들은 오직 자신들의 의로움으로 인해서 자기 목숨만 구할 것이다. 주 여호와의 말이다.

21 나 주 여호와가 이렇게 말한다. 칼과 기근과 들짐승과 전염병 이렇게 네 가지 무서운 심판을 내가 예루살렘에 보내 그 땅으로부터 사람과 짐승을 사라지게 할 때에 얼마나 해가 크겠는가! 19:3;5:17;렘 6:8

22 그러나 보라, 구원받을 몇몇 아들들과 딸들이 그 안에 살아남을 것이다. 그들이 너희에게 올 것이다. 너희가 그들의 행동과 행위를 보면 내가 예루살렘에 내린 재앙, 내가 그 위에 내린 모든 재앙에 대해 위로가 위로를 받게 될 것이다. 12:16;16:54

23 너희가 그들의 행동과 행위를 보고 위로를 받게 될 것이다. 그러면 내가 예루살렘에 행한 모든 일이 이유 없는 것이 아님을

포대기 (16:4, cloths) 어린아이의 작은 이불. 형상(16:17, 形象, idol) 겉으로 나타나는 생김새로, 여기서는 우상을 말함. 도살(16:21, 屠殺, slaughter) 짐승을 잡아 죽이는 것.

너희가 알 것이다. 주 여호와의 말이다."

15 쓸모없는 포도나무의 비유

여호와의 말씀이 내게 임해 말씀하셨다.

2 "사람아, 숲 속의 나무들 가운데 다른 나무보다 포도나무가 나은 것이 무엇이냐?

3 포도나무에서 얻은 목재로 물건을 만들 수 있느냐? 또 포도나무로 그릇을 걸어 놓을 나무못이라도 만들 수 있느냐?

4 그것은 땔감으로 불에 던져질 것이다. 두 끝이 불에 타고 그 가운데도 그슬렸으니 그 포도나무가 어디에 쓸모가 있겠느냐?

5 그것이 온전해도 아무것도 만들지 못하는데 하물며 불에 타서 그슬렸다면 무엇을 만드는 데 쓰겠느냐? 3절

6 그러므로 주 여호와가 이렇게 말한다. 내가 숲 속 나무들 가운데 포도나무를 땔감으로 불에 내던진 것처럼 내가 예루살렘에 사는 사람들을 불에 던질 것이다.

7 내가 그들을 대적할 것이다. 그들이 불 속에서 피해 나온다 해도 불이 다시 그들을 삼킬 것이다. 그리고 내가 그들을 대적할 때 내가 여호와임을 너희가 알게 될 것이다.

8 그들이 신실하지 못했기 때문에 내가 그 땅을 황폐하게 만들 것이다. 주 여호와가 말한다." 6:14;14:13

16 여호와 은혜와 자비

여호와의 말씀이 내게 임해 말씀하셨다.

2 "사람아, 예루살렘으로 하여금 그의 혐오스러운 일을 알게 하여라. 21:2;22

3 그리고 말하여라. '예루살렘에게 주 여호와가 이렇게 말한다. 네 근본과 태생은 가나안 땅에서 비롯됐다. 네 아버지는 아모리 사람이고 네 어머니는 헷 사람이었다.

4 네 출생에 대해 말하자면 네가 태어난 날 아무도 네 탯줄을 자르지도 않았고 물로 깨끗하게 씻기지도 않았다. 소금으로 문지르거나 포대기에 싸 주지도 않았다.

5 이런 것 가운데 어느 한 가지를 네게 해 줄 정도로 네게 인정을 베풀거나 너를 불쌍히 여기는 사람이 아무도 없었다. 도리어 너는 네가 태어나던 날 미움을 받아 들판

에 버려졌다. ^{신32:10}

6 그때 내가 네 곁을 지나가다가 네가 핏덩이인 채로 발길질하는 것을 보았다. 핏덩이인 네게 나는 '살아나라' 하고 말했다. 핏덩이인 네게 나는 '살아나라' 하고 말했다.

7 내가 너를 키워 들판의 식물처럼 번성하게 했더니 네가 자라고 번성해 매우 아름다워졌다. 네 젖가슴은 모양을 갖춰 갔고 네 머리칼은 자라났다. 하지만 너는 벌거벗은 알몸이었다. ^{11,13절출17}

8 그리고 내가 네 곁을 지나가다가 너를 보니 네 나이가 사랑할 때가 됐다. 그래서 내가 내 겉옷을 너 위에 펼쳐서 네 알몸을 가려 주었다. 내가 네게 맹세를 해 너와 언약을 맺었고 너는 내 것이 됐다. 주 여호와의 말이다. ^{출19:5;24:7~8;룻3:9;렘2:2}

9 내가 너를 물로 씻겨 네게서 피를 완전히 씻어 내고 네게 기름을 부었다. ^{시23:5}

10 내가 네게 수놓은 옷을 입히고 네게 가죽 신발을 신겼다. 네게 모시옷을 입히고 그 위에 비단옷을 입혀 주었다.

11 내가 너를 장신구로 치장해서 네 손에는 팔찌를, 네 목에는 목걸이를 걸어 주었다.

12 그리고 네 코에는 코걸이를, 네 귀에는 귀걸이를, 네 머리에는 아름다운 관을 씌워 주었다.

13 그래서 네가 금과 은으로 치장하고 모시와 비단과 수놓은 옷을 입었으며 고운 밀가루와 꿀과 기름을 먹었다. 너는 눈부시게 아름다워서 왕비의 자리에 이르렀다.

14 그리고 네 아름다움으로 인해 네 명성이 민족들 사이에 퍼져 나갔다. 내가 베풀어 준 장식품으로 인해 네 아름다움이 완벽

해졌기 때문이다. 주 여호와의 말이다.

15 이스라엘의 음란 그러나 네가 네 아름다움을 믿고 네 명성에 의지해 음란한 짓을 했다. 너는 지나가는 모든 사람들과 음란한 짓을 해 네 아름다움이 그의 것이 되게 했다.

16 너는 네 겉옷 몇 벌을 가져다가 너 자신을 위해 산당을 각양각색으로 치장하고 그곳에서 음란한 짓을 했다. 이런 일은 일어나지 말았어야 했고 절대로 있어서는 안 될 일이었다.

17 너는 또 내가 준 금과 은으로 만든 장신구를 가져다가 네 자신을 위해 남자들의 형상을 만들어서 음란한 짓을 벌였다.

18 그리고 수놓은 네 옷들을 가져다가 그들에게 입히고 내 기름과 향을 그들 앞에 올렸다. ^{23:41}

19 또 내가 네게 주어서 먹게 한 고운 밀가루와 기름과 꿀과 같은 음식을 너는 그들 앞에 분향으로 드렸다. 네가 정말로 그렇게 했다. 주 여호와의 말이다. ^{6:13;호2:8}

20 또 너는 네가 내게 낳아 준 네 아들들과 딸들을 데려다가 희생제물로 잡아서 우상들의 음식이 되게 했다. 네 음란한 행위들이 대수롭지 않은 일이냐? ^{20:26,31;23:37}

21 네가 내 자식들을 도살했다. 네가 그들을 불 속으로 지나가게 해서 그들을 우상들에게 바쳤다.

22 너는 모든 혐오스러운 일들과 음란한 행위를 하는 가운데 네가 벌거벗은 알몸으로 핏덩이인 채 발짓하던 네 어린 시절을 기억하지 못했다. ^{6~7,43,60절}

23 네가 모든 악을 행한 후에 화가 있을 것이다! 네게 화가 있을 것이다! 주 여호와의

구약에서 '사람'은 두 가지 뜻이 있어요. 하나는 단순히 사람이라는 뜻이고(시8:4~5; 민23:19), 다른 하나는 인간의 몸을 입으시고 인류 구원을 위해 이 땅에 오실 예수님을 가리켜요(단7:13~14). 에스겔에 나오는 '사람'은 전능하신 하나님의 위엄 앞에 연약한 존재인 인간을 가리켜 쓰였어요. 이 단어는 에스겔서에서 무려 93회나 나와요. 이것은 에스겔이 선지자로서 일을 하는데 연약한 자신의 힘이 아니라 하나님의 놀라운 능력에 의존해야 함을 강조한 거예요.

말이다.

24 네 자신을 위해 작은 언덕을 세우고 모든 광장에 사당을 만들었다. 렘 2:20,32

25 네가 길 어귀마다 사당들을 세웠고 네 아름다움을 더럽혔다. 너는 지나가는 모든 사람들에게 네 다리를 벌리고 그들과 음란한 짓을 벌였다. 14-15절

26 너는 또 네 이웃인 욕정이 가득한 이집트 자손들과 음란한 짓을 행했고 수없이 음란한 행위를 벌여 나를 화나게 했다.

27 그러므로 내가 네게 손을 뻗어 네 영토를 축소시켰고 너를 혐오하는 사람들, 곧 네 음란한 행동으로 모욕을 당한 블레셋 사람들의 딸들에게 내가 너를 넘겨주었다.

28 그런데도 너는 만족하지 못해서 앗시리아 자손들과도 음란한 짓을 했다. 네가 그들과 음란한 행위를 했지만 네가 여전히 만족하지 못했다. 대하 28:16-21절 18:36

29 그리고 너는 또 상인들의 땅 갈대아에서 더욱 음란한 짓을 했지만 너는 이것으로도 만족하지 못했다. 3절 23:14-16

30 네 마음이 얼마나 타락했는지! 네가 이런 모든 짓을 행하니 이는 숙달된 창녀의 행위다. 주 여호와의 말이다.

31 네가 길 어귀마다 네 작은 언덕을 세우고 모든 광장에 사당을 만들었다. 그런데 창녀와 달리 네가 돈을 받지 않으니 창녀와 같지도 않다. 33-34절

32 남편 대신 모르는 사람들을 맞아들이는 간음하는 아내여!

33 사람들은 모든 창녀에게 돈을 지불하지만 너는 모든 네 애인들에게 네 돈을 준다. 그들이 사방에서 네게로 와서 너와 음란한 행위를 하도록 네가 그들에게 뇌물을 준다.

34 그러니 네 음란한 행위는 다른 여자들과 다른 점이 있다. 아무도 너를 뒤따르며 음란한

행동을 하려 하지 않고 또 네게 돈을 주는 것이 아니라 네가 돈을 준다는 점이다.

35 심판을 경고할 그러므로 창녀여, 여호와의 말씀을 들어라!

36 나 주 여호와가 이렇게 말한다. 네가 네 *재산을 쏟아붓고 네 애인들과 네 모든 혐오스러운 우상들과 음란한 행동을 하면서 네 알몸을 드러냈기 때문에, 네 자식들의 피를 그들에게 주었기 때문에 20-21,38절

37 네가 사랑했던 남자건 미워했던 남자건 상관없이 네 모든 남자들을 내가 모을 것이니 내가 그들을 사방에서 네게 모아다가 그들에게 네 알몸을 드러내 보게 할 것이다.

38 간음한 여자와 피를 흘리게 한 여자를 심판하듯 내가 너를 심판할 것이다. 내가 진노와 질투의 피를 흘리게 할 것이다.

39 내가 너를 그들의 손에 넘겨줄 것이니 그들이 네 작은 언덕들을 무너뜨리고 네 사당들을 부술 것이다. 그들은 네 옷을 벗기고 네 아름다운 장신구들을 가져가고 너를 벌거벗기고 알몸인 채로 버려둘 것이다.

40 그들은 무리를 데리고 와서 네게 돌을 던지고 칼로 너를 찌를 것이다. 수 7:24-25

41 그들은 네 집들을 불태우고 많은 여자들이 보는 앞에서 네게 심판을 내릴 것이다. 내가 너로 하여금 음란한 행동을 그만두게 할 것이니 네가 네 애인에게 더 이상 돈을 주지 않을 것이다. 왕하 25:9절 39:8절 23:13

42 그러고 나면 너에 대한 내 진노가 수그러들 것이고 내 질투가 네게서 떠날 것이다. 내가 잠잠하게 되고 더 이상 화를 내지 않을 것이다. 5:13

43 네가 네 어린 시절을 기억하지 못하고 이 모든 것들로 나를 분노하게 했기 때문에 네가 한 행동대로 내가 네 머리 위에 갚아 줄 것이다. 그러면 네가 모든 혐오스러운 우상 섬기는 일들에 음행까지 더하지는 않을 것이다. 주 여호와의 말이다.

44 이스라엘의 죄와 형벌 속담을 인용하는 사람마다 너를 비꼬아 그 어머니의 그 딸이라고 말할 것이다. 12:22:18:2-3

사당(16:24, 祠堂, shrine) 조상의 이름을 적은 나무패를 모셔 놓은 집으로 성경에서는 주로 우상을 섬기는 장소. 16:36 또는 '음욕' 단언(16:48, 斷言, declare) 주저하지 아니하고 딱 잘라 말함. 16:57 어떤 고대 사본은 '에돔'으로 봄.

45 너는 남편과 자식을 미워한 네 어머니의 딸이고 너는 남편들과 자식들을 싫어한 네 자매들의 동생이다. 너희 어머니는 헷 사람이고 너희 아버지는 아모리 사람이다.

46 네 언니는 딸들과 함께 북쪽에 살고 있는 사마리아이고 네 여동생은 딸들과 함께 남쪽에 살고 있는 소돔이다. 사 1:10

47 너는 그들의 행동을 따르거나 그들의 혐오스러운 일을 하는 것뿐 아니라 오히려 그것이 대수롭지 않은 듯 모든 행동에 있어서 그들보다 더 타락했다. 렘 2:10-11

48 내가 단언하건대 네 여동생 소돔과 그 딸들도 너와 네 딸들이 한 것처럼은 하지 않았다. 주 여호와의 말이다. 마 10:15;11:24

49 이것이 네 여동생 소돔의 죄다. 그와 그 딸들에게는 교만함과 풍부한 식량과 안정된 번영이 있었다. 그들은 가난한 사람들과 궁핍한 사람들을 돕지 않았다.

50 그들은 교만해 내 앞에서 혐오스러운 짓들을 했다. 그리하여 내가 그것을 보고 그들을 없애 버렸다. 창 13:13

51 사마리아는 네 죄의 반밖에 죄를 짓지 않았다. 네가 그녀보다 혐오스러운 일들을 더 많이 했고 네가 행한 네 모든 혐오스러운 일들로 네가 네 자매들을 오히려 의로워 보이게 했다. 46-47,52절;렘 3:11

52 자매들을 위해서 네가 용서를 간청했으니 네 수치도 감당해 내어라. 네가 그들보다 더 가증하고 그들이 너보다 더 의롭기 때문이다. 네가 네 자매들을 의롭게 했으니 부끄러운 줄 알고 네 수치를 감당하여라.

53 회복을 약속함 이것은 내가 그들, 곧 소돔과 그 딸들의 포로 됨과 사마리아와 그 딸들의 포로 됨을 회복시키고 나서 네 포로 됨을 회복시켜 신 30:3;슥 27:3;20

54 너로 하여금 네 수치를 감당하고 네가 그들이 오히려 의롭게 보이도록 행한 모든 일로 인해서 부끄러워하게 하기 위해서다.

55 네 자매들인 소돔과 그 딸들이 그들의 이전 상태로 되돌아갈 것이고 사마리아와 그 딸들이 그들의 이전 상태로 되돌아갈 것

이고 너와 네 딸들도 너희의 이전 상태로 되돌아갈 것이다. 36:11

56 너는 교만하던 때에 네 자매인 소돔을 무시하고 네 입으로 말하지 않았다. 사 2:6-11

57 그것은 네 사악함이 드러나기 이전에 있었던 일이다. 그런데 이제는 *아람의 딸들과 그 주변 사람들이 모두 너를 모욕하고 블레셋 사람들의 딸들이 곳곳에서 너를 멸시한다. 왕하 16:5-7;대하 28:18;사 7:1-2

58 너는 네 음란함과 혐오스러움의 대가를 받아야 할 것이다. 나 여호와의 말이다.

59 나 주 여호와가 이렇게 말한다. 네가 언약을 깨뜨림으로써 내 맹세를 무시했으니 네가 행한 대로 내가 네게 할 것이다.

60 그러나 네 어린 시절 너와 맺은 언약을 내가 기억하고 너와 영원한 언약을 세울 것이다.

61 그러면 네가 네 언니와 동생을 맞이할 때 네가 네 행동을 기억하고 부끄러워하게 될 것이다. 내가 네게 그들을 딸로 줄 것이지만 그것이 너와 맺은 언약 때문은 아니다.

62 내가 너와 언약을 세울 것이다. 그러면 내가 여호와임을 네가 알게 될 것이다.

63 내가 네게 한 모든 일에 대해 너를 속죄할 때 네가 기억하고 부끄러워하며 네 수치스러움으로 인해 다시는 입을 열지 못하게 하기 위해서다. 주 여호와의 말이다.'"

17 독수리 두 마리와 포도나무 그루 여호와의 말씀이 내게 임해 말씀하시기를

2 "사람아, 이스라엘 족속에게 수수께끼와 비유를 말하여라. 21:20;49;24:3

3 너는 말하여라. '주 여호와가 이렇게 말한다. 날개가 크고 깃이 길고 숱이 많고 다양한 색깔의 깃털을 가진 거대한 독수리가 레바논으로 와서 백향목 가장 높은 가지를 차지했다. `7절;렘 22:23;48:40`

4 독수리가 그 맨 끝의 연한 가지를 꺾어서 상인들의 땅으로 가져가 상인들의 도시에 두었다.

5 그리고 독수리가 그 땅의 씨를 얼마 가져다가 비옥한 땅에 심었다. 그는 그것을 풍족한 물가의 버드나무처럼 심었다.

6 그것은 싹이 트고 낮게 드리운 포도나무가 됐다. 그 나무 가지들은 독수리를 향해 있었고 그 뿌리들은 나무 밑에 있었다. 이렇게 씨가 포도나무가 돼 굵은 가지들과 가는 가지들을 냈다. `14절;15:6`

7 그런데 날개가 크고 숱 많은 깃털을 가진 다른 거대한 독수리가 나타났다. 독수리가 자기에게 물을 줄까 해서 이 포도나무는 독수리를 향해 심긴 곳에서 뿌리를 뻗고 가지를 뻗었다. `15절;31:4`

8 가지를 뻗고 열매를 맺으며 훌륭한 포도나무가 되기에 충분한 물 좋은 땅에 그 포도나무는 이미 심겨 있었다.'

9 그들에게 말하여라. '주 여호와가 이렇게 말한다. 그 포도나무가 번성하겠느냐? 독수리가 뿌리를 뽑고 열매를 따 버려서 그것이 시들지 않겠느냐? 새로 난 잎이 모두 시들어 버릴 것이다. 그것을 뿌리째 뽑는데 강한 팔이나 많은 사람이 필요하지 않을 것이다.

10 그것이 심겼다고 해서 번성하겠느냐? 동쪽 바람이 그 나무에 불면 그것이 완전히 시들지 않겠느냐? 그 심긴 밭에서 시들어 버리지 않겠느냐?'" `19:12호 13:15`

11 여호와의 말씀이 내게 임해 말씀하셨다.

12 "반역하는 족속에게 '이것이 무슨 뜻인지 너희가 모르느냐?' 하고 말하여라. 바벨론 왕이 예루살렘으로 와서 예루살렘 왕과 관료들을 잡아 그들을 바벨론으로 끌고 갔다. `23-5;12:9-11왕하 24:11-12`

13 그리고 그가 왕의 자손 하나를 취해 언약을 맺고 맹세하게 했다. 그는 그 땅의 지도자들을 끌어갔다. `왕하 24:14-15,17대하 36:13`

14 이것은 그 나라의 지위가 실추되며 스스로 일어나지 못하고 그 조약을 지켜야만 일어날 수 있게 하려는 것이었다. `6절`

15 그러나 그는 바벨론 왕에게 반역해 사절단을 이집트로 보내 그에게 말과 많은 군대를 지원하도록 했다. 그가 융성하겠느냐? 이런 일들을 한 그가 피신할 수 있겠느냐? 그가 그 조약을 깨고도 피신할 수 있겠느냐? `신 17:16;왕하 24:20;대하 36:13;사 31:1,3`

16 내 삶을 두고 맹세한다. 바벨론 왕이 그를 왕으로 삼았는데 그가 바벨론 왕의 맹세를 무시하고 바벨론 왕의 조약을 어겼으니 그는 자신을 왕으로 세운 그 왕이 사는 곳, 바벨론 가운데서 왕과 함께 있다가 죽

독수리

에스겔 17장에 나타난 '날개가 크고 깃이 길고 숱이 많고 다양한 색깔의 깃털을 가진 거대한 독수리'(17:3)는 바벨론 왕 느부갓네살을 가리키고, '날개가 크고 숱 많은 깃털을 가진 다른 거대한 독수리'(17:7)는 이집트 왕 호브라를 가리킨다.

- 🦅 먹어선 안 되는 새이다(레 11:13).
- 🦅 몸의 길이는 1m쯤 되지만 날개를 펴면 3m에 이르는 큰 새로, 힘차고 날쌔게 움직인다(사 40:31; 욥 1:17).
- 🦅 먹이를 움킬 때 재빨리 내린다(욥 9:26).
- 🦅 새끼를 보호하고 혼신을 다해 사랑한다(신 32:11).
- 🦅 장수한다(시 103:5; 사 40:31).
- 🦅 에스겔의 환상에서, 네 생물의 형상중 하나로 묘사된다(겔 1:10; 10:14).
- 🦅 최고의 새로, 왕을 상징한다(사 46:11).
- 🦅 위엄과 힘을 상징한다(계 4:7).

을 것이다. 주 여호와의 말이다. 12:13

17 그들이 토성을 쌓고 포위 벽을 세워서 많은 사람을 죽이려고 할 때 강력한 군대와 큰 무리를 이끌고 있는 바로도 그 전쟁에서 아무것도 하지 못할 것이다. 렘 37:5-8

18 그가 맹세를 무시하고 언약을 어겼다. 그가 맹세를 하고도 이 모든 일을 저질렀기 때문에 그는 피신하지 못할 것이다.

19 **백향목 가지의 비유** 그러므로 나 주 여호와가 이렇게 말한다. 내 삶을 두고 맹세하는데 그가 무시한 내 맹세와 그가 어긴 내 언약을 내가 그의 머리에 갚을 것이다.

20 내가 내 그물을 그의 위에 펼칠 것이니 그가 내 덫에 걸릴 것이다. 내가 그를 바벨론으로 끌고 가 그가 내게 신실하지 못했던 일에 대해 그곳에서 그를 심판할 것이다.

21 그의 모든 군대에서 도망친 사람은 모두 칼에 쓰러질 것이고 살아남은 사람들은 사방으로 흩어질 것이다. 그러고 나면 나 여호와가 말했음을 너희가 알게 될 것이다.

22 나 주 여호와가 이렇게 말한다. 내 스스로 가장 높은 백향목 꼭대기에서 가지를 가져다 심을 것이다. 내가 그 꼭대기에 있는 가지들 가운데 연한 가지를 꺾어서 이를 높이 치솟은 산에 심을 것이다. 시 2:6

23 내가 그것을 이스라엘의 높은 산 위에 심을 것이니 그것이 가지들을 내고 열매를 맺으며 훌륭한 백향목이 될 것이다. 갖가지 새들이 그 아래 둥지를 틀고 그 나무 가지 그늘에서 살 것이다. 마 13:32

24 나 여호와가 키 큰 나무를 낮추고 키 작은 나무를 높였으며 푸른 나무를 말리고 마른 나무에 싹이 나게 했음을 들판의 모든 나무들이 알 것이다. 나 여호와가 말했고 그렇게 이루었다.'" 21:26-27:22:14;농 23:31

18

죄지은 영혼이 죽을 것임 여호와의 말씀이 내게 임해 말씀하셨다. 말씀하시기를

2 "너희가 이스라엘의 땅에 대해 이 속담을 인용하는데 도대체 무슨 뜻이냐? '아버지들이 신 포도를 먹었는데 그들의 자식들

의 이가 시다.' 12:22;16:44;렘 31:29

3 주 여호와의 말이다. 내 삶을 두고 맹세한다. 너희가 이스라엘에서 다시는 이 속담을 인용하지 못할 것이다. 16:48;렘 31:29-30

4 모든 영혼은 다 내 것이다. 아비의 영혼이나 아들의 영혼이나 다 내 것이다. 그러니 죄짓는 영혼은 죽을 것이다. 20절

5 어떤 사람이 의로운 사람이어서 공정하고 올바른 일을 한다고 하자. 19,21,27절

6 그는 산 위에서 먹지 않고 이스라엘 족속의 우상들에게 눈을 들지 않으며 자기 이웃의 아내를 욕보이지 않고 월경 중인 여인을 가까이하지도 않는다. 사 65:7

7 그는 아무도 학대하지 않고 채무자에게서 저당 잡은 것을 돌려준다. 물건을 강탈하지 않고 배고픈 사람들에게 자기의 음식을 주고 벌거벗은 사람들에게 옷을 입혀 준다.

8 그는 이자를 위해 빌려 주지 않고 이자를 받지도 않으며 *죄악 된 일에 그의 손을 대지 않고 사람들 사이에서 공정한 판결을 한다. 출 22:25;신 1:16;사 15:5;숙 8:16

9 그가 내 법령을 따르고 내 규례를 지켜서 충실히 실행한다. 그는 의로운 사람이니 그가 반드시 살 것이다. 주 여호와의 말이다.

10 **죄에 대한 개인적인 책임** 그에게 폭력적인 아들이 있고 그 아들이 피 흘리게 하는 사람으로서 악한 일을 행한다고 하자. 16:38

11 그는 이러한 선한 일은 하나도 하지 않고 산 위에서 먹고 자기 이웃의 아내를 욕보인다. 6절;레 18:20

12 그는 가난한 사람들과 궁핍한 사람들을 학대하고 물건을 강탈한다. 채무자에게서 저당 잡은 것을 돌려주지 않고 우상들에게 눈을 들며 혐오스러운 일들을 한다.

13 그는 이자를 위해 빌려 주고 이자를 받는다. 그런 사람이 살겠느냐? 그는 살지 못

실추(17:14, 失墜, bring law) 명예나 위신 따위를 떨어뜨리거나 잃음. 융성(17:15, 隆盛, succeed) 기운차게 일어나거나 대단히 번성함. **속담**(18:2, 俗談, proverb) 사람들 사이에 전해져 내려오는 교훈, 풍자 등을 포함한 짧은 이야기. 18:8 또는 '가난한 사람에게', '흉악한 일에'

할 것이다! 이런 모든 혐오스러운 일들을 했으니 그가 반드시 죽을 것이다. 자신의 피가 자신에게 돌아올 것이다. ^{레 20:9,11}

14 그러나 그가 아들을 낳았다고 하자. 자기 아버지가 저지른 모든 죄들을 그의 아들이 보고 두려워하며 그렇게 하지 않았다고 하자. ^{28절}

15 그 아들은 산 위에서 먹지 않고 이스라엘 족속의 우상들에게 눈을 들지 않으며 자기 이웃의 아내를 욕보이지 않고

16 아무도 학대하지 않고 채무자에게서 저당을 잡지 않고 물건을 갈취하지 않고 배고픈 사람들에게 자기의 음식을 주고 벌거벗은 사람들에게 옷을 입혀 주었다고 하자.

17 그는 가난한 사람에게 그의 손을 대지 않고 이자나 폭리를 받지 않으며 규례를 지키고 내 법령을 따랐다고 하자. 그는 자기 아버지의 죄로 인해 죽지 않고 반드시 살 것이다. ^{9절}

18 그러나 그의 아버지는 착취를 하고 자기 형제를 강탈하고 자기 동족들 가운데서 선하지 않은 일을 했기 때문에 자기 죄로 인해 죽을 것이다. ^{3:18}

19 그러나 너희는 말한다. '아들이 왜 아버지의 죄를 감당하지 않느냐?'고 하지만 그 아들이 공정하고 올바른 일을 했고 내 모든 법령을 지키고 행했으니 그는 반드시 살 것이다. ^{2,5,9,21,27절눅 20:5}

20 죄짓는 사람, 그가 죽을 것이다. 아들이 자기 아버지의 죄를 감당하지 않을 것이

고 아버지가 자기 아들의 죄를 담당하지 않을 것이다. 의인의 의로움이 자기에게 돌아갈 것이고 악인의 사악함이 자기에게 돌아갈 것이다. ^{4절왕하 14:6;사 3:10~11;롬 2:9}

21 회개를 촉구함 그러나 만약 악한 사람이 자기가 저지른 모든 죄에서 돌아서서 내 모든 법령을 지키고 공정하고 올바른 것을 행하면 그는 반드시 죽지 않고 살 것이다.

22 그가 저지른 범죄가 하나도 그에게 불리하게 기억되지 않을 것이다. 그가 행한 의로움으로 인해 그는 살 것이다. ^{33:16}

23 내가 악한 사람이 죽는 것을 조금이라도 기뻐하겠느냐? 주 여호와의 말이다. 오히려 그가 자기 길에서 돌이켜 사는 것을 내가 기뻐하지 않겠느냐? ^{딤 2:11;벧후 3:9}

24 그러나 의인이 자기의 의로움을 떠나서 죄를 짓고 악한 사람이 하는 대로 모든 혐오스러운 일들을 한다면 그가 살겠느냐? 그가 행했던 자기의 의로움은 하나도 기억되지 않을 것이다. 그가 신실하지 않게 행했던 것과 그가 저지른 죄들로 인해 그는 죽을 것이다. ^{3:20;14:13;33:12;벧후 2:20~21}

25 그러나 너희는 말한다. '주의 방식이 공평하지 않다.' 이스라엘 족속아, 들으라. 내 길이 공평하지 않은 것이냐? 너희의 길이 공평하지 않은 것이 아니냐? ^{33:17}

26 의인이 자기의 의로움을 떠나 불의를 저지르면 그것 때문에 그는 죽을 것이다. 그가 저지른 불의 때문에 그가 죽을 것이다.

27 그러나 악인이 자기가 저지른 악에서 떠나

동쪽 바람

4~6월 사이와 10월경에 광야(호 13:15)나 사막(렘 4:11)에서 불어오는 열풍을 말한다. 무덥고 건조하며 세차게 불어와 싹싹을 시들게 하는 등 농작물에 큰 피해를 준다(창 41:6; 겔 19:12).
샘과 우물을 마르게 하여 사람들에게도 큰 피해를 주는 바람이다(호 13:15).
하나님은 동쪽 바람을 기적의 도구로 사용하셨다. 이집트에 메뚜기 재앙을 내리실 때 동쪽 바람을 낮

과 밤에 불게 하셔서 메뚜기가 이집트 전역에 날아오게 하셨다(출 10:13). 또 동쪽 바람을 밤새도록 불게 하셔서 바닷물이 갈라지게 하셨다(출 14:21). 그리고 불순종하는 요나를 교훈하시는 도구로 뜨거운 동쪽 바람을 사용하셨다(욘 4:8).
에스겔 17장 10절과 19장 12절에 나오는 동쪽 바람은 유다에 임할 바벨론의 침략을 비유한다.

서 공정하고 올바른 일을 하면 그는 자기 목숨을 보존하게 될 것이다. 21절

28 그가 깨닫고 자기가 저지른 모든 죄들을 떠나면 그가 반드시 살고 죽지 않을 것이다.

29 그러나 이스라엘 족속은 말한다. '주의 길이 공평하지 않다.' 이스라엘 족속아, 내 길이 공평하지 않은 것이냐? 너희의 길이 공평하지 않은 것 아니냐? 사 3:8;호 14:1

30 이스라엘 족속아, 그러므로 내가 너희를 각각 자기의 행동대로 심판할 것이다. 주 여호와의 말이다. 회개하라! 너희의 모든 죄에서 돌아서라. 그러면 죄악이 너희를 넘어지게 하는 걸림돌이 되지 않을 것이다.

31 너희가 저지른 모든 죄를 너희에게서 제거하고 스스로 새 마음과 새 영을 가져라. 이스라엘 족속아, 왜 너희가 죽으려고 하느냐?

32 나는 어느 누가 죽는 것을 기뻐하지 않는다. 주 여호와의 말이다. 그러니 회개하고 살라!" 33:11

19 슬픔의 노래 "이스라엘의 지도자들을 위해 슬픔의 노래를 지어

2 불러라. '네 어머니가 누구냐? 암사자다. 암사자가 사자들 사이에 누워 젊은 사자들 사이에서 새끼들을 길렀다. 창 49:9

3 암사자가 자기 새끼 하나를 길러 내니 그가 젊은 사자가 됐다. 그가 먹이를 잡는 법을 배워서 사람을 삼켜 버렸다.

4 민족들이 그 젊은 사자에 대해 들었고 젊은 사자가 그들의 함정에 빠졌다. 그들이 젊은 사자를 갈고리로 꿰어서 이집트 땅으로 끌어갔다. 렘 22:11-12;애 4:20

5 암사자는 기다리다가 자기의 소망이 사라지는 것을 보고 다른 새끼 하나를 데려와 젊은 사자로 키웠다. 왕하 23:34,36

6 그 새끼는 사자들 가운데 돌아다니며 젊은 사자가 됐다. 젊은 사자가 먹이를 잡는 법을 배워서 사람들을 삼켜 버렸다.

7 젊은 사자는 사람들의 성채들을 부서뜨렸고 사람들의 성읍들을 폐허가 되게 했다. 그 땅과 그 안에 있는 모든 사람들이 사자의 포효하는 소리에 놀랐다.

8 그러자 주변 지역의 민족들이 젊은 사자를 대적해 그에게 그물을 펼치고 함정에 빠지게 했다. 12:13;대하 36:6

9 그들은 그를 갈고리로 옥에 집어넣고 바벨론 왕에게 보내 버렸다. 그들이 그를 감옥에 가둬 이스라엘 산들에서 그 소리가 더 이상 들리지 않게 하려는 것이었다.

10 포도나무에 비유된 다윗 왕가 네 어머니는 네 포도밭의 물가에 심은 포도나무 같으니 풍부한 많은 물로 인해 열매가 풍성하고 가지가 무성하며 15:6;신 8:7;시 80:9

11 그의 가지들은 강해 지도자의 규로 쓰기에 적합했다. 그것은 무성한 나뭇잎 위로 높이 솟았고 많은 가지들 가운데 단연 돋보였다.

12 그러나 그것은 진노 가운데 뿌리가 뽑혀 땅바닥에 던져졌고 동풍이 그의 열매를 말려 버렸다. 그의 강한 가지가 꺾이고 말라서 불이 그것을 삼켜 버렸다. 렘 13:15

13 그리하여 이제는 광야, 메마르고 가문 땅에 심겨졌다. 1:1;왕하 24:12-16;호 2:3

14 불이 한 가지에서 피어올라서 그의 열매를 삼켜 버렸다. 이제 지도자의 규가 될 만한 그런 강한 가지는 하나도 남지 않았다.' 이것이 슬픔의 노래이며 후일에도 슬픔의 노래가 될 것이다." 1:11-12;렘왕하 24:20

20 반역의 역사 7년째 되는 해 다섯째 달 10일에 이스라엘의 장로들 몇 사람이 여호와께 묻기 위해 와서 내 앞에 앉았다. 1:2;8:1;14:1;24:1;26:1

2 그러자 여호와의 말씀이 내게 임해 말씀하셨다.

3 "사람아, 이스라엘의 장로들에게 선포해 말하여라. '주 여호와가 이렇게 말한다. 너희가 내게 물으려고 왔느냐? 내 삶을 두고 맹세하는데 묻기를 용납하지 않을 것이다. 주 여호와의 말이다.' 21:1;43:16:48

4 네가 그들을 심판하겠느냐? 사람아, 네가 심판하겠느냐? 그렇다면 그들의 조상의

규 (19:11, 圭, scepter) 왕이 손에 쥐던 막대기로, 왕권을 상징함.

하나님의 파수꾼, 에스겔

3 에스겔이 예언자로 부르심을 받음 (겔 1:1-3; 2:1-3:15)

1 요시야 왕이 개혁을 하던 시대에 에스겔이 태어남

2 여호야긴 왕과 함께 바벨론의 포로로 끌려간 것으로 보임

4 에스겔이 그발 강가에서 첫 환상을 봄 (겔 1:4-28)

5 유다의 멸망을 여러 가지 상징적인 행위로 나타냄 (겔 4-15, 21, 24, 37장)

6 하나님이 유다의 심판을 여러 비유를 들어 말씀하심 (겔 15-17, 22-24장)

시돈
두로
이스라엘
유다   암몬
블레셋   모압
이집트   에돔

7 바벨론의 예루살렘 포위와 에스겔의 아내가 죽음 (겔 24장)

8 열방(암몬, 모압, 에돔, 블레셋, 두로, 시돈, 이집트)에 대한 심판을 예언함 (겔 25-32장)

9 회복된 새 예루살렘과 성전에 대한 환상을 봄 (겔 40-48장)

혐오스러운 일들을 그들에게 알리고

5 그들에게 말하여라." 주 여호와께서 이렇게 말씀하셨다. "내가 이스라엘을 선택했던 날, 나는 야곱 족속의 자손들에게 내 손을 들어 맹세하며 이집트 땅에서 그들에게 나를 나타내 보였다. 내가 그들에게 내 손을 들고 맹세했다. '나는 너희의 하나님 여호와다.'

15,23절;36:7;창 14:22절 3:8;6:7

6 이집트 땅으로부터 내가 그들을 위해 찾아 마련해 둔 땅, 곧 젖과 꿀이 흐르는 땅, 모든 땅 가운데 가장 아름다운 땅으로 이끌어 내겠다고 그날 내가 그들에게 내 손을 들고 맹세했다.

렘 3:19;슥 7:14

7 그러면서 내가 그들에게 말했다. '너희는 각자 자기의 눈에 드는 가증스러운 우상들을 던져 버리고 이집트의 우상들로 자신을 더럽히지 말라. 나는 너희의 하나님 여호와다.'

8:18~19,24절출 20:2;레 18:3

8 그러나 그들은 내게 반역했고 내게 귀기울이려고 하지 않았다. 그들은 각자 자기의 눈에 드는 가증스러운 우상들을 던져 버리지 않았고 이집트의 우상들을 버리지도 않았다. 그리하여 내 진노를 그들에게 쏟아부을 것이며 이집트 땅 가운데서 그들을 향해 내 분노를 발할 것이라고 내가 그들에게 말했다.

7,21절

9 그러나 내가 그들을 이집트 땅에서 이끌어 내 그들을 광야로 데려갔다. 내 이름으로 인해 여러 이방 민족들이 보는 앞에서 이스라엘 민족을 이집트 땅에서 이끌고 나옴으로써 그들에게 내 자신을 나타내 보였고 이스라엘이 이방 사람들 앞에서 내 이름을 더럽히지 않도록 했다.

14,22,44절;시 106:8;사 48:11

10 그러므로 내가 그들을 이집트 땅에서 이끌어 내 그들을 광야로 데려갔다.

11 내가 그들에게 내 법령을 주고 내 규례를 알게 했다. 그것을 지키는 사람은 그것으로 인해 살 것이기 때문이다.

롬 10:5;갈 3:12

12 또한 내가 그들에게 나와 그들 사이의 징표로 안식일을 주었는데 그것은 나 여호와가 그들을 거룩하게 한다는 것을 그들로 하여금 알게 하려는 것이었다.

13 이스라엘의 죄악의 역사 그러나 이스라엘 족속은 광야에서 내게 반역했다. 내 법령과 규례를 지키는 사람은 그것으로 인해 살 것이라고 했음에도 불구하고 그들은 내 법령에 따르지 않았고 내 규례를 거부했다. 그리고 그들은 내 안식일을 철저히 더럽혔다. 그래서 내가 광야에서 내 진노를 그들에게 쏟아부어 그들을 멸망시키겠다고 말했다.

21,24절;22:8;23:38

14 그러나 내 이름을 더럽히지 않기 위해 이방 사람들이 보는 앞에서 이스라엘을 이끌어 냈는데 그 이방 사람들 앞에서 내 이름을 더럽힐 이 같은 일을 행하지는 않았다.

15 또한 광야에서 내 손을 들어 그들에게 맹세했다. 내가 그들에게 준 땅, 곧 젖과 꿀이 흐르는 땅, 모든 땅 가운데 가장 아름다운 땅으로 그들을 들여보내지 않을 것이다.

16 그것은 그들이 내 규례를 무시하고 내 법령을 따르지 않았으며 내 안식일을 더럽혔기 때문이다. 그들의 마음이 그들의 우상을 좇았던 것이다.

24절;민 15:39;시 78:37

17 그러나 내 눈이 그들을 불쌍히 여겨서 그들을 멸망시키지 않았고 광야에서 그들을 전멸시키지 않았다.

5:11;11:13

18 그리고 내가 광야에서 그들의 자손들에게 말했다. '너희의 조상들의 법령을 따르지 말고 그들의 규례를 지키지 말라. 그들의 우상들로 너희 자신을 더럽히지 말라.

19 나는 너희의 하나님 여호와다. 내 법령을 따르고 내 규례를 지키고 그것들을 행하라.

20 내 안식일을 거룩하게 지키라. 그것이 나와 너희 사이에 징표가 돼 내가 너희 하나님 여호와임을 너희가 알게 될 것이다.'

21 그러나 그들의 자손들도 내게 반역했다. 사람이 그대로 지켜 행하면 그로 인해 살 수 있음에도 불구하고 그들은 내 법령을 따르지 않았고 내 규례를 지켜 행하지 않았다. 그리고 그들은 내 안식일을 더럽혔다. 그리하여 내가 내 진노를 그들에게 쏟아부어 광야에서 그들에게 분노를 발할 것이라고 말했다.

8,13,16절;창 31:27

22 그러나 내 이름을 더럽히지 않기 위해 나는 내 손을 거두었다. 그래서 내가 이스라엘 사람들을 이끌고 나온 것을 본 저 이방 사람들이 보는 앞에서 내 이름이 더럽혀지지 않도록 했다. ^{9,14,44절}

23 또한 광야에서 내 손을 들고 그들에게 맹세했다. 내가 그들을 이방 사람들 가운데 흩어 버리고 여러 나라에 퍼지게 하겠다.

24 이것은 그들이 내 규례를 실행하지 않았기 때문이다. 내 법령을 무시하고 내 안식일을 더럽혔으며 그들의 눈이 자기 조상의 우상을 뒤따르고 있었기 때문이다.

25 그러므로 내가 그들에게 선하지 않은 법령과 그것을 의지해서는 살지 못할 규례를 주었다. ^{시 81:12;행 7:42;롬 1:24;살후 2:11~12}

26 그들의 모든 첫아이를 불에 태울 제물로 드리게 해 그들을 부정하다고 선포했는데 이것은 그들을 놀라게 해 내가 여호와임을 그들로 하여금 알게 하려는 것이다. ^{31절}

27 그러므로 사람아, 이스라엘 족속에게 선포해 말하여라. '주 여호와가 이렇게 말한다. 네 조상들이 이런 일을 저질러 내게 신실하지 못함으로 나를 모독했다.

28 내가 내 손을 들어 그것을 그들에게 주겠

어떻게 자기 아들을 제물로 바칠 수 있나요?

에스겔 시대에 이스라엘 사람들이 자기 자녀를 바치는 것은 이방 신 몰렉을 섬기는 방법이었어요. 우상을 숭배하는 이스라엘에 대해 하나님은 "강한 손과 쭉 뻗친 팔과 쏟아 부은 진노로 너희를 다스릴 것이다."(겔 20:33)라고 심판을 경고하셨어요.

이것은 이미 오래 전에 광야 생활을 할 때부터 있던 죄였어요. 광야에서 이스라엘 백성은 아들을 제물로 삼아 몰렉 신에게 제사를 드렸어요(겔 20:26). 하나님이 몰렉 신에게 아이를 바치는 사람은 처형될 것이라고 분명하게 말씀하셨는데도(레 18:21; 20:1-5) 그들은 멈추지 않았어요. 그 결과 그들은 하나님이 예언하신 심판을 받게 된 것입니다(왕하 21:11-15; 대하 28:5-6).

다고 맹세한 그 땅으로 그들을 오게 했을 때 그들은 어디든 높은 언덕이나 나뭇잎이 우거진 나무를 보면 그곳에서 우상에게 희생제물을 바치고 내 분노를 자아내는 그 제물을 그곳에 바쳤다. 그들은 그곳에서 분향을 하고 전제물을 그곳에 부었다.

29 그때 내가 그들에게 말했다. 너희가 찾아가는 이 산당이 무엇이냐?'" (그리하여 그 이름이 지금까지 바마라고 불린다.)

30 패역한 현재 "그러므로 너는 이스라엘 족속에게 말하여라. '주 여호와가 이렇게 말한다. 너희가 너희 조상들의 방식대로 너희 자신을 더럽히고 그들의 가증스러운 우상들을 뒤따라 음란한 행위를 할 것이냐?

31 너희가 너희의 아들들을 불 속으로 지나가게 해 제물을 바치고 오늘날까지도 모든 우상들로 너희 자신을 더럽혀 왔다. 이스라엘 족속아, 그런데 내가 너희의 질문을 허락하겠느냐? 내 삶을 두고 맹세하는데 내가 너희에게 질문을 허락하지 않을 것이다. 주 여호와의 말이다.'" ^{26절}

32 '우리가 이방 사람, 곧 다른 나라 족속처럼 돼서 나무와 돌을 섬기겠다'라고 너희가 말하는 너희 마음속의 생각은 결코 이뤄지지 않을 것이다. ^{단 5:4,23;계 9:20}

33 내 삶을 두고 맹세한다. 강한 손과 쭉 뻗친 팔과 쏟아부은 진노로 너희를 다스릴 것이다. 주 여호와의 말이다. ^{8절;렘 21:5}

34 내가 강한 손과 쭉 뻗친 팔과 쏟아부은 진노로 너희를 민족들에게서 이끌어 내고 너희가 흩어져 있던 여러 나라들로부터 너희를 모을 것이다. ^{렘 31:8}

35 내가 너희를 민족들의 광야로 데려가 그곳에서 너희를 대면해 심판할 것이다.

36 내가 이집트 땅의 광야에서 너희 조상들을 심판했던 것처럼 너희도 그렇게 심판할 것이다. 주 여호와의 말이다. ^{민 14:20~23}

37 내가 너희를 지팡이 아래로 지나가게 하며 너희를 언약의 관계에 들어가게 할 것이다.

38 내가 너희 가운데 내게 반역하는 사람들과 죄짓는 사람들을 없애 깨끗하게 할 것

이다. 내가 그들이 머물러 살고 있는 땅으로부터 그들을 이끌어 내겠지만 그들이 이스라엘 땅으로는 들어가지 못할 것이다. 그러면 내가 여호와임을 너희가 알게 될 것이다. 35절:67:13:9

39 회복을 예언함 너희 이스라엘 족속아, 주 여호와가 말한다. 너희 각자는 자기의 우상을 따르고 섬기려면 그렇게 하라. 그러나 이후에는 너희가 다시금 내게 귀를 기울이며 더 이상 너희의 제물과 우상들로 내 거룩한 이름을 더럽히지 말 것이다.

40 내 거룩한 산에서, 이스라엘의 높은 산에서, 그곳에서 이스라엘 족속 모두와 그 땅의 모든 사람들이 나를 섬길 것이다. 그래서 내가 그곳에서 그들을 받아들일 것이고 그곳에서 내가 너희의 제물과 너희가 드리는 첫 생산물과 더불어 너희의 모든 거룩한 것들을 요구할 것이다. 주 여호와의 말이다. 39:25사 56:7왕 3:4:출 12:1

41 내가 너희를 여러 민족들로부터 이끌어 내고 흩어져 있던 여러 나라들로부터 너희를 모을 때 내가 너희를 향기로 받을 것이다. 이방 사람들이 보는 앞에서 너희에게 내가 거룩히 여김을 받을 것이다.

42 내가 너희를 이스라엘 땅, 곧 너희 조상들에게 줄 것이라고 내가 내 손을 들고 맹세한 그 땅으로 들어가게 할 때 내가 여호와임을 너희가 알게 될 것이다. 5장:67

43 그곳에서 너희는 너희의 행동과 너희 자신을 더럽힌 모든 행위들을 기억하게 될 것이고 너희가 행한 모든 죄악으로 인해

서 너희 자신을 몹시 미워하게 될 것이다.

44 이스라엘 족속아, 내가 너희 악한 행동들이나 너희 타락한 행위를 따라 그대로 갚지 않고 내 이름을 더럽히지 않으려고 너희를 대할 때 내가 여호와임을 너희가 알게 될 것이다. 주 여호와의 말이다." 시 103:10

45 남쪽에 대한 예언 여호와의 말씀이 내게 임해 말씀하셨다.

46 "사람아, 네 얼굴을 남쪽을 향해 돌려라. 남쪽을 향해 선포하고 남쪽 땅의 숲을 대적하여 예언하여라. 암 7:16미 2:6

47 남쪽의 숲에 말하여라. '여호와의 말씀을 들으라. 주 여호와가 이렇게 말한다. 내가 네게 불을 붙일 것이니 불이 네 안에 있는 모든 푸른 나무와 마른 나무를 다 삼킬 것이다. 타오르는 불꽃이 꺼지지 않을 것이고 남쪽에서부터 북쪽까지 모든 사람의 얼굴이 불에 그슬릴 것이다. 눅 23:31

48 내 여호와가 그것을 불붙인 것임을 모든 사람들이 알게 될 것이다. 그 불은 꺼지지 않을 것이다.'" 사 30:33:40:5

49 그때 내가 말했습니다. "주 여호와여! 그들이 나를 두고 말합니다. '그는 비유로 말하는 사람이 아니냐?'" 4:14:17:2:24:3

21 심판의 칼 여호와의 말씀이 내게 임해 말씀하셨다.

2 "사람아, 예루살렘을 향해 네 얼굴을 돌려라. 성소를 향해 선포하여라. 이스라엘 땅을 향해 예언하여라. 2:1:20:46

3 너는 이스라엘 땅에 말하여라. '주 여호와가 이렇게 말한다. 내가 너를 대적한다. 내

왜 남쪽을 향해 예언하라고 했나요?

여기에서 '남쪽'은 원래 오른쪽, 오른손을 가리키는 말이에요. 동편을 향해 섰을 때의 오른쪽, 곧 '남쪽'을 뜻해요. 에스겔이 말한 '남쪽'은 유다와 예루살렘 전체를 가리키는 것이에요. 왜냐하면 에스겔은 계속해서 이스라엘 전체를 향하여 예언하고 있기 때문이에요.

예언을 하던 당시 에스겔 예언자는 이스라엘이 아닌 예루살렘의 북쪽 바벨론 땅에 있었고 유다와 예루살렘은 바벨론의 남쪽 방향에 있었어요. 에스겔은 바벨론의 제2차 유다 침공 때(BC 597년) 유다 왕 여호야긴과 함께 바벨론 땅에 끌려가게 되었답니다.

가 칼집에서 칼을 뽑아 네게서 의인과 악
인을 처단할 것이다. 욜 9:22;렘 47:6

4 내가 네게서 의인과 악인을 처단할 것이
기 때문에 내 칼이 칼집에서 나와 남쪽에
서부터 북쪽까지 모든 사람을 칠 것이다.

5 그러면 나 여호와가 칼을 칼집에서 뽑은
것을 모든 사람들이 알게 될 것이다. 그 칼
이 다시 칼집으로 돌아가지 않을 것이다.'

6 그러므로 너 사람아, 탄식하여라. 너는 그
들이 보는 앞에서 허리가 끊어지듯 쓰라
림으로 탄식하여라. 6:11;23:18

7 그리고 '왜 네가 탄식하느냐?'고 그들이 네
게 물으면 너는 대답하여라. '소식 때문이
다. 그 소식이 이르면 모든 사람의 마음이
녹고 모든 사람의 손에 힘이 빠질 것이다.
모든 사람의 영이 기력을 잃고 모든 사람
의 무릎이 떨릴 것이다.' 그 일이 다가오고
있다! 그 일은 반드시 일어날 것이다. 주 여
호와의 말이다.' 12:9;수 2:11

8 여호와의 말씀이 내게 임해 말씀하셨다.

9 "사람아, 예언하며 말하여라. '여호와가 말
한다. 칼아, 칼아, 날이 서고 광이 난다!

10 학살을 위해 날이 세워졌고 번개처럼 번
쩍이게 하려고 광이 내렸다! 그러니 우리
가 내 아들의 규를 즐거워하겠느냐? 그
칼이 모든 나무를 멸시하고 있다. 약 5:5

11 칼이 손에 쥐어지려고 광이 내렸다. 칼날
이 세워지고 광이 내려서 학살하는 사람
의 손에 넘겨졌다고 전하여라. 19절

12 '사람아, 소리 지르며 울부짖어라. 그 칼이
내 백성을 대적하고 모든 이스라엘의 지
도자들을 대적하고 있기 때문이다. 내 백

성들과 함께 그들이 칼에 던져질 것이다.
그러므로 너는 네 허벅지를 쳐라.

13 학살하는 칼 시험이 꼭 올 것이다. 그러니
칼이 규를 멸시하면 어떻게 되겠느냐? 규
가 없어질 것이다. 주 여호와의 말이다.

14 그러니 너 사람아, 예언을 하고 손뼉을 쳐
라. 칼로 두 번 내려치고 세 번 내려쳐라.
이것은 학살하는 칼이니 사방에서 그들
을 에워싸는 대학살의 칼이다. 왕하 24:1,10;25:1

15 그래서 마음이 녹고 걸려 넘어지는 사람
들이 많을 것이다. 내가 학살의 칼을 그들
의 모든 문에 두었다. 아! 이 칼이 번쩍거리
게 만들어지고 학살을 위해 광이 내렸다.

16 날을 세워라! 오른쪽으로! 왼쪽으로! 날이
향한 대로 가거라!

17 나도 손뼉을 칠 것이다. 그러면 내 분노가
수그러질 것이다. 나 여호와가 말했다.'"

18 칼이 갈 두 길 여호와의 말씀이 내게 임해
말씀하셨다.

19 "너 사람아, 바벨론 왕의 칼이 가야 할 두
길을 표시하여라. 둘 다 같은 땅에서 나와
야 한다. 표지판을 만들어라. 성읍으로 가
는 길 어귀에 만들어라. 11,21절

20 칼이 갈 길 하나는 암몬 족속의 랍바 쪽으
로, 다른 하나는 유다와 견고한 성읍 예루
살렘 쪽으로 두어라. 레 1:13~15

21 바벨론 왕이 점을 치기 위해 두 길의 어귀
에 서서 화살통의 화살들을 흔들고 우상
들에게 묻고 희생제물의 간의 모양을 살
펴볼 것이다. 19절;장 31:19

22 그의 오른손에 예루살렘으로 가는 점괘를
얻어 그가 성문에 성벽을 부수는 쇳덩이

들을 설치하고 토성을 쌓고 포위 벽을 세우려고 한다. 4:2;26:9

23 그들에게 맹세한 사람들 눈에는 틀린 점괘 같아 보이겠지만 그 점괘는 예루살렘 사람들의 죄를 상기할 것이다. 예루살렘 사람들은 포로로 잡혀갈 것이다.

24 그러므로 나 주 여호와가 이렇게 말한다. '너희가 너희의 죄를 상기시키고 너희의 범죄를 드러나게 하고 너희의 모든 행위에서 죄가 나타났기 때문에 그리고 너희가 기억됐기 때문에 너희가 적의 손에 붙잡힐 것이다.

25 이스라엘 지도자에 대한 경고 너, 더럽고 악한 이스라엘의 지도자여, 네 날, 곧 네 죄가 끝날 때가 이르렀다. 대하 36:13;렘 52:2

26 나 주 여호와가 이렇게 말한다. 머리에 두른 따를 벗고 왕관을 벗어라. 이것은 이전과 같지 않을 것이다. 낮은 사람은 높아지고 높은 사람은 낮아질 것이다. 눅 1:52

27 폐허로다! 폐허로다! 내가 그것을 폐허가 되게 할 것이다. 이것은 이전과 같지 않을 것이다. 그러다가 그 권리를 가진 사람이 나타나면 내가 그에게 그것을 줄 것이다.

28 암몬 자손이 받을 모욕 그리고 너 사람아, 암몬 자손들과 그들이 받을 모욕에 대해 주 여호와가 이렇게 말씀하신다고 예언하며 말하여라. 칼이다! 칼이 뽑혔다! 학살하기 위해, 집어 삼키게 하기 위해 광이 내지고 번개처럼 번쩍인다! 5,9~10,20절

29 점쟁이들이 너를 위해 허황된 환상을 보고 네게 거짓된 점을 쳐 주고 너를 학살당한 악인의 목 위에 두려고 하니 그들의 날, 죄악이 끝날 때가 이르렀다. 25절

30 칼을 칼집에 도로 넣어라. 네가 창조된 곳에서 네가 태어난 땅에서 내가 너를 심판할 것이다. 16:38

31 내가 내 분노를 네게 쏟아붓고 내 진노의 불을 너를 향해 불며 너를 잔인한 사람들, 파괴에 능숙한 사람들의 손에 넘겨줄 것이다. 7:8;22:20~21

32 너는 불 속에서 땔감이 될 것이고 네 피가

그 땅 가운데 있을 것이며 네가 더 이상 기억되지 않을 것이다. 나 여호와가 말했기 때문이다.'" 17:24;25:10

22 예루살렘의 죄 여호와의 말씀이 내게 임해 말씀하셨다.

2 "너 사람아, 네가 심판하겠느냐? 네가 이 피투성이 성읍을 심판하겠느냐? 그러면 그 성읍의 혐오스러운 일 모두를 성읍에 상기시켜라. 21:16;22:20;왕하 21:16

3 그리고 말하여라. 주 여호와가 이렇게 말한다. 성내에서 사람을 살해해 피를 흘림으로 보응의 때가 이르게 하고 또 우상들을 만들어 자기 스스로를 더럽히는 성읍아.

4 네가 흘린 피로 인해 네게 죄가 있고 네가 만든 우상들로 스스로 더럽혀졌다. 네가 네 날들을 가까이 오게 해서 네가 살아갈 날이 다 됐다. 그러므로 내가 너를 민족들의 모욕의 대상으로 삼고 모든 나라들의 조롱거리가 되게 할 것이다. 5:14

5 혼란으로 가득 차고 이름이 더럽혀진 성읍아, 너로부터 가까이 있는 사람들이나 멀리 있는 사람들이 다 너를 조롱할 것이다.

6 이스라엘의 지도자들은 성읍 안에서 자신의 권력을 이용해 사람을 살해했다.

7 성읍 안에서 그들이 아버지와 어머니를 업신여겼고 그 가운데서 그들이 이방 사람을 억압했으며 그 안에서 그들이 고아와 과부를 학대했다. 신 27:16;엡 6:2

8 너희가 내 거룩한 물건들을 무시했고 내 안식일을 더럽혔다. 26절;20:13

9 비방하며 사람을 살해해 피 흘리는 사람들이 성읍 안에 있고 그 안에 산 위에서 먹는 사람들이 있으며 그 가운데 음란한 짓들을 행하는 사람들이 있다. 삼상 22:9

10 너희 안에 자기 아버지의 알몸을 드러내는 사람들이 있고 너희 안에 월경 중인 부정한 여자들을 범하는 사람들도 있다.

11 성읍 안에서 어떤 사람은 이웃의 아내와

학살(21:10, 虐殺, slaughter) 잔인하게 마구 죽임.

허황(21:29, 虛荒, false) 사실이 아닌 것을 사실처럼 꾸며 헛되고 미덥지 못함.

혐오스러운 일을 행하고 어떤 사람은 사악하게도 자기 며느리를 더럽히고 있다. 또 어떤 사람은 자기 자매, 곧 자기 아버지의 딸을 범하고 있다.
겔 5:8;암 2:7

12 너희 안에 뇌물을 받고 피 흘리는 사람들이 있다. 너는 고리대금과 엄청난 이자를 받고 네 이웃의 것을 강탈해 부당한 이득을 취했다. 그리고 너는 나를 잊어버렸다. 주 여호와의 말이다.
신 27:25;겔 2:32

13 그러므로 보아라. 네가 취한 부당한 이득과 네 가운데서 네가 피 흘리게 한 일 때문에 내가 내 손바닥을 칠 것이다.

14 내가 너를 처벌할 그날들에 네 마음이 견딜 수 있고 네 손에 힘이 남아 있겠느냐? 나 여호와가 말했으니 내가 그렇게 할 것이다.

15 내가 너를 민족들 가운데 흩으리고 나라들 사이에 퍼지게 해 네 더러운 것을 네게서 완전히 없애 버릴 것이다.
5:10;24:11

16 네가 민족들의 눈앞에서 네 스스로를 더럽힐 것이니 그때 내가 여호와임을 네가 알게 될 것이다.'"
26:3;5:8;6:7;7:24

17 예루살렘의 타락상 여호와의 말씀이 내게 임해 말씀하셨다.

18 "사람아, 이스라엘 족속이 내게 찌꺼기가 됐다. 그들 모두가 용광로 안에 남은 청동, 주석, 철, 납이다. 그들은 은의 찌꺼기일 뿐이다.
사 1:22,25;렘 6:28

19 그러므로 나 주 여호와가 이렇게 말한다. '너희 모두가 찌꺼기가 됐다. 그러므로 보라. 내가 너희를 모아다가 예루살렘 가운데로 가져갈 것이다.

20 사람들이 은, 청동, 철, 납, 주석을 용광로에 모아다가 불을 불어넣어 녹이는 것처럼 그렇게 내가 내 진노와 분노 가운데서 너희를 모아다가 그 성읍에 넣고 녹여 버릴 것이다.
21:31;렘 33:5;말 3:3

21 내가 너희를 모아다가 내 진노의 불을 너희 위에 불 것이다. 그러면 너희가 그 안에서 녹아 버릴 것이다.

22 은이 용광로 안에서 녹듯이 너희도 그렇게 그 안에서 녹을 것이다. 그러면 나 여호와가 내 분노를 너희에게 쏟아부었음을 너희가 알게 될 것이다.'"
7:8

23 여호와의 말씀이 내게 임해 말씀하셨다.

24 "사람아, 저 땅에 말하여라. '너는 진노의 날에 깨끗함을 얻지 못한 땅이요, 비도 없는 땅이다.'
2-4절;34:26;왕상 8:35-36

25 그 안에서 그의 예언자들이 꾸미는 음모가 먹이를 찢으며 으르렁거리는 사자와 같다. 그들이 사람들을 집어삼키고 보물과 값비싼 물건들을 빼앗고 그 안에서 과부들을 많이 만들어 냈다.
27:절;19:3;렘 11:9

26 그의 제사장들은 내 율법을 어기고 내 거룩한 물건들을 더럽혔으며 거룩한 것과 거룩하지 않은 것을 구별하지 않았다. 부정한 것과 정결한 것의 차이를 알려 주지 않았으며 내 안식일 지키는 것에 대해 그들의 눈을 감아 버렸으니 내가 그들 가운데서 더러워지고 있다.
습 3:4;말 2:8

27 그 성읍의 지도자들은 먹이를 찢는 늑대

한 사람을 찾습니다!

에스겔이 살던 당시 유다 사회는 마치 쇠를 제련하고 난로 용광로 속에 남은 찌꺼기 같았어요.(겔 22:18). 지도자들은 자신들의 권세를 사람들을 해치는 데 사용했어요. 백성들도 부모를 업신여기고, 가난한 사람을 무시하고, 이방 사람을 억압했어요. 하나님께 속한 거룩한 물건을 함부로 대했고 안식일은 지키지도 않았어요.

하나님의 말씀을 앞서 지켜야 할 제사장들과 예언자들조차 율법을 어기고 악을 행했으니 그 정도가 얼마나 심각했는지 알 수 있을 거예요.(겔 22:25-28). 그래도 하나님은 이러한 유다를 향해 오래 참으셨어요. 마침내 하나님은 '성

들 같아서 그들은 피를 흘리고 사람을 죽이며 부당한 이득을 얻고 있다. 마 7:15

28 그의 예언자들은 허황된 계시를 보고 그들에게 거짓말을 하며 여호와께서 말씀하시지도 않았는데 '주 여호와께서 이렇게 말씀하셨다'라고 말하면서 그들 위에 회칠을 했다. 13:6,10

29 그 땅의 사람들은 착취를 하고 강도질을 했다. 가난한 사람들과 궁핍한 사람들을 억압하고 이방 사람들을 부당하게 학대했다.

30 이 땅을 위해 내 앞에서 성벽을 쌓고 성의 무너진 틈에 서서 나로 하여금 성읍을 멸망시키지 못하게 할 사람을 찾았지만 그들 가운데 한 사람도 찾을 수가 없었다.

31 그러므로 내가 분노를 그들 위에 쏟아붓고 내 진노의 불로 그들을 소멸해 그들의 행동을 그들의 머리 위에 갚은 것이다. 주 여호와의 말이다. 21절;7:4

23 두 자매가 간음을 행함 여호와의 말씀이 내게 임해 말씀하셨다.

2 "사람아, 두 여자가 있었는데 그들은 한 어머니의 딸들이다. 2:1;16:45-46

3 그들이 이집트에서 음란한 짓을 했고 어린 시절에 창녀가 됐다. 그곳에서 그들의 가슴이 짓눌렸고 그곳에서 그 처녀의 젖가슴이 만져졌다. 16:15,22;20:7

4 그들의 이름은 언니는 오홀라고 동생은 오홀리바다. 그들은 나와의 사이에서 아들들과 딸들을 낳았다. 그들의 이름을 말하자면 오홀라는 사마리아고 오홀리바는 예루살렘이다. 37절;16:8,46

5 오홀라는 그녀가 아직 내게 속했을 때 음란한 짓을 했다. 그녀는 이웃인 앗시리아 사람을 갈망했다.

6 그들은 자주색 옷을 입은 통치자들과 지도자들로서 모두 잘생긴 젊은이들이었으며 말을 타는 기마병들이었다. 사 5:28

7 그녀는 앗시리아 사람들 가운데 모든 잘생긴 사람들과 음란한 짓을 했고 또 자기가 갈망하던 모든 사람들의 우상들로 자신을 더럽혔다.

8 그녀는 이집트에서부터의 음란한 짓을 버리지 않았다. 그녀의 어린 시절 그들이 그녀와 함께 드러눕고 그녀의 처녀 젖가슴을 만졌다. 그리고 그녀 위에 그들의 정욕을 쏟아부었다. 3,19,27절

9 그러므로 내가 그녀를 그녀의 애인들의 손에, 그녀가 갈망하는 앗시리아 사람들 손에 넘겨주었다. 왕하 15:29

10 그들은 그녀를 벌거벗겼고 그녀의 아들들과 딸들을 데리고 갔으며 그녀를 칼로 죽였다. 그녀는 여자들 사이에서 웃음거리가 됐다. 그들이 그녀를 심판한 것이다.

11 그녀의 동생 오홀리바는 이것을 보았다. 그러나 그녀는 언니보다 더 타락했으며 그녀의 음란한 짓은 자기 언니의 음란한 짓보다 더했다. 16:47;렘 3:8-9,11

12 그녀는 이웃인 앗시리아 사람들을 갈망했는데 그들은 통치자들과 지도자들로서 화려한 옷을 입은 용사들이었고 말을 타는 기마병들이었고 모두 잘생긴 젊은이들이었다.

13 내가 그녀 또한 자신을 더럽힌 것을 보았다. 그들 둘 다 똑같은 길을 간 것이다.

14 음란한 유다의 운명 그러나 그녀는 음란한 짓을 더해 갔다. 그녀는 벽에 새겨진 남자들의 모습, 곧 붉은색으로 새겨진 바벨론 사람들의 모습을 보았다. 왕하 20:12-13;24:1

15 허리에는 띠를 두르고 머리에는 길게 늘어뜨린 띠를 한 모습이 모두 갈대아 태생인 바벨론 장교들처럼 보였다.

읍을 멸망시키지 못하게 할 사람을 찾으신 거예요. 그러나 결국 그 한 사람이 없어서 유다는 멸망하게 되었어요(겔 22:30-31).

오늘에도 하나님은 정직하게 하나님의 법을 지키는 사람을 찾고 계세요. "사회가 썩었다. 누군가 잘못했다."라고 말할 것이 아니라 하나님이 꼭 필요해서 찾으시는 '그 한 사람'이 내가 되어야겠지요?

깊이 읽기 창세기 18장 20-33절을 읽으세요.

16 그녀는 그들을 보자마자 그들에게 정욕을 품어 갈대아에 사람을 보냈다. 사57:9

17 그러자 바빌론 사람들은 그녀에게로 와서 애정 행위를 하는 침대로 들어가 그들의 음란함으로 그녀를 더럽혔다. 그녀는 그들로 인해 더러워진 뒤 그들과 사이가 멀어졌다.

18 그녀는 음란한 짓을 드러내 놓고 하며 알몸을 드러내 보였다. 그래서 내가 그녀의 언니와 사이가 멀어지게 된 것처럼 그녀와도 사이가 멀어지게 됐다.

19 그럼에도 그녀는 이집트 땅에서 음란한 짓을 하던 어린 시절을 회상하면서 음란한 짓을 더했다. 3:16:15

20 몸은 나귀와 같고 정력은 말과 같은 애인들을 그녀는 갈망했다.

21 이집트 사람들이 네 어린 젖가슴을 어루만졌던 어린 시절의 음란함을 네가 그리워했다.

22 그러므로 오홀리바여, 주 여호와가 이렇게 말한다. 너와 사이가 멀어진 네 애인들을 내가 선동해 너를 대적하게 할 것이다. 사방에서 그들을 네게 보낼 것이다.

23 바빌론 사람들, 모든 갈대아 사람들, 브곳과 소아와 고아 사람들 그리고 그들과 더불어 모든 앗시리아 사람들 말이다. 그들은 모두 잘생긴 젊은이들이며 모두가 통치자들, 지도자들, 장교들, 유명한 사람들이며 모두가 말을 타는 사람들이다.

24 그들이 무기와 전차와 수레와 한 무리의 사람들을 거느리고 너를 대적해 올 것이다. 그들은 크고 작은 방패를 갖고 투구를 쓰고 너를 대적해 사방에 포진할 것이다.

내가 그들에게 심판권을 넘겨줄 것이니 그들이 자기의 방식에 따라 너를 심판할 것이다. 9:5~6왕하 19:32:25:6

25 내가 너를 향해 질투를 낼 것이니 그들이 격분해 너를 대하며 네 코와 귀를 자를 것이다. 그리고 네 남은 사람들은 칼에 쓰러질 것이다. 그들은 네 아들들과 딸들을 끌고 갈 것이고 네 남은 사람들은 불에 삼켜질 것이다. 10:29절

26 그들은 네 옷을 벗기고 네 아름다운 장신구를 빼앗을 것이다. 16:39

27 그래서 이집트 땅에서부터 했던 네 음란함과 창녀 짓을 내가 멈추게 할 것이다. 그리하여 네가 그들에게 눈을 들지도 않으며 이집트를 더 이상 기억하지도 않을 것이다.

28 죄로 인한 심판 나 주 여호와가 이렇게 말한다. 네가 싫어하는 사람들, 너와 사이가 멀어진 사람들의 손에 내가 너를 넘겨줄 것이다. 17:22절:16:37

29 그들이 미워함으로 너를 대하고 네가 일해서 얻은 모든 것을 빼앗아 갈 것이다. 그들이 너를 벌거벗기고 알몸으로 버릴 것이다. 네가 알몸으로 창녀 짓 한 것, 곧 네 음란함과 창녀 짓이 드러나게 될 것이다.

30 이것들이 네게 행해지게 될 것은 네가 민족들을 뒤따라서 음란한 짓을 하고 그들의 우상들로 더러워졌기 때문이다.

31 네가 네 언니의 길을 뒤따라갔으니 내가 네 손에 그녀의 잔을 줄 것이다. 렘 25:15

32 나 주 여호와가 이렇게 말한다. '크고 깊은 네 언니의 잔을 네가 들이키고 많이 담을 수 있는 그 큰 잔이 조롱과 비웃음의 대상

'오홀라', '오홀리바'가 누구인가요?

에스겔 23장을 보면 두 여자가 나와요. 한 명은 언니 '오홀라'이고 다른 하나는 동생 '오홀리바'에요. 자매는 실제 인물이 아니라 하나님이 사마리아(북이스라엘의 수도)와 예루살렘(남유다의 수도)을 비유하기 위해 만든 인물이에요. 북이스라엘과 남유다, 두 나라가 하나님을 의지하지 않고 주변 강대국가들을 의지하는 죄를 범한 것이 오홀라와 오홀리바가 음란한 죄를 저지른 것이라고 하십니다.

이 두 사람을 통해서 얻을 수 있는 교훈이 있어요. 하나님을 항상 의지하며 정결하게 그분 앞에 나아가는 나라와 지도자와 백성을 하나님이 기뻐하며 원하신다는 것입니다.

이 될 것이다.   5:14-15

33 공포와 황폐함이 담긴 잔아, 네 자매 사마리아의 잔아, 네가 술 취함과 슬픔과 가득할 것이다.   렘 13:13;계 14:10

34 네가 그것을 마셔서 비우고 그것을 산산조각 나게 깨뜨리며 네 가슴을 찢을 것이다. 내가 말했기 때문이다. 주 여호와의 말이다.

35 그러므로 나 주 여호와가 이렇게 말한다. 네가 나를 잊고 나를 네 등 뒤로 밀어붙였기 때문에 네 음란함과 창녀 짓에 대해 네가 감당해야 할 것이다.   왕상 14:9;렘 2:32

36 여호와께서 내게 말씀하셨다. "사람아, 네가 오홀라와 오홀리바를 심판하겠느냐? 그렇다면 그들에게 그들의 혐오스러운 일들을 언급하여라.   21:20;4:22;2

37 그들이 간음했고 그들의 손에 피가 있기 때문이다. 그들이 우상들과 간음했다. 심지어 그들이 내게 낳아 준 그들의 자식들을 제물로 바쳐 불 속을 지나가게 했다.

38 그들은 또 내게 이런 일도 했다. 같은 날 그들이 내 성소를 더럽히고 내 안식일을 모독했다.   5:11;20:13

39 그들이 자식들을 우상들에게 희생제물로 바치고 나서 바로 그날 내 성소에 들어와 그곳을 더럽힌 것이다. 그들이 이런 짓을 내 집 가운데서 했다.   왕하 21:4;렘 23:11

40 또한 두 자매는 사자를 보내 먼 곳으로부터 오는 사람들을 불렀다. 그들이 왔다. 너는 그들을 위해 목욕하고 네 눈에 화장을 하고 장신구로 치장했다.   렘 4:30

41 그리고 너는 우아하고 긴 의자에 앉아서 그 앞에 상을 차리고 그 위에 내 분향과 기름을 올려두었다.   잠 7:17;호 2:8

42 떠들썩한 군중의 소리가 그곳에서 들렸고 술 취한 몇몇 사람들을 광야로부터 데려와서 그들이 두 자매의 팔에 팔찌를 끼우고 두 자매의 머리에 아름다운 왕관을 씌웠다.

43 그때 간음으로 찌든 두 여자에 대해 내가 생각했다. '이제 그들이 저 여자와 음란한 짓을 할까? 그리고 저 여자와도?'

44 그들이 그 여자에게로 들어갔다. 사람들이 창녀에게 들어가듯이 그들이 음란한 여자들인 오홀라와 오홀리바에게 그렇게 들어갔다.

45 그러나 간음한 여자들을 심판하며 피를 흘린 여자들을 심판하듯이 의인들이 저들을 심판할 것이다. 저들이 음란한 여자들이고 저들의 손에 피가 묻어 있기 때문이다.

46 음란한 두 자매 나 주 여호와가 이렇게 말한다. 저 두 자매를 대적해 한 무리를 일으켜 세우라. 저들을 공포와 약탈에 넘겨주어라.

47 그 무리가 저들에게 돌을 던지고 자기의 칼로 저들을 벨 것이다. 그들이 두 자매의 아들들과 딸들을 죽이고 저들의 집을 불태울 것이다.   16:40-41;수 7:24-25;대하 36:17,19

48 이렇듯 내가 그 땅으로부터 음란함을 멈추게 해서 모든 여자들이 교훈을 얻고 그들이 너희의 음란함과 같은 일을 하지 않을 것이다.   27절;16:41

49 그들이 너희의 음란함을 너희에게 갚아 줄 것이다. 너희는 너희의 우상들에 대한 죄를 감당하게 될 것이다. 그러면 내가 주 여호와임을 너희가 알게 될 것이다."

24

예루살렘이 포위당함 아홉째 해 열째 달 10일에 여호와의 말씀이 내게 임해 말씀하셨다.   20:1

2 "사람아, 이 날짜, 바로 이 날짜를 기록하여라. 바벨론 왕이 바로 이날에 예루살렘을 포위했다.   2:1

3 솥의 비유 이 반역하는 족속에게 비유를 들어 말해 주어라. 너는 그들에게 말하여라. '주 여호와가 이렇게 말한다. 솥을 얹어라. 솥을 얹고 그 속에 물을 부어라.

4 고기를 썰어 솥에 넣되 다리 살, 어깨 살 등 좋은 고기를 골라 넣고 가장 좋은 뼈로 솥을 채워라.   삼상 9:24

5 양 떼 가운데 가장 좋은 것을 잡아라. 솥 밑에다 나무를 쌓고 그것을 끓여라. 그 가운데 뼈들을 넣고 푹 삶아라.'

선동(23:22, 煽動, stir up) 남을 부추겨 어떤 일이나 행동에 나서도록 함. 포진(23:24, 布陣, position) 전쟁을 위해 진을 침.

6 그러므로 나 주 여호와가 이렇게 말한다. '피 흘린 성아! 화 있을 것이다. 안이 녹슨 솥의 녹은 없어지지 않을 것이다! 제비 뽑을 것 없이 한 조각씩 한 조각씩 그 고깃덩이를 꺼내어라. 22:2·나 31

7 죽임당한 사람이 흘린 피가 성읍 가운데 있다. 그 피가 바위 위에 흘렀다. 땅바닥에 흘렸는데 그 위에 흙이 덮이게도 하지 않았다.

8 진노를 일으켜 복수하려고 내가 그녀의 피를 바위 위에 흐르게 해 덮이지 않게 한 것이다.

9 그러므로 나 주 여호와가 이렇게 말한다. '화 있을 것이다. 피 흘린 성아! 나 또한 나뭇더미를 크게 만들 것이다. 사 30:33

10 나무를 쌓아 올리고 불을 붙이라. 고기를 잘 삶고 양념을 섞어 넣고 뼈들을 태우라.

11 그리고 석탄불 위에 빈 솥을 얹어 뜨겁게 하고 그 청동을 달구라. 그리하여 그것의 더러움이 그 속에서 녹고 그것의 녹이 타 없어질 것이다. 22:15

12 이 성읍이 온갖 일로 곤비하나 엄청난 녹이 가마솥에서 없어지지 않았고 불 속에서도 없어지지 않았다. 렘 2:22

13 네 더러움 가운데 음란함이 있다. 내가 너를 깨끗하게 해 주었지만 네가 네 더러움으로부터 깨끗해지지 않았기 때문에 내가 너를 향한 내 진노를 그만둘 때까지 내가 더 이상 깨끗하지 않을 것이다. 사 22:14

14 나 여호와가 말했다. 때가 오고 있으니 내가 실행할 것이다. 내가 참지 않을 것이고 불쌍히 여기지도 않을 것이며 가엾게 여

기지도 않을 것이다. 네 행동과 네 행위에 따라 그들이 너를 심판할 것이다. 주 여호와의 말이다.'" 5:11;17:24;민 23:19;삼상 15:29

15 아내의 죽음 여호와의 말씀이 내게 임해 말씀하셨다.

16 "사람아, 내가 네 눈의 기쁨을 일순간에 빼앗을 것이다. 그러나 너는 슬퍼하거나 울거나 눈물을 흘리지도 마라. 왕상 20:6

17 조용히 탄식하여라. 죽은 사람들을 위해 애곡하지 마라. 네 머리띠를 머리에 두르고 네 발에 신을 신어라. 네 수염을 가리지 말고 애곡하는 사람이 먹는 음식을 먹지 마라." 레 10:6;삼하 15:30;사 20:2;렘 16:5~7;호 9:4

18 그래서 내가 아침에 백성들에게 말했는데 저녁에 내 아내가 죽었다. 다음 날 아침 내가 명령을 받은 대로 했다. 12:7;37:7

19 그러자 백성들이 내게 물었다. "당신이 이렇게 행동하는 것이 우리에게 무슨 의미가 있는지 우리에게 말해 주지 않겠습니까?"

20 그래서 내가 그들에게 말했다. "여호와의 말씀이 내게 임해 말씀하셨다.

21 '이스라엘의 집에 말하여라. 주 여호와가 이렇게 말한다. 너희 권세의 자랑거리고 너희 눈으로 보기에 즐거움이며 너희 마음의 애정의 대상인 내 성소를 내가 더럽힐 것이다. 또 너희가 내버린 네 아들들과 딸들이 칼에 쓰러질 것이다. 대하 36:17;렘 7:14

22 그리고 너희는 내가 한 그대로 하라. 너희는 수염을 가리지 말고 애곡하는 사람들이 먹는 음식을 먹지 말라. 17절;12:11

23 또 너희의 머리에 머리띠를 두르고 너희의

아내가 죽었는데 울지 말라니요?

하나님은 아내가 죽은 에스겔에게 울지도, 슬퍼하지도 말고, 죽은 사람을 위해 어떤 것도 하지 말라고 하셨어요(겔 24:16~18). 왜 그런 명령을 내리신 걸까요? 여기에는 특별한 이유가 있어요. 하나는 에스겔이 아내의 죽음을 슬퍼하지 않는 모습을 통해, 하나님도 이스라엘의 멸망을 슬퍼

하시지 않을 만큼 이스라엘에 대한 심판이 혹독함을 보여 주는 것이에요(겔 24:21).

다른 하나는 에스겔이 아내의 죽음에 아무런 반응을 할 수 없는 것처럼, 이스라엘 백성들도 예루살렘의 멸망을 보면서 아무런 대응을 할 수 없게 됨을 보여 주는 것이에요.

발에 신을 신으라. 너희는 슬퍼하거나 울지 않고 다만 너희 죄들로 인해서 기력이 쇠약해지며 서로 바라보고 탄식할 것이다.

24 에스겔이 너희에게 표적이 될 것이니 너희는 그가 행한 모든 것을 그대로 하라. 이런 일이 일어나면 내가 주 여호와임을 너희가 알게 될 것이다.' 27절:4:3,6:7

25 예루살렘 멸망의 표적 그리고 너 사람아, 그들의 요새, 그들의 기쁨과 영광, 그 눈의 즐거움, 그들의 마음의 욕구, 그리고 그들의 아들들과 딸들을 내가 그들에게서 빼앗을 날, 21절:21

26 바로 그날에 한 도망자가 네게 와서 네 귀에 소식을 들려줄 것이다. 33:21~22

27 바로 그날에 네 입이 열릴 것이고 그 도망자에게 네가 말하고 더 이상 침묵하지 않을 것이다. 이처럼 너는 그들에게 표적이 될 것이고 내가 여호와임을 그들이 알게 될 것이다.' 24절:3:26~27,6:7,29:21

25
암몬에 대한 예언 여호와의 말씀이 내게 임해 말씀하셨다.

2 "사람아, 너는 네 얼굴을 암몬 자손들에게로 향해 그들에 대해 예언하여라.

3 암몬 자손들에게 말하여라. '주 여호와의 말을 들으라.'" 주 여호와께서 이렇게 말씀하셨다. "'내 성소가 더럽혀질 때 내 성소에 대해, 이스라엘의 땅이 폐허가 될 때 이스라엘의 땅에 대해, 유다의 집이 포로로 잡혀갈 때 유다의 집에 대해 네가 '아하'라고 말했다. 7:22:26:2:36:2

4 그렇기 때문에 내가 너를 동쪽 사람들에게 넘겨주어 그가 너를 소유하게 할 것이다. 그들이 너희 가운데 진을 치고 너희 가운데 거처를 마련할 것이다. 그들이 네 열매를 먹고 네 우유를 마실 것이다.

5 내가 랍바를 낙타의 우리로 삼을 것이요 암몬 자손을 양 떼의 쉼터로 삼을 것이다. 그러면 내가 여호와임을 너희가 알게 될 것이다. 21:20:삼하 11:1:11:2:26:2 2:15

6 나 주 여호와가 이렇게 말한다. 이스라엘 땅에 대해 네가 손뼉을 치고 발을 구르며

온 마음으로 경멸하며 기뻐했기 때문에

7 내가 내 손을 네게 뻗어 너를 민족들에게 전리품으로 줄 것이다. 내가 너를 백성들 가운데서 죽일 것이고 나라들 가운데 너를 멸망하게 할 것이다. 내가 너를 폐망시킬 것이다. 그러면 내가 여호와임을 네가 알게 될 것이다." 4절:6:14:7:21

8 모압에 대한 예언 주 여호와께서 이렇게 말씀하셨다. "'유다 족속이 다른 모든 이방 민족들과 같다'라고 모압과 세일이 말하기 때문에 렘 25:17~26:48:1~47

9 모압 변방에 있는 성읍들, 그 땅의 영광인 벧여시못, 바알므온, 기랴다임을 내가 깨끗이 없애 버릴 것이다. 수 12:3:대상 5:8:렘 48:1

10 그 땅과 암몬 자손들을 동쪽 사람들에게 넘겨줘 차지하게 할 것이니 이는 암몬 자손들이 민족들 사이에서 기억되지 않게 하려 함이다. 2:4절:21:32

11 그리고 내가 모압에게 심판을 내릴 것이다. 그러면 내가 여호와임을 그들이 알게 될 것이다." 6:7

12 에돔에 대한 예언 주 여호와께서 이렇게 말씀하셨다. "에돔이 유다 족속에게 복수함으로써 크게 죄를 지었기 때문에

13 나 주 여호와가 이렇게 말한다. 내가 내 손을 에돔에 뻗어서 그곳으로부터 사람과 짐승이 사라지게 하며 그곳을 폐허로 만들 것이니 데만에서 드단까지 그들이 칼에 쓰러질 것이다. 6:14:대상 1:45:사 21:13:암 1:12

14 내가 내 백성 이스라엘의 손으로 에돔에게 복수를 할 것이다. 그들이 내 진노와 분노에 따라서 그대로 에돔에 행할 것이다. 그러면 내 복수를 그들이 알게 될 것이다. 주 여호와의 말이다." 암 9:12:슥 1:18

15 블레셋에 대한 예언 주 여호와께서 이렇게 말씀하셨다. "블레셋 사람들이 복수심으로 행동하고 마음속으로 경멸해 보복을 했다. 오랜 적대심으로 이스라엘을 멸망시키려고 했기 때문에 욜 3:4:암 1:6:슥 2:4

16 나 주 여호와가 이렇게 말한다. 내가 내 손을 블레셋 사람들에게 뻗어서 그렛 사람들

을 죽이고 해변가에 살아남은 사람들을 멸망시킬 것이다. *삼상 30:14*

17 내가 분노의 책망으로 그들에게 엄청난 복수를 할 것이니 내가 그들에게 복수를 할 때 내가 여호와임을 그들이 알게 될 것이다."

26 두로에 대한 예언 11년째 되는 해 어느 달 1일에 여호와의 말씀이 내게 임해 말씀하셨다.

2 "사람아, 두로가 예루살렘에 대해 '아하! 백성들의 성문이 부서져서 내가 그곳을 점령했고 그곳이 폐허가 됐으니 내가 번성할 것이로구나!'라고 말했다. *사 23:1-18*

3 그러므로 나 주 여호와가 이렇게 말한다. 두로야, 내가 너를 대적하고 있으니 바다가 파도를 일으키듯이 내가 너를 대적해 많은 나라들을 일으킬 것이다. *애 2:13*

4 그들이 두로 성벽을 무너뜨리고 그 망대들을 무너뜨릴 것이다. 내가 두로에서 폐허가 된 잔해를 긁어내고 두로를 바위 표면처럼 만들 것이다. *24:7*

5 두로는 바다 가운데 그물을 드리울 곳이 될 것이다. 내가 말했기 때문이다. 주 여호와의 말이다. 두로는 민족들의 약탈의 대상이 될 것이다. *17:24:47:7*

6 그리고 들판에 있는 두로의 딸은 칼로 죽임당할 것이다. 그러면 내가 여호와임을 그들이 알게 될 것이다. *6:7*

7 나 주 여호와가 이렇게 말한다. 내가 왕 가운데 왕인 바벨론 왕 느부갓네살을 북쪽에서부터 말과 전차와 기병들과 큰 군대를 거느리고 두로에게 오게 할 것이다. *29:18*

8 그가 들판에 있는 네 딸들을 칼로 죽일 것이고 너를 대적해 포위 벽을 세우고 토성을 쌓고 방패를 들 것이다. *왕하 19:32*

9 또 그의 성벽 파쇄기로 네 성벽을 치고 그의 도끼로 네 망대들을 붕괴시킬 것이다.

10 그의 말들은 수가 많아서 그들의 흙먼지가 너를 덮을 것이다. 성벽 무너진 곳을 통해서 들어가는 사람들처럼 그가 네 문들로 들어갈 때 기병들과 마차와 전차들 소리에 네 성벽들이 진동할 것이다.

11 그의 말들의 말굽들이 네 거리를 온통 짓밟을 것이다. 그가 네 백성들을 칼로 죽일 것이며 네 튼튼한 기둥들이 땅에 쓰러질 것이다. *신 12:3*

12 그들이 네 재산을 약탈하고 네 상품들을 빼앗을 것이다. 네 성벽을 무너뜨리고 네 훌륭한 집들을 부수고 네 돌들과 목재와 폐허 부스러기들을 물 가운데 던질 것이다.

13 내가 네 노래 소리를 그치게 하고 하프 켜는 소리가 더 이상 들리지 않게 할 것이다.

14 내가 너를 바위 표면처럼 만들 것이니 너는 그물을 드리울 곳이 되고 결코 다시 지어지지 않을 것이다. 나 여호와가 말했기 때문이다. 주 여호와의 말이다.

15 두로의 멸망 두로에게 나 주 여호와가 이렇

두로

항해술과 조선술의 발달로 해상 무역을 장악한 페니키아의 중요한 해안 도시이다.

그리스의 역사가인 헤로도투스는 이 도시가 BC 2800년경에 세워졌을 것으로 보았다.

두로는 자색 염료, 금속 세공, 유리 기구를 만드는 것으로 유명했다. 두로의 배들은 이집트, 구브로, 로도스, 다시스를 항해하며 자색 물들인 옷감과 재목, 포도주와 노예를 수출하여 두로에 엄청난 부를 가져왔다(겔 27:3).

이러한 무역으로 대단히 부유한 생활을 하고 영화를 누렸다. 이 때문에 이들은 자신이 신이라고 할 만

큼 교만했다(겔 28:2). 그러나 결국 교만함 때문에 에스겔의 예언대로 하나님의 심판을 받았다.

게 말한다. 다친 사람들이 신음하고 네가 가운데서 학살이 자행될 때 네가 쓰러지는 소리에 해안 지역들이 진동하지 않겠느냐?

16 그러면 바닷가의 모든 지도자들이 그들의 보좌에서 내려와 예복을 벗으며 수놓은 옷을 벗을 것이다. 그들이 두려움의 옷을 입을 것이고 그들이 땅에 앉아 매 순간 떨며 너를 보고 놀랄 것이다. · 욘 3:6

17 그러면 그들은 너를 위해 슬픔의 노래를 지어 네게 불러 줄 것이다. '바다의 사람들이 살던 곳, 자랑스럽던 도시야! 네가 어떻게 멸망했느냐? 너와 네 주민들이 바다에서 강했고 모든 주민들에게 공포를 불러일으켰다. · 19:1;32:23;사 23:4;계 18:9

18 이제 네가 쓰러진 그날에 해안 지역들이 벌벌 떨고 바닷가의 섬들이 네 넘어짐을 보고 놀란다.'

19 주 여호와가 이렇게 말한다. 내가 너를 아무도 살지 않는 성읍들처럼 황폐한 성읍으로 만들고 내가 깊은 바다를 네게 올라가게 해 광대한 물이 너를 덮을 때

20 그때 내가 너를 웅덩이에 내려갈 사람들과 함께 옛날에 죽은 사람들에게로 내려가게 할 것이다. 내가 너를 땅의 가장 밑바닥, 고대로부터 폐허가 된 곳에서 구덩이에 내려갈 사람들과 함께 살도록 할 것이다. 너는 아무도 살지 않는 곳이 될 것이요, 나는 살아 있는 사람의 땅에서 영광을 세울 것이다. · 31:14,16;32:18,23~24;사 21:13

21 내가 너를 잠혹하게 할 것이고 너는 더 이상 존재하지 않을 것이다. 누가 너를 찾는다 해도 영원히 다시는 발견될 수 없을 것이다. 주 여호와의 말이다.' · 시 37:36

27

두로를 위한 슬픔의 노래 여호와의 말씀이 내게 임해 말씀하셨다.

2 '너 사람아, 두로를 위해 슬픔의 노래를 지어라. · 2:1

3 두로에게 말하여라. '너, 바다 입구에 위치해 많은 해안 지역 백성들의 무역상이 되

다시스의 배

다시스는 '금속을 정련하다'라는 뜻이다. 지중해 연안에 있는 무역항으로 알려져 있으나 정확한 위치는 알 수 없다. 이곳은 금속 생산과 가공으로 유명했다(겔 27:12).

에스겔 27장 25절에 나오는 '다시스의 배'는 각종 금속을 팔며 다른 나라와 무역하는 데 사용한 배를 말한다.

솔로몬 왕은 3년에 한 번씩 다시스의 배로 금, 은, 상아, 원숭이, 공작 등을 이스라엘로 실어 날랐다(왕상 10:22). 여호사밧 왕도 오빌의 금을 실어 나르기 위해 에시온게벨에서 다시스로 보낼 배를 제조했지만 파선되고 말았다(대하 20:35~37).

는 자야, 주 여호와께서 이렇게 말씀하신다. 두로야, 너는 네 아름다움이 완벽하다고 말한다. · 28:12;사 23:1,3

4 네 영토는 바다 한가운데였고 너를 지은 사람들은 네 아름다움을 완벽하게 했다.

5 그들은 스닐 산의 잣나무로 네 모든 판자를 만들었고 레바논의 백향목을 가져다가 네게 돛대를 만들었다. · 신 3:9;삿 9:15

6 또 바산의 참나무로 그들은 네 노를 만들었고 깃딤 해안의 회양목과 상아로 네 갑판을 만들었다. · 창 10:4;사 2:13

7 이집트의 수놓은 세모시로 네 돛의 깃발을 삼고 엘리사 섬의 푸른색, 자주색 천으로 네 차양을 삼았다. · 16:10

8 두로야, 시돈과 아르왓 사람들은 네 사공이었고 네 기술자들은 배에 올라 네 선원이 됐다. · 27,29절;창 10:18

9 그발의 숙련공들과 기술자들은 배의 틈을 막으려고 배 위에 올랐다. 바다의 모든 배들과 그들의 선원들은 네 상품을 사려고 왔다. · 27절;왕상 5:18;시 83:7

10 페르시아야, 룻, 붓 사람들은 네 군대의 용병

<hr>

엘리사 섬(27:7, the coasts of Elishah) 지중해 키프로스 섬의 고대 명칭으로, 푸른색과 자주색 천을 두로에 수출하던 곳. 숙련공(27:9, 熟練工, veteran) 기술에 능숙한 기술자.

이 돼 방패와 투구를 네게 걸고 그들은 네게 영광을 주었다. 사 66:19;렘 46:9

11 아르왓 사람들과 네 군대는 네 성벽 사방에 둘러 있었고 감맛 사람들은 네 여러 망대에 있었다. 그들은 네 성벽 사방에 그들의 방패를 걸어 네 아름다움을 완벽하게 했다.

12 두로의 번성했던 과거 다시스는 네 많은 물건들을 보고 네 무역상이 됐으며 그들은 네게 은과 철과 주석과 납을 주고 네 물건들을 교역했다. 38:13;왕상 10:22

13 야완, 두발, 메섹은 네 무역상이 돼 네 상품을 사람 목숨과 청동으로 만든 그릇과 맞바꿨다. 32:26;창 10:2;сок 9:13;계 18:13

14 도갈마 족속은 말과 전쟁용 말과 노새들을 주고 네 물건들을 구입했다.

15 드단 사람들도 네 무역상이었고 많은 섬은 네 시장이었다. 그들은 상아와 흑단을 네게 물건 값으로 지불했다. 창 10:7

16 네가 만든 물건이 많았기 때문에 아람은 너와 교역하는 사람이었으며 에메랄드, 자주색 옷감, 수놓은 천들, 세모시, 산호, 루비를 주고 네 물건들을 구입했다.

17 유다와 이스라엘 땅 사람들은 너와 교역하는 사람들이었으며 민닛의 밀, 과자, 꿀, 기름, 유향을 주고 네 물건들을 구입했다.

18 네가 만든 물건이 많고 네게 호화스러운 물품이 많았기 때문에 다메섹이 헬본의 포도주와 자하르의 양털을 가지고 너와 교역을 했다. 16절;사 7:8;계 1:14

19 워단과 야완은 네 물건을 구입했는데 네 상품 가운데 세공한 철과 계피과 창포가 있었다. 출 30:23-24

20 드단은 안장용 담요로 너와 교역을 했다.

21 아라비아와 게달의 모든 지도자들은 네 손님들이었는데 그들은 어린양과 숫양과 염소들을 가지고 교역했다. 사 60:7

22 스바와 라아마의 상인들은 너와 교역하되 최고급 향유와 각종 보석과 금으로 네 물건을 구입했다. 38:13;창 10:7;출 30:23

23 하란, 간네, 에덴, 스바, 앗시리아, 길맛의 상인들은 너와 교역했다. 창 10:22;왕하 19:12

24 그들은 훌륭한 옷감들로 너와 교역하는데 교역한 물품의 종류들은 자주색 옷감, 수놓은 옷들과 단단히 꼬인 줄로 만든 색색의 양탄자들로서 네 시장에 있었다.

25 두로 다시스의 멸망 다시스의 배들은 네 물건들을 실어 날랐다. 너는 바다 한가운데서 가득 채워지고 지극히 영화로웠다.

26 사공들은 너를 깊은 물로 데리고 나가는데 동쪽 바람이 너를 바다 한가운데서 조각낼 것이다. 렘 18:17

27 네 부와 물건들과 상품들과 네 선원들과 선장들과 배 수선공들과 네 무역상들과 모든 군인들과 배에 탄 다른 모든 사람은 네가 멸망하는 그날에 바다 한가운데 빠질 것이다. 8-9절;26:18;32:10

28 네 선장들의 울부짖는 소리에 해변 지역이 진동할 것이다. 45:2;45:15,17

29 노를 젓는 사람 모두와 선원들과 바다의 선장들 모두가 그들의 배에서 내려 해변가에 설 것이다. 계 18:17-18

30 너 때문에 그들은 소리를 지르고 비통해하며 울부짖으며 자기 머리 위에 흙을 뿌리고 재 위에서 뒹굴 것이다. 계 18:19

31 그들은 너로 인해 머리를 밀고 굵은베 옷을 입을 것이다. 그들은 너를 위해 고통에 겨워 울고 쓰라리게 슬퍼할 것이다.

32 그들은 너를 두고 슬피 울며 너를 위해 슬픔의 노래를 지어 부를 것이다. 바다 한가운데서 누가 두로같이 멸망했느냐?

33 네 물품이 바다로 나갔을 때 너는 많은 민족들을 만족시켰고 네 호화스러운 물건들과 상품들로 너는 세상의 왕들을 부유하게 했다. 계 18:15,19

34 이제 너는 바다 깊은 곳에서 파선해 네 물품들과 네 모든 무리는 너와 함께 빠졌다. 26:15-16;32:10

35 섬에 사는 모든 사람들은 너를 보고 놀라고 그들의 왕들은 몹시 두려워해 그들의 얼굴이 근심으로 뒤틀렸다.

36 민족들 가운데 상인들은 너를 비웃는다. 네가 참혹하게 됐으니 너는 영원히 다시

존재하지 못할 것이다.'" 렘 18:16;계 18:11

28 두로 왕에 대한 예언 여호와의 말씀이 내게 임해 말씀하셨다.

2 "사람아, 두로의 지도자에게 말하여라.' 주 여호와께서 이렇게 말씀하셨다. '네 마음이 교만해 네가 말하기를 '나는 신이다. 내가 신의 자리에 앉았다. 바다 한가운데 앉았다.' 그러나 너는 사람이지 신은 아니다. 너는 네 마음을 신의 마음같이 여긴다.

3 너는 다니엘보다 지혜롭다. 어떤 비밀도 네게 감춰질 수 없다. 14:14;단 1:17

4 네 지혜와 통찰력으로 너는 스스로 부를 얻었고 네 창고에 금과 은을 모아 두었다.

5 너는 무역하는 재주가 뛰어나서 네 부를 늘렸고 네 부로 인해 네 마음은 교만해졌다.

6 그러므로 나 주 여호와가 말한다. 너는 네 마음을 신의 마음같이 여겼으니 2절

7 내가 이방 사람들을, 가장 포악한 민족을 네게 데려올 것이다. 네 지혜의 아름다움에 그들의 칼을 뽑아 들고 그들은 네 찬란함을 더럽힐 것이다. 30:11;31:12

8 그들이 너를 웅덩이로 던질 것이니 그러면 너는 바다 한가운데서 학살당한 자의 죽음같이 죽을 것이다. 32:18-20

9 너를 학살하는 사람 앞에서 '나는 신이다'라고 너는 말하겠느냐? 너를 학살하는 사람의 손에서 너는 신이 아니라 다만 사람일 뿐이다. 2절

10 너는 이방 사람들의 손에서 할례 받지 않은 사람의 죽음같이 죽을 것이다. 내가 말했기 때문이다. 주 여호와의 말이다.'"

11 타락한 두로 왕 여호와의 말씀이 내게 임해 말씀하셨다.

12 "사람아, 두로 왕을 위해 슬픔의 노래를 지어라. 그리고 그에게 말하여라. '주 여호와가 이렇게 말한다. 너는 완전함의 본보기였고 지혜가 가득했으며 아름다움이 완벽했다. 2-3절;21:1;19:1;27:3

13 너는 하나님의 정원 에덴에 있었다. 루비, 토파즈, 다이아몬드, 황옥, 오닉스, 창옥, 사파이어, 남보석, 에메랄드, 금, 온갖 보석으로 너를 치장했다. 네가 창조되던 날 작은 북과 피리가 너를 위해 준비됐다.

14 너는 수호의 그룹으로 기름 부음 받았다. 내가 너를 세운 것이다. 그러므로 너는 하나님의 거룩한 산에 있었고 불타는 돌들 가운데 걸어 다녔던 것이다. 출 25:20;왕상 8:7

15 네가 창조된 그날부터 네 길이 완전했는데 결국 너의 세계서 죄악이 발견됐다. 13절

16 네 무역이 왕성해지면서 네 가운데 폭력이 가득 차고 결국 너는 죄를 짓게 됐다. 그래서 하나님의 산으로부터 나는 너를 더러운 것으로 여겼다. 수호 그룹아, 불타는 돌들 가운데서 나는 너를 멸망시켜 버렸다.

17 네 아름다움으로 인해 네 마음은 교만해졌고 네 영광으로 인해 너는 네 지혜를 더럽혔다. 그래서 내가 너를 땅에 내던지고 왕들 앞에서 구경거리가 되게 했다.

18 네 많은 죄와 부정직한 거래로 너는 내 성소들을 더럽혔다. 그래서 내가 네 가운데서 불이 나오게 해 그것이 너를 삼키고 너를 보는 모든 사람들 앞에서 내가 너를 땅

일곱 민족에 대한 에스겔의 심판 예언

유다의 심판(겔 1-24장)과 유다의 회복(겔 33-38장) 사이의 내용은 이방 민족들에 대한 하나님의 심판이다(겔 25-32장). 암몬, 모압, 에돔, 블레셋에 관한 에스겔의 처음 네 예언은 각각 하나님의 심판을 자초한 죄에 대해 지적하고, 그다음에 심판을 묘사한다.

이 두 부분은 대문에 / 그러므로의 형식으로 이루어져 있으며 그에 따른 심판의 결과는 "그들이 나를 여호와인줄 알리라."이다.

- 암몬에 대한 심판 (겔 25:1-7)
- 모압에 대한 심판 (겔 25:8-11)
- 에돔에 대한 심판 (겔 25:12-14)
- 블레셋에 대한 심판 (겔 25:15-17)
- 두로에 대한 심판 (겔 26:1-28:10)
- 시돈에 대한 심판 (겔 28:20-26)
- 이집트에 대한 심판 (겔 29-32장)

위의 재로 만들었다. _{17절:30:8,14,16:계 18:8}

19 민족들 가운데 너를 아는 모든 사람들은 너를 보고 놀란다. 너는 참혹하게 될 것이니 너는 영원히 다시 존재하지 못할 것이다.'"

20 시돈에 대한 예언 여호와의 말씀이 내게 임해 말씀하셨다.

21 "사람아, 너는 얼굴을 시돈으로 향하고 그에 대해 예언하며 _{21:6:2:사 23:2}

22 말하여라. '주 여호와가 이렇게 말한다. 시돈아, 나는 너를 대적하고 있다. 네 가운데서 나는 영광을 받게 될 것이다. 내가 그에게 심판을 행하게 될 때, 그 안에서 내가 거룩하게 여겨질 때 내가 여호와임을 그들은 알게 될 것이다. _{출 14:4,17~18}

23 내가 그 위에 전염병을 보내고 그 거리에 피가 흐르게 할 것이니 그를 대적해서 사방에서 온 칼에 맞아 살해된 사람들은 그 가운데 쓰러질 것이다. 그러면 내가 여호와임을 그들은 알게 될 것이다. _{38:22}

24 이스라엘 사방으로부터 그들을 업신여기던 이웃 나라들 가운데 찌르는 가시나 고통스러운 찔레가 되던 것들이 이스라엘 족속에 더 이상 없을 것이다. 그러면 내가 주 여호와임을 그들은 알게 될 것이다.

25 나 여호와가 이렇게 말한다. 내가 이스라엘 족속을 흩어져 있던 민족들로부터 불러들일 때 내가 민족들이 보는 앞에서 그들에게 거룩하게 여겨질 것이다. 그러면 내가 내 종 야곱에게 준 땅에서 그들이 살게 될 것이다. _{11:17:36:28:37:25}

26 그들은 안심하고 그곳에서 살며 집들을 세우고 포도밭을 만들 것이다. 그들을 업신여기던 모든 주변 사람들을 내가 심판할 때 그들은 안심하고 살게 될 것이다. 그러면 그들의 하나님 여호와인 줄을 알게 될 것이다.'" _{22절:렘 23:6:32:37}

29

이집트에 대한 예언 10년째 되는 해 열째 달 12일에 여호와의 말씀이 내게 임해 말씀하셨다.

2 "사람아, 너는 네 얼굴을 이집트 왕 바로를 향하고 그와 온 이집트에 대해 예언하여라.

3 너는 선포하고 말하여라. '주 여호와께서 이렇게 말씀하셨다. 이집트 왕 바로여, 내가 너를 대적하고 있다. 나일 강 가운데 드러누워 있는 커다란 괴물아, 네가 나일 강을 네 것이라고 하고 네 스스로 만든 것이라고 한다마는 _{시 74:13~14:사 27:1}

4 내가 네 턱에다 갈고리를 꿰고 네 강의 고기들은 네 비늘에 달라붙게 할 것이다. 내가 너를 네 강 가운데서 끌어 올릴 것이다. 네 강의 모든 물고기들은 네 비늘에 달라붙을 것이다. _{19:9:38:4:왕하 19:28:대하 33:11}

5 내가 너와 네 강의 모든 물고기를 광야에 버릴 것이니 들판 위에서 네가 쓰러질 것이고 너는 거둬지거나 모아지지 않을 것이다. 땅의 짐승들과 공중의 새들에게 내가 너를 먹이로 주었다. _{32:4~5:렘 8:2:9:22}

6 그러면 이집트에 사는 모든 사람들은 내가 여호와임을 알게 될 것이다. 그들은 이스라엘 족속에게 있어 갈대 지팡이였기 때문에

7 그들이 손으로 너를 붙잡으면 너는 부러져 그들의 손바닥을 찢었고 그들이 네게

기대면 너는 부러져 그들의 모든 허리를
흔들게 했다. 17:17;사 20:5;렘 2:36;37:5,7

8 그러므로 나 주 여호와가 이렇게 말한다.
내가 네게 칼을 내려서 네게서 사람과 짐
승이 사라지게 할 것이다. 14:17

9 그리하여 이집트 땅은 폐허로 변해 황무지
가 될 것이다. 그러면 내가 여호와임을 그
들은 알게 될 것이다. 네가 말하기를 나일
강은 네 것이고 네가 만들었다고 했으니

10 그래서 내가 너와 네 강을 대적하고 있다. 내
가 이집트 땅을 믹돌에서부터 수에네까지 그
리고 에티오피아 경계까지 폐허가 되게 하며
메마른 황무지가 되게 만들 것이다.

11 사람의 발이 그곳을 지나가지 않을 것이
고 짐승의 발도 그곳을 지나가지 않을 것
이니 거기에 40년 동안 아무도 살지 않을
것이다. 32:13;35:7

12 내가 이집트 땅을 황폐하게 된 땅들 가운
데서 황무지로 만들고 그 성읍들은 폐허
가 된 성읍들 가운데서 40년 동안 황무지
가 될 것이다. 내가 이집트 사람들을 여러
민족들 가운데 흩어 버리고 여러 나라에
퍼뜨릴 것이다. 30:7,23,26;렘 46:19

13 그러나 주 여호와가 이렇게 말한다. 40년이
끝날 때 그들이 흩어져 있던 그곳의 민족들
로부터 내가 이집트 사람들을 모을 것이다.

14 내가 이집트의 포로들을 다시 데려와 그들
의 고향 땅인 바드로스로 돌려보낼 것이나
그들은 그곳에서 힘없는 나라가 될 것이다.

15 그 나라가 여러 나라 가운데 가장 약하게
돼서 다시는 다른 나라 위에 높아지지 못
할 것이다. 내가 그들을 약하게 만들어 그
들이 다시는 다른 나라 위에 군림하지 못
할 것이다. 30:13

16 이집트는 더 이상 이스라엘 족속이 신뢰할
대상이 되지 못할 것이며 이스라엘은 그들
을 뒤따랐을 때의 죄만 생각나게 할 것이
다. 그러면 내가 주 여호와임을 그들이 알
게 될 것이다." 사 30:2~3;렘 4:17

17 이집트 땅을 바벨론에 줄 것임 27째 되는
해 첫째 달 1일에 여호와의 말씀이 내게 임

▲ 시돈(Sidon)

해 말씀하셨다. 20:1

18 "사람아, 바벨론 왕 느부갓네살이 그의 군
대를 일으켜서 크게 수고해 두로를 치게
했다. 힘든 전쟁으로 인해 병사들의 머리
가 대머리가 됐고 모두 어깨가 벗겨졌다.
그러나 그와 그의 군대는 두로에서 그 대
가를 얻어 내지 못했다. 21:1;26:7;사 18:2

19 그러므로 나 주 여호와가 이렇게 말한다.
내가 이집트 땅을 바벨론 왕 느부갓네살에
게 줄 것이니 그가 그 땅의 재물을 빼앗으
며 약탈하고 강탈해 자기 군대에게 보수
가 되게 할 것이다. 30:4,10,24~25;렘 46:13

20 그들이 나를 위해 일했으니 그 수고한 대
가로 내가 그에게 이집트 땅을 주었다. 주
여호와의 말이다. 사 43:3

21 이스라엘 족속의 한 뿔 그날 내가 이스라엘 족
속에게 *한 뿔이 솟아나게 할 것이고 내가
그들 가운데서 네 입을 열 것이다. 그러면
내가 여호와임을 그들이 알게 될 것이다."

30

이집트를 위한 슬픔의 노래 여호와
의 말씀이 내게 임해 말씀하셨다.

2 "사람아, 예언하며 말하여라. '주 여호와가
이렇게 말한다. 울부짖어라. 그날에 화 있
으리라!

3 그날이 가까이 왔기 때문이다. 여호와의
날이 가까이 왔다. 그날은 구름의 날이며
이방 사람의 때가 될 것이다. 욜 1:15;슥 1:7

4 칼이 이집트 위에 내릴 것이고 학살당한

29:21 또는 '새 힘을 가지게 하고.'

사람들이 이집트에서 쓰러질 때 에티오피아에 고통이 있을 것이다. 그들이 그의 재산을 빼앗으니 그의 기반이 무너져 내릴 것이다. 6절;29:8,19;38:5;사 21:3;43:3

5 에티오피아, 붓, 룻, 아라비아, 굽과 동맹국의 백성들은 그들과 함께 칼에 맞아 쓰러질 것이다. 25:20;27:10

6 나 주 여호와가 이렇게 말한다. 이집트의 동맹국들은 넘어질 것이다. 교만한 권세도 쓰러질 것이다. 믹돌에서 수에네까지 그 안에 있는 사람들은 칼에 맞아 쓰러질 것이다. 주 여호와의 말이다. 32:21;33:28

7 그들은 황폐하게 돼 황폐하게 된 나라들 가운데 있고 그들의 성읍은 폐허가 된 성읍들 가운데 있을 것이다. 29:12

8 내가 이집트에 불을 붙이고 그를 돕던 사람들이 모두 멸망하게 될 때 내가 여호와임을 그들은 알게 될 것이다. 29:6

9 그날에 내게서 사자들이 배를 타고 나와 안심하며 살고 있는 에티오피아를 두렵게 할 것이다. 이집트의 날에 그들 위에 큰 고통이 내릴 것이다. 그날은 반드시 온다!

10 나 주 여호와가 이렇게 말한다. 내가 또 바벨론 왕 느부갓네살의 손으로 이집트의 번영을 멈추게 할 것이다. 29:19

11 그가 민족 가운데 가장 포악한 그의 백성과 함께 와서 그 땅을 멸망시키려고 할 것이다. 그들은 칼을 뽑아 들어 이집트를 치고 학살당한 사람들로 그 땅을 채울 것이다.

12 내가 나일 강의 물줄기를 말리고 그 땅을 악한 사람의 손에 팔아넘길 것이다. 내가 이방 사람들의 손으로 그 땅과 그 안의 모든 것을 폐허로 만들 것이다. 나 여호와가 말했다. 17:24;28:7;29:3,10;사 19:4-6

13 나 주 여호와가 이렇게 말한다. 내가 그 우상들을 멸망시키고 놉의 우상들을 멸절시킬 것이다. 이집트 땅에 다시는 왕자가 없게 할 것이고 내가 이집트 땅에 두려움이 퍼지게 할 것이다. 렘 43:12;슥 10:11

14 내가 바드로스를 황폐하게 만들고 소안에

불을 지르며 노에 심판을 행할 것이다.

15 내가 내 진노를 이집트의 견고한 성읍 신에 쏟아붓고 노의 번영을 단절시킬 것이다.

16 이집트에 불을 붙일 것이니 신이 고통에 몸부림치고 노가 갈라져 나뉠 것이다. 놉은 날마다 고난을 받을 것이다.

17 아웬과 비베셋의 젊은이들은 칼에 맞아 쓰러질 것이고 그 성읍들은 포로로 끌려갈 것이다.

18 내가 그곳에서 이집트의 멍에를 꺾뜨릴 때 드합느헤스에서의 그날는 어두울 것이다. 그의 교만한 권세도 끝이 있을 것이다. 그 땅이 구름으로 덮일 것이며 그의 딸들은 포로로 끌려갈 것이다. 암 8:9

19 내가 이집트를 심판할 것이다. 그러면 내가 여호와임을 그들은 알게 될 것이다.'"

20 바로에 대한 심판 11년째 되는 해 첫째 달 7일에 여호와의 말씀이 내게 임해 말씀하셨다.

21 "사람아, 내가 이집트 왕 바로의 팔을 꺾었다. 그 팔을 낫게 하려고 싸매지도 않았고 강해져서 칼을 쥘 수 있도록 붕대를 대고 묶지도 않았다. 2:1절; 30:13;46:11;48:25

22 그러므로 나 주 여호와가 이렇게 말한다. 내가 이집트 왕 바로를 대적하고 있다. 내가 그의 두 팔, 곧 강한 팔과 부러진 팔을 꺾어서 그의 손에서 칼이 떨어지게 할 것이다.

23 내가 이집트 사람들을 저 민족들 가운데 흩어 버리고 여러 나라에 퍼뜨릴 것이다.

24 내가 바벨론 왕의 팔을 강하게 하고 그의 손에 내 칼을 줄 것이지만 바로의 팔은 내가 꺾을 것이다. 그러면 그가 바벨론 왕 앞에서 상처를 입은 사람처럼 신음할 것이다.

25 내가 바벨론 왕의 팔을 강하게 할 것이지만 바로의 팔은 늘어뜨릴 것이다. 내가 바벨론 왕의 손에 내 칼을 주어 그가 그것을 이집트 땅으로 뻗칠 때 내가 여호와임을 그들은 알게 될 것이다. 8절

26 내가 이집트 사람들을 민족 가운데 흩어 버리고 여러 나라에 퍼뜨릴 것이다. 그러면 내가 여호와임을 그들은 알게 될 것이다."

31 앗시리아와 이집트의 멸망 11년째 되는 해 셋째 달 1일에 여호와의 말씀이 내게 임해 말씀하셨다.

2 "사람아, 이집트 왕 바로와 그의 무리에게 말하여라. '네 장엄함을 누구에게 비교하겠느냐? 18절2:1;29:19;30:4

3 앗시리아는 레바논의 백향목이었다. 그의 아름다운 가지는 숲에 그늘을 드리웠고 그 키는 컸으며 그 꼭대기는 나뭇잎으로 빽빽했다. 단4:10,20-22

4 물은 그것을 자라게 했고 깊은 샘은 그것을 높이 자라게 하여 그 강들은 그 심긴 곳 주위를 흘러 그 물줄기가 들판의 모든 나무들에 흘러들었다. 17:7

5 그리하여 그 나무의 높이는 들판의 모든 나무들 위에 우뚝 솟았다. 물이 풍족했기에 굵은 가지들이 많아졌고 잔가지들도 길게 뻗어 자랐다. 17:5;사1:3단4:11

6 공중의 모든 새들은 그의 굵은 가지에 둥지를 틀었다. 그리고 들판의 모든 짐승들은 그의 잔가지들 아래서 새끼를 낳았으며 모든 위대한 민족들은 그의 그늘 아래 살았다. 17:23;4:12,21

7 그의 뿌리는 풍족한 물에 닿아 있었기에 그 가지는 크기와 길이가 아름다웠다.

8 하나님의 정원에 있는 백향목들이라도 그것을 능가하지 못했다. 잣나무도 그의 굵은 가지에 견줄 수 없었고 단풍나무도 그의 잔가지에 비할 바가 아니었다. 하나님의 정원에 있는 어떤 나무도 아름다움에 있어서 그것과 비교할 수가 없었다.

9 그 풍성한 가지들로 내가 그것을 아름답게 만들었기 때문에 하나님의 정원 에덴에 있는 모든 나무들은 그것을 부러워했다.

10 그러므로 주 여호와가 이렇게 말한다. 너는 키가 커서 네 꼭대기가 빽빽한 나뭇잎 위로 솟았고 그의 마음이 그의 키로 인해 교만해졌기 때문에 3절사10:12단5:20

11 내가 그것을 민족들의 우두머리의 손에 넘겨줄 것이니 그가 그것을 잘 처리할 것이다. 그 악함으로 인해 그것을 쫓아낼 것이다.

12 가장 포악한 이방 민족이 그것을 잘라서 버려두었으므로 그 나무의 가지들은 산 위에, 또 모든 골짜기 위에 떨어졌다. 그 나무의 굵은 가지들은 그 땅의 모든 강가에 부러진 채 널려 있고 땅의 모든 백성은 그 나무의 그늘 아래서 떠나 그것을 버렸다.

13 공중의 모든 새들은 그 쓰러진 나무에 둥지를 틀고 들판의 모든 짐승들은 그 나무의 가지들로 올 것이다. 32:4

14 그러므로 물가에 있는 어떤 나무라도 다시는 그들의 큰 키로 자만하지 못할 것이고 그들의 꼭대기를 빽빽한 나뭇잎 위에 두지 못할 것이다. 또 물이 잘 공급되는 어떤 나무라도 그들의 높이에 이를 수 없을 것이다. 그들은 모두가 다 죽음에 넘겨져서 땅 아래 깊은 웅덩이로 내려가는 사람들 가운데 있게 될 것이다.' 시63:9

15 나 주 여호와가 이렇게 말한다. '그 나무가 무덤으로 내려가던 날에 내가 그 나무

백향목

구약 성경에 나오는 백향목은 대부분 레바논의 백향목을 말한다.

백향목은 '삼나무'라고도 하는데, 줄기는 곧고 그 높이는 대략 40m 정도에 이른다. 가지는 우산 모양으로 10m 이상 뻗어나가 시원한 그늘을 제공해 준다(삿9:15).

크고 곧은 백향목은 재질이 뛰어나고 내구성이 강해서 성경에서는 힘과 번영, 아름다움 등을 상징하는 의미로 많이 사용되었다(시92:12; 사2:13; 겔17:3, 22-23; 슥11:1-2).

이러한 유용성으로 백향목은 다윗 왕궁(삼하5:11; 7:2)과 솔로몬 성전(왕상5:6; 9:10-11)을 짓는 데 사용되었다.

이집트와 앗시리아, 바벨론 사람들도 백향목을 건축 재료로 귀중하게 생각했다(사14:8; 37:24). 백향목은 향이 좋아 정결 의식에도 사용되었다(레14:4; 민19:6).

를 애곡하게 하고 그 위에 깊은 물을 덮었다. 내가 강물을 막으니 많은 강물이 멈추게 됐다. 내가 레바논으로 하여금 그 나무를 위해 애곡하게 했고 들판의 모든 나무들이 그로 인해 시들게 됐다. 3절

16 내가 그 나무를 웅덩이로 내려갈 사람들과 함께 음부로 내려가게 했을 때 그 나무가 넘어지는 소리 때문에 민족들을 벌벌 떨게 했다. 그러자 에덴의 모든 나무들, 곧 물이 잘 공급된 레바논의 가장 훌륭하고 가장 좋은 나무들은 땅 아래에서 긍휼히 여김을 받았다. 9절;26:15;32:31;사 14:8

17 그들은 또한 그것과 함께 음부로, 칼에 맞아 학살당한 사람들에게로 내려갔다. 그것의 강한 팔이었던 사람들은 민족들 가운데서 그 나무의 그늘 밑에서 살았다.

18 에덴의 나무들 가운데 그 영광과 장엄함을 너와 비교할 만한 것은 어떤 것이 있느냐? 그러나 너는 에덴의 나무들과 함께 땅 아래로 내려가게 될 것이다. 너는 칼에 맞아 학살당한 사람들과 함께 할례 받지 않은 사람들 가운데 드러눕게 될 것이다.' 이것은 바로와 그의 모든 무리에 대한 것이다. 주 여호와의 말이다." 눅 10:15

32 이집트에 대한 슬픔의 노래 12년째 되는 해 열두째 달 1일에 여호와의 말씀이 내게 임해 말씀하셨다.

2 "사람아, 이집트 왕 바로를 위해 슬픔의 노래를 지어서 그에게 말해 주어라. '너는 민족들 가운데 젊은 사자 같고 너는 바다에 있는 괴물 같다. 너는 네 강물에서 뛰어나와 네 발로 물을 휘저으며 그들의 강들을 짓밟는다. 사 18:2;렘 46:8

3 나 주 여호와가 이렇게 말한다. 그러므로 내가 많은 백성의 무리와 함께 내 그물을 네 위에 펼칠 것이니 그들이 내 그물로 너를 끌어 올릴 것이다. 12:13;26:3;29:4

4 내가 너를 땅에 버릴 것이고 들판에 내던져지게 할 것이다. 공중의 새들로 하여금 모두 네 위에 둥지를 틀게 할 것이고 온 땅의 짐승들이 너로 인해 배를 채우게 할 것이다. 29:5

5 내가 네 육체를 여러 산 위에 흩고 네 시체로 골짜기들을 채울 것이다. 31:12

6 또 내가 네 흐르는 피를 땅이 마시게 하고 여러 산에까지 흐르게 할 것이니 강바닥이 네 피로 가득할 것이다.

7 내가 네 빛을 끌 때 하늘을 덮어 별들을 어둡게 할 것이다. 내가 구름으로 해를 가릴 것이니 달은 그의 빛을 내지 못할 것이다.

8 하늘의 모든 밝은 빛을 내가 네 위에서 어둡게 하고 네 땅에 어둠을 보낼 것이다. 주 여호와의 말이다. 출 10:21;사 5:30

9 내가 네 멸망의 소식을 민족들 사이에, 네

에스겔서에 나오는 비유들

쓸모없는 포도나무 (겔 15:1-8)	버려진 아이 (겔 16장)	두 마리 독수리와 포도나무(겔 17장)	암사자/새끼 사자 (겔 19장)	용광로 (겔 22:17-22)
열매 없는 포도나무가 불태워지듯이 죄로 인해 심판받음을 비유	하나님의 사랑과 긍휼을 배신하고 우상 숭배의 죄를 지어 심판받음을 비유	시드기야가 바벨론에 대항하고 이집트를 의지하다 멸망당함을 비유	유다/ 여호아하스, 여호야긴을 비유	예루살렘 포위라는 시련을 통해 백성을 정화하심을 비유

가 알지 못하는 여러 나라에 들리게 할 때 내가 많은 백성들의 마음을 불안하게 할 것이다.

10 내가 그들 앞에서 내 칼을 휘두를 때 내가 많은 백성들로 하여금 너로 인해 놀라게 하고 그들의 왕들은 너로 인해 두려움에 휩싸일 것이다. 네가 무너지는 날에 그들은 각자 자기의 목숨을 위해 매순간 두려움으로 떨 것이다. 신 28:66;대상 21:16

11 이집트의 멸망 나 주 여호와가 이렇게 말한다. 바벨론 왕의 칼이 네게 올 것이다.

12 민족 가운데 가장 포악한 용사들의 칼에 의해서 내가 네 무리를 쓰러지게 할 것이다. 그들은 이집트의 교만을 산산이 부수고 그 모든 무리들을 전멸시킬 것이다.

13 내가 큰 물 가로부터 모든 짐승을 사라지게 할 것이니 사람의 발이나 짐승의 발굽이 다시는 그 물을 휘젓지 못할 것이다.

14 그때 내가 그 강물을 맑게 해 그 물줄기가 기름처럼 흐르게 할 것이다. 주 여호와의 말이다. 2절

15 내가 이집트 땅을 황무지로 만들고 그 땅에 있는 모든 것을 앗아갈 때, 또 내가 그 안에 사는 모든 사람을 쓰러뜨릴 때 내가 여호와임을 그들은 알게 될 것이다.'

16 이것이 슬픔의 노래다. 그들은 이것을 노래 부를 것이다. 여러 민족의 딸들은 이것을 노래 부를 것이다. 이집트와 그의 모든 무리들을 위해 그들은 이것을 노래 부를 것이다. 주 여호와의 말이다." 2,18절;31:2

17 악의 무덤 12년째 되는 해 어느 달 15일에 여호와의 말씀이 내게 임해 말씀하셨다.

18 "사람아, 이집트의 무리들을 위해 슬프게 울고 이집트와 강대한 민족들의 딸들을 웅덩이로 내려갈 사람들과 함께 땅 아래로 내려가게 하여라. 2절;1:1;26:20;31:14

19 그들에게 말하여라. '너는 누구보다 더 아름답다는 것이냐? 아래로 내려가 할례 받지 못한 사람들과 함께 드러누워라.'

20 그들은 칼에 학살당한 사람들 가운데 쓰러질 것이다. 그들이 칼에 주어졌으니 그들은 그와 그의 모든 무리를 잡아끌 것이다.

21 용사 가운데서도 힘센 사람이 그를 돕는 사람들과 함께 음부 가운데로부터 그에게 말할 것이다. '그들은 내려와 칼에 찔려 학살당한, 할례 받지 않은 사람들과 함께 누워 있다.' 28:10;30:6,8;31:18;사 14:9

22 앗시리아가 그 나라의 모든 군대와 함께 그곳에 묻혀 있다. 그들 모두는 칼로 학살당해 쓰러져 있으니 그 사방에 무덤이 있다.

23 그들의 무덤은 구덩이 깊은 곳에 있고 그의 군대는 그의 무덤 사방에 널려 있다. 살아 있는 사람의 땅에서 끔찍한 일을 자행했던 그들 모두는 칼에 학살당해 쓰러져 있다.

두 창녀 (겔 23장)	녹슨 끓는 가마솥 (겔 24:1-14)	부서진 배 (겔 27장)	무책임한 목자 (겔 34장)	마른 뼈가 살아나고 막대기가 하나 됨 (겔 37장)
이스라엘과 유다의 영적 간음을 비유	예루살렘 심판의 철저함을 보여 줌	두로 심판의 확실성을 비유	무책임한 지도자들의 심판을 비유	이스라엘이 다시 회복됨을 상징

24 엘람은 그곳에 묻혀 있고 그의 모든 무리가 그의 무덤 사방에 있다. 할례 받지 않고 땅 아래로 내려가고 또 살아 있는 사람의 땅에서 끔찍한 일을 자행했던 그들 모두는 칼에 학살당해 쓰러져 있다. 그리하여 웅덩이로 내려가는 사람들과 함께 그들은 수치를 당하고 있다. 사 11:11;렘 49:34-39

25 학살당한 사람들 가운데 엘람을 위한 침대가 준비돼 있고 그 무덤 사방에 엘람 군대의 여러 무덤이 있다. 그들은 모두 할례 받지 않은 사람으로서 칼에 학살당한 사람들이다. 그들은 살아 있는 사람의 땅에서 끔찍한 일을 저질렀으므로 웅덩이에 내려가는 사람들과 함께 수치를 당하고 학살당한 사람들 가운데 있다. 사 30:33

26 메섹과 두발은 그곳에 그의 모든 무리와 함께 묻혀 있고 그들 사방에 여러 무덤이 있다. 그들은 모두 할례 받지 않은 사람으로서 살아 있는 사람의 땅에 끔찍한 일을 자행했기 때문에 칼에 학살당했다. 27:13

27 전쟁 무기를 갖고 무덤에 내려가서 칼을 베개 삼고 죄악이 뼈에 새겨진 할례 받지 않은 죽은 용사들과 함께 그들은 드러눕지 않겠는가? 용사들이 살아 있는 사람의 땅에서 끔찍한 일을 했기 때문이다.

28 너는 할례 받지 않은 사람들 가운데서 깨뜨려져서 칼로 학살당한 사람들과 함께 드러눕게 될 것이다. 28:10;31:18

29 에돔, 곧 그의 왕들과 그의 모든 지도자들은 그곳에 묻혀 있다. 그들의 권세에도 불구하고 칼에 학살당한 사람들 곁에 그들은 드러눕게 된다. 그들은 할례 받지 않은 사람들, 웅덩이에 내려가는 사람들과 함께 드러누울 것이다. 22장;25:12-14

30 북쪽의 모든 왕자들과 시돈 사람들은 거기에 묻혀 있다. 그들은 수치스럽게도 그들의 권세로 자행한 끔찍한 일 때문에 학살당한 사람들과 함께 내려갔다. 그들은 칼에 학살당한 사람들과 함께 할례 받지

않고 드러누워서 웅덩이로 내려가는 사람들과 함께 모두가 수치를 감당하고 있다.

31 칼에 학살당한 바로와 그의 모든 군대가 그들을 보고 위로를 받을 것이다. 주 여호와의 말이다. 31:2,16

32 내가 그를 시켜 살아 있는 사람들의 땅에 끔찍한 일을 자행하도록 했지만 바로와 그 모든 무리는 칼에 학살당한 사람들과 함께 할례 받지 않은 사람들 가운데 드러눕게 될 것이다. 주 여호와의 말이다.

33 파수꾼의 책임 여호와의 말씀이 내게 임해 말씀하셨다.

2 "사람아, 네 백성의 자손들에게 선포하며 그들에게 말하여라. '만약 내가 어느 땅에 칼을 보내고 그 땅 백성들은 그들의 땅에서 한 사람을 선택해 그들을 위해 그를 파수꾼으로 삼는다면 10,21,23,27절;창 35:5

3 또 칼이 그 땅에 오는 것을 그가 보고 나팔을 불어 백성들에게 경고한다면

4 그때 누구든지 나팔 소리를 듣고도 경고를 받아들이지 않는 사람이 있다면 칼이 와서 그의 목숨을 빼앗을 때 그것은 자신의 책임이다. 3:18;18:13

5 그는 나팔 소리를 듣고도 경고를 받아들이지 않았으니 그것은 자신의 책임이다. 그러나 경고를 받아들이는 사람은 자기의 목숨을 구할 것이다. 3:19

6 그러나 만약 파수꾼이 칼이 오는 것을 보고도 나팔을 불지 않고 백성들에게 경고를 주지 않아서 칼이 나와 그들 가운데 누구의 목숨을 빼앗는다면 그 사람은 자기 죄악으로 인해 목숨을 빼앗기는 것이다. 그러나 그의 죽음의 책임은 내가 그 파수꾼의 손에 물을 것이다.' 3:18

7 사람아, 내가 이스라엘 족속을 위해 너를 파수꾼으로 삼았다. 그러니 너는 내가 하는 말을 듣고서 그들에게 내 경고를 들려주어라. 3:17

8 '악한 사람이여, 너는 반드시 죽을 것이다'라고 내가 악한 사람에게 말할 때 네가 그 악한 사람에게 그의 행동으로부터 떠

나라고 말하지 않으면 그 악한 사람은 자기 죄로 인해 죽게 되겠지만 그의 죽음의 책임은 내가 네 손에서 물을 것이다.

9 그러나 만약 네가 그 악한 사람에게 경고해 그의 행동으로부터 떠나라고 하는데도 그가 그의 행동으로부터 떠나지 않으면 그는 자기 죄로 인해 죽을 것이다. 그리고 너는 네 목숨을 구하게 될 것이다. 4절

10 심판을 원치 않으시는 하나님 사람아, 이스라엘 족속에게 말하여라. 그들이 이렇게 말한다. '우리의 법을 어김과 죄가 우리 위에 있어 그것들 때문에 우리가 쇠약해지고 있다. 어떻게 하면 우리가 살 수 있겠는가?'

11 그러니 그들에게 말하여라. '내 삶을 두고 맹세한다. 나는 악인의 죽음보다는 오히려 그들이 자기의 행동으로부터 돌이켜 떠나 사는 것을 기뻐한다. 돌이키라! 너희의 악한 행동으로부터 돌이켜 떠나라! 이스라엘 족속아, 너희가 왜 죽으려 하느냐? 주 여호와의 말이다.

12 회개로 구원받음 그러므로 너 사람아, 너는 네 백성의 자손들에게 말하여라. '의인의 의로움은 그가 죄를 짓는 날에는 그를 구하지 못할 것이다. 그러나 악인의 악이라도 그가 그의 악에서 돌이키는 날에는 그 돌이킴으로 인해 그가 넘어지지 않을 것이다. 의인이라도 그가 죄를 짓는 날에는 그 죄로 인해 그가 살지 못하리라.

13 만약 내가 의인에게 그가 반드시 살 것이라고 말하는데 그가 자기의 의로움을 믿고 불법을 행한다면 그의 모든 의로움은 아무것도 기억되지 않을 것이다. 그는 그가 행한 불법으로 인해 죽게 될 것이다.

14 '네가 반드시 죽을 것이다'라고 내가 악인에게 말할 때 그가 자기 죄에서 돌아와 정의와 의로움을 행해 3:18;18:27;창 2:17

15 악한 사람이 담보를 돌려주고 약탈한 것을 되돌려주며 생명을 주는 법령을 따르고 불법을 행하지 않는다면 그는 반드시 살 것이고 죽지 않을 것이다. 눅 19:8

16 그가 저지른 죄들 가운데 어느 것도 그에게 나쁘게 기억되지 않을 것이다. 그가 정의와 의로움을 행했으니 그는 반드시 살 것이다. 18:22

17 하나님의 공평하심 그래도 너희 백성의 자손들은 말한다. '주의 방식은 공평하지 않습니다.' 그러나 공평하지 않은 것은 그들의 행동이다. 18:25,29

18 만약 의인이 그의 의로움으로부터 떠나 불법을 행한다면 그는 그것으로 인해 죽을 것이다. 12~13절;18:26

19 그러나 악인이 그의 악으로부터 떠나서 정의와 의로움을 행한다면 그는 그것으로 인해 살 것이다. 11~12절;18:27

20 그러나 너희는 말한다. '주의 방식은 공평하지 않습니다.' 이스라엘 족속아, 내가 너희를 각각 자기의 행동에 따라 심판할 것이다.'

21 예루살렘의 멸망 소식 우리가 포로 된 지 12년째 되는 해 열째 달 5일에 예루살렘에서 도망쳐 나온 한 사람이 내게 와서 말했

파수꾼은 어떤 일을 하는 사람인가요?

파수꾼은 성벽의 높은 곳에 서서 적의 움직임을 살피는 사람이에요. 이들의 임무는 위험한 일이 생겼을 때 백성들에게 즉시 알려 주는 것이었어요.

만약 파수꾼이 알리는 역할을 잘하지 못해 적들이 침입했더면 그는 처벌당해야 했어요.

하나님은 에스겔에게 이런 파수꾼의 역할을 하라고 하셨어요. 에스겔은 장차 이스라엘 백성이 하나님의 뜻에 따르지 않을 때 맞게 될 비극적인 상황을 알려 주어야 했어요.

만약 에스겔이 이스라엘의 파수꾼으로서 하나님의 심판에 대해 올바르게 선포하지 못한다면 그것은 에스겔의 잘못이에요.

하지만 에스겔이 경고의 메시지를 계속 선포해도 백성들이 듣지 않는다면 그것은 백성들의 잘못이에요.

왜냐하면 에스겔은 하나님의 메시지를 전달하는 파수꾼의 역할을 충실히 했기 때문이에요.

다. "성읍이 함락됐다!" 왕하 25:2-11

22 그 도망자가 도착하기 전 저녁 무렵에 여호와의 손이 내게 오셔서 다음 날 아침 그 도망자가 내게 오기 전에 내 입이 열렸다. 그리하여 나는 더 이상 침묵하지 않게 됐다.

23 **강탈에 대한 비유** 그때 여호와의 말씀이 내게 임해 말씀하셨다.

24 "사람아, 이스라엘 땅의 이 폐허 속에 살고 있는 사람들이 말하고 있다. '아브라함은 자기 혼자였는데도 이 땅을 차지했다. 우리는 수가 많으니 이 땅은 분명 우리에게 차지하라고 주신 것일 것이다.'

25 그러므로 그들에게 말하여라. '주 여호와가 이렇게 말한다. 너희가 고기를 피째로 먹고 너희의 눈을 너희 우상들에게로 들고 또 피를 흘리고 있다. 그런데도 너희가 이 땅을 차지할 수 있겠느냐? 레 3:17

26 너희가 너희의 칼을 의지하고 혐오스러운 일들을 행하며 각각 남의 아내를 더럽히고 있다. 그런데도 너희가 이 땅을 차지할 수 있겠느냐?' 22:11;창 27:40

27 **황폐가 끝나지 않음** 그들에게 이렇게 말하여라. '주 여호와가 이렇게 말한다. 내 삶을 두고 맹세한다. 폐허 속에 남아 있는 사람들은 칼로 쓰러질 것이고 저 들판 위에 있는 사람들은 내가 들짐승들에게 주어 삼키도록 할 것이며 요새와 동굴 속에 있는 사람들은 전염병으로 죽게 될 것이다.

28 내가 이 땅을 극심한 폐허로 만들 것이고 교만한 권세는 끝이 날 것이다. 이스라엘의 산들은 황폐하게 돼 그곳을 지날 사람이 없을 것이다.

29 그들이 행한 모든 혐오스러운 일들로 인해 내가 그 땅을 극심한 폐허로 만들 때 내가 여호와임을 그들이 알게 될 것이다.'

30 말씀을 실행하는 사람이 없음 사람아, 네 백성이 성벽 곁에서 또 집 대문 앞에서 너에 관해서 이야기하고 있다. 그들은 서로에게 말한다. '와서 여호와로부터 무슨 말씀이 나오는지 들어 보자.' 2절

31 그들은 백성이 구경거리를 보러 나오는 것처럼 네게 나와서 내 백성처럼 네 앞에 앉아 네 말을 듣지만 그들은 그것들을 실행하지는 않는다. 그들은 입으로는 사랑을 행하지만 그들의 마음은 탐욕을 추구하고 있다. 시 78:36-37;사 29:13;렘 22:17;요일 3:18

32 너는 그들에게 아름다운 목소리로 사랑의 노래를 부르며 악기를 잘 연주하는 사람일 뿐이다. 그들은 네 말을 듣고도 실행하지 않는다. 삼상 16:17;마 7:26;눅 6:49

33 이는 반드시 일어날 것이다. 그러면 그들 가운데 예언자가 있었음을 그들은 알게 될 것이다." 29절:2:5

34

목자들을 향한 예언 여호와의 말씀이 내게 임해 말씀하셨다.

2 "사람아, 이스라엘의 목자들을 대적하며 예언하여라. 예언하며 그들 목자들에게 말하여라. '주 여호와가 이렇게 말한다. 자기 자신들만 돌보는 이스라엘의 목자들에게 화 있을 것이다! 목자들은 양 떼를 먹여야 하지 않느냐?

선한 목자는 풍성한 목초지에서 양 떼를 먹이고 편히 쉬게 함

3 너희는 살진 양을 잡아 그 기름을 먹고 양털로 옷을 지어 입지만 정작 양 떼를 먹이지 않는다. 미 3:2-3;슥 11:4-5,16

4 너희가 약한 사람을 강하게 하지 않거나 병든 사람을 치료해 주지 않았다. 상처 입은 사람을 싸매 주지 않고 추방된 사람을 다시 데려오지 않았다. 잃어버린 사람을 찾아오지 않고 그들을 힘으로 잔인하게 다스렸다. 출 1:13-14;마 18:12;눅 15:4;벧전 5:3

5 그리하여 그들은 목자가 없어 뿔뿔이 흩어졌고 그렇게 흩어지자 모든 들짐승들의 먹이가 되고 말았다. 렘 50:6,17;요 11:52

6 내 양 떼가 온 산들에서 모든 높은 언덕 위를 헤매며 돌아다녔다. 내 양 떼가 온 땅위에 흩어졌지만 아무도 그들에 대해 문의하지도 그들을 찾아 보지도 않았다.

7 그러므로 목자들아, 여호와의 말씀을 들으라.

8 내 삶을 두고 맹세한다. 목자가 없어서 내양 떼가 약탈물이 되고 모든 들짐승들의 먹이가 됐으며 또 내 목자들은 내 양 떼를 찾지 않고 자기 자신만 돌보고 내 양 떼는 먹이지 않았다. 주 여호와의 말이다.

9 그러므로 목자들아, 여호와의 말씀을 들으라.

10 나 주 여호와가 이렇게 말한다. 내가 그 목자들을 대적하고 있다. 내가 내 양 떼를 그들의 손에서 찾아낼 것이다. 내가 그들로 하여금 양 치는 일을 못하게 할 것이니 목자들은 더 이상 자기 자신들만 먹지 못할 것이다. 내가 내 양 떼를 그들의 입에서 건져 낼 것이니 내 양 떼는 더 이상 그들의 먹이가 되지 않을 것이다. 히 13:17

11 회복될 나라 내가 내 양 떼를 찾아 보고 살펴볼 것이다. 마 4:6-7;눅 19:10;요 10:11

12 목자가 그의 흩어진 양들 가운데 있을 때 그날에 그가 그의 양 떼를 찾아 나서듯이 내가 내 양을 찾아 나설 것이다. 구름이 끼고 어두운 날에 그들이 뿔뿔이 흩어져 간 모든 곳에서 내가 그들을 구해 낼 것이다.

13 내가 그들을 여러 민족으로부터 데려오고 그들을 여러 나라에서 모아들여서 그들의 땅에 데려올 것이다. 이스라엘의 산에서, 골짜기에서, 그 땅의 모든 주거지에서 내가 그들을 먹일 것이다. 62:11:17

14 좋은 목초지에서 내가 그들을 먹일 것이고 이스라엘의 높은 산들은 그들의 우리가 될 것이다. 그곳에서 그들은 좋은 우리에 드러누우며 이스라엘 산지의 풍성한 초지에서 먹게 될 것이다. 요 10:9

15 내가 친히 내 양 떼를 먹이고 그들을 눕힐 것이다. 주 여호와의 말이다. 사 40:11

16 나는 잃어버린 사람을 찾고 추방된 사람을 데려오며 상처 입은 사람을 싸매 주고 약한 사람을 강하게 할 것이다. 그러나 살찐 사람과 강한 사람은 내가 멸망시키고 정의로 그들을 먹일 것이다. 미 4:6

17 개별적인 심판 너 내 양 떼야, 나 주 여호와가 이렇게 말한다. 내가 양과 양 사이에서, 숫양들과 염소들 사이에서 심판할 것이다.

18 너희가 좋은 목초지에서 풀을 뜯는 것이 어찌 하찮은 일이냐? 너희의 나머지 풀밭을 너희는 자신의 발로 짓밟아야만 하느냐? 너희가 맑은 물을 마시는 것이 어디 하찮은 일이냐? 너희가 남은 것을 너희의 발로 더럽혀야만 하느냐? 32:14

19 너희가 자신의 발로 짓밟은 것을 내 양 떼가 뜯어 먹고 너희가 자신의 발로 더럽힌 것을 내 양 떼가 마셨다.

20 한 목자 그러므로 그들에게 주 여호와가 이렇게 말한다. 내가 살진 양과 마른 양 사이에서 심판할 것이다.

21 너희가 옆구리와 어깨로 밀어 대며 모든 약한 양들을 너희의 뿔로 받아 버렸기 때문에

22 내가 내 양 떼를 구해 낼 것이고 그들은 더이상 약탈당하지 않을 것이다. 내가 양과 양 사이에서 심판할 것이다. 8절

23 내가 그들 위에 한 목자, 곧 내 종 다윗을 세울 것이니 그가 그들을 먹일 것이다. 그가 그들을 먹이며 그들의 목자가 될 것이다.

24 나 여호와는 그들의 하나님이 되고 내 종 다윗은 그들 가운데 왕이 될 것이다. 나 여

호와가 말했다.　출 29:45;레 26:12

25 **새 언약** 내가 그들과 평화의 언약을 맺고 그 땅에서 악한 짐승들이 사라지게 할 것이니 그들은 광야에서도 안심하고 살며 숲 속에서도 잘 수 있을 것이다.　호 2:18

26 내가 그들과 내 산 주변을 복되게 할 것이다. 내가 때마다 비를 내려보낼 것이니 복된 비가 있을 것이다.　슥 8:13;렘 3:10

27 들판의 나무들은 열매를 내고 땅은 곡식을 낼 것이며 그들은 그 땅에서 안전할 것이다. 내가 그들의 멍에의 굴레를 깨뜨리고 그들을 종으로 삼은 사람들의 손에서 구해 낼 때 내가 여호와임을 그들은 알게 될 것이다.　6:7;36:30;레 26:4; 308

28 그들은 저 민족들에게 더 이상 약탈당하지 않을 것이며 들짐승들도 그들을 삼키지 않을 것이다. 그들은 안심하고 살게 될 것이며 그들을 두렵게 할 사람이 없을 것이다.

29 내가 그들을 위해 기름진 경작지를 마련해 줄 것이다. 그래서 그들은 그 땅에서 더 이상 기근으로 멸망을 당하지 않고 다시는 이방 사람들의 모욕을 당하지 않을 것이다.

30 그러면 그들의 하나님 나 여호와가 그들과 함께할 것이고 그들은 내 백성, 곧 이스라엘 족속인 것을 그들이 알게 될 것이다. 주 여호와의 말이다.

31 너희는 내 양, 곧 내 풀밭의 양이다. 너희는 백성이고 나는 너희의 하나님이다. 주 여호와의 말이다.'"　시 74:1;100:3;요 10:16

35

에돔에 대한 예언 여호와의 말씀이 내게 임해 말씀하셨다.

2 "사람아, 너는 세일 산을 향해서 예언하고

3 말하여라. 주 여호와가 이렇게 말한다. 세일 산아, 내가 너를 대적한다. 내가 내 손을 뻗쳐 너를 대적하고 너를 폐허가 되게 해 황무지로 만들 것이다.　6:14;13:8;33:28

4 내가 네 성읍들을 폐허로 만들 것이니 너는 황무지가 될 것이다. 그러면 내가 여호와임을 너는 알게 될 것이다.　사 17:9;27:10

5 네가 오래전부터 적대감을 품고 있었고 또 죄의 끝이 이르렀을 때에, 곧 재앙의 때에 네가 이스라엘 자손을 칼의 힘에 넘겨주었기 때문에　21:25;시 137:7;암 1:11;옵 1:13

6 내 삶을 두고 맹세한다. 내가 네게 예비할 것이니 피가 너를 따를 것이다. 주 여호와의 말이다. 네가 피를 미워하지 않았기에 피가 너를 따를 것이다.　16:48;창 9:6

7 내가 세일 산을 폐허가 되게 해 황무지로 만들고 그곳에서 오고 가는 사람을 죽일 것이다.　29:11

8 내가 그의 산을 학살당한 사람들로 채울 것이다. 칼에 학살당한 사람들이 네 언덕과 네 골짜기와 네 모든 시내에 넘어져 있을 것이다.　31:12,17-18;32:20-21

9 내가 너를 영원한 폐허로 만들 것이니 네 성읍들에 아무도 살지 않을 것이다. 그러면 내가 여호와임을 너희는 알게 될 것이다.'"

10 주 여호와께서 말씀하셨습니다. "나 여호와가 그곳에 있음에도 불구하고 '두 민족과 두 나라가 내 것이니 우리가 그들을 차지할 것이다'라고 네가 말했다.　시 83:6,12

한 목자 '다윗'

하나님은 백성을 착취하고 억압하는 지도자를 제거하신 후 그들을 위해 한 목자를 세우시겠다고 약속하셨다(겔 34:23-24).

장차 하나님이 세우실 한 목자는 열방 중에 흩어진 백성을 모으고 이스라엘을 다시 회복할 것이라고 예언되었다. 이 목자는 다윗이라고 말하고 있다.

여기에서 다윗은 누구를 가리키는 것일까? 일반적으로 다윗을 메시아에 대한 비유로 보는 해석이 있다.

이스라엘을 영원히 다스릴 왕이라는 점에서 목자 다윗은 '예수 그리스도'를 가리키는 것으로 보인다(겔 37:24).

11 그러므로 내 삶을 두고 맹세한다. 네가 그들을 미워했기 때문에 보여 주었던 네 분노와 네 열망에 따라서 내가 그렇게 행할 것이다. 나 주 여호와의 말이다. 내가 너를 심판할 때 그들 가운데 나를 드러낼 것이다.

12 그러면 내가 여호와임을 너는 알게 될 것이다. 그들은 폐허가 됐고 우리에게 넘겨져서 우리가 삼켰다라고 네가 이스라엘의 산들에 대해 말한 모든 모욕을 나는 들었다.

13 이렇게 너희의 입으로 나를 대적해서 자랑하고 너희가 나를 대적해서 여러 말을 한 것을 나는 들었다. 삼상 2:3

14 나 주 여호와가 이렇게 말한다. 온 세상이 기뻐할 때 내가 너를 황폐하게 만들 것이다.

15 이스라엘 족속의 유산이 황폐하게 된 것을 네가 기뻐한 것처럼 나도 네게 그렇게 할 것이다. 세일 산아, 너와 온 에돔 땅이 모두 다 황폐하게 될 것이다. 그러면 내가 여호와임을 그들은 알게 될 것이다.'"

36 이스라엘 산들을 향한 예언 "너 사람아, 이스라엘 산들을 향해 예언해 말하여라. '이스라엘의 산들아, 여호와의 말씀을 들으라.'" 21:6,2

2 주 여호와께서 이렇게 말씀하셨다. "'아하! 오래전부터 있던 높은 곳이 우리 차지가 됐다'라고 원수가 너희에 대해 말했으니

3 너는 예언해 말하여라. '주 여호와가 이렇게 말한다. 그들이 너희를 황폐하게 하고 사방에서 너희를 짓밟아서 너희가 다른 민족들의 차지가 되고 사람들의 입에 올라 이야깃거리가 됐으니 애 2:15~16

4 이스라엘의 산들아, 주 여호와의 말씀을 들으라. 산들과 언덕들과 시내들과 골짜기들과 폐허가 된 황무지들과 너희 주위에 있는 나머지 민족들에게 약탈당하고 조롱거리가 돼 버려진 성읍들에게 나 주 여호와가 이렇게 말한다. 6:3 33:24,27

5 내가 불타는 열망으로 다른 민족들과 온 에돔에 대적해 말했다. 온 마음으로 기뻐하며 마음속에 악의를 품고 그들은 내 땅을 차지해 이 땅의 목초지를 약탈했다.'

6 그러므로 너는 이스라엘 땅에 관해 예언하고 산들과 언덕들과 시내들과 골짜기들에게 말하여라. 주 여호와가 이렇게 말한다. 너희가 민족들에게 수치를 당했기 때문에 나는 분노의 열정으로 말한다.

7 그러므로 나 주 여호와가 이렇게 말한다. 내가 내 손을 들고서 맹세했으니 너희 주위의 민족들 또한 반드시 수치를 당할 것이다.

8 번성할 이스라엘 그러나 이스라엘의 산들아, 너희가 자신의 가지들을 내고 내 백성 이스라엘에게 너희의 열매들을 생산할 것이다. 그들은 곧 돌아올 것이기 때문이다.

9 내가 너희를 돌볼 것이니 너희는 경작되고 씨가 뿌려질 것이다. 34절:5:8

10 내가 너희 위에, 이스라엘 족속 모두 위에, 사람의 수가 많아지게 할 것이다. 성읍들에 사람이 살게 되고 폐허가 된 곳들은 재건될 것이다. 37:26;참 30:19

11 내가 너희 위에 사람과 가축의 수를 늘어나게 해 주어 그들이 많아지고 번성할 것이다. 내가 예전처럼 너희 위에 사람이 살게 하고 이전보다 더 좋게 해 줄 것이다. 그러면 내가 여호와임을 너희는 알게 될 것이다.

12 내가 너희 위에 사람들, 곧 내 백성 이스라엘을 다니게 할 것이다. 그들은 너희를 차지할 것이고 너희는 그들의 유산이 될 것이다. 너희가 다시는 그들로 하여금 자식을 잃게 하지 않을 것이다. 민 1:17

13 조롱받지 않을 것임 나 주 여호와가 이렇게 말한다. '너는 사람을 집어삼키고 네 민족으로 하여금 백성을 잃게 한다'라고 그들이 너희에게 말하기 때문에 민 13:32

14 네가 더 이상 사람을 집어삼키지 않고 네 민족이 다시는 백성을 잃지 않을 것이다. 주 여호와의 말이다.

15 나는 네가 더 이상 민족들의 모욕을 듣지 않게 하고 네가 더 이상 다른 백성들의 조롱을 당하지 않게 할 것이다. 네가 더 이상 네 민족을 넘어뜨리게 하지 않을 것이다.'"

16 하나님의 이름을 거룩하게 하기 위함 여호와의 말씀이 내게 임해 말씀하셨다.

17 "사람아, 이스라엘 족속이 그들의 땅에서 살고 있을 때 그들은 그들의 행동과 행위로 그 땅을 더럽혔다. 그들의 행동은 내게는 월경하는 정결치 못한 여자와 같았다.

18 그들이 그 땅에서 흘린 피 때문에, 그들이 그 땅을 자신들의 우상들로 더럽혔기 때문에 내가 그들에게 진노를 쏟아부은 것이다.
5:11;7:8;16:36;22:3

19 내가 그들을 민족들 가운데로 흩어 버렸고 나라들 사이로 퍼지게 했다. 나는 그들의 행동과 행위대로 그들을 심판했다.

20 '이들은 여호와의 백성이지만 그의 땅으로부터 그들이 떠났다'라고 사람들이 그들에 관해 말했다. 그때 그들은 그곳으로 갔던 민족들에게로 친히 와서 스스로 내 거룩한 이름을 모독했다.
22:26;사 52:5;롬 2:24

21 그러나 그곳으로 갔던 민족들 사이에서 이스라엘 족속이 모독한 내 거룩한 이름으로 인해 나는 자비를 베풀었다.
48:11

22 그러므로 너는 이스라엘 족속에게 말하여라. '주 여호와가 이렇게 말한다. 이스라엘 족속아, 내가 이런 일을 하는 것은 너희를 위해서가 아니라 그곳으로 갔던 민족들 사이에서 너희가 모독한 내 거룩한 이름 때문이다.
32절;신 9:5

23 너희가 그들 가운데 더럽히고 민족들 사이에서 더럽혀진 내 위대한 이름을 내가 거룩하게 할 것이다. 내가 그들이 보는 앞에서 너희를 통해 내 거룩함을 보여 줄 때

내가 여호와임을 그 민족들은 알게 될 것이다. 주 여호와의 말이다.
38:23;39:7;21

24 새로운 영 내가 너희를 저 민족들 가운데서 데려오고 모든 나라에서 모아들여 너희의 땅으로 데려갈 것이다.
시 44:11

25 내가 너희 위에 깨끗한 물을 뿌릴 것이니 너희는 깨끗해질 것이다. 내가 너희의 모든 더러움과 너희의 모든 우상들로부터 너희를 깨끗하게 할 것이다.
히 10:22

26 내가 너희에게 새로운 마음을 주고 너희 안에 새로운 영을 줄 것이다. 내가 너희 육신으로부터 돌과 같이 굳은 마음을 없애고 너희에게 살처럼 부드러운 마음을 줄 것이다.
11:19-20

27 그리고 내가 내 성령을 너희 안에 주어서 너희로 하여금 내 법령을 따르며 내 규례를 지키고 행하게 만들 것이다.
37:14,24

28 그리고 너희는 내가 너희 조상들에게 준 그 땅에서 살게 될 것이다. 그러면 너희는 내 백성이 되고 나는 너희의 하나님이 될 것이다.
11:20;28:25

29 내가 너희를 너희의 모든 더러움에서 구원해 낼 것이다. 내가 곡식을 불러다가 그것을 풍성하게 만들고 너희 위에 기근을 내리지 않을 것이다.
욜 2:19;슥 9:17;마 1:21

30 내가 나무의 열매와 들판의 수확물을 풍성하게 해 너희가 민족들 가운데서 기근으로 인해 더 이상 수치를 당하지 않게 할 것이다.
34:27

에스겔은 '성령님'에 대해 어떻게 말했나요?

하나님의 백성 이스라엘은 끊임없이 죄를 짓고 심판을 받았어요. 그런에도 에스겔은 이스라엘 백성이 정결하게 될 수 있다는 소망의 메시지를 선포했어요.

에스겔은 장차 예수님이 말씀하실 "보혜사 성령님이 죄에 대하여, 의에 대하여, 심판에 대하여 알게 하시는 분"(요 16:7-8)이신 것을 알려 주었어요. 성령님이 사람들의 마음에 오셔서 더러운 모든 것을 정결하게 하고, 죄나 우상이 들 어설 자리가 없게 하신다고 선포했어요(겔 36:25). 또한 성령은 죄로 말미암아 굳어진 마음을 부드럽게 하시고 새로운 마음을 주시는 분이라고 했어요(겔 36:26). 성령님은 사람들을 인도하고 지도하여(갈 5:18), 하나님의 말씀을 지키며 순종하게 하시는 분이라고 말했어요(겔 36:27). 이처럼 우리에게 임한 성령님은 오순절 강림 사건이 있기(행 2:1-4) 600여 년 전 이미 에스겔을 통해 예언되었어요.

31 그러면 너희가 너희 악한 행동과 좋지 못한 행위를 기억할 것이고 너희 보기에 너희의 죄와 혐오스러운 일들로 인해 너희 스스로를 몹시 싫어하게 될 것이다.

32 너희를 위해서 내가 이렇게 하는 것이 아니다. 주 여호와의 말이다. 이것이 너희에게 알려졌으면 한다. 이스라엘의 족속아, 너희 행동에 대해 부끄러워하고 수치를 알라!

33 폐허가 재건될 것임 나 주 여호와가 이렇게 말한다. 내가 너희의 모든 죄악에서 너희를 깨끗이 씻어 줄 그날에 내가 너희를 여러 성읍에서 살게 할 것이니 폐허가 재건될 것이다.
9~10,25절

34 지나다니는 모든 사람들이 보던 황무지로 남아 있는 대신 황무지가 된 땅이 경작될 것이다.

35 그들이 말한다. '황무지였던 이 땅이 에덴동산처럼 됐다. 폐허가 돼서 버려졌고 또 무너뜨려졌던 성읍들이 이제 견고하게 세워지고 사람이 살게 됐다라고 할 것이다.

36 그러면 나 여호와가 무너뜨려진 것을 재건하고 황무지에 다시 나무를 심었음을 너희 주변에 남아 있는 민족들이 알게 될 것이다. 나 여호와가 말했으니 내가 그렇게 할 것이다.'"
17:24;34:29;시 126:2

37 새로운 백성들 "나 주 여호와가 이렇게 말한다. 이스라엘 족속을 위해서 이것을 줄어주도록 그들이 다시 한 번 더 간청하게 할 것이다. 내가 백성을 양 떼처럼 많게 할 것이다.

38 명절 기간에 예루살렘 제사에 쓰이는 양 떼처럼 폐허가 된 성읍들이 사람의 무리들로 가득 찰 것이다. 그러면 내가 여호와임을 그들은 알게 될 것이다.'"
67

37

마른 뼈들의 골짜기 여호와의 손이 내게 내려와서 여호와의 영으로 나를 이끌어 골짜기 가운데 데려다 놓으셨다. 그곳은 뼈들로 가득했다.

2 그분은 나를 뼈 주위로 지나가게 하셨다. 골짜기 바닥에 뼈가 아주 많았다. 그 뼈들은 매우 말라 있었다.

3 그분께서 내게 물으셨다. "사람아, 이 뼈

들이 살아날 수 있겠느냐?" 나는 말했다. "주 여호와여, 주께서 아십니다."

4 그러자 그분께서 내게 말씀하셨다. "이 뼈들에게 예언하여라. 그들에게 말하여라. '마른 뼈들아, 여호와의 말씀을 들으라!

5 이 뼈들에게 주 여호와가 이렇게 말한다. 내가 너희 안에 생기를 들어가게 할 터이니 너희는 살게 될 것이다.
시 104:30

6 내가 너희에게 힘줄을 붙이고 그 위에 살을 붙이고 그 위에 살갗을 덮고는 너희 안에 생기를 불어넣을 것이다. 그러면 너희는 살게 될 것이고 내가 여호와임을 알게 될 것이다.'"
8장6:7

7 그리하여 나는 명령받은 대로 예언했다. 그런데 내가 예언을 하자 덜그럭거리는 소리가 나더니 뼈와 뼈가 맞붙어서 뼈들이 함께 모였다.
12:7;24:18;왕상 19:11

8 내가 보니 힘줄과 살이 뼈들 위에 올라왔고 살갗이 그것들을 덮었다. 그러나 그것들에게 생기는 없었다.
5절

9 그러자 그분께서 내게 말씀하셨다. "사람아, 생기에게 예언하여라. 너는 생기에게 예언하며 말하여라. '주 여호와가 이렇게 말한다. 생기야, 사방에서 나와서 이 살해당한 사람들에게 불어서 그들이 살아나게 하여라.'"
단 7:2;11:4;계 7:1

10 그분께서 내게 명령하신 대로 내가 예언했더니 생기가 그들 안에 들어갔다. 그러자 그들이 살아나서 두 발로 일어서서는 엄청나게 큰 군대가 됐다.
계 11:11

11 그러자 그분께서 내게 말씀하셨다. "사람아, 이 뼈들은 모든 이스라엘 족속이다. 그들이 말한다. '우리의 뼈들은 말랐고 우리 소망은 사라졌으며 우리가 스스로를 쓰러뜨렸다.'
33:10;사 49:14;40:27;54:34

12 그러므로 예언하여라. 그들에게 말하여라. '주 여호와가 이렇게 말한다. 내 백성들아, 내가 너희 무덤을 열어서 무덤에서 올라오게 하고 너희들을 이스라엘 땅으로 데려갈 것이다.
사 26:19;호 13:14

13 내 백성들아, 무덤을 열어서 내가 너희를

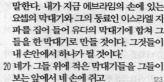
무덤에서 올라오게 할 때 내가 여호와임을 너희는 알게 될 것이다. 67

14 내가 너희 안에 내 영을 줄 것이니 너희가 살아날 것이다. 너희를 너희의 땅에서 살게 할 것이다. 그러면 내가 여호와임을 너희는 알게 될 것이다. 내가 말했으니 내가 실천할 것이다. 여호와의 말씀이다.'"

15 두 막대기의 표적 여호와의 말씀이 내게 임해 말씀하셨다.

16 "너 사람아, 너는 나무 막대기 하나를 집어서 그 위에 적어라. '유다에게 그리고 그의 동료인 이스라엘 족속에게.' 그리고 다른 나무 막대기를 집어서 그 위에 적어라. '에브라임의 막대기, 곧 요셉에게 그리고 그의 동료인 모든 이스라엘 족속에게.'

17 그리고 그것들을 서로 합쳐서 한 막대기가 되게 하여라. 그것들은 네 손에서 하나가 될 것이다. 22,24절;35:10;사 11:13

18 네 백성의 자손들이 네게 '이것들이 무슨 뜻인지 네가 우리에게 말해 주지 않겠느냐?' 하고 물을 때 12:9;33:2

19 그들에게 선포하여라. '주 여호와가 이렇게

에스겔이 마른 뼈들을 향하여 여호와의 말씀을 예언함

말한다. 내가 지금 에브라임의 손에 있는 요셉의 막대기와 그의 동료인 이스라엘 지파를 집어 들어 유다의 막대기에 합쳐 그들을 한 막대기로 만들 것이다. 그것들이 내 손안에서 하나가 될 것이다.

20 네가 그들 위에 적은 막대기들을 그들이 보는 앞에서 네 손에 쥐고 12:3

21 그들에게 선포하여라. 주 여호와가 이렇게 말한다. 내가 이스라엘 족속을 그들이 들어가 살고 있는 그곳의 민족들 사이에서 데리고 나올 것이다. 내가 그들을 사방에서 불러 모아서 그들의 땅으로 데리고 올 것이다.

22 내가 그들을 그 땅에서, 이스라엘의 산에서 한 민족으로 만들 것이다. 한 왕이 그들 모두를 다스릴 것이다. 그들이 다시는 두 민족으로 되지 않을 것이다. 그들이 다시는 두 왕국으로 갈라지지 않을 것이다.

23 그들의 우상들이나 가증스러운 것들이나 그들의 죄악의 어떤 것으로도 다시는 그들 자신을 더럽히지 않을 것이다. 그들이 행한 자신들의 모든 타락한 행위에서 내가 그들을 구해 내 그들을 깨끗하게 할 것이다. 그러면 그들은 내 백성이 되고 나는 그들의 하나님이 될 것이다.

24 새로운 왕국 내 종 다윗이 그들의 왕이 될 것이니 그들 모두는 한 목자를 갖게 될 것이다. 그들은 내 규례를 따르고 내 법령을 지키며 실행할 것이다.

25 그들은 내가 내 종 야곱에게 준 땅, 너희 조상들이 살았던 그 땅에서 살게 될 것이다. 그들과 그들의 자손들과 그들의 자손들의 자손들이 그곳에서 영원히 살 것이다. 내 종 다윗은 영원히 그들의 왕이 될 것이다.

26 내가 그들과 평화의 언약을 맺을 것이다. 그것은 그들과의 영원한 언약이 될 것이다. 내가 그들을 세우고 그들의 수를 많게 할 것이다. 내가 내 성소를 영원히 그들 가운데 둘 것이다. 28절;34:25;36:10;사 55:3

27 내 처소가 그들과 함께 있을 것이다. 나는

그들의 하나님이 되고 그들은 내 백성이 될 것이다.   레 26:11; 요 1:14; 계 21:3

28 내 성소가 그들 가운데 영원히 있게 될 때 내가 이스라엘을 거룩하게 하는 여호와임을 민족들은 알게 될 것이다.'"   20:12; 36:23

38 곡에 대한 예언 여호와의 말씀이 내게 임해 말씀하셨다.

2 "사람아, 너는 얼굴을 마곡 땅에 있는 곡, 곧 로스와 메섹과 두발의 왕에게로 향하고 그에 대해 예언해   창 10:2; 26:20:8

3 말하여라. '주 여호와가 이렇게 말한다. 로스와 메섹과 두발의 왕인 곡아, 나는 너를 대적한다.   13:8

4 내가 너를 돌려 세우고 네 턱에 갈고리를 끼워서 너와 네 모든 군대와 말들과 완벽하게 무장한 기마병들과 크고 작은 방패를 잡고 칼을 휘두르는 큰 무리를 이끌어 낼 것이다.   15절; 29:4; 39:2

5 페르시아와 에티오피아와 붓이 모두 방패를 들고 투구를 쓴 채 그들과 함께할 것이고

6 고멜과 그의 모든 군대와 멀리 북쪽으로부터 도갈마 족속과 그의 모든 군대 등 많은 백성들이 너와 함께할 것이다.   22절

7 공격 준비 너와 네 주위에 모인 네 모든 무리는 각오하고 준비하여라. 너는 그들의 지휘관이 돼라.   사 8:9-10

8 여러 날 후에 너는 무장하라는 명령을 받을 것이다. 여러 해가 지난 후에 칼로부터 회복된 땅, 여러 민족들이 떠난 후 오랫동안 폐허가 됐던 이스라엘의 산지에 다시 세운 나라를 네가 공격하게 될 것이다. 그들은 다른 민족들과 살다 돌아온 뒤에 모두 안심하고 살고 있다.
16절; 6:2:11:17; 사 24:22

9 너는 네 모든 군대와 너와 함께 있는 많은 백성들과 더불어 마치 폭풍이 오는 것처럼 올라올 것이며 너는 땅을 덮는 구름과 같을 것이다.'"   사 28:2:2절; 4:13

10 악한 계획 "'주 여호와가 이렇게 말한다. 그날에 네 마음속에 여러 가지 생각이 떠올라서 너는 악한 계획을 도모할 것이다.

11 너는 말할 것이다. '내가 저 성벽 없는 땅을 공격할 것이다. 모두가 울타리도 없고 창살도 없고 대문도 없이 안심하며 평화롭게 살고 있는 사람들을 침략할 것이다.

12 물건을 약탈하고 노략질하며 다시 사람이 살게 된 그 폐허된 곳과 여러 민족들에게 흩어져 있다가 다시 모여들어서 가축과 재물을 얻고 그 땅의 중심에 살고 있는 저 백성에게 손을 뻗으려고 한다.'

13 스바와 드단과 다시스의 상인들과 그의 모든 성읍들은 네게 말할 것이다. '네가 약탈하러 왔느냐? 네가 네 무리를 모은 것이 노략질하고 은과 금을 가져가고 가축과 물건을 빼앗고 많은 전리품을 얻으려고 한 것이냐?'   25:13; 27:15, 22; 32:2; 사 17:12

14 표적이 될 전쟁 그러므로 사람아, 예언하여라. 곡에게 말하여라. '주 여호와가 이렇게 말한다. 그날에 내 백성 이스라엘이 안심하고 살고 있을 때 네가 그것을 알지 못하겠느냐?   2-3; 11; 창 2:1

15 네가 살고 있는 북쪽으로부터 너는 많은 백성들과 함께 올 것이다. 너희들은 모두 말을 타는 큰 무리로 강한 군대다.

16 네가 내 백성 이스라엘을 공격하니 구름같이 땅을 덮을 것이다. 곡아, 훗날에 나는 너로 하여금 내 땅을 침략하게 할 것이다. 내가 그들 눈앞에서 너를 통해 내 거룩함을 드러낼 때 저 민족들로 하여금 나를 알게 하려는 것이다.
8, 23절; 20:41; 39:13

17 곡의 멸망 나 주 여호와가 이렇게 말한다. 내가 이전에 내 종인 이스라엘의 예언자들을 통해 말한 이가 네가 아니냐? 이스라엘을 치기 위해 내가 너를 보낼 것이라고 그들은 여러 해 동안 예언했었다.   렘 6:22

18 주 여호와의 말이다. 그날에 곡이 이스라엘 땅을 쳐라 오면 내 진노가 내 얼굴에 나타날 것이다.   사 18:3

19 열정과 불타는 진노로 나는 말한다. 그날에 분명 이스라엘 땅에 큰 지진이 있을 것이다.   5:13장 2:6-7; 계 16:18

20 바다의 물고기와 공중의 새와 들판의 짐승과 땅 위에 기어 다니는 모든 것들과 땅

표면에 있는 모든 사람은 내 앞에서 두려움으로 떨 것이다. 산들이 무너지고 절벽들이 넘어지며 모든 성벽이 땅에 쓰러질 것이다. 시 114:7;렘 4:24;호 4:3

21 내가 곡을 대적해서 내 모든 산에서 칼을 부를 것이다. 주 여호와의 말이다. 각 사람은 칼로 자기 형제를 칠 것이다.

22 나는 전염병과 피로써 그를 심판할 것이다. 내가 폭우와 큰 우박과 불과 유황을 그와 그의 군대와 그와 함께한 많은 백성들 위에 넘치게 할 것이다. 시 11:6;계 20:9

23 이렇게 나는 내 위대함과 내 거룩함을 드러내어 많은 민족들이 보는 앞에서 나를 알릴 것이다. 그러면 내가 여호와임을 그들은 알게 될 것이다.'" 16절;67:36:23:37:28

39

곡에 대한 심판 "너 사람아, 곡을 대적해 예언하며 말하여라. '주 여호와가 이렇게 말한다. 로스와 메섹과 두발 왕 곡아, 내가 너를 대적한다.

2 내가 너를 돌려 세우며 이끌고 올 것이다. 그리고 멀리 북쪽에서 데려와 너로 하여금 이스라엘의 산들을 공격하게 할 것이다.

3 그리고 내가 네 왼손에 있는 활을 꺾고 네 오른손에 있는 화살을 떨어뜨릴 것이다.

4 너와 함께한 네 모든 군대와 백성들과 더불어 너는 이스라엘의 산들 위에 쓰러질 것이다. 내가 너를 온갖 종류의 사나운 새들과 들판의 짐승들에게 먹이로 줄 것이다.

5 너는 들판 위에 쓰러질 것이다. 내가 말했다. 주 여호와의 말이다. 17:24

6 내가 마곡에게 또 해안 지역에서 안심하고 살고 있는 사람들에게 불을 보낼 것이니 내가 여호와임을 그들은 알게 될 것이다.

7 다가올 그날 내가 내 백성 이스라엘 가운데 내 거룩한 이름을 알리고 내 거룩한 이름이 더 이상 모독당하지 않게 할 것이다. 그러면 내가 여호와, 이스라엘의 거룩한 이임을 저 민족들은 알게 될 것이다.

8 때가 오고 있으니 이뤄질 것이다. 나 주 여호와의 말이다. 이날이 바로 내가 말한 그날이다. 21:7

9 하몬곡 골짜기 그러면 이스라엘의 여러 성읍들에 사는 사람들이 나와서 큰 방패와 작은 방패, 활과 화살, 전투용 곤봉과 창과 같은 무기에 불을 붙여서 태워 버릴 것이다. 그들은 그것들로 7년 동안 불태울 것이다.

10 그들이 그 무기를 불태울 것이기 때문에 그들은 들판에서 나무를 모으거나 숲에서 나무를 베어 내지 않을 것이다. 그리고 그들의 것을 약탈해 간 사람들을 약탈할 것이고 그들의 것을 노략질한 사람들의 것을 노략질할 것이다. 나 주 여호와의 말이다.

11 그날에 내가 곡에게, 이스라엘 안의 바다 동쪽을 지나다니는 사람들의 골짜기에 매장지를 줄 것이다. 그것이 오고가는 사람들을 가로막을 것이다. 곡과 그의 모든 무리가 그곳에 묻힐 것이기에 그들이 그곳을 하몬곡 골짜기라고 부를 것이다.

12 이스라엘 족속은 그 땅을 깨끗하게 하려고 7개월에 걸쳐서 그들을 매장할 것이다.

13 그 땅의 모든 백성은 그들을 매장할 것이다. 그 일로 인해 그들은 유명하게 될 것이다. 그날에 나는 영광을 받을 것이다. 주 여호와의 말이다. 28:22

14 그 땅을 깨끗하게 하기 위해 그들은 계속해서 사람들을 고용해서 그 땅을 돌아다니며 땅 위에 남아 있는 것들을 매장할 것이다. 7개월이 끝날 때 그들은 수색을 시작할 것이다. 12절

15 수색하는 사람들은 그 땅을 돌아다니다가 그 가운데 한 사람이 사람의 뼈를 보게 되면 그는 그 옆에 푯말을 세울 것이며 매장하는 사람들은 그것을 하몬곡 골짜기에 다 매장할 것이다. 11절

16 그 성읍의 이름 또한 하모나라고 할 것이다. 이렇게 그들은 그 땅을 깨끗하게 할 것이다.

17 의인들을 위한 잔치 사람아, 나 주 여호와가 이렇게 말한다. 너는 각종 새와 모든 들짐승에게 이렇게 말하여라. '너희는 사방에서 모여 내가 너희를 위해 준비한 내 희생제사, 곧 이스라엘 산들 위에서 있을 큰 희생제사에 오라. 그곳에서 너희는 고기를

먹고 피를 마실 것이다. 계 19:17

18 숫양과 어린양과 염소와 황소와 같은 바산의 살진 짐승들을 먹듯이 너희가 용사들의 살을 먹고 이 땅 왕들의 피를 마실 것이다.

19 내가 너희를 위해 준비한 희생제사에서 너희는 기름을 배불리 먹고 피를 취할 때까지 마실 것이다.

20 너희는 내 식탁에서 말과 기마병과 용사들과 모든 군사들과 함께 배불리 먹을 것이다. 주 여호와의 말이다.'

21 **심판의 본이 된 이스라엘** 내가 저 민족들 가운데 내 영광을 드러낼 것이니 내가 행한 내 심판과 그들 위에 얹은 내 손을 모든 민족이 보게 될 것이다. 출 7:4

22 그러면 그날 이후에 내가 그들의 하나님 여호와임을 이스라엘 족속은 알게 될 것이다.

23 그리고 이스라엘의 족속이 내게 신실하지 못했기 때문에 그들의 죄로 인해 그들이 포로로 잡혀갔음을 이방 사람들이 알게 될 것이다. 내가 그들에게 내 얼굴을 가렸다. 내가 그들을 원수들의 손에 넘겨줘서 그들은 모두 칼에 쓰러지게 된 것이다.

24 나는 그들의 부정과 그들의 범죄에 따라 그들을 대했다. 나는 그들에게서 내 얼굴을 가렸다. 18:30

25 **영을 부어 주심** 그러므로 나 주 여호와가 이렇게 말한다. 내가 이제 야곱의 포로 된 사람들을 돌아오게 하고 이스라엘 족속 모두를 긍휼히 여길 것이며 내 거룩한 이름을 위해 열정을 다 할 것이다. 렘 30:3

26 그러면 그들은 그들의 땅에서 안심하며 살고 그들에게 두려움을 주는 사람이 없을 때 그들의 수치와 그들이 내게 신실하지 못했던 모든 배신을 감당하게 될 것이다.

27 내가 족속들로부터 그들을 돌아오게 하고 원수들의 땅에서 내가 그들을 불러 모아서 많은 민족들이 보는 앞에서 그들을 통해 내 거룩함을 드러낼 때 20:41;28:25

28 내가 그들의 하나님 여호와임을 그들은 알게 될 것이다. 내가 그들을 민족들의 포로로 보냈지만 내가 그들을 그들의 땅으로

불러 모아서 그들 가운데 어느 누구도 그곳에 더 이상 남아 있게 하지 않을 것이다.

29 나는 더 이상 내 얼굴을 그들에게서 가리지 않을 것이다. 내가 내 영을 이스라엘 족속에게 부어 주었기 때문이다. 주 여호와의 말이다." 23절을 2:28

40 **하나님이 에스겔을 이스라엘로 옮기심** 우리가 포로 된 지 25년째 되는 해, 성읍이 파괴된 지 14년째 되는 해, 그해 첫째 달 10일 바로 그날 여호와의 손이 내 위에 있어 그분께서 나를 그곳에 데려가셨다. 1:1-2;33:21

2 환상 속에서 하나님께서는 나를 이스라엘 땅으로 데려가 아주 높은 산 위에 세우셨는데 그곳 남쪽으로는 성읍처럼 생긴 건물이 있었다. 43:12;계 21:10

3 그분께서 나를 그곳에 데려가셨는데 청동같이 빛나는 한 사람이 있는 것을 보았다. 그는 모시로 만든 줄과 길이를 재는 막대기를 자신의 손에 들고 성문에 서 있었다.

4 그 사람이 내게 말했다. "사람아, 네 눈으로 보고 네 귀로 들으며 내가 네게 보여 줄 모든 것을 마음에 새겨라. 내가 이것을 네게 보여 주려고 너를 여기에 데려왔다. 그러니 너는 네가 보는 모든 것을 이스라엘 족속에게 선포하여라." 2:1;43:10;44:5

5 **동쪽 문** 내가 보니 성전 밖으로 빙 둘러서 벽으로 싸여 있었다. 그 사람의 손에는 길이를 재는 막대기가 들려 있었는데 그것의 길이는 보통 자의 1규빗에다가 한 뼘 더한 길이를 1규빗으로 했을 때 6규빗이었다. 그는 그 벽을 쟀는데 두께도 높이도 그막대기 하나와 같았다. 41:8;42:20;43:13

6 그리고 그는 동쪽 방향으로 난 문으로 갔다. 그가 계단을 올라가 한 문턱을 쟀더니 그 길이는 막대기 하나였고 다른 문턱도 그 길이가 막대기 하나였다.

7 **바깥뜰** 문지기 방은 그 길이와 너비가 막대기 하나였고 그 방들 사이는 5규빗이었

수색(39:14, 搜索, search) 구석구석 뒤져서 찾음.

다. 그 문턱은 너비가 막대기 하나였고 들어서면 현관이 있고 안쪽 문이 있었다.

8 그가 안쪽 문의 현관을 쟀더니 그 너비는 막대기 하나였다.

9 그가 그 문의 현관을 쟀더니 8규빗이었고 문기둥들은 두께가 2규빗이었다. 그 문의 현관은 안쪽에 있었다. _{41:1}

10 동쪽 방향의 문 안쪽으로는 문지기 방이 오른쪽, 왼쪽에 각각 세 개씩 있었다. 세 방 모두 크기가 같고 문기둥도 양쪽이 다 같은 크기였다.

11 그가 그 문의 출입구의 너비를 쟀는데 10규빗이었고 문의 길이가 13규빗이었다.

12 각 방 앞에는 칸막이가 있었는데 양쪽 다 1규빗씩이었고 그 방들은 한쪽이 6규빗, 또 한쪽도 6규빗이었다.

13 그리고 그는 이쪽 방 지붕 끝에서 반대쪽 방 지붕 끝까지를 쟀다. 그 너비는 25규빗이었고 방문은 서로 마주 보고 있었다.

14 그가 현관을 쟀더니 너비가 20규빗이었다. 문 주위와 문기둥까지는 다 안뜰이었다.

15 출입구 문 앞에서 안쪽 문 현관 앞까지는 50규빗이었다.

16 문지기 방과 출입구 안쪽 벽에 각각 좁은 창이 있고 그 현관에도 창이 있었다. 그 창들은 안쪽을 향해 죽 둘려 있었고 각각의 문기둥에는 종려나무가 새겨져 있었다.

17 그리고 그는 나를 바깥뜰로 데리고 들어갔다. 바깥뜰에는 방들이 있고 그 뜰 전체를 둘러 바닥이 포장되어 있었다. 그 포장된 바닥을 따라서 30개의 방이 있었다.

18 그 포장은 문 양옆으로 죽 이어져 그 길이는 문의 통로와 같았다. 이것이 아래쪽 길이었다.

19 그리고 그가 아래쪽 문 앞부터 안뜰 바깥 앞까지 너비를 쟀다. 그 길이가 동쪽이나 북쪽이나 똑같이 100규빗이었다.

20 북쪽 문 바깥뜰에 북쪽 방향을 향해 문이 하나 있었는데 그가 그 길이와 너비를 쟀다.

21 양쪽에 세 개씩 있는 문지기 방과 문기둥과 현관은 이 전의 문과 크기가 같아 길이가 50규빗, 너비가 25규빗이었다.

22 그 창문과 현관과 종려나무 장식도 동쪽 방향으로 향한 문과 크기가 같았다. 일곱 개의 계단을 올라가면 그 앞에 현관이 있었다.

23 동쪽 문에서와 같이 안뜰 문이 북쪽 문 맞은편에 있었다. 그가 한쪽 문에서 다른 쪽 문까지를 쟀더니 100규빗이었다.

24 남쪽 문 그러고 나서 그가 나를 남쪽으로 인도했는데 남쪽 방향으로 난 문이 보였다. 그가 그 문기둥과 현관을 쟀더니 먼저 잰 것들과 같았다. _{21절}

25 그 안에 창문들이 나 있고 그 현관에도 창문들이 둘려 있었다. 그것도 다른 문들의 창문들과 같았다. 길이가 50규빗, 너비가 25규빗이었다. _{22절}

26 일곱 개의 계단을 올라가면 문들이 있고 그 앞에 현관이 있으며 그 양쪽 문기둥에는 종려나무가 새겨져 있었다.

27 안뜰에 역시 남쪽 방향을 향해 난 문이 있었는데 그가 그 문에서 남쪽 방향을 향해 난 문기둥까지를 쟀더니 100규빗이었다.

28 안뜰로 들어가는 문 그리고 그는 남쪽 문을 통해 나를 안뜰로 데려갔다. 그가 남쪽 문을 쟀더니 먼저 잰 것들과 같았다.

29 문지기 방과 문기둥과 현관도 먼저 잰 것들과 같았다. 거기에도 창문들이 나 있었고 현관에도 창문들이 죽 둘려 있었다. 길이가 50규빗, 너비가 25규빗이었다.

30 둘러서 있는 현관들은 길이가 25규빗, 너비가 5규빗이었다.

31 그 현관은 바깥뜰을 향해 있었고 그 문기둥에는 종려나무가 새겨져 있었으며 그곳으로 가려면 여덟 개의 계단을 올라야 했다.

32 그리고 그는 나를 안뜰 동쪽 방향으로 데리고 갔다. 그가 그 문을 쟀더니 먼저 잰 것들과 같았다. _{21절}

에스겔이 환상 속에서 성전을 바라보며 서 있는

33 문지기 방과 문기둥과 현관도 먼저 잰 것들과 같았다. 거기에도 창문들이 나 있었고 현관에도 창문들이 죽 둘려 있었다. 길이가 50규빗, 너비가 25규빗이었다.

34 현관은 바깥뜰을 향해 있었고 양쪽 문기둥에는 종려나무가 새겨져 있었다. 그곳으로 가려면 여덟 개의 계단을 올라야 했다.

35 그러고 나서 그는 나를 북쪽 문으로 데려가 그곳을 쟀다. 먼저 잰 것들과 같았다.

36 문지기 방, 문기둥, 현관, 그리고 둘러서 창문들이 나 있었다. 길이가 50규빗, 너비가 25규빗이었다.

37 그 문기둥들은 바깥뜰을 향해 있었고 양쪽 문기둥에는 종려나무가 새겨져 있었다. 그곳으로 가려면 여덟 개의 계단을 올라야 했다.

38 제사를 준비하는 방 문들의 문기둥들 옆에는 출입문이 달린 방이 있었는데 그곳은 번제물을 씻는 곳이다. *17절:46:2;대하 4:6*

39 문의 현관에는 양쪽에 각각 탁자가 두 개씩 있었다. 그곳에서 번제물, 속죄제물과 속건제물을 잡았다. *42절;레 1:3~4;4:2~3;5:1~6*

40 바깥에서 북문 계단으로 올라오는 입구 양쪽에 탁자가 두 개씩 있었다.

41 이렇게 문 통로 이쪽에 네 개, 저쪽에 네 개, 이렇게 모두 여덟 개의 탁자가 있었고 그 위에서 희생제물들을 잡았다. *40절*

42 그리고 그곳에는 돌을 다듬어 만든 네 개의 번제용 탁자가 있었는데 그것은 각각 길이가 1.5규빗, 너비가 1.5규빗, 높이가 1규빗이었다. 그 위에는 번제물과 다른 희생제물들을 죽이는 데 쓰는 기구들을 놓아두었다. *출 20:25*

43 그리고 방 안에는 한 뼘 정도 되는 갈고리들이 사면에 부착돼 있었고 탁자들 위에는 제물용 고기들이 놓여 있었다.

44 제사장들을 위한 방 안뜰 안과 안쪽 문 밖에는 노래하는 사람들의 방들이 있었다. 하나는 북쪽 문에서 남쪽을 바라보고 있었고 다른 하나는 남쪽 문에서 북쪽을 바라보고 있었다. *17,38절;대상 6:31~32*

45 그가 내게 말했다. "남쪽을 바라보고 있는 이 방은 성전 일을 맡은 제사장들이 사용하는 방이고 *48:11;레 8:35;민 1:53;대상 9:23*

성경 속 성전들

솔로몬 성전 다윗이 건축 재료를 준비하고 솔로몬이 7년 동안 지은 성전. BC 587년 바벨론 느부갓네살 왕의 침략으로 무너졌다(왕하 25:8~9).

스룹바벨 성전 바벨론 포로에서 돌아온 이스라엘 백성들이 페르시아 왕의 후원을 받아 지었던 성전(사 44:28). 원래의 성전으로부터 옮겨 온 많은 기구들로 채워졌으나 잃어버린 언약궤는 찾지 못했다.

에스겔 성전 에스겔이 환상 중에 본 성전(겔 40~43장). 솔로몬 성전과 비슷하지만 실제로 지어지지는 않았다.

헤롯 성전 이스라엘 백성들의 지지를 얻기 위해 헤롯이 지었던 성전. 엄청난 예산과 기간이 소요되었으나 AD 70년 로마에 의해 예루살렘이 함락될 때 완전히 소실되었다.

46 북쪽을 바라보고 있는 방은 제단 일을 맡은 제사장들이 사용하는 방이다. 그들은 사독의 자손들로 레위 자손이요, 여호와께 가까이 나아가 그분을 섬기는 사람들이다."

47 **뜰과 제단** 그리고 그는 성전 뜰을 쟀다. 그곳은 정사각형으로 길이가 100규빗, 너비가 100규빗이었다. 제단은 성전 앞에 있었다.

48 **현관** 그는 나를 성전 현관으로 데려가서 현관의 문기둥을 쟀는데 이쪽이 5규빗, 저쪽도 5규빗이었다. 그 문의 너비는 이쪽이 3규빗, 저쪽도 3규빗이었다.

49 현관은 길이가 20규빗, 너비가 11규빗이었다. 현관으로 올라가는 계단이 있었고 문기둥 옆에는 기둥들이 있었는데 하나는 이쪽에, 하나는 저쪽에 있었다.

41 **바깥 성소** 그리고 그는 나를 성소로 데려갔다. 그러고는 그가 문기둥을 쟀는데 그 두께가 이쪽이 6규빗, 저쪽이 6규빗이었다.

2 문 입구는 너비가 10규빗이었고 문 양쪽 벽은 이쪽이 5규빗, 저쪽이 5규빗이었다. 그는 성소도 쟀는데 그 길이가 40규빗, 너비는 20규빗이었다.

3 **지성소** 그리고 그는 안으로 들어가서 문기둥을 쟀는데 2규빗이었고, 입구는 높이가 6규빗, 너비가 7규빗이었다.

4 그리고 그가 성소를 가로질러서 쟀더니 그 길이가 20규빗, 너비가 20규빗이었다. 그가 내게 말했다. "이곳은 지극히 거룩한 곳이다."

5 **쪽방** 그러고 나서 그는 성전 벽을 쟀다. 그것은 6규빗이었고 성전의 주위에 둘러 있는 각 *쪽방은 너비가 4규빗이었다.

6 쪽방들은 세 층이었는데 한 방 위에 다른 방이 있는 형태로 한 층에 30개씩 있었다. 성전 주위에 받침대가 놓여 있어 그 쪽방들은 거기에 고정돼 있었고 성전 벽에 고정돼 있지는 않았다.

41:5 또는 '골방'. 탁자(41:22, 후7, table) 성소 안에 있는 제단을 말하며, 분향단과 진설병 상의 역할을 함께했다.

7 성전 벽에 고정돼 방을 지지하고 있는 받침대가 계단처럼 놓여 있었으므로 층이 올라갈수록 쪽방들은 넓어졌다. 그러므로 아래층에서 중간층을 지나 위층으로 올라감에 따라 그 구조물의 넓이가 넓어지게 된 것이다.

8 내가 보니 성전 둘레에 받침대가 놓여 있었는데 그것은 쪽방의 기초로서 높이가 막대기 하나, 곧 6규빗이었다.

9 쪽방 바깥벽은 두께가 5규빗이었다. 성전의 쪽방 바깥으로는 빈터가 있었는데

10 방들 사이는 성전 주위로 삼면이 다 폭이 20규빗이 됐다.

11 그 쪽방들의 출입문은 다 뜰을 향해 있었는데 하나는 북쪽 방향을 향하고 하나는 남쪽을 향하고 있었다. 그리고 그 주위에 둘러 있는 뜰의 폭은 5규빗이었다.

12 서쪽 방향 성전 뜰 맞은편에 서 있는 건물은 너비가 70규빗이었고 그 건물 사면의 벽은 두께가 5규빗이며 그 길이는 90규빗이었다.

13 **성전을 잼** 그리고 그는 성전을 쟀는데 길이는 100규빗이었고 서쪽 뜰은 그 건물과 벽까지 다 해서 길이가 100규빗이었다.

14 성전의 정면을 포함해서 동쪽 성전 뜰의 너비는 100규빗이었다.

15 그러고 나서 그는 뜰 뒤의 맞은편에 있는 건물의 길이를 쟀는데 그 양쪽 쪽방들을 포함해서 100규빗이었다. 이는 안쪽 성소와 뜰의 현관

16 **장식** 문턱과 좁은 창문들을 포함한 것이다. 문턱 안에 세 층에 둘러 있는 쪽방은 땅에서 창문까지 나무판자와 문들은 이미 가려져 있었다.

17 입구 위의 공간과 안쪽 성소까지, 바깥그리고 성소의 안팎 주위에 둘러 쳐진 벽도 그렇게 돼 있었다.

18 판자에는 그룹과 종려나무가 새겨져 있었고 종려나무는 그룹과 그룹 사이에 있었다. 그룹은 각각 두 얼굴을 가지고 있었다.

19 한쪽에는 종려나무를 향한 인간의 얼굴,

다른 쪽에는 종려나무를 향한 젊은 사자의 얼굴이 있었다. 그 모양은 성전 전체를 돌려가며 새겨져 있었다. 1:10;10:14

20 바닥에서부터 입구 위쪽 부분까지 그룹과 종려나무가 성소 벽 전체에 새겨져 있었다.

21 **탁자와 문** 성전의 문기둥은 네모나게 생겼고 성소의 정면도 그렇게 생겼다. 1,4절

22 나무로 된 제단은 높이가 3규빗, 길이가 2규빗이고 모서리와 길이와 옆면이 나무로 만들어졌다. 그 사람이 내게 말했다. "이것은 여호와 앞에 있는 탁자다."

23 성전과 성소에 문이 두 개 있었는데

24 문마다 두 개의 문짝을 가지고 있었으며 두 개의 돌쩌귀가 달린 문짝들이었다. 이 문도 두 짝, 저 문도 두 짝이었다. 왕상6:34

25 성전 문에도 벽에 새겨진 것 같은 그룹과 종려나무가 새겨져 있었고 성전 현관 밖의 정면에는 나무로 만든 디딤판이 있었다.

26 현관 양쪽에는 좁은 창들이 있었고 종려나무가 새겨져 있었다. 성전의 쪽방에도, 디딤판 위에도 그렇게 돼 있었다. 5-9절

42

제사장 방의 용도 그 사람은 나를 북쪽 방향의 길을 통해서 바깥뜰로 데리고 나갔다. 그는 나를 성전 뜰 앞과 북쪽을 향한 건물 앞에 있는 방들로 데리고 갔다. 40:17;41:12-13,15

2 문이 북쪽을 향하고 있는 이 건물은 길이가 100규빗, 너비가 50규빗이었다.

3 이 건물은 세 개 층의 쪽방이 있는 건물로서 20규빗 되는 안뜰과 바깥뜰 포장된 곳과 마주 대하고 있었다. 40:17;41:10,15-16

4 방들 앞으로는 안쪽을 향해 너비 10규빗, 길이 100규빗의 복도가 있었고 그것들의 문은 북쪽을 향해 있었다. 46:19

5 맨 위에 있는 방이 가장 좁은데 그것은 아래층, 중간층보다 복도가 더 많은 공간을 차지하고 있었기 때문이다.

6 방들은 3층으로 돼 있었고 성전 뜰에 있는 기둥들과 같은 기둥들이 없었다. 그래서 위층이 아래층, 중간층보다 좁아졌다.

7 바깥뜰을 향한 방들 앞에 있는 바깥벽은 방들과 평행을 이루고 있었는데 그것의 길이는 50규빗이었다. 2,10,12절

8 바깥뜰을 향해 있는 방들의 길이는 50규빗이었으며 성전을 마주 보고 있는 방들의 길이는 100규빗이었다. 41:13-14,21,23

9 이들 아래쪽 방들은 바깥뜰에서 그것들에 들어올 때 입구가 동쪽으로 나 있었다.

10 뜰 맞은편, 건물 맞은편 동쪽 방향의 뜰 두꺼운 벽에도 방들이 있었다. 1,7절;40:17

11 그 방들 앞에도 통로가 있었고 그 형태가 북쪽 방향의 방들과 비슷했다. 그 길이와 너비도 다른 방들과 같았고 그 통로와 입구는 설계한 대로였다. 4절

12 남쪽 방향의 방들의 문과 대칭으로 문이 하나 있었는데 방들로 들어갈 때 동쪽 방향 벽 바로 앞 통로 어귀에 있었다.

13 그러고 나서 그가 내게 말했다. "성전 뜰 앞에 있는 북쪽 방들과 남쪽 방들은 거룩한 방이다. 여호와께 나아가는 제사장들

이 지극히 거룩한 예물들을 그곳에서 먹을 것이다. 그곳은 거룩한 곳이므로 그들이 지극히 거룩한 제물들, 곧 곡식제사와 속죄제와 속건제의 제물들을 그곳에 둘 것이다.

10:13;40:46,39;레 6:16,26;민 18:9

14 제사장들이 한번 성소에 들어가면 그곳으로부터 그냥 바깥뜰로 나오지 못하고 그들이 입고 섬기던 그들의 옷을 벗어 놓고 나와야 한다. 이는 제사장들의 옷이 거룩하기 때문이다. 그들은 다른 옷으로 갈아입고 나서야 백성들을 위한 뜰로 가까이 갈 수 있다.”

44:19;레 6:11

15 성전 바깥뜰 그는 성전 안쪽을 다 재고 난 뒤 동쪽 방향으로 향하고 있는 문으로 나를 데리고 나가서 그 주변을 모두 쟀다.

16 그가 길이를 재는 막대기로 동쪽을 쟀더니 500규빗이었다.

40:3

17 그가 북쪽을 쟀더니 길이를 재는 막대기로 500규빗이었다.

18 그가 남쪽을 쟀더니 길이를 재는 막대기로 500규빗이었다.

19 그가 서쪽으로 가서 쟀더니 길이를 재는 막대기로 500규빗이었다.

20 이렇게 그는 사면을 모두 쟀다. 사면을 둘러 모두 벽이 있었는데 그 길이가 500규빗, 너비가 500규빗이었다. 그 벽은 거룩한 곳과 속된 곳을 구별하기 위한 것이었다.

43 성전에 다시 영광이 돌아옴 그 후 그 사람이 나를 동쪽 방향으로 향하는 문으로 인도했다.

40:6

2 그곳에서는 이스라엘 하나님의 영광이 동쪽 방향으로부터 나오고 있었다. 그분의 목소리는 세차게 흐르는 물소리 같았고 땅은 그분의 영광으로 인해 빛이 났다.

3 내가 본 환상의 형태는 주께서 그 성읍을 멸망시키려고 오셨을 때 본 환상의 모습과 같았고 또 내가 그발 강 가에서 본 환상의 모습과 같았다. 그래서 내 얼굴을 땅에 대고 내가 엎드렸다.

1:1,4~28;9:1~2,5

4 그러자 여호와의 영광이 동쪽 방향으로 향한 문을 통해서 성전으로 들어왔다.

5 그리고 주의 영이 나를 들어 올려서 안쪽 뜰로 데리고 가셨는데 여호와의 영광이 성전을 가득 채웠다.

왕상 8:10~11;사 6:1

6 성전의 거룩함 나는 성전 쪽에서 누가 내게 말하는 것을 들었다. 한 사람이 내 옆에 서 있었다.

40:3;출 25:22

7 그분이 내게 말했다. “사람아, 이곳은 내 보좌가 있을 곳이며 내 발이 있을 곳이다. 이곳이 바로 이스라엘 자손들 가운데서 내가 영원히 살 곳이다. 이스라엘 족속, 곧 그들과 그들의 왕들이 다시는 그들의 창녀 짓으로나 그들의 산당에 있는 그들의 왕들의 시체로 인해 내 거룩한 이름을 더럽히지 않을 것이다.

시 99:1;사 60:13

8 내 문턱 곁에 자기 문턱을 두고 내 문기둥 곁에 그들의 문기둥을 두며 그들과 나 사이에 벽을 두고서 그들이 자행한 혐오스러운 일들로 인해 그들이 내 거룩한 이름을 더럽혔다. 그래서 내가 진노해 그들을 멸망시켰다.

7갈;42:20

9 이제 창녀 짓과 그들의 왕들의 시체들을 내게서 멀리하도록 하여라. 그러면 내가 그들 가운데서 영원히 살 것이다.

10 죄인들이 부끄러워할 사람아, 성전의 모습을 이스라엘 족속에게 알려 주어서 그들이 그들의 죄악을 부끄러워하게 하고 그들로 하여금 성전의 모양을 측정하게 하여라.

11 그리고 만약 그들이 행한 모든 일들을 그들이 부끄러워하면 그 성전의 모양과 그 배열과 출입구들과 전체 모습과 모든 법령과 모든 법도와 모든 율법을 그들에게 보여 주어라. 그리고 그것을 그들이 보는 데서 기록해 그들이 그의 모든 법도와 그의 모든 법령들을 지키고 그것들을 실행하도록 하여라.

12:3;44:5

12 주변에 거룩할 이것이 성전의 법도다. 산꼭대기 주변의 지역은 지극히 거룩할 것이다. 이것이 성전의 율법이다.”

40:2

13 제단 “이것들은 제단을 큰 규빗으로 측정한 것이다. (큰 1규빗은 1규빗에다 한 뼘만큼 더한 길이다.) 밑받침은 높이가 1규빗,

너비가 1규빗이고, 그 가장자리를 둘러 있는 경계는 너비가 한 뼘이다. 그리고 제단의 높이는 이러하다.

출 27:1-8

14 바닥에 닿는 밑받침까지부터 아래쪽 단까지는 높이가 2규빗, 단의 너비가 1규빗이고 그 단부터 그다음 단까지는 높이가 4규빗, 단의 너비가 1규빗이다.

45:19

15 번제단의 높이는 4규빗이고 그 위에 솟은 뿔이 네 개다.

출 27:2

16 번제단은 길이가 12규빗, 너비가 12규빗으로 정사각형이다.

40:47;출 27:1

17 그 밑의 단도 길이가 14규빗, 너비가 14규빗으로 정사각형인데 그 가장자리를 둘러 있는 경계는 2분의 1규빗이고 1규빗짜리 받침이 둘러 있다. 제단의 계단은 동쪽을 향하고 있다.'

출 20:26

18 번제를 드릴 그리고 그분이 내게 말했다. "사람아, 주 여호와가 이렇게 말한다. 이것들은 제단 만드는 날에 그 위에서 번제를 드리고 그 위에 피를 뿌리는 제단에 관한 규례들이다.

2:1;레 1:5

19 사독의 후손들로 나를 섬기려고 내게 다가오는 레위 사람들인 제사장들에게 너는 속죄제물로 어린 수송아지 한 마리를 주어라. 주 여호와의 말이다.

신 17:9;18:1

20 너는 그 피를 조금 가져다가 제단 위의 네 뿔과 제단 아래 단 네 귀퉁이와 그 가장자리에 발라서 제단을 정결하게 하고 속죄하여라.

13,17절;45:19;출 29:12,36;레 8:15

21 너는 속죄제물로 수송아지를 가져다가 성소 밖에 있는 성전의 정해진 장소에서 태워라.

출 29:14

22 둘째 날에는 네가 속죄제물로 흠 없는 숫염소 한 마리를 드려서 수송아지로 정결하게 한 것처럼 제단을 정결하게 하여라.

23 네가 제단을 정결하게 하기를 끝마쳤을 때 흠 없는 수송아지 한 마리와 양 떼 가운데 흠 없는 숫양 한 마리를 드리도록 하여라.

24 네가 여호와 앞에 그것들을 드려라. 그리고 제사장들은 그 위에 소금을 뿌려서 그것들을 여호와께 번제로 드릴 것이다.

25 너는 7일 동안 속죄제물로 매일 숫염소 한 마리를 준비하고 또한 흠 없는 어린 수송아지와 양 떼 가운데 흠 없는 숫양 한 마리씩을 준비하여라.

출 29:35-36;레 8:33,35

26 7일 동안 그들이 제단을 속죄하고 정결하게 해 봉헌할 것이다.

27 이날들이 끝나고 8일째 되는 날과 그 이후에는 제사장들이 네 번제물과 화목제물을 제단에 바칠 것이다. 그러면 내가 너희를 받아들일 것이다. 주 여호와의 말이다."

44 왕의 문

그리고 그분은 나를 동쪽을 향해 난 성소 바깥문 방향으로 다시 데리고 갔다. 그런데 문이 닫혀 있었다.

43:1,5

에스겔이 본 성전 환상은 무엇인가요?

에스겔 40장부터는 성전과 그에 따른 자세한 내용들이 나와요. 에스겔이 본 이 성전 환상은 문자적인 의미보다 상징적으로 보는 것이 타당해요.

그 이유는 첫째, 모세의 장막은 백성들에게 헌물을 바치게 하고, 성소를 건립하게 하셨던(출 25:2-9) 반면에 에스겔의 성전은 이미 완성되어 있어서 에스겔은 완성된 성전의 크기와 모양을 보았을 뿐이에요.

둘째, 에스겔의 성전에는 성소와 지성소의 치장, 법궤, 대제사장에 대한 언급이 전혀 없어요.

셋째, 에스겔의 성전과 그 주변의 측량 때문이에요. 성전 자체의 면적이 포로 이전의 예루살렘 도시의 총 면적보다 훨씬되고 넓어요.

넷째, 성전에서 흘러나오는 강물 때문이에요. 이 강물을 글자 그대로 본다면 그 내용은 당연히 이해가 되지 않을 거예요. 어떻게 성전 가운데 큰 강이 넘쳐나 있겠어요? 따라서 에스겔의 성전이 실제 성전 건축을 위한 것이 아니라면 이 놀라운 환상 가운데 담긴 깊은 의미를 발견하는 것이 중요합니다.

2 여호와께서 내게 말씀하셨다. "이 문은 닫혀 있고 열리지 않을 것이다. 아무도 이 문을 통해 들어올 수 없다. 이스라엘의 하나님 여호와가 이 문을 통해 들어갔기 때문이다. 그러므로 이 문은 닫혀 있을 것이다.

3 오직 왕만이 그 안에 앉아서 여호와 앞에서 음식을 먹을 수 있다. 그는 통로의 현관 쪽 문을 통해 들어올 수 있을 것이요, 나갈 때도 같은 길로 나갈 것이다."

4 무할례자는 들어가지 못함 그러자 그분이 성전 앞 북쪽 문을 통해 나를 데려갔다. 내가 보니 여호와의 영광이 여호와의 성전을 가득 채우고 있었다. 그래서 나는 얼굴을 땅에 대고 엎드렸다. 1:28;43:5

5 여호와께서 내게 말씀하셨다. "사람아, 내가 여호와의 성전에 대한 모든 규례와 모든 율법에 대해 네게 말하는 것 모두를 네 마음속에 잘 간직하여라. 네 눈으로 똑똑히 보고 네 귀로 잘 들어라. 성전의 모든 입구와 성소의 모든 출구에 대해 주의해야 한다. 40:4;43:11

6 반역하는 이스라엘 족속에게 말하여라. 주 여호와가 이렇게 말한다. 이스라엘 족속아, 너희의 혐오스러운 일들은 그것으로 충분하다! 3:45:9

7 너희가 마음과 몸에 할례를 받지 않은 이방 사람들을 데려와 내 성소 안에 있게 해서 내 성전을 더럽히고 너희가 내게 음식과 기름과 피를 바쳤으나 너희의 모든 혐오스러운 일들로 인해 너희가 내 언약을 깨 버렸다. 레 3:11;느 7:64~65;렘 9:26;행 7:51;21:28

8 너희가 내 거룩한 물건들에 관한 의무를 지키지 않았다. 도리어 너희는 사람을 둬 너희 대신 내 성소를 지키게 했다. 22:26

9 나 주 여호와가 이렇게 말한다. 마음과 몸에 할례를 받지 않은 이방 사람은 이스라엘 자손들 가운데서 살고 있는 이방 사람들이라고 할지라도 어느 누구도 내 성소에 들어오지 못할 것이다. 7절

10 레위 사람에 대한 책망 이스라엘이 길을 잃었을 때 내게서 멀리 떠나고 또 길을 잃고 나를 떠나 그들의 우상들을 쫓았던 레위 사람들은 자기의 죄를 감당해야 할 것이다.

11 그러나 그들은 성전 문지기로서, 또 성전을 섬기는 사람들로서 내 성소에서 섬길 것이다. 그들은 백성들을 위해 번제물과 희생제물을 잡고 백성들 앞에 서서 그들을 섬길 것이다. 46:24;대하 16:9;대상 26:1

12 그들이 우상들 앞에서 백성을 섬기고 도리어 이스라엘 족속이 죄에 빠지게 하는 걸림돌이 됐기 때문이다. 그러므로 내가 그들에게 대적해 손을 들어 맹세하니 그들이 그들의 죄를 감당해야 할 것이다. 주 여호와의 말이다. 시 106:26;말 2:8

13 그들은 내 제사장으로 내게 가까이 오지 못할 것이고 내 거룩한 물건 어떤 것이나, 내 지극히 거룩한 제물 가운데 어떤 것에도 가까이하지 못할 것이다. 그들은 그들의 수치와 그들이 자행한 혐오스러운 일들을 감당해야 할 것이다. 민 18:3;왕하 23:9

14 그러나 내가 성전의 직무와 모든 시중과 그 안에서 해야 할 모든 일을 그들에게 맡길 것이다. 40:45;대상 23:28;32

15 사독 자손의 제사장들 그러나 이스라엘 자손이 내게서 떠나 길을 잃었을 때 충실하게 내 성소의 직무를 맡았던 사독 자손인 레위 사람 제사장들은 나를 섬기기 위해 내게 가까이 올 수 있다. 그들이 내 앞에 서서 기름과 피로 제물을 내게 바칠 것이다. 주 여호와의 말이다. 신 10:8

16 그들은 내 성소로 들어올 수 있을 것이고 내 상에 가까이 다가와서 나를 섬기고 내가 맡긴 직무를 수행할 것이다. 41:22

17 제사장의 옷 그들은 안뜰의 문으로 들어올 때 모시옷을 입어야 한다. 그들이 안뜰 문이나 성전 안에서 섬길 때 양털 옷을 입어서는 안 된다. 출 28:39;39:27;계 15:6

18 그들은 머리에 모시 띠를 두르고 허리에 모시 속옷을 입을 것이다. 땀이 날 만한

것은 어떤 것도 걸쳐서는 안 된다.

19 바깥으로 나가 백성들에게로 나갈 때 그들은 안에서 섬길 때 입었던 옷을 벗어서 거룩한 방에 놓고 다른 옷을 입어야 한다. 그들이 그들의 옷으로 백성들을 거룩하게 할 수 없도록 하려는 것이다.

20 제사장에 대한 규례 그들은 머리를 면도하거나 기르지 말아야 한다. 다만 그들의 머리를 잘 손질하기만 해야 할 것이다.

21 어떤 제사장도 그들이 안뜰로 들어갈 때 포도주를 마셔서는 안 된다. 레 10:9

22 그들은 과부나 이혼한 여자를 아내로 맞아들이지 말아야 하고 오직 이스라엘 족속의 자손인 처녀나 제사장 남편을 두었던 과부를 맞아들일 것이다. 레 21:7,13~14

23 그들은 내 백성들에게 거룩한 것과 속된 것의 구별을 가르치고 그들이 부정한 것과 정결한 것을 구별하게 해야 한다.

24 어떤 논쟁이 있다면 제사장들은 재판자가 돼서 내 규례에 따라서 심판해야 한다. 제사장들은 모든 정해진 절기에 내 율법과 내 법령을 지켜야 하고 내 안식일을 거룩하게 지켜야 한다. 22:26; 신 17:8~9; 대하 19:8

25 제사장은 죽은 사람 가까이에 가서 자신을 더럽히지 말 것이다. 그러나 죽은 사람이 자기 아버지나 어머니나 아들이나 딸이나 형제나 결혼하지 않은 자매일 때는 그가 자신을 더럽혀도 된다. 레 21:1~3

26 그가 정결하게 된 뒤에 그는 7일을 기다려야 한다. 민 19:11~12

27 성소에서 섬기려고 성소의 안뜰에 들어가는 날 그는 자신을 위해 속죄제물을 드려야 한다. 나 주 여호와의 말이다. 42:13

28 유산이 없는 제사장 그들의 * 유산에 관해서 말하자면 내가 그들의 * 유산이다. 너희는 이스라엘 가운데서 그들에게 어떤 재산도 주어서는 안 된다. 내가 그들의 재산인 것이다.

29 그들은 곡식제물과 속죄제와 속건제의 제물을 먹을 것이다. 이스라엘에서 여호와께 *바쳐진 모든 것이 그들의 것이 될 것이다.

30 모든 것의 첫 열매와 너희가 바친 모든 특별한 예물 중에 가장 좋은 것이 제사장들의 것이 될 것이다. 너희는 또한 너희의 첫 밀가루를 제사장에게 주어서 너희 집에 복을 내리게 하라. 말 3:10

31 제사장에 대한 규례 제사장들은 새나 짐승 가운데 자연적으로 죽은 것이나 들짐승에 찢긴 것을 먹지 말아야 한다." 레 22:8

45

거룩한 땅 "'너희가 땅을 제비 뽑아 나눠 유산으로 삼을 때 땅 가운데 한 구역을 여호와를 위해 거룩하게 구별해 두라. 그 길이는 2만 5,000규빗, 너비는 1만 규빗으로 해야 한다. 그 주변 구역은 모두 거룩할 것이다.

2 이 가운데 가로, 세로 500규빗 되는 정사각형 구역은 성소를 위한 것이다. 그 주변 가장자리 50규빗은 비워 두라.

3 이곳에서 길이 2만 5,000규빗, 너비 1만 규빗 되는 구역을 재서 그 안에 성소를 둘 것이니 그곳은 지극히 거룩한 곳이다.

4 그곳은 거룩한 땅으로 성소를 섬기는 사

람들, 곧 여호와를 섬기려고 가까이 나아오는 제사장들에게 속한 땅이다. 그곳은 제사장들의 집터요, 성소를 위한 거룩한 곳이다. 48:11-12

5 길이 2만 5,000규빗, 너비 1만 규빗의 성전에서 섬기는 레위 사람들의 것으로 성읍을 세워 살게 하라.'"

6 성읍의 소유지 "'너희는 거룩한 구역 옆에다가 너비 5,000규빗, 길이 2만 5,000규빗의 구역을 정해 그 성읍의 소유지로 삼으라. 그것은 이스라엘 족속 모두에게 속한 것이다.

7 왕의 땅 왕은 거룩한 지역과 성읍의 소유지의 양쪽 땅 모두를 소유하게 된다. 그 경계는 거룩한 지역과 성읍의 소유지를 따라서 서쪽으로는 서쪽 경계까지, 동쪽으로는 동쪽 경계까지 그 길이는 서쪽 경계에서 동쪽 경계까지 한 지파가 받는 땅과 나란히 있을 것이다. 44:3;48:21

8 이 땅은 이스라엘에서 왕의 소유지가 될 것이다. 그러면 내 왕들이 더 이상 내 백성들을 압제하지 않고 나머지 땅을 그들의 지파에 따라 이스라엘 족속에게 줄 것이다.'

9 공평한 왕들 '나 주 여호와가 이렇게 말한다. 이스라엘 왕들아, 이제 그만하라! 너희는 부정과 폭력을 버리고 정의와 의로움을 행하며 내 백성들에게서 빼앗는 일을 중지하라. 나 주 여호와의 말이다.

10 너희는 공평한 저울과 공평한 에바와 공평한 밧을 사용해야 한다. 레 19:35-36

11 에바와 밧은 크기를 같게 해 밧이 호멜의 10분의 1, 에바가 호멜의 10분의 1이 되게 하라. 그 둘의 크기는 호멜에 따라야 할 것이다. 신 25:14-15;사 5:10

12 세겔은 20게라다. 20세겔 더하기 25세겔 더하기 15세겔은 1마네가 되는 것이다.'"

13 백성들의 예물 "'이것이 너희가 드려야 할 예물이다. 곧 밀 1호멜에서 6분의 1에바를 드리고 보리 1호멜에서 6분의 1에바를 드려야 할 것이다. 44:30

14 기름은 규례대로 1고르당 10분의 1밧이다. 10밧은 1호멜과 같으므로 1고르는 1호멜 또는 10밧이다. 스 7:22

15 또 이스라엘의 풍성한 목초지에서 200마리 양 떼 가운데 1마리를 드릴 것이다. 이것들은 백성들의 속죄를 위해 곡식제사와 번제와 화목제로 쓰일 것이다. 나 주 여호와의 말이다. 레 1:4

16 그 땅의 모든 백성들은 이 예물을 이스라엘의 왕에게 드릴 것이다.

17 제사에서 왕의 역할 명절과 초하룻날과 안식일과 이스라엘 족속의 모든 정해진 절기 때 번제물과 곡식제물과 전제물을 드리는 것은 왕이 할 일이다. 그는 이스라엘 집의 속죄를 위해 속죄제, 곡식제사, 번제, 화목제를 준비해야 한다. 35:7

18 속죄제 나 주 여호와가 이렇게 말한다. 첫째 달 첫째 날에는 너희가 흠 없는 어린 수송아지를 잡고 성소를 정결하게 할 것이다.

19 제사장은 속죄제의 피를 가져다가 성전

하나님은 왜 저울 사용법을 말씀하셨나요?

성경에는 지금 사용하지 않는 많은 도량형의 단위들이 나와요. 에스겔에서도 하나님은 에바, 밧, 호멜, 게라, 마네 등 여러 종류의 도량형에 대해 말씀하셨어요(겔 45:9-12).

왜 하나님은 이렇게 많은 종류의 저울 사용법을 말씀하신 걸까요?

그것은 하나님의 공의와 정의의 모습을 보여 주며, 특별히 지도자들이 정의롭게 행하는 것을 하나님이 기뻐하심을 알려 주기 위해서였어요(겔 45:9).

하나님은 특별히 구약성경 전체에 걸쳐 사유 재산 보호(출 20:17), 착취와 횡포 금지(출 22:21-27), 공정한 임금 지급(신 24:14-15) 등 사회 정의에 대해 매우 강력하면서 말씀하셨어요.

하나님은 우리가 모든 면에서 하나님처럼 올바르게 살아가기를 원하십니다.

문기둥과 제단 아래 단 네 귀퉁이와 안뜰
문의 문기둥에 바를 것이다. 출 12:7

20 너희 가운데 의도하지 않고 죄를 지었거
나 모르고 죄를 지은 사람을 위해 매달
7일에도 이와 똑같이 해야 한다. 그렇게
해서 너희가 성전을 속죄할 것이다.

21 유월절 첫째 달 14일에는 너희가 유월절을
지키라. 7일간의 명절 기간 동안 너희는
누룩 없는 빵을 먹을 것이다. 레 23:5

22 그날 왕은 자신과 그 땅의 모든 백성들을
위해서 속죄제물로서 수송아지 한 마리
를 준비할 것이다. 17절

23 명절의 7일 동안 그는 매일 흠 없는 수송
아지 일곱 마리와 숫양 일곱 마리를 번제
물로 드려야 한다. 또 숫염소 한 마리를 속
죄제물로 여호와께 드려야 한다.

24 그는 곡식제사를 수송아지 한 마리에 1에
바씩, 숫양 한 마리에 1에바씩, 그리고 그
1에바마다 기름 1힌씩을 같이 드려야 한다.

25 일곱째 달 15일의 명절에도 그는 7일 동안
이와 같이 해 속죄제물과 번제물과 곡식
제물과 기름을 드릴 것이다.'"

46 안식일과 초하룻날 "'나 주 여호와
가 이렇게 말한다. 안뜰 동쪽으
로 향하는 문은 일하는 6일간은 닫아 놓
을 것이다. 안식일에는 열어 놓을 것이다.
또 초하룻날에도 열어 놓을 것이다.

2 왕은 밖에서 문의 현관 통로를 통해 들어
와 문의 문기둥 옆에 서야 한다. 제사장들
은 왕의 번제와 화목제를 준비해야 한다.
왕은 문턱에서 경배를 드린 뒤 밖으로 나
갈 것이다. 그 문은 저녁때까지 닫지 말 것
이다. 9:3:40:38-39:44:3:45:19

3 이와 같이 이 땅 백성들도 안식일과 초하
룻날에 그 문 입구에서 여호와 앞에 경배
해야 한다. 9절

4 왕이 안식일에 여호와께 드릴 번제물은 흠
없는 어린양 여섯 마리와 흠 없는 숫양 한
마리다. 45:17:민 28:9-10

5 곡식제물로 숫양 한 마리에 1에바, 곡식제
물로 어린양에 대해서는 그가 드리고 싶

은 대로 드릴 것이다. 1에바에 기름 1힌을
함께 드려야 한다. 14절:45:24;신 16:17

6 초하룻날에는 흠 없는 수송아지 한 마리,
어린양 여섯 마리, 숫양 한 마리를 드려야
한다. 모두 흠이 없어야 할 것이다.

7 또 곡식제물은 수송아지 한 마리에 1에바,
숫양 한 마리에 1에바, 어린양들에 대해서
는 그가 드리고 싶은 대로 드릴 것이다. 또
1에바에 기름 1힌씩을 드릴 것이다.

8 왕이 들어갈 때는 그 문의 현관을 통해 들
어가고 그와 같은 길로 나갈 것이다.

9 입구와 출구 그 땅의 백성들이 정한 절기에
여호와 앞에 나올 때 북쪽 문으로 들어와
서 경배한 사람은 남쪽 문으로 나갈 것이
고 남쪽 문으로 들어와 경배한 사람은 북
쪽 문으로 나갈 것이다. 그가 들어온 문으
로 돌아가지 말고 반대쪽 문으로 나가야
하는 것이다. 3절:출 23:14-17;신 16:16

10 왕은 그들 가운데 있어서 그들이 들어올
때 그가 들어오고 그들이 나갈 때 나가야
한다. 시 42:4

11 소제와 자원제 명절 때와 정해진 절기에 드
릴 곡식제물은 수소 한 마리에 1에바, 숫
양 한 마리에 1에바, 어린양들에 관해서는
그가 드리고 싶은 대로 드릴 것이다. 1에바
에 기름 1힌씩을 같이 드릴 것이다.

12 왕이 자진해서 여호와께 번제물이나 화목
제물을 드릴 때는 그를 위해 동쪽 문을 열
어 둘 것이다. 그는 안식일에 그가 한 것처
럼 번제와 화목제를 드리고 나갈 것이다.
그가 나가고 나면 문을 닫을 것이다.

13 소제와 번제 너희는 매일 1년 된 흠 없는 어
린양을 여호와께 번제물로 바쳐야 한다.
아침마다 그것을 준비해야 한다.

14 또 아침마다 그것과 함께 곡식제사를 준비
하되 6분의 1에바와 기름 3분의 1힌을 밀
가루와 섞어서 드릴 것이다. 여호와께 드리
는 이 곡식제사는 영원히 계속될 규례다.

15 이렇게 어린양과 곡식제물과 기름을 준비
해 아침마다 정규적인 번제로 드려야 한다.

16 왕의 아들에 대한 유산 나 주 여호와가 이렇

게 말한다. 왕이 자기의 유산을 자기 아들 가운데 하나에게 선물로 주면 그것은 그의 자손에게 속하게 돼 유산으로 그들이 소유할 것이다.

17 그러나 만약 왕이 자기 종들 가운데 하나에게 자기 유산을 선물로 주면 그것은 희년이 될 때까지 그 종의 것이다. 그러나 그 후에는 그가 다시 왕에게 돌려주어야 한다. 왕의 유산은 왕의 아들들의 것이기 때문이다. 유산은 그들의 것이다.

18 왕은 백성들의 유산을 빼앗아서는 안 되고 그들을 그들의 소유지에서 쫓아내서도 안 된다. 왕이 자기 아들들에게 유산으로 줄 것은 자기 소유지에서 주어야 한다. 내 백성들 가운데 어느 누구도 자기 소유지에서 떨어져 나가서는 안 된다.'"

19 **제사 준비** 그리고 그 문의 옆에 있는 입구를 지나 북쪽을 향한 제사장들의 거룩한 방들로 그 사람이 나를 데리고 갔는데 서쪽 끝에 한 곳이 있었다.
_{1절:42:4}

20 그가 내게 말했다. "이곳은 제사장들이 속건제물과 속죄제물을 요리하고 곡식제물을 굽는 곳이다. 이것은 그들이 그 제물들을 바깥뜰로 가져가서 백성들을 거룩하게 하는 일이 없게 하려는 것이다."

21 **요리하는 곳** 그리고 그가 나를 바깥뜰로 데리고 가서 그 뜰의 네 모퉁이를 지나가게 했다. 그런데 각 뜰의 모퉁이마다 다른 뜰이 있었다.

22 바깥뜰의 네 모퉁이에는 닫힌 뜰이 있었는데 그 길이는 40규빗, 너비는 30규빗이었다. 네 모퉁이에 있는 뜰들은 크기가 같았다.

23 네 뜰 둘레에는 돌담이 있었는데 그 밑에는 고기 삶는 곳이 있었다.

24 그가 내게 말했다. "이곳은 부엌으로 성전에서 섬기는 사람들이 백성의 제물을 요리하는 곳이다."
_{44:11}

47 **강이 성전에서 흘러나옴** 그리고 그 사람이 나를 다시 성전 입구로 데려갔는데 성전 문턱 아래로부터 물이 나와서 동쪽으로 흘러가고 있었다. 성전이

동쪽을 향하고 있었기 때문이다. 물은 성전 오른쪽 아래, 제단의 남쪽에서 흘러나오고 있었다.
_{욜 3:18;계 22:1}

2 그가 나를 데리고 북쪽 문 방향으로 나와서 나를 바깥 방향으로, 동쪽으로 향하는 바깥 문 방향으로 인도해 갔다. 물이 오른쪽에서 흘러나오고 있었다.
_{40:6,35}

3 그때 그 사람이 줄자를 손에 쥐고 동쪽으로 가면서 그가 1,000규빗을 재고 나를 데리고 물속으로 갔다. 물이 내 발목까지 차올랐다.
_{40:3}

4 그가 다시 1,000규빗을 쟀다. 그러고는 나를 데리고 물속으로 갔는데 물이 내 무릎까지 차올랐다. 그가 다시 1,000규빗을 쟀다. 그러고는 나를 데리고 물속으로 갔는데 물이 내 허리까지 차올랐다.

5 그가 다시 1,000규빗을 쟀다. 그러자 이제는 강물이 돼 내가 건널 수 없게 됐다. 물이 차올라서 헤엄치기에 충분했고 도저히 건널 수 없는 강이 됐다.

6 그가 내게 물었다. "사람아, 이것을 보느냐?" 그리고 그가 나를 데리고 다시 강둑으로 돌아갔다.
_{21절;8:6}

7 내가 돌아가 보니 강둑을 따라 수많은 나무들이 양쪽에서 서 있었다.
_{12절;계 22:2}

8 그가 내게 말했다. "이 물은 동쪽 지역으로 흘러 아라바로 가서 바다로 들어간다. 강물이 바다에 이르렀을 때 바닷물이 살아나는 것이다.
_{신 1:1:3:17;4:49;수 3:16}

9 강물이 흘러가는 곳마다 떼 지어서 움직이는 모든 생물이 살 것이고 물고기들이 수없이 많을 것이다. 이 물이 그곳으로 가서 바닷물이 살아나게 되기 때문이다. 강물이 흘러가는 곳마다 모든 것이 살 것이다.

10 어부들이 바닷가에 서 있을 것이다. 엔게디에서부터 에네글라임까지 그물 치는 곳이 있을 것이다. 그곳에 사는 물고기들은 그 종류에 있어서 대해의 물고기처럼 매우 많을 것이다.
_{삼상 23:29;사 15:8}

11 그러나 그 늪과 습지는 살아나지 못하고

소금 땅이 될 것이다.

12 갖가지 먹는 열매를 맺는 나무들이 강둑을 따라 양쪽으로 자랄 것이다. 그 나뭇잎이 시들지 않을 것이고 그 열매가 끊이지 않을 것이다. 달마다 열매가 열릴 것이다. 그 강물이 성소에서부터 흘러나오기 때문이다. 그 열매는 음식이 되고 그 잎사귀들은 약이 될 것이다." 렘7:8

13 땅의 공평한 분배 주 여호와께서 이렇게 말씀하셨다. "너희들이 이스라엘 열두 지파에게 유산으로 나눠 줄 땅의 경계는 다음과 같다. 요셉은 두 몫을 얻을 것이다.

14 내가 너희 조상들에게 이 땅을 줄 것이라고 내 손을 들어 맹세했기 때문에 너희는 서로 동등하게 이 땅을 유산으로 나눠 가져라. 이 땅은 너희의 유산이 될 것이다.

15 땅의 경계 이것이 이 땅의 경계다. 북쪽 경계는 대해에서부터 헤들론 길을 따라 르모 하맛을 지나 스닷까지. 민34:8

16 하맛과 브로다까지, 다메섹 경계와 하맛 경계 사이에 놓여 있는 시브라임과 하우란 경계에 있는 하셀핫디곤까지다.

17 그 경계는 바다에서부터 다메섹 북쪽 경계에 있는 하살에논까지다. 또 북쪽에 있는 하맛 경계까지다. 이것이 북쪽 경계다.

18 동쪽 경계는 하우란과 다메섹 사이에서부터 길르앗과 이스라엘 땅 사이에 있는 요단 강을 따라 동쪽 바다까지 다말에 이르렀다. 이것이 동쪽 경계다. 수13:1;율2:20

19 남쪽 경계는 다말에서부터 므리봇 가데스의 물까지고 또 이집트 시내를 따라 대해까지다. 이것이 남쪽 경계다. 대하20:2

20 서쪽 경계는 대해가 경계가 돼 반대편의 르보하맛까지다. 이것이 서쪽 경계다.

21 이방 사람들의 유산 너희는 이스라엘 지파에 따라 이 땅을 유산으로 나눠야 한다.

22 너희는 너희 자신을 위해, 또 너희 가운데 정착해 너희 가운데서 자식을 낳은 이방 사람들을 위해 이 땅을 유산으로 할당하라. 너희는 그들을 이스라엘의 자손으로 태어난 것으로 여겨야 한다. 그들도 너희와 함께 이스라엘 지파 가운데 유산을 할당받아야 한다. 사14:1;롬10:12;엡3:6

23 이방 사람이 어떤 지파에 정착했든 간에 너희는 그에게 그의 유산을 주어야 한다. 주 여호와의 말이다." 민2:25~31;왕상8:65

성경에 묘사된 하나님 나라

- 생명수 강 : 인류를 구원하신 예수 그리스도의 보혈과 성령님을 상징한다(요 4:10; 7:38).
- 생명나무 : 하나님의 은혜로 성도들이 풍성한 생명을 누리게 됨을 상징한다(계 22:2).

	에덴동산	새성전	새 예루살렘
생명수 강	"강 하나가 에덴으로부터 나와서 동산을 적시고 … 첫째 강의 이름은 비손인데 … 기혼인데 … 티그리스인데 … 유프라테스입니다."(창2:10~14)	"… 성전 문턱 아래에서 물이 나와서 동쪽으로 흘러가고 … 도저히 건널 수 없는 강이 됐다.(겔47:1~5)	"그 후 천사는 하나님과 어린 양의 보좌로부터 흘러나오는 수정같이 맑은 생명수 강을 내게 보여 주었습니다. 강물은 도성의 길 한가운데로 흐르고 있고 …"(계22:1~2)
생명나무	"여호와 하나님께서는 보기에도 아름답고 먹기에도 좋은 온갖 나무가 땅에서 자라게 하셨습니다. 동산 한가운데는 생명나무가 있었고 선악을 알게 하는 나무도 있었습니다."(창2:9)	"… 강물이 바다에 이르렀을 때 바닷물이 살아나는 것이나 … 갖가지 먹는 열매를 맺는 나무들이 강둑을 따라 양쪽으로 자랄 것이다. 달마다 열매가 열릴 것이다. 그 강물이 성소에서부터 흘러나오기 때문이다.(겔47:6~12)	"… 강 양쪽에 있는 생명나무는 매달 열매를 맺어 열두 열매를 맺고 나뭇잎들은 사람들을 치료하는 데 쓰입니다."(계22:2)

48 일곱 지파의 땅 "이것들이 지파들의 이름들이다. 북쪽 끝에서부터 헤들론 길을 따라 르보하맛을 지나서 다메섹 경계에 있는 하살에논까지, 곧 북쪽으로 하맛 경계에 이르는 땅의 동쪽에서 서쪽까지는 단의 몫이다.

2 단의 경계 다음 동쪽에서 서쪽까지가 아셀의 몫이다.

3 아셀의 경계 다음 동쪽에서 서쪽까지가 납달리의 몫이다.

4 납달리의 경계 다음 동쪽에서 서쪽까지가 므낫세의 몫이다. 47:13

5 므낫세의 경계 다음 동쪽에서 서쪽까지가 에브라임의 몫이다.

6 에브라임의 경계 다음 동쪽에서 서쪽까지가 르우벤의 몫이다.

7 르우벤의 경계 다음 동쪽에서 서쪽까지가 유다의 몫이다.

8 거룩한 땅 유다 경계 다음 동쪽에서 서쪽까지가 너희가 따로 구별해 드릴 예물이다. 그곳은 너비가 2만 5,000규빗, 길이는 동쪽에서 서쪽까지 한 지파의 몫과 같다. 그 땅 가운데 성소가 있을 것이다.

9 너희가 여호와께 구별해 드릴 예물은 길이가 2만 5,000규빗, 너비가 2만 규빗이다.

10 이 거룩한 예물은 제사장들에게 속하게 될 것이다. 그것은 북쪽으로 길이가 2만 5,000규빗, 서쪽으로 너비가 1만 규빗, 동쪽으로 너비가 1만 규빗, 남쪽으로 길이가 2만 5,000규빗이다. 그 가운데 여호와의 성소가 있을 것이다. 45:4

11 그곳은 제사장들을 위한 곳인데 그들은 사독의 자손들로 거룩하게 구별된 사람들로서 내가 맡긴 임무를 잘 지켰다. 레위 사람들이 길을 잘못 간 것처럼 이스라엘 자손이 길을 잘못 갔을 때 그들은 길을 잘못 가지 않은 사람들이다. 40:46;44:10,15

12 그것은 지극히 거룩한 땅의 일부분으로 그들에게 특별한 예물이 될 것이며 레위 사람들의 땅과 경계를 이루고 있다.

13 제사장들의 땅과 경계를 하고 있는 레위 사람들이 가질 땅은 길이가 2만 5,000규빗, 너비가 1만 규빗이다. 전체 길이가 2만 5,000규빗이고 너비가 1만 규빗이다.

14 그들은 그 땅을 팔아도 안 되며 교환해서도 안 된다. 또 가장 좋은 땅인 것을 다른 사람에게 넘겨서도 안 된다. 이것은 여호와께 거룩하기 때문이다. 레 27:10

15 공동의 땅 나머지 5,000규빗 너비에 2만 5,000규빗 길이의 땅은 성읍의 일반적인 용도, 곧 집터와 목초지로 사용될 것이다. 성읍이 그 한가운데 있을 것이다.

16 이것들이 그 크기다. 북쪽으로 4,500규빗, 남쪽으로 4,500규빗, 동쪽으로 4,500규빗, 서쪽으로 4,500규빗이어야 한다.

17 성읍의 목초지는 북쪽으로 250규빗, 남쪽으로 250규빗, 동쪽으로 250규빗, 서쪽으로 250규빗이어야 한다.

18 거룩한 땅에 길이로 접하고 있는 그 땅의 나머지 지역은 동쪽으로 1만 규빗, 서쪽으로 1만 규빗이다. 그 땅은 거룩한 땅과 접하고 있으며 그곳에서 생산되는 것은 성읍의 일꾼들을 위한 양식이 될 것이다.

19 이스라엘 모든 지파에서 모인 성읍의 일꾼

땅 분배 원칙과 특징

하나님은 새롭게 땅을 주시고 동등하게 유산으로 나누라고 하신다(겔 47:14). 이때 유산을 나누는 것은 이스라엘이 가나안을 정복했을 때처럼 제비로 결정하게 된다(민 26:55-56).

제비뽑기는 하나님이 제비를 뽑는 일에 친히 간섭하시는 가장 공정한 분배법이다. 이것은 인생에서 우연이란 없으며, 하나님이 인간의 모든 걸음을 친히 인도하심을 인정하는 것이다(잠 16:33).

이 분배에서 큰 특징은 이방 사람들에게도 유산이 주어지는 것이다(겔 47:22-23).

이것은 모세의 규례와 다르며, 이스라엘에 사는 이방 사람들에게도 똑같이 땅이 분배된다.

이는 메시아 시대에 유대 사람과 이방 사람의 차별이 없어지고(롬 10:12) 모두 하나님의 백성이 되어 유업을 받게 될 것이라는 사실을 보여 준다(요 10:16; 롬 2:10-11).

들이 그 땅을 경작할 것이다.

20 전체 영토는 정사각형으로 가로, 세로가 각각 2만 5,000규빗이다. 너희는 예물로 그 거룩한 땅을 성읍의 소유지와 함께 구별해 둬야 한다. 40:47

21 왕의 땅 거룩한 땅과 성읍의 소유지 양편에 있는 나머지 땅은 왕에게 속한다. 그 거룩한 땅의 동쪽 경계까지 2만 5,000규빗, 서쪽으로는 서쪽 경계까지 2만 5,000규빗이다. 이것은 다른 지파 몫의 땅들과 접하고 있는 곳으로 왕에게 속한 곳이다. 거룩한 땅과 성전의 성소가 그 한가운데 있을 것이다. 8,10절 45:7

22 또한 레위 사람들의 소유지와 왕에게 속한 땅의 한가운데 있는 성읍의 소유지와는 별도로 유다 경계와 베냐민 경계 사이의 땅도 왕에게 속할 것이다.

23 다섯 지파의 땅 나머지 지파들로 말하자면 그다음 동쪽에서 서쪽까지가 베냐민의 몫이다.

24 베냐민의 경계 다음 동쪽에서 서쪽까지가 시므온의 몫이다.

25 시므온의 경계 다음 동쪽에서 서쪽까지가 잇사갈의 몫이다.

26 잇사갈의 경계 다음 동쪽에서 서쪽까지가 스불론의 몫이다.

27 스불론의 경계 다음 동쪽에서 서쪽까지가 갓의 몫이다.

28 갓의 경계는 남쪽으로 다말에서 므리바 가데스의 물에까지 이르고 그리고 이집트 시내를 따라 대해까지다. 수 15:12

29 이것이 너희가 이스라엘 지파들에게 유산으로 나눠 줄 땅이다. 이것들이 그들의 몫이 될 것이다. 주 여호와의 말이다."

30 성읍의 출입구 "이것들이 그 성읍의 출입구들이다. 북쪽은 너비가 4,500규빗이다.

31 그 성읍의 문들은 이스라엘 지파들의 이름을 따서 지었다. 북쪽의 세 문들은 르우벤 문, 유다 문, 레위 문이다. 계 21:12-13

32 동쪽은 너비가 4,500규빗인데 문이 세 개로 요셉 문, 베냐민 문, 단 문이다.

33 남쪽은 너비를 재니 4,500규빗인데 문이 세 개로 시므온 문, 잇사갈 문, 스불론 문이다.

34 서쪽은 4,500규빗인데 문이 세 개로 갓 문, 아셀 문, 납달리 문이다.

35 그 사면 둘레는 1만 8,000규빗이다. 그 성읍의 이름은 그날부터 '여호와 삼마'라고 할 것이다." 욜 3:21; 슥 2:10; 계 21:3

여호와 삼마

에스겔서의 마지막은 너무나도 감동적이에요. 열두 지파에게 공정하게 땅이 분배되고(겔 47:13-14, 48:1-29) 가운데는 왕, 제사장, 레위 사람들의 기업이 있으며 또 그 가운데는 '성소'가 있어요. 특별히 성소가 가운데 있다는 말이 계속해서 나오는 것을 살펴보세요.

그 힘에 있을 때는 하나님을 생각하기 힘든 원수들과 싸울 때는 다른 세상과 별로 다를 게 없을 것 같아요. 그냥 나 편한 대로 행동하기 쉽게 돼요.

"… 그 땅 가운데 성소가 있을 것이다."(겔 48:8)

"… 그 가운데 여호와의 성소가 있을 것이다."(겔 48:10)

"… 거룩한 땅과 성전의 성소가 그 한가운데 있을 것이다."(겔 48:21)

이것은 하나님의 백성이 성소 중심, 곧 하나님 중심으로 살아야 함을 말해요. 하나님 중심이란 하나님의 뜻이 무엇인지 항상 물어보는 태도를 말해요.

그리고 하나님은 새 예루살렘에 '여호와 삼마'라는 새 이름을 주셨어요(겔 48:35). '여호와 삼마'는 '여호와께서 거기 계시다'라는 뜻이에요. 하나님은 그분의 백성들이 있는 곳, 바로 그곳에 함께 계시겠다고 약속하세요.

여러분도 하나님을 삶 가운데 가장 중요한 분으로 생각하나요? 아니면 하나님이 마치 안 계신 것처럼 내 마음대로 행동하지 않나요? 이제부터 작은 일이라도 하나님의 뜻을 묻고 따르도록 해요.

깊이 읽기 마태복음 22장 37-40절을 읽으세요.

하나님을 섬긴다는 이유로 친구들에게 따돌림을 당한 적이 있나요? 바벨론에 포로로 잡혀간 다니엘과 사드락, 메삭, 아벳느고는 하나님을 섬기는 것 때문에 사자 굴에 던져지기도 하고, 풀무덩이에 던져지기도 하는 위험에 처했어요. 하지만 언제나 하나님만 섬긴 그들을 하나님이 놓아주셨습니다. 기도의 사람 다니엘은 하나님께 지혜를 받아 꿈을 해몽하고, 미래에 되어질 일들을 환상으로 봅니다. 세상 나라들인 바벨론, 페르시아, 이집트 등은 멸망하지만 메시아 왕국인 하나님 나라는 영원하며 이스라엘을 포로 생활에서 벗어나게 될 것을 예언해요. 그리고 포로 생활을 하는 이스라엘 백성에게 하나님 나라에 대한 소망을 갖도록 해주어요.

지금 다니엘서를 보는 우리는 다니엘의 예언이 이루어진 것을 확인하며 읽을 수 있어요. 앞으로 이루어질 것도 기대하게 됩니다.

다니엘은 무슨 뜻인가요? '하나님은 나의 재판자'라는 뜻이에요.
이 책의 저자이며 중심 인물인 다니엘의 이름을 따서 제목을 붙인 거예요.

누가 썼나요? 다니엘이 썼어요. 왕족이거나 귀족 출신이었던 그는 BC 605년, 여호야김 왕 때 1차 바벨론 포로로 잡혀갔어요. 바벨론식 이름은 '벨드사살'(벨이여, 그의 생명을 보호하소서)이에요. 바벨론 왕의 조언자이자 세 번째 지도자로, 메대 나라의 총리로 약 60년 동안 활동했어요. 하나님이 주신 지혜와 환상을 통해 장차 이어날 사건들을 예언했어요.

언제 썼나요? 바벨론 함락 이후부터 고레스 9년까지인 BC 539~530년경

중요한 사람들은?

사드락, 메삭, 아벳느고
다니엘의 세 친구, 하나님을 섬겨 불구덩이에 던져졌지만 살아남

느부갓네살
바벨론왕으로 교만 때문에 7년 동안 정신병에 걸림

벨사살
벽에 쓴 글씨를 본 바벨론 왕

다리오
다니엘을 총리로 임명하나 신하들의 모함으로 그를 사자 굴에 넣은 메대 왕

한눈에 보는 다니엘

다니엘
Daniel

1 느부갓네살이 예루살렘을 포위함 유다 왕 여호야김이 왕이 돼 다스린 지 3년째 되던 해입니다. 바벨론 왕 느부갓네살이 예루살렘에 쳐들어와 예루살렘 성을 포위했습니다.

2 포로 생활 주께서 유다 왕 여호야김을 느부갓네살 왕에게 포로로 넘겨주셨습니다. 그리고 하나님의 성전에 있던 기구 일부를 느부갓네살 왕의 손에 넘겨주셨습니다. 그가 이 기구들을 시날 땅에 있는 자기들의 신전으로 가지고 가서 그 신전의 보물 창고에 두었습니다.   대하 36:7,10;슥 5:14

3 왕을 섬기는 포로들 그 후 왕은 내시의 우두머리인 아스부나스에게 이스라엘 자손 가운데 왕족과 귀족 몇 사람을 왕궁으로 데려오라고 명령했습니다.   에 1:3;사 39:7

4 왕은 바벨론 왕궁에서 왕을 위해 일할 이스라엘 젊은이들을 데려오게 했습니다. 데려온 그들은 몸이 건강하고 잘생겼습니다. 게다가 똑똑해 모든 일에 지혜롭고 지식이 있으며 이해가 빨랐습니다. 그들은 바벨론의 말과 학문을 배웠습니다.

5 왕은 그들에게 왕이 먹는 귀한 음식과 왕이 마시는 포도주를 날마다 먹을 것을

주면서 3년 동안 교육시켰습니다. 교육을 다 마친 후에는 바벨론 왕을 위해 일하게 했습니다.   8,16,18;창 41:46;왕상 10:8

6 이름을 바꿈 그 젊은이들 가운데 다니엘, 하나냐, 미사엘, 아사랴가 있었는데 모두 유다 자손이었습니다.   마 24:15

7 내시의 우두머리는 그들에게 새 이름을 지어 주었습니다. 다니엘은 벨드사살이라고 불렸고 하나냐는 사드락, 미사엘은 메삭, 아사랴는 아벳느고라고 불렀습니다.

8 특별한 음식을 먹지 않음 그러나 다니엘은 왕이 먹는 특별한 음식과 왕이 마시는 포도주로 자신을 더럽히지 않겠다고 결심했습니다. 그래서 내시의 우두머리에게 자신을 더럽히지 않도록 해 달라고 부탁했습니다.

9 그때 하나님께서 다니엘이 내시의 우두머리에게 은혜와 긍휼을 얻게 하셨습니다.

10 내시의 우두머리가 다니엘에게 말했습니다. "나는 내 주 왕이 두렵다. 왕께서 너희가 먹을 음식과 포도주를 정해 주셨다. 그런데 너희가 먹지 않아 너희 얼굴이 너희 또래 젊은이보다 꺼칠한 것을 보시면 어떻게 되겠는가? 그러면 너희 때문에 내 목숨이 왕 앞에서 위태로울 것이다."

11 그러자 다니엘은 내시의 우두머리가 다니엘과 하나냐와 미사엘과 아사랴를 감독하라고 세운 관리에게 이렇게 말했습니다.

12 "열흘 동안만 당신의 종들을 시험해 보십시오. 우리가 채소와 물만 먹고 마신 후

다니엘과 세 친구는 왕이 주는 음식과 포도주를 먹지 않기로 결심함

기도의 정치가, 다니엘

1 바벨론에 포로로 끌려 감(단1:1-7)

2 느부갓네살 왕이 꾼 금신상 꿈을 해석(단2:25-45)

3 느부갓네살이 다니엘의 지위를 높이고 귀한 선물을 줌(단2:46-49)

4 큰 나무가 베어지는 느부갓네살 왕의 두 번째 꿈을 해석 (단4:19-27)

5 벨사살 왕의 잔치 때 벽에 쓰인 글씨를 해석함(단5장)

6 메대 다리오 왕 때 총리가 됨(단6:1-3)

7 하루 세 번 기도한 이유로 사자굴에 던져짐(단6장)

8 네 짐승 환상을 봄(단7장)

9 숫양과 숫염소 환상을 봄 (단8장)

10 하나님의 말씀을 보고 금식하며 이스라엘을 위해 회개 기도함 (단9:1-20)

11 가브리엘에게서 70주 예언을 들음(단9:21-27)

12 남방 왕과 북방 왕이 싸우는 환상을 봄 (단10-11장)

13 마지막 때의 예언을 들음(단12장)

13 왕의 귀한 음식을 먹은 젊은이들과 우리의 얼굴을 비교해 보십시오. 그 결과에 따라서 당신의 종들을 마음대로 처리하십시오."

14 그는 다니엘의 요청을 받아들여서 열흘 동안 그들을 시험해 보았습니다.

15 열흘이 지났을 때 그들의 얼굴을 보니 왕이 내린 귀한 음식을 먹은 젊은이들보다 훨씬 아름답고 건강하고 좋아 보였습니다.

16 그래서 그들을 감독하는 관리는 그들에게 먹도록 정해진 음식과 마실 포도주 대신 채소를 주었습니다. 11~12절

17 뛰어난 재주 하나님께서는 이 네 명의 젊은이들에게 지식을 주셔서 모든 학문과 재주에 뛰어나게 하셨습니다. 또한 다니엘에게는 모든 종류의 환상과 꿈을 깨닫는 특별한 능력까지 주셨습니다. 약 1:5

18 느부갓네살의 호의 왕이 정한 기간이 되자 이스라엘 젊은이들을 불러들이고 내시의 우두머리는 그들을 데리고 가서 느부갓네살 앞에 세웠습니다. 5절

19 왕이 그들과 이야기를 나누어 보니 젊은이들 가운데 다니엘, 하나냐, 미사엘, 아사랴보다 뛰어난 사람이 없었습니다. 그래서 그들은 왕을 모시게 됐습니다.

20 왕은 그들에게 모든 일을 물어보았는데 그들의 지혜와 총명이 그 나라 모든 지역에 사는 어떤 마법사와 주술사보다 열 배나 뛰어나다는 사실을 알게 됐습니다.

21 왕궁에 남아 있음 그리하여 다니엘은 고레스가 왕이 된 첫해까지 왕궁에 남아 있었습니다. 6:28;10:1

2 꿈을 꾼 느부갓네살 느부갓네살이 왕이 돼 다스린 지 2년이 됐습니다. 하루는 느부갓네살이 꿈을 꾸고서 마음이 답답하고 불편해 잠을 잘 수가 없었습니다.

2 왕은 자기 꿈을 해몽해 줄 마법사들과 주술사와 점쟁이와 바벨론의 점성술사를 부르라고 명령했습니다. 그러자 그들이 왕 앞에 와서 섰습니다. 대하 33:6;사 47:9,12

3 왕이 그들에게 말씀했습니다. "내가 어떤 꿈을 꾸었는데 그 꿈의 뜻을 알고 싶어 마음이 답답하고 불편하다."

4 점성술사들이 해몽하지 못한 그러자 바벨론 점성술사들이 아람 말로 왕에게 대답했습니다. "오 왕이시여, 만수무강하십시오. 왕께서 그 꿈을 종들에게 말씀해 주십시오. 그러면 저희가 해몽해 드리겠습니다."

5 왕이 바벨론 점성술사들에게 말했습니다. "내가 확실하게 명령한다. 만약 너희가 내 꿈의 내용과 해몽을 내게 말해 알려 주지 않으면 너희 몸을 칼로 토막 내고 너희 집을 부숴 거름 더미를 만들 것이다.

6 그러나 만약 너희가 내 꿈의 내용을 말하고 해몽한다면 나는 선물과 상과 크고 영광스러운 명예를 주겠다. 그러니 그 꿈과 해몽을 한꺼번에 말해 보라." 7,9절5:7,16

7 그들이 다시 대답했습니다. "왕이시여, 그 꿈을 종들에게 말씀해 주십시오. 그러면 저희가 해몽을 해 드리겠습니다."

8 그러자 왕이 말했습니다. "내가 확실히 알았다. 내가 내린 명령을 듣고서 너희가 시간을 끌려고 하는구나. 엡 5:16;골 4:5

9 만약 내 꿈을 너희가 말하지 못한다면 너희는 모두 같은 벌을 받을 것이다. 너희가 시간이 지나 상황이 바뀌기를 기다리면서 내 앞에서 거짓말과 터무니없는 말로 꾸며 말하려는 것이 아니냐! 어서 그 꿈을 내게 말해 보라. 그러면 너희가 해몽도 할 수 있음을 내가 알 것이다." 에 4:11

10 바벨론 점성술사들이 왕에게 대답했습니다. "왕께서 물으시는 것을 말씀드릴 사람은 이 세상에 아무도 없습니다. 아무리 위대하고 강한 왕이었다 해도 마법사나 주술사나 바벨론 점성술사에게 그렇게 물어본 왕은 아무도 없었습니다! 1:4

11 왕께서는 너무 어려운 일을 물으시는 것입니다. 인간 세계에 살지 않고 다른 세계에 사는 신이어야만 왕께 그것을 알려 드릴 수 있을 것입니다." 5:11,14

12 곤경에 처한 지혜자들 이 말을 듣고 왕은 크

점성술사(2:2, 占星術師, astrologer) 별의 빛, 위치, 움직임 따위를 보고 점을 치는 점술가.

게 화를 냈습니다. 그는 바벨론의 모든 지
혜자들을 죽이라고 명령했습니다.

13 그 명령이 내려져서 지혜자들이 다 죽게
됐습니다. 사람들은 다니엘과 그 친구들
도 죽이려고 찾았습니다. `1:4-7`

14 왕의 호위대장인 아리옥이 바벨론의 지혜
자들을 죽이러 나왔을 때 다니엘이 지혜
롭고 슬기로운 말로 `24-25절;창 37:36`

15 왕의 호위대장에게 물었습니다. "왕의 명
령이 어찌 이렇게 급합니까?" 아리옥은 다
니엘에게 이 일에 대해 말해 주었습니다.

16 다니엘은 왕에게 가서 시간을 주면 자기가
왕에게 해몽해 주겠다고 말했습니다.

17 **기도하는 다니엘** 그러고 나서 다니엘은 집으
로 돌아와서 친구인 하나냐, 미사엘, 아사
랴에게 이 일을 알렸습니다. `1:6`

18 다니엘은 친구들에게 그와 친구들이 바벨
론의 다른 지혜자들과 함께 죽임을 당하지
않도록 이 알 수 없는 문제를 앞에 놓고 하
늘에 계신 하나님께 기도하자고 했습니다.

19 그날 밤 다니엘은 자기에게 나타난 환상을
보고 그 비밀을 알았습니다. 다니엘은 하
늘의 하나님을 찬양했습니다. `욥 33:15-16`

20 다니엘이 이렇게 찬송하며 말했습니다.
"지혜와 능력이 하나님의 것이니 하나님
의 이름을 영원토록 찬양하라. `사 28:29`

21 그분은 시간과 계절을 바꾸시고 왕을 쫓
아내기도 하시고 세우기도 하시며 지혜자
들에게 지혜를 더해 주시고 총명한 사람
들에게 지식을 더해 주신다. `시 75:7;롬 13:1`

22 그분은 깊숙이 숨겨진 일을 드러내시고
어둠 속에 감춰진 것을 아신다. 또 그분에
게는 빛이 함께한다. `딤전 6:16;약 1:17`

23 오, 내 조상의 하나님이여! 주께서 내게 지
혜와 능력을 주시고 우리가 주께 여쭈어
본 것을 내게 알려 주셨습니다. 주께서 왕
에 관한 일을 내게 알려 주셨으니 주께 감
사와 찬양을 드립니다. `대상 12:17;29:18`

24 **해몽을 주신 하나님** 그런 다음 다니엘은 아
리옥에게 갔습니다. 아리옥은 왕의 명령을
받아 바벨론의 모든 지혜자들을 죽이라고
임명된 사람이었습니다. 그가 아리옥에게
말했습니다. '바벨론의 지혜자들을 죽이
지 마십시오. 나를 왕 앞에 데려가면 내가
왕께 해몽해 드리겠습니다.'

25 아리옥은 다니엘을 당장 왕에게 데려가서
말했습니다. "유다에서 온 포로들 가운데
왕께 해몽해 드리겠다는 사람이 있습니다."

26 왕이 다니엘, 곧 벨드사살에게 물었습니
다. "내가 무슨 꿈을 꾸었는지 말하고 그
것을 해몽할 수 있느냐?" `1:7;5:16`

27 다니엘이 왕 앞에서 대답했습니다. "왕께
서 물으신 왕의 꿈에 대해서는 지혜자도,
마법사도, 주술사도, 점성술사도 결코 대
답할 수 없습니다. `1:20;4:7;5:7`

28 오직 하늘에 계신 하나님만이 그 비밀을
드러내실 수 있는 분입니다. 하나님께서
느부갓네살 왕에게 일어날 일을 제게 알려
주셨습니다. 왕이 꾸신 꿈, 곧 왕이 침대
에 누워 있을 때 머릿속에 나타난 환상은

느부갓네살의 첫 번째 꿈과 해석

꿈의 내용	다니엘의 해석	꿈의 성취
순금으로 된 머리	바벨론을 다스리는 느부갓네살	신바벨론 제국(BC 605-538년)
은으로 된 가슴과 팔	바벨론보다 못한 나라	메대-페르시아 제국(BC 538-333년)
청동으로 된 배, 허벅지	온 세상을 다스릴 나라	그리스 제국(BC 333-63년)
쇠로 된 종아리	뭇 나라를 부서뜨릴 나라	로마 제국(BC 63-AD 476년)
쇠와 진흙이 섞인 발	다른 인종과 서로 섞이며 나뉠 나라	로마 제국 이후 열강들 (AD 476-현재)
손대지 아니한 돌	모든 나라를 멸하고 영원히 서게 될 하나님이 세우시는 한 나라	예수 그리스도를 통해 이루어질 하나님이 다스리시는 하나님 나라

이렇습니다. 22절:4:5,7:15:10:14,죄:3:5

29 오, 왕이여! 왕께서는 침대에 누워 마음속으로 앞으로의 일들을 생각하고 계셨습니다. 그때 비밀을 밝히시는 하나님께서 앞으로 일어날 일을 왕께 알려 주셨습니다.

30 제게 왕의 꿈의 비밀을 알려 주신 것은 제가 다른 사람들보다 더 지혜가 많기 때문이 아닙니다. 왕께 그 꿈의 뜻을 알려 드려서 왕께서 마음속으로 생각하던 것을 왕께 알게 하려는 것입니다. 행3:12

31 꿈 내용을 밝힘 오, 왕이여! 왕께서는 어떤 커다란 신상을 보셨습니다. 왕 앞에 빛이 찬란한 신상이 서 있었는데 그 모습이 무시무시했습니다.

32 신상의 머리는 순금이고 가슴과 팔은 은이며 배와 허벅지는 청동이며 38~39절

33 종아리는 쇠며 발은 쇠와 진흙이 절반씩 섞여 있었습니다. 40절

34 왕께서 보고 계실 때 아무도 손대지 않았는데 돌 하나가 날아오더니 쇠와 진흙으로 된 신상의 발을 쳐서 부숴 버렸습니다.

35 그러자 쇠, 진흙, 구리, 은, 금이 함께 산산조각 나서 여름철 타작마당 위의 겨처럼 되더니 바람에 날려 흔적도 없이 사라졌습니다. 그리고 신상을 친 돌은 큰 산이 돼 온 땅에 가득 찼습니다. 사2:2:계20:11

36 꿈을 해몽함 이것이 왕의 꿈입니다. 이제 왕께 그 꿈을 해몽해 드리겠습니다.

37 오, 왕이여! 왕께서는 왕 가운데 위대한 왕이십니다. 하늘의 하나님께서 왕에게 나라와 권력과 능력과 영광을 주셨습니다.

38 사람과 들판의 짐승과 하늘의 새와 그들이 사는 어느 곳이든 모두 왕의 손에 주셔서 왕으로 하여금 모두 다스리게 하셨습니다. 곧 왕이 금으로 된 머리이십니다.

39 왕 뒤에 다른 나라가 세워지지만 그 나라는 왕의 나라보다 못합니다. 그다음에 나타날 세 번째 나라는 청동의 나라로 온 세상을 다스릴 것입니다. 32절:5:28,31:7:6

40 또 네 번째 나라는 무엇이든 깨뜨리고 부수는 쇠처럼 강할 것입니다. 그 나라는 마치 쇠가 무엇이든지 산산조각 내듯 못 나라들을 부서뜨릴 것입니다. 34절:7:7,23

41 발과 발가락이 절반은 토기장이의 진흙이고 절반은 쇠인 것을 왕께서 보셨듯이 그 나라는 둘로 나뉠 것입니다. 그러나 왕께서 쇠가 진흙과 섞여 있는 것을 보셨듯이 그 나라 안에는 철의 힘이 있을 것이지만

42 발가락에 철과 진흙이 반반 섞여 있는 것같이 그 나라는 일부분은 강하지만 일부분은 부서지기 쉬울 것입니다.

43 또 왕께서 철과 진흙이 섞여 있는 것을 보셨듯이 백성들은 다른 민족과 함께 살 것이지만 철이 진흙과 섞이지 않는 것같이 서로 하나로 합치지 못할 것입니다.

44 이 여러 왕들의 시대에 하늘의 하나님께서는 한 나라를 세우실 것입니다. 그 나라는 결코 망하지 않고 다른 민족에게 넘어가지 않을 것입니다. 오히려 모든 나라들을 쳐부숴 멸망시키고 그 나라는 영원히 서 있을 것입니다. 사60:12,요18:36

45 아무도 손대지 않은 돌이 산에서 나와서 쇠와 구리와 진흙과 은과 금을 산산조각 낸 것을 왕께서 보셨습니다. 이것은 위대하신 하나님께서 앞으로 일어날 일을 왕께 보여 주신 것입니다. 이 꿈은 확실하고 해몽도 틀림없습니다."
28,34절:사28:16

46 높임 받은 다니엘 그러자 느부갓네살 왕이 다니엘 앞에 엎드려 절하고 예물과 향유를 다니엘에게 주라고 명령했습니다.

47 왕이 다니엘에게 말했습니다. "너희 하나님은 모든 신 가운데 신이요, 모든 왕의 으뜸이시다. 네가 이 비밀을 풀 수 있었다니 네 하나님은 참으로 비밀들을 드러내시는 분이로구나." 딤전6:15:계17:14:19:16

48 왕은 다니엘의 지위를 높이고 그에게 귀한 선물을 많이 주었습니다. 그는 다니엘에게 바빌론 모든 지역을 다스리게 했으며 바벨론에 사는 모든 지혜자들의 어른으로 삼았습니다. 6절:3:1,12,30:5:11:에1:1

49 또한 다니엘이 왕에게 요청한 대로 왕은 사드락, 메삭, 아벳느고를 바벨론 지방을 다

스리는 관리로 세웠습니다. 다니엘은 계속 왕궁에 있었습니다.

에 2:19

3 금 신상이 세워짐 느부갓네살 왕이 금으로 신상을 만들었는데 그 높이는 60규빗, 너비는 6규빗이었습니다. 그 신상을 바벨론 지방 두라 평야에 세웠습니다.

2 느부갓네살 왕은 지방 장관, 행정관, 총독, 자문관, 재무관, 재판관, 법률가와 지방의 모든 관리들에게 연락해 그가 세운 신상 제막식에 모두 참석하도록 했습니다.

3 그리하여 느부갓네살 왕이 세운 신상 제막식에 지방 장관, 행정관, 총독, 자문관, 재무관, 재판관, 법률가와 지방의 모든 관원들이 모여 느부갓네살 왕이 세운 신상 앞에 섰습니다.

4 금 신상에 절할 것을 명함 그때 전령이 큰 소리로 외쳐 말했습니다. "민족들과 나라들과 각각 다른 언어로 말하는 모든 사람들아, 너희에게 명령한다.

계 5:9;18:2

5 뿔나팔과 피리와 하프와 비파와 양금과 관악기의 음악 소리를 들으면 너희는 느부갓네살 왕께서 세우신 이 금 신상에 절하라.

6 누구든지 엎드려 절하지 않는 사람은 당장 활활 타는 불구덩이 속에 던져 넣으리라."

7 뿔나팔과 피리와 하프와 비파와 양금과 관악기의 음악 소리가 들리자 모든 민족과 나라와 다른 언어로 말하는 사람들이 느부갓네살 왕이 세운 금 신상 앞에 엎드려 절했습니다.

8 유다 사람들을 고발하는 바벨론 사람들 그때 어떤 바벨론 사람들이 앞장서서 유다 사람들을 고발했습니다.

14:6;12

9 그들은 느부갓네살 왕에게 말했습니다. "왕이여, 만수무강하소서!

2:4

10 왕이여, 왕께서 명령을 내리셨습니다. 뿔나팔과 피리와 하프와 비파와 양금과 관악기의 음악 소리가 들리면 누구든지 그 금 신상에 엎드려 절하라.

5:7,15,29절;4:6;6:26

11 그리고 엎드려 절하지 않는 사람은 누구든지 활활 타는 불구덩이 속에 던져 넣으라고 하셨으며.

12 그런데 왕께서는 유다 사람 사드락, 메삭, 아벳느고를 바벨론 지방의 일을 보라고 관리로 세우셨습니다. 왕이여, 이 사람들은 왕의 말씀을 지키지 않고 왕이 섬기는 신들을 섬기지도 않으며 왕께서 세우신 금 신상에 절하지 않습니다."

1:7;2:49;6:13

13 느부갓네살의 명령 느부갓네살은 크게 화가 나서 사드락, 메삭, 아벳느고를 데려오라고 명령했습니다. 그래서 이들은 왕 앞에 끌려왔습니다.

2:12

14 느부갓네살이 그들에게 말했습니다. "사드락, 메삭, 아벳느고야, 너희가 내 신들을 섬기지 않고 내가 세운 금 신상에 절하지 않는다는데 그것이 정말 사실이냐?

15 지금이라도 너희가 준비하고 있다가 뿔나팔과 피리와 하프와 비파와 양금과 관악기의 음악 소리가 들릴 때 내가 세운 신상에 절한다면 잘하는 것이다. 그러나 너희가 만약 절하지 않는다면 너희를 당장 활활 타오르는 불구덩이 속에 던질 것이다. 그렇게 되면 너희를 내 손에서 구해 낼 수 있는 신이 어디 있겠느냐?"

왕하 18:35

16 사드락, 메삭, 아벳느고가 왕에게 대답했습니다. "왕이여, 이 일에 대해 왕께 드릴 말씀이 없습니다.

17 만약 우리가 절하지 않을 경우 우리가 섬기는 하나님께서 우리를 활활 타는 불구덩이 속에서 구해 주실 것입니다. 그분이 우리를 왕의 손에서 구해 내실 것입니다.

18 왕이여, 그러나 그렇게 아니하실지라도 우리가 왕의 신들을 섬기거나 왕이 세우신 금 신상에 절하지 않을 줄 아십시오."

19 불구덩이에 던져진 세 사람 느부갓네살은 화가 머리끝까지 치밀어 사드락, 메삭, 아벳느고를 향해 얼굴을 붉혔습니다. 그는 불구덩이를 보통 때보다 일곱 배나 더 뜨겁게 달구라고 명령했습니다.

13절

20 군대의 힘센 용사 몇 사람에게 사드락, 메삭,

제막식 (3:2, 除幕式, dedication) 동상 또는 기념비 따위를 세우고 나서, 그 둘레에 쳤던 장막을 걷어 내는 의식.
전령 (3:4, 傳令, herald) 왕의 명령을 전하는 사람.

아벳느고를 묶은 채로 활활 타오르는 불구 덩이 속에 던져 넣으라고 명령했습니다.

21 세 사람은 겉옷과 속옷과 모자와 다른 옷을 입은 채 묶여서 활활 타는 불구덩이 속에 던져졌습니다.

22 왕의 명령이 얼마나 엄하고 불구덩이가 얼마나 뜨거웠던지 사드락, 메삭, 아벳느고를 붙들고 있던 군사들이 그 불에 타 죽었습니다. 1:7:2:15

23 사드락, 메삭, 아벳느고 이 세 사람은 꽁꽁 묶인 채로 활활 타는 불구덩이 속에 떨어졌습니다.

24 천사가 세 사람을 구함 그때 느부갓네살 왕이 깜짝 놀라 급히 자리에서 일어나며 자기의 보좌관들에게 물었습니다. "우리가 묶은 채로 불 속에 던져 넣은 사람은 세 명이 아니었느냐?" 그들이 대답했습니다. "왕이여, 그렇습니다." 4:19,36

25 왕이 말했습니다. "보라! 불 속에서 네 사람이 걸어 다니는데 묶여 있지도 않고 불에 타지도 않는구나. 그리고 네 번째 사람은 신들의 아들 같다." 6:23;사 43:2

26 느부갓네살은 활활 타는 불구덩이 어귀 가까이 다가가서 소리쳤습니다. "높고 높으신 하나님의 종 사드락, 메삭, 아벳느고야, 밖으로 나와 이리로 오너라!" 그러자 사드락, 메삭, 아벳느고가 불 속에서 나왔습니다.

27 지방 장관, 행정관, 총독, 왕의 자문관들이 그들 주위에 모여들어 살펴보니 이 세 사람의 몸은 불에 데지도 않았고 머리털이 그슬리지도 않았으며 옷도 멀쩡하며 탄 냄새조차 나지 않았습니다. 2:잘히 11:34

28 세 사람이 높임을 받음 그러자 느부갓네살이 말했습니다. "사드락, 메삭, 아벳느고의 하나님을 찬양하라! 그분이 천사를 보내 그분의 종들을 구해 주셨다. 그들이 하나님을 믿으므로 자기 몸을 바치면서 왕의 명령을 거역하고 하나님 말고는 다른 신을 섬기지 않고 절하지 않았다. 시 25:2

29 그러므로 이제 나는 선포한다. 어느 민족이나 나라나 어떤 언어로 말하는 사람일지라도 사드락, 메삭, 아벳느고의 하나님께 함부로 대항해 말을 하는 사람은 몸을 토막 내고 그의 집을 거름 더미로 만들 것이다. 자기를 믿는 사람을 이렇게 구해 낼 수 있는 다른 신이 없기 때문이다."

30 그 후 왕은 바빌론 지방에서 사드락, 메삭, 아벳느고의 벼슬을 더욱 높여 주었습니다.

4 느부갓네살의 선포 느부갓네살 왕이 자기가 다스리는 온 세계에 사는 백성과 나라와 각기 다른 언어로 말하는 사람

사드락과 메삭과 아벳느고가 불구덩이 속에서 하나님의 보호를 받음

에게 이렇게 선포했습니다. "너희가 태평 성대를 누리기를 바란다!

2 높고 높으신 하나님께서 내게 보여 주신 표적과 기적을 기꺼이 드러내 알리려고 한다.

3 얼마나 위대한 표적인가! 얼마나 놀라운 기적인가! 그분의 나라는 영원하며 그분의 다스림은 대대로 계속될 것이다.

4 다니엘이 꿈에 대해 이야기함 나 느부갓네살이 집에서 편히 쉬며 궁궐에서 잘 지내고 있는데

5 어떤 꿈을 꾸고 그 꿈 때문에 두려움에 싸였다. 내 침대에 누워 생각하던 가운데 머리에 떠오른 환상으로 인해 마음이 답답하고 불편했다. 2:28,7:15

6 그래서 나는 그 꿈의 뜻을 알기 위해 바벨론의 모든 지혜자를 내 앞으로 부르라고 명령했다. 2:12,3:10

7 마법사, 주술사, 점성술사, 점쟁이가 불려왔는데 내가 그들에게 내 꿈을 말해 주었지만 그들은 그 꿈을 풀지 못했다.

8 나중에 다니엘이 내 앞에 왔다. 그는 내 신의 이름을 따서 벨드사살이라고 불렀다.

왜 느부갓네살은 이상한 병에 걸렸나요?

느부갓네살이 걸린 병은 동물처럼 행동하는 일종의 정신병이었어요. 결국 왕 노릇을 할 수 없게 된 느부갓네살은 쫓겨났고 소처럼 풀을 먹으며 들짐승과 함께 살았어요(단 4:33).

하나님은 바벨론이 최강대국이 되고, 느부갓네살이 나라를 통치하게 된 모든 것이 하나님이 허락하셔서 된 것을 그가 깨닫기 원하셨어요. 하지만 느부갓네살은 하나님보다 너무나도 교만했어요(단 4:30). 그래서 하나님은 그가 철저하게 낮아지는 것을 통해 겸손함을 배울 수 있게 하셨어요(단 4:32).

7년이 지난 뒤에 하나님은 그를 회복시키셨어요. 그제야 느부갓네살은 "그분의 다스림은 영원할 것이며 그분의 나라는 영원히 계속될 것이다."(단 4:34)라며 하나님의 능력과 권세를 인정했어요.

다니엘 안에는 거룩한 신들의 영이 있었다. 나는 그에게 꿈을 말해 주었다.

9 우두머리 마법사 벨드사살아, 네 안에는 거룩한 신들의 영이 있어서 아무리 숨겨 있는 비밀이라도 네가 풀지 못할 어려운 것이 없음을 알고 있다. 내가 꿈에서 본 환상의 뜻을 풀어서 내게 말하여라.

10 내가 침대에 누워 있을 때 내 머릿속에 나타난 환상은 이러하다. 나는 땅 한가운데 서 있는 매우 키가 큰 나무 한 그루를 보았다.

11 그 나무는 점점 자라서 강해지고 나무 꼭대기가 하늘에 닿고 땅끝에서도 잘 보였다.

12 그 잎은 아름다웠고 열매가 많이 열려 세상 사람 누구든지 먹을 만큼 풍족했다. 들짐승들이 나무 아래에서 살고 공중에 나는 새들은 가지 사이에 깃들었다. 모든 생물이 그 나무에서 먹이를 얻었다. 31:6~7

13 내가 침대에 누워 있는 동안 내 머릿속에 환상이 나타났다. 내가 보니 감시자, 곧 거룩한 분이 하늘에서 내려오셨다. 23절

14 그가 큰 소리로 말씀하셨다. '저 나무를 베어서 가지를 꺾고 잎사귀를 떨어내고 열매를 떨어 버려라. 나무 아래에 있는 짐승들을 쫓고 가지에서 새들을 쫓아내라.

15 그러나 나무의 그루터기와 뿌리는 땅에 남겨 두어라. 그것을 철과 청동으로 동여매 들판의 풀밭에 남겨 두어라. 그것이 하늘 이슬에 젖고 땅의 풀밭 가운데서 들짐승들과 함께하게 하여라.

16 그 마음이 달라져 사람의 마음 같지 않고 짐승의 마음을 받아서 일곱 때를 지낼 것이다. 23,25절;대상 29:30

17 이 일은 감시자들이 명령한 것이요, 거룩한 이들이 말한 것으로 높고 높으신 분이 인간 나라를 다스리시고 누구든지 그분이 원하는 사람에게 그 나라를 주시며 가장 천한 사람을 그 지위에 세우신다는 것을 사람들에게 알리려는 것이다.' 렘 27:5

18 이것이 나 느부갓네살 왕이 꾼 꿈이다. 벨드사살아, 내게 그 뜻을 말해 보아라. 내 나라에 있는 지혜자들 가운데 누구도 나

를 위해 이것을 해몽할 수 없었다. 그러나 거룩한 신들의 영이 네 안에 있으니 너는 할 수 있을 것이다."

7-8절5.8,15장 41:8

19 꿈을 통한 경고 벨드사살이라고 불리는 다니엘은 잠시 동안 놀라고 당황했으며 고통스러워 어쩔 줄 몰랐습니다. 그러자 왕이 말했습니다. "벨드사살아, 이 꿈이나 그 해몽 때문에 너무 놀라지 마라." 벨드사살이 대답했습니다. "내 주여, 그 꿈이 왕의 원수들에 관한 것이고 꿈의 뜻이 왕의 적들에게나 이뤄졌으면 좋겠습니다.

20 왕께서 보신 나무가 점점 자라서 강해지고 나무 꼭대기가 하늘에 닿고 땅끝에서도 볼 수 있으며

10-11절

21 그 잎은 아름답고 열매가 많아 세상 사람의 먹을 것이 되며 그 아래에 들짐승들이 살고 그 가지 사이에 공중의 새들이 깃들었다고 하셨습니다.

12절

22 왕이여, 그 나무는 바로 왕이십니다. 왕께서 점점 자라서 강해지고 위대함이 하늘에 닿아 왕의 다스림이 땅끝까지 이를 것입니다.

렘 27:6~8절 31:3

23 또 왕께서 보니 감시자, 곧 거룩한 분이 하늘에서 내려와 말씀하셨습니다. '저 나무를 베어 없애 버려라. 그러나 그루터기와 뿌리는 땅에 남겨 두고 철과 청동으로 동여매 풀밭에 두어라. 그것이 하늘 이슬에 젖고 들짐승들과 함께하며 일곱 때를 지내게 하여라'라고 하셨습니다.

15-16절

24 왕이여, 그것은 높고 높으신 분이 내 주 왕에게 내리신 명령으로 그 뜻은 이렇습니다.

25 왕께서는 백성들에게 쫓겨나 들짐승과 함께 살며 소처럼 풀을 먹고 하늘 이슬에 젖게 되실 것입니다. 이렇게 일곱 때를 지내고 나면 높고 높으신 분이 인간 나라를 다스리시고 누구든지 그분이 원하는 사람에게 그 나라를 주신다는 것을 왕이 알게 될 것입니다.

17,32~33절5:21시 10:6 20

26 또 그들이 나무 그루터기와 뿌리를 남겨 놓으라고 명령하였으니 왕이 *하나님께서 세상을 다스리신다는 것을 깨달은

다음에 왕의 나라가 굳게 설 것입니다.

27 그러므로 왕이여, 부디 내 말을 받아 주십시오. 죄를 끊고 의를 행하며 가난한 사람에게 자비를 베풀어 죄악을 벗어 버리십시오. 그러면 혹시 왕이 오래도록 계속 잘살게 될지도 모르겠습니다.

잠 3:10야 6:1

28 느부갓네살의 교만 이 모든 일이 느부갓네살 왕에게 일어났습니다.

29 12개월이 지난 뒤 어느 날 왕이 바벨론 왕궁의 옥상을 거닐고 있었습니다.

30 왕이 말했습니다. "내가 세운 이 성 바벨론은 위대하지 않은가? 나는 내 큰 힘과 권력으로 내 위엄의 영광을 위해 이 도시를 건설했다."

36절2:37 5:20

31 들짐승과 함께 지냄 그 말이 왕의 입에서 떨어지기도 전에 하늘에서 소리가 내려왔습니다. '느부갓네살 왕아, 네게 선언한다. 이 나라의 왕의 자리는 네게서 떠났다.

32 너는 사람들에게 쫓겨나서 들짐승과 함께 살며 소처럼 풀을 먹을 것이다. 네가 이렇게 일곱 때를 지내고 나면 높고 높으신 분이 인간 나라를 다스리시고 누구든지 그분이 원하시는 사람에게 그 나라를 주신다는 것을 알게 될 것이다.'

17,25절5:21

33 바로 그때 느부갓네살에게 말씀하신 것이 이뤄졌습니다. 그는 사람들에게 쫓겨나 소처럼 풀을 먹었습니다. 그 몸은 하늘 이슬에 젖었고 머리털은 독수리 깃털처럼 길었으며 손톱은 새 발톱처럼 자라났습니다.

34 제정신이 돌아옴 "정해진 기간이 지나 나 느부갓네살은 하늘을 우러러 눈을 들었다. 그때 나는 제정신이 돌아와 높고 높으신 분께 감사하고 영원히 살아 계시는 그분을 찬양하며 영광을 드렸다. 그분의 다스리심은 영원할 것이며 그분의 나라는 영원히 계속될 것이다.

시 10:16;제 4:10

35 그분은 세상에 사는 모든 사람들을 아무

태평성대 (4:1, 太平聖代) 왕이 나라를 잘 다스려 아무 걱정 없이 평안한 시대. 하나님(4:26, Heaven) '아람어'로 '하늘'. 하늘은 하나님을 뜻하는 유다 사람의 명칭. 신약성경의 '하늘나라'라는 말에 영향을 미쳤다(마 5:3).

것도 아닌 것처럼 여기시고 하늘의 군대와 세상에 사는 사람들에게 그분의 뜻대로 행하신다. 어느 누구도 그분의 손을 막을 수 없고 '무슨 일을 이렇게 하느냐?'고 말할 수 없다. 롬 9:20;히 1:13-14

36 **하나님을 향한 찬양** 내가 제정신이 든 바로 그 순간 내 나라의 명예와 위엄과 권력이 내게 회복됐다. 내 보좌관들과 관리들이 나를 찾아왔고 내가 내 나라를 회복하게 됐으며 더 큰 권력이 내게 더해졌다.

37 이제 나 느부갓네살은 하늘의 왕을 찬양하고 영광을 돌려드리며 존경한다. 그분이 하시는 일은 모두 진실하고 그분이 행하시는 길은 의롭다. 그분은 언제든지 자기를 스스로 높여서 행하는 사람들을 낮추실 것이다." 신 32:4;시 33:4;잠 29:23;계 15:3

5 **큰 잔치** 벨사살 왕이 신하들 1,000명을 위해 큰 잔치를 열고 그 1,000명 앞에서 술을 마셨습니다.

2 벨사살이 술을 마시다가 자기 아버지 느부갓네살이 예루살렘 성전에서 빼앗아 온 금그릇과 은그릇을 가져오라고 명령했습니다. 왕과 귀족들과 왕비들과 후궁들과 함께 그것으로 술을 마시기 위해서였습니다.

3 예루살렘 하나님의 성전에서 빼앗아 온 금그릇을 가져오자 왕과 귀족들과 왕비들과 후궁들은 그것으로 술을 마셨습니다.

4 그들은 술을 마시면서 금, 은, 쇠, 청동, 나무, 돌로 만든 신들을 찬양했습니다.

5 **벽에 쓰인 글씨** 그때 사람의 손가락이 나타나서 왕궁 촛대 맞은편 석고로 된 흰 벽에 글을 쓰기 시작했습니다. 왕은 그 손가락이 글 쓰는 것을 똑똑히 보았습니다.

6 그러자 왕의 즐거워하던 얼굴색이 창백해지고 마음이 두렵고 고통스러웠으며 다리에 힘이 빠져 후들거리고 무릎이 부딪히도록 벌벌 떨었습니다. 사 45:1;나 2:10

7 **해석을 못하는 지혜자들** 왕은 큰 소리로 마법사와 주술사와 바빌론 점성술사와 점쟁이들을 불렀습니다. 왕은 바빌론의 지혜자들에게 말했습니다. "누구든지 이 글을 읽고 그 뜻을 내게 말해 주는 사람에게 자주색 옷을 입히고 목에 금목걸이를 달게 할 것이다. 또한 이 나라에서 * 세 번째 높은 사람이 되게 할 것이다." 16,29절

8 그래서 왕궁의 지혜자들이 모두 들어왔습니다. 그러나 그들은 그 글을 읽지 못했고 왕에게 그 뜻을 알려 주지도 못했습니다.

9 그러자 벨사살 왕은 마음이 더욱 두렵고 답답해 얼굴색이 점점 더 창백해졌습니다. 귀족들도 모두 놀랐습니다. 1절;2:1

10 **다니엘을 불러옴** 왕과 귀족들의 말을 듣고 왕의 어머니가 잔치가 벌어진 곳에 들어와 말했습니다. "왕이여, 만수무강하소서! 두려워하지 마십시오, 걱정할 것 없습니다!

11 왕의 나라에 거룩한 신들의 영을 가진 사람이 있습니다. 왕의 아버지가 왕이던 시절에 그는 신들의 지혜와 같은 똑똑함과 통찰력과 지혜가 있다고 알려진 사람입니다. 왕의 아버지이신 느부갓네살 왕은 그 사람을 마법사, 주술사, 바빌론 점성술사, 점쟁이들 가운데 으뜸 되는 자리에 세우셨습니다. 1:20;2:48;4:8-9

12 부왕께서는 그 사람 다니엘을 벨드사살이라고 부르셨습니다. 그는 뛰어난 영과 지식과 분별력을 가져서 꿈을 풀고 숨겨진 비밀을 밝히고 어려운 문제를 해결하는 능력이 있었습니다. 이제 다니엘을 부르십시오, 그가 그 글의 뜻을 알려 줄 것입니다."

13 그래서 다니엘이 왕 앞에 불려 갔습니다. 그러자 왕이 다니엘에게 말했습니다. "네가 내 부왕께서 유다에서 포로로 잡아 온 유다 사람 다니엘이냐? 2:25

14 네게는 신들의 영이 있고 똑똑함과 총명력과 뛰어난 지혜가 있다고 하더구나.

15 내가 지혜자들과 주술사들을 불러서 이 글을 읽고 그 뜻을 말하라고 했지만 그들이 그 뜻을 해석하지 못했다. 7-8절

16 나는 네가 뜻을 알아내고 어려운 문제를 푸는 데 능력이 있다고 들었다. 만약 네가

이 글을 읽고 그 뜻을 내게 알려 주면 너는 자주색 옷을 입고 목에 금목걸이를 두를 것이며 또한 이 나라에서 세 번째 높은 벼슬자리에 오를 것이다."

17 글이 쓰인 이유 그러자 다니엘이 왕께 말했습니다. "선물은 거두시고 상은 다른 사람에게나 주십시오, 어쨌든지 왕에게 나타난 이 글을 읽고 왕께 그 뜻을 알려 드리겠습니다.

18 왕이여, 높고 높으신 하나님께서 왕의 아버지 느부갓네살에게 나라를 주시고 큰 권력과 영광과 위엄을 주셨습니다.

19 느부갓네살 왕이 가진 큰 권력으로 인해 모든 민족과 나라와 각기 다른 언어를 말하는 사람들이 그 앞에서 떨고 두려워했습니다. 그 왕은 죽이고 싶은 사람은 죽이고 살리고 싶은 사람은 살리며 명예를 높이고 싶은 사람은 높이고 낮추고 싶은 사람은 낮추었습니다.

3:4,6:26

20 그러나 그 마음이 높아지고 고집을 부리며 자기 생각대로만 행동해 그는 왕위에서 쫓겨나 그 영광을 빼앗겼습니다.

21 그 왕은 사람들에게 쫓겨나서 그 마음이 들짐승같이 됐고 들나귀와 함께 살면서 소처럼 풀을 먹었으며 그의 몸은 하늘 이슬에 젖었습니다. 그러고 나서야 그는 높고 높으신 하나님께서 사람의 나라를 다스리시고 누구든지 그분이 원하시는 사람을 그 자리에 세우신다는 것을 알게 됐습니다.

22 벨사살이여, 왕은 그의 아들로서 이 모든 것을 알면서도 마음을 낮추지 않았습니다.

23 오히려 왕은 하늘의 주인을 거역하고 자신을 높였습니다. 예루살렘 성전에서 가져온 그릇들을 왕 앞에 가져오게 해 왕과 귀족들과 왕비들과 후궁들이 다 그것으로 술을 마셨습니다. 왕은 또한 은, 금, 청동, 쇠, 나무, 돌로 만든 신들, 곧 보지도 못하고 듣지도 못하고 알지도 못하는 것들을 찬양했습니다. 그러나 정말 왕의 생명을 손에 쥐고 왕의 모든 갈 길을 이끄시는 하나님께는 영광을 돌리지 않았습니다.

24 글씨를 해석함 그러므로 하나님께서 이 손가락을 보내서 이 글을 쓰게 하셨습니다.

25 여기 새겨진 글씨는 이렇습니다. 메네 메네 테켈 그리고 파르신

26 이 말의 뜻은 이렇습니다. 메네는 하나님께서 왕의 나라의 시간을 재어 보니 이미 끝이 났다는 뜻이고

27 테켈은 왕을 저울에 달아 보니 무게가 모자란다는 뜻이고

욥 31:6

28 *페레스는 왕의 나라가 나뉘어 메대와 페르시아 사람에게 넘어갔다는 뜻입니다.

29 다니엘이 높여짐 듣고 나서 벨사살은 다니엘에게 자주색 옷을 입히고 목에 금목걸이를 걸어 주고 다니엘이 그 나라에서 세 번째 높은 벼슬자리에 올랐다고 선포했습니다.

30 벨사살이 죽임을 당함 바로 그날 밤 바벨론 왕 벨사살은 죽임을 당했습니다.

벨사살 왕이 흰 벽에 사람의 손가락이 쓴 글을 보고 놀람

31 그리고 메대 사람 다리오가 그 나라를 차지하고 왕이 됐습니다. 다리오의 나이는 62세였습니다.

6 총리에 오른 다니엘 다리오는 자기가 생각한 대로 온 나라에 120명의 지방 장관을 세워 그 나라를 다스리게 했습니다.

2 또 그들 위에 세 명의 총리를 세웠는데 그 가운데 한 사람이 다니엘이었습니다. 이렇게 한 것은 지방 장관들이 총리에게 보고하도록 해 왕에게 피해가 생기지 않게 하기 위해서였습니다. 5:7,16,29

3 다니엘은 생각이 앞서서 다른 총리들과 지방 장관들보다 훨씬 뛰어났습니다. 그래서 왕은 다니엘을 온 나라를 다스리도록 맡길 생각이었습니다. 예 3:1,10:3

4 음모자들이 꾸민 함정 그러자 총리들과 지방 장관들은 나라 일에 있어서 다니엘의 잘못을 찾아 고발하려고 애를 썼습니다. 그러나 다니엘에게서 어떤 실수나 잘못을 찾아낼 수 없었습니다. 다니엘은 충성스러워 아무런 실수나 아무런 잘못도 없었기 때문입니다. 전 4:4;겔 14:14,20

5 그래서 그들이 서로 말했습니다. "하나님의 율법에 관련된 일이 아니면 우리가 다니엘에게서 고발할 거리를 찾을 수 없겠다."

6 기도를 금하는 명령 그러고는 총리들과 지방 장관들이 모여 왕에게 가서 말했습니다. "다리오 왕이여, 만수무강하소서!

7 이 나라 총리들과 행정관들과 지방 장관들과 자문관들과 관리들이 함께 의논한 것이 있습니다. 왕께서 한 가지 법을 세우시고 엄하게 명령을 내리시기 바랍니다. 이제부터 30일 동안 왕이 아닌 어떤 다른 신이나 사람에게 기도하는 사람은 누구든지 사자 굴 속에 던져 넣기로 한다는 것입니다. 12~13,15절;3:2;4:3;6:36

8 왕이여, 이제 이 명령문에 왕의 도장을 찍

고발 (6:4, 告發, charge) 잘못이나 비리를 드러내어 신고함. *담화문* (6:25, 談話文) 공적인 자리에 있는 사람이 어떤 문제에 대한 견해나 태도를 밝히기 위하여 공식적으로 발표하는 글.

어서 왕이 도장을 찍은 메대와 페르시아 법은 사람들이 고칠 수 없다는 법에 따라 다시 고치지 못하게 하십시오." 12,15절

9 그리하여 다리오 왕은 그 명령문에 왕의 도장을 찍었습니다.

10 다니엘 여전히 기도함 다니엘은 명령문에 왕의 도장이 찍힌 것을 알고 집으로 돌아갔습니다. 그리고 그날도 이전에 하던 대로 창문을 열어 둔 다락방에서 예루살렘을 향해 하루 세 번씩 무릎을 꿇고 하나님께 기도드리며 감사를 올렸습니다.

11 왕이 다니엘에 대한 고발을 들을 사람들이 몰려와서 다니엘이 자기 하나님께 도움을 구하며 기도하는 것을 보았습니다.

12 그들은 왕에게 가서 왕의 명령문에 대해 말했습니다. "왕이여, 왕께서 명령문에 왕의 도장을 찍어서 이제부터 30일 동안 왕 외에 다른 신이나 사람에게 기도하는 사람은 누구든 사자 굴 속에 던져 넣기로 하지 않으셨습니까?" 왕이 대답했습니다. "그 명령은 내려졌다. 그 명령은 메대와 페르시아 법에 따라 사람들이 고칠 수 없다."

13 그들이 왕에게 말했습니다. "왕이여, 사로잡혀 온 유다 사람 다니엘이 왕과 왕께서 도장을 찍은 명령을 지키지 않고 지금도 하루 세 번씩 하나님께 기도하고 있습니다."

14 왕은 이 말을 듣고 마음이 몹시 괴로웠습니다. 왕은 다니엘을 살리고 싶어서 해 질 무렵까지 그를 구해 내려고 온 힘을 다했습니다. 마 14:9;막 6:26

15 사람들이 다시 왕에게 몰려와서 말했습니다. "왕이여, 메대와 페르시아 법에 따르면 왕께서 한 번 내린 명령이나 법은 고칠 수 없다는 것을 기억하시기 바랍니다."

16 사자 굴 속의 다니엘 그래서 왕은 다니엘을 끌어다가 사자 굴 속에 던져 넣으라고 명령했습니다. 그러나 왕은 다니엘에게 말했습니다. "네가 항상 섬기고 있는 네 하나님께서 너를 구원하실 것이다."

17 그러고 나서 돌을 굴려다가 사자 굴 입구를 막고 왕과 귀족들의 도장을 찍었습니

다. 아무도 다니엘에게 내린 처벌을 바꾸지 못하게 하려는 것이었습니다. 계20:3

18 왕은 왕궁으로 돌아가 아무것도 먹지 않고 즐거운 악기 소리도 그치게 하고 밤새도록 뜬눈으로 지새웠습니다. 잠25:20

19 *상처 입지 않은 다니엘* 날이 새자마자 왕은 서둘러 사자 굴로 달려갔습니다.

20 왕은 사자 굴에 가까이 가서 슬피 울부짖으며 다니엘을 부르며 물었습니다. "살아 계신 하나님의 종 다니엘아, 네가 항상 섬기는 네 하나님께서 너를 사자들로부터 구해 주셨느냐?" 26절3:15

21 다니엘이 왕에게 말했습니다. "왕이여, 만수무강하소서! 24

22 내 하나님께서 천사를 보내 사자들의 입을 막으셔서 사자가 나를 해치지 못했습니다. 제가 하나님 앞에 죄가 없다는 것이 분명하기 때문입니다. 왕이여, 또 제가 왕께도 죄를 짓지 않았습니다."

23 왕은 매우 기뻐하며 다니엘을 사자 굴에서 건져 올리라고 명령했습니다. 다니엘을 사자 굴 속에서 꺼내 살펴보니 몸에 상처 하나 입지 않았습니다. 이것은 그가 자기 하나님을 믿었기 때문이었습니다.

24 *음모자들이 죽임을 당함* 왕은 다니엘을 고소했던 사람들을 끌어

오라고 명령했습니다. 그들은 아내와 자식들과 함께 사자 굴 속에 던져졌습니다. 그들이 사자 굴 밑바닥에 닿기도 전에 사자들이 그 사람들을 움켜서 그 뼈까지 부숴 버렸습니다.

25 *왕의 담화문* 다리오 왕은 온 땅 모든 백성들과 민족들과 각기 다른 언어를 쓰는 사람들에게 담화문을 내렸습니다. "너희가 태평성대를 누리기를 바란다! 3:4, 4:1

26 내가 이제 명령을 내린다. 내 나라 모든 지역에 사는 모든 백성들은 다니엘의 하나님 앞에서 떨며 두려워하라. 하나님은 살아 계시고 영원히 변하지 않으시는 분이기 때문이다. 그 나라는 멸망하지 않으며 하나님의 다스림은 끝없이 계속될 것이다.

27 그는 구하기도 하시고 건져 내기도 하신다. 하늘에서든지 땅에서든지 표적과 기적을 일으키시며 사자의 입에서 다니엘을 구해 주셨다." 3:28~29, 4:2

28 *다니엘의 여생* 이렇게 해서 다니엘은 다리오 왕이 다스리던 때와 페르시아 사람 고레스가 다스리는 동안 편안하게 살았습니다.

7

네 짐승에 관한 꿈 바벨론 왕 벨사살이 다스린 지 첫해였습니다. 다니엘이 침대에 누워 있다가 꿈을 꾸니 머릿속에 환상이 떠올랐습니다. 그는 꿈의 내용을 적었는데 그 줄거리는 이렇습니다.

2 다니엘이 말했습니다. "나는 밤에 환상을 보았습니다.

다니엘이 사자 굴속에 던져졌으나 하나님의 보호로 아무런 해를 입지 않음

하늘에서 바람이 네 방향으로 큰 바다를 휘저으며 불고 있었습니다.

3 그 바다에서 각각 모습이 다른 네 마리의 큰 짐승이 나왔습니다. 계13:1

4 첫 번째 짐승은 사자같이 생겼지만 독수리의 날개를 가졌습니다. 내가 보고 있는 동안 그 짐승은 날개가 뽑히더니 땅에서 몸을 들어 올려 사람처럼 두 발로 서고 사람의 마음을 가졌습니다.

5 두 번째 짐승은 곰같이 생겼습니다. 그것은 몸을 한쪽으로 뒷발로 서 있었으며 그 입의 이빨 사이에 갈비뼈 세 대를 물고 있었습니다. 누군가 그 짐승에게 '일어나서 고기를 많이 먹어라' 하고 말하는 소리가 들렸습니다. 2:39

6 계속해서 살펴보니 표범같이 생긴 짐승이 있었습니다. 그 등에는 새의 날개가 네 개 달려 있었습니다. 그 짐승은 머리가 네 개인데 다스리는 권력을 받았습니다.

7 그날 밤 환상 가운데 네 번째 짐승을 보았는데 그 짐승은 무섭고 사나우며 힘이 아주 강했습니다. 그 짐승은 쇠로 된 큰 이빨로 부서뜨려 먹고 또 먹다 남은 것은 발로 짓밟았습니다. 그 짐승은 먼저 나온 다른 짐승들과 달리 뿔이 열 개나 있었습니다.

8 내가 그 뿔을 살펴보고 있는데 다른 작은 뿔 하나가 그 사이에서 났습니다. 그리고 먼저 있던 뿔 가운데 세 개가 나중에 돋은 뿔 앞에서 뿌리째 뽑혔습니다. 그런데 이 나중에 돋은 뿔은 사람의 눈 같은 눈이 있고 입이 있어서 거만하게 큰소리로 말했습니다. 20~21,24절:8:9;계13:5~6

9 또 내가 보니 왕의 자리가 보이고 옛날부터 항상 살아 계신 분이 자리에 앉아 계셨습니다. 그의 옷은 눈처럼 희고 머리털은 양털처럼 희었습니다. 왕의 자리는 활활 타는 불꽃이고 왕의 자리의 바퀴는 타는 불이었습니다. 겔1:16;사1:9:28;계1:14:20:4

10 그 앞에서 거센 불이 강처럼 흘러나왔습니다. 그 앞에서 심부름하는 사람들이 천천 명이요, 섬기는 사람들이 만만 명이었습니다. 심판이 시작되면서 책들이 펼쳐져 있었습니다. 히12:22;계11:18;20:12

11 나는 작은 뿔이 거만하게 큰소리로 말하는 것을 계속 살펴보고 있었습니다. 내가 보고 있으려니까 넷째 짐승이 죽임을 당하고 그 시체는 찢겨 타는 불 속에 던져졌습니다. 계19:20;20:10

12 나머지 세 짐승은 힘은 빼앗겼지만 목숨만은 얼마 동안 살아남게 되었습니다.

13 내가 밤에 또 환상을 보았습니다. 사람같이 생긴 분이 하늘 구름을 타고 오셨습니다. 그가 옛날부터 항상 살아 계신 분께 가서 그분 앞에 섰습니다. 계1:7;14:14

14 사람같이 생긴 분은 하나님께 힘과 영광과 나라들을 받고 모든 백성들과 나라들과 각기 다른 언어를 쓰는 사람들에게 경배를 받았습니다. 그분의 다스림은 영원해서 결코 사라지지 않을 것이고 그분의 나라는 결코 멸망하지 않을 것입니다."

15 꿈의 참뜻 "나 다니엘은 머릿속에 나타난 이 환상 때문에 마음이 괴롭고 답답했습니다.

16 내가 거기 서 있는 천사들 가운데 하나에게 다가가서 이 모든 것의 참뜻을 물었습니다. 그는 내게 이것들의 뜻을 알려 주었습니다.

17 '네 마리의 큰 짐승들은 세상에 일어날 네 왕이다. 3절

18 그러나 높고 높으신 분의 백성들이 그 나라를 얻고 영원하고 영원하고 영원하도록 누리게 될 것이다.' 고전6:2;계2:26

19 다니엘의 또 다른 질문 나는 네 번째 짐승의 뜻을 알고 싶었습니다. 다른 짐승과 달리 그 짐승은 아주 사나워서 쇠로 된 이빨과 청동 발톱이 있으며 삼키고 부수고 남은 것은 발로 짓밟았습니다. 7절

20 또 머리에 있던 열 개의 뿔과 나중에 돋은 다른 뿔에 대해서도 알고 싶었습니다. 나중에 돋은 뿔 앞에서 먼저 있던 세 뿔이 빠지고 나중에 돋은 뿔에는 눈들이 있고 큰소

책들(7:10, books) 고대 바벨론에서 토판에 새겨 기록한 것은 주로 법적 문서들이었다.

리로 거만하게 말을 하는 입도 있었으며 그 모습은 다른 뿔들보다 강해 보였습니다. 8절

21 내가 보고 있는데 그 뿔이 하나님의 백성들과 싸워서 이기고 있었습니다. 8:24

22 그러나 옛날부터 항상 살아 계신 분이 오셔서 높고 높으신 분의 백성들 편을 들어 심판하셨고 때가 되자 하나님의 백성들에게 그 나라를 되찾아 주셨습니다. 9,13절

23 또 다른 해석 하나님을 모시고 서 있던 천사가 내게 말했습니다. '넷째 짐승은 세상에 나타날 네 번째 나라다. 그 나라는 모든 나라와 달라서 온 세상을 집어삼키며 발로 짓밟고 부서뜨릴 것이다.

24 열 개의 뿔은 그 나라에서 나올 열 명의 왕들이다. 그들 뒤에 한 왕이 일어날 것이다. 그는 먼저 있던 왕들과는 다르며 먼저 있던 세 명의 왕을 굴복시킬 것이다.

25 그는 높고 높으신 분께 거만하게 대항해 큰소리를 칠 것이며 높고 높으신 분의 백성들을 억누를 것이며 때와 법을 바꾸려고 할 것이다. 하나님의 백성들은 한 때, 두 때, 반 때 동안 그 왕의 손에 넘겨질 것이다.

26 그러나 심판이 시작되면 그는 힘을 빼앗기고 완전히 멸망당할 것이다. 6:26

27 그리고 높고 높으신 분의 백성들이 나라와 권력과 온 세상 여러 나라를 다스리게 될 것이다. 그 나라는 영원하며 세상의 힘이 있는 모든 사람들이 그를 섬기고 따를 것이다.' 18절,2:44

28 다니엘이 두려워함 이것이 환상의 끝입니다. 나 다니엘은 여러 가지 생각으로 두려워 얼굴이 창백하게 변했지만 이 일을 마음속에 간직해 두었습니다." 눅 2:19,51

8 숫양과 숫염소에 관한 환상 나 다니엘에게 처음으로 환상이 나타난 후 벨사살 왕이 다스린 지 3년이 되던 해에 다시 환상이 나타났습니다. 5:1;7:1

2 나는 엘람 지방 수산 성에 있었으며 을래 강가에서 환상을 보았습니다. 겔 1:1

3 내가 눈을 들어 보니 강가에 두 개의 긴 뿔을 가진 숫양이 서 있었습니다. 긴 두

기름 부음을 받은 왕이 오신다

다니엘은 많은 환상들을 보았다. 그가 본 환상들 중에는 예수님에 관한 것이 있다. 다니엘 7장 13절에서 '사람같이 생긴 분'은 '구름을 타고라는 말과 연결되어 장차 오실 메시아를 가리킨다. 이것은 메시아 되신 예수님이 본 구절을 자신에 대한 예언으로 인정하심으로 확실해졌다 (마 24:30; 26:64; 막 13:26). 예수님은 일생을 이스라엘에게 보내셨으며 다스리심은 우주를 향한 것이다. 14절에 나오는 그분의 나라는 세상 나라가 아니라, 성육신으로 임하셨고 그의 재림으로 성취될 하나님 나라를 말한다. 장차 이 땅의 모든 백성들은 예수 그리스도를 섬기며 그분의 왕국은 영원할 것이다. 이러한 통치권은 예수 그리스도의 속죄 사역(사 53:5-6)과 부활(행 17:31; 롬 2:16)을 통해 이미 증거되었다.

뿔 가운데 한 뿔이 다른 뿔보다 더 길었고 그 긴 뿔이 나중에 돋은 것이었습니다.

4 내가 보니까 그 숫양이 뿔로 서쪽과 북쪽과 남쪽을 들이받는데 어떤 짐승도 그 숫양을 당하지 못하고 그 손에서 구할 수 없었습니다. 그 숫양은 무엇이든지 자기 좋을 대로 했으며 점점 더 강해졌습니다.

5 내가 이 생각에 빠져 있는 가운데 갑자기 숫염소 한 마리가 서쪽에서 나와서 땅을 디디지도 않고 온 세상을 누비고 다녔습니다. 그 숫염소의 두 눈 사이에는 눈에 띄게 큰 뿔이 하나 있었습니다. 21절

6 그 숫염소는 강가에서 본 두 뿔 달린 숫양에게로 다가가서 크게 화를 내며 숫양을 들이받았습니다. 욥 15:26

7 숫염소는 더욱 화를 내며 숫양을 공격하고 그 두 뿔을 부러뜨렸습니다. 숫양은 숫염소를 이길 힘이 없었습니다. 숫염소가 숫양을 땅에 내리치고 발로 짓밟았지만 아무도 숫양을 그 손에서 구해 줄 수 없었

습니다. *4절:11:11ㄱ,사 7:5*

8 그 후 숫염소는 점점 강해졌습니다. 힘이 세질 대로 세지더니 그 큰 뿔이 부러져 버렸습니다. 그리고 그 자리에 뚜렷한 네 개의 뿔이 돋아나 네 방향으로 자랐습니다.

9 그 가운데 한 뿔에서 또 작은 뿔 하나가 돋아서 남쪽과 동쪽과 영광스러운 땅을 향해 매우 크게 자랐습니다. *겔 20:6,15*

10 그렇게 자라서 하늘 군대에 닿을 만큼 자랐고 하늘 군대 가운데 몇몇과 별들 가운데 몇몇을 땅에 내치고는 발로 짓밟았습니다. *계 12:4;사 14:13,계 12:4*

11 그 뿔은 스스로 자신을 높여 하늘 군대의 주인처럼 높이더니 하나님께 날마다 드리는 제사를 없애 버리고 하나님의 성전마저 헐어 버렸습니다. *11:31,36;12:11;눅 5:14*

12 그 뿔로 인해 백성들은 죄를 범했고 백성들은 그 뿔에게 날마다 제사드렸습니다. 진리는 땅에 떨어졌고 그 뿔이 하는 일마다 잘됐습니다. *24절:11:28,30*

13 나는 거룩한 분이 말씀하시는 것을 들었습니다. 또 다른 거룩한 분이 그 거룩한 분에게 여쭈었습니다. "이 환상에 나타난 일이 언제까지 계속되겠습니까? 날마다 드리던 제사를 못 드리고 멸망당할 죄를 범하며 성전이 헐리고 하나님의 백성이 짓밟히는 일들이 언제까지 계속되겠습니까?"

14 천사가 내게 말씀했습니다. "그날까지 2,300일이 걸리며 그때는 성전이 깨끗해질 것이다." *26절*

15 **해석이 주어짐** 나 다니엘이 이 환상을 보면서 그 뜻을 알려고 할 때 사람의 모습을 한

분이 내 앞에 나타나 서 있었습니다. *계 1:13*

16 을래 강의 두 언덕 사이에서 어떤 사람이 큰 소리로 이렇게 말씀했습니다. "가브리엘아, 네가 이 사람에게 이 환상의 뜻을 말해 주어라." *2절:9:21;12:5~7;눅 1:19,26*

17 가브리엘이 내가 서 있는 곳으로 다가왔습니다. 그가 오자 나는 두려워서 얼굴을 땅에 대고 엎드렸습니다. 그가 내게 말씀했습니다. "사람아, 이 환상은 세상 끝 날에 관한 것이다." *19절:11:27;겔 1:28;2:1;눅 1:12*

18 그가 내게 말하는 동안 나는 땅에 엎드려서 깊이 잠들었습니다. 그러자 그는 나를 붙들어 일으켜 세웠습니다. *눅 9:32*

19 그가 말했습니다. "정해진 세상 끝 날이 올 때 하나님의 분노하심으로 어떤 일이 일어날지 내가 알려 주겠다. *시 102:13*

20 네가 본 두 뿔 달린 숫양은 메대와 페르시아 왕들이다. *3절:6:8*

21 숫염소는 그리스 왕이고 그 눈 사이에 있는 큰 뿔은 그 첫 번째 왕이다. *5절:10:20*

22 그 뿔이 부러지고 그 자리에 네 뿔이 돋은 것은 그 나라가 갈라져 네 나라가 일어난다는 뜻이다. 그러나 그 힘은 첫 번째 나라만큼 강하지 않다. *8,24절*

23 네 나라가 다스리는 마지막 때 죄를 범하는 사람들이 많아지면서 한 왕이 일어날 것이다. 그는 뻔뻔하고 속임수를 잘 꾸며 대는 왕이다.

24 그의 힘은 강하겠지만 자기에게서 나오는 힘이 아니다. 그가 마음먹은 대로 무섭게 무너뜨리겠으나 하는 일마다 잘될 것이며 힘 있는 사람과 거룩한 백성들을 멸망시

다니엘 시대의 왕들

왕	나라	사건
느부갓네살 왕	바벨론	사드락, 메삭, 아벳느고를 불구덩이에 던져 넣음(단 1~3장)
벨사살 왕	바벨론	7년 동안 정신병 증상을 보이며 이상한 행동을 함(단 4장) 바벨론 제국의 멸망을 예언한 손가락 글씨를 봄(단 5장)
다리오 왕	메대-페르시아	다니엘을 시기하는 신하들의 모함 때문에 다니엘을 사자 굴에 던져 넣음(단 6장)
고레스 왕	메대-페르시아	이스라엘 백성들을 이스라엘 땅으로 귀환시킴(스 1:1~11)

킬 것이다. 12절:7:21;12:7;사 63:18

25 그는 죄를 내 남을 속여서 원하는 것을 다 이루고 자기 마음대로 스스로 높일 것이다. 그는 또 평화로운 틈을 타서 많은 사람들을 죽이고 왕의 왕이신 하나님을 대항해 일어날 것이다. 그러나 그도 망하지만 사람의 힘으로 망하지 않는다. 11절

26 네게 보여 준 밤낮의 환상은 확실히 이뤄지지만 먼 훗날 일어날 일이니 너는 그 환상들을 잘 간직해 두어라." 10:1;14;12:4,9

27 다니엘이 기절함 나 다니엘은 이 환상을 보고 놀라서 정신을 잃었습니다. 나는 며칠 동안 앓다가 회복돼 일어나 왕이 맡긴 일을 했습니다. 그 환상은 아주 놀랍고 사람이 알기 힘든 것이었습니다. 16절;7:28

9 다니엘이 예레미야서를 읽음 메대 사람인 아하수에로의 아들 다리오가 왕이 돼 바빌론을 다스린 첫해였습니다.

2 곧 그가 다스린 지 1년 되던 해에 나 다니엘은 하나님의 말씀이 기록된 책을 보고 여호와께서 예언자 예레미야에게 연수를 정해 말씀하셨음을 알았습니다. 여호와께서는 예루살렘이 무너진 지 70년 만에 돌이키시겠다고 하셨습니다. 스 1:1;렘 25:12

3 다니엘의 기도 나는 먹지도 마시지도 않고 옷이 굵은 베옷을 입고 재를 뿌린 채 주 하나님께 기도하며 구했습니다. 느 1:4

4 나는 하나님 여호와께 이렇게 기도하고 백하며 말씀드렸습니다. "여호와여! 크고 *두려우신 주 하나님이여,* 주를 사랑하고 주의 계명을 지키는 사람들에게 말씀하신 약속을 지키시고 그들에게 자비를 베푸시는 하나님이시여, 스 10:1;느 1:5~6

5 우리가 죄를 지었고 잘못을 저질렀습니다. 우리가 악하게 행동했고 주의 법과 명령을 어기고 거역했습니다. 15절;애 3:42

6 또 우리가 주의 종 예언자들이 우리 민족의 여러 왕과 귀족들과 조상들과 온 백성들에게 주의 이름으로 말씀한 것을 듣지 않았습니다. 스 9:7;11;9:34;슥 1:6

7 주여, 의로움은 주께 있으며 우리에게는

오늘날처럼 부끄러움이 있을 뿐입니다. 유다 사람들과 예루살렘에 사는 사람들과 각 나라로 쫓겨나 가까이 있거나 멀리 있는 사람, 곧 이스라엘 사람들이 모두 부끄러움을 당할 뿐입니다. 그들은 주를 거역하며 죄를 범했기 때문에 주께서 각 나라로 쫓아내셨습니다. 에 9:20;렘 8:3;애 1:18

8 여호와여, 우리가 부끄러움과 욕을 당하고 우리 왕들과 귀족들과 조상들이 부끄러움을 당하는 것은 우리가 주께 죄를 지었기 때문입니다.

9 주 우리 하나님께서는 자비와 용서를 베푸시지만 우리는 주께 반역했습니다.

10 우리는 하나님 여호와의 음성을 듣지 않고 하나님의 종 예언자들을 시켜서 우리 앞에 세우신 율법을 지키지 않았습니다.

11 온 이스라엘이 주의 율법을 지키지 않았고 주의 목소리 듣기를 싫어했습니다. 그러므로 하나님의 종 모세의 율법에 기록된 맹세대로 저주가 우리에게 내렸습니다. 우리는 주께 죄를 지었기 때문에 심판을 받았습니다. 대상 6:49;사 1:4~6;렘 40:3;44:22

12 주께서는 큰 재앙을 우리에게 내리셨습니다. 우리와 우리 지도자들을 벌하셔서 주께서 말씀하신 것을 그대로 증명하셨습니다. 온 천하에 예루살렘에 일어난 일과 같은 일은 없었습니다. 왕상 8:2~3;렘 39:16;애 1:12

13 모세의 율법에 기록된 그대로 우리에게 이 모든 재앙이 내렸습니다. 그러나 우리는 죄에서 돌이켜서 주의 진리를 알기 위해 우리 하나님 여호와께 은총을 내려 달라고 구하지 않았습니다. 호 7:10

14 그래서 여호와께서는 이 재앙을 준비해 두셨다가 우리에게 내리셨습니다. 우리 하나님 여호와께서 하시는 모든 일은 의롭습니다. 그러나 우리는 하나님의 목소리를 듣고 순종하지 않았습니다. 7:10절

15 주 우리 하나님이여, 주의 백성들을 강한

가브리엘 (8:17, Gabriel) '하나님의 사람'이라는 뜻의 이름을 가진 천사로, 하나님의 말씀을 전하는 역할을 한다(눅 1:19~26).

손으로 이집트에서 이끌어 내시고 오늘날 같이 이름이 유명해지신 주여, 우리가 죄를 지었고 우리가 악을 저질렀습니다.

16 주여, 제가 기도합니다. 주의 모든 공의에 따라서 주의 성 예루살렘, 주의 거룩한 산에 내린 주의 노하심을 거둬 주소서. 우리의 죄와 우리 조상들의 죄악으로 인해 예루살렘과 주의 백성들이 우리 주위에 사는 모든 사람들의 비웃음을 받습니다.

17 그러므로 우리 하나님이여, 이제 주의 종의 기도와 간절함을 들어 주십시오. 하나님 자신을 위해 무너진 주의 성전에 주의 얼굴 빛을 비춰 다시 세워 주십시오.

18 내 하나님이여, 귀를 기울여 들으시고 눈을 떠서 보십시오. 주의 이름으로 부르는 성이 무너지고 우리가 고통당하고 있습니다. 우리가 주께 기도하는 것은 우리가 잘한 것이 있어서가 아닙니다. 주께서 큰 자비를 베푸시는 분이기 때문입니다.

19 주여, 들어 주십시오! 주여, 용서해 주십시오! 주여, 들으시고 이뤄 주십시오! 내 하나님이여, 주 자신을 위해 미루지 마십시오. 그곳은 주의 성이며 이 사람들은 주의 백성들이기 때문입니다." 렘 14:9

20 가브리엘이 다니엘에게 나타남 내가 이렇게 내 죄와 내 백성 이스라엘의 죄를 스스로 밝혀 말하며 기도했습니다. 내가 내 하나님 여호와 앞에서 내 하나님의 거룩한 산을 위해 간절히 기도하고 있을 때입니다.

21 내가 아직 기도하고 있을 때였습니다. 내가 처음으로 환상을 보았을 때 보았던 가

브리엘이 재빨리 날아서 저녁 제사드릴 때쯤 내게 왔습니다. 왕상 18:36;호 9:4-5

22 그가 내게 알려 주었습니다. "다니엘아, 이제 내가 네게 지혜와 깨달음을 주려고 왔다.

23 네가 기도를 시작할 때 그것을 말해 주라는 명령이 떨어져서 내가 왔다. 너는 큰 사랑을 받은 사람이다. 그러므로 너는 이 일에 대해 생각하고 그 환상을 깨닫도록 하여라.

24 70주 네 백성들과 네 거룩한 성을 위해 70주의 기간이 정해졌다. 이 기간이 지나면 이제 죄악이 그치고 죄를 영원히 용서받으며 영원한 의가 드러나고 환상과 예언이 이뤄져 높고 거룩한 분이 기름 부음을 받게 될 것이다.

25 이것을 깨달아 알아라. 예루살렘을 다시 세우라는 명령이 있을 때부터 7주와 그다음 62주가 지나면 기름 부음 받은 왕이 오신다. 그때 예루살렘 성이 다시 세워지고 거리와 성벽이 세워질 것이다. 그러나 이 일은 어려운 가운데 이뤄질 것이다.

26 가브리엘의 설명 62주간이 지난 후에 기름 부음 받은 분은 죽고 아무것도 없을 것이다. 그 후 한 왕의 백성들이 와서 예루살렘 성과 성전을 무너뜨릴 것이다. 마지막 날은 홍수가 밀려온 것과 같으며 또 마지막까지 전쟁이 있어서 성이 황폐해질 것이다.

27 그는 1주 동안 많은 사람들과 굳게 약속을 정할 것이다. 그가 1주의 절반의 기간에 희생제사와 예물을 드리지 못하게 할 것이다. 또 흉측하게 하나님께서 미워하는 물건이 성전의 거룩한 장소에 세워질 것이

다. 그러나 이미 정해진 마지막 날까지 그렇게 황폐하게 만드는 사람에게 하나님의 노하심이 쏟아질 것이다." 눅 21:20

10 다니엘이 슬퍼함 페르시아 왕 고레스가 왕이 된 지 3년에 벨드사살이라 불리는 다니엘이 환상을 보는 가운데 말씀을 들었습니다. 그 말씀은 참되며 큰 전쟁에 관한 것입니다. 다니엘은 이 말씀을 분명히 알았고 그 환상을 깨달았습니다.

2 그때 나 다니엘은 3주 내내 슬퍼했습니다.

3 나는 3주가 다 지날 때까지 좋은 음식을 먹지 않았고 고기나 포도주를 입에 대지 않았으며 몸에 기름을 바르지 않았습니다.

4 놀라운 환상 첫째 달 24일에 내가 큰 강 티그리스 강가에 서 있었습니다. 창 2:14

5 그곳에서 눈을 들어 바라보니 어떤 사람이 고운 베옷을 입고 허리에 우바스의 금으로 만든 순금 띠를 띠고 있었습니다.

6 그의 몸은 황옥 같고 얼굴은 번개처럼 환하고 눈은 횃불같이 불타고 팔과 발은 빛이 나는 청동같이 번쩍이고 목소리는 큰 무리가 외치는 소리 같았습니다. 계 1:14-15

7 환상에 대한 반응 그 환상을 본 사람은 나 다니엘 한 사람뿐입니다. 나와 함께 있던 사람들은 그것을 보지 못했지만 큰 두려움에 사로잡혀 도망쳐 숨었습니다.

8 그래서 나는 혼자 남아 이 놀라운 환상을 보게 됐습니다. 그런데 나는 온몸에 힘이 빠지고 죽은 사람처럼 몸의 색깔이 변하고 도무지 힘을 쓸 수 없었습니다.

9 그때 나는 말소리를 들었는데 듣는 동안 나는 땅바닥에 얼굴을 대고 엎드린 채 깊이 잠들었습니다. 8:18

10 다니엘이 위로를 받음 내가 떨고 있는데 어떤 손이 나를 어루만졌습니다. 그리고 나를 일으켜서 무릎과 손바닥으로 땅을 짚게 했습니다. 겔 2:9

11 그가 말씀하셨습니다. "하나님의 큰 사랑을 받은 사람 다니엘아, 내가 하는 말을 잘 들어라. 나는 네게 가라고 보냄 받았으니 일어서거라." 내가 이 말을 듣고 일어섰으나 여전히 떨고 있었습니다. 히 1:14

12 그러자 그가 말씀하셨습니다. "다니엘아, 두려워하지 마라. 네가 깨달음을 얻으려고 네 하나님 앞에 낮아지고 겸손해지기로 결심한 그날부터 하나님께서 네 말을 들으셨다. 네 기도 때문에 내가 왔다.

13 그러나 페르시아 왕이 21일 동안 나를 막았다. 나는 홀로 페르시아 왕들과 함께 거기 남아 있었는데 하늘 군대의 우두머리 가운데 하나인 미카엘이 와서 나를 도왔다.

14 이제 내가 마지막 날에 네 백성들에게 무슨 일이 일어날지 알려 주려고 왔다. 이 환상은 오랜 후에 일어날 것이다." 합 2:3

15 그가 내게 이렇게 말하는 동안 나는 얼굴을 땅에 댄 채 한마디 말도 하지 못했습니다. 9절;8:18;시 39:2,9

16 그런데 사람같이 생긴 분이 내 입술을 만졌습니다. 그러자 내가 입을 열어 내 앞에 서 있는 분에게 말씀드렸습니다. "내 주여, 이 환상 때문에 두렵고 걱정돼 내가 힘을 잃었습니다. 8:3;8:15;사 6:7

17 내 주여, 내가 힘이 다 빠져 숨쉬기조차 어려우니 내 주의 종이 어떻게 주와 함께 말할 수 있겠습니까?"

18 그러자 사람같이 생긴 분이 다시 나를 만지며 내게 힘을 주었습니다.

19 그가 말씀하셨습니다. "오 큰 사랑을 받는

지금도 우리 삶의 현장에서는 이러한 영적 전투가 벌어지고 있어요. 기도를 하고 응답이 늦어지면 쉽게 포기하지는 않나요? 기도를 하고 아예 잊어버리지는 않나요? 하나님이 우리의 기도를 듣고 응답해 주시는 것을 의심하지 마세요. 포기하지 않고 기다리면 하나님은 알맞은 때 꼭 이루어 주십니다.

깊이읽기 에베소서 6장 10-12절을 읽으세요.

흉측 (9:27, 凶測, desolation) 몹시 험상궂거나 흉악함.
미가엘 (10:13, Michael) 하늘 군대의 우두머리 중 하나, 구약에서는 다니엘서에만 나오는데 '네 민족 (이스라엘)을 지켜 주는 큰 천사'(단 12:1)로 소개된다.

사람아, 두려워하지 마라. 평안하여라! 강하고 강하여라." 그가 이렇게 말하니 나는 힘이 생겨서 말할 수 있었습니다. "내 주여, 주께서 제게 힘을 주셨으니 말씀하십시오."

20 정치적 변화를 그가 말씀하셨습니다. "왜 내가 네게 왔는가? 이제 나는 나가서 페르시아 왕과 싸울 것이다. 그리고 내가 나간 다음에 그리스 왕이 올 것이다.

21 내가 진리의 책에 쓴 것을 먼저 네게 말해 주겠다. (그들과 싸우는 데 나를 도울 이가 너희를 이끄는 천사 미가엘뿐이다.

11 내가 메대 사람 다리오가 다스린 지 첫째 해에 다리오가 힘을 더 내도록 도와주었다.") 9:1

2 "자, 이제 내가 참된 것을 네게 보여 주겠다. 페르시아에 세 명의 왕이 더 일어날 것이다. 그다음 네 번째 왕은 다른 모든 왕보다 훨씬 더 부자가 되며 강해진다. 그가 그 재산으로 힘을 얻어서 모든 사람으로 게 움직여 그리스를 칠 것이다. 10:21

3 그리고 한 힘 있는 왕이 일어나서 큰 능력으로 나라를 다스리고 자기가 하고 싶은 대로 무엇이든 할 것이다. 7:6;8:4~5,21

4 그 왕이 가장 강할 때 나라는 하늘의 네 방향으로 갈라지지만 그 자손에게는 돌아가지 않는다. 그의 나라는 그가 다스리던 대로 되지 않고 뿌리째 뽑혀서 그 자손이 아닌 다른 사람들이 이어갈 것이다.

5 남쪽 왕과 북쪽 왕들 남쪽 이집트 왕이 강해질 것이지만 그의 군대 장군들 가운데 하나가 그보다 더 강해진다. 그가 큰 힘을 얻고 나라를 다스리게 될 것이다.

6 몇 년 후에 그들은 동맹 관계가 될 것이다. 남쪽 왕의 공주가 평화 조약을 맺기 위해 북쪽 왕에게 갈 것이다. 그러나 그 공주가 힘을 잃고 남쪽 왕은 약해서 서지 못하고 그 다스림도 계속되지 않을 것이다. 공주와 가족들과 공주를 데리고 온 사람들과 공주를 지지하던 사람들이 함께 버림받을 것이다. 23절

7 그러나 그 공주의 집안에서 한 사람이 일어나 왕의 자리를 이을 것이다. 그는 군대를 이끌고 북쪽 왕의 군대를 치고 그의 성에 들어가 그들과 싸워 이길 것이다.

8 그는 그 신들과 그들의 쇠로 된 우상들과 은과 금으로 된 귀한 물건들을 빼앗아 이집트로 가져갈 것이다. 그리고 몇 년 동안은 그가 북쪽 왕을 치지 않고 내버려 둘 것이다. 43절

9 북쪽 왕은 남쪽 왕의 나라로 쳐들어가겠지만 결국 이기지 못하고 자기 나라로 돌아가게 될 것이다.

성경에 '클레오파트라' 이야기가 나온다고요?

다니엘 11장 17절에는 '북쪽 왕의 딸'이 나오는데 이 사람이 바로 클레오파트라이다. 다니엘이 예언한 지 400여 년 후, 클레오파트라는 아버지 안티오쿠스 3세의 뜻에 따라 이집트 왕과 정략결혼을 했다. 정략결혼을 하기까지의 과정은 다음과 같다.

수리아와 팔레스타인을 정복한 안티오쿠스는 남왕국인 이집트를 수중에 넣기 위해 진격하다가 화친 정책으로 바꿨다. 그 정책의 하나로 BC 194년에 자신의 딸을 이집트 왕 프톨레미 5세와 결혼시켰다.

그러나 이집트를 멸망시키려던 안티오쿠스의 계획은 실패로 돌아갔다. 그의 딸은 이집트 최초의 클레오파트라가 되어 아버지를 배반하고, 로마와 동맹을 맺으라고 남편에게 권했기 때문이다.

한편 안티오쿠스 대왕에게는 두 아들이 있었는데 이들이 대를 이어 왕위를 계승했다. 따라서 다니엘 11장 20절에 나오는 '그 자리를 이어 왕이 된 사람'은 바로 안티오쿠스의 아들 셀류쿠스 4세를 말한다.

성경에서 '미래형'으로 기록된 사건들이 역사책에서는 '과거형'으로 바뀌어 기록되었다. 이러한 것을 통해 우리는 성경의 예언들이 얼마나 구체적이고 사실적인가에 대해 놀라게 된다.

10 북쪽 왕의 아들들이 많은 군대를 모아서 전쟁을 일으키는데 물이 흘러넘치는 것같이 몰려올 것이다. 그 군대는 남쪽 왕의 견고한 성까지 치게 될 것이다. 26,40절;사 8:8

11 남쪽 왕은 크게 화가 나서 북쪽 왕과 싸우러 나올 것이다. 북쪽 왕은 큰 군대를 일으키겠지만 그 군대는 적군의 손에 넘어갈 것이다. 13절;87

12 남쪽 왕은 군대를 무찌르고 스스로 자신을 높여서 수만 명의 사람들을 죽일 것이다. 그러나 계속 이기지는 못한다.

13 북쪽 왕이 자기 나라로 돌아가 전보다 더 큰 군대를 일으켜서 몇 년 후 전쟁에 쓸 많은 물건과 큰 군대를 거느리고 쳐들어올 것이다. 11절;4:16

14 그때 여러 사람들이 남쪽 왕을 치려고 일어날 것이다. 또 너희 유다 백성들 가운데 싸우기 잘하는 사람이 스스로 높여 환상을 이루려 하겠지만 오히려 실패해 넘어질 것이다. 19,33~34절

15 그러면 북쪽 왕은 와서 흙으로 성을 쌓고 견고한 성을 빼앗을 것이다. 남쪽 군대는 그를 당하지 못하며 그 정예 부대조차 북쪽 군대를 이길 힘이 없을 것이다. 겔 4:2

16 북쪽 왕은 하고 싶은 대로 하지만 아무도 그를 당해 내지 못할 것이다. 그는 영광스러운 땅 이스라엘을 차지하고 서서 힘으로 멸망시킬 것이다. 3,36,41절;8:9;겔 10:8

17 북쪽 왕은 온 나라의 힘을 다해 싸우려 하다가 남쪽 왕과 평화 조약을 맺을 것이다. 그리고 남쪽 나라를 멸망시키기 위해 북

쪽 왕의 딸을 남쪽 왕에게 시집보내지만 그 계획대로 이뤄지지 않고 이익이 없을 것이다. 렘 42:15

18 그 후 북쪽 왕은 해변의 땅으로 눈을 돌려 많은 땅을 차지하겠지만 군대의 어떤 장군이 그를 끝장내고 부끄러운 값을 그에게 물릴 것이다. 호 12:14

19 이 일 후에 그는 자기 땅의 성으로 돌아오다가 걸려 넘어져 다시 볼 수 없게 될 것이다.

20 그 자리를 이어 왕이 된 사람은 영광스러운 나라에 욕심 사납게 세금을 부과할 것이다. 그러나 몇 날이 못 되어 다툼이나 전쟁도 없이 아무도 모르게 죽을 것이다.

21 낮고 천한 사람 그의 뒤를 이을 사람은 낮고 천한 사람으로 왕의 영광스러운 자리를 받지 못할 사람이다. 그러나 그는 평화로울 때 와서 음흉한 꾀를 써서 그 나라를 차지할 것이다. 24,34절

22 엄청난 군대가 넘치는 물같이 휩쓸고 가면 그 군대와 동맹한 왕도 모두 그에게 깨질 것이다. 10절;겔 46:7

23 조약을 맺은 후에 그는 속임수를 쓰며 적은 수의 백성을 거느리고 치고 올라와 점점 강해질 것이다.

24 그는 평화로울 때 가장 부유한 지방으로 쳐들어가 자기 조상이나 조상의 조상들조차 차마 하지 못했던 짓을 할 것이다. 그는 힘으로 빼앗은 물건과 재산을 사람들에게 나누어 줄 것이다. 음흉한 꾀를 내서 산성을 치지만 그가 다스리는 기간은 오래 되지 않을 것이다. 21절;창 27:28,39

진리의 책(10:21, Book of Truth) 온 세상을 향한 하나님의 계획이 담긴 하나님의 책. 남쪽 왕의 공주(11:6, The daughter of the king of the South) 프톨레미 2세의 딸인 '베레니케'를 가리킴. 평화 조약(11:6, alliance) 이집트의 공주 '베레니케'와 시리아의 왕 '베오구스'와의 결혼으로 맺은 동맹. 북쪽 왕(11:6, the king of the North) 시리아의 안티오쿠스 2세인 '베오구스'를 가리킴. 버림받을 것이며(11:6) '죽임 당할 것을 뜻함. 실제로, 이집트의 공주 '베레니케'는 시리아의 왕 '베오구스'의 전 아내인 '라오데케'의 음모로 죽임을 당했다. 공주의 집안에서 한 사람(11:7) 이집트의 프톨레미 3세인 '에우케르테스'(BC 246-221년)를 말함. 북쪽 왕의 아들들(11:10) 시리아의 안티오쿠스 3세(BC 226-223년)와 안티오쿠스 3세(BC 223-187년)를 말함. 남쪽 왕의 견고한 성(11:10) 탑비아의 프톨레미 성. 남쪽 왕(11:11, the king of the South) 이집트의 프톨레미 4세인 '필로파토르'(BC 221-203년). 북쪽 왕(11:11, the king of the North) 시리아의 안티오쿠스 3세. 남쪽 왕(11:14) 이집트의 프톨레미 5세인 '에피파네스'(BC 203-181년). 견고한 성(11:15, fortified city) 지중해의 항구 도시인 '시돈'. 해변의 땅(11:18, coastlands) 소아시아와 그리스. 그 자리를 이어 왕이 된 사람(11:20) 안티오쿠스 3세의 아들인 셀류쿠스 4세 '필로파토르'(BC 187-175년). 그의 뒤를 이을 사람(11:21) 셀류쿠스 4세의 형제인 안티오쿠스 4세 '에피파네스'(BC 175-164년).

25 그는 힘을 떨치고 용감한 큰 군대를 거느리고 남쪽 왕을 칠 것이다. 남쪽 왕도 크고 힘센 군대로 맞서 싸울 것이지만 그를 당해 내지 못할 것이다. 북쪽 왕이 속임수를 써서 그를 치기 때문이다. 8:9

26 남쪽 왕과 가까운 사이로 귀한 음식을 같이 먹던 자들이 남쪽 왕을 죽이므로 그의 군대는 흩어지고 많은 사람들이 쓰러져 죽을 것이다. 10,40절

27 이 두 왕은 한 식탁에 앉아서 먹지만 서로 해치려고 마음먹고 서로 거짓말을 할 것이다. 그러나 일이 잘되지는 않을 것이다. 이 일은 하나님께서 정하신 때 끝이 날 것이기 때문이다. 35절

28 북쪽 왕이 많은 재물을 가지고 자기 나라로 돌아갈 것이다. 그러나 그의 마음은 거룩한 약속을 어기려 마음대로 하고서 자기 나라로 돌아갈 것이다. 30절

29 정해진 시간이 되면 그는 다시 남쪽으로 갈 것이다. 그러나 이번에는 전과 다를 것이다.

30 깃딤의 배들이 와서 그를 치므로 그가 두려워하며 철수할 것이다. 그는 돌아가는 길에 거룩한 약속을 어긴 사람들에게 분풀이를 할 것이다. 돌아가서는 거꾸로 거룩한 약속을 저버린 사람들을 높일 것이다.

31 무장한 그의 군대가 일어나 성전 요새를 더럽히고 날마다 드리는 제사를 못 드리게 할 것이며 하나님께서 미워하시는 물건을 성전에 세워 멸망을 불러올 것이다.

32 그는 약속을 어기고 악하게 행동하는 사람들을 꾀어내며 더럽히겠지만 하나님을 아는 백성들은 굳게 서고 용감하게 행동할 것이다.

33 백성들 가운데 지혜로운 사람들은 많은 사람을 가르칠 것이지만 그들은 오랫동안 칼과 불길에 사로잡히고 물건을 빼앗기며 힘이 빠지고 약해질 것이다. 12:3,10

34 그들이 약해 쓰러질 때쯤 조금 도움을 받을 것이다. 그러나 많은 사람이 속임수로 그들 편에 설 것이다.

35 몇몇 지혜로운 사람들은 죽임을 당할 것이다. 백성들은 단련되고 깨끗해지고 하얗게 돼 마지막 날까지 이르게 될 것이다. 이런 일이 하나님께서 정하신 때까지 있을 것이다."

36 스스로 높인 왕 "이 왕은 자기 뜻대로 할 것이다. 그는 스스로 높이고 모든 신보다 자기가 크다고 하며 신들의 신에 맞서며 말할 수 없는 말을 할 것이다. 하나님께서 노하시고 노가 그칠 때까지 그는 잘될 것이다. 하나님께서 이런 일이 일어나도록 정하셨으므로 반드시 그렇게 될 것이다.

37 그는 스스로 자기를 모든 것보다 크게 높일 것이다. 자기 조상의 신들이나 여자들이 사랑하는 신에 마음을 쓰지 않고 어떤 신도 섬기지 않을 것이다.

38 그 대신 그는 요새를 지키는 신을 공경할 것이다. 또 자기 조상들이 알지 못하는 신에게 금과 은과 보석과 값비싼 보물을 드리며 섬길 것이다. 살 3:5

39 그는 이방신의 도움으로 싸워서 가장 강한 산성들을 얻을 것이다. 그는 자신을 왕으로 받아들이는 사람에게 여러 백성들을 다스리게 하며 뇌물을 받고 땅을 나눠 줄 것이다. 애 5:2,6

40 마지막 때가 되면 남쪽 왕이 북쪽 왕을 칠 것이다. 그러면 북쪽 왕은 전차와 기마병과 많은 배를 거느리고 회오리바람처럼 빠르고 강하게 그를 치러 올 것이다. 북쪽 왕은 여러 나라에 쳐들어가 물이 휩쓸듯이 나라들을 지나갈 것이다. 슥 9:14

41 북쪽 왕은 또 영광스러운 땅에 들어갈 것이다. 그리고 많은 나라들을 쓰러뜨리겠지만 에돔과 모압과 암몬의 높고 귀한 사람들은 그의 손아귀에서 벗어날 것이다.

42 그는 여러 나라에 힘을 뻗으므로 이집트 땅도 피하지 못할 것이다.

43 그는 이집트의 금은과 모든 보물을 자기

호세아
Hosea

1
호세아의 예언 유다의 왕들인 웃시야, 요담, 아하스, 히스기야의 시대, 곧 이스라엘 왕 요아스의 아들인 여로보암 시대에 여호와의 말씀이 브에리의 아들 호세아에게 임했습니다. 사 1:1; 암 1:1

2 **호세아의 가정** 여호와께서 처음으로 호세아를 시켜 말씀하실 때 여호와께서는 호세아에게 이렇게 말씀하셨습니다. "너는 가서 음란한 여자를 아내로 삼아 음란한 자식들을 낳아라. 그 땅이 여호와를 떠나 크게 간음을 저질렀기 때문이다." 2:4

3 그리하여 호세아는 가서 디블라임의 딸 고멜과 결혼했고 그녀는 임신해 아들을 낳았습니다.

4 여호와께서 그에게 말씀하셨습니다. "그의 이름을 이스르엘이라 불러라. 잠시 후에 이스르엘의 피 흘림에 대해 내가 예후의 집을 처벌해 이스라엘 왕국의 끝을 낼 것이다. 왕하 10:11; 암 7:9

5 그날에 내가 이스르엘 계곡에서 이스라엘의 활을 부러뜨릴 것이기 때문이다."

6 고멜이 다시 임신해 딸을 낳았습니다. 그러자 여호와께서 그에게 말씀하셨습니다. "그녀의 이름을 로루하마라고 불러라. 내가 이스라엘 나라에 더 이상 긍휼을 베풀지 않고 그들을 절대로 용서하지 않을 것이기 때문이다." 왕하 17:6,23; 롬 9:25; 벧전 2:10

7 그러나 내가 유다 나라에는 긍휼을 베풀 것이다. 내가 그들을 그들의 하나님 여호와로 구원할 것이지 활이나 칼이나 전쟁이나 말이나 기마병으로 구원하지 않을 것이다."

8 로루하마가 젖을 떼자 고멜은 임신해 아들을 낳았습니다.

9 그러자 여호와께서 말씀하셨습니다. "그의 이름을 로암미라 불러라. 너희는 내 백성이 아니고 나는 너희에게 하나님이 되지 않을 것이기 때문이다." 레 26:12

10 **미래에 대한 소망** 그러나 이스라엘 자손의 수는 측량할 수도, 셀 수도 없는 바닷가의 모래처럼 될 것이다. 또한 그들에게 '너희는 내 백성이 아니다'라고 말하던 그곳에서 그들에게 '너희는 살아 계시는 하나님의 자녀다'라고 말하게 될 것이다. 롬 9:26

11 그러면 유다 자손들과 이스라엘 자손들이 함께 모여 한 지도자를 세우고 그 땅에서 올라올 것이다. 이스르엘의 날이 클 것이기 때문이다." 렘 3:18; 겔 34:23; 슥 10:6

2
"네 형제들을 암미라고 하고 네 자매들을 *루하마라고 하여라.

2 **이스라엘의 죄와 하나님의 심판** 네 어머니와 시비를 가려라. 시비를 가려라. 그녀가 내 아내가 아니고 내가 그녀의 남편이 아니기 때문이다. 그녀가 얼굴에서 음탕함을 없애고 젖가슴 사이에서 간음을 없애게 하여라.

People
호세아

브에리의 아들이며 이름의 뜻은 '여호와는 구원이시다'이다. 여로보암 2세 때 북이스라엘에서 사역을 시작했다. 음란한 여자 고멜과 결혼하라는 하나님의 말씀을 따라 결혼하여 이스르엘, 로루하마, 로암미를 낳았다. 그는 가정을 떠난 고멜을 다시 데려오는 결혼 생활을 통해 하나님의 상한 마음을 경험했다. 그는 이스라엘에게 하나님을 아는 지식을 가져야 하며, 하나님께로 돌아가자고 외쳤다.
같은 시대에 활동한 예언자는 이사야, 아모스, 미가이다.

호세아가 나오는 말씀
>> 호 1:1-3; 암 9:25

성경에 나오는 다른 호세아
>> 1. 눈의 아들인 여호수아의 본명 (민 13:8)
2. 이스라엘의 마지막 왕으로 엘라의 아들 (왕하 17:1)

2:1 또는 긍휼히 여김을 받은 사람.

3 그러지 않으면 내가 그녀를 발가벗기고 그녀가 태어난 날처럼 그녀를 만들 것이다. 내가 그녀를 광야처럼 만들고 내가 그녀를 메마른 땅처럼 되게 할 것이며 내가 그녀를 목말라 죽게 할 것이다. 9절

4 그녀의 자식들에게 내가 긍휼을 베풀지 않을 것이다. 그들이 음란한 자식들이기 때문이다. 1,2,6

5 그들의 어머니가 음란한 짓을 해서 그들을 수치스럽게 잉태했기 때문이다. 그녀는 늘 습관처럼 말했다. '내게 빵과 물과 양털과 모시옷과 기름과 마실 것을 주는 내 애인들을 뒤따라가겠다.' 8~9;12~13절;1:2

6 그러므로 보아라. 내가 가시덤불로 길을 막고 그녀를 벽으로 에워싸서 그녀가 길을 찾지 못하게 하겠다. 욥 19:8;애 3:7,9

7 그녀는 그녀의 애인들을 좇아가지만 그들을 따라잡을 수 없고 그들을 찾지만 발견하지 못할 것이다. 그러면 그녀가 말할 것이다. '내가 내 첫 남편에게 돌아가겠다. 그때가 지금보다 좋았다.' 눅 15:17~18

8 그녀에게 곡식과 새 포도주와 새 기름을 내가 주었다는 것을, 그들이 바알을 위해 사용한 금과 은을 그녀에게 넘치도록 준 이가 나였다는 것을 그녀는 알지 못했다.

9 그러므로 추수 때, 내 곡식을 수확할 때 내 포도주를 도로 가져갈 것이다. 그녀의 발가벗은 것을 덮어 가리라고 준 내 양털과 모시를 도로 빼앗을 것이다. 욜 1:10

10 이제 내가 그녀의 수치를 그녀의 애인들의 눈앞에서 드러내 보일 것이다. 어느 누구도 그녀를 내 손에서 구해 내지 못할 것이다.

11 그녀의 모든 정기적인 명절들, 곧 해마다 있는 절기와 매월 초하룻날과 안식일의 모든 축하 의식을 사라지게 할 것이다.

12 그녀가 '저것이 내 애인들이 내게 준 몸값이다'라고 말한 포도나무와 무화과나무를 내가 황폐하게 할 것이다. 내가 그것들을 덤불숲으로 만들고 들판의 짐승들이 그것들을 먹게 할 것이다. 사 5:5;시 1:7

13 그녀가 바알들에게 희생제물을 태워 바쳤던 날들을 내가 처벌할 것이다. 그녀가 반지와 보석으로 장식하고 그녀의 애인들을 좇아가며 나를 잊어버렸다. 여호와의 말씀이다. 4:9;11:2;사 61:10;겔 23:40

14 용서와 회복 그러므로 보아라. 내가 그를 유인해 광야로 데리고 가서 그녀에게 부드럽게 말할 것이다. 사 40:2;겔 20:35

15 내가 그곳에서 그녀의 포도원을 돌려주고 아골의 골짜기를 소망의 문이 되게 할 것이다. 그곳에서 그녀는 자신의 어린 시절처럼, 이집트에서 나왔을 때처럼 대답할 것이다. 9:10;11:1;렘 22:21;6:22;겔 16:22,60

16 그날에 여호와의 말씀이 있을 것이다. 너는 나를 '내 남편'이라고 부르고 다시는 나를 '내 바알'이라고 부르지 않을 것이다.

17 내가 그녀의 입에서 바알들의 이름들을 제거할 것이다. 그들이 다시는 그들의 이름을 기억하지 않을 것이다. 습 1:4;슥 13:2

18 그날에 내가 들판의 짐승들과 하늘의 새들과 땅 위를 다니는 생물들과 함께 언약을 맺을 것이다. 내가 그 땅에서 활과 칼과

호세아의 자녀들

이스르엘	맏아들의 이름, '하나님께서 씨를 뿌리신다'는 뜻. '이스르엘'은 이세벨과 아합 왕족들이 예후에게 죽임을 당했을 때 피로 물든 장소이다(왕하 10:11). 그래서 이 말은 왕국의 멸망을 상징했으나, 다시 이스라엘의 역사가 새롭게 시작되는 장소로 약속되었다(호 1:11).
로루하마	로(not)+루하마(pity), 둘째 아이(딸)의 이름이며 '긍휼을 받지 못함'이라는 뜻이다. 하나님의 자비가 끝났음을 뜻한다. 나중에 하나님은 '로루하마'라고 불린 사람들을 '루하마'(은혜 받음)라고 하셨다.
로암미	로(not)+암미(my people), 셋째 아이(아들)의 이름이며 '내 백성이 아님'이라는 뜻이다. 하나님과 백성 사이에 관계의 끈이 완전히 끊어졌음을 의미한다. 그러나 긍휼의 하나님은 백성이 아니었던 자들을 다시 '암미'(내 백성)로 삼겠다고 하셨다(호 2:1).

전쟁을 제거해 그들을 안전하게 눕게 할 것이다. _레 26:5;시 46:9;사 2:4;겔 34:25_

19 내가 나를 위해 너와 영원히 혼약을 맺고 내가 의로움과 정의로 또 인애와 긍휼로 혼약을 맺을 것이다. _겔 43:7;고후 11:2_

20 내가 나를 위해 진실로 혼약을 맺을 것이다. 그러면 너는 여호와를 알게 될 것이다.

21 그날에 내가 대답할 것이다. 여호와의 말씀이다. 내가 하늘에 대답할 것이다. 그리고 그들은 땅에 대답할 것이다. _슥 8:12_

22 그러면 땅이 곡식과 새 포도주와 새 기름에 대답할 것이며 그러면 그들이 이스르엘에 대답할 것이다. _1:4,11_

23 내가 친히 이 땅에 이스라엘을 심을 것이다. '긍휼히 여김을 받지 못한 사람'을 내가 긍휼히 여길 것이다. '내 백성이 아닌 사람'에게 '너는 내 백성이다'라고 말할 것이다. 그러면 그들이 말할 것이다. '주는 내 하나님이십니다.'" _롬 9:25~26;벧전 2:10_

3 고멜을 다시 받아들임 그리고 여호와께서 내게 말씀하셨다. "비록 이스라엘 자손들이 다른 신들에게로 향하고 건포도 빵을 사랑한다 해도 여호와께서 그들을 사랑하듯이 너도 비록 네 아내가 다른 사람의 사랑을 받고 간음한 여자이지만 가서 다시 사랑하여라."

2 그리하여 내가 나를 위해 은 15세겔과 1호멜 반의 보리로 그 여자를 샀다.

3 그리고 나서 내가 그녀에게 말했다. "너는 나와 함께 오랫동안 살아야 한다. 너는 창녀 짓을 하거나 다른 남자와 관계해서도 안 된다. 나도 너와 함께할 것이다."

4 이스라엘의 구원 이스라엘 자손들이 오랫동안 왕이나 관리도 없고 제사나 제단이나 제사장도 없고 가정에서 섬기는 우상도 없이 살게 될 것이기 때문이다.

5 그리고 나면 이스라엘 자손들이 다시 돌아와 그들의 하나님 여호와와 그들의 왕 다윗을 찾게 될 것이다. 그리고 마지막 때

그들은 떨면서 여호와께 나아와 여호와의 복을 받을 것이다. _사 2:2;렘 29:13;겔 34:23_

4 이스라엘의 죄악들 너희는 여호와의 말씀을 들으라. 이스라엘 자손들이여, 여호와께서 이 땅에 사는 사람들의 시비를 가려 주실 것이다. "이 땅에는 진리도 없고 인애도 없고 하나님을 아는 지식도 없다.

2 저주와 거짓과 살인과 도둑질과 간음만 있을 뿐이다. 그들이 폭력을 사용해 피가 피를 부르게 한다. _12:14;미 3:10;호 7:2_

3 그러므로 이 땅이 애통하고 있으며 그 안에 사는 모든 사람들이 쇠약해지고 있다. 들판의 짐승들과 하늘의 새들과 바다의 물고기들도 사라져 가고 있다. _사 24:4_

4 그러나 결코 어느 누구와도 시비를 가리지 말라. 어느 누구를 나무라지도 말라. 네 백성들이 마치 제사장과 시비를 가리는 사람들 같다. _17절;신 17:12_

호세아가 간음한 아내를 돈을 주고 다시 데려옴

아골 (2:15, Achor) 고통, 괴로움. 바알 (2:16, Baal) 주인 또는 소유자.

5 그래서 네가 밤낮 구별 없이 넘어지게 되고 예언자도 너와 함께 넘어질 것이다. 그러면 내가 네 어머니의 목숨을 빼앗을 것이다.

6 내 백성들이 지식이 없어서 망하게 될 것이다. 네가 지식을 거부했으니 나 또한 네가 내 제사장이 되는 것을 거부한다. 네가 네 하나님의 율법을 잊어버렸으니 나 또한 네 자식들을 잊어버릴 것이다.　출 19:6

7 제사장들의 범죄 제사장들이 늘어날수록 그들은 내게 더욱 많은 죄를 지었다. 내가 그들의 영광을 수치로 바꿀 것이다.

8 그들은 내 백성들의 속죄제물을 먹고 백성들이 죄 범하기를 원하고 있다.　레 6:25

9 그러니 제사장들이 백성들처럼 됐다. 내가 그들의 행동을 처벌하고 그들의 행위대로 되돌려 줄 것이다.　사 24:2

10 음란한 우상 숭배 그들이 먹어도 배부르지 않을 것이고 음란한 짓을 해도 번성하지 않을 것이다. 그들이 여호와께 순종하기를 포기했기 때문이다.　미 6:14; 학 1:6

11 음란한 짓과 포도주와 새 포도주에 마음을 빼앗기고 있다.　왕상 11:4절; 20:1

12 내 백성들이 나무 우상에게 물어보고 그

호세아 시대의 종교적 열심

호세아 시대의 정치와 사회는 불법으로 가득하여 썩을 대로 썩었지만 종교적인 열심은 대단했다. 벧엘의 성전은 왕실의 예산으로 지원되었고, 종교 집회들이 자주 개최되었다(호 4:10-14).

여러 종교 절기와 축제들은 철저하게 지켜졌으며(암 4:4-5), 찬양이나 연주도 매우 아름다웠다(암 5:22-23).

이런 종교적 열심에도 불구하고 그들에게는 하나님을 체험하며 깨닫는 지식이 없었다(호 4:1, 6). 하나님을 섬기면서도 지방의 산당에서 여전히 바알을 섬겼고(호 2:13; 9:10; 11:2; 13:1), 심지어 점을 치기도 했다(호 4:11-13). 제사장들마저 부정하고 음행했으며 하나님을 아는 지식이 부족했다(호 4:6-10).

의 지팡이가 응답을 한다. 음란한 영이 그들을 헤매게 해 그들이 그들의 하나님을 떠나 음란한 짓을 한다.　2:2; 5:4; 삿 18:5

13 그들은 산꼭대기에서 희생제물을 바치고 언덕 위 상수리나무와 버드나무와 참나무 그늘이 좋아서 그 아래에서 희생제물을 태워 바친다. 그러므로 너희 딸들이 음란한 짓을 하고 너희 며느리들이 간음한다.

14 내가 너희 딸들이 창녀 짓 할 때, 또 너희 며느리들이 간음할 때 그들을 처벌하지 않을 것이다. 너희 남자들이 음란한 짓을 하는 사람들과 교제하며 성전 창녀들과 함께 희생제물을 드리기 때문이다. 지각없는 백성들은 망하게 될 것이다!　신 23:17

15 너 이스라엘이여, 네가 비록 음란한 짓을 하더라도 유다는 죄를 짓지 말라. 길갈로 가지 말고 벧아웬으로 올라가지 말고 '여호와의 살아 계심으로' 맹세하지 말라.

16 암소가 고집을 부리는 것처럼 이스라엘이 고집을 부리고 있다. 이제 여호와께서 그들을 넓은 초원에서 어린양처럼 먹이시겠느냐?

17 에브라임이 우상에게 딱 붙었다. 그를 홀로 내버려 두라!　12절; 5:3

18 그들의 마실 것이 다 떨어졌지만 그들은 계속해 음란한 짓을 한다. 그들의 지도자들은 수치스러운 짓을 사랑하고 있다.

19 바람이 그의 날개로 그들을 쓸어버릴 것이다. 그들이 바친 희생제물 때문에 그들이 수치를 당할 것이다."　렘 4:11; 슥 5:9

5 이스라엘을 향한 심판 "제사장들이여, 이것을 들으라! 이스라엘의 집이여, 주의해 들으라! 왕족들이여, 귀 기울이라! 너희에게 심판이 있을 것이다. 너희가 미스바의 덫이 됐고 다볼에 쳐 놓은 그물이 됐다.

2 반역자들이 학살에 깊게 빠져 있으니 내가 그들 모두를 책망할 것이다.　사 29:15

3 내가 에브라임을 안다. 이스라엘은 내게서 숨지 못한다. 지금 에브라임 너는 음란한 짓을 하고 이스라엘은 타락했다."

4 그들이 자기 행위 때문에 그들의 하나님

께 돌아가지 못한다. 그것은 음란한 영이
그들 마음속에 있고 그들이 여호와를 알
지 못하기 때문이다.
4:12;사 59:2

5 이스라엘의 교만이 그들에 대해 증언하고
있다. 이스라엘과 에브라임은 자기 죄로 인
해 넘어질 것이며 유다 또한 그들과 함께
넘어질 것이다.
6:4;7:10

6 그들이 그들의 양 떼와 소 떼를 데리고 여
호와를 찾아갈 것이다. 그러나 그들은 그
분을 찾지 못할 것이다. 그분이 그들 앞에
서 스스로 떠나셨기 때문이다.
9:12;사 1:11

7 그들이 여호와께 신실하지 못하게 행동해
그들이 불륜의 자식들을 낳았다. 이제 초
승달이 그들과 그들의 땅을 휩쓸어 삼킬
것이다.
6:7

8 "기브아에서 나팔을 불라. 라마에서 호각
을 불라. 벧아웬에서 고함을 지르기를 베
냐민아, 네 뒤를 쫓는다 하라.
렘 4:5

9 책망의 날에 에브라임이 황무지가 될 것이
다. 이스라엘의 지파 가운데 내가 확정된
일을 선포한다.

10 유다의 관리들은 경곗돌을 옮기는 사람들
같다. 내가 그들 위에 내 진노를 물처럼 쏟
아부을 것이다.
신 19:14

11 에브라임이 압제를 당하고 심판으로 짓밟
히는 것은 그가 즐거이 우상을 쫓아다녔
기 때문이다.
7:11;12:1

12 그러므로 내가 에브라임에게 좀먹음같이 되
고 유다 족속에게는 썩음과 같이 될 것이다.

13 에브라임이 자기 병을 보고 유다가 자기 상
처를 보았다. 에브라임은 앗시리아에 가서
아렙 왕에게 사람을 보냈다. 그러나 그는
너희를 고칠 수 없었고 너희 상처를 낫게
할 수 없었다.
왕하 15:19;사 1:5~6

14 내가 에브라임에게는 사자같이 되고 유다
족속에게는 젊은 사자같이 될 것이다. 바
로 내가 그들을 찢을 것이다. 아무도 내 입
에서 빼내 구해 줄 사람이 없을 것이다.

15 내가 내 자리로 돌아가서 그들이 죄를 뉘우
치고 나를 찾을 때까지 기다릴 것이다. 그들
이 고통 속에서 나를 간절히 찾을 것이다."

6 이스라엘의 회개함 "우리가 가서 여호와
께로 돌아가자. 그가 찢으셨지만 우리
를 고쳐 주실 것이다. 그가 때리셨지만 우
리를 싸매 주실 것이다.

2 이틀이 지나면 그가 우리를 살리실 것이
다. 3일째에 그가 우리를 일으켜 세워서
우리가 그 앞에서 살 수 있을 것이다.

3 그래서 우리가 여호와를 알자. 여호와를
알기 위해 전심전력하자. 그가 오시는 것
은 새벽이 오는 것처럼 분명하다. 그는 마
치 비처럼, 마치 땅을 적시는 봄비처럼 우
리에게 오실 것이다."
4:6;14:5;욜 2:20;미 5:2

4 속히 범죄하는 이스라엘 "에브라임아, 내가
네게 어떻게 할까? 유다야, 내가 네게 어떻
게 할까? 너희 인애는 아침 구름과 같고
금방 사라지는 새벽이슬과 같다.

5 그러므로 내가 예언자들을 시켜 그들을
찢어 쪼개고 내 입에서 나오는 말로 그들
을 쳐부쉈다. 너에 대한 심판이 번개처럼
을 것이다.
렘 23:29;히 4:12

6 내가 바라는 것은 인애이지 제사가 아니
며 하나님을 아는 것이지 번제가 아니다.

7 그러나 그들이 아담처럼 언약을 어겼다.
그곳에서 그들이 내게 신실하지 못하게
행동했다.
5:7;창 3:11;신 17:2;욥 31:33;롬 5:14

8 길르앗은 악을 행하는 사람들의 성읍이어
서 피 발자국으로 덮여 있다.
4:2;12:11

9 약탈자 무리가 매복해 사람을 기다리는
것처럼 제사장들 무리도 그렇다. 그들은
세겜으로 가는 길에서 살인을 하며 수치
스러운 죄악을 저지른다.
5:1;7:6;수 24:1

10 이스라엘의 집에서 내가 끔찍한 일을 보았
다. 그곳에서 에브라임이 음란한 짓을 하
고 이스라엘이 더럽혀졌다.
4:2;5:3;7:4

11 내가 포로 된 내 백성을 회복시킬 때 유다
네게도 또한 추수할 때를 정해 놓았다."

7 이스라엘의 사악함 "내가 이스라엘을 치
료하려 할 때 에브라임의 죄악들이 드
러나고 사마리아의 사악함이 드러난다. 그

벧아웬 (4:15, Beth Aven) 악한 사람의 집. 벧엘, 곧 '하나
님의 집을 비꼬아 부른 말.

들이 속임수를 쓰기 때문이다. 도둑이 안으로 들어가며 약탈자가 길거리에서 강도질을 한다. 4:2;6:4;렘 23:13

2 그러나 그들은 내가 그들의 모든 죄악들을 기억하고 있음을 마음에 두고 있지 않다. 그들의 악한 행위가 그들을 에워싸고 있으며 그들이 항상 내 앞에 있다.

3 그들이 그들의 사악함으로 왕을, 거짓말로 관리들을 기쁘게 한다. 5장;롬 1:32

4 그들 모두가 간음한 사람이다. 빵 굽는 사람의 데워진 화로처럼 반죽이 발효될 때 말고는 늘 데워진 화로처럼 달아올라 있다.

5 왕의 축제날에 관리들은 포도주로 벌겋게 취하고 왕은 조롱하는 사람들에게 손을 내밀었다. 3절

6 새 왕을 세우려고 음모를 꾸미는 사람들의 마음은 화로처럼 달아오른다. 저녁 내내 부풀려고 있다가 아침에 불꽃처럼 타오른다. 6,9

7 그들 모두가 화로처럼 뜨겁다. 그들이 자기의 재판관들을 삼켜 버렸다. 그들의 왕들 모두가 쓰러지고 그 가운데 나를 부르는 사람은 아무도 없었다. 왕하 15:10

8 **이방과의 관계** 에브라임이 다른 민족들과 섞이게 됐다. 에브라임은 뒤집지 않고 한쪽만 구운 납작한 빵과 같이 됐다. 시 106:35

9 이방 사람들이 그의 힘을 삼켰지만 그는 알지 못하고 있다. 흰머리가 여기저기 나 있지만 그는 알지 못하고 있다. 사 42:25

10 이스라엘의 교만이 그의 얼굴에 증언하고 있지만 이 모든 것에도 불구하고 그는 그의 하나님 여호와께 돌아오지도 않고 그를 찾지도 않는다. 5:5;사 9:13

11 에브라임은 쉽게 속아 넘어가는 비둘기 같

다. 그들은 이집트를 부르고 앗시리아에게 간다. 4:11;5:13;12:1;왕하 17:4

12 그들이 갈 때 내가 내 그물을 그들 위에 던져서 그들을 하늘의 새들처럼 끌어내릴 것이다. 그들이 모여드는 소리가 들리면 내가 그들을 징계할 것이다. 겔 12:13

13 그들에게 화가 있을 것이다! 그들이 내게서 떠났다! 그들에게 멸망이 있을 것이다! 그들이 내게 반항했다! 내가 그토록 그들을 구속하려 하는데도 그들은 내게 거짓말을 한다. 9:12;11:12;13:14;myn 6:12

14 침대에 누워서 부르짖을 때도 그들이 진심으로 내게 부르짖지 않는다. 그들이 곡식과 새 포도주를 놓고서 함께 모여도 내게서 등을 돌렸다. 시 78:36-37;암 6:4-5

15 내가 그들을 단련했고 팔에 힘을 주었지만 그들이 내게 악을 계획했다. 11:3

16 그들은 지극히 높은 이에게로 돌아오지 않았다. 그들은 믿을 수 없는 활과 같다. 그들의 무례한 혀로 인해 그들의 관리들은 칼에 맞아 쓰러질 것이다. 그들이 이것 때문에 이집트 땅에서 조롱당할 것이다."

8

이스라엘이 율법에 반항함 "네 입술에 나팔을 대어라! 그가 독수리처럼 여호와의 집을 덮치고 있다. 그들이 내 언약을 어기고 내 율법에 반항했기 때문이다.

2 그들이 내게 '내 하나님'이라고 부르짖는다. '이스라엘이 당신을 알고 있습니다!'

3 그러나 이스라엘은 선한 것을 거부했다. 원수가 그를 쫓을 것이다.

4 그들이 왕들을 세웠으나 나와는 관계가 없다. 그들이 관리들을 세웠으나 내가 알지 못한다. 그들이 자기의 은과 금으로 우상들을 만들었으니 그들이 마침내 파멸되

데워진 화로

과자나 떡을 굽는 데 사용한 화로를 말한다(출 8:3; 호 7:4). 보통 돌이나 흙을 구워 만들었다. 호세아 예언자는 죄를 향해 치닫고, 욕심과 탐욕에 사로잡힌 이스라엘 지도자들의 추악한 모습을 지적할 때 그들이 빵 굽는 데 사용하던 '늘 데워진 화로'와 같다고 표현했다(호 7:4-7).

기 위해서다. 7:7;왕상 12:20;대하 13:5

5 사마리아여, 네 송아지 우상을 버려라! 내 진노가 그들을 향해 불탄다. 언제 그들이 순결해질 수 있겠느냐? 왕상 12:28;왕상 13:27

6 그것은 이스라엘에서 나왔다! 그것은 숙련공들이 만든 것이다. 그것은 하나님이 아니다. 그러니 사마리아의 송아지는 산산조각 날 것이다. 미 1:6~7

7 그들이 바람을 씨 뿌려 폭풍을 거둬들일 것이다. 곡물 줄기에 싹이 없으니 곡물을 생산하지 못할 것이다. 혹시 무엇을 생산하려라도 이방 사람들이 삼켜 버릴 것이다.

8 이스라엘이 삼켜졌다. 이제 그들은 민족들 사이에서 쓸모없는 그릇처럼 됐다.

9 혼자 방황하는 들나귀처럼 그들이 앗시리아로 올라갔다. 에브라임이 그들의 애인들에게 팔렸다. 5:13;렘 2:24

10 또한 그들이 민족들 사이에 자신을 팔았다 해도 내가 이제 그들을 모을 것이다. 그들이 왕과 관리들의 압제로부터 점점 더 럽혀질 것이다. 4:7,10;렘 26:7

11 에브라임이 속죄를 위해 제단을 많이 만들었는데 이것이 오히려 죄를 범하게 하는 제단이 됐다. 10:1;12:11

12 내가 그에게 내 율법의 많은 것을 써 주었지만 그들은 마치 자기들과는 관계없는 것으로 생각했다. 신 4:6,8

13 그들이 희생제물로 고기를 바치고 먹지만 여호와는 그것들을 즐거이 받지 않는다.

이제 그들의 사악함을 기억하고 그들의 죄를 처벌할 것이다. 그들은 이집트로 돌아갈 것이다. 9:3,9;신 28:68;렘 7:21;2:14 4:4

14 이스라엘이 자기를 만드신 분을 잊고 왕궁을 지었다. 유다가 요새화된 성읍을 많이 건설했다. 그러나 내가 그들의 성읍에 불을 보내 그들의 왕궁들을 불사르게 할 것이다."

9 이스라엘에 대한 징벌 이스라엘아, 다른 민족들처럼 기뻐하거나 즐거워하지 말라. 네가 네 하나님을 떠나 음란한 짓을 했고 모든 타작마당에서 받는 음란한 짓의 대가를 좋아했기 때문이다.

2 타작마당과 포도주 틀이 먹을 것을 내지 못하고 그곳에서 새 포도주를 내지 못할 것이다. 29

3 그들이 여호와의 땅에서 살지 못하고 에브라임이 이집트로 돌아가고 앗시리아에서 정결하지 못한 것을 먹게 될 것이다.

4 그들이 여호와께 포도주를 부어 드리지도 않고 그들의 제사가 그분을 기쁘게 하지도 않을 것이다. 그것은 그들에게 애곡하는 사람의 빵처럼 돼서 그것을 먹는 사람들은 모두 정결하지 못하게 될 것이다. 그들의 빵은 자신들을 위한 것이어서 여호와의 성전에 들어가지 못할 것이기 때문이다.

5 정기적으로 있는 명절, 해마다 있는 여호와의 절기에 너희가 무엇을 하겠느냐?

6 보라. 비록 그들이 멸망을 피했더라도 이집트가 그들을 모을 것이고 놉이 그들을

호세아는 예언자인데도 하나님의 말씀을 따라 음란한 여인과 결혼했어요(호 1:2). 태어난 아이들의 이름도 저주의 뜻이 담겼어요(호 1:4~9). 왜 성경에는 이렇게 불행한 결혼 생활을 했던 호세아의 이야기가 들어간 것일까요? 하나님은 단순히 호세아의 가정 생활을 보여 주려고 하신 것이 아니에요. 이스라엘은 온갖 죄악을 저질러 이스르엘, 로루하마, 로암미라

왜 성경에 호세아의 가정 이야기가 들어갔나요?

는 이름처럼 하나님의 징계를 받아야 했어요. 그래서 호세아는 이스라엘이 죄를 깨닫고 하나님께 돌아오라는 메시지를 전했어요. 호세아서에는 하나님의 자비가 넘쳐흘러요. 번번이 남편을 배신하고 음란한 삶을 살던 아내를 호세아가 사랑하고 받아들인 것처럼, 하나님은 백성들의 죄에도 변함없는 사랑을 베풀어 주시는 분임을 알게 해 줍니다(호 14:4~8).

여호와를 찾는 사람들에게
하나님이 의의 비를 내려 주심

땅에 묻을 것이다. 은으로 만든 그들의 귀중품은 잡초로 덮일 것이고 가시덤불이 그들의 천막을 차지할 것이다. 8:13

7 처벌의 날들이 오고 있다. 심판의 날들이 오고 있다. 이스라엘이 이것을 알게 될 것이다. 네 죄들이 너무 많고 네 적개심이 너무 크기 때문에 예언자가 바보로 여겨지고 영적인 사람이 미쳤다고 생각되는구나.

8 예언자는 내 하나님과 함께 에브라임을 지키는 파수꾼이다. 그러나 예언자는 그의 모든 길에서 새 잡는 사람의 덫과 같고 그의 하나님의 집에서마저 적개심을 품었다.

9 그들이 기브아의 시대처럼 깊이 타락에 빠졌다. 여호와께서 그들의 사악함을 기억하시고 그들의 죄들을 처벌하실 것이다.

10 종말 "마치 광야에서 만난 포도송이처럼 내가 이스라엘을 발견했다. 내가 너희 조상들을 무화과나무에 처음으로 열린 첫 무화과처럼 여겼다. 그러나 그들이 바알브올에게 가서 그들 스스로 수치스러운 것에게 바쳤고 그들이 사랑했던 그것들만큼이나 혐오스러운 것이 됐다. 민 25:3

11 에브라임의 영광이 새처럼 날아갈 것이다. 출생도 없고 임신도 없고 잉태도 없을 것이다. 47:10·5:사 26:18

12 그들이 자식들을 기른다 해도 내가 하나도 남김없이 그들을 빼앗을 것이다. 내가 그들에게서 떠날 때 필히 그들에게도 화가 있을 것이다. 삼상 28:15~16·겔 10:18

13 내가 두로를 보았을 때처럼 에브라임이 목초지에 심겨 있었다. 그러나 에브라임은 자기 자식들을 학살자에게 끌어내어 줄 것이다." 겔 27:3

14 여호와여, 그들에게 주소서. 무엇을 주시렵니까? 그들에게 잉태하지 못하는 태와 말라 버린 젖가슴을 주소서. 눅 23:29

15 "길갈에서 그들이 사악한 일을 했기 때문에 그곳에서 내가 그들을 미워했다. 그들의 사악한 행위 때문에 내가 그들을 내 집에서 쫓아낼 것이다. 내가 그들을 더 이상 사랑하지 않겠다. 그들의 관리들은 모두 반역자들이다. 4:15·5:2·8:4·12:11

16 에브라임은 찍혀 그들의 뿌리가 시들고 열매를 생산하지 못할 것이다. 그들이 아이

를 배더라도 내가 그들의 태의 값진 열매들을 죽일 것이다." 11-13절

17 내 하나님께서 그들을 거부하실 것이다. 그들이 그분께 순종하지 않았기 때문이다. 그들은 민족들 사이에서 방랑자가 될 것이다. 8:5;신 28:64-65

10 포로 생활에 대한 예언

이스라엘은 무성한 포도나무여서 열매를 생산해 낸다. 그의 열매가 점점 많아지자 그는 제단을 더 많이 만들었다. 그의 땅이 번성하자 그들이 돌기둥 우상을 더 많이 만들었다. 사 16:22;시 80:8-11

2 그들의 마음이 거짓되니 이제 그들이 죗값을 감당해야 한다. 그분이 그들의 제단들을 부수고 그들의 돌기둥 우상들을 무너뜨릴 것이다. 3:4

3 그러고 나면 그들이 말할 것이다. "우리에게 왕이 없는 것은 우리가 여호와를 두려워하지 않았기 때문이다. 그러나 그 왕이 우리를 위해 무엇을 했겠느냐?" 7:15절

4 그들이 많은 말을 하면서 헛된 맹세를 하고 언약을 맺었다. 그렇기에 밭고랑의 독초처럼 심판이 여기저기에서 일어날 것이다.

5 사마리아 사람들이 벧아웬의 송아지 우상 때문에 두려워할 것이다. 그의 백성들이 그 우상을 두고 통곡하고 그 우상의 영광을 기뻐하던 제사장들도 마찬가지일 것이다. 그 우상의 영광이 그들로부터 떠나갔기 때문이다. 4:15;9:11;삼상 4:21-22;왕상 12:28

6 더구나 그 우상은 야렙 왕을 위한 선물로서 앗시리아로 옮겨질 것이다. 에브라임은 수치를 당하고 이스라엘은 그들의 우상들 때문에 부끄럽게 될 것이다. 사 46:2

7 바다 수면 위의 물거품처럼 사마리아와 그 왕은 사라질 것이다. 3절

8 이스라엘의 죄의 상징인 아웬의 산당들이 부서질 것이다. 그들의 제단 위에 가시와 엉겅퀴가 자라날 것이다. 그들이 산들에게 말할 것이다. "우리를 덮어 버려라!" 언덕들에게 말할 것이다. "우리 위에 무너지라!"

9 하나님을 찾으라 "이스라엘아, 기브아의 시

대부터 네가 죄를 지었다. 그곳에 그들이 남아 있다. 거기에서부터 이미 나를 거슬렀는데 어찌 전쟁이 기브아에 있는 불의의 자손들에게 미치지 않았느냐? 9:9

10 내가 원하는 때 내가 그들을 징계할 것이다. 민족들이 그들에게 대적해 모여서 그들의 두 죄악으로 그들을 구속할 것이다.

11 에브라임은 곡식 밟기를 좋아하는 길들인 암소 같다. 그러나 내가 그의 아름다운 목에 멍에를 씌울 것이다. 내가 에브라임에 마구를 채울 것이다. 유다가 밭을 갈고 야곱이 써레질을 할 것이다. 고전 9:9;딤전 5:18

12 네 스스로 의의 씨앗을 심고 인애의 열매를 거두며 묵은 땅을 잘 갈아라. 지금이 여호와를 찾을 때다. 마침내 그분이 와서 의의 비를 너희에게 내릴 것이다. 갈 6:8

13 너희가 사악함을 심었고 죄악을 거두었으며 거짓의 열매를 먹었다. 너희가 너희 방법과 너희의 많은 용사들을 의지했기 때문이다. 8:7

14 그러므로 네 백성들 가운데 소동이 일어나고 네 모든 요새들이 황폐하게 될 것이다. 마치 전쟁의 날에 살만이 벧아벨을 황폐하게 했던 것처럼 그때 어머니가 자기 자식들 위로 내던져졌다. 1:5;13:16;왕하 17:3

15 네 사악함이 크기에 벧엘이여, 네게 이런 일이 일어날 것이다. 새벽 동이 트면 이스라엘 왕이 완전히 멸망할 것이다. 5절

11 이스라엘을 향한 하나님의 사랑

"이스라엘이 어린아이였을 때 내가 그를 사랑했고 이집트에서 내 아들을 불러냈다.

2 그러나 내가 그렇게 부르면 부를수록 그들은 내게서 떠나갔다. 그들은 바알에게 제물을 바쳤고 우상들에게 희생제물을 태워 바쳤다. 7절;2:13;13:1-2

3 내가 그의 팔을 붙잡고 에브라임에게 걸음

적개심(9:7, 敵愾心, hostility) 적과 싸우고자 하는 마음. 사악(9:9, 邪惡, wickedness) 악한 일을 이루기 위하여 대책과 방법을 세움. 방랑자(9:17, 放浪者, wanderer) 정한 곳이 없이 이리저리 떠돌아다니는 사람. 써레(10:11) 갈아 놓은 논밭의 바닥을 고르는 데 쓰는 농사 기구. 인애(10:12, 仁愛) 잘 보살피는 마음으로 사랑함.

"내가 이집트에서 내 아들을 불러냈다"

하나님은 호세아를 통해 "이스라엘이 어린아이였을 때 내가 그를 사랑하고 이집트에서 내 아들을 불러냈다"(호 11:1)라고 말씀하셨다. 이 말씀은 하나님이 모세와 이스라엘 백성을 이집트의 노예 생활에서 불러낸 것을 말한다. 오랜 세월이 지난 후에 마태복음의 저자는 요셉과 마리아가 어린 예수를 데리고 헤롯 왕을 피해 이집트로 도망갔던 때를 떠올린다. 이때 마태는 호세아의 말을 기억했고(마 2:14,15), 그것을 하나님이 예수님을 구해 내시는 사랑의 본보기로 설명했다.

호세아는 노예가 된 아내 고멜을 구해 내고 되돌아오게 했다. 이것은 예수 그리스도가 우리를 위해 하신 일과 같은 것이었다. 예수님은 돈이 아니라 직접 자신의 생명을 값으로 치르고 우리를 다시 사셨다.

마를 가르쳤다. 그러나 내가 그들을 치료해 주었음을 그들은 알지 못했다.

4 내가 그들을 인간의 줄로, 사랑의 끈으로 이끌었고 그들의 목에서 멍에를 벗겼으며 그들에게 먹을 것을 주었다. 요 6:44

5 그들이 이집트 땅으로 돌아가지 않을 것이나 앗시리아가 그들의 왕이 될 것이다. 그들이 돌아오기를 거부했기 때문이다.

6 칼이 그들의 성읍에서 춤을 추고 성문의 빗장들을 부수며 그들의 계략으로 인해 그들을 삼켜 버릴 것이다.

7 내 백성이 내게서 등을 돌리기로 작정했다. 그들 모두가 지극히 높은 이를 소리 내 부른다 해도 그가 그들을 일으켜 세우지 않을 것이다. 2절;14:4

8 에브라임이여, 내가 어떻게 너를 포기하겠느냐? 이스라엘이여, 내가 어떻게 너를 넘겨주겠느냐? 내가 어떻게 너를 아드마처

럼 하겠느냐? 내가 어떻게 너를 스보임처럼 만들겠느냐? 내 마음이 바뀌어 내 긍휼이 뜨겁게 솟아오른다. 렘 49:18;유 1:7

9 내가 내 진노를 쏟지 않고 내가 다시는 에브라임을 멸망시키지 않을 것이다. 나는 하나님이고 사람이 아니며 네 가운데 있는 거룩한 신이기 때문이다. 내가 진노함으로 오지 않을 것이다. 민 23:19;사 12:6

10 그들이 여호와를 따라갈 것이며 그가 사자처럼 포효할 것이다. 그가 포효하면 그의 자손들이 서쪽에서부터 떨면서 나올 것이다. 사 11:11;31:4;렘 25:30;슥 3:16;걸 12

11 이집트로부터 새들처럼, 앗시리아 땅으로부터 비둘기들처럼 그들이 떨면서 나올 것이다. 내가 그들을 각자의 집에서 살게 할 것이다. 여호와의 말이다." 슥 10:6,10

12 이스라엘의 죄 에브라임이 거짓말로, 이스라엘 족속이 속임수로 내 주위를 둘러쌌다. 그러나 아직도 유다는 하나님께, 신실하시고 거룩하신 분께 반항하고 있다. 6:4

12 바람이 에브라임을 몰아치고 에브라임은 계속해서 동쪽 바람을 뒤쫓아가며 거짓말과 폭력을 증가시킨다. 그들이 앗시리아와 조약을 맺고 이집트에는 기름을 보낸다. 렘 18:17

2 여호와께서 유다와 시비를 따질 일이 있다. 그분이 야곱의 행동에 따라서 그를 처벌하시고 그의 행위에 따라서 그에게 되갚아 주실 것이다. 4:1

3 야곱이 어머니 배 속에서 자기 형의 발뒤꿈치를 붙잡았고 어른이 돼서는 하나님과 씨름했다. 창 25:26;32:28

4 그가 천사와 씨름해 천사를 압도하였고 울면서 천사에게 은총을 구했다. 그가 하나님을 벧엘에서 만났고 그곳에서 그분과 이야기했다. 창 28:12,19;35:9~10,15

5 그분은 만군의 하나님 여호와다. 여호와는 그분의 잘 알려진 이름이다! 출 3:15

6 그러므로 너는 네 하나님께로 돌아가야 한다. 인애와 정의를 준수하고 끊임없이 네 하나님을 만나려고 기다려라. 미 6:8

7 상인들은 속이는 저울을 손에 들고 착취하기를 좋아한다. 암 8:5;미 2:2;6:11

8 에브라임은 말한다. "나는 아주 부자다. 나는 많은 재산을 얻었다. 내 모든 재산에 대해서 그들이 불법이나 죄를 찾지 못한다."

9 "나는 너를 이집트 땅에서 이끌어 낸 네 하나님 여호와다. 내가 너를 다시 천막 안에서 살게 하기를 정기적으로 있는 명절처럼 살게 할 것이다. 눅 8:14-18

10 내가 예언자들을 통해 말했고 그들에게 여러 환상을 주었으며 예언자들을 통해 비유로 이야기했다." 왕하 17:13;슥 2:28

11 길르앗은 악하다. 분명히 그들은 아무 쓸모가 없다! 그들이 길갈에서 소머리를 제물로 바치고 있으니 그들의 제단이 밭고랑 사이의 돌무더기처럼 될 것이다.

12 야곱이 아람 땅으로 도망갔다. 이스라엘이 아내를 얻으려고 일했으며 아내를 얻으려고 양을 쳤다. 창 28:5;29:20,28;신 26:5

13 여호와께서는 예언자를 통해 이스라엘을 이집트에서 이끌어 내셨고 예언자를 통해 이스라엘을 지키셨다. 시 77:20;사 63:11-14

14 에브라임은 여호와를 몹시 화나게 했다. 그래서 주께서는 그를 벌하시고 주께서 받으신 수모를 그들에게 갚아 주실 것이다.

13 에브라임이 말할 때면 세상이 벌벌 떨었으며 그는 이스라엘에서 자기 스스로 높였다. 그러나 그는 바알로 인해 죄를 짓고 죽었다. 11:2;암 6:13

2 이제 그들은 갈수록 더 많은 죄를 짓는다. 그들 스스로 이해하는 대로 은으로 우상들을 만든다. 모든 우상들은 세공 장인들이 만든 것이다. 그것들에 대해서 그들이 말한다. "그들이 인간을 희생제사로 드리고 송아지 우상에 입을 맞춘다." 2:8

3 그러므로 그들은 마치 아침 구름 같고 금세 사라지는 이른 이슬 같고 타작마당에서 날리는 겨 같고 창문으로 사라지는 연기 같을 것이다. 6:4;사 1:4;68:2

4 **하나님의 진노** "그러나 나는 너를 이집트 땅에서 이끌어 낸 네 하나님 여호와다. 너는

나 외에 다른 신을 알지 말라. 나 외에는 다른 구원자가 없다. 사 43:11;45:21

5 내가 광야에서, 그 가뭄의 땅에서 너를 알았다. 신 27:2;암 3:2

6 내가 그들을 먹이자 배가 불렀고 그들이 배가 부르자 교만해졌다. 그래서 내가 나를 잊어버렸다. 4:7;신 8:12;14

7 그래서 내가 그들에게 사자처럼 될 것이고 길가의 표범처럼 그들을 지켜볼 것이다.

8 새끼를 잃은 암곰처럼 내가 그들에게 맞서서 그들의 가슴을 찢을 것이다. 내가 거기서 사자처럼 그들을 먹어 삼키고 들짐승이 그들을 찢어 놓을 것이다. 잠 17:12

9 이스라엘이여, 네가 망하게 됐다. 너를 도와주는 내게 네가 대항하기 때문이다.

10 네 왕이 어디에 있느냐? 네 모든 성읍들에서 너를 구해 줄 사람이 어디 있느냐? 네가 '나를 구원할 왕과 관리들을 주소서'라고 말했던 네 재판장들이 어디에 있느냐?

11 내가 내 진노로 네게 왕을 주었고 내가 내 분노로 왕을 제거했다. 삼상 8:22;15:23

인애

인애(헤세드)는 '언약에 기초한 하나님의 변함 없는 사랑'을 가장 잘 표현하는 단어이다.

하나님은 그의 백성들을 무조건적인 사랑으로 선택하셨고(신 7:7-8; 호 11:1), 그리고 백성들과 언약을 맺으셨으며 백성들이 하나님을 배반하고(호 6:7; 13:6), 우상을 섬기며 죄를 지어도(호 11:2; 13:6) 여전히 그들을 사랑하시고(호 11:8) 언약을 신실하게 지키신다(겔 36:23, 28), 그뿐 아니라 하나님은 백성을 사랑하시기 때문에 징계하시며, 돌아올 때까지 기다리시는 분이다(호 14:4-7). 이것이 바로 하나님의 인애이다.

호세아서에 나타난 하나님은 바로 그의 백성을 끝까지 사랑하시고 기다리시는 인애의 하나님이시다(호 2:14-23).

12 에브라임의 죄가 기록되고 그의 범죄 기록이 보관돼 있다.
   욥 14:17

13 해산하는 여자의 고통이 그에게 올 것이다. 그러나 그는 지혜가 없는 아이다. 때가 돼도 태의 문을 열고 나오지 않는다.

14 내가 그들을 음부의 손에서 속량할 것이며 내가 그들을 죽음에서 건져 낼 것이다. 죽음아, 네 재앙이 어디에 있느냐? 무덤아, 네 멸망이 어디에 있느냐? 슬픔이 내 눈에서 숨겨질 것이다.
   고전 15:55

15 그가 자기 형제들 가운데 번성해도 동쪽 바람이 불어오고 여호와의 바람이 광야에서 불어올 것이다. 그의 샘물이 마를 것이고 그의 우물이 황폐하게 될 것이다. 창고 안에 있는 그의 모든 보물들이 약탈당할 것이다.
   창 41:52; 겔 17:10; 욘 4:8; 딤 19

16 사마리아여, 너는 하나님께 불순종했기 때문에 범죄했다. 그들의 아이들이 저주를 받아 칼에 쓰러질 것이다. 임신한 여자들

은 배가 갈릴 것이다."
   암 1:13; 합 1:11

14 용서를 약속하심 이스라엘아, 네 하나님 여호와께 돌아오라. 네 죄악 때문에 네가 넘어지게 됐다!

2 너희는 말씀을 가지고 여호와께로 돌아오라. 그에게 말하라. "모든 죄악을 제거해 주시고 은혜로 받아 주셔서 우리가 우리의 입술의 열매를 드리게 해 주소서.

3 앗시리아가 우리를 구할 수 없습니다. 우리가 말에 오르지도 않을 것입니다. 우리 손으로 만든 것을 우리가 더 이상 '우리의 신'이라고 말하지 않겠습니다. 고아가 주께 긍휼히 여김을 받기 때문입니다."

4 "내가 그들의 변절을 용서하고 내가 그들을 기꺼이 사랑할 것이다. 내 진노가 그들에게서 떠났기 때문이다.
   6:1; 11:1,7; 렘 3:22

5 나는 이스라엘에게 이슬 같고 이스라엘은 백합화처럼 피어날 것이며, 레바논의 백향목처럼 그 뿌리가 내릴 것이다.
   6:3

6 그의 어린 가지들은 자라날 것이고 그의 영광은 올리브 나무 같을 것이고 그의 향기는 레바논의 백향목 같을 것이다.

7 그들이 돌아와 내 그늘 아래 거주할 것이고 곡식처럼 소생할 것이며 포도나무처럼 자라날 것이다. 그의 명성은 레바논의 포도주와 같을 것이다.
   시 91:1

8 에브라임이 말하기를 '내가 우상들과 더 이상 무슨 상관이 있는가?' 하는구나. 그러므로 내가 듣고 보살펴 줄 것이다. 나는 잎이 무성한 삼나무 같으니 나로 인해 네 열매가 맺힐 것이다.
   사 30:22; 요 15:4-5

9 누가 지혜가 있어 이런 일을 분별하겠느냐? 누가 분별력이 있어 이해하겠느냐? 여호와의 길은 옳으니 의인들이 그 길로 다닌다. 그러나 범죄자들은 그 길에서 걸려 넘어진다.
   요 8:47; 고후 2:16

속량(13:14, 贖糧, ransom) 포로나 노예의 몸을 주고 사서 자유롭게 하는 것. 변절(14:4, 變節, waywardness) 자신의 생각하는 바를 지키지 않고 바꾸는 것.

Joel

요엘

까지 떼가 남아 과수원이 엉망이 되었다는 소식을 들은 적 있지요? 요엘 시대에 메뚜기 떼가 남아와 모든 농작물을 다 먹어 치우는 일이 생겼어요. 이것은 요엘을 그저 자연적인 재해라고 말하지 않아요. 앞으로 임할 '여호와의 날'의 심판이 어떤지를 알게하는 것이라고 해요. 그러므로 마음을 찢고 금식하며 하나님께 돌아오라고 촉구해요. 이 날은 회개하는 사람에게는 '구원의 날'이 되지만 회개하지 않는 사람에게는 '심판의 날'이 될 것이라고 해요. 하나님을 유다가 회개하고 돌아오면 회복하시고 축복하실 것을 약속하세요. 또 하나님을 요엘을 통해 하나님의 영을 모든 사람에게 부어주실 것도 약속하세요. 이 약속이 사도행전에서 오순절 성령강림으로 성취된 것을 우리는 알지요!

요엘은 무슨 뜻인가요?

'여호와는 하나님이시다' 라는 뜻이에요.
이 책의 저자이자 중심 인물인 요엘의 이름을 따서 제목을 붙인 거예요.

누가 썼나요?

요엘이 썼어요. 요엘은 당시에 있던 메뚜기 재앙과 가뭄을 이스라엘 사람들의 죄 때문이라고 하면서 회개하지 않으면 더 큰 심판이 있을 것이라고 경고했어요. 그리고 성령이 오실 것도 예언했어요.

언제 썼나요?

BC 841~BC 790년경

주요한 사람들은?

요엘
브두엘의 아들.
성령이 오실 것을 예언

한눈에 보는 요엘

1장 메뚜기 재앙과 가뭄

2:1-27 곧 다가올 여호와의 날

3장 심판과 승리의 약속

2:28-32 성령을 주실 것을 약속

요엘 Joel

1 요엘의 예언 브두엘의 아들 요엘에게 임한 여호와의 말씀입니다.

2 메뚜기 재앙 장로들아, 이 말을 들으라. 이 땅에 사는 모든 사람들아, 귀를 기울이라. 너희가 사는 동안 혹은 너희 조상들이 사는 동안 이런 일이 일어난 적이 있었느냐?

3 이것을 너희 자녀들에게 말해 주고 너희 자녀들이 그들의 자녀들에게 또 그들의 자녀들이 그다음 세대에게 말하게 하라.

4 풀무치가 남긴 것을 메뚜기가 먹었고 메뚜기가 남긴 것을 느치가 먹었고 느치가 남긴 것을 황충이 먹었다. _시 105:34;암 4:9:7:1_

5 술 취한 사람들아, 깨어나 울라! 포도주를 마시는 모든 사람들이여, 소리 내 울라! 달콤한 포도주가 너희 입술에서 끊겼기 때문이다. _3:18;사 24:11;사 9:26_

6 수가 많고 힘이 센 민족이 내 땅에 쳐들어왔다. 그들의 이빨은 사자 이빨 같고 암사

자의 어금니 같다. _2:2;계 9:7-8_

7 그들이 내 포도나무를 망쳐 놓았고 내 무화과나무를 부러뜨렸다. 그들이 나무껍질을 다 벗겨 던져 버려서 나뭇가지들이 하얗게 됐다. _12절_

8 어릴 때 정혼한 신랑을 잃은 처녀가 굵은 베옷을 입고 슬퍼하듯 통곡하라. _삼하 3:31_

9 여호와의 집으로부터 곡식제물과 전제물이 끊기니 여호와를 섬기는 제사장들이 통곡한다. _13절:2:17;사 61:6:출 45:4_

10 들판이 황무지가 되고 땅은 신음한다. 곡식을 완전히 망쳤고 새 포도주도 말라 버렸으며 기름 생산이 멈춰 버렸으니 말이다.

11 농부들아, 밀과 보리에 대해서 부끄러워하라. 포도원을 경작하는 사람들아, 울부짖으라. 들판에 추수할 것이 사라졌다.

12 포도나무가 말라 버렸고 무화과나무가 시들어 버렸다. 석류나무와 대추나무와 사과나무와 들판의 모든 나무들이 말라 버렸다. 사람들에게서 기쁨이 말라 버렸다.

13 회개를 촉구함 제사장들아, 굵은베 옷을 입고 통곡하라. 제단을 섬기는 사람들아, 울부짖으라. 내 하나님을 섬기는 사람들아, 와서 굵은베 옷을 입고 밤을 지새우라. 내 하나님의 집에 곡식제물과 전제물이 떨어졌다. _8-9절;2:14;겔 4:8;미 1:8_

14 거룩한 금식을 선포하라. 거룩한 공회를 소집하라. 너희 하나님 여호와의 집으로 장로들과 이 땅에 사는 모든 사람들이 모이게 하라. 그리고 여호와께 부르짖으라.

15 아, 그날이여! 여호와의 날이 가까이 다가왔다. 전능자께서 보내신 파멸이 다가온다.

16 바로 우리 눈앞에서 음식이 떨어지지 않았느냐? 기쁨과 즐거움이 우리 하나님의 집에서 끊어지지 않았느냐?

17 씨가 흙덩어리 아래에서 썩어 버렸고 창고들마다 황폐하게 됐으며 곳간들이 부서졌다. 곡식이 시들어 버렸기 때문이다.

18 풀 뜯을 데가 없어서 가축들이 신음하고 소 떼가 허둥대는구나! 양 떼조차도 고통을 당한다. _2:22;렘 12:4;호 4:3_

19 여호와여, 주께 내가 부르짖습니다. 불이 광야의 목초지를 태워 버렸고 불꽃이 들판에 있는 나무들을 모두 불살라 버렸습니다. 시 50:15;렘 9:10

20 들판의 짐승들도 주를 갈망하고 있습니다. 시냇물의 물줄기가 말라 버렸고 불이 광야의 목초지를 태워 버렸습니다.

2 여호와의 날 시온에서 나팔을 불라. 내 거룩한 산에서 경보의 소리를 울리라. 이 땅에 사는 모든 사람들이 공포에 떨게 하라. 여호와의 날이 오고 있다. 확실히 가까이 다가와 있다. 호 5:8

2 어둡고 암담한 날, 구름과 짙은 어둠의 날, 새벽빛이 산 위에 퍼지는 것처럼 수가 많고 강한 사람들이 오고 있다. 이와 같은 일이 옛날에도 없었고 이후 여러 세대가 지나도 다시는 없을 것이다. 습 1:15

3 그들 앞에는 불이 휩쓸고 있고 그들 뒤에는 불꽃이 타오르고 있다. 그들이 오기 전에는 땅이 에덴동산과 같았지만 그들이 지나간 뒤에는 황무지만 남아 있다. 아무것도 그들을 피하지 못한다. 슥 7:14

4 그들의 모습은 말과 같다. 그들은 마치 기마병처럼 달린다. 계 9:7

5 그들이 산들의 봉우리들을 건너뛰는 소리는 마치 전차 소리와도 같고 불꽃이 덤불을 태우며 내는 소리와도 같다. 그들은 전쟁에 나가기 위해 행렬을 갖춘 강한 군대와도 같다. 사 5:24;욜 1:18;사 1:10:3:2;계 9:9

6 그 광경에 민족들은 두려워 떨고 얼굴이 모두 창백해졌다. 나 2:10

7 그들은 용사들처럼 돌격하고 군사들처럼 성벽을 기어오른다. 모두가 길을 벗어나지 않고 행렬을 지어 행진한다.

8 그들은 서로 밀치지도 않고 각자의 길로 행진한다. 그들은 무기 사이로 뚫고 지나가며 그들의 행렬은 흩어지지 않는다.

9 그들은 성안으로 돌진하며 성벽을 뛰어넘는다. 집 위로 기어 올라가서 도둑처럼 창문을 통해 들어간다. 사 33:4;렘 9:21;요 10:1

10 그들 앞에서는 땅이 흔들리고 하늘이 떤다. 해와 달은 어두워지고 별들도 그들의 빛을 잃는다. 3:15~16;사 13:10;마 24:29;계 9:2

11 여호와께서 그분의 군대 앞에서 호령하신다. 그분의 군대는 헤아릴 수 없이 많고 그분의 명령을 수행하는 사람들은 강력하다. 여호와의 날은 크고 심히 두렵다. 누가 견뎌 낼 수 있는가? 살전 4:16;계 18:8

12 여호와께 돌아오라 여호와의 말씀이다. "이제라도 너희가 금식하고 슬퍼하며 통곡하면서 너희의 온 마음을 다해 내게 돌아오라."

13 너희의 옷이 아닌 너희의 마음을 찢고 너희 하나님 여호와께 돌아오라. 그분은 은혜로우시고 궁휼이 많으시며 화를 내는 데는 더디고 사랑이 풍부하시며 마음을 돌이켜 재앙을 거두기도 하시는 분이시다. 출 34:6;민 23:19;사 34:18

14 그분께서 마음을 돌이켜 불쌍히 여기시고 복을 주셔서 너희가 하나님 여호와께 바칠 곡식제물과 전제물을 바칠 수 있게 하실지 누가 알겠느냐? 학 2:19;말 3:10

15 시온에서 나팔을 불라. 거룩한 금식을 선

왜 메뚜기가 두려움의 대상인가요?

메뚜기 한 마리를 보면 작고 무해한 곤충이지만, 수억 마리로 떼 지어 다니는 메뚜기 떼는 공포의 대상이에요. 엄청난 날갯짓 소리와 함께 온 하늘을 뒤덮는 메뚜기 떼는 무시무시할 뿐만 아니라 농작물에도 엄청난 피해를 주어요. 메뚜기 떼가 휩쓸고 지나간 지역은 짧은 시간에 농작물을 비롯한 푸른 식물이 자취를 감출 정

도로 황폐하게 되어요.

요엘은 이처럼 삽시간에 갉아 먹는 메뚜기 떼의 위력에 대해 "사자 이빨 같고 암사자의 어금니 같다"(욜 1:6)라고 표현했어요. 실제로 메뚜기 떼의 재앙 때문에 유다의 들판은 황무지가 되었고(욜 1:10), 포도나무와 무화과나무가 시들어 버렸어요(욜 1:12).

포하고 거룩한 회의를 소집하라. 1절:1:14

16 백성을 모으고 회의를 거룩하게 하라. 장로들을 모으고 어린아이들과 젖먹이들도 모아라. 신랑은 자기 방에서 나오게 하고 신부도 자기 침실에서 나오게 하라.

17 여호와를 섬기는 제사장들로 하여금 성전 현관과 제단 사이에서 울며 말하게 하라. "여호와여, 주의 백성들을 불쌍히 여기소서. 주의 소유가 수치를 당하지 않게 하시고 민족들의 웃음거리가 되는 일이 없게 하소서. 민족들이 서로 '그들의 하나님이 어디 있는가?'라고 말하면서 조롱하겠습니까?" 왕상 6:3:대하 4:1:시 42:3:겔 8:16

18 **축복의 약속** 그때 여호와께서 그분의 땅에 열정을 가지시고 그분의 백성들을 불쌍히 여기셨다. 시 103:13:슥 1:14:8:2

19 여호와께서 그분의 백성들에게 대답해 말씀하신다. "보라. 내가 너희에게 곡식과 새 포도주와 새 기름을 주어 너희가 배불리 먹게 하겠다. 내가 다시는 너희를 이방 민족들의 조롱거리가 되지 않게 하겠다.

베드로의 오순절 설교 본문은 뭘까요?

오순절에 성령의 충만함을 받은 사람들이 다른 방언으로 말하자, 모여든 사람들은 이상하게 여기며 새 술에 취했다고 조롱했어요(행 2:13). 그때 베드로가 열한 사도와 서서 이렇게 외쳤어요. "지금은 아침입니다. 어떻게 아침에 술에 취할 수가 있겠습니까? 이들은 술에 취한 것이 아니라 요엘 예언자의 예언대로 된 것입니다. 그 예언한 말씀이 드디어 오늘 이루어진 것입니다"(행 2:15-18).
베드로는 요엘 2장 28-32절의 말씀을 인용하여 설교했어요. "하나님께서 말씀하셨습니다. 마지막 날에 내가 내 영을 모든 육체에 부어 주겠다. 그래서 너희 아들들과 너희 딸들은 예언을 하고 너희 젊은이들은 환상을 보고 너희 나이 든 사람들은 꿈을 꿀 것이다 …"(행 2:17-21) 요엘이 예언하고 기다렸던 성령이 오순절에 임하신 거예요.

20 내가 북쪽에서 온 메뚜기 군대를 너희에게서 멀리 떠나게 하겠다. 그들의 선봉 부대는 동쪽 바다로 향하고 그들의 후미 부대는 서쪽 바다로 향하며 황폐하고 메마른 땅으로 쫓아 버릴 것이다. 그러면 시체 썩는 냄새가 올라오고 악취가 올라올 것이다." 그분께서 큰일을 하셨다!

21 땅아, 두려워하지 말라. 즐거워하고 기뻐하라. 여호와께서 큰일을 하셨다. 시 126:2-3

22 들판의 짐승들아, 두려워하지 말라. 광야의 목초지에 싹이 트고 나무가 열매를 맺으며 무화과나무와 포도나무가 풍성한 결실을 맺을 것이다. 1:18-19:슥 8:12

23 시온의 자녀들아, 너희 하나님 여호와 안에서 즐거워하고 기뻐하라. *그분께서는 너희에게 가을비를 적절히 주실 것이다. 그분께서 너희에게 비를 보내실 것이다. 전처럼 가을비와 봄비를 보내실 것이다.

24 타작마당에는 곡식이 가득하고 새 포도주와 새 기름이 큰 통에 넘칠 것이다.

25 "내가 너희를 치려고 보낸 내 큰 군대인 메뚜기, 느치, 황충, 풀무치가 먹어 삼킨 그 햇수대로 내가 너희에게 보상해 주겠다.

26 너희가 충분히 먹고 배부를 것이고 너희를 위해 놀라운 일을 하신 너희 하나님 여호와의 이름을 찬양할 것이다. 내 백성들이 영원히 수치를 당하지 않을 것이다.

27 내가 이스라엘 가운데 있고 내가 너희 하나님 여호와이며 나 외에는 다른 신이 없음을 너희가 알게 될 것이다. 내 백성들이 영원히 수치를 당하지 않을 것이다.

28 **성령에 대한 약속** 그리고 난 후에 내가 모든 사람 위에 내 영을 부어 주겠다. 너희 아들들과 딸들은 예언할 것이고 너희 늙은 이들은 꿈을 꾸며 너희 젊은이들이 환상을 보게 될 것이다. 요 7:39:행 2:39:21:9

29 그날에 너희 하인들과 하녀들에게도 내가 내 영을 부어 줄 것이다. 고전 12:13

30 내가 하늘과 땅에 징조를 보여 줄 텐데 그것은 피와 불과 연기 기둥이다. 눅 21:11

31 크고 두려운 여호와의 날이 오기 전에 해가

어둠으로 바뀌고 달이 피로 바뀔 것이다.

32 그러나 여호와의 이름을 부르는 사람은 누구나 구원받을 것이다. 나 여호와가 말한 대로 시온 산과 예루살렘에는 살아남은 사람이 있고 내 부름을 받을 이들도 있을 것이다."

사 46:13;59:20;렘 31:7;롬 10:13

3 **심판받을 민족들** "보라. 내가 유다와 예루살렘의 포로들을 데려올 그날과 그때에

렘 30:3

2 나는 모든 민족들을 불러 모아 여호사밧 골짜기로 데려갈 것이다. 내 백성이며 내 유산인 이스라엘에 관해 그곳에서 그들을 심판할 것이다. 그들은 내 백성을 민족들 사이로 흩어 버렸고 그들은 내 땅을 조각 나눠 가졌다.

12절;사 66:16;욜 3:8;슥 14:2-4

3 그들이 내 백성들을 두고 제비뽑기를 했고 남자 아이들을 창녀에게 내주었으며 여자 아이들을 팔아서 포도주를 사 마셨다.

4 두로와 시돈과 블레셋의 온 땅아, 너희가 내게 무엇을 하려고 하느냐? 내가 한 대로 너희가 내게 갚아 주겠다는 것이냐? 너희가 내게 보복을 한다면 나는 너희가 한 짓을 너희 머리 위에다 그 즉시 갚아 줄 것이다.

5 너희가 내 은과 내 금을 취하고 값진 내 보물을 너희 신전으로 가져갔다.

대하 21:16

6 너희가 유다 자손들과 예루살렘 자손들을 그리스 사람들에게 팔아 자기 나라 땅에서 멀리 떠나보내 버렸다.

3절

7 너희가 그들을 팔아넘겼지만 그곳에서 그들을 일으켜 세우고 너희가 한 짓을 너희 머리 위에 돌려주겠다.

8 내가 너희 아들들과 딸들을 유다 자손들의 손에 팔 것이니 그들이 다시 저 먼 나라 스바 사람들에게 팔 것이다." 여호와께서 말씀하셨다.

왕상 10:1

9 **승리의 약속** 너희는 민족들 가운데 이렇게 선포하라. 전쟁을 준비하라! 용사들을 일으키라! 군인을 모두 소집해 나아가게 하라.

10 너희 쟁기를 두들겨 펴서 칼을 만들고 너희 낫으로 창을 만들라. 약한 사람들도 "나는 용사다!"라고 말하게 하라.

사 2:4

11 사방의 모든 민족들아, 어서 오라. 그곳에 모이라. 여호와여, 당신의 용사들을 내려보내소서!

사 54:15;슥 14:5

12 "민족들이 일어나 여호사밧 골짜기로 나아가게 하라. 내가 그곳에서 사방의 민족들을 심판하기 위해 머무를 것이다.

13 낫을 휘두르라. 추수할 것이 익었다. 와서 포도를 밟으라. 포도주 틀이 가득 찼고 큰 통에 흘러넘친다. 그들의 악함이 몹시 크구나!

사 51:33;마 13:30;요 4:35;계 14:15,20

14 많은 사람들이, 정말 많은 사람들이 심판의 골짜기에 모여 있다! 심판의 골짜기에 여호와의 날이 가까이 왔다.

1:15;겔 39:11

15 해와 달이 어두워지고 별들이 빛을 잃는다.

16 여호와께서 시온에서 큰 소리를 내시고 예루살렘에서 말씀하시면 땅과 하늘이 요동칠 것이다. 그러나 여호와께서는 그분의 백성들에게는 피난처이시요, 이스라엘 자손들에게는 요새가 되실 것이다.

암 1:2

17 "너희 하나님 여호와인 내가 내 거룩한 산 시온에 있음을 너희가 알게 될 것이다. 그러면 예루살렘은 거룩해질 것이고 이방 사람들이 더 이상 그곳을 지나가지 않을 것이다.

18 **유다의 회복** 그날이 오면 산들은 달콤한 포도주로 가득 찰 것이고 언덕들에는 젖이 흐를 것이다. 유다의 모든 강줄기에 물이 흐르고 여호와의 집에서는 샘물이 흘러나와 싯딤 골짜기를 적실 것이다.

19 그러나 이집트는 황무지가 되고 에돔은 황량한 사막이 될 것이다. 그들이 유다 자손들에게 폭력을 휘둘렀고 그들이 저들의 땅에서 죄 없는 피를 흘리게 했기 때문이다.

20 그러나 유다는 영원히 존재할 것이고 예루살렘도 대대로 존재할 것이다.

겔 37:25

21 내가 전에는 씻겨 주지 않았던 그들의 피를 이제는 씻겨 줄 것이다." 여호와께서 시온에 계시기 때문이다!

사 4:4;겔 36:25,29

───────

가을비, 봄비 (2:23, autumn rains, spring rains) 가을비는 '이른 비를, 봄비는 '늦은 비를 가리킴.

2:23 또는 '그분께서 너희에게 의의 교사를 보내 주실 것이다'.

Amos

아모스

사람이 잘 먹고 잘 살게 되면 믿음도 좋아질까요? 아모스가 활동할 때 북이스라엘은 정치·경제·군사적으로 부강하던 시기였어요. 하지만 이런 축복을 받은 그들은 신앙적으로 나태해져 형식적으로만 예배를 드렸어요. 오히려 욕심이 많아져 가난한 사람들을 괴롭히고 사치와 불의를 행했어요. 이러한 북이스라엘을 향하여 아모스는 하나님의 심판을 선포해요.

이스라엘에게 임할 심판을 상징하는 다섯 가지 환상을 보고 전합니다.

결국 아모스의 경고를 무시하고 회개하지 않은 북이스라엘은 아모스가 예언한 지 40여 년 후 앗시리아에게 멸망했어요.

아모스서의 내용을 보면 심판을 선포하는 중에도 하나님이 이스라엘을 회복시킨다고 약속하세요. 하나님은 죄에 대해서는 반드시 심판하시지만 한번 택한 백성은 끝까지 사랑하시는 분이에요.

아모스는 무슨 뜻인가요?

'짐을 진 사람' 이라는 뜻이에요.

이 책의 저자이자 중심 인물인 아모스의 이름을 따서 제목을 붙인 거예요.

누가 썼나요?

예언자 아모스가 썼어요. 아모스는 유다 왕 웃시야 시대에 뽕나무를 기르던 사람이었어요. 남유다 출신이지만 북이스라엘 벧엘에 가서 다가올 하나님의 심판을 예언했어요. 죄의 낱낱이 파헤치고 꾸짖어서 이스라엘이 죄를 회개하고 하나님께 돌아오도록 하기 위해 이 글을 썼어요.

언제 썼나요?

BC 760-BC 745년경

주요한 사람들은?

아모스
남유다 드고아 출신. 농부이자 목자.
북이스라엘에 가서 심판을 선포한 예언자

아마샤
여로보암 왕에게 아모스를
모함한 벧엘의 제사장

여로보암 2세
북이스라엘의 제3대 왕.
군사·경제적 번영기, 신앙·도덕적 타락기

한눈에 보는 아모스

암

아모스
Amos

1 이상의 말씀 드고아의 목자 아모스가 이스라엘에 대해 이상으로 받은 말씀입니다. 그때 유다 왕은 웃시야였고 이스라엘 왕은 요아스의 아들 여로보암이었으며 지진이 있기 2년 전입니다.

2 모든 나라에 대한 심판 아모스가 말했습니다. "여호와께서 시온에서 크게 소리치시고 예루살렘에서 그 음성을 발하시리니 목자의 풀밭이 시들고 갈멜 산 꼭대기가 마를 것이다."

9:3; 수 19:26; 사 65:12; 욜 3:16

3 다메섹에 대한 심판 여호와께서 이렇게 말씀하셨다. "다메섹이 지은 서너 가지 죄 때문에 내가 그들을 처벌하는 일을 돌이키지 않겠다. 그들이 철 타작기로 타작하듯 길르앗을 압제했기 때문이다.

사 8:4

4 내가 하사엘의 집에 불을 보내서 벤하닷의 성채들을 불사르겠다.

렘 49:27

5 내가 다메섹 성문 빗장을 부수고 아웬 골짜기에 사는 사람들과 벧에덴에서 규를 잡고 있는 왕을 없애겠다. 아람 사람은 사로잡혀 길로 끌려갈 것이다." 여호와께서 하신 말씀이다.

렘 51:30; 호 4:15

6 블레셋에 대한 심판 여호와께서 이렇게 말씀하셨다. "가사의 서너 가지 죄 때문에 내가 그들을 처벌하는 것을 돌이키지 않겠다. 그들이 사로잡은 사람을 끌어다가 모두 에돔에 팔아넘겼기 때문이다.

7 내가 가사의 성에 불을 보내 성채들을 불사르겠다.

8 내가 또 아스돗에 사는 사람들을 없애 버리고 아스글론에서 규를 잡고 있는 왕을 없애 버리겠다. 내가 또 손을 돌려 에그론을 쳐 블레셋의 남은 사람들을 없애 버리겠다." 주 여호와께서 말씀하셨다.

9 두로에 대한 심판 여호와께서 이렇게 말씀하셨다. "두로의 서너 가지 죄 때문에 내가 그들을 처벌하는 것을 돌이키지 않겠다. 그들이 형제의 계약을 어기고 사로잡은 사람을 모두 에돔에 팔아넘겼기 때문이다.

10 내가 두로의 성벽에 불을 보내 성채들을 불사르겠다."

욜 3:4

11 에돔에 대한 심판 여호와께서 이렇게 말씀하셨다. "에돔의 서너 가지 죄 때문에 내가 그들을 처벌하는 일을 돌이키지 않겠다. 그들이 한 가닥의 동정심도 없이 칼을 가지고 자기 형제를 뒤쫓으며 그들이 항상 맹렬하게 화를 내며 끝없이 분노를 품었기 때문이다.

시 137:7; 겔 35:5; 곌 3:19

12 내가 데만에 불을 보내 보스라의 성채들을 불사르겠다."

대상 1:44~45; 사 63:1

13 암몬에 대한 심판 여호와께서 이렇게 말씀

아모스

드고아(Tekoa)

'짐을 드는 사람'이라는 이름의 뜻을 가진 아모스는 드고아에서 태어나 유다 왕 웃시야 시대에 양을 치며 뽕나무를 기르던 중 하나님의 부르심을 받았다. 호세아와 같은 시대에 활동했으며, 여로보암 2세가 다스리는 북이스라엘에서 사역했다.

아모스는 공의로운 하나님의 법을 순종하지 못하는 이스라엘과 열방을 향해 심판이 임할 것을 예언했다. 이스라엘 멸망에 대한 다섯 가지 환상을 보았으며 이스라엘을 위해 중보 기도를 드렸다. 이스라엘에 심판만을 선포한 것이 아니라 회복에 대한 약속도 전했다.

아모스가 나오는 말씀
>> 암 1:1~2; 7:1~9:15

땡땡이 나오는 다른 때 때오 쓰
1. 예언자 이사야의 아버지 (사 1:1; 참고 19:2)
2. 예수님의 족보에 나오는 요셉의 할아버지 (눅 3:25)

하셨다. "암몬의 서너 가지 죄 때문에 내가 그들을 처벌하는 것을 돌이키지 않겠다. 그들이 자기 영토를 넓히려고 길르앗의 임신한 여인들의 배를 갈랐기 때문이다.

14 내가 랍바 성벽에 불을 놓아서 전쟁하는 날, 함성과 회오리바람이 일어나는 날에 폭풍 가운데서 성채들을 불사르겠다.

15 암몬의 왕은 자기 관리들과 함께 사로잡혀 갈 것이다." 여호와께서 말씀하셨다.

2 모압에 대한 심판 여호와께서 이렇게 말씀하셨다. "모압의 서너 가지 죄 때문에 내가 그들을 처벌하는 일을 돌이키지 않겠다. 그들이 에돔 왕의 뼈를 불살라 재를 만들었기 때문이다. 습2:8-9

2 내가 모압에 불을 보내 그리욧의 성채들을 불사르겠다. 함성과 요란스러운 나팔 소리 가운데 모압은 죽을 것이다. 렘48:24

3 내가 그들의 왕을 없애고 왕의 모든 관리들을 죽일 것이다." 여호와께서 말씀하셨다.

4 유다에 대한 심판 여호와께서 이렇게 말씀하셨다. "유다의 서너 가지 죄 때문에 내가 그들을 처벌하는 것을 돌이키지 않겠다. 그들은 여호와의 율법을 거부하고 여호와의 계명을 지키지 않으며 자기 조상들이 따라가던 거짓 신을 좇아 헤매기 때문이다.

5 그러므로 내가 유다에 불을 보내 예루살렘의 성채들을 불사르겠다." 렘17:27

6 이스라엘에 대한 심판 여호와께서 이렇게 말씀하셨다. "이스라엘의 서너 가지 죄 때문에 내가 그들을 처벌하는 일을 돌이키지 않겠다. 그들이 은을 받고 의인을 팔고 신발 한 켤레를 받고 가난한 사람들을 팔았기 때문이다. 8:6;레 25:39;왕하 4:1

7 그들은 가난한 사람들의 머리를 땅에 짓밟고 연약한 사람들의 정의를 부정했다. 또 아버지와 아들이 한 젊은 여인에게 다니며 욕보여서 여호와의 거룩한 이름을 더럽혔다. 5:12;슼 24:4;겔 2:10;고전 5:1

8 그들은 모든 제단 옆에서 저당 잡은 옷을 깔고 누워 행음하며 그들의 신전에서 벌금으로 거둔 포도주를 마시고 있다.
 민 13:32~33;신 2:31;수 24:8;욥 18:16

9 비록 백향목처럼 키가 크고 상수리나무처럼 튼튼한 아모리 사람일지라도 내가 이스라엘 앞에서 멸망시켰으니 내가 위에 맺힌 열매로부터 아래에 있는 뿌리까지 진멸했다.

10 내가 이스라엘을 이집트 땅에서 이끌어 내 40년 동안 광야에서 인도했으며 아모리 사람의 땅을 차지하게 했다. 신8:2

11 내가 너희 자손들 가운데서 예언자를 세웠으며 너희 젊은이들 가운데서 나실 사람을 삼았다. 이스라엘 자손들아, 그렇지 않으냐?" 여호와께서 하신 말씀이다.

12 "그러나 너희는 나실 사람에게 포도주를 마시게 했고 예언자들에게 '예언하지 말라'고 명령했다. 7:13,16;민 6:3;사 30:10

아모스의 고소 목록

예언자 아모스는 이스라엘의 죄에 대한 목록을 낱낱이 작성하여 철저하게 고발했다. 그는 하나님의 심판이 불가피함을 알렸다(암 3:2-15). 그리고 하나님은 여전히 아모스를 통해 구원과 회복에 대한 약속을 남기셨다(암 5:4-6, 14-15; 9:11-15).

기소 내용

[부자들의 사치와 부정 축재] 겨울 궁궐과 여름 궁궐을 가지고 있으면서도 짓눌린 자들을 돌보지(않고, 오히려 그들의 재산을 강제로 빼앗음(암 3:10, 15)

[특권층과 지도자의 부패] 음주와 방종(암 4:1), 뇌물과 협박으로 공의를 버리고 불의한 재판을 하며 과부, 고아, 가난한 사람들을 압박하고 약탈하여 재산을 모음(암 5:10~12; 6:12-14)

[거짓된 성행위와 사회적인 사치] 소비자를 속이는 저울을 사용하고(암 8:4-6) 어려운 이웃을 돌보지 않으며 사치와 안락을 추구함(암 6:1-6)

[우상 숭배와 거짓 예배] 율법에 따른 바른 생활은 하지 않으면서 제사 의식을 통해 하나님을 섬기고 있다고 착각함(암 4:4-5)

13 보라. 곡식 단을 가득 실은 수레가 땅을
짓누르듯 내가 너희를 짓누를 것이다.
14 그러므로 빨리 달려서 도망가는 사람도
피할 수 없고 힘센 사람들도 힘을 쓰지 못
하며 용사들도 자기 목숨을 구하지 못할
것이다. 9:1;시 33:16;전 9:11
15 활을 들고 있는 사람들도 서 있지 못하고
발 빠른 사람들도 피하지 못하며 말 탄 사
람들도 자기 목숨을 구하지 못할 것이다.
16 그날에는 용사 가운데 굳센 용사라도 벌
거벗은 채로 도망칠 것이다." 여호와께서
하신 말씀이다.

3 하나님의 계획 이스라엘 자손들아, 여
호와께서 너희를 심판하시는 말씀을
들으라. 여호와께서 이집트 땅에서 이끌어
낸 온 민족을 심판하시는 말씀을 들으라.
2 "내가 이 세상의 모든 민족들 가운데 오직
너희만 안다. 그러므로 너희 모든 죄로 인
해 내가 너희를 심판할 것이다."
3 두 사람이 뜻이 같지 않은데 어찌 둘이 같
이 갈 수 있겠는가?
4 사자가 포획한 먹이가 없는데 숲 속에서
큰 소리로 부르짖겠는가? 젊은 사자가 움
켜잡은 먹이가 없는데 굴속에서 으르렁대
겠는가?
5 올무를 놓지 않았는데 새가 올무에 걸리
겠는가? 잡힌 것이 없는데 덫이 땅에서 위
로 튀어 올라 닫히겠는가?
6 성에서 나팔 소리로 경고를 울리는데 백
성이 두려워하지 않겠는가? 여호와께서
하지 않으시면 성읍에 재앙이 내려질 수
있겠는가? 사 45:7;애 3:38;겔 33:4;욜 2:1
7 주 여호와께서는 그분의 종인 예언자들에
게 자기의 비밀을 알리지 않고는 결코 어
떤 일도 하지 않으신다. 창 18:17;렘 15:1
8 사자가 부르짖는데 누가 두려워하지 않겠
는가? 주 여호와께서 말씀하시는데 누가
예언하지 않겠는가? 민 22:38
9 아스돗 성채들과 이집트 땅의 성채들에 선
포하라. "너희들은 사마리아 산 위에 모여
서 그 성안에 있는 큰 혼란과 그 성안에 있
는 학대를 보라. 시 94:5-6
10 그들은 자기 성에서 폭력을 행하며 강탈
을 일삼는 사람들로서 옳은 일을 행할 줄
모른다." 여호와께서 하신 말씀이다.
11 다가올 심판 그러므로 주 여호와께서 이렇
게 말씀하셨다. "적이 사면을 에워싸서 네
힘을 약하게 하며 너희 성채들은 약탈당
할 것이다." 왕하 17:5-6;사 39:6
12 여호와께서 이렇게 말씀하셨다. "마치 목
자가 사자의 입에서 자기 양의 다리뼈 두
개와 귀 한 조각을 겨우 건져 낸 것처럼 사
마리아에 사는 이스라엘 자손도 침대 모서
리나 긴 의자의 다리가 겨우 남는 것같이
구원을 받을 것이다." 렘 31:8-9
13 만군의 하나님, 주 여호와께서 하신 말씀
이다. "들으라. 그리고 야곱의 집에 대고 증
언하라. 4:13;시 50:7;80:4,7;81:8
14 내가 이스라엘의 죄를 심판하는 날에 벧엘
의 제단을 무너뜨리며 제단의 뿔을 꺾어
땅에 떨어뜨릴 것이다. 호 10:15
15 내가 겨울 궁궐과 여름 궁궐을 허물 것이
다. 그러면 상아로 꾸며진 집들이 파괴되
고 큰 궁들이 무너져 사라질 것이다." 여호
와께서 하신 말씀이다. 왕상 22:39;렘 36:22

4 하나님의 경고 사마리아 산에 있는 바산
의 암소들아, 가난한 사람을 억누르
고 어려운 사람을 억누르는 사람들아, 남
편에게 "마실 것을 가져다주세요!"라고 조
르는 사람들아, 이 말씀을 들으라. 3:9;6:1
2 주 여호와께서 그분의 거룩함을 걸고 맹세
하셨다. "사람이 너희를 갈고리에 꿰어 끌고
가며 너희의 남은 사람마저 낚시 바늘에 걸
어 끌고 갈 그날이 너희에게 올 것이다.
3 너희가 무너진 성벽을 지나 각각 앞으로
바로 나가서 하르몬에 던져질 것이다." 이
것은 여호와께서 하신 말씀이다. 겔 12:5
4 "너희는 벧엘에 가서 죄를 짓고 길갈에 가
서 더 많은 죄를 지으라. 너희가 아침마다
너희의 제물을 바치고 3일마다 너희의 십

나실 사람(2:11, Nazirite) 하나님께 구별되게 몸과 마음을 다 바치기로 한 사람.

일조를 드리라. _{호 4:15;마 23:32}

5 누룩 넣은 빵을 태워서 감사제물을 드리고 자원제물을 드리며 큰소리로 자랑하라. 이스라엘 자손들아, 너희가 이렇게 하기를 좋아하는구나." 주 여호와께서 하신 말씀이다. _{신 35:29;레 7:13;22:18,21;시 81:11~12}

6 "또 내가 너희 모든 성들에서 너희의 이빨을 쉬게 하고 네가 있는 모든 곳에서 먹을 것이 떨어지게 했다. 그런데도 너희는 내게 돌아오지 않았다." 여호와께서 하신 말씀이다. _{신 28:57;렘 15:7;애 2:12;학 2:17}

7 "또 내가 추수하기 석 달 전에 너희에게 비를 내리지 않았다. 어떤 성읍에는 비를 내리고 어떤 다른 성읍에는 비를 내리지 않았다. 한쪽 땅은 비가 내렸지만 한쪽 땅은 비가 내리지 않아 말라 버렸다. _{욜 2:23}

8 두세 성읍 사람이 이 성읍, 저 성읍으로 비틀거리며 물을 찾아다녀도 물을 실컷 마시지 못했다. 그런데도 너희는 내게 돌아오지 않았다." 여호와께서 하신 말씀이다.

9 "내가 밀에 잎마름병과 깜부기병이 크게 들게 해 너희를 쳤으며 병충해로 과수원과 포도원을 망치고 메뚜기로 무화과나무와 올리브 나무를 다 먹게 했다. 그런데도 너희는 내게 돌아오지 않았다." 여호와께서 하신 말씀이다. _{신 28:22;욜 1:4;학 2:17}

10 "내가 이집트에서 한 것처럼 너희 가운데 전염병을 보냈다. 너희 말을 빼앗고 너희 젊은이들을 칼로 죽였다. 너희 진영에는 썩는 냄새가 코를 찌르게 했다. 그런데도

너희는 내게 돌아오지 않았다." 여호와께서 하신 말씀이다. _{왕하 13:7;율 2:20}

11 "나 하나님이 소돔과 고모라를 무너뜨린 것처럼 내가 너희를 무너뜨렸다. 너희는 불 속에서 꺼낸 타다 만 막대기 같았다. 그런데도 너희는 내게 돌아오지 않았다." 여호와께서 하신 말씀이다. _{유 1:23}

12 하나님 만날 준비를 하라 "그러므로 이스라엘아, 내가 너희에게 이렇게 할 것이다. 내가 이렇게 하려고 하니 이스라엘아, 너희는 하나님을 만날 준비를 하라."

13 산을 지으시고 바람을 일으키시고 자기 뜻을 사람에게 보여 알리시고 새벽빛을 어둡게 하시고 땅의 높은 곳을 밟고 다니시는 분, 그분의 이름이 만군의 하나님 여호와이시다. _{3:13;5:8;시 10:25;사 58:14}

5 회개하라고 하시는 말씀 이스라엘 백성아, 내가 너희에 관해 지은 슬픈 노래를 들으라. _{겔 19:1}

2 "처녀 이스라엘이 쓰러져서 다시 일어나지 못할 것이다. 자기 땅에 버려져도 일으켜 줄 사람이 아무도 없다." _{사 47:1;애 2:1}

3 주 여호와께서 이렇게 말씀하셨다. "이스라엘의 집에서 1,000명이 싸우러 나간 성읍에는 100명만 살아남고 100명이 싸우러 나간 성읍에는 열 명만 살아남을 것이다."

4 여호와께서 이스라엘 백성에게 이렇게 말씀하셨다. "너희는 나를 찾으라. 그러면 살 것이다. _{대하 15:2;사 55:6;습 2:3}

5 벧엘을 찾지 말고 길갈로 가지 말고 브엘세

'여호와의 날'은 어떤 날인가요?

아모스가 살던 당시에 이스라엘 사람들은 '여호와의 날'이 축복과 번영의 때라고 생각했어요. 하나님께 선택받은 민족이라는 우월감 때문에, 여호와의 날은 하나님이 임하셔서 이스라엘의 원수인 이방을 심판하고 구원을 베푸시는 날이라고 오해했어요.

그러나 아모스를 비롯한 예언자들은 그 당시 사람들의 믿음과 달리, 여호와의 날은 이방 사람들뿐

만 아니라 불의와 악을 행하는 이스라엘에게도 심판과 멸망의 날이 될 것이라고 선포했어요(암 5:18; 습 1:7~13). 하지만 심판이 있은 후 하나님의 백성에게 구원을 베푸시는 날이기도 했어요(사 65:17~25; 슥 14:20~21).

신약에서 '여호와의 날'은 그리스도가 재림하여 사탄의 세력을 멸하시고 하나님 나라를 완성하시는 날로 기록되어 있어요(계 19장).

바로도 가지 말라. 반드시 길갈은 포로로 사로잡혀 가고 벧엘은 무너져 쓸모없을 것이다."

4:4;8:14

6 여호와께 구하라. 그러면 너희가 살 것이다. 그러지 않으면 불이 난 것처럼 요셉의 집을 집어삼킬 것이다. 벧엘에는 불을 끌 사람이 아무도 없을 것이다.

사 9:18-19

7 정의를 쓰디쓴 쑥처럼 뒤틀어 버리고 의를 땅바닥에 내팽개치는 사람들아!

8 황소자리와 오리온자리를 만드시고 죽음의 그림자인 어둠을 아침으로 바꾸시며 낮을 어둡게 해 깜깜한 밤이 되게 하시고 바닷물을 불러서 땅에 쏟으시는 분을 찾으라. 그분의 이름은 여호와이시다.

욜 9:9

9 그분은 힘센 사람을 순식간에 멸망시키고 산성을 멸망시키는 분이시다.

렘 50:32

10 사람들은 성문의 재판하는 곳에서 정직하게 판결하는 사람을 미워하고 정직하게 말하는 사람들을 싫어한다.

렘 4:1;잠 15:5

11 너희가 가난한 사람들을 짓밟고 그들에게서 밀의 세금을 강제로 거둬들였으므로 너희가 돌을 다듬어 멋지게 집을 짓더라도 그 집에서 살지 못할 것이다. 너희가 포도밭을 아름답게 가꾸어도 그곳에서 나는 포도주를 마시지 못할 것이다.

12 너희가 허물이 많고 얼마나 큰 죄를 저질렀는지 나는 알고 있다. 너희가 의인을 억누르고 뇌물을 받으며 성문 재판 자리에서 가난한 사람들을 억울하게 했다.

13 그런 때 지혜로운 사람은 말하지 않고 잠잠히 있다. 그것은 때가 악하기 때문이다.

14 악한 일을 버리고 선한 일을 구하라. 그러면 너희가 살 것이다. 너희가 말한 것같이 만군의 하나님 여호와께서 너희를 도우며 함께하실 것이다.

3:13;신 30:15;습 2:3

15 악한 일을 미워하고 선한 일을 사랑하라. 성문 재판 자리에서 정의를 세우라. 혹시 만군의 하나님 여호와께서 요셉의 남은 백성들에게 자비를 베푸실지 모르겠다.

16 여호와의 날 주 만군의 하나님 여호와께서 말씀하셨다. "모든 광장에서 큰 소리로 울

것이고 거리마다 '아이고, 아이고' 하며 슬퍼하는 소리가 나고 농부들을 불러다 울게 하고 울음꾼을 불러서 큰 소리로 울게 할 것이다.

렘 9:17-18

17 모든 포도밭에서도 울 것이다. 이것은 내가 너희 가운데로 지나가는 날이 모든 일이 일어나 지나갈 것이기 때문이다." 여호와께서 이렇게 말씀하셨다.

출 12:12

18 화 있으리라! 여호와의 날을 기다리는 사람아, 너희가 어째서 여호와의 날을 기다리느냐? 그날은 빛이 아니라 어둠의 날일 것이다.

욜 1:15;2:1-2

19 사람이 사자를 피해 도망치다가 곰을 만나고 사람이 자기 집에 들어가서 벽에 손을 댔다가 뱀에게 물리는 것과 같을 것이다.

20 여호와의 날은 빛이 없는 어둠이며 캄캄해 밝음이 없는 어둠일 뿐이다.

21 헛된 제사 "나는 너희 절기들을 미워하고 싫어한다. 너희 종교적인 모임을 내가 기뻐하지 않는다.

사 1:14;렘 6:20

22 너희가 내게 번제와 곡식제사를 드려도 내가 그것들을 받지 않을 것이다. 너희가 살진 짐승으로 화목제를 드려도 내가 돌아보지 않을 것이다.

사 51:16-17;사 1:11

23 너희는 내 앞에서 노래 부르기를 그치라! 너희가 켜는 하프 소리도 내가 듣지 않겠다.

24 오직 정의를 강물처럼 흐르게 하고 의를 시냇물이 마르지 않고 흐르는 것처럼 항상 흐르게 하라.

25 오 이스라엘 백성아, 너희가 광야에서 40년 동안 희생제물과 곡식제물을 내게 드렸느냐?

행 7:42-43

26 너희 왕 식굿과 너희 우상 기윤, 곧 너희가 너희를 위해 별 모양으로 만든 너희 신을 너희가 짊어지고 다녀야 할 것이다.

27 사로잡히게 될 그러므로 내가 너희를 다메섹 너머로 사로잡혀 가게 할 것이다." 만군의 하나님이라고 불리는 여호와께서 하시는 말씀이다.

3:12;왕하 17:6

6 화 있을 것을 말씀하심 화 있을 것이다. 시온에서 안일하게 사는 사람들과 사

마리아 산에서 스스로 만족하는 사람들
아! 너희는 여러 민족들 가운데 뛰어나고
유명해서 이스라엘 백성들이 너희를 좇는
구나!
출 19:5;사 32:9;눅 6:24;약 5:1

2 너희가 갈네로 건너가고 거기서 큰 성 하맛
으로 가고 또 블레셋 사람의 가드로 내려
가 보라. 그 나라가 너희 나라보다 더 나으
냐? 그 땅이 너희 땅보다 더 넓으냐?

3 너희는 재앙의 날이 멀다 하면서 그날을
생각하기를 싫어하며 폭력의 자리로 가까
이 간다.
3:10;9:10;겔 12:27

4 상아로 만든 침대에 누워 자고 침대에서
게으르게 기지개를 켜며 양 떼 가운데 어
린양이나 외양간에서 송아지들을 잡아먹
는구나.
3:12;에 1:6;약 5:5

5 비파 소리에 맞춰 헛된 노래를 부르고 자
기들을 위해 다윗처럼 악기를 만드는구나.

6 포도주를 대접으로 마시며 좋은 기름을
바르면서 요셉의 백성이 망하는 것을 슬퍼
하지 않는구나.
사 5:12;단 10:3

7 그러므로 이제 너희는 맨 먼저 포로로 사
로잡혀 가게 될 것이다. 흥청거리는 잔치
가 끝나므로 사람들의 떠드는 소리가 사
라질 것이다.
7:11,17

8 **교만에 대한 책망** 주 여호와께서 자기 자신
을 두고서 맹세하셨다. 만군의 하나님 여
호와의 말씀이다. "나는 야곱의 영광을 싫
어하고 야곱의 궁궐들을 미워한다. 그래
서 내가 그 성읍과 성읍에 가득히 있는 모
든 것을 적에게 넘겨줄 것이다."
8:7

9 그때 한 집에 열 사람이 남아 있어도 그들
은 다 죽을 것이다.
8:3

10 시체들을 화장하려고 죽은 사람의 친척
이 그 뼈들을 집 밖으로 내가다가 집 깊은
구석에 숨어 있던 사람에게 "아직 너와 함
께한 사람이 더 있는가?"라고 물을 것이
다. 그 사람이 "아무도 없다"라고 대답하
면 그는 "조용히 하여라. 우리가 여호와의
이름을 부르지 못할 것이다"라고 말할 것
이다.

11 보라. 여호와께서 명령을 내리셨으니 큰

집을 쳐서 조각조각 갈라지게 하고 작은
집을 쳐서 완전히 무너지게 하실 것이다.

12 말들이 어떻게 바위 위를 달리며 소가 어
떻게 쟁기로 바위를 갈겠는가? 그런데 너
희는 정의를 쓸개처럼 쓴 독으로 만들었
고 의의 열매를 쓴 쑥으로 바꾸었다.

13 너희는 로드발이 점령됐다고 기뻐하며 "우
리가 우리의 힘으로 가르나임을 차지하지
않았느냐?"라고 말한다.
왕상 22:11;미 4:13

14 "이스라엘의 백성들아. 내가 한 나라를 일
으켜 세워 너희를 칠 것이다. 그들이 하맛
입구에서부터 아라바 골짜기까지 너희를
억압할 것이다." 만군의 하나님 여호와께
서 하신 말씀이다.
신 1:1;왕하 14:25;겔 5:15

7

메뚜기 환상 주 여호와께서 내게 이것
을 보여 주셨다. 보라. 왕에게 바칠 몫
의 풀을 벤 후 봄 풀의 싹이 다시 나기 시
작할 때 여호와께서 메뚜기 떼를 보낼 준
비를 하고 계셨다.
욜 1:4

2 메뚜기 떼가 땅의 풀을 모두 다 갉아 먹어
버렸다. 내가 주께 말씀드렸다. "주 여호와
여, 부디 용서해 주십시오. 야곱이 아직 어
리고 약하니 어떻게 이 일을 견딜 수 있겠
습니까?"
시 130:3

3 그러자 여호와께서 이에 대해서 마음을
돌이키셨다. "이 일이 일어나지 않을 것이
다." 여호와께서 말씀하셨다.
욜 2:13

4 **불꽃 환상** 또 주 여호와께서 내게 이렇게
보여 주셨다. 주 여호와께서 불로 심판하
기를 명령하셨다. 불이 바다 깊숙한 곳까
지 마르게 삼키고 땅까지 살라 버려 황폐
하게 했다.
계 8:7-8

5 그때 내가 말씀드렸다. "주 여호와여, 멈춰
주십시오. 야곱이 아직 어리고 약하니 어
떻게 이 일을 견딜 수 있겠습니까?"

6 그러자 여호와께서 이에 대해서 마음을
돌이키셨다. "이 일도 일어나지 않을 것이
다." 여호와께서 말씀하셨다.

7 **다림줄 환상** 또 주께서 내게 이것을 보여
주셨다. 주께서 손에 다림줄을 들고 수직
으로 쌓은 담 옆에서 담이 반듯한지 살피

며 서 계셨다.

17절·왕하 21:13

8 여호와께서 내게 물으셨다. "아모스야 무엇이 보이느냐?" 내가 대답했다. "다림줄이 보입니다." 그러자 주께서 말씀하셨다. "내가 내 백성 이스라엘 가운데 다림줄을 세워서 그들을 살필 것이다. 내가 더 이상 그들을 용서하지 않을 것이다.

9 이삭의 산당들이 무너지고 이스라엘의 성소들이 파괴돼 무너질 것이다. 내가 일어나서 여로보암의 집을 칼로 칠 것이다."

10 그때 벧엘의 제사장 아마사가 이스라엘 왕 여로보암에게 사람을 보내 이렇게 알렸다. "이스라엘의 백성 가운데 아모스가 왕을 배반해 반란을 계획했습니다. 이 나라가 아모스가 말한 모든 것을 참을 수 없습니다.

왕상 12:32·렘 38:4

11 아모스가 이렇게 말했습니다. '여로보암은 칼에 맞아 죽고 그대게 이스라엘은 분명코 자기 땅에서 사로잡혀 포로로 끌려가게 될 것이다.'"

6:7

12 또 아마사는 아모스에게도 말했다. "예언자야 너는 유다 땅으로 도망쳐라. 유다에 가서 거기서 예언하며 벌어먹어라.

13 더 이상 벧엘에서는 예언하지 마라. 이곳은 여로보암 왕의 성소이며 왕의 궁궐이다."

14 아모스가 아마사에게 이렇게 대답했다. "나는 예언자가 아니고 예언자의 아들도 아니다. 나는 다만 목자이며 뽕나무를 기르는 사람이다.

슥 13:1

15 양 떼를 기르고 있는 내게 여호와께서 말씀하셨다. '내 백성 이스라엘에게 가서 예언하여라.'

시 78:71·겔 6:2

16 그러니 이제 너는 여호와의 말씀을 들어라. 너는 내게 말했다. '이스라엘에 대해 예언하지 말고 이삭의 집에 경고하는 말을 하지 마라.'

암 3:1·겔 20:46·미 2:6

17 네가 그런 말을 해서 여호와께서는 이렇게 말씀하셨다. 네 아내가 성안에서 창녀가 될 것이고 네 아들과 딸들이 칼에 맞아 쓰러질 것이다. 네 땅은 줄자로 재어 다른 사람에게 나눠 줄 것이고 너는 사로잡혀 가서 낯선 땅에서 죽게 될 것이다. 그리고 이스라엘은 분명코 자기 땅에서 사로잡혀 포로로 끌려가게 될 것이다.'"

8 **잘 익은 과일 환상** 또 주 여호와께서 내게 잘 익은 여름 과일 한 광주리를 보여 주셨다.

7:1

2 주께서 말씀하셨다. "아모스야. 무엇이 보이느냐?" 내가 대답했다. "잘 익은 여름 과일 한 광주리입니다." 주 여호와께서 내게 말씀하셨다. "내 백성 이스라엘에 끝이 왔다. 내가 더 이상 그들을 용서하지 않을 것이다.

7:8·겔 24:1·애 4:18·미 7:1

3 그날에 왕궁의 즐거운 노래가 울부짖음으로 바뀔 것이다. 시체가 너무 많아서 사람들이 말없이 곳곳에 내다 버릴 것이다!" 주 여호와께서 하신 말씀이다.

렘 16:4,6

4 **어려운 사람을 짓밟음** 어려운 사람을 짓밟고 이 땅의 가난한 사람들을 망하게 하는 사람들아, 이 말씀을 들으라.

시 14:4

5 너희는 이렇게 말한다. "초하룻날이 언제 지나서 우리가 곡식을 팔 수 있을까? 안

식일이 언제 끝나 우리가 밀을 팔 수 있을까? 에바를 작게 하고 세겔을 크게 부풀리며 저울을 속이고

6 은을 주고 가난한 사람을 사고 신발 한 켤레로 어려움에 빠진 사람을 사며 밀 찌꺼기까지 팔아먹자." 2:6

7 **다가올 심판** 여호와께서 야곱의 자랑을 걸고 맹세하셨다. "내가 저희가 하는 모든 일을 절대로 잊지 않을 것이다. 9:9

8 이 일로 어찌 땅이 떨고 또 땅에 사는 모든 사람이 슬퍼 울지 않겠는가? 온 땅이 나일 강처럼 넘치고 이집트의 강처럼 솟구쳤다 가라앉을 것이다." 슥 10:11

9 주 여호와께서 말씀하셨다. "그날에 내가 대낮에 해가 지게 하고 밝은 낮에 땅을 캄캄하게 할 것이다. 미 3:6;마 24:29

10 너희 절기들을 슬픈 울음이 되게 하고 너희 모든 노래를 죽은 사람을 위한 소리가 되게 할 것이다. 모든 사람의 허리에 굵은 베 옷을 걸치고 모든 사람의 머리를 밀어 대머리가 되게 할 것이다. 내가 그때를 외아들이 죽어 슬피 우는 것처럼 만들어 그 끝을 슬프고 고통스러운 날이 되게 할 것이다." 슥 3:24;렘 7:34;숙 2:11;슥 12:10

11 주 여호와께서 하신 말씀이다. "보라, 그날이 곧 올 것이다. 내가 땅을 심하게 주리게 할 것인데 먹을 것이 없어서 주리는 것이 아니고 물이 없어 목마른 것이 아니다. 여호와의 말씀을 듣지 못해 굶주리고 목마를 것이다. 시 74:9;잠 29:18;사 8:20;미 3:7

12 사람들이 이 바다에서 저 바다로, 북쪽에서 동쪽으로 비틀거리며 돌아다닐 것이다. 여호와의 말씀을 찾아 이리저리 급히 돌아다니겠지만 찾을 수 없을 것이다.

13 그날에 아름다운 처녀들과 젊은이들이 목마름 때문에 힘을 잃을 것이다. 욘 4:8

14 사마리아의 부끄러운 우상을 의지하고 맹세해 말하기를 '단의 신이 살아 있는 한'이라고 하거나 '브엘세바의 신이 살아 있는 한'이라고 말한다. 이것을 의지하는 사람들은 다 쓰러져서 다시는 일어나지 못할 것이다."

9

이스라엘의 환상 나는 주께서 제단 곁에 서서 말씀하시는 것을 보았다. "문지방이 흔들릴 정도로 기둥머리를 쳐서 기둥이 백성들의 머리 위에 무너지게 하라. 살아남은 사람은 내가 칼로 죽일 것이다. 한 사람도 도망가지 못하고 한 사람도 피할 수 없을 것이다. 습 2:14

2 그들이 무덤으로 파고 들어가더라도 내 손이 무덤에서 그들을 붙잡아 올 것이다. 그들이 하늘로 올라가더라도 내가 하늘에서 그들을 끌어내릴 것이다. 시 139:8-10

3 그들이 갈멜 산 꼭대기에 숨더라도 내가 거기서 그들을 찾아 붙잡을 것이다. 그들이 나를 피해 바다 밑바닥에 숨더라도 내

아모스가 본 다섯 가지 환상

메뚜기 환상

불 환상

다림줄 환상

	메뚜기 환상	불 환상	다림줄 환상
내용	풀의 싹이 돋아나기 시작할 때 메뚜기 떼가 다 먹어 버리는 환상(암 7:1-3)	불이 바다를 마르게 하고, 땅을 살라 황폐하게 하는 환상(암 7:4-6)	손에 다림줄을 들고 수직으로 쌓은 담이, 반듯한지 살펴보는 환상(암 7:7-8)
의미	앗시리아의 침략과 공격을 의미한다.	메뚜기 환상보다 더 급박하고 심각한 심판을 의미한다.	다림줄을 세워 이스라엘 백성의 죄를 살피시고 심판하시겠다는 의미이다.
성취	아모스의 중보 기도로 앗시리아의 공격은 일어나지 않았다.	앗시리아 왕 디글랏 빌레셀의 침공(왕하 15:29)이 아모스의 중보 기도로 그치게 되었다.	앗시리아의 살만에셀 왕이 사마리아를 3년 동안 포위했다(왕하 17:5).

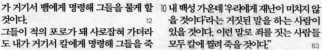

가 거기서 뱀에게 명령해 그들을 물게 할 것이다. 1:2

4 그들이 적의 포로가 돼 사로잡혀 가더라도 내가 거기서 칼에게 명령해 그들을 죽이게 할 것이다. 내가 복이 아니라 벌을 내리려고 그들을 지켜보겠다.” 렘 21:10

5 주 만군의 여호와께서 땅을 만지시니 땅이 녹아내리고 거기 사는 사람들이 슬피 운다. 온 땅이 나일 강이 넘치는 것처럼 일어서며 이집트의 강이 낮아지는 것처럼 가라앉는다. 8:8

6 하늘에 그분의 집을 지으시고 땅에 창공의 기초를 세우셨다. 그분은 바닷물을 불러들여 땅에 쏟아부으신다. 이렇게 하시는 분의 이름이 여호와이시다. 시 104:3,5

7 여호와께서 하신 말씀이다. “이스라엘 자손들아, 너희는 내게 에티오피아 사람들과 같다. 내가 이스라엘을 이집트 땅에서 나오게 하고 또 블레셋 사람을 갑돌에서 나오게 하고 아람 사람을 길에서 나오게 했다.

8 보라. 주 여호와 내가 죄를 범한 나라를 지켜보며 그 나라를 땅에서 망하게 할 것이다. 그러나 야곱의 집은 완전히 망하게 하지 않을 것이다.” 여호와께서 하신 말씀이다.

9 “내가 명령했다. 곡식을 한 알도 땅에 떨어지지 않게 체질하는 것처럼 내가 이스라엘 백성을 체질하듯 모든 민족을 가운데서 걸러 낼 것이다. 렘 15:7;마 3:12;눅 3:17

10 내 백성 가운데 ‘우리에게 재난이 미치지 않을 것이다’라는 거짓된 말을 하는 사람이 있을 것이다. 이런 말로 죄를 짓는 사람들 모두 칼에 찔려 죽을 것이다.” 6:3

11 **이스라엘의 회복** “그날에 내가 다윗의 무너진 초막을 일으키고 허물어진 곳을 메울 것이다. 무너진 것을 일으켜서 다시 옛날처럼 세울 것이다. 행 15:16

12 이스라엘이 에돔의 남은 사람들과 하나님의 이름으로 불리는 모든 민족을 지배하게 될 것이다.” 이것은 이 일을 이루시는 여호와의 말씀이다. 옵 1:19;행 15:17-18

13 여호와께서 말씀하셨다. “보라. 그날이 올 것이다. 그때에는 곡식을 거두자마자 밭을 갈고 씨를 뿌리자마자 포도주를 만들기 위해 포도를 밟을 것이다. 산들은 달콤한 포도주를 만들어 내고 언덕은 포도주로 넘쳐흐를 것이다. 렘 26:5;욜 3:18

14 내가 내 백성 이스라엘을 포로 생활에서 돌이키고 그들은 무너진 성읍들을 다시 세우고 거기에서 살 것이다. 그들이 포도원을 가꾸고 거기서 나는 포도주를 마시며 과수원을 가꾸고 거기서 나는 열매를 먹을 것이다. 사 61:4;렘 30:3;31:5

15 내가 이스라엘을 그들의 땅에 심고 그들은 내가 그들에게 준 땅에서 다시는 뿌리째 뽑히지 않을 것이다.” 네 하나님 여호와께서 말씀하셨다. 겔 34:29;욜 3:20

여름 과일 환상

		무너지는 문설주 환상
내용	잘익은 여름 과일 한 광주리 환상(암 8:1-3)	성전 문지방이 흔들릴 정도로 기둥머리를 쳐서 무너지게 하라고 말씀하시는 환상(암 9:1-12)
의미	무르익은 여름 과일이 당장에는 아름답지만 머잖아 썩어 버리는 것처럼, 겉만 화려한 이스라엘도 머잖아 하나님의 심판으로 멸망할 것임을 의미한다.	화려하게 장식된 기둥머리에서부터 바닥의 문지방까지 예루살렘 성전의 완전한 파괴를 의미한다(암 9:3-6).
성취	BC 722년에 이스라엘이 멸망했다.	성전은 BC 586년경에 파괴되었다(왕하 25:13-17).

결론 다섯 가지 환상은 하나님의 심판 아래 놓인 이스라엘이 하나님의 심판을 받아서 멸망할 것을 보여 준다. 또한 남은 자들은 반드시 구원받아 메시아 왕국의 백성으로 거듭날 것을 동시에 보여 준다(암 9:8-12).

Obadiah
오바댜

구약 성경에서 가장 짧은 책은? 정답은 오바댜입니다. 오바댜는 짧지만 심판에 대한 강한 메시
지를 담고 있어요. 오바댜는 이스라엘 사람들과 함께 민족인 에돔에 대한 심판을 예언하고 있
어요. 에돔을 하나님이 택한 이스라엘을 형제처럼 도와주지 않고 오히려 이스라엘의 적
들과 같은 행동을 했기 때문이에요. 에돔에 대한 하나님의 심판은 아주 단호해요.
그들에게 회개를 요구하거나 희망을 주는 내용은 전혀 없고 이미 정해진 에
돔의 멸망이 뒤바뀔 가능성도 없다는 것입니다.
오바댜는 하나님의 택하심을 입은 백성을 도와주지 않고 멸시하는 사람들
에 대한 하나님의 심판을 보여 주고 있어요. 그리고 하나님은 한번 택하신
사람을 끝까지 지키시는 분인 것도 알게 합니다.

오바댜는 무슨 뜻인가요?
'여호와의 종', '여호와를 경외하는 자'라는 뜻이
에요. 이 책의 저자이자 중심 인물인 오바댜의 이름을 따서 제목을 붙인 거예요.

누가 썼나요?
오바댜가 썼어요.

언제 썼나요?
BC 850년경 혹은 BC 586년 전후

주요한 사람들은?

오바댜
오바댜서의 저자

에돔 사람
야곱의 쌍둥이 형 에서의 후손들

한눈에 보는 오바댜

오바댜

1

오바댜의 예언 오바댜의 환상입니다. 여호와 하나님께서 에돔에 대해 말씀하셨습니다. 여호와께서 심부름꾼을 민족들에게 보내시며 "너희는 일어나라. 에돔과 싸우러 나가자"라고 하시는 말씀을 들었습니다.

1~4절;렘 49:7,22;젤 25:12~14

2 **교만을 책망함** "보아라. 내가 너를 이방 민족들 가운데 가장 작게 만들 것이니 네가 철저히 멸시당하게 될 것이다.

3 높은 평원의 바위 굴 은신처에 살며 '누가 나를 땅바닥으로 끌어낼 것인가?'라고 스스로 말하는 사람들아, 네 교만한 마음이 너를 속였다.

민 24:21~22;사 14:13~15

4 네가 독수리처럼 높이 날고 네가 별들 사이에 둥지를 틀더라도 내가 거기에서 너를 끌어낼 것이다." 여호와의 말씀입니다.

5 **약점이 드러남** "네게 도둑들이 들고 밤에 강도들이 들어도 그들이 취할 만큼만 훔쳐 가지 않겠느냐? 네게 포도 따는 사람들이 와도 포도를 얼마쯤은 남겨 두지 않겠느냐? 그런데 너는 얼마나 처참히 파괴될까!

6 에서가 어찌 그렇게 샅샅이 뒤져지고 그가 숨겨 둔 보물이 약탈되었는가!

7 너와 동맹을 맺은 모든 사람들이 너를 국경으로 몰아내고 너와 화평한 사람들이 너를 속이고 너를 제압했다. 너와 함께 식사하던 사람들이 네게 덫을 놓았지만 너는 이를 알지 못하는구나."

시 41:9;렘 49:7

8 **심판의 이유** 여호와의 말씀이다. "그날에 내가 에돔의 지혜 있는 사람들을 멸망시키며 에서의 산에 있는 지각 있는 사람들을 멸망시키겠다.

사 29:14;젤 35:2

9 드만아, 네 용사들이 두려움으로 질릴 것이며 에서의 산에 있는 모든 사람이 학살당해 전멸될 것이다.

대상 1:45;암 1:12

10 네 동생 야곱에게 행한 폭력 때문에 네가 수치를 뒤집어쓸 것이고 네가 영원히 멸망하게 될 것이다.

민 20:20~21;젤 35:9

11 네가 수수방관하고 서 있던 그날, 곧 낯선 사람들이 야곱의 재산을 가져가고 이방 사람들이 그의 문으로 쳐들어가 예루살렘을 두고서 제비뽑기하던 그날에 너도 그들 가운데 한 사람과 같았다.

왕하 25:10~20

12 네 동생의 날, 곧 불행의 날에 너는 방관하지 말았어야 했다. 유다 자손들이 멸망하는 날에 그들을 보고 너는 즐거워하지 말았어야 했다. 그들의 고난의 날에 너는 입을 크게 벌리지 말았어야 했다.

13 내 백성들의 재앙의 날에 네가 그들의 성문으로 행진하지 말았어야 했다. 그들의 재앙의 날에 너만은 그의 재앙을 방관하지 말았어야 했다. 그들의 재앙의 날에 너는 그들의 재산에 손대지 말았어야 했다.

14 도망가는 사람들을 죽이기 위해 길목을

왜 하나님은 에돔에게 분노하셨나요?

에돔 사람들은 유다가 바벨론에게 멸망당할 때 잔인하게 대했어요. 형제 나라였던 에돔 사람들은 멸망하는 유다를 고소한 듯이 바라보았고, 심지어 예루살렘을 약탈하기도 했어요(옵 1:11~13). 또 도망가는 유다 백성들을 잡아다가 바벨론에 넘겨주었어요(옵 1:14).

형제 유다의 고통을 즐기며, 고통에 고통을 더한 에돔에게 오바댜는 하나님의 진노의 말씀을 선포했어요(옵 1:15~18).

에돔의 유적

지키고 서 있지 말았어야 했다. 그들의 환난의 날에 너는 살아남은 사람들을 넘겨 주지 말았어야 했다. _{겔 21:21}

15 다가올 멸망 왜냐하면 모든 민족들에게 여호와의 날이 가까이 왔기 때문이다. 네가 행한 행실이 그대로 네게 이뤄질 것이며 네 행한 대로 네 머리 위로 돌아갈 것이다.

16 너희가 내 거룩한 산에서 마신 것처럼 모든 민족들이 계속 마실 것이다. 그들이 마시고 또 마셔 그들이 본래 없었던 것처럼 될 것이다. _{렘 25:27-28;슙 3:17}

17 그러나 시온 산에는 피할 사람이 있고 그곳은 거룩한 곳이 될 것이다. 야곱 족속은 자기 유업을 차지하게 될 것이다.

18 야곱 족속은 불이 되고 요셉 족속은 불꽃이 될 것이다. 그러나 에서 족속은 그루터기가 돼 그들이 그것들을 태우며 삼킬 것이다. 에서 족속은 살아남은 사람이 하나

도 없을 것이다." 여호와께서 분명히 말씀하셨다. _{사 10:17;겔 25:14;욜 2:5;슙 12:6}

19 구원받을 하나님의 백성 "네게브 사람들이 에서의 산을 차지할 것이다. 또 서쪽 평지의 사람들이 블레셋 땅을 차지할 것이다. 그들이 에브라임의 영토와 사마리아의 영토를 차지할 것이다. 베냐민은 길르앗을 차지할 것이다. _{렘 17:26;눅 4:26}

20 포로 생활에서 가나안으로 돌아온 이스라엘 사람들은 사르밧까지 영토를 갖게 될 것이다. 스바랏에 있는 예루살렘 출신의 포로들은 네게브의 성읍들을 갖게 될 것이다.

21 에서의 산을 다스리기 위해 구원자들이 시온 산으로 올라갈 것이다. 그리고 그 나라는 여호와의 것이 될 것이다." _{딤전 4:16}

거룩한 산(1:16) '시온 산'을 가리킴.
유업(1:17, 遺業, Inheritance) 조상으로부터 물려받은 사업, '땅', '재산', '자손 대대로 물려주는 것' 등을 의미.

에돔은 어떤 곳인가?

에돔의 수도는 오늘날 '페트라'(바위)라고 부르는 곳이다. 페트라는 세계 불가사의 중 하나로 알려져 있다. 이 거대한 바위 도시로 들어가는 입구는 3.7m의 좁다란 골목으로 되어 있다. 이 통로의 양 옆에는 높은 절벽이 있어 침입자들로부터 안전하게 보호받을 수 있었다. 그렇기 때문에 에돔 사람들은 교만했고 자신감에 차 있었다. '털이 있다'는 뜻을 지닌 세일 산은 '털북숭이' 에서가 이사한 땅이고, 에돔 족속은 에서의 후손이다.

셀라(Sela)

하나님이 내가 하고 싶지 않은 일을 시키신다면 어떻게 할까요? 하나님의 명령이니 순종할까요? 아니면 하나님을 피해서 도망갈까요? 요나는 니느웨로 가서 멸망을 선포하라는 하나님의 명령을 거부하고 도망갑니다. 니느웨는 이스라엘을 위협하는 앗시리아의 큰 도시로, 다른 신을 섬기고 있었기 때문이에요. 요나는 그들이 멸망하는 것을 보고 싶었어요.

그러나 하나님은 도망가는 요나를 바다에 빠지게 하여 큰물고기 뱃속에 들어가게 하세요. 그리고 요나가 회개한 후 다시 니느웨로 가게 하십니다.

결국 요나의 경고를 듣고 니느웨 사람들은 회개하여 구원을 받게 됩니다. 요나서는 하나님을 택하신 백성뿐 아니라 세상 모든 사람을 사랑하시는 분임을 알게 합니다. 회개하여 구원받을 기회를 주시는 공평하신 하나님의 사랑을 알려 줍니다.

요나는 무슨 뜻인가요?

'비둘기'라는 뜻이에요.

이 책의 저자이자 중심 인물인 요나의 이름을 따라 제목을 붙인 거예요.

누가 썼나요?

요나가 썼어요. 요나는 가드헤벨 사람으로 여로보암 2세 때 니느웨에 가서 하나님의 심판을 선포한 예언자예요.

언제 썼나요?

BC 760년경

주요한 사람들은?

요나
아밋대의 아들.
여로보암 2세 때 활동한 예언자

한눈에 보는 요나

1장 요나의 불순종

3장 요나의 선포와 니느웨 사람들의 회개

2장 요나의 회개

4장 니느웨를 향한 하나님의 사랑

요나
Jonah

1

요나를 부르심 여호와의 말씀이 아밋대의 아들 요나에게 임해 말씀하셨습니다.

2 "일어나 저 큰 성읍 니느웨로 가서 그 도시에 선포하여라. 이는 그 도시의 죄악이 내 앞에까지 이르렀기 때문이다."

3 **요나가 도망감** 그러나 요나는 여호와로부터 도망쳐 나와 다시스로 향했습니다. 그는 욥바로 내려가서 그곳에서 다시스행 배를 발견했습니다. 그는 뱃삯을 내고 여호와를 피하기 위해 배를 타고 다시스로 향했습니다. 4:2;창 4:16;수 19:46; 왕상 10:22

4 **요나 바다에 던져짐** 그러자 여호와께서 바다에 폭풍을 보내셨습니다. 거친 폭풍우가 배를 위협해 배는 거의 부서지게 됐습니다. 왕상 22:48;시 48:7;107:25

5 선원들이 두려워했고 사람들은 각자 자기 신에게 소리쳐 부르짖었습니다. 그러고는 배를 가볍게 해 보려고 짐들을 바다에다 던졌습니다. 그러나 요나는 배 밑층에 내려가 누워 깊이 잠들었습니다. 시 107:28

6 선장이 그에게 다가와서 말했습니다. "네가 어떻게 잠을 잘 수 있느냐? 일어나 네 하나님께 소리쳐 부르짖어라! 혹시 하나님께서 우리를 생각해서 우리가 죽지 않게 될지도 모른다." 3:9

7 선원들이 서로 말했습니다. "이리 와서 제비를 뽑아 이 재난이 누구 탓인지 알아내자." 그들이 제비를 뽑았더니 제비가 요나에게 뽑혔습니다. 삿 20:9

8 그러자 그들이 그에게 물었습니다. "우리에게 닥친 이 재난이 누구 때문인지 말해 보아라. 네 직업은 무엇이냐? 어디에서 오느냐? 어느 나라 사람이냐? 네가 어느 민족이냐?"

9 요나가 대답했습니다. "나는 히브리 사람입니다. 바다와 땅을 만드신 하늘의 하나님 여호와를 섬기고 있습니다." 계 11:13

10 그들은 크게 두려워하며 요나에게 말했습니다. "너는 왜 이렇게 행동했느냐?" 그들은 그가 여호와 앞에서 도망치고 있다는 것을 알게 됐습니다. 그가 그들에게 말했기 때문입니다.

11 바다에 폭풍이 점점 더 거세졌습니다. 그들이 그에게 말했습니다. "바다를 진정시키려면 대체 우리가 네게 어떻게 해야 하느냐?"

12 그가 대답했습니다. "나를 들어서 바다 속에 던지십시오. 그러면 바다가 잠잠해질 것입니다. 이렇게 엄청난 폭풍이 당신들에게 닥친 것은 나 때문이라는 것을 잘 알고 있습니다." 수 7:20

13 그러나 그들은 육지로 돌아가려고 힘껏 노를 저었습니다. 그래도 소용이 없었습니다. 바다에 폭풍이 더 거세졌습니다.

14 그러자 그들이 여호와께 부르짖었습니다.

왜 요나가 다시스로 갔나요?

하나님이 앗시리아의 수도인 니느웨로 가서 하나님의 말씀을 외치라고 했을 때, 요나는 니느웨가 아니라 정반대 방향에 있는 다시스(스페인의 한 도시라고 알려짐)로 가려고 했어요. 왜 요나는 하나님의 말씀의 명령을 따랐을까요?

요나가 하나님의 명령을 받았을 때는 이스라엘이 점차 부강해지던 여로보암 2세 때였어요. 이때의 앗시리아는 이스라엘을 위협하는 세력이었어요. 더구나 앗시리아는 너무나도 포악하고 잔인한 민족이었어요. 요나는 심판을 받는 것은 당연하다고 생각했어요. 오직 이스라엘만 하나님의 사랑을 받을 자격이(앗수가 믿었어요. 그러나 하나님은 요나의 생각과 달리 니느웨도 아끼고 사랑하신 거예요.

*다시스

욥바 *예루살렘

니느웨

"여호와여, 제발 이 사람의 목숨 때문에 저희가 죽게 하지 마십시오. 죄 없는 피 흘림을 우리가 책임지게 하지 마십시오. 여호와여, 주께서는 원하는 대로 하십시오."

15 그리고 그들은 요나를 들어서 바다 속으로 던졌습니다. 그러자 사나운 바다가 잠잠해졌습니다. _{시 65:7;눅 8:24}

16 그들이 여호와를 크게 두려워해 그들은 여호와께 희생제물을 드리고 서원했습니다.

17 **물고기가 요나를 삼킴** 여호와께서는 큰 물고기를 준비하셔서 요나를 삼키게 하셨습니다. 요나는 그 물고기 배 속에서 3일 밤낮을 보냈습니다. _{눅 11:30}

2 **요나의 기도** 물고기 배 속에서 요나는 그의 하나님 여호와께 기도를 드렸습니다.

2 그가 말했습니다. "내가 고난당할 때 내가 여호와를 불렀더니 주께서 내게 대답하셨습니다. 지옥의 깊은 곳에서 내가 도움을 부르짖었더니 주께서 내 울부짖음을 들으셨습니다. _{시 3:4;118:5;120:1;애 3:55~56}

3 주께서 나를 깊은 곳 바다 한가운데에 던지셨습니다. 그러자 물결이 나를 에워싸고 주의 파도와 소용돌이가 나를 덮쳤습니다.

4 내가 말했습니다. '내가 주의 눈앞에서 쫓겨났지만 그럴지라도 나는 주의 거룩한 성전을 다시 바라보겠습니다.' _{시 31:22}

5 물이 내 영혼을 에워싸고 심연이 나를 삼키고 해초가 내 머리를 감쌌습니다.

6 산의 뿌리에까지 내가 내려갔습니다. 저 땅이 나를 오랫동안 가로막았습니다. 그러나 내 하나님 여호와여, 주께서 내 목숨을 구덩이에서 건져 올리셨습니다.

7 내 영혼이 쇠약해져 갈 때 내가 여호와를 기억했습니다. 내 기도가 주께 이르렀으며 주의 거룩한 성전에 올라갔습니다.

8 쓸모없는 우상들에 집착하는 사람들은 그들에게 베푸신 은혜를 버렸습니다.

9 그러나 내가 감사의 노래로 주께 제물을 드릴 것입니다. 내가 서원한 것을 내가 잘 지킬 것입니다. 구원은 여호와께로부터 옵니다." _{시 3:8;50:14;호 14:2;히 13:15}

10 **물고기가 요나를 토함** 그러자 여호와께서 물고기에게 명령하셨고 물고기는 요나를 땅으로 토해 냈습니다.

3 **다시 받은 사명** 여호와의 말씀이 두 번째로 요나에게 임했습니다.

2 "일어나 저 큰 성읍 니느웨로 가서 내가 네게 전하는 이 말을 선포하여라."

3 **니느웨의 회개** 요나는 여호와의 말씀에 순종해 니느웨로 갔습니다. 그때 니느웨는 통과하는 데만 걸어서 3일이 걸리는 아주 큰 성읍이었습니다. _{창 23:6}

4 요나는 성읍 안으로 들어간 첫날에 선포했습니다. "40일 후에 니느웨는 무너질

물고기 배 속에서 기도한 **요나**

① 하나님의 말씀이 요나에게 임함(욘 1:1-2)
② 니느웨로 가지 않고 다시스로 향함(욘 1:3)
③ 다시스로 향해 중 폭풍을 만나 바다에 던져짐(욘 1:4-16)
④ 물고기 배 속에서 3일을 보냄(욘 1:17-2:9)

니느웨

지중해

가드헤벨

다시스 ←

니느웨

욥바

⑤ 물고기가 요나를 토해 냄(욘 2:10)
⑥ 하나님의 말씀에 순종하여 니느웨로 감(욘 3:3)
⑦ 하루 동안 다니며 하나님의 심판을 외침(욘 3:4)
⑧ 시들어 버린 넝쿨, 요나가 하나님께 화를 냄(욘 4:5-11)

지중해변

것이다."

5 니느웨 사람들은 하나님을 믿었습니다. 그들은 금식을 선포하고 가장 높은 사람부터 가장 낮은 사람에 이르기까지 굵은베 옷을 입었습니다.
<small>마 12:41;눅 11:32</small>

6 **왕의 회개와 선포** 이 소식이 니느웨 왕에게 알려지자 그는 왕좌에서 일어나 왕의 옷을 벗고 굵은베 옷을 두른 뒤 잿더미 위에 주저앉았습니다.
<small>욥 1:20;2:8;겔 26:16</small>

7 그러고는 니느웨 온 지역에 선포했습니다. "왕과 왕의 대신들의 이름으로 법령을 내리니 사람이든, 짐승이든, 소든, 양이든, 어느 누구도 아무것도 입에 대지 말라. 아무것도 먹지도 말고 마시지도 말라.

8 오직 사람이든 짐승이든 굵은베 옷을 두르고 하나님께 부르짖으라. 각자가 자기의 악한 길과 자기의 손으로 행한 난폭을 회개해야 한다.

9 누가 알겠느냐? 하나님께서 마음을 바꾸셔서 자비하심으로 그분의 무서운 진노를 누그러뜨리셔서 우리가 멸망하지 않을지 모른다."
<small>삼하 12:22;시 85:3;욜 2:14</small>

10 **하나님의 자비** 하나님께서 그들이 그 악한 길에서 돌이킨 행위를 보셨을 때 마음을 누그러뜨리시고 그들에게 내릴 거라고 말씀하신 재앙을 내리지 않으셨습니다.

4 **요나가 분노함** 그러나 요나는 몹시 기분이 상했습니다. 그는 화가 났습니다.

2 그는 여호와께 기도했습니다. "여호와여, 이것이 내가 고향에 있을 때 내가 말씀드린 것이 아닙니까? 이래서 내가 서둘러 다시스로 도망간 것입니다. 주께서는 은혜롭고 동정심이 많은 하나님이시고 진노하는데 더디시고 사랑은 충만하시며 재앙을 내리는 것을 주저하신다는 것을 내가 알고 있었습니다.
<small>1:3;욜 2:13</small>

3 여호와여, 이제 제발 내 목숨을 가져가십시오, 내가 사는 것보다 죽는 편이 낫겠습니다."
<small>왕상 19:4;전 7:1</small>

4 그러나 여호와께서 말씀하셨습니다. "네가 화내는 것이 옳으냐?"
<small>1,9절</small>

5 **니느웨에 대한 하나님의 관심** 요나가 성읍 밖으로 나가 그 성읍 동쪽에 자리를 잡고 앉았습니다. 그곳에서 초막을 짓고서 그늘 아래에서 그 성읍에 무슨 일이 일어날지 알 때까지 앉아 있었습니다.
<small>눅 8:15</small>

6 그러자 여호와 하나님께서 넝쿨을 준비하셔서 그것이 요나 위로 자라나 요나의 머리에 그늘이 되게 하셨으며 그의 불쾌함을 없애 주셨습니다. 요나는 넝쿨 때문에 기분이 아주 좋아졌습니다.

7 그다음 날 새벽에 하나님께서는 벌레를 보내 그 벌레가 넝쿨을 씹어 먹게 하시니 넝쿨이 시들어 버렸습니다.

8 해가 뜨자 하나님께서는 뜨거운 동쪽 바람을 준비하셨습니다. 해가 요나의 머리 위를 따갑게 내리쬐어 그는 힘이 빠졌습니다. 그는 죽기를 원했습니다. 요나는 말했습니다. "내가 사는 것보다 죽는 것이 낫겠습니다."

9 그러자 하나님께서 요나에게 말씀하셨습니다. "네가 그 넝쿨 때문에 화내는 게 옳으냐?" 그가 말했습니다. "그렇습니다. 화가 나서 죽을 지경입니다."
<small>1,4절</small>

10 여호와께서 말씀하셨습니다. "네가 가꾸지도 않고 기르지도 않은 넝쿨도 너는 아꼈다. 하룻밤 사이에 자라나 하룻밤 사이에 죽어 버렸는데도 말이다.

11 그런데 왼쪽과 오른쪽도 구별하지 못하는 사람들이 12만 명이나 있고 가축도 많이 있는 이 큰 성읍 니느웨를 내가 아끼지 않을 수 있겠느냐?"
<small>1:2;3:7</small>

▲ 요나의 무덤

미가 Micah

미가서는 다른 예언서들과 마찬가지로 죄에 대한 하나님의 심판 이야기예요. 특별히 미가가
활동하던 때에 유다는 사회 곳곳에 죄가 퍼져 있었어요. 정치인들은 정직하지 못했고, 제사장들
은 자신의 욕심을 위해서 봉사했으며, 부자들은 가난한 사람들의 것을 마구 빼앗았어요.
미가는 사회 전체에 퍼져 있는 죄를 파헤치고 하나님의 심판을 선포합
니다. 그리고 사람들에게 하나님이 원하시는 것을 가르쳐 줍니다.
그것은 공의에 맞게 행동하고 사랑을 실천하며, 겸손히 하나님과
함께 생활하는 것이에요. 미가서에는 예수님이 베들레헴에서 태어
날 것이라는 예언과 메시아가 와서 이룰 하나님 나라에 대한 예
언도 들어 있어요.

미가는 무슨 뜻인가요?

'하나님 같은 이가 누구인가?' 라는 뜻이에요.
이 책의 저자이자 중심 인물인 미가의 이름을 따서 제목을 붙인 거예요.

누가 썼나요?

미가가 썼어요. 미가는 요담, 아하스, 히스기야 왕 시대에 남유다와
북이스라엘에서 활동했어요.
같은 시대의 예언자 이사야가 왕실과 도시에서 활동한 반면, 미가는 시골을 중심으로 활동한
예언자입니다. 미가는 도덕적·사회적 부패, 지도자들의 부정, 형식적인 종교 생활, 제사장과 예
언자들의 타락, 극심한 빈부 격차 등에 대한 하나님의 심판을 선포하려고 이 책을 썼어요.

언제 썼나요?

BC 700년경

주요한 사람들은?

미가
가두 모래셋 시골 출신. 그리스도가
베들레헴에서 태어나실 것을 예언

한눈에 보는 미가

미

미가
Micah

1 미가의 예언 유다 왕들인 요담, 아하스, 히 스기야 때에 모레셋 사람 미가에게 임한 여호와의 말씀으로 사마리아와 예루살렘에 관한 것입니다.

2 이스라엘에 임할 심판 들으라. 모든 나라들 아, 귀를 기울이라. 땅과 그 안에 있는 모 든 것들아, 주 여호와께서 말씀하셨다. 주 께서 거룩한 성전에서 너희에 관해 증언 하셨다.
3:1,9;시 11:4;50:7;사 1:2

3 보라! 여호와께서 자기 처소에서 나오신 다. 그분이 내려오셔서 땅의 높은 곳들을 밟으신다.
신 32:13;시 115:3;사 26:21;암 4:13

4 산들이 그분 아래서 녹고 골짜기들이 갈라지니 불 앞에서 녹아내리는 초와 같 고 비탈로 쏟아지는 물과 같다.
나 1:5

5 이 모든 것은 야곱의 악행과 이스라엘 집안 의 죄 때문이다. 야곱의 악행의 원인이 무 엇이냐? 사마리아가 아니냐? 유다의 산당 의 원인이 무엇이냐? 예루살렘이 아니냐?

6 "그러므로 내가 사마리아를 들판의 폐허 같이 만들며 포도원 세울 자리같이 만들 것이다. 내가 그 돌들을 골짜기에 쏟아붓 고 그 기초를 드러낼 것이다.
겔 13:14

7 그 모든 우상들은 산산조각이 날 것이고 바쳐진 예물들은 다 불에 타버릴 것이며 그 모든 우상들을 내가 다 부숴 버릴 것이 다. 매춘의 대가로 모았으니 그것들이 다 시 매춘의 대가로 나갈 것이다."
호 2:12

8 유다에 임할 심판 이 때문에 내가 울고 통곡 할 것이며 맨발로 벌거벗은 채 다닐 것이 다. 내가 늑대처럼 울어 대며 타조처럼 통 곡할 것이다.
욥 30:29;시 44:19;사 20:2~4;22:4

9 이는 그 상처가 치유될 수 없으며 유다에 까지 퍼졌기 때문이다. 그것이 내 백성의 성문에까지, 예루살렘에까지 이르렀다.

10 "너희는 이것을 가드에서 말하지도 말고 절대 울지도 말라. 베들레아브라에서는 흙 속에서 뒹굴라.
삼상 17:4;삼하 1:20;렘 6:26

11 사빌에 사는 사람들아, 부끄럽게 벌거벗 고 가라. 사아난에 사는 사람은 나오지 말 라. 벧에셀은 울게 되리니 그분이 그곳을 너희에게서 빼앗아 갈 것이다.
사 20:4;47:3

12 마롯에 사는 사람은 애타게 복을 바랐으 나 여호와로부터 임한 재앙이 예루살렘 성 문에 내렸다.
암 3:6

13 라기스에 사는 사람아, 전차에 빠른 말을 매라. 그곳은 딸 시온의 죄의 시작이다. 이스라엘의 악행이 네 안에서 발견됐다.

14 그러므로 너는 가드 모레셋에 이별의 예물 을 주어라. 악십의 집들이 이스라엘 왕들

모레셋 (Moresheth)

모레셋 출신으로 이름의 뜻은 '여호와 같은 이가 누구인가'이다. 요담, 아하스, 히스기야 시대에 남유다와 북이스라엘을 향해 예언했다. 이사야 와 같은 시대에 활동했다.

지도자들의 불의, 형식적인 종교 생활, 제사장과 예언자들의 타락, 극심한 빈부 격차 등의 죄악을 고발하며 심판을 예언했다. 그러나 미가는 심판 에도 불구하고 남은 사람을 구원하시고 자비를 베푸실 하나님을 찬양했다.

미가는 장차 메시아 그리스도가 베들레헴에서 탄 생할 것과 그로 인해 형성될 하나님 나라에 대해 서도 예언했다.

미가가 나오는 말씀
>> 미가 1:1

성경에 나오는 다른 미가
1. 사사 시대에 에브라임 산지에 살던 사람 (삿 17:1)
2. 다윗 시대 레위인으로 웃시엘의 아들 (대상 23:20)

미

에게 기만적이었음이 드러날 것이다.

15 마레사에 사는 사람아, 내가 네게 정복자를 보낼 것이니 이스라엘의 영광이 아둘람에 이를 것을 것이다.

2:4;삼상 22:1-2절 6:12

16 네 기뻐하는 자녀를 위해 네 머리를 밀고 민둥 머리를 만들어라. 그들이 네 곁을 떠나 포로로 사로잡혀 가리니 독수리처럼 네 머리를 밀어라."

사 22:12

2 탐욕의 죄

사악한 일을 꾸미는 사람들에게, 자기 침대에서 악을 꾀하는 사람들에게 재앙이 있을 것이다. 동이 틀 때 그들이 그 일을 행하나니 이는 그들이 권세가 있기 때문이다.

사 10:1-2

2 그들은 밭이 탐나면 뺏고 집도 강탈하는구나. 그들은 사람과 그 집을 빼앗고 그와 그 재산을 착취하는구나.

사 5:8

3 탐욕으로 인한 재앙 그러므로 여호와께서 이렇게 말씀하셨다. "보라, 내가 이 집안에 재앙을 계획하고 있다. 너희는 결코 거기서 목을 빼지 못할 것이며 건방지게 다니지 못할 것이다. 재앙의 때이기 때문이다.

4 그날에 사람들이 너희를 조롱하며 이런 슬픈 노래를 부를 것이다. '우리가 완전히 망했다. 내 백성의 소유물이 나뉜다. 어찌 그분이 내게서 그것을 빼앗아 갔는가! 우리의 밭을 반역자에게 주었다.

민 23:7;시 68:6

5 그러므로 여호와의 회중 가운데서 제비뽑기를 해서 땅을 분배받을 사람이 없을 것이다.

신 32:8;9 14:1-2

6 거짓 예언자들의 욕심 그들이 말하기를 '너희는 예언하지 말라. 이 일들에 대해서 예언하면 안 된다. 부끄러움이 우리에게 미치지 않을 것이다'라고 하는구나.

7 야곱의 집이여, '여호와의 인내가 짧으신가, 이것들이 그분께서 행하신 일인가' 하는 말을 왜 하느냐? 내가 한 말들이 바르게 사는 사람에게 유익하지 않느냐?

8 요즘 내 백성이 원수처럼 들고일어났다. 너희가 마치 전쟁에서 돌아오는 사람들처럼 무심코 지나가는 사람들의 겉옷을 벗기고 있다.

대하 28:8

9 너희가 내 백성의 아내들을 그 편안한 집에서 쫓아냈으며 그 자녀들에게서 내 영광을 영원히 빼앗아 버렸다.

10 일어나 가라. 이곳은 안식처가 아니다. 이곳은 더럽혀졌으며 파괴되고 철저히 파멸되었기 때문이다.

신 12:9;51 13:14

11 만약 허풍과 허위에 찬 사람이 속이기를 '내가 너희를 위해 포도주와 술에 대해 예언하겠다' 하면 그가 바로 이 백성에게 적합한 예언자일 것이다.

암 5:13;9 2:12

12 구원의 약속 야곱이여, 내가 너희 모두를 반드시 모을 것이며 이스라엘의 남은 사람들을 반드시 불러들일 것이다. 내가 그들을 보스라의 양 떼처럼, 그 목초지의 양 떼처럼 함께 모으니 사람들로 시끌벅적하게 될 것이다.

4:7;왕하 25:11;대상 1:44;렘 31:10

13 길을 여는 사람이 그들 앞에서 올라갈 것이며 그들이 성문을 열고 통과해 밖으로 나갈 것이다. 그들의 왕이 그들 앞서가거니 여호와가 그들의 선두가 될 것이다."

'남은 사람들'은 누구인가요?

'남은 사람'은 하나님이 불러 모으시고 구원하시는 하나님의 백성을 말해요(미 2:12-13). '남은 사람'들은 소수이지만 하나님만을 겸손히 의지하고 의를 행하며, 하나님이 은혜로 구원하시는 사람들이에요(미 5:7-8).

성경에 나오는 '남은 사람들'

○ 노아 홍수 때 ➡ 노아(창 6:8-22)
○ 소돔과 고모라 심판 때 ➡ 롯(창 19:12-26)
○ 이스라엘의 남자 중 ➡ 모세(출 2:1-10)
○ 가나안에 들어갈 때 ➡ 여호수아와 갈렙(민 14:29-30)
○ 북이스라엘과 남유다의 멸망 때 ➡ 백성들을 남겨 두신다고 약속(사 10:20-23; 암 9:9)
○ 오늘날 ➡ 성도(롬 9:25-26)
○ 마지막 심판 때 ➡ 생명책에 기록된 사람(계 20:15)

3

우두머리들을 책망하심 내가 말하노라, "야곱의 우두머리들아, 이스라엘 집의 통치자들아, 들으라. 너희가 공의를 알아야 할 것이 아니냐?

2 그러나 너희는 선한 것을 미워하고 악한 것을 사랑하며 내 백성의 가죽을 벗기고 뼈에서 살점을 뜯어내는 사람들이다."

3 **책망받는 거짓 예언자들** 그들이 내 백성의 살점을 뜯어먹고 그들의 가죽을 벗기며 그들의 뼈를 산산조각 내고 가마솥의 고기처럼 찢고 있다. 시 14:4;사 3:15

4 그러므로 그들이 여호와께 부르짖어도 그 분께서는 그들에게 대답하지 않으실 것이다. 그분께서는 그때에 그들에게서 얼굴을 숨기실 것이다. 이는 그들의 행실이 악하기 때문이다. 신 31:17;잠 1:28;사 1:15

5 그러므로 자기 백성을 잘못 이끄는 예언자들에게 여호와께서 이렇게 말씀하신다. "이빨에 씹을 것이 있으면 평강을 외치지만 그 입에 아무것도 넣어 주지 않는 사람에게 전쟁을 준비하는 사람들이여, 욜 3:9

6 그러므로 너희에게 환상이 없는 밤이 오고 너희에게 점괘가 없는 어둠이 임할 것이다. 그 예언자들에게는 해가 질 것이며 그들 때문에 낮이 어두워질 것이다. 암 8:9

7 선견자들이 수치를 당하고 점쟁이들이 창피를 당할 것이다. 하나님의 응답이 없으므로 그들이 다 자기 입을 막을 것이다."

8 **공의와 능력이 가득한 미가** 그러나 나는 여호와의 영과 능력으로 인해 공의와 능력이 가득하므로 야곱에게 그 악행을, 이스라엘에게 그 죄를 선포한다. 렘 6:11;겔 23:36

9 **지도자들의 죄** 이것을 들으라, 야곱 집의 지도자들이여, 이스라엘의 통치자들이여, 공의를 싫어하고 곧은 것을 굽게 하는 사람들이여, 1:2

10 시온을 피로, 예루살렘을 악으로 세우는 사람들이여, 렘 22:13;겔 22:27;합 2:12

11 지도자들은 돈을 보고 판결하고 제사장들은 돈을 받고 가르치고 예언자들은 돈에 따라 점을 치는구나. 그러면서도 그들

이 여호와를 의지하는 것처럼 말하기를 "여호와께서 우리 가운데 계시지 않느냐? 우리에게 결코 재앙이 없을 것이다"라고 하는구나. 5절;7:3;사 48:2;렘 6:13;7:4

12 그러므로 너희 때문에 시온은 밭처럼 갈아엎어질 것이며 예루살렘은 폐허가 되고 성전이 있는 산은 수풀에 뒤덮일 것이다.

4

메시아가 오심 그러나 훗날에는 여호와의 성전이 있는 산이 산들의 꼭대기에 우뚝 설 것이며 언덕들 위에 높임을 받을 것이며 백성들이 거기로 몰려들 것이다.

2 많은 민족들이 오면서 말하기를 "오라, 우리가 여호와의 산으로 올라가며 야곱의 하나님의 집으로 올라가자. 그분이 그분의 길을 우리에게 가르치시리니 우리가 그분의 길에서 행할 것이다"라고 할 것이다. 이는 율법이 시온에서 나오고 여호와의 말씀이 예루살렘에서 나올 것이기 때문이다.

3 그가 여러 백성들 사이에 판결을 내리시며 강한 민족들을 질책해 멀리 쫓아낼 것이다. 그러면 그들이 자기 칼을 두드려 쟁기를 만들고 자기 창을 두드려 낫을 만들 것이다. 민족들이 서로 칼을 들이대지 않을 것이며 다시는 전쟁을 준비하지 않을 것이다. 욜 3:10

4 대신에 각 사람이 자기 포도나무 아래에 앉으며 자기 무화과나무 아래에 앉을 것이며 두렵게 할 사람이 없을 것이다. 만군의 여호와의 입이 이같이 말씀하셨다.

5 모든 백성들이 각자 자기 신들의 이름으로 행하나 우리는 영원히 우리 하나님 여호와의 이름으로 행할 것이다. 렘 2:11;슥 10:12

6 **남은 사람의 회복** 여호와의 말씀이다. "그날에 내가 다리 저는 사람들을 모으고 추방된 사람들과 내가 환란을 당케 한 사람들을 모으겠다. 1절;겔 11:17;34:16;습 3:19

7 내가 다리 저는 사람들로 남은 사람들이 되게 하고 쫓겨난 사람들로 강한 민족이 되게 할 것이다. 여호와께서 시온 산에서 이제부터 영원히 그들을 다스릴 것이다.

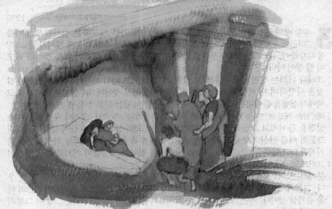

8 너, 양 떼를 지키는 망대여, 딸 시온의 언덕이여, 이전처럼 주권이 네게로 돌아올 것이며 왕권이 딸 예루살렘에게 돌아올 것이다."

9 너희가 지금 왜 큰 소리로 우느냐? 너희가 왕이 없어서 그러느냐? 너희 조언자가 사라졌느냐? 그 때문에 해산하는 여인처럼 고통이 너희를 사로잡고 있느냐?

10 오 딸 시온이여, 해산하는 여인처럼 몸부림치며 소리를 질러라. 이제 네가 이 성을 떠나 들판에 머물러야 하기 때문이다. 네가 바벨론까지 가서 거기서 네가 구원을

얻고 거기서 여호와께서 너를 네 원수들의 손에서 구속하실 것이다.

11 지금 많은 민족들이 너희를 대항해 모여서 말하기를 "시온을 더럽히고 우리가 지켜보자"라고 말한다.

12 그러나 그들이 여호와의 뜻을 알지 못하고 그의 계획을 깨닫지 못하고 있다. 그가 타작마당의 곡식 다발처럼 그들을 모으실 것이다.

13 "오 딸 시온이여, 일어나 밟아라. 내가 쇠로 된 뿔을 네게 주며 구리로 된 굽을 네게 주겠다. 네가 많은 민족들을 짓밟을

Bible basics 미가서 속 예수님 이야기

베들레헴에서 나오는 통치자 예수님

미가서 5장 2절에는 이스라엘을 다스릴 사람이 베들레헴에서 나올 것이라고 예언한다. 그의 근본은 먼 옛날, 아주 오랜 옛날이라고 한다. 이는 성육신하시기 전의 그리스도를 말하는 것이다.

창세기 49장 10절에 따르면 메시아는 유다 지파에서 나온다고 예언되어 있다. 원래 유다 족속에게 분배된 땅은 예루살렘과 베들레헴 주변이었다(수 15장). 오래전 구약에 예언된 대로 신약에서는 예수님이 태어난 곳이 베들레헴이라고 분명하게 말하고 있다(눅 2:4-6). 동방 박사들도 미가서를 통해 메시아가 태어날 곳이 유다 베들레헴인 것을 알고 있었다(마 2:1-2).

이처럼 미가 선지자는 예수님이 오시기 700년 전에 예수님이 태어날 장소를 정확하게 예언했다.

것이며 그들이 강탈한 것들을 여호와께 드리고 그들의 재물을 온 세상의 주님께 바칠 것이다."

5 메시아가 태어날 곳 *오 딸 군대여, 군사를 모아라. 우리가 포위를 당했으며, 그들이 이스라엘을 다스리는 사람의 뺨을 막대기로 칠 것이다.

2 "그러나 너 베들레헴 에브라다야. 비록 네가 유다 족속들 중 아주 작지만 이스라엘을 다스릴 사람이 너로부터 나올 것이다. 그의 근본은 먼 옛날, 아주 오랜 옛날로 거슬러 올라간다."

3 그러므로 해산 중인 여인이 아이를 낳을 때까지는 그분께서 그들을 버려두실 것이지만 그 후에는 그 형제들 가운데서 남은 사람들이 이스라엘 자손들에게 돌아올 것이다.

4 그가 여호와의 능력으로 자기 하나님 여호와의 이름의 고귀함으로 일어나서 자기 양떼를 먹일 것이다. 그러면 그들이 안락하게 살게 될 것이니 이는 그의 위대함이 땅끝까지 미칠 것이기 때문이다.

5 앗시리아에 임할 심판 그리고 그는 평화가 될 것이다. 앗시리아 사람들이 우리 땅을 침범해 우리의 성읍들을 짓밟을 때 우리가 그들을 대항해 일곱 명의 목자와 여덟 명의 지도자를 세울 것이다. 슥 9:10:엡 2:14

6 그들이 앗시리아 땅을 칼로 다스리며 뺀 칼로 니므롯을 다스릴 것이다. 앗시리아 사람들이 우리 땅을 침입해 우리의 영토를 짓밟을 때 그가 앗시리아 사람들에게서 구원하실 것이다. 창 10:8,10~11

7 야곱의 남은 사람들은 여러 민족들 가운데서 마치 여호와의 이슬 같고 풀밭에 내리는 소나기처럼 될 것이니 사람을 의지하거나 사람에게 소망을 두지 않을 것이다.

8 야곱의 남은 사람들은 민족들 가운데서

그리고 많은 백성들 가운데서 마치 숲의 짐승들 가운데 있는 사자 같고 양떼 가운데 있는 젊은 사자 같을 것이니 그가 나서는 대로 짓밟고 찢으나 그에게서 아무도 빼내지 못할 것이다. 호 5:14

9 네가 네 손을 원수들 위에 높이 들 것이며 네 모든 적들은 멸망당할 것이다. 사 26:11

10 멸망할 우상들 여호와의 말씀이다. "그날이 되면 내가 네 가운데서 네 군마들을 없애 버리고 네 전차들을 부수겠다. 슥 9:10

11 내가 네 땅의 성들을 멸망시키고 네 모든 요새들을 무너뜨리겠다. 호 8:14;슥 2:4

12 내가 네 손에서 마술을 그치게 하고 점치는 것이 네 가운데서 사라지게 하겠다.

13 내가 네 우상들과 네 가운데 있는 돌 우상들을 박살 내리니 네가 다시는 네 손으로 만든 것에 절하지 않을 것이다. 슥 13:2

14 내가 네 가운데서 아세라 상을 뽑아내며 네 성들을 멸망시키겠다. 출 34:13;신 16:21

15 내가 순종하지 아니한 민족들에게 진노

베들레헴에서 메시아가 태어날 것을 예언하는 미가 예언자

망대 (4:8, 뭐랄, watchtower) 성읍의 요새를 안전하게 지키려고 망을 보기 위해 세운 곳. 5:1 또는 '성벽으로 둘러싸인 성읍아, 네 성벽을 튼튼하게 하라'.

와 분노로 갚겠다." 8절; 시 149:7;살후 1:8

6 여호와의 고소 내용 여호와께서 하시는 말씀을 들으라. "너는 일어나 산들에게 고소 내용을 밝히고 언덕들이 네 소리를 듣게 하여라. 1:2

2 산들아, 여호와의 고소 내용을 들으라. 너희 견고한 땅의 기초들아, 들으라. 여호와께서 자기 백성에 대해 소송을 거신다. 이스라엘을 고소하신다. 시 50:1,4;사 1:18

3 내 백성아, 내가 네게 뭘 어쨌느냐? 내가 너를 어떻게 괴롭혔냐? 대답해 보아라.

4 내가 너를 이집트 땅에서 이끌어 냈고 그 종살이하던 땅에서 너를 구해 냈으며 내가 네 앞에 모세와 아론과 미리암을 보냈다.

5 내 백성아, 모압 왕 발락이 어떤 계획을 꾸미고 브올의 아들 발람이 그에게 어떤 답을 주었으며 싯딤에서 길갈로 가는 도중에 어떤 일이 있었는지 기억해 보라. 그러면 나 여호와가 의롭게 행동한 것을 너희가 깨닫게 될 것이다." 수 4:19;사 5:11

6 하나님께서 진실로 원하시는 것 내가 무엇을 가지고 여호와 앞에 나아가며 높으신 하나님께 경배할까? 내가 번제물을 가지고 나아갈까? 1년 된 송아지를 가지고 그분께 나아갈까? 사 57:15;호 5:6;히 10:4

7 여호와께서 수천 마리의 숫양이나 수만의 강 같은 기름을 기뻐하실까? 내가 내 악행을 벗기 위해 내 맏아들을 드리고 내 영혼의 죄를 위해 내 몸의 열매를 드릴까?

8 오 사람아, 무엇이 좋은지 이미 그분께서 네게 말씀하셨다. 여호와께서 네게 원하시는 것은 공의에 맞게 행동하고 긍휼을 사랑하며 겸손히 네 하나님과 함께 행하는 것이다. 창 5:22;신 10:12

9 유다의 죄와 심판 여호와께서 성을 향해 외치신다. 여호와의 이름을 경외하는 것이 완전한 지혜다. "매와 그 매를 드신 분께 순종하라. 사 10:5;30:27,32

10 사악한 집에 여전히 사악한 재물과 가증스러운 거짓 저울이 있느냐?

11 내가 사악한 저울과 엉터리 저울추를 가진 사람을 어찌 깨끗하다 하겠느냐?

12 그 부자들은 포악함이 가득하고 그 주민들은 거짓말하며 그들의 입속에 있는 혀는 속이는 말을 한다. 암 3:10;합 1:2~3

13 그러므로 내가 너를 치고 네 죄로 인해 너를 폐허로 만들기 시작했다. 7:13

14 네가 먹어도 배부르지 못할 것이며 네가 항상 허기질 것이다. 네가 감춰도 보관하지 못할 것이며 네가 보관할지라도 내가 칼로 없앨 것이다. 호 4:10

15 네가 씨를 뿌려도 추수하지 못할 것이며 올리브 열매를 밟아 짜도 기름을 얻지 못할 것이고 네가 포도를 밟아 짜도 포도주를 마시지 못할 것이다. 슥 1:13;학 1:6

16 네가 오므리의 법도와 아합 집안의 모든 행위를 따르며 그들의 뜻대로 행했다. 그러므로 내가 너를 멸망시키며 네 거주자들을 비웃음거리가 되게 하겠으며 너희가 내 백성들의 조롱을 받아야 할 것이다."

7 이스라엘이 타락함 내가 얼마나 비참한지! 나는 여름 과일을 다 따간 뒤와 같고 포도를 다 거두고 난 뒤와 같구나. 먹을 만한 포도 한 송이 없고 먹고 싶은 무

오므리의 법도는 무엇을 말하나요? 6:16

오므리는 아합의 아버지로 아합 왕가의 창설자이고 북이스라엘의 수도를 디르사에서 사마리아로 옮긴 왕이에요(왕상 16:16~24). 그는 하나님 보시기에 악을 행한 왕이었어요. 그가 바알을 숭배한 죄(왕상 16:25~26)는 아합 때 북이스라엘 전체에 퍼지게 되었고(왕상 16:30~32; 미

남유다도 이의 영향을 받았어요. 오므리의 법도(미 6:16)는 기록된 법을 말하는 것이 아니라, 바알 숭배의 특별한 행위와 관습을 말해요. 오므리는 '하나님의 법도'를 대신하여 '바알의 법도'를 이스라엘에 퍼뜨렸고, 아합은 이를 더욱 굳건하게 한 죄를 지었답니다.

화과 첫 열매도 없구나.

2 경건한 사람들이 이 땅에서 사라졌고 의인이라고는 한 사람도 남지 않았구나. 그들은 모두 피를 보려고 숨어서 기다리고 있고 각자 자기 형제를 그물로 잡는구나.

3 두 손은 악을 행하는 데 뛰어나고 관리와 재판관은 뇌물을 요구하며 권력자들은 자기의 욕망이 내키는 대로 지시하고 그것을 위해 함께 일을 꾸미는구나.　습 3:7

4 그 가운데 낫다 싶은 사람들도 가시넝쿨 같고 그 가운데 의로운 것처럼 보이는 사람들도 가시 울타리 같구나. 네 파수꾼들의 날이 이르렀고 네 징벌의 날이 이르렀구나. 이제 그들이 혼란에 빠졌구나.

5 이웃을 믿지 말며 친구를 신뢰하지 마라. 네 품에 누운 여자에게도 입을 조심하여라.　시 55:13;14:1;렘 9:4

6 아들이 아버지를 무시하며 딸이 어머니에게, 며느리가 시어머니에게 들고일어날 것이니 자기 집안사람들이 자기 원수가 될 것이다.　겔 22:7;마 10:21,35-36;눅 12:53

7 그러나 나는 여호와를 바라보고 내 구원이신 하나님을 기다릴 것이다. 내 하나님께서 내 말을 들어 주실 것이다.　애 3:26

8 **이스라엘이 새로워짐** 내 원수여, 나를 보고 즐거워하지 마라. 나는 쓰러져도 일어나며 어둠 속에 앉았다 해도 여호와께서 내 빛이 돼 주신다.　렘 50:10;애 4:21

9 내가 여호와께 죄를 지었으니 그분께서 내 사정을 변호하셔서 내게 공의를 베푸시기까지는 그분의 진노를 감당할 것이다. 그분께서는 빛으로 이끄시고 내가 그분의 의를 볼 것이다.　시 37:6;욥 10:19

10 그렇게 되면 내 원수가 그것을 보고 부끄러움을 당할 것이니 그는 "네 하나님 여호와가 어디 있느냐?"라고 했던 사람이다. 내 두 눈으로 똑똑히 볼 것이니 이제 그가

거리의 흙처럼 짓밟히게 될 것이다.

11 네 성벽을 건축할 날, 곧 그날에 네 영역이 넓어질 것이다.　시 102:13;암 9:11,14;슥 2:2

12 그날에 앗시리아로부터 이집트의 성들까지 그리고 이집트로부터 유프라테스 강까지, 이 바다로부터 저 바다까지, 이 산으로부터 저 산까지 사람들이 네게 나아올 것이다.

13 그 땅이 거기 사는 사람들 때문에, 곧 그들의 행위의 열매 때문에 황폐하게 될 것이다.

14 **기도와 찬양** 주의 지팡이로 주의 백성을 돌보소서. 기름진 풀밭 가운데 있는 숲에서 홀로 살고 있는 주의 소유인 양 떼를 보살피소서. 오래전에 그랬던 것처럼 바산과 길르앗에서 꼴을 먹게 하소서.

15 "너희가 이집트에서 나오던 그때처럼 내가 그들에게 내 기적들을 보일 것이다."

16 나라들이 그 기적들을 보고 자신들의 힘에 대해 부끄럽게 여길 것이다. 그들이 손으로 자기 입을 막으며 그 귀는 들리지 않게 될 것이다.　삿 18:19;사 26:11

17 그들은 뱀과 땅에서 기는 벌레처럼 흙을 핥고 그들이 요새에서 나와서 떨며 우리 하나님 여호와를 두려워하고 그를 무서워하게 될 것이다.　4:1;시 18:45;72:9;사 49:23

18 주와 같은 하나님이 어디 있겠습니까? 주는 주의 소유, 주의 백성 가운데 남은 사람들의 허물을 너그럽게 대하시며 죄악을 용서하십니다. 오래도록 진노하지 않으시니 이는 긍휼 베풀기를 기뻐하시기 때문입니다.　출 15:11;34:6-7;시 103:9;겔 50:20

19 다시 우리를 불쌍히 여기시고 우리의 죄악을 밟아서 우리의 모든 죄를 바다 속 깊은 곳에 던져 주소서.　사 38:17;롬 6:14

20 오래전에 우리 조상들에게 맹세하셨듯이 야곱에게 성실을 베푸시며 아브라함에게 긍휼을 베풀어 주소서.　눅 1:72-73

Nahum
나훔

니느웨 사람들은 요나의 메시지를 듣고 회개했어요. 하지만 150년 넘게 지난 후 니느웨는 아주
달라졌어요. 하나님의 은혜로 멸망을 면한 것을 잊어버리고, 다시 교만해져 약한 나라들을 괴롭
히며 우상숭배와 폭력, 불의를 행했던 거예요.
그들은 '피의 성읍'이라고 불릴 만큼 무자비하고 잔인했어요.
하나님은 니느웨의 죄악과 잔인함을 그냥 내버려 둘 수 없었어요.
그래서 나훔을 통해서 니느웨의 멸망을 선포하십니다.
나훔서는 불의와 악에 대해서 반드시 심판하시는
하나님의 공의를 깨닫게 합니다.

나훔은 무슨 뜻인가요?
'위로', '위안'이라는 뜻이에요.
이 책의 저자이자 중심 인물인 나훔의 이름을 따서 제목을 붙인 거예요.

누가 썼나요?
나훔이 썼어요. 앗시리아의 횡포와 잔인한 공격으로 유다는 심한
고통을 받았어요. 그런 앗시리아의 심판 예언은 나훔의 이름처럼
위로가 되었을 거예요. 나훔은 예레미야, 하박국, 스바냐와 같은 시대에 활동했어요.

언제 썼나요?
BC 633~BC 612년경

주요한 사람들은?

나훔
엘고스 출신. 나훔서의 저자

한눈에 보는 나훔

1장 니느웨의 멸망 선포

2장 니느웨의 멸망 모습

3장 니느웨의 멸망 원인

나훔
Nahum

1 나훔의 환상 니느웨에 관한 목시입니다. 엘고스 사람 나훔이 본 환상을 기록한 책입니다.
2:8;음 1:2;합 1:1;슥 9:1

2 대적에 대한 하나님의 진노 여호와께서는 질투가 많으시고 복수하시는 하나님이시다. 여호와께서는 복수하시고 진노하시는데 그분의 대적들에게 복수하시고 그분의 원수에게 진노하신다.
시 92:9;103:9

3 여호와께서는 진노하시는 데 더디시고 힘이 강하신 분이시다. 하지만 죄인들을 결코 그냥 내버려 두지 않으신다. 그분의 길은 회오리바람과 폭풍 속에 있고 구름은 그분의 발의 흙먼지다.
욥 9:4;시 147:5

4 그분께서는 바다를 꾸짖어 마르게 하시고 모든 강들을 마르게 하신다. 그래서 바산과 갈멜이 시들고 레바논의 꽃봉오리가 시든다.
수 19:26;시 106:9;사 33:9;50:2

5 산들이 그분 앞에서 진동하고 언덕들이 사라져 없어진다. 그분 앞에서 땅, 곧 세상과 그 안에 사는 모두가 뒤집어진다.

6 그분의 분노 앞에서 누가 버틸 수 있겠는가? 그분의 노여움을 누가 당해 낼 수 있겠는가? 그분의 진노는 불처럼 쏟아지고 그분에 의해서 바위들이 깨진다.
말 3:2

7 니느웨가 은혜를 거부함 여호와께서는 선하시다. 환난 날에 피난처가 되신다. 그분은 그분께 피하는 사람들을 아신다.

8 그러나 그분께 맞서는 사람은 넘치는 홍수로 완전히 멸하시고 그분의 원수들은 어둠 속으로 쫓아 버리실 것이다.
사 8:22

9 술 취한 군대를 사로잡음 너희가 여호와께 대항해 음모를 꾸며도 그분께서는 완전히 없애실 것이다. 반항이 두 번 다시 일어나지 않을 것이다.
사 10:7;렘 4:27

10 그들은 가시덤불처럼 엉클어져 있고 술꾼들처럼 취해 있다. 그들은 마른 지푸라기처럼 완전히 불에 타 버릴 것이다.
미 7:4

11 산헤립의 죄 여호와께 대항해 악을 도모하는 사람, 사악한 조언자가 바로 네게서 나왔다.
9;열왕하 19:22~23

12 노예에서 풀려난 유다 여호와께서 이렇게 말씀하셨다. "그들이 빈틈없이 숫자적으로 많을지라도 그들이 잘려 나가 사라지고 말 것이다. 내가 네게 어려움을 주었지만 이제 다시는 네게 어려움이 없을 것이다.

13 이제 내가 네 목에서 그 멍에를 부수고 너를 묶고 있는 것을 끊어 버리겠다.

14 완전한 멸망 여호와께서 너에 대해 명령을 내리셨다. '네 이름을 이어 갈 후손이 더 이상 없을 것이다. 네 신전에 있는 새겨 만든 우상들과 녹여 만든 우상들을 내가 없애 버리겠다. 너는 아무런 쓸모가 없기에 내가 네 무덤을 만들 것이다.'"

15 유다의 안전 보아라. 저기 산 위에 좋은 소식을 가져오는 사람의 발걸음을. 그가 평안을 선포하는구나! 유다야, 네 정해진 절기를 지키고 네가 한 서원을 지켜라. 악한 사람들이 다시는 너를 휩쓸고 지나가지 않을 것이기 때문이다. 그는 완전히 없어

▲ 바산 (Bashan)

길르앗과 헬몬 산 중간 지대에 있는 비옥한 땅으로 얍복 강 북쪽 갈릴리 호수 동쪽까지의 지역을 말한다. 이 지역은 양질의 밀이 생산되어 팔레스타인의 곡창 지대로 불렸고, 우수한 목축 지대이기도 했다(신 32:14; 시 22:12; 암 4:1). 또한 유명한 삼림 지대(사 2:13)라서 여기서 나오는 상수리나무로 배의 노를 만들었다(겔 27:6).

져 버렸다. 12잘민 30:2;사 30:29;52:7;롬 10:15

2 멸망이 곧 이스라엘의 회복임
침략군이 너를 향해 왔다. 성을 지켜보아라. 길을 잘 살펴보아라. 준비를 단단히 해 보아라. 네 온 힘을 다해 보아라.

2 파괴자들이 이스라엘과 야곱을 폐허로 만들고 그들의 포도나무 가지들을 망쳐 버렸다 할지라도 여호와께서 이스라엘의 영광과 야곱의 영광을 회복시켜 주실 것이다.

3 **멸망하는 모습** 침략군 용사들의 방패는 붉은색이고 용맹스러운 군사들은 자주색 옷을 입었다. 그들이 준비된 날에 전차들 위의 쇠붙이는 번쩍거리고 방백나무로 만든 창들은 요동친다. 겔 23:14-15

4 전차들이 거리로 질주하며 광장에서 이리저리 내달린다. 마치 횃불처럼 보이고 마치 번개처럼 빨리 달린다. 32

5 그가 그의 장교들을 소집한다. 그들은 비틀거리면서도 진격한다. 성벽에 재빨리 다다른다. 성을 공격할 준비를 갖춘다.

6 강의 수문이 열리고 왕궁이 무너진다.

앗시리아

앗시리아는 이라크 북쪽 티그리스 강 상류를 따라 북부 메소포타미아 지역에 위치했던 나라이다.
니느웨는 메소포타미아에서 가장 오래 된 도시 중 하나로 앗시리아의 수도였다.
요나가 멸망의 메시지를 전하자 니느웨 사람들은 회개했다(욘 3:1-9). 하지만 150여 년이 지난 뒤 나훔과 스바냐의 예언대로 앗시리아 제국은 바벨론에게 멸망당했다(나 1:1; 2:10; 습 2:13).

앗시리아의 유적

7 이미 결정됐다. 왕비가 벌거벗겨져 포로가 돼 끌려가고 그녀의 시녀들이 비둘기 소리처럼 구슬프게 울며 자기 가슴을 친다.

8 옛적부터 니느웨는 마치 물이 가득 찬 연못처럼 백성이 많았던 성이지만 이제 그들은 도망치고 있다. "서라! 서라!" 외치지만 아무도 뒤를 돌아보지 않는다. 1:1

9 너희는 은을 약탈하라! 너희는 금을 약탈하라! 온갖 값진 것들과 한없이 많은 보물이 있다.

10 텅텅 비어 있고 아무것도 없으며 폐허가 됐다. 마음이 녹아내리고 무릎이 비틀거린다. 고통이 몸 전체에 퍼지고 그들의 얼굴이 모두 창백해졌다. 단 5:6;습 2:13-15

11 **앗시리아의 완전한 멸망** 사자 굴이 어디에 있느냐? 어린 사자들을 키웠던 곳이 어디에 있느냐? 수사자와 암사자와 젖먹이 사자들이 두려울 것 없이 다녔던 곳이 어디에 있느냐? 사 5:29;17:2;겔 2:15

12 사자가 자기 새끼를 위해 충분한 먹이를 찢고 암사자를 위해 먹이를 잡아다 주며 자기 굴을 먹이로 채우고 그 죽인 것으로 가득 채워 놓았던 사자 굴이 어디 있느냐?

13 "보아라. 내가 너를 치겠다." 만군의 여호와께서 하신 말씀이다. "내가 네 전차들을 불태워 연기가 되게 하고 칼이 네 새끼 사자들을 집어삼킬 것이다. 내가 이 땅에 네 먹이를 남겨 놓지 않겠다. 네가 보낸 사람의 목소리가 더 이상 들리지 않을 것이다."

3 니느웨에 화가 있을 것임
피의 성읍에 화가 있을 것이다! 거짓말과 약탈이 수없이 자행되고 노략질이 결코 사라지지 않는 성! 2:12;겔 24:9;합 2:12

2 채찍 소리, 바퀴 흔들리는 소리, 달리는 말, 거침없이 달려오는 전차여, 겔 26:10

3 돌격하는 기마병, 번쩍이는 칼과 번개같이 빛이 나는 창, 죽은 사람들과 시체 더미, 수없이 많은 시체들! 그리고 사람들은 시체에 걸려 넘어진다. 왕하 19:35;합 3:11

4 이 모든 것은 네가 수없이 음탕한 창녀 짓을 하고 마술을 써서 사람을 홀린 탓이다.

여러 백성들을 음탕한 행위로 팔아넘기고 유혹으로 족속들을 팔아넘겼기 때문이다.

5 **부끄러움과 수치** "보아라. 내가 너를 치겠다." 만군의 여호와께서 하신 말씀이다. "내가 네 치마를 네 얼굴 위로 걷어 올려서 여러 백성들에게 벌거벗은 너를 보이고 여러 왕국들에게 네 수치를 보일 것이다.

6 내가 더러운 것을 네게 던지고 너를 웃음거리로 만들 것이며 너를 구경거리로 만들 것이다.

1:14절 2:9;고전 4:9;히 10:33

7 너를 보는 모든 사람이 너를 피하며 말하기를 '니느웨가 폐허가 됐다. 누가 이를 슬퍼하겠는가?'라고 하니 너를 위로해 줄 사람을 내가 어디에서 찾겠느냐?"

8 **동맹국과 같은 운명** 나일 강 가에 위치하고 강물에 둘러싸여 있으며 큰 물이 그 요새가 되고 큰 물이 그 성벽이 된 노아몬보다 네가 더 나은 것이 무엇이냐?

암 6:2

9 에티오피아와 이집트는 네 강력한 힘이었고 붓과 리비아는 네 동맹국이었다.

10 포로가 된 동맹국. 그러나 그도 포로가 돼 사로잡혀 가고 말았다. 아이들도 길거리 구석마다 내동댕이쳐졌다. 귀족들도 제비뽑기에 의해 잡혀가고 모든 지도자들을 사슬에 묶었다.

욜 3:3;옵 1:11

11 너 또한 술에 취해 비틀거리고 숨을 곳을 찾아야 할 것이다. 원수를 피해 숨을 곳을 찾아야 할 것이다.

렘 25:17,27;습 1:16

12 앗시리아의 연약함. 네 모든 요새들은 첫 열

매가 익은 무화과와 같아서 흔들기만 하면 먹을 사람의 입으로 떨어질 것이다.

13 보아라. 네 한가운데 있는 군대는 여자들뿐이다! 네 땅의 성문들을 네 원수들에게 활짝 열리고 불이 그 빗장들을 태워 버린다.

사 19:16;렘 51:30

14 포위에 대비해서 물을 길어 두고 네 요새를 강화시켜라! 진흙탕에 가서 진흙을 뭉쳐서 벽돌을 만들어라!

사 22:11

15 그곳에서 불이 너를 삼킬 것이고 칼이 너를 벨 것이다. 느치 떼처럼 너를 소멸할 것이다. 메뚜기 떼처럼 네 수를 증가시켜 보아라! 느치 떼처럼 네 수를 증가시켜 보아라!

욜 1:4,6:2:3

16 네가 네 상인들의 수를 늘려 하늘의 별들보다 많게 했으나 느치 떼처럼 허물을 벗고 나서 날아갈 것이다.

2:9;겔 27:23~24

17 네 파수꾼들이 메뚜기 떼같이 많고 네 관료들이 메뚜기 떼처럼 많아도 추운 날 벽에 붙어 있다가 해가 뜨면 날아가는 느치 떼처럼 그들도 아무도 모르는 어디론가 떠나갈 것이다.

사 10:8

18 앗시리아 멸망. 앗시리아 왕이여, 네 목자들은 졸고 있고 네 관리들은 누워 있다. 네 백성들은 산으로 흩어졌는데 모을 사람이 아무도 없다.

2:5;왕상 22:17;시 76:5

19 네 상처를 고칠 수 없고 네 부상이 심각하다. 너에 관한 소식을 들은 사람마다 너를 보고 손뼉을 치는구나. 끊임없는 너의 악행을 당해 보지 않았던 사람이 있겠느냐?

요나 이후 니느웨 사람들은 어떻게 되었나요?

니느웨 사람들은 굉장히 잔인했어요. 그들은 다른 약한 민족들을 점령하여 무자비하게 죽였어요. 자기들 민족 내에서도 피 흘림이 넘쳐흘러서(나 1:3:1, 19), 성경에서는 이곳을 '피의 성읍'이라고 부를 정도였어요(나 3:1). 1500년 전 요나가 니느웨의 멸망을 외쳤을 때 니느웨 사람들은 회개했지만 다시 잔악하고 교만해졌어요. 그들은 막강한 군사력을 이용해 식민지에서 조공을 거두고 진귀한 물품들을 노략했어요(나 2:9, 12).

특히 앗수르바니팔(BC 669~627년) 때는 악함이 절정에 달하여, 점령지 사람들을 죽인 후 그 머리를 피라미드 모양으로 쌓아 놓는 등 말로 표현하기 어려울 만큼 끔찍한 행동을 했어요. 이렇게 잔악할 뿐만 아니라 우상 숭배까지 하는 니느웨는 결국 하나님의 심판을 받게 되었어요(나 1:14).

하박국

친구와 이야기하는 것처럼 하나님과 대화할 수 있다면 얼마나 좋을까요? 하박국서는 하나님과 하박국 예언자의 대화가 담긴 책이에요. 하박국은 이해할 수 없는 몇 가지를 하나님께 물어요. "악인들이 왜 망하지 않고 잘 살아요? 의인들이 왜 고난을 당하나요? 이 세상 사람들이 악을 행할 때 왜 아무 말씀이 없으신 건가요?"

하박국의 질문에 대한 하나님의 대답은 아주 명료해요. 하나님은 반드시 악인과 죄인을 심판할 것이니 의인은 믿음으로 살아야 한다고 하세요. 하박국은 하나님의 대답을 듣고 어떤 상황에서도 하나님만 믿고 하나님으로 말미암아 기뻐할 것이라고 노래해요.

하박국서는 하나님의 지혜와 계획이 인간의 짧은 생각보다 더 깊고 높다는 것을 깨닫게 해줍니다.

하박국은 무슨 뜻인가요?

'품에 안다', '달라붙다' 라는 뜻이에요. 이 책의 저자이자 중심 인물인 하박국의 이름을 따서 제목을 붙인 거예요.

누가 썼나요?

예언자 하박국이 썼어요. 하박국은 하나님과 친구처럼 대화를 한 사람이에요. 악이 이기는 것 같은 시대에도 의인은 믿음으로 살아야 함을 알려 줬어요. 하박국은 하나님이 세상을 악하게 내버려 두는 것이 아니라, 공의롭게 다스리는 분임을 알게 하려고 이 책을 썼어요.

언제 썼나요?

BC 612–BC 605년경

주요한 사람들은?

하박국
하박국서의 저자.

한눈에 보는 하박국

하박국
Habakkuk

1 하박국의 예언 예언자 하박국이 받은 묵시의 말씀입니다.

나 1:1

2 하박국이 불평함 오 여호와여, 제가 언제까지 부르짖어야 합니까? 주께서 듣지 않으시고, "폭력입니다"라고 제가 주께 외쳐도 주께서는 구해 주지 않으십니다.

3 왜 저로 하여금 불의를 보게 하십니까? 왜 죄악을 쳐다보게 하십니까? 파괴와 폭력이 제 앞에 있습니다. 갈등이 있고 싸움이 일어납니다.

렘 9:2-6

4 그러므로 율법을 지키지 않고 정의가 아주 실행되지 못합니다. 악인이 의인을 에워싸 버려서 정의가 왜곡되고 있습니다.

5 여호와께서 대답하심 "다른 나라들을 보고 잘 살펴보아라. 놀라고 질겁할 것이다. 네가 살아 있는 동안에 내가 어떤 일을 행할 것인데 네게 말해 주어도 너는 믿지 못할 것이다.

사 28:21;29:14;행 13:41

6 보아라, 이제 바벨론 사람들을 내가 일으킬 것이다. 그들은 사납고 과격한 사람들이다. 남의 생활 터전을 빼앗으려고 온 땅을 돌아다닐 것이다.

2:5-6절 5:15

7 그들은 두렵고 무서운 사람들이다. *그들에게 정의와 권위는 그들 마음대로다.

8 그들의 말들은 표범보다 빠르고 저녁의 늑대들보다 사납다. 그들의 기마병들은 무척이나 빨라서 멀리로부터 달려온다. 그들은 마치 독수리가 먹이를 잡아채듯 빠르게 날아온다.

사 28:49;렘 4:13;5:6;습 3:3

9 그들 무리는 동쪽 바람처럼 모두가 폭력을 휘두르려고 와서 포로들을 모래알처럼 모은다.

2:17;수 11:4;나 3:10

10 그들이 왕들을 비웃고 관리들을 조롱할 것이다. 그들이 모든 요새를 비웃고 흙 언덕을 쌓아서 그곳을 침략한다.

나 3:12

11 그러나 자기 힘이 신이라고 여기는 죄인들, 그들도 바람처럼 사라져 없어질 것이다."

12 하박국이 두 번째 불평함 오 여호와여, 주께서는 영원 전부터 계시지 않습니까? 내 하나님, 거룩하신 주여, 우리는 죽지 않을 것입니다. 오 여호와여, 주께서는 심판을 위해 그들을 세우셨습니다. 오 반석이시여, 주께서는 그들을 세워 벌하셨습니다.

13 주의 눈은 정결해서 죄악을 보시지 못하시고 죄악을 그냥 바라보시지 못하십니다. 그런데 악한 사람이 자기보다 의로운 사람들을 파괴시키고 있는데 왜 반역자들을 조용히 바라보고만 계십니까?

렘 12:1

14 주께서는 사람을 바다의 물고기처럼 만드

하박국의 무덤

하박국서를 쓴 사람이다. '껴안은 사람'이라는 이름의 뜻이 있다. 이름처럼 이스라엘에 어떤 일이 일어나더라도 하나님만을 의지하기로 결심한 예언자였다.

그는 주로 예루살렘이 바벨론의 공격을 받아 멸망의 위기 가운데 있던 시기에 활동했을 것이다. 그 연대는 BC 612-587년이며 요시야 재위 말기에서 여호야김 통치 사이에 하나님의 묵시를 받아 유다에서 사역한 것으로 추측된다.

하박국이 나오는 말씀
>> 합 1:1-4; 1:12-2:1; 3:11-19

예언자(1:1, 豫言者, prophet) 하나님의 특별한 부르심을 받아 하나님의 말씀을 대신 전하는 사람.

1:7 자기네가 하는 것만이 정의이고 자기들의 권위만을 내세운다는 뜻

반석(1:12, 磐石, Rock) 넓고 평평하게 된 큰 돌로 '안전하고 견고함'을 의미함.

셨고 다스리는 이가 없는 기어다니는 생물처럼 만드셨습니다.

15 그는 갈고리로 그들 모두를 낚아 올리고 그물로 끌어 올리며 어망 안에 모아 담는 즐거워하고 기뻐합니다. 렘 16:16;암 4:2

16 그리고 자기 그물에다 제물을 바치고 자기 어망에다 분향을 합니다. 잡아들인 것이 많고 그들의 음식이 풍성하게 됐기 때문입니다. 11절

17 이렇게 그들이 그물을 비우고 계속 무자비하게 민족들을 죽여도 됩니까? 2:10

2 내가 초소에 서서 망대에 자리를 잡고 주께서 내게 무엇을 말씀하실지, 내 호소에 주께서 뭐라고 응답하실지 지켜보겠습니다. 렘 6:17;곌 33:2

2 **여호와께서 대답하심** 그러자 여호와께서 내게 대답하셨다. "이 묵시를 기록하여라. 판에 똑똑히 새겨서 달리는 사람도 읽을 수 있게 하여라. 사 8:1;30:8;게 1:19

3 왜냐하면 이 묵시는 정해진 때가 돼야 이뤄지고 마지막 때를 말하고 있으며 반드시 이뤄진다. 비록 늦어진다 해도 너는 기다려라. 반드시 올 것이며 지체되지 않을 것이다. 단 10:14;슥 3:8;히 10:37;벧후 3:9

4 보아라. 마음이 교만한 사람은 의롭지 않다. 그러나 의인은 그의 믿음으로 살 것이다. 요 3:36;롬 1:17;갈 3:11;히 10:38

5 포도주는 사람을 속인다. 거만한 사람은 가만히 있지 못한다. 무덤처럼 목구멍을 넓게 열고 있는 그는 마치 죽음과 같아서 결코 만족함을 모른다. 그는 모든 나라들을 자기에게로 모으고 모든 백성들을 자기 것으로 만들지만 1:13;장 27:20;사 5:14;렘 27:7

6 **필연적인 악인의 심판** 이들 모두가 그를 속담거리로 삼고 그에 대해 풍자와 비유를 말하지 않겠느냐? '화 있을 것이다. 자기 소유가 아닌 것으로 부유하게 된 사람아! 이런 일이 얼마나 더 계속되겠는가?'

7 갑자기 네 빚쟁이들이 일어나고 너를 공포로 떨게 할 사람들이 깨어 일어나지 않겠느냐? 그러면 네가 그들의 약탈물이 될 것이다. 사 21:5~9

8 네가 많은 나라들을 약탈했기 때문에 그 나라들 가운데 살아남은 백성 모두가 너를 약탈할 것이다. 네가 사람의 피를 흘리게 하고 땅과 도시와 그 안에 사는 모든 주민들에게 폭력을 행했기 때문이다.

9 화 있을 것이다. 부당하게 취한 것으로 자기 집을 축재하는 사람아! 높은 곳에 자기 둥지를 틀어 재난으로부터 모면하려고 하는구나. 민 24:21;사 14:4;13;렘 49:16

10 네가 여러 나라들을 멸망시키려고 계획한 것이 네 집안에 수치를 불렀고 네 영혼에 죄가 됐다. 1:17;겔 16:38

11 성벽의 돌이 울부짖을 것이고 나무 기둥이 맞장구칠 것이다. 눅 19:40

12 화 있을 것이다. 피로 성을 짓고 죄악으로 도시를 세우는 사람아! 미 3:10

13 보아라. 수고한 것이 불에 타 버리고 힘들게 한 일이 헛수고가 될 것인데 이것이 만

하박국 청문회

・청문회 기자 – 하박국　・청문회 응답자 – 하나님

청문회 1라운드

하박국 : 하나님이 택한 백성들이 말씀을 업신여기고 온갖 불의와 악을 행하는데 왜 그대로 내버려 두십니까?
(합 1:1~4)

하나님 : 죄를 짓는 유다가 회개하고 돌아오기를 기다렸다. 그러나 이제 강포한 바벨론 사람을 일으켜 유다를 징계할 것이다(합 1:5~11).

청문회 2라운드

하박국 : 아니, 유다보다 더 악한 바벨론 사람이 어떻게 유다를 치는 도구로 사용될 수 있습니까?(합 1:12~2:1)

하나님 : 바벨론은 내 심판의 도구일 뿐이다. 악한 바벨론 역시 나의 심판을 받을 것이다. 그러나 이렇게 불의한 세상을 살 때 "의인은 그의 믿음으로 살 것이다"(합 2:2~20).

군의 여호와께서 하신 일이 아니냐?

14 마치 물이 바다를 덮는 것같이 여호와의 영광을 아는 지식이 세상에 가득 찰 것이다.

15 화 있을 것이다. 자기 이웃에게 술을 통째로 마시게 해 술에 취해서 그들의 벌거벗은 몸을 드러내 보이도록 하는 사람아!

16 네가 영광 대신에 수치로 가득 차게 될 것이다. 너 또한 마시고 몸을 드러내어라! 여호와께서 오른손에 들고 계신 잔을 네게 돌리실 것이며 수치스러움이 네 영광을 가릴 것이다.

렘 25:15,26; 나 35-6

17 레바논에게 행한 폭력이 너를 압도하고 동물들에게 행한 폐해가 너를 공포에 떨게 할 것이다. 네가 사람의 피를 흘리게 하고 땅과 도시와 그 안에 사는 모든 주민들에게 폭력을 행했기 때문이다.

렘 22:23

18 통치하시는 하나님 우상이 무슨 유익이 되겠느냐? 사람이 그것을 조각해 만들었을 뿐이다. 녹여 만든 신상도 거짓말을 가르치는 스승일 뿐이다. 왜냐하면 만든 사람이 말하지 못하는 우상들을 만들고 자기가 만든 것을 믿기 때문이다.

고전 12:2

19 화 있을 것이다. 나무에 대고 '깨어나라!'고 하고 말 못하는 돌에게 '일어나라!'고 하는 사람아! 그것이 가르칠 수 있겠느냐? 보아라. 그것은 금과 은으로 덮여 있을 뿐 그 안에는 생기란 전혀 없다.

20 그러나 여호와는 거룩한 성전에 있다. 온 땅은 그분 앞에서 잠잠하라.'"

슥 2:13

3 **하박국의 기도** 이것은 시기오느 형식에 맞춘 예언자 하박국의 기도입니다.

2 오 여호와여, 나는 주의 명성을 듣고 두려웠습니다. 오 여호와여, 이 시대에 다시 새롭게 하셔서 이 일을 이 시대에 알려지게 하소서. 진노 가운데서도 자비를 기억하소서.

16절; 시 77:9;85:6;90:16

3 하나님께서는 데만에서 오셨으며 거룩하신 분은 바란 산에서 오셨습니다. (셀라) 그분의 영광이 하늘을 덮고 땅에는 그분께 대한 찬송이 가득합니다.

대상 1:45

4 그분의 광채가 햇빛과 같았고 두 줄기의 빛줄기가 그분의 손에서 번쩍이니 그 안에 그분의 권능이 숨겨져 있었습니다.

5 재앙이 그분 앞서서 나아갔고 전염병이 그분의 뒤를 따라 나아갑니다.

왕하 19:35

6 그분께서 멈춰 땅을 측량하시며 그분께서 바라보니 나라들이 떱니다. 영원히 변치 않는 산들이 무너지고 오랜 세월을 거친 언덕들이 무너져 버립니다. 그분께서 하시는 일들만이 영원합니다.

사 51:9;미 1:4

7 내가 곤경에 처한 구산의 천막들을 보았고 미디안 땅의 휘장들이 떨고 있는 것을 보았습니다.

삿 3:8;사 42:22

8 주께서 주의 말들을 타시고 주의 승리의 전차를 타시니 오 여호와여, 주께서 시내들에게 화를 내셨습니까? 아니면 강들에게 진노하신 것입니까? 그것도 아니면 바다에 분노하신 것입니까?

신 33:26~27

9 주께서 활을 꺼내서 많은 화살들을 시위에 놓고 당기셨습니다. (셀라) 주께서 강으로 땅을 쪼개셨습니다.

시 78:15~16;105:8~11

10 산들이 주를 보고 뒤틀리고 억수 같은 물이 휩쓸며 내려갑니다. 깊은 바다가 소리를 높이고 물줄기는 힘 있게 높이 치솟습니다.

11 빛처럼 나는 주의 화살과 번쩍이는 주의 창 때문에 해와 달이 하늘에서 멈춰 버립니다.

5절;수 10:12~13;삼하 22:15

12 주께서는 진노로 땅을 점령하셨고 분노

셀라(3:9, Selah) 뜻이 확실하지 않으나 음악적인 지시로 추정.

Q "의인은 그의 믿음으로 살 것이다"
라는 말의 뜻은 무엇인가요?

A 첫째로, 하나님을 믿는 믿음으로 의롭게 된 의인은 그 믿음 때문에 구원을 받는다는 말이에요. 곧 어려움이 있더라도 믿음 때문에 살아갈 수 있다는 뜻이에요(롬 1:17; 갈 3:11).

둘째로, 심판과 환난의 때에도 의인은 하나님이 약속을 지키시는 신실한 분이심을 믿고 그분만을 의지하며 살아가는 것을 뜻해요(히 10:37-38).

로 민족들을 짓밟으셨습니다.

미 4:12-13

13 주께서는 주의 백성을 구원하시려고, 주의 기름 부음 받은 사람을 구원하시려고 나오셨습니다. 주께서 악한 사람의 집 우두머리를 쳐부수셨고 발에서부터 머리까지 발가벗기셨습니다. (셀라)

14 그들이 몰래 숨어 있는 비참한 우리를 삼키려고 입을 벌리고, 우리를 흩어 버리려

고 폭풍처럼 밀려올 때 주께서 그들 용사의 우두머리를 주의 화살로 꿰뚫으셨습니다.

15 주께서는 말을 타시고 바다를 짓밟으시고 물을 크게 휘저으십니다.

16 승리하는 신앙 그 소리를 듣고 내 뱃속이 뒤틀립니다. 그 소리에 내 입술이 떨립니다. 내 뼈가 썩어 들어가고 내 다리가 후들거립니다. 그러나 나는 우리를 침략하려고 오는 백성들에게 닥칠 재앙의 날을 조용히 기다릴 것입니다. 렘 4:19

17 무화과나무가 싹이 트지 않고 포도나무에 열매가 없다고 해도, 올리브 나무에서 수확할 것이 없고 밭은 먹을 것을 생산하지 못해도, 우리 안에 양 떼가 없고 외양간에 소가 없다 해도,

18 나는 여호와를 기뻐할 것이고 나의 구원이 되시는 하나님을 즐거워할 것입니다.

19 주 여호와께서는 내 힘이십니다. 그분은 내 발을 사슴의 발처럼 만드시고 그분은 높은 곳에서 나로 하여금 뛰어다니게 하십니다. 이것은 지휘자에 의해 현악기에 맞춰 노래한 것입니다.

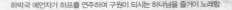

하박국 예언자가 하프를 연주하며 구원이 되시는 하나님을 즐거이 노래함

Zephaniah
스바냐

스바냐는 요엘과 아모스처럼 '여호와의 날'을 선포하고 있어요. 그 당시 유다 사람들은 형제 나라인 북이스라엘이 앗시리아에게 멸망당하는 것을 보고도 여전히 우상 숭배와 타락의 길을 걸어갔답니다.

스바냐는 죄에 대한 심판이 있을 '여호와의 날'을 선포하는데, 이 날은 심판의 날이기도 하지만 구원의 날이기도 해요. 죄인들에게는 심판이, 하나님의 말씀을 따라서 살아간 의인들에게는 기쁨과 축복의 날이 될 것이기 때문이에요. 또 이 날은 역사의 마지막 날이기도 해요. 모든 사람과 민족은 이 날을 피할 수가 없어요.

스바냐서는 여호와의 날을 기다리는 사람에게 구원과 기쁨의 날이 될 수 있는 방법을 알려 줍니다.

스바냐는 무슨 뜻인가요?

'여호와가 숨기셨다', '여호와가 보호하셨다'라는 뜻이에요. 이 책의 저자이자 중심 인물인 스바냐의 이름을 따서 제목을 붙인 거예요.

누가 썼나요?

히스기야 왕의 4대 손자이자, 구시의 아들인 스바냐가 썼어요. 스바냐는 요시야 왕 때 활동했어요. 스바냐는 '여호와의 날'이 하나님이 택하신 백성뿐 아니라, 모든 민족과 나라에 차별 없이 온다고 예언했어요. 온 세상 사람들이 '여호와의 날'을 알고 준비하게 하려고 이 책을 썼답니다.

언제 썼나요?

BC 640~ BC 622년경

주요한 사람들은?

스바냐
히스기야왕의 4대 손자,
왕의 후손인 예언자

한눈에 보는 스바냐

1:1-2:3 유다 심판 선포

2:4-3:7 열방과 예루살렘 심판 선포

3:8-20 여호와의 날에 있을 구원 약속

을 벌하겠다. _{왕하 24:12,14;25:7;마 22:11}

9 바로 그날에 내가 문지방에서 껑충껑충 뛰는 모든 사람들을 벌하겠다. 곧 자기들의 신전을 폭력과 기만으로 가득 채우는 사람을 벌하겠다. _{삼상 5:5}

10 그날에 여호와께서 말씀하셨다. "그날에 '물고기 문'에서는 우는 소리가 나고 두 번째 구역에서는 엉엉 우는 소리가 나고 언덕에서는 부서지는 소리가 날 것이다.

11 너희 막데스에 사는 사람들아, 엉엉 울라. 너희 모든 가나안 백성이 망할 것이며 은을 달아 장사하는 사람들도 망할 것이기 때문이다. _{호 12:7;슥 11:2;약 5:1}

12 그때 내가 등불을 켜 들고 예루살렘을 뒤지겠다. 술에 찌들어 희희낙락하며 '여호와는 선을 행하지도 재앙을 내리지도 않으신다'라고 마음에 말하는 사람을 벌하겠다.

13 그리고 그들의 재산이 약탈당할 것이고 그들의 집들이 무너질 것이다. 그들은 또 집을 짓겠지만 거기서 살 수 없을 것이다. 그들이 포도원을 만들겠지만 포도주를 마시지 못할 것이다." _{사 42:22;암 5:11;미 6:15}

14 여호와의 큰 날 여호와의 큰 날이 다가오는구나. 가까이 왔으니 곧 올 것이다. 여호와의 날의 소리는 비통할 것이다. 용사들이 거기서 울부짖을 것이다. _{렘 7:7,12}

15 그날은 진노의 날, 절망과 고통의 날, 파멸과 황폐의 날, 어둡고 우울한 날, 구름과 두꺼운 먹구름이 뒤덮인 날이다.

16 나팔 소리와 전쟁의 고함 소리가 견고한 요새 위와 높은 탑 위에 있는 날이다.

17 내가 사람들에게 재앙을 보낼 것이니 그러면 그들은 보지 못하는 사람처럼 걷게 될 것이다. 그들이 여호와께 죄를 지었으므로 그들의 피는 흙먼지처럼 그들의 떡은 것도 오물처럼 쏟아질 것이다. _{렘 10:18}

18 그들의 은도, 그들의 금도 그들을 구해 낼 수 없을 것이다. 여호와의 진노의 날에 그의 질투의 불이 온 땅을 태울 것이다. 그분이 이 땅에 사는 모든 사람들을 곧 없애실 것이다. _{2~3절;3:8;잠 11:4;겔 7:19}

1 스바냐

스바냐의 예언 스바냐에게 주신 여호와의 말씀입니다. 그의 아버지는 구시이고 할아버지는 그다랴이며 증조할아버지는 아마랴이고 고조할아버지는 히스기야입니다. 때는 아몬의 아들 유다 왕 요시야 때였습니다. _{왕하 22:1;렘 1:2}

2 **대심판** "내가 땅 위에서 모든 것을 완전히 쓸어버릴 것이다." 여호와께서 말씀하셨다.

3 "내가 사람과 동물을 다 쓸어버리겠다. 내가 공중의 새들과 바다의 물고기들을 쓸어버리겠다. 남을 넘어뜨리는 사람들과 악한 사람들도 함께 쓸어버리겠다. 내가 땅 위에서 사람을 멸하겠다." 여호와께서 말씀하셨다. _{겔 7:19;14:17;호 4:3}

4 유다를 향한 말씀 "내가 내 손을 들어 유다를 치고 예루살렘에 사는 모든 사람들을 치겠다. 나는 이곳에서 남은 바알의 신상들과 이방 제사장의 이름을 없애 버리겠다.

5 지붕 위에서 하늘의 별들을 숭배하는 사람들과 여호와께 경배하고 맹세하지만 '말감'에게도 맹세하고 있는 사람들 _{렘 19:13}

6 여호와께 등을 돌리고 여호와를 찾지 않고 뜻을 묻지 않는 사람들을 없애 버리겠다. _{렘 2:13,17;5:24;히 11:6}

7 주 여호와 앞에서 조용히 하라. 여호와의 날이 가까이 왔다. 여호와께서 희생제물을 준비하시고 그분의 손님을 거룩하게 하셨다. _{14절;삼상 16:5;사 34:6;합 2:20}

8 그리고 여호와의 희생제사 날에 내가 관료들과 왕자들과 이방 옷을 입은 모든 사람

1:5 또는 '밀곰', '그들의 왕'이라는 뜻. **희희낙락**(1:12, 喜喜樂樂, complacent) 매우 기뻐하고 즐거워함. 의기양양(2:8, 意氣揚揚) 뜻한 바를 이루어 만족한 마음이 얼굴에 나타난 모양. **노략**(2:9, 擄掠, plunder) 떼를 지어 돌아다니며 사람을 해치거나 재물을 강제로 빼앗는 것.

2 여호와의 진노의 날 함께 모여 성회를 열라. 창피함을 모르는 백성아!

2 너희가 겨처럼 날려 쫓겨나기 전에, 여호와의 무서운 진노가 너희에게 닥치기 전에, 여호와의 진노의 날이 너희에게 닥치기 전에,

3 이 땅의 모든 온유한 사람들아, 여호와를 찾으라. 그분의 공의를 행한 사람아 의를 구하라. 온유함을 구하라. 그러면 여호와의 진노의 날에 혹시 너희가 피할 수 있을지 모른다. 시 76:9;사 2:10;11:4;앞 5:6,14~15

4 블레셋을 향한 심판 가사는 버려지고 아스글론은 폐허가 될 것이다. 아스돗은 한낮에 쫓겨날 것이며 에그론은 뿌리째 뽑힐 것이다.

5 해안가에 사는 주민들, 그렛의 백성들! 너희들에게 재앙이 내릴 것이다. 여호와께서 너희에게 말씀하신다. "아! 블레셋 땅 가나안이여, 내가 너를 멸망시켜 아무도 살 수 없게 할 것이다." 렘 47:7;나 2:13

6 그 해안가는 풀밭이 되고 거기에 목자들의 집과 양 떼의 우리가 있을 것이다.

7 그 해안가는 유다 가문의 남은 사람들의 소유가 돼 그들이 그곳을 목장으로 쓸 것이다. 저녁에는 그들이 아스글론의 집에 누울 것이다. 그들의 하나님 여호와께서 그들을 돌보실 것이고 포로 된 그들을 회복시키실 것이다. 슥 10:3;눅 1:68

8 모압과 암몬을 향한 심판 "내가 모압이 욕설하는 것과 암몬 사람들이 모욕하는 것을 들었다. 그들은 내 백성에게 욕설을 퍼붓고 그들의 땅 국경에서 의기양양했다."

9 이스라엘의 하나님 만군의 여호와께서 하신 말씀이다. "그러므로 내가 삶을 두고 맹세한다. 모압이 소돔과 같이 되고 암몬 사람들이 고모라처럼 될 것이다. 잡초가 우거지고 소금 구덩이가 있어 영원히 폐허가 될 것이다. 내 백성 가운데 남은 사람들이 그들을 노략하고 내 나라에 살아남은 사람들이 그들의 땅을 차지할 것이다."

10 이것은 그들의 교만함으로 얻은 대가인데 만군의 여호와의 백성들을 모욕하고 그것을 뽐냈기 때문이다. 사 16:6

11 여호와께서 그들에게 무시무시한 존재가 되실 것이다. 그 땅의 모든 신들을 없애 버리실 것이며 온 땅의 백성들이 저마다 자기가 있는 곳에서 그분 앞에 무릎 꿇을 것이다.

12 에티오피아에 대한 심판 "오, 에티오피아 사람들아, 너희 또한 내 칼에 죽임당할 것이다."

13 앗시리아에 대한 심판 그분이 북쪽을 향해 손을 뻗어 앗시리아를 멸망시키고 니느웨를 완전히 황무지로 만들어 사막처럼 쓸모없는 땅으로 만드실 것이다. 나 37

14 가축 떼와 온갖 동물들이 그 한가운데 누울 것이고 광야의 부엉이와 올빼미가 그 기둥 위에 깃들 것이다. 창문에서 노래를 부르고 문지방에서는 울 것인데 그분이 백향목 기둥들을 허옇게 드러내셨기 때문이다.

15 그 성은 걱정 근심 없이 희희낙락하며 스스로 "세상에 나뿐이며 나 말고는 없다"라고 말한다. 그 성은 폐허가 돼 들짐승의 소굴이 될 것이다. 지나가는 사람마다 수군덕거리고 손가락질할 것이다. 나 3:19

3 유다의 죄 반역과 오염과 압제의 성아, 재앙이 네게 있을 것이다!

2 그 성은 누구의 목소리도 듣지 않았고 어

people

스바냐

이름의 뜻은 '여호와가 감추셨다' 혹은 '여호와가 간직하셨다'이다. 히스기야 왕의 현손이며 구시의 아들로 왕족 출신이다. 남유다의 요시야 왕(BC 640-609년) 때 활동하던 선지자였다. 스바냐가 유다와 예루살렘의 우상 숭배를 맹렬하게 질책한 것으로 보아 요시야 왕이 종교 개혁을 하기 전에 본서를 기록했을 것이다. 그는 유다의 부도덕함과 우상 숭배 때문에 하나님의 심판이 임할 것을 선포하면서도 규례를 지킨 이스라엘의 남은 사람들은 구원을 얻게 될 것이라고 위로의 말씀을 전했다.

예레미야, 나훔, 하박국이 같은 시대에 활동한 예언자였다.

스바냐가 나오는 말씀
>> 습 1:1; 3:14-20

면 권고도 받아들이지 않았다. 여호와를 신뢰하지 않았고 하나님께 가까이 가지도 않았다. 　　　　　　　　　12절;렘 5:3

3 그 성의 관료들은 으르렁거리는 사자들 같고 재판관들은 저녁 무렵의 늑대들 같아 아침까지 아무것도 남기지 않는다.

4 예언자들은 분별력이 없고 믿을 수 없는 사람들이다. 제사장들은 성소를 더럽히고 율법을 어겼다. 　　　　렘 23:11;겔 22:26;호 9:7

5 그 성의 여호와께서는 의로우시다. 그분은 불의를 행치 않으신다. 아침마다 그분의 공의를 베푸시며, 새 날이 올 때마다 어김없이 공의를 베푸신다. 그러나 불의한 사람들은 수치를 모른다. 　　　　　호 6:5

6 "내가 나라들을 멸했다. 성 모퉁이 망대를 부수고 내가 그 거리들을 폐허로 만들어 아무도 다니지 못하게 했다. 그들의 성이 파괴됐다. 한 사람도, 단 한 명의 주민도 남지 않았다. 　　　　2:4-15;슥 7:14;9:8

7 '적어도 너는 나를 경외할 것이고 내 가르침을 받아들이리라. 그러면 내가 그들

예루살렘 성읍 시온의 딸

시온의 딸은 예루살렘을 여성에 비유하여 표현한 문학 기법이다.

구약성경에는 성읍이 흔히 여자에 비유된 경우가 많다(삼하 20:19; 사 47:1; 암 5:2). 예루살렘을 시온의 딸로 부른 것은 예루살렘이 하나님에게 선택받은 특별한 곳이며, 하나님 보시기에 기쁘고 즐거운 곳이기 때문이다(사 3:14, 17; 슥 2:10).

예루살렘

을 징벌한다 해도 그들이 있는 곳을 멸하지는 않을 것이다'라고 생각했다. 그러나 그들은 새벽같이 일어나 하는 짓마다 타락을 일삼았다." 　　　2절;렘 36:4;미 7:3

구원을 위한 계획
8 여호와께서 하신 말씀이다. "그러므로 내가 증인으로 일어나는 날까지 너희는 나를 기다리라. 내가 저 백성들을 불러 모으고 그 왕국들을 모아 그들 위에 내 분노와 내 모든 진노를 쏟아붓기로 작정했다. 내 질투의 불이 온 땅을 다 태울 것이다. 　　　　　　　　창 32:함 23

9 그러고 나서 내가 저 백성들이 순결한 말을 하도록 바꿔서 그들 모두가 여호와의 이름을 부르고 한마음으로 그분을 섬기게 하겠다. 　　　　　　　　사 19:18

10 에티오피아 강 너머에서 나를 경배하는 사람들, 내가 흩어 버린 사람들의 딸이 내게 바칠 제물을 가져올 것이다. 　　2:12

11 그날에는 네가 내게 저질렀던 모든 범죄들 때문에 부끄러움을 당하지 않을 것이다. 이는 내가 네 가운데서 교만함으로 희희낙락하는 사람들을 없애 버려 네가 다시는 내 거룩한 언덕에서 더 이상 거만해지지 않게 할 것이기 때문이다. 　마 3:9

12 내가 네 가운데 겸손하고 가난한 백성을 남겨 두겠다. 그러면 그들이 여호와의 이름을 의지할 것이다. 　　슥 11:7,11;마 5:3

13 이스라엘의 남은 사람들은 죄악을 행치 아니하며 거짓말을 하지 않으며 그 혀에서는 속임수가 나오지 않을 것이다. 그들이 먹고 누울 것이며 아무것도 두려워하지 않을 것이다." 　　2:7;사 60:21;미 5:4;계 14:5

14 **구원의 노래** 오 시온의 딸아, 노래하라. 오 이스라엘아, 외치라. 오 예루살렘의 딸아, 온 마음으로 즐거워하고 기뻐하라.

15 여호와께서 네게 내리셨던 심판을 없애 버리셨고 네 원수를 쫓아내셨다. 이스라엘의 왕, 여호와께서 네 가운데 계신다. 다시는 네가 어떤 악도 두려워하지 않을 것이다.

제물(3:10, 祭物, offering) 제사에 쓰이는 희생물.
3:17 또는 '잠잠하시며'.

16 그날에 예루살렘은 듣게 될 것이다. "시온 아! 두려워하지 말라. 네 손에 힘이 빠지지 않게 하라. 사 35:3; 히 12:12

17 네 안에 계시는 네 하나님 여호와께서는 구원을 베푸실 용사이시다. 그분께서 너 때문에 무척이나 기뻐하실 것이다. 그분의 사랑 안에서 *너를 새롭게 해 주시고 너로 인해 노래를 부르시며 기뻐하실 것이다.

18 **구원받은 사람의 영광** 마치 절기인 것처럼 그리실 것이다. 내가 네게서 짐과 부끄러움을 없앨 것이다. 애 1:4; 2:6

19 보아라. 그때 내가 네 모든 압제자를 처리하겠다. 내가 다리 저는 사람들을 구해 내고 쫓겨난 사람들을 모을 것이다. 그들이 수치를 당한 모든 땅에서 내가 그들에게 칭찬과 명성을 얻게 하겠다. 렘 13:11; 미 4:6-7

20 **특별한 예언** 그때 내가 너희를 다시 데려오겠다. 그때 내가 너희를 모으겠다. 내가 너희 눈앞에서 포로 된 너희를 회복시킬 때 이 땅의 모든 백성들 가운데서 너희가 명성과 칭찬을 얻을 것이다." 여호와께서 하신 말씀이다.

여호와가 그의 백성을 새롭게 하시며 그로 인해 기뻐하실 것이다

Haggai
학개

바벨론에서 풀려나 예루살렘으로 돌아온 이스라엘 사람들은 성전을 짓기 시작했어요. 하지만 사마리아 사람들의 방해가 심해 중단하고 말았어요. 이스라엘 사람들은 생활이 어려워져서 가난하고 비참한 생활을 하게 되었어요. 그들은 먹고사는 문제에 매달려서 성전 재건을 중단한 지 16년이 되었는데도 다시 시작하지 못했어요.

그래서 학개는 중단된 예루살렘 성전을 다시 건축하라고 강하게 요구합니다. 의식주 문제를 해결하는 것보다 더 중요한 것이 하나님이라고 외쳐요. 아무리 수고해도 하나님을 우선으로 하지 않는 백성에게는 복이 오지 않는다고 말이에요.

학개서는 삶의 우선순위를 어디에 두어야 하는지, 믿음을 따라서 사는 것이 얼마나 중요한지를 깨닫게 해줍니다.

학개는 무슨 뜻인가요?

'축제'라는 뜻이에요. 이 책의 저자이자 중심 인물인 학개의 이름을 따서 제목을 붙인 거예요.

누가 썼나요?

예언자 학개가 썼어요. 학개는 오직 예루살렘 성전 재건을 완성하기 위한 목적을 가지고 선교 행위으로 이 책을 썼어요.

언제 썼나요?

BC 520년경

주요한 사람들은?

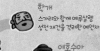

스룹바벨
페르시아 왕 고레스가 유다 총독으로 임명한 지도자, 예루살렘 성전 재건 책임자, 학개에게서 하나님의 종이라는 호칭을 들은 사람

학개
스가랴와 함께 예루살렘 성전 재건을 격려한 예언자

여호수아
학개, 스가랴와 함께 예루살렘 성전 재건에 힘쓴 대제사장

한눈에 보는 학개

1:1-15 첫 번째 설교 : 성전 재건을 촉구

2:10-19 세 번째 설교 : 순종하는 사람들이 받을 복

2:1-9 두 번째 설교 : 재건될 성전의 영광에 대한 약속

2:20-23 네 번째 설교 : 위로와 약속

학개

Haggai

1 성전을 지으라고 말씀하심 다리오 왕 2년째 되는 해 여섯째 달 1일에 여호와의 말씀이 예언자 학개를 통해 스알디엘의 아들 유다 총독 스룹바벨과 여호사닥의 아들 대제사장 여호수아에게 임했습니다.

2 만군의 여호와께서 이렇게 말씀하셨다. "'여호와의 집을 지을 때가 되지 않았다'라고 이 백성들이 말한다." 슥 5:1

3 그때 예언자 학개를 통해 주신 여호와의 말씀입니다.

4 "성전은 무너진 채로 남아 있는데 너희만 꾸며진 집에 살고 있을 때냐?" 사 64:11

5 그러므로 이제 만군의 여호와께서 이렇게 말씀하셨다. "너희가 걸어온 길을 잘 생각해 보라! 2:15,18

6 너희가 많이 심었지만 조금밖에 거두지 못하고 먹어도 배부르지 않고 마셔도 만족하지 못하고 입어도 따뜻하지 않으며 일꾼의 품삯을 벌어도 구멍 난 주머니에 넣는 격이 됐다. 호 4:10미 6:15;슥 8:10

7 만군의 여호와께서 이렇게 말씀하셨다. "너희가 걸어온 길을 잘 생각해 보라!

8 산에 올라가 나무를 가져다 성전을 지으라. 내가 그 안에서 기뻐하며 그것으로 영광을 받을 것이다." 여호와께서 말씀하셨다. 2:9

9 "너희가 풍성함을 기대했지만 조금밖에 거두지 못했고 너희가 집에 가지고 왔으나 내가 불어 날려 버렸다. 왜 그랬겠느냐?" 만군의 여호와께서 하시는 말씀이다. "내 집은 무너진 채로 남아 있는데 너희는 각자 자기 집 일에 바쁘기 때문이다.

10 그러므로 하늘은 너희 위에 이슬 내리기를 그치고 땅이 열매 내기를 멈췄다.

11 내가 땅에, 산에, 곡식에, 새 포도주에, 새 기름에, 땅이 생산해 내는 것에, 사람에, 가축에, 너희 손이 만들어 내는 모든 것 위에 가뭄이 들게 했다." 시 105:16;호 2:9

12 백성들이 순종함 그러자 스알디엘의 아들 스룹바벨과 여호사닥의 아들 대제사장 여호수아와 남아 있는 모든 백성이 그들의 하나님 여호와의 말씀과 예언자 학개의 말에 순종했다. 그들의 하나님 여호와께서 그를 보내셨음을 알았기 때문이었다. 그리고 백성들은 여호와 앞에서 두려워했다.

13 여호와의 심부름꾼 학개가 여호와의 말씀을 백성들에게 전했다. "내가 너희와 함께 있다. 여호와가 하는 말이다." 2:4

14 성전 짓는 일을 함 여호와께서는 스알디엘의 아들 유다 총독 스룹바벨의 영과 여호사닥의 아들 여호수아의 영과 남아 있는 모든 백성의 영을 일으키셨다. 그래서 그들은 가서 그들의 하나님 만군의 여호와의 집을 짓는 일을 했다. 스 1:1:5:8

15 다리오 왕 2년째 되는 해 여섯째 달 24일의 일이다. 1절

2 새 성전의 영광 일곱째 달 21일에 여호와의 말씀이 예언자 학개에게 임했습니다.

2 "스알디엘의 아들 유다 총독 스룹바벨과 여

호사닥의 아들 대제사장 여호수아와 남아 있는 모든 백성들에게 말하여라.

3 '너희 가운데 이전 성전의 영광스러웠던 모습을 본 사람이 남아 있느냐? 그런데 지금은 이 집이 너희에게 어떻게 보이느냐? 너희 눈에도 하찮게 보이지 않느냐?

4 그러나 스룹바벨아, 이제 용기를 내어라.' 여호와가 하는 말이다. '여호사닥의 아들 대제사장 여호수아야, 용기를 내어라. 이 땅에 사는 모든 백성들아, 용기를 내어라.' 여호와가 하는 말이다. '내가 너희와 함께하니 일을 하라.' 만군의 여호와가 하는 말이다.   1:13·14슥 8:9

5 '너희가 이집트에서 나올 때 내가 너희와 맺은 언약에 따라 내 영이 너희 가운데 있으니 너희는 두려워하지 말라.'   출 29:45

6 만군의 여호와가 이렇게 말한다. '이제 조금 있으면 내가 다시 한 번 하늘과 땅과 바다와 육지를 뒤흔들 것이다.'   히 12:26

7 또 내가 모든 민족들을 뒤흔들 것이다. 그러면 모든 민족들의 보화가 들어올 것이다. 내가 이 집을 영광으로 가득 채우겠다.' 만군의 여호와가 말한다.   창 31:16

8 '은도 내 것이고 금도 내 것이다.' 만군의 여호와가 하는 말이다.   대상 29:14,16

9 '훗날 이 집의 영광이 이전의 영광보다 더 클 것이다.' 만군의 여호와가 말한다. '그리고 이곳에 내가 평안을 주겠다.' 만군의 여호와가 하는 말이다."   1:8·슥 6:13;겔 2:14

10 **가상의 질문들** 다리오 왕 2년째 되는 해 아홉째 달 24일에 여호와의 말씀이 예언자 학개에게 임했습니다.   18,20절;1:1

11 "만군의 여호와가 이렇게 말한다. '율법에 관해서 제사장들에게 물어보아라.

12 어떤 사람이 거룩한 고기를 그 옷자락 속에 싸 들고 가는데 그 옷자락이 빵이나 삶은 음식이나 포도주나 기름이나 다른 음식에 닿았다면 그것도 거룩해지느냐고 물어 보아라.'" 그러자 제사장들이 "그렇지 않습니다"라고 대답했다.   14절;레 11:15

13 그러자 학개가 말했다. "만약 시체를 만져

부정해진 사람이 이것들 가운데 어느 것 하나를 만졌다면 그것도 부정해집니까?" "부정해집니다"라고 제사장들이 대답했다.

14 그러자 학개가 대답했다. "'내 앞에서 이 백성들이 그렇고 이 나라가 그렇다. 여호와께서 하시는 말씀이다. '그들 손으로 하는 모든 일이 그렇다. 그들이 그곳에서 바치는 것이 모두 부정한 것이다.   사 64:6

15 **복은 순종으로부터 옴** 그러므로 이제 오늘부터 앞으로 어떻게 될지 잘 생각해 보아라. 여호와의 성전에 돌 하나를 다른 돌 위에 쌓기 전에는 어땠느냐.   1:5

16 그때는 곡식 20섬을 쌓아도 10섬밖에 없었고 포도주 틀에서 50통을 길어 와도 20통뿐이었다.   1:6

17 너희와 너희 손으로 하는 모든 일에 내가 말라 죽게 하는 병과 곰팡이와 우박으로 쳤으나 너희가 내게로 마음을 돌리지 않았다.' 여호와께서 하시는 말씀이다.

18 오늘부터 앞으로 어떻게 될지 잘 생각해 보아라. 아홉째 달 24일부터 여호와의 성전의 기초를 놓은 날부터 생각해 보아라.

19 창고에 씨앗이 아직도 남아 있느냐? 아직 포도나무와 무화과나무와 석류나무와 올리브 나무가 열매를 맺지 못했지만 오늘부터는 내가 너희에게 복을 주겠다.'"

20 **특별한 예언** 그달 24일에 여호와의 말씀이 학개에게 다시 임했습니다.

21 "너는 유다 총독 스룹바벨에게 전하여라. '내가 하늘과 땅을 뒤흔들겠다.   슥 4:6

22 내가 왕국의 왕좌를 뒤엎고 민족들의 왕국의 권세를 없애 버리겠다. 내가 전차들과 거기 타고 있는 사람들을 뒤엎을 것이다. 말들과 거기 타고 있는 사람들이 서로 자기 형제의 칼에 넘어질 것이다.

23 만군의 여호와가 하는 말이다. '그날에 내가 너 스알디엘의 아들 내 종 스룹바벨을 선택하겠다.' 여호와가 하는 말이다. '그리고 내가 너를 선택했으니 내가 너를 인장 반지처럼 만들겠다.' 만군의 여호와가 하는 말이다."   1:1;사 43:10;렘 22:24

Zechariah
스가랴

스가랴는 학개와 함께 바벨론에서 돌아온 이스라엘 사람들에게 중단된 예루살렘 성전 건축을 다시 시작할 것을 격려했어요. 그렇지만 두 사람의 격려 방법은 달랐어요. 학개가 나태했던 이스라엘 사람들의 신앙 상태를 지적했다면, 스가랴는 메시아에 대한 예언을 통해서 미래에 대한 소망을 줍니다. 스가랴는 이제 오실 메시아의 영광이 성전에 계실 것이기 때문에 성전을 재건하는 일이 아주 중요하다고 격려해요. 그래서 이스라엘 사람들은 성전 재건을 통해서 메시아에 대한 소망을, 미래에 대한 희망을 갖게 되었답니다. 또 스가랴는 역사의 마지막 날에 다시 오실 메시아를 예언하여 오늘을 사는 성도에게도 소망을 줍니다. 메시아가 다스리는 왕국에 대한 기대는 성도에게 현재의 고난과 어려움을 이겨낼 힘과 용기를 준답니다.

스가랴는 무슨 뜻인가요?

'여호와께서 기억하시다' 라는 뜻이에요. 이 책의 저자이자 중심 인물인 스가랴의 이름을 따서 제목을 붙인 거예요.

누가 썼나요?

예언자 스가랴가 썼어요. 스가랴서에는 성전 건축에 대한 이야기와 함께 오실 예수님에 대한 예언들이 아주 많아요. 스가랴가 현재의 생활에 고단파하는 이스라엘 사람들에게 성전 재건을 격려하고, 메시아가 오심을 함께 기다리면서 미래에 대한 소망을 갖게 하려고 이 책을 썼기 때문이에요.

언제 썼나요?

BC 520-BC 470년경

주요한 사람들은?

스룹바벨
페르시아 왕 고레스가
유다 총독으로 임명한 지도자.
예루살렘 성전 재건 책임자.
학개에게서 '옷나의 싹'이라는
호칭을 들은 사람

스가랴
학개와 함께 성전 재건을 격려.
메시아에 대해 예언한
예언자이자 제사장

여호수아
학개, 스가랴와 함께 예루살렘
성전 재건에 힘쓴 대제사장

한눈에 보는 스가랴

1:1-6 회개의 촉구

7-8장 금식에 대한 질문과 회복 약속

1:7-6:15 여덟 가지 환상

12-14장 메시아의 통치 예언

9-11장 오실 메시아 예언

스가랴
Zechariah

1

돌아오라고 부르심 다리오 왕이 다스린 지 2년 여덟째 달에 여호와께서 잇도의 손자이며 베레갸의 아들인 예언자 스가랴에게 말씀하셨습니다.

2 "나 여호와가 너희 조상들에게 몹시 화가 났다. 렘 25

3 그러므로 너는 그들에게 말하여라. 만군의 여호와가 이렇게 말한다. '너희는 내게 돌아오라.' 만군의 여호와의 말이다. '그러면 내가 너희에게 돌아갈 것이다.' 만군의 여호와가 말한다. 사 31:6;렘 3:1,22;12:15

4 너희는 너희 조상들을 본받지 말라. 일찍이 예언자들이 너희 조상들에게 '부디 너희는 악한 길과 악한 행위에서 돌아오라'고 하시는 만군의 여호와의 말씀을 외쳐 말했다. 그러나 그들은 내 말을 듣지도 않았고 귀 기울이지도 않았다. 나 여호와가

다리오 왕

에스라, 학개, 스가랴가 활동하던 시대의 페르시아 왕이다(BC 521-486년). 고레스 왕의 종교 정책을 이어받아 예루살렘 성전 건축을 허락하고 물질적 지원도 해 주었다(스 6:8).

스룹바벨 성전이 완성된 것은 다리오가 왕으로 다스리던 6년째 되던 해였다.

사진은 페르세폴리스 유적에서 발견된 다리오 왕 부조의 모습이다. 페르세폴리스는 그리스어로 '페르시아의 도시'를 뜻한다. 다리오 왕이 건설한 수도로 알렉산더 대왕의 정복으로 소실되었다.

하는 말이다. 7:11;대하 36:15;시 78:8;렘 35:15

5 너희 조상이 어디 있느냐? 예언자들이 영원히 사느냐? 욥 14:10;마 5:7;요 8:52

6 내가 내 말과 내 규례들을 너희 조상들이 듣도록 내 종 예언자들에게 말하라고 명령하지 않았느냐? 그러나 그들은 듣지 않고서 이제야 돌이켜 보며 이렇게 말한다. '만군의 여호와께서 우리 길과 우리 행위를 따라 우리에게 하기로 작정하신 그대로 우리에게 이루셨다.'" 단 9:6;마 24:35

7 천사와 말 탄 사람 다리오 왕이 다스린 지 2년 열한째 달, 곧 스밧 월 24일에 잇도의 손자이며 베레갸의 아들인 스가랴 예언자에게 여호와께서 말씀하셨습니다.

8 내가 밤중에 환상을 보았다. 어떤 사람이 붉은 말을 타고서 골짜기에 있는 은매화나무들 사이에 서 있었다. 그의 뒤에는 붉은 말과 갈색 말과 흰말들이 있었다.

9 내가 물었다. "내 주여, 이것이 무엇입니까?" 내게 말하던 그 천사가 내게 말했다. "이것들이 무엇인지 내가 네게 보여 주겠다." 계 22:6

10 그러자 은매화나무 사이에 서 있는 사람이 대답해 말씀하셨다. "이것들은 땅에 두루두루 돌아다니라고 여호와께서 보내신 것들이다." 6:7;욥 17:8;1:14

11 그것들이 은매화나무 사이에 서 있는 여호와의 천사에게 말했다. "우리가 땅에 돌아다녀 봤더니 온 땅이 조용하고 평안했습니다." 15절

12 그러자 여호와의 천사가 대답해 말했다. "만군의 여호와여, 주께서는 언제까지 예루살렘과 유다의 여러 성읍들에 자비를 베풀지 않으시렵니까? 주께서 이들을 노여워하신 지 벌써 70년입니다." 계 6:10

13 여호와께서 나와 함께 말하던 천사에게 은혜로운 위로의 말씀으로 대답하셨다.

14 그 천사가 내게 말했다. "너는 외쳐라. 만군의 여호와께서 이렇게 말씀하신다. '나는 *예루살렘과 시온을 무척 사랑한다.

1:14 또는 '예루살렘과 시온을 위해 크게 질투한다.'

15 안일을 즐기는 다른 여러 나라들로 인해 나는 몹시 화가 난다. 나는 내 백성에게 화를 조금 냈는데 다른 여러 나라들은 내 백성에게 내가 벌주는 것보다 더 큰 고통을 주었다.'
11절; 사 47:6; 54:7~8; 슥 3:2

16 그러므로 여호와께서 이렇게 말씀하신다. '내가 자비한 마음으로 예루살렘으로 돌아가겠다. 그곳에 내 성전이 세워질 것이다.' 만군의 여호와의 말이다. '예루살렘에 집을 짓기 위해 측량줄을 칠 것이다.'

17 또 외쳐라. 만군의 여호와께서 이렇게 말씀하신다. '다시 내 성읍들이 넘치도록 잘 살게 되고 다시 여호와께서 시온을 위로하고 다시 예루살렘을 선택할 것이다.'"

뿔과 대장장이 18 내가 눈을 들어 바라보니 그곳에 네 개의 뿔이 보였다.
왕상 22:11

19 나는 내게 말하던 그 천사에게 물었다. "이것들이 무엇입니까?" 천사가 내게 대답했다. "이것들은 유다와 이스라엘과 예루살렘을 흩어 버린 뿔들이다."

20 그때 여호와께서 내게 네 명의 대장장이를 보여 주셨다.

21 내가 물었다. "이들이 무엇을 하러 왔습니까?" 여호와께서 대답하셨다. "이 뿔들은 유다를 흩어지게 해서 그 백성 누구도 자기의 머리를 들지 못하게 만든 나라들이다. 뿔을 들어 올려 유다를 흩어지게 하고 유다 땅을 짓밟았다. 그러나 네 명의 대장장이들은 그 뿔들로 하여금 두려움에 떨게 하고 다른 나라인 그 뿔을 꺾어 버리려고 왔다."

2 **측량줄을 든 사람** 또 내가 눈을 들어 바라보니 어떤 사람이 손에 측량줄을 들고 있었다.
겔 40:3; 계 11:1

2 내가 물었다. "어디로 가십니까?" 그가 내게 말했다. "예루살렘을 측량해 너비와 길이가 얼마인지 알아보러 간다."
1:16

3 내게 말하던 그 천사가 나가자 다른 천사가 그 천사를 맞으러 나왔다.
1:9, 19

4 두 번째 천사가 그 천사에게 말했다. "달려가서 저 젊은이에게 이렇게 말하여라.

'예루살렘 안에 사람들과 가축들이 많아져서 예루살렘은 더 이상 성벽으로 둘러쌀 수 없는 넓은 지역이 될 것이다.'

5 나 여호와가 말한다. '내가 바깥으로는 예루살렘의 불로 된 성벽이 돼 줄 것이며 안으로는 예루살렘의 영광이 되겠다.'

6 이제 어서 북쪽 땅에서 도망쳐라, 여호와의 말이다. 내가 너희를 하늘의 네 방향에서 부는 바람처럼 흩어 버렸다. 나 여호와의 말이다.
7:14; 사 48:20

7 자, 도망쳐라! 바벨론 성에 살고 있는 시온아!"
사 52장

8 만군의 여호와께서 이렇게 말씀하셨다. 너희를 괴롭힌 나라들에게 영광스러운

스가랴의 무덤

잇도의 손자로 다리오 왕 시대에 활동한 예언자이다. 이름의 뜻은 '여호와께서 기억하신다'이다. 그는 BC 520년 다리오 왕 2년에 성전 재건이 시작된 후 예언 사역을 시작했다.

같은 시대에 활동한 예언자는 학개가 있다. 스가랴는 학개와 함께 성전 재건을 격려했으며, 여러 가지 방해에도 불구하고 성전이 스룹바벨의 손에 의해 완성될 것을 강조했다.

성전 건축의 완성은 사람의 힘이나 능력이 아니라 오직 하나님의 영으로 된다고 선포했다.

스가랴에 나오는 대표 말씀
>> 슥 1:1; 7:1

성경에 나오는 다른 스가랴
1. 북이스라엘 예후 왕조의 마지막 왕 (창하 14:29)
2. 요아스 왕 때 성전 뜰에서 돌에 맞아 죽은 예언자 (대하 24:20)

일을 하기 위해 주께서 나를 보내시며 말씀하셨다. "너희를 건드리는 나라는 주의 눈동자를 건드리는 것이다. 신32:10;렘2:14

9 내가 손을 들어 그들을 치겠다. 그러면 그들은 자기네 종들에게 모두 빼앗길 것이다. 그러므로 너희는 만군의 여호와께서 나를 보내셨음을 알게 될 것이다. 겔39:10

10 시온의 딸아, 소리쳐 노래하고 기뻐하라. 내가 와서 너희와 함께 살겠다." 여호와께서 하신 말씀이다. 8:3;사40:7;슥12:6;슼3:14

11 그날에 많은 나라들이 여호와께로 와서 그들이 그분의 백성이 되며 그분은 너희와 함께 살 것이다. 그러면 만군의 여호와께서 나를 네게 보내셨음을 네가 알게 될 것이다.

12 여호와께서 예루살렘을 다시 선택하시고 그 거룩한 땅에서 유다를 그분의 것으로 삼으실 것이다. 1:17;신32:9

13 육체를 가진 모든 사람들아, 여호와 앞에서 잠잠하라. 그분께서 그 거룩한 곳에서 일어나신다. 합2:20

3

대제사장의 옷 여호와께서 이것을 내게 보여 주셨다. 대제사장 여호수아가 여호와의 천사 앞에 서 있고 사탄이 여호수아의 오른쪽에 서서 여호수아를 고소하고 있었다. 대상21:1;스3:2;시109:6

2 여호와께서 사탄에게 말씀하셨다. "사탄아, 나 여호와가 너를 꾸짖는다! 예루살렘을 선택하신 여호와가 너를 꾸짖는다! 이 사람은 불에서 꺼낸 그슬린 나무토막이 아니냐?" 1:17;암4:11;롬8:33;유1:9

3 그때 여호수아가 더러운 옷을 입고 천사 앞에 서 있었다. 사64:6;유1:23

4 여호와께서 자기 앞에 서 있는 천사들에게 명령하셨다. "여호수아의 저 더러운 옷을 벗기라." 그리고 여호와께서 여호수아에게 말씀하셨다. "자, 내가 네 죄를 없애 버렸다. 이제 네게 아름다운 옷을 입힐 것이다." 7:9절사61:10;계1:19;계7:14

5 그때 내가 말씀드렸다. "그의 머리에 깨끗한 관을 씌워 주십시오." 그러자 천사들이 그 머리에 깨끗한 관을 씌우고 그에게 옷을 입혔다. 그동안 여호와의 천사는 그 곁에 서 있었다. 6:11절29:14

6 여호와의 천사가 여호수아에게 말했다.

7 "만군의 여호와께서 이렇게 말씀하신다. '만약 네가 내 길로 행하고 내 명령을 지키면 네가 내 집을 다스릴 것이며, 또 내 뜰을 돌볼 것이다. 그리고 너는 여기서 섬기는 천사들 가운데 자유롭게 다닐 수 있다.

8 대제사장 여호수아야, 그리고 여호수아 앞에 앉은 여호수아의 동료들아, 잘 들으라. 너희는 앞으로 생길 일의 표가 될 사람들이다. 보라, 내가 '순이'라 부르는 내 종을 보내겠다.' 6:12;사42:1;23:5;겔12:11

스가랴가 본 여덟 가지 환상

말을 탄 네 사람 (슥1:8-17)	네 개의 뿔과 대장장이 (슥1:18-21)	측량줄을 든 사람 (슥2:1-13)	더러운 옷을 입은 여호수아(슥3:1-10)

하나님은 예루살렘을 위로하고 축복하시며, 이들을 학대했던 열방을 심판하실 것이다.

하나님은 이스라엘을 흩어지게 한 네 나라(바벨론, 매대·페르시아, 그리스, 로마)를 멸망시키실 것이다.

예루살렘을 재건하시려는 하나님의 마음이 이루어져, 여호와 자신이 그 거룩한 성의 성벽이 되실 것이다.

이스라엘 백성의 추악한 죄를 없애 버리고 영광스런 모습을 갖게 하신다.

9 만군의 여호와가 말한다. '내가 여호수아 앞에 세운 돌을 보라! 돌 하나에 일곱 개의 눈이 있다. 내가 그 돌 위에 이 땅의 죄를 하루 만에 없애겠다는 글을 새겨 놓겠다.

10 그날에는 너희가 너희 이웃을 서로 자기 포도나무와 무화과나무 아래로 부를 것이다.' 만군의 여호와가 말한다."
왕상 4:25

4 순금 등잔대와 올리브 나무 내게 말하던 천사가 다시 돌아와서 잠에서 깨우듯 나를 깨웠다.
단 8:18;10:9-10

2 천사가 내게 말했다. "무엇이 보이느냐?" 내가 말했다. "순금 등잔대가 보입니다. 등잔대 꼭대기에 일곱 개의 대접이 달려 있고 대접마다 등잔불이 있으며 그 대접 아래로 일곱 개의 대롱이 연결돼 있습니다.

3 그 등잔대 곁에 올리브 나무 두 그루가 있는데 하나는 대접 오른쪽에 있고 다른 하나는 대접 왼쪽에 있습니다."
11절;계 11:4

4 나와 말하던 천사에게 내가 물었다. "내 주여, 이것들이 무엇입니까?"

5 나와 말하던 천사가 내게 말했다. "이것들이 무엇인지 모르느냐?" 내가 대답했다. "내 주여, 모르겠습니다."
13절

6 그러자 그가 내게 말했다. "이것이 스룹바벨에게 하신 여호와의 말씀이다. '네 힘으로도 안 되고 네 능력으로도 안 되고 오직 내 영으로만 된다.' 만군의 여호와가 말한다.

7 '큰 산아, 네가 뭐냐? 스룹바벨 앞에서 네가 평평해질 것이다. 그가 성전을 지을 머릿돌을 가지고 나올 때 '은혜, 은혜가 거기 있다'라고 외치는 소리가 있을 것이다."

8 여호와께서 다시 내게 말씀하셨다.

9 "스룹바벨의 손이 이 성전의 기초를 놓았다. 또 그의 손이 성전을 완성할 것이다." 그러므로 만군의 여호와께서 나를 너희에게 보내셨음을 너희가 알 것이다.
스 3:10

10 "시작이 초라하다고 하찮게 여기는 사람이 누구냐? 사람들은 스룹바벨의 손에 측량줄이 있는 것을 보고 즐거워할 것이다. 이 일곱 눈은 온 땅을 두루 돌아 살피시는 여호와의 눈이다."
1:16;3:9;대하 16:9;학 2:3

11 내가 천사에게 물었다. "등잔대 양쪽에 있는 두 올리브 나무는 무엇입니까?"

12 내가 다시 그에게 물었다. "금 기름을 흘려 보내는 금 대롱 옆에 있는 두 올리브 나무 가지는 무엇입니까?"

13 그가 내게 말했다. "이것들이 무엇인지 모르느냐?" 내가 대답했다. "내 주여, 모르겠습니다."
5절

14 천사가 말했다. "이것들은 온 세상을 다스리는 여호와를 섬기는 기름 부음 받은 두 사람이다."
6:5;계 11:4

5 날아다니는 두루마리 내가 다시 눈을 들어 바라보니 두루마리가 날아다니

순금 등잔대와 두 올리브 나무 (슥 4:1-14)

성전 건축에 어려움이 많으나 여호와의 영으로 반드시 완공되게 하실 것이다.

날아다니는 두루마리 (슥 5:1-4)

하나님은 도둑질하고 거짓 맹세한 사람들을 심판하신다.

에바 속의 여인 (슥 5:5-11)

최후 심판 때 악한 자들은 다 파멸될 것을 의미한다.

네 대의 전차 (슥 6:1-8)

열방들에 대한 여호와의 심판을 보여 준다.

고 있었다. 렘 36:2,28
2 그가 내게 물었다. "무엇이 보이느냐?" 내
가 대답했다. "두루마리가 날아다니는 것
이 보입니다. 길이가 20규빗, 너비가 10규
빗입니다."
3 그가 내게 말했다. "이것은 온 땅에 두루
돌아다닐 저주다. 그 한쪽에는 '도둑질하
는 사람은 모두 없어질 것'이라고 쓰여 있
고, 다른 쪽에는 '거짓 맹세하는 사람은 모
두 없어질 것'이라고 쓰여 있는데 쓰여 있
는 그대로 될 것이다." 렘 29:18;겔 2:9-10
4 만군의 여호와께서 말씀하셨다. "내가 저
주를 보낼 것이다. 그러면 그것이 도둑의
집이나 내 이름을 들어 거짓 맹세하는 사
람의 집에 들어가서 그 집에 머물며 그 집
의 들보와 돌들을 모두 없애 버릴 것이
다."
5 **에바 속에 앉아 있는 여자** 내게 말하던 천사
가 나와서 내게 말했다. "너는 눈을 들어
서 무엇이 나오는지 보아라." 1:9;6:1
6 내가 물었다. "이것이 무엇입니까?" 천사
가 대답했다. "나온 것은 에바다." 그리고
이어서 말했다. "이것은 온 땅에 있는 악의
모습이다." 겔 45:11
7 납으로 된 뚜껑이 들려 올려지니 에바 안
에 한 여자가 앉아 있었다.
8 천사가 말했다. "이것은 악이다." 그는 그
여자를 에바 안으로 밀어 넣고 에바 입구
를 납 뚜껑으로 덮었다.
9 또 내가 눈을 들어 바라보니 학의 날개 같
은 날개를 가진 두 여자가 그 날개로 바람
을 일으키며 나왔다. 그들은 그 에바를 하
늘 높이 들어 올렸다. 호 4:19
10 나는 내게 말하던 천사에게 물었다. "그들
이 에바를 어디로 가져갑니까?"
11 그가 대답했다. "시날 땅으로 가서 에바의
집을 지어 주려는 것이다. 다 지어지면 에
바를 거기 제자리에 놓을 것이다."

6

네 대의 전차 또 내가 눈을 들어 바라
보니 청동으로 된 두 산 사이에서 전
차 네 대가 나왔다. 단 2:39
2 첫째 전차는 붉은 말들이 끌고 둘째 전차
는 검은 말들이 끌고 1:8;계 6:4-5
3 셋째 전차는 흰말들이 끌고 넷째 전차는
얼룩진 힘센 말들이 끌고 있었다. 계 6:2
4 내게 말하던 천사에게 내가 물었다. "내
주여, 이것들이 무엇입니까?" 1:9
5 천사가 대답했다. "이것들은 온 세상을 다
스리는 주를 섬기다가 지금 떠나온 하늘
의 네 영이다. 3:4;4:14;시 104:4;히 1:7
6 검은 말들이 끄는 전차는 북쪽 지방으로
가고 흰말들이 끄는 전차가 그 뒤를 따라
가며 얼룩진 말들이 끄는 전차는 남쪽 지
방으로 간다." 8절;2:6;9:14;렘 1:13
7 힘센 말들이 나가서 땅을 두루 돌아다니
려고 기다리고 있었다. 천사가 말했다. "여
기서 나가서 땅에 두루 돌아다니라." 그러
자 곧 말들이 땅을 두루 돌아다녔다.
8 천사가 내게 큰 소리로 말했다. "북쪽 지방
으로 나간 말들이 북쪽 지방에서 내 마음
을 시원하게 해 주었다."
9 **여호수아에게 왕관을 씌워 줌** 여호와께서 내
게 말씀하셨다.
10 "바벨론에 포로로 사로잡혀 갔다 돌아온
헬대, 도비야, 여다야가 스바냐의 아들 요시
아의 집에 와 있다. 너는 오늘 그 집에 가서
그들에게서 예물을 얻어라. 느 7:39
11 은과 금을 얻어다가 왕관을 만들어서 여
호사닥의 아들 대제사장 여호수아의 머리
에 씌워라. 3:1,5
12 그리고 그에게 말하여라. 만군의 여호와가
이렇게 말한다. '여기 '순'이라고 불리는 사
람이 있다. 그가 자기 있는 곳에서 돋아나
서 여호와의 성전을 지을 것이다.
13 그가 여호와의 성전을 짓고 영광을 얻고
그 자리에 앉아서 다스릴 것이다. 그의 자

규빗(5:2, cubit) 길이의 단위. 성인의 팔꿈치에서 중지까지의 길이로 약 45㎝에 해당됨. 20규빗은 약 9m, 10규빗은 약 4.5m. **시날**(5:11, Shinar) 고대 바벨론의 이름. **황폐**(7:14, 荒廢, desolate) 버려두어서 거칠어지고 못 쓰게 된 상태.

리 위에 제사장이 있을 것인데 그 둘은 평화롭게 함께 일할 것이다.' _{숙 2:9;히 3:1}

14 그 왕관은 헬렘과 도비야와 여다야와 스바냐의 아들 헨을 기념하기 위해 여호와의 성전에 둘 것이다. _{마 26:13;막 14:9}

15 멀리서 사람들이 와서 여호와의 성전을 지을 것이다. 그때 만군의 여호와께서 나를 너희에게 보내셨음을 너희가 알 것이다. 너희가 여호와 너희 하나님의 말씀을 듣고 순종하면 이 일이 이루어질 것이다.'"

7 벧엘이 은혜를 구함 다리오 왕이 다스린 지 4년 아홉째 달 곧 기슬래 월 4일에 여호와께서 스가랴에게 말씀하셨습니다. _{1:1,7;슥 1:1}

2 벧엘 사람들이 사레셀과 레겜멜렉과 그 종들을 보내 여호와께 은혜를 구했다.

3 만군의 여호와의 성전에 있는 제사장들과 예언자들에게 물었다. "우리가 여러 해 동안 늘 하던 대로 다섯째 달에 울며 금식해야 합니까?" _{8:9,19;민 6:3;욜 2:7}

4 **참된 금식** 만군의 여호와께서 내게 말씀하셨다.

5 "이 땅의 모든 백성과 제사장들에게 말하여라. '너희가 지난 70년 동안 다섯째 달과 일곱째 달에 금식하고 슬피 울었는데 너희가 진심으로 나를 위해서 금식한 적이 있느냐? _{1:12;사 58:4-5}

6 너희가 먹고 마실 때 그저 너희 자신을 위해 먹고 마시지 않았느냐? _{고전 11:20-21}

7 너희가 이전부터 예언자들이 외친 여호와의 말씀을 들었어야 하는 것이 아니냐? 그때에는 예루살렘과 그 주변 성읍에 사람

이 잘 살았고 또 남쪽 지방과 서쪽 평원에도 사람이 살았었다.'"

_{12:3;사 1:5-6;렘 17:26}

8 **신앙의 핵심** 여호와께서 스가랴에게 말씀하셨다.

9 "만군의 여호와가 이미 이렇게 말했다. '공정한 재판을 하라. 서로 사랑과 자비를 베풀라. _{사 1:17;렘 21:12;미 6:8;마 23:23}

10 과부와 고아와 나그네와 가난한 사람을 억누르지 말라. 너희가 서로 해치려는 악한 마음을 먹지 말라.'"

_{사 1:23;렘 5:28}

11 듣기 싫어한 조상들 그러나 그들은 듣고 순종하지 않았으며 등을 돌리고 듣기 싫어 귀를 막았다. _{1:4;느 9:29}

12 여호와께서 이전의 예언자들에게 그분의 영을 부어 주셔서 율법과 말씀으로 가르치게 하셨다. 그러나 그들은 귀 기울이지 않으려고 마음을 돌같이 굳게 했다. 그래서 만군의 여호와께서 크게 화를 내셨다.

13 만군의 여호와께서 말씀하셨다. "내가 불렀을 때 그들이 듣지 않았으므로 나도 그들이 부를 때 듣지 않겠다. _{사 1:15;렘 11:11}

14 내가 회오리바람을 일으켜 그들을 그들이 알지 못하는 나라들 가운데로 흩어 버리겠다. 그들이 흩어진 뒤 그 땅은 황폐해져서 아무도 다닐 수 없게 될 것이다. 그들이 아름다운 땅을 황폐하게 만들었다."

8 예루살렘의 회복 만군의 여호와께서 말씀하셨다.

2 "만군의 여호와가 말한다. 내가 시온을 매우 사랑한다. 시온을 치는 사람에게 불같이 화를 낼 만큼 매우 사랑한다."

3 여호와께서 이렇게 말씀하셨다. "내가 시

이스라엘의 정기적 금식

이스라엘 사람들은 하나님의 계시를 받기 전(출 34:28; 신 9:9, 18), 죄를 회개할 때(삼상 7:6; 왕상 21:27; 시 69:10), 슬픔과 탄원의 표시(삼상 31:13; 삼하 1:12; 12:16; 느 1:4)로 금식하곤 했다. 바벨론 포로 후에는 정기적으로 1년에 네 번 국민이 모두 금식했다(슥 8:19).

○ 4월의 금식- 바벨론에게 예루살렘이 함락된 것

을 기억함(렘 39:2)

○ 5월의 금식- 성전과 왕궁, 예루살렘이 불탄 것을 기억함(왕하 25:8-10)

○ 7월의 금식- 유다 총독 그달리야와 백성들이 죽임당한 것을 기억함(왕하 25:25)

○ 10월의 금식- 느부갓네살에게 예루살렘이 포위당한 것을 애통함(왕하 25:1; 렘 52:4)

온으로 돌아왔으니 예루살렘에서 살겠다. 그러면 예루살렘은 진리의 성읍이라 불릴 것이요, 만군의 여호와의 산은 거룩한 산이라 불릴 것이다.

_{1:16;2:10;사 1:26;2:3}

4 만군의 여호와께서 이렇게 말씀하셨다. "예루살렘 길거리에 다시 나이 든 어르신들이 손에 지팡이를 짚고 다닐 것이요,

5 성읍의 길거리에 어린 남자 아이들과 여자 아이들이 가득히 뛰놀 것이다."

6 만군의 여호와께서 말씀하셨다. "그날에 이 일이 이 백성들 가운데 남은 사람의 눈에는 신기할 뿐이겠지만 그렇다고 내 눈에도 신기한 일이겠느냐?" 만군의 여호와께서 하신 말씀이다.

_{창 18:14;시 118:23}

7 만군의 여호와께서 이렇게 말씀하셨다. "내가 동쪽 지방으로부터 그리고 서쪽 지방으로부터 내 백성들을 구원하겠다.

8 그들을 데려와 예루살렘에서 살도록 할 것이다. 그들은 내 백성이 되고 나는 그들에게 성실하고 의로운 하나님이 될 것이다."

9 **일꾼들에 대한 약속** 만군의 여호와께서 이렇게 말씀하셨다. "만군의 여호와의 성전의 기초를 놓는 날 그곳에 있던 예언자들의 입으로 내가 말했다. 이날 이 말씀을 듣는 너희는 성전이 지어지기까지 힘을 내서 손을 강하게 하라.

_{삼하 16:21;학 2:4,18}

10 그날 이전에는 사람이나 짐승이나 품삯을 받지 못했다. 적들 때문에 아무도 자유롭게 드나들지 못했다. 내가 모든 사람들로 서로 싸우게 했기 때문이다.

_{학 1:6}

11 그러나 이제 내가 이 백성 가운데 남은 사람들에게 예전처럼 하지 않을 것이다. 나 만군의 여호와의 말이다.

12 하늘이 이슬을 내려서 씨앗은 잘 자라고 포도나무가 열매를 맺으며 땅이 곡식을 낼 것이다. 곧 평안하게 추수를 할 것이다. 내가 이 백성 가운데 남은 사람들에게 이 모든 것을 갖게 할 것이다.

_{학 1:10;2:19}

13 유다 백성들아, 이스라엘 백성들아, 다른 민족들이 너희를 저주했다. 그러나 이제 내가 너희를 구원할 것이요, 너희는 복을 받을 것이다. 두려워하지 말라, 힘을 내서 손을 강하게 하라."

_{사 43:28;65:15;창 2:5}

14 **백성으로 해야 할 일** 만군의 여호와께서 이렇게 말씀하셨다. "너희 조상들이 내 화를 돋우었을 때 내가 너희에게 재난을 내리기로 마음먹고 너희를 불쌍히 여기지 않았다." 만군의 여호와께서 말씀하셨다.

15 "그러나 이제 내가 마음을 돌려 예루살렘과 유다 백성들에게 은혜를 베풀기로 했으니 두려워하지 말라.

16 너희는 이렇게 해야 한다. 너희는 서로 진실을 말하고 너희 성문 재판 자리에서 참되고 정직한 재판을 베풀라.

_{사 15:2;엡 4:25}

17 너희는 서로 악한 일을 하려고 생각하지 말고 거짓 맹세하기를 좋아하지 말라. 이

Bible basics

스가랴 속 예수님 이야기

스가랴가 본 예수님의 모습

🔷 스가랴의 예언	🔷 신약의 성취
● 보좌에 앉으신 통치자의 모습 (슥 2:10-13)	계 5:13; 6:10; 22:1-5
● 거룩한 제사장의 모습 (슥 3:4-8)	요 2:19-21; 엡 2:20-21; 벧전 2:5
● 하늘의 높은 대제사장의 모습 (슥 6:12-13)	히 4:14; 8:1-2
● 나귀를 탄 통치자의 모습 (슥 9:9-10)	마 21:4-5
● 은돈 30의 예수님 몸값 (슥 11:12-13)	마 26:14-15
● 그 은돈으로 토기장이의 밭을 삼 (슥 11:13)	마 27:9-10
● 예수님의 몸이 찔림 (슥 12:10)	요 19:34, 37
● 상처 입은 목자이신 예수님과 흩어진 양 (슥 13:6-7)	마 26:31; 요 16:32

런 모든 것은 내가 미워하는 것이다. 나 여호와의 말이다."

5:4,7:10

18 순종의 기쁨 만군의 여호와께서 내게 말씀하셨다.

19 "만군의 여호와가 이렇게 말한다. 넷째 달과 다섯째 달과 일곱째 달과 열째 달에 하는 금식의 날이 유다 백성들에게 기쁘고 즐겁고 유쾌한 명절이 될 것이다. 그러니 너희는 진실하고 평화를 사랑하라."

20 앞날의 회복 만군의 여호와가 이렇게 말씀하셨다. "그후에 많은 백성들과 여러 성읍에 사는 사람들이 몰려올 것이다.

21 이 성읍의 사람들이 저 성읍으로 가서 말할 것이다. '우리가 빨리 가서 만군의 여호와를 찾고 여호와께 가서 기도하자' 하면 서로 '나도 가자'라고 할 것이다.

22 많은 백성들과 강한 나라들이 만군의 여호와를 찾고 여호와께 기도하러 예루살렘으로 올 것이다.

23 만군의 여호와께서 이렇게 말씀하셨다. "그날이 이르면 다른 언어를 가진 다른 민족 열 명이 와서 한 명의 유다 사람의 옷자락을 꽉 붙잡고 말할 것이다. '하나님이 너희들과 함께하신다는 말을 우리가 들었으니 우리가 너희들과 함께 가겠다.'"

9 **이스라엘의 적이 받을 심판** 여호와께서 하신 경고의 말씀이다. 이 말씀이 하드락 땅과 다메섹에 내렸다. 세상 사람의 눈과 이스라엘 모든 지파의 눈이 여호와를 *우러러보았다.*

사 17:1

2 하드락 땅 가까이 있는 하맛에도 경고하며 지혜롭다고 하는 두로와 시돈에도 경고의 말씀이 내릴 것이다.

렘 49:23,겔 28:3~5

3 두로는 자기들을 위해서 요새를 짓고 은을 티끌처럼 쌓고 순금을 거리의 진흙처럼 쌓아 두었다.

슥 19:29,겔 28:4~5

4 주께서 그가 가진 것을 빼앗고 쫓아내시며 바다에서 떨치던 그의 힘을 무너뜨리시고 그를 불로 삼키실 것이다.

겔 26:17

5 아스글론이 그것을 보며 두려워할 것이고 가사도 몹시 무서워할 것이며 에그론도 바라던 것을 잃고 무서워할 것이다. 가사에서 왕이 끊길 것이요, 아스글론에는 사람이 살지 않을 것이다.

습 2:4

6 아스돗에는 혼혈인들이 살 것이며 내가 블레셋 사람의 교만을 꺾을 것이다.

7 내가 블레셋의 입에서 피를 없애고 그의 이빨 사이에 낀 역겨운 것을 없앨 것이다. 그들의 남은 사람은 우리 하나님께 돌아와 유다의 한 지도자처럼 되고 에그론은 여부스 사람처럼 하나님의 백성이 될 것이다.

125~6,레 3:17,사 14:1,66:17

8 적이 오지 못하도록 막기 위해 내가 내 집을 둘러 진을 칠 것이다. 내가 내 눈으로 똑똑히 지키고 있으니 억압하는 사람이 다시는 그곳으로 침입하지 못할 것이다.

9 시온의 왕이 오심 시온의 딸아, 마음껏 기뻐하여라! 예루살렘의 딸아, 소리쳐라! 보아라, 네 왕이 네게로 오신다. 그는 의로우시며 구원을 베푸시는 분이다. 그는 겸손하셔서 나귀를 타시니 새끼 나귀를 타고 오신다.

렘 23:5,마 11:29,21:5,요 12:15

10 내가 에브라임에 있는 전차를 없애고 예루살렘에 있는 말을 없애고 전쟁용 활도 부

왜 시온의 왕은 새끼 나귀를 타고 오시나요?

나귀는 사람이 타거나 짐을 실어 나르는 데 사용되었어요. 일반적으로 왕들은 노새를 타고 다녔어요. 이에 비해 일반 평민들은 나귀를 탔어요. 그런데 예루살렘에 오시는 왕, 메시아는 노새가 아니라, 어린 나귀를 타고 오신다는 것이에요(슥 9:9).

나귀는 겸손과 평화를 상징하는 동물이에요. 그러므로 왕이 나귀 새끼를 타고 온다는 것은 이 세상 임금들과 달리 그분이 겸손과 평화의 왕임을 상징적으로 보여 주는 것이에요.

예수님이 예루살렘에 들어오실 때 스가랴의 예언대로 나귀 새끼를 타고 오셔서 겸손과 평화의 왕이 되심을 보여 주셨어요(마 21:5).

러뜨릴 것이다. 그가 다른 민족들에게 평화를 말하고 그가 바다에서 바다까지 다스리며 유프라테스 강에서 땅끝까지 다스릴 것이다. 출 23:31; 겔 72:8; 요 17:9; 5:5,10

11 너로 말하자면, 내가 너와 피로 언약을 맺었으므로 내가 너희 가운데 사로잡힌 사람들을 물 없는 구덩이에서 풀어 줄 것이다. 창 37:24; 겔 24:8; 사 42:7; 렘 38:6

12 사로잡혔으나 희망을 잃지 않은 사람들아, 너희는 요새로 돌아갈 게다. 오늘 너희에게 말한다. 내가 네게 두 배로 돌려줄 것이라고. 사 61:7; 렘 31:17

13 내가 유다를 활처럼 당기고 에브라임을 화살로 삼았다. 시온아, 내가 네 아들들을 일으켜 그리스 아들들을 치게 하고 내가 너를 용사의 칼처럼 쓸 것이다. 겔 27:13

14 여호와의 나타나심 그때 여호와께서 그분의 백성들에게 나타나셔서 화살을 번개처럼 쏘실 것이다. 만군의 여호와께서 나팔을 부시며 남쪽에서 부는 회오리바람처럼 앞으로 나가실 것이다. 삼하 22:15; 사 21:1; 27:13

스가랴가 예언한 메시아

스가랴서는 구약의 어떤 책보다 오실 메시아와 그분이 이루실 메시아 왕국에 대한 예언이 많이 나타나 있다. 다음은 예수님이 오셔서 스가랴의 예언을 이루신 것과 재림 때 완전히 이루실 내용이다.

1. 하나님의 백성을 괴롭히는 원수를 멸하실 것이다(슥 9:1-8).
2. 전쟁을 그치게 하고 평화를 이루실 것이다(슥 9:10).
3. 포로들을 해방시키실 것이다 (슥 9:11-13; 10:8-10).
4. 하나님의 백성에게 승리를 주실 것이다(슥 9: 14-15).
5. 하나님의 백성에게 복을 주실 것이다(슥 9:16-17).
6. 하나님의 백성을 강하게 하며 구원하실 것이다(슥 10:6).

15 만군의 여호와께서 그들을 보호하시니 그들이 원수를 쳐부수고 무릿매 돌을 던지는 사람을 밟아 이길 것이다. 그들이 술을 마신 듯이 적의 피에 취해 즐거이 부른다. 그들은 피로 가득 찬 그릇 같고 피에 젖은 제단 모서리 같을 것이다. 10:7; 12:6; 8:24; 4:18; 25

16 그날에 그들의 하나님 여호와께서 그들을 그분의 백성의 양 떼처럼 구원하실 것이다. 그들은 여호와의 땅에서 왕관에 달린 보석처럼 빛날 것이다. 렘 62:3; 말 3:17

17 그들이 얼마나 잘살고 얼마나 아름다운지 청년들은 곡식으로 굳세어지고 처녀들은 새 포도주로 아름다워질 것이다. 렘 1:12

10 목자로 인한 멸망 봄비 내리는 철에 비를 오게 해 달라고 여호와께 구하라. 여호와께서 먹구름을 만들고 그들에게 소나기를 내려 주셔서 밭의 채소를 사람들에게 주실 것이다.

2 우상들은 헛소리를 하고 점쟁이들은 거짓 환상을 보고 헛된 꿈을 말하므로 그들의 위로는 헛되다. 백성은 목자 없는 양같이 길을 잃고 헤매며 고통당한다. 창 31:19

3 "내가 목자들을 향해 화를 내며 내가 숫염소 같은 지도자들을 벌할 것이다. 만군의 여호와가 양 무리인 유다 백성을 보살펴서 그들을 전쟁에 나갈 날쌘 말처럼 만들 것이다. 겔 34:10; 17; 슥 2:7

4 이스라엘의 구원 그들에게서 모퉁잇돌 같은 사람이 나오며 그들에게서 천막의 말뚝 같은 사람이 나오며 그들에게서 싸울 때의 활 같은 사람이 나오며 그들에게서 다스리는 모든 사람이 나올 것이다.

5 그들은 싸울 때 용사 같아서 질퍽한 거리에서 적을 짓밟을 것이다. 여호와가 그들과 함께하므로 그들이 바싹 기마병들을 물리칠 것이다. 9:15; 사 20:7

6 내가 유다 백성을 강하게 하고 요셉 백성을 구원할 것이다. 내가 그들을 불쌍히 여기므로 그들을 돌아오게 할 것이다. 그들은 내게 한 번도 버림받지 않은 것처럼 될 것이다. 나는 그들의 하나님 여호와다. 내가

그들의 말을 들을 것이다. _{사 14:1;렘 3:18}

7 에브라임 사람들은 용사같이 되며 그들의 마음이 포도주를 마신 듯 기쁠 것이다. 그들의 자녀가 그것을 보고 기뻐하며 그들의 마음이 여호와로 인해 즐거워할 것이다.

8 내가 그들에게 휘파람 불어 신호를 보내서 그들을 모을 것이다. 내가 그들을 구원했으니 그들이 이전처럼 수가 많아질 것이다. _{사 5:26;렘 3:1□─11:2;겔 36:10,호 1:11}

9 내가 그들을 여러 민족들 가운데 심을 것이고 그들은 먼 곳에서도 나를 기억할 것이다. 그들이 그 자녀들과 함께 다 살아서 돌아올 것이다. _{신 30:1─3;겔 6:9;호 2:23}

10 내가 그들을 이집트에서 돌아오게 하고 그들을 앗시리아에서 모아서 길르앗과 레바논으로 데려올 것이니 그들이 살 땅이 부족할 것이다. _{호 11:11;미 7:14}

11 그들이 고통의 바다를 지나고 넘실거리는 바다 물결을 이길 것이다. 나일 강이 다 말라 바닥을 드러내고 앗시리아의 교만이 꺾이고 이집트를 다스리는 힘이 사라질 것이다. _{사 11:15;겔 30:13;암 8:8}

12 그들이 여호와를 의지함으로 내가 그들을 강하게 할 것이고 그들은 여호와의 이름을 받들면서 살 것이다. 여호와의 말이다.

11 목자들의 슬픈 노래 레바논아, 네 문을 열어라. 불이 네 백향목을 사를 것

이다. _{사 2:12─13}

2 잣나무야, 울부짖어라. 위풍당당하던 백향목이 쓰러지고 아름다운 나무가 꺾였다. 바산에 있는 상수리나무야, 울부짖어라. 울창한 숲이 베였다.

3 목자들이 울부짖고 있는 소리가 난다. 그들의 자랑스러운 풀밭이 망가져 버렸다. 젊은 사자가 으르렁거리는 소리가 난다. 요단 강 가의 무성한 수풀이 황폐해졌다.

4 선한 목자와 악한 목자 내 하나님 여호와께서 이렇게 말씀하셨다. "잡아먹힐 양 떼를 길러라. _{7절}

5 양 떼를 산 사람들이 그것들을 잡아도 그들에겐 죄가 없다. 그것들을 판 사람은 즐거워서 말한다. '여호와를 찬양하여라. 내가 부유하게 됐다.' 그러나 그들의 목자들조차 그들을 불쌍히 여기지 않는다."

6 여호와께서 하신 말씀이다. "내가 더 이상 이 땅에 사는 사람들을 불쌍히 여기지 않을 것이다. 내가 사람들을 그 이웃의 손과 왕의 손에 넘겨줄 것이다. 그들이 이 땅을 치겠지만 내가 그들의 손에서 이 땅에 사는 사람들을 구해 주지 않을 것이다."

7 내가 잡아먹히게 될 불쌍한 양 떼를 기를 것이다. 내가 막대기 두 개를 가져다가 하나는 '은총이라 부르고 또 하나는 '연합'이라 부르며 그 막대기로 양 떼를 돌보았다.

은돈 30과 토기장이 밭의 비밀

스가랴는 유다 백성들에게 목자로 일한 몸값을 요구했다(슥 11:12). 이때 유다 백성들은 스가랴에게 은돈 30을 주었다. 은돈 30은 구약 시대에 노예로 산 사람의 몸값이었다(출 21:32). 이는 예언자 스가랴에 대한 백성들의 모욕적인 평가를 보여 준 것이다.

하나님은 스가랴가 받은 그 은돈 30을 토기장이에게 던지라고 말씀하셨다(슥 11:13).

이것은 예수님이 가룟 유다에게 은돈 30에 팔릴 정도로 무례한 대우를 받으실 것을 미리 보여 주는 것이었다(마 26:15).

그리고 유다 백성이 정한 몸삯이 너무 부적당하므로 토기장이에게 던지라고 하신 하나님의 말씀은 예수님에게 그대로 성취되었다.

예수님을 판 유다는 은돈 30을 성전에 던졌고, 대제사장은 그 은을 거두어 토기장이의 밭을 사서 나그네의 묘지로 삼았다(마 27:5─10).

아겔다마 (Akeldama)

8 그리고 한 달 만에 나는 세 목자를 쫓아냈다. 그들이 내 마음에 들지 않고 그들도 마음으로 나를 싫어했기 때문이다. 10:3

9 내가 말했다. "내가 너희를 기르지 않을 것이다. 죽을 것은 죽고 망할 것은 망하라. 살아남은 것들은 서로 잡아먹으라."

10 그런 다음에 '은총'이라고 쓴 내 막대기를 가져다가 부러뜨리며 내가 모든 백성들과 맺은으며 언약을 깼다. 7절

11 그날 약속이 깨졌다. 내 말을 듣고 따르던 불쌍한 양들은 그것이 여호와의 말씀인 것을 알게 됐다.

12 내가 그들에게 말했다. "너희가 좋다고 생각하면 내가 받을 몸값을 내게 주고 주기 싫으면 그만두라." 그러자 그들은 내 몸값으로 은돈 30을 달아 주었다. 마 26:15

13 여호와께서 내게 말씀하셨다. "은돈 30은 그들이 내 몸값으로 매긴 값이다. 그 돈을 토기장이에게 던져 줘라!" 나는 은돈 30을 여호와의 성전에서 토기장이에게 던져 주었다. 마 27:9-10

14 그리고 나서 나는 '연합'이라고 부르는 두 번째 막대기를 부러뜨려며 유다와 이스라엘의 형제 관계를 끊어 버렸다. 7절

15 여호와께서 내게 말씀하셨다. "너는 어리석은 목자의 양치기 도구들을 다시 가져오너라. 왕하 24:18-20

16 보아라. 내가 이 땅에 새로운 한 목자를 세울 것이다. 그는 양을 잃고 생각하지 않으며 길을 잃은 양을 찾지 않고 상처 입은 양을 고쳐 주지 않을 것이다. 그는 튼튼한 양을 잘 기르지 않으며 오히려 살진 양을 잡아먹고 또 양들의 발굽을 찢을 것이다.

17 화 있을 것이다. 양 떼를 버린 못된 목자여! 칼이 그의 팔과 오른쪽 눈을 칠 것이다. 그 팔은 말라서 아주 못쓰게 되고 오른쪽 눈도 아주 멀어 버릴 것이다.

12 예루살렘의 구원 여호와께서 이스라엘에게 하신 경고의 말씀이다. 하늘을 펴고 땅의 기초를 놓으며 사람 안에 영을 지으신 여호와의 말씀이다.

2 "보라. 내가 예루살렘을 잔이 되게 하겠다. 그 이웃의 모든 민족들이 그 잔을 마시고 취해 쓰러질 것이다. 예루살렘이 포위당할 때 유다까지 함께 포위당할 것이다.

3 땅의 모든 민족들이 예루살렘을 치려고 모여들 것이다. 그날에 내가 예루살렘을 모든 민족들에게 무거운 바위가 되게 할 것이다. 그것을 들고 가려는 모든 사람들이 심하게 상처를 입을 것이다. 마 21:44

4 여호와께서 하신 말씀이다. "그날에 내가 모든 말을 쳐서 놀라게 하고 그 말을 탄 사람을 미치게 할 것이다. 유다 백성을 지키고 모든 민족들의 말을 쳐서 눈이 멀게 할 것이다. 9:8;신 28:28;시 76:6

5 유다의 지도자들은 마음속으로 말할 것이다. '예루살렘 사람들이 그들의 하나님이신 만군의 여호와로 말미암아 힘을 얻는구나.'

6 그날에 내가 유다의 지도자들을 장작더미 속에 놓은 난로 같게 하고 곡식 묶은 단 사이에 놓은 횃불 같게 할 것이다. 그들이 그 이웃 모든 나라들을 불태울 것이다. 그러나 예루살렘은 그 자리에 남을 것이다. 2:4;9:15;옵 5:14;옵 1:18

7 나 여호와가 유다가 사는 곳을 가장 먼저 구원할 것이다. 다윗 집안의 영광이나 예루살렘에 사는 사람들의 영광이 유다가 누릴 영광보다 더 크지 않을 것이다.

8 그날에 나 여호와가 예루살렘에 사는 사람들을 보호할 것이다. 예루살렘 가운데 연약한 사람이라도 다윗 같을 것이며 다윗의 백성은 하나님 같고 사람들을 앞에서 이끄는 여호와의 천사같이 될 것이다. 사 60:22

9 예루살렘을 치러 오는 여러 나라들을 내가 멸망시키고 말 것이다. 14:3

10 애통 내가 다윗의 백성과 예루살렘에 사는 사람들 위에 은혜와 용서를 구하는 영을 부어 줄 것이다. 그들은 찔려서 상처를 입은 나를 보고 슬퍼 울 것이다. 마치 외아들을 마음에 두고 슬퍼 울듯이 슬퍼 울 것이며 맏아들을 마음에 두고 슬퍼 울듯이 슬퍼 울 것이다. 요 19:37;계 1:7

11 그날에 예루살렘에서 크게 슬피 우는 소리가 마치 므깃도 골짜기에 있는 하다드림몬에서 크게 슬피 울던 소리 같을 것이다.

12 온 땅의 각 집안이 따로따로 슬피 울 것이다. 다윗 집안이 따로 울고 그들의 아내들이 따로 울며 나단 집안이 따로 울고 그들의 아내들이 따로 울며 7:3;삼하 5:14;눅 3:31

13 레위 집안이 따로 울고 그들의 아내들이 따로 울며 시므이 집안이 따로 울고 그들의 아내들이 따로 울 것이며, 민 3:18

14 모든 남은 백성들도 각각 따로 울고 그들의 아내들도 따로 슬피 울 것이다."

13 이스라엘을 구원하심 "그날에 다윗의 백성과 예루살렘에 사는 사람들의 죄와 더러움을 깨끗하게 씻을 수 있는 샘이 열릴 것이다."

2 만군의 여호와께서 말씀하셨다. "그날에 내가 우상들의 이름을 이 땅에서 없애 버리고 그것들이 더 이상 기억도 되지 않게 할 것이다. 내가 또 이 땅에서 거짓 예언자들과 더러운 귀신을 없애 버릴 것이다.

3 만약 누가 아직도 예언을 한다 하면 그를 낳은 부모라 할지라도 그에게 말할 것이다. '네가 여호와의 이름으로 거짓말을 하니 너는 죽어야 마땅하다' 하며 그가 예언을 할 때 그를 낳은 부모가 그를 칼로 찌를 것이다. 신 13:1-11

4 그날에 모든 예언자가 자기가 예언하는 환상을 부끄러워할 것이다. 예언자들은 *사람들에게* 예언자처럼 보이기 위해 걸치는 털옷을 입으려고 하지 않을 것이다.

5 그들이 이렇게 말할 것이다. '나는 예언자가 아니라 농부다. 내가 젊어서부터 머슴 노릇을 했다.' 암 7:14

6 만약 누가 그에게 묻기를 '가슴에 있는 이 상처들은 어떻게 된 것이오?' 하면 그는 대답할 것이다. '내가 친구 집에서 상처를 입었다.'"

7 흩어진 양들 만군의 여호와께서 하신 말씀이다. "칼아, 깨어 일어나 내 목자를 쳐라. 네 짝이 된 사람을 쳐라. 목자를 쳐라. 그러면 양들이 흩어질 것이다. 나는 흩어진 작은 것들 위에 내 손을 드리울 것이다."

8 여호와께서 하신 말씀이다. "온 땅의 3분의 2는 멸망할 것이고 3분의 1은 거기 남아 있을 것이다. 14:2

9 3분의 1을 내가 불 속에 던져 넣어서 은을 제련하는 것처럼 그들을 단련할 것이다. 금을 시험하는 것처럼 그들을 시험할 것이다. 그들이 내 이름을 부르면 내가 그들에게 대답할 것이다. 나는 그들에게 '너희는 내 백성들이다'라고 말할 것이고 그들은 '여호와는 우리 하나님이시다'라고 말할 것이다." 시 66:10,12;사 48:10

14 여호와의 심판 여호와께서 심판하실 날이 다가오고 있다. 그날이 오면 너희의 물건을 빼앗은 자들이 너희 앞에서 서로 나눠 가질 것이다.

2 내가 모든 나라들을 예루살렘에 불러 모아 예루살렘과 싸우게 할 것이다. 그 성은 함락되고 집은 약탈당하며 여자들은 겁탈당할 것이다. 그 성읍 백성이 2분의 1이나 포로로 사로잡혀 갈 것이다. 나머지 백성들은 죽임당하지 않고 그 성읍에 남아 있을 것이다. 사 13:16;애 5:11;슥 3:2;눅 21:24

3 그때 여호와께서 나가셔서 마치 전쟁하는 날에 싸우듯이 그 나라들과 싸우실 것이다. 12:9

여호와만 아시는 '그날'

스가랴는 "그날이 언제 올 지 여호와께서만 아신다. 그날은 낮이 따로 없고 밤도 따로 없으나 언제나 밝고 저녁이 돼도 오히려 밝을 것이다."(슥 14:7)라고 했다. 여기에서 '그날'은 '지정된 어느 날', '하나밖에 없는 날', '특별한 날'을 가리킨다. 이것은 예수님이 "그 날째와 그 시각은 아무도 모른다. 하늘의 천사들도 모르고 아들도 모른다. 오직 아버지만 아신다."(막 13:32; 행 1:6-7)라고 하신 바로 그날이며, 새로운 세상이 시작되는 그날이다.

본문의 말씀처럼 그날은 낮밤이 따로 없고 영원한 빛이 있어 다시는 밤이 없게 되는 날이다.

4 그날이 오면 주께서 예루살렘의 동쪽에 있
는 올리브 산에 서 계실 것이다. 올리브 산
이 동쪽과 서쪽으로 둘로 갈라져 매우 큰
골짜기를 만들 것이다. 산의 2분의 1은 북
쪽으로 옮겨지고 다른 2분의 1은 남쪽으
로 옮겨질 것이다. 삼하 15:30;겔 11:23
5 그 골짜기가 아셀까지 이어지고 너희는 그
골짜기로 도망칠 것이다. 마치 유다 왕 웃
시야가 다스리던 시절에 지진을 피해 도망
치던 것처럼 도망갈 것이다. 그때 내 하나
님 여호와께서 오실 것이며 모든 거룩한
사람들이 주와 함께 올 것이다.
6 그날이 오면 빛이 없을 것이고 빛나는 것
들, 곧 해와 별이 없어질 것이다. 계 21:23
7 그날이 언제 올 지 여호와께서만 아신다. 그
날은 낮이 따로 없고 밤도 따로 없으나 언
제나 밝고 저녁이 돼도 오히려 밝을 것이다.
8 **왕의 통치** 그날이 오면 생수가 예루살렘에
서 흘러나와서 2분의 1은 동쪽 바다로 흘
러가고 2분의 1은 서쪽 바다로 흘러갈 것
이다. 여름에도 흐르고 겨울에도 흐를 것
이다. 사 33:16;욜 2:20;요 4:10;계 22:1
9 그날이 오면 여호와께서 온 세상의 왕이
되시며 오직 여호와만 홀로 주가 되실 것
이다. 오직 한 분이신 그분의 이름만이 섬
김을 받으실 것이다. 1절;시 47:7;말 1:14;엡 4:5-6
10 게바에서 예루살렘 남쪽 림몬까지 온 땅이
아라바처럼 평야가 될 것이다. 그러나 예루
살렘은 높이 솟아 있을 것이다. '베냐민 문'
에서 '첫 문'을 지나 '모퉁이 문'까지 이르고
또 '하나넬 탑'에서 왕궁의 포도주 틀까지
그 자리에 남아 있을 것이다.
11 그곳에 사람들이 살고 다시는 멸망하지
않을 것이다. 예루살렘은 안전할 것이다.
12 **악한 자의 심판** 이것이 여호와께서 예루살렘
을 치는 모든 민족들에게 내릴 재앙이다.
그들이 아직 두 발로 서서 살아 있는 동안
살이 썩고 눈이 눈구멍 안에서 썩을 것이
며 혀가 입안에서 썩을 것이다.
13 그날이 오면 여호와께서 나라들 가운데 큰
혼란을 보내실 것인데 그들은 서로 손을
붙들고 자기들끼리 싸울 것이다.
14 유다도 예루살렘을 지키려고 싸울 것이며 예
루살렘에 모든 이웃 나라들의 재물, 곧 금
과 은과 옷이 엄청나게 많이 쌓일 것이다.
15 이런 재난이 적의 진영에 있는 모든 동물
들, 곧 말과 노새와 낙타와 나귀에게 일어
날 것이다. 12절
16 **남은 사람의 축제** 그때 예루살렘을 치러 온
모든 나라들 가운데서 살아남은 사람들
은 해마다 예루살렘으로 올라올 것이다.
그들은 거기서 만군의 여호와인 왕을 예
배하고 초막절을 지낼 것이다. 느 1:15
17 **왕을 예배하는 천하 만국** 이 땅의 어떤 백성
이라도 예루살렘에 올라와서 만군의 여호
와 되시는 왕을 예배하지 않으면 그들에
게 비가 내리지 않을 것이다. 사 60:12
18 만약 이집트 백성이 올라오지 않으면 그들
에게 비가 내리지 않아서 나일 강이 마를
것이다. 초막절을 지내러 올라오지 않는
어느 나라 사람들에게든지 여호와께서 재
앙으로 내리치실 것이다.
19 이집트 사람이든 어느 나라 사람이든 초막
절을 지키러 올라오지 않는 모든 사람들
이 받을 벌이다.
20 **거룩한 왕국** 그날이 오면 말의 목에 달린
방울에까지 '여호와께 거룩히 드려진 것'이
라는 글이 새겨질 것이고 여호와의 성전에
있는 솥들이 제단 앞의 대접같이 거룩하
게 될 것이다. 사 23:18;미 4:13
21 예루살렘과 유다에 있는 모든 솥이 만군의
여호와께 거룩하게 바친 것이 돼 제사드리
러 온 사람들이 모두 이 솥을 가져다가 그
솥에 제물로 드릴 고기를 삶을 것이다. 그
리고 그날이 오면 만군의 여호와의 성전에
다시는 가나안 사람이 없을 것이다.

동쪽 바다, 서쪽 바다(14:8, the eastern sea, the western sea) 동쪽 바다는 '사해' 또는 '염해', 서쪽 바다는 '지중해'를 뜻함.

Malachi
말라기

바벨론에서 돌아온 이스라엘 사람들은 학개와 스가랴의 격려로 성전을 재건했어요.
그리고 곧 메시야가 올 것이라고 기대했어요. 그러나 수십 년이 지나도 메시야가 오지 않자,
이스라엘 사람들은 메시야에 대한 약속을 점점 의심하게 되었어요. 쓸모없고 병든 동물을 제물
로 드리며, 제사장들조차 욕바른 예배를 드리지 않았어요. 하나님께 드려야 할
십일조를 떼어 먹고, 다른 민족과 결혼했으며 타락한 생활을 했어요.
말라기는 하나님이 죄인을 심판하시는 날이 반드시 올 것이라고 경고해
요. 죄를 회개하고, 율법을 다시 기억하며 하나님과 약속의 관계로 돌아
오라고 호소해요. 그리고 하나님이 심판의 날에 하나님을 섬긴 사람을
기억하실 것이라는 약속을 선포합니다.
말라기서는 하나님이 얼마나 사랑이 많으신지, 죄인들이 회개하기를 얼마나
오랫동안 기다리시는지, 죄인들이 하나님께 돌아와 그분의 말씀대로 살기를 얼마나 원하시는
지를 알게 합니다.

말라기는 무슨 뜻인가요?
'나의 사자'라는 뜻이에요.
이 책의 저자이자 중심 인물인 말라기의 이름을 따서 제목을 붙인 거예요.

누가 썼나요?
예언자 말라기가 썼어요. 말라기는 이스라엘 사람들의 불신앙을 증
명하기 위해, 하나님께 '우리가 어떻게 그렇게 했습니까?'라고 반
문하고 그에 대한 답을 이스라엘의 모습에서 찾는 형식으로 이 책을 썼어요.

언제 썼나요?
BC 430년경

주요한 사람들은?

말라기
세례 요한 이전까지 구약의 마지막 예언자

한눈에 보는 말라기

1:1-5 이스라엘을 향한 하나님의 사랑

3:16-4:6 이스라엘을 향한 하나님의 약속

1:6-3:15 이스라엘의 죄와 하나님의 심판

말라기 Malachi

1 말라기의 예언 여호와께서 말라기를 통해 이스라엘에게 경고하신 말씀입니다.

2 **변함없는 하나님의 사랑** 여호와께서 말씀하셨다. "내가 너를 사랑했다. 그런데 너희는 '우리가 어떻게 사랑하셨습니까?' 하는구나." 여호와의 말씀이다. "에서는 야곱의 형이 아니냐? 그러나 내가 야곱은 사랑했고

3 에서는 미워했다. 그래서 내가 그의 산들을 폐허로 만들었고 그의 유산을 들짐승에게 주었다."

사 34:13

4 "우리가 쓰러졌어도 돌아가 그 폐허를 재건하겠다"라고 에돔은 말한다. 그러나 만군의 여호와께서는 말씀하셨다. "그들이 세운다 해도 내가 부숴 버릴 것이다. 그들은 '죄악의 땅', 곧 '영원히 여호와의 진노 아래 있는 백성들'이라고 불릴 것이다.

5 그러면 너희는 그것을 보고 '여호와는 이스라엘 국경 밖에서도 위대하시다'라고 말할 것이다.

6 **흠 있는 제물** 만군의 여호와께서 말씀하셨다. "내 이름을 소홀히 하는 제사장들아! 아들은 아버지를 존경하고 종은 주인을 존경하는 법이다. 날더러 아버지라면서 나를 존경함이 어디 있느냐? 날더러 주인

이라면서 나를 두려워함이 어디 있느냐? 그러나 너희는 '우리가 어떻게 주의 이름을 경멸했습니까?'라고 말할 것이다.

7 너희는 내 제단에 부정한 빵을 올렸다. 그러고도 너희는 '우리가 어떻게 주를 더럽혔습니까?'라고 말한다. 너희는 여호와의 식탁을 소홀히 해도 된다고 생각한다.

8 너희가 눈이 먼 것들을 제물로 올린다면 악한 것이 아니냐? 다리 저는 것이나 병든 것을 제물로 올린다면 악한 것이 아니냐? 그것들을 너희 총독에게 한번 바쳐 보라. 그가 너를 기뻐하겠느냐? 그가 너를 좋게 여기겠느냐?" 만군의 여호와께서 말씀하셨다.

9 "너희는 여호와께 불쌍히 여겨 달라고 은혜를 간청해 보라. 너희 손으로 그런 짓을 했는데 그분이 너희를 좋게 여기시겠느냐?" 만군의 여호와께서 말씀하셨다.

10 "너희 가운데 누가 성전 문들을 닫아서 내 제단에 쓸데없이 불을 지피는 일이 없었으면 좋겠다. 내가 너희를 기뻐하지 않는다." 만군의 여호와께서 말씀하셨다. "그리고 내가 너희 손에 있는 제물은 어떤 것도 받지 않겠다.

렘 6:20;암 5:21

11 해 뜨는 데서부터 해 지는 데까지 내 이름이 이방 민족들 가운데서 높임을 받을 것이다. 곳곳마다 내 이름을 위해 분향하며 정결한 제물이 바쳐질 것이다. 이는 내 이름이 이방 민족들 가운데서 높임을 받게 될 것이기 때문이다." 만군의 여호와께서 말씀하셨다.

사 22:5;67:6;7;60:3;65:1;66:19

이스라엘 백성은 하나님께

정말 우리를 사랑하나요?

"하나님, 우리를 어떻게 사랑하셨습니까?"(말 1:2) 라고 질문했어요.

그러자 하나님은 야곱과 에서를 예로 들어, 야곱이 에서보다 더 사랑할 만한 가치가 있어서가 아니라, 하나님이 야곱을 사랑하기에 주권적으로 선택했다고 말씀하셨어요(말 1:2-3).

하나님은 이미 아브라함, 이삭, 야곱 그리고 그후 손들과 언약을 맺으셨어요(창 6:18; 9:9-17; 17:1-

8). 하나님은 이 스라엘을 자기 백성으로 인정하시고, 그들을 보호하시며 필요를 채워 주겠다고 약속하셨어요. 이에 대해 백성들도 오직 하나님만을 순종하고 신뢰하기로 맹세했으나, 하나님의 사랑을 자꾸 반역하기 일쑤였어요.

하나님은 바벨론 군대를 통해 이스라엘을 심판하셨지만, 다시금 고향으로 돌아와 회복된 삶을 누리게 하셨어요. 이처럼 하나님은 언약을 신실하게 지키시는 분이랍니다.

12 "그러나 너희는 '여호와의 식탁이 더럽혀졌으니 그 위에 있는 음식은 무시해도 괜찮아'라고 말해 내 이름을 더럽히고 있다.

13 그리고 너희는 '보라. 진짜 귀찮은 일이야'라고 말하며 그것을 멸시한다." 만군의 여호와께서 말씀하셨다. "너희가 찢긴 것이나 다리 저는 것이나 병든 것을 가져와 제물로 바치고 있는데 내가 네 손에서 그것을 달갑게 받겠느냐?" 여호와께서 말씀하셨다.

14 "자기 짐승 떼에서 수컷을 드릴 수 있고 맹세도 했는데 주께 흠 있는 것을 바치며 속이는 사람에게는 저주가 있을 것이다. 나는 위대한 왕이기 때문이다. 민족들이 내 이름을 두려워하기 때문이다." 만군의 여호와께서 말씀하셨다. 시 47:2; 슥 14:9

2 제사장의 잘못된 가르침 "오 제사장들아, 이제 이 훈계는 너희를 위한 것이다.

2 너희가 듣지 않으면, 곧 너희가 내 이름을 경외하겠다고 마음을 다지지 않으면 내가 너희 위에 저주를 보낼 것이고 내가 너희 복을 저주로 만들 것이다." 만군의 여호와께서 말씀하셨다. "그렇다, 나는 이미 그

복을 저주로 만들었다. 너희가 나를 경외하겠다고 마음을 다지지 않았기 때문이다.

3 보라. 너희로 인해 내가 너희 자손을 꾸짖겠다. 내가 너희 절기 희생물에게서 나온 오물을 너희 얼굴에 던질 것이고 너희를 그것과 함께 없애 버릴 것이다. 학 2:17

4 그러면 너희는 레위와 맺은 계약이 계속되게 하기 위해 내가 이 훈계를 너희에게 주었다는 것을 알게 될 것이다." 만군의 여호와께서 말씀하셨다. 민 25:12-13; 느 13:29

5 "내가 레위와 맺은 계약은 생명과 평화의 언약이다. 그가 나를 경외하도록 그와 언약을 맺었고 그는 나를 경외하고 내 이름을 두려워했다. 레 16:2; 사 54:10

6 그의 입에는 진리의 법이 있고 그의 입술에서 죄악이라고는 찾을 수 없었다. 그가 나와 함께 평화롭고 올바르게 행했고 많은 사람을 죄악에서 돌아오게 했다.

7 제사장의 입술은 지식을 담아야 하고 사람들은 그의 입에서 율법을 찾는다. 그는 만군의 여호와의 사자이기 때문이다.

8 그러나 너희는 그 길에서 벗어났고 네 법

하나님은 흠 있는 제물과 형식적인 예배를 책망하심

으로 많은 사람들을 걸려 넘어지게 했다. 너희는 레위와 맺은 계약을 깨뜨렸다." 만군의 여호와께서 말씀하셨다. 겔22:26

9 "그러므로 내가 너희로 모든 백성들 앞에서 멸시당하고 천대받게 하겠다. 너희가 내 길을 지키지 않고 율법을 적용하는 데 있어서 치우침을 보였기 때문이다."

10 불성실한 유다 우리 모두가 한 아버지를 모시지 않았느냐? 한 하나님이 우리를 창조하지 않으셨느냐? 왜 우리가 형제끼리 신뢰를 저버려 우리 조상들이 받은 계약을 욕되게 하는 것이냐? 엡4:6

11 유다가 신의를 저버렸고 이스라엘과 예루살렘에서 역겨운 일을 저질렀다. 유다가 여호와께서 사랑하시는 그 성소를 더럽혔고 이방신을 섬기는 여자들과 결혼했다.

12 이 일을 하는 사람은 증인이든 보증인이든 만군의 여호와께 제물을 갖다 바치는 사람이든 여호와께서 야곱의 장막에서 쫓아내실 것이다. 1:7

13 이혼의 경솔함 너희가 저지른 또 다른 일이 있었다. 그분이 더 이상 너희 제물을 생각하지 않으시고 너희 손에서 나온 것들을 기쁘게 받지 않고 너희 손에서 나온 것들을 기쁘게 받지 않으신다고 너희가 여호와의 제단을 눈물과 통곡과 울부짖음으로 덮었다.

14 너희는 "왜?"라고 묻는다. 이는 너와 네가 어려서 얻은 아내 사이에 여호와께서 증인이 되시기 때문이다. 그녀가 네 동반자이며 너와 언약으로 맺어진 아내임에도 불구하고 네가 신의를 저버렸기 때문이다.

15 여호와께서 하나가 되게 하시지 않았느냐? 그분이 남은 영이 없어서 그러셨느냐? 그렇다면 왜 하나이겠느냐? 경건한 씨를 찾으시려는 것이다. 그러니 네 영을 잘 지키고 네가 어려서 결혼한 아내에게 신의를 저버리지 마라. 창2:24,스 9:2,마 19:4-5

16 이스라엘의 하나님 여호와께서 말씀하셨다. "나는 이혼하는 것을 싫어한다. *그의 옷을 폭력으로 덮는 것도 싫어한다." 만군의 여호와께서 말씀하셨다. 그러니 너희 마음을 잘 지키고 신의를 저버리지 말라.

17 공의의 하나님이 오심 너희가 말로 여호와를 괴롭게 하고도 "우리가 어떻게 그분을 피곤하게 했습니까?" 하는구나. 너희는 "악을 행하는 사람마다 여호와께서 좋게 보시고 그분께서 기뻐하신다"라고 말하며 "공의의 하나님께서 어디 계시냐?"라고 말한다. 3:1,15:사 5:20;43:24;벧후 3:4

3

계약의 심부름꾼 "보라, 내가 내 심부름꾼을 보내 내 앞에 길을 닦게 하겠다. 그러고 나면 너희가 바라는 주께서 갑자기 그 성전에 올 것이다. 너희가 좋아하는 계약의 심부름꾼 말이다. 그가 올 것이다." 만군의 여호와께서 말씀하셨다. 2:7;17;4:5

2 "그러나 그가 오는 그날을 누가 견뎌 낼 수 있겠느냐? 그가 나타날 때 누가 서겠느냐? 그는 금을 제련하는 사람의 불 같고 세탁하는 사람의 비누 같을 것이다.

3 그가 은을 제련해 순은을 만드는 사람처럼 앞서서 레위 자손들을 깨끗하게 할 것

말라기가 말하는 바른 예배

바벨론 포로에서 돌아온 이스라엘 백성들은 영적으로 부패하여 흠이 있는 제물로 진심이 없는 제사를 드렸다. 하나님은 이러한 제사를 받지 않으신다. 이에 대해 말라기 예언자는 다음과 같이 충고했다.

첫째, 하나님은 진심으로 경외하지 않고 드리는 제물을 받지 않으신다(말 1:6-10).

둘째, 하나님은 그분의 명령대로 행하지 않고, 일부

러 그 뜻을 어기는 사람의 제물을 받지 않으신다(말 2:11-16).

셋째, 하나님의 법을 백성들에게 올바르게 가르치지 않고 자기 직책을 충실하게 수행하지 않는 제사장들의 예배를 받지 않으신다(말 2:1-9).

넷째, 회개하고 하나님과 올바른 관계를 가지며 정결한 제물로 드리는 예배를 하나님은 기뻐 받으시고 넘치는 복으로 채워 주신다(말 3:7-12).

이다. 그가 금과 은처럼 그들을 제련하면 그들이 여호와께 의로 예물을 드리게 될 것이다. 1:7;사 1:25;슥 13:9

4 그러면 유다와 예루살렘의 제물들이 예전처럼, 곧 옛날처럼 여호와께서 기뻐하실 만한 것이 될 것이다. 겔 20:40

5 **심판받을 악인** 그러므로 내가 심판하기 위해 너희에게 가까이 나아가겠다. 마법사들, 간음하는 사람들, 거짓 증언하는 사람들, 그리고 일꾼의 품삯을 착취하고 과부와 고아를 압제하고 이방 사람의 권리를 박탈하면서도 나를 경외하지 않는 사람들에 대해 즉시 증인이 되겠다." 만군의 여호와께서 말씀하셨다. 렘 29:23

6 **하나님의 것을 도둑질함** "나 여호와는 변하지 않는다. 그러니 야곱의 자손들아, 너희는 멸망하지 않는다. 민 23:19;시 102:27

7 너희 조상들의 때부터 너희는 내 규례에서 떠나 지키지 않았다. 내게 돌아오라. 그러면 나도 너희에게 돌아가겠다." 만군의 여호와께서 말씀하셨다. "그러나 너희는 '우리가 어떻게 해야 돌아갈 수 있습니까?'라고 말하는구나. 1:2;슥 1:3;행 7:51

8 사람이 하나님의 것을 훔칠 수 있을까? 그런데 너희는 내 것을 훔쳤다. 그러나 너희는 '우리가 어떻게 주의 것을 훔쳤다고 그러십니까?'라고 말하는구나. 너희가 내게서 훔친 것은 십일조와 예물이다. 느 13:10

9 너희가 저주 아래 있다. 너희와 너희 민족 전체가 내 것을 훔쳤으니 22

10 창고에 십일조 전부를 가져다 놓고 내 집에 먹을 것이 있게 하라. 이 일로 나를 시험해 내가 하늘 창문을 열고 너희가 쌓을 자리가 없도록 복을 쏟아붓지 않나 보라." 만군의 여호와께서 말씀하셨다.

11 "내가 너희를 위해 먹어 치우는 것들을 꾸짖고 너희 땅의 열매들을 망치지 않게 하고 너희 포도나무 열매가 익기도 전에 떨어지는 일이 없게 하겠다." 만군의 여호와께서 말씀하셨다. 욜 1:4

12 "그러고 나면 모든 민족들이 너희가 복되다고 말하게 될 것이다. 너희 땅이 기쁨의 땅이 될 것이기 때문이다." 만군의 여호와께서 말씀하셨다. 사 62:4

13 **다가올 여호와의 날** 여호와께서 말씀하셨다. "너희가 내게 불손한 말을 했다. 그러나 너희는 '우리가 무슨 말을 했다고 그러십니까?'라고 말하는구나. 1:2;2:17

14 너희는 말하기를 '하나님을 섬기는 것은 쓸데없는 일이다. 우리가 그분의 명령을 지키고 만군의 여호와 앞에서 슬픈 사람들처럼 왔다 갔다 한다고 해서 무슨 이득이 있느냐?' 욥 21:15;슥 1:12

15 그러고 보니 우리가 교만한 사람들에게 복이 있다고 해야 한다. 악한 사람들은 번성하고 또 하나님께 도전하는 사람들은

내가 드릴 십일조는 얼마일까요?

십일조는 자기 수입의 10분의 1을 하나님께 드리는 것을 말해요. 모든 것은 하나님이 주신 거예요. 그러기에 십일조를 바치지 않는 것은 하나님의 것을 도둑질하는 행위랍니다(말 3:8-9). 아래 용돈기입장에 적힌 수입을 보고, 내가 드려야 할 십일조가 얼마인지 계산해 보세요! 이제부터 십일조를 드리는 어린이가 될 거죠?

🐷 용돈 기입장 (수입)		
날짜	내 용	들어온 돈
4/1	아빠용돈	10,000
4/3	구두닦이	2,000
4/6	심부름값	1,000
4/10	구두닦이	2,000
4/15	심부름값	1,000

✏️ **내가 드릴 십일조는 얼마일까요?**

① 1,000원 ② 1,500원 ③ 1,600원 ④ 2,000원

2:16 또는 '그의 옷으로 폭력을 가리는 것도 싫어한다.'

© (月유)

여호와의 이름을 경외하는 사람에게 의의 광선으로 비추신

않을 것이다.

2 그러나 내 이름을 경외하는 너희에게는 의의 태양이 떠올라서 그 광선으로 치료할 것이다. 그리고 너희는 외양간에서 풀려난 송아지처럼 펄쩍펄쩍 뛸 것이다.

3 그러고 나서 너희는 악한 사람들을 짓밟게 될 것이다. 내가 이런 일을 할 그날에 그들이 너희 발바닥 밑의 재와 같을 것이다." 만군의 여호와께서 말씀하셨다.

4 **백성의 의무** "너희는 내가 호렙 산에서 온 이스라엘을 위해 내 종 모세를 시켜서 명령한 율법, 곧 규례와 법도를 기억하라.

5 **메시아의 오심** 보라. 그 크고 무서운 여호와의 날이 오기 전에 내가 너희에게 예언자 엘리야를 보낼 것이다.

막 9:11

6 그가 부모의 마음을 자식에게 돌리고 자식의 마음을 부모에게 돌릴 것이다. 돌이키지 않으면 내가 가서 저주로 이 땅을 칠 것이다."

마 11:14; 눅 5:3; 눅 1:17

화를 입지 않는다'라고 말했다."

시 95:9

16 그때 여호와께서는 여호와를 경외하는 사람들이 서로 말하는 것을 귀 기울여 들으셨다. 여호와를 두려워하고 그분의 이름을 존중하는 사람들을 여호와 앞에 있는 기억의 두루마리에 기록하셨다.

신 66:7

17 만군의 여호와께서 말씀하셨다. "그들은 내 소유이다. 내가 행동할 그날에 그들은 특별한 내 소유가 될 것이다. 사람이 자기를 섬기는 아들을 아끼는 것처럼 내가 그들을 아낄 것이다.

4:3; 출 19:5; 행 17:31; 벧전 2:9

18 그때 너희는 다시금 의인들과 악인들, 하나님을 섬기는 사람들과 섬기지 않는 사람들을 구별하게 될 것이다.

4:1

4 여호와의 날 "보라. 그날은 반드시 올 것이다. 그날은 용광로처럼 타오를 것이다. 모든 교만한 사람들과 악을 행하는 모든 사람들은 지푸라기 같을 것이고 이제 올 그날에 그들을 다 태워 버릴 것이다." 만군의 여호와께서 말씀하셨다. "그들에게 뿌리 한 가닥이나 가지 하나도 남지

여호와 앞에 있는 기억의 두루마리

'기억의 두루마리'란 하나님을 경외하는 사람들의 이름과 행위가 적혀 있으며 하나님 앞에 놓여 있는 책이다(말 3:16). 역사의 종말, 심판의 때에 알곡과 쭉정이가 구분될 것인데(눅 3:17), 이때 하나님이 심판의 기준으로 삼으시는 것이 이 책이다.

기억의 두루마리는 요한계시록에 나오는 생명책과도 관련이 있다(계 20:12). 하나님께서 인간의 행위를 기록하고, 하나님의 때에 심판하신다는 생각은 성경 곳곳에 나타난다(시 56:8; 69:28; 사 65:6; 눅 10:20).

이사야, 예레미야, 예레미야애가, 에스겔, 다니엘, 호세아, 요엘, 아모스, 오바댜, 요나, 미가, 나훔, 하박국, 스바냐, 학개, 스가랴, 말라기 퀴즈

누구일까요?

이사야에서 말라기까지는 예언자들이 전한 하나님의 말씀이에요. 어렵기도 하지만 우리가 반드시 듣고 순종해야 할 말씀입니다. 아래 설명에 이어진 길을 따라가서 그에 맞는 예언자의 이름을 적어보세요. 누구일까요?

1. "제가 여기 있습니다. 저를 보내 주십시오!"(사 6장)

2. 아몬드 나무 가지와 끓는 가마 환상을 보았어요.(렘 1장)

3. 마른 뼈들이 살아나는 환상을 보았어요.(겔 37장)

4. 사자 굴 속에서 살아 나왔어요.(단 6장)

5. 음란한 여자를 아내로 맞았어요.(호 1장)

6. 메뚜기 재앙을 예언했어요.(욜 1장)

7. 다림줄 환상을 보았어요.(암 7장)

8. 에돔에 대한 심판을 예언했어요.(옵 1장)

9. 물고기 배 속에서 3일 동안 지냈어요.(욘 1장)

10. 예수님이 베들레헴에서 나실 것을 예언했어요.(미 5장)

11. 앗시리아의 멸망을 예언했어요.(나 3장)

12. "의인은 그의 믿음으로 살 것이다"(합 2장)

13. 여호와의 큰 날을 예언했어요.(습 1장)

14. 성전을 다시 건축하도록 격려했어요.(학 1장)

15. 예수님이 새끼 나귀를 타고 오실 것을 예언했어요.(슥 9장)

16. 예언자 엘리야를 보낼 것을 예언했어요.(말 4장)

정답 1.이사야 2.예레미야 3.에스겔 4.다니엘 5.호세아 6.요엘 7.아모스 8.오바댜 9.요나 10.미가 11.나훔 12.하박국 13.스바냐 14.학개 15.스가랴 16.말라기

작은 책들의 모음

성경

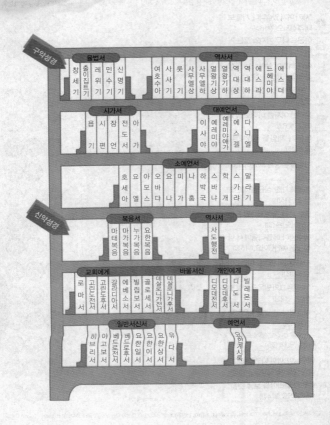

구약성경

율법서
창세기 · 출애굽기 · 레위기 · 민수기 · 신명기

여호수아 · 사사기 · 룻기 · 사무엘상 · 사무엘하 · 열왕기상 · 열왕기하 · 역대상 · 역대하 · 에스라 · 느헤미야 · 에스더
역사서

시가서
욥기 · 시편 · 잠언 · 전도서 · 아가

이사야 · 예레미야 · 예레미야애가 · 에스겔 · 다니엘
대예언서

소예언서
호세아 · 요엘 · 아모스 · 오바댜 · 요나 · 미가 · 나훔 · 하박국 · 스바냐 · 학개 · 스가랴 · 말라기

신약성경

복음서
마태복음 · 마가복음 · 누가복음 · 요한복음

사도행전
역사서

교회에게 **바울서신** **개인에게**
로마서 · 고린도전서 · 고린도후서 · 갈라디아서 · 에베소서 · 빌립보서 · 골로새서 · 데살로니가전서 · 데살로니가후서 · 디모데전서 · 디모데후서 · 디도서 · 빌레몬서

일반서신서 **예언서**
히브리서 · 야고보서 · 베드로전서 · 베드로후서 · 요한일서 · 요한이서 · 요한삼서 · 유다서 · 요한계시록

신약
성경

The New Testament

신약 차례

총 27권 / 260장 / 7,957절

마태복음

구약성경은 하나님의 백성들이 약속된 왕을 기다리는 것으로 끝이 나요. 마태복음은 그토록 기다리던 왕과 메시아가 예수님이라는 것을 보여 주고, 구약의 예언이 예수님을 통해서 이루어진 것을 알려 줍니다. 그래서 구약의 말씀이 많이 인용되어 있어요. 특별히 구약 성경을 잘 알고 있는 유대 사람들에게 예수님이 메시아이심을 알려 주려고 기록했어요. 그리고 복음서 중에서 마태복음에만 '교회'라는 말이 나와요. 이것은 구원이 유대 사람에게서 시작되었지만 다른 나라 사람들에게도 퍼져 나가는 것임을 보여 줍니다.

마태복음은 무슨 뜻인가요?

'마태가 쓴 좋은 소식'이라는 뜻이에요.

누가 썼나요?

'마태'가 썼어요. 마태의 또 다른 이름은 '레위'이고 '주님의 선물'이라는 이름의 뜻이 있어요. 마태는 세금을 거두는 세리였는데 예수님의 제자가 되었어요. 그래서 다른 복음서보다 돈에 관한 기록이 많아요. 꼼꼼하고 정확한 일을 하는 세리라는 직업답게 사건들도 이어난 순서대로 잘 기록했어요. 마태는 구약성경의 말씀을 많이 인용할 만큼 학식도 풍부한 사람이었어요.

언제 썼나요?

AD 50~70년경

주요한 사람들은?

예수님
인간의 죄 때문에 십자가에서 죽으시고 3일 만에 부활하신 메시아

예수님의 열두 제자

베드로　안드레　세베대의 아들 야고보　요한　빌립　바돌로매　도마　마태　알패오의 아들 야고보　다대오　열심당원 시몬

헤롯 대왕
예수님을 죽이려고 어린아이들을 죽이라고 명령한 왕

가룟 유다

세례자 요한
예수님께 세례를 준 사람

한눈에 보는 마태복음

1:1-4:11 왕 되신 예수님의 탄생

4:12-10:42 예수님의 교훈과 병고치심

11:1-16:12 예수님에 대한 배척

16:13-20:28 예수님의 제자 훈련

20:29-25:46 왕 되신 예수님의 등장과 배척

26:1-28:20 예수님의 고난과 부활

마태복음
Matthew

1 예수님의 족보 아브라함의 자손이며 다윗의 자손인 예수 그리스도의 족보입니다.

2 아브라함은 이삭을 낳고 이삭은 야곱을 낳고 야곱은 유다와 그 형제들을 낳고

3 유다는 다말에게서 베레스와 세라를 낳고 베레스는 헤스론을 낳고 헤스론은 람을 낳고

4 람은 아미나답을 낳고 아미나답은 나손을 낳고 나손은 살몬을 낳고

5 살몬은 라합에게서 보아스를 낳고 보아스는 룻에게서 오벳을 낳고 오벳은 이새를 낳고

6 이새는 다윗 왕을 낳았습니다. 다윗은 원래 우리야의 아내였던 여인에게서 솔로몬을 낳고

삼상 16:1,17:12;삼하 12:24

7 솔로몬은 르호보암을 낳고 르호보암은 아비야를 낳고 아비야는 아사를 낳고

8 아사는 여호사밧을 낳고 여호사밧은 요람을 낳고 요람은 웃시야를 낳고

대상 3:15~16

9 웃시야는 요담을 낳고 요담은 아하스를 낳고 아하스는 히스기야를 낳고

10 히스기야는 므낫세를 낳고 므낫세는 아몬을 낳고 아몬은 요시야를 낳고

11 요시야는 바벨론으로 잡혀갈 무렵에 여고냐와 그 형제들을 낳았습니다.

왕하 15:1

12 바벨론으로 잡혀간 후로 여고냐는 스알디엘을 낳고 스알디엘은 스룹바벨을 낳고

13 스룹바벨은 아비훗을 낳고 아비훗은 엘리아김을 낳고 엘리아김은 아소르를 낳고

14 아소르는 사독을 낳고 사독은 아킴을 낳고 아킴은 엘리웃을 낳고

15 엘리웃은 엘르아살을 낳고 엘르아살은 맛단을 낳고 맛단은 야곱을 낳고

16 야곱은 마리아의 남편 요셉을 낳았고 마리아에게서 그리스도라 하는 예수께서 태어나셨습니다.

눅 3:23

17 그러므로 아브라함부터 다윗까지가 모두 14대요, 다윗부터 바벨론으로 잡혀갈 때까지가 모두 14대요, 바벨론으로 잡혀간 때부터 그리스도께서 태어나신 때까지가 모두 14대입니다.

막 8:29;눅 3:15;요 1:20

18 요셉이 수태를 예고받은 예수 그리스도의 태어나심은 이렇습니다. 그의 어머니 마리아는 요셉과 약혼한 사이였습니다. 그런데 결혼하기 전에 마리아가 성령으로 임신하게 된 사실이 알려졌습니다.

막 1:1

19 마리아의 남편 요셉은 의로운 사람이었습니다. 그는 마리아가 사람들 앞에 수치를 당하게 될까 봐 남모르게 파혼하려 했습니다.

신 24:1

20 요셉이 이런 생각을 할 때에 주의 천사가 꿈에 나타나 말했습니다. "다윗의 자손 요셉아, 두려워하지 말고 마리아를 네 아내로 맞아라. 마리아가 가진 아기는 성령으로 임신된 것이다.

2:12~13,19,22

21 마리아가 아들을 낳을 것이니 그 이름을 '예수'라 하여라. 예수가 그의 백성을 그들

동방 박사는 어떤 사람인가요?

아기 예수님의 탄생을 알리는 별을 보고 경배하려고 동방에서 온 사람들이 있었어요. 성경에는 '동방에서 온 박사'(마 2:1)이라고 기록되어 있어요. 이들은 우주 천체의 변화를 관찰하며 점을 치는 점성술사이거나 천문학을 연구하는 사람들이었을 것으로 봅니다.

'동방'은 정확히 어디를 가리키는 지 알 수 없지만 가져 온 예물에 근거하여 아라비아, 천문학이 발

달했던 바벨론, 페르시아(바사) 등으로 볼 수 있어요. 별을 따라 동방에서 온 박사들은 집에 들어가 아기를 보고 엎드려 경배하고 보물함을 열어 황금과 유향과 몰약을 예물로 드렸어요(마 2:11).

아기 예수님을 찾아 온 동방 박사들의 이야기는 예수님이 유대인의 왕일 뿐만 아니라 온 세상의 왕이심을 보여 주고 있어요.

의 죄로부터 구원할 것이다." 눅 2:11-21

22 이 모든 일이 일어나게 된 것은 주께서 예언자를 통해 말씀하신 것을 성취하기 위함이었습니다. 막 14:49;요 19:36

23 "처녀가 잉태해 아들을 낳을 것이요, 그를 '임마누엘'이라 부를 것이다." 사 7:14 '임마누엘'이란 "하나님께서 우리와 함께하신다"는 뜻입니다.

24 잠에서 깨어난 요셉은 주의 천사가 명령한 대로 마리아를 아내로 맞아들였습니다.

25 그러나 요셉은 아들을 낳을 때까지 마리아와 잠자리를 같이하지 않았습니다. 마리아가 아들을 낳자 요셉은 그 이름을 '예수라고 지었습니다.

2 동방 박사들이 예수님을 찾음 헤롯 왕 때에 유대의 베들레헴에서 예수께서 태어나시자 동방에서 박사들이 예루살렘에 찾아와 눅 1:52:4-7;요 7:42

2 물었습니다. "유대 사람의 왕으로 나신 분이 어디 계십니까? 우리는 동방에서 그의 별을 보고 그에게 경배드리러 왔습니다."

3 헤롯 왕은 이 말을 듣고 심기가 불편했습니다. 예루살렘도 온통 떠들썩했습니다.

4 헤롯은 백성의 대제사장들과 율법학자들을 모두 불러 그리스도가 어디에서 태어날 것인지 캐물었습니다. 1:17

5 그들이 대답했습니다. "유대의 베들레헴입니다. 예언자가 성경에 이렇게 기록했기 때문입니다.

6 '그러나 너 유대 땅 베들레헴아, 너는 유대의 통치자들 가운데 가장 작지 않구나. 네게서 통치자가 나와 내 백성 이스라엘의 목자가 될 것이다.'" 삼하 5:2;미 5:2

7 그때 헤롯은 몰래 박사들을 불러 별이 나타난 정확한 시각을 알아냈습니다.

8 헤롯은 박사들을 베들레헴으로 보내며 말했습니다. "가서 샅샅이 뒤져 그 아기를 꼭 찾아라. 그리고 아기를 찾자마자 나에게도 알려라. 나도 가서 아기에게 경배할 것이다."

9 동방 박사들이 예수님께 경배함 박사들은 왕의 말을 듣고 다시 길을 떠났습니다. 그런데 동방에서 보았던 그 별이 그들보다 앞서가서 아기가 있는 곳 위에 멈춰 섰습니다.

10 박사들은 별을 보고 뛸 듯이 기뻐했습니다.

11 집으로 들어가 보니 아기가 그 어머니 마리아와 함께 있었습니다. 그들은 엎드려아기에게 경배하고 보물함을 열어 황금과유향과 몰약을 예물로 드렸습니다.

12 그리고 그들은 꿈속에서 헤롯에게 돌아가지 말라는 지시를 받고 다른 길을 통해 자기 나라로 돌아갔습니다. 창 31:11;민 12:6

13 이집트로 피신함 박사들이 떠난 후 주의 천사가 요셉의 꿈에 나타나 말했습니다. "일어나거라! 어서 아기와

동방 박사: 이 예수의 말을 따라감

예수님의 탄생 전후 연대력

악티움 전투에서 옥타비아누스가 안토니우스와 클레오파트라를 무찌름

예수님이 성전에서 선생들과 대화하심(12세)

로마 폼페이 장군이 예루살렘을 정복함

예수님이 탄생하심

본디오 빌라도가 유대 총독이 됨

BC	63	37	31	30	AD	5	4	7	14	26

로마에 의해 헤롯 대왕이 '유대 사람의 왕'으로 임명됨

아우구스투스가 로마 황제가 됨

헤롯 대왕이 죽음

티베리우스가 로마 황제가 됨

예수님이 사역을 시작하심

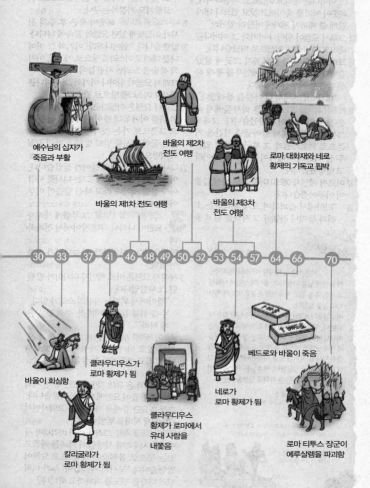

예수님의 십자가
죽음과 부활

바울의 제2차
전도 여행

로마 대화재와 네로
황제의 기독교 핍박

바울의 제1차 전도 여행

바울의 제3차
전도 여행

30　33　37　41　46　48　49　50　52　53　54　57　64　66　70

바울이 회심함

클라우디우스가
로마 황제가 됨

베드로와 바울이 죽음

네로가
로마 황제가 됨

클라우디우스
황제가 로마에서
유대 사람을
내쫓음

칼리굴라가
로마 황제가 됨

로마 티투스 장군이
예루살렘을 파괴함

그 어머니를 데리고 이집트로 피신하여라. 헤롯이 아기를 죽이려고 찾고 있으니 내가 말해 줄 때까지 거기에 머물러 있어라."

14 그래서 요셉이 일어나 아기와 그 어머니를 데리고 한밤중에 이집트로 떠났습니다.

15 그리고 헤롯이 죽을 때까지 그곳에 살았습니다. 이것은 주께서 예언자를 통해 하신 말씀을 이루신 것입니다.

"내가 이집트에서 내 아들을 불러냈다."

16 **헤롯이 살해를 명령** 헤롯은 박사들에게 속은 것을 알고 분이 치밀었습니다. 그래서 그는 박사들이 알려 줬던 시간을 기준으로 베들레헴과 그 부근에 살고 있는 두 살 이하의 사내아이들을 모두 죽이라고 명령했습니다.

17 이로써 예언자 예레미야를 통해 하신 말씀이 이루어졌습니다.

18 "라마에서 슬퍼하며 크게 통곡하는 소리가 들리니 라헬이 그 자녀를 잃고 울

27:9

고 있구나. 자녀들이 없어졌으므로 위로받기도 거절하는구나." 렘 31:15

19 **나사렛으로 돌아옴** 헤롯이 죽은 후 주의 천사가 이집트에 있던 요셉의 꿈속에 나타나

20 말했습니다. "일어나거라! 아기와 그 어머니를 데리고 이스라엘 땅으로 가거라. 아기의 목숨을 노리던 사람들이 죽었다."

21 그래서 요셉이 일어나 아기와 그 어머니를 데리고 이스라엘 땅으로 갔습니다.

22 그러나 요셉은 아켈라오가 그 아버지 헤롯의 뒤를 이어 유대 왕이 됐다는 소식을 듣고 그곳으로 가는 것이 두려웠습니다. 요셉은 꿈에 지시를 받고 방향을 바꿔 갈릴리 지방으로 가서

12절

23 나사렛이라는 동네로 들어가 살았습니다. 이로써 예언자를 통해 "그는 나사렛 사람이라 불릴 것이다"라고 하신 말씀이 이루어졌습니다.

1:22/막 1:9/눅 1:26/행 10:38

3

요한이 회개를 선포함 그 무렵에 세례자 요한이 나타나 유대 광야에서 전파하며

수 15:61/눅 3:2~17/요 1:6~7

2 말했습니다. "회개하라. 하늘나라가 가까이 왔다."

단 2:44/막 1:15

3 세례자 요한은 바로 예언자 이사야가 말했던 그 사람입니다.

요 1:23

"광야에서 외치는 사람의 소리가 있다. '주를 위해 길을 예비하라. 주의 길을 곧게 하라.'"

사 40:3

4 **요한이 세례를 베풂** 요한은 낙타털로 옷을 지어 입고 허리에는 가죽띠를 둘렀습니다. 그리고 메뚜기와 들꿀을 먹고 살았습니다.

5 예루살렘과 온 유대 지방과 요단 강 전 지역에서 사람들이 요한에게로 몰려왔습니다.

6 그들은 요단 강에서 자기 죄를 고백하며 요한에게 세례를 받았습니다.

행 19:1.8

7 **요한이 회개를 외침** 그러나 여러 바리새파 사람들과 사두개 사람들이 세례를 베풀고 있는 곳으로 몰려오는 것을 보고 요한이 말했습니다. "독사의 자식들아! 누가 너희더러 다가올 진노를 피하라고 하더냐?

세례자 요한

아론 자손의 제사장 사가랴와 엘리사벳이 노년에 낳은 아들이다. 광야에 살면서 낙타털로 만든 옷을 입고 메뚜기와 들꿀을 먹으며 예언자의 삶을 살았다.

예수님보다 6개월 일찍 태어나 예수님의 길을 예비했다. 담대하게 회개하라고 외치며 예수님을 하나님의 아들로 선포했다. 요단 강에서 사람들과 예수님에게 세례를 주었다. 분봉 왕 헤롯이 동생의 아내를 차지한 일을 꾸짖었다가 헤롯에 갇혀 헤롯에게 죽임당했다. 예수님은 요한을 여인이 낳은 자 중에 가장 큰 자라고 칭찬을 하셨다.

세례자 요한이 나오는 말씀
>> 마 3:4; 막 1:9~11; 6:14~29; 눅 1:80

성경에 나오는 다른 요한
>> 1) 세베대의 아들 야고보의 동생 요한(막 1:19)
2) 유대 대제사장 가문의 한 사람(행 4:6)
3) 바나바의 조카로 마가라 불리는 요한
(행 15:39; 골 4:10)

8 회개에 알맞은 열매를 맺으라. 행 26:20

9 너희는 행여나 속으로 '아브라함이 우리 조상이다'라고 생각하지 말라. 내가 너희에게 말한다. 하나님께서는 이 돌들로도 아브라함의 자손을 일으키실 수 있다.

10 도끼가 이미 나무 뿌리에 놓여 있다. 그러므로 좋은 열매를 맺지 않는 나무는 모조리 잘려 불 속에 던져질 것이다. 눅 13:7,9

11 요한이 그리스도를 전함 나는 너희가 회개하도록 물로 세례를 준다. 그러나 내 뒤에 오실 분은 나보다 능력이 더 많으신 분이시다. 나는 그분의 신발을 들고 다닐 자격도 없다. 그분은 너희에게 성령과 불로 세례를 주실 것이다. 말 3:2-3요 1:15,33행 13:25

12 그분이 손에 키를 들고 타작마당을 깨끗이 해 좋은 곡식은 모아 창고에 두고 쭉정이는 꺼지지 않는 불에 태우실 것이다.

13 예수께서 세례를 받으심 그때 예수께서 요한에게 세례를 받으시려고 갈릴리에서 요단 강으로 오셨습니다. 2:22;막 1:9-11;눅 3:21-22

14 그러나 요한은 이를 말리면서 예수께 말했습니다. "제가 오히려 선생님께 세례를 받아야 합니다. 그런데 제게 오시다니요!"

15 예수께서 대답하셨습니다. "지금은 그렇게 하도록 하여라. 우리가 이와 같이 해 모든 의를 이루는 것이 옳다." 그러자 요한은 그대로 따랐습니다. 요 9:4

16 예수께서 세례를 받으시고 물속에서 올라오셨습니다. 그때 예수께서는 하늘이 열리고 하나님의 영이 비둘기처럼 자신에게 내려오는 것을 보셨습니다. 요 1:32-33;행 7:56

17 그리고 하늘에서 소리가 들려왔습니다. "이는 내가 사랑하는 아들이다. 내가 그를 매우 기뻐한다." 요 12:28;벧후 1:17

4 사탄이 예수님을 시험함 그 후 예수께서 성령에 이끌려 광야로 가서서 마귀에게 시험을 받으셨습니다.

2 40일 밤낮을 금식하신 후에 예수께서 배가 고프셨습니다. 신 9:9,18;왕상 19:8;요 4:6-7

3 시험하는 자가 예수께 다가서 말했습니다. "당신이 하나님의 아들이라면 이 돌들에게 빵이 되라고 해 보시오." 살전 3:5

4 예수께서 대답하셨습니다. "성경에 기록됐다. '사람이 빵으로만 사는 것이 아니라 하나님의 입에서 나오는 모든 말씀으로 산다.'" 신 8:3;요 4:34;엡 6:17

5 그러자 마귀는 예수를 거룩한 성으로 데리고 가서 성전 꼭대기에 세웠습니다.

6 마귀가 말했습니다. "당신이 하나님의 아들이라면 뛰어내려 보시오. 성경에 기록됐소. '하나님이 너를 위해 천사들에게 명령하실 것이다. 그러면 천사들이 손으로 너를 붙잡아 네 발이 돌에 부딪히지 않도록 할 것이다.'" 시 91:11-12

7 예수께서 마귀에게 대답하셨습니다. "성경에 또 기록됐다. '주 네 하나님을 시험하지 말라.'" 신 6:16

8 그러자 마귀는 다시 아주 높은 산꼭대기로 예수를 데리고 가 세상 모든 나라와 그 영광을 보여 주었습니다. 눅 4:5

9 그리고 마귀가 말했습니다. "당신이 만약 내게 엎드려 경배하면 이 모든 것을 당신에게 주겠소."

10 예수께서 마귀에게 말씀하셨습니다. "사탄

예수님, 시험에 합격하시다!

예수님은 성령님에게 이끌려 광야로 가서 마귀에게 시험을 받으셨다(마 4:1).

첫 사람 아담은 에덴동산에서 마귀의 유혹에 넘어가 선악과를 따 먹지 말라는 하나님을 어기는 죄를 지었다. 그래서 모든 사람이 죄 가운데 태어나게 되었다. 하지만 사람으로 태어난 예수님은 마귀가 시험할 때 하나님의 말씀을 기억하며 말씀으로 물리치고 이기셨다. 마귀의 시험에서 승리하는 비결은 성령의 검인 하나님의 말씀으로 무장하는 데에 있다(엡 6:17). 날마다 성경을 읽고, 암송하고, 기도하여 말씀이 내 안에 머무르게 함으로 예수님처럼 마귀의 시험을 이겨낼 수 있다.

아, 내게서 물러가라! 성경에 기록됐다. '주 네 하나님께 경배하고 오직 그분만을 섬기라.'"

신 6:13;삼상 7:3;대상 21:1

11 그러자 마귀는 예수를 떠나갔습니다. 그리고 천사들이 와서 예수를 섬겼습니다.

막 1:14;눅 3:19~20;4:14

12 **천국을 선포하심** 요한이 감옥에 갇혔다는 소식을 듣고 예수께서 갈릴리로 물러나셨습니다.

13 예수께서 나사렛을 떠나 스불론과 납달리 지역의 호숫가에 있는 가버나움에 가서 그곳에 사셨습니다.

2:23;8:5;수 19:32~34;요 6:1

14 이는 예언자 이사야를 통해 하신 말씀을 이루시려는 것입니다.

1:22

15 "스불론 땅과 납달리 땅이여, 호수로 가는 길목, 요단 강 건너편, 이방 사람의 갈릴리여,

사 9:1~2

16 어둠 가운데 살고 있는 백성이 큰 빛을 보았고 죽음의 그림자가 드리운 땅에 앉아 있는 사람들에게 빛이 비쳤다."

17 그때부터 예수께서 말씀을 전파하기 시작하셨습니다. "회개하라. 하늘나라가 가까이 왔다."

막 1:14

18 **시몬, 안드레, 야고보, 요한** 예수께서 갈릴리 호수 가를 거니시다가 두 형제, 베드로라고 하는 시몬과 그 동생 안드레를 보셨습니다. 그들은 어부들로 호수에 그물을 던지고 있었습니다.

19 예수께서 말씀하셨습니다. "와서 나를 따라라. 내가 너희를 사람 낚는 어부로 삼을 것이다."

13:47

20 그러자 그들은 곧 그물을 버리고 예수를 따랐습니다.

21 예수께서 계속 더 가시다가 다른 두 형제를 만나셨습니다. 그들은 세베대의 아들 야고보와 그 동생 요한이었습니다. 그들은 아버지 세베대와 함께 배에서 그물을 손질하고 있었습니다. 예수께서 부르시자

22 그들은 곧 배와 아버지를 두고 예수를 따랐습니다.

23 **예수님의 전도 여행** 예수께서 갈릴리 지역을 두루 다니시며 회당에서 가르치시고 복음을 전파하시며 사람들의 모든 질병과 아픈 곳을 고쳐 주셨습니다.

막 1:21,34,39

24 예수에 대한 소문이 온 시리아에 퍼졌습니다. 그리하여 사람들이 병을 앓는 모든 사람들을 예수께 데리고 왔습니다. 그들은 온갖 질병과 고통으로 괴로움을 당하는 사람들, 귀신 들린 사람들, 간질병에 걸린 사람들, 중풍에 걸린 사람들이었습니다. 예수께서 그들을 고쳐 주셨습니다.

25 그러자 갈릴리, 데가볼리, 예루살렘, 유대, 요단 강 건너편 지역에서 온 수많은 사람들이 예수를 따랐습니다.

막 3:7~8:5:20

5 **팔복** 그때 예수께서 많은 무리를 보시고 산에 올라가 앉으시자 그의 제자들이 다가왔습니다.

예수님이 산에 올라 무리들을 가르치심

2 예수께서 입을 열어 그들을 가르치시며 말씀하셨습니다. 시 78:2;행 8:35;10:34

3 "복되도다! 마음이 가난한 사람들은, 하늘나라가 그들의 것이다. 사 61:1;66:2

4 복되도다! 슬퍼하는 사람들은, 그들에게 위로가 있을 것이다. 사 61:2~3;요 16:20

5 복되도다! 온유한 사람들은, 그들은 땅을 유업으로 받을 것이다. 시 37:11

6 복되도다! 의에 주리고 목마른 사람들은, 그들은 배부를 것이다.

7 복되도다! 자비로운 사람들은, 그들은 자비를 받을 것이다. 잠 19:17;딤후 1:16;6:10

8 복되도다! 마음이 깨끗한 사람들은, 그들은 하나님을 볼 것이다. 시 24:4;딤후 2:22

9 복되도다! 평화를 이루는 사람들은, 그들은 하나님의 아들들이라 불릴 것이다.

10 복되도다! 의를 위해 핍박을 받는 사람들은, 하늘나라가 그들의 것이다. 벧전 2:12

11 복되도다! 나 때문에 사람들의 모욕과 핍박과 터무니없는 온갖 비난을 받는 너희들은,

12 기뻐하고 즐거워하라. 하늘에서 너희들의 상이 크다. 너희들보다 먼저 살았던 예언자들도 그런 핍박을 당했다. 히 10:34

13 믿는 사람의 삶 너희는 이 땅의 소금이다. 그러나 만일 소금이 짠맛을 잃어버리면 어떻게 다시 짜게 되겠느냐? 아무 데도 쓸데가 없어 바깥에 버려지고 사람들에게 짓밟힐 것이다. 막 9:50;눅 14:34

14 너희는 세상의 빛이다. 산 위에 세워진 도시는 숨겨질 수 없다. 엡 5:8;빌 2:15

15 등잔을 켜서 그릇으로 덮어 두지 않고 등잔대 위에 두어 그 빛을 집 안에 있는 모든 사람들에게 비추는 것이다. 막 4:21;눅 8:16;11:33

16 이와 같이 너희도 너희 빛을 사람들에게 비추라. 그래서 그들이 너희 선한 행실을 보고 하늘에 계신 우리 아버지께 영광을 돌리게 하라. 요 15:8;고후 9:13;벧전 2:12

17 율법과 복음 내가 율법이나 예언자들의 말씀을 없애러 왔다고 생각하지 말라. 없애러 온 것이 아니라 완전하게 하러 온 것이다.

18 진실로 내가 너희에게 말한다. 하늘과 땅이 없어지기 전에는 율법 가운데 한 점, 한 획이라도 없어지지 않고 다 이루어질 것이다.

19 이 계명 가운데 아주 하찮은 것 하나라도 어기고 또 남에게도 그렇게 하도록 가르치는 사람은 하늘나라에서 가장 작은 사람이라고 불릴 것이다. 그러나 누구든지 이 계명을 지키며 가르치는 사람은 하늘나라에서 큰사람이라고 불릴 것이다.

20 내가 너희에게 말한다. 너희가 율법학자들이나 바리새파 사람들보다 더 의롭지 않으면 결코 하늘나라에 들어가지 못할 것이다. 롬 3:5;롬 10:3;빌 3:9

21 여섯 번째 계명 살인하지 말라. '살인한 사람은 누구든지 심판을 받을 것이다'라는 옛 사람들의 말을 너희가 들었다. 출 20:13

22 그러나 나는 너희에게 말한다. 형제에게 분노하는 사람도 심판을 받게 될 것이다. 또 형제에게 '라가'라고 하는 사람도 공회에서 심문을 당할 것이다. 그리고 '너는 바보'라고 하는 사람은 누구든지 지옥 불 속에 떨어질 것이다. 약 3:6;요일 3:15

23 그러므로 네가 만약 제단에 예물을 드리다가 네 형제가 너를 원망하고 있는 것이 생각나면 8:4;23:18

24 예물을 거기 제단 앞에 두고 우선 가서 그 사람과 화해하여라. 예물은 그다음에 돌아와 드려라.

25 너를 고소하는 사람과 함께 법정으로 갈 때에는 도중에 서둘러 그와 화해하도록 하여라. 그러지 않으면 그가 너를 재판관에게 넘겨주고 재판관은 너를 간수에게 내어 주어 감옥에 갇히게 될 것이다.

26 진실로 내가 너희에게 말한다. 네가 마지막 1고드란트까지 다 갚기 전에는 거기서 나오지 못할 것이다. 18:34-35

27 일곱 번째 계명 '간음하지 말라'는 옛사람들의 말을 너희가 들었다. 출 20:14

28 그러나 나는 너희에게 말한다. 여자를 음란한 눈으로 바라보는 사람은 누구든지 이미 마음으로 간음한 것이다.

29 네 오른쪽 눈이 너를 죄짓게 하거든 그 눈을 뽑아 내버려라. 온몸이 지옥에 던져지는 것보다 몸의 한 부분을 잃는 것이 더 낫다.

30 네 오른손이 너를 죄짓게 하거든 그 손을 잘라 내버려라. 온몸이 지옥에 던져지는 것보다 몸의 한 부분을 잃는 것이 더 낫다.

31 이혼에 대한 말씀 '아내와 이혼하는 사람은 이혼 증서를 주어야 한다'는 말이 있다.

32 그러나 나는 너희에게 말한다. 음행한 경우를 제외하고 아내와 이혼하면 그 아내를 간음하게 만드는 것이다. 또 누구든지 이혼한 여자와 결혼하는 사람도 간음하는 것이다. 막 10:11-12ㆍ눅 16:18ㆍ고전 7:3

33 맹세에 대한 말씀 또 옛사람들에게 '네가 한 맹세를 어기지 말고 주께 한 맹세는 꼭 지켜야 한다'는 말도 너희가 들었다.

34 그러나 나는 너희에게 말한다. 아예 맹세를 하지 말라. 하늘을 두고 맹세하지 말라. 하늘은 하나님의 보좌이기 때문이다.

35 땅을 두고도 맹세하지 말라. 땅은 하나님의 발판이기 때문이다. 또 예루살렘을 향하여도 하지 말라. 예루살렘은 위대한 왕의 도시이기 때문이다. 시 48:2

36 네 머리를 두고 맹세하지 말라. 너는 머리

37 너희는 그저 '예' 할 것은 '예' 하고, '아니요' 할 것은 '아니요'만 하라. 그 이상의 말은 악한 것에서 비롯된 것이다.

38 복수에 대한 말씀 '눈에는 눈으로, 이에는 이로'라는 말도 너희가 들었다. 출 21:24ㆍ신 19:21

39 그러나 나는 너희에게 말한다. 악에 맞서지 말라. 누가 네 오른뺨을 치거든 왼뺨마저 돌려 대어라. 사 50:6ㆍ애 3:30ㆍ고전 6:7ㆍ벧전 2:23

40 누가 너를 고소하고 속옷을 가져가려 하거든 겉옷까지도 벗어 주어라.

41 누가 네게 억지로 1밀리온을 가자고 하거든 2밀리온을 같이 가 주어라. 막 15:21

42 네게 달라고 하는 사람에게 주어라. 그리고 네게 꾸려고 하는 사람을 거절하지 마라.

43 원수에 대한 사랑 '네 이웃을 사랑하고 네 원수를 미워하라'는 말도 너희가 들었다.

44 그러나 나는 너희에게 말한다. 너희 원수를 사랑하고 너희를 핍박하는 사람을 위해 기도하라. 눅 6:27,32-34ㆍ행 7:60ㆍ롬 12:20ㆍ고후 4:16

45 그리하면 너희가 하늘에 계신 너희 아버지의 아들들이 될 것이다. 하나님께서는 악한 사람이나 선한 사람이나 똑같이 햇빛을 비춰 주시고 의로운 사람이나 불의한 사람이나 똑같이 비를 내려 주신다.

46 너희를 사랑해 주는 사람만 사랑한다면 무슨 상이 있겠느냐? 세리라도 그 정도는 하지 않느냐? 눅 6:32

47 형제에게만 인사한다면 남보다 나을 것이 무엇이겠느냐? 이방 사람도 그 정도는 하지 않느냐? 67,32

48 그러므로 하늘에 계신 너희 아버지가 온전하신 것같이 너희도 온전해야 한다."

6 구제에 대한 말씀 "너희는 사람들에게 보이려고 의를 행하지 않도록 조심하라. 그러지 않으면 하늘에 계신 너희 아버지께 상을 받지 못할 것이다.

2 그러므로 가난한 사람을 구제할 때는 위선자들처럼 사람의 칭찬을 받으려고 회당과 거리에서 나팔 불며 떠들지 말라. 내가

진실로 너희에게 말한다. 그런 사람들은 자기 상을 이미 다 받았다.   눅 6:24;요 5:44

3 너는 가난한 사람을 구제할 때 오른손이 하는 일을 왼손이 모르게 하여라.

4 그래서 네 착한 행실을 아무도 모르게 하여라. 그리하면 남모르게 숨어서 보시는 너희 아버지께서 너희에게 갚아 주실 것이다.   6,18절

5 **기도에 대한 말씀** 너희는 기도할 때 위선자들처럼 하지 말라. 그들은 사람들에게 보이려고 회당이나 길목통에 서서 기도하기를 좋아한다. 내가 진실로 너희에게 말한다. 그들은 이미 자기 상을 다 받았다.

6 너는 기도할 때 방에 들어가 문을 닫고 은밀하게 계시는 네 아버지께 기도하여라. 그러면 은밀하게 계셔서 보시는 네 아버지께서 너에게 갚아 주실 것이다.   왕하 4:33

7 또 기도할 때는 이방 사람들처럼 빈말을 반복하지 마라. 그들은 말을 많이 해야 아버지께서 기도를 들어 주실 거라고 생각한다.

8 너희는 이방 사람들처럼 기도하지 말라. 너희 아버지께서는 너희가 구하기도 전에 무엇이 필요한지 아시는 분이다.   32절

9 **주기도문** 그러므로 이렇게 기도하라. '하늘에 계신 우리 아버지, 주의 이름을 거룩하게 하시며   사 29:33;눅 1:49;11:2-4

10 주의 나라가 임하게 하시고 주의 뜻이 하늘에서와 같이 땅에서도 이루어지게 하소서.

11 오늘 우리에게 꼭 필요한 양식을 내려 주   34절;잠 30:8

12 우리가 우리에게 죄지은 자를 용서한 것 같이 우리 죄도 용서해 주소서.

13 그리고 우리를 시험에 들지 않게 하시고 악에서 구하소서. *(나라와 권세와 영광이 영원토록 아버지께 있습니다. 아멘.)'

14 **용서에 대한 교훈** 너희가 너희에게 죄지은 사람을 용서하면 하늘에 계신 너희 아버지께서도 너희를 용서하실 것이다.

15 그러나 너희가 남의 죄를 용서하지 않으면 너희 아버지께서도 너희 죄를 용서하지 않으실 것이다.   18:35;막 2:13

16 **금식에 대한 말씀** 너희는 금식할 때 위선자들처럼 침울한 표정을 짓지 말라. 그들은 자신들이 금식하는 것을 사람들에게 보이려고 침울한 표정을 짓는다. 내가 진실로 너희에게 말한다. 그런 사람들은 이미 자기 상을 다 받았다.   2,5절;사 58:5

17 너는 금식할 때 머리에 기름을 바르고 얼굴을 씻어라.

18 그래서 네가 금식하는 것을 사람에게 보이지 말고 은밀하게 계셔서 보시는 네 아버지께만 보이도록 하여라. 그리하면 은밀하게 계셔서 보시는 네 아버지께서 네게 갚아 주실 것이다.   4,6절

19 **보물을 쌓아 둘 곳** 너희는 자기를 위해 이 땅에 보물을 쌓아 두지 말라. 여기는 좀먹고 녹슬어 못 쓰게 되고 도둑이 들어와 훔쳐 가기도 한다.   눅 12:39;딤전 6:9-10;약 5:2-3

20 그러므로 너희를 위해 보물을 하늘에 쌓아 두라. 하늘에서는 좀먹거나 녹슬어 못

시프

산상수훈이 뭔가요?

'산상수훈'은 마태복음 5-7장에 나오는 '산 위에서 가르치신 예수님의 설교'를 말하는 거예요.

예수님이 이 설교를 하신 것은 이 땅에서 사는 하나님의 백성이 세상 사람들의 기준이나 방법이 아닌, 하늘나라의 기준에 따라 온전하게 살도록 하기 위한 것이었어요.(마 5:48)

예수님은 산상수훈에서 하늘나라 백성들이 누리는 여덟 가지 복(마 5:3-12), 세상에서 빛과 소금이 되는 삶(마 5:13-16), 하늘나라의 의(마 5:17-48), 구제와 기도와 금식(마 6:2-18), 재물에 대한 자세(마 6:19-34), 이웃에 대한 태도(마 7:1-12)를 가르치셨어요.

예수님은 우리가 어떻게 이 땅에서 하늘나라의 삶을 누리며 살 수 있는지 산상수훈을 통해 알려 주셨어요.

산상 수훈, 그림으로 배우다!

1 여덟가지 복
(마 5:3–12)

2 소금과 빛으로 살라
(마 5:13–16)

3 말씀을 가르치며 지키라
(마 5:17–20)

4 화내지 말라
(마 5:21–26)

5 음란한 마음을 갖지 말라
(마 5:27–30)

6 이혼하지 말라
(마 5:31–32)

7 맹세하지 말라
(마 5:33–37)

8 원수를 사랑하라
(마 5:43–48)

9 외식하지 말라
(구제, 기도, 금식)
(마 6:1-18)

10 이렇게 기도하라
(주기도문을 가르쳐 주심)
(마 6:9-13)

11 보물을 하늘에
쌓아 두라
(마 6:19-24)

12 염려하지 말라
(마 6:25-34)

13 비판하지 말라
(마 7:1-5)

14 구하라 찾으라
문을 두드리라
(마 7:7-11)

15 좁은 문으로
들어가라
(마 7:13-14)

16 좋은 나무는
열매를 보고 안다
(마 7:15-23)

17 듣고 행하는 지혜
로운 사람이 되라
(마 7:24-27)

쓰게 되는 일도 없고 도둑이 들어 훔쳐 가지도 못한다.

21 네 보물이 있는 곳에 네 마음도 있는 법이다.

22 영적인 눈 눈은 몸의 등불이다. 눈이 좋으면 온몸이 밝을 것이다. _{눅 11:34-35}

23 그러나 눈이 나쁘면 온몸이 어두울 것이다. 그러므로 네 속에 있는 빛이 어두우면 그 어둠이 얼마나 심하겠느냐?

24 하나님과 재물 아무도 두 주인을 섬기지 못한다. 한쪽을 미워하고 다른 한쪽을 사랑하거나, 한쪽을 중히 여기고 다른 한쪽을 무시할 것이다. 너희가 하나님과 재물을 함께 섬길 수 없다." _{눅 16:9,13;롬 6:16}

25 근심에 대한 교훈 "그러므로 내가 너희에게 말한다. 자기 생명을 위해 무엇을 먹을까 무엇을 마실까 걱정하지 말고 자기 몸을 위해 무엇을 입을까 걱정하지 말라. 생명이 음식보다 소중하고 몸이 옷보다 소중하지 않으냐? _{눅 12:22-31;고전 7:32;빌 4:6}

26 공중에 나는 저 새들을 보라. 씨를 뿌리지도 거두지도 창고에 쌓아 두지도 않지만 하늘에 계신 너희 아버지께서 먹이신다. 너희는 새들보다 얼마나 더 귀하냐?

27 너희 중 누가 걱정한다고 해서 자기 목숨을 그금이라도 더 연장할 수 있겠느냐?

28 어째서 너희는 옷 걱정을 하느냐? 들에 핀 저 백합꽃이 어떻게 자라는지 보라. 일하거나 옷감을 짜지도 않는다. _{왕상 10:4-7}

29 그러나 내가 너희에게 말한다. 그 모든 영화를 누렸던 솔로몬도 이 꽃 하나만큼 차려입지는 못했다.

30 오늘 있다가도 내일이면 불 속에 던져질 들풀도 하나님께서 그렇게 입히시는데 하물며 너희는 얼마나 더 잘 입히시겠느냐? 믿음이 적은 사람들아! _{8:26;14:31;16:8}

31 그러므로 무엇을 먹을까, 무엇을 마실까, 무엇을 입을까 걱정하지 말라.

32 이 모든 것은 이방 사람들이나 추구하는 것이다. 하늘에 계신 너희 아버지께서는 너희에게 이런 것이 필요하다는 것을 아

신다. _{6-7절}

33 오직 너희는 먼저 그 나라와 그 의를 구하라. 그러면 이 모든 것도 너희에게 더해 주실 것이다. _{5:6;왕상 3:11-14;딤전 4:8;벧전 3:9}

34 그러므로 내일 일을 걱정하지 말라. 내일 일은 내일이 맡아서 걱정할 것이요, 한 날의 괴로움은 그날에 겪는 것으로 충분하다."

7 비판에 대한 말씀 "너희가 심판받지 않으려거든 심판하지 말라.

2 너희가 심판하는 그 심판으로 심판을 받을 것이며 너희가 저울질하는 그 저울질로 너희가 저울질당할 것이다. _{막 2:13;4:11-12}

3 어째서 너는 네 형제의 눈에 있는 티는 보면서 네 눈에 있는 들보는 깨닫지 못하느냐?

4 네 눈에 아직 들보가 있는데 어떻게 형제에게 '네 눈에 있는 티를 빼 주겠다'라고 할 수 있느냐?

5 이 위선자야! 먼저 네 눈에서 들보를 빼내라. 그런 후에야 네가 정확히 보고 형제의 눈 속에 있는 티를 빼낼 수 있을 것이다.

6 그릇된 관심 거룩한 것을 개에게 주지 말고 너희 진주를 돼지에게 던지지 말라. 그러지 않으면 그것들이 발로 그것을 짓밟고 뒤돌아서서 너희를 물어뜯을지 모른다.

7 은혜를 구할 구하라. 그러면 너희에게 주실 것이다. 찾으라. 그러면 너희가 찾을 것이다. 문을 두드리라. 그러면 너희에게 문이 열릴 것이다. _{눅 11:9-13;요 14:13;계 3:20}

8 구하는 사람마다 받을 것이며 찾는 사람이 찾을 것이며 두드리는 사람에게 문이 열릴 것이다.

9 너희 가운데 자녀가 빵을 달라고 하는데 돌을 줄 사람이 있겠느냐? _{4:3}

10 자녀가 생선을 달라고 하는데 뱀을 주겠느냐?

11 너희가 악할지라도 자녀에게는 좋은 것을 줄 줄 아는데 하물며 하늘에 계신 너희 아버지께서 구하는 사람에게 좋은 것을 주시지 않겠느냐? _{12:34;창 6:5;8:21}

12 그러므로 모든 일에 너희가 대접받고 싶은 대로 남을 대접하여라. 이것이 바로 율

법과 예언서에서 말하는 것이다. 22:40:눅 6:31

13 좁은 문 좁은 문으로 들어가라. 멸망으로 인도하는 문은 크고 그 길은 넓어 그곳으로 들어가는 사람이 많다. 눅 13:24

14 그러나 생명으로 인도하는 문은 좁고 그 길은 험해 그곳을 찾는 사람이 적다.

15 거짓 예언자들에 대한 말씀 거짓 예언자를 조심하라. 그들은 양의 탈을 쓰고 다가오지만 속은 사나운 늑대다. 행 20:29:벧후 2:1

16 그 열매를 보면 너희가 그들을 알아볼 수 있을 것이다. 가시나무에서 포도를 따고 엉경퀴에서 무화과를 얻겠느냐?

17 이처럼 좋은 나무는 좋은 열매를 맺고 나쁜 나무는 나쁜 열매를 맺는다. 12:33-35

18 좋은 나무가 나쁜 열매를 맺을 수 없고 나쁜 나무가 좋은 열매를 맺을 수 없다.

19 좋은 열매를 맺지 않는 나무는 모두 찍혀 불에 던져진다. 3:10

20 이와 같이 너희는 그 열매를 보고 그들을 알게 될 것이다.

21 내게 '주님, 주님' 하는 사람이라고 다 하늘 나라에 들어가는 것이 아니다. 하늘에 계신 내 아버지의 뜻대로 행하는 사람이라야 하늘나라에 들어갈 것이다. 롬 2:13

22 그날에는 많은 사람들이 내게 말할 것이다. '주님, 주님, 우리가 주의 이름으로 예언하고 주의 이름으로 귀신을 쫓아내며 주의 이름으로 많은 기적을 일으키지 않았습니까?' 민 24:4:암 3:17-18:마 9:38:눅 13:25-27

23 그때 나는 그들에게 분명히 말할 것이다. '나는 너희를 도무지 알지 못한다. 불법을 행하는 사람들아, 썩 물러가라!' 시 5:5

24 신앙과 행위 그러므로 내가 하는 말을 듣고 그대로 실천하는 사람은 바위 위에 집을 지은 지혜로운 사람과 같다. 눅 6:47-49

25 비가 내려 홍수가 나고 바람이 불어 세차게 내리쳐도 그 집은 무너지지 않았다. 바위 위에 기초를 세웠기 때문이다.

26 그러나 내가 하는 말을 듣고도 실천하지 않는 사람은 모래 위에 집을 지은 어리석은 사람과 같다.

27 비가 내려 홍수가 나고 바람이 불어 세차게 내리치니 그 집은 여지없이 모두 다 무너졌다."

28 사람들이 놀람 예수께서 이 말씀을 마치시니 사람들은 그 가르침에 놀랐습니다.

29 이는 그들의 율법학자들과는 달리 예수께서는 권위 있는 분답게 가르쳤기 때문입니다. 요 7:46

8 나병 환자가 깨끗하게 됨 예수께서 산에서 내려오시자 큰 무리가 따라왔습니다.

2 그때 한 나병 환자가 다가와 예수 앞에 무릎을 꿇고 말했습니다. "주님, 원하신다면 저를 깨끗하게 하실 수 있습니다."

3 예수께서는 손을 내밀어 그 사람에게 대시며 말씀하셨습니다. "내가 원한다. 자, 깨끗하게 되어라!" 그러자 곧 그의 나병이 나았습니다.

4 그때 예수께서 그 사람에게 말씀하셨습니다. "이 일을 누구에게도 말하지 않도록 조심하여라. 다만 가서 제사장에게 네 몸을 보이고 모세의 명령대로 예물을 드려라. 그것이 그들에게 증거가 될 것이다."

5 백부장의 종이 고침받음 예수께서 가버나움에 들어가셨을 때 한 백부장이 예수께 와서 도움을 청했습니다. 눅 7:1-10

6 백부장이 말했습니다. "주여, 제 종이 중풍병으로 집에 누워 몹시 괴로워하고 있습니다."

7 예수께서 그에게 말씀하셨습니다. "내가 가서 고쳐 주겠다."

8 그러자 백부장이 대답했습니다. "주여, 저는 주를 제 집 안에 모실 자격이 없습니다. 그저 말씀만 하십시오. 그러면 제 종이 나을 것입니다." 시 107:20

9 저도 위로는 상관이 있고 밑으로는 부하들이 있는 사람입니다. 제가 부하에게 '가

들보(7:3, plank) 집 또는 건물의 건축에 사용된 큰 목재나 판으로 벽, 지붕, 문을 지탱한다.

나병(8:3, 癩病, leprosy) 나병균(癩病菌)에 의하여 감염되는 만성 전염병. 물क०나 나오거나 반점이 생기고 감염된 곳의 감각이 마비되며 눈썹이 빠지고 손발이나 얼굴이 변형된다.

라' 하면 가고 '오라' 하면 오며 하인에게 '이
것을 하라' 하면 그것을 합니다."

10 예수께서 이 말을 듣고 놀랍게 여겨 따라
온 사람들에게 말씀하셨습니다. "내가 진
실로 너희에게 말한다. 이스라엘에서도 아
직까지 이렇게 큰 믿음을 본 적이 없다.

11 내가 너희에게 말한다. 많은 사람들이 동
쪽과 서쪽에서 모여들어 하늘나라에서 아
브라함과 이삭과 야곱과 함께 앉을 것이다.

12 그러나 그 나라의 아들들은 바깥 어두운
곳으로 쫓겨나 거기서 슬피 울며 이를 갈
것이다." 13:42;22:13;눅 13:28

13 그리고 예수께서는 백부장에게 말씀하셨
습니다. "가거라. 네가 믿은 대로 될 것이
다." 바로 그 시각에 그 종은 병이 나았습
니다. 9:29;요 4:53

14 베드로의 장모가 고침받음 예수께서 베드로
의 집으로 들어가서 베드로의 장모가 열
병으로 앓아누워 있는 것을 보셨습니다.

15 예수께서 그 장모의 손을 만지시자 열이
내렸고 장모는 곧 일어나 예수를 섬기기
시작했습니다. 9:25

16 여러 사람들이 고침받음 날이 저물자 사람
들이 예수께 귀신 들린 사람들을 많이 데
려왔습니다. 예수께서는 말씀으로 귀신을
쫓아내셨고 아픈 사람들을 모두 고쳐 주
셨습니다. 4:24

17 이는 예언자 이사야를 통해 하신 말씀을
이루시려는 것이었습니다. 12:2;사 53:4
"그는 몸소 우리 연약함을 담당하셨고

우리의 질병을 짊어지셨다." 사 53:4

18 제자로서의 마음가짐 예수께서 많은 무리가
자신을 둘러싸고 있는 것을 보시고 제자
들에게 호수 건너편으로 가라고 명령하셨
습니다. 막 4:35;요 6:15-17

19 그때 한 율법학자가 예수께 다가와 말했습
니다. "선생님. 선생님이 가시는 곳이라면
어디든 따라가겠습니다." 눅 9:57-60

20 예수께서 대답하셨습니다. "여우도 굴이
있고 하늘의 새들도 보금자리가 있지만
인자는 머리를 둘 곳이 없구나." 13:32

21 다른 제자가 말했습니다. "주님, 제가 먼저
가서 아버지의 장례를 치르게 해 주십시오."

22 그러나 예수께서 그에게 말씀하셨습니다.
"죽은 사람들에게 죽은 사람을 묻게 하고
너는 나를 따르라." 요 5:25

23 바다를 잔잔케 하심 그러고는 예수께서 배
에 오르셨고 제자들도 뒤따랐습니다.

24 갑자기 바다에 큰 폭풍이 일어 배 안으로
파도가 들이쳤습니다. 그러나 예수께서는
주무시고 계셨습니다. 요 4:6-7

25 제자들이 가서 예수를 깨우며 말했습니
다. "주님, 살려 주십시오. 우리가 빠져 죽
게 생겼습니다!" 14:30

26 예수께서 대답하셨습니다. "왜 그렇게 무
서워하느냐? 믿음이 적은 사람들아!" 그러
고는 일어나 바람과 파도를 꾸짖으셨습니
다. 그러자 호수는 아주 잔잔해졌습니다.

27 사람들은 놀라며 서로 수군거렸습니다.
"도대체 저분이 누구시기에 바람과 파도

백부장

구약 성경에서 백부장은 재판관, 군사 지
도자를 말한다(출 18:21, 25; 신 1:15; 삼
하 18:1). 신약 성경에서는 100명으로
구성된 로마 군대의 지휘관을 말한
다(마 8:5-13). 신약 성경에서 백부장
과 관련된 몇 가지 사건이 기록되어 있
다(마 8:5-13; 27:54; 행 27:1, 6). 베드로
를 초청해 복음을 듣고 성령을 받은 고넬료도
백부장이었다(행 10:1).

가버나움에 살던 백부장은 예수님께 말씀
만으로도 자기 종의 병이 나을 것이라
는 믿음을 보여주었다.
그 믿음은 예수님이 왕이시며, 왕의
권세를 가진 분임을 인정한 참 믿음
이었다(마 8:10). 이 백부장은 권세를
가진 사람은 자신이 움직이지 않고도 명
령을 통해 일을 이룰 수 있는 능력이 있음을
아는 사람이었다(마 8:9).

까지도 저분께 복종하는가?" 막 1:27;눅 5:9

28 **귀신 들린 사람을 고치심** 예수께서 호수 건너편 가다라 지방에 이르셨습니다. 그때 무덤에서 나오던 귀신 들린 두 사람이 예수와 마주쳤습니다. 이들은 너무 사나워서 아무도 그 길을 지나다닐 수 없었습니다.

29 그런데 그들이 소리를 질렀습니다. "하나님의 아들 예수여, 우리가 당신과 무슨 상관이 있습니까? 때가 되기도 전에 우리를 괴롭히려고 여기까지 오셨습니까?"

30 거기에서 멀지 않은 곳에 큰 돼지 떼가 먹이를 먹고 있었습니다.

31 귀신들이 예수께 간청했습니다. "만일 우리를 쫓아내시려거든 저 돼지들 속으로 들여보내 주십시오."

32 예수께서 그들에게 "가라!" 하고 말씀하셨습니다. 그러자 귀신들은 그 사람들에게서 나와 돼지들에게로 들어갔습니다. 그리고 돼지 떼는 일제히 비탈진 둑으로 내리달아 호수에 빠져 죽었습니다.

33 돼지를 치던 사람들은 마을로 뛰어 들어가 이 모든 일과 귀신 들린 사람들에게 일어난 일을 알렸습니다. 16절

34 그러자 온 마을 사람들이 예수를 만나러 나왔습니다. 그리고 예수를 보자 자기 지역을 떠나 달라고 간곡히 부탁했습니다.

9 **중풍 환자가 고침받음** 예수께서 배를 타고 호수를 건너 자기 마을로 돌아오셨습니다. 4:13;막 2:1

2 사람들이 중풍 환자 한 사람을 자리에 눕힌 채 예수께 데려왔습니다. 예수께서는 그들의 믿음을 보시고 중풍 환자에게 말씀하셨습니다. "애야, 안심하여라. 네 죄가 용서받았다." 눅 5:18~26;참 3:16;막 5:15

3 **율법학자들의 생각** 이것을 보고 몇몇 율법학자들이 속으로 말했습니다. '저 사람이 하나님을 모독하고 있구나.' 26:65;요 10:36

4 예수께서 그 생각을 알고 말씀하셨습니다. "왜 그런 악한 생각을 하느냐?

5 '네 죄가 용서받았다' 하는 말과 '일어나 걸어가라' 하는 말 중에 어느 말이 더 쉽겠느냐?

6 그러나 인자가 땅에서 죄를 용서하는 권세를 가지고 있음을 너희에게 알려 주겠다." 그리고 예수께서 중풍 환자에게 말씀하셨습니다. "일어나 네 자리를 들고 집으로 가거라."

7 그러자 그 사람은 일어나 집으로 돌아갔습니다.

8 이를 보고 무리는 두려워하며 이런 권능을 사람에게 주신 하나님께 영광을 돌렸습니다. 28:18;눅 7:16

9 **마태(레위)가 부름받음** 예수께서 그곳을 떠나 길을 가시다가 마태라는 사람이 세관에 앉아 있는 것을 보셨습니다. 예수께서는 마태에게 "나를 따라라!" 하고 말씀하셨습니다. 그러자 마태가 일어나 예수를 따랐습니다. 막 3:18;눅 6:15;참 1:13

10 **죄인들과 식사하심** 예수께서 집에서 저녁을 잡수실 때에 많은 세리들과 죄인들도 와서 예수와 그 제자들과 함께 음식을 먹었습니다. 5:46;11:19;눅 2:15~16

11 이것을 본 바리새파 사람들이 예수의 제자들에게 물었습니다. "어째서 너희 선생님은 세리들과 죄인들과 함께 어울려 먹느냐?" 눅 15:2

12 이 말을 듣고 예수께서 말씀하셨습니다. "건강한 사람에게는 의사가 필요하지 않으나 병든 사람에게는 의사가 필요하다.

13 너희는 가서 '내가 원하는 것은 제사가 아니라 자비다' 하신 말씀이 무슨 뜻인지 배워라. 나는 의인을 부르러 온 것이 아니라 죄인을 부르러 왔다." 호 6:6;눅 15:7;요 9:39

14 **금식에 대해 말씀하심** 그때 요한의 제자들이 예수께 와서 물었습니다. "우리와 바리새파 사람들은 금식을 하는데 왜 당신의 제자들은 금식하지 않습니까?" 행 18:25

15 예수께서 대답하셨습니다. "신랑이 함께 있는데 어떻게 결혼 잔치에 초대받은 사람들이 슬퍼할 수 있겠느냐? 그러나 신랑

자기 마을 (9:1, his own town) '가버나움'을 말함.
세관 (9:9, 稅關, tax collector's booth) 신약 시대에 로마 정부가 각종 세금을 거두어들이기 위해 만든 장소.

을 빼앗길 날이 올 것이다. 그때에는 그들도 금식할 것이다. _{눅 17:22;요 3:29;16:20}

16 낡은 옷에 새로운 천 조각을 대고 깁는 사람은 없다. 그렇게 하면 새로운 천 조각이 낡은 옷을 잡아당겨 더 찢어지게 된다.

17 새 포도주를 낡은 가죽 부대에 담는 사람도 없다. 그렇게 하면 부대가 터져 포도주가 쏟아지고 부대도 못 쓰게 된다. 그러니 새 포도주는 새 부대에 담아야 둘 다 보전된다." _{눅 9:4;요 32:19;시 119:83}

18 **회당장의 간청** 예수께서 이 말씀을 하고 계실 때에 갑자기 회당장 한 사람이 와서 예수 앞에 무릎을 꿇고 말했습니다. "제 딸이 방금 죽었습니다. 그러나 오셔서 아이에게 손을 얹어 주시면 다시 살아날 것입니다."

19 예수께서 일어나 그와 함께 가셨습니다. 제자들도 뒤따랐습니다.

20 **옷자락에 손을 댄 여인** 바로 그때, 12년 동안 혈루병을 앓고 있던 한 여인이 예수 뒤로 다가와 예수의 옷자락을 만졌습니다.

21 여인은 '예수의 옷자락만 만져도 내가 나을 것이다'라고 생각한 것입니다.

22 예수께서 돌아서서 그 여인을 보시며 말씀하셨습니다. "딸아, 안심하여라. 네 믿음이 너를 구원했다." 그 순간 여인은 병이 나았습니다.

23 **회당장의 딸이 살아남** 예수께서 그 회당장의 집으로 들어가셨습니다. 그곳에서 피리 부는 사람들과 곡하는 사람들을 보시고

24 예수께서 말씀하셨습니다. "물러가라. 이 소녀는 죽은 것이 아니라 자고 있는 것이다." 그러자 사람들이 비웃었습니다.

25 예수께서는 사람들을 집 밖으로 내보내시고 방으로 들어가 소녀의 손을 잡으셨습니다. 그러자 소녀가 일어났습니다.

26 그리고 이 소문은 그 지역 온 사방으로 널리 퍼졌습니다.

27 **고침받은 눈먼 사람** 예수께서 그곳을 떠나 길을 가시는데 눈먼 두 사람이 예수를 따라오면서 소리 질렀습니다. "다윗의 자손이여, 우리에게 자비를 베풀어 주소서!"

28 예수께서 어떤 집으로 들어가시자 눈먼 사람들도 따라 들어갔습니다. 예수께서 그들에게 물으셨습니다. "내가 너희를 보게 할 수 있다고 믿느냐?" 그들이 예수께 대답했습니다. "그렇습니다. 주님!"

29 그러자 예수께서는 그들의 눈을 만지시며 말씀하셨습니다. "너희 믿음대로 돼라."

30 그러자 그들의 눈이 열렸습니다. 예수께서는 엄히 당부하셨습니다. "이 일을 아무도 모르게 하라."

31 그러나 그들은 나가서 예수에 대한 소문을 그 지역 온 사방에 퍼뜨렸습니다.

32 **고침받은 말 못하는 사람** 그들이 떠나간 뒤 사람들이 귀신 들려 말 못하는 사람을 예수께

예수님이 회당장의 죽은 딸을 살리심

데려왔습니다.

33 그리고 예수께서 귀신을 쫓아내시자 말 못했던 사람이 말을 하게 됐습니다. 사람들은 놀라서 말했습니다. "이스라엘에서 이와 같은 일을 본 적이 없다."

34 그러나 바리새파 사람들은 "그가 귀신의 왕을 통해 귀신을 쫓아낸다"라고 말했습니다.

35 **일꾼이 필요함** 예수께서 모든 도시와 마을을 두루 다니시며 회당에서 가르치시고 하늘나라 복음을 전파하시며 모든 질병과 아픔을 고쳐 주셨습니다. 4:23-24

36 예수께서 무리를 보시고 그들을 불쌍히 여기셨습니다. 그들이 목자 없는 양처럼 시달리고 방황하고 있었기 때문입니다.

37 그때 예수께서 제자들에게 말씀하셨습니다. "추수할 것은 많은데 일꾼이 적구나.

38 그러므로 추수할 주인에게 추수할 들판으로 일꾼을 보내 달라고 요청하라."

10 **열두 제자** 예수께서 열두 제자를 부르셔서 그들에게 더러운 귀신들을 쫓아내는 권능을 주시고 모든 질병과 모든 아픔을 고치게 하셨습니다.

2 열두 사도들의 이름은 이렇습니다. 먼저 베드로라고도 하는 시몬과 그 동생 안드레, 세베대의 아들 야고보와 그 동생 요한,

3 빌립, 바돌로매, 도마, 세리 마태, 알패오의 아들 야고보, 다대오, 9:9

4 열심당원 시몬 그리고 예수를 배반한 가룟 사람 유다입니다.

5 **제자들에게 명령하심** 예수께서 이 12명을 보내시며 이렇게 지시하셨습니다. "이방 사람들의 길로 가지 말고 사마리아 사람이 사는 마을에도 들어가지 말고 소 4:10

6 오직 이스라엘 집의 잃어버린 양들에게 가라. 시 119:176;사 53:6;롬 3:25-26

7 가서 '하늘나라가 가까이 왔다'고 전하라.

8 아픈 사람들을 고치고 죽은 사람들을 살리고 나병 환자들을 깨끗하게 고치며 귀신들을 쫓아내라. 너희가 거저 받았으니 거저 주라.

9 너희는 주머니에 금도 은도 동도 지니지

말라. 막 6:8-11;눅 9:3-5

10 여행 가방도 여벌 옷도 신발도 지팡이도 챙기지 말라. 일꾼이 자기가 필요한 것을 받아 쓰는 것은 당연한 일이다. 딤전 5:18

11 어느 도시나 마을에 들어가든지 그곳에서 마땅한 사람을 찾아내어 떠날 때까지 그 집에 머무르라.

12 그 집에 들어갈 때는 평안을 빌라.

13 그 집이 평안을 받을 만하면 그 평안이 거기 머물 것이고 그렇지 않으면 그 평안이 너희에게 되돌아올 것이다. 시 35:13;행 16:15

14 누구든지 너희를 환영하지 않거나 너희 말에 귀 기울이지 않으면 그 집이든 그 마을이든 떠날 때 발에 묻은 먼지를 떨어 버리라. 느 5:13;행 13:51;18:6

15 내가 진실로 너희에게 말한다. 심판 날에 소돔과 고모라가 그 도시보다 차라리 견디기 쉬울 것이다. 11:24;창 18:20;19:28;벤후 2:6

16 **제자들에게 경고하심** 내가 너희를 보내는 것이 양을 늑대 소굴로 보내는 것 같구나. 그러므로 뱀처럼 지혜롭고 비둘기처럼 순결해야 한다. 창 3:1;눅 10:3;롬 16:19;엡 2:15

17 사람들을 조심하라. 그들은 너희를 법정에 넘겨주고 회당에서 너희를 채찍질할 것이다. 23:34;막 13:9-13

18 그리고 너희는 나 때문에 총독들과 왕들 앞에 끌려가 그들과 또 이방 사람들에게 증인이 될 것이다. 8:4

19 그러나 그들에게 잡혀가더라도 무엇을 어떻게 말할까 걱정하지 말라. 그때에 너희가 말할 것을 일러 주실 것이다.

20 말하는 이는 너희가 아니라 너희 안에서 말씀하시는 너희 아버지의 영이시다."

21 "형제가 형제를, 아버지가 자식을 배신해 죽게 만들고 자식이 부모를 거역해 죽게 만들 것이다. 35-36절

22 너희는 내 이름 때문에 모든 사람에게 미움을 받을 것이다. 그러나 끝까지 견디는 사람은 구원을 얻을 것이다. 막 5:11

23 이 도시에서 핍박하면 저 도시로 피신하라. 내가 진실로 너희에게 말한다. 너희가

예수님의 열두 제자 프로필

시몬

베드로
게바(반석)

아버지: 요나
형제: 안드레

예수님께 "주는 그리스도이시며 살아 계신 하나님의 아들이십니다."(마 16:16)라고 고백함. 영광스런 모습으로 변화하신 예수님을 목격함(눅 9:28-29). 예수님이 잡히신 후 세 번 예수님을 부인함(눅 22:54-62). 요한과 함께 성전에 올라가던 중 걷지 못하는 사람을 고쳐줌(행 3:1-10). 욥바에서 죽은 다비다를 살림(행 9:36-42). 고넬료의 집에 복음을 전하고 세례를 줌(행 10:9-48).

베드로전서
베드로후서

안드레

아버지: 요나
형제: 베드로

형제 시몬을 예수님께로 인도함(요 1:42). 오병이어 사건에서 물고기 두 마리와 보리빵 다섯 개를 가진 소년을 발견함(요 6:8-9). 빌립과 함께 그리스 사람들이 예수님을 뵙기 원한다고 전함(요 12:22). 올리브 산에서 예수님께 세상 끝 날의 징조에 대해 질문함(막 13:3-4).

야고보

세베대의
아들
보아너게
(우레의 아들)

아버지: 세베대
어머니: 살로메
형제: 요한

영광스런 모습으로 변화하신 예수님을 목격함(눅 9:28-29). 예수님을 반기지 않는 사마리아 한 마을에 불을 내려 멸망시키자고 말함(눅 9:51-55). 열두 제자 중 처음으로 순교당함(행 12:1-3).

요한

세베대의
아들
보아너게
(우레의 아들)

아버지: 세베대
어머니: 살로메
형제: 야고보

야고보와 함께 하늘에서 불을 내려 사마리아 한 마을을 멸망시키자고 말함(눅 9:51-55). 영광스런 모습으로 변화하신 예수님을 목격함(눅 9:28-29). 베드로와 함께 유월절 음식을 준비함(눅 22:8-13). 마지막 유월절 식사 때 예수님 곁에 기대어 앉음(요 13:23). 십자가에서 예수님이 어머니를 요한에게 부탁함(요 19:26-27). 밧모 섬에 유배되어 요한계시록을 기록함(계 1:1, 9).

요한복음
요한일이삼서
요한계시록

레위

알패오의
아들
마태

아버지: 알패오

세관에 앉아 있다가 예수님을 만나 제자로 부름 받음(막 2:14). 예수님을 위해 식사를 마련하고 친구들을 초대함(막 2:15).

마태복음

야고보
알패오의 아들
작은 야고보

아버지: 알패오
어머니: 마리아
형제: 요세

알패오의 아들로, 작은 야고보라 불림(막 3:18; 15:40).

바돌로매
나다나엘

갈릴리 가나 사람으로, 예수님께 "당신은 하나님의 아들이시며 이스라엘의 왕이십니다."(요 1:49)라고 고백함. 예수님이 참 이스라엘 사람이라고 칭찬하심(요 1:47). 베드로와 다른 제자들과 함께 갈릴리 바닷가에서 부활하신 예수님을 만남(요 21:2).

도마
디두모

예수님이 나사로에게 가지고 하실 때 "우리도 주와 함께 죽으러 가자."(요 11:16)라고 함. 예수님이 어디로 가시는지 모르는데 그 길을 어떻게 알겠냐고 물음(요 14:5). 눈으로 못 자국을 보고 손으로 못 자국과 옆구리를 만져보지 않고는 예수님의 부활을 믿을 수 없다고 말함(요 20:25). 부활하신 예수님께 "내 주이시며 내 하나님이십니다."(요 20:28)라고 고백함.

빌립

나다나엘에게 와서 예수님을 만나보라고 인도함(요 1:45-46). 오병이어 사건에서 예수님께 "200데나리온 어치의 빵으로도 모자랄 것"(요 6:7)이라고 말함. 그리스 사람들이 예수님을 뵙기 원한다고 전함(요 12:20-22). 예수님께 아버지를 보여 달라고 요구함(요 14:8).

다대오
야고보의 아들
유다
아버지: 야고보

예수님께 왜 제자들에게는 자신을 나타내시고 세상에는 자신을 나타내지 않으시냐고 물어봄(요 14:22).

시몬
열심당원

예수님의 열두 제자 중 한 사람으로, 로마에 격렬하게 저항했던 열심당의 일원이었음(마 10:4; 막 3:18; 눅 6:15; 행 1:13).

유다
가룟 사람
아버지: 시몬

마리아가 예수님의 발에 향유를 붓는 모습을 보고 향유를 팔아 가난한 사람에게 주지 않고 낭비한다고 비난함(요 12:5). 마지막 유월절 식사 때 예수님의 빵을 받자 사탄이 들어감(요 13:26-27). 예수님이 유죄 판결 받은 것을 보자 뉘우치고 은돈 30을 돌려주고 자살함(마 27:3-5).

이스라엘의 모든 도시들을 다 돌기 전에 인자가 올 것이다. 16:28;23:34;요 8:19;25

24 제자가 스승보다 높을 수 없고 종이 주인 위에 있을 수 없다. 눅 6:40;요 13:16;15:20

25 제자가 스승만큼 되고 종이 주인만큼 되면 그것으로 충분하다. 그들이 집주인을 바알세불이라 불렀거늘 하물며 그 집안사람들에게는 얼마나 더 심하겠느냐! 막 3:22

26 그러므로 그런 사람들을 두려워하지 말라. 감추어진 것은 드러나지 않을 것이 없고 숨겨진 것은 알려지지 않을 것이 하나도 없다. 막 4:22;눅 8:17

27 내가 어두운 데서 말한 것을 너희는 밝은 데서 말하고 내가 너희 귀에 속삭인 것을 너희는 지붕 위에서 외치라! 눅 5:19

28 육체는 죽여도 영혼은 죽일 수 없는 사람들을 두려워하지 말고 오직 영혼과 육체를 한꺼번에 지옥에 던져 멸망시킬 수 있는 분을 두려워하라. 사 8:12~13;벧전 1:8;요 4:12

29 참새 두 마리가 앗사리온 동전 한 개에 팔리지 않느냐? 그러나 너희 아버지의 뜻이 아니면 그 가운데 한 마리도 땅에 떨어지지 않는다.

30 또한 하나님은 너희 머리카락 수까지도 다 세고 계신다. 삼상 14:45

31 그러므로 두려워하지 말라. 너희는 많은 참새들보다도 더 귀하다. 6:26;12:12

32 누구든지 사람들 앞에서 나를 시인하면 나도 하늘에 계신 내 아버지 앞에서 그를 시인할 것이다. 롬 10:9~10;히 10:35;계 3:5

33 그러나 누구든지 사람들 앞에서 나를 부인하면 나도 하늘에 계신 내 아버지 앞에서 그를 부인할 것이다. 눅 13:25;딤후 2:12;벧후 2:1

34 자기 십자가를 질 것 내가 이 땅에 평화를 주러 왔다고 생각하지 말라. 나는 평화가 아니라 칼을 주러 왔다. 눅 12:51~53;계 6:4

35 나는 아들이 아버지와 딸이 어머니와 며느리가 시어머니와 서로 다투게 하려고 왔다.

36 그러므로 사람의 원수는 자기 집안 식구가 될 것이다. 시 41:9;55:12~13;미 7:6;요 13:18

37 누구든지 나보다 자기 부모를 더 사랑하는 사람은 내게 합당하지 않다. 나보다 자기 아들딸을 더 사랑하는 사람도 내게 합당하지 않다. 눅 14:26

38 또 누구든지 자기 십자가를 지지 않고 나를 따르는 사람도 내게 합당하지 않다.

39 자기 목숨을 얻으려는 사람은 그 목숨을 잃을 것이요, 나를 위해 자기 목숨을 잃는 사람은 그 목숨을 얻을 것이다. 요 12:25

40 영접하는 사람 너희를 영접하는 사람은 나를 영접하는 것이고, 나를 영접하는 사람은 나를 보내신 분을 영접하는 것이다.

41 누구든지 예언자를 예언자로 여겨 영접하는 사람은 예언자의 상을 받을 것이고 누구든지 의인을 의인으로 여겨 영접하는 사람은 의인의 상을 받을 것이다. 왕하 4:8

42 내가 진실로 너희에게 말한다. 누구든지 내 제자라는 이유로 이 작은 사람들 중 하나에게 냉수 한 그릇이라도 주는 사람은 반드시 그 상을 놓치지 않을 것이다."

11 보냄받은 제자들 예수께서 열두 제자에게 가르치시기를 끝마친 후에 여러 마을에서도 가르치시고 말씀을 전하시기 위해 그곳을 떠나가셨습니다.

2 세례자 요한의 질문 요한이 감옥에서 그리스도께서 하시는 일에 대해 듣고 자신의 제자들을 보내 1:17;9:14;14:3

3 예수께 물었습니다. "오실 그분이 바로 선생님이십니까, 아니면 저희가 다른 사람을 기다려야 합니까?" 시 118:26;눅 3:15

4 예수께서 대답하셨습니다. "돌아가서 너희가 여기서 보고 듣는 것을 요한에게 전하라.

5 보지 못하는 사람들이 보고 다리를 저는 사람들이 걷고 나병 환자들이 깨끗해지며 듣지 못하는 사람들이 듣고 죽은 사람들이 살아나고 가난한 사람들에게 복음이 전파된다고 하라.

6 나로 인해 걸려 넘어지지 않는 사람은 복이 있다." 사 8:14~15;요 6:61;16:1

7 요한을 칭찬하심 요한의 제자들이 떠나자 예수께서는 사람들에게 요한에 대해 말씀

하기 시작하셨습니다. "너희가 무엇을 보려고 광야로 나갔느냐? 바람에 흔들리는 갈대냐? 눅 1:80;요 4:14;약 1:6

8 그렇지 않으면 무엇을 보려고 나갔느냐? 좋은 옷을 입은 사람이냐? 아니다. 좋은 옷을 입은 사람은 왕궁에 있다.

9 그러면 무엇을 보려고 나갔느냐? 예언자냐? 그렇다. 내가 너희에게 말한다. 그는 예언자보다 더 위대한 인물이다. 눅 1:76

10 이 사람에 대해 성경에 이렇게 기록됐다. '보라. 내가 네 앞에 내 사자를 보낸다. 그가 네 길을 네 앞서 준비할 것이다.'

11 내가 진실로 너희에게 말한다. 지금까지 여인에게서 난 사람 중에 세례자 요한보다 더 큰 사람이 일어난 적은 없다. 그러나 하늘나라에서는 가장 작은 사람이라도 그보다는 크다.

12 세례자 요한 때부터 지금까지 하늘나라는 침략당하고 있으니 침략하는 사람들이 차지하게 될 것이다. 눅 16:16

13 모든 예언자들과 율법이 예언한 것은 요한까지다.

14 만약 너희가 이 예언을 받아들이기 원한다면 요한 그 사람이 바로 오기로 되어 있는 엘리야다.

15 귀 있는 사람은 들으라." 눅 8:8;14:35;계 2:7

16 완악한 세대를 책망하심 "이 세대를 무엇에 비유할 수 있을까? 그들은 마치 장터에 앉아 다른 아이들을 향해 이렇게 소리치는 아이들과 같다.

17 '우리가 너희를 위해 피리를 불어도 너희는 춤추지 않았고 우리가 애도하는 노래를 불러도 너희는 슬피 울지 않았다.'

18 요한이 와서 먹지도 마시지도 않을 때는 사람들이 '저 사람이 귀신 들렸다' 하더니

19 인자가 와서 이렇게 먹고 마시니 '여기 먹보에다 술꾼 좀 보라. 게다가 세리와 죄인과 도 친구가 아닌가?' 하는구나. 그러나 지혜는 그 행한 일로 옳다는 것을 입증하는 법이다." 잠 8:1-36;눅 5:30;7:36;15:2

20 고라신과 벳새다를 책망하심 그러고 나서 예

수께서는 기적을 가장 많이 보여 주신 도시들을 꾸짖기 시작하셨습니다. 그들이 회개하지 않았기 때문입니다. 사 12:1-5

21 "고라신아! 네게 화가 있을 것이다. 벳새다야! 네게 화가 있을 것이다. 너희에게 베푼 기적들이 두로와 시돈에서 나타났다면 그들은 벌써 오래전에 베옷을 입고 재를 뒤집어쓰고 앉아 회개했을 것이다.

22 그러나 내가 너희에게 말한다. 심판 날에 두로와 시돈이 너희보다 견디기 더 쉬울 것이다. 눅 12:47-48;행 17:31

23 그리고 너 가버나움아! 네가 하늘에 들려 올라갈 것 같으냐? 아니다. 너는 저 음부에까지 내려갈 것이다! 네게 베푼 기적들이 소돔에서 나타났다면 그 도시가 오늘까지 남아 있었을 것이다. 행 2:27;계 1:18

24 그러나 내가 너희에게 말한다. 심판 날에 소돔 땅이 너희보다 더 견디기 쉬울 것이다."

25 계시에 대한 감사 그때 예수께서 말씀하셨습니다. "아버지, 하늘과 땅의 주님, 제가 찬양합니다. 이 모든 것을 지혜롭고 학식 있는 사람들에게는 감추시고 어린아이들에게는 나타내셨습니다. 행 17:24;고전 1:19-27

26 그렇습니다. 아버지, 이것이 바로 당신의 은혜로우신 뜻입니다. 눅 12:32;갈 1:16

27 "내 아버지께서 모든 것을 내게 맡기셨습니다. 아버지 외에는 아들을 아는 사람이 없고 아들과 또 아들이 택해 계시해 준 사람들 외에는 아버지가 누구인지 아는 사람이 없습니다." 28:18;요 1:18;6:46;17:26

28 쉼을 얻음 "수고하고 무거운 짐을 진 모든 사람은 다 내게로 오라. 내가 너희를 쉬게 할 것이다. 눅 11:46;요 6:37;7:37

29 나는 마음이 온유하고 겸손하니 너희는 내 멍에를 메고 내게서 배우라. 그러면 너희 영혼이 쉼을 얻을 것이다. 슥 13:15;빌 2:7-8

30 내 멍에는 메기 쉽고 내 짐은 가볍다."

영접(10:40, 迎接, reception) 손님을 맞아서 대접하는 것. 사자(11:10, 使者, messenger) 메시지를 전달하라고 보냄을 받은 사람. 계시(11:27, 啓示, revelation) 사람의 지혜로서는 알 수 없는 진리를 하나님께서 가르쳐 주셔서 알게 함.

12 안식일에 이삭을 잘라 먹음 그 무렵 안식일에 예수께서 밀밭 사이로 지나가고 계셨습니다. 예수의 제자들은 배가 고파서 이삭을 따서 먹기 시작했습니다.

2 이것을 본 바리새 사람들이 예수께 말했습니다. "보시오! 당신 제자들이 안식일에 해서는 안 될 일을 하고 있소."

3 예수께서 대답하셨습니다. "다윗과 그 일행이 굶주렸을 때 다윗이 한 일을 읽어 보지 못했느냐?
삼상 21:1~6

4 다윗이 하나님의 집에 들어가 제사장만 먹게 돼 있는 진설병을 스스로 먹고 또 자기 일행에게도 나누어 주지 않았느냐?"

5 "또 제사장들이 안식일에 성전 안에서 안식일을 어겨도 그것이 죄가 되지 않는다는 것을 율법에서 읽어보지 못했느냐?
민 28:9~10

6 내가 너희에게 말한다. 성전보다 더 큰 이가 여기 있다.
대하 29:30 31

7 '내가 원하는 것은 제사가 아니라 자비다'라고 하신 말씀의 뜻을 너희가 알았다면 너희가 죄 없는 사람들을 정죄하지 않았을 것이다.
호 6:6 마 9:13 6:6~8

8 인자는 안식일의 주인이다."
9:6

9 안식일에 병을 고치심 예수는 그곳을 떠나 유대 사람의 회당으로 들어가셨습니다.

10 그곳에는 한쪽 손이 오그라든 사람이 있었습니다. 그들은 예수를 고소할 구실을 찾으려고 물었습니다. "안식일에 병을 고치는 것이 옳습니까?"
눅 11:54 14:3 요 8:6

11 예수께서 말씀하셨습니다. "만일 너희 중 누군가 양 한 마리가 있는데 안식일에 그 양이 구덩이에 빠진다면 붙잡아 꺼내 주지 않겠느냐?
출 23:4~5 신 22:4

12 하물며 사람이 양보다 얼마나 더 귀하냐? 그러니 안식일에 선한 일을 하는 것이 옳다."
6:26;요 5:16~17

13 그리고 나서 예수께서는 그 사람에게 말씀하셨습니다. "네 손을 펴 보아라!" 그러자 그 사람이 손을 쭉 폈고 그 손은 다른 손처럼 회복됐습니다.
왕상 13:4

14 그러나 바리새 사람들은 밖으로 나가 어떻게 하면 예수를 죽일까 음모를 꾸몄습니다.
22:15;27:1;28:12

15 여러 사람들을 고침 그러나 예수께서 이것을 알고 그곳을 떠나셨습니다. 많은 무리가 예수를 따라갔고 예수께서는 그들을 모두 고쳐 주셨습니다.
19:2;막 3:7,9;10:39

16 그리고 자신에 대한 소문을 내지 말라고 그들에게 경고하셨습니다.
8:4;막 7:36;3:12;8:30

17 이는 예언자 이사야를 통해 하신 말씀을 이루시기 위한 것이었습니다.
1:22

18 "보라. 내가 택한 내 종, 내가 사랑하는 자, 내가 그를 기뻐한다. 내가 내 영을 그에게 주리니 그가 이방에 정의를 선포할 것이다.
사 42:1~3;61:1;행 4:27,30;눅 10:38

19 그는 다투지도 않고 울부짖지도 않을 것이니 아무도 길에서 그의 음성을 듣지 못할 것이다.

20 그는 정의가 승리할 때까지 상한 갈대도 꺾지 않고 꺼져 가는 심지도 끄지 않을 것이다.

21 또 이방이 그 이름에 희망을 걸 것이다."

Q 왜 예수님의 멍에가 가벼운가요?

A 예수님은 수고하고 무거운 짐을 진 사람들을 향해 와서 '쉼'을 얻으라고 말씀하셨어요(마 11:28). 팔레스타인에서 '멍에'는 두 마리 짐승의 목에 얹어 짐을 끌게 하는 막대로, 일을 잘하는 짐승이 서투른 짐승을 이끌어 주며 일을 배우게 했어요. 일을 잘못하는 짐승은 잘하는 짐승 덕분에 멍에를 메는 것이 쉬웠어요. 이처럼 예수님이 멍에를 메고 이끌어 주시니 예수님과 멍에를 함께 지는 사람은 짐이 가벼운 거예요. "내 멍에를 메고 내게서 배우라"(마 11:29)는 말씀은 예수님의 가르침과 인도하심을 따라사는 법을 배우라는 거예요. 참된 '쉼'은 예수님의 멍에를 메고, 예수님에게 배우는 데서 얻을 수 있어요.

22 하나님의 성령과 바알세불 그때 사람들이 귀신이 들려서 눈멀고 말하지 못하는 사람을 예수께 데리고 왔습니다. 그리고 예수께서 이 사람을 고쳐 주시자 그 사람이 말도 하고 볼 수 있게 됐습니다. 눅 11:14-15

23 그러자 모든 사람이 놀라며 말했습니다. "이분이 혹시 그 다윗의 자손이 아닐까?"

24 그러나 이 말을 듣고 바리새파 사람들은 "이 사람이 귀신의 왕 바알세불의 힘을 빌려 귀신을 내쫓는다"라고 말했습니다.

25 예수께서는 그 생각을 아시고 그들에게 말씀하셨습니다. "어떤 나라든지 서로 갈라져 싸우면 망하게 되고 어떤 도시나 가정도 서로 갈라져 싸우면 무너진다.

26 사탄이 사탄을 쫓아내면 사탄이 스스로 갈라져 싸우는 것인데 그렇다면 사탄의 나라가 어떻게 설 수 있겠느냐?

27 내가 바알세불의 힘을 빌려 귀신들을 내쫓는다면 너희 아들들은 누구의 힘을 빌려 귀신들을 쫓아내느냐? 그러므로 그들이야말로 너희 재판관이 될 것이다.

28 그러나 내가 하나님의 영을 힘입어 귀신들을 쫓아낸다면 하나님 나라가 이미 너희에게 온 것이다. 18:9막 1:15;눅 17:21

29 사람이 먼저 힘센 사람을 묶어 놓지 않고서 어떻게 그 사람의 집에 들어가 물건을 훔칠 수 있겠느냐? 묶어 놓은 후에야 그 집을 털 수 있을 것이다." 사 49:24;53:12

30 "나와 함께하지 않는 사람은 나를 반대하는 사람이고 나와 함께 모으지 않는 사람은 흩어 버리는 사람이다. 막 9:40;눅 11:23

31 성령 모독죄 그러므로 내가 너희에게 말한다. 사람의 모든 죄와 신성 모독하는 말은 용서받겠지만 성령을 모독하는 것은 용서받지 못할 것이다. 막 3:28-30;눅 12:10

32 누구든지 인자를 욕하는 사람은 용서받겠지만 성령을 모독하는 사람은 이 세대와 오는 세대에서도 용서받지 못할 것이다."

33 "나무가 좋으면 그 열매도 좋고 나무가 나쁘면 그 열매도 나쁘다. 나무는 그 열매를 보면 알 수 있다. 7:16-20;눅 6:43-44

34 독사의 자식들아! 너희가 악한데 어떻게 선한 것을 말하겠느냐? 마음에 가득 차 있는 것이 입 밖으로 흘러나오는 법이다.

35 선한 사람은 선한 것을 쌓았다가 선한 것을 내놓고 악한 사람은 악한 것을 쌓았다가 악한 것을 내놓는다.

36 그러나 내가 너희에게 말한다. 심판 날에 사람은 자기가 함부로 내뱉은 모든 말에 대해 해명해야 할 것이다. 행 17:31;약 14:12

37 네가 한 말로 의롭다는 판정을 받기도 하고 네가 한 말로 죄가 있다는 판정을 받기도 할 것이다." 5:22;약 3:2-12

38 표적 구함을 책망하심 그때 바리새파 사람들과 율법학자들이 예수께 말했습니다. "선생님, 우리에게 표적을 보여 주십시오."

39 예수께서 대답하셨습니다. "악하고 음란한 세대가 표적을 구하지만 예언자 요나의 표적밖에는 보여 줄 것이 없다.

40 요나가 3일 밤낮을 큰 물고기 배 속에 있었던 것처럼 인자도 3일 밤낮을 땅속에 있을 것이다. 17:22-23;요 1:17

41 심판 때에 니느웨 사람들이 이 세대와 함께 일어나 그 죄를 심판할 것이다. 그들은 요나의 선포를 듣고 회개했기 때문이다. 그러나 요나보다 더 큰 이가 여기 있다.

42 심판 때에 남쪽 여왕이 이 세대와 함께 일어나 그 죄를 심판할 것이다. 그 여왕은 솔로몬의 지혜를 들으려고 땅끝에서 왔기 때문이다. 그러나 솔로몬보다 더 큰 이가 여기 있다. 왕상 10:1;대하 9:1

43 나중 형편이 더 심해짐 한 더러운 귀신이 어떤 사람에게서 나와 쉴 곳을 찾으려고 물 없는 곳을 돌아다니다가 끝내 찾지 못했다.

44 그래서 그 더러운 귀신은 '내가 전에 나왔던 집으로 다시 돌아가야겠다'라고 말했다. 그런데 가 보니 그 집은 아직 비어 있

해명(12:36, 解明, account) 까닭이나 내용을 풀어서 밝힘, 남쪽 여왕(12:42, Queen of the South) 구약에서 솔로몬의 명성을 듣고, 지혜를 시험하고자 찾아왔던 스바 여왕을 가리킴.

마태복음 13장에 나오는 하늘나라

	비유	의미
	씨 뿌리는 농부 비유	하늘나라는 하나님의 말씀을 마음에 받아들일 때 삶에 열매로 나타난다. 듣는 사람의 마음 상태에 따라 다른 열매를 얻게 된다(1-23절).
	가라지 비유	세상에는 하늘나라의 자녀들과 악한 자의 자녀들이 함께 살고 있다. 하나님은 악한 자의 자녀들을 바로 심판하지 않으시고, 하늘나라의 자녀들이 다치지 않도록 최후 심판 날까지 내버려 두신다(24-30, 36-43절).
	겨자씨 비유	하늘나라는 겉으로 보기에는 작은 씨앗 같지만, 심으면 엄청나게 자라 세상에 큰 영향을 미친다(31-32절).
	누룩 비유	하늘나라는 세상에 드러나지 않고 숨겨져 있지만 아주 은밀하게 퍼져 나가며 온 세상을 변화시킨다(33절).
	밭에 숨겨진 보물의 비유	하늘나라는 우연히 발견한다. 발견한 사람은 그것을 얻기 위해 어떠한 대가나 희생도 아깝게 여기지 않는다(44절).
	좋은 진주 비유	하늘나라는 오래 인내하며 찾는 가운데 발견한다. 발견한 사람은 그것을 얻기 위해 자신의 모든 것을 다 버린다(45-46절).
	그물 비유	최후 심판 날에 하나님은 하늘나라의 그물을 던져 의로운 사람들과 악한 사람들을 분리하실 것이다(47-50절).

는 채로 깨끗이 치워져 있고 말끔히 정돈
돼 있었다.

45 그러자 더러운 귀신은 나가서 자기보다 더
사악한 다른 귀신들을 일곱이나 데리고 와
그곳에 들어가 살았다. 그렇게 되면 그 사
람의 마지막은 처음보다 훨씬 더 나빠질 것
이다. 이 악한 세대에도 이렇게 될 것이다.'

46 참 형제와 자매 예수께서 사람들에게 여전
히 말씀하고 계실 때 예수의 어머니와 형
제들이 예수께 말하려고 밖에 서 있었습니
다.   막 3:31–35;눅 2:12;행 1:14

47 어떤 사람이 예수께 말했습니다. "보십시
오, 선생님의 어머니와 형제들이 선생님
께 드릴 말씀이 있다며 밖에 서 있습니다."

48 예수께서 그에게 대답하셨습니다. "누가
내 어머니고 내 형제냐?"

49 그리고 손을 내밀어 제자들을 가리키며
말씀하셨습니다. "보라. 내 어머니고 내
형제들이다.

50 누구든지 하늘에 계신 내 아버지의 뜻을 행
하는 사람이 내 형제요, 자매요, 어머니다."

13 씨 뿌리는 농부의 비유 그날 예수께서
집에서 나와 호숫가에 앉으셨습니
다.   막 4:1–12;눅 8:4–10

2 큰 무리가 주위로 모여들었기 때문에 예
수께서는 배에 올라가 앉으셨고 사람들은
모두 호숫가에 서 있었습니다.   막 3:9;눅 5:1–3

3 그러자 예수께서 많은 것을 비유로 말씀하
셨습니다. "한 농부가 씨를 심으러 나갔다.

4 그가 씨를 뿌리는데 어떤 씨는 길가에 떨
어져 새들이 와서 모두 쪼아 먹었다.

5 또 어떤 씨는 흙이 얇지 않은 돌밭에 떨어
져 흙이 얇아 싹이 곧 나왔으나

6 해가 뜨자 그 싹은 시들어 버리고 뿌리가
없어서 말라 버렸다.   요 15:6;막 1:11

7 또 다른 씨는 가시덤불에 떨어졌는데 가
시덤불이 자라 무성해져 싹이 나는 것을
막아 버렸다.   렘 4:3

8 그러나 어떤 씨는 좋은 땅에 떨어져 100
배, 60배, 30배 열매 맺었다.   23절;창 26:12

9 귀 있는 사람은 들으라."   11:15

10 비유의 목적 제자들이 예수께 와서 물었습
니다. "왜 사람들에게 비유로 말씀하십니
까?"

11 예수께서 대답하셨습니다. "너희에게는
하늘나라의 비밀을 아는 것이 허락됐으나
다른 사람들에게는 그렇지 않다.   골 1:27

12 가진 사람은 더 받아서 더욱 풍성해질 것
이고 가지지 못한 사람은 가진 것마저 빼
앗길 것이다.   막 4:25;눅 8:18;겔 2:5

13 내가 비유로 가르치는 이유는 그들이 보
아도 보지 못하고 들어도 듣지 못하며 깨
닫지 못하기 때문이다.   신 29:4;렘 5:21;창 8:21

14 이사야의 예언이 그들에게 이루어지는 것
이다.
'너희가 듣기는 들어도 깨닫지 못하며
보기는 보아도 깨닫지 못할 것이다.

15 이 백성들의 마음이 굳어져서 귀는 듣
지 못하고 눈은 감겨 있다. 이것은 그들
로 하여금 눈으로 보지 못하게 하고 귀
로 듣지 못하게 하고 마음으로 깨닫지
못하게 하고 돌이켜지 못하게 해 내가
그들을 고쳐 주지 않으려는 것이다.'

16 그러나 너희 눈은 볼 수 있으니 복이 있고
너희 귀는 들을 수 있으니 복이 있다.

17 내가 진실로 너희에게 말한다. 많은 예언
자들과 의인들이 너희가 보는 것을 보려
했지만 보지 못했고 너희가 듣는 것을 들
으려 했지만 듣지 못했다.   눅 10:23–24

18 씨 뿌리는 사람 비유 이제 씨 뿌리는 사람의
비유를 들어 보라.   막 4:13–20;눅 8:11–15

19 하늘나라에 대한 말씀을 들어도 깨닫지
못하면 악한 자가 와서 마음속에 뿌려
진 것을 빼앗아 간다. 이것이 바로 길가에
뿌린 씨와 같은 사람이다. 13절;4:23;5:37;엡 6:16

20 돌밭에 떨어진 씨는 말씀을 듣자마자 기
쁨으로 받아들이지만   사 58:2;결 33:31–32;막 6:20

21 뿌리가 없기 때문에 오래가지 못한다. 말
씀 때문에 고난이나 핍박이 오면 곧 걸려
넘어진다.   11:6;갈 1:6;5:7

22 또 가시덤불 가운데 떨어진 씨는 말씀은
들었지만 이 세상의 걱정과 돈의 유혹이

말씀을 막아 열매 맺지 못하는 사람이다.

23 그러나 좋은 땅에 떨어진 씨는 말씀을 듣고 깨닫는 사람이다. 이 사람은 열매를 맺어 100배, 60배, 30배 결실을 낸다."

24 가라지 비유 예수께서는 또 다른 비유를 들어 말씀하셨습니다. "하늘나라는 어떤 사람이 자기 밭에 좋은 씨를 뿌린 것에 비유할 수 있다. 37-42절참고 4:26-29

25 그런데 사람들이 모두 자고 있는 동안 원수가 와서 밀 가운데 가라지를 뿌리고 도망쳤다.

26 밀이 줄기가 나서 열매를 맺을 때에 가라지도 보였다.

27 종들이 주인에게 와서 말했다. '주인님께서는 밭에 좋은 씨를 뿌리지 않으셨습니까? 그런데 도대체 저 가라지가 어디에서 생겨났습니까?'

28 그러자 주인이 대답했다. '원수가 한 짓이다.' 종들이 물었다. '저희가 가서 가라지를 뽑아 버릴까요?'

29 주인이 대답했다. '아니다. 가라지를 뽑다가 밀까지 뽑을 수 있으니 고전 4:5

30 추수할 때까지 둘 다 함께 자라도록 내버려 두어라. 추수 때에 내가 일꾼들에게, 먼저 가라지를 모아 단으로 묶어 불태워 버리고 밀은 모아 내 곳간에 거두어들이라고 하겠다." 3:12

31 겨자씨 비유 예수께서 또 다른 비유를 들어 말씀하셨습니다. "하늘나라는 사람이 자기 밭에 가져다가 심어 놓은 겨자씨와 같다.

32 겨자씨는 모든 씨앗들 가운데 가장 작은 씨앗이지만 자라면 모든 풀보다 더 커져서 나무가 된다. 그래서 공중에 나는 새들이 와서 그 가지에 깃들이게 된다.

33 누룩 비유 예수께서 또 다른 비유를 들어 말씀하셨습니다. "하늘나라는 여인이 가져다가 밀가루 3사톤에 섞어 온통 부풀게 하는 누룩과 같다." 눅 13:20-21;고전 5:6;갈 5:9

34 예언 성취 예수께서는 사람들에게 이 모든 것을 비유로 말씀하셨습니다. 비유가 아니면 아무 말씀도 하지 않으셨습니다.

35 이는 예언자를 통해 하신 말씀을 이루시려는 것이었습니다.

"내가 입을 열어 비유로 말할 것이다.
세상이 창조된 이래로 감추어진 것들을 말할 것이다." 시 78:2;눅 11:50롬 16:25-26

36 비유에 대한 설명 그러고 나서 예수께서는 무리를 떠나 집으로 들어가셨습니다. 제자들이 예수께 와서 말했습니다. "밭에 난 가라지 비유를 설명해 주십시오."

37 예수께서 대답하셨습니다. "좋은 씨를 뿌린 사람은 인자다.

38 밭은 세상이고 좋은 씨는 하늘나라의 자녀들을 뜻한다. 가라지는 악한 자의 아들들이고 8:12;요 8:44;행 13:10

39 가라지를 뿌린 원수는 마귀다. 추수 때는 세상의 끝이며 추수하는 일꾼은 천사들이다. 단 12:13;욜 3:13;계 14:15

40 가라지가 뽑혀 불태워지듯이 세상의 끝에도 그렇게 될 것이다. 3:12;요 15:6

비유가 뭐예요?

'비유'는 그리스어로 '파라볼레', 곧 '옆에 놓는다'라는 뜻이에요. 어떤 것을 설명하기 위해 그와 비슷한 다른 것을 끌어다가 빗대어 설명하는 방법이에요. 예수님은 하늘나라의 복음을 가르치실 때 비유를 많이 사용하셨어요.

비유를 들어 이야기하는 방식은 당시 유대 사람들에게는 익숙한 학습 방법이었어요. 예수님은 보이지 않는 하늘나라의 비밀을 듣는 사람들의 눈높이에 맞추어 실감나게 설명하시기 위해 비유를 사용하셨어요. 예수님은 당시 사람들에게 친숙한 자연, 일상생활, 평범하게 일어나는 사건들을 소재로 하늘나라의 진리를 가르치셨어요.

따라서 예수님이 비유를 사용하셨던 당시의 풍습과 관습, 문화적 배경 등을 안다면, 우리는 비유를 더 잘 이해할 수 있을 거예요.

41 인자가 자기 천사들을 보내면 천사들은 죄를 짓게 하는 모든 것들과 악을 행하는 모든 사람들을 그 나라에서 가려내 습1:3

42 활활 타오르는 불 아궁이에 던져 넣을 것이다. 거기서 그들은 슬피 울며 이를 갈 것이다. 8:12;계 9:2;19:20

43 그때 의인들은 자기 아버지의 나라에서 해같이 빛날 것이다. 귀 있는 사람은 들으라.'

44 숨겨진 보물 비유 "하늘나라는 밭에 숨겨진 보물과 같다. 어떤 사람이 그것을 발견하고는 감추어 두고 기뻐하며 돌아가 모든 재산을 팔아서 그 밭을 산다. 빌 37-8

45 좋은 진주 비유 또 하늘나라는 좋은 진주를 찾아다니는 상인과 같다. 욥 28:18

46 그는 값진 진주를 발견하고 돌아가 모든 재산을 팔아서 그것을 산다."

47 그물 비유 "또한 하늘나라는 바다에 던져 온갖 물고기를 잡는 그물과 같다. 4:19

48 그물이 가득 차면 어부들은 그물을 물가로 끌어내고는 앉아서 좋은 고기는 바구니에 담고 나쁜 고기는 버린다. 요 21:11

49 세상의 끝도 그렇게 될 것이다. 천사들이 와서 의인 중에서 악인을 가려내 25:32

50 활활 타오르는 불 아궁이에 던져 넣을 것이다. 거기서 그들은 슬피 울며 이를 갈 것이다. 42절

51 새것과 오래된 것 예수께서 물으셨습니다. "너희가 이 모든 것을 깨달았느냐?" 제자들이 '예' 하고 대답했습니다.

52 예수께서 그들에게 말씀하셨습니다. "그러므로 하늘나라의 제자가 된 모든 율법학자는 새것과 오래된 것을 자기 창고에서 꺼내 주는 집주인과 같다." 12:35;23:34

53 다시 배척받은 예수님 예수께서 이런 비유들을 끝마친 후에 그곳을 떠나서서

54 고향으로 돌아가 유대 사람의 회당에서 사람들을 가르치기 시작하셨습니다. 사람들이 놀라 물었습니다. "이 사람이 어디서 이런 지혜와 기적을 행하는 능력을 얻었는가? 막 6:1-6;눅 4:16-30

55 이 사람은 한낱 목수의 아들이 아닌가?

어머니는 마리아이고 동생들은 야고보와 요셉과 시몬과 유다가 아닌가? 막 6:3;눅 4:22

56 그 누이들도 모두 우리와 함께 있지 않는가? 그런데 이 사람은 도대체 이 모든 것들을 어디서 얻었는가?"

57 그러면서 사람들은 예수를 배척했습니다. 그러자 예수께서 그들에게 말씀하셨습니다. "예언자는 자기 고향과 자기 집에서는 배척당하는 법이다." 눅 4:24;요 4:44

58 예수께서는 그곳에서 기적을 많이 베풀지 않으셨습니다. 사람들이 믿지 않았기 때문입니다. 17:20

14

예수에 대한 헤롯의 관심 그때에 분봉왕 헤롯이 예수의 소문을 듣고

2 신하들에게 말했습니다. "이 사람은 세례자 요한이다. 그가 죽은 사람들 가운데서 살아났으므로 이런 기적을 일으키는 능력이 그에게 나타나는 것이다." 13:54

3 세례자 요한의 죽음 이전에 헤롯은 요한을 체포하고 결박해 감옥에 가둔 일이 있었습니다. 동생 빌립의 아내였던 헤로디아 때문이었습니다. 눅 3:19-20

4 요한은 헤롯에게 "그 여자를 데려온 것은 옳지 않다!"라고 여러 번 말했습니다.

5 헤롯은 요한을 죽이고 싶었지만 그를 예언자로 여기는 백성들을 두려워했습니다.

6 때마침 헤롯의 생일에 헤로디아의 딸이 사람들 앞에서 춤을 추어 헤롯을 즐겁게 해 주었습니다. 창 40:20

7 헤롯은 그 소녀에게 맹세하면서 요청하는 것은 무엇이든 주겠다고 약속했습니다.

8 그 소녀는 자기 어머니가 시키는 대로 헤롯에게 말했습니다. "세례자 요한의 머리를 쟁반에 담아 주십시오."

9 헤롯 왕은 난감했지만 자기가 맹세한 것도 있고 손님들도 보고 있으므로 소녀의 요

세톤 (13:33) 아람어에서 유래되었으며, 곡물을 측정하는 단위. 3세톤은 약 37ℓ에 해당됨.
인자(13:37, 人子, Son of Man) 인간의 몸을 입으시고 인류의 구원을 위해 이 땅에 오실 자를 가리키는 데에 사용되었고, 신약에서 예수님이 자기 자신을 가리킬 때 주로 사용하심.

물속에 빠져드는 베드로를 예수님이 건져주심

구대로 해 주라고 명령했습니다.

10 헤롯은 사람을 보내어 감옥에서 요한의 목을 베게 했습니다.

11 그리고 요한의 머리를 쟁반에 담아 소녀에게 주자, 소녀는 그것을 자기 어머니에게 가져갔습니다.

12 요한의 제자들이 와서 시체를 가져다가 묻고 나서 예수께 가서 이 사실을 알렸습니다.

13 제자들이 따름 이 소식을 들은 예수께서는 거기서 배를 타고 조용히 외딴곳으로 가셨습니다. 사람들이 이 소문을 듣고 여러 마을에서 나와 걸어서 예수를 따라갔습니다.

14 병을 고치심 예수께서 도착해서 보시니 많은 무리가 있었습니다. 예수께서는 그들을 불쌍히 여기시고 아픈 곳을 고쳐 주셨습니다.

15 *5,000명을 먹이심* 저녁때가 되자, 제자들이 예수께 다가와서 말했습니다. "이곳은 외딴곳이고 날도 이미 저물었습니다. 사람들을 보내 마을로 가서 각자 음식을 사 먹게 하시지요."

16 예수께서 대답하셨습니다. "그들이 멀리 갈 필요 없다. 너희가 그들에게 먹을 것을

주라."

17 제자들이 대답했습니다. "우리가 가진 것이라고는 여기 빵 다섯 개와 물고기 두 마리뿐입니다."

18 예수께서 말씀하셨습니다. "그것을 내게 가져오라."

19 예수께서는 사람들에게 풀밭에 앉으라고 말씀하시고 빵 다섯 개와 물고기 두 마리를 들고 하늘을 우러러 감사 기도를 드리신 후 빵을 떼셨습니다. 그 후 예수께서는 그 빵 조각을 제자들에게 나눠 주셨고 제자들은 사람들에게 나눠 주었습니다.

20 모든 사람들은 배불리 먹었습니다. 제자들이 남은 빵 조각을 거두어 보니 12바구니에 가득 찼습니다.

21 먹은 사람은 여자와 아이들 이외에 남자만 5,000명쯤 됐습니다.

22 *물 위로 걸어오심* 그 후 예수께서는 곧 제자들을 배에 태워 먼저 건너가게 하시고 무리를 집으로 돌려보내셨습니다.

23 무리를 보낸 뒤 예수께서 혼자 기도하러 산에 올라가셨다가 날이 저물기까지 거기

15:23

혼자 계셨습니다. _{막 13:35;눅 6:12;9:28}

24 제자들이 탄 배는 이미 육지에서 꽤 멀리 떨어져 있었는데 거친 바람으로 파도에 시달리고 있었습니다.

25 이른 새벽에 예수께서 물 위를 걸어 그들에게 다가가셨습니다.

26 제자들은 예수께서 물 위로 걸어오시는 것을 보고 깜짝 놀랐습니다. 그들이 두려워하며 "유령이다!" 하고 외쳤습니다.

27 그러자 예수께서 곧 그들에게 말씀하셨습니다. "안심하라. 나다. 두려워하지 말라."

28 물 위를 걸은 베드로 베드로가 대답했습니다. "주여, 정말로 주이시면 제게 물 위로 걸어오라고 하십시오."

29 그러자 예수께서 "오너라" 하고 말씀하셨습니다. 그러자 베드로는 배에서 내려 물 위로 걸어 예수께로 향했습니다. _{요 21:7}

30 그러나 베드로는 바람을 보자 겁이 났습니다. 그러자 바로 물속으로 가라앉기 시작했고 베드로가 소리쳤습니다. "주여, 살려 주십시오!" _{8:25-26}

31 예수께서 곧 손을 내밀어 그를 붙잡으시며 말씀하셨습니다. "믿음이 적은 사람아, 왜 의심했느냐?" _{6:30;막 1:6}

32 그리고 그들이 함께 배에 오르자 바람이 잔잔해졌습니다.

33 그때 배에 있던 사람들이 예수께 경배드리며 말했습니다. "참으로 하나님의 아들이십니다!" _{8:2;16:16;막 1:1;27:2;요 6:14}

34 게네사렛에서의 기적 그들이 호수를 건너 게네사렛 땅에 이르렀습니다. _{눅 5:1;요 6:24-25}

35 그곳에 있던 사람들은 예수를 알아보고 주변 온 지역에 소식을 전했습니다. 사람들은 아픈 사람들을 모두 데려와 _{4:24}

36 예수의 옷자락이라도 만지게 해 달라고 간청했습니다. 그리고 그 옷자락을 만진 사람들은 모두 나았습니다. _{막 3:10;눅 6:19}

15 전통에 대한 책망 그때 예루살렘에서 온 바리새파 사람들과 율법학자들이 예수께 와서 말했습니다. _{막 3:22;7:1-23}

2 "왜 선생님의 제자들은 우리 장로들의 전통을 지키지 않습니까? 음식을 먹기 전에 그들은 손을 씻지 않습니다." _{갈 1:14;골 2:8}

3 예수께서 대답하셨습니다. "너희는 어째서 너희의 전통 때문에 하나님의 계명을 어기느냐?

4 하나님께서는 '네 부모를 공경하라'고 하셨고, '누구든지 자기 부모를 저주하는 사람은 반드시 죽을 것이다'라고 하셨다.

5 그러나 너희는 누가 자기 아버지나 어머니에게 '내가 드려 도움이 될 것이 하나님께 드릴 예물이 됐습니다'라고 말하면

6 자기 부모를 공경하지 않아도 된다고 말하니 너희 전통을 핑계로 하나님의 말씀을 무시하는 것이 아니냐? _{롬 2:23;갈 3:17}

7 이 위선자들아! 이사야가 너희에 대해 예언한 말이 옳았다. _{23:13}

8 '이 백성들은 입술로만 나를 공경하고 마음은 내게서 멀리 떠났다. _{사 29:13}

9 사람의 계명을 교훈으로 가르치고 나를 헛되이 예배한다.'" _{골 2:22;딛 1:14}

10 사람을 더럽게 하는 것 예수께서 무리를 불러 말씀하셨습니다. "잘 듣고 깨달으라.

11 입으로 들어가는 것이 사람을 불결하게 하는 것이 아니라 입에서 나오는 것이 사람을 불결하게 하는 것이다." _{행 10:14-15}

12 그때 제자들이 예수께 와서 물었습니다. "바리새파 사람들이 이 말씀을 듣고 비위가 상한 것을 아십니까?" _{5:29}

13 그러자 예수께서 대답하셨습니다. "하늘에 계신 내 아버지께서 심지 않으신 식물은 모두 뿌리째 뽑힐 것이다. _{요 15:1-2;고전 3:9}

14 그들을 내버려 두라. 그들은 앞을 못 보는 인도자다. 눈먼 사람이 눈먼 사람을 인도하면 둘 다 구덩이에 빠지게 된다."

15 베드로가 말했습니다. "그 비유를 설명해 주십시오." _{13:36}

16 예수께서 말씀하셨습니다. "너희가 아직도 깨닫지 못하겠느냐? _{16:9}

17 입으로 들어가는 것은 무엇이든 배 속으로 들어가서 결국 밖으로 빠져나오지 않느냐? _{고전 6:13}

18 그러나 입에서 나오는 것은 마음에서 나오는데 이런 것이 사람을 불결하게 한다.

19 마음에서 악한 생각, 살인, 간음, 음란, 도둑질, 위증, 비방이 나온다.

20 이런 것이 사람을 불결하게 하지 씻지 않은 손으로 먹는 것이 사람을 불결하게 하는 것이 아니다. 막 7:2,5;고전 6:9~10

21 **가나안 여자의 간청** 예수께서 그곳을 떠나 두로와 시돈 지방으로 가셨습니다.

22 그 지방에 사는 한 가나안 여자가 예수께 와서 울부짖었습니다. "자비를 베풀어 주십시오! 주 다윗의 자손이여! 제 딸이 귀신 들려 몹시 괴로워하고 있습니다!"

23 그런데 예수께서는 아무 대답도 없으셨습니다. 그러자 제자들이 예수께 와서 간청했습니다. "저 여인을 돌려보내시지요. 계속 우리를 따라오면서 소리 지르고 있습니다."

24 예수께서 대답하셨습니다. "나는 이스라엘 집의 잃어버린 양들 외에는 보냄을 받지 않았다." 10:5~6;롬 15:8

25 그 여인이 예수 앞에 나아와 무릎을 꿇고 말했습니다. "주여, 나를 도와주십시오!" 마 16:21

26 예수께서 대답하셨습니다. "자녀들의 빵을 가져다 개들에게 던져 주는 것은 옳지 않다." 7:6

27 그 여인이 말했습니다. "그렇습니다, 주여. 하지만 개들도 주인의 상에서 떨어지는 부스러기는 먹습니다." 눅 16:21

28 그제야 예수께서는 "여인아, 네 믿음이 크구나! 네 소원대로 될 것이다"라고 대답하셨습니다. 그리고 바로 그때에 그 여인의 딸이 나았습니다. 8:13;9:2,22;요 4:52~53

29 **아픈 사람들을 고치심** 예수께서는 그곳을 떠나 갈릴리 호수 가로 가셨습니다. 그리고 산 위로 올라가 앉으셨습니다.

30 큰 무리가 걷지 못하는 사람, 다리를 저는 사람, 눈먼 사람, 말 못하는 사람과 그 밖에 많은 아픈 사람들을 예수의 발 앞에 데려다 놓았고 예수께서는 그들을 고쳐 주셨습니다. 11:5

31 사람들은 말 못하던 사람이 말을 하고 다리를 절던 사람이 낫고, 걷지 못하던 사람이 걷고, 눈먼 사람이 보게 된 것을 보고 모두 놀랐습니다. 그리고 이스라엘의 하나님께 영광을 돌렸습니다. 막 9:43

32 **4,000명을 먹이심** 예수께서 제자들을 불러 말씀하셨습니다. "이 사람들이 나와 함께 있은 지 벌써 3일이나 됐는데 먹을 것이 없으니 불쌍하다. 저들을 굶겨 돌려보냈다가는 가다가 도중에 쓰러질 텐데 그렇게 하고 싶지 않다." 9:36;15:32~29;막 8:1~10

33 제자들이 대답했습니다. "이렇게 외딴곳에서 이 큰 무리를 다 먹일 만한 빵을 어디서 구하겠습니까?"

34 예수께서 물으셨습니다. "너희에게 빵이 얼마나 있느냐?" 제자들이 대답했습니다. "일곱 개입니다. 그리고 작은 물고기도 몇 마리 있습니다." 16:10

35 예수께서는 사람들에게 땅에 앉으라고 말씀하셨습니다.

36 그러고는 빵 일곱 개와 물고기를 손에 들고 감사 기도를 드리셨습니다. 그리고 그것을 떼어 제자들에게 주셨고 제자들은 사람들에게 나누어 주었습니다.

37 사람들은 모두 배불리 먹었으며 제자들이 남은 빵 조각을 거두어 보니 일곱 광주리에 가득 찼습니다. 왕하 4:42~44

38 먹은 사람은 여자들과 아이들 이외에 4,000명이었습니다.

39 예수께서는 사람들을 돌려보내신 후 배를 타고 마가단 지방으로 가셨습니다.

16 **표적을 구하는 사람들** 바리새파 사람들과 사두개파 사람들이 예수께 와서 시험하기 위해 하늘에서 오는 표적을 보여 달라고 요청했습니다.

2 예수께서 대답하셨습니다. "너희는 저녁에 하늘이 붉으면 '내일은 날씨가 좋겠구나' 하고 눅 12:54~55

3 아침에 하늘이 붉고 흐리면 '비가 오겠구나' 하고 예측한다. 너희가 하늘의 징조는 분간할 줄 알면서 시대의 표적은 분간하지 못하느냐? 12:28;눅 12:56;19:44

4 악하고 음란한 세대가 표적을 찾지만 요나의 표적 말고는 아무것도 받지 못할 것이다." 그리고 예수께서는 그들을 떠나가셨습니다.

4:13;12:39;21:17

5 **지도자들에 대해 경계하심** 제자들은 호수 건너편으로 갔는데 그들이 빵을 가져오는 것을 잊었습니다.

6 예수께서 말씀하셨습니다. "조심하라! 바리새파 사람들과 사두개파 사람들의 누룩을 주의하라."

눅 12:1;고전 5:6~8;갈 5:9

7 그들은 자기들끼리 "우리가 빵을 두고 와서 하시는 말씀인가 보다" 하며 수군거렸습니다.

8 예수께서는 그들이 수군거리는 것을 알고 물으셨습니다. "너희 믿음이 적은 자들아, 왜 빵이 없는 것을 두고 말하느냐?

9 너희가 아직도 깨닫지 못하느냐? 빵 다섯 개로 5,000명을 먹이고 몇 바구니나 모았는지 기억나지 않느냐?

14:17~21;15:16

10 빵 일곱 개로 4,000명을 먹이고 몇 광주리나 모았느냐?

15:34~38

11 내가 빵을 두고 말하는 것이 아님을 너희는 어찌 깨닫지 못하느냐? 바리새파 사람들과 사두개파 사람들의 누룩을 주의하라."

12 그때에야 그들은 빵의 누룩이 아니라 바리새파 사람들과 사두개파 사람들의 가르침에 대해 주의하라고 하시는 예수의 말씀을 알아차렸습니다.

5:20;17:13;23:3

13 **베드로의 신앙고백** 예수께서 가이사랴 빌립보 지방에 이르러 제자들에게 물으셨습니다. "사람들이 인자를 누구라고 하느냐?"

14 그들이 대답했습니다. "세례자 요한이라고도 하고 엘리야라고도 하고 예레미야나 예언자 중 한 분이라고 하는 사람도 있습니다."

15 "그러면 너희는 나를 누구라고 하느냐?" 예수께서 물으셨습니다.

16 시몬 베드로가 대답했습니다. "주는 그리스도이시며 살아 계신 하나님의 아들이십니다."

1:17;14:33;신 5:26;요 3:10;요 11:27

17 예수께서 대답하셨습니다. "요나의 아들

Bible Basics

그리스도

'기름 부음을 받은 자'라는 뜻인 '그리스도'는 그리스어이고 히브리어로는 '메시아'이다.

구약 시대에는 왕이나 대제사장이 취임할 때 기름을 부어 구별했다(례 4:3, 5, 16). 그래서 '기름 부음을 받은 자', 곧 '그리스도'라는 말은 하나님의 일을 하기 위해 구별된 사람을 나타내는 보통명사였다.

구약에는 다윗의 후손을 통해 하나님의 백성을 구원할 메시아가 오실 것이라고 여러 번 예언되었다(사 9:6-7; 61:1-3).

예수님은 구약에서 예언된 바로 그분으로 '그리스도'라고 불렀다(마 1:16; 16:16).

'예수'는 이름이고 '그리스도'는 예수님의 직분(역할)을 나타내는 말이다.

시몬아, 네가 복이 있다. 이것을 네게 계시하신 분은 사람이 아니라 하늘에 계신 내 아버지이시다.

13:16;요 1:42;고전 2:10;15:50

18 그리고 내가 너에게 말한다. 너는 베드로다. 내가 이 반석 위에 내 교회를 세울 것이니 지옥의 문들이 이것을 이길 수 없을 것이다.

욥 38:17;요 1:42;엡 2:20

19 내가 네게 하늘나라의 열쇠들을 줄 것이다. 무엇이든 네가 땅에서 매면 하늘에서도 매일 것이요, 네가 땅에서 풀면 하늘에서도 풀릴 것이다."

18:18;사 22:22;계 1:18

20 그 후에 예수께서는 제자들에게 자기가 그리스도이심을 아무에게도 말하지 말라고 당부하셨습니다.

막 8:30;눅 9:21

21 **다가올 고난에 대해 예고하심** 그때부터 예수께서는 자신이 마땅히 예루살렘에 올라가서 장로들과 대제사장들과 율법학자들의 손에 많은 고난을 당해야 할 것과 죽임을 당했다가 3일 만에 다시 살아나야 할 것을 제자들에게 드러내기 시작하셨습니다.

22 그러자 베드로는 예수를 붙들고 거칠게 소

리 높였습니다. "주여! 절대로 안 됩니다! 그런 일이 주께 일어나서는 절대로 안 됩니다!"

23 예수께서 베드로를 돌아다보며 말씀하셨습니다. "사탄아, 내 뒤로 물러가거라! 너는 나를 넘어뜨리는 걸림돌이다! 네가 하나님의 일은 생각하지 않고 사람의 일만 생각하는구나." 4:10;13:41;롬 8:5;빌 3:19;고후 32

24 **제자의 길** 그때에 예수께서 제자들에게 말씀하셨습니다. "누구든지 나를 따르려거든 자기를 부인하고 자기 십자가를 지고 따라야 한다. 10:38-39;딤후 2:12-13

25 누구든지 자기 목숨을 구하려는 사람은 잃을 것이요, 누구든지 나를 위해 목숨을 잃는 사람은 얻게 될 것이다.

26 사람이 온 세상을 다 얻고도 자기 목숨을 잃으면 무슨 소용이 있겠느냐? 사람이 자기 목숨을 무엇과 맞바꾸겠느냐? 눅 12:20

27 인자가 천사들과 함께 아버지의 영광으로 다시 올 것이다. 그때 인자는 각 사람이 행한 대로 갚아 줄 것이다. 롬 2:6

28 현세의 왕국 내가 진실로 너희에게 말한다. 여기 서 있는 사람 가운데 죽음을 맛보기 전에 인자가 자기 왕권을 가지고 오는 것을 볼 사람도 있을 것이다." 눅 23:42

17 **변모되신 예수님** 그리고 6일 후에 예수께서 베드로와 야고보와 야고보의 동생 요한을 데리고 높은 산으로 올라가셨습니다. 막 5:37;9:2-8;눅 9:28-36

2 예수께서는 그들 앞에서 모습이 변모돼 얼굴이 해처럼 빛나고 옷이 빛처럼 새하얗게 됐습니다. 벤후 7:9;고후 3:18;계 1:16;10:1

3 바로 그때 모세와 엘리야가 그들 앞에 나타나 예수와 이야기를 나눴습니다.

4 베드로가 예수께 말했습니다. "주여, 우리

17:21 어떤 고대 사본에는 '그러나 이런 귀신은 기도와 금식이 아니고는 나가지 않는다'가 있음.

드라크마(17:24, drachma) 신약에서 근로자에게 준 하루 품삯의 가치가 있는 헬라 은전. 드라크마는 하루 삯의 임금의 때 기준으로 사용하였던 로마의 데나리온과 동일한 가치를 가졌음.

세겔(17:27) 1세겔은 4드라크마에 해당함.

가 여기에 있으니 참 좋습니다. 주께서 원하신다면 제가 여기에다 초막 셋을 만들되 하나는 주를 위해, 하나는 모세를 위해, 하나는 엘리야를 위해 짓겠습니다."

5 베드로가 말하고 있을 때에 빛나는 구름이 그들을 덮더니 구름 속에서 소리가 들려왔습니다. "이는 내가 사랑하는 아들이다. 내가 그를 기뻐한다. 너희는 그의 말을 들으라!" 3:17;출 24:15-16;행 3:22

6 그 소리를 듣고 제자들은 너무나 두려운 나머지 얼굴을 땅에 대고 엎드렸습니다.

7 그때 예수께서 다가와 그들을 어루만지며 말씀하셨습니다. "일어나라. 두려워하지 말라." 14:27;단 8:18;9:21;10:10,18

8 그들이 눈을 들어 보니 예수 외에는 아무도 보이지 않았습니다.

9 **엘리야에 대한 질문** 산을 내려오면서 예수께서 그들에게 당부하셨습니다. "인자가 죽은 사람들 가운데서 다시 살아날 때까지는 너희가 본 것을 아무에게도 말하지 말라."

10 그러자 제자들이 예수께 물었습니다. "그런데 왜 율법학자들은 엘리야가 먼저 와야 한다고 말하는 것입니까?" 11:14

11 예수께서 대답하셨습니다. "분명히 엘리야가 와서 모든 것을 회복시킬 것이다.

12 그러나 내가 너희에게 말한다. 엘리야가 이미 왔다. 그런데 그들이 그를 알아보지 못하고 자기들 마음대로 대했다. 이와 같이 인자도 그들의 손에 고난을 당할 것이다."

13 그제야 제자들은 예수께서 세례자 요한을 두고 하신 말씀인 줄 깨달았습니다.

14 **간질병 아이를 고치심** 그들이 사람들에게 오자 어떤 사람이 예수께 나와 무릎을 꿇으며 말했습니다. 막 9:14-28;눅 9:37-42

15 "주여, 제 아들에게 자비를 베풀어 주십시오. 간질병에 걸려 몹시 고통받고 있습니다. 자주 불 속에 몸을 던지고 물속에 뛰어들기도 합니다. 4:24

16 그래서 이 아이를 주의 제자들에게 데려왔지만 그들은 고치지 못했습니다."

17 예수께서 대답하셨습니다. "아, 믿음이 없

고 타락한 세대여! 도대체 내가 언제까지 너희와 함께 있어야 하겠느냐? 내가 언제까지 너희를 참아야 하겠느냐? 아이를 데려오너라."

_{눅 9:41:20:27절:살 2:15}

18 예수께서 귀신을 꾸짖으시자 귀신은 아이에게서 나갔고 바로 그 순간 아이가 나았습니다. _{9:22:눅 3:2:눅 4:35:39}

19 그때 제자들이 예수께 다가와 따로 물었습니다. "어째서 저희는 귀신을 쫓아내지 못했습니까?"

20 예수께서 대답하셨습니다. "너희 믿음이 적기 때문이다. 내가 진실로 너희에게 말한다. 너희에게 겨자씨 한 알만 한 믿음만 있어도 이 산을 향해 '여기서 저기로 옮겨가거라' 하면 옮겨 갈 것이요, 너희가 못할 일이 없을 것이다." _{막 11:23:눅 17:6:요 11:40}

21 (없음)

22 **죽음에 대해 두 번째 예고하심** 그들이 갈릴리에 모여 있을 때 예수께서 그들에게 말씀하셨습니다. "인자가 사람들의 손에 넘겨질 것이다. _{16:21~28:20:17~19}

23 그리고 그들이 인자를 죽일 것이다. 그러나 인자는 3일 만에 살아날 것이다." 그러자 제자들은 큰 슬픔에 잠겼습니다. _{막 8:31}

24 **물고기 입 속의 동전** 그들이 가버나움에 도착했을 때, 2드라크마의 세금을 걷는 사람들이 베드로에게 와서 물었습니다. "당신네 선생님은 2드라크마를 안 내십니까?"

25 베드로가 대답했습니다. "내십니다." 베드로가 집으로 들어가니 예수께서 먼저 말을 꺼내셨습니다. "시몬아, 너는 어떻게 생각하느냐? 이 세상의 왕들은 누구로부터 관세와 주민세를 거두느냐? 자기 아들들이냐, 다른 사람들이냐?" _{눅 12:14:롬 13:7}

26 베드로가 대답했습니다. "다른 사람들로부터 거둡니다." 예수께서 베드로에게 말씀하셨습니다. "그렇다면 그 아들들은 세금이 면제된다.

27 하지만 그들의 비위를 건드리지 않도록 바다에 가서 낚시를 던져라. 처음 올라오는 고기를 잡아 입을 벌려 보면 1세겔짜리 동전 한 닢이 있을 것이다. 그 동전을 가져다가 나와 네 몫으로 그들에게 주어라."

18

제자들의 자리 싸움 그때 제자들이 예수께 다가와 물었습니다. "하늘나라에서는 누가 가장 큰 사람입니까?"

2 예수께서 어린아이 하나를 불러 제자들 가운데 세우고

3 말씀하셨습니다. "내가 진실로 너희에게 말한다. 너희가 변화돼 어린아이들처럼 되지 않으면 결코 하늘나라에 들어갈 수 없을 것이다. _{5:19~20:시 131:2:눅 18:17:22:32}

4 그러므로 누구든지 이 어린아이와 같이 자신을 낮추는 사람이 하늘나라에서 가장 큰 사람이다. _{20:27:23:11~12}

5 **죄짓게 하는 사람에 대한 경고** 또 누구든지 내 이름으로 이런 어린아이 하나를 영접하면 나를 영접하는 것이다. _{10:40:42}

6 누구든지 나를 믿는 이런 어린아이 가운데 한 명이라도 죄를 짓게 하는 사람은 큰

마태복음 18장

어린이를 지켜 주는 천사가 있나요?

10절에서 '그들의 천사들'이 수호천사를 말하는지에 대해서는 정확히 알 수 없지만, 성경에는 하나님의 백성을 보호하는 천사에 대한 표현이 몇 군데 나와요.
시편 34편 7절을 보면, "여호와의 천사가 주를 경외하는 사람들을 둘러서 진을 치고 구원하십니다."라고 기록되어 있고, 91편 11절에는 "그분이 천사들에게 명령해 네 모든

길을 지켜 주라고 하실 것이기 때문이다."라고 나와 있어요.
히브리서 1장 14절에는 "모든 천사들은 구원을 상속받을 사람들을 섬기라고 하나님께서 보내신 섬기는 영들이라고 나와 있어요.
이처럼 천사는 어린아이뿐 아니라 하나님의 백성들을 보호하고 섬기라고 하나님이 보내주신 존재입니다.

맷돌을 목에 달아 깊은 바다에 빠뜨려지는 편이 차라리 나을 것이다. 막 9:42;눅 17:2;고전 8:1,2

7 사람들을 넘어지게 하는 일 때문에 이 세상에 화가 있다. 사람을 넘어지게 하는 일이 없을 수는 없으나 넘어지게 하는 걸림돌과 같은 사람에게는 화가 있을 것이다. 눅 17:1

8 네 손이나 네 발이 너를 죄짓게 하거든 잘라 내버려라. 두 손, 두 발 다 가지고 영원히 타는 불 속에 던져지느니 불구자나 장애인으로 생명에 들어가는 것이 낫다.

9 네 눈이 너를 죄짓게 하거든 빼내 버려라. 두 눈을 가지고 지옥 불 속에 던져지느니 한 눈만 가지고 생명에 들어가는 것이 낫다."

10 **작은 사람에 대한 관심** "이 작은 사람들 가운데 한 명이라도 업신여기지 않도록 조심하라. 내가 너희에게 말한다. 하늘에서 그들의 천사들이 하늘에 계신 내 아버지의 얼굴을 항상 뵙고 있다.

11 (없음)

12 너희는 어떻게 생각하느냐? 양 100마리를 가진 사람이 있는데 그 가운데 한 마리가 길을 잃었다고 하면 그가 99마리를 산에 두고 가서 길 잃은 그 양을 찾아다니지 않겠느냐? 17:25;21:28;눅 15:4-7

13 내가 진실로 너희에게 말한다. 만약 그 양

1만 달란트

1달란트는 6천 데나리온으로 1데나리온은 노동자 하루 품삯이었다. 1달란트는 노동자가 16년 동안 쉼없이 빠짐없이 일한 급여에 해당되었다.

1만 달란트는 노동자의 16만 년 임금에 해당되는 돈이었다. 이것은 노동자의 하루 임금을 5만 원으로 계산한다면 약 3조 원이 되는 것이었다.

당시 노예 한 명의 최고가가 2천 데나리온이었는데 최고가로 해도 3만 명을 노예로 넘 겨 야 갚을 수 있는 거액이었다.

이것은 아내와 자식들과 모든 소유는 물론 자신의 몸까지 팔아도 갚을 수 없는 어마어마한 큰 빚이었다(마 18:25).

을 찾게 되면 그는 길 잃지 않은 99마리 양보다 오히려 그 한 마리 양 때문에 더욱 기뻐할 것이다.

14 이와 같이 이 어린아이 중 한 명이라도 잃는 것은 하늘에 계신 너희 아버지의 뜻이 아니다." 요 6:39;10:28

15 **질책과 권고** "만일 네 형제가 네게 죄를 짓거든 가서 단 둘이 있는 자리에서 잘못을 지적해 주어라. 그가 네 말을 들으면 너는 네 형제를 얻는 것이다. 살후 3:15

16 그러나 만일 네 말을 듣지 않으면 그가 하는 모든 말에 두세 사람의 증언을 얻기 위해 한두 사람을 데리고 가거라. 히 10:28

17 그러나 만일 그가 그들의 말도 거부하면 교회에 말하여라. 교회의 말조차 듣지 않으면 너는 그를 이방 사람이나 세리처럼 여겨라.

18 **권세를 받은 제자들** 내가 진실로 너희에게 말한다. 무엇이든 너희가 땅에서 매면 하늘에서도 매일 것이요, 무엇이든 너희가 땅에서 풀면 하늘에서도 풀릴 것이다.

19 다시 내가 진실로 너희에게 말한다. 너희 가운데 두 사람이 땅에서 어떤 일이든지 마음을 모아 간구하면 하늘에 계신 내 아버지께서 그들에게 이루어 주실 것이다.

20 두세 사람이 내 이름으로 모이는 곳에는 나도 그들 가운데 있다." 28:20;요 12:26;20:20,26

21 **용서에 대한 교훈** 그때 베드로가 예수께 와서 물었습니다. "주여, 제 형제가 제게 죄를 지으면 몇 번이나 용서해야 합니까? 일곱 번까지 해야 합니까?" 눅 17:3-4;골 3:13

22 예수께서 대답하셨습니다. "내가 너희에게 말한다. 일곱 번만 아니라 70번씩 일곱 번이라도 용서해야 한다. 창 4:24

23 **빚진 종의 비유** 그러므로 하늘나라는 마치 자기 종들과 빚을 결산하려는 왕과 같다.

24 왕이 결산을 시작하자 1만 달란트 빚진 사람이 왕 앞에 나오게 됐다. 25:15;에 3:9

25 그런데 그는 빚 갚을 돈이 없었기 때문에 주인은 그 종에게 그 자신과 아내와 자녀와 전 재산을 팔아 갚도록 명령했다.

26 그랬더니 종이 그 앞에 무릎을 꿇고 간청했다. '조금만 참아 주시면 모두 갚아 드리겠습니다.' 8:2롬 10:25

27 주인은 그 종을 불쌍히 여겨 그를 놓아주고 빚을 없애 주었다.

28 그러나 그 종은 밖으로 나가 자기에게 100데나리온 빚진 동료 종을 찾아냈다. 그는 동료의 멱살을 잡으며 '빚진 돈을 갚아라!' 하고 말했다.

29 그의 동료가 무릎을 꿇고 애걸했다. '조금만 참아 주게, 내가 다 갚겠네.' 눅 6:37

30 그러나 그는 참지 못하고 가서 빚을 다 갚을 때까지 동료를 감옥에 가두어 버렸다.

31 이 일을 본 다른 동료 종들은 너무 기가막혀서 주인에게 가서 이 일을 낱낱이 일러 바쳤다.

32 그러자 주인은 그 종을 불러서 말했다. '이악한 종아! 네가 나에게 애원하기에 내가 네 빚을 모두 없애 주었다.

33 내가 너를 불쌍히 여긴 것처럼 너도 네 동료를 불쌍히 여겼어야 하지 않았느냐?'

34 그 주인은 화가 나서 그 종을 감옥 관리들에게 넘겨주며 빚진 것을 다 갚을 때까지 감옥에 가뒀다. 5:25-26막 2:13

35 만일 너희가 진심으로 자기 형제를 용서하지 않는다면 하늘에 계신 나의 아버지께서도 너희에게 이와 같이 행하실 것이다."

19 **갈릴리 사역을 마치심** 예수께서 이 말씀들을 끝마친 후에 갈릴리를 떠나 요단 강 건너편 유대 지방으로 가셨습니다.

2 많은 무리가 따라오자 예수께서는 거기서 그들을 고쳐 주셨습니다. 12:15

3 **이혼에 대해 질문함** 바리새파 사람들이 예수께 와서 예수를 시험하려고 물었습니다. "이유가 된다면 사람이 그의 아내를 버리는 것이 적법한 것입니까?" 5:31요 8:6

4 예수께서 대답하셨습니다. "너희는 '사람을 창조하신 분이 처음에 남자와 여자로 지으셨다'라는 말씀과 창 1:27

5 '그러므로 남자가 자기 부모를 떠나 아내와 연합해 둘이 한 몸이 될 것이다'라는 말

씀을 읽어 보지 못했느냐? 창 2:24;고전 6:16

6 그러므로 그들이 이제 둘이 아니라 하나다. 하나님께서 짝지어 주신 것을 사람이 갈라놓지 못한다." 고전 7:10

7 그들이 물었습니다. "그러면 모세는 왜 남자에게 이혼 증서를 주고 아내와 헤어지라고 명령했습니까?" 신 24:1-4

8 예수께서 대답하셨습니다. "모세가 이혼을 허락한 것은 너희 마음이 완악하기 때문이다. 그러나 원래는 그렇지 않았다.

9 내가 너희에게 말한다. 누구든지 음행한 경우를 제외하고 아내와 이혼하고 다른 여자와 결혼하는 사람은 간음하는 것이다."

10 **제자들의 질문** 제자들이 예수께 말했습니다. "만일 남편과 아내의 관계가 그런 것이라면 차라리 결혼하지 않는 게 좋겠습니다."

11 예수께서 대답하셨습니다. "모든 사람이 이 말을 받아들일 수는 없다. 오로지 하나님께서 허락하신 사람들만 받아들인다.

12 모태로부터 고자로 태어난 사람도 있고 다른 사람이 고자로 만들어서 고자가 된 사람도 있고 또 하늘나라를 위해 스스로 고자가 된 사람도 있다. 이 말을 받아들일 수 있는 사람은 받아들여라." 고전 7:32

13 **아이들을 축복하심** 그때 사람들이 예수께 어린아이들을 데리고 와서 예수께서 손을 얹어 기도해 주시기를 원했습니다. 그러자 제자들이 그들을 꾸짖었습니다. 막 10:48

14 예수께서 말씀하셨습니다. "어린아이들을 내게 오게 하라. 그들을 막지 말라. 하늘나라는 이런 어린아이 같은 사람들의 것이다." 18:3

15 예수께서 그들에게 손을 얹어 기도해 주시고 그곳을 떠나셨습니다.

16 **부자 청년과의 대화** 한 사람이 예수께 와서 물었습니다. "선생님, 제가 영생을 얻으려면 어떤 선한 일을 해야 합니까?"

17 예수께서 대답하셨습니다. "왜 너는 선한 일을 내게 묻느냐? 선하신 분은 오직 한 분이시다. 네가 생명에 들어가려면 계명들을 지켜라." 레 18:5;눅 9:29;롬 10:5;갈 3:12

18 그 사람이 예수께 물었습니다. "어떤 계명을 말씀하십니까?" 예수께서 대답하셨습니다. "'살인하지 말라, 간음하지 말라, 도둑질하지 말라, 거짓 증언하지 말라,

19 네 부모를 공경하라, 네 이웃을 네 몸과 같이 사랑하라.'" 출 20:12-16;신 5:16-20;창 5:14;막 2:8

20 그 청년이 말했습니다. "이 모든 것을 제가 지켰습니다. 제가 아직 무엇이 부족합니까?" 빌 3:6

21 예수께서 대답하셨습니다. "만일 네가 완전해지고자 한다면 가서 네 재산을 팔아 그 돈을 가난한 사람에게 주어라. 그러면 네가 하늘에서 보물을 얻을 것이다. 그리고 와서 나를 따르라." 행 2:45;딤전 6:18-19

22 그러나 그 청년은 이 말을 듣고 슬픔에 잠겨 돌아갔습니다. 그는 굉장한 부자였기 때문입니다. 겔 33:31

23 구원 얻을 사람 그때 예수께서 제자들에게 말씀하셨습니다. "내가 진실로 너희에게 말한다. 부자는 하늘나라에 들어가기가 어렵다. 13:22;고전 1:26

24 다시 내가 너희에게 말한다. 낙타가 바늘귀로 들어가는 것이 부자가 하늘나라에 들어가는 것보다 쉽다." 12:28;막 10:24

25 제자들은 이 말씀을 듣고 매우 놀라 물었습니다. "그러면 도대체 누가 구원을 얻겠습니까?" 창 18:14;옵 42:2;막 10:21;눅 22:61

26 예수께서 그들을 바라보시며 말씀하셨습니다. "사람에게는 불가능한 일이다. 그러나 하나님께는 모든 것이 가능하다."

27 세상 것을 포기할 베드로가 대답했습니다. "보십시오, 우리는 모든 것을 버리고 선생님을 따랐습니다! 그렇다면 우리는 무엇을 얻겠습니까?" 4:20,22;막 1:18,20

28 예수께서 그들에게 말씀하셨습니다. "내가 진실로 너희에게 말한다. 새 세상에서 인자가 자기의 영광스러운 보좌에 앉게 되면 나를 따르는 너희도 열두 보좌에 앉아 이스라엘의 열두 지파를 심판할 것이다.

29 또한 내 이름을 위해 집이나 형제나 부모나 자녀나 논밭을 버린 사람은 누구나 100배나 받을 것이며 또 영생을 물려받게 될 것이다. 16장25:34;눅 14:26

30 그러나 먼저 된 사람이 나중 되고 나중 된 사람이 먼저 되는 일이 많을 것이다."

20 포도원 일꾼의 비유 "하늘나라는 자기 포도원에서 일할 일꾼을 고용하려고 이른 아침에 집을 나선 어떤 포도원 주인과 같다. 21:28,33

2 그 주인은 하루 품삯으로 1데나리온을 주기로 하고 일꾼들을 포도원으로 보냈다.

3 오전 9시쯤 돼 그가 나가 보니 시장에 빈둥거리는 사람들이 있었다.

4 그는 그들에게 '너희도 내 포도원에 가서 일하라. 적당한 품삯을 주겠다'라고 했다.

5 그래서 그들은 포도원으로 들어갔다. 그 사람은 12시와 오후 3시쯤에도 다시 나가 또 그렇게 했다.

6 그리고 오후 5시쯤 다시 나가 보니 아직도 빈둥거리며 서 있는 사람들이 있었다. 그

예수님을 따르려면 가진 돈을 다 남에게 주어야 하나요?

한 부자 청년이 "어떻게 하면 제가 영생을 얻을 수 있을까요?"라고 묻자, 예수님은 "네 재산을 팔아 그 돈을 가난한 사람에게 주어라."라고 동문서답과 같은 말씀을 하셨어요.(마 19:16-22) 예수님을 따르려면 내가 가진 모든 것을 버려야함을 뜻하는 말일까요? 예수님은 부자 청년이 하나님보다 돈을 더 탐

내는 마음(우상 숭배)이 있음을 아셨어요. 부자 청년이 돈을 섬기는 마음을 버리고, 하나님을 잘 섬겨서 영생 얻기를 바라신 거예요. 돈은 살아가는 데 꼭 필요한 것이지만 하나님보다 더 섬기거나 사랑하면 안 돼요. 부와 재물은 하나님이 주신 선물이며 하나님과 이웃을 위해 사용하라고 주신 것입니다.

는 '왜 하루 종일 하는 일 없이 여기서 빈둥 거리고 있느냐?' 하고 물었다.

7 그들은 '아무도 일자리를 주지 않습니다' 라고 대답했다. 주인이 그들에게 말했다. '너희도 내 포도원에 와서 일하라.'

8 날이 저물자 포도원 주인이 관리인에게 말했다. 일꾼들을 불러 품삯을 지불하여라. 맨 나중에 고용된 사람부터 시작해서 맨 처음 고용된 사람까지 그 순서대로 주 어라.
레 19:13;신 24:15;눅 8:3

9 오후 5시에 고용된 일꾼들이 와서 각각 1데나리온씩 받았다.

10 맨 처음 고용된 일꾼들이 와서는 자기들이 더 많이 받으리라고 기대했다. 그러나 각 사람이 똑같이 1데나리온씩 받았다.

11 그들은 품삯을 받고 포도원 주인을 향해 불평했다.

12 '나중에 고용된 일꾼들은 고작 한 시간밖에 일하지 않았습니다. 그런데 하루 종일 뙤약볕에서 고되게 일한 우리와 똑같은 일당을 주시다니요?'
창 31:40;욘 4:8;눅 12:55;약 1:11

13 그러자 포도원 주인이 일꾼 중 하나에게 대답했다. '여보게 친구, 나는 자네에게 잘 못한 것이 없네. 자네가 처음에 1데나리온을 받고 일하겠다고 하지 않았나?
19:30

14 그러니 자네 일당이나 받아 가게. 나중에 온 일꾼에게 자네와 똑같이 주는 것이 내 뜻이네.
25:25

15 내가 내 것을 내 뜻대로 하는 것이 정당하지 않은가? 아니면 내가 선한 것이 자네 눈에 거슬리는가?'
신 15:9;잠 23:6;롬 9:15~24

16 이처럼 나중 된 사람이 먼저 되고 먼저 된 사람이 나중 될 것이다."

17 **죽음을 세 번째 예고하심** 예수께서 예루살렘으로 올라가시면서 열두 제자를 따로 곁에 불러 놓으시고 길에서 그들에게 말씀하셨습니다.
막 10:32~34;눅 18:31~33

18 "보라. 우리는 지금 예루살렘으로 올라가고 있다. 거기서 인자는 대제사장들과 율법학자들에게 넘겨질 것이고 그들은 인자에게 사형 선고를 내릴 것이다.
요 19:7

19 그리고 그들이 인자를 이방 사람들에게 넘겨주면 그들은 인자를 조롱하고 채찍으로 때리고 십자가에 못 박을 것이다. 그러나 인자는 3일째 되는 날에 다시 살아날 것이다."
27:26~31;요 12:32~33;18:30~31

20 **야고보와 요한의 질문** 그때 세베대의 아들들의 어머니가 자기 아들들과 함께 예수께 다가와 무릎을 꿇으며 간청했습니다.

21 예수께서 물으셨습니다. "무엇을 원하느냐?" 그 여인이 대답했습니다. "주의 나라에서 제 두 아들 중 하나는 오른편에, 다른 하나는 왼편에 앉게 해 주십시오."

22 예수께서 그들에게 대답하셨습니다. "너희가 지금 무엇을 구하고 있는지 모르는구나. 내가 이제 마시려는 잔을 너희가 마실 수 있겠느냐?" 그들이 대답했습니다. "할 수 있습니다."
사 51:22;눅 9:33;22:42;요 18:11

23 예수께서 그들에게 말씀하셨습니다. "너희가 분명히 내 잔을 마시게 될 것이다. 그러나 내 오른편이나 왼편에 앉는 것은 내가 정해 주는 것이 아니다. 그 자리는 내 아버지께서 정하신 사람들에게 돌아갈 것이다."
19:11;25:34;행 12:2;롬 8:17

24 **섬김에 대한 가르침** 이 말을 들은 다른 열 명의 제자들은 이 두 형제에게 분개했습니다.

25 예수께서 제자들을 함께 불러 놓고 말씀하셨습니다. "너희도 알듯이 이방 통치자들은 자기 백성들 위에 군림하고 그 고관들도 권력을 행사한다.
눅 22:25~27;벧전 5:3

26 너희는 그렇게 해서는 안 된다. 오히려 누구든지 너희 중에서 큰사람이 되려는 사람은 너희를 섬기는 사람이 돼야 하고

27 누구든지 첫째가 되려는 사람은 너희의 종이 돼야 한다.
고후 4:15

28 인자 역시 섬김을 받으러 온 것이 아니라 섬기러 왔고 많은 사람을 위해 자기 목숨을 대속물로 주려고 온 것이다."
히 2:10

29 **눈먼 사람들이 고침받음** 그들이 여리고를 떠날 때에 큰 무리가 예수를 따랐습니다.

30 눈먼 사람 두 명이 길가에 앉아 있다가 예수께서 지나가신다는 말을 듣고 소리를

질렀습니다. "다윗의 자손이신 주님, 저희를 불쌍히 여겨 주십시오!" 11:1;21:9;22:42

31 사람들이 그들을 꾸짖으며 조용히 하라고 했습니다. 하지만 그들은 더욱 큰 소리를 질렀습니다. "다윗의 자손이신 주님, 우리를 불쌍히 여겨 주십시오!"

32 예수께서 걸음을 멈추고 그들을 불러 말으셨습니다. "내가 너희에게 무엇을 해 주기 원하느냐?"

33 그들이 대답했습니다. "주님, 우리 눈을 뜨게 해 주십시오."

34 예수께서 그들을 불쌍히 여기시고 그들의 눈에 손을 대셨습니다. 그러자 그들이 곧 다시 보게 됐습니다. 그리고 그들은 예수를 따랐습니다.

21 나귀를 가져오게 하심 그들이 예루살렘에 가까이 와서 올리브 산 기슭에 있는 벳바게에 이르자 예수께서는 두 제자를 보내시며 막 11:1-10

2 그들에게 말씀하셨습니다. "너희는 저 건너편 마을로 가라. 거기에 가면 나귀 한 마리가 새끼 나귀와 함께 묶여 있을 것이다. 그 나귀들을 풀어서 내게로 끌고 와라.

3 만일 누가 너희에게 무슨 말을 하거든 '주께서 필요로 하신다'고 말하라. 그리하면 나귀들을 곧 내어 줄 것이다."

4 이는 예언자를 통해 하신 말씀을 이루시려는 것이었습니다. 1:22

5 "시온의 딸에게 말하라. '보라, 너희 왕이 너희에게 오신다. 그분은 겸손하셔서 나귀를 타셨으니 어린 나귀, 곧 멍에 메는 짐승의 새끼다.'" 11:29;사 62:11;슥 9:9

6 제자들은 가서 예수께서 시키신 대로 했습니다.

7 그들은 나귀와 새끼 나귀를 끌고 와서 그 등 위에 자기들의 겉옷을 얹었습니다. 그러자 예수께서 그 위에 앉으셨습니다.

8 예루살렘에 입성하심 큰 무리가 겉옷을 벗어 길에 폈고 어떤 사람들은 나뭇가지를 꺾어서 길에 깔기도 했습니다. 왕하 9:13

9 앞서가는 무리들과 뒤따라가는 무리들이 외쳤습니다.

"다윗의 자손께 호산나!"

"주의 이름으로 오시는 분께 복이 있도다!"

"지극히 높은 곳에서 호산나!" 시 118:26

10 예수께서 예루살렘에 들어가시자 온 성이 떠들썩해졌습니다. 사람들이 물었습니다. "이 사람이 누구요?" 막 11:11

11 무리가 대답했습니다. "이분은 갈릴리 나사렛에서 오신 예언자 예수라오." 요 4:19

12 성전을 청결케 하심 예수께서 성전에 들어가셔서 성전에서 장사하던 사람들을 모두 내쫓으셨습니다. 예수께서는 돈 바꿔 주

나무에 귀가 있나요?

이른 아침, 베다니에서 예루살렘으로 가시던 예수님은 배가 고프셨어요. 마침 길가에 무화과나무가 있어 열매를 찾으셨어요. 하지만 그 나무에는 열매가 없었어요. 무화과나무는 먼저 작은 열매(타크시)를 맺고 나중에 잎이 나요. 그후 6주 정도 지나면 작은 열매가 떨어지고 진짜 무화과가 열려 맛있게 먹을 수 있답니다. 하지만 먼저 열리는 작은 열매가 없다면 나중에 진짜 열매도 맺을 수 없는 거예요. 잎만 달리고

열매가 없는 나무는 아무 소용이 없지요. 소용없는 나무에게 예수님은 "다시는 네가 열매를 맺지 못할 것이다"라고 하셨어요. 그러자 나무가 즉시 말라버렸어요. 나무가 귀가 있어 예수님 말씀을 알아 들은 것일까요? 나무가 예수님의 말씀을 알아 듣고 말라 버린 것이라기보다 예수님의 권세와 능력 때문에 이루어진 것입니다. 이것은 이스라엘을 상징하는 무화과나무를 보시고 열매 없는 이스라엘의 심판을 보여주신 것이기도 합니다.

는 사람들의 상과 비둘기를 파는 사람들의 의자도 둘러엎으셨습니다. 출 30:13

13 예수께서 그들에게 말씀하셨습니다. "성경에 이렇게 기록돼 있다.

'내 집은 기도하는 집이라 불릴 것이다.'

그런데 너희는 이 성전을 '강도의 소굴'로 만드는구나." 사 56:7;렘 7:11

14 **아이들이 예수님을 찬양함** 성전에서 눈먼 사람들과 다리를 저는 사람들이 예수께로 나아오자 예수께서는 그들을 고쳐 주셨습니다. 11:5;15:31

15 그러나 대제사장들과 율법학자들은 예수께서 행하신 놀라운 일들과 어린아이들이 성전에서 "다윗의 자손께 호산나!" 하고 외치는 것을 보고 화가 났습니다. 눅 19:39-40

16 그들이 예수께 물었습니다. "이 어린아이들이 무슨 말을 하는지 들립니까?" 예수께서 대답하셨습니다. "물론이다. 너희는 '주께서 어린아이들과 젖먹이들의 입에서 찬양이 나오게 하셨다' 하신 말씀을 읽어보지 못했느냐?" 11:25;19:5;22:31;시 8:2

17 **베다니로 돌아가심** 그리고 예수께서 그들을 떠나 성 밖 베다니에 가서 그날 밤을 지내셨습니다. 16:4;막 11:1,19;눅 21:37

18 **열매 없는 무화과나무** 이른 아침 성으로 돌아오는 길에 예수께서는 시장하셨습니다.

19 예수께서 길가에 있는 무화과나무 한 그루를 보고 가까이 가셨습니다. 그러나 잎사귀밖에는 아무것도 없으므로 그 나무에게 말씀하셨습니다. "다시는 네가 열매를 맺지 못할 것이다!" 그러자 즉시 나무가 말라 버렸습니다. 눅 13:6-9

20 **무화과나무의 교훈** 제자들은 이것을 보고 놀라 물었습니다. "어떻게 무화과나무가 이렇게 당장 말라 버렸습니까?"

21 예수께서 대답하셨습니다. "내가 진실로 너희에게 말한다. 너희가 믿고 의심하지 않으면 이 무화과나무에 한 일을 너희도 할 수 있을 뿐 아니라 이 산에게 '들려서 바다에 빠져라' 하고 말해도 그대로 이루어질 것이다. 17:20;시 46:2;요 14:12;행 10:20;젤 8:8

22 너희가 기도할 때 무엇이든지 믿고 구하는 것은 다 받을 것이다." 7:7

23 **예수님의 권세를 의심함** 예수께서 성전에 들어가서 가르치고 있을 때 대제사장들과 백성의 장로들이 예수께 와서 물었습니다. "당신이 무슨 권세로 이런 일을 하는 것이오? 누가 이런 권세를 주었소?"

24 예수께서 대답하셨습니다. "나도 한 가지 물어보겠다. 너희가 대답하면 내가 무슨 권세로 이런 일을 하는지 말해 주겠다.

25 요한의 세례가 어디서 왔느냐? 하늘로부터냐, 아니면 사람으로부터냐?" 그들은 이것을 두고 서로 의논하며 말했습니다. "우리가 '하늘로부터 왔다'고 하면 저 사람이 '그러면 왜 요한을 믿지 않았느냐'고 할 테고

26 그렇다고 '사람으로부터 왔다'고 하면 사람들이 요한을 예언자로 믿고 있으니 두려울 따름이다." 11:9;14:5;요 5:35

27 그래서 그들은 예수께 "잘 모르겠다"라고 대답했습니다. 그러자 예수께서 말씀하셨습니다. "그렇다면 나도 무슨 권세로 이런 일을 하는지 너희에게 말하지 않겠다."

28 **두 아들의 비유** "너희는 어떻게 생각하느냐? 어떤 사람에게 두 아들이 있었다. 그 사람이 맏아들에게 가서 '애야, 오늘 포도원에 가서 일하여라' 하고 말했다.

29 *맏아들은 '싫습니다'라고 대답했지만 그 뒤에 그는 뉘우치고 일하러 갔다.

30 *그 후 아버지는 둘째 아들에게 가서 똑같이 말했다. 둘째 아들은 '예, 아버지라'고 대답만 하고는 가지 않았다. 히 7:21

31 두 아들 가운데 누가 아버지의 뜻을 행했느냐?" 그들이 대답했습니다. "맏아들입니다." 예수께서 그들에게 말씀하셨습니다. "내가 진실로 너희에게 말한다. 세리들과 창녀들이 너희보다 먼저 하나님 나라에 들어갈 것이다. 12:28;눅 7:29,37-50

21:29 고대 사본들에는 맏아들이 가겠다고 하고 가지 않은 것으로 나옴.
21:30 고대 사본들에는 둘째 아들이 가지 않겠다고 했다가 뉘우치고 일하러 간 것으로 나옴.

마태복음에 나오는 예수님의 기적 사건

[갈릴리 지방]
온갖 병과 귀신 들린
사람들을 고치심
(마 4:23; 8:16)

1

나병 환자를 고치심
(마 8:2)

2

[가버나움]
백부장 하인의
중풍병을 고치심
(마 8:5)

3

[가다라 지방]
귀신 들린
두 사람을 고치심
(마 8:28)

6

[갈릴리 바다]
폭풍을
잔잔케 하심
(마 8:23)

5

베드로 장모의
열병을 고치심
(마 8:14)

4

[가버나움]
중풍 환자를
고치심
(마 9:2)

7

회당장의 죽은
딸을 살리심
(마 9:18)

8

혈루병을 앓던
여인을 고치심
(마 9:20)

9

눈먼 두 사람을
고치심
(마 9:27)

10

11

귀신 들려 말 못하는
사람을 고치심
(마 9:32)

12

손이 오그라든
사람을 고치심
(마 12:10)

13

귀신 들려 눈멀고
말하지 못하는
사람을 고치심
(마 12:22)

14

[갈릴리 바다 근처 산]
빵 다섯 개와
물고기 두 마리로
5천 명을 먹이심
(마 14:15)

17

[갈릴리 바다 근처 산]
빵 일곱 개와
작은 물고기 몇 마리로
4천 명을 먹이심
(마 15:32)

16

[두로와 시돈 지방]
가나안 여인의
귀신 들린 딸을
고치심
(마 15:22)

15

[갈릴리 바다]
물 위로 걸으심
(마 14:22)

18

[변화 산(?) 근처]
귀신 들려 간질병으로
발작하는 아이를 고치심
(마 17:14)

19

[가버나움]
물고기 입에서
성전세를
얻게 하심
(마 17:24)

20

[여리고]
눈먼 두 사람을 고치심
(마 20:30)

21

[예루살렘]
무화과나무를
마르게 하심
(마 21:18)

32 요한이 너희에게 의의 길을 보여 주려고 왔는데, 너희는 그를 믿지 않았지만 세리들과 창녀들은 그를 믿었다. 너희는 이것을 보고도 여전히 회개하지 않고 그를 믿지 않았다."

33 악한 농부의 비유 "또 다른 비유를 들어 보라. 포도원을 만든 집주인이 있었다. 그는 포도원 둘레에 울타리를 치고 땅을 파서 포도즙 짜는 틀을 만들고 망대를 세웠다. 그리고 어떤 농부들에게 포도원을 세주고 멀리 여행을 떠났다. _눅 20:9_

34 수확할 때가 가까워지자 주인은 열매 소출의 얼마를 받기 위해 자기 종들을 농부들에게 보냈다.

35 그 농부들은 종들을 붙잡아 하나는 때리고 다른 하나는 죽이고 또 다른 하나는 돌로 쳤다. _5:12,22:6대하 24:19,21;눅 9:26;행 7:59_

36 그 후 주인은 다른 종들을 처음보다 더 많이 보냈다. 그러나 농부들은 그 종들에게도 똑같이 대했다. _22:4_

37 마침내 주인은 '그들이 내 아들을 존중하겠지'라며 자기 아들을 농부들에게 보냈다.

38 그러나 농부들은 그 아들을 보자 자기들끼리 수군거렸다. '이 사람은 상속자다. 가서 그를 죽이고 그의 유산을 빼앗아 버리자!'

39 그래서 그들은 아들을 붙잡아 포도원 밖으로 끌어내 죽이고 말았다. _히 13:12_

40 그렇다면 포도원 주인이 돌아와서 이 농부들에게 어떻게 하겠느냐?" _24:50;25:19_

41 그들이 예수께 대답했습니다. "주인은 그 악한 사람들을 처참히 죽이고 제때에 소출의 열매를 바칠 수 있는 다른 농부들에게 포도원을 내어 줄 것입니다." _눅 19:27_

42 버림받은 돌 예수께서 그들에게 말씀하셨습니다. "너희가 성경에서 이런 말씀을 읽어 보지 못했느냐?

'건축자들이 버린 돌이 머릿돌이 됐다. 주께서 이렇게 하셨으니 우리 눈에 놀라울 뿐이다.' _시 118:22-23;행 4:11;벧전 2:7_

43 그러므로 내가 너희에게 말한다. 하나님 나라를 너희에게서 빼앗아 그 나라의 열매 맺는 백성에게 줄 것이다. _눅 14:24_

44 *[누구든지 이 돌 위에 떨어지는 사람은 산산조각이 날 것이며 이 돌이 어느 사람 위에 떨어지든지 맞는 사람은 가루가 될 것이다.]"

45 종교 지도자들이 분노함 대제사장들과 바리새파 사람들은 예수의 비유를 듣고서 그것이 자기들을 가리켜 하시는 말씀인 줄을 알아차렸습니다.

46 그들은 예수를 체포하고 싶었지만 백성들이 두려웠습니다. 사람들이 예수를 예언자로 여기고 있었기 때문입니다. _눅 19:47-48_

22

결혼 잔치 비유 예수께서 다시 비유를 들어 그들에게 말씀하셨습니다. _13:34_

2 "하늘나라는 자기 아들을 위해 결혼 잔치를 베푸는 왕과 같다. _눅 14:16-24;계 19:7_

3 왕은 자기 종들을 보내 결혼 잔치에 초대받은 사람들을 불러오게 했다. 그러나 그들은 오지 않겠다고 했다. _에 6:14;잠 9:3,5_

4 왕은 다시 다른 종들을 보내면서 말했다.

예복이 뭘래?

어느 왕이 자기 아들을 위해 결혼 잔치를 준비(6:다 사람들는 초대했어요. 잔치에 온 손님들을 둘러 보던 중 왕은 '예복을 입지 않은 한 사람을 보았어요.(마 22:12) 왕은 종들에게 이렇게 말했어요. "이 사람의 손과 발을 묶어 바깥 어두운 곳으로 내쫓아라. 거기서 슬피 울며 이를 갈 것이다."(마 22:13)

도대체 예복이 뭘래 왕은 이 사람에게 엄한 명령을 내린 것일까요?

당시 유대 풍습에 따르면 결혼 잔치를 베푸는 사람이 손님의 결혼 예복을 준비해 주었어요.

예복을 마련해 주었는데도 예복을 입지 않고 결혼 잔치에 어울리지 않게 자기 옷을 입고 와서 왕에게 모욕을 준 것이에요.

'초대받은 사람들에게 내가 만찬을 준비했다고 전하라. 황소와 살진 송아지를 잡았고 모든 것이 준비됐으니 어서 결혼 잔치에 오시라고 하라.' 22:3, 잠 9:2 눅 11:38

5 그러나 초대받은 사람들은 들은 척도 하지 않고 제각기 가 버렸다. 어떤 사람은 자기 밭으로 가고 어떤 사람은 장사하러 가 버렸다. 히 2:3

6 그리고 또 다른 사람들은 그 종들을 붙잡아 모욕하고 죽이기까지 했다. 살전 2:2

7 격분한 왕은 자기 군대를 보내 그 살인자들을 죽이고 그들의 도시를 불태워 버렸다.

8 그리고 왕은 자기 종들에게 말했다. '결혼 잔치는 준비됐으나 내가 초대한 사람들은 자격이 없다. 10:11; 행 13:46; 겔 3:4

9 너희는 길거리로 나가 만나는 사람마다 잔치에 오라고 초대하라. 겔 21:21; 잠 1:14

10 그래서 종들은 길거리에 나가 악한 사람이나 선한 사람이나 눈에 띄는 대로 사람들을 모두 모아들였다. 그렇게 해서 결혼 잔치 자리는 손님으로 가득 차게 됐다.

11 그런데 왕이 손님들을 보려고 들어왔다가 거기 어떤 사람이 예복을 입고 있지 않는 것을 보고 계 19:8; 22:14

12 물었다. '이보게 친구, 그대는 어떻게 결혼 예복도 입지 않고 여기에 들어온 거요?' 그는 아무 대답도 할 수 없었다.

13 그러자 왕이 종들에게 말했다. '이 사람의 손과 발을 묶어 바깥 어두운 곳으로 내쫓으라. 거기서 슬피 울며 이를 갈 것이다.'

14 이와 같이 초대받은 사람은 많지만 선택받은 사람은 적다.' 계 17:14

15 세금에 대해 질문함 이에 바리새파 사람들이 나가 어떻게 하면 예수의 말을 트집 잡아 함정에 빠뜨릴까 궁리했습니다.

16 그들은 자기 제자들과 헤롯 당원들을 예수께 보내 물었습니다. "선생님, 우리는 선생님이 진실한 분이시며 진리에 따라 하나님의 도를 가르치신다고 알고 있습니다. 그리고 사람을 겉모습으로 판단하지 않기 때문에 사람에 의해 좌우되는 분이 아니

신 것도 압니다. 막 21:3,6; 3:2; 행 18:26

17 그러니 말씀해 주십시오. 선생님의 의견은 어떻습니까? 저희가 *가이사에게 세금을 바치는 것이 옳습니까, 옳지 않습니까?"

18 그러나 예수께서는 이들의 악한 속셈을 알고 말씀하셨습니다. "이 위선자들아! 왜 너희가 나를 시험하느냐? 요 8:6

19 세금으로 내는 돈을 내게 보이라." 그들이 데나리온 하나를 예수께 몰고 드리자

20 예수께서 그들에게 물으셨습니다. "동전에 있는 얼굴과 새겨진 글자가 누구의 것이냐?"

21 그들은 "가이사의 것입니다"라고 대답했습니다. 그러자 예수께서 그들에게 말씀하셨습니다. "그러므로 가이사의 것은 가이사에게 바치고 하나님의 것은 하나님께 바치라."

22 그들은 예수의 말씀을 듣고 경탄했습니다. 그리고 예수를 남겨 둔 채 떠나갔습니다.

23 부활에 대해 질문함 같은 날, 부활이 없다고 하는 사두개파 사람들이 예수께 와서 질문했습니다. 행 4:1; 5:17; 23:6,8

24 "선생님, 모세는 남자가 자식 없이 죽게 되면 그 동생이 형수와 결혼해서 형을 위해 자식을 낳아 주어야 한다고 말했습니다.

25 그런데 우리 가운데 일곱 형제가 있었습니다. 첫째가 결혼해 살다가 죽었는데 자식이 없었기 때문에 그 동생이 형수를 맡게 됐습니다.

26 그런데 둘째에게도, 셋째에게도 계속해서 일곱째에 이르기까지 똑같은 일이 일어났습니다.

27 그리고 마침내 그 여자도 죽었습니다.

28 일곱 사람 모두 그 여자와 결혼했으니 그렇다면 부활 때에 그 여자는 일곱 형제 가운데 누구의 아내가 되겠습니까?" 요 20:9

망대(21:33, **望臺**, watchtower) 성읍의 요새를 안전하게 지키려고 망을 보기 위해 세워진 탑이나 대.
소출(21:34, 所出, fruit) 나무나 식물 또는 땅의 전체 소산물을 말함.
21:44 어떤 고대 사본에는 이 괄호 안의 구절이 없음.
22:17 로마 황제의 칭호.

성구 상자

유대 사람들이 기도할 때 이마에 매달던 송아지 가죽으로 만든 네모난 상자로, 히브리어로는 '테필린'이라 불렀다.

하나님이 이스라엘 자손들을 이집트에서 인도하여 내셨음을 기억하기 위해서 이마와 손목에 성구 상자를 두르라고 했다 (출 13:9, 16; 신 6:8; 11:18). 성구 상자에는 양피지로 쓴 네 가지 성구 두루마리를 넣었는데, 출애굽기 13장 1-10절과 11-16절, 신명기 6장 4-9절과 11장 13-21절 말씀을 기록해 넣었다.

예수님은 바리새파 사람들이 성구 상자를 넓게 만들고 옷술을 길게 늘어뜨린다고 책망하셨다 (마 23:5). 바리새파 사람들 중에는 정해진 성구 상자의 크기를 무시하고 눈에 띄게 크게 만들어 경건하게 보이려고 했던 사람들이 있었는데, 그런 사람들의 태도를 지적하시고 책망하셨다.

29 예수께서 대답하셨습니다. "너희가 성경이나 하나님의 능력을 모르기 때문에 잘못 생각하고 있구나.

30 부활 때는 사람들이 시집도 장가도 가지 않는다. 그들은 하늘에 있는 천사들처럼 될 것이다. 24:38;눅 17:27

31 그러나 죽은 사람의 부활에 대해 말하자면 하나님께서 너희에게 하신 말씀을 읽어 보지 못했느냐? 21:16

32 '나는 아브라함의 하나님, 이삭의 하나님, 야곱의 하나님이다'라고 하셨으니 하나님은 죽은 사람의 하나님이 아니라 산 사람의 하나님이시다." 출 3:6;행 7:32

33 무리가 이 말씀을 듣고 예수의 가르침에 놀랐습니다. 7:28

34 **가장 중요한 계명** 예수께서 사두개파 사람들의 말문을 막으셨다는 소문을 듣고 바리새파 사람들이 함께 모였습니다.

35 그들 가운데 율법교사 한 사람이 예수를 시험하려고 질문을 던졌습니다. 눅 7:30

36 "선생님, 율법 가운데 어느 것이 가장 중요한 계명입니까?"

37 예수께서 대답하셨습니다. "'네 마음을 다하고 네 생명을 다하고 네 뜻을 다해 주 네 하나님을 사랑하여라.' 신 6:5;눅 10:27

38 이것이 가장 중요하고 으뜸 되는 계명이다.

39 그리고 둘째 계명도 이와 같다. '네 이웃을 네 몸처럼 사랑하여라.' 레 19:18;요일 4:21

40 모든 율법과 예언자들의 말씀이 이 두 계명에서 나온 것이다." 7:12;롬 13:8,10;갈 5:14

41 **조상에 대해 질문하심** 바리새파 사람들이 모여 있을 때 예수께서 물으셨습니다.

42 "너희는 그리스도를 어떻게 생각하느냐? 그가 누구의 자손이냐?" 그들은 "다윗의 자손이십니다"라고 대답했습니다.

43 그러자 예수께서 그들에게 말씀하셨습니다. "그렇다면 어떻게 다윗이 성령의 감동으로 그를 '주'라고 불렀느냐? 그가 말하기를 삼하 23:2;계 1:10;4:2

44 '주께서 내 주께 말씀하셨다. 내가 네 원수들을 네 발아래 굴복시킬 때까지 너는 내 오른편에 앉아 있어라'라고 했다. 시 110:1

45 다윗이 그리스도를 '주'라고 불렀는데 어떻게 그리스도가 다윗의 자손이 되겠느냐?"

46 그러자 아무도 예수께 한마디 대답조차 할 수 없었습니다. 그날 이후로는 감히 예수께 묻는 사람이 없었습니다. 막 12:34

23

율법학자와 바리새파를 책망하심 그때 예수께서 무리들과 제자들에게 말씀하셨습니다. 막 12:38-39

2 "율법학자들과 바리새파 사람들은 모세의 자리에 앉아 있다. 느 8:4;요 9:28-29

3 그러므로 너희는 그들이 하는 말은 무엇이든 다 행하고 지키라. 그러나 그들의 행

23:7,8 히브리어를 그리스어로 음역한 것으로, '선생님'을 뜻함. 23:14 어떤 고대 사본에는 '너희에게 화가 있을 것이다. 율법학자와 바리새파 위선자들아! 너희는 과부의 집을 집어삼키고 가식적으로 기도를 길게 한다. 그러므로 너희는 더 큰 심판을 받을 것이다'가 있음.

동은 본받지 말라. 그들은 말만 하고 행하지는 않는다. 5:20;15:3-13;롬 2:17-23

4 그들은 지기 힘든 무거운 짐을 묶어 사람들의 어깨에 지우고는 정작 자신은 그 짐을 옮기는 데 손가락 하나 움직이려 하지 않는구나. 눅 11:46;행 15:10

5 그들은 남에게 잘 보이려고 모든 행동을 한다. 그들은 성구 상자를 넓게 만들고 옷술을 길게 늘어뜨리며 9:20;출 13:9;신 6:8;11:18

6 잔치에서는 상석을 좋아하고 회당에서는 높은 자리를 좋아한다. 눅 11:43;14:7-8

7 시장에 가면 인사받기를 좋아하고 사람들한테 *'랍비'라고 불리기를 좋아한다.

8 그러나 너희는 *'랍비'라고 불려서는 안 된다. 너희 선생은 오직 한 분뿐이며 너희는 모두 형제들이기 때문이다. 눅 22:32

9 또 너희는 누구든지 땅에 있는 사람을 너희 아버지라 부르지 말라. 너희 아버지는 한 분뿐이시며 하늘에 계시기 때문이다.

10 너희는 지도자라고 불려서도 안 된다. 너희 지도자는 그리스도 한 분뿐이시기 때문이다. 1:17

11 너희 중 가장 큰 사람은 너희 종이 돼야 할 것이다. 20:26

12 누구든지 자기를 높이는 사람은 낮아지며 누구든지 자기를 낮추는 사람은 높아질 것이다. 눅 14:11;18:14

13 첫째 화 너희에게 화가 있을 것이다. 율법학자와 바리새파 위선자들아! 너희는 사람들 앞에서 하늘나라 문을 닫아 버렸다. 너희 자신만 들어가지 않을 뿐 아니라 들어가려는 사람들마저 막고 있구나.

14 *(없음)

15 둘째 화 너희에게 화가 있을 것이다. 율법학자와 바리새파 위선자들아! 너희는 개종자 한 사람을 만들려고 육지와 바다를 두루 다니다가 정작 누군가 개종자가 되면 너희보다 두 배나 더 악한 지옥의 자식으로 만든다. 5:29;행 2:10;6:5;살후 2:3

16 셋째 화 너희에게 화가 있을 것이다. 앞 못 보는 인도자들아! 너희는 '누구든지 성전을 두고 맹세한 것은 지키지 않아도 되지만 성전의 금을 두고 맹세한 것은 반드시 지켜야 한다'고 말한다. 롬 2:19

17 이 어리석고 앞을 못 보는 사람들아, 무엇이 더 중요하냐? 금이냐, 아니면 금을 거룩하게 하는 성전이냐? 출 30:29

18 너희는 또 '누구든지 제단을 두고 맹세한 것은 지키지 않아도 되지만 제단에 있는 제물을 두고 맹세한 것은 반드시 지켜야 한다'고 말한다. 5:23

19 앞을 못 보는 이 사람들아, 무엇이 더 중요하냐? 제물이냐, 아니면 제물을 거룩하게 하는 제단이냐? 출 29:37

20 그러므로 제단을 두고 맹세하는 사람은 제단과 제단 위에 있는 모든 것을 두고 맹세하는 것이다.

21 또 성전을 두고 맹세하는 사람은 성전과

하얗게 칠한 무덤

모세의 율법에 의하면, 무덤을 만진 사람은 부정하게 여겨졌다(민 19:16). 그래서 유대 사람들은 무덤이 눈에 잘 띄도록 하얗게 칠했다.

하얗게 칠한 무덤의 모습은 깨끗해도 보였지만 그 안은 썩어서 냄새나는 시체들로 가득 차 있었다. 예수님이 율법학자와 바리새파 사람들을 향하여 "너희는 하얗게 칠한 무덤과 같다."(마 23:27)라고 말씀하셨

다. 겉으로 보이는 경건 속에 숨겨진 율법학자들과 바리새파 사람들의 위선과 부패를 지적하신 것이다.

사람은 겉모습을 보지만 하나님은 마음의 중심을 보신다(삼상 16:7). 율법학자들과 바리새파 사람들은 겉으로 경건해 보였는지 모르지만 예수님의 눈에는 더럽고 냄새나는 것들로 가득 찬 부정한 무덤과 같았다.

성전 안에 사시는 분을 두고 맹세하는 것이다. 왕상 8:13 대하 6:2

22 또 하늘을 두고 맹세하는 사람은 하나님의 보좌와 그 보좌 위에 앉으신 분을 두고 맹세하는 것이다. 5:34:21:25 계 4:2

23 넷째 화 너희에게 화가 있을 것이다. 율법학자와 바리새파 위선자들아! 너희는 박하와 회향과 근채의 십일조를 바치면서 율법 가운데 더 중요한 정의와 자비와 신의는 무시해 버렸다. 그러나 십일조도 바치고 이런 것들도 소홀히 하지 않아야 했다.

24 앞을 못 보는 인도자들아! 너희가 하루살이는 걸러 내고 낙타는 삼키는구나. 19:24

25 다섯째 화 너희에게 화가 있을 것이다. 율법학자와 바리새파 위선자들아! 너희가 잔과 접시의 겉은 깨끗이 잘 닦으면서 그 안은 욕심과 방탕으로 가득차 있구나.

26 눈먼 바리새파 사람들아! 먼저 잔 속을 깨끗이 닦으라. 그래야 겉도 깨끗해질 것이다.

27 여섯째 화 너희에게 화가 있을 것이다. 율법학자와 바리새파 위선자들아! 너희는 하얗게 칠한 무덤과 같다. 겉은 그럴듯해 보이지만 속은 죽은 사람의 뼈와 온갖 더러운 것들로 가득 차 있다. 눅 11:44; 행 23:3; 엡 5:3

28 이와 같이 너희도 겉으로는 사람들에게 의롭게 보이지만 그 속에는 위선과 불법이 가득 차 있다. 눅 12:1

29 일곱째 화 너희에게 화가 있을 것이다. 율법학자와 바리새파 위선자들아! 너희는 예언자들의 무덤을 만들고 의인들의 기념비를 꾸미면서 눅 11:47-48

30 만일 우리가 우리 조상들의 시대에 살았더라면 예언자들을 피 흘리게 하는 데에 가담하지 않았을 것이다 하고 말하는구나.

31 그러나 이와 같이 너희는 예언자들을 죽인 사람들의 자손임을 스스로 증언하고 있다. 행 7:51-52

32 그러므로 너희는 너희 조상들의 악한 일을 마저 채우라! 창 15:16; 단 8:23; 살전 2:15-16

33 이 뱀들아! 이 독사의 자식들아! 너희가 어떻게 지옥의 심판을 피하겠느냐?

34 그러므로 내가 너희에게 예언자들과 지혜로운 사람들과 율법학자들을 보냈다. 그러나 너희는 그들 가운데 어떤 사람들은 죽이거나 십자가에 못 박고 또 어떤 사람들은 회당에서 채찍질하고 이 마을 저 마을로 쫓아다니며 핍박할 것이다. 눅 11:49-51

35 그러므로 의로운 아벨의 피부터 너희가 성소와 제단 사이에서 살해한 바라갸의 아들 사가랴의 피까지 땅 위에서 흘린 의로운 피가 모두 너희에게 돌아갈 것이다.

36 내가 진실로 너희에게 말한다. 이 모든 일이 이 세대에게 돌아갈 것이다. 10:23

37 예루살렘을 향한 예수님의 탄식 예루살렘아, 예루살렘아! 예언자들을 죽이고 너희에게 보낸 사람들에게 돌을 던진 예루살렘아, 암탉이 병아리를 날개 아래 품듯이 내가 네 자녀를 모으려고 한 적이 몇 번이더냐? 그러나 너희가 원하지 않았다.

38 보라, 이제 너희 집은 버림받아 황폐해질 것이다. 사 64:11; 렘 12:7; 22:5

39 내가 너희에게 말한다. '주의 이름으로 오

지붕

팔레스타인 지방의 가옥은 벽을 돌로 쌓고, 지붕은 진흙으로 덮어 평평하게 만들었다. 이(스라)엘 사람들에게 있어 지붕은 또 다른 생활 공간이었다.

지붕은 실내와 달리 트인 공간으로 사람들이 모여 이야기를 나누는 장소였고 (삼상 9:25), 초막절에 초막을 짓거나 (느 8:16), 애곡하거나 (사 15:3), 기도하는 장소였다 (행 10:9).

지붕은 이스라엘 사람들이 다양한 생활을 하는 장

소였기에 신명기에는 지붕에서 사고가 생기지 않도록 난간을 만들라고 명령했다 (신 22:8).

예수님은 마지막 날에 일어날 일들을 말씀하시면서 '지붕 위에 있는 사람'에 대해 언급하셨다.

"예언자 다니엘을 통해 예언된 '멸망의 가증한 상징물'이 거룩한 곳에 서 있는 것을 보면 … 지붕 위에 있는 사람은 집 안 물건을 가지러 내려가지 말라." (마 24:15-17).

시는 분이 복되시다!' 하고 말할 때까지 너희가 다시는 나를 보지 못할 것이다."

24 성전의 멸망을 말씀하심

예수께서 성전에서 나와 걸어가시는데 제자들이 다가와 성전 건물을 가리켜 보였습니다.

팔레스타인 지방의 가옥

2 예수께서 물으셨습니다. "너희는 이 모든 것이 보이지 않느냐? 내가 진실로 너희에게 말한다. 여기에 있는 돌 하나라도 돌 위에 남지 않고 다 무너져 내릴 것이다."

3 제자들의 질문 예수께서 올리브 산에 앉아 계시는데 제자들이 조용히 다가와 말했습니다. "언제 그런 일이 일어나겠습니까? 선생님께서 다시 오시는 때와 세상 끝 날에 어떤 징조가 있겠습니까? 우리에게 말씀해 주십시오."

4 세상 끝날의 징조 예수께서 대답하셨습니다. "어느 누구에게도 현혹되지 않도록 조심하라. 렘 29:8;엡 5:6;골 2:8

5 많은 사람들이 내 이름으로 와서 '내가 그리스도다' 하고 주장하면서 많은 사람들을 현혹할 것이다. 1:7;렘 14:14;요일2:18

6 너희가 전쟁의 소식과 소문을 듣게 될 것이다. 그러나 결코 놀라지 말라. 이런 일이 반드시 일어나야 하겠지만 아직 끝이 온 것은 아니다. 살후 2:2;계 1:1

7 민족과 민족이 서로 대항해 일어나고 나라와 나라가 서로 대항해 일어날 것이다. 곳곳에 기근과 지진이 생길 것이다.

8 이 모든 일은 진통의 시작일 뿐이다.

9 그런 후에 사람들이 너희를 핍박당하도록 넘겨주고 너희를 죽일 것이며 모든 민족이 나로 인해 너희를 미워할 것이다.

10 그때 많은 사람들이 시험을 당하고 서로 넘겨주며 미워할 것이다. 10:21

11 또 가짜 예언자들이 많이 나타나 많은 사람들을 현혹하겠고 5:24;살후7:15

12 불법이 더욱 많아져 많은 사람들의 사랑이 식어 갈 것이다. 눅 18:8;계 2:4

13 그러나 끝까지 굳게 서 있는 사람은 구원을 얻을 것이다. 10:22

14 그리고 이 하늘나라 복음이 온 세상에 전파돼 모든 민족들에게 증언될 것이다. 그때에야 끝이 올 것이다." 롬 10:18;골 1:6,23

15 "예언자 다니엘을 통해 예언된 '멸망의 가증한 상징물'이 거룩한 곳에 서 있는 것을 보면 (읽는 사람들은 깨달으라)

16 유대 땅에 있는 사람은 산으로 도망치라.

17 지붕 위에 있는 사람은 집 안 물건을 가지러 내려가지 말라. 눅 5:19;17:31

18 들에 있는 사람은 겉옷을 가지러 돌아가지 말라.

19 그날에는 임신한 여인들이나 젖먹이를 둔 여인들에게 화가 있다. 눅 23:29

20 너희가 도망하는 일이 겨울이나 안식일에 일어나지 않도록 기도하라.

21 그때가 되면 큰 환난이 있을 것이다. 그런 환난은 세상이 시작된 이후 지금까지 없었고 앞으로도 없을 것이다. 계 7:14;16:18

22 그날들을 줄여 주시지 않았더라면 아무도 구원받지 못할 것이다. 그러나 택하신 사람들을 위해 하나님께서 그날들을 줄

여 주실 것이다. 사 65:8-9;눅 18:7

23 그때 누군가 너희에게 '보라, 그리스도가 여기 있다' 또 '그가 저기 있다'라고 해도 믿지 말라. 마 17:23

24 가짜 그리스도들과 가짜 예언자들이 나타나 놀라운 표적과 기사를 보이면서 가능한 한 선택받은 사람들까지도 현혹할 것이다.

25 보라, 그때가 오기 전에 내가 미리 너희에게 일러두었다. 요 13:19;14:29

26 그러므로 누가 너희에게 '그리스도께서 저기 광야에 계시다'라고 해도 나가지 말고 또 '그리스도께서 여기 골방에 계시다'라고 해도 믿지 말라. 행 21:38

27 번개가 동쪽에서 치면 서쪽까지 번쩍이듯이 인자가 오는 것도 그럴 것이다. 눅 17:24

28 시체가 있는 곳에는 독수리들이 모여드는 법이다. 눅 17:37

29 그 환난의 날들이 끝나자마자 '해가 어두워지고 달이 빛을 내지 않을 것이며 별들이 하늘에서 떨어지고 하늘의 세력들이 흔들릴 것이다.' 사 13:10;벧후 3:10;계 6:12-13

30 그때 인자의 표적이 하늘에 나타날 것이고 세상의 모든 민족이 통곡할 것이다. 그들은 인자가 능력과 큰 영광 가운데 하늘의 구름을 타고 오는 것을 보게 될 것이다.

31 그리고 인자가 큰 나팔 소리와 함께 자기 천사들을 보낼 것이며 그들은 하늘 이 끝에서 저 끝까지 사방에서 그가 선택한 사람들을 모을 것이다. 13:41;신 4:32;단 7:2;고전 15:52

32 무화과나무로부터 교훈을 배우라. 그 가지가 연해지고 잎이 돋으면 여름이 가까이 왔음을 알게 된다.

33 이와 같이 이런 모든 일을 보면 그때가 바로 인자가 문 앞에 가까이 왔음을 알게 될 것이다. 약 5:9;계 3:20

34 내가 진실로 너희에게 말한다. 이 세대가 지나가기 전에 이 모든 일이 일어날 것이다.

35 하늘과 땅은 없어질지라도 내가 한 말은 결코 없어지지 않을 것이다. 사 40:8;51:6

36 **인자의 임함** 그 날짜와 그 시각은 아무도 모른다. 하늘의 천사들도 모르고 아들도 모른다. 오직 아버지만 아신다. 슥 14:7

37 노아의 때에 그러했던 것처럼 인자가 오는 것도 그러할 것이다. 눅 17:26-27

38 홍수가 나기 전 사람들은 노아가 방주에 들어가던 그날까지도 먹고 마시고 장가가고 시집가고 하다가 22:30;창 7:7-16

39 홍수가 나서 그들을 모두 쓸어 갈 때까지 무슨 일이 일어나는 지 전혀 알지 못했다. 인자가 올 때도 그와 같을 것이다.

40 두 사람이 들에 있다가 한 명은 취해질 것이고 다른 한 명은 남겨질 것이며 눅 17:36

41 두 여자가 맷돌을 갈다가 한 명은 취해질 것이고 다른 한 명은 남겨질 것이다. 눅 17:35

42 그러므로 너희는 깨어 있으라. 너희 주께서 어느 날에 오실지 알 수 없기 때문이다.

43 그러나 이것을 명심하라. 만약 한밤에 도둑이 몇 시에 올 줄 알았다면 집주인은 깨어 있다가 도둑이 들어오지 못하게 했을 것이다. 눅 12:39-46;살전 5:2;계 3:3

왜 결혼식에 등불을 들고 있나요?

예수님이 사역하실 당시 유대 풍습에 따르면, 결혼식은 신랑의 집에서 ((돌)아)나요. 신랑은 밤에 신부를 데리러 왔는데, 신부의 친구들(처녀들)이 등불을 들고 신랑을 맞이해 신부의 집으로 인도했어요.

신랑이 언제 올지 모르기 때문에 처녀들은 기름을 충분히 준비해 등불을 켜고 있어야 했어요. 등불은 기름 적신 헝겊을 막대기에 묶어 불을 붙인 횃불로, 등불이 꺼지지 않도록 불에 탄 심지를 계속 다듬어 주면서 기름을 적셔 주어야 했어요.

마침내 신랑이 도착하면 처녀들은 등불을 들고 신랑을 맞이해 신부의 집으로 신랑을 인도했어요.

일단 신랑이 와서 신부의 집에 들어가면 신부의 집 문이 닫히고 뒤늦게 온 사람들은 결혼 잔치에 참석할 수 없었어요.

44 그러므로 너희도 준비하고 있어야 한다. 생각지도 않은 시간에 인자가 올 것이기 때문이다. 27절:25:10

45 깨어 있으라 누가 신실하고 지혜로운 종이겠느냐? 주인이 그의 집 사람들을 맡기고 제때에 양식을 나누어 줄 사람은 누구겠느냐?

46 주인이 돌아와서 볼 때 주인이 시킨 대로 일을 하고 있는 그 종은 복이 있을 것이다.

47 내가 진실로 너희에게 말한다. 주인은 그 종에게 자기 모든 재산을 맡길 것이다.

48 그러나 그 종이 악한 마음을 품고 생각하기를 '내 주인은 아직 멀리 있다'라고 하며

49 함께 일하는 다른 종들을 때리고 술 좋아하는 친구들과 어울려 먹고 마신다면

50 종이 미처 생각지도 않은 날에 그리고 알지도 못한 시각에 그 종의 주인이 돌아와

51 그 종을 처벌하고 위선자들과 함께 가두리니 그들은 거기서 슬피 울며 이를 갈 것이다." 8:12

25 슬기로운 처녀와 어리석은 처녀 "그때 하늘나라는 등불을 들고 신랑을 맞이하러 나간 열 명의 처녀와 같을 것이다. 눅 19:13;요 3:29;계 19:7

2 그 가운데 다섯 명은 어리석었고 다섯 명은 슬기로웠다.

3 어리석은 처녀들은 등불은 가져왔지만 기름은 챙기지 않았다.

4 하지만 슬기로운 처녀들은 등불과 함께 그릇에 기름을 담아 가지고 왔다.

5 신랑이 늦도록 오지 않자 처녀들은 모두 졸다가 잠이 들어 버렸다.

6 한밤중에 갑자기 '신랑이 온다! 어서 나와서 신랑을 맞으라!' 하는 소리가 들렸다.

7 그러자 처녀들은 모두 일어나 자기 등불을 준비했다.

8 어리석은 처녀들은 슬기로운 처녀들에게 '우리 등불이 꺼져 가는데 기름을 좀 나눠 다오' 하고 부탁했다.

9 슬기로운 처녀들은 '안 된다. 너희와 우리가 같이 쓰기에는 기름이 부족할지도 모른다. 기름 장수에게 가서 너희가 쓸 기름을 좀 사라' 하고 대답했다.

10 그러나 그들이 기름을 사러 간 사이에 신랑이 도착했다. 준비하고 있던 처녀들은 신랑과 함께 결혼 잔치에 들어갔고 문은 닫혀 버렸다. 22:2;24:44;눅 13:25-27

11 어리석은 처녀들은 나중에 돌아와 애원했다. '주여! 주여! 우리가 들어가게 문을 열어 주십시오!' 7:22-23

12 그러나 신랑은 대답했다. '내가 진실로 너희에게 말한다. 나는 너희를 알지 못한다.'

13 그러므로 너희도 깨어 있으라. 그 날짜와 그 시각을 알지 못하기 때문이다.' 24:42

14 달란트 비유 "또한 하늘나라는 어떤 사람이 자기 종들을 불러 재산을 맡기고 여행을 떠나려는 것과 같다. 막 13:34;눅 19:12-27

주인이 종들의 능력에 따라 재산을 맡김

15 그는 종들의 능력에 따라 각각 5달란트, 2달란트, 1달란트를 주고는 여행을 떠났다.

16 5달란트 받은 종은 곧장 가서 그 돈으로 장사해 5달란트를 더 벌었다.

17 마찬가지로 2달란트 받은 종도 2달란트를 더 벌었다.

18 그러나 1달란트 받은 종은 가서 땅에 구덩이를 파고 주인의 돈을 감춰 두었다.

19 시간이 흘러 그 종들의 주인이 집으로 돌아와 종들과 결산하게 됐다. 18:23;롬 14:12

20 5달란트 받은 종이 주인에게 5달란트를 더 가져와 말했다. '주인님, 주인님은 제게 5달란트를 맡기셨습니다. 자, 보십시오, 제가 5달란트를 더 벌었습니다.'

21 그러자 그의 주인이 대답했다. '잘했다. 착하고 신실한 종아! 네가 작은 일에 충성했으니 이제 더 많은 일을 맡기겠다. 와서 주인의 기쁨을 함께 나누자!' 고전 4:2

22 2달란트 받은 종도 와서 말했다. '주인님, 주인님은 제게 2달란트를 맡기셨습니다. 자, 보십시오, 제가 2달란트를 더 벌었습니다.'

23 그의 주인이 대답했다. '잘했다. 착하고 신실한 종아! 네가 작은 일에 충성했으니 이제 더 많은 일을 맡기겠다. 와서 네 주인의 기쁨을 함께 나누자!'

24 그때 1달란트 받은 종이 와서 말했다. '주인님, 저는 주인님이 굳은 분이라 심지 않은 데서 거두시고 씨 뿌리지 않은 곳에서도 곡식을 모으시는 것을 압니다. 고후 8:12

25 그래서 저는 두려운 나머지 나가서 주인님의 돈을 땅에 감춰 두었습니다. 보십시오, 여기 주인님의 것이 있습니다.' 20:14

26 주인이 대답했다. '이 악하고 게으른 종아! 내가 심지 않은 데서 거두고 씨 뿌리지 않은 곳에서 곡식을 모으는 줄 알았느냐?

27 그렇다면 너는 내 돈을 돈놀이하는 사람에게라도 맡겼어야 하지 않느냐? 그랬다면 내가 돌아와서 그 돈에다 이자라도 받았을 것이다.

28 저 종에게서 1달란트를 빼앗아 10달란트 가진 종에게 주어라.

29 누구든지 있는 사람은 더 많이 받아 풍성해질 것이며 없는 사람은 있는 것마저도 모두 빼앗길 것이다. 13:12;눅 12:48

30 이 쓸모없는 종을 바깥 어둠 속으로 내쫓아라. 거기서 슬피 울며 이를 갈게 될 것이다.'" 8:12;눅 17:10

31 마지막 심판에 대해 말씀하심 "인자가 그의 영광 가운데 모든 천사들과 함께 올 때에 그의 영광의 보좌 위에 앉을 것이다.

32 모든 민족들이 그 앞에 모이게 되고, 목자가 염소 중에서 양을 가려내듯이 인자는 그들을 둘로 갈라 24:31;겔 34:17;살후 3:12

33 양들은 자기 오른쪽에, 염소들은 그 왼쪽에 둘 것이다.

34 그때 그 왕이 오른쪽에 있는 사람들에게 말할 것이다. '이리 와서 세상의 창조 때부터 너희를 위해 마련해 두신 나라를 상속하라. 왕상 2:19;시 45:9;눅 12:32;19:38;계 21:7

35 너희는 내가 배고플 때 먹을 것을 주었고 내가 목마를 때 마실 것을 주었으며 내가 나그네 됐을 때 나를 맞아들였다. 욥 31:32

36 내가 헐벗었을 때 옷을 입혀 주었고 내가 병들었을 때 돌봐 주었으며 내가 감옥에 갇혔을 때 나를 찾아 주었다.' 눅 10:33~34

37 그때 의인들이 대답할 것이다. '주여, 언제 주께서 배고프신 것을 보고 우리가 먹을 것을 드렸으며 언제 주께서 목마르신 것을 보고 우리가 마실 것을 드렸습니까?

38 언제 주께서 나그네 되신 것을 보고 우리가 맞아들였으며 언제 주께서 헐벗으신 것을 보고 우리가 입을 것을 드렸습니까?

39 언제 주께서 병드시거나 감옥에 갇히신 것을 보고 우리가 찾아갔습니까?'

40 왕이 대답할 것이다. '내가 진실로 너희에게 말한다. 무엇이든 너희가 여기 있는 내 형제들 중 가장 보잘것없는 사람에게 한 것이 곧 내게 한 것이다.' 요 20:17;롬 8:29

41 그리고 나서 왕은 왼쪽에 있는 사람들에게 말할 것이다. '이 저주받은 사람들아! 내게서 떠나 마귀와 그의 부하들을 위해 마련된 영원한 불 속으로 들어가라.

42 너희는 내가 배고플 때 먹을 것을 주지 않았고 내가 목마를 때 마실 것을 주지 않았다.

43 내가 나그네 됐을 때 너희는 나를 맞아들이지 않았고 내가 헐벗었을 때 입을 것을 주지 않았다. 내가 병들고 감옥에 갇혔을 때 너희는 나를 보살펴 주지 않았다.'

44 그들 역시 대답할 것이다. '주여, 우리가 언제 주께서 배고프시거나 목마르시거나 나그네 되시거나 헐벗으시거나 병드시거나 감옥에 갇히신 것을 보고 돌보지 않았다는 말씀입니까?'

45 왕이 대답할 것이다. '내가 진실로 너희에게 말한다. 무엇이든 너희가 여기 있는 사람들 중 가장 보잘것없는 사람에게 하지 않은 것이 곧 내게 하지 않은 것이다.'

46 그러므로 그들은 영원한 벌에, 의인들은 영원한 생명에 들어갈 것이다." 행 24:15

26 십자가를 예고하심 예수께서 이 모든 말씀을 끝마친 후에 제자들에게 말씀하셨습니다.

2 "너희도 알다시피 이틀만 있으면 유월절이다. 그때 인자는 넘겨져 십자가에 못 박힐 것이다." 20:18-19;눅 22:1-2;요 6:4

3 공모하는 제사장과 장로들 그 무렵 대제사장들과 백성의 장로들은 가야바라 하는 대제사장의 관저에 모여 눅 11:2;요 11:47,49

4 교묘하게 예수를 체포해 죽일 음모를 꾸미고 있었습니다. 21:46;요 11:53

5 그러나 그들은 "백성들이 소동을 일으킬지도 모르니 명절 기간에는 하지 맙시다"라고 말했습니다. 27:24;눅 22:6

6 향유 붓는 여인 예수께서 베다니에 있는 나병 환자 시몬의 집에 계실 때였습니다.

7 한 여인이 값진 향유가 가득 든 옥합을 들고 와 식탁에 기대어 음식을 잡수시는 예수의 머리에 향유를 부었습니다.

8 제자들은 이것을 보고 분개하며 물었습니다. "왜 향유를 저렇게 낭비하는가?

9 이 향유를 비싼 값에 팔아 그 돈으로 가난한 사람들을 도울 수 있었을 텐데."

10 이것을 아신 예수께서 말씀하셨습니다.

"왜 이 여인을 괴롭히느냐? 이 여인은 내게 좋은 일을 했다. 16:8

11 가난한 사람들은 항상 너희와 함께 있겠지만 나는 항상 너희 곁에 있는 것이 아니다.

12 이 여인이 내 몸에 향유를 부은 것은 내 장례를 준비하기 위한 것이다. 요 19:40

13 내가 진실로 너희에게 말한다. 온 세상 어디든지 복음이 전파되는 곳마다 이 여인이 한 일도 전해져서 사람들이 이 여인을 기억하게 될 것이다." 24:14;행 10:4

14 유다의 흉정 그때 열두 제자 중 하나인 가룟 사람 유다가 대제사장들에게 가서

15 물었습니다. "예수를 당신들에게 넘겨주면 내게 얼마나 주겠소?" 그들은 유다에게 은돈 30을 쳐주었습니다. 출 21:32

16 그때부터 유다는 예수를 넘겨줄 기회를 엿보았습니다. 20:18-19

17 제자들이 유월절을 준비함 무교절 첫날에 제자들이 예수께 와서 물었습니다. "선생님께서 잡수실 유월절 음식을 어디에서 준비하면 좋겠습니까?" 막 14:12-16;눅 22:7-13

18 예수께서 대답하셨습니다. "성안에 들어가 한 사람에게 가서 '우리 선생님께서 말씀하시기를, 나의 때가 가까워졌으니 내가 그대의 집에서 제자들과 함께 유월절을 지키겠다 하십니다'라고 전하라."

19 그리하여 제자들은 예수께서 지시하신 대로 유월절을 준비했습니다.

20 배반을 예언하시는 예수님 저녁이 되자 예수께서 열두 제자와 함께 식탁에 앉으셨습니다. 막 14:17-21;눅 13:21-26

21 모두가 식사를 하고 있을 때에 예수께서 말씀하셨습니다. "내가 진실로 너희에게 말한다. 너희 중 하나가 나를 배반할 것이다."

22 배반자가 밝혀짐 제자들은 큰 슬픔에 잠겨 저마다 예수께 물었습니다. "주여! 저는 아니겠지요?"

옥합(26:7, 玉盒, alabaster jar) 옥으로 만든 그릇
향유(26:7, 香油, perfume) 향이 나는 기름. 방향 물질을 올리브기름에 섞거나, 나드처럼 그 자체에 향기가 있는 기름.

23 예수께서 대답하셨습니다. "나와 함께 그릇에 손을 넣은 사람이 나를 배반할 것이다.

24 인자는 자신에 대해 성경에 기록된 대로 가겠지만 인자를 배반하는 그 사람에게는 저주가 있을 것이다! 그는 차라리 태어나지 않는 게 나았을 것이다." 요 17:12렘 17:2-3

25 그때 예수를 배반한 유다가 말했습니다. "랍비여! 저는 아니겠지요?" 예수께서 대답하셨습니다. "네가 말했다." 요 1:38

26 최후의 만찬 그들이 식사를 하고 있을 때에 예수께서 빵을 들어 감사 기도를 드리신 후 떼어 제자들에게 주며 말씀하셨습니다. "받아서 먹어라. 이것은 내 몸이다."

27 그리고 또 잔을 들어 감사 기도를 드리신 후 제자들에게 주시면서 말씀하셨습니다. "너희 모두 이것을 마시라. 15:36

28 이것은 죄 사함을 위해 많은 사람들을 위해 흘리는 내 피, 곧 언약의 피다.

29 내가 너희에게 말한다. 나는 이제부터 내 아버지의 나라에서 너희와 함께 새 포도주를 마실 그날까지 다시는 포도 열매로 만든 것을 마시지 않을 것이다." 13:43

30 올리브 산으로 가심 그들은 찬송을 부른 후에 올리브 산으로 향했습니다. 눅 22:39

31 배반에 대해 경고하심 그때 예수께서 제자들에게 말씀하셨습니다. "'내가 목자를 치리니 양 떼가 흩어질 것이다'라고 성경에 기록된 대로 오늘 밤에 너희는 모두 나를 버릴 것이다. 5:29슥 13:7요 16:32

32 그러나 내가 살아난 뒤에 너희보다 먼저 갈릴리로 갈 것이다." 28:7,10,16막 16:7

33 베드로가 충성을 다짐함 베드로가 대답했습니다. "모두들 주를 버린다 해도 저는 결코 버리지 않겠습니다." 눅 22:31,33

34 예수께서 대답하셨습니다. "내가 진실로 네게 말한다. 바로 오늘 밤 닭이 울기 전에 너는 세 번 나를 부인할 것이다."

35 그러자 베드로가 외쳤습니다. "주와 함께 죽을지언정 결코 주를 모른다고 하지 않을 것입니다." 그러자 다른 제자들도 모두 똑같이 말했습니다. 눅 22:33,요 13:37

36 겟세마네로 가심 그때에 예수께서 제자들과 함께 겟세마네라고 하는 곳으로 가서 제자들에게 말씀하셨습니다. "내가 저기에 가서 기도하는 동안 여기 앉아 있으라."

37 예수께서 베드로와 세베대의 두 아들을 데리고 가셨습니다. 예수께서는 슬픔에 잠겨 괴로워하셨습니다. 4:21:17:1

38 그때 예수께서 그들에게 말씀하셨습니다. "내 마음이 너무 괴로워 죽을 지경이다. 너희는 여기 머물러 나와 함께 깨어 있도록 하라." 24:42시 42:5-6요 12:27

39 고뇌 속에 기도하시는 예수님 예수께서 조금 떨어진 곳으로 가셔서 얼굴을 땅에 파묻고 엎드려 기도하셨습니다. "내 아버지, 할 수 있다면 이 잔을 내게서 거둬 주십시오. 그러나 내 뜻대로 하지 마시고 아버지의 뜻대로 하십시오." 20:22요 5:30빌 2:8

공회

신약시대의 공회는 '산헤드린'이라고도 부르는 유대 사람들의 최고 의결 기관을 말한다. 공회는 대개 70명의 회원들과 한 명의 최고 의장은 대제사장이며 공회 구성원은 대제사장, 장로들, 율법학자들 중에서 선출되었다.

율법학자들의 대다수가 바리새파 사람이었던 것으로 보아 공회의 대부분을 바리새파 사람들이 차지했을 것으로 본다. 공회의 주요 기능은 백성들의 종교 생활에 관해 재판하는 것이었다. 벌금형이나 태형을 선고할 수 있고 경찰관을 행사할 수도 있었다(요 7:32).

그러나 사형은 집행할 수 없었다. 사형권은 로마 정부에 속한 권한이었다(요 18:31). 예수님은 대제사장 가야바의 집들에서 열린 공회에서 재판을 받으셨으며(마 26:59) 베드로, 요한, 바울도 공회에서 심문을 받았다(행 4:5-15; 23:1-10).

40 두 번째 기도 그리고 제자들에게 돌아와 보니 그들은 자고 있었습니다. 예수께서 베드로에게 물으셨습니다. "너희가 한 시간도 나와 함께 깨어 있지 못하겠느냐?

41 시험에 들지 않도록 깨어서 기도하라. 마음은 간절한데 육신이 약하구나." 벧전4:7

42 그리고 예수께서 다시 가서 기도하셨습니다. "내 아버지, 내가 마시지 않고서는 이 잔이 내게서 떠날 수 없다면 아버지의 뜻대로 해 주십시오." 6:10

43 세 번째 기도 예수께서 돌아와 보니 제자들은 또 잠이 들어 있었습니다. 그들은 너무 졸려서 눈을 뜰 수 없었습니다. 눅9:32

44 그래서 예수께서 그들을 두고 또다시 가서서 세 번째로 똑같은 기도를 하셨습니다.

45 그러고는 제자들에게 돌아와 말씀하셨습니다. "이제는 자고 쉬라. 보라, 때가 가까이 왔다. 인자가 배반당해 죄인들의 손에 넘겨지게 됐구나. 17:22:눅 12:23,27:13:1:17:1

46 일어나라. 가자! 보라, 저기 나를 넘겨줄 사람이 가까이 오고 있다."

47 유다가 배반함 예수의 말씀이 채 끝나기도 전에 열두 제자 중 하나인 유다가 다가왔습니다. 유다 곁에는 대제사장들과 백성의 장로들이 보낸 큰 무리가 칼과 몽둥이로 무장하고 있었습니다. 눅22:47-53:행1:16

48 그리고 예수를 넘겨줄 사람이 그들에게 신호를 보내기로 정해 두었습니다. "내가 입을 맞추는 사람이 바로 그 사람이니 그를 붙잡으시오."

49 곧바로 유다는 예수께 다가가 "랍비여, 안녕하십니까?"라고 말하며 입을 맞추었습니다. 눅7:38,45:15:20:행20:37

50 예수께서 대답하셨습니다. "친구여, 무엇을 하려고 여기에 왔느냐?" 그러자 사람들이 한 발자국 앞으로 나오더니 예수를 붙잡아 체포했습니다. 20:13:요:13:27

51 베드로가 종의 귀를 자름 그때 예수의 일행 중 한 사람이 손을 뻗어 자기 칼을 빼고는 대제사장의 종을 내리쳐 그 귀를 잘랐습니다. 눅22:38

52 예수께서 그에게 말씀하셨습니다. "네 칼을 칼집에 도로 꽂아라. 칼을 뽑는 사람들은 모두 칼로 망할 것이다. 창 35:6:계 13:10

53 내가 아버지께 청하면 당장 12군단보다 더 많은 천사들을 보내 주실 수 있는 것을 너는 모르느냐?

54 그러나 만일 그렇게 하면 성경에서 이런 일이 마땅히 일어나야 한다고 말한 것이 어떻게 이루어지겠느냐?" 1:22

55 예수님의 꾸짖으심 그때에 예수께서 무리에게 말씀하셨습니다. "너희가 강도를 잡듯이 칼과 몽둥이로 나를 잡으러 왔느냐? 내가 날마다 성전에 앉아 가르쳤는데 너희가 그때는 나를 체포하지 않았다. 요.8:2

56 그러나 이 모든 일은 예언자들의 글을 이루기 위해 일어난 것이다." 그때에 제자들이 모두 예수를 버리고 달아났습니다.

57 대제사장 가야바에게로 끌려가심 예수를 체포한 사람들은 예수를 대제사장 가야바에게 끌고 갔습니다. 그곳에는 율법학자들과 장로들이 모여 있었습니다. 눅22:54

58 베드로는 멀찌감치 예수를 따라가 대제사장 관저의 뜰까지 갔습니다. 그는 들어가 하인들과 함께 앉아서 결말이 어떻게 되는지 지켜보았습니다. 요.7:32:18:15:행 5:22,26

59 가야바와 공회 앞에 서심 대제사장들과 온 공회가 예수에 대한 거짓 증거를 찾아내어 죽이려고 했습니다. 5:22:10:17:행 6:11

60 많은 사람들이 나서서 거짓 증언을 했지만 그들은 아무런 증거도 발견하지 못했습니다. 결국 두 사람이 나서 신 19:15

61 주장했습니다. "이 사람이 '내가 하나님의 성전을 헐고 3일 만에 다시 세울 수 있다'고 말했습니다. 27:40:요 2:19:행 6:14

62 그러자 대제사장이 일어나 예수께 말했습니다. "아무 대답도 안 할 작정이냐? 이 사람들이 너에 대해 이렇게 불리한 진술을 하고 있지 않느냐?"

63 그러나 예수께서는 아무 말씀도 하지 않

관저(26:58, 官邸) 정부에서 장관급 이상의 고관들이 살도록 마련한 집.

으셨습니다. 대제사장이 예수께 말했습니다. "내가 살아 계신 하나님께 맹세하며 네게 명령하니 우리에게 말해 보아라. 네가 그리스도, 곧 하나님의 아들이냐?"

64 예수께서 대답하셨습니다. "네가 스스로 말했다. 내가 너희게 말한다. 이제 앞으로는 인자가 권능의 보좌 오른편에 앉아 있는 것과 하늘 구름을 타고 오는 것을 너희가 볼 것이다." 16:27;24:30;시 110:1;단 1:3

65 그러자 대제사장은 자기 옷을 찢으며 말했습니다. "이 사람이 하나님을 모독하고 있소! 더 이상 무슨 증인이 필요하겠소? 보시오! 여러분은 지금 하나님을 모독하는 말을 들었소. 민 14:6;요 10:36;행 14:14

66 여러분은 어떻게 생각하시오?" 그들은 "죽어 마땅합니다!"라고 대답했습니다.

67 모욕당하시는 예수님 그때 그들은 예수의 얼굴에 침을 뱉고 주먹으로 그를 때렸습니다. 또 어떤 사람들은 뺨을 때리면서

68 말했습니다. "그리스도야! 누가 너를 때렸는지 예언자처럼 말해 보아라." 63절

69 베드로의 두 번에 걸친 부인 그때 베드로는 뜰에 앉아 있는데 한 하녀가 베드로에게 다가와 말했습니다. "당신도 갈릴리 사람 예수와 함께 있었군요."

70 그러나 베드로는 모든 사람들 앞에서 그 말을 부인하며 "네가 도대체 무슨 말을 하는지 나는 모르겠다"라고 했습니다.

71 그러고는 대문 있는 데로 나왔는데 또 다른 하녀가 베드로를 보더니 거기 있던 사람들에게 말했습니다. "이 사람도 나사렛 예수와 함께 있었어요." 2:23

72 베드로는 다시 맹세코 부인하며 "나는 그 사람을 모르오!"라고 했습니다.

73 베드로의 세 번째 부인 얼마 지나지 않아 거기 서 있던 사람들이 베드로에게 다가와 말했습니다. "당신도 그들 중 한 사람인 것이 틀림없소. 당신의 말씨를 보니 분명하오."

74 그러자 베드로는 저주하며 "나는 그 사람

관례 (27:15, 慣例, custom) 전부터 해오던 전례가 관습으로 굳어진 것

을 모른다!"라고 맹세했습니다. 바로 그때 닭이 울었습니다.

75 베드로의 통곡 그제야 베드로는 예수께서 "닭이 울기 전에 네가 세 번 나를 모른다고 할 것이다"라고 하신 말씀이 생각났습니다. 그리고 베드로는 밖으로 나가 한없이 눈물을 쏟았습니다. 34절;행 3:13-14

27

예수님을 죽이려고 의논함 이튿날 새벽 모든 대제사장들과 백성의 장로들은 예수를 죽이기로 결정했습니다.

2 빌라도에게 끌려가심 그들은 예수를 묶어 끌고 가서 빌라도 총독에게 넘겨주었습니다.

3 유다가 자살함 예수를 배반한 유다는 예수께서 유죄 판결을 받으신 것을 보고 뉘우쳐 은돈 30을 대제사장들과 장로들에게 돌려주며 21:30;26:14-15

4 말했습니다. "내가 죄 없는 사람의 피를 팔아넘기는 죄를 지었소." 그러나 그들이 대답했습니다. "그게 우리와 무슨 상관이오? 당신 일이니 당신이 알아서 하시오."

5 그러자 유다는 그 돈을 성소에 내던지고 뛰쳐나가 목을 매달아 자살했습니다.

6 대제사장들은 그 은돈을 주워 들고 말했습니다. "이것은 피를 흘려 얻은 돈이니 성전 금고에 넣어 두는 것은 옳지 않다."

7 그래서 그들은 논의 끝에 그 돈으로 토기장이의 밭을 사서 나그네들을 위한 묘지로 삼았습니다.

8 그래서 오늘날까지도 그 밭을 '피밭'이라 부릅니다. 28:15;창 26:33;행 1:19

9 이로써 예언자 예레미야가 예언한 말씀이 이루어졌습니다. "그들은 은돈 30을, 곧 이스라엘 자손이 값을 매긴 사람의 몸값을 받아 1:22;슥 11:13

10 토기장이의 밭을 사는 값으로 주었으니 이는 주께서 내게 지시하신 것이다." 렘 32:6-9

11 빌라도가 심문함 예수께서 총독 앞에 서시자 총독은 예수께 물었습니다. "네가 유대 사람의 왕이냐?" 예수께서 대답하셨습니다. "네가 그렇게 말했다." 요 18:29-38

12 예수께서는 대제사장들과 장로들의 고소

를 받고도 아무런 대답을 하지 않으셨습니다. 26:63

13 그러자 빌라도는 예수께 "이 사람들이 여러 가지로 너를 반대하는 증언이 들리지 않느냐?" 하고 물었습니다. 요 19:10

14 그러나 예수께서는 단 한마디도 대답하지 않으셨습니다. 그래서 총독은 매우 이상하게 여겼습니다.

15 **예수와 바라바** 명절이 되면 무리가 원하는 죄수 하나를 총독이 풀어 주는 관례가 있었습니다. 막 15:6-15;눅 23:18-25;요 18:39-40

16 그때에 바라바는 악명 높은 죄수가 있었습니다.

17 그러므로 빌라도는 모여든 군중에게 물었습니다. "내가 너희에게 누구를 놓아주었으면 좋겠느냐? 바라바냐, 아니면 그리스도라고 하는 예수냐?" 22절

18 빌라도는 그들이 예수를 시기해 자기에게 넘겨준 사실을 알고 있었습니다. 요 12:19

19 **빌라도 아내의 권면** 빌라도가 재판석에 앉아 있을 때 그의 아내가 이런 전갈을 보내 왔습니다. "당신은 그 의로운 사람에게 상관하지 마세요. 어제 꿈에 제가 그 사람 때문에 몹시 괴로웠어요." 행 12:21

20 **무리가 바라바의 석방을 요구함** 그러나 대제사장들과 장로들은 무리를 선동해 바라바는 풀어 주고 예수는 죽이라고 요구하게 했습니다. 행 3:14

21 총독이 그들에게 말했습니다. "두 사람 가운데 누구를 놓아주기 바라느냐?" 무리들은 "바라바!"라고 대답했습니다.

22 **예수의 십자가형을 요구함** "그러면 그리스도라 하는 예수는 내가 어떻게 하면 좋겠느냐?" 하고 빌라도가 물었습니다. 그러자 그들이 모두 대답했습니다. "십자가에 못 박으시오!" 행 13:28

23 빌라도가 물었습니다. "도대체 그가 무슨 악한 일을 했다고 그러느냐?" 그러나 그들은 더 큰 소리로 "십자가에 못 박으시오!" 하고 외쳤습니다. 눅 23:41;요 8:46

24 **빌라도가 손을 씻음** 빌라도가 자기로서는 어쩔 방도가 없다는 것과 또 폭동이 일어나려는 것을 보고 물을 가져다가 무리들 앞에서 손을 씻으며 말했습니다. "나는 이 사람의 피에 대해 아무 죄가 없다. 이 일은 너희가 책임을 져야 한다." 신 21:6-8

25 그러자 모든 백성들이 일제히 대답했습니다. "그 피에 대한 책임은 우리와 우리 자손들에게 돌리시오!" 행 5:28

26 **바라바가 풀려남** 그러자 빌라도는 바라바는 놓아주고 예수는 채찍질한 뒤 십자가에 못 박도록 넘겨주었습니다. 요 14:1

27 **군인들에게 조롱당하심** 총독의 군인들이 예수를 총독 관저로 끌고 가자 총독의 모든

빌라도가 바라바는 풀어 주고, 예수는 십자가에 못 박으라고 명령함

군대가 예수를 둘러쌌습니다. 형 23:35

28 그들은 예수의 옷을 벗기고 자주색 옷을 입혔습니다.

29 또 가시로 관을 엮어서 예수의 머리에 씌우고는 그 오른손에 갈대를 들게 했습니다. 그리고 그 앞에 무릎을 꿇고 희롱하며 말했습니다. "유대 사람의 왕, 만세!"

30 그들은 예수께 침을 뱉고 갈대를 빼앗아 머리를 때렸습니다. 26:67

31 예수님이 끌려 나가심 이렇게 희롱하고 나서 군인들은 자주색 옷을 벗기고 예수의 옷을 도로 입혔습니다. 그러고는 십자가에 못 박기 위해 예수를 끌고 나갔습니다.

32 구레네 시몬이 예수님의 십자가를 지고 감 성 밖으로 나가는 길에 그들은 시몬이라는 구레네 사람과 마주치게 됐습니다. 그들은 그 사람에게 억지로 십자가를 지고 가게 했습니다. 5:41;막 15:21;히 13:12

33 골고다에 이르심 그들은 '골고다' 곧 '해골의 장소'라는 곳에 이르렀습니다.

34 거기에서 군인들은 예수께 쓸개 탄 포도주를 주어 마시게 했습니다. 그러나 예수께서 맛보시고 마시지 않으셨습니다.

35 군인들이 제비를 뽑음 군인들은 예수를 십자가에 못 박고 나서 예수의 옷을 두고 제비를 뽑아 나눠 가졌습니다. 시 22:18

36 군인들은 거기에 앉아 계속 예수를 지켜보았습니다. 시 22:17

37 십자가 위의 죄패 예수의 머리 위에는 그들이 '유대 사람의 왕 예수'라는 죄패를 써 붙였습니다. 11,29절

38 십자가에 달린 강도들 두 명의 강도도 예수와 함께 십자가에 못 박혔는데, 한 사람은 예수의 오른쪽에, 다른 한 사람은 왼쪽에 달렸습니다. 20:21;요 18:40

39 사람들이 예수님을 모욕함 지나가던 사람들이 고개를 흔들고 예수께 욕설을 퍼부으며

40 말했습니다. "성전을 헐고 3일 만에 짓겠다던 사람아! 네 자신이나 구원해 봐라! 어디 네가 하나님의 아들이라면 십자가에서 한번 내려와 봐라!" 43,62절;61,63

41 대제사장들과 율법학자들과 장로들도 마찬가지로 예수를 조롱하며

42 말했습니다. "남을 구원한다더니 정작 자기 자신을 구원하지 못하는군! 그가 이스라엘의 왕이나 어디 한번 십자가에서 내려와 보라지. 그러면 우리가 그를 믿어 주겠다.

43 그가 하나님을 믿는다고 하니 하나님께서 정말 원하신다면 지금이라도 그를 당장 구원하시겠지. 자기 스스로 '나는 하나님의 아들이다'라고 말했었다." 시 22:8

44 예수와 함께 십자가에 못 박힌 강도들도 마찬가지로 예수를 모욕했습니다. 눅 23:39-43

45 울부짖는 예수님 정오부터 오후 3시까지 온 땅이 어둠으로 뒤덮였습니다.

46 오후 3시쯤 돼 예수께서 큰 소리로 "엘리

죄수의 형벌 도구, 십자가

십자가는 고대 페르시아, 이집트, 앗시리아에서 죄수를 고문하고 처형하기 위해 만든 나무 형틀이다.

페르시아 사람들에 의해 로마에 전해진 십자가 처형은 처음에는 노예나 죄수를 처벌할 때 사용됐다가 나중에는 로마에 대항하는 자들에 대한 형벌로 바뀌었다. 십자가 형벌은 죄수의 양팔을 사람의 키보다 약간 큰 나무에 못 박아 고정시켜 매달리게 했다.

이렇게 되면 피가 몸의 밑으로 몰리게 되고 혈액순환이 제대로 되지 않아 호흡이 빨라지고 심한 고통을 겪게 된다.

더구나 죄수의 죽음을 앞당기기 위해 십자가에 매달기 전 심한 채찍질도 했다. 그야말로 말로 표현할 수 없는 고통 속에서 며칠을 보내며 서서히 십자가에서 죽어 갔다. 십자가의 처형 방법은 가혹하고 치욕적이어서 로마 사람들에게는 행하지 않았다.

예수님은 인류의 죄를 대속하기 위해 십자가의 극한 고통과 수치를 당하셨다.

엘리 라마 사박다니"라고 부르짖으셨습니다. 이것은 "내 하나님, 내 하나님, 어째서 나를 버리셨습니까?"라는 뜻입니다.

47 거기 서 있던 몇 사람들이 이 소리를 듣고 말했습니다. "이 사람이 엘리야를 부르나 보다."

48 **예수님께 마실 것을 드림** 그들 가운데 한 사람이 달려가 해면을 가져다가 신 포도주를 듬뿍 적셔 와서는 막대기에 매달아 예수께 마시게 했습니다. 롯 2:14;시 69:21

49 그러나 다른 사람들은 "가만두어라. 어디 엘리야가 와서 그를 구해 주나 보자"라고 말했습니다.

50 **예수님이 돌아가심** 예수께서 다시 크게 외치신 후 숨을 거두셨습니다. 요 10:18

51 **기적적인 사건들** 바로 그때, 성전 휘장이 위에서 아래까지 두 쪽으로 찢어졌습니다. 땅이 흔들리며 바위가 갈라졌습니다.

52 무덤들이 열렸고 잠자던 많은 성도들의 몸이 살아났습니다. 요 11:11~13;겔 15:6,18,20

53 그들은 예수께서 부활하신 후에 무덤에서 나와 거룩한 성에 들어가 많은 사람들에게 나타났습니다. 4:5

54 무리들이 놀람 백부장과 그와 함께 예수를 지키고 있던 사람들은 이 지진과 그 모든 사건을 보고 몹시 두려워하며 외쳤습니다. "이분은 참으로 하나님의 아들이셨다!"

55 거기에는 갈릴리에서부터 예수를 섬기면서 따라온 많은 여자들이 멀찍이 서서 지켜보고 있었습니다. 시 38:11;눅 8:2~3;요 19:25

56 그들 가운데는 막달라 마리아와 야고보와 요셉의 어머니 마리아와 세베대의 아들들의 어머니도 있었습니다. 막 15:40

57 **요셉이 시신을 요구함** 날이 저물자 아리마대 사람 요셉이라는 한 부자가 왔습니다. 그 사람도 예수의 제자였습니다. 막 15:42~47

58 요셉이 빌라도에게 가서 예수의 시신을 달라고 청하자 빌라도는 내주라고 명령했습니다.

59 **예수님이 무덤에 묻히심** 요셉은 시신을 가져다가 모시고 천에 쌌습니다. 요 11:38

60 그리고 바위를 뚫어서 만들어 둔 자기의 새 무덤에 예수의 시신을 모신 다음 큰 돌을 굴려 무덤 입구를 막고 그곳을 떠났습니다.

61 향유를 예비한 여인들 막달라 마리아와 또 다른 마리아가 그 무덤 맞은편에 앉아 있었습니다. 28:1

62 **경비병들이 무덤을 지킴** 이튿날, 곧 예비일 다음 날이 되자 대제사장들과 바리새파 사람들이 빌라도에게 가서 막 15:42;눅 23:54

63 말했습니다. "총독 각하, 저 거짓말쟁이가 살아 있을 때 '내가 3일 만에 다시 살아날 것이다'라고 말한 것이 기억납니다.

64 그러니 3일째 되는 날까지는 무덤을 단단히 지키라고 명령해 주십시오. 그러지 않으면 그의 제자들이 와서 시체를 훔쳐 놓고는 백성들에게 '그가 죽은 사람 가운데서 살아났다'라고 말할지도 모릅니다. 그러면 이번의 마지막 속임수는 처음 것보다 더 나쁜 결과를 가져올 것입니다."

65 빌라도는 "경비병들을 데려가 무덤을 지키게 하라. 너희가 할 수 있는 한 단단히 무덤을 지키라" 하고 말했습니다. 28:11

66 그리고 그들은 가서 돌을 봉인하고 경비병들을 세워 무덤을 단단히 지키게 했습니다. 단 6:17

28

무덤에 온 여인들 안식일 다음 날, 바로 그 주의 첫날 동틀 무렵에 막달라 마리아와 다른 마리아가 무덤을 보러 갔습니다. 눅 24:1~10;요 20:1

2 돌이 굴려짐 그런데 갑자기 큰 지진이 일어나더니 주의 천사가 하늘에서 내려와 돌을 굴려 내고 그 돌 위에 앉았습니다.

3 그 천사의 모습은 번개와 같았고 옷은 눈처럼 희었습니다. 계 7:9;10:6;막 9:3;요 20:12

4 경비병들은 그 천사를 보고 두려워 떨면서 마치 죽은 사람처럼 됐습니다. 계 1:17

해면(27:48, 海綿, sponge) 바다의 돌이나 해초에 붙어 사는 해면동물. 흡수성이 강해 물기를 흡수시키기 위한 용도로 사용하기 때문에 갯솜이라고도 함.

봉인(27:66, 封印, seal) 소유자의 이름이나 직함 등이 새겨진 도구로 소유권을 확정하거나 문서, 법령의 진실성을 인증하기 위해 사용됨.

5 천사가 예수님의 부활을 알림 그 천사가 여자들에게 말했습니다. "두려워하지 말라. 너희가 십자가에 못 박히신 예수를 찾고 있는 것을 안다.

6 예수께서는 여기 계시지 않고 말씀하신 대로 살아나셨다. 여기 와서 예수께서 누워 계셨던 자리를 보라. 27:63

7 그리고 빨리 가서 그분의 제자들에게 예수께서 죽은 사람 가운데서 살아나셨고, 너희보다 먼저 갈릴리로 가시니 그곳에서 너희가 예수를 보게 될 것이다'라고 말하라. 자, 이것이 내가 너희에게 전하는 말이다."

8 여인들에게 나타나심 그러자 여인들은 서둘러 무덤을 떠났습니다. 그들은 두려우면서도 한편으로는 기쁨에 가득 차 제자들에게 알리려고 뛰어갔습니다. 시 2:11

9 그때 갑자기 예수께서 여인들에게 나타나 말씀하셨습니다. "평안하냐?" 그들은 예수께 다가가 예수의 발을 붙잡고 예수께 절했습니다. 왕하 4:27;막 16:9;눅 24:52

10 그러자 예수께서 그들에게 말씀하셨습니다. "두려워하지 말라. 가서 내 형제들에게 갈릴리로 가라고 전하라. 그곳에서 그들이 나를 만날 것이다." 시 22:22;요 20:17-18

11 대제사장들이 사실을 은폐함 그 여인들이 길을 가는 동안 몇몇 경비병들은 성안으로 들어가서 대제사장들에게 일어난 일들을 모두 보고했습니다.

12 그러자 대제사장들은 장로들과 만나 계략을 꾸미고는 군인들에게 많은 돈을 쥐어 주며 말했습니다.

13 "'예수의 제자들이 밤중에 와서 우리가 잠든 사이에 시체를 훔쳐 갔다'라고 말하라.

14 만약 이 소문이 총독의 귀에 들어가더라도 우리가 잘 해서 너희에게 문제가 없도록 해 주겠다." 행 12:20

15 그러자 군인들은 돈을 받고 시키는 대로 했습니다. 그래서 이 말이 오늘날까지도 유대 사람들 사이에 널리 퍼지게 된 것입니다.

16 지상 대위임령 열한 제자들이 갈릴리로 가서 예수께서 일러 주신 산에 이르렀습니다.

17 그리고 그들은 예수를 뵙고 경배드렸습니다. 그러나 어떤 사람들은 의심했습니다.

18 그때 예수께서 다가오셔서 그들에게 말씀하셨습니다. "하늘과 땅의 모든 권세가 내게 주어졌다. 단 7:13-14;마 28:7;요 3:35;엡 1:20-22

19 그러므로 너희는 가서 모든 민족을 제자로 삼아 아버지와 아들과 성령의 이름으로 세례를 주고 눅 24:47;행 8:16;고후 13:13

20 내가 너희에게 명령한 모든 것을 그들에게 가르쳐 지키게 하라. 보라, 내가 세상 끝 날까지 너희와 항상 함께 있을 것이다."

주의 천사가 두 여인에게 예수님의 부활을 전함

Mark
마가복음

사복음서 중 가장 짧은 책이에요. 마치 사건들을 직접 본 것처럼 생생한 표현에, 내용이 매우 빠르게 전개되고 있어요. 특별히 모든 사람의 죄를 대신 지시고 십자가에서 고난당하시고 섬기시는 예수님의 종 된 모습을 증거하고 있어요. 그래서 '종의 복음'이라고도 해요.

마가복음은 주로 로마의 이방 사람들을 위해 기록되었어요. 로마 황제의 박해로 고난받는 성도들을 격려하여 믿음을 지키도록 하기 위해서였어요. 그들은 구약성경의 성취보다 예수님이 하신 이에 관심이 더 많았어요. 그래서 마가복음에는 예수님이 나타내신 이적, 활동이 많이 기록되어 있어요. 이 때문에 '행동의 책', '능력의 복음'이라고도 해요.

마가복음은 무슨 뜻인가요?
'마가가 쓴 좋은 소식'이라는 뜻이에요.

누가 썼나요?
'마가'가 썼어요. 마가복음을 직접적으로 쓴 사람을 말하지 않지만 마가가 요한이 쓴 것으로 알려져 있어요. 마가는 로마식 이름이고 유대식 본래 이름은 요한이에요. 마가복음 14장 51-52절에 나오는 '한 청년'이 마가라고 보고 있어요. 바나바와 바울과 함께 전도 여행도 떠났어요. 베드로는 마가를 아들이라고 불렀는데 마가는 베드로에게 이야기를 듣고 마가복음을 썼을 거예요.

언제 썼나요?
AD 65-70년경

주요한 사람들은?

예수님의
열두 제자

세베대의아들 요한
야고보
안드레
빌립
바돌로매
도마
마태
알패오의아들
야고보
다대오
열심당원
시몬
가룟 유다

예수님
인간의죄 때문에 십자가에서 죽으시고 3일 만에 부활하신 메시아

베드로

세례자 요한
예수님에게 세례를 준 사람

한눈에 보는 마가복음

1:1-2:12 종이신 예수님의 탄생

8:27-10:52 예수님의 가르침

2:13-8:26 예수님의 이적과 그에 대한 대적

11:1-16:20 예수님의 고난과 승리

마가복음
Mark

1 복음의 시작 하나님의 아들 예수 그리스도에 관한 복음은 이렇게 시작됩니다.

2 요한이 회개를 선포함 예언자 이사야의 글에 "내가 네 앞에 내 심부름꾼을 보낼 것이다. 그가 네 길을 준비할 것이다." _{말 3:1}

3 "광야에서 외치는 사람의 소리가 있다. '주를 위해 길을 예비하라. 그분을 위해 길을 곧게 하라'" 라고 기록돼 있는 대로 _{사 40:3;요 1:23}

4 세례자 요한이 광야에 나타나서 죄 용서를 위한 회개의 세례를 선포했습니다.

5 요한이 세례를 베풂 유대 온 지방과 예루살렘 모든 사람들이 요한에게 나아와 자기 죄를 고백하고 요단 강에서 요한에게 세례를 받았습니다. _{요 19:18}

6 요한은 낙타털로 만든 옷을 입고 허리에 가죽띠를 두르고 메뚜기와 들꿀을 먹었습니다. _{레 11:22;삼상 14:26;왕하 1:8}

7 요한이 그리스도를 전함 그리고 요한은 이렇게 선포했습니다. "나보다 더 능력 있는 분이 내 뒤에 오실 텐데 나는 몸을 굽혀 그분의 신발 끈을 풀 자격도 없다.

8 나는 너희에게 물로 세례를 주지만 그분은 너희에게 성령으로 세례를 주실 것이다."

9 예수님이 세례를 받으심 그 무렵에 예수께서 갈릴리 나사렛에서 요단 강으로 오셔서 요한에게 세례를 받으셨습니다.

10 예수께서 물에서 막 나오실 때 하늘이 열리고 성령이 비둘기처럼 자기에게 내려오는 것을 보셨습니다. _{눅 4:18;요 1:32–33;행 10:38}

11 그리고 하늘에서 소리가 들려왔습니다. "너는 내가 사랑하는 아들이다. 내가 너를 무척 기뻐한다." _{사 42:1;요 1:32–33;벧후 1:17}

12 사탄이 예수님을 시험함 그러고 나서 곧 성령이 예수를 광야로 내보내셨습니다.

예수님이 요한에게 세례를 받으시고 성령님이 비둘기처럼 내려오심

13 예수께서 40일 동안 광야에 계시면서 사탄에게 시험을 받으셨습니다. 그때 예수께서 들짐승들과 함께 계셨는데 천사들이 예수를 시중들었습니다. 히 2:18;4:15

14 하나님의 복음을 선포하심 요한이 감옥에 갇힌 뒤 예수께서는 갈릴리로 가셔서 하나님의 복음을 선포하셨습니다. 롬 15:16

15 "때가 찼고 하나님 나라가 가까이 왔으니 회개하고 복음을 믿으라!" 마 3:2;갈 4:4;엡 1:10

16 시몬, 안드레, 야고보, 요한 그리고 예수께서 갈릴리 호수 가를 거닐다가 시몬과 그 동생 안드레가 호수에 그물을 던지는 것을 보셨는데 그들은 어부였습니다.

17 예수께서 말씀하셨습니다. "나를 따라라. 내가 너희를 사람 낚는 어부가 되게 하겠다."

18 시몬과 안드레는 곧 그물을 버려두고 예수를 따랐습니다.

19 예수께서 조금 더 가시다가 세베대의 아들 야고보와 그 동생 요한이 배에서 그물을 깁고 있는 것을 보시고

20 곧 그들을 부르셨습니다. 그러자 그들도 아버지 세베대와 일꾼들을 배에 남겨 두고 곧바로 예수를 따랐습니다.

21 가버나움에서 가르치심 그들은 가버나움으로 갔습니다. 곧 안식일이 돼 예수께서 회당에 들어가셔서 말씀을 가르치시기 시작하셨습니다. 6:2;마 4:13;21~28

22 그러자 사람들은 예수의 가르치심에 놀랐습니다. 율법학자들과 달리, 예수께서는 권위 있는 분처럼 가르치셨기 때문입니다.

23 귀신 들린 사람이 고침받음 바로 그때, 회당 안에 더러운 귀신 들린 사람 한 명이 울부짖었습니다.

24 "나사렛 예수여! 우리가 당신과 무슨 상관이 있습니까? 우리를 망하게 하려고 오셨습니까? 나는 당신이 누구신 줄 압니다. 하나님께서 보내신 거룩한 분이십니다."

25 예수께서 귀신을 꾸짖으시며 말씀하셨습니다. "조용히 하여라. 그리고 그 사람에게서 나와라!" 마 12:16

26 그러자 더러운 귀신은 그 사람에게 발작을

일으키더니 비명을 지르며 떠나갔습니다.

27 사람들은 모두 너무나 놀란 나머지 서로 수군거렸습니다. "이게 무슨 일이지? 권위 있는 새로운 가르침이로군. 저가 더러운 귀신에게 명령까지 하고 귀신도 그에게 복종하니 말이야." 마 8:27;행 17:19

28 그래서 예수에 대한 소문이 갈릴리 온 지역으로 삽시간에 퍼졌습니다.

29 베드로의 장모가 고침받음 그들은 회당에서 나와 곧바로 야고보와 요한과 함께 시몬과 안드레의 집으로 갔습니다. 마 8:14~16

30 이때 시몬의 장모가 열병으로 앓아누워 있었습니다. 사람들은 즉시 이 사실을 예수께 말씀드렸습니다. 고전 9:5

31 그래서 예수께서 그 여인에게 다가가셔서 손을 잡고 일으키셨습니다. 그러자 그 즉시 시몬 장모의 열이 떨어졌습니다. 곧바로 그 여인은 그들을 시중들기 시작했습니다.

32 여러 사람들이 고침받음 그날 저녁 해 진 후에 사람들이 아픈 사람들과 귀신 들린 사람들을 전부 예수께로 데려왔습니다.

33 온 동네 사람들이 문 앞에 모여들었습니다.

34 예수께서는 온갖 병에 걸린 사람들을 많이 고쳐 주셨습니다. 그리고 많은 귀신들도 내쫓아 주셨습니다. 예수께서는 귀신들이 예수가 누구신지 알고 있기 때문에 귀신들이 말하는 것을 허락하지 않으셨습니다.

35 외딴곳에서 기도하심 매우 이른 새벽 아직 어둑어둑할 때 예수께서 일어나 외딴곳으로 가셔서 기도하셨습니다.

36 시몬과 그 일행들이 예수를 찾아 나섰습니다.

37 그들이 마침내 예수를 만나자 소리쳐 말했습니다. "모든 사람들이 선생님을 찾고 있습니다." 요 12:19

38 예수께서 대답하셨습니다. "가까운 이웃 마을들에 가서도 말씀을 전파하도록 하자. 내가 이 일을 하러 왔다." 사 61:1

39 예수님의 전도 여행 그리하여 예수께서는 갈릴리에 두루 다니시며 여러 회당에서 가르

치시고 귀신들을 쫓아내셨습니다.

40 나병 환자가 깨끗케 됨 어떤 나병 환자가 예수께 다가와 무릎을 꿇고 애원했습니다. "선생님께서 원하시기만 하면 저를 깨끗하게 해 주실 수 있습니다."

41 예수께서 불쌍히 여기시고 손을 내밀어 그를 만지시며 말씀하셨습니다. "내가 원한다. 자, 깨끗이 나아라!"

42 그러자 나병이 순식간에 사라지고 그가 깨끗이 나았습니다.

43 예수께서는 곧바로 그를 보내시며 단단히 당부하셨습니다.

44 "이 일에 대해 아무에게도 아무 말도 하지 마라. 다만 제사장에게 가서 네 몸을 보이고 네가 깨끗이 나은 것에 대해 모세가 명령한 대로 예물을 드려 사람들에게 증거를 삼아라." 34절:5:43;레 14:2~32;마 9:30

45 그러나 그 사람은 나가서 이 일을 마구 널리 퍼뜨렸습니다. 그 결과 예수께서는 더 이상 드러나게 마을 안으로 들어가지 못하고 마을 밖 외딴곳에 머물러 계셨습니다. 그래도 사람들은 여전히 사방에서 예수께로 모여들었습니다. 7:36;마 9:31;눅 5:15

2 **중풍 환자가 고침받음** 며칠 후 예수께서 가버나움으로 다시 들어가시자 예수께서 집에 계신다는 소문이 퍼졌습니다. 마 9:2~8;눅 5:18~26

2 그러자 얼마나 많은 사람들이 모여들었는지 집 안은 물론 문밖까지도 발 디딜 틈이 없었습니다. 예수께서는 그들에게 말씀을 전하셨습니다.

3 그때 네 사람이 한 중풍 환자를 예수께 데리고 왔습니다.

4 그러나 사람들이 너무 많아 예수께 가까이 갈 수가 없었습니다. 그래서 그들은 예수께서 계신 곳 바로 위의 지붕을 뚫어 구멍을 내고 중풍 환자를 자리에 눕힌 채 달아내렸습니다. 눅 5:19

5 예수께서는 그들의 믿음을 보시고 중풍 환자에게 말씀하셨습니다. "얘야, 네 죄가 용서받았다." 10:52;눅 7;9,50;막 5:15

6 율법학자들의 생각 거기 앉아 있던 율법학자들은 속으로 생각했습니다.

7 '저 사람이 어떻게 저런 말을 할 수 있단 말인가? 하나님을 모독하고 있구나. 하나님 한 분 말고 누가 죄를 용서할 수 있단 말인가?' 14:64;사 32:5;요 10:36

8 예수께서는 이들이 속으로 이렇게 생각하는 것을 마음으로 곧 알아채시고 율법학자들에게 말씀하셨습니다. "왜 그런 생각을 하느냐? 요 2:25

9 중풍 환자에게 '네 죄가 용서받았다' 하는 말과 '일어나 자리를 들고 걸어가거라' 하는 말 중 어느 말이 더 쉽겠느냐?

10 그러나 인자가 땅에서 죄를 용서하는 권세가 있는 것을 너희에게 알려 주겠다." 그리고 예수께서 중풍 환자에게 말씀하셨습니다.

11 "내가 네게 말한다. 일어나 네 자리를 들고 집으로 가거라."

12 그러자 중풍 환자는 모든 사람들이 보는 앞에서 벌떡 일어나 자리를 들고 밖으로 나갔습니다. 사람들은 모두 크게 놀라 하나님께 영광을 돌리며 "이런 일은 난생 처음 본다!"라고 말했습니다. 눅 7:16

13 **레위(마태)가 부름받음** 예수께서는 다시 호숫

마태의 세관이 있던 곳, 가버나움

갈릴리 호수 북서쪽에 위치한 곳으로, '나훔의 마을'이라는 뜻이다.

공생애 초기, 예수님은 이곳을 중심으로 사역을 하셨는데 '자기 마을'(마 9:1)이라고 부르기도 하셨다.

가버나움에는 세관이 있었고, 여기서 세리 마태가 예수님의 제자로 부름을 받았다(마 9:9; 막 2:14). 예수님은 가버나움에서 하늘나라 복음을 가르치시고, 많은 이적과 병 고침을 행하셨다. 가버나움은 예수님이 많은 가르침과 기적을 나타내신 곳이지만 예수님의 능력을 보고도 회개하지 않아 책망을 받았다(마 11:23).

가로 나가셨습니다. 많은 사람들이 나아
오자 예수께서 가르치기 시작하셨습니다.

14 그리고 나서 예수께서는 지나가시다가 세
관에 앉아 있는 알패오의 아들 레위를 만
나셨습니다. "나를 따라오너라." 예수께서
레위에게 말씀하시자 레위는 일어나 예수
를 따랐습니다.

<small>마 9:9-17;눅 5:27-38</small>

15 **죄인들과 식사하심** 예수께서 레위의 집에서
식사를 하시는데 많은 세리와 죄인들이
예수와 그분의 제자들과 함께 음식을 먹
고 있었습니다. 이런 사람들이 예수를 많
이 따랐기 때문입니다. <small>마 11:19;눅 15:2</small>

16 바리새파 사람인 율법학자들은 예수께서
죄인들과 세리들과 함께 먹는 것을 보고
예수의 제자들에게 물었습니다. "어째서
너희 선생님은 세리들과 죄인들과 함께 어
울려 먹느냐?" <small>행 4:5;23:9</small>

17 예수께서 이 말을 들으시고 그들에게 말
씀하셨습니다. "건강한 사람에게는 의사
가 필요하지 않으나 병든 사람에게는 의
사가 필요하다. 나는 의인을 부르러 온 것
이 아니라 죄인을 부르러 왔다." <small>딤전 1:15</small>

18 **금식에 대해 말씀하심** 요한의 제자들과 바리
새파 사람들이 금식하고 있었습니다. 몇
몇 사람들이 와서 예수께 물었습니다. "요
한의 제자들과 바리새파 사람의 제자들은
금식을 하는데 왜 당신의 제자들은 금식
하지 않습니까?" <small>마 11:2;14:12;요 1:35</small>

19 예수께서 대답하셨습니다. "신랑이 함께
있는데 어떻게 결혼 잔치에 초대받은 사
람들이 금식을 할 수 있겠느냐? 신랑이
자기들과 함께 있는 한 금식할 수 없다.

20 그러나 신랑을 빼앗길 날이 올 텐데 그날
에는 그들이 금식할 것이다. <small>눅 17:22;요 16:20</small>

21 낡은 옷에 새 천 조각을 대고 깁는 사람은
없다. 그렇게 하면 새 천 조각이 낡은 옷을
잡아당겨 더 찢어지게 된다.

22 또한 새 포도주를 낡은 가죽 부대에 담는

사람도 없다. 그렇게 하면 포도주가 부대
를 터뜨려 포도주와 부대 모두를 버리게
되기 때문이다. 새 포도주는 새 부대에 담
아야 하는 법이다." <small>수 9:4;욥 32:19</small>

23 **안식일에 이삭을 잘라 먹음** 안식일에 예수께
서 밀밭 사이를 지나가시는데 함께 가던
제자들이 길을 내며 이삭을 자르기 시작
했습니다. <small>마 12:1-8;눅 6:1-5</small>

24 바리새파 사람들이 예수께 말했습니다.
"보십시오. 어째서 저들이 안식일에 해서
는 안 될 일을 하는 것입니까?" <small>출 20:9-11</small>

25 예수께서 대답하셨습니다. "다윗과 그 일
행이 배가 고파 먹을 것이 필요했을 때 다
윗이 어떻게 했는지 읽어 보지 못했느냐?

26 아비아달 대제사장 때에 다윗이 하나님의
집에 들어가 제사장만 먹게 돼 있는 진설
병을 다윗이 먹고 자기 일행에게도 나눠
주지 않았느냐?" <small>삼상 21:1;삼하 8:17;대상 24:6</small>

27 그리고 나서 예수께서 바리새파 사람들에
게 말씀하셨습니다. "안식일이 사람을 위
해 만들어진 것이지 사람이 안식일을 위
해 있는 것이 아니다. <small>출 23:12;신 5:14;골 2:16</small>

28 그러므로 인자는 안식일에도 주인이다."

신랑을 빼앗기는 날

구약성경은 참된 회개의 행위로 매년 속죄일에
만 금식하라고 규정해 놓았다. 그러나 바리새파
사람들은 매주 월요일과 목요일에 경건의 행위
로 금식을 했다.(눅 18:12). 하지만 예수님의 제자
들은 금식하지 않았다. 예수님은 결혼 잔치에서
신랑이 있는 동안에는 손님들은 금식하지 않듯,
예수님이 제자들과 함께 계시는 동안 금식하는
것이 적당치 않다고 하셨다. 언젠가 상황이 변해
신랑을 빼앗기는 날이 오면 그때에는 금식하게
될 것이라고 하셨다.(막 2:20).
이것은 예수님이 십자가에 달려 죽으실 것에 대
해 마가복음에서 말씀하신 첫 번째 암시였다.

<small>안식일(2:23, 安息日, Sabbath) 하나님께서 6일 동안 창
조하시고 7일에 안식하신 것에서 유래한다. 오늘날의 토
요일이다.</small>

3 **안식일에 병을 고치심** 예수께서 다시 회당으로 들어가셨는데 그곳에 한쪽 손이 오그라든 사람이 있었습니다. 마 12:9-14

2 몇몇 사람들이 혹시 예수께서 안식일에 그 사람을 고치지나 않을까 하며 예수를 고소할 구실을 찾으려고 가까이에서 지켜보고 있었습니다. 눅 11:54;14:1;20:20

3 예수께서 손이 오그라든 사람에게 말씀하셨습니다. "일어나 앞으로 나오너라."

4 그리고 예수께서 그들에게 물으셨습니다. "안식일에 무슨 일을 하는 것이 옳겠느냐? 선한 일이냐, 악한 일이냐? 생명을 구하는 것이냐, 죽이는 것이냐?" 그러자 그들은 말없이 잠자코 있었습니다. 눅 14:3

5 예수께서 노하셔서 그들을 둘러보시고 그들의 마음이 완악한 것을 마음 깊이 슬퍼하시며 그 사람에게 말씀하셨습니다. "손을 펴 보아라." 그가 손을 쭉 내밀자 그 손이 완전하게 회복됐습니다. 10:5;8:1 3:8

6 그러자 바리새파 사람들은 그 길로 나가 헤롯 당원들과 함께 어떻게 하면 예수를 죽일까 음모를 꾸미기 시작했습니다.

7 **많은 사람들을 고치심** 예수께서 제자들을 데리고 호숫가로 물러가시자 갈릴리에서 많은 사람들이 예수를 따라왔습니다.

8 예수께서 행하신 일을 다 듣고 유대, 예루살렘, 이두매, 요단 강 건너편, 두로와 시돈 지방에서 많은 사람들이 몰려왔습니다.

9 사람들이 너무 많아서 예수께서는 제자들에게 작은 배 하나를 마련하라고 말씀하셨습니다. 무리가 자기에게 몰려드는

것을 막으려는 것이었습니다. 5:24;31

10 예수께서 전에 많은 사람들을 고쳐 주셨기 때문에 온갖 병에 걸린 사람들이 예수를 만지려고 밀려들었던 것입니다.

11 더러운 귀신들은 예수를 보기만 하면 그 앞에 엎드리며 "당신은 하나님의 아들이십니다"라고 소리쳤습니다. 눅 4:41;8:28

12 그러나 예수께서는 자기가 누구인지 말하지 말라고 엄하게 꾸짖으셨습니다. 마 12:16

13 **열두 제자를 세우심** 예수께서 산으로 올라가셔서 원하는 사람들을 불러 모으셨습니다. 그러자 그들이 예수에게로 나아왔습니다.

14 예수께서는 12명을 따로 뽑아 (이들을 사도라 부르시고) 자기와 함께 있게 하셨습니다. 그리고 그들을 내보내셔서 전도도 하게 하시며

15 그들에게 귀신을 쫓는 권세도 주셨습니다.

16 예수께서 세우신 12사람들은 베드로라 이름 지어 준 시몬, 마 10:2-4;눅 6:14-16;행 1:13

17 '우레의 아들들'이라는 뜻으로 '보아너게라' 이름 지어 준 세베대의 아들 야고보와 그 동생 요한, 마 4:21

18 안드레, 빌립, 바돌로매, 마태, 도마, 알패오의 아들 야고보, 다대오, 열심당원 시몬과

19 예수를 배반한 가룟 유다였습니다.

20 **하나님의 성령과 바알세불** 예수께서 집으로 들어가시니 또다시 사람들이 몰려들어 예수와 제자들은 음식 먹을 겨를조차 없었습니다. 6:31;7:17;9:28

21 예수의 가족들은 "예수가 미쳤다"라는 소문을 듣고서 예수를 붙잡으러 찾아다녔습

왜 12명의 제자였나요?

예수님은 자신을 따르던 사람들 중 12명을 뽑아 제자를 삼으셨어요. 왜 예수님은 12명의 제자를 뽑으셨을까요? 예수님이 12명의 제자를 뽑으신 이유(막 3:14-15)는 그들과 함께 있기 위해서였어요. 예수님은 제자들과 모든 시간을 함께 하시며 하늘나라에 대해 가르치시고, 많은 기적을 보게 하셨어요. 또 능력을 주시며 전도도 하게 하시고, 귀신도 내쫓게 하셨어요. 예수님은 이스라엘의 열두 지파를 대신하는 열두 제자를 선택하셔서 그들을 보내 복음을 전하게 하시고, 교회를 세우시려고 하신 거예요.

니다.

22 그래서 예루살렘에서 내려온 율법학자들이 말했습니다. "예수가 바알세불에게 사로잡혀 있다. 그가 귀신들의 우두머리의 힘을 빌려 귀신을 쫓아내는 것이다."

23 그러자 예수께서 그들을 불러 놓고 비유로 말씀하셨습니다. "사탄이 어떻게 사탄을 쫓아낼 수 있느냐?   마 12:25-29;눅 11:17-22

24 만일 한 나라가 서로 갈라져 싸우면 그 나라가 제대로 서 있을 수 없고

25 만일 한 가정이 서로 갈라져 싸우면 그 가정이 제대로 서 있을 수 없다.

26 만일 사탄이 스스로 반란을 일으켜 갈라진다면 제대로 서지 못하고 스스로 망할 것이다.

27 먼저 힘센 사람을 묶어 놓지 않고 그 집에 들어가 물건을 훔치는 사람은 아무도 없다. 묶고 나서야 그 집을 털 수 있는 것이다.

28 **성령을 모독하는 사람** 내가 너희에게 진실로 말한다. 사람이 어떤 죄를 짓든지 어떤 비방의 말을 하든지 그것은 모두 용서받을 수 있다.   28-30절;마 12:31-32;눅 12:10

29 그러나 누구든지 성령을 모독하는 사람은 결코 용서받을 수 없다. 그것은 영원한 죄다."   행 7:51;히 10:29

30 예수께서 이 말씀을 하신 것은 사람들이 "그가 악한 귀신이 들렸다"라고 말했기 때문입니다.

31 **참형제자매** 그때 예수의 어머니와 형제들이 찾아왔습니다. 그들은 밖에 서서 사람을 시켜 예수를 불렀습니다.   눅 7:3,5

32 많은 사람들이 예수 곁에 둘러앉아 있었는데 그들이 예수께 말했습니다. "보십시오. 선생님의 어머니와 형제들이 밖에서 선생님을 찾고 계십니다."

33 예수께서 그들에게 물으셨습니다. "누가 내 어머니고 내 형제냐?"

34 그러고는 곁에 둘러앉은 그들을 보며 말씀하셨습니다. "보라. 내 어머니와 내 형제들이다.   5절

35 누구든지 하나님의 뜻을 행하는 사람이

바로 내 형제요, 자매요, 어머니다."

4 **씨 뿌리는 농부의 비유** 예수께서 다시 호숫가에서 가르치기 시작하셨습니다. 수많은 사람이 예수 주위에 모여들었기 때문에 예수께서는 호수에 배를 띄우고 배에 올라앉으셨습니다. 사람들은 모두 호숫가를 따라 앉아 있었습니다.

2 예수께서 비유를 들어 그들에게 여러 가지를 가르치셨습니다. 그러면서 이렇게 말씀하셨습니다.   33절

3 "잘 들으라. 어떤 농부가 씨를 뿌리러 나갔다.   사 55:10;암 9:13

4 그가 씨를 뿌리고 있는데 어떤 씨는 길가에 떨어져 새들이 와서 모두 쪼아 먹었다.

5 어떤 씨는 흙이 많지 않은 돌밭에 떨어졌는데 흙이 얕아 싹이 금방 돋았지만

6 해가 뜨자 그 싹은 말랐고 뿌리가 없어서 시들어 버렸다.   요 15:6;약 1:11

7 다른 씨는 가시덤불 속에 떨어졌는데 가시덤불이 무성해져 그 기운을 막는 바람에 제대로 열매를 맺지 못했다.   렘 4:3

8 또 다른 씨는 좋은 땅에 떨어져 싹이 나고 잘 자라서 30배, 60배, 100배의 열매를 맺었다."   20절;창 26:12

9 그리고 예수께서 말씀하셨습니다. "들을 귀 있는 사람은 들으라!"   마 11:15

10 **비유의 목적** 예수께서 혼자 계실 때 열두 제자들과 그 곁에 있던 사람들이 그 비유가 무슨 뜻인지 물었습니다.   34절

11 예수께서 대답하셨습니다. "너희에게는 하나님 나라의 비밀을 아는 것이 허락됐으나 다른 사람들에게는 모든 것을 비유로 말한다.   마 19:11;롬 16:25;골 1:27

12 이것은 '그들이 보기는 보아도 알지 못하고 듣기는 들어도 깨닫지 못하게 해 그들이 돌아와서 용서를 받지 못하게 하시려는 것이다.'"   신 29:4;사 6:9-10;롬 5:21

13 **비유에 대한 설명** 그리고 예수께서 그들에게

완악(3:5, 頑惡, stubborn) 성질이 억세게 고집스럽고 사나움. 무성(4:7, 茂盛, grow up) 풀이나 나무 등이 자라서 마구 우거져 있음.

말씀하셨습니다. "이 비유를 알아듣지 못하겠느냐? 그렇다면 다른 비유는 어떻게 알아듣겠느냐?   13~20절;마 13:18~23;눅 8:11~15

14 씨를 뿌리는 농부는 말씀을 뿌리는 사람이다.   마 13:37;요 4:36~37

15 말씀이 길가에 뿌려졌다는 것은 이런 사람을 두고 하는 말이다. 그들은 말씀을 듣기는 하지만 곧 사탄이 와서 그들 안에 뿌려진 말씀을 가로채 간다.

16 이와 마찬가지로 말씀이 돌밭에 떨어졌다는 것은 이런 사람을 두고 하는 말이다. 그들은 말씀을 듣고 기뻐하며 즉시 받아들이지만   6:20;사 55:2;겔 33:31~32

17 뿌리가 없어서 오래가지 못한다. 그 말씀 때문에 고난이나 핍박이 오면 곧 넘어진다.

18 또 다른 사람들은 말씀이 가시밭에 떨어진 것과 같아서 그들은 말씀을 듣기는 하지만

19 이 세상의 걱정, 돈의 유혹, 그 밖에 다른 많은 욕심이 들어와 말씀의 기운을 막고 열매를 맺지 못하게 한다.   마 6:25;딤후 4:10

20 그러나 말씀이 좋은 땅에 떨어진 것과 같은 사람은 말씀을 듣고 받아들여 30배, 60배, 100배의 열매를 맺는다.   호 14:8

21 등잔대 비유 예수께서 그들에게 말씀하셨습니다. "사람이 등불을 가져와 그릇 아래 두거나 침대 밑에 숨겨 놓겠느냐? 등잔대 위에 놓지 않겠느냐?   21~25절;눅 8:16,18

22 무엇이든 숨겨진 것은 드러나고 무엇이든 감추어진 것은 나타나기 마련이다.

23 들을 귀 있는 사람은 들어라."   9절

24 또 예수께서 그들에게 말씀하셨습니다. "너희는 듣는 말을 새겨들으라. 너희가 헤아려 주는 만큼 너희가 헤아림을 받을 것이요, 또 덤으로 더 헤아려 받을 것이다.

25 누구든지 가진 사람은 더 받을 것이요, 가지지 못한 사람은 그 있는 것마저도 빼앗길 것이다."   마 13:12

26 자라남의 비유 예수께서 또 말씀하셨습니다. "하나님 나라는 이런 모습이다. 어떤 사람이 땅에 씨를 뿌리면   마 13:24~30

27 씨는 그 사람이 자고 있든 깨어 있는 밤낮없이 싹이 트고 자라난다. 그러나 그 씨가 어떻게 해서 그렇게 되는지 알지 못한다.

28 땅이 스스로 곡식을 길러 내는 것이다. 처음에는 줄기가 자라고 다음에는 이삭이 패고 그다음에는 이삭에 알곡이 맺는다.

29 그리고 곡식이 익는 대로 곧 농부가 낫을 댄다. 이제 추수할 때가 됐기 때문이다."

30 겨자씨 비유 예수께서 또 말씀하셨습니다. "하나님 나라를 무엇에 비교할 수 있을까? 어떤 비유로 설명할 수 있을까?

31 하나님 나라는 한 알의 겨자씨와 같다. 그 씨는 땅에 심는 것 가운데 제일 작은 씨지만   마 17:20;눅 17:6

32 일단 심어 놓으면 자라나 어떤 식물보다 더 큰 가지들을 뻗어 그 그늘에 공중의 새들이 깃들 수 있게 된다."

33 예언의 성취 예수께서는 제자들과 그 곁에 있던 사람들이 잘 알아들을 수 있게 여러 가지 비유로 그들에게 말씀을 전하셨습니

갈릴리 호수에 폭풍이 생기는 이유는?

갈릴리 호수는 '게네사렛 호수'(눅 5:1), '디베랴 바다'(요 6:1; 21:1)라고도 불린다. 세계에서 두 번째로 낮은 해저 210m에 위치해 있다. 호수의 둘레는 약 51km, 동서 직선거리는 약 11km, 남북 직선거리는 약 21km이며, 수심은 약 50m나 된다. 갈릴리의 강한 바람은 겨울철에 일어나는데, 북쪽 헤르몬 산에서 불어오는 찬 공기와 남쪽 아라비아에서 불어오는 따뜻한 공기가 부딪혀 강한 바람이 일어나는 것이다(마 8:24; 막 4:37; 눅 8:22~25). 예수님은 배가 뒤집힐 정도의 강한 바람과 파도를 잠잠하게 하심으로(막 4:39), 자연을 창조하시고 다스리시는 하나님이심을 보여 주셨다(골 1:16).

다.

^{요 16:12;고전 3:2;히 5:12}

34 예수께서는 비유가 아니면 말씀하지 않으셨으나 제자들에게는 따로 모든 것을 일일이 설명해 주셨습니다. ^{10절;13:3,요 16:25}

35 **호수를 잔잔케 하심** 그날 저녁이 되자 예수께서는 제자들에게 말씀하셨습니다. "호수 저편으로 건너가자." ^{요 6:16-21}

36 제자들은 사람들을 뒤로하고 예수를 배 안에 계신 그대로 모시고 갔습니다. 그러자 다른 배들도 함께 따라갔습니다.

37 그때 매우 강한 바람이 불어와 파도가 배 안으로 들이쳐 배가 물에 잠기기 직전이었습니다. ^{행 27:14}

38 예수께서는 배 뒷부분에서 베개를 베고 주무시고 계셨습니다. 제자들이 예수를 깨우며 말했습니다. "선생님! 저희가 빠져 죽게 됐는데 모른 척하십니까?"

39 예수께서 일어나셔서 바람을 꾸짖으시고 파도에게 명령하셨습니다. "고요하라! 잠잠하라!" 그러자 바람이 멈추고 호수가 잔잔해졌습니다. ^{시 65:7;107:4;눅 4:39}

40 예수께서 제자들에게 말씀하셨습니다. "왜 그렇게 무서워하느냐? 아직도 믿음이 없느냐?" ^{요 14:27}

41 제자들은 크게 두려워하면서 서로 수군거렸습니다. "도대체 이분이 누구시기에 바람과 파도까지도 복종하는가?" ^{1:27;눅 5:9}

5 **거라사 지방의 역사** 예수와 제자들은 호수 건너편 거라사 지방으로 갔습니다.

2 예수께서 배에서 내리시자 더러운 귀신 들린 사람이 무덤 사이에서 나와 예수와 마주치게 됐습니다.

3 그 사람은 무덤 사이에서 살았는데 아무도 그를 잡아맬 사람이 없었습니다. 쇠사슬도 소용없었습니다. ^{계 18:2}

4 그는 여러 번 쇠사슬로 손발이 묶이기도 했지만 번번이 사슬을 끊고 발에 찬 쇠고랑도 깨뜨렸습니다. 아무도 그를 당해 낼 수 없었습니다.

5 그는 밤낮으로 무덤들과 언덕을 돌아다니

죽은 사람이 귀신이 되나요?

귀신은 사람이 죽어서 된 영이 아니다. 귀신은 악한 영으로, '사탄(바알세불)의 앞잡이라고 말한다(마 12:24-30). 귀신은 더러우며(마 10:1) 사람으로 하여금 괴로움을 당하게 하고(눅 8:29) 많은 수의 귀신들이 함께 거하기도 했으며(막 5:8-9), 또 사람을 지배하고(마 8:29) 사람을 초월하는 능력을 가지고 있다(행 19:13-16). 또한 사람이 정신을 이상하게 하거나 심한 경련을 일으키고(눅 9:37-42), 벙어리(마 9:32)나 눈먼 벙어리(마 12:22)로 만들기도 한다. 귀신은 예수님이 누구이신지 알고 있으며(막 1:34), 자신이 앞으로 어떻게 될지 알고 있다(마 8:29).

며 소리를 지르고 돌로 자기 몸을 찢곤 했습니다.

6 그런데 그가 멀리서 예수를 보더니 달려가 그 앞에 엎드려 절을 했습니다. ^{마 8:2}

7 그러고는 찢어질 듯 큰 소리로 외쳤습니다. "지극히 높으신 하나님의 아들 예수여, 제가 당신과 무슨 상관이 있습니까? 제발 저를 괴롭히지 마십시오." ^{1:26;행 8:7}

8 그것은 앞서 예수께서 그에게 "더러운 귀신아, 그 사람에게서 나와라!" 하고 말씀하셨기 때문이었습니다.

9 그때 예수께서 물으셨습니다. "네 이름이 무엇이냐?" 그가 대답했습니다. "내 이름은 군대입니다. 우리 수가 많기 때문에 붙여진 이름입니다." ^{마 26:53}

10 그리고 예수께 자기들을 이 지방에서 쫓아내지 말아 달라고 간청했습니다.

11 마침 큰 돼지 떼가 거기 비탈진 언덕에서 먹이를 먹고 있었습니다.

12 더러운 귀신들이 예수께 애원했습니다. "우리를 저 돼지들 속으로 보내 주십시오. 그 속으로 들어가게 해 주십시오."

13 예수께서 허락하시자 더러운 귀신들이 나와서 돼지들에게로 들어갔습니다. 그러자 2,000마리 정도 되는 돼지 떼가 비탈진 둑을 내리달아 호수에 빠져 죽었습니다.

14 돼지를 치던 사람들이 마을과 그 일대로 달려가서 이 사실을 알렸습니다. 사람들은 무슨 일이 일어났는지 구경하러 달려 나왔습니다.

15 그들이 예수께 와서, 군대 귀신 들렸던 그 사람이 옷을 입고 제정신이 들어 거기 앉아 있는 것을 보았습니다. 그들은 덜컥 겁이 났습니다. ^{눅 8:27}

16 이 일을 본 사람들은 귀신 들렸던 사람에게 무슨 일이 일어났으며 돼지들은 어떻게 됐는지 그들에게 이야기해 주었습니다.

17 그러자 사람들은 예수께 제발 이 지방에서 떠나 달라고 부탁했습니다. ^{왕상 17:18}

18 예수께서 배에 오르시려는데 귀신 들렸던 그 사람이 따라가겠다고 간청했습니다.

19 예수께서는 허락하시지 않고 이렇게 말씀하셨습니다. "집으로 돌아가 주께서 네게 얼마나 큰일을 해 주셨는지, 어떻게 자비를 베푸셨는지 가족들에게 말해 주어라."

20 그리하여 그 사람은 데가볼리로 가서 예수께서 자기를 위해 얼마나 큰일을 베푸셨는지 말하고 다녔습니다. 그러자 이 말을 들은 사람들마다 모두 놀랐습니다.

21 **야이로의 간청** 예수께서 배를 타고 다시 호수 건너편으로 가셨습니다. 예수께서 호숫가에 계시는 동안 많은 사람들이 예수께로 모여들었습니다.

22 그때 야이로라 불리는 회당장이 예수께 와서 예수를 보고 그 발 앞에 엎드려

23 간절히 애원했습니다. "제 어린 딸이 죽어 갑니다. 제발 오셔서 그 아이에게 손을 얹어 주십시오. 그러면 그 아이가 병이 낫고 살아날 것입니다." ^{6:5:7:32:8:23,25:16:18}

24 그러자 예수께서 그와 함께 가셨는데 많은 사람들이 따라가면서 예수를 둘러싸고 밀어 댔습니다. ^{31절8:39}

25 **옷자락에 손을 댄 여인** 그 가운데는 혈루병으로 12년 동안 앓고 있던 여인도 있었습니다. ^{레 15:25}

26 이 여인은 여러 의사들에게 치료를 받으며 크게 고생도 많이 하고 재산도 다 잃었지만 병이 낫기는커녕 악화될 뿐이었습니다.

27 그러던 중 예수의 소문을 듣고 뒤에서 무리들 틈에 끼어들어 와서 예수의 옷자락에 손을 댔습니다.

28 '예수의 옷자락만 닿아도 내 병이 나을 것이다'라고 생각한 것입니다.

29 그러자 곧 출혈의 근원이 마르면서 이 여인은 자신의 병이 나은 것을 몸으로 느낄 수 있었습니다. ^{마 15:28:17:18}

30 동시에 예수께서도 자신의 몸에서 능력이 나간 것을 알아차리셨습니다. 예수께서 사람들을 돌아보며 물으셨습니다. "누가 내 옷자락에 손을 대었느냐?" ^{눅 5:17:6:19}

31 제자들이 대답했습니다. "이렇게 많은 사람들이 밀어 대는 것을 보시면서 '누가 손을 대었느냐'고 물으십니까?"

32 그러나 예수께서는 누가 옷을 만졌는지 알아보려고 둘러보셨습니다.

33 그러자 자기에게 일어난 일을 알고 있는 이 여인이 와서 예수의 발 앞에 엎드려 두려움에 떨면서 사실대로 말했습니다.

34 예수께서 여인에게 말씀하셨습니다. "딸아, 네 믿음이 너를 구원했다. 이제 안심하고 가거라. 그리고 병에서 해방돼 건강하여라."

35 **야이로의 딸이 살아남** 예수의 말씀이 채 끝나기도 전에 야이로 회당장의 집에서 사람들이 와서 말했습니다. "따님이 죽었습니다. 선생님께 더 이상 폐 끼칠 게 뭐가 있겠습니까?" ^{22절12:11:28}

36 예수께서 그 말에 아랑곳하지 않으시고 회당장에게 말씀하셨습니다. "두려워하지 말고 믿기만 하여라."

37 그리고 예수께서 베드로와 야고보와 야고보의 동생 요한 외에는 아무도 따라오지 못하게 하셨습니다. ^{3:17마 9:2:14:33}

38 회당장의 집에 이르자 예수께서 많은 사람들이 울며 통곡하며 소란스러운 것을 보시고는

배척(6:3, 排斥, offense) 따돌리거나 거부하여 밀어 냄.
전대(6:8, 纏帶, belt) 돈이나 물건을 넣어 허리에 매거나 어깨에 두르게 만든 자루.

39 집 안으로 들어가 그들에게 말씀하셨습니다. "어째서 소란하며 울고 있느냐? 아이는 죽은 것이 아니라 그냥 자고 있는 것이다."

40 그러자 사람들이 예수를 비웃었습니다. 예수께서 사람들을 모두 밖으로 내보내시고 아이의 부모와 함께 있는 제자들만 데리고 아이가 있는 방으로 들어가셨습니다.

41 예수께서 그 아이의 손을 잡고는 아이에게 "달리다굼!" 하고 말씀하셨습니다. 이 말은 "소녀야, 내가 네게 말한다. 일어나거라!" 하는 뜻입니다. 1:31;눅 7:14,22;요 11:43

42 그러자 곧 아이가 일어나더니 걸어 다녔습니다. 이 소녀는 열두 살이었습니다. 이 일을 본 사람들은 몹시 놀랐습니다.

43 예수께서 이 일을 아무에게도 알리지 말라고 엄하게 말씀하셨습니다. 그리고 "아이에게 먹을 것을 주라" 하고 말씀하셨습니다.

6 고향에서 배척받으심 예수께서 그곳을 떠나 고향으로 가셨습니다. 예수의 제자들도 동행했습니다. 눅 4:23

2 안식일이 되자 예수께서는 회당에서 말씀을 가르치기 시작하셨습니다. 많은 사람들이 그분의 말씀을 듣고 놀라며 물었습니다. "저 사람이 이런 것들을 어디서 배웠는가? 저런 지혜를 도대체 어디서 받았는가? 기적까지 일으키지 않는가?

3 저 사람은 한낱 목수가 아닌가? 마리아의 아들이고 야고보, 요셉, 유다, 시몬과 형제가 아닌가? 그 누이들도 여기 우리와 함께 있지 않은가?" 그러면서 사람들은 예수를 배척했습니다. 마 13:55;눅 4:22;요 6:42

4 예수께서 그들에게 말씀하셨습니다. "예언자는 자기 고향과 자기 친척과 자기 집에서는 배척당하는 법이다." 렘 11:21;눅 4:24

5 예수께서는 그저 아픈 사람들 몇 명만 안수해 고쳐 주셨을 뿐 거기서 다른 기적은 일으키실 수 없었습니다. 9:23;창 19:22

6 그리고 예수께서는 그들이 믿지 않는 것에 놀라셨습니다. 그 후 예수께서 여러 마을을 두루 다니시며 말씀을 전하셨습니다.

7 귀신을 제어할 권세 예수께서는 열두 제자를 불러 둘씩 짝지어 보내시며 더러운 귀신을 제어할 권세를 주셨습니다.

8 전도자의 자세 그리고 이렇게 당부하셨습니다. "여행길에 지팡이 외에는 아무것도 가져가지 말라. 먹을 것이나 자루도 챙기지 말고 전대에 돈도 넣어 가지 말라.

9 신발만 신고 옷도 두 벌씩 가져가지 말라.

10 어느 집에 들어가든지 그 마을을 떠나기 전까지는 그 집에 머물라.

11 어느 집이든지 너희를 반기지 않거나 너희 말에 귀 기울이지 않으면 떠나면서 경고의 표시로 발에 붙은 먼지를 떨어 버리라."

12 보냄받은 제자들 제자들은 나가서 사람들에게 회개하라고 전파했습니다. 마 3:2;눅 9:6

13 그들은 많은 귀신들을 쫓아내고 수많은 환자들에게 기름 부어 병을 고쳐 주었습니다.

14 예수에 대한 헤롯의 관심 예수의 이름이 널리 알려지자 헤롯 왕도 그 소문을 듣게 됐습니다. 어떤 사람들은 "세례자 요한이 죽은 사람 가운데에서 살아났다. 그래서 그런 기적을 일으키는 능력이 그 사람 안에서 역사하는 것이다"라고 말했습니다.

15 또 "그는 엘리야다" 하는 사람도 있었고 어

발의 먼지를 떨어 버리라!

유대 사람들은 다른 나라를 다녀왔을 때 반드시 발의 먼지를 떨어 버리는 생활 습관이 있었다. 그 이유는 이방 사람들을 부정하다고 생각했기 때문이었다.

발에서 이방의 더러움을 떨어내 어 거룩한 땅을 더럽히지 않으려는 행동이었다. 유대 사람들의 생활 습관을 알고 있던 예수님은 어느 곳에서든지 전도했을 때 복음을 받아들이지 않는다면 그 발 아래 먼지를 떨어 버리라고 제자들에게 말씀하셨다.

이것은 복음을 받아들이지 않는 불신에 대해 엄중한 심판을 경고한 것이다(막 6:11).

성경에 나오는 헤롯들

헤롯 대왕 (BC 37-4년)
유대, 갈릴리, 이두레, 드라고닛의 왕
유아 살해를 명령한 왕 (마 2:1-22)

안티파테르
(도리스의 아들)

아리스토 불루스
(미리암 1세의 아들)

알렉산더
(미리암 1세의 아들)

헤롯 빌립 1세
[BC 4 - AD 34년]
(미리암 2세의 아들)
헤로디아의
첫 번째 남편
(막 6:17)

헤롯 안티파스
[BC 4 - AD 39년]
갈릴리와 베뢰아
의 분봉왕, 헤로디
아의 두 번째 남편,
세례 요한을 처형
한 왕 (막 6:14-29)

헤롯 아켈라오
[BC 4 - AD 6년]
유대, 사마리아,
이두매의 분봉왕
(마 2:16)

헤롯 빌립 2세
[BC 4 - AD 34년]
(클레오파트라의 아들)
이두래와 드라고닛
지방의 분봉왕 (눅 3:1)

칼시스의 헤롯
[AD 41 - 48년]

헤롯 아그립바 1세
[AD 37 - 44년]
유대의 왕,
야고보를 죽이고,
베드로를 옥에 가둠,
하나님의 심판을 받아
죽음 (행 12:1-24)

헤로디아
헤롯 빌립 1세와
결혼하였다가
헤롯 안티파스와
결혼함
(마 14:3; 막 6:17)

버니게
헤롯 아그립바 2세와 함께
바울의 변론을 들음
(행 25:13)

드루실라
유대 총독
벨릭스의 아내,
벨릭스와 함께
바울의 설교를
들음 (행 24:24)

살로메
(헤로디아와 헤롯 빌립 1세의 딸)
춤을 추고 그 대가로
세례 요한의 목을 요구함
(마 14:6-11; 막 6:14-29)

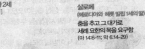

헤롯 아그립바 2세
[AD 48 - 100년]
유대의 왕,
베스도와 함께
사도 바울의
변론을 들음
(행 26:1-29)

**성경 사건과 관련된
주요 통치자**

편 사람들은 "그는 예언자다. 옛 예언자들 가운데 한 사람과 같은 사람이다"라고 말하기도 했습니다.

마 21:11

16 이런 이야기를 듣고 헤롯이 말했습니다. "내가 목을 벤 요한이 죽은 사람 가운데서 살아났나 보다!"

17 **세례자 요한의 죽음** 헤롯은 전에 요한을 체포하라는 명령을 직접 내렸고 결국 요한을 잡아다가 감옥에 가둔 적이 있었습니다. 헤롯이 자기 동생 빌립의 아내 헤로디아와 결혼한 것 때문에

마 11:2; 눅 3:19

18 요한이 헤롯에게 "동생의 아내를 데려간 것은 옳지 않다"라고 말해 왔기 때문입니다.

19 그래서 헤로디아는 원한을 품고 요한을 죽이려 했습니다. 그러나 그렇게 할 수 없었습니다.

20 그것은 요한이 의롭고 거룩한 사람임을 헤롯이 알고 그를 두려워하며 보호해 주었기 때문입니다. 헤롯은 요한의 말을 듣고 있으면 마음이 몹시 괴로웠지만 그럼에도 그의 말을 달게 듣곤 했습니다.

21 그런데 때마침 좋은 기회가 왔습니다. 헤롯은 자기 생일에 고관들과 천부장들과

갈릴리의 인사들을 초청해 만찬을 베풀었습니다.

창 40:20

22 그때 헤로디아의 딸이 들어와 춤을 춰 헤롯과 손님들을 즐겁게 해 주었습니다. 왕이 그 소녀에게 말했습니다. "무엇이든 네가 원하는 것을 말해 보아라. 내가 다 들어주겠다."

23 헤롯은 그 소녀에게 맹세까지 하면서 약속했습니다. "네 소원이 무엇인지 말해 보아라. 내 나라의 절반이라도 떼어 주겠다."

24 소녀는 나가서 자기 어머니에게 물었습니다. "무엇을 달라고 할까요?" 그 어머니가 대답했습니다. "세례자 요한의 머리를 달라고 해라."

25 소녀가 곧장 왕에게 달려가 요구했습니다. "지금 곧 세례자 요한의 머리를 쟁반에 담아 제게 주십시오."

26 왕은 몹시 난감했습니다. 그러나 자기가 맹세한 것도 있고 손님들도 보고 있어서 그 요구를 도저히 거절할 수 없었습니다.

27 그래서 왕은 곧 호위병을 보내 요한의 목을 베어 오라고 명령했습니다. 호위병은 가서 감옥에 있는 요한의 목을 베어

CT 3-61 건강

아휴, 피곤해!

"바쁘다 바빠, 에휴~ 할 일이 많은데 왜 이렇게 할 일이 많은 거야. 레빈도 한워 마지 못 느끼며 숙제도 해야 하는데…. 놀고 싶은데 놀 시간은 없네?"

예수님의 제자들은 전도하고 귀신도 내어 쫓으며 열심히 하나님의 일을 했답니다. 너무 바빠서 음식 먹을 겨를도 없었어요.

그때 예수님은 사람이 없는 곳에 따로 가서 잠깐이라도 쉬도록 해주셨어요. 예수님도 제자들이 얼마나 힘들고 피곤한지를 잘 아셨기 때문에, 제자들이 하나님의 일을 하면서 무리하지 않고 먹고 쉴 수 있도록 배려를 하신 거예요.

예수님도 피곤하셔서 배에서 주무신 적이 있답니다(막 4:38).

하나님은 우리 몸을 만드실 때 먹어야 할 때는 먹고, 자야 할 때는 자고, 쉬어야 할 때는 쉬어야 건강한 몸을 유지할 수 있게 하셨답니다.

먹어야 할 때 제대로 먹지 않거나 자야 할 때 잠을 못 잤을 때는 병이 생기거나 몸에 이상이 있다는 신호를 보내게 합니다. 규칙적인 생활습관과 충분한 잠을 잘 때 건강한 몸을 가질 수 있어요. 건강한 몸을 유지할 때 공부도 더 열심히 할 수 있고 즐겁게 잘 놀 수 있다는 사실을 잊지 마세요.

물론 믿음 생활도 더 잘 할 수 있다는 것을 기억하고 하나님이 주신 몸을 건강하게 관리하는 멋진 친구들이 되세요.

깊이 읽기 마가복음 6장 30~32절을 읽으세요.

28 그 머리를 쟁반에 담아 가지고 돌아와 소녀에게 주었습니다. 그 소녀는 그것을 자기 어머니에게 갖다 주었습니다.

29 요한의 제자들이 이 소식을 듣자마자 달려와 시신을 가져다가 무덤에 안치했습니다.

30 제자들의 사역 보고 사도들이 예수께 돌아와 자기들이 한 일과 가르친 것을 모두 보고했습니다. _{눅 9:10}

31 그런데 거기에는 오가는 사람들이 너무 많아 예수와 제자들은 먹을 겨를조차 없었습니다. 예수께서 그들에게 말씀하셨습니다. "외딴곳으로 가서 잠시 쉬라."

32 그래서 그들은 따로 배를 타고 외딴곳으로 갔습니다. _{32~44절 9:39}

33 그런데 많은 사람들이 그들이 떠나는 것을 보고 그들을 알아보았습니다. 그러고는 여러 마을에서 달려 나와 길을 따라 걸어가서 그들보다 그곳에 먼저 와 있었습니다.

34 많은 사람들을 가르치심 예수께서 도착해 많은 사람들을 보시고 목자 없는 양들 같은 그들을 불쌍히 여겨 그들에게 여러 가지로 가르쳐 주기 시작하셨습니다. _{마 9:36}

35 5,000명을 먹이심 날이 저물어 가자 제자들이 예수께 다가와서 말했습니다. "이곳은 빈 들인 데다 시간도 벌써 많이 되었습니다.

36 사람들을 보내 가까운 마을이나 동네에 가서 각자 먹을 것을 사 먹게 하시지요."

37 그러자 예수께서 대답하셨습니다. "너희가 그들에게 먹을 것을 주라." 제자들이 예수께 말했습니다. "그러면 우리가 가서 200데나리온어치를 사다가 그들에게 먹이라는 말씀입니까?" _{민 11:13;왕하 4:42~44;요 6:7}

38 그러자 예수께서 물으셨습니다. "빵이 얼마나 있느냐? 가서 알아보라." 그들이 알아보고 말했습니다. "빵 다섯 개와 물고기 두 마리가 있습니다." _{8:19}

39 그러자 예수께서는 사람들을 모두 풀밭에 무리를 지어 앉으라고 제자들에게 지시하셨습니다.

40 그래서 사람들은 100명씩, 50명씩 무리를 지어 앉았습니다.

41 예수께서는 빵 다섯 개와 물고기 두 마리를 들고 하늘을 우러러 감사 기도를 드린 후 빵을 떼셨습니다. 그리고 제자들에게 주어 사람들 앞에 갖다 놓으라고 하셨습니다. 예수께서는 물고기 두 마리도 그들 모두에게 나눠 주셨습니다. _{7:34;8:7;14:22}

42 사람들은 모두 배불리 먹었습니다.

43 제자들이 남은 빵 조각과 물고기를 모으니 12바구니에 가득 찼습니다.

44 빵을 먹은 남자 어른만도 5,000명이었습니다.

45 기도하러 산으로 가심 예수께서 곧 제자들을 배에 태워 호수 건너편 벳새다로 먼저 가게 하시고 사람들을 돌려보내셨습니다.

46 그들을 보내신 뒤 예수께서는 기도하려고 산으로 올라가셨습니다. _{1:35;눅 6:12;요 6:17}

47 물 위로 걸어오심 밤이 되자 배는 호수 한가운데 있었고 예수께서는 혼자 뭍에 계셨습니다. _{13:35}

48 예수께서는 제자들이 강한 바람 때문에 노 젓느라 안간힘을 쓰는 것을 보셨습니다. 이른 새벽에 예수께서 물 위를 걸어 그들에게 나아가시다 그들 곁을 지나가려고 하셨습니다.

49 예수께서 물 위를 걸어오시는 것을 본 제자들은 유령인 줄 알고 소리를 질렀습니다.

50 그들 모두 예수를 보고 겁에 질렸습니다. 그러자 곧 예수께서 그들에게 말씀하셨습니다. "안심하라! 나다. 두려워하지 말라!"

51 제자들이 놀람 그리고 예수께서 제자들이 탄 배에 오르시자 바람이 잔잔해졌습니다. 제자들은 몹시 놀랐습니다.

52 그것은 제자들이 예수께서 빵을 먹이신 기적을 보고도 아직 제대로 깨닫지 못하고 마음이 둔해져 있었기 때문입니다.

전통(7:3, 傳統, tradition) 지난 시대로부터 전하여 내려오는 사상·관습·행동 따위의 양식.

정결 의식(7:3, 淨潔儀式, ceremonial washing) 부정한 것을 제거해서 정결하게 하는 예식.

봉양(7:12, 奉養) 부모나 조부모를 받들어 모시는 것

53 게네사렛에서의 기적 그들은 호수를 건너 게네사렛에 도착해 배를 대었습니다.

54 그들이 배에서 내리자 사람들은 예수를 즉시 알아보았습니다. *33절*

55 사람들은 그 지역을 뛰어다니며 예수께서 계시는 곳이면 어디든지 아픈 사람들을 자리에 눕힌 채 짊어지고 오기 시작했습니다.

56 예수께서 가시는 곳이면 어디든지, 마을이든 도시든 농촌이든 할 것 없이 사람들은 아픈 사람들을 시장에 데려다 두고 예수의 옷자락이라도 만질 수 있도록 간청했습니다. 그리고 손을 댄 사람들은 모두 병에서 나았습니다. *3:10;마 9:20;행 5:15*

7 전통에 대한 책망 예루살렘에서 온 바리새파 사람들과 몇몇 율법학자들이 예수 곁에 모여 있다가

2 예수의 제자들 가운데 몇 사람이 손을 씻지 않고 '더러운' 손으로 음식을 먹는 것을 보았습니다. *행 10:14;마 14:14*

3 (바리새파 사람들과 모든 유대 사람들은 장로들의 전통에 따라 손 씻는 정결 의식을 치르지 않고는 먹지 않았고 *갈 1:14;살 2:8*

4 시장에 다녀와서도 손을 씻지 않고는 음식을 먹지 않았습니다. 그들이 지키는 규례는 이것 말고도 잔과 단지와 놋그릇을 씻는 등 여러 가지가 있었습니다.

5 그래서 바리새파 사람들과 율법학자들이 예수께 물었습니다. "왜 선생님의 제자들은 장로들이 전해 준 전통을 따르지 않고 '더러운' 손으로 음식을 먹습니까?"

6 예수께서 대답하셨습니다. "너희 위선자

들에 대해 이사야가 예언한 말이 옳았다. 성경에 이렇게 기록됐다.

'이 백성들은 입술로만 나를 공경하고 마음은 내게서 멀리 떠났다. *사 29:13*

7 사람의 훈계를 교리인 양 가르치고 나를 헛되이 예배한다.' *골 2:22;딛 1:14*

8 너희가 하나님의 계명은 버리고 사람의 전통만 붙들고 있구나."

9 그리고 예수께서 그들에게 말씀하셨습니다. "너희는 너희만의 전통을 지킨다는 구실로 그럴듯하게 하나님의 계명을 제쳐 두고 있다. *눅 7:30;갈 2:21;히 10:28*

10 모세는 '네 부모를 공경하라'라고 했고 '누구든지 자기 부모를 저주하는 자는 반드시 죽을 것이다'라고 했다. *출 20:12;21:17*

11 그러나 너희는 '내가 아버지나 어머니에게 드리려던 것이 고르반, 곧 하나님께 드리는 예물이 됐다'라고 하면 그만이라면서

12 너희 부모를 더 이상 봉양하지 않으니

13 너희는 전통을 핑계 삼아 하나님의 말씀을 유명무실하게 만드는 것이 아니냐? 또 너희가 많은 일들을 이런 식으로 행하고 있다." *롬 2:23;갈 3:17*

14 사람을 '더럽게' 하는 것 예수께서 다시 사람들을 불러 말씀하셨습니다. "너희는 모두 내 말을 잘 듣고 깨달으라. *마 13:51*

15 몸 밖에 있는 것이 사람 속으로 들어가 사람을 '더럽게' 하지 못한다. *행 10:14-15*

16 오히려 사람 속에서 나오는 것이 사람을 '더럽게' 하는 것이다."

17 예수께서 사람들을 떠나 집 안으로 들어

고르반

'고르반'은 '제물', '예물'이라는 뜻을 지닌 히브리어로, 하나님께 드리는 선물을 말한다(레 1:2 참조).
원래 하나님만 높이려는 깊은 신앙에서 시작된 '고르반'은, 시간이 지나면서 종교적인 맹세의 말로 사용되었다.
'고르반', 곧 '하나님께 드렸다'고 맹세한 경우 그 예물은 거룩한 것이 되어 개인적으로 사용할 수 없었다.

당시 바리새파 사람들과 율법학자들은 부모께 드려야 할 돈을 '하나님께 드리는 예물이 되었다'(고르반)라고 하면 부모에 대한 자녀의 도리를 다하지 않아도 너그럽게 봐 주었다.
예수님은 고르반을 핑계 삼아 부모를 공경하라는 하나님의 말씀을 지키지 않는 사람의 죄를 지적하셨다(막 7:7-13).

가시자 제자들이 이 비유에 대해 물었습니다.

3:20;9:28;마 13:36

18 그러자 예수께서 물으셨습니다. "너희는 아직도 깨닫지 못하느냐? 몸 밖에서 사람 속으로 들어가는 것이 사람을 '더럽게' 하지 못하는 것을 너희가 알지 못하느냐?

19 그것은 사람의 마음으로 들어가는 것이 아니라 배 속으로 들어갔다가 결국 몸 밖으로 나오기 때문이다." 그러므로 예수께서는 모든 음식을 "깨끗하다"라고 선포하신 것입니다.

눅 11:41;행 10:15;고전 6:13

20 예수께서 이어 말씀하셨습니다. "사람 안에서 나오는 것이 바로 사람을 '더럽게' 하는 것이다.

마 12:34;약 3:6

21 사람 속에서, 곧 사람의 마음에서 나오는 것은 악한 생각, 음란, 도둑질, 살인,

22 간음, 탐욕, 악의, 거짓말, 방탕, 질투, 비방, 교만, 어리석음이다. 고후 12:21;갈 5:19

23 이런 악한 것들은 모두 안에서 나오고 사람을 '더럽게' 한다. 창 6:9-10

24 **그리스 여인의 간청** 예수께서는 그곳을 떠나 두로와 시돈 지방으로 가셨습니다. 어떤 집에 들어가 아무도 모르게 계시려 했지만 그 사실을 숨길 수가 없었습니다.

25 더러운 귀신 들린 어린 딸을 둔 여인도 예수의 소식을 듣자마자 와서 그 발 앞에 엎드렸습니다.

26 그 여인은 수로보니게 출신 그리스 사람이 었는데 자기 딸에게서 귀신을 쫓아 달라

고 예수께 애원했습니다. 요 12:20-21

27 예수께서 여인에게 말씀하셨습니다. "자녀들을 먼저 배불리 먹게 해야 한다. 자녀들이 먹을 빵을 가져다가 개에게 던져 주는 것은 옳지 않다." 마 7:6;행 3:26;롬 1:16

28 여인이 대답했습니다. "그렇습니다, 주여. 하지만 개들도 식탁 밑에서 자녀들이 떨어뜨린 부스러기를 주워 먹습니다."

29 그러자 예수께서 말씀하셨습니다. "네가 그렇게 말했으니 어서 가 보아라. 귀신이 네 딸에게서 나갔다." 요 4:50

30 여인이 집에 돌아가 보니 귀신은 떠나가고 딸아이가 침대에 누워 있었습니다.

31 **말 못하는 사람을 고치심** 그 후 예수께서 다시 두로와 시돈 해안을 떠나 데가볼리 지방을 거쳐 갈릴리 호수로 가셨습니다.

32 그곳에서 어떤 사람들이 듣지 못하고 말도 못하는 사람을 예수께 데려와 안수해 달라고 간청했습니다. 사 35:5-6

33 예수께서 그를 멀찌감치 따로 데리고 가셔서 그의 귓속에 손가락을 넣으시고 손에 침을 뱉어서 그의 혀에 손을 대셨습니다.

34 그리고 예수께서 하늘을 쳐다보며 깊은 숨을 크게 한 번 쉬고는 그에게 "에바다!"라고 말씀하셨습니다. 이 말은 "열려라!"라는 뜻입니다. 6:41;8:12;요 11:33

35 그러자마자 그 사람은 귀가 뚫리고 혀가 풀리더니 제대로 말하기 시작했습니다.

36 예수께서 "이 일을 아무에게도 말하지 말

제자도

자기 십자가를 지라

예수님의 제자는 예수님을 따르는 사람을 말한답니다. 예수님을 따른다는 것은 예수님처럼 생각하고 행동하는 것을 의미해요. 그래서 예수님은 제자들에게 "자기를 부인하고 자기 십자가를 지고 따라야 한다."(막 8:34)라고 말씀하셨어요.

'자기를 부인한다'는 것은 나보다 예수님을 앞세우고, 나보다 다른 사람을 먼저 생각하는 자세를 말해요. '자기 십자가를 지다'라는 것은 내가 하기 싫은 일들과 힘든 일도 예수님 때문에 기꺼이 받아들이고 예수님을 바라보며 최선을 다하는 것을 말해요. 예수님은 우리를 제자로 부르셨어요. 우리를 통해 가정

천사에는 예수님을 사랑해요.
하지만 사람 기간에는 주일 예배때와
빠지고 사람들 부를 하고 싶을 때가
많아요. 어떻게 해야 하나요?
예수님의 참 제자가 되고 싶은데…

라" 하고 사람들에게 명령하셨습니다. 그
러나 예수께서 하지 말라고 하실수록 그
들은 더욱더 말하고 다녔습니다.

37 그들이 몹시 놀라 이렇게 말했습니다. "예
수께서 행하시는 모든 것은 참으로 대단
하다. 듣지 못하는 사람도 듣게 하시고 말
못하는 사람도 말하게 하신다!" 10:26

8 **4,000명을 먹이심** 그 무렵 또 수많은 사
람들이 모여들었습니다. 그들에게 먹
을 것이 없었기 때문에 예수께서 제자들
을 불러 말씀하셨습니다.

2 "저들이 나와 함께 있은 지 벌써 3일이 지났
는데 먹을 것이라곤 없으니 참 불쌍하다.

3 멀리서 온 사람도 있으니 굶겨 보냈다가는
가다가 도중에 쓰러질 것이다."

4 제자들이 말했습니다. "하지만 이렇게 빈
들에서 이 사람들을 다 먹일 만한 빵을 어
디서 구하겠습니까?"

5 예수께서 물으셨습니다. "너희에게 빵이
얼마나 있느냐?" 제자들이 대답했습니다.
"일곱 개입니다." 마 16:10

6 예수께서 사람들에게 땅에 앉으라고 말씀
하셨습니다. 그러고는 빵 일곱 개를 가지
고 감사 기도를 드린 후 떼어 제자들에게
주면서 사람들 앞에 가져다 두라고 하셨습
니다. 그래서 제자들은 그렇게 했습니다.

7 그들에게는 작은 물고기도 조금 있었습니
다. 예수께서는 물고기도 감사 기도를 드린
후 제자들을 시켜 나눠 주라고 하셨습니다.

8 사람들이 배불리 먹고 나서 제자들이 남
은 조각들을 거두어 보니 일곱 광주리에
가득 찼습니다. 왕하 4:42~44

9 거기에는 대략 4,000명의 남자가 있었습
니다. 예수께서 그들을 돌려보내시고는

10 제자들과 함께 배를 타고 달마누다 지방으
로 가셨습니다. 마 15:39

11 **바리새파 사람들이 표적을 구함** 바리새파 사
람들이 와서 예수께 시비를 걸기 시작했
습니다. 그들은 예수를 시험하려고 하늘
로부터 오는 표적을 구했습니다.

12 예수께서는 깊이 탄식하시며 말씀하셨습
니다. "이 세대가 왜 표적을 구하느냐? 내
가 너희에게 진실로 말한다. 이 세대는 어
떤 표적도 받지 못할 것이다." 요 11:33

13 그리고 나서 예수께서는 바리새파 사람들
을 떠나 다시 배를 타고 호수 건너편으로
가셨습니다. 마 4:13;21:17

14 **지도자들에 대해 경계하심** 제자들은 깜빡 잊
고 빵을 가져가지 않았습니다. 그들이 가
진 것이라고는 배 안에 있던 빵 한 개뿐이
었습니다.

15 예수께서 제자들에게 경고하셨습니다.
"조심하라! 바리새파 사람들의 누룩과 헤
롯의 누룩을 주의하라!" 눅 12:1;고전 5:6~8

16 제자들은 이 말씀을 두고 서로 수군거렸
습니다. "우리에게 빵이 없어서 그러시나
보다."

17 그들이 수군거리는 것을 다 아시고 예수
께서 말씀하셨습니다. "왜 빵이 없는 것을
두고 말하느냐? 너희가 아직도 알지 못하
고 아직도 깨닫지 못하느냐? 너희 마음이
둔해졌느냐? 6:52;7:18;마 26:10

18 너희가 눈이 있어도 보지 못하고 귀가 있
어도 듣지 못하느냐? 기억하지 못하느냐?

19 내가 빵 다섯 개를 5,000명에게 떼어 주었
을 때 남은 조각을 몇 바구니나 거두었느
냐?" 그들이 대답했습니다. "12바구니였

시비(8:11, 是非, question) 옳고 그름을 따지는 말다툼.
누룩(8:15, yeast) 빵이나 술을 만들 때 사용되는 발효제.
이스트.

습니다." 6:41,44

20 "내가 빵 일곱 개를 4,000명에게 떼어 주었을 때는 남은 조각을 몇 광주리나 거두었느냐?" 그들이 대답했습니다. "일곱 광주리였습니다." 6,9절

21 그러자 예수께서 말씀하셨습니다. "너희가 아직도 깨닫지 못하느냐?"

22 **보지 못하는 사람을 고치심** 그리고 그들이 벳새다에 갔습니다. 사람들이 보지 못하는 사람을 데려와 예수께 만져 달라고 간청했습니다. 6:45

23 예수께서 그 사람의 손을 잡고 마을 밖으로 데리고 나가셨습니다. 예수께서 그 사람의 눈에 침을 뱉으시고 그에게 손을 얹으시며 물으셨습니다. "뭐가 좀 보이느냐?"

24 그러자 그 사람이 쳐다보며 말했습니다. "사람들이 보입니다. 그런데 나무가 걸어다니는 것처럼 보입니다."

25 다시 한 번 예수께서 그 사람의 눈에 손을 얹으셨습니다. 그러자 그가 뚫어지게 바라보더니 시력이 회복돼 모든 것을 분명히 보게 됐습니다.

26 예수께서 그를 집으로 보내시며 말씀하셨습니다. "마을 안으로 들어가지 마라."

27 **베드로의 고백** 예수께서 제자들을 데리고 가이사랴 빌립보에 있는 여러 마을로 가셨습니다. 가는 길에 예수께 물으셨습니다. "사람들이 나를 누구라고 하느냐?"

28 제자들이 대답했습니다. "세례자 요한이라고도 하고 엘리야라고도 합니다. 예언자 중 한 분이라고 하는 사람도 있습니다."

29 예수께서 물으셨습니다. "그러면 너희는

나를 누구라고 하느냐?" 베드로가 대답했습니다. "주는 그리스도이십니다." 요 11:27

30 예수께서 제자들에게 자신에 대해 아무에게도 말하지 말라고 단단히 주의를 주셨습니다. 마 12:16;16:20;눅 9:21

31 **다가올 고난에 대해 예고하심** 예수께서 제자들에게 인자가 많은 고난을 당하고 장로들과 대제사장들과 율법학자들에게 배척받아 죽임당했다가 3일 만에 다시 살아나시게 될 것임을 가르치기 시작하셨습니다.

32 예수께서 이 일을 드러내 놓고 말씀하시자 베드로는 예수를 붙들고 그게 무슨 말이냐며 항의했습니다. 요 16:25

33 그러자 예수께서 제자들을 돌아다보시고 베드로를 꾸짖으시며 말씀하셨습니다. "사탄아, 내 뒤로 물러가거라! 네가 하나님의 일은 생각하지 않고 사람의 일만 생각하는구나." 마 4:10;롬 8:5;빌 3:19

34 **제자의 길** 그리고 예수께서 제자들과 그분을 따르는 사람들을 다 불러 놓고 말씀하셨습니다. "누구든지 나를 따르려거든 자기를 부인하고 자기 십자가를 지고 따라야 한다. 마 10:38~39;딤후 2:12~13

35 누구든지 자기 생명을 구하려고 하는 사람은 잃어버릴 것이요, 누구든지 나와 복음을 위해 자기 생명을 버리는 사람은 구할 것이다. 10:29;고전 9:23;딤후 1:8

36 사람이 온 세상을 다 얻고도 자기 생명을 잃으면 무슨 소용이 있겠느냐? 눅 12:20

37 사람이 자기 생명을 무엇과 맞바꾸겠느냐?

38 누구든지 음란하고 죄 많은 이 세대에서 나와 내 말을 부끄럽게 여기면 인자도 아

모세와 엘리야, 왜 나타났을까?

베드로와 야고보와 요한과 함께 높은 산에 오르신 예수님은 옷에 흰 광채가 나면서 모습이 변하셨어요. 그때 모세와 엘리야가 나타나 예수님과 이야기를 나누었어요 (막 9:2~4). 구약에서 모세는 율법을 상징했고, 엘리야는 예언서를 상징했

어요. 율법과 예언서 모두 그리스도가 오실 것을 예언했어요. 모세와 엘리야가 직접 나타나 예수님과 대화한 것은 예수님이 바로 율법과 예언서에서 약속한 그리스도이시며 하나님의 아들임을 깨닫게 하려는 것이라고 봅니다.

버지의 영광을 입고 거룩한 천사들과 함께 올 때에 그를 부끄럽게 여길 것이다."

9 **현세의 왕국** 예수께서 그들에게 말씀하셨습니다. "내가 너희에게 진실로 말한다. 여기 서 있는 사람 가운데 죽기 전에 하나님 나라가 능력을 펼치며 오는 것을 볼 사람이 있다." 마 10:23;23:36

2 **변화하신 예수님** 6일 후에 예수께서 베드로, 야고보, 요한만 따로 데리고 높은 산으로 올라가셨습니다. 그런데 예수께서 그들 앞에서 모습이 변하셨습니다.

3 예수의 옷은 이 세상 그 누구도 더 이상 희게 할 수 없을 만큼 새하얗고 광채가 났습니다.

4 그리고 거기에 엘리야가 모세와 함께 그들 앞에 나타나 예수와 이야기를 나누었습니다.

5 베드로가 예수께 말했습니다. "주여, 우리가 여기 있는 것이 좋겠습니다. 우리가 초막 세 개를 만들어 하나에는 주를, 하나에는 모세를, 하나에는 엘리야를 모시도록 하겠습니다." 눅 8:15;요 1:38

6 모두들 몹시 두려웠기 때문에 베드로는 무슨 말을 해야 좋을지 몰라 이렇게 말했습니다. 14:40;눅 9:33

7 그때 구름이 나타나 그들 위를 덮더니 구름 속에서 소리가 들려왔습니다. "이는 내 사랑하는 아들이다. 그의 말을 들으라!"

8 그 순간 그들은 주위를 살펴보았습니다. 그러나 그때는 이미 아무도 보이지 않고 오직 예수만 그들과 함께 계셨습니다.

9 **엘리야에 대한 질문** 산을 내려오시면서 예수께서 제자들에게 단단히 당부하셨습니다. "인자가 죽은 사람 가운데서 살아날 때까지는 지금 본 것을 아무에게도 말하지 말라." 9-13절;8:31;마 17:9-13

10 제자들은 이 일을 마음에 새겨 두면서도 '죽은 사람 가운데에서 살아난다'는 것이 무슨 뜻인지 몰라 서로 물어보았습니다.

11 제자들이 예수께 물었습니다. "왜 율법학자들은 엘리야가 먼저 와야 한다고 말한 것입니까?" 마 11:14

12 예수께서 대답하셨습니다. "참으로 엘리야가 먼저 와서 모든 것을 회복시킨다. 그런데 왜 성경에는 인자가 많은 고난을 받고 멸시를 당할 것이라고 기록된 것이냐?

13 내가 너희에게 말한다. 엘리야는 이미 왔다. 그런데 사람들은 그에 대해 성경에 기록돼 있는 대로 그를 자기들 마음대로 대했다."

14 **더러운 귀신 들린 아이를 고치심** 그들이 다른 제자들에게 돌아와 보니 그 제자들이 많은 사람들에 둘러싸여 율법학자들과 논쟁을 벌이고 있었습니다. 14-28절

15 사람들은 모두 예수를 보자마자 몹시 놀라며 달려와 맞이했습니다. 10:32

16 예수께서 물으셨습니다. "무슨 일로 이렇게 논쟁하고 있느냐?"

17 무리 가운데 한 사람이 대답했습니다. "선생님, 제가 아들을 데려왔습니다. 그 아이는 말 못하게 하는 더러운 귀신이 들려 있습니다. 25절;눅 11:14

18 귀신이 한번 아이를 사로잡으면 아이가 땅에 거꾸러집니다. 그러면 아이는 입에 거품을 물고 이를 갈면서 몸이 뻣뻣하게 굳습니다. 그래서 선생님의 제자들에게 귀신을 쫓아내 달라고 부탁했지만 쫓아내지 못했습니다." 6:7;마 10:1;눅 10:17

19 예수께서 말씀하셨습니다. "이 믿음 없는 세대야! 내가 언제까지 너희와 함께 있어야 하겠느냐? 내가 언제까지 너희에게 참아야 하겠느냐? 아이를 데려오라."

20 그러자 그들이 아이를 예수께 데려왔습니다. 더러운 귀신은 예수를 보더니 곧 아이의 몸에 경련을 일으켰습니다. 아이는 땅에 거꾸러지더니 입에 거품을 물고 뒹굴었습니다. 1:26

21 예수께서 아이의 아버지에게 물으셨습니다

초막 (9:5, 후퇴, shelter) 햇빛, 비, 바람을 피하기 위해 나무나 풀 등을 엮어서 만든 임시 처소.
경련 (9:20, 痙攣, convulsion) 근육이 갑자기 심하게 수축하거나 떨게 되는 현상.

다. "이 아이가 언제부터 이렇게 됐느냐?" 그가 대답했습니다. "아주 어릴 때부터입니다.

22 귀신이 아이를 죽이려고 여러 번 불 속에 내던지고 물속에도 빠뜨렸습니다. 그러나 선생님께서 어떻게든 하실 수 있다면 제발 우리를 불쌍히 여기시고 도와주십시오."

23 예수께서 말씀하셨습니다. "'하실 수 있다면'이 무슨 말이냐? 믿는 사람에게는 모든 일이 가능하다." 6:5-6마 17:20

24 그러자 곧 아이의 아버지가 소리쳤습니다. "내가 믿습니다! 믿음이 부족한 나를 도와주십시오!" 눅 17:5

25 많은 사람들이 이 광경을 보려고 달려오는 것을 보시고 예수께서 귀신을 꾸짖으셨습니다. "듣지 못하게 하고 말 못하게 하는 귀신아, 내가 네게 명령한다! 이 아이에게서 나와 다시는 들어가지 마라!"

26 더러운 귀신은 소리 지르며 아이에게 심한 경련을 일으키더니 나갔습니다. 아이가 죽은 것같이 돼 누워 있자 많은 사람들이 수군거렸습니다. "아이가 죽었나 보다."

27 그때 예수께서 아이의 손을 잡아 일으키셨습니다. 그러자 아이가 벌떡 일어섰습니다.

28 예수께서 집 안으로 들어가신 후에 제자들이 따로 물어보았습니다. "어째서 저희는 귀신을 쫓아내지 못했습니까?" 3:19,7:17

29 예수께서 대답하셨습니다. "이런 귀신은 오직 기도로만 쫓아낼 수 있다."

30 죽음에 대해 두 번째 예고하심 그들은 그곳을 떠나 갈릴리를 지나게 됐습니다. 그러나 예수께서는 자기 일행이 어디로 가는지 사람들이 모르기를 바라셨습니다.

31 이는 제자들을 가르치고 계셨기 때문입니다. 예수께서 그들에게 말씀하셨습니다. "인자는 배반을 당하고 사람들의 손에 넘겨져 죽임당할 것이다. 그러나 3일 만에 그는 다시 살아날 것이다." 8:31

32 그러나 제자들은 그 말씀이 무슨 뜻인지

9:44, 46 어떤 고대 사본에는 '거기에는 벌레도 죽지 않고 불도 꺼지지 않는다'가 있음.

깨닫지 못했고 두려워서 예수께 묻지도 못했습니다. 6:52;눅 2:50;18:34;24:25

33 제자들의 자리 싸움 그들이 가버나움으로 갔습니다. 집 안에 계실 때에 예수께서 제자들에게 물으셨습니다. "오는 길에 너희끼리 왜 논쟁했느냐?" 33-37절;눅 17:24

34 그러자 제자들은 말이 없었습니다. 그들은 길에서 누가 가장 큰 사람이냐 하는 문제로 다투었기 때문입니다. 50절;눅 22:24

35 예수께서 자리에 앉으시면서 열두 제자를 불러 놓고 말씀하셨습니다. "누구든지 첫째가 되려면 모든 사람의 꼴찌가 돼야 하고 모든 사람을 섬기는 종이 돼야 한다."

36 어린아이에 대한 교훈 예수께서 한 어린아이를 데려와 그들 가운데에 세우셨습니다. 그리고 아이를 팔로 껴안고 제자들에게 말씀하셨습니다. 10:16

37 "누구든지 내 이름으로 이런 어린아이 하나를 영접하는 사람은 나를 영접하는 것이고 누구든지 나를 영접하는 사람은 나를 영접하는 것이 아니라 나를 보내신 분을 영접하는 것이다." 마 10:40,42

38 예수님의 이름으로 행함 요한이 말했습니다. "선생님, 선생님의 이름으로 귀신을 쫓아내는 어떤 사람을 보고 우리를 따르는 자가 아니어서 우리가 그에게 하지 못하게 했습니다." 16:17;마 7:22;눅 10:17

39 예수께서 말씀하셨습니다. "못 하게 하지 마라. 내 이름으로 기적을 행하고 나서 바로 나를 욕할 사람은 없다.

40 누구든지 우리를 반대하지 않으면 우리 편이다. 마 12:30;눅 11:23

41 내가 너희에게 진실로 말한다. 너희가 그리스도의 사람인 것을 알고 너희에게 물 한 잔이라도 주는 사람은 반드시 자기가 받을 상을 잃지 않을 것이다. 마 10:42;벧전 4:14

42 죄짓게 하는 사람 또 누구든지 나를 믿는 어린아이들 중 하나라도 죄짓게 하는 사람은 차라리 큰 맷돌을 목에 달고 바다에 던져지는 것이 나을 것이다. 마 18:6;고전 8:12

43 죄짓게 하는 사람에 대한 경고 네 손이 너를

예수님이 어린아이들을 안아 주시고 축복해 주심

죄짓게 하거든 잘라 버려라. 두 손을 가지
고 영원히 꺼지지 않는 지옥 불에 떨어지
느니 성하지 않은 몸이 되더라도 생명에
들어가는 것이 더 낫다. 마 5:22,29~30:18:8

44 *(없음)

45 또 네 발이 너를 죄짓게 하거든 잘라 버려
라. 두 발을 가지고 지옥에 던져지느니 저
는 다리로 생명에 들어가는 것이 더 낫다.

46 *(없음)

47 또 네 눈이 너를 죄짓게 하거든 뽑아 버려
라. 두 눈을 가지고 지옥에 던져지느니 한
눈만 가지고 하나님 나라에 들어가는 것
이 더 낫다. 마 5:29:18:9

48 지옥은 '벌레도 죽지 않고 불도 꺼지지 않
는' 곳이다. 44장사 66:24

49 모든 사람이 소금에 절여지듯 불에 절여
질 것이다.

50 소금은 좋은 것이다. 그러나 소금이 그 짠
맛을 잃으면 어떻게 다시 짜게 되겠느냐?
그러므로 너희 가운데 소금을 간직하고
서로 화목하게 지내라." 레 2:13:24:마 5:13:눅 14:34

10 갈릴리 사역을 마치심 예수께서 그곳
을 떠나 유대 지방으로 가서서 요
단 강 건너편으로 가셨습니다. 그러자 사
람들이 또 예수께 몰려왔고 예수께서는 늘
하시던 대로 그들을 가르치셨습니다.

2 이혼에 대해 물으심 바리새파 사람들 몇 명이
와서 예수를 시험하려고 물었습니다. "남
자가 자기 아내와 이혼해도 됩니까?"

3 예수께서 대답하셨습니다. "모세가 어떻
게 하라고 명령했느냐?"

4 그들이 말했습니다. "모세는 남자가 이혼
증서를 써 주고 아내와 헤어져도 된다고
했습니다."

5 그러자 예수께서 말씀하셨습니다. "모세
가 그런 계명을 쓴 것은 완악한 너희 마음
때문이다.

6 그러나 하나님께서 세상을 창조하실 때
'사람을 남자와 여자로 만드셨다'. 창 1:27

7 '그러므로 남자가 자기 부모를 떠나 아내와
더불어 엡 5:31

8 둘이 한 몸이 될 것이다. 따라서 그들이 이
제 둘이 아니라 한 몸이다. 창 2:24:말 2:15

9 그러므로 하나님께서 짝지어 주신 것을
사람이 갈라놓아서는 안 된다." 고전 7:10

10 간음에 관한 교훈 집 안에서 제자들이 예수
께 이 문제에 대해 다시 물었습니다.

11 예수께서 대답하셨습니다. "누구든지 자기
아내와 이혼하고 다른 여자와 재혼하는
사람은 자기 아내에게 간음하는 것이다.

12 또 그 아내가 자기 남편과 이혼하고 다른
남자와 재혼하는 것도 간음하는 것이다."

13 어린아이들을 축복하심 사람들이 어린아이들을 예수께 데리고 와 어루만져 주시기를 원했습니다. 그러나 제자들이 그들을 꾸짖었습니다. 16절;마 19:13~15;눅 18:15~17

14 예수께서 이것을 보시고 노하시며 제자들에게 말씀하셨습니다. "어린아이들이 내게 오는 것을 허락하고 막지 말라. 하나님 나라는 이런 아이들과 같은 사람의 것이다.

15 내가 너희에게 진실로 말한다. 누구든지 어린아이와 같이 하나님 나라를 받아들이지 않는 사람은 결코 그곳에 들어가지 못할 것이다." 눅 8:13;요 3:3,5;약 1:21

16 그러고는 어린아이들을 꼭 껴안아 주시며 손을 얹으시고 축복해 주셨습니다.

17 대단한 부자와 대화 예수께서 밖에 나가려고 하시는데 한 사람이 예수께로 달려와 그 앞에 무릎을 꿇고 물었습니다. "선하신 선생님, 제가 영원한 생명을 얻으려면 어떻게 해야 합니까?" 마 25:34;눅 10:25~28

18 예수께서 대답하셨습니다. "네가 왜 나를 선하다고 하느냐? 오직 하나님 한 분 외에는 선한 분이 없다.

19 네가 살인하지 말라, 간음하지 말라, 도둑질하지 말라, 거짓 증언하지 말라, 사기 치지 말라, 부모를 공경하라 하는 계명들을 알고 있을 것이다." 출 20:12~16;신 5:16~20

20 그가 말했습니다. "선생님, 저는 어릴 때부터 이것들을 모두 어김없이 지켜 왔습니다."

21 예수께서 그를 쳐다보고 사랑스럽게 여기시며 말씀하셨습니다. "네게 한 가지 부족한 것이 있다. 가서 네가 가진 것을 모두 팔아 가난한 사람들에게 나눠 주어라. 그리하면 하늘에서 보물을 얻게 될 것이다. 그리고 와서 나를 따르라." 딤전 6:18~19

22 이 말씀을 듣자 그 사람은 무척 근심스러운 얼굴로 슬퍼하며 떠나갔습니다. 그가 대단한 부자였기 때문입니다. 겔 33:31

23 부자와 하나님 나라 예수께서 제자들을 둘러보시고 말씀하셨습니다. "부자가 하나님 나라에 들어가기가 참으로 어렵다."

24 제자들은 예수의 말씀에 무척 놀랐습니다. 그러자 예수께서 다시 말씀하셨습니다. "얘들아, 하나님 나라에 들어가기가 얼마나 어려운지 32절;마 7:14;눅 13:24

25 부자가 하나님 나라에 들어가는 것보다 낙타가 바늘귀를 지나가는 것이 더 쉽다."

26 제자들은 더욱 놀라서 서로 수군거렸습니다. "그러면 도대체 누가 구원받을 수 있다는 말인가?"

27 예수께서 그들을 보시고 말씀하셨습니다. "사람은 할 수 없지만 하나님께서는 하실 수 있다. 하나님께는 모든 것이 가능하다."

28 세상 것을 포기함 베드로가 예수께 말했습니다. "보시다시피 우리는 모든 것을 버리고 주를 따랐습니다." 1:18,20;마 4:20,22

29 예수께서 말씀하셨습니다. "내가 너희에게 진실로 말한다. 나와 복음을 위해 집이나 형제나 부모나 자식이나 자기 땅을 버린 사람은 8:35;눅 14:26

30 지금 이 세상에서 집과 형제자매와 어머니와 자녀와 땅을 100배나 더 받되 핍박도 함께 받을 것이고 이제 올 세상에서는 영원한 생명을 받을 것이다. 살후 1:4

31 그러나 먼저 된 사람이 나중 되고 나중 된 사람이 먼저 되는 일이 많을 것이다."

32 죽음에 대해 세 번째 예고하심 그들이 예루살렘으로 올라가는 길이었습니다. 예수께서 앞장서서 그리로 향하시자 제자들은 놀랐고 뒤따라가던 사람들도 두려워했습니다. 예수께서는 다시 열두 제자를 따로 불러 놓으시고 앞으로 자신에게 일어날 일을 말씀해 주셨습니다. 32~34절;눅 9:51;19:28

33 "우리는 지금 예루살렘으로 올라가고 있다. 인자는 대제사장들과 율법학자들에게 넘겨질 것이다. 그들은 인자를 죽이기로 결정하고 이방 사람들에게 넘겨줄 것이고 마 16:21;27:2,3;요 18:30~31;19:7

34 이방 사람들은 인자를 조롱하고 침을 뱉고 채찍으로 때린 뒤 죽일 것이다. 그러나 3일 만에 그는 다시 살아날 것이다." 마 27:26~31

군림(10:42, 롱髂) 절대적인 세력을 가지고 남을 압도함.

35 **야고보와 요한의 질문** 그러자 세베대의 두 아들 야고보와 요한이 예수께 다가와 말했습니다. "선생님, 저희의 소원을 들어주시기 원합니다." 마18:19

36 예수께서 물으셨습니다. "내가 너희에게 무엇을 해 주었으면 좋겠느냐?" 51절

37 그들이 대답했습니다. "주께서 영광의 자리에 앉으실 때 저희 중 하나는 오른편에, 하나는 왼편에 앉게 해 주십시오." 마19:28

38 예수께서 그들에게 말씀하셨습니다. "너희가 지금 무엇을 구하는 지를 알고 있느냐? 내가 마시는 잔을 너희가 마시며 내가 받는 세례를 너희가 받을 수 있겠느냐?"

39 그들이 대답했습니다. "할 수 있습니다." 예수께서 그들에게 말씀하셨습니다. "너희도 정말 내가 마시는 잔을 마시고 내가 받는 세례를 받을 것이다. 행12:2;롬8:17;빌3:10

40 그렇지만 내 오른편이나 왼편에 앉는 것은 내가 정해 주는 것이 아니다. 그 자리는 미리 정해 놓은 사람들에게 돌아갈 것이다."

41 **섬김에 대한 가르침** 다른 열 명은 이 말을 듣고 야고보와 요한에게 분개했습니다.

42 예수께서는 그들을 함께 불러 놓고 말씀하셨습니다. "너희도 알듯이 이방 사람의 통치자라는 사람들은 백성들 위에 군림하고 그 고관들도 권력을 행사한다.

43 그러나 너희는 그렇게 해서는 안 된다. 오히려 누구든지 너희 중에서 큰사람이 되고 싶은 사람은 너희를 섬기는 자가 돼야 하고

44 누구든지 으뜸이 되려는 사람은 모든 사람의 종이 돼야 한다. 고후4:5

45 인자 역시 섬김을 받으러 온 것이 아니라 섬기러 왔고 많은 사람들을 구원하기 위해 치를 몸값으로 자기 생명을 내어 주려고 온 것이다. 요10:15,13:13~15;벧전2:7

46 **바디매오가 고침받음** 그들은 여리고로 갔습니다. 예수와 제자들이 많은 사람들과 함께 그 성을 떠나려는데 디매오의 아들 바디매오라는 눈먼 사람이 길가에 앉아 구걸하고 있다가 46~52절;눅18:35;요9:1,8

47 나사렛 예수라는 말을 듣고 소리치기 시작했습니다. "다윗의 자손 예수여, 나를 불쌍히 여겨 주십시오!" 1:24;마2:23

48 많은 사람들이 그를 꾸짖으며 조용히 하라고 했습니다. 그러나 그는 더욱더 큰 소리를 질렀습니다. "다윗의 자손이여, 나를 불쌍히 여겨 주십시오!" 마19:13

49 예수께서 걸음을 멈추시고 말씀하셨습니다. "저 사람을 불러오너라." 그러자 그들이 그 사람에게 말했습니다. "안심하고 일어나라! 예수께서 너를 부르신다."

50 그는 겉옷을 던져 버리고 벌떡 일어나 예수께로 갔습니다. 13:16

51 예수께서 그에게 물으셨습니다. "내가 무엇을 네게 해 주기 원하느냐?" 앞을 못 보는 사람이 대답했습니다. "선생님, 제가 보기를 원합니다."

52 예수께서 말씀하셨습니다. "가거라. 네 믿음이 너를 구원했다." 그러자 그 즉시 그는 보게 됐고 예수를 따라 길을 나섰습니다.

왜 옷을 길에 깔았나요?

어린 나귀를 타고 예루살렘으로 들어오시는 예수님을 보자, 사람들은 겉옷과 나뭇가지를 길에 펼치고 '호산나'를 외치며 예수님을 맞이했어요(막 11:8).

먼지투성이인 길 위에 자신들의 겉옷과 종려나무 가지(요 12:13)를 깔고 맞이하는 것은 왕에 대한 열렬한 환영의 표현이었어요(왕하 9:12~13 참조). 사람들은 예수님이 로마를 무너뜨리고 새로운 하나님의 나라를 건설하고 다시 일어나 세우실 위대한 메시아로 기대하며 맞이했어요.

세상을 죄로부터 구원하시려고 십자가 벌을 받으실 것이며 겸손하게 어린 나귀를 타고 오시는 예수님의 모습과 달리, 유대 사람들은 예수님을 승리와 정복의 왕으로 환영한 것입니다.

11 나귀를 가져오게 하심 그들이 예루살렘에 가까이 와서 올리브 산 근처 벳바게와 베다니에 이르렀을 때 예수께서 제자 두 명을 보내시며

2 말씀하셨습니다. "저기 보이는 마을로 들어가라. 그곳에 들어가 보면 아직 아무도 탄 적이 없는 새끼 나귀 하나가 매여 있을 것이다. 그 나귀를 풀어서 이리로 끌고 와라.

3 만약 누가 '왜 이러느냐'고 물으면 '주께서 필요하시니 쓰고 제자리에 갖다 놓겠다'고 하라."

4 그들이 가서 보니 길거리 어느 문 앞에 새끼 나귀가 매여 있었습니다. 그들이 나귀를 풀고 있는데

5 거기 서 있던 사람들이 물었습니다. "뭘 하는 것이오? 왜 나귀를 풀고 있소?"

6 그들이 예수께서 일러 주신 대로 대답하자 그 사람들이 허락해 주었습니다.

7 그들이 나귀를 예수께 끌고 와서 자기들의 겉옷을 그 위에 얹어 드리자 예수께서 나귀를 타셨습니다.

8 예루살렘에 입성하심 많은 사람들이 길 위에 겉옷을 깔아 드렸고 또 어떤 사람들은 들에서 나뭇가지를 꺾어 와 길에 깔기도 했습니다.
왕하 9:13

9 앞서가는 사람들과 뒤따라가는 사람들이 외쳤습니다.

"호산나! 복이 있으리로다! 주의 이름으로 오시는 분이여!"
시 118:25-26

10 "복이 있도다! 다가오는 우리 조상 다윗의 나라여! 지극히 높은 곳에서 호산나!"

11 베다니로 돌아가심 예수께서 예루살렘에 도착하시자 성전으로 들어가셨습니다. 예수께서는 모든 것을 둘러보시고는 이미 날이 저물었으므로 열두 제자들과 함께 베다니로 나가셨습니다.
19절;마 21:10,17

12 열매 없는 무화과나무 이튿날 베다니를 떠나시려는데 예수께서 배가 고프셨습니다.

13 예수께서 멀리 잎이 무성한 무화과나무를 보시고는 열매가 있을까 하여 가 보셨습니다. 가까이 다가가 보시니 잎만 무성할 뿐 무화과 열매는 없었습니다. 무화과 철이 아니었기 때문입니다.
13:28;눅 13:6-9

14 예수께서 그 나무에게 말씀하셨습니다. "이제부터 어느 누구도 네 열매를 따 먹지 못할 것이다." 예수의 제자들도 이 말씀을 들었습니다.

15 성전을 청결케 하심 예루살렘에 도착하시자마자 예수께서 성전으로 들어가 거기서 장사하던 사람들을 내쫓기 시작하셨습니다. 예수께서는 돈 바꿔 주는 사람들의 상과 비둘기를 파는 사람들의 의자를 둘러엎으셨습니다.
출 30:13;레 1:14;눅 2:24

16 그리고 어느 누구라도 장사할 물건들을 들고 성전 안으로 지나다니지 못하게 하셨습니다.

17 그리고 예수께서 사람들을 가르치시며 말씀하셨습니다.

무엇이나 기도하면 다 들어주세요?

그렇지 않답니다. 하나님은 요술방망이가 아니에요. 내 욕심대로 이루어지기를 기도하는 것이 아니라, 하나님의 뜻대로 하는 것이 기도의 바른 자세입니다.

가장 모범적인 기도는 예수님에게서 배울 수 있어요(막 14:32-41). 예수님은 십자가를 지시는 것이 두렵고 힘들어서 그만두고 싶었지만 피가 섞인 땀을 흘릴 정도로 힘을 다해 "내 뜻대로 하지 마시고 아버지의 뜻대로 하십시오."라고 하나님의 뜻대로 기도하셨어요(막 14:36). 하나님은 우리가 욕심으로 구하는 기도보다 뜻을 구하는 사람의 기도를 더 기뻐하시고 그 기도는 반드시 들어주신답니다. 이제부터 내 욕심을 위한 기도보다 하나님의 뜻대로 나라와 가족과 이웃을 위하여 더욱 열심히 기도해서 응답을 받는 기도의 어린이가 됩시다!

"'내 집은 모든 민족들이 기도하는 집
이라 불릴 것이다'
라고 성경에 기록돼 있지 않았느냐? 그런
데 너희는 이곳을 '강도의 소굴'로 만들고
말았다." 사 56:7;렘 7:11

18 음모가 지폐됨 이 말을 듣고 난 대제사장들
과 율법학자들은 예수를 죽일 방도를 궁
리하기 시작했습니다. 그들은 모든 사람
들이 예수의 가르치심에 놀라는 것을 보
고 예수를 두려워했던 것입니다. 마 7:28

19 성 밖으로 나가심 저녁때가 되자 예수와 제
자들은 성 밖으로 나갔습니다. 11절

20 무화과나무의 교훈 이튿날 아침, 예수와 제
자들이 지나가다 뿌리째 말라 버린 무화
과나무를 보았습니다. 20~24절;마 21:19~22

21 베드로는 생각이 나서 예수께 말했습니다.
"선생님, 보십시오! 저주하셨던 무화과나
무가 말라 버렸습니다!"

22 예수께서 대답하셨습니다. "하나님을 믿
어라. 요 14:1;엡 3:12;빌 3:9

23 내가 너희에게 진실로 말한다. 누구든지
저 산에게 '들려서 바다에 빠져라!' 하고
마음에 의심하지 않고 말한 대로 될 줄 믿
으면 그대로 이루어질 것이다. 롬 4:20

24 그러므로 내가 너희에게 말한다. 무엇이
든지 너희가 기도하고 간구하는 것은 이
미 받은 줄로 믿으라. 그러면 너희에게 그
대로 이루어질 것이다. 사 65:24;마 6:8;7:7

25 서서 기도할 때에 어떤 사람과 등진 일이
있거든 그 사람을 용서해 주라. 그러면 하
늘에 계신 너희 아버지께서도 너희 죄를
용서해 주실 것이다." 마 5:23;6:15;갈 3:13

26 *(없음)

27 예수님의 권세의 출처를 물음 그들이 다시 예
루살렘으로 들어갔습니다. 예수께서 성전
을 거닐고 계시는데 대제사장들과 율법학
자들과 장로들이 다가와서 눅 20:1~8

28 물었습니다. "당신이 무슨 권세로 이런 일
을 하는 것이오? 누가 이런 권세를 주었
소?" 출 2:14;요 1:25;행 4:7

29 예수께서 대답하셨습니다. "나도 한 가지 물

어보겠다. 대답해 보라. 그러면 내가 무슨
권세로 이런 일을 행하는지 말해 주겠다.

30 요한의 세례가 하늘로부터 왔느냐, 사람으
로부터 왔느냐? 말해 보라." 막 3:27

31 그들은 자기들끼리 의논하며 말했습니다.
"만약 우리가 '하늘로부터 왔다'라고 하
면 저 사람이 '그러면 왜 요한을 믿지 않았
느냐?'라고 할 것이다. 마 21:32;눅 7:30

32 그렇다고 해서 '사람으로부터 왔다'라고
할 수도 없지 않는가?" 많은 사람들이 요
한을 진정한 예언자로 믿고 있었기 때문에
그들은 백성들이 두려웠던 것입니다.

33 그래서 그들은 예수께 "잘 모르겠소"라고
대답했습니다. 예수께서 말씀하셨습니다.
"그렇다면 나도 무슨 권세로 이런 일을 하
는지 너희에게 말하지 않겠다."

12 악한 농부의 비유 예수께서 그들에
게 비유로 말씀하기 시작하
셨습니다. "어떤 사람이 포도원을 만들어
울타리를 치고 땅을 파서 포도즙 짜
는 틀 자리를 만들고 망대를 세웠다. 그러
고는 어떤 농부들에게 포도원을 세주고
멀리 떠났다. 눅 20:9~19

2 수확할 때가 되자 주인은 포도원에서 난
소출 가운데 얼마를 받아 오라고 종을 농
부들에게 보냈다.

3 그런데 그들은 그 종을 잡아다가 때리고
는 빈손으로 돌려보냈다. 마 5:12;22:6;23:34,37

4 그러자 주인은 그들에게 다른 종을 보냈
다. 그러나 그들은 그 종의 머리를 때리고
모욕했다. 마 22:4;행 5:41;14:19

5 주인은 또 다른 종을 보냈지만 그들은 그
종을 죽여 버렸다. 그러고 나서 또 주인은
계속해서 다른 종들을 많이 보냈는데 농
부들은 그 종을 때리고 더러는 죽이기

호산나 (11:9, Hosanna) '우리를 구원하소서'라는 뜻의
아람어. 구원을 간구하는 짧은 기도.
방도 (11:18, 方道, way) 어떤 일을 해결하거나 문제를 풀
어 가기 위한 방법과 길.
*26절 고대 사본에는 '만약 너희가 용서하지 않으면
하늘에 계신 너희 아버지께서도 너희 죄를 용서하지 않으
실 것이다'가 있음.

도 했다.

6 주인에게는 이제 단 한 사람, 바로 사랑하는 자기 아들이 남아 있었다. 그는 마지막으로 아들을 보내면서 '그들이 내 아들은 존중하겠지'라고 말했다. _{마 3:17; 히 1:2}

7 그러나 농부들은 자기들끼리 수군거렸다. '이 사람은 상속자다. 가서 그를 죽이자. 그러면 그 유산은 우리 차지가 될 것이다.'

8 그리하여 농부들은 아들을 데려다가 죽이고 포도원 밖으로 내던져 버렸다.

9 이렇게 되면 포도원 주인이 어떻게 하겠느냐? 그가 와서 그 농부들을 죽이고 다른 사람들에게 포도원을 줄 것이다.

10 버림받은 돌 너희는 성경에서 이런 말씀을 읽어 보지 못했느냐? _{행 4:11; 벧전 2:7}

'건축자들이 버린 돌이 집 모퉁이의 머릿돌이 됐다.

11 주께서 이렇게 하셨으니 우리 눈에 놀랍게 보일 뿐이다.'" _{시 118:22~23; 마 21:42}

12 종교 지도자들이 분노함 그러자 그들은 예수께서 말씀하신 이 비유가 자기들을 가리켜 말씀하시는 것임을 알아차리고 예수를 체포할 방도를 모색했습니다. 그러나 백성들을 두려워해 예수를 그대로 두고 가 버렸습니다. _{11:18; 눅 19:47~48; 요 7:25,30,44}

13 세금에 대해 물음 그들은 예수의 말씀을 트집 잡아 보려고 바리새파 사람들과 헤롯 당원들을 예수께로 보냈습니다.

14 그들이 예수께 다가와 말했습니다. "선생님, 우리는 선생님을 참된 분으로 알고 있습니다. 선생님은 사람을 겉모습으로 판단하지 않기 때문에 사람으로 인해 동요

되지 않고 하나님의 진리를 참되게 가르치신다고 들었습니다. 그런데 우리가 가이사에게 세금을 내는 것이 옳습니까, 옳지 않습니까? _{요 3:2; 행 10:34}

15 우리가 세금을 내야 합니까, 내지 말아야 합니까?" 예수께서는 위선적인 그들의 속셈을 다 아시고 말씀하셨습니다. "왜 너희가 나를 시험하느냐? 데나리온 동전 하나를 가져와 내게 보이라." _{눅 12:1; 요 8:6}

16 그들이 동전 하나를 가져오자 예수께서 그들에게 물으셨습니다. "동전에 있는 얼굴과 새겨진 글자가 누구의 것이냐?" 그들은 "가이사의 것입니다" 하고 대답했습니다.

17 그러자 예수께서 그들에게 말씀하셨습니다. "가이사의 것은 가이사에게 바치고 하나님의 것은 하나님께 바치라." 그들은 예수께 몹시 감탄했습니다. _{롬 13:7}

18 부활에 대해 물음 부활이 없다고 주장하는 사두개파 사람들이 예수께 와서 물었습니다. _{마 3:7; 16:1; 행 4:1~2; 23:8}

19 "선생님, 모세가 우리를 위해 쓰기를 '만약 형이 자식 없이 아내만 남겨 놓고 죽으면 동생이 그 형수와 결혼해서 형의 대를 이을 자식을 낳아야 한다'고 했습니다.

20 그런데 일곱 형제들이 있었습니다. 첫째가 결혼을 했는데 자식 없이 죽었습니다.

21 둘째가 그 형수와 결혼을 했는데 그도 역시 자식 없이 죽었습니다. 셋째도 마찬가지였습니다.

22 그렇게 일곱 형제 모두가 자식 없이 죽었고 결국 그 여자도 죽었습니다.

23 일곱 형제들이 다 이 여자와 결혼을 했으

부활하면 결혼하지 않아요?

예, 그렇답니다. 부활하면 우리 모두 변화할 것이라고 말씀하고 있어요(고전 15:51~52), 그리고 부활하면 사람이 하늘에 있는 천사들과 같다고 했으니 남자 여자 구분도 없어질 거예요. 그러니 천국에서는 더 이상 결혼할 필요가 없어요. 하나님 아버지 안에서 한 가족이 되어 서로 사랑하기 때문이랍니다.

또 천국에서는 다시 죽거나 슬프거나 울거나 아프지 않을 것이라고 하셨어요(계 21:4). 천국에서는 불완전했던 우리의 몸과 마음도 완전하게 되어 더 이상 아프거나 슬프지도 않고 행복하게 살 수 있답니다.
이렇게 좋은 천국에 예수님을 믿는 사람만 들어갈 수 있다는 사실! 친구들, 다 알고 있지요?

니 부활할 때에 이 여자는 누구의 아내가 되겠습니까?"

24 예수께서 대답하셨습니다. "너희가 성경도 모르고 하나님의 능력도 몰라서 그렇게 잘못 생각하는 것이 아니냐? 고전 16:14

25 죽은 사람들이 살아날 때에는 시집도 가지 않고 장가도 가는 일이 없다. 그들은 마치 하늘에 있는 천사들같이 될 것이다.

26 죽은 사람의 부활에 대해서는 모세의 책에 가시떨기나무가 나오는 곳에서 하나님께서 모세에게 말씀하시기를 '나는 아브라함의 하나님, 이삭의 하나님, 야곱의 하나님이다' 하신 것을 읽어 보지 못했느냐?

27 하나님께서는 죽은 사람들의 하나님이 아니라 살아 있는 사람들의 하나님이시다. 너희가 크게 잘못 생각하고 있다."

28 **가장 큰 계명** 율법학자들 가운데 한 사람이 와서 논쟁하는 것을 들었습니다. 예수께서 그들에게 대답을 잘하시는 것을 보고 예수께 물었습니다. "모든 계명들 가운데 어떤 것이 가장 중요한 계명입니까?"

29 예수께서 대답하셨습니다. "첫째로 중요한 계명은 이것이다. '이스라엘아, 들으라! 주 우리 하나님은 오직 한 분이시다.

30 네 마음과 네 목숨과 네 뜻과 네 힘을 다해 주 네 하나님을 사랑하라' 하는 것이고

31 두 번째로 중요한 계명은 이것이다. '네 이웃을 네 몸과 같이 사랑하라' 하는 것이다. 이것보다 더 중요한 계명은 없다."

32 그 사람이 대답했습니다. "선생님, 옳은 말씀입니다. 하나님은 오직 한 분이시고 하나님 한 분 외에는 다른 신이 없다는 말씀이 옳습니다. 신 4:35

33 온 마음과 모든 지혜와 온 힘을 다해 하나님을 사랑하는 것과 이웃을 자기 몸같이 사랑하는 것이 모든 번제물과 희생제물보다 더 중요합니다." 신 4:6;삼상 15:22;호 6:6;눅 2:47

34 예수께서는 그가 지혜롭게 대답하는 것을 보시고, "너는 하나님 나라로부터 멀리 있지 않구나"라고 말씀하셨습니다. 그 뒤로는 감히 예수께 더 묻는 사람이 없었습니다.

35 **조상에 대해 물음** 예수께서 성전에서 가르치시면서 물으셨습니다. "어째서 율법학자들이 그리스도를 다윗의 자손이라고 하느냐?

36 다윗 자신이 성령으로 감동돼 이렇게 친히 말했다. 시 110:1;행 2:34~35;히 1:13

'주께서 내 주께 말씀하셨다. 내가 네 원수들을 네 발아래 굴복시킬 때까지 너는 내 오른편에 앉아 있어라.' 시 110:1

37 다윗 자신도 그분을 '주'라 부르는데 어떻게 그리스도가 다윗의 자손이 될 수 있겠느냐?" 많은 사람들이 예수의 말씀을 기쁘게 들었습니다. 6:20;눅 1:3~4

38 **외식을 책망하심** 예수께서 가르치시면서 말씀하셨습니다. "율법학자들을 조심하여라. 이들은 긴 옷을 입고 다니기를 좋아하고 시장에서 인사받기를 좋아한다.

39 또 회당에서 높은 자리와 잔치에서 윗자리에 앉기를 좋아한다. 눅 14:7~8

40 그들은 과부의 집을 삼키고 남에게 보이려고 길게 기도한다. 이런 사람들은 더 큰 심판을 받을 것이다." 마 6:5,7;눅 11:39;16:14

41 **가난한 과부의 헌금** 예수께서는 성전 헌금함 맞은편에 앉아 사람들이 헌금함에 돈 넣는 것을 보고 계셨습니다. 많은 부자들이 큰돈을 넣었습니다.

42 그런데 가난한 과부 한 사람이 다가오더니 렙돈 동전 두 개, 곧 1고드란트를 넣었습니다.

43 예수께서 제자들을 불러서 말씀하셨습니다. "내가 너희에게 진실로 말한다. 이 가난한 과부가 어느 누구보다 더 많은 헌금을 드렸다. 고후 8:2,12

44 그들은 모두 풍족한 가운데서 드렸지만 이 여인은 가난한 가운데서도 자신이 가지고 있던 모든 것, 곧 자기 생활비 전부를 드렸다." 눅 8:43;빌 4:11

13

성전의 무너짐을 말씀하심 예수께서 성전을 떠나실 때 제자들 가운데 한 사람이 말했습니다. "선생님, 저것 좀

유산(12:7, 遺産, inheritance) 죽은 사람이 남겨 놓은 재산

보십시오! 저 큰 돌들하며 웅장한 건물 좀 보십시오!" 마 24:1-51;눅 21:5-36

2 예수께서 그에게 말씀하셨습니다. "이 훌륭한 건물들을 보느냐? 여기 있는 돌 하나도 그냥 쌓여 있지 않고 하나같이 모두 무너질 것이다." 눅 19:44

3 **제자들의 질문** 예수께서 성전 맞은편 올리브 산에서 앉아 계실 때에 베드로와 야고보와 요한과 안드레가 따로 나아와 예수께 물었습니다. 4:34;마 1:16,29;21:1;요 1:40

4 "말씀해 주십시오. 그런 일이 언제 일어납니까? 그런 일이 다 이루어질 무렵에는 어떤 징조가 있겠습니까?" 행 1:6-7

5 **세상 끝날의 징조** 예수께서 대답하셨습니다. "어느 누구에게도 현혹되지 않도록 조심하라. 9,23,33;잠렘 29:8;엡 5:6;요일 37

6 많은 사람들이 내 이름으로 와서 '내가 바로 그다'라고 하며 많은 사람들을 속일 것이다.

7 전쟁이 일어난 소식과 소문이 들려도 놀라지 말라. 그런 일은 반드시 일어나야 하지만 아직 마지막은 아니다. 살후 2:2;계 1:1

8 민족과 민족이 서로 대항해 일어나고 나라와 나라가 서로 대항해 일어날 것이다. 곳곳에서 지진이 일어나고 기근이 들 것이다. 그러나 이런 일은 해산하는 고통의 시작일 뿐이다. 대하 15:6;사 19:2;계 6:8

9 너희는 정신을 바짝 차려야 한다. 너희는 법정에 넘겨지고 회당에서 매질당할 것이다. 그리고 나로 인해 왕과 총독들 앞에서 그들에게 증언하게 될 것이다.

10 먼저 복음이 세상 모든 민족에게 전해져야 한다. 마 28:19;행 27:24;롬 10:18

11 너희가 붙잡혀 가서 재판을 받게 될 때에 무슨 말을 할지 미리 걱정하지 말라. 때에 맞게 너희에게 주시는 말만 하면 된다. 말하는 분은 너희가 아니라 성령이시다.

12 형제가 형제를, 아버지가 자식을 배신해 죽게 내어 줄 것이다. 자식들이 부모를 배역해 죽게 만들 것이다. 마 10:35-36

13 모든 사람들이 나로 인해 너희를 미워할 것이다. 그러나 끝까지 견디는 사람은 구원받을 것이다. 마 15:18-21;눅 6:22;약 5:11

14 '멸망하게 하는 가증한 것'이 있어서는 안 될 곳에 서 있는 것을 보면 (읽는 사람은 깨달아라) 유대에 있는 사람들은 산으로 도망가라. 단 9:27;11:31;12:11

15 자기 집 지붕 위에 있는 사람은 거기서 내려오지 말고 물건을 가지러 집 안으로 들어가지 마라. 눅 5:19;17:31

16 들에 있는 사람은 겉옷을 가지러 돌아가지 마라.

상식풍풍

올리브 산에서 예수님의 예언, 그 이후

성전 파괴에 대한 예언
(막 13:1-4)
"여기 있는 돌 하나라도 그냥 쌓여 있지 않고 하나같이 모두 무너질 것이다." 라는 말씀은 AD 70년 로마 장군 디도에 의해 예루살렘 성전이 파괴됨으로 성취되었다.

미혹에 대한 예언
(막 13:5-8)
메시아를 사칭하는 자들을 조심해야 하며, 전쟁과 천재지변은 그 자체가 종말이 아니라 조짐에 불과하다.

박해에 대한 예언
(막 13:9-13)
제자들이 당할 고난과 핍박에 대한 예언은 스데반의 순교(행 6-8장)로 시작하여 야고보 사도의 순교(행 12:2) 역사 속의 여러 순교자들로 인해 이루어졌고 지금도 계속되고 있다. 이는 복음 증거를 위한 하나님의 계획이었다.

재난에 대한 예언
(막 13:14-23)
성전이 더럽혀질 것에 대한 예언(단 11:31; 막 13:14 참조)은 AD 70년 로마 군대의 예루살렘 성전 파괴로 이루어졌지만, 장차 때에 그리스도의 적대자에 의해 이런 일이 일어날 것이다(살후 2:3-4; 계 13:1-10, 14-15). 재난에 대한 예언은 예루살렘 파괴와 훗날의 대환난을 포함하는 것이다.

17 임신한 여인들이나 젖 먹이는 어머니들에게는 그날들이 얼마나 끔찍할지 모른다.

18 이런 일이 겨울에 닥치지 않도록 기도하라.

19 그때가 환난의 날들이 될 것이기 때문이다. 이와 같은 환난은 태초에 하나님께서 세상을 창조하신 이후 지금까지 없었고 또 앞으로도 없을 것이다. _24절단 12:1,계 16:18_

20 주께서 그날들을 줄여 주시지 않았더라면 아무도 살아남지 못할 것이다. 그러나 주께서는 자신이 택하신 사람들을 위해 그날들을 줄여 주셨다. _단 13:18;15:19;엡 1:4_

21 그때 누가 너희에게 '보라! 여기 그리스도가 있다!', '보라! 그리스도가 저기 있다!'라고 해도 믿지 말라. _6절;눅 17:23_

22 가짜 그리스도들과 가짜 예언자들이 나타나 표적과 기사를 보이면서 가능한 한 택함받은 사람들까지도 미혹할 것이다.

23 그러므로 정신을 바짝 차리라. 그때가 오기 전에 내가 이 모든 것을 너희에게 미리 일러 두는 것이다. _5절;요 13:19;14:29;벧후 3:17_

24 '그러나 환난이 지나가면 해가 어두워지고 달이 빛을 내지 않을 것이며 _사 13:10_

25 별들이 하늘에서 떨어지고 하늘의 세력들이 무너질 것이다.' _사 14:12;34:4;계 6:13_

26 그때 사람들은 인자가 큰 권능과 영광의 구름을 타고 오는 것을 볼 것이다.

27 그때에 인자가 천사들을 보내 택함받은 사람들을 땅끝에서 하늘 끝까지 사방에서 모을 것이다. _마 13:41;23:37_

28 무화과나무를 보고 배우라. 그 가지가 연해지고 새잎이 돋으면 여름이 가까이 왔음을 안다.

29 이와 같이 이런 일들이 일어나는 것을 보면 그때가 바로 문 앞에 가까이 온 줄을 알라. _약 5:9;계 3:20_

30 내가 너희에게 진실로 말한다. 이 세대가 지나가기 전에 이 모든 일이 일어날 것이다.

31 하늘과 땅은 없어질지라도 내가 한 말은 결코 없어지지 않을 것이다. _시 119:89_

32 아무도 모르게 인자가 임하심 그 날짜와 그 시각은 아무도 모른다. 하늘의 천사들도 모르고 아들도 모른다. 오직 아버지만 아신다. _마 25:13;행 1:7;살전 5:1-2_

33 정신을 바짝 차리라! 항상 깨어 있으라! 그때가 언제 올지 알지 못하기 때문이다.

34 깨어 있으라 그것은 여행을 떠나는 사람에 비유할 수 있다. 사람이 집을 떠나면서 자기 종들에게 권한을 주고 각 사람에게 할 일을 맡기고 자기 문지기에게 집을 잘 지키라고 명령하는 것과 같다. _눅 12:36;요 10:3_

35 그러므로 너희는 항상 깨어 있으라. 집주인이 언제 돌아올지, 곧 저녁이 될지, 한밤이 될지, 새벽이 될지, 아침이 될지 모르기 때문이다. _마 25:13;눅 12:37;계 16:15_

36 그가 갑자기 돌아와 너희가 자고 있는 모습을 보게 되는 일이 없도록 하라.

37 내가 너희에게 하는 이 말은 모든 사람에게 하는 말이니 '깨어 있으라!'

14

공모하는 대제사장들과 율법학자들 유월절과 무교절이 되기로 이틀 전이었습니다. 대제사장들과 율법학자들은 어떻게 예수를 체포해 죽일지 궁리하고 있었습니다. _요 6:4;11:53_

2 그들은 "백성들이 소동을 일으킬 수 있으니 명절에는 하지 말자"라고 말했습니다.

3 향유를 예수님의 머리에 부음 예수께서 베다니 마을에 '나병 환자 시몬'이라는 사람의 집에서 식탁에 기대 먹고 계시는데 한 여인이 값비싼 순수한 나드 향유가 든 옥합 하나를 가져왔습니다. 그리고 그 여인은 옥합을 깨뜨려 향유를 예수의 머리에 부었습니다. _마 26:6-13;눅 7:37-39;요 12:1-8_

4 거기 있던 사람들이 화를 내며 서로 수군거렸습니다. "왜 향유를 저렇게 낭비하는가?

5 저것을 팔면 300데나리온은 족히 될 텐데. 그 돈을 가난한 사람들에게 주었으면 좋았을 것을." 그러면서 그들은 여인을 심하게 나무랐습니다. _요 13:29;26:8_

6 예수께서 말씀하셨습니다. "가만두어라. 어찌해 이 여인을 괴롭히느냐? 이 사람은 내게 좋은 일을 했다.

7 가난한 사람들이야 항상 너희 곁에 있으

니 너희가 원하기만 하면 언제든지 도울 수 있지만 나는 너희 곁에 항상 있는 것이 아니다. 신 15:11;요 7:33;고후 9:7

8 이 여인은 자기가 할 수 있는 일을 했다. 내 몸에 향유를 부어 내 장례를 미리 준비한 것이다. 12:43;요 19:40;고후 8:12

9 내가 너희에게 진실로 말한다. 온 세상 어디든지 복음이 전파되는 곳마다 이 여인이 한 일도 전해져서 사람들이 이 여인을 기억하게 될 것이다." 마 24:14;행 10:4

10 유다의 흥정 그때 열두 제자 가운데 하나인 가룟 유다가 예수를 배반해서 넘겨줄 심산으로 대제사장들에게 갔습니다.

11 그들은 유다의 말을 듣고 무척 기뻐하며 그에게 돈을 주기로 약속했습니다. 그래서 유다는 예수를 넘겨줄 기회를 엿보았습니다.

12 제자들이 유월절을 준비함 무교절 첫날, 유월절 양을 잡는 날에 제자들이 예수께 물었습니다. "우리가 주를 위해 어디에 가서 유월절 음식을 준비하는 것이 좋겠습니까?"

13 그러자 예수께서 제자 두 사람을 보내시며 말씀하셨습니다. "성안으로 들어가면 물동이를 메고 가는 사람을 만날 것이다. 그를 따라가거라. 11:1

14 그가 어디로 들어가든지 그 집주인에게 '선생님께서 제자들과 함께 유월절 음식 먹을 방이 어디냐고 물으십니까'라고 말하라.

15 그가 잘 마련해 놓은 넓은 다락방을 보여 줄 것이다. 거기에다 우리를 위해 음식을 준비해 두라." 행 1:13

16 제자들이 떠나 성안으로 들어가 보니 모든 것이 예수께서 말씀하신 그대로였습니다. 그리하여 그들은 유월절을 준비했습니다.

17 배반을 예언하시는 예수님 그날 저녁이 되자 예수께서 열두 제자들과 함께 그 집에 도착하셨습니다. 눅 22:14, 21~23;요 13:21~26

18 함께 식탁에 기대어 음식을 나누는 동안 예수께서 말씀하셨습니다. "내가 너희에게 진실로 말한다. 너희 가운데 하나가 나를 배반할 것이다. 그가 지금 나와 함께 먹고 있다." 시 41:9;요 6:70~71;13:18

19 배반자가 밝혀짐 그들은 슬픔에 잠겨 한 사람씩 예수께 물었습니다. "설마 저는 아니지요?"

20 예수께서 대답하셨습니다. "12명 가운데 한 사람이다. 지금 나와 한그릇에 빵을 찍어 먹는 사람이다. 10절

21 인자는 자신에 대해 성경에 기록된 대로 가겠지만 인자를 배반하는 그 사람에게는 화가 있을 것이다! 그는 차라리 이 세상에 태어나지 않았더라면 좋았을 것이다."

예수님이 제자들과 유월절 음식을 나누심

22 **최후의 만찬** 그들이 음식을 먹고 있는데 예수께서 빵을 들고 감사 기도를 드리신 후 떼어 제자들에게 나눠 주며 말씀하셨습니다. "이것을 받으라. 이것은 내 몸이다."

23 그러고 나서 예수께서는 잔을 들고 감사 기도를 드리신 후 제자들에게 주셨습니다. 그러자 그들 모두 받아 마셨습니다.

24 예수께서 그들에게 말씀하셨습니다. "이것은 많은 사람을 위해 흘리는 내 피, 곧 언약의 피다. 출24:8;슥9:11;히13:20

25 내가 너희에게 진실로 말한다. 내가 하나님 나라에서 새 포도주를 마시는 그날까지 포도나무에서 난 것을 다시는 마시지 않을 것이다."

26 **올리브 산으로 가심** 그들은 찬송을 부른 뒤 올리브 산으로 향했습니다. 마26:30-35

27 **배반을 예고하심** 예수께서 그들에게 말씀하셨습니다. "너희는 모두 나를 버릴 것이다. 성경에 이렇게 기록돼 있다. '내가 목자를 치리니 양 떼가 흩어질 것이다.'

28 그러나 내가 살아난 후에 너희보다 앞서 갈릴리로 갈 것이다." 16:7;마 28:7,10,16

29 **베드로가 충성을 다짐함** 베드로가 장담하며 말했습니다. "모든 사람이 주를 저버린다 해도 저는 그렇게 하지 않을 것입니다."

30 예수께서 대답하셨습니다. "내가 네게 진

실로 말한다. 오늘 밤 닭이 두 번 울기 전에 네가 나를 모른다고 세 번 부인할 것이다."

31 그러나 베드로는 힘주어 말했습니다. "주와 함께 죽을지언정 결코 주를 모른다고 하지 않을 것입니다." 다른 모든 제자들도 같은 말을 했습니다. 눅22:33;요13:37

32 **겟세마네로 가심** 그들은 겟세마네라는 곳으로 갔습니다. 예수께서 제자들에게 "내가 기도하는 동안 여기 앉아 있으라" 하시고

33 베드로와 야고보와 요한만 따로 데리고 가셨습니다. 그리고 매우 근심에 잠겨 괴로워하셨습니다. 마26:37;눅9:2;10:32

34 예수께서 그들에게 말씀하셨습니다. "내 마음이 너무 괴로워 죽을 지경이다. 너희는 여기 머물러 깨어 있으라." 시42:5-6

35 **고뇌 속에 기도하시는 예수님** 예수께서는 조금 떨어진 곳으로 가셔서 땅에 엎드려 할 수만 있다면 그 순간이 그냥 지나가게 해 주십사고 기도하셨습니다. 41절;요12:27;13:1

36 예수께서 말씀하셨습니다. "아바 아버지여! 아버지께는 모든 일이 가능하시니 이 잔을 내게서 거두어 주십시오. 그러나 내 뜻대로 하지 마시고 아버지의 뜻대로 하십시오." 요5:30;6:38;빌2:8

37 **두 번째 기도** 그러고 나서 제자들에게 돌아와 보시니 그들은 자고 있었습니다. 예수께서 베드로에게 말씀하셨습니다. "시몬아, 자고 있느냐? 네가 한 시간도 깨어 있지 못하겠느냐? 마6:13;벧전4:7

38 시험에 들지 않도록 깨어서 기도하여라. 마음은 간절한데 육신이 약하구나!"

39 예수께서는 다시 한 번 가셔서 똑같은 말씀으로 기도하셨습니다. 36절

40 **세 번째 기도** 그러고는 다시 오셔서 보시니 그들은 또 잠이 들어 있었습니다. 제자들이 너무 졸려 눈을 뜰 수 없었던 것입니다. 그들은 예수께 무슨 말을 해야 좋을지 몰랐습니다.

41 예수께서 세 번째 그들에게 돌아오셔서 말씀하셨습니다. "아직도 졸며 쉬고 있느냐? 이제 됐다. 때가 왔구나. 보라. 인자가

예수님의 마지막 일주일

주일

① 어린 나귀를 타고
예루살렘에 들어가심
(막 11:1-11)

월요일

② 열매 없는 무화과나무를
저주하심 (막 11:12-14)

③ 성전에서 장사꾼들을
내쫓으심 (막 11:15-18)

화요일

④ 종교 지도자들에게 권위에
대한 도전을 받으심
(막 11:27-33)

⑤ 자기 모든 소유를 드린
가난한 과부를 칭찬하심
(막 12:41-44)

⑥ 예루살렘의 멸망에 대해
말씀하심 (막 13:1-37)

목요일

⑦ 마지막 유월절 식사 후
만찬을 제정하심
(막 14:12-26)

⑧ 올리브 산 겟세마네에서
간절히 기도하심
(막 14:32-42)

⑨ 대제사장들과 장로들이
보낸 무리들에게 붙잡히심
(마 26:47-56)

금요일

⑩ 산헤드린 공회 앞에 서심
(막 14:53-65)

11 빌라도 앞에서 심문받으심
(막 15:1~5)

12 헤롯 안티파스 앞에 끌려가 희롱당하심 (눅 23:6~12)

13 빌라도가 예수님을 십자가에 못 박도록 넘겨줌 (막 15:6~15)

14 로마 군인들에게 희롱당하신 후 십자가를 지고 끌고다로 가심
(막 15:16~22)

15 두 명의 강도와 함께 십자가에 못 박히심 (막 15:25~28)

16 십자가 위에서 죽으심
(막 15:37)

17 아리마대 요셉의 새 무덤에 장사되심
(막 15:46~47)

18 예수님의 무덤을 경비병들이 지킴
(마 27:62~66)

19 세 여인들이 빈 무덤을 발견함 (막 16:1~5)

20 부활하신 예수님이 막달라 마리아를 만나심
(막 16:9~11)

21 엠마오로 가던 두 제자에게 나타나심
(막 16:12~13)

22 열한 제자에게 나타나심
(막 16:14)

배반당해 죄인들의 손에 넘겨지게 됐다.

42 일어나라! 가자! 저기 나를 배반할 자가 오고 있다."

43 유다가 배반함 예수께서 아직 말씀하고 계시는데 열두 제자 가운데 하나인 유다가 나타났습니다. 그 곁에는 칼과 몽둥이로 무장한 사람들이 함께 있었습니다. 그들은 대제사장들과 율법학자들과 장로들이 보낸 사람들이었습니다. 요 18:3-11

44 예수를 넘겨주는 사람이 그들과 신호를 미리 정했습니다. "내가 입을 맞추는 사람이 바로 그 사람이니 그를 붙잡아 단단히 끌고 가시오."

45 유다는 예수께 곧바로 다가가 "선생님!" 하고 입을 맞추었습니다. 눅 7:38,45 행 20:37

46 베드로가 하인의 귀를 자름 그러자 사람들이 예수를 붙잡아 체포했습니다.

47 그때 옆에 서 있던 사람들 가운데 하나가 자기 칼을 빼더니 대제사장 하인의 귀를 쳐 잘라 버렸습니다. 눅 22:38

48 예수님이 꾸짖으심 예수께서 말씀하셨습니다. "너희가 강도에게 하듯이 칼과 몽둥이를 들고 나를 잡으러 왔느냐?

49 내가 날마다 너희와 함께 있으면서 성전에서 가르칠 때에는 너희가 나를 잡지 않았다. 그러나 이것은 성경을 이루려고 하는 것이다." 눅 2:46 요 8:2;18:20

50 제자들이 달아남 제자들은 모두 예수를 버리고 달아났습니다. 27절:시 88:8,18;요 16:32

51 그런데 한 청년이 맨몸에 베 홑이불을 두

르고 예수를 따라가고 있었습니다. 사람들이 그를 붙잡자 15:46;삿 14:12;잠 3:24

52 그는 홑이불을 버리고 벌거벗은 채 달아나 버렸습니다.

53 대제사장 가야바에게로 끌려가심 그들은 예수를 끌고 대제사장에게로 갔습니다. 대제사장들과 장로들과 율법학자들이 모두 모여들었습니다. 53-65절:눅 22:54-55

54 베드로는 멀찌감치 떨어져 예수를 따라가 대제사장 집 뜰에까지 들어갔습니다. 거기서 그는 경비병들 틈에 앉아 불을 쬐고 있었습니다. 마 26:3;요 18:15,18

55 가야바와 공회 앞에 서심 대제사장들과 온 공회가 예수를 죽이려고 증거를 찾았지만 아무런 증거도 나오지 않았습니다.

56 많은 사람들이 예수에 대해 거짓 증거를 댔지만 그들의 증언이 서로 맞지 않았습니다.

57 그러자 몇몇 사람들이 일어나 예수에 대해 이렇게 거짓으로 증언했습니다.

58 "우리는 저 사람이 '내가 손으로 지은 이 성전을 헐고 손으로 짓지 않은 다른 성전을 3일 만에 세우겠다'고 하는 소리를 들었습니다." 15:29;요 2:19;고후 5:1

59 그러나 이 사람들이 한 증언도 서로 맞지 않았습니다.

60 그러자 대제사장이 그들 앞에 서서 예수께 물었습니다. "아무 대답도 안 할 작정이냐? 이 사람들이 너에 대해 이렇게 불리한 진술을 하고 있지 않느냐?"

61 예수께서는 묵묵히 아무런 대답도 하지

상식쑥쑥 닭

닭은 7천여 년 전 바벨론에 있었다고 하며 이집트와 로마 등에 수입되어 신약시대에는 보편적으로 집에서 기르는 가축이었다.

닭은 정확하게 때를 알리며 울기 때문에 하나의 시각 단위가 되었다.

그 당시의 로마 사람들은 저물 때, 밤중, 닭 울 때, 새벽 등으로 밤을 구분했는데, 닭 울 때는 제3경(0~3시)에 해당되었다.

성경에서 닭은 하나님의 사랑을 표현할 때(마 23:37)와 닭이 두 번 울기 전에 베드로가 예수님을 부인할 것이라는 구절에 등장했다(마 26:34; 막 14:30; 눅 22:34; 요 13:38).

현재 예루살렘에는 베드로가 예수님을 부인하고 통곡한 것을 기념하기 위해 대제사장 가야바 집터로 생각되는 장소에 베드로 통곡교회가 세워져 있다.

않으셨습니다. 대제사장이 다시 물었습니다. "네가 찬송받으실 하나님의 아들, 그리스도냐?"

154~5:마 537:요 199

62 예수께서 대답하셨습니다. "내가 바로 그다. 너희는 인자가 전능하신 분의 오른편에 앉아 있는 것과 하늘 구름을 타고 오는 것을 보게 될 것이다."

시 110:1:마 1627:24:30

63 대제사장은 자기 옷을 찢으며 말했습니다. "더 이상 무슨 증인이 필요하겠소?"

64 하나님을 모욕하는 저 말을 여러분이 들었는데 어떻게 생각하시오?" 그들은 모두 예수가 사형을 받아야 마땅하다고 정죄했습니다.

레 24:16:마 9:3:요 10:36

65 **모욕당하시는 예수님** 어떤 사람들은 예수께 침을 뱉었습니다. 또 예수의 얼굴을 가리고 주먹으로 때리며 말했습니다. "누가 때렸는지 예언자처럼 맞혀 보아라!" 경비병들도 예수를 끌고 가서 마구 때렸습니다.

66 **베드로의 부인** 베드로가 집 안뜰 아래쪽에 있는데 대제사장의 하녀 하나가 다가왔습니다.

66~72절:마 2669~75:눅 2255~62

67 하녀는 불을 쬐고 있는 베드로를 보고 가까이서 자세히 살펴보더니 말했습니다. "당신도 나사렛 예수와 한패지요?"

68 그러나 베드로는 부인했습니다. "네가 지금 무슨 말을 하는지 나는 알지도 못하고 깨닫지도 못하겠다." 그리고 베드로는 문밖으로 나갔습니다.

30,72절

69 그 하녀가 거기서 베드로를 보고 둘러서 있던 사람들에게 다시 말했습니다. "이 사람도 저들과 한패예요."

70 베드로는 다시 부인했습니다. 조금 있다가 옆에 서 있던 사람들이 베드로에게 말했습니다. "너도 분명 저들과 한패가 틀림없어. 갈릴리 사람이잖아."

71 **베드로의 세 번째 부인** 그러나 베드로는 저주하고 맹세하며 말했습니다. "나는 당신들이 말하는 그 사람이 누군지 알지 못한

오!"

72 **베드로의 통곡** 바로 그때 닭이 두 번째 울었습니다. 그러자 베드로는 '닭이 두 번 울기 전에 네가 나를 세 번 모른다고 할 것이다'라고 하신 예수의 말씀이 생각나 엎드려 울었습니다.

30,68절:행 3:13~14

15 **공회에서 예수님을 정죄함** 새벽이 되자 곧 대제사장들은 장로들과 율법학자들과 온 공회원들과 함께 회의를 소집했습니다. 그리고 그들은 예수를 묶어 끌고 가서 빌라도에게 넘겨주었습니다.

2 **빌라도가 심문함** 빌라도가 물었습니다. "네가 유대 사람의 왕이냐?" 예수께서 대답하셨습니다. "그렇다. 네가 말한 대로다."

3 대제사장들은 여러 가지로 예수를 고소했습니다.

4 그러자 빌라도가 다시 예수께 물었습니다. "저 사람들이 너를 여러 가지로 고소하고 있는데 대답할 말이 없느냐?"

5 그러나 예수께서는 더 이상 아무 대답을 하지 않으셨습니다. 그래서 빌라도는 이상히 여겼습니다.

6 **예수님과 바라바** 명절이 되면 백성들이 요구하는 죄수 하나를 풀어 주는 관례가 있었습니다.

마 27:15~26:눅 23:18~25:요 18:39:19:16

7 그런데 폭동 때 살인한 죄로 감옥에 갇힌 반란자들 가운데 바라바라는 사람이 있었습니다.

행 3:14:5:36~37

8 군중들은 빌라도에게 관례대로 죄수 하나를 석방해 달라고 요구했습니다.

9 빌라도가 물었습니다. "너희는 내가 유대 사람의 왕을 풀어 주기를 바라느냐?"

10 그는 대제사장들이 예수를 시기해서 자기에게 넘겨준 것을 알고 있었습니다.

11 **군중이 바라바의 석방을 요구함** 그러자 대제사장들은 군중들을 선동해 오히려 바라바를 대신 풀어 줄 것을 요구했습니다.

12 **예수의 십자가 형을 요구함** 빌라도가 그들에

공회원(15:1, 公會員, Sanhedrin) 로마 제국 시대에 있던 유대 의회의 의원. 소집(15:1, 召集) 단체나 조직체의 구성원을 불러서 모음. 반란(15:7, 叛亂, insurrection) 정부나 지도자에 반대하여 싸움을 일으킴. 석방(15:8, 釋放) 법에 의해 구속했던 사람을 자유롭게 함. 군중(15:11, 群衆, crowd) 한곳에 모인 수많은 사람.

골고다

"골고다"는 예수님이 십자가에 못 박히신 곳으로, 예루살렘 성 밖에 있던 언덕이다(마 27:33; 막 15:22; 요 19:17). '골고다'라는 말은 '해골의 장소'라는(막 15:22) 뜻의 아람어를 소리 나는 대로 그리스어로 적은 것이다. 또 다른 이름 '갈보리'는 '해골'이라는 뜻의 '갈바'의 파생어인 '갈바리아'(Calvaria)에서 나온 말이다.

골고다는 사람의 두개골을 연상시키는 둥근 바위 언덕(동산이나 높은 산이 아니다)이었는데, 그 정확한 위치는 알 수 없다. 다만 4세기경부터 현재의 '성묘교회'가 있는 곳으로 추정하고 있지만 최근에는 '고든의 갈보리'로 생각하기도 한다.

게 물었습니다. "그렇다면 이 유대 사람의 왕이라는 사람을 내가 어떻게 하면 좋겠느냐?" 요 19:15

13 사람들이 소리 질렀습니다. "십자가에 못 박으시오!"

14 빌라도가 물었습니다. "도대체 그가 무슨 죄를 지었다고 그러느냐?" 그러나 그들은 더 큰 소리로 외쳤습니다. "십자가에 못 박으시오!" 눅 23:41;요 8:46

15 바라바가 풀려 남 그래서 빌라도는 군중들의 비위를 맞추려고 바라바를 풀어 주었습니다. 빌라도는 예수를 채찍질한 다음 십자가에 못 박도록 넘겨주었습니다.

16 군인들에게 조롱당하심 군인들은 예수를 총독 관저 안에 있는 뜰 안으로 끌고 갔습니다. 그리고 그들은 온 부대를 집합시켰습니다. 16~20절마 27:27~31;요 19:2~3

17 그들은 예수에게 자주색 옷을 입히고 가시관을 엮어 그 머리에 씌웠습니다.

18 그러고는 예수께 "유대 사람의 왕, 만세!"라고 인사하기 시작했습니다. 2절

19 그들은 갈대로 예수의 머리를 계속 때리고 예수께 침을 뱉고 무릎 꿇고 절을 했습니다.

20 예수님이 끌려 나가심 예수를 이렇게 조롱한 후에 자주색 옷을 벗기고 예수의 옷을 도로 입혔습니다. 그러고는 십자가에 못 박으려고 예수를 끌고 나갔습니다.

21 구레네 시몬이 예수님의 십자가를 지고 감 어떤 사람이 시골에서 오는 길에 그곳을 지나고 있었습니다. 그는 알렉산더와 루포의 아버지인 구레네 사람 시몬이었습니다. 그들은 시몬에게 예수께서 지고 있던 십자가를 강제로 지고 가게 했습니다.

22 군인들은 예수를 '골고다'라는 곳까지 끌고 갔습니다. (골고다는 '해골의 장소라는 뜻입니다.) 22~38절마 27:33~51;눅 23:32~38

23 포도주를 받지 않으심 그들은 몰약을 탄 포도주를 예수께 주었습니다. 그러나 예수께서는 받아 마시지 않으셨습니다.

24 군인들이 제비 뽑음 마침내 군인들은 예수를 십자가에 못 박고 예수의 옷을 나누고 누가 어떤 것을 가질지 제비를 뽑았습니다.

25 십자가에 못 박히심 군인들이 예수를 십자가에 못 박은 것은 아침 9시쯤이었습니다.

26 예수님의 죄패 예수의 죄패에는 '유대 사람의 왕'이라고 적혀 있었습니다. 2절

27 십자가에 달리신 예수들 그들은 예수와 함께 두 명의 강도를 하나는 그분의 오른쪽에, 하나는 그분의 왼쪽에 매달았습니다.

28 *(없음)

29 사람들이 예수님을 모욕함 지나가던 사람들이 고개를 흔들며 욕설을 퍼부었습니다. '아하! 성전을 헐고 3일 만에 짓겠다던 사람아! 요 16:4;마 22:7;109:25;렘 18:16

30 십자가에서 내려와 네 자신이나 구원해 보아라!"

31 대제사장들도 율법학자들과 함께 예수를 조롱하며 자기들끼리 말했습니다. "남을 구원한다더니 정작 자기 자신은 구원하지 못하는군! 마 26:53~54;요 10:18

32 그리스도, 이스라엘 왕아! 십자가에서 내려와 보아라! 우리가 보고 믿도록 해 보아라!" 함께 십자가에 매달린 두 사람도 예수를 모욕했습니다. 눅 23:39~43;요 12:13;20:29

33 **부르짖는 예수님** 낮 12시가 되자 온 땅에 어둠이 뒤덮이더니 오후 3시까지 계속됐습니다.

34 오후 3시가 되자 예수께서 큰 소리로 부르짖으셨습니다. "엘리 엘리 라마 사박다니" 이 말은 "내 하나님, 내 하나님, 어째서 나를 버리셨습니까?"라는 뜻입니다. 시22:1

35 가까이 서 있던 몇 사람들이 이 소리를 듣고 말했습니다. "들어 보라. 저 사람이 엘리야를 부른다."

36 **예수님께 포도주를 드림** 한 사람이 달려가 해면을 신 포도주에 듬뿍 적셔 막대기에 매달아 예수께 마시게 하며 말했습니다. "보시오. 저가 엘리야를 부르고 있소."

37 **숨을 거두심** 그때 예수께서 큰 소리를 지르시고 숨을 거두셨습니다. 34절[눅.10:18

38 **성소 휘장이 찢어짐** 그리고 성전의 휘장이 위에서 아래까지 두 쪽으로 찢어졌습니다.

39 **백부장의 고백** 예수를 마주 보고 서 있던 백부장은 예수께서 이렇게 부르짖으시며 돌아가시는 것을 보고 말했습니다. "이분은 참으로 하나님의 아들이셨다!"

40 여인들도 멀리서 이 광경을 지켜보고 있었습니다. 그 가운데는 막달라 마리아, 작은 야고보와 요세의 어머니 마리아, 살로메도 있었습니다. 마27:56;요19:25

41 이 여인들은 갈릴리에서 예수를 따르며 섬기던 사람들이었습니다. 그 외에도 예수를 따라 예루살렘에 온 다른 여인들도 많았습니다. 눅24:10

42 **요셉이 시신을 요구함** 이미 날이 저물었는데 그날은 예비일, 곧 안식일 바로 전날이었습니다. 마27:62

43 아리마대 사람 요셉이 용감하게 빌라도에게 가서 예수의 시신을 내어 달라고 요청했습니다. 그는 존경받는 유대 공회원으로 그 자신도 하나님 나라를 기다리는 사람이었습니다. 눅2:25,38

44 빌라도는 예수가 벌써 죽었는지 의아하게 생각했습니다. 그래서 백부장을 불러 예수가 벌써 죽었는지 알아보았습니다.

45 백부장으로부터 죽은 사실을 확인하자 빌라도는 요셉에게 시신을 내주었습니다.

46 **예수님이 무덤에 묻힘** 요셉은 고운 모시 천을 사 가지고 와서 예수의 시신을 내려가 모시로 싸고는 바위를 파서 만든 무덤에 시신을 모셨습니다. 그리고 무덤 입구에 돌을 굴려 막아 놓았습니다.

47 **시신을 지켜보는 여인들** 막달라 마리아와 요세의 어머니 마리아는 예수의 시신이 놓이는 곳을 지켜보았습니다. 40절

16 **무덤에 온 여인들** 안식일이 지난 뒤 막달라 마리아와 야고보의 어머니 마리아와 살로메는 예수의 시신에 바르려

15:28 어떤 고대 사본에는 '이처럼 그가 범죄자같이 여김을 받았다 한 성경이 이루어졌습니다'가 있음. **휘장**(15:38, 揮帳, curtain of the Temple) 성소와 지성소를 구분한 커튼. **예비일**(15:42, 揮備日, Preparation Day) 안식일 전날. 여인들의 곡식과 여분의 빵을 준비하고 옷을 세탁하며 몸을 정결하게 했음.

무덤

팔레스타인 땅은 돌이 많아 죽은 사람의 시신을 땅에 묻는 것이 어려웠다. 그래서 천연 동굴을 이용하거나 석회암으로 된 바위를 파서 무덤으로 이용했다.
무덤의 형태는 통로를 만들고 그 안에 시신을 안치할 수 있는 공간을 만들었다. 무덤의 입구는 큰 돌로 막았다. 한 구의 시신만 놓을 수 있도록 만들기도 했지만 어

떤 무덤은 수십 구의 시신을 둘 수 있는 공간을 만들어 가족 무덤으로 사용했다.
예수님이 숨을 거두신 후 아리마대 사람 요셉은 자신이 사용하려고 바위를 파서 만든 새 무덤에 예수님의 시신을 가져다 두었다. 그리고 무덤 입구를 커다란 돌을 굴려 막아 놓았다(마 27:60; 막 15:46).

고 향품을 사 두었습니다.

2 그 주가 시작되는 첫날 이른 아침, 해가 막 돋을 때 여인들은 무덤으로 가고 있었습니다.

3 그들이 서로 말했습니다. "무덤 입구에 있는 돌덩이를 누가 굴려 줄까?" 15:46

4 그런데 여인들이 눈을 들어 보니 돌덩이가 이미 옮겨져 있었습니다. 마 27:60

5 **천사가 예수님의 부활을 알림** 여인들이 무덤에 들어가 보니 흰옷 입은 한 청년이 오른쪽에 앉아 있었습니다. 그들은 깜짝 놀랐습니다. 요 20:11-12; 계 6:11; 7:9

6 그러자 그가 말했습니다. "놀라지 말라. 십자가에 못 박히신 나사렛 예수를 찾으러 온 것이 아니냐? 예수께서는 살아나셨다. 이제 여기 계시지 않는다. 여기 예수를 눕혔던 자리를 보라. 1:24; 14:67

7 자, 이제 가서 그분의 제자들과 베드로에게 전하라. '예수께서 너희보다 앞서 갈릴리로 가실 것이며, 그분의 말씀대로 거기서 너희가 예수를 보게 될 것이다.'" 14:28

8 벌벌 떨며 무덤에서 나옴 여인들은 넋을 잃고 벌벌 떨면서 무덤에서 도망쳐 나왔습니다. 너무나 무서워 아무에게 어떤 말도 할 수가 없었습니다.

9 **막달라 마리아에게 나타나신 예수님** *[예수께서 그 주가 시작되는 첫날 이른 아침, 부활하셔서 맨 처음으로 막달라 마리아에게 나타나셨습니다. 막달라 마리아는 전에 예수께서 일곱 귀신을 쫓아 주신 여인입니다.

10 **마리아가 예수님의 부활을 알림** 그녀는 전에 예수와 함께 지내던 사람들에게 가서 전했습니다. 그들은 슬피 울며 통곡하고 있었습니다. 마 28:10; 눅 24:10; 요 20:18

11 그러나 그들은 예수께서 살아나셨다는 소식과 또 마리아가 그분을 직접 보았다는

말을 듣고도 믿지 않았습니다. 16절; 눅 24:11

12 **시골로 가는 두 제자** 그 후에 그들 가운데 두 제자가 시골로 내려가고 있는데 예수께서 전과는 달라진 모습으로 그들 앞에 나타나셨습니다. 눅 24:13-31

13 **두 제자가 예수님의 나타나심을 알림** 이들은 다른 제자들에게 돌아가 이 사실을 알렸지만 이번에도 제자들은 믿지 않았습니다.

14 **제자들에게 나타나심** 나중에 예수께서 열한 제자들이 음식을 먹고 있을 때 그들에게 나타나셔서 그들이 믿지 못하는 것과 마음이 굳은 것을 꾸짖으셨습니다. 예수께서 다시 살아나신 후 자신을 보았다는 사람들의 말을 제자들이 믿지 못했기 때문입니다. 눅 24:36,41; 고전 15:5

15 **제자들에게 권세를 주심** 예수께서 제자들에게 말씀하셨습니다. "너희는 온 세상에 나가서 모든 사람에게 복음을 전파하라.

16 누구든지 믿고 세례 받는 사람은 구원을 받을 것이요, 누구든지 믿지 않는 사람은 심판을 받을 것이다. 요 3:5,36절; 2:38; 벧전 3:21

17 믿는 사람들에게는 이런 표적이 따를 것이다. 그들은 내 이름으로 귀신을 내쫓고 새 방언으로 말하며 11:23절; 5:16; 8:7; 16:18

18 손으로 뱀을 집어 들고 독을 마셔도 아무런 해를 받지 않으며 아픈 사람들에게 손을 얹으면 병이 나을 것이다." 약 5:14-15

19 **승천하시는 예수님** 주 예수께서 그들에게 말씀하신 후에 하늘로 들려 올라가셔서 하나님의 오른편에 앉으셨습니다.

20 **복음을 전파함** 그리고 제자들은 곳곳에 다니면서 복음을 전파하는데 주께서 그들과 함께 일하시고 표적들이 나타나게 하셔서 그들이 전하는 말씀이 사실임을 확증해 주셨습니다.] 행 5:12; 고전 3:9; 히 2:3-4

향품(16:1, 香品, spices) 몰약, 육계, 창포, 계피 등 액체로 된 방향 물질. 16:9~20 어떤 고대 사본에는 9-20절까지가 없음. 방언(16:17, 方言, tongue) 각 나라 사람들이 사용하는 언어 또는 성령의 은사를 받은 성도가 하는 특별한 언어. 확증(16:20, 確證, confirmation) 어떤 사항이나 판단 따위에 대하여 그것이 진실인지 아닌지 증거를 들어서 확실히 밝힘.

누가복음

예수님 생애를 역사적 사실에 근거하며 연대순으로 가장 자세하고 생생하게 기록했어요. 예수님 탄생과 어린 시절에 대한 기록이 있고 예루살렘으로 가는 마지막 여행 기록도 아주 자세하게 나와요. 예수님의 승천 기사도 나와요. 탕자의 비유, 잃은 양의 비유 등 다른 복음서에는 나오지 않는 비유도 많이 나옵니다. 그래서 전체가 24장이지만 신약성경 중 분량이 가장 많답니다.

누가복음은 사도행전과 같이 '데오빌로'라는 사람을 위해 쓴 책이에요. 데오빌로를 위해 썼지만 모든 시대의 교회에도 해당이 돼요. 누가복음은 예수님이 사랑으로 이 세상에 오신 구세주이며 예수님이 행하신 일이 모든 사람을 위한 것임을 강조해요.

누가복음은 무슨 뜻인가요?

'누가가 쓴 좋은 소식'이라는 뜻이에요.

누가 썼을까?

누가가 썼어요. 누가는 의사이자 역사가이기도 해요. 의사로서 여러 가지 병을 앓고 있던 환자들에 대해 많이 기록했어요. 역사 가로서 다른 복음서에서 볼 수 없는 인구조사와 같은 역사적 사실들도 기록하고 있어요. 누가는 신약성경을 쓴 사람들 가운데서 유일한 이방 사람이에요. 그는 가난한 사람, 무시당하는 사람, 신분이 낮은 사람, 이방 사람, 여자, 어린아이 등에 대해 관심이 많았어요.

언제 썼을까?

AD 60-63년경

주요한 사람들은?

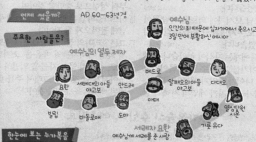

예수님
인간의 죄 때문에 십자가에서 죽으시고 3일 만에 부활하신 메시아

예수님의 열두 제자

요한
세베대의 아들 야고보
안드레
베드로
알패오의 아들 야고보
다대오
빌립
바돌로매
도마
마태
열심당원 시몬
가룟 유다

세례자 요한
예수님께 세례를 준 사람

한눈에 보는 누가복음

1:1-4:13 인자이신 예수님에 대한 소개

9:51-19:27 예수님의 가르침

4:14-9:50 예수님의 사역

19:28-24:53 예수님의 고난과 부활

누가복음
Luke

1 **머리말** 많은 사람들이 우리 사이에 이루어진 사건들에 대해 기록하려고 했는데

2 그것은 처음부터 말씀의 목격자이며 일꾼이었던 사람들이 우리에게 전해 준 것과 같습니다. 요 15:7;행 26:16;요일 1:1,3

3 존경하는 데오빌로님, 제 자신도 그 모든 사건을 처음부터 면밀히 조사해 당신을 위해 순서대로 써 보내는 것이 좋겠다는 생각이 들었습니다. 행 1:1

4 이는 당신이 전에 배우신 것이 틀림없는 사실임을 아시도록 하기 위해서입니다.

5 **예고된 요한의 출생** 유대 헤롯 왕 때 사가랴라는 제사장이 있었는데 그는 아비야 계열에 소속된 사람이었습니다. 그의 아내 또한 아론의 자손이었는데 그녀의 이름은 엘리사벳이었습니다. 8절;대상 24:10

6 둘 다 하나님 보시기에 의로운 사람이어서 주의 모든 계명과 규율을 흠잡을 데 없이 잘 지켰습니다. 2:25;시 119:1;살전 3:13

7 그런데 이들에게는 자식이 없었습니다. 엘리사벳이 아기를 가질 수 없는 몸이었고 둘 다 이미 나이가 많았기 때문입니다.

8 어느 날 사가랴는 자기 계열의 차례가 돌아와 하나님 앞에서 제사장으로 섬기게 됐습니다. 5절;대상 24:19;대하 8:14

9 제사장직의 관례에 따라 제비를 뽑았는데 사가랴는 주의 성전 안으로 분향하는 일을 맡게 됐습니다. 출 30:7-8;대상 23:13

10 그리고 사람들은 모두 밖에서 기도하고 있었습니다. 레 16:17;시 141:2;계 5:8

11 그때 주의 천사가 사가랴에게 나타나 분향하는 제단 오른쪽에 섰습니다. 출 30:1-10

12 천사를 본 사가랴는 깜짝 놀라 두려움에 사로잡혔습니다. 29장;2:9;삿 6:22;13:22

13 그러자 천사가 말했습니다. "두려워하지 마라, 사가랴야. 하나님께서 네 기도를 들으셨다. 네 아내 엘리사벳이 네게 아들을 낳아 줄 것이니 그 이름을 요한이라 하여라.

14 그 아이는 네게 기쁨과 즐거움이 될 것이며 많은 사람이 그가 태어난 것을 기뻐할 것이다. 58절

15 그는 주께서 보시기에 위대한 사람이 될 것이기 때문이다. 또 그 아이는 포도주나 독한 술을 마시지 않을 것이고 모태에서부터 성령으로 충만할 것이며 7:28;마 11:11

16 이스라엘의 많은 백성들을 그들의 주 하나님께 돌아오게 할 것이다.

17 그는 엘리야의 심령과 능력으로 주보다 먼저 와서 아버지들의 마음을 그 자녀들에게로, 순종하지 않는 자들을 의인의 지혜로 돌아서게 할 것이다. 그래서 주를 위해 예비된 백성들을 준비할 것이다."

18 **벙어리가 된 사가랴** 사가랴가 천사에게 물었습니다. "제가 어떻게 이 말을 확신하겠습니까? 저는 늙었고 제 아내도 나이가 많습니다. 창 15:8:17:17

19 천사가 대답했습니다. "나는 하나님 앞에 서 있는 가브리엘이다. 나는 이 좋은 소식을 네게 말하라고 보내심을 받았다.

20 보아라. 너는 벙어리가 돼서 이 일이 일어날 그날까지 말을 하지 못할 것이다. 이는 네가 그때가 되면 다 이루어질 내 말들을 믿지 않았기 때문이다. 겔 3:26:24:27

21 한편 사람들은 사가랴를 기다리고 있었는데 그가 성전 안에서 너무 오래 지체하므로 이상하게 여겼습니다. 9절

22 사가랴가 밖으로 나왔을 때 말을 하지 못하자 사람들은 그가 성전 안에서 환상을 본 줄 알았습니다. 사가랴는 손짓만 했지 말을 못하는 채로 계속 있었습니다. 62절

23 직무 기간이 끝나자 사가랴는 집으로 돌아갔습니다. 8절:왕하 11:5:대하 23:8:히 10:11

24 그 후 사가랴의 아내 엘리사벳이 아기를 갖게 돼 다섯 달 동안 숨어 지냈습니다. 엘리사벳은 이렇게 말했습니다.

25 "주께서 이때에 이렇게 나를 돌아보셔서 사람들 사이에서 내 수치를 없애 주셨습니다. 창 30:23:삼상 1:6:사 4:1

26 **마리아가 잉태를 예고받음** 그 후 여섯 달째에 하나님께서 천사 가브리엘을 갈릴리 나사렛 마을에 보내 마 2:23

27 한 처녀에게 가게 하셨는데 그 처녀는 다윗의 가문에 속한 요셉이라는 남자와 약혼한 여인이었습니다. 2:4:마 1:16,18,20

28 천사가 마리아에게 가서 말했습니다. "기뻐하여라. 은혜를 입은 자여, 주께서 너와 함께하신다." 삿 6:12:시 45:2:단 9:23

29 천사의 말에 마리아는 당황하며 깜짝 놀라 '이게 무슨 인사인가' 하고 생각했습니다.

30 그러자 천사가 말했습니다. "두려워하지 마라. 마리아야. 네가 하나님의 은혜를 받았다. 행 7:46:히 4:16

31 보아라. 네가 잉태해 아들을 낳을 것이다.

그러면 그 이름을 예수라 하여라.

32 그는 위대한 이가 될 것이요, 지극히 높으신 분의 아들이라 불릴 것이다. 주 하나님께서 그에게 그 조상 다윗의 보좌를 주실 것이다. 69,76절:삼하 7:11~13,16:요 1:34

33 그는 야곱의 집을 영원히 다스릴 것이며 그의 나라는 결코 끝나지 않을 것이다."

34 마리아가 천사에게 물었습니다. "처녀인 제게 어떻게 이런 일이 있겠습니까?"

35 천사가 대답했습니다. "성령께서 네게 임하실 것이며 지극히 높으신 분의 능력이 너를 감싸 주실 것이다. 그러므로 태어날 거룩한 아기는 하나님의 아들이라고 불릴 것이다. 마 1:18,20:요 6:69

36 보아라. 네 친척 엘리사벳도 그렇게 많은 나이에 아이를 가졌다. 아이를 갖지 못하는 여자라 불렸는데 임신한 지 벌써 여섯 달째다. 7절

37 하나님께는 불가능한 일이 전혀 없다."

38 그러자 마리아가 대답했습니다. "보십시오, 저는 주의 여종입니다. 당신의 말씀대로 제게 이루어지기를 원합니다." 그러자 천사가 마리아에게서 떠나갔습니다.

39 **마리아가 엘리사벳을 찾아감** 그 무렵 마리아가 일어나 유대 산골에 있는 한 마을로 서둘러 갔습니다. 65절:수 20:7:21:11

40 그리고 그녀는 사가랴의 집에 들어가 엘리사벳에게 인사를 드렸습니다.

41 엘리사벳이 마리아의 인사를 받을 때 배 속의 아기가 뛰놀았고 엘리사벳은 성령으로 충만해져 15,67절

42 큰 소리로 외쳤습니다. "당신은 여인들 중에 복을 받았습니다. 당신의 배 속에 있는 아기도 복을 받았습니다. 신 28:4:삿 5:24

43 내 주의 어머니께서 내게 오시다니 이게 어찌된 일입니까? 2:11:20:42:요 20:28

44 보십시오, 당신의 인사말이 내 귀에 들릴 때 내 배 속에서 아기가 기뻐하며 뛰놀았

직무(1:23, 職務, service) 직업으로 맡아서 하는 일. 구약성경에서는 레위인과 관련된 종교적 업무를 가리키는 말로 회막에 봉사하는 것이 그들의 직무였다.

습니다.

45 주께서 하신 말씀이 정말 이루어질 것을 믿은 여인은 복이 있을 것입니다." _{요 20:29}

마리아의 찬양 그러자 마리아가 말했습니다.

46 "내 영혼이 주를 찬양하며 _{삼상 2:1-10}

47 내 영이 내 구주 하나님을 기뻐함은

48 그분이 자신의 여종의 비천함을 돌아보셨기 때문입니다. 이제부터 모든 세대가 나를 복 있다고 할 것이니 _{삼상 1:11,시 138:6}

49 이는 전능하신 그분이 내게 위대한 일을 하셨기 때문입니다. 그분의 이름이 거룩하시며 _{시 71:19,89:8,126:2-3,습 3:17}

50 그분의 자비는 그분을 경외하는 사람들에게 대대로 이어질 것입니다. _{출 20:6}

51 그분은 자신의 팔로 엄청난 일을 행하시고 마음의 생각이 교만한 사람들을 흩어 버리셨습니다. _{시 89:10,98:1,118:16}

52 그분은 통치자들을 왕좌에서 끌어내리시고 낮은 사람들을 높여 주셨으며

53 배고픈 사람들을 좋은 것들로 배불리시고 부유한 사람들을 빈손으로 보내셨습니다.

54 그분은 자비를 기억하셔서 자기의 종 이스라엘을 도우셨습니다. _{사 41:8-9}

55 곧 우리 조상들에게 말씀하신 대로 그 자비는 아브라함과 그 자손에게 영원토록 있을 것입니다." _{창 17:19,시 132:12,갈 3:16}

56 마리아는 엘리사벳과 함께 석 달 동안 지낸 후에 자기 집으로 돌아갔습니다.

57 **세례 요한의 출생** 해산할 때가 돼 엘리사벳은 아들을 낳았습니다.

58 이웃 사람들과 친척들은 주께서 그녀에게 큰 자비를 베푸셨다는 것을 듣고 함께 기뻐해 주었습니다. _{창 19:19}

59 8일째 되는 날 그들이 아기에게 할례를 하려고 와서 아버지의 이름을 따라 그 아이의 이름을 사가라로 지으려 했습니다.

60 그때 아기의 어머니가 대답했습니다. "안 됩니다. 이 아이는 요한이라고 불러야 합니다."

61 그러자 사람들이 엘리사벳에게 말했습니다. "당신 친척 중에는 그런 이름을 가진

사람이 하나도 없습니다."

62 그러고는 그 아버지에게 아기의 이름을 무엇이라 할 것인지 손짓으로 물었습니다.

63 사가라는 서판을 달라고 하더니 '아기의 이름은 요한'이라고 썼습니다. 그들은 모두 놀랐습니다. _{사 8:1,30:8}

64 그러자 사가랴의 입이 곧 열리고 혀가 풀려 말하기 시작하면서 하나님을 찬양했습니다. _{20절,2:28,24:53,렘 7:35}

65 근처에 사는 사람들이 모두 두려워했고 이 모든 일은 온 유대 산골에 두루 퍼져 사람들의 이야깃거리가 됐습니다. _{5:26}

66 이 말을 들은 사람마다 모두 이 일을 마음에 새기며 "이 아기가 대체 어떤 사람이 될까?" 하고 말했습니다. 그것은 주의 손이 그 아기와 함께했기 때문입니다.

67 **사가랴의 예언** 그의 아버지 사가랴가 성령으로 충만해 예언했습니다. _{15,41절,욜 2:28}

68 "주 이스라엘의 하나님을 찬양하라. 주께서 자기 백성을 돌봐 구원을 베푸셨다.

69 그분이 우리를 위해 자기의 종 다윗의 집에 구원의 뿔을 들어 올리셨다. _{시 18:2}

70 이 일은 주의 거룩한 옛 예언자들의 입을 통해 말씀하신 대로 _{렘 23:5-6,행 3:21}

71 우리를 원수와 우리를 미워하는 모든 사람의 손에서 건지시는 구원이로다.

72 주께서 우리 조상에게 자비를 베푸셨고 자기의 거룩한 언약을 기억하셨다.

73 이 맹세는 우리 조상 아브라함에게 하신 것으로 _{창 22:16-18,26:3,히 6:13-14}

74 우리를 원수들의 손에서 구출하사 두려움 없이 주를 섬겨

75 우리가 주 앞에서 평생토록 거룩하고 의롭게 살도록 하셨다. _{렘 32:39,엡 3:15}

76 너 아기야, 너는 지극히 높으신 분의 예언자로 불릴 것이요, 주보다 앞서가서 주의 길을 예비할 것이며 _{말 3:1,마 3:3}

77 주의 백성에게 그들의 죄를 용서해 주어 구원의 지식을 전할 것이다. _{마 26:28}

78 이것은 우리 하나님의 온유하신 자비로 말미암은 것으로서 태양이 높은 곳에

목자들이 아기를 보고 하나님께 영광을 돌리고 찬양함

떠올라 말 4:2;엡 5:14;벧후 1:9

79 어둠과 죽음의 그늘에 앉은 우리에게
빛을 비춰 우리의 발을 평화의 길로 인
도할 것이다."

사 9:2;42:7;마 4:16;행 26:18

80 그 아기는 자라면서 영이 강건해졌고 이스
라엘 백성들에게 공개적으로 나타나는 날
까지 광야에서 살았습니다.

2:40

2 예수 그리스도의 탄생 그 무렵 아우구스
투스 황제가 칙령을 내려 전 로마 통치
지역은 호적 등록을 하게 됐습니다.

2 이것은 구레뇨가 시리아의 총독으로 있을
때 실시된 첫 번째 호적 등록이었습니다.

3 그래서 모든 사람은 호적을 등록하기 위
해 각각 자기 고향으로 갔습니다.

4 요셉도 갈릴리 나사렛 마을을 떠나 다윗의
마을인 유대 땅 베들레헴으로 올라갔습니
다. 요셉은 다윗 가문의 직계 혈통이기
때문입니다.

1:26-27;마 2:23

5 그는 약혼한 마리아와 함께 호적을 등록하
러 그곳에 갔습니다. 그때 마리아는 임신
중이었습니다.

6 그들이 그곳에 머무르는 동안 해산할 때
가 돼

7 마리아는 첫아들을 낳고는 아기를 천으로
싸서 구유에 눕혔습니다. 여관에는 그들

이 들어갈 빈방이 없었기 때문입니다.

8 주의 천사가 예수님의 탄생을 선포함 한편 목
자들은 바로 그 지역 들판에서 살며 밤에
양 떼를 지키고 있었습니다.

9 주의 천사가 그들 앞에 나타나 주의 영광
이 그들을 환하게 둘러 비추니 그들은 너
무나 두려웠습니다.

출 40:34;왕상 7:55;고후 3:18

10 천사가 말했습니다. "두려워하지 마라. 보
아라. 내가 모든 백성에게 큰 기쁨이 될 좋
은 소식을 너희에게 알려 준다.

슥 9:9

11 오늘 구주이신 주 그리스도가 다윗의 동네
에서 태어나셨다.

4절;삼상 9:6;마 1:21;행 4:12

12 너희가 천에 싸여 구유에 누워 있는 아기
를 볼 것인데 그것이 너희에게 표적이 될
것이다."

7절;삼상 2:34;사 7:11,14

13 갑자기 그 천사와 함께 하늘의 군대가 큰
무리를 이루며 나타나 하나님을 찬양하
며 말했습니다.

창 28:12;사 103:21;계 5:11

14 "지극히 높은 곳에서는 하나님께 영광
이요 땅에서는 하나님의 은총을 입는
사람들에게 평화로다."

사 148:1;마 21:9;롬 5:1

15 목자들이 아기 예수를 방문함 천사들이 떠나
하늘로 올라가자 목자들이 서로 말했습니
다. "베들레헴으로 가서 주께서 우리에게
말씀하신 이 일이 정말 일어났는지 보자."

16 그래서 그들은 서둘러 가서 마리아와 요셉과 아기를 찾아냈습니다. 과연 아기는 구유에 누워 있었습니다.

7,12절

17 그들은 아기를 보고 나서 그 아이에 관해 들은 말을 알려 주었고

18 그 말을 들은 모든 사람들은 목자들이 한 말에 놀랐습니다.

19 그러나 마리아만은 이 모든 일을 마음에 간직하고 곰곰이 되새겼습니다.

창 37:11

20 목자들은 자기들이 보고 들은 모든 것에 대해 하나님께 영광 돌리고 찬양하며 돌아갔습니다. 그들이 듣고 본 모든 일대로 이루어진 것입니다.

7:16

21 아기 예수가 할례를 받음 8일째 되는 날 할례할 때가 되자 아기가 잉태되기 전에 천사가 일러 준 대로 그 이름을 '예수'라 지었습니다.

1:31,59/마 1:21,25

22 성전에서 정결 의식을 치름 모세의 율법에 따라 정결 의식을 치를 때가 되자 요셉과 마리아는 아기를 데리고 예루살렘으로 갔습니다.

21,27절/레 12장/갈 4:4

23 이것은 주의 율법에 "첫 번째 태어나는 모든 남자 아기는 하나님께 거룩한 사람으로 불릴 것이다"라고 기록된 대로 아기를 주께 드리고

39절/출 13:2,9,12

24 또 "산비둘기 한 쌍이나 어린 집비둘기 두

마리"라고 한 주의 율법을 지켜 희생제물을 드리려는 것이었습니다.

레 12:8

25 시므온의 기쁨 당시 예루살렘에는 시므온이라는 사람이 있었습니다. 이 사람은 의롭고 경건한 사람으로 하나님께서 이스라엘을 위로하실 날을 손꼽아 기다리고 있었습니다. 그리고 성령께서 시므온에게 머물러 계셨습니다.

1:6

26 그에게는 주의 그리스도를 보기 전에는 죽지 않으리라는 성령의 계시가 있었습니다.

27 시므온이 성령에 이끌려 성전 뜰 안으로 들어갈 때 아기의 부모가 율법의 규정대로 행하기 위해 아기 예수를 데리고 들어왔습니다.

33,41,43,48~51절

28 그러자 시므온이 아기를 팔에 안고 하나님을 찬양하며 말했습니다.

1:64

29 "다스리시는 주여, 이제 주께서는 주의 종이 평안히 가게 해 주십니다.

창 15:15

30 제 두 눈으로 주의 구원을 보았습니다.

31 이 구원은 주께서 모든 백성 앞에 마련하신 것으로

24:47/시 98:2

32 이방 사람에게는 계시의 빛이요, 주의 백성 이스라엘에게는 영광입니다."

33 아기의 아버지와 어머니는 아기에 대한 이 말에 무척 놀랐습니다.

27절

34 그러자 시므온은 그들을 축복하고 그 어머니 마리아에게 말했습니다. "보십시오, 이 아기는 이스라엘 가운데 많은 사람을 넘어지게도 하고 일어서게도 할 것이며 비난받는 표적이 되기 위해 세우심을 받았습니다.

35 칼이 당신의 마음도 찌를 것입니다. 그래서 이제 많은 사람의 마음속 생각이 드러나게 될 것입니다."

36 여자 예언자 안나 또 아셀 지파의 바누엘의 딸인 안나라는 여자 예언자도 있었습니다. 안나는 나이가 많았는데 결혼해서 남편과 7년 동안 살다가

출 15:20

37 그 후 84세가 되도록 과부로 지냈습니다. 안나는 성전을 떠나지 않고 밤낮으로 금식하고 기도하면서 하나님을 섬겼습니다.

38 바로 그때 안나가 그들에게 다가와 하나님

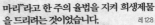

안나

"은혜"라는 이름의 뜻이 있다. 결혼한 지 7년 만에 남편이 죽었고, 84세가 되도록 성전에서 금식하고 기도했다. 오직 메시아 만나기만을 바라는 마음으로 산 그녀는 예루살렘 성전에 들어온 아기 예수님을 만났다. 그리고 메시아를 바라는 사람들에게 자신이 만난 아기 예수님을 전했다.

안나는 아기 예수님을 만난 난 첫 번째 여성이다.

안나가 나오는 말씀
>> 눅 2:36-38

께 감사하고 예루살렘의 구원을 간절히 고
대하는 모든 사람에게 그 아기에 대해 이
야기했습니다. 25절:1:68

39 나사렛으로 돌아온 요셉과 마리아는 주의 율
법에 따라 모든 일을 마치고 난 뒤 갈릴리에
있는 자기 마을 나사렛으로 돌아왔습니다.

40 아이는 점점 자라 가며 강해지고 지혜가
충만했으며 하나님의 은혜가 그 위에 있
었습니다. 52절:1:80

41 소년 예수가 예루살렘에 올라감 해마다 유월
절이 되면 예수의 부모는 예루살렘으로 갔
습니다. 출 23:1:신 16:1:삼상 13:2,2:13

42 예수께서 열두 살이 되던 해에도 그들은
관례에 따라 절기를 지키러 예루살렘에 올
라갔습니다. 요 11:55

43 기간이 끝나 그 부모는 집으로 돌아가는
길이었는데 소년 예수는 예루살렘에 남아
있었습니다. 그러나 부모는 이 사실을 알
지 못했습니다. 출 12:15:24:23:6:신 16:3

44 그들은 예수가 일행 속에 있으리라 생각하
고 하룻길을 가다가 그제야 친척들과 친
구들 사이에서 예수를 찾기 시작했습니다.

45 그러나 찾지 못하자 그들은 예루살렘으로
되돌아가서 예수를 찾았습니다.

46 3일이 지나서야 그들은 성전 뜰에서 예수
를 찾게 됐습니다. 그는 선생들 가운데 앉
아서 이야기를 듣기도 하고 묻기도 하고
있었습니다. 5:17:요 3:10

47 예수의 말을 들은 사람들마다 그가 깨닫
고 대답하는 것에 몹시 감탄했습니다.

48 그 부모는 예수를 보고 놀랐습니다. 그래
서 그의 어머니가 말했습니다. "얘야, 왜
우리에게 이렇게 했느냐? 네 아버지와 내
가 얼마나 걱정하며 찾았는지 모른다."

49 그러자 예수가 말했습니다. "왜 나를 찾으
셨습니까? 내가 마땅히 내 아버지의 집에

있어야 하는 줄 모르셨습니까?"

50 그러나 그들은 예수가 하는 말을 깨닫지
못했습니다. 18:34:막 9:32

51 나사렛에서 자라남 그리고 나서 예수는 부
모와 함께 내려가 나사렛으로 돌아가서 부
모님께 순종하며 지냈습니다. 예수의 어머
니는 이 모든 일을 마음에 간직했습니다.

52 그리고 예수는 지혜와 키가 점점 더 자라
가며 하나님과 사람들로부터 사랑을 받
았습니다. 40절:삼상 2:26

3 요한의 사역이 시작됨 디베료 황제가 다스
린 지 15년째 되던 해, 곧 본디오 빌
라도가 유대 총독으로, 헤롯이 갈릴리 분
봉 왕으로, 헤롯의 동생 빌립은 이두래와
드라고닛 지방의 분봉 왕으로, 루사니아가
아빌레네 지방의 분봉 왕으로,

2 안나스와 가야바가 대제사장으로 있을 때
하나님의 말씀이 광야에 있는 사가랴의
아들 요한에게 내렸습니다. 2~17:1:80:마 26:3

3 그는 요단 강 전역을 두루 다니며 죄 용서
를 위한 회개의 세례를 전파했습니다.

4 이것은 예언자 이사야의 책에 기록된 것과
같습니다. 4:17:요 1:23:행 8:28

"광야에서 외치는 소리가 있다. '주의 길
을 예비하라. 그분의 길을 곧게 하라.

5 모든 골짜기는 메워지고 모든 산과 언덕
은 낮아질 것이며 굽은 길은 곧아지고
험한 길은 평탄해질 것이다. 사 42:16

6 그리고 모든 사람들이 하나님의 구원
을 보게 될 것이다.'" 2:30:시 98:2~3:사 52:10

7 요한이 회개를 외침 세례를 받으려고 찾아
온 사람들에게 요한이 말했습니다. "독사
의 자식들아! 누가 너희에게 다가올 진노
를 피하라고 하더냐? 마 12:34:23:33:엡 5:6

8 회개에 알맞은 열매를 맺으라. 속으로 '아
브라함이 우리 조상이다'라고 말하지 말

정결 의식(2:22, 精潔儀式, purification) 월경, 출산, 나병, 시체 등과 관련된 부정적인 것을 제거하여 정결하게 하는
것. 과부(2:37, 寡婦, widow) 남편이 죽어 홀로 된 부인. 디베료(3:1, Tiberius) 로마의 두 번째 황제로 본명은 티
베리우스 줄리어스 케사르 아우구스투스이다. 분봉 왕(3:1, 分封王, Tetrarch) 원래는 1분의 1을 통치하는 사람을
말했으나 점점 소규모의 땅을 통치하는 사람이라는 의미로 쓰였으며, 한 나라의 왕이 다스리는 영토 일부를 나누
어 다스리도록 통치권을 위임받은 왕을 말한다.

라, 내가 너희에게 말해 두는데 하나님께서는 이 돌들로도 아브라함의 자손을 만드실 수 있다.

4:3,8:39;행 26:20

9 도끼가 이미 나무뿌리에 놓여 있다. 그러므로 좋은 열매를 맺지 않는 나무는 모조리 잘려 불 속에 던져질 것이다."

마 7:19

10 사람들이 물었습니다. "그러면 우리가 어떻게 해야 합니까?"

행 2:37;16:30;22:10

11 요한이 대답했습니다. "옷을 두 벌 가진 자는 없는 자에게 나눠 주라. 먹을 것이 있는 자도 그렇게 하라."

사 58:7;눅 4:27;엡 4:28

12 세리들도 세례를 받으러 와서 물었습니다. "선생님, 우리는 어떻게 해야 합니까?"

13 요한이 그들에게 말했습니다. "정해진 것보다 더 많은 세금을 걷지 말라."

19:8

14 군인들도 물었습니다. "그러면 우리는 어떻게 해야 합니까?" 요한이 대답했습니다. "강제로 돈을 뜯어내거나 거짓으로 고발하지 말라. 너희가 받는 봉급으로 만족하라."

15 **요한이 그리스도를 전함** 그리스도가 오시기를 간절히 고대하고 있던 백성들은 모두 마음속으로 요한이 혹시 그리스도가 아닐까 생각했습니다.

마 1:17;요 1:19~20

16 그러자 요한이 그들 모두에게 대답했습니다. "나는 너희에게 물로 세례를 준다. 그러나 이제 나보다 더 큰 능력을 가진 분이 오실 텐데 나는 그분의 신발 끈도 풀 자격이 없다. 그분은 너희에게 성령과 불로 세례를 주실 것이다.

요 1:15,26~27;3:30~31;행 1:5

17 그분은 손에 키를 들고 타작마당을 깨끗이 치우시며 알곡을 창고에 모아들이고 쭉정이를 꺼지지 않는 불에 태우실 것이다."

18 그리고 요한은 또 다른 많은 말씀으로 백성들을 권고하고 좋은 소식을 전파했습니다.

19 **세례자 요한이 투옥됨** 그런데 분봉 왕 헤롯은 자기 동생의 아내 헤로디아에 관해, 또 헤롯 자신이 저지른 악행에 관해 요한이 질책하자

1갈라 14:3;막 6:17~18

20 그 모든 것에다 악을 한 가지 더 행했습니다. 요한을 잡아 감옥에 가두었던 것입니다.

21 **예수님이 세례를 받으심** 모든 백성이 세례 받

을 때에 예수께서도 세례를 받으셨습니다. 예수께서 기도하시자 하늘이 열리고

22 성령께서 비둘기 같은 형상으로 그분 위에 내려오셨습니다. 그리고 하늘에서 한 소리가 났습니다. "너는 내 사랑하는 아들이다. 내가 너를 기뻐한다."

23 **예수님의 족보** 예수께서 사역을 시작하신 것은 30세였으며 사람들이 생각하는 것처럼 요셉의 아들이셨습니다. 요셉은 엘리의 아들이고

23~38;4:22;마 4:17

24 엘리는 맛닷의 아들이고 맛닷은 레위의 아들이고 레위는 멜기의 아들이고 멜기는 얀나의 아들이고 얀나는 요셉의 아들입니다.

25 요셉은 맛다디아의 아들이고 맛다디아는 아모스의 아들이고 아모스는 나훔의 아들이고 나훔은 에슬리의 아들이고 에슬리는 낙개의 아들입니다.

26 낙개는 마앗의 아들이고 마앗은 맛다디아의 아들이고 맛다디아는 세메인의 아들이고 세메인은 요섹의 아들이고 요섹은 요다의 아들입니다.

27 요다는 요아난의 아들이고 요아난은 레사의 아들이고 레사는 스룹바벨의 아들이고 스룹바벨은 스알디엘의 아들이고 스알디엘은 네리의 아들입니다.

스 3:2;마 1:12

28 네리는 멜기의 아들이고 멜기는 앗디의 아들이고 앗디는 고삼의 아들이고 고삼은 엘마담의 아들이고 엘마담은 에르의 아들입니다.

29 에르는 예수의 아들이고 예수는 엘리에서르의 아들이고 엘리에서르는 요림의 아들이고 요림은 맛닷의 아들이고 맛닷은 레위의 아들입니다.

30 레위는 시므온의 아들이고 시므온은 유다의 아들이고 유다는 요셉의 아들이고 요셉은 요남의 아들이고 요남은 엘리아김의 아들입니다.

31 엘리아김은 멜레아의 아들이고 멜레아는 멘나의 아들이고 멘나는 맛다다의 아들이고 맛다다는 나단의 아들이고 나단은 다윗의 아들입니다.

삼하 5:14;대상 3:5;14:4

32 다윗은 이새의 아들이고 이새는 오벳의 아들이고 오벳은 보아스의 아들이고 보아스는 살라의 아들이고 살라는 나손의 아들입니다. 삼상 16:1,17:12

33 나손은 아미나답의 아들이고 아미나답은 아니의 아들이고 아니는 헤스론의 아들이고 헤스론은 베레스의 아들이고 베레스는 유다의 아들입니다. 창 29:35

34 유다는 야곱의 아들이고 야곱은 이삭의 아들이고 이삭은 아브라함의 아들이고 아브라함은 데라의 아들이고 데라는 나홀의 아들입니다. 창 11:24,26,25:26

35 나홀은 스룩의 아들이고 스룩은 르우의 아들이고 르우는 벨렉의 아들이고 벨렉은 에벨의 아들이고 에벨은 살라의 아들입니다.

36 살라는 가이난의 아들이고 가이난은 아박삿의 아들이고 아박삿은 셈의 아들이고 셈은 노아의 아들이고 노아는 레멕의 아들입니다.

37 레멕은 므두셀라의 아들이고 므두셀라는 에녹의 아들이고 에녹은 야렛의 아들이고 야렛은 마할랄렐의 아들이고 마할랄렐은 가이난의 아들입니다.

38 가이난은 에노스의 아들이고 에노스는 셋의 아들이고 셋은 아담의 아들이고 아담은 하나님의 아들입니다.

4 마귀가 예수님을 시험함

예수께서는 성령으로 충만해 요단 강에서 돌아오셨고 성령에 이끌려 광야로 나가

2 그곳에서 40일 동안 마귀에게 시험을 당하셨습니다. 그동안 아무것도 잡수시지 않았기 때문에 그 기간이 끝나자 그분은 배가 고프셨습니다. 히 2:18,4:15

3 마귀가 예수께 말했습니다. "당신이 하나님의 아들이라면 이 돌에게 빵이 되라고 말해 보시오." 마 14:33

4 예수께서 대답하셨습니다. "성경에 '사람이 빵으로만 사는 것이 아니다'라고 기록됐다." 신 8:3,요 4:34

5 그러자 마귀는 예수를 높은 곳으로 이끌고 올라가 순식간에 세상 모든 나라를 보여 주었습니다. 마 4:8

6 그러고는 마귀가 예수께 말했습니다. "내가 저 모든 권세와 그 영광을 당신에게 주겠소. 이것은 내게 넘어온 것이니 내가 주고 싶은 사람에게 주는 것이오. 계 13:2

7 그러니 당신이 내게 경배하면 모두 당신 것이 될 것이오."

8 예수께서 대답하셨습니다. "성경에 '주 너의 하나님께 경배하고 오직 그분만을 섬기라'라고 기록됐다." 신 6:13,삼상 7:3

9 마귀는 예수를 예루살렘으로 이끌고 가더니 성전 꼭대기에 세우고 말했습니다. "당신이 하나님의 아들이라면 여기서 뛰어내려 보시오. 3절,마 4:5

10 성경에

'그가 너를 위해 천사들에게 명령해 너를 지킬 것이다. 시 91:11-12

11 그들이 손으로 너를 붙들어 네 발이 돌에 부딪히지 않게 할 것이다'

---

40 성경에 나오는 숫자 '40'

유대 사람들은 숫자마다 특별한 의미를 부여하는데, 40이라는 숫자도 그들에게는 특별한 의미가 있다.

- 홍수가 40일간 내렸다 (창 7:4).
- 모세는 십계명을 받기 위해 40일 동안 시내 산에 있었다 (출 24:18; 신 9:18, 25).
- 12명의 정탐꾼은 가나안 땅을 40일간 정탐했다 (민 13:25; 14:34).
- 엘리야는 밤낮으로 40일을 걸어가서 호렙 산에 도착했다 (왕상 19:8).
- 요나는 40일 후 니느웨가 멸망할 것이라고 외쳤다 (욘 3:4).
- 에스겔은 40일 동안 오른쪽으로 누웠다 (겔 4:6).
- 예수님은 40일간 금식하신 후에 시험을 받으셨다 (눅 4:2).
- 예수님은 부활하신 후 40일 동안 제자들에게 나타나셨다 (행 1:3).

라고 기록돼 있소." 시91:11-12

12 예수께서 대답하셨습니다. "성경에 '주 너의 하나님을 시험하지 말라'라고 기록됐다."

13 마귀는 이 모든 시험을 마치고 때가 될 때까지 예수에게서 떠나갔습니다. 행13:11

14 **예수님이 회당에서 가르치심** 예수께서 성령의 능력을 입고 갈릴리로 돌아오시자 그분에 대한 소문이 전역에 두루 퍼졌습니다.

15 예수께서는 회당에서 가르치셨으며 모든 사람들로부터 영광을 받으셨습니다.

16 **예수님이 나사렛에서 배척당하심** 예수께서 자신이 자라나신 나사렛에 오셨습니다. 안식일이 되자 예수께서 늘 하시던 대로 회당에 가셔서 성경을 읽으려고 일어나셨습니다.

17 예언자 이사야의 두루마리를 건네받으시고 두루마리를 펼쳐 이렇게 기록된 곳을 찾아 읽으셨습니다. 3:4;행8:28

18 "주의 영이 내게 내리셨다. 이는 하나님께서 내게 기름을 부으셔서 가난한 사람들에게 복음을 전파하도록 하기 위해서다. 하나님께서는 포로 된 사람들에게 자유를, 못 보는 사람들에게 다시 볼 수 있음을, 억눌린 사람들에게 해방을 선포하기 위해 나를 보내셨다.

19 주의 은혜의 해를 선포하도록 하기 위함이다." 사25:10;사49:8;고후6:2

20 예수께서는 두루마리를 말아서 시중들던 자에게 돌려주시고 자리에 앉으셨습니다. 회당 안에 있던 모든 사람의 눈이 일제히

예수를 주시했습니다. 마5:1;13:2;요.8:2

21 그러자 예수께서 그들에게 말씀을 시작하셨습니다. "오늘 이 말씀이 너희가 듣는 자리에서 이루어졌다." 마1:22;막12:10;행8:35

22 그러자 모든 사람이 감탄하고 그분의 입에서 나오는 은혜로운 말씀에 놀라며 "저 사람은 요셉의 아들이 아닌가?"라고 물었습니다. 3:23;막13:55;요.6:42

23 예수께서 그들에게 말씀하셨습니다. "틀림없이 너희는 '의사야, 네 병이나 고쳐라!' 하는 속담을 들이대며 '우리가 소문에 들은 대로 당신이 가버나움에서 했다는 모든 일을 여기 당신의 고향에서도 해 보시오'라고 할 것이다." 마11:23;막2:1-12

24 예수께서 이어 말씀하셨습니다. "내가 진실로 너희에게 말한다. 어떤 예언자도 자기 고향에서는 인정받지 못하는 법이다.

25 그러나 내가 진실로 너희에게 말한다. 많은 과부들이 엘리야 시대에 이스라엘에 있었다. 그때 3년 반 동안 하늘 문이 닫혀 온 땅에 극심한 기근이 들었다. 왕상17:1;18:1

26 그런데 하나님께서는 그 과부들 중 어느 누구에게도 엘리야를 보내지 않으시고 오직 시돈에 있는 사렙다 마을의 한 과부에게 보내셨다. 왕상17:9

27 또 많은 나병 환자들이 엘리사 예언자 시대에 이스라엘에 있었다. 그러나 그들 중 어느 누구도 시리아 사람 나아만 외에는 깨끗함을 받지 못했다." 왕하5:1-14;7:3

회당

회당은 유대 사람들이 '모이던 장소'로 이곳에서 예배, 재판, 율법 교육 등이 이루어졌다. 포로기 이후 예루살렘 성전에서 예배드릴 수 없게 되면서부터 그 중요성이 커졌다. 신약 시대에는 유대 사람이 사는 곳이라면 어디에나 회당이 세워졌다(행13:5).

유대 사람들은 안식일 외에도 회당에 자주 모였는데 남녀가 따로 떨어져 앉았다. 회당 안에는 의자와 책상, 율법을 넣어 두는 궤 등이 있

었다. 회당을 관리하는 '회당장'(막5:22)은 예배를 주관했고, 율법에 어긋나게 행동하는 사람이 있을 때 징계를 하기도 했다. 예배는 남자 열 명이 모여야(이루어졌으며, '쉐마'(신6:4-9)를 읽고, 기도문을 암송하며, 성경을 낭독·해석하고, 축도하는 식으로 진행되었다. 예수님도 여러 회당에서 말씀을 전하셨는데, 특히 나사렛 회당에서 이사야의 글을 통해 복음을 전하셨다(눅4:16-30).

28 회당 안에 있던 사람들은 모두 이 말씀을 듣고 화가 잔뜩 났습니다.

29 그들은 일어나서 예수를 마을 밖으로 쫓아냈습니다. 그리고 마을이 세워진 산벼랑으로 끌고 가서 그 아래로 밀쳐 떨어뜨리려고 했습니다. 민 15:35;행 7:58

30 그러나 예수께서는 사람들의 한가운데를 지나 떠나가셨습니다. 요 8:59;10:39

31 **예수님이 가버나움에서 가르치심** 예수께서는 갈릴리 가버나움 마을로 내려가셨습니다. 그리고 안식일이 되자 사람들을 가르치셨습니다. 31-37절;막 1:21-28;6:2

32 그분의 말씀이 얼마나 권위가 있었는지 사람들은 그 가르침에 놀랐습니다. 마 7:28

33 **더러운 영이 들린 사람이 고침받음** 회당에 더러운 영이 들린 사람이 있었는데 그는 큰 소리로 외쳤습니다.

34 "아, 나사렛 예수여! 당신은 우리에게 무엇을 원하십니까? 우리를 망하게 하려고 오셨습니까? 나는 당신이 누구신지 압니다. 하나님께서 보내신 거룩한 분이십니다."

35 예수께서 그를 꾸짖어 말씀하셨습니다. "조용히 하고 그 사람에게서 나와라!" 그러자 귀신이 모든 사람들 앞에서 그 사람을 땅에 내동댕이치고 떠나갔는데 아무 상처도 입지 않았습니다. 41절;마 12:16

36 모든 사람들이 놀라며 서로 말했습니다. "이게 무슨 가르침인가? 저 사람이 권위와 능력으로 더러운 영들에게 명령하니 그들이 떠나가 버렸다." 32절;마 8:27

37 그리하여 예수에 대한 소문은 그 주변 지역까지 두루 퍼져 나갔습니다. 14절

38 **시몬의 장모가 고침받음** 예수께서는 회당에서 나와 시몬의 집으로 가셨습니다. 그런데 시몬의 장모가 심한 열병에 시달리고 있었기 때문에 사람들이 그녀를 위해 예수께 도움을 청했습니다. 마 8:14-16

39 예수께서 시몬의 장모를 굽어보시고 열병을 꾸짖으시자 열병이 사라졌습니다. 장모는 곧 일어나 사람들을 시중들기 시작했습니다. 8:24;9:42

40 **온갖 환자들을 고치심** 해 질 녘이 되자 사람들이 온갖 환자들을 모두 예수께 데려왔습니다. 예수께서는 그들에게 일일이 손을 얹어 병을 고쳐 주셨습니다.

41 게다가 귀신들이 많은 사람들로부터 떠나가며 "당신은 하나님의 아들이십니다!"라고 소리를 질렀습니다. 그러나 예수께서는 귀신들을 꾸짖으시며 그들이 말하는 것을 허락하지 않으셨습니

시몬이 예수님의 말씀대로 그물을 내려 많은 물고기를 잡음

다. 예수께서 그리스도이신 것을 그들이 알고 있었기 때문입니다.

42 외딴곳으로 기도하러 가심 날이 밝자 예수께서는 나가셔서 외딴곳으로 가셨습니다. 사람들은 예수를 찾다가 어디 계신지 알아내고는 자기들에게서 떠나가시지 못하게 붙들었습니다. 5:16막 1:35-38

43 그러자 예수께서 말씀하셨습니다. "나는 다른 마을에서도 하나님 나라의 복음을 전해야 한다. 내가 이 일을 위해 보내심을 받았기 때문이다." 1:33막 1:14,3:14수 16:16

44 그런 뒤 예수께서는 유대의 여러 회당에서 말씀을 전하셨습니다. 막 1:39,요 3:22,5:1

5 기적적으로 고기가 많이 잡힘 예수께서 하나님의 말씀을 들으려는 사람들에게 둘러싸여 게네사렛 호수 가에 서 계셨습니다. 단 34:11신 3:17,수 12:3

2 예수께서 보시니 배 두 척이 호숫가에 대어 있고 어부들은 배에서 내려 그물을 씻고 있었습니다. 마 4:18-22,막 1:16-20,요 1:40-42

3 예수께서는 그들 중 시몬의 배에 올라타 그에게 배를 뭍에서 조금 떼어 놓으라고 말씀하셨습니다. 그러고는 배 위에 앉아 사람들을 가르치셨습니다. 마 5:1

4 말씀을 마치신 후 예수께서 시몬에게 명령하셨습니다. "물이 깊은 곳으로 나가 그물을 내리고 고기를 잡아라." 요 21:6

5 시몬이 대답했습니다. "선생님, 저희가 밤새도록 애썼지만 아무것도 잡지 못했습니다. 그러나 선생님의 말씀대로 제가 그물을 내려 보겠습니다." 요 21:3

6 어부들이 그 말씀대로 했더니 그물이 찢어질 정도로 많은 고기들이 잡혔습니다.

7 그래서 그들은 다른 배에 있는 동료들에게 와서 도와 달라고 손짓했습니다. 그들이 와서 두 배에 고기를 가득 채우자 배가 가라앉을 지경이 되었습니다. 욥 41:6

8 시몬 베드로가 이 광경을 보고 예수의 무릎 앞에 엎드려 말했습니다. "주여, 제게서 떠나십시오. 저는 죄인입니다." 사 6:5

9 베드로와 그 모든 동료는 자기들이 잡은

고기를 보고 놀랐던 것입니다.

10 세베대의 아들들이며 시몬의 동료인 야고보와 요한도 놀랐습니다. 그때 예수께서 시몬에게 말씀하셨습니다. "두려워하지 마라. 이제부터 너는 사람을 낚을 것이다."

11 그리하여 그들은 자신들의 배를 뭍에 대고 모든 것을 버려둔 채 예수를 따라갔습니다. 28절,8:28,마 19:27

12 나병 환자가 깨끗하게 됨 예수께서 한 마을에 계실 때에 온몸에 나병이 걸린 사람이 찾아왔습니다. 그는 예수를 보자 얼굴을 땅에 대고 절하며 간청했습니다. "주여, 원하신다면 저를 깨끗하게 해 주실 수 있습니다." 12-14절,마 8:2-4,막 1:40-44

13 예수께서는 손을 내밀어 그 사람에게 대며 말씀하셨습니다. "내가 원하노니 깨끗해져라!" 그러자 곧 나병이 그에게서 떠나갔습니다.

14 그때 예수께서 그에게 명령하셨습니다. "누구에게도 말하지 마라. 다만 가서 제사장에게 네 몸을 보이고 몸이 깨끗해진 것에 대해 모세가 명령한 대로 예물을 드려라. 그것이 그들에게 증거가 될 것이다."

15 그러나 예수에 대한 소문은 더욱더 퍼져나가 많은 사람들이 그분의 말씀도 듣고 병도 고치려고 모여들었습니다. 막 1:45

16 하지만 예수께서는 외딴곳으로 물러가 기도하셨습니다. 마 14:23,막 1:35

17 중풍 환자가 고침받음 어느 날 예수께서 가르치고 계실 때 바리새파 사람들과 율법학자들이 갈릴리의 모든 마을과 유대와 예루살렘에서 와서 앉아 있었습니다. 그리고 예수께서는 주의 능력이 함께하므로 병을 고치셨습니다. 2:46,8:46,마 22:35

18 그때 몇몇 사람들이 중풍병에 걸린 사람을 자리에 누힌 채 들고 왔습니다. 그들은 환자를 집 안으로 데리고 들어가 예수 앞에 누히려 했지만 18-26절,마 9:2-8,막 2:3-12

19 사람들이 너무 많아 안으로 들여놓을 길이 없었습니다. 그들은 지붕으로 올라가 기와를 벗겨 내고 그를 자리에 누힌 채 사

사람들이 지붕을 뚫어 예수님 앞으로 중풍 환자를 달아 내림

람들 한가운데로 달아 내려 예수 바로 앞에 놓았습니다. 신22:8;삼상9:25;마10:27;막2:4

20 예수께서는 그들의 믿음을 보고 "이 사람아, 네가 죄를 용서받았다"라고 말씀하셨습니다. 7:9;마8:13;막10:52;행3:16

21 율법학자들의 생각 그러자 바리새파 사람들과 율법학자들은 의아하게 생각하기 시작했습니다. '이 사람이 대체 누구인데 하나님을 모독하는가? 하나님 한 분 외에 누가 죄를 용서할 수 있단 말인가?'

22 예수께서는 그들의 생각을 다 알고 말씀하셨습니다. "너희는 왜 그런 생각을 마음에 품느냐? 요2:25

23 '네가 죄를 용서받았다' 하는 말과 '일어나 걸어라' 하는 말 중 어느 것이 더 쉽겠느냐?

24 너희들은 인자가 땅에서 죄를 용서하는 권세를 가지고 있음을 알아야 한다." 예수께서 중풍 환자에게 말씀하셨습니다. "내가 네게 말한다. 일어나 네 침상을 가지고 집으로 가거라." 6:5

25 그러자 곧 그는 사람들 앞에서 일어나 자기가 누웠던 침상을 들고 하나님을 찬양하며 자기 집으로 돌아갔습니다. 7:16

26 사람들은 모두 놀라며 하나님을 찬양했고 두려움으로 가득 차 말했습니다. "오늘 우리가 놀라운 일을 보았다!"

27 레위(마태)가 부름받은 이 일 후에 예수께서는 밖으로 나가 레위라는 세리가 세관에 앉아 있는 것을 보고 말씀하셨습니다. "나를 따라라!" 27-38절;마9:9-17;막2:14-22

28 그러자 레위는 그 자리에서 벌떡 일어나 모든 것을 버려두고 예수를 따랐습니다.

29 죄인들과 식사하심 레위는 예수를 위해 자기 집에서 큰 잔치를 열었습니다. 많은 세리들과 다른 사람들이 그들과 함께 음식을 먹고 있었습니다. 15:1-2

30 그러자 바리새파 사람들과 그들의 율법학자들이 예수의 제자들을 비방했습니다. "당신들은 어찌해서 세리들과 죄인들과 함께 어울려 먹고 마시는 거요?" 15:2;마11:19

31 예수께서 그들에게 대답하셨습니다. "건강한 사람에게는 의사가 필요 없고 병든 사람에게만 의사가 필요하다.

32 나는 의인을 부르러 온 것이 아니라 죄인을 불러 회개시키러 왔다." 요9:39;딤전1:15

33 금식에 대해 말씀하심 그들이 예수께 말했습

니다. "요한의 제자들은 자주 금식하고 기도하며 바리새파 사람들의 제자들도 그렇습니다. 그러나 당신의 제자들은 항상 먹고 마십니다."

11:1마 11:2,요 1:35

34 예수께서 대답하셨습니다. "너희 같으면 신랑이 함께 있는 동안 초대받은 사람들을 금식하도록 하겠느냐?

요 3:29

35 그러나 신랑을 빼앗길 날이 올 것이다. 그때가 되면 그들도 금식할 것이다."

36 예수께서는 그들에게 이런 비유를 들려주셨습니다. "낡은 옷을 기우려고 새 옷을 자르는 사람은 없다. 그렇게 하면 새 옷이 찢어져 못 쓰게 되고 새 옷의 조각도 낡은 옷에 어울리지 않기 때문이다.

37 또 새 포도주를 낡은 가죽 부대에 넣는 사람도 없다. 그렇게 하면 새 포도주가 그 부대를 터뜨려서 포도주는 쏟아지고 부대도 못 쓰게 될 것이다.

수 9:4,욥 32:19,시 119:83

38 새 포도주는 새 부대에 담아야 한다.

39 묵은 포도주를 마시고 나서 새 포도주를 원하는 사람은 없다. '묵은 것이 좋다'고 여기기 때문이다."

6 안식일에 이삭을 잘라 먹음 안식일에 예수께서 밀밭을 지나가시는데 제자들이 밀 이삭을 잘라 손으로 비벼서 먹었습니다.

1~5절,신 23:25

2 그러자 몇몇 바리새파 사람들이 말했습니다. "당신들은 왜 안식일에 해서는 안 될 일을 하는 것이오?"

출 20:9~11마 9:11

3 예수께서 그들에게 대답하셨습니다. "다

윗과 그 일행이 굶주렸을 때 다윗이 한 일을 읽어 보지 못했느냐?

삼상 21:1~6마 21:16

4 다윗이 하나님의 집에 들어가 제사장만 먹게 돼 있는 진설병을 자신이 먹고 또 자기 일행에게도 나눠 주지 않았느냐?"

5 그러고 나서 예수께서 바리새파 사람들에게 말씀하셨습니다. "인자는 안식일의 주인이다."

6 안식일에 병을 고치심 또 다른 안식일에 예수께서 회당에 들어가 가르치셨는데 거기에 오른손이 오그라든 사람이 있었습니다.

7 바리새파 사람들과 율법학자들은 예수를 고소할 구실을 찾으려고 안식일에 예수께서 병을 고치시는지 안 고치시는지 엿보고 있었습니다.

11:54;14:1;20:20;요 8:6

8 그러나 예수께서는 그들의 속마음을 꿰뚫어 보시고 손이 오그라든 사람에게 말씀하셨습니다. "일어나 앞으로 나오너라!" 그러자 그가 일어나 앞으로 나왔습니다.

9 그리고 예수께서 그들에게 말씀하셨습니다. "내가 너희에게 묻겠다. 안식일에 선한 일을 하는 것과 악한 일을 하는 것 중 어느 것이 옳으냐? 사람을 살리는 것과 죽이는 것 중 어느 것이 옳으냐?"

14:3

10 예수께서는 그들 모두를 둘러보고는 그 사람에게 말씀하셨습니다. "네 손을 펴 보아라!" 그가 손을 펴자 그의 손이 회복됐습니다.

막 3:34:5;32:10:23

11 그러나 그들은 화가 나서 예수를 어떻게 해야 할지 서로 의논했습니다.

딤후 3:9

새 포도주는 새 부대에!

아주 먼 옛날에는 물과 같은 액체를 가죽으로 만든 자루에 넣어 가지고 다녔어요.

하지만 이 가죽 부대를 오랫동안 사용하게 되면 주름이 지고 탄력성을 잃어버려 가죽이 많이 낡게 되어요.

이런 낡은 가죽 부대에 포도주를 새로 만들어 넣게 되면 포도가 술이 되는 과정에서 가스가 많이 발생하고 팽창하게 되어 가죽 부대가 터져버리

게 됩니다.

이 때문에 새 포도주는 새 가죽 부대에 넣어야 부대도, 포도주도 둘 다 안전하게 보존될 수 있었어요. 예수님은 이런 현상을 예로 들어 '낡은 포도주'는 유대교의 전통과 관습에, '새 포도주'는 하늘나라의 복음에 비유하셨어요. 살아 움직이는 복음을 낡은 유대교의 전통과 관습 속에 담을 수 없다는 뜻으로 말씀하신 것입니다.

12 열두 사도를 세우심 그 무렵 예수께서 기도하시기 위해 산으로 올라가 밤을 새워 하나님께 기도하셨습니다. 마 14:23

13 날이 밝자 예수께서는 제자들을 불러 그중 12명을 뽑아 사도로 부르셨습니다.

14 예수께서 '베드로'라 이름 지으신 시몬과 그 동생 안드레, 그리고 야고보, 요한, 빌립, 바돌로매, 마 4:18,21;16:18;요 1:42

15 마태, 도마, 알패오의 아들 야고보, 열심당원으로 불린 시몬, 마 9:9;행 2:1:20

16 야고보의 아들 유다, 배반자가 된 가룟 유다였습니다. 요 14:22

17 많은 무리가 모임 예수께서 제자들과 함께 산에서 내려와 평지에 서 계셨습니다. 거기에는 제자들의 큰 무리가 있었고 또 온 유대와 예루살렘과 두로와 시돈의 해안 지방에서 모여든 많은 백성이 큰 무리를 이루고 있었습니다. 마 4:25;막 3:7-8

18 그들은 예수의 말씀도 듣고 자기들의 병도 고치고자 몰려온 사람들이었습니다. 더러운 영들에게 시달리던 사람들도 있었는데 그들은 낫게 됐습니다. 마 4:24

19 그러자 사람들은 모두 예수를 만져 보려고 애썼습니다. 예수에게서 능력이 나와 그들을 모두 고쳐 주었기 때문입니다.

20 축복의 말씀 예수께서 눈을 들어 제자들을 보시며 말씀하셨습니다. "너희, 가난한 사람들은 복이 있으니 하나님 나라가 너희의 것이다. 20-23절;사 61:1;마 5:3-12

21 너희, 지금 굶주리는 사람들은 복이 있으니 너희가 배부르게 될 것이다. 너희, 지금 울고 있는 사람들은 복이 있으니 너희가 웃게 될 것이다. 1:53;사 25:8;57:18;마 5:4

22 인자 때문에 너희를 미워하고 배척하고 욕하고 너희 이름을 악하다고 밀쳐 내도 너희에게 복이 있을 것이다. 히 11:26;벧전 4:14

23 그날에는 너희가 기뻐하고 즐거워하라. 하늘에서 너희 상이 크기 때문이다. 그들의 조상들도 예언자들에게 이렇게 대했다.

24 저주의 말씀 그러나 너희, 지금 부요한 사람들은 화가 있다. 너희가 이미 너희의 위로를 다 받았기 때문이다. 12:21;암 6:1;요 5:1

25 너희, 지금 배부른 사람들은 화가 있다. 너희가 굶주리게 될 것이기 때문이다. 너희, 지금 웃고 있는 사람들은 화가 있다. 너희가 슬퍼하며 울게 될 것이기 때문이다.

26 모든 사람에게 칭찬받는 사람들은 화가 있다. 그들의 조상들도 거짓 예언자들에게 이렇게 대했다. 사 30:10;렘 5:31;요 15:19

27 복수에 대한 말씀 그러나 내 말을 듣는 너희에게 내가 말한다. 너희 원수를 사랑하라. 너희를 미워하는 사람들에게 잘해 주라.

28 너희를 저주하는 사람들을 축복하고 너희에게 함부로 대하는 사람들을 위해 기도하라. 벧전 3:9

29 누가 네 뺨을 때리거든 다른 뺨도 돌려 대라. 누가 네 겉옷을 빼앗아 가고 속옷까지 가져간다 해도 거절하지 말라. 롬 12:17

30 누구든지 달라고 하면 주고 네 것을 가져가면 돌려받겠다고 하지 말라. 마 3:7;21

31 너희가 남에게 대접을 받고자 하는 대로 남을 대접하라. 마 7:12

32 원수에 대한 사랑 자기를 사랑해 주는 사람들만 사랑하면 무슨 칭찬이 있겠느냐? 죄인들도 자기를 사랑해 주는 사람들을 사랑한다. 마 5:46

33 잘해 주는 사람들에게만 잘해 준다면 무슨 칭찬이 있겠느냐? 죄인들도 그만큼은 한다.

34 돌려받을 생각으로 남에게 꾸어 주면 무슨 칭찬이 있겠느냐? 죄인들도 고스란히 돌려받을 생각으로 다른 죄인들에게 빌려 준다. 14:12-14;잠 19:17;마 5:42

35 그러나 너희는 원수를 사랑하고 잘해 주며 돌려받을 생각 말고 빌려 주라. 그러면 너희 상이 클 것이고 너희가 지극히 높으신 분의 아들이 될 것이다. 하나님께서는 은혜를 모르는 사람들과 악한 사람들에게도 인자하시기 때문이다. 27절;약 1:5

36 너희 아버지께서 자비로우신 것처럼 너희도 자비로운 사람이 되라. 마 5:7,48;약 3:17;5:11

37 비판에 대한 말씀 남을 판단하지 말라. 그러

면 너희도 판단받지 않을 것이다. 남을 정죄하지 말라. 그러면 너희도 정죄받지 않을 것이다. 용서하라. 그러면 너희도 용서받을 것이다. 37~39,41~42절/마 7:1~5/롬 14:13

38 남에게 주라. 그러면 너희가 받을 것이다. 그것도 많이 꾹꾹 눌러 흔들어서 넘치도록 너희 품에 안겨 줄 것이다. 너희가 남을 저울질하는 만큼 너희도 저울질당할 것이다."

39 예수께서 또한 그들에게 이런 비유를 들려주셨습니다. "눈먼 사람이 눈먼 사람을 인도할 수 있느냐? 그러면 둘 다 구덩이에 빠지지 않겠느냐? 마 15:14

40 학생이 스승보다 나을 수 없다. 그러나 누구든지 다 배우고 나면 자기 스승과 같이 될 것이다. 마 10:24/히 13:21/벧전 5:10

41 어째서 너는 네 형제의 눈에 있는 티는 보면서 네 눈에 있는 들보는 깨닫지 못하느냐?

42 네 눈에 있는 들보는 보지 못하면서 어떻게 형제에게 '형제여, 네 눈에 있는 티를 빼자'라고 하겠느냐? 위선자여, 먼저 네 눈에서 들보를 빼내라. 그런 후에야 네가 정확히 보고 형제의 눈 속에 있는 티를 빼낼 수 있을 것이다.

43 **좋은 열매, 나쁜 열매** 좋은 나무는 나쁜 열매를 맺지 않고 나쁜 나무는 좋은 열매를 맺을 수 없다.

44 나무마다 그 열매를 보면 안다. 가시나무에서 무화과를 딸 수 없고 찔레나무에서 포도를 딸 수 없는 법이다. 마 12:33

45 선한 사람은 마음속에 선한 것을 두었다가 선한 것을 내놓고 악한 사람은 마음속에 악한 것을 두었다가 악한 것을 내놓는

다. 사람은 마음에 가득 찬 것을 입으로 말하는 법이다. 마 12:34~35;15:18~19/엡 4:29

46 **신앙과 행위** 어째서 너희는 나를 '주여, 주여' 하고 부르면서 내가 말하는 것은 행하지 않느냐? 말 1:6/마 7:21

47 내게 와서 내 말을 듣고 그대로 실천에 옮기는 사람이 어떤 사람과 같은지 너희에게 보여 주겠다. 마 7:24~27

48 그는 땅을 깊이 파고 바위 위에 단단히 기초를 세운 건축자와 같다. 홍수가 나서 폭우가 덮쳐도 그 집은 흔들리지 않았다. 그 집이 잘 지어졌기 때문이다. 겔 13:10~16

49 그러나 내 말을 듣고도 실천에 옮기지 않는 사람은 기초 없이 맨땅에 집을 지은 사람과 같다. 그 집은 폭우가 덮치는 즉시 무너져 폭삭 주저앉았다."

7 **백부장의 종이 고침받음** 예수께서 듣고 있던 사람들에게 이 모든 말씀을 마치고 가버나움으로 들어가셨습니다.

2 그곳에는 백부장 한 사람이 있었는데 그가 신임하는 종 하나가 병이 들어 거의 죽어 가고 있었습니다.

3 백부장은 예수의 소문을 듣고 유대 장로들을 예수께 보내 자기 종을 낫게 해 달라고 부탁했습니다. 마 8:5

4 장로들이 예수께 와서 간곡히 부탁했습니다. "이 사람은 선생님이 그렇게 해 주실 만한 사람입니다. 행 10:22

5 그는 우리 민족을 사랑하고 우리 회당도 지어 주었습니다." 4:33

6 예수께서는 그들과 함께 가셨습니다. 예수께서 그 집에서 멀지 않은 곳에 이르렀

어떻게 눈에 들보가 들어가요?

이것은 눈에 정말 커다란 들보가 들어가 있다는 말이 아니에요. 예수님이 비유로 말씀하신 것입니다. 티는 그리스어로 '조각'이라는 뜻을 가진 단어로 '나무 부스러기'를 가리킵니다. 들보는 집을 지을 때 사용하는 아주 큰 통나무를 말해요.

이 말씀은 남을 판단하고자 하는 마음이 들 때, 하나님이 우리를 판단하실 일이 더 많다는 것을 기억해야 함을 알려 주신 것입니다. 우리는 모두 죄인이라는 사실을 깨닫고, 친구를 욕하거나 괴롭히는 것이 아니라 예수님의 마음으로 그들을 사랑하고 도와주어야 해요.

을 때 백부장은 친구들을 보내 예수께 이렇게 아뢰도록 했습니다. "주여, 더 수고하실 필요가 없습니다. 저는 주를 제 집에 모실 자격이 없습니다. _8:49/막 5:35_

7 그래서 제가 직접 주께 나아갈 엄두도 못 냈습니다. 그저 말씀만 하십시오. 그러면 제 하인이 나을 것입니다. _시 107:20/마 8:16_

8 저도 상관 아래 있으면서, 제 아래에도 부하들이 있는 사람입니다. 제가 부하에게 '가라' 하면 가고 '오라' 하면 오고 하인에게 '이것을 하라' 하면 합니다."

9 예수께서는 이 말을 듣고 백부장을 놀랍게 여겨 돌아서서 따라오던 사람들에게 말씀하셨습니다. "내가 너희에게 말한다. 이스라엘에서도 이렇게 큰 믿음을 본 적이 없다." _마 9:2/막 6:6_

10 백부장이 보냈던 사람들이 집으로 돌아가 보니 그 종이 벌써 나아 있었습니다.

11 **과부의 아들을 살리심** 그 후에 예수께서는 곧 나인이라는 마을로 가셨습니다. 제자들과 많은 무리가 예수를 따라갔습니다.

12 예수께서 성문 가까이에 이르셨을 때 사람들이 죽은 사람 한 명을 메고 나오고 있었습니다. 죽은 사람은 한 과부의 외아들이었습니다. 그리고 많은 마을 사람들이 그 여인과 함께 상여를 따라오고 있었습니다.

13 주께서 그 여인을 보고 불쌍히 여기며 말씀하셨습니다. "울지 마라." _8:52/마 20:34/막 1:41_

14 그러고는 다가가 관을 만지셨습니다. 관을 메고 가던 사람들이 멈춰 서자 예수께서 말씀하셨습니다. "청년아, 내가 네게 말한다. 일어나거라!" _8:54/막 5:41/요 11:43/행 9:40_

15 그러자 죽은 사람이 일어나 앉아 말하기 시작했습니다. 예수께서는 그를 그의 어머니에게 돌려보내셨습니다. _왕상 17:23_

16 그들은 모두 두려움에 가득 차 하나님을 찬양하며 말했습니다. "위대한 예언자가 우리 가운데 나타나셨다! 하나님께서 자기 백성을 돌봐 주셨다." _마 9:8;15:31/행 4:21_

17 예수에 대한 이 이야기가 온 유대와 그 주변 지역에 널리 퍼져 나갔습니다.

18 **세례자 요한의 질문** 요한의 제자들이 모든 소식을 요한에게 알렸습니다. 요한은 제자들 중 두 사람을 불러 _18-35절Ձ마 11:2-19_

19 주께 보내어 "선생님께서 오실 그분이십니까? 아니면 저희가 다른 사람을 기다려야 합니까?"라고 물어보게 했습니다.

20 그 사람들이 예수께 와서 말했습니다. "세례자 요한이 저희를 보내 물어보라고 했습니다. 선생님께서 오실 그분이십니까? 아니면 저희가 다른 사람을 기다려야 합니까?"

21 바로 그때 예수께서 질병과 고통과 악한 영들에게 시달리는 사람들을 많이 고쳐 주시고 보지 못하는 많은 사람들도 볼 수 있게 해 주셨습니다. _마 12:22/막 1:34;3:10_

22 예수께서 요한이 보낸 사람들에게 대답하셨습니다. "돌아가서 너희가 여기서 보고 들은 것을 요한에게 전하라. 보지 못하는 사람이 다시 보고 다리를 저는 사람이 걷고 나병 환자가 깨끗해지며 듣지 못하는 사람이 듣고 죽은 사람이 살아나고 가난한 사람들에게 복음이 전파된다고 하라.

23 *나로 인해 걸려 넘어지지 않는 사람은 복이 있다." _사 8:14-15;마 6:3;요 6:61_

24 **요한을 평가하심** 요한이 보낸 사람들이 떠나자 예수께서는 사람들에게 요한에 대해 말씀하셨습니다. "너희가 무엇을 보려고 나갔느냐? 바람에 흔들리는 갈대냐? _1:80;3:2_

25 그렇지 않으면 무엇을 보려고 나갔느냐? 좋은 옷을 입은 사람이냐? 아니다. 화려한 옷을 입고 사치에 빠져 사는 사람은 왕궁에 있다.

26 그러면 무엇을 보려고 나갔느냐? 예언자냐? 그렇다. 내가 너희에게 말한다. 요한은 예언자보다 더 위대한 인물이다.

27 이 사람에 대해 성경에 이렇게 기록됐다. '보라. 내가 네 앞에 내 사자를 보낸다. 그가 네 길을 네 앞서 준비할 것이다.'

상관(7:8, 上官, authority) 군사 지도자, 장군 또는 높은 자리에 있는 사람.

7:23 또는 '나를 의심하지 않는 사람은 복이 있다.'

28 내가 너희에게 말한다. 여인에게서 난 사람 중에 요한보다 더 큰 사람은 없다. 그러나 하나님 나라에서는 가장 작은 사람이라도 요한보다 더 크다.'

29 (요한의 설교를 들은 사람들과 심지어는 세리들도 요한의 세례를 받았고 하나님이 의로우신 분임을 드러냈습니다. 행 19:3

30 그러나 바리새파 사람들과 율법학자들은 요한에게 세례를 받지 않았고 자기들을 향한 하나님의 계획을 물리쳤습니다.

31 악한 세대를 책망하심 "그러나 이 세대 사람들을 무엇에 비교할 수 있을까? 그들은 무엇과 같을까?

32 그들은 시장에 앉아서 서로 부르며 이렇게 말하는 아이들과 같다. '우리가 너희를 위해 피리를 불어도 너희는 춤추지 않았고 우리가 애곡해도 너희는 울지 않았다.'

33 세례자 요한이 와서 빵도 먹지 않고 포도주도 마시지 않자 너희는 '저 사람이 귀신 들렸다'라고 하며 1:15마 3:4;막 1:6

34 인자가 와서 먹고 마시니 너희가 말하기를 '보라, 저 사람은 먹보에다 술꾼으로 세리와 죄인의 친구다'라고 말한다.

35 그러나 지혜의 자녀들이 결국 지혜롭다는 것을 인증하는 법이다." 11:49;잠 8:1~36

36 죄 많은 한 여인의 믿음 한 바리새파 사람이 예수를 저녁 식사에 초대했습니다. 그래서 예수께서는 그 바리새파 사람의 집으로 들어가 식탁에 기대어 앉으셨습니다.

37 그 마을에 죄인인 한 여자가 있었는데 예수께서 그 바리새파 사람의 집에 계시다는 것을 알고는 향유가 든 옥합을 가지고 와

38 예수의 뒤로 그 발 곁에 서서 울며 눈물로 그분의 발을 적셨습니다. 그리고 자신의 머리카락으로 발을 닦고 그 발에 자신의 입을 맞추며 향유를 부었습니다. 요 11:2

39 예수를 초대한 바리새파 사람이 이 광경을 보고 속으로 말했습니다. '만약 이 사람이 예언자라면 자기를 만지는 저 여자가 누구며 어떤 여자인지 알았을 텐데. 저 여자는 죄인이 아닌가!' 22:64;요 4:19

40 예수께서 그에게 말씀하셨습니다. "시몬아, 네게 할 말이 있다." 그가 대답했습니다. "선생님, 말씀하십시오."

41 "어떤 채권자에게 빚을 진 두 사람이 있었다. 한 사람은 500데나리온을, 또한 사람은 50데나리온을 빚졌다. 마 18:28

42 두 사람 다 빚 갚을 돈이 없어 채권자가 두 사람의 빚을 모두 없애 주었다. 그러면 두 사람 중 누가 그 채권자를 더 사랑하겠느냐?"

43 시몬이 대답했습니다. "더 많은 빚을 면제받은 사람이라고 생각합니다." 예수께서 말씀하셨습니다. "네 판단이 옳다."

44 그러고 나서 예수께서는 그 여인을 돌아보고 시몬에게 말씀하셨습니다. "이 여인이

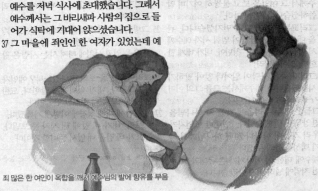

죄 많은 한 여인이 옥합을 깨서 예수님의 발에 향유를 부음

보이느냐? 내가 네 집에 들어왔을 때 너는 내게 발 씻을 물도 주지 않았다. 그러나 이 여인은 자신의 눈물로 내 발을 적시고 자신의 머리카락으로 닦아 주었다.

45 너는 내게 입 맞추지 않았지만 이 여인은 내가 들어왔을 때부터 계속 내 발에 입 맞추고 있다. _{38절;삼하 15:5;19:39}

46 너는 내 머리에 기름을 부어 주지 않았지만 이 여인은 내 발에 향유를 부어 주었다.

47 그러므로 내가 네게 말한다. 이 여인은 많은 죄를 용서받았다. 그것은 이 여인이 나를 많이 사랑했기 때문이다. 그러나 적게 용서받은 사람은 적게 사랑한다." _{39절}

48 그리고 나서 예수께서 여인에게 말씀하셨습니다. "네 죄들이 용서받았다."

49 식탁에 함께 앉아 있던 사람들이 수군거리기 시작했습니다. "이 사람이 도대체 누구면 죄까지도 용서하는 것인가?"

50 예수께서 여인에게 말씀하셨습니다. "네 믿음이 너를 구원했다. 평안히 가거라."

8 섬기는 여인들 그 후에 예수께서는 여러 마을과 고을을 두루 다니시며 하나님 나라의 복음을 선포하셨습니다. 열

두 제자들도 예수와 함께 동행했습니다.

2 악한 영과 질병으로부터 고침받은 여자들도 예수와 함께했습니다. 이들은 일곱 귀신이 떠나간 막달라 마리아였고 _{막 16:9}

3 헤롯의 청지기인 구사의 아내 요안나 또 수산나와 그 밖의 많은 여인들이었습니다. 이들은 자신들의 재산으로 예수의 일행을 섬겼습니다. _{24:10}

4 **씨 뿌리는 사람의 비유** 많은 무리가 모여들고 각 마을에서 사람들이 예수께로 나아오니 예수께서 그들에게 비유를 통해 말씀하셨습니다. _{4~10절;마 13:1~15;막 4:1~12}

5 "씨 뿌리는 사람이 씨를 뿌리러 나갔다. 그가 씨를 뿌리자 그중 어떤 씨는 길가에 떨어져 사람들에게 밟히고 하늘의 새들에게 다 먹혀 버렸다. _{사 55:10;암 9:13}

6 어떤 씨는 바위 위에 떨어졌는데 싹이 돋았지만 물기가 없어서 곧 시들어 버리고 말았다. _{겔 15:6}

7 어떤 씨는 가시덤불 속에 떨어졌는데 가시덤불이 함께 자라서 그 기운을 막아 버렸다. _{렘 4:3}

8 또 다른 씨는 좋은 땅에 떨어져 자라나

QT 큐티

마음

네 종류의 마음

사람들은 하나님의 말씀에 각각 다르게 반응해요. 예수님은 농부가 씨 뿌리는 것을 예로 들면서 말씀해 주셨어요.

비유의 뜻은 이와 같다. 씨는 하나님의 말씀이다. 길가에 떨어진 것은 하나님의 말씀을 들었으나 마귀가 와서 그 마음에서 말씀을 빼앗아 가는 바람에 믿지 못하고 구원받지 못하는 사람들이다. 바위 위에 떨어진 것은 하나님의 말씀을 듣고 기쁘게 받아들이지만 뿌리가 없어 잠시 믿다가 시련이 닥치면 곧 넘어지는 사람들이다. 가시밭에 떨어진 것은 하나님의 말씀을 들었으나 이 세상의 걱정과 부와 쾌락에 사로잡혀서 자라지 못하고 온전한 열매를 맺지 못하는 사람들이다. 그러나 좋은 땅에 떨어진 것은 착하고 좋은 마음으로 하나님의 말씀을 들은 뒤 그 말씀을 굳게 간직하고 인내해 좋은 열매를 맺는 사람들이다 (눅 8:11~15).

여러분은 어떻습니까? 말씀을 듣고 순종하려는 좋은 땅의 상태인가요? 아니면 죄와 욕심으로 걱정하는 가시밭의 상태인가요? 만일 여러분 자신이 좋은 밭 상태가 아니라면 하나님께 솔직히 마음 상태를 고백하고, 말씀이 마음과 생활 속에 깊이 뿌리내리도록 간절히 기도하세요. 하나님이 원하시는 열매가 열릴 것입니다.

깊이 읽기 누가복음 8장 4~15절을 읽으세요.

100배나 많은 열매를 맺었다." 예수께서 말씀을 마치고 큰 소리로 외치셨습니다. "들을 귀 있는 사람은 들으라!" 창 26:12

9 비유의 목적 제자들은 예수께 이 비유가 무엇을 뜻하는지 물었습니다.

10 예수께서 말씀하셨습니다. "너희에게는 하나님 나라의 비밀을 알게 해 주었다. 그러나 내가 다른 사람들에게는 비유로 말했다. 이것은 '그들이 보아도 보지 못하고 들어도 깨닫지 못하게 하려는 것이다.

11 비유에 대한 설명 비유의 뜻은 이와 같다. 씨는 하나님의 말씀이다. 마 13:18~23절,막 4:13~20

12 길가에 떨어진 것은 하나님의 말씀을 들었으나 마귀가 와서 그 마음에서 말씀을 빼앗아 가는 바람에 믿지 못하고 구원받지 못하는 사람들이다. 막 16:6

13 바위 위에 떨어진 것은 하나님의 말씀을 듣고 기쁨으로 받아들이지만 뿌리가 없어 잠시 동안 믿다가 시련이 닥치면 곧 넘어지는 사람들이다. 겔 33:31~32,호 6:4,갈 1:6

14 가시밭에 떨어진 것은 하나님의 말씀을 들었으나 이 세상의 걱정과 부와 쾌락에 사로잡혀서 자라지 못하고 온전한 열매를 맺지 못하는 사람이다. 마 6:25,딤 1:11

15 그러나 좋은 땅에 떨어진 것은 착하고 좋은 마음으로 하나님의 말씀을 들은 뒤 그 말씀을 굳게 간직하고 인내해 좋은 열매를 맺는 사람들이다. 요 15:5,16,히 10:36,딤후 5:7

16 등불 비유 등불을 켜서 그릇으로 덮거나 침대 밑에 두는 사람은 아무도 없다. 오히려 등불은 들어오는 사람들이 볼 수 있도록 등잔대 위에 두는 것이다. 막 11:33,마 5:15

17 숨겨 둔 것은 드러나고 감춰 둔 것은 알려지게 마련이다. 막 12:2,마 10:26,딤전 5:25

18 그러므로 너희는 내 말을 조심해서 들으라. 가진 사람은 더 받고 가지지 못한 사람은 가진 줄로 생각하는 것조차 빼앗길 것이다." 마 11:15,막 13:12

19 참 형제와 자매 예수의 어머니와 형제들이 예수께로 왔으나 많은 사람들 때문에 예수께 가까이 갈 수가 없었습니다.

20 그래서 사람들이 예수께 말했습니다. "선생님의 어머니와 형제들이 선생님을 만나려고 밖에 서 있습니다."

21 예수께서 대답하셨습니다. "하나님의 말씀을 듣고 실천하는 사람이 바로 내 어머니요, 내 형제들이다." 눅 11:28,막 1:22

22 호수를 잔잔케 하심 하루는 예수께서 제자들에게 말씀하셨습니다. "호수 저편으로 가자." 그래서 그들은 배에 올라타고 떠났습니다. 22~25절마 8:23~27,막 4:36~41

23 그들이 배를 저어 가는 동안 예수께서는 잠이 드셨습니다. 그때 호수에 사나운 바람이 불어오더니 배에 물이 들이쳐 매우 위험한 상황이 됐습니다.

24 제자들이 가서 예수를 깨우며 말했습니다. "선생님! 선생님! 우리가 모두 빠져 죽게 생겼습니다!" 그러자 예수께서 일어나 바람과 파도를 꾸짖으시니 폭풍이 멈추고 호수가 다시 잔잔해졌습니다.

25 예수께서 제자들에게 말씀하셨습니다. "너희의 믿음이 어디에 있느냐?" 제자들은 두려움과 놀라움 속에서 서로 말했습니다. "이분이 도대체 누구시기에 바람과 물을 호령하시니 바람과 물조차도 이분께 복종하는가?" 5:9,막 1:27

26 귀신 들린 사람을 고치심 예수의 일행은 갈릴리 호수 건너편 거라사 지방으로 배를 저어 갔습니다. 26~40절마 8:28~9:1,막 5:1~21

27 예수께서 배에서 내리시자 그 마을에 사는 귀신 들린 사람과 마주치셨습니다. 그는 옷도 입지 않은 채 집이 아닌 무덤에서 산 지 벌써 오래된 사람이었습니다.

28 그가 예수를 보자 소리를 지르며 예수의 발 앞에 엎드려 "지극히 높으신 하나님의 아들 예수여, 내가 당신과 무슨 상관이 있습니까? 제발 저를 괴롭히지 마십시오!"라고 찢어질 듯 큰 소리로 외쳤습니다.

29 이는 예수께서 그 사람에게서 나가라고 더러운 영에게 명령하셨기 때문입니다. (그 사람은 수시로 귀신에게 붙들렸는데 손발을 쇠사슬에 묶어 둬도 다 끊어 버리고 귀신

에 이끌려 광야로 뛰쳐나가곤 했습니다.)

30 예수께서 그에게 물으셨습니다. "네 이름이 무엇이냐?" 그가 대답했습니다. "'군대'입니다." 그 사람 속에 귀신이 많이 들어 있었기 때문입니다. _{마 26:53}

마 26:53

31 귀신들은 자기들을 지옥으로 보내지 말아 달라고 예수께 간청했습니다. 계 9:1

32 마침 많은 돼지 떼가 언덕에서 먹이를 먹고 있었습니다. 귀신들이 예수께 돼지들 속으로 들어가게 해 달라고 애원하자 예수께서 허락하셨습니다.

33 귀신들은 그 사람에게서 나와 돼지들에게 들어갔습니다. 그러자 돼지 떼는 비탈진 둑으로 내리달아 호수에 빠져 죽게 됐습니다. 22~23절

34 돼지를 치던 사람들이 그 광경을 보고 달아나 마을과 그 일대에 이 일을 알렸습니다.

35 그래서 사람들도 이 광경을 보려고 나왔습니다. 그들이 예수께 가 보니 정말 그 귀신 들렸던 사람이 제정신이 들어 옷을 입고 예수의 발 앞에 앉아 있는 것이었습니다. 그러자 그들은 두려웠습니다.

36 처음부터 이 광경을 지켜본 사람들은 그 귀신 들렸던 사람이 어떻게 낫게 됐는지 그들에게 말했습니다. 막 10:52

37 그러자 거라사 주변의 모든 사람들은 두려움에 가득 차 예수께 떠나 달라고 간청했습니다. 그리하여 예수께서는 배를 타고 그곳을 떠나셨습니다. 왕상 17:18;행 16:39

38 귀신 들렸던 그 사람은 자신도 함께 가겠

다고 예수께 애원했습니다. 그러나 예수께서는 그를 보내며 말씀하셨습니다.

39 "집으로 돌아가서 하나님께서 네게 하신 일을 다 말하여라." 그러자 그 사람은 온 마을을 다니며 예수께서 얼마나 큰일을 행하셨는지 전했습니다. 5:14;시 66:16

40 **야이로의 애원** 예수께서 돌아오시자 많은 사람들이 그분을 반겼습니다. 그들 모두가 예수를 기다리고 있었습니다. 9:11

41 그때 야이로라는 회당장이 와서 예수의 발 앞에 엎드리며 자기 집에 와 달라고 간절히 애원했습니다. 41~56절;마 9:18~26;막 5:22~43

42 열두 살 된 자기 외동딸이 죽어 가고 있었기 때문입니다. 예수께서 그리로 내려가시는데 많은 사람들이 밀어 댔습니다.

43 **옷자락에 손을 댄 여인** 그중에는 12년 동안 혈루병을 앓아 온 여인이 있었는데 의사들에게 재산을 모두 썼지만 어느 누구도 그 여인의 병을 고쳐 줄 수 없었습니다.

44 그 여인은 예수의 뒤로 비집고 다가가 그분의 옷자락에 손을 댔습니다. 그러자 즉시 출혈이 멈췄습니다. 마 14:36;15:28

45 그때 예수께서 "누가 내게 손을 댔느냐?"라고 물으셨습니다. 사람들이 모두 만지지 않았다고 하자 베드로가 말했습니다. "선생님, 많은 사람들이 선생님을 밀어 대고 있습니다."

46 그러자 예수께서 말씀하셨습니다. "누군가가 내게 손을 댔다. 내게서 능력이 나간 것을 알고 있다." 5:17;6:19;행 10:38

예수님의 옷자락을

예수님 옷자락만 만져도 병이 낫나요?

만진 여인은 12년 동안 혈루병을 앓고 있었어요. 혈루병은 혈관이 약해서 몸 밖으로 피가 흘러나오는 병인데 유대 사람들은 이 병을 하나님이 내리신 벌이라고 여겼어요.

피를 보는 것을 부정하게 여긴 유대 사람들은 이 병이 완치될 때까지 환자를 사람들과 만나지 못하도록 떼어 놓았죠(레 15:1~12, 25~27). 이

런 악조건 속에서도 여인은 예수님의 옷자락이라도 만지면 병이 나을 거라는 믿음을 가졌어요. 여인이 몰래 와서 예수님의 옷자락을 만졌을 때 예수님은 여인을 꾸중하지 않으시고 오히려 세상에서 따돌림 당하던 그 여인에게 평안을 주셨죠. 예수님을 향한 간절한 믿음을 보시고 예수님은 여인의 병을 낫게 하신 것입니다.

47 그러자 여인은 더 이상 숨길 수 없음을 알고 떨면서 앞으로 나와 예수의 발 앞에 엎드렸습니다. 여인은 모든 사람에게 왜 예수께 손을 댔는지, 그리고 어떻게 병이 즉시 나았는지 말했습니다.

48 그러자 예수께서 여인에게 말씀하셨습니다. "딸아, 네 믿음이 너를 구원했다. 평안히 가거라." 7:50

49 **아이로의 딸이 살아남** 예수께서 말씀을 채 마치시기도 전에 야이로 회당장의 집에서 사람이 와서 말했습니다. "따님이 죽었습니다. 선생님께 더 폐를 끼치지 않는 것이 좋겠습니다." 41절;7:6

50 이 말을 듣고 예수께서 그에게 말씀하셨습니다. "두려워하지 마라. 믿기만 하면 아이가 나을 것이다."

51 예수께서는 아이로의 집에 이르러 베드로와 요한과 야고보와 아이의 부모 외에는 아무도 들어오지 못하게 하셨습니다.

52 사람들은 모두 그 아이에 대해 애도하며 크게 울고 있었습니다. 예수께서 말씀하셨습니다. "울지 마라. 이 아이는 죽은 것이 아니라 자고 있다." 요 11:4,11;행 20:10

53 그들은 아이가 죽은 것을 알기에 예수를 비웃었습니다.

54 그러나 예수께서 그 아이의 손을 잡고 말씀하셨습니다. "아이야, 일어나라!"

55 그때 그 아이의 영이 돌아와 아이가 곧 일어났습니다. 그러자 예수께서 아이에게 먹을 것을 갖다 주라고 말씀하셨습니다.

56 그 아이의 부모는 무척 놀랐습니다. 그러나 예수께서는 이 일을 아무에게도 말하지 말라고 그들에게 명령하셨습니다.

9 **제자들에게 능력을 주심** 예수께서는 열두 제자를 한 자리에 불러 모으시고 모든 귀신들을 쫓고 병을 고치는 능력과 권세를 주셨습니다. 막 3:13-15;6:7

2 그리고 그들을 내보내시며 하나님 나라를 전파하고 병든 사람들을 고쳐 주라고 하셨습니다. 11;60절;마 4:43

3 **전도자의 자세** 예수께서 말씀하셨습니다.

"길을 떠날 때 아무것도 가져가지 말라. 지팡이도 가방도 빵도 돈도 여별 옷도 가지고 가지 말라. 3-5절;마 10:9-14;막 6:8-11

4 어느 집에 들어가든 그 마을을 떠날 때까지 그 집에 머물러 있으라.

5 만약 너희를 맞아 주지 않으면 그 마을을 떠날 때 그들을 거스르는 증거물로 발에 붙은 먼지를 떨어 버리라." 행 13:51;18:6

6 보냄받은 제자들 제자들은 나가서 여러 마을을 두루 다니며 곳곳에서 복음을 전파하며 사람들을 고쳐 주었습니다.

7 **예수님에 대한 헤롯의 관심** 분봉 왕 헤롯은 이 모든 일을 듣고 당황했습니다. 왜냐하면 어떤 사람들이 요한이 죽은 자 가운데에서 살아났다고 말했기 때문입니다.

8 또 어떤 사람들은 엘리야가 나타났다고 했고 다른 사람들은 옛 예언자 중 하나가 되살아났다고 말했습니다.

9 그러자 헤롯은 "내가 요한의 목을 베었는데 이런 소문이 들리는 그 사람은 누구인가?" 하고 예수를 만나고자 했습니다.

10 **사역 보고** 사도들이 돌아와 예수께 자기들이 한 일을 보고했습니다. 그러자 예수께서는 그들을 따로 데리고 벳새다라는 마을로 가셨습니다. 마 14:13-21;막 6:30,32-44

11 그러나 사람들은 이 사실을 알아채고 예수를 따라왔습니다. 예수께서는 그들을 맞이하고 하나님 나라에 대해 말씀하시며 사람들을 고쳐 주셨습니다. 2절;8:40

12 **5,000명을 먹이심** 날이 저물자 열두 제자가 예수께 다가와 말했습니다. "우리가 외딴 곳에 있으니 사람들을 보내 주변 마을과 농가로 가서 잠잘 곳을 찾고 먹을 것을 얻게 하십시오." 24:29;롬 6:4

13 예수께서 대답하였습니다. "너희가 그들에게 먹을 것을 주라." 제자들이 말했습니다. "저희가 가진 것이라고는 빵 다섯 개와 물고기 두 마리뿐입니다. 이 많은 사람을 다 먹이려면 가서 먹을 것을 사야 합니다." 왕하 4:42-44;마 16:9;막 8:19

14 그곳에는 남자만 5,000명 정도가 있었기

때문입니다. 그러나 예수께서 제자들에게 말씀하셨습니다. "사람들을 50명씩 돌려 앉게 하라."

15 제자들은 그대로 사람들을 모두 앉혔습니다.

16 예수께서는 빵 다섯 개와 물고기 두 마리를 손에 들고 하늘을 우러러 감사 기도를 하셨습니다. 그러고는 그것을 떼어 제자들에게 주면서 사람들 앞에 갖다 놓게 했습니다.
24:30/마 26:26/막 8:7/14:22

17 사람들이 모두 배불리 먹었습니다. 그리고 제자들이 남은 조각들을 거두어 보니 12바구니에 가득 찼습니다.

18 베드로의 신앙고백 한번은 예수께서 혼자 기도하고 계셨습니다. 제자들도 함께 있었는데 예수께서 물으셨습니다. "사람들이 나를 누구라고 하느냐?"
마 16:13-16

19 제자들이 대답했습니다. "세례자 요한이라고도 하고 엘리야라고도 합니다. 옛 예언자 중 한 사람이 되살아났다고 하는 사람도 있습니다."
7-8절/마 14:2/막 6:14

20 그러자 예수께서 물으셨습니다. "그러면 너희는 나를 누구라고 하느냐?" 베드로가 대답했습니다. "하나님의 그리스도이십니다."

21 다가올 고난에 대해 예고하심 예수께서는 "이 말을 아무에게도 하지 말라" 하고 단단히 경고하며
마 12:16,16:20/막 8:30

22 말씀하셨습니다. "인자가 많은 고난을 받고 장로들과 대제사장들과 율법학자들에게 배척받아 끝내 죽임당하고 3일 만에 살아나야 한다."
마 16:21-28/막 8:31-9:1

23 제자의 길 그러고는 그들 모두에게 말씀하셨습니다. "누구든지 나를 따르려면 자기를 부인하고 날마다 자기 십자가를 지고 따라야 한다.
마 10:38-39/눅후 2:12-13

24 누구든지 제 생명을 구하려는 사람은 잃을 것이요 누구든지 나를 위해 자기 생명을 잃는 사람은 구하게 될 것이다.

25 사람이 온 세상을 다 얻고도 자기를 잃거나 빼앗긴면 무슨 소용이 있겠느냐?

26 누구든지와 내 말을 부끄러워하면 인

자도 자기 영광과 아버지와 거룩한 천사들의 영광 가운데 올 때 그를 부끄러워할 것이다.
마 10:33,롬 1:16/딤후 1:8,12

27 현세의 왕국 내가 진실로 너희에게 말한다. 여기 서 있는 사람들 가운데 죽기 전에 하나님 나라를 볼 사람이 있을 것이다."

28 변모하신 예수님 이런 말씀을 하신 뒤 8일쯤 지나 예수께서는 베드로와 요한과 야고보를 데리고 기도하러 산에 올라가셨습니다.

29 예수께서는 기도하는 동안 얼굴 모습이 변하셨고 옷이 하얗게 빛났습니다.

30 그런데 갑자기 두 사람이 나타나 예수와 더불어 말을 하고 있었습니다. 이들은 모세와 엘리야였습니다.

31 그들은 영광에 싸여 나타나 예수께서 예루살렘에서 이루실 일, 곧 그분의 떠나심에 대해 말하고 있었습니다.
벧후 1:15

32 베드로와 그 일행이 잠을 이기지 못해 졸다가 완전히 깨서 예수의 영광과 그분 곁에 두 사람이 서 있는 것을 보았습니다.

33 두 사람이 예수를 떠나려고 하자 베드로가 예수께 말했습니다. "선생님, 우리가 여기 있으니 참 좋습니다. 우리가 초막 세 개를 만들되 하나는 선생님을 위해, 하나는 모세를 위해, 하나는 엘리야를 위해 짓겠습니다." 그러나 베드로는 자기가 무슨 말을 하는지도 알지 못했습니다.
막 9:6

34 베드로가 이런 말을 하고 있을 때 구름이 나와서 그들을 뒤덮었습니다. 구름 속으로 들어가게 되자 그들은 두려워했습니다.

35 그때 구름 속에서 소리가 들려왔습니다. "이는 내 아들이요, 내가 택한 자다. 그의 말을 들어라!"
23:35/마 3:17/벧후 3:22

36 그 소리가 사라지고 그들이 보니 예수만 홀로 서 계셨습니다. 제자들은 입을 다물고 자기들이 본 것을 그때는 아무에게도 말하지 않았습니다.
마 17:9/막 9:9-10

37 발작하는 아이를 고치심 이튿날 그들이 산에서 내려오자 많은 사람들이 예수를 맞았습니다.
7:12

38 그 무리 중 한 사람이 소리쳤습니다. "선생

님, 부탁입니다. 제 아들 좀 봐 주십시오. 제게는 하나밖에 없는 자식입니다.

39 그런데 귀신이 이 아이를 사로잡아 갑자기 소리를 지르게 하고 아이에게 발작을 일으켜 입에 거품을 물게도 합니다. 그리고 이 아이를 상하게 하면서 좀처럼 떠나지 않습니다. _{막 1:26} 막 1:26

40 선생님의 제자들에게 귀신을 쫓아 달라고 간청했지만 그들은 해내지 못했습니다."

41 예수께서 대답하셨습니다. "아, 믿음이 없고 비뚤어진 세대여! 내가 언제까지 너희와 함께 있으면서 참아야 하겠느냐? 네 아들을 이리로 데려오너라. 빌 2:15

42 그 아이가 오는 중에도 귀신은 아이의 몸을 바닥에 내던지며 발작하게 만들었습니다. 그러나 예수께서는 더러운 영을 꾸짖으시며 그 아이를 고쳐 아버지에게 돌려보내셨습니다. 4:35,39마 3:22막 8:26와 19

43 하나님의 위대하심에 모두 놀랐습니다. 예수께서 행하신 그 모든 일에 다들 놀라서 감탄하고 있을 때 그분이 제자들에게 말씀하셨습니다. 43~45절마 17:22~23막 9:30~32

44 죽음에 대한 두 번째 예고 "지금 내가 하는 말을 유의해 들으라. 인자가 배반을 당해 사람들의 손에 넘겨질 것이다."

45 그러나 제자들은 이 말씀을 깨닫지 못했습니다. 그들이 그 말씀을 이해하지 못하도록 그 뜻이 감추어져 있었기 때문입니다. 그들은 두려워서 예수께 물어볼 수도 없었습니다. 눅 18:34:눅 10:6:16:17~19

46 제자들의 자리 싸움 예수의 제자들 사이에서 누가 제일 큰 사람인가를 두고 다툼이 일어났습니다. 46~48절마 20:20~28:막 10:35~45

47 예수께서는 그들의 속마음을 다 아시고 한 어린아이를 데려와 곁에 세우며 마 9:4

48 말씀하셨습니다. "누구든지 이 어린아이를 내 이름으로 영접하는 사람은 나를 영접하는 것이다. 또 누구든지 나를 영접하는 사람은 나를 보내신 그분을 영접하는 것이다. 너희 가운데서 가장 작은 사람이 가장 큰 사람이다." 22:26:마 10:40,42

49 예수님의 이름으로 행함 요한이 물었습니다. "선생님, 저희가 선생님의 이름으로 귀신을 쫓는 사람을 보고 우리와 함께 따르는 사람이 아니어서 못하게 막았습니다."

50 예수께서 말씀하셨습니다. "그를 막지 마라. 누구든지 너희를 반대하지 않는 사람은 너희를 위하는 사람이다." 11:23:마 12:30

51 갈릴리 사역을 마치심 예수께서 승천하실 때가 가까이 오자 예루살렘으로 가실 것을 굳게 결심하셨습니다. 막 16:19

52 그리고 예수께서는 사람들을 미리 앞서 보내셨습니다. 그들은 가서 예수를 모실 준비를 하려고 사마리아의 한 마을에 들어갔습니다. 10:1:마 10:5

53 그러나 그곳 사람들은 예수를 반기지 않았습니다. 예수께서 예루살렘으로 가시는 길이었기 때문입니다. 10:33요 4:9,29

54 제자인 야고보와 요한이 이것을 보고 "주여, 우리가 하늘에서 불을 불러 이 사람들을 멸망시켜 달라고 할까요?"라고 물었습니다. 왕하 1:10,12:마 13:13

55 그러자 예수께서 뒤돌아 그들을 꾸짖으셨습니다. 19:10:요 3:17:12:47

56 그러고 나서 그들은 다른 마을로 갔습니다.

57 제자로서의 마음가짐 그들이 길을 가고 있는데 한 사람이 예수께 말했습니다. "선생님이 가시는 곳이라면 어디든 따라가겠습니다."

58 예수께서 대답하셨습니다. "여우도 굴이 있고 하늘의 새들도 보금자리가 있지만 인자는 머리 둘 곳조차 없구나." 마 13:32

59 예수께서 다른 사람에게 말씀하셨습니다. "나를 따르라." 그러자 그 사람이 대답했습니다. "주여, 제가 먼저 가서 아버지의 장례를 치르게 해 주십시오." 요 5:25

60 예수께서 그에게 말씀하셨습니다. "죽은 사람들에게 죽은 자를 묻게 하고 너는 가서 하나님 나라를 전파하라." 요 5:25

61 또 다른 사람이 말했습니다. "주여, 저는 주를 따르겠습니다. 하지만 제가 먼저 가서 가족들에게 작별 인사를 하게 해 주십시오." 왕상 19:20

62 예수께서 그에게 대답하셨습니다. "누구든지 쟁기를 잡고 뒤를 돌아보는 사람은 하나님 나라에 적합하지 못하다."

10 70명을 세워 보내심 그 후 주께서 다른 70명도 세우시고 예수께서 친히 가려고 하신 각 마을과 장소에 둘씩 짝지어 먼저 보내셨습니다.

2 예수께서 그들에게 말씀하셨습니다. "추수할 것은 많은데 일꾼이 적구나. 그러므로 추수하는 주인께 추수할 밭으로 일꾼들을 보내 달라고 청하라.   살후 3:1

3 이제 가라! 내가 너희를 보내는 것이 마치 양들을 이리 떼에게로 보내는 것 같구나.

4 지갑도 가방도 신발도 가져가지 말고 가는 길에 아무에게도 인사하지 말라.

5 어느 집에라도 들어가면 먼저 '이 집에 평화가 있기를 빕니다' 하고 말하라.

6 그곳에 평화의 사람이 있으면 네 평화가 그 사람에게 머물 것이요, 만약 그렇지 않으면 너희에게 돌아올 것이다.   시 35:13

7 그 집에 머물면서 그들이 주는 것을 먹고 마시라. 일꾼은 자기 삯을 받는 것이 마땅하다. 이 집 저 집 옮겨 다니지 말라.

8 어느 마을에 들어가서 너희를 받아들이면 너희 앞에 차려진 음식을 먹으라.

9 그리고 그곳에 사는 병자들을 고쳐 주고 '하나님 나라가 가까이 왔다'라고 말하라.

10 그러나 어떤 마을에 들어가든지 사람이 너희를 환영하지 않으면 거리로 나가 이렇게 말하라.

11 '우리 발에 붙은 너희 마을 먼지도 너희게 떨어 버리고 간다. 그러나 하나님 나라가 가까이 왔다는 것을 알아야 한다!'

12 내가 너희에게 말한다. 그날에 소돔이 그 마을보다 견디기가 더 쉬울 것이다.   마 10:15

13 고라신아! 네게 화가 있을 것이다. 벳새다야! 네게 화가 있을 것이다. 너희에게 베푼 기적들이 두로와 시돈에서 나타났다면 그들은 벌써 오래전에 베옷을 입고 재를 뒤집어쓰고 앉아 회개했을 것이다.   사 23장

14 그러나 심판 날이 되면 두로와 시돈이 너희보다 견디기 더 쉬울 것이다.   12:47-48

15 그리고 너 가버나움아! 네가 하늘까지 높아지겠느냐? 아니다. 너는 저 음부에게까지 내려갈 것이다!   사 14:13-15; 겔 26:20

16 너희 말을 듣는 사람은 내 말을 듣는 것이요 너희를 배척하는 사람은 나를 배척하는 것이다. 또 나를 배척하는 사람은 나를 보내신 그분을 배척하는 것이다."   살전 4:8

17 돌아온 70명 70명이 기쁨에 넘쳐 돌아와 말했습니다. "주여, 주의 이름을 대니 귀신들도 우리에게 복종합니다!"

18 예수께서 말씀하셨습니다. "사탄이 하늘에서 번개처럼 떨어지는 것을 내가 보았다.

19 보라. 내가 너희에게 뱀과 전갈을 밟고 원수의 모든 능력을 이길 권세를 주었으니 그 어떤 것도 너희를 해치지 못할 것이다.

20 그러나 귀신들이 복종하는 것을 기뻐하지 말고 너희의 이름이 하늘에 기록된 것을 기뻐하라."   출 32:32-33; 마 7:22-23; 24:3-5

21 계시에 대한 감사 그때 예수께서 성령으로 기쁨에 넘쳐 말씀하셨습니다. "하늘과 땅

왜 예수님은 길에서 "아무에게도 인사하지 말라"고 하셨나요?

인사는 너무나 기본적인 예의잖아요. 예수님이 제자들에게 예절도 없는 사람이 되라고 하신 걸까요? 아니에요.

유대 사람들은 길거리에서 서로 만나면 그저 고개 숙여 인사만 하고 지나치는 경우가 없었어요. 길을 가다 아는 사람을 만나면 달려가 서로 목을 끌어안고 입을 맞췄어요. 그리고 나서 서로의 가슴에 오른손을 올려놓고 입술을 맞춘 후 서로의 손을

머리 위로 올려 꽉 잡아 인사를 나눴어요. 이렇게 복잡한 몸 인사를 서로에게 해야 하는 게 아니라 몇 시간이고 잡담을 나누곤 했답니다.

당시 이러한 유대 사람의 인사하는 풍습을 잘 알고 있었던 예수님은 그들이 인사하는 데 시간을 빼앗기지 말라는 뜻에서 길을 가면서 장황한 인사를 나눌 겨를도 없이 하늘나라가 가까이 왔음을 알려야 할 것을 강조하신 거예요.

의 주인이신 아버지여, 내가 아버지를 찬양합니다. 이 모든 것을 지혜롭고 학식 있는 사람들에게는 감추시고 어린아이들에게는 드러내셨으니 말입니다. 그렇습니다. 아버지여, 이것이 바로 아버지의 은혜로우신 뜻입니다. *마 11:25-27;고전 1:9-27*

22 내 아버지께서 모든 것을 내게 맡기셨습니다. 아버지 외에는 아들이 누구인지 아는 사람이 없습니다. 아들과 또 아버지를 계시하려고 아들이 택한 사람 외에는 아버지가 누구인지 아는 사람이 없습니다.

23 그러고 나서 예수께서는 뒤돌아 제자들에게 따로 말씀하셨습니다. "너희가 보는 것을 보는 눈은 복이 있다.

24 내가 너희에게 말한다. 많은 예언자들과 왕들이 지금 너희가 보는 것을 보고자 했으나 보지 못했고 너희가 지금 듣는 것을 듣고자 했으나 듣지 못했다. *히 11:13*

선한 사마리아 사람의 비유 25 한 율법학자가 일어나 예수를 시험하려고 물었습니다. "선생님, 제가 무엇을 해야 영생을 얻을 수 있습니까?" *18:18-20;마 19:16-19;22:34-39*

26 예수께서 말씀하셨습니다. "율법에 무엇이라 기록돼 있느냐? 너는 그것을 어떻게 읽고 있느냐?"

27 율법학자가 대답했습니다. "'네 마음을 다하고 네 목숨을 다하고 네 힘을 다하고 네 뜻을 다해 주 네 하나님을 사랑하라'고 했고, 또 '네 이웃을 네 몸같이 사랑하라'고 했습니다."

28 예수께서 대답하셨습니다. "네 대답이 옳다. 그대로 행하면 네가 살 것이다."

29 그런데 이 율법학자는 자신이 옳다는 것을 보이려고 예수께 물었습니다. "그러면 누가 제 이웃입니까?"

30 예수께서 대답하셨습니다. "한 사람이 예루살렘에서 여리고로 가다가 강도들을 만나게

됐다. 강도들은 그의 옷을 벗기고 때려 거의 죽게 된 채로 내버려 두고 갔다.

31 마침 한 제사장이 그 길을 내려가는데 그 사람을 보더니 반대쪽으로 지나갔다.

32 이와 같이 한 레위 사람도 그곳에 이르러 그 사람을 보더니 반대쪽으로 지나갔다.

33 그러나 어떤 사마리아 사람은 길을 가다가 그 사람이 있는 곳에 이르러 그를 보고 불쌍한 마음이 들어 *마 10:5*

34 가까이 다가가 상처에 기름과 포도주를 바르고 싸맸다. 그러고는 그 사람을 자기 짐승에 태워서 여관에 데려가 잘 보살펴 주었다. *사 1:6*

35 이튿날 사마리아 사람은 여관 주인에게 2데나리온을 주며 '저 사람을 잘 돌봐 주시오. 돈이 더 들면 내가 돌아와서 갚겠소'라고 말했다. *마 18:28*

36 너는 이 세 사람 중 누가 강도 만난 사람의 이웃이라고 생각하느냐?"

37 율법학자가 대답했습니다. "자비를 베푼 사람입니다." 예수께서 그에게 말씀하셨습니다. "너도 가서 이와 같이 하여라."

마르다와 마리아 38 예수께서 제자들과 함께 길을 가다가 한 마을에 이르시니 마르다

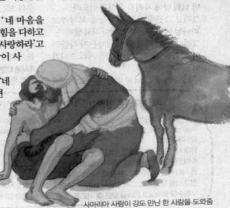

사마리아 사람이 강도 만난 한 사람을 도와줌

라는 여인이 예수를 집으로 모셨습니다.

39 마르다에게는 마리아라는 동생이 있었습니다. 그 동생은 주의 발 앞에 앉아 예수께서 하시는 말씀을 듣고 있었습니다.

40 그러나 마르다는 여러 가지 접대하는 일로 정신이 없었습니다. 그래서 마르다가 예수께 다가와 말했습니다. "주여, 제 동생이 저만한테 일을 떠맡겼는데 왜 신경도 안 쓰십니까? 저를 좀 거들어 주라고 말씀해 주십시오!"
고전7:35

41 주께서 대답하셨습니다. "마르다야, 마르다야, 너는 많은 일로 염려하며 정신이 없구나.
12:22;고전7:32~34

42 그러나 꼭 필요한 것은 한 가지뿐이다. 마리아는 좋은 것을 선택했으니 결코 빼앗기지 않을 것이다."
시 16:5;27:4;요 6:27

11 기도에 대한 가르침 예수께서 어느 한 곳에서 기도하고 계셨는데 기도를 마치시자 제자 중 하나가 말했습니다. "주여, 요한이 자기 제자들에게 기도하는 것을 가르쳐 준 것처럼 주께서도 저희에게 가르쳐 주십시오."
5:33

2 예수께서 제자들에게 말씀하셨습니다. "너희는 이렇게 기도하라. '아버지여, 주의 이름이 거룩히 여김을 받으시며 주의 나라가 임하게 하소서.
2~4절;마 6:9~13

3 날마다 우리에게 필요한 양식을 내려 주시고
잠 30:8;마 6:34

4 우리가 우리에게 빚진 모든 사람을 용서한 것같이 우리 죄도 용서해 주소서. 그리고 우리를 시험에 들지 않게 하소서.'"

5 강청함의 비유 그리고 나서 예수께서 말씀하셨습니다. "너희 중 누가 친구가 있는데 한밤중에 그가 찾아와 '친구여, 내게 빵세 덩이만 빌려 주게.

6 내 친구가 여행길에 나를 만나러 왔는데 내놓을 게 없어서 그렇다네'라고 할 때

7 그 사람이 안에서 '귀찮게 하지 말게. 문은 다 잠겼고 나는 아이들과 함께 벌써 잠자리에 들었네. 내가 지금 일어나서 뭘 줄 수가 없네'라고 거절할 수 있겠느냐?

8 내가 너희에게 말한다. 친구라는 이유만으로는 그가 일어나 빵을 갖다 주지 않을지라도, 끈질기게 졸라 대는 것 때문에는 일어나 필요한 만큼 줄 것이다.
18:1~6

9 믿음의 기도 그러므로 내가 너희에게 말한다. 구하라. 그러면 너희에게 주실 것이다. 찾으라. 그리하면 너희가 찾을 것이다. 문을 두드리라. 그러면 너희에게 열릴 것이다.

10 누구든지 구하는 사람마다 받을 것이요, 찾는 사람마다 찾을 것이요, 두드리는 사람에게 문이 열릴 것이다.

11 너희 가운데 어떤 아버지가 아들이 생선을 달라는데 뱀을 줄 사람이 있겠느냐?

12 또 자녀가 달걀을 달라는데 전갈을 줄 아버지가 있겠느냐?

13 너희가 악할지라도 너희 자녀에게 좋은 것을 줄 줄 알거든 하물며 하늘에 계신 너희 아버지께서 구하는 사람에게 성령을 주시지 않겠느냐?
요 4:10;행 2:38

14 하나님의 성령과 바알세불 예수께서 말 못하는 귀신을 쫓아내고 계셨습니다. 그 귀신이 나오자 말 못하던 사람이 말하게 됐고 사람들은 놀랐습니다.
마 9:32~34;12:22~24

15 그러나 그중 어떤 사람이 말했습니다. "예수는 귀신의 왕 바알세불의 힘을 빌려 귀신을 쫓아내는 것이다!"
마 10:25

16 또 어떤 사람들은 예수를 시험할 속셈으로 하늘의 표적을 보이라고 요구하기도 했습니다.
21:11;요 8:6

17 그러나 예수께서는 그들의 생각을 알고 말씀하셨습니다. "어떤 나라든지 서로 갈라져 싸우면 망하게 되고 가정도 서로 갈라져 싸우면 무너집니다.
마 12:25~29;막 3:23~27

18 사탄도 역시 서로 갈라져 싸우면 사탄의 나라가 어떻게 설 수 있겠느냐? 너희는 내가 바알세불의 힘을 빌려 귀신을 내쫓는다고 하니

19 내가 바알세불의 힘을 빌려 귀신들을 내쫓는다면 너희 아들들은 누구의 힘을 빌려 귀신들을 쫓아내느냐? 그러므로 그들이 야말로 너희의 재판관이 될 것이다.

20 그러나 내가 하나님의 손가락을 힘입어 귀신들을 내쫓는다면 하나님 나라가 이미 너희에게 온 것이다. 17:21;출 8:19;시 8:3

21 힘센 사람이 완전 무장을 하고 집을 지키고 있다면 그 재산은 안전할 것이다.

22 그러나 힘이 더 센 사람이 공격해 그를 이기면 그가 의지하는 무장을 모두 해제시키고 자기가 노략한 것을 나눠 줄 것이다.

23 나와 함께하지 않는 사람은 나를 반대하는 사람이고 나와 함께 모으지 않는 사람은 흩어 버리는 사람이다. 9:50;마 12:30;막 9:40

24 마지막 형편이 더 심해져 한 더러운 영이 어떤 사람에게서 나와 쉴 곳을 찾으려고 물 없는 곳을 돌아다니다가 끝내 찾지 못하고

'내가 전에 나왔던 집으로 다시 돌아가야겠다고 말했다. 24-26절;마 12:43-45

25 그런데 그곳에 이르러 보니 집이 깨끗하게 청소돼 있고 말끔히 정돈돼 있었다.

26 그래서 더러운 영은 나가서 자기보다 더 사악한 다른 영들을 일곱이나 데리고 와 그곳에 들어가 산다. 그러면 그 사람의 마지막 상황은 처음보다 훨씬 더 나빠진다."

27 예수께서 이런 말씀을 하고 계실 때 사람들 사이에서 한 여인이 소리쳤습니다. "선생님을 낳아 젖 먹이며 기르신 어머니는 정말 복 있는 분입니다!" 1:48;대하 9:7

28 예수께서 대답하셨습니다. "정말 복 있는 사람들은 하나님의 말씀을 듣고 지키는

예수님이 가르쳐 주신 기도 배우기

제자들이 예수께 어떻게 기도해야 하는지를 묻자, 예수님은 어떻게 기도해야 하는지 또 무엇을 기도해야 하는지 가르쳐 주셨다(마 6:9-13; 눅 11:2-4). 이것을 흔히 '주기도문'이라 부른다.
다음은 누가복음에 나온 주기도문과 마태복음에 나온 주기도문을 비교한 것이다.

마태복음 (마 6:9-13)	누가복음 (눅 11:2-4)	의미와 적용
하늘에 계신 우리 아버지	아버지여,	하나님은 우리를 만드신 분이고 사랑으로 함께하시는 아빠이다. 우리는 그분의 자녀다. 아빠이신 하나님께 늘 의지하고 순종하자.
주의 이름을 거룩하게 하시며	주의 이름이 거룩히 여김을 받으시며	하나님은 거룩하신 분으로 우리를 초월하신 분이다. 하나님을 늘 경외하며 섬겨야 한다.
주의 나라가 임하게 하시고 주의 뜻이 하늘에서와 같이 땅에서도 이루어지게 하소서.	주의 나라가 임하게 하소서.	세상 모든 사람, 모든 것이 하나님의 뜻과 다스리심에 순종하게 하소서.
오늘 우리에게 꼭 필요한 양식을 내려주시고	날마다 우리에게 필요한 양식을 내려 주시고	우리가 살아가는 데 필요한 것을 주시는 하나님께 구하자.
우리가 우리에게 죄지은 자를 용서한 것같이 우리 죄도 용서해 주소서.	우리가 우리에게 빚진 모든 사람을 용서한 것같이 우리 죄도 용서해 주소서.	내 죄를 용서해 주시고 나에게 잘못한 다른 사람도 용서하자.
그리고 우리를 시험에 들지 않게 하시고 악에서 구하소서.	그리고 우리를 시험에 들지 않게 하소서.	죄의 유혹을 떨치고 이길 수 있도록 기도하자.
나라와 권세와 영광이 영원토록 아버지께 있습니다. 아멘.	없음	하나님께 모든 영광을 드리자.

29 <u>표적 구함을 책망하심</u> 사람들이 점점 불어나자 예수께서 말씀하시기 시작하셨습니다. "이 세대는 악한 세대다. 그들은 표적을 구하지만 요나의 표적 외에는 어떤 표적도 받지 못할 것이다.　마 12:39–42;막 8:11–12

30 요나가 니느웨 사람들에게 표적이 된 것과 같이 인자도 이 세대에게 표적이 될 것이다.

31 심판 때에 남쪽 나라의 여왕이 이 세대 사람들과 함께 일어나 그들을 정죄할 것이다. 그 여왕은 솔로몬의 지혜를 듣기 위해 땅끝에서 왔기 때문이다. 그러나 보라. 솔로몬보다 더 큰 이가 여기 있다.

32 심판 때에 니느웨 사람들은 이 세대 사람들과 함께 일어나 이 세대를 정죄할 것이다. 그들은 요나의 선포를 듣고 회개했기 때문이다. 그러나 요나보다 더 큰 이가 여기 있다.　눅 12:35

33 <u>내적인 의로움</u> 등불을 켜서 은밀한 장소에 두거나 그릇에 덮어 두는 사람은 없다. 오직 등불은 들어오는 사람들이 볼 수 있도록 등잔대 위에 얹어 두는 법이다.　잠 28:22;마 6:22–23

34 네 눈은 네 몸의 등불이다. 눈이 좋으면 너희 온몸도 밝을 것이다. 그러나 눈이 나쁘면 몸도 어두울 것이다.

35 그러므로 네 안에 있는 빛이 어둡지 않은가 보라.

36 만약 너희 온몸이 빛으로 가득하고 어두운 부분이 하나도 없으면 마치 등불이 너희를 환하게 비출 때처럼 너희 몸도 온전히 빛날 것이다."　마 5:16

37 <u>위선을 책망하심</u> 예수께서 말씀하실 때 바리새파 한 사람이 자기 집에서 잡수시기를 청하자 예수께서 안으로 들어가 식탁에 기대어 앉으셨습니다.　7:36;14:1

38 그런데 그 바리새파 사람은 예수께서 음식을 들기 전에 손을 씻지 않으시는 것을 보고 놀랐습니다.　마 15:2;막 7:3–4

39 그러자 주께서 그에게 말씀하셨습니다. "너희 바리새파 사람들은 잔과 접시의 겉은 깨끗이 닦지만 너희 속에는 욕심과 사

 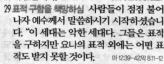

등불

팔레스타인 사람들은 집 안이 어두웠기 때문에 밤낮으로 등불을 켜 두어야 했다(눅 15:8 참조). 켜 있는 등불은 건강, 활기 있는 삶을 의미했고, 꺼진 등불은 그 반대를 상징했다. 성경에서는 등불이 눈으로 비유되곤 했다(눅 11:34).

여기서 '좋으면'은 '단일한'의 뜻으로, 눈병이 들어 이중으로 보이는 것과 대조되는 말이다. 영혼의 눈이 좋으면 하나님을 바로 보지만 눈이 나쁜 사람은 하나님과 재물을 같이 보기 때문에 영의 세계를 바로 볼 수가 없다는 뜻이다.

악함이 가득 차 있다.　16:14;20:47;마 23:25–26

40 너희 어리석은 사람들아! 겉을 만든 분이 속도 만들지 않으셨느냐?　12:20

41 그 속에 있는 것으로 자비를 베풀라. 그러면 모든 것이 너희에게 깨끗해질 것이다.

42 너희 바리새파 사람들에게 화가 있을 것이다! 너희는 박하와 운향과 온갖 채소들의 십일조를 하나님께 바치면서 정작 공의와 하나님의 사랑을 무시해 버리는구나. 그런 것들도 행해야 하지만 이런 것들도 소홀히 해서는 안된다.　삼상 15:22;요일 3:17

43 너희 바리새파 사람들에게 화가 있을 것이다! 너희는 회당에서 높은 자리에 앉기 좋아하고 시장에서 인사받기 좋아하는구나.

44 너희에게 화가 있을 것이다! 너희는 드러나지 않는 무덤 같아서 사람들이 밟고 다니나 무덤인 줄 모른다."　마 23:27

45 <u>율법학자를 책망하심</u> 한 율법학자가 예수께 말했습니다. "선생님, 선생님께서 이렇게 말씀하시면 저희까지 모욕하는 것입니다."

46 예수께서 대답하셨습니다. "너희 율법학자들에게도 화가 있을 것이다! 너희는 백성들에게 지기 힘든 어려운 짐을 지우면서 너희 자신은 손가락 하나도 까딱하려 하지 않는구나.　마 11:28–30;23:4;행 15:10

47 너희에게 화가 있을 것이다! 너희가 예언자

들의 무덤을 만들고 있다. 바로 너희 조상들이 그 예언자들을 죽인 사람들이었다.

48 그래서 너희는 너희 조상들이 저지른 일을 인정하고 찬동하는 것이다. 그들은 예언자들을 죽였고 너희는 그 예언자들의 무덤을 만들기 때문이다. 행 7:51-52.롬 1:32

49 그러므로 하나님의 지혜도 말씀하셨다. '내가 그들에게 예언자들과 사도들을 보낼 것이다. 사람들이 그들 중 일부는 죽이고 일부는 핍박할 것이다.' 살전 2:15

50 그러므로 이 세대는 세상이 시작된 이래로 흘린 모든 예언자의 피에 대해 책임져야 할 것이다. 마 13:35.계 18:24

51 아벨의 피부터 제단과 성소 사이에서 죽임을 당한 사가랴의 피까지 말이다. 그렇다. 나는 너희에게 말한다. 이 세대가 책임져야 할 것이다. 창 4:4,8.대하 24:20-21

52 너희 율법학자들에게 화가 있을 것이다! 너희는 지식의 열쇠를 가로채 너희 자신들도 들어가려고 하지 않고 들어가려고 하는 다른 사람들도 막았다." 말 27-8.마 23:13

53 **트집을 잡고자 함** 예수께서 그곳에서 나오실 때 바리새파 사람들과 율법학자들은 예수를 격렬하게 적대시하며 여러 가지 질문으로 몰아붙이기 시작했습니다.

54 그들은 예수께서 말씀하시는 것에 트집을 잡으려고 애썼습니다. 20:20.마 22:15.막 12:13

12 **위선에 대한 경고** 그러는 동안 수천 명의 사람들이 모여들어 서로 밟힐 지경이 됐습니다. 예수께서 먼저 제자들에게 말씀을 시작하셨습니다. "바리새파 사람들의 누룩을 조심하라. 그들의 행위는 위선이다. 고전 5:6-8.살 5:9

2 감추어진 것이 드러나지 않을 것이 없고 숨겨진 것이 알려지지 않을 것이 없다.

3 너희가 어둠 속에서 말한 것이 대낮에 들릴 것이고 골방에서 속삭인 것이 지붕 위에서 선포될 것이다. 마 6:6

4 **하나님을 두려워해야 함** 내 친구들아, 너희에게 내가 말한다. 너희 몸은 죽일 수 있어도 그 후 더 이상 어떻게 할 수 없는 사람들을 두려워하지 말라. 사 8:12-13

5 너희가 두려워해야 할 분을 내가 보여 주겠다. 몸을 죽인 후에 지옥에 던질 권세를 가진 그분을 두려워하라. 그렇다. 내가 너희에게 말한다. 그분을 두려워하라.

6 참새 다섯 마리가 2앗사리온에 팔리지 않느냐? 그러나 하나님께서는 그중 참새 한 마리까지도 잊지 않으신다. 시 50:11

7 하나님께서는 진정 너희 머리카락까지도 다 세시는 분이다. 두려워하지 말라. 너희는 많은 참새들보다 더 귀하다. 마 6:26

8 내가 너희에게 말한다. 누구든지 사람 앞에서 나를 시인하면 인자도 하나님의 천사들 앞에서 그를 시인할 것이다.

9 그러나 사람들 앞에서 나를 부인하는 사람은 나도 하나님의 천사들 앞에서 그를 부인할 것이다. 딤후 2:12.벧후 2:1.요일 2:23

10 누구든지 인자를 욕하는 사람은 용서받겠지만 성령을 모독하는 말을 한 사람은 용서받지 못한다. 막 3:28-30.히 6:4-6.10:26,29

11 회당이나 지도자들이나 권세 있는 자들 앞에 끌려가게 되더라도 스스로 어떻게 대답할까, 무슨 말을 할까 염려하지 말라.

12 성령께서 그때 네가 무슨 말을 해야 할지 가르쳐 주실 것이다." 마 10:19-20

13 부자의 어리석음 사람들 중에서 어떤 사람이 예수께 말했습니다. "선생님, 제 형제에게 유산을 저와 나누라고 말씀해 주십시오."

14 예수께서 대답하셨습니다. "이 사람아, 누가 나를 너희 재판관이나 분배인으로 세웠느냐?" 출 2:14.행 7:27

15 그러고는 사람들에게 말씀하셨습니다. "너희는 조심해서 모든 탐욕을 삼가라! 사람의 생명이 그 재산의 넉넉함에 있는 것

✏️ **찬동** (11:48, 賛同, approval) 어떤 행동이나 견해 따위가 옳거나 좋다고 판단하여 그의 뜻을 같이함.
위선 (12:1, 僞善, hypocrisy) 진실하지 않은 마음 상태.
앗사리온 (12:6, penny) 청동 동전의 이름. 작은 단위로 원래는 34g이었으나 점점 감량되어 한 데나리온의 16분의 1이 되었다.
12:25 또는 '그 키를 1규빗이나 더 크게 할 수 있겠느냐?'

이 아니다."

딤전 6:6—11;히 13:5

16 그러고 나서 그들에게 한 비유를 말씀하셨습니다. "한 부자가 수확이 잘 되는 땅을 가지고 있었는데

시 49:16—20

17 그가 혼자서 '어떻게 할까? 내 곡식을 쌓아 둘 곳이 없구나' 하고 생각했다.

18 그리고 말했다. '이렇게 해야겠다. 지금 있는 창고를 부수고 더 크게 지어 내 모든 곡식과 물건을 거기에 쌓아 두어야겠다.

19 그러고 나서 내 영혼에게 말하겠다. 영혼아, 여러 해 동안 쓸 물건을 많이 쌓아 두었으니 편히 쉬고 먹고 마시고 즐겨라.

20 그러나 하나님께서 그에게 말씀하셨다. '이 어리석은 사람아! 오늘 밤 네 영혼을 네게서 찾을 것이다. 그러면 네가 너를 위해 장만한 것들을 다 누가 갖게 되겠느냐?'

21 자기를 위해 재물을 쌓아 두면서도 하나님께 대해 부요하지 못한 사람은 이와 같다."

22 **돌보는 하나님** 예수께서 제자들에게 말씀하셨습니다. "그러므로 내가 너희에게 말한다. 네 목숨을 위해 무엇을 먹을까, 네 몸을 위해 무엇을 입을까 걱정하지 말라.

23 목숨이 음식보다 중요하고 몸이 옷보다 중요한 것이다.

24 까마귀들을 생각해 보라. 심지도 거두지도 않고 창고도 곳간도 없지만 하나님께서 그것들을 먹이신다. 그런데 너희는 새들보다 얼마나 더 귀하냐?

욥 38:41;시 147:9

25 너희 중 누가 걱정한다고 해서 *자기 목숨을 조금이라도 더 연장할 수 있겠느냐?

26 너희가 이렇게 작은 일도 제대로 못하면서 왜 다른 일들을 걱정하느냐?

27 백합꽃이 어떻게 자라는지 생각해 보라. 일하거나 옷감을 짜지도 않는다. 그러나 내가 너희에게 말한다. 그 모든 영화를 누렸던 솔로몬도 이 꽃 하나만큼 차려입지 못했다.

왕상 10:4—7

28 오늘은 여기 있지만 내일은 불 속에 던져질 들풀들도 하나님이 그렇게 입히시는데 하물며 너희는 얼마나 더 잘 입히시겠느냐? 믿음이 적은 사람들아!

마 8:26;14:31;16:8

29 그러니 무엇을 먹을까, 무엇을 마실까 찾지도 말고 걱정하지도 말라.

약 1:6

30 이런 것들은 다 세상 사람들이 추구하는 것이다. 아버지께서는 너희에게 이것들이 필요하다는 것을 아신다.

마 6:8

31 그러므로 너희는 오직 그분의 나라를 구하라. 그리하면 이런 것들을 너희에게 더해 주실 것이다.

왕상 3:11—14;막 10:29—30

32 두려워하지 말라, 적은 무리여, 너희 아버지께서 그 나라를 너희에게 주기를 기뻐하신다.

사 40:11;마 26:31;요 10:16

33 너희 소유를 팔아 자선을 베풀라. 너희는 자신을 위해 닳지 않는 지갑을 만들어 없

어떤 사람

창고를 짓는 사람이 어리석은 이유는?

이 예수님께 찾아와서 형이 유산을 독차지한 문제를 해결해 달라고 부탁했어요.

예수님은 그 부탁을 거절하시는 대신 한 부자의 예를 들어 말씀하셨어요. 예수님이 비유로 말씀해 주신 이 부자가 어리석은 이유는 무엇일까요? 첫째, 재물을 창고에만 쌓아야 되는 줄 알았기 때문이에요(눅 12:17—18). 하나님은 재물의 축복을 받으면 가난한 이웃의 주머니라는 창고(잠 19:17)와 하늘 창고(마 6:19—21)에 쌓아 두라고 말씀하셨어요.

둘째, 많은 재물이 행복과 평안을 가져다 준다고 생각했기 때문이에요(눅 12:19). 하나님은 먹을 것과 입을 것이 있으면 만족하라고 하셨고, 부자가 되려고 애쓰다 보면 죄짓기 쉬워지며 돈을 사랑하는 것이 악의 뿌리가 된다고 하셨어요(딤전 6:8—10). 셋째, 생명의 주인인 하나님을 잊고 재물이 자기 생명을 지켜 주는 것으로 믿었기 때문이에요(눅 12:20—21). 하나님은 우리에게 작은 것에도 만족하며 하나님이 주신 모든 것에 감사하라고 말씀하십니다.

어지지 않는 재물을 하늘에 쌓아 두라. 그
곳에는 도둑이 들거나 좀먹는 일이 없을
것이다. 11:41 마 6:20;19:21;벧전 1:4

34 너희 재물이 있는 곳에 마음도 가는 법이
다. 마 6:21

35 **깨어 있는 종의 비유** 항상 허리에 띠를 두르
고 등불을 켜 놓고 있어야 한다.

36 마치 주인이 결혼 잔치에서 돌아와 문을
두드릴 때 곧 열어 주려고 대기하고 있는
사람들과 같이 되라. 벧후 3:12;마 3:20

37 주인이 돌아와서 종들이 깨어 있는 것을
보면 그 종들은 복이 있을 것이다. 내가 진
실로 너희에게 말한다. 그 주인은 허리에
띠를 두르고 그 종들을 식탁에 앉힌 다음
곁에 와서 시중을 들 것이다. 요 13:4

38 만약 주인이 한밤중이나 새벽에 오더라도
깨어 있는 종들을 본다면 그 종들은 복이
있을 것이다.

39 너희는 이것을 알라. 만약 집에 도둑이 언
제 들지 알았더라면 집주인은 도둑이 집
에 들어오지 못하게 할 것이다. 벧후 3:10

40 그러므로 너희도 준비하고 있어야 한다. 인
자가 생각지도 않을 때 올 것이기 때문이다."

41 **맡긴 사람에게 물으심** 베드로가 물었습니다.
"주여, 이 비유를 저희에게 하신 것입니까,
아니면 모든 사람에게 하신 것입니까?"
16:1;벧전 4:10

42 주께서 대답하셨습니다. "누가 신실하고
지혜로운 종이겠느냐? 주인이 자기 종들
을 맡기고 제때 양식을 나눠 줄 일꾼이 누
구겠느냐?

43 주인이 돌아와 종이 시킨 대로 일하는 것
을 본다면 그 종은 복이 있을 것이다.

44 내가 진실로 너희에게 말한다. 주인은 그
종에게 자신의 모든 재산을 맡길 것이다.

45 그러나 그 종이 '주인님이 오시려면 한참
멀었다'라는 생각에 남녀종들을 때리며
먹고 마시고 취해 버린다고 하자. 마 25:5

46 그 종의 주인은 종이 생각지도 못한 날, 그
가 알지 못하는 시각에 돌아와서 그를 몹
시 때린 뒤 믿지 않는 자들과 함께 둘 것이
다. 벧후 3:10

47 주인의 뜻을 알고도 준비하지 않거나 그
뜻대로 하지 않은 종은 매를 많이 맞을 것
이다. 40;잠언 4:17;벧후 2:21

48 그러나 알지 못하고 매 맞을 일을 한 종은
적게 매를 맞을 것이다. 많이 받은 사람에
게는 많은 것을 요구하시고 많은 일을 맡
은 사람에게는 많은 것을 물으실 것이다.

49 **대립에 대한 예언** 내가 세상에 불을 지르러
왔는데 이미 그 불이 붙었으면 내가 무엇
을 더 바라겠느냐? 마 3:11

50 그러나 나는 받아야 할 세례가 있다. 이 일
이 이루어질 때까지 내가 얼마나 괴로움
을 당하는지 모른다. 막 10:38;빌 1:23

51 내가 세상에 평화를 주러 왔다고 생각하
느냐? 내가 너희에게 말한다. 아니다. 오
히려 분열을 일으키러 왔다. 계 6:4

52 이제부터 한 집안에서 다섯 식구가 서로
갈라져 셋이 둘과 싸우고 둘이 셋과 싸울
것이다.

53 그들은 갈라져 부자간에, 모녀간에, 고부
간에 서로 대립할 것이다." 미 7:6;마 10:21

54 **시대에 대한 분변** 예수께서 사람들에게 말
씀하셨습니다. "너희는 구름이 서쪽에서
일어나는 것을 보면 즉시 '폭풍우가 오겠
구나'라고 말한다. 그리고 그렇게 된다.

55 바람이 남쪽에서 불면 '날씨가 덥겠구나'
라고 한다. 그리고 그렇게 된다. 마 20:12

56 위선자들아! 너희가 땅과 하늘의 기상은
분간할 줄 알면서 어떻게 지금 이 시대는
분간할 줄 모르느냐? 마 16:3

57 어찌해서 너희는 무엇이 옳은지 스스로
판단하지 못하느냐? 요 7:24;고전 11:13

58 너를 고소하는 사람과 함께 관원에게 가
게 되거든 도중에 그 사람과 화해하
도록 최선을 다하여라. 그러지 않으면 그
가 너를 재판관에게 끌어가고, 재판관은
너를 형무소 관리에게 넘기고, 형무소 관
리는 너를 감옥에 가두지 모른다.

59 내가 너희에게 말한다. 너희가 마지막 1렙
돈까지 다 갚기 전에는 그곳에서 나올 수
없을 것이다." 마 18:34~35

13 **회개의 급박성** 바로 그때 몇몇 사람들이 와서 빌라도가 갈릴리 사람들의 피를 그의 희생제물과 섞었다는 소식을 예수께 전했습니다.

2 예수께서 대답하셨습니다. "그 갈릴리 사람들이 다른 모든 갈릴리 사람들보다 더 악한 죄인이어서 이런 변을 당했다고 생각하느냐? 욜 47.요 9:2행 28:4

3 그렇지 않다. 내가 너희에게 말한다. 너희도 회개하지 않으면 모두 멸망할 것이다.

4 또 실로암에서 탑이 무너져 죽은 18명은 어떠하냐? 다른 모든 예루살렘 사람보다 그들이 죄를 더 많이 지었다고 생각하느냐? 11:4마 6:12

5 그렇지 않다. 내가 너희에게 말한다. 너희도 회개하지 않으면 모두 멸망할 것이다."

6 **열매 없는 무화과나무** 예수께서 이런 비유를 말씀하셨습니다. "어떤 사람이 포도원에 무화과나무를 한 그루 심었다. 그는 열매가 열렸을까 해서 가 보았지만 하나도 보이지 않았다. 사 5:2마 21:19막 11:13

7 그래서 그는 포도원지기에게 말했다. '이 무화과나무에 열매가 있는지 보려고 3년 동안이나 와 보았건만 하나도 없으니 나무를 베어 버려라. 무엇 때문에 땅만 버리겠느냐?' 3:9마 7:19

8 그러자 그 종이 대답했다. '주인님, 한 해만 그냥 두십시오. 그러면 제가 그 둘레를 파고 거름을 주겠습니다.

9 혹 내년에 열매가 열릴지도 모릅니다. 그렇지 않으면 그때 베어 버리십시오.'"

10 **귀신 들린 여인이 고침받음** 예수께서 안식일에 한 회당에서 가르치고 계셨습니다.

11 거기에는 18년 동안 병을 일으키는 영에게 시달리고 있는 여인이 있었습니다. 그 여인은 허리가 굽어 똑바로 설 수가 없었습니다.

12 예수께서 그 여인을 보고 앞으로 불러내 말씀하셨습니다. "여인아, 네가 병에서 해방됐다!"

13 그리고 예수께서 여인에게 손을 얹으셨습니다. 그러자 여인은 허리를 쭉 펴고 일어서서 하나님께 영광을 돌렸습니다.

14 예수께서 안식일에 병을 고치신 것에 화가 난 회당장이 사람들에게 말했습니다. "일할 날은 엿새가 있소. 그러니 그날에 와서 병을 고치고 안식일에는 하지 마시오."

15 주께서 그에게 대답했습니다. "이 위선자들아! 너희가 각각 안식일에 황소나 나귀를 외양간에서 풀어 내 끌고 나가 물을 먹이지 않느냐? 14:5마 12:11

16 그렇다면 아브라함의 딸인 이 여인이 18년 동안이나 사탄에게 매여 있었으니 안식일에 이 매임에서 풀어 주는 것이 당연하지 않느냐?" 행 10:38:3/1 5:5:고후 12:7

17 예수께서 이렇게 말씀하시자 그를 반대하던 사람들이 모두 부끄러워했습니다. 반면에 다른 사람들은 모두 예수께서 행하신 모든 영광스러운 일을 보고 기뻐했습니다.

18 **겨자씨 비유** 예수께서 말씀하셨습니다. "하나님 나라는 무엇과 같은가? 그것을 무엇에 비교할 수 있을까? 막 4:30-32

19 그것은 누군가 가져다 자기 밭에 심은 겨자씨와 같다. 그 씨가 자라서 나무가 되면 공중의 새들이 날아와 그 가지에 둥지를 튼다.' 17:6막 17:20

20 **누룩 비유** 예수께서 다시 말씀하셨습니다. "하나님 나라를 무엇에 비교할 수 있을까?

21 그것은 누룩과 같다. 어떤 여자가 가져다 가루 3사톤에 섞었더니 결국 온통 부풀어 올랐다." 마 13:33:고전 5:6:갈 5:9

22 **구원받을 사람** 예수께서는 예루살렘으로 가는 길에 여러 마을과 동네를 거치며 말씀을 가르치셨습니다. 막 6:6

23 어떤 사람이 예수께 물었습니다. "주여, 구원받을 사람이 적습니까?" 예수께서 그들에게 말씀하셨습니다. 고전 1:18:고후 2:15

24 "너희는 좁은 문으로 들어가기 위해 힘쓰

렙돈(12:59, penny) 그리스에서 쓰인 가장 작은 화폐의 단위. '호리'라고도 한다. 렙돈은 노동자의 하루 품삯인 데나리온의 128분의 1에 해당되며 오늘날 약 400원 정도임. **실로암**(13:4, Siloam) '보냄을 받다'라는 뜻으로 예루살렘 성안에 있던 연못.

라. 내가 너희에게 말한다. 많은 사람들이 그곳에 들어가려 하겠지만 들어가지 못할 것이다. _{마 7:13;딤전 4:10;6:12}

25 집주인이 일어나 문을 닫아 버리면 너희는 밖에 서서 문을 두드리면서 '주님, 문을 열어 주십시오'라고 말할 것이다. 그러나 주인은 '너희가 어디서 왔는지 나는 모른다'라고 대답할 것이다. _{25~27절}

26 그러면 너희는 '저희가 주인님 앞에서 먹고 마셨고, 또 주인님은 우리 동네 거리에서 가르치셨습니다'라고 할 것이다. _{눅 24:1}

27 그러나 주인은 '너희가 어디서 왔는지 나는 모른다. 불의를 행하는 모든 자들아, 내게서 물러가라'라고 할 것이다. _{시 6:8}

28 아브라함과 이삭과 야곱과 모든 예언자들이 하나님 나라에 있고 너희 자신은 정작 밖으로 내쳐진 것을 볼 때 너희는 거기서 슬피 울며 이를 갈 것이다. _{마 8:11~12}

29 사람들이 동서남북 사방에서 와서 하나님 나라의 잔치 자리에 앉을 것이다.

30 보라. 나중에 시작했으나 먼저 될 사람이 있고 먼저 시작했으나 나중 될 사람이 있다." _{마 19:30}

31 **헤롯에 대해 경고하심** 그때 몇몇 바리새파 사람들이 예수께 와서 말했습니다. "여기서 떠나 다른 곳으로 가십시오. 헤롯이 당신을 죽이려 합니다!" _{마 19:1;막 10:1}

32 예수께서 말씀하셨습니다. "그 여우에게 가서 말하라. '오늘과 내일은 내가 귀신을 쫓아내고 사람들을 고쳐 줄 것이다. 그리고 셋째 날이 되면 내 뜻을 이루리라.'

33 그러나 오늘과 내일 그리고 그다음 날에도 나는 마땅히 내 갈 길을 가야 한다. 예언자는 예루살렘 밖에서 죽을 수 없는 법이다. _{4:43;9:22;22:37;행 3:21}

34 **예수님의 탄식** 오 예루살렘아! 예루살렘아! 네가 예언자들을 죽이고 네게 보낸 사람들을 돌로 치는구나. 암탉이 제 새끼를 날개 아래에 품듯이 내가 얼마나 너희 자녀들을 모으려고 했더냐? 그러나 너희가 원하지 않았다! _{시 147:2;잠 1:24;마 21:35}

35 보라! 이제 너희의 집은 황폐한 채로 남을 것이다. 내가 너희에게 말한다. 너희가 '주의 이름으로 오시는 그분은 복이 있다'라고 말할 때까지 너희가 다시는 나를 보지 못할 것이다." _{시 64:11;렘 12:7;22:5}

14

수종병 환자를 고치심 안식일에 예수께서는 음식을 잡수시려 한 바리새파 지도자의 집으로 들어가셨습니다. 그때 사람들은 예수를 가까이에서 지켜보고 있었습니다. _{막 3:2}

2 예수 앞에는 수종병 환자가 있었습니다.

3 예수께서 바리새파 사람들과 율법학자들에게 물으셨습니다. "안식일에 병을 고치

왜 가난한 자들을 초대하라고 하셨나요?

당시 사회에서는 '주고받는 문화'를 당연하게 생각했어요. 누군가에게 선물을 받거나 잔치에 초대받으면 그 답례로, 빠른 시일 내에 잔치를 열어 초대한 사람을 다시 초대하는 것이 관습이었답니다. 만일 먼저 잔치를 열었던 사람보다 작은 잔치를 열면 그 집안은 상류사회에서 '따돌림'을 당했어요. 그 때문에 상류와 하류 계층이 서로 교류한다는 것은 상상할 수도 없었답니다. 사람들은 기쁘게 축하해 주어야 할 잔치를 자기 자랑하는 것으로 만들어 버렸어요. 이런 사람들에게 예수님은 잔치를 연 사람과 똑같이 다시 잔치를 열 수 없는 가난한 사람을 초대하라고 하심으로 더 이상 주고받는 식의 잔치가 아닌 베풀고 사랑을 나누는 잔치가 되게 하신 것이랍니다. 우리도 예수님의 사랑을 기억하고 가난하고 대우받지 못하는 사람들에게 관심과 사랑을 베풀어야 한답니다.

는 것이 옳으냐, 옳지 않으냐?" ^{마12:10}

4 그러나 사람들은 입을 다물고 있었습니다. 그러자 예수께서 그 사람을 데려다가 병을 고쳐 주고는 돌려보내셨습니다.

5 그리고 나서 예수께서 그들에게 물으셨습니다. "너희 중 누구든지 자기 아들이나 소가 우물에 빠지면 안식일이라도 당장 끌어내지 않겠느냐?" ^{13:15;신 22:4;마 12:11}

6 사람들은 아무 대답도 할 수 없었습니다.

7 **자리의 비유** 예수께서 초대받은 손님들이 윗자리를 고르는 것을 보시고 초대받은 사람들에게 이런 비유를 들려주셨습니다.

8 "결혼 잔치에 초대받으면 윗자리에 앉지 마라. 혹시 너보다 더 높은 사람이 초대받았을지 모른다.

9 만약 그렇다면 너와 그 사람을 모두 초대한 그 주인이 다가와 '이분에게 자리를 내드리십시오'라고 할 것이다. 그러면 너는 부끄러워하면서 끝자리로 내려가 앉게 될 것이다.

10 그러므로 초대받으면 끝자리에 가서 앉아라. 그러면 주인이 와서 '친구여, 이리 올라와 더 나은 자리에 앉으시오'라고 할 것이다. 그렇게 되면 다른 모든 손님들 앞에서 네가 높아질 것이다. ^{잠 25:6-7}

11 자기를 높이는 사람은 낮아지고 자기를 낮추는 사람은 높아질 것이다." ^{잠 29:23}

12 **베풂에 대한 교훈** 그때 예수께서는 초대한 주인에게 말씀하셨습니다. "점심이나 저녁을 베풀 때 친구나 형제나 친척이나 부유한 이웃을 초대하지 마라. 그렇게 하면 그들이 너희를 다시 초대해 갚을 수 있기 때문이다. ^{6:34;요 21:12}

13 오히려 잔치를 베풀 때는 가난한 사람들과 지체에 장애가 있는 사람들과 다리 저는 사람들과 보지 못하는 사람들을 초대하여라. ^{21절;눅 8:10,12;예 9:22}

14 그리하면 네가 복받을 것이다. 그들이 네게 갚을 것이 없기 때문이다. 의인들이 부활할 때 네가 갚음을 받을 것이다."

15 **하늘 나라 잔치 비유** 예수와 함께 식탁에 앉은 사람들 중 하나가 이 말씀을 듣고 예수께 말했습니다. "하나님 나라에서 먹는 사람은 복이 있습니다." ^{13:29;22:16,30;계 19:9}

16 예수께서 대답하셨습니다. "어떤 사람이 큰 잔치를 준비하고 손님을 많이 초대했다.

17 잔치가 시작되자 그는 종을 보내 자기가 초대한 사람들에게 '이제 준비가 다 됐으니 오십시오'라고 했다. ^{에 6:14;잠 9:3,5}

18 그러나 그들은 한결같이 핑계를 대기 시작했다. 어떤 사람은 '내가 이제 막 밭을 샀는데 좀 가 봐야겠습니다. 부디 양해해 주십시오'라고 했고

19 다른 사람은 '내가 황소 다섯 쌍을 샀는데 어떤지 가 보는 길입니다. 부디 양해해 주십시오'라고 했다.

20 또 다른 사람은 '내가 결혼을 해서 갈 수가 없습니다'라고 했다. ^{신 24:5}

21 그 종이 돌아와 주인에게 그대로 전했다.

잔치를 베푼 주인이 화를 낸 이유는?

어떤 사람이 잔치를 베풀고 사람들을 초대했어요. 하지만 이유를 대며 못 가겠다고 말하는 사람들도 있었어요. 이러한 소식을 들은 주인은 종에게 나며 아무나 데려와 잔치 자리를 채우라고 명령했어요(눅 14:15-24). 주인은 왜 그렇게 화를 냈을까요? 유대 사람들의 잔치 관습은 미리 편지나 사람을 보내 손님에게 참석할지를 물어보았어요. 잔치 당일에는 사람을 보내 승낙한 사람들을 잔치에 모셔 오도록 되어 있었어요.

그러므로 잔치에 참석하지 않는 것은 예의에 크게 어긋날 뿐만 아니라 주인에 대한 모독을 뜻했어요. 이렇게 잔치에 이 잔치에 사람들을 초대하듯이 하나님은 예언자들을 통해 하늘나라에 유대 사람들을 초대하셨어요. 예수님이 직접 복음을 전하며 유대 사람들을 맞이하러 오셨지만 거절했어요. 이것은 유대 사람들과 복음을 거절한 사람들에 대한 하나님의 심판을 보여 주는 것입니다.

그러자 그 집주인은 화가 나 종에게 명령했다. '당장 길거리와 골목으로 나가 가난한 사람들과 지체에 장애가 있는 사람들과 보지 못하는 사람들과 걷지 못하는 사람들을 데려오너라.' 13절

22 종이 말했다. '주인님, 분부대로 했습니다만 아직도 자리가 남아 있습니다.'

23 그러자 주인이 종에게 말했다. '큰길과 산울타리로 나가서 사람들을 데려다 내 집을 채워라.' 마 14:22/막 6:45

24 내가 너희에게 말한다. 처음에 초대받은 사람들은 한 명도 내 잔치를 맛보지 못할 것이다.' 마 21:43/행 13:46

제자가 되기 위한 대가 큰 무리가 예수와 함께 길을 가고 있었는데 예수께서 뒤돌아서서 그들에게 말씀하셨습니다.

26 "누구든지 내게 오면서 자기 부모와 아내와 자식과 형제 혹은 자매와 자기 생명일지라도 나보다 더 사랑하면 내 제자가 될 수 없다. 33절/신 33:9/마 10:37

27 누구든지 자기 십자가를 지지 않고 나를 따르는 사람은 내 제자가 될 수 없다.

28 너희 중 어떤 사람이 탑을 세우려 한다고 하자. 그러면 먼저 자리에 앉아 완공할 때까지 어느 정도 비용이 드는지 계산해 보지 않겠느냐? 잠 24:27

29 만약 기초만 잘 닦아 놓고 일을 마칠 수 없다면 보는 사람마다 비웃으며

30 말할 것이다. '이 사람이 짓기를 시작만 하고 끝내지는 못했구나.'

31 또 어떤 왕이 다른 나라 왕과 전쟁하러 나간다고 하자. 그가 먼저 자리에 앉아 1만 명의 군사로 2만 명의 군사를 이끌고 오는 왕을 대항할 수 있을지 생각해 보지 않겠느냐? 28절

32 만약 승산이 없다면 그가 아직 멀리 있을 때 사신을 보내 화친을 청할 것이다.

33 이와 같이 너희 가운데 누구든지 자기 소유를 다 포기하지 않으면 내 제자가 될 수 없다. 26절/18:28/빌 3:7

소금의 비유 소금은 좋은 것이다. 그러나 소금이 짠맛을 잃으면 무엇으로 다시 짜게 하겠느냐? 마 5:13/막 9:50

35 그것은 땅에도 거름에도 쓸모가 없어 밖에 내버려진다. 귀 있는 사람은 들으라."

15 **잃은 양의 비유** 세리들과 죄인들이 모두 예수의 말씀을 듣기 위해 모여들었습니다. 마 11:19

2 그러자 바리새파 사람들과 율법학자들이 크게 웅성거리기 시작했습니다. "이 사람이 죄인들을 맞아들여 그들과 함께 음식을 먹는다." 5:30/7:39/19:7/마 9:11

3 그러자 예수께서 그들에게 이런 비유를 들려주셨습니다.

4 "너희 중 누가 100마리의 양을 가지고 있었는데 그중 한 마리를 잃어버렸다고 하자. 그러면 99마리의 양을 들판에 두고 그 잃어버린 양 한 마리를 찾을 때까지 찾아다니지 않겠느냐? 4-7절/마 18:12~14/19:10

5 그리고 양을 찾게 되면 기뻐하며 양을 어깨에 메고

6 집에 와서 친구들과 이웃을 불러 모아 '나

쥐엄 열매가 뭐지요?

쥐엄 열매는 콩과에 속하는 나무 열매로, "구주콩나무"를 가리킵니다. 25cm 정도 되는 작은 칼자루 모양의 열매 속에 콩 알갱이가 여덟에서 아홉 개쯤 들어 있어요.

단맛이 나는 이 열매는 돼지나 소 등의 동물 사료로 사용되었어요. 값이 싸고 필수 영양소가 고루 들어 있어 가난한 사람들이 굶주린 배를 채우기 위해 먹기도 했어요. 보통 물에 끓여 서 죽으로 만들어 먹었답니다. 집을 나간 둘째 아들은 아버지에게서 받은 유산을 다 날리고 빈털터리가 되자 돼지가 먹는 쥐엄 열매로 배를 채우려 했어요. 하지만 그것마저도 먹을 수 없는 자신의 비참한 현실을 깨닫고 아버지의 집으로 돌아가기로 결심했답니다(눅 15:16~20).

와 함께 기뻐해 주십시오, 잃어버린 내 양을 찾았습니다'라고 할 것이다. 벧전 2:25

7 내가 너희에게 말한다. 이와 같이 하늘에서는 회개할 필요 없는 의인 99명보다 회개하는 죄인 한 명을 두고 더 기뻐할 것이다.

8 **잃은 동전의 비유** 어떤 여자가 열 개의 드라크마 동전을 가지고 있다가 그중 하나를 잃어버렸다고 하자. 여인이 등불을 켜고 집 안을 쓸며 동전을 찾을 때까지 샅샅이 뒤지지 않겠느냐?

9 그리고 동전을 찾게 되면 친구들과 이웃을 불러 모아 '나와 함께 기뻐해 주십시오, 내가 잃어버린 동전을 찾았습니다'라고 할 것이다.

10 내가 너희에게 말한다. 이와 같이 회개하는 죄인 한 사람을 두고 하나님의 천사들이 기뻐할 것이다." 12:8

11 **잃은 아들의 비유** 예수께서 말씀하셨습니다. "어떤 사람에게 두 아들이 있었다.

12 작은아들이 아버지에게 말했다. '아버지, 재산 중에서 제가 받을 몫을 주십시오.' 그래서 아버지는 두 아들에게 살림을 나눠 주었다. 신 21:17

13 며칠 뒤 작은아들은 자기가 가진 것을 모두 챙겨서 멀리 다른 나라로 떠났다. 그러고는 거기서 방탕하게 살면서 그 재산을 낭비했다. 잠 5:18; 딤 1:6; 벧전 4:4

14 그가 모든 것을 탕진했을 때 그 나라 전역에 심한 흉년이 들어 형편이 어려워지기 시작했다.

15 그래서 그는 그 나라 사람에게 일자리를 얻었는데 그 사람은 그를 들판으로 내보내 돼지를 치게 했다.

16 그는 돼지가 먹는 쥐엄나무 열매로라도 배를 채우고 싶었지만 그것마저 주는 사람이 없었다. 16:21

17 그제야 제정신이 들어서 말했다. '내 아버지 집에는 양식이 풍부해서 일꾼들이 먹고도 남는데 나는 여기서 굶어 죽는구나!

18 내가 일어나 아버지에게 돌아가 말해야겠다. 아버지, 제가 하늘과 아버지께 죄를 지었습니다. 마 21:25; 요 3:27

19 저는 더 이상 아버지의 아들이라 불릴 자격이 없으니 그저 하나의 일꾼으로나 삼아 주십시오.' 7:6-7

20 그러고서 아들은 일어나 아버지에게로 갔다. 아들이 아직 멀리 있는데 그 아버지는 아들을 보고 불쌍히 여겨 아들에게 달려가 그의 목을 껴안고 입을 맞췄다. 창 33:4

21 아들이 아버지에게 말했다. '아버지, 제가 하늘과 아버지께 죄를 지었습니다. 이제 아들이라고 불릴 자격도 없습니다.'

22 그러나 아버지는 종들에게 말했다. '어서 가장 좋은 옷을 가져와 이 아이에게 입혀라. 손가락에 반지를 끼우고 발에 신을 신겨라.

23 살진 송아지를 끌어다 잡아라. 잔치를 벌이고 즐기자. 삼상 28:24

24 내 아들이 죽었다가 다시 살아났다. 이 아들을 잃었다가 이제 찾았다.' 이렇게 그들은 잔치를 벌이기 시작했다. 엡 2:1

25 그런데 큰아들은 들에 나가 있었다. 그가 집 가까이에 이르렀을 때 음악과 춤추는

상식톡톡 열 개의 드라크마

유대 사회에서는 결혼할 때 신랑이 신부에게 사랑의 표시로 열 개의 드라크마를 주었다.

결혼한 여자에게 이 드라크마는 결혼반지와 같은 의미를 지닌 아주 소중한 것이었다.

남편이 준 열 개의 드라크마는 줄로 꿰어 머리를 치장하는 장식품으로 사용되었다.

열 개의 드라크마가 한 세트여서 그중 하나라도 잃어버리면 남아 있는 아홉 개까지 장식품으로 사용할 수 없었다. 그래서 드라크마 하나를 잃어버린 여자는 어두운 집 안에 불을 밝히고 샅샅이 찾은 것이었다. 마침내 여자가 잃어버린 한 개의 드라크마를 찾으면 잔치를 벌일 만큼 기뻐했다.

여기서 다시 찾은 한 개의 드라크마는 구원받은 한 영혼을 비유한다.

누가복음에 나오는
예수님의 비유말씀

새 포도주는 새 부대에
(눅 5:37-38)

바위 위에 집을 지은
지혜로운 사람(눅 6:48-49)

채권자와 빚을 진 두 사람
(눅 7:41-43)

씨 뿌리는 농부
(눅 8:4-15)

등불의 비유
(눅 8:16-17; 11:33-36)

선한 사마리아 사람
(눅 10:30-37)

빵을 강청함
(눅 11:5-13)

어리석은 부자
(눅 12:16-21)

깨어 있는 종
(눅 12:35-40)

충성된 하인과 악한 하인
(눅 12:42-48)

열매 없는 무화과나무
(눅 13:6-9)

누룩
(눅 13:20-21)

큰 잔치
(눅 14:16-24)

제자가 되기 위한 대가
(눅 14:25-35)

잃은 양
(눅 15:3-7)

잃은 동전
(눅 15:8-10)

돌아온 탕자
돌아온 아들을 맞이하는 아버지
(눅 15:11-32)

불의한 청지기
(눅 16:1-13)

부자와 나사로
(눅 16:19-31)

종의 의무
(눅 17:7-10)

끈질긴 과부
(눅 18:1-8)

바리새파 사람과
세리의 기도
(눅 18:9-14)

10므나
(눅 19:11-27)

소리가 들렸다.

26 그래서 하인 하나를 불러 무슨 일인지 물어 보았다.

27 하인이 대답했다. '동생이 왔습니다. 동생이 건강하게 무사히 돌아와서 주인어른께서 살진 송아지를 잡으셨습니다.'

28 큰아들은 화가 나서 들어가려 하지 않았다. 그러자 아버지가 나와 그를 달랬다.

29 그러자 큰아들이 아버지에게 이렇게 말했다. '보십시오! 저는 여러 해 동안 아버지를 위해 종노릇하고 무슨 말씀이든 어긴 적이 없습니다. 그런데 제게는 친구들과 함께 즐기라며 염소 새끼 한 마리도 주시지 않았습니다.

30 그런데 창녀와 함께 아버지의 재산을 탕진한 아들이 집에 돌아오니까 아버지는 그를 위해 살진 송아지를 잡으셨습니다.'

31 아버지가 말했다. '얘야, 너는 항상 나와 함께 있지 않느냐? 또 내가 가진 모든 것이 다 네 것이다.   요 8:35

32 그러나 네 동생은 죽었다가 다시 살아났고 내가 그를 잃었다가 찾았으니 우리가 잔치를 벌이며 기뻐하는 것이 당연하다.'"

16 불의한 청지기 비유

예수께서 제자들에게 말씀하셨습니다. "어떤 부자가 있었는데 그 집 청지기가 주인의 재산을 낭비하고 있다는 소문이 들렸다.   12:42

2 그래서 주인이 청지기를 불러들여 물었다. '자네에 대해 들리는 말이 있는데 이게 어찌된 일인가? 장부를 정리하게. 이제부터 자네는 내 청지기가 될 수 없네.'

3 청지기는 속으로 생각했다. '주인이 내게서 일자리를 빼앗으려 하는데 내가 무얼 할 수 있을까? 땅을 파자니 힘에 부치고 빌어먹자니 창피하구나.'

4 내가 무얼 할 수 있는지 알겠다. 내가 청지기 자리를 잃을 때 사람들이 나를 자기 집으로 맞아들이도록 해야겠다.'

5 그래서 그는 자기 주인에게 빚진 사람들을 하나씩 불러들였다. 그가 첫 번째 사람에게 물었다. '당신이 우리 주인에게 진 빚이 얼마요?'

6 그 사람은 '올리브기름 100바투스를 꾸었습니다'라고 대답했다. 청지기가 말했다. '당신의 빚 증서요. 어서 앉아서 50바투스라 적으시오.'

7 그리고 나서 청지기는 다른 사람에게 물었다. '당신의 빚은 얼마요?' 그 사람은 '밀 100코루스입니다'라고 대답했다. 청지기가 말했다. '당신의 빚 문서를 받아서 80코루스라 적으시오.'

8 주인은 불의한 청지기의 약삭빠른 행동을 보고 오히려 칭찬했다. 이 세상의 자녀들이 자기들끼리 거래하는 데는 빛의 자녀들보다 더 약삭빠르다.   18:6;마 25:2

9 내가 너희에게 말한다. 불의한 재물로 너희를 위해 친구를 사귀라. 그래서 재물이 다 없어질 때 그들이 너희를 영원한 장막으로 환영하게 하라.   11:13;잘 6:24

10 누구든지 적은 일에 충성하는 사람은 많은 일에도 충성할 것이요, 누구든지 적은 일에 불의한 사람은 많은 일에도 불의할 것이다.   마 25:21,23;눅 19:17

11 그러니 불의한 재물을 다루는 데 충실하

왜 불의한 청지기가 칭찬받았나요?

청지기가 재산을 낭비하고 있다고 주인에게 야단맞았는데 갑자기 칭찬을 하다니, 많이 헷갈리죠?

예수님은 이 비유를 통해 청지기의 정직하지 못함을 말씀하려고 하신 것이 아니라 자신의 장래를 준비할 줄 아는 청지기의 지혜로움과 분별력을 칭찬하신 것입니다. 세상 사람들도 앞일을 대비하기 위해 온갖 지혜와 방법을 다 동원하죠? 하물며 믿는 사람들이 영생을 준비하는 데 있어 최선을 다해 노력하고 더욱 헌신하는 것이 당연함을 우리에게 가르쳐 주신 거예요.

지 못했다면 누가 참된 재물을 너희에게 맡기겠느냐?

12 또 너희가 남의 재산을 다루는 데 충실하지 못했다면 누가 너희에게 너희 몫의 재산을 주겠느냐? 대상 29:14,16

13 한 종이 두 주인을 섬기지 못한다. 이 주인은 미워하고 저 주인을 사랑하든가, 저 주인에게 헌신하고 이 주인은 무시하든가 할 것이다. 너희가 하나님과 재물을 동시에 섬길 수 없다."

14 바리새파 사람들이 비웃음 돈을 좋아하는 바리새파 사람들이 이 모든 것을 듣고 예수를 비웃었습니다. 11:39,20:47

15 예수께서 그들에게 말씀하셨습니다. "너희가 사람의 눈앞에서 스스로 의롭다고 하지만 하나님은 너희 마음을 다 아신다. 사람들에게 높임을 받는 것은 하나님 앞에 미움을 받는 것이다. 삼상 16:7;대상 28:9

16 율법의 시대 율법과 예언자들의 시대는 요한의 때까지다. 그 후부터는 하나님 나라의 복음이 전파되며 모든 사람이 그 나라 안으로 침략해 들어가고 있다. 4:43;15:1

17 하늘과 땅이 사라지는 것이 율법에서 한획이 떨어져 나가는 것보다 쉽다. 마 5:18

18 누구든지 남자가 자기 아내와 이혼하고 다른 여자와 결혼하면 간음하는 것이다. 그리고 이혼한 여자와 결혼하는 남자도 간음하는 것이다. 마 5:32

19 부자와 나사로 어떤 부자가 있었는데 그는 항상 자색 옷과 고운 베옷을 입고 날마다 즐기며 사치스럽게 살았다. 약 5:5

20 그 집 대문 앞에는 나사로라는 거지가 상처투성이 몸으로 있었다.

21 그는 부자의 상에서 떨어지는 부스러기로 배를 채우려고 했다. 그런데 심지어는 개들마저 와서 그 상처를 핥았다. 마 15:27

22 나중에 그 거지가 죽자 천사들이 그를 아브라함의 품으로 데려갔다. 그 부자도 죽

어서 땅에 묻혔다. 마 18:11;행 12:15;히 1:13~14

23 부자는 지옥에서 고통을 당하고 있었는데 고개를 들어 보니 저 멀리 아브라함과 그의 품에 있는 나사로가 보였다.

24 그가 아브라함에게 외쳤다. '조상 아브라함이여, 저를 불쌍히 여겨 주십시오. 나사로를 보내 그 손가락 끝에 물 한 방울 찍어서 제 혀를 시원하게 해 주십시오. 제가 지금이 불 속에서 고통을 당하고 있습니다.'

25 그러나 아브라함이 대답했다. '얘야, 네가 살아 있을 때를 기억해 보아라. 네가 온갖좋은 것을 다 받는 동안 나사로는 온갖 나쁜 것만 다 겪었다. 그러나 지금은 그가 여기서 위로를 받고 너는 고통을 받는다.

26 이뿐 아니라 너희와 우리 사이에는 커다란 틈이 있어 여기서 너희 쪽으로 건너가고 싶어도 갈 수가 없고 거기서도 우리 쪽으로 건너올 수가 없다.'

27 부자가 대답했다. '그렇다면 제발 부탁입니다. 나사로를 저희 아버지 집으로 보내주십시오.

28 제게 다섯 형제가 있으니 그들이 이 고통스러운 곳으로 오지 않도록 나사로가 가서 경고하게 해 주십시오.'

29 아브라함이 대답했다. '그들에게는 모세와 예언자들이 있으니 그들의 말을 들으면될 것이다.'

30 부자가 말했다. '아닙니다. 조상 아브라함이여, 누군가 죽었던 사람이 가야만 그들이 회개할 것입니다.' 24절

31 아브라함이 그에게 말했다. '그들이 모세와 예언자들의 말을 듣지 않는다면 비록 죽은 사람들 가운데 누가 살아난다 해도 그들은 믿지 않을 것이다.'" 히 12:10~11

17 죄짓게 하는 사람에 대한 경고 예수께서 제자들에게 말씀하셨습니다. "죄짓게 하는 일이 언제나 있게 마련이지만 죄짓게 하는 그 사람에게는 재앙이 있

장부(16:2, 帳簿/账簿, account) 물건의 출납이나 돈의 수입, 지출 내용을 적어 두는 책, 바투스(16:6, gallon) 히브리어의 '밧'과 같으며 본문의 100바투스는 약 2㎘에 해당함, 코루스(16:7, bushel) 히브리어의 '고르'와 같으며 본문의 100코루스는 약 22㎘에 해당함.

을 것이다. 마 18:7;고전 11:19

2 누구든지 이 작은 사람들 가운데 하나를 죄짓게 하면 차라리 자기 목에 맷돌을 매달고 바다에 빠지는 것이 더 나을 것이다.

3 너희는 스스로 조심하라! 네 형제가 죄를 지으면 꾸짖으라. 그리고 그가 회개하면 용서해 주라. 레 19:17;마 18:15,21~22

4 용서에 대한 교훈 만약 그가 네게 하루에 일곱 번 죄를 짓고 그때마다 네게 와서 '회개한다'고 말하면 용서해 주라.

5 거거씨 만한 믿음 사도들이 주께 말했습니다. "우리에게 믿음을 더해 주십시오!"

6 예수께서 말씀하셨습니다. "너희 믿음이 이 겨자씨 한 알 만큼만 있어도 이 뽕나무에게 '뿌리째 뽑혀 바다에 심겨라!'라고 하면 그 나무가 너희에게 순종할 것이다.

7 종의 의무 너희 중 한 명에게 밭을 갈거나 양을 치는 종이 있다고 하자. 그 종이 들에서 일하고 돌아오면 그에게 '들어와 앉아 먹어라'라고 하겠느냐?

8 오히려 '내 저녁을 준비하고 허리에 띠를 두르고 내가 다 먹고 마실 동안 내 시중을 들어라. 그러고 나서 너도 먹고 마셔라'라고 하지 않겠느냐? 12:35,37;요 13:4

9 자기가 말한 대로 종이 했다고 해서 주인이 그에게 고맙다고 하겠느냐?

10 이와 같이 너희도 명령받은 대로 다 마치고 나서 '우리는 쓸모없는 종입니다. 그저 할 일을 했을 뿐입니다'라고 말해야 한다."

11 열 명의 나병 환자가 고침받음 예수께서 예루살렘으로 가시는 길에 사마리아와 갈릴리 사이로 지나가시게 됐습니다. 요 4:3~4

12 예수께서 한 마을에 들어가가시다가 열 명의 나병 환자를 만나셨습니다. 그들이 멀찍이 서서 레 13:45~46

13 큰 소리로 외쳤습니다. "예수 선생님! 저희를 불쌍히 여겨 주십시오."

14 예수께서 그들을 보고 말씀하셨습니다. "제사장들에게 가서 너희 몸을 보이라." 그러자 그들은 가는 도중에 몸이 깨끗해졌습니다. 5:14;레 13:2~14,32;마 8:4

15 그들 중 한 사람은 자기 병이 나은 것을 보고 큰 소리로 하나님께 영광을 돌리며 돌아왔습니다. 7:16;13:13

16 그는 예수의 발 앞에 엎드려 감사했습니다. 그는 사마리아 사람이었습니다.

17 예수께서 물으셨습니다. "열 명이 깨끗하게 되지 않았느냐? 그런데 아홉 명은 어디에 있느냐? 12절

18 이 이방 사람 말고는 하나님께 영광을 돌리려고 되돌아온 사람이 없단 말이냐?"

19 그리고 그에게 말씀하셨습니다. "일어나 가거라. 네 믿음이 너를 구원했다."

20 하나님 나라의 오심 바리새파 사람들이 하나님 나라가 언제 올 것인지 물어보자 예수께서 대답하셨습니다. "하나님 나라는 눈으로 볼 수 있는 모습으로 오지 않는다.

21 또한 '보라, 여기에 있다', '보라, 저기에 있다'라고 말할 수도 없다. 하나님 나라는 너희 안에 있기 때문이다." 롬 14:17

22 그리고 제자들에게 말씀하셨습니다. "너희가 인자의 날들 중 단 하루라도 보고 싶어 할 때가 오겠으나 보지 못할 것이다.

23 사람들이 너희에게 '보라, 저기에 있다', '보라, 여기에 있다' 해도 너희는 그들을 따라나서지 말고 찾아가지 마라.

24 마치 번개가 하늘 이 끝에서 저 끝까지 번쩍거리며 비치는 것처럼 인자도 자기의 날에 그러할 것이다. 마 24:27;고전 1:8

25 그러나 인자는 먼저 많은 고난을 당하고 이 세대에게 버림받아야 한다. 마 16:21

26 인자의 때는 노아의 때와 같을 것이다.

27 노아가 방주 안으로 들어가던 날까지 사람들은 먹고 마시고 장가가고 시집가고 했다. 그리고 홍수가 일어나 그들을 모두 쓸어 가 버렸다. 마 24:38~39

28 롯의 날에도 마찬가지였다. 사람들은 먹고 마시고 사고팔고 나무를 심고 집을 지었다.

29 그러나 롯이 소돔을 떠나던 날에 하늘에서 불과 유황이 비처럼 쏟아져 그들을 모두 멸망시켰다. 창 19:16,24;벤후 2:6

30 인자가 나타날 그날도 이와 같을 것이다.

31 그날에 지붕 위에 있는 사람은 자기 물건이 집 안에 있더라도 가지러 내려가서는 안 된다. 이와 같이 들에 있는 사람도 무언가 가지러 집으로 돌아가서는 안 된다.

32 롯의 아내를 기억해 보라! <small>창 19:26</small>

33 누구든지 자기 생명을 구하려는 사람은 잃을 것이요, 누구든지 자기 생명을 잃는 사람은 보존할 것이다. <small>마 10:39</small>

34 내가 너희에게 말한다. 그날 밤에는 두 사람이 한 침대에서 자다가 하나는 취해질 것이고 하나는 남겨질 것이다.

35 두 여인이 함께 곡식을 갈다가도 하나는 취해질 것이고 하나는 남겨질 것이다."

36 *(없음)

37 제자들이 물었습니다. "주여, 이런 일이 어디서 있겠습니까?" 예수께서 대답하셨습니다. "시체가 있는 곳에 독수리가 모여들 것이다." <small>욥 39:30</small>

18 끈질긴 기도에 대한 교훈 예수께서는 제자들이 항상 기도하며 포기하지 않도록 하시려고 비유를 말씀하셨습니다.

2 "어느 마을에 하나님을 두려워하지도 않고 사람을 무시하는 재판관이 있었다.

3 그리고 그 마을에 한 과부가 있었는데 그 여인은 수시로 재판관을 찾아와 '내 원수에게 원한을 갚아 주십시오'라고 간청하는 것이었다.

4 한동안 재판관은 들은 척도 하지 않다가 마침내 이런 생각이 들었다. '내가 하나님을 두려워하지 않고 사람을 무시하지만

5 이 과부가 자꾸 와서 나를 귀찮게 하니 이 여인의 간청을 들어주어야겠다. 그러지 않으면 계속 나를 찾아와 괴롭힐 것이다.'"

6 주께서 말씀하셨습니다. "너희는 이 불의한 재판관이 말한 것을 들으라. <small>16:8-9</small>

7 하나님께서 밤낮으로 부르짖는, 그 택하신 백성들의 원한을 갚지 않으시고 오랫동안 모른 체하며 내버려 두시겠느냐?

8 내가 너희에게 말한다. 하나님은 속히 그들의 원한을 풀어 주실 것이다. 그러나 인자가 올 때 이 세상에서 믿음을 찾아볼 수 있겠느냐?" <small>17:26-30/마 24:12</small>

9 바리새파 사람과 세리의 기도 자기가 의롭다고 생각하며 다른 사람들을 업신여기는 몇몇 사람들에게 예수께서 이런 비유를 들려주셨습니다. <small>16:15/잠 30:13/사 65:5</small>

10 "두 사람이 기도하러 성전에 올라갔다. 한 사람은 바리새파 사람이었고 또 다른 사람은 세리였다. <small>왕상 10:5/왕하 20:5/8:행 3:1</small>

11 바리새파 사람은 서서 자신에 대해 이렇게 기도했다. '하나님, 저는 다른 사람들, 곧 남의 것을 빼앗는 사람이나 불의한 사람이나 간음하는 사람과 같지 않고 이 세리와도 같지 않음을 감사합니다. <small>계 3:17</small>

12 저는 1주일에 두 번씩 금식하고 얻은 모든 것의 십일조를 냅니다.' <small>11:42/마 9:14</small>

13 그러나 세리는 멀찍이 서서 하늘을 쳐다볼 엄두도 내지 못하고는 가슴을 치며 말했다. '하나님, 이 죄인에게 자비를 베풀어 주십시오.' <small>시 79:9;겔 16:63;단 9:19</small>

14 내가 너희에게 말한다. 이 사람이 저 바리새파 사람보다 오히려 의롭다는 인정을 받고 집으로 돌아갔다. 누구든지 자기를 높이는 사람은 낮아질 것이요, 자기를 낮추는 사람은 높아질 것이다." <small>14:11</small>

15 어린이들을 축복하신 사람들이 아기들을 예수께 데려와 만져 주시기를 원했습니다. 제자들은 이 광경을 보고 그들을 꾸짖었습니다. <small>15-17절/마 19:13-15/막 10:13-16</small>

16 그러나 예수께서는 그 아이들을 불러 말씀하셨습니다. "어린아이들이 내게로 오는 것을 허락하고 막지 말라. 하나님 나라는 이런 어린아이들의 것이다. <small>마 18:3/막 9:39</small>

17 내가 진실로 너희에게 말한다. 누구든지 어린아이와 같이 하나님 나라를 받아들이지 않는 사람은 거기에 들어가지 못할 것이다." <small>요 3:3,5</small>

18 큰 부자와의 대화 어떤 지도자가 예수께 물었습니다. "선하신 선생님, 영생을 얻으려면 제가 어떻게 해야 합니까?"

<small>17:36 어떤 고대 사본에는 '두 사람이 들에 있다가도 하나는 취해질 것이고 하나는 남겨질 것이다'가 있음.</small>

19 예수께서 대답하셨습니다. "네가 왜 나를 선하다고 하느냐? 오직 하나님 외에는 선한 분이 없다.

20 '간음하지 말라, 살인하지 말라, 도둑질하지 말라, 거짓 증언하지 말라, 네 부모를 공경하라'라는 계명을 네가 알고 있다."

21 그가 말했습니다. "그런 모든 것은 제가 어려서부터 다 지켰습니다." 빌 3:6

22 이 말을 듣고 예수께서 말씀하셨습니다. "네게 아직 부족한 것이 한 가지 있다. 네가 가진 것을 모두 팔아 가난한 사람들에게 나눠 주어라. 그러면 하늘에서 보물을 가질 것이다. 그 후에 와서 나를 따르라."

23 그 사람은 이 말씀을 듣고 슬픔에 깊이 잠겼습니다. 그가 큰 부자였기 때문입니다.

24 부자와 하나님 나라 예수께서 그를 쳐다보고 말씀하셨습니다. "부자들이 하나님 나라에 들어가기가 얼마나 어려운지 모른다.

25 부자가 하나님 나라에 들어가는 것보다 낙타가 바늘구멍으로 지나가는 것이 더 쉽다."

26 이 말씀을 듣고 있던 사람들이 물었습니다. "그러면 누가 구원받을 수 있겠습니까?"

27 예수께서 대답하셨습니다. "사람이 할 수 없는 일을 하나님께서는 하실 수 있다."

28 세상 것을 포기함 베드로가 예수께 말했습니다. "보십시오. 저희는 가진 것을 모두 버리고 주를 따랐습니다!"

29 예수께서 그들에게 말씀하셨습니다. "내가 진실로 너희에게 말한다. 하나님 나라를 위해 집이나 아내나 형제나 부모나 자식을 버린 사람은 14:26

30 이 세상에서 여러 배로 받을 것이요, 또한 오는 세상에서 영생을 받을 것이다."

31 죽음에 대한 세 번째 예고 예수께서는 열두 제자를 곁에 불러 놓고 말씀하셨습니다. "보라. 우리는 예루살렘으로 올라간다. 예언자들이 인자에 대해 기록한 모든 것이 이뤄질 것이다. 행 3:13

32 인자가 이방 사람들에게 넘겨져 조롱과 모욕과 침 뱉음을 당할 것이다.

33 그들은 채찍질한 후에 그를 죽일 것이다. 그러나 그는 3일째 되는 날 살아날 것이다."

34 그러나 제자들은 이 말씀을 조금도 깨닫지 못했습니다. 이 말씀의 뜻이 그들에게 숨겨져 있기에 제자들은 예수께서 하시는 말씀을 이해하지 못했습니다. 9:45;막 9:32

35 바데매오가 고침받음 예수께서 여리고에 가까이 이르셨을 때 길거리에 보지 못하는 한 사람이 앉아 구걸하고 있었습니다.

36 그는 많은 사람들이 지나가는 소리를 듣고 무슨 일인지 물었습니다.

37 사람들이 "나사렛 예수가 지나가신다" 하고 말해 주었습니다. 마 2:23;막 1:24

38 그러자 그가 크게 외쳤습니다. "다윗의 자손 예수여, 저를 불쌍히 여겨 주십시오!"

39 앞서가던 사람들이 그를 꾸짖으며 조용히 하라고 했습니다.

예수님을 보기 위해 뽕나무 위로 올라간 삭개오

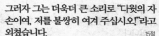

그러자 그는 더욱더 큰 소리로 "다윗의 자손이여, 저를 불쌍히 여겨 주십시오!"라고 외쳤습니다. 15절

40 예수께서 가던 길을 멈추고 "그 사람을 데려오라" 하고 명령하셨습니다. 그가 가까이 다가오자 예수께서 물으셨습니다.

41 "내가 네게 무엇을 해 주기를 원하느냐?" 그가 대답했습니다. "주여, 다시 보고 싶습니다." 막 10:36

42 예수께서 그에게 말씀하셨습니다. "눈을 떠라. 네 믿음이 너를 구원했다."

43 그러자 그는 곧 보게 됐고 하나님께 영광을 돌리며 예수를 따라갔습니다. 이 광경을 본 사람들도 모두 하나님을 찬양했습니다. 7:16;13:13;18:37

19 삭개오가 예수님을 영접함 예수께서 여리고에 들어가 거리를 지나가고 계셨는데 마 20:29;막 10:46

2 여리고에는 삭개오라는 사람이 있었습니다. 그는 세리장이고 부자였습니다.

3 삭개오는 예수께서 어떤 분인지 보려고 했으나 많은 사람들 때문에 볼 수가 없었습니다. 그는 키가 작았기 때문입니다.

4 그는 예수를 잘 보기 위해 먼저 달려가 뽕나무 위로 올라갔습니다. 예수께서 그 길로 지나가실 것이기 때문입니다.

5 예수께서 그곳에 이르셨을 때 위를 올려다보며 삭개오에게 말씀하셨습니다. "삭개오야, 어서 내려오너라! 내가 오늘 네 집에서 묵어야겠다." 13:33

6 삭개오는 얼른 내려와 기뻐하면서 예수를 맞이했습니다. 10:38

7 그런데 사람들은 이 광경을 보고 모두 수군거렸습니다. "그가 죄인의 집에 묵으려고 들어갔다." 15:2

8 삭개오는 서서 주께 말했습니다. "주여, 보십시오! 제 소유물의 반을 떼어 가난한 사람들에게 주겠습니다. 누군가를 속여 얻은 것이 있다면 네 배로 갚겠습니다."

9 예수께서 삭개오에게 말씀하셨습니다. "오늘 구원이 이 집에 이르렀다. 이 사람도 아브라함의 자손이다.

10 인자는 잃어버린 사람을 찾아 구원하러 왔다." 15:4;겔 34:11,16;마 9:13

11 므나 비유 그들이 이 말씀을 듣고 있을 때, 예수께서 연이어 비유를 들려주셨습니다. 예수께서 예루살렘에 가까이 이르셨고 또 사람들이 하나님 나라가 당장이라도 나타날 것이라고 생각했기 때문입니다.

12 예수께서 말씀하셨습니다. "어떤 귀족이 왕위를 받아 오려고 먼 나라로 떠나게 됐다.

13 그래서 열 명의 종을 불러 10므나를 주며 말했다. '내가 돌아올 때까지 이 돈으로 장사를 하라.' 마 25:1

14 그런데 백성들은 그를 미워하기에 사절을 뒤따라 보내며 '우리는 이 사람이 왕이 되는 것을 원하지 않습니다'라고 전하게 했다.

15 그러나 그 귀족은 왕이 돼 집으로 돌아왔다. 그는 자기가 돈을 준 종들을 불러 그들이 얼마나 장사를 했는지 알아봤다.

16 첫 번째 종이 와서 말했다. '주인님, 주인님이 주신 1므나로 10므나를 벌었습니다.'

17 그 주인이 대답했다. '잘했다! 내 착한 종아! 네가 작은 일에 충성했으니 열 개의 마을을 다스리는 권세를 주겠다.'

18 두 번째 종이 와서 말했다. '주인님, 주인님이 주신 1므나로 5므나를 벌었습니다.'

19 그 주인이 대답했다. '네게는 다섯 개의 마을을 다스리는 권세를 주겠다.'

20 그러자 다른 종이 와서 말했다. '주인님, 주인님이 주신 1므나가 여기 있습니다. 제가 이것을 천에 싸서 잘 보관해 두었습니다.

21 주인님은 엄하신 분이라서 맡기지 않은 것을 찾아가시고 심지 않은 것을 거두어 가시기에 제가 두려워했습니다.' 고후 8:12

22 그 주인이 대답했다. '이 악한 종아, 네 입에서 나온 말로 내가 너를 판단하겠다. 내가 엄한 사람이어서 맡기지 않은 것을 찾아가고 심지 않은 것을 거두어 가는 줄 알고 있었느냐? 삼하 1:16;삼상 15:6

23 그러면 왜 내 돈을 은행에 저축하지 않았느냐? 그랬더라면 내가 돌아왔을 때 이자

까지 함께 찾을 수 있지 않았겠느냐?'

24 그러고 나서 옆에 서 있는 사람들에게 말했다. '이 1므나를 빼앗아 10므나 가진 종에게 주어라.'

25 그들이 말했다. '하지만 주님, 그는 벌써 10므나나 갖고 있습니다.'

26 그가 대답했다. '내가 너희에게 말한다. 가진 사람마다 더 많이 받을 것이고 아무것도 가지지 않은 사람은 그 있는 것마저 빼앗길 것이다.

12:48/마 13:12

27 그리고 내가 자기들의 왕이 되는 것을 원치 않은 내 원수들을 이리로 끌어다가 내 앞에서 죽여라.'"

20:16/삼상 15:33/마 2:7

28 **예루살렘으로 가심** 예수께서 이 말씀을 마치고 예루살렘을 향해 앞장서서 올라가셨습니다.

9:51:10:30/막 10:32

29 **나귀를 끌어오게 하심** 예수께서 올리브 산 근처 벳바게와 베다니에 가까이 이르셨을 때 두 제자를 보내시며

막 2:1/요~2:15

30 말씀하셨습니다. "반대쪽 마을로 가거라. 그 마을에 들어서면 아직 아무도 탄 적이 없는 새끼 나귀 한 마리가 매여 있을 것이다. 그것을 풀어서 끌고 오라.

23:53

31 누가 '왜 풀어 가느냐'고 물으면 '주께서 필요로 하신다'고 하라."

32 보냄받은 사람들이 먼저 마을로 들어가 보니 과연 예수께서 말씀하신 대로 나귀가 있었습니다.

22:13

33 그들이 나귀를 풀고 있는데 나귀 주인들이 그들에게 물었습니다. "무슨 일로 새끼

나귀를 푸는 거요?"

34 그들이 대답했습니다. "주께서 필요로 하십니다."

35 그들은 예수께 나귀를 끌고 와서 자기들의 겉옷을 던져 나귀 등에 얹고 예수께서 타시도록 했습니다.

36 **예루살렘에 입성하심** 사람들은 예수께서 가시는 길 위에 자기들의 겉옷을 깔아 드렸습니다.

왕하 9:13

37 예수께서 올리브 산의 내리막길에 가까이 이르시자 온 무리의 제자들이 기뻐하며 자기들이 본 모든 기적에 대해 큰 소리로 하나님을 찬양하기 시작했습니다.

38 "복되도다. 주의 이름으로 오시는 왕이여!"

"하늘에는 평화, 지극히 높은 곳에서는 영광!"

13:35/시 118:26

39 무리 중에 있던 몇몇 바리새 사람들이 예수께 말했습니다. "선생님, 제자들을 꾸짖으십시오."

마 21:15~16

40 예수께서 대답하셨습니다. "내가 너희에게 말한다. 그들이 가만히 있으면 저 돌들이라도 외칠 것이다."

합 2:11

41 **예루살렘의 멸망을 예언하심** 예루살렘에 가까이 이르신 예수께서 그 마을을 보고 눈물을 흘리시며

41~44절/13:34~35/23:28~31

42 말씀하셨습니다. "오늘 네가 평화에 이르게 하는 일들을 알았더라면 좋았을 텐데. 그러나 네 눈에는 이것이 지금 가려져 있구나.

신 32:29/요 12:40

나의 재능은 뭘까?

어릴 때부터 천재라고 불리던 수유는 남보다 머리가 아주 좋았어요. 시험기간이 되었지만 수유는 놀든 어린애 말고 공부를 하지 않고 매일 놀기만 했어요. 결국 시험을 망친 수유는 그만 울고 말았어요.

주인은 종들에게 1므나씩 공평하게 나눠 주며 주인이 돌아올 때까지 그 돈으로 장사하라고 했어요.

어떤 종은 그 명령을 듣고 잘 순종해서 열심히 장사를 하여 이익을 남겼고, 어떤 종은 장사도 하지 않고 그대로 가지고 있었어요. 주인이 돌아와 순종한 종에게는 칭찬을, 불순종한 종에게는 벌을 주었어요. 하나님은 종들에게 준 므나처럼 각 사람에게 맞는 재능을 주셨답니다. 모두에게 공평하게 시간이라는 기회도 주셨어요. 하나님은 우리가 받은 재능을 열심

43 네 원수들이 네 주위에 토성을 쌓고 너를 에워싸고 사방에서 너를 포위하는 날이 올 것이다. 17:22; 사 29:3; 렘 4:2

44 그들은 너를 짓밟고 너와 함께한 네 자식들도 짓밟을 것이다. 돌 위에 다른 돌 하나라도 남겨 두지 않을 것이다. 이것은 하나님께서 너를 찾아오신 때를 네가 깨닫지 못했기 때문이다. 21:6; 시 137:9; 요 13:16

45 성전을 정결케 하심 예수께서 성전에 들어가셔서 장사하는 사람들을 내쫓기 시작하셨습니다. 마 21:12-16; 막 11:15-18; 요 2:14-16

46 예수께서 그들에게 말씀하셨습니다. "성경에 '내 집은 기도하는 집이 될 것이다'라고 기록돼 있다. 그런데 너희가 이곳을 '강도들의 소굴로' 만들었구나." 사 56:7; 렘 7:11

47 음모가 지체됨 예수께서는 날마다 성전에서 가르치셨습니다. 그리고 대제사장들과 율법학자들과 백성의 지도자들은 예수를 죽이려 했습니다. 20:1이하 21:46;26:55

48 그러나 어떻게 할 방도가 없었습니다. 모든 백성들이 예수의 말씀을 열심히 듣고 있었기 때문입니다.

20 예수님의 권세를 의심함 예수께서 성전에서 사람들을 가르치며 복음을 전하고 계실 때에 대제사장들과 율법학자들이 장로들과 함께 예수께 다가와

2 말했습니다. "당신이 무슨 권세로 이런 일을 하는 것인지 말해 보시오. 누가 이런 권세를 주었소?" 출 2:14;요 1:25;행 4:7

3 예수께서 대답하셨습니다. "나도 한 가지

물어보겠으니 내게 말하라.

4 요한의 세례가 하늘로부터 왔느냐? 아니면 사람으로부터 왔느냐?" 15:18,21;요 3:27

5 그들은 서로 의논하며 말했습니다. "만약 우리가 '하늘로부터 왔다'고 하면 예수가 '그러면 왜 그를 믿지 않았느냐'고 할 것이고

6 '사람으로부터 왔다'고 하면 요한을 예언자라고 믿는 모든 백성들이 우리에게 돌을 던질 것이다." 마 11:9;요 5:35

7 그래서 그들은 대답했습니다. "어디로부터 왔는지 우리는 모르겠소."

8 예수께서 대답하셨습니다. "그렇다면 나도 무슨 권세로 이런 일을 하는지 너희에게 말하지 않겠다."

9 악한 농부의 비유 예수께서는 사람들에게 이런 비유를 들려주셨습니다. "어떤 사람이 포도원을 만들어 농부들에게 세를 주고 오랫동안 떠나 있었다. 막 11-12

10 포도를 수확할 때가 되자 그는 종을 농부들에게 보내 열매 소출의 얼마를 받아 오라고 했다. 그러나 농부들은 그를 때리고 빈손으로 보내 버렸다. 마 5:12;22:6;23:34,37

11 주인은 다른 종을 보냈다. 그러나 그들은 그 종도 때리고 모욕하고 빈손으로 돌려보냈다. 마 22:4

12 주인은 세 번째 종을 보냈지만 농부들은 그 종마저 상처를 입혀 쫓아냈다.

13 그러자 포도원 주인이 말했다. '이제 어떻게 할까? 사랑하는 내 아들을 보내야겠다. 아마도 내 아들은 존중하겠지.'

14 그러나 농부들은 그를 보자 서로 의논하며 말했다. '이 사람은 상속자니 그를 죽이자. 그러면 그 유산이 우리 것이 될 것이다.'

15 이렇게 해서 그들은 아들을 포도원 밖으로 끌어내 죽였다. 그렇다면 이 포도원 주인은 그들에게 어떻게 하겠느냐? 히 13:12

16 주인이 와서 그 농부들을 죽이고 포도원을 다른 농부들에게 줄 것이다." 사람들은 이 이야기를 듣고 말했습니다. "이런 일은 절대 없었으면 좋겠습니다."

17 버림받은 돌 예수께서는 그들을 똑바로 쳐

예수님이 매우 가난한 가운데
생활비 전부를 헌금한
가난한 과부를 칭찬하심

다 보고 말씀하셨습니다. "그렇다면
'건축자들이 버린 돌이 모퉁이의 머릿
돌이 됐다'
라고 기록된 말씀이 무슨 뜻이겠느냐?   시 118:22

18 누구든지 이 돌 위에 떨어지는 사람마다
부서질 것이며 이 돌이 어느 사람 위에 떨
어지든지 맞는 사람은 가루가 되고 말 것
이다."

19 종교 지도자들이 분노함 율법학자들과 대제
사장들은 이 비유가 자기들을 가리켜 하
시는 말씀인 것을 알고 당장 예수를 체포
할 방도를 모색했습니다. 그러나 그들은
백성들을 두려워했습니다.

20 세금에 대해 질문함 기회를 엿보던 그들은
첩자들을 보내어 의로운 사람들인 체 행
동하도록 했습니다. 그리고 예수의 말씀
에 트집을 잡아 결국 권력 있는 총독에게
넘겨주려는 속셈이었습니다.

21 첩자들이 예수께 물었습니다. "선생님, 선
생님의 말씀과 가르침이 옳은 줄 저희가
압니다. 또 사람을 겉모습으로 판단하지
않고 언제나 진리에 따라 하나님의 길을
가르치시는 것도 압니다.   행 10:34

22 저희가 가이사에게 세금을 내는 것이 옳
습니까, 옳지 않습니까?"   마 17:25

23 예수께서 그들의 겉과 속이 다름을 꿰뚫어
보고 말씀하셨습니다.   엡 4:14

24 "데나리온을 나에게 보여 다오. 동전에 있
는 얼굴과 새겨진 글자가 누구의 것이냐?"

25 그들은 "가이사의 것입니다"라고 대답했
습니다. 예수께서 그들에게 말씀하셨습니
다. "그렇다면 가이사의 것은 가이사에게
바치고 하나님의 것은 하나님께 바치라."

26 그들은 사람들 앞에서 예수의 말씀에 트
집을 잡을 수 없었습니다. 오히려 예수의
대답에 놀라 말문이 막혀 버렸습니다.

27 부활에 대해 질문함 부활이란 없다고 말하
는 어떤 사두개파 사람들이 찾아와 예수
께 질문했습니다.   행 23:8

28 그들이 말했습니다. "선생님, 모세의 기록에
따르면 '형이 자식 없이 아내를 두고 죽으면
그 동생이 과부가 된 형수와 결혼해 형 대
신 자식을 낳아야 한다'라고 했습니다.

29 그런데 일곱 형제가 있었습니다. 첫째가 아
내를 얻어서 살다가 자식 없이 죽었습니다.

30 그리고 둘째가 형수를 아내로 얻어 살다
가 역시 자식 없이 죽었습니다.

31 그다음에 셋째가 그 형수와 결혼했고 이
런 식으로 해서 일곱째까지 다 자식 없이
죽었습니다.

32 그리고 마침내
그 여인도 죽
었습니다.

33 그렇다면 일곱 형제가 모두 이 여인과 결혼했으니 부활 때 이 여인은 누구의 아내가 되는 것입니까?"

34 예수께서 대답하셨습니다. "이 세상 사람들은 시집가고 장가간다.

35 그러나 저 세상과 죽은 사람 가운데 부활에 합당하다고 여겨지는 사람들은 시집도 가지 않고 장가도 가지 않을 것이다.

36 그들은 천사들과 같아 다시는 죽는 일도 없다. 그들은 부활의 자녀이므로 하나님의 자녀가 된다.

37 모세도 가시떨기나무를 언급하는 곳에서 죽은 사람들이 살아나는 것을 보여 주었다. 그는 주를 '아브라함의 하나님, 이삭의 하나님, 야곱의 하나님'이라고 부르고 있다.

38 하나님께서는 죽은 사람들의 하나님이 아니라 살아 있는 사람들의 하나님이시기 때문이다. 모든 사람이 하나님께는 살아 있다."

롬 6:11;147~8;고후 5:15

39 율법학자들이 침묵함 몇몇 율법학자들이 말했습니다. "선생님, 옳은 말씀입니다."

40 그들은 감히 예수께 더 이상 질문을 엄두를 내지 못했습니다.

마 22:46;막 12:34

41 조상에 대해 질문하심 예수께서 그들에게 말씀하셨습니다. "사람들은 왜 그리스도를 다윗의 자손이라 말하느냐?

42 다윗이 시편을 통해 직접 말했다. '주님께서 내 주께 말씀하셨다.

히 1:13

43 내가 네 원수들을 네 발아래 굴복시킬 때까지 너는 내 오른편에 앉아 있어라.'

44 다윗이 그리스도를 '주라 부르는데 어떻게 그리스도가 다윗의 자손이 되겠느냐?"

45 자기 의를 책망하심 모든 사람이 듣고 있을 때 예수께서 제자들에게 말씀하셨습니다.

46 "율법학자들을 주의하라. 그들은 긴 옷을 입고 다니기를 좋아한다. 또 시장에서 인사받는 것과 회당과 잔치의 윗자리 차지하기를 좋아한다.

147~8

47 그들은 과부의 가산을 통째로 삼키고 남에게 보이려고 길게 기도한다. 이들이 더 엄한 심판을 받을 것이다."

11:39;16:14;마 6:5,7

21 가난한 과부의 헌금 예수께서 부자들이 성전 헌금함에 예물을 넣고 있는 것을 보셨습니다.

왕하 12:9

2 또 어떤 가난한 과부가 렙돈 두 개를 넣는 것도 보셨습니다.

12:59

3 예수께서 말씀하셨습니다. "내가 진실로 너희에게 말한다. 이 가난한 과부가 다른 모든 사람들보다 더 많은 헌금을 했다.

4 이 모든 사람들은 다 넉넉한 가운데서 예물을 드렸지만 이 여인은 매우 가난한 가운데서 가지고 있는 생활비 전부를 바쳤다."

가이사 (20:22, Caesar) 로마 황제의 칭호로 이 말은 원래 로마 황제 가이우스 율리우스 시이저(Gaius Julius Caesar)의 성(姓)이었는데 그의 존칭으로 사용되다가 로마 황제의 칭호가 되었다.

왜 산으로 도망가라고 했나요?

예수님은 예루살렘이 군대에게 포위당하면 산으로 가고, 성안에 있는 사람들은 성밖으로 나가고, 주변에 있는 사람들은 성으로 들어가지 말라고 말씀하셨어요. 유대 사람들은 그동안 예루살렘과 예루살렘 성전을 피난처로 믿고 살아왔어요. 예루살렘은 하나님이 계시는 곳이기 때문에 어떤 일이 있어도 안전하다고 믿고 있었거든요. 그러나 예수님은 예루살렘이 벌을 받는 그날에는 결코 안전한 곳이 못 된다고 말씀하시며 산으로 가라고 하셨어요. 이스라엘에서는 전쟁과 환난의 때에 산으로 피신하곤 했어요(창 19:17; 사 15:5; 렘 49:8; 슥 14:5). 이스라엘은 나라가 거의 산악 지대로 되어 있고 그곳에 동굴이 많아서 피신하기 좋은 곳이 많았어요. 이 때문에 예수님은 유대 사람들에게 산으로 피신하라고 말씀하신 것입니다.

5 **성전의 멸망을 말씀하심** 몇몇 사람들이 아름다운 돌과 하나님께 바쳐진 봉헌물로 성전이 얼마나 아름답게 꾸며져 있는지 이야기하고 있었습니다. 그러나 예수께서는 이렇게 말씀하셨습니다. 막 13:1-37

6 "너희가 지금 보고 있는 이것들이 돌 하나도 돌 위에 남지 않고 다 무너질 날이 올 것이다." 17:22;19:43-44

7 **제자들의 질문** 그들이 물었습니다. "선생님, 이런 일이 언제 일어나겠습니까? 또 이런 일이 일어날 때 어떤 징조가 있겠습니까?"

8 **세상 끝날의 징조** 예수께서 대답하셨습니다. "너희는 속지 않도록 조심하라. 많은 사람들이 내 이름으로 와서 '내가 그다', '때가 됐다'라고 말할 것이다. 그러나 그들을 따라가지 말라. 렘 14:14;살후 2:3;요일 2:18

9 전쟁과 난리에 대한 소문을 들어도 무서워하지 말라. 이런 일이 먼저 일어나야 하지만 곧바로 종말이 오는 것은 아니다."

10 예수께서 그들에게 계속 말씀하셨습니다. "민족과 민족이, 나라와 나라가 서로 맞서 싸울 것이다. 대하 15:6;사 19:2;계 6:4

11 곳곳에서 큰 지진과 기근과 전염병이 생길 것이며 하늘에서 무서운 재앙과 큰 징조가 나타날 것이다. 행 11:28;계 6:8

12 그러나 이 모든 일이 일어나기 전에 사람들이 너희를 붙잡고 핍박해 회당과 감옥에 넘겨줄 것이다. 너희는 내 이름 때문에 왕들과 충독들 앞에 끌려갈 것이다.

13 그러나 이 일은 도리어 너희에게 증거의 기회가 될 것이다. 빌 1:13-14;19

14 그러므로 너희는 변호할 말을 미리 염려하지 않도록 결심하라. 12:11

15 너희의 모든 대적하는 자들이 맞서거나 반박할 수 없는 말과 지혜를 내가 너희에게 줄 것이다. 출 4:12;잠 1:9

16 너희의 부모와 형제와 친척과 친구들까지도 너희를 넘겨줄 것이요, 너희 중 몇 사람을 죽일 것이다. 12:53;마 10:35

17 내 이름 때문에 너희는 모든 사람에게 미움을 받을 것이다. 6:22;요 15:18-21

18 그러나 너희는 머리카락 하나도 잃지 않을 것이다. 삼상 14:45;요 10:28

19 너희가 인내함으로 너희 영혼을 얻을 것이다. 9:24;히 10:34

20 너희가 예루살렘이 군대들에게 포위되는 것을 보면 곧 멸망이 가까이 온 줄로 알라.

21 그때가 되면 유대에 있는 사람들은 산으로 가고 안에 있는 사람들은 밖으로 나가고 그 주변에 있는 사람들은 안으로 들어가지 말라.

22 이때가 바로 기록된 모든 말씀이 이루어지는 징벌의 날이다. 사 34:8;63:4;호 9:7

23 그날에 임신한 여인들과 젖 먹이는 여인들에게 재앙이 있을 것이다. 크나큰 재앙이 이 땅을 덮칠 것이며 이 백성들에게 진노가 있을 것이다. 23:29;살전 2:16

24 그들은 칼날에 쓰러질 것이며 모든 민족에게 포로로 잡혀갈 것이다. 이방 사람들의 때가 차기까지 예루살렘은 이방 사람들에게 짓밟힐 것이다. 시 79:1;숙 12:3

25 해와 달과 별들에 징조가 있을 것이다. 땅에서는 민족들이 바다와 파도의 성난 소리로 괴로워하며 혼란스러워할 것이다.

26 하늘의 세력들이 흔들릴 것이니 사람들이 세상에 닥쳐올 일들을 내다보고 너무나 두려워 기절할 것이다. 마 34:4

27 그때 사람들은 인자가 구름을 타고 능력과 큰 영광 가운데 오는 것을 보게 될 것이다.

28 이런 일들이 일어나기 시작하거든 너희는 일어나 머리를 높이 들라. 너희의 구원이 가까이 왔기 때문이다." 1:68;롬 8:23;13:11

29 예수께서는 그들에게 비유를 말씀하셨습니다. "무화과나무와 다른 모든 나무들을 보라.

30 잎이 나면 그것을 보고 여름이 가까이 온 것을 안다. 12:57;마 16:3

31 이와 같이 너희가 이런 일들이 일어나는 것을 보면 하나님 나라가 가까이 온 줄로 알라.

32 내가 진실로 너희에게 말한다. 이 세대가 지나가기 전에 이 모든 일이 일어날 것이다.

33 하늘과 땅은 없어져도 내 말은 결코 없어

지지 않을 것이다. 시 119:89;사 40:8;51:6;마 5:18

34 깨어 있으라 너희는 스스로 주의해서, 방탕함과 술 취함과 생활의 염려로 너희 마음이 짓눌리지 않게 하라. 뜻밖에 그날이 갑자기 너희에게 덫과 같이 닥치지 않게 하라.

35 그날은 온 땅 위에 사는 모든 사람들에게 닥칠 것이다.

36 그러므로 너희는 앞으로 일어날 이 모든 일을 피하고 또 인자 앞에 설 수 있도록 기도하면서 항상 깨어 있으라.' 마 25:13

37 성전에서 가르치심 예수께서 낮에는 성전에서 가르치시고 밤에는 성 밖으로 나가 올리브라고 하는 산에서 지내셨습니다.

38 모든 사람들은 예수의 말씀을 듣기 위해 아침 일찍부터 성전에 나아왔습니다.

22 대제사장들과 율법학자들이 공모함 유월절이라고도 하는 무교절이 다가왔습니다. 마 26:2~5;막 14:1~2

2 대제사장들과 율법학자들은 예수를 없앨 방법을 모색하고 있었습니다. 그들은 백성들을 두려워했기 때문입니다. 요 11:53

3 유다의 흉정 사탄이 그 열둘 중 하나인 가룟이라는 유다에게 들어갔습니다. 요 13:2

4 유다는 대제사장들과 성전 경비대장들에게 가서 어떻게 예수를 그들에게 넘겨줄지를 의논했습니다. 행 4:1;5:24,26

5 그들은 기뻐하면서 유다에게 돈을 주기로 약속했습니다.

6 유다도 이에 동의하고 무리가 없을 때 예수를 그들에게 넘겨주려고 기회를 엿보고 있었습니다. 마 26:5;막 14:2

7 제자들이 유월절을 준비함 유월절 양을 희생 제물로 잡는 무교절이 됐습니다.

8 예수께서는 베드로와 요한을 보내며 말씀하셨습니다. "가서 우리가 유월절 음식을 함께 먹을 수 있도록 준비하라."

9 그들이 물었습니다. "저희가 어디에서 준비하면 좋겠습니까?"

10 예수께서 대답하셨습니다. "성안으로 들어가면 물동이를 메고 가는 사람을 만나게 될 것이다. 그가 들어가는 집으로 따라 들어가

11 그 집주인에게 '선생님께서 내 제자들과 함께 유월절 음식을 먹을 방이 어디냐고 물으셨습니다'라고 말하라. 마 23:8;막 11:28

12 그러면 그가 잘 정돈된 큰 다락방을 보여 줄 것이다. 그곳에서 준비하라.' 행 1:13

13 그들이 가서 보니 예수께서 말씀하신 그대로였습니다. 그래서 그들은 유월절 음식을 준비했습니다. 19:32

14 유월절 식사 시간이 되자 예수께서는 사도들과 함께 상에 기대어 앉으셨습니다.

15 그러고는 그들에게 말씀하셨습니다. "내가 고난받기 전에 너희와 함께 유월절 음

왜 예수님은 '빵과 포도주'를 자신의 '살과 피'라고 말씀하셨나요?

유대 사람들은 이집트에서 해방된 것을 기념하기 위해 빵과 포도주로 유월절을 지켰어요.

예수님은 유월절에 제자들을 모아 만찬을 베푸셨어요. 십자가 위에서 자신의 죽음이 갖는 구원과 해방의 의미를 보여 주시려고 유월절의 빵과 포도주를 사용하셨어요.

제자들에게 빵을 떼어 주시며 "내 몸이다."(눅 22:19)라고 말씀하셨어요. 예수님은 우리를 대신해 십자가에 못 박혀 살이 찢기셨어요. 십자가의 죽음을 기억하라는 말씀을 하신 것입니다. 그 후

에 예수님은 포도주를 나누시며 "이 잔은 너희를 위해 흘리는 내 피로 세우는 새 언약이다."(눅 22:20)라고 하셨어요. 예수님이 우리를 위해 피 흘리실 것을 나타내는 거예요.

구약 시대에 이집트에서 이스라엘 백성을 탈출시키신 하나님이 이제는 예수님을 통해 그분을 믿는 모든 사람을 죄에서 해방시키시고 구원을 얻게 하시려는 것입니다. 이제 성찬식을 대할 때 우리를 위해 피흘려 죽으신 예수님을 생각하고 예수님의 살과 피를 기념하는 우리가 되기로 해요.

식 먹기를 간절히 원했다.

16 내가 너희에게 말한다. 유월절이 하나님 나라에서 온전히 이루어질 때까지 내가 다시는 그것을 먹지 않을 것이다." 계 19:9

17 **최후의 만찬** 그리고 예수께서는 잔을 들고 감사 기도를 드린 후 말씀하셨습니다. "이 잔을 받아 너희가 서로 나눠 마시라.

18 하나님 나라가 올 때까지 내가 포도 열매에서 난 것을 마시지 않을 것이다."

19 그리고 예수께서 빵을 들고 감사 기도를 드린 후 떼어 제자들에게 주면서 말씀하셨습니다. "이것은 내가 너희를 위해 주는 내 몸이다. 이것을 행해 나를 기념하라."

20 빵을 잡으신 후 예수께서 마찬가지로 잔을 들고 말씀하셨습니다. "이 잔은 너희를 위해 흘리는 내 피로 세우는 새 언약이다.

21 **유다의 배반을 예고하심** 그러나 보라, 나를 배반할 자의 손이 지금 나와 함께 상 위에 있다. 마 26:21-24;막 14:18-21;요 13:21-26

22 인자는 정해진 대로 갈 것이지만 그를 배반하는 자에게는 화가 있을 것이다."

23 그들은 자기들 중 누가 이런 일을 하겠는가 하고 서로 묻기 시작했습니다.

24 **제자들의 다툼** 제자들 사이에서 누구를 가장 높은 사람으로 볼 것인지를 놓고 다툼이 벌어졌습니다. 9:46;막 9:34

25 예수께서 그들에게 말씀하셨습니다. "이방 사람의 왕들은 자기 백성들을 다스리며 권세 부리는 자들은 자칭 '백성들의 은인'이라고 한다. 마 18:1-4;20:25-28;막 10:42-45

26 그러나 너희가 그래서는 안 된다. 오히려 너희 중 가장 큰 사람은 가장 어린 사람과 같이 돼야 하고 다스리는 사람은 섬기는 사람과 같이 돼야 한다. 9:48;마 23:11

27 누가 더 높은 사람이냐? 밥상 앞에 앉아 있는 사람이냐, 그를 시중드는 사람이냐? 밥상 앞에 앉아 있는 사람이 더 높지 않으냐? 그러나 나는 섬기는 사람으로 너희 가운데 있다. 12:37;마 20:28

28 너희는 내가 시련을 겪는 동안 나와 함께한 사람들이다. 히 2:18;4:15

29 그러니 내 아버지께서 내게 나라를 맡겨 주신 것처럼 나도 너희에게 나라를 맡긴다.

30 너희는 내 나라 안에 내 상에서 먹고 마시며 보좌에 앉아 이스라엘의 열두 지파를 심판하게 될 것이다. 마 19:28

31 **베드로의 장담** 시몬아, 시몬아, 보아라, 사탄이 너희를 밀처럼 체질하겠다고 요구했다.

32 그러나 나는 네가 믿음을 잃지 않도록 너를 위해 기도했다. 네가 돌이키고 나면 네 형제를 굳세게 하여라." 사 51:13

33 베드로가 대답했습니다. "주여, 저는 주와 함께라면 감옥이든 죽음이든 각오가 돼 있습니다. 요 21:19;행 12:4

34 그러나 예수께서 대답하셨습니다. "베드로야, 내가 네게 말한다. 오늘 닭이 울기 전에 네가 세 번 나를 모른다고 할 것이다."

35 **예언의 성취** 그리고 예수께서 제자들에게 말씀하셨습니다. "지갑이나 가방이나 신발도 없이 내가 너희를 보냈을 때 너희에게 부족한 것이 있었느냐?" 그들이 대답했습니다. "전혀 없었습니다." 막 6:8

36 예수께서 그들에게 말씀하셨습니다. "그러나 지금은 지갑이 있으면 그것을 지니고 가방도 챙겨라. 그리고 만약 칼이 없으면 옷을 팔아서라도 하나를 사라.

37 내가 너희에게 말한다. '그는 무법자들과 한패로 여겨졌다'라고 기록된 말씀이 마땅히 내게 이루어져야 한다. 과연 나에 대해 기록된 말씀이 이제 이루어지고 있다."

38 제자들이 말했습니다. "주여, 보십시오. 여기 칼 두 자루가 있습니다." 예수께서 대답하셨습니다. "그것으로 충분하다."

39 **올리브 산으로 가심** 예수께서 예루살렘 밖으로 나가 여느 때처럼 올리브 산으로 가시자 제자들도 따라갔습니다. 요 18:1

40 **기도할 것을 말씀하심** 그곳에 도착하자 예수께서 그들에게 말씀하셨습니다. "너희가 시험에 빠지지 않도록 기도하라."

41 **고뇌 속에 기도하시는 예수님** 예수께서는 제자들로부터 떨어져 돌 던지면 닿을 만한 곳으로 가서 무릎을 꿇고 기도하셨습니다.

42 "아버지여, 만일 아버지의 뜻이면 내게서 이 잔을 거두어 주십시오. 그러나 내 뜻대로 하지 마시고 아버지의 뜻대로 되게 하십시오."

마 6:10;20:22;히 5:7

43 그때 하늘로부터 천사가 나타나 예수께 힘을 북돋아 드렸습니다.

마 4:11;히 1:14

44 예수께서는 고뇌 속에서 더욱 간절하게 기도하셨습니다. 그러자 땀이 핏방울같이 땅 위에 떨어졌습니다.

45 예수께서 기도를 마치고 일어나 제자들에게 가 보시니 그들은 슬픔에 지쳐 잠들어 있었습니다.

46 기도를 명하심 예수께서 그들에게 말씀하셨습니다. "왜 자고 있느냐? 일어나 시험에 들지 않도록 기도하라."

40절

47 유다가 배반함 예수께서 아직 말씀하고 계실 때 한 무리의 사람들이 나타났습니다. 열두 제자 중 하나이며 유다라 불리는 사람이 그들을 이끌고 온 것입니다. 그가 예수께 가까이 다가와 입을 맞추었습니다.

48 그러자 예수께서 그에게 물으셨습니다. "유다야, 네가 입맞춤으로 인자를 배반하려느냐?"

49 베드로가 종의 귀를 자름 예수 곁에 있던 제자들이 돼 가는 일을 보고 예수께 "주여, 우리가 칼로 칠까요?"라고 물었습니다.

50 그러고는 그중 하나가 대제사장의 종의 오른쪽 귀를 잘라 버렸습니다.

51 그러자 예수께서 대답하셨습니다. "그만 둬라!" 그리고 그 종의 귀를 만져 고쳐 주셨습니다.

52 예수님이 꾸짖으심 그리고 예수께서 자신을 체포하러 온 대제사장들과 성전 경비대장들과 장로들에게 말씀하셨습니다. "너희가 강도를 잡듯이 칼과 몽둥이를 들고 나왔느냐?

53 내가 날마다 성전에서 너희와 함께 있었으나 너희는 내게 손도 대지 않았다. 그러나 지금은 너희 때요, 어둠이 기세를 부릴 때다."

54 대제사장의 집으로 끌려가심 그들은 예수를 잡아끌고 대제사장의 집으로 데려갔습니다. 그러나 베드로는 멀찌감치 떨어져 뒤따라갔습니다.

막 14:53-54;요 18:15

55 베드로의 부인 사람들이 마당 가운데 불을 지피고 함께 앉아 있는데 베드로도 그들 곁에 앉았습니다.

마 26:69-75;막 14:66-72

56 베드로가 불을 쬐고 앉아 있는 것을 본 한 하녀가 그를 빤히 노려보면서 말했습니다. "이 사람도 예수와 함께 있었습니다."

57 그러나 베드로는 부인하며 말했습니다. "여자여! 나는 그를 모르오."

58 조금 있으려니 다른 어떤 사람이 베드로를 보고 말했습니다. "당신도 그들 중 하나였지?" 베드로가 말했습니다. "이 사람아! 난 아니란 말이오!"

59 한 시간쯤 지나 또 다른 사람이 "이 사람이 갈릴리 사람인 것을 보니 그와 함께 있었던 게 틀림없다"라며 장담했습니다.

60 그러나 베드로가 말했습니다. "이 사람아! 나는 당신이 대체 무슨 말을 하는지 모르겠소!" 바로 그때 베드로의 말이 채 끝나기도 전에 닭이 울었습니다.

61 베드로의 통곡 주께서 돌아서서 베드로를

올리브 산에서 예수님이 고뇌 가운데 기도하심

처다보셨습니다. 그러자 베드로는 "오늘 닭이 울기 전에 네가 나를 세 번 부인할 것이다" 라고 하신 주의 말씀이 기억났습니다.

62 베드로는 밖으로 나가 한없이 울었습니다.

63 조롱당하시는 예수님 예수를 지키는 사람들이 예수를 조롱하고 때리기 시작했습니다.

64 그들은 예수의 눈을 가리고 물었습니다. "누가 때리는지 알아맞혀 보아라!" 7:39

65 사람들은 온갖 말로 예수께 모욕을 해 댔습니다. 마 27:39

66 공회에서 예수님을 정죄함 날이 밝자 백성의 장로들 곧 대제사장들과 율법학자들이 공회를 소집했고 예수께서 그들 앞에 끌려가셨습니다. 마 27:1;막 15:1;요 18:28

67 그들이 말했습니다. "네가 그리스도라면 그렇다고 우리에게 말해 보아라." 예수께서 대답하셨습니다. "내가 너희에게 말해도 너희는 믿지 않을 것이다. 요 10:24

68 또 내가 너희에게 물어보아도 너희는 대답하지 않을 것이다.

69 그러나 이제부터는 인자가 전능하신 하나님의 오른편에 앉게 될 것이다." 행 7:56

70 그러자 그들이 모두 물었습니다. "그러면 네가 하나님의 아들이란 말이냐?" 예수께서 대답하셨습니다. "내가 그러고 너희가 말하고 있다." 23:3;마 27:11;막 15:2;요 18:37

71 그러자 그들이 말했습니다. "더 이상 무슨 증언이 필요하겠소? 우리가 직접 이 사람의 입에서 나오는 말을 들었으니 말이오."

23

빌라도에게 끌려가심 온 무리가 모두 일어나 예수를 빌라도에게 끌고 갔습니다. 마 27:2;막 15:1;요 18:28

2 그리고 예수에 대한 고소가 시작됐습니다. "이 사람이 우리 민족을 어지럽게 하는 것을 보았습니다. 그는 가이사께 세금을 바치는 것을 반대하며 자칭 그리스도 곧 왕이라고 주장하고 있습니다. 요 18:33

3 빌라도가 심문함 그러자 빌라도가 예수께 물었습니다. "네가 유대 사람의 왕이냐?" 예수께서 대답하셨습니다. "네가 말하고 있다." 22:70;마 27:11;막 15:2

4 그러자 빌라도는 대제사장들과 무리에게 말했습니다. "나는 이 사람에게서 아무런 죄목도 찾지 못하겠다." 요 18:38;19:4,6

5 예수님을 헤롯에게 보냄 그러나 그들은 주장했습니다. "저 사람이 갈릴리에서 시작해 여기 예루살렘까지 유대 온 땅에서 가르치며 백성들을 선동하고 있습니다." 4:14

6 이 말을 들은 빌라도는 이 사람이 갈릴리 사람인가를 물었습니다.

7 빌라도는 예수께서 헤롯의 관할에 속한 것을 알고 때마침 예루살렘에 와 있던 헤롯에게 예수를 보냈습니다. 3:1

8 헤롯 안티파스 앞에 서심 헤롯은 예수를 보고 매우 기뻐했습니다. 그는 오래전부터 예수를 만나고 싶었습니다. 헤롯은 예수에 대한 소문을 듣고 있었고 그에게서 어떤 기적 행하는 것을 보고 싶었기 때문입니다.

9 헤롯이 많은 질문으로 물었지만 예수께서는 아무 대답도 하지 않으셨습니다.

10 대제사장들과 율법학자들은 곁에 서서 예수를 격렬하게 고소했습니다.

11 그러자 헤롯과 그의 군인들은 예수를 조롱하고 모욕했습니다. 그러고는 예수께 화

사도신경에는 왜 빌라도가 예수님을 죽였다고 하나요?

빌라도는 예수님께 사형을 선고한 사람으로, 사도신경에 나오는 바로 그 사람이에요. 유대 지역의 제5대 총독으로, 사납고 악하며 잔인한 성격의 사람이었다고 해요. 빌라도는 예수님이 죄가 없다는 것을 알고 있었어요(요 18:38). 그런데도

결국 예수님에게 사형을 선고하고 말았어요. 큰 폭동이 일어나는 것을 두려워했기 때문이에요(마 27:24). 빌라도는 예수님을 십자가에 못 박은 것에 대해 죄가 없다며 손을 씻었지만 예수님의 재판 사건에서 사형을 선고한 책임을 면할 수는 없는 것입니다.

려한 옷을 입혀 빌라도에게로 돌려보냈습니다.

18:32외27:28;막15:17

12 헤롯과 빌라도가 전에는 원수처럼 지냈으나 바로 그날에 서로 친구가 됐습니다.

13 예수님을 풀어 주려는 빌라도 빌라도는 대제사장들과 지도자들과 백성들을 불러 모으고

14 말했습니다. "이 사람이 백성들을 선동한다 해서 내게로 데려왔다. 하지만 너희 앞에서 신문한 결과 너희가 고소한 것 같은 죄목을 찾지 못하겠다.

2,4절;행3:13

15 헤롯도 역시 죄목을 찾을 수 없어 그를 다시 우리에게 돌려보냈다. 이 사람은 사형당할 만한 죄를 저지르지 않았다.

11절

16 그러니 나는 이 사람을 매질이나 한 후에 풀어 주겠다."

22절;요19:1

17 *(없음)

18 무리가 바라바의 석방을 요구함 그러자 사람들은 일제히 "그 사람을 없애시오! 그리고 우리에게 바라바를 풀어 주시오!" 하며 큰 소리로 외쳤습니다.

마27:15-26

19 바라바는 성안에서 일어난 폭동과 살인으로 감옥에 갇혀 있는 사람이었습니다.

20 예수의 십자가 형을 요구함 빌라도는 예수를 풀어 주고 싶어서 그들에게 다시 호소했습니다.

21 그러나 그들은 계속해서 소리 질렀습니다. "그 사람을 십자가에 못 박으시오! 십자가에 못 박으시오!"

22 빌라도가 세 번째로 말했습니다. "도대체 그가 무슨 나쁜 일을 했다고 그러느냐? 나는 이 사람에게서 사형에 처할 아무런 죄를 찾지 못했다. 그래서 나는 그를 매질이나 해서 풀어 줄 것이다."

요8:46

23 그러나 그들은 더욱 큰 소리로 예수를 십자가에 못 박으라고 요구했습니다. 그리고 그들의 소리가 이기고 말았습니다.

24 바라바가 풀려 남 마침내 빌라도는 그들의 요구대로 하기로 결정했습니다.

25 빌라도는 그들의 요구대로 폭동과 살인으로 감옥에 갇혀 있던 바라바를 풀어 주고 예수는 그들의 뜻대로 하게 넘겨주었습니다.

26 구레네 시몬이 예수님의 십자가를 지고 감 그들이 예수를 끌고 가다가 시골에서 올라오고 있던 구레네 사람 시몬을 붙잡아 십자가를 대신 지게 하고 예수를 뒤따라가게 했습니다.

마27:32;막15:21;요19:17

27 예수님을 위해 우는 여자들 많은 사람들과 여자들이 큰 무리를 이루어 예수를 따라갔습니다. 여자들은 예수에 대해 슬퍼하며 통곡했습니다.

8:52;마11:17

28 예수께서는 뒤돌아서 여자들에게 말씀하셨습니다. "예루살렘의 딸들아, 나로 인해 울지 말고 너희 자신과 너희 자녀들로 인해 울라.

눅9:9

29 보라. 너희가 '임신하지 못하는 여인과 한 번도 아기를 갖지 못한 태와 한 번도 젖을 먹이지 못한 가슴은 복이 있다'라고 말할 때가 곧 올 것이다.

마24:19;막13:17

30 그때 사람들이 산에다 대고 '우리 위에 무너져 내려라!'라고 하며 언덕에다 대고 '우리를 덮어 버려라!'라고 할 것이다.

사2:19;호10:8

31 나무가 푸를 때도 사람들이 이렇게 하는데 하물며 나무가 마를 때에는 무슨 일이 일어나겠느냐?"

잠11:31;겔20:47;벧전4:17

32 십자가에 달리신 예수님 죄수들인 다른 두 사람도 사형을 받기 위해 예수와 함께 끌려갔습니다.

마27:38;막15:27;요19:18

33 '해골'이라고 하는 곳에 이르자 그들은 예수를 십자가에 못 박고 두 죄수도 하나는 그 오른쪽에, 하나는 그 왼쪽에 못 박았습니다.

마27:33;막15:22;요19:17

34 예수께서 말씀하셨습니다. "아버지, 저들을 용서해 주소서. 저들은 자기들이 하고 있는 일을 알지 못합니다." 그때 군인들은 제비를 뽑아 예수의 옷을 나눠 가졌습니다.

35 지도자들이 예수님을 조롱함 백성들은 서서 지켜보고 있었고 지도자들은 심지어 예수를 조롱하며 말했습니다. "이 사람이 다른 사람들은 구원했다지. 자기가 택하심을 입은 하나님의 그리스도라면 자기도 구원

23:17 어떤 고대 사본에는 '명절이 돼 빌라도는 죄수 한 사람을 그들에게 놓아 주어야 했기 때문이다'가 있음.

예수님의 부활을 직접 목격한 사람들

누구에게		언제, 어떻게 나타나셨나?
막달라 마리아		예수님의 무덤 밖에서 울고 있을 때 "여인아, 왜 울고 있느냐? 네가 누구를 찾고 있느냐?"라고 말씀하시면서 나타나셨다(요 20:11-18).
또 다른 마리아		무서움과 큰 기쁨으로 제자들에게 알리려고 달려갈 때 예수님이 나타나셔서 "평안하냐?"라고 물으셨다(마 28:8-10).
베드로		여인들의 소식을 듣고 무덤으로 달려가 몸을 굽혀 무덤 속을 보았을 때 그는 그곳에서 삼베로 만든 천만 보았다(눅 24:12). 그러나 그 후 예수님은 그에게 나타나셨다(눅 24:34).
엠마오로 가는 두 제자		예루살렘에서 엠마오로 가는 두 제자에게 나타나셔서 그들과 대화하셨고 함께 식사도 하셨다(눅 24:13-31).
열 사도들(도마 제외)		두려워하는 제자들에게 나타나셔서 평안을 전하시고 구운 생선도 함께 드셨다(눅 24:36-43; 요 20:19-24).
열한 사도들		문이 닫혔을 때 들어오셔서 도마에게 옆구리를 만져 보라고 말씀하셨다(요 20:24-29).
디베랴 호숫가에서 베드로 외 여섯 명에게		밤새 한 마리의 물고기도 못 잡은 제자들에게 나타나셨다. 그리고 사랑하는 제자 베드로에게 "네가 나를 사랑하느냐?"라고 세 번 물으셨다(요 21:1-23).
갈릴리에서 500명에게		바울은 편지에서 예수님께서 500여 명이 넘는 형제에게 일시에 나타나셨다고 진술한다(고전 15:6).
예루살렘에서 야고보에게		바울은 야고보에게도 나타나셨다고 기록한다(고전 15:7).
승천하시기 직전 많은 사람들에게		하늘로 올라가시는 예수님의 모습을 바라만 보고 있던 사람들에게 천사가 "갈릴리 사람들아, 왜 여기 서서 하늘만 쳐다보고 있느냐? 너희 곁을 떠나 하늘로 올라가신 이 예수는 하늘로 올라가시는 것을 너희가 본 그대로 다시 오실 것이다."라고 말했다(행 1:11).
다메섹 근처에서 바울에게		예수님을 믿는 사람들을 핍박하기 위해 다메섹으로 가는 사울에게 나타나셨다. 그는 예수님을 본 순간 앞을 볼 수 없게 되었다가, 아나니아라는 제자의 기도로 눈에서 비늘 같은 것이 떨어져 볼 수 있게 되었다(행 9:3-18).
스데반		돌에 맞으면서 스데반은 하나님 오른편에 앉아 계신 예수님의 모습을 보았다(행 7:55).
성전에서 바울에게		바울이 예루살렘 성전에서 기도할 때 예수님이 나타나셔서 속히 예루살렘을 나가라고 말씀해 주셨다(행 22:17-18).
밧모 섬에서 요한에게		요한은 핍박으로 인해 밧모 섬에 유배되었을 때 그곳에서 예수님을 보았고, 주님이 보여 주신 것들을 글로 썼다(계 1:1-19).

하라지."

시 22:7,17;마 26:53~54;막 15:31;요 10:18

36 군인들도 와서 예수를 조롱했습니다. 그들은 예수께 신 포도주를 들이대며

37 "네가 유대 사람의 왕이라면 어디 너 자신이나 구해 보시지!"라고 말했습니다.

38 십자가 위의 명패 예수의 머리 위에는 '이는 유대 사람의 왕'이라고 적힌 패가 붙어 있었습니다.

마 27:37;막 15:26;요 19:19

39 십자가에 달린 죄수들 십자가에 달린 죄수 중 하나가 예수를 모독하며 말했습니다. "네가 그리스도가 아니냐? 그러면 너와 우리를 구해 보아라!"

막 15:32

40 그러나 다른 죄수는 그를 꾸짖으며 말했습니다. "너도 똑같은 십자가 처형을 받고 있으면서 하나님이 두렵지도 않느냐?

41 우리는 우리가 저지른 짓이 있으니 마땅히 받을 벌을 받는 것이지만 이분은 잘못한 일이 아무것도 없다!"

42 그리고 말했습니다. "예수여, 당신의 나라에 들어가실 때 저를 기억해 주십시오."

43 예수께서 그에게 대답하셨습니다. "내가 진실로 네게 말한다. 오늘 네가 나와 함께 낙원에 있을 것이다."

창 2:8;고후 12:3;계 2:7

44 성전의 휘장이 찢어짐 정오쯤 돼 어둠이 온 땅을 뒤덮으니, 오후 3시까지 계속됐습니다.

마 27:45;막 15:33;요 19:14

45 해가 빛을 잃었고 성전의 휘장 한가운데가 찢어졌습니다.

출 26:31~33;대하 3:14

46 예수님이 죽으심 예수께서 큰 소리로 부르짖으셨습니다. "아버지여, 제 영혼을 아버지의 손에 맡깁니다." 이 말씀을 하시고 나서 숨을 거두셨습니다.

시 31:5;행 7:59

47 백부장이 놀람 백부장은 그 일어난 일을 지켜보고 하나님께 영광을 돌리며 말했습니다. "이분은 참으로 의로운 분이셨다."

48 구경하려고 몰려든 사람들도 모두 이 사건을 보고 가슴을 치며 돌아갔습니다.

49 그러나 예수를 알고 있던 모든 사람들과 갈릴리에서부터 예수를 따라왔던 여인들은 멀리 서서 이 일을 지켜보았습니다.

50 요셉이 시신을 요구함 요셉이라는 유대 공회

회원이 있었는데 그는 선하고 의로운 사람이었습니다.

막 15:42~47;요 19:38~42

51 (그는 공회 회원들의 결정과 행동에 찬성하지 않았습니다.) 그는 유대의 아리마대 마을 출신으로 하나님 나라가 오기를 기다리는 사람이었습니다.

2:25,38

52 그는 빌라도에게 가서 예수의 시신을 달라고 했습니다.

53 예수님이 무덤에 묻힘 그는 십자가에서 시신을 내려 고운 삼베로 잘 싼 다음 바위로 만든 무덤에 모셨습니다. 이 무덤에는 아직 아무도 묻힌 적이 없었습니다.

54 그날은 안식일을 준비하는 날이었고, 이제 곧 있으면 안식일이었습니다.

마 27:62

55 향유를 예비한 여인들 갈릴리에서부터 예수와 함께 왔던 여인들이 요셉을 따라가 무덤과 그 안에 예수의 시신이 어떻게 안장됐는지를 보았습니다.

49절;마 28:1

56 그리고 그들은 집으로 돌아가 향품과 향유를 준비했습니다. 그러고 나서 계명을 따라 안식일에 쉬었습니다.

막 16:1;요 19:39

24 무덤에 온 여인들 그 주의 첫날 이른 새벽에 여인들은 준비한 향품을 가지고 무덤으로 갔습니다.

2 그런데 무덤 입구를 막은 돌덩이가 굴려져 있는 것을 발견했습니다.

요 11:38

3 그래서 그들이 안으로 들어가 보니 주 예수의 시신이 없었습니다.

4 예수님의 예언을 깨달은 여인들 그들이 이 일에 대해 어찌해야 할지 몰라 당황하고 있는데 빛나는 옷을 입은 두 사람이 갑자기 그들 곁에 섰습니다.

요 20:12;행 1:10;10:30

5 여인들은 너무 무서워 얼굴을 땅에 묻고 엎드렸습니다. 그러자 그 사람들이 말했습니다. "살아 계신 분을 왜 죽은 사람들 사이에서 찾고 있느냐?

요 6:57;히 7:8;계 1:18

6 그분은 여기 계시지 않고 살아나셨다! 예수께서 갈릴리에서 너희와 함께 계실 때

낙원(23:43, 樂園, paradise) 에덴동산과 동일하게 이해되었고 음부와 대조적으로 죽은 의인이 가는 곳으로 이해되었다.

하신 말씀을 기억해 보라. 막 9:30-31

7 '인자가 마땅히 죄인의 손에 넘겨져 십자가에 못 박히고 3일째 되는 날에 다시 살아나야 한다라고 하지 않았느냐?'

8 여인들은 예수의 말씀을 기억했습니다.

9 **여인들이 예수님의 부활을 알림** 여인들은 무덤에서 돌아와 열한 제자들과 다른 모든 사람들에게 이 사실을 모두 알렸습니다.

10 (그들은 막달라 마리아, 요안나, 야고보의 어머니 마리아였습니다. 그들과 함께 있었던 다른 몇몇 여인들도 이 일을 사도들에게 말했습니다.) 8:3;마 27:56;막 15:40-41

11 그러나 사도들은 여인들의 말이 어처구니없게 들렸으므로 그 말을 믿지 않았습니다.

12 **베드로가 무덤을 살핌** 하지만 베드로는 일어나 무덤으로 달려갔습니다. 몸을 굽혀 안을 들여다보니 고운 삼베 천만 놓여 있었습니다. 그는 이상하게 생각하며 돌아갔습니다. 요 19:40;20:3-6

13 **엠마오로 가던 두 사람** 바로 그날 그들 중 두 사람이 예루살렘에서 약 60스타디온 남짓 떨어져 있는 엠마오라는 마을로 가는 중이었습니다. 막 16:12

14 그들은 일어난 이 모든 일에 대해 서로 이야기하고 있었습니다.

15 그들이 이야기하며 토론하고 있는데 예수께서 가까이 가서 그들과 함께 걸어가셨습니다.

16 그러나 그들은 눈이 가려져서 예수를 알아보지 못했습니다. 9:45;18:34;요 20:14;21:4

17 그분께서 그들에게 물으셨습니다. "당신들이 걸어가면서 서로 주고받는 이 말이 무슨 이야기요?" 그들은 슬픈 기색으로 가던 길을 멈추어 섰습니다.

18 그중 글로바라는 사람이 그분께 물었습니다. "예루살렘에 있으면서 최근 일어난 일을 혼자만 모르신단 말씀입니까?"

19 그분이 물으셨습니다. "무슨 일이오?" 그들이 대답했습니다. "나사렛 예수에 관한 일 말입니다. 그분은 하나님과 모든 백성들 앞에서 행동과 말씀에 능력이 있는 예언자셨습니다. 마 21:11;요 1:24;행 2:22

20 그런데 우리 대제사장들과 지도자들이 그분을 넘겨주어 사형 선고를 받게 했고 십자가에 못 박았습니다. 행 2:23;5:30;13:27-28

21 그러나 우리는 이스라엘을 구속해 주실 분이 바로 그분이라고 바라고 있었습니다. 그뿐 아니라 그런 일이 있은 지 벌써 3일째 됐는데 7장:1:68;벧전 1:18

22 우리 중 몇몇 여인들이 우리를 놀라게 했습니다. 그들이 아침 일찍 무덤에 갔다가

23 그분의 시신을 찾지 못하고 돌아와서 천사들의 환상을 보았다고 했습니다. 그리고 그 천사들이 예수께서 살아 계신다고 말했다는 것입니다. 3-8,9절

24 그래서 우리 동료 몇 사람이 무덤으로 가 보았더니 그 여인들이 말한 대로 그분을 볼 수 없었다는 것입니다." 12절;요 20:3

25 예수께서 그들에게 말씀하셨습니다. "어리석고 예언자들이 말한 모든 것을 마음에 더디게 믿는 사람들이여!

26 그리스도께서 마땅히 이런 고난을 겪고서 자기 영광에 들어가야 할 것이 아니냐?

27 그리고 예수께서는 모세와 모든 예언자들로부터 시작해 성경 전체에서 자기에 관해 언급된 것을 그들에게 자세히 설명해 주셨습니다. 창 3:15;사 7:12;행 13:27

28 **자신을 나타내시는 예수님** 그들이 가려던 엠마오 마을에 다다르자 예수께서는 더 가시려고 했습니다. 막 6:48

29 그러자 그들이 예수를 한사코 말렸습니다. "저녁이 다 됐으니 여기서 우리와 함께 계시지요. 날이 다 저물었습니다." 그래서 예수께서 그들과 함께 묵으려고 집에 들어가셨습니다. 9:12

30 예수께서 그들과 함께 상에 기대어 앉아 빵을 들고 감사 기도를 드린 후 떼어 그들에게 나눠 주셨습니다. 마 14:19

31 그제야 그들의 눈이 열려 예수를 알아보았

스타디온(24:13) 거리를 나타내는 단위. 본문의 60스타디온은 약 11km에 해당함. NIV에는 약 7miles로 나옴.
24:51-52 어떤 고대 사본에는 이 괄호 안에 구절이 없음.

습니다. 그러나 곧 예수께서 그들의 눈앞에서 사라지셨습니다. 16절;4:30

32 그들이 서로 물었습니다. "길에서 그분이 우리에게 말씀하시고 성경을 풀어 주실 때 우리 마음이 뜨거워지지 않았느냐?

33 그들이 즉시 일어나 예루살렘으로 돌아갔습니다. 가서 보니 거기에는 열한 제자가 다른 사람들과 함께 모여 있었습니다.

34 이들이 말했습니다. "주께서 참으로 살아나셨고 시몬에게 나타나셨다!" 고전 15:5

35 그러자 두 사람도 길에서 있었던 일과 예수께서 빵을 떼어 주실 때 그들이 그분을 알아본 일을 이야기해 주었습니다.

36 제자들에게 나타나심 그들이 아직 이런 이야기를 하고 있을 때 예수께서 바로 그들 사이에 나타나셔서 말씀하셨습니다. "너희에게 평화가 있으라." 막 16:14;요 20:19

37 그들은 유령을 본 줄 알고 놀라며 무서워했습니다. 5절;21:9;마 14:26

38 예수께서 그들에게 말씀하셨습니다. "어째서 두려워하며 마음에 의심이 일어나느냐?

39 내 손과 내 발을 보라. 바로 나다! 나를 만져 보고 쳐다보라. 유령은 살과 뼈가 없다. 그러나 너희가 보다시피 나는 있지 않느냐?

40 예수께서는 이렇게 말씀하시고 그 손과 발을 보여 주셨습니다. 요 20:20

41 그들은 너무 기쁘고 놀라워 오히려 믿기지 않았습니다. 그때 예수께서 그들에게 물으셨습니다. "여기에 먹을 것이 좀 있느냐?"

42 그들은 구운 생선 한 토막을 갖다 드렸습니다.

43 그러자 예수께서는 그들 앞에서 생선을 가져다가 잡수셨습니다. 행 10:41

44 예수께서 그들에게 말씀하셨습니다. "내가 전에 너희와 함께 있을 때 모세의 율법과 예언서와 시편에서 나에 대해 기록된 모든 일이 마땅히 이루어져야 한다고 너희에게 말한 것이 바로 이것이다."

45 고별 말씀 그리고 예수께서 그들의 마음을 열어 성경을 깨닫게 해 주셨습니다.

46 예수께서 그들에게 말씀하셨습니다. "이렇게 기록돼 있다. 그리스도께서 고난을 겪고 3일째 되는 날 죽은 사람들 가운데서 살아날 것이며 7:26절;요 20:9

47 또 예루살렘으로부터 시작해 모든 민족에게 그의 이름으로 죄 용서를 받게 하는 회개가 전파될 것이다. 행 4:12;5:31

48 너희는 이 일들의 증인이다. 벧전 5:1

49 보라. 내가 내 아버지께서 약속하신 것을 너희에게 보낸다. 그러므로 너희는 위로부터 내려오는 능력을 입을 때까지 예루살렘에 머물러 있으라." 요 14:26;행 1:4;엡 1:13

50 승천하시는 예수님 예수께서 제자들을 이끌고 베다니 앞에까지 가시더니 거기서 두 손을 들고 그들에게 복을 주셨습니다.

51 예수께서는 제자들에게 복을 주시는 중에 그들을 떠나 *[하늘로 들려 올라가셨습니다.] 막 16:19

52 기쁨 가운데 돌아오는 제자들 그러자 그들은 *[예수께 경배하며] 기쁨에 넘쳐 예루살렘으로 돌아가 요 16:22

53 하나님을 찬양하면서 계속 성전에 있었습니다.

엠마오로 가던 두 사람이 부활하신 예수님을 만남

요한복음

요한복음은 '태초에 예수님이 계셨다'로 시작하며 예수님이 하나님이심을 강조하고 있어요. 또 하나님의 아들이신 예수님만이 하실 수 있는 일곱 가지 기적과 그 의미를 기록하고 있어요. 특히 예수님의 '나는…이다'라는 일곱 가지 표현을 통해 예수님이 하나님이심을 분명히 밝히고 있어요.

요한복음은 예수님이 하나님이자 인간이시며 '예수님을 믿음으로 영생을 얻게 됨'을 선포하고 있어요. 누구든지 예수님을 믿으면 멸망하지 않고 구원을 받아요.

요한복음은 무슨 뜻인가요?

'요한이 쓴 좋은 소식'이라는 뜻이에요.

누가 썼나요?

예수님의 제자 요한이 썼어요. 세베대의 아들로 야고보의 형제예요. 요한복음에는 요한의 이름이 한 번도 나오지 않아요. 하지만 요한복음을 쓴 사람이 누구인지를 암시해 주는 말씀들이 많아요. 요한은 이 글을 읽는 사람 모두가 예수님이 그리스도이시며, 하나님의 아들이심을 믿고 영원한 생명을 얻게 하려고 썼다고 밝힙니다.

언제 썼나요?

AD 70~95년경

주요한 사람들은?

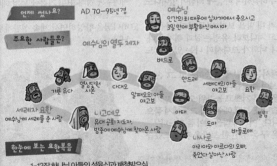

예수님의 열두 제자

예수님
인간의 죄 때문에 십자가에서 죽으시고 3일 만에 부활하신 메시야

베드로

안드레

세베대의 아들 야고보

요한

가룟 유다

열심당원 시몬

다대오

알패오의 아들 야고보

마태

도마

바돌로매

빌립

세례자 요한
예수님께 세례를 준 사람

니고데모
유대 공회 지도자. 밤중에 예수님께 찾아온 사람

나사로
마리아와 마르다의 오빠. 죽었다 살아난 사람

한눈에 보는 요한복음

- 1-12장 하나님 아들의 성육신과 배척받으심
- 18-21장 하나님 아들 예수님의 고난과 부활
- 13-17장 하나님 아들 예수님의 가르침

요한복음

1 말씀의 시작 태초에 말씀이 계셨습니다. 그 말씀은 하나님과 함께 계셨고 그 말씀은 하나님이셨습니다.

2 그분은 태초에 하나님과 함께 계셨습니다.

3 모든 것이 그분을 통해 지음받았으며 그분 없이 된 것은 아무것도 없었습니다.

4 그분 안에는 생명이 있었습니다. 그 생명은 사람들의 빛이었습니다.   요일 1:2;5:11

5 그 빛이 어둠 속에서 비추고 있지만 어둠은 그 빛을 깨닫지 못했습니다.   3:19

6 하나님께서 보내신 사람이 있었습니다. 그 이름은 요한이었습니다.   33절;3:28;말 3:1

7 요한은 그 빛에 관해 증언하러 온 증인이었는데 이는 그를 통해 모든 사람이 믿게 하려는 것이었습니다.   3:26;5:33;10:41;행 19:4

8 요한 자신은 그 빛이 아니었습니다. 그는 다만 그 빛에 대해 증언하기 위해 온 것입니다.   20절

9 참빛이 있었습니다. 그 빛이 세상에 와서 모든 사람을 비추었습니다.   사 49:6;요일 2:8

10 그분이 세상에 계셨고 그분이 세상을 지으셨지만 세상은 그분을 알아보지 못했습니다.   16:3;요일 3:1

11 그분이 자기 땅에 오셨지만 그분의 백성들이 그분을 받아들이지 않았습니다.

12 그러나 그분을 영접한 사람들, 곧 그분의 이름을 믿는 사람들에게는 하나님의 자녀가 될 권세를 주셨습니다.   갈 3:26;요일 5:1,13

13 이 사람들이 하나님의 자녀로 태어난 것은 혈통이나 육정이나 사람의 뜻으로 된 것이 아니라 하나님의 뜻으로 된 것입니다.

14 그 말씀이 육신이 돼 우리 가운데 계셨기에 우리는 그분의 영광을 보았습니다. 그것은 은혜와 진리가 충만한 아버지의 독생자의 영광이었습니다.   갈 4:4;시 27:8;골 1:22

15 요한은 그분에 대해 증언하며 외쳤습니다. "내가 전에 '내 뒤에 오시는 그분이 나보다 앞선 것은 나보다 먼저 계셨기 때문이다'라고 말했는데 그분이 바로 이분이다."

16 그분의 충만함으로부터 우리 모두는 분에 넘치는 은혜를 받았습니다.   골 1:19;2:9

17 율법은 모세를 통해 주셨지만 은혜와 진리는 예수 그리스도를 통해 왔습니다.

18 지금까지 아무도 하나님을 본 사람이 없었습니다. 그러나 아버지 품에 계시는 독생자께서 하나님을 알려 주셨습니다.   8:25

19 **요한이 자신의 사역을 말함** 예루살렘의 유대 사람들이 제사장들과 레위 지파 사람들을 보내 "당신은 누구시오?"라고 요한의 정체를 물었을 때 요한이 한 증언은 이렇습니다.

20 그는 거절하지 않고 고백했습니다. "나는 그리스도가 아니오."   8절;3:28;눅 3:15;행 13:25

21 그들이 물었습니다. "그러면 당신은 누구

왜 예수님을 어린양이라고 했나요?

죄를 지으면 죄를 지은 사람이 죽어야 하는데, 구약 시대에는 그 대신 짐승을 죽여 제물로 바치고 하나님께 용서를 받았답니다. 하나님은 아론에게 매일 어린 양을 아침저녁에 제물로 드리라고 말했고(출 29:38~46) 예수님 시대에도 계속 지켜졌습니다.

요한은 예수님이 우리 죄를 대신해 십자가에서 죽어 하나님께 드려질 제물이 되실 것이기에 어린양이라고 한 것입니다. 예수님이 하나님과 우리 사이에서 어린양 화목제물로 십자가에서 죽지 않으셨다면 우리는 모두 죄 때문에 죽어야 해요. 예수님이 희생제물이 되어 우리 죗값을 십자가에서 갚아 주셨기 때문에 예수님만 믿고 회개를 하면 죄를 용서받을 수 있는 것입니다. 참 감사하지요?

이 사실을 늘 기억하는 믿음의 사람이 되세요.

요? 엘리야요?" 요한이 대답했습니다. "아니오." "그러면 그 예언자요?" 그가 대답했습니다. "아니오."   신 18:15,18과 11:14

22 그러자 그들이 말했습니다. "그러면 도대체 당신은 누구요? 우리를 보낸 사람들에게 가서 대답할 말을 좀 해 주시오! 당신은 자신을 누구라고 생각하오?"

23 요한은 예언자 이사야의 말로 대답했습니다.

"나는 주를 위해 길을 곧게 하라고 광야에서 외치는 사람의 소리요."   사 40:3

24 보냄을 받은 유대 사람들 중에는 바리새파 사람들이 보낸 이들이 있었습니다.

25 그들이 요한에게 질문했습니다. "당신이 그리스도도 아니고, 엘리야도 아니고, 그 예언자도 아니라면 어째서 세례를 주시오?"

26 요한이 대답했습니다. "나는 물로 세례를 주지만 여러분 가운데 여러분이 알지 못하는 한 분이 서 계시오.   눅 3:16;행 15

27 그분은 나 뒤에 오시는 분인데 나는 그분의 신발 끈을 풀 자격도 없소."   15,30절

28 이 일은 요한이 세례를 주던 곳, 요단 강 건너편 베다니에서 있었던 일입니다.

29 요한이 예수께서 그리스도이심을 알림 다음 날 요한은 예수께서 자기에게 다가오시는 것을 보고 말했습니다. "보시오, 세상 죄를 지고 가시는 하나님의 어린양이십니다.

30 내가 전에 '내 뒤에 오시는 분이 나보다 앞선 것은 그분이 나보다 먼저 계셨기 때문이다'라고 말했던 분이 바로 이분이십니다.

31 나도 이분을 알지 못했습니다. 그러나 내

가 와서 물로 세례를 주는 까닭은 바로 이분을 이스라엘에게 알리기 위해서입니다."

32 그리고 요한은 또 이렇게 증언했습니다. "나는 성령이 하늘에서 비둘기같이 내려와 그분 위에 머무는 것을 보았습니다.

33 나도 이분이 그분인 줄 알지 못했습니다. 그러나 물로 세례를 주라고 나를 보내신 분이 '어떤 사람에게 성령이 내려와 머무는 것을 네가 보게 되면 그가 바로 성령으로 세례를 줄 분임을 알라'고 일러 주셨습니다.   마 3:11;막 1:8;눅 3:16;행 15

34 그런데 나는 그것을 보았습니다. 그래서 이분이 하나님의 아들이라고 증언하는 것입니다."

35 안드레와 시몬 베드로 다음 날 요한은 자기 두 제자와 함께 다시 그곳에 서 있었다가

36 예수께서 지나가시는 것을 보고 말했습니다. "보라, 하나님의 어린양이시다."   29절

37 그 말을 듣고 요한의 두 제자가 예수를 따라갔습니다.

38 예수께서 뒤를 돌아 그들이 따라오는 것을 보고 물으셨습니다. "무엇을 원하느냐?" 그들이 말했습니다. "랍비여, 어디에 머물고 계십니까?"('랍비'는 '선생'이라는 뜻입니다.)   마 18:4;7:20;15

39 예수께서 대답하셨습니다. "와서 보라." 그래서 두 제자는 가서 그분이 계시는 곳을 보고 그날 그분과 함께 지냈습니다. 때는 오후 4시쯤이었습니다.

40 요한의 말을 듣고 예수를 따라간 두 사람 중 한 사람은 시몬 베드로의 동생 안드레였

왜 나사렛에서 선한 게 나올 수 없다고 했나요?

나사렛은 유대 사람들이 좋지 않게 여기던 장소였고, 메시아가 태어나신다고 예언된 곳은 베들레헴이었기 때문이에요(미 5:2). 예수님 당시 '나사렛 사람'이란, 실제적으로 '경멸을 받는 자'와 같은 말이었어요.

나사렛은 예루살렘에서 멀리 떨어진 국경 성읍으로, 별로 중요하게 여기지 않던 작은 마을이었어요. 예수님은 구약성경의 예언대로 베들레

헴에서 탄생하셔서 8일째 되는 날 예루살렘에서 정결 예식을 마치셨어요(눅 2:21-24). 하지만 아기 예수님을 죽이려는 헤롯의 칼을 피해 잠시 이집트로 피신하셨다가(마 2:13-14), 나사렛으로 가서 그곳에서 자라셨답니다(눅 2:39). 예수님은 그곳에서 30년 동안이나 사셨지만, 사람들은 편견을 갖고(요 1:45-46) 있어서 예수님을 알아보지 못하고 믿지도 않았습니다.

습니다. 막 1:16-20;4:18-22;눅 5:2-11

41 안드레는 가장 먼저 자기 형 시몬을 찾아가 말했습니다. "우리가 메시아를 만났소." (메시아는 '그리스도'라는 뜻입니다.)

42 그리고 그는 시몬을 예수께 데려왔습니다. 예수께서 시몬을 보고 말씀하셨습니다. "너는 요한의 아들 시몬이구나. 이제 너는 게바라고 불릴 것이다." ('게바'는 '베드로'라는 뜻입니다.) 갈 1:18

43 **빌립과 나다나엘** 다음 날 예수께서 갈릴리로 떠나시려다 빌립을 만나 말씀하셨습니다. "나를 따르라." 35절;2:1

44 빌립도 역시 안드레와 베드로처럼 벳새다 마을 출신이었습니다. 12:21

45 빌립은 나다나엘을 찾아가 말했습니다. "모세가 율법에 기록했고 예언자들도 기록했던 그분을 우리가 만났소. 그분은 요셉의 아들 나사렛 예수이오!" 눅 16:16;24:27

46 나다나엘이 물었습니다. "나사렛에서 무슨 선한 것이 나오겠는가?" 빌립이 말했습니다. "와서 보시오!" 7:41,52

47 예수께서 나다나엘이 다가오는 것을 보시고 그에 관해 말씀하셨습니다. "여기 참이스라엘 사람이 있다. 이 사람에게는 거짓된 것이 없다."

48 나다나엘이 물었습니다. "어떻게 저를 아

십니까?" 예수께서 대답하셨습니다. "빌립이 너를 부르기 전 네가 무화과나무 아래 있을 때에 내가 너를 보았다."

49 그러자 나다나엘이 대답했습니다. "랍비여, 당신은 하나님의 아들이시며 이스라엘의 왕이십니다." 11:27;12:13;마 27:11,42

50 예수께서 그에게 말씀하셨습니다. "내가무화과나무 아래 있던 너를 보았다고 해서 믿느냐? 이제 그보다 더 큰 일도 보게 될 것이다."

51 그리고 예수께서 덧붙여서 말씀하셨습니다. "내가 진실로 진실로 너희에게 말한다. 너희는 하늘이 열리고 하나님의 천사들이 인자 위에서 오르락내리락하는 것을 보게 될 것이다." 창 1:1;28:12;행 7:56

2 **물로 포도주를 만드심** 3일째 되던 날, 갈릴리 가나에서 결혼식이 있었습니다. 예수의 어머니도 그곳에 계셨고

2 예수와 제자들도 그 결혼식에 초대받았습니다. 1:40-49

3 그런데 포도주가 다 떨어지자 예수의 어머니는 예수께 와서 "포도주가 다 떨어졌구나"라고 말해 주었습니다.

4 예수께서 대답하셨습니다. "어머니, 그것이

예수님이 물로 포도주를 만드심

나와 당신에게 무슨 관계가 있다고 그러십니까? 아직 내 때가 이르지 않았습니다."

5 그러나 예수의 어머니는 하인들에게 말했습니다. "무엇이든 그가 시키는 대로 하라!"

6 가까운 곳에 돌 항아리 여섯 개가 놓여 있었습니다. 그것은 유대 사람들의 정결 의식에 쓰이는 것으로서 각각 물 2-3메트레테스 들어가는 크기의 항아리였습니다.

7 예수께서 하인들에게 말씀하셨습니다. "저 항아리들에 물을 채우라." 그래서 그들은 항아리마다 물을 넘치도록 가득 채웠습니다.

8 그러자 예수께서 그들에게 말씀하셨습니다. "이제 물을 떠서 잔치 책임자에게 갖다 주라." 그들은 그렇게 했습니다.

9 잔치 책임자는 물이 변해 된 포도주를 맛보았습니다. 그는 그 포도주가 어디에서 났는지 알지 못했지만 물을 떠 온 하인들은 알고 있었습니다. 잔치 책임자는 신랑을 불렀습니다.   4:46

10 그러고는 이렇게 말했습니다. "누구든지 처음에는 맛 좋은 포도주를 내오다가 손님들이 취하면 덜 좋은 포도주를 내는 법인데 당신은 가장 좋은 포도주를 지금까지 남겨 두었군요."

11 예수께서 이 첫 번째 표적을 갈릴리 가나에서 행해 자기의 영광을 드러내셨습니다. 그러자 예수의 제자들이 그를 믿었습니다.

12 그 후 예수께서는 어머니와 동생들과 제자들과 함께 가버나움으로 내려가셔서 그곳에서 며칠 동안 머물러 계셨습니다.

13 성전을 정결케 하심 유대 사람들이 지키는 유월절이 다가오자 예수께서는 예루살렘으로 올라가셨습니다.   6:4;11:55

14 예수께서 성전 뜰에서 사람들이 소와 양과 비둘기를 팔고 또 탁자 앞에 앉아 돈을 바꿔 주는 것을 보셨습니다.   눅 19:45-46

15 예수께서는 노끈으로 채찍을 만들어 양과 소들을 모두 성전 밖으로 내쫓고 돈을 바꿔 주던 사람들의 돈전을 쏟고 탁자를 엎어 버리셨습니다.

16 그리고 비둘기를 팔던 사람들에게 말씀하셨습니다. "이것들을 여기에서 치워 버리라! 내 아버지의 집을 장사하는 집으로 만들지 말라!"   14:2;눅 2:49

17 예수의 제자들은 "주의 집을 향한 열정이 나를 삼킬 것이다'라고 기록된 성경 말씀이 생각났습니다.   시 69:9

18 그때 유대 사람들이 예수께 물었습니다. "당신이 이런 일을 할 수 있다는 것을 증명할 만한 무슨 표적을 우리에게 보여 줄 수 있겠소?"   4:48;6:30;마 12:38

19 예수께서 그들에게 대답하셨습니다. "이 성전을 허물라. 그러면 내가 3일 만에 다시 세우겠다."   마 26:61;27:40;막 14:58;15:29

20 그러자 유대 사람들이 대답했습니다. "이

성전에 왜 장사꾼이 있었나요?

이스라엘에서 20세 이상의 남자는 누구나 1년에 한 번, 반 세겔이라는 성전 세금을 내야 했어요. 성전세는 반드시 두로 세겔로 내야 했는데, 성전 이방 사람의 뜰에는 다른 나라의 화폐를 성전 화폐로 바꾸어 주는 환전상들과 성전 제사에 필요한 동물을 파는 장사꾼이 가득했어요. 당시 성전법에 의하면 이방 사람의 뜰에서는 제사 예물이나 동물들을 사고팔 수 있었어요. 하지만 이들은 환전을 할 때 두배 이상의 폭리를 취했고, 제물로 쓰일 동물도 엄청나게 비싼 값으로 팔아 부당 이득을 취하곤 했습니다.

예수님은 성전에서 나쁜 방법으로 이익을 취하는 상인들을 성전 밖으로 내쫓으셨어요. 예수님은 장사꾼들에게 성전은 기도하는 집이라고 말씀하셨어요(눅 19:46).

이렇게 말씀하시고 행하심은 이사야 예언자를 통한 하나님의 약속, 즉 이방 사람들도 주의 거룩한 산과 내 기도하는 집에 초대받게 될 것이라는 예언을 이루셨어요(사 56:6-8).

성전을 짓는 데에 46년이나 걸렸는데 당신이 그것을 3일 만에 다시 세우겠다는 말이오?"

21 그러나 예수께서 말씀하신 성전은 바로 자기 몸을 가리킨 것이었습니다. 골2:9

22 나중에 예수께서 죽은 사람들 가운데서 살아나셨을 때에야 제자들은 이 말씀을 기억했고 성경과 예수께서 하신 말씀을 믿었습니다. 12:16:눅24:8

23 예수께서 유월절을 맞아 예루살렘에 계시는 동안 많은 사람들이 그분이 행하시는 표적을 보고 그 이름을 믿었습니다. 11:45

24 그러나 예수께서는 모든 사람을 알고 계셨기 때문에 자기 자신을 그들에게 맡기지 않으셨습니다. 6:14-15

25 또한 예수께서는 사람에 대해 그 누구의 증언도 필요하지 않으셨습니다. 사람의 마음속에 있는 것까지 다 알고 계셨기 때문입니다. 1:48:5:42:16:30

3 니고데모를 가르치심 바리새파 사람들 중에 니고데모라는 사람이 있었는데 그는 유대 공회 지도자였습니다.

2 그가, 밤에 예수를 찾아와 물었습니다. "랍비여, 우리는 당신이 하나님께로부터 오신 선생님인 것을 알고 있습니다. 하나님께서 함께하시지 않는다면 선생님이 행하신 그런 표적들을 아무도 행할 수 없기 때문입니다."

3 예수께서 그에게 이렇게 말씀하셨습니다. "내가 진실로 진실로 네게 말한다. 누구든지 다시 태어나지 않으면 하나님 나라를 볼 수 없다." 고후5:17:갈6:15:벧전1:3,23

4 니고데모가 예수께 물었습니다. "나이가 들어 늙은 사람이 어떻게 다시 태어나겠습니까? 태어나려고 어머니의 배 속으로 다시 들어갈 수 없지 않습니까?"

5 예수께서 대답하셨습니다. "내가 진실로 진실로 네게 말한다. 누구든지 물과 성령으로 태어나지 않으면 하나님 나라에 들어갈 수 없다. 겔36:25-27:롬2:38:엡5:26:딛3:5

6 육체에서 난 것은 육체이고 성령으로 난 것은 영이다. 6:63:고전15:50

7 '다시 태어나야 한다'라고 말한 것을 너희는 이상히 여기지 말라. 3:5:롬5:28

8 바람은 불고 싶은 대로 분다. 너는 그 소리를 듣지만 바람이 어디서 오는지, 어디로 가는지 알지 못한다. 성령으로 태어난 사람도 모두 이와 같다." 전11:5:롬8:37:9

9 니고데모가 예수께 물었습니다. "어떻게 이런 일이 있을 수 있습니까?" 6:52,60

10 예수께서 말씀하셨습니다. "너는 이스라엘의 선생이면서도 이런 일을 이해하지 못하느냐? 9:30

11 내가 진실로 진실로 네게 말한다. 우리는 아는 것을 말하고 본 것을 증언하는데 너희는 우리 증언을 받아들이지 않고 있다.

12 내가 땅의 것을 말해도 너희가 믿지 않는데 하물며 하늘의 것을 말하면 어떻게 믿겠느냐?

13 하늘에서 내려온 사람, 곧 인자 외에는 하늘로 올라간 사람이 없다. 행2:34:엡4:9

니고데모

이름의 뜻은 '백성의 정복자'이다. 바리새인이자 산헤드린 공회원인 그는 사람들의 눈을 피해 밤에 예수님을 찾아가 '거듭남'에 대한 말씀을 들었다. 자신이 아브라함의 자손이기 때문에 하나님 나라 백성이라고 확신한 니고데모는 예수님이 하나님 나라에 들어가려면 거듭나야 한다는 말씀에 질문을 했다. 예수님은 그런 니고데모에게 성령으로 거듭나는 신비를 가르쳐 주시고, 성령의 역사 가운데로 초대하셨다.

니고데모는 예수님을 잡으려는 바리새인들에게 대항하며 옳고 그름을 따지기도 했고, 예수님이 돌아가신 후에는 아리마대 사람 요셉과 함께 예수님을 장사지냈다.

니고데모가 나오는 말씀
>> 요 3:1-10; 7:50-51; 19:38-42

14 모세가 광야에서 뱀을 들어 올린 것같이 인자도 들려야 한다. 8:28;12:32,34;민 21:9

15 그것은 그를 믿는 사람마다 영생을 얻게 하려는 것이다. 36절;요일 5:12,20

16 하나님께서 세상을 이처럼 사랑하셔서 독생자를 주셨으니 이는 그를 믿는 사람마다 멸망하지 않고 영생을 얻게 하려는 것이다.

17 하나님께서 자신의 아들을 세상에 보내신 것은 세상을 심판하시려는 것이 아니라 그 아들을 통해 세상을 구원하시려는 것이다.

18 아들을 믿는 사람은 심판을 받지 않는다. 그러나 믿지 않는 사람은 이미 심판을 받았다. 하나님의 독생자의 이름을 믿지 않았기 때문이다. 5:24;막 16:16;요일 5:13

19 그 심판은 이것인데, 곧 빛이 세상에 왔지만 사람들은 자기 행위가 악하기 때문에 빛 대신 어둠을 사랑한 것이다. 사 30:10

20 악을 행하는 사람마다 빛을 미워하고 자기 행위가 드러날까 두려워해 빛으로 나아오지 않는다. 욥 24:13;롬 13:12;엡 5:11,13

21 그러나 진리를 따라 사는 사람은 빛으로 나아온다. 그것은 자기의 행위가 하나님 안에서 이루어졌음을 나타내려는 것이다."

22 **예수님과 요한의 세례** 그 후 예수께서 제자들과 함께 유대 지방으로 가셔서 거기서 얼마 동안 제자들과 함께 머무르시며 세례를 주셨습니다. 26절;4:1-2

23 요한도 살렘 가까이에 있는 애논에서 세례를 주고 있었습니다. 그곳에는 물이 많았기 때문입니다. 사람들이 나아와 세례를 받았습니다.

24 이때는 요한이 아직 감옥에 갇히기 전이었습니다. 5:35;마 4:12

25 **요한이 예수님을 변호함** 요한의 제자들 중 몇 사람과 어떤 유대 사람 사이에 정결 의식과 관련해 논쟁이 붙었습니다. 26

26 요한의 제자들이 요한에게 와서 말했습니다. "랍비여, 전에 요단 강 건너편에서 선생

애논는 (3:23, Aenon) 예수님이 유대에서 세례 받으실 즈음에 세례 요한이 세례를 준 장소.

님과 함께 계시던 분, 선생님이 증언하셨던 그분이 지금 세례를 주고 있는데 사람들이 다 그분께로 가고 있습니다."

27 이 말에 요한이 대답했습니다. "하늘에서 주시지 않으면 사람은 아무것도 받을 수 없다. 6:65;마 21:25;약 1:17

28 내가 전에 '나는 그리스도가 아니고 그분보다 앞서 보냄을 받은 사람이다'라고 한 말을 증언할 사람들은 바로 너희다.

29 신부를 얻는 자는 신랑이다. 그러나 신랑의 친구는 신랑을 기다렸다가 신랑의 음성을 들으면 그 음성으로 인해 매우 기뻐한다. 나는 이런 기쁨으로 충만하다.

30 그분은 흥해야 하고 나는 쇠해야 한다.

31 위에서 오시는 그분은 모든 것 위에 계시는 분이시다. 땅에서 난 사람은 땅에 속해 땅의 것을 말한다. 그러나 하늘에서 오시는 그분은 모든 것 위에 계신다. 엡 1:22

32 그분은 보고 들은 것을 증언하신다. 그러나 아무도 그 증언을 받아들이지 않는다.

33 그분의 증언을 받아들인 사람은 하나님이 참되신 분임을 인정하는 것이다. 요일 5:10

34 하나님께서 보내신 그분은 하나님의 말씀을 전하신다. 그것은 하나님께서 그분에게 성령을 한없이 주셨기 때문이다.

35 아버지께서는 아들을 사랑하셔서 모든 것을 아들의 손안에 맡기셨다. 5:20;마 28:18

36 아들을 믿는 사람에게는 영생이 있다. 그러나 아들에게 순종하지 않는 사람은 생명을 보지 못하고 도리어 하나님의 진노를 받게 된다." 15-16절;5:24;막 16:16;요일 5:12-13

4 예수님이 갈릴리로 떠나심 예수께서 요한보다 더 많은 사람들을 제자로 삼아 세례를 주신다는 소문이 바리새파 사람들의 귀에 들어간 것을 예수께서 아셨습니다.

2 (사실 예수께서 직접 세례를 주신 것이 아니라 그의 제자들이 준 것이었습니다.)

3 그래서 예수께서는 유대를 떠나 다시 갈릴리로 가셨습니다. 2:11-12

4 **우물 곁의 여인** 갈릴리로 들어가려면 사마리아 지방을 거쳐야만 했습니다. 눅 13:33

5 그리하여 예수께서는 사마리아의 수가라는 마을로 들어가셨습니다. 그곳은 옛날 야곱이 자기 아들 요셉에게 준 땅과 가까웠으며

6 야곱의 우물이 거기에 있었습니다. 여행으로 피곤해진 예수께서는 그 우물 곁에 앉으셨습니다. 그때가 낮 12시쯤이었습니다.

7 한 사마리아 여인이 물을 길으러 나왔습니다. 예수께서 여인에게 말을 거셨습니다. "내게 물 좀 떠 주겠느냐?"

8 제자들은 먹을 것을 사러 마을에 들어가고 없었습니다.

9 사마리아 여인이 예수께 말했습니다. "당신은 유대 사람이고 저는 사마리아 여자인데 어떻게 제게 물을 달라고 하십니까?" 당시 유대 사람들은 사마리아 사람과는 상대도 하지 않았기 때문입니다.

10 예수께서 여인에게 대답하셨습니다. "네가 하나님의 선물을 알고 또 물을 달라고 하는 사람이 누구인지 알았다면 도리어 네가 그에게 부탁했을 것이고 그가 네게 생수를 주었을 것이다." 7:38;행 2:13;17:13

11 여인이 예수께 말했습니다. "선생님, 선생님께는 두레박도 없고 이 우물은 깊은데 선생님께서는 어디에서 생수를 구한단 말입니까?"

12 선생님이 우리 조상 야곱보다 더 크신 분이십니까? 야곱은 우리에게 이 우물을 주었고 그와 그의 아들들과 가축들도 다 여기에서 물을 마시지 않았습니까?" 5절

13 예수께서 대답하셨습니다. "이 물을 마시

는 사람마다 다시 목마를 것이다.

14 그러나 내가 주는 물을 마시는 사람은 영원히 목마르지 않을 것이다. 내가 주는 물은 그 사람 안에서 계속 솟아올라 영생에 이르게 하는 샘물이 될 것이다." 계 7:16

15 여인이 예수께 말했습니다. "선생님, 제게 그 물을 주십시오. 제가 목마르지도 않고 다시는 물 길으러 여기까지 나오지 않게 해 주십시오." 6:34

16 예수께서 여인에게 말씀하셨습니다. "가서 네 남편을 불러오너라." 16:8

17 여인이 예수께 대답했습니다. "저는 남편이 없습니다." 예수께서 여인에게 말씀하셨습니다. "네가 남편이 없다고 한 말이 맞다.

18 실은 전에 네게 남편이 다섯이나 있었고 지금 함께 사는 남자도 네 남편이 아니니 네가 지금 한 말이 맞구나."

19 여인이 예수께 말했습니다. "선생님, 제가 보니 당신은 예언자이십니다. 행 26:15

20 우리 조상들은 이 산에서 예배를 드렸는데 당신네 유대 사람들은 '예배는 예루살렘에서만 드려야 한다'라고 말합니다."

21 예수께서 여인에게 말씀하셨습니다. "여인아, 나를 믿어라. 이제 이 산도 아니고 예루살렘도 아닌 곳에서 아버지께 예배드릴 때가 올 것이다. 습 2:11;말 1:11;딤전 2:8

22 너희 사마리아 사람들은 알지 못하는 것을 예배하지만 우리 유대 사람들은 알고 있는 것을 예배한다. 이는 구원이 유대 사람들로부터 나오기 때문이다. 왕하 17:28-34

23 이제 참되게 예배하는 사람들이 영과 진

영과 진리로 예배드린다는 뜻은?

영은 성령님을 말하고, 진리는 예수님 자신(요 14:6)을 말해요. 그러므로 영과 진리로 예배드린다는 것은 성령님과 예수님 안에서 예배드려야 한다는 뜻이에요. 다른 말로 하면 예수님을 믿는 믿음과 예수님을 사랑하는 마음으로 예배드려야 한다는 거예요. 사마리아 수가 성 여인은 하나님께 예배할 장소를 중요하게 생각했지만, 예수님은 장소보다 누구에게 예배하는가와 어떻게 예배하는가가 더 중요하다고 가르쳐 주셨어요. 예배의 대상이신 하나님께 성령님의 인도하심을 따라서 예수님을 생각하며 예배를 드린다면 어느 장소든, 어떤 형식이든 하나님이 기뻐 받으시겠지요?

리로 아버지께 예배드릴 때가 오는데 지금이 바로 그때다. 아버지께서는 이렇게 예배드리는 사람들을 찾고 계신다. 롬 8:15

24 하나님은 영이시니 하나님께 예배드리는 사람은 영과 진리로 예배드려야 한다."

25 여인이 예수께 말했습니다. "저도 그리스도라고 하는 메시아가 오실 것을 압니다. 메시아가 오시면 우리에게 모든 것을 알려 주실 것입니다." 1:41;신 18:18

26 그러자 예수께서 여인에게 말씀하셨습니다. "지금 네게 말하고 있는 내가 바로 그 메시아다." 9:35~37

27 영적인 양식 바로 그때 제자들이 돌아와 예수께서 한 여인과 말씀하시는 것을 보고 놀랐습니다. 그러나 아무도 "무엇을 요구하십니까?", "왜 저 여인과 말씀하고 계십니까?"라고 묻는 사람이 없었습니다.

28 여인은 물 항아리를 내려 둔 채 마을로 돌아가 사람들에게 말했습니다.

29 "와서 내 과거를 모두 말해 준 사람을 보십시오. 이분이 그리스도가 아니겠습니까?"

30 사람들이 마을에서 나와 예수께로 나아갔습니다.

31 한편 제자들은 예수께 청했습니다. "랍비여, 뭘 좀 드십시오."

32 그러나 예수께서는 그들에게 말씀하셨습니다. "내게는 너희가 알지 못하는 양식이 있다."

33 그러자 제자들이 서로 수군거렸습니다. "누가 벌써 잡수실 것을 갖다 드렸는가?"

34 예수께서 말씀하셨습니다. "내 양식은 나를 보내신 분의 뜻을 행하고 그분의 일을 완성하는 것이다. 6:38;17:4;눅 23:12

35 너희는 '넉 달이 더 지나야 추수할 때가 된다'고 말하지 않느냐? 그러나 나는 너희에게 말한다. 눈을 들어 들판을 보라. 이미 곡식이 익어 추수할 때가 됐다.

36 추수하는 사람은 이미 삯을 받았고 이제 영생의 곡식을 거두어들이고 있다. 그리하여 씨를 뿌린 사람과 추수하는 사람이 함께 기뻐할 것이다. 38절;마 13:37;막 4:4

37 그러므로 '한 사람은 심고 한 사람은 거둔다'라는 말이 맞다. 욥 31:8

38 나는 너희를 보내어 너희가 일하지도 않았는데 열매를 거두게 했다. 다른 사람들은 수고했고 너희는 그들이 수고한 결실을 거두게 된 것이다." 수 24:13;행 8:5~17,25

39 거듭난 사마리아 사람들 그 마을에 사는 많은 사마리아 사람들은 여인이 내 과거를 모두 말해 준 사람이다'라고 증언했기 때문에 예수를 믿었습니다. 5,8절

40 그래서 사마리아 사람들은 예수께 나아와 그들과 함께 머물 것을 청했습니다. 예수께서는 그곳에 이틀 동안 머무르셨습니다.

41 그래서 더 많은 사람들이 예수의 말씀을 듣고서 믿게 됐습니다. 8:30

42 사람들이 여인에게 말했습니다. "이제 우

예수님이 안식일에 38년 동안 병을 앓아 온 환자를 베데스다에서 고치심

리가 믿는 것은 당신의 말 때문에 믿는 것이 아니오, 우리가 그 말씀을 직접 듣고 보니 이분이 참으로 세상의 구주이심을 알게 됐소."

3:17;12:47;요일 4:14

43 **예수님이 갈릴리로 돌아가심** 이틀 후에 예수께서 그곳을 떠나 갈릴리로 가셨습니다.

44 (전에 예수께서는 예언자가 자기 고향에서 존경받지 못함을 직접 증언하신 적이 있었습니다.)

마 13:57

45 예수께서 갈릴리에 도착하시자 갈릴리 사람들은 예수를 환영했습니다. 그들은 유월절에 예루살렘에 갔다가 예수께서 거기서 행하신 일들을 모두 목격했던 것입니다.

46 **신하의 아들이 고침받음** 예수께서는 전에 물로 포도주를 만드셨던 곳인 갈릴리 가나에 다시 들르셨습니다. 그곳에는 왕의 신하 한 사람이 있었는데 그의 아들이 병에 걸려 가버나움에 있었습니다.

47 예수께서 갈릴리로 오셨다는 소문을 들은 왕의 신하는 예수께로 가서, 오셔서 자기 아들을 고쳐 달라고 애원했습니다. 그의 아들은 거의 죽어 가고 있었습니다.

3:54절

48 예수께서 그에게 말씀하셨습니다. "너희는 표적이나 기사를 보지 않고서는 전혀 믿으려 하지 않는다."

2:18;6:30;20:29

49 신하가 말했습니다. "선생님, 제 아이가 죽기 전에 내려와 주십시오."

눅 8:49

50 예수께서 그에게 대답하셨습니다. "가 보아라. 네 아들이 살 것이다." 그는 예수의 말씀을 믿고 갔습니다.

51 신하가 집으로 가는 도중에 마중 나온 하인들을 만나 아들이 살아났다는 소식을 들었습니다.

52 그가 하인들에게 아이가 언제부터 좋아졌느냐고 묻자 "어제 오후 1시에 열이 떨어졌습니다" 하고 종들이 대답했습니다.

53 아이의 아버지는, 예수께서 "네 아들이 살 것이다"라고 말씀하셨던 바로 그때였음을 알았습니다. 그래서 그와 그의 온 집안이 예수를 믿게 됐습니다.

행 11:14;16:34;18:8

54 이것은 예수께서 유대에서 갈릴리로 돌아오신 후에 행하신 두 번째 표적이었습니다.

5 **베데스다에서 환자를 고치심** 그 후 예수께서는 유대 사람의 절기가 돼 예루살렘으로 올라가셨습니다.

6:4

2 예루살렘의 '양의 문' 근처에는 히브리 말로 '베데스다'라고 하는 못이 있었는데 그 못 주위는 다섯 개의 기둥이 있었습니다.

3 여기에는 눈먼 사람들, 다리 저는 사람들, 중풍 환자들 등 많은 장애인들이 누워 있곤 했습니다. *[그들은 물이 움직이기를 기다리고 있었습니다.

마 12:10

4 주의 천사가 가끔 내려와 물을 휘저어 놓았는데 물이 움직일 때 맨 먼저 못에 들어가는 사람은 무슨 병에 걸렸든지 다 나았습니다.]

5 거기에 38년 동안 병을 앓고 있던 사람이 있었습니다.

6 예수께서 그가 거기 누워 있는 것을 보시고 또 그가 이미 오랫동안 아픈 것을 아시고 물으셨습니다. "네 병이 낫기를 원하느냐?"

7 환자가 대답했습니다. "선생님, 물이 움직일 때 못에 들어가도록 나를 도와주는 사람이 없습니다. 내가 가는 동안 다른 사람이 나보다 먼저 물속에 들어갑니다."

8 그러자 예수께서 그에게 말씀하셨습니다. "일어나 네 자리를 들고 걸어가거라."

9 그러자 그가 곧 나아서 자리를 들고 걸어갔습니다. 그날은 안식일이었습니다.

10 **병 나은 사람이 심문받음** 그래서 유대 사람들은 병이 나은 사람에게 말했습니다. "오늘은 안식일이니 자리를 들고 가는 것은 옳지 않소."

출 20:10;느 13:19;렘 17:21-22

11 그러나 그가 대답했습니다. "내 병을 고치신 분이 내게 '자리를 들고 걸어가거라'고 하셨소."

12 그러자 유대 사람들이 그에게 물었습니다. "당신에게 자리를 들고 걸어가라고 말한

5:3-4 어떤 고대 사본에는 이 괄호 안의 구절이 없음.

사람이 대체 누구요?"

13 병이 나은 사람은 그분이 누구인지 알 수 없었습니다. 그곳에는 많은 사람들이 있었고 예수께서는 이미 떠나셨기 때문입니다.

14 나중에 예수께서 성전에서 이 사람을 만나 말씀하셨습니다. "보아라. 네가 다 나았구나. 더 심한 병이 네게 생기지 않도록 이제 다시는 죄를 짓지 마라." 8:11;스 9:14

15 그 사람은 유대 사람들에게 가서 자기 병을 고치신 분이 예수라고 말했습니다.

16 부활과 생명 예수께서 안식일에 이런 일을 행하셨기 때문에 유대 사람들은 예수를 핍박했습니다. 7:23;9:16;15:20;행 9:4~5

17 예수께서 그들에게 말씀하셨습니다. "내 아버지께서 지금까지 일하고 계시니 나도 일한다."

18 유대 사람들은 이 말 때문에 더욱더 예수를 죽이려고 애썼습니다. 예수께서 안식일을 어길 뿐만 아니라 하나님을 자기 아버지라 부르며 자기를 하나님과 동등하게 여기셨기 때문입니다. 16절;7:1;롬 8:32;빌 2:6

19 예수께서 그들에게 이렇게 대답하셨습니다. "내가 진실로 진실로 너희에게 말한다. 아들 혼자서는 아무것도 할 수 없고 아들은 아버지께서 하시는 것을 보는 대로 하며 할 뿐이다. 아들은 무엇이든지 아버지께서 하시는 일을 그대로 한다.

20 아버지께서는 아들을 사랑하셔서 하시는 일들을 모두 아들에게 보여 주신다. 또한 이보다 더 큰 일들을 아들에게 보여 주셔서 너희를 놀라게 하실 것이다. 3:35

21 아버지께서 죽은 사람을 일으켜 생명을 주시는 것같이 아들도 자기가 원하는 사람들에게 생명을 준다. 6:33;롬 4:17;고후 1:9

22 아버지께서는 아무도 심판하지 않으시고 아들에게 모든 심판을 맡기셨다. 행 10:42

23 이는 모든 사람이 아버지를 공경하는 것같이 아들도 공경하게 하려는 것이다. 아들을 공경하지 않는 사람은 그를 보내신 아버지도 공경하지 않는다. 8:49;15:23;눅 10:16

24 내가 진실로 진실로 너희에게 말한다. 누구든지 내 말을 듣고 나를 보내신 분을 믿는 사람은 영생이 있고 심판을 받지 않는다. 그는 죽음에서 생명으로 옮겨졌다.

25 내가 진실로 진실로 너희에게 말한다. 죽은 사람들이 하나님의 아들의 음성을 들을 때가 오는데 지금이 바로 그때다. 그 음성을 듣는 사람들은 살 것이다. 4:21,23

26 아버지께서는 자기 안에 생명이 있는 것같이 아들에게도 생명을 주셔서 아들 안에 생명이 있게 하셨다. 1:4;6:57;17:2

27 또 아버지께서는 아들에게 심판할 수 있는 권한을 맡기셨는데 이는 아들이 인자이기 때문이다. 22절;단 7:13

28 이것에 놀라지 말라. 무덤 속에 있는 모든 사람들이 아들의 음성을 들을 때가 온다.

29 선한 일을 행한 사람들은 부활해 생명을 얻고 악한 일을 행한 사람들은 부활해 심판을 받을 것이다. 단 12:2

30 권위에 대한 논쟁 나는 아무것도 내 마음대로 할 수 없다. 나는 아버지께 들은 대로만 심판하기 때문에 내 심판은 공정하다. 이

성경 공부, 왜 해야 하나요?

성경은 우리를 구원으로 인도하는 책(딤후 3:15)으로, 예수님에 대해 증거하고 있어요. 성경을 공부하면, 성경에서 예수님을 만나게 되고, 예수님이 우리에게 영생을 주시는 분임을 알게 됩니다. 또 하나님의 뜻을 알게 되고 순종하는 삶을 살 수 있어요(딤후 3:16). 유대 사람들은 성경에서 영생을 얻을 수 있다는 생각을 갖고 성경

을 열심히 연구했어요(요 5:39). 하지만 만일 성경이 예수님을 증언하는 것을 깨닫지 못했어요. 성경은 성령님의 감동으로 쓰여졌기 때문에 성령님의 도움을 받아야 바르게 이해할 수 있어요.

성경을 읽고 공부해도 성령님의 도움 없이는 영생을 얻는 진리를 깨달을 수 없어요.

는 내가 내 뜻대로가 아니라 나를 보내신 분의 뜻을 기쁘게 하려 하기 때문이다.

31 만약 내가 나 자신에 대해 증언한다면 내 증언은 참되지 못하다. 8:13-14,18,54;18:21

32 나를 위해 증언하시는 분이 계시는데 나는 나에 대한 그분의 증언이 참인 것을 안다.

33 너희가 요한에게 사람들을 보냈을 때 그가 이 진리에 대해 증언했다. 1:7,19

34 내가 이 말을 하는 것은 사람의 증언을 받으려는 것이 아니라, 다만 너희로 하여금 구원을 얻게 하려는 것이다. 요일 5:9

35 요한은 타오르면서 빛을 내는 등불이었고 너희는 잠시 동안 그 빛 안에서 즐거워했다.

36 그러나 내게는 요한의 증언보다 더 큰 증언이 있다. 아버지께서 내게 완성하라고 주신 일들, 곧 내가 지금 하고 있는 일이 바로 아버지께서 나를 보내셨다는 것을 증언한다. 10:25,38;14:11;15:24

37 그리고 나를 보내신 아버지께서도 친히 나에 대해 증언해 주신다. 너희는 그분의 음성을 들은 적도 없고 그분의 모습을 본 적도 없다. 1:18;8:18;20:1 3:17;17:5

38 또한 그분의 말씀이 너희 안에 있지도 않다. 이는 너희가 아버지께서 보내신 이를 믿지 않기 때문이다. 요일 2:14;4:1;3:15;5:10

39 너희가 성경 안에서 영생을 얻을 수 있다는 생각에 성경을 열심히 연구하는구나. 성경은 바로 나에 대해 증언하고 있다.

40 그러나 너희는 생명을 얻기 위해 내게로 ~~오려고 하지 않는다.~~ 43절;3:19 20;23:37;눅 13:34

41 나는 사람들에게 영광을 받지 않는다.

42 나는 너희가 하나님을 사랑하는 마음이 없다는 것을 안다. 눅 11:42;유 1:21

43 내가 내 아버지의 이름으로 왔는데 너희는 나를 영접하지 않고 있다. 그러나 누군가 다른 사람이 자기 이름으로 오면 너희는 영접할 것이다. 1:11;10:25;17:12

44 너희는 서로 영광을 주고받으며 정작 유일하신 하나님으로부터 오는 영광을 얻으려고 하지 않으니 어떻게 믿을 수 있겠느냐? 17:3;롬 2:29

45 그렇다고 내가 아버지 앞에서 너희를 고소하리라고는 생각하지 말라. 너희를 고소하는 사람은 너희가 소망을 두고 있는 모세다. 9:28-29;롬 2:17

46 만약 너희가 모세를 믿었다면 나를 믿었을 것이다. 모세가 나에 대해 기록했기 때문이다. 47절;전 21:9;눅 24:27

47 그러나 너희가 모세의 글을 믿지 않는데 어떻게 내 말을 믿겠느냐?" 눅 16:31

6 무리를 가르치심 이 일이 있은 지 얼마 후에 예수께서 갈릴리 바다, 곧 디베랴 바다 건너편으로 가셨습니다.

2 그러자 환자들에게 표적을 베푸시는 것을 본 많은 무리가 예수를 따랐습니다.

3 예수께서는 산에 올라가서 제자들과 함께 앉으셨습니다.

4 그때는 유대 사람의 명절인 유월절이 가까운 때였습니다. 2:13;5:1;7:2;출 12:11

5 **5,000명을 먹이심** 예수께서 눈을 들어 많은 사람이 자기에게로 몰려오는 것을 보시고 빌립에게 말씀하셨습니다. "우리가 어디에서 빵을 사서 이 사람들을 먹이겠느냐?"

6 예수께서는 빌립이 어떻게 하나 보시려고 이렇게 질문하신 것일 뿐, 사실 자기가 하실 일을 미리 알고 계셨습니다.

7 빌립이 예수께 대답했습니다. "한 사람당 조금씩만 먹는다고 해도 200데나리온어치의 빵으로도 모자랄 것입니다." 막 6:37

8 제자들 중 하나이며 시몬 베드로의 동생인 안드레가 말했습니다. 1:40,44

9 "여기 한 소년이 보리빵 다섯 개와 물고기 두 마리를 가지고 있습니다. 그러나 이렇게 많은 사람들에게 그게 얼마나 소용이 있었습니까?" 왕하 4:42-43

10 예수께서 말씀하셨습니다. "사람들을 모두 앉혀라." 그곳은 넓은 풀밭이었는데, 남자들이 둘러앉으니 5,000명쯤 됐습니다.

11 예수께서는 빵을 들고 감사 기도를 드리신 후 앉아 있는 사람들에게 원하는 만큼씩 나눠 주셨습니다. 물고기를 가지고도 똑같이 하셨습니다. 23절;마 15:36

예수님이 보리빵 다섯 개와 물고기
두 마리로 5천 명을 먹이심

18 세찬 바람이 불어 물살이 거세어졌습니다.

19 그들이 노를 저어 한 25-30스타디온쯤 갔을 때에 예수께서 물 위를 걸어서 배 쪽으로 다가오시는 것이 보였습니다. 그들은 두려웠습니다.

20 그러자 예수께서 그들에게 말씀하셨습니다. "나다. 두려워하지 말라."

21 그러자 그들은 기꺼이 예수를 배 안으로 모셨습니다. 배는 곧 그들이 가려던 땅에 도착했습니다.

22 **사라지신 예수님** 그 다음 날 건너편 바닷가에 남아 있던 많은 사람들은 그곳에 배가 한 척밖에 없었던 것과 예수께서 제자들이 탄 배에 오르시지 않고 제자들끼리 건너갔다는 것을 알았습니다.

23 (그때 디베랴로부터 온 몇 척의 배가 주께서 감사 기도를 드리고 사람들에게 빵을 먹이셨던 그곳 가까이에 닿았습니다.)

12 그들이 모두 배불리 먹은 뒤에 예수께서 제자들에게 말씀하셨습니다. "남은 것은 하나도 버리지 말고 모아 두라."

13 그리하여 그들이 남은 것을 모아 보니 보리빵 다섯 개로 먹고 남은 것이 12바구니에 가득 찼습니다.

14 사람들은 예수께서 행하신 표적을 보고 말했습니다. "이분은 이 세상에 오신다던 그 예언자가 틀림없다." ·4:19;7:40;11:27

15 **왕 되기를 거부하심** 예수께서는 그들이 와서 강제로 자기를 왕 삼으려 한다는 것을 아시고 혼자서 다시 산으로 올라가셨습니다.

16 **물 위로 걸어오심** 날이 저물자 예수의 제자들은 바다로 내려갔습니다.

17 거기서 그들은 배를 타고 바다를 건너 가버나움으로 향했습니다. 날은 이미 어두워졌고 예수께서는 아직 그들이 있는 곳으로 오시지 않았습니다.

24 그 사람들은 예수나 제자들이 모두 그곳에 없다는 사실을 알고 다시 배를 타고 예수를 찾으러 가버나움으로 갔습니다.

25 **생명의 양식에 대한 말씀** 그들은 바다 건너편에서 예수를 발견하고 물었습니다. "랍비여, 언제 여기에 오셨습니까?"

26 예수께서 대답하셨습니다. "내가 진실로 진실로 너희에게 말한다. 너희가 나를 찾

11절

는 까닭은 표적을 보았기 때문이 아니라 빵을 먹고 배가 불렀기 때문이다. 2,24절

27 썩어 없어질 양식을 위해 일하지 말고 영생하기까지 남아 있는 양식을 위해 일하라. 인자가 너희에게 이 양식을 줄 것이다. 아버지 하나님께서 인자를 인정하셨기 때문이다." 35,50~51,54,58절:사 55:2

28 그러자 그들이 예수께 물었습니다. "우리가 어떻게 하면 하나님의 일을 하겠습니까?"

29 예수께서 대답하셨습니다. "하나님의 일이란 바로 하나님께서 보내신 이를 믿는 것이다." 3:17:요일 3:23

30 그러자 그들이 예수께 다시 물었습니다. "그러면 우리가 보고 믿을 수 있도록 어떤 표적을 보이시겠습니까? 무슨 일을 하시려는 것입니까? 마 12:38

31 우리 조상들은 광야에서 만나를 먹었습니다. 성경에 이렇게 기록됐습니다. '그분은 하늘에서 빵을 내려 그들에게 먹게 하셨다.'" 출 16:4;느 9:15;시 78:24~25

32 예수께서 말씀하셨습니다. "내가 진실로 진실로 너희에게 말한다. 하늘에서 빵을 내려 준 분은 모세가 아니다. 오직 내 아버지께서 하늘로부터 참된 빵을 너희에게 내려 주시는 것이다.

33 하나님의 빵은 하늘에서 내려와 세상에 생명을 주시는 것이다." 50절

34 그들이 말했습니다. "주여, 그 빵을 항상 우리에게 주십시오." 4:15,33

35 그러자 예수께서 그들에게 말씀하셨습니다. "내가 바로 생명의 빵이다. 내게 오는 사람은 결코 배고프지 않고 나를 믿는 사람은 결코 목마르지 않을 것이다. 4:14

36 그러나 내가 이미 말한 대로 너희는 나를 보고도 여전히 믿지 않는구나.

37 아버지께서 내게 주신 사람들은 모두 다 내게 올 것이요, 또 내게로 나오는 사람은 내가 결코 내쫓지 않을 것이다. 10:28~29

38 내가 하늘에서 내려온 것은 내 뜻이 아니라 나를 보내신 하나님의 뜻을 이루려는 것이기 때문이다. 3:13;4:34;5:30

39 나를 보내신 분의 뜻은 그분이 내게 주신 모든 사람들 중 한 사람도 잃지 않고 마지막 날에 그들을 다시 살리는 것이다.

40 내 아버지의 뜻은 아들을 보고 믿는 사람마다 영생을 얻게 하시는 것이니 내가 마지막 날에 그들을 다시 살릴 것이다."

41 **유대 사람들의 의심** 이 말씀에 유대 사람들이 수군거리기 시작했습니다. 예수께서 "나는 하늘에서 내려온 빵이다"라고 말씀하셨기 때문입니다. 33,35,38절

42 그들이 말했습니다. "저 사람은 요셉의 아들 예수가 아닌가? 그의 부모를 우리가 알지 않는가? 그런데 어떻게 '내가 하늘에서 왔다'고 말할 수 있는가?" 마 13:55

43 예수께서 대답하셨습니다. "서로 수군거리지 말라.

44 나를 보내신 아버지께서 이끌어 주시지 않으면 어느 누구도 내게로 올 수 없다. 그러나 내게 오는 사람은 마지막 날에 내가 다시 살릴 것이다. 39절;12:32

45 예언서에 이렇게 기록됐다. '그들은 모두

생명의 빵

예수님은 자신을 '생명의 빵'(요 6:35)이라고 하셨다. '생명의 빵'이라고 하신 의미는 무엇일까?

첫째, 광야 생활 중 이스라엘 백성이 먹은 '만나'가 그들을 살린 생명의 양식이었다면, 예수님은 하늘에서 내려오셔서 참생명을 주시는 분임을 알려 주신 것이다. 둘째, 이 말씀은 무교절 기간에 하셨다. 무교절은 하나님이 이스라엘을 이집트 노예 생활에서 구원하신 것을 기념하는 절기인데, 누룩을 넣지 않은 빵을 먹었다. 예수님이 바로 사람들을 구원하시는 분임을 가르치신 것이다.

예수님은 이 말씀을 하시기 전, 5천 명이 넘는 사람들을 먹이셨는데 사람들에게 육신의 배고픔을 해결해 주신 예수님이, 사람의 영적인 목마름까지 해결해 주시는 분임을 나타내 주시는 사건이었다(요 6:47~51). 진정으로 예수님을 따르는 사람들은 '생명의 빵'을 받아먹음으로 '영원한 생명'을 소유하게 된다.

하나님의 가르침을 받을 것이다.' 아버지께로부터 듣고 배운 사람마다 내게로 온다.

46 이 말은 아버지를 본 사람이 있다는 것이 아니다. 오직 하나님께로부터 온 사람만이 아버지를 보았다. 1:18;3:32;8:38

47 내가 진실로 진실로 너희에게 말한다. 믿는 사람은 영생을 가지고 있다. 3:36

48 나는 생명의 빵이다. 35절

49 너희 조상들은 광야에서 만나를 먹었지만 결국 죽었다. 31,58절

50 그러나 여기 하늘에서 내려온 빵이 있는데 누구든지 이 빵을 먹으면 죽지 않는다.

51 나는 하늘에서 내려온 살아 있는 빵이다. 누구든지 이 빵을 먹는 사람은 영원히 살 것이다. 내가 줄 빵은 곧 세상의 생명을 위해 주는 내 살이다." 57절;3:13;롬 22:19

52 참된 양식에 대한 논쟁 그러자 유대 사람들은 자기들끼리 논쟁하기 시작했습니다. "이 사람이 어떻게 자기 살을 우리에게 주어 먹게 한단 말인가?" 9:16;10:19

53 예수께서 그들에게 말씀하셨습니다. "내가 진실로 진실로 너희에게 말한다. 너희가 인자의 살을 먹지 않고 인자의 피를 마시지 않으면 너희 안에 생명이 없다.

54 누구든지 내 살을 먹고 내 피를 마시는 사람은 영생이 있고 내가 마지막 날에 살릴 것이다. 39~40절

55 내 살이야말로 참된 양식이요, 내 피야말로 참된 음료다.

56 누구든지 내 살을 먹고 내 피를 마시는 사람은 내 안에 있고 나도 그 안에 있다.

57 살아 계신 아버지께서 나를 보내셨고 내가 아버지로 인해 사는 것처럼 나를 먹는 사람은 나로 인해 살 것이다. 마 16:16

58 이것은 하늘에서 내려온 빵이다. 너희 조상들이 광야에서 먹고도 죽은 그런 빵이 아니다. 이 빵을 먹는 사람은 영원히 살 것이다." 31,33,49~51절

59 이것은 예수께서 가버나움 회당에서 가르치실 때 하신 말씀입니다.

60 떠나간 제자들 예수의 제자들 중 여럿이 이 말씀을 듣고 말했습니다. "이 말씀은 참 어렵구나. 과연 누가 알아들을 수 있겠는가?"

61 예수께서는 제자들이 이 말씀에 대해 수군거리는 것을 알고 말씀하셨습니다. "이 가르침이 너희 마음에 걸리느냐?

62 만약 인자가 전에 있던 곳으로 올라가는 것을 본다면 너희는 어떻게 하겠느냐?

63 생명을 주는 것은 영이므로 육신은 아무 소용이 없다. 내가 너희에게 한 말은 영이요, 생명이다. 68절;3:6;고전 15:45;고후 3:6

64 그런데 너희 중에 믿지 않는 사람들이 있구나." 예수께서는 처음부터 누가 믿지 않는지, 누가 자신을 배반할지 알고 계셨던 것입니다. 66,71절;13:11

65 예수께서 계속 말씀하셨습니다. "그러므로 내가 너희에게 '아버지께서 허락해 주신 사람이 아니고는 아무도 내게로 올 수 없다'고 말한 것이다." 44~45절;3:27

66 이 말씀 때문에 예수의 제자 가운데 많은 사람이 떠나갔고 더 이상 그분과 함께 다니지 않았습니다. 60,64절

67 베드로의 믿음 예수께서 열두 제자들에게 물으셨습니다. "너희도 떠나고 싶으냐?"

예수님의 형제들

성경에는 예수님의 형제들에 대해 자세히 나와 있지 않다. 단지 야고보, 요셉, 유다, 시몬과 몇 명인지 모르는 '누이들'에 대한 기록만 나와 있다(마 13:55~56; 막 6:3). 예수님의 형제들은 예수님이 이 땅에서 사역하실 때 그를 믿지 않았다(요 7:5). 유대 사람들을 피해 갈릴리에서 하나님의 일을 하며 기다리던(요 7:6, 8) 예수님에게 유대로 가서 자신을 나타내라고 하며 (요 7:3~4) 반강거리기까지 했다. 예수님이 귀신을 쫓아내실 때도 예수님이 귀신 들린 줄 알고, 그를 잡으려 할(막 3:30~31; 눅 8:19~20) 만큼 예수님이 누구이신지 몰랐다. 예수님이 부활하신 후 그들은 예수님이 이 땅에 오신 구세주인 것을 믿었으며(행 1:14), 야고보는 초대 교회의 지도자가 되었다(행 15:13~21; 21:18). 야고보는 야고보서를, 유다는 유다서를 썼다.

68 시몬 베드로가 예수께 대답했습니다. "주여, 영생의 말씀이 주께 있는데 저희가 어디들 가겠습니까?" 12:50,17:8절 5:20

69 주는 하나님의 거룩하신 분임을 저희가 믿고 또 압니다." 1:49,11:27,마 1:24

70 그러자 예수께서 대답하셨습니다. "내가 너희 열둘을 택하지 않았느냐? 그러나 너희 중에 하나는 마귀다!" 13:2,18,27,17:2

71 이것은 가룟 시몬의 아들 유다를 두고 하신 말씀이었습니다. 그는 열두 제자 중 한 사람이었지만 나중에 예수를 배신하게 될 사람이었습니다. 6:4,67절,13:26

7 갈릴리에 머무르심 이 일 후에 예수께서는 갈릴리 지방을 두루 다니셨습니다. 유대 사람들이 자기를 죽이려고 하기 때문에 유대 지방에서 다니기를 원하지 않으셨던 것입니다. 11:53

2 예수님을 비웃는 동생들 그런데 유대 사람들의 명절인 초막절이 가까워지자

3 예수의 동생들이 예수께 말했습니다. "이곳을 떠나 유대로 가십시오. 그래서 형님이 하는 일을 형님의 제자들도 보게 하십시오. 5,10절,마 12:46

4 세상에 알려지기를 바라면서 숨어서 행동하는 사람은 없습니다. 형님이 이런 일을 할 바에는 자신을 세상에 드러내십시오."

5 예수의 동생들조차 예수를 믿지 않았기 때문에 이렇게 말한 것입니다. 막 3:21

6 그러자 예수께서 그들에게 말씀하셨습니다. "내 때는 아직 오지 않았다. 그러나 너희 때는 항상 준비돼 있다. 8,30절

7 세상이 너희를 미워하지 못하고 나를 미워하는 것은 내가 세상이 하는 일들을 악하다고 증언하기 때문이다. 골 1:21

8 너희는 명절을 지키러 올라가거라. 나는 아직 내 때가 되지 않았으니 이번 명절에는 올라가지 않겠다." 2:4

9 이렇게 말씀하시고 예수께서는 갈릴리에 남으셨습니다.

10 비밀에 올라가신 예수님 그러나 예수의 동생들이 명절을 지키러 올라간 후에 예수께서도 아무도 모르게 올라가셨습니다.

11 명절 동안 유대 사람들은 예수를 찾으며 말했습니다. "그 사람이 어디 있소?"

12 그곳에 몰려든 많은 무리 가운데서는 예수에 대해 말들이 많았습니다. 어떤 사람은 "그분은 선한 사람"이라고 하고 또 다른 사람은 "아니다. 그는 백성들을 현혹하고 있다"라고 말했습니다. 32,40~43,47절

13 그러나 앞에 나서서 예수께 대해 떳떳이 말하는 사람은 아무도 없었습니다. 유대 사람들이 두려웠기 때문입니다. 9:22,12:42

14 성전에서 가르치심 명절이 반쯤 지났을 때에야 비로소 예수께서는 성전으로 올라가 가르치기 시작하셨습니다. 28절

15 유대 사람들은 놀라서 말했습니다. "이 사람은 배우지도 않았는데 어떻게 이런 것을 아는가?" 46절,눅 2:47,4:22,행 4:13

16 예수께서 대답하셨습니다. "나의 가르침은 내 것이 아니고 나를 보내신 분의 것이다.

17 누구든지 하나님의 뜻을 따르려는 사람은 이 가르침이 하나님에게서 온 것인지 내가 내 마음대로 말하는 것인지 알 것이다.

18 자기 마음대로 말하는 사람은 자기가 영광을 받으려고 하는 것이다. 그러나 자기를 보내신 분의 영광을 위해 일하는 사람은 진실하며 그 안에 거짓이 없다.

19 모세가 너희에게 율법을 주지 않았느냐? 그러나 너희 중에 율법을 지키는 사람이 하나도 없구나. 도대체 너희는 왜 나를 죽이려 하느냐?" 1:23,행 1:17

20 무리가 대답했습니다. "당신은 귀신 들렸소. 누가 당신을 죽이려고 한다는 것이오?"

21 예수께서 그들에게 말씀하셨습니다. "내가 한 가지 일을 행하자 너희 모두가 놀랐다.

22 모세가 너희에게 할례법을 주었기 때문에 너희는 안식일에 할례를 베풀고 있다. (사실 할례는 모세에게서 온 것이 아니라 *그 전 조상들에게서 온 것이다.) 그래서 너희는 안식일에도 사람들에게 할례를 베푸

7:21 5장 1~9절의 안식일에 병자 고친 일을 말함.
7:22 아브라함에게서 온 것임.

는 것이다. 창 17:10;레 12:3

23 이와 같이 모세의 율법을 어기지 않으려고 사람이 안식일에도 할례를 받는데 내가 안식일에 사람의 온몸을 성하게 해 주었다고 해서 너희가 어찌 내게 화를 내느냐?

24 겉모양으로만 판단하지 말고 공정하게 판단하라." 8:15;사 11:3;고후 10:7

25 그리스도에 대해 말하는 유대 사람들 바로 그때 몇몇 예루살렘 사람들이 말했습니다. "이 사람이 바로 그들이 죽이려는 사람이 아닌가? 1절

26 보시오. 그가 여기서 공공연하게 말하고 있는데도 저들이 아무 말도 하지 못하는 것을 보니, 관리들도 정말 이 사람을 그리스도로 알고 있는 것이 아닌가? 18:20

27 우리는 이 사람이 어디에서 왔는지 알고 있다. 그러나 그리스도가 오실 때에는 어디에서 오시는지 아는 사람이 없을 것이다."

28 그러자 예수께서는 성전에서 가르치시다가 큰 소리로 말씀하셨습니다. "너희는 나를 알고 또 내가 어디에서 왔는지 안다. 그러나 나는 이곳에 내 스스로 온 것이 아니다. 나를 보내신 분은 참되시다. 너희는 그분을 알지 못하지만 14;3;8:19,26,42

29 나는 그분을 안다. 내가 그분에게서 왔고 그분은 나를 보내셨기 때문이다." 마 11:27

30 이 말에 그들은 예수를 붙잡으려고 했습니다. 그러나 아직 때가 되지 않았기 때문에 아무도 그분에게 손댈 수 없었습니다.

31 그러나 무리 가운데서 많은 사람이 예수를 믿었습니다. 그들은 "그리스도께서 오시더라도 이분보다 더 많은 표적들을 행하시겠는가?"라고 말했습니다. 막 12:35

32 바리새파 사람들은 무리가 예수에 대해 이렇게 수군거리는 것을 들었습니다. 대제사장들과 바리새파 사람들은 예수를 잡으려고 성전 경비병들을 보냈습니다. 12;45-46절

33 예수께서 말씀하셨습니다. "나는 잠시 동안 너희와 함께 있다가 나를 보내신 분께로 갈 것이다. 12:35;13:33;14:19;16:5

34 너희가 나를 찾아도 만나지 못할 것이요, 또 내가 있는 곳에 너희가 올 수도 없을 것이다." 8:21;13:33

35 그러자 유대 사람들이 서로 말했습니다. "이 사람이 어디로 가기에 자기를 찾지 못할 것이라고 하는가? 그리스 사람들 가운데 흩어져 사는 유대 사람들에게 가서 그리스 사람들을 가르치겠다는 것인가?

36 또 '너희가 나를 찾아도 만나지 못할 것이요, 또 내가 있는 곳에 너희가 올 수도 없을 것이다'라고 한 말은 도대체 무슨 뜻인가?"

37 생수의 강 초막절의 가장 중요한 날인 마지막 날에 예수께서 일어나 큰 소리로 말씀

초막절은 무슨 날인가요?

초막절은 올리브, 포도 등을 수확하여 저장한 후 유대 달력으로 티쉬리 월(7월, 태양력으로 9~10월경) 15일부터 지키는 감사 절기를 말해요(레 23:34~41). 곡식을 거두고 저장한 후 지키는 절기라 하여 '수장절'(출 23:16), '장막절'(신 16:13)이라고도 불렀어요. 이 절기 때 이스라엘 백성은 초막을 하나씩 만들었는데, 광야 40년 생활을 기념해 초막 안에서 7일 동안을 지냈답니다(레 23:42~43).

◈초막절에 행하는 의식

초막절에는 매일 아침 제사장이 실로암 연못에서 물을 길어 와 제단에 부어 바쳐요. 이는 광야 생활 중 바위에서 물을 내어 주신 것을 기념한다는 의미예요. 또 이른 비를 바라는 의미도 포함되어 있어요. 초막절이 지나면 밀, 보리를 심어야 했기 때문에 비가 오기를 소원했던 것이랍니다. 제사장이 물을 길어 올 때 사람들은 환호하며 맞았고, 제사장들은 은 나팔을 불었으며 다른 제사장

하셨습니다. "누구든지 목마른 사람은 다
내게로 와서 마셔라.
<small>4:14;6:35;사 55:1</small>

38 누구든지 나를 믿는 사람마다 성경의 말
씀대로 생수의 강이 그의 배에서 흘러나
올 것이다."
<small>4:10,14;사 12:3;겔 47:1</small>

39 이것은 예수를 믿는 사람들이 받게 될 성
령을 가리켜서 하신 말씀이었습니다. (그때
까지 성령을 주시지 않았던 것은 예수께서
아직 영광을 받지 않으셨기 때문입니다.)

40 유대 사람들 간의 분쟁 예수의 말씀을 듣자
마자 몇몇 사람들이 말했습니다. "이분은
참으로 그 예언자이시다."
<small>31절;1:21;6:14</small>

41 어떤 사람들은 "이분은 그리스도이시다"
라고 했습니다. 또 다른 사람들은 "그리스
도가 어떻게 갈릴리에서 나온단 말인가?

42 성경에 그리스도는 다윗의 가문에서 나실
것이며 다윗이 살던 동네 베들레헴에서 나신
다고 말하지 않았는가?'라고도 했습니다.

43 사람들은 예수로 인해 서로 편이 갈리게
됐습니다.
<small>9:16;10:19</small>

44 그들 가운데 예수를 잡고자 하는 사람들
도 있었으나 아무도 예수께 손을 대지는
못했습니다.
<small>30절</small>

45 니고데모의 중재 성전 경비병들이 돌아오자
대제사장들과 바리새파 사람들이 그들에
게 물었습니다. "왜 그를 잡아 오지 않았느
냐?"
<small>32절</small>

46 경비병들이 대답했습니다. "지금까지 이
사람처럼 말하는 사람은 없었습니다."

47 바리새파 사람들이 경비병들에게 말했습
니다. "너희도 미혹된 것이 아니냐?"
<small>12절</small>

48 유대 관원들이나 바리새파 사람들 중에 그
를 믿는 사람이 있더냐?
<small>고전 1:20,26;2:8</small>

49 율법도 모르는 이 군중들은 저주를 받은
사람들이다."

50 그들 중 한 사람으로 전에 예수를 찾아갔
던 니고데모가 그들에게 말했습니다.

51 "우리 율법은 사람을 판결하기 전에 먼
저 그 사람의 말을 들어 보거나 또 그 사람
이 행한 일을 알아보도록 돼 있지 않소?"

52 그들이 대답했습니다. "당신도 갈릴리 사
람이오? 성경을 살펴보시오. 그러면 갈릴
리에서 예언자가 나온다는 말씀이 없다는
것을 알게 될 것이오."
<small>왕하 14:25;수 19:13</small>

53 [그리고 그들은 제각기 자기 집으로 돌아
갔습니다.

8 간음하다 잡힌 여인 예수께서는 올리브
산으로 가셨습니다.

2 이른 아침에 예수께서 다시 성전으로 가시
자 많은 백성들이 예수께 나아왔습니다.
예수께서 앉아서 그들을 가르치실 때

3 율법학자들과 바리새파 사람들이 간음을
하다가 잡힌 여인을 끌고 와서 사람들 앞
에 세우고

들은 *이사야 말씀*으로 찬송을 했어요(사 12:3). 제단
에 물을 부을 때 레위 사람들은 시편 118편을 찬양했
으며 제사장들이 "우리를 구원하소서."(시 118:25)를
외치면 회중은 종려나무 가지를 흔들며 시편 113-
118편을 불렀습니다.

◈ 명절 끝날 곧 큰 날

유대 사람들은 초막절 마지막 날을 '큰 구원의 날'로
지켜요. 이날을 지난해의 죄를 용서받을 수 있는 마
지막 '사죄의 날'이라고 믿었어요. 그래서 마지막 날
제단에 물을 부으면서 죄를 용서해 준 은혜에 감사
하며 춤을 추었습니다. 이러한 유대 사람들을 향해

예수님은 누구든지 목마른 사람은 오라고 외치셨어
요(요 7:37). 그러면서 성령의 충만을 받을 것이라고
하셨습니다(요 7:38-39).

4 예수께 말했습니다. "선생님, 이 여자가 간음을 하다가 현장에서 붙잡혔습니다.

5 모세는 율법에서 이런 여자들을 돌로 쳐 죽여야 한다고 우리에게 명령했습니다. 선생님은 뭐라고 하시겠습니까?" 레 20:10

6 그들이 이런 질문을 한 것은 예수를 시험해 고소할 구실을 찾으려는 속셈이었습니다. 그러나 예수께서는 몸을 구부린 채 앉아서 손가락으로 바닥에 무엇인가를 쓰기 시작하셨습니다. 마 16:1;19:3;눅 11:16,54

7 그들이 계속 질문을 퍼붓자 예수께서 일어나서 그들에게 말씀하셨습니다. "너희 가운데 죄 없는 사람이 먼저 이 여인에게 돌을 던져라." 신 17:7;롬 2:1

8 그러고는 다시 몸을 굽혀 바닥에 무엇인가를 쓰셨습니다.

9 이 말씀을 들은 사람들은 제일 나이든 사람부터 하나 둘씩 슬그머니 사라지기 시작했습니다. 결국 예수와 거기 홀로 서 있던 여인만 남게 됐습니다.

10 예수께서 일어나 여인에게 물으셨습니다. "여인아, 그들은 어디 있느냐? 너를 정죄한 사람이 한 사람도 없느냐?"

11 여인이 대답했습니다. "선생님, 없습니다." 예수께서 말씀하셨습니다. "나도 너를 정죄하지 않겠다. 이제부터 다시는 죄를 짓지 마라.] 15절;3:17;눅 12:14

12 세상의 빛 예수께서 사람들에게 다시 말씀하셨습니다. "나는 세상의 빛이다. 누구든지 나를 따르는 사람은 어둠 속에 다니지 않고 생명의 빛을 얻을 것이다."

13 바리새파 사람들이 예수께 말했습니다.

"당신이 당신 자신에 대해 증언하니 당신의 증언은 진실하지 못하오." 5:31

14 예수께서 대답하셨습니다. "비록 내가 나에 대해 증언한다 해도 내 증언은 참되다. 나는 내가 어디에서 와서 어디로 가는지 알기 때문이다. 그러나 너희는 내가 어디에서 왔는지도 모르고 또 어디로 가는지도 알지 못한다. 21절;7:28,33;9:29

15 너희는 사람의 기준대로 판단하지만 나는 어느 누구도 판단하지 않는다. 삼상 16:7

16 그러나 내가 판단한다 해도 내가 내린 판단은 옳다. 그것은 내가 혼자가 아니라 나를 보내신 아버지와 함께하기 때문이다.

17 너희 율법에도 '두 사람이 증언하면 참되다'고 기록돼 있다. 민 35:30;신 17:6;19:15

18 내가 나 자신을 위한 증인이요, 나를 보내신 아버지 또한 나에 대해 증언하신다." 5:37

19 그러자 그들이 예수께 물었습니다. "당신의 아버지는 어디 있소?" 예수께서 대답하셨습니다. "너희는 나도 모르고 내 아버지도 모른다. 너희가 나를 알았더라면 내 아버지도 알았을 것이다." 55절;14:7;16:3

20 이것은 예수께서 성전에서 가르치실 때 헌금함 앞에서 하신 말씀입니다. 그러나 아직 예수의 때가 되지 않았기 때문에 예수를 잡는 사람이 아무도 없었습니다.

21 불신에 대한 경고 예수께서 다시 그들에게 말씀하셨습니다. "나는 떠나갈 것이고 너희는 나를 찾다가 너희의 죄 가운데서 죽을 것이다. 내가 가는 곳에 너희는 올 수 없다."

22 이에 유대 사람들이 말했습니다. "저 사람이 자살하려나? 그래서 '내가 가는 곳에

나는 세상의 빛이다

예수님 당시 초막절 기간 중 가장 큰 구경거리는 성전 안에 있는 '여인의 뜰'에 커다란 등불을 점화하는 것이었다. 등불의 심지는 제사장들이 입다가 해진 옷들로 만들었다. 그 등불은 유대 사람들과 조상들이 광야에서 방황하던 시절에 낮에는 구름 기둥으로, 밤에는 불기둥으로 함께하신 하나님을 기억하게 해 주었다(민 9:15-23).

이 기간 중 예수님은 "나는 세상의 빛이다."(요 8:12)라고 하셨다. 성경에서 '빛'은 하나님과 생명, 하나님의 거룩함의 상징이다. 예수님은 이 세상에 오신 하나님(요 1:9-10)으로 이 세상에 생명을 주시는 참빛 그 자체이시다(요일 1:5).

너희는 올 수 없다'라고 하는 것인가?"

23 그러자 예수께서 말씀하셨습니다. "너희는 아래에서 왔고 나는 위에서 왔다. 너희는 이 세상에서 왔지만 나는 이 세상에 속하지 않았다. 44절3:31;17:35

24 그래서 나는 너희가 죄 가운데서 죽을 것이라고 말했다. 만일 너희가 '내가 곧 그'임을 믿지 않으면 너희는 너희의 죄 가운데서 죽을 것이다." 21,28절4:26;16:9

25 그들이 물었습니다. "당신은 누구요?" 예수께서 대답하셨습니다. "내가 처음부터 너희에게 말하지 않았느냐? 1:19;17:17

26 내가 너희에 대해 말할 것과 판단할 것이 많이 있다. 그러나 나를 보내신 분은 참되시며 나는 그분에게서 들은 대로 세상에 말하는 것이다." 40절3:33;18:20

27 그들은 예수께서 아버지를 가리켜 말씀하시는 것을 깨닫지 못했습니다. 18,26절

28 그래서 예수께서 말씀하셨습니다. "너희는 인자가 높이 들려 올려질 때에야 '내가 곧 그'임을 알게 되고 또 내가 내 뜻대로는 아무것도 하지 않고 오직 아버지께서 내게 가르쳐 주신 대로 말한다는 것을 알게 될 것이다. 3:14;5:30;7:16

29 나를 보내신 그분이 나와 함께하신다. 그분이 나를 홀로 두지 않으시는 것은 내가 항상 그분이 기뻐하시는 일을 하기 때문이다."

30 예수께서 이와 같이 말씀하시자 많은 사람들이 예수를 믿게 됐습니다. 7:31

31 *영적인 자유* 예수께서 자기를 믿게 된 유대 사람들에게 말씀하셨습니다. "만일 너희가 내 말대로 산다면 너희는 참으로 내 제자들이다. 15:7~8;요일 1:9

32 그리고 너희는 진리를 알게 될 것이며 진리가 너희를 자유롭게 할 것이다."

33 그들이 예수께 대답했습니다. "우리는 아브라함의 자손이고 어느 누구의 종이 된 적도 없는데 당신은 어째서 우리가 자유롭게 된다고 말합니까?" 마 3:9;눅 19:9

34 예수께서 대답하셨습니다. "내가 진실로 진실로 너희에게 말한다. 죄를 짓는 사람마다 죄의 종이다. 롬 6:16~20;딛 3:3

35 종은 집에 영원히 머물러 있을 수 없지만 아들은 영원히 머물러 있다. 창 21:10

36 그러므로 아들이 너희를 자유롭게 하면 너희는 참으로 자유롭게 될 것이다.

37 나는 너희가 아브라함의 자손인 것을 안다. 그런데 너희가 나를 죽이려고 하는구나. 내 말이 너희 안에 있을 자리가 없기 때문이다. 40절7:1

38 나는 내 아버지에게서 본 것을 말하고 너희는 너희의 아비에게서 들은 것을 행하고 있다." 41,44절3:32;5:19

39 *아브라함의 참된 자손* 그들이 대답했습니다. "우리 조상은 아브라함입니다." 예수께서 말씀하셨습니다. "너희가 만약 아브라함의 자손이라면 아브라함이 한 일을 너희도 했을 것이다. 33,56절눅 3:7,9

40 그러나 지금 너희는, 너희에게 하나님께 진리를 듣고 말해 준 사람인 나를 죽이려고 한다. 아브라함은 이런 일을 하지 않았다.

41 너희는 너희의 아비가 했던 일을 하고 있다." 그들이 예수께 말했습니다. "우리는 음란한 데서 나지 않았습니다. 우리 아버지는 오직 한 분 하나님이십니다."

42 예수께서 그들에게 말씀하셨습니다. "만

진리가 뭔가요?

예수님은 유대 사람들에게 "너희는 진리를 알게 될 것이며 진리가 너희를 자유롭게 할 것이다."(요 8:32)라고 하셨어요. 그것은 구원의 진리를 알게 되면 죄에서 벗어나 자유롭게 된다는 뜻이에요. 진리는 바로 예수님 자신을 말하는 것이랍니다.

그러자 비록 로마의 통제 아래 있긴 했으나, 아브라함의 자손으로 자유로운 사람들이며, 결코 노예나 종이 아니라고 생각했던 유대 사람들이 예수님에게 따졌어요(요 8:33).

예수님은 유대 사람들이 아브라함의 자손이기는 하지만(요 8:37) 죄의 종이며(요 8:34), 예수님의 말씀을 받아들이지 않고 아브라함의 참 자손인 자신을 죽이려 하기 때문에, 아브라함의 자손이 아니라고 보셨어요(요 8:39~40; 롬 2:28~29).

약 하나님이 너희 아버지라면 너희가 나를 사랑할 것이다. 내가 하나님에게서 와서 지금 여기에 있기 때문이다. 나는 내 뜻으로 온 것이 아니라 하나님께서 나를 보내신 것이다. 3:17;16:28;요일 5:1

43 어째서 너희는 내가 말하는 것을 깨닫지 못하느냐? 그것은 너희가 내 말을 들을 수 없기 때문이다. 7:17;8:43 6:10;고전 2:14

44 너희는 너희 아비인 마귀에게 속해 있고 너희는 너희 아비가 원하는 것을 하고자 한다. 그는 처음부터 살인자였다. 또 그 안에 진리가 없기 때문에 진리 안에 서지 못한다. 그는 거짓말을 할 때마다 자기 본성을 드러낸다. 이는 그가 거짓말쟁이이며 거짓의 아비이기 때문이다.

45 그러나 내가 진리를 말하기 때문에 너희는 나를 믿지 않는다.

46 너희 가운데 누가 내게 죄가 있다고 증명할 수 있느냐? 내가 진리를 말하는데 어째서 나를 믿지 못하느냐?

47 하나님께 속한 사람은 하나님의 말씀을 듣는다. 너희가 듣지 않는 까닭은 너희가 하나님께 속하지 않았기 때문이다."

48 **영원한 존재** 유대 사람들이 예수께 대답했습니다. "우리가 당신을 사마리아 사람이라고 하며 귀신 들렸다고 하는데 그 말이 옳지 않소?" 7:20

49 예수께서 말씀하셨습니다. "나는 귀신 들린 것이 아니다. 다만 나는 내 아버지께 영광을 돌리는 것인데 너희는 나를 멸시하는구나. 5:23;7:18

50 나는 내 영광을 구하지 않는다. 그러나 나를 위해 영광을 구하는 분이 계시는데 그분은 심판자이시다. 5:41;8:54

51 내가 진실로 진실로 너희에게 말한다. 누구든지 내 말을 지키는 사람은 결코 죽음을 보지 않을 것이다." 5:24;11:26;눅 2:26

52 이 말씀에 유대 사람들이 예수께 말했습니다. "이제 우리는 당신이 귀신 들렸다는 것을 알았소. 아브라함도 죽었고 예언자들도 죽었는데 당신은 '누구든지 내 말을 지

키는 사람은 결코 죽음을 보지 않을 것이다'라고 하니 51절;눅 1:5;마 16:28;히 2:9

53 당신이 우리 조상 아브라함보다 크다는 말이오? 아브라함도 죽었고 예언자들도 죽었소. 당신은 대체 스스로 누구라고 생각하오?" 4:12

54 예수께서 대답하셨습니다. "만일 내가 나를 영광되게 한다면 내 영광은 헛된 것이다. 나를 영광스럽게 하시는 분은 바로 너희가 너희 하나님이라고 말하는 내 아버지이시다. 41,50절;17:1;행 3:13

55 너희는 그분을 알지 못하지만 나는 그분을 안다. 내가 만약 그분을 알지 못한다고 말한다면 나도 너희와 같이 거짓말쟁이가 될 것이다. 나는 분명 아버지를 알고 그분의 말씀을 지킨다. 44절;7:29;8:19 11:27;요일 1:6

56 너희 조상 아브라함은 내 날을 보려라고 기대하며 기뻐하다가 마침내 보고 기뻐했다."

57 유대 사람들이 예수께 말했습니다. "당신은 아직 나이가 50세가 안 됐는데 아브라함을 보았단 말이오?"

58 예수께서 대답하셨습니다. "내가 진실로 진실로 너희에게 말한다. 나는 아브라함이 태어나기 전부터 있었다." 골 1:17;계 1:8

59 그러자 유대 사람들이 돌을 들어 예수께 던지려 했습니다. 그러나 예수께서는 몸을 피해 성전 밖으로 나가셨습니다. 12:36

9 날 때부터 눈먼 사람을 고치심 예수께서 길을 가시다가 날 때부터 눈먼 사람을 만나셨습니다.

2 제자들이 예수께 물었습니다. "랍비여, 이 사람이 눈먼 사람으로 태어난 것이 누구의 죄 때문입니까? 이 사람의 죄 때문입니까, 부모의 죄 때문입니까?" 34절

3 예수께서 대답하셨습니다. "이 사람의 죄도, 그 부모의 죄도 아니다. 다만 하나님께서 하시는 일들을 그에게서 드러내시려는 것이다. 11:4

4 우리는 낮 동안에 나를 보내신 분의 일을 해야 한다. 밤이 오면 그때에는 아무도 일할 수 없다. 4:34;11:9;12:35;롬 13:12

5 내가 세상에 있는 동안 나는 세상의 빛이다. 1:4-5,9:8:12

6 이 말씀을 하신 후 예수께서 땅에 침을 뱉어서 진흙을 이겨 그 사람의 눈에 바르셨습니다. 9:29;막 7:33;8:23

7 그리고 그에게 말씀하셨습니다. "실로암 연못에 가서 씻어라."(실로암은 '보냄을 받았다'는 뜻입니다.) 그 사람이 가서 씻고는 앞을 보게 돼 집으로 돌아갔습니다.

8 이웃 사람들과 그가 전에 구걸하던 것을 보아 온 사람들이 물었습니다. "이 사람은 앉아서 구걸하던 사람이 아닌가?"

9 몇몇 사람들은 그 사람이라고 말했고 또 어떤 사람들은 "아니다. 그냥 닮았을 뿐이다"라고 말했습니다. 그러나 그 사람이 말했습니다. "내가 바로 그 사람이오."

10 그들이 그 사람에게 물었습니다. "그렇다면 어떻게 눈을 뜨게 됐느냐?"

11 그가 대답했습니다. "예수라는 분이 진흙을 이겨 내 눈에 바르고 '실로암에 가서 씻으라'고 하셨소. 그래서 내가 가서 씻었더니 이렇게 볼 수 있게 됐소." 6-7절

12 사람들이 "예수가 어디 있느냐?" 하고 묻자 그가 "모르겠소" 하고 대답했습니다.

13 **심문받은 바리새 사람들** 그들은 전에 눈먼 사람이던 그를 바리새 사람들에게 데리고 갔습니다.

14 예수께서 진흙을 이겨 그 사람의 눈을 뜨게 하신 날은 안식일이었습니다. 5:9

15 *그래서 바리새 사람들도 그가 어떻게 보게 됐는지 물었습니다. 그러자 그 사람이 대답했습니다. "예수께서 내 눈에 진흙을 바르셨는데 내가 씻고 나니 볼 수 있게 됐습니다."* 10절

16 몇몇 바리새 사람들이 "이 사람이 안식일을 지키지 않은 것을 보니 하나님께로부터 온 것이 아니오"라고 말하자, 다른 사람들이 "죄인이라면 어떻게 이런 표적을 보이겠소?" 하고 말했습니다. 이렇게 그들은 의견이 갈라졌습니다. 마 12:2

17 그들은 눈멀었던 사람에게 다시 물었습니다. "예수에 대해 네가 할 말이 있느냐? 그가 네 눈을 뜨게 하지 않았느냐?" 그 사람이 대답했습니다. "그분은 예언자이십니다."

18 **심문받은 눈먼 사람의 부모** 유대 사람들은 아직도 그가 눈먼 사람이었다가 보게 된 것을 믿지 못해 그의 부모를 불러다가

19 물었습니다. "이 사람이 당신의 아들이오? 태어날 때부터 눈먼 사람이었다는 아들이 맞소? 그런데 지금은 어떻게 볼 수 있게 됐소?"

20 부모가 대답했습니다. "그가 우리 아들이고 날 때부터 눈먼 사람이었다는 것을 우리가 알지만

21 그가 지금 어떻게 볼 수 있게 됐는지, 누가 그 눈을 뜨게 해 주었는지는 모릅니다. 그에게 물어보십시오. 그 아이가 다 컸으니 스스로 말할 수 있을 것입니다."

22 그 부모가 이렇게 말한 것은 유대 사람들이 두려웠기 때문입니다. 유대 사람들은 이미 예수를 그리스도라 인정하는 사람은 누구라도 회당에서 내쫓기로 결정했던 것입니다. 7:13;12:42;16:2

23 그래서 그 부모가 말하기를 "그 아이가 다 컸으니 그에게 직접 물어보십시오"라고 말했던 것입니다. 21절

24 **눈멀었던 사람을 다시 심문함** 그들이 전에 눈멀었던 그 사람을 두 번째로 불러서 말했습니다. "하나님께 영광을 돌려라. 우리가 알기로 그 사람은 죄인이다."

25 그가 대답했습니다. "나는 그분이 죄인인지 아닌지는 모릅니다. 다만 한 가지 아는 것은 내가 전에 눈이 멀었다가 지금은 본다는 것입니다." 18,24절

26 그러자 그들이 그에게 물었습니다. "그가 네게 어떻게 했느냐? 그가 어떻게 네 눈을 뜨게 해 주었느냐?"

27 그가 대답했습니다. "내가 이미 말씀드렸는데도 당신들은 곧이듣지 않았습니다.

실로암(9:7, Siloam) '보냄을 받았다'라는 뜻으로 예루살렘 성안에 있는 연못.

왜 똑같은 말을 자꾸 들으려고 합니까? 당신들도 그분의 제자가 되고 싶으십니까?"

28 그러자 그들이 그에게 욕을 하며 말했습니다. "너는 그 사람의 제자이지만 우리는 모세의 제자들이다. 5:45

29 우리는 하나님께서 모세에게 말씀하셨다는 것을 안다. 그러나 그 사람은 어디서 왔는지 알지 못한다." 8:14

30 그가 대답했습니다. "참 이상한 일입니다. 당신들은 그분이 어디서 오셨는지 모르지만 그분은 내 눈을 뜨게 해 주셨습니다.

31 우리가 알다시피 하나님께서는 죄인들의 말은 듣지 않으시지만 하나님을 공경하고 그 뜻을 행하는 사람의 말은 들어 주십니다.

32 창세 이후 누구라도 날 때부터 눈먼 사람의 눈을 뜨게 했다는 말은 들어 본 적이 없습니다.

33 만약 이분이 하나님께로부터 오신 이가 아니라면 아무 일도 하지 못하셨을 것입니다." 16절;3:2;10:21

선한 목자

에스겔 34장에서 하나님은 흩어진 이스라엘 양 떼를 모으시고, 양 떼를 먹이실 선한목자인 메시아를 보내 주겠다고 약속하셨다. 예수님은 자신이 바로 그 '선한 목자'라고 선언하셨다(요 10:11, 14). 예수님이 말씀하신 선한 목자의 특징은 다음과 같다.

① 내 양을 안다 : 선한 목자는 양 하나하나의 행동과 모습을 잘 살펴 이름을 지어 주는 친밀함과 사랑을 갖고 있다. 예수님은 자기 백성을 친밀하게 잘 아시는 분이시다.

② 양을 위해 목숨을 버린다 : 선한 목자는 양을 지키기 위해 때로 도둑이나 맹수와 싸우다 목숨을 잃기까지 한다. 예수님은 인류를 구원하기 위해 자기 생명을 버리셨다(마 20:28).

③ 우리에 속하지 않은 양을 인도한다 : 선한 목자는 잃어버린 한 마리 양을 찾아다닌다. 예수님은 잃어버린 하나님의 백성을 찾기 위해 이 땅에 오셨다(눅 15:3~7).

34 그 말에 그들이 대답했습니다. "네가 태어나면서부터 죄 속에 파묻혀 있었으면서 어떻게 감히 우리를 가르치려 하느냐?" 그러고 나서 그를 쫓아냈습니다. 2:22절

35 **눈멀었던 사람을 만나심** 예수께서는 바리새파 사람들이 그 사람을 쫓아냈다는 말을 듣고 그를 찾아가 말씀하셨습니다. "네가 인자를 믿느냐?" 10:36;5:14;14:33

36 그 사람이 물었습니다. "선생님, 그분이 누구신지 말씀해 주십시오. 제가 그분을 믿겠습니다." 롬 10:14

37 예수께서 말씀하셨습니다. "네가 이미 그를 보았다. 너와 말하고 있는 사람이 바로 그다." 4:26

38 그러자 그 사람이 말했습니다. "주여, 제가 믿습니다." 그러고는 예수께 절했습니다.

39 예수께서 말씀하셨습니다. "나는 이 세상을 심판하러 왔다. 못 보는 사람은 보게 하고 보는 사람은 못 보게 하려는 것이다."

40 이 말씀을 듣고 예수와 함께 있던 몇몇 바리새파 사람들이 물었습니다. "우리도 눈이 먼 사람이란 말이오?" 롬 2:19

41 예수께서 말씀하셨습니다. "너희가 눈이 먼 사람이었다면 죄가 없었을 것이다. 그러나 너희가 지금 본다고 하니 너희의 죄가 그대로 남아 있다." 15:22,24;약 4:17

10 **양과 목자** "내가 진실로 진실로 너희에게 말한다. 양의 우리에 들어가되 문으로 들어가지 않고 다른 길로 넘어 들어가는 사람은 도둑이요, 강도다.

2 문으로 들어가는 사람은 양들의 목자다.

3 문지기는 목자를 위해 문을 열어 주고 양들은 목자의 음성을 알아듣는다. 목자는 자기 양들의 이름을 하나하나 부르며 밖으로 데리고 나간다.

4 자기 양들을 다 불러낸 다음에 목자가 앞서가면 양들은 목자의 음성을 알고 뒤따라간다.

5 그러나 양들은 결코 낯선 사람을 따라가지 않는다. 낯선 사람의 음성을 알아듣지 못하기 때문에 양들은 도리어 그에게서

피해 달아난다." 12-13절

6 예수께서 그들에게 이런 비유로 말씀하셨지만 그들은 예수께서 자기들에게 무슨 뜻으로 그렇게 말씀하시는지 깨닫지 못했습니다. 9:40;16:25,29

7 **양의 문** 그래서 예수께서 다시 말씀해 주셨습니다. "내가 진실로 진실로 너희에게 말한다. 나는 양의 문이다. 9절;14:6;엡 2:18

8 나보다 먼저 온 사람들은 모두 다 도둑이며 강도였으며 양들은 그 말을 듣지 않았다.

9 나는 문이다. 누구든지 나를 통해 들어오는 사람은 구원을 얻고 들어오고 나가면서 꼴을 얻을 것이다. 5:34;시 23:2;껠 34:14

10 도둑은 훔치고 죽이고 멸망시키려고 온다. 그러나 내가 온 것은 양들이 생명을 얻게 하되 더욱 풍성하게 얻게 하려는 것이다.

11 **선한 목자** 나는 선한 목자다. 선한 목자는 양들을 위해 자기 생명을 내놓는다.

12 삯꾼은 목자가 아니요, 양들도 자기의 것이 아니기 때문에 이리가 오는 것을 보면 양들을 버리고 달아난다. 그러면 이리가 양들을 물어 가고 양 떼를 흩어 버린다.

13 달아난 것은 그가 삯꾼이므로 양들에게 관심이 없기 때문이다. 슥 11:16;벧전 5:2

14 나는 선한 목자다. 나는 내 양들을 알고 내 양들은 나를 안다. 4,11,27절;나 1:7;딤후 2:19

15 이것은 마치 아버지께서 나를 아시고 내가 아버지를 아는 것과 같다. 나는 양들을 위해 내 생명을 내놓는다. 11절;마 11:27

16 내게는 이 양의 우리에 속하지 않은 다른

양들도 있는데 그들도 데려와야 한다. 그들도 역시 내 음성을 들을 것이며 한 목자 아래서 한 무리 양 떼가 될 것이다.

17 내 아버지가 나를 사랑하시는 까닭은 내가 생명을 다시 얻기 위해 생명을 내놓기 때문이다. 11절;사 53:7-8,12;벧전 2:9

18 누가 내게서 생명을 빼앗는 것이 아니라 내가 스스로 내놓는 것이다. 나는 그것을 내놓을 권세도 있고 또다시 얻을 권세도 있다. 이 계명은 내가 내 아버지께로부터 받은 것이다." 12:49;마 26:53;빌 2:7

19 **분쟁이 계속됨** 이 말씀 때문에 유대 사람들은 다시 의견이 갈라지게 됐습니다.

20 그들 중 많은 사람들이 "그는 귀신 들려 미쳤다. 그런데 왜 그 사람의 말을 듣느냐?" 하고 말했습니다. 7:20;막 3:21

21 그러나 또 다른 사람들은 "이 말은 귀신 들린 사람의 말이 아니다. 귀신이 눈먼 사람의 눈을 뜨게 할 수 있겠느냐?"라고 말했습니다. 9:33;출 4:11;시 146:8

22 **예수님이 신성을 나타내심** 예루살렘에 수전절이 이르렀는데 때는 겨울이었습니다.

23 예수께서는 성전 안에 있는 솔로몬 행각을 거닐고 계셨습니다. 행 3:11;5:12

24 그때 유대 사람들이 예수를 둘러싸고 말했습니다. "당신은 언제까지 우리를 헷갈리게 할 작정이오? 당신이 그리스도라면 그렇다고 분명하게 말해 보시오."

25 예수께서 대답하셨습니다. "내가 이미 말했지만 너희가 믿지 않는구나. 내가 내 아

빛의 명절, 수전절

더럽혀진 성전을 깨끗하게 하고 수리한 것을 기념하는 명절이다. 히브리어로 '하누카'(봉헌)라고 부른다. 유대력으로 키스레우 월 25일에 시작된다(태양력으로 12월에 해당). 그래서 수전절은 크리스마스와 거의 비슷한 시기에 지켜지게 된다.

수전절에는 8일 동안 매일 하나씩 촛대에 불을 밝히는데, 하누카

촛대에는 처음부터 촛불을 켜 놓기 때문에 모두 아홉 개의 촛불을 밝히게 된다. 이 때문에 수전절은 '빛의 명절'이라고 한다. 예수님은 눈먼 사람을 고치시면서 "내가 세상에 있는 동안 나는 세상의 빛이다."(요 9:5)라고 하셨다. 예수님은 빛을 믿는 사람마다 빛의 아들이 된다고 가르치셨다(요 12:36).

버지의 이름으로 행하는 일들이 나에 대해 증언한다. 38절;5:36,43

26 그런데 너희가 믿지 않는 것은 내 양이 아니기 때문이다. 8:47

27 내 양들은 내 음성을 알아듣는다. 나는 내 양들을 알고 내 양들은 나를 따른다.

28 나는 그들에게 영생을 준다. 그들은 영원히 멸망하지 않을 것이며 어느 누구도 내 손에서 그들을 빼앗을 수 없다. 요일 2:25

29 그들을 내게 주신 내 아버지는 모든 것보다 더 크신 분이다. 어느 누구도 그들을 내 아버지의 손에서 빼앗을 수 없다.

30 나와 내 아버지는 하나다." 5:19;14:9;17:11,22

31 **예수님을 돌로 치려 함** 이때 유대 사람들이 다시 돌을 집어 들어 예수께 던지려고 했습니다. 8:59

32 그러자 예수께서 그들에게 말씀하셨습니다. "내가 아버지께로부터 받은 선한 일들을 너희에게 많이 보여 주지 않았느냐? 그런데 너희가 그중 어떤 일로 내게 돌을 던지려는 것이냐?"

33 유대 사람들이 대답했습니다. "우리가 당신을 돌로 치려는 것은 선한 일을 했기 때문이 아니라 하나님을 모독했기 때문이오. 당신은 사람이면서 자신을 하나님이라고 했소."

34 예수께서 그들에게 대답하셨습니다. "너희 율법에 '내

가 너희를 신들이라고 했다' 하는 말이 기록돼 있지 않느냐? 시 82:6

35 하나님의 말씀을 받은 사람들을 하나님께서 '신들'이라고 하셨다. 성경은 폐기될 수 없다.

36 그런데 아버지께서 거룩하게 하셔서 세상에 보내신 그가 자기를 하나님의 아들이라고 말한다고 해서 너희는 그가 하나님을 모독한다고 말하느냐?

37 내가 내 아버지의 일을 하지 않거든 나를 믿지 말라. 15:24

38 그러나 내가 아버지의 일을 하거든 비록 너희가 나를 믿지는 않더라도 그 일들은 믿어라. 그러면 아버지가 내 안에 계시고 내가 아버지 안에 있다는 것을 깨달아 알게 될 것이다." 25절;14:10~11,20;17:21,23

39 유대 사람들은 또다시 예수를 잡으려고 했으나 예수께서는 그들의 손에서 벗어나서 피하셨습니다. 7:30,44;8:59

40 **베다니로 가심** 예수께서는 다시 요단 강 건너편, 곧 전에 요한이 세례를 주던 곳으로 가셔서 그곳에 머무르셨습니다. 1:28

41 그러자 많은 사람들이 예수께 나아와 말했습니다. "요한이 표적을 일으키지는 않았지만 요한이 이 사람에 대해 한 말은 모두 사실이었다." 1:7,29~34;3:27~30;5:33

42 그곳에서 많은 사람들이 예수를 믿게 됐습니다. 7:31

11 나사로의 병 나사로라고 하는 사람이 병이 들었는데 그는 마리아와 그의 자매 마르다의 마을 베다니에 살고 있습니다. 눅 10:38~39

2 이 마리아는 예수께 향유를 붓고 자기 머리털로 예수의 발을 닦아 드린 여인인데 그 오빠 나사로가 병이 든 것입니다.

3 그래서 두 자매는 사람을 예수께 보내어 말했습니다. "주여, 주께서 사랑하시는 사람이 병들었습니다." 5,11,36절

4 예수께서는 이 말을 듣고 말씀하셨습니다. "이 병은 죽을 병이 아니다. 이것은 하나님의 영광을 위한 것이요, 이 일을 통해

예수님이 죽은 나사로를 살리심

하나님의 아들이 영광을 받게 될 것이다."

5 죽은 나사로 예수께서는 마르다와 그녀의 자매와 나사로를 사랑하셨습니다. 3절

6 그러나 나사로가 아프다는 말을 들으시고도 예수께서는 계시던 곳에 이틀이나 더 머무르셨습니다. 2:4;7:6,8;10:40

7 그러고 나서야 예수께서 제자들에게 "다시 유대 지방으로 돌아가자" 하고 말씀하셨습니다. 10:40

8 제자들이 예수께 말했습니다. "랍비여, 얼마 전에 유대 사람들이 선생님을 돌로 치려고 했는데 또다시 그리로 가려고 하십니까?" 8:59;10:31

9 예수께서 대답하셨습니다. "낮은 12시간이나 되지 않느냐? 낮에 다니는 사람은 이 세상의 빛을 보기 때문에 넘어지지 않는다.

10 그러나 밤에 다니면 그 사람 안에 빛이 없기 때문에 넘어진다." 12:35;웹 13:16

11 예수께서 이 말씀을 하신 뒤에 그들에게 말씀하셨습니다. "우리 친구 나사로는 잠이 들었다. 그러나 이제 내가 가서 그를 깨우겠다." 마 27:52

12 예수의 제자들이 대답했습니다. "주여, 잠들었다면 낫게 될 것입니다." 막 10:52

13 예수께서는 나사로의 죽음을 가리켜 말씀하신 것인데 제자들은 말 그대로 잠들었다고 생각한 것입니다.

14 그래서 예수께서는 그들에게 분명히 말씀해 주셨습니다. "나사로는 죽었다.

15 내가 거기 있지 않은 것을 기뻐하는 까닭은 너희를 위해서다. 이 일로 인해 너희가 믿게 될 것이다. 이제 나사로에게로 가자."

16 그러자 디두모라고도 하는 도마가 다른 제자들에게 말했습니다. "우리도 주와 함께 죽으러 가자." 13:37

17 마르다와 대화하시는 예수님 예수께서 그곳에 도착하셔서 보니, 나사로가 무덤 속에 있은 지 이미 4일이나 됐었습니다. 39절

18 베다니는 예루살렘에서 약 15스타디온 못 미치는 곳에 있었기 때문에

19 많은 유대 사람들이 오빠를 잃은 마르다와 마리아를 위로하려고 와 있었습니다.

20 마르다는 예수께서 오신다는 말을 듣고 달려 나가 예수를 맞았지만 마리아는 집에 남아 있었습니다. 눅 10:38–39

21 마르다가 예수께 말했습니다. "주여, 주께서 여기 계셨더라면 오빠가 죽지 않았을 것입니다. 32,37절

22 그러나 지금이라도 주께서 구하시는 것은 무엇이든지 하나님께서 다 이루어 주실 줄 압니다." 42절;9:31

23 예수께서 마르다에게 말씀하셨습니다. "네 오빠가 다시 살아날 것이다."

24 마르다가 대답했습니다. "그가 마지막 날 부활 때에 다시 살아나리라는 것은 제가 압니다." 39절;5:29;눅 14:14

25 예수께서 마르다에게 말씀하셨습니다. "나는 부활이요, 생명이니 나를 믿는 사람은 죽어도 살겠고 5:21;14:6;고전 15:21

26 살아서 나를 믿는 사람은 영원히 죽지 않을 것이다. 네가 이것을 믿느냐?"

27 마르다가 예수께 말했습니다. "네, 주여! 주는 세상에 오실 그리스도이시며 하나님의 아들이심을 제가 믿습니다."

28 마리아와 대화하시는 예수님 마르다는 이 말을 하고 나서 돌아가 자기 동생 마리아를 불러 가만히 말했습니다.

"선생님이 여기 와 계시는데 너를 부르신다."

29 마리아는 이 말을 듣고 급히 일어나 예수께로 갔습니다.

30 예수께서는 아직 동네에 들어가지 않으시고 마르다가 마중 나갔던 그곳에 계셨습니다.

31 마리아와 함께 집 안에 있으면서 그녀를 위로하던 유대 사람들은 마리아가 벌떡 일어나 나가는 것을 보고 통곡하러 무덤에 가는 줄 알고 따라나섰습니다.

32 마리아는 예수께서 계신 곳에 이르러 예수를 보자 그 앞에 엎드려 말했습니다. "주여, 주께서 여기 계셨더라면 저희 오빠는 죽지 않았을 것입니다." _21절_

33 예수께서는 마리아가 흐느껴 우는 것과 따라온 유대 사람들도 함께 우는 것을 보시고 마음이 비통해 괴로워하셨습니다.

34 예수께서 말씀하셨습니다. "나사로를 어디

유대 사람들은 왜 예수님을 죽이려고 했나요?

예수님이 행하신 놀라운 기적들을 보고 사람들이 예수님을 하나님의 아들로 믿게 되면, 로마 사람들이 자신들의 땅(성전, 예루살렘)과 민족을 멸망시킬까봐 염려했어요(요 11:48). 그래서 예수님이 죽으면 유대 민족이 망하게 되지 않을 거라 생각하고 예수님을 죽이려는 계획을 짠 것입니다(요 11:50). 예수님은 이 사실을 아시고 거기를 떠나 에브라임으로 가셨어요. 우리 죄 때문에 이 세상에 오신 예수님을 보고도 믿지 못하던 사람들은 자기들의 이익을 위하여 결국 예수님을 죽이는 죄를 짓고 말았어요. 그러나 예수님은 끝까지 우리를 사랑하셨고 우리의 죄를 용서하시기 위해 십자가에서 기꺼이 죽으셨어요.

하나님을 섬긴다고 하고 성경을 잘 안다고 하는 사람들이 자신의 이익을 위하여 예수님을 죽이는 어리석은 죄를 지은 것입니다.

우리도 하나님을 섬기고 성경을 공부하면서 내 자신의 이익 때문에 예수님을 배신하는 어리석은 짓을 하면 안 되겠지요?

에 뒀느냐?" 그들이 대답했습니다. "주여, 와서 보십시오."

35 예수께서는 눈물을 흘리셨습니다. _눅 19:41_

36 그러자 유대 사람들이 말했습니다. "보시오, 그가 나사로를 얼마나 사랑하셨는지!"

37 그러나 그들 중 어떤 사람은 이렇게 말했습니다. "눈먼 사람의 눈을 뜨게 하신 분이 이 사람을 죽지 않게 하실 수는 없었다는 말이오?" _21,32절;9:6-7_

38 **나사로가 살아남** 예수께서는 다시금 속으로 비통하게 여기시며 무덤 쪽으로 가셨습니다. 무덤은 입구를 돌로 막아 놓은 동굴이었습니다. _33절;20:1;마 27:60;막 15:46_

39 예수께서 말씀하셨습니다. "돌을 옮겨 놓아라." 죽은 사람의 누이 마르다가 말했습니다. "하지만 주여, 그가 저기 있은 지 4일이나 돼 벌써 냄새가 납니다." _17절_

40 예수께서 말씀하셨습니다. "네가 믿으면 하나님의 영광을 볼 것이라고 내가 네게 말하지 않았느냐?" _4절;롬 6:4_

41 사람들은 돌을 옮겨 놓았습니다. 예수께서 하늘을 우러러 보시고 말씀하셨습니다. "아버지여, 아버지께서 내 말을 들어 주신 것을 감사드립니다. _17:1_

42 아버지께서는 언제나 내 말을 들어 주신다는 것을 내가 압니다. 그러나 지금 이렇게 말하는 것은 여기 둘러서 있는 사람들을 위해서입니다. 아버지께서 나를 보내셨다는 것을 그들로 하여금 믿게 하려는 것입니다."

43 예수께서 이렇게 말씀하시고 큰 소리로 외치셨습니다. "나사로야, 나오너라!"

44 죽었던 나사로가 나왔습니다. 그의 손발은 베로 감겨 있었고 얼굴은 천으로 싸여 있었습니다. 예수께서 그들에게 말씀하셨습니다. "그를 풀어 주어 다닐 수 있게 하라."

45 **예수를 죽이려고 모의함** 마리아에게 왔던 많은 유대 사람들이 예수께서 하신 일을 보고 예수를 믿게 됐습니다. _행 9:42_

46 그러나 그중 몇몇 사람은 바리새파 사람들에게 가서 예수께서 하신 일을 알려 주었습니다.

47 그러자 대제사장들과 바리새파 사람들은 공회를 소집해 말했습니다. "이 사람이 많은 표적들을 행하고 있으니 우리가 어떻게 하면 좋겠습니까? 12:19마 26:3행 4:16

48 만약 이대로 내버려 두었다가는 모든 사람이 그를 믿게 될 것입니다. 그러면 로마 사람들이 와서 우리의 땅과 민족을 빼앗아 버릴 것입니다." 6:15;18:36-37;행 21:28

49 그러자 그중 가야바라는 그해의 대제사장이 말했습니다. "당신들은 아무것도 모르고 있소! 51절;18:13;마 26:3

50 한 사람이 백성들을 위해 죽어서 민족 전체가 망하지 않는 것이 당신들에게 유익한 줄을 깨닫지 못하고 있소." 18:14

51 이 말은 가야바가 스스로 한 것이 아니라 그해의 대제사장으로서 예수께서 유대 민족을 위해 죽게 될 것을 예언한 것이었습니다. 49절

52 또한 유대 민족뿐만 아니라 흩어진 하나님의 자녀들을 모아 하나 되게 하기 위해 죽으실 것을 예언한 것이었습니다. 요일 2:2

53 그날로부터 그들은 예수를 죽이려고 음모를 꾸몄습니다. 7:1

54 **에브라임으로 가심** 그래서 예수께서는 유대 사람들 가운데 더 이상 드러나게 다니지 않으셨습니다. 거기에서 떠나 광야 가까이에 있는 에브라임이라는 마을로 가서 제자들과 함께 머무르셨습니다. 대하 13:19

55 **유월절 체포 계획** 유대 사람의 유월절이 다가오자 많은 사람들이 유월절이 되기도 전에 자신의 몸을 정결하게 하려고 시골로부터 예루살렘에 올라왔습니다. 눅 2:42

56 사람들은 예수를 찾으면서 성전에 서서 서로 말했습니다. "어떻게 생각하시오? 그분이 유월절에 오시지 않겠소?" 7:11

57 그러나 대제사장들과 바리새파 사람들은 예수를 붙잡으려고 누구든지 예수께서 계신 곳을 알면 반드시 자기들에게 알려야 한다는 명령을 내렸습니다.

12 마리아가 향유를 부음 유월절이 시작되기 6일 전에 예수께서 베다니에 도착하셨습니다. 그곳은 예수께서 죽은 사람 가운데서 다시 살리신 나사로가 사는 곳이었습니다. 11:1,55

2 그곳에서 예수를 위해 잔치를 베풀었습니다. 마르다는 음식을 날랐고 나사로는 예수와 함께 음식을 먹고 있는 사람들 가운데 함께 있었습니다. 10:38,40

3 그때 마리아가 매우 값비싼 향유인 순수한 나드 1리트라를 가져다가 예수의 발에 붓고 자기 머리털로 예수의 발을 닦아 드렸습니다. 집 안은 온통 향내로 가득했습니다.

4 그때 제자들 중 하나이며 나중에 예수를 배반할 가룟 유다가 말했습니다.

5 "왜 이 향유를 300데나리온에 팔아 가난한 사람들에게 주지 않고 낭비하는가?"

6 그가 이렇게 말한 것은 가난한 사람들을 생각해서가 아니었습니다. 그는 돈주머니를 맡고 있으면서 거기에 있는 돈을 훔쳐 가곤 했기 때문입니다.

7 예수께서 대답하셨습니다. "그대로 두어라. 이 여인은 내 장례 날을 위해 간직해 둔 향유를 쓴 것이다.

8 가난한 사람들은 항상 너희와 함께 있지만 나는 항상 너희와 함께 있는 것이 아니다."

9 **나사로를 죽이려 함** 유대 사람들의 큰 무리가 예수께서 베다니에 계시다는 것을 알고 몰려왔습니다. 이는 예수뿐 아니라 예수께서 죽은 사람 가운데서 살리신 나사로도 보기 위함이었습니다. 12절;11:44

10 대제사장들은 나사로도 죽이려고 모의했습니다. 눅 16:31

11 그것은 나사로 때문에 많은 유대 사람들이 떨어져 나가서 예수를 믿기 때문이었습니다.

12 사람들이 예수님을 만나려 한 다음 날 명절을 맞아 올라온 많은 사람들이 예수께서 예루살렘으로 오신다는 말을 듣고

13 종려나무 가지를 꺾어 들고 예수를 맞으러 나가

"호산나! 주의 이름으로 오시는 분에게 복이 있도다!"

"이스라엘의 왕에게 복이 있도다!" 시 118:25-26

하고 외쳤습니다. 1:49;시 118:25-26;계 7:9

14 나귀를 타고 가심 예수께서는 어린 나귀 한 마리를 보시고 그 위에 올라 타고 앉으셨습니다. 이것은 성경에 기록된 것과 같습니다.

15 "시온의 딸아, 두려워하지 말라. 보라. 네 왕이 새끼 나귀를 타고 오신다." 슥 9:9

16 제자들은 처음에는 이 일을 이해하지 못했습니다. 그러나 예수께서 영광을 받으신 뒤에 비로소 이 말씀이 예수를 두고 기록한 것이며 또한 사람들도 예수께 그렇게 행했다는 것을 깨닫게 됐습니다.

17 예수님을 맞으러 나옴 또 예수께서 나사로를 무덤에서 불러내 죽은 사람 가운데서 살리셨을 때 함께 있던 사람들이 그 일을 증언했습니다. 눅 19:37

18 이처럼 무리가 예수를 맞으러 나온 까닭은 예수께서 이런 표적을 행하셨다는 말을 들었기 때문이었습니다. 9-11절

19 그러자 바리새파 사람들이 서로 말했습니다. "보시오. 온 세상이 예수를 따르고 있으니 이제 할 수 있는 것이 없지 않소."

20 예수님의 죽으심의 목적 명절에 예배드리기 위해 올라온 사람들 중에 그리스 사람들도 있었습니다. 왕상 8:41-43;계 7:26

21 그들은 갈릴리 벳새다 출신인 빌립에게 와서 간청했습니다. "선생님, 우리가 예수를 뵙고 싶습니다." 1:44

22 빌립은 안드레에게 가서 말했습니다. 이어 안드레와 빌립이 함께 예수께 말했습니다. 막 13:3

23 예수께서 대답하셨습니다. "인자가 영광받아야 할 때가 왔다. 16절;17:1;13:31-32

24 내가 진실로 진실로 너희에게 말한다. 밀알 하나가 땅에 떨어져 죽지 않으면 한 알 그대로 있고 죽으면 많은 열매를 맺게 된다. 고전 15:36

25 자기 생명을 사랑하는 사람은 잃을 것이요, 이 세상에서 자기 생명을 미워하는 사람은 영원히 그 생명을 보존할 것이다.

26 누구든지 나를 섬기려면 나를 따라야 한다. 내가 있는 곳에 나를 섬기는 사람도 함께 있을 것이다. 누구든지 나를 섬기면 내 아버지께서 그를 귀하게 여기실 것이다.

27 십자가 앞길 지금 내 마음이 몹시 괴로우니 내가 무슨 말을 하겠느냐? '아버지여, 내가 이 시간을 벗어날 수 있게 해 주십시오' 하겠느냐? 아니다. 나는 바로 이 일 때문에 이때 왔다. 23절;13:21;18:37

많은 사람들이 새끼 나귀를 타고 예루살렘으로 오시는 예수님을 환영함

28 아버지여, 아버지의 이름을 영광스럽게 하소서!" 바로 그때 하늘에서 소리가 들려왔습니다. "내가 이미 영광스럽게 했다. 다시 영광스럽게 할 것이다."

29 곁에 서서 그 소리를 들은 사람들은 천둥이 쳤다고 말했습니다. 다른 사람들은 "천사가 예수께 말했다"라고도 했습니다.

30 예수께서 말씀하셨습니다. "이 소리가 난 것은 나를 위한 것이 아니라 너희를 위한 것이다.

11:42

31 이제 세상을 심판할 때니 이 세상의 통치자가 쫓겨날 것이다.

16:11,33;요일 4:4

32 그러나 내가 이 땅에서 들려 올라갈 때나는 모든 사람들을 내게로 이끌 것이다."

33 예수께서 이렇게 말씀하신 것은 자신이 어떤 죽음을 당할 것인지 암시하려고 하신 말씀입니다.

18:32

34 **빛 가운데 행함** 그때 무리가 대답했습니다. "우리는 율법에서 그리스도께서 영원히 계신다고 들었는데 어째서 당신은 '인자가 들려 올라가야 된다고 하십니까? 이 '인자'란 누구입니까?"

겔 37:25

35 그러자 예수께서 그들에게 말씀하셨습니다. "아직 얼마 동안은 빛이 너희 가운데 있을 것이다. 어둠이 너희를 삼키지 못하도록 빛이 있는 동안에 걸어 다니라. 어둠 속에서 다니는 사람은 자기가 어디로 가는지 알지 못한다.

46절;7:33;요일 2:11

36 너희에게 빛이 있는 동안에 너희는 그 빛을 믿으라. 그러면 너희가 빛의 아들들이 될 것이다." 이 말씀을 하신 후 예수께서는 그들을 떠나서 몸을 숨기셨습니다.

37 **여전히 믿지 않는 무리** 예수께서 이 모든 표적들을 그들 앞에서 행하셨음에도 불구하고 그들은 여전히 예수를 믿지 않았습니다.

38 **예언된 유대인의 불신앙** 이것은 예언자 이사야의 말을 이루려는 것입니다.

"주여, 우리의 전한 것을 누가 믿었으며 주의 팔이 누구에게 나타났습니까?"

39 그들이 믿을 수 없었던 까닭을 이사야가 다시 이렇게 말했습니다.

5:44

40 "주께서 그들의 눈을 멀게 하셨고 그들의 마음을 무디게 하셨으니 이는 그들이 눈이 있어도 보지 못하게 하고 마음으로 깨달아 돌이키지 못하게 해 내게 고침을 받지 못하게 하기 위함이라.

사 6:1

41 이사야가 이렇게 말한 것은 그가 예수의 영광을 보았기 때문입니다. 그래서 예수를 가리켜 이런 예언을 했습니다.

사 6:1

42 **두려워하는 사람들** 지도자들 중에서도 예수를 믿는 사람들이 많았으나 바리새파 사람들 때문에 자기 믿음을 고백하지 못했습니다. 회당에서 쫓겨날까 봐 두려웠기 때문입니다.

7:13,48;9:22;아 10:32

43 그들은 하나님의 영광보다 사람의 영광을 더 사랑했던 것입니다.

5:44

44 **마지막 대중 설교** 예수께서 큰 소리로 말씀하셨습니다. "나를 믿는 사람은 나를 믿는 것이 아니라 나를 보내신 분을 믿는 것이요

45 나를 보는 사람은 곧 나를 보내신 분을 보는 것이다.

14:9

46 나는 빛으로 이 세상에 왔다. 나를 믿는 사람은 누구든지 어둠 속에 머무르지 않을 것이다.

35~36절;1:4~5,9;8:12

47 내 말을 듣고 지키지 않는 사람이 있다 해도 나는 그 사람을 심판하지 않는다. 나는 세상을 심판하러 온 것이 아니라 구원하러 왔기 때문이다.

3:17,36;4:42;8:15

48 나를 거절하고 내 말을 받아들이지 않는 사람을 심판하시는 분이 따로 계시다. 내가 말한 바로 이 말이 마지막 날에 그를 심판할 것이다.

눅 10:16;롬 2:16

49 나는 내 뜻대로 말하지 않았다. 오직 나를 보내신 아버지께서 무엇을 말해야 하고 무엇을 이야기해야 할지 내게 명령해 주셨다.

50 나는 그가 주신 명령이 영생이라는 것을 안다. 그러므로 나는 무엇이든지 아버지께서 내게 말씀해 주신 대로 말한다."

13 **제자들의 발을 씻기심** 유월절 전에 예수께서는 이 세상을 떠나 아버지께로 가실 때가 됐다는 것을 알고 계셨습니다

다. 예수께서는 세상에 있는 자기의 사람들을 사랑하시되 끝까지 사랑하셨습니다.

2 저녁 식사를 하는 동안 마귀는 이미 시몬의 아들 가룟 유다의 마음속에 예수를 배반할 생각을 넣었습니다. 11,27절잠 5:3

3 예수께서는 아버지께서 모든 것을 자기 손에 주셨으며 자신이 하나님께로부터 왔다가 하나님께로 돌아갈 것을 아시고는

4 식탁에서 일어나 겉옷을 벗고 허리에 수건을 두르셨습니다. 21절

5 그리고 나서 대야에 물을 담아다가 제자들의 발을 씻기시고 허리에 두른 수건으로 닦아 주셨습니다. 왕하 3:11

6 베드로가 주저함 예수께서 시몬 베드로에게 다가가셨습니다. 그러자 베드로는 "주여, 제 발도 씻겨 주려 하십니까?" 하고 말했습니다.

7 예수께서 대답하셨습니다. "너는 내가 하는 일을 이해하지 못하는구나. 그러나 나중에는 알게 될 것이다." 12,36절12:16;15:15

8 베드로가 말했습니다. "제 발은 절대로 씻기지 못하십니다." 예수께서 베드로에게 대답하셨습니다. "내가 너를 씻겨 주지 않으면 너는 나와 아무 상관이 없다."

9 시몬 베드로가 예수께 대답했습니다. "그렇다면 주여, 제 발뿐 아니라 손과 머리도 씻겨 주십시오."

10 예수께서 베드로에게 말씀하셨습니다. "이미 목욕한 사람은 온몸이 깨끗하기 때문에 발밖에는 씻을 필요가 없다. 너희는 깨

끗하지만 너희 모두가 다 깨끗한 것은 아니다." 18절15:3

11 예수께서는 누가 자신을 배반할지 알고 계셨기 때문에 "너희 모두가 다 깨끗한 것은 아니다"라고 말씀하신 것입니다.

12 발 씻겨 주심의 의미를 설명하심 예수께서 제자들의 발을 모두 씻겨 주신 후 다시 겉옷을 걸치시고 자리에 돌아와 그들에게 말씀하셨습니다. "내가 너희에게 한 일을 알겠느냐? 4,7절

13 너희가 나를 '선생님' 또는 '주'라고 부르는데 그것은 옳은 말이다. 내가 바로 그런 사람이다. 마 23:8,10,고전 12:3절 2:11

14 주며 선생님인 내가 너희 발을 씻겨 주었으니 너희도 서로 남의 발을 씻겨 주어야 한다. 딤전 5:10;벧전 5:5

15 내가 너희에게 행한 대로 너희도 행하게 하기 위해 내가 본을 보여 주었다. 마 11:29

16 내가 진실로 진실로 너희에게 말한다. 종이 주인보다 높지 않고 보냄을 받은 사람이 보내신 분보다 높지 않다. 15:20

17 너희가 이것들을 알고 그대로 행하면 복이 있을 것이다. 눅 11:28;약 1:22

18 배반을 예언하시는 예수님 내가 너희 모두를 두고 말하는 것이 아니다. 나는 내가 택한 사람들을 알고 있다. 그러나 '내 빵을 함께 먹는 사람이 나를 배반했다'라고 한 성경 말씀이 이루어질 것이다. 시 41:9;마 26:23

19 그 일이 일어나기 전에 내가 지금 너희에게 미리 말해 두는 것은, 그 일이 일어나면

왜 제자들의 발을 씻어 주셨나요?

유월절 식사가 시작된 후 예수님은 수건을 몸에 두르시고 제자들의 발을 씻어 주셨어요. 베드로의 차례가 되어 베드로가 발 씻기를 거부하자 예수님은 "내가 너를 씻겨 주지 않으면 너는 나와 아무 상관이 없다"(요 13:8)라고 하셨어요. 예수님이 발 씻어 주는 것을 거부하는 것은 자신의 생명을 주시면서까지 배푸시는 예수님의 사랑을 거절하는 것이었어요.

그러자 베드로는 손과 머리도 씻어 주시기를 청

했어요. 예수님은 이미 목욕하여 깨끗해진 사람은 온몸이 깨끗하여 발에 묻은 먼지만 그날그날 씻으면 된다고 말씀하셨어요(요 13:10). 예수님의 죽으심으로 죄 씻음 받았어도 날마다 짓는 죄는 계속 회개해야 함을 가르쳐 주신 거예요.

예수님은 제자들의 발을 씻어 주심으로, 제자들이 자기를 낮추고 희생과 섬김의 삶을 사는 본을 보여 주신 거예요(요 13:13-17).

예수님이 제자들의 발을 씻어 주심

내가 그러는 것을 너희로 하여금 믿게 하려는 것이다. 8:24;14:29;16:4

20 내가 진실로 진실로 너희에게 말한다. 누구든지 내가 보내는 사람을 영접하는 사람은 나를 영접하는 사람이요, 나를 영접하는 사람은 나를 보내신 분을 영접하는 사람이다. 마 10:40

21 예수께서는 이렇게 말씀하시고 나서 심령으로 몹시 괴로워하며 말씀하셨습니다. "내가 진실로 진실로 너희에게 말한다. 너희 중 하나가 나를 배반할 것이다."

22 *배반자가 밝혀짐* 제자들은 자기들 중 누구를 말씀하시는지 몰라 당황해하며 서로 쳐다보았습니다. 눅 22:23

23 제자들 중 하나인 예수께서 사랑하시는 제자가 예수 곁에 기대어 앉아 있었습니다.

24 시몬 베드로가 그 제자에게 손짓하며 누구를 두고 하시는 말씀인지 여쭤 보라고 했습니다.

25 그는 예수의 품에 기대어 물었습니다. "주여, 그가 누구입니까?" 21:20;8 11:21

26 예수께서 대답하셨습니다. "내가 이 빵 한 조각을 적셔서 주는 사람이 바로 그 사람

이다." 그리고 예수께서 빵 한 조각을 적셔서 시몬의 아들 가룟 유다에게 주셨습니다.

27 *유다를 보내심* 유다가 빵을 받자 사탄이 그에게 들어갔습니다. 예수께서 가룟 유다에게 말씀하셨습니다. "네가 하려는 일을 어서 하여라." 2절;눅 22:3;12:50;고전 11:27

28 그러나 자리를 함께한 사람들 중 아무도 예수께서 그에게 무슨 뜻으로 그런 말씀을 하시는지 아는 사람이 없었습니다.

29 어떤 사람들은 유다가 돈을 관리하고 있었기 때문에 예수께서 그에게 명절에 필요한 것을 사 오거나 가난한 사람들에게 뭔가 나눠 주라고 말씀하신 것으로 생각했습니다. 1장12:5-6

30 유다는 빵 조각을 받은 후 밖으로 나가 버렸습니다. 그때는 밤이었습니다.

31 *새 계명을 주심* 유다가 나간 뒤 예수께서 말씀하셨습니다. "이제는 인자가 영광을 받게 됐고 하나님께서도 인자로 인해 영광을 받게 되셨다.

32 하나님께서 인자로 인해 영광을 받으시면 하나님께서도 몸소 인자를 영광되게 하실 것이다. 이제 곧 그렇게 하실 것이다. 7:39;14:13;15:8;벧전 4:11

33 자녀들아, 이제 잠시 동안은 내가 너희와 함께 있을 것이다. 그러나 너희가 나를 찾을 것이다. 내가 전에 유대 사람들에게 말한 대로 너희에게도 말하는데 내가 가는 곳에 너희는 올 수 없다. _{7:33~34:8:21}

34 내가 너희에게 새 계명을 준다. 서로 사랑하라. 내가 너희를 사랑한 것같이 너희도 서로 사랑하라. _{15:12,17:18:19:18;요일 3:11}

35 너희가 서로 사랑하면 이로써 모든 사람들이 너희가 내 제자임을 알게 될 것이다.

36 **베드로의 장담** 시몬 베드로가 예수께 물었습니다. "주여, 어디로 가십니까?" 예수께서 대답하셨습니다. "내가 가는 곳으로 네가 지금은 올 수 없지만 나중에는 오게 될 것이다."

37 베드로가 물었습니다. "주여, 어째서 제가 지금은 주님을 따라갈 수 없습니까? 주를 위해서라면 제 목숨도 바치겠습니다."

38 그러자 예수께서 대답하셨습니다. "네가 정말 나를 위해 네 목숨이라도 바치겠느냐? 내가 진실로 진실로 네게 말한다. 닭이 울기 전에 네가 나를 세 번 부인할 것이다."

14

있을 곳을 마련하러 가심 "너희는 마음에 근심하지 말라. 하나님을 믿고 또 나를 믿으라. _{막 11:22}

2 내 아버지의 집에는 있을 곳이 많다. 그렇지 않았다면 너희에게 미리 말해 두었을 것이다. 나는 너희가 있을 곳을 마련하러 간다.

3 내가 가서 너희가 있을 곳을 마련하면 다시 와서 너희를 내게로 데려갈 것이다. 그러면 너희도 내가 있는 곳에 함께 있게 될 것이다. _{18,28절;12:26;21:22~23}

4 너희는 내가 어디로 가는지 그 길을 알고 있다."

5 **길을 묻는 도마** 도마가 예수께 물었습니다. "주여, 저희는 주께서 어디로 가시는지 알지 못하는데 그 길을 어떻게 알겠습니까?"

6 예수께서 도마에게 말씀하셨습니다. "나는 길이요, 진리요, 생명이니 나를 통하지 않고서는 아버지께로 올 사람이 없다.

7 너희가 나를 알았더라면 내 아버지도 알았을 것이다. 이제 너희는 내 아버지를 알고 내 아버지를 보았다." _{8:19;요일 2:13~14}

8 **하나님 뵙기를 원하는 빌립** 빌립이 말했습니다. "주여, 우리에게 아버지를 보여 주십시오. 그러면 저희가 더 바랄 것이 없겠습니다." _{1:43~44;출 33:18}

9 예수께서 대답하셨습니다. "빌립아, 내가 그렇게 오랫동안 너희와 함께 있었는데도 네가 나를 모르느냐? 누구든지 나를 본 사람은 아버지를 본 것이다. 그런데도 네가 어떻게 '우리에게 아버지를 보여 주십시오'라고 말하느냐? _{10:30;12:45;15:24}

10 내가 아버지 안에 있고 아버지가 내 안에 계시다는 것을 믿지 못하느냐? 내가 너희에게 하는 말은 내 말이 아니다. 오직 살아 계시는 아버지께서 내 안에 계시면서 자신의 일을 하시는 것이다. _{5:19;10:38}

11 내가 아버지 안에 있고 아버지께서 내 안에 계시다는 것을 믿어라. 믿지 못하겠거든 내가 행하는 그 일들을 보아서라도 믿어라. _{5:36}

12 내가 진실로 진실로 너희에게 말한다. 누구든지 나를 믿는 사람은 내가 하는 일들을 그도 할 것이요, 이보다 더 큰 일도 할 것이다. 그것은 내가 아버지께로 가기 때문이다. _{28절;16:28;마 17:20;21:21}

13 너희가 무엇이든지 내 이름으로 구하면 내가 다 이루어 주겠다. 이는 아들을 통해 아버지께서 영광을 받으시게 하려는 것이다.

14 너희는 내 이름으로 무엇이든지 구하라. 그러면 내가 다 이루어 주겠다.

15 너희가 나를 사랑한다면 내 계명을 지킬 것이다. _{21,23절;15:10;요일 5:3}

16 **진리의 영을 약속하심** 내가 아버지께 구할 것이니 아버지께서 너희에게 다른 보혜사를 보내셔서 너희와 영원히 함께 있도록 하실 것이다. _{26절;15:26;16:13;요일 2:1}

17 그분은 진리의 영이시다. 세상은 그분을 볼 수도 없고 알 수도 없기 때문에 그분을 받아들일 수가 없다. 그러나 너희는 그분을 안다. 그분이 너희와 함께 계시고 또 너

희 안에 계실 것이기 때문이다. 고전 2:14

18 나는 너희를 고아처럼 내버려 두지 않고 너희에게 다시 오겠다. 3,28절

19 조금 있으면 세상은 나를 보지 못하겠지만 너희는 나를 볼 것이다. 내가 살아 있고 너희도 살 것이기 때문이다. 엡 2:5

20 그날에 너희는 내가 내 아버지 안에 있고 너희가 내 안에 있으며 내가 너희 안에 있음을 알게 될 것이다. 10절:16:23,26

21 누구든지 내 계명을 가지고 지키는 사람은 나를 사랑하는 사람이다. 나를 사랑하는 사람은 내 아버지의 사랑을 받을 것이고 나 또한 그 사람을 사랑하고 그 사람에게 나를 나타낼 것이다." 15절:12:26:요일 2:5

22 **유다의 의문** 그러자 가룟 유다가 아닌 다른 유다가 말했습니다. "주여, 주께서 우리에게는 자신을 나타내시고 세상에는 자신을 나타내지 않으시는 까닭이 무엇입니까?"

23 예수께서 그에게 대답하셨습니다. "누구든지 나를 사랑하는 사람은 내 말을 지킬 것이다. 그러면 내 아버지께서 그 사람을 사랑하실 것이요, 아버지와 내가 그 사람에게로 가서 그와 함께 살 것이다.

24 나를 사랑하지 않는 사람은 내 말을 지키지 아니한다. 너희가 듣고 있는 이 말은 내 말이 아니라 나를 보내신 아버지의 말씀이다. 10절:7:16

25 **다시 오실 것을 예언하심** 이런 말은 내가 너희와 함께 있을 때 말했다.

26 그러나 보혜사, 곧 아버지께서 내 이름으로 보내실 성령께서 너희에게 모든 것을 가르쳐 주실 것이며 내가 너희에게 말한 모든 것을 생각나게 하실 것이다.

27 내가 너희에게 평안을 주고 간다. 곧 내 평안을 너희에게 준다. 내가 주는 평안은 세상이 주는 것과 같지 않다. 너희는 마음에 근심하지 말고 두려워하지 말라.

28 너희는 '내가 지금 갔다가 너희에게 다시 올 것이다'라고 한 내 말을 들었다. 너희가 나를 사랑한다면 내가 아버지께로 가는 것을 기뻐했을 것이다. 아버지는 나보다 크신 분이기 때문이다. 2~4,12절:8:21:10:29

29 내가 지금 이 일이 일어나기 전에 너희에게 말해 두는 것은, 이 일이 일어날 때에 너희로 하여금 믿게 하려는 것이다.

30 나는 너희와 더 이상 길게 말을 나눌 수 없다. 이 세상의 통치자가 가까이 오고 있기 때문이다. 이 세상의 통치자는 나를 어떻게 할아무런 권한이 없다. 12:31:17:14

31 다만 내가 아버지를 사랑한다는 것과 아

우리에게 오신 보혜사 성령

성령님은 언제나 우리와 함께하시며 우리를 통해 능력을 행하신다. 나약한 제자들이 큰일을 할 수 있었던 비결도 성령님이 함께하셨기 때문이다. 성령님의 별명은 '다른 보혜사'이다. '보혜사 성령'이란 '옆에서 늘 같이 있는 분', '그리스도의 사람을 힘있고 강건하게 하며 능력을 주시는 분'이라는 뜻이다.

성령님은 성도들 마음 가운데 항상 함께하시며(고전 3:16) 위로하고(행 9:31) 인도하시고(요 16:13) 도와주신다.

■ **성령님은 어떤 일을 하실까?**

· 천지창조에 참여하셨으며(대상 1:1~2), · 예수님의 잉태와 탄생을 가능하게 하셨고(눅 1:35), · 사람들에게 영감을 주셔서 성경을 쓰게 하셨으며(벧후 1:21; 딤후 3:16), · 죄, 의, 심판에 대해 세상을 책망하신다(요 16:8). · 예수님을 증거하시고 성도들을 진리 가운데로 이끄시며 예수님의 영광을 나타내신다(요 15:26; 16:13~14). · 성도들을 위해 중보하신다(롬 8:26). · 사람을 거듭나게 하고(요 3:3~6; 딛 3:5) 거룩한 성품을 갖게 하신다(살후 2:13). · 성도를 인도하시며(롬 8:14) 성령의 은사를 주시고(고전 12장) 성령의 열매를 맺게 하신다(갈 5:22~23). · 성도에게 능력을 주셔서 증인의 삶을 살게 하신다(행 1:8).

버지께서 내게 명령하신 대로 내가 행한
다는 것을 세상에 알리려는 것이다. 일어
나라. 이제 여기를 떠나자."

빌 2:8;허 1:58

15 포도나무와 가지 비유 "나는 참포도
나무요, 내 아버지는 농부이시다.

2 내게 붙어 있으면서도 열매를 맺지 못하
는 가지는 아버지께서 다 자르실 것이요,
열매를 맺는 가지는 더 많은 열매를 맺도
록 깨끗하게 손질하신다.

마 3:10;7:19;롬 11:17

3 너희는 내가 너희에게 말한 그 말로 인해
이미 깨끗해졌다.

7절:13:10;17:17

4 내 안에 머물러 있으라. 그러면 나도 너희
안에 머물러 있을 것이다. 가지가 포도나
무에 붙어 있지 않으면 스스로 열매를 맺
지 못하는 것처럼 너희도 내 안에 있지 않
으면 열매를 맺을 수 없다.

5~7절;14:10;요일 2:6

5 나는 포도나무요, 너희는 가지다. 그가 내
안에 있고 내가 그 안에 있으면 그 사람은
많은 열매를 맺는다. 나를 떠나서는 너희
가 아무것도 할 수 없다.

16절;6:5;골 16,10

6 누구든지 내 안에 있지 않으면 그 사람은
쓸모없는 가지처럼 버려져 말라 버린다.
사람들이 그런 가지들을 모아다가 불 속
에 던져 태워 버린다.

2절;겔 15:4;마 13:40~42

7 만일 너희가 내 안에 있고 내 말이 너희 안
에 있으면 너희가 원하는 것이 무엇이든지
구하라. 그러면 그대로 이루어질 것이다.

8 너희가 열매를 많이 맺으면 내 제자가 되
고 이것으로 아버지께서 영광을 받으실
것이다.

5절;마 5:16;고후 9:13

9 **서로 사랑할 것을 말씀하심** 아버지께서 나를
사랑하신 것처럼 나도 너희를 사랑했다.
너희는 내 사랑 안에 머물러 있으라.

10 내가 내 아버지의 계명을 지키고 아버지
의 사랑 안에 있는 것같이 너희도 내 계명
을 지키면 내 사랑 안에 있을 것이다.

11 내가 이것들을 너희에게 말한 것은 내 기
쁨이 너희 안에 있어 너희 기쁨이 충만하
게 하려는 것이다.

14:13;고후 2:3;요일 1:4

12 내 계명은 이것이다. 내가 너희를 사랑한
것과 같이 너희도 서로 사랑하라.

13:34

13 사람이 자기 친구를 위해 목숨을 내놓는
것보다 더 큰 사랑은 없다.

롬 5:7~8;엡 5:2

14 너희가 만일 내 계명을 지키면 너희는 내
친구다.

10절;마 12:50;눅 12:4

15 나는 이제부터 너희를 종이라고 부르지 않
겠다. 종은 주인의 일을 알지 못하지만 나
는 너희에게 내 아버지께 들은 것을 모두
알려 주었으니 친구라고 부르는 것이다.

16 너희가 나를 택한 것이 아니라 내가 너희
를 택해 세운 것이다. 그것은 너희가 가서
열매를 맺어 그 열매가 계속 남아 있게 하
려는 것이다. 그러므로 너희가 무엇이든지
내 이름으로 구하면 아버지께서 너희에게
주실 것이다.

7~8절;13:18;14:13

17 내가 너희에게 명하는 것은 이것이다. 너
희는 서로 사랑하라."

12절

18 **세상의 핍박** "만일 세상이 너희를 미워하거
든 너희보다 먼저 나를 미워했다는 것을
알라.

23~24절;7:7;요일 3:13

19 만일 너희가 세상에 속해 있다면 세상이
너희를 자기 것으로 여기고 사랑할 것이
다. 그러나 너희는 세상에 속해 있지 않고
내가 세상에서 너희를 택했으므로 세상
이 너희를 미워할 것이다.

17:14,16;약 4:4;요일 4:5

20 내가 너희에게 '종이 주인보다 더 높지 않
다고 한 말을 기억하라. 사람들이 나를 핍
박했으니 너희도 핍박할 것이요, 사람들이
내 말을 지켰으니 너희 말도 지킬 것이다.

16:2~3;마 10:22;행 3:17

21 그들은 너희가 내 이름을 믿는다는 이유
로 이런 모든 일들을 너희에게 행할 것이
다. 그것은 그들이 나를 보내신 분을 알지
못하기 때문이다.

22 만일 내가 와서 그들에게 말하지 않았더
라면 그들은 죄가 없었겠지만 그들은 이
제 자기 죄를 변명할 길이 없다.

마 11:21,23,24

23 나를 미워하는 사람은 내 아버지도 미워
한다.

5:23

24 내가 만일 아무도 행하지 못한 일을 그들
가운데서 행하지 않았더라면 그들은 죄
가 없었을 것이다. 그런데 이제는 그들이
내가 한 일을 보고서도 나와 내 아버지를

미워했다. _{3:27,31;14:9마 9:32}

25 그러나 이것은 그들의 율법에 기록된 것을 이루려는 것이다. '그들이 아무 이유 없이 나를 미워했다.' _{12:38,43;15:19,69:4}

26 내가 아버지께로부터 너희에게 보낼 보혜사, 곧 아버지께로부터 오시는 진리의 성령이 오시면 그분이 나에 대해 증언해 주실 것이다. _{14:16~17,26,23:고전 12:3,요일 5:7}

27 너희도 처음부터 나와 함께 있었으므로 내 증인들이 될 것이다." _{19:35,21:24:요일 1:2}

16 핍박에 대한 준비 "내가 이 모든 것을 너희에게 말한 것은 * 너희가 믿음에서 넘어지지 않게 하려는 것이다.

2 사람들이 너희를 회당에서 쫓아낼 것이다. 그리고 너희를 죽이는 사람마다 자신이 하는 일이 하나님을 섬기는 일이라고 여길 때가 올 것이다. _{9:22;행 8:1,9:1,26:9~11}

3 그들은 아버지나 나를 알지 못하기 때문에 그런 일을 할 것이다. _{8:19,55:15:21:17:25}

4 내가 너희에게 이런 것들을 말하는 것은 그때가 되면 내가 한 말을 너희로 기억하게 하기 위함이다. 또 내가 처음부터 너희에게 이런 것들을 말하지 않은 것은 내가 너희와 함께 있었기 때문이다." _{마 9:15}

5 떠나는 목적 "이제 나는 나를 보내신 분에게로 간다. 그러나 너희 중에 '어디로 가십니까?'라고 묻는 사람이 없고

6 도리어 내가 한 말 때문에 너희 마음에 슬픔이 가득하구나. _{22절,14:1}

7 그러나 내가 진실로 진실로 너희에게 말한다. 내가 떠나가는 것이 너희에게 유익하다. 내가 떠나가지 않으면 보혜사가 너희에게 오시지 않을 것이다. 그러나 내가 가면 너희에게 보혜사를 보내 주겠다.

8 보혜사가 오시면 죄에 대해, 의에 대해, 심판에 대해 세상을 책망하실 것이다.

9 '죄에 대해'라고 한 것은 사람들이 나를 믿지 않기 때문이요, _{8:24;행 2:36~37,고전 12:3}

10 '의에 대해'라고 한 것은 내가 아버지께로 가므로 너희가 다시는 나를 볼 수 없기 때문이요, _{16~17,19절:행 17:31}

11 '심판에 대해'라고 한 것은 이 세상의 통치자가 심판을 받았기 때문이다. _{히 2:14}

12 진리의 성령이 인도하심 아직도 내가 너희에게 할 말이 많지만 지금은 너희가 그 말들을 알아듣지 못한다.

13 그러나 진리의 성령, 그분이 오시면 너희를 모든 진리 가운데로 인도하실 것이다. 그분은 자기 생각대로 말씀하시지 않고 오직 들은 것만을 말씀하시며 또한 앞으로 일어날 일들을 너희에게 말씀하실 것이다.

14 그분은 내 것을 받아서 너희에게 알려 주실 것이므로 나를 영광되게 하실 것이다.

15 아버지께 속한 모든 것은 다 내 것이다. 그렇기 때문에 성령께서 내 것을 받아서 너희에게 알려 주실 것이라고 말하는 것이다.

16 당혹하는 제자들 조금 있으면 너희가 나를 더 이상 보지 못할 것이다. 그러나 다시 조금 있으면 나를 보게 될 것이다."

17 예수의 제자들 중 몇몇이 서로 말했습니다. "'조금 있으면 너희가 나를 더 이상 보지 못하겠고 다시 조금 있으면 나를 보게 될 것이다'라고 하시면서 '내가 아버지께 가기 때문이다'라고 하시는데 이게 도대체 무슨 말씀인가?" _{10,16절:막 9:10,32}

18 그들이 또 말했습니다. "무슨 뜻으로 '조금 있으면'이라고 말씀하셨을까? 무슨 말씀을 하시는지 도무지 이해하지 못하겠다."

19 슬픔이 기쁨으로 변할 것임 예수께서는 제자들이 이것에 대해 묻고 싶어 하는 것을 아시고 그들에게 말씀하셨습니다. "내가 '조금 있으면 너희가 나를 보지 못하겠고 다시 조금 있으면 나를 보게 될 것이다'라고 해서 그 말이 무슨 뜻인지 서로 묻고 있느냐?

20 내가 진실로 진실로 너희에게 말한다. 너희는 울며 애통할 것이나 세상은 기뻐할 것이다. 너희가 슬프게 될 것이나 너희의 슬픔은 기쁨으로 변할 것이다. _{렘 31:13}

21 여인이 출산할 때는 걱정에 잠기게 된다. 진통할 때가 가까웠기 때문이다. 그러나

_{16:1 또는 '너희 믿음이 흔들리지 않도록.}

아기가 태어나면 사람이 세상에 태어났다는 기쁨 때문에 더 이상 그 고통을 기억하지 않는다. 　사 26:17;살전 5:3;계 12:2

22 너희도 이와 같다. 너희가 지금은 슬퍼하지만 내가 너희를 다시 볼 때는 너희가 기뻐할 것이요, 또 너희 기쁨을 빼앗을 사람이 없을 것이다. 　16절;사 66:14;행 2:46

23 그날에는 너희가 내게 어떤 것도 묻지 않을 것이다. 내가 진실로 진실로 너희에게 말한다. 너희가 무엇이든 아버지께 구하면 아버지께서 내 이름으로 주실 것이다.

24 지금까지는 너희가 내 이름으로 아무것도 구하지 않았다. 그러나 구하라. 그러면 받을 것이니 너희 기쁨이 충만해질 것이다.

25 **명확히 밝혀질 말씀** 지금까지는 내가 이것을 비유로 말했지만 더 이상 비유로 말하지 않고 내 아버지에 대해 분명하게 말할 때가 올 것이다. 　2절;10:6

26 그날에는 너희가 내 이름으로 구할 것이다. 내가 너희를 위해 아버지께 구하겠다는 말이 아니다. 　14:16;17:9,15,20

27 아버지께서는 너희를 친히 사랑하신다. 아버지께서 너희를 친히 사랑하시는 것은 너희가 나를 사랑했고 내가 아버지께로부터 왔음을 믿었기 때문이다. 　30절;21:15-17

28 내가 아버지께로부터 이 세상에 왔다가 이제 다시 이 세상을 떠나 아버지께로 돌아간다. 　8:14;13:3;14:12

29 **제자들이 믿음을 보임** 그러자 예수의 제자들이 말했습니다. "이제 주께서 비유를 듣지 않고 명확하게 말씀하시니 　25절

30 주께서 모든 것을 알고 계시고 또 어느 누구의 질문도 받으실 필요가 없음을 저희가 알았습니다. 이것으로 우리는 주께서 하나님께로부터 오신 것을 믿습니다.

31 예수께서 제자들에게 대답하셨습니다. "이제야 너희가 믿느냐?

32 보라, 너희가 흩어져 각자 집으로 돌아갈 때가 오고 있고 또 이미 왔다. 너희는 나를 버려두고 모두 떠나갈 것이다. 그러나 나는 혼자 있는 게 아니다. 아버지께서 나와 함께 계시기 때문이다. 　마 26:31;막 14:27

33 내가 너희에게 이런 것들을 말하는 것은 너희가 내 안에서 평안을 누리게 하려는 것이다. 너희가 이 세상에서는 고난을 당할 것이다. 그러나 담대하라. 내가 세상을 이미 이겼다." 　14:1,27;15:18-21;갈 3:15

17 **예수님이 자신을 위해 기도하심** 예수께서 이 말씀을 하시고 눈을 들어 하늘을 우러러보시며 기도하셨습니다. "아버지여, 때가 됐습니다. 아들이 아버지께 영광을 돌릴 수 있도록 아들을 영광스럽게 하소서. 　4절;7:30,39;12:23

2 아버지께서는 아들에게 주신 모든 사람에게 영생을 주게 하시려고 모든 사람을 다스리는 권세를 아들에게 주셨습니다.

3 영생은 오직 한 분이신 참하나님 아버지와 아버지께서 보내신 예수 그리스도를 아는 것입니다. 　벧후 1:2-3;요일 5:20

4 나는 아버지께서 맡겨 주신 일을 다 완성

Q&A

성경에서 '이름'은 꼭 **"예수님의 이름으로 기도합니다."**라고 해야 하나요?

아주 중요한 것이었어요. 그것은 단순한 호칭이 아니라, 그 사람이 어떤 사람인지까지도 보여 주는 것이었답니다. 예수님의 이름도 그 안에 '구원자'라는 뜻이 있어요. 우리가 '예수님의 이름으로 기도한다'는 것은 예수님에 대한 확실한 믿음을 가지고 기도해야함을 의미해요. 성경은 예수님의 이름을 부르는 사람은 누구든지 구원을 받을 수 있다고 했어요. 요한복음 16장 24절의 '구하다'는 '계속해서 기도하다'라는 의미가 있어요. 이 지속적인 기도는 다른 이름으로는 소용없고 오직 예수님의 이름으로만 기도할 때 응답이 있어요. 우리가 예수님의 이름으로 기도할 때, 하나님께서 우리의 기도를 들으시고 응답해 주십니다.

해 이 땅에서 아버지께 영광을 돌려 드렸습니다. 1절:13:31;19:30

5 아버지여, 창세전에 내가 아버지와 함께 누렸던 그 영광으로 이제 아버지 앞에서 나를 영광스럽게 하소서." 잠 8:23

6 **제자들을 위해 기도하심** "나는 아버지께서 세상에서 택하셔서 내게 주신 사람들에게 아버지의 이름을 나타냈습니다. 그들은 아버지의 것이었는데 아버지께서 내게 주셨고 그들은 아버지의 말씀을 지켰습니다.

7 이제 그들은 아버지께서 내게 주신 모든 것이 다 아버지께로부터 온 것임을 알고 있습니다.

8 나는 아버지께서 내게 주신 말씀을 그들에게 주었습니다. 그들은 그 말씀을 받아들였으며 내가 아버지께로부터 온 것을 진정으로 알았고 또 아버지께서 나를 보내신 것을 믿었습니다. 14절.21,25절:15:15;16:27

9 이제 내가 그들을 위해서 기도합니다. 내가 세상을 위해 기도하는 것이 아니고 아버지께서 내게 주신 사람들을 위해 기도하는 것은 그들이 모두 아버지의 사람들이기 때문입니다. 2,6,20~21절:14:16

10 내 것은 모두 아버지의 것이며 아버지의 것은 모두 내 것입니다. 그리고 나는 그들을 통해 영광을 받았습니다. 16:5:살후 1:10

11 나는 더 이상 이 세상에 있지 않겠지만 그들은 아직 세상에 있고 나는 아버지께로 갑니다. 거룩하신 아버지여, 아버지께서 내게 주신 아버지의 이름으로 그들을 지켜 주셔서 우리가 하나인 것같이 그들도 하나가 되게 하소서. 21~22절:10:16;롬 12:5

12 내가 그들과 함께 지내는 동안 아버지께서 내게 주신 아버지의 이름으로 그들을 지키고 보호했습니다. 멸망의 자식 외에는 그들 가운데 한 사람도 잃어버리지 않았습니다. 이것은 성경을 이루기 위함이었습니다. 18:9:살후 3:3;유 1:24

13 그러나 이제 나는 아버지께로 갑니다. 내가 세상에서 이것을 말하는 것은 내 기쁨이 그들 속에 충만하게 하려는 것입니다.

14 나는 그들에게 아버지의 말씀을 주었는데 세상은 그들을 미워했습니다. 내가 세상에 속해 있지 않는 것처럼 그들도 세상에 속해 있지 않기 때문입니다. 8,16절:8:23;15:19

15 내가 아버지께 기도하는 것은 아버지께서 그들을 세상에서 데려가 달라는 것이 아니라 악한 자로부터 그들을 보호해 달라는 것입니다. 9,11절:마 13:19;요일 5:19

16 내가 세상에 속하지 않은 것처럼 그들도 세상에 속하지 않았습니다. 14절

17 진리로 그들을 거룩하게 해 주소서. 아버지의 말씀은 진리입니다. 삼하 7:28;살전 5:23

18 아버지께서 나를 세상에 보내신 것같이 나도 그들을 세상에 보냅니다. 마 10:5

19 그들을 위해 내가 나를 거룩하게 하는 것은 그들도 진리로 거룩하게 하려는 것입니다. 고전 1:30;히 2:11;10:10

20 **믿는 사람들을 위해 기도하심** 내 기도는 이 사람들만을 위한 것이 아닙니다. 이 사람들이 전하는 말을 듣고 나를 믿는 사람들을 위해서도 기도합니다. 9절:4:39;롬 10:14

21 아버지여, 아버지께서 내 안에 계시고 내가 아버지 안에 있는 것같이 그들도 모두 하나가 되게 하시고 그들도 우리 안에 있게 해 아버지께서 나를 보내셨다는 것을 세상이 믿게 하소서. 8,11절:요일 1:3;3:24

22 아버지께서 내게 주신 영광을 내가 그들에게 주었습니다. 이것은 우리가 하나인 것같이 그들도 하나가 되게 하려는 것입니다. 24절:1:4;롬 8:30

23 내가 그들 안에 있고 아버지께서 내 안에 계신 것은 그들이 완전히 하나가 되게 하려는 것입니다. 그것은 또, 아버지께서 나를 보내신 것과 아버지께서 나를 사랑하신 것처럼 그들도 사랑하셨다는 것을 세상이 알게 하려는 것입니다. 요일 2:5

24 아버지여, 아버지께서 내게 주신 사람들이 내가 있는 곳에 나와 함께 있어 내 영광, 곧 아버지께서 세상이 창조되기 전부터 나를 사랑하셔서 내게 주신 영광을 그들도 보게 하소서. 1:14;12:26;딤후 2:11~12

25 의로우신 아버지여, 세상은 아버지를 알지 못하지만 나는 아버지를 알며 이 사람들도 아버지께서 나를 보내신 것을 알고 있습니다.

8:55;10:15

26 나는 그들에게 아버지를 알렸고 또 앞으로도 계속 아버지를 알게 해 나를 사랑하신 아버지의 그 사랑이 그들 안에 있고 나도 그들 안에 있게 하려는 것입니다."

18 **겟세마네 동산으로 가심** 예수께서 이 기도의 말씀을 하신 뒤 제자들과 함께 기드론 골짜기 건너편으로 가셨습니다. 거기에는 동산이 하나 있는데 예수와 제자들은 그곳으로 들어갔습니다.

2 **유다가 배반함** 그곳은 예수께서 제자들과 가끔 모이던 곳이어서 예수를 배반한 유다도 알고 있었습니다.

눅 21:37;22:39-40

3 유다는 로마 군인들과 대제사장들과 바리새파 사람들이 보낸 경비병들을 데리고

유다는 왜 예수님을 팔았나요?

열두 제자 중에서 재정을 맡은 유다는 돈에 대한 욕심이 많았어요. 베다니의 마리아가 예수님의 발에 향유를 붓는 것을 보고 가난한 사람들을 돕지 않고 허비한다고 불만을 표시했어요(요 12:1-5). 그는 돈주머니를 맡아 거기에 있는 돈을 훔쳐 가려는 생각에서 그렇게 말한 것이었어요(요 12:6). 평소에도 이렇게 악한 마음을 가지고 있던 유다는 결국 사탄에게 마음이 사로잡혀 예수님을 팔았어요.

예수님은 유다가 자신을 팔 것을 알고 계셨어요(요 13:21). 예수님은 배반할 것을 미리 말씀해 주심으로 유다가 마음을 돌이켜 배반자가 되지 않기를 바라셨어요. 하지만 유다는 자신을 마귀에게 내어 주었고 결국 사탄이 그의 마음속에 들어가고 말았어요(요 13:27).

가룟 유다는 예수님을 따른 것이 아니라, 사탄의 명령에 휘둘린 것이었어요. 사탄에게 마음을 빼앗기면 최악의 길에서 다시 돌아오기가 아주 어렵답니다.

그곳으로 왔습니다. 그들은 횃불과 등불과 무기를 들고 있었습니다.

마 26:47-56

4 **제물들을 보호하심** 예수께서는 자기가 당할 모든 일을 아시고 앞으로 나와 그들에게 물으셨습니다. "너희가 누구를 찾느냐?"

5 그들이 대답했습니다. "나사렛 사람 예수요." 예수께서 그들에게 말씀하셨습니다. "내가 그 사람이다." 배반자 유다도 그들과 함께 거기에 서 있었습니다.

6 예수께서 "내가 그 사람이다"라고 하시자 그들은 뒤로 물러나 땅에 엎드러졌습니다.

7 예수께서 그들에게 다시 물으셨습니다. "너희가 누구를 찾느냐?" 그러자 그들이 대답했습니다. "나사렛 사람 예수요."

8 예수께서 대답하셨습니다. "'내가 그 사람이다'라고 말하지 않았느냐? 너희가 나를 찾고 있다면 이 사람들은 보내 주라."

9 이것은 예수께서 '아버지께서 내게 주신 사람들 중 한 사람도 잃지 않았습니다'라고 하신 말씀을 이루기 위한 것이었습니다.

10 **베드로가 말고의 귀를 자름** 그때 시몬 베드로가 칼을 가지고 있었는데 그가 칼을 빼어 대제사장의 종을 쳐서 오른쪽 귀를 베어 버렸습니다. 그 종의 이름은 말고였습니다.

11 그때 예수께서 베드로에게 말씀하셨습니다. "네 칼을 칼집에 꽂아라. 아버지께서 주신 잔을 내가 받아 마셔야 하지 않겠느냐?"

12 **예수님이 체포되심** 군인들과 천부장과 유대 사람의 경비병들이 예수를 체포했습니다. 그들은 예수를 묶어서

13 **안나스에게로 끌려가심** 먼저 그해의 대제사장 가야바의 장인인 안나스에게로 끌고 갔습니다.

24절과 29:57;눅 3:2;행 4:6

14 가야바는 전에 '한 사람이 백성을 위해 죽는 것이 유익하다'라고 유대 사람들에게 조언했던 바로 그 사람입니다.

11:50

15 **베드로의 첫 번째 부인** 시몬 베드로와 또 다른 제자 한 사람이 예수를 따라갔습니다. 이 제자는 대제사장과 아는 사이였기 때문에 예수와 함께 대제사장 집의 마당 안으로 들어갔습니다.

16 그러나 베드로는 문밖에서 기다려야 했습니다. 대제사장과 아는 사이인 그 제자가 나와서 문지기 하녀에게 말해 베드로를 들어오게 했습니다. 마 26:69~70

17 문지기 하녀가 베드로에게 물었습니다. "당신도 이 사람의 제자 중 한 사람이지요?" 베드로가 대답했습니다. "나는 아니오."

18 날씨가 추웠기 때문에 종들과 경비병들은 숯불을 피워 놓고 둘러서서 불을 쬐고 있었습니다. 베드로도 불을 쬐며 그들과 함께 서 있었습니다. 막 14:54

19 **안나스 앞에 서심** 대제사장은 예수를 그의 제자들과 그의 가르침에 관해 물었습니다.

20 예수께서 대답하셨습니다. "나는 세상에 드러내 놓고 말했다. 나는 언제나 모든 유대 사람들이 모여 있는 회당이나 성전에서 가르쳤고 숨어서 말한 것이 아무것도 없다.

21 그런데 왜 나를 심문하는 것이냐? 내가 무슨 말을 했는지 내 말을 들은 사람들에게 물어보아라. 그들이 내가 한 말을 알고 있다."

22 예수께서 이렇게 말씀하시자 가까이 있던 경비병 중 하나가 예수의 얼굴을 치며 말했습니다. "네가 대제사장에게 이런 식으로 말해도 되느냐?" 19:3 행 23:4

23 예수께서 그에게 대답하셨습니다. "내가 잘못 말한 것이 있다면 그 잘못된 증거를 대 보아라. 그러나 내가 옳은 말을 했다면 어째서 나를 치느냐?"

24 **대제사장 가이바에게로 끌려가심** 그러자 안나스는 예수를 묶은 그대로 대제사장 가이바에게 보냈습니다. 13절

25 **베드로의 두 번째 부인** 시몬 베드로는 서서 불을 쬐고 있었습니다. 그때 사람들이 물었습니다. "당신도 예수의 제자 중 한 사람이지요?" 베드로는 부인하며 말했습니다. "나는 아니오!" 마 26:71~75 막 14:69~72

26 **베드로의 세 번째 부인** 대제사장의 하인들 중 한 사람이 거기 있었는데 그 사람은 베드로가 귀를 벤 사람의 친척이었습니다. "당신이 동산에서 예수와 함께 있는 것을 내가 보지 않았소?" 1:10절

27 베드로는 다시 부인했습니다. 그러자 곧 닭이 울었습니다. 13:38

28 **빌라도에게 끌려가심** 그때 유대 사람들이 예수를 가야바의 집에서 로마 총독의 관저로 끌고 갔습니다. 때는 이른 아침이었습니다. 유대 사람들은 몸을 더럽히지 않고 유월절 음식을 먹기 위해 관저 안에는 들어가지 않았습니다. 마 27:2 막 15:1 눅 23:1

29 빌라도가 밖으로 나와 그들에게 물었습니다. "너희는 이 사람을 무슨 일로 고소하려는 것이냐?" 29~38절 마 27:11~14 막 15:2~5 눅 23:2~3

30 그들이 대답했습니다. "이 사람이 범죄자가 아니라면 총독님께 넘기지도 않았을 것입니다."

31 빌라도가 말했습니다. "이 사람을 데리고 가서 너희들의 법에 따라 재판하라." 유대 사람들이 빌라도에게 대답했습니다. "우리는 사람을 죽일 권한이 없습니다."

32 이는 예수께서 자기가 당할 죽음에 대해 이야기하신 그 말씀을 이루려는 것이었습

People 가야바

대제사장 안나스의 사위로, 원래 이름은 요셉이다. 로마에 의해 대제사장으로 세워졌으며 AD 18~36년까지 대제사장직에 있었다. 죽은 나사로가 살아난 사건을 보면서 예수님을 붙잡아 죽이기로 결정했으며, 한 사람이 모든 백성을 위해 죽어야 한다고 말했다. 또 산헤드린 공회에서 예수님께 유죄를 선언했으며, 예수님 승천 후에는 베드로와 요한을 잡아서 심문한다. 역사가 요세푸스에 의하면 그는 AD 36년에 수리아의 총독 비텔리우스에 의해 풀려났다.

가야바가 나오는 말씀
>> 요 11:47~53;
행 4:6~21

심문(18:21, 訊問, question) 자세히 따져서 묻는 것.
관저(18:28, 官邸, palace) 그리스어로 '프라이토리온'. 높은 관리들이 살도록 나라에서 지은 집.

니다. 13:18;12:32-33;마 20:19

33 빌라도가 심문함 그러자 빌라도는 다시 관저로 들어가 예수를 불러들여 물었습니다. "네가 유대 사람들의 왕이냐?" 19:9;12

34 예수께서 대답하셨습니다. "네가 하는 이 말은 네 생각에서 나온 말이냐? 아니면 나에 대해 다른 사람들이 말해 준 것이냐?"

35 빌라도가 대답했습니다. "내가 유대 사람이냐? 네 동족과 대제사장들이 너를 내게 넘겼다. 네가 저지른 일이 대체 무엇이냐?"

36 예수께서 말씀하셨습니다. "내 나라는 이 세상에 속한 것이 아니다. 만일 내 나라가 이 세상에 속한 것이라면 내 종들이 싸워 유대 사람들이 나를 체포하지 못하도록 막았을 것이다. 그러나 내 나라는 지금 여기에 속한 것이 아니다." 8:23;18:9;16:3;마 26:53

37 빌라도가 말했습니다. "그러면 네가 왕이란 말이냐?" 예수께서 대답하셨습니다. "네 말대로 나는 왕이다. 나는 진리를 증언하려고 태어났으며 진리를 증언하려고 이 세상에 왔다. 누구든지 진리에 속한 사람은 내 말을 듣는다." 눅 22:70;요일 3:19

38 빌라도가 물었습니다. "진리가 무엇이냐?" 빌라도는 이 말을 하고 다시 유대 사람들에게 나가 말했습니다. "나는 이 사람에게서 아무 죄도 찾지 못했다. 눅 23:4

39 유월절 관례 유월절에는 내가 죄수 한 사람을 놓아주는 관례가 있는데 너희들을 위해 '유대 사람의 왕'을 놓아주는 것이 어떻겠느냐?" 39-40절;마 27:15-18;20-23

40 무리가 바라바를 요구함 그러자 그들이 다시 소리쳤습니다. "그 사람이 아닙니다. 바라바를 놓아주십시오." 바라바는 강도였습니다.

19 병사들에게 조롱당하심 그러자 빌라도는 예수를 데려다가 채찍질했습니다. 마 20:19;막 15:15;눅 23:16

2 병사들은 가시관을 엮어 예수의 머리에 씌우고 자주색 옷을 입힌 뒤에 마 27:27-30

3 가까이 다가가서 "유대 사람의 왕, 만세!"

하고 소리치며 손바닥으로 얼굴을 때렸습니다. 18:22

4 빌라도가 예수님을 내어줌 빌라도는 다시 밖으로 나와 유대 사람들에게 말했습니다. "보라. 내가 예수를 너희들 앞에 데려오겠다. 이는 그에게서 아무 죄도 찾지 못한 것을 너희에게도 알게 하려는 것이다." 6절;18:38

5 예수께서 가시관을 쓰고 자주색 옷을 입고 밖으로 나오자 빌라도가 그들에게 말했습니다. "보라. 이 사람이다." 2,14절

6 대제사장들과 경비병들은 예수를 보자 크게 소리쳤습니다. "십자가에 못 박으시오! 십자가에 못 박으시오!" 빌라도가 대답했습니다. "너희들이 이 사람을 데려다가 십자가에 못 박으라. 나는 그에게서 아무 죄도 찾아낼 수가 없다." 4절;18:31

7 예수님을 다시 심문함 유대 사람들이 빌라도에게 말했습니다. "우리에게 법이 있는데 그 법에 따르면 이 사람은 마땅히 죽어야 합니다. 그가 자기 자신을 가리켜 하나님의 아들이라고 했기 때문입니다."

8 빌라도는 이 말을 듣고 더욱 두려워서

9 관저 안으로 다시 되돌아갔습니다. 빌라도가 예수께 물었습니다. "네가 어디서 왔느냐?" 그러나 예수께서는 아무 대답도 하지 않으셨습니다. 7:27;18:33,37;마 26:63

10 그러자 빌라도가 예수께 말했습니다. "내게 말하지 않을 작정이냐? 내가 너를 놓아줄 권한도 있고 십자가에 못 박을 권한도 있다는 것을 알지 못하느냐?"

11 예수께서 빌라도에게 대답하셨습니다. "위에서 주지 않으셨더라면 네가 나를 해칠 아무런 권한도 없었을 것이다. 그러므로 나를 네게 넘겨준 사람의 죄는 더 크다."

12 빌라도를 이용하는 사람들 이 말을 듣고 빌라도는 예수를 놓아주려고 힘을 썼습니다. 그러나 유대 사람들은 소리쳤습니다. "이 사람을 놓아주면 총독님은 가이사의 충신이 아닙니다. 누구든지 자기 자신을 왕이라고 하는 사람은 황제를 반역하는 자입니다."

13 빌라도는 이 말을 듣고 예수를 끌고 나와

서 돌판(히브리 말로는 가바다)이라 불리는 곳에 마련된 재판석에 앉았습니다.

14 이날은 유월절의 예비일이었고 시간은 낮 12시쯤이었습니다. 빌라도는 유대 사람들에게 말했습니다. "보라. 너희들의 왕이다."

15 그러자 그들이 소리쳤습니다. "없애 버리시오! 없애 버리시오! 십자가에 못 박으시오!" 빌라도가 그들에게 물었습니다. "너희들의 왕을 십자가에 못 박으란 말이냐?" 대제사장들이 대답했습니다. "우리에게는 가이사 말고는 다른 왕이 없습니다."

16 예수님을 넘겨줌 마침내 빌라도는 예수를 십자가에 못 박도록 그들에게 넘겨주었습니다.
마 27:26;막 15:15;눅 23:25

로마 군인들이 예수를 데리고 나갔습니다.

17 예수님이 끌려 나가심 예수는 자기의 십자가를 지시고 해골(히브리 말로 '골고다'이라는 곳에 가셨습니다.
마 27:32;막 15:21

18 십자가에 달리신 예수님 거기에서 그들이 예수를 십자가에 못 박았습니다. 그리고 다른 두 사람도 예수의 양쪽에 각각 한 사람씩 못 박았습니다.
마 27:38;막 15:24,27

19 십자가 위의 명패 빌라도는 또한 명패도 써서 십자가 위에 붙였습니다. 그 명패에는 '유대 사람의 왕, 나사렛 예수'라고 쓰여 있었습니다.
마 27:37;막 15:26;눅 23:38

20 예수께서 십자가에 못 박히신 곳이 예루살렘 성 가까이에 있었습니다. 또 그 명패가 히브리어와 라틴어와 그리스어로 각각 쓰였기 때문에 많은 유대 사람들이 이 명패를 읽었습니다.
17절;히 13:12

21 그러자 유대 사람의 대제사장들이 빌라도에게 말했습니다. "'유대 사람의 왕'이라고 쓰지 말고 '자칭 유대 사람의 왕'이라고 써 주십시오."
12절

22 빌라도가 대답했습니다. "나는 내가 쓸 것을 썼다."

23 군인들이 제비를 뽑음 군인들은 예수를 십자가에 못 박고 예수의 옷을 넷으로 나눠 각각 하나씩 갖고는 속옷까지 가져갔습니다. 이 속옷은 이음새 없이 위에서 아래까지 통으로 짠 것이었습니다.
마 27:35;막 15:24

24 그들이 서로 말했습니다. "이것을 찢지 말고 누가 가질지 제비를 뽑자." 이것은 성경 말씀을 이루려는 것이었습니다.

"그들이 내 겉옷을 나눠 가지고 내 속옷을 놓고 제비를 뽑았다."
13:18;시 22:18

25 예수님이 어머니 마리아를 부탁하심 예수의 십자가 곁에는 예수의 어머니와 이모와 글로바의 아내 마리아와 막달라 마리아가서 있었습니다.
마 27:55~56;막 15:40~41;눅 23:49

26 예수께서는 자기의 어머니와 그 곁에 사랑하는 제자가 서 있는 것을 보시고 어머니에게 말씀하셨습니다. "어머니, 보십시오. 당신의 아들입니다."
2:4;13:23

27 그리고 그 제자에게는 "보아라. 네 어머니다"라고 말씀하셨습니다. 그때부터 그 제자는 예수의 어머니를 자기 집에 모셨습니다.

28 예수께 마실 것을 드림 이후에 예수께서 모든 것이 이루어진 것을 아시고 성경을 이루려고 말씀하셨습니다. "내가 목마르다."

29 거기 신 포도주가 담긴 그릇이 있어서 그

채찍질

로마 군인들이 사용한 채찍은 가죽으로 만들어졌다. 몇 갈래로 갈라진 끝에는 날카로운 뼈 조각이나 금속 조각이 달려 있었다. 채찍에 맞으면 처음에는 피부만 상하지만 계속해서 피하 조직까지 상하여 모세혈관이 터지고, 나중에는 정맥·동맥까지 터져 온몸이 상처와 피로 얼룩지게 된다. 심하면 목숨을 잃을 수도 있기 때문에 로마 시민권을 가진 사람

에게는 채찍질이 금지되었다(행 22:25). 바울은 자신이 로마 시민인 것을 밝혀 채찍질당함을 피할 수 있었다. 예수님은 자신과 제자들이 채찍질당할 것을 예언하셨다(마 10:17; 막 10:33~34). 예언대로 예수님은 로마 군인들에게 채찍질을 당하셨고(마 27:26; 막 15:15; 요 19:1) 제자들은 공회에 끌려가 채찍질을 당했다(행 5:40~41).

겟세마네 동산에서 아리마대 요셉의 무덤까지

1 겟세마네 동산에서 기도하심
(눅 22:39~46; 요 18:1)

2 로마 군인들과 대제사장들이 보낸 경비병들에게 체포되심 (요 18:3~12)

3 대제사장 안나스에게 심문받으심 (요 18:13~23)

4 대제사장 가야바와 공회 앞에서 심문받으심 (마 26:57~68; 요 18:24)

5 베드로가 세 번 부인함 (요 18:15~18, 25~27)

6 빌라도에게 심문받으심 (요 18:28~38)

7 로마 병사에게 채찍질을 당하심 (요 19:1)

8 로마 병사들이 가시관을 씌우고 자주색 옷을 입힘 (요 19:2)

9 갈대를 오른손에 들리고 로마 병사들에게 조롱당하심 (마 27:29)

10 로마 병사에게 침 뱉음을 당하심 (마 27:30)

11 로마 병사에게 손바닥으로 얼굴을 맞으심 (요 19:3)

12 빌라도가 군중에게 예수님을 십자가에 못 박도록 내어줌 (요 19:16)

13 십자가를 지시고 골고다(해골)에 오르심 (요 19:17)

14 쓸개 탄 포도주를 마시지 않으심 (마 27:34)

15 십자가에 못 박히심 (요 19:18)

16 로마 병사들이 옷을 제비 뽑아 가짐 (마 27:35)

17 십자가에 못 박힌 죄수와 지나가는 사람들과 대제사장들에게서 조롱받으심 (마 27:39-44)

18 신 포도주를 받으심 (요 19:29-30)

19 "다 이루었다."라고 말씀하신 뒤 숨을 거두심 (요 19:30)

20 예루살렘 성전 안 성소 휘장이 찢어짐 (마 27:51)

21 죽은 사람들이 무덤에서 다시 살아남 (마 27:52-53)

22 한 병사가 예수님의 옆구리를 창으로 찌름, 피와 물이 쏟아져 나옴 (요 19:34)

23 아리마대 요셉이 예수님을 자신의 새 무덤에 장사 지냄 (요 19:38-42)

들은 해면에 포도주를 흠뻑 적신 후 우슬 초 줄기에 매달아 올려 예수의 입에 갖다 대었습니다.

마 27:48;막 15:36;눅 23:36

30 예수께서 죽으심 예수께서 신 포도주를 받으시고 말씀하셨습니다. "다 이루었다." 그리고 예수께서는 머리를 떨구시고 숨을 거두셨습니다.

28절;마 27:50;행 13:29

31 예수님의 옆구리를 창으로 찌름 그날은 예비일이었고 그다음 날은 특별한 안식일이었습니다. 유대 사람들은 안식일에 시체를 십자가에 매달아 두고 싶지 않았기 때문에 빌라도에게 시체의 다리를 꺾어서 내려 달라고 요구했습니다.

출 12:16;신 21:23

32 그래서 로마 군인들이 와서 예수와 함께 십자가에 달린 한 사람의 다리를 꺾었고 뒤이어 다른 사람의 다리를 꺾었습니다.

33 그러나 예수께 와서는 이미 죽으신 것을 보고 다리를 꺾지 않았습니다.

34 대신에 그중 한 군인이 창으로 예수의 옆구리를 찔렀습니다. 그러자 피와 물이 쏟아져 나왔습니다.

요일 5:6,8

35 이는 그 일을 본 사람이 증언한 것입니다. 그의 증언은 참되며 그는 자신의 말이 진실하다는 것을 알고 있습니다. 그는 여러분도 믿게 하려고 증언하는 것입니다.

36 이런 일이 일어난 것은 "그 뼈가 하나도 꺾이지 않을 것이다"라고 한 성경을 이루려는 것이었습니다.

출 12:46;민 9:12;시 34:20;고전 5:7

37 또 다른 성경에서도 말했습니다. "그들은 자기들이 찌른 사람을 쳐다보게 될 것이다."

38 요셉이 시신을 요구함 이 일이 있은 후 아리마대 사람 요셉이 빌라도에게 예수의 시신을 내어 달라고 간청했습니다. 요셉은 예수의 제자이면서도 유대 사람의 지도자들이 두려워 그 사실을 숨기고 있었습니다. 빌라도가 허락하자 요셉은 가서 예수의 시신을 내렸습니다.

7:13

39 예수님이 무덤에 묻힘 또 전에 밤중에 예수를 찾아갔던 니고데모도 몰약에 침향을

섞은 것을 100리트라 정도 가져왔습니다.

40 이 두 사람은 예수의 시신을 모셔다가 유대 사람의 장례 관례에 따라 향품과 함께 고운 삼베로 쌌습니다.

20:5-7;눅 24:12

41 예수께서 십자가에 못 박히신 곳에 동산이 있었는데 그 동산에는 아직 사람을 매장한 일이 없는 새 무덤이 하나 있었습니다.

42 그날은 유대 사람들의 예비일이었고 그 무덤도 가까이 있었기 때문에 요셉과 니고데모는 예수의 시신을 그곳에 모셨습니다.

20 무덤에 온 여인들 그 주간의 첫날 이른 새벽, 아직 어두울 때에 막달라 마리아가 무덤에 가서 보니 무덤 입구를 막았던 돌이 치워져 있었습니다.

2 소식을 들은 베드로와 요한 마리아는 시몬 베드로와 다른 제자 곧 예수께서 사랑하시던 제자에게 달려가서 말했습니다. "사람들이 주의 시신을 무덤 밖으로 가져다가 어디에 두었는지 모르겠어요."

3 베드로와 요한이 무덤을 살핌 그리하여 베드로와 다른 제자가 무덤으로 향했습니다.

4 두 사람이 함께 달려갔는데 베드로보다 다른 제자가 앞서 달려가 먼저 무덤에 이르렀습니다.

5 그 다른 제자가 몸을 굽혀 안을 살펴보았는데 고운 삼베만 놓여 있는 것을 보았으나 무덤 안으로 들어가지는 않았습니다.

6 그때 뒤따라온 시몬 베드로가 도착해 무덤 안으로 들어갔습니다. 그가 들어가 보니 고운 삼베가 놓여 있고

7 예수의 머리를 감쌌던 수건은 고운 삼베와 함께 있지 않고 따로 개켜져 있었습니다.

8 그제야 무덤에 먼저 도착한 그 다른 제자도 안으로 들어가서 보고 믿었습니다.

9 (그들은 아직도 예수께서 죽은 사람 가운데서 살아나야 한다는 성경을 깨닫지 못하고 있었습니다.)

행 13:34-35;고전 15:4

10 그러고 나서 제자들은 자기들의 집으로 돌아갔습니다.

11 막달라 마리아에게 나타나신 예수님 그러나 마리아는 무덤 밖에 서서 울고 있었습니다.

리트라(19:39) 로마 시대에 무게를 나타내는 단위. 1리트라는 약 326g에 해당함.

마리아가 울다가 몸을 굽혀 무덤 안을 들여다보니

12 흰옷을 입은 두 천사가 예수의 시신이 있던 자리에 앉아 있었는데 한 천사는 머리맡에, 또 다른 천사는 발치에 있었습니다.

13 천사들이 마리아에게 물었습니다. "여인아, 왜 울고 있느냐?" 마리아가 천사들에게 대답했습니다. "사람들이 내 주를 가져다가 어디에 두었는지 모르겠습니다."

14 이 말을 한 후 마리아가 뒤를 돌아보았을 때 예수께서 거기서 계셨으나 그러나 마리아는 그분이 예수이신 줄을 깨닫지 못했습니다.
21:4장 16:9;눅 24:16,31

15 예수께서 마리아에게 말씀하셨습니다. "여인아, 왜 울고 있느냐? 네가 누구를 찾고 있느냐?" 마리아는 그 사람이 동산지기인 줄 알고 말했습니다. "주여, 당신이 그분을 옮겨 놓았거든 어디에다 두었는지 말해 주십시오. 그러면 내가 그분을 모셔 가겠습니다."
13장;19:41

16 예수께서 마리아에게 "마리아야!" 하시자 마리아가 돌아서서 히브리어로 "랍오니!" 하고 말했습니다. (이 말은 '선생님'이라는 뜻입니다.)

17 예수께서 마리아에게 말씀하셨습니다. "나를 만지지 마라. 내가 아직 아버지께 올라가지 못했다. 너는 내 형제들에게 가서 '내가 내 아버지 곧 너희 아버지, 내 하나님 곧 너희 하나님께로 올라갈 것이다'라고 말하여라."
14:12;마 28:10;막 16:9

18 막달라 마리아가 예수님의 부활을 알림 막달라 마리아는 제자들에게 가서 주를 보았다는 것과 예수께서 자기에게 하신 말씀을 전해 주었습니다.
마 28:10;막 16:10

19 제자들에게 나타나신 예수님 그날, 곧 그 주간의 첫날 저녁에 제자들은 유대 사람들을 두려워해 문들을 걸어 잠그고 모여 있었습니다. 그때 예수께서 오셔서 그들 가운데 서서 말씀하셨습니다. "너희에게 평강이 있을지어다!"
26장;14:27;눅 24:33,36

20 이렇게 말씀하신 뒤 예수께서는 제자들에게 자신의 손과 옆구리를 보여 주셨습니다. 그러자 제자들은 주를 보고 기뻐했습니다.

21 권세받은 제자들 예수께서 제자들에게 다시 말씀하셨습니다. "너희에게 평강이 있을지어다! 아버지께서 나를 보내신 것처럼 나도 너희를 보낸다."
13:20;17:18

22 이 말씀을 하시고 나서 제자들을 향해 숨을 내쉬며 말씀하셨습니다. "성령을 받으라.

23 만일 너희가 누구의 죄든지 용서하면 그 죄는 사함받을 것이요, 용서하지 않으면 그 죄는 그대로 있을 것이다."
고전 5:4-5

24 도마의 의심 열두 제자 중 하나인 디두모라 불리는 도마는 예수께서 오셨을 때에 제자들과 함께 있지 않았습니다.
11:16

25 그래서 다른 제자들이 그에게 "우리가 주를 보았소!" 하고 말했으나 도마는 그들에게 "내가 내 눈으로 그분의 손에 있는 못 자국을 보고 내 손가락을 그 못 자국에 넣어 보며 내 손을 그분의 옆구리에 넣어

부활하신 예수님은 유령이었나요?

예수님은 제자들에게 미리 말씀하신 대로 십자가에서 고난받으시고 3일 만에 다시 살아나셨어요. 부활하신 예수님을 보고 두려워하는 제자들에게 예수님은 손과 발을 보여 주시며 "나를 만져 보고 쳐다보라. 유령은 살과 뼈가 없되 그러나 너희가 보다시피 나는 있지 않느냐."(눅 24:39)라고 말씀하셨어요. 그리고 제자들 앞에서 구운 생선 한 토막을 잡수셨어요.(눅 24:42-43).
또 예수님은 의심하는 도마에게 나타나셔서 "네 손을 만져 보고, 내 옆구리에 손을 넣어 보아라."(요 20:27) 하고 말씀하셨어요. 부활하신 예수님은 분명히 만질 수 있고, 먹을 수 있는 몸을 가진 분이셨어요. 물론 예수님은 영적인 몸으로 부활하셨기에 시간과 공간에 제한을 받지 않으셨지만 유령은 아니십니다.

보지 않는 한 나는 믿을 수 없소" 하고 말했습니다.

20절|시 22:16

26 도마에게 나타나심 8일 후에 예수의 제자들이 다시 그 집에 모였고 도마도 그들과 함께 거기 있었습니다. 문이 잠겨 있었는데 예수께서 들어와 그들 가운데 서서 말씀하셨습니다. "너희에게 평강이 있을지어다!"

27 그러고 나서 예수께서 도마에게 말씀하셨습니다. "네 손가락을 이리 내밀어 내 손을 만져 보고 네 손을 내밀어 내 옆구리에 넣어 보아라. 그리고 믿음 없는 사람이 되지 말고 믿는 사람이 돼라."

눅 24:39|요일 1:1

28 도마가 예수께 대답했습니다. "내 주이시며 내 하나님이십니다."

요 11:49

29 그러자 예수께서 도마에게 말씀하셨습니다. "너는 나를 보았기 때문에 믿느냐? 보지 않고도 믿는 사람은 복이 있다."

30 이 책의 기록 목적 이 책에는 기록되지 않았지만 예수께서는 제자들 앞에서 다른 많은 표적들을 행하셨습니다.

21:25|창 10:41

31 그러나 이것들이 기록된 목적은 여러분들로 하여금 예수가 그리스도이시며 하나님의 아들이심을 믿게 하고 또 믿어서 예수의 이름으로 생명을 얻도록 하기 위함입니다.

21 **제자들에게 나타나심** 그 후 예수께서는 디베랴 바닷가에서 제자들에게 다시 자신을 나타내셨는데 그 나타내심은 이러합니다.

막 16:12,14

2 시몬 베드로, 디두모라고 하는 도마, 갈릴리 가나 사람인 나다나엘, 세베대의 두 아들들, 그리고 다른 두 제자가 함께 있었습니다.

3 시몬 베드로가 그들에게 "나는 물고기를 잡으러 가겠소" 하고 말하자 그들이 "우리도 같이 가겠소" 하고 말했습니다. 그들은 나가서 배를 탔습니다. 그러나 그날 밤 그들은 물고기를 한 마리도 잡지 못했습니다.

4 날이 밝아 올 무렵 예수께서 바닷가에 서 계셨으나 제자들은 그분이 예수이신 줄 알아보지 못했습니다.

20:14

5 예수께서 제자들에게 "얘들아, 물고기를 좀 잡았느냐?" 하고 물으시자 그들은 "한 마리도 잡지 못했소"라고 대답했습니다.

6 예수께서 제자들에게 말씀하셨습니다. "그물을 배 오른편에 던져 보라. 그러면 물고기가 잡힐 것이다." 제자들이 그물을 배 오른편에 던지자 물고기가 너무 많이 걸려 그물을 배 안으로 들어 올릴 수가 없었습니다.

눅 5:4,6~7

7 예수께서 사랑하시던 제자가 베드로에게 말했습니다. "주이시다!" 시몬 베드로는 "주이시다!"라는 말을 듣자마자 벗어 두었던 겉옷을 몸에 걸치고 물로 뛰어들었습니다.

8 그러나 다른 제자들은 배를 탄 채 물고기가 가득한 그물을 끌면서 배를 저어 육지로 나왔습니다. 배가 바닷가에서 약 200규빗 정도밖에 떨어져 있지 않았기 때문입니다.

9 제자들이 육지에 도착해서 보니 숯불을 피워 놓았는데 숯불 위에는 생선이 놓여 있었고 빵도 있었습니다.

10 예수께서 제자들에게 말씀하셨습니다. "너희가 방금 잡은 생선을 좀 가져오라."

11 시몬 베드로가 배에 올라 그물을 육지로 끌어 내렸습니다. 그물 안에는 큰 물고기가 153마리나 들어 있었습니다. 물고기가 이렇게 많았는데도 그물은 찢어지지 않았습니다.

12 예수께서 제자들에게 말씀하셨습니다. "와서 아침을 먹으라." 다들 그분이 주이신 줄 알고 있었기 때문에 제자들 중 감히 그분께 "누구십니까?"라고 묻는 사람이 없었습니다.

15절|요 4:27;행 10:41

13 예수께서 오셔서 빵을 가져다가 제자들에게 나눠 주셨고 이와 같이 생선도 주셨습니다.

9절

14 예수께서 죽은 사람들 가운데서 살아나신 뒤 제자들에게 나타나신 것은 이것이 세 번째였습니다.

1절|20:19,26

15 다시 부름받은 베드로 그들이 아침 식사를 끝마치자 예수께서 시몬 베드로에게 말씀하셨습니다. "요한의 아들 시몬아, 네가 이 사람들보다 나를 더 사랑하느냐?" 베드로가 말했습니다. "예, 주여, 제가 주를 사랑

하는 것을 주께서 아십니다." 예수께서 베
드로에게 말씀하셨습니다. "내 어린양 떼
를 먹여라."

10:11-16;마 26:33;막 14:29

16 예수께서 베드로에게 다시 말씀하셨습니
다. "요한의 아들 시몬아, 네가 나를 사랑
하느냐?" 베드로가 예수께 대답했습니다.
"예, 주여, 제가 주를 사랑하는 것을 주께
서 아십니다." 예수께서 베드로에게 말씀
하셨습니다. "내 양 떼를 쳐라."

17 예수께서 베드로에게 세 번째로 말씀하셨
습니다. "요한의 아들 시몬아, 네가 나를
사랑하느냐?" 예수께서 세 번째 "네가 나
를 사랑하느냐?" 하고 물으시자 베드로가
근심하며 말했습니다. "주여, 주께서는 모
든 것을 아십니다. 제가 주를 사랑하는 것
을 주께서 아십니다." 예수께서 베드로에
게 말씀하셨습니다. "내 양 떼를 먹여라.

18 **베드로의 죽음을 예고하심** 내가 진실로 진실
로 네게 말한다. 네가 젊어서는 스스로 옷
입고 원하는 곳으로 다녔지만 늙어서는 남
들이 네 팔을 벌리고 너를 묶어 네가 원하
지 않는 곳으로 너를 끌고 갈 것이다."

19 예수께서 이렇게 말씀하신 것은 베드로가
어떤 죽음으로 하나님께 영광 돌릴 것
인지를 알리기 위함이었습니다. 그러
고 나서 예수께서 베드로에게 말씀하
셨습니다. "나를 따르라!"

20 **요한에 대한 질문** 베드로가 돌아보니
예수께서 사랑하시던 제자가 따라
오고 있었습니다. 이 제자는 만찬
에서 예수께 기대어 "주여, 주를 배
반할 사람이 누구입니까?"라고
물었던 사람이었습니다.

21 베드로가 그 제자를 보며 예수
께 물었습니다. "주여, 이 사람
은 어떻게 되겠습니까?"

22 예수께서 베드로에게 대답
하셨습니다. "내가 돌아올
때까지 그가 살아 있기를
내가 원한다 할지라도
그것이 너와 무슨 상관

이 있겠느냐? 너는 나를 따르라."

23 이 말씀 때문에 이 제자가 죽지 않을 것이
라는 소문이 형제들 사이에 퍼졌습니다.
그러나 예수께서는 그가 죽지 않을 것이
라고 하신 것이 아니라 단지 "내가 돌아올
때까지 그가 살아 있기를 내가 원한다 할
지라도 [그것이 너와 무슨 상관이 있겠느
냐?]"라고 말씀하신 것뿐이었습니다.

24 이 일들을 증언하고 기록한 사람이 바로
이 제자입니다. 우리는 그의 증언이 참되
다는 것을 알고 있습니다.

15:27;요상 1:12

25 **예수님의 행하신 일** 이밖에도 예수께서 행하
신 다른 일들이 많이 있으나 그 모든 것을
낱낱이 다 기록한다면 이 세상이라도 그 기
록한 책들을 다 담아 두지 못할 것입니다.

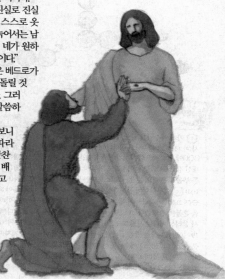

부활하신 예수님이 믿음 없는 도마에게 나타나심

사복음서 퀴즈

사복음서를 열심히 읽었나요? 사복음서를 읽으면서 예수님을 더 많이 알고 믿음이 쑥쑥 자라는 것을 느꼈나요? 자, 이제 질문을 잘 읽고 아래의 퍼즐의 빈 칸을 말씀으로 채워보세요.

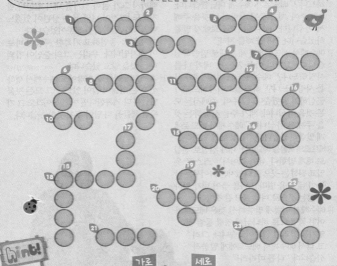

가로

① 아기 예수님께 황금과 유향과 몰약을 드린 박사(마 2장) ③ 예수님의 어머니 ⑤ 예수님이 OOO에 달려 죽으심(막 15장) ⑦ 유대인들은 예수님 대신 강도 OOO를 풀어주라고 외침(막 15장) ⑧ '기름 부음 받은 자'라는 뜻, 그리스도라는 말과 같다(요 1:41) ⑩ 예루살렘에 들어가실 때 예수님이 타신 짐승(마 21장) ⑪ 사람들이 예수님을 보고 이 나무의 잎을 흔들며 환영했다(요 12장) ⑭ 예수님이 죽음에서 살리신 베다니 사람(요 11장) ⑮ 누가복음 16장 19-30절에 나오는 말씀 ⑱ 예수님이 눈을 뜨게 해준 사람(막 10장) ⑳ 예수님을 십자가에 못 박도록 허락한 로마 총독(마 27장) ㉑ '보냄을 받은 자'라는 뜻의 연못(요 9장) ㉓ 소녀야 일어나라는 뜻(막 5장)

세로

② 예수님께 생수를 구했던 여인(요 4장) ④ 예수님을 십자가에 못 박은 당시 대제사장(요 18:13) ⑥ 예루살렘에 들어오시는 예수님을 맞이하며 외친 찬송(막 11장) ⑨ 예수님이 최초로 기적을 베푸신 OO의 혼인 잔치(요 2장) ⑫ 예수님이 돌아가실 때 OO에 있던 사람들이 깨어나는 기적이 일어남(마 27장) ⑬ '사람의 아들'이라는 뜻으로 예수님이 자신을 종종 이렇게 부르셨다(마 16:27) ⑭ 예수님이 참이스라엘 사람이라고 한 사람(요 1:47) ⑯ 닭이 두 번 울기 전 예수님을 배신한 제자(막 14장) ⑰ 예수님을 만나 변화 된 키가 작은 세리(눅 19장) ⑱ 니고데모가 속해있던 단체(요 3장) ⑲ 예수님이 군대 귀신을 쫓아내 준 사람이 있던 곳(눅 8장) ㉒ 예수님이 십자가에 못 박히신 곳(마 27장)

정답 가로 1. 동방박사 3. 마리아 5. 십자가 7. 바라바 8. 메시아 10. 나귀 11. 종려나무 14. 나사로 15. 부자와나사로 18. 바디매오 20. 빌라도 21. 실로암 23. 달리다굼 세로 2. 사마리아여인 4. 가야바 6. 호산나 9. 가나 12. 무덤 13. 인자 14. 나다나엘 16. 베드로 17. 삭개오 18. 바리새인 19. 거라사 22. 골고다

Acts
사도행전

사도행전은 예수님이 하늘로 올라 가신 후, 오순절에 성령 충만받은 사도들과 성도들이 복음을 전파한 것을 기록한 책이에요. 복음을 전하는 것은 성도들이지만 성령님이 도와주시고 인도하셔서 복음이 전파된 것을 알 수 있어요. 성령 충만한 성도들이 늘 기도에 힘쓰고 성경을 열심히 배우고 서로 사랑하는 생활을 하며 하나님께 영광을 돌린 사실도 알게 됩니다.

그리고 성도들을 박해한 바울이었지만 예수님을 만나 변화된 후 핍박을 받아도 예수님을 전하며 로마까지 복음을 전하러 간 것도 알 수 있어요. 베드로에게 복음을 들은 로마 백부장 고넬료 이야기는 이방 사람들에게도 구원을 주시는 하나님의 사랑을 알게 해준답니다. 사도행전은 '데오빌로'라는 개인에게 보낸 편지이지만 모든 시대의 교회에게도 교훈을 주고 있어요.

사도행전은 무슨 뜻인가요?

'사도들이 행한 일'이라는 뜻이에요.

누가 썼나요?

의사인 '누가'가 썼어요. 누가복음과 함께 사도행전도 썼어요. 누가는 복음이 유대 사람뿐만 아니라 이방 사람들을 위한 것임을 강조해요. 특별히 성령의 능력으로 복음이 전파되고 교회가 세워지며 성장하는 것을 기록했어요. 예수님이 하늘로 가신 후에도 예수님이 보내신 성령님을 통해 예수님의 사역이 계속되는 것을 알려 주어요. 누가는 종교적으로 유대 사람들의 도전, 정치적으로 로마의 박해, 문화적으로 헬라 사상으로부터 위협을 받는 교회를 보호하고자 했어요.

언제 썼나요?
AD 63년경

주요한 사람들은?

스데반
초대교회 집사,
최초의 순교자

야고보
열두 제자 중 처음으로
순교한 사람

바나바
예수님을 만나 변화된
바울을 제자들에게
소개한 사람

베드로
예수님의 수제자,
예루살렘 교회 지도자

빌립
초대 교회 집사,
전도자

바울
교회를 핍박하다 변화 받아
복음을 전한 사람

한눈에 보는 사도행전

1-7장 예루살렘에서 복음 전파

13:1-21:16 흩어지는 교회

8-12장 유대와 사마리아에서 복음 전파

21:17-28:31 온 세상으로 복음 전파

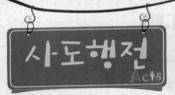

사도행전
Acts

1 머리말 데오빌로님, 제가 먼저 쓴 글에는 예수께서 일하시고 가르치기 시작하신 모든 것 눅 1:3:24:19

2 곧 예수께서 선택하신 사도들에게 성령을 통해 명령하신 후 하늘로 들려 올라가신 날까지의 일을 기록했습니다. 막 16:19:눅 4:18

3 예수께서 고난당하신 후에 자신이 살아 계심을 여러 가지 확실한 증거로 사도들에게 직접 보여 주셨고 40일 동안 그들에게 나타나 하나님 나라에 대한 일을 말씀하셨습니다. 눅 24:34,36~51:요 20:19~29

4 그들과 함께 모였을 때 예수께서 이렇게 명령하셨습니다. "예루살렘을 떠나지 말고 너희가 내게 들은 대로 내 아버지가 약속하신 선물을 기다려라. 눅 24:49:요 21:13

5 요한은 물로 세례를 주었지만 너희는 며칠 안에 성령으로 세례를 받을 것이다."

6 하늘에 오르신 예수님 그래서 그들은 다 같이 모여 있을 때 예수께 물었습니다. "주여, 주께서 이스라엘에게 나라를 회복시켜 주시려는 것이 지금입니까?" 마 17:11

7 예수께서 그들에게 말씀하셨습니다. "그 날과 그때는 아버지께서 자신의 권세로 정하셨으니 너희가 알 것이 아니다.

8 그러나 성령께서 너희에게 오시면 너희가 권능을 받고 예루살렘과 온 유대와 사마리아와 땅끝까지 이르러 내 증인이 될 것이다."

9 예수께서 이 말씀을 하신 뒤 그들의 눈앞에서 들려 올라가셨습니다. 그리고 예수의 모습이 이내 구름 속으로 사라져 보이지 않게 됐습니다. 1:살전 4:17

10 그들은 예수께서 올라가시는 동안 계속 하늘을 뚫어지게 쳐다보고 있었습니다.

그런데 갑자기 흰옷을 입은 두 사람이 그들 곁에 서서 마 28:3:요 16:5:요 20:12

11 "갈릴리 사람들아, 왜 여기 서서 하늘만 쳐다보고 있느냐? 너희 곁을 떠나 하늘로 올라가신 이 예수는 하늘로 올라가시는 것을 너희가 본 그대로 다시 오실 것이다"라고 말했습니다. 빌 3:20:살전 1:10:살후 1:10

12 기쁨 가운데 돌아오는 제자들 그 후 그들은 올리브 산이라 불리는 곳에서부터 예루살렘으로 돌아왔는데 이 산은 예루살렘에서 가까워 안식일에 걸어도 되는 거리였습니다.

13 그들은 예루살렘 안으로 들어와서 자기들이 묵고 있던 다락방으로 올라갔습니다. 거기 있던 사람들은 베드로, 요한, 야고보, 안드레, 빌립, 도마, 바돌로매, 마태, 알패오의 아들 야고보, 열심당원 시몬 그리고 야고보의 아들 유다였습니다.

14 그들은 모두 그곳에 모인 여자들과 예수의 어머니 마리아와 예수의 동생들과 함께 한마음으로 기도에 전념하고 있었습니다.

15 유다를 대신할 사도의 필요성 그 무렵 모인 사람들이 약 120명쯤 됐는데 베드로가 형제들 가운데 일어나 말했습니다. 요 21:23

16 "형제들이여, 예수를 체포한 사람들의 앞잡이가 된 유다에 관해 성령께서 다윗의 입을 통해 미리 말씀하신 성경이 이뤄질 수밖에 없었습니다. 마 26:47:막 14:43:눅 24:44

17 그는 우리 가운데 속했던 사람이었고 이 직무의 한 몫을 담당했던 사람이었습니다.

18 (유다는 자기 불의의 대가로 밭을 샀는데 거기서 그는 곤두박질해 배가 터지고 내장이 온통 밖으로 쏟아져 나왔습니다.

19 이 일이 예루살렘에 사는 모든 사람에게 알려졌습니다. 이 밭을 그들의 지방 말로 아겔다마라 불렸는데 그것은 '피의 밭'이라는 뜻입니다.) 21:40

20 그런데 시편에
'그의 거처를 폐허가 되게 하시고
그곳에 아무도 살지 못하게 하십시오'
라고 기록됐으며 또
'다른 사람이 그의 직무를 차지하게 해

직무(1:17, 職務, ministry) 맡아서 하는 일.
2:4 또는 '다른 나라 말로'.

주심시오'
라고 기록됐습니다. 시69:25;109:8

21 그러므로 주 예수께서 항상 우리와 같이 다니던 동안에, 곧 요한이 세례를 주던 때부터 시작해 예수께서 우리들 가운데서 하늘로 올리워 가시기까지 13:24;막 1:1-4

22 함께 다니던 사람들 가운데 하나를 뽑아 우리와 함께 예수의 부활에 대한 증인이 되게 해야 합니다." 8장;4:33;요 15:27

23 맛디아가 사도로 뽑혀 그래서 사도들이 두 사람, 곧 바사바 또는 유스도라고도 불리는 요셉과 맛디아를 추천했습니다. 15:22

24 그리고 그들은 "모든 사람의 마음을 아시는 주여, 이 두 사람 가운데 주께서 택하신 사람이 누구인지 보여 주셔서 삼상 16:7

25 이 봉사와 사도의 직무를 대신 맡게 해 주십시오. 유다는 이것을 버리고 자기 자리로 갔습니다' 라고 기도했습니다.

26 그러고 나서 그들이 제비를 뽑았는데 맛디아가 뽑혀서 그가 열한 사도들과 함께 사도의 수에 들게 됐습니다.

2 성령께서 오심 마침내 오순절이 이르렀을 때 그들이 모두 함께 한 곳에 모여 있었습니다. 20:16;레 23:15;고전 16:8

2 그때 하늘로부터 갑자기 급하고 강한 바람 같은 소리가 있었고 그들이 앉아 있던 온 집을 가득 채웠습니다. 4:31;왕상 19:11;습 38:1

3 그리고 마치 불 같은 혀들이 갈라지는 것이 그들에게 나타나 그들 각 사람 위에 임했습니다. 마 3:11

4 그러자 모두 성령으로 충만함을 받고 성령께서 그들에게 말하게 하심을 따라 그들이 *다른 방언으로 말하기 시작했습니다.

5 다른 언어로 말할 그때 세계 각 나라로부터 온 경건한 유대 사람들이 예루살렘에 머물고 있었습니다.

6 그런데 이런 소리가 나자 많은 사람들이 모였는데 각자 자기들의 언어로 제자들이 말하는 것을 듣고 모두 어리둥절했습니다.

7 그래서 그들은 놀라 이상하게 여기며 말했습니다. "보십시오, 지금 말하고 있는 이 사람들은 모두 갈릴리 사람들이 아닙니까?

8 그런데 우리가 각자 태어난 곳의 말로 듣고 있으니 어찌 된 일입니까?

9 우리는 바대 사람들과 메대 사람들과 엘람 사람들이며 메소포타미아, 유대, 갑바도기아, 본도, 아시아, 창 14:1,9;왕하 17:6

10 브루기아, 밤빌리아, 이집트 그리고 구레네에 가까운 리비아 지역들에 사는 사람들이며, 로마로부터 온 나그네 된 유대 사람

오순절에 모여 기도하던 사람들이 성령 충만을 받고 방언함

들과 유대교로 개종한 사람들이며

11 크레타 사람들과 아라비아 사람들인데 우리는 지금 저들이 말하고 있는 하나님의 큰 일들을 우리 각자의 말로 듣고 있습니다."

12 그러자 모든 사람들이 놀라 당황해 "이것이 도대체 어찌 된 일입니까?" 하고 서로서로에게 말했습니다.   7절

13 그러나 어떤 사람들은 "그들이 새 술에 취했다"라고 조롱하며 말하기도 했습니다.

14 예수님을 그리스도로 선포할 그러자 베드로가 열한 사도와 함께 서서 자신의 목소리를 높여 그들에게 선포했습니다. "유대 사람들과 예루살렘에 사는 모든 사람들이여, 이 일을 여러분에게 알게 하고자 하니 내 말에 귀를 기울이십시오.

15 지금은 오전 9시니 여러분 생각처럼 이 사람들이 술에 취한 것이 아닙니다.

16 다만 이 일은 예언자 요엘을 통해 말씀하신 것입니다.

17 하나님께서 말씀하셨습니다.
    '마지막 날에 내가 내 영을 모든 육체에 부어 주겠다.
    그래서 너희 아들들과 너희 딸들은 예언을 하고
    너희 젊은이들은 환상을 보고
    너희 나이 든 사람들은 꿈을 꿀 것이다.

18 그날에 내가 내 남종들과 여종들에게도 내 영을 부어 주겠다.
    그래서 그들이 예언을 할 것이다.

19 또 내가 위로 하늘에서는 기사들과 아래로 땅에서는 표적들을 나타낼 것이다.
    곧 피와 불과 자욱한 연기이다.

20 주의 크고 영화로운 날이 이르기 전에 해가 변해 어둠이 되고
    달이 변해 피가 될 것이다.   살전 5:2;계 16:14

21 그러나 누구든지 주의 이름을 부르는 사람은 구원을 얻을 것이다.'   욜 2:28~32

22 이스라엘 사람들이여, 이 말들을 들어 보십시오. 여러분이 아는 바와 같이 나사렛 예수는 하나님께서 그를 통해 여러분 가

운데서 베푸신 능력들과 기사들과 표적들로 여러분에게 증언하신 분입니다.   히 2:4

23 이 예수는 하나님의 정하신 뜻과 미리 아심을 따라 내주셨고 여러분은 법 없는 사람들의 손을 빌려 그분을 십자가에 못 박아 죽였습니다.   3:18;마 26:24;눅 22:22

24 그러나 하나님께서는 죽음의 고통에서 풀어 그분을 살리셨습니다. 왜냐하면 그분은 죽음에 사로잡혀 있을 수 없었기 때문입니다.   32절;3:15;딤후 1:10

25 다윗이 그분에 대해 말했습니다.
    '내가 내 앞에 계신 주를 항상 뵙습니다.
    주께서 내 오른편에 계시므로 내가 흔들리지 않습니다.   시 16:8~11

26 그러므로 내 마음이 기쁘고
    내 입술은 즐거워했으며
    내 육체도 소망 속에 살 것입니다.

27 이는 주께서 내 영혼을 지옥에 버리지 않으시며
    주의 거룩하신 분을 썩지 않게 하실 것이기 때문입니다.   시편 13:35

28 주께서 내게 생명의 길을 알려 주셨으니
    주 앞에서 내게 기쁨을 가득 채워 주실 것입니다.   시 16:8~11

29 형제들이여, 나는 여러분에게 조상 다윗에 대해 담대히 말할 수 있습니다. 그는 죽어 장사돼 그의 무덤이 오늘까지 우리 가운데 있습니다.   13:36;왕상 2:10;느 3:16

30 다윗은 예언자이기에 하나님께서 그에게 맹세하셔서 그의 몸에서 날 자손을 세워 그의 보좌 위에 앉히시리라는 것을 알고

31 미리 내다보면서 그리스도의 부활에 대해 '그가 지옥에 버림을 당하지 않고 그의 육신이 썩음을 보지 않았다'
    라고 말했습니다.

32 이 예수를 하나님께서 살리셨습니다. 이 일에 대해 우리 모두가 증인들입니다.

33 하나님께서는 이 예수를 높이 올리셔서 그분의 오른편에 앉히셨습니다. 높임받으신 예수께서는 아버지께서 약속하신 성령을 받아 우리에게 부어 주셨는데 지금 여러분

이 보고 듣는 것이 바로 이것입니다.

34 다윗은 하늘에 올라가지 못했으나 이렇게 말했습니다.

시 110:1,요 3:13

35 '주께서 내 주께 말씀하시기를
내가 네 원수를 네 발아래 굴복시키기
까지 너는 내 오른편에 앉아 있어라'
하셨습니다.

36 그러므로 이스라엘 모든 집은 확실하게 알아 두십시오. 여러분들이 십자가에 못 박은 이 예수를 하나님께서 주와 그리스도가 되게 하셨습니다."

23절,마 28:18,빌 2:9,11

37 세례를 받은 최초의 신자들 그러자 그들이 듣고 마음이 찔려 베드로와 다른 사도들에게 "형제들이여, 우리가 무엇을 해야 합니까?" 하고 물었습니다.

눅 3:10

38 이때 베드로가 대답했습니다. "회개하십시오. 그리고 여러분의 죄를 용서받기 위해 예수 그리스도의 이름으로 여러분이 각각 세례를 받으십시오. 그러면 여러분이 성령의 선물을 받게 될 것입니다.

39 이 약속은 여러분과 여러분의 자녀와 먼 데 있는 모든 사람, 곧 주 우리 하나님께서 부르시는 모든 사람들에게 주신 것입니다."

40 베드로가 "이 사악한 세대로부터 구원을 받으십시오"라고 말하면서 다른 여러 가지 말로 확증하며 그들을 권했습니다.

41 그러자 베드로의 말을 받아들인 사람들이 세례를 받았고 그 날 믿는 사람의 숫자가 약 3,000명이 나 더 늘었습니다.

42 신자들의 교제 그들은 사도들의 가르침을 받고 교제하며 빵을 떼는 것과 기도하는 일에 전념했습니다.

43 모든 사람들에게 두려움이 임했는데 사도들을 통해

기사들과 표적들이 나타났습니다.

44 믿는 사람들이 모두 함께 모여 모든 물건을 함께 쓰며

4:32,34~35,마 19:21

45 재산과 소유물을 팔아 각 사람에게 필요한 대로 나눠 주었습니다.

46 그리고 날마다 성전에서 한마음으로 모이기를 힘쓰고 집집마다 빵을 떼면서 기쁨과 순수한 마음으로 음식을 나눠 먹었습니다.

47 그리고 하나님을 찬양하고 사람들로부터 칭찬을 받아 주셨으며 날마다 구원받는 사람들을 더하게 하셨습니다.

41절,5:13~14,11:24

3 걷지 못하는 사람을 고침 어느 날 오후 3시 기도 시간에 베드로와 요한이 성전으로 올라가고 있었습니다.

2 사람들이 태어나면서부터 걷지 못하는 사람을 메고 오는데 그들은 그가 성전에 들어가는 사람들에게 구걸할 수 있도록 '아름다운 문'이라는 성전 문에 그를 날마다 앉혀 놓았습니다.

눅 16:20,요 9:8

3 그는 베드로와 요한이 성전으로 들어가려는 것을 보고 구걸했습니다.

4 그러자 베드로가 요한과 함께 그를 주목하면서 "우리를 보시오"라고 말했습니다.

5 그는 그들에게서 무엇을 얻을까 하고 그들을 쳐다보았습니다.

6 베드로가 "은과 금은 내게 없으나 내게 있

는 것을 당신에게 주겠소. 나사렛 예수 그리스도의 이름으로 일어나 걸으시오'라고 말하고

7 그의 오른손을 잡아 일으키니 그의 발과 발목이 곧 힘을 얻어

9:34;고후 6:10

8 뛰어 일어나 걷기 시작했습니다. 그는 걷기도 하고 뛰기도 하며 하나님을 찬미하면서 그들과 함께 성전으로 들어갔습니다.

9 모든 백성이 그가 걸어 다니는 것과 하나님을 찬미함을 보고

4:16,21

10 그가 성전 '아름다운 문'에 앉아 구걸하던 바로 그 사람임을 알아보고 그에게 일어난 일로 인해 몹시 놀라며 이상하게 생각했습니다.

11 기적에 대해 설명함 그 사람이 베드로와 요한을 붙잡고 있을 때 모든 백성이 크게 놀라 '솔로몬의 행각'이라 불리는 곳으로 달려와 그들에게 몰려들었습니다.

요 10:23

12 베드로가 이것을 보고 백성에게 말했습니다. "이스라엘 사람들이여, 왜 이 일을 이상하게 생각합니까? 또 우리 자신의 능력과 경건으로 이 사람을 걷게 한 것처럼 왜 우리를 주목합니까?

13 아브라함과 이삭과 야곱의 하나님, 곧 우리 조상의 하나님께서 그분의 종 예수를 영화롭게 하셨습니다. 그러나 여러분은 일찍이 그를 넘겨주었고 빌라도가 놓아주기로 판결했음에도 당신들은 빌라도 앞에서 그것을 부인했습니다.

14 여러분은 거룩하고 의로운 분을 거절하고 도리어 살인한 사람을 놓아 달라고 요청해

15 생명의 근원 되시는 분을 죽였습니다. 그러나 하나님께서는 그분을 죽은 사람들 가운데서 살리셨습니다. 우리는 이 일에 대해 증인들입니다.

1:8;2:24;히 2:10

16 예수의 이름을 믿는 믿음으로 인해 그분의 이름이 여러분이 보고 아는 이 사람을 온전케 했으니, 예수로 인해 난 믿음이 여러분 앞에서 이같이 그를 완전히 낫게 했습니다.

6;잘.요 1:12;벧전 1:21

17 회개를 촉구함 형제들이여, 이제 나는 여러분이 여러분의 지도자들처럼 무지해서 그렇게 행동했던 것을 압니다.

고전 2:8

18 그러나 하나님께서는 모든 예언자들의 입을 통해 그리스도께서 고난받아야 할 것이라고 미리 선포하신 것을 이와 같이 이루셨습니다.

17:3;26:22-23;눅 24:26-27

19 그러므로 여러분은 회개하고 돌아오십시오, 그래서 여러분의 죄 씻음을 받으십시오.

20 그러면 주 앞에서 새로워지는 때가 올 것이요, 주께서 여러분을 위해 미리 정하신 그리스도 예수를 다시 보내실 것입니다.

베드로와 요한이 나사렛 예수의 이름으로, 걷지 못하는 사람을 고침

21 그러나 하나님께서 영원 전부터 그분의 거룩한 예언자들의 입을 통해 말씀하신 대로 만물을 회복하실 때까지 예수는 마땅히 하늘에 계셔야 할 것입니다. _눅 1:70_

22 모세는 말하기를 '주 하나님께서 너희를 위해 너희 형제 가운데서 나 같은 예언자 하나를 세울 것이니 그가 너희에게 말하는 것은 무엇이든지 다 들으라. _신 18:15_

23 누구든지 그 예언자의 말을 듣지 아니하는 사람은 백성 가운데서 멸망당할 것이다'라고 했습니다. _레 23:29_

24 또 사무엘과 그 뒤를 이은 모든 예언자들도 이때를 가리켜 예언했습니다. _삼상 3:20_

25 여러분은 예언자들의 자손이요, 또 하나님께서 여러분의 조상들과 더불어 세우신 언약의 자손입니다. 하나님께서 아브라함에게 '네 후손으로 인해 땅의 모든 족속이 복을 받을 것이다'라고 말씀하셨습니다.

26 하나님께서 여러분의 악으로부터 각자 돌아서게 하셔서 여러분에게 복 주시려고 자기의 종을 세워 여러분에게 먼저 그를 보내셨습니다." _22,25절;13:46;롬 1:26_

4 베드로와 요한이 잡힘 베드로와 요한이 사람들에게 말하고 있는데 제사장들과 성전 경비대장과 사두개파 사람들이 나타났습니다. _마 22:23;눅 22:4,52_

2 그들은 두 사도가 사람들을 가르치며 예수를 *들어 죽은 사람의 부활을 전파하는 것 때문에 심기가 몹시 불편했습니다.

3 그들은 베드로와 요한을 붙잡았습니다. 그런데 그때가 이미 저녁이었기 때문에 다음 날까지 감옥에 가둬 놓았습니다.

4 그러나 사도들의 말씀을 들은 많은 사람들이 믿게 됐고 그리하여 믿게 된 남자의 수가 5,000명쯤으로 늘어났습니다. _2:41_

5 산헤드린 앞에서 증거함 이튿날 통치자들과 장로들과 율법학자들이 예루살렘에 모였습니다.

6 거기에는 대제사장 안나스가 있었고 가야바, 요한, 알렉산더와 대제사장 가문의 사람들도 있었습니다. _눅 3:2;요 18:13,24_

7 그들은 베드로와 요한을 앞에 세워 놓고 "너희가 무슨 권세와 누구의 이름으로 이런 일을 했느냐?"라고 신문하기 시작했습니다. _10절;마 21:23_

8 그때 베드로가 성령이 충만해 그들에게 말했습니다. "백성의 통치자들과 장로들이여,

9 오늘 여러분이 걷지 못하는 사람에게 일어난 선한 일에 대해 해명하라고 우리를 부른 것이라면 또 그가 어떻게 낫게 됐는지 묻는 것이라면 _3:7~8_

4:2 '예수님이 부활하신 사실을 내세워'라는 뜻

꼭 예수님만 믿어야 구원을 받나요?

하나님이 만드신 아담과 하와가 선악과를 따먹는 불순종의 죄를 범한 후 모든 사람은 죄를 지었어요(롬 3:10, 23). 죄를 지으면 벌은 반드시 받아야 하지만, 하나님은 죄 지은 우리 사람이 용서받을 수 있는 길을 알려 주셨어요. 구약 시대에는 동물 제사와 동물의 피를 드려 하나님의 용서를 받게 하셨어요(레 17:11).

그리고 한 번의 제사로 인류의 모든 죄를 용서하실 한 가지 방법을 보여 주셨는데, 바로 예수 그리스도의 십자가였어요(히 9:12). 죄가 없으신 예수님이 십자가에 달려 죽으심으로 이 세상의 모든 사람들의 죄는 용서받고 구원을 얻을 수 있게 하셨어요. 인간의 노력이나 착한 행동, 다른 종교를 가진다고 구원을 받을 수가 없어요. 베드로는 "예수 외에 다른 어느 누구에게서도 구원을 받을 수 없습니다. 하나님께서는 하늘 아래 우리가 구원받을 만한 다른 이름을 우리에게 주신 일이 없기 때문입니다."(행 4:12)라고 선포했어요. 구원은 오직 길과 진리와 생명이신 예수님만을 통해서만 얻을 수 있어요.

10 여러분과 모든 이스라엘 백성들은 이 점을 알아야 합니다. 이 사람이 다 나아서 여러분 앞에 서게 된 것은 여러분이 십자가에 못 박았지만 하나님께서 죽은 사람들 가운데서 다시 살리신 나사렛 예수 그리스도의 이름으로 된 것입니다. 2:24;3:6

11 이 예수는 '건축자들이 버린 돌이지만 집 모퉁이의 머릿돌이 되셨습니다.'

12 예수 외에 다른 어느 누구에게서도 구원을 받을 수 없습니다. 하나님께서는 하늘 아래 우리가 구원받을 만한 다른 이름을 우리에게 주신 일이 없기 때문입니다.

13 사도들이 풀려나 그들은 베드로와 요한이 아무런 교육도 받지 않은 평범한 사람인 줄 알았는데 그렇듯 용기 있게 말하는 것을 보고 놀라지 않을 수 없었습니다. 그러고

는 비로소 그들이 과거에 예수와 내내 함께 있던 사람인 줄 알게 됐습니다.

14 게다가 병이 나은 사람이 두 사도 곁에 서 있는 것을 보니 더 이상할 말이 없었습니다.

15 그래서 그들은 그 사람들을 공회 밖으로 나가도록 명령하고 함께 의논했습니다.

16 그들이 서로 물었습니다. "이 사람들을 어떻게 할까요? 그들이 대단한 기적을 행했다는 사실을 예루살렘에 사는 모든 사람들이 알고 있고 우리도 그것을 부인할 수는 없습니다. 21절;3:9-10;2:요 11:47

17 어쨌든 이 일이 백성들 사이에 더 이상 퍼져 나가지 않도록 하려면 이 사람들에게 어느 누구에게도 예수 이름으로 말하지 말라고 경고해야 합니다." 5:28,40

18 그러고 나서 그들은 베드로와 요한을 다시 불러들여 절대로 예수의 이름으로 말하거나 가르치지 말라고 명령했습니다.

19 그러나 베드로와 요한이 대답했습니다. "하나님의 말씀보다 당신들의 말에 순종하는 것이 하나님 보시기에 옳은지 스스로 판단해 보십시오. 5:29

20 우리는 보고 들은 것을 말하지 않을 수 없습니다." 22:15;고전 9:16;요일 1:1,3

21 그들은 사도들을 다시금 협박하고 나서야 겨우 풀어 주었습니다. 이 사도들을 처벌할 수 없었던 것은 모든 사람들이 그 일어난 일로 인해 하나님을 찬양하고 있었기 때문입니다. 3:7-8;5:13,26;마 21:26

22 이 기적으로 병이 나은 그 사람은 마흔 살이 넘은 사람이었습니다.

23 기도하는 교회 베드로와 요한도 풀려나자마자 자기 자기 동료들에게 돌아가 대제사장들과 장로들이 한 말을 모두 전해 주었습니다.

24 그들은 이 말을 듣고 함께 소리 높여 하나님께 기도했습니다. "주여, 주께서는 하늘과 땅과 바다와 그 안에 있는 모든 것을 지으신 분이십니다. 느 9:6;시 102:25;134:3

25 주께서는 주의 종, 우리 조상 다윗의 입을 통해 성령으로 말씀하셨습니다.
'어째서 민족들이 분노하며 사람들이

people

바나바

'위로의 아들'이라는 이름의 뜻이고 원래 이름은 '요셉'이다. 부유한 집안 출신으로 가진 재산을 교회 앞에 내놓았다. 착하고 성령과 믿음이 충만한 사람이라는 칭찬을 받았다. 예수님을 만나 변화된 사울(바울)을 제자들이 받아들이려 하지 않을 때 바울을 변호했고, 다소에 있는 바울을 데리고 안디옥으로 가서 함께 가르쳤다. 바울과 함께 헌금을 가지고 예루살렘에 전달하는 중요한 임무를 맡기도 했으며, 돌아오는 길에 마가를 데리고 왔다. 바울과 함께 1차 전도 여행을 했으며, 하나님이 이방 사람들을 돌아오게 하신 일을 간증했다. 2차 전도 여행 때 마가를 데리고 가는 문제로 바울과 다툰 후 바울과 헤어져 마가를 데리고 키프로스로 갔다.
그 후 바나바의 행적은 알려지지 않았으나, 마가의 일로 다툰 바울과는 화해한 것으로 보인다.

바나바가 나오는 말씀
>> 행 4:36-37; 9:26-27;
11:22-30; 12:25-13:3, 13;
15:37-39; 갈 2:1

헛된 음모를 꾸미는가? 　　　시 2:1-2

26 세상의 왕들이 일어나고 통치자들이 함께 모여 주와 그분의 그리스도를 대항하고 있구나.' 　　　5절;10:38;눅 4:18;f 1:9

27 그런데 정말 헤롯 안티파스와 본디오 빌라도가 주께서 기름 부으신 거룩한 종 예수를 반대하며 음모를 꾸미려고 이방 사람들과 이스라엘 백성들을 이 성에서 만났던 것입니다. 　　　마 27:2;눅 23:7-11

28 주의 능력과 뜻에 의해 미리 정하신 일을 그들이 단지 이룬 것뿐입니다. 　　　2:23;사 46:10

29 그러나 주여, 그들의 위협을 보고 주의 종들을 도와 주의 말씀을 담대하게 전하게 하소서. 　　　13:31;엡 3:9;27:13;46;엡 6:19

30 주의 손을 펴서 주의 거룩한 종 예수의 이름을 통해 병을 고치게 하시고 표적과 기사를 행하게 하소서." 　　　3:6;마 7:22;막 16:17

31 그들이 기도를 마치자 모여 있던 곳이 진동했습니다. 그리고 그들은 모두 성령으로 충만해져 하나님의 말씀을 담대하게 전했습니다. 　　　22:4;16:26;빌 1:14

32 소유를 함께 나눔 믿는 사람들은 모두 한마음 한뜻이 됐습니다. 자기 재물을 조금이라도 자기 것이라고 주장하는 사람이 없었고 가진 것을 모두 공동으로 사용했습니다.

33 사도들은 큰 권능으로 주 예수의 부활에 대해 증언했고 풍성한 은혜가 그들 모두에게 임했습니다. 　　　1:8;22;11:23

34 그들 가운데 부족한 것이 있는 사람은 전혀 없었습니다. 이따금씩 땅이나 집을 소유하고 있던 사람들이 그것을 팔아서 돈을 가져다가 　　　2:45;고후 8:14-15

35 사도들의 발 앞에 바쳤습니다. 그러면 누구든 필요한 사람에게 나눠 주었기 때문입니다. 　　　3:7절;5:2;6:1

36 키프로스 출신인 요셉이라는 레위 사람이 있었습니다. 사도들은 그를 바나바라고도 불렀는데 바나바는 '위로의 아들'이라는 　　　막 3:17

37 그 사람이 자기의 밭을 팔아서 그 돈을 사도들의 발 앞에 갖다 놓았습니다. 　　　35절

5 성령을 속인 아나니아 아나니아라는 사람은 그의 아내 삽비라와 함께 재산을 팔았습니다.

2 그는 그 돈의 일부를 떼어 자기 것으로 숨겨 두고는 나머지를 사도들의 발 앞에 가져와 바쳤습니다. 그의 아내도 이 사실을 다 알고 있었습니다. 　　　3절;4:35,37

3 그러자 베드로가 말했습니다. "아나니아야, 어떻게 네가 사탄에게 마음을 빼앗겨 성령을 속이고 땅값으로 받은 돈의 일부를 네 것으로 몰래 숨겨 놓았느냐?

4 그 땅은 팔기 전에도 네 소유였고 또 팔고 난 뒤에도 네 마음대로 처분할 수 있지 않았느냐? 그런데 왜 이런 일을 마음에 품었느냐? 너는 사람을 속인 것이 아니라 하

초대 교회 성도들은 물건을 함께 사용하며 자기 것이라 욕심내지 않고 썼어요. 그들에게는 재산을 팔아 교회에 바쳐야 하는 어떤 규정도 없었답니다. 단지 성령의 감동으로 그렇게 했을 뿐이었어요.

하지만 아나니아와 삽비라는 재산 중 일부를 감추고 마치 다 바친 것처럼 거짓말을 했어요. 그들은 소유에 대한 미련을 버리지 못하면서도 자기들의 헌신을 부풀려 포장하고 싶은 마음이었어요. 하나님은 거짓을 용납하지 않

땅을 팔아 헌금한 아나니아 부부, 왜 죽었나요?

시고 그들을 처벌하셨어요(행 5:3-4). 하나님이 이렇게 하신 이유는 무엇일까요?

아나니아와 삽비라는 사탄의 종노릇을 했기 때문이에요. 하나님의 영광이 임하는 교회를 세우고 대표하는 사도들을 속인 것은 바로 하나님을 속인 것과 같았어요. 이 부부의 죽음을 통해 초대교회는 더 거룩해질 수 있었고, 교회는 성스러운 공동체 곧 순수성이 더럽혀질 수 없는 예수 그리스도의 몸임이 확인되었답니다.

나님을 속인 것이다." 3,9절

5 아나니아는 이 말을 듣자마자 쓰러져 죽었습니다. 그리고 이 일을 듣는 사람들은 모두 두려움에 사로잡혔습니다. 겔 11:13

6 그때 청년들이 들어와 그 시체를 싸서 들고 나가 묻어 주었습니다. 8:2;29:5요 19:40

7 **십비라의 장벌** 세 시간쯤 지나서 그의 아내가 무슨 일이 일어났는지도 모르고 들어왔습니다.

8 베드로가 그녀에게 물었습니다. "말해 보아라. 너와 아나니아가 땅을 팔아 받은 돈이 이것뿐이냐?" 십비라가 대답했습니다. "네, 그게 전부입니다."

9 베드로가 그녀에게 말했습니다. "너희가 어째서 서로 짜고 주의 영을 시험하려고 하느냐? 보아라. 네 남편을 묻은 사람들이 문 앞에 있으니 이번에는 너를 메고 나갈 것이다." 3~4절;15:10;고전 10:9

10 바로 그 순간 십비라도 그 발 앞에 쓰러져 죽었습니다. 그러자 청년들이 들어와 그가 죽은 것을 보고는 메고 나가 그 남편 곁에 묻었습니다.

11 온 교회와 이 일에 대해 소문을 들은 모든 사람들은 큰 두려움에 사로잡혔습니다.

12 **기적과 표적** 사도들은 사람들 가운데 많은 기적들과 표적들을 행했습니다. 그리고 믿는 사람들은 모두 한마음으로 솔로몬 행각에 모이곤 했습니다. 막 16:20

13 다른 사람들은 감히 그 모임에 끼어들지 못했습니다. 그러나 백성들 사이에서는 그들에 대한 칭찬이 자자했습니다.

14 더욱 남녀 할 것 없이 점점 더 많은 사람들이 주를 믿게 돼 그 수가 늘어났습니다.

15 심지어 사람들은 베드로가 지나갈 때 혹시 그의 그림자에라도 덮일까 해서 들것과 자리에 환자들을 눕힌 채 거리로 데리고 나왔습니다. 19:12마 14:36막 6:55~56

일행(5:21, 一行, associate) 함께 길을 가는 사람.
구세주(5:31, 救世主, Savior) 인류를 죄악과 파멸의 상태로부터 구원하시는 예수님을 가리킴.
6:2 또는 '구제하는'

16 예루살렘 근처의 마을에서도 많은 사람들이 환자들과 더러운 귀신에 시달리는 사람들을 데리고 모여들었고 그들도 모두 고침을 받았습니다. 막 16:17~18

17 **갇힘에 갇힘** 그러자 대제사장과 그와 함께인 사두개파의 당원들은 모두 시기하는 마음이 가득해서 들고일어나 막 3:14,16

18 사도들을 잡아다가 감옥에 가두었습니다.

19 그러나 그날 밤 주의 천사가 감옥 문을 열고 사도들을 밖으로 데리고 나와며 말했습니다. 8:26;12:10;16:26

20 "가라! 성전에 서서 백성들에게 이 새 생명의 말씀을 모두 전하라." 빌 2:16

21 **갇힘을 빠져 나간 사실이 알려짐** 이 말을 듣고 그들은 이른 아침 성전으로 들어가 사람들을 가르치기 시작했습니다. 그때 대제사장과 그 일행이 도착해 공회와 이스라엘 자손의 모든 장로들을 소집하고 감옥에 사람을 보내 사도들을 데려오게 했습니다.

22 그러나 경비병들이 감옥에 도착해 보니 그들은 온데간데없었습니다. 그들이 돌아와 이렇게 보고했습니다.

23 "감옥 문은 단단히 잠겨 있었고 간수들도 문마다 서 있었습니다. 그런데 문을 열어 보니 안에 아무도 없었습니다."

24 이 말을 듣고 성전 경비대장과 대제사장들은 당황해 이러다가 또 어떤 일이 생기게 될까 걱정했습니다. 26절;4:1

25 그때 누군가 들어오더니 말했습니다. "보십시오! 감옥에 가둔 그 사람들이 성전에 서서 사람들을 가르치고 있습니다." 21절

26 그러자 경비대장은 부하들과 함께 나가서 사도들을 잡아 왔습니다. 그러나 강제로 끌고 오지 않았는데 그것은 사람들이 자기들에게 돌을 던질까 겁이 났기 때문입니다.

27 **사도들이 경고를 무시함** 그들은 사도들을 데려다가 대제사장의 신문을 받도록 공회 앞에 세웠습니다.

28 대제사장이 말했습니다. "우리가 예수의 이름으로 가르치지 말라고 단단히 주의를 주지 않았느냐? 그런데 너희는 온 예루살

렘을 너희 가르침으로 가득 채우고 이 사람의 피에 대한 책임을 우리에게 뒤집어씌우려고 하는구나." 2:23,26:4:10,18:7:52

29 베드로와 다른 사도들이 대답했습니다. "사람에게 순종하기보다 하나님께 순종하는 것이 마땅합니다! 4:19-20

30 당신들이 나무에 달아 죽인 그 예수를 우리 조상들의 하나님께서 살리셨습니다.

31 하나님께서는 이스라엘에게 회개와 죄 용서를 주시려고 예수를 그분 오른편에 높이 셔서 왕과 구세주가 되게 하셨습니다.

32 우리는 이 모든 일들의 증인이고 하나님께서 그분께 순종하는 사람들에게 주신 성령 또한 그 일들의 증인이십니다."

33 가말리엘의 조언 그들은 이 말을 듣고 화가 치밀어서 사도들을 죽이려고 했습니다.

34 그런데 가말리엘이라 한 바리새파 사람이 공회 가운데 일어났습니다. 그는 율법 학자로서 모든 사람의 존경을 한 몸에 받고 있는 사람이었습니다. 그는 사도들을 잠시 공회 밖으로 내보내라고 명령하고는

35 이렇게 말했습니다. "이스라엘 사람들이여, 여러분이 지금 저 사람들에게 하려는 일에 신중을 기하십시오.

36 언젠가 드다가 나타나서 자신이 대단한 사람인 양 공포하고 다니자 400명가량의 사람들이 따랐습니다. 그러나 그는 죽임을 당했고 그를 추종하던 사람들은 모두 뿔뿔이 흩어지고 말았습니다. 결국 그 일은 아무것도 아닌 일로 끝났습니다.

37 그 사람 뒤에도 갈릴리 사람 유다가 인구 조사를 할 때 나타나서 많은 추종자들을 거느리고 반란을 도모했지만 역시 죽임을 당했고 그를 추종하던 사람들도 모두 흩어졌습니다. 눅 22

38 그러니 지금의 경우에 대해서도 내가 한마디 하자면 저 사람들을 상관하지 말고 그냥 내버려 둡시다. 만일 그 목적이나 행동이 사람에게서 비롯된 것이라면 망하고 말 것입니다. 애 3:37

39 그러나 만약 하나님으로부터 나온 것이라

면 이 사람들을 막을 수 없을 것입니다. 행여나 여러분이 하나님을 대적해 싸우는 사람이 될까 두렵습니다." 11:17;대하 13:12

40 사도들이 풀려남 그의 충고는 충분히 설득력이 있었습니다. 그들은 사도들을 안으로 들여 채찍질을 하고는 예수의 이름으로 말하지 말라고 명령하고는 풀어 주었습니다. 4:18;22:19;막 13:9

41 사도들은 예수 이름을 위해 모욕당하는 것이 합당하다고 생각하고는 기뻐하며 공회를 떠났습니다. 9:16;21:13;고 15:21

42 그들은 날마다 성전에서 또 집집마다 다니면서 예수께서 그리스도라고 가르치고 선포하기를 쉬지 않았습니다. 8:35;11:20

6 일곱 명의 집사를 뽑음 이 무렵 제자들의 수는 점점 늘어났습니다. 그때 그들 가운데 그리스파 유대 사람들이 히브리파 유대 사람들에 대해 불평이 생겼습니다. 매일 음식을 분배받는 일에서 그리스파 유대 사람 과부들이 빠졌기 때문입니다.

2 그리하여 열두 사도들은 제자들을 모두 불러 놓고 말했습니다. "우리가 *음식을 분배하는 일로 인해 하나님의 말씀 가르치는 사역을 소홀히 여기는 것은 옳지 않습니다.

3 형제들이여, 여러분 가운데 성령과 지혜가 충만하다고 알려진 사람 일곱 명을 뽑으십시오. 그러면 이 임무는 그들에게 맡기고

4 우리는 기도하고 말씀을 가르치는 일에 온 힘을 기울이겠습니다." 17:4

5 모든 사람들이 이 제안을 기쁘게 받아들였습니다. 그들은 믿음과 성령이 충만한 사람 스데반과 빌립, 브로고로, 니가노르, 디몬, 바메나, 유대교로 개종한 안디옥 사람 니골라를 뽑았습니다. 3절;11:24

6 그들은 이 사람들을 사도들 앞에 세웠고 사도들은 그 사람들 머리 위에 손을 얹고 기도했습니다. 1:24;13:3;딤전 4:14

7 이렇게 해서 하나님의 말씀은 계속 널리 퍼져 나갔으며 이로써 예루살렘에 있는 제자들의 수도 많이 늘었고 더욱이 수많은 제

사장들도 이 믿음에 순종하게 됐습니다.

8 스데반이 공회에 끌려감 스데반은 하나님의 은혜와 능력이 충만해 사람들 가운데 큰 기사와 표적을 행했습니다. 1:8

9 그런데 그때 구레네, 알렉산드리아, 길리기아와 아시아 등지에서 온 유대 사람들로 구성된 이른바 '자유인의 회당'에 속한 사람들 가운데 스데반을 반대하는 사람들이 일어났습니다. 그들은 스데반과 논쟁을 벌이기 시작했지만

10 스데반이 지혜와 성령으로 말하는 것을 모두 당해 낼 수 없었습니다. 눅21:14-15

11 그러자 그들은 돈을 주고 몇몇 사람을 시켜 "스데반이 모세와 하나님을 모독하는 것을 들었다"라고 말하게 했습니다.

12 그들은 이렇게 백성들과 장로들과 율법학자들을 선동해 스데반을 붙잡아 공회 앞으로 끌고 갔습니다.

13 그들은 거짓 증인들을 내세워 거짓 증언을 하게 했습니다. "이 사람은 이 거룩한 곳과 율법에 대해 험담을 그치지 않고 계속해 왔습니다. 11절:7:58

14 우리는 이 사람이 나사렛 예수가 이곳을 무너뜨리고 모세가 우리에게 전해 준 관습들을 바꿀 것이라고 말하는 것을 들었습니다." 15:1;21:21마26:61

15 그러자 공회에 앉아 있던 사람들이 모두 스데반을 주목했습니다. 그때 그의 얼굴은 마치 천사의 얼굴처럼 보였습니다.

7 스데반의 변호 대제사장이 스데반에게 "사람들이 고소한 이 내용들이 사실이냐?" 하고 물었습니다.

2 이 말에 대해 스데반이 대답했습니다. "형제들이여, 그리고 어르신들, 내 말을 들어 보십시오. 우리 조상 아브라함이 하란에 살기 전 아직 메소포타미아에 있었을 때 영광의 하나님께서 그에게 나타나

3 '네 고향과 친척을 떠나 내가 네게 보여 줄 땅으로 가져라' 하고 말씀하셨습니다. 창12:1

4 그래서 아브라함은 갈대아 땅을 떠나 하란에 가서 살았습니다. 거기서 그의 아버지가 죽은 후 하나님께서는 여러분이 지금 살고 있는 이 땅으로 아브라함을 보내셨습니다.

5 그러나 하나님께서는 여기에서 손바닥만한 땅도 아브라함에게 유산으로 주시지 않았습니다. 대신에 그와 그 씨가 이후에 이 땅을 갖게 되리라고 약속하셨습니다. 그때 아브라함에게는 자식도 없었는데 말입니다.

6 하나님께서 아브라함에게 이렇게 말씀하셨습니다. '네 후손이 자기 땅이 아닌 곳에서 나그네가 될 것이다. 그리고 그곳에서 노예가 돼 400년 동안 혹사당할 것이다.

7 그러나 그들이 노예로 섬기게 될 그 나라에 내가 벌을 내릴 것이다. 그리고 나서야 그들이 그 땅에서 나와 이곳에서 나를 경배하게 될 것이다.' 창15:13-14;출3:12;렘25:12;30:20

8 그리고 나서 하나님께서는 아브라함에게 할례의 언약을 주셨습니다. 그리하여 아브라함은 이삭을 낳았고 태어난 지 8일 만에 아들에게 할례를 주었습니다. 나중에 이삭은 야곱을 낳았고 야곱도 우리 열두 조상을 낳았습니다. 창17:9-12;21:2-4;눅1:59

9 그런데 우리 조상들은 요셉을 시기하는 나머지 그를 이집트에 노예로 팔아 버렸습니다. 그러나 하나님께서는 그와 함께 계셔서

10 모든 어려움에서 그를 구해 주셨습니다. 또 하나님께서는 요셉에게 지혜를 주셔서 이집트 왕 바로의 총애를 받게 하셨습니다. 왕은 요셉을 총리로 삼아 이집트와 왕궁을 다스리게 했습니다. 창41:37-41,43,46

11 그때 이집트와 가나안 온 땅에 기근이 들어 사람들이 심한 고통을 겪게 됐습니다. 우리 조상들도 먹을 것이 없었습니다.

12 야곱은 이집트에 곡식이 있다는 소문을 듣고는 우리 조상들을 처음으로 그곳에 보냈습니다. 창42:1-3

13 그들이 이집트에 두 번째로 갔을 때 요셉은 자기 형제들에게 자기가 누구인지 밝혔으며 바로도 요셉의 가족에 대해 알게 됐습니다. 창43:2-15;45:1-4,16

14 이 일 후에 요셉은 사람을 보내 아버지 야곱과 모든 친족까지 합해 75명을 불렀습니다.

15 그리하여 야곱은 이집트로 내려가게 됐으며 그와 우리 조상들은 그곳에서 죽었습니다.

16 그 후에 그들의 시신은 세겜으로 옮겨져 무덤에 묻혔습니다. 그 무덤은 과거에 아브라함이 세겜에서 하몰의 자손들에게 얼마의 돈을 주고 사 둔 것이었습니다.

17 하나님께서 아브라함에게 하신 약속을 이루실 때가 가까워지자 이집트에 살고 있는 우리 민족의 수가 엄청나게 늘어났습니다.

18 한편 그때 요셉에 대해 아무것도 모르는 다른 왕이 이집트의 통치자가 됐습니다.

19 그는 우리 민족을 속여 이용해 먹었고 우리 조상들을 괴롭히며 그들의 갓난아기들을 강제로 내다 버려 죽게 했습니다.

20 모세의 교훈 이때 모세가 태어났는데 그는 하나님 보시기에 남달리 아름다웠습니다. 모세의 부모가 석 달 동안 그를 집에 숨기면서 기르다가   출 2:2;히 11:23

21 어쩔 수 없이 밖에 버리게 됐는데 이때 바로의 딸이 그를 주워 데려다 자기 아들로 키웠습니다.   출 2:3~10

22 모세는 이집트 사람들이 가진 모든 지혜를 배웠고 그의 말과 행동에 큰 능력이 나타났습니다.   사 19:11;눅 24:19

23 모세가 마흔 살이 되자 자기 동족 이스라엘 백성들을 돌봐야겠다는 결심을 하게 됐습니다.   출 2:11~12

24 모세는 자기 백성들 가운데 한 사람이 이집트 사람에게 학대당하는 것을 보고 그편을 들러 갔다가 그 이집트 사람을 쳐 죽이고 원수를 갚아 주었습니다.

25 모세는 자기 동족만큼은 하나님께서 자기를 통해 그들을 구원해 내실 것을 깨닫고 있으리라 생각했지만 실제로 그들은 깨닫지 못했습니다.

26 그다음 날 모세는 서로 싸우고 있는 두 명의 이스라엘 사람들에게 다가가 화해시킬 생각으로 말했습니다. '여러분, 당신들은 같은 형제들인데 어째서 다투고 있단 말입니까?'   출 2:13~14

27 그러자 싸움을 걸었던 사람이 모세를 밀치며 말했습니다. '누가 당신을 우리의 지도자나 재판관으로 세웠소?   눅 12:14

28 당신이 어제 이집트 사람을 죽인 것처럼 나도 죽이려는 것이오?'

29 모세는 이 말을 듣자 미디안 땅으로 도망쳐 나왔습니다. 그는 거기서 나그네 생활을 하며 두 아들을 낳았습니다.

30 40년이 지난 후 한 천사가 시내 산 근처 광야에서 타오르는 가시떨기나무 불꽃 가운데 모세에게 나타났습니다.   출 3:1~2

31 모세는 이 광경을 보고 놀랐습니다. 그가 더 자세히 보려고 가까이 다가가자 주의 음성이 들렸습니다.

32 '나는 네 조상의 하나님, 곧 아브라함과 이삭과 야곱의 하나님이다.' 이에 모세는 두려워 떨며 감히 쳐다보지도 못했습니다.

33 그때 주께서 그에게 말씀하셨습니다. '네 신을 벗어라. 네가 서 있는 곳은 거룩한 땅이다.   출 3:5;수 5:15

네 신을 벗어라!

고대 근동에서는 존경과 경배의 표시로 신을 벗었다. 거룩한 장소에 들어갈 때도 신을 벗어 예의를 표했다(출 3:5; 수 5:15; 행 7:33). 죄로 더러워진 땅을 밟은 신은 더러운 것이므로 거룩한 곳을 밟아서는 안 된다는 생각 때문이었다.

이 외에도 이스라엘 사람들은 신을 벗는 일을 일상생활 속에서 상징적인 의식으로 행했다. 상을 당하거나 슬픔의 표시로 신을 벗었다(겔 24:17). 자식 없이 죽은 형제의 아내를 취하지 않겠다는 표시로 신을 벗어 보였다(신 25:9).

어떤 것을 무르거나 상거래를 성립시키는 표시로, 상품을 산 사람의 신을 판 사람에게 주었다(룻 4:7).

34 내가 이집트에 있는 내 백성이 억압당하는 것을 분명히 보았고 또 그 신음 소리를 듣고 그들을 구원하기 위해 내려왔다. 자, 이제 내가 너를 이집트로 보낼 것이다.'

35 이 사람은 이스라엘 백성이 '누가 당신을 우리의 지도자나 재판관으로 세웠소?'라면서 거부하던 사람인데 가시떨기나무 불꽃 가운데 나타났던 천사를 통해 하나님께서 직접 모세를 그들의 지도자와 구원자로 보내셨습니다. 27장14:19,23:20:신 20:16

36 모세는 백성을 이집트에서 인도해 내면서 이집트와 홍해 앞에서 그리고 40년 동안 광야에서 기적들과 표적들을 행했습니다.

37 이스라엘 백성에게 '하나님께서 너희 백성 가운데 나 같은 예언자를 보낼 것이다'라고 한 사람이 바로 이 모세입니다.

38 그는 시내 산에서 말하던 그 천사와 함께 우리 조상들과 더불어 광야 교회에 있으면서 살아 있는 말씀을 받아 우리에게 전해 주셨습니다. 출 19:3,17~18:신 5:27,31.

39 불순종한 백성 그러나 우리 조상은 그의 말을 듣지 않고 오히려 그를 거절하며 그 마음으로 이집트로 돌아갈 생각을 했습니다.

40 그들은 아론에게 '우리를 인도할 신들을 만들어 주시오. 우리를 이집트에서 인도

해 낸 모세라는 사람은 도대체 어떻게 됐는지 모르겠소'라고 말했습니다. 출 32:1,23

41 그리고 그들이 송아지를 본떠 우상을 만든 것이 바로 이때였습니다. 그들은 이 우상에게 제물을 바치고 자기들의 손으로 만든 것을 기뻐했습니다. 출 32:4~6,35;신 9:16

42 그러자 하나님께서는 그들에게서 돌아서시고 그들이 하늘의 별들을 섬기게 내버려 두셨습니다. 이것은 예언자들의 책에 기록된 것과 같습니다.

'이스라엘 백성아, 너희가 40년 동안 광야에 있을 때 내게 희생과 제물을 가져온 적이 있었느냐? 수 24:20;사 63:10

43 너희는 너희가 숭배하려고 만든 몰록의 천막과 너희 신 레판의 별을 높이 들었다. 그러므로 내가 너희를 바벨론 저편으로 옮길 것이다.' 왕상 11:7

44 우리 조상은 광야에서 증거의 장막을 가지고 있었습니다. 이것은 하나님께서 모세에게 지시하신 대로 그가 본 양식에 따라 그대로 만든 것입니다. 출 25:40;38:21.

45 우리 조상들은 이 장막을 물려받아 하나님께서 우리 조상들 앞에서 쫓아내신 이방 민족들의 땅을 차지할 때도 여호수아의 인도를 따라 그 장막을 가지고 가나안 땅

스데반, 왜 죽임당했나요?

스데반은 예루살렘 교회에서 재능과 능력이 많은 집사였어요. 교회의 여러 가지 일을 했고 회당에서 복음도 전했습니다(행 6:8~9). 그때 스데반은 보수적인 유대 지도자들로부터 많은 공격을 받았어요. 하지만 공격자들은 '지혜와 성령'으로(행 6:10) 답하는 스데반을 당해 낼 수 없었어요. 그러자 공격자들은 스데반을 모함하여 죽이려고 일을 꾸몄어요. 스데반을 재판하기 위한 산헤드린 공회를 소집한 거예요(행 6:12). 스데반의 죄목은 하나님을 모독하고 모세의 법을 깔보고 업신여겼으며, 나사렛 예수가 성전을 무너뜨릴 것이라고 했다는 것이었어요(행 6:14).

이런 고소에 대해 스데반은 오히려 그들의 잘못을 지적했어요. 지적한 내용을 보면 과거에 요셉을 시기했던 조상들처럼(행 7:9) 공회원들이 예수님을 핍박한 점, 조상들이 모세에게 했던 것처럼(행 7:39) 예수님을 거절한 점, 참성전이신 예수님을 모르는 죄 등이었어요. 더 나아가 스데반은 유대 지도자들을 '목이 곧고 마음과 귀가 꽉 막힌 사람들'이라고 불렀어요. 결국 유대 지도자들이 스데반을 향해 돌을 던진 것은 스데반의 설교를 듣고 마음이 찔렸기 때문이었습니다(행 7:54~60). 설교를 들은 반응이 회개가 아닌 분노로 나타난 것입니다.

설교한 스데반에게 돌을 던짐

에 들어갔습니다. 그리고 그 장막은 다윗의 시대까지 그 땅에 있었습니다.

46 다윗은 하나님의 은혜를 누린 사람으로 야곱의 집안을 위해 하나님의 처소를 짓게 해 달라고 간청했으나 왕상 8:17;대상 22:7

47 하나님을 위한 집을 지은 사람은 솔로몬이었습니다. 삼하 7:13;왕상 6:1-28:20

48 그러나 지극히 높으신 하나님께서는 사람이 지은 집에 계시지 않습니다. 이것은 예언자가 한 말과 같습니다. 왕상 8:27;대하 2:6

49 '주께서 말씀하시기를 하늘이 내 보좌이고 땅이 내 발판이다. 그런데 너희가 나를 위해 무슨 집을 짓겠느냐? 또 내가 쉴 만한 곳이 어디 있겠느냐?

50 이 모든 것을 다 내 손으로 만들지 않았느냐?' 사 66:1-2

51 목이 곧고 마음과 귀가 꽉 막힌 사람들이여, 당신들도 여러분의 조상처럼 계속해서 성령을 거역하고 있습니다. 신 10:16

52 당신들의 조상이 핍박하지 않은 예언자가 있었습니까? 그들은 심지어 의인이 올 것을 예언한 사람들을 죽였고 이제는 당신들도 그 의인을 배반하고 죽였습니다.

53 당신들은 천사들이 전해 준 율법을 받았으면서도 그것을 지키지 않았습니다."

54 스데반이 돌에 맞아 순교할 그들은 이 말을 듣고 화가 치밀어 올라 스데반을 보며 이를 갈았습니다. 2:37;5:33

55 그러나 스데반은 성령으로 충만해 하늘을 우러러 하나님의 영광과 예수께서 하나님의 오른편에 서 계신 것을 보고

56 이렇게 외쳤습니다. "보십시오, 하늘이 열리고 인자가 하나님의 오른편에 서 계신 것이 보입니다." 단 7:13;요 1:51

57 그러자 그들은 귀를 막고 목이 찢어져라 소리를 지르며 그를 향해 일제히 달려들어

58 그를 성 밖으로 끌어낸 후 돌을 던지기 시작했습니다. 한편 목격자들은 자기들의 옷을 벗어 사울이라는 청년의 발 앞에 두었습니다. 8:1;22:20;레위 24:14-16

59 그들이 돌로 칠 때 스데반은 "주 예수여, 내 영혼을 받아 주소서"라고 기도했습니다.

60 그러고 나서 스데반은 무릎을 꿇고 큰 소리로 "주여, 이 죄를 저 사람들에게 돌리지 마소서"라고 외쳤습니다. 이 말을 끝낸 후 그는 잠들었습니다. 눅 22:41;엡 3:15

8 핍박으로 교회가 흩어짐 사울은 스데반이 죽게 된 것을 당연하게 여겼습니다. 그날에 예루살렘 교회에 큰 핍박이 일어나 사도들을 제외한 모든 사람들이 유대와 사마리아로 뿔뿔이 흩어졌습니다.

2 경건한 사람들이 스데반의 장례를 치르고 그의 죽음을 몹시 슬퍼하며 울었습니다.

3 그러나 사울은 교회를 파괴하면서 집집마

돌에 맞아 순교하며 기도하는 스데반

다 돌아다니며 남자와 여자를 가리지 않고 끌어내 그들을 감옥에 보냈습니다.

4 빌립의 사마리아 사역 한편 뿔뿔이 흩어진 사람들은 가는 곳마다 복음의 말씀을 전했습니다. 1절

5 빌립은 사마리아에 있는 한 도시에 내려가서 사람들에게 그리스도를 전했습니다.

6 빌립의 말을 듣고 그가 일으키는 표적들을 본 사람들은 모두 그의 말을 주의 깊게 들었습니다. 요 2:23;4:38

7 많은 사람들에게 붙었던 더러운 귀신들이 찢어질 듯한 소리를 지르며 떠나갔고 많은 중풍 환자들과 지체 장애인들이 나았습니다. 막 16:17-18

8 그리하여 사마리아 도시 안에 큰 기쁨이 생겼습니다. 39절;요 16:22

9 마술사 시몬 그런데 그 도시에는 전부터 시몬이라는 사람이 마술을 부려 모든 사마리아 사람들을 놀라게 하고 자신이 스스로 대단한 사람인 양 우쭐댔습니다.

10 낮은 사람부터 높은 사람에 이르기까지 모든 사람이 그에게 관심을 쏟으며 "이 사람은 정말 크신 하나님의 능력을 소유한 사람이다"라고 말했습니다. 14:11;28:6

11 시몬은 마술로 오랫동안 사람들을 놀라게 했기 때문에 사람들이 그를 따라다녔습니다. 9,13절; 갈 3:1

12 그러나 빌립이 하나님 나라와 예수 그리스도의 이름에 대한 복음을 전파하자 남자와 여자가 모두 그의 말을 믿고 세례를 받았습니다. 1:3;16:33-34;18:8

13 시몬 자신도 믿고 세례를 받은 후 빌립을 따라다녔습니다. 그리고 시몬은 빌립이 행하는 큰 표적들과 능력을 보고 놀랐습니다.

14 성령받기를 기도함 예루살렘에 있던 사도들은 사마리아 사람들이 하나님의 말씀을 받아들였다는 소식을 듣고 베드로와 요한을 그들에게 보냈습니다. 1:8

15 베드로와 요한은 그곳에 도착해서 사마리아 사람들이 성령받기를 기도했습니다.

16 이는 그들에게 아직 성령이 내리지 않았고 그들은 주 예수의 이름으로 세례를 받았을 뿐이었기 때문입니다.

17 그때 베드로와 요한이 그들에게 손을 얹자 그들이 성령을 받았습니다. 2:4;9:17;19:6

18 시몬을 꾸짖음 시몬은 사도들이 손을 얹을 때 성령이 내려오시는 것을 보고 그들에게 돈을 주며

19 "내게도 이런 능력을 주어 내가 손을 얹는 사람은 누구든지 성령을 받게 해 주십시오"라고 말했습니다.

20 그러나 베드로는 그에게 이렇게 대답했습니다. "당신이 하나님의 선물을 돈으로 살 수 있다고 생각했으니 당신은 그 돈과 함께 망할 것이오. 왕하 5:16;사 55:1;단 5:17

21 당신 마음이 하나님 앞에서 바르지 못하니 그대는 이 일에 상관할 것도, 동참할 것도 없소. 왕하 10:15;시 78:37

22 그러므로 당신은 이 악함을 회개하고 주께 기도하시오. 그러면 주께서 당신 마음속에 품은 악한 생각을 용서해 주실지 모르오.

People

빌립

이름의 뜻은 '말을 사랑하는 자'이다. 초대교회의 일곱 집사 중 한 사람으로 스데반이 순교한 후 예루살렘 교회에 큰 박해가 나자 사마리아로 내려가 복음을 전했다.

에티오피아 여왕 간다게의 신하에게 복음을 전하고 세례를 주었다.

그 후 아소도와 여러 지역에 다니며 복음을 전하다가 가이사랴 지방에 머물러 전도했다. 예언을 하는 네 명의 딸을 두었다.

빌립이 나오는 말씀
>> 행 8:5-6, 26-40; 21:8-9

성경에 나오는 다른 빌립
>> 예수님의 제자 빌립 [행 1:13; 마 10:3; 막 3:18; 눅 6:14; 요 1:45; 6:5-7; 12:20-22; 14:8-9]
>> 헤롯 빌립 1세 [마 14:3; 막 6:17-18; 눅 3:19]
>> 헤롯 빌립 2세 [눅 3:1]

23 내가 보기에 당신은 악의가 가득하고 죄에 사로잡혀 있소." 신 29:18;왕하 8:11~12;히 12:15

24 그러자 시몬이 말했습니다. "지금 말씀하신 것들이 하나도 내게 일어나지 않도록 저를 위해 주께 기도해 주십시오."

25 예루살렘으로 돌아감 베드로와 요한은 주의 말씀을 증언하고 선포한 후 사마리아의 여러 마을에도 복음을 전하면서 예루살렘으로 돌아갔습니다. 6~8절요 4:38

26 빌립이 에티오피아의 내시를 가르침 그때 주의 천사가 빌립에게 "너는 예루살렘에서 가사로 내려가는 광야 길을 따라 남쪽으로 가거라" 하고 말했습니다. 5:19;10:3

27 그래서 빌립이 일어나 가다가 길에서 에티오피아 내시를 만났습니다. 그는 에티오피아 여왕 간다게의 재정을 맡은 고위 관리였습니다. 이 사람이 예루살렘에 예배드리러 갔다가 왕상 8:41~42;요 12:20

28 본국으로 돌아가는 길에 마차에 앉아 예언자 이사야의 책을 읽고 있었습니다.

29 그때 성령께서 빌립에게 "저 마차로 가까이 다가가거라" 하고 말씀하셨습니다.

30 빌립이 마차로 달려가서 그 사람이 예언자 이사야의 글을 읽는 것을 듣고 그에게 "지금 읽고 있는 것을 이해하십니까?"라고 물었습니다.

31 그러자 그는 "설명해 주는 사람이 없는데 내가 어떻게 알겠소?"라고 대답하면서 빌립에게 마차에 올라와 자기 곁에 앉으라고 부탁했습니다. 16:13;롬 10:14

32 그가 읽고 있던 성경 구절은 바로 이것이었습니다.

　"그는 도살장으로 향하는 양처럼 끌려갔고 털 깎는 사람 앞에서 잠잠한 어린 양처럼 그의 입을 열지 않았다. 사 53:7~8

33 그는 굴욕을 당하며 공정한 재판도 받지 못해 이 땅에서 그의 생명을 빼앗겼으니 누가 이 세대의 악함을 말로 다 표현할 수 있겠는가?" 빌 2:8

34 그 내시가 빌립에게 "이 말은 누구를 두고 한 말입니까? 예언자 자신을 두고 한 말입니까, 아니면 다른 사람을 두고 한 말입니까?"라고 물었습니다.

35 그러자 빌립이 그의 입을 열어 바로 그 성경 구절로부터 시작해서 예수에 대한 복음을 전해 주었습니다. 17:2;18:28;눅 24:27

36 세례받은 그들이 길을 따라 내려가다가 물 있는 곳에 이르게 되자 내시가 말했습니다. "보시오, 여기 물이 있소. 내가 세례를 받지 못할 이유가 어디 있겠소?"

37 *(없음)

38 그리고 내시는 마차를 멈추라고 명령했습니다. 그리하여 빌립은 내시와 함께 물로 내려가 그에게 세례를 베풀었습니다.

39 그들이 물에서 나오자 주의 성령께서 빌립을 데리고 가셨습니다. 내시는 그를 다시 볼 수 없게 됐으나 매우 기뻐하며 가던 길을 계속 갔습니다. 왕상 18:12;왕하 2:16;겔 3:12,14

40 빌립이 계속 복음을 전파함 빌립은 아소도에 나타나 가이사랴에 도착할 때까지 모든 마을들을 두루 다니며 복음을 전했습니다.

9 예수님이 사울에게 나타나심 한편 사울은 여전히 주의 제자들을 위협하며 그들을 죽일 기세로 대제사장에게 나아가

2 다메섹의 여러 회당들에 써 보낼 공문을 요청했습니다. 거기서 그 도를 따르는 사람을 만나기만 하면 남자와 여자를 가리지 않고 잡아다가 예루살렘으로 끌고 오기 위해서였습니다. 22:19;눅 12:11;21:12

3 사울이 길을 떠나 다메섹 가까이 도착했을 때 갑자기 하늘에서 빛이 비쳐 그를 둘러쌌습니다. 3~8절;22:6~11;26:12~18

4 사울이 땅에 쓰러졌습니다. 그때 그는 "사울, 사울아, 네가 왜 나를 핍박하느냐?" 하는 음성을 들었습니다. 사 63:9;슥 2:8

간다게(8:27, Candace) 구스(에티오피아) 여왕의 공식적인 호칭.
도살장(8:32, 屠殺場, place to slaughter) 동물이나 가축을 잡아 죽이는 곳.
8:37 또한 고대 사본에는 '빌립이 그대가 진심으로 믿는다면 세례를 받을 수 있다고 대답하자 내시가 자신의 예수 그리스도가 하나님의 아들이신 것을 믿는다고 말했습니다'가 있다.

5 사울이 "주여, 누구십니까?"라고 묻자 "나는 네가 핍박하는 예수다.

6 지금 일어나 시내로 들어가거라. 네가 해야 할 일을 일러 줄 사람이 있을 것이다"라고 대답하셨습니다. 16절;고전 9:16

7 사울과 함께 가던 사람들은 소리만 들리고 아무도 보이지 않아 아무 말도 못하고 멍하니 그곳에 서 있었습니다. 단 10:7

8 사울은 땅에서 일어나 눈을 떠 보았으나 아무것도 볼 수 없었습니다. 그래서 그는 같이 가던 사람들의 손에 이끌려 다메섹으로 들어갔습니다. 22:11

9 사울은 3일 동안 앞을 보지 못한 채 먹지도 마시지도 않았습니다.

10 사울에게 보내진 아나니아 그때 다메섹에는 아나니아라는 제자가 있었습니다. 주께서 환상 가운데 "아나니아야!" 하고 부르셨습니다. 그가 "예, 주여!"라고 대답하자

11 주께서 아나니아에게 말씀하셨습니다. "너는 어서 '곧은 길'이라고 부르는 거리로 가거라. 그리고 그곳에 있는 유다의 집에서 다소 사람 사울을 찾아라. 지금 그가 기도하고 있다.

12 그는 환상 가운데 아나니아라는 사람이 와서 자기에게 손을 얹어 다시 보게 해 주는 것을 보았다."

13 아나니아가 대답했습니다. "주여, 제가 이 사람에 대해 여러 가지 말을 들었는데 예루살렘에 있는 주의 성도들에게 온갖 해를 끼쳤다고 합니다.

14 그리고 그는 대제사장들로부터 권한을 받아 주의 이름을 부르는 사람들을 모두 잡아가려고 여기에 왔다고 합니다."

15 그러자 주께서 아나니아에게 이렇게 말씀하셨습니다. "가거라! 이 사람은 이방 사람들과 왕들과 이스라엘 사람들 앞에서 내 이름을 전하도록 선택한 내 도구다.

16 내 이름을 위해 그가 얼마나 많은 고난을 당해야 할지 내가 그에게 보여 줄 것이다."

17 아나니아에게 세례받음 그리하여 아나니아는 그 집을 찾아 들어가 사울에게 손을 얹으며 말했습니다. "사울 형제여, 오는 길에 당신에게 나타나셨던 주 예수께서 나를 보내 당신이 다시 볼 수 있게 하시고 성령을 충만히 받도록 하셨습니다."

18 그러자 즉시 사울의 눈에서 비늘 같은 것이 떨어져 나가더니 그가 다시 볼 수 있게 됐습니다. 그리고 그는 일어나 세례를 받은 후 22:13,16

19 음식을 먹고 기운을 되찾았습니다. 사울은 다메섹에 있는 제자들과 며칠을 함께 지냈습니다. 9절

20 사울이 예수를 전파함 그는 곧바로 여러 회당에서 예수가 하나님의 아들이심을 선포하기 시작했습니다. 22절

21 그 말을 들은 사람들은 모두 놀라며 이렇

사울이 하늘에서 들려오는 예수님의 음성을 들음

게 말했습니다. "이 사람은 예루살렘에서 예수 이름을 부르는 사람들에게 해를 입히던 사람이 아닌가? 또 그가 여기 온 것도 그들을 잡아 대제사장들에게 끌고 가려던 것이 아닌가?"

22 그러나 사울은 더욱더 힘을 얻어 예수가 그리스도이심을 증명해 다메섹에 사는 유대 사람들을 어리둥절하게 만들었습니다.

23 **사울을 죽이려고 함** 여러 날이 지난 후 유대 사람들은 사울을 죽이려는 음모를 꾸몄습니다. ^{갈 1:17-18}

24 그러나 사울이 그들의 계획을 알게 됐습니다. 그들은 사울을 죽이려고 밤낮으로 성문을 철저하게 지키고 서 있었지만

25 사울의 제자들이 밤에 사울을 광주리에 담아 성벽을 통해 성 밖으로 달아 내렸습니다.

26 **예루살렘에서의 반응** 사울은 예루살렘으로 올라가서 제자들과 교제하려고 했으나 그들은 사울이 제자가 된 것을 믿지 않고 모두 그를 두려워했습니다. ^{22:17-20:26:20}

27 그러나 바나바는 사울을 데리고 사도들에게 가서 사울이 길에서 어떻게 주를 보았으며 주께서 그에게 말씀하신 것과 다메섹에서 그가 예수의 이름을 담대히 전한 것을 그들에게 이야기해 주었습니다.

28 이렇게 해서 사울은 제자들과 함께 지내게 됐고 예루살렘을 자유롭게 다니면서 주의 이름을 담대히 전했습니다. ^{1:21}

29 사울은 그리스과 유대 사람들과 대화를 하고 논쟁도 벌였는데 그들은 사울을 죽이려고 음모를 꾸몄습니다.

30 형제들이 이 사실을 알고 사울을 가이사랴로 데리고 내려갔다가 다시 다소로 보냈습니다. ^{11:25:요 21:23:갈 1:21}

31 **교회의 성장과 평안** 이렇게 해서 유대와 갈릴리와 사마리아의 온 교회가 든든히 서 가면서 평안을 누리게 됐습니다. 그리고 교회는 주를 두려워하고 성령의 위로를 받으면서 그 수가 점점 더 늘어 갔습니다.

32 **애니아의 중풍병을 고침** 한편 베드로는 여러 지역을 두루 다니다 룻다에 사는 성도들을 방문했습니다. ^{8:25}

33 거기서 애니아라는 사람을 만났는데 그는 중풍에 걸려 침대에 누워 있은 지 벌써 8년이나 됐습니다.

34 베드로가 그에게 "애니아여, 예수 그리스도께서 그대를 고치실 것이오. 일어나 자리를 정돈하시오." 그러자 곧 애니아가 일어났습니다. ^{3:6}

35 룻다와 사론에 살고 있던 모든 사람들이 그를 보고 주께로 돌아왔습니다.

36 **도르가가 살아남** 욥바에는 다비다라고 부르는 여제자가 있었는데 그리스 말로는 도르가입니다. 그녀는 언제나 선한 일을 하고 가난한 사람들을 도왔습니다.

37 그 무렵 다비다가 병들어 죽게 되자 그 시신을 씻어 다락방에 두었습니다. ^{39절}

38 룻다는 욥바에서 가까운 거리인데 제자들은 베드로가 룻다에 있다는 소식을 듣고 두 사람을 베드로에게 보내 속히 와 달라고 간청했습니다.

39 그래서 베드로는 일어나 그들과 함께 갔습

베드로는 왜 지붕에 올라갔나요?

팔레스타인의 지붕은 평평한 형태로, 지붕이라기보다 옥상의 용도로 사용되었어요. 지붕 가에는 추락을 방지하는 난간이 있고 바깥에서 지붕으로 올라가는 계단이 있어 누구든지 쉽게 지붕으로 올라갈 수 있었어요. 집에서 통풍이 가장 잘 되고 햇빛이 잘 드는 곳이기도 해서 혼자서 조용히 기도하거나 여러 사람이 모임을 가질 때 많이 이용했어요. 또 예루살렘을 향해 기도하는 전통을 가진 이스라엘 사람들은 먼 곳을 볼 수 있는 지붕에 올라가 예루살렘을 향해 기도하는 습관이 있었어요. 베드로도 기도하려고 지붕으로 올라간 것입니다.

니다. 그가 욥바에 도착하자 사람들이 다 락방으로 안내했습니다. 모든 과부들이 베 드로를 둘러서서 울며 다비다가 살아 있을 때 만든 속옷과 겉옷을 보여 주었습니다.

40 베드로는 사람들을 모두 방에서 내보낸 후 무릎을 꿇고 기도했습니다. 그러고는 시신을 향해 몸을 돌려 "다비다야, 일어나 거라." 명령하자 다비다가 눈을 뜨고 베드 로를 보며 일어나 앉았습니다.
막 5:41

41 베드로는 손을 내밀어 그 여인의 손을 잡 아 일으켜 세우고 성도들과 과부들을 불 러 다비다가 살아난 것도 보여 주었습니다.

42 이 일이 온 욥바에 알려지면서 많은 사람 들이 주를 믿게 됐습니다.
요 11:45;12:11

43 베드로는 욥바에서 여러 날 동안 가죽 제 품을 만드는 시몬의 집에 머물렀습니다.

10 환상을 본 고넬료 가이사랴에 고넬료 라는 사람이 있었는데 그는 '이탈 리아 부대'라는 로마 군대의 백부장이었습 니다.
마 27:27;막 15:16

2 고넬료와 그 집안사람들은 모두 경건하고 하나님을 경외하는 사람들이었습니다. 고 넬료는 가난한 사람들에게 아낌없이 나눠 주었고 항상 하나님께 기도했습니다.

3 어느 날 오후 3시쯤 고넬료가 환상을 보았 습니다. 하나님의 천사를 분명히 본 것입 니다. 천사가 그에게 와서 "고넬료야"라고 부르는 것이었습니다.
17,19;3:1;8:26

4 고넬료가 천사를 쳐다보고 "주님, 무슨 일 입니까?"라고 물었습니다. 천사가 대답했 습니다. "네 기도와 네가 가난한 사람들에 게 준 선물이 하나님 앞에 기억되는 제물 로 올려졌다.

5 지금 사람들을 욥바로 보내 베드로라고도 하는 시몬을 데리고 오너라.

6 그가 지금 가죽 제품을 만드는 시몬의 집 에 함께 머물고 있는데 그 집은 바닷가에 있다."
9:43

7 천사가 말을 전하고 떠나자 고넬료는 두 명 의 하인과 경건한 병사 한 명을 불렀습니다.

8 고넬료는 그들에게 자초지종을 설명하고 욥바로 보냈습니다.

9 환상을 본 베드로 이튿날 낮 12시쯤 그들이 여행을 계속하다가 욥바에 가까이 왔을 즈음 베드로는 지붕에 올라가 기도하려던 참이었습니다.
9~32절;11:5~14

10 그는 배가 고파 뭔가 좀 먹었으면 했는데 음식이 준비되고 있는 동안 환상을 보게 됐습니다.
22:17

11 하늘이 열리고 큰 보자기 같은 것이 네 귀퉁 이가 묶여 땅으로 내려오는 것이었습니다.

12 그 안에는 온갖 종류의 네 발 가진 짐승들 과 땅에 기어다니는 것들과 공중의 새들 이 들어 있었습니다.

13 그때 "베드로야, 일어나 잡아먹어라" 하는 음성이 베드로에게 들렸습니다.

14 베드로는 "말도 안 됩니다. 주님, 저는 불 결하고 더러운 음식은 먹어 본 적이 없습 니다"라고 대답했습니다.
레 11:2~47

15 그러자 "하나님께서 깨끗하게 하신 것을 불결하다고 하지 마라" 하는 음성이 두 번 째로 들렸습니다.
롬 14:2,14,20;딤전 4:4;딛 1:15

16 이런 일이 세 번 일어나더니 곧 그 보자기

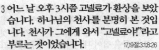

고넬료

'뿔'이라는 이름의 뜻이 있다. 이방 사람 으로 하나님을 경외하는 경건한 사람이었다. 로마 군대의 백부장으로 식민지 사람들에게 구 제를 많이 베풀어서 사람들에게 '의인'이라는 칭 찬을 들었다. 기도 중에 환상을 보고 천사의 지시 에 따라 욥바에 있는 베드로를 집으로 초청했다. 베드로의 설교를 들을 때 성령을 받았으며 방언 의 은사도 받았다.

하나님의 구원이 유대 사람뿐 아니라 이방 사람 들에게도 차별 없다는 것을 보여 주는 첫 번째 사람이 되었다.

고넬료가 나오는 말씀
>> 행 10장

10:19 어떤 고대 사본에는 '두 사람'으로 되어 있음.

베드로가 불결한 짐승이
담긴 큰 보자기 환상을 봄

는 다시 하늘로 올라갔습니다.

17 고넬료가 베드로에게 사람을 보낸 베드로가 이
환상이 무슨 뜻인지 궁금해하는 동안 고
넬료가 보낸 사람들이 시몬의 집을 찾아
와 문 앞에 서 있었습니다.   3,7-8절

18 그들은 큰 소리로 "베드로라고 하는 시몬
이 여기 묵고 있습니까?" 하고 물었습니다.

19 베드로가 아직 환상에 대해 생각하고 있
을 그때 성령께서 말씀하셨습니다. "시몬
아, *세 사람이 너를 찾아왔다.   8:29

20 그러니 일어나 아래로 내려가 보아라. 그
리고 주저하지 말고 그들과 함께 가거라.
내가 그들을 보냈기 때문이다."   15:7-9

21 베드로는 내려가서 그 사람들에게 말했습
니다. "내가 당신들이 찾고 있는 그 사람입
니다만 무슨 일로 오셨습니까?"

22 그러자 그 사람들이 대답했습니다. "저희
는 고넬료 백부장이 보내서 왔습니다. 고넬
료는 의인이요, 하나님을 경외하는 분이시
며 온 유대 사람들에게도 존경받는 분이
십니다. 한 거룩한 천사가 고넬료에게 나타
나 당신을 집으로 모셔와 당신이 하는 말
을 들으라고 했습니다."   막 8:38

23 그러자 베드로는 그 사람들을 맞아들여
그 집에 묵게 했습니다. 다음 날 베드로는
그들과 함께 길을 떠났습니다. 욥바에서
온 형제들 몇 사람도 동행하게 됐습니다.

24 베드로가 고넬료에 감 이튿날 그는 가이사

라에 도착했습니다. 고넬료는 친척들과 가
까운 친구들을 불러 놓고 기다리고 있었습
니다.

25 베드로가 집으로 들어가자 고넬료가 맞이
하며 베드로 발 앞에 엎드려 경의를 표했습
니다.

26 그러나 베드로는 그를 일으켜 세우며 "일
어나시오, 나도 같은 사람일 뿐입니다"라
고 말했습니다.   계 19:10;22:8-9

27 베드로는 고넬료와 이야기를 나누며 안으
로 들어갔습니다. 들어가 보니 많은 사람
들이 모여 있었습니다.

28 그들에게 베드로가 말했습니다. "여러분
도 잘 알다시피 이렇게 이방 사람과 교제
하거나 방문하는 것은 우리 유대 사람으
로서는 율법에 어긋나는 행동입니다. 그
러나 하나님께서는 어떤 사람도 불결하거
나 더럽다고 해서는 안 된다고 내게 보여
주셨습니다.   11:3;14:15;요 4:9

29 그렇기에 여러분이 나를 불렀을 때 사양
하지 않고 왔습니다. 그런데 무슨 일로 나
를 불렀습니까?"

30 고넬료가 환상을 말함 고넬료가 대답했습니
다. "4일 전 바로 이 시간 오후 3시쯤에 내
가 집에서 기도를 하는데 갑자기 빛나는
옷을 입은 한 사람이 내 앞에 서서

31 고넬료야, 하나님께서 네 기도를 들으셨고
네가 가난한 사람들에게 베푼 것을 기억

하고 계신다.

32 욥바로 사람들을 보내 베드로라고 하는 시몬을 불러라. 그는 바닷가에 살면서 가죽 제품을 만드는 시몬의 집에 손님으로 있다'라고 말씀하셨습니다.

33 그래서 내가 즉시 당신을 부르러 보냈던 것입니다. 정말 잘 오셨습니다. 지금 여기 하나님 앞에 우리 모두 와 있으니 주께서 당신에게 명령하신 모든 것을 귀 기울여 듣겠습니다."

34 베드로가 예수를 전함 그러자 베드로가 말하기 시작했습니다. "이제야 내가 깨달았습니다. 참으로 하나님께서는 사람을 겉모양으로 차별하지 않으시고 _잠 24:23;약 2:1,9_

35 하나님을 경외하고 의를 행하는 사람들이라면 어떤 민족이든 받아 주신다는 것입니다. _28절;15:9;신 1:17;롬 3:29_

36 하나님께서 모든 것의 주이신 예수 그리스도를 통해 평화의 복음을 이스라엘 백성들에게 전해 주신 것을 여러분도 잘 알 것입니다. _13:26;눅 2:14;롬 10:12_

37 요한이 세례를 전파한 후에 갈릴리에서 시작해 온 유대에서 무슨 일이 있었는지도 알 것입니다. _마 4:12;막 1:14;눅 24:47_

38 하나님께서 나사렛 예수에게 성령과 능력으로 기름 부으신 것과 하나님께서 예수와 함께하심으로 예수께서 선을 행하시고 마귀의 능력 아래 짓눌려 있던 사람들을 모두 고쳐 주시며 두루 다니셨습니다.

39 우리는 예수께서 유대 사람들의 땅과 예루살렘에서 하신 모든 일의 증인입니다. 그들은 예수를 나무에 달아 죽였지만

40 하나님께서는 3일째 되는 날 예수를 살리셔서 사람들에게 나타나게 하셨습니다.

41 그러나 모든 사람이 다 본 것이 아니라 하나님께서 미리 선택하신 증인들, 곧 예수께서 죽은 사람들 가운데서 살아나신 후 함께 먹고 마셨던 바로 우리에게만 보여 주신 것입니다. _39절;1:4;요 14:21~22_

42 예수께서는 우리에게 사람들에게 말씀을 전파하라고 명하셨습니다. 살아 있는 사람과 죽은 사람의 심판자로 그리고 하나님께서 세우신 이가 바로 자기임을 증언하라고 하셨습니다. _1:2;17:31;딤후 4:1_

43 모든 예언자들도 예수를 믿는 모든 사람은 그 이름으로 죄 용서를 받게 된다고 증언했습니다." _3:18;요 20:31;요일 2:12_

44 고넬료 일행이 세례를 받음 베드로가 이렇게 말하고 있을 때 말씀을 듣고 있던 모든 사람에게 성령이 내려왔습니다. _살전 1:5_

45 베드로와 함께 온 할례 받은 신자들은 성령의 은사를 이방 사람들에게까지 부어 주시는 것을 보고 깜짝 놀랐습니다.

46 사람들이 방언으로 말하고 하나님을 찬양하는 소리가 들렸던 것입니다. 그때 베드로가 말했습니다. _막 16:17_

47 "이 사람들도 우리와 마찬가지로 성령을 받았으니 물로 세례 주는 것을 누가 막을 수 있겠습니까?" _11:17;15:8;8:36_

48 그래서 베드로는 그들에게 예수 그리스도의 이름으로 세례를 받으라고 명했습니다

베드로가 고넬료의 집에서 하나님의 말씀을 전함

다. 그 후 그들은 베드로에게 자기들과 함께 며칠 더 머물다 갈 것을 간청했습니다.

11 유대에 있는 사도들과 형제들이 이방 사람들도 하나님의 말씀을 받았다는 소식을 들었습니다.

2 그래서 베드로가 예루살렘에 올라갔을 때 할례 받은 신자들이 그를 비난하며 · 골 4:11

3 "당신이 어떻게 할례 받지 않은 사람들의 집에 들어가 그들과 함께 식사를 할 수 있소?"라고 물었습니다. · 10:28; 갈 2:12,14

4 베드로가 입을 열어 그 일의 자초지종을 차근차근 설명하기 시작했습니다.

5 "내가 욥바에서 기도하다가 비몽사몽간에 환상을 보았는데 하늘에서 큰 보자기 같은 게 네 귀퉁이가 묶인 채로 내가 있는 곳까지 내려오는 것이 보였습니다.

6 내가 그 안을 들여다보니 네 발 달린 땅의 짐승들과 들짐승들과 기어다니는 것들과 공중의 새들이 있었습니다.

7 그때 '베드로야, 일어나 잡아먹어라' 하는 소리가 내게 들렸습니다.

8 그러나 나는 '말도 안 됩니다. 주님, 불결하거나 더러운 것은 한 번도 제 입에 들어간 적이 없습니다'라고 대답했습니다.

9 그런데 하늘에서 다시 '하나님께서 깨끗하게 하신 것을 불결하다고 하지 마라' 하는 음성이 들려왔습니다.

10 이런 일이 세 번 일어난 후에 모든 것이 다시 하늘로 올라갔습니다.

11 바로 그때 가이사랴에서 나를 부르러 온 세 사람이 내가 묵고 있던 집을 찾아왔습니다.

12 그리고 성령께서 그들과 함께 가기를 *주저하지 말라고 내게 말씀하셨습니다. 여기 있는 이 여섯 명의 형제들도 나와 함께 고넬료의 집으로 들어갔습니다. · 10:23,45

13 고넬료는 자기 집에 천사가 나타나서 '욥바에 사람을 보내 베드로라 하는 시몬을 찾아라.

14 그가 너와 네 온 집을 구원할 말씀을 가져올 것이다'라고 한 이야기를 우리에게 전해 주었습니다. · 10:2:16:5,31~34;18:8

15 내가 말을 시작하자 성령이 처음 우리에게 내려오신 것처럼 그들에게도 내려오셨습니다. · 2:4;10:44

16 그때 나는 '요한은 물로 세례를 주었지만 너희는 성령으로 세례를 받을 것이다'라고 하신 주의 말씀이 생각났습니다.

17 그러니 하나님께서 주 예수 그리스도를 믿는 우리에게 주신 바로 그 선물을 그들에게도 주셨는데 내가 누구라고 감히 하나님을 반대할 수 있겠습니까?" · 엡 1:13

18 그들은 이 말을 듣고 더 이상 할 말이 없었습니다. 그들은 하나님을 찬양하며 "그렇다면 하나님께서 이방 사람들에게도 생명 얻는 회개를 허락하신 것이로군요"라고 말했습니다. · 10:34~35;13:47;갈 8:11

19 복음이 안디옥에 전파됨 그 무렵 스데반의 일로 인해 핍박을 받아 뿔뿔이 흩어진 사람들은 페니키아, 키프로스 그리고 안디옥까지 건너가 유대 사람들에게만 말씀을 전하고 있었습니다. · 8:1,4

20 그런데 그 가운데 키프로스와 구레네 출신인 몇 사람은 안디옥으로 들어가 그리스 사람들에게도 주 예수의 복음을 전하기 시작했습니다. · 5:42;6:1;요 7:35

21 주의 손이 그들과 함께하셔서 많은 수의 사람들이 믿고 주께 돌아왔습니다.

22 바나바와 사울이 안디옥에 파송됨 이 소식이 예루살렘에 있는 교회에 전해지자 그들은 바나바를 안디옥으로 보냈습니다.

23 바나바는 안디옥에 도착해 하나님의 은혜가 내린 것을 보고 기뻐하며 온 마음을 다해 주께 끝까지 충성하라고 그들 모두를 격려했습니다. · 13:43;20:24;32;롬 5:15

24 그는 착하고 성령과 믿음이 충만한 사람이었기 때문에 수많은 사람들이 주께 나오게 됐습니다. · 26장;5:14;6:5

25 그리고 바나바는 사울을 찾으러 다소로 가서

26 그를 만나 안디옥으로 데리고 왔습니다. 그리하여 바나바와 사울은 1년 내내 그곳 교

11:12 또는 '의심하지'.

화에 머물면서 많은 사람들을 가르쳤습니다. 그리고 안디옥에서 제자들은 처음으로 그리스도의 사람이라고 불리게 됐습니다.

27 이 기간 동안 몇몇 예언자들이 예루살렘에서 안디옥으로 내려갔습니다. 13:1

28 그들 가운데 아가보라는 사람이 있었는데 그가 일어나 로마 전역에 심한 기근이 들 것이라고 성령으로 예언했습니다. (이 일은 글라우디오 황제가 다스리는 때 일어났습니다.) 2:18;8:29;18:2;21:10

29 예루살렘으로 보내швидй 헌금 제자들은 각자 자기 형편에 따라 유대에 살고 있는 형제들을 돕기로 했습니다. 1절;24:17;롬 15:26

30 그들은 이렇게 해서 모은 헌금을 바나바와 사울 편으로 예루살렘 교회 장로들에게 보냈습니다. 12:25;14:23;15:2,4,6

12 야고보의 순교 그 무렵 헤롯 왕이 교회를 박해하려고 교회에 속한 몇몇 사람들을 체포했습니다.

2 헤롯은 먼저 요한의 형제 야고보를 칼로 죽였습니다. 마 4:21;히 11:37

3 이 일을 유대 사람들이 기뻐하는 것을 본 헤롯은 이어 베드로도 잡아들였습니다. 이 때는 무교절 기간이었습니다.

4 그는 베드로를 잡아 감옥에 가두고 군인들을 네 명씩 한 조를 지어서 네 조가 지키도록 했습니다. 헤롯은 유월절이 지나면 그를 백성들 앞에 끌어내 공개적으로 재판할 생각이었습니다. 눅 21:12;요 19:23

5 이렇게 베드로는 감옥에 갇혔고 교회는 그를 위해 하나님께 간절히 기도했습니다.

6 천사가 베드로를 구함 헤롯이 베드로를 재판장으로 끌어내려고 하던 전날 밤, 베드로는 두 개의 쇠사슬에 묶인 채 두 명의 군인들 사이에서 잠들어 있었고 경비병들이 감옥 문을 지키고 서 있었습니다.

7 그런데 갑자기 주의 천사가 나타나더니 감방에 빛이 환하게 비치는 것이었습니다.

그가 베드로의 옆구리를 찔러 깨우며 "어서 일어나거라" 하고 말했습니다. 그러자 베드로의 손목에 매여 있던 쇠사슬이 풀렸습니다. 8:26;16:26;왕상 19:7

8 그때 천사가 베드로에게 "허리띠를 매고 신을 신어라" 하고 말하자 베드로는 그렇게 했습니다. 천사가 다시 "겉옷을 입고 나를 따라오너라" 하고 말했습니다. 막 6:9

9 베드로는 천사를 따라 감옥에서 나오면서도 도대체 천사가 하는 일이 꿈인지 생시인지 알 수 없었습니다. 그저 환상인 것만 같았습니다.

10 그들은 첫 번째 경비병들과 두 번째 경비병들을 지나서 성으로 통하는 철문에 이르렀습니다. 그 문이 저절로 열려 그들은 바깥으로 나왔습니다. 거리를 하나 지나자 갑자기 천사가 베드로를 떠나갔습니다. 5:19;16:26

11 그제야 비로소 베드로는 정신이 들어 "이제야 분명히 알겠다. 주께서 천사를 보내 헤롯의 손아귀와 유대 사람들의 모든 기대에서 나를 구해 주셨구나"라고 말했습니다.

12 베드로가 구원을 설명함 이 사실을 깨달은 후 그는 마가라고도 하는 요한의 어머니 마리아의 집으로 갔습니다. 많은 사람들이 그곳에 모여 기도하고 있었습니다. 5절

13 베드로가 대문을 두드리자 로데라는 어린 여종이 문을 열어 주러 나왔습니다.

14 여종은 베드로의 목소리인 줄 알아차리고 너무나 기뻐서 문 여는 것도 잊은 채 달려가 베드로가 문밖에 와 있다고 소리쳤습니다.

15 그러자 사람들이 여종에게 "네가 미쳤구나"라고 말했습니다. 그러나 여종이 계속 사실이라고 우겨 대자 그들은 "베드로의 천사겠지"라고 말했습니다. 마 18:10;히 1:14

16 그때 베드로가 계속 문을 두드렸습니다. 그들이 문을 열고 베드로를 보더니 깜짝 놀랐습니다.

17 베드로는 조용히 하라고 손짓하며 주께서 자신을 감옥 밖으로 끌어내신 경위를 설명했습니다. "이 사실을 야고보와 그 형제들에게 알려 주시오"라고 말하고서 베드

헤롯 왕(12:1, King Herod) 헤롯 아그립바 1세를 말함.
경위(12:17, 經緯, how) 일이 진행되어 온 과정.

로는 다른 곳으로 떠났습니다. 13:16

18 헤롯이 경비병을 처형함 아침이 되자 베드로가 없어진 일로 인해 군인들 사이에는 적지 않은 소동이 벌어졌습니다.

19 헤롯이 샅샅이 뒤져 보았지만 베드로를 찾을 수 없게 되자 헤롯은 경비병들을 심문한 뒤 그들을 대신 처형하라고 명령했습니다. 그 후 헤롯은 유대를 떠나 가이사랴로 가서 잠시 그곳에서 지냈습니다.

20 헤롯이 죽을 당시 헤롯은 두로와 시돈 사람들을 못마땅하게 여기고 있었습니다. 그래서 그들은 무리를 지어 헤롯에게 와서 왕의 시종 블라스도를 설득해 화친을 요청했습니다. 이것은 자기들이 헤롯 왕의 영토에서 나는 양식을 공급받고 있기 때문이었습니다. 왕상 5:9;스 3:7;겔 27:17

21 약속한 날에 헤롯은 왕의 의복을 갖춰 입고 왕좌에 앉아 사람들에게 연설을 했습니다. 마 27:19

22 그러자 사람들은 "이것은 신의 음성이지 사람의 음성이 아니다"라고 외쳤습니다.

23 그런데 헤롯이 하나님께 영광을 돌리지 않았기 때문에 주의 천사가 즉시 헤롯을 내리쳐서 그는 벌레에 먹혀 죽고 말았습니다.

24 안디옥으로 데려온 요한 마가 그러나 하나님의 말씀은 점점 널리 퍼져서 믿는 사람이 더욱 늘어나게 됐습니다. 6:7

25 바나바와 사울이 자기 임무를 마치자 그들은 마가라고도 하는 요한을 데리고 예루살렘에서 돌아왔습니다. 12절;11:29-30

13 파송받은 바나바와 사울 안디옥 교회에는 예언자들과 교사들이 있었습니다. 그들은 바나바, 니게르라고 하는 시므온, 구레네 사람 루기오, 분봉 왕 헤롯 안티파스와 어릴 때부터 함께 자란 마나엔 그리고 사울이었습니다.

2 그들이 주께 예배드리며 금식하고 있을 때 성령께서 그들에게 "너희는 바나바와 사울을 따로 세워 내가 그들에게 맡길 일을 하게 하라"라고 말씀하셨습니다. 갈 1:15

3 그래서 그들은 금식하며 기도한 후 바나바

와 사울에게 손을 얹고 그들을 보냈습니다.

4 키프로스에서 시작된 여행 그 두 사람은 성령의 보내심을 받아 실루기아로 내려갔다가 거기서 배를 타고 키프로스로 가게 됐습니다.

5 그들이 살라미에 이르러서는 유대 사람의 여러 회당에서 하나님의 말씀을 선포했습니다. 요한이 동행하며 그들을 도왔습니다.

6 엘루마의 눈이 멂 그들이 그 섬을 가로질러 바보에 도착했습니다. 거기서 그들은 바예수라는 사람을 만났는데 그는 유대 사람 마술사요, 거짓 예언자로서

7 총독 서기오 바울 곁에 함께 있는 사람이었습니다. 지성적이었던 총독은 하나님의 말씀을 듣고 싶어 바나바와 사울에게 사람을 보냈습니다. 8,12절;18:12;19:38

8 그러나 엘루마라고도 하는 이 마술사가 그들을 막으며 총독이 믿음을 갖지 못하게 하려고 애를 썼습니다. 출 7:11;담후 3:8

9 그러자 바울이라고도 하는 사울이 성령 충만한 가운데 엘루마를 뚫어지게 쳐다보며 말했습니다. 4:8

안디옥 교회

안디옥은 옛날부터 무역이 활발했으며, 그리스 문화가 교류되는 중심지였다.

예루살렘에서 시작된 박해를 피해 흩어진 사람들 중에는 안디옥으로 피한 사람들도 있었다. 이들은 처음에 유대 사람들에게만 말씀을 전하다가(행 11:19) 나중에는 그리스 사람에게도 전했다. 많은 사람들이 예수님을 믿게 되자 예루살렘 교회는 바나바를 파송해서 이들을 지도하게 했다. 나중에 바울도 함께 1년 동안 사람들을 가르쳤다.

안디옥 교회는 처음으로 '그리스도인'이라는 소리를 들었다(행 11:26). 흉년이 들어 양식이 없는 예루살렘 교회를 위해 헌금을 했다(행 11:27-30).

최초로 이방 선교를 시작했다(행 13:1-3).

이방 출신 신자들도 할례를 받아야 한다는 주장에 반대하여 바울과 바나바를 예루살렘 회의에 보냈다(행 15:2).

▲ 안디옥 (Antioch)
소아시아의 비시디아에 있던 도시로, 바울과 바나바가 함께 복음을 전하여 상당수의 이방 사람들이 믿음을 갖게 된 곳이다(행 13:14~52). 위 사진은 비시디아 안디옥 유적지의 모습이다.

보내 "형제들이여, 이 사람들에게 권면해 줄 말씀이 있으면 하시오"라고 했습니다.

16 바울이 일어나 손짓하며 말했습니다. "이스라엘 사람들 또 하나님을 경외하는 이방 사람들이여, 내 말을 들으십시오.

17 이스라엘 백성의 하나님께서는 우리 조상들을 선택하셔서 이 민족이 이집트 땅에 사는 동안 큰 민족이 되게 하시고 큰 권능으로 그들을 그 나라에서 이끌어 내셨습니다.

18 광야에서 40년 동안 그들의 소행을 참으시고 　7:36/신 9:5~24

19 가나안 땅의 일곱 민족을 멸하여서 그 땅을 이스라엘 백성에게 유업으로 주셨습니다.

20 이 모든 일은 450여 년에 걸쳐 일어났습니다. 그 뒤 하나님께서는 그들에게 예언자 사무엘 시대까지 사사들을 세워 주셨습니다.

21 그 후 이 백성들이 왕을 요구하자 하나님께서 베냐민 지파 기스의 아들 사울을 주어 40년 동안 다스리게 하셨습니다.

22 그리고 사울을 폐하신 하나님께서는 다윗을 그들의 왕으로 세우셨습니다. 다윗에 대해 증언하시기를 '내가 이새의 아들 다윗을 보니 내 마음에 꼭 맞는 사람임을 알았다. 내가 바라는 모든 것을 그가 이룰 것이다'라고 하셨습니다. 　삼상 13:14/16:13

23 하나님께서는 약속하신 대로 다윗의 자손 가운데 구세주를 이스라엘에게 보내 주셨는데 그 사람이 바로 예수입니다. 　시 132:11

24 예수께서 오시기 전에는 요한이 이스라엘 모든 백성들에게 회개의 세례를 선포했습니다. 　19:4/막 1:4/눅 3:3

25 그리고 요한은 자기 사역을 끝마칠 무렵

10 "이 마귀의 자식아! 너는 모든 의의 원수로다! 너는 갖은 속임수와 거짓으로 가득 차 있구나. 주의 바른길을 어지럽게 하는 일을 그치지 못하겠느냐? 　미 3:9/벧후 2:15

11 이제 주의 손이 너를 치심으로 네 눈이 멀어 얼마 동안 햇빛을 보지 못할 것이다." 그러자 즉시 안개와 어둠이 그를 덮쳤고 그는 이리저리 더듬으며 자기 손을 잡아 이끌어 줄 사람을 찾았습니다. 　삼상 5:6~7:11

12 이 일을 보자 총독이 믿게 됐고 주에 관한 가르침에 그저 놀랄 뿐이었습니다. 　49절

13 요한 마가가 돌아감 바울과 그 일행은 바보에서 배를 타고 밤빌리아에 있는 버가에 이르렀습니다. 그곳에서 요한은 그들과 헤어져 예루살렘으로 돌아갔습니다.

14 바울의 첫 설교 그들은 버가에서 더 나아가 비시디아 안디옥으로 갔습니다. 그리고 안식일이 돼 회당에 들어가 앉았습니다.

15 율법서와 예언자들의 글을 낭독한 뒤에 회당 지도자들이 바울과 바나바에게 전갈을

바울의 두 이름

당시 지도자급의 유대 사람들은 일반적으로 유대식 이름과 로마식 이름 두 가지를 가지고 있었다(행 13:1).
따라서 사울에게도 유대식 이름인 '사울'과 '작다'는 뜻을 가진 로마식 이름 '바울', 두 가지가 있었다.
나면서부터 로마 시민이었던 사울(행 22:28)이 바울

이라는 이름으로 처음 소개된 것은 키프로스에서 바예수라는 거짓 예언자를 만나 꾸짖을 때부터였다(행 13:9).
그 후 계속해서 '바울'이라고 불렸는데, 유대식 이름인 '사울'은 그의 이전의 생활을 이야기하면서 개인적인 증언을 할 때만 사용되었다(행 22:7; 26:14).

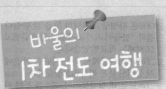

바울의 1차 전도 여행

'예루살렘과 온 유대와 사마리아'에 전파된 복음이 '땅끝까지 확산되는 계기가 된 것이 바로 바울의 1차 전도 여행이다.

① 안디옥 교회가 성령의 말씀에 따라 바울과 바나바를 선교사로 보냄(행 13:2-3)

② 살라미의 여러 회당에서 복음을 전함(행 13:5)

③ 키프로스의 로마 총독 서기오 바울이 복음을 듣고 제자가 됨(행 13:12)

④ 버가에서 마가 요한이 바울과 바나바와 헤어져 예루살렘으로 돌아감(행 13:13)

⑤ 비시디아 안디옥에서 많은 유대 사람과 유대교로 개종한 이방 사람들이 복음을 듣고 제자가 됨(행 13:14-52)

⑥ 이고니온에서 표적과 기사를 베풀며 복음을 담대히 전함(행 14:1-7)

갈라디아

비시디아 안디옥

길리기아

이고니온

밤빌리아 버가

루스드라

더베

다소

앗달리아

무라

안디옥(출발지)

실루기아

살라미

시돈

키프로스

바보

지중해

⑦ 루스드라에서 나면서부터 걷지 못하는 사람을 고침. 바울이 돌에 맞음(행 14:8-19)

⑧ 더베에서 복음을 전하고, 루스드라와 이고니온과 비시디아 안디옥에 들러 제자들의 믿음을 굳게 함(행 14:21-23)

⑨ 안디옥으로 돌아와 전도 사역을 보고함(행 14:26-28)

'너희는 나를 누구라고 생각하느냐? 나는 그리스도가 아니다. 그러나 그리스도는 내 뒤에 오실 것인데 나는 그분의 신발 끈을 풀 자격도 없는 사람이다'라고 말했습니다.

26 예수님을 증거할 아브라함의 자손인 형제들이여! 그리고 하나님을 경외하는 이방 사람들이여! 하나님께서 이 구원의 말씀을 우리에게 보내 주셨습니다.   5:20;10:36

27 예루살렘에 사는 사람들과 그 지도자들은 예수를 알아보기는커녕 오히려 예수를 정죄해 안식일마다 읽는 예언자들의 말씀을 그대로 이루었습니다.   눅 24:20,26-27,44

28 그들은 사형을 선고할 근거를 전혀 찾지 못했음에도 예수를 죽여 달라고 빌라도에게 요구하고   2:23;3:14-15;눅 14:55

29 예수에 관해 성경에 기록된 모든 말씀대로 행한 뒤 예수를 나무에서 끌어 내려 무덤에 묻었습니다.   5:30;눅 18:31;24:44

30 그러나 하나님께서는 죽은 사람들 가운데서 예수를 살리셨습니다.   2:24

31 그 후 여러 날 동안 예수는 갈릴리로부터 예루살렘까지 자기와 동행했던 사람들에게 나타나셨습니다. 그들이 바로 지금 백성들에게 예수에 대해 증언하는 사람들입니다.

32 우리도 여러분에게 하나님께서 우리 조상들에게 약속하신 좋은 소식을 전하고자 합니다.   26:6;롬 4:13;15:8;갈 3:16

33 하나님께서는 예수를 살리심으로써 그들의 자손인 우리에게 그 약속이 이뤄지게 하셨습니다. 이것은 시편 2편에 기록된 것과 같습니다. '너는 내 아들이다. 오늘 내가 너를 낳았다.'   23;갈시 27;눅 1:69-73

34 하나님께서는 죽은 사람들 가운데서 예수를 다시 살리셔서 썩지 않으셨는데 그것은 '내가 다윗에게 약속한 거룩하고 확실한 복을 너희에게 줄 것이다'라고 말씀하셨던 것입니다.   35-37;사 55:3;롬 6:9

35 또 다른 시편에도 기록돼 있습니다. '주께서는 주의 거룩하신 분을 썩게 내버려 두지 않으실 것입니다.'   2:27;시 16:10

36 다윗은 한평생 하나님의 뜻을 잘 받들다 결국 *잠들어 자기 조상들과 함께 묻혔고 그 시체는 썩고 말았습니다.   삼하 7:12

37 그러나 하나님께서 죽은 사람들 가운데서 살리신 분은 썩지 않으셨습니다.   30절

38 그러므로 내 형제들이여, 예수를 통해 죄 용서를 받을 수 있다는 소식이 여러분에게 선포되고 있음을 알기 바랍니다.

39 여러분이 모세의 율법으로는 의롭게 될 수 없었던 모든 것에서도 예수를 믿는 사람은 누구나 의롭다고 인정을 받게 되는 것입니다.   10:43;롬 3:20,28;갈 2:16

40 그러므로 예언자들이 말한 것이 여러분에게 일어나지 않도록 조심하십시오.

41 '보라, 너희 비웃는 사람들아! 너희는 놀라고 망하라. 내가 너희 시대에 한 가지 일을 행하겠다. 누군가 그 일을 너희에게 전해 준다 해도 너희가 믿지 않을 것이다.'"   합 1:5

42 좋은 반응을 얻은 설교 바울과 바나바가 회당에서 나오는데 사람들이 그들에게 다음 안식일에도 이 말씀을 좀 더 해 달라며 부탁했습니다.

43 집회가 다 끝난 후 많은 유대 사람들과 유대교로 개종한 경건한 사람들이 바울과 바나바를 따라왔습니다. 그들은 그 사람들과 함께 이야기를 나누고 하나님의 은혜 가운데 계속 머물러 있으라고 권했습니다.

44 시기와 모욕 그다음 안식일에는 그 도시의 사람들이 거의 다 주의 말씀을 듣기 위해 모였습니다.

45 그 무리를 본 유대 사람들은 시기심으로 가득 차 바울이 말하는 것을 반대하며 모욕했습니다.   5:17;18:6;26:11

46 그때 바울과 바나바가 그들에게 담대하게 대답했습니다. "우리는 하나님의 말씀을 여러분에게 먼저 전하지 않을 수 없었습니다. 그런데도 여러분은 그 말씀을 거절하고 영원한 생명을 얻기에 합당치 못한 사람이라고 스스로 판단하고 있습니다. 그렇기 때문에 우리는 이제 이방 사람들에

게 눈을 돌립니다. 22:21,26:17-18,20;마 22:8

47 이것이 바로 주께서 우리에게 하신 명령이기 때문입니다. 26:23;1:8;사 42:6;49:6

'내가 너를 이방 사람들의 빛으로 삼았으니 이는 네가 땅끝까지 구원을 이루게 하려는 것이다.'"

48 이방 사람들이 믿음 이 말을 들은 이방 사람들은 기뻐하며 주의 말씀을 찬양했습니다. 그리고 영원한 생명을 얻도록 선택된 사람들은 모두 믿게 됐습니다. 살후 1:12

49 그리하여 주의 말씀이 그 지방 전체에 두루 퍼졌습니다.

50 그러나 유대 사람들은 경건한 귀부인들과 그 도시의 지도자들을 선동해 바울과 바나바를 핍박하게 했고 결국 그 지방에서 그들을 강제로 내쫓았습니다. 14:2,19;17:5

51 그러자 바울과 바나바는 발에 붙어 있던 먼지를 그들을 향해 떨어 버리고 이고니온으로 갔습니다. 마 10:14;막 6:11;눅 9:5

52 제자들은 기쁨과 성령으로 충만했습니다.

14 이고니온에서의 엇갈린 반응 이고니온에서도 바울과 바나바는 유대 사람의 회당에 들어가 복음을 전했습니다. 그러자 많은 수의 유대 사람과 이방 사람들이 믿게 됐습니다. 13:5

2 그러나 믿기를 마다하는 유대 사람들은 이방 사람들을 선동해 형제들에 대해 나쁜 감정을 품게 했습니다. 13:50;19:9

3 바울과 바나바는 그곳에서 오랫동안 머물면서 주를 의지해 담대히 말씀을 전했고, 주께서는 그들에게 표적과 기사를 행하는 능력을 베풀어 주셔서 주의 은혜의 말씀을 확증해 주셨습니다. 4:29-30;15:8;8:24

4 그 도시 사람들은 두 편으로 갈려 한쪽은 유대 사람들 편을, 다른 쪽은 사도들 편을 들었습니다. 17:4-5;19:9;23:7

5 그런데 이방 사람들과 유대 사람들이 그들의 지도자들과 함께 바울과 바나바를 핍박하고 돌로 쳐 죽이려 했습니다.

6 그러나 그들은 이 사실을 알고서 루가오니아 지방에 속한 두 도시인 루스드라와 더베

와 그 근방으로 피신해 마 10:23

7 그곳에서도 복음을 전했습니다.

8 걷지 못하는 사람이 고침받은 루스드라에 발을 쓰지 못하는 장애를 가진 한 사람이 앉아 있었습니다. 그는 태어나면서부터 걸어 본 적이 전혀 없었습니다. 3:2

9 그는 바울이 말하는 것을 귀 기울여 듣고 있었습니다. 바울이 그를 유심히 보다가 그에게 치유받을 만한 믿음이 있는 것을 보고

10 큰 소리로 "당신 발로 똑바로 일어서시오!"라고 외쳤습니다. 그 말에 그 사람은 벌떡 일어나 걷기 시작했습니다. 3:8;사 35:6

11 사람들의 제사를 막은 사람들은 바울이 한 일을 보고 루가오니아 말로 소리 질렀습니다. "신들이 사람의 모습으로 우리에게 내려오셨다!" 8:10;28:6

12 그들이 바나바는 *'제우스라 부르고 바울은 주로 말을 하기 때문에 *'헤르메스라고 불렀습니다. 19:35;28:11

13 도시 밖에 있는 제우스 신전의 제사장은 황소들과 화환들을 성문 앞으로 가져왔습니다. 사람들과 함께 그들에게 제물을 바치려는 것이었습니다. 단 2:46

14 그러나 두 사도 바나바와 바울은 이 말을 듣고 옷을 찢으며 사람들 속으로 뛰어 들어가 외쳤습니다. 창 37:29

15 "사람들이여, 왜 이런 행동을 합니까?? 우리도 여러분과 똑같은 사람입니다. 우리가 여러분에게 복음을 전하는 것은 여러분이 이런 헛된 것을 버리고 하늘과 땅과 바다와 그 안의 모든 것을 만드신 살아 계신 하나님께로 돌아오라고 하는 것입니다.

16 과거에는 하나님께서 모든 민족들이 제멋대로 가도록 내버려 두셨습니다. 미 4:5

17 그렇다고 하나님께서 자신에 대해 증언하시지 않은 것은 아닙니다. 하나님께서는 자비를 베풀어 하늘에서 비를 내려 때가

13:36 또는 '죽어서'. 선동(13:50, 煽動, incitement) 글이나 말로 대중의 감정을 자극하여 집단적인 행동을 하도록 부추기는 것. 14:12 그리스어로 '쓰스'. 14:12 그리스어로 '헤메'.

되고 열매를 맺게 하시고 넉넉한 양식을 공급해 여러분의 마음을 기쁨으로 가득 채워 주셨습니다."

17:27;시 67:6;롬 1:19-20

18 바나바와 바울은 이런 말로 자기들에게 제물을 바치지 못하도록 그들을 간신히 말릴 수 있었습니다.

19 바울이 돌에 맞음 그때 안디옥과 이고니온에서 유대 사람들이 몰려와 사람들을 선동해 자기들 편으로 끌어들여 바울에게 돌을 던지게 했습니다. 그리고 바울이 죽은 줄 알고 그를 도시 밖으로 끌어냈습니다.

20 그러나 제자들이 바울 주위에 모여들자 그가 일어나 다시 도시 안으로 들어갔습니다. 그다음 날 바울은 바나바와 함께 더베로 떠났습니다.

21 강해지는 교회들 그들은 그 도시에서 복음을 전한 뒤 많은 제자들을 얻게 됐습니다. 그리고 나서 루스드라와 이고니온과 안디옥으로 되돌아가

마 28:19

22 제자들의 마음을 강하게 하고 늘 믿음에 머물러 있도록 격려해 주었습니다. 또 "우리가 하나님 나라에 들어가려면 우리가 마땅히 많은 고난을 겪어야 한다"라고 말했습니다.

13:43;15:32,41;요 16:33

23 바울과 바나바는 제자들을 위해 각 교회마다 장로들을 세워 기도하고 금식하며 자신들이 믿는 주께 그들을 부탁했습니다.

24 안디옥 교회에서의 보고 그런 뒤에 그들은 비시디아를 통과해 밤빌리아에 들어갔다가

25 버가에서 말씀을 전하고 앗달리아로 내려갔습니다.

26 그리고 그들은 앗달리아에서 배를 타고 안디옥으로 돌아갔습니다. 이 안디옥은 그들이 선교 활동을 위해 자신들을 하나님의 은혜에 헌신했던 곳인데 이제 그 일을 성취한 것입니다.

13:3;15:40

27 바울과 바나바는 안디옥에 도착해서 교회 신자들을 모으고 하나님께서 그들과 함께 행하신 모든 일과 하나님께서 어떻게

이방 사람들에게 믿음의 문을 여셨는지 보고했습니다.

11:18;15:4;갈 4:3

28 그러고 나서 그들은 제자들과 함께 오랫동안 그곳에 머물렀습니다.

15

모임의 발단 유대에서 몇몇 사람들이 안디옥으로 내려와 형제들을 가르쳤는데 "모세가 가르친 관례에 따라 할례를 받지 않는다면 구원을 받지 못한다"라고 했습니다.

5장;6:14;갈 5:2

2 이 말로 인해 바울과 바나바는 그들과 적지 않은 충돌과 논쟁을 벌였습니다. 그래서 안디옥 교회는 바울과 바나바를 세워 몇몇 신자들과 함께 예루살렘으로 보냈습니다. 사도들과 장로들은 이 문제를 어떻게 생각하는지 알아보려는 것이었습니다.

3 교회의 전송을 받고 여행을 떠난 그들은 가는 길에 페니키아와 사마리아 지방을 거치면서 이방 사람들이 어떻게 개종하게 됐는지를 전했습니다. 이 소식은 모든 형제들을 무척 기쁘게 했습니다.

11:18;14:27

4 그들은 예루살렘에 도착해 교회와 사도들과 장로들에게 환영을 받았습니다. 그러고 난 후 하나님께서 자신들을 통해 하신 모든 일을 그들에게 보고했습니다.

5 그때 바리새파에 속해 있던 신자가 된 몇몇 사람들이 일어나 말했습니다. "이방 사람들이 할례를 받고 모세의 율법을 지키도록 해야 합니다."

1절;24:5;갈 5:3

6 이방인의 할례 문제 사도들과 장로들이 이 문제를 논의하려고 함께 모였습니다.

12:25절

7 오랜 시간 동안 토론한 끝에 베드로가 일어나 그들에게 말했습니다. "형제들이여, 여러분도 알다시피 얼마 전에 하나님께서 여러분 가운데서 나를 선택해 이방 사람들도 내 입술을 통해 복음의 말씀을 듣고 믿게 하셨습니다.

2절;10:20;20:24

8 그 마음을 아시는 하나님께서는 우리에게 하셨던 것처럼 이방 사람들에게도 성령을 주셔서 그들을 인정하셨습니다.

1:24;10:44

9 하나님께서는 그 마음을 믿음으로 깨끗하게 하셔서 우리와 그들 사이에 차별을

두지 않으신 것입니다. 11:12롬 3:22-24;엡 3:6

10 그런데 여러분은 어째서 우리 조상이나 우리가 질 수 없었던 무거운 짐을 이방 신자들에게 지워서 하나님을 시험하려고 하십니까? 28:장갈 5:1;눅 11:46

11 우리는 그들과 마찬가지로 주 예수의 은혜로 구원받는다고 믿습니다." 딛 2:11

12 온 회중이 조용해지면서 바울과 바나바가 하는 말을 귀 기울여 들었습니다. 그들은 자신들을 통해 하나님께서 행하신 표적과 기사를 이야기했습니다. 4절;14:27

13 **야고보가 내놓은 해결 방안** 그들이 이야기를 마치자 야고보가 받아 말했습니다. "형제들이여, 내 말을 들어 보십시오.

14 하나님께서 자기 이름을 위해 처음에 어떻게 이방 사람들 가운데 백성을 불러내 찾아오셨는가를 시몬 베드로가 말해 주었습니다. 18:10;신 7:6;사 43:21

15 예언자들의 말씀도 이것과 일치합니다. 기록되기를

16 '이 일 후에 내가 돌아와 다윗의 무너진 장막을 다시 지을 것이다. 폐허가 된 것을 내가 다시 짓고 내가 회복시킬 것이다.

17 그러면 남은 사람들과 내 이름으로 일컬음받는 모든 이방 사람들이 주를 찾을 것이다. 17:27;렘 43:7;단 9:19

18 이것은 오래전부터 이 일을 알게 해 주신 여호와의 말씀이다' 라고 했습니다. 암 9:11-12;사 45:21

19 그러므로 내 판단으로는 우리가 하나님께 돌아오는 이방 사람들을 괴롭게 해서는 안 된다고 생각합니다. 28절;14:15

20 다만 우상으로 더러워진 음식과 음행과 목매어 죽인 짐승의 고기와 피는 멀리하라고 편지하는 것이 좋겠습니다. 레 3:17

21 오래전부터 모세의 율법이 각 도시에 전해져 안식일마다 회당에서 그것을 읽고 있기 때문입니다." 13:15;고후 3:14-15

22 **이방 사람들에게 편지를 보냄** 그러자 사도들과 장로들과 온 교회는 몇몇 사람들을 뽑아 바울과 바나바와 함께 안디옥으로 보내

기로 결정했습니다. 그래서 뽑힌 사람은 형제들 가운데서 지도자인 바사바라고 하는 유다와 실라였습니다. 1:23;벧전 5:1

23 그들은 그 사람들 편에 다음과 같은 편지를 보냈습니다. "여러분의 형제인 사도들과 장로들이 안디옥과 시리아와 길리기아에 있는 이방의 형제들에게 문안드립니다.

24 우리 가운데 어떤 사람이 여러분에게 가서 우리가 시키지 않은 말을 해서 여러분을 괴롭히고 여러분의 마음을 아프게 했다는 소식을 들었습니다. 갈 1:7;2:4;5:10,12

25 그래서 우리가 몇 사람을 뽑아 사랑하는 우리의 형제 바나바와 바울과 함께 여러분에게 보내기로 우리 모두 합의했습니다.

26 바나바와 바울은 우리 주 예수 그리스도의 이름을 위해 목숨을 건 사람들입니다.

27 그러므로 우리가 이 편지의 내용이 사실임을 분명히 말해 줄 유다와 실라를 보냅니다.

28 꼭 필수적인 사항 몇 가지 외에는 여러분에게 아무 짐도 지우지 않으려는 것이 성령의 뜻이며 또 우리의 뜻입니다. 계 2:24

29 곧 우상에게 바쳐진 음식과 피와 목매어 죽인 짐승의 고기와 음행만은 멀리하십시

예루살렘 총회!

예루살렘 총회는 2,000년 교회의 역사에서 최초로 열렸던 총회다. 총회의 시작은 '어떤 유대 사람이 이방 사람들은 모세의 법대로 할례를 받지 않으면 구원을 받지 못한다'고 가르친 데 있었다(행 15:1). 당시 예수님을 믿던 시리아의 안디옥 교회는 바울과 바나바를 예루살렘 교회로 보내 이 문제를 토의하게 했고, 이 총회를 통해서 이방 사람들도 유대 사람과 마찬가지로 '주 예수의 은혜로 구원을 받는다'(행 15:11)는 결론을 내렸다. 단지 이방 사람들에게는 우상으로 더러워진 음식, 음행, 목매어 죽인 짐승의 고기와 피는 멀리할 것을 지시했다(행 15:20).

이 총회를 통해서 그동안 교회 안에 있었던 유대 사람들과 이방 사람들의 갈등이 해소되었고, 바울과 바나바와 다른 몇몇 사람들을 다시 안디옥에 보냄으로 땅끝까지 복음을 전하는 발판이 마련되었다.

오, 이런 조항만 잘 지키면 되겠습니다. 평안하십시오."

20절;21:25;고전 8:1,4,7,10

30 이방 사람들이 기뻐함 그들은 전송을 받고 안디옥으로 내려가 신자들을 불러 모은 후 편지를 전해 주었습니다.

31 그 사람들은 이것을 읽고 그 격려의 말씀에 기뻐했습니다.

32 유다와 실라도 예언자였기 때문에 여러 가지 말로써 그 형제들을 격려하고 힘을 북돋워 주었습니다.

1절;13:1;14:22

33 그들은 안디옥에 얼마 동안 머물다 있다가 평안히 가라는 형제들의 전송을 받고 그들을 파송한 예루살렘으로 돌아갔습니다.

34 *(없음)

35 그리고 바울과 바나바는 안디옥에 계속 머물러 있으면서 다른 많은 사람들과 함께 주의 말씀을 가르치고 전했습니다.

36 갈라디아 바울과 바나바 며칠이 지나자 바울이 바나바에게 말했습니다. "우리가 주의 말씀을 전했던 도시마다 모두 다시 방문해 그들이 어떻게 지내고 있는지 알아봅시다."

37 바나바는 마가라고도 하는 요한을 함께 데리고 갈 생각이었지만

12:12

38 바울은 그를 데려가는 것이 현명한 처사가 아니라고 생각했습니다. 마가 요한은 전에 밤빌리아에서 그들을 떠나 그 사역에 끝까지 함께하지 않았기 때문입니다.

39 이 일로 심한 말다툼 끝에 바울과 바나바는 서로 갈라서게 됐습니다. 바나바는 마가를 데리고 배를 타고 키프로스로 갔습니다.

40 바울은 실라를 선택해 주의 은혜를 간구하는 형제들의 환송을 받으면서 안디옥을 떠났습니다.

41 바울은 시리아와 길리기아를 거쳐 가면서 교회들을 강건케 했습니다.

32절;16:5

16

디모데가 바울과 합류함 바울은 더베에 갔다가 루스드라로 갔습니다. 그곳에는 디모데라는 제자가 살고 있었습니다. 그 어머니는 유대 사람으로서 믿는 사람이었지만 그 아버지는 그리스 사람이었습니다.

딤후 1:5;3:15

2 디모데는 루스드라와 이고니온의 형제들에게 칭찬받는 사람이었습니다.

요 21:23

3 바울은 전도 여행에 그를 데려가고 싶었습니다. 그래서 그 지역에 사는 유대 사람들 때문에 그에게 할례를 주었습니다. 그것은 그의 아버지가 그리스 사람이라는 사실을 그들 모두가 알고 있었기 때문입니다.

4 교회가 굳건해짐 그들은 여러 도시들을 다니며 예루살렘의 사도들과 장로들이 결정한 규정을 신자들에게 전하며 지키게 했습니다.

15:2,28~29;17:7

5 이렇게 해서 교회들은 믿음 안에서 더욱 굳건해지고 그 수가 날마다 더 늘어났습니다.

6 마케도니아 사람의 환상 성령께서 아시아 지방에 말씀 전하는 것을 막으셨기 때문에 바울과 그 일행은 부르기아와 갈라디아 지방을 거쳐

7 무시아 지방 가까이 이르러 비두니아로 들어가려고 했습니다. 그러나 예수의 영이

왜 기도할 곳을 찾아 강가로 갔나요?

유대 사람들은 남자의 수가 열 명만 되면 회당을 구성할 수 있었다고 해요. 그런데 사람 수가 적어서 회당을 지을 수 없거나 회당을 짓는 것이 금지된 곳에서는 '프로슈케'라는 기도 장소를 만들었어요.

'프로슈케는 보통 물이 있는 근처에 세워졌는데 이것은 물로 씻는 의식을 쉽게 하기 위해서였어요. 그래서 바울 일행이 안식일에 기도할

곳을 찾아서 강가로 간 거예요.

성경에서 강가는 하나님의 사람들에게 (자주 이용되던 장소였어요. 바벨론 포로로 잡혀간 이스라엘 사람들은 강가에 모여 시온을 기억하며 울었고(시 137:1), 에스겔은 그발 강 가에서 하나님이 보여 주신 환상을 보았으며(겔 1:1), 다니엘도 을래 강 가(단8:2)와 티그리스 강가에서 환상을 보았어요.(단 10:4).

허락하지 않으셨습니다. 롬 8:9;갈 4:6;빌 1:19

8 그래서 그들은 무시아를 지나 드로아로 내려가게 됐습니다. 20:5-6;고후 2:12;딤후 4:13

▲ 바울과 실라가 투옥되었던 빌립보 감옥

9 한밤중에 바울은 마케도냐 사람이 서서 "마케도냐로 와서 우리를 도와주시오"라고 간청하는 환상을 보았습니다.

10 바울이 이 환상을 본 후에 우리는 그들에게 복음을 전파하라고 하나님께서 부르셨다고 확신하고 즉시 마케도냐로 떠날 준비를 했습니다. 11-17절;27:1;28:16

11 루디아의 회심 우리는 드로아에서 바다로 나와 배를 타고 사모드라게로 곧장 갔다가 이튿날 네압볼리로 갔습니다. 21:1

12 그곳에서 우리는 로마의 식민지로서 마케도냐 지방에서 첫째가는 도시인 빌립보에 들어갔습니다. 우리는 그곳에서 며칠을 머물렀습니다. 21절;빌 1:1;살전 2:2

13 안식일에 우리는 혹 기도할 곳을 찾을 수 있지 않을까 하는 기대감으로 성문 밖 강가로 나갔습니다. 우리는 그곳에 앉아서 거기 모여 있던 여인들에게 말씀을 전했습니다. 13:14;137:1;막 5:1

14 말씀을 들은 사람들 가운데 루디아라는 여인이 있었습니다. 그 여인은 두아디라 도시에서 온 자주색 옷감 장수로서 하나님을 경외하는 사람이었습니다. 주께서 그마음을 열어 바울의 말에 귀 기울이게 하셨습니다. 18:7;눅 24:45

15 루디아는 그 집안 식구들과 함께 세례를 받고 "저를 참된 신자로 여기신다면 제 집에 오셔서 머물러 주십시오" 하고 간청하면서 우리를 자기 집으로 데리고 갔습니다.

16 귀신이 떠나감 어느 날 우리가 기도하는 곳으로 가다가 귀신 들린 여종을 만나게 됐습니다. 그 아이는 점을 쳐서 자기 주인들에게 아주 많은 돈을 벌어 주고 있었습니다. 13,19절;눅 19:31;눅 13:11

17 이 아이는 바울과 우리를 따라와서 "이 사람들은 지극히 높으신 하나님의 종들로 당신들에게 구원의 길을 전하고 있다"라고 외쳤습니다. 9:2;단 3:26;막 5:7

18 이 아이가 며칠 동안이나 이렇게 계속하자 참다못한 바울이 돌아서서 귀신에게 말했습니다. "예수 그리스도의 이름으로 내가 명한다. 그 아이에게서 당장 나오라!" 바로 그 순간 귀신이 그 아이에게서 나갔습니다. 마 17:18;막 1:25;34;9:38

19 바울과 실라가 투옥됨 그 여종의 주인들은 자기들의 돈 벌 소망이 사라진 것을 알고 바울과 실라를 붙잡아 시장에 있는 관리들에게 끌고 갔습니다. 16절;19:25-26;17:6-8

20 바울과 실라를 로마 관리들 앞에 데려다 놓고 말했습니다. "이 사람들은 유대 사람으로서 우리 도시에 소란을 일으켰습니다.

21 우리 로마 사람들이 받아들이거나 실천할 수 없는 풍습을 전하고 있습니다." 에 3:8

22 모여 있던 사람들도 가세해 바울과 실라를 공격하자 로마 관리들은 그들의 옷을 벗기고 매질하라고 명령했습니다. 살전 2:2

23 관리들은 그들을 심하게 때린 뒤 감옥에 던져 넣고는 간수에게 그들을 단단히 지키라고 명령했습니다.

24 이런 명령을 받은 간수는 그들을 깊숙한 감방에 가두고 발에는 쇠고랑을 채워 두었습니다. 렘 20:2-3;29:26;눅 21:12

25 빌립보 간수가 회심함 한밤중쯤 됐을 때 바울과 실라가 기도하며 하나님께 찬송을 부르자 다른 죄수들이 귀 기울여 듣고 있었습니다. 욥 35:10;시 42:8;77:6

26 그런데 갑자기 큰 지진이 일어나 감옥이

15:34 어떤 고대 사본에는 '그러나 실라는 안디옥에 남기로 작정했습니다'가 있음.

기반부터 흔들렸습니다. 곧바로 감옥 문이 모두 열리고 죄수들을 묶고 있던 쇠사슬도 다 풀렸습니다. 4:31;5:19;12:7,10

27 간수가 잠깨어 일어나 감옥 문이 모두 열린 것을 보자 죄수들이 도망친 줄로 생각하고 칼을 뽑아 자살하려고 했습니다.

28 그때 바울이 큰 소리로 외쳤습니다. "당신 몸을 상하게 하지 마시오! 우리가 다 여기 있소!"

29 간수는 등불을 달라고 하더니 부리나케 달려 들어와 부들부들 떨면서 바울과 실라 앞에 엎드렸습니다. 10:25

30 그러고는 그들을 밖으로 데리고 나오면서 물었습니다. "선생님들, 제가 구원받으려면 어떻게 해야 합니까?" 17절;2:37;22:10

31 그들이 대답했습니다. "주 예수를 믿으시오. 그러면 당신과 당신의 집안이 구원을 받을 것입니다." 11:14;막 16:16

32 그러고 나서 바울과 실라는 그와 그 집 안 모든 사람들에게 주의 말씀을 전해 주었습니다.

33 그날 밤 그 시간에 간수는 그들을 데려다가 상처 부위를 씻어 주었습니다. 그러고는 당장 그와 온 가족이 세례를 받았습니다.

34 간수는 그들을 자기 집으로 데리러 음식을 대접했습니다. 그는 자신과 온 가족이 하나님을 믿게 된 것으로 인해 기쁨이 가득했습니다. 시 23:5;벧전 1:6,8

35 바울과 실라가 풀려난 날이 밝자 로마 관리들이 부하들을 보내 간수에게 명령했습니다. "그 사람들을 풀어 주라."

36 그러자 간수가 바울에게 "저희 관리들이 당신과 실라를 풀어 주라고 전갈을 보냈으니 이제 나와 평안히 가십시오"라고 말했습니다.

37 그러자 바울이 그 부하들에게 말했습니다. "우리가 로마 시민임에도 불구하고 저들이 재판도 없이 공개 석상에서 우리를 때리고 감옥에 가두고는 이제 와서 우리를 몰래 내보내려 하시오? 그들이 직접 와서 우리를 데리고 나가라고 하시오."

38 부하들이 그대로 자기 관리들에게 보고했습니다. 그들은 바울과 실라가 로마 시민이라는 소리를 듣고 깜짝 놀랐습니다.

39 그들은 직접 감옥까지 와서 사정사정하며 바울과 실라를 정중히 모시고는 그 도시를 떠나 달라고 요청했습니다. 마 8:34

40 바울과 실라는 감옥에서 나온 뒤 루디아의 집으로 가 형제들을 만나 위로해 주고 그곳을 떠났습니다.

17 데살로니가에서의 가르침 바울과 실라는 암비볼리와 아볼로니아를 거쳐 데살로니가에 이르렀습니다. 거기에는 유대 사람의 회당이 있었습니다. 14절

바울과 실라가 간수에게
복음을 전함

2 바울은 늘 하던 대로 회당에 들어가 3주 동안 안식일마다 성경에 대해 사람들과 토론했습니다.

3 그리스도가 고난을 받은 후 죽은 사람들 가운데서 살아나셔야 했던 것을 설명하고 증명하며 말했습니다. 그리고 "내가 여러분에게 선포하는 이 예수가 바로 그리스도이십니다"라고 전했습니다. _{눅 20:9:24:27,32}

4 몇몇 유대 사람들은 그 말에 설득돼 바울과 실라를 따랐고 하나님을 경외하는 많은 그리스 사람들과 적지 않은 귀부인들도 그들의 말을 믿게 됐습니다. _{14:4:살전 2:1-2}

5 야손의 집을 공격함 그러자 유대 사람들에게 시기가 일어났습니다. 그래서 시장의 불량배들을 끌어모아 떼를 지어 도시 안에 소동을 일으켰습니다. 그들은 바울과 실라를 찾아 사람들 앞에 끌어내리려고 야손의 집으로 쳐들어갔습니다. _{살전 2:14-16}

6 그러나 그들을 찾지 못하자 야손과 다른 형제들을 그 도시의 관원들 앞에 끌고 와 소리치며 말했습니다. "세상을 온통 시끄럽게 하는 사람들이 이곳에도 왔는데

7 야손이 그들을 자기 집에 들였습니다. 그들은 모두 가이사의 칙령을 거역하며 예수라는 다른 왕이 있다고 말합니다."

8 이 말을 듣고 사람들과 그 도시의 당국자들은 당황했습니다.

9 그러나 당국자들은 야손과 다른 신자들로부터 보석금을 받고 그들을 놓아주었습니다.

10 베뢰아에서의 환대 밤이 되자마자 형제들은 바울과 실라를 베뢰아로 보냈습니다. 그들은 그곳에 도착하자 유대 사람의 회당으로 들어갔습니다. _{2:14:요일 2:1-23}

11 베뢰아 사람들은 데살로니가 사람들보다 교양 있는 사람들이어서 말씀을 간절한 마음으로 받아들이고 바울이 말한 것이 사실인지 알아보려고 날마다 성경을 찾아 보았습니다. _{사 34:16:요 5:39}

12 그래서 그들 가운데 많은 유대 사람들이 믿게 됐고 적지 않은 그리스 귀부인들과 많은 그리스 남자들도 믿게 됐습니다.

13 소동으로 인해 떠남 데살로니가에 있는 유대 사람들은 바울이 베뢰아에서 하나님의 말씀을 전한다는 것을 알고 그곳에 또 나타나 사람들을 선동해 소동을 일으켰습니다.

14 그러자 형제들은 즉시 바울을 바닷가로 보냈습니다. 그러나 실라와 디모데는 베뢰아에 그대로 남아 있었습니다. _{마 10:23}

15 바울을 수행하던 사람들은 그를 아테네까지 인도했습니다. 그들은 실라와 디모데도 속히 자기에게 데려오라는 바울의 지시를 받고 돌아갔습니다. _{15:3:18:1,5:살전 3:1}

16 아테네의 철학자들 아테네에서 그들을 기다리는 동안 바울은 그 도시가 우상으로 가득 찬 것을 보고 매우 격분했습니다.

17 그래서 그는 회당에서는 유대 사람들과 하나님을 경외하는 그리스 사람들과 또 시장에 나가서 날마다 우연히 만나는 사람들과 토론했습니다. _{13:5}

18 에피쿠로스 철학자들과 스토아 철학자들도 바울과 변론을 했습니다. 그 가운데 몇 사람이 물었습니다. "이 말쟁이가 무슨 말을 하려는 것인가?" 또 다른 사람들은 "그가 외국의 다른 신들을 전하는 사람인가 보다"라고 했습니다. 그들이 이렇게 말한 것은 바울이 예수와 그 부활에 대한 복음을 전하고 있었기 때문입니다.

19 그때 그들은 바울을 붙들어 아레오바고 광장으로 데려가 말했습니다. "당신이 소개하고 있는 이 새로운 가르침에 대해 우리가 알 수 있겠습니까? _{막 1:27:요 7:16:8:1,13:9}

20 당신이 우리 귀에 생소한 것들을 전하니 우리가 그 뜻을 좀 알고 싶습니다."

21 모든 아테네 사람들과 거기 사는 외국 사람들은 보다 새로운 것을 말하거나 듣는 일에 시간을 쏟던 사람들이었습니다.

칙령(17:7, 勅令, decree) 임금이 내린 명령.

당국자(17:8, 當局者, official) 그 일을 직접 맡아 처리하는 자리에 있는 사람.

보석금(17:9, 保釋金, bond) 피고인을 구류에서 풀어 주는 일을 허가하는 경우에 내게 하는 보증금.

바울의 설교 그러자 바울이 아레오바고 광장 가운데 서서 말했습니다. "아테네 시민들이여! 내가 보니 여러분은 여러모로 매우 종교적인 사람들입니다.

25:19

23 내가 두루 다니면서 여러분이 무엇을 섬기는지 자세히 살펴보다가 '알지 못하는 신에게'라고 새긴 제단도 보게 됐습니다. 이제 여러분이 알지도 못하고 예배해 온 그 신을 내가 여러분에게 전하고자 합니다.

24 그 신은 온 세상과 그 안의 모든 것을 창조하신 하나님이십니다. 하나님께서는 하늘과 땅의 주인이시며 사람이 손으로 지은 신전들 안에 살지 않으십니다.

25 하나님께서는 뭔가 부족해서 인간의 손으로 섬김을 받으실 분이 아닙니다. 하나님께서는 바로 모든 사람에게 생명과 호흡과 다른 모든 것을 주시는 분이시기 때문입니다.

창 27:7,22;딤전 6:17

26 하나님께서는 한 사람으로부터 모든 민족을 만들어 온 땅 위에 살게 하셨고 각 나라의 연대를 미리 정하시고 그들의 국경도 정해 주셨습니다.

창 3:20;출 14:5;시 74:17

27 이렇게 하신 것은 사람들이 하나님을 찾기를 바라시기 때문입니다. 사람들은 하나님을 더듬어 찾기만 하면 만날 수 있습니다. 사실 하나님께서는 우리 각 사람과 그리 멀리 떨어져 계시지 않습니다.

28 왜냐하면 하나님 안에서 우리가 살고 움직이고 존재하기 때문입니다. 여러분의 시인 가운데 어떤 사람이 말했듯이 '우리가 그분의 자녀입니다.'

욥 12:10;딛 5:23

29 그러니 우리가 하나님의 자녀인 이상 하나님을 사람의 생각이나 기술로 금이나 은이나 돌에 새겨 만든 형상 따위로 생각해서는 안 됩니다.

사 40:18-19,25;눅 3:38

30 알지 못했던 시대에는 하나님께서 그대로 내버려 두셨지만 이제는 어디서나 모든 사람에게 회개하라고 명령하셨습니다.

31 하나님께서는 자신이 세운 한 사람을 통해 세상을 공의로 심판할 날을 정하셨기 때문입니다. 하나님께서는 그를 죽은 사람들 가운데서 살리심으로 모든 사람에게 *이날에 대한 증거를 보이셨습니다."

32 **군중의 반응** 죽은 사람들이 다시 살아난다는 말에 어떤 사람들은 비웃었지만 또 다른 사람들은 "우리가 이 이야기에 대해 다시 듣고 싶소"라고 말했습니다.

18절

33 그러자 바울은 그들로부터 나왔습니다.

34 그때 몇 사람들은 바울을 따르며 믿게 됐습니다. 그 가운데는 디오누시오라는 아레오바고 의회원과 다마리라는 여인과 그 외에 몇 사람이 더 있었습니다.

19,22절

18 아굴라와 브리스길라 이 일 후에 바울은 아테네를 떠나 고린도로 갔습니다.

2 그곳에서 그는 아굴라라는 유대 사람을 만났습니다. 그는 본도에서 출생한 사람인데 유대 사람들은 모두 로마를 떠나라는

왜 백인, 흑인, 황인종이 되었나요?

백인, 흑인, 황인의 조상은 원래 한 사람의 아들이었어요. 그 사람은 노아였어요.

노아는 세 아들인 셈, 함, 야벳을 낳았어요. 어느 날 아들들은 아버지인 노아가 술에 취해서 옷을 벗고 자는 것을 보았어요. 둘째 아들 함은 노아의 실수를 비웃으며 다른 형제들에게 소문을 냈지만 셈과 야벳은 노아의 실수를 덮어주었어요. 술에서 깬 노아는 함의 이야기를 듣고 함에게

'함의 자손은 가장 낮고 천한 종이 되어 그 형제들을 섬기게 될 것'(창 9:25)이라고 저주했어요. 그 후 노아의 자손들은 여기저기 흩어져 살면서 각기 다른 자연 속에 적응하며 다른 피부색을 갖게 되었고, 다른 인종이 되었어요.

그렇지만 피부색으로 사람을 차별해서는 안 돼요. 하나님은 인종과 민족에 차별을 두지 않고 이 세상 모든 사람을 사랑하시기 때문이에요.

글라우디오 황제의 칙령 때문에 얼마 전 자기 아내 브리스길라와 함께 이탈리아에서 내려온 것입니다. 바울은 그들을 찾아온

3 그들과 함께 일하며 지냈습니다. 바울도 그들과 마찬가지로 천막 만드는 일을 했기 때문입니다.

20:34;고전 4:12;살전 2:9

4 안식일이면 그는 회당에서 토론하며 유대 사람들과 그리스 사람들을 설득하고자 했습니다.

13:5;14:1;17:17

5 유대 사람들의 불신 실라와 디모데가 마게도니아에서 오자 바울은 말씀 전하는 데에 전념해 예수가 그리스도이심을 유대 사람들에게 증언했습니다.

28절;17:15;고후 5:14

6 그러나 유대 사람들은 바울에게 대들며 욕설을 퍼부었습니다. 바울은 자기 옷의 먼지를 털며 단호하게 그들에게 말했습니다. "여러분들이 멸망해도 그것은 여러분들의 책임입니다. 나는 이제 책임이 없습니다. 이제 나는 이방 사람들에게 가겠습니다."

7 그리고 나서 바울은 회당을 떠나 디도 유스도라는 사람의 집으로 갔습니다. 그는 하나님을 경외하는 이방 사람인데 그의 집은 회당 바로 옆에 있었습니다.

16:14

8 많은 유대 사람들이 복음을 받아들임 회당장 그리스보와 그 온 집안이 주를 믿게 됐고 바울의 말을 들은 다른 많은 고린도 사람들도 믿고 세례를 받았습니다.

고전 1:14

9 어느 날 밤 주께서 환상 가운데 바울에게 말씀하셨습니다. "두려워 마라. 잠잠히 있지 말고 말하여라.

26:16;27:24;고후 12:1-4

10 내가 너와 함께 있으니 아무도 너를 해치지 못할 것이다. 이 도시에는 내 백성이 많다."

11 그래서 바울은 그곳에 1년 반 동안 머물면서 그들에게 하나님의 말씀을 가르쳤습니다.

12 갈리오 앞에서의 재판 갈리오가 아가야 지방의 총독이었을 때 유대 사람들이 일제히 들고일어나 바울을 잡아 법정으로 끌고 가

13 "이 사람이 율법에 어긋난 방법으로 하나

님을 섬기라고 사람들을 설득하고 있습니다"라고 고소했습니다.

15절

14 바울이 막 입을 열려고 하는데 갈리오가 유대 사람들에게 말했습니다. "그런 작든 무슨 죄가 있어 당신네 유대 사람들이 불평하다면 내가 들어 줄 만하오.

13:10

15 그러나 그것이 언어와 명칭과 당신네 유대 사람들만의 율법과 관련된 것이라면 당신들 스스로 알아서 해결하시오. 나는 그런 일에 재판자가 될 수 없소."

23:29

16 그리고 그들을 법정에서 쫓아냈습니다.

17 그러자 그들 모두는 회당장 소스데네를 붙들어 법정 앞에서 그를 마구 때렸습니다. 그러나 갈리오는 이 일에 전혀 상관하지 않았습니다.

18 안디옥으로 돌아감 바울은 얼마 동안 고린도에 머물렀습니다. 그러고 나서 그는 형제들과 작별하고 배를 타고 시리아로 가게 됐는데 그때 브리스길라와 아굴라도 동행했습니다. 배를 타고 출항하기에 앞서 바울은 전에 서원했던 것이 있어서 겐그레아

아볼로

'침략자'라는 특이한 이름의 뜻이 있다. 알렉산드리아에서 태어난 유대 사람으로 학식이 많고 성경에 능통했다. 일찍부터 주의 도를 배워서 예수님의 도를 열심히 가르치고 있을 때 아굴라와 브리스길라에게 하나님의 말씀을 좀 더 자세히 배우게 되었다. 성경을 더 잘 알게 된 아볼로는 믿는 사람들에게 많은 유익을 주고 유대 사람들에게 예수님이 그리스도이심을 강력하게 증거했다.

나중에 아볼로를 따르는 사람들이 고린도 교회에 생겨날 정도로 아볼로는 초대교회에 많은 영향력을 끼쳤다.

아볼로가 나오는 말씀
>> 행 18:24-28;
고전 1:12;3:4-9

바울의 2, 3차 전도 여행

마케도니아

빌립보

데살로니가

베뢰아

드로아

마둘레네

에베소

무안노서신

고린도

아테네

사모

그리스

밀레도

고스

로도

크레타

2차 전도 여행

❶ 마가 요한의 동행 문제로 바울과 바나바가 갈라섬 (행 15:37-39)

❷ 바울과 실라가 시리아와 길리기아 지방의 교회들을 강건하게 함 (행 15:40-41)

❸ 루스드라에서 바울이 디모데를 전도 여행에 합류시킴 (행 16:1-5)

❹ 드로아에서 한밤중에 바울이 마케도니아 사람의 환상을 봄 (행 16:9-10)

❺ 빌립보에서 자주색 옷감 장수 루디아가 복음을 듣고 세례를 받음 (행 16:14-15)

❻ 데살로니가와 베뢰아에서 많은 유대 사람들과 그리스 귀부인들과 남자들이 복음을 듣고 제자가 됨 (행 17:1-15)

❼ 아테네의 아레오바고 광장에서 바울이 철학자들에게 복음을 전함 (행 17:16-34)

❽ 고린도에서 1년 6개월 동안 머물며 하나님의 말씀을 가르침 (행 18:1-17)

❾ 에베소를 거쳐 예루살렘 교회에 전도 사역을 보고 한 후 안디옥으로 돌아옴 (행 18:19-22)

☀ 2차 전도 여행 ☀ 3차 전도 여행

1 에베소의 두란노 서원에서 2년 동안 하나님 나라에 대해 가르침(행 19:1-22)
2 마케도니아와 그리스 지방을 다니며 제자들을 격려함(행 20:1-6)
3 드로아에서 죽은 유두고를 살림(행 20:7-12)
4 밀레도에서 에베소 교회의 장로들과 작별 인사를 함(행 20:13-38)
5 가이사랴에서 아가보 예언자가 바울이 체포될 것을 예언함(행 21:10-11)
6 아시아 지방에서 온 유대 사람들의 선동으로 바울이 로마 군대에 체포됨
   (행 21:27-36)

브루기아

비시디아
안디옥

갈라디아

에베소

루스드라   더베

다소

바다라

안디옥
(출발지)

키프로스

지중해

시돈

두로

유대

가이사랴

예루살렘

지고 전도할 뿐 아니라 예수에 대해서도 정확하게 가르쳤습니다. 그러나 요한의 세례만 알고 있을 뿐이었습니다. _{눅7:29}

26 그가 회당에서 담대히 말하기를 시작하자 그의 말을 들은 브리스길라와 아굴라는 그를 집으로 데려다 하나님의 도에 대해 더욱 정확하게 설명해 주었습니다.

27 아볼로가 아가야 지방으로 가고 싶어 하자 형제들은 그를 격려해 주면서 그곳에 있는 제자들에게도 편지를 써서 그를 영접해 주도록 했습니다. 아볼로는 그곳에 도착해 하나님의 은혜로 믿게 된 사람들에게 큰 도움을 주었습니다. _{19:1;고전3:6}

28 이것은 그가 성경을 가지고 예수가 그리스도이심을 보여 줌으로써 공중 앞에서 유대 사람들을 향해 강력하게 논증했기 때문입니다. _{5절}

19 세례 받은 다른 제자들 아볼로가 고린도에 있는 동안 바울은 윗 지방을 거쳐서 에베소에 도착했습니다. 거기서 그는 몇몇 제자들을 만났습니다.

2 바울이 그들에게 "여러분은 믿을 때 성령을 받았습니까?"라고 물었습니다. 그들이 대답했습니다. "아니요, 우리는 성령이 있다는 사실도 듣지 못했습니다."

3 그래서 바울이 물었습니다. "그렇다면 여러분은 어떤 세례를 받았습니까?" 그들이 대답했습니다. "요한의 세례입니다."

4 바울이 말했습니다. "요한의 세례는 회개의 세례입니다. 그는 백성들에게 자기 뒤에 오실 분을 믿으라고 했는데 그분이 바로 예수입니다." _{요1:7}

5 그들은 이 말을 듣고 곧바로 주 예수의 이름으로 세례를 받았습니다. _{8:12,16}

6 바울이 그들에게 손을 얹자 성령이 그들에게 내려 그들이 방언으로 말하며 예언하게 됐습니다. _{8:17;10:46;13:1}

7 그들은 모두 열두 사람 정도였습니다.

8 두란노에서의 사역 바울이 회당으로 들어가 석 달 동안 담대하게 말하며 하나님 나라에 대해 강론하고 설득했는데 _{28:23}

▲ 에베소 (Ephesus)
소아시아에 있는 국제적인 항구 도시로 상업과 종교의 중심지였다. 바울은 3차 전도 여행 때 3년간 머물며 두란노 서원에서 가르쳤다(행 19:8-10; 20:31 참조). 사진은 에베소에 있는 셀수스 도서관의 모습이다.

에서 머리를 깎았습니다. _{요21:23}

19 그들은 에베소에 도착했습니다. 바울은 브리스길라와 아굴라를 그곳에 남겨 두고 혼자 회당에 들어가서 유대 사람들과 토론했습니다. _{4절;19:1;20:16-17}

20 좀 더 머물러 달라는 그들의 요청을 바울은 뿌리쳤습니다.

21 그러나 그는 떠나면서 "하나님의 뜻이라면 다시 돌아오겠습니다"라고 말했습니다. 그러고 나서 그는 배를 타고 에베소를 떠났습니다. _{고전16:7;히6:3;약4:15}

22 그는 가이사랴에 도착해서 예루살렘 교회에 올라가 인사한 뒤 안디옥으로 내려갔습니다. _{11:2;21:15}

23 여행의 시작 안디옥에서 얼마 동안 지내던 바울은 그곳을 떠나 갈라디아와 브루기아 지방을 두루 돌며 모든 제자들에게 힘을 북돋워 주었습니다. _{14:22;16:6}

24 아볼로가 가르침을 받음 한편 알렉산드리아에서 태어난 아볼로라는 유대 사람이 에베소로 왔습니다. 그는 학식이 많고 성경에 능통한 사람이었습니다. _{스7:6}

25 그는 일찍부터 주의 도를 배워 열정을 가

9 그 가운데 몇 사람은 마음이 완고해져 믿기를 거부하고 공공연하게 그 가르침을 비방하였습니다. 그래서 바울이 그들을 떠나 제자들을 따로 데려다 두란노 서원에서 날마다 가르쳤습니다.
고전 16:9

10 이 일이 2년 동안 계속돼 아시아 지방에 사는 모든 유대 사람들과 그리스 사람들이 주의 말씀을 듣게 됐습니다.
딤후 1:15

11 예수 이름을 사용한 마술사 하나님께서는 바울의 손을 통해 특별한 기적을 일으키셨습니다.
5:12,15

12 바울의 몸에 닿은 손수건이나 앞치마를 가져다 환자들에게 대기만 하면 그들의 병이 낫고 악한 영들이 떠나갔습니다.

13 사방을 돌아다니며 귀신을 쫓아내는 유대 사람들 가운데 어떤 이들도 주 예수의 이름으로 악한 영들을 쫓아내려고 했습니다. 그들은 "바울이 전파하는 예수를 힘입어 내가 너희에게 명령한다"라고 말했습니다.

14 유대 사람 대제사장 스게와의 일곱 아들도 이런 일을 했습니다.

15 그러자 그 악한 영이 그들에게 대답했습니다. "내가 예수를 알고 바울도 안다. 그런데 너희는 누구냐?"
막 2:19

16 그러고는 악한 영에 빠진 사람이 그들에게 달려들어 그들 전부를 힘으로 눌러 이겼습니다. 그러자 그들이 발가벗겨진 채 피를 흘리며 집 밖으로 도망쳐 나왔습니다.

17 마술을 포기함 이 사실을 알게 된 에베소에 사는 유대 사람들과 그리스 사람들이 모두 두려움에 사로잡혔고 주 예수의 이름을 높였습니다.
살후 1:12

18 믿게 된 사람들이 많이 나와 자신의 악한 행위들을 고백하고 공개했습니다.

19 마술을 하던 많은 사람들은 그 책들을 모아다 사람들이 보는 앞에서 태워 버렸습니다. 그들이 그 마술책들의 값을 매겨 보니 모두 5만 드라크마 정도가 됐습니다.

20 이렇게 해서 주의 말씀은 점점 힘 있게 퍼져 나갔습니다.
6:7;12:24

21 바울의 기대 이런 모든 일이 일어난 뒤 바울은 마케도니아와 아가야 지방을 거쳐 예루살렘으로 가기로 결심하고 "내가 예루살렘을 방문한 후에 반드시 로마도 꼭 볼 것이다"라고 말했습니다.
20:1,16,22;롬 15:26

22 그는 자신을 돕는 사람 가운데 디모데와 에라스도 두 사람을 마케도니아로 보내고 자신은 아시아 지방에 잠시 더 머물렀습니다.

23 은세공업자의 선동 그 무렵 에베소에서는 복음의 말씀 때문에 큰 소동이 일어났습니다.

24 데메드리오라는 은세공업자는 아데미 여신의 은 모형을 만드는 사람이었는데 직공들에게 적지 않은 돈벌이를 제공하고 있었습니다.
16:16,19

25 그가 직공들은 물론 이 일에 관련된 일꾼

두란노 서원

두란노 서원은 당시 유명한 철학자인 '두란노'라는 사람의 개인 학당이었을 것으로 본다.

공교육 시설인 학교가 없던 시절에는 선생님들이 개인 서원을 열고 학생들을 모집했는데, 학생들은 이곳에서 수사학과 과학, 수학과 변증법, 변론법 등을 배웠다. 유명한 철학자나 사상가들에게는 수많은 제자들이 몰렸기 때문에 규모가 큰 서원을 가지게 되었다. 두란노는 당시 에베소에서 가장 유명한 철학자였기 때문에 가장 큰 서원을 가졌던 것으로 보인다. 두란노 서원에서 바울이 2년간 전도 강연을 계속한 것은 놀라운 일이었다. 이때가 바울의 선

교 사역의 절정기로 보며 단지 에베소 교회만 설립된 것이 아니라 아시아 일대에 복음이 전파되어 골로새 교회(몬 1:1-2), 라오디게아 교회, 히에라볼리 교회(골 4:13) 등 소아시아의 일곱 교회가 이때 세워진 것으로 추정된다(계 1:4).

당시 에베소는 교통과 상업의 중심지로 소아시아 일대에서 이곳으로 사람들이 모였다 에베소를 방문한 사람들은 유명해진 바울의 두란노 강연을 들었다. 또 이 기간 중 바울은 고린도전서를 기록하였으며 중간에 고린도를 방문한 것으로 보이며, 그의 관심은 아시아를 넘어 그리스까지 미치고 있었다.

들을 불러 모아 놓고 말했습니다. "여러분, 여러분도 알다시피 우리가 이 사업으로 소득이 꽤 좋았습니다.

26 그런데 여러분도 보고 들은 대로 바울이라는 이 사람이 여기 에베소뿐 아니라 아시아 온 지방에서 '사람이 만든 신은 신이 아니다'라며 많은 사람들을 설득해 마음을 돌려놓고 있습니다. 신 4:28;왕하 19:18

27 이렇게 되면 우리 사업의 명성이 떨어질 뿐 아니라 위대한 여신 아데미 신전의 명예도 실추되고 아시아 지방과 전 세계에 걸쳐 숭배되고 있는 이 여신 자체도 그 신성한 위엄을 잃을지도 모르는 위험이 있습니다."

28 소동이 일어남 그들이 이 말을 듣자 화가 치밀어 올라 "에베소 사람들의 아데미 여신은 위대하다!" 하고 소리 높였습니다.

29 그러자 도시는 순식간에 온통 소란스러워졌고 사람들은 마케도니아에서부터 바울과 동행한 가이오와 아리스다고를 붙잡아 일제히 연극장 안으로 몰려 들어갔습니다.

30 바울이 사람들 앞에 나서려고 했지만 제자들이 말렸습니다.

31 바울의 친구인 그 지방의 관리들도 사람을 보내 바울더러 위험을 무릅쓰고 연극장 안으로 들어가지 말라고 간곡히 권했습니다.

32 연극장 안에서 어떤 사람은 이 말을 하고 또 다른 사람은 저 말을 하는 통에 모인 곳은 매우 혼란스럽게 됐습니다. 심지어 자기들이 왜 그곳에 모였는지 모르는 사람들도 대부분이었습니다. 21:34

33 유대 사람들이 군중 가운데서 알렉산더를 앞으로 밀어냈습니다. 그러자 그는 조용히 하라고 손짓하고 사람들 앞에서 변호하려고 했습니다. 12:17

34 그러나 그가 유대 사람임을 알아챈 그들은 모두 한목소리로 "에베소 사람들의 아데미 여신은 위대하다!"라며 두 시간 동안이나 외쳐 댔습니다. 28절

35 서기관이 사람들을 진정시킴 마침내 에베소 시청 서기관이 사람들을 진정시키고 말했습니다. "에베소 시민들이여, 이 에베소 도시가 위대한 아데미의 신전과 하늘에서 내려온 그 신상을 지키고 있는 것을 온 세상이 다 알지 않습니까? 14:12

36 이것은 부인할 수 없는 사실이므로 이제 여러분은 진정하고 경솔한 행동을 삼가야 합니다.

37 여러분은 이 사람들이 신전 물건을 도둑질하거나 우리 여신을 모독한 것도 아닌데 이곳으로 끌고 왔습니다. 29절;롬 2:22

38 그러므로 데메드리오와 그 동료 직공들은 누구를 고소할 일이 있다면 법정이 열려 있고 거기 총독들도 있으니 거기서 고소

하면 될 것입니다. 137

39 그 밖에 여러분이 제기하고 싶은 문제가 더 있다면 그것은 정식 집회에서 해결해야 할 것입니다.

40 오늘 일로 인해 우리는 소란죄로 고소당할 위험이 있습니다. 그럴 경우에 우리가 이유 없이 일어난 이 소동에 대해 해명할 길이 없을 것입니다."

41 그는 이렇게 말한 뒤 그 집회를 해산시켰습니다.

20

바울이 에베소를 떠남 소동이 끝나자 바울은 제자들을 불러 격려한 뒤 작별하고 마케도니아 지방으로 떠났습니다. 19:21

2 바울이 그리스에 도착함 그는 그 지방을 두루 다니면서 사람들에게 많은 격려의 말을 해 주었고 마침내 그리스에 도착해

3 그리스에서 드로아로 감 그곳에서 석 달 동안 머물렀습니다. 그는 거기서 배를 타고 시리아로 가려고 했는데 유대 사람들이 그를 해치려는 음모를 꾸미자 마케도니아를 거쳐 시리아로 돌아가기로 결심했습니다.

4 바울과 동행한 사람은 베뢰아 사람 부로의 아들 소바더, 데살로니가 사람 아리스다고와 세군도, 더베 사람 가이오, 디모데, 아시아 사람인 두기고와 드로비모였습니다.

5 이 사람들은 먼저 드로아에 가서 우리를 기다리고 있었습니다. 6~8,13~15절;16:8~11

6 그러나 우리는 무교절 후 빌립보에서 배를 타고 떠나 5일이 지나서야 드로아에서 다

른 일행과 합류하게 됐습니다. 그곳에서 우리는 7일을 지냈습니다. 출 12:14~15

7 유두고가 살아남 안식 후 첫날에 우리는 빵을 떼기 위해 모였습니다. 바울이 사람들에게 말씀을 전했는데 그는 다음 날 떠날 예정이었기 때문에 강론은 한밤중까지 계속됐습니다. 고전 11:23~24;16:2

8 우리가 모여 있는 다락방에는 등불이 많이 켜져 있었습니다. 1:13;9:37,39

9 유두고라는 청년이 창가에 앉아 있다가 바울이 쉬지 않고 이야기하자 바울에게 깊이 잠이 들었습니다. 곯아떨어진 그는 그만 3층에서 떨어지고 말았습니다. 일으켜 보니 그는 이미 죽어 있었습니다. 왕하 1:2

10 바울이 뛰어 내려가 유두고 위에 엎드려 그를 껴안고 말했습니다. "소란 피우지 마시오. 그에게 목숨이 있소." 왕상 17:21

11 그러더니 바울은 다시 위층으로 올라가 빵을 떼어 먹은 후 날이 샐 때까지 오랫동안 강론을 하고서 떠났습니다. 7절

12 사람들은 살아난 청년을 집으로 데려가 많은 위로를 받았습니다.

13 드로아에서 밀레도로 감 우리는 먼저 출발해 배를 타고 앗소로 가서 그곳에서 바울을 태울 예정이었습니다. 그가 거기까지 걸어가기로 했기 때문에 미리 약속해 둔 것입니다.

14 우리는 앗소에서 바울을 만나 그를 태우고 미둘레네로 갔습니다.

15 이 이튿날에는 그곳에서 배를 저어 기오 맞은편에 이르렀고 그다음 날 사모를 지나

왜 데메드리오가 소동을 일으켰나요?

데메드리오는 에베소에서 은을 세공하는 은세공자였어요. 그는 아데미 여신상의 모형을 만드는 일로 직공들에게도 돈을 벌게 해주었어요(행 19:24). 그런데 바울이 에베소에서 복음을 전하면서 "사람이 만든 신은 신이 아니네."(행 19:26)라고 말하자 데메드리오는 자신이 당할 경제적 손해를 염려했어요. 데메드리오는 겉으로 아데미 신전의 명예

가 떨어지고 여신 자체의 신성한 위엄도 떨어진다고 했어요. 하지만 사실은 아테네 외에 여러 곳에서도 숭배를 받던 아데미 신의 모양을 만들어서 돈을 벌던 자신의 사업이 바울의 복음 전도로 손해를 볼까봐 걱정한 거였어요. 그래서 그는 다른 동업자들과 은 세공을 하는 직공들을 자극해서 소동을 일으킨 거랍니다.

아데미

그 이튿날에는 밀레도에 도착했습니다.

16 바울은 아시아 지방에서 지체하지 않으려고 에베소를 지나쳐 가기로 했습니다. 그는 가능하면 오순절에 맞춰 예루살렘에 도착하려고 서둘렀던 것입니다. 21:1;24:11

17 에베소 장로들에 대한 강론 밀레도에서 바울은 에베소로 사람을 보내 교회 장로들을 불러오게 했습니다. 28절;11:30;딤전 4:14

18 장로들이 도착하자 바울이 말했습니다. "내가 아시아 지방에 처음 간 그날부터 내가 여러분과 함께 있는 동안 어떻게 살았는지는 여러분이 잘 알 것입니다. 5절

19 내가 모든 겸손과 눈물로 주를 섬겼고 유대 사람들의 음모로 시련도 많이 당했습니다.

20 여러분도 알다시피 나는 여러분에게 유익한 것이라면 무엇이든 주저하지 않고 전했고 공중 앞에서 또 집집마다 방문하면서 여러분을 가르쳐 왔습니다. 27,31절

21 유대 사람들과 그리스 사람들 모두에게 회개하고 하나님께 돌아와 우리 주 예수를

바울이 "내 책임이 아닙니다."라고 한 이유는?

바울의 이 말은 에스겔 33장 1~6절의 내용을 인용한 것입니다. 하나님은 에스겔에 말씀을 전달하는 임무 맡은 것을 파수꾼에 비유해서 말씀하셨어요.

전쟁 상황에서 파수꾼의 주요 임무는 적들의 움직임을 살피는 것이에요. 파수꾼이 적의 공격을 살피고 같은 편 군사에게 알려 경계하도록 하면 자신의 임무를 잘 수행한 것이지만, 적의 공격을 알고도 같은 편 군사에게 알리지 않으면 파수꾼은 자신의 ալ음을 다하지 않은 것이 되어서 모든 책임을 져야 했어요.

에스겔처럼 바울에게도 중요한 임무가 있었어요. 복음을 전하는 사명이었어요.

바울은 에베소에서 자신이 복음 전하는 사명을 다 했음을 말했어요(행 20:27).

그래서 에베소 사람들에게 "여러분 가운데 누가 멸망에 빠진다 해도 그것은 내 책임이 아닙니다."(행 20:26)라고 한 것입니다.

믿어야 한다고 선포했습니다. 18:5

22 그리고 지금 나는 성령의 강권하심 가운데 예루살렘에 가려고 합니다. 그곳에서 내가 무슨 일을 당할지는 알 수 없습니다.

23 오직 내가 아는 것은 어떤 도시에 가든지 감옥과 고난이 나를 기다리고 있을 것을 성령께서 내게 증언해 주실 뿐입니다.

24 그러나 나는 내가 달려갈 길과 주 예수께서 내게 주신 사명, 곧 하나님의 은혜의 복음을 증언하는 사명을 다 완성하기 위해서라면 내 생명을 조금도 귀한 것으로 여기지 않습니다. 21:13;갈 1:1;딤후 4:7

25 내가 지금까지 여러분 가운데 다니면서 하나님 나라를 전파해 왔으나 이제 여러분이 다시는 나를 보지 못할 거라는 것을 압니다. 28:31;빌 1:25

26 그래서 오늘 내가 여러분에게 분명하게 선언하지만 여러분 가운데 누가 멸망에 빠진다 해도 그것은 내 책임이 아닙니다.

27 나는 하나님의 모든 뜻을 주저함 없이 여러분에게 전파했기 때문입니다. 렘 26:2

28 여러분은 자신과 양 떼를 잘 살피고 조심하십시오. 성령께서 여러분을 감독자로 세우셔서 하나님께서 자기 피로 사신 교회를 돌보게 하셨습니다. 29절;고전 6:20;벧전 2:9

29 내가 떠나고 나면 흉악한 이리 떼 같은 거짓 선생들이 여러분 가운데 들어와 양 떼를 해치려 할 것을 압니다. 골 2:8

30 또한 여러분 가운데서도 사람들이 들고일어나 제자들을 빼내 자기들을 따르게 하려고 진리를 왜곡할 것입니다.

31 그러므로 정신을 똑바로 차려 깨어 있어야 합니다. 내가 3년 내내 여러분 모두에게 밤낮 쉬지 않고 눈물로 훈계한 것을 잊지 마십시오.

32 이제 내가 여러분을 하나님과 그분의 은혜의 말씀에 맡깁니다. 그 말씀이 여러분을 든든하게 세워 거룩하게 함을 입은 모든 사람들 가운데 기업을 받게 하실 것입니다.

33 나는 그 누구의 은이나 금이나 옷을 탐낸 적이 없습니다. 고전 9:12;고후 7:2;11:19

34 여러분도 알다시피 나는 나와 내 일행이 필요한 것을 손수 벌어서 썼습니다.

35 이처럼 내가 모든 일에 모범을 보였으니 여러분도 약한 사람들을 도우며 주는 것이 받는 것보다 복이 있다라고 하신 주 예수의 말씀을 기억해야 합니다." 엡 4:28

36 슬픈 이별 바울은 이 말을 마치고 나서 그들 모두와 함께 무릎을 꿇고 기도했습니다.

37 그러자 그들은 모두 소리 내어 울면서 바울을 껴안고 입을 맞추었습니다. 딤후 1:4

38 다시는 그의 얼굴을 보지 못할 것이라는 말 때문에 그들은 더욱 슬퍼하며 바울을 배 타는 곳까지 전송했습니다. 25절:15:3

21 두로에 있는 제자들을 방문함 우리는 그들과 작별한 뒤 바다로 나가 배를 타고 곧장 고스로 갔습니다. 이튿날 우리는 로도에 이르렀고 그곳에서 또 바다로 갔습니다. 16:10~11

2 우리는 페니키아로 건너가는 배를 만나 타고 가다가

3 키프로스 섬이 보이자 그 섬을 왼쪽에 두고 시리아로 항해해 두로에 배를 댔습니다. 그곳에서 배의 짐을 풀기로 돼 있었기 때문입니다.

4 우리는 두로에서 제자들을 만나 그들과 함께 7일을 지냈습니다. 그들은 성령의 감동으로 바울에게 예루살렘으로 올라가지 말라고 전했습니다. 11절:20:23

5 그러나 날이 다 지나자 우리는 두로를 떠나 항해 길에 올랐습니다. 모든 제자들과 그 아내들과 자녀들이 도시 밖까지 따라 나와 우리를 전송해 주었습니다. 우리는 그곳 바닷가에서 무릎을 꿇고 기도했습니다.

6 서로 작별 인사를 나눈 뒤 우리는 배에 올랐고 그들은 집으로 돌아갔습니다.

7 야고보의 예언 우리는 두로에서부터 여행을 계속하다 돌레마이에 도착해 형제들에게 인사하고 그들과 함께 하루를 지냈습니다.

8 이튿날 그곳을 떠난 우리는 가이사랴에 이르러 일곱 사람 가운데 하나인 전도자 빌립의 집에 머물렀습니다. 엡 4:11;딤후 4:5

9 그에게는 결혼하지 않은 네 명의 딸이 있었는데 그들은 모두 예언하는 사람들이었습니다. 2:17~18;눅 2:36;고전 11:5

10 그곳에서 여러 날을 지내는 가운데 아가보라는 예언자가 유대로부터 내려왔습니다.

11 그는 우리에게 와서 바울의 허리띠를 잡아 자기 손발에 매면서 이렇게 말했습니다. "예루살렘의 유대 사람들이 이 허리띠 주인을 이렇게 동여매어 이방 사람들에게 넘겨줄 것이라고 성령께서 말씀하십니다."

12 우리는 이 말을 듣고 그곳 사람들과 함께 바울에게 예루살렘에 올라가지 말라고 간곡히 권했습니다. 마 16:21~23

13 그러자 바울이 대답했습니다. "왜 여러분은 울면서 내 마음을 아프게 합니까? 나

왜 바울이 예루살렘으로 가는 걸 반대했나?

두로의 제자들이 바울이 예루살렘에 가는 것을 반대한 이유는 바울이 받을 핍박 때문이었어요. 바울이 예루살렘에서 큰 핍박을 받게 될 것이라고 하나님이 여러 사람을 통해 알려 주셨거든요.

먼저 바울이 두로에 1주일 정도 있었을 때, 성령님이 바울의 제자들에게 감동하여 알려 주셨어요. 그래서 제자들은 예루살렘으로 가려는 바울을 말렸어요(행 21:4).

그리고 '아가보'라는 예언자도 바울의 허리띠를 가져다가 자기 손과 발을 잡아매고는 유대 사람들이 이 허리띠의 주인인 바울을 이렇게 묶어서 이방 사람의 손에 넘겨줄 것이라고 예언했어요(행 21:10~11).

이 예언을 들은 의사 누가 역시 바울이 예루살렘에 가는 것을 반대했어요(행 21:12). 그렇지만 바울은 예루살렘에서 받을 핍박을 알고도 자신의 결정을 바꾸지 않았어요. 바울은 하나님이 자신에게 주신 사명을 감당하기 위해 최선을 다했답니다.

는 주 예수의 이름을 위해 예루살렘에서 붙잡힐 것은 물론 죽을 각오도 돼 있습니다."

14 바울이 설득당하지 않자 우리는 "주의 뜻이 이뤄지길 기원합니다" 하고는 더 말하지 않았습니다. 룻 1:8;마 6:10

15 **예루살렘으로 올라감** 이 일 뒤에 우리는 준비해 예루살렘으로 올라갔습니다.

16 가이사랴의 몇몇 제자들이 동행해 우리를 나손의 집으로 데려다 주어 우리는 그 집에 머무르게 됐습니다. 나손은 키프로스 출신으로 일찍부터 제자가 된 사람이었습니다.

17 **일치를 위한 정결 의식** 우리가 예루살렘에 도착하자 형제들이 따뜻하게 맞아 주었습니다.

18 이튿날 바울은 우리와 함께 야고보를 만나러 갔습니다. 모든 장로들도 거기 와 있었습니다. 11:30;12:17

19 바울은 그들에게 문안하고 하나님께서 그의 사역을 통해 이방 사람들 가운데서 행하신 일들을 자세히 보고했습니다.

20 그들은 이 말을 듣고 하나님을 찬양했습니다. 그러고는 바울에게 말했습니다. "형제여, 알다시피 수만 명의 유대 사람들이 믿게 됐는데 그들은 모두 율법 지키는 일에 열심을 가진 사람들입니다.

21 그들은 당신이 이방 사람들 가운데 살고 있는 모든 유대 사람들을 가르쳐 모세를 저버리고 자녀들에게 할례하거나 유대 관습대로 살지 말라고 하는 줄 아는데

22 그러니 어떻게 하는 게 좋겠습니까? 당신이 왔다는 소문을 분명 듣게 될 테니

23 우리가 일러 주는 대로 하십시오. 우리 가운데 서원한 사람이 네 명 있습니다. 18:18

24 이 사람들을 데려와 그 정결 의식에 당신도 함께 참여하고 그들이 머리 깎는 비용을 대십시오. 그러면 당신에 대한 그런 소문이 사실이 아니며 당신 자신도 율법에 순종하며 살고 있음을 모든 사람이 알

25 이방의 신자들에 대해서는 우리가 이미 그들에게 우상에게 바쳐진 음식과 피와 목매어 죽인 짐승의 고기와 음행을 피하면 된다고 우리가 결정한 것을 편지로 써 보냈습니다."

26 이튿날 바울은 그 사람들을 데리고 가서 그들과 함께 자기 몸을 정결하게 한 후 성전에 올라가 정결 의식이 끝나는 날짜와 각 사람이 예물 바치는 날짜를 신고했습니다.

27 바울을 성전에서 끌어낸 7일 동안의 정결 기간이 거의 끝나갈 무렵 아시아 지방에서 온 몇몇 유대 사람들이 성전에서 바울을 보고 모든 사람을 선동해 그를 붙잡고

28 소리 질렀습니다. "이스라엘 동포 여러분, 우리를 도와주시오. 이 사람은 가는 곳마다 모든 사람에게 우리 민족과 율법과 이곳 성전을 반대하며 가르칩니다. 게다가 성전에 그리스 사람들을 데려와 이 거룩한 곳을 더럽히고 있습니다."

29 그들은 전에 에베소 사람 드로비모가 바울과 함께 예루살렘에 있었던 것을 보고 바울이 그를 성전 안으로 데려갔을 것이라고 짐작했습니다. 20:4

30 그러자 온 도시가 소란해지더니 사람들이 몰려와 바울을 붙잡아 성전에서 끌어내었고 성전 문은 곧 닫혔습니다. 왕하 11:15

31 바울이 체포됨 그들이 바울을 죽이려고 하자 예루살렘 도시 전체에 난동이 일어났다는 소식이 로마 군대의 천부장에게 알려졌습니다. 10:1

32 그는 즉시 몇몇 백부장들과 군인들을 데리고 군중에게로 달려 내려갔습니다. 난동을 일으킨 사람들이 천부장과 군인들을 보자 바울 때리던 것을 멈췄습니다. 23:27

33 천부장이 다가가 바울을 체포하고 두 개의 쇠사슬로 묶으라고 명령했습니다. 그러고 나서 그가 누구며 또 무슨 일을 했는지 물었습니다. 11장;12:6;20:23

34 군중이 제각각 다른 소리를 질렀습니다. 그래서 천부장은 소란만 일 뿐 진상을 알 수 없는 까닭에 바울을 병영 안으로 끌고

오른쪽 상단: 26절;24:18;요 11:55

가라고 명령했습니다. 19:32,22:24,23:10

35 바울이 층계에 이르자 군중이 더욱 난폭하게 굴어 군인들이 그를 둘러메고 가야 했습니다.

36 따라가는 군중은 계속 "그를 없애 버려라!" 하고 소리쳤습니다. 22:22늑 23:18,요 19:5

37 **바울의 부탁** 군인들이 바울을 병영 안으로 데리고 가려는데 바울이 천부장에게 "제가 한 말씀 드려도 되겠습니까?" 하고 물었습니다. "그리스 말을 할 줄 아시오?

38 그렇다면 당신은 얼마 전에 폭동을 일으켜 4,000명의 자객을 이끌고 광야로 나간 이집트 사람이 아니오?" 5:36,마 24:26

39 바울이 대답했습니다. "나는 길리기아 지방의 다소에서 태어난 유대 사람으로, 그 유명한 도시의 시민입니다. 제가 저들에게 한마디 전할 수 있도록 허락해 주십시오."

40 천부장의 허락을 받고 바울은 층계 위에서 군중들에게 손을 흔들어 조용하게 했습니다. 잠잠해지자 바울이 *히브리 말로 연설을 했습니다. 12:17,22:2,26:14

22 무리들 앞에서 해명함 "형제들과 어르신 되시는 동포 여러분, 이제 내가 해명하는 것을 잘 들어 주시기 바랍니다." 7:2

2 그들은 바울이 *히브리 언어로 말하는 것을 듣고는 이내 조용해졌습니다. 그러자 바울이 계속 말했습니다. 21:40

3 "나는 길리기아 지방의 다소에서 태어난 유대 사람이지만 이 도시에서 자랐습니

다. 나는 가말리엘의 지도 가운데 우리 조상들의 율법으로 엄격한 훈련을 받았고 오늘 여기 모인 여러분 못지않게 하나님께 대한 열심이 있었습니다. 롬 10:2,11:1

4 그래서 나는 이 도를 따르는 사람들을 죽이기까지 핍박하며 남녀를 가리지 않고 모두 잡아다가 감옥에 집어넣었습니다.

5 그것은 대제사장과 모든 공회원들이 증언할 수 있을 것입니다. 나는 심지어 그들로부터 다메섹에 있는 형제들에게 보낼 공문을 얻어 냈고 그곳에 있는 신자들을 붙잡아 예루살렘으로 데려와 처벌받게 하려고 다메섹으로 떠났습니다. 9:1

6 내가 다메섹에 가까이 다다르자 정오쯤 됐는데 갑자기 하늘에서 밝은 빛이 내 주위를 둘러 비추었습니다. 9:3~8,26:12~18

7 내가 땅에 풀썩 쓰러졌는데 한 음성이 내게 말씀하시는 것이 들렸습니다. '사울아! 사울아! 네가 왜 나를 핍박하느냐?'

8 내가 물었습니다. '주여, 당신은 누구십니까?' 그분이 내게 대답하셨습니다. '나는 네가 핍박하는 나사렛 예수다.' 26:9

9 나와 함께 있는 사람들은 빛은 보았지만 내게 말씀하시는 분의 음성은 알아듣지 못했습니다. 9:7,단 10:7

10 내가 물었습니다. '주여, 제가 어떻게 해야 합니까?' 주께서 말씀하셨습니다. '일어나 다메섹으로 들어가라. 거기서 네가 할 일을 모두 일러 줄 것이다.' 16:30

11 그 빛의 광채로 인해 내 눈이 멀게 돼 함께

바울이 살던 당시에 로마의 시민권을 가진 사람은 로마법에 의해 특별한 보호를 받았어요. 로마 시민법에 따르면 로마 시민은 품격을 떨어뜨리는 형벌인 매질과 채찍질 그리고 십자가형에서 면제되었어요.
바울로 인해 예루살렘에서 큰 소동이 나자 천부장은 바울을 로마 군영으로 데리고 가 "채찍질하고 신문하라."(행 22:24)고 지시했어요.

로마 사람을 때리면 안 되었나요?

로마 만민법에 따르면 외국인에게 자백을 받기 위해 채찍질하는 것은 합법적이기 때문이었어요. 이에 로마 시민권을 가진 바울은 천부장에게 자신이 로마 시민임을 밝혔어요. 그러자 천부장은 로마 시민인 바울을 채찍질하려고 결박한 일 때문에 두려워했어요. 로마 시민을 채찍질하면 도리어 큰 처벌을 받을 수 있기 때문이었어요.

있던 사람들이 내 손을 잡고 다메섹으로 데려다 주었습니다.

12 그곳에 아나니아라는 사람이 살고 있었습니다. 그는 율법을 잘 지키는 경건한 사람으로 다메섹에 사는 모든 유대 사람들에게 깊은 존경을 받고 있었습니다. 9:10

13 그가 나를 찾아와 내 곁에 서서 말했습니다. '사울 형제, 다시 눈을 뜨시오!' 바로 그 순간 나는 눈을 떠 그를 볼 수 있게 됐습니다. 9:17-18

14 그러자 아나니아가 말했습니다. '우리 조상들의 하나님께서 당신을 선택해 그분의 뜻을 알게 하시고 의로우신 그분을 보게 하시고 그분의 입에서 나오는 음성을 듣게 하셨습니다. 9:15;26:16;갈 1:12

15 당신은 보고 들은 것을 모든 사람에게 전하는 그분의 증인이 될 것입니다. 4:20

16 그러니 이제 당신이 망설일 이유가 무엇입니까? 일어나서 세례를 받고 주의 이름을 불러 죄 씻음을 받으시오.' 고전 6:11

17 그 후 내가 예루살렘으로 돌아와 성전에서 기도하고 있을 때였습니다. 나는 환상에 빠져 3:1;9:26;고후 12:1-4

18 주께서 말씀하시는 것을 보았습니다. '서둘러 즉시 예루살렘을 떠나거라. 이곳 사람들은 네가 나에 대해 증언해도 받아들이지 않을 것이다.' 9:29

19 내가 대답했습니다. '주여, 이 사람들은 내가 여러 회당들을 돌아다니며 주를 믿는 사람들을 감옥에 가두고 때렸다는 것을 압니다. 8:3;26:11;마 10:17

20 그리고 주의 증인 스데반이 피 흘릴 때 나도 그곳에 서서 그 일에 찬성하고 그를 죽이던 사람들의 옷을 지켜 주었습니다.'

21 그러자 주께서 내게 '가거라. 내가 너를 저 멀리 이방 사람들에게 보낼 것이다'라고 말씀하셨습니다." 2:39;9:15

22 바울의 로마 시민권 사람들은 바울의 말을 이 대목까지 듣고 있다가 소리 높여 외쳤습니다. "저 사람을 세상에서 없애 버리자! 저런 놈은 그냥 살려 둘 수 없다!"

23 그들이 소리를 지르고 자기 옷을 벗어 던지며 공중에 흙을 뿌리자

24 천부장이 바울을 병영 안으로 들이라고 명령했습니다. 그는 사람들이 왜 이처럼 바울에게 소리를 지르는지 알아내려고 그를 채찍질하고 신문하라고 지시했습니다.

25 바울은 군인들이 자기를 채찍질하려고 묶자 거기 서 있던 백부장에게 말했습니다. "아직 판결을 받지 않은 로마 시민을 채찍질하는 것이 합법한 것입니까?" 16:37

26 백부장은 이 말을 듣고 천부장에게 가서 그대로 보고하며 물었습니다. "어떻게 하시렵니까? 이 사람은 로마 시민이랍니다."

27 천부장이 바울에게 와서 물었습니다. "말해 보시오. 당신이 정말 로마 시민이오?" 바울이 대답했습니다. "그렇소."

28 그러자 천부장이 말했습니다. "나는 많은 돈을 들여 로마 시민권을 얻었소." 그러자 바울이 대답했습니다. "나는 태어나면서부터 로마 시민이었소."

29 바울을 신문하려던 사람들이 이 말을 듣고 곧 물러갔습니다. 천부장도 바울이 로

바리새파 & 사두개파

바리새파는 에세네파, 사두개파와 함께 유대의 3대 분파 중의 하나로 신약 시대에 가장 큰 세력이었다. '바리새'란 '분리된 자'라는 의미로, 율법에서 깨끗하지 않다고 하는 것들로부터 분리하려는 태도에서 유래되었다.

이들은 율법을 가장 엄격하게 지켰고 부활과 천사의 존재를 믿었다. 반면, 사두개파는 부유한 귀족 지배 계층으로 제사장과 예루살렘의 권력기구들로 이루어진 집단이었다.

모세 오경만을 인정했고 내세와 부활, 영적 세계, 천사의 존재를 믿지 않는 지극히 현실적인 집단이었다(막 12:18; 눅 20:27; 행 23:8).

바울은 공회 앞에서 자신을 변호할 때(행 22:30) 자신이 바리새파이며 '부활' 때문에 이렇게 심문을 받는다고 말하여(행 23:6), 바리새파와 사두개파 간의 분쟁을 일으켜 위기를 피할 수 있었다(행 23:9-10).

마 시민이라는 사실을 알고 그를 결박한 일로 두려워했습니다.

24:21;33;23:27

30 공회 앞에 선 바울 이튿날 천부장은 바울이 왜 유대 사람들에게 고소를 당했는지 정확히 알아보려고 대제사장들과 온 공회를 소집하고 바울을 풀어서 그들 앞에 데려오게 했습니다.

24:28;23:28

23 바울은 공회를 똑바로 쳐다보며 말했습니다. "내 형제들이여, 나는 오늘까지 모든 선한 양심으로 하나님 앞에서 살아왔습니다.

딤후 1:3

2 이 말에 대제사장 아나니아는 바울 곁에 서 있던 사람들에게 그 입을 치라고 명령했습니다.

왕상 22:24;미 5:1;고후 11:20

3 그러자 바울이 그에게 말했습니다. "하나님께서 당신을 치실 것이오. 당신은 회칠한 무덤과 같소! 당신은 거기 앉아 율법에 따라 나를 심판하면서 도리어 당신 자신은 율법을 어기고 나를 치라고 명령하고 있지 않소!"

사 30:13;마 23:27

4 바울 곁에 서 있던 사람들이 말했습니다. "어디 감히 하나님의 대제사장을 모욕하느냐?"

삼상 2:28;시 106:16

5 바울이 대답했습니다. "형제들이여, 나는 그가 대제사장인 줄 몰랐습니다. 기록되기를 '네 백성의 지도자를 모욕하지 말라'고 했으니 말입니다."

24:17;출 22:28

6 논쟁이 일어남 그때 바울은 모인 사람들 가운데 일부가 사두개파이고 다른 일부는 바리새파임을 알고 공회에서 크게 외쳤습니다. "내 형제들이여, 나는 바리새파 사람이며 바리새파 사람의 아들입니다. 나는 지금 죽은 사람들이 부활할 것이라는 소망 때문에 재판을 받고 있습니다."

7 그가 이렇게 말하자 바리새파 사람들과 사두개파 사람들 사이에서 논쟁이 일어나 회중은 반으로 나뉘었습니다.

8 사두개파 사람들은 부활이 없으며 천사나 영도 없다고 주장하는 반면 바리새파 사람들은 그 모든 것을 인정했기 때문입니다.

9 그래서 큰 소동이 일어났습니다. 바리새파

율법학자 몇몇이 일어나 격렬하게 논쟁하며 말했습니다. "우리가 보니 이 사람은 잘못이 없소. 혹시 영이나 천사가 그에게 말한 것이라면 어쩌겠소?"

22:7

10 논쟁이 점점 커지자 천부장은 바울이 그들에게 찢겨 죽지 않을까 염려해 군인더러 내려가 바울을 그들 가운데서 빼내 병영 안으로 데려가라고 명령했습니다.

11 그날 밤 주께서 바울 곁에 서서 말씀하셨습니다. "담대하여라! 네가 예루살렘에서 나에 대해 증언한 것같이 로마에서도 나에 대해 증언해야 할 것이다."

삼상 3:10;딤후 4:17

12 바울을 죽이려는 음모 이튿날 아침 유대 사람들이 음모를 꾸미고 바울을 죽일 때까지는 먹지도 마시지도 않겠다고 맹세했습니다.

13 이러한 음모에 40명이 넘는 남자들이 가담했습니다.

14 그들은 대제사장들과 장로들에게 가서 말했습니다. "우리가 바울을 죽이기 전에는 아무것도 먹지 않겠다고 굳게 맹세했습니다.

15 그러니 여러분과 공회는 그 사건에 대해 우리가 더 정확히 알아보고 싶다는 핑계를 대고 그 사람을 여러분 앞에 데려올 수 있도록 천부장께 탄원해 주십시오. 그가 이곳에 도착하기 전에 죽일 수 있도록 준비해 두었습니다."

16 바울의 조카가 살해 음모를 전함 그런데 바울의 조카가 이 음모에 대해 듣고 병영으로 들어가서 바울에게 말해 주었습니다.

17 그러자 바울은 백부장 한 사람을 불러 말했습니다. "이 청년을 천부장께 데려다 주시오. 천부장께 전할 말이 있습니다."

18 그래서 그는 청년을 천부장께 데려다 주었습니다. 백부장이 말했습니다. "죄수 바울이 저를 불러 이 청년을 천부장님께 데려다 주라고 부탁했습니다. 이 사람이 천부장님께 전할 말이 있답니다."

엡 3:1

19 천부장은 청년의 손을 잡고 한쪽으로 데려가서 물었습니다. "네가 전하려는 말이 무엇이냐?"

20 그 청년이 말했습니다. "유대 사람들이 바울에 대해 더 정확하게 알아보고 싶다는 핑계로 내일 공회에 그를 데리고 나오도록 천부장님께 부탁하려고 합의했습니다.

21 그들의 말을 들어주시면 안 됩니다. 40명이 넘는 사람들이 숨어서 바울을 기다리고 있습니다. 그들은 바울을 죽이기 전까지는 먹지도 마시지도 않겠다고 맹세한 사람들입니다."

12,14절

22 천부장은 청년을 보내면서 "내게 이렇게 보고하였다고 아무에게도 말하지 마라" 하고 당부했습니다.

23 **호송을 위한 준비** 그리고 나서 천부장은 백부장 두 명을 불러 명령했습니다. "보병 200명, 마병 70명, 창을 쓰는 병사 200명을 파견대로 무장시켜 오늘 밤 9시에 가이사라로 떠날 준비를 하라.

24 또 바울을 벨릭스 총독에게 안전하게 호송할 수 있도록 그를 태울 짐승도 마련하라."

25 그리고 나서 천부장은 이렇게 편지를 썼습니다.

26 "글라우디오 루시아가 벨릭스 총독 각하께 문안드립니다.

15:23;24:3

27 이 사람은 유대 사람들에게 붙잡혀 거의 죽을 뻔했습니다. 그러나 그가 로마 시민임을 알고 제가 군대를 동원해 그를 구해 냈습니다.

21:27,32~33;22:25~29

28 그들이 왜 이 사람을 고소하는지 알고 싶어서 유대 사람의 공회에 데려가 보았습니다.

29 그런데 알고 보니 그 고소는 그들의 율법에 관한 문제였지 사형이나 징역에 해당되는 죄목은 없었습니다.

9절;18:15;25:19,25

30 이 사람을 반대하는 음모가 진행되고 있다는 보고를 듣고 바로 각하께 이 사람을 보냈습니다. 고소인들에게는 그에 대한 사건을 각하께 상정하라고 명령해 두었습니다."

31 **가이사라로 호송된 바울** 그리하여 군인들은 그 명령을 수행해 밤중에 바울을 데리고 안디바드리까지 갔습니다.

32 이튿날 그들은 마병에게 바울을 호송하게 하고 자기들은 병영으로 돌아갔습니다.

33 마병들은 가이사라에 도착하자 총독에게 편지를 전하고 바울을 넘겨주었습니다.

34 총독은 편지를 읽어 본 뒤 그에게 어느 지방 출신이냐고 물었습니다. 길리기아 출신임을 알게 된 총독은

21:39

35 바울에게 말했습니다. "너를 고소하는 사람들이 이곳에 도착하는 대로 네 변명을 듣도록 하겠다." 그리고 나서 그는 바울을 헤롯의 관저에 가둬 지키라고 명령했습니다.

11절;23:24

24

바울에 대한 고소 5일이 지나자 대제사장 아나니아가 몇몇 장로들과 더둘로라는 변호사를 데리고 가이사라에 내려왔습니다. 그들은 총독 앞에서 바울을 고소했습니다.

벨릭스

이름의 뜻은 '행복한'이다. AD 52~60년경에 유대를 다스린 11대 총독으로 안토니우스 벨릭스라 불렸다. 노예 출신이었지만 글라우디우스 황제의 어머니인 안토니아가 자유인이 되게 해주었다. 총독으로 지내는 동안 대제사장 아나니아와 더둘로의 고소로 잡혀 온 바울을 심문했다. 바울을 심문하여 죄가 없는 것을 알았지만, 바울에 대한 판결을 미루고 백부장의 감시 아래 지내게 했다. 바울에게 돈을 받을 목적과 유대 사람들에게 잘 보이려고 재판을 2년이나 끌며 바울을 옥에 가두어 두었다. 욕심이 많고 나쁜 일을 많이 한 총독이었다. 결국 가이사랴 시민들이 로마 정부에 고소하여 총독에서 해임되고, 베스도가 유대 총독이 되었다.

벨릭스가 나오는 말씀
≫ 행 24:1~27

파견대 (23:23, 派遣隊, detachment) 일정한 임무를 띠고 소속된 부대에서 갈라져 나가 다른 곳에서 얼마간 근무하는 부대. 상정 (23:30, 上程, present) 토의할 안건을 회의 석상에 내놓음.

2 바울이 불려 나오자 더둘로가 그 사건을 벨릭스 앞에 고소해 말했습니다. "우리는 각하의 다스림 아래에 오랫동안 태평성대를 누리고 있습니다. 각하의 선견지명은 이 나라에 개혁을 가져다주었습니다.

3 벨릭스 각하, 저희는 언제 어디서나 이것에 대해 깊은 감사를 드리고 있습니다.

4 이제 더 이상 각하께 폐가 되지 않도록 간단히 말씀드리겠으니 각하께서는 관용을 베푸셔서 저희 말을 들어 주시기 바랍니다.

5 저희가 알아보니 이 사람은 전염병 같은 사람으로 온 세상에 퍼져 있는 유대 사람들 가운데 폭동을 일으키는 사람입니다. 그는 나사렛 이단의 우두머리이며 눅23:2

6 심지어 성전까지 더럽히려고 했습니다. 그래서 저희가 붙잡은 것입니다. 21:27-29

7 각하께서 직접 조사해 보시면

8 저희가 고소하는 이 모든 내용이 사실임을 아시게 될 것입니다."

9 다른 유대 사람들도 이것이 사실임을 주장하며 이 고소를 지지했습니다.

10 바울의 변호 총독이 바울에게 말하라고 손짓하자 바울이 대답했습니다. "저는 각하께서 몇 년 동안 이 나라의 재판관이셨던 것을 알고 이제 기쁜 마음으로 제 자신을 변호하고자 합니다.

11 제가 예배를 드리러 예루살렘에 올라간 지 12일밖에 되지 않은 것을 각하께서 조사해 보시면 쉽게 아실 수 있습니다.

12 저를 고소한 사람들은 제가 성전에서 누구와 언쟁을 한다거나 회당이든 그 밖의 도시 안 어떤 곳에서도 군중을 선동하는 것을 본 일이 없습니다. 25:8

13 그러나 그들은 자기들이 지금 고소한 내용을 각하께 충분히 증명할 수 없는 것입니다.

14 그러나 제가 각하께 이것은 시인합니다. 저는 이 사람들이 이단이라고 말하는 그 도를 따라 우리 조상의 하나님을 섬기며 율법과 예언서에 기록된 모든 것을 믿습니다.

15 또 이 사람들과 마찬가지로 하나님께 같은 소망을 두고 있으니 그것은 의인과 악인의 부활이 있으리라는 것입니다.

16 그렇기 때문에 저는 하나님과 사람 앞에서 항상 거리낄 것 없는 양심을 지니려고 애쓰고 있습니다. 눅18:2;고전10:32;딤1:10

17 저는 제 민족에게 구제금을 전달하고 예물도 드리려 여러 해 만에 예루살렘에 왔습니다. 20:31;롬15:25-28,31

18 이들은 제가 성전에서 정결 의식을 행하고 예물 드리는 것을 보았습니다. 그때 제 주위에는 군중도 없었고 저는 어떤 소란에도 개입되지 않았습니다. 21:26-27

19 그 자리에는 다만 아시아 지방에서 온 몇몇 유대 사람들이 있었는데 만약 저를 고소할 일이 있었다면 그들이 직접 고소 내용을 들고 여기 각하 앞에 와 있어야 할 것입니다. 23:30

20 그렇지 않다면 여기 있는 이 사람들이라

더둘로가 고소한 바울의 죄목은?

더둘로는 바울을 고소하기 위해서 유대 사람들이 고용했던 변호사였어요(행 24:1). 더둘로는 바울을 '전염병 같은 사람', '나사렛 이단의 우두머리', '성전을 더럽히려는 사람'으로 고소했는데, 이것은 그 죄가 밝혀지면 로마의 법으로도 처벌받아야 할 큰 죄들이었어요(행24:5-6). '전염병 같은 사람'은 바울이 정치적으로 로마 제국에 대항하도록 사람들을 부추기려 한다는 뜻이에요. 더둘로는 총독 벨릭스가 소동을 일으키는 주동자들을 처형하는 사실을 고소로 이 죄목을 가장 먼저 말한 것이었어요. 또 바울을 '나사렛 이단의 우두머리'라고 하여, 당시 메시아로 자칭하면서 사람들을 혼란스럽게 하던 이단들 중 하나로 몰았어요. 끝으로 성전을 더럽히려고 시도한 죄, 즉 성전을 모독하는 죄를 들어 고소한 것이었어요.

▲ 가이사랴(Caesarea)

헤롯에 의해 건설된 지중해 연안의 항구 도시로 '가이사의 성'이라는 뜻이다. 바울은 이곳에서 1년 동안 옥에 갇혀 있으면서 벨릭스, 베스도, 헤롯 아그립바 2세 앞에서 복음을 변증하다가(행 24-26장) 가이사에게 상소하여(행 25:10-12) 로마로 보내졌다. 사진은 가이사랴에 있는 로마 시대 원형극장의 모습이다.

도 제가 유대 공회 앞에 섰을 때 무슨 죄목을 발견했는지 말해야 할 것입니다.

21 저는 다만 이 사람들 앞에 서서 '내가 오늘 여러분 앞에 재판을 받는 것은 죽은 사람의 부활에 대한 문제 때문이다'라고 한마디 외쳤을 뿐입니다." 23:6

22 재판을 연기함 그러자 그 도에 대해 익히 잘 알고 있었던 벨릭스는 "루시아 천부장이 오면 그때 판결하겠다"라고 말한 뒤 재판을 연기했습니다. 14장9:2

23 벨릭스는 백부장에게 명령해 바울을 지키되 그에게 어느 정도 자유를 주고 필요한 것을 그의 친구들이 가져다주는 것도 허락하라고 했습니다. 27:3;28:16

24 감옥에서 2년을 보냄 며칠 뒤 벨릭스는 유대 사람인 아내 드루실라와 함께 나타났습니다. 그는 바울을 불러들여 그리스도 예수를 믿는 믿음에 관해 바울이 설명하는 것을 들었습니다. 20:21;갈 2:16;롬 3:24

25 바울이 정의와 자기 절제와 다가올 심판에 대해 설명하자 벨릭스는 두려워하며 말했습니다. "이제 됐네! 가도 좋다. 내가 편한 시간에 다시 부르겠다." 딤 2:12

26 동시에 그는 혹시 바울이 자기에게 뇌물을 바치지 않을까 하는 바람에서 바울을 수시로 불러들여 함께 이야기를 나누었습니다.

27 2년이 지난 후 벨릭스의 뒤를 이어 보르기오 베스도가 총독이 됐습니다. 그러나 벨릭스는 유대 사람들에게 환심을 사려고 바울을 그대로 감옥에 내버려 두었습니다.

25 유대 지도자들이 바울을 요구함 베스도가 부임한 지 3일 뒤에 가이사랴에서 예루살렘으로 올라가자

2 대제사장들과 유대 지도자들이 그 앞에 나와 바울에 대해 고소했습니다. 15절

3 그들은 자기들에게 호의를 베푸는 셈치고 바울을 예루살렘으로 이송해 달라고 베스도에게 강력하게 요청했습니다. 이송 도중 매복하고 있다가 그를 죽이려고 준비하고 있었던 것입니다. 9:24

4 베스도가 대답했습니다. "바울이 가이사랴에 묶여 있고 나도 이제 곧 그곳으로 갈 것이니

5 그에게 무슨 잘못이 있다면 너희 지도자들 몇몇이 나와 함께 가서 그곳에서 고소하도록 하라."

6 베스도가 바울의 사건을 들음 8일에서 10일 정도 그들과 함께 지내고 난 베스도는 가이사랴로 내려갔고 이튿날 재판을 소집해 바울을 자기 앞에 데려오라고 명령했습니다.

7 바울이 나타나자 예루살렘에서 내려온 유대 사람들이 그 곁에 둘러서서 여러 가지 중한 죄목으로 그를 고소했습니다. 그러나 죄를 입증할 만한 증거는 대지 못했습니다.

8 그러자 바울이 자신을 변론했습니다. "나는 유대 사람의 율법이나 성전이나 가이사에게 죄지은 것이 전혀 없습니다."

9 바울이 호소함 베스도는 유대 사람들의 환심을 사고자 바울에게 "네가 예루살렘으로 올라가 이 고소들에 대해 내 앞에서 재판을 받겠느냐?" 24:27

10 바울이 대답했습니다. "내가 지금 가이사의 법정에 섰으니 당연히 여기서 재판을 받아야 할 것입니다. 총독께서도 잘 아시다시피 나는 유대 사람들에게 잘못한 일이 없습니다. 6,17절

11 그러나 만약 내가 사형받을 만한 죄를 지었다면 죽음을 달게 받겠습니다. 그러나 이 유대 사람들이 나를 고소한 내용이 사실이 아니라면 어느 누구도 나를 그들에게 넘겨줄 권리가 없습니다. 나는 가이사에게 상소합니다." 26:32;28:19

12 베스도는 배심원들과 상의하고 난 뒤 말했습니다. "네가 가이사에게 상소했으니 가이사에게로 가야 할 것이다."

13 베스도가 아그립바의 조언을 받은 며칠 뒤 아그립바 왕과 버니게가 베스도에게 문안하러 가이사랴에 도착했습니다.

14 그들이 그곳에서 여러 날을 지내고 있었기 때문에 베스도는 바울의 사건에 대해 왕과 논의하게 됐습니다. 베스도가 말했습니다. "이곳에 벨릭스가 죄수로 가둬 놓은 사람이 있는데 24:27

15 내가 예루살렘에 갔을 때 대제사장들과 유대 장로들이 그를 고소하고 유죄 판결을 내려 달라고 청원했습니다. 2~3절

16 고소인들과 맞닥뜨려 그 고소한 내용에 대해 스스로 변호할 기회를 갖기 전까지는 어느 누구든 넘겨주는 것이 로마 관례가 아니라고 설명해 주었습니다. 요 7:51

17 그래서 그들이 나와 함께 여기 오게 됐고 나는 그 사건을 연기하지 않고 바로 그다음 날 법정을 열어 그 사람을 데려오게 했습니다. 6~7,10,24절

18 그러자 고소인들이 일어나서 말했는데 그들이 고소한 것은 내가 짐작했던 죄가 아니었습니다.

19 그들의 논쟁거리는 그저 그들의 종교와 예수라고 하는 죽은 사람에 대한 것이었습니다. 바울은 예수가 다시 살았다고 주장하고 있었습니다. 17:18;22:18;15;23:29

20 나는 이 사건을 어떻게 해결할까 망설이다가 그에게 예루살렘으로 가서 이 고소에 대해 재판받을 마음이 있냐고 물어 보았습니다. 9절

21 그랬더니 바울은 로마 황제의 판결을 받겠다고 상소해서 내가 그를 황제께 보낼 때까지 붙들어 두라고 명령했습니다."

22 그러자 아그립바가 베스도에게 말했습니다. "내가 직접 그 사람의 말을 들어 보고 싶습니다." 그러자 베스도는 "내일 한번 들어 보십시오"라고 대답했습니다. 9:15

23 바울이 무리 앞에 섬 이튿날 아그립바와 버니게가 위엄 있게 차려입고 와서 높은 관료들과 그 도시의 지도자들과 함께 재판정으로 들어갔습니다. 베스도의 명령에 바울이 들어왔습니다. 13절;26:30

24 베스도가 말했습니다. "아그립바 왕이여, 그리고 우리와 함께 여기 참석하신 모든 분들이여, 이 사람을 보십시오. 예루살렘에서 또 여기 가이사랴에서 모든 유대 사람들이 그를 살려 둬서는 안 된다고 외치며 내게 탄원했습니다. 2,7절;22:22

25 내가 살펴보니 그가 사형받을 만한 일을 한 적이 없습니다. 그런데 그가 로마 황제께 상소했다고 해서 내가 그를 로마에 보내기로 결정했습니다. 11~12,21절;23:29

26 그러나 그에 대해 황제께 확실하게 써 보

바울은 왜 가이사에게 상소했나?

바울은 로마 시민권을 가진 로마 사람으로 로마 황제 가이사에게 직접 재판을 받을 권리가 있었어요. 바울이 이 권리를 사용한 이유는 여러 가지가 있어요. 첫째, 벨릭스에 이어 새로 총독이 된 베스도는 유대인들에게 잘 보이려고(행 25:9) 바울에게 불리한 재판을 할 가능성이 많았어요. 둘째, 바울이 재판을 받으러 예루살렘으로 올라가는 도중에 살해될 가능성(행 25:3)이 있었기 때문이에요. 무엇보다 바울이 가이사에게 상소한 가장 큰 이유는 당시 세계의 중심 도시였던 로마로 가기 위함이었어요.

바울에겐 로마에서도 복음을 전파하기 바라는 예수님의 명령(행 23:11)과 복음 전파에 대한 간절한 소망(롬 1:15)이 있었답니다.

낼 말이 없기 때문에 여러분 모두 앞에, 특별히 아그립바 왕 앞에 이 사람을 데려온 것이니 이번 조사의 결과로 뭔가 상소할 것이 생기지 않을까 합니다.

27 고소 내용도 구체적으로 명기하지 않고 죄수를 보내는 것은 상식 밖의 일이기 때문입니다."

26 자신의 소명을 말할 그때 아그립바가 바울에게 말했습니다. "네 자신을 위해 변호할 것을 허락하노라." 그러자 바울은 손을 들어 변호를 시작했습니다.

2 "아그립바 왕이여, 제가 오늘 당신 앞에서 유대 사람들의 모든 모함에 대해 저 자신을 변호하게 된 것을 다행으로 여깁니다.

3 특히 왕께서는 모든 유대 관습과 문제에 대해 잘 알고 계시니 더욱 그렇습니다. 그러니 제 말을 끝까지 들어 주시기를 간절히 바랍니다. 6:14;18:15

4 유대 사람들은 제가 어릴 적부터 제 고향과 예루살렘에서 어떻게 살아왔는지 다 알고 있습니다. 24:17;28:19;갈1:13

5 그들은 오랫동안 저를 알았고 제가 우리 종교의 가장 엄격한 종파를 좇아 바리새파 사람으로서 어떻게 살았는지 증명할 수도 있을 것입니다. 22:3;23:6;빌1:26-27

6 그런데 제가 오늘 재판을 받는 것은 하나님께서 우리 조상들에게 약속하신 것에 소망을 두고 있기 때문입니다. 13:32

7 이것은 우리 열두 지파가 밤낮으로 하나님을 열심히 섬기면서 이뤄지기를 바라던 바로 그 약속입니다. 왕이여, 바로 이 소망 때문에 유대 사람들이 저를 고소하고 있는 것입니다. 2절;2:33;빌3:11

8 여러분은 왜 하나님께서 죽은 사람을 다시 살리신다는 것을 믿지 못할 일로 생각합니까? 17:34;고전15:12

9 저도 한때는 나사렛 예수의 이름을 반대하기 위해서라면 무엇이든 다해야 한다고 확신했던 사람입니다. 딤전1:13

10 제가 예루살렘에서 했던 일이 바로 그런 일입니다. 대제사장들의 권한을 받아 많은 성도들을 감옥에 가두었고 그들이 죽임을 당할 때 찬성했습니다. 8:3;9:1-2

11 여러 회당들을 다니며 그들을 여러 번 처벌했으며 강제로 그들에게 모독하는 말을 하도록 했습니다. 그들에게 격분한 나머지 다른 나라 도시까지도 찾아가 핍박했습니다. 9:1;13:45;22:5,19

12 그런 일로 다니던 가운데 나는 대제사장들의 권한을 위임받아 다메섹으로 가고 있었습니다. 12-18절;9:3-8;22:6-11

13 정오쯤에, 오 왕이여, 길을 가고 있는데 하늘로부터 해보다 더 밝은 빛이 저와 제 일행을 둘러싸며 비추었습니다.

14 우리는 모두 땅에 엎드러졌습니다. 그때 제게 *히브리 말로 말씀하시는 음성이 들

QT 큐티
기회

위기는 '위험' + '기회'라는 뜻

은잔이는 우리나라가 겪고 있는 경제위기에 대한 뉴스를 보면서 슬퍼 아빠 회사를 걱정합니다. 그러나 아빠는 "괜찮아, 곧 기회가 올 거야."라고 말씀하십니다.

사람은 살면서 수많은 위기를 경험하게 돼요. 사람들은 위기에 처하게 되면 순간적으로 당황하여 낙심하게 돼요. 엄청나게 큰 어려움에 가려져서 기회의 순간이 함께 왔다는 것을 잘 모르기 때문이에요. 절망가 있는 위기는 없어요. 희망이 있는 기회가 함께 있지요.

바울의 경우도 그랬어요. 바울은 고소를 당해 재판을 받아야 하는 위험한 순간을 복음을 전하는 기회의 순간으로 만들었어요. 아그립바 왕과 여러 사람 앞에서 자기 스스로를 변호해야 하는 어려움에 처했어요(행 26:1-2).

그때 바울은 자신이 예수님을 만난 경험을 솔직히 이야기하면서 "그리스도께서 고난을 당하셔서 죽은 사람들 가운데 가장 먼저 부활하심으로 이스라엘 백성과 이방 사람들에게 빛을 선포하시리라."(행 26:23) 하며 복음

렸습니다. '사울아, 사울아, 네가 왜 나를 핍박하느냐? 가시 채찍을 뒷발질해 봐야 너만 다칠 뿐이다.' 21:40;22:2

15 그래서 제가 물었습니다. '주여, 당신은 누구십니까?' 그러자 주께서 대답하셨습니다. '나는 네가 핍박하는 예수다.

16 이제 일어나 똑바로 서거라. 내가 네게 나타난 것은 너를 내 일꾼으로 삼아 네가 본 것과 앞으로 내가 네게 보여 줄 것을 사람들에게 증언하도록 하기 위함이다. 겔 2:1

17 내가 내 백성과 이방 사람들에게서 너를 구원해 이방 사람들에게 보낼 것이다.

18 이제 너는 그들의 눈을 뜨게 하고 그들을 어둠에서 빛으로, 사탄의 권세에서 하나님께 돌아오게 해 그들이 죄 용서를 받고 나를 믿어 거룩하게 된 사람들 가운데 기업을 얻게 할 것이다.' 5:31;20:32;눅 1:16

19 아그립바 왕이여, 그래서 저는 하늘에서 보여 주신 환상에 거역하지 않았습니다. 13절

20 먼저 다메섹 사람들에게, 다음으로 예루살렘 사람들과 온 유대 사람들에게 그리고 이방 사람들에게까지 그들이 회개하고 하나님께 돌아와 회개에 합당한 행동을 보이라고 선포했습니다. 마 3:8

21 바로 이 때문에 유대 사람들이 성전에서 저를 붙잡아 죽이려고 했던 것입니다.

22 그러나 저는 바로 이날까지 하나님의 도움을 받아 왔기에 여기 서서 높고 낮은 모든 사람들에게 증언하고 있는 것입니다. 저는 모세와 예언자들이 앞으로 일어나리라고 예언한 것 외에는 아무것도 말하지 않았습니다. 10:43;고후 1:10;히 13:5-6

23 그것은 그리스도께서 고난을 당하셔서 죽은 사람들 가운데 가장 먼저 부활하심으로 이스라엘 백성과 이방 사람들에게 빛을 선포하시리라는 것입니다."

24 **아그립바 왕의 반응** 바울이 이같이 말하자 베스도가 바울의 변호를 가로막으며 소리쳤습니다. "바울아, 네가 미쳤구나! 네 많은 학식이 너를 미치게 했구나." 12:15

25 바울이 대답했습니다. "베스도 각하, 저는 미치지 않았습니다. 제가 드리는 말씀은 사실이며 제정신으로 하는 말입니다.

26 왕께서는 이 사실을 알고 계시므로 제가 거리낌 없이 말할 수 있습니다. 이것은 어느 한 구석에서 일어난 일이 아니기 때문에 어떤 것 하나라도 왕께서 모르고 넘어가셨을 리 없다고 저는 확신합니다. 3절

27 아그립바 왕이여, 예언자들을 믿으십니까? 왕께서 믿으시는 줄 제가 압니다."

28 그러자 아그립바가 바울에게 말했습니다. "네가 이 짧은 시간에 나를 그리스도의 사람으로 만들 수 있다고 생각하느냐?"

29 바울이 대답했습니다. "짧은 시간이든 긴 시간이든 왕뿐 아니라 오늘 제 말을 듣고 있는 모든 분들이 이 쇠사슬을 제외하고는 저처럼 되기를 하나님께 기도합니다."

30 **결백이 증명됨** 그러자 아그립바 왕이 일어났고 베스도 총독과 버니게 그리고 그들과 함께 앉아 있던 사람들도 다 일어났습니다.

31 그들은 밖으로 나가면서 "이 사람은 사형이나 징역을 받을 만한 일은 하지 않았다"라고 서로 말했습니다. 23:29

32 아그립바는 베스도에게 "이 사람이 황제께 상소하지만 않았더라도 석방될 수 있었을 것이오"라고 말했습니다. 9:15;25:11

을 전하는 기회로 만들었어요.

지금 내가 처한 어려움은 무엇인가요? 가정 형편이 어려워졌나요? 친구와 사이가 나빠졌나요? 갑자기 많이 아프게 되었나요? 공부가 너무 어려운가요? 내게 다가온 어려움 속에 숨어 있는 기회들을 찾아보세요.

하나님을 더 많이 만날 기회, 바울처럼 복음을 전할 기회, 내 자신을 더 살펴볼 기회, 더 좋은 일들이 생길 기회 등 지금 처한 위기를 어떤 기회로 바꿀 것인지 생각해 봐요.

깊이 읽기 창세기 50장 19-21절을 읽으세요.

26:14 아람어를 가리킴.

27 가이사랴에서 크레타 섬으로 갈 우리가 이탈리아로 배를 타고 가도록 결정이 나자 바울과 다른 죄수들은 황제 부대에 소속된 율리오라는 백부장에게 넘겨졌습니다. 16:10;25:12;25

2 우리는 아시아 지방의 해변을 따라 항해하게 될 아드라뭇데노 호를 타고 바다로 출항했습니다. 데살로니가 출신의 마케도니아 사람 아리스다고가 우리와 동행했습니다.

3 이튿날 우리는 시돈에 닿았습니다. 율리오는 바울에게 친절을 베풀어 그가 친구들에게 가서 필요한 것을 공급받을 수 있도록 허락해 주었습니다. 43절;28:2;16,30

4 시돈에서 우리가 계속 항해할 때 역풍이 불었기에 우리는 키프로스 해안을 끼고 항해하게 됐습니다.

5 길리기아와 밤빌리아 앞바다를 지나서 루기아 지방의 무라에 상륙했습니다.

6 그곳에서 백부장은 이탈리아로 가는 알렉산드리아 호를 찾아 우리를 그 배에 태웠습니다. 28:11

7 우리는 여러 날 동안 느린 항해 끝에 가까스로 니도 앞바다에 도착했습니다. 그러나 바람이 불어 우리 항로를 지키지 못하고 살모네 맞은편 크레타 섬을 끼고

8 간신히 해안가를 따라 움직여 라새아 도시에서 가까운 '아름다운 항구'라는 곳에 이르렀습니다.

9 재난을 경고하는 바울 많은 시간이 소모되고 금식하는 절기도 지났기 때문에 항해가 위험해졌습니다. 그래서 바울이 사람들에게 충고했습니다. 레 16:29~31;23:27~29

10 "여러분, 내가 보니 우리가 이렇게 계속 항해하다가는 재난에 빠지고 배와 짐이 큰 손실을 입을 뿐 아니라 우리 목숨도 위태로울 것입니다." 21절

11 그러나 백부장은 바울의 말보다는 선장과 선주의 말을 더 따랐습니다. 계 18:17

12 그 항구는 겨울을 나기에 적당하지 않았기 때문에 대다수의 사람들이 뵈닉스에 가서 겨울을 날 수 있기를 바라는 마음에 계속 항해하자고 했습니다. 뵈닉스는 크레타 섬에 있는 항구 도시로 남서쪽과 북서쪽을 향하고 있었습니다.

13 태풍에 표류하는 배 부드러운 남풍이 불기 시작하자 그들은 자기들이 바라던 대로 됐다고 생각했습니다. 그래서 그들은 닻을 올리고 크레타 섬 해안을 따라 항해했습니다.

14 그런데 얼마 지나지 않아 그 섬으로부터 '유라굴로'라는 태풍이 불어닥쳤습니다.

15 배가 폭풍에 휘말려 방향을 잡을 수가 없었습니다. 그래서 우리는 배가 가는 대로 내맡기고 표류하다가

16 가우다라는 작은 섬 아래쪽을 따라 지나면서 간신히 거룻배를 바로잡을 수 있었습니다.

17 선원들은 그 배를 끌어 올리고 아래로 밧줄을 내려보내 선체를 둘러맸습니다. 그대로 가다가는 배가 스르디스 해안의 모래 언덕에 처박힐까 두려워 그들은 닻을 내려 배가 표류하게 했습니다. 26,29절

18 우리는 폭풍에 몹시 시달리다 못해 이튿날에는 선원들이 짐을 바다에 던져 넣기 시작했습니다. 38절;욘 1:5

19 3일째 되는 날에는 선원들이 배의 장비들을 자기들의 손으로 내던졌습니다.

20 여러 날 동안 해와 별도 나타나지 않고 폭풍만 계속 불어 닥치자 결국 우리는 구조될 모든 소망을 포기했습니다.

21 바울이 안전을 보장할 사람들이 오랫동안 아무것도 먹지 못하고 있는 가운데 바울이 일어나 그들 앞에 서서 말했습니다. "여러분, 크레타 섬에서 항해하지 말라는 내 충고를 들었더라면 이런 타격과 손실은 입지 않았을 것입니다. 10절

항로(27:7, 航路 course) 선박이 지나다니는 뱃길. 거룻배(27:16, lifeboat) 돛이 없는 작은 배. 선체(27:17, 船體, body of a ship) 배의 몸체. 표류(27:27, 漂流) 물 위에 떠서 정처 없이 흘러다. 정처 없이 돌아다님. 오르귀아(27:28) 1오르귀아는 약 1.85m에 해당됨. 본문에서 20오르귀아는 약 37m이고 15오르귀아는 약 28m에 해당됨.

22 그러나 이제 내가 여러분에게 당부합니다. 여러분 가운데 아무도 목숨을 잃지 않고 배만 손상될 것이니 안심하기 바랍니다.

23 어젯밤 내 하나님, 곧 내가 섬기는 하나님의 천사가 내 곁에 서서 `18:9;23:11;단 6:16`

24 '바울아, 두려워 마라. 네가 마땅히 가이사 앞에 서야 한다. 그래서 하나님께서 너와 함께 항해하는 모든 사람들의 생명을 네게 맡겨 주셨다'라고 하셨습니다.

25 그러니 여러분, 안심하십시오. 나는 하나님을 믿으니 내게 말씀하신 대로 이뤄질 것입니다. `눅 1:45`

26 그러나 우리는 밀려서 어느 섬에 닿게 될 것입니다." `17:29절;28:1`

27 선원들이 도망하고자 함 14일째 되는 날 밤에 우리는 아드리아 바다 위에서 표류하고 있었습니다. 한밤중이 됐을 때 선원들은 뭍에 가까이 왔음을 직감했습니다.

28 수심을 재어 보니 물의 깊이가 약 20오르귀어였습니다. 조금 있다가 다시 재어 보니 약 15오르귀어였습니다.

29 우리가 암초에 부딪히게 될까 두려워 선원들은 고물에서 네 개의 닻을 내리고 날이 밝기만을 바랐습니다. `17;26절`

30 그런데 선원들은 도망칠 속셈으로 뱃머리에서 닻을 내리는 척하면서 거룻배를 바다에 띄웠습니다. `16절`

31 그때 바울이 백부장과 군인들에게 말했습니다. "이 사람들이 배 안에 같이 있지 않으면 당신들도 구조되지 못할 것이오."

32 그러자 군인들은 거룻배에 묶여 있던 밧줄을 끊어 거룻배를 떼어 버렸습니다.

33 마지막 음식을 먹을 날이 밝아 올 무렵 바울은 그들 모두에게 무엇이든 먹어 두라고 권하며 말했습니다. "지난 14일 동안 여러분은 계속 마음을 졸이면서 아무것도 먹지 못하고 굶고 지냈습니다.

34 그러므로 이제는 여러분이 음식을 좀 먹어 둘 것을 권합니다. 그래야 살아남을 수 있습니다. 여러분 가운데 어느 누구도 머리카락 하나라도 잃지 않을 것입니다."

35 바울은 이렇게 말한 뒤 떡을 조금 가져다가 모든 사람들 앞에서 하나님께 감사한 후 떼어 먹기 시작했습니다. `마 15:36`

36 그러자 모든 사람들도 용기를 얻어 음식을 먹었습니다. `22절`

37 배 안에 있던 사람은 모두 276명이었습니다.

38 그들은 배부르게 먹고 난 뒤 남은 식량을 바다에 던져 배를 가볍게 해 두었습니다.

39 좌초된 배 날이 밝자 어떤 땅인지는 모르지만 그들은 모래사장이 펼쳐진 해안을 볼 수 있었습니다. 그들은 가능한 한 그곳에 배를 대기로 작정했습니다. `28:1`

40 그래서 닻을 끊어 바다에 버리고 키를 묶은 밧줄을 늦추었습니다. 그러고 나서 앞 돛을 끌어 올려 바람에 맡기고 해안 쪽으로 배를 몰았습니다.

41 그러나 배가 모래 언덕에 부딪혀 좌초됐습니다. 두 물살이 합쳐지는 곳에 걸리는 바람에 뱃머리는 꽉 박혀 옴짝달싹도 하지 않았고 배 뒤쪽은 거센 파도 때문에 깨어졌습니다. `고후 11:25`

42 군인들은 죄수들이 헤엄쳐 도망가지 못하도록 죽일 계획이었습니다. `12:19`

43 그러나 백부장은 바울의 목숨을 살려 줄 생각에 군인들의 뜻을 막았습니다. 그는 수영할 수 있는 사람은 물에 먼저 뛰어들

▲ 몰타(Molta)
지중해 시칠리아 섬에서 남쪽으로 약 95km 지점에 위치한 섬으로, 바울이 로마로 후송되어 가던 중 배가 파선하여 도착한 섬이다(행 28:1).

바울의 로마 여정

이동경로
가이사랴 → 시돈 → 키프로스 해안 → 무라 → 니도 → 아름다운항구(미항) → '유라굴로' 태풍으로 표류 → 몰타 → 수라구사 → 보디올 → 로마

안디옥   시돈   예루살렘

가이사랴

키프로스

이집트

무라

에베소   니도

지중해

미항
크레타 (아름다운 항구)

1 벨릭스, 베스도, 아그립바에게 심문을 받음(행 24-26장)
2 백부장 율리오가 바울을 아드라뭇데노 호에 태움(행 27:2)
3 이탈리아로 향하는 알렉산드리노 호로 옮겨 타는 바울(행 27:6)
4 '유라굴라'라는 태풍으로 배가 표류하게 됨(행 27:14-20)

빌립보

베뢰아   아가야   그리스

레기온

보디올   수라구사

이탈리아

로마   몰타

5 바울 일행이 몰타 섬에 상륙해 목숨을 건지고, 바울은 독사에 물렸지만 살아남(행 28:1-6)
6 믿음의 형제들이 바울을 환영함(행 28:14)
7 바울이 호위병과 함께 로마에 2년간 셋집에 머물며 하나님 나라를 선포함(행 28:30-31)

어 육지로 올라가라고 명령했습니다.

44 남은 사람들은 널빤지나 부서진 배 조각을 붙잡고 나가도록 했습니다. 이렇게 해서 모든 사람이 무사히 육지로 구출됐습니다.

28 신으로 여김받는 바울 무사히 해안에 도착하고서야 우리는 그곳이 몰타 섬이라는 것을 알았습니다.

2 그 섬 원주민들은 우리에게 각별한 친절을 베풀어 주었습니다. 또 비가 오고 추웠기 때문에 불을 지펴 주며 우리 모두를 맞아 주었습니다.
4절:27:3

3 바울이 마른 나뭇가지 한 묶음을 모아다가 불 속에 넣었더니 뜨거운 열기 때문에 독사가 기어 나와 바울의 손에 달라붙었습니다.

4 원주민들은 독사가 바울의 손에 매달려 있는 것을 보고 서로 수군거렸습니다. "이 사람은 살인자가 분명하다. 그가 바다에서는 살아났지만 *정의의 여신이 그를 살려 두지 않나 보다."
암 5:19;9:3;요 9:2

5 그런데 바울은 그 뱀을 불 속에 떨어 버렸고 아무런 상처도 입지 않았습니다.

6 사람들은 그가 몸이 부풀어 오르거나 갑자기 쓰러져 죽을 것이라고 생각했지만 오래 기다려 봐도 아무 일 없는 것을 보고는 생각이 바뀌어 바울을 신이라고 말했습니다.

7 몰타 섬 사람들이 고침받음 그 섬의 추장인 보블리오가 그 근처에 자신이 소유한 땅을 갖고 있었습니다. 그는 우리를 자기 집으로 맞아들여 3일 동안 극진히 대접해 주었습니다.

8 그의 아버지는 열병과 이질에 걸려 병상에 누워 있었습니다. 바울은 그를 방문해 기도하고 그 사람의 몸에 손을 얹어 고쳐 주었습니다.
9:40;막 5:23;약 5:14-15

9 이 일이 있고 나서 그 섬에 사는 다른 병자들도 와서 낫게 됐습니다.

10 그들은 여러모로 우리를 잘 대접해 주었고 우리가 그 섬을 떠날 때는 우리에게 필요한 물건까지 공급해 주었습니다.

11 로마에 도착한 바울 석 달이 지난 후 우리는

▲ 압비오 가도(Way of Appius)
로마의 남동쪽 70km 지점에 있었던 압비오 광장과 연결된 도로이다. 바울은 압비오 가도를 통해 로마로 호송되었는데, 이 소식을 들은 로마의 신자들이 압비오 광장과 트레스 타베르네까지 바울을 영접하러 나왔다(행 28:15). 사진은 압비오 가도의 모습이다.

그 섬에서 겨울을 지낸 알렉산드리아 배를 타고 항해 길에 올랐습니다. 이 배에는 디오스구로라는 쌍둥이 신의 형상이 새겨져 있었습니다.
14:12;27:6

12 우리는 수라구사에 닿았고 그곳에서 3일 동안 지냈습니다.

13 다시 항해를 시작해 우리는 레기온에 도착했으며 이튿날에는 남풍이 일어 그다음 날에 보디올에 닿았습니다.

14 보디올에서 우리는 형제들을 만나게 됐고 그들의 초청을 받아 함께 일주일을 지냈습니다. 그러고 나서 우리는 로마에 도착했습니다.
요 21:23

15 그곳 로마의 형제들은 우리가 온다는 말을 전해 듣고 우리를 맞으려고 '압비오 광장'과 '세 여관'이라는 곳까지 나와 있었습니다. 바울이 이 사람들을 보게 되자 하나님께 감사하면서 용기를 얻게 됐습니다.

16 바울이 보호 격리됨 우리가 로마에 도착했을 때 바울은 자신을 지키는 군인 한 명과 함께 따로 지낼 수 있도록 허락받았습니다.

17 유대 지도자들을 부름 3일이 지난 뒤 바울은 유대 사람 지도자들을 불렀습니다. 그들

28:4 또는 '정의가'.

셋집에 찾아온 모든 사람들에게 하나님 나라를 담대히 선포하는 바울

이 모이자 바울이 말했습니다. "내 형제들이여, 나는 내 동족이나 우리 조상들의 관습을 거스르는 일을 한 적이 없는데도 예루살렘에서 체포돼 로마 사람들에게 넘겨졌습니다. ^{6:14;15:1;21:21;25:8}

18 그들은 나를 심문했으나 사형받을 만한 죄가 없으므로 그냥 풀어 주려고 했습니다.

19 그러나 유대 사람들의 반대로 나는 어쩔 수 없이 가이사께 상소하게 된 것입니다. 이것은 내 유대 동족을 고소할 생각으로 한 것이 아닙니다. ^{24:17;25:11;26:4,32}

20 그렇기 때문에 내가 여러분을 만나 이야기하자고 한 것입니다. 내가 이 쇠사슬에 묶여 있는 것은 이스라엘의 소망 때문입니다.

21 유대 사람들이 바울에게 대답했습니다. "우리는 당신에 대해서 유대로부터 편지를 받은 적도 없고 그곳에서 온 형제들도 당신에 대해 나쁘게 보고하거나 말한 적이 없습니다. ^{22:5}

22 그러나 우리는 당신의 생각을 듣고자 합니다. 이 종파에 대해서는 어디에서든 반대가 있음을 알기 때문입니다." ^{벧전 2:12}

23 바울이 예수님을 전할 그들이 바울을 만날 날짜를 정하고 많은 사람들이 그의 숙소로 찾아왔습니다. 그는 아침부터 저녁까지 그들에게 하나님 나라에 대해 증언하고 모세의 율법과 예언서들로부터 예수에 관해 설득시키려고 했습니다. ^{17:2~3;26:22}

24 어떤 사람들은 바울의 말을 믿었지만 믿지 않는 사람들도 있었습니다. ^{19:9;23:7}

25 그들이 서로 의견이 엇갈린 채 떠나려 하자 바울이 한마디 덧붙였습니다. "성령께서 예언자 이사야를 통해 여러분의 조상들에게 하신 말씀이 옳습니다. ^{마 15:7}

26 '이 백성에게 가서 말하라. 너희가 듣기는 들어도 깨닫지 못하고 너희가 보기는 보아도 알지 못할 것이다.

27 이 백성들의 마음이 무뎌지고 귀는 듣지 못하며 눈은 감겨 있다. 이는 그들이 눈으로 보고 귀로 들으며 마음으로 깨닫고 내게 돌아와 고침을 받지 못하게 하려는 것이다.' ^{사 6:9~10;요 12:40;롬 11:8}

28 그러므로 여러분은 하나님의 구원이 이방 사람들에게로 갔다는 것을 알아야 합니다. 그들은 듣게 될 것입니다." ^{롬 11:11}

29 *(없음)

30 2년 동안의 사역 바울은 만 2년 동안 자기 셋집에 머물면서 자신에게 찾아오는 모든 사람을 맞아들여 ^{빌 1:13}

31 어떠한 방해도 받지 않고 담대하게 하나님 나라를 선포하고 주 예수 그리스도에 관한 것을 가르쳤습니다. ^{20:25;딤후 2:9}

종파 (28:22, 宗派, sect) 같은 종교의 갈린 갈래.
28:29어떤 고대 사본에는 바울이 이 말을 하자 유대 사람들은 서로 격렬한 논쟁을 하다가 돌아갔습니다가 있음.

사도행전 퀴즈

QUIZZES PUZZLES

Hint!

가로

① 바울의 전도 요점은 하나님나라와 ○○○○○○○이다. (행 28장)

③ 고린도 전도 중 바울을 도운 사람으로 바울과 같은 직업을 가진 사람은? (행 18장)

④ 천사가 감옥에서 풀어 준 베드로를 만나러 나온 여종의 이름은? (행 12장)

⑦ 바울이 로마로 가지 전 갇혀 있던 곳은? (행 25장)

⑨ 바울의 설교를 창문에 걸터앉아서 졸면서 듣다가 떨어져 죽었는데 바울에 의해 다시 살아난 사람은? (행 20장)

⑩ 바울과 함께 감옥에 갇혀 있다가 큰 지진으로 감옥 문이 모두 열리는 기적을 체험한 사람은? (행 16장)

세로

② 바나바는 '제우스'라 하고 바울은 '헤르메스'라고 불린 곳은? (행 14장)

④ "진실로 그렇습니다. 그렇게 되기를 바랍니다"의 의미의 말은?

⑤ 바울과 그 친구들에 대해 "세상을 온통 시끄럽게 하는 사람들이 이곳에도 왔는데"라고 한 곳은? (행 17장)

⑥ 바울 일행이 배를 타고 가는 도중에 만난 태풍의 이름은? (행 27장)

로마서

로마서는 모든 사람이 죄를 지어 하나님의 영광에 이르지 못한다고 말
해요. 하지만 하나님의 은혜로, 예수님을 믿음으로, 의롭다고
인정받고 구원받는다는 사실을 알려 줍니다.
구원은 하나님이 은혜로 주시는 선물이며, 모든 믿는 사람들에게
차별 없이 주신다고 말해요.
그리고 죄에서 구원받은 사람이 거룩, 사랑, 믿음의 열매를 맺으며 살아가
야 함을 강조하고 있어요. 바울이 로마를 방문하고 싶은 마음과 스페인 전도
여행을 앞두고 로마 교회의 도움을 받고 싶은 내용도 기록되어 있답니다.

로마서는 무슨 뜻인가요?　　'로마 교회에 보내는 편지'라는 뜻이에요.

누가 썼을까요?　　바울이 썼어요. 16장 22절에 나오는 '더디오'는 바울의 대필자
이거나 서기였을 거예요. 바울은 예수님 믿는 사람들을 핍박하던
사람이었지만 예수님을 믿고 거듭난 후에는 예수님만을 위해 살았어요. 신약성경 중 많은
책을 기록했어요. 로마에서 순교할 때까지 언제나 복음을 전한 최고의 선교사셨답니다.

언제 썼을까?　　바울의 3차 전도 여행이 끝나 갈 무렵인 AD 57년경

주요한 사람들은?

바울
신약성경 대부분의 편지를 쓴
선교사이자 문필가

더디오
바울의 로마서를
대신하여 쓴 사람

뵈뵈
겐그레아 교회의
여자 집사

한눈에 보는 로마서

1:1-3:20 구원의 필요성

6-8장 성령이 거룩하게 하심

12-16장 성도의 올바른 생활

3:21-5:21 의롭다 하심

9-11장
이스라엘의 과거, 현재, 미래

로마서
Romans

1 **안부 인사** 그리스도 예수의 종 바울은 사도로 부르심을 받아 하나님의 복음을 위해 세움을 받았습니다. 고전 1:1; 딛 1:5; 4
2 그 복음은 하나님께서 예언자들을 통해 성경에 미리 약속하신 것으로 눅 1:70
3 하나님의 아들에 관한 것입니다. 그분은 육신으로는 다윗의 후손으로 나셨고
4 성결의 영으로는 죽은 자들 가운데서 부활해 *능력 있는 하나님의 아들로 인정되셨으니 바로 우리 주 예수 그리스도이십니다.
5 우리가 예수 그리스도를 통해 은혜와 사도직을 받았으니 이는 그분의 이름을 위해 모든 이방 사람들이 믿고 순종하도록 하기 위해서입니다. 12:3; 15:15; 16:26; 벧전 1:2
6 여러분 역시 그들 가운데 부르심을 받아 예수 그리스도께 속한 사람들이 됐습니다.
7 하나님의 사랑을 받고 성도로 부르심을 받은 로마에 있는 모든 사람에게 하나님 우리 아버지와 주 예수 그리스도로부터 은혜와 평강이 있기를 빕니다. 고전 1:3
8 **로마 사람들과 함께 있고 싶은 마음** 먼저 내가 여러분 모두를 두고 예수 그리스도를 통해 내 하나님께 감사하는 것은 여러분의 믿음이 온 세상에 전파됐기 때문입니다.
9 하나님의 아들의 복음 안에서 내 영으로 섬기는 하나님이 내 증인이신데 나는 항상 여러분을 기억하며 딤후 1:3; 살전 1:4
10 이제 하나님의 뜻 안에서 어떻게든지 내가 여러분에게 갈 수 있는 길이 열리기를 기도하고 있습니다. 15:32
11 내가 여러분 보기를 간절히 바라는 것은 어떤 신령한 은사를 나눠 주어 여러분을 강하게 하려는 것입니다. 15:22-23

12 이는 여러분과 내가 서로의 믿음으로 격려를 받기 위함입니다.
13 형제들이여, 나는 여러분이 이 사실을 모르기를 원치 않습니다. 곧 나는 다른 이방 사람들 가운데서처럼 여러분 가운데서도 열매를 맺기 위해 여러분에게 몇 번이나 가려고 했으나 지금까지 길이 막혔습니다.
14 나는 그리스 사람이든 미개한 사람이든, 지혜로운 사람이든 어리석은 사람이든, 그 모두에게 빚을 진 사람입니다. 고전 9:16
15 그러므로 나는 로마에 있는 여러분에게도 복음 전하기를 간절히 원합니다.
16 **복음의 핵심** 나는 복음을 부끄러워하지 않습니다. 이 복음은 모든 믿는 사람들에게 구원을 주시는 하나님의 능력이기 때문입

복음이 뭔가요?

'복음'에 해당되는 그리스어 '유앙겔리온'(euaggelion)은 원래 '전쟁에서 승리한 소식'을 의미하는 말로 단순히 '좋은 소식'이라는 뜻이었습니다(삼하 4:10; 18:27). 그러다 점차 '메시아를 통해 이루어질 구원의 기쁜 소식'을 의미하는 말로 사용되었어요(사 41:27).

신약에 와서 복음은 하나님이 구약에서 예언하신(사 7:13-16) 예수님 곧 예수 그리스도를 다윗의 혈통에서 나게 하시고(롬 1:3), 죄인된 사람들을 구원하기 위해 십자가에 못 박혀 죽게 하시고(롬 5:8), 다시 부활시키심으로(롬 1:4) 예수님을 믿는 사람에게 구원을 주신다는 사실을 말하고 있어요(롬 1:16; 3:22, 28). 그러므로 복음의 핵심은 하나님의 아들 예수 그리스도이십니다(롬 1:9).

하나님은 의로우신 분으로 죄 지은 사람은 누구나 심판하실 수밖에 없어요(롬 3:23).

그러나 완전하신 예수님이 죄인 된 모든 사람들을 위해 대신 속죄제물로 자신을 드리심으로 우리의 죄의 대가를 지불하셨어요(롬 3:25). 누구든지 죄를 회개하고 예수 그리스도를 믿으면 구원을 주십니다(롬 1:16). 이것이 우리에게 기쁜 소식, 곧 '복음'인 것이에요.

1:4 또는 '능력으로'.

니다. 먼저는 유대 사람에게요, 다음으로는 그리스 사람에게입니다.

17 복음에는 하나님의 의가 계시돼 믿음으로부터 믿음에 이르게 합니다. 기록되기를 "의인은 믿음으로 살 것이다'라고 한 것과 같습니다.
3:21; 갈 3:11; 8; 10:38

18 이방 사람들이 하나님을 거부함 하나님의 진노가, 불의로 진리를 막는 자들의 모든 불경건과 불의에 대해서 하늘로부터 나타납니다.
엡 5:6; 골 3:6

19 이는 하나님을 알 만한 것이 그들 가운데 분명히 드러나 있기 때문입니다. 하나님께서 그들에게 그것을 명백히 보여 주셨습니다.
19~32절; 2:14~15; 행 14:17

20 세상이 창조된 이후로 하나님의 보이지 않는 것들, 곧 그분의 영원하신 능력과 신성이 그분이 만드신 만물을 통해 명백히 보여 알게 됐으므로 그들은 변명할 수 없습니다.

21 그들은 하나님을 알면서도 하나님을 영화롭게 하지도 않고 감사하지도 않았습니다. 오히려 그들의 생각이 허망해졌고 그들의 어리석은 마음은 어두워졌습니다.

22 그들은 스스로 지혜롭다고 하지만 미련하게 돼

23 썩지 않는 하나님의 영광을 썩어질 사람이나 새나 짐승이나 기어 다니는 동물의 우상으로 바꾸었습니다.

24 더러움에 빠지게 하는 우상 숭배 그러므로 하나님께서는 그들이 마음의 정욕대로 살도록 더러움에 내버려 두셨으니 그들은 서로의 몸을 욕되게 했습니다.
26,28절

25 그들은 하나님의 진리를 거짓과 바꾸고 창조주 대신 피조물을 경배하고 섬겼습니다. 하나님께서는 영원히 찬양받으실 분이십니다. 아멘.
9:5; 사 28:15; 렘 10:14; 암 2:4

26 윤리적인 타락 하나님께서는 이 때문에 그들을 수치스러운 정욕에 내버려 두셨습니다. 여자들은 남자와의 정상적인 관계를 비정상적인 관계로 바꾸고
24,28절

27 남자들도 마찬가지로 여자와의 정상적인 관계를 버리고 서로 정욕으로 불타올랐습니다. 그들은 같은 남자끼리 부끄러운 일을 행했고 이런 타락한 행위로 인해 그들 자신이 마땅한 징벌을 받았습니다.

28 순결을 짓밟은 죄악성 더구나 그들이 *하나님을 아는 지식을 하찮게 여기므로 하나님께서는 그들을 타락한 마음대로 내버려 두셔서 합당치 못한 일을 하게 하셨습니다.

29 그들은 온갖 불의와 악행과 탐욕과 악의로 가득 차 있으며 질투와 살인과 다툼과 사기와 악독으로 가득 차 있습니다. 그들은 수군거리기를 좋아하고

30 서로 헐뜯고, *하나님을 미워하고, 건방지고, 교만하고, 자랑하기 좋아하고, 악

한 일을 궁리해 내고, 부모를 거역하고,

31 어리석고, 신의가 없고, 인정도 없고, 무자비한자들입니다.

32 그들은 이와 같은 일을 행하는 자가 죽어 마땅하다는 하나님의 법규를 알면서도 그런 짓을 계속할 뿐만 아니라 그렇게 행하는 자들을 옳다고 합니다.   눅 11:48;행 8:1

2 심판 아래 있는 죄인 그러므로 남을 판단하는 그대여, 그대는 변명할 수 없습니다. 그대는 남을 판단하는 그것으로 그대 스스로를 정죄하고 있습니다. 남을 판단하는 그대가 똑같은 일들을 행하기 때문입니다.   삼하 12:5-7,요 8:7

2 우리는 그런 일을 행하는 사람에게 진리대로 하나님의 심판이 내린다는 것을 압니다.

3 그런 일을 행하는 사람을 판단하면서 똑같은 일을 행하는 사람이여, 그대가 하나님의 심판을 피할 수 있을 줄로 생각합니까?

4 아니면 하나님의 인자하심이 그대를 회개로 이끄시는 것을 알지 못하고 그분의 인자하심과 용납하심과 오래 참으심의 풍성함을 멸시합니까?   3:25;9:22-23;사 30:18

5 그대의 고집과 회개하지 않는 마음 때문에 그대는 진노의 날 곧 하나님의 의로운 심판이 나타날 그날에 그대에게 임할 진노를 쌓고 있습니다.   시 110:5

6 **하나님의 의로우신 판단** 하나님께서는 각 사람에게 그의 행위에 따라 갚아 주실 것입니다.   욜 34:11;시 62:12;잠 24:12;렘 17:10

7 참고 선을 행해 영광과 존귀와 불멸을 추구하는 사람에게는 영생을 주시나

8 자기 이익만 추구하고 진리에 순종하지 않고 불의를 따르는 사람에게는 진노와 분노를 내리실 것입니다.   살후 2:12

9 악을 행하는 모든 사람의 영혼에 환난과 고통이 있을 것입니다. 먼저 유대 사람에게 있을 것이며 다음으로는 그리스 사람에게 있을 것입니다.   겔 18:20

10 그러나 선을 행하는 모든 사람에게는 영광과 존귀와 평강이 있을 것입니다. 먼저는 유대 사람에게 있을 것이며 다음으로는 그리스 사람에게 있을 것입니다.

11 이는 하나님께서 사람을 편애하시지 않기 때문입니다.

12 **율법에 의한 심판** 율법 없이 죄짓는 사람은 모두 율법 없이 멸망하고 율법 안에서 죄짓는 사람은 모두 율법대로 심판을 받을 것입니다.   고전 9:2

13 하나님 앞에서는 율법을 듣는 사람이 의인이 아니라 오직 율법을 행하는 사람이 의롭다 함을 인정을 받을 것입니다.

14 율법이 없는 이방 사람이 본성으로 율법의 일을 행한다면 비록 그에게는 율법이 없을지라도 자기 자신이 자기에게 율법이 됩니다.

15 이런 사람은 율법의 요구가 자기 마음에 기록돼 있음을 보여 줍니다. 그들의 양심도 이것을 증언합니다. 그들의 생각이 서로 고발하기도 하고 변호하기도 합니다.

16 이런 일은 내가 전한 복음대로 하나님께서 그리스도 예수를 통해 사람들의 은밀한 것을 심판하실 그날에 일어날 것입니다.

17 **의롭게 못하는 율법** 그대는 자칭 유대 사람이라 하고 율법을 의지하고 하나님을 자랑하고   23절;미 3:11

18 율법의 가르침을 받아 하나님의 뜻을 알고 지극히 선한 것을 분간할 줄 알며

19 그리고 그대는 스스로 눈먼 사람의 안내자요, 어둠 속에 있는 사람의 빛이요,

20 어리석은 자의 교사요, 어린아이의 선생이라고 믿고 있습니다. 이는 그대가 율법의 지식과 진리의 교훈을 갖고 있기 때문입니다.   딤후 1:13;3:5

21 그렇다면 남을 가르치는 그대가 자신은 가르치지 않습니까? 도둑질하지 말라고 선포하는 그대가 왜 도둑질합니까?

22 간음하지 말라고 하는 그대가 왜 간음합니까? 우상이라면 질색하는 그대가 왜 신전 물건을 훔칩니까?   행 19:37

23 율법을 자랑하는 그대가 왜 율법을 어기

1:28 또는 '마음에 하나님 두기를 싫어하므로'.
1:30 또는 '하나님의 미움을 사며'.

고 하나님을 욕되게 합니까?

24 기록되기를 "하나님의 이름이 너희로 인해 이방 사람들 사이에서 모욕을 당하는구나"라고 한 것과 같습니다.

겔 36:20,23

25 의롭게 못하는 할례 그대가 율법을 행하면 할례는 가치가 있습니다. 그러나 그대가 율법을 어기면 그대의 할례는 무할례와 같습니다.

갈 5:3

26 할례 받지 않은 사람이 율법의 요구를 지킨다면 그의 무할례가 할례로 여겨지지 않겠습니까?

8:4;엡 2:11

27 본래 할례 받지 않은 사람이 율법을 지키면 율법의 조문과 할례를 소유하고도 율법을 어기는 그대를 심판하지 않겠습니까?

28 겉으로 유대 사람이라고 해서 참유대 사람이 아니고 몸에 받은 할례가 참할례가

칭의, 의롭다하심

'칭의'는 '의롭다고 간주하다', '흠이 없다고 여기다'라는 뜻으로, 재판관이 죄지은 사람에게 죄가 없다고 선언하는 법정 용어이다. 이 용어는 성경에 직접 나오지는 않지만 하나님의 구원의 역사에서 빼놓을 수 없는 단어이다. 모든 사람이 죄를 지었기 때문이다(롬 3:10, 23). 모든 사람은 죽음이라는 형벌에서 벗어날 수 없는 존재이며(롬 6:23) 죄와 죽음의 문제를 스스로 해결할 수 없는 존재이다.

그래서 하나님은 예수 그리스도의 피로 인간의 죗값을 대신 치르게 하셨다(롬 3:25). 하나님은 이 사실을 믿는 사람들에게 죄가 없다고 선언하셨는데(롬 3:24-26) 이것을 '칭의'라고 한다. 다시 말해 칭의는 하나님의 은혜로 죄인을 의인이라고 인정해 주는 것(롬 6:7)으로 "그리스도 예수 안에 있는 구속으로 인해 하나님의 은혜로 값없이 의롭다는 인정을 받은 것"(롬 3:24)을 말한다.

아닙니다.

9:6-8

29 오히려 속사람이 유대 사람이라야 참유대 사람이며 문자화된 율법에 의해서가 아니라 성령으로 마음에 받은 할례가 참할례입니다. 그 칭찬은 사람에게서가 아니라 하나님에게서 옵니다.

살전 2:4

3 유업의 유익 그러면 유대 사람이라고 해서 무슨 혜택이 있고 할례에는 무슨 가치가 있습니까?

2 여러모로 많습니다. 첫째는 그들이 하나님의 말씀을 맡았다는 것입니다.

신 4:8

3 그런데 그들 가운데 어떤 사람들이 믿지 않았다면 어떻게 되었습니까? 그들의 불신앙이 하나님의 신실하심을 무효화시키겠습니까?

10:16;히 4:2

4 결코 그럴 수 없습니다! 사람은 다 거짓말쟁이라 해도 하나님은 진실하십니다. 기록되기를

"주께서 말씀하실 때 의롭다는 인정을 받으시고 판단받으실 때 이기려 하심이다"라고 한 것과 같습니다.

시 62:9;116:11

5 하나님의 공정한 심판 그러나 우리의 불의함이 하나님의 의를 드러나게 한다면 우리가 무슨 말을 하겠습니까? 내가 사람들이 말하는 논리대로 말해 보면 하나님께서 우리에게 진노를 내리신다고 해서 불의하시다는 말입니까?

6:19;고전 9:8;갈 3:15

6 결코 그럴 수 없습니다. 만일 그렇다면 하나님께서 어떻게 세상을 심판하실 수 있겠습니까?

7 그러나 어떤 사람들은 반박할 것입니다. "내 거짓으로 인해 하나님의 진실하심이 더욱 풍성해져서 그분에게 영광이 됐다면 왜 내가 여전히 죄인으로 심판을 받느냐?"

8 그리고 "선을 이루기 위해 악을 행하자"라고 말하지 않겠습니까? *[어떤 사람들은 우리가 그렇게 말한다고 비방하니] 그런 사람들은 심판을 받아 마땅합니다.

9 모두가 죄지은 사람 그러면 무슨 말을 해야 하겠습니까? 우리가 더 낫습니까? 결코

그렇지 않습니다. 유대 사람이나 그리스 사람이나 다 죄 아래 있다고 우리가 이미 선언했습니다. *1:18-3:22,1-29절 3:22*

10 기록되기를
"의인은 없으니 하나도 없고 *전 7:20*

11 깨닫는 자도 없고 하나님을 찾는 자도 없다. *시 14:1-3,53:1-3*

12 모두 곁길로 행해 다 쓸모없게 됐다. 선을 행하는 자가 없으니 하나도 없다.

13 그들의 목구멍은 열려 있는 무덤이고 혀로는 거짓말만 일삼으며 그들의 입술에는 독사의 독이 있고 *시 5:9,140:3,렘 5:16*

14 그들의 입에는 저주와 독설이 가득하다. *시 10:7*

15 그들의 발은 피 흘리는 데 민첩하며

16 그들의 길에는 파멸과 참담함이 있어

17 그들은 평강의 길을 알지 못했다. *시 59:7-8*

18 그들의 눈에는 하나님을 두려워함이 없다" *시 36:1*
라고 한 것과 같습니다.

19 깨달음을 주는 율법 율법이 말하는 것은 율법 아래 있는 자들에게 말하는 것임을 우리는 압니다. 이는 모든 입을 다물게 하고 온 세상이 하나님의 심판 아래 있게 하려는 것입니다. *시 5:16;시 63:11;요 10:34;15:25*

20 그러므로 율법의 행위로는 하나님 앞에서 의롭다는 인정을 받을 육체가 없습니다. 율법으로는 죄를 깨달을 뿐입니다.

21 믿음을 통한 의 그러나 이제는 율법과 별개로 하나님의 의가 나타났습니다. 이것은 율법과 예언자들이 증언한 것입니다.

22 하나님의 의는 예수 그리스도를 믿는 믿음으로 인해 믿는 모든 사람에게 주어집니다. 거기에는 차별이 없습니다. *골 3:11*

23 모든 사람이 죄를 지었으므로 하나님의 영광에 이르지 못합니다.

24 그러나 그리스도 예수 안에 있는 구속으로 인해 하나님의 은혜로 값없이 의롭다는 인정을 받습니다. *4:4,16;엡 1:7;골 1:14;딛 3:7*

25 하나님께서는 이 예수를 속죄제물로 내어 주셨습니다. 의롭게 되는 것은 예수의 피

를 믿음으로써 이루어집니다. 이는 하나님께서 오래 참으시는 가운데 과거에 지은 죄를 간과하심으로 그분의 의를 나타내시기 위함입니다. *2:4;5:9;엡 2:13;히 9:27*

26 지금 이때에 하나님께서 그분의 의를 나타내신 것은 자신이 의로우시며 또한 예수 믿는 사람들을 의롭다고 인정하시는 분임을 나타내시기 위함입니다.

27 불완전한 율법의 행위 그렇다면 자랑할 것이 어디에 있습니까? 전혀 없습니다. 어떤 법으로입니까? 행위로입니까? 아닙니다. 오직 믿음의 법으로입니다. *엡 2:9*

28 우리는 사람이 율법의 행위와 상관없이 믿음으로 의롭다는 인정을 받는다고 생각합니다.

29 하나님이 유대 사람만의 하나님입니까? 이방 사람의 하나님은 아닙니까? 진실로 이방 사람의 하나님도 되십니다. *갈 3:28*

30 할례 받은 사람도 믿음으로 인해, 또한 할례 받지 않은 사람도 믿음으로 인해 의롭다고 인정하실 하나님은 한 분뿐이십니다.

31 그러면 우리가 믿음으로 말미암아 율법을 파기합니까? 결코 그럴 수 없습니다. 오히려 우리는 율법을 굳게 세웁니다.

4 믿음으로 의롭게 됨 그러면 우리가 육신에 따라 우리의 조상이 된 아브라함이 무엇을 얻었다고 말할 수 있겠습니까?

2 만일 아브라함이 행위로 의롭다는 인정을 받았다면 자랑할 것이 있겠지만 하나님 앞에서는 없습니다.

3 성경은 무엇이라고 말합니까? "아브라함이 하나님을 믿으니 이것이 그에게 의로 여겨졌다"라고 합니다. *창 15:6*

4 일하는 자에게는 품삯이 은혜로 여겨지지 않고 정당한 대가로 여겨지나

5 일하지 않고도 경건치 않은 사람을 의롭다고 인정하시는 분을 믿는 사람에게는

3:8 어떤 고대 사본에는 이 괄호 안의 구절이 없음.
구속 (3:24, 救贖, redemption) 죄의 종 된 인간을 예수님의 피로 값을 지불하고 죄의 노예 상태에서 해방한 것을 의미함.

그의 믿음이 의로 여겨집니다. 3:22

6 은혜를 깨달은 다윗 행위와 상관없이 하나
님께 의롭다고 인정받는 사람의 복에 대
해 다윗도 이렇게 말합니다.

7 "주께서 불법을 용서하시고 죄를 덮어
주시는 사람은 복이 있고

8 주께서 그 죄를 인정치 않으실 사람은
복이 있다." 고후 5:19

9 할례의 의 그러면 이 복은 할례 받은 사
람에게만 내리는 것입니까? 아니면 할례
받지 않은 사람에게도 내리는 것입니까?
우리가 말하기를 "아브라함이 하나님을 믿
으니 이것이 그에게 의로 여겨졌다"라고
했습니다. 3절3:30

10 그러면 이것이 어떻게 의로 여겨졌습니
까? 그가 할례를 받은 때입니까? 아니면
할례를 받지 않은 때입니까? 할례를 받은
때가 아니라 할례를 받지 않은 때입니다.

11 그가 할례의 표를 받은 것은 할례를 받지

않은 때에 얻은 믿음의 의를 확증하는 것
이었습니다. 이는 아브라함이 할례 받지
않은 사람으로서 믿는 모든 사람들의 조
상이 돼 그들도 의롭다는 인정을 받게 하
려는 것이었습니다.

12 그는 또한 할례 받은 사람의 조상이 됐습
니다. 곧 할례를 받았을 뿐 아니라 우리 조
상 아브라함이 할례를 받지 않은 때에 가
졌던 믿음의 발자취를 따르는 사람들의
조상이 됐습니다.

13 믿음에 기초한 약속 아브라함이나 그의 후손
에게 세상의 상속자가 되리라고 하신 약
속은 율법으로 인해 된 것이 아니라 오직
믿음의 의로 인해 된 것입니다.

14 만일 율법을 따라 사는 사람들이 상속자
가 된다면 믿음은 무효가 되고 약속은 파
기됐을 것입니다. 갈 3:17~18

15 왜냐하면 율법은 진노를 부르기 때문입니
다. 율법이 없는 곳에는 범법함도 없습니다.

16 모든 사람을 위한 약속 그러므로 약속은 믿
음으로 말미암습니다. 이는 아브라함의 모
든 후손, 곧 율법을 따라 사는 사람뿐 아
니라 아브라함의 믿음을 따라 사는 사람
들에게도 은혜로 이 약속을 보장해 주시
기 위한 것입니다. 아브라함은 우리 모두의
조상입니다. 갈 3:22

17 기록되기를 "내가 너를 많은 민족의 조상
으로 세웠다"라고 한 것과 같습니다. 아브
라함은 그가 믿은 하나님, 곧 죽은 사람을
살리시며 없는 것을 있는 것같이 부르시는
하나님 앞에서 우리의 조상이 됐습니다.

18 아브라함은 소망이 없는 가운데서도 소망
을 갖고 믿었습니다. 이는 "네 후손이 이와
같을 것이다"라고 하신 말씀대로 많은 민
족의 조상이 되게 하기 위한 것이었습니다.

19 본이 되는 아브라함의 믿음 아브라함은 100세
나 돼 이미 자기 몸이 죽은 것 같고 사라의
태가 죽은 것 같음을 알고도 믿음이 약해
지지 않았습니다. 창 17:17;18:11

아담의 죄가 어째서
내 죄가 되죠?

성경은 최초의 사람 아담이 죄를 지어 모든
사람이 죄인이 되었다고 선언하고 있어요(롬
5:12). 아담을 모든 사람의 대표로 보았기 때문
이에요.
실제로 아담은 '인간'이나 '인류'라는 의미로 성
경에서 500번 이상 사용되었어요(창 2:19; 5:3;
대상 1:1; 호 6:7; 눅 3:38; 롬 5:14; 고전 15:45 등).
아담이 하나님 명령에 순종하지 않은 죄를 지
음으로 아담뿐 아니라 그의 모든 후손이 아담
과 함께 죄를 짓는 데 동참한 것이랍니다. 결국
모든 사람은 죄인이 된 거예요.
죄 때문에 모든 사람이 '죽음' 곧 '하나님과 분리
됨'이라는 무서운 결과 가운데 놓였지만 예수
님이 해결해 주셨어요. "한 사람의 범죄로 인
해 모든 사람이 정죄에 이른
것처럼 한 분의 의로운 행
동으로 인해 모든 사람
이 의롭다는 인정을 받
아 생명에 이르게"(롬
5:18) 된 것입니다.

법법 (4:15, 犯法, transgression) 법을 어기는 것. 5:6 또
는 '정해진 때에.'

20 그는 하나님의 약속을 믿고 의심하지 않 았고 도리어 믿음이 굳건해져서 하나님께 영광을 돌리고

21 약속하신 그것을 또한 능히 이루실 것을 확신했습니다.

창 18:14

22 그러므로 이것이 그에게 의로 여겨졌습니 다.

23 "그에게 의로 여겨졌다"라는 말은 아브라 함만을 위해 기록된 것이 아니라

딤후 3:16

24 의롭다는 인정을 받을 우리, 곧 우리 주 예 수를 죽은 사람 가운데서 살리신 분을 믿 는 우리도 위한 것입니다.

벧전 1:21

25 예수께서는 우리의 범죄로 인해 죽음에 넘겨지셨고 우리의 의를 위해 살리심을 받았습니다.

5:6,8,18:8:32;사 53:5-6

5 화평을 주는 의로움 그러므로 우리는 믿음으로 의롭다는 인정을 받아 우 리 주 예수 그리스도로 인해 하나님과 더 불어 화평을 누리고 있습니다.

2 또한 우리는 그분으로 인해 우리가 믿음으 로 서 있는 이 은혜에 들어감을 얻었으며 하나님의 영광을 바라며 기뻐합니다.

3 이뿐만 아니라 우리는 또한 환난 가운 데서도 기뻐합니다. 이는 환난은 인 내를,

4 인내는 연단을, 연단은 소망을 이루는 줄을 알기 때문입니다.

5 이 소망은 우리를 낙심시키지 않습니다. 하나님께서 우리에 게 주신 성령으로 인해 그분 의 사랑을 우리 마음에 부 어 주셨기 때문입니다.

6 구원이 되는 그리스도의 피 우리가 아직 연약 할 때 그리스도께서는 *작정된 시기에 경 건하지 않은 사람을 위해 죽으셨습니다.

7 의인을 위해 죽는 사람은 거의 없고 선한 사람을 위해

과감히 죽는 사람은 간혹 있기는 합니다.

8 그러나 우리가 아직 죄인이었을 때 그리스 도께서 우리를 위해 죽으심으로 하나님께 서는 우리에 대한 그분의 사랑을 나타내 셨습니다.

6,10절

9 그러므로 이제 우리가 그리스도의 피로써 의롭다는 인정을 받았으니 그리스도로 인 해 하나님의 진노에서 확실히 구원받을 것입니다.

살전 1:10;2:16

10 우리가 하나님과 원수 됐을 때 하나님의 아들이 죽으심으로 인해 그분과 화목하게 됐으니 화목하게 된 우리는 하나님의 생명 으로 인해 확실히 구원을 받을 것입니다.

11 그뿐 아니라 이제 우리는 우리를 하나님 과 화목하게 하신 우리 주 예수 그리스도 로 인해 하나님 안에서 기뻐합니다.

12 모든 사람이 죄로 말미암아 죽음 그러므로 한 사람으로 인해 죄가 세상에 들어오고 또 죄로 인해 죽음이 들어온 것같이 모든 사 람이 죄를 지었으므로 죽음이 모든 사람

예수 그리스도의 피로써 의롭게 됨

에게 이르렀습니다. _{창 2:17;3:6}

13 율법이 있기 전에도 죄가 세상에 있었으나 율법이 없을 때는 죄가 죄로 여겨지지 않았습니다.

14 그러나 아담 시대부터 모세 시대에 이르기까지 아담의 범죄와 같은 죄를 짓지 않은 사람들에게까지 죽음이 왕 노릇 했습니다. 아담은 오실 분의 모형입니다.

15 누구나 의로워질 수 있음 그러나 하나님이 그리스도를 통해 주시는 은사는 아담의 범죄와 같지 않습니다. 한 사람의 범죄로 인해 많은 사람이 죽었으나 하나님과 한 사람 예수 그리스도의 은혜로 인해 주어지는 선물은 더욱 많은 사람에게 넘쳤습니다.

16 또한 이 선물은 범죄한 한 사람으로 인해 생긴 결과와 같지 않습니다. 심판은 한 사람으로 인해 정죄에 이르렀으나 하나님이 그리스도를 통해 주시는 은사는 많은 범죄로 인해 의롭다 하심에 이르게 됩니다.

17 아담 한 사람의 범죄로 인해, 죽음이 바로

그 한 사람을 통해서 왕 노릇 했다면 은혜와 의의 선물을 넘치도록 받는 사람들은 한 분 예수 그리스도로 인해 생명 안에서 왕 노릇 할 것입니다. _{계 22:5}

18 그러므로 한 사람의 범죄로 인해 모든 사람이 정죄에 이른 것처럼 한 분의 의로운 행동으로 인해 모든 사람이 의롭다는 인정을 받아 생명에 이르렀습니다. _{4:25}

19 한 사람의 불순종으로 인해 많은 사람이 죄인이 된 것처럼 한 분의 순종으로 인해 많은 사람이 의인이 될 것입니다. _{히 5:8}

20 넘치는 은혜 율법은 범죄를 더하게 하려고 들어왔습니다. 그러나 죄가 더한 곳에 은혜가 더욱 넘쳤습니다. _{갈 3:19;딤전 1:14}

21 이것은 죄가 죽음 안에서 왕 노릇 한 것처럼 은혜도 의로 인해 왕 노릇 해 예수 그리스도 우리 주로 인해 영생에 이르게 하려는 것입니다.

6

죄의 핑계가 될 수 없는 은혜 그러면 우리가 무슨 말을 해야 하겠습니까? 은혜를 더하게 하려고 죄 가운데 머물러 있어야 하겠습니까? _{15절}

2 결코 그럴 수 없습니다. 죄에 대해 죽은 우리가 어떻게 죄 가운데 그대로 살겠습니까?

3 그리스도와 연합해 세례를 받은 우리는 모두 그리스도의 죽으심과 연합해 세례를 받은 줄을 알지 못합니까? _{갈 3:27}

4 그러므로 우리는 그리스도의 죽으심과 연합해 세례를 받음으로써 그분과 함께 묻혔습니다. 이는 그리스도께서 아버지의 영광으로 인해 죽은 자들 가운데서 살리심을 받은 것처럼 우리도 또한 새 생명 가운데서 살게 하려는 것입니다. _{골 2:12}

5 죄에 대해 죽음 우리가 그리스도의 죽으심과 같은 죽음으로 그분과 연합한 사람이 됐다면 분명히 우리는 그리스도의 부활하심과 같은 부활로도 그분과 연합한 사람이 될 것입니다. _{빌 3:10~11}

6 우리의 옛사람이 십자가에 못 박힌 것은

정죄 (5:16, 定罪, condemnation) 죄가 있는 것으로 단정함. 6:23 또는 '값은'.

죄의 몸이 멸해져 우리가 더 이상 죄의 종이 되지 않게 하려는 것임을 압니다.

7 이는 죽은 사람은 이미 죄에서 벗어났기 때문입니다. 벧전 4:1

8 우리가 그리스도와 함께 죽었다면 또한 그분과 함께 살 것을 믿습니다. 딤후 2:11

9 우리가 알기로 죽은 사람 가운데서 살리심을 받은 그리스도께서는 다시 죽지 않으시고 죽음이 더 이상 그분을 지배하지 못합니다. 행 13:34:계 1:18

10 그리스도께서 죽으신 것은 죄에 대해 단번에 죽으신 것이요, 그분이 사시는 것은 하나님께 대해 사시는 것입니다.

11 이와 같이 여러분도 자신을 죄에 대해서는 죽은 자요, 하나님께 대해서는 그리스도 예수 안에서 산 자로 여기십시오.

12 순종을 요구하는 은혜 그러므로 여러분의 죽을 몸에 죄가 왕 노릇 하지 못하게 해 몸의 정욕에 순종하지 말고 미 7:19

13 또한 여러분의 지체를 불의의 무기로 죄에게 내주지 말고 오직 죽은 자 가운데서 다시 산 자처럼 여러분 자신을 하나님께 드리며 여러분의 지체를 의의 무기로 하나님께 드리십시오. 고후 10:4;벧전 2:24

14 죄가 여러분을 지배하지 못할 것인데 여러분은 율법 아래 있지 않고 은혜 아래 있기 때문입니다.

15 의의 종 그러면 어떻게 해야 하겠습니까? 우리가 율법 아래 있지 않고 은혜 아래 있다고 해서 죄를 짓겠습니까? 결코 그럴 수 없습니다. 1절

16 여러분이 자신을 종으로 드려 누구에게든지 순종하면 여러분은 여러분이 순종하는 그 사람의 종이 되는 줄을 알지 못합니까? 여러분은 죄의 종이 돼 죽음에 이르거나 아니면 순종의 종이 돼 의에 이릅니다.

17 그러나 하나님께 감사드립니다. 여러분이 전에는 죄의 종이었으나 이제는 여러분이 전해 받은 교훈의 본을 마음으로부터 순종함으로

18 죄에서 해방돼 의의 종이 됐습니다.

19 여러분의 육신이 연약하므로 내가 사람의 방식대로 말합니다. 여러분이 전에는 자기의 지체를 부정과 불법의 종으로 내주어 불법에 이른 것처럼 이제는 여러분의 지체를 의의 종으로 드려 거룩함에 이르십시오.

20 생명을 주는 은혜 여러분이 죄의 종이었을 때는 의에 대해 자유스러웠습니다.

21 그러나 여러분은 그때 무슨 열매를 거두었습니까? 이제 여러분은 그런 일들을 부끄러워합니다. 이는 그것들의 마지막이 죽음이기 때문입니다. 1:32;7:5;8:6,13;잠 14:12

22 그러나 이제 여러분은 죄에서 해방되고 하나님의 종이 돼 거룩함에 이르는 열매를 맺고 있습니다. 그 마지막은 영생입니다.

23 죄의 *대가는 죽음이요, 하나님의 은사는 그리스도 예수 우리 주 안에 있는 영생입니다.

율법이 뭔가요?

'율법'은 하나님이 모세를 통해 이스라엘에게 주신 말씀을 말해요(갈 7:19, 23). 흔히 '모세 율법'이라고도 합니다. 하나님이 율법을 주신 이유는 첫째, 율법은 죄를 깨닫게 하기 때문이에요(롬 3:20).

율법은 '하라'는 것과 '하지 말라'는 것으로 구성되어 있는데, 사람은 율법 앞에서 자신의 행동을 살펴보고 죄를 깨닫게 돼요.

둘째, 율법은 예수 그리스도께로 안내하기 때문이에요. 인간은 율법을 아무리 지키려 노력해도 율법의 행위로는 의로울 될 수 없다는 것을 깨닫게 돼요. 의롭다고 인정받는 것은 예수님을 통해 죄 사함을 받을 뿐만 아니라, 동시에 그것을 믿음으로써 하나님에게 받는 것이에요(갈 3:24).

이와 같이 율법은 그 자체로 인간을 구원할 수 없어요. 다만 예수님께로 인도하여 구원받아 믿음의 삶을 살도록 인도하는 역할을 한답니다.

7

결혼 관계로 비유된 율법 형제들이여, 내가 율법을 알고 있는 사람들에게 말합니다. 여러분은 율법이 사람이 살아 있는 동안에만 그 사람을 지배한다는 것을 알지 못합니까?

2 결혼한 여자가 그 남편이 살아 있는 동안에는 법으로 남편에게 매여 있으나 그 남편이 죽으면 남편의 법에서 벗어나게 됩니다.

3 그러므로 남편이 아직 살아 있을 때 여자가 다른 남자에게 간다면 간음한 여자라 불릴 것입니다. 그러나 만일 남편이 죽으면 그 법에서 벗어나게 되므로 다른 남자에게 가더라도 간음한 여자가 되지 않습니다.

4 **그리스도와의 연합** 그러므로 내 형제들이여, 여러분도 그리스도의 몸으로 인해 율법에 대해 죽은 자가 됐습니다. 이것은 우리가 다른 분, 곧 죽은 자 가운데서 살아나신 분에게 속해 하나님을 위해 열매를 맺게 하려는 것입니다.

5 우리가 육신에 있을 때는 율법으로 인한 죄의 정욕이 우리 지체 속에서 작용해 죽음에 이르는 열매를 맺게 했습니다.

6 그러나 이제는 우리가 우리를 옭아매던 것에 대해 죽었으므로 율법에서 벗어났습니다. 그러므로 우리는 성령의 새로운 것으로 섬기고 *문자에 의한 해묵은 것으로 섬기지 않습니다. 2:29;고후 3:6

7 **율법과 죄** 그러면 우리가 무슨 말을 하겠습니까? 율법이 죄입니까? 결코 그럴 수 없습니다. 율법에 비춰 보지 않았다면 나는 죄를 알지 못했을 것입니다. 율법이 "탐내지 말라"고 하지 않았다면 나는 탐심을 알지 못했을 것입니다. 출 20:17

8 그러나 죄가 계명으로 인해 기회를 타서 내 안에 각종 탐심을 일으켰습니다. 율법이 없으면 죄는 죽은 것입니다. 고전 15:56

9 전에 율법이 없었을 때는 내가 살아 있었지만 계명이 들어오자 죄는 살아나고

10 나는 죽었습니다. 생명에 이르게 할 그 계명이 나를 죽음에 이르게 하는 것이 됐습니다.

11 죄가 계명으로 인해 기회를 타서 나를 속이고 그 계명으로 나를 죽였습니다. 8절

12 그러므로 율법도 거룩하고 계명도 거룩하고 의롭고 선합니다. 시 19:8-9;119:137;벧후 2:21

13 **죄를 드러내게 하는 율법** 그러면 선한 것이 내게 죽음을 가져다주었다는 말입니까? 결코 그럴 수 없습니다. 오히려 죄가 죄로 드러나도록 하기 위해 그 선한 것으로 내게 죽음을 가져왔습니다. 이는 계명으로 인해 죄가 더욱 죄가 되게 하려는 것입니다.

14 우리는 율법이 신령한 줄 압니다. 그러나 나는 죄 아래 팔려 육신에 속해 있습니다.

15 **선한 율법과 죄된 육신** 나는 내가 행하는 것을 이해할 수 없습니다. 이는 내가 원하는 것은 행하지 않고 오히려 증오하는 것을 행하기 때문입니다. 18-19절

16 내가 원하지 않는 것을 행한다면 나는 율법이 선하다는 것을 시인하는 것입니다.

17 그러나 지금 그것을 행하는 사람은 내가 아니라 내 안에 거하는 죄입니다. 20절

18 나는 내 안, 곧 내 육신 속에 선한 것이 거하지 않는 줄을 압니다. 원함은 내게 있으나 선을 행하는 것은 없습니다. 욥 14:4;15:14

19 내가 원하는 선은 행하지 않고 오히려 원하지 않는 악을 행합니다. 15절

20 만일 내가 원하지 않는 것을 행한다면 그것을 행하는 사람은 내가 아니라 내 안에 거하는 죄입니다. 17절

21 **마음과 육신의 싸움** 그러므로 나는 하나의 법칙을 깨달았습니다. 곧 선을 행하기 원하는 나에게 악이 함께 있다는 것입니다.

22 내가 속사람으로는 하나님의 법을 즐거워하지만 시 1:2;112:1;119:35;고후 4:16

23 내 지체 안에서 하나의 다른 법이 내 마음의 법과 싸워 나를 내 지체 안에 있는 죄의 법의 포로로 잡아가는 것을 봅니다.

24 아, 나는 비참한 사람입니다! 이 사망의 몸에서 누가 나를 구해 내겠습니까?

25 우리 주 예수 그리스도로 인해 하나님께 감

사드립니다. 그러므로 나 자신은 마음으로는 하나님의 법을, 육신으로는 죄의 법을 섬기고 있습니다.   고전 15:57

8 예수 안에는 정죄함이 없음 그러므로 이제 그리스도 예수 안에 있는 사람들은 정죄를 받지 않습니다.

2 이는 그리스도 예수 안에 있는 생명의 성령의 법이 죄와 죽음의 법에서 여러분을 해방했기 때문입니다.   고전 15:45;고후 3:6

3 율법이 육신으로 인해 연약하게 할 수 없던 그 일을 하나님께서는 하셨습니다. 곧 하나님께서는 죄를 속량해 주시려고 자기 아들을 죄 있는 육신의 모습으로 보내셔서 육신 안에서 죄를 심판하셨습니다.

4 이는 육신을 따라 살지 않고 성령을 따라 사는 우리에게 율법의 요구가 이루어지게 하시려는 것입니다.   2:26;갈 5:16,25

5 육신을 따라 사는 사람은 육신의 일을 생각하지만 성령을 따라 사는 사람은 성령의 일을 생각합니다.   갈 5:19~21;5:22~23,25

6 육신의 생각은 죽음이지만 성령의 생각은 생명과 평안입니다.   13절

7 육신의 생각은 하나님을 적대하는 것입니다. 그것은 하나님의 법에 복종하지 않을뿐더러 복종할 수도 없습니다.   약 4:4

8 육신 안에 사는 사람들은 하나님을 기쁘시게 할 수 없습니다.

9 생명을 주는 영 그러나 하나님의 영이 여러분 안에 거하시면 여러분은 육신에 있지 않고 성령 안에 있습니다. 누구든지 그리스도의 영이 없으면 그리스도의 사람이 아닙니다.   11절;고전 3:16;6:19;고후 6:16;유 1:19

10 그러나 그리스도가 여러분 안에 계시다면 몸은 죄로 인해 죽으나 영은 의로 인해 살아 있습니다.

11 예수를 죽은 사람 가운데서 살리신 분의 영이 여러분 안에 거하시면, 그리스도 예수를 죽은 사람 가운데서 살리신 분께서 여러분 안에 거하시는 자기 영으로 인해 여러분의 죽을 몸도 살리실 것입니다.

12 성령의 인도하심을 받아야 함 그러므로 형제들이여, 우리는 육신을 따라 살아야 하는 육신에 빚진 사람이 아닙니다.

13 만일 여러분이 육신을 따라 살면 반드시 죽을 것이지만 성령으로 몸의 행실을 죽이면 살 것입니다.   골 3:5

14 누구든지 하나님의 영으로 인도를 받는 사람들은 하나님의 아들들입니다.   갈 5:18

15 여러분은 다시 두려움에 이르게 하는 종의 영을 받지 않고 양자의 영을 받았습니다. 우리는 그 영으로 '아바 아버지'라고 부릅니다.   8:23;고전 2:12;갈 4:6;딤후 1:7

16 성령은 친히 우리의 영과 더불어 우리가 하나님의 자녀임을 증언합니다.   요일 3:24

17 우리가 자녀이면 또한 상속자입니다. 우리가 그리스도와 함께 영광을 받기 위해 그분과 더불어 고난을 받으면 우리는 하나님의 상속자요, 그리스도와 함께 상속자가 됩니다.   고후 1:7;갈 3:29;4:7;딤후 2:12

어떤 것도 하나님의 사랑에서 우리를 끊을 수 없음

18 **소망과 인내** 현재의 고난은 앞으로 우리에게 나타날 영광과 족히 비교할 수 없다고 생각합니다. 고후 4:17;벧전 4:13;5:1;요일 3:2

19 피조물은 하나님의 아들들이 나타나기를 고대하고 있습니다.

20 피조물이 허무한 데 굴복하게 된 것은 자신의 뜻이 아니라 오직 굴복하게 하시는 분으로 인한 것입니다. 그러나 피조물도 소망 가운데 있으니 창 3:17~19;전 1:2

21 이는 피조물 자신도 썩어짐의 종노릇하는 데서 벗어나 하나님의 자녀가 누릴 영광의 자유에 이를 것이기 때문입니다.

22 우리는 모든 피조물이 지금까지 함께 탄식하며 함께 해산의 고통을 겪고 있다는 것을 알고 있습니다. 렘 12:4,11;막 16:15

23 그뿐 아니라 성령의 첫 열매를 가진 우리조차도 속으로 탄식하며 양자 됨, 곧 우리 몸의 구속을 기다리고 있습니다.

24 이는 우리가 이 소망 가운데 구원을 받았기 때문입니다. 그러나 눈에 보이는 소망은 소망이 아닙니다. 보이는 것을 누가 소망하겠습니까? 고후 4:18;히 11:1

25 만일 우리가 보지 못하는 것을 소망한다면 참고 기다려야 합니다.

26 성령이 도우심 성령께서도 우리의 연약함을 도와주십니다. 우리는 마땅히 무엇을 기도해야 할지 알지 못하지만 오직 성령께서 친히 말로 할 수 없는 탄식으로 우리를 위해 간구하십니다. 슥 12:10;엡 6:18

27 마음을 살피시는 분께서 성령의 생각이 무엇인지 아십니다. 이는 성령께서 하나님의 뜻을 따라 성도를 위해 간구하시기 때문입니다. 삼상 16:7;대상 28:9;잠 15:11;17:3

28 **믿는 사람들을 위한 영원한 계획** 우리는 하나님을 사랑하는 사람들, 곧 그분의 뜻을 따라 부르심을 받은 사람들에게는 모든 것이 합력해 선을 이루는 줄을 압니다.

29 하나님께서는 미리 아신 사람들을 자기 아들의 형상을 닮게 하시려고 또한 미리 정하셨습니다. 이는 그 아들이 많은 형제들 가운데 맏아들이 되게 하시기 위함입니다.

30 하나님께서는 미리 정하신 그들을 또한 부르시고 부르신 그들을 또한 의롭다 하시고 의롭다 하신 그들을 또한 영화롭게 하셨습니다. 요7:22;고전 6:11

31 그러면 이 일에 대해 우리가 무슨 말을 하겠습니까? 하나님께서 우리를 위하시면 누가 우리를 대적하겠습니까? 민 14:9

32 자기 아들을 아끼지 않으시고 우리 모두를 위해 내어 주신 분께서 어떻게 아들과 함께 모든 것을 우리에게 은혜로 주지 않으시겠습니까? 요 3:16

33 누가 하나님께서 택하신 자들을 고소할 수 있겠습니까? 의롭다고 인정하신 분은 하나님이십니다. 사 50:8~9

34 누가 정죄하겠습니까? 죽었을 뿐 아니라 살리심을 받으신 분은 그리스도 예수이십

QT 큐티

하나님의 뜻

누구를 선택하셨나?

'하나님이 이 세상의 주인이시고, 하나님의 뜻대로 세상이 움직이고 내 삶이 움직인다면 나는 무엇일까? 하나님의 뜻대로 움직이는 로봇인가?' 목사님의 설교를 듣고 하나님의 주권에 대해 함께 하게 된 규은이는 어떻게 이해해야 할지 혼란스럽습니다.

하나님은 세상의 모든 사람들을 사랑하시고 구원받기를 원하시지만 이 세상의 모든 사람이 구원을 받는 것은 아니에요. 또 누가 구원을 받고 못 받을지는 아무도 몰라요. 오직 하나님만이 아시죠. 이런 사실이 너무 불공평하고 이치에 맞지 않는다고 생각할지 모르지만 우리가 참견할 수 없는 하나님의 권리랍니다. 우리는 하나님께 이러쿵저러쿵할 자격이 없어요. 왜냐면 우리는 하나님의 자녀이기도 하지만 동시에 하나님이 만든 피조물이기 때문이죠.

그렇지만 하나님은 모든 사람이 구원받을 수 있는 방법을 열어

니다. 그분은 하나님 오른편에 계시며 우리를 위해 간구하십니다. _{1절히 7:25,요일 2:1}

35 끊을 수 없는 하나님의 사랑 누가 우리를 그리스도의 사랑에서 끊을 수 있겠습니까? 환난이나 곤고나 핍박이나 배고픔이나 헐벗음이나 위험이나 칼이겠습니까?

36 기록되기를
"우리가 종일 주를 위해 죽임을 당하며 도살할 양같이 여김을 받았다" _{시 44:22}
라고 한 것과 같습니다. _{고후 4:10~11}

37 그러나 이 모든 일에 우리를 사랑하시는 분으로 인해 우리가 넉넉히 이깁니다.

38 나는 확신합니다. 죽음이나 생명도, 천사들이나 악마들도, 현재 일이나 장래 일이나 어떤 능력도,

39 높음이나 깊음이나 다른 어떤 피조물도 그리스도 예수 우리 주 안에 있는 하나님의 사랑에서 우리를 끊을 수 없습니다.

9 이스라엘에 대한 근심 나는 그리스도 안에서 진실을 말하고 거짓말을 하지 않습니다. 내 양심이 성령 안에서 내게 이것을 증언합니다. _{고후 11:10,딤전 2:7}

2 곧 내게 큰 근심이 있다는 것과 내 마음에 끊임없는 고통이 있다는 것입니다.

3 나는 내 형제, 곧 육신을 따라 된 내 동족을 위해서라면 나 자신이 저주를 받아 그리스도에게서 끊어진다 할지라도 좋습니다.

4 내 동족은 이스라엘 사람입니다. 그들에게는 양자 됨과 영광과 언약들과 율법을

깊이 읽기 로마서 9장 19~24절을 디모데후서 4장 2~5절을 읽으세요.

놓으셨어요. "주의 이름을 부르는 사람은 누구든지 구원을 받을 것이다."(롬 10:13)라는 거예요. 그래서 우리는 예수님을 믿지 않는 사람들에게 항상 복음을 전해야 해요. 어떤 사람이 예수님을 주로 영접할 것인가 하는 것은 알 수 없어요. 우리가 할 일은 모든 사람이 구원의 기회를 얻도록 복음을 전하는 것이에요.
내가 복음을 전해야 할 사람은 누구인가요? 그 사람에게 어떤 방법으로 복음을 전할 것인지 구체적으로 생각하고 실천해 봐요.

세우심과 예배와 약속들이 있고 _{신 4:14}

5 조상도 그들의 것이요, 육신적으로는 그리스도도 그들에게서 나셨습니다. 그분은 만물 위에 계시고 영원토록 찬양받으실 하나님이십니다. 아멘. _{0 1:1,고후 11:31}

6 약속의 자녀 그러나 하나님의 말씀이 파기된 것 같지는 않습니다. 이스라엘에게서 난 사람들이라고 해서 다 이스라엘이 아니고

7 아브라함의 씨라고 해서 다 그의 자녀가 아니기 때문입니다. 오히려 "이삭에게서 난 자라야 네 씨라고 불릴 것이다"라고 하셨습니다. _{창 21:12,히 11:18}

8 곧 육신의 자녀가 하나님의 자녀가 아니라 오직 약속의 자녀가 씨로 여김을 받는다는 것입니다. _{갈 4:23,28}

9 약속의 말씀은 이것입니다. "내년 이맘때 내가 올 것이니 사라에게 아들이 있을 것이다." _{창 18:10,14}

10 그뿐이 아닙니다. 리브가가 또한 우리 조상 이삭 한 사람으로 인해 임신했는데

11 그 자식들이 아직 태어나지도 않고 또 어떤 선이나 악을 행하기도 전에 택하심을 따라 되는 하나님의 뜻이,

12 행위로 인하지 않고 오직 부르시는 분으로 인해 서게 하시려고 리브가에게 말씀하시기를 "큰 자가 어린 자를 섬길 것이다"라고 하셨습니다. _{창 25:23}

13 기록되기를
"내가 야곱은 사랑하고 에서는 미워했다" _{말 1:2~3}
라고 한 것과 같습니다.

14 하나님의 긍휼 그렇다면 우리가 무슨 말을 하겠습니까? 하나님이 불의하십니까? 결코 그럴 수 없습니다. _{신 32:4,대하 19:7}

15 하나님께서 모세에게 말씀하시기를
"내가 긍휼히 여길 자를 긍휼히 여기고 내가 불쌍히 여길 자를 불쌍히 여길 것이다" _{출 33:19}
라고 하셨습니다.

16 그러므로 이것은 원하는 사람에게 달려 있는 것도 아니고 달음질하는 사람에게

양자(8:23, 養子, adopted son) 입양해서 아들로 삼은 사람.

달려 있는 것도 아니고 오직 긍휼히 여기
시는 하나님께 달려 있습니다.

17 성경에서 바로에게 말씀하시기를 "내가 이
를 위해 너를 세웠으니 곧 너로 인해 내 능
력을 나타내고 내 이름이 온 땅에 전파되
게 하려는 것이다"라고 했습니다. 출 9:16

18 이와 같이 하나님께서는 원하시는 사람을
긍휼히 여기시고 원하시는 사람을 완악하
게 하십니다. 신 2:30;수 11:20

19 한없는 하나님의 은혜 그러면 그대는 내게
"그렇다면 하나님은 왜 여전히 책망하시
는 것입니까? 누가 그분의 뜻을 거역하겠
습니까?"라고 할 것입니다. 대하 20:6

20 그러나 사람이 무엇이기에 감히 하나님께
말대답을 한단 말입니까? 지음을 받은 것
이 지은 자에게 "왜 나를 이렇게 만들었습
니까?"라고 대들 수 있겠습니까?

21 토기장이가 진흙 한 덩어리를 가지고 하
나는 귀히 쓸 그릇을, 다른 하나는 막 쓸
그릇을 만들 권리가 없겠습니까? 사 64:8

22 만일 하나님께서 진노를 보이시고 능력을
알리시고자 멸망받도록 예비된 진노의 그
릇에 대해 오래 참으심으로 관용하시고

23 영광을 받도록 예비하신 긍휼의 그릇에
대해 풍성한 영광을 알게 하고
자 하셨다면 어찌하겠습니까? 엡 3:16

24 하나님께서 우리를 바로 이 그릇으로 부르
셨으니, 곧 유대 사람 가운데에서뿐 아니라
이방 사람 가운데에서도 부르셨습니다.

25 은혜에 대한 예언 호세아서에서도 하나님께
서 말씀하시기를
"내가 내 백성이 아닌 자를 내 백성이
라, 사랑받지 못한 자를 사랑받는 자라
부를 것이다" 호 2:23

26 "그리고 '너희는 내 백성이 아니다'라고
그들에게 말한 그곳에서 그들이 살아 계
신 하나님의 아들들이라 불릴 것이다"
라고 한 것과 같습니다.

27 이사야도 이스라엘에 대해 부르짖기를
"비록 이스라엘 자손의 수가 바다의 모래
알 같을지라도 오직 남은 자만 구원받

을 것이다. 사 10:22~23

28 주께서 그 말씀하신 것을 땅 위에서 온
전하고 신속히 이루실 것이다"
라고 했습니다.

29 또한 이사야가 미리 말하기를
"만군의 주께서 우리에게 씨를 남겨 두
지 않으셨더라면 우리는 소돔같이 되고
고모라같이 됐을 것이다"
라고 한 것과 같습니다. 사 1:9
사 29:23;사 13:19

30 은혜를 보지 못한 이스라엘 그렇다면 우리가
무슨 말을 하겠습니까? 의를 따르지 않은
이방 사람이 의, 곧 믿음으로 인한 의를 얻
었으나 1:17;3:21~22;10:6;갈 2:16

31 의의 율법을 따르던 이스라엘은 율법에 이
르지 못했습니다.

32 그 이유가 무엇입니까? 이는 그들이 믿음
에 의해서가 아니라 행위로 의를 얻는 것
처럼 행했기 때문입니다. 그들은 걸림돌
에 걸려 넘어지고 말았습니다.

33 기록되기를
"보라, 내가 시온에 걸림돌과 거치는 바
위를 두리니 그를 믿는 자는 수치를 당
하지 않을 것이다"
라고 한 것과 같습니다.
사 8:14;28:16;49:23

10

구원받아야 할 이스라엘 형제들이여,
내 마음의 소원과 이스라엘을 위
해 하나님께 기도하는 것은 그들이 구원
을 받는 것입니다.

2 내가 그들에 대해 증언합니다. 그들은 하
나님께 열심이 있으나 지식을 따른 것이
아닙니다.

3 그들은 하나님의 의를 알지 못하고 자기
의를 세우려고 애쓰면서 하나님의 의에
복종하지 않았습니다.

4 그리스도께서는 믿는 모든 사람들이 의에 이
르게 하기 위해 율법의 마침이 되셨습니다.

5 모든 사람을 위한 구원 모세는 율법으로 인
한 의에 대해 기록하기를 "율법을 행한 사
람은 그것으로 살 것이다"라고 했습니다.

6 그러나 믿음으로 인한 의는 이렇게 말합
니다. "너는 속으로 '누가 하늘에 올라가겠

```

느냐?' 하지 말라." (이것은 그리스도를 모셔 내리려는 것입니다.) 신 30:12

7 혹은 "'누가 지옥에 내려가겠느냐?' 하지도 말라." (이것은 그리스도를 죽은 자 가운데서 모셔 올리려는 것입니다.) 신 30:13

8 그러면 그것은 무엇을 말합니까? "말씀이 네 가까이 있으니 네 입 속에 있고 네 마음속에 있다"라고 했으니 이것은 우리가 전파하는 믿음의 말씀입니다. 신 30:14

9 만일 당신의 입으로 예수를 주라고 고백하고 또 하나님께서 그분을 죽은 사람 가운데서 살리신 것을 마음에 믿으면 구원을 받을 것입니다. 마 10:32;눅 12:8

10 사람이 마음으로 믿어 의에 이르고 입으로 고백해 구원에 이릅니다.

11 성경은 "누구든지 그를 믿는 사람은 수치를 당하지 않으리라"라고 말합니다. 사 28:16

12 유대 사람이든 이방 사람이든 차별이 없습니다. 동일하신 주께서는 모든 사람의 주가 되셔서 그분을 부르는 모든 사람에게 부요하십니다. 행 10:36

13 "주의 이름을 부르는 사람은 누구든지 구원을 받을 것이다." 욜 2:32;행 2:21

14 믿음을 주는 복음 그런데 그들이 믿지 않는 분을 어떻게 부르겠습니까? 듣지도 못한 분을 어떻게 믿겠습니까? 전하는 사람이 없이 어떻게 듣겠습니까? 엡 4:21

15 또 보냄을 받지 않았으면 어떻게 전하겠습니까? 기록되기를 "좋은 소식을 전하는 사람들의 발이 얼마나 아름다운가!"라고 한 것과 같습니다. 사 52:7

16 그러나 그들 모두가 다 복음에 순종한 것은 아닙니다. 이사야는 "주여, 우리의 전한 것을 누가 믿었나이까?"라고 했습니다.

17 그러므로 믿음은 들음에서 나고 들음은 그리스도의 말씀에서 납니다. 갈 3:2,5

18 복음을 거부한 이스라엘 그렇다면 내가 묻겠습니다. 그들이 듣지 못했습니까? 물론 그렇지 않습니다.

"그들의 음성이 온 땅에 퍼졌고 그들의 말이 땅끝까지 이르렀다" 시 19:4

라고 했습니다.

19 내가 다시 묻습니다. 이스라엘이 알지 못했습니까? 먼저 모세가 말하기를

"내가 백성이 아닌 자로 너희를 시기하게 하고 미련한 백성으로 너희를 분노하게 할 것이다" 신 32:21

라고 했습니다. 11:11,14

20 또 이사야가 아주 담대하게 말하기를

"나를 찾지 않는 자들을 내가 만나 주고 내게 구하지 않는 자들에게 내가 나타났다" 사 65:1

라고 했습니다.

21 그러나 이스라엘에 관해서는

"내가 순종하지 않고 거역하는 백성에게 온종일 내 손을 내밀었다" 사 65:2

라고 했습니다.

**11** 은혜로 남은 사람 그러면 내가 묻겠습니다. 하나님께서 자기 백성을 버리셨습니까? 결코 그럴 수 없습니다. 나 자신도 이스라엘 사람, 아브라함의 씨에서 난 자요, 베냐민 지파에 속한 사람입니다.

2 하나님께서는 미리 아신 자기 백성을 버리지 않으셨습니다. 여러분은 성경이 엘리야에 관해 말한 것을 알지 못합니까? 그가 이스라엘을 고발해 하나님께 호소하기를

3 "주여, 그들이 주의 예언자들을 죽이고 주의 제단들을 부수었습니다. 오직 저만 남았는데 그들이 제 목숨도 찾고 있습니다" 왕상 19:10,14

라고 했습니다.

4 그러나 하나님께서 그에게 무엇이라고 대답하셨습니까? "내가 나 자신을 위해 바알에게 무릎을 꿇지 않은 7,000명을 남겨두었다'라고 하셨습니다. 왕상 19:18

5 그러므로 이와 같이 지금도 은혜로 선택을 받아 남은 사람이 있습니다. 9:27

6 그리고 만일 은혜로 된 것이면 행위로 인한 것이 아닙니다. 그렇지 않으면 은혜는 더 이상 은혜가 되지 못합니다.

7 진리를 깨닫지 못하는 완악한 사람 그러면 무엇입니까? 이스라엘은 자기들이 찾던 것을 얻지 못했습니다. 오직 택하심을 받은
```

사람이 얻었고 나머지 사람들은 완악해졌습니다.

8 기록되기를

"하나님께서 오늘날까지 그들에게 혼미한 심령과 보지 못하는 눈과 듣지 못하는 귀를 주셨다"

라고 한 것과 같습니다. 신 29:4;사 29:10;렘 5:21

9 또 다윗도 말하기를

"그들의 밥상이 그들에게 덫과 올가미와 거치는 것과 보응이 되게 하시고

10 그들의 눈이 어두워져 볼 수 없게 하시고 그들의 등이 영원히 굽게 하소서"

라고 했습니다.

11 이방 사람들에게 은혜를 전함 그러면 내가 묻겠습니다. 그들이 완전히 쓰러져 내버려야 할 정도로 넘어진 것입니까? 결코 그럴 수 없습니다. 도리어 그들의 넘어짐으로 구원이 이방 사람에게 이르러 이스라엘이 시기하게 하려는 것입니다.

12 그들의 넘어짐이 세상의 부요함이 되고 그들의 실패가 이방 사람의 부요함이 됐다면 그들의 충만함은 얼마나 더 큰 부요함을 가져오겠습니까?

13 유대 사람들을 돌아오게 할 이방 사람 이제 내가 이방 사람인 여러분에게 말합니다. 내가 이방 사람의 사도인 만큼 나는 내 직분을 영광스럽게 여깁니다. 15:16

14 이는 내가 어떻게든 내 동족에게 시기심을 일으켜 그들 가운데 다만 얼마라도 구원을 받게 하려는 것입니다. 약 5:20

15 하나님께서 그들을 버리신 것이 세상의 화목이 됐다면 하나님께서 그들을 받아들이시는 것은 죽은 사람 가운데서 살아나는 것이 아니고 무엇이겠습니까? 5:11

16 첫 열매로 바치는 반죽 덩어리가 거룩하면 반죽 덩어리 전체도 그러하고 뿌리가 거룩하면 가지도 그러합니다. 민 15:18-21

17 자랑할 수 없는 이방 사람들 그런데 가지들 가운데 몇 개가 부러졌는데 돌올리브 나무인 그대가 그들 가운데 접붙임을 받아 참올리브 나무 뿌리의 자양분을 함께 나눠 받는 사람이 됐으니 렘 11:16

18 그 가지들을 향해 자랑하지 마십시오. 자랑한다 할지라도 그대가 뿌리를 지탱하는 것이 아니라 뿌리가 그대를 지탱한다는 사실을 명심하십시오.

19 그러면 그대는 "가지들이 부러진 것은 나로 접붙임을 받게 하기 위한 것이었다"라고 말할 것입니다.

20 그렇습니다. 그들은 믿지 않으므로 부러졌고 당신은 믿음으로 서 있습니다. 마음에 교만을 품지 말고 오히려 두려워하십시오.

21 하나님께서 원가지들도 아끼지 않으셨으니 그대도 아끼지 않으실 것입니다.

22 그러므로 하나님의 인자하심과 준엄하심을 생각해 보십시오. 넘어진 사람들에게는 준엄하심이 있으나 만일 그대가 하나님의 인자하심 안에 머무르면 그분의 인

참올리브 나무와 돌올리브 나무

바울은 유대 사람과 이방 사람의 관계를 설명하면서 '올리브 나무의 접목'에 대한 비유를 했다. 이 비유에 등장하는 접붙이는 방법은 일반 접목법과는 반대이다.

일반 접목법은 야생의 뿌리에 좋은 가지를 붙이는데, 바울은 좋은 나무에 나쁜 가지를 붙인다고 했다.

이 비유에서(롬 11:17-24) 참올리브 나무는 유대 사람들, 꺾인 가지는 예수님을 믿지 않는 유대 사람들을 말한다. 접붙인 돌올리브 나뭇가지는 예수님을 믿게 된 이방 사람들이다.

이방 사람이, 유대 사람의 조상을 믿음의 조상으로 삼으며 그 토대에서 복음을 듣고 구원받는 사실을 비유한 것이다.

구원받은 이방 사람들은 유대 사람들을 향하여 자랑하거나 교만하지 말아야 한다고 말한 것이다(롬 11:18).

자하심이 그대에게 있을 것입니다. 그렇지 않으면 그대 역시 잘려 나갈 것입니다.

23 또한 그들이 불신앙에 머물지 않는다면 다시 접붙임을 받을 것입니다. 하나님께서는 그들을 다시 접붙이실 수 있기 때문입니다.

24 그대가 본래 돌올리브 나무에서 잘려 나와 본성을 거슬러 참올리브 나무에 접붙임을 받았다면 하물며 원가지들인 이 사람들이야 얼마나 더 쉽게 자기 올리브 나무에 접붙임을 받을 수 있겠습니까?

25 모든 사람에게 마치는 은혜 형제들이여, 나는 여러분이 이 비밀에 대해 알기를 바랍니다. 이것은 여러분이 스스로 지혜 있다고 생각하지 못하게 하려는 것입니다. 이 비밀은 이방 사람의 충만한 수가 들어오기까지 이스라엘 가운데 일부가 완악하게 됐다는 것입니다. _{12:16,고후 3:14}

26 그리하여 온 이스라엘이 구원을 받게 될 것입니다. 기록되기를

"구원자가 시온에서 나와 야곱에게서 경건치 않은 것을 제거하실 것이다.

27 이것은 그들과 맺은 내 언약이니 내가 그들의 죄를 없애 버릴 때 이루어질 것이다" 라고 한 것과 같습니다. _{사 27:9}

28 복음의 관점에서 보면 그들은 여러분으로 인해 원수가 된 사람들이지만, 선택의 관점에서 보면 그들은 조상들로 인해 사랑을 받은 사람들입니다. _{9:5;신 7:8;10:15}

29 하나님의 은사와 부르심은 번복될 수 없습니다. _{고후 7:10}

30 한때는 여러분이 하나님께 순종하지 않았으나 지금은 이스라엘의 불순종으로 긍휼히 여김을 받았습니다. _{엡 22-3,11,13;골 1:21;3:7}

31 이와 같이 이스라엘이 지금 순종하지 않는 것은 여러분에게 베푸신 긍휼로 이제 그들도 긍휼히 여기심을 받게 하려는 것입니다.

32 하나님께서 모든 사람을 불순종 가운데 가두신 것은 모든 사람에게 긍휼을 베푸

시기 위함입니다.

33 하나님의 지혜와 지식 깊도다! 하나님의 부요와 지혜와 지식이여, 그분의 판단은 헤아릴 수 없으며 그분의 길은 찾아낼 수 없도다. _{신 29:29;욥 11:7;골 2:3}

34 "누가 주의 마음을 알았으며 누가 주의 조언자가 됐는가?" _{욥 36:22-23;사 40:13}

35 누가 주께 먼저 드려 주의 보상을 받겠는가?" _{욥 35:7;41:11}

36 만물이 그분에게서 나오고 그분으로 인해 있고 그분에게로 돌아갑니다. 그분에게 영광이 영원토록 있기를 빕니다. 아멘.

12 거룩한 산 제물 그러므로 형제들이여, 내가 하나님의 자비하심으로 여러분에게 권합니다. 여러분의 몸을 하나님께서 기뻐하시는 거룩한 산 제물로 드리십시오. 이것이 여러분이 드릴 영적 예배입니다. _{6:13,16,19;고전 1:10}

2 여러분은 이 세대를 본받지 말고 오직 마음을 새롭게 함으로 변화를 받아 하나님의 선하시고 기뻐하시고 온전하신 뜻이 무엇인지 분별하도록 하십시오. _{엡 5:10}

3 다양한 은사 나는 내게 주신 은혜를 힘입어 여러분 각 사람에게 말합니다. 여러분

'거룩한 산 제물로 드리라'는 뜻이 무엇인가요?

바울은 우리에게 베푸신 하나님의 깊은 사랑을 생각한다면 우리 몸을 하나님이 기뻐하시는 거룩한 산 제물로 드려야 한다고 말하고 있어요. 성경에서 하나님께 제사를 드릴 때 제물을 죽여서 드리지 산 채로 드리는 경우는 없는데 바울은 왜 우리 몸을 산 제물로 드리라고 했을까요? 이것은 구약의 제사와 달리 살아 있는 우리 삶 자체를 드리라는 말씀이에요.

우리는 구원받은 하나님의 자녀로서 하나님의 말씀을 마음의 중심에 두고 그 뜻을 이루어 가는 삶을 살아야 해요. 이것이 하나님께 우리 몸을 산 제물로 드리는 것이고 바른 예배를 드리는 것이랍니다.

혼미(11:8, 昏迷, stupor) 마음이 어두워 사리 분별력이 없는 상태. 보응(11:9, 報應, retribution) 선한 것에 대한 상과 악한 것에 대한 벌을 모두 포함한다.

은 마땅히 생각할 그 이상의 생각을 품지 말고 오직 하나님께서 각 사람에게 나눠 주신 믿음의 분량대로 분수에 맞게 생각하십시오.

16절:11:20,고전 7:17;엡 4:7;벧전 4:11

4 우리가 한 몸에 많은 지체를 가졌으나 모든 지체가 같은 기능을 하는 것이 아닙니다.

5 이와 같이 우리 많은 사람들도 그리스도 안에서 한 몸을 이루었고 각 사람은 서로 지체가 됐습니다.

고전 10:17,33;12:20;엡 4:13,25

6 우리는 우리에게 주신 은혜를 따라 서로 다른 은사를 갖고 있습니다. 만일 예언이면 믿음의 분량대로,

고전 12:4,10;벧전 4:10-11

7 섬기는 일이면 섬기는 일로, 가르치는 사람이면 가르치는 일로,

8 권면하는 사람은 권면하는 일로, 구제하는 사람은 순수한 마음으로, 지도하는 사람은 부지런함으로, 긍휼을 베푸는 사람은 기쁜 마음으로 해야 합니다.

딤전 5:17

9 행위를 통한 사랑 사랑에는 거짓이 없어야 합니다. 악한 것을 미워하고 선한 것을 붙드십시오.

시 97:10;101:3;고후 6:6;딤전 1:5

10 형제의 사랑으로 서로 사랑하고 서로 먼저 존경하며

13:7;빌 2:3;벧전 2:17

11 열심을 내 일하고 성령으로 뜨거워진 마음으로 주를 섬기십시오.

행 18:25;20:19

12 소망 가운데 기뻐하고 환난 가운데 참으며 기도에 항상 힘쓰십시오.

13 성도들의 쓸 것을 공급하고 나그네를 대접하는 일에 힘쓰십시오.

히 6:10

14 원수에 대한 자세 여러분을 핍박하는 사람들을 축복하십시오. 축복하고 저주하지 마십시오.

15 기뻐하는 사람들과 함께 기뻐하고 우는 사람들과 함께 우십시오.

고전 12:26

16 서로 마음을 같이하고 교만한 마음을 품지 말며 오히려 비천한 사람들과 사귀고 스스로 지혜 있는 체 마십시오.

시 13:1

17 아무도 악을 악으로 갚지 말고 모든 사람 앞에서 선한 일을 힘써 행하십시오.

18 여러분이 할 수만 있으면 모든 사람들과 평화롭게 지내십시오.

19 사랑하는 형제들이여, 여러분이 스스로 원수를 갚지 말고 하나님의 진노하심에 맡기십시오. 기록되기를 "원수를 갚는 것이 내게 있으니 내가 갚아 주겠다"라고 주께서 말씀하십니다.

신 32:35;히 10:30

20 "네 원수가 굶주려 있으면 먹이고 목말라하면 마실 것을 주어라. 이로써 네가 그의 머리 위에 숯불을 쌓을 것이다."

21 악에 지지 말고 선으로 악을 이기십시오.

13 권세에 대한 복종 각 사람은 위에 있는 권세들에 복종하십시오. 무슨 권세든 하나님께로부터 오지 않은 것이 없고 이미 있는 권세는 다 하나님께서 세우신 것입니다.

딛 3:1;벧전 2:13

2 따라서 권세에 대항하는 사람은 하나님의 명을 거역하는 것이니 거역하는 사람들은 심판을 자초할 것입니다.

3 통치자에 대해서는, 선한 일 때문에 두려워할 것이 없고 악한 일 때문에 두려움의 대상이 됩니다. 권세자를 두려워하지 않기를 원합니까? 선을 행하십시오. 그러면 그에게 칭찬을 받을 것입니다.

벧전 2:14

4 그는 여러분에게 선을 이루기 위해 일하는 하나님의 일꾼입니다. 그러나 여러분이 악을 행한다면 두려워하십시오. 그는 공연히 칼을 가진 것이 아닙니다. 그는 하나님의 일꾼으로서 악을 행하는 사람에게 하나님의 진노를 집행하는 사람입니다.

5 그러므로 복종해야 할 필요가 있으니 진노 때문만이 아니라 양심을 위해서도 복종해야 할 것입니다.

막 12:17;벧전 2:19

6 여러분이 조세를 바치는 것도 바로 이 때문입니다. 그들은 하나님의 일꾼들로서 바로 이 일에 항상 힘쓰고 있습니다.

7 여러분은 모든 사람에게 의무를 다하십시오. 조세를 바쳐야 할 사람에게 조세를 바치고 관세를 바쳐야 할 사람에게 관세를 바치고 두려워해야 할 사람을 두려워하고 존경해야 할 사람을 존경하십시오.

8 사랑은 율법의 완성 서로 사랑하는 것 외에는 누구에게든지 아무 빚도 지지 마십시

오, 남을 사랑하는 사람은 율법을 다 이루었습니다. 10절

9 "간음하지 말라, 살인하지 말라, 도둑질하지 말라, 탐내지 말라"라고 하는 계명과 그 밖에 다른 계명이 있을지라도 이 모든 계명들은 "네 이웃을 네 자신과 같이 사랑하라"라고 하는 이 말씀 가운데 다 요약돼 있습니다. 출 20:13-15,17;레 19:18;신 5:17-21;마 19:18

10 사랑은 이웃에게 악을 행하지 않습니다. 그러므로 사랑은 율법의 완성입니다.

11 구원이 가까이 왔음 여러분은 이 시기를 알고 있는 것처럼 벌써 잠에서 깨어야 할 때가 됐습니다. 이제 우리의 구원이 처음 믿을 때보다 가까이 왔기 때문입니다.

12 밤이 깊고 낮이 가까이 왔습니다. 그러므로 어두움의 일들을 벗어 버리고 빛의 갑옷을 입읍시다. 고후 6:7;엡 5:11;6:11,13

13 낮에 행동하듯이 단정하게 행동합시다. 방탕하거나 술 취하지 말고 음행하거나 호색하지 말며 다투거나 시기하지 말고

14 오직 주 예수 그리스도로 옷 입고 정욕을 채우려고 육신의 일을 쓰지 마십시오.

14 판단을 금함 여러분은 믿음이 약한 사람을 받아들이되 그의 견해를 논쟁거리로 삼지 마십시오.

2 어떤 사람은 모든 음식을 먹을 만한 믿음이 있으나 믿음이 연약한 사람은 채소만

먹습니다. 14절

3 먹는 사람은 먹지 못하는 사람을 업신여기지 말고 먹지 못하는 사람은 먹는 사람을 판단하지 마십시오. 이는 하나님께서 그 사람을 받으셨기 때문입니다. 롬 2:16

4 여러분이 누구기에 남의 종을 판단합니까? 그의 서고 넘어지는 것이 자기 주인에게 달려 있습니다. 주께서 그를 세우실 수 있으니 그가 세움을 받을 것입니다.

5 양심의 문제 어떤 사람은 이날을 저 날보다 중요하게 생각하고 어떤 사람은 모든 날이 똑같다고 생각합니다. 각자 자기 마음에 확신을 가지십시오. 23절;갈 4:10

6 어떤 날을 중요하게 생각하는 사람은 주를 위해 중요하게 생각하고 먹는 사람도 주를 위해 먹으니 이는 그가 하나님께 감사하기 때문입니다. 먹지 않는 사람도 주를 위해 먹지 않고 하나님께 감사드립니다.

7 우리 중에 아무도 자기만을 위해 사는 사람이 없고 자기만을 위해 죽는 사람도 없습니다. 고후 5:15;갈 2:20;벧전 4:2

8 우리는 살아도 주를 위해 살고 죽어도 주를 위해 죽습니다. 그러므로 죽든지 살든지 우리는 주의 것입니다. 빌 1:20

9 이를 위해 그리스도께서 죽었다가 다시 살아나셨으니 이는 죽은 사람과 산 사람의 주가 되시기 위함이었습니다. 계 1:18;2:8

음식 먹을 때도 믿음이 있어야 하나요?

믿음의 사람들은 보통 음식을 먹을 때 하나님께 먼저 감사 기도를 드리지요?

하지만 바울이 살던 당시의 그리스, 로마 사회에서 믿음 생활을 하던 그리스도의 사람들은 먹는 것을 가지고 말다툼을 하곤 했어요.

고대 그리스, 로마 사회에서 시장에 파는 고기는 대다수가 우상에게 제물로 바쳐진 것이었어요(고전 8-9장). 그래서 유대 그리스도의 사람들은 그것을 먹지 않고 깨끗한 야채만을 먹었어요. 반면 이방 그리스도의 사람들은 자유롭게 사서

먹었어요.

유대 그리스도의 사람들과 이방 그리스도의 사람들은 고기를 먹는 것과 안 먹는 것을 가지고 서로에 대해 나쁘게 말했어요. 이에 바울은 성경이 죄로 말하지 않은 것에 대해서 서로 비판하지 말라고 경고했어요(롬 14:3).

다른 사람이 자신의 생각과 같지 않다고 나쁘게 말해서는 안 된다는 것이었어요.

모든 행위를 판단하실 분은 오직 예수 그리스도 이심을 인정하고 그분의 판단을 기다리기 때문이랍니다(고전 4:3-5).

▲ 바울 무덤 교회
로마 외곽 오스티안 거리에 있으며, 교회 내 강단 중앙에 바울의 무덤이 안치되어 있다.

10 자기 일을 사실대로 말할 것임 그런데 그대는 왜 그대의 형제를 판단합니까? 왜 그대의 형제를 업신여기십니까? 우리가 모두 하나님의 심판대 앞에 설 텐데 말입니다.

11 기록되기를
"주께서 말씀하시기를 '내가 살아 있으니 모든 무릎이 내 앞에 꿇을 것이요, 모든 혀가 하나님께 *찬양할 것이다'"
라고 했습니다. 사 45:23;빌 2:10-11

12 이와 같이 우리가 각각 자기의 일을 하나님께 사실대로 말씀드릴 것입니다.

13 형제를 넘어지게 하는 일을 아니함 그러므로 우리가 이제부터는 서로 남을 판단하지 맙시다. 형제 앞에 걸림돌이나 장애물을 두지 않기로 결심하십시오.

14 내가 주 예수 안에서 알고 확신하는 것은 이것입니다. 무엇이든지 그 자체로 부정한 것은 없고 다만 부정하다고 여기는 그 사람에게만 부정한 것입니다. 2,20절

15 만일 음식 문제로 여러분의 형제가 근심하게 되면 그대는 더 이상 사랑을 따라 행하지 않는 것입니다. 그리스도께서 위해 죽으신 그 형제를 음식 문제로 망하게 하지 마십시오. 고전 8:11;엡 5:2

16 그러므로 여러분의 선한 것이 비방을 받지 않도록 하십시오.

17 하나님의 나라는 먹고 마시는 것이 아니라 성령 안에서 의와 평강과 기쁨입니다.

18 그리스도를 이렇게 섬기는 사람은 하나님

을 기쁘시게 하고 사람에게도 인정을 받습니다.

19 그러므로 화평을 이루고 서로 세워 주는 일에 힘씁시다. 15:2;시 34:14;고전 7:15;14:12

20 음식 문제로 인해 *하나님의 일을 망치지 않도록 하십시오. 모든 것이 다 깨끗하나 다른 사람을 넘어지게 하면서 먹는 그 사람에게는 불결합니다. 15절;고전 8:9-12;된 1:15

21 고기도 먹지 않고 포도주도 마시지 않고 형제를 넘어지게 하는 어떤 일도 하지 않는 것이 좋습니다. 고전 8:13

22 믿음으로 행할 그대가 가지고 있는 믿음을 하나님 앞에서 스스로 견고히 지키십시오. 자신이 옳다고 생각하는 일을 하면서 스스로 자신을 정죄하지 않는 사람은 복이 있습니다. 요일 3:21

23 그러나 의심하며 먹는 사람은 이미 정죄를 받았습니다. 이는 믿음에서 나온 것이 아니기 때문입니다. 믿음으로 하지 않는 것은 다 죄입니다.

15 인내와 위로의 하나님 우리 강한 사람들은 마땅히 연약한 사람들의 약점을 감싸 주고 자기가 기뻐하는 대로 하지 않도록 해야 합니다.

2 우리 각 사람은 이웃을 기쁘게 해 선을 이루고 덕을 세워야 합니다. 고전 10:33

3 그리스도께서도 자기를 기쁘게 하지 않으셨습니다. 기록되기를 "주를 욕하는 사람들의 그 욕이 내게 미쳤다"라고 한 것과 같습니다. 시 69:9;딤후 2:5,8

4 무엇이든지 이전에 기록된 것은 우리에게 교훈을 주기 위해 기록됐습니다. 이는 우리로 하여금 성경이 주는 인내와 위로로 인해 소망을 갖게 하려는 것입니다.

5 이제 인내와 위로의 하나님께서 여러분으로 하여금 그리스도 예수를 본받아 서로 같은 뜻을 품게 하시고

6 한마음과 한입으로 하나님, 곧 우리 주 예수 그리스도의 아버지께 영광을 돌릴 수 있게 해 주시기를 빕니다. 벧전 1:3

7 서로 용납함 그러므로 그리스도께서 하나

14:11 또는 '자백할'. 14:20 '교회를 말함.

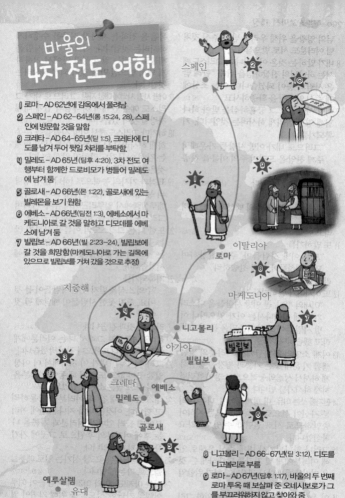

바울의 4차 전도 여행

1 로마 – AD 62년에 감옥에서 풀려남

2 스페인 – AD 62~64년(롬 15:24, 28), 스페인에 방문할 것을 말함

3 크레타 – AD 64~65년(딛 1:5), 크레타에 디도를 남겨 두어 뒷일 처리를 부탁함.

4 밀레도 – AD 65년(딤후 4:20), 3차 전도 여행부터 함께한 드로비모가 병들어 밀레도에 남겨 둠

5 골로새 – AD 66년(몬 1:22), 골로새에 있는 빌레몬을 보기 원함

6 에베소 – AD 66년(딤전 1:3), 에베소에서 마케도니아로 갈 것을 말하고 디모데를 에베소에 남겨 둠

7 빌립보 – AD 66년(빌 2:23~24), 빌립보에 갈 것을 희망함(마케도니아로 가는 길목에 있으므로 빌립보를 거쳐 갔을 것으로 추정)

8 니고볼리 – AD 66~67년(딛 3:12), 디도를 니고볼리로 부름

9 로마 – AD 67년(딤후 1:17), 바울의 두 번째 로마 투옥 때 보살펴 준 오네시보로가 그를 부끄러워하지 않고 찾아와 줌

10 순교 – AD 67/68년(딤후 4:6), 죽음이 가까이 왔음을 말함

스페인

로마

이탈리아

지중해

니고볼리

아가야

빌립보

마케도니아

크레타

밀레도

에베소

골로새

예루살렘

유대

아시아

님의 영광을 위해 우리를 받아 주신 것처럼 여러분도 서로 받으십시오.

8 내가 말하는 것은 이것입니다. 그리스도께서는 하나님의 진실하심을 위해 *할례받은 사람의 종이 되셨습니다. 이는 조상에게 주신 약속들을 확증하시고 창 1:11

9 이방 사람들도 그 긍휼하심을 받아 하나님께 영광 돌리게 하시려는 것입니다. 기록되기를
"그러므로 내가 이방 사람들 가운데서 주께 찬양을 드리며 주의 이름을 찬송합니다"
라고 한 것과 같습니다. 삼하 22:50; 시 18:49

10 또 말하기를
"이방 사람들아, 주의 백성과 함께 기뻐하라"
라고 하고 신 32:43

11 또 말하기를
"모든 이방 사람들아, 주를 찬양하며 모든 백성들아, 그를 찬송하라"
라고 했으며 시 117:1

12 또 이사야가 말하기를
"이새의 뿌리, 곧 이방 사람들을 다스리기 위해 일어나시는 이가 있으리니 이방 사람들이 그 안에 소망을 둘 것이다"
라고 했습니다. 사 11:1,10; 마 12:21

13 이제 소망의 하나님께서 여러분의 믿음 생활 가운데 모든 기쁨과 평강을 충만하게 하셔서 성령의 능력으로 소망이 흘러넘치게 하시기를 빕니다.

14 편지를 쓰는 이유 내 형제들이여, 나는 여러분 자신이 선으로 가득하고 모든 지식이 충만하므로 서로 권면할 수 있으리라고 확신합니다. 고전 15:1;요3

15 그러나 하나님께서 내게 주신 은혜로 인해 여러분에게 몇 가지를 담대하게 쓴 것은 여러분에게 다시 생각나게 하기 위함입니다.

16 이 은혜는 나로 이방 사람들을 위한 그리스도 예수의 일꾼이 되게 해서 하나님의

복음을 전하는 제사장 직무를 수행하게 하시려는 것입니다. 이로써 이방 사람을 제물로 드리는 일이 성령 안에서 거룩하게 돼서 받으실 만한 것이 되게 하시려는 것입니다. 사 66:20

17 이방 사람 사역에 대한 자랑 그러므로 내가 그리스도 예수 안에서 하나님의 일에 대해 자랑할 것이 있습니다. 빌 3:3; 히 2:17; 5:1

18 하지만 그리스도께서 이방 사람들을 순종하게 하시려고 나를 통해 이루신 일 외에는 감히 아무것도 말하지 않겠습니다. 그것은 말과 행동으로 고후 12:12

19 표적과 기사의 능력으로 [하나님의] 성령의 능력으로 이뤄졌습니다. 그래서 나는 예루살렘에서 일루리곤까지 두루 다니며 그리스도의 복음을 널리 전파했습니다.

20 또한 나는 그리스도의 이름을 부르지 않는 곳에 복음 전하기를 열망했습니다. 이는 남의 터 위에 집을 짓지 않으려는 뜻에서였습니다.

21 기록되기를
"주의 소식을 받지 못한 사람들이 볼 것이요, 듣지 못한 사람들이 깨닫게 될 것이다"
라고 한 것과 같습니다. 사 52:15

22 장래의 여행 계획 그래서 나는 여러분에게 여러 차례 가려고 했으나 길이 막혔습니다.

23 그러나 이제는 내가 이 지역에서 더 이상 일할 곳이 없고 또 여러 해 동안 여러분을 만나 보고 싶은 소원이 있었으므로

24 내가 스페인에 갈 때 여러분을 방문하려고 합니다. 이것은 내가 지나는 길에 여러분에게 들러 얼마간 여러분과 기쁨을 나눈 후에 여러분의 후원으로 그곳에 가기를 원하기 때문입니다.

25 그러나 지금은 성도를 섬기는 일로 예루살렘으로 가는 길입니다. 행 19:21; 20:22

26 이는 마케도니아와 아가야 사람들이 예루살렘의 가난한 성도들을 위해 기꺼이 얼마를 기부했기 때문입니다. 고전 16:1-4

27 그들이 기쁨으로 그렇게 했지만 사실 그

15:8 '유대 사람'을 가리킴.

들은 예루살렘 성도들에게 빚진 사람들입니다. 만일 이방 사람들이 그들의 신령한 것들을 나눠 가졌으면 육신적인 것들로 그들을 섬기는 것이 마땅합니다. 고전 9:11

28 그러므로 내가 이 일을 마치고 그들에게 이 열매를 확실히 전달한 후에 여러분에게 들렀다가 스페인으로 가려고 합니다.

29 내가 여러분에게 갈 때 그리스도의 충만한 복을 가지고 갈 줄을 압니다.

30 기도를 부탁할 형제들이여, 내가 우리 주 예수 그리스도를 힘입고 성령의 사랑을 힘입어 여러분에게 부탁합니다. 나를 위해 여러분도 나와 함께 하나님께 열심히 기도해 주십시오. 골 4:12

31 내가 유대에 있는 순종치 않는 사람들에게서 구원을 받으며 또 예루살렘에 대한 내 봉사가 성도들에게 받을 만한 것이 되며

32 내가 하나님의 뜻에 따라 기쁨으로 여러분에게 가서 함께 휴식을 취할 수 있도록 기도해 주십시오.

33 평강의 하나님께서 여러분 모두와 함께하시기를 빕니다. 아멘. 빌 4:9/살전 5:23

16 뵈뵈를 추천할 나는 겐그레아 교회의 일꾼이요, 우리의 자매인 뵈뵈를 여러분에게 추천합니다.

2 여러분은 성도의 합당한 예절로 주 안에서 뵈뵈를 영접하고 그가 필요로 하는 것은 무엇이든지 돕기 바랍니다. 이는 뵈뵈가 많은 사람들과 나를 돕는 사람이 됐기 때문입니다. 빌 2:29

3 개별적인 인사 그리스도 예수 안에서 내 동역자들인 브리스가와 아굴라에게 안부를 전해 주십시오.

4 그들은 생명의 위험을 무릅쓰고 내 생명을 구해 주었습니다. 나뿐 아니라 이방 사람의 모든 교회들도 그들에게 감사하고 있습니다.

5 또한 그들의 가정에서 모이는 교회에도 안부를 전해 주십시오. 내가 사랑하는 에배네도에게 안부를 전해 주십시오. 그는 아시아에서 그리스도께 돌아온 첫 열매입니다.

6 여러분을 위해 많이 수고한 마리아에게 안부를 전해 주십시오.

7 내 친척이며 나와 함께 옥에 갇혔던 안드로니고와 유니아에게 안부를 전해 주십시오. 그들은 사도들 사이에서 뛰어난 사람들이며 나보다 먼저 그리스도 안에 있는 사람들입니다. 골 4:10

8 주 안에서 내가 사랑하는 암블리아에게 안부를 전해 주십시오.

9 그리스도 안에서 우리의 동역자인 우르바노와 내가 사랑하는 스다구에게 안부를 전해 주십시오.

10 그리스도 안에서 인정을 받은 아벨레에게 안부를 전해 주십시오. 아리스도불로의 집안사람들에게 안부를 전해 주십시오.

11 내 친척 헤로디온에게 안부를 전해 주십시오. 주 안에 있는 나깃수의 집안사람들에게 안부를 전해 주십시오.

12 주 안에서 수고하는 드루배나와 드루보사에게 안부를 전해 주십시오. 주 안에서 수고를 많이 한 사랑하는 버시에게 안부를 전해 주십시오.

13 주 안에서 택하심을 받은 루포와 그의 어머니에게 안부를 전해 주십시오. 그의 어머니는 곧 내 어머니이기도 합니다.

14 아순그리도, 블레곤, 허메, 바드로바, 허마와 그들과 함께 있는 형제들에게 안부를 전해 주십시오.

더디오

이름의 뜻은 '셋째', 혹은 '제3'이다. 바울의 로마서를 대필한 사람으로 바울의 대필자 중에 유일하게 이름을 밝힌 사람이다.
정확한 기록은 없지만 더디오는 베껴 쓰는 일에 능력이 있어서 바울의 말을 받아서 필기하는 일을 맡았을 것이다.

더디오가 나오는 말씀
>> 롬 16:22

15 빌롤로고, 율리아, 네레오와 그의 자매와 올름바와 그들과 함께 있는 모든 성도에게 안부를 전해 주십시오.

16 거룩한 입맞춤으로 여러분은 서로 문안하십시오. 그리스도의 모든 교회가 여러분에게 문안합니다. 고전 16:20;고후 13:12;살전 5:26

17 분열을 경고 형제들이여, 내가 여러분에게 권합니다. 여러분은 배운 교훈에 역행해 분열을 일으키고 훼방하는 사람들을 경계하고 그들을 멀리하십시오.

18 그런 사람들은 우리 주 그리스도를 섬기지 않고 자기 배만 채우며 그럴듯한 말과 아첨하는 말로 순진한 사람들의 마음을 현혹합니다. 빌 3:19;골 2:4;벧후 2:3

19 여러분의 순종이 모든 사람에게 알려지고 있어 나는 여러분으로 인해 기뻐합니다. 나는 여러분이 선한 일에는 지혜롭고 악한 일에는 순진하기를 바랍니다. 1:8

20 평강의 하나님께서 속히 사탄을 여러분의 발아래서 짓밟히게 하실 것입니다. 우리 주 예수의 은혜가 여러분과 함께하기를 빕니다. 창 3:15;고전 16:23;고후 13:13

21 다른 형제들에 대한 인사 내 동역자인 디모데와 내 친척들인 누기오, 야손, 소시바더가 여러분에게 안부를 전합니다.

22 이 편지를 받아쓰는 나 더디오도 주 안에서 여러분에게 안부를 전합니다.

23 나와 온 교회의 집주인인 가이오도 주 안에서 여러분에게 안부를 전합니다. 이 성의 재무관 에라스도와 형제 구아도도 여러분에게 안부를 전합니다. 딤후 4:20

24 *(없음)

25 하나님께 영광을 돌림 하나님께서는 내가 전하는 복음과 예수 그리스도에 대한 선포를 따라, 그리고 비밀의 계시를 따라 능히 여러분을 견고하게 하실 수 있습니다. 이 비밀은 영원 전부터 감춰져 오다가

26 이제는 나타나게 됐으며 영원하신 하나님의 명령에 따라 예언자들의 글로 인해 믿고 순종하게 하시려고 모든 민족에게 알려지게 됐습니다. 엡 3:20;골 1:26;유 1:24

27 오직 한 분이신 지혜로우신 하나님께 예수 그리스도로 인한 영광이 영원무궁하기를 빕니다. 아멘. 딤전 1:17;6:16

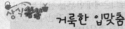

거룩한 입맞춤

입맞춤은 동방 제국과 유대 사람의 풍습으로 평화와 우정의 표시였다. 동방에서는 동급끼리 서로 입을 맞추고, 아랫사람에게는 손에 입을 맞추었다.

이 풍습이 교회에 들어와 성도의 관습이 되었다. 바울은 로마서를 마칠 때 "거룩한 입맞춤으로 여러분은 서로 문안하십시오"(롬 16:16)라고 권면하면서 '거룩'에 강조점을 두었다. 이것은 세속적인 것이 아니라 성스러운 관습이었다(고전 16:20; 고후 13:11; 살전 5:26).

베드로도 이 표현을 썼다(벧전 5:14). 이 말은 나중에 신학자들인 저스틴, 터툴리안, 크리소스톰, 어거스틴 등의 문헌에도 나타나는 것으로 보아 초대 교회 이후에 관습으로 굳어졌으리라 추측된다.

16:24 어떤 고대 사본에는 '우리 주 예수 그리스도의 은혜가 여러분 모두에게 있기를 빕니다. 아멘.'이 있음.

고린도전서

고린도 교회의 문제를 해결하기 위해 보낸 편지예요. 고린도 교회는 바울이 2차 전도 여행때 1년 반 동안 머물면서 세운 교회이예요. 유대 사람들의 반대가 너무 심하여 '디도 유스도' 라는 이방 사람을 통해 주로 이방 사람들을 전도했어요. 그래서 고린도 교회에 이 방 사람들이 대부분이었어요. 이방 도시인 고린도의 문화적 배경을 가진 그 사람들은 교회에서 여러 문제를 일으켰어요. 그 문제들은 분열, 음 행, 소송, 결혼, 우상 제물, 성찬, 은사, 부활, 헌금 등에 관한 것이었어 요. 바울은 십자가의 사랑으로 사랑하며 문제를 해결하라면서 부활 의 확실한 소망을 강조했어요.

고린도전서는 무슨 뜻인가요?

'고린도 교회에 보내는 첫 번째 편지'라는 뜻이에요.

누가 썼나요?

'바울' 이 썼어요. 고린도전서의 내용이나 말투로 볼 때 바울의 다른 서신서들과 일치하며 초대 교회 교부들도 바울이 쓴 것으로 인정하고 있어요.

언제 썼나요?

3차 전도 여행 중 에베소에서 3년간 머물 때, AD 55년경

중요한 사람들은?

바울
사도, 선교사, 웅변가

아볼로
유대사람으로 성경을 많이 안 사람

한눈에 보는 고린도전서

• 1-4장 교회 내의 다툼

• 7-15장 교회 내의 문제들

• 5-6장 교회 내의 우질서

• 16장 예루살렘 교회를 위한 헌금 부탁과 인사

고
갈
엡

고린도전서
1 Corinthians

1 **안부 인사** 하나님의 뜻에 따라 그리스도 예수의 사도로 부르심을 받은 바울과 형제 소스데네는

2 고린도에 있는 하나님의 교회, 곧 그리스도 예수 안에서 거룩하게 돼 성도로 부르심을 받은 사람들과 또한 각처에서 우리 주 예수 그리스도의 이름을 부르는 모든 사람들에게 편지를 씁니다.

3 하나님 우리 아버지와 주 예수 그리스도께로부터 은혜와 평강이 여러분에게 있기를 빕니다.

4 **은혜에 대한 감사** 나는 그리스도 예수 안에서 여러분이 받은 하나님의 은혜로 인해 여러분에 대해 항상 내 아버지께 감사드립니다.

5 이는 여러분이 그리스도 안에서 모든 일, 곧 말과 모든 지식에 있어서 풍성하게 됐기 때문입니다.

6 그리스도의 증거가 여러분 안에 견고하게 돼

7 모든 은사에 부족함 없이 여러분은 우리 주 예수 그리스도께서 나타나시기를 기다리고 있습니다.

8 하나님께서 우리 주 예수 그리스도의 날에 책망받을 것이 없도록 여러분을 끝까지 견고하게 하실 것입니다.

9 하나님께서는 신실하신 분입니다. 여러분은 하나님의 신실하심으로 인해 그분의 아들 예수 그리스도 우리 주와 함께 교제

하도록 부르심을 받았습니다.

10 **분열에 대한 경고** 형제들이여, 나는 여러분 모두가 같은 말을 하고 여러분 가운데 분열이 없고 한마음 한뜻으로 굳게 연합하기를 우리 주 예수 그리스도의 이름으로 권면합니다.

11 내 형제들이여, 글로에의 집 사람들을 통해 여러분에 대한 말, 곧 여러분 가운데 다툼이 있다는 말을 내가 들었습니다.

12 내가 말하는 것은 이것입니다. 곧 여러분이 제각기 "나는 바울파다, 나는 아볼로파다, 나는 게바파다, 나는 그리스도파다"라고 하는 것입니다.

13 그리스도께서 나뉘었습니까? 바울이 여러분을 위해 십자가에 못 박혔습니까? 또 여러분이 바울의 이름으로 세례를 받았습니까?

14 내가 하나님께 감사하는 것은 여러분 가운데 그리스보와 가이오 외에는 내가 아무에게도 세례를 주지 않았다는 것입니다.

15 이는 여러분 가운데 아무도 내 이름으로 세례를 받았다고 말하지 못하게 하려는 것입니다.

16 내가 또한 스데바나의 집안사람들에게도 세례를 주었으나 그 외에 어느 누구에게도 세례를 준 기억이 없습니다.

17 그리스도께서는 세례를 주라고 나를 보내신 것이 아니라 복음을 전하라고 보내셨습니다. 또한 복음을 전할 때 말의 지혜로 하지 않도록 하셨는데 이는 그리스도의 십자가가 헛되지 않도록 하려는 것입니다.

18 **하나님의 지혜** 십자가의 말씀이 멸망당하는 사람들에게는 어리석은 것이나 구원받

상식쑥쑥

'은혜와 평강이 있기를 빕니다'

이 말은 바울이 인사말로 자주 사용한 표현이었다 (롬 1:7; 갈 1:3; 엡 1:2; 빌 1:2; 딤전 1:2). '은혜'는 '하나님'이 대가를 받지 않고 거저 주시는 선물을 말한다. 특별히 예수님을 통해 거저 주시는 구원의 사랑을 말한다. '평강'은 '정신적, 물질적, 육체적인 자유와 완전한

충족 상태'이다. 이에 해당하는 히브리어 '샬롬'은 '평화', '평안'으로도 번역된다. 공동번역은 은혜와 평강을 '은총'과 '평화'라고 표현했다. 이 은혜와 평강은 하나님만이 내려 주시는 것이며 예수님 안에 거하는 사람만이 받는 것이다.

는 우리에게는 하나님의 능력입니다.

19 기록되기를
"내가 지혜로운 사람들의 지혜를 멸하고 총명한 사람들의 총명을 폐할 것이다"
라고 했습니다. 사 29:14

20 지혜로운 사람이 어디 있습니까? 학자가 어디 있습니까? 이 세대의 변론가가 어디 있습니까? 하나님께서 세상의 지혜를 어리석게 하신 것이 아닙니까? 사 19:12;33:18

21 하나님의 지혜에 있어서는 세상이 자신의 지혜를 통해 하나님을 알 수 없으므로 하나님께서는 어리석게 보이는 말씀 선포를 통해 믿는 사람들을 구원하시기를 기뻐하셨습니다.

22 유대 사람은 표적을 구하고 그리스 사람은 지혜를 찾지만

23 우리는 십자가에 못 박힌 그리스도를 전파합니다. 이것이 유대 사람에게는 마음에 걸리는 일이며 이방 사람에게는 어리석은 것이지만 갈 5:11

24 부르심을 받은 사람들에게는 유대 사람이든 그리스 사람이든 그리스도는 하나님의 능력이며 하나님의 지혜입니다.

25 하나님의 어리석음이 사람의 지혜보다 더 지혜롭고 하나님의 연약함이 사람보다 더 강하기 때문입니다.

26 세상의 어리석은 것들 형제들이여, 여러분의 부르심을 생각해 보십시오. 육신적으로 지혜 있는 사람이 많지 않고 능력 있는 사람도 많지 않고 가문 좋은 사람도 많지 않습니다.

27 그러나 하나님께서는 지혜로운 사람들을 부끄럽게 하시려고 세상의 어리석은 것들을 택하셨고 강한 것들을 부끄럽게 하시려고 세상의 약한 것들을 택하셨습니다.

28 또한 하나님께서는 잘난 체하는 것들을 없애시려고 세상의 천한 것들과 멸시받는 것들과 아무것도 아닌 것들을 택하셨습니다.

29 이는 어떤 육체라도 그분 앞에서 자랑하지 못하게 하려는 것입니다.

30 여러분은 하나님께로부터 나서 그리스도 예수 안에 있는 사람들입니다. 예수는 하나님께로부터 와서 우리에게 지혜와 의와 거룩함과 구속함이 되셨습니다. 렘 23:5

31 그러므로 기록되기를 "자랑하는 사람은 주 안에서 자랑하라" 함과 같습니다.

2 달변으로 하지 않은 설교 형제들이여, 내가 여러분에게 가서 하나님의 비밀을 전할 때 달변이나 지혜로 하지 않았습니다.

2 내가 여러분 가운데서 예수 그리스도, 곧 십자가에 못 박히신 그분 외에는 아무것도 알지 않기로 작정했기 때문입니다.

3 내가 여러분에게 갔을 때 나는 연약하고 두렵고 떨리는 가운데 있었습니다.

유대 사람들은 표적, 그리스 사람들은 지혜, 그리스도의 사람은 무엇?

바울 당시 유대 사람들은 표적을 구하고, 그리스 사람들은 지혜를 찾았어요.
유대 종교는 표적의 종교였어요. 모세 시대부터 시작하여 엘리야, 엘리사 시대에도 그랬어요.
그래서 이들은 메시아의 오심에 대한 기다림도 반드시 표적이 있어야 믿을 수 있다고 생각했답니다.
반면 그리스 사람들은 철학적인 생각을 좋아하는 민족으로 지혜를 구하는 사람들이었어요. 지적인 만족을 채워 주지 못하는 교리나 설교에 는 귀를 기울이려 하지 않았어요.
십자가에 못 박히신 예수님은 표적을 보이는 사람도, 지혜자도 아니었어요.
십자가에서의 죽음은 표적을 구하는 유대 사람들에게는 무능한 패배로 보였고, 십자가를 가장 무거운 형벌로만 생각하는 이방 사람들에게는 매우 어리석게 보였어요(고전 1:22~24).
그러나 하나님이 부르신 사람들에게는 '십자가에 달리신 메시아', 곧 우리 주 예수님만이 구원을 받는 단 하나의 길이랍니다.

4 내 말과 내 선포는 지혜롭고 그럴듯한 말들로 한 것이 아니라 성령의 능력이 나타낸 증거로 한 것입니다. _{12:1;4:20;롬 15:13,19}

5 이는 여러분의 믿음이 사람의 지혜에 있지 않고 하나님의 능력에 있게 하려고 한 것입니다. _{고후 4:7;6:7}

6 **하나님의 지혜** 그러나 우리는 성숙한 사람들 가운데서 지혜를 말합니다. 그런데 이것은 이 세대의 지혜도, 없어져 버릴 이 세상에서 다스리는 사람들의 지혜도 아닙니다.

7 오직 우리는 비밀로 감춰졌던 하나님의 지혜를 말합니다. 이것은 하나님께서 우리의 영광을 위해 영원 전에 미리 예정해 두신 것입니다. _{롬 16:25-26;엡 3:5,9;골 1:26;딤후 1:9}

8 이것은 이 세대를 다스리는 사람들 가운데는 누구도 알지 못했던 것입니다. 만일 그들이 알았더라면 영광의 주를 십자가에 못 박지 않았을 것입니다.

9 기록되기를
"눈으로 보지 못하고 귀로 듣지 못하고 사람의 마음에 떠오르지 않은 것들을 하나님께서는 자기를 사랑하는 사람들을 위해 예비해 주셨다"
라고 한 것과 같습니다.

10 하나님께서는 성령을 통해 이것을 우리에게 깨달아 알게 해 주셨습니다. 성령께서는 모든 것, 곧 하나님의 깊은 것들까지도 자세히 살피시는 분이십니다. _{엡 3:3,5}

11 만일 사람 속에 있는 그 사람의 영이 아니면 누가 그 사람의 생각을 알 수 있겠습니까? 이와 마찬가지로 하나님의 영이 아니면 아무도 하나님의 생각을 알 수 없습니다.

12 우리는 세상의 영을 받지 않고 하나님께로부터 온 영을 받았습니다. 이것은 하나님께서 우리에게 주신 은혜의 선물들을 깨달아 알게 하시려는 것입니다. _{롬 8:15}

13 우리가 이 선물들에 대해 말하는 것은 사람의 지혜가 가르쳐 준 말들로 하는 것이 아니라 성령께서 가르치신 말씀들로 하는 것입니다. 곧 신령한 말로 신령한 일들을 설명하는 것입니다. _{1,4절;12:1}

14 **신령한 사람을 위한 지혜** 육에 속한 사람은 하나님의 영적인 일들을 받아들이지 않

습니다. 그에게는 이런 것이 어리석고 이해할 수 없는 일들입니다. 이런 일들은 영적으로만 분별되기 때문입니다. 롬 8:7

15 신령한 사람은 모든 것을 판단하나 자기는 아무에게도 판단을 받지 않습니다.

16 "누가 주의 마음을 알아 그를 가르치겠습니까?" 그러나 우리는 그리스도의 마음을 가지고 있습니다.

3 성장을 막는 분열 형제들이여, 내가 여러분에게 신령한 사람들에게 말하듯이 말할 수 없어서 육에 속한 사람들, 곧 그리스도 안에서 어린아이들에게 말하듯이 말했습니다. 2:15절; 7:14; 히 5:13

2 나는 여러분에게 젖으로 먹이고 단단한 음식으로는 먹이지 않았습니다. 여러분이 감당할 수 없었기 때문입니다. 그런데 여러분은 지금도 여전히 감당할 수가 없습니다.

3 여러분은 여전히 육에 속한 사람들입니다. 여러분 가운데 시기와 다툼이 있으니 여러분이 육에 속한 사람들이 아니며 사람의 악한 본성을 따라 행하는 사람들이 아닙니까? 갈 5:19~20

4 여러분 가운데 어떤 사람은 "나는 바울파다", 어떤 사람은 "나는 아볼로파다"라고 한다면 여러분은 육에 속한 사람들이 아닙니까?

5 사역자의 본분 그러면 아볼로는 무엇이고 바울은 무엇입니까? 여러분을 믿게 한 사역자들일 뿐입니다. 그들은 주께서 각각 맡겨 주신 대로 일할 뿐입니다.

6 나는 심고 아볼로는 물을 주었으나 자라게 하신 분은 하나님이십니다. 4:15; 9:11; 15:1

7 그러므로 심는 사람이나 물 주는 사람은 아무것도 아니고, 오직 하나님께서 자라게 하신 것입니다. 고후 12:11; 갈 6:3

8 심는 사람과 물을 주는 사람은 하나이며 각각 자기의 수고한 대로 자기의 상을 받을 것입니다. 13절; 15:58; 요이 1:8

9 우리는 하나님의 동역자들이요, 여러분은 하나님의 밭이며 하나님의 건물입니다.

10 그리스도가 기초가 되심 내게 주신 하나님의 은혜를 따라 내가 지혜로운 건축가처럼 기초를 닦았으며 다른 사람이 그 위에 건물을 세웁니다. 그러나 각각 그 위에 어떻게 세울 것인지 신중을 기해야 합니다.

11 아무도 이미 닦아 놓은 기초 외에 다른 어떤 기초도 놓을 수 없습니다. 그 기초는 곧 예수 그리스도이십니다. 사 28:16

12 만일 누가 이 기초 위에 금이나 은이나 보석이나 나무나 풀이나 짚으로 건물을 세우면

13 각 사람이 들인 정성과 힘이 드러날 것입니다. 이는 그날에 그것들이 불 가운데 나타나므로 밝히 드러날 것이기 때문입니다. 불은 각 사람이 들인 정성과 힘이 어떠한지 시험할 것입니다.

14 만일 누가 그 기초 위에 세워 놓은 일이 그대로 있으면 상을 받고

15 만일 누가 그 위에 세워 놓은 일이 불타 없어지면 해를 입을 것입니다. 그 자신은 구원을 받을 것이나 마치 불길을 간신히 피해 얻은 것과 같을 것입니다.

16 하나님의 성전 여러분은 자신이 하나님의 성전인 것과 하나님의 성령께서 여러분

나의 몸은 거룩한 성전

구약 시대에는 성전 안에 하나님의 영이 거하셨다. 하지만 신약 시대에는 자신의 죄를 회개하고 예수님을 영접한 사람 안에 하나님의 영(성령)이 들어오셨다. 그래서 예수님을 믿는 사람들이 하나님의 거룩한 성전이 된 것이다(고전 3:16).
성도 한 사람 한 사람의 몸이 거룩한 성령의 전(殿)이 된 것이다(고전 6:19). 그러므로 예수님을 믿는 사람들은 자신의 몸이 자신의 것이 아니라 하나님의 것임을 기억해야 한다.
내 몸을 소중하게 생각하고, 몸을 함부로 학대하거나 나쁜 일을 하는 데 쓰지 않고 거룩한 행동과 마음으로 채워야 한다(고전 3:17).

동역자 (3:9, 同役者, fellow worker) 함께 일하는 협력자.

안에 계시는 것을 알지 못합니까?

17 만일 누구든지 하나님의 성전을 파괴하면 하나님께서 그 사람을 멸하실 것입니다. 이는 하나님의 성전은 거룩하기 때문입니다. 여러분이 바로 하나님의 성전입니다.

18 **그리스도만을 섬김** 아무도 자신을 속이지 마십시오. 만일 여러분 가운데 누가 이 세상에서 지혜 있다고 생각한다면 어리석은 사람이 되십시오. 그렇게 해야 진정 지혜 있는 사람이 될 것입니다.

19 이 세상의 지혜는 하나님 보시기에 어리석은 것입니다. 기록되기를 "하나님께서는 지혜로운 사람들을 자기 꾀에 넘어가게 하시는 분이십니다"라고 하고 욥 5:13

20 또 기록되기를 "주님은 지혜로운 사람들의 생각이 허망한 것을 아신다"라고 한 것과 같습니다. 시 94:11

21 그러므로 누구든지 사람에 관한 것을 자랑하지 마십시오. 모든 것이 다 여러분의 것입니다. 4-6절;1:12;4:6;롬 8:28

22 바울이나 아볼로나 게바나 세상이나 생명이나 죽음이나 현재 일이나 미래 일이나 모든 것이 다 여러분의 것입니다.

23 그리고 여러분은 그리스도의 것이며 그리스도는 하나님의 것입니다. 고후 10:7;갈 3:29

4 **일꾼에게 요구되는 것** 이와 같이 사람들은 우리를 그리스도의 일꾼이요, 하나님의 비밀을 맡은 사람들로 봐야 합니다.

2 그리고 맡은 사람들에게 요구되는 것은 그들의 신실함입니다.

3 내가 여러분에게 판단을 받든지 사람의 법정에서 판단을 받든지 그것은 내게 아주 작은 일입니다. 사실 나도 나 자신을 판단하지 않습니다.

4 나는 양심에 거리끼는 것이 전혀 없습니다. 그러나 이것으로 내가 의롭다는 것은 아닙니다. 나를 판단하시는 분은 주이십니다.

5 그러므로 여러분은 때가 되기 전, 곧 주께서 오실 때까지는 아무것도 판단하지 마십시오. 주께서는 어둠 속에 숨겨져 있는 것들을 밝히시고 마음의 동기를 드러내실

것입니다. 그때 하나님께서 각 사람을 칭찬하실 것입니다. 3:13;마 7:1;롬 2:1;고후 10:18

6 **교만에 대한 경고** 형제들이여, 나는 여러분을 위해 이것을 나 자신과 아볼로에게 적용해 설명했습니다. 이는 여러분이 우리를 통해 "기록된 말씀에서 벗어나지 마라"라고 한 것을 배워 어느 한쪽을 편들고 다른 쪽을 대적하는 교만에 빠지지 않게 하려는 것입니다. 18-19절;5:2;13:4

7 누가 당신을 구별합니까? 당신이 가진 것 가운데 받지 않은 것이 무엇입니까? 당신이 받은 것이라면 왜 그렇지 않은 것처럼 자랑합니까? 요 3:27

8 여러분은 이미 배가 불렀고 이미 부유해졌고 우리 없이 왕 노릇 했습니다. 나는 여러분이 정말 왕처럼 다스렸으면 좋겠습니다. 그래서 우리도 여러분과 함께 왕 노릇 할 수 있었으면 좋겠습니다.

9 **사도의 비참함** 그러나 내가 생각하기에 하나님께서는 사도인 우리를 죽이기로 작정한 사람들같이 맨 끝자리에 두셨으니 우리가 세상과 천사들과 사람들에게 구경거리가 됐습니다. 히 10:33

10 우리는 그리스도로 인해 어리석지만 여러분은 그리스도 안에서 지혜롭고 우리는 약하지만 여러분은 강합니다. 여러분은 높고 귀하나 우리는 낮고 천합니다.

11 바로 이 시간까지도 우리는 굶주리고 목마르고 헐벗고 매 맞고 정처 없이 떠돌고

12 수고하며 우리 손으로 일합니다. 우리는 욕을 먹으면 오히려 축복해 주고 핍박을 당하면 참고

13 누가 우리를 비웃고 헐뜯으면 선한 말로 대답합니다. 지금까지 우리는 세상의 쓰레기처럼 만물의 찌꺼기처럼 됐습니다.

14 **사랑의 권면** 내가 이렇게 쓰는 것은 여러분을 부끄럽게 하려는 것이 아니라 내 사랑하는 자녀들에게 훈계하려는 것입니다.

15 그리스도 안에서 여러분에게 1만 명의 선생이 있더라도 정작 아버지는 많지 않습니다. 나는 그리스도 예수 안에서 복음으로

여러분을 낳았습니다. 몬 1:10

16 그러므로 내가 여러분에게 권합니다. 여러분은 나를 따라 행하십시오. 살전 1:6

17 이를 위해 나는 주 안에서 내 사랑하는 신실한 아들 디모데를 여러분에게 보냅니다. 그가 여러분에게 내가 각처 각 교회에서 가르치는 대로 그리스도 예수 안에 있는 내 생활 방식을 생각나게 해 줄 것입니다.

18 여러분 가운데 어떤 사람들은 내가 그곳에 가지 못할 것이라 여기고 교만해졌습니다.

19 그러나 주께서 허락하시면 내가 여러분에게 속히 가서 그 교만해진 사람들의 말이 아니라 능력을 확인해 보겠습니다.

20 이는 하나님 나라는 말이 아니라 능력에 있기 때문입니다.

21 여러분은 무엇을 원합니까? 내가 매를 가지고 여러분에게 가면 좋겠습니까? 사랑과 온유한 마음을 가지고 가면 좋겠습니까?

5 음행 사건 심지어 여러분 가운데 음행이 있다는 소문이 들립니다. 심지어 누가 자기 아버지의 아내와 동거하는 사람까지 있다고 하니 이러한 음행은 이방 사람들에게도 없는 일입니다.

2 그런데도 여러분은 자만하다니까? 오히려 여러분은 슬퍼하고 마음 아파하며 그런 짓을 행한 사람을 내쫓아야 하지 않겠습니까?

3 내가 비록 몸으로는 떠나 있으나 영으로는 여러분과 함께 있어 내가 마치 여러분과 함께 있는 것같이 그런 짓을 행한 사람을 이미 심판했습니다. 골 2:5

4 여러분이 우리 주 예수의 이름으로 모일 때 내 영이 우리 주 예수의 능력과 더불어 여러분과 함께 있으니 살후 3:6

5 그런 사람을 사탄에게 넘겨주십시오. 이는 그 육신은 멸망하더라도 그 영은 주의 날에 구원을 얻게 하기 위함입니다.

6 누룩에 비유된 죄 여러분이 자랑하는 것은 옳지 않습니다. 여러분은 적은 누룩이 온 덩어리를 부풀게 하는 것을 알지 못합니까?

7 여러분은 새 반죽 덩이가 되기 위해 묵은 누룩을 제거해 버리십시오. 우리의 유월절 양이신 그리스도께서 희생되심으로 우리가 누룩 없는 반죽이 됐기 때문입니다.

8 그러므로 묵은 누룩, 곧 악하고 해로운 누룩이 든 빵으로 절기를 지키지 말고 오직 순결함과 진실함, 곧 누룩 없는 빵으로 지킵시다. 출 12:15;골 16:3

9 판단의 임무 나는 내 편지에 여러분에게 음행하는 사람들과 어울리지 말라고 썼습니다.

10 이 말은 이 세상의 음행하는 사람들이나 탐욕을 부리는 사람들, 약탈하는 사람들이나 우상 숭배하는 사람들과 전혀 어울리지 말라는 뜻이 아닙니다. 만일 그렇게 하려면 여러분은 이 세상 밖으로 나가야 할 것입니다. 엡 5:5;골 3:5

11 지금 내가 여러분에게 어울리지 말라고 쓴 것은 만일 형제라 불리는 어떤 사람이 음행하는 사람이거나 탐욕을 부리는 사람이거나 우상 숭배하는 사람이거나 중상모략하는 사람이거나 술꾼이거나 약탈하는 사람이면 그런 사람과는 함께 먹지 말라는 것입니다. 살후 3:6

12 교회 밖에 있는 사람들을 판단하는 것이 나와 무슨 상관이 있겠습니까? 여러분이 판단해야 할 사람은 교회 안에 있는 사람들이 아닙니까?

13 밖에 있는 사람들은 하나님께서 판단하실 것입니다. "그 악한 사람을 여러분 가운데서 내쫓으십시오." 신 17:7;19:19;21:21;22:21;24:7

6 교회 안에서의 판단 여러분 가운데 누가 다른 사람에 대해 소송할 일이 있을 때 왜 성도들 앞에서 해결하려 하지 않고 세상의 불의한 사람들 앞에서 합니까?

2 여러분은 성도들이 세상을 심판할 것을 알지 못합니까? 세상이 여러분에게 심판을 받을 것인데 여러분이 아주 사소한 사건 하나도 판단할 능력이 없겠습니까?

허망 (3:20, 虛妄, futility) 거짓이 많아서 믿음직스럽지 못한 것. 중상모략 (5:11, 中傷謀略, slander) 근거 없는 말로 남을 헐뜯고 속임수를 써 남을 해롭게 함. 사소 (6:2, 些少, trivial) 보잘것없이 작거나 적은.

3 여러분은 우리가 천사들을 판단할 것을 알지 못합니까? 그렇다면 하물며 이 세상 일이겠습니까?

4 그런데 세상일로 소송할 것이 생겼을 때 여러분은 교회가 업신여기는 *바깥 사람들을 재판관으로 세웁니까?

5 내가 이렇게 말하는 것은 여러분을 부끄럽게 하려는 것입니다. 여러분 가운데 믿는 사람들 사이의 일을 판단할 수 있는 지혜로운 사람이 이렇게 하나도 없습니까?

6 그래서 형제와 형제가 맞서 소송할 뿐 아니라 그것도 믿지 않는 사람들 앞에서 한다는 말입니까?

7 여러분이 서로 소송을 한다는 것은 여러분이 벌써 실패했다는 것을 뜻합니다. 왜 차라리 억울한 일을 당해 주지 못합니까? 왜 차라리 속아 주지 못합니까?

8 도리어 여러분은 불의를 행하며 속이고 있습니다. 그것도 형제들에게 그런 짓을 하고 있습니다.

살전 4:6

9 하나님 나라를 상속받지 못하는 사람 여러분은 불의한 사람이 하나님 나라를 상속받지 못할 것을 알지 못합니까? 속지 마십시오. 음행하는 사람이나 우상을 숭배하는 사람이나 간음하는 사람이나 남창이나 동성연애를 하는 사람이나

갈 5:21;엡 5:5;딤전 1:9

10 도둑이나 탐욕을 부리는 사람이나 술꾼이나 남을 헐뜯는 사람이나 속임수로 남을 해롭게 하는 사람이나 약탈하는 사람은 하나님 나라를 상속받지 못할 것입니다.

11 여러분 가운데도 그런 사람들이 더러 있었으나 주 예수 그리스도의 이름과 우리 하나님의 성령으로 씻음을 받고 거룩해져서 의롭다 함을 받았습니다.

엡 2:2~3;4:22

12 몸은 음행을 위한 것이 아님 모든 것이 내게 허용돼 있습니다. 그러나 모든 것이 유익한 것은 아닙니다. 모든 것이 내게 허용돼 있습니다. 그러나 나는 아무것에도 얽매이지 않겠습니다.

10:23

13 음식은 배를 위해 있고 배는 음식을 위해 있습니다. 그러나 하나님께서는 이것도 저것도 다 없애 버리실 것입니다. 몸은 음행을 위해 있는 것이 아니라 주를 섬기라고 있는 것이며 주께서는 우리 몸을 위해 계십니다.

15,19절;골 2:22

14 하나님께서 주를 살리셨으니 또한 그 능력으로 우리도 살리실 것입니다.

마 22:29

15 여러분은 여러분의 몸이 그리스도의 몸의 한 부분인 것을 알지 못합니까? 그런데 내가 그리스도의 지체를 떼 내어 창녀의 지체를 만들 수 있습니까? 결코 그럴 수 없습니다.

13절;엡 5:30

사람이 죽으면 천사가 되나요?

천사는 하나님이 만드셨어요 (시 148:2, 5; 골 1:16).

영적인 존재(히 1:14)로 사람처럼 몸이 있는 것이 아니고 남자와 여자의 구별도 없어 결혼하지 않아요(마 22:30). 또 영원히 죽지 않는 존재랍니다(눅 20:36).

상황에 따라 사람이나 동물의 모습으로 사람에게 나타나기도 하며(창 18:2~8; 19:1; 사 6:2; 겔 1:5~14; 수 2:3; 눅 2:13; 요 20:12; 행 12:8) 사람과 대화하기도 해요(눅 1:18; 2:28~35).

천사들도 자기들의 언어를 가지고 있어요(고전 13:1). 권능과 지혜를 가졌지만(삼하 14:17; 살후 1:7;

행 5:19) 하나님처럼 전지전능한 존재는 아닙니다(마 24:36; 막 13:32; 벧전 1:12). 수가 엄청나게 많고(마 26:53) 군대처럼 조직되어 있다고 해요(마 22:8~9).

하나님은 사람을 천사보다 조금 못하게 만드셨지만(시 8:5) 천사는 경배의 대상이 될 수 없어요(골 2:18; 계 22:8~9).

천사들이 우리의 모습과 많이 다르죠? 믿음의 사람이 죽으면 하늘 나라로 가게 되는데 그렇다고 사람이 천사가 되는 것은 아니에요. 오히려 천사들이 하늘 나라에서도 우리를 섬기게 된답니다.

16 창녀와 연합하는 사람은 그녀와 한 몸인 것을 알지 못합니까? 말씀하시기를 "둘이 한 육체가 될 것이다"라고 했습니다. 창2:24

17 그러나 주와 연합하는 사람은 영적으로 주와 하나가 됩니다. 엡4:4

18 음행을 피하십시오. 사람이 저지르는 죄마다 자기 몸 밖에 있으나 음행하는 사람은 자기 몸에 죄를 범하는 것입니다.

19 여러분의 몸은 성령의 전입니다. 여러분은 하나님께로부터 성령을 받아 여러분 안에 모시고 있습니다. 여러분은 자신의 몸이 자기 것이 아니라는 사실을 알지 못합니까?

20 하나님께서 값을 치르고 여러분을 사셨습니다. 그러므로 여러분의 몸으로 하나님께 영광을 돌리십시오. 7:23

7 결혼 관계 이제 여러분이 써 보낸 질문에 대해 말하겠습니다. 남자가 여자를 성적으로 가까이하지 않는 것은 좋습니다.

2 그러나 음행에 빠지게 하는 유혹이 있기 때문에 남자마다 자기 아내를 두고 여자마다 자기 남편을 두십시오.

3 남편은 아내에게 남편으로서의 의무를 다하고 아내도 남편에게 그렇게 하십시오.

4 아내는 자기 몸을 자기 마음대로 하지 못하고 오직 남편에게 맡겨야 합니다. 이와 같이 남편도 자기 몸을 자기 마음대로 하지 못하고 오직 아내에게 맡겨야 합니다.

5 부부간에 서로 멀리하지 마십시오. 단, 기도에 전념하기 위해 얼마 동안 떨어져 있기로 합의한 경우는 예외입니다. 그러나 그 후에는 다시 합하십시오. 이는 여러분이 절제하지 못하는 틈을 타서 사탄이 여러분을 유혹할까 염려되기 때문입니다.

6 지금 내가 하는 이 말은 권면이지 명령은 아닙니다.

7 내가 바라기는 모든 사람이 나와 같았으면 좋겠습니다. 그러나 사람마다 하나님께 받은 은사가 달라 이런 사람도 있고 저런 사람도 있습니다. 마 19:11-12;벧전 4:10

8 독신 내가 결혼하지 않은 사람들과 과부

들에게는 나처럼 그냥 혼자 지내는 것이 좋겠다고 말하고 싶습니다. 1,7,26절

9 그러나 만일 절제할 수 없다면 결혼하십시오. 정욕으로 불타는 것보다 결혼하는 것이 낫습니다.

10 이혼에 대해 결혼한 사람들에게 명령합니다. (이것은 내 명령이 아니라 주의 명령입니다.) 아내는 남편과 갈라서지 마십시오.

11 (만일 갈라섰거든 재혼하지 말고 혼자 지내든지 그러지 않으면 남편과 화해하십시오.) 남편도 아내를 버리지 마십시오.

12 믿지 않는 배우자 내가 나머지 사람들에게 말합니다. (이것은 내 말이지 주의 말씀은 아닙니다.) 만일 어떤 형제에게 믿지 않는 아내가 있는데 그녀가 계속 그와 함께 살고 싶어 한다면 그녀를 버리지 마십시오.

13 또 어떤 자매에게 믿지 않는 남편이 있는데 그가 계속 그녀와 함께 살고 싶어 한다면 그를 버리지 마십시오.

14 믿지 않는 남편이 그 아내를 통해 거룩해지고 믿지 않는 아내가 그 남편을 통해 거룩해집니다. 그렇지 않다면 여러분의 자녀들도 깨끗하지 못할 것이나 이제 그들은 거룩합니다. 스 9:2;말 2:15

15 그러나 만일 믿지 않는 사람이 헤어지자고 한다면 그렇게 하게 하십시오. 이런 경우에는 형제나 자매나 얽매일 필요가 없습니다. 하나님께서는 여러분이 평화롭게 살도록 부르셨습니다. 골 3:15

16 아내여, 당신이 남편을 구원할는지 어떻게 알겠습니까? 남편이여, 당신이 아내를 구원할는지 어떻게 알겠습니까? 벧전 3:1

17 부름 받은 대로 삶 오직 주께서 나눠 주신 은사대로 또 하나님께서 부르신 대로 살아가십시오. 내가 모든 교회에 이 같은 원칙을 제시합니다. 고후 8:18;11:28

18 할례를 받은 상태에서 부르심을 받은 사람이 있습니까? 할례의 흔적을 지워 할례

6:4 또는 '믿지 않는 세상 사람들.'
남창(6:9, 男娼, male prostitute) 남자 창기. 이교 신전에서 종교적 예배 행위로 성행위를 하던 자들을 가리킴.

▲ 신 고린도 바울 기념 교회

사도 바울이 2차 전도 여행 때 세운 고린도 교회를
기념하여 세운 교회이다(행 18:1-11). 교회 입구 한
편에는 바울과 아볼로를 비롯한 역대 교역자들의
명단이 연대순으로 기록되어 있다.

를 받지 않은 사람이 되려고 하지 마십시
오. 할례를 받지 않은 상태에서 부르심을
받은 사람이 있습니까? 일부러 할례를 받
으려고 하지 마십시오. _{행 15:1,5,19,24,28}

19 할례를 받았든지 안 받았든지 그것은 문
제가 아닙니다. 오직 하나님의 계명을 지
키는 것이 중요합니다. _{갈 3:28;5:6;6:15;골 3:11}

20 각 사람은 부르심을 받은 때의 상태 그대
로 머무르십시오. _{24절}

21 당신이 종으로 있을 때 부르심을 받았습
니까? 걱정하지 마십시오. 그러나 자유를
얻을 수 있는 기회가 있다면 그것을 이용
하십시오.

22 주 안에서 부르심을 받은 사람은 종이라
도 주께 속한 자유인입니다. 마찬가지로
자유인으로서 부르심을 받은 사람은 그리
스도의 종입니다. _{엡 6:6}

23 여러분은 하나님께서 값을 치르고 사신
사람들입니다. 그러니 사람의 종이 되지
마십시오. _{레 25:42,55}

24 형제자매들이여, 각각 부르심을 받은 그
대로 하나님과 함께 거하십시오. _{20절}

25 **독신에 대한 권면** 결혼하지 않은 사람들에
대해서는 내가 주께 받은 명령이 없으나
주의 자비하심을 힘입은 사람으로서 여러
분에게 믿을 만한 의견을 제시합니다.

26 나는 곧 닥쳐올 환난을 생각한다면 사람

이 그냥 지내는 것이 좋다고 봅니다.

27 당신이 아내에게 매였으면 헤어지려고 하
지 마십시오. 당신이 아내에게서 놓였으
면 새로 아내를 얻으려고 하지 마십시오.

28 그러나 당신이 결혼하더라도 죄를 짓는 것
은 아닙니다. 또 처녀가 결혼하더라도 죄
를 짓는 것은 아닙니다. 그러나 이런 사람
들은 육신에 고난을 당하게 될 것이므로
내가 여러분을 아끼는 마음에서 이런 말
을 하는 것입니다.

29 형제자매들이여, 내가 말하고 싶은 것은
이것입니다. 때가 얼마 남지 않았으니 이
제부터 아내 있는 사람들은 없는 사람처
럼 하고 _{29-31절}

30 슬픈 사람들은 슬프지 않은 사람처럼 하
고 기뻐하는 사람들은 기뻐하지 않은 사람
처럼 하고 물건을 사는 사람들은 그것을
가지지 않은 사람처럼 하고 _{고후 6:10}

31 세상의 것을 사용하는 사람들은 다 사용
하지 못하는 것처럼 하십시오. 이 세상의
모습은 사라져 가고 있기 때문입니다.

32 **독신의 유익** 나는 여러분이 걱정 없이 살기
를 바랍니다. 결혼하지 않은 남자는 어떻
게 하면 주님을 기쁘시게 할까 하고 주의
일에 마음을 씁니다.

33 그러나 결혼한 남자는 어떻게 하면 자기
아내를 기쁘게 할까 하고 세상일을 걱정
하므로

34 마음이 나뉩니다. 남편이 없는 여자나 처
녀는 주의 일을 걱정해 몸과 영을 다 거룩
하게 하나 결혼한 여자는 어떻게 하면 남
편을 기쁘게 할까 해 세상일을 걱정합니
다.

35 내가 이것을 말하는 것은 여러분의 유익
을 위한 것이지 여러분을 얽매려는 것
이 아닙니다. 오히려 나는 여러분이 이치
에 맞게 마음에 혼돈 없이 오직 주만 섬기
도록 하려는 것입니다.

36 **결혼에 대하여** 그러나 누가 만일 자기의 처
녀 딸을 시집보내지 않는 것이 이치에 맞
지 않는다고 생각한다면 그리고 더구나

혼기도 지나고 마땅히 그렇게 해야 한다고 생각한다면 원하는 대로 하십시오, 이것은 죄를 짓는 것이 아니므로 그들이 결혼하게 하십시오.

37 그러나 그가 마음을 확고하게 정하고 부득이한 일도 없고 또 자기 뜻대로 할 권리가 있어서 자기의 처녀 딸을 그대로 두기로 마음에 작정했다면 그는 잘하는 것입니다.

38 그러므로 자기의 처녀 딸을 시집보내는 사람도 잘하는 것이지만 시집보내지 않는 사람은 더 잘하는 것입니다. 히 13:4

39 과부에 대하여 아내는 남편이 살아 있는 동안 남편에게 매여 있습니다. 그러나 남편이 죽으면 자기의 뜻대로 결혼할 자유가 있습니다. 단, 주 안에서만 그렇게 해야 합니다.

40 그러나 내 판단으로는 그녀가 그냥 지내는 것이 더 행복하다고 봅니다. 나에게도 하나님의 영이 계시다고 생각합니다.

8 사랑을 겸비한 지식 이제 우상에게 바쳐진 제물에 대해 말하겠습니다. 우리는 우리 모두가 지식이 있는 줄로 압니다. 그러나 지식은 사람을 교만하게 하고 사랑은 모두를 이롭게 합니다.

2 만일 누가 무엇을 안다고 자만하면 그는 아직도 마땅히 알아야 할 것을 알지 못하는 사람입니다. 갈 6:3

3 그러나 하나님을 사랑하는 사람은 하나님께서 그를 알아주십니다. 갈 4:9

4 우상에 대한 지식 그러므로 우상에게 바쳐진 제물을 먹는 일에 대해 말하자면 세상에 있는 우상은 아무것도 아니며 신은 하나님 한 분밖에 계시지 않는 것을 우리가 알고 있습니다. 6월:10:19;사 41:24

5 비록 하늘이나 땅 위에서 신이라 불리는 것들이 있어 많은 신들과 많은 주들이 있으나 살후 2:4

6 우리에게는 오직 한 하나님, 곧 아버지가 계실 뿐입니다. 만물이 그분으로부터 왔고 우리도 그분을 위해 있습니다. 또 한 분이신 주 예수 그리스도가 계시니 만물이 그분으로 인해 존재하고 우리도 그분으로

인해 살아갑니다. 말 2:10;요 1:3;엡 4:5

7 지식이 없는 연약함 그러나 모든 사람에게 지식이 있는 것은 아닙니다. 어떤 이들은 지금까지도 우상 숭배하는 습관에 젖어 있어서 우상에게 바쳐진 제물을 먹을 때 정말 우상의 것이라고 생각하고 먹으므로 그들의 양심이 약해지고 더러워집니다.

8 그러나 음식이 우리를 하나님 앞에 내세워 주지 못합니다. 우리가 먹지 않는다 해도 해로울 것이 없고 먹는다 해도 이로울 것이 없습니다. 롬 14:17

9 연약한 사람에 대한 책임 그러므로 여러분의 이 자유가 연약한 사람들에게 걸림돌이 되지 않도록 조심하십시오. 롬 14:1-2

10 지식이 있는 당신이 우상의 신전에 앉아서 먹는 것을 누가 보면 양심에 거리낌이 있으면서도 용기를 얻어 우상에게 바쳐진 제물을 먹지 않겠습니까?

11 그러면 그 연약한 사람은 당신의 지식 때문에 망하게 됩니다. 그리스도는 그 형제를 위해 죽으셨습니다. 롬 14:15,20

12 이와 같이 여러분이 형제들에게 죄를 지어 그 약한 양심에 상처를 주는 것은 그리스도께 죄를 짓는 일입니다.

13 그러므로 음식이 내 형제를 넘어지게 한다면 나는 내 형제를 넘어지지 않게 하기 위해 영원히 고기를 먹지 않을 것입니다.

9 사도직의 표 내가 자유인이 아닙니까? 내가 사도가 아닙니까? 내가 우리 주 예수를 보지 못했습니까? 주 안에서 행한 내 일의 열매가 여러분이 아닙니까?

2 다른 이들에게는 내가 사도가 아닐지라도 여러분에게는 분명 사도입니다. 여러분은 주 안에서 내 사도직을 보증하는 표이기 때문입니다.

3 권리의 문제 나를 비판하는 사람들에 대해 나는 이렇게 대답합니다.

4 우리에게 먹고 마실 권리가 없습니까?

5 우리라고 다른 사도들이나 주의 형제들이

보증(9:2, 保證, seal) 어떤 사람의 경력, 신분, 사물에 대해 틀림없음을 증명하거나 책임을 지는 행위.

나 게바처럼 그리스도를 믿는 아내를 데리고 다닐 권리가 없습니까? 마8:14

6 또 나와 바나바만 일하지 않을 권리가 없습니까?

7 누가 자기의 돈을 들여 군인으로 복무하겠습니까? 누가 포도원을 만들고 그 열매를 먹지 않겠습니까? 누가 양 떼를 치면서 그 젖을 먹지 않겠습니까? 딤후 2:3-4

8 정당한 요구 내가 단지 세상의 관습을 따라 말하는 것입니까? 율법도 이것을 말하지 않습니까?

9 모세의 율법에 기록되기를 '곡식을 밟아 떠는 소에게 망을 씌우지 마라'라고 했습니다. 이것이 하나님께서 소를 걱정해서 하신 말씀입니까? 신 25:4;딤전 5:18

10 아니면 다 우리를 위해 하시는 말씀입니까? 그것은 참으로 우리를 위해 기록된 것입니다. 밭을 가는 사람은 소망을 가지고 일하고 곡식을 타작하는 사람은 자기 몫을 얻을 것이라는 소망을 가지고 일하는 것이 당연한 것입니다. 딤후 2:6

11 우리가 여러분에게 영적인 씨앗을 뿌렸다면 우리가 여러분에게서 물질적인 것을 거둔다고 해서 그것이 지나친 일이겠습니까?

12 다른 사람들도 여러분에게 이런 권리를 가졌다면 우리는 더욱 그렇지 않겠습니까? 그러나 우리는 이 권리를 사용하지 않았고 도리어 모든 것을 참고 있습니다. 이는 그리스도의 복음을 전하는 데 조금도 방해가 되지 않기 위해서입니다.

13 복음 전하는 사람들의 몫 성전에서 일하는 사람들이 성전에서 나는 음식을 먹고 제단을 섬기는 사람들이 제물을 나누는 것을 여러분이 알지 못합니까? 레 6:16,26;7:6

14 이와 같이 주께서도 복음을 전하는 사람들에게 복음 전하는 일로 먹고 살라고 명하셨습니다. 4절;마 10:10

15 포기에 대한 상 그러나 나는 이런 권리를 일절 사용하지 않았습니다. 내가 이렇게 쓰는 것은 여러분이 내게 그렇게 해 달라는 뜻이 아닙니다. 그렇게 하느니 나는 차라리 죽는 편이 낫겠습니다. 아무도 이런 내 자부심을 헛되게 하지 못할 것입니다.

16 그러나 내가 복음을 전하는 것은 내게는 자랑할 것이 아닙니다. 그것은 내가 꼭 해야 할 일이기 때문입니다. 내가 복음을 전하지 않는다면 내게 화가 미칠 것입니다.

17 그러나 내가 자원해 이 일을 행한다면 내게 상이 있을 것입니다. 그러나 내가 자원해서 하지 않는다 할지라도 내게는 직무로 맡겨진 일입니다. 4:1;갈 2:7

18 그렇다면 어떻게 해야 내게 상이 있겠습니까? 그것은 내가 복음을 전할 때 값없이 전하고 전도자로서 내 권리를 다 쓰지 않는 것입니다. 7:31;고후 11:7;12:13

19 스스로 종이 됨 내가 모든 사람에 대해 자유로우나 스스로 모든 사람에게 종이 됐습니다. 이는 내가 더 많은 사람을 얻기 위

복무 (9:7, 服務, service) 어떤 직무나 임무에 힘씀.

운동 경기

바울은 운동 경기와 관련된 은유법을 여러 번 사용했다(고전 9:24-27; 갈 2:2; 5:7; 빌 3:12-14). 주로 권투, 달리기와 관련된 용어들이다.

바울은 운동선수가 승리하기 위해 먹을 것, 잠자는 것, 노는 것 등을 절제하고 아무리 힘들어도 필요한 훈련을 다 받는다고 말했다. 그처럼 하늘나라를 향해 가는 우리도 제멋대로 무절제한 행동을 해서는 안 되고 경건의 훈련이 필요하다는 말이다. 또 상대

선수를 치지 못하고 허공을 치는 것이 헛수고인 것처럼, 예수님을 닮아 가지 못하는 삶으로 인해 버림받을까 두려워하라고 했다.

바울은 면류관에 대해서도 언급했다. 면류관은 상인 동시에, 훈련에 충실했음을 인정해 주는 표시였다. 그래서 바울은 마지막 날 그리스도의 사람들이 얻게 될 의롭고(딤후 4:8), 썩지 않을 상(고전 9:25)을 면류관에 빗대어 표현했다.

해서입니다.

1절:마 18:15;고후 4:5;벧전 3:1

20 유대 사람들에게 내가 유대 사람처럼 된 것은 유대 사람을 얻기 위해서입니다. 나 자신은 율법 아래 있지 않지만 율법 아래 있는 사람들에게 내가 율법 아래 있는 사람처럼 된 것은 그들을 얻기 위해서입니다.

21 내가 그리스도의 율법 아래 있기 때문에 하나님의 율법을 떠난 사람이 아니지만 율법 없는 사람들에게 율법 없는 사람처럼 된 것은 그들을 얻기 위해서입니다.

22 연약한 사람들에게 내가 연약한 사람처럼 된 것은 연약한 사람들을 얻기 위해서입니다. 내가 여러 사람에게 여러 모양이 된 것은 어떻게든지 몇 사람이라도 더 구원하기 위함입니다.

롬 11:14;고후 11:29

23 내가 복음을 위해 이 모든 일을 하고 있습니다. 그것은 내가 복음이 주는 복에 참여하기 위함입니다.

24 훈련의 유익 경기장에서 경주자들이 모두 힘껏 달리지만 상을 받는 사람은 오직 한 사람뿐인 것을 여러분이 알지 못합니까? 이와 같이 여러분도 상을 받기 위해 달리십시오.

갈 2:2;5:7;빌 3:14;골 2:18

25 경기에 참가하는 사람은 누구나 모든 일에 절제합니다. 그들은 썩어 없어질 면류관을 얻으려고 절제하지만 우리는 썩지 않을 것을 얻으려고 절제합니다.

딤전 6:12

26 그러므로 나는 목표가 없는 것처럼 달리

지 않고 허공을 치듯이 싸우지 않습니다.

27 내가 내 몸을 쳐 복종시키는 이유는 내가 다른 사람에게는 복음을 전하고 도리어 나 자신은 버림받지 않도록 하기 위함입니다.

10 자만의 사례 형제들이여, 나는 여러분이 이 사실을 알기를 원합니다. 우리 조상들이 모두 구름 아래 있었고 바다 가운데로 지났고

2 모두가 구름과 바다에서 세례를 받고 모세와 연합했습니다.

3 그들은 모두 같은 신령한 음식을 먹었고

4 모두 같은 신령한 물을 마셨습니다. 그들은 자기들과 동행한 신령한 반석에서 나는 것을 마셨는데 그 반석은 그리스도이셨습니다.

5 그러나 하나님께서 그들 대부분을 기뻐하지 않으셨으므로 그들은 광야에서 멸망당하고 말았습니다.

민 14:29,37;26:64~65;시 106:26

6 방종의 사례 이런 일들은 그들처럼 우리도 악을 즐기는 자가 되지 않게 하려고 우리에게 본보기가 된 것입니다.

민 11:4,33

7 여러분은 그들 가운데 어떤 이들처럼 우상 숭배자가 되지 마십시오. 기록되기를 "백성이 앉아서 먹고 마시며 일어나 춤을 추었다"라고 했습니다.

출 32:6

8 그들 가운데 어떤 이들은 음행하다가 하루에 2만 3,000명이 죽었습니다. 우리는 그들처럼 음행하지 맙시다.

민 25:1

9 그들 가운데 어떤 이들은 주를 시험하다

성경에 나오는 이야기들은 진짜인가요?

성경에 나오는 이야기들은 진실이고 진리입니다. 한 가지 예를 들어 볼까요? 지금부터 약 3,400년 전에 기록된 창세기 22장 17절과 예레미야 33장 22절에 하늘의 별은 바다의 모래와 같이 셀 수 없이 많다고 기록되어 있어요. 20세기 초까지만 해도 대부분의 사람들이 하늘의 별은 수천 개 정도에 불과하여 성경이 틀렸다고 주장했어요. 하지만 천체 망원경의 발달로 하늘의 별은 엄청나게 많으며, 우리가 살고 있는 은하계만 해도 별이 1천

억 개나 되고, 우주에는 이러한 은하계가 1천억 개 이상이나 존재한다는 사실이 밝혀졌어요. 성경 그대로 하늘의 별은 셀 수 없이 많아서 1천억 곱하기 1천억 개나 된다는 사실이 증명된 것입니다.

지금도 과학으로는 증명될 수 없는 일들이 많이 일어나고 있는데 성경에도 그런 기적들이 많이 등장해요. 성경을 믿지 않고, 그 내용이 모두 꾸며 낸 이야기라고 생각하는 사람들을 위해 늘 기도하기로 해요.

가 뱀에 물려 죽었습니다. 우리는 그들처럼 시험하지 맙시다. _{민 21:5}

10 그들 가운데 어떤 이들은 원망하다가 파멸시키는 이에게 멸망했습니다. 여러분은 그들처럼 원망하지 마십시오.

11 **말세를 위한 경고** 그들에게 일어난 이런 일들은 본보기로서 말세를 만난 우리를 위해 경고로 기록된 것입니다.

12 그러므로 선 줄로 생각하는 사람은 넘어지지 않도록 조심하십시오.

13 여러분은 사람이 감당할 수 없는 시험을 당한 적이 없습니다. 하나님은 신실하셔서 여러분이 감당치 못할 시험은 허락하지 않으시며 시험을 당할 때도 피할 길을 마련해 주셔서 여러분이 능히 감당할 수 있게 하십니다.

14 **우상 숭배에 대한 경고** 그러므로 내 사랑하는 형제들이여, 우상 숭배를 피하십시오.

15 내가 지각 있는 사람들에게 말하듯이 말하니 여러분은 내가 하는 말을 스스로 판단해 보십시오.

16 우리가 감사드리며 마시는 축복의 잔은 그리스도의 피를 나눠 마시는 것이 아닙니까? 우리가 떼는 빵은 그리스도의 몸을 나눠 먹는 것이 아닙니까? _{마 26:26-28}

17 빵이 하나이므로 우리가 여럿일지라도 한 몸입니다. 이것은 우리 모두가 한 덩어리의 빵을 나눠 먹기 때문입니다. _{롬 12:5}

18 이스라엘 백성의 관습을 생각해 보십시오. 제물을 먹는 사람들은 하나님의 제단에 참여하는 사람들이 아닙니까? _{레 3:3}

19 그러므로 내가 말하려는 것이 무엇입니까? 우상의 제물은 무엇이며 또 우상은 무엇입니까?

20 다만 제물로 바치는 것은 귀신에게 바치는 것이지 하나님께 바치는 것이 아닙니다. 나는 여러분이 귀신들과 교제하는 사람들이 되기를 원치 않습니다. _{시 106:37}

21 여러분은 주의 잔과 귀신의 잔을 동시에

마실 수 없고 주의 식탁과 귀신의 식탁에 동시에 참여할 수 없습니다.

22 우리가 주를 분노하시게 하겠습니까? 우리가 그분보다 더 강합니까? _{신 32:21}

23 **음식의 자유함** 모든 것이 허용되나 모든 것이 유익한 것은 아닙니다. 모든 것이 허용되나 모든 것이 덕을 세우는 것은 아닙니다.

24 누구든 자기 유익을 구하지 말고 남의 유익을 구하십시오. _{33절;13:5절 2:21}

25 시장에서 파는 것은 어떤 것이든 양심에 거리낌이 생기지 않도록 묻지 말고 드십시오.

26 이는 땅과 거기 충만한 것이 다 주의 것이기 때문입니다. _{8:7,시 24:1}

27 만일 믿지 않는 사람들 가운데 어떤 사람이 여러분을 초대했는데 여러분이 가기를 원한다면 여러분 앞에 차려진 것은 무엇이든지 양심에 거리낌이 생기지 않도록 묻지 말고 드십시오. _{눅 10:8}

28 그러나 만일 누가 여러분에게 "이것은 우상에게 바쳐진 제물입니다"라고 한다면 말해 준 사람과 양심을 위해서 먹지 마십시오.

29 내가 지금 말하는 양심은 당신 자신의 양심이 아니라 다른 사람의 양심입니다. "왜 내 자유가 남의 양심에 의해 판단을 받아야 합니까?

30 내가 감사하는 마음으로 식사에 참여한다면 왜 감사하는 것으로 인해 내가 비난을 받아야 합니까?"라고 반문할지도 모르겠습니다. _{롬 14:6,딤전 4:3-4}

31 **남을 위한 포기** 그러나 여러분은 먹든지 마시든지 무엇을 행하든지 모든 것을 하나님의 영광을 위해 하십시오. _{벧전 4:11}

32 여러분은 유대 사람에게든지 그리스 사람에게든지 하나님의 교회에든지 걸려 넘어지게 하는 사람이 되지 마십시오. _{롬 14:13}

33 나도 모든 일에 모두를 기쁘게 하며 자신의 유익을 구하지 않고 많은 사람의 유익을 구합니다. 이는 그들이 구원을 받게 하려는 것입니다. _{9:22}

11 **본받는 사람** 내가 그리스도를 본받는 것처럼 여러분은 나를 본받는 사람

들이 되십시오.

2 **머리에 쓰는 것** 여러분이 나에 대한 모든 것을 기억하고 있고 또 내가 여러분에게 전해 준 대로 전통을 굳게 지키므로 내가 여러분을 칭찬합니다. 살후 2:15;3:6

3 이제 나는 여러분이 모든 남자의 머리는 그리스도이시며 여자의 머리는 남자이며 그리스도의 머리는 하나님이시라는 것을 깨닫기 원합니다. 엡 1:22;4:15;5:23;골 1:18

4 누구든지 남자가 머리에 무엇을 쓰고 기도하거나 예언하는 것은 자기 머리를 부끄럽게 하는 것입니다.

5 또한 누구든지 여자가 머리에 무엇을 쓰지 않고 기도하거나 예언하는 것은 자기 머리를 부끄럽게 하는 것입니다. 이는 머리를 민 것이나 다름없기 때문입니다.

6 만일 여자가 머리에 아무것도 쓰지 않으려면 머리를 깎으십시오. 그러나 머리를 깎거나 미는 것이 부끄러운 일이라면 머리를 가리십시오.

7 남자는 머리에 무엇을 쓰면 안 됩니다. 이는 그가 하나님의 형상이요, 영광이기 때문입니다. 그러나 여자는 남자의 영광입니다.

8 남자가 여자에게서 난 것이 아니라 여자가 남자에게서 났기 때문입니다. 창 2:21-23

9 또 남자가 여자를 위해 창조된 것이 아니라 여자가 남자를 위해 창조됐습니다.

10 그러므로 여자는 천사들 때문에 그 머리 위에 권위의 표를 둬야 합니다.

11 **구별되나 동등함** 그러나 주 안에서는 남자 없이 여자가 있을 수 없고 여자 없이 남자가 있을 수 없습니다. 갈 3:28

12 여자가 남자에게서 난 것같이 남자도 여자의 몸에서 났기 때문입니다. 그러나 모든 것이 하나님께로서 났습니다.

13 여러분 스스로 판단해 보십시오. 여자가 머리에 쓰지 않고 하나님께 기도하는 것이 마땅한 일이겠습니까?

14 여러분의 본성 그 자체가 가르쳐 주듯이 남자가 긴 머리를 하는 것은 그에게 부끄러움이 되지만

15 여자가 긴 머리를 하는 것은 그녀에게 영광이 되지 않습니까? 이것은 긴 머리가 그녀에게 쓰는 것을 대신해 주어진 것이기 때문입니다.

16 이 문제에 대해 누가 논쟁하고 싶어 할지 모르나 그런 풍습은 우리에게도, 하나님의 교회에도 없는 것입니다. 살후 1:4

17 **교제의 문제** 이제 내가 지시하려는 일에 관해 나는 여러분을 칭찬하지 않습니다. 이것은 여러분의 모임이 유익하지 않고 오히려 해롭기 때문입니다.

Bible Basics

성만찬, 주의 만찬에 담긴 의미

'주의 만찬'은 예수님이 체포되시기 전에 제자들과 함께 나누던 유월절 만찬에서 시작되었다. 주의 만찬의 목적은 먹고 마시고 즐기는 것이 아니라 예수 그리스도의 죽음의 의미를 기념하는 데 있다.

그러나 고린도 교회는 주의 만찬을 사교적 만찬과 같이 생각했다. 부유한 사람들은 자기들끼리 먹고 마시고 취했으며 가난한 사람들은 소외되었다 (고전 11:17-22). 그래서 바울은 주의 만찬에 담긴 진정한 의미를 다섯 가지로 설명한다.

- 주의 만찬은 예수님이 유월절 어린 양처럼 죽으심으로 사람들에게 구원을 주셨음을 보여 주는 예표이다(마 26:2; 고전 5:7).

- 주의 만찬은 참여한 사람들을 한몸, 한 공동체가 되게 한다(고전 11:18, 22).

- 주의 만찬은 예수님의 죽음과 부활에 동참하게 한다(고전 11:24-25).

- 주의 만찬은 예수님의 죽음으로 이루신 새 언약을 기억하게 한다(고전 11:24-25).

- 주의 만찬은 주님을 전하는 수단이다 (고전 11:26).

18 첫째는 여러분이 교회에 모일 때 여러분 가운데 분쟁이 있다는 말이 들리는데 나는 어느 정도 사실이라고 믿습니다.

19 여러분 가운데 옳다 인정받는 사람들이 드러내려면 여러분 가운데 분파도 있어야 할 것입니다. 요일 2:19

20 그러므로 여러분이 분별돼 있으니 여러분이 함께 모인다 해도 그것은 주의 만찬을 먹기 위한 것이 아닙니다.

21 이는 먹을 때 사람마다 제각기 자기 음식을 먼저 먹어서 어떤 이는 배고프고 어떤 이는 술에 취하기 때문입니다.

22 여러분이 먹고 마실 집이 없습니까? 아니면 여러분이 하나님의 교회를 하찮게 여기고 가난한 사람들에게 창피를 주려는 것입니까? 내가 여러분에게 무슨 말을 해야 하겠습니까? 내가 여러분을 칭찬해야 하겠습니까? 이 일에 대해 나는 여러분을 칭찬할 수 없습니다.

23 주의만찬 내가 여러분에게 전한 것은 주께 받은 것입니다. 곧 주 예수께서는 잡히시던 밤에 빵을 들어

24 감사하시고 떼시며 말씀하셨습니다. "이것은 너희를 위해 주는 내 몸이니 이 예를 행해 나를 기념하라."

25 이와 같이 식사 후에 또한 잔을 들고 말씀하셨습니다. "이 잔은 내 피로 세운 새 언약이니 이 예를 행해 마실 때마다 나를 기념하라."

26 그러므로 여러분은 이 빵을 먹고 이 잔을 마실 때마다 주가 오실 때까지 그분의 죽으심을 선포하는 것입니다.

27 연합한 가운데 함께 먹음 그러므로 누구든지 주의 빵이나 잔을 올바른 마음가짐 없이 먹고 마시는 사람은 주의 몸과 피를 짓밟는 죄를 저지르는 것입니다. 요 6:51,53~56

28 그러니 사람이 자기를 살핀 후에 빵을 먹고 잔을 받도록 하십시오.

은사에는 어떤 것들이 있나요?

'은사'는 그리스어로 '카리스마'인데, '선물'이라는 뜻이에요. 은사는 믿는 사람 모두가 교회에서 봉사할 수 있도록 성령님이 주시는 특별한 능력이에요(고전 12:11).
신약 성경에는 다음과 같은 은사들이 소개되어 있어요.

신약 성경에 나오는 은사		
일곱 가지 은사 (롬 12:4~8)	아홉 가지 은사 (고전 12:6~10)	다섯 가지 은사 (엡 4:8~12)
① 예언	① 지혜의 말씀	① 사도
② 섬기는 일	② 지식의 말씀	② 예언자
③ 가르치는 일	③ 믿음의 은사	③ 복음 전도자
④ 권면하는 일	④ 치유의 은사	④ 목사
⑤ 구제하는 일	⑤ 능력 행함의 은사	⑤ 교사
⑥ 지도하는 일	⑥ 예언의 은사	
⑦ 긍휼 베푸는 일	⑦ 영 분별함의 은사	
	⑧ 여러 가지 방언 말함의 은사	
	⑨ 방언 통역의 은사	

은사는 이처럼 다양하며 그리스도의 몸을 세우기 위해(고전 12:7; 엡 4:12) 하나님의 뜻대로 각 사람에게 알맞게 주세요(고전 12:4, 11, 18). 그래서 각자가 받은 은사를 비교하거나(고전 12:12~27) 믿음의 크고 작음을 나타낸다고 오해해서는 안 돼요. 은사는 자신의 노력으로 얻는 것이 아니라 하나님이 교회와 성도의 유익을 위해 주시는 선물이기 때문이에요. 그래서 은사는 교회의 덕을 세우기 위해서 사용되어야 해요(고전 14:12, 26). 어떤 은사라도 교회의 질서를 어지럽힌다면 제한을 받아야 하고(고전 14:28, 33, 40) 각각의 은사는 말씀의 권위 아래 겸손하게 사용되어야 한답니다(엡 4:1~3; 빌 2:1~3).

29 주의 몸이 의미하는 것을 모르고 먹고 마시는 사람은 자기가 받을 심판을 먹고 마시는 것입니다.

30 이로 인해 여러분 가운데 몸이 약한 사람과 병든 사람이 많고 죽은 사람도 적지 않습니다.

31 우리가 우리 스스로를 살핀다면 심판을 받지 않을 것입니다.

32 그러나 지금 우리가 주께 심판을 받아 징계를 받는 것은 우리가 세상과 함께 정죄받지 않도록 하려는 것입니다. 롬 5:16

33 그러므로 내 형제들이여, 여러분이 먹으려고 모일 때 서로 기다리십시오.

34 누구든지 배가 고프면 집에서 먼저 먹도록 하십시오. 이는 여러분의 모임이 심판받지 않게 하려는 것입니다. 나머지 문제들은 내가 가서 말하겠습니다. 딛 1:5

12 은사의 근원 형제들이여, 나는 여러분이 성령의 은사들에 대해 모르는 것을 원치 않습니다. 14:1

2 여러분이 잘 알듯이 여러분이 이방 사람이었을 때 여러분은 말 못하는 우상이 이끄는 대로 끌려 다녔습니다. 합 2:18-19

3 그러므로 나는 여러분에게 알려 드립니다. 하나님의 영으로 말하는 사람은 아무도 "예수는 저주받은 사람이다"라고 할 수 없고 또 성령으로 말미암지 않고는 "예수는 주이시다"라고 할 수 없습니다.

4 여러 은사와 한 성령 은사는 여러 가지이나 성령은 같습니다. 엡 4:4-6

5 직분상 맡은 임무는 여러 가지이나 섬기는 주는 같습니다. 롬 12:7

6 사역은 여러 가지이나 모든 사람 안에서 모든 일을 행하시는 하나님은 같습니다.

7 각 사람에게 성령을 나타내시는 것은 성도 공동체의 유익을 위한 것입니다.

8 어떤 이에게는 성령으로 지혜의 말씀을 주시고 어떤 이에게는 같은 성령으로 지식의 말씀을 주십니다. 2:6-7

9 어떤 이에게는 같은 성령으로 믿음을, 어떤 이에게는 같은 성령으로 치유의 은사를,

10 어떤 이에게는 능력 행하는 은사를, 어떤 이에게는 예언하는 은사를, 어떤 이에게는 영을 분별하는 은사를, 어떤 이에게는 여러 가지 방언하는 은사를, 또 어떤 이에게는 방언 통역하는 은사를 주십니다.

11 그러나 이 모든 것을 행하시는 이는 한 분이신 같은 성령이시며 그분이 원하시는 대로 각 사람에게 은사를 나눠 주시는 것입니다.

12 여러 지체를 가진 몸 몸은 하나지만 많은 지체가 있고 또 몸에 지체가 많지만 모든 지체가 한 몸인 것처럼 그리스도께서도 이와 같으십니다. 27절

13 우리는 유대 사람이든지 그리스 사람이든지, 종이든지 자유인이든지 모두 한 성령으로 세례를 받아 한 몸이 됐고 모두 한 성령을 마시게 됐습니다. 골 3:11

14 몸은 한 지체가 아니라 많은 지체로 이루어져 있습니다.

15 다양한 지체 만일 발이 "나는 손이 아니니 몸에 속하지 않았다"라고 말한다 할지라도 발이 몸에 속하지 않은 것이 아닙니다.

16 또 귀가 말하기를 "나는 눈이 아니니 몸에 속하지 않았다"라고 말한다 할지라도 귀

사랑의 조건

천국은 하나님이 다스리시는 사랑의 나라이다. 사랑하는 사람이 되려면 어떻게 해야 할까?

1. 예수님을 구세주(주님)로 믿어야 한다. 예수 그리스도를 주님으로 믿을 때 우리는 진정한 사랑이 무엇인지 알 수 있게 된다(요 3:3).

2. 사랑을 평생 동안 중요한 목표로 삼아야 한다(고전 14:1; 요일 2:3-6). 사랑은 예수님이 명령하신 새

계명이다(요 15:12).

3. 사랑하는 사람이 되도록 언제나 기도해야 한다(빌 1:9-10).

4. 언제나 성령 충만을 구해야 한다(엡 5:18). 성령 충만한 삶은 성령의 아홉 가지 열매 중의 하나인 사랑의 열매를 맺게 한다(갈 5:22).

5. 믿음으로 사랑을 실천해야 한다(벧전 1:22).

가 몸에 속하지 않은 것이 아닙니다.

17 만일 몸 전체가 눈이라면 듣는 곳은 어디 겠습니까? 만일 몸 전체가 듣는 곳이라면 냄새 맡는 곳은 어디겠습니까?

18 그러나 하나님께서는 이제 지체들을 각각 그분이 원하시는 대로 몸에 두셨습니다.

19 만일 모든 것이 한 지체로 돼 있다면 몸은 어디에 있겠습니까?

20 이제 지체는 많으나 몸은 하나입니다.

21 그러므로 눈이 손에게 "나는 네가 필요 없다"라고 말하거나 머리가 발에게 "나는 네가 필요 없다"라고 말할 수 없습니다.

22 모두 중요한 지체 이뿐 아니라 더 약해 보이는 몸의 지체들이 오히려 중요합니다.

23 그리고 우리가 몸 가운데 덜 귀하다고 생각되는 지체들을 더 귀한 것으로 입혀 주어 우리의 볼품없는 지체들은 더 큰 아름다움을 갖게 됩니다.

24 우리의 아름다운 지체들에게는 그럴 필요가 없습니다. 하나님께서는 몸을 고르게 짜 맞추셔서 부족한 지체에게 더 큰 존귀를 주셨습니다.

25 그리하여 몸에서 분열이 없게 하시고 지체들이 서로 돌아보게 하셨습니다.

26 만일 한 지체가 고통을 당하면 모든 지체가 함께 고통을 당하고 한 지체가 영광을 얻으면 모든 지체가 함께 기뻐합니다.

27 **다양성이 필요한 교회** 여러분은 그리스도의 몸이요, 또한 그분의 지체들입니다.

28 하나님께서는 교회에 몇 가지 은사를 주셨으니 첫째는 사도들이요, 둘째는 예언자들이요, 셋째는 교사들이요, 그다음은 능력을 행하는 사람들이요, 그다음은 병 고치는 은사를 받은 사람들이요, 돕는 일을 하는 사람들이요, 다스리는 일을 하는 사람들이요, 각종 방언을 하는 사람들입니다.

엡 4:11-12

29 모두가 다 사도들이겠습니까? 모두가 다 예언자들이겠습니까? 모두가 다 교사들이겠습니까? 모두가 다 능력을 행하는 사람들이겠습니까?

30 모두가 다 병 고치는 은사들을 가졌겠습니까? 모두가 다 방언들을 말하겠습니까? 모두가 다 통역을 하겠습니까?

31 그러나 더 큰 은사들을 간절히 구하십시오. 이제 내가 여러분에게 가장 좋은 길을 보여 드리겠습니다.

13

가장 유익한 사랑의 은사 내가 만일 사람의 언어와 천사들의 말을 한다 할지라도 내게 사랑이 없으면 울리는 징이나 소리 나는 꽹과리와 같을 뿐입니다.

2 내가 만일 예언하는 은사를 가지고 있고 모든 비밀과 모든 지식을 알고 또 산을 옮길 만한 믿음을 가지고 있다 할지라도 내게 사랑이 없으면 나는 아무것도 아닙니다.

사랑은 가장 위대하며 영원함

3 내가 만일 내가 가진 모든 것으로 남을 돕고 또 내 몸을 불사르게 내줄지라도 내게 사랑이 없으면 나는 아무 소용이 없습니다.

4 **사랑의 본질** 사랑은 오래 참고 친절하며 사랑은 시기하지 않으며 자랑하지 않으며 교만하지 않으며　　행 7:9

5 무례하지 않으며 자기 유익을 구하지 않으며 성내지 않으며 원한을 품지 않으며

6 불의를 기뻐하지 않으며 진리와 함께 기뻐하고

7 모든 것을 덮어 주고 모든 것을 믿으며 모든 것을 바라고 모든 것을 견딥니다.

8 **영원한 은사인 사랑** 사랑은 결코 없어지지 않습니다. 그러나 예언도 사라지고 방언도 그치고 지식도 사라질 것입니다.

9 우리는 부분적으로 알고 부분적으로 예언합니다.

▲ 거울(Mirror)
고대 여성들이 화장할 때 사용한 거울은 주로 구리 등 금속으로 만든 것이어서 그 표면에 얼굴이 선명하게 비치지 않았다(고전 13:12). 보통 거울의 손잡이에는 다양한 장식이 새겨져 있었다. 이러한 거울은 예루살렘 상류 부인들의 사치스런 장식품 가운데 하나였다(사 3:23).

10 그러나 완전한 것이 올 때는 부분적인 것은 사라지게 될 것입니다.

11 내가 어린아이였을 때는 어린아이같이 말하고 어린아이같이 이해하고 어린아이같이 생각했습니다. 그러나 어른이 돼서는 어린아이의 일들을 버렸습니다.

12 지금은 우리가 거울에 비추어 보듯 희미하게 보지만 그때에는 얼굴과 얼굴을 맞대어 볼 것입니다. 지금은 내가 부분적으로 알지만 그때는 주께서 나를 아신 것같이 내가 온전히 알게 될 것입니다.

13 그러므로 믿음, 소망, 사랑, 이 세 가지는 언제까지나 남아 있을 것인데 이 가운데 가장 위대한 것은 사랑입니다.

14 **예언과 방언** 사랑을 추구하십시오, 신령한 것들을 열심히 구하되 특히 예언하기를 간절히 구하십시오. 12:1, 31; 16:14

2 방언을 말하는 사람은 사람들에게 말하는 것이 아니라 하나님께 말하는 것입니다. 아무도 이것을 알아들을 수 없습니다. 이는 그가 영으로 비밀을 말하는 것이기 때문입니다.　　18~23, 27~28절

3 그러나 예언하는 사람은 사람들을 세워 주고 격려와 위로의 말을 합니다.

4 방언하는 사람은 자신에게 도움이 됩니다. 그러나 예언하는 사람은 교회를 이롭게 합니다.

5 나는 여러분이 모두 방언을 말하기를 원하지만 그보다도 예언하기를 더욱 원합니다. 누가 방언을 통역해 교회를 이롭게 하지 못한다면 방언하는 사람보다 예언하는 사람이 더 훌륭합니다.

6 **방언은 통역이 필요함** 이제 형제들이여, 만일 내가 여러분에게 가서 방언만 하고 계시나 지식이나 예언이나 가르침을 전하지 않는다면 여러분에게 무슨 유익이 있겠습니까?

7 피리나 수금같이 생명이 없는 악기가 소리를 낼 때도 각기 뚜렷한 소리를 내지 않는다면 피리를 부는 것인지 수금을 타는 것인지 알 수 없지 않습니까?

8 또 나팔이 불분명한 소리를 낸다면 누가 전투를 준비하겠습니까?

9 이와 같이 여러분도 혀로 이해할 수 있는 말을 하지 않는다면 그 말을 어떻게 알 수 있겠습니까? 여러분은 허공에 대고 말하는 격이 될 것입니다.

10 세상에는 수많은 종류의 말소리가 있으나 뜻이 없는 말은 하나도 없습니다.

11 그러므로 만일 내가 그 말의 뜻을 알지 못한다면 그 말하는 사람에게 나는 외국 사람이 되고 그 말하는 사람도 내게 외국 사람이 될 것입니다.

12 이와 같이 여러분은 성령의 은사들을 간절히 원하는 사람들이니 교회를 위해 더욱 풍성하게 받기를 구하십시오.

13 그러므로 방언을 하는 사람은 통역할 수 있기를 기도하십시오.

14 덕을 세우지 못하는 방언 만일 내가 방언으로 기도한다면 내 영은 기도할지라도 내 이성은 이해하지 못합니다.

15 그러면 어떻게 해야 하겠습니까? 나는 영으로 기도하고 또한 이성으로 기도할 것입니다. 내가 영으로 찬미하고 또한 이성으로 찬미할 것입니다.

시 47:7

16 만일 그렇지 않고 여러분이 영으로만 감사한다면 은사를 받지 못한 사람은 여러분이 무슨 말을 하는지 알지 못하는데 어떻게 여러분의 감사에 "아멘" 할 수 있겠습니까?

17 여러분이 감사를 잘했다 할지라도 다른 사람에게는 도움이 되지 못합니다.

18 내가 여러분 모두보다 방언을 더 많이 하므로 하나님께 감사를 드립니다.

19 그러나 나는 교회에서 사람들을 가르치기 위해 방언으로 1만 마디 하는 것보다 깨달은 이성으로 다섯 마디 말하기를 원합니다.

20 표적이 되는 방언 형제들이여, 생각하는 데는 어린아이가 되지 마십시오, 악한 일에는 어린아이가 되고 생각하는 데는 어른이 되십시오.

2:6; 엡 4:13-14:6:1 5:12-13

21 율법에 기록되기를 "내가 방언을 말하는 사람들의 혀와 외국 사람의 입술을 통해 이 백성에게 말할지라도 그들은 내 말을 듣지 않을 것이다"라고 했습니다.

사 28:11-12

22 그러므로 방언은 믿는 사람들을 위한 것이 아니라 오직 믿지 않는 사람들을 위한 표적이며 예언은 믿지 않는 사람들을 위한 것이 아니라 믿는 사람들을 위한 것입니다.

23 가르침을 주는 예언 그러므로 만일 온 교회가 모여 모두 방언으로 말한다면 은사를 받지 못한 사람이나 믿지 않는 사람이 들어와서 듣고 여러분에게 미쳤다고 하지 않겠습니까?

24 그러나 만일 모두가 예언을 하면 믿지 않는 사람들이나 은사를 받지 못한 사람들이 들어와서 듣고는 모든 사람에 의해 잘못을 질책받고 심판을 받아

25 그 마음속에 숨은 것들이 드러나게 됩니다. 그래서 그들은 엎드려 하나님을 경배하며 "참으로 하나님께서는 여러분 가운데 계십니다"라고 인정할 것입니다.

26 질서를 따라 은사를 사용함 형제들이여, 그러면 어떻게 해야 하겠습니까? 여러분이 모일 때 각각 찬송도 있고 가르침도 있고 방언도 있고 계시도 있고 통역도 있으니 모든 것은 교회를 이롭게 하기 위해 하십시오.

27 누가 방언을 하려고 하면 두 사람이나 혹은 세 사람 정도가 말하되 차례대로 하고 한 사람은 통역을 하십시오.

28 만일 통역할 사람이 없다면 교회에서는 잠잠히 있고 자신과 하나님께만 말하십시오.

29 예언하는 사람은 둘이나 셋이서 말하고 다른 사람들은 그것을 분별하십시오.

방언이 뭐예요?

'방언'은 원래 각 나라 사람들이 사용하는 언어(창 10:5)를 말하지만 성경에서는 성령의 은사를 받은 성도가 하는 언어를 말해요.

방언의 은사는 예수님이 부활하셔서 하늘로 올라가신 후, 오순절에 120여 성도들이 기도할 때 나타났어요(행 2:1-13). 그때 받은 방언은 각 나라 사람들이 이해할 수 있었던 각 나라 말이었어요. 그렇지만 대부분의 방언은 듣고 이해하기가 어려워서 '통역'이라는 은사가 필요해요(고전 14:13-19, 28).

장사(15:4, 葬事, burial) 땅이나 무덤에 시체를 매장하는 일

30 만일 앉아 있는 다른 사람에게 계시가 내리면 먼저 말하던 사람은 잠잠히 계십시오.

31 그러면 모든 사람이 한 사람씩 차례로 예언을 할 수 있어 모두가 다 배우고 모두가 다 격려를 받게 될 것입니다.

32 예언하는 사람들의 영은 예언하는 사람들에 의해 통제를 받습니다.

33 하나님은 무질서의 하나님이 아니라 평화의 하나님이십니다. 성도들의 모든 교회에서 그렇게 하고 있듯이

34 여자들은 교회에서 잠잠히 계십시오. 여자들에게는 말하는 것이 허락돼 있지 않으니 율법에서도 말하는 것과 같이 여자들은 복종하십시오.

35 만일 무엇을 알기를 원한다면 집에서 남편에게 물어보십시오. 여자가 교회에서 말하는 것은 부끄러운 일이기 때문입니다.

36 하나님의 말씀이 여러분에게서 나왔습니까? 또는 여러분에게만 임했습니까?

37 적절하고 질서 있게 만일 누구든지 자신을 예언자나 신령한 사람으로 생각한다면 그는 내가 여러분에게 쓰는 것이 주의 명령임을 아십시오.

38 만일 누구든지 이것을 인정하지 않으면 그도 인정을 받지 못할 것입니다.

39 그러므로 내 형제들이여, 예언을 간절히 구하며 방언으로 말하는 것을 막지 마십시오.

40 모든 일을 적절하게 하고 또 질서 있게 하십시오.

골 2:5

15 **부활은 증명된 사실임** 형제들이여, 이제 내가 여러분에게 전한 복음을 일깨워 드리려고 합니다. 여러분은 이 복음을 전해 받았고 또한 그 안에 서 있습니다.

롬 5:2

2 만일 여러분이 내가 여러분에게 전한 그 말씀을 굳게 잡고 헛되이 믿지 않았다면 여러분은 그 복음으로 구원을 받습니다.

3 내가 전해 받은 가장 중요한 것을 여러분에게 전했습니다. 그것은 그리스도께서 성경의 말씀대로 우리 죄를 위해 죽으시고

4 장사되셨다가 성경의 말씀대로 3일째 되던 날 다시 살리심을 받아

시 16:10; 사 53:10

5 게바에게 나타나시고 그 다음으로 열두 제자에게

막 16:14; 눅 24:34,36; 요 20:19,26

6 그 후 500명이 넘는 형제들에게 동시에 나타나셨으니 그 가운데 대부분이 지금도 살아 있고 어떤 사람들은 잠들었습니다.

7 그 후에 야고보에게 나타나셨고 그 다음으로 모든 사도들에게

8 마지막으로 달이 차지 못한 채 태어난 사람과 같은 내게도 나타나셨습니다.

9 나는 사도들 가운데 가장 작은 사람이요, 사도라 불릴 자격도 없는 사람입니다. 이는 내가 하나님의 교회를 핍박했기 때문입니다.

엡 3:7-8

10 그러나 오늘날 내가 나 된 것은 하나님의 은혜로 된 것입니다. 내게 주신 그분의 은

정말 죽은 사람이 부활할까요?

예수님은 십자가에 못 박혀 돌아가시고 3일 만에 부활하셨어요. 고린도 교회 성도들 중에는 그 사실을 믿지 못할 뿐 아니라, '죽은 사람의 부활은 없다'고 주장하는 사람들이 있었어요(고전 15:12).

이런 말을 듣고 바울은 편지를 썼어요. 죽은 사람의 부활이 없다면 예수님도 부활하지 않았을 것이라고 했어요. 또 예수님이 부활하지 않았다면 우리가 믿는 것도 헛되고 전도하는 것

도 헛되고, 우리는 죄의 문제도 해결 받지 못하는 가장 불쌍한 사람이 된다고 했어요(고전 15:13-19).

그렇지만 예수님은 부활하셔서 많은 사람들을 만나셨어요(고전 15:5-8). 예수님이 부활하신 것처럼 죽은 사람이 부활하고(고전 15:21), 우리도 부활할 거예요(고전 15:52). "하나님께서 주를 살리셨으니 또한 그 능력으로 우리도 살리실 것"(고전 6:14)입니다.

혜가 헛되지 않아 내가 어느 사도보다 더 많이 수고했습니다. 그러나 이것은 내가 한 것이 아니요, 오직 나와 함께하신 하나님의 은혜로 한 것입니다. _{골1:29}

11 그러므로 나나 그들이나 우리가 이렇게 복음을 전파하고 있으며 여러분도 이렇게 믿었습니다.

12 중심이 되는 부활 그리스도가 죽은 사람들 가운데서 살아나셨다고 전파되고 있는데 왜 여러분 가운데 어떤 이들은 죽은 사람의 부활이 없다고 합니까?

13 죽은 사람의 부활이 없다면 그리스도께서도 다시 살리심을 받지 못하셨을 것입니다.

14 만일 그리스도께서 살리심을 받지 못했다면 우리가 전파하는 것도 헛되고 또 여러분의 믿음도 헛되며

15 또 우리가 하나님의 거짓 증인으로 드러

재림

그리스어로 '파루시아'라고 하는데 예수님이 하나님 나라의 완성을 위해 이 땅에 다시 오시는 것을 말한다. 예수님은 승천하신 그대로 오실 것이며(행 1:11) 언제 다시 오실지는 하나님만 아신다(마 24:36; 막 13:32).
성도들은 언제 임할지 모를 재림을 기다리며 항상 깨어 거룩한 삶을 살아야 한다(마 25:13; 살전 5:6; 벧후 3:10).
예수님이 재림하실 때 성도들의 구원이 완성될 것이며(눅 9:26-28; 계 21:1-4), 죽은 사람들 모두 부활하고(고전 15:22; 살전 4:16) 불신자와 사탄은 심판받으며(고전 15:26; 계 19:20) 성도는 하나님께 상을 받는다(딤후 4:8; 벧전 5:4; 계 20:12-15; 21:8; 22:12).

날 것입니다. 만일 죽은 사람들이 다시 살지 못한다면 하나님께서 그리스도를 살리시지 않으셨을 것입니다.

16 만일 죽은 사람들이 다시 살지 못한다면 그리스도께서도 살리심을 받지 못하셨을 것입니다.

17 만일 그리스도께서 살리심을 받지 못하셨다면 여러분의 믿음도 헛되고 여러분은 여전히 자신의 죄 가운데 있고

18 그리스도 안에서 잠든 사람들도 멸망했을 것입니다.

19 만일 우리가 그리스도 안에서 가진 소망이 이 세상의 생명뿐이면 모든 사람들 가운데 우리가 가장 불쌍한 사람들일 것입니다.

20 확실한 우리의 부활 그러나 이제 그리스도께서 죽은 사람들 가운데서 다시 살아나셔서 잠자는 사람들의 첫 열매가 되셨습니다. _{23절}

21 한 사람으로 인해 죽음이 들어왔으니 한 사람으로 인해 죽은 사람들의 부활도 옵니다.

22 곧 아담 안에서 모든 사람이 죽은 것같이 그리스도 안에서 모든 사람이 생명을 얻을 것입니다.

23 그러나 각각 차례대로 될 것이니 먼저는 첫 열매인 그리스도이시요, 그다음은 그리스도께서 다시 오실 때 그분에게 속한 사람들입니다. _{52절;살전4:16}

24 그다음에 세상의 마지막이 올 것인데 그때는 그분이 모든 권력과 권세와 권능을 멸하시고 그 나라를 하나님 아버지께 바칠 것입니다. _{엡1:21}

25 하나님께서 모든 원수들을 그리스도의 발아래 두실 때까지 다스리셔야 합니다.

26 멸망당할 마지막 원수는 죽음입니다.

27 성경에 이르기를 "하나님께서 만물을 그분의 발아래 두셨다"라고 했습니다. 그러나 만물을 발아래 둔다고 할 때 만물을 그분에게 복종하게 하신 분은 그 안에 들지 않은 것이 분명합니다. _{시8:6;엡1:22}

28 만물을 그분께 복종하게 하신 때는 아들

자신도 만물을 복종하게 하신 분에게 복종하게 될 것입니다. 이는 하나님께서 만유의 주가 되시려는 것입니다. 빌 3:21

29 소망 중에 행함 만일 부활이 없다면 죽은 사람을 대신해서 세례 받은 사람들은 왜 그렇게 하는 것입니까? 만일 죽은 사람들이 전혀 다시 살아나지 못한다면 왜 그들을 위해 세례를 받는 것입니까?

30 그리고 왜 우리는 시시각각으로 위험을 무릅쓰겠습니까? 고후 11:26

31 형제들이여, 내가 그리스도 예수 우리 주 안에서 가진 내 자랑인 여러분을 두고 단언합니다만 나는 날마다 죽습니다.

32 만일 내가 에베소에서 인간적인 동기로 맹수들과 싸웠다면 내게 무슨 유익이 있었겠습니까? 만일 죽은 사람들이 살아나지 못한다면, "내일 죽을 것이니 먹고 마시자!"라고 할 것입니다. 사 22:13

33 속지 마십시오, 나쁜 친구들이 좋은 습관을 망쳐 버립니다. 약 1:16

34 정신을 똑바로 차리고 죄를 짓지 마십시오, 하나님을 알지 못하는 사람들이 있으므로 여러분을 부끄럽게 하기 위해 내가 이런 말을 합니다. 6:5;살전 4:5

35 새로운 몸으로 부활함 그러나 어떤 사람은 "죽은 사람들이 어떻게 살아나며 어떤 몸으로 옵니까?"라고 물을 것입니다.

36 어리석은 사람이여, 당신이 뿌리는 씨가 죽지 않고서는 살아날 수 없습니다.

37 당신이 뿌리는 것은 장차 생겨날 몸 그 자체가 아니라 밀이나 다른 곡식이든지 다만 씨앗을 뿌리는 것입니다.

38 그러나 하나님께서는 뜻하시는 대로 그 씨에 몸을 주십니다. 곧 각각의 씨에 각기 고유한 몸을 주십니다.

39 모든 육체가 다 같은 육체가 아닙니다. 사람의 육체가 다르고 짐승의 육체가 다르고 새의 육체가 다르고 물고기의 육체가 다릅니다.

40 또 하늘에 속한 몸들이 있고 땅에 속한 몸들이 있습니다. 그러나 하늘에 속한 몸들의 영광이 다르고 땅에 속한 몸들의 영광이 다릅니다.

41 해의 영광이 다르고 달의 영광이 다르고 별들의 영광이 다릅니다. 별과 별의 영광이 서로 다릅니다.

42 영적인 몸이 됨 죽은 사람들의 부활도 이와 같습니다. 썩을 몸으로 묻히지만 썩지 않을 것으로 살아납니다. 단 12:3

43 비천한 가운데 묻히지만 영광 가운데 살아납니다. 약한 사람으로 묻히지만 강한 사람으로 살아납니다. 빌 3:21;골 3:4

44 자연의 몸으로 묻히지만 영적인 몸으로 살아납니다. 자연의 몸이 있다면 영적인

자연의 몸으로 죽지만 영적인 몸으로 살아날 것임

몸도 있습니다. 약 3:15

45 기록되기를 "첫 사람 아담은 생명이 있는 영이 됐다"라고 한 것처럼 마지막 아담은 생명을 주는 영이 됐습니다. 창 2:7

46 그러나 신령한 것이 먼저가 아니라 자연에 속한 것이 먼저이며 그다음이 신령한 것입니다.

47 첫 사람은 땅에서 났으므로 흙에 속한 사람이나 둘째 사람은 하늘에서 왔습니다.

48 그 흙에 속한 사람과 같이 저 흙에 속한 사람들도 그러하고 그 하늘에 속한 사람과 같이 저 하늘에 속한 사람들도 그러합니다. 창 5:3

49 우리가 흙에 속한 사람의 형상을 입은 것처럼 또한 우리는 하늘에 속한 사람의 형상을 입을 것입니다.

50 형제들이여, 내가 말하고자 하는 것은 이것입니다. 곧 살과 피는 하나님 나라를 이어받을 수 없고 썩을 것은 썩지 않을 것을 이어받을 수 없습니다.

51 부활과 영광 보십시오. 내가 여러분에게 비밀을 말합니다. 우리는 다 죽지 않고 모두 변화할 것입니다.

52 마지막 나팔 소리에 순식간에 다 그렇게 될 것입니다. 나팔 소리가 나면 죽은 사람들이 썩지 않을 몸으로 살아나고 우리도 변화할 것입니다. 마 24:31;요 5:25,28;살전 4:16

53 이 썩을 몸이 썩지 않을 것을 입어야 하고 이 죽을 몸이 죽지 않을 것을 입어야 합니다.

54 사망에 대한 자신감 이 썩을 몸이 썩지 않을 것을 입고 이 죽을 몸이 죽지 않을 것을 입을 때는 기록돼 있는 이 말씀이 이루어질 것입니다. "사망이 삼켜져 승리를 얻었도다." 사 25:8

55 사망아, 네 승리가 어디 있느냐? 사망아, 네 독침이 어디 있느냐?" 호 13:14

56 사망의 독침은 죄요, 죄의 권세는 율법입니다. 롬 4:15;5:13;7:5,8,13

57 그러나 우리 주 예수 그리스도를 통해 우리에게 승리를 주시는 하나님께 감사를 드립니다.

58 그러므로 내 사랑하는 형제들이여, 굳게 서서 흔들리지 마십시오. 여러분의 수고가 주 안에서 헛되지 않음을 알고 항상 주의 일에 더욱 힘쓰는 사람들이 되십시오.

16 예루살렘을 위한 헌금 이제 성도를 위한 헌금에 관해서는 내가 갈라디아의 교회들에게 명한 것같이 여러분도 그렇게 하십시오.

2 매주 첫날에 여러분 각자가 수입에 따라 저축해서 여러분이 갈 때 헌금하는 일이 없게 해 주십시오. 행 20:7;고후 8:3,11;9:3

3 그러면 내가 도착해서 여러분이 인정한 사람에게 내가 편지를 써 줘서 여러분의

왜 안식일을 지키지 않고 주일을 지킬까요?

안식일은 하나님이 세상을 창조하시고 일곱째 날에 쉬시면서 그날을 거룩하게 하시고 복 주신 것에서 생겨났어요(창 2:2-3). 이집트에서 탈출한 이스라엘 백성들에게 안식일은 노예 생활에서 구원하여 주신 것을 감사하고 기념하는 구속의 의미도 포함되어 있었어요(신 5:15). 이런 이유로 초대교회는 안식일을 지켰어요(행 15:21; 18:4). 주일은 주님이 부활하신 날, 즉 안식일 후 첫째

날로 예수님의 부활을 기념하여 매주 예배드리고 교제하며 부활을 소망하는 거룩한 날로 지켰어요(행 20:7; 고전 16:2). 초대교회는 안식일과 주일을 함께 지켰어요. 그 후 유대교와 기독교 간의 차이가 분명해지면서 AD 321년부터 안식 후 첫날을 주일로, 곧 '주일'로 지키게 되었어요. 주일은 안식일의 진정한 의미를 완성한 날이기 때문이에요.

선물을 예루살렘에 전하게 할 것입니다.

4 만일 나도 가는 것이 합당하다면 그들이 나와 함께 갈 것입니다.

5 바울의 미래 계획 내가 마케도니아를 지날 것인데 그곳을 지난 후에는 여러분에게 갈 것입니다. _{행 19:21}

6 혹시 내가 여러분과 함께 머물며 겨울을 보내게 될 것도 같습니다. 그다음에는 여러분이 내가 가고자 하는 곳으로 나를 보내 주기를 바랍니다. _{11절}

7 나는 지금 지나는 길에 잠깐 들러서 여러분을 보려고 하는 것이 아닙니다. 만일 주께서 허락하시면 얼마 동안 여러분과 함께 지내고 싶습니다. _{4:19;행 18:21;약 4:15}

8 그러나 나는 오순절까지 이곳 에베소에 머무르려고 합니다.

9 이는 내게 효과적으로 일할 수 있는 큰 문이 열렸기 때문입니다. 또한 나를 대적하는 사람들도 많습니다. _{행 19:9}

10 디모데와 아볼로에 대하여 디모데가 가면 두려움 없이 여러분과 함께 지낼 수 있도록 돌봐 주십시오. 그도 나처럼 주의 일을 행하는 사람입니다. _{롬 16:21;살전 3:2}

11 그러므로 아무도 그를 업신여기지 말며 그를 평안히 보내 데려서 내게 올 수 있게 해 주십시오. 나는 형제들과 함께 그를 기다리고 있습니다. _{6절;딤전 4:12}

12 이제 형제 아볼로에 관해서는 내가 그에게 형제들과 함께 여러분에게 갈 것을 여러 번 권했습니다. 그가 지금은 갈 마음이 전혀 없으나 적절한 시기가 오면 가게 될 것입니다. _{롬 2:18}

13 일반적인 권면 깨어 있으십시오. 믿음에 굳

게 서십시오. 남자답게 용감하고 강건하십시오. _{삼상 4:9;갈 5:1;엡 3:16;빌 1:27}

14 모든 일을 사랑으로 행하십시오. _{14:1}

15 동역자들에 대하여 형제들이여, 내가 여러분에게 권면합니다. 여러분이 알다시피 스데바나의 가정은 아가야의 첫 열매요, 성도들을 섬기는 데 헌신한 사람들입니다.

16 그러므로 여러분은 이런 사람들과 또 함께 동역하며 수고하는 모든 사람에게 복종하십시오. _{살전 5:12;히 13:17}

17 나는 스데바나와 브드나도와 아가이고가 온 것을 기뻐합니다. 이는 그들이 여러분을 대신해 내 허전함을 채워 주었기 때문입니다. _{빌 2:30}

18 그들은 나와 여러분의 영을 시원하게 해 주었습니다. 그러므로 여러분은 이런 사람들을 인정해 주십시오. _{살전 5:13}

19 문안 인사 아시아의 교회들이 여러분에게 안부를 전합니다. 아굴라와 브리스길라가 그들의 집에 모이는 교회와 함께 주 안에서 진심으로 여러분에게 따뜻한 안부를 전합니다.

20 여기 있는 모든 형제들이 여러분에게 안부를 전합니다. 거룩한 입맞춤으로 서로 인사하십시오.

21 축복 기도 나 바울은 친필로 안부를 전합니다. _{골 4:18;살후 3:17}

22 누구든지 주를 사랑하지 않으면 저주가 있을 것입니다. 주여, 오시옵소서.

23 주 예수의 은혜가 여러분에게 있기를 빕니다. _{롬 16:20}

24 그리스도 예수 안에서 내 사랑을 여러분 모두에게 보냅니다.

헌신(16:15, 獻身, devotion) 어떤 일이나 남을 위해 자기 이익과 상관없이 몸과 마음을 다해 힘쓰는 것
안부(16:19, 安否, greeting) 어떤 사람이 편안하게 잘 지내는지 그렇지 아니한지에 대한 소식을 전하거나 묻는 일
친필(16:21, 親筆, one's own handwriting) 손수 쓴 글씨.

고린도후서

바울은 고린도전서를 쓰고 나서 디도를 고린도 교회로 보내 그곳의 상황들을 알아보게 했어요. 그후 디도는 고린도 교회 사람들이 바울의 편지를 받고 회개했다고 바울을 간절히 사모한다는 소식을 전했어요. 그러나 거짓 선생들이 잘못된 가르침을 퍼뜨리면서 바울의 사도됨과 가르침을 의심하는 사람들이 생겨나고 있다는 좋지 못한 소식도 전했어요.

그래서 바울은 자신의 사도직과 자신이 전파하는 복음이 진리임을 증거하려고 고린도후서를 썼어요.

물질적으로 어려움에 처한 예루살렘 교회를 돕는 헌금을 강조하려는 목적도 있었어요.

고린도후서는 무슨 뜻인가요? '고린도 교회에 보내는 두 번째 편지'라는 뜻이에요.

누가 썼나요? '바울'이 썼어요. 고린도 교회에 보내는 첫 번째 편지는 봄에 쓰고, 같은 해 겨울에 두 번째 편지를 쓴 것으로 보여요. 이 편지는 바울이 사역 후기에 쓴 것으로 초대 교회 연구에도 중요한 자료가 된답니다.

언제 썼나요? 마케도니아에서 고린도 교회로 보낸 것으로 AD 55~56년경

중요한 사람들은?

디모데
사도 바울이 아들처럼 여긴 신실한 동역자

바울
사도, 선교사, 옥합과

디도
바울에게 '믿음의 아들'이라는 말을 들은 동역자

한눈에 보는 고린도후서

1:1-11 안부 인사와 감사

1:12-2:13 고린도 방문 계획이 바뀜을 알림

6:11-7:16 고린도 교회를 향한 가르침

2:14-6:10 바울의 사역 정신

8:1-9:15 예루살렘 교회를 위한 헌금을 부탁

10:1-13:13 바울 자신의 사도직 변호와 인사

고린도후서
2 Corinthians

1 **안부 인사** 하나님의 뜻으로 그리스도 예수의 사도가 된 바울과 형제 디모데는 고린도에 있는 하나님의 교회와 온 아가야에 있는 모든 성도들에게 편지를 씁니다.

2 하나님 우리 아버지와 주 예수 그리스도께로부터 은혜와 평화가 여러분에게 있기를 빕니다. ·롬 1:5;고전 1:3;엡전 1:3

3 **하나님의 은혜에 대한 감사** 하나님, 곧 주 예수 그리스도의 아버지, 자비의 아버지, 모든 위로의 하나님께서는 찬양받으실 분입니다.

4 그분은 우리의 모든 환난 가운데서 우리를 위로하는 분이시기 때문입니다. 우리가 하나님께 받는 위로로 인해 우리도 환난 가운데 있는 사람들을 위로할 수 있게 하시는 분이십니다.

5 그리스도의 고난이 우리에게 넘치는 것같이 우리의 위로도 그리스도를 통해서 넘칩니다.

6 우리가 고난당하는 것도 여러분을 위로하고 구원하기 위한 것이요, 우리가 위로받는 것도 여러분을 위로하기 위한 것입니다. 이 위로가 여러분 가운데 역사함으로 여러분이 우리가 당하고 있는 것과 동일한 고난을 당할 때도 잘 견뎌 내게 된 것입니다.

7 여러분에 대한 우리의 소망은 굳건합니다. 여러분이 고난에 함께 참여하는 것처럼 위로에도 함께 참여하는 것을 우리는 알고 있습니다.

8 **낙망케 하는 환난** 형제들이여, 우리가 아시아에서 당한 환난에 대해 여러분이 알지 못하기를 원치 않습니다. 우리는 힘에 겹도록 심한 고난을 받아 살 소망까지 끊어질 지경이 됐습니다. ·행 19:23;고전 15:32

9 우리는 마음에 사형 선고를 내려야 했습니다. 그렇게 된 것은 우리 자신을 의지하지 않고 죽은 사람들을 살리시는 하나님만 의지하도록 하기 위함이었습니다. ·눅 18:9

10 그분은 우리를 과거에도 그렇게 큰 죽음에서 건지셨고 또 미래에도 건지실 분입니다. 또 우리는 하나님이 이후에도 건져 주실 것을 소망합니다. ·딤전 4:10

11 여러분도 우리를 위해 기도로 협력해 주십시오. 이는 많은 사람의 기도로 우리가 받은 은사로 인해 우리 때문에 많은 사람이 하나님께 감사하게 하려는 것입니다.

12 **우리의 자랑** 우리의 자랑은 이것입니다. 곧 우리의 양심이 증언하는 것인데 우리가 세상에서 행할 때, 특히 여러분에 대해 행할 때는 더욱더 하나님의 순수하심과 진실하심으로 행했고 육체의 지혜로 하지 않았고 하나님의 은혜로 행했다는 것입니다.

13 우리는 여러분이 읽고 아는 것 외에 아무것도 다른 것들을 쓰고 있는 것이 아닙니다. 그러므로 나는 여러분이 완전히 알 수 있기를 바랍니다.

14 여러분이 이미 부분적으로 우리를 알았습니다. 그러나 우리 주 예수의 날에는 여러분이 우리의 자랑거리이듯 우리는 여러분의 자랑거리가 될 것입니다. ·빌 2:16;4:1

15 **성령을 우리 마음속에 주심** 나는 이런 확신이 있으므로 먼저 여러분에게 가기를 원했습니다. 이는 여러분으로 하여금 다시 두 번째 은혜를 받게 하기 위함입니다.

16 나는 여러분을 방문하고 마케도니아로 갔다가 다시 마케도니아에서 여러분에게로 돌아와 여러분의 파송을 받고 유대로 가고자 했습니다. ·행 19:21

17 내가 이렇게 계획할 때 어찌 경솔히 계획했겠습니까? 또 내가 이렇게 계획할 때 "예, 예"라고 했다가 금방 "아니요, 아니요"라고 하려고 육체를 따라 계획하고 있는 것입니까? ·10:2-3

18 하나님은 신실하십니다. 우리가 여러분에

역사(1:6, 役事) 힘을 들여 하는 일 또는 하나님이 일하시는 것을 말함. 파송(1:16, 派送, sending) 임무를 주고 그 일을 할 수 있는 곳으로 보내는 것.

게 한 말은 "예"가 "아니요"로 된 적이 없었다는 사실에 대해 하나님이 신실한 증인이십니다.

19 우리, 곧 나와 실루아노와 디모데를 통해서 여러분 가운데 전파된 하나님의 아들 예수 그리스도는 "예"가 "아니요"로 된 적이 없습니다. 그 안에는 오직 "예"만 있을 뿐입니다. 행 15:22

20 하나님의 약속은 그리스도 안에서 얼마든지 "예"가 됩니다. 그러므로 우리는 그를 통해 "아멘"으로 하나님께 영광을 돌립니다.

21 여러분과 함께 우리를 그리스도 안에서 굳건하게 하시고 또 우리에게 기름을 부어 주신 이는 하나님이십니다.

22 또한 그분은 우리를 인 치시고 보증으로 우리 마음속에 성령을 주셨습니다. 엡 1:13

23 편지를 쓰는 이유 내가 내 목숨을 걸고 하나님을 증인으로 모시고 말하는데 내가 더 이상 고린도로 가지 않은 것은 여러분을 아끼기 때문입니다. 21,3

24 우리는 여러분의 믿음을 주관하려는 것이 아니라 다만 여러분의 기쁨을 돕는 사람이 되려는 것입니다. 여러분이 이미 믿음 위에 굳게 서 있기 때문입니다. 벧전 5:3

2 가지 않는 이유 이제 나는 또다시 근심 가운데 여러분을 방문하지 않기로 결심했습니다. 1:23

2 만일 내가 여러분을 근심하게 한다면 나로 인해 근심하는 사람 외에 누가 나를 기쁘게 하겠습니까?

3 내가 이것을 쓴 것은 내가 갈 때에 마땅히 나를 기쁘게 해 줄 사람들에게 근심이 없게 하려는 것입니다. 나는 내 기쁨이 여러분 모두의 기쁨임을 확신합니다. 살후 3:4

4 나는 큰 환난과 마음의 고통으로 인해 많은 눈물로 여러분에게 썼습니다. 이는 여러분을 근심하게 하려 한 것이 아니라 여러분에 대해 넘치는 사랑이 내게 있음을 알게 하려는 것입니다. 7:8,12

5 근심하게 한 사람을 용서함 만일 누가 근심하게 했다면 그는 나를 근심하게 한 것이 아니라 일부 사람들을 근심하게 한 것입니다. 너무 심한 말을 하지 않으려고 '일부 사람들'이라고 했지만 사실은 여러분 모두를 근심하게 한 것입니다. 1:14

6 그러한 사람에게 여러분은 이미 충분한 벌을 내렸습니다. 고전 5:4-5

7 그러니 여러분은 그가 더 큰 근심에 잠기지 않도록 오히려 그를 용서하고 위로하십시오. 갈 6:1

8 그러므로 나는 여러분이 그에게 사랑을 나타내기를 권면합니다.

9 내가 편지를 쓰는 것은 여러분이 모든 일에 순종하는지 시험해 보려는 것입니다.

10 여러분이 누구에게 무슨 일에 대해 용서한다면 나도 용서합니다. 내가 무엇을 용서했든 내가 용서한 것은 여러분을 위해 그리스도 앞에서 한 것입니다.

11 이는 우리가 사탄에게 속지 않으려는 것입니다. 우리는 사탄의 속셈을 모르는 것이 아닙니다.

12 디도를 보고 싶은 마음 내가 그리스도의 복음을 위해 드로아에 갔을 때 주 안에서 내게 문이 열렸습니다. 행 16:8;20:6

추천서

추천서는 '소개장'을 말한다. 이것은 어떤 사람의 직책과 권한에 대한 일종의 위임장, 신임장의 역할을 했다. 오늘날도 그렇지만 바울 당시도 추천서가 많이 사용되었다. 고린도 교회 안에는 바울이 추천서를 가지지 않았다는 이유로 사도(예수님의 제자)의 자격이 없다고 공격했다.

이에 바울은 고린도 교인들이 자신의 추천서이므로 다른 추천서는 필요 없다고 말했다(고후 3:1-2).

바울은 사람의 칭찬이나 추천보다 하나님의 추천이 더 낫고, 한 통의 추천서보다 성도를 통해 나타나는 열매가 자신이 사도라는 증거라고 말했다.

13 그러나 나는 내 형제 디도를 만나지 못하므로 내 심령이 편치 않아 그들과 작별하고 마게도냐로 갔습니다. 75

14 **그리스도를 아는 냄새** 그러나 우리로 그리스도 안에서 항상 승리하게 하시며 우리를 통해서 모든 장소에서 그리스도를 아는 냄새를 나타낼 수 있게 하시는 하나님께 감사를 드립니다. 8:16;엡 5:2;빌 4:18;골 2:15

15 우리는 구원받는 사람들에게나 멸망하는 사람들에게나 하나님 앞에서 그리스도의 향기입니다. 43

16 그러나 어떤 사람들에게는 죽음에 이르게 하는 죽음의 냄새나 어떤 사람들에게는 생명에 이르게 하는 생명의 냄새입니다. 누가 이런 일들을 감당할 수 있겠습니까?

17 우리는 많은 사람들처럼 하나님의 말씀을 혼탁하게 하지 않고 오직 진실한 마음으로 하나님께서 보내신 사람답게 그리스도 안에서 하나님 앞에서 말하고 있습니다.

3 바울의 추천서 우리가 또 우리 자신을 추천하기를 시작하고 있는 것입니까? 아니면 어떤 사람들처럼 우리가 여러분에게 추천서를 보내거나 여러분에게서 추천서를 받을 필요가 있겠습니까?

2 여러분이야말로 모든 사람들이 알고 있고 읽고 있는 우리 마음에 기록된 우리의 편지입니다.

3 여러분은 우리의 섬김을 통해 나타난 그리스도의 편지입니다. 이것은 먹으로 쓴 것이 아니라 살아 계신 하나님의 영으로 쓴 것이며 돌판에 쓴 것이 아니라 육체의 마음 판에 쓴 것입니다. 출 24:12;겔 11:19

4 **바울의 확신의 근원** 우리는 그리스도를 통해 하나님께 대해 이와 같은 확신을 갖고 있습니다. 엡 3:12

5 그러나 우리는 무엇이 우리에게서 나온 것처럼 스스로 자격이 있다고 생각하지 않습니다. 우리의 자격은 오직 하나님께로부터 났습니다.

6 그분은 우리로 하여금 문자가 아니라 영으로 말미암는 새 언약의 일꾼이 되기에 충분한 자격을 갖추도록 하셨습니다. 문자는 죽이는 것이요, 영은 살리는 것이기 때문입니다. 엡 3:7;골 1:23,25

7 **영광스러운 의의 직분** 죽음에 이르게 하는 돌에 새긴 문자의 직분도 영광스러워 모

신약·구약 성경은 어떻게 달라요?

구약과 신약은 한 성경 안에 있지만 차이가 있어요. 이름대로 하면 '구약'은 '옛 약속'이고, '신약'은 '새 약속'이에요. 구약은 예수님이 이 땅에 오시기 전에 하나님이 이스라엘 백성에게 준 구원의 약속이에요. 신약은 하나님이 예수님을 통하여 그리스도의 사람들에게 새롭게 한 약속이에요. 다음의 표를 보면 신약과 구약의 차이를 한눈에 알 수 있어요.

	구약	신약
분량	39권	27권
언어	히브리어, 부분적으로 아람어가 사용됨	그리스어
구성	• **율법서 5** 창세기, 출이집트, 레위기, 민수기, 신명기 • **역사서 12** 여호수아, 사사기, 룻기, 사무엘상하, 열왕기상하, 역대상하, 에스라, 느헤미야, 에스더 • **시가서 5** 욥기, 시편, 잠언, 전도서, 아가 • **대예언서 5** 이사야, 예레미야, 애가, 에스겔, 다니엘 • **소예언서 12** 호세아, 요엘, 아모스, 오바댜, 요나, 미가, 나훔, 하박국, 스바냐, 학개, 스가랴, 말라기	• **복음서 4** 마태복음, 마가복음, 누가복음, 요한복음 • **역사서 1** 사도행전 • **바울서신 13** 로마서, 고린도전후서, 갈라디아서, 에베소서, 빌립보서, 골로새서, 데살로니가전후서, 디모데전후서, 디도서, 빌레몬서 • **일반서신 8** 히브리서, 야고보서, 베드로전후서, 요한일·이·삼서, 유다서 • **예언서 1** 요한계시록
내용	천지 창조와 율법 기록, 구원자로 오실 예수님에 대한 예언	구원자로 오신 예수님의 생애와 죽음, 부활과 승천, 그리스도의 사람들을 위한 지침

세 얼굴에 나타난 없어질 영광으로 인해 이스라엘 자손이 그의 얼굴을 주목할 수 없었다면

9,13절;고전 13:8,10

8 하물며 영의 직분에는 더욱더 영광이 넘치지 않겠습니까?

9 만일 정죄의 직분에도 영광이 있었다면 의의 직분은 더욱더 영광이 넘칠 것입니다.

10 이 경우 한때 영광스럽던 것이 더 큰 영광이 나타남으로 인해 더 이상 영광스럽지 못하게 된 것입니다.

11 사라져 버릴 것도 영광스러웠다면 영원한 것은 더욱 영광 가운데 있을 것입니다.

12 주 안에서 벗겨질 수건 우리가 이러한 소망을 가지고 있으므로 더욱 담대하게 말합니다.

13 모세가 없어질 것의 결과에 이스라엘 자손이 주목하지 못하게 하기 위해 자신의 얼굴에 수건을 썼던 것과 같은 일을 우리는 하지 않습니다.

7절

14 그러나 이스라엘 백성의 마음은 완고해졌습니다. 그들은 옛 언약을 읽을 때 오늘날까지도 수건을 벗지 못하고 계속 그대로 있습니다. 이것은 그리스도 안에서 벗겨지기 때문입니다.

행 13:15;15:21

15 오늘날까지도 모세의 글을 읽을 때마다 수건이 그들의 마음을 덮고 있습니다.

16 그러나 주께로 돌아갈 때마다 수건은 벗겨집니다.

17 주께서는 영이시며 주의 영이 계신 곳에는 자유가 있습니다.

18 우리는 다 벗은 얼굴로 주의 영광을 바라보는 가운데 그와 같은 형상으로 변화해 영광에서 영광에 이르게 됩니다. 이 일은 주의 영으로 말미암습니다.

딤전 1:11

4 바르게 전한 복음 그러므로 우리는 하나님의 자비하심을 힘입어 이 직분을 받은 사실을 생각해 낙심하지 않습니다.

2 오히려 우리는 숨겨진 수치스러운 일들을 버렸고 간교하게 행하지 않았고 하나님의 말씀을 혼탁하게 해 하지 않았습니다. 오히려 우리는 진리를 나타냄으로 하나님 앞에서 모든 사람들의 양심에 우리 스스로를 추천합니다.

2:17;5:11~12;6:7;7:14

3 우리의 복음이 가려져 있다면 그것은 멸망하는 사람들에게 가려져 있는 것입니다.

4 그들로 말하자면, 이 세상의 신이 믿지 않는 사람들의 마음을 혼미하게 해 하나님의 형상인 그리스도의 영광스러운 복음의 빛이 그들을 비추지 못하게 한 것입니다.

5 우리는 우리 자신을 전파하는 것이 아니라 그리스도 예수께서 주 되신 것과 예수 때문에 우리가 여러분의 종 된 것을 전파합니다.

고전 9:19

6 "어둠에서 빛이 비치라"고 명하신 하나님께서 우리의 마음에 예수 그리스도의 얼굴에 있는 하나님의 영광을 아는 빛을 비추셨기 때문입니다.

7 증거가 되는 핍박 우리는 이 보배를 질그릇에 가지고 있는데 이는 능력의 지극히 큰 것이 하나님께 있고 우리에게서 난 것이 아니라는 것을 보여 주려는 것입니다.

8 그러므로 우리는 사방으로 환난을 당해도 절망하지 않고 답답한 일을 당해도 낙심하지 않습니다.

7:5

9 핍박을 당해도 버림받지 않고 넘어뜨림을 당해도 망하지 않습니다.

시 37:24;잠 24:16

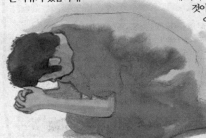

성도는 환난과 핍박을 당해도 예수님 때문에 절망하지 않음

10 우리는 항상 예수의 죽으심을 몸에 짊어지고 다닙니다. 이는 예수의 생명 또한 우리의 죽을 몸에 나타나게 하려는 것입니다.

11 우리 살아 있는 사람들이 항상 예수 때문에 죽음에 넘겨지는 것은 예수의 생명 또한 우리의 죽을 육체 안에 나타나게 하려는 것입니다.

12 그러므로 죽음은 우리 안에서 역사하고 생명은 여러분 안에서 역사합니다.

13 **믿음으로 전함** 성경에 기록되기를 "내가 믿었으므로 말했다"라고 한 것처럼 우리는 바로 그 믿음의 영을 가지고 있으므로 우리도 믿고 또한 말하기도 하는 것입니다.

14 주 예수를 살리신 이가 예수와 함께 우리도 살리시고 여러분과 함께 그 앞에 서게 하실 것을 우리가 알기 때문입니다.

15 모든 것은 여러분을 위한 것입니다. 이는 하나님의 은혜가 더 많은 사람들에게 풍성해져서 넘치는 감사로 하나님께 영광을 돌리게 하려는 것입니다. 8:19

16 **내적인 능력** 그러므로 우리는 낙심하지 않습니다. 우리의 겉사람은 쇠할지라도 우리의 속사람은 날마다 새로워지고 있습니다.

17 우리가 잠시 당하는 가벼운 고난은 그것 모두를 능가하고도 남을 영원한 영광을 우리에게 이뤄 줄 것입니다. 벧전 1:6;5:10

18 우리가 주목하는 것은 보이는 것들이 아니라 보이지 않는 것들입니다. 보이는 것들은 잠깐이나 보이지 않는 것들은 영원하기 때문입니다. 5:7;롬 8:24;히 11:1,13

5 **영원한 집을 사모함** 우리는 땅 위에 있는 우리의 장막 집이 무너지면 하나님께서 지으신 집, 곧 손으로 지은 것이 아닌 하늘에 있는 영원한 집이 우리에게 있는 것을 알고 있습니다.

2 우리는 하늘로부터 오는 우리의 집으로 덧입기를 간절히 사모하며 이 장막 집에서 탄식하고 있습니다.

3 만일 우리가 이 장막을 벗을지라도 벗은 사람들로 발견되지 않을 것입니다.

4 우리는 이 장막에 살면서 무거운 짐을 지

보배를 담고 있는 질그릇

고 탄식하고 있습니다. 우리는 이 장막을 벗고자 하는 것이 아니라 그 위에 덧입고자 하는 것입니다. 이는 *죽을 것이 생명에게 삼켜지게 하려는 것입니다. 고전 15:54

5 우리를 위해 이것을 이뤄 주시고 우리에게 성령이라는 보증을 주신 분은 하나님이십니다.

6 **죽음을 대하는 담대함** 그러므로 우리는 항상 담대합니다. 우리가 몸 안에 거하는 동안에는 주에게서 떠나 따로 거한다는 것을 압니다.

7 우리는 믿음으로 행하고 보는 것으로 행하지 않습니다. 고전 13:12

8 우리가 담대하게 원하는 것은 차라리 몸을 떠나 주와 함께 거하는 것입니다.

9 그러므로 우리가 몸 안에 있든지 몸을 떠나 있든지 주를 기쁘게 하려고 힘씁니다.

10 우리 모두가 그리스도의 심판대 앞에 드러나야 하기 때문입니다. 그 결과 각기 선악 간에 몸으로 행한 것에 대해 보응을 받게 될 것입니다. 마 25:31-32

11 **그들을 인하여 자랑함** 그러므로 우리는 주께서 두려운 분이심을 알므로 사람들에게 권면합니다. 우리는 이미 하나님 앞에 드러나 있습니다. 나는 여러분의 양심에도 우리가 그렇게 드러나 있기를 바랍니다.

겉사람 (4:16, outwardly) 점점 쇠하여 가다가 죽어서 썩을 육체를 가리킴. **5:4** 또는 '죽을 몸이 영원히 살기 위한 것입니다.' **보증** (5:5, 保證, guaranteeing) 어떤 사람의 경력, 신분, 사물에 대해 틀림없음을 증명하거나 책임지는 행위.

12 그렇다고 우리가 또다시 여러분에게 우리를 추천하려는 것이 아닙니다. 도리어 우리는 여러분에게 우리 때문에 자랑할 기회를 주려는 것입니다. 이는 마음으로 하지 않고 외모로 자랑하는 사람들에게 여러분이 대답할 말을 가지도록 하려는 것입니다.

13 우리가 미쳤어도 하나님을 위한 것이요, 정신이 온전해도 여러분을 위한 것입니다.

14 그리스도의 사랑이 우리를 강권하십니다. 우리가 확신하건대 한 사람이 모든 사람을 대신해 죽었으니 모든 사람이 죽은 것입니다.
행 18:4;롬 5:15

15 그분이 모든 사람을 대신해 죽으신 것은 산 사람들로 더 이상 자신을 위해 살지 않고 자신을 대신해 죽었다가 살아나신 그분을 위해 살게 하시려는 것입니다.

16 화목하게 하는 직분 그러므로 이제부터는 우리가 아무도 육체를 따라 알려고 하지 않습니다. 전에는 우리가 그리스도를 육체를 따라 알았으나 이제는 더 이상 그렇게 알지 않습니다.

17 그러므로 누구든지 그리스도 안에 있으면 새로운 피조물입니다. 옛것은 지나갔으니 보십시오, 새것이 됐습니다.
사 43:18-19

18 모든 것은 하나님께로부터 왔습니다. 하나님은 그리스도를 통해서 우리를 그분과 화목하게 하시고 또한 우리에게 화목하게 하는 직분을 맡겨 주셨습니다.
골 1:20

19 곧 하나님께서는 사람들의 죄를 그들에게 돌리지 않으시고 세상을 그리스도 안에서 그분과 화목하게 하셨으며 또한 우리에게 화목하게 하는 말씀을 맡겨 주신 것입니다.

20 그러므로 우리는 그리스도를 대신하는 사절이 돼 하나님께서 우리를 통해서 권면하시는 것같이 그리스도를 대신해 여러분에게 간곡히 부탁합니다. 여러분은 하나님과 화목하십시오.
6:1;엡 6:20

21 하나님께서는 죄를 알지도 못하신 분에게 우리 대신 죄를 짊어지게 하셨습니다. 이는 우리로 그리스도 안에서 하나님의 의가 되게 하시려는 것입니다.
롬 8:3;갈 3:13

6 구원의 날 하나님과 함께 일하는 우리가 여러분에게 권면합니다. 여러분은 하나님의 은혜를 헛되이 받지 마십시오,

2 말씀하시기를
"내가 은혜 베풀 만한 때에 네 말을 들었고 구원의 날에 너를 도왔다"
라고 하셨기 때문입니다. 보십시오, 지금은 은혜받을 만한 때요, 지금은 구원의 날입니다.
사 49:8

3 고난에 거함 우리는 무슨 일이든 아무에게도 거리낌이 되지 않으려고 합니다. 이는 우리의 섬기는 일이 비난을 받지 않게 하려는 것입니다.

4 오히려 우리는 우리 자신을 모든 일에 하나님의 일꾼으로 추천하려고 애씁니다. 우리는 많은 인내와 환난과 궁핍과 곤란과

5 매 맞음과 감옥에 갇히는 것과 난동과 수고와 자지 못함과 배고픔 가운데 하나님의 일꾼들로 지냅니다.
11:23-27;행 16:23

6 또한 우리는 순결함과 지식과 오래 참음과 친절함과 성령과 거짓 없는 사랑과

7 진리의 말씀과 하나님의 능력으로 일합니다. 또 우리는 오른손과 왼손에 의의 무기를 들고
4:2;10:4-5;고전 2:4;엡 6:14-17

8 영광과 모욕, 비난과 칭찬을 동시에 겪으며 일합니다. 우리는 속이는 사람 같으나 진실하고
롬 3:8

9 무명한 사람 같으나 유명하고 죽은 사람 같으나 보십시오! 살아 있습니다. 우리가 징벌을 받는 사람 같으나 죽음을 당하지 않고

10 근심하는 사람 같으나 항상 기뻐하고 가난한 사람 같으나 많은 사람을 부유하게 합니다. 아무것도 없는 사람 같으나 모든 것을 가진 사람입니다.
요 16:22;행 3:6

11 마음을 넓힐 것을 권함 고린도 사람들이여, 우리의 입이 여러분을 향해 열려 있으며

강권 (5:14, 强勸,compulsion) 내키지 않은 것을 억지로 권함; 권면 (6:1, 勸勉, urge) '가벼운 책망' 또는 '경고의 말'을 의미함. 상심 (7:8, 傷心, hurt) 슬픔이나 걱정 따위로 속을 썩임.

우리의 마음이 넓게 열려 있습니다.

12 여러분이 우리의 마음 안에서 좁아진 것이 아니라 여러분의 마음이 스스로 좁아진 것입니다. 7:2

13 내가 자녀에게 말하듯이 말합니다. 여러분도 보답하는 양으로 마음을 넓히십시오.

14 복음을 반대하는 사람들을 여러분은 믿지 않는 사람들과 함께 멍에를 메지 마십시오. 의와 불법이 어떻게 함께 짝하며 빛과 어두움이 어떻게 사귈 수 있겠습니까?

15 그리스도와 벨리알이 어떻게 하나가 되며 믿는 사람과 믿지 않는 사람이 어떻게 함께 몫을 나눌 수 있겠습니까?

16 하나님의 성전과 우상들이 어떻게 하나가 될 수 있겠습니까? 우리는 살아 계신 하나님의 성전이기 때문입니다. 이것은 하나님께서 말씀하신 바와 같습니다.

"내가 그들 가운데 거하고 그들 가운데 행할 것이니 나는 그들의 하나님이 되고 그들은 내 백성이 될 것이다." 레 26:12

17 "그러므로 너희는 그들 가운데서 나와 그들과 떨어져 있으라. 주께서 말씀하신다. 너희는 부정한 것을 만지지 말라. 그러면 내가 너희를 영접할 것이다."

18 "나는 너희의 아버지가 되고 너희는 내 자녀들이 될 것이다. 전능하신 주께서 말씀하신다." 삼하 7:14

7 거룩한 삶의 요구 그러므로 사랑하는 여러분, 우리가 이 약속을 가지고 있으니 하나님을 두려워함으로 온전히 거룩함을 이루면서 육과 영의 모든 더러움에서 자신을 깨끗하게 합시다.

2 교제에 대하여 여러분은 우리를 받아 주십시오. 우리는 아무에게도 부당한 일을 하지 않았습니다. 아무에게도 손해를 입히지 않았습니다. 아무에게도 속여 빼앗는 일을 하지 않았습니다. 6:12-13; 행 20:33

3 내가 정죄하려고 말을 하는 것이 아닙니다. 내가 전에도 말했지만 여러분이 우리 마음에 있어 우리가 여러분과 함께 죽고 함께 살고자 하기 때문입니다.

4 나는 여러분에 대해 많은 신뢰감을 갖고 있고 여러분을 위해 자랑할 것도 많습니다. 우리의 온갖 환난 가운데서도 내게는 위로가 가득하고 기쁨이 넘칩니다.

5 소식을 듣고 우리가 마케도니아에 이르렀을 때 우리의 육체는 편치 못했고 사방으로는 환난을 당했습니다. 밖으로는 다툼이 있었고 안으로는 두려움이 있었습니다.

6 그러나 낙심한 사람들을 위로하시는 하나님께서 디도를 돌아오게 하심으로 우리를 위로하셨습니다.

7 그가 돌아온 것뿐만 아니라 그가 여러분에게서 받은 위로로 우리를 위로해 주었습니다. 여러분이 내게 대해 사모하는 것과 애통해 하는 것과 열심을 내는 것에 대해 그의 보고를 받고 나는 더욱 기뻤습니다.

8 그들의 열심을 기뻐함 내가 편지로 인해 여러분을 근심하게 했다 할지라도 지금은 후회하지 않습니다. 내 편지가 여러분을 잠시 상심하게 했다는 것을 내가 알고 후회하기는 했으나 2:4

9 지금은 내가 기뻐하고 있습니다. 왜냐하면 여러분을 근심하게 했기 때문이 아니

그리스도의 사절

'사절'은 외국에 파견된 신하를 말하는데, 오늘날의 외교관, 즉 대사를 뜻한다. 대사는 파견된 이의 권력과 권위를 받고 임무를 부여받아서 행동한다. 바울은 자신을 그리스도의 사절이라고 했다(고후 5:20; 엡 6:20). 바울은 자기가 예수 그리스도의 대변인이자 그리스도를 대신하여 세상에 하나님의 평화를 선포할 권세를 부여받았다고 말한 것이다(고후 5:18-21). 하지만 바울은 화려한 옷과 장식으로 치장한 다른 대사들과는 달리 감옥에 갇혀 쇠사슬에 매였다(딤후 1:16). 하나님을 거부하고 적대적인 세상에 복음을 증거하도록 파견된 대사였다.

라 여러분이 그 근심으로 회개하게 됐기 때문입니다. 여러분은 하나님의 뜻대로 근심한 것이므로 결국 여러분은 아무것도 손해를 본 것이 없습니다. 시38:18

10 하나님의 뜻대로 하는 근심은 구원에 이르는 회개를 가져오므로 후회할 것이 없습니다. 그러나 세상 근심은 죽음을 가져옵니다.

11 보십시오. 하나님의 뜻대로 하는 이 근심이 여러분에게 얼마나 간절함을 불러일으키며 변호함과 의분과 두려움과 사모함과 열심과 응징의 마음을 불러일으켰습니까? 여러분은 모든 일에 여러분 자신의 깨끗함을 보여 주었습니다.

12 그러므로 내가 여러분에게 편지를 쓴 이유는 불의를 행한 사람이나 불의를 당한 사람을 위한 것이 아니라 우리에 대한 여러분의 간절함이 하나님 앞에서 여러분에게 밝히 드러나게 하려는 것입니다.

13 이로 인해 우리는 위로를 받았습니다. 또한 우리가 받은 위로 위에 디도가 즐거워하는 것을 보고 우리는 더욱 기뻐하게 됐습니다. 그는 여러분 모두로 인해 심령에 새로운 힘을 얻었습니다. 6절

14 디도에 대한 기쁨 내가 여러분에 대해 디도에게 무슨 자랑한 것이 있다 할지라도 나는 부끄럽지 않습니다. 우리가 여러분에게 말한 모든 것이 사실이었던 것처럼 우리가 디도에게 한 자랑도 사실이기 때문입니다.

15 디도는 여러분 모두가 두렵고 떨리는 마음으로 자기를 받아들여 주고 순종한 것을 기억하며 여러분에 대한 애정이 더욱 깊어졌습니다. 롬9:10:6

16 나는 여러분을 전적으로 신뢰할 수 있게 돼 기쁩니다.

8

마케도니아 교회들의 지원 형제들이여, 우리는 마케도니아 교회들에게 주신 하나님의 은혜를 여러분에게 알리고자 합니다. 5절

2 그들은 수많은 시련 가운데서도 기쁨이 넘쳤고 극한 가난에도 불구하고 넘치는 헌금을 했습니다.

3 내가 증언하는데 그들은 힘닿는 대로 했을 뿐 아니라 힘에 부치도록 자진해서 했습니다. 11절,고전16:2

4 그들은 이 은혜와 성도 섬김의 일에 참여할 수 있도록 우리에게 간곡히 부탁했습니다.

5 그들은 우리가 바라는 대로가 아니라 자신을 먼저 주께 드리고 하나님의 뜻을 따라 우리에게도 헌신했습니다. 1절

6 **사랑의 표시인 헌금** 그러므로 우리는 디도에게 이미 여러분 가운데 시작한 이 은혜로운 일을 성취하라고 권면했습니다.

7 여러분은 모든 일, 곧 믿음과 말씀과 지식과 모든 열심과 우리에 대한 사랑에 풍성한 것같이 이 은혜로운 일에도 풍성하도록 하십시오. 9:8

8 내가 명령으로 이 말을 하는 것이 아닙니다. 다만 다른 사람들의 열성을 통해 여러분의 사랑의 진실성을 증명해 보이려는 것입니다. 고전7:6

9 여러분이 우리 주 예수 그리스도의 은혜를 잘 알고 있듯이 그리스도께서는 부유하신 분으로서 여러분을 위해 가난하게 되셨습니다. 그분의 가난하심을 통해 여러분을 부유하게 하시려는 것입니다.

10 **자원함으로 공평히 될** 이 일에 대해 내가 조언합니다. 이 일은 여러분에게 유익하며 이미 1년 전부터 여러분이 원해서 행해 온 일입니다. 신15:7~8장 19:17,고전7:25

11 그러므로 이제 마무리를 잘 하십시오. 여러분이 자원해 하던 것을 마무리하되 여러분이 가지고 있는 것으로 하십시오.

12 만일 무엇보다 여러분에게 자원하는 마음이 있다면 하나님께서 그 가진 대로 받으실 것이요, 가지지 않은 것까지 받지는 않으실 것입니다.

13 이는 내가 다른 사람들은 편안하게 하고 여러분은 곤고하게 하려는 것이 아니라 도리어 공평하게 하려는 것입니다.

14 지금 여러분의 넉넉한 것으로 그들의 궁핍을 채워 주면 후에 그들의 넉넉한 것이 여러분의 궁핍을 채워 주어 서로 공평하게 될 것입니다.
　　9:12

15 기록되기를 "많이 거둔 사람도 남지 않았고 적게 거둔 사람도 모자라지 않았다"라고 한 것과 같습니다.
　　출 16:18

16 헌금을 전달할 사람들 여러분을 위해 디도의 마음에도 동일한 열심을 주시는 하나님께 감사를 드립니다.
　　계 17:17

17 디도는 우리의 요청을 받아들일 뿐 아니라 더욱 열심을 내고 자진해 여러분에게로 갔습니다.
　　6절

18 또 그와 함께한 형제를 보냈는데 그는 복음 전하는 일에 모든 교회로부터 칭찬을 받는 사람입니다.
　　12:18

19 더구나 그는 동일한 주의 영광과 우리의 선한 뜻을 나타내기 위해 여러 교회의 임명을 받고 우리와 함께 다니면서 우리가 행하는 이 은혜로운 일을 돕는 사람입니다.

20 우리는 이 거액의 헌금을 맡아 봉사하는 일에 아무에게도 비난을 받지 않으려고 조심합니다.

21 우리가 주 앞에서뿐 아니라 사람들 앞에서도 옳게 행하고자 하기 때문입니다.

22 우리는 그들과 함께 또 형제를 보냈습니다. 우리는 그가 모든 일에 열심을 내는 것을 확인했습니다. 지금 그는 여러분을 크게 신뢰하므로 더욱 열심을 내고 있습니다.

23 디도로 말하자면 그는 내 동료요, 여러분을 위한 내 동역자입니다. 우리 형제들로 말하자면 그들은 여러 교회의 사도들이요, 그리스도의 영광입니다.
　　빌 2:25

24 그러므로 여러분은 여러 교회 앞에서 여러분의 사랑과 여러분에 대해 우리가 자랑하는 증거를 그들에게 보여 주십시오.

9 헌금 준비 성도를 섬기는 이 일에 대해서는 내가 여러분에게 더 이상 쓸 필요가 없습니다.

2 그 이유는 여러분의 열심을 내가 알고 있기 때문입니다. 내가 마케도니아 사람들에게 여러분에 대해 자랑하기를 "아가야에서는 이미 1년 전부터 준비가 돼 있다"라고 했습니다. 그래서 여러분의 열심이 많은 사람을 분발하게 했습니다.
　　8:10,24

3 그러나 이 일에 대해 우리가 여러분을 자랑한 것이 헛되지 않고 여러분이 내가 말한 것같이 준비하게 하기 위해 내가 이 형제들을 보냈습니다.

4 만일 마케도니아 사람들이 나와 함께 가서 여러분이 준비하지 않은 것을 보게 된다면 여러분은 말할 것도 없고 우리가 이런 확신을 가진 것으로 인해 수치를 당하게 되지 않을까 염려됩니다.

5 그러므로 나는 그 형제들을 권면해 여러분에게 먼저 가서 여러분이 전에 약속한 헌금을 미리 준비하도록 하는 것이 필요하다고 생각했습니다. 이렇게 해야 이 준비된 것이 인색함으로 된 것이 아니라 자발적으로 된 것이 될 것입니다.
　　삿 1:15

6 즐겨 드리는 풍성한 헌금 이것이 바로 적게 심는 사람은 적게 거두고 많이 심는 사람은 많이 거둔다는 말입니다.
　　잠 11:24

7 각자 마음에 정한 대로 하되 아까워하거나 억지로 하지 마십시오. 하나님께서는 기쁨으로 내는 사람을 사랑하십니다.

8 하나님은 여러분에게 모든 은혜를 넘치게 하실 수 있는 분이십니다. 이는 여러분으로 하여금 모든 일에 항상 넉넉해서 모든 선한 일을 넘치도록 하게 하시려는 것입니다.
　　벧전 1:15

9 기록되기를
　　"그가 흩어 가난한 사람들에게 주셨으니 그의 의가 영원토록 있도다"
라고 한 것과 같습니다.
　　시 112:9

10 하나님을 영화롭게 하는 풍성한 헌금 심는 사람에게 씨와 먹을 양식을 주시는 하나님께서는 여러분에게 심을 씨를 주시고 풍성하게 하시고 많은 열매를 거두게 하실 것입니다.
　　사 55:10

응징(7:11, 膺懲) 잘못을 깨우쳐 뉘우치도록 징계함.
자원(8:12, 自願, willing) 자기 스스로 원해서 행하는 일.

11 여러분은 모든 일에 풍성하게 될 것입니다. 바로 그 풍성한 헌금이 우리를 통해 전달됨으로 사람들로 하여금 하나님께 감사드리게 할 것입니다.
고전 1:5

12 이 봉사의 직무는 성도들의 궁핍을 채워 줄 뿐 아니라 하나님께 드리는 많은 감사로 인해 더욱 풍성하게 될 것입니다.
8:14

13 이 직무의 증거를 통해 그들은 여러분이 그리스도의 복음을 고백하고 순종한다는 것과 그들에게나 다른 모든 사람에게 대한 여러분의 넉넉한 헌금으로 인해 하나님께 영광을 돌릴 것입니다.
히 3:1;4:14

14 또한 그들은 여러분을 위해 간구하며 여러분에게 주신 하나님의 넘치는 은혜로 인해 여러분을 사모합니다.

15 말로 다할 수 없는 은사를 주시는 하나님께 감사를 드립니다.

내가 드린 헌금을 하나님이 다 가져가세요?

아니에요. 헌금은 하나님의 은혜에 감사하여 드리지만 하나님이 직접 쓰시지는 않아요. 하나님은 이 세상 모든 것을 만드신 주인으로 (시 50:10-11) 금도 은도 다 하나님의 것이에요 (학 2:8). 돈이 없어도 하나님은 무엇이나 하실 수 있으세요.

드려진 헌금은 복음을 전하는 일과 교회 일을 하시는 분들에게 쓰여요. 어려운 이웃을 돕는 일에도 쓰이고, 우리가 교회에서 받는 선물이나 성경책을 사는 일에도 쓰이고, 교회 건물을 유지, 보수하는 일 등 교회 일에 두루 두루 사용해요. 그래서 바울은 헌금을 준비할 때는 미리 준비하고 아까워하는 마음이 아니라 기쁜 마음으로 하라고 했어요(고후 9:5). 하나님은 기쁜 마음으로 헌금하는 사람을 축복한다고 하셨어요(고후 9:10-15).

혹 주님께 드려야 할 헌금을 오락하는 데 썼거나 간식을 사 먹거나 다른 데 사용했다면 회개하고 주님께 헌금하는 사람이 되어야 해요.

10 의문에 대한 바울의 반응

여러분과 얼굴을 마주 대하고 있을 때는 유순하나 떠나 있으면 여러분에 대해 강경한 나 바울은 이제 그리스도의 온유와 관용으로 친히 여러분에게 권면합니다.
빌 4:5

2 내가 여러분에게 요청하는 것은 내가 여러분에게 갈 때 우리가 육체를 따라 행한다고 여기는 사람들에게 내가 단호히 대처하는 것같이 여러분을 강경한 태도로 대하지 않도록 해 달라는 것입니다.

3 비록 우리가 육체를 입고 살고 있지만 육체를 따라 싸우지 않기 때문입니다.

4 우리가 가지고 싸우는 무기는 육체에 속한 것이 아니라 견고한 요새를 무너뜨리는 하나님의 능력입니다. 우리는 모든 궤변을 무너뜨리고
6:7;렘 1:10;롬 6:13

5 하나님을 아는 지식을 대적해서 스스로 높아진 모든 주장을 무너뜨리고 모든 생각을 사로잡아 그리스도께 복종시킵니다.

6 이와 더불어 우리는 여러분의 순종이 온전하게 됐을 때 모든 순종치 않는 사람들을 벌하기 위해 준비하고 있습니다.

7 외모와 편지 여러분의 눈앞에 있는 것들을 보십시오. 만일 어떤 사람이 자기 자신이 그리스도께 속한 사람이라고 확신한다면 그가 그리스도께 속한 사람처럼 우리도 또한 그러하다는 것을 생각하게 하십시오.

8 만일 우리가 우리의 권세를 좀 지나치게 자랑한다 해도 그것은 여러분을 파멸시키기 위해서가 아니라 여러분을 세우기 위해 주께서 우리에게 주신 것이므로 우리는 부끄럽지 않을 것입니다.
13:10

9 나는 편지로 여러분을 두렵게 하려는 것처럼 보이고 싶지 않습니다.

10 어떤 사람들은 말하기를 "그의 편지들은 무게가 있고 힘이 있으나 직접 대해 보면 약하고 말도 시원치 않다"라고 말합니다.

11 그러나 이런 사람들은 떠나 있을 때 편지로 보는 그 모습이, 함께 있을 때 행하는

견고(10:4, 堅固) 굳고 단단함. 대적(10:5, 對敵, set up against) 서로 맞서 겨루는 대상이나 행위.

행동 그대로인 것을 알아야 합니다.

12 자화자찬하는 사람들과의 비교 우리는 자화자찬하는 사람들의 아류가 되거나 그런 사람들과 비교하려 하지 않습니다. 그들은 자기들끼리 재고 자기들끼리 비교하니 지혜롭지 못합니다.

18절;3:1;12:6;고전 2:13

13 그러나 우리는 정도 이상으로 자랑하지 않고 오직 하나님께서 정해 주신 분량의 범위 안에서 자랑하려 합니다. 우리의 자랑은 곧 우리가 여러분에게까지 다다른 정도입니다.

15절

14 우리는 여러분에게 가지 못할 사람들로서 스스로 과신해 나아갔던 것이 아닙니다. 우리는 그리스도의 복음 안에서 여러분에게까지 갔던 것입니다.

고전 3:5;4:15;9:1

15 또한 우리는 다른 사람의 수고를 가지고 분량 밖의 자랑을 하는 것이 아닙니다. 다만 우리가 바라는 것은 여러분의 믿음이 자라남으로 우리의 활동 영역이 여러분 가운데서 크게 확대되는 것입니다.

16 그래서 결국 여러분의 지역 너머까지 복음을 전파하기 위한 것이지 다른 사람의 영역에 이미 마련된 것들을 가지고 자랑하기 위한 것이 아닙니다.

17 "자랑하는 사람은 주 안에서 자랑하도록 하십시오."

고전 1:31

18 옳다 인정함을 받는 사람은 자화자찬하는 사람이 아니라 오직 주께서 칭찬하시는 사람입니다.

롬 2:29;고전 4:5

11 말과 지식 여러분은 내가 좀 어리석어 보이더라도 나를 용납해 주시기 바랍니다. 꼭 나를 용납해 주십시오.

2 왜냐하면 나는 하나님의 열심으로 여러분을 위해 열심을 내고 있기 때문입니다. 나는 여러분을 순결한 처녀로 한 남편인 그리스도께 드리려고 약혼시켰습니다.

3 그러나 나는 뱀이 그의 간교한 꾀로 하와를 속인 것처럼 여러분의 마음이 그리스도께 대한 순전함과 정결함을 버리고 부패하게 될까 두렵습니다.

창 3:4;딤전 2:14

4 누가 여러분에게 와서 우리가 전파하지 않은 다른 예수를 전파하거나 여러분이 우리의 복음 전파를 통해 받지 않은 다른 영을 받게 하거나 여러분이 받지 않은 다른 복음을 받게 해도 여러분은 잘도 용납하고 있습니다.

갈 1:6

5 나는 저 위대한 사도들보다 조금도 못하다고 생각하지 않습니다.

12:11;갈 2:6

6 비록 내가 말에는 능하지 못하나 지식에는 그렇지 않습니다. 우리는 이 점을 모든 사람들 가운데서 여러 모양으로 여러분에게 나타내 보였습니다.

4:2;5:11;12:12

7 사람에 대한 가르침 내가 여러분을 높이려고 나 자신을 낮춰 하나님의 복음을 값없이 여러분에게 전한 것이 죄를 지은 것입니까?

8 내가 여러분을 섬기기 위해 받은 비용은

'주 안에서 자랑한다'는 뜻은?

예수님의 십자가로 우리를 구원하신 하나님의 은혜를 자랑하는 것을 말해요(고후 10:17; 갈 6:14). 반면 '육신을 자랑하는 것'은 자신을 믿는 것이고 자신을 높이고 자신의 행위와 공로를 자랑하는 것입니다(고후 11:18; 빌 3:3-4). 바울 당시 유대 사람들은 자신들이 아브라함의 후손으로 선택된 백성이라고 자랑했고 율법을 지켜 의롭게 될 수 있다고 믿었어요. 하지만 구원은 결코 의로운 행위로 얻을 수 없으며 하나님이 주시는 선물입니다(엡 2:8-9). 바울 자신도 자랑할 것이 많지만(고후 11:18-22; 빌 3:4-6) 그 모든 것은 해로운 것으로 여겼다고 말해요(빌 3:7). 예수님을 믿고 따르는 것이 가장 소중하고 예수님만 믿어 예수님처럼 부활에 이르고 싶기 때문이었어요(빌 3:8-11). 부득히 자랑한다면 예수님을 전하다 매를 맞은 것, 약해진 것을 자랑할 수 있다고 말했어요(고후 11:23-30; 12:5, 9).

다른 교회들로부터 강권해 타 낸 것입니다.

9 그리고 내가 여러분과 함께 있는 동안 빈 곤했으나 아무에게도 폐를 끼치지 않은 것은 마케도니아에서 온 형제들이 내 필요를 채워 주었기 때문입니다. 나는 모든 일에 여러분에게 짐이 되지 않으려고 스스로 조심했거니와 앞으로도 조심할 것입니다.

10 그리스도의 진리가 내 안에 있는 한 내 자랑은 아가야 여러 지방에서 중지되지 않을 것입니다. 고전 9:15

11 왜 그렇습니까? 내가 여러분을 사랑하지 않기 때문입니까? 하나님이 아십니다.

12 거짓 사도 나는 내가 하는 일을 계속 할 것입니다. 그 목적은 우리와 똑같은 일을 한다고 자랑하기 위해 기회를 엿보는 사람들의 기회를 끊어 버리려는 것입니다.

13 그런 사람들은 거짓 사도들이요, 가증된 일꾼들이요, 자신을 그리스도의 사도로 가장하는 사람들입니다. 계 22

40에 하나 감한 매

바울은 복음을 전하다 40에 하나 감한 매를 다섯 번이나 맞았다(고후 11:24-25). 매질은 채찍이나 가죽 끈으로 좌우를 내려치는 형벌이었다.

매질의 횟수는 법으로 정해졌는데 40대에서 하나 감한 39대까지만 최대한 허용되었다(신 25:2-3). 그 이유는 죄수에 대한 인격적인 배려로, 과잉 형벌을 방지하기 위함이었다. '미쉬나'(유대의 구전을 법전화)에 의하면 39대를 맞다가 좌수가 죽을 경우, 때린 사람은 책임을 지지 않아도 되었다.

매질은 주로 회당에서 시행되었으며(마 10:17) 죄인의 웃옷을 벗긴 채 기둥에 당나귀 가죽으로 묶고 소가죽 끈으로 매질을 했다.

바울 채찍교회

14 그러나 놀랄 것이 없습니다. 그 이유는 사탄도 자신을 빛의 천사로 가장하기 때문입니다. 갈 1:8

15 그러므로 사탄의 일꾼들이 의의 일꾼들인 양 가장하는 것은 대단한 일이 아닙니다. 그들의 결국은 그들이 행한 대로 될 것입니다. 빌 3:19

16 바울의 자랑 내가 다시 말합니다. 아무도 나를 어리석은 사람으로 생각지 마십시오. 그러나 만일 여러분이 그렇게 못하겠다면 나를 어리석은 사람으로 받아들여 나로 하여금 조금 자랑하게 하십시오. 12:6

17 지금 내가 말하는 것은 주의 지시하심을 따라 말하는 것이 아니라 어리석은 사람같이 확신 가운데 자랑하는 것뿐입니다.

18 많은 사람이 육신을 따라 자랑하니 나 또한 자랑해 보겠습니다. 빌 3:3-4

19 여러분이 스스로 지혜롭다고 생각하면서 어리석은 사람들을 잘도 용납하기 때문입니다. 고전 4:10

20 여러분은 누가 여러분을 종으로 삼거나 누가 여러분을 삼켜 버리거나 누가 여러분을 이용하거나 누가 스스로 높이거나 누가 여러분의 뺨을 칠지라도 잘도 용납합니다. 고전 4:11; 갈 2:4

21 우리의 약한 모습 그대로 내가 욕을 하듯이 말합니다. 그러나 누가 감히 무엇을 자랑한다면 나도 감히 어리석음을 무릅쓰고 자랑 좀 하겠습니다. 10:10

22 자랑의 근거 그들이 히브리 사람입니까? 나 역시 그렇습니다. 그들이 이스라엘 사람입니까? 나 역시 그렇습니다. 그들이 아브라함의 자손입니까? 나 역시 그렇습니다.

23 그들이 그리스도의 일꾼입니까? 내가 정신 나간 사람처럼 말합니다만 나는 그 이상입니다. 나는 수고도 많이 하고 매도 수없이 맞고 감옥살이도 많이 하고 죽을 고비도 여러 번 넘겼습니다. 행 16:23

24 유대 사람들에게 40에 하나 감한 매를 다섯 번이나 맞았고 신 25:3

25 세 번 채찍으로 맞았고 한 번 돌로 맞았고

세 번이나 파선을 당했고 밤낮 꼬박 하루를 바다에서 헤맨 적도 있습니다.

행 16:22

26 나는 수차례에 걸친 여행에서 강의 위험과 강도의 위험과 동족의 위험과 이방 사람의 위험과 도시의 위험과 광야의 위험과 바다의 위험과 거짓 형제들의 위험을 겪었습니다.

27 나는 또 수고와 곤고와 종종 자지 못함과 배고픔과 목마름과 때로 굶주림과 추위와 헐벗음 가운데 지냈습니다.

28 그런데 이와 별도로 날마다 나를 억누르는 것이 있으니, 곧 내가 모든 교회를 위해 염려하는 것입니다.

29 누가 약해지면 나도 약해지지 않겠습니까? 누가 죄에 빠지면 내 마음이 타지 않겠습니까?

30 약함을 자랑 내가 자랑해야 한다면 나는 내 약한 것들을 자랑하겠습니다.

31 영원히 찬양받으실 하나님, 곧 주 예수의 아버지께서는 내가 거짓말하지 않는 것을 아십니다.

11절

32 다메섹에서 아레다 왕의 관리가 나를 체포하려고 다메섹을 지켰으나

행 9:24

33 내가 창문으로 광주리를 타고 성벽을 내려가 그 손에서 벗어났습니다.

행 9:25

12 계시가 입증함 내가 좀 더 자랑을 해야겠습니다. 이것은 유익하지 않은 일이지만 주께서 주신 환상과 계시에 대해 더 말해 보겠습니다.

2 내가 그리스도 안에 있는 한 사람을 압니다. 그는 14년 전에 셋째 하늘에까지 이끌려 올라갔던 사람입니다. (나는 그가 몸 안에 있었는지 몸 밖에 있었는지 알지 못하지만 하나님께서는 아십니다.)

계 12:5

3 내가 이런 사람을 압니다. (나는 그가 몸 안에 있었는지 몸과 분리돼 있었는지 알지 못하지만 하나님께서는 아십니다.)

4 그가 낙원으로 이끌려 올라가 말할 수 없는 말들을 들었으니, 곧 사람이 말해서는 안 되는 것들입니다.

눅 23:43; 계 3:7

5 내가 이런 사람을 위해 자랑할 것이나 나

자신을 위해서는 약한 것들 외에 자랑하지 않겠습니다.

6 만일 내가 자랑하고자 해도 어리석은 사람이 되지는 않을 것입니다. 그 이유는 내가 참말을 할 것이기 때문입니다. 그러나 나는 자랑을 그만두겠습니다. 이는 어느 누구도 나를 보는 것이나 내게 듣는 것 이상으로 나를 평가하지 않게 하기 위한 것입니다.

5:13; 11:16,17

7 그리스도를 위한 약한 것들 받은 계시들이 지극히 큰 것으로 인해 나로 교만하지 않게 하시려고 내 육체에 가시 곧 사탄의 사자를 주셨습니다. 이는 나를 쳐서 교만하지 않게 하시려는 것입니다.

8 나는 이것이 내게서 떠나도록 주께 세 번이나 간구했습니다.

9 그러나 그분은 내게 말씀하셨습니다. "내 은혜가 네게 족하다. 왜냐하면 내 능력이 약한 데서 온전해지기 때문이다." 그러므로 나는 내 약한 것들에 대해 크게 기뻐하며 자랑할 것입니다. 이는 그리스도의 능력이 내게 머물게 하기 위함입니다.

10 그러므로 나는 그리스도를 위해 약한 것들과 모욕과 궁핍과 핍박과 곤경 가운데 있으면서도 기뻐합니다. 왜냐하면 내가 약할 그때에 곧 강하기 때문입니다.

롬 5:3

11 진정한 사도의 표적도 내가 어리석은 사람이 되고 말았습니다. 왜냐하면 여러분이 나를 그렇게 강요했기 때문입니다. 그런데 사실 나는 여러분에게 인정을 받아 마땅합니다. 비록 내가 보잘것없는 사람이지만 저 위대한 사도들보다 못하지 않기 때문입니다.

12 진정한 사도의 표적들이 오래 참음과 표적과 기적과 능력과 더불어 여러분 가운데 나타났습니다.

6:4

13 나 자신이 여러분에게 폐를 끼치지 않은 것 외에 내가 다른 교회들보다 여러분에게 못해 준 것이 무엇입니까? 그것이 잘못이었다면 여러분은 이러한 내 잘못을 용서하십시오.

고전 9:12

14 **바울의 자기희생과 결백** 내가 이제 세 번째로 여러분에게 갈 준비가 돼 있으나 여러분에게 폐를 끼치지는 않을 것입니다. 내가 원하는 것은 여러분의 재물이 아니라 여러분 자신이기 때문입니다. 자녀가 부모를 위해 저축하는 것이 아니라 부모가 자녀를 위해 저축하는 것이 마땅합니다.

15 그러므로 나는 여러분의 영혼을 위해 내가 가진 것을 기쁘게 소비하고 나 자신도 다 소모할 정도로 희생할 것입니다. 내가 여러분을 더욱 사랑하면 내가 사랑을 덜 받겠습니까?

16 아무튼 나는 여러분에게 폐를 끼친 적이 없습니다. 그러나 그들은 내가 간교한 속임수로 여러분을 이용했다고 합니다.

17 내가 여러분에게 보낸 어떤 사람을 통해 여러분을 착취한 적이 있습니까?

18 내가 디도를 권해 한 형제와 함께 여러분에게 가게 했는데, 디도가 여러분을 착취했습니까? 우리가 같은 영으로 행하고 같은 방식으로 행하지 않았습니까? 8:6,18

19 **경고와 변호의 참 목적** 여러분은 여전히 우리가 변명하고 있다고 생각합니다. 우리가 그리스도 안에서 말하는 것은 하나님 앞에서 하는 것입니다. 사랑하는 사람들이여, 이 모든 일은 여러분을 세우기 위한 것입니다.

20 내가 두려워하는 것은 내가 여러분에게 갈 때 여러분이 내 기대에 못 미치거나 내가 여러분의 기대에 못 미칠까 하는 것입니다. 그리고 여러분 가운데 다툼과 시기와 분노와 파당과 중상모략과 수군거림과 교만과 무질서가 있지 않을까 하는 것입니다.

21 또 내가 두려워하는 것은 내가 다시 여러분에게 갈 때 내 하나님께서 여러분 앞에서 나를 낮추시지 않을까 하는 것입니다. 그리고 전에 죄를 지은 많은 사람들이 그들이 행한 더러움과 음란과 호색을 회개하지 않으므로 내가 슬퍼하지 않을까 하는 것입니다. 13:2;고전 5:1

13 **죄지은 사람들에 대한 경고** 내가 이제 세 번째로 여러분을 방문하려고 합니다. 모든 사안은 두세 증인의 증언을 근거로 확정될 것입니다. 신 19:15

2 내가 두 번째 방문했을 때 전에 죄를 지은 사람들과 다른 모든 사람들에게 이미 말했던 것처럼 지금 내가 떠나 있으나 미리 말해 둡니다. 내가 다시 가면 그들을 그냥 두지 않겠습니다.

3 왜냐하면 여러분이 그리스도께서 내 안에서 말씀하신다는 증거를 요구하기 때문입니다. 그분은 여러분을 대해 약하시지 않고 도리어 여러분 가운데 강하십니다.

4 그리스도는 약한 가운데 십자가에 못 박히셨으나 하나님의 능력으로 살아나셨기 때문입니다. 우리도 그 안에서 약하나 여러분의 일에 대해 하나님의 능력으로 그분과 함께 살 것입니다.

5 **자신에 대한 확증** 여러분이 믿음 가운데 있

바울의 몸에 가시가 박힌 건가요?

'육체의 가시'는 가시가 몸을 계속 찌르듯 바울을 괴롭히던 병을 말해요. 육체의 가시가 어떤 병이었는지는 바울이 설명하지 않았기 때문에 정확하게 알 수 없어요. 어떤 사람들은 말라리아, 간질, 발작 혹은 안질(갈 4:15)을 거야 한다고 말해요. 바울은 육체의 가시가 그의 사역에 장애물이었기 때문에 이것을 없애 달라고 세 번이나 하나님께 기도했어요.

그러나 하나님은 거절하셨어요(고후 12:8-9). 바울에게 육체의 가시를 주신 이유가 있기 때문이에요. 바울을 교만해지지 않게 하고(고후 12:7) 그리스도의 능력이 온전히 나타나도록 하기 위해서였어요(고후 12:9).
바울은 육체의 가시인 아픔을 기뻐하고 자기의 약한 것들을 자랑한다고 말했어요(고후 12:9-10).

는지 여러분 자신을 살피고 계속해서 시험해 보십시오. 예수 그리스도께서 여러분 안에 계심을 스스로 알지 못합니까? 그렇지 않으면 여러분은 하나님께 인정받지 못한 사람들입니다.

롬 8:10;갈 4:19

6 나는 여러분이 우리가 하나님께 인정받지 못한 사람들이 아니라는 것을 알기 바랍니다.

7 우리는 여러분이 아무 악한 일도 행치 않기를 기도합니다. 이는 우리가 하나님께 인정받는 사람들임을 나타내려는 것이 아니라 비록 우리가 하나님께 인정받지 못한 사람들처럼 보일지라도 여러분으로 하여금 선을 행하게 하려는 것입니다.

8 우리는 진리를 대적해 아무것도 할 수 없고 오직 진리를 위해서만 무언가를 할 수 있습니다.

9 우리가 약할지라도 여러분이 강하다면 우리는 기쁩니다. 우리가 여러분을 위해 기도하는 것은 여러분이 온전하게 되는 것입니다.

고전 4:10;엡 4:12;살전 3:10

10 그러므로 내가 떠나 있는 동안 이것들을 쓰는 것은 내가 갔을 때 주께서 내게 주신 권위를 따라 여러분을 엄하게 대하지 않기 위함입니다. 이 권위는 여러분을 세우기 위한 것이지 무너뜨리기 위한 것이 아닙니다.

10:8;딤 1:13

11 **권면과 인사** 마지막으로 형제들이여, 기뻐하십시오. 온전하게 되기를 힘쓰십시오. 서로 격려하십시오. 같은 마음을 품으십시오. 화평하십시오. 그러면 사랑과 평강의 하나님께서 여러분과 함께하실 것입니다. 거룩한 입맞춤으로 서로 문안하십시오.

12 모든 성도들이 여러분에게 안부를 전합니다.

빌 4:22

13 **축도** 주 예수 그리스도의 은혜와 하나님의 사랑과 성령의 교통하심이 여러분 모두와 함께하시기를 빕니다.

롬 16:20

파당 (12:20, 派黨, faction) 당파(黨派)와 같은 말이며 주의, 주장, 이해를 같이하는 사람들이 뭉쳐 이룬 단체나 모임. **중상모략** (12:20, 中傷謀略, slander) 근거 없는 말로 남을 헐뜯어 명예나 지위를 손상시키고 속임수로 남을 해롭게 하는 것. **교통**(13:13, 交通, fellowship) 서로 막힘이 없는 관계를 통해 교제하며 사귀는 것. 그리스어로 '코이노니아'이며 특별히 성령의 역할을 말할 때 쓰였다.

Galatians

갈라디아서

바울은 2차 전도 여행 중에 병이 나서 갈라디아에 머물렀어요. 이 기간 동안에도 복음 전하는 일은 계속하여 갈라디아에 몇몇 교회가 세워졌어요.

그 뒤 얼마 되지 않아 유대 사람들이 바울의 사도권을 인정하지 않고 성도들에게 유대 사람의 관습인 할례나 모세의 율법을 지켜야 구원받는다고 가르쳤어요. 이 때문에 바울은 사람의 행위나 율법을 지켜서 구원받는 것이 아니라 오직 예수님을 믿는 믿음으로 구원받고 의롭게 됨을 말해요.

그리고 하나님의 은혜로 구원받은 성도는 성령 충만한 가운데 사랑으로 살아가야 함을 강조했어요.

갈라디아서는 무슨 뜻이에요? '갈라디아 교회에 보내는 편지'라는 뜻이에요.

누가 썼어요? '바울'이 썼어요. 갈라디아서는 바울과 초대 교회 연구에 중요한 역사적 자료를 제공해요. 율법과 복음의 관계, 믿음으로 의롭게 됨, 성경 안에서 새로운 생활 등 로마서와 주제가 비슷해서 '작은 로마서'라고도 해요.

언제 썼나요? 바울이 3차 전도 여행을 하던 AD 53~56년경

주요한 사람들은?

바나바
바울과 함께 갈라디아 전도 여행을 한 동역자

바울
사도, 선교사, 옥중가

디도
바울의 동역자인 그리스 사람

게바
베드로에게 주신 다른 이름

한눈에 보는 갈라디아서

1:1-9 인사

1:10-2:21 바울의 사도직에 대한 주장

3:1-5:12 오직 믿음으로 의롭게 됨

5:13-6:18 성령 안에서 새로운 생활

갈라디아서
Galatians

1 안부 인사 사람들에게서 난 것도 아니요, 사람으로 인해 된 것도 아니요, 오직 예수 그리스도와 그분을 죽은 사람들 가운데서 살리신 하나님 아버지로 인해 사도가 된 나 바울과
행 9:6

2 나와 함께 있는 모든 형제들이 갈라디아에 있는 교회들에게 편지를 씁니다.

3 하나님 우리 아버지와 주 예수 그리스도의 은혜와 평강이 여러분에게 있기를 빕니다.

4 예수 그리스도는 하나님, 곧 우리 아버지의 뜻을 따라 이 악한 세대에서 우리를 건져 내시려고 우리 죄를 대신해 자신의 몸을 내주셨습니다.
빌 4:20

5 하나님께 영광이 영원무궁하기를 빕니다. 아멘.

6 다른 복음을 전하면 저주를 받음 그리스도의 은혜로 여러분을 부르신 분을 여러분이 그렇게 쉽게 떠나 다른 복음을 좇는 것에 대해 나는 놀라지 않을 수 없습니다.

7 사실 다른 복음은 없습니다. 다만 어떤 사람들이 여러분을 혼란에 빠뜨려 그리스도의 복음을 변질시키려고 하는 것입니다.

8 그러나 우리든 하늘에서 온 천사든 우리가 여러분에게 전한 복음 이외의 것을 전한다면 그는 저주를 받아 마땅합니다.

9 우리가 전에도 말한 것처럼 내가 지금 다시 말합니다. 만일 누구든지 여러분이 받은 복음 이외의 것을 전한다면 그는 저주를 받아 마땅합니다.

10 복음의 신앙함 내가 지금 사람들을 좋게 하려고 합니까? 아니면 하나님을 좋게 하려고 합니까? 또는 내가 사람들에게 기쁨을 구하려고 애씁니까? 만일 내가 아직도 사람들에게 기쁨을 구하려고 애쓴다면 나는 그리스도의 종이 아닙니다.
살전 2:4

11 형제들이여, 내가 전한 복음은 사람을 따라 된 것이 아니라는 것을 여러분에게 알려 드리겠습니다.
고전 15:1

12 그 복음은 내가 사람에게 받은 것도 배운 것도 아닙니다. 그것은 오직 예수 그리스도의 계시를 통해 받은 것입니다.

13 거룩한 계시 내가 전에 유대교에 있을 때 한 행위에 관해 여러분이 이미 들었을 것입니다. 나는 하나님의 교회를 몹시 핍박했고 파괴하려고 했습니다.

14 나는 내 동족 가운데 나와 나이가 같은 또래의 많은 사람들보다 유대교를 믿는 데 앞장섰으며 내 조상들의 전통에 대해서도 매우 열성적이었습니다.
빌 3:6

15 그러나 어머니의 태에서부터 나를 따로 세우시고 은혜로 나를 부르신 하나님께서

16 하나님의 아들을 이방 사람들에게 전하게 하시려고 하나님의 아들을 내 안에 나타내 보이셨습니다. 그때 나는 사람들과 의논하지도 않았고
29

17 나보다 먼저 사도가 된 사람들을 만나려고 예루살렘으로 올라가지도 않았습니다. 나는 곧장 아라비아로 갔다가 다시 다메섹으로 되돌아갔습니다.

18 사도들에게서 받지 않은 가르침 3년 뒤 나는 게바를 만나려고 예루살렘으로 올라가서 그와 함께 15일을 지냈습니다.

다른 복음

유대주의 교사들은 바울이 전한 복음을 듣고 성도가 된 갈라디아 사람들에게 다시 유대 사람의 관습인 할례와 모세의 율법을 지키도록 강요했다.
이것이 바울이 말한 '다른 복음'이었다. '다른 복음'은 예수님을 믿는 것으로는 불충분하며 율법도 지키고 할례도 받아야 구원받는다고 가르친 것을 말한다.
하지만 바울은 사람이 의롭게 되고 구원받는 길은 오직 십자가에 달려 죽으신 예수님을 믿는 믿음뿐이라는 사실을 강조했다. 올바른 행위나 율법을 지키는 것으로는 의롭게 될 수 없고 구원받을 수 없기 때문이다(갈 2:16).

▲ 안디옥 (Antioch)
수리아의 안디옥은 오늘날의 '안타키아'(Antakya)
로 알려진 곳으로, 게바(베드로)가 이방인과 함께
식사하던 중 할례자들을 보고 두려워하여 외식했
던 곳이다(갈 2:11-14). 사진은 안디옥에 있는 베드
로동굴 교회의 모습이다.

19 그리고 사도들 가운데 주의 형제 야고보
외에는 어느 누구도 만나지 않았습니다.

20 내가 하나님 앞에서 장담하건대 내가 여
러분에게 쓰는 이것은 결코 거짓말이 아
닙니다.

21 그 후 나는 시리아와 길리기아 지방으로 갔
습니다.

22 그래서 내 얼굴이 그리스도 안에 있는 유
대의 교회들에게는 알려지지 않았습니다.

23 다만 그들은 "전에 우리를 핍박하던 사람
이 지금은 전에 그가 파괴하려고 하던 그
믿음을 전하고 있다" 하는 소문을 듣고

24 나로 인해 하나님께 영광을 돌렸습니다.

2 이방 사람 선교가 받아들여짐 그 후 14년
이 지나서 나는 바나바와 함께 디도를
데리고 다시 예루살렘으로 올라갔습니다.

2 내가 예루살렘으로 올라간 것은 하나님의
계시를 따른 것으로 나는 이방 사람들에
게 전파하는 복음을 그들에게도 제시했
습니다. 다만 유명하다 하는 사람들에게
는 개별적으로 복음을 제시했는데 이는
내가 달음질하고 있는 것이나 달음질한
것이 헛되지 않게 하기 위함이었습니다.

3 나와 함께 있는 디도는 그리스 사람이었지
만 억지로 할례를 받도록 강요하지 않았

습니다.

4 그 이유는 몰래 들어온 거짓 형제들 때문
입니다. 그들은 우리를 종으로 삼고자 그
리스도 예수 안에서 우리가 가지고 있는 자
유를 엿보려고 몰래 들어온 사람들입니다.

5 그러나 우리는 그들에게 잠시도 굴복하지
않았습니다. 이는 복음의 진리가 여러분
에게 머물러 있도록 하기 위함입니다.

6 그 유명하다는 사람들 가운데 어느 누구
도 (그러한 사람들이 누구든 간에 내게는
상관이 없습니다. 하나님은 사람을 외모로
취하지 않으십니다.) 그 유명하다는 사람들
은 내게 아무것도 보태 준 것이 없습니다.

7 오히려 그들은 베드로가 할례 받은 사람
에게 복음 전하는 일을 맡은 것처럼 내가
할례 받지 않은 사람에게 복음 전하는 일
을 맡은 것을 알았습니다. 　　　실전 2:4;딤전 1:11

8 베드로가 할례 받은 사람의 사도가 되도록
역사하신 분이 내게도 역사하셔서 이방
사람의 사도가 되게 하셨기 때문입니다.

9 기둥같이 여김받는 야고보와 게바와 요한
은 하나님께서 내게 주신 은혜를 인정하고
나와 바나바에게 교제의 악수를 청했습니
다. 우리는 이방 사람에게로, 그들은 할례
받은 사람에게로 가도록 하기 위함입니다.

10 다만 그들은 우리에게 가난한 사람을 생
각해 달라고 당부했는데 이것은 나 또한
힘써 행해 온 일입니다.

11 게바를 책망함 그러나 게바가 안디옥에 왔
을 때 그에게 책망할 일이 있어서 얼굴을
마주 대하고 그를 책망했습니다.

12 게바는 야고보가 보낸 몇몇 사람들이 오기
전에 이방 사람들과 함께 음식을 먹고 있
었습니다. 그러나 그들이 오자 그는 할례
받은 사람들을 두려워해 슬그머니 그 자
리를 떠났습니다. 　　　　　　　　　행 11:3

13 그러자 다른 유대 사람들도 게바와 함께
위선을 행했고 바나바까지도 그들의 위선
에 휩쓸렸습니다.

14 나는 그들이 복음의 진리대로 바르게 행
하지 않는 것을 보고 모든 사람 앞에서 게

바에게 이렇게 말했습니다. "당신은 유대 사람으로서 유대 사람처럼 살지 않고 이방 사람처럼 살면서 어떻게 이방 사람에게 유대 사람처럼 살라고 강요합니까?"

15 율법과 그리스도 우리는 본래 유대 사람이요, 이방 죄인들이 아닙니다.
_{17절}

16 그러나 사람이 의롭다고 인정받는 것이 율법의 행위로써가 아니라 예수 그리스도를 믿음으로 되는 것을 알기에 우리도 그리스도 예수를 믿었습니다. 이는 우리가 율법의 행위로서가 아니라 그리스도를 믿음으로써 의롭다고 인정받으려는 것입니다. 율법의 행위로는 어떤 육체도 의롭다고 인정받을 수 없기 때문입니다.
_{롬 3:20}

17 그러나 우리가 그리스도 안에서 의롭다고 인정받으려 하다 우리 자신이 죄인으로 드러난다면 그리스도께서 죄를 짓게 하시는 분입니까? 결코 그럴 수 없습니다.

18 만일 내가 허물어 버린 것을 다시 세우려 한다면 나 스스로 율법을 어기는 사람임을 증명하는 것입니다.

19 나는 율법으로 인해 율법에 대해 죽었습니다. 이는 내가 하나님께 대해 살고자 함입니다.
_{눅 20:38;롬 6:11;14:7~8;고후 5:15}

20 나는 그리스도와 함께 십자가에 못 박혔습니다. 그러므로 이제 더 이상 내가 사는 것이 아니라 내 안에 그리스도께서 사시는 것입니다. 지금 내가 육체 안에 사는 것은 나를 사랑하셔서 나를 위해 자신의 몸을 내 주신 하나님의 아들을 믿는 믿음으로

사는 것입니다.
_{5:24;6:14;롬 6:6}

21 나는 하나님의 은혜를 헛되게 하지 않습니다. 만일 의롭다고 인정받는 것이 율법으로 말미암는다면 그리스도께서 헛되이 죽으신 것입니다.

3 율법과 믿음 오 어리석은 갈라디아 사람들이여, 예수 그리스도께서 십자가에 못 박히신 것이 여러분의 눈앞에 분명히 드러나 있는데 누가 여러분을 미혹했습니까?

2 여러분에게 한 가지만 묻고 싶습니다. 여러분은 율법의 행위로 성령을 받았습니까? 아니면 복음을 듣고 믿음으로 성령을 받았습니까?
_{14절;롬 10:17}

3 여러분은 그렇게도 어리석단 말입니까? 성령으로 시작했다가 이제 와서 육체로 마치려고 합니까?
_{빌 1:6}

4 여러분은 그렇게 많은 고난을 헛되이 경험했단 말입니까? 정말 헛된 일이었습니까?

5 하나님께서 여러분에게 성령을 주시고 여러분 가운데서 능력을 행하시는 것이 여러분이 율법을 행하기 때문입니까? 아니면 복음을 듣고 믿기 때문입니까?
_{2절}

6 아브라함의 믿음 이와 같이 아브라함도 "그가 하나님을 믿었더니 이것이 하나님께 의로 여겨졌다"라고 했습니다.
_{창 15:6}

7 그러므로 여러분은 믿음에서 난 사람들이 바로 아브라함의 자손임을 아십시오.

8 성경은 하나님께서 믿음으로 인해 이방 사람을 의롭다고 인정하실 것을 미리 알

"내가 십자가에 못 박혔다"라는 게 뭔가요?

예수님이 십자가에 못 박혀 죽으신 것은 우리가 죄 때문에 치러야 할 율법의 저주를 대신 받으시고 율법을 이루기 위해서였어요.
그러므로 예수님이 나 때문에 십자가에서 죽으심을 믿는 것은 바로 내가 예수님과 함께 십자가에 못 박혀 죽은 것을 말해요. 예수님과 함께 십자가에 못 박혀 죽은 사람은 율법, 죄, 사망, 저주에서 해방되고 구원받은 것입니다. 내가 십자

가에 못 박혀 죽었으니 바울의 고백대로 이제 내 안에 예수님이 사시는 것입니다.
그러므로 이제는 내가 주인이 아니라 예수님이 내 주인이시고 나를 다스리고 주장하시는 것입니다.
그래서 바울은 자기도 십자가에 못 박혔으니 더 이상 자기가 사는 것이 아니라 자기 안에 예수님이 사신다고 말한 것입니다(갈 2:20).

복음의 일꾼, 바울

2. 예루살렘에서 스데반을 돌로 쳐죽이는 것에 찬성 (행 22:20)

3. 다메섹으로 가던 도중에 예수님을 만나 회심(행 9:1-19)

4. 여러 회당에서 예수가 그리스도이심을 전한 후 아라비아에 머무름 (행 9:20-22; 갈 1:17)

5. 유대 사람들의 음모를 알고 광주리를 타고 다메섹에서 도망 (행 9:23-25; 고후 11:32-33)

6. 예루살렘에서 바나바의 소개로 제자들과 함께 교제 (행 9:26-31; 갈 1:18-19)

7. 안디옥에서 바나바와 함께 가르치고 '그리스도의 사람'이라고 불림(행 11:22-26)

8. 안디옥 교회의 파송을 받아 바나바와 함께 1차 선교 여행을 떠남(행 13:1-3)

9. 키프로스에서 총독 서기오 바울에게 복음을 전함 (행 13:4-12)

10. 루스드라에서 유대 사람들의 선동으로 돌에 맞음(행 14:19)

1. 길리기아 다소에서 로마 시민권자로 태어남(행 22:3)

11 안디옥에서 바나바와 갈라선 후 실라와 함께 2차 전도 여행을 떠남(행 15:37-40)

12 드로아에서 한밤중에 마케도니아 사람의 환상을 봄(행 16:6-10)

13 빌립보에서 자주색 옷감 장수 루디아에게 세례를 줌(행 16:11-15)

14 아테네에서 에피쿠로스와 스토아 철학자들 앞에서 설교(행 17:16-31)

15 고린도에서 1년 6개월 동안 가르치고, 회당장 그리스보에게 세례를 줌(행 18:1-17; 고전 1:14)

16 3차 선교 여행 중 에베소에 3년 동안 머물며 두란노 서원에서 가르침(행 19:1-20)

17 예루살렘 군중들 앞에서 자신의 믿음과 복음을 변호(행 21:37-22:29)

18 가이사랴에서 벨릭스와 베스도와 아그립바 앞에서 자신을 변호(행 24:1-26:30)

19 로마로 향하던 배가 태풍을 만나 좌초되어 몰타 섬에 상륙(행 27:1-28:1)

20 로마에서 2년 동안 자기 셋집에 갇혀서 복음을 전파하고 가르침(행 28:30-31)

21 크레타에서 디도와 함께 복음을 전함(딛 1:5)

22 두번이나 로마 감옥에 갇힌 후 처형됨(딤후 4:6-8)

고 먼저 아브라함에게 복음을 선포했습니다. "모든 이방 사람이 네 안에서 복을 받을 것이다." 창 12:3

9 그러므로 믿음에서 난 사람들은 믿음이 있는 아브라함과 함께 복을 받습니다.

10 그리스도의 구원 율법의 행위에 근거해 사는 사람들은 모두 저주 아래 있습니다. 기록되기를 "율법책에 기록된 모든 것을 항상 지켜 행하지 않는 사람은 다 저주를 받는다"라고 했기 때문입니다. 신 27:26

11 하나님 앞에서는 어느 누구도 율법으로 의롭다고 인정받지 못하는 것이 분명합니다. "의인은 믿음으로 살리라"라고 했기 때문입니다. 합 2:4;롬 1:17;히 10:38

12 율법은 믿음에서 난 것이 아닙니다. 오히려 "율법을 행하는 사람은 율법 안에서 살리라"라고 했습니다. 레 18:5

13 그리스도께서는 우리를 위해 저주를 받으시고 율법의 저주에서 우리를 구속해 주셨습니다. 기록되기를 "나무에 달린 사람마다 저주를 받았다"라고 했기 때문입니다.

14 이는 아브라함의 복이 그리스도 예수 안에서 이방 사람에게 미치게 하고 우리도 믿음으로 성령의 약속을 받게 하기 위함입니다.

15 약속의 유업 형제들이여, 내가 사람의 예를 들어 말합니다. 사람의 언약이라도 한번 맺은 후에는 아무도 그것을 무효로 하거나 덧붙일 수 없습니다.

16 하나님께서 아브라함과 그의 자손에게 약속을 주실 때 여러 사람을 가리켜 "자손들에게"라고 하지 않으시고 오직 한 사람을 가리켜 "네 자손에게"라고 하셨는데 이는 곧 그리스도이십니다. 창 3:25;롬 4:13,16

17 내가 말하고자 하는 것은 이것입니다. 430년 후에 생긴 율법이 하나님에 의해 미리 정해진 언약을 무효화하여 그 약속을 취소할 수 없다는 것입니다. 출 12:40-41

18 만일 유업이 율법에서 난 것이라면 그것은 더 이상 약속에서 난 것이 아닙니다. 하나님께서는 은혜로 약속을 통해 아브라함에게 유업을 주셨습니다.

19 율법의 목적 그러면 율법은 무엇입니까? 율법은 약속된 자손이 오시기까지 죄 때문에 더한 것입니다. 이 율법은 천사들을 통해 한 중보자의 손으로 주어졌습니다.

20 그 중보자는 한편만을 위한 중보자가 아닙니다. 그러나 하나님은 한 분이십니다.

21 그러면 율법이 하나님의 약속과 상반되는 것입니까? 결코 그럴 수 없습니다. 만일 율법이 생명을 줄 수 있는 것으로 주어졌다면 분명히 의는 율법에서 났을 것입니다.

22 그러나 성경은 모든 것을 죄 아래 가두었습니다. 이는 믿는 사람들에게 예수 그리스도를 믿는 믿음에 근거한 약속을 주시기 위함입니다. 롬 4:16;11:32

23 믿음을 통한 유업 믿음이 오기 전에는 우리가 율법 아래 매여 장차 계시될 믿음의 때까지 갇혀 있었습니다.

24 그래서 율법은 그리스도의 때까지 우리를 인도하는 선생이 됐습니다. 이는 우리로 하여금 믿음으로 의롭다고 인정받게 하려는 것입니다. 11절;고전 4:15

25 그러나 이제는 믿음이 왔으므로 우리는 더 이상 율법이라는 선생 아래 있지 않습니다.

26 여러분은 모두 그리스도 예수 안에서 믿음으로 하나님의 아들이 됐습니다.

27 그리스도와 함께 세례를 받은 사람은 모두 그리스도로 옷 입었기 때문입니다.

28 유대 사람도 없고 그리스 사람도 없고 종도 없고 자유인도 없고 남자도 없고 여자도 없습니다. 여러분 모두는 그리스도 예수 안에서 하나이기 때문입니다. 고전 11:11

29 만일 여러분이 그리스도께 속한 사람이면 여러분은 아브라함의 자손이요, 약속을 따른 상속자입니다. 4:1,7;롬 8:17;엡 3:6

4 하나님의 아들이 됨 내가 또 말합니다. 상속자가 어린아이일 동안에는 비록 모든 것의 주인이지만 종과 다름이 없고

2 아버지가 정해 놓은 때가 되기까지 그는 후견인과 재산 관리자 아래 있습니다.

3 이와 같이 우리도 어린아이였을 때는 세상

의 초보적인 것들 아래서 종노릇했습니다.

4 그러나 때가 차자 하나님께서는 자기 아들을 보내셔서 한 여자에게서 나게 하시고 율법 아래 나게 하셨습니다.
빌 2:7

5 이는 율법 아래 있는 사람들을 구속하시고 우리로 하여금 아들의 신분을 얻게 하기 위함입니다.
3:26

6 여러분이 아들이므로 하나님께서 자기 아들의 영을 우리 마음속에 보내셔서 "아바 아버지"라고 부르게 하셨습니다.

7 그러므로 여러분은 더 이상 종이 아니고 아들입니다. 그리고 여러분이 아들이면 또한 하나님으로 말미암는 상속자입니다.

8 율법주의로 돌아감 그러나 전에 여러분이 하나님을 알지 못했을 때는 본질적으로 하나님이 아닌 것들에게 종노릇했습니다.

9 이제는 여러분이 하나님을 알 뿐 아니라 오히려 하나님께서 아시는 사람이 됐습니다. 그런데 어째서 여러분은 다시 무력하고 천박한 초보적인 것들로 되돌아가 또다시 그것들에게 종노릇하려는 것입니까?

10 여러분은 날과 달과 절기와 해를 잘도 지킵니다.
롬 14:5;골 2:16

11 내가 여러분을 위해 수고한 것이 헛될까 두렵습니다.
2:2;5:2,4;살전 3:5

12 사랑을 구함 형제들이여, 내가 여러분과 같이 됐으니 여러분도 나와 같이 되기를 바랍니다. 여러분은 내게 아무런 해도 끼치지 않았습니다.

13 여러분이 알다시피 내가 처음에 여러분에게 복음을 전하게 된 것은 육체의 연약함 때문이었습니다.
눅 24:47

14 그리고 내 육체의 연약함이 여러분에게 시험거리가 될 만한 것이었는데도 여러분은 비웃거나 멸시하지 않았고 도리어 나

를 하나님의 천사처럼, 그리스도 예수처럼 환영해 주었습니다.
삼상 29:9;슥 12:8

15 그런데 여러분의 복이 어디에 있습니까? 나는 여러분에게 증언합니다. 여러분은 만약 할 수만 있었더라면 여러분의 눈이라도 빼서 내게 주었을 것입니다.

16 내가 여러분에게 진실을 말해서 여러분의 원수가 됐습니까?

17 그들이 여러분에게 열심을 내는 것은 좋은 뜻으로 하는 게 아니라 여러분을 이간하고자 합니다. 이는 오직 여러분으로 하여금 그들을 열심히 따르게 하려고 하는 것입니다.

18 그러나 그들이 좋은 일로 여러분에게 열심을 내는 것은 내가 여러분과 함께 있을 때뿐 아니라 언제라도 좋습니다.

19 내 자녀들아, 여러분 안에 그리스도의 형상이 이루어지기까지 나는 다시 여러분을 해산하는 고통을 겪습니다.
롬 8:10

20 내가 지금 여러분과 함께 있어서 내 음성을 바꾸었으면 좋겠습니다. 이는 여러분에 대해 당혹감을 느끼고 있기 때문입니다.

21 사라와 하갈의 비유 율법 아래 있고자 하는 여러분, 내게 말해 보십시오, 여러분은 율법이 말하는 것을 듣지 못합니까?

22 아브라함에게 두 아들이 있었는데 한 사람은 여종에게서 났고 다른 한 사람은 자유가 있는 본처에게서 났다고 기록돼 있습니다.

23 여종에게서 난 사람은 육체를 따라 났고 자유가 있는 본처에게서 난 사람은 약속으로 인해 났습니다.
창 17:16~19;18:10

24 이것은 비유로 말한 것인데 이 여자들은 두 언약을 나타냅니다. 하나는 시내 산에서 비롯된 것으로 종노릇할 아들을 낳은

선포(3:8, 宣布, announcement) 세상에 널리 알리는 것. 성경에서는 '하나님이 하신 일'을 알리는 것에 쓰임. 언약(3:15, 言約, covenant) 말로 약속하는 것. 하나님이 인간에게 주신 약속을 말함. 중보자(3:19, 仲保者, mediator) 두 사람 사이에서 일이 잘 이루어지도록 힘쓰는 사람으로 성경에서는 예수 그리스도를 가리키는 호칭으로 사용됨. 세례(3:27, 洗禮, baptism) 물에 잠기는 예식. 예수 그리스도의 죽음과 부활을 상징함. 상속자(4:1, 相續者, heir) 재산, 지위 등을 물려받는 사람. 후견인(4:2, 後見人, guardian) 상속권이 없는 미성년을 보호하고, 행위를 대신하며, 재산을 관리하는 사람. 본처(4:22, 本妻) 첩이 아닌 '아내'를 이르는 말.

성령 충만, 어떻게 받을 수 있나요?

성령 충만은 성령님의 인도하심과 다스리심을 받는 거예요. 성령 충만을 구했을 때 감정적인 느낌이 반드시 나타나는 것은 아니에요. 성령님을 좇아 거룩하게 살면서(갈 5:16, 25) 성령의 열매를 맺는 삶을 말해요(갈 5:22-23).

성령 충만하려면?

1. 간절히 사모해야 해요(마 5:6; 요 7:37-39).
2. 자신의 모든 죄를 예수님께 하나하나 고백하며 회개해야 해요(요일 1:9).
3. 구하고 찾고 두드리면 성령을 주시겠다(눅 11:9-13)는 약속을 믿고 기도하세요(갈 3:14).

이렇게 기도해 보세요.

"하나님 아버지, 나는 주님이 필요합니다. 주님, 나는 죄인입니다. 내 죄 때문에 예수님이 십자가에서 죽으시고 나를 용서해 주신 것을 감사합니다. 주님, 내 마음의 왕좌에 들어와 주세요. 성령 충만을 구하라고 명령하셨고 믿음으로 구하면 주신다는 약속대로 성령님으로 충만하게 해 주세요. 주님의 성령으로 충만하게 하시고 나를 다스려 주세요. 예수님의 이름으로 기도합니다. 아멘."

사람, 곧 하갈입니다. 신 3:32

25 이 하갈은 아라비아에 있는 시내 산을 뜻하는 것으로 지금의 예루살렘에 해당합니다. 이는 예루살렘이 자기 자녀들과 함께 종노릇하기 때문입니다.

26 그러나 위에 있는 예루살렘은 자유자이며 우리의 어머니입니다.

27 기록되기를
    "임신하지 못하는 여자여, 기뻐하라. 해산의 고통을 모르는 여자여, 소리 높여 외치라. 홀로 사는 여자의 자녀들이 남편 있는 여자의 자녀보다 훨씬 더 많을 것이다"
    라고 했습니다. 사 54:1

28 형제 여러분, 여러분은 이삭을 따르는 약속의 자녀들입니다. 롬 9:8

29 그러나 그때 육체를 따라 난 사람이 성령을 따라 난 사람을 핍박한 것같이 지금도 그러합니다. 창 21:9

30 그런데 성경은 무엇이라고 말합니까? "여종과 그녀의 아들을 내쫓으라. 여종의 아들이 자유가 있는 본처의 아들과 함께 상속받지 못할 것이다"라고 했습니다.

31 그러므로 형제들이여, 우리는 여종의 자녀가 아니라 자유가 있는 본처의 자녀입니다.

5 그리스도께서 자유를 주심 그리스도께서 우리를 해방시켜 주신 것은 자유를 누리게 하기 위함입니다. 그러므로 굳건히 서서 다시는 종의 멍에를 메지 마십시오.

2 할례에 관한 문제 나 바울은 여러분에게 말합니다. 만일 여러분이 할례를 받는다면 그리스도는 여러분에게 아무 유익이 없을 것입니다. 3,11절;행 15:1;고전 7:18

3 내가 할례를 받는 모든 사람에게 다시 증언합니다. 그런 사람은 율법 전체를 행해야 할 의무가 있습니다. 롬 2:25

4 율법으로 의롭다고 인정받으려고 하는 사람은 그리스도에게서 끊어지고 은혜에서 떨어져 나갔습니다.

5 그러나 우리는 성령을 통해 믿음으로 인해 의의 소망을 간절히 기다리고 있습니다.

6 그리스도 예수 안에서는 할례를 받는 것이나 할례를 받지 않는 것이나 아무 소용이 없고 오직 *사랑으로 역사하는 믿음뿐입니다.

7 여러분은 잘 달려왔습니다. 그런데 누가 여러분을 가로막고 진리에 순종치 못하게 했습니까?

5:6 또는 '믿음이 사랑을 통해 일합니다.'

8 그러한 권면은 여러분을 부르신 분에게서 온 것이 아닙니다. 1:6

9 적은 누룩이 반죽 전체를 부풀게 합니다.

10 나는 여러분이 다른 아무 생각도 품지 않을 것을 확신합니다. 그러나 누구든지 여러분을 혼란에 빠뜨리는 사람은 심판을 받을 것입니다. 1:7

11 형제들이여, 내가 여전히 할례를 전한다면 왜 아직도 핍박을 받겠습니까? 그랬다면 십자가의 걸림돌이 없어졌을 것입니다.

12 여러분을 선동하는 사람들은 차라리 스스로를 거세해 버렸으면 좋겠습니다.

13 사랑 안에서 완성된 율법 형제들이여, 하나님은 여러분을 부르셔서 자유하게 하셨습니다. 그러나 그 자유를 육체의 만족을 위한 기회로 삼지 말고 도리어 사랑으로 서로 종노릇하십시오. 고전 9:19;벧전 2:16;유 1:4

14 왜냐하면 모든 율법이 "네 이웃을 네 자신과 같이 사랑하라"라고 하신 한마디 말씀 안에서 완성되기 때문입니다. 레 19:18

15 그러나 만일 여러분이 서로 물어뜯고 삼키면 피차 멸망할 것이니 조심하십시오.

16 육체와 성령 내가 또 말합니다. 여러분은 성령을 따라 행하십시오. 그러면 결코 육체의 욕망을 채우려고 하지 않게 될 것입니다.

17 육체의 욕망은 성령을 거스르고 성령의 욕망은 육체를 거스릅니다. 이 둘은 서로 상반되기 때문에 여러분이 원하는 것들을 할 수 없게 합니다. 롬 7:15,18~19,23

18 그러나 만일 여러분이 성령의 인도를 받는다면 여러분은 율법 아래 있지 않습니다.

19 육체의 일들은 명백합니다. 곧 음행과 더러움과 방종과 고전 3:3;엡 5:3;골 3:5;약 3:14~15

20 우상 숭배와 마술과 원수 맺음과 다툼과 시기와 분노와 이기심과 분열과 분파와

21 질투와 술 취함과 방탕과 또 이와 같은 것들입니다. 내가 전에 경고한 것처럼 지금도 경고합니다. 이런 일을 행하는 사람들은 하나님 나라를 상속받지 못할 것입니다.

22 그러나 성령의 열매는 사랑과 기쁨과 화평과 오래 참음과 친절과 선함과 신실함과

23 온유와 절제입니다. 이런 것들을 금지할 율법은 없습니다. 행 24:25;엡 4:2;벧후 1:6

24 그리스도 예수께 속한 사람들은 육체와 함께 그 정욕과 욕망을 십자가에 못 박았습니다. 롬 7:5

육체의 열매, 성령의 열매

성령님은 항상 살아 있는 열매를 맺는다. 그러나 육체의 일은 죄의 열매를 맺는다. 육체의 욕망은 성령을 거스르고, 성령님이 바라시는 것은 육체를 거스르게 된다. 이 둘은 언제나 적대 관계에 있다.

분열 방종
이기심 질투 다툼
더러움 방탕 원수 맺음
음행 술취함 분파
시기 마술 우상숭배
분노

*육체의 16가지 열매(갈 5:19~21)
하나님 나라에 들어가지 못함

기쁨(희락) 온유
사랑 화평 신실함(충성)
오래 참음 절제 선함(양선)
친절(자비)

*성령의 아홉 가지 열매(갈 5:22~23)
성령을 따라 살 때 맺는 열매

25 만일 우리가 성령으로 산다면 또한 성령을 따라 행합시다.

26 헛된 영광을 구해 서로 노엽게 하거나 질투하지 않도록 합시다.
  빌 2:3

6 상호 간의 책임 형제들이여, 어떤 사람이 무슨 범죄한 일이 드러나거든 *영의 사람인 여러분은 온유한 마음으로 그런 사람을 바로잡아 주고 자기를 살펴 유혹에 빠지지 않도록 하십시오.

2 여러분은 서로 짐을 나눠 지십시오. 그렇게 함으로 여러분은 그리스도의 법을 완성하게 될 것입니다.
  롬 15:1;살전 5:14;요일 4:21

3 만일 누가 아무것도 아니면서 무엇이라도 된 것처럼 생각한다면 그는 자기를 속이는 것입니다.
  고전 12:11

4 각 사람은 자기의 행위를 돌아보십시오. 그러면 만족하는 것을 자기 자신에게는 있어도 남에게까지 할 것은 없을 것입니다.

5 사람은 각자 자기의 짐을 져야 합니다.

6 말씀을 배우는 사람은 가르치는 사람과 모든 좋은 것을 함께 나누어야 합니다.

7 성령으로 살아감 자기를 속이지 마십시오. 하나님은 결코 업신여김을 당하지 않으십니다. 사람이 무엇을 심든지 그대로 거둘 것입니다.
  욥 13:9;고전 6:9;15:33;잠 1:16

8 자기 육체를 위해 심는 사람은 육체로부터 썩어질 것을 거두고 성령을 위해 심는 사람은 성령으로부터 영생을 거둘 것입니다.

9 선한 일을 하다가 낙심하지 맙시다. 포기하지 않으면 때가 이르러 거두게 될 것입니다.

10 그러므로 기회가 닿는 대로 모든 사람에게 선한 일을 하되 특히 믿음의 가족들에게 합시다.
  잠 3:27;요 9:4;엡 4:28;딤전 6:18

11 그리스도의 십자가만 자랑함 내 손으로 이렇게 큰 글씨로 여러분에게 쓴 것을 보십시오.

12 육체의 겉모양을 꾸미려고 하는 사람들이 여러분에게 할례를 강요하는 것은 다만 그리스도의 십자가 때문에 핍박을 받지 않으려는 것뿐입니다.
  2:3;5:11

13 할례 받은 사람들이 스스로 율법을 지키지 않으면서 여러분에게 할례를 강요하는 것은 여러분의 육체를 자랑하려는 것입니다.

14 그러나 내게는 우리 주 예수 그리스도의 십자가 외에는 결코 자랑할 것이 없습니다. 그리스도로 인해 세상이 내게 대해 십자가에 못 박혔고 나 또한 세상에 대해 그러합니다.
  고전 2:2

15 할례를 받든 할례를 받지 않든 아무것도 아니며 오직 새롭게 창조되는 게 중요합니다.

16 이 원리를 따라 사는 사람들에게 그리고 하나님의 이스라엘에게 평강과 긍휼이 있기를 빕니다.
  3:7,9,28;시 125:5;128:6;롬 2:29;4:12

17 축복 기도 이제부터는 누구든지 나를 괴롭게 하지 마십시오. 나는 내 몸에 예수의 흔적을 가졌습니다.

18 형제들이여, 우리 주 예수 그리스도의 은혜가 여러분의 심령에 있기를 빕니다. 아멘

6:1 또는 '성령의 인도하심을 따라 사는 사람'. 흔적(6:17, 痕跡, mark) 어떤 것이 있었거나 지나간 뒤에 남은 자국.

육체를 위해 심는 것, 성령을 위해 심는 것은?

한국 속담에 "콩 심은 데 콩 나고 팥 심은 데 팥 난다."라는 말이 있어요. 바울도 사람이 무엇을 심든지 그대로 거둘 것이라고 했어요(갈 6:7). 육체를 위해 심는 것은 하나님 나라만 생각하고 내 이익이나 욕심, 쾌락을 위해 돈이나 시간, 재능을 쓰는 것을 말해요. 그 결과는 비참해요.

친구도 떠나가고 하나님도 싫어하실 거예요. 허무와 죽음이라는 열매를 거두게 돼요. 성령을 위해 심는 것은 하나님 나라와 이웃을 위해 사랑을 베풀고 자신의 돈이나 시간, 재능을 나누는 것을 말해요. 그 열매는 영생을 얻는다고 했어요(갈 6:8).

에베소서

바울은 세상이 시작되기도 전에 하나님이 기쁘신 뜻대로 우리를 선택하셔서 하나님의 아들, 딸로 삼으신 것을 알려 주어요. 그리고 여기서도 바울은 구원이 하나님의 선물이지 사람의 선한 행위로 이루어지는 것이 아님을 강조해요.

당시 바울은 에베소 교회를 포함하여 아시아의 여러 교회에 이방 사람들과 유대 사람들이 섞여 있어 다툼의 위험이 있다는 것을 알았어요. 바울은 하나님이 감추신 비밀에 대해서 알려주고 싶었어요. 그것은 그리스도 안에서 이방 사람들과 유대 사람들이 한 몸, 즉 교회를 이루는 것이었어요. 예수님이 교회의 머리이시며 우리 성도는 그분의 한 몸으로, 하나 되게 하신 것을 힘써 지켜야한다고 말해요.

또한 교회의 몸인 우리 성도는 성령 충만한 삶을 살라고 해요. 하나님의 전신 갑주로 무장하라는 요청도 하고 있어요.

에베소서는 무슨 뜻인가요?
'에베소 교회에 보내는 편지'라는 뜻이에요.

누가 썼나요?
'바울'이 썼어요. 로마 감옥에서 쓴 것으로 골로새서, 빌레몬서와 함께 비슷한 시기에 쓴 것으로 봅니다. 감옥에서 쓴 편지여서 '옥중 서신'이라고 해요.

언제 썼나요?
로마 감옥에 갇힌 AD 61-62년경

주요한 사람들은?

바울
사도, 선교사, 무리한자

두기고
에베소서와 빌립보서를
직접 전달한 사람

한눈에 보는 에베소서

1:1-2 안부 인사

4:1-6:20 성도의 생활

1:3-3:21 그리스도 안에 있는 교회

6:21-24 끝맺는 인사

에베소서
Ephesians

1 **안부 인사** 하나님의 뜻을 따라 그리스도 예수의 사도가 된 나 바울은 에베소에 있는 성도들과 그리스도 예수 안에 있는 신실한 사람들에게 편지를 씁니다.

2 하나님 우리 아버지와 주 예수 그리스도의 은혜와 평강이 여러분에게 있기를 빕니다.

3 **하나님의 은혜에 대한 찬송** 하나님, 곧 우리 주 예수 그리스도의 아버지를 찬양합니다. 하나님은 그리스도 안에서 하늘에 속한 모든 신령한 복으로 우리에게 복을 주신 분이십니다.   20절;2:6;고후 1:3;벧전 1:3

4 하나님은 세상이 창조되기 전에 그리스도 안에서 우리를 선택하셔서 사랑 가운데 그 앞에 거룩하고 흠이 없게 하셨습니다.

5 하나님은 그분의 기뻐하시는 뜻을 따라 우리를 예정하셔서 예수 그리스도로 말미암아 하나님의 양자가 되게 하셨습니다.

6 이는 하나님이 그분의 사랑하시는 아들 안에서 우리에게 거저 주신 하나님 은혜

의 영광을 찬미하게 하기 위한 것입니다.

7 그리스도 안에서 우리는 하나님의 은혜의 풍성함을 따라 그분의 피로 구속, 곧 죄 사함을 얻었습니다.   롬 3:24;고전 1:30;골 1:14

8 하나님은 우리에게 모든 지혜와 총명을 넘치게 하셔서

9 그리스도 예수 안에서 미리 세우신 하나님이 기뻐하시는 뜻을 따라 하나님의 뜻의 비밀을 우리에게 알리셨습니다.   롬 3:25

10 이는 때가 차면 그리스도 안에서 하늘에 있는 것들과 땅에 있는 것들을 모두 통일시키고자 하는 것입니다.   골 1:16,20

11 **성령으로 인 치심을 받은 유업** 그리스도 안에서 그분이 원하시는 의도대로, 모든 일을 행하시는 분의 계획에 따라 우리가 예정함을 입어 유업을 얻었는데   신 4:20;32:9

12 이는 그리스도 안에서 먼저 소망을 가진 우리로 하여금 하나님의 영광을 찬미하게 하기 위한 것입니다.   6,14절

13 그리고 여러분도 그리스도 안에서 진리의 말씀, 곧 여러분을 위한 구원의 복음을 듣고 또한 그리스도 안에서 믿어 약속하신 성령으로 인 치심을 받았습니다.   4:30

14 이 성령은 우리의 유업의 보증이 되시는데 이는 하나님의 소유된 백성을 구속하기

그리스도 예수 안에 있는 (1:1) 예수 그리스도의 다스림에 복종하는 양자(1:5, 量子) 또는 양아들. 남의 아이를 데려가 아들로 삼은 아이. 구속(1:7, 救贖, redemption) 죄의 종된 인간을 예수님의 피로 값을 지불하고 죄의 노예 상태에서 해방한 것을 의미함. 예정(1:11, 豫定, predestine) 세상을 창조하기 전에 하나님의 계획 안에서 미리 정하신 것을 말함. 인(1:13, 印, seal) 도장, 소유권과 보증을 표시할 때 사용됨. 유업(1:18, 遺業, inheritance) 조상들로부터 물려받은 사업. 여기서는 '천국을 차지하는 특권'을 말함.

상식쑥쑥 에베소

에베소는 현재 터키 서해안에 있는 도시이다. 이곳은 아시아에 있는 가장 큰 항구 도시로서 상업과 종교의 중심지였다.

아시아 무역 항로의 종착지였고, 로마에서 출항한 배들이 정박할 수 있는 자연적인 항구였다. 신약 시대에 에베소에는 유대인의 공동체가 형성되어 있었으며(행 18:19), 바울은 처음에는 회당에서, 나중에는 두란노 서원에서 2년 동안 말씀

을 가르쳤다(행 19:8-10). 이때 바울은 아데미 여신의 모형을 만들어 팔던는 세공업자에게 고소를 당했다(행 19:23-41). 이 사건으로 바울은 에베소를 떠났으며, 디모데를 남겨 두어 복음 전도 사역을 계속하게 했다. 에베소는 사도 요한의 활동 중심지이기도 했다. 훗날 계시록에서 에베소 교회는 식어 버린 처음 사랑과 니골라 당의 행위 때문에 책망받았다(계 2:1-7).

위함이며 또한 하나님의 영광을 찬미하도록 하기 위한 것입니다. 행 20:32

15 **그리스도의 능력과 위엄** 그러므로 주 예수 안에 있는 여러분의 믿음과 모든 성도들을 향한 사랑의 소식을 나도 듣고 몬1:5

16 내가 기도할 때마다 여러분을 생각하며 여러분으로 인해 감사하기를 그치지 않습니다. 롬1:9;골 1:9;딤후 1:3;몬 1:4

17 우리 주 예수 그리스도의 하나님, 영광의 아버지께서 여러분에게 지혜와 계시의 영을 주셔서 하나님을 알게 하시기를 기도합니다.

18 그가 여러분의 마음눈을 밝게 하셔서 하나님의 부르심의 소망이 무엇이며 성도 가운데 있는 하나님의 유업의 영광의 풍성함이 무엇이며 3:8,16;4:4

19 하나님의 힘의 능력의 역사하심을 따라 믿는 우리를 위해 베푸신 하나님의 지극히 크신 권능이 어떠한지 여러분으로 하여금 알게 하시기를 기도합니다. 3:7;골 1:29;2:12

20 하나님께서는 그리스도 안에서 그 권능을 행하셔서 그리스도를 죽은 사람들 가운데서 살리셨고 하늘에 있는 그분 오른편에 앉히셨으며

21 모든 권력과 권세와 권능과 주권과 이 세대뿐 아니라 오는 세대에서 일컫는 모든 이름들보다 뛰어나게 하셨습니다.

22 그리고 하나님께서는 만물을 그리스도의 발아래 복종하게 하시고 그리스도를 만물 위에 교회의 머리로 삼으셨습니다. 시 8:6

23 교회는 그리스도의 몸이요, 만물 안에서 만물을 충만하게 하시는 분의 충만입니다.

2 영적 죽음에서 살아남 여러분 또한 여러분의 허물과 죄로 죽은 사람들이었습니다. 5절;골 1:21;2:13

2 그때 여러분은 이 세상 풍속을 따라 허물과 죄 가운데 살았고 공중의 권세 잡은 자, 곧 지금 불순종하는 아들들 가운데 활동하고 있는 영을 따라 살았습니다.

3 그때는 우리도 다 그들 가운데 속해 육체와 마음이 원하는 것들을 행하며 육체의 욕망대로 살았습니다. 우리도 그들과 마찬가지로 태어날 때부터 진노의 자녀들이었습니다. 갈 5:16

4 그러나 자비가 풍성하신 하나님이 우리를 사랑하신 그 크신 사랑으로 인해 7절;딛 3:5

5 허물로 죽은 우리를 그리스도와 함께 살리셨습니다. (여러분은 은혜로 구원을 받은 것입니다.) 1,8절;골 2:12~13

6 그리고 그리스도 예수 안에서 함께 일으키시고 함께 하늘에 앉히셨습니다.

7 이는 그리스도 예수 안에서 다가오는 모든 세대에게 하나님의 은혜가 지극히 풍성함을 보여 주기 위한 것입니다. 4절;딛 3:4

8 **은혜로 말미암은 구원** 여러분은 은혜로 인하여 믿음으로 구원받았습니다. 이것은 여

러분에게서 나온 것이 아니요, 하나님의 선물입니다.

5절·벧전 1:5

9 행위에서 난 것이 아니니 아무도 자랑하지 못하게 하려는 것입니다.

딤후 1:9;딛 3:5

10 우리는 하나님께서 미리 예비하신 선한 일들을 위해 그리스도 예수 안에서 창조된 하나님의 피조물입니다. 하나님께서는 우리가 선한 일들을 행하며 살기를 원하십니다.

4:24;신 32:6,15;살 1:10;딛 2:14

11 십자가로 둘을 한 몸 되게 하시니 그러므로 기억해 보십시오. 여러분은 육신적으로는 이방 사람이었고 육체에 행한 할례를 받은 사람이라고 불리는 사람들에게 할례를 받지 않은 사람으로 불리는 사람들이었습니다.

롬 2:26,28

12 그 당시 여러분은 그리스도 밖에 있었고 이스라엘 백성으로부터 제외된 사람들이며 약속의 언약들에 대해 생소한 사람들이며 세상에서 소망도 없고 하나님도 없는 사람들이었습니다.

골 1:21;살전 4:13

13 그러나 그때는 하나님에게서 멀리 떨어져 있던 여러분이 이제는 그리스도 예수 안에서 그리스도의 피로 가까워졌습니다.

14 그리스도는 우리의 화평이시니 자기의 육체로 둘을 하나로 만드시고 둘 사이에 가로막혀 있던 담, 곧 원수 된 것을 헐어 내셨고

시 72:7;미 5:5;슥 9:10

15 조문으로 된 계명의 율법을 폐하셨습니다. 이는 그리스도가 그분 안에서 이 둘로 한

새사람을 창조해 화평을 이루게 하시고

16 십자가를 통해 이 둘을 한 몸으로 하나님과 화목하게 하셔서 자기 안에서 원수 된 것을 없애 버리시기 위한 것입니다.

17 그리스도는 오셔서 먼 데 있는 여러분에게 화평을 전하셨을 뿐 아니라 가까운 데 있는 사람들에게도 화평을 전하셨습니다.

18 이것은 그리스도를 통해 우리 모두 한 성령 안에서 아버지께 나아갈 수 있게 하기 위한 것입니다.

3:12;4:4;고전 12:13

19 모퉁잇돌 되신 그리스도 그러므로 이제 여러분은 더 이상 낯선 사람들이거나 나그네들이 아니라 성도들과 동등한 시민이요, 하나님의 가족입니다.

12절;빌 3:20

20 여러분은 사도들과 예언자들의 기초 위에 세워진 사람들이요, 그리스도 예수께서 친히 모퉁잇돌이 되셨습니다.

계 21:14

21 그리스도 안에서 건물 전체가 서로 연결돼 주 안에서 함께 자라 거룩한 성전이 됩니다.

22 여러분도 성령 안에서 하나님께서 거하실 처소가 되기 위해 그리스도 안에서 함께 세워져 가고 있습니다.

벧전 2:5

3 그리스도의 비밀을 깨달음 이러므로 그리스도 예수로 인해 이방 사람인 여러분을 위해 갇힌 몸이 된 나 바울이 말합니다.

13절;4:1;행 23:18;골 1:24

2 여러분은 분명히 여러분을 위해 내게 주신 하나님의 은혜의 경륜에 대해 들었을 것입니다.

골 1:25

에베소서에 나타난 교회의 모습

- **교회의 머리**: 예수님(엡 1:22)
- **교회의 기초**: 예수 그리스도께서 유대 사람과 이방 사람, 인간과 하나님과의 화목을 위해 십자가에서 죽으신 사실임(엡 2:14-18)
- **교회의 사명**: 세상 사람들(통치자, 권세자들)에게 하나님의 지혜를 알게 하는 것(엡 3:10-11), 하나님의 영광을 찬양하는 것(엡 1:5-6).
- **교회의 기원**: 하나님(엡 4:4-6)
- **교회를 향한 하나님의 배려**: 영광스럽게 하시고(엡

5:27), 지도자들을 준비해 주심(엡 4:11-16)
- **교회와 하나님**: 예수님은 교회를 세우시고(엡 2:20-22), 사랑하시고, 구원하시며, 성결케 하시고, 거룩하게 하신다(엡 5:25), 또한 흠없이 하시며 영화롭게 하실 것이다(엡 5:27)
- **교회를 묘사한 명칭**: 그리스도의 몸(엡 4:11-12), 한 몸(엡 2:16), 몸(엡 4:16; 5:23), 온몸(엡 4:16), 그의 집(엡 1:22-23), 하늘과 땅에 있는 각 족속(엡 3:14-15), 하나님이 거하실 처소(엡 2:22), 영광스러운 교회(엡 5:27)

3 내가 이미 간략하게 기록한 것과 같이 하나님께서는 그 비밀을 내게 계시로 알려 주셨습니다. 갈 1:12

4 여러분이 그것을 읽어 보면 내가 그리스도의 비밀을 깨달았다는 것을 알 수 있을 것입니다. 골 4:3

5 그 비밀은 지나간 다른 세대에서는 사람의 아들들에게 알려 주시지 않았지만 지금은 성령 안에서 사도들과 예언자들에게 계시해 주셨습니다.

6 그 비밀은 이방 사람들도 복음을 통해 그리스도 예수 안에서 함께 상속자들이 되고 함께 지체들이 되고 함께 약속의 참여자들이 되는 것입니다. 2:16:57

7 **교회로 알려진 지혜** 하나님의 능력의 역사하심으로 인해 내게 주신 하나님의 은혜의 선물을 따라 내가 일꾼이 됐습니다.

8 모든 성도들 가운데 가장 작은 사람보다 더 작은 내게 이 은혜를 주신 것은 헤아릴 수 없는 그리스도의 풍성함을 이방 사람들에게 전하게 하시고

9 만물을 창조하신 하나님 안에 영원 전부터 감추어져 온 비밀의 경륜이 어떠한지 모든 사람에게 드러내시기 위함입니다.

10 이는 이제 교회를 통해 하늘에 있는 권력들과 권세들에게 하나님의 무한한 지혜를 알리시려는 것이니 1:21

11 이것은 그리스도 예수 우리 주 안에서 이루신 하나님의 영원한 계획에 따른 것입니다.

12 우리는 그리스도 예수 안에서 그리스도를 믿음으로 확신 가운데 담대하게 나아갈 수 있습니다. 막 11:22;고후 3:4;히 4:16

13 그러므로 여러분을 위해 내가 당한 환난 때문에 여러분이 낙심하지 않기를 당부합니다. 이는 여러분에게는 영광입니다.

14 **교회의 영적 충만을 위한 기도** 이러므로 아버지 앞에 내가 무릎을 꿇고 빕니다.

15 아버지께서는 하늘과 땅에 있는 모든 족속에게 이름을 주신 분이십니다.

16 하나님께서 여러분에게 그분의 영광의 풍

바울이 알게 된 비밀은?

그리스어로 '비밀'은 '이전에는 감추어진 것이었지만 이제는 밝히 드러난 진리'를 가리킨다. 바울이 말한 '비밀'은 하나님이 알려 주셔서 비로소 깨닫게 된 진리를 말하는데 구체적으로 그리스도의 복음, 또는 그리스도 자신과 예수님이 이루신 구속 사역을 뜻한다.
또 '그리스도의 비밀'은 이방 사람도 유대 사람과 함께 구원받아 하나님의 자녀도 되고 서로 형제지매가 되는 것을 말한다(엡 3:6).

성을 따라 성령으로 인해 여러분의 속사람을 능력으로 강건하게 하시고 고전 16:13

17 믿음으로 인해 그리스도께서 여러분의 마음 가운데 거하게 하시기를 빕니다. 여러분이 사랑 안에서 뿌리가 박히고 터가 굳어짐으로 골 1:23;2:7

18 모든 성도들과 함께 능히 그리스도의 사랑의 너비와 길이와 높이와 깊이가 어떤지를 깨닫고 빌 4:7

19 지식을 뛰어넘는 그리스도의 사랑을 알아 하나님의 모든 충만하심의 정도에까지 충만하게 되기를 기도합니다. 롬 8:39;골 2:10

20 **하나님께 영광을 돌림** 우리 안에서 역사하시는 능력을 따라 우리가 구하고 생각하는 모든 것보다 훨씬 더 넘치도록 하실 수 있는 분에게 빌 4:8;요일 3:22

21 교회 안에서와 그리스도 예수 안에서 영광이 대대로 영원무궁하기를 빕니다. 아멘.

4 **성도의 일치** 그러므로 주를 위해 갇힌 몸인 나는 여러분에게 권면합니다. 여러분은 부르심을 받았으니 그 부르심에 합당하게 사십시오. 빌 1:10;2:6

2 온전히 겸손하고 온유하게 행동하며 오래 참음으로 행동하되 사랑 가운데 서로 용납하고 행 20:19;갈 5:23;벧전 1:11;3:13

3 화평의 매는 줄로 성령께서 하나 되게 하신 것을 힘써 지키십시오. 골 3:15

4 여러분이 부르심의 한 소망 안에서 부르심을 받은 것과 같이 몸도 하나요, 성령도 하나이며 1:18;2:16

5 주도 하나요, 믿음도 하나요, 세례도 하나
요.

숙 14:9

6 하나님도 한 분이시니, 곧 만유의 아버지
이십니다. 하나님은 모든 것 위에 계시고
모든 것을 통해 계시고 모든 것 안에 계십
니다.

7 각자에게 주신 은사 그러나 우리 각 사람이
그리스도의 선물의 분량대로 은혜를 받았
습니다.

롬 12:3

8 그러므로 이렇게 말씀하셨습니다.
"그가 높은 보좌에 올라가실 때 사로잡
힌 사람을 사로잡고 사람들에게 선물
을 주셨다."

시 68:18

9 "올라가셨다" 하였으니 땅 아래로 내려
오셨다는 뜻이 아니고 무엇이겠습니까?

10 또한 내려오셨던 그 자신이 하늘의 가장
높은 데로 오르셨으니 이는 그가 만물을
충만케 하시기 위함입니다.

히 4:14;7:26;9:24

11 어떤 사람은 사도로, 어떤 사람은 예
언자로, 어떤 사람은 복음 전도자로, 어떤
사람은 목사로, 어떤 사람은 교사로 삼으
셨으니

행 21:8;담후 4:5

12 이는 성도들을 섬기는 일을 준비하게 하
며 그리스도의 몸을 세우려는 것입니다.

13 우리는 모두 하나님의 아들을 믿는 것과
아는 지식에서 하나가 돼 온전한 사람을 이
루어 그리스도께서 충만하신 정도에까지
도달해야 합니다.

1:23;고전 14:20;히 5:14

14 자라는 몸 우리는 더 이상 사람들의 속임
수, 곧 거짓된 간계로 인한 술책에 넘어가
온갖 교훈의 풍조에 떠밀리고 휩쓸리는
어린아이가 되지 말고

6:11

15 사랑 가운데 진리를 말하며 범사에 머리 되
시는 그리스도에게까지 자라나야 합니다.

16 그리스도로부터 온몸이 각 마디를 통해 함
께 연결되고 결합됩니다. 각 지체가 맡은 분
량대로 기능하는 가운데 그 몸을 자라게
하며 사랑 가운데 스스로를 세워 갑니다.

17 허망한 것을 버림 그러므로 내가 주 안에서
이것을 당부합니다. 여러분은 이방 사람
들이 마음의 허망한 것으로 사는 것같이
더 이상 그렇게 살지 마십시오.

18 그들은 지각이 어두워져 있고 무지함과
완악함이 그들 속에 있어 하나님의 생명
에서 떠나 있습니다.

19 그들은 감각 없는 사람들이 돼 자신을 방
탕에 내준 채 정욕으로 갖가지 더러운 일
을 행했습니다.

20 거룩한 새사람 그러나 여러분은 그리스도를
그렇게 배우지 않았습니다.

21 참으로 여러분은 진리가 예수 안에 있는
것같이 그분에게서 듣고 또한 그분 안에
서 가르침을 받았습니다.

1:13;골 2:7

22 가르침의 내용은 거짓된 욕망을 따라 옛
습성을 좇아 썩고 있는 옛사람을 버리고

23 심령으로 새롭게 돼

롬 12:2

24 하나님을 따라 의와 진리의 거룩함으로 지
으심을 받은 새사람을 입으라는 것입니다.

25 거짓된 것을 버림 그러므로 여러분은 거짓
을 버리고 각자 자기 이웃과 더불어 진실
을 말하십시오. 왜냐하면 우리가 서로 한
몸의 지체들이기 때문입니다.

26 "화를 내어도 죄를 짓지 마십시오." 해가
지도록 화를 품지 말며

시 4:4

새사람은 어떤 사람인가요?

새사람은 예수님을 믿어 거듭난 사람, 즉 믿는 성도를 말한다. 새사람은 예수님의 은혜로 거룩한 사
람으로 만들어진다(엡 4:24). 옛사람은 욕심을 따라 옛 습성을 좇아 살아가는 사람이다(엡 4:22).

새사람은 어떠한 생활을 하는가?

1 거짓말, 욕 같은 나쁜 말을 하지 않는다
(엡 4:25, 29).

2 분노의(화)를 마음에 오래 품지 않고 용서한
다(엡 4:26, 32).

3 도둑질하지 않는다(엡 4:28).

4 어렵고 불쌍한 친구를 돕는다(엡 4:28).

5 다른 사람에게 교만하지 않는다(엡 4:31).

6 늘 친절하게 행한다(엡 4:32).

7 사랑하여 평화롭게 지낸다(엡 4:32).

27 마귀에게 틈을 주지 마십시오.

28 도둑질하는 사람은 더 이상 도둑질하지 말고 도리어 가난한 사람에게 나눠 줄 것이 있도록 자기 손으로 선한 일을 해 수고의 땀을 흘리십시오. 살전 4:11;살후 3:8,11

29 더러운 말은 어떠한 것도 여러분의 입 밖에 내지 말고 오직 성도를 세워주는 데 필요한 대로 선한 말을 해서 듣는 사람들에게 은혜를 끼치도록 하십시오. 5:4;골 3:8;4:6

30 또 하나님의 성령을 슬프게 하지 마십시오. 여러분은 성령 안에서 구속의 날까지 인 치심을 받았습니다. 1:13;사 63:10

31 모든 악독과 분노와 화내는 것과 고함치는 것과 비방하는 것을 모든 악의와 함께 내버리십시오. 골 3:8;벧전 2:1

32 서로 친절하고 인자하며 하나님이 그리스도 안에서 여러분을 용서하신 것처럼 서로 용서하십시오. 골 3:12-13;벧전 3:8

5 하나님을 본받음 그러므로 여러분은 사랑을 받는 자녀답게 하나님을 본받는 사람이 되고

2 그리스도께서 우리를 사랑하셔서 우리를 위해 자신을 향기로운 예물과 희생제물로 하나님께 드리신 것처럼 여러분도 사랑으로 행하십시오. 롬 14:15;히 7:27;9:14

3 도덕적 성결 음행과 온갖 더러운 것과 탐욕의 말은 여러분의 입 밖에 내지 마십시오. 그렇게 하는 것이 성도에게 합당합니다.

4 더러운 말과 어리석은 말과 희롱의 말은 어울리지 않습니다. 오히려 감사의 말을 하십시오. 20절;4:29

5 여러분은 이 점을 확실히 알아 두십시오. 음행하는 사람이나 더러운 일을 행하는 사람이나 탐욕을 가진 사람은 우상 숭배를 하는 사람으로 모두 그리스도와 하나님의 나라에서 유업을 받을 수 없습니다.

6 아무도 허황된 말로 여러분을 현혹하지 못하게 하십시오. 이런 것들로 인해 불순

▲ 에베소(Ephesus)
에베소에 있는 마리아 기념 교회 유적이다.

종하는 사람들에게 하나님의 진노가 임합니다. 롬 1:18;골 2:2;8:3:6

7 빛의 자녀로 행함 그러므로 여러분은 그들의 행위에 동참하는 사람들이 되지 마십시오. 3:6

8 여러분이 전에는 어둠이었지만 이제는 주 안에서 빛입니다. 빛의 자녀들답게 사십시오.

9 빛의 열매는 모든 선함과 의로움과 진실함에 있습니다. 사 2:5

10 여러분은 주를 기쁘시게 할 것이 무엇인지를 분별하십시오. 롬 12:2;살전 2:4;5:21

11 여러분은 열매 없는 어둠의 일에 상관하지 말고 오히려 그것을 꾸짖으십시오.

12 그들이 은밀히 행하는 일들은 입에 담기조차 부끄럽습니다.

13 그러나 책망을 받는 모든 것들은 빛에 의해 드러납니다. 요 3:20-21

14 이는 드러나는 것마다 모두 빛이기 때문입니다. 그러므로 이렇게 말씀하셨습니다.

"잠자는 사람이여, 깨어나라. 죽은 사람 가운데서 일어나라. 그리스도께서 네게 비추시리라." 사 26:19;눅 1:78-79

15 성령 충만한 삶 그러므로 여러분은 어떻게 행할 것인지 주의 깊게 살펴 어리석은 사람들같이 살지 말고 지혜로운 사람들같이 사십시오. 골 4:5

16 세월을 아끼십시오. 때가 악합니다.

간계(4:14, 好計, scheme) 간사한 꾀. 교훈(4:14, 敎訓, teaching) 가르치고 이끌며 깨우치는 일. 풍조(4:14, 風潮, wind) 시대에 따라 변하는 세상의 형편. 옛사람(4:22, old self) 그리스도 안에서 새롭게 거듭나지 않은 본성과 행동을 가리킴. 새사람(4:24, new self) 그리스도 안에서 새롭게 거듭난 사람을 가리킴.

17 그러므로 지각없는 사람이 되지 말고 주의 뜻이 무엇인지 분별하십시오. 롬 12:2

18 또한 술에 취하지 마십시오. 잘못하면 방탕에 빠지기 쉽습니다. 오히려 성령으로 충만하게 되십시오. 잠 20:1;23:20,31

19 여러분은 시와 찬미와 신령한 노래들로 서로 화답하고 마음으로 주께 찬송하며

20 우리 주 예수 그리스도의 이름으로 모든 일에 항상 하나님 아버지께 감사하고

21 **부부의 서로 복종** 그리스도를 경외함으로 서로 복종하십시오.

22 아내들이여, 남편에게 복종하기를 주께 순종하듯 하십시오. 24절;6:9

23 이는 그리스도께서 교회의 머리 되심같이 남편은 아내의 머리이기 때문입니다. 그리스도가 바로 몸의 구주십니다. 고전 11:3

24 교회가 그리스도께 복종하듯 아내들도 모든 일에 남편에게 복종하십시오.

25 남편들이여, 아내 사랑하기를 그리스도께서 교회를 사랑하시고 교회를 위해 자신을 내어 주심같이 하십시오. 2,28,33절

26 그리스도께서 이렇게 하신 것은 말씀을 통해 교회를 물로 씻어 깨끗하게 해서 거룩하게 하시고 6:17;딛 3:5;히 6:5

27 티나 주름이나 다른 지저분한 것들이 없이 교회를 자기 앞에서 영광스러운 모습으로 서도록 해서 오직 거룩하고 흠이 없게 하기 위한 것입니다.

28 이와 같이 남편들도 자기 아내 사랑하기를 자기 몸을 사랑하듯이 해야 합니다. 자기 아내를 사랑하는 것은 바로 자신을 사랑하는 것입니다. 25,33절

29 자기의 육체를 미워하는 사람은 없습니다. 누구나 자신을 먹이고 보살피기를 그리스도께서 교회를 위해 하시듯 합니다.

30 이는 우리가 그리스도 몸의 지체들이기 때문입니다.

31 "이러므로 사람이 부모를 떠나 그의 아내와 연합해 둘이 한 육체가 될 것이다."

32 이 비밀이 큽니다. 나는 지금 그리스도와 교회에 관해 말하고 있습니다.

33 그러나 여러분도 각자 자기 아내 사랑하기를 자기 사랑하듯 하고 아내는 남편을 존경하십시오. 25,28절;벧전 3:2,6

6 **부모와 자녀 사이의 관계** 자녀들이여, 주 안에서 부모에게 순종하십시오. 이것이 옳은 일입니다. 잠 1:8;6:20

2 "네 아버지와 어머니를 공경하라." 이것은 약속 있는 첫 계명으로 출 20:12;신 5:16

3 "그러면 네가 잘되고 땅에서 장수하리라" 라고 약속돼 있습니다.

4 아버지들이여, 여러분의 자녀들을 노엽게 하지 말고 주의 교훈과 훈계로 양육하십시오. 창 18:19;신 4:9;6:7;시 78:4

5 **주인과 종의 자세** 종들이여, 육신의 주인에게 순종하기를 두려움과 떨림과 성실한 마음으로 주께 하듯 하십시오.

성령 충만한 사람은 시와 찬미와 신령한 노래들로 화답하며 감사하고 복종합니다

6 사람을 즐겁게 하는 사람들처럼 눈가림만 하지 말고 그리스도의 종들처럼 마음으로 하나님의 뜻을 행하되

7 성실히 섬기되 주를 섬기듯 하고 사람에게 하듯 하지 마십시오.

8 이는 종이든 자유인이든 모든 사람이 무슨 선을 행하면 주께로부터 다시 이것을 받을 줄 알기 때문입니다. 갈 3:28;골 3:11

9 주인들이여, 여러분도 협박을 그치고 종들에게 그와 같이 행하십시오. 이는 여러분이 알다시피 그들과 여러분의 주가 하늘에 계시며 주는 사람을 외모로 판단하시지 않기 때문입니다. 레 25:43;요 13:13

10 하나님의 전신 갑주 마지막으로 여러분은 주 안에서 그리고 주의 힘의 능력으로 강건해지십시오. 1:19;롬 4:20;딤후 2:1

11 마귀의 계략에 대적해 설 수 있도록 하나님의 전신 갑주를 입으십시오. 요 29:14

12 우리의 싸움은 혈과 육에 대한 것이 아니라 권력들과 권세들과 이 어둠의 세상 주관자들과 하늘에 있는 악한 영들에 대한 것이기 때문입니다. 1:21;눅 22:53;갈 1:13

13 그러므로 하나님의 전신 갑주를 입으십시오. 이는 여러분이 악한 날에 능히 대적하고 모든 것을 행한 후에 굳건히 서기 위한 것입니다. 5:16;벧전 4:1

14 그러므로 여러분은 굳건히 서서 진리로 허리띠를 띠고 의의 가슴받이를 붙이고

15 예비한 평화의 복음의 신을 신고

16 모든 일에 믿음의 방패를 가지고 이것으로 악한 자의 모든 불화살을 소멸시키며

17 구원의 투구와 성령의 검, 곧 하나님의 말씀으로 무장하십시오. 히 4:12

18 기도 요청 모든 기도와 간구로 항상 성령 안에서 기도하고 이를 위해 늘 깨어서 모든 일에 인내하며 성도를 위해 간구하십시오. 눅 18:1;골 4:2~4;딤전 2:1;유 1:20

19 또 나를 위해 기도하기를 내게 말씀을 주셔서 입을 열어 복음의 비밀을 담대하게 알릴 수 있게 해 달라고 기도해 주십시오.

20 내가 이것을 위해 사슬에 매인 사신이 됐습니다. 그러므로 내가 복음 안에서 마땅히 해야 할 말을 담대하게 말할 수 있도록 기도해 주십시오.

21 두기고를 보냄 주 안에서 사랑받는 형제이며 신실한 일꾼인 두기고가 내 사정, 곧 내가 무엇을 하는지 여러분도 알 수 있도록 모든 것을 여러분에게 알려 줄 것입니다.

22 내가 두기고를 여러분에게 보낸 것은 여러분이 우리의 형편을 알도록 하고 또한 여러분의 마음을 위로하도록 하기 위한 것입니다. 골 2:2

23 축복 기도 하나님 아버지와 주 예수 그리스도께로부터 평강과 믿음을 겸한 사랑이 형제들에게 있기를 빕니다. 벧전 5:14

24 변함없이 우리 주 예수 그리스도를 사랑하는 모든 사람들에게 은혜가 있기를 빕니다.

상식 · 하나님의 전신 갑주

전신 갑주는 몸 전체에 착용하거나 입는 갑옷과 투구를 말한다. 로마 군인들은 전쟁에 대비하여 방패와 갑옷, 투구, 구경, 신발을 갖추어 무장했다.

바울은 성도들에게 마귀와 영적인 싸움을 하고 '굳건히 서기' 위해 하나님의 전신 갑주를 입으라고 말했다.(엡 6:10~18).

성도의 무기	의미
● 진리의 허리띠 (엡 6:14)	성도의 진실함과 충성(사 11:5)
● 의의 가슴받이 (엡 6:14)	성도의 거룩한 삶(롬 6:13)
● 평화의 복음의 신 (엡 6:15)	복음 전파(롬 10:14~15)
● 믿음의 방패 (엡 6:16)	그리스도의 능력을 의지하는 온전한 믿음(갈 2:20)
● 구원의 투구 (엡 6:17)	하나님은 성도들의 구원을 보장해 주심(살전 5:8)
● 성령의 검 (엡 6:17)	하나님의 말씀(딤후 3:15~17)

Philippians
빌립보서

빌립보 교회는 바울이 2차 전도 여행때 세운 유럽 최초의 교회예요. 빌립보 교회는 처음부터 바울에게 헌금을 보내며 사랑 가운데 함께 교제했어요. 바울이 로마 감옥에 갇혔다는 소식을 들자 빌립보 교회는 즉시 에바브로디도를 보내 바울을 위로하고 헌금도 보냈어요.
바울은 감옥에 있으면서도 기뻐할 수 있다고 말하고 있어요. 자신이 죽임을 당한다 해도 예수님과 함께 천국에 있게 될 것을 믿기 때문이에요.
빌립보 교회 사람들에게 어떤 상황에서도 항상 기뻐하며 모든 일에 기도하라고 말해요. 또 예수님을 닮아 가며 겸손하고 화목하게 지내라고 말해요.

빌립보서는 무슨 뜻인가요?
'빌립보 교회에 보내는 편지'라는 뜻이에요.

누가 썼나요?
'바울'이 로마 감옥에서 썼어요. 그래서 옥중 서신이라고 해요. 바울이 갇힌 로마에 도착한 에바브로디도가 병들자 빌립보 교회는 염려했어요. 에바브로디도가 병이 나아 돌아갈 때 바울은 빌립보 교회에 기쁨과 감사의 편지를 써서 보냈어요. 이 편지는 에바브로디도를 통해 빌립보 교회에 전해졌어요.

언제 썼나요?
바울이 로마 감옥에 있던 AD 61~63년경

주요한 사람들은?

바울
- 사도, 선교사, 옥회자

에바브로디도
- 빌립보 출신으로 바울의 동역자

디모데
바울이 아들처럼 여긴 신실한 동역자

한눈에 보는 빌립보서

1장 바울의 인사와 개인적 상황

2장 그리스도인의 자세

3장 예수 그리스도를 아는 지식

4장 바울의 권면

빌립보서
Philippians

1 **안부 인사** 그리스도 예수의 종 바울과 디모데는 빌립보에 사는 그리스도 예수 안에 있는 모든 성도들과 감독들과 집사들에게 편지를 씁니다.

2 하나님 우리 아버지와 주 예수 그리스도의 은혜와 평강이 여러분에게 있기를 빕니다.

3 **사랑의 표현** 나는 여러분을 생각할 때마다 내 하나님께 감사를 드립니다.

4 또한 여러분 모두를 위해 항상 기도할 때마다 기쁨으로 간구합니다.

5 이는 여러분이 첫날부터 지금까지 복음에 동참해 주었기 때문입니다.

6 여러분 안에서 선한 일을 시작하신 분이 그리스도 예수의 날까지 그 일을 성취하실 것을 나는 확신합니다.

7 여러분 모두에 대해 내가 이렇게 생각하는 것이 마땅한 것은 내가 여러분을 마음에 품고 있기 때문입니다. 이는 내가 사슬에 매였을 때나 복음을 변호하고 확증할 때나 여러분 모두가 나와 함께 은혜에 동참한 사람들이 되었기 때문입니다.

8 내가 그리스도 예수의 마음으로 여러분 모두를 얼마나 사모하는지 하나님께서 내 증인이십니다.

9 나는 여러분의 사랑이 지혜와 모든 총명으로 더욱 풍성하게 돼서

골 1:9; 3:10

10 최선의 것이 무엇인지 분별할 수 있게 되기를 기도합니다. 그래서 여러분이 그리스도의 날까지 순결하고 흠이 없이 지내

11 예수 그리스도로 인한 의의 열매로 충만해져서 하나님께 영광과 찬송을 돌리게 되기를 기도합니다.

12 **매임이 복음의 진보가 됨** 형제들이여, 내가 당한 일이 오히려 복음의 진보를 가져온 사실을 여러분이 알기 바랍니다.

13 내가 이렇게 사슬에 매인 것이 온 친위대와 다른 모든 사람들에게 그리스도 안에서 분명히 드러나게 돼

14 많은 형제들이 내가 매임으로 인해서 주를 신뢰함으로 두려움 없이 더욱 담대하게 하나님의 말씀을 전했습니다.

15 **그리스도를 전파하는 기쁨** 어떤 이들은 시기와 다툼으로, 또 어떤 이들은 좋은 뜻으로 그리스도를 전파합니다.

16 좋은 뜻으로 전하는 사람들은 내가 복음을 변호하기 위해 세움받은 줄을 알고 사랑으로 전파하지만

7절

17 시기와 다툼으로 전하는 사람들은 내가 갇힌 것에 괴로움을 더하게 하려고 순수하지 못하게 다툼으로 그리스도를 전파합니다.

18 그렇지만 어떻습니까? 가식으로 하든 진실로 하든 전파되는 것은 그리스도니 나는 이것으로 인해 기뻐하고 또 기뻐할 것

친위대 (1:13, 銀衛隊, palace guard) 로마 행정 관사를 안전하게 지키는 부대. **가식** (1:18, 假飾, pretence) 말이나 행동을 거짓으로 꾸밈.

빌립보서

입니다.

19 바울의 갈등 나는 여러분의 간구와 예수 그리스도의 영의 도우심으로 내가 풀려나리라는 것을 알고 있겠습니다. 갈 3:5

20 내가 간절히 기대하고 소망하는 것은, 내가 어떤 일에도 부끄러워하지 않고 항상 그랬듯이 지금도 담대하게 원하는 것은 살든지 죽든지 내 몸을 통해서 그리스도가 위대하게 되시는 것입니다. 롬 5:5;14:8

21 이는 내게 사는 것이 그리스도니 죽는 것도 유익하기 때문입니다.

22 그러나 육신 안에 사는 이것이 내게 열매 맺는 일이라면 내가 무엇을 택해야 할지 모르겠습니다.

23 나는 둘 사이에 끼어 있습니다. 나로서는 몸을 떠나 그리스도와 함께 사는 삶이 훨씬 더 좋습니다. 딤후 4:6

24 그러나 여러분을 위해 내가 육신에 머무는 것이 더 필요하다고 생각합니다.

25 여러분의 믿음의 진보와 기쁨을 위해 내가 여러분 모두와 함께 머물고 함께할 것을 확신합니다. 롬 12절;15:13

26 이는 내가 여러분에게 다시 갈 때 나로 인해 그리스도 예수 안에서 여러분의 자랑거리가 많아지게 하려는 것입니다.

27 한마음으로 굳게 섬 여러분은 그리스도의 복음에 합당한 *생활을 하십시오, 이것은 내가 가서 여러분을 보든지 떠나 있든지 여러분이 한 성령 안에 굳건히 서서 한마음으로 복음 안에서의 믿음 생활을 위해 함께 달려 나간다는 소식을 듣기 위함이며

28 또한 대적자들의 그 어떤 엄포에도 놀라지 않는다는 소식을 듣기 위함입니다. 이것이 그들에게는 멸망의 증거요, 여러분에게는 구원의 증거입니다. 이것은 하나님께로부터 나온 것입니다.

29 여러분은 그리스도를 위해 살아야 할 책임, 곧 그분을 믿을 뿐 아니라 그분을 위해 고난도 받아야 할 책임을 받았습니다.

30 여러분도 나와 동일한 싸움을 싸우고 있습니다. 여러분은 이것을 내 안에서 보았고 아직도 내가 싸우고 있다는 것을 듣고 있습니다. 행 6:19-40

2 그러므로 그리스도 안에 무슨 격려나 사랑의 무슨 위로나 성령의 무슨 교제나 무슨 자비와 긍휼이 있거든

2 같은 생각을 품고 같은 사랑을 나타내며 한마음으로 같은 것을 생각함으로 내 기쁨을 충만하게 하십시오.

3 그리스도의 겸손을 본받을 무엇을 하든지 이

QT 크리 겸손

내가 겸손하다고 생각하니?

주변에서 "사람은 겸손해야 한다."라는 말을 많이 들었을 거예요. 겸손의 반대말은 교만일 거예요. 교만은 '나 잘났어.', '너희는 다 나보다 못해.'라고 생각하고 행동하는 것이에요. 혹 친구들이 잘난 척 하면 기분이 어때요? 정말 싫죠. 그런데 가끔 나보다 운동도 잘하고 공부도 잘하고 뭐든지 잘하는 친구가 잘난 척도 하지 않고, 함께 놀면서 다른 사람 칭찬 하는 것을 보면 어때요? 굉장히 기분이 좋을 거예요.

우와위하! 아무리 봐도 난 참 잘생긴 거 같아… ㅋㅋ

겸손한 사람은 친구들을 슬프게 하지 않고, 기분 좋게 해주죠. 예수님이 바로 그런 분이셨어요. 예수님은 죄 없는 하나님의 아들이지만, 죄 많은 우리 사람들을 위해 사람의 몸으로 태어나셨어요. 하나님의 아들이 사람들과 함께 지내면서 웃고, 격려하고, 사랑하신 거예요. 여러분은 그런 예수님과 함께 있다는 사실이야 행복하지 않으세요? 겸손한 사람일수록 더욱 행복해져요.

친구들에게 "내가 겸손하다고 생각하니?"라고 한번 물어봐요. 그리고 예수님께도 여쭤 보세요. 예수님처럼 겸손한 마음을 품게 해 달라고 기도하세요.

깊이 읽기 빌립보서2장 1-11절을 읽으세요.

기심이나 허영으로 하지 말고 서로 겸손한 마음으로 다른 사람들을 자기보다 낮게 여기십시오.

1:17갈 5:26

4 여러분은 각자 자기 자신의 일을 돌아볼 뿐더러 다른 사람의 일도 돌아보십시오.

5 여러분 안에 이 마음을 품으십시오, 이것은 그리스도 예수 안에 있던 마음이기도 합니다.

롬 15:3

6 그분은 본래 하나님의 본체셨으나 하나님과 동등 됨을 기득권으로 여기지 않으시고

7 오히려 자신을 비워 종의 형체를 가져 사람의 모양이 되셨으나

고후 8:9; 13:4

8 그리고 그분은 자신을 낮춰 죽기까지 순종하셨으니, 곧 십자가에 달려 죽으신 것입니다.

롬 8:3; 갈 4:4; 히 5:8; 12:2

9 그러므로 하나님께서는 그를 지극히 높여 모든 이름 위에 뛰어난 이름을 주셨습니다.

10 이는 하늘과 땅과 땅 아래 있는 모든 사람들이 예수의 이름 앞에 무릎을 꿇게 하시고

11 모든 입으로 예수 그리스도를 주라 시인하게 하셔서 하나님 아버지께 영광을 돌리게 하시려는 것입니다.

12 **이루어 가는 구원** 그러므로 내 사랑하는 사람들이여, 여러분이 항상 순종했던 것처럼 내가 여러분과 함께 있을 때뿐 아니라 지금 내가 없을 때도 두렵고 떨리는 마음으로 여러분의 구원을 이루십시오.

13 여러분 안에서 하나님의 기쁘신 뜻에 따라 결단하게 하시고 행동하게 하시는 분은 *하나님이시기* 때문입니다.

고전 12:6

14 **화목함** 무슨 일을 하든지 여러분은 불평이나 분쟁 없이 하십시오.

딤전 2:8; 벧전 4:9

15 이는 여러분이 흠 없고 순전한 사람들이 돼 뒤틀리고 타락한 세대 가운데서 책망 받을 것이 없는 하나님의 자녀들로서 세상에서 하늘의 별들처럼 빛나게 하려는 것입니다.

마 5:14,16; 벧전 2:12

16 생명의 말씀을 꼭 붙들어 그리스도의 날

'구원을 이루십시오'라는 뜻은?

자기의 노력으로 구원을 이루려는 말처럼 들리지요? 아니에요. 구원은 오직 예수님을 믿음으로 얻는 하나님의 선물이에요(엡 2:8).
이 말은 구원받은 성도가 구원받은 사람답게 살라는 뜻이에요(엡 4:20-6:18). 바울이 빌립보 교회 성도에게 이 말을 한 것은 분열과 싸움 없이 교회를 잘 세워 가라는 뜻으로 한 것이에요.

에 내게 자랑이 되게 하십시오, 이는 내가 헛되이 달음질하거나 헛되이 수고한 것이 아니기 때문입니다.

갈 2:2; 살전 3:5

17 이제 내가 여러분의 믿음의 제사와 예배에 *내 피를 붓는 일이 있을지라도 나는 기뻐하고 여러분 모두와 함께 기뻐할 것입니다.

18 여러분도 함께 기뻐하고 나와 함께 기뻐하십시오.

19 **디모데 보내기를 바람** 내가 주 예수 안에서 디모데를 여러분에게 빨리 보내고자 하는 것은 나도 여러분의 형편을 알고 마음에 시원함을 얻으려는 것입니다.

20 디모데와 같은 마음을 품고 여러분의 형편을 진정으로 돌볼 사람이 내게는 아무도 없습니다.

21 모든 사람이 자기 자신의 일에만 몰두하고 그리스도의 일에는 관심이 없습니다.

22 여러분은 디모데의 연단을 알고 있습니다. 자녀가 아버지에게 하듯이 그는 복음을 위해 나를 섬겼습니다.

딤전 1:2; 담후 1:2

23 그러므로 나는 내 형편이 허락하는 대로 즉시 그를 보내고 싶습니다.

24 그리고 나 자신도 곧 가게 되리라고 주 안에서 확신합니다.

25 **에바브로디도를 보냄** 그러나 나는 내 형제이며 동역자이며 함께 군사 된 사람이며 또한 여러분의 사도이며 내 필요를 섬기는

1:27 또는 '시민 노릇.' 허영(2:3, 虛榮, selfish ambition) 자기 분수에 넘치고 실속이 없는 껍데기뿐인 영화. 기득권(2:6, 旣得權) 이미 차지한 권리. 자신을 비워(2:7) 쏟아 내라라는 의미로, 자신을 내주는 적극적인 행위를 뜻함.
2:17 또는 '나를 관제로 드릴지라도.'

사람인 에바브로디도를 여러분에게 돌려보내는 것이 필요하다고 생각했습니다.

26 그는 여러분 모두를 늘 사모하며 또 자기가 아프다는 소식을 여러분이 들은 줄 알고 늘 걱정하고 있었습니다.

27 사실 그가 병이 나서 거의 죽게 되었으나 하나님께서 그에게 긍휼을 베푸셨고 내게도 긍휼을 베풀어 주셨습니다. 이는 나로 하여금 근심 위에 근심을 갖지 않게 하시기 위함이었습니다.

28 그러므로 나는 여러분이 그를 다시 만나봄으로 기뻐하고 또 나의 마음의 고통을 덜기 위해 그를 급히 보냈습니다.

29 여러분은 주 안에서 큰 기쁨으로 그를 맞아 주고 그와 같은 사람들을 귀하게 여기십시오.

롬 16:2;고전 16:18;살전 5:12~13

30 이는 그가 그리스도의 일을 위해 거의 죽을 지경에 이르렀어도 자기 목숨을 돌보지 않고 여러분을 나를 섬기는 일에 부족한 것을 그가 채우려 했기 때문입니다.

3 기뻐해야 하는 그리스도의 사람 마지막으로 내 형제들이여, 주 안에서 기뻐하십시오, 여러분에게 같은 말을 쓰는 것이 나는 힘들지 않고 여러분에게는 안전합니다.

2 육체를 내세움 개들을 조심하고 악을 행하는 사람들을 조심하고 거짓 할례를 받은 사람들을 조심하십시오.

시 22:16,20

3 하나님의 영으로 섬기고 그리스도 예수를 자랑하며 육체를 내세우지 않는 우리가 참할례를 받은 사람들입니다.

롬 15:17

4 비록 나도 육체를 내세울 것이 있지만 그렇게 하지 않습니다. 어떤 이가 육체를 신뢰할 만하다고 생각한다면 나는 더욱 그러합니다.

고후 11:18

5 바울의 유대적인 배경 나는 난 지 8일 만에 할례를 받았고 이스라엘 족속이요, 베냐민 지파이며 히브리 사람 중의 히브리 사람이요, 율법으로 말하자면 바리새 사람이며

6 열성으로 교회를 핍박했고 율법의 의로는 흠 없는 사람입니다.

행 22:3~4;갈 1:13~14

7 그리스도를 위한 잃어버림 그러나 내게 유익하던 것들을 나는 그리스도 때문에 다 해로운 것으로 여깁니다.

8 내가 참으로 모든 것을 해로 여기는 것은 내 주 그리스도 예수를 아는 지식이 가장 고상하기 때문입니다. 그분으로 인해 내가 모든 것을 잃어버리고 심지어 배설물로 여기는 것은 내가 그리스도를 얻고

9 그 안에서 발견되기 위한 것입니다. 내가 가진 의는 율법에서 난 의가 아니요, 그리스도를 믿음으로써 얻는 의, 곧 믿음으로 인해 하나님께로서 난 의입니다.

10 나는 그리스도와 그분의 부활의 능력을 알고 그분의 죽으심을 본받아 그분의 고난에 동참하는 것이 무엇인지 알기 위해

11 어떻게 해서든지 죽은 사람들 가운데서 살아나는 부활에 이르고자 합니다.

12 푯대를 향해 좇아감 나는 이미 얻었거나 이미 온전해진 것이 아닙니다. 나는 그것을 붙잡으려고 좇아갑니다. 이는 나도 그리스도 예수께 붙잡혔기 때문입니다.

13 형제들이여, 나는 그것을 붙잡았다고 생각하지 않습니다. 그러나 이 한 가지만은 말할 수 있는데, 곧 뒤에 있는 것은 잊어버리고 앞에 있는 것을 붙잡으려고

14 그리스도 예수 안에서 하나님께서 위에서 부르신 그 부르심의 상을 위해 푯대를 향해 좇아갑니다.

15 그러므로 온전한 사람들은 이렇게 생각하십시오. 여러분이 혹시 무슨 다른 것을 생각한다면 이것 또한 하나님께서 여러분에게 나타내시리라는 것입니다. 고전 2:6

16 우리가 어디까지 이르렀든지 그대로 그 길을 좇읍시다. 갈 6:16

17 세속적인 것에 대한 경고 형제들이여, 모두 함께 나를 본받는 사람들이 되십시오. 그리고 여러분이 우리를 본받는 것처럼 그렇게 행하는 사람들을 눈여겨보십시오.

18 내가 여러분에게 여러 차례 말했던 것처럼 지금도 눈물을 흘리며 말하지만 많은 사람들이 그리스도의 십자가의 원수로 살아가고 있습니다.

19 그들의 마지막은 멸망입니다. 그들의 신은 배요, 그들의 영광은 자신의 수치에 있으며 그들은 땅의 것을 생각하는 사람들입니다.

20 그러나 우리의 시민권은 하늘에 있습니다. 우리는 그곳으로부터 구원자, 곧 주 예수 그리스도를 기다립니다. 행 1:11

21 그분은 만물을 그분에게 복종시킬 수 있는 능력으로 우리의 천한 몸을 그분의 영광스러운 몸과 같은 형상으로 변화시켜 주실 것입니다. 고전 15:28

4 바울의 권고 그러므로 내 사랑하고 사모하는 형제들이여, 내 기쁨이며 면류관인 내 사랑하는 여러분이여, 이와 같이 주 안에서 굳건히 서십시오.

2 내가 유오디아에게 간청하고 순두게에게 간청하니 주 안에서 같은 마음을 가지십시오.

우리의 시민권은 하늘에 있습니다

빌립보는 로마의 식민지였다. 로마 제국의 통치자인 아우구스투스는 안토니를 패배시킨 뒤, 그를 추종하던 군인들의 재산을 몰수하고 빌립보에 정착시켰다. 이들은 로마 시민이었기 때문에 특별한 경우를 제외하고 채찍질당하거나 체포되지 않았고, 황제에게 호소할 수도 있었다. 라틴어를 사용했고, 로마식으로 옷을 입었다. 시 행정을 스스로 운영하는 권리와 책임도 갖는 등 정치적 특권도 누렸다. 그래서 이들은 로마에서 떨어진 곳에 살았지만 로마 시민이라는 자긍심이 대단했다.

바울이 "우리의 시민권은 하늘에 있습니다."(빌 3:20)라고 한 것은 로마 시민권을 가진 사람이 어디에 살든 로마 시민이라는 의식을 갖고 자랑스럽게 살듯이, 하나님의 자녀인 성도들도 이 세상에 살지만 하나님 나라의 사람임을 기억하고 자부심을 갖고 살라고 한 것이다.

시오.

3 그리고 나와 멍에를 같이한 진실한 동역자여, 내가 당신에게도 부탁하는데 이 여인들을 도우십시오. 이들은 클레멘트와 그 밖의 내 동역자들과 함께 복음을 위해 나와 함께 달음질하던 사람들이며 그들의 이름이 생명책에 기록되어 있습니다.

4 하나님의 평강 주 안에서 항상 기뻐하십시오. 내가 다시 말합니다. 기뻐하십시오.

5 여러분의 관용을 모든 사람에게 나타내십시오. 주께서 가까이 계십니다. 고후 10:1

6 아무것도 염려하지 말고 오직 모든 일에 기도와 간구로 여러분이 구할 것을 하나님께 감사함으로 아뢰십시오.

7 그리하면 모든 생각을 뛰어넘는 하나님의 평강이 그리스도 예수 안에서 여러분의 마음과 생각을 지켜 주실 것입니다.

8 영적인 것을 생각함 마지막으로 형제들이여, 무엇이든지 진실하고 무엇이든지 경건

할례(3:5, 割禮, circumcision) 태어난 지 8일 되는 날, 남자아이의 포피를 자르는 유대 사람의 의식.

관용(4:5, 寬容) 남의 잘못을 너그럽게 받아들이거나 용서함.

하고 무엇이든지 의롭고 무엇이든지 거룩
하고 무엇이든지 사랑할 만하고 무엇이든
지 칭찬할 만한 일이 있다면 거기에 무슨
덕이나 무슨 기림이 있든지 이것들을 생
각하십시오.

9 여러분은 내게서 배우고 받고 듣고 본 이
것들을 실천하십시오. 그러면 평강의 하
나님께서 여러분과 함께 계실 것입니다.

10 바울의 만족 내가 주 안에서 크게 기뻐하
는 것은 여러분이 나를 위해 생각하던 것
이 이미 싹이 났기 때문입니다. 이에 대해
여러분이 관심은 있었지만 표현할 기회가
없었습니다.

11 내가 궁핍하므로 이런 말을 하는 것이 아
닙니다. 나는 어떤 처지에 있든지 자족하
는 법을 배웠습니다. 딤전 6:6,8

12 나는 궁핍에 처할 줄도 알고 풍부에 처할
줄도 압니다. 나는 배부르든 배고프든, 풍

항상 기뻐할 수 있는 비결

1 여러분의 관용을 모든 사람에게 나타내십시오
(빌 4:5)
관용은 온유, 용서, 공정함, 참음, 아량, 관대,
친절, 절제 등을 의미한다. 남에게 관용할 때
기쁨을 잃지 않게 된다.

2 아무것도 염려하지 마십시오(빌 4:6)
염려는 기쁨의 적이다. 염려는 마음이 하나
님을 의지하지 못하고 세상과 물질로 향할 때
생겨난다. 예수님은 산상 수훈에서 걱정하지
말라는 교훈을 여섯 번이나 반복하여 말씀해
주셨다(마 6:25-34).

3 모든 일에 구할 것을 하나님께 감사함으로 아
뢰십시오(빌 4:6)
감사 없는 기도는 원망과 염려가 될 수 있다.
감사하는 마음으로 기도
하면 하나님의 평강이 우
리 마음과 생각을 지켜
주실 것이다(빌 4:7).

족하든 궁핍하든, 모든 형편에 처하는 비
결을 배웠습니다. 고전 4:11;고후 11:9,27

13 내게 능력 주시는 분 안에서 내가 모든 일
을 감당할 수 있습니다.

14 풍성한 헌금 여러분이 내 환난에 함께 참여
했으니 잘했습니다.

15 빌립보 사람들이여, 여러분이 알다시피 복
음 전파 활동 초기에 내가 마케도니아를
떠날 때 나를 위해 주고받는 일에 동참한
교회는 오직 여러분밖에 없습니다.

16 내가 데살로니가에 있을 때도 여러분은 한
두 번 내가 필요한 것들을 보내 주었습니다.

17 내가 선물을 구하는 것이 아닙니다. 오직
여러분의 봉사에 열매가 풍성하기를 바랍
니다. 롬 1:13

18 지금 나는 모든 것이 풍족하고 넉넉합니
다. 여러분에게서 온 에바브로디도를 통해
받은 것으로 인해 풍족하니 이것은 하나
님께서 기뻐 받으실 향기로운 제물입니다.

19 내 하나님께서 그리스도 예수 안에서 영광
가운데 그분의 풍성하심을 따라 여러분
의 모든 필요를 채워 주실 것입니다.

20 하나님 우리 아버지께 영광이 무궁하시기
를 빕니다. 아멘. 갈 1:4-5;살전 3:3:11,13

21 인사와 축복 그리스도 예수 안에 있는
모든 성도들에게 안부를 전해 주십시오.
나와 함께 있는 형제들이 여러분에게 안
부를 전합니다. 갈 1:2

22 모든 성도들, 특히 가이사 집안사람들이
여러분에게 안부를 전합니다. 고후 13:13

23 주 예수 그리스도의 은혜가 여러분의 심령
에 함께하기를 빕니다. 아멘.

기림 (4:8, admirable) 대대로 기념되거나 존경할 만한
행위. 궁핍 (4:11, 窮乏, need) 몹시 가난함. 자족 (4:11,
自足, content) 스스로 만족하는 것. 동참 (4:15, 同參)
어떠한 일을 함께함. 향기로운 제물 (4:18) 빌립보 성도
들의 헌금을 말함. 안부 (4:22, 安否, greeting) 잘 지내는
지 인사로 묻는 일.

골로새서

Colossians

골로새 교회에는 이단의 가르침이 퍼지고 있었어요. 그들은 예수님이 사람이 되신 하나님이신 것을 부인했어요. 천사를 숭배하고 유대 사람들의 관습을 따라야 한다고 주장했어요.

바울은 예수님이 하나님 되심과 인간으로 오신 것을 알려 주면서 잘못된 이단 사상을 배격하고 예수님만이 참된 중보자이며 예수님의 십자가로 죄 사함 받음을 강조해요.

또한 골로새 교인들이 예수님 안에서 깊이 뿌리 내리고 세움을 받아 믿음에 굳게 서서 감사하는 생활을 하라고 말해요. 성도들이 마땅히 행해야 한 것에 대해서는 에베소서와 비슷하게 말하고 있어요. 긍휼, 친절, 겸손, 온유, 오래 참음, 용서, 사랑, 감사, 순종, 성실, 기도로 살아가라고 말하고 있어요.

골로새서는 무슨 뜻인가요?

'골로새 교회에 보내는 편지'라는 뜻이에요.

누가 썼나요?

'바울'이 썼어요. 감옥에서 쓴 편지여서 '옥중 서신'이라고 해요.

바울이 골로새에 직접 방문한 적은 없어요. 골로새 교회도 바울의 제자이자 동역자인 에바브라가 세웠어요. 바울은 골로새 교회에 들어온 이단 사상을 물리치기 위해서 이 편지를 썼어요. 논쟁적이거나 강한 어투보다 논리적이고 점잖은 분위기로 말을 하고 있어요. 이 편지를 에바브라 편에 골로새 교회에 전달했어요.

언제 썼나요?

로마 감옥에 있던 AD 61~63년경, 에베소서보다 앞서 기록했다고 봄

주요한 사람들은?

바울
사도, 선교사, 목회자

에바브라
골로새 교회 설립자, 바울의 동역자

한눈에 보는 골로새서

1:1~14 안부 인사와 기도

1:15~2:3 그리스도의 뛰어나심

3:1~4:6 성도의 새 생활

2:4~23 그리스도 안의 자유

4:7~18 인사

골로새서
Colossians

1 **안부 인사** 하나님의 뜻으로 그리스도 예수의 사도가 된 나 바울과 형제 디모데는

2 골로새에 있는 성도들, 곧 그리스도 안에 있는 신실한 형제들에게 편지를 씁니다. 우리 아버지 하나님께로부터 여러분에게 은혜와 평강이 있기를 빕니다.

3 **믿음에 대한 감사** 우리가 여러분을 위해 기도할 때마다 우리 주 예수 그리스도의 하나님 아버지께 감사를 드립니다.

4 이는 그리스도 예수 안에 있는 여러분의 믿음과 모든 성도를 향한 여러분의 사랑을 우리가 들었기 때문입니다.

5 여러분의 믿음과 사랑은 여러분을 위해 하늘에 쌓아 둔 소망에서 비롯된 것입니다. 이 소망은 진리의 말씀, 곧 복음 안에서 여러분이 이미 들은 것입니다.

6 이 복음이 여러분에게 전해져 여러분이 듣고 진리 안에서 하나님의 은혜를 깨닫게 된 날부터 여러분 가운데서와 같이 온 세상에서도 열매를 맺으며 점점 자라나고 있습니다.   요 15:5,16

7 여러분은 이 복음을 우리와 함께 종된 사랑하는 에바브라에게서 배웠습니다. 그는 여러분을 위한 그리스도의 신실한 일꾼이요,

8 성령 안에서 행하는 여러분의 사랑을 우리에게 알려 준 사람입니다.

9 **골로새 성도들을 위한 기도** 그러므로 우리도 소식을 들은 날부터 여러분을 위해 쉬지 않고 기도하며 간구합니다. 우리는 여러분이 모든 영적 지혜와 통찰로 하나님의 뜻을 아는 지식으로 충만하게 되고

10 주께 합당히 행해서 모든 일에 주를 기쁘시게 하고 모든 선한 일에 열매를 맺으며 하나님을 아는 지식에서 자라고   6절

11 하나님의 영광의 권능을 따라 모든 능력으로 힘을 얻게 돼 기쁨으로 모든 것을 참고 견딜 수 있게 되기를 기도합니다.

12 그래서 빛 가운데 있는 성도의 유업의 몫을 받기에 합당한 자격을 여러분에게 주신 아버지께 감사하게 되기를 바랍니다.

13 아버지께서는 우리를 어둠의 권세에서 구해 내셔서 그분이 사랑하는 아들의 나라로 옮기셨습니다.   엡 6:12;살전 1:10;벧후 1:11

14 하나님의 아들 안에서 우리는 구속, 곧 죄 사함을 받았습니다.

15 **그리스도의 인격** 하나님의 아들은 보이지 않는 하나님의 형상이요, 모든 피조물보다 먼저 나신 분이십니다.   고후 4:4

16 이는 하늘과 땅에 있는 모든 것들, 곧 보이는 것들과 보이지 않는 것들, 보좌들과 주권들과 권력들과 권세들이 하나님의 아들 안에서 창조됐기 때문입니다. 만물이 아들로 인해 창조됐고 아들을 위해 창조됐습니다.   요 1:3;롬 11:36;엡 1:10,21

17 하나님의 아들은 만물보다 먼저 계시고 만물은 그분 안에 함께 서 있습니다.

 상식 쏙쏙

골로새

골로새는 소아시아에서 수리아로 가는 주요 무역로가 있는 중요한 대도시였다. 무역이 활발해 인구가 많고 번화했다.

여러 철학과 종교 사상이 혼합되어 있었으며 각종 이단들이 많았다. 한때 골로새는 중요한 상업 도시였지만, 라오디게아와 히에라 볼리가 급성장하여 바울 당시에는 상대적으로 별로 중요하지 않은 작은 도시가 되었다. 바울이 이곳을 직접 방문한 적은 없고(골 2:1) 에바브라가 이곳에서 복음을 전했다(골 1:7). 바울 당시 골로새 교회에는 이단 사상이 퍼져 교회를 어지럽혔다.

18 또 하나님의 아들은 그분의 몸인 교회의 머리십니다. 그분은 근본이시요, 죽은 사람들 가운데서 먼저 살아나신 분이십니다. 이는 그분이 친히 만물 가운데 으뜸이 되시려는 것입니다. 고전 15:20;계 1:5

19 이것은 아버지께서 모든 충만이 아들 안에 거하게 하시기를 기뻐하셨고 29

20 그 아들의 십자가의 피로 평화를 이뤄 만물, 곧 땅에 있는 것이든 하늘에 있는 것이든 모든 것이 아들로 인해 자기와 화목하게 되기를 기뻐하셨기 때문입니다.

21 그리스도와의 관계 전에 악한 행실로 단절되고 마음으로 원수가 됐던 여러분을

22 이제는 그리스도의 죽으심으로 인해 그분의 육신의 몸으로 화목하게 하셔서 여러분을 거룩하고 흠이 없고 나무랄 것이 없는 사람들로 하나님 앞에 세우고자 하셨습니다. 고전 1:8;유 1:24

23 그러므로 여러분은 믿음 안에 거하고 튼튼한 터 위에 굳게 서서 여러분이 들은 복음의 소망에서 떠나지 않아야 합니다. 복음은 천하 모든 피조물에게 선포됐고 나 바울은 이 복음의 일꾼이 됐습니다.

24 그리스도를 전파함 이제 나는 여러분을 위해 받은 고난을 기뻐하며 그리스도의 남은 고난을 그분의 몸 된 교회를 위해 내 육체에 채웁니다.

25 하나님의 말씀을 전파하기 위해 내게 주신 하나님의 경륜을 따라 내가 여러분을 위해 교회의 일꾼이 됐습니다. 23;롬 15:19

26 하나님의 말씀은 모든 시대와 세대에 걸쳐 감춰져 온 비밀이었는데 이제는 성도들에게 나타났습니다. 엡 3:9

27 하나님께서는 이 비밀의 영광이 얼마나 풍성한지 성도들에게 알리고자 하셨습니다. 이 비밀은 여러분 안에 계시는 그리스도, 곧 영광의 소망이십니다. 딤전 1:1

28 우리는 그리스도를 전파해서 모든 사람을 권하고 지혜를 다해 모든 사람을 가르칩니다. 이는 그리스도 안에서 모든 사람을 온전한 사람들로 세우기 위함입니다.

29 이 일을 위해 나도 내 안에서 능력으로 활동하시는 분의 역사를 따라 열심히 수고하고 있습니다. 4:12;고전 15:10;딤전 4:10

2 성도의 믿음에 대한 관심 여러분과 라오디게아에 있는 사람들과 내 얼굴을 직접 본 적이 없는 사람들을 위해 내가 얼마나 수고하고 있는지 여러분이 알기를 원합니다. 빌 1:30

2 이는 그들이 마음으로 위로를 받고 사랑 가운데 연합해 깨달음에 근거한 확실한 이해의 모든 풍성에 이르러 하나님의 비밀인 그리스도를 온전히 알게 하려는 것입니다.

3 그리스도 안에는 지혜와 지식의 모든 보화가 감춰져 있습니다. 사 11:2;45:3;고전 1:24,30

4 내가 이 말을 하는 것은 아무도 교묘한 말로 여러분을 속이지 못하게 하기 위함입니다.

5 내가 비록 육신으로는 떨어져 있으나 영으로는 여러분과 함께 있어 여러분이 질서 있는 삶을 사는 것과 그리스도를 믿는 여러분의 믿음이 굳건한 것을 보며 기뻐합니다. 고전 5:3;14:40;벧전 5:9

6 거짓 가르침에 대한 경고 그러므로 여러분은 그리스도 예수를 주로 영접한 것처럼 주 안에서 사십시오. 1:10;살전 4:1

7 여러분은 주 안에 뿌리를 내리고 세움을 받으며 가르침을 받은 대로 믿음 안에 굳게 서서 감사가 넘치게 하십시오.

8 아무도 여러분을 철학과 헛된 속임수로 사로잡지 못하도록 조심하십시오. 이런 것들은 사람의 전통과 세상의 초등 학문을 따른 것이요, 그리스도를 따른 것이 아닙니다. 엡 5:6

사도(1:1, 使徒, apostle) 보냄을 받은 자. 예수님의 열두 제자를 이르는 말로 바울도 예수님의 부름을 받아 자신을 사도라 칭함. 통찰(1:9, 洞察, understanding) 사물이나 상황을 환히 꿰뚫어 봄. 유업(1:12, 遺業, inheritance) 조상에게 물려받은 사업, 여기서는 천국을 차지하는 특권을 말함. 경륜(1:25, 經綸, commission) 하나님의 계획 안에서 이루어지는 전 우주적인 하나님의 다스림을 의미함.

9 그리스도의 충만하심 그리스도 안에는 신성의 모든 충만이 육체의 모습으로 거합니다.

10 그리고 여러분도 그리스도 안에서 충만하게 됐습니다. 그리스도는 모든 권력과 권세의 머리이십니다. 엡3:19

11 그리스도 안에서 여러분은 육신의 몸을 벗어 버리는 그리스도의 할례, 곧 손으로 하지 않은 할례를 받았습니다. 15절;3:9

12 또한 여러분은 세례로 그리스도와 함께 장사됐고 죽은 사람들 가운데서 그리스도를 살리신 하나님의 능력을 믿음으로 그리스도 안에서 그리스도와 함께 다시 살아났습니다. 3:1;롬 6:4

13 여러분은 죄와 육체의 무할례로 죽었으나 하나님께서 우리의 모든 죄를 용서하심으로 여러분을 그리스도와 함께 살리셨습니다.

골로새 교회를 위협한 이단 사상

❶ 거짓된 철학(골 2:8)
이들은 물질 자체는 악한 것이라고 주장하며 예수님이 사람으로 태어난 것(성육신)을 부인했다. 또 어떤 특별한 지식이 있어야 구원받을 수 있다고 주장하며 예수님의 구원을 부인했다. 바울은 예수님이 육체로 오신 것(골 2:9~10)과 예수 그리스도의 십자가로 죄 사함 받음을 강조했다(골 2:11~15).

❷ 유대교적 율법주의(골 2:16)
유대주의자들은 먹고 마시는 일이나 절기나 초승달 축제나 안식일의 준수가 구원과 관계 있다고 주장했다. 바울은 예수님이 이런 모든 율법을 완성하셨고, 율법적인 행위로는 구원받을 수 없음을 말했다(골 2:17).

❸ 천사 숭배와 신비주의(골 2:18)
사람이 직접 하나님께 경배드리는 것은 교만한 태도이며, 그 가운데 중보자인 천사를 숭배하는 것이 겸손이라고 주장했다. 바울은 오직 예수 그리스도께 예배드려야 함을 말했다.

❹ 금욕주의(골 2:23)
바울은 금욕주의의 무익성을 말하며, 예수 그리스도를 믿음으로 생명 얻음을 강조했다(골 3:3).

14 하나님께서는 우리를 거슬러 대적하는 조문들이 담긴 채무 증서를 제거하시고 그것을 십자가에 못 박아 우리 가운데서 없애 버리셨습니다.

15 또한 십자가로 권력들과 권세들을 무장해제시키고 그들을 공개적인 구경거리가 되게 하셨습니다.

16 중심 되신 그리스도 그러므로 여러분은 먹고 마시는 일이나 절기나 초승달 축제나 안식일과 관련된 문제로 아무도 여러분을 판단하지 못하게 하십시오. 히 9:10

17 이런 것들은 앞으로 올 것들의 그림자일 뿐이요, 그 실체는 그리스도께 속해 있습니다.

18 아무도 거짓된 겸손과 천사 숭배를 주장해서 여러분의 상을 빼앗지 못하도록 하십시오. 그런 사람은 자기가 본 것들에 집착해 육신의 생각으로 헛되게 교만해져서

19 머리를 굳게 붙들지 않습니다. 온몸이 머리이신 그리스도로부터 마디와 힘줄을 통해 영양을 공급받고 서로 결합돼 하나님께서 자라게 하시는 대로 자라납니다.

20 영적이지 못한 가르침 여러분은 세상의 초등 학문에 대해 그리스도와 함께 죽었는데, 왜 세상에 속해 사는 것처럼 헛된 규정들에 굴복합니까? 8절

21 ("붙잡지도 말라, 맛보지도 말라, 만지지도 말라") 하면서 말입니다. 16절;딤전 4:3

22 이것들은 모두 사용되다가 없어질 것이요, 사람들의 계명과 가르침에 따른 것입니다. 사 29:13;마 15:9;고전 6:13

23 이런 규정들은 꾸며 낸 경건과 거짓 겸손과 육체를 괴롭히는 데는 지혜 있는 모양을 가지지만 육신의 욕망을 억제하는 데는 아무런 유익이 없습니다. 18절

3 위의 것을 추구함 그러므로 여러분이 그리스도와 함께 살리심을 받았으니 위에 있는 것들을 추구하십시오. 거기에는 그리스도께서 하나님의 오른편에 앉아 계십니다. 2:12

2 위에 있는 것들을 생각하고 땅에 있는 것들을 생각하지 마십시오.

3 여러분은 이미 죽었고 여러분의 생명은 그리스도와 함께 하나님 안에 감춰져 있기 때문입니다. 2:20

4 여러분의 생명이신 그리스도께서 나타나실 때 여러분도 그리스도와 함께 영광 가운데 나타날 것입니다. 고전 15:43

5 새사람을 입은 그러므로 땅에 속한 지체들을 죽이십시오. 그것들은 음행과 더러운 것과 정욕과 악한 욕망과 탐심입니다. 탐심은 우상 숭배입니다. 엡 5:3,5

6 이것들로 인해 하나님의 진노가 불순종의 아들들에게 임합니다.

7 여러분도 전에 그것들 가운데 살 때는 그것들 안에서 행했습니다.

8 그러나 이제 여러분은 스스로 그 모든 것, 곧 분노와 증오와 악의와 비방과 여러분의 입에서 나오는 더러운 말을 제거하십시오.

9 서로 거짓말을 하지 마십시오. 여러분은 옛사람을 그 행위와 함께 벗어 버리고

10 새사람을 입으십시오. 이 새사람은 자기를 창조하신 분의 형상을 따라 끊임없이 새로워져서 참지식에 이르게 됩니다.

11 거기에는 그리스 사람이나 유대 사람이나, 할례를 받은 사람이나 할례를 받지 않은 사람이나, 야만인이나 스구디아 사람이나, 종이나 자유인이 따로 없습니다. 오직 그리스도는 모든 것이요, 모든 것 안에 계십니다.

12 **그리스도인 사람의 생활 원리** 그러므로 여러분은 하나님께서 택하신 사람들, 곧 거룩하고 사랑받는 사람들답게 긍휼과 친절과 겸손과 온유와 오래 참음으로 옷 입으십시오. 롬 8:33;엡 4:32;딤전 2:1

13 누가 누구에게 불평거리가 있더라도 서로 용납하고 서로 용서해 주십시오. 주께서 여러분을 용서하신 것같이 여러분도 그렇게 하십시오. 막 11:25

14 그리고 이 모든 것 위에 사랑을 더하십시오. 사랑은 온전하게 묶는 띠입니다.

15 그리스도의 평강이 여러분의 마음을 지배하게 하십시오. 이 평화를 위해 여러분은 한 몸으로 부르심을 받았습니다. 또한 여러분은 감사하는 사람이 되십시오. 17절

16 그리스도의 말씀이 여러분 안에 풍성히 거하게 하십시오. 모든 지혜로 서로 가르치고 권면하며 시와 찬미와 신령한 노래를 부르며 하나님께 감사하는 마음으로 찬양하십시오. 4:6,요 2:15,3

17 그리고 말이든 일이든 무엇을 하든지 그 모든 것을 주 예수의 이름으로 하고 그분을 통해 하나님 아버지께 감사하십시오.

18 **가정** 아내들이여, 남편에게 복종하십시오, 이것이 주 안에서 합당한 일입니다.

19 남편들이여, 아내를 사랑하고 괴롭게 하지 마십시오. 엡 4:31

20 자녀들이여, 모든 일에 부모에게 순종하십시오. 이것이 주를 기쁘시게 하는 일입니다.

21 아버지들이여, 여러분의 자녀들을 화나게 하지 마십시오. 그들이 낙심하지 않도록 하십시오.

22 **종** 종들이여, 육신의 주인에게 모든 일에 순종하십시오. 사람을 기쁘게 하는 사람들처럼 눈가림만 하지 말고 주를 경외함으로 진실한 마음으로 하십시오.

23 무슨 일을 하든지 사람에게 하듯 하지 말고 주께 하듯 하듯 마음을 다해 하십시오.

24 이는 여러분이 주께 유업의 상을 받을 줄을 알기 때문입니다. 여러분이 섬기는 분은 주 그리스도이십니다.

25 불의를 행하는 사람은 자기 행위의 대가를 받을 것입니다. 거기에는 외모로 사람을 차별하는 일이 없습니다.

4 주인들이여, 의와 공평으로 종들을 대하십시오. 여러분에게도 하늘에 주인이 계시다는 것을 아시기 바랍니다.

2 **기도의 요청** 항상 기도에 힘쓰고 기도 가운데 감사함으로 깨어 있으십시오. 2~4절

그리스도의 할례 (2:11) 그리스도가 주는 할례. 여기서는 '세례'를 말함.

채무 증서 (2:14, 債務證書, written code) 재산이나 물건을 빌린 자가 빚을 갚아야 할 의무를 써 놓은 법적인 문서. 여기서는 '율법'을 가리킴.

스구디아 사람 (3:11, Scythian) 인도, 이란 계통의 유목민, 야만 민족을 가리킴.

3 또 하나님께서 우리에게 전도의 문을 열어 주셔서 그리스도의 비밀을 말할 수 있도록 우리를 위해서도 기도해 주십시오. 나는 이 일 때문에 매여 있습니다.

4 내가 마땅히 해야 할 말로 그리스도의 비밀을 나타낼 수 있도록 기도해 주십시오.

5 경고의 말 외부 사람들을 대할 때는 지혜롭게 행하고 기회를 선용하십시오.

6 여러분은 언제나 소금으로 맛을 내는 것같이 은혜롭게 말하십시오. 그러면 여러분은 각 사람에게 어떻게 말할 것인지 알게 될 것입니다.

3:16;벧전 3:15

7 사정을 알림 나에 대한 모든 소식은 두기고가 여러분에게 전해 줄 것입니다. 그는 주 안에서 사랑하는 형제요, 신실한 일꾼이요, 함께 종된 사람입니다.

7-9절

8 내가 두기고를 여러분에게 보낸 것은 바로 이 목적을 위해서입니다. 곧 여러분이 우리의 사정을 알고 또 두기고로 하여금 여러분의 마음을 위로하게 하려는 것입니다.

9 신실하고 사랑받는 형제인 오네시모도 함께 보냅니다. 오네시모는 여러분에게서 온 사람입니다. 그들이 이곳 사정을 여러분에게 자세히 알려 드릴 것입니다.

10 형제들에 대한 문안 나와 함께 감옥에 갇혀 있는 아리스다고와 바나바의 *조카 마가가 여러분에게 안부를 전합니다. (마가가 여러분에게 가면 그를 잘 영접하라는 지시를 여러분이 이미 받았을 줄 압니다.)

11 또 유스도라 하는 예수도 안부를 전합니다. 할례를 받은 사람들 가운데 오직 이들만이 하나님 나라를 위할 일하는 동역자들이요, 내게 위로가 돼 준 사람들입니다.

12 여러분에게서 온 그리스도 예수의 종 에바브라가 여러분에게 안부를 전합니다. 그는 여러분이 하나님의 모든 뜻 가운데 온전하게 서고 완전한 확신에 이르도록 하려고 여러분을 위해 항상 힘써 기도합니다.

13 에바브라가 여러분과 라오디게아에 있는 사람들과 히에라볼리에 있는 사람들을 위해 많이 수고하는 것을 나는 증언합니다.

14 사랑하는 의사 누가와 데마도 여러분에게 안부를 전합니다.

딤후 4:10~11;몬 1:24

15 라오디게아에 있는 형제들과 눔바와 그녀의 가정 교회에 안부를 전합니다.

16 여러분이 이 편지를 읽은 후에는 라오디게아에 있는 교회에서도 읽을 수 있도록 하십시오. 또한 여러분도 라오디게아에서 오는 편지를 읽으십시오.

살전 5:27

17 그리고 아킵보에게 "주 안에서 받은 임무를 유의해 완수하라"고 일러 주십시오.

18 축복 기도 나 바울은 친필로 안부를 전합니다. 여러분은 내가 갇힌 것을 기억하십시오. 은혜가 여러분에게 있기를 빕니다.

People

에바브라

골로새 출신으로 골로새 교회, 라오디게아 교회, 히에라볼리 교회를 세운 사람이다.
바울은 그를 '우리와 함께 종된 사랑하는 에바브라', '그리스도 예수의 종', '나와 함께 갇힌 사람'이라고 불렀다.
빌립보 교회의 신실한 일꾼인 '에바브로디도'와 다른 사람으로 본다. 에바브라는 바울과 함께 로마 감옥에 갇히는 고난을 당하기도 했다.
골로새 성도들이 하나님 안에서 온전하게 서고 완전한 확신에 이르도록 기도하며, 복음을 위해 수고하는 그리스도의 참된 종이었다.
로마 감옥에 갇힌 바울을 방문했고, 그때 골로새 교회 내에 이단 사상이 들어온 것을 바울에게 전했다. 그 소식을 들은 바울은 골로새서를 쓰게 되었다.

에바브라가 나오는 말씀
>> 골 1:7; 4:12~13;
몬 1:23

그리스도의 비밀 (4:3, mystery of Christ) '복음'을 말함.
4:10 또는 '사촌'.
친필 (4:18, 親筆, my own hand) 손수 쓴 글씨.

데살로니가전서

데살로니가 교회는 바울이 2차 전도 여행 중에 세운 교회예요. 바울을 엄청난 핍박 때문에 그곳을 떠나왔지만, 데살로니가 교회의 성도들은 계속되는 핍박 속에 있어야 했어요. 바울은 디모데를 보내 교회의 상황을 알아보라고 했어요. 데살로니가 교회는 박해를 잘 이겨내고 있었고, 다른 교회에 모범이 되는 칭찬받는 교회가 되어 있었어요. 그렇지만 몇 가지 문제점도 있었어요. 그것은 예수 그리스도의 재림에 대해서 잘못 알고 있는 사람들이 있다는 것이었어요. 이 소식을 들은 바울은 데살로니가 교회의 성장과 인내를 칭찬하고, 또 예수 그리스도의 재림에 대해서 제대로 알려 주려고 이 편지를 썼어요. 바울은 아무도 알 수 없는 재림의 시기보다 재림을 기다리는 사람들의 삶의 태도에 대해 더 강조했어요. 예수 그리스도의 재림을 기다리는 사람들에게 "빛의 자녀들같이 항상 깨어 있어야 한다"고 교훈하고 있답니다.

데살로니가전서는 무슨 뜻인가요?

데살로니가 교회에 보내는 첫 번째 편지'라는 뜻이에요.

누가 썼나요?

바울이 썼어요. 데살로니가전서는 신약 성경에 있는 바울의 편지들 중에서 그가 첫 번째로 쓴 편지예요. 데살로니가전서는 이제 스스로 성장하고 있는 데살로니가 교회에 대한 바울의 기쁨, 그리고 보람과 칭찬 등이 잘 나타나 있어요.

언제 썼나요?

고린도에서 AD 51-52년경

주요한 사람들은?

바울
사도, 선교사, 목회자

실루아노
실라와 동일 인물로 봄. 바울의 동역자.
베드로의 편지를 대필, 전달한 사람

디모데
바울이 아들처럼 여긴 신실한 동역자

한눈에 보는 데살로니가전서

- 1장 바울에게 칭찬받는 데살로니가 교회
- 2:1-2:16 바울이 데살로니가 교회를 세운 과정
- 2:17-3장 디모데가 전한 데살로니가 교회의 소식과 바울의 교회 사랑
- 4:1-5:11 데살로니가 교회에게 주는 교훈
- 5:12-5:28 마지막 인사와 격려

데살로니가전서
1 Thessalonians

1

1 안부 인사 바울과 실루아노와 디모데는 하나님 아버지와 주 예수 그리스도 안에 있는 데살로니가 사람의 교회에 편지를 씁니다. 은혜와 평강이 여러분에게 있기를 빕니다.
롬 1:7;엡 1:2

2 믿음에 대한 감사 우리가 기도할 때 여러분을 말하며 여러분 모두로 인해 항상 하나님께 감사합니다. 이는 끊임없이

3 여러분의 믿음의 행위와 사랑의 수고와 우리 주 예수 그리스도에 대한 소망의 인내를 우리 하나님 아버지 앞에서 기억하기 때문입니다.
롬 8:25;15:4

4 하나님의 사랑을 받은 형제들이여, 우리는 여러분이 택하심을 받았다는 것을 압니다.

5 이는 우리의 복음이 여러분에게 단순히 말로만 전해진 것이 아니라 능력과 성령과 큰 확신 가운데 전해졌기 때문입니다. 우리가 여러분 가운데서 여러분을 위해 어떤 사람이 됐는지는 여러분이 잘 알고 있습니다.
살후 2:14

6 또 여러분은 많은 환난 가운데서 성령이 주신 기쁨으로 말씀을 받아 우리와 주를 본받는 사람들이 됐습니다.
행 17:5-10

7 그리하여 여러분은 마케도니아와 아가야의 모든 믿는 사람들에게 본이 됐습니다.

8 주의 말씀이 여러분에게서 시작돼 마케도니아와 아가야에 널리 퍼지게 된 것은 물론 하나님을 믿는 여러분의 믿음의 소문이 방방곡곡에 알려지게 됐습니다. 그러므로 우리는 아무것도 말할 필요가 없습니다.

9 그들은 우리가 여러분에게 어떻게 환영을 받았는지 우리에 대해 친히 보고하고 또한 여러분이 어떻게 우상들을 버리고 하나님께 돌아와 살아 계시고 참되신 하나님을 섬기며
2:1;행 13:24

10 하늘로부터 임할 그분의 아들을 기다리는지 보고합니다. 이 아들은 하나님께서 죽은 사람들 가운데서 살리신 분이시며 다가올 진노에서 우리를 구원해 내실 예수이십니다.
4:16;골 1:13

2

데살로니가에서의 바울의 사역 형제들이여, 여러분 자신은 우리가 여러분을 방문한 것이 헛되지 않았다는 것을 알 것입니다.

2 여러분도 알다시피 우리가 전에 빌립보에서 고난과 모욕을 당했으나 많은 반대에 부딪히면서도 우리 하나님 안에서 담대하게 하나님의 복음을 전했습니다.
빌 1:30

3 우리의 권면은 잘못된 생각이나 불순한 동기에서 비롯된 것이 아니며 속임수에서 비롯된 것도 아닙니다.
살후 2:11

4 오히려 우리는 하나님께 인정을 받아 복음 전할 부탁을 받은 사람들로서 말합니다. 이는 사람들을 기쁘게 하려는 것이 아니라 우리의 마음을 살피시는 하나님을 기쁘시게 하려는 것입니다.
시 17:3

5 여러분도 알다시피 우리는 어느 때든지 아부하는 말을 하거나 탐심의 탈을 쓴 적이 없습니다. 하나님이 증인이 되십니다.

6 우리는 여러분에게든 다른 사람에게든 사람에게는 영광을 구하지 않았습니다.

7 우리는 그리스도의 사도로서 권위를 세울 수도 있었습니다. 그러나 우리는 여러분 가운데서 유순한 사람들이 돼 유모가 자기 아이들을 돌보는 것같이 했습니다.

8 여러분을 이토록 사랑해 하나님의 복음은 물론 우리의 목숨까지도 여러분에게 주기를 기뻐했습니다. 이는 여러분이 우리에게 사랑받는 사람들이 됐기 때문입니다.

유순(2:7, 柔順, gentle) 성품이 부드럽고 따뜻한 것. 유모(2:7, 乳母) 다른 사람의 아이를 어머니 대신 젖을 먹이고, 아이가 어른이 될 때까지 돌봐 주는 사람. 박해(2:15, 迫害) 예수를 믿는다는 이유 때문에 힘이나 권력으로 사람들을 괴롭히거나 죽이는 것을 말함. 면류관(2:19, 冕旒冠, crown) 왕, 대제사장이나 경기에서 우승한 사람들이 썼던 관. 영광과 승리를 나타냄. 견고(3:2, 堅固, strengthen) 어떤 것에 흔들리지 않고 굳게 서 있는 것

9 형제들이여, 여러분은 우리의 수고와 고생을 기억할 것입니다. 우리는 여러분 가운데 누구에게도 짐이 되지 않으려고 밤낮으로 일하면서 여러분에게 하나님의 복음을 전했습니다.

살후 3:8

10 우리가 믿게 된 여러분 가운데서 얼마나 거룩하고 의롭고 흠 없이 행했는지 여러분이 증인이며 하나님도 그러하십니다.

11 여러분도 알다시피 우리는 여러분 한 사람 한 사람을 대할 때 아버지가 자기 자식을 대하듯 여러분을 권면하고 위로하고 당부했습니다.

엡 4:17

12 이는 여러분을 불러 자기의 나라와 영광에 들어가게 하시는 하나님께 합당하게 행하게 하기 위한 것입니다.

5:24·살후 2:14

13 복음을 받아들이는 것에 대한 감사 또한 우리가 하나님께 끊임없이 감사드리는 것은 여러분이 우리에게서 들은 하나님의 말씀을 받을 때 사람의 말로 받지 않고 실제 하나님의 말씀으로 받아들였기 때문입니다. 이 말씀이 또한 믿는 여러분 안에서 역사하고 있습니다.

14 형제들이여, 여러분은 그리스도 예수 안에서 유대에 있는 하나님의 교회들을 본받는 사람들이 됐습니다. 이는 그들이 유대 사람들에게 고난을 받았듯이 여러분도 여러분의 동족에게 고난을 받았기 때문입니다.

15 유대 사람들은 주 예수와 예언자들을 죽이고 우리를 박해하고 하나님을 기쁘시게 하지 않고 모든 사람들을 배척했습니다.

16 그들은 우리가 이방 사람들에게 구원을 받도록 말씀 전파하는 것을 훼방해 자기의 죄를 항상 가득하게 합니다. 그러므로 마침내 그들 위에 진노가 임했습니다.

17 함께 있고 싶은 마음 형제들이여, 우리가 잠시 여러분을 떠난 것은 얼굴이요, 마음이 아니니 우리가 여러분의 얼굴 보기를 더욱 열정으로 힘썼습니다.

고전 5:3·골 2:5

18 그러므로 우리는 여러분에게 가고자 했고 특히 나 바울은 여러 번 가려고 했습니다. 그러나 사탄이 우리를 막았습니다.

19 우리 주 예수 그리스도께서 다시 오실 때 그분 앞에서 우리의 소망이나 기쁨이나 자랑의 면류관이 무엇이겠습니까? 여러분이 아니겠습니까?

3:13·4:15·5:23·고전 15:23

20 여러분이야말로 우리의 영광이요, 기쁨입니다.

3 디모데의 임무 그러므로 우리가 더 이상 참지 못하고 우리만 아테네에 남는 것을 좋게 여겨

행 17:15-16

2 우리의 형제요, 그리스도의 복음 안에서 하나님의 동역자인 디모데를 여러분에게 보냈습니다. 이는 여러분을 견고하게 하고 여러분의 믿음을 격려함으로

히 13:23

3 아무도 이 환난 가운데서 요동하지 않게 하려는 것입니다. 여러분은 우리가 이런 일을 위해 세우심을 받은 것을 잘 압니다.

4 우리가 여러분과 함께 있을 때 우리가 환

데살로니가

데살로니가는 더마익 만(Thermaic Gulf)의 동북 끝에 위치한 도시이다. 사도 바울 당시 로마령 마케도니아에 속한 주요한 항구였다. 로마에서 비잔티움을 경유해 동방으로 가는 중요한 도로였던 '에그나티아 대로'가 통과하는 교통·행정·군사 전략상의 요충지였다.

이런 지리적 이점 때문에 일찍부터 번창한 도시로 발전했고, AD 150년경에는 인구 20만 명을 헤아리는 큰 도시가 되었다.

바울이 도착했을 당시 주민 대부분은 마케도니아 사람과 그리스 사람이었고, 회당이 있었던 것으로 보아 상당수의 유대 사람들이 거주했던 것으로 보인다(행 17:1). 바울은 2차 전도 여행 중 이곳 회당에서 설교했고(행 17:1-4), 유대 사람들의 핍박을 받아서 밤에 베뢰아로 피했다(행 17:5-10).

그는 로마 감옥에 있을 때 마케도니아 지방에 다시 가고 싶다고 말했다(빌 1:25-26; 2:24). 이곳에서 개종한 사람들은 야손(행 17:5-9), 데마(딤후 4:10), 가이오(행 19:29), 세군도와 아리스다고(행 20:4) 등이 있었다.

예수님이 호령과 천사장의 소리와 하나님의
나팔 소리와 함께 하늘에서 오실 것임

난당할 것을 여러분에게 예고했는데 실제
로 그렇게 됐고 여러분도 그것을 잘 알고
있습니다.

5 그러므로 나는 더 이상 참지 못해서 여러
분의 믿음을 알아보려고 디모데를 보냈습
니다. 이는 혹 시험하는 자가 여러분을 시
험해서 우리의 노력을 헛수고로 만들지
못하게 하려는 것입니다.   1–2절;마 4:3

6 **위로의 기쁜 소식** 그러나 지금은 디모데가
여러분에게서 돌아와 여러분의 믿음과 사
랑에 대해 기쁜 소식을 우리에게 전하고
또 여러분이 우리에 대해 항상 좋은 기억
을 갖고 있고 우리가 여러분을 보고 싶어
하듯이 여러분도 우리를 간절히 보고 싶
어 한다고 전했습니다.   행 18:5

7 그러므로 형제들이여, 우리가 모든 궁핍
과 환난 가운데 여러분의 믿음으로 인해
위로를 받았습니다.   고후 1:4

8 여러분이 주 안에서 굳게 서 있다니 우리
가 이제 살 것 같습니다.

9 우리가 우리 하나님 앞에서 여러분으로

기만(4:6, 欺瞞) 남을 속여 넘김.
징벌(4:6, 懲罰, punish) 죄를 지은 것에 대하여 벌을 줌.

인해 기뻐하는 모든 기쁨에 대해 우리가
하나님께 여러분에 대해 어떤 감사를 드
릴 수 있겠습니까?

10 우리는 여러분의 얼굴을 보고 여러분의
믿음에 부족한 것을 온전케 하기 위해 밤
낮으로 간절히 기도합니다.

11 **바울이 성도들을 위해 기도함** 이제 우리 하나
님 아버지와 우리 주 예수께서 친히 우리
의 길을 여러분에게로 바로 인도해 주시고

12 우리가 여러분을 사랑한 것처럼 주께서 여
러분 서로 간에 모든 사람에 대한 사랑이
넘치게 하시고 풍성하게 하셔서

13 우리 주 예수께서 그분의 모든 성도들과
함께 다시 오실 때 하나님 우리 아버지 앞
에서 여러분의 마음을 거룩하고 흠 없이
세우시기를 빕니다.   시 14:5;약 5:8;유 1:14

4 **거룩에 대한 권면** 마지막으로 형제들이
여, 우리는 주 예수 안에서 여러분에게
부탁하며 권면합니다. 여러분은 마땅
히 어떻게 행할 것과 어떻게 하나님을 기
쁘시게 할 것인지에 대해 우리에게서 배운
대로 하십시오. 여러분이 행하고 있는 대
로 더욱 풍성하게 행하십시오.

2 여러분은 우리가 주 예수를 통해 여러분에
게 준 명령들이 무엇인지 알고 있습니다.

3 하나님의 뜻은 이것이니 여러분이 거룩하
게 되는 것입니다. 곧 음행을 멀리하고

4 각기 거룩함과 존귀함으로 자기 아내를
취할 줄 알고   벧전 3:7

5 하나님을 모르는 이방 사람들처럼 욕정에
빠지지 말고   시 79:6;렘 9:3;10:25

6 이런 일로 자기 형제를 해하거나 기만하지
말라는 것입니다. 이는 우리가 이미 여러
분에게 말하고 엄히 경고한 대로 주께서
는 이 모든 행위에 대해 징벌하는 분이시
기 때문입니다.   롬 13:4;고전 6:8

7 하나님께서 우리를 부르신 것은 부정한
삶을 위해서가 아니라 거룩한 삶을 위한
것입니다.   3절;23

8 그러므로 거룩함을 저버리는 사람은 사람
을 저버리는 것이 아니라 여러분에게 성령

을 주신 하나님을 저버리는 것입니다.

9 사랑에 대한 권면 이제 형제 사랑에 대해서는 여러분에게 더 이상 쓸 필요가 없습니다. 이는 여러분 자신이 하나님께로부터 서로 사랑하라는 가르침을 받았기 때문입니다.

5:1; 요 6:45

10 그리고 여러분은 실제로 마케도니아 전역에 있는 모든 형제들에게 사랑을 행하고 있습니다. 그러나 형제들이여, 우리가 여러분에게 권면하는 것은 여러분이 더욱 풍성히 행하라

1:7

11 우리가 여러분에게 명한 것같이 조용한 삶을 살며 자신의 일을 행하며 여러분의 손으로 일하기를 힘쓰라는 것입니다.

12 이는 여러분이 외부 사람들에 대해 품위 있게 행동하고 또한 아무것도 궁핍함이 없게 하려는 것입니다.

롬 13:13

13 **부활의 능력** 형제들이여, 이제 우리는 여러분이 잠든 사람들에 대해 알지 못하기를 원하지 않습니다. 이는 여러분이 소망이 없는 다른 사람들처럼 슬퍼하지 않게 하려는 것입니다.

엡 2:12

14 예수께서 죽었다가 다시 사신 것을 우리가 믿는다면 이와 같이 하나님께서 예수로 인해 잠자는 사람들도 그분과 함께 데리고 오실 것입니다.

고전 15:13,18

15 우리는 주의 말씀을 따라 여러분에게 이 것을 말합니다. 주께서 오실 때까지 우리 살아남아 있는 사람들이 잠자는 사람들 보다 결코 앞서지 못할 것입니다.

고전 15:51

16 주께서 호령과 천사장의 소리와 하나님의 나팔 소리와 함께 친히 하늘에서 내려오실 것인데 그리스도 안에서 죽은 사람들이 먼저 일어나고

고전 15:23; 살후 1:7

17 그다음에 우리 살아남아 있는 사람들이 그와 함께 구름 속으로 들려 올라가 공중에서 주를 만나게 될 것입니다. 그리고 우리는 영원히 주와 함께 있을 것입니다.

18 그러므로 여러분은 이 말씀들로 서로 위로하십시오.

5:11

5 재림에 대한 준비 형제들이여, 시기와 날짜에 대해서는 여러분에게 쓸 것이 없습니다.

4:9; 단 2:21; 행 1:7

2 이는 주의 날이 밤에 도둑이 오는 것처럼 올 것을 여러분 스스로 잘 알고 있기 때문입니다.

3 그들이 "평안하다, 안전하다" 할 때에 임신한 여인에게 해산의 고통이 찾아오는 것처럼 멸망이 갑자기 닥칠 것인데 그들이 결코 피하지 못할 것입니다.

눅 21:34

4 그러나 형제들이여, 여러분은 어둠에 있지 않으므로 도둑이 강탈해 가는 것처럼

Q&A

예수님의 재림, 어떻게 기다려야 하나요?

데살로니가 교회에는 잘못된 종말론이 퍼져 이미 죽은 성도들이 부활하지 못할 거라는 염려가 있었어요. 곧 오실 것을 기다리던 주님의 재림이 늦어지고, 고난과 박해가 계속되자 어려움에 빠졌어요(살전 3:3; 4:13).

이에 바울은 데살로니가 성도들에게 예수님이 다시 오실 때 죽은 자들이 먼저 부활하고 살아 있는 사람도 공중에서 주를 만날 것이라 말하면서 언제 올지 모르는 재림을 기다리며 다음과 같이 생활하라고 부탁했어요.

❶	❷	❸	❹	❺	❻
깨어 정신을 차리라.	믿음, 소망, 사랑으로 무장하라.	위로, 오래 참음, 사랑, 선행을 실천하라.	항상 기뻐하며 기도와 감사를 생활화하라.	성령과 예언을 소중히 여기라.	모든 일에 선을 취하고 악을 버리라.
(살전 5:6)	(살전 5:8)	(살전 5:11-15)	(살전 5:16-18)	(살전 5:19-20)	(살전 5:21-22)

그리스도의 사람들에게는 분명 다시 오실 주님과 함께 영광스러운 미래가 있어요. 언제 오실지 모르는 예수님의 재림을 기다리며, 날마다 믿음으로 성실하게 사는 것이 중요해요.

그날이 여러분에게 이르지 못할 것입니다.

5 여러분은 모두 빛의 아들들이요, 낮의 아들들이기 때문입니다. 우리는 밤이나 어두움에 속하지 않았습니다.

6 그러니 우리는 다른 사람처럼 자지 말고 오직 깨어 정신을 차립시다.

7 잠자는 사람들은 밤에 자고 술 취하는 사람들도 밤에 취합니다.

8 그러나 우리는 낮에 속한 사람들이니 정신을 차리고 믿음과 사랑의 가슴받이 갑옷을 입고 구원의 소망의 투구를 씁시다.

9 하나님께서 우리를 세우신 것은 진노를 당하게 하시려는 것이 아니요, 우리 주 예수 그리스도로 인해 구원을 얻게 하시려는 것입니다. _살후 2:13-14_

10 그리스도께서 우리를 위해 죽으셨으니 우리는 우리가 깨어 있든 자고 있든 그분과 함께 살게 하시려는 것입니다. _롬 14:9_

11 그러므로 여러분은 지금 하고 있는 그대로 서로 권면하고 서로 세워 주십시오.

12 다른 권면들 형제들이여, 우리는 여러분 가운데서 수고하고 주 안에서 여러분을 지도하며 권면하는 사람들을 알아줄 것을 여러분에게 부탁합니다. _빌 2:29;히 13:17_

13 그리고 그들의 사역으로 인해 사랑으로 그들을 존귀히 여기십시오. 여러분은 서로 화목하십시오.

14 또 형제들이여, 우리는 여러분에게 권면합니다. 여러분은 게으른 사람들에게 경고하고 낙심한 사람들을 위로하며 연약한 사람들을 도와주고 모든 사람에 대해 오래 참으십시오. _사 35:4;행 20:35;살후 3:6-7,11_

15 여러분은 아무도 악을 악으로 갚지 못하게 하고 오직 서로에게 그리고 모든 사람에 대해 항상 선을 좇으십시오. _벧전 3:9_

16 항상 기뻐하십시오. _빌 4:4_

17 쉬지 말고 기도하십시오.

18 모든 일에 감사하십시오. 이는 그리스도 예수 안에서 여러분을 향하신 하나님의 뜻입니다.

19 성령을 소멸하지 마십시오.

20 예언을 멸시하지 마십시오.

21 모든 것을 분별하고 선한 것을 취하십시오.

22 악은 어떤 모양이라도 피하십시오.

23 축복 기도 평강의 하나님께서 친히 여러분을 온전히 거룩하게 하시고 우리 주 예수 그리스도께서 오실 때 여러분의 영과 혼과 몸을 다 흠이 없게 지켜 주시기를 빕니다.

24 여러분을 부르시는 분은 신실하시니 그분이 또한 이루실 것입니다.

25 형제들이여, 우리를 위해 기도해 주십시오.

26 거룩한 입맞춤으로 모든 형제에게 문안하십시오.

27 내가 주를 의지해 여러분에게 명합니다. 이 편지가 모든 형제에게 읽혀지도록 하십시오. _골 4:16_

28 우리 주 예수 그리스도의 은혜가 여러분과 함께 있기를 빕니다.

어떻게 쉬지 않고 기도할 수 있나요?

바울은 "항상 기뻐하라 쉬지 말고 기도하라 범사에 감사하라"(살전 5:16-18)고 했어요. 그리스도를 믿는 사람의 기쁨은 외부 환경이 아닌, 그리스도 안에 있을 때 누리는 축복에서 옵니다. 그러므로 그리스도 안에 있는 사람이 될 때, 항상 기뻐할수 있게 되어요(빌 3:1).

쉬지 말고 기도하라는 것은 쉴 새 없이 24시간 내내 소리 내어 기도하라는 말이 아니에요. 온종일 소리 내면서 기도할 수는 없지만 늘 기도의 '생각'을 가지고 살수는 있지요. 따라서 쉴 없이 기도하는 것은 가능한 일이에요.

범사에 감사하라는 것은, 그리스도의 사람이라면 삶의 모든 환경 속에서 하나님께 감사해야 한다는 말이에요. 하나님은 그분을 사랑하는 이들을 위해서 모든 것을 합력하여 선을 이루시는 분이기 때문이에요(롬 8:28).

신실(5:24, 信實, faithful) 자신이 말한 것을 지켜 행함으로 믿음직스럽고 모자람이 없이 넉넉함.

데살로니가후서

데살로니가전서를 보낸 후, 얼마 지나지 않아 바울은 데살로니가 교회에 재림 문제에 대한 오해가 또 생겼다는 소식을 듣게 되었어요. 거짓 선생들이 주의 날이 이미 왔다고 가르쳐서 이방 그리스도인 성도들을 혼란스럽게 했어요. 그래서 직업을 포기하고, 일을 하지 않으면서 점점 게을러지고 나태해지는 사람들이 생겨났어요. 바울은 이런 잘못된 믿음을 바로잡고, 핍박으로 고난당하고 있는 데살로니가 교회의 성도들에게 용기를 북돋아 주고자 했어요. 바울은 주의 날이 아직 오지 않았고, 그날이 올 때까지 가르침대로 말씀을 지키며 행하라고 말했어요.

데살로니가후서는 무슨 뜻인가요?

'데살로니가 교회에 보내는 두 번째 편지'라는 뜻이에요.

누가 썼나요?

바울이 썼어요. 바울은 데살로니가 교회 안에 생긴 문제들을 방치하지 않고 바로잡기 위해 아버지의 마음으로 이 편지를 썼어요.

언제 썼나요?

데살로니가전서를 쓴 후 얼마 지나지 않은 시기로, AD 51~52년경

주요한 사람들은?

실루아노
실라와 동일 인물로 봄, 바울의 동역자,
베드로의 편지를 대필, 칭찬할 사람

바울
사도, 선교사, 목회자

디모데
바울이 아들처럼 여긴 신실한 동역자

한눈에 보는 데살로니가후서

1장 박해받는 데살로니가 성도들을 격려

3장 마지막 부탁과 축복 기도

2장 예수님의 재림에 대한 교훈

1 안부 인사 바울과 실루아노와 디모데는 하나님 우리 아버지와 주 예수 그리스도 안에 있는 데살로니가 사람의 교회에 편지를 씁니다.

2 하나님 아버지와 주 예수 그리스도께로부터 은혜와 평강이 여러분에게 있기를 빕니다.

3 인내에 대한 자랑 형제들이여, 우리는 여러분으로 인해 하나님께 항상 감사하지 않을 수 없습니다. 이렇게 하는 것이 마땅합니다. 이는 여러분의 믿음이 점점 자라나고 여러분 모두가 각자 서로에게 나타내는 사랑이 풍성하기 때문입니다. 2:13

4 그러므로 우리는 여러분이 당한 모든 핍박과 환난 가운데 보여 준 여러분의 인내와 믿음으로 인해 친히 하나님의 교회들 가운데 자랑합니다.

5 인내함으로 안식을 받음 이것은 여러분을 하나님 나라에 합당한 사람들이 되게 하시려는 하나님의 공의로우신 심판의 표입니다. 그 나라를 위해 여러분도 고난을 받고 있습니다.

6 하나님의 공의는 여러분에게 환난을 주는 사람들에게는 환난으로 갚으시고

7 환난을 당하는 여러분에게는 주 예수께서 그분의 능력의 천사들과 함께 하늘로부터 불꽃 가운데 나타나실 때 우리와 함께 안식으로 갚으실 것입니다. 사 66:15-16

8 하나님을 알지 못하는 사람들과 우리 주 예수의 복음에 복종하지 않는 사람들에게 형벌을 내리실 것입니다. 롬 2:8

9 그런 사람들은 주의 얼굴과 그분의 영광스러운 능력에서 떠나 영원한 멸망의 형벌을 받을 것입니다. 사 2:10,19,21

10 그날에 주께서 오셔서 그분의 거룩한 백성들 가운데서 영광을 받으시고 모든 믿는 사람 가운데서 높임을 받으실 것입니다. (이는 여러분이 여러분에게 전한 우리의 증거를 믿었기 때문입니다.) 시 89:7

11 바울의 기도 그러므로 우리는 항상 여러분을 위해 우리 하나님께서 여러분을 부르심에 합당한 사람이 되게 하시고 또한 모든 선한 뜻과 믿음으로 하는 일을 그분의 능력으로 이루어 주시기를 기도합니다.

12 이렇게 함으로 우리 하나님과 주 예수 그리스도의 은혜에 따라 우리 주 예수의 이름이 여러분 가운데서 영광을 받으시고 여러분도 그리스도 안에서 영광을 얻게 되기를 원합니다. 2:15;마 24:6;막 13:7

2 재림 전의 사건들 형제들이여, 우리 주 예수 그리스도께서 오실 것과 우리가 함께 그 앞에서 모일 것에 관해 여러분에게 간청합니다.

2 여러분은 영으로나 말로나 혹 우리에게서 받았다고 하는 편지로나 주의 날이 임박했다고 생각하고 쉽게 동요하거나 놀라지 마십시오.

3 아무도 여러분을 어떤 방식으로든 속이

불법의 사람은 누구인가?

바울은 '불법의 사람'이 나타나지 않은 것을 아직 마지막 날이 이르지 않았다는 증거로 보았어요. '불법의 사람'은 정확히 누구라고 말할 수는 없어요. 사탄의 악한 일을 행하는 자들을 '그리스도의 적대자'라고 하는데, 역사 속에는 아주 많았어요. 자신 스스로가 하나님이라고 하는 사람은 분명히 '불법의 사람'이에요(살후 2:4). 또 바울은 '불법의 사람'과 '멸망의 아들'을 같은 말로 사용했어요(살후 2:3). '멸망의 아들'은 멸망받도록 운명 지어진 사람을 가리키는 말로, 복음서에서는 '가룟 유다'를 가리키는 말이었어요(요 17:12). 이 뜻은 '불법의 사람'이 악한 계획을 갖고 성도들을 미혹하고 괴롭히는 일을 해도 마지막엔 멸망당하는 것을 말해요

살후

못하게 하십시오. 이는 먼저 배교하는 일이 발생하고 불법의 사람, 곧 멸망의 아들이 나타나지 않는 한 그날은 오지 않을 것이기 때문입니다. _{요 17:12;엡 5:6;단 7:8}

4 그는 신이나 혹은 경배의 대상이라고 일컬어지는 모든 것을 대적해 자신을 높이고 하나님의 성전에 앉아 자신을 하나님이라고 주장할 것입니다. _{행 17:23}

5 내가 여러분과 함께 있을 때 여러분에게 이런 말을 한 것을 기억하지 못하십니까?

6 여러분은 그가 자신의 때에 자신을 나타내도록 지금 그를 막는 것이 있다는 것을 알고 있습니다.

7 불법의 비밀은 이미 활동하고 있습니다. 다만 지금 저지하는 자가 있어 그가 물러날 때까지는 그렇게 할 것입니다.

8 그때에 불법자가 자신을 드러낼 것이나 주 예수께서 그분의 입 기운으로 그를 제거하시고 오셔서 나타나심으로 그를 멸망시키실 것입니다. _{사 11:4}

9 그 불법자는 사탄의 활동을 따라 나타나서 갖가지 능력과 거짓 표적들과 기적들과

10 모든 불의의 속임수와 함께 멸망받을 사람들에게 이를 것입니다. 이것은 그들이 구원을 얻기 위해 진리의 사랑을 받아들

이기를 거부했기 때문입니다.

11 그러므로 하나님께서는 미혹의 영을 그들에게 보내셔서 그들로 거짓된 것을 믿게 하십니다.

12 이는 진리를 믿지 않고 불의를 기뻐하는 모든 사람들이 심판을 받게 하시려는 것입니다. _{롬 2:8}

13 굳게 설 것을 권함 그러나 주의 사랑을 받는 형제들이여, 우리는 여러분으로 인해 하나님께 항상 감사할 뿐입니다. 이는 하나님께서 여러분을 택하여서 여러분으로 성령의 거룩하게 하심과 진리의 믿음 가운데 구원 얻는 첫 열매가 되게 하셨기 때문입니다. _{1:3;엡 1:4;살전 1:4;5:9}

14 이를 위해 하나님께서 우리의 복음을 통해 여러분을 부르셨으니 이는 우리 주 예수 그리스도의 영광을 얻게 하시려는 것입니다.

15 그러므로 형제들이여, 굳게 서서 우리의 말이나 편지를 통해 여러분이 배운 전통들을 굳게 지키십시오. _{2:2;3:6;고전 11:2}

16 우리 주 예수 그리스도와 우리를 사랑하시며 은혜 가운데 영원한 위로와 선한 소망을 주시는 하나님 우리 아버지께서 친히

여러분의 마음을 위로하시고 모든 선한 일과 말에 강건하게 해 주시기를 빕니다.

예수님의 재림

재림에 대해 말한 사람들	① 예언자들이 말했다(단 7:13) ② 예수님도 친히 말씀하셨다(마 25:31) ③ 바울도 말했다(딤전 6:14) ④ 천사들도 말했다(행 1:10~11)
재림의 시기	① 하나님만이 아시는 비밀이다(마 24:36) ② 각 족속에게 복음이 전파된 후에 오신다(마 24:14)
재림의 목적	① 성도의 구원을 이루시기 위해(히 9:28) ② 성도에게서 영광을 얻으시려고(살후 1:10) ③ 심판하시려고(딤후 4:1) ④ 영원히 다스리시기 위해(계 11:15) ⑤ 어둠에 감추인 것들을 드러내시기 위해(고전 4:5) ⑥ 그분이 있는 곳으로 우리를 데려가시기 위해(요 14:3) ⑦ 사망을 멸망시키기 위해(고전 15:25~26)
재림의 징조	① 디모데후서 3장 1~7절에 나타난 22가지 일들 ② 마태복음 24장 4~44절의 징조들 ③ 바울도 말했다(딤전 6:14) ④ 교회의 완성(롬 11:25) ⑤ 복음이 온 세상에 전파됨(마 24:14) ⑥ 그리스도의 적대자가 나타남(살후 2:3~8)

배교(2:3, 背敎, rebellion) 자기가 믿던 신을 버리고 다른 신을 따르는 것. 전통(2:15, 傳統, tradition) 한 집단에 옛날부터 이어져 내려오는 것. 여기서는 예수님의 제자나 사도 바울이 가르쳤던 바른 가르침을 말함. 강건(2:17, 剛健, strength) 의지나 마음이 굳세고 건전한 것.

3 기도 부탁 마지막으로 형제들이여, 주의 말씀이 여러분에게서와 같이 속히 전파돼 영광스럽게 되고 2 또한 우리를 불의하고 사악한 사람들로부터 구원해 주시도록 우리를 위해 기도해 주십시오. 이는 믿음은 모든 사람들의 것이 아니기 때문입니다. 롬 15:31

3 주께서는 신실하시니 여러분을 강하게 하시고 악한 자로부터 보호해 주실 것입니다.

4 여러분에 관해서는 우리가 명령한 것들을 여러분이 행하고 있고 또 계속 행할 것을 주 안에서 확신합니다.

5 주께서 여러분의 마음을 인도하셔서 하나님의 사랑과 그리스도의 인내에 이르게 하시기를 빕니다. 살전 3:11

6 게으름에 대한 경고 형제들이여, 우리가 우리 주 예수 그리스도의 이름으로 여러분에게 명령합니다. 여러분은 게으르게 행하고 우리에게서 받은 전통을 따라 살지 않는 모든 형제를 멀리하십시오.

7 여러분은 우리를 어떻게 본받아야 할 것인지 스스로 알고 있습니다. 우리는 여러분과 함께 있을 때 게으르게 행하지 않았고

8 아무에게서도 음식을 값없이 먹지 않았고 도리어 여러분 가운데 어느 누구에게도 짐이 되지 않으려고 수고하고 고생하며 밤낮으로 일했습니다.

9 이는 우리가 권한이 없어서가 아니라 우리 스스로 여러분에게 본을 보여 우리로 본을 삼게 하기 위한 것입니다. 벧전 5:3

10 우리가 여러분과 함께 있을 때도 여러분에게 명령하기를 "누구든지 일하기 싫으면 먹지도 말라"고 했습니다.

11 내가 들으니 여러분 가운데 몇몇 사람들이 게을리 행하되 아무 일도 하지 않고 참견이나 한다고 합니다. 6절;딤전 5:13;벧전 4:15

12 그런 사람들에게 우리는 주 예수 그리스도 안에서 명령하고 또 권면합니다. 조용히 일해 자신의 양식을 먹도록 하십시오.

13 그러나 형제들이여, 선을 행하다가 낙심하지 마십시오. 갈 6:9

14 누구든지 이 편지에서 한 우리의 말을 순종치 않거든 그를 지목해 그와 어울리지 마십시오. 그리하여 그로 부끄러움을 느끼게 하십시오.

15 그러나 그를 원수처럼 여기지 말고 형제같이 권고하십시오. 살전 5:12,14

16 축복 기도 평강의 주께서 친히 여러분에게 온갖 방식으로 항상 평강 주시기를 빕니다. 주께서 여러분 모두와 함께하시기를 원합니다. 민 6:26;룻 2:4

17 나 바울은 친필로 문안합니다. 이것이 모든 편지의 표가 되므로 내가 이렇게 씁니다.

18 우리 주 예수 그리스도의 은혜가 여러분 모두와 함께하시기를 빕니다.

친필(3:17, 親筆) 손으로 직접 쓴 글씨. 표식(3:17, 表式, mark) 바울 자신의 글씨체를 말하는 것으로, 이 편지가 바울이 쓴 것임을 나타낸다.

누구든지 일하기 싫으면 먹지도 말라

1Timothy
디모데전서

바울과 디모데는 아버지와 아들과 같은 사이였어요. 바울은 2차 전도 여행 때 루스드라에서 디모데를 알게 되었고, 함께 전도 여행을 다녔어요. 바울은 디모데와 함께 생활하면서 디모데가 누구보다도 복음에 열정적이고 헌신적임을 알았어요. 그래서 바울은 디모데에게 에베소 교회를 책임지고 돌보라고 부탁했어요. 그렇지만 디모데는 나이도 어리고 경험도 부족했어요. 게다가 당시에는 '영지주의'라는 이단이 유행하고 있었어요. 바울은 디모데에게 교회 지도자로서 교회를 어떻게 지도하고 목회자가 어떻게 살아야 하는지를 가르쳐어요. 이단의 거짓 가르침을 경계하며, 성도의 경건한 생활에 대해 알려 주고 있어요.

디모데전서는 무슨 뜻인가요?

'디모데에게 보내는 첫 번째 편지'라는 뜻이에요.

누가 썼나요?

바울이 썼어요. 바울이 쓴 편지 중에 디모데전·후서와 디도서를 '목회 서신'이라고 불러요. 바울이 디모데와 디도에게 개인적으로 편지를 썼지만, 그 내용에는 목회자가 갖추어야 할 가르침들이 많기 때문이에요.

언제 썼나요?

로마 감옥에서 석방된 후 로마에서 순교하기 전,
AD 63~65년경

주요한 사람들은?

바울
사도, 선교사, 옥혼자

디모데
바울이 아들처럼 여긴
신실한 동역자

한눈에 보는 디모데전서

1장 거짓 가르침의 위험

4장 거짓 교사들에 대한 대책

6장 성도의 삶에 대한 교훈

2-3장 기도와 교회 일꾼들의 자격

5장 교회의 질서에 대한 교훈

디모데전서

1 Timothy

1 안부 인사 우리 구주 하나님과 우리의 소망이신 그리스도 예수의 명령을 따라 그리스도 예수의 사도가 된 바울은 ^{골 1:27;딛 1:3}

2 믿음 안에서 참된 아들인 디모데에게 편지를 쓴다. 하나님 아버지와 그리스도 예수 우리 주께서 은혜와 긍휼과 평강을 네게 베푸시기를 빈다. ^{딤후 1:2;딛 1:4}

3 건전치 못한 가르침 내가 마케도니아로 떠날 때 네게 당부한 대로 너는 에베소에 머물러 있어라. 이는 어떤 사람들을 명해 그들로 다른 교훈을 가르치지 못하게 하고

4 신화와 끝없는 족보에 마음을 빼앗기지 못하게 하기 위한 것이다. 이런 것들은 믿음 안에서 하나님의 경륜을 이루기보

people

디모데

이름의 뜻은 '하나님을 경외하다'이다. 바울이 많이 사랑한 동역자로, 어렸을 때부터 어머니와 할머니에게서 성경을 배웠다. 바울에게 할례를 받은 후 바울과 전도 여행에 동행했다.
디모데는 몸이 좀 약했고, 소극적인 성격이었던 것 같으나 바울의 훌륭한 대변인이자 전달자였다. 바울에게서 두 통의 편지(디모데전후서)를 받았다. 바울은 디모데를 '사랑하는 신실한 아들', '믿음 안에서 참된 아들'이라고 평가했다.

디모데가 나오는 말씀
>> 행 16:1-3; 19:22;
딤전 1:2; 딤후 1:5;
3:15

는 오히려 쓸데없는 논쟁만을 불러일으킬 뿐이다. ^{4:7;6:4;딤후 4:4;딛 3:9}

5 이 명령의 목적은 깨끗한 마음과 선한 양심과 거짓 없는 믿음에서 나오는 사랑을 이루는 데 있다. ^{딤후 2:22;벧전 1:22;3:16,21}

6 어떤 사람들은 이에서 벗어나 쓸데없는 논쟁에 빠졌다. ^{6:21;딤후 2:18;딛 1:10}

7 그들은 율법 선생이 되려 하지만 자기가 말하는 것이나 자기가 확신을 갖고 주장하는 것이 무엇인지 제대로 알지도 못한다.

8 바르게 사용해야 할 율법 그러나 우리가 아는 것은 어떤 사람이 율법을 바르게 사용한다면 그 율법은 선하다는 것이다.

9 율법은 의로운 사람을 위해 세워진 것이 아니라 법을 어기는 사람과 불순종하는 사람과 경건하지 않은 사람과 죄인과 거룩하지 않은 사람과 세속적인 사람과 아버지를 죽인 사람과 어머니를 죽인 사람과 살인하는 사람과 ^{갈 5:23}

10 음란한 짓을 하는 사람과 남색하는 사람과 사람을 유괴하는 사람과 거짓말하는 사람과 거짓 맹세하는 사람과 그 외에 건전한 교훈을 거스르는 사람 때문에 세워진 것이다. ^{딤후 4:3;딛 1:9;2:1}

11 내게 맡겨 주신 이 교훈은 복되신 하나님의 영광스러운 복음을 따른 것이다. ^{6:15;딛 1:3}

12 본이 되는 바울 나는 내게 능력을 주신 그리스도 예수 우리 주께 감사드린다. 이는 주께서 나를 믿고 내게 직분을 맡겨 주셨기 때문이다. ^{행 9:22;엡 4:13;딤전 4:17}

13 내가 전에는 훼방꾼이요, 핍박자요, 폭행자였으나 오히려 긍휼히 여기심을 받은 것은 내가 믿지 않을 때 알지 못하고 행했기 때문이다. ^{고전 7:25;고후 4:1}

14 우리 주의 은혜가 그리스도 예수 안에 있는 믿음과 사랑과 함께 넘치도록 풍성했다.

15 이 말씀은 믿을 만한 것이요, 또한 모든

---

^{신화(1:4, 神話, myth)} 거짓 선생들이 터무니없이 꾸며낸 이야기 ^{경륜(1:4, 經綸, administration)} 하나님께서 세상을 다스리고 관리하는 것으로 구원은 예수 그리스도 안에서 계획된 것을 말함. ^{영생(1:16, 永生, eternal life)} 예수님을 구주로 믿음으로 얻어지는 영원한 생명. ^{파선(1:19, 破船, shipwreck)} 배가 부서지는 것으로, 믿음을 지키지 못하고 떠난 것을 말함.

사람이 받을 만한 말씀이다. 곧 그리스도 예수께서 죄인을 구원하시려고 세상에 오셨다는 것이다. 죄인 가운데 내가 가장 악한 사람이다.

3:1;4:9;마 9:13;딤후 2:11

16 그러나 내가 긍휼히 여김을 받은 까닭은 그리스도 예수께서 내게 먼저 끝없는 인내를 보이심으로써 앞으로 주를 믿어 영생 얻을 사람들의 본보기로 삼으시려는 것이었다.

17 영원하신 왕, 곧 없어지지 않으시고 보이지 않으시는 오직 한 분 하나님께 존귀와 영광이 영원토록 있기를 빈다. 아멘.

4:14

18 믿음과 선한 양심을 가져야 할 아들 디모데야, 전에 네게 주어진 예언을 따라 내가 네게 이렇게 명령한다. 너는 그 예언을 따라 선한 싸움을 싸우고

19 믿음과 선한 양심을 가져라. 어떤 사람들은 선한 양심을 버렸고 그 믿음에 관해서는 파선했다.

20 그들 가운데 후메내오와 알렉산더가 있는데 내가 그들을 사탄에게 내어 주었다. 이것은 그들이 징계를 받아 다시는 하나님을 모독하지 못하게 하기 위한 것이다.

2 기도를 권함 그러므로 무엇보다 내가 권하는 것은 모든 사람을 위해 간구와 기도와 중보의 기도와 감사를 하라는 것이다.

2 왕들과 높은 지위에 있는 모든 사람을 위해서도 그렇게 하여라. 이는 우리가 모든 경건함과 거룩함 가운데 조용하고 평화로운 생활을 하려는 것이다.

3:4;스 6:10

3 이것은 우리 구주 하나님이 보시기에 선하고 받으실 만한 것이다.

1:1;5:4

4 그분은 모든 사람이 구원을 받으며 진리를 깨닫게 되기를 원하신다.

딤후 2:25;3:7

5 하나님은 한 분이시고 하나님과 사람 사이의 중보자도 한 분이시니, 곧 사람이신 그리스도 예수이시다.

6 그분은 모든 사람을 위해 자신을 대속물로 내어 주셨는데 이것은 적절한 때 주어진 증거다.

6:15;딛 1:3

7 이것을 위해 내가 믿음과 진리 안에서 전파하는 사람과 사도, 곧 이방 사람의 선생으로 세움을 입었다. 이것은 진실이요, 거짓말이 아니다.

1:11;엡 3:7~8;딤후 1:11

8 그러므로 나는 각 곳에서 남자들이 분노와 다툼 없이 거룩한 손을 들고 기도하기를 바란다.

시 63:4;119:48

9 여자들이 해야 할 치장 이와 같이 여자들도 단정한 옷을 차려입고 겸손과 정절로 자기를 치장하고 땋은 머리나 금이나 진주나 값비싼 옷으로 하지 말고

벧전 3:3

10 오직 착한 행실로 치장하기를 바란다. 이는 하나님을 공경한다고 고백하는 여자들에게 마땅한 것이다.

11 여자의 역할 여자는 온전히 순종하며 조용히 배워라.

딛 2:5

12 나는 여자가 가르친다거나 남자를 지배하는 것을 허락하지 않는다. 여자는 조용히 있어야 한다.

13 이것은 아담이 먼저 창조됐고 하와는 그 다음에 창조됐기 때문이며

창 1:27;2:8,18,22

14 아담이 속은 것이 아니라 여자가 속임을 당하고 죄에 빠졌기 때문이다.

창 3:6,13

15 그러나 여자가 정숙해서 믿음과 사랑과

중보의 기도

중보의 기도는 남을 위해 하나님께 간청하는 기도를 말한다.

구약에서는 대제사장이 해야 할 일이었다(히 5:1). 예수님은 영원히 살아 계신 대제사장으로 지금도 중보의 기도를 하고 계신다(히 7:25). 또 성령님도 친히 말할 수 없는 탄식으로 우리를 위해 간구하고 계신다(롬 8:26).

바울은 그가 세운 교회의 성도들에게 중보해 달라는 기도 요청을 많이 하고 있다(엡 6:19; 골 4:2~4; 딤전 2:1). 야고보 역시 병든 사람을 위해 기도하는 것과 의인의 중보의 기도가 갖는 효력과 능력을 말하고 있다(약 5:16).

중보의 기도는 우리 힘으로만 할 수 없다. 오직 예수님께 힘을 얻어야만 가능하다(롬 8:34).

거룩함에 거하면 자녀를 낳음으로 구원을 받을 것이다. 1:14

3 감독의 자격 이것은 믿을 만한 말이다. 곧 사람이 감독의 직분을 간절히 사모한다면 그는 선한 일을 열망하고 있다는 것이다.

2 그러므로 감독은 비난받을 일이 없고 한 아내의 남편이며 절제하며 신중하며 단정하며 나그네를 잘 대접하며 가르치기를 잘하며 11절딤후 2:24딛 1:6~9 22벧전 4:9

3 술을 즐기지 않으며 폭력적이지 않으며 온유하며 싸우지 않으며 돈을 사랑하지 않으며 딛 3:2롬 13:5

4 자기 집안을 잘 다스리며 자녀들을 모든 단정함 가운데 복종하게 하는 사람이어야 한다.

5 (사람이 자기 집안을 다스릴 줄 알지 못하면 어떻게 하나님의 교회를 돌볼 수 있겠는가?)

6 또 개종한 지 얼마 되지 않은 사람도 안 된다. 이것은 그가 교만해져서 마귀의 정죄에 빠질 우려가 있기 때문이다. 6:4

7 또한 믿지 않는 사람들에게서도 좋은 평판을 받는 사람이라야 한다. 이는 그가 비방과 마귀의 덫에 걸리지 않게 하기 위한 것이다. 딤후 2:26

8 **집사의 자격** 마찬가지로 집사들도 존경할 만하고 한 입으로 두 말을 하지 않으며 술에 중독되지 않고 부당한 이득을 탐내지 않으며 빌 1:1딛 1:7

9 깨끗한 양심에 믿음의 비밀을 간직한 사람이라야 한다.

10 이런 사람들은 먼저 시험해 보고 그 후에 책망할 것이 없으면 집사의 직분을 맡게 하여라.

11 이와 같이 여자들도 존경할 만하고 남을 헐뜯지 않으며 절제하고 모든 일에 믿을 만한 사람이라야 한다. 딛 2:3

12 집사들은 한 아내의 남편이며 자녀와 자기 집안을 잘 다스리는 사람이어야 한다.

13 집사의 직분을 잘 수행한 사람들은 자기들을 위해 훌륭한 지위를 얻게 되고 그리스도 예수 안에 있는 믿음 안에서 큰 확신을 얻게 된다.

14 **편지를 쓰는 이유** 내가 당장이라도 네게 가기를 바라면서 이렇게 네게 편지를 쓰는 것은

15 내가 늦어질 경우 네가 하나님의 집에서 어떻게 행할 것인지 알게 하기 위한 것이다. 이 집은 살아 계신 하나님의 교회요, 진리의 기둥과 터다.

16 참으로 이 경건의 비밀이 위대하다. 그분은 육체로 나타나셨고 성령으로 의롭다 함을 얻으셨다. 천사들에게 보이셨고 나라들 가운데 전파되셨다. 세상이 그분을 믿었고 그분은 영광 가운데 올라가셨다.

4 잘못된 가르침 성령께서 밝히 말씀하시기를 "마지막 때에 어떤 사람들이 믿음에서 떠나 속이는 영들과 귀신들의 가르침을 따를 것이다"라고 하신다.

2 그런 가르침은 양심에 낙인찍힌 거짓말쟁이들의 속임수에서 나오는 것이다.

QT 큐티 **지도자**

좋은 **지도자**

나보고 뭘 하라고?
난 못해.
정말 못한다고.T.T
반장은 아무나 하나요?

학교에서 집으로 돌아오는데 동네 아저씨들이 '정치가들이 좋은 지도자네 아니네 하면서 말다툼을 하고 있었어요. 엄마, 아빠 이야기를 들어 보면 정치하는 아저씨들은 자기한테 불리하면 '이랬다저랬다' 한대요. 얼마 전에 반장이 됐어요. 친구가 반장이 됐을 때는 정말 좋았는데, 막상 반장으로서 친구들을 위해 봉사하고 싶은데 무엇을 해야 할지 모르겠어요. 친구들은 반장이 된 저를 보며 어떻게 생각할지? 예전에는 여자 아이들을 괴롭히고, 아이들도 많이 때렸는데…. 하지만 이제는 성경도 보고, 기도도 열심히 해요.

3 그들은 결혼을 못하게 하고 어떤 음식들을 피하라고 할 것이다. 그러나 음식은 하나님께서 믿는 사람들과 진리를 아는 사람들이 감사함으로 받게 하려고 창조하신 것이다. 창1:29;9:3

4 하나님께서 창조하신 것은 모두 선하므로 감사하는 마음으로 받으면 버릴 것이 하나도 없다. 창1:31

5 그것은 하나님의 말씀과 기도로 거룩해진다. 창1:25,31

6 경건에 힘씀 네가 이런 것들을 그 형제들에게 가르친다면 그리스도의 선한 일꾼이 되어 믿음의 말씀과 네가 따르는 선한 가르침으로 양육받게 될 것이다.

7 저속하고 헛되게 꾸며 낸 이야기를 버리고 오직 경건에 이르도록 너 자신을 단련하여라. 히5:14

8 육체를 단련하는 것은 조금은 유익하나 경건은 모든 일에 유익하며 이 세상과 앞으로 올 세상의 생명을 약속한다. 시37:4,9

9 이 말은 진실하며 모든 사람이 받을 만하다.

10 이것을 위해 우리가 수고하며 애쓰고 있다. 이는 우리가 살아 계신 하나님께 소망을 두고 있기 때문이다. 하나님은 모든 사람 특히 믿는 사람들의 구주이시다.

11 가르침과 본 너는 이런 것들을 명령하고 가르쳐라. 5:7;6:2

12 네가 젊다고 해서 누구라도 너를 업신여기지 못하게 하고 오직 말과 행실과 사랑과 믿음과 순결에 대해 믿는 사람들의 본이 되어라. 고전16:11;벧전5:3

13 내가 갈 때까지 너는 성경 낭독과 설교와 가르치는 일에 전념하여라.

14 네 속에 있는 은사, 곧 장로들의 모임에서 안수받을 때 예언을 통해 받은 은사를 소홀히 여기지 마라. 1:18

15 이것들을 실천하고 이것들을 꾸준히 행하여라. 그래서 네 진보가 모든 사람에게 나타나게 하여라. 빌1:12

16 너 자신과 가르침에 주의하고 그 일들을 계속하여라. 이렇게 함으로 너는 너뿐 아니라 네 말을 듣는 모든 사람들을 구원할 것이다. 겔33:9

5 다른 사람을 대하는 자세 너는 나이가 많은 남자를 꾸짖지 말고 아버지에게 하듯 권면하여라. 청년들에게는 형제들을 대하듯이 권면하여라.

2 나이 많은 여자들에게는 어머니를 대하듯이 권면하고 젊은 여자들에게는 자매를 대하듯이 오직 순수함으로 권면하여라.

3 참과부를 존대할 것 참과부인 과부를 존대하여라. 5;16절

4 그러나 어떤 과부에게 자녀나 손자가 있다면 그들로 하여금 먼저 자기 집에서 신앙적 의무를 다하는 것과 부모에게 보답하는 것을 배우게 하여라. 이것이 하나님께서 원하시는 일이다. 막7:10~13;엡6:1~2

5 참과부로서 외로운 사람은 자기의 소망을 하나님께 두고 밤낮으로 기도와 간구에 전념한다. 3,16절

6 향락을 좋아하는 여자는 살아 있으나 죽은 것이다. 약5:5;계3:1

7 또한 너는 이것들을 명령해서 그들로 비난받는 일이 없도록 하여라. 4:11;6:2

요즘은 아이들도 안 괴롭혀요. 근데 자꾸 걱정이 돼요. 믿지 않는 아이들이나 믿음이 약한 아이들이 나를 볼 때, 어떻게 생각할지? 얼마 전부터는 누가 보든 보지 않든 양심에 거리낌 없는 행동을 하는지 자신한테 물어보게 돼요(딤전 3:9). 친구들의 비밀을 잘 지켜 주는 믿음직한 사람인지도 말이죠.

깊이 읽기 디모데전서 3장 1~13절을 읽으세요.

개종(3:6, 改宗, convert) 다른 종교를 가졌다가 예수님을 믿는 것. 정죄(3:6, 定罪, judgment) 죄가 있다고 지적하는 것. 낙인(4:2, 烙印) 어디에 속하여 있는지 표시하기 위해 불에 달구어 찍는 쇠도장. 은사(4:14, 恩賜, gift) 하나님이 자신의 영광과 교회의 유익을 위해 일할 수 있도록 주시는 선물. 권면(5:1, 勸勉, exhort) 알아듣도록 말하고 용기를 주어 힘을 내게 함.

8 누구든지 자기 친척 특히 자기 가족을 돌 보지 않는 사람은 믿음을 저버린 사람이요, 믿지 않는 사람보다 더 악한 사람이다.

9 명부에 올릴 과부 과부로 명부에 올릴 사람은 60세 이상이어야 하고 한 남편의 아내였던 사람이어야 한다.

10 또 그는 선한 행실들로 인정을 받는 사람이어야 한다. 곧 자녀를 잘 부양했든지 나그네를 잘 대접했든지 성도들의 발을 씻겼든지 환난당한 사람들을 구제했든지 모든 선한 일에 헌신한 사람이어야 한다.

11 젊은 과부에 대하여 그러나 젊은 과부는 거절하여라. 이는 그들이 그리스도를 거슬러 정욕에 사로잡히게 되면 결혼하고 싶어 할 것이고

12 그럴 경우 처음 믿음을 저버렸기 때문에 심판을 받게 될 것이다.

13 또한 그들은 이 집 저 집 돌아다니며 게으름을 배우고 게으를 뿐 아니라 수다를 떨며 남의 일을 참견하고 마땅히 해서는 안 될 말을 할 것이다.　살후 3:11;벧전 4:15;잠 1:10

14 그러므로 나는 젊은 과부들은 결혼해서 아이를 낳고 집안일을 돌봄으로 대적자에게 비난할 기회를 아예 주지 않기를 바란다.

15 실제로 어떤 사람들은 이미 떠나 사탄에게로 갔다.

16 여자들의 책임 만일 믿는 여자에게 과부 친척이 있다면 자기가 그 과부를 도와주고 교회에 부담을 주지 않도록 하여라. 이는 교회가 참과부를 도와주도록 하기 위한 것이다.　3,5절

17 장로에 대한 존경과 후원 잘 다스리는 장로들은 두 배나 존경을 받게 하여라. 특히 설교와 가르치는 일에 수고하는 사람들을 더욱 그렇게 하여라.　신 21:17;롬 12:8;살전 5:12

18 성경에서 말하기를 "곡식을 밟아 떠는 소의 입에 망을 씌우지 말라"고 했고, "일꾼이 자기의 품삯을 받는 것은 마땅하다"고 했다.　민 18:31;신 25:4;대하 15:7;마 10:10;고전 9:9

19 장로에 대한 고소는 두세 사람의 증인이 없으면 받지 마라.　신 19:15

20 죄를 지은 사람은 모든 사람 앞에서 꾸짖어 다른 사람들도 두려워하게 하여라.

21 장로에 대한 주의 내가 하나님과 그리스도 예수와 택하심을 받은 천사들 앞에서 엄숙히 명령한다. 너는 이것들을 편견 없이 지키고 아무 일도 불공평하게 처리하지 마라.　6:13;딤후 2:14;4:1

22 아무에게나 경솔하게 안수하지 마라. 다른 사람들의 죄에 동참하지 말고 너 자신을 깨끗하게 지켜라.

23 건강에 대하여 이제부터는 물만 마시지 말고 네 위장과 잦은 병을 생각해 포도주를 조금씩 먹으라.　시 104:15

24 드러남에 대하여 어떤 사람들의 죄는 분명해서 먼저 심판을 받고 또한 어떤 사람들의 죄는 그다음에 심판을 받는다.

25 이와 같이 선한 일들도 명백히 드러나고

돈은 선하게 쓰면 좋은 도구가 되고, 나쁘게 쓰면 악한 도구가 되어요.

돈을 하나님보다 더 사랑하여 최고의 자리에 올려놓고, 돈이 최고의 목적이 될 때 문제가 생기는 거죠. 성경은 "돈을 사랑하는 것은 모든 악의 뿌리다"(딤전 6:10)라고 해요. 돈을 좋아하고 탐심을 갖게 되면 더 많이 가지려고 싸우게 되고(삿 5:19), 양심을 팔게 되는 경우가 생길 수 있어요(마 27:3,

돈 많이 벌기를 바라는 것도 죄인가요?

5). 뇌물을 받게 되고 부정을 저지르기도 해요. 결국 하나님보다 돈을 더 믿게 되어 믿음을 버리게 되고(딤전 6:9-10) 멸망하게 된답니다(벧후 8:20).

예수님은 돈과 같은 보물을 하늘에 쌓으라고 하셨어요(마 6:20). 돈의 노예가 되지 말고(마 6:24) 모든 것을 돌봐 주시는 하나님께 소망을 두고(마 6:32), 아낌없이 베풀고 나누라고 하세요(눅 12:33; 16:9; 딤전 6:17-19).

그렇지 않은 것들도 숨길 수 없다.

6 주인을 존경할 종의 멍에를 메고 있는 사람은 누구든지 모든 일에 존경심으로 주인을 대하라. 이는 하나님의 이름과 교훈이 비방을 받지 않게 하기 위한 것이다.

2 믿는 주인을 섬기는 사람들은 그 주인을 형제라고 해서 소홀하게 대하지 말고 도리어 더 잘 섬기라. 이는 그 섬김을 통해 유익을 얻는 사람들이 믿는 사람들이며 또한 사랑을 받는 사람들이기 때문이다. 너는 이런 것들을 가르치고 권면하여라.

3 다른 교리 누구든지 다른 교리를 가르치고 우리 주 예수 그리스도의 건전한 말씀과 경건에 부합한 교훈을 따르지 않으면

4 그는 교만해져서 아무것도 이해하지 못하고 오히려 쓸데없는 논쟁과 말싸움만 좋아하게 된다. 그러다가 결국 시기와 분쟁과 비방과 사악한 의심이 일어나

5 마음이 부패하게 되고 진리를 상실할 경건을 이익의 수단으로 여기는 사람들 사이에 다툼이 일어난다. _{딤후 3:8} _{딛 1:11}

6 돈에 대한 교훈 그러나 스스로 만족하는 마음이 있으면 경건은 큰 유익이 된다.

7 우리가 세상에 아무것도 갖고 온 것이 없으니 떠날 때도 아무것도 갖고 갈 수 없다.

8 우리가 먹을 것과 입을 것이 있으면 이것으로 만족해야 한다. _{창 28:20}_{잠 30:8}

9 부자가 되기를 원하는 사람들은 유혹과 올무와 여러 가지 어리석고 해로운 욕심에 떨어지고 만다. 이런 것들은 사람을 파멸과 멸망에 빠지게 한다. _{잠 15:27:23:4:28:20}

10 돈을 사랑하는 것은 모든 악의 뿌리다. 돈을 사모하는 어떤 사람들은 믿음에서 떠나 많은 고통으로 자기를 찔렀다.

11 믿음의 선한 싸움에 대한 권면 오, 하나님의 사람아! 너는 이것들을 멀리하여라. 의와

경건과 믿음과 사랑과 인내와 온유를 추구하여라. _{딤후 2:22}

12 믿음의 선한 싸움을 싸우라. 영원한 영생을 붙들라. 네가 이것을 위해 부르심을 받았고 또 많은 증인들 앞에서 선한 고백을 했다. _{벧전 5:10}

13 나는 만물에 생명을 주시는 하나님 앞과 본디오 빌라도에게 선한 고백으로 증언하신 그리스도 예수 앞에서 네게 명령한다.

14 너는 우리 주 예수 그리스도께서 나타나실 때까지 흠도 없고 책망받을 것도 없이 이 명령을 지켜라.

15 때가 되면 하나님께서 예수 그리스도의 나타나심을 보이실 것이다. 하나님은 복되시고 홀로 하나이신 주권자이시며 만왕의 왕이시요, 만주의 주이시다. _{1:11}

16 오직 그분만이 죽지 않으시고 가까이 갈 수 없는 빛 가운데 거하시며 아무 사람도 보지 못했고 볼 수도 없는 분이시다. 그분께 존귀와 영원한 능력이 있기를 빈다. 아멘.

17 재물의 적절한 사용 너는 이 세상의 부유한 사람들에게 명령해서 교만하지 말고 덧없는 재물에 소망을 두지 말며 오직 우리에게 모든 것을 풍성히 주어 누리게 하시는 하나님께 소망을 두게 하여라.

18 또한 선을 행하라고 좋은 일을 많이 하고 아낌없이 베풀고 기꺼이 나누어 주게 하여라.

19 그렇게 함으로 그들이 자신들을 위해 기초를 든든히 쌓아 앞날에 참된 생명을 얻게 하여라. _{12절}

20 축복 기도 디모데야, 네게 부탁한 것을 지키고 거짓된 지식에서 나오는 속된 말과 논쟁들을 피하여라. _{딤전 1:12:14:2:16:3:5}

21 어떤 사람들은 이것을 주장하다가 믿음에서 떠났다. 은혜가 너와 함께 있기를 빈다. _{1:6}

명부(5:9, 名簿, list) 어떤 일에 관련된 사람 또는 일의 관련된 것을 적어 둔 책. 부양(5:10, 扶養) 생활 능력이 없는 사람의 생활을 돌보아 주는 것. 멍에(6:1, yoke) 쟁기나 수레를 끌기 위해 소나 나귀 등의 목에 가로 얹는 막대. 다른 교리(6:3, false doctrine) 예수 그리스도를 믿으므로 구원을 얻는다는 진리가 틀렸다 하거나 다른 방법으로 구원을 얻을 수 있다고 말하는 가르침. 부합한(6:3, godly) '경건하다'라는 뜻으로 하나님 말씀을 기초로 하여 믿는 사람들에게 주는 가르침에 맞는 것을 말함. 올무(6:9, trap) 새나 짐승을 잡는 데 사용하는 장치. 속된 말(6:20, godless chatter) 신앙적이지 않은 말로, 개인적인 주장이나 감정으로 쓸데없이 지껄이는 말.

2Timothy
디모데후서

죽음을 앞둔 사람이라면 마지막으로 어떤 말을 하고 싶을까요? 아마 자신의 삶에 있어서 가장 중요하고 진실한 말을 하고 싶을 거예요. 바울의 유언과도 같은 이 편지에는 디모데에게 친찬과 위로와 격려와 사랑의 마음이 아주 많이 표현되어 있어요.

바울은 어렸을 때부터 어머니와 외할머니에게서 성경을 배운 디모데에게 성경이 구원에 이르게 하는 지혜를 주는 책이며, 하나님의 감동으로 쓰인 책임을 새삼 알려 주어요.

바울은 죽음에 이르는 마지막 순간까지도 복음 전파의 중요성과 전반함을 생각했어요. 그래서 디모데에게 어떤 고난이 있더라도 당대히 복음을 전파하라고 격려했어요. 마지막 때 믿음을 지키고 진리를 바르게 가르치는 일꾼이 되라고 부탁하고 있어요.

디모데후서는 무슨 뜻인가요?　　'디모데에게 보내는 두 번째 편지'라는 뜻이에요.

누가 썼나요?　　바울이 썼어요. 죽음을 앞두고 유언과 같은 마지막 편지를 디모데에게 썼어요. 바울은 사랑하는 디모데를 밤낮 생각하며 만나길 바란다면서, 마가를 데리고 속히 오라고 했어요.

언제 썼나요?　　바울이 2차로 로마 감옥에 갇힌 후 순교하기 전,
AD 66~67년경

주요한 사람들은?

바울
사도, 선교사, 옥죄자

디모데
바울이 아들처럼 여긴
신실한 동역자

한눈에 보는 디모데후서

1장 디모데를 향한 칭찬과 격려

3장 마지막 때 나타날 징조

2장 충성스러운 일꾼의 자질

4장 복음 전파의 책임과
개인적인 부탁

디모데후서 2 Timothy

1 안부 인사 하나님의 뜻으로 인해 그리스도 예수 안에 있는 생명의 약속을 따라 그리스도 예수의 사도 된 바울은 딛1:2;히9:15
2 사랑하는 아들 디모데에게 편지를 쓴다. 하나님 아버지와 그리스도 예수 우리 주께서 은혜와 긍휼과 평강을 네게 베푸시기를 빈다. 고전4:17
3 디모데를 향한 관심 나는 밤낮으로 기도하는 가운데 항상 너를 기억하며 깨끗한 양심으로 조상 때부터 섬겨 오는 하나님께 감사를 드린다. 롬1:9;딤전3:9;몬1:4
4 네 눈물을 기억하며 너를 만나 보기를 간절히 원한다. 그러면 나는 기쁨이 가득할 것이다. 빌1:8
5 나는 네 안에 있는 거짓 없는 믿음을 기억한다. 그것은 먼저 네 외할머니 로이스와 어머니 유니게 안에 있던 것으로 지금 네 안에도 있는 줄 내가 확신한다.
6 그러므로 내가 너를 일깨워서 내 안수를 통해 네가 받은 하나님의 은사를 다시 불일 듯 일으켜 주고자 한다. 딤전4:14
7 하나님께서 우리에게 주신 것은 두려움의 영이 아니라 능력과 사랑과 절제의 영이다.
8 사역에 대한 격려 그러므로 너는 우리 주를 증언하는 일이나 주를 위해 내가 죄수가 된 것을 부끄러워하지 말고 하나님의 능력으로 복음을 위해 고난을 받아라.
9 하나님께서는 우리를 구원하시고 거룩한 부르심으로 불러 주셨다. 그것은 우리의 행위에 따른 것이 아니라 오직 하나님의 계획과 은혜에 따른 것이다. 이 은혜는 영원 전에 이미 그리스도 예수 안에서 우리에게 주신 것인데 딤전1:1;1:23;4~5
10 이제는 우리 구주 그리스도 예수의 나타나심으로 인해 드러나게 되었다. 예수께서는 죽음을 폐하시고 복음으로써 생명과 썩지 않을 것을 밝히 드러내셨다.
11 그리고 이 복음을 위해 나를 선포자와 사도와 선생으로 세우셨다.
12 이로 인해 내가 다시 이러한 고난을 당하지만 나는 부끄러워하지 않는다. 내가 믿고 있는 분을 알기 때문에 내가 맡은 것을 그분께서 그날까지 지켜 주실 수 있음을 확신하기 때문이다. 8,18절;2:9;딤전6:20

은혜 (1:2, 恩惠, grace) 예수 그리스도를 통해 우리에게 주시는 하나님의 사랑. 양심 (1:3, 良心, conscience) 옳고 그름과 선하고 악한 것을 판단하는 도덕적인 생각. 선포자 (1:11, 宣布者, herald) 예수님의 말씀을 전하는 사람. 사도 (1:11, 使徒, apostle) 보냄을 받은 자. 본래 예수님의 열두 제자에게 붙여졌지만, 예수님의 명령에 따라 전 세계에 복음을 전하고 가르치는 사명을 받은 사람을 말함.

바울의 편지들

신약 성경 27권 중 사도 바울이 쓴 편지는 13권이다. 바울이 직접 쓰기도 했고, 다른 사람의 손을 빌려 쓰기도 했다.

편지를 쓴 동기는 다양하지만, 가장 중요한 요인은 바울이 세운 교회나 개인의 문제들을 해결하기 위해서였다. 그래서 전도 여행 중이나 감옥에 있을 때에도 편지를 썼다.

1차 전도 여행 중에는 갈라디아 교회에, 2차 전도 여행 중에는 고린도 교회와 데살로니가 교회에 편지를 썼다. 3차 전도 여행 중에는 로마 교회에 편지를 썼다. 로마 감옥에 있을 때에는 에베소 교회, 빌립보 교회, 골로새 교회와 빌레몬에게 편지를 썼다. 이처럼 바울이 감옥에서 쓴 편지를 '옥중 서신'이라고 부른다.

디모데전·후서, 디도서와 같이 목회자에게 보낸 편지는 '목회 서신'이라고 부른다.

교통, 통신, 인쇄술이 발달되지 않았던 당시의 상황을 고려할 때 이처럼 다양한 지역에 편지를 써서보내는 것은 쉬운 일이 아니었다.

2천 년이 지난 오늘날에도 바울의 편지를 읽을 수 있다는 것은 참으로 놀라운 일이다.

13 말씀을 표준으로 삼을 것 너는 그리스도 예수 안에서 믿음과 사랑으로 내게서 들은 건전한 말씀을 표준으로 삼아라. 딤전 1:14

14 우리 안에 거하시는 성령의 도움을 받아 네게 부탁한 선한 일들을 지키도록 하여라.

15 떠나간 사람들 너도 알다시피 아시아 지방의 모든 사람이 나를 버렸다. 그중에 부겔로와 허모게네가 있다. 행 19:10

16 오네시보로의 믿음 주께서 오네시보로의 집에 긍휼을 베푸시기를 빈다. 그는 내게 자주 기쁨을 주었고 또 내가 쇠사슬에 매인 것을 부끄러워하지 않았다. 몬 1:7,20

17 그가 로마에 있을 때는 더욱 열심히 나를 찾아와 만나 주었다. 마 25:36-40

18 (그날에 주께서 그에게 주의 긍휼을 베푸시기를 빈다. 너는 그가 에베소에서 나를 얼마나 많이 도왔는지 잘 알고 있다.)

2 헌신과 훈련 그러므로 내 아들아, 너는 그리스도 예수 안에 있는 은혜로 굳세

오네시보로

이름의 뜻은 '유익을 가져다주는 자'이다. 사도 바울이 로마 감옥에 두 번째 갇혔을 때 바울을 정성껏 보살펴 주었던 에베소 교회의 성도이다. 바울은 오네시보로에 대해 "그가 로마에 있을 때는 더욱 열심히 나를 찾아와 만나 주었다"라고 말했다. 바울을 떠난 부겔로와 허모게네의 대조적으로 오네시보로는 바울이 쇠사슬에 매인 것을 부끄러워하지 않았으며 도리어 바울 곁에서 자주 격려하고 기쁨을 주었다. 바울이 디모데에게 "그가 에베소에서 나를 얼마나 많이 도왔는지 네가 잘 알고 있다"라고 한 것을 보면, 바울에서뿐 아니라 에베소에서도 바울을 정성껏 섬겼음을 알 수 있다.

오네시보로가 나오는 말씀
>> 딤후 1:16-18; 4:19

어라.

2 그리고 너는 많은 증인 앞에서 내가 말한 것을 들었으니 이를 신실한 사람들에게 맡겨라. 그러면 그들이 또 다른 사람들을 가르칠 수 있을 것이다. 1:13;딤전 1:18

3 너는 그리스도 예수의 선한 군인답게 함께 고난을 받아라. 1:8;4:5;딤전 1:18

4 군 복무를 하는 사람은 아무도 자기의 사사로운 일에 얽매이지 않는다. 이는 자기를 군인으로 불러 모은 사람을 기쁘게 하기 위한 것이다. 벧후 2:20

5 또한 운동 경기를 하는 사람은 규칙대로 경기를 하지 않으면 월계관을 받지 못한다. 고전 9:10

6 열심히 일하는 농부가 수확물의 첫 몫을 받는 것이 마땅하다. 고전 9:10

7 내가 말하는 것을 곰곰이 생각해 보아라. 주께서 모든 일에 네게 총명을 주실 것이다.

8 그리스도를 기억함 내가 복음을 통해 전한 바와 같이 다윗의 자손으로 나시고 죽은 사람 가운데서 살아나신 예수 그리스도를 기억하여라. 고전 15:20

9 그 복음으로 인해 내가 범죄자처럼 사슬에 매이기까지 고난을 당할지라도 하나님의 말씀은 매이지 않는다. 1:8,12

10 그러므로 나는 택함을 받은 사람들을 위해 모든 것을 참고 견딘다. 이것은 그들 또한 그리스도 예수 안에 있는 구원을 영원한 영광과 함께 얻게 하려는 것이다.

11 이 말은 신실하다. 우리가 주와 함께 죽었으면 또한 주와 함께 살 것이다. 계 20:4

12 우리가 참고 견디면 주와 함께 다스릴 것이다. 우리가 주를 부인하면 또한 주께서도 우리를 부인하실 것이다.

13 우리가 신실하지 못할지라도 그분은 언제나 신실하시다. 그분은 자신을 부인하실 수 없기 때문이다. 민 23:19;딛 1:2

14 옳게 분별해야 할 진리 너는 그들에게 이것을 기억하게 하고 말다툼을 하지 말라고 하나님 앞에서 엄히 명령하여라. 그것은 아무 유익이 없고 오히려 듣는 사람들

해칠 뿐이다.

딤전 5:21;6:4;딛 3:9

15 너는 진리의 말씀을 바로 가르치는 부끄러울 것이 없는 일꾼으로 하나님께 인정받는 사람이 되기를 힘써라.

16 속된 잡담을 피하여라. 이런 말을 하는 사람들은 경건에서 점점 더 멀어지고

17 그들의 가르침은 암처럼 퍼져 나갈 것이다. 그중에는 후메내오와 빌레도가 있다.

18 그들은 진리에서 멀리 떠나 버렸고 부활이 이미 일어났다고 말하며 몇몇 사람들의 믿음을 파괴시키고 있다.

19 그러나 하나님의 견고한 터는 굳건히 서 있고 거기에는 "주께서 자기 백성을 아신다"라는 말씀과 "주의 이름을 부르는 사람은 누구든지 악에서 떠나라"라는 말씀이 새겨져 있다.

민 16:5;사 26:13;나 1:7

20 큰 집의 그릇 비유 큰 집에는 금그릇과 은그릇뿐 아니라 나무그릇과 질그릇도 있어서 어떤 것은 귀하게 사용되고 어떤 것은 막 사용되기도 한다.

롬 9:21

21 그러므로 누구든지 이러한 것에서 자신을 깨끗하게 하면 그는 주인이 모든 좋은 일에 요긴하게 사용하는 귀하고 거룩한 그릇이 될 것이다.

3:17;살전 3:1

22 또한 너는 청년의 정욕을 피하고 순결한 마음으로 주를 부르는 사람들과 함께 의와 믿음과 사랑과 화평을 추구하여라.

23 어리석고 무식한 논쟁을 피하여라. 너도 알다시피 그것은 다툼을 일으킬 뿐이다.

24 주의 종은 다투지 말아야 하고 모든 사람에 대해 온유하며 가르치기를 잘하고 참을성이 있어야 하며

마 12:18~19;딤전 3:2

25 반대하는 사람들을 온유함으로 바로잡아 주어야 한다. 이는 하나님께서 그들을 회개시켜 진리를 깨닫도록 하실지도 모른다는 기대 때문이고

단 4:27;갈 6:1;딤전 3:2

26 마귀에게 붙잡혀 마귀의 뜻을 따르던 그

딤전 6:2

말세는 언제를 말하나?

'말세'는 넓은 의미로 '예수 그리스도가 이 땅에 오신 때부터 다시 오실 때까지의 기간'을 말하며(히 1:2) 좁은 의미로는 '예수님이 다시 오시기 직전'을 말합니다(살후 2:2~4).

디모데후서 3장 1~7절에 나타난 말세의 징조들

❶ 사람들은 자기를 사랑한다. ❷ 돈을 사랑한다. ❸ 잘난 척한다. ❹ 교만하다. ❺ 하나님을 모독한다. ❻ 부모에게 순종하지 않는다. ❼ 감사할 줄 모른다. ❽ 거룩하지 않다. ❾ 무정하다. ❿ 화해하지 않는다. ⓫ 남을 헐뜯는다. ⓬ 무절제하다. ⓭ 난폭하다. ⓮ 선한 것을 좋아하지 않는다. ⓯ 배반한다. ⓰ 무모하다. ⓱ 자만하다. ⓲ 하나님을 사랑하기보다 쾌락을 더 사랑한다. ⓳ 경건의 모양은 있으나 경건의 능력은 인정하지 않는다. ⓴ 어리석은 여자들을 꾀어내는 사람들이 있다. ㉑ 온갖 종류의 욕심에 이끌린다. ㉒ 항상 배우기는 하지만 결코 진리의 지식에 도달할 수 없다.

들이 정신을 차리고 마귀의 올무에서 벗어나게 될지도 모른다는 기대 때문이다.

3 말세에 대한 예언 너는 이것을 알아라. 말세에 어려운 때가 올 것이다.

2 사람들은 자기를 사랑하고 돈을 사랑하고 잘난 척하고 교만하고 하나님을 모독하고 부모에게 순종하지 않고 감사할 줄 모르고 거룩하지 않고

눅 16:14;롬 1:30

3 무정하고 화해하지 않고 남을 헐뜯고 무절제하고 난폭하고 선한 것을 좋아하지 않고

4 배반하고 무모하고 자만하고 하나님을 사랑하기보다 쾌락을 더 사랑하고

빌 3:19

5 경건의 모양은 있으나 경건의 능력은 인정하지 않게 될 것이다. 너는 이런 사람들을 멀리하여라.

딤전 6:20

6 마음이 타락한 사람들 그들 가운데는 남의 집에 살며시 들어가 어리석은 여자를

월계관 (2:5, 月桂冠, victor's crown) 월계수의 가지와 잎으로 만들어 경기에서 우승한 사람 등이 썼던 관. **속된 잡담** (2:16, godless chatter) 쓸데없이 지껄이는 말로, 예수님의 말씀 외의 잘못된 진리를 말하는 것을 의미한다. **화평** (2:22, 和平, peace) 죄 때문에 하나님과 멀어진 것에서 회복됨으로 주어지는 평안을 말한다. **무정** (3:3, 無情, without love) 따뜻한 정이 없이 쌀쌀맞고 인정이 없음.

유인하는 사람들이 있을 것이다. 그런 여자들은 죄를 무겁게 지고 온갖 종류의 욕심에 이끌려

7 항상 배우기는 하지만 결코 진리의 지식에 도달할 수 없다. _{딤전2:4}

8 얀네와 얌브레가 모세를 대적했던 것처럼 그들도 진리를 대적한다. 그들은 마음이 타락한 사람들이요, 믿음에 실패한 사람들이다. _{출 7:11;딛 1:16}

9 그러나 그들은 더 나아가지 못할 것이다. 이는 그 두 사람의 경우처럼 그들의 어리석음이 모든 사람에게 명백히 드러날 것이기 때문이다. _{출 7:12;8:18;9:11}

10 성경 말씀에 대한 경외심 너는 내 가르침과 행실과 의향과 믿음과 오래 참음과 사랑과 인내를 본받으며

11 안디옥과 이고니온과 루스드라에서 내가 겪었던 것과 같은 핍박과 고난을 함께 겪었다. 그러한 핍박을 내가 겪었으나 주께서 이 모든 것에서 나를 구해 주셨다.

12 그리스도 예수 안에서 경건한 삶을 살고자 하는 사람들은 모두 핍박을 당할 것이다.

13 악한 사람들과 속이는 사람들은 더욱 악해져서 속이기도 하고 속기도 할 것이다.

14 그러나 너는 배우고 확신한 것 안에 머물러라. 너는 그것을 누구에게서 배웠는지 알고 있다.

15 또 너는 어려서부터 성경을 알고 있다. 성경은 네게 그리스도 예수 안에 있는 믿음으로 인해 구원에 이르는 지

혜를 줄 수 있다. _{시 119:99;요 5:39}

16 모든 성경은 하나님의 감동으로 된 것으로 교훈과 책망과 바르게 함과 의로 교육하기에 유익하다. _{롬 15:4;벧후 1:20~21}

17 이는 하나님의 사람으로 모든 선한 일을 위해 온전히 준비되게 한다. _{8절2:14}

4

말씀을 전파할 하나님 앞과 산 사람과 죽은 사람을 심판하실 그리스도 예수 앞에서 그분의 나타나실 것과 그분의 나라를 두고 내가 엄숙히 명령한다.

2 너는 말씀을 전파하여라. 때를 얻든지 못 얻든지 항상 힘써라. 끝까지 오래 참고 가르치며 책망하고 경계하고 권면하여라.

3 때가 오면 사람들이 바른 교훈을 받지 않고 오히려 욕심을 따라 귀를 즐겁게 하는 말을 하는 스승들을 많이 모아들일 것이다. _{3:1}

4 또 그들은 진리에서 돌이켜 허황된 이야기에 귀를 기울일 것이다.

5 그러나 너는 모든 일에 정신을 차리고 고난을 받으며 전도자의 일을 하며 네 임무를 다하여라. _{행 21:8;골 4:17;벧전 1:13}

6 신실한 사역에 대한 상급 나는 이미 부어 드리는 제물과 같이 제물로 드려졌고 세상을

어려서부터 외할머니 로이스와 어머니 유니게에게서 성경을 배운 디모데

떠날 때가 되었다.

빌 1:23;2:17

7 나는 선한 싸움을 싸우고 경주를 마치고 믿음을 지켰다.

행 20:24

8 이제 나를 위해 의의 면류관이 준비되었으니 주, 곧 의로우신 재판장이 그날에 내게 주실 것이다. 그리고 나뿐 아니라 주의 나타나심을 사모하는 모든 사람에게도 주실 것이다.

1:12;시 7:11;골 1:5;벧전 1:4

9 디모데에게 속히 오라고 함 너는 속히 내게로 와라.

:14

10 데마는 이 세상을 사랑해 나를 버리고 데살로니가로 갔고 그레스게는 갈라디아로 디도는 달마디아로 갔으며

골 4:14;몬 1:24

11 누가만 나와 함께 있다. 너는 올 때 마가를 데리고 와라. 그는 내 사역에 도움이 되는 사람이다.

12 내가 두기고를 에베소로 보냈다.

13 네가 올 때 드로아 가보의 집에 두고 온 내 겉옷을 가져오고 책은 특별히 양피지에 쓴 것을 가져와라.

14 해를 끼친 알렉산더 구리세공인 알렉산더가 내게 많은 해를 입혔다. 주께서는 그가 행한 대로 갚아 주실 것이다.

시 62:12;잠 24:12

15 너도 그를 주의하여라. 그가 우리의 말을 심히 대적했다.

16 하나님께 영광을 돌림 내가 처음 변론할 때 아무도 내 곁에 있지 않았고 모두 나를 남겨 두고 떠나갔다. 나는 그들에게 허물이 돌아가지 않기를 바란다.

17 그러나 주께서 내 곁에 서서 내게 힘을 주셨다. 이는 나로 하여금 말씀을 온전히 전파하게 하고 모든 이방 사람들이 그것을 듣게 하시기 위함이었다. 내가 사자의 입에서 구출되었다.

시 22:21;행 23:11;단 1:3

18 주께서 나를 모든 악한 공격에서 건져 내

시고 구원하셔서 그분의 하늘나라에 들어가게 하실 것이다. 그분께 영광이 영원무궁하기를 빈다. 아멘.

19 인사와 축도 브리스가와 아굴라 그리고 오네시보로의 집안사람들에게 안부를 전하여라.

:16

20 에라스도는 고린도에 머물러 있고 드로비모는 병이 들어 밀레도에 두고 왔다.

21 너는 겨울이 되기 전에 서둘러 내게로 와라. 으불로와 부데와 리노와 글라우디아와 모든 형제들이 네게 안부를 전한다.

22 나는 주께서 네 심령에 함께 계시기를 빈다. 은혜가 너희와 함께 있기를 빈다.

'부어 드리는 제물'
이란 무엇인가요?

'부어 드리는 제물'은 구약 시대에 행해진 제사 방법 중 '전제의 제물'을 말해요. 전제는 제물을 제단에 올려놓고 불사르기 전, 제물 위에 포도주를 붓는 의식이에요.

여기서 포도주는 생명을 상징했어요. 번제물이 어린양일 때는 포도주 4분의 1한을, 숫양일 때는 3분의 1한을, 수송아지일 때는 2분의 1한을 부었어요 (출 29:40; 민 15:5~10).

바울은 디모데에게 쓴 편지에서 자신을 '부어 드리는 제물'이라고 말했어요. 이것은 자신의 죽음을 의미하는 것이었어요(딤후 4:6).

또 빌립보 교회에 보낸 편지에서 '내 피를 붓는다'고 말했어요 (빌 2:17). 이는 빌립보 교회를 위해서는 자신의 목숨이라도 바치겠다는 뜻이었어요.

의향 (3:10, 意向, purpose) 무엇을 하려는 마음과 생각. 허황된 이야기 (4:4, myths) 예수님의 말씀이 아닌 헛되고 황당하며 믿을 수 없는 거짓된 것을 진리로 말하는 이야기. 면류관 (4:8, 冕旒冠, crown) 왕, 대제사장, 왕후나 경기에서 우승한 사람들이 썼던 관. 영광과 승리를 나타냄. 사역 (4:11, 使役, ministry) 하나님의 복음을 전하고, 신자들을 가르치고, 교회에 헌신하는 일. 양피지 (4:13, 羊皮紙, parchment) 양의 가죽을 얇게 펴서 말린 것으로, 옛날에 종이 대신 글을 쓰는 데 사용한 재료. 세공사 (4:14, 細工師, metalworker) 정밀하게 물건 만드는 일을 하는 사람. 안부 (4:19, 安否, greet) 어떤 사람이 편안하게 잘 지내는지, 그렇지 않은지 인사로 그것을 전하거나 묻는 일. 심령 (4:22, 心靈, spirit) 사람의 마음과 영

Titus
디도서

디도는 바울과 함께 크레타 섬 사람들에게 전도했어요. 그 후 바울은 디도를 그 섬에 남게 해서 장로와 감독을 세우고 교회를 돌보게 했어요. 하지만 크레타 섬 사람들은 거짓말쟁이고, 게으르고, 도덕적으로도 문제가 많았어요. 게다가 거짓 선생들이 구원받은 사람은 아무렇게나 살아도 된다고 가르쳐서 성도를 혼란스럽게 만들었어요. 바울은 어려움 속에 있는 디도를 위로하고 격려하며 교회의 질서를 바로 잡아가도록 가르치고 있어요.

바울은 디도에게 장로의 자격과 교회 여러 사람들에게 취해야 할 바른 태도를 가르치고 있어요. 이단을 경계하고 선한 일에 힘쓰도록 격려합니다.

디도서는 무슨 뜻이가요?
'디도에게 보내는 편지'라는 뜻이에요.

'존경하다'라는 뜻의 이름을 가진 디도에게 보낸 바울의 편지잖니다.

누가 썼나요?
바울이 아들처럼 여기는 디도에게 썼어요. 바울이 쓴 편지 중에 디모데전·후서와 디도서를 '목회 서신'이라고 불러요. 디모데와 디도에게 개인적으로 편지를 썼지만, 그 내용에는 목회자가 갖추어야 할 가르침들이 많기 때문이에요.

언제 썼나요?
AD 63-65년경. 디모데전서와 비슷한 부분이 많아 디모데전서를 기록한 지 얼마 지나지 않아 쓴 것으로 봄

주요한 사람들은?

바울
사도, 선교사, 목회자

디도
바울의 동역자,
크레타섬 교회 지도자,
바울의 편지를 그리스 교회에 전달,
예루살렘 사람들을 위한
헌금 모금의 책임자

한눈에 보는 디도서

1장 장로의 자격과 거짓 선생들에 대한 경고

3장 선한 행동에 대한 격려와 인사

2장 바른 교훈을 가르치도록 권함

디도서
Titus

1 안부 인사

하나님의 종이요, 예수 그리스도의 사도인 바울이 편지를 쓴다. 내가 사도가 된 것은 하나님이 택하신 사람들의 믿음과 경건에 이르는 진리를 아는 지식을 위한 것이요
딤전 6:3

2 또한 영생의 소망 때문이다. 이 영생은 거짓이 없으신 하나님께서 영원 전부터 약속하신 것이다.
민 23:19;롬 1:2;딤후 1:1;히 9:15

3 그분은 하나님의 때에 복음 전파를 통해 자기의 말씀을 밝히 드러내셨는데 나는 우리 구주 하나님의 명령을 따라 이 복음 전파의 일을 맡았다.
딤전 1:11;딤후 4:17

4 같은 믿음을 따라 참아들이 된 디도에게 이 편지를 쓴다. 하나님 아버지와 그리스도 예수 우리 구주께서 은혜와 평강을 베푸시기를 빈다.
유 1:3

5 장로의 자격 내가 그대를 크레타에 남겨 둔 까닭은 그대가 남은 일을 바로잡고 내가 그대에게 지시한 대로 각 성에 장로들을 세우게 하려 함이었다.

6 장로는 흠 없고 한 아내의 남편이며 방탕하다는 비난을 받거나 불순종하는 일이 없는 믿음의 자녀를 둔 사람이라야 한다.

7 감독은 하나님의 청지기로서 흠 없고 제 고집대로 하지 않으며 쉽게 화를 내지 않으며 술을 즐기지 않으며 난폭하지 않으며 부당한 이득을 탐하지 않으며

8 오히려 나그네를 잘 대접하며 선한 것을 좋아하며 분별력이 있으며 의로우며 경건하며 자제하며

9 배운 대로 신실한 말씀을 굳게 지키는 사람이라야 할 것이다. 이는 그가 바른 교훈으로 권면하고 반대하는 사람들을 꼼짝 못하게 할 수 있도록 하려는 것이다.
딤전 1:6

10 거짓 선생에 대한 경고 복종하지 않고 헛된 말을 하며 속이는 사람들이 많은데 특히 할례 받은 사람들이 그러하니

11 그들의 입을 막아야 할 것이다. 그런 사람들은 부당한 이득을 챙기려고 가르쳐서는 안 되는 것을 가르쳐서 가정들을 온통 뒤집어 놓는다.
딤전 6:5;벧후 2:3

12 그들 가운데 어떤 사람, 곧 그들의 예언자가 말하기를 "크레타 사람들은 항상 거짓말쟁이요, 악한 짐승들이며 먹기를 탐하는 게으름뱅이들이다"라고 했으니

13 이 말이 맞다. 그러므로 그대는 그들을 따끔하게 꾸짖어라. 이는 그들로 하여금 믿음 안에서 온전하게 하고
딤전 5:20

14 유대 사람들의 허황된 신화와 진리를 거부하는 사람들의 명령에 주의를 기울이

디도

그리스 사람으로, 바울의 복음을 듣고 그리스도의 사람이 되었다.

바울의 좋은 동역자로 복음 전하는 일에 협력했다. 3차 전도 여행 때 바울의 편지를 들고 고린도 교회에 갔다. 마케도니아에서 바울을 만나 고린도 교회의 상황을 전했다. 이후 예루살렘에 있는 가난한 사람들을 위한 헌금을 모으기 위해 자원해서 고린도에 갔다.

바울과 함께 크레타 사람들에게 전도했으며, 크레타 섬에 남아 장로를 세우고 교회를 돌보는 일을 했다.

그 후 바울을 만나서 니고볼리로 갔다가 달마디아로 가서 복음을 전했다고 한다.

디도가 나오는 말씀
>> 고후 2:13; 8:6-24
; 12:18; 갈 2:1-3;
딤후 4:10; 딛 1:4;
3:12

영생(1:2, 永生, eternal life) 예수님을 구주로 믿음으로 얻어지는 영원한 생명. 예언자(1:12, 豫言者, prophet) 크레타의 철학자인 '에피메니데스'를 말함. 허황된 신화(1:14, 虛荒된 神話, myth) 예수님의 말씀이 아닌 헛되고 황당하며 믿을 수가 없는 거짓된 것을 진리로 말하는 것을 뜻함.

지 않게 하려는 것이다.

15 깨끗한 사람들에게는 모든 것이 깨끗하지만 부패해서 믿지 않는 사람들에게는 아무것도 깨끗하지 않고 도리어 그들의 마음과 양심이 더러워졌다.

16 그들이 하나님을 안다고 주장하지만 행위로는 부인하니 그들은 가증스러운 사람들이요, 불순종하는 사람들이며 모든 선한 일을 행하기에 부적합한 사람들이다.

2 바른 교훈에 대한 권고 그대는 오직 바른 교훈에 맞는 것을 말하여라.

2 나이든 남자를 나이 든 남자들에게는 자제하며 경건하며 신중하며 온전한 믿음과 사랑과 인내를 갖도록 가르쳐라.

3 나이든 여자를 나이 든 여자들에게는 이와 같이 행실이 거룩하며 남을 헐뜯지 않으며 지나치게 술의 종이 되지 않으며 도리어 좋은 것을 가르치는 사람들이 되도록 가르쳐라. 딤전 3:11

4 그리하여 그들이 젊은 여자들을 가르쳐서 자기 남편과 자녀들을 사랑하고

5 신중하며 순결하며 집안 살림을 잘하며 선하고 자기 남편에게 순종하는 사람들

이 되게 하여라. 이는 하나님의 말씀이 모욕을 당하지 않게 하기 위한 것이다.

6 젊은 남자를 이와 같이 그대는 젊은 남자들을 권면해 분별력 있는 사람이 되게 하여라. 딤전 5:1

7 그대는 스스로 모든 일에 선한 행실의 본을 보이되 가르치는 일에 성실과 진지함을 보이고 딤전 2:2;4:12;벧전 5:3

8 비난할 것이 없는 온전한 말을 하여라. 이는 우리를 대적하는 사람이 우리에게 험담할 것이 없으므로 부끄러움을 당하게 하려는 것이다. 느 5:9;딤전 5:14;벧전 2:12;3:16

9 종들 종들에게는 모든 일에 자기 주인들에게 복종해 말대꾸하지 않고 그들을 기쁘게 하도록 가르치며

10 주인의 것을 훔치지 않게 하고 오직 착한 마음으로 모든 일에 충성을 다하도록 가르쳐라. 이는 그들로 모든 일에 우리 구주 하나님의 교훈을 빛낼 수 있게 하려는 것이다.

11 가르칠 것을 권면함 모든 사람에게 구원을 주시는 하나님의 은혜가 나타나 3:4,7

12 우리를 교훈하심으로 경건하지 않은 것과

교회 각 사람에게 주는 바울의 메시지

바울은 크레테에서 목회하고 있는 디도에게 교인들의 나이, 성별, 지위에 따라 다음과 같이 교훈하라고 권면했다.

· 나이든 남자들에게
"자제하며 경건하며 신중하며 온전한 믿음과 사랑과 인내를 갖도록 가르쳐라"(딛 2:2).

· 나이든 여자들에게
"행실이 거룩하며 남을 헐뜯지 않으며 지나치게 술의 종이 되지 않으며 도리어 좋은 것을 가르치는 사람들이 되도록 가르쳐라"(딛 2:3).

· 젊은 여자들에게
"자기 남편과 자녀들을 사랑하고 신중하며 순결하며 집안 살림을 잘하며 선하고 자기 남편에게 순종하는 사람들이 되게 하여라. 이는 하나님의 말씀이 모욕을 당하지 않게 하기 위한 것이다"(딛 2:4-5).

· 젊은 남자들에게
"분별력 있는 사람이 되게 하여라"(딛 2:6).

· 디도에게
"스스로 모든 일에 선한 행실의 본을 보이되 가르치는 일에 성실과 진지함을 보이고 비난할 것이 없는 온전한 말을 하여라. 이는 우리를 대적하는 사람이 우리에게 험담할 것이 없으므로 부끄러움을 당하게 하려는 것이다"(딛 2:7-8).

· 종들에게
"모든 일에 자기 주인들에게 복종해 말대꾸하지 않고 그들을 기쁘게 하도록 가르치며 주인의 것을 훔치지 않게 하고 오직 착한 마음으로 모든 일에 충성을 다하도록 가르쳐라"(딛 2:9-10).

세상의 정욕을 버리고 신중함과 의로움과 경건함 가운데 이 세상에서 살며

13 복된 소망과 위대하신 하나님과 우리 구주 예수 그리스도의 영광이 나타날 것을 기다리며 살도록 하셨다.
_{벧후 1:1}

14 그리스도께서 우리를 위해 자기를 내주셨으니 이는 우리를 모든 불법에서 구속하시고 정결하게 하셔서 선한 일에 열심을 내는 자기 백성이 되게 하시려는 것이다.

15 그대는 모든 권위로 이것을 말하고 권면하며 책망하라. 그 누구도 그대를 무시하지 못하게 하여라.
_{1:13;딤전 5:20}

▲ 디도 기념 교회
크레타 섬의 옛 수도인 고르티스에 있으며 바울의 동역자이자 제자인 디도를 기념하여 세운 교회이다.

3 의롭게 사는 삶

그대는 그들을 일깨워서 다스리는 사람들과 권세 있는 사람들에게 복종하고 순종하게 하며 모든 선한 일을 할 준비를 하게 하여라.

2 남을 헐뜯거나 다투지 않고 모든 사람에 대해 너그러움과 진정한 온유를 나타내게 하여라.
_{엡 4:31;딤전 3:3}

3 **선행이 뒤따라야 할 은혜** 우리도 전에는 어리석었고 순종하지 않았으며 속임을 당했으며 온갖 정욕과 쾌락에 종노릇했으며 악독과 질투 속에 살았으며 가증스러웠으며 서로 미워했다.

4 그러나 우리 구주 하나님의 자비와 사랑이 나타났을 때

5 그분이 우리를 구원하셨다. 이는 우리의 의로운 행위 때문이 아니라 오직 그분의 자비 때문이다. 그분은 거듭나게 씻어 주시고 성령의 새롭게 하심으로 인해 구원하셨다.
_{엡 2:4,5;26;벧전 1:3}

6 우리 구주 예수 그리스도로 인해 그분이 우리에게 성령을 풍성히 부어 주셨는데

7 이는 우리가 그분의 은혜로 의롭게 돼 영생의 소망을 따라 상속자들이 되게 하려는 것이다.
_{2:11;롬 3:24;8:17}

8 이것은 믿을 만한 말씀이다. 나는 그대가 이런 것에 대해 확신을 갖고 말하기를 바란다. 이는 하나님을 믿는 사람들이 오직 선한 일에 힘쓰게 하기 위한 것이다. 선한 일은 아름다우며 사람들에게 유익하다.

9 **무익한 변론** 그대는 어리석은 논쟁과 족보 이야기와 분쟁과 율법에 대한 언쟁을 피하여라. 이런 것은 무익하고 헛될 뿐이다.

10 이단에 속한 사람은 한두 번 경고한 후에 멀리하여라.

11 그런 사람은 그대도 알다시피 타락하고 죄를 지어 스스로 양심의 가책을 받는다.

12 **개인 문제** 내가 아데마나 두기고를 그대에게 보내면 그때 그대는 곧바로 니고볼리에 있는 내게로 와라. 내가 거기서 겨울을 나기로 작정했다.

13 그대는 율법사 세나와 아볼로를 빨리 먼저 보내어라. 이는 그들에게 아무것도 부족함이 없게 하려는 것이다.

14 또 우리에게 속한 사람들도 절실히 필요한 것을 마련하기 위해 그리고 열매 없는 사람들이 되지 않기 위해 선한 일에 몰두하기를 배워야 한다.
_{8절;벧후 1:8}

15 **축복 기도** 나와 함께 있는 모든 사람들이 그대에게 안부를 전한다. 그대도 믿음 안에서 우리를 사랑하는 사람들에게 안부를 전하여라. 은혜가 그대에게 있기를 빈다.

권위(2:15, 權威, authority) 사람이나 사회에 영향력을 끼치고 다른 사람들을 지휘하거나 이끌 수 있는 힘. **권세**(3:1, 權勢, authority) 남을 복종하게 하는 힘으로 높은 지위에 있는 사람의 힘을 말함. **상속자**(3:7, 相續者, heir) 부모님의 재산이나 지위, 신분 등 여러 가지의 것을 물려받는 사람. **이단**(3:10, 異端, divisive person) 정통 교회가 믿고 있는 성경 해석과 다르게 잘못 해석하는 종교 집단. **율법사**(3:13, 律法士, lawyer) 율법을 전문적으로 가르치는 사람.

빌레몬서
Philemon

빌레몬의 종이었던 오네시모는 로마에서 바울의 전도로 그리스도의 사람이 되었어요. 오네시모는 주인인 빌레몬에게서 도망친 종이었어요. 바울은 그들의 관계가 회복되도록 빌레몬에게 오네시모를 용서해 주길 부탁하고, 오네시모가 빚진 것이나 훔쳐 간 것이 있다면 대신 갚겠다고 말해요.

또한 그를 '사랑하는 형제'로 받아들이도록 부탁하고 있어요.

바울의 편지들 가운데 가장 짧으면서도 가장 개인적인 내용을 담고 있어요. 다른 사람을 배려할 줄 아는 바울의 따뜻한 마음씨도 엿볼 수 있어요.

빌레몬서는 무슨 뜻인가요?

'빌레몬에게 보내는 편지'라는 뜻이에요.

누가 썼나요?

'바울'이 썼어요. 바울이 로마 감옥에 있을 때 이 편지를 썼어요. 그래서 '옥중 서신'이라고도 불려요. 바울은 오네시모와 두고 편으로 이 편지를 골로새에 사는 빌레몬에게 보냈어요.

언제 썼나요?

바울이 로마 감옥에 첫 번째 갇힌 AD 61-63년경

주요한 사람들은?

빌레몬 골로새에 사는 부자 그리스도의 사람

바울
사도, 선교사, 옹호자

오네시모
주인 빌레몬에게서 도망쳤던 종

한눈에 보는 빌레몬서

1:1-7 빌레몬에게 감사

1:15-22 오네시모에 대한 바울의 추천

1:8-14 오네시모를 위한 바울의 부탁

1:23-25 인사와 축복 기도

빌레몬서 Philemon

1 **안부 인사** 그리스도 예수를 위해 갇힌 사람이 된 바울과 형제 디모데는 우리의 사랑하는 사람이며 동역자인 빌레몬과

2 자매 압비아와 우리와 함께 군사가 된 아킵보와 그대의 가정 교회에 편지를 씁니다.

3 하나님 우리 아버지와 주 예수 그리스도의 은혜와 평강이 여러분에게 있기를 빕니다. 롬 1:7

4 **빌레몬에 대한 바울의 사랑** 내가 기도할 때 그대를 기억하고 내 하나님께 항상 감사드리는 것은

5 주 예수와 모든 성도에 대한 그대의 사랑과 믿음에 대해 들었기 때문입니다.

6 그대가 믿음 안에서 교제하므로 우리 가운데 있는 모든 선한 것을 깨달아 그리스도께 이르게 되기를 바랍니다. 빌 1:9;엡 1:9

7 형제여, 나는 그대의 사랑으로 큰 기쁨과 위로를 얻었습니다. 이는 성도들의 마음이 그대로 인해 새 힘을 얻었기 때문입니다.

8 **오네시모에 대한 부탁** 그러므로 나는 그리스도 안에서 그대가 마땅히 행할 것을 매우 담대하게 명령할 수도 있지만 엡 5:4

9 오히려 사랑으로 인해 간곡하게 부탁합니다. 이렇게 나이가 많고 또 지금은 예수 그리스도를 위해 갇힌 사람이 된 나 바울은

10 갇힌 중에서 낳은 내 아들 오네시모를 위해 그대에게 간곡히 부탁합니다. 고전 4:15

11 전에는 그가 그대에게 무익한 사람이었으나 이제는 그대와 내게 □□□ 있습니다.

12 내가 그를 그대에게 돌려보내는데 □□□ 내 심장입니다.

13 나는 그를 내 곁에 머물게 해서 내가 복음을 위해 갇혀 있는 동안 그대 대신 나를 돕게 하고 싶었습니다. 10절

14 그러나 그대의 동의 없이는 내가 아무것도 하고 싶지 않습니다. 이는 그대의 선한 일이 억지에 의해서가 아니라 자발적으로 하는 일이 되게 하기 위한 것입니다.

15 형제로 돌아온 오네시모 그가 잠시 그대 곁을 떠나게 되었던 것은 이 일로 인해 그대가 그를 영원히 얻기 위한 것이었는지도 모릅니다.

16 이제부터는 그가 더 이상 종과 같지 않고 종 이상, 곧 사랑받는 형제 같은 사람입니다. 특히 내게 그렇다면 그대에게는 육신으로나 주 안에서나 더욱 그렇지 않겠니까? 마 23:8;골 3:22~23;4:9

17 그러니 그대가 나를 동역자로 생각한다면 내게 대하듯 그를 받아 주십시오. 고후 8:23

18 **손해 배상을 약속함** 만일 그가 그대에게 무

---

people

오네시모

'유익하다'라는 이름의 뜻이 있다. 골로새에 사는 빌레몬의 종이었다. 노예였던 그는 빌레몬의 재산을 훔쳐 로마로 도망갔다.

무슨 이유에서인지 모르지만 감옥에 들어가게 되었고 그곳에서 바울을 만났다. 바울에게 복음을 듣게 되어 예수님을 믿고 변화되는데, '무익한 사람'에서 바울과 빌레몬 모두에게 '유익한 사람'이 되었다.

바울은 오네시모를 '아들, 심장, 사랑받는 형제'라고 불렀다. 두기오와 함께 바울이 쓴 편지를 골로새 교회에 전달했다.

오네시모가 나오는 말

>> 골 4:7-9;
몬 1:10-20

동역자(1:1, 同役者, fellow worker) 하나님이 주신 사명을 이루기 위해서 서로 도우면서 함께 일하는 사람.

가정교회(1:2, 家庭敎會) 로마 제국 당시 예수님을 믿는 사람들이 예배당이 아닌 집에 모여 예배를 드렸는데 이를 가정교회라 한다.

교제(1:6, 交際, sharing) 서로 사귀는 것 성경에서는 함께 예배드리고, 서로 사랑하고, 자신의 것을 나누어주고, 서로 섬기는 것을 말한다.

슨 잘못을 저질렀거나 빚진 것이 있다면
그것을 내게로 돌리십시오.

19 나 바울이 이렇게 친필로 씁니다. 내가 그
것을 갚아 주겠습니다. 그대도 내게 빚을
지고 있다는 것을 나는 그대에게 말하지
않았습니다.

20 형제여, 진실로 나는 주 안에서 그대로 인
해 기쁨을 얻고 싶습니다. 내 마음이 그리
스도 안에서 새 힘을 얻게 해 주십시오.

21 빌레몬을 보기 원함 나는 그대의 순종을 확
신하며 그대에게 씁니다. 나는 그대가 내

가 부탁한 것보다도 더 행할 줄 압니다.

22 또한 그대는 나를 위해 방을 하나 준비해
주십시오. 나는 여러분의 기도로 여러분
에게 갈 수 있게 되기를 바랍니다.

23 인사와 축도 그리스도 예수 안에서 나와 함
께 갇힌 사람이 된 에바브라가 그대에게
안부를 전합니다.
_{롬 16:7}

24 그리고 내 동역자들인 마가와 아리스다고
와 데마와 누가도 안부를 전합니다.

25 우리 주 예수 그리스도의 은혜가 여러분의
영과 함께 있기를 빕니다.

상식 어떻게 도적질한 노예의 이야기가 성경에 나올까?

빌레몬서는 바울이 로마 감옥에서 빌레몬이라는 한 개인에게 쓴 편지이다.

25절밖에 안 되는 짧은 글이지만 여기에는 하나님의 귀중한 진리가 담겨 있다. 하나님이 어떻게 우리 죄를 용서하실 수 있는지에 대해 생각하게 하는 빌레몬서의 주요 내용을 살펴보자.

"오네시모는 주인에게 잘못을 저질렀기 때문에 다시 주인에게로 돌아갈 수 없었다. 그러나 바울이 그의 빚을 대신 갚아 준다고 했고 그로 인해 주인의 집으로 돌아갈 수 있게 되었다. 죄는 우리를 하나님에게서 멀어지게 한다. 그러나 우리는 예수님이 죄의 값을 대신 치러 주셨음을 알기 때문에 그분께로 돌아갈 수 있다. 오직 예수님만이 우리 죗값을 대신하실 수 있다."

✱ 중심구절

"만일 그가 그대에게 무슨 잘못을 저질렀거나 빚진 것이 있다면 그것을 내게로 돌리십시오."(몬 1:18)

여기서 '돌리다'라는 말은 '전가하라'는 뜻인데 이는 어떤 사람이 받을 비난이나 책임을 다른 사람이 대신 지는 것을 말한다.

▲ 마메르틴 감옥
바울이 첫 번째로 갇혔던 로마의 지하 감옥으로 목수들의 성 요셉 교회 지하에 있다. 이곳에서 바울이 빌레몬이라는 한 개인에게 편지를 쓴 것으로 보인다.

Hebrews
히브리서

이 편지는 레위기에 나오는 제사 제도를 잘 알고 예수님을 메시아로 믿은 유대인들에게 보내졌어요. 이들은 박해를 받고 고난을 당하고 있었어요. 저자는 유대인들이 예수님을 믿는 신앙을 버리고 유대교로 다시 돌아갈 것을 우려했어요. 그래서 예수님이 천사보다도, 모세보다도 더 뛰어나신 분이며 멜기세덱의 계열을 따르는 영원한 대제사장이심을 말해요. 인간의 죄를 완전하게 없애는 제사를 위하여 예수님이 제물이 되셨어요. 그 때문에 더 이상 동물을 희생시키는 제사가 필요 없음을 확실히 알려 줘요.

하나님께 나아가는 길을 예수님이 열어 놓으셨으며 오직 믿음으로 담대히 나아가라고 합니다. 믿음의 조상들처럼 믿음으로 인내하며 거룩하게 살아가라고 말하고 있어요.

히브리서는 무슨 뜻인가요?

'유대인(히브리인)에게 보내는 편지'라는 뜻이에요.

누가 썼나요?

정확하게 알 수 없어요. 디모데의 친구, 바울, 바나바, 아볼로 중 한 명이 거라고 추측해요. 누가 썼는지 알 수 없지만 편지를 받는 사람들과 친밀한 관계였을 거예요. 히브리서를 처음 받은 사람들도 정확히 않아요. 어떤 특별한 공동체에 속한 사람들인 것은 분명해요.

언제 썼나요?

AD 64-68년경

중요한 사람들은?

멜기세덱 아브라함에게 십일조를 받은 살렘 왕이자 제사장

모세 이스라엘의 지도자

예수 그리스도 인류의 죄를 위해 생명을 제물로 드린 중보자

한눈에 보는 히브리서

히브리서
Hebrews

1 그리스도를 통하여 말씀하심 옛날에 여러 차례 여러 모양으로 예언자들을 통해 조상들에게 말씀하신 하나님께서

2 이 마지막 날에 아들을 통해 우리에게 말씀하셨습니다. 하나님께서는 그 아들을 만물의 상속자로 세우시고 또한 그를 통해 모든 세상을 지으셨습니다. 2:3;3:6;11:3

3 그 아들은 하나님의 영광의 광채이시며 하나님의 본체의 형상이십니다. 또한 그분은 그분의 능력 있는 말씀으로 만물을 붙드시며 그 자신을 통해 죄를 깨끗하게 하는 일을 하시고 높은 곳에 계시는 존귀한 분의 오른편에 앉으셨습니다.

4 천사보다 뛰어나신 그리스도 그 아들이 천사들보다 훨씬 뛰어나게 되었으니 이는 그들보다 뛰어난 이름을 상속받았기 때문입니다. 엡 1:21;빌 2:9

5 하나님께서 언제 천사들 가운데 누구에게라도
> "너는 내 아들이다. 오늘 내가 너를 낳았다" 5:5;시 2:7;13:33

라거나 또다시
> "나는 그의 아버지가 되고 그는 내 아들이 될 것이다" 삼하 7:14

라고 말씀하신 적이 있습니까?

6 그리고 또 그 맏아들을 이 세상에 이끌어 오실 때
> "하나님의 모든 천사들은 그에게 경배하라" 시 97:7

하고 말씀하셨습니다.

7 천사들에 대해서는
> "그는 그의 천사들을 바람으로, 그의

일꾼들을 불꽃으로 삼으신다" 시 104:4

라고 하셨으나

8 아들에 대해서는
> "하나님, 주의 보좌는 영원무궁하며 주의 나라의 규는 의로운 규입니다.

9 주께서는 의를 사랑하시고 불법을 미워하셨습니다. 그러므로 하나님, 곧 주의 하나님께서 기쁨의 기름을 주께 부어 주의 동류들보다 높이 뛰어나게 하셨습니다" 사 61:1,3

라고 하셨고

10 또
> "주여, 태초에 주께서 땅을 세우셨고 하늘도 주의 손으로 지으신 것입니다.

11 그것들은 부서질지라도 주께서는 영원히 계실 것이요, 모든 것은 옷과 같이 낡을 것입니다.

12 주께서 그것들을 겉옷처럼 말아 올리실 것이니 그것들이 옷처럼 변할 것이나 주는 한결같으시며 주의 세월은 끝이 없을 것입니다" 13:8

라고 하셨습니다.

13 그러나 하나님께서 언제 천사들 가운데 누구에게
> "내가 네 원수들을 네 발판이 되게 할 때까지 내 오른편에 앉아 있어라" 10:13

라고 말씀하셨습니까?

14 모든 천사들은 구원을 상속할 사람들을 섬기라고 하나님께서 보내신 섬기는 영들이 아닙니까? 창 19:16;28:12;32:1~2;시 6:11

2 불순종에 대한 경고 그러므로 우리가 잘못된 길로 가지 않도록 들었던 모든 것에 더욱 주의를 기울여야 합니다.

2 천사들을 통해 하신 말씀도 효력이 있어 모든 범죄와 불순종이 마땅한 징벌을 받았는데 10:35;11:26

3 우리가 이 큰 구원을 무시한다면 어떻게 징벌을 피할 수 있겠습니까? 이 구원은 처음에 주께서 말씀하신 것이며 들은 사람들이 우리에게 확증해 준 것입니다.

4 하나님께서도 표적과 놀라운 일들과 여러

히

가지 기적들 그리고 그분의 뜻에 따라 나눠 주신 성령의 은사들로 함께 증언하셨습니다.

행 2:22,43

5 만물이 그리스도께 복종함 하나님께서는 우리가 말하는 앞으로 올 세상을 천사들에게 다스리라고 하신 것이 아닙니다.

6 그러나 누군가가 어디에 증언하며 말했습니다.

"사람이 무엇이기에 그를 생각해 주시며 인자가 무엇이기에 그를 돌보십니까?

7 주께서 그를 잠시 동안 천사들보다 낮아지게 하시고 그에게 영광과 존귀의 관을 씌우셨습니다.

8 주께서는 만물을 그의 발아래 복종하게 하셨습니다."

시 8:4-6

하나님께서는 만물을 그의 발아래 복종하게 하심으로 그에게 복종하지 않는 것을 하나도 남기지 않으셨습니다. 그러나 지금은 우리가 아직 만물이 그에게 복종하는 것을 보지 못합니다.

9 은혜를 보여 주신 그리스도의 죽음 다만 우리는 천사들보다 잠시 낮아지신 분, 곧 죽음의 고난을 통해 영광과 존귀로 관을 쓰신 예수를 바라봅니다. 이는 그분이 하나님의 은혜로 모든 사람을 위해 죽음을 맛보려 하심입니다.

7절,마 16:28,행 3:13;벧전 2:7-9

10 모든 것을 만드시고 모든 것을 보존하시는 하나님께서는 많은 아들들을 영광에 이르게 하시려고 그들의 구원의 창시자를 고난을 통해 완전케 하시는 것이 마땅합니다.

11 거룩하게 하시는 분과 거룩하게 된 사람들이 모두 한 분에게서 나왔습니다. 그러므로 예수께서는 이들을 형제들이라고 부르기를 부끄러워하지 않으시고

12 말씀하시기를

"내가 주의 이름을 내 형제들에게 선포하고 교회 가운데서 주를 찬양할 것입니다"

시 22:22

13 하시고 다시

"내가 그를 의지하리라"

사 8:17

하시고 또다시

"보라. 나와 하나님께서 내게 주신 자녀들이다"

라고 하셨습니다.

사 8:18

14 소망을 주는 그리스도의 겸손 이와 같이 자녀들은 피와 살을 함께 나눈 사람들이므로 그 자신도 이와 같이 *그들과 함께 속하셨습니다. 이는 죽음으로 인해 죽음의 권세를 가진 자, 곧 마귀를 멸하시기 위함이며

15 또한 죽음이 두려워 평생 노예로 매여 사는 사람들을 풀어 주시기 위함입니다.

16 물론 그는 천사들을 붙들어 주려는 것이 아니라 아브라함의 씨를 붙들어 주시려는 것입니다.

사 41:8-9

17 이러므로 그는 모든 것에서 형제들과 같아지셔야만 했습니다. 이는 하나님 앞에서 자비롭고 신실한 대제사장이 되셔서 백성의 죄를 대속하시기 위함입니다.

상식쑥쑥 천사가 하는 일

1. 성도들의 기도의 향을 가지고 하나님께 나아간다(계 5:8; 8:3-4).

2. 땅에서 하나님을 위해 심부름한다.
   하갈에게 생물을 보여 줌(창 16장), 베드로의 사슬을 풀어 줌(행 12장)

3. 하나님의 심판과 목적을 행한다.
   발람의 길을 막음(민 22:22), 헤롯을 죽임(행 12:23), 심판 때 가라지를 모아 태움(마 13:41-42)

4. 성도들을 인도한다.
   빌립이 에티오피아 내시를 만나게 함(행 8:26)

5. 성도들을 돕고 보호한다.
   엘리야(왕상 19:5-8), 다니엘(단 6:22), 예수님(마 4:11; 눅 22:43)을 도움

6. 주님이 다시 오실 때 주님과 동행할 것이다(마 25:31; 살후 1:6-7).

7. 주의 자녀가 죽으면 하늘로 데려간다(눅 16:22).

8. 율법을 전하는 일을 담당한다(행 7:53; 갈 3:19; 히 2:2).

18 그는 몸소 시험을 받으시고 고난당하셨기에 시험받는 사람들을 도우실 수 있습니다.

3 예수님의 위대하심 그러므로 함께 하늘의 부르심을 받은 거룩한 형제 여러분, 우리가 고백하는 사도이시며 대제사장이신 예수를 깊이 생각하십시오,

2 그분은 자신을 세우신 분에게 충성하기를 마치 모세가 하나님의 온 집에서 한 것과 같이 하셨습니다. 5절

3 그러나 마치 집을 지은 사람이 그 집보다 더 존귀한 것같이 그분은 모세보다 더 큰 영광을 받기에 합당하십니다.

4 집마다 누군가 지은 사람이 있듯이 모든 만물을 지으신 분은 하나님이십니다.

5 또한 모세는 장차 하나님께서 말씀하실 것을 증언하기 위해 하나님의 온 집에서 종으로 충성했습니다. 2절출 14:31신 18:15,18

6 그러나 그리스도께서는 하나님의 집에서 아들로서 충성하셨습니다. 우리가 소망에 대한 확신과 긍지를 굳게 잡으면 우리는 곧 그분의 가족입니다. 3:14;6:11

유대 사람의 영웅, 모세보다 위대한 예수님

모세는 유대 민족의 영웅이며, 하나님의 친구이자 대변자였다. 율법의 전달자였고, 하나님의 기적을 행했으며, 이집트 탈출을 이끈 지도자였다. 성경은 그와 같은 예언자는 또 없다고 했다(신 34:10), 유대 사람들은 모세를 역사상 최고의 지도자로 생각했다.

그러나 그렇게 훌륭한 모세도 예수님과 비교해 보면 사람일 뿐이었다. 모세는 집의 일부였지만 예수님은 집의 건축자이셨다(히 3:3). 모세는 하나님의 집의 종일 뿐이지만 예수님은 그 집의 아들이셨다(히 3:5-6).

모세와 예수님은 동일하게 하나님께 임명받았고 충성스럽게 봉사했다.

하지만 두 사람은 신분 자체가 달랐다.

7 불순종의 결과 그러므로 성령께서 이렇게 말씀하셨습니다.

"오늘 너희가 그의 음성을 들으면

8 광야에서 시험받던 날에 반역한 것처럼 너희 마음을 완고하게 하지 말라.

9 너희 조상들이 거기서 40년 동안 나를 불신해 시험했다. 또한 내가 행한 일들을 보았다.

10 그러므로 내가 진노해 그 세대를 향해 말했다. '그들은 항상 마음이 미혹돼 내 길들을 알지 못했다.'

11 내가 진노해 맹세한 것처럼 그들은 결코 내 안식에 들어오지 못할 것이다."

12 순종에 대한 권면 형제 여러분, 여러분 가운데 누구든지 살아 계신 하나님을 떠나려는 악한 불신의 마음을 품지 않도록 조심하십시오.

13 도리어 아직 '오늘'이라 일컬을 수 있는 그 날그날에 여러분 가운데 누구라도 죄의 속임수로 완고해지지 않도록 서로를 격려하십시오.

14 이는 우리가 처음에 확신한 것을 끝까지 굳게 잡으면 그리스도와 함께 나누는 사람들이 되기 때문입니다. 6절;10:23;고전 15:2

15 "오늘 너희가 그의 음성을 들으면 광야에서 시험받던 날에 반역한 것처럼 너희 마음을 완고하게 하지 말라" 시 95:7-8 라고 말씀하실 때

16 이스라엘의 불순종 듣고도 반역한 사람들이 누구였습니까? 모세를 통해 이집트에서 나온 모든 사람들이 아닙니까? 민 14:2

17 또 하나님께서 40년 동안 누구에게 진노하셨습니까? 죄를 저지르고 시체가 돼 광야에 쓰러진 사람들에게 아닙니까?

18 또한 하나님께서 누구에게 그분의 안식에 들어가지 못할 것이라고 맹세하셨습니까? 불순종한 사람들이 아니고 누구입니까?

19 이로써 우리는 그들이 불신앙 때문에 들어갈 수 없었던 것을 봅니다. 시 7:8;2:2

4 믿는 자에게 약속된 안식 그러므로 그분의 안식에 들어가리라는 약속이 남

아 있을 동안에 여러분 가운데 혹 누구라도 거기에 이르지 못하는 사람이 있을까 두려워합시다. 12:15

2 그들처럼 우리도 복음 증거를 받은 사람들입니다. 그러나 들은 말씀이 그들에게 무익했던 것은 그들이 들은 말씀과 믿음을 연합시키지 않았기 때문입니다. 롬 3:3

3 그런데 믿는 우리들은 그 안식에 들어갑니다. 이는 하나님께서
"내가 진노해 맹세한 것처럼 그들은 결코 내 안식에 들어오지 못하리라" 시 95:11
라고 하신 것과 같습니다. 사실 세상이 창조된 이래로 그분의 일들이 이뤄져 왔습니다.

4 어디엔가 제7일에 관해 이렇게 말씀하셨습니다. "그리고 하나님께서 일곱째 날에 그분의 모든 일을 쉬셨다." 창 2:2

5 그런데 여기서는 다시 "그들은 결코 내 안식에 들어오지 못할 것이다"라고 하십니다.

6 그리스도가 주시는 안식 이와 같이 이제 어떤 이들에게는 저 안식에 들어갈 기회가 남아 있지만 복음을 먼저 전해 들은 사람들은 불순종으로 인해 들어가지 못했습니다.

7 그러므로 이미 인용한 것처럼 하나님께서 다시 오랜 후에 어느 한 날을 정해 '오늘'이라 하시고 다윗을 통해 말씀하셨습니다.
"오늘 너희가 그의 음성을 듣거든 너희 마음을 완고하게 하지 말라." 시 95:7-8

8 만일 여호수아가 그들에게 안식을 주었더라면 하나님께서 나중에 다른 날에 대해 말씀하시지 않으셨을 것입니다. 행 7:45

9 그러므로 하나님의 백성에게는 안식이 남

아 있습니다.

10 이는 하나님의 안식에 들어간 사람은 하나님께서 자신의 일을 쉬셨던 것처럼 그 자신도 자기의 일을 쉬기 때문입니다.

11 안식에 들어가기를 힘쓸 것 그러므로 누구든지 이와 같이 불순종의 본을 따라 멸망하지 않도록 우리가 저 안식에 들어가기를 힘씁시다.

12 하나님의 말씀은 살아 있고 힘이 있으며 양날 선 어떤 칼보다도 더 예리해 혼과 영과 관절과 골수를 찔러 쪼개기까지 하며 마음의 생각과 의도를 분별해 냅니다.

13 그러므로 어떤 피조물이라도 하나님 앞에 숨을 수 없고 오히려 모든 것은 우리에게서 진술을 받으실 그분의 눈앞에 벌거벗은 채 드러나 있습니다. 대하 16:9;욥 26:6;34:21

14 하나님께 나가게 하심 이와 같이 우리에게 하늘로 올라가신 위대한 대제사장, 곧 하나님의 아들 예수가 계시니 우리가 고백한 신앙을 굳게 지킵시다. 7:26;9:24;10:23

15 이는 우리에게 계신 대제사장은 우리의 연약함을 동정하지 못하시는 분이 아니며 또한 모든 면에서 우리와 동일하게 시험을 당하셨으나 죄가 없으신 분이기 때문입니다.

16 그러므로 자비하심을 얻고 필요할 때 도우시는 은혜를 얻기 위해 은혜의 보좌 앞으로 담대히 나아갑시다. 10:19;갈 3:12

5 중재하는 대제사장

모든 대제사장은 사람들 가운데서 뽑혀 사람을 위해 하나님 앞에 있는 사람입니다. 곧 대제사장은 예물을 드리고 또 속죄의 희생제사

를 드립니다. 2:17;8:3~4;9:9

2 그가 무지하고 미혹된 사람들을 불쌍히 여길 수 있는 것은 자신도 연약에 싸여 있기 때문입니다. 2:18;4:15

3 그러므로 그는 백성을 위해서뿐 아니라 자신을 위해서도 속죄제사를 드려야 합니다.

4 하나님의 부르심으로 대제사장이 되심 또한 이 명예는 아무나 스스로 얻는 것이 아니라 아론과 같이 하나님의 부르심을 받아서 얻는 것입니다. 출 28:1;민 16:5,40;18:7

5 이와 같이 그리스도께서도 스스로 영광을 취하셔서 대제사장이 되신 것이 아니라 오직 그분에게 말씀하시는 분이

"너는 내 아들이다. 내가 오늘 너를 낳았다" 시 2:7;요 8:54

라고 하시고

6 또 다른 곳에서도 이와 같이

"너는 멜기세덱의 계열을 따르는 영원한 제사장이다" 시 110:4;7:17,21

라고 하셨던 것입니다.

7 예수께서 육체 가운데 계실 때 자신을 죽음에서 구원하실 수 있는 분께 통곡과 눈물로 기도와 간구를 올리셨고 그의 경외하심으로 인해 응답을 받으셨습니다.

8 그분은 아들이신데도 고난을 당하심으로 순종을 배우셨습니다. 빌 2:8

9 또한 그분은 완전케 되셔서 그분을 순종하는 모든 사람들에게 영원한 구원의 근

원이 되시고

10 멜기세덱의 계열을 따르는 대제사장으로 하나님께 임명을 받으셨습니다. 6절;6:20

11 말씀에 성숙한 사람 멜기세덱에 대해 우리가 할 말이 많으나 여러분이 듣는 일에 둔하므로 설명하기가 어렵습니다.

12 여러분은 지금쯤 선생이 돼 있어야 마땅한데 누군가 다시 여러분에게 하나님의 말씀의 초보 원리들을 가르쳐야 할 형편입니다. 그래서 여러분은 젖만 먹고 단단한 음식은 먹지 못하는 사람들이 됐습니다.

13 젖을 먹는 사람은 모두 의의 말씀에 익숙하지 못합니다. 고전 3:1

14 그러나 단단한 음식은 성숙한 사람의 것입니다. 그들은 끊임없는 훈련으로 연단된 분별력을 지니고 있어 선과 악을 분별할 줄 아는 사람들입니다. 창 3:22;왕상 3:9

6

더욱 완전할 것을 권면 그러므로 우리는 그리스도에 관한 초보적 가르침을 넘어서서 *완전한 데로 나아갑시다. 죽은 행실로부터 회개하는 것과 하나님께 대한 믿음과 5:12;9:14

2 세례에 대한 교훈과 안수, 죽은 사람의 부활과 영원한 심판에 관한 교훈의 기초를 다시 닦지 말고 온전한 데로 나아갑시다.

3 하나님께서 허락하신다면 우리가 그렇게 할 수 있습니다.

대제사장의 자격
대제사장은 하나님을 대리하는 사람으로 속죄를 위해 제사를 드려야 했다. 그는 자신의 뜻대로 아닌 하나님의 뜻대로 부르심을 받아야 했다.
성경에 나오는 아론과 예수님의 대제사장직을 비교해 보면 다음과 같다.

아론과 예수님의 대제사장직 비교

아론	예수님
레위 족속 중에서 뽑혀 하나님께 임명받았다.	하나님이 직접 임명하셨다.
여러 번의 제사를 드렸다.	단 한 번의 제사를 드렸다.
자신도 죄인이었다.	죄가 없으신 분이었다.
일시적인 도움을 주었다.	단번에 영원한 구원을 이루셨다.

4 타락에 대한 경고 곧 한 번 비침을 받고 하늘의 은사도 맛보고 성령님과 함께하고

5 하나님의 선한 말씀과 오는 세상의 능력을 맛보고도

시 34:8;벧전 2:3

6 타락한 사람들은 회개에 이르도록 다시 새롭게 할 수 없습니다. 왜냐하면 그들은 스스로 하나님의 아들을 다시 십자가에 못 박고 공개적으로 욕되게 하기 때문입니다.

7 땅이 그 위에 자주 내리는 비를 흡수해 경작하는 사람들에게 유익한 작물을 내면 하나님께 복을 받습니다.

시 65:10

8 반면에 가시와 엉겅퀴를 내면 쓸모없이 돼서 저주에 가깝게 되고 그 마지막은 불사름이 됩니다.

시 5:1-7

9 지속적인 믿음의 확신 그러나 사랑하는 여러분, 우리가 이렇게 말하지만 여러분에게는 구원에 이르게 하는 더 좋은 것들이 있다고 확신합니다.

10 이는 하나님이 불의하시지 않으므로 여러분이 성도들을 섬겼을 때 또한 섬길 때 여러분의 행위와 여러분이 하나님의 이름을 위해 보여 준 사랑을 잊지 않으십니다.

11 그래도 우리는 여러분 각자가 소망의 완성에 이르기까지 동일한 열심을 나타내기를 간절히 원합니다.

롬 5:2-5

12 여러분은 게으른 사람이 되지 말고 믿음과 인내로 약속을 상속받은 사람들을 본받는 사람이 되십시오.

13:7

13 *인내하므로 약속을 받음* 하나님께서 아브라함에게 약속하실 때 맹세를 위해 그분보다 더 큰 분이 계시지 않기에 자신을 걸고 맹세해

창 22:16

14 말씀하셨습니다. "내가 반드시 네게 복을 주고 또한 너를 번성케 할 것이다."

창 22:17

15 아브라함은 이와 같이 오래 참고 견딘 후에 그 약속을 받았습니다.

12:17절

16 사람들은 자기보다 더 큰 자를 걸고 맹세합니다. 맹세는 그들에게 모든 논쟁을 그치고 확정에 이르게 합니다.

출 22:11

17 하나님께서는 약속의 상속자들에게 자신의 뜻이 불변함을 명확히 보여 주시려고 맹세로 보증하셨습니다.

18절;11:9

18 이는 하나님께서는 거짓말을 하실 수 없는 이 두 가지 불변의 사실로 인해 앞에 있는 소망을 굳게 잡으려고 피해 가는 우리가 힘 있는 위로를 얻게 하시기 위함입니다.

12:1-2

19 우리가 가진 이 소망은 안전하고 확실한 영혼의 닻과 같아서 휘장 안으로 들어가게 합니다.

9:7;레 16:15

20 예수께서는 우리를 위해 앞서 달려가신 분으로 그곳으로 들어가셔서 멜기세덱의 계열을 따르는 영원한 대제사장이 되셨습니다.

7 제사장 멜기세덱 이 멜기세덱은 살렘 왕으로 지극히 높으신 하나님의 제사장입니다. 그는 왕들을 이기고 돌아오는 아브라함을 만나 축복했습니다.

2 아브라함은 모든 것의 10분의 1을 그에게 주었습니다. 그의 이름의 뜻은 첫째로 '의의 왕'이고 다음으로 '살렘 왕', 곧 '평화의

People

신비의 인물,
멜기세덱

✚ 그는 누구인가?

실제로 존재한 구약의 인물로, 아브라함과 같은 시대 인물이다. 살렘 왕이었으며, 지극히 높으신 하나님의 제사장이었다(창 14:18).

✚ 예수님과 어떤 연관성이 있나?

히브리서 기자는 예수님을 레위 지파나 아론의 자손이 아닌 '멜기세덱의 계열을 따르는 영원한 제사장'(히 5:10; 6:20)이라고 말했다. 그리고 멜기세덱은 아버지, 어머니, 족보, 생명의 시작과 끝 등에 대한 기록이 전혀 없는 아주 독특한 사람이었다(히 7:3). 이것은 멜기세덱을 통해 예수 그리스도가 어떤 대제사장직을 감당하실지 미리 보여주는 것이다.

계열(5:6, 系列, order) 질서 있게 정렬함. 서열, 순서, 차례를 말함. 6:1 또는 '성숙한'.

왕입니다.

3 그는 아버지도 없고 어머니도 없고 족보도 없습니다. 생애의 시작도 없고 생명의 끝도 없지만 하나님의 아들을 닮아 항상 제사장으로 있습니다.

4 멜기세덱의 위대함 그가 얼마나 위대한지 생각해 보십시오. 족장 아브라함도 그에게 10분의 1을 바쳤습니다.

5 레위 자손 가운데 제사장 직분을 받은 사람들은 자기 형제인 백성들도 아브라함의 허리에서 나왔지만 율법을 따라 그들에게서 10분의 1을 거두라는 명령을 받았습니다.

6 그러나 이들로부터 나오지 않은 이 멜기세덱은 아브라함에게서 10분의 1을 취했고 약속을 받은 그를 축복했습니다.

7 두말할 필요 없이 축복은 윗사람이 아랫사람에게 하는 것입니다.

8 앞의 경우는 죽게될 사람들이 10분의 1을 받았고 뒤의 경우는 살아 있다는 증거를 받은 사람이 10분의 1을 받은 것입니다.

9 말하자면 10분의 1을 받는 레위도 아브라함을 통해 10분의 1을 바쳤다고 할 수 있습니다.

10 이는 멜기세덱이 아브라함을 만났을 때 레위는 아직 *조상의 허리에 있었기 때문입니다.

11 그리스도의 제사장직 만일 레위 계열의 제사장 직분을 통해 완전함을 얻을 수 있었다면 (그런데 백성들은 이것을 근거로 율법을 받았습니다) 아론의 계열을 따르지 않고 멜기세덱의 계열을 따르는 다른 한 제사장을 세워야 할 필요가 있었겠습니까?

12 제사장직이 변하면 율법도 반드시 변하게 됩니다.

13 이것들은 그분과 관련해 언급됐습니다. 그분은 다른 지파에 속했는데 그 지파에서는 아무도 제단에서 섬긴 적이 없었습니다.

14 우리 주께서는 유다 지파에서 나오신 것이 분명합니다. 그런데 그 지파에 관해서는 모세가 제사장직과 관련해 아무것도 말한

적이 없습니다.   사 11:1;미 5:2;마 1:3;눅 3:33

15 그리고 이 사실은 멜기세덱과 흡사한 다른 한 제사장이 일어난 것을 볼 때 더욱 분명합니다.

16 그는 육체에 속한 규례, 곧 율법을 따라 제사장이 되신 것이 아니라 썩지 않는 생명의 힘을 따라 되신 것입니다.

17 그렇기 때문에 "너는 영원히 멜기세덱의 계열을 따르는 제사장이다"라고 선포됐습니다. 21절;5:6;6:20

18 전에 있던 계명은 약하고 효력이 없어 폐지됐습니다. 롬 8:3;갈 4:9

19 (이는 율법이 아무것도 완전하게 할 수 없기 때문입니다.) 그러므로 더 나은 소망이 들어왔고 이를 통해 우리가 하나님께 가까이 나아가는 것입니다. 9:9;10:1;괄 16:16

20 언약의 보증 예수께서는 맹세 없이 제사장이 되신 것이 아닙니다. 레위 계통의 사람들은 맹세 없이 제사장이 됐습니다.

21 (그러나 그는 자기에게 말씀하시는 분의 맹세로 제사장이 되셨습니다. "주께서 맹세하셨으니 그분은 마음을 바꾸지 않으실 것이다. 너는 영원히 제사장이다.")

22 이와 같이 예수께서는 더 좋은 언약을 보증해 주시는 분이 되셨습니다. 8:6

23 영원한 제사장이신 그리스도 레위 계통의 제사장들은 죽음 때문에 그 직책을 계속 수행할 수 없었기 때문에 그 수가 많았습니다.

24 그러나 예수께서는 영원히 사시는 분이시므로 제사장직을 영원히 누리십니다.

25 그러므로 예수께서는 자신을 통해서 하나님께 나아오는 사람들을 온전히 구원하실 수 있습니다. 그는 항상 살아 계셔서 그들을 위해 중보 기도를 하십니다. 9:24

26 완전한 제사장이신 그리스도 이러한 대제사장이야말로 우리에게 합당합니다. 그분은 거룩하고 순결하고 흠이 없고 죄인들과 구별되시며 하늘보다 높은 곳으로 오르신 분이십니다. 시 16:10;개 15:4;16:5

27 그분은 다른 제사장들처럼 먼저 자신의

죄를 위해, 그다음에 백성들의 죄를 위해 날마다 제사를 드릴 필요가 없습니다. 이는 그분이 자신을 드려 단번에 이 일을 이루셨기 때문입니다. 9:12;10:10

28 율법은 연약함을 가진 사람을 대제사장으로 세웠으나 율법 후에 주어진 맹세의 말씀은 영원히 완전케 되신 아들을 대제사장으로 세웠습니다. 2:10;5:9

8 **모형인 장막** 우리가 말하고자 하는 요지는 우리에게 이러한 대제사장이 계시다는 것입니다. 그분은 하늘에 계신 존귀하신 분의 보좌 오른편에 앉아 계십니다.

2 또한 그분은 사람이 세운 것이 아니라 주께서 세우신 성소와 참된 장막에서 섬기십니다. 9:24;ց 3:7

3 대제사장마다 예물과 제물을 드리기 위해 세움을 받았습니다. 그러므로 이 대제사장에게도 무언가 드릴 것이 있어야 합니다.

4 만일 그분이 세상에 계셨다면 제사장이 되지 못하셨을 것입니다. 왜냐하면 세상에는 율법을 따라 예물을 드리는 사람들이 있기 때문입니다.

5 그들이 섬기는 곳은 하늘에 있는 것들의 모형이며 그림자입니다. 이것은 모세가 장막을 세우려고 할 때 지시를 받은 것과 같습니다. 말씀하시기를 "산에서 네게 보여 준 모형대로 모든 것을 만들라"고 하셨습니다.

6 **그리스도의 놀라운 언약** 그러나 이제 그분은 더 뛰어난 직분을 받으셨습니다. 그분은 참으로 더 나은 언약 위에 세워진 더 나은 언약의 중보자이십니다.

7 만일 저 첫 언약에 흠이 없었다면 두 번째 언약을 요구할 필요가 없었을 것입니다.

8 **새 언약** 하나님께서 그들에게서 허물을 발견하시고 말씀하셨습니다.

"주께서 말씀하신다. '보라. 날들이 이를 것이다. 내가 이스라엘 집과 유다 집과 더불어 새 언약을 세울 것이다.'

9 주께서 말씀하신다. '그것은 내가 그들의 조상들의 손을 잡고 이집트 땅에서 이끌어 낼 때 그들과 세운 언약과 같지 않다.

그들이 내 언약 안에 머물러 있지 않았고 그래서 나도 그들을 돌보지 않았다고

10 주께서 말씀하신다. '이것은 그날 후에 내가 이스라엘 집과 세울 언약이다. 내가 내 율법을 그들의 생각 속에 넣어 주고 그들의 마음에 새길 것이다. 나는 그들의 하나님이 되고 그들은 내 백성이 될 것이다.

11 그래서 그들은 각각 자기 이웃이나 자기 형제에게 결코 "주를 알라"고 가르치지 않을 것이다. 이는 그들 가운데 낮은 사람으로부터 높은 사람에 이르기까지 모두 나를 알 것이기 때문이다.

12 내가 그들의 불의를 긍휼히 여기고 그들의 죄를 더 이상 기억하지 않을 것이다.'"

13 '새 언약'이라고 말씀하실 때 하나님께서는 첫 언약을 낡은 것으로 만드신 것입니다. 낡고 오래된 것은 곧 사라지게 됩니다.

9 **첫 번째 장막** 첫 언약에도 예배 규례들과 세상에 속한 성소가 있었습니다.

2 첫 번째 장막이 세워졌는데 그 안에는 촛대와 상과 진설병이 있었습니다. 이곳은 '성소'라고 불립니다. 출 25:23~29

3 그리고 두 번째 휘장 뒤에는 '지성소'라고 불리는 장막이 있습니다. 출 26:31~33

4 이곳에는 금으로 만든 분향 제단과 전부를 금으로 입힌 언약궤가 놓여 있습니다. 이 언약궤 안에는 만나를 담은 금항아리와 아론의 싹 난 지팡이와 언약의 돌판들이 있습니다. 출 16:33~34;25:10;레 16:12~13

5 그리고 그 위에는 속죄의 자리를 덮고 있는 영광의 그룹들이 있는데 이것들에 대해 지금 자세히 말할 수는 없습니다. 레 16:2

6 **두 번째 장막** 이 모든 것이 이렇게 갖춰졌고 제사장들은 항상 첫 번째 장막으로 들어가 제사를 행합니다.

7:10 또는 '조상의 몸속에 있었기 때문입니다.' 요지(8:1, 要旨, point) 말이나 글 따위에서 핵심이 되는 중요한 내용: 진설병(9:2, 陳設餅, consecrated bread) 성소의 상 위에 차려 놓은 빵; 속죄의 자리(9:5, atonement cover) 언약궤를 덮는 덮개.

께서는 이미 이뤄진 좋은 것들의 대제사장으로 오셨습니다. 그는 손으로 짓지 않은, 곧 피조물에 속하지 않은 더 크고 더 완전한 장막으로 들어가셨습니다. 10:1

12 그는 염소와 송아지의 피가 아닌 자신의 피로 단번에 지성소로 들어가셔서 영원한 구속을 완성하셨습니다. 24절:10:4;욥 33:24

13 만일 염소와 황소의 피와 암송아지의 재를 뿌려 부정한 사람들을 거룩하게 함으로 그 육체를 정결하게 한다면 레 16:14-16

14 하물며 영원하신 성령을 통해 흠 없는 자신을 하나님께 드리신 그리스도의 피가 더욱 우리의 양심을 죽은 행실에서 깨끗하게 해 살아 계신 하나님을 섬기지 않게 하겠습니까? 12절:7:27;10:22;롬 6:13

15 언약을 유효하게 한 죽음 그러므로 그리스도께서는 새 언약의 중보자이십니다. 그분은 첫 언약 아래서 저지른 죄들을 대속하려고 죽으심으로써, 영원한 유업을 얻기 위해 부름받은 사람들로 하여금 약속을 받게 하셨습니다. 8:6;12:24;롬 3:24-25;5:6

16 유언이 있는 곳에는 그 유언한 사람의 죽음이 있어야 합니다.

17 이는 유언은 죽음이 있어야 효력을 나타낼 수 있고 유언한 사람이 살아 있는 동안에는 아무 효력이 없기 때문입니다.

18 그러므로 첫 언약도 피 없이 맺어진 것이 아닙니다. 출 24:6,8

19 그래서 모세가 율법을 따라 모든 계명을 백성에게 말할 때 그는 물과 붉은 양털과

7 그러나 두 번째 장막 안에는 대제사장만이 1년에 단 한 번 들어가는데 피가 없이는 절대로 들어가지 못합니다. 이 피는 자신을 위하고 또한 백성이 알지 못하고 지은 죄를 위한 것입니다. 레 16:15,34

8 이것을 통해 성령께서는 첫 번째 장막이 서 있는 동안에는 지성소로 들어가는 길이 아직 열리지 않은 사실을 보여 주십니다.

9 이 장막은 현 세대를 위한 비유입니다. 이에 따라 드려진 예물과 제물은 제사하는 사람의 양심을 온전케 할 수 없습니다.

10 그것들은 먹고 마시는 것과 여러 가지 씻는 의식들과 관련된 것들로서 단지 개혁의 때까지 부과된 육체를 위한 규례들에 지나지 않습니다. 막 7:4,8

11 완전한 제물이신 그리스도 그러나 그리스도

왜 성전에서 짐승을 죽였나요?

사람들이 성전에서 짐승을 죽였던 이유는 '제사' 때문이었어요. 하나님은 이스라엘 사람들에게 제사의 방법을 가르쳐 주셨는데(레 1-7장), 그 중에는 제물을 필요로 하는 제사가 있었어요. 특히 죄를 용서받기 위해 드리는 제사는 반드시 제물의 피가 있어야 했어요(히 9:22). 사람들은 죄를 지었을 때마다 제물을 가지고 성전으로 왔어요. 제사장들은 제사를 드리기 위해 매일 제물을 잡아야 했죠. 그래서 성전에서 짐승을 죽였던 거예요. 그런데 이러한 제사는 더 이상 필요 없게 되었어요.

예수님이 제물이 되어 십자가에서 피 흘려 죽으심으로 이 세상의 모든 죄를 단번에 해결하셨기 때문이에요(히 10:12). 이젠 제사 없이도 우리가 직접 담대하게 하나님께 나아갈 수 있는 특권을 가지게 되었답니다(히 10:19-22).

우슬초와 함께 송아지의 피와 염소의 피를 취해 언약책과 모든 백성에게 뿌렸습니다.

20 그리고 그는 "이것은 하나님께서 여러분에게 명령하신 언약의 피입니다"라고 말했습니다.

출 24:8

21 마찬가지로 그는 장막과 제사에 사용하는 모든 그릇에도 피를 뿌렸습니다.

22 율법에 따르면 거의 모든 것이 피로 깨끗해집니다. 참으로 피 흘림이 없으면 죄 사함도 없습니다.

레 17:11

23 단번에 드려진 제물 하늘에 있는 것들의 모형들은 이런 것들로 정결하게 될 필요가 있었습니다. 그러나 하늘에 있는 것들은 이런 것들보다 더 나은 제사로 정결하게 돼야 합니다.

8:5

24 그리스도께서는 참된 것들의 모형들인 손으로 지은 성소로 들어가지 않으셨습니다. 그분은 이제 우리를 위해 하나님 앞에 나타나시려고 바로 하늘 그 안으로 들어가셨습니다.

7:25;8:2;10:19

25 이는 대제사장이 해마다 다른 것의 피를 들고 지성소로 들어가는 것처럼 자신을 여러 번 드리지 않기 위함입니다.

26 만일 그래야 한다면 그는 세상이 창조된 이후 여러 번 고난을 당하셨어야 했을 것입니다. 그러나 이제 그는 자신을 제물로 드려 죄를 제거하시려고 세상 끝에 단 번에 나타나셨습니다.

27 한 번 죽는 것은 사람들에게 정해진 일이며 그 후에는 심판이 있습니다.

28 이와 같이 그리스도께서도 많은 사람의 죄를 담당하시려고 자신을 단번에 드리셨습니다. 그리고 그분은 그분을 고대하는 사람들을 구원하시기 위해 죄와 상관없이 두 번째 나타나실 것입니다.

10 불완전한 제물 율법은 다가올 좋은 것들의 그림자일 뿐 그것이 실체의 형상 그 자체는 아닙니다. 그러므로 그것은 해마다 끊이지 않고 드리는 똑같은 제사들을 통해 나아오는 사람들을 결코 온전하게 할 수 없습니다.

2 그렇게 할 수 있었다면 바치는 일이 그치지 않았겠습니까? 왜냐하면 섬기는 사람들이 단번에 정결케 돼 더 이상 죄를 의식하는 일이 없었을 것이기 때문입니다.

3 그러나 이 제사들에는 해마다 죄를 생각나게 하는 것이 있습니다.

레 16:21

4 이는 황소나 염소의 피가 죄를 제거하지 못하기 때문입니다.

5 제물을 대신하신 그리스도 그러므로 그리스도께서 세상에 오시면서 이렇게 말씀하셨습니다.

"주께서는 제물과 헌물을 원하지 않으시고 오히려 나를 위해 한 몸을 예비하셨습니다.

6 주께서는 번제와 속죄제를 기뻐하지 않으셨습니다.

7 그래서 내가 말했습니다. '보십시오, 하나님! 저에 대해 두루마리 책에 기록된

예수님의 피로 말미암아 지성소에 들어갈 담대한 마음을 갖게 될

대로 제가 주의 뜻을 행하러 왔습니다.'"

8 앞에서 "주께서는 제물과 헌물과 번제와 속죄제를 원하지도 않으시고 기뻐하지도 않으십니다"(그런데 그것들은 율법을 따라 드리는 것들입니다)라고 말씀하실 때

9 그는 "보십시오. 내가 주의 뜻을 행하러 왔습니다"라고 덧붙이셨습니다. 그리스도께서 첫 번째 것을 폐기하신 것은 두 번째 것을 세우기 위함이었습니다. 7절

10 이러한 뜻 가운데 예수 그리스도께서 단번에 자기의 몸을 드리심으로 우리가 거룩하게 됐습니다. 마 26:26;막 14:22

11 제사장과 제물 되신 그리스도 모든 제사장은 날마다 서서 섬기며 반복해 똑같은 제사를 드립니다. 그러나 그것들은 결코 죄를 제거할 수 없습니다. 1,4절

12 그러나 그리스도께서는 죄에 대해 단번에 영원한 제사를 드리고 하나님 오른편에 앉으셨습니다. 1:3

13 그 후 그분의 원수들이 그분의 발아래 굴복할 때까지 기다리고 계십니다. 1:13

14 그분은 단 한 번의 제물로 거룩하게 된 사람들을 영원히 온전하게 만드셨습니다.

15 제사장 불필요함 그런데 성령께서도 우리에게 증언하십니다. 말씀하시기를

16 "'이것은 그날 후에 내가 그들과 맺을 언약이다. 내가 내 율법을 그들의 마음

에 두고 그것을 그들의 생각에 새겨 줄 것이다' 주께서 말씀하신다"
라고 하신 후에

17 덧붙여 말씀하시기를
"'내가 그들의 죄와 그들의 불법을 다시는 기억하지 않을 것이다'"
라고 하십니다. 8:12;렘 31:34

18 이와 같이 죄와 불법이 용서된 곳에서는 더 이상 죄를 위한 헌물이 필요 없습니다.

19 하나님께 나아가는 길 그러므로 형제 여러분, 우리는 예수의 피로 인해 지성소에 들어갈 담대한 마음을 갖게 됐습니다. 9:25

20 그 길은 예수께서 우리를 위해 휘장을 통해 열어 놓으신 새롭고 산 길입니다. 그런데 이 휘장은 바로 그분의 육체입니다.

21 또한 우리에게는 하나님의 집을 다스리는 위대한 제사장이 계십니다. 슥 6:11-13

22 우리가 죄악 된 양심으로부터 마음을 깨끗이 씻고 맑은 물로 몸을 씻었으므로 확신에 찬 믿음과 참된 마음으로 하나님께 나아갑시다. 9:14;겔 36:25

23 우리가 고백하는 소망의 믿음을 단단히 붙잡읍시다. 이는 약속하신 분이 신실하시기 때문입니다. 4:14;11:11

24 또한 우리는 사랑과 선한 일들을 격려하기 위해 서로 돌아봅시다.

25 어떤 사람들의 습관과 같이 우리를 스스

소망의 믿음

믿음

오녀 가장 주되는 하루하루가 힘들어요. 힘산일 뒤며, 어린 동생들과 좋으신 할머니를 돌봐야 하거든요. 학교 공부를 따라가는 것도 벅차요. 도나데 주하에게 미래가 있을까요? 꿈을 가져도 될까요? 오맘을 가져도 될까요?

사람들은 눈에 보이는 것만 믿으려고 해요. 과학과 상식에서 벗어나는 것을 믿으려고 하지 않아요. 그런데 세상에는 과학으로도 증명되지 않는 놀라운 사건들이 많아요. 특별히 성경에 그런 이야기들이 많이 있어요. 그래서 성경을 믿지 못하는 사람들이 있어요.

우리도 성경을 믿지 못한다면 신앙생활을 계속할 수 없을 거예요. 살아 있는 하나님의 말씀을 내 것으로 만드는 방법은 '믿음' 뿐이에요. 믿음은 보이지 않는 하나님을 믿는 것이고, 그분이 하신 일들을 믿는 거예요.

히브리서 11장에는 노아, 아브라함, 사라, 야곱, 모세, 라합 등과 같이 믿음으로 꿈과 소망을 이룬 사람들이 소개되어 있어요(히 11:4-38). 이 사람들의 공통점은 현실의 어려움을 뛰어넘는 믿음이 있었다

로 모이는 일을 소홀히 하지 말고 오히려 서로 권면합시다. 또한 그날이 다가오는 것을 볼수록 더욱 그렇게 합시다. 약5:8

26 대적의 결과 만일 우리가 진리에 대한 지식을 받아들인 후에 일부러 죄를 지으면 속죄하는 제사가 더 이상 남아 있지 않습니다.

27 오히려 떨리는 마음으로 심판을 기다리는 것과 대적하는 사람들을 삼켜 버릴 맹렬한 불만 남아 있습니다. 사26:11

28 모세의 율법을 거부했던 사람은 두세 증인의 증언에 의해 동정을 받지 못하고 죽게 됩니다. 신17:2-6

29 하물며 하나님의 아들을 짓밟고 자기를 거룩하게 한 언약의 피를 부정하게 여기고 은혜의 성령을 모독한 사람이 당연히 받을 형벌이 얼마나 더 가혹하겠는가를 생각해 보십시오. 겔9:13-14

30 "원수 갚는 것은 내게 속한 것이니 내가 갚아 주겠다"라고 말씀하시고 또다시 "주께서 자기 백성을 심판하실 것이다"라고 말씀하신 분을 우리는 알고 있습니다. 사I50:4

31 살아 계신 하나님의 손에 빠져들어 가는 것은 무서운 일입니다. 사33:14;눅12:5

32 핍박 속의 강인함 여러분은 빛을 받은 후에 고난 가운데 큰 싸움을 이겨 낸 지난날들을 기억하십시오. 6:4

33 여러분은 때로 비방과 환난을 당함으로

공개적인 구경거리가 되기도 했고 또 때로는 이렇게 살아가는 사람들의 동료가 되기도 했습니다. 고전4:9

34 또한 감옥에 갇힌 사람들과 함께 아파하고 여러분의 재물을 빼앗기는 것도 기쁨으로 감당했습니다. 이는 여러분이 보다 나은 영원한 재물이 있는 줄 알았기 때문입니다. 벧전1:4

35 믿음의 담대함 그러므로 여러분은 담대함을 버리지 마십시오. 이는 그 담대함이 큰 상을 가져올 것이기 때문입니다. 2:2;11:26

36 여러분이 하나님의 뜻을 행한 후에 약속을 받기 위해서는 인내가 필요합니다.

37 "잠시 잠깐 후면 오실 그분이 오실 것이니 지체하지 않으실 것이다. 사26:20

38 그러나 내 의인은 믿음으로 말미암아 살 것이다. 누구든지 뒤로 물러서면 내 영이 그를 기뻐하지 않을 것이다." 합2:3-4

39 그러나 우리는 뒤로 물러나 멸망에 이르는 사람들이 아니라 믿음을 갖고 생명을 얻을 사람들입니다.

11 확신과 소망 믿음은 바라는 것들의 실체이며 보지 못하는 것들의 증거입니다.

2 참으로 조상들은 이 믿음으로 인정을 받았습니다.

3 믿음으로 우리는 온 세상이 하나님의 말씀으로 창조됐고 따라서 보이는 것은 나타난 것으로 말미암아 지어지지 않은 것을 압니다. 롬4:17

4 조상들의 믿음 믿음으로 아벨은 가인보다 더 나은 제사를 하나님께 드렸고 이로써 그는 의롭다는 인정을 받았습니다. 하나님께서 그의 예물에 대해 인정해 주셨습니다. 그는 죽었지만 믿음으로 여전히 말하고 있습니다. 창4:4-8,10;잠15:8;요일3:12

5 믿음으로 에녹은 죽음을 보지 않고 들림을 받았습니다. 하나님께서 그를 데려가셨기 때문에 그는 더 이상 보이지 않았습니다. 들려 가기 전에 그는 하나님을 기쁘시게 하는 사람이라는 인정을 받았습니다.

6 믿음이 없이는 하나님을 기쁘시게 할 수 없습니다. 그러므로 하나님께 나아가는 사람은 하나님이 계신 것과 하나님은 그분을 간절히 찾는 사람들에게 상 주시는 분임을 믿어야 합니다. 대상 28:9;렘 29:12-14

7 믿음으로 노아는 아직 보지 못하는 일들에 대해 경고를 받고 자기 집안의 구원을 위해 경외함으로 방주를 지었으며 이로 인해 그는 세상을 단죄했습니다. 또한 그는 믿음으로 인해 의의 상속자가 됐습니다.

8 아브라함의 믿음 믿음으로 아브라함은 부르심을 받았을 때 순종하여 장차 유업으로 받을 곳으로 나아갔습니다. 그런데 그는 어디로 가는지 알지 못하고 나아갔습니다.

9 믿음으로 그는 약속의 땅에서 다른 나라에 사는 이방 사람처럼 잠시 머물렀는데 그는 동일한 약속을 함께 받은 이삭과 야곱과 더불어 장막에 거했습니다. 창 12:8

10 이것은 그가 하나님께서 친히 설계하시고 건축하신 견고한 터 위에 세워진 도시를 고대했기 때문입니다. 12:22;시 87:1;계 21:2,10

11 믿음으로 *아브라함은 비록 그 자신이 너무 늙고 사라도 단산됐지만 임신할 수 있는 능력을 얻었습니다. 이는 그가 약속하신 분을 신실한 분으로 여겼기 때문입니다. 10:23;창 17:19;18:11-14;21:2

12 이렇게 해서 죽은 사람이나 다름없는 사람에게서 하늘의 수많은 별과 같이 그리고 바닷가의 셀 수 없는 모래와 같이 수많은 자손들이 태어났습니다. 창 22:17

13 보이지 않는 나라에 대한 믿음 이 모든 사람들은 믿음을 따라 살다가 죽었습니다. 그들은 약속하신 것들을 받지 못했지만 그것들을 멀리서 보고 환영하며 세상에서는 외국 사람이며 나그네임을 고백했습니다.

14 이렇게 말하는 사람들은 자신들이 본향을 찾는 사람들임을 분명히 보여 줍니다.

15 만일 그들이 떠나온 곳을 생각하고 있었

다면 돌아갈 기회가 있었을 것입니다.

16 그러나 그들은 이제 더 나은 곳을 사모하는데 그것은 하늘에 있는 것입니다. 그러므로 하나님께서도 그들의 하나님이라 불리는 것을 부끄러워하지 않으시고 그들을 위해 한 도시를 예비하셨습니다. 출 3:6

17 아브라함의 신실함 믿음으로 아브라함은 시험을 받을 때 이삭을 바쳤습니다. 그는 약속들을 받은 사람이면서도 자기 외아들을 기꺼이 바치려 했습니다. 창 22:1-10

18 하나님께서 전에 말씀하시기를 "네 자손이라고 불릴 사람은 이삭으로 말미암을 것이다"라고 하셨습니다. 창 21:12

19 아브라함은 하나님께서 죽은 사람도 살리실 수 있다고 생각했습니다. 그러므로 비유로 말하자면 그는 이삭을 죽은 사람들로부터 돌려받은 것입니다. 롬 4:17-21

20 이삭과 야곱과 요셉 믿음으로 이삭은 장래 일을 두고 야곱과 에서를 축복했습니다.

21 믿음으로 야곱은 죽을 때 요셉의 아들들을 각각 축복했으며 자기 지팡이 머리에 몸을 기대며 하나님께 경배했습니다.

22 믿음으로 요셉은 죽을 때에 이스라엘 자손이 이집트에서 떠날 것에 대해 말했고 자기의 뼈에 대해 지시했습니다. 창 13:19

23 모세의 믿음 믿음으로 모세의 부모는 모세가 출생했을 때 그 아이를 석 달 동안 숨겼습니다. 이는 그 아이가 남다른 것을 보고 왕의 명령을 무서워하지 않았기 때문입니다. 출 1:16,22;2:2-3;행 7:20

24 믿음으로 모세는 다 자란 후에 바로의 딸의 아들이라 불리는 것을 거부했습니다.

25 그는 잠시 죄의 쾌락을 즐기는 것보다 오히려 하나님의 백성과 함께 고난받기를 더 좋아했습니다. 요일 2:17

26 그는 그리스도를 위해 당하는 수모를 이집트의 보화보다 더 가치 있는 것으로 여겼습니다. 이는 그가 상을 바라보았기 때문

단죄(11:7, 斷罪, condemn) 죄로 단정함, 홍수가 났을 때 노아의 믿음은 증명되었고 세상은 심판을 받았다. 11:11 또는 '사라는 나이가 지나서 수태할 수 없는 몸이었는데도 임신할 능력을 얻었습니다. 11:31 또는 '여인숙 주인'으로 보기도 함. 11:31 또는 '믿지 않은' 11:38 또는 세상은 이런 사람들을 받아들이지 못하니이다.

입니다.   2:2;10:35;13:13

27 믿음으로 모세는 왕의 진노를 두려워하지 않고 이집트를 떠났습니다. 그는 보이지 않는 분을 보는 것같이 여기고 인내했습니다.

28 믿음으로 그는 유월절과 피 뿌리는 의식을 행해 처음 난 것들을 죽이는 자가 그들을 해치지 못하도록 했습니다.   출 12:21-30

29 이스라엘의 믿음 믿음으로 이스라엘 백성은 마른 땅을 건너듯 홍해를 건넜습니다. 그러나 이집트 사람들은 똑같이 행하려다가 물에 빠져 죽었습니다.   출 14:21-30

30 믿음으로 이스라엘 백성이 7일 동안 여리고 성을 돌자 그 성벽이 무너져 내렸습니다.

31 믿음으로 *창녀 라합은 정탐꾼들을 평안히 맞아들여 *불순종한 사람들과 함께 죽지 않았습니다.   수 2:1,8~3;6:22,25;약 2:25

32 사사와 왕과 예언자들의 믿음 그리고 또 내가 무슨 말을 더 하겠습니까? 기드온, 바락, 삼손, 입다, 다윗 그리고 사무엘과 예언자들에 대해 이야기하자면 시간이 모자랄 것입니다.   삿 4:6;6:11;11:1;13:24

33 그들은 믿음으로 나라들을 정복하기도 하고 의를 행하기도 하고 약속을 받기도 하고 사자들의 입을 막기도 하고

34 불의 능력을 꺾기도 하고 칼날을 피하기도 하고 연약한 데서 강하게 되기도 하고 전쟁에서 용맹한 사람들이 되기도 하고

이방 군대를 물리치기도 했습니다.

35 여인들은 자신의 죽은 사람들을 부활로 되돌려 받기도 했습니다. 또 어떤 이들은 고문을 당했지만 더 나은 삶으로 부활하기 위해 풀려나기를 원하지 않았습니다.

36 또 어떤 사람들은 조롱과 채찍질을 당했으며 심지어 결박되고 투옥되기까지 했습니다.   창 39:20;렘 20:2;37:15

37 그들은 돌에 맞았고 톱질을 당했고 칼로 죽임을 당했습니다. 그들은 양가죽과 염소 가죽을 입고 떠돌아다녔으며 그들은 가난했고 고난을 당했고 학대를 받았습니다.

38 *(세상은 그들에게 가치가 없었습니다.) 그래서 그들은 광야와 산과 동굴과 땅굴 등에서 떠돌며 살았습니다.   삼상 22:1

39 믿음의 상급 그런데 이들은 모두 믿음으로 증거를 받았지만 약속하신 것을 받지 못했습니다.   2,13절

40 하나님께서는 우리를 위해 더 나은 것을 예비해 놓으심으로 우리 없이는 그들이 온전해지지 못하도록 하신 것입니다.

12 인내를 요구함 이와 같이 우리를 둘러싼 구름같이 많은 증인들이 있으니 모든 짐과 얽매이기 쉬운 죄를 벗어버리고 인내로써 우리 앞에 놓인 경주를 합시다.

2 믿음의 창시자요, 완성자이신 예수를 바

손가락 기도법 따라해 보세요~!

하나님 아버지: 우리 기도를 들으시고 우리를 도우시는 하나님을 간절히 찾고 부르세요.

감사합니다 : 하나님께 감사한 것을 다 말하세요.

잘못했어요. 용서해 주세요: 예수님의 보혈을 의지하여 잘못한 것을 고백하고 회개하세요.

도와주세요 : 도움을 청할 것이 많지요? 그걸 말씀드리세요.

예수님의 이름으로 기도합니다. 아멘

라봅시다. 그는 자기 앞에 놓여 있는 기쁨을 위해 부끄러움을 개의치 않으시고 십자가를 참으셨습니다. 그래서 그는 하나님의 보좌 오른편에 앉게 되었습니다. 시 22:6

3 여러분, 거역하는 죄인들을 참으신 분을 생각하십시오. 그리하여 지쳐 낙심하지 마십시오. 갈 6:9

4 싸움은 훈련입니다 여러분이 죄와 싸웠지만 아직 피를 흘릴 정도로 대항하지는 않았습니다.

5 또한 여러분은 하나님께서 아들들을 대하듯이 여러분에게 하신 권면의 말씀을 잊었습니다. 이르시기를

"내 아들아, 주의 훈계를 가볍게 여기지 말고 그가 책망하실 때 낙심하지 마라.

6 주께서는 사랑하시는 사람을 연단하시고 아들로 받으신 사람마다 채찍질하신다" 잠 3:11~12

라고 하셨습니다. 시 94:12;119:67,75;계 3:19

7 아들 됨을 보여 주는 연단 연단을 견뎌 내십시오. 하나님께서는 여러분을 아들들같이 대하십니다. 아버지가 연단하지 않는 아들이 어디 있습니까? 신 8:5;삼하 7:14

8 아들이 받는 모든 연단을 여러분이 받지 않는다면 여러분은 사생자며 아들이 아닙니다.

9 우리는 우리를 연단하는 육신의 아버지를 모시고 그분들을 존경합니다. 그러니 우리가 모든 영의 아버지께 더욱 복종하며 살아야 하지 않겠습니까?

10 육신의 아버지는 자기가 좋다고 생각하는 대로 우리를 잠시 연단하지만 영의 아버지께서는 우리의 유익을 위해 그분의 거룩하심에 참여하도록 연단하십니다.

11 모든 연단이 당시에는 즐거움이 아니라 괴로움으로 보이지만 나중에는 그것을 통해 연단된 사람들에게 의로운 평화의 열매를 맺게 합니다. 약 3:17~18

12 거룩한 삶을 좇을 것 그러므로 여러분은 피곤한 팔과 연약한 무릎을 강하게 하십시오.

13 그리고 여러분의 발을 위해 길을 곧게 하십시오. 그래서 절룩거리는 다리로 어긋나지 않게 하고 오히려 치유를 받게 하십시오. 잠 4:26~27;살 5:16

14 모든 사람과 더불어 화평과 거룩함을 추구하십시오. 이것 없이는 아무도 주를 보지 못할 것입니다. 마 5:8;살전 4:7

15 하나님의 은혜에 이르지 못하는 사람이 없도록 주의하십시오. 또한 쓴 뿌리가 돋아나 문제를 일으키고 그로 인해 많은 사람들이 더럽혀지지 않도록 조심하십시오.

16 또한 음행하는 사람이나 음식 한 그릇에 자신의 장자권을 판 에서와 같이 세속적인 사람이 없도록 살피십시오. 창 25:33

17 여러분이 알다시피 에서는 후에 복을 상속받고 싶어 했지만 거절당했습니다. 그가 눈물로 복을 구했지만 회개할 기회를 얻지 못했습니다. 창 27:34,36,38

18 율법 아래의 심판 여러분이 나아가 도착한 곳은 시내 산 같은 곳이 아닙니다. 곧 손으로 만질 수 있고 불이 타오르며 어둡고 캄캄하며 폭풍과 신 4:11;5:22

19 나팔 소리와 말씀하시는 음성이 들리는 곳과 같지 않습니다. 그 음성을 들은 사람들은 하나님께서 자기들에게 더 이상 말씀하지 않기를 애원했습니다. 출 19:16,19

20 그들이 "짐승이라도 그 산에 닿으면 돌에 맞아 죽게 하라"라고 하신 명령을 감당하지 못했기 때문입니다. 출 19:12~13

21 그 광경이 얼마나 무서웠던지 모세도 "나는 너무 두렵고 떨린다"라고 말했습니다.

22 새 언약과 심판 그러나 여러분이 나아가 다다른 곳은 시온 산, 곧 살아 계신 하나님의 도시인 하늘의 예루살렘입니다. 또한 여러분은 잔치에 운집한 수많은 천사들의 무리와

23 하늘에 등록된 장자들의 교회와 만물의 심판주이신 하나님과 완전하게 된 의인들의 영들과 2:12;창 18:25;눅 10:20

쓴 뿌리(12:15, bitter root) 하나님의 은혜에 이르지 못하게 하는 '불신앙'을 가리킴(신 29:18-19).

24 새 언약의 중보자이신 예수와 아벨의 피보다 더 나은 소식을 전해 준 예수께서 뿌리신 피에 이르렀습니다. 8:6;9:15;11:4;창 4:10

25 경건함으로 하나님을 섬김 여러분은 말씀하시는 분을 거역하지 않도록 조심하십시오. 만일 땅에 경고하신 분을 거역한 그들이 피하지 못했다면 하물며 우리가 하늘로부터 경고하시는 분을 배척하고 어찌 피할 수 있겠습니까?

26 그때는 그 음성이 땅을 흔들었지만 이제는 그분이 약속해 말씀하셨습니다. "내가 또 한 번 땅뿐 아니라 하늘까지도 흔들 것이다." 출 19:18;학 2:6

27 이 '또 한 번'이라 함은 흔들리지 않는 것들을 남겨 두려고 흔들리는 것들, 곧 피조물들을 제거해 버리려는 것을 뜻합니다.

28 그러므로 우리가 흔들리지 않는 나라를 받았으니 감사합시다. 이렇게 해 경건함과 두려움으로 하나님을 합당하게 섬깁시다.

29 우리 하나님께서는 태워 없애는 불이시기 때문입니다.

13

나그네를 대접함 형제 사랑하기를 지속하십시오.

2 나그네 대접하기를 소홀히 하지 마십시오. 어떤 사람들은 나그네를 대접하다가 자기도 모르게 천사들을 대접했습니다.

3 여러분은 자신이 함께 갇혀 있는 것처럼 감옥에 갇힌 사람들을 기억하십시오. 여러분도 몸을 가진 사람들이니 학대받는 사람들을 기억하십시오. 10:34;마 25:36

4 결혼을 귀히 여김 모든 사람은 결혼을 귀하게 여기고 잠자리를 더럽히지 마십시오. 하나님께서는 음란한 사람들과 간음하는 사람들을 심판하실 것입니다.

5 돈을 사랑하지 않음 돈을 사랑하며 살지 말고 지금 갖고 있는 것으로 만족하십시오. 주께서는 친히 "내가 결코 너를 떠나지 않겠고 또 결코 버리지 않을 것이다"라고 말씀하셨습니다. 신 31:6;딤전 33;6:7~8

6 그러므로 우리는 담대히 말합니다.
"주는 나를 돕는 분이시니 나는 두려워하지 않을 것이다. 사람이 나를 어찌하겠는가?" 시 56:4,11;118:6~7

7 지도자들의 삶을 본받음 하나님의 말씀을 여러분에게 전해 준 여러분의 지도자들을 기억하십시오. 그들이 산 삶의 결과를 살펴보고 그 믿음을 본받으십시오. 17:24절

8 이상한 가르침을 피함 예수 그리스도께서는 어제나 오늘이나 영원토록 한결같으신 분입니다. 1:12;요 8:58;계 1:4,8

9 여러분은 갖가지 이상한 가르침에 끌려다니지 마십시오. 마음은 음식이 아니라 은혜로 견고하게 하는 것이 좋습니다. 음식에 집착한 사람들은 유익을 얻지 못했습니다. 유 1:12

10 우리에게는 한 제단이 있습니다. 그런데 장막에서 섬기는 사람들은 그 제단에서 먹을 권한이 없습니다.

11 세속적인 것을 떠남 이는 그 짐승의 피는 죄를 위해 대제사장이 지성소로 갖고 들어가고 그 몸은 진 밖에서 불태워지기 때문입니다. 13절;레위 20:9

12 이와 같이 예수께서도 자신의 피로 백성을 거룩하게 하시려고 성문 밖에서 고난을 당하셨습니다. 9:12;마 21:39;27:32;요 19:17,20

13 그러므로 우리도 그분의 치욕을 짊어지고 진 밖으로 그분에게 나아갑시다. 벧전 4:14

14 우리는 이 땅 위의 영원한 도시가 아니라 다만 장차 올 도시를 갈망하고 있기 때문입니다.

15 찬양의 제사를 드림 그러므로 우리가 그분을 통해 항상 하나님께 찬양의 제사를 드립시다. 이것은 그분의 이름을 고백하는 입술의 열매입니다. 레 7:12;엡 5:20

16 그리고 선행과 나눔을 소홀히 하지 마십시오. 하나님께서는 이런 제사를 기뻐하십니다. 미 6:7~8;별 4:18

17 인도자들에게 순종함 여러분을 인도하는 사람들을 신뢰하고 순종하십시오. 이는 그들이 여러분의 영혼을 위해 마치 자신들이 하나님께 아뢰야 할 사람들인 것처럼 깨어 있기 때문입니다. 그들로 하여금 기

쁨으로 이 일을 행하게 하고 근심함으로 행하지 않게 하십시오. 그러지 않으면 여러분에게 유익이 되지 못할 것입니다.

18 **기도 요청** 우리를 위해 기도해 주십시오. 우리는 모든 일을 올바르게 행하며 선한 양심을 갖고 있다고 확신합니다. 삼하 31

19 내가 여러분에게 더 빨리 돌아갈 수 있도록 더욱 열심히 기도해 주십시오.

20 **수신자를 위한 기도** 평강의 하나님, 곧 양들의 큰 목자이신 우리 주 예수를 죽은 사람 가운데서 영원한 언약의 피로 이끌어 내신 분이 10:29/사 63:11/슥 9:11

21 그분의 뜻을 행할 수 있도록 모든 선한 것으로 여러분을 온전케 해 주시기를 원합니다. 또한 하나님께서 예수 그리스도로 말

미암아 그분에게 기쁨이 되는 것을 우리 안에서 행하시기를 원합니다. 하나님께 영광이 영원무궁하기를 빕니다. 아멘.

22 **마지막 언급** 형제 여러분, 내가 여러분에게 권합니다. 이 권면의 말을 용납하십시오. 내가 여러분에게 간단히 썼습니다.

23 우리 형제 디모데가 석방된 것을 알려 드립니다. 그가 속히 오면 내가 그와 함께 여러분을 만나 보게 될 것입니다.

24 여러분을 지도하는 모든 사람들과 온 성도들에게 안부를 전해 주십시오. 이탈리아에서 온 사람들이 여러분에게 안부를 전합니다. 7.17절

25 은혜가 여러분 모두와 함께하기를 빕니다.

성경에 나타난 축도들

'축도'는 축복 기도를 줄여서 쓴 말이다. 축복 기도는 사람이나 사물에 복을 비는 기도이다.
오늘날의 축도는 공적인 예배가 끝날 때 목사님을 통해서 받을 수 있다. 목사님의 축도는 고린도후서 13장 13절을 인용하고 있지만 성경에는 다양한 유형의 축도가 나온다.

구약에 나타난 축도	
민수기의 축도 (민 6:24-26)	하나님이 아론에게 다음과 같은 말로 이스라엘 자손들을 축복하라고 명령하신다. "여호와께서 너에게 복을 주시고 너를 지키시기를 비노라. 여호와께서 그 얼굴을 네게 비추시고 너에게 은혜 베푸시기를 비노라. 여호와께서 그 얼굴을 너를 향해 드시고 너게 평강을 주시기를 비노라."
시편의 축도 (시 19:14)	다윗은 하나님의 창조와 율법을 찬양하면서 이렇게 말한다. "오 여호와여, 내 반석이여, 나를 구원하신 주여, 내 입의 말과 내 마음의 묵상이 주께서 받으실 만한 것이 되기를 원합니다."

신약에 나타난 축도	
고린도후서의 축도 (고후 13:13)	고린도후서의 마지막에서 바울은 독자들을 이렇게 축복한다. "주 예수 그리스도의 은혜와 하나님의 사랑과 성령의 교통하심이 여러분 모두와 함께하시기를 빕니다."
유다서의 축도 (유 1:24-25)	예수님의 형제 유다는 이렇게 축복했다. "여러분을 지켜 넘어지지 않게 하시고 그 기쁨 가운데 그분의 영광 앞에 흠 없이 서게 하실 수 있는 유일하신 우리 구주 하나님께 우리 주 예수 그리스도로 말미암아 영광과 위엄과 능력과 권세가 만세 전부터 그리고 지금과 영원무궁토록 있기를 빕니다. 아멘."
히브리서의 축도 (히 13:20-21)	히브리서 기자는 글을 마치면서 이렇게 축복의 말을 하고 있다. "평강의 하나님 … 그분의 뜻을 행할 수 있도록 모든 선한 것으로 여러분을 온전케 해 주시기를 원합니다. 또한 하나님께서 예수 그리스도로 말미암아 그분에게 기쁨이 되는 것을 우리 안에서 행하시기를 원합니다. 하나님께 영광이 영원무궁하기를 빕니다. 아멘."

야고보서

야고보서는 신약의 모든 편지 중에서 가장 구체적으로 하나님의 말씀을 실천할 수 있도록 합니다. 박해와 어려움에 처한 사람들이 시험을 참는 것에 대해서, 말씀을 듣는 올바른 태도에 대해서, 가난한 사람을 도와주는 진정한 경건에 대해서, 경솔히 다스리는 것에 대해서, 혀에 재갈을 물리는 것에 대해서, 선함과 온유와 겸손에 대해서, 허파된 성경과 믿음을 지키는 것에 대해 말해요. 어려움 가운데서도 하나님을 믿고 인내하며 고난당할 때 기도하라고 합니다. 그러면 예수님이 다시 오실 때 반드시 상을 받게 될 것이라고 해요. 구원을 얻는 믿음이 있다고 해도 실천이 없다면 그 믿음은 죽은 믿음이라고 말해요. 야고보서는 믿음을 가진 성도에게 행함을 격려하기 위해 쓴 성경이에요.

야고보서는 무슨 뜻인가요?

'야고보가 보내는 편지'라는 뜻이에요.

이 편지를 받는 사람들은 '흩어져 있는 열두 지파'인데 누구인지 정확하지 않아요. 여러 교회들이 서로 돌려가며 읽었을 거예요.

누가 썼나요?

야고보가 썼어요. 아마 야고보는 예수님의 동생일 거예요. 그는 예수님이 부활하시기 전까지는 예수님을 따르지 않고 오히려 예수님을 비웃었어요. 하지만 예수님이 죽으셨다 다시 살아나신 것을 보고 예수님의 제자가 되었어요. 나중에 예루살렘 교회의 지도자가 되었고, 바울에게 '교회의 기둥'이라는 말을 들었어요.

언제 썼나요?

야고보가 순교하기 전인 AD 62년경

(어떤 이들은 AD 46~49년경이라고 보기도 함)

주요한 사람들은?

야고보 예수님 동생 예루살렘 교회 지도자

한눈에 보는 야고보서

야고보서
James

1 **안부 인사** 하나님과 주 예수 그리스도의 종 야고보는 흩어져 있는 열두 지파에게 안부를 전합니다.

2 **믿음의 연단으로서의 시험** 내 형제들이여, 여러 가지 시험을 만나거든 온전히 기쁘게 여기십시오. _{벧전 1:6}

3 여러분이 알다시피 여러분의 믿음의 연단은 인내를 이룹니다. _{롬 5:3;벧전 1:7}

4 인내를 온전히 이루십시오. 그러면 여러분이 온전하고 성숙하게 돼 아무것에도 부족한 것이 없게 될 것입니다. _{살전 5:23}

5 **지혜를 구함** 여러분 가운데 누구든지 지혜가 부족하면 모든 사람에게 후히 주시고

시험 잘 보게 해 달라고 기도해도 되나요?

하나님께 시험을 잘 보게 해 달라고 기도할 수 있어요. 바울은 누구든 지혜가 필요하면 하나님께 구하라고 말했어요(약 1:5).
하나님은 우리가 항상 하나님을 의지하며 기도하길 원하세요.
그뿐만 아니라 어떤 일을 하든지 최선을 다하기를 바라신답니다.
학교에 가서 공부하고 배우는 모든 일은 우리를 훌륭한 어른이 되게 하시려는 하나님의 계획에 들어 있는 것이랍니다. 그 계획 안에서 우리가 맡은 것에 최선을 다해야 해요.
시험 준비를 열심히 한 후 시험 볼 때 '긴장하지 않고 공부한 것이 잘 기억나게 해 주세요'라고 기도하고 시험에 임하세요.
하나님은 최선을 다한 사람의 기도를 항상 귀 기울여 들어주신답니다.

꾸짖지 않으시는 하나님께 구하십시오. 그러면 주실 것입니다. _{왕상 3:9~12}

6 오직 믿음으로 구하고 조금도 의심하지 마십시오. 의심하는 사람은 바람에 밀려 요동하는 바다 물결 같습니다. _{마 21:21}

7 그런 사람은 주께 무엇을 받을 것이라고 기대하지 마십시오.

8 그는 두 마음을 품은 사람으로 그의 모든 길은 정함이 없습니다. _{4:8}

9 쇠잔하게 되는 재물 어려운 처지에 있는 형제는 자신의 높은 위치를 자랑하고

10 부자는 자신의 낮은 위치를 자랑하십시오. 이는 부자는 풀의 꽃처럼 사라져 버릴 것이기 때문입니다. _{렘 9:23}

11 해가 떠 뜨거워져 풀을 말리면 꽃은 떨어지고 그 아름다움을 잃고 맙니다. 이처럼 부자도 그의 행하는 일 가운데 소멸될 것입니다. _{사 40:7}

12 **욕심으로 인한 시험** 시험을 견디는 사람은 복이 있습니다. 이는 그가 인정을 받은 후에 하나님을 사랑하는 사람들에게 약속된 생명의 면류관을 받을 것이기 때문입니다.

13 누구든지 시험을 당할 때 "내가 하나님께 시험을 받고 있다"라고 말하지 마십시오. 하나님은 악에게 시험을 받지도 않으시고 친히 누구를 시험하지도 않으십니다.

14 각 사람이 시험을 당하는 것은 자신의 욕심에 이끌려 유혹에 빠지기 때문입니다.

15 욕심이 잉태해 죄를 낳고 죄가 자라 사망을 낳습니다. _{욥 15:35;시 7:14;롬 5:12;6:23}

16 **하나님으로부터 오는 선물** 내 사랑하는 형제들이여, 속지 마십시오.

17 온갖 좋은 선물과 온전한 은사는 위로부터 오며 빛들의 아버지께로부터 내려옵니다. 그분에게는 변함도, 회전하는 그림자도 없습니다. _{시 85:12;맘 3:6;요 3:27;요일 1:5}

야고보 (1:1, James) 예수님의 동생일 것으로 추정됨. 예루살렘 교회의 감독. **흩어져 있는 열두 지파** (1:1, twelve tribes scattered) 세상에 흩어진 유대 그리스도인 사람들을 가리킴. **시험** (1:2, 試驗, trial) 여기에 쓰인 '시험'은 외적인 '고난'을 의미하나, 13~14절에 쓰인 '시험'은 내적인 '유혹'을 의미함.

은 우리를 창조하신 것 가운데 첫 열
□ 되게 하시려고 그분의 뜻에 따라 진
□ 말씀으로 우리를 낳으셨습니다.

■ 이루는 말 내 사랑하는 형제들이여,
□ 것을 명심하십시오. 사람마다 듣기는
□빨리 하고 말하기는 천천히 하며 노하기
도 천천히 하십시오. 잠 10:19;17:27;욜 2:21

20 사람이 화내는 것이 하나님의 의를 이루
지 못하기 때문입니다.

21 그러므로 모든 더러운 것과 넘치는 악을
벗어 버리고 마음에 심긴 말씀을 온유함
으로 받으십시오. 이 말씀은 능히 여러분
의 영혼을 구원할 수 있습니다.

22 **믿음의 도를 행해야 함** 여러분은 말씀을 실
천하는 사람이 되고 듣기만 해 자신을 속
이는 사람이 되지 마십시오. 롬 2:13

23 만일 누가 말씀을 듣기만 하고 실천하지
않는다면 이 사람은 자기의 생긴 얼굴을
거울에 비춰 보는 사람과 같습니다.

24 그는 거울을 보고 돌아서서는 자신의 모
습이 어떠한지 금방 잊어버립니다.

25 그러나 자유롭게 하는 온전한 율법을 자
세히 살피고 율법 안에 거하는 사람은 듣
고 잊어버리는 사람이 아니라 실천하는
사람입니다. 이 사람은 자신이 행하는 일
에 복을 받을 것입니다. 2:12;시 1:1~2;눅 11:28

26 **정결하고 흠이 없는 경건** 만일 누가 스스로

경건하다고 생각하며 자기 혀를 제어하지
않고 자기 마음을 속이면 이 경건은 아무
소용이 없습니다. 3:2~3;시 39:1;행 26:5

27 하나님 아버지 앞에서 정결하고 흠이 없
는 경건은 환난 가운데 있는 고아와 과부
를 돌보며 세상으로부터 자신을 지켜 물
들지 않도록 하는 것입니다. 욥 31:17~18

2

겉모습으로 판단하지 마라 내 형제들이
여, 영광의 우리 주 예수 그리스도를 믿
는 믿음을 겉모습으로 판단하지 마십시오.

2 만일 여러분의 회당에 금반지를 끼고 화
려한 옷을 입은 사람이 들어오고 또 누더
기 옷을 걸친 가난한 사람이 들어올 때

3 화려한 옷을 입은 사람을 보고는 "여기 좋
은 자리에 앉으시오"라고 말하고 가난한
사람에게는 "거기 섰든지 내 발판 아래 앉
으시오"라고 말한다면

4 이는 여러분이 스스로 차별하며 악한 생각
을 따라 판단하는 사람이 된 것 아닙니까?

5 내 사랑하는 형제들이여, 들으십시오. 하
나님께서는 세상에서 가난한 사람들을
택해 믿음에 부요한 사람이 되게 하시고
하나님을 사랑하는 사람들에게 약속하
신 그 나라의 상속자가 되게 하지 않으셨
습니까? 마 5:3;눅 6:20;고전 1:27~28;고후 8:9

6 그러나 여러분은 가난한 사람을 멸시했습
니다. 부자들은 여러분을 학대하며 여러

말씀을 실천하는 사람이 되라

분을 법정으로 끌고 가지 않습니까? 행 8:3

7 그들은 여러분이 받은 아름다운 이름을 모독하지 않습니까?

8 어떤 범죄도 정죄됨 여러분이 성경대로 "네 이웃을 네 몸과 같이 사랑하라"는 최상의 법을 지킨다면 잘하는 것입니다.

9 그러나 만일 여러분이 겉모습으로 사람을 판단한다면 죄를 짓는 것이며 율법이 여러분을 범죄자로 판정할 것입니다. 1절

10 누구든지 율법 전체를 지키다가 어느 하나를 범하면 율법 전체를 범하는 셈이 되기 때문입니다. 마 5:19,갈 3:10

11 "간음하지 말라"고 하신 이가 또한 "살인하지 말라"고 하셨기 때문에 비록 간음하지 않았더라도 살인했다면 율법을 어긴 사람이 되는 것입니다.

12 여러분은 자유의 율법으로 심판받을 사람인 것처럼 말하고 행동하십시오.

13 긍휼을 베풀지 않는 사람에게는 긍휼 없는 심판이 있을 것입니다. 긍휼은 심판을 이깁니다. 욥 22:6~11,시 18:25~26,참 21:13

14 행함으로 믿음을 증명함 내 형제들이여, 만일 누가 믿음이 있다고 하면서 행함이 없으면 무슨 소용이 있겠습니까? 그런 믿음이 자신을 구원하겠습니까?

15 만일 형제나 자매가 헐벗고 매일 먹을 양식도 없는데

16 여러분 가운데 누가 그들에게 "잘 가라. 따뜻하게 지내고 배불리 먹으라"고 말하

며 육신에 필요한 것을 주지 않는다면 무슨 소용이 있겠습니까? 요일 3:17

17 이와 같이 믿음도 행함이 없으면 그 자체가 죽은 것입니다.

18 행함이 없는 믿음 혹 어떤 사람이 이렇게 말할 것입니다. "당신은 믿음이 있고 나는 행함이 있습니다. 당신의 행함 없는 믿음을 내게 보여 주십시오. 그러면 나도 당신에게 나의 행함으로 믿음을 보여 드리겠습니다."

19 당신은 하나님이 한 분이신 사실을 믿습니까? 잘하십니다. 귀신들도 믿고 두려워 떱니다. 신 6:4,마 8:29,막 12:4,고전 8:6

20 아, 허망한 사람이여! 당신은 행함이 없는 믿음이 헛되다는 것을 압니까?

21 분명한 믿음의 예 우리 조상 아브라함이 자기 아들 이삭을 제단에 바칠 때 행함으로 의롭다고 인정받지 않았습니까? 창 22:9

22 당신이 알다시피 믿음이 그의 행함과 함께 일하고 행함으로 믿음이 온전하게 된 것입니다. 히 11:17

23 그래서 "아브라함이 하나님을 믿으니 이것이 그에게 의로 여겨졌다"라고 한 성경이 이뤄졌고 그는 하나님의 친구라고 불렸습니다.

24 여러분이 보다시피 사람이 행함으로 의롭다고 인정받는 것이지 믿음으로만은 아닙니다.

25 이와 같이 *창녀 라합도 첩자들을 숨겨 주고 다른 길로 가게 했을 때 행함으로 의롭다고 인정받지 않았습니까? 수 2:1~22,6:23

야고보는 잘못된 말의 위험성과 악함에 대해 강하게 경고하고 있어요. 잘못 사용된 언어와 통제되지 않은 혀로 하는 말은 폭력을 사용하는 것과 같아요. 특히 요즘 사람은 인터넷 세상에서는 얼굴이 드러나지 않는다는 것을 이용해 난폭한 말들을 서슴지 않고 있어요. 이런 난폭한 말에 대하여 야고보는 "샘이 한 구멍에서 단물과 짠물을 낼 수 없듯이 한 입으로 찬양과 저주를 말할 수 있다."(약 3:10-11)라고 비유로 말하고 있어요. 이것은 하나의 입으로 두 말을 하지 말라는 뜻이에요. 하나님을 믿는다고 찬양하면서 동시에 이웃을 저주하는 말을 함께 할 수는 없어요.

26 마치 영혼 없는 몸이 죽은 것같이 행함이 없는 믿음도 죽은 것입니다.

3 말한 것을 행함 내 형제들이여, 더 큰 심판을 받을 줄 알고 너도나도 선생이 되려고 나서지 마십시오.

2 우리는 모두 실수가 많기 때문입니다. 만일 누가 말에 실수가 없다면 그는 자기의 온몸도 제어할 수 있는 완벽한 사람입니다.

3 우리는 말들을 길들이려고 그 입에 재갈을 물려서 말들을 다 끌고 갑니다. 시 32:9

4 보십시오, 그렇게 큰 배들이 거센 바람에 밀려가지만 항해사는 작은 키 하나로 방향을 잡아 갑니다.

5 이와 같이 혀도 작은 지체이지만 *큰 것을 자랑합니다. 보십시오, 작은 불씨가 얼마나 많은 나무를 태웁니까?

6 불의한 혀 혀는 불입니다. 혀는 우리 지체 안에 있는 불의의 세계이며 온몸을 더럽히며 인생의 바퀴를 불사르며 지옥 불에 의해 불살라집니다. 시 120:2-4;잠 16:27;마 15:18

7 모든 종류의 짐승이나 새나 벌레나 바다 생물은 길들여질 수 있어 사람에게 길들여져 왔습니다.

8 그러나 혀는 아무도 길들일 수 없습니다. 혀는 지칠 줄 모르는 악이요, 죽이는 독이 가득한 것입니다. 시 140:3;전 10:11;잠 3:13

9 우리는 혀로 주와 아버지를 찬양하기도 하고 또 그것으로 하나님의 형상을 따라 지음받은 사람을 저주하기도 합니다.

10 찬양과 저주가 한 입에서 나오니 내 형제들이여, 그래서는 안 됩니다.

11 샘이 어떻게 한 구멍에서 단물과 짠물을 낼 수 있습니까?

12 내 형제들이여, 무화과나무가 올리브 열매를 맺거나 포도나무가 무화과 열매를 맺을 수 있습니까? 이처럼 짠물 내는 샘이 단물을 낼 수 없습니다.

13 선행으로 나타나는 지혜 여러분 가운데 지혜롭고 분별력 있는 사람이 누구입니까? 선한 행실을 통해 지혜에서 나오는 온유함으로 자기의 행위를 보이십시오.

14 그러나 여러분의 마음에 지독한 시기심과 야심이 있다면 자랑하거나 진리를 대적하여 거짓말하지 마십시오. 행 5:17;롬 2:8;고후 12:20

15 이 지혜는 하늘에서 오는 게 아니라 세상적이고 정욕적이며 마귀적입니다. 유 1:19

16 시기심과 야심이 있는 곳에 혼란과 온갖 악한 행위가 있습니다.

17 그러나 하늘에서 오는 지혜는 무엇보다도 성결하고 또한 화평하며 관용하고 양순하며 긍휼과 선한 열매가 가득하며 편견과 위선이 없습니다. 2:4;히 12:11;빌 4:5;롬 12:9

18 의의 열매는 화평하게 하는 사람들이 화평의 씨를 뿌려 거두는 것입니다. 갈 6:7-8

4 다툼을 일으키는 정욕 여러분 가운데 싸움이 어디서 오며 다툼이 어디서 옵니까? 여러분의 지체 속에 있는 싸우는 정욕에서 오는 것 아닙니까?

2 여러분이 욕심을 내도 얻지 못하고 살인하고 시기해도 얻을 수 없습니다. 여러분이 다투고 싸우지만 구하지 않기 때문에 얻지 못하는 것입니다.

3 그런데 구해도 얻지 못하는 것은 여러분이 정욕에 쓰려고 잘못된 동기로 구하기 때문입니다.

혀를 조심히 사용하고 싶다면, 먼저 하나님이 우리를 변화시키시도록 기도해야 해요. 우리는 혀를 길들일 수 없지만 하나님은 하실 수 있답니다.
하나님을 찬양하고 기도하는 데 더 많은 시간을 드리게 해요. 또 혀를 통제하는 데 관심을 갖고, 바르고 고운 말을 쓰는 습관을 갖도록 노력해 보아요.

같이읽기 야고보서 3장 2절을 읽으세요.

2:25 또는 '여인숙 주인'으로 보기도 함. 3:5 또는 '엄청난 일을 할 수 있다고 자랑합니다'. 야심(3:14, 野心, selfish ambition) 무엇을 이루어 보려고 마음속에 품고 있는 마음, 양순(3:17, 良順, submissive) 마음이 너그럽고 착하며 순함.

4 간음하는 여자들이여, 세상과 친구가 되는 것이 하나님의 원수인 것을 알지 못합니까? 누구든지 세상과 친구가 되고자 하는 사람은 하나님의 원수가 되는 것입니다.

5 하나님을 가까이하는 기쁨 여러분은 여러분 안에 계신 성령께서 시기하기까지 사모하신다고 한 성경 말씀을 헛된 것으로 생각합니까?

고전 6:19;고후 6:16

6 하나님께서는 더 큰 은혜를 주십니다. 그러므로 말씀하십니다. "하나님께서는 교만한 사람을 물리치시고 겸손한 사람에게 은혜를 주신다."

사 54:7-8;벧전 5:5

7 그러므로 하나님께 복종하고 마귀를 대적하십시오. 그러면 마귀가 여러분을 피할 것입니다.

벧전 5:8-9

8 하나님을 가까이하십시오. 그러면 하나님께서 여러분에게 가까이 오실 것입니다. 죄인들이여, 손을 깨끗이 하십시오. 두 마음을 품은 사람들이여, 마음을 정결하게 하십시오.

1:8;대하 15:2;사 1:16;렘 4:14

9 슬퍼하고 탄식하며 통곡하십시오. 여러분의 웃음을 탄식으로, 기쁨을 슬픔으로 바꾸십시오.

10 주 앞에서 겸손하십시오. 그러면 여러분을 높여 주실 것입니다.

6절;사 57:15

11 형제를 판단하지 말것 형제들이여, 서로 비방하지 마십시오. 형제를 비방하거나 자기 형제를 판단하는 사람은 율법을 비방하고 판단하는 것입니다. 당신이 율법을 판단한다면 당신은 율법을 행하는 사람이 아니라 심판하는 사람입니다.

12 율법을 주신 이와 심판하시는 이는 오직 한 분이십니다. 그분은 능히 구원하기도 하시고 멸망시키기도 하시는 분입니다. 그런데 이웃을 판단하는 당신은 누구입니까?

13 관점과 우선순위 자, 이제 오늘이나 내일 어느 도시에 가서 1년 동안 지내며 돈을 벌겠다고 말하는 사람들이여,

잠 27:1

14 여러분은 내일 무슨 일이 일어날지 모르며 여러분의 생명이 무엇인지 알지 못합니다. 여러분은 잠깐 있다 없어지는 안개입니다.

15 그러니 여러분은 "주의 뜻이면 우리가 살기도 하고 이런저런 일을 할 것이다"라고 말하십시오.

16 그런데 여러분은 교만한 마음으로 자랑합니다. 이러한 자랑은 모두 악한 것입니다.

17 그러므로 누구든지 선을 행할 줄 알면서도 행하지 않으면 이것은 죄를 짓는 일입니다.

5

압제자에 대한 판단 부자들이여, 여러분에게 닥칠 고난으로 인해 슬퍼하며 통곡하십시오.

눅 6:24;롬 3:16

2 여러분의 재물은 썩었고 여러분의 옷은 좀먹었습니다.

욥 13:28;사 50:9;마 6:19-20

3 여러분의 금과 은은 녹슬어 여러분에게 증거가 될 것이며 불처럼 여러분의 살을 삼켜 버릴 것입니다. 여러분은 마지막 날에도 재물을 쌓았습니다.

마 6:19;눅 12:21;롬 2:5

4 보십시오, 여러분이 밭을 가는 일꾼들에게 지불하지 않은 품삯이 소리를 지르며 추수하는 사람들의 울부짖는 소리가 만

Q 지금도 아픈 사람에게 기름 부으며 기도를 해야 하나요?

A 야고보서에는 병든 사람이 있으면 교회의 장로를 청해서 주의 이름으로 기름을 붓고 기도하라고 했어요(약 5:14). '기름을 붓는 것'은 기름을 머리에 붓는 종교 의식이 아니라, '피부에 기름을 바르거나 문지르는 것'을 의미해요.

사마리아 사람이 강도를 만나 죽게 된 사람을 발견했을 때도 그의 상처에 기름과 포도주를 발라 주었어요(눅 10:34). 이렇게 성경 시대에는 기름의 의학적인 효능 때문에 병든 사람에게 종종 사용되기도 했습니다.

여기에서 야고보가 말하는 뜻은 그 시대의 가장 좋은 의술을 사용하라는 것으로 볼 수 있어요. 오늘날로 본다면 좋은 약이나 수술, 치료 등을 사용하면서 동시에 간절히 기도하라는 것입니다.

군의 주의 귀에 들렸습니다. 신 24:15;롬 9:29

5 여러분은 땅에서 사치하며 잘살았습니다. 여러분은 도살의 날에 여러분의 마음을 살찌웠습니다. 렘 12:3;딤전 5:6

6 여러분은 의로운 사람을 정죄하고 죽였습니다. 그러나 그는 여러분에게 대항하지 않았습니다. 4:2;행 3:14

7 고난과 인내 그러므로 형제들이여, 주께서 오실 때까지 오래 참고 기다리십시오. 보십시오. 농부는 땅의 열매를 참고 기다리며 이를 위해 이른 비와 늦은 비가 내리기까지 기다립니다.

8 여러분도 오래 참고 여러분의 마음을 굳건히 하십시오. 주의 강림이 가까이 왔기 때문입니다. 살전 3:13;벧전 4:7

9 형제들이여, 심판을 받지 않으려면 서로 불평하지 마십시오. 보십시오. 심판자가 문 앞에 서 계십니다. 마 7:1;24:33;히 13:29

10 형제들이여, 주의 이름으로 말씀을 전한 예언자들을 고난과 인내의 본으로 삼으십시오. 마 5:12;23:34;행 7:52;히 11:32~38

11 보십시오. 우리가 인내하는 사람을 복되다고 말합니다. 여러분이 욥의 인내를 들었고 주께서 주신 결과를 보았습니다. 주는 자비와 긍휼이 많은 분이십니다. 욥 1:21~22;시 103:8

12 맹세하지 말 것 내 형제들이여, 무엇보다도 맹세하지 마십시오. 하늘이나 땅이나 다른 어느 것을 두고도 맹세하지 마십시오. 여러분이 "그렇다" 할 것은 "그렇다" 하고 "아니다" 할 것은 "아니다" 해서 심판을 받지 않도록 하십시오. 마 5:34

13 고난 중에 기도하라 여러분 가운데 고난당하는 사람이 있으면 기도하십시오. 즐거운 사람이 있으면 찬송하십시오.

14 여러분 가운데 병든 사람이 있으면 교회의 장로들을 초청해 주의 이름으로 기름을 붓고 그를 위해 기도하게 하십시오.

15 믿음의 기도는 병든 사람을 낫게 할 것이

▲ 야고보 무덤 교회
세베대의 아들로, 열두 제자 중 처음으로 헤롯에게 목이 잘려 순교한(행 12:1~3) 사도 야고보를 기념하여 세운 교회이다. 그는 예수님을 정치적인 메시아로 생각하여 세상적인 지위를 구하던 사람이었으나(마 20:21) 예수님의 십자가 죽음과 부활을 경험하고, 오순절에 성령을 받은 후에는 죽기까지 복음을 전하는 사람이 되었다.

며 주께서 그를 일으키실 것입니다. 비록 그가 죄를 지었을지라도 용서받을 것입니다.

16 그러므로 서로 죄를 고백하고 병 낫기를 위해 서로 기도하십시오. 의인의 기도는 역사하는 힘이 큽니다. 창 18:23~32;20:17

17 엘리야는 우리와 본성이 똑같은 사람이었습니다. 그러나 그가 비가 오지 않기를 간절히 기도했더니 3년 반 동안 땅에 비가 내리지 않았습니다. 왕상 17:1;18:1;행 14:15

18 그리고 다시 기도했더니 하늘에서 비가 내리고 땅이 열매를 냈습니다. 왕상 18:42,45

19 형제를 돌아서게 함 내 형제들이여, 여러분 가운데 유혹을 받아 진리에서 떠난 사람을 누가 돌아서게 하면 말 2:6

20 여러분은 아십시오. 죄인을 유혹의 길에서 돌아서게 한 사람은 그의 영혼을 죽음에서 구하고 많은 죄를 덮을 것입니다.

도살의 날 (5:5, day of slaughter) 재물을 쌓아 두고 사치하는 부자들을 향한 경고의 메시지로 '심판의 날'을 말함. 이른 비와 늦은 비(5:7) '이른 비'는 씨를 뿌린 후 10~11월에 내리며, '늦은 비'는 추수하기 전 3~4월에 내린다. 농작물의 성장과 결실을 돕는 비로, 하나님의 축복을 상징한다. 강림(5:8, 降臨, coming) '그리스도의 다시 오심'을 말함.

베드로전서

베드로전서는 예수님을 믿는 것 때문에 박해받는 성도들에게 소망과 격려를 주는 편지예요. 베드로는 장차 예수님이 다시 오실 것이기 때문에 오는 고난을 받지만 소망이 있다고 말해요. 성도들에게 세상에서 나그네인 것을 기억하고 고난 가운데서도 권위에 순종하고, 믿음과 사랑으로 살아가도록 요청하고 있어요. 마지막 때가 가까이 왔으니 깨어 기도하고 깊이 사랑하라고 해요.

베드로전서는 무슨 뜻인가요?

'베드로가 보내는 첫 번째 편지'라는 뜻이에요. 이 편지는 흩어져 사는 나그네에게 보내졌어요. 기록된 장소는 '바벨론에 있는 교회'라고 하는데 어디인지 정확하게 알 수는 없어요.

누가 썼나요?

베드로가 썼어요. 베드로는 자신을 장로이자 그리스도의 고난의 증인이라고 소개해요. 예수님을 따라다닐 당시에 베드로는 성격도 급하고 실수도 많았어요. 하지만 오순절에 성령 충만함을 경험하고서는 달라졌어요. 이전의 행하고 하나님의 말씀을 조리 있게 잘 전했어요. 베드로는 이 편지를 말년에 썼어요. 어려움에 처한 그리스도의 사람들을 위로한 베드로를 '소망의 사도'라고 불러요.

언제 썼나요?

네로 황제의 박해가 시작되기 직전이나 직후, 베드로가 순교하기 전인 AD 64년경

주요한 사람들은?

마가
마가복음을 기록한 사람.
베드로가 아들이라 부름

베드로
예수님의 제자,
예루살렘 교회 지도자

실루아노
실라와 동일 인물로 봄. 바울의 동역자.
베드로의 편지를 대필, 전달한 사람

한눈에 보는 베드로전서

1:1–12 성도의 구원

2:13–3:12 일상생활에 대한 권면

1:13–2:12 성도의 성숙

4:7–19 마지막 때와 고난을 대하는 태도

3:13–4:6 고난과 그리스도의 모범

5:1–14 권면과 인사

베드로전서
1 Peter

1 **안부 인사** 예수 그리스도의 사도 베드로는 본도와 갈라디아와 갑바도기아와 아시아와 비두니아 지역에 흩어져 사는 나그네,

2 곧 하나님 아버지의 미리 아심을 따라 성령의 거룩하게 하심으로 예수 그리스도께 대한 순종과 그분의 피 뿌림을 얻기 위해 택하심을 받은 사람들에게 편지를 씁니다. 은혜와 평강이 여러분에게 더욱 풍성하기를 빕니다.

_{단 4:1;행 2:23;히 10:22;벧후 1:2}

3 **산 소망에 대한 찬송** 우리 주 예수 그리스도의 아버지 하나님을 찬양합니다. 하나님께서는 그분의 풍성하신 긍휼을 따라 우리를 거듭나게 하시고 예수 그리스도를 죽은 자들로부터 살리시어 산 소망을 얻게 하심으로

_{23절 3:21;고후 13:5절 35}

4 여러분을 위해 하늘에 쌓아 둔 썩지 않고 더러워지지 않고 쇠하지 않는 유업을 얻게 하셨습니다.

_{롬 8:17}

5 여러분은 마지막 때 나타내려고 예비하신 구원을 얻기 위해 믿음으로 인해 하나님의 능력으로 보호하심을 받고 있습니다.

6 **믿음의 시련** 그러므로 여러분은 이제 온갖 시험을 당해 잠시 근심하게 됐으나 오히려 크게 기뻐합니다.

_{약 1:2}

7 그것은 여러분이 당하는 믿음의 시련이 불로 단련해도 없어질 금보다 더 귀해 예수 그리스도께서 나타나실 때 칭찬과 영광과 존귀를 얻게 하려는 것입니다.

8 **믿음의 결국** 여러분은 그리스도를 보지 못했으나 사랑합니다. 지금도 여러분은 그분을 보지 못하지만 믿고, 말할 수 없는 영광스러운 기쁨으로 즐거워합니다.

9 이는 여러분이 믿음의 결과로 영혼의 구원을 받기 때문입니다.

_{롬 6:22}

10 **예언된 하나님의 은혜** 이 구원에 관해서는 여러분이 받을 은혜에 대해 예언한 예언자들이 열심히 찾고 연구했습니다.

11 그들은 자기 안에 계신 그리스도의 영이 그리스도께서 당하실 고난과 그 뒤에 받으실 영광에 대해 미리 증언하실 때 그리스도의 영이 무엇을 가리키며 어느 때를 지시하는지 알아보려고 살폈습니다.

12 예언자들이 섬긴 이 일은 자기들을 위한 것이 아니라 여러분을 위한 것임이 그들에게 계시됐습니다. 이제 이 일은 하늘에서 보내신 성령 안에서 복음을 전하는 사람들로 인해 여러분에게 전파된 것이며 천사들도 살펴보기를 간절히 바라는 것입니다.

13 **은혜에 대한 거룩한 응답** 그러므로 여러분은 마음의 허리를 동이고 정신을 차려 예수 그리스도께서 나타나실 때 여러분에게 주실 은혜를 끝까지 바라보십시오.

14 여러분은 순종하는 자녀로서 전에 무지한 가운데 따라 살던 욕망을 본받지 말고

15 여러분을 부르신 분이 거룩하신 것처럼 여러분도 모든 행실에 거룩한 사람들이 되십시오.

_{약 3:13;요일 3:3}

16 기록되기를 "내가 거룩하니 너희도 거룩

돌아가신 할머니

하늘나라에 가면 할머니를 알아볼 수 있을까요?

가 예수님을 믿고 구원을 받으셨다면 분명히 하늘나라에 계실 거예요. 그런데 할머니를 만나게 되면 서로 알아볼 수 있을지는 정확히 알 수 없어요. 이 땅에서 알던 사람들을 하늘나라에서도 알아볼 수 있을 거라는 내용은 성경에 없는 거든요. 그렇지만 예수님이 말씀하신 '부자와 나사로의 비

유'(눅 16:19-31)에 보면, 거지 나사로와 부자는 살아 있을 때 서로 알지 못하는 내던 사이였는데, 그들이 죽어서 각자 다른 곳에 있게 되었으나 서로 알아본 것이 나와요.

이런 것으로 미루어, 예수님을 잘 믿었던 할머니를 하늘나라에 가면 만날 수 있고, 알아볼 수 있을 것이라고 짐작할 수 있습니다.

믿음의 시련은 예수님이 다시 오실 때 칭찬과 영광과 존귀를 얻게 하려는 것임

하라"라고 하셨습니다. 렘 11:44~45;19:2;20:7

17 또한 여러분이 사람을 외모로 취하지 않고 각자의 행위대로 판단하시는 분을 아버지라고 부르고 있으니 나그네로 사는 때를 두려움으로 지내십시오. 렘 3:19;말 1:6

18 속량 되신 그리스도 여러분이 알다시피 조상들로부터 물려받은 헛된 생활 방식에서 여러분이 해방된 것은 은이나 금같이 썩어질 것으로 된 것이 아니요,

19 오직 흠도 없고 점도 없는 어린양 같은 그리스도의 보배로운 피로 된 것입니다.

20 그리스도는 창세전부터 미리 알려지셨고 여러분을 위해 마지막 때에 나타나셨습니다.

21 여러분은 그리스도로 인해 하나님을 믿는 사람들입니다. 하나님은 그리스도를 죽은 사람들 가운데서 살리시고 그분에게 영광을 주셨습니다. 그러므로 여러분의 믿음과 소망은 하나님께 있습니다. 히 2:9

22 형제 사랑 여러분은 진리에 순종함으로 여러분의 영혼을 깨끗하게 해 거짓 없이 형제를 사랑하기에 이르렀으니 청결한 마음으로 서로 깊이 사랑하십시오. 딤전 1:5

23 여러분이 거듭난 것은 썩어질 씨로 된 것이 아니라 썩지 않을 씨로 된 것이니, 곧 하나님의 살아 있고 항상 있는 말씀으로 된 것입니다. 3절단 6:26;요 1:13

24 그러므로

"모든 육체는 풀과 같고 그의 모든 영광은 풀의 꽃과 같도다. 풀은 시들고 꽃은 떨어지나 약 1:10~11

25 주의 말씀은 영원토록 있도다" 사 40:6~8

라고 했습니다. 이것이 바로 여러분에게 전파된 말씀입니다. 사 40:9

2 영적인 성숙함 그러므로 여러분은 모든 악의와 모든 거짓과 위선과 시기와 모든 비방의 말을 버리십시오.

2 갓난아기들같이 신령하고 순전한 젖을 사모하십시오. 이는 여러분이 구원에 이르도록 자라게 하려는 것입니다. 히 5:12~13

3 여러분이 주의 인자하심을 맛보았으면 그렇게 하십시오. 시 34:8;히 6:5

4 산 돌이신 예수께로 나옴 사람에게는 버림을 당하셨으나 하나님께는 택하심을 받은 보배로운 산 돌이신 예수께 나아가 6~7절

5 여러분 자신도 산 돌들처럼 신령한 집으로 세워지십시오. 그래서 예수 그리스도로 인해 하나님께서 기쁘게 받으실 만한 제사를 드리는 거룩한 제사장이 되십시오.

6 모퉁잇돌 되신 그리스도 성경에 기록되기를 "보라, 내가 택한 보배롭고 요긴한 모퉁 잇돌을 시온에 둔다. 그를 믿는 사람은 결코 수치를 당하지 않을 것이다"

라고 했습니다.
사 28:16;삼 9:33;10:11

7 그러므로 믿는 여러분에게는 보배이지만 믿지 않는 사람들에게는
"건축자들의 버린 돌이 모퉁이의 머릿돌이 됐다"
라고 했고
시 118:22

8 또한
"거치는 돌과 넘어지게 하는 바위가 됐다"
사 8:14
라고 했습니다. 그들이 말씀에 순종하지 않으므로 넘어지니 이는 그들이 그렇게 되도록 정하셨기 때문입니다.

9 하나님의 택한 백성 그러나 여러분은 택하신 족속이요, 왕 같은 제사장들이요, 거룩한 나라요, 그분의 소유된 백성이니 이는 여러분을 어둠에서 불러내어 그분의 놀라운 빛으로 들어가게 하신 분의 덕을 선포하게 하기 위한 것입니다.
신 10:15

10 여러분이 전에는 백성이 아니었으나 이제는 하나님의 백성이며 전에는 자비를 얻지 못했으나 이제는 자비를 얻은 사람들입니다.
호 1:6,9=10:2:23;롬 9:25~26

11 선한 행실로 사랑하는 사람들이여, 나는 외국 사람과 나그네 같은 여러분에게 영혼을 대적해 싸우는 육체의 정욕을 멀리할 것을 권면합니다.
롬 13:14;갈 5:24;약 4:1

12 여러분은 이방 사람 가운데 선한 행실을 나타내십시오. 그러면 그들이 여러분을 악을 행하는 사람들이라고 비방하다가 여러분의 선한 일들을 보고 하나님께서 돌아보시는 날에 하나님께 영광을 돌리

계 될 것입니다.
사 10:3;마 5:16;눅 19:44;고후 9:13

13 시민으로 주를 위해 사람의 모든 제도에 순복하십시오. 권세를 가진 왕에게

14 또한 악을 행하는 사람들을 징벌하고 선을 행하는 사람들을 칭찬하기 위해 왕이 보낸 총독들에게 순복하십시오.
롬 13:3~4

15 선을 행해 어리석은 사람들의 무식한 말을 잠잠하게 하는 것이 하나님의 뜻이기 때문입니다.
12절

16 여러분은 자유인으로 사십시오. 그러나 그 자유를 악행의 구실로 사용하지 말고 하나님의 종으로 사십시오.
고전 7:22

17 모든 사람을 존경하고 형제들을 사랑하며 하나님을 두려워하고 왕을 공경하십시오.

18 종으로 종들이여, 여러분은 모든 일에 두려워함으로 주인에게 복종하십시오. 선하고 너그러운 사람들뿐 아니라 까다로운 사람들에게도 그렇게 하십시오.
엡 6:5

19 어떤 사람이 억울하게 고난을 당하고 하나님을 생각하며 슬픔을 참으면 이것이 은혜입니다.
3:14,17

20 여러분이 죄를 지어 매를 맞고 참으면 무슨 칭찬이 있겠습니까? 그러나 여러분이 선을 행하다 고난을 받고 참으면 이것은 하나님 앞에서 은혜입니다.
3:17~18;4:13,16

21 여러분은 이것을 위해 부르심을 받았습니다. 그리스도께서도 여러분을 위해 고난을 당하시고 여러분에게 본을 남겨 주심으로 그분의 발자취를 따르게 하셨습니다.

22 그분은 죄를 지으신 일도 없고 그 입에는 거짓이 없었으며
사 53:9

예수님은 정말 죄가 없으신 분인가요?

예수님은 전혀 죄가 없으신 분이세요(벧전 2:22). 예수님이 죄가 없으신 이유는 하나님의 아들이시며, 또 죄를 이기셨기 때문이에요. 예수님은 하나님이셨지만 동시에 인간이셨어요. 예수님은 배고픔도 느끼셨고(마 21:18), 눈물도 흘리셨고(눅 19:41; 요 11:35) 화가 나실 때는 화도 내셨던(요 2:15) 완전한 인간이셨어요.
그렇기 때문에 예수님도 우리처럼 죄를 지을 가

능성이 있는 분이셨어요.
이 사실을 알았던 사탄은 예수님을 죄에 빠지게 하려고 집중적으로 공격했답니다(마 4:1~11). 하지만 예수님은 사탄의 시험을 하나님의 말씀으로 모두 물리치셨어요.
예수님은 우리처럼 죄를 지을 수 있는 완전한 인간이셨지만 죄를 짓지 않으셨어요. 그래서 예수님은 죄가 없으신 분이랍니다.

23 그분은 모욕을 당하셨으나 모욕으로 갚지 않으셨고 고난을 당하셨으나 위협하지 않으셨고 공의로 심판하시는 분에게 자신을 맡기셨습니다. 3:9;사 53:7;눅 23:46;тел 12:3

24 그분이 친히 나무에 달려 자기 몸으로 우리의 죄를 짊어지셨으니 이는 우리가 죄에 대해 죽고 의에 대해 살게 하려는 것입니다. 그분이 채찍에 맞음으로 여러분이 나음을 얻었습니다. 사 53:4-5,11;롬 6:2,11,13

25 여러분이 전에는 길 잃은 양과 같았으나 이제는 여러분 영혼의 목자 되시며 감독자 되신 분에게로 돌아왔습니다. 사 53:6

3 아내로 아내들이여, 이와 같이 자기 남편에게 복종하십시오. 이는 말씀에 순종하지 않는 남편일지라도 말이 아닌 아내의 행실로 인해 구원을 얻게 하려는 것입니다. 마 18:15;고전 7:16;9:19-22

2 그들이 두려움으로 행하는 여러분의 깨끗한 행실을 보고 그렇게 될 것입니다. 딛 2:5

3 여러분은 머리를 땋아 내리거나 금장식을 달거나 옷을 화려하게 차려입음으로 외모를 단장하지 말고 딤전 2:9

4 오히려 마음에 숨은 사람을 온유하고 요한 심령의 썩지 않을 것으로 단장하십시오. 이것은 하나님 앞에서 아주 귀한 일입니다. 롬 2:29

5 전에 하나님께 소망을 두었던 거룩한 여인들도 이처럼 자기 남편에게 복종함으로 스스로 단장했습니다.

6 이는 사라가 아브라함을 주라 부르며 그에게 순종한 것과 같습니다. 여러분은 선을 행하고 아무리 무서운 일에도 두려워하지 않는 사라의 딸들이 됐습니다.

7 남편으로 남편들이여, 이와 같이 아내는 더 연약한 그릇인 것을 알고 그녀와 함께 살아야 합니다. 또한 생명의 은혜를 함께 상속할 사람으로 알아 귀하게 여기십시오, 이는 여러분의 기도가 막히지 않게 하

8 마음을 같이하며 서로 사랑함 마지막으로, 여러분은 모두 한마음을 품고 서로 동정하며 형제를 사랑하며 불쌍히 여기며 겸손하십시오, 엡 4:32

9 악을 악으로 갚거나 욕을 욕으로 갚지 말고 도리어 축복하십시오. 이는 여러분이 복을 유업으로 받기 위해 부르심을 받았기 때문입니다. 2:21,23;눅 6:28;롬 12:14

10 그러므로 말씀하시기를
"누구든지 생명을 사랑하고 좋은 날 보기를 원하는 사람은 혀를 금해 악한 말을 하지 못하게 하고 입술로 거짓을 말하지 못하게 하며

11 악에서 돌이켜 선을 행하고 화평을 따르고 화평을 이루라.

12 이는 주의 눈이 의인들을 향하시고 주의 귀는 그들의 기도에 기울이시나 주의 얼굴은 악을 행하는 사람들을 대적하시기 때문이다"
라고 했습니다. 시 34:12-16

13 고난 속에서 소망을 가짐 여러분이 열심히 선을 행하는 사람이 되면 누가 여러분을 해치겠습니까?

14 그러나 여러분이 의를 위해 고난을 당하면 여러분은 복 있는 사람들입니다. 그들의 위협에 두려워하지 말고 불안해하지 마십시오. 2:19-20;사 8:12-13;요 14:1,27

15 오직 여러분의 마음에 그리스도를 주로 삼아 거룩하게 하고 여러분이 가진 소망에 관한 이유를 묻는 모든 사람에게 대답할 것을 항상 준비하되 골 4:6

16 온유와 두려움으로 하고 선한 양심을 가지십시오, 이는 여러분이 비방을 받을 때 그리스도 안에서 행하는 여러분의 선한 행실을 비방하는 사람들로 하여금 수치를 당하게 하려는 것입니다. 2:12;히 13:18

17 하나님이 원하시면 선을 행하다 고난을 당하는 것이 악을 행하다 고난을 당하는 것보다 낫습니다. 2:20

18 그리스도의 죽음의 능력 이는 여러분을 하나

단장(3:4, 丹粧, beauty) 단정하게 옷을 차려입음.
방탕(4:3, 放蕩, orgies) 술과 여자와 노름에 빠져 행실이 좋지 못함.

님께로 인도하기 위해 그리스도께서도 한 번 죄를 위해 고난을 당하시되 의인으로서 불의한 사람을 대신하셨기 때문입니다. 그는 육체로는 죽임을 당하셨으나 영으로는 살리심을 받으셨습니다. 히 9:26,28

19 또한 주께서는 영으로 옥에 갇혀 있는 영들에게 가서 선포하셨습니다. 4:6

20 그들은 전에 노아가 방주를 예비하는 동안 하나님께서 오래 참고 기다리실 때 끝내 불순종했던 사람들입니다. 몸로 심판하실 때 구원받은 사람이 적으니 단 8명뿐이었습니다. 창 6:3,5:7:1,7,23:히 11:7

21 세례의 의미 이제 물이 여러분을 구원하는 표인 세례를 의미합니다. 세례는 육체의 더러움을 없애는 것이 아니라 예수 그리스도의 부활로 인해 선한 양심이 하나님을 향해 응답하는 것입니다. 13:막 16:16

22 그리스도께서는 하늘로 올라가 하나님의 오른편에 계시니 천사들과 권세들과 능력들이 그분께 복종합니다. 행 2:33~34

4 죄 없이 당하는 고난 그리스도께서 육체의 고난을 받으셨으니 여러분도 같은 마음으로 무장하십시오. 이는 육체의 고난을 받으신 분이 죄를 끊으셨기 때문입니다. 3:18;롬 6:2,7;갈 5:24;골 3:3,5

2 그분은 우리가 더 이상 인간의 욕심을 따라 살지 않고 하나님의 뜻을 따라 육체의 남은 때를 살기 원하십니다. 딛 2:12

3 과거에 여러분이 이방 사람의 뜻을 따라

음란과 정욕과 술 취함과 방탕과 향락과 가증한 우상 숭배에 빠졌던 것은 그것으로 충분합니다. 겔 44:6;45:9;겔 4:17~19;살전 4:5

4 이방 사람들은 여러분이 그 같은 극한 방탕에 휩쓸리지 않는 것을 이상하게 여기고 비방하지만 2:12;3:16

5 그들은 산 사람과 죽은 사람을 심판하기 위해 예비하시는 분에게 바른대로 고하게 될 것입니다.

6 이 때문에 죽은 사람들에게도 복음이 전파됐는데 이것은 그들이 육체로는 사람을 따라 심판을 받지만 영으로는 하나님을 따라 살게 하려는 것입니다. 3:19

7 기도와 사랑과 봉사 만물의 마지막이 가까이 왔습니다. 그러므로 여러분은 정신을 차리고 깨어 기도하십시오. 마 26:41;눅 21:36

8 무엇보다도 서로 깊이 사랑하십시오. 사랑은 허다한 죄를 덮습니다.

9 서로 대접하기를 불평 없이 하십시오.

10 각자 은사를 받은 대로 하나님의 각양 은혜를 맡은 선한 청지기같이 서로 섬기십시오. 눅 12:42;롬 12:6~7;고전 4:1~2,7

11 누구든지 말을 하려면 하나님께서 말씀하시는 것같이 하고 누구든지 섬기려면 하나님께서 공급하시는 힘으로 하는 것같이 하십시오. 이는 모든 일에 하나님께서 예수 그리스도로 인해 영광을 받으시게 하려는 것입니다. 영광과 능력이 세세 무궁토록 그분께 있기를 빕니다. 아멘. 행 7:38

무식했던 베드로, 어떻게 글을 썼을까요?

오순절 이후, 베드로가 주눅 들지 않고 담대하게 말씀을 전하자, 이것을 본 사람들은 이상하게 생각했어요. 사람들은 베드로가 아무런 교육도 받지 않은 평범한 사람인 줄 알았기(행 4:13) 때문이었어요. 그런 그가 수십 년이 흐른 뒤에는 이방 교회에 보내는 글도 쓰게 된 것입니다. 학자들은 그의 글이 아주 유창한 그리스어로 되어 있다고 해요.

그 때문에 어떤 학자들은 베드로전·후서를 베드로가 쓴 것이 아니라고 주장하기도 했어요. 하지만 대부분은 베드로가 이 책을 썼다고 주장해요. 긴 세월이 흐르면서 하나님께 지혜의 능력을 받았을 것이고, 베드로가 신실한 형제로 여기는 실루아노가 편지를 쓰는 데 도움을 주었을 것이기 때문입니다(벧전 5:12).

12 그리스도의 사람의 고난 사랑하는 사람들이여, 여러분을 시험하려고 오는 불 같은 시험이 있더라도 무슨 이상한 일이 여러분에게 일어난 것처럼 여기지 말고

13 오히려 여러분이 그리스도의 고난에 참여하게 된 것을 기뻐하십시오. 이는 그분의 영광이 나타날 때 여러분이 크게 기뻐하고 즐거워하게 하려는 것입니다. 빌 3:10~11

14 여러분이 그리스도의 이름으로 인해 모욕을 당하면 복이 있는 사람들입니다. 이는 영광의 영, 곧 하나님의 영이 여러분 위에 계시기 때문입니다. 시 89:51

15 여러분 가운데 누구라도 살인하는 사람이나 도둑질하는 사람이나 범죄하는 사람이나 다른 사람의 일에 참견하는 사람으로 인해 고난을 받지 않도록 하십시오.

16 그러나 여러분이 그리스도의 사람으로 고난을 받는다면 부끄러워하지 말고 도리어 그 이름으로 하나님께 영광을 돌리십시오.

17 이는 하나님의 집에서 심판을 시작할 때가 됐기 때문입니다. 만일 심판이 우리에게서 시작된다면 하나님의 복음에 순종하지 않는 사람들의 결국이 어떠하겠습니까?

18 또 의인이 겨우 구원을 받는다면 경건하지 못한 사람과 죄인은 어떻게 되겠습니까?

19 그러므로 하나님의 뜻을 따라 고난을 받는 사람들은 계속 선한 일을 행하는 가운데 자기의 영혼을 신실하신 창조주께 맡기십시오. 시 31:5,눅 23:46

5 장로들의 책임 함께 장로가 된 사람이요, 그리스도의 고난의 증인이며 또한 나타날 영광에 동참할 사람인 나는 여러분 가운데 장로로 있는 사람들에게 권면합니다.

2 여러분 가운데 있는 하나님의 양 떼를 치되 억지로 하지 말고 하나님의 뜻을 따라 자진해서 하십시오. 더러운 이익을 위해 하지 말고 즐거운 마음으로 하며 딛 1:7

3 맡겨진 사람들에게 군림하는 자세로 하지 말고 오직 양 떼의 모범이 되십시오.

4 그렇게 하면 목자장이 나타나실 때 여러분은 시들지 않는 영광의 면류관을 받게 될 것입니다. 고전 9:25;빌 13:20

5 존경과 겸손 청년들이여, 이와 같이 장로들에게 순복하십시오. 여러분 모두 서로를 향해 겸손으로 옷 입으십시오. "하나님께서 교만한 사람들에게 대항하시고 겸손한 사람들에게는 은혜를 주신다"라고 했습니다.

6 그러므로 하나님의 능력의 손 아래서 겸손하십시오. 때가 되면 하나님께서 여러분을 높이실 것입니다.

7 여러분의 모든 근심을 주께 맡기십시오. 주께서 여러분을 돌보십니다. 시 40:17

8 정신을 차리고 깨어 있으라 정신을 차리고 깨어 있으십시오. 여러분의 원수 마귀는 우는 사자처럼 두루 다니며 삼킬 사람을 찾습니다. 욥 1:7;2:2;벧전 4:2;7:6;11:2;12:9,12

9 믿음 안에 굳게 서서 마귀를 대적하십시오. 여러분이 알다시피 여러분의 형제들도 세상에서 같은 고난을 겪고 있습니다.

10 그러면 모든 은혜의 하나님, 곧 그리스도 예수 안에서 여러분을 그분의 영원한 영광 가운데로 부르신 분이 잠시 고난받는 여러분을 친히 온전하게 하시고 굳건히 세우시고 강하게 하시고 견고하게 하실 것입니다.

11 권세가 영원무궁토록 하나님께 있기를 빕니다. 아멘.

12 축복 기도 내가 신실한 형제로 여기는 실루아노의 도움을 받아 여러분에게 간단히 썼습니다. 이는 여러분을 격려하고 이것이 하나님의 참된 은혜임을 증언해 여러분으로 하여금 그 은혜 안에 견고히 서게 하려는 것입니다.

13 함께 택하심을 받은 바벨론에 있는 교회와 내 아들 마가가 여러분에게 안부를 전합니다.

14 여러분은 사랑의 입맞춤으로 서로 인사하십시오. 그리스도 안에 있는 여러분 모두에게 평강이 있기를 빕니다. 엡 6:23

목자장(5:4, 牧者長, Chief Shepherd) 목자들의 우두머리로, '예수 그리스도'를 가리킴. 순복(5:5, 順服, submissive) 고분고분하게 명령을 따라서 행함.

2 Peter
베드로후서

베드로전서는 교회 밖에서 오는 박해를 어떻게 이겨 내야 하는지 가르쳐 주어요.
베드로후서는 교회 안에서 퍼락주의, 예수님의 다시 오심을 부인하는 이단, 거짓 선생 등을 멀리
하고 신앙을 지키라고 권면해요. 거짓 선생들은 심판받을 것이라고 강력하게 말하고 있어요.
그리고 예수님의 다시 오심이 더딘 것은 모든 사람이 구원받기를 원하시는 하
나님의 사랑 때문이라고 해요. 예수님의 다시 오심은 분명한 사실이고 새
하늘과 새 땅이 이루어질 거예요.
그러므로 항상 깨어 사랑과 착한 행실로, 참된 믿음을 보여 주라고 해요.
예수님의 은혜와 그분을 아는 지식 안에서 자라 가라고 격려해요.

베드로후서는 무슨 뜻인가요?

'베드로가 보내는 두 번째 편지'라는 뜻이에요.
이 편지를 받은 사람들은 '보배로운 믿음을 함께
받은 사람들'이에요. 이 편지를 베드로전서의 후속 편지로 본다면 이들은 소아시아의 성도
들을 가리킬 거예요.

누가 썼나요?

베드로가 썼다고 봐요. 자신은 변화하신 예수님을 목격한 사람이
라고 했어요. 바울을 '사랑하는 형제'라고 부름으로 자신의 권
위를 바울과 같은 수준에 두었어요. 또한 자신의 죽음이 가까운 것을 암시하고 있어요.

언제 썼나요?

베드로가 순교하기 직전 로마에서 AD 66-67년경

주요한 사람들은?

베드로
예수님의 제자,
예루살렘 교회 지도자

거짓 선생
예수님의 다시 오심을 부인하고
성도를 타락하게 만든 사람

한눈에 보는 베드로후서

1:1-15 성도의 성장

1:16-21 믿음의 근거

3장 예수님의 다시 오심에 대한 자세와 권면

2장 거짓 선생들에 대한 경고

베드로후서
2 Peter

1 ¹ 안부 인사 예수 그리스도의 종이며 사도인 시몬 베드로는 우리 하나님과 구주 예수 그리스도의 의로 인해 우리와 똑같이 보배로운 믿음을 받은

² 여러분에게 하나님과 우리 주 예수를 아는 지식으로 인해 은혜와 평강이 더욱 풍성하기를 빕니다. 3,8절2:20;벧전 1:2;유 1:2

³ 경건에 이르게 하는 지식 하나님께서 하나님의 신성한 능력을 따라 생명과 경건에 속한 모든 것을 우리에게 주셨습니다. 이는 하나님의 영광과 덕으로 우리를 부르신 그분을 아는 지식으로 말미암은 것입니다.

⁴ 그분은 우리에게 보배롭고 지극히 큰 약속들을 주셨는데 이는 이것들을 통해 여러분이 세상의 정욕 가운데 썩어져 가는 것을 피하고 신의 성품에 참여하는 사람들이 되게 하려는 것입니다. 2:18,20

⁵ 지식을 넘어 사랑으로 행함 그러므로 여러분은 더욱 힘써 믿음에 덕을, 덕에 지식을,

⁶ 지식에 절제를, 절제에 인내를, 인내에 경건을, 행 24:25;갈 5:23

⁷ 경건에 형제 우애를, 형제 우애에 사랑을 공급하십시오. 고전 13:3;요 4:16

⁸ 이런 것들이 여러분에게 있고 또 풍성하면 여러분은 우리 주 예수 그리스도를 알기에 게으르거나 열매 없는 사람들이 되지 않을 것입니다.

⁹ 그러나 이런 것들이 없는 사람은 앞을 볼 수 없는 눈먼 사람이며 자기 과거의 죄가 깨끗하게 된 사실을 잊어버린 사람입니다.

¹⁰ 부르심을 굳게 함 그러므로 형제들이여, 더욱 힘써 여러분의 부르심과 택하심을 굳건히 하십시오. 여러분이 이것들을 행하면 결코 넘어지지 않을 것입니다.

¹¹ 이렇게 하면 우리 주이시며 구주이신 예수 그리스도의 영원한 나라에 여러분이 넉넉히 들어가게 하실 것입니다. 골 1:13

¹² 죽음을 앞두고 당부함 그러므로 여러분이 이 것들을 알고 또 여러분이 이미 받은 진리 안에 굳게 서 있다 해도 나는 여러분들로 하여금 항상 이것들을 기억하게 하려 합니다. 요이 1:2;유 1:5

¹³ 내가 이 육신의 장막에 사는 동안에는 여러분을 일깨워 기억하게 하는 것이 옳다고 생각합니다. 3:1;고후 5:1,4

¹⁴ 이는 우리 주 예수 그리스도께서 내게 보여 주신 대로 내가 곧 내 장막을 떠날 것을 알기 때문입니다. 요 21:18~19

¹⁵ 나는 내가 떠난 뒤에도 여러분이 항상 이 것들을 기억하려고 하려고 힘쓰고 있습니다.

¹⁶ 복음의 진실 우리가 우리 주 예수 그리스도의 능력과 그분이 오실 것에 대해 여러분에게 알게 한 것은 교묘히 꾸며 낸 신화를 따른 것이 아닙니다. 우리는 그분의 크신 위엄을 직접 본 사람들입니다. 마 17:1

¹⁷ 그리스도는 지극히 큰 영광 가운데 "이는 내 사랑하는 아들이니 내가 그를 기뻐한다"는 음성이 자기에게 들릴 때 하나님 아버지로부터 존귀와 영광을 받으셨습니다.

¹⁸ 우리는 그 거룩한 산에서 그분과 함께 있을 때 하늘로부터 들려오는 이 음성을 들었습니다.

¹⁹ 성경의 예언 해석에 주의할 것 또 우리에게는 더 확실한 예언의 말씀이 있으니 여러분은 동이 터서 여러분의 마음속에 샛별이 떠오를 때까지 어두운 곳을 비추는 등불처럼 이 말씀에 주목하는 것이 좋겠습니다.

종 (1:1, servant) '주인에게 얽매여 명령에 따라 움직이는 사람'을 말하며, 그리스도에 대한 절대적인 헌신과 복종을 의미함. 사도 (1:1, 使徒, apostle) '어떤 임무를 위해 보냄 받은 사람'을 말하며, 좁은 의미로 예수님의 열두 제자를 말함. 구주 (1:11, 救主, Savior) 구원자, 구속주, 구세주와 비슷한 뜻으로, 신약성경에서는 하나님과 예수 그리스도에 대해서만 쓰였음. 장막 (1:14, 帳幕, tent) '육체, 몸'을 말함.

20 여러분은 무엇보다도 이것을 알아야 합니다. 곧 성경의 모든 예언을 자기 마음대로 해석해서는 안 된다는 것입니다.

21 예언은 언제나 사람의 뜻을 따라 나온 것이 아니라 성령의 감동하심을 받은 사람들이 하나님께 받은 말씀을 전한 것이기 때문입니다.

딤후 3:16;벧전 1:11

2 거짓 선생들 그러나 백성 가운데 거짓 예언자들이 일어난 것같이 여러분 가운데서도 거짓 선생들이 나타날 것입니다. 그들은 파멸로 인도할 이단을 슬그머니 끌어들이고 자기들을 값 주고 사신 주를 부인함으로 임박한 멸망을 자초합니다.

2 많은 사람이 그들의 방탕한 길을 따를 것입니다. 그래서 그들 때문에 진리의 도가 모독을 당하게 될 것입니다.

롬 2:24

3 또한 그들은 탐욕으로 인해 꾸며 낸 말로써 여러분을 이용하려 할 것입니다. 그들이 받을 심판은 옛적부터 지체된 적이 없으며 그들의 멸망은 잠자고 있지 않습니다.

4 거짓 선생에 대한 하나님의 심판 하나님께서는 범죄한 천사들을 용서하지 않으시고 지옥에 던져 심판 때까지 어두운 구덩이에 가두어 놓으셨습니다.

마 25:41;유 1:6

5 하나님께서는 옛 세상을 용서하지 않으시고 경건치 않은 사람들의 세상을 홍수로 덮으셨습니다. 그때 오직 의의 선포자인 노아의 여덟 식구만 지켜 주셨습니다.

6 또한 그분은 소돔과 고모라 성을 심판하시고 멸망시켜 잿더미가 되게 하심으로 경건하지 못한 사람들에게 닥칠 일의 본보기로 삼으셨습니다.

유 1:15

7 그러나 무법한 사람들의 음란한 행실로 인해 고통받는 의인 롯은 구해 내셨습니다.

8 (이 의인은 그들과 함께 살면서 날마다 무법한 사람들의 행실을 보고 들음으로 그의 의로운 영혼이 상처를 입었습니다.)

9 주께서는 경건한 사람들을 시험에서 구해 내시고 불의한 사람들을 심판 날까지 형벌 아래 가두실 것을 아시는 분이십니다.

10 특히 더러운 정욕에 빠져 육체를 따라 행하는 사람들과 주의 권세를 무시하는 사람들을 그렇게 하실 것입니다. 그들은 당돌하고 거만해 영광스러운 존재들을 주저함 없이 모독합니다.

유 1:8,16,18

11 거짓 선생들의 정체 더 큰 힘과 능력을 가진 천사들이라도 주 앞에서 그들을 대적해서 모독하는 고발을 하지 않습니다.

12 그러나 이들은 본래 잡혀 죽기 위해 태어난 이성 없는 짐승 같아서 알지도 못하는 일들을 모독합니다. 그러다가 그들은 결국 멸망을 당할 것입니다.

유 1:10

13 그들은 자기들이 저지른 불의의 대가로 해를 당할 것입니다. 그들은 대낮에 흥청거리는 것을 기쁨으로 여깁니다. 그들이 여러분과 함께 잔치를 벌일 때도 속이기를 꾀하고 그것을 즐거워하니 그들은 점이요, 흠입니다.

유 1:12

성경은 성령의 감동으로 기록되었다고 해요(딤후 3:16; 벧후 1:21).

'감동'(영감)을 주셨다는 것은 저자들이 하나님이 말씀하신 것을 기록할 때 성령님이 감독하시고 지도하셨다는 말이에요.

성경은 하나님이 주신 감동으로 기록되었기 때문에 세상에 존재하는 어떤 책과도 비교할 수 없는 위대한 책이에요.

성경은 1,600여 년(BC 1500~AD 100년) 동안

성경은 어떻게 기록되었나요?

40여 명의 사람이 기록한 책이에요. 성경에는 약 2천 930명의 인물이 등장해요. 지리적으로는 1천 550여 곳에서 파피루스, 돌, 가죽, 옹기 조각 등에 기록되었어요.

예수님께 초점을 맞춘 일관성과 완벽한 통일성은 오직 하나님만 하실 수 있는 일임을 알게 해줍니다.

성경을 처음부터 끝까지 읽어 보세요. 우리를 향한 하나님의 뜻과 사랑을 발견할 수 있답니다.

예수님의 수제자, 베드로

1 갈릴리 벳새다에서
벳새다에서 태어나 예수님의
제자가 됨(눅 5:1-11; 요 1:44).

2 가이사랴 빌립보에서
예수님을 메시아로 고백
(마 16:13-16).

3 변화산에서
야고보, 요한과 함께 변모되신
예수님을 봄(마 17:1-9).

3) 오순절에 복음을 전하여 3천 명이
예수님을 믿음(행 2:14-41).

2) 다락방에서 부활하신 예수님을
만남(눅 24:33-34).

4 예루살렘에서
1) 예수님을 세 번이나 모른다고
함(마 26:69-75).

4) 요한과 함께 성전 미문에 앉아
구걸하는 앉은뱅이를 고치고
복음을 전함(행 3장).

5 가이사랴에서
이방인 고넬료에게 복음을
전함(행 10장).

6 예루살렘에서
예루살렘 총회 때 이방인도 주 예수를
믿음으로 차별 없이 구원받음을 증거
(행 15:7-11).

9 로마에서
초대 교회 전통에 따르면 로마
에서 순교함(요 21:18-23 참조).

8 고린도에서
고린도 교회에서 복음을 전한것
으로 봄(고전 1:12;3:22;9:5 참조).

7 안디옥에서
이방 사람과 함께 식사하다
야고보가 보낸 사람들을 피해
자리를 떠남(갈 2:11-14 참조).

14 그들은 음욕이 가득한 눈을 가지고 범죄하기를 쉬지 않습니다. 그들은 연약한 영혼들을 유혹하며 탐욕에 연단된 마음을 소유한 저주받은 자식들입니다. _{3절;유 4:4}

15 그들은 유혹을 받아 바른길을 떠나서 브올의 아들 발람의 길을 따라가는 사람들입니다. 발람은 불의의 대가를 사랑하다가

16 자신의 범죄로 인해 꾸지람을 들었습니다. 말 못하는 당나귀가 사람의 음성으로 말해 이 예언자의 미친 행동을 저지했습니다.

17 거짓된 가르침의 결과 아들은 물 없는 샘이요, 폭풍에 밀려가는 안개입니다. 그들에게는 칠흑 같은 어둠만이 예비돼 있습니다.

18 이들은 헛된 자랑의 말을 해 미혹 가운데 행하는 사람들에게서 겨우 빠져나온 사람들을 육체의 정욕, 곧 음란으로 유혹합니다. _{20절;1:4;유 1:16}

19 이들은 그들에게 자유를 준다고 약속하지만 정작 자기들은 멸망의 종들입니다. 누구든지 패배한 사람은 승리한 사람의 종입니다. _{요 8:34;롬 6:16;갈 5:13}

20 만약 그들이 우리 주이시며 구주이신 예수 그리스도를 앎으로 세상의 더러움에서 벗어났다가 다시 이것들에 얽매이고 지면 그들의 결국은 처음보다 훨씬 악화될 것입니다.

21 그들은 의의 길을 알고도 자기들이 받은 거룩한 명령을 저버린다면 차라리 이보다 알지 못하는 편이 그들에게 더 나을 것입니다.

22 "개는 자기가 토한 것을 도로 먹는다" 그리고 "돼지는 씻었다가 도로 진창에서 뒹군다"는 속담이 그들에게 그대로 들어맞았습니다. _{잠 26:11}

3

편지를 쓰는 이유 사랑하는 사람들이여, 이것은 이제 내가 여러분에게 두 번째 쓰는 편지입니다. 나는 이 두 편지로 여러분의 진실한 마음을 일깨워 생각나게 함으로 _{1:13}

2 거룩한 예언자들이 미리 예언한 말씀들과 주 되신 구주께서 여러분의 사도들을 통해 주신 계명을 기억하게 하려고 합니다.

3 **재림의 확실성** 무엇보다도 여러분은 이것을 알아야 합니다. 마지막 때 조롱하는 사람들이 나타나 자기 정욕을 따라 행하고 조롱하며 _{2:10;유 1:18}

4 말하기를 "그가 재림하신다는 약속이 어디 있느냐? 조상들이 잠든 이래로 만물이 처음 창조될 때와 똑같이 이렇게 그대로 있다"라고 할 것입니다. _{사 5:19;겔 17:15}

5 그들은 하늘이 하나님의 말씀으로 인해 옛적부터 있었고 땅이 물에서 나와 물로써 형성된 것과 _{창 1:6,9;시 24:2;33:6;136:6}

6 그때 물이 넘침으로 세상이 멸망한 것을 일부러 잊으려 합니다. _{2:5;창 7:11,21}

7 그러나 현재의 하늘과 땅은 동일한 말씀에 의해 간수해 경건하지 않은 사람들의 심판과 멸망의 날까지 보존될 것입니다.

8 **재림이 지연되는 이유** 그러나 사랑하는 사람들이여, 이 한 가지를 잊지 마십시오.

왜 하나님은 나쁜 사람들을 바로 벌주시지 않죠?

하나님은 우리 사람들을 무척 사랑하셔서 아주 나쁜 사람이라도 그가 하나님에게 돌아올 시간과 기회를 주신답니다.

얼마나 오래 참으시는지 1,000년을 하루처럼 기다리신다고 하셨어요(벧후 3:8).

아무도 멸망하지 않고 모두 회개하여 구원받기를 기다리시는 거예요(벧후 3:9).

때로 하나님이 아주 느리게 일을 완성해 가시는 것처럼 보이지만, 오래 참으시고 기다리시는 하나님의 사랑을 깨닫게 돼요. 하나님의 사랑을 경험하게 되면 죄를 모두 고백하며 죄에서 돌아서서 하나님께 향하게 된답니다.

혹시 주변에 용서하지 못한 친구들이 있나요? 하나님이 우리를 사랑하고 기다리시며, 회개하기를 바라시는 것처럼 친구들을 예수님의 이름으로 용서하세요.

▲ 베드로 동굴 교회

안디옥에서 동쪽으로 4㎞ 떨어진 실피우스 산(Mt. Silpius) 중턱에 있다. 로마의 박해를 피해 은신한 성도들이 이곳에서 모임을 갖고, 도피처로 이용했다.

주께는 하루가 천년 같고 천년이 하루 같습니다.

시 90:4

9 약속하신 주께서는 어떤 사람들이 더디다고 생각하는 것처럼 더딘 분이 아닙니다. 오히려 여러분을 위해 아무도 멸망하지 않고 모두 회개에 이르기를 바라십니다.

10 **재림의 광경** 그러나 주의 날이 도둑같이 올 것입니다. 그때 하늘은 큰 소리를 내며 떠나가고 그 구성 물질들은 불에 타 해체되며 땅과 그 안에 있는 모든 것이 드러날 것입니다.

시 34:4

11 **경건함을 갖게 하는 소망** 이 모든 것이 이렇게 해체될 것이니 여러분은 어떤 사람이 돼야 하겠습니까? 여러분은 거룩한 행실과 경건함으로

벧전 1:15

12 하나님의 날이 임하기를 바라며 간절히 사모하십시오. 그날에 하늘이 불에 타 해체되고 그 구성 물질들이 불에 녹아 버릴 것입니다.

13 그러나 우리는 그의 약속대로 의가 지배하는 새 하늘과 새 땅을 바라봅니다.

14 **바울과의 일치** 그러므로 사랑하는 사람들이여, 여러분은 이 일들을 고대하고 있으니 점도 없고 흠도 없이 주 앞에서 평강 가운데 드러나기를 힘쓰십시오.

약 1:27

15 또한 우리 주의 오래 참으심이 구원이 될 줄로 여기십시오. 사랑하는 우리 형제 바울도 그가 받은 지혜를 따라 이와 같이 여러분에게 썼습니다.

고전 3:10

16 그는 그의 모든 편지에서 이것들에 관해 언급했는데 그 가운데는 더러 이해하기 어려운 것들이 있습니다. 무식하고 굳세지 못한 사람들이 다른 성경들처럼 이것들을 억지로 풀다가 스스로 멸망에 이르고 있습니다.

17 **마지막 경고** 그러므로 사랑하는 사람들이여, 여러분은 이미 이 사실을 알았으니 불의한 사람들의 속임수에 이끌려 여러분의 견고함을 잃지 않도록 주의하십시오.

18 도리어 우리 주이시며 구주이신 예수 그리스도의 은혜와 그를 아는 지식 안에서 성장해 가십시오. 영광이 이제와 영원토록 그분께 있기를 빕니다. (아멘.)

골 1:10

✏ 해체(3:10, 解體, destroy) 여러 가지 구성물로 이루어진 물체가 풀어져 흩어짐. 고대(3:14, 苦待) 몹시 기다림.

요한일서

요한이 살던 당시 교회 밖에서는 핍박이 있었어요. 그리고 교회 안에는 예수님이 진짜 사람이 아니라는 가르침과 예수님이 죄를 용서했으니 죄를 지어도 괜찮다고 하는 사람들로 많았어야 혼란이 있었어요.

요한은 이러한 거짓된 가르침을 바로잡아 주었어요. 예수님은 육체를 입고 오신 하나님의 아들이고 그리스도이심을 선포해요. 하나님의 아들 예수님을 믿는 사람이 영원한 생명을 가진 사람이라는 것도 알려 줘요. 성도들은 마음 안에 있는 죄와 싸워 이겨야 한다고도 말해요. 그리고 죄를 짓더라도 예수님께 죄를 고백하여 용서받으라고 말하고 있어요.

또한 하나님은 사랑이심을 강조해요. 하나님을 믿는 사람은 새 계명대로 사랑하며 살라고 말해요. 사랑하며 살 때 하나님이 우리 안에 계시게 되고, 우리 안에 하나님이 계심을 보여 주는 것이니까요.

요한일서는 무슨 뜻인가요?

'요한이 보내는 첫 번째 편지'라는 뜻이에요.

누가 썼나요?

사도 요한이 썼어요. 요한은 예수님에 대한 거짓된 가르침을 바로잡기 위해 이 편지를 썼어요. 요한은 어부 출신인 세베대의 아들로, 형제 야고보와 함께 예수님의 제자가 되었어요. '우레의 아들'이라는 별명이 붙을 만큼 성격이 급했지만 예수님께 사랑받는 제자였고, 십자가에서 돌아가시는 예수님의 마지막 모습을 지켜본 제자였어요. 요한은 요한복음과 요한일·이·삼서와 요한계시록을 기록했어요.

언제 썼나요?

도미티안 황제 때 밧모 섬으로 귀양가기 전인 AD 95년경

주요한 사람들은?

요한
'여호와에서 사랑하시는 자'라는 뜻.
예수님의 제자

그리스도를 적대하는 사람
예수님이 그리스도이시고, 하나님의 아들이시고, 육체로 오신 것을 부인하는 사람

한눈에 보는 요한일서

1장 성도와 하나님과의 사귐의 기초 : 빛, 회개, 순종

2-5장 사귐의 실천 : 순결, 의, 행함, 진실, 영분별, 사랑, 믿음, 기도

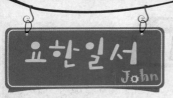

요한일서
John

1 요한의 간증 이 글은 생명의 말씀에 관한 것입니다. 생명의 말씀은 태초부터 있었고 우리가 들었고 우리 눈으로 보았으며 우리가 주목했고 손으로 만져 본 것입니다.
4:14;눅 24:39,요 19:35;행 4:20

2 그 생명이 나타나셨습니다. 우리는 아버지와 함께 계시다가 우리 앞에 나타나신 그 영원한 생명을 보았습니다. 그래서 우리는 여러분에게 영원한 생명을 증언하고 전파합니다.
3:5,8,요 1:4,11:25;롬 16:26

3 우리가 보고 들은 것을 여러분에게도 전파합니다. 이는 여러분과 우리가 서로 사귐이 있게 하려는 것입니다. 우리의 사귐은 아버지와 그의 아들 예수 그리스도와 함께하는 사귐입니다.
요 17:21;고전 1:9

4 우리가 이 글을 쓰는 것은 우리 서로의 기쁨이 가득 차고 넘치게 하려는 것입니다.

5 교제의 근거 우리가 그리스도에게서 듣고 여러분에게 전하는 소식은 이것입니다. 곧 하나님은 빛이시니 하나님 안에는 어둠이 전혀 없습니다.
3:11;약 1:17

6 만일 우리가 하나님과 사귐이 있다고 하면서 여전히 어둠 가운데 행한다면 우리는 거짓말하는 것이며 진리를 따라 사는 것이 아닙니다.
2:11;요 3:21;12:35;고후 6:14

7 그러나 하나님께서 빛 가운데 계신 것처럼 우리가 빛 가운데 행하면 우리에게는 서로 사귐이 있고 하나님의 아들 예수의 피가 우리를 모든 죄에서 깨끗하게 해 주십니다.
엡 1:7;히 9:14;벧전 1:19;계 5:9;7:14

8 죄의 고백 만일 우리가 죄가 없다고 말한다면 우리는 자신을 속이는 것이며 진리가 우리 안에 없습니다.
24

9 만일 우리가 우리의 죄를 자백하면 하나님은 신실하고 의로우신 분이시므로 우리 죄를 용서하시고 모든 불의에서 우리를 깨끗하게 해 주실 것입니다.
시 32:5;51:3

10 만일 * 우리가 죄를 짓지 않았다고 말한다면 우리는 하나님을 거짓말쟁이로 만드는 것이며 하나님의 말씀이 우리 안에 있지 않습니다.
5:10;요 5:38;8:37

2 우리를 위하시는 그리스도 내 자녀들이여, 내가 이 편지를 여러분에게 쓰는 것은 여러분이 죄를 짓지 않도록 하려는 것입니다. 그러나 만일 누가 죄를 짓더라도 아버지 앞에서 변호해 주시는 분이 계시는데 그분은 곧 의로우신 예수 그리스도이십니다.
롬 8:34;딤전 2:5;히 7:25

2 그분은 우리 죄를 대속하는 화목제물이십니다. 그리고 우리 죄뿐 아니라 온 세상

성경이 우리 손에 오기까지

성경은 하나님의 영감을 받은 사람들이 기록한 책이다. 성경은 모세 때부터 AD 100년경까지 오랜 시간에 걸쳐 기록되었다. 처음 성경이 기록될 당시는 지금과 같은 종이와 필기구가 없었기 때문에 돌판이나 토판에 기록되었다. 그러다 점차 필기구가 발전함에 따라 동물의 가죽으로 만든 두루마리 형태의 양피지나 파피루스로 만든 종이에 하나님의 말씀을 기록하였다. 나중에 종이가 발명되고 필기구들이 발전함에 따라 성경이 종이에 기록되었다. 하지만 사람들이 일일이 베껴 썼기 때문에 성경의 가

격은 매우 비쌌다. 그래서 누구나 성경을 가지고 읽을 수 없었다. 그러다 1456년, 성경이 대량으로 인쇄되면서부터 개인적으로 가질 수 있게 되었다.

히브리어로 기록된 구약 성경과 그리스어로 기록된 신약 성경이 종교 개혁 이후 각 나라 언어로 번역되기 시작하면서 성경은 더욱 널리 읽혀지게 되었다. 한글 성경은 1882년부터 번역이 시작되어 1911년 신·구약 성경 번역본이 완성되었고, 그제야 비로소 우리 손에 한글로 된 성경이 들려지게 되었다.

의 죄를 위한 제물이십니다.   요 1:29;롬 3:25

3 행함을 통해 알 수 있는 하나님 우리가 하나님의 계명을 지키면 이것으로 우리가 하나님을 정말로 알고 있다는 것을 확인하게 됩니다.   요 14:15;15:10;계 12:17;14:12

4 하나님을 안다고 말하면서 하나님의 계명을 지키지 않는 사람은 거짓말쟁이며 진리가 그 사람 안에 있지 않습니다.   요 8:44

5 그러나 누구든지 하나님의 말씀을 지키면 하나님의 사랑이 참으로 그 사람 안에서 완전히 이뤄집니다. 이로써 우리가 하나님 안에 있음을 알게 됩니다.   3:24;4:12~13;5:3

6 누구든지 하나님 안에서 살아간다면 그리스도께서 행하신 것과 같이 자신도 그렇게 행해야 합니다.   요 15:4~5,7

7 사랑의 계명 사랑하는 여러분, 내가 여러분에게 쓰는 것은 새 계명이 아니라 여러분이 처음부터 갖고 있던 옛 계명입니다. 이 옛 계명은 여러분이 처음부터 들었던 말씀입니다.   요 2:5;레 19:18

8 그러나 내가 다시 여러분에게 새 계명을 씁니다. 이 새 계명은 하나님께도 참되고 여러분에게도 참된 것입니다. 어둠이 지나가고 이미 참빛이 비치고 있기 때문입니다.   요 1:9;8:12;롬 13:12;엡 5:8

9 누구든지 빛 가운데 있다고 하면서 자기 형제를 미워하는 사람은 아직 어둠 속에 있는 것입니다.   4:20

10 자기 형제를 사랑하는 사람은 빛 가운데 거하고 그 사람 안에는 그를 넘어뜨릴 장애물이 없습니다.   요 11:10

11 그러나 자기 형제를 미워하는 사람은 어둠 가운데 있고 어둠 가운데 행하며 자기가 어디로 가는지 알지 못합니다. 어둠이 그의 눈을 가렸기 때문입니다.

12 편지를 쓰는 이유 자녀들이여, 내가 여러분에게 쓰는 것은 여러분의 죄가 그리스도의 이름으로 용서됐기 때문입니다.

13 아버지들이여, 내가 여러분에게 쓰는 것은 여러분이 태초부터 계시는 분을 알기 때문입니다. 청년들이여, 내가 여러분에게

쓰는 것은 여러분이 악한 자를 이겼기 때문입니다.   엡 6:10

14 아들이여, 내가 여러분에게 쓴 것은 여러분이 아버지를 알았기 때문입니다. 아버지들이여, 내가 여러분에게 쓴 것은 여러분이 태초부터 계시는 분을 알았기 때문입니다. 청년들이여, 내가 여러분에게 쓴 것은 여러분이 강하고 하나님의 말씀이 여러분 안에 거하시며 여러분이 그 악한 자를 이겼기 때문입니다.   요 14:7

15 하나님만을 사랑함 여러분은 이 세상이나 세상에 있는 것들을 사랑하지 마십시오. 누구든지 세상을 사랑하면 아버지의 사랑이 그 사람 안에 있지 않습니다.

16 이는 세상에 있는 모든 것들, 곧 육신의 탐욕과 안목의 정욕과 세상살이의 자랑은 아버지에게서 온 것이 아니라 세상으로부터 온 것이기 때문입니다.   롬 13:14;엡 2:3

17 세상도 사라지고 세상의 정욕도 사라지지만 하나님의 뜻을 행하는 사람은 영원히 살 것입니다.

18 적대하는 사람들 아이들이여, 지금은 마지막 때입니다. 그리스도를 적대하는 사람이 올 것이라고 여러분이 들은 대로 지금 그리스도를 적대하는 사람들이 많이 나타났습니다. 그래서 우리는 지금 마지막 때인 줄 압니다.   22장4:3;딤전 4:1;요 1:7

19 그들이 우리에게서 나갔지만 그들은 우리에게 속했던 것이 아닙니다. 그들이 우리에게 속했더라면 우리와 함께 머물렀을 것입니다. 그러나 결국 그들이 모두 우리에게 속하지 않았다는 사실이 드러났습니다.   신 13:13;롬 20:30;고전 11:19

20 아들을 부인하는 자가 그리스도의 적대자 여러분은 거룩하신 분에게서 기름 부음을 받았고 여러분 모두가 진리를 알고 있습니다.

21 내가 여러분에게 쓴 것은 여러분이 진리

태초(1:1, 太初, beginning) '하늘과 땅이 창조되기 이전 영원'을 의미함. 자백(1:9, 自白, confession) 자기가 저지른 허물이나 죄를 스스로 고백함. 1:10 영지주의자들은 비도덕적 행위들이 죄라는 것을 부인했음.

를 몰라서가 아닙니다. 오히려 그것을 알고 있기 때문이며 또 모든 거짓은 진리로부터 나오지 않았다는 것을 알기 때문입니다.

22 그러면 대체 누가 거짓말쟁이입니까? 예수께서 그리스도이심을 부인하는 사람이 아닙니까? 아버지와 아들을 부인하는 사람이 곧 그리스도의 적대자입니다.

23 누구든지 아들을 부인하는 사람은 아버지를 모시지 않는 사람입니다. 그러나 아들을 시인하는 사람은 아버지를 모시는 사람입니다.

4:15;5:1;요이 1:9

24 믿음 안에 거하라 여러분은 처음부터 들은 것을 여러분 안에 간직하십시오. 만일 처음부터 들은 것이 여러분 안에 거한다면 여러분은 아들과 아버지 안에 거하게 될 것입니다.

3:11;요이 1:6

25 이것이 그리스도께서 친히 우리에게 약속하신 것인데 바로 영원한 생명입니다.

26 나는 여러분을 속이는 사람들에 관해 여러분에게 지금까지 썼습니다.

3:7;요이 1:7

27 여러분으로 말하자면 그리스도께서 기름 부어 주신 것이 여러분 안에 머무르므로 아무도 여러분을 가르칠 필요가 없습니다. 그리스도께서 기름 부어 주신 것이 여러분에게 모든 것을 가르쳐 주십니다. 그 가르침은 참되고 거짓이 없으니 여러분을 가르치신 그대로 그리스도 안에 머무르십

시오.

20절;렘 31:34;요 14:17;히 8:11

28 그러므로 자녀들이여, 항상 그리스도 안에 머무르십시오. 그러면 그리스도께서 나타나실 때 우리가 담대하고 그분이 오실 때 그 앞에서 부끄러움을 당하지 않을 것입니다.

3:2;2:14;17;5:14

29 자녀답게 의를 행하신 하나님께서 의로우신 분임을 여러분이 안다면 의를 행하는 사람은 누구나 하나님에게서 난 것을 알 것입니다.

3:7;9;4:7;5:1

3

보십시오, 아버지께서 얼마나 큰 사랑을 우리에게 베풀어 주셨습니까! 우리가 하나님의 자녀라 불리게 됐으니 우리는 정말 하나님의 자녀입니다. 세상이 우리를 알지 못하는 것은 세상이 하나님을 알지 못하기 때문입니다.

2 사랑하는 여러분, 이제 우리는 하나님의 자녀입니다. 우리가 어떻게 될지는 아직 모르지만 그리스도께서 나타나시면 우리도 그분과 같이 될 것임을 우리는 압니다. 우리가 그분을 있는 모습 그대로 볼 것이기 때문입니다.

2:28;요 17:24;롬 8:15,29

3 누구든지 그분을 향해 이 소망을 가진 사람은 그분께서 정결하신 것처럼 자신을 정결하게 합니다.

롬 15:12;고후 7:1

4 불법인 죄 누구든지 죄를 짓는 사람은 불법을 행하는 것입니다. 죄는 곧 불법입니다.

QT 쉼터
사랑

"변하지 않는 사랑은 없는 것일까요?"

"며칠 전에는 제일 친한 친구와 다투었어요. 누구보다도 내 마음을 잘 알아주는 친구인데…. 이런 일이 일어나다니 너무 속상해요. 이제 친구를 사귀는 일에 자신이 없어졌어요."

누군가를 사랑하고, 사랑받는 것은 이 세상에서 가장 아름다운 일이에요. 그러나 사람의 사랑은 언제든지 변할 수 있어요. 그렇게 좋아했던 사람인데도 만나는 일이 괴롭게까지 되었어요.

우리에게는 우리를 많이 사랑하시는 부모님이 계세요. 내 마음을 잘 알아주는 친구도 있어요. 그들의 사랑이 내 마음을 어느 정도 채워줄 수 있지만 완벽한 것은 아니에요. 나도 다른 사람을 사랑한다고 하지만 나 중심의 이기적인 마음이 완전히 없어지지는 않아요. 다른 사람을 위해서 한 일이라고 해도 그 사람의 마음에 완전히 들 수도 없어요. 아주 친했던 사이인데도 사소한 일로 헤어지거나 미

5 여러분이 알다시피 그분은 죄를 없애시려고 나타나셨습니다. 그러나 그분은 죄가 없습니다.

요 1:29;히 9:26

6 누구든지 그리스도 안에 거하는 사람은 죄를 짓지 않습니다. 죄를 짓는 사람은 누구나 그분을 본 적도 그분을 안 적도 없는 사람입니다.

2:4;4:8;요삼 1:11

7 의롭게 살아야 함 자녀들이여, 여러분은 어느 누구에게도 속지 마십시오. 누구든지 의를 행하는 사람은 그분께서 의로우신 것처럼 의롭습니다.

2:26,29

8 죄를 짓는 사람은 누구나 마귀에게 속해 있습니다. 마귀는 처음부터 죄짓기를 일삼아 왔기 때문입니다. 하나님의 아들이 나타나신 것은 마귀의 일을 멸하시기 위한 것입니다.

마 13:38;요 8:44;히 2:14

9 누구든지 하나님께로부터 난 사람은 죄를 짓지 않습니다. 그 사람 안에 하나님의 씨가 있기 때문입니다. 그는 하나님에게서 났기 때문에 죄를 지을 수 없습니다.

5:18

10 이로써 하나님의 자녀와 마귀의 자녀가 분명히 드러납니다. 누구든지 의를 행하지 않는 사람이나 자기 형제를 사랑하지 않는 사람은 하나님께 속해 있지 않습니다.

4:8,20~21

11 서로 사랑해야 함 여러분이 처음부터 들은 소식은 이것인데 곧 서로 사랑하라는 것입니다.

1:5;2:24

위하는 일이 종종 일어나요.
사랑의 사랑은 변할지라도 완전하고 변함없이 우리를 사랑해 주시는 분은 오직 하나님 한 분이세요. 하나님은 언제나 한결같은 사랑으로 우리를 돌보시며 참된 기쁨과 만족을 주세요.
만약 내 마음을 가득 채워 줄 사랑을 아직 찾지 못했다면 하나님이 우리를 어떤 사랑으로 사랑하고 계시는지 말씀을 통해 직접 느껴 보세요.

깊이 읽기 로마서 8장 35~39절을 읽으세요.

12 우리는 악한 자에게 속해 자기 동생을 죽인 가인처럼 되지 말아야 합니다. 대체 왜 가인이 동생을 죽였습니까? 그것은 자기의 행위는 악하고 동생의 행위는 의로웠기 때문입니다.

창 4:4,8;시 38:20;잠 29:10;히 11:4

13 형제들이여, 세상이 여러분을 미워하더라도 이상하게 여기지 마십시오.

요 15:18

14 우리가 알다시피 우리는 죽음에서 생명으로 옮겨졌습니다. 이것을 아는 것은 우리가 형제를 사랑하기 때문입니다. 사랑하지 않는 사람은 죽음에 머물러 있는 사람입니다.

요 5:24

15 누구든지 자기 형제를 미워하는 사람은 살인자입니다. 여러분이 알다시피 살인자는 누구든지 그 안에 영생을 소유하지 못한 사람입니다.

마 5:21~22;잠 5:21;계 21:8

16 행함으로 사랑함 예수 그리스도께서는 우리를 위해 자기 목숨을 내놓으셨습니다. 그래서 우리가 사랑을 알게 됐습니다. 그러므로 우리도 형제들을 위해 우리 목숨을 내놓는 것이 마땅합니다.

17 누구든지 세상 재물을 갖고 있으면서 자기 형제나 자매의 궁핍함을 보고도 도와줄 마음이 없다면 어떻게 그 사람 안에 하나님의 사랑이 있다고 하겠습니까?

18 자녀들이여, 우리가 말과 혀로만 사랑하지 말고 행동과 진실함으로 사랑합시다.

19 확신을 주는 행함 이렇게 행해야 우리가 진리에 속한 줄을 알고 하나님 앞에서 확신을 갖게 될 것입니다.

20 혹시 우리 마음에 가책을 받는 일이 있다 할지라도 우리가 확신을 가져야 하는 것은 하나님은 우리의 마음보다 크시고 모든 것을 아시기 때문입니다.

21 사랑하는 여러분, 만일 우리 마음에 가책받는 것이 없다면 우리는 하나님 앞에서 떳떳하고

5:14

22 우리가 구하는 것은 무엇이든지 하나님께서 받습니다. 우리가 하나님의 계명을 지키고 하나님 앞에서 기뻐하시는 일을 행하기 때문입니다.

요 8:29

23 믿고 사랑하라 하나님의 계명은 이것이니, 곧 하나님의 아들 예수 그리스도의 이름을 믿고 하나님께서 우리에게 계명을 주신 대로 서로 사랑하라는 것입니다.

24 하나님의 계명을 지키는 사람은 하나님 안에 있고 하나님은 그 사람 안에 계십니다. 하나님께서 우리에게 주신 성령을 통해 하나님이 우리 안에 계시는 것을 압니다.
4:13;롬 8:9

4 그리스도를 대적하는 영 사랑하는 여러분, 영이라고 다 믿지 말고 그 영들이 하나님으로부터 나온 것인지 시험해 보십시오. 거짓 예언자가 세상에 많이 나타났기 때문입니다.

2 여러분이 하나님의 성령을 알아보는 방법은 이것입니다. 곧 예수 그리스도께서 육체로 오신 것을 시인하는 영은 다 하나님께서 나온 영입니다.
요이 1:7

3 그러나 예수를 시인하지 않는 영은 모두 하나님에게서 나지 않은 영입니다. 이것은 그리스도를 대적하는 영입니다. 여러분은 그 영이 올 것이라는 말을 들었는데 지금 세상에 이미 와 있습니다.
요이 1:7

4 세상의 교리를 전하는 거짓 예언자 자녀들이여, 여러분은 하나님께 속해 있고 거짓 예언자들을 이겼습니다. 여러분 안에 계신 분이 세상에 있는 사람보다 더 크시기 때문입니다.

5 그들은 세상에서 나왔습니다. 그러므로 그들은 세상에 속한 것을 말하며 세상은 또한 그들의 말을 듣습니다.
요 3:31;8:23

6 우리는 하나님에게서 났습니다. 하나님을 아는 사람은 우리의 말을 듣고 하나님께 속해 있지 않는 사람은 우리의 말을 듣지 않습니다. 이것으로 우리는 진리의 영과 거짓된 영을 구별합니다.
요 14:17;15:26

7 하나님의 사랑을 나타내는 자녀들 사랑하는 여러분, 우리가 서로 사랑합시다. 사랑은 하나님에게서 난 것이기 때문입니다. 사랑하는 사람은 누구나 다 하나님께로부터 났고 하나님을 압니다.
2:29;3:11

8 사랑하지 않는 사람은 하나님을 알지 못합니다. 하나님은 사랑이시기 때문입니다.

9 하나님의 사랑이 우리에게 이렇게 나타났습니다. 곧 하나님께서 자기 독생자를 우리에게 보내 주셔서 그분으로 말미암아 우리가 생명을 얻게 하신 것입니다.

10 사랑은 여기에 있습니다. 곧 우리가 하나님을 사랑한 것이 아니라 하나님께서 우리를 사랑하셔서 우리 죄를 위해 그분의 아들을 화목제물로 보내 주셨습니다.

11 사랑하는 여러분, 하나님께서 우리를 이처럼 사랑하셨으니 우리도 서로 사랑하는 것이 마땅합니다.

12 지금까지 아무도 하나님을 본 사람이 없습니다. 그러나 우리가 서로 사랑하면 하나님께서 우리 안에 계시고 하나님의 사랑이 우리 안에서 온전히 완성됩니다.

화목제물

희생제물은 구약 시대에 서원이나 자원, 감사할 때 드려졌다(레 3장). 소나 양, 염소로 드렸으며 번제와 달리 수컷뿐만 아니라 암컷도 드릴 수 있었다. 제물을 드릴 때는 제사드리는 자가 제물의 머리에 안수하여 제물을 죽였다.

하나님께 제물의 기름과 두 콩팥만을 화제로 드리고, 우편 뒷다리는 그날 제사장에게, 가슴은 아론과 그 자손에게 주었다.

남은 제물은 제사드리는 자가 가족이나 종, 레위 사람들과 함께 성전에서 남김 없이 먹었다.

화목제는 그리스도의 온전한 속죄하심을 미리 보여 준 제사였다.

하나님은 하나님과 우리 죄인들 사이에 가로막힌 담을 허무는 화목제물로 하나님의 아들이신 예수 그리스도를 세우셨다. 예수 그리스도가 우리 죄를 대신 지시고 희생의 피를 흘리셨을 때 하나님과 죄인 사이에 막힌 담은 허물어지고 화목이 이루어졌다(요일 2:2).

13 하나님의 영을 지닌 자녀들 하나님께서 우리에게 성령을 주셨습니다. 이것으로 우리는 우리가 하나님 안에, 하나님께서 우리 안에 계시는 것을 압니다. 3:24

14 그리고 우리는 아버지께서 아들을 세상의 구주로 보내신 것을 보았고 또한 그것을 증언합니다. 1:1-2

15 만일 누구든지 예수를 하나님의 아들이라고 고백하면 하나님께서 그 사람 안에 계시고 그 사람도 하나님 안에 있습니다.

16 사랑앙의 증거 우리는 우리를 위한 하나님의 사랑을 알고 또한 믿었습니다. 하나님은 사랑이십니다. 누구든지 그 사랑 안에 거하는 사람은 하나님 안에 있고 하나님도 그 사람 안에 계십니다. 8,12절3:24;요 6:69

17 이렇게 하나님의 사랑이 우리 안에서 온전히 완성되면 우리는 심판 날에 담대함을 갖게 될 것입니다. 이는 그리스도께서 이 세상에서 사신 것처럼 우리도 이 세상에서 그렇게 행하기 때문입니다. 2:28;3:21

18 사랑에는 두려움이 없습니다. 온전한 사랑은 두려움을 내쫓습니다. 두려움은 징벌과 관련이 있기 때문입니다. 두려워하는 사람은 아직 사랑 안에서 온전케 되지 못한 사람입니다.

19 우리가 사랑하는 것은 하나님께서 먼저 우리를 사랑하셨기 때문입니다. 10절

20 형제를 사랑하라 만일 누구든지 하나님을 사랑한다고 하면서 자기 형제를 미워한다면 그는 거짓말쟁이입니다. 보이는 자기 형제를 사랑하지 않는 사람이 보이지 않는 하나님을 사랑할 수 없습니다. 2:4,9,11

21 우리가 하나님께로부터 받은 계명은 이것입니다. 하나님을 사랑하는 사람은 또한 자기 형제를 사랑해야 한다는 것입니다.

5 하나님께로부터 난 사람 누구든지 예수가 그리스도이심을 믿는 사람은 하나님에게서 난 사람입니다. 낳으신 이를 사랑하는 사람은 누구나 그분에게서 나신 분도 사랑합니다. 2:22;요 1:12-13;8:42

2 세상을 이기는 믿음 우리가 하나님을 사랑하고 그분의 계명을 지키면 이것으로 하나님의 자녀됨을 아는 것입니다.

3 하나님을 사랑한다는 것은 바로 그분의 계명을 지키는 것입니다. 그분의 계명은 부담스러운 것이 아닙니다. 마 11:30;요이 1:6

4 하나님에게서 난 사람은 누구나 세상을 이깁니다. 세상을 이긴 이김은 이것이니 바로 우리의 믿음입니다. 3:9;4:4;요 16:33

5 세상을 이긴 사람이 누구입니까? 예수께서 하나님의 아들이심을 믿는 사람이 아닙니까? 4:15

6 그리스도에 대한 증거 그분은 물과 피로 오신 분, 곧 예수 그리스도이십니다. 그분은 물로만 오신 것이 아니라 물과 피로 오셨습니다. 이것을 증언하시는 이는 성령이십니다. 성령은 진리이십니다. 요 14:17;15:26

7 증언하시는 이가 셋인데

8 성령과 물과 피입니다. 이 셋이 서로 일치합니다.

9 우리가 사람의 증거도 받아들이는데 더 큰 하나님의 증거는 받아들이지 않겠습니까? 하나님의 증거는 이것이니, 곧 하나님

♥사랑의 정의

- ♥ 하나님은 사랑이시다(요일 4:8,16).
- ♥ 사랑은 하나님에게서 난 것이다(요일 4:7).
- ♥ 하나님이 보여 주신 사랑의 표현 중 최고는 예수님을 보내 주신 것이다(요일 4:10).
- ♥ 사랑을 가진 사람은 '하나님의 자녀라고 불리게 된다(요일 3:1).
- ♥ 사랑은 말과 혀로만 하는 것이 아니다 (요일 3:18).
- ♥ 사랑은 행동과 진실함으로 하는 것이다 (요일 3:18).
- ♥ 사랑에는 두려움이 없다(요일 4:18).
- ♥ 온전한 사랑은 두려움을 내쫓는다(요일 4:18).
- ♥ 형제를 사랑해야 한다(요일 3:14).
- ♥ 보이는 자기 형제를 사랑하지 않고 보이지 않는 하나님을 사랑할수 없다(요일 4:20).
- ♥ 우리가 서로 사랑할 때 하나님은 우리 안에 거하신다(요일 4:16).

께서 자기 아들에 관해 이미 증언하신 것입니다.

> 요 5:34,36-37;8:17-18

10 증거하는 삶 누구든지 하나님의 아들을 믿는 사람은 자기 안에 증거를 갖고 있습니다. 그러나 하나님을 믿지 않는 사람은 하나님께서 자기 아들에 대해 증언하신 증거를 믿지 않았습니다. 그렇기에 그분을 거짓말쟁이로 만들었습니다.

> 1:10

11 또한 그 증거는 바로 이것입니다. 곧 하나님께서 우리에게 영원한 생명을 주셨다는 것과 이 생명이 하나님의 아들 안에 있다는 것입니다.

> 2:25

12 아들을 모신 사람은 생명이 있고 하나님의 아들을 모시지 않는 사람은 생명이 없습니다.

13 영원한 생명의 확신 내가 하나님의 아들의 이름을 믿는 여러분에게 이것들을 쓴 것은 여러분이 영원한 생명을 갖고 있다는 것을 알게 하기 위함입니다.

> 요 1:12;20:31

14 기도 응답의 확신 하나님을 향해 우리가 갖는 확신은 이것입니다. 곧 무엇이든지 우리가 그분의 뜻을 따라 구하면 하나님께서 우리가 구하는 것을 들으신다는 것입니다.

> 2:28;3:21-22;4:17

15 그리고 우리가 무엇을 구하든지 하나님께서 들으시는 것을 알면 우리는 우리가 구한 것들을 그분으로부터 받는다는 것도

알습니다.

16 누구든지 자기의 형제가 죄를 짓는 것을 보거든 그것이 죽음에 이르는 죄가 아니라면 하나님께 간구하십시오. 그러면 하나님께서 죽음에 이르지 않는 죄를 지은 그에게 생명을 주실 것입니다. 죽음에 이르는 죄도 있습니다. 내가 말하는 것은 그 죄에 대해 기도하라는 것이 아닙니다.

17 불의는 모두 죄입니다. 그러나 죽음에 이르지 않는 죄도 있습니다.

18 예수 그리스도의 보호하심 우리는 하나님에게서 난 사람은 누구든지 죄를 짓지 않는다는 것을 압니다. 하나님에게서 나신 분께서 그를 지키시므로 악한 자가 그를 해치지 못합니다.

> 3:9;요 1:18;17:12;약 1:27

19 우리는 압니다. 우리는 하나님께 속해 있으나 온 세상은 악한 자의 지배 아래 있습니다.

20 또 우리가 아는 것은 하나님의 아들이 오셔서 우리에게 지각을 주심으로 참되신 분을 알게 하시고 또 우리가 참되신 분, 곧 하나님의 아들 예수 그리스도 안에 있다는 것을 알게 하신 것입니다. 그분은 참하나님이시며 영원한 생명이십니다.

21 우상을 멀리함 자녀들이여, 우상들로부터 여러분 자신을 지키십시오.

> 고전 10:7,14

요한이 말한 거짓 예언자의 가르침은 무엇인가요?

요한이 말한 거짓 예언자의 가르침은 AD 1세기에 널리 유포되었던 기독교 이단인 '영지주의'를 말해요.

영지주의자들은 육체를 포함한 모든 물질이 악하다고 보았어요. 그래서 천상의 그리스도는 인간 예수의 몸을 빌려 잠시 활동했지만 십자가에 못 박히기 직전 하늘로 돌아갔다고 주장했어요(요일 2:22-23).

육체의 부활도 부인했어요. 육체는 원래 악한 것이기에 착한 영혼이 나쁜 육신으로부터 벗어나는 것이 구원이라고 주장했어요.

구원은 예수님이 주시는 것이 아니라, 그들이 가르치는 비밀스런 영적 지식을 배울 때 이루어진다고 했어요. 영지주의자들은 윤리와 양심도 무시했어요. 육체가 악하기 때문에 방탕과 쾌락으로 육체를 아무렇게나 사용하는 것이 낫다고 했어요(요일 3:4-10).

영지주의 이단이 초대교회 성도들을 유혹한 것처럼 지금도 수많은 이단들이 우리를 넘어뜨리려고 해요.

성경과 교회에서 가르치는 것 외에 다른 가르침에 흔들리지 않도록 조심해야 해요.

요한이서

요한이서는 요한이서의 축소판이에요. 요한은 예수님이 하나님이시면서 동시에 사랑이셨
던 것을 누구보다 잘 알고 있었어요. 그래서 예수님이 사랑이 아니라고 말하는 거
짓 선생들의 가르침이 잘못된 것임을 알려 주고 있어요.
요한은 이런 거짓 선생들과는 사귀지도 말고, 돕지도 말라고 단호하게 말해
요. 하지만 요한은 성도가 서로 사랑하라는 새 계명을 따라 살 것도 강조하
고 있어요.

요한이서는 무슨 뜻인가요?

'요한이 보내는 두 번째 편지'라는 뜻이에요.
요한이 누구에게 썼는지 정확한 이름은 알 수 없지만
'택하심을 입은 여인과 그 자녀들'에게 썼어요.

누가 썼나요?

사도 요한이 썼어요. 요한은 '택하심을 입은 여인과 그 자녀들'
이 거짓 가르침에 빠지지 않게 하려고 편지를 썼어요. 요한은 어부
출신 세베대의 아들로, 형제 야고보와 함께 예수님의 제자가 되었어요. '우레의 아들'이라
는 별명이 붙을 만큼 성격이 급했지만 예수님에게 사랑받는 제자였고, 십자가에서 돌아가
시는 예수님의 마지막 모습을 지켜본 제자였어요. 요한은 요한복음과 요한일·이·삼서와
요한계시록을 기록했어요.

언제 썼나요?

요한이서가 기록된 직후인 AD 95-96년경

주요한 사람들은?

요한
'여호와께서 사랑하시는 자'라는 뜻.
예수님의 제자

거짓 선생
예수님이 사랑이신 것을
부인하는 사람들

한눈에 보는 요한이서

1:1-6 진리와 사랑으로 행할 것을 권함

1:7-13 거짓 선생들에 대한 경고

요한이서
2 John

1 안부 인사 장로인 나는 택하심을 받은 여인과 그 자녀들에게 편지를 씁니다. 나는 진리 안에서 여러분을 사랑합니다. 나뿐 아니라 진리를 아는 사람들 모두가 여러분을 사랑합니다. 요 1:17

2 그 이유는 진리가 우리 안에 머물러 있고 또 영원히 우리와 함께할 것이기 때문입니다.

3 하나님 아버지와 아버지의 아들 예수 그리스도의 은혜와 긍휼과 평강이 진리와 사랑 안에서 우리와 함께 있기를 빕니다.

4 사랑과 행함을 권함 나는 그대의 자녀들 가운데 아버지께서 우리에게 명령하신 계명대로 진리 안에서 행하는 사람들이 있는 것을 보니 무척 기쁩니다. 요삼 1:3-4

5 여인이여, 이제 내가 당부합니다. 우리가 서로 사랑하자는 것입니다. 내가 그대에게 쓰는 것은 새 계명이 아니라 우리가 처음부터 갖고 있던 것입니다. 요일 2:7

6 사랑은 바로 이것인데, 곧 우리가 하나님의 계명을 따라 사는 것입니다. 계명은 이것이니 여러분이 처음부터 들은 대로 그 가운데서 행하는 것입니다. 요일 2:24; 3

7 그리스도를 적대하는 자에 대한 경고 속이는 사람들이 세상에 많이 나타났습니다. 그들은 예수 그리스도께서 육체로 오신 것을 인정하지 않는 사람들입니다. 이런 사람은 속이는 사람이요, 그리스도를 대적하는 사람입니다. 요일 2:22; 4:1-3

8 여러분은 자신을 돌아보아 우리가 수고해 이룬 것들을 잃지 말고 온전한 상을 받도록 하십시오.

9 누구든지 교훈을 벗어나 그리스도의 교훈 안에 머물러 있지 않는 사람은 자기 속에 하나님이 계시지 않는 것입니다. 누구든지 교훈 안에 거하는 사람은 그 속에 아버지와 아들이 계십니다.

10 누구든지 여러분에게 가서 이 교훈을 전하지 않으면 그를 집 안으로 들이거나 인사도 하지 마십시오.

11 그에게 인사하는 사람은 그의 악한 일에 동참하는 것입니다.

12 만남을 희망함 내가 여러분에게 쓸 것이 많으나 종이와 잉크로 쓰고 싶지 않습니다. 여러분에게 가서 얼굴을 마주 대하고 말해 기쁨을 충만하게 나누길 원합니다.

13 인사말 택하심을 받은 그대 자매의 자녀들이 그대에게 안부를 전합니다.

▲ 사도 요한 기념 교회
예루살렘 박해 이후, 사도 요한은 예수님의 어머니 마리아와 함께 에베소에 왔다고 전해진다. 사도 요한은 이곳에서 그의 복음서와 서신들을 기록한 것으로 보이며, 여기서 죽음을 맞이한 것으로 알려졌다. 사진은 사도 요한의 무덤 위에 세워진 교회 유적으로, 6세기경 비잔틴 제국의 유스티니아누스 황제가 건립한 교회이다.

당부 (1:5, 쓸付) 말로 단단히 부탁함. 집 안으로 들이거나 인사도 하지 마십시오 (1:10) '음식을 대접하거나 머무를 곳을 제공하는 호의를 베풀지 말라'는 의미임.

요한삼서

여러분은 복음을 위해 애쓰는 목사님이나 전도사님들에게 어떻게 대하고 있나요? 요한은 순회 선교사들을 친절하게 대접하는 '가이오'라는 사람을 칭찬해요. 요한은 이런 가이오의 영혼이 잘되고, 또 모든 일이 잘되고 강건하기를 기도하고 있어요.

그리고 모든 이들에게 칭찬을 받는 '데메드리오'도 칭찬하고 있어요.

하지만 순회 선교사들을 접대하지 않고 접대하려는 사람까지 훼방한 '디오드레베'를 책망한답니다. 요한삼서는 복음 전파를 위해 애쓰시는 분들에게 우리가 어떤 마음과 태도를 가져야 하는지 알게 준답니다.

요한삼서는 무슨 뜻인가요?

'요한이 보내는 세 번째 편지'라는 뜻이에요. 요한삼서는 요한이서처럼 어떤 교회나 공동체에게 편지를 쓴 것이 아닙니다. 요한이 참으로 사랑하는 '가이오'라는 특정한 사람에게 쓴 편지랍니다.

누가 썼나요?

사도 요한이 썼어요. 요한은 어부 출신 세베대의 아들로, 형제 야고보와 함께 예수님의 제자가 되었어요. '우레의 아들'이라는 별명이 붙을 만큼 성격이 급했지만 예수님에게 사랑받는 제자였고, 십자가에서 돌아가시는 예수님의 마지막 모습을 지켜본 제자였어요. 요한은 요한복음과 요한일·이·삼서와 요한계시록을 기록했어요.

언제 썼나요?

요한이서와 비슷한 시기인 AD 95~96년경

주요한 사람들은?

가이오
요한삼서를 받은 사람, 순회 설교자들을 잘 대접함

데메드리오
진리를 행함하여 칭찬받은 사람

요한
'여호와에서 사랑하시는 자'라는 뜻
예수님의 제자

디오드레베
요한에게 책망받은 사람

한눈에 보는 요한삼서

1:1-8 가이오의 경건과 친절을 칭찬

1:9-12 디오드레베의 교만을 책망하고
데메드리오를 칭찬

1:13-15 만남을 희망하고 인사를 전함

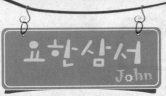

요한삼서
John

1 안부 인사 장로인 나는 사랑하는 가이오에게 편지를 씁니다. 나는 진리 안에서 그대를 사랑합니다.
요일 3:18

2 가이오로 인한 기쁨 사랑하는 가이오, 나는 그대의 영혼이 잘됨같이 그대의 모든 일이 잘되고 강건하기를 빕니다.

3 형제들이 내게 와서 그대가 진리 안에서 행한다고 하며 그대의 진실함에 대해 소식을 전해줄 때 나는 무척 기뻤습니다.

4 나는 내 자녀들이 진리 안에서 행한다는 소식을 듣는 것보다 더 큰 기쁨이 없습니다.

5 가이오를 추천함 사랑하는 가이오, 그대는 형제들을 섬기는 일, 특히 나그네를 대접하는 일을 무엇이든 신실하게 행하고 있습니다.

요한삼서에 기록된 세 사람

❖ **가이오** (요삼 1:1-8): 진리를 행했던 사람

요한은 가이오를 네 번이나 '사랑하는 사람'으로 부른다. 요한에게 큰 기쁨이었던 그는 모든 형제 곧 나그네 된 자들을 돌봤으며(요삼 1:5) 진리 되신 예수 그리스도를 위해 함께 수고했다(요삼 1:8).

❖ **디오드레베** (요삼 1:9-11): 칭찬을 좋아했던 사람

그는 다음과 같은 죄를 범했다. ❶요한을 대접하지 않음 ❷요한을 악한 말로 비방함 ❸형제들을 맞아들이지 않음 ❹형제를 맞아들이는 자를 교회에서 내쫓음.

❖ **데메드리오** (요삼 1:12-14): 좋은 증거가 되었던 사람

그는 사람들과 진리에 의해서도 인정받은 사람이었다. 교회와 복음을 위해 힘쓴 사람이었다. '데메테르에 속한 자'라는 뜻을 가진 이름을 통해 이방 종교에서 개종한 사람임을 알 수 있다.

6 그 형제들이 교회 앞에서 그대의 사랑에 대해 증언했습니다. 그대가 하나님 앞에 합당하게 그들을 환대해 보낸 것은 선한 일입니다.
살전 2:12

7 그들은 그리스도의 이름을 위해 나아갔으며 이방 사람으로부터 아무것도 받은 것이 없습니다.
고전 9:12,15

8 그러므로 우리가 이런 사람들을 영접하는 것이 마땅합니다. 이것은 우리로 하여금 진리를 위해 함께 수고하는 사람이 되게 하려는 것입니다.

9 디오드레베를 책망 내가 교회에 몇 자 적어 보냈으나 그들 가운데 높아지기를 좋아하는 디오드레베는 우리를 받아들이지 않습니다.

10 그러므로 내가 가면 디오드레베가 행한 일들을 들추어낼 것입니다. 그는 악한 말로 우리를 헐뜯고 이것으로도 만족하지 못해 형제들을 영접하지 않고 또 영접하려고 하는 사람들까지도 훼방하고 교회에서 내쫓습니다.

11 선행을 권면함 사랑하는 사람이여, 악한 것을 본받지 말고 선한 것을 본받으십시오. 선을 행하는 사람은 하나님께 속해 있으나 악을 행하는 사람은 하나님을 보지 못했습니다.
요이 2:29

12 데메드리오를 추천함 데메드리오는 모든 사람뿐만 아니라 진리 자체에 의해서도 인정을 받았습니다. 우리도 또한 그를 인정합니다. 그대는 우리의 증언이 참되다는 것을 압니다.
요 21:24

13 만남을 희망함 그대에게 쓸 것이 많으나 나는 잉크와 펜으로 그대에게 쓰고 싶지 않습니다.
요이 1:12

14 나는 그대를 곧 만나게 되기를 희망합니다. 그러면 우리가 얼굴을 마주 대하고 대화를 나눌 수 있을 것입니다.

15 인사말 그대에게 평강이 있기를 빕니다. 친구들이 그대에게 안부를 전합니다. 친구들 각 사람에게 안부를 전해 주십시오.

Jude

유다서

악한 영들이 원하는 최고의 목적은 무엇일까요? 그것은 성도들이 믿음을 버리고 예수님을 배신하는 거예요. 그래서 악한 영들은 성도의 믿음을 빼앗으려고 온갖 방법을 다 동원해서 유혹해 와요. 유다가 살던 당시에도 영지주의 이단이 성도들을 타락시키고, 예수님을 배반하도록 유혹했어요. 이에 유다는 오직 예수님을 믿는 믿음으로 싸우며, 성령 안에서 기도하고, 하나님의 사랑 안에서 자기를 지키라고 권면해요. 특별히 구약성경에 나오는 가인, 발람, 고라를 예로 들어 거짓 선생들이 심판받을 것을 명백히 밝히며, 이단에 동요되지 말고 굳건하게 믿음을 지키라고 권면하고 있어요.

유다서는 무슨 뜻인가요?

'유다의 편지'라는 뜻이에요.

이 책의 저자이며 예수님의 동생인 유다의 이름을 따서 책제목을 만들었어요.

누가 썼나요?

예수님의 동생 유다가 썼어요.

유다는 성도들이 악한 영들의 유혹에 넘어가 예수님을 배반하고, 믿음을 버리는 일을 막으려고 유다서를 썼어요. 유다는 예수님의 다른 형제들처럼 예수님을 구세주로 인정하지 않다가 예수님의 부활 이후 예수님을 믿고 예루살렘 교회의 지도자가 되었어요.

언제 썼나요?

AD 70~80년경

주요한 사람들은?

거짓 선생들
예수님을 부인하게 하고 성도를 타락하게 만든 사람들

유다
예수님의 동생, 유다서의 저자

한눈에 보는 유다서

1:1-4 유다서를 쓴 목적

1:5-16 거짓 선생들이 받을 심판을 경고

1:17-23 성도들에게 믿음을 지킬 것을 권함

1:24-25 유다의 축복 기도

유

유다서
Jude

1 안부 인사 예수 그리스도의 종이요, 야고보의 형제인 유다는 부르심을 받은 사람들, 곧 하나님 아버지의 사랑과 예수 그리스도의 보호하심을 받은 사람들에게 편지를 씁니다. _{요 17:11,15}

2 여러분에게 긍휼과 평강과 사랑이 더욱 풍성하기를 빕니다. _{벧전 1:2;벧후 1:2}

3 믿음의 싸움 사랑하는 사람들이여, 우리가 함께 얻은 구원에 관해 내가 여러분에게 편지를 쓰려고 마음먹었습니다. 그 가운데 성도들에게 단번에 주신 믿음을 위해 싸우라는 편지로 여러분을 권면해야겠다는 생각이 들었습니다.

4 이는 어떤 사람들이 슬그머니 들어왔기 때문입니다. 이들은 오래전부터 이 심판을 받기 위해 이미 기록된 사람들로서 경건치 못할 뿐 아니라 우리 하나님의 은혜를 음란한 것으로 바꾸며 유일한 주권자이신 우리 주 예수 그리스도를 부인하는

▲ 바못 바알(Bamoth Baal)
모압 왕 발락이 이스라엘 백성을 저주해 달라고 예언자 발람을 데리고 간 곳으로(민 22:41), 오늘날의 '키르벳 엘 곤자이야(Khirbet el-Quweijiyeh)로 추정된다. 발람은 불의의 삯을 탐하여 이스라엘을 저주하려 했고, 이스라엘 앞에 걸림돌을 놓아 우상숭배와 음행에 빠지게 했다(벧후 2:15-22; 유 1:11; 계 2:14).

사람들입니다.

5 불경건한 자들에 대한 심판 여러분이 다 알고 있겠지만 나는 여러분에게 다시 한 번 상기시켜 주고 싶습니다. 곧 주께서는 그분의 백성들을 이집트 땅에서 단번에 구원해 내시고 그 후에 믿지 않는 사람들을 멸망시켰으며 _{민 14:29,37:26:64-65}

6 또한 자기의 처음 지위를 지키지 않고 처소를 떠난 천사들을 큰 날의 심판 때까지 영원한 사슬에 묶어 어둠 속에 가두셨습니다.

7 마찬가지로 소돔과 고모라와 그 주위의 다른 성들도 음란에 빠져서 이상한 색욕을 따라가다가 영원한 불의 형벌을 받아 사람들의 본보기가 됐습니다. _{신 29:23}

8 거짓 선생들 이와 똑같은 방식으로 이 사람들도 꿈꾸면서 육체를 더럽히고 주의 권세를 무시하며 하늘의 영광스러운 존재들을 모독합니다. _{벧후 2:10}

9 모세의 시체를 두고 마귀와 논쟁을 벌였던 천사장 미가엘도 비방하는 판결을 내리지 못하고 다만 "주께서 너를 꾸짖으시기를 빈다"라고만 말했을 뿐입니다. _{슥 3:2}

10 그러나 이 사람들은 무엇이든지 알지 못하는 것에 대해서는 비방합니다. 이들은 지각없는 짐승들처럼 본능으로 아는 것들로 인해 파멸에 이르게 됩니다. _{벧후 2:12}

11 이들에게 재앙이 있습니다. 이들은 가인의 길을 따랐고 자기의 이익을 위해 발람의 어긋난 길로 몰려갔으며 고라의 반역을 도모하다가 멸망을 당하고 말았습니다.

12 이들은 아무 염치도 없이 함께 먹으며 자

상기(1:5, 想起, remind) 지난 일을 돌이켜 생각해 냄. 그 주위의 다른 성들(1:7, surrounding towns) 아드마, 스보임 등을 가리킴(창 10:19, 14:2,8). 이상한 색욕(1:7, sexual perversion) 소돔과 고모라에 널리 퍼져 있던 정상적인 성관계를 말함. 지각 없는(1:10, unreasoning) 단순히 지식이 없는 상태가 아니라 나쁜 의도를 갖고 다른 사람에게 악을 행하는 상태를 말함. 도모(1:11, 圖謀) 어떤 일을 이루기 위해 수단과 방법을 꾀함. 애찬(1:12, 愛餐, love feasts) 초대 교회에서 성찬식이 끝난 후 형제 사랑을 나누며 함께 음식을 먹던 잔치(벧후 2:13 참조). 1:12 또는 '암초이며.

기 배만 채우는 여러분의 애찬의 *치욕이며 바람에 떠다니는 비 없는 구름이며 두 번 죽어 뿌리째 뽑힌 열매 없는 가을 나무이며

13 자기의 수치를 내뿜는 거친 파도이며 영원히 칠흑 같은 어둠에 돌아갈 떠도는 별들입니다.

▲ 브돌(Pethor)
예언자 발람의 고향이다(민 22:5-6; 신 23:4).

사 57:20/벧후 2:17

14 심판에 대한 예언 아담의 7대손 에녹도 이들에 대해 이렇게 예언했습니다. "보라, 주께서 그의 수만 성도들과 함께 임하셨으니

15 이는 모든 사람을 심판하시고 그들의 경건하지 않게 행한 모든 불경건한 행실과 경건하지 않은 죄인들이 주를 대적해 말한 모든 모욕적 언사들을 책망하시려는 것이다."

16 이들은 원망하는 사람들이며 불평하는 사람들이며 자기의 정욕을 따라 행하는 사람들이며 교만한 것을 말하는 입을 가진 사람들이며 자기의 이익을 위해 아첨을 떠는 사람들입니다.

17 신실할 것을 권고함 그러나 사랑하는 사람들이여, 여러분은 우리 주 예수 그리스도의 사도들이 전에 했던 말씀들을 기억하십시오.

벧후 3:3

18 사도들은 여러분에게 말하기를 "마지막 때 자기들의 경건하지 못한 정욕을 따라 행하며 조롱하는 사람들이 있을 것이다"라고 했습니다.

벧후 3:3

19 이들은 분열을 일으키는 사람들이며 육신을 따라 사는 사람들이며 성령이 없는 사람들입니다.

20 그러나 사랑하는 사람들이여, 여러분은 지극히 거룩한 믿음 위에 자기를 건축하고 성령 안에서 기도하십시오.

엡 6:18

21 영생에 이르도록 하나님의 사랑 안에서 자기를 지키고 우리 주 예수 그리스도의 긍휼을 기다리십시오.

고후 13:13/딛 2:13/벧후 3:12

22 구원할 책임 의심하는 사람들을 불쌍히 여기십시오.

23 또 어떤 사람들은 불에서 끌어내어 구원하십시오. 또 어떤 사람들에 대해서는 육체로 더러워진 옷까지도 미워하되 두려운 마음으로 그들을 불쌍히 여기십시오.

24 축복 기도 여러분을 지켜 넘어지지 않게 하시고 기쁨 가운데 그분의 영광 앞에 흠 없이 서게 하실 수 있는

요 17:12/롬 16:25

25 유일하신 우리 구주 하나님께 우리 주 예수 그리스도로 말미암아 영광과 위엄과 능력과 권세가 만세 전부터 그리고 지금과 영원무궁토록 있기를 빕니다. 아멘.

유다는 누구인가?

유다는 예루살렘 교회의 사랑 받던 목회자요, 예수님의 육신의 동생이었어요. 그의 형 야고보와 함께 유다도 예수님을 믿지 않다가 예수님의 부활 후에 믿게 되었어요(요 7:3-8). 예수님의 부활과 승천 사이에 그들은 구원받았고 오순절 성령 강림의 현장에 함께 있었어요. 사도행전 1장 13절에 나오는 예수님의 동생들 중 한 사람이 바로 이 유다입니다(마 13:55; 막 6:3 참조).

Revelation
요한계시록

이 세상의 마지막 때는 과연 어떤 모습일까요? 요한계시록은 성경의 마지막 책이면서 역사의 마지막에 관하여 계시해 줄 책이에요. 창세기가 이 세상의 시작을 보여 주었다면 요한계시록은 이 세상의 마지막을 보여 주어요. 이 세상의 마지막에는 하나님의 심판과 그리스도의 재림이 있고 새로운 세상이 만들어져요. 이때 비로소 하나님의 구원의 계획은 완성된답니다. 요한계시록은 역사의 마지막에 반드시 심판이 있고, 성도는 다시 오실 예수님을 기다리게 된다고 알려 주어요. 그리고 하나님이 준비하신 새 하늘과 새 땅은 생명책에 기록된 사람들만이 들어가는 곳임을 말해요. 그곳은 죽음도, 눈물도, 슬픔도 없으며 하나님과 영원히 살 것이라고 말해요.

요한계시록은 무슨 뜻인가요?

'요한이 본 계시를 기록한 것'이라는 뜻이에요. 계시는 사람의 지혜로서는 알 수 없는 진리를, 하나님이 가르쳐 주셔서 알게 하는 것을 뜻해요.

누가 썼나요?

사도 요한이 밧모 섬에서 유배 생활을 하는 동안 아시아에 있는 일곱 교회에 편지를 썼어요. 요한이 편지를 쓸 당시는 로마의 박해가 아주 심했어요. 그 당시의 성도들은 이 편지를 읽으면서 다시 오실 예수님을 기다리며 고난을 이기고 서로 위로할 수 있었어요.

언제 썼나요?

AD 95-96년경

주요한 사람들은?

요한
'여호와께서 사랑하시는 자'라는 뜻. 예수님의 저자

미가엘
성경에 이름이 나온 두 천사장(가브리엘)과 미가엘) 중 하나

한눈에 보는 요한계시록

계

요한계시록
Revelation

1 예수 그리스도로부터 받은 계시 예수 그리스도의 계시입니다. 이것은 반드시 곧 일어날 일들을 자기의 종들에게 보여 주시려고 하나님께서 그리스도에게 주신 것입니다. 그리스도께서는 그분의 천사를 통해 자기의 종 요한에게 이것을 나타내 주셨습니다. _22:6;16:요 17:7_

2 요한은 그가 본 모든 것을 증언합니다. 그것은 곧 하나님의 말씀과 예수 그리스도의 증거입니다. _11절;6:9;12:7;19:10_

3 이 예언의 말씀들을 읽는 사람과 듣는 사람들과 그 안에 기록된 것들을 지키는 사람들은 복이 있습니다. 이는 때가 가까이 왔기 때문입니다. _22:7;요 8:51_

4 일곱 교회에 대한 안부 인사 요한은 아시아에 있는 일곱 교회에 편지를 씁니다. 지금도 계시고 전에도 계셨고 앞으로 오실 분과 그분의 보좌 앞에 있는 일곱 영과

5 충성된 증인이시며 죽은 사람들 가운데서 처음 나시고 땅의 왕들을 다스리시는 분이신 예수 그리스도의 은혜와 평강이 여러분에게 있기를 빕니다. 우리를 사랑하시고 그분의 피로 우리의 죄에서 우리를 _해방시켜_ 주신 분, _17:14;19:16;요 18:37;롬 8:37_

6 전능하신 하나님을 찬양함 우리를 그분의 아버지 하나님을 위해 나라와 제사장들로 삼아 주신 분께 영광과 능력이 세세 무궁토록 있기를 빕니다. 아멘. _5:10;벧전 4:11_

7 보십시오. 그분이 구름을 타고 오십니다. 각 사람의 눈이 그분을 볼 것이며 그분을 찔렀던 사람들도 볼 것이며 땅의 모든 민족이 그분으로 인해 통곡할 것입니다. 반

드시 그렇게 될 것입니다. 아멘.

8 주 하나님, 지금도 계시고 전에도 계셨고 앞으로 오실 분이신 전능자께서 말씀하십니다. "나는 알파요, 오메가다." _21:6;22:13_

9 주의 음성 여러분의 형제이며 예수 안에서 환난과 나라와 인내를 함께 나누는 사람인 나 요한은 하나님의 말씀과 예수의 증언 때문에 밧모 섬에 있었습니다.

10 나는 주의 날에 성령께 사로잡혀 있었는데 내 뒤에서 울리는 나팔 소리 같은 큰 음성을 들었습니다. _왕상18:12;마 22:43;행 20:7_

11 말씀하시기를 "네가 본 것을 책에 기록해 그것을 일곱 교회, 곧 에베소, 서머나, 버가모, 두아디라, 사데, 빌라델비아, 라오디게아 교회로 보내라"라고 하셨습니다.

12 인자 같은 이의 환상 나는 내게 말씀하신 음성을 알아보려고 몸을 돌렸습니다. 내가 몸을 돌렸을 때 일곱 금촛대가 보였고

13 그 촛대들 사이에 인자 같은 분이 긴 옷을

복 있는 사람

성경에는 복 있는 사람에 대한 이야기가 많다. 시편에서는 하나님의 말씀을 좋아하며, 언제나 깊이 생각하는 사람을 복 있는 사람이라고 한다(시 1:2). 요한계시록에서도 복 있는 사람은 하나님의 말씀을 읽는 사람, 듣는 사람, 지키는 사람이라고 한다(계 1:3).

이 말의 의미는 하나님의 말씀을 읽을 때 하나님을 알아가는 복을 받고, 말씀을 들을 때 성령님이 역사하셔서 믿음을 자라게 하고, 나아가 이 말씀을 '지키고(계 14:12) 행할 때, 하나님이 주시는 상급을 받게 된다는 것이다(계 22:12).

요한계시록의 다른 곳에서도 복 있는 사람에 관해 설명하고 있다.

'주 안에서 죽는 사람'(계 14:13), '자기의 수치를 보이지 않는 사람'(계 16:15), '어린양의 결혼 잔치에 초대받은 사람'(계 19:9), '첫째 부활에 참여하는 사람'(계 20:6), '예언의 말씀들을 지키는 사람'(계 22:7), '자기의 옷을 빠는 사람'(계 22:14) 등이다.

일파요, 오메가다(1:8, Alpha and Omega) 그리스어 알파벳의 첫 글자와 마지막 글자로, 하나님은 '처음과 마지막이심'을 의미함(계 1:17 참조).

옷을 입고 가슴에 금띠를 띠고 계셨습니다.

14 그분의 머리와 머리칼은 흰 양털과 눈처럼 희고 그분의 눈은 타오르는 불과 같고 2:18;19:12; 단 7:9

15 그분의 발들은 용광로에서 제련된 청동 같고 그분의 음성은 많은 물소리와 같았습니다. 14:2; 겔 1:7; 43:2; 단 10:6

16 그분은 오른손에 일곱 별을 들고 계셨으며 그분의 입에서는 좌우에 날 선 검이 나왔고 그분의 얼굴은 해가 힘 있게 비추는 것 같았습니다. 히 4:12; 2:12

17 **음성과 환상의 실체** 내가 그분을 볼 때 나는 죽은 사람처럼 그분의 발 앞에 엎드러졌습니다. 그러자 그분이 자기의 오른손을 내게 얹고 말씀하셨습니다. "두려워하지 마라. 나는 처음이요, 마지막이라.

18 나는 살아 있는 자라. 나는 죽었었으나 보라, 나는 영원토록 살아 있는 자니 나는 죽음과 음부의 열쇠들을 가지고 있다.

19 **요한의 임무** 그러므로 너는 네가 본 것들과 지금 있는 일들과 이 일 후에 일어날 일들을 기록하여라. 12~16절

20 네가 본 내 오른손의 일곱 별과 일곱 금촛대의 비밀은 이것이니 일곱 별은 일곱 교회의 사자들이요, 일곱 촛대는 일곱 교회이다."

2 에베소 교회 "너는 에베소 교회의 사자에게 이렇게 써라. '오른손에 일곱 별을 잡으시고 일곱 금촛대 사이로 다니시는 이가 이렇게 말씀하신다.

2 나는 네 행위들과 네 수고와 네 인내를 안다. 또 네가 악한 사람들을 참지 못하는 것과 자칭 사도라고 하는 사람들을 시험해 그들이 사도가 아니라 가짜들이라는 것을 밝혀낸 것을 안다. 19장 3:1,8,15

3 또 네가 인내하는 것과 내 이름을 위해 수고하되 게으르지 않다는 것을 내가 안다.

4 그러나 내가 네게 책망할 것이 있으니 그것은 네가 첫사랑을 버린 것이다. 렘 2:2

5 그러므로 너는 어디서부터 잘못됐는지 생각해 보아 회개하고 처음에 행했던 일들을 행하여라. 만일 그렇게 하지 않고 회개하지 않으면 내가 네게로 가서 네 촛대를 그 자리에서 옮길 것이다. 2:22; 3:3,19

6 그러나 네가 잘한 것이 있으니 네가 니골라 당이 하는 짓들을 미워하는구나. 나도 그것을 미워한다. 15절

7 귀 있는 사람은 성령이 교회들에게 하시는 말씀을 들어라. 이기는 사람에게는 내가 하나님의 낙원에 있는 생명나무 열매를 먹게 할 것이다.'" 3:6,13,22

8 **서머나 교회** "너는 서머나 교회의 사자에게 이렇게 써라. '처음이요, 마지막이신 이, 곧 죽었다가 다시 살아나신 이가 이렇게 말씀하신다. 1:18

9 내가 네 환난과 가난을 알지만 실은 네가 부자다. 또 내가 자칭 유대 사람이라 하는 사람들의 모욕도 알지만 실은 그들이 유대 사람들이 아니라 사탄의 집단이다.

10 너는 고난당할 것을 두려워하지 마라. 보라, 마귀가 너희 가운데 몇몇을 감옥에 집어넣을 텐데 너희가 10일 동안 핍박을 받을 것이다. 너는 죽도록 충성하여라. 그러면 내가 생명의 면류관을 네게 줄 것이다.

11 귀 있는 사람은 성령이 교회들에게 하시는 말씀을 들어라. 이기는 사람은 둘째 사망에서 해를 받지 않을 것이다.'" 21:8

12 **버가모 교회** "너는 버가모 교회의 사자에게 이렇게 써라. '좌우에 날 선 검을 가지신 이

요한계시록의 일곱 교회

아가야
에게 해
서머나
에베소
버가모
두아디라
사데
빌라델비아
라오디게아
아시아
브룩기아
밧모섬
지중해

가 이렇게 말씀하신다. 16절:1:16

13 나는 네가 사는 곳을 알고 있으니 그곳은 사탄의 왕좌가 있는 곳이다. 그러나 너는 내 이름을 굳게 붙잡고 내 충성된 증인 안디바가 너희 가운데 사탄이 거하는 곳에서 죽임을 당할 때도 나에 대한 믿음을 버리지 않았다. 9절;행 2:20

14 그러나 내가 네게 몇 가지 책망할 것이 있으니 너는 발람의 가르침을 굳게 지키는 사람들을 용납하는구나. 발람은 발락을 가르쳐 이스라엘 자손 앞에 올무를 놓아 우상에게 바쳐진 제물을 먹고 음란한 행위를 하게 했다. 20절;민 25:1;31:16;벤후 15:29

15 이처럼 네 안에도 니골라 당의 가르침을 굳게 지키는 사람들이 있다. 6절

16 그러므로 회개하여라. 그러지 않으면 내가 당장 네게로 가서 내 입의 검으로 그들과 싸울 것이다.

17 귀 있는 사람은 성령이 교회들에게 하시는 말씀을 들어라. 내가 이기는 사람에게는 감추인 만나를 주고 그에게 흰 돌과 그 돌 위에 쓰인 새 이름을 주리니 받는 사람 외에는 아무도 그것을 알지 못할 것이다.'"

18 **두아디라 교회** "너는 두아디라 교회의 사자에게 이렇게 써라. '눈이 불꽃 같고 발이 청

동처럼 빛나는 하나님의 아들이 이렇게 말씀하신다. 1:14-15

19 나는 네 행위들과 사랑과 믿음과 봉사와 네 인내를 알고 너의 처음 행위들보다 나중 행위가 더 낫다는 것을 안다. 2절

20 그러나 내가 네게 책망할 것이 있으니 네가 이세벨이라는 여자를 용납하는구나. 그 여자는 스스로 예언자라고 하며 내 종들을 가르치고 유혹해 그들로 음행하게 하고 우상에게 바쳐진 음식을 먹게 했다.

21 내가 그 여자에게 회개할 기회를 주었지만 그 여자는 음행을 회개하려고 하지 않았다.

22 보라. 내가 그 여자를 병상에 던질 것이며 그 여자와 더불어 간음하는 사람들도 그 여자의 행위에서 돌이키지 않으면 큰 환난에 던질 것이다.

23 또 내가 그 여자의 자녀들을 사망으로 죽일 것이다. 그러면 모든 교회가 내가 생각과 마음을 살피는 이임을 알게 될 것이다. 내가 너희의 행위대로 각 사람에게 갚아 주겠다. 시 7:9;26:2;렘 20:12

24 그러나 나는 이러한 가르침을 받지 않고 소위 사탄의 깊은 것들을 알지 못하는 두아디라에 있는 너희 남은 사람들에게 말한다. 나는 너희에게 다른 아무 짐도 지우

용광로(1:15, 鎔鑛爐, furnace) 높은 온도로 광석을 녹여 쇠붙이를 뽑아내는 가마. 제련(1:15, 製鍊, glowing) 광석을 용광로에 넣어 녹여서 순수한 금속을 뽑아내는 작업. 니골라 당(2:6, Nicolaitans) 에베소와 버가모 교회 내의 이단. 무율법주의적인 가르침으로 우상숭배와 함음에 빠지게 함. 발람(2:14, Balaam) 이스라엘 백성을 우상숭배와 음행의 죄를 짓게 했던 예언자(민 31:16). 이세벨(2:20, Jezebel) 두아디라 교회의 거짓 예언자. 두아디라 교인들을 우상숭배와 음행에 빠지게 함.

계

지 않을 것이다. 행 15:28

25 다만 너희는 너희가 가지고 있는 것을 내가 갈 때까지 굳게 붙잡으라. 3:11

26 이기는 사람과 내 일을 끝까지 지키는 사람에게는 내가 나라들을 다스릴 권세를 줄 것이다. 7절;시 2:8

27 그분이 질그릇들을 부수는 것같이 쇠지팡이로 그들을 다스릴 것이니 사 30:14

28 그와 같이 나도 아버지에게서 그러한 권세를 받았다. 내가 또한 그에게 샛별을 줄 것이다.

29 귀 있는 사람은 성령이 교회들에게 하시는 말씀을 들어라.'"

3 사데 교회 "너는 사데 교회의 사자에게 이렇게 써라. '하나님의 일곱 영과 일곱 별을 가지신 이가 이렇게 말씀하신다. 내가 네 행위들을 알고 있으니 너는 살아 있다는 이름은 가지고 있으나 실은 죽어 있구나. 딤전 5:6

2 너는 깨어서 죽어 가는 남은 것을 굳건히 하여라. 나는 네 행위들이 하나님 앞에 온전하게 된 것을 찾지 못했다. 행 14:26

3 그러므로 너는 어떻게 받고 들었는지 기억해 순종하고 회개하여라. 만일 네가 깨어 있지 않으면 내가 도둑같이 올 것이니 내가 어느 때 네게 올지 네가 결코 알지 못할 것이다. 2:5;16:15;마 24:43;살전 5:2,4

4 그러나 사데에 옷을 더럽히지 않은 몇몇 사람들이 있다. 그들은 흰옷을 입고 나와 함께 다닐 것이니 그들이 그럴 만한 자격이 있기 때문이다. 6:11;7:9;11:13;유 1:23

5 이기는 사람은 그들처럼 흰옷을 입을 것이다. 나는 결코 그의 이름을 생명책에서 지워 버리지 않을 것이며 내 아버지 앞과 그의 천사들 앞에서 그의 이름을 시인할 것이다. 13:8;17:8;마 10:32;눅 12:8

6 귀 있는 사람은 성령이 교회들에게 하시는 말씀을 들어라.'"

7 빌라델비아 교회 "너는 빌라델비아 교회의 사자에게 이렇게 써라. '거룩하고 참되신 이, 다윗의 열쇠를 가지신 이, 곧 열면 닫을 사람이 없고 닫으면 열 사람이 없는 이가 이렇게 말씀하신다. 욥 12:14;사 22:22

8 내가 네 행위들을 안다. 보라. 내가 네 앞에 열린 문을 두었으니 아무도 그 문을 닫을 수가 없다. 이는 네가 힘이 약한 가운데도 내 말을 지키고 내 이름을 부인하지 않았기 때문이다. 행 14:27;고전 16:9;고후 2:12

9 보라. 내가 사탄의 집단에 속한 어떤 사람들을 네게 줄 것인데 그들은 자칭 유대 사람들이라고 하나 실은 그렇지 않고 거짓말쟁이들이다. 보라. 내가 그들로 네 발 앞에 꿇어 엎드리게 하고 내가 너를 사랑하는 줄을 알게 할 것이다. 2:9;사 43:4

요한이 일곱 교회에 보낸 편지

교회	예수님에 대한 묘사	칭찬	책망	명령	약속
에베소 교회 (계 2:1~7)	오른손에 일곱 별을 잡으시고 일곱 금촛대 사이로 다니시는 이	수고와 인내, 게으르지 않고 악한 사람들을 참지 않고 가짜 사도들을 밝혀낸 것, 골라 당이란 짓을 미워한 것	첫사랑을 버린 것	"회개하고 처음에 행했던 일들을 행하여라."	생명나무 열매
서머나 교회 (계 2:8~11)	처음이요 마지막이며 죽었다가 다시 살아나신 이	환난과 가난이 있지만 실은 부자	없음	"죽도록 충성하여라."	생명의 면류관
버가모 교회 (계 2:12~17)	좌우에 날선 검을 가지신 이	믿음을 버리지 않은 것	발람과 니골라 당의 가르침을 굳게 지키는 것	"회개하여라."	만나, 흰돌과 그 돌에 쓰인 새 이름

10 네가 내 인내의 말을 지켰으니 땅 위에 사는 사람들을 시험하기 위해 온 세상에 시험이 닥칠 때 나도 너를 지켜 줄 것이다.

11 내가 속히 오리니 네가 가진 것을 굳게 잡아 아무도 네 면류관을 빼앗지 못하게 하여라. 2:10,25;22:7,12

12 이기는 사람을 내가 내 하나님의 성전에서 기둥으로 삼을 것이니 그가 결코 다시는 성전을 떠나지 않을 것이며 내가 내 하나님의 이름과 내 하나님의 도성, 곧 하늘에서 내 하나님께로부터 내려오는 새 예루살렘의 이름과 내 새 이름을 그 사람 위에 기록할 것이다. 2:17;14:1;21:2,10

13 귀 있는 사람은 성령이 교회들에게 하시는 말씀을 들어라.'"

14 라오디게아 교회 "너는 라오디게아 교회의 사자에게 이렇게 써라. '아멘이시요, 신실하고 참된 증인이시요, 하나님의 창조의 근원이신 분이 이렇게 말씀하신다.

15 나는 네 행위들을 알고 있는데 너는 차지도 않고 뜨겁지도 않다. 나는 네가 차든지 뜨겁든지 하기를 바란다.

16 네가 이렇게 미지근해 차지도 않고 뜨겁지도 않으니 내가 너를 내 입에서 뱉어 낼 것이다.

17 네가 말하기를 '나는 부자라 풍족해서 부족한 것이 하나도 없다'고 하나 너는 자신이 비참하고 불쌍하고 가난하고 눈멀고 벌거벗은 사람임을 알지 못한다. 호 12:8;슥 11:5

18 그러므로 내가 네게 경고한다. 네가 풍족하게 되려면 내게서 불로 정련한 금을 사거라. 너의 벌거벗은 수치를 드러내지 않으려면 흰옷을 사서 입어라. 네가 보고 싶으면 안약을 사서 네 눈에 발라라.

19 나는 내가 사랑하는 사람들마다 책망하고 징계한다. 그러므로 너는 열성을 내고 회개하여라.

20 보아라. 내가 문 앞에 서서 두드리니 누구든지 내 음성을 듣고 문을 열면 내가 들어가서 그와 함께 먹고 그는 나와 함께 먹을 것이다. 눅 12:36;요 14:23

21 이기는 사람에게는 내가 이긴 후에 내 아버지와 함께 그분의 보좌에 앉은 것같이 내가 내 보좌에 나와 함께 앉게 할 것이다.

22 귀 있는 사람은 성령이 교회들에게 하시는 말씀을 들어라.'"

4

보좌에 대한 묘사 이 일 후에 내가 보았습니다. 보십시오, 하늘에 열린 문이 있고 전에 내가 들은 그 음성, 곧 나팔 소리같이 나에게 들린 음성이 말했습니다. "이

면류관(3:11, 冕旒冠, crown) 왕, 대제사장, 경기에서 우승한 사람 등이 썼던 관으로 영광, 권위, 위엄, 승리를 상징함. 도성(3:12, 都城, city) 왕이 사는 왕궁이 있는 성읍으로, 수도를 말함.

두아디라 교회 (계 2:18-29)	눈이 불꽃같고 발이 청동처럼 빛나는 하나님의 아들	사랑과 믿음과 봉사와 인내와 나중 행위들이 더 나은 것	이세벨이라는 여자를 용납하는 것	"너희가 가지고 있는 것을 굳게 붙잡으라."	나라들을 다스릴 권세, 샛별
사데 교회 (계 3:1-6)	하나님의 일곱 영과 일곱 별을 가지신 이	없음	살아 있다는 이름을 가지고 있으나 실제는 그 행위들이 이죽어 있음	"깨어서 죽어 가는 남은 것을 굳게 하여라. 순종하고 회개하여라."	흰옷, 생명책에 기록됨
빌라델비아 교회 (계 3:7-13)	거룩하고 참되시며, 다윗의 열쇠를 가지신이	하나님의 말씀을 지키고 이름을 부인하지 않은 것	없음	"가진 것을 굳게 잡아 네 면류관을 빼앗지 못하게 하여라."	하나님의 성전 기둥으로 삼음
라오디게아 교회 (계 3:14-22)	아멘이시요 신실하고 참된 증인이시요, 하나님의 창조의 근원이신 분	없음	차지도 뜨겁지 도 않은 것	"불로 정련한 금을 사거라, 흰옷을 사서 입어라, 안약을 사서 눈에 발라라."	보좌에 함께 앉을 것임

리로 올라오너라. 그러면 내가 이후에 마땅히 될 일들을 네게 보여 주겠다." 11,10,19;11:12

2 나는 순식간에 성령에 사로잡히게 됐습니다. 보십시오, 하늘에 보좌가 있는데 그 위에 누군가 앉아 계셨습니다.

3 그 앉으신 이는 벽옥과 홍옥 같고 무지개가 보좌를 둘러싸고 있는데 그 모습이 에메랄드 같았습니다. 21:11;겔 1:28

4 네 생물 또 보좌 둘레에는 24개의 보좌가 있고 그 보좌에는 24명의 장로가 흰옷을 입고 머리에 금면류관을 쓰고 앉아 있었습니다. 10장11:16

5 보좌로부터 번개들과 우르릉거리는 소리들과 천둥 치는 소리가 나고 보좌 앞에 일곱 등불이 타오르고 있는데 이것은 하나님의 일곱 영입니다. 8:5;11:19;16:18

6 또 보좌 앞에는 수정처럼 맑은 유리 바다와 같은 것이 있고 보좌 가운데 보좌 둘레에는 앞뒤로 눈이 가득한 네 생물이 있습니다. 15:2;겔 1:5;10:12

7 첫째 생물은 사자처럼 생겼고, 둘째 생물은 송아지처럼 생겼고, 셋째 생물은 사람의 얼굴처럼 생겼고, 넷째 생물은 날아가는 독수리처럼 생겼습니다.

8 네 생물은 각각 여섯 날개를 가지고 있고 날개 둘레와 안쪽에는 눈이 가득합니다. 그들은 밤낮 쉬지 않고 말했습니다. "거룩, 거룩, 거룩, 전능하신 주 하나님, 전에도 계셨고 지금도 계시고 장차 오실 분이십니다." 6절:14:11;사 6:2-3

9 24명의 장로 그 생물들이 영원토록 사시는 보좌에 앉으신 분께 영광과 존귀와 감사를 드릴 때 1:18;5:13;15:7;단 4:34

10 24명의 장로들은 보좌에 앉으신 분 앞에 엎드려 영원토록 사시는 분께 경배하고 자기들의 면류관을 내려놓으며 말했습니다.

11 "주 우리 하나님이시여, 영광과 존귀와 능력을 받으시기에 합당하십니다. 주께서 만물을 창조하셨고 주의 기쁘신 뜻으로 인해 만물이 존재했고 또 창조됐습니다."

5

인봉한 책 또 나는 보좌에 앉으신 이의 오른손에 책이 들린 것을 보았습니다. 이것은 앞뒤로 기록되고 일곱 인으로 봉한 것이었습니다. 사 29:11;겔 29-10

2 그때 내가 강한 천사를 보았는데 그는 큰 소리로 외쳤습니다. "누가 이 책을 펴며 그 인을 떼기에 합당한가?"

3 그러나 하늘에서나 땅 위에서나 땅 아래 어느 곳에도 그 책을 펴서 볼 수 있는 사람이 없었습니다.

4 나는 그 책을 펴서 볼 자격이 있는 사람이 보이지 않아 큰 소리로 울었습니다.

5 어린양이 책을 취함 그러자 장로들 가운데 하나가 내게 말했습니다. "울지 마라. 유다 지파의 사자 다윗의 뿌리가 승리했으니 그 책과 그 일곱 인을 열 것이다."

6 또 나는 보좌와 네 생물과 장로들 가운데 어린양이 서 있는 것을 보았는데 죽임을 당했던 것 같았습니다. 그가 일곱 뿔과 일

인봉한 책은 어떤 책인가요?

하나님이 오른손에 책을 들고 계셨는데, 일곱 개의 도장으로 봉해져 있었어요. 그때 한 천사가 그 인을 떼서 볼 만한 사람이 없다고 외쳤어요. 이 말을 들은 요한은 크게 소리 내어 울었어요. 인을 떼지 못해서 하나님의 비밀이 밝혀지지 못할 거라는 생각 때문이었어요. 그러자 하나님 옆에 있던 장로 한 사람이 책을 열어서 그 내용을 알려 주실 수 있는

분은 우리를 위해 죽으신 예수님이라고 말해 주었어요(계 5:5). 하나님만 알고 있는 인봉된 책의 내용은 무엇일까요? 요한은 예수님이 하나님의 손에서 인봉된 책을 받아 펴실 때마다 전쟁과 기근, 죽음과 지진, 하늘에 징조가 나타날 것이라고 적었어요. 일곱 인으로 봉해진 이 책은 앞으로 있을 종말의 사건에 관한 것이에요.

곱 눈을 가지고 있으니 이 눈들은 온 땅에 보냄을 받은 하나님의 일곱 영들입니다.

7 어린양이 와서 보좌에 앉으신 이의 오른손에서 책을 받아 드셨습니다.

8 **장로들이 어린양을 찬양함** 그가 책을 받을 때 네 생물과 24명의 장로들이 각기 히프와 향이 가득 담긴 금대접을 들고 어린양 앞에 엎드렸습니다. 이 향은 성도들의 기도입니다.
8:3~4;14:2;15:2;시 141:2

9 그들은 새 노래를 부르며 말했습니다.

"주는 그 책을 취해 인들을 떼기에 합당하십니다. 이는 주께서 죽임을 당하심으로 주의 피로 모든 족속과 언어와 백성과 나라들로부터 사람들을 하나님께로 구속해 드렸고
6장7:9;14:3~4

10 그들로 우리 하나님께 나라와 제사장들이 되게 하셨으므로 그들이 땅 위에서 왕 노릇 하게 될 것입니다."

11 **천사들이 어린양을 찬양함** 그때 나는 보좌와 생물들과 장로들을 에워싼 수많은 천사들을 보고 음성을 들었는데 그들의 수가 만만이요, 천천이었습니다.
단 7:10

12 그들은 큰 소리로 말했습니다.

"죽임을 당하신 어린양은 능력과 부귀와 지혜와 힘과 존귀와 영광과 찬양을 받으시기에 합당하십니다."
4:11

13 **모든 만물이 어린양을 찬양함** 또 나는 하늘과 땅 위와 땅 아래와 바다에 있는 모든 피조물들과 그 안에 있는 모든 것들이

"보좌에 앉으신 분과 어린양께 찬송과 존귀와 영광과 능력이 영원토록 있기를

빕니다"

라고 하는 소리를 들었습니다.
시 145:21

14 이에 네 생물은 "아멘" 하고 화답했고 장로들은 엎드려 경배했습니다.
8장7:12;19:4

6 **첫째 인** 나는 어린양이 일곱 인 가운데 하나를 떼시는 것을 보았습니다. 그리고 나는 네 생물 가운데 하나가 천둥 같은 소리로 "오라" 하고 말하는 소리를 들었습니다.
4:7;5:1,5~7;14:2

2 그때 나는 보았습니다. 흰말이 있는데 그 위에 탄 사람이 활을 갖고 있었고 그에게 면류관이 주어졌는데 그는 나가서 이기고 또 이기려 했습니다.
14:14;슥 6:3

3 **둘째 인** 두 번째 인을 떼실 때 나는 두 번째 생물이 "오라" 하고 말하는 소리를 들었습니다.
47

4 그러자 붉은 다른 말이 나왔는데 그 위에 탄 사람에게 땅에서 평화를 걷어 내고 사람들끼리 서로 죽이게 하는 권세가 주어졌고 또 그에게 커다란 칼도 주어졌습니다.

5 **셋째 인** 세 번째 인을 떼실 때 나는 세 번째 생물이 "오라" 하고 말하는 소리를 들었습니다. 그때 나는 보았습니다. 검은 말이 있는데 그 위에 탄 사람이 손에 저울을 들고 있었습니다.
슥 6:2

6 그때 나는 네 생물 가운데서 나는 듯한 소리를 들었습니다. "1데나리온에 밀 1코이닉스요, 1데나리온에 보리 3코이닉스다. 올리브기름과 포도주를 손상시키지 말라."

7 **넷째 인** 네 번째 인을 떼실 때 나는 네 번째 생물의 음성을 들었는데 말하기를 "오라"

인

소유자의 상징, 이름, 직함 등이 새겨진 도구로 도장과 같은 것이었다. 소유권의 확증이나 문서, 법령의 진실성을 확증하기 위해 사용되었다. 성경에 기록된 인은 대부분 개인적으로 사용한 것으로, 자그마한 준보석 위에 새겨졌으며 줄을 끼

워 목에 걸거나 반지로 사용했다. 일곱 인 재앙은 예수님 재림 직전에 나타날 7년 대환난을 말한다(계 6:1~8:1). 어린양 되신 예수님이 봉해진 책의 인을 하나씩 뗄 때마다 환난이 나타난다. 사진은 이라크 남부 우르에서 발견된 원통 인장이다.

고 했습니다.

8 그때 나는 보았습니다. 푸르스름한 말이 있는데 그 위에 탄 사람의 이름은 사망이요, 음부가 그 뒤를 따르고 있었습니다. 그들에게 칼과 기근과 사망과 땅의 들짐승들로 땅의 4분의 1을 죽일 권세가 주어졌습니다.
레 26:22;신 32:24;겔 14:21

9 다섯째 인 다섯 번째 인을 떼실 때 나는 제단 아래에서 하나님의 말씀과 그들이 가진 증거로 인해 죽임을 당한 사람들의 영혼을 보았습니다.
1:9;14:18;16:7;20:4

10 그들은 큰 소리로 외쳤습니다. "거룩하고 참되신 대주재여, 언제까지 땅 위에 사는 사람들을 심판하시고 우리의 핏값을 갚아 주지 않으시려는 것입니까?" 시 79:10

11 그러자 그들 각 사람에게 흰옷이 주어졌고 그들은 그들과 같이 죽임을 당하게 될 그들의 동료 종들과 형제들의 수가 찰 때

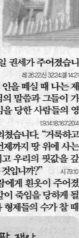

일곱 나팔 재앙

나팔은 먼 거리에 신호를 보낼 때 사용하는 도구 중 하나였다. 구약성경에는 제사장이 나팔을 불었으며 전쟁 때, 주요 절기, 매달 첫날에 나팔을 불어 알렸다(민 10:1~10).

마지막 때 예수님은 하나님의 나팔소리와 함께 재림하실 것이다(살전 4:16).

요한계시록에는 일곱 천사가 나팔을 불 때마다 재앙이 나타난다. 천사가 나팔을 분다는 것은 인간을 향한 하나님의 경고를 의미한다(습 1:15~16).

일곱 나팔 재앙은 예수님이 봉해진 책의 일곱 번째 인을 뗄 때 나타나는 사건이다(계 8:1~2).

그래서 일곱 나팔 재앙은 일곱 인재앙 이후에 오는 사건이라고 본다.

까지 잠시 더 쉬라는 말씀을 들었습니다.

12 여섯째 인 여섯 번째 인을 떼실 때 나는 보았습니다. 큰 지진이 일어나고 해가 머리털로 짠 천같이 검게 되고 달은 온통 핏빛으로 변하고

13 하늘의 별들은 무화과나무가 거센 바람에 흔들려 설익은 열매들을 떨어뜨리는 것처럼 떨어지고

14 하늘은 두루마리가 말리듯 사라지고 모든 산과 섬들은 있던 자리에서 사라졌습니다.

15 그러자 땅의 왕들과 귀족들과 장군들과 부자들과 권세자들과 모든 노예들과 모든 자유자들이 동굴들과 산속 바위들 틈에 숨고
사 2:19,21

16 산들과 바위들을 향해 외쳤습니다. "우리 위에 무너져 내려라. 그래서 보좌에 앉으신 이의 얼굴과 어린양의 진노로부터 우리를 숨겨 다오.
4:2;호 10:8;눅 23:30

17 이는 그들의 진노의 큰 날이 이르렀기 때문이다. 누가 견뎌 낼 수 있겠느냐?"

7 인치는 천사들 이 일 후에 나는 네 천사가 땅의 네 모퉁이에 서서 땅의 네 바람을 붙잡아 땅이나 바다나 나무에 불지 못하도록 막는 것을 보았습니다. 렘 49:36;단 7:2

2 그리고 나는 다른 천사가 살아 계신 하나님의 인을 가지고 해 돋는 데서 올라오는 것을 보았습니다. 그는 땅과 바다를 해칠 권세를 받은 네 천사에게 큰 소리로 외쳐

3 말했습니다. "우리가 우리 하나님의 종들의 이마에 인을 치기까지 너희는 땅이나 바다나 나무들을 해치지 말라." 6:6;9:4

4 인 침을 받은 사람의 수 그리고 나는 인 침을 받은 사람들의 수를 들었습니다. 이스라엘 자손의 모든 지파 가운데 인 침을 받은

사람들이 14만 4,000명이었습니다.

5 유다 지파에서 인 침을 받은 사람들이 1만 2,000명, 르우벤 지파에서 1만 2,000명, 갓 지파에서 1만 2,000명,

6 아셀 지파에서 1만 2,000명, 납달리 지파에서 1만 2,000명, 므낫세 지파에서 1만 2,000명,

7 시므온 지파에서 1만 2,000명, 레위 지파에서 1만 2,000명, 잇사갈 지파에서 1만 2,000명,

8 스불론 지파에서 1만 2,000명, 요셉 지파에서 1만 2,000명, 베냐민 지파에서 인 침을 받은 사람이 1만 2,000명이었습니다.

9 큰 무리의 찬양 이 일 후에 내가 보았습니다. 모든 나라와 민족과 백성과 언어에서 나온 아무도 셀 수 없는 큰 무리가 흰옷을 입고 손에 종려나무 가지들을 들고 보좌 앞과 어린양 앞에 서서 14절;5:9

10 큰 소리로 외쳐 말했습니다.
"구원은 보좌에 앉으신 우리 하나님과 어린양에게 속한 것입니다." 12:10;19:1

11 천사들이 하나님께 경배함 그때 모든 천사들이 보좌와 장로들과 네 생물 주위에 둘러서 있다가 보좌 앞에 엎드려 얼굴을 땅에 대고 하나님께 경배하며 4:6

12 말했습니다.
"아멘, 찬송과 영광과 지혜와 감사와 존귀와 능력과 힘이 우리 하나님께 영원토록 있기를 빕니다. 아멘!" 5:14;19:4

13 흰옷 입은 사람들 그때 장로들 가운데 하나가 내게 물었습니다. "이 흰옷을 입은 사람들이 누구이며 또 어디에서 왔습니까?"

14 나는 그에게 대답했습니다. "내 주여, 당신이 아십니다." 그때 그가 내게 말했습니다. "이들은 큰 환난으로부터 나오는 사람들인데 그들은 어린양의 피로 그들의 옷을 씻어 희게 했습니다." 1:5;22:14

15 성도의 안식 그래서 그들이 하나님의 보좌 앞에 있고 그분의 성전에서 밤낮으로 그분을 섬기므로 보좌에 앉으신 이가 그들 위에 거하실 것입니다. 21:3;22:3;겔 37:27;요 1:14

16 그들이 다시는 굶거나 목마르지 않고 해나 그 어떤 열기도 그들을 해치지 못할 것입니다. 사 121:6;사 49:10

17 보좌 가운데 계신 어린양이 그들의 목자가 돼 그들을 생명의 샘물로 인도하시고 하나님께서 그들의 눈에서 모든 눈물을 닦아 주실 것입니다." 21:4;22:1;사 23:1~2;사 25:8

8 일곱째 인 일곱 번째 인을 떼시자 30분쯤 하늘에 정적이 감돌았습니다.

2 그때 나는 하나님 앞에 서 있는 일곱 천사를 보았는데 그들에게 일곱 나팔이 주어졌습니다. 눅 1:19

3 또 다른 천사가 와서 금향로를 들고 제단 앞에 섰습니다. 그 천사는 많은 향을 받았는데 이는 모든 성도들의 기도와 함께 보좌 앞에 있는 금 제단에 드리기 위한 것이었습니다. 5:8;9:13;출 30:1,3;암 9:1

4 향의 연기는 그 천사의 손에서 성도들의 기도와 함께 하나님 앞으로 올라갔습니다.

5 그 천사가 향로를 가져다가 제단의 불에서 불을 채우고 그것을 땅에 쏟으니 천둥과 요란한 소리와 번개와 지진이 일어났습니다.

6 그때 일곱 나팔을 가진 일곱 천사가 나팔을 불려고 준비했습니다.

7 첫째 나팔 첫 번째 천사가 나팔을 불자 피

흰옷 입은 큰 무리가 보좌에 앉으신 어린양을 찬양함

섞인 우박과 불이 생기고 그것들이 땅에 쏟아졌습니다. 그러자 땅의 3분의 1이 불탔고 나무의 3분의 1도 불탔으며 모든 푸른 풀도 불타 버렸습니다. 8:8~12:9:4;출 9:23~24

8 **둘째 나팔** 두 번째 천사가 나팔을 불자 불타는 큰 산 같은 것이 바다로 던져졌습니다. 그러자 바다의 3분의 1이 피로 변하고

9 바다에 사는 생명을 가진 피조물들의 3분의 1이 죽고 배들의 3분의 1이 부서졌습니다. 창 2:16

10 **셋째 나팔** 세 번째 천사가 나팔을 불자 횃불처럼 타는 큰 별이 하늘에서 떨어져 강들의 3분의 1과 물의 샘들 위에 떨어졌습니다. 9:1;14:7;16:4

11 그 별의 이름은 '쑥'이라고 합니다. 물의 3분의 1이 쑥으로 변하고 많은 사람이 그 물을 마시고 죽었습니다. 신 29:18;렘 9:15

12 **넷째 나팔** 네 번째 천사가 나팔을 불자 해의 3분의 1과 달의 3분의 1과 별들의 3분의 1이 타격을 입었습니다. 그리하여 그것들의 3분의 1이 어두워져 낮의 3분의 1이 빛을 잃었고 밤도 역시 그렇게 됐습니다.

13 **세 천사의 나팔 소리** 나는 독수리 한 마리가 공중을 날며 큰 소리로 외치는 것을 보고 들었습니다. "화, 화, 화가 있을 것이다. 세 천사가 나머지 나팔 소리를 낼 것이기 때문이다."

9

다섯째 나팔 다섯 번째 천사가 나팔을 불었습니다. 그때 나는 하늘에서 땅으로 떨어진 별 하나를 보았는데 이 별은 무저갱의 열쇠를 받았습니다.

2 별이 무저갱을 열자 거대한 용광로에서 나는 듯한 연기가 무저갱에서 올라왔고 해와 공기가 무저갱의 연기로 인해 어두워졌습니다.

3 그리고 그 연기 속에서 메뚜기들이 땅으로 나오니 땅의 전갈들이 권세를 가진 것처럼 메뚜기들에게 권세가 주어졌습니다.

4 메뚜기들은 땅의 풀이나 각종 푸른 것이

나 각종 나무는 해치지 말고 이마에 하나님의 인을 받지 않은 사람들만 해치라는 명령을 받았습니다. 6:6;7:3;8:7

5 그러나 이 메뚜기들은 그들을 죽이지는 말고 다섯 달 동안 괴롭히기만 하라는 허락을 받았는데 그 괴롭힘은 전갈이 사람을 쏘아 괴롭히는 것과 같았습니다. 10절

6 그 기간 동안 사람들은 죽음을 구해도 결코 그것을 얻을 수 없고 죽기를 갈망해도 죽음이 그들에게서 달아날 것입니다.

7 **메뚜기에 대한 묘사** 메뚜기들의 모양은 전투 채비를 갖춘 말들 같고 그들의 머리에는 금으로 만든 듯한 관 같은 것이 씌워져 있고 그들의 얼굴은 사람의 얼굴과 비슷하고

8 또 그들의 머리털은 여인의 머리털 같고 그들의 이빨은 사자의 이빨과 같았습니다.

9 또 그들은 철흉갑 같은 흉갑을 두르고 있었고 그들의 날갯소리는 전쟁을 위해 달리는 많은 말들의 병거 소리와 같았습니다.

10 또 그들은 전갈처럼 쏘는 꼬리와 독침을 가졌는데 다섯 달 동안 사람들을 괴롭게 할 권세가 그들의 꼬리에 있었습니다.

11 그들은 무저갱의 사자를 자기들의 왕으로 삼고 있었는데 그 이름은 히브리 말로는 아바돈이고 그리스 말로는 아볼루온입니다.

12 첫 번째 재앙이 지나갔습니다. 그러나 아직도 두 가지 재앙이 더 닥칠 것입니다.

13 **여섯째 나팔** 여섯 번째 천사가 나팔을 불었습니다. 그때 나는 하나님 앞에 있는 금 제단의 네 뿔에서 울리는 한 음성을 들었습니다. 출 30:3

14 그 음성이 나팔을 가진 여섯 번째 천사에게 이르기를 "큰 강 유프라테스에 묶여 있는 네 천사를 풀어 주어라" 하니 16:12

15 지정된 연월일시를 위해 준비된 그 천사들이 사람들의 3분의 1을 죽이기 위해 풀려났습니다.

16 그들이 거느린 마병대의 수는 2억이나 됐는데 나는 그들의 수를 들었습니다.

17 **군대에 대한 묘사** 내가 환상 가운데 본 말들과 그 위에 탄 이들의 모습은 이렇습니다.

복술 (9:21, ㅏ術, magic arts) 점을 치는 방법이나 기술.
포효 (10:3, 咆哮, roaring) 사나운 짐승이 으르렁거림.

그들은 붉은빛과 자줏빛과 유황빛 나는
흉갑을 두르고 있고 말들의 머리는 사자
들의 머리 같고 그들의 입에서는 불과 연
기와 유황이 나오고 있었습니다.

18 이 세 가지 재앙, 곧 말들의 입에서 나오는
불과 연기와 유황으로 인해 사람의 3분의
1이 죽임을 당했습니다.

19 이는 말들의 힘이 그들의 입과 꼬리에 있
고 그들의 꼬리는 뱀과 같으며 또한 꼬리
에 머리가 있어 이것들로 사람들을 해쳤
기 때문입니다.

20 **회개치 않은 무리** 이 재앙에서 죽임을 당하
지 않고 남은 사람들은 자기 손으로 저지
른 일들을 회개하지 않고 도리어 귀신들
과 금, 은, 청동, 돌, 나무로 만든 보거나 듣
거나 걷지도 못하는 우상들에게 경배했
습니다.
<small>신 31:29;시 115:4-7;135:15-17;렘 1:16</small>

21 그들은 또 그들의 살인과 그들의 복술과
그들의 음행과 그들의 도둑질을 회개하지
않았습니다.
<small>21:8;22:15;갈 5:20</small>

10 작은 책을 가진 천사 그리고 나서 나
는 다른 강한 천사가 구름을 입고
하늘에서 내려오는 것을 보았습니다. 그
의 머리 위에는 무지개가 있고 그의 얼굴
은 해 같으며 그의 다리는 불타는 기둥 같
았습니다.
<small>1:15-16;겔 1:28</small>

2 그의 손에는 작은 책 하나가 펼쳐져 있고
그의 오른발은 바다를 밟고 있고 그의 왼
발은 땅을 디디고 있었습니다.
<small>8-10절</small>

3 그가 사자가 포효하듯이 큰 소리로 외치
자 일곱 천둥이 각기 소리를 내며 말했습
니다.
<small>욜 3:16;암 1:2</small>

4 일곱 천둥이 말할 때 내가 기록하려 했습
니다. 그때 나는 하늘에서 나는 음성을 들
었는데 "일곱 천둥이 말한 것들을 봉인하
고 기록하지 마라"라고 했습니다.

5 **하나님의 비밀을 밝힐 일곱째 나팔** 그때 내가
본 바다와 땅을 딛고 서 있던 천사가 하늘
을 향해 오른손을 들고

6 하늘에 있는 것들과 땅과 그 안
에 있는 것들과 바다와 그 안에 있는 것

들을 창조하신 영원토록 살아 계신 분을
두고 맹세했습니다. "더 지체하지 않을 것
이다.

7 일곱 번째 천사가 나팔을 불어 소리 내는
날에 하나님의 비밀이 그분이 그분의 종
들, 곧 예언자들에게 선포하신 대로 이루
어질 것이다."
<small>11:15</small>

8 **달고 쓴 책을 먹은 요한** 하늘에서 내게 들려
왔던 음성이 다시 내게 말씀하셨습니다.
"너는 가서 땅과 바다를 디디고 서 있는
천사의 손에 펼쳐져 있는 책을 취하여라."

9 나는 그 천사에게 가서 그 작은 책을 내게
달라고 했습니다. 그러자 그가 내게 말했습

사도 요한

이름의 뜻은 '여호와께서 사랑하시는 자'로
'우레의 아들'이라는 별명이다. 사도 야고보와
형제간이며 갈릴리에서 고기를 잡을 때 예수님
이 제자로 부르셨다.

예수님의 사랑을 가장 많이 받은 제자로, 예수님
이 가시는 중요한 자리에 항상 동행했다. 예수님
이 죽으실 때 부탁받으신 예수님의 유언에 따라 예
수님의 어머니 마리아를 자기 어머니로 모셨다.
베드로와 함께 성전에 기도하러 올라가다 앉은
뱅이를 고치고 복음을 전했다.

초대교회에서 중요한 사도 역할을 수행했으며
기독교 박해 때 밧모 섬에 유배되어 주님의 계시
를 받았다. 일곱 교회에 '본 것들과 지금 있는
일들과 이 일 후에 일어날 일들'을 전했다.

요한은 이름처럼 '사랑'을 강조하며 살아간 사랑
의 사도였다.

요한이 나오는 말씀
>> 마 4:21-22; 막 3:17; 요 19:26-27;
눅 3:1-10; 계 1:1-2

요한이 기록한 성경
요한복음, 요한일서, 요한이서,
요한삼서, 요한계시록

성경에 나오는 다른 요한
1. 베드로의 아버지
(요 21:15-17)
2. 마가라 불린 요한으로
바나바의 조카(골 4:10)

니다. "이것을 가져다 먹어라. 이것이 네 배에는 쓰겠지만 네 입에는 꿀같이 달 것이다."

10 나는 천사의 손에서 작은 책을 받아서 먹었습니다. 그것이 내 입에서는 꿀같이 달았지만 먹고 난 뒤에 배에서는 썼습니다.

11 그때 그들이 나에게 말했습니다. "너는 많은 백성과 나라와 언어와 왕들에게 다시 예언해야 할 것이다."

11 이방 사람이 성전을 짓밟음 또 그는 내게 지팡이 같은 갈대 하나를 주며 말했습니다.

"너는 일어나 하나님의 성전과 제단과 그 안에서 경배하는 사람들을 측량해라.

2 그러나 성전 바깥뜰은 내버려 두고 측량하지 마라. 이는 그것이 이방 사람들에게 주어졌고 그들이 42개월 동안 그 거룩한 도성을 짓밟을 것이기 때문이다. 겔 40:17

3 **두 증인이 예언** 내가 내 두 증인에게 권세를 줄 텐데 그들은 굵은베 옷을 입고 1,260일 동안 예언할 것이다." 사 20:2

4 이들은 이 땅의 주 앞에 서 있는 두 올리브 나무요, 두 촛대입니다. 슥 4:3,11,14

5 누구든지 그들을 해치려고 하면 그들의 입에서 불이 나와 그들의 원수들을 집어삼킬 것입니다. 누구든지 그들을 해치려고 하면 반드시 이같이 죽임을 당할 것입니다.

6 이들은 하늘을 닫을 권세를 가지고 있어 그들이 예언하는 날들 동안 비가 내리지 않게 할 것입니다. 또 그들은 물을 피로 변하게 하며 언제든지 원하는 때 갖가지 재앙으로 땅을 칠 권세를 가지고 있습니다.

7 **두 증인이 죽임당함** 그들이 그들의 증언을 마칠 때 무저갱에서 올라오는 짐승이 그들을 공격해 그들을 이기고 그들을 죽일 것입니다. 17:8; 단 7:21

8 그리고 그들의 시체는 큰 도성의 거리에 놓일 것입니다. 이 도성은 영적으로 소돔과 이집트라 불리는 곳으로 그들의 주께서

십자가에 못 박히신 곳입니다. 사 1:10

9 백성들과 족속들과 언어들과 나라들로부터 온 사람들이 3일 반 동안 그들의 시체를 구경할 것이며 그들의 시체를 무덤에 장사하는 것을 허락하지 않을 것입니다.

10 그때 땅 위에 사는 사람들이 그들로 인해 서로 선물들을 주고받으며 기뻐하고 즐거워할 것입니다. 이는 이 두 예언자가 땅 위에 사는 사람들을 괴롭혔기 때문입니다.

11 **두 증인이 부활함** 그러나 3일 반 후에 생명의 영이 하나님께로부터 그들 속으로 들어가니 그들은 제 발로 일어섰습니다. 이에 그들을 지켜보던 사람들에게 큰 두려움이 엄습했습니다. 창 2:7; 37:5,9~10,14

12 그때 그들은 하늘에서 그들에게 말하는 큰 음성을 들었습니다. "이리로 올라오라." 이에 그들은 원수들이 지켜보는 가운데 구름을 타고 하늘로 올라갔습니다.

13 바로 그때 큰 지진이 일어나 도성의 10분의 1을 무너뜨렸고 7,000명의 사람들이 그 지진으로 죽었습니다. 이에 살아남은 사람들은 몹시 두려워하며 하나님께 영광을 돌렸습니다. 6:12; 대하 36:23

14 두 번째 재앙이 지나갔습니다. 세 번째 재앙이 곧 닥칠 것입니다.

15 **일곱째 나팔** 일곱 번째 천사가 나팔을 불었습니다. 그때 하늘에서 큰 음성이 나며 말씀하셨습니다.

"세상 나라가 우리 주와 그리스도의 나라가 됐으니 그분이 영원토록 왕 노릇하실 것이다." 10:7; 12:10; 16:17; 사 2:2

16 **장로들이 하나님을 찬양함** 그러자 하나님 앞의 자기 보좌에 앉은 24장로들이 엎드려 하나님께 경배하며 4:4

17 말했습니다.

"지금도 계시고 전에도 계셨던 전능하신 주 하나님, 감사합니다. 하나님께서는 큰 권능을 취하시고 다스리십니다.

18 이에 나라들이 분노했으나 오히려 주의 진노를 내려 죽은 사람들을 심판하실 때가 왔습니다. 주의 종인 예언자들과

갈대 (11:1, reed) 곧고 가벼워 측량할 때 사용되기도 했음(겔 40:3 참조). 12:13 또는 '박해됐습니다.'

성도들과 작은 사람이든 큰사람이든 주의 이름을 경외하는 사람들에게 상을 주시며 땅을 더럽힌 사람들을 멸망시키실 때가 왔습니다." 6:10;19:5;20:12;시 2:5

19 성전 안의 표적 그때 하늘에 있는 하나님의 성전이 열렸고 그 성전 안에 있는 하나님의 언약궤가 보였습니다. 그러자 번개가 치고 요란한 소리와 천둥과 지진이 나고 큰 우박이 쏟아졌습니다. 15:5;16:21

12 아이를 밴 여인 하늘에 큰 표징이 나타났습니다. 한 여자가 태양을 입고 있고 두 발 아래에는 달이 있고 머리에는 열두 별의 면류관을 쓰고 있었습니다.

2 여자가 아이를 임신하고 해산할 때가 돼 진통과 괴로움으로 울부짖었습니다.

3 그때 또 다른 표징이 하늘에 나타났습니다. 일곱 머리와 열 뿔을 가진 큰 붉은 용이 나타났는데 그 머리에는 일곱 면류관을 쓰고 있습니다. 13:1;17:9,12;단 7:7

4 용은 꼬리로 하늘에서 별들의 3분의 1을 끌어다가 땅으로 내던졌습니다. 용은 막 해산하려고 하는 여자 앞에 섰는데 이것은 그녀가 아이를 낳을 때 삼키기 위한 것이었습니다. 단 8:10

5 여자가 아들을 낳았는데 그 사내아이는 장차 쇠지팡이로 만국을 다스릴 분입니다. 그때 그녀의 아이는 하나님 보좌 앞으로 들려 올라갔습니다. 마 2:6

6 여자는 광야로 도망쳤습니다. 거기서 그녀는 하나님께로부터 예비된 장소를 얻었습니다. 이는 거기서 사람들이 그녀를 1,260일 동안 돌보기 위한 것이었습니다.

7 마귀와 미가엘에게 패함 그때 하늘에는 전쟁이 일어났습니다. 미가엘과 그의 천사들이 용과 대적해 싸우고 용도 이에 맞서 자기의 사자들과 함께 싸웠으나

8 용이 이기지 못했으므로 그들은 하늘에서 더 이상 있을 곳을 찾지 못했습니다.

9 큰 용, 옛 뱀, 곧 마귀와 사탄이라고도 하는 이, 온 세상을 현혹시키는 이가 쫓겨났습니다. 그의 사자들도 그와 함께 쫓겨났습니다. 20:2-3;10:녹 10:18

10 그리스도의 승리 그때 나는 하늘에서 큰 음성이 이렇게 말씀하시는 것을 들었습니다. "이제 구원과 능력과 우리 하나님의 나라와 그의 그리스도의 권세가 확립됐으니 이는 우리 형제들을 고소하던 이, 곧 우리 하나님 앞에서 밤낮으로 그들을 고소하던 이가 쫓겨났기 때문입니다.

11 그들은 어린양의 피와 그들이 증언하는 말씀으로 인해 그를 이겼고 죽기까지 자기 목숨을 아끼지 않았다. 요 12:25

12 그러므로 하늘과 그 안에 거하는 사람들아, 즐거워하라. 그러나 땅과 바다에 재앙이 있을 것이니 이는 마귀가 자기의 때가 얼마 남지 않은 줄을 알고 분을 품고 너희에게 내려갔기 때문이다."

13 여자를 쫓아가는 용 용은 자기가 땅으로 쫓겨난 것을 알고 사내아이를 낳은 여자를 *쫓아갔습니다. 5절

14 그때 그녀에게 큰 독수리의 두 날개가 주어졌습니다. 그래서 그녀는 광야, 곧 그녀의 거처로 날아가 거기서 뱀의 낯을 피해 한 때와 두 때와 반 때 동안 부양을 받았습니다. 6절;단 7:25;12:7

15 뱀이 자기 입에서 여자의 등 뒤에 물을 강

여자, 용, 두 짐승은 무슨 뜻인가요?

12장에 나오는 여자는 메시아를 기다리던 이스라엘의 신실한 백성들을 상징하기도 하고(사 9:6-7; 미 5:2) 예수님을 믿는 성도, 교회를 상징하기도 해요(계 12:17; 엡 5:27).

용은 옛 뱀(창 3:5), 곧 사탄을 의미해요(계 12:9). 두 짐승 중 바다에서 올라온 짐승은 그리스도의 적대자(계 13:1-10)를, 땅에서 올라오는 짐승은 거짓 예언자(계 13:11-18)를 말해요.

용(사탄)은 두 짐승과 힘을 합쳐 하나님을 대적하지만 결국 이들은 다 심판받아 멸망하게 됩니다(계 19:19-21; 20:10).

같이 토해 내어 그 물로 그녀를 휩쓸어 버리려고 했습니다.

16 그러나 땅이 여자를 도와 그 입을 벌려 용이 그 입에서 토해 낸 강물을 삼켰습니다.

17 그러자 용이 여자에게 분노를 품고 여자의 후손의 남은 사람들, 곧 하나님의 계명을 지키고 예수의 증거를 붙잡고 있는 사람들과 더불어 전쟁을 하려고 떠나가 바닷가 모래 위에 섰습니다. 창 3:15

13 짐승에 힘을 주는 용 그때 나는 바다에서 짐승이 올라오는 것을 보았습니다. 그 짐승은 열 뿔과 일곱 머리를 가졌는데 그의 열 뿔에는 열 면류관이 있고 그의 머리에는 하나님을 모독하는 이름이 있었습니다. 17:3단 7:3

2 내가 본 짐승은 표범처럼 생겼고 그의 발은 곰의 발 같고 그의 입은 사자의 입 같았습니다. 용은 이 짐승에게 자기의 능력과 자기의 권좌와 큰 권세를 주었습니다.

3 짐승의 머리들 가운데 하나가 치명상을 입어 죽게 된 것 같았습니다. 그러나 그 치명상이 치료되자 온 땅이 감탄하고 그 짐승을 따랐습니다.

4 용이 그 짐승에게 권세를 주자 사람들이 용에게 경배하였습니다. 또 그들은 그 짐승을 경배하며 말했습니다. "누가 이 짐승과 같겠는가? 누가 그를 대적해 싸울 수 있겠는가?"

5 짐승이 성도들을 박해함 짐승은 오만하고 하나님을 모독하는 말을 할 입을 받았고 42개월 동안 활동할 권세를 받았습니다.

6 짐승이 입을 열어 하나님을 모독했는데 하나님의 이름과 그분의 장막, 곧 하늘에 거하는 이들을 모독했습니다.

7 또 그 짐승은 성도들을 대적해 이기며 모든 족속과 백성과 언어와 나라를 다스릴 권세를 받았습니다. 11:7;12:17;단 7:21

8 땅 위에 사는 모든 사람들, 곧 죽임을 당한 어린양의 생명책에 세상 창조 때부터 자기의 이름이 기록되지 않은 사람들은 그 짐승에게 경배할 것입니다.

9 누구든지 귀 있는 사람은 들으십시오.

10 누구든지 사로잡힐 사람은 사로잡힐 것이요, 누구든지 칼로 죽임을 당할 사람은 칼로 죽임을 당할 것입니다. 여기에 성도들의 인내와 믿음이 있습니다. 14:12

11 두번째 짐승이 땅에서 나옴 또 나는 다른 짐승이 땅에서 올라오는 것을 보았습니다. 그 짐승은 어린양처럼 두 뿔을 가졌고 말하는 것이 용과 같았습니다.

12 그는 첫 번째 짐승을 대신해서 모든 권세를 그 앞에서 행하고 땅과 그 안에 거하는 사람들로 하여금 치명상에서 나은 그 첫 번째 짐승을 경배하게 했습니다. 3절

13 또 그는 사람들 앞에서 큰 이적들을 행했는데 심지어 불이 하늘에서 땅으로 내려오게 했습니다. 16:14;19:20;20:9;왕상 18:38

14 그는 첫 번째 짐승 앞에서 행하도록 허락

생명책

생명책은 구원받은 성도들의 이름이 기록된 책을 말한다(눅 4:3; 계 3:5; 17:8; 20:12,15; 21:27). 이 책에 이름이 기록된 사람은 영원한 생명과 구원을 얻게 되지만 그렇지 못한 사람은 영원한 '불 못'에 던져진다(계 20:12-15).

예수님은 마지막 때 생명책에 이름이 기록된 사람들을 아버지와 천사들 앞에서 시인하실 것이다(계 3:5). 생명책에 이름이 기록된 사람들을 예수님이 책임지고 변호하신다는 것이다(계 13:8).

요한계시록 2장 17절에는 이단에 물들지 않고 우상의 제물을 먹지 않는 사람들에게 새 이름을 쓴 흰 돌을 줄 것이라고 약속했다.

초대교회 당시에는 잔치의 초대권으로 '테세라'고 불리는 흰 돌을 주는 풍습이 있었다. 이 돌을 가진 사람만이 잔치에 참석할 수 있었다.

이름이 새겨진 흰 돌이란 메시아가 베풀 마지막 잔치에 참여할 수 있는 자격을 상징한다.

된 이적들을 가지고 땅에 거하는 사람들을 현혹하며 말했습니다. "칼에 맞아 상처를 입었다가 살아난 짐승을 위해 우상을 만들라."

15 또 그는 첫 번째 짐승의 우상에게 생기를 주어 그것이 말하게 하고 그 짐승의 우상에게 경배하지 않는 사람을 모두 죽게 했습니다. 14:9,11;16:2;19:20

16 그는 또한 작은 사람이나 큰사람이나 부유한 사람이나 가난한 사람이나 자유인이나 종이나 모든 사람에게 그들의 오른손이나 그들의 이마에 표를 받게 해

17 그 표, 곧 짐승의 이름이나 그 이름의 숫자를 갖지 않은 사람은 누구든지 물건을 사거나 팔 수 없게 만들었습니다. 14:11

18 666 여기에 지혜가 요구됩니다. 지각 있는 사람은 그 짐승의 숫자를 세어 보십시오. 그것은 사람의 수이며 그 숫자는 666입니다.

14 **구원받은 자와 함께 선 어린양** 또 나는 보았습니다. 어린양이 시온 산에 서 있고 그와 함께 14만 4,000명이 서 있는데 그들의 이마에는 어린양의 이름과

그분의 아버지의 이름이 쓰여 있습니다.

2 또 나는 하늘로부터 많은 물소리 같고 큰 천둥소리 같은 소리를 들었습니다. 내가 들은 그 소리는 하프 켜는 사람들의 하프 소리 같았습니다. 5:8;6:1;15:2;19:6

3 그들은 보좌 앞과 네 생물과 장로들 앞에서 새 노래를 부릅니다. 그러나 땅에서 구속함을 받은 14만 4,000명밖에는 아무도 그 노래를 배울 수가 없습니다. 5:9

4 그들은 여자들과 더불어 자신을 더럽히지 않은 사람들이니 이는 그들이 정절을 지켰기 때문입니다. 그들은 어린양이 가는 곳이면 어디든지 따라가는 사람들이며 하나님과 어린양에게 바쳐진 첫 열매로 사람들 가운데서 구속함을 받았습니다.

5 그들의 입에서 거짓을 찾을 수 없으니 그들은 흠 없는 사람들입니다. 습 3:13

6 **첫 번째 천사** 또 나는 다른 천사 하나가 공중에 날아가는 것을 보았습니다. 그는 땅에 사는 사람들, 곧 모든 나라와 족속과 언어와 백성에게 전할 영원한 복음을 가지고 있습니다. 8:13

7 그는 큰 소리로 말했습니다. "너희는 하나

14만 4천 명은 어떤 사람인가?

14만 4천 명은 예수님의 다시 오심을 기다리는 그리스도의 사람들을 상징해요. 그러면, 14만 4천 명은 어떤 자격을 갖춘 사람들일까요?

첫째, 이마에 어린양의 이름과 아버지의 이름이 기록된 사람들이에요.(계 14:1).
이것은 성령으로 변화되어서 하나님의 소유물이라는 표시가 있는 사람을 말해요.

둘째, 보좌와 네 생물과 장로들 앞에서 새 노래를 부르는 사람들이에요(계 14:3).
새 노래는 구원받은 사람이 구원의 즐거움 때문에 구원하신 하나님을 찬송하는 노래를 말해요(시 33:3; 40:3; 96:1; 98:1).

셋째, 여자들과 더불어 자신을 더럽히지 않은 사람들이에요(계 14:4).

이것은 도덕적인 순결이 있고, 신앙을 꿋꿋하게 지키는 사람을 가리켜요.

넷째, 정절이 있는 사람들이에요(계 14:4).
이 사람들은 예수님께만 속해 있고, 예수님께만 순종하는 사람들이에요.

다섯째, 그 입에 거짓이 없는 사람들이에요(계 14:5). 거짓이 없는 사람이란 예수님을 부인하지 않고(요일 2:22), 형제들을 사랑하는 사람(요일 4:20)을 말해요.

마지막으로, 흠이 없는 사람들이에요(계 14:5).
흠이 없으려면 오직 예수님의 보혈로 씻겨서 깨끗하게 되어야 해요.
이런 사람이 예수님과 함께 하나님의 나라에 거할 수 있어요.

님을 두려워하고 그분께 영광을 돌리라. 그분의 심판 때가 이르렀다. 너희는 하늘과 땅과 바다와 물들의 근원을 만드신 분께 경배하라." 8:10;15:4;16:4

8 두 번째 천사 두 번째 다른 천사가 그 뒤를 따르며 외쳤습니다. "무너졌다. 큰 도성 바벨론이 무너졌다. 이 바벨론은 자기의 음행으로 만든 진노의 포도주를 모든 나라들에게 마시게 했다." 18:2-3;렘 51:7

9 세 번째 천사 세 번째 다른 천사가 그들을 따르며 큰 소리로 외쳤습니다. "누구든지 짐승과 그의 우상에게 경배하고 자신의 이마나 손에 표를 받으면 13:16

10 그도 하나님의 진노의 포도주를 마시게 될 것이니 이것은 하나님의 진노의 잔에 섞인 것이 없이 부어진 것이다. 그는 거룩한 천사들과 어린양 앞에서 타는 불과 유황으로 고통을 당하게 될 것이다.

11 그들에게 고통을 주는 연기가 영원토록 올라갈 것이다. 그리고 짐승과 그의 우상에게 경배하는 사람들과 그의 이름의 표를 받는 사람은 누구든지 밤낮 안식을 얻지 못할 것이다. 4:8;사 34:10

12 성도들의 인내가 여기에 있다. 그들은 하나님의 계명들과 예수에 대한 믿음을 지키는 사람들이다. 12:17;13:10

13 믿는 자들의 안식 또 나는 하늘에서 말씀하시는 음성을 들었습니다. 말씀하시기를 "너는 이렇게 기록해라. 이제부터 주 안에서 죽는 사람들이 복이 있다." 그러자 성령께서 말씀하셨습니다. "그렇다. 그들이 수고를 그치고 안식할 것이다. 이는 그들의 행위가 그들을 따를 것이기 때문이다."

14 땅의 추수 또 나는 보았습니다. 흰 구름이 있고 그 구름 위에 인자 같은 분이 앉아 있습니다. 그는 머리에 금면류관을 쓰고 손에는 예리한 낫을 들고 있습니다. 6:2

15 그때 다른 천사가 성전에서 나와 구름 위에 앉으신 분께 큰 소리로 외쳤습니다. "주의 낫을 보내 추수하십시오. 추수 때가 이르러 땅의 곡식이 무르익었습니다."

16 그러자 구름 위에 앉으신 분이 그분의 낫을 땅에 던지니 땅이 추수됐습니다.

17 추수에 임하는 진노 다른 천사 하나가 하늘에 있는 성전에서 나왔는데 그도 역시 예리한 낫을 들고 있었습니다.

18 또 다른 천사가 제단에서 나왔는데 그는 불을 다스리는 권세를 가지고 있었습니다. 그가 예리한 낫을 든 천사에게 큰 소리로 외쳤습니다. "너의 예리한 낫을 보내어 땅의 포도송이를 거두어라. 땅의 포도들이 무르익었다." 16:8;욜 3:13

19 그러자 그 천사는 땅 위에 낫을 던져 땅의 포도를 거둬 하나님의 진노의 큰 포도주 틀에 던졌습니다. 19:15

20 포도주 틀이 도성 밖에서 밟히니 그 포도주 틀에서 피가 흘러나와 말들의 굴레까지 닿았고 흘러간 거리는 1,600스타디온이나 됐습니다. 사 63:3;애 1:15

15

진노의 일곱 재앙 또 나는 하늘에서 다른 큰 놀라운 이적을 보았습니다. 그것은 일곱 천사가 마지막 일곱 재앙을 가지고 있는 것이었습니다. 하나님의 진노는 이것들로 끝날 것입니다. 16:1;17:1;21:9

2 진노에 나타난 하나님의 거룩하심 나는 또 불이 섞인 유리 바다 같은 것을 보았고 짐승과 그의 우상과 그 이름의 숫자를 이긴 사람들이 하나님의 하프를 들고 유리 바다에서 서 있는 것을 보았습니다. 4:6;5:8;12:11

3 그들은 하나님의 종 모세의 노래와 어린양의 노래를 불렀습니다.

"전능하신 주 하나님, 주께서 하신 일들은 크고 놀랍습니다. 나라들의 왕이시여, 주의 길들은 공의롭고 참됩니다.

4 주여, 주의 이름을 두려워하지 않고 주의 이름을 영화롭게 하지 않을 사람이 누구겠습니까? 이는 주만이 거룩하시기 때문입니다. 나라들이 와서 주 앞에 경배할 것입니다. 이는 주의 의로우신 일들이 드러났기 때문입니다." 말 2:2

5 진노의 대접 이 일 후에 나는 보았습니다. 하늘에 있는 성전, 곧 증거의 장막이 열리고

6 일곱 재앙을 가진 일곱 천사가 성전에서 나왔습니다. 그들은 깨끗하고 빛나는 고운 삼베옷을 입고 가슴에 금띠를 두르고 있었습니다. 출 1:13;겔 28:13

7 그때 네 생물 가운데 하나가 영원토록 살아 계신 하나님의 진노로 가득 찬 일곱 금대접을 일곱 천사에게 주었습니다. 1:18

8 그러자 성전이 하나님의 영광과 권능으로 인해 연기로 가득 차게 돼 일곱 천사의 일곱 재앙이 끝나기까지 아무도 성전에 들어갈 수 없었습니다. 출 40:34–35;왕상 8:11;사 6:4

▲ 므깃도(Megiddo)

갈멜 산 남쪽에 위치했던 성읍으로, 전쟁이 자주 일어났던 곳이며, 군사적·정치적으로 중요한 곳이었다(수 12:21;삿 5:19–21). 요한계시록에는 마지막 전쟁인 아마겟돈 전쟁이 벌어질 곳이라고 예언되어 있다(계 16:14,16).

16 그때 나는 성전에서 일곱 천사에게 말씀하시는 큰 소리를 들었습니다. "너희는 가서 하나님의 진노가 담긴 일곱 대접을 땅에 쏟으라."

2 첫째 대접 이에 첫 번째 천사가 가서 그의 대접을 땅에 쏟았습니다. 그러자 짐승의 표를 받고 그 우상에게 절한 사람들에게 흉악하고 독한 종기가 돋아났습니다.

3 둘째 대접 두 번째 천사가 그의 대접을 바다에 쏟았습니다. 그러자 바닷물이 죽은 사람의 피와 같이 변하고 그 가운데 사는 모든 생물이 죽었습니다. 8:8–9

4 셋째 대접 세 번째 천사가 그의 대접을 강과 샘에 쏟았습니다. 그러자 그것이 피가 됐습니다. 8:10;출 7:17–20

5 하나님의 공의를 찬양함 또 나는 물을 주관하는 천사가 말하는 것을 들었습니다. "지금도 계시고 전에도 계셨던 거룩하신 이여, 주는 공의로우십니다. 이는 주께서 이것들을 심판하셨기 때문입니다.

6 그들이 성도들과 예언자들의 피를 흘렸으므로 주는 그들에게 피를 주어 마시게 하셨습니다. 그들이 그렇게 된 것은 마땅합니다."
11:18;18:20;마 23:34–35

7 이때 나는 제단에서 나는 소리를 들었습니다. "그렇습니다. 전능하신 주 하나님, 주의 심판은 참되고 의롭습니다."

8 넷째 대접 네 번째 천사가 그의 대접을 해 위에 쏟았습니다. 이에 해는 불로 사람들을 태울 권세를 받았습니다. 9:17

9 사람들은 맹렬한 열에 타 버렸습니다. 그러자 그들은 이 재앙들을 주관하는 권능을 가지신 하나님의 이름을 모독했고 회개하지 않고 하나님께 영광을 돌리지 않았습니다.

10 다섯째 대접 다섯 번째 천사가 그의 대접을 짐승의 보좌에 쏟았습니다. 그러자 그의 나라가 어둠에 빠지게 됐고 사람들은 고통으로 인해 혀를 깨물었습니다.

상식쏙쏙 • 아마겟돈

아마겟돈은 '므깃도의 산'이라는 뜻으로 므깃도 지역을 뜻한다.

요한은 악의 세력이 므깃도에 모여 마지막 전쟁이 일어날 것이라고 했다(계 16:16). 이곳은 옛날부터 이집트와 시리아, 메소포타미아를 연결하는 주요 도로여서 군사적·경제적으로 매우 중요한 곳이었다. 이 때문에 이곳에서 전쟁이 많이 일어났다.

바락과 드보라가 시스라를 이곳에서 물리쳤고, 솔로몬의 요새가 있었다(왕상 9:15). 예후가 아하시야를 죽이고 혁명에 성공한 곳이었고(왕하 9:27) 요시야가 므깃도 전투에서 바로느고에게 패하여 전사한 곳이기도 하다(왕하 23:29–30). 에스겔은 종말에 곡과 마곡이 하나님의 백성과 싸울 곳은 바로 므깃도라고 했다(겔 39:1–6).

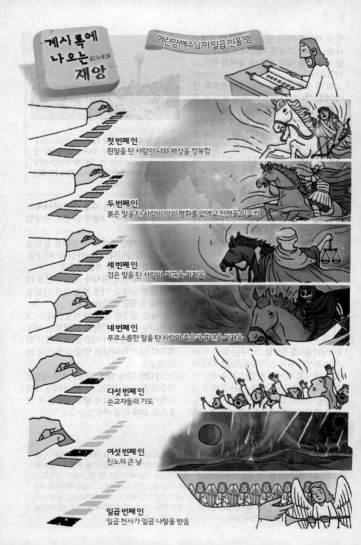

계시록에 나오는 재앙 6:1~8:2

어린양(예수님)이 일곱 인을 뗌

첫 번째 인
흰말을 탄 사람이 나와 세상을 정복함

두 번째 인
붉은 말을 탄 사람이 땅의 평화를 없애고 전쟁을 일으킴

세 번째 인
검은 말을 탄 사람이 기근을 가져옴

네 번째 인
푸르스름한 말을 탄 사람이 죽음과 흉년을 가져옴

다섯 번째 인
순교자들의 기도

여섯 번째 인
진노의 큰 날

일곱 번째 인
일곱 천사가 일곱 나팔을 받음

11 그들은 고통과 종기로 인해 하늘의 하나님을 모독했고 그들의 행위를 회개하지 않았습니다.
2절11:13

12 여섯째 대접 여섯 번째 천사가 그의 대접을 큰 강 유프라테스에 쏟았습니다. 그러자 그 강의 물이 말라 버려 해 돋는 곳에서부터 오는 왕들의 길이 예비됐습니다.

13 또 나는 용의 입과 짐승의 입과 거짓 예언자의 입에서 개구리 같은 세 더러운 영이 나오는 것을 보았습니다.
12:3,9:13:1;18:2;19:20

14 그들은 이적을 행하는 귀신들의 영입니다. 그들은 전능하신 하나님의 큰 날의 전쟁을 위해 온 세상의 왕들을 소집하려고 갑니다.
20:8

15 "보라. 내가 도둑같이 올 것이다. 깨어서 자기의 옷을 지켜 벌거벗은 채로 다니지 않고 자기의 수치를 보이지 않는 사람은 복이 있다."
3:2~3,18

16 세 영은 히브리 말로 아마겟돈이라는 곳으로 왕들을 집결시켰습니다.
슥 12:11

17 일곱째 대접 일곱 번째 천사가 그의 대접을 공중에 쏟았습니다. 그러자 성전 보좌에서 "다 끝났다"라는 큰 음성이 들려왔습니다.

18 그때 번개들과 요란한 소리들과 천둥 치는 소리들이 있었고 큰 지진이 일어났는데 사람이 땅 위에 존재한 이래로 이렇게 큰 지진은 없었습니다.
4:5;6:12;8:12:1;11:19출 22

19 또 큰 도성이 세 조각으로 나뉘고 나라들의 도성이 무너졌습니다. 하나님께서

큰 도성 바벨론을 기억하시고 그의 맹렬한 진노의 포도주 잔을 바벨론에게 내리셨습니다.
11:8;18:5

20 또 모든 섬이 온데간데없이 사라지고 산들도 찾을 수 없게 됐습니다.

21 또 하늘에서 무게가 1달란트나 되는 큰 우박이 사람들에게 떨어졌습니다. 그러자 사람들은 우박의 재앙으로 인해 하나님을 모독했습니다. 이는 그 재앙이 너무 컸기 때문입니다.
9,11절;11:19;출 9:23~25

17

취한 창녀 일곱 대접을 가진 일곱 천사 가운데 하나가 와서 내게 말했습니다. "이리로 오너라. 많은 물 위에 앉아 있는 큰 창녀가 받을 심판을 네게 보여 주겠다.
15절;15:7;21:9

2 땅의 왕들이 그녀와 더불어 음행했고 땅에 거하는 사람들도 그녀의 음행의 포도주로 취했습니다."
14:8;18:3,9;렘 51:7

3 그러고 나서 천사는 성령으로 나를 이끌어 광야로 데려갔습니다. 이때 나는 한 여자가 붉은 짐승을 타고 앉아 있는 것을 보았습니다. 짐승은 하나님을 모독하는 이름들로 가득하고 일곱 머리와 열 뿔을 가지고 있었습니다.
7절;13:1;21:1;10

4 여자는 자주색과 붉은색 옷을 입고 금과 보석과 진주로 꾸미고 있었습니다. 그녀는 손에 가증스러운 것들과 음행의 불결한 것들로 가득 찬 금잔을 가지고 있었고

5 이마에는 '비밀, 큰 바벨론, 창녀들과 땅의

요한계시록 17장은 '많은 물 위에 앉아 있는 큰 창녀가 받을 심판'에 대한 기록이에요.

여기서 큰 창녀가 앉아 있는 물은 전 세계 여러 나라와 사람들과 언어들을 가리켜요.

따라서 큰 창녀는 많은 나라와 사람들에게 영향을 미치며 하나님을 모독하는 존재예요. 창녀가 타고 있는 붉은 빛 짐승의 몸에 "하나님을 모독하는 이름들로 가득하다"(계 17:3)는 것은 큰 창녀가 하나님을 모욕하고 있음을 보여 줘요. 게다가 큰

'큰 창녀'는 누구인가요?

창녀는 일곱 머리와 열 뿔을 가졌으며 '자주색과 붉은색 옷을 입고 사치스러운 보석'으로 꾸미고 있었어요(계 17:4). 요한은 그 여자가 성도들의 피와 예수님의 증인들의 피로 취해 있음을 보았어요.

또한 요한은 성도들을 박해하는 큰 창녀를 '바벨론'(계 17:5), '땅의 왕들을 다스리는 권세를 가진 도성'(계 17:18)이라고도 표현했어요. 큰 창녀는 하나님을 모독하고 사람들을 죄에 빠지도록 유혹하고 박해하는 존재입니다.

가증한 것들의 어미라는 이름이 쓰여 있었습니다. 7절살후 2:7

6 나는 그 여자가 성도들의 피와 예수의 증인들의 피로 인해 취해 있는 것을 보았습니다. 나는 그 여자를 보고 크게 놀랐습니다.

7 **짐승에 대한 설명** 그때 천사가 내게 말했습니다. "왜 놀라느냐? 내가 이 여자의 비밀과 이 여자가 타고 있는 일곱 머리와 열 뿔을 가진 짐승의 비밀을 네게 말해 주겠다.

8 네가 본 그 짐승은 전에 있었다가 지금은 없으며 장차 무저갱으로부터 올라와서 멸망에 들어가게 될 것이다. 창세 이래 이름이 생명책에 기록되지 않은 사람들, 곧 땅위에 사는 사람들은 짐승을 보고 놀랄 것이다. 이는 그 짐승이 전에는 있었다가 지금은 없으며 장차 다시 나타나게 될 것이기 때문이다. 11절11:7;13:8,10

9 **일곱 머리에 대한 설명** 여기에 지혜의 마음이 요구된다. 일곱 머리는 그 여자가 앉아 있는 일곱 산이며 또한 그것들은 일곱 왕이다.

10 다섯 왕은 이미 멸망했으나 하나는 지금 있고 나머지 하나는 아직 나타나지 않았다. 그가 올 때는 반드시 잠시 동안만 있을 것이다.

11 전에 있었다가 지금은 없는 그 짐승 자신은 여덟 번째 왕이다. 그는 일곱 왕으로부터 나와 멸망으로 들어갈 것이다. 8절

12 **열 뿔에 대한 설명** 또 네가 본 열 뿔은 열 왕인데 그들은 아직 나라를 받지 않았지만 그 짐승과 함께 한동안 왕들처럼 권세를 받을 것이다. 16절단 7:24

13 그들은 한마음을 가지고 그들의 능력과 권세를 그 짐승에게 줄 것이다.

14 **물에 대한 설명** 그들은 어린양을 대적해 싸울 것이나 어린양이 그들을 이길 것이다. 이는 그가 만주의 주이시며 만왕의 왕이시기 때문이다. 또 그와 함께 있는 사람들, 곧 부르심과 택하심을 받은 충성된 사람들도 이길 것이다." 신 10:17;1 136:3;단 2:47

15 그때 천사가 내게 말했습니다. "네가 본 창녀가 앉아 있는 물들은 백성들과 무리들과 나라들과 언어들이다. 1절

16 또 네가 본 그 열 뿔과 짐승은 그 창녀를 미워해 그녀를 파멸시키고 발가벗기며 그녀의 살을 먹고 불살라 버릴 것이다.

17 이는 하나님께서 하나님의 말씀들이 성취될 때까지 그들의 마음에 그분의 뜻을 행할 마음을 주셔서 한뜻을 이루게 하시고 그들의 나라를 그 짐승에게 바치도록 하셨기 때문이다. 고후 8:16

18 **여자에 대한 설명** 또 네가 본 여자는 땅의 왕들을 다스리는 권세를 가진 큰 도성이다."

18

바벨론의 멸망에 대한 기쁨 이 일 후에 나는 다른 천사가 큰 권세를 가지고 하늘로부터 내려오는 것을 보았습니다. 그의 영광으로 인해 땅이 환해졌습니다.

2 그가 우렁찬 소리로 외쳤습니다. "무너졌다. 큰 도성 바벨론이 무너졌다. 바벨론은 귀신들의 처소가 됐고 모든 더러운 영의 소굴이 됐고 모든 악하고 가증스러운 새들의 소굴이 됐다. 16:13;사 14:23;렘 50:39;51:37

3 이것은 모든 나라가 그녀의 음행으로 인한 진노의 포도주를 마셨고 땅의 왕들이 그녀와 더불어 음행했으며 땅의 상인들이 그녀의 사치의 능력으로 인해 부를 쌓았기 때문이다." 9:11,15절;사 14:8;17:2

계시록에 나오는 바벨론

요한계시록에서 바벨론은 우상 숭배와 배교를 상징하는 도시라는 의미로 쓰였으나(계 17:5). 요한은 바벨론이 멸망하는 이유를 우상 숭배, 더러운 죄, 더러운 영, 음행, 사치와 치부, 불의한 일, 성도들을 핍박하고 살해한 것이라고 말했다(계 18:2-3). 요한은 성도들에게 바벨론에서 나오라는 하나님의 명령을 전했다(계 18:4).

바벨론은 하나님을 대적하는 악한 세력을 상징한다. 베드로는 로마를 바벨론으로 표현했다(벧전 5:13).

소굴 (18:2, 巢窟, haunt) 도둑이나 악한 무리가 활동의 본거지로 삼는 곳

4 바벨론에 대한 경고 그때 나는 하늘에서 다른 음성을 들었습니다. 그 음성은 이렇게 말했습니다. "내 백성들아, 너희는 그 여자에게서 나오라. 이는 너희로 그녀의 죄악들에 동참하지 않고 그녀가 받을 재앙들을 받지 않게 하려는 것이다.

5 이것은 그녀의 죄악들이 하늘에까지 쌓였고 하나님께서 그녀의 불의한 행위들을 기억하셨기 때문이다.
16:19;렘 51:9

6 너희는 그녀가 너희에게 준 만큼 돌려주고 그녀가 너희에게 행한 만큼 두 배로 갚아 주며 그녀가 부은 잔에 두 배로 부어 그녀에게 주라.
시 137:8;렘 16:18;50:15,29

7 그 여자가 자신을 영화롭게 하고 사치한 만큼 너희는 그녀에게 고통과 슬픔을 안겨 주라. 이는 그녀가 마음으로 말하기를 '나는 보좌에 앉은 여왕이다. 나는 과부가 아니며 결코 슬픈 일을 만나지 않을 것이다'라고 하기 때문이다.
사 47:7~8;습 2:15

8 그러므로 그 여자에게 사망과 슬픔과 기근의 재앙이 한날에 임하고 그녀는 불에 타 버릴 것이다. 이는 여자를 심판하시는 주 하나님께서 강하시기 때문이다.

9 왕들의 슬픔 그 여자와 함께 음행하고 사치하던 땅의 왕들은 그 여자를 태우는 불의 연기를 보고 그녀로 인해 울며불며 슬퍼할 것이다.
3:18절;17:2

10 그들은 그 여자가 당하는 고통을 무서워하므로 멀리 서서 외치기를 '재앙이다. 재앙이다. 큰 도성, 강성한 도성 바벨론아, 네 심판이 한순간에 몰아닥쳤구나'라고 할 것이다.
15:17~19절

11 상인들의 슬픔 또 땅의 상인들도 그녀로 인해 울며 슬퍼할 것이다. 이는 그들의 물건을 사는 사람이 더 이상 아무도 없기 때문이다.
3,15절

12 그 물건은 금, 은, 보석, 진주, 고운 삼베, 자주색 옷감, 비단, 붉은 옷감이며 각종 향나무와 상아로 만든 물품이며 값진 나

상아(18:12, 象牙, ivory) '코끼리의 앞니로, 귀중한 장식품을 만드는 데 사용됨.

무와 청동, 철, 대리석으로 만든 각종 물품이며

13 계피와 향료, 향과 향유와 유향, 포도주와 올리브기름, 고운 밀가루와 밀, 소와 양, 말과 사륜마차, 종들과 사람들의 목숨들이다.

14 네 영혼의 탐욕의 열매가 네게서 떠나가고 모든 사치스럽고 화려했던 것들이 네게서 사라져 버렸으니 그들이 다시는 그런 물건들을 볼 수 없을 것이다.

15 그 물건으로 인해 부를 쌓고 이 물건들을 파는 상인들이 그녀의 고통을 무서워하므로 멀리 서서 울며 슬퍼해
3,10~11절

16 말하기를 '재앙이다. 재앙이다. 큰 도성이여, 고운 삼베와 자주색과 붉은색 옷을 입고 금과 보석과 진주로 화려하게 꾸몄거늘

17 이 엄청난 부귀가 한순간에 사라져 버렸구나'라고 할 것이다. 또 모든 선장들과 모든 선객들과 모든 선원들과 바다에서 일하는 사람들이 멀리 서서
겔 27:28~29

18 선원들의 슬픔 그녀가 타는 연기를 보고 외쳐 말하기를 '무엇이 이 큰 도성과 같겠는가?'라고 할 것이다.
9절;겔 27:30,32

19 그들은 자기들 머리에 재를 뿌리고 울며 슬퍼하며 외칠 것이다. '재앙이다. 재앙이다. 큰 도성이여, 바다에 배들을 띄우던 모든 사람들이 저 도성의 번영으로 인해 부를 쌓았거늘 이 도성이 순식간에 멸망해 버렸구나.'
3,10,15,17절

20 하늘과 성도들과 사도들과 예언자들아, 그 도성으로 인해 즐거워하라. 이는 하나님께서 너희를 위해 심판하셨기 때문이다."
19:2;신 32:43;잠 51:48;눅 11:49~50

21 멸망의 광경 그때 한 강한 천사가 큰 맷돌 같은 돌을 들어 바다에 던지며 말했습니다. "큰 도성 바벨론이 이렇게 큰 힘으로 던져질 것이니 결코 다시는 찾을 수 없게 될 것이다.
10절;52:10,11

22 또 하프 켜는 사람들과 노래 부르는 사람들과 통소 부는 사람들과 나팔 부는 사람들의 소리가 네 안에서 다시는 들리지 않

을 것이며 그 어떤 기술자도 네 안에서 다시는 보이지 않을 것이며 맷돌을 돌리는 소리도 네 안에서 다시는 들리지 않을 것이다.

23 등불의 불빛도 네 안에서 비춰지 않을 것이며 신랑과 신부의 음성도 다시는 네 안에서 들리지 않을 것이다. 이것은 네 상인들이 땅의 권력자들이며 또 너희의 점술로 인해 모든 나라들이 현혹됐으며

24 그 도성 안에서 예언자들과 성도들과 땅에서 죽임을 당한 모든 사람들의 피가 발견됐기 때문이다." 17:6

19

무리들의 찬양 이 일 후에 나는 하늘에서 많은 무리들의 큰 함성 같은 것을 들었습니다. 그 큰 함성은 말했습니다.

"할렐루야, 구원과 영광과 능력이 우리 하나님께 있습니다.

2 이는 그분의 심판이 참되고 공의로우시기 때문입니다. 그분은 음행으로 땅을 더럽힌 큰 창녀를 심판하셨으며 그녀의 손에 묻어 있는 그의 종들이 흘린 피의 억울함을 갚으셨기 때문입니다."

3 다시 그들이 외쳤습니다. "할렐루야, 그녀를 사르는 연기가 영원토록 올라갈 것입니다."

4 그때 24장로와 네 생물이 보좌에 앉으신 하나님께 엎드려 경배하며 외쳤습니다.

"아멘, 할렐루야." 4:4,6;10:5;14

5 그러자 보좌에서 한 음성이 나서 말했습니다.

"하나님의 모든 종들아, 큰사람이든 작은 사람이든 하나님을 경외하는 사람들아, 우리 하나님을 찬양하라." 시 22:23

6 어린양의 결혼식 또 나는 많은 무리의 소리 같고 콸콸 쏟아지는 물소리 같고 강한 천둥소리 같은 것을 들었습니다. 그 소리들은 외쳤습니다.

"할렐루야, 전능하신 우리 주 하나님이 다스리신다. 6:1;11:15;14:2;단 10:6

7 기뻐하고 즐거워하며 하나님께 영광을 돌리자. 이는 어린양의 결혼식이 이르렀고 그의 신부가 혼인 준비를 갖추었으며

8 그녀는 밝고 깨끗한 고운 삼베를 입을 것을 허락받았기 때문이다. 이 고운 삼베는 성도들의 의로운 행실들이다."

9 초대받은 자의 영광 그러자 천사가 내게 말했습니다. "너는 '어린양의 결혼 잔치에 초대받은 사람들은 복이 있다'고 기록하라." 또 그는 나에게 말했습니다. "이것은 하나님의 참된 말씀이다." 눅 14:15

10 이 말에 나는 천사의 발 앞에 엎드려 그에게 경배하려고 했습니다. 그러자 그가 내

상식쏙쏙 어린양의 결혼 잔치

고대 유대 사회에서는 결혼을 할 때, 신랑이 신부의 집에 가서 신부를 아내로 맞아 자기의 집으로 데리고 왔다. 결혼식 이후에는 일주일 정도 축하 잔치를 여는 풍습이 있었다(마 25:1-13).
요한계시록에 기록된(계 19:7-9) '어린양의 결혼 잔치'는 어떤 모습일까?

어린양 결혼 잔치 초청장

* 누가 : 신랑 – 예수 그리스도 (마 22:1-14; 25:1-13)
  신부 – 성도 (엡 5:25)
* 언제 : 예수 그리스도께서 다시 오실 때
* 어디서 : 공중에서(살전 4:16-17)

신랑의 모습(계 19:11-16)
* 흰 말을 타심 – 영광과 승리의 주로 오심
* 불꽃같은 눈 – 모든 것을 아심
* 면류관을 쓰심 – 사탄을 멸하신 왕권을 말함

* 피로 물든 옷 – 성도를 핍박한 사탄의 세력들이 흘린 피(최후 심판 상징)를 의미함
* 그의 이름 – '하나님의 말씀'
* 입에서 예리한 칼이 나옴 – 죄인과 사탄의 심판을 상징함
* 옷과 넓적다리에 쓰인 이름 – '왕의 왕, 주의 주'를 말함

신부의 모습(계 19:8)
* 삼베옷을 입음 – 성도들의 의로운 행실들을 의미함

게 말했습니다. "그러지 마라. 나는 너와 및 예수의 증언을 가진 네 형제들과 함께 종된 자니 너는 하나님께 경배하여라. 예수의 증언은 예언의 영이기 때문이다."

11 만왕의 왕, 만주의 주 나는 하늘이 열려 있는 것을 보았습니다. 흰말이 있고 그 위에 탄 사람이 있는데 그의 이름은 '충성과 진실'입니다. 그는 공의로 심판하고 싸우시는 분입니다.

12 그의 눈은 불꽃같고 그의 머리에는 많은 면류관이 있으며 그 자신 외에는 아무도 알 수 없는 이름이 쓰여 있습니다.

13 그는 피로 물든 옷을 입고 있고 그의 이름은 '하나님의 말씀'입니다. 사 63:2-3

14 하늘에 있는 군대가 희고 깨끗한 고운 삼베를 입고 흰말들을 타고 그를 따르고 있었습니다. 3:4;7:9

15 그의 입에서는 예리한 칼이 나오는데 그는 그것으로 나라들을 치려고 합니다. 그가 친히 쇠지팡이로 그들을 다스리며 친히 전능하신 하나님의 맹렬한 진노의 포도주 틀을 밟을 것입니다. 2:27;12:5;14:20

16 그의 옷과 넓적다리에는 '왕의 왕, 주의 주

라는 이름이 쓰여 있습니다. 12절

17 불의한 자들을 삼키는 새 그러고 나서 나는 한 천사가 태양 안에 서 있는 것을 보았습니다. 그는 공중에 나는 모든 새들에게 큰 소리로 외쳤습니다. "오라. 너희는 하나님의 큰 잔치에 모여 렘 12:9;겔 39:17

18 왕들의 살과 장군들의 살과 장사들의 살과 말들과 그 위에 탄 사람들의 살과 자유인이나 종이나 작은 사람이나 큰사람이나 모든 사람들의 살을 먹으라." 겔 39:18

19 죽음을 당하는 짐승과 거짓 예언자 또 나는 짐승과 땅의 왕들과 그들의 군대들이 말 탄 사람과 그의 군대를 대적해 전쟁을 하려고 집결하는 것을 보았습니다. 11:7

20 그러나 짐승과 그 앞에서 이적들을 행하던 거짓 예언자가 그와 함께 사로잡혔습니다. 거짓 예언자는 짐승의 표를 받은 사람들과 그의 우상에게 경배하는 사람들을 이런 이적들로 현혹했던 자입니다. 그 둘은 모두 산 채로 유황이 타오르는 불못에 던져졌습니다. 13:11-14;14:10;16:13

21 그 나머지는 말 탄 사람의 입에서 나오는 칼로 죽임을 당했고 모든 새들이 그들의 살로 배를 채웠습니다. 15;17절

20

묶인 마귀 그때 나는 한 천사가 하늘에서 내려오는 것을 보았습니다. 그는 손에 무저갱의 열쇠와 큰 사슬을 가지고 있었습니다.

2 그는 용, 곧 마귀이며 사탄인 옛 뱀을 붙잡아 1,000년 동안 묶어 벧후 2:4;유 1:6

3 무저갱에 던져 잠그고 그 위에 봉인해 1,000년이 차기까지 다시는 만국을 현혹하지 못하도록 했습니다. 이 일 후에 그는 잠시 동안 풀려나야 할 것입니다. 단 6:17

4 그리스도와 함께 다스리는 순교자 또 내가 보좌들을 보니 그 위에 사람들이 앉았는데 심판할 권세가 그들에게 주어졌습니다. 그들은 예수의 증언과 하나님의 말씀으로 인해 목 베임을 당한 사람들의 영혼과, 짐승과 그의 우상에게 경배하지 않고 자신들의 이마와 손에 표를 받지 않은 사람

상식쑥쑥 흰 보좌 심판

'흰 보좌 심판'은 모든 인류가 부활하여 받는 최후의 심판을 말하며 '백 보좌 심판'이라고도 한다.

심판자는 희고 큰 보좌에 앉으신 예수 그리스도이시며(계 20:11), 심판의 대상자는 모든 인류와 사탄이다. 죽은 모든 사람들도 부활하여 예수님 앞에 서게 될 것이다.

흰 보좌 심판의 근거가 되는 것은 생명책과 행위의 책이다(계 20:12). 예수님은 이 책들을 통해서 공개적이고 공정한 심판을 하실 것이다.

심판의 종류는 두 가지이다.

첫째는 '생명책에 기록된 성도들의 심판, 곧 믿음의 행위에 따라 받게 될 상급의 심판이다.

둘째는 '행위의 책에 기록된 불신자들과 사탄의 심판, 곧 둘째 사망(불못)에 던져지는 심판이다(계 20:14).

들입니다. 그들은 다시 살아나 그리스도와 함께 1,000년 동안 통치했습니다.

5 (나머지 죽은 사람들은 1,000년이 차기까지 다시 살아나지 못했습니다.) 이것이 첫째 부활입니다.　14:13

6 이 첫째 부활에 참여하는 사람은 복되고 거룩합니다. 이들에게는 둘째 사망이 아무 권세도 갖지 못합니다. 그들은 하나님과 그리스도의 제사장들이 돼 그와 함께 1,000년 동안 통치할 것입니다.　2:11

7 멸망당하는 마귀 1,000년이 다 차면 사탄이 그 옥에서 풀려날 것입니다.　2절

8 그는 옥에서 나와 땅의 사방에 있는 나라들, 곧 곡과 마곡을 현혹해 전쟁을 위해 그들을 집결시킬 것입니다. 그들의 수는 바다의 모래알과 같을 것입니다.　겔 38:2

9 그들은 평원으로 올라가 성도들의 진, 곧 사랑받는 도성을 에워쌌습니다. 그러나 하늘에서 불이 내려와 그들을 삼켜 버렸습니다.　히 13:11,13

10 그리고 그들을 현혹했던 마귀는 짐승과 거짓 예언자가 있는 불타는 유황 못에 던져졌습니다. 그들은 영원토록 밤낮 고통을 당할 것입니다.　3,8절

11 죽은 자들의 큰 심판 또 나는 희고 큰 보좌와 그 위에 앉으신 분을 보았습니다. 땅과 하늘이 그의 얼굴 앞에서 사라지니 흔적도 찾아볼 수 없었습니다.　12:8;단 2:35

12 그리고 나는 큰사람이든 작은 사람이든 죽은 사람들이 그 보좌 앞에 서 있는 것을 보았습니다. 책들이 펼쳐져 있는데 또 다른 책, 곧 생명의 책도 있었습니다. 죽은 사람들은 책들 안에 기록된 대로 심판을 받았는데 그 안에는 그들의 행위가 기록돼 있었습니다.　단 7:10;롬 14:10;고후 5:10

13 또 바다는 그 속에 있던 죽은 사람들을 내놓고 사망과 음부도 그 속에 있던 죽은 사람들을 내놓았습니다. 그리고 각 사람은 자기가 행한 것에 따라 심판을 받았습니다.

14 그리고 나서 사망과 음부도 불 못에 던져졌습니다. 이것이 바로 둘째 사망, 곧 불 못입니다.　6절

15 누구든지 그 이름이 생명책에 기록되지 않은 사람은 이 불 못에 던져졌습니다.

21 새 하늘과 새 땅 그리고 나는 새 하늘과 새 땅을 보았습니다. 처음 하늘과 처음 땅이 사라지고 바다도 더 이상 존재하지 않았습니다.　20:11

2 또 나는 거룩한 도성 새 예루살렘이 하늘에서 하나님께로부터 자기 남편을 위해 화장한 신부처럼 준비돼 내려오는 것을 보았습니다.　11:2;19:7;사 61:10;히 11:10

3 그리고 나는 보좌에서 큰 음성이 말씀하시는 것을 들었습니다. "보아라. 하나님의 장막이 사람들과 함께 있으니 그분께서 그들과 함께 거하실 것이니 그들은 그분의 백성이 되고 하나님께서 친히 그들과 함께 계실 것이다.　요 1:14

4 그들의 눈에서 모든 눈물을 닦아 주실 것이며 더 이상 죽음이 없고 다시는 슬픔이

로마 황제는 왜 성도를 핍박했나요?

황제숭배를 거절하고, 예수님을 신(하나님)으로 찬양한 것과 성도들에 대한 거짓된 소문 때문이었어요. 특히, 성만찬 예식이 '티에스티안 잔치'처럼 오해되어, 아기를 죽여 살을 먹으며 근친상간하는 부도덕한 무리들이라는 소문이 무성했답니다. '티에스티안 잔치'는 그리스 신화에 나오는데, 아트레우스가 자기 아내를 겁탈한 동생 티에스테스에게 복수하기 위해 그의 자녀들을 죽인 후 잔치를 베풀어 티에스테스에게 자기 자녀들의 살을 먹게 했다는 이야기에서 유래한 말이에요.

성도들이 성만찬을 하며 예수님을 하나님으로 믿고 황제숭배를 거절하는 것이 로마 제국을 정치적으로 위협하고, 로마의 신들을 부인하는 무신론자들로 보였던 거예요.

새 하늘과 새 땅과 함께 새 예루살렘이 하늘에서 내려옴

나 우는 것이나 아픈 것이 없을 것이다. 이
는 처음 것들이 지나갔기 때문이다."

5 그때 보좌에 앉으신 분이 말씀하셨습니
다. "보아라. 내가 만물을 새롭게 한다." 그
는 또 말씀하셨습니다. "이 말들은 신실하
고 참되니 너는 기록하여라!"

6 상속과 사망 그는 또 내게 말씀하셨습니다.
"다 이루었다. 나는 알파요, 오메가이며 시
작과 같다. 내가 목마른 사람에게 생명
수 샘물을 값없이 줄 것이다.

7 이기는 사람은 이것들을 상속할 것이며
나는 그의 하나님이 되고 그는 내 아들이
될 것이다.   3절 27

8 그러나 두려워하는 사람들, 신실치 못한
사람들, 가증한 사람들, 살인한 사람들,
음행하는 사람들, 점술가들, 우상 숭배하
는 사람들, 모든 거짓말쟁이들은 불과 유
황이 타는 못에 던져질 것이다. 이것이 둘
째 사망이다."   19:20;22:15;눅 12:46

9 거룩한 성 마지막 일곱 재앙을 담은 일곱

대접을 가진 일곱 천사 가운데 하나가 내
게 와서 말했습니다. "오너라. 내가 네게
신부, 곧 어린양의 아내를 보여 주겠다."

10 그러고 나서 천사는 성령으로 나를 이끌
어 크고 높은 산으로 데려가 거룩한 도성,
곧 하늘에서 하나님께로부터 내려오는 예
루살렘을 내게 보여 주었습니다.   겔 40:2

11 이 도성은 하나님의 영광으로 빛나고 이 빛
은 수정처럼 빛나는 벽옥과 같았습니다.

12 이 도성은 크고 높은 성벽과 열두 대문을
가지고 있으며 이 문들에는 열두 천사가
지키고 있고 그 위에는 열두 지파의 이름
들이 쓰여 있습니다.   겔 48:31-34

13 문은 동쪽에 세 개, 북쪽에 세 개, 남쪽에
세 개, 서쪽에 세 개가 있습니다.

14 이 도성의 성벽은 12개의 주춧돌 위에 세워
져 있는데 각 주춧돌에는 어린양에게 속한
열두 사도의 열두 이름이 쓰여 있습니다.

15 성에 대한 묘사 내게 말하던 천사는 그 도성
과 도성의 문들과 성벽을 측량하려고 금

갈대를 가지고 있었습니다.

16 도성은 네모반듯해 가로와 세로의 길이가 똑같았습니다. 그는 도성을 갈대로 측량했는데 가로 세로 높이가 똑같이 1만 2,000스타디온입니다.

17 또 천사가 도성의 성벽을 측량하니 사람의 치수로 144규빗이었는데 이는 천사의 치수이기도 했습니다. 9절 신 3:11

18 성벽의 재료는 벽옥이며 도성은 유리같이 맑은 정금으로 지어져 있습니다. 11절

19 도성 성벽의 주춧돌들은 온갖 종류의 보석으로 장식돼 있습니다. 첫째 주춧돌은 벽옥이요, 둘째는 사파이어요, 셋째는 옥수요, 넷째는 에메랄드요,

20 다섯째는 홍마노요, 여섯째는 홍옥이요, 일곱째는 황옥이요, 여덟째는 녹옥이요, 아홉째는 담황옥이요, 열째는 비취요, 열한째는 청옥이요, 열두째는 자수정입니다.

21 열두 문은 열두 진주로 돼 있는데 각 문은 하나의 진주로 만들어져 있고 도성의 길은 유리같이 투명한 순금으로 돼 있습니다.

22 성안의 영광의 빛 나는 도성 안에 성전이 없는 것을 보았습니다. 이는 전능하신 주 하나님과 어린양께서 도성의 성전이시기 때문입니다.

23 도성은 해나 달의 비침이 필요 없습니다.

이는 하나님의 영광이 도성을 비추며 어린양께서 도성의 등불이 되시기 때문입니다.

24 나라들이 도성의 빛 가운데 다닐 것이며 땅의 왕들이 자기들의 영광을 도성으로 들여올 것입니다. 26절 사 60:3

25 도성의 문들은 낮에는 전혀 닫히지 않을 것입니다. 그곳에는 밤이 없기 때문입니다.

26 그들이 나라들의 영광과 존귀를 도성으로 들여올 것입니다.

27 그러나 어린양의 생명책에 기록돼 있는 사람들 외에 모든 속된 것과 가증한 것과 거짓을 행하는 사람은 도성으로 들어오지 못할 것입니다.

22 생명수의 강과 생명 나무 그 후 천사는 하나님과 어린양의 보좌로부터 흘러나오는 수정같이 맑은 생명수 강을 내게 보여 주었습니다. 겔 47:1

2 강물은 도성의 길 한가운데로 흐르고 있고 강 양쪽에 있는 생명나무는 매달 열매를 맺어 열두 열매를 맺고 나뭇잎들은 나라들을 치료하는 데 쓰입니다. 21:21

3 또 다시는 저주가 없을 것입니다. 하나님과 어린양의 보좌가 도성에 있고 그의 종들이 하나님을 섬길 것입니다. 슥 14:11

4 그들은 하나님의 얼굴을 볼 것이며 그들의 이마에 하나님의 이름이 있을 것입니다.

상식한쪽 창조의 완성, 새 하늘과 새 땅

창세기에서 하나님은 천지를 창조하시고 보시기에 좋았다고 말씀하셨다. 하지만 세상이 인간의 죄 때문에 더럽혀져(창 6:5), 모든 피조물은 탄식하며 예수님이 재림하시기를 고대하고 있다(롬 8:19~23).

이러한 기다림의 성취가 요한계시록에 나온다(계 21~22장). 새 하늘과 새 땅이 이루어져(계 21:1) 인간의 타락으로 잃어버렸던 에덴을 완전히 회복하게 됨을 보여 준다(계 21:1~8; 22:1~5).

창세기에 나타난 처음 세상	요한계시록에 나타난 새로운 세상
에덴동산: 처음 하늘과 처음 땅(창 1:1)	하나님 나라: 새 하늘과 새 땅(계 21:1)
생명나무: 타락 후 금지된 나무(창 3:22~24)	생명나무: 허락된 생명나무(계 22:2)
첫 사망(창 2:17)	사망이 없음(계 21:4)
첫 아담의 통치(창 1:28)	둘째 아담이신 예수님의 통치(계 21:5)
바벨탑(창 11장)	바벨론의 멸망(계 18장)
사탄이 하나님 말씀을 더하거나 뺌(창 3:3)	말씀을 더하거나 뺀 사람에 대한 심판(계 22:18~19)
만물의 시작(창 1:1)	만물의 종말(계 22:20)

5 다시는 밤이 없겠고 그들은 주 하나님께서 그들을 비추시므로 등불이나 햇빛이 필요하지 않을 것입니다. 그들은 영원히 통치할 것입니다. 21:25;시 36:9;단 7:18,27

6 천사가 계시를 확증함 천사가 내게 말했습니다. "이 말씀들은 신실하고 참되다. 주, 곧 예언자의 영들의 하나님께서 속히 일어나야 할 일들을 그의 종들에게 보이시려고 그의 천사를 보내셨다. 1:1

7 '보라. 내가 속히 갈 것이다. 이 책의 예언의 말씀들을 지키는 사람은 복이 있다.'"

8 요한이 계시를 확증함 이것들을 듣고 본 사람은 나 요한입니다. 내가 듣고 보았을 때 나는 내게 이것들을 보여 준 천사에게 경배하려고 그의 발 앞에 엎드렸습니다.

9 그러자 천사가 내게 말했습니다. "그렇게 하지 마라. 나는 너와 네 형제 예언자들과 이 책에 기록된 말씀들을 지키는 사람들과 함께 종 된 사람이다. 너는 하나님께 경배하라!"

10 그는 또 내게 말했습니다. "때가 가까이 왔으니 너는 이 책의 예언의 말씀들을 인봉하지 마라.

11 불의를 행하는 사람은 그대로 불의를 행

천국이 마트보다 좋은가요?

천국은 이 세상의 어느 마트와 비교할 수 없을 정도로 좋은 곳이에요. 마트에 가면 맛있는 음식을 먹고, 아주 예쁜 옷도 사고, 게임기·컴퓨터, 온갖 좋은 것들 다 살 수 있어서 우리가 참 좋아하지요? 하지만 마트에서 물건을 살 때 잠시 누리는 기쁨은 천국에서 누리는 영원한 기쁨과 비교할 수 없어요.

천국에는 죄도, 죽음도, 질투도, 미움도, '왕따'도, 이별도, 아픔도, 슬픔도 없어요.

천국은 하나님이 주시는 참 기쁨과 사랑과 예수님과 함께하는 영원한 행복이 가득 넘쳐요. 천국에 가면 이 세상에서 살 때 힘들고 어려웠던 일 때문에 흘린 눈물을 하나님이 닦아 주시고 위로해 주실 거예요.

하게 하고 더러운 사람은 그대로 더러움 가운데 있게 하고 의로운 사람은 그대로 의를 행하게 하고 거룩한 사람은 그대로 거룩하게 하라." 겔 3:27

12 예수님이 계시를 확증하심 "보라. 내가 속히 갈 것이다. 내가 줄 상급이 내게 있으니 각 사람에게 그 행한 대로 갚아 줄 것이다.

13 나는 알파와 오메가요, 처음과 마지막이요, 시작과 끝이다. 21:6

14 생명나무를 취할 권리를 가지며 문들을 통해 도성으로 들어가려고 자기의 옷을 빠는 사람들은 복이 있다. 2:19;갈 3:27;계 1:18:20

15 그러나 개들, 점술가들, 음행하는 사람들, 살인한 사람들, 우상 숭배하는 사람들, 거짓말을 좋아하고 행하는 사람들은 도성 밖에 있게 될 것이다.

16 나 예수는 내 천사를 보내 교회들에 대해 너희에게 이것들을 증언하게 했다. 나는 다윗의 뿌리요, 자손이며 빛나는 샛별이다."

17 생명수에 대한 초청 성령과 신부가 "오라"고 말씀하십니다. 이 말을 듣는 사람도 "오라"고 외치십시오. 목마른 사람은 오십시오, 원하는 사람은 생명수를 값없이 받으십시오. 21:2,6,9;사 55:1;요 7:37

18 예언의 말씀에 대한 경고 나는 이 책의 예언의 말씀들을 듣는 모든 사람에게 증언합니다. 누구든지 이 말씀에 어떤 것을 더하면 하나님께서 이 책에 기록된 재앙들을 그에게 더하실 것입니다. 신 4:2;12:32

19 그리고 누구든지 이 예언의 책의 말씀들로부터 어떤 것이라도 없애 버리면 하나님께서는 이 책에 기록된 생명나무와 거룩한 도성에서 그의 몫을 없애 버리실 것입니다.

20 예수님의 약속 이 모든 것을 증언하신 이가 말씀하십니다. "참으로 내가 속히 갈 것이다." 아멘, 주 예수여, 오시옵소서.

21 축복 기도 주 예수의 은혜가 *모든 사람들과 함께 있기를 빕니다. *아멘.

22:21 또는 '성도에게'.
22:21 어떤 고대 사본에는 '아멘'이 없음.

로마서에서 요한계시록까지는 바울, 베드로, 요한 등 여러 사람이 쓴 편지입니다. 이 편지는 우리에게까지 전달되었어요. 어떤 내용의 편지인지 다시 한번 문제를 풀면서 기억하기로 해요.

로마서 ~
요한계시록
퀴즈

OX

1. 아시아에서 처음으로 그리스도의 신자가 된 사람은 우리교회 목사님이다. (롬 16장) ⓞ ⓧ

2. 로마서에서 말하는 율법의 완성은 사랑이다. (롬 13장) ⓞ ⓧ

3. 그리스도께서 바울을 보내신 것은 세례를 주게 하려고 하신 것이다. (고전 1장) ⓞ ⓧ

4. 참하나님은 하나님, 예수님, 성령님이다. (고후 13장) ⓞ ⓧ

5. 사랑, 희락, 화평, 인내, 자비, 양선, 충성, 온유, 절제를 '사랑의 9가지 법칙' 이라 부른다. (갈 5) ⓞ ⓧ

6. 마귀의 계략을 대적하기 위해 우리가 입어야 할 것은 하나님의 전신갑주이다. (엡 6장) ⓞ ⓧ

1 빌립보서의 큰 주제는? (빌 4장)
① 주안에서 기뻐하라.
② 소망에 든든히 서라.
③ 고난을 참으라.
④ 서로 사랑하라.

2 골로새 교회를 위한 바울의 기도가 아닌 것은? (골 1장)
① 하나님의 뜻을 아는 지혜가 충만하길
② 주께서 합당히 행해서 모든 일에 주를 기쁘시게 하도록
③ 열심히 구제하고 주의 사도를 키워내도록
④ 모든 선한 일에 열매를 맺으며 하나님을 아는 지식이 자라길

3 바울이 데살로니가에 복음을 전파한 것은? (살전 2장)
① 이고니온에서 핍박 받은 후
② 빌립보에서 핍박 받은 후
③ 베뢰아에서 핍박 받은 후
④ 루스드라에서 핍박 받은 후

4 바울이 디모데에게 믿는 자에게 본이 되라고 한 다섯가지는? (딤전 4장)
① 말, 행실, 사랑, 믿음, 순결
② 기도, 전도, 사랑, 믿음, 순결
③ 용맹, 진실, 교양, 믿음, 순결
④ 지식, 성실, 철학, 믿음, 순결

5 다음 중 그리스도께서 우리를 대신하여 자신을 주신 뜻이 아닌 것은? (딛 2장)
① 모든 불법에서 구속하려 하심.
② 우리도 함께 죽게 하려 하심.
③ 우리를 깨끗하게 하려 하심.
④ 자기 백성이 되게 하려 하심.

6 하나님이 새 언약을 새긴 곳은? (히 8장)
① 컴퓨터에
② 성경에
③ 양가죽에
④ 마음에

7 우리가 거듭난 것은 무엇으로 된 것인가? (벧전 1장)
① 목사님 말씀
② 스스로
③ 어머니 말씀
④ 하나님 말씀

8 요한일서의 기록목적으로 맞는 것은? (요일 1장)
① 너희의 기쁨이 충만케 하려고
② 글 쓴 사람의 기쁨이 충만케 하려고
③ 우리의 기쁨은 물론 너희의 기쁨도 충만케 하려고
④ 하나님의 재앙이 임박했음을 알리려고

9 요한삼서는 누가 누구에게 쓴 편지인가? (요삼 1장)
① 세례자 요한이 가이오에게
② 사도 요한이 가이오에게
③ 세례자 요한이 디오드레베에게
④ 사도 요한이 디오드레베에게

10 유다서를 쓰게 된 목적은 무엇인가? (유 1장)
① 목사님을 최대한 섬겨라.
② 믿음을 위해 싸우라.
③ 기도로 천사 미가엘을 도우라.
④ 교회에서 당파싸움을 짓지마라.

11 요한계시록에 나오는 일곱 교회중 칭찬 받은 교회는? (계 2장)
① 사데 교회
② 서머나 교회
③ 에베소 교회
④ 데살로니가 교회

12 마지막에 사탄은 어떤 결과를 맞이하는가? (계 20장)
① 불타는 유황 못에 던져짐.
② 더욱 세력이 커짐.
③ 인간을 모두 차지하게 됨.
④ 영광의 신으로 올라가게 됨.

색인

상식 쑥쑥

Bible basics

지도

계보

사진

기타(자료 모음)

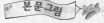
본문 그림

[편집자주 : OT는 구약 성경을, NT는 신약 성경을 가리키는 약자입니다.]

종류	시대	용어	환산가치	비교	참고구절
길이	구약	손가락(finger)	약 1.9cm	1/24규빗	렘 52:21
		손바닥(handbreadth)	약 7.5cm	1/6규빗	출 37:12
		뼘(span)	약 22.5cm	1/2규빗	출 28:16
		규빗(cubit)	약 45cm	보통 규빗	신 3:11
			약 52.5cm	긴 규빗	겔 40:5
		막대기	2.67m	긴 6규빗	계 21:15
	신약	오르귀아(orguia)	약 1.85m	1/100스타디온	행 27:28
		스타디온(stadion)	약 185m	100길	요 6:19
		밀리온(milion)	약 1.5km	1천 걸음	마 5:41
		안식일 허용 거리	약 900m	2,000규빗	행 1:12
		하룻길	약 25.7km		눅 2:44
무게	구약	게라(gerah)	약 0.57g	1/20세겔	레 27:25
		베가(beka)	약 5.7g	1/2세겔	출 38:26
		핌(pim)	약 7.6g	2/3세겔	삼상 13:21
		세겔(shekel)	약 11.5g	20게라	삼상 17:5
		마네(므나, maneh)	약 569g	50세겔	왕상 10:17
		달란트(talent)	약 34.27kg	3,000세겔	삼하 12:30
	신약	리트라(litra)	약 327g	약 1/100달란트	요 19:39
		므나(minah)	약 569g	5/4리트라	눅 19:13
부피	구약(곡물)	갑(kab)	약 1.27ℓ	1/18에바	왕하 6:25
		오멜(omer)	약 2.2ℓ	1/10에바	출 16:16
		세아(스아, seah)	약 7.3ℓ	1/3에바	삼상 25:18
		에바(ephah)	약 22ℓ	10오멜	룻 2:17
		고르(kor)	약 220ℓ	10에바	대하 2:10
		호멜(homer)	약 220ℓ	10에바	민 11:32
	신약(곡물)	코이닉스(choinix)	약 1.2ℓ		계 6:6
		그릇(모디오스, modios)	약 8.75ℓ		눅 11:33
		사톤(saton)	약 12.3ℓ	아람어에서 유래함	마 13:33
		코로스(koros)	약 220ℓ	구약의 '고르'와 같음	눅 16:7
	구약(액체)	록(log)	약 0.31ℓ	1/12힌	레 14:10
		힌(hin)	약 3.66ℓ	1/6밧	출 29:40
		밧(bat)	약 22ℓ	10에바	왕상 7:26
	신약(액체)	단지(크세스테스, xestes)	약 0.5ℓ		막 7:4
		메트레테스(metretes)	약 39.5ℓ		요 2:6
		바투스(batous)	약 22ℓ	구약의 '밧'과 같음	눅 16:6
면적	구약	한 쌍의 소가 반나절 동안 갈 만한 땅(tsemed)	약 2,023㎡		삼상 14:14
화폐	유대	게라(gerah)	약 은 0.57g	1/20세겔	출 30:13
		베가(beka)	약 은 5.7g	1/2세겔	출 38:26
		세겔(shekel)	약 은 11.38g	노동자 4일 품삯	삼하 24:24
		므나(minah)	약 은 569g	50세겔	눅 19:16
		달란트(talent)	약 은 34kg	3,000세겔	대상 29:4
	헬라	렙돈(lepton)	1/128데나리온	1/2고드란트	막 12:42
		드라크마(drachma)	약 노동자 1일 품삯	1데나리온	눅 15:8
	로마	고드란트(kodrantes)	1/4앗사리온	1/64 데나리온	마 5:26
		앗사리온(assarius)	약 참새 두 마리	1/16데나리온	마 10:29
		데나리온(denarius)	약 노동자 1일 품삯	1/100므나	마 18:28
		금(크뤼소스, chrusos)	약 노동자 한 달치 품삯	25데나리온	마 10:9
		은(아르귀리온, argurion)	약 노동자 1일 품삯	1드라크마	마 10:9

※편집자 주 : 도량형 계산법이 시대마다, 나라마다 약간씩 차이가 있어 근사치로 계산해 실었다.

편찬　**하용조 목사**
　　약력 – 장로회신학대학원, 미국 바이올라대학 명예문학박사,
　　　　시카고 트리니티신학교 명예신학박사,
　　　　명지대학교 명예철학박사, 숭실대학교 명예기독교학박사,
　　　　두란노서원 원장, 온누리교회 담임목사,
　　　　햇불트리니티신학대학원대학교 총장 역임
　　저서 – 「행복의 시작 예수 그리스도」, 「행복한 아침」,
　　　　「예수님의 7터치」, 「예수님은 사랑입니다」,
　　　　「사도행전적 교회를 꿈꾼다」, 「큐티하면 행복해집니다」,
　　　　「나는 선교에 목숨을 걸었다」 외 다수

그림　**이진영** 「빨간 새」, 「레노바레성경」 외 다수
　　이원상 '빛과 소금', '새벽나라', '예수님이 좋아요' 외 다수
　　　　도서, 잡지에 연재, 「엄마와 함께 보는 사랑의 수학
　　　　만화」 외 다수
　　김 홍 「열린다 성경」 시리즈, 「자존감」 외 다수
　　신은정 KBS 'TV동화 행복한 세상' 방영,
　　　　「어린이를 위한 긍정의 힘」 외 다수

사진　**홍순화 목사**
　　약력 – 한국성서지리연구원장, 주심교회 담임 목사
　　저서 – 「요르단의 성지」, 「이스라엘의 성지」 외 다수

온 가족이 함께 보는
일러스트우리말성경

펴 낸 날　2010년 11월 30일 초판 14쇄
　　　　　2025년 4월 15일 5판 4쇄
등록번호　제 1988–000080호
등록된곳　서울특별시 용산구 서빙고로65길 38
발 행 인　이형기
발 행 처　(사)두란노서원
편 집 부　02)2078–3331
영 업 부　02)2078–3333
주 문 처　02)2078–3333
팩　　스　080–749–3705

독자의 의견을 기다립니다.
bibleteam@duranno.com
http://www.duranno.com/

호세아

행실이 좋지 못한 사람과 결혼하라고 한다면 어떻게 하겠어요? 호세아는 음란한 여자와 결혼
하라는 하나님의 말씀을 듣고 그대로 순종해요. 하나님은 왜 그런 명령을 내리셨을까요? 이스
라엘 백성이 풍족함과 사랑을 베푸시는 하나님을 버리고 우상을 숭배하며 하나님께 죄를 지
었기 때문이랍니다. 하나님이 아닌 우상을 섬기는 것은 결혼한 사람이
다른 사람을 좋아하는 죄와 같을 거랍니다. 하나님은 이스라엘이 계
속 우상숭배를 한다면 심판을 피할 수 없다고 경고하세요. 그렇지만
곧 이스라엘을 회복해 주실 것이라는 약속도 하십니다. 호세아는 죄
에 빠진 인간을 용서하시고 구원하시는 하나님의 사랑을 잘 보여 주는
책입니다.

호세아는 무슨 뜻인가요?

'하나님은 구원이시다'라는 뜻이에요.
이 책의 저자이자 중심 인물인 호세아의 이름을 따서 제목을 붙인 거예요.

누가 썼나요?

호세아가 썼어요. 호세아는 여로보암 2세 때(BC 793-753년) 예언 활
동을 시작하여 북이스라엘이 멸망(BC 722년)할 무렵까지 활동했어
요. 호세아는 하나님의 명령에 따라 음란한 여자 고멜과 결혼했어요. 하지만 고멜은 호세아를
버리고 다른 남자에게로 떠났어요. 그러자 호세아는 값을 치르고 고멜을 다시 찾아왔어요. 호세
아는 자신의 결혼 생활을 통해서 죄에 빠진 이스라엘 사람을 향한 하나님의 사랑과 용서를 보
여 주었답니다.

언제 썼나요?

북이스라엘의 멸망 직전인 BC 790-BC 722년경

주요한 사람들은?

호세아
브에리의 아들. 고멜의 남편
여로보암 2세 때부터 북이스라엘이
멸망할 때까지 활동한 예언자

고멜
디블라임의 딸.
결혼 생활에 성실하지 못했던
호세아의 아내

한눈에 보는 호세아

손에 넣을 것이다. 또 리비아 사람들과 에티오피아 사람들도 그를 따를 것이다.

44 그러나 동쪽과 북쪽에서 들어온 소식을 듣고 그는 걱정하고 크게 화가 나 나가서 많은 사람을 무찌르고 죽이려고 할 것이다.

45 그는 바다와 영광스럽고 거룩한 산 사이에 자신의 왕실 장막을 칠 것이다. 그러나 마지막에 이르러서 그를 도와줄 사람이 아무도 없을 것이다.'

12 마지막 때 "그때 네 민족을 지켜 주는 큰 천사 미가엘이 일어날 것이다. 나라가 생긴 때부터 그때까지 없던 큰 고통이 있을 것이다. 그러나 그때 네 백성들, 곧 그 책에 이름이 적힌 사람은 누구나 구원을 받을 것이다.

2 땅의 흙 속에서 자는 사람들 가운데 많은 사람이 깨어나서 어떤 사람은 영원한 생명을 받고 어떤 사람은 욕과 함께 끝없이 부끄러움을 당하게 될 것이다. _요 11:11_

3 지혜로운 사람은 하늘이 밝게 빛나는 것처럼 빛날 것이고 많은 사람들을 의로 이끄는 사람은 별처럼 영원히 빛날 것이다.

4 너 다니엘은 마지막 때까지 이 말씀을 간직하고 이 글을 은밀하게 덮어 두어라. 많은 사람이 이 참된 말씀을 찾아서 이리저리로 빨리 왔다 갔다 할 것이다." _계 5:1_

5 성취의 때 나 다니엘은 다른 두 사람이 있는 것을 보았습니다. 한 사람은 이쪽 강 언덕에 있었으며 다른 한 사람은 저쪽 강 언덕에서 있었습니다. _10:4_

6 그 가운데 한 사람이 강물 위에 고운 베옷을 입고 있는 사람에게 말했습니다. "이 놀라운 일들이 언제 이루어지겠습니까?"

7 그러자 강물 위에 있던 고운 베옷 입은 사람이 그 오른손과 왼손을 하늘을 향해 쳐들며 영원히 살아 계시는 분을 두고 맹세하며 말씀하는 것을 내가 들었습니다. "한 때, 두 때, 반 때가 지나서 하나님의 백성들의 힘이 다 깨어질 때까지다. 그렇게 되면 모든 일이 끝날 것이다." _계 10:6_

8 나는 듣고도 무슨 뜻인지 몰랐습니다. 그래서 내가 물었습니다. "내 주여, 이 모든 일이 어떻게 끝나겠습니까?" _8:15_

9 그가 대답했습니다. "다니엘아, 가거라. 그 말씀은 마지막 때까지 은밀하게 간직하고 덮어 둘 것이다. _3,14절_

10 많은 사람이 깨끗하고 하얗게 단련될 것이다. 그러나 악한 사람은 계속 악을 행할 것이다. 악한 사람은 알아듣지 못하겠지만 지혜로운 사람은 알게 될 것이다.

11 날마다 드리는 제사를 못 드리게 되고 멸망을 불러오는 하나님의 미워하는 물건이 성전에 세워지는 때부터 1,290일이 지나야 할 것이다. _11:31_

12 1,335일이 이르기까지 참고 기다리는 사람은 복이 있을 것이다. _마 10:22_

13 다니엘에 대한 약속 너는 마지막까지 네 길을 가거라. 네가 죽어 평안히 잠들어 쉴 것이다. 너는 마지막 날에 일어나서 네 상을 받아 누릴 것이다."

다니엘서와 요한계시록

다니엘서는 요한계시록이 없다면 충분히 이해될 수 없고, 요한계시록 또한 다니엘서 없이는 충분히 이해하기 어렵다. 다니엘서에서 봉했던 인이 요한계시록에서 떨어진다(단 12:8-9; 계 5:1-5).

	다니엘서		요한계시록
누가	예언자 다니엘(마 24:15)	누가	예수님의 제자 사도 요한
언제	포로 생활 중에	언제	유배 중에
어디서	바벨론	어디서	밧모 섬
무엇을	예언(단 7-12장)	무엇을	예언(계 1:3; 22:7, 10, 18, 19)
어떻게	환상 중에	어떻게	환상 중에